D1687606

Hier finden Sie die Formulare (ohne Anmerkungen) zum Download:

http://ch.beck.de/MPFormB-GewRS

Geben Sie bitte in das dafür vorgesehene Eingabefeld diesen persönlichen Freischaltcode ein:

7756-F064-2707

Bei Fragen stehen wir Ihnen gerne zur Verfügung. Sie erreichen uns per E-Mail unter hotline@beck.de.

Münchener Prozessformularbuch
Band 5
Gewerblicher Rechtsschutz, Urheber- und Presserecht

Münchener Prozessformularbuch

Band 5
Gewerblicher Rechtsschutz, Urheber- und Presserecht

Herausgegeben von
Prof. Dr. Peter Mes
Rechtsanwalt in Düsseldorf
Honorarprofessor an der Universität Münster

Bearbeitet von:

Robert Briske, Rechtsanwalt in Hamburg; *Prof. Dr. Emanuel Burkhardt*, Rechtsanwalt in Stuttgart; *Dr. Holger Gauss*, Rechtsanwalt und Fachanwalt für Gewerblichen Rechtsschutz in München; *Eva Geschke*, Rechtsanwältin in Düsseldorf; *Dr. Alexander Hauch*, Rechtsanwalt in Stuttgart; *Dr. Matthias Kloth*, Rechtsanwalt und Fachanwalt für Gewerblichen Rechtsschutz in Hamburg; *Prof. Dr. Peter Lutz*, Rechtsanwalt in München; *Prof. Dr. Peter Mes*, Rechtsanwalt in Düsseldorf; *Gereon Rother*, Rechtsanwalt in Düsseldorf; *Prof. Dr. Thomas Sambuc*, LL. M., Rechtsanwalt in Stuttgart; *Dr. Andreas Schabenberger*, Rechtsanwalt in Stuttgart; *Wolf Graf v. Schwerin*, Rechtsanwalt in Düsseldorf; *Dr. Matthias Sonntag*, Rechtsanwalt in Stuttgart; *Dr. Ekkehard Stolz*, Rechtsanwalt und Fachanwalt für Gewerblichen Rechtsschutz in Stuttgart.

5. Auflage 2018

C.H.BECK

Zitiervorschlag:
MPFormB GewRS/*Bearbeiter* Form. . . . . . . Anm. . . . . . .

www.beck.de

ISBN 978 3 406 70390 4

© 2018 Verlag C. H. Beck oHG
Wilhelmstraße 9, 80801 München

Satz: Reemers Publishing Services GmbH, Krefeld
Druck: Beltz Bad Langensalza GmbH
Am Fliegerhorst 8, 99947 Bad Langensalza
Umschlaggestaltung: Druckerei C. H. Beck, Nördlingen

Gedruckt auf säurefreiem, alterungsbeständigem Papier
(hergestellt aus chlorfrei gebleichtem Zellstoff)

Vorwort zur 5. Auflage

Die 4. Auflage dieses Buchs erschien 2014. Seitdem sind viele Standardwerke auf allen hier interessierenden Gebieten neu aufgelegt worden. Im Gebiet des UWG sind dies: Köhler/Bornkamm/Feddersen, UWG, 35. Aufl. 2017; Fezer/Büscher/Oberbergfell, UWG/Lauterkeitsrecht, 3. Aufl. 2016 und Harte-Bavendamm/Henning-Bodewig, UWG, 4. Aufl. 2016. Im Markenrecht gibt es eine bemerkenswerte Neuerscheinung in Form von Kur/v. Bomhard/Albrecht, Markenrecht (Kommentar), 2017. Im Patentrecht hat es einige Neuauflagen gegeben: Benkard, PatG, 11. Aufl. 2015; Busse/Keukenschrijver, PatG, 8. Aufl. 2016; Kühnen, Handbuch der Patentverletzung, 9. Aufl. 2017; Kraßer/Ann, Patentrecht, 7. Aufl. 2016 und Mes, PatG, 4. Aufl. 2015. Die Literatur im Gebrauchsmusterrecht ist wiederbelebt durch Loth, Gebrauchsmustergesetz, 2. Aufl. 2017. Für das Urheberrecht ist Dreier/Schulze, UrhG, 5. Aufl. 2015 anzuführen. Ein besonderes Interesse verdient Cepl/Voß, Prozesskommentar zum Gewerblichen Rechtsschutz, 2015.

Es hat eine beträchtliche Anzahl von Gesetzesänderungen gegeben. Von diesen interessiert insbesondere das Zweite Gesetz zur Änderung des Gesetzes gegen den Unlauteren Wettbewerb vom 2. Dezember 2015, in Kraft getreten am 10. Dezember 2015. Dieses hat zum Ziel, in der Fassung des UWG von 2008 systematische Klarstellungen vorzunehmen. Für den Bereich des Gewerblichen Rechtsschutzes interessiert insbesondere das Gesetz zur Änderung des Designgesetzes und weitere Vorschriften des Gewerblichen Rechtsschutzes vom 4. April 2016, das am 1. Juli 2016 in Kraft getreten ist. In ihm sind vielfältige Änderungen des Designgesetzes, des Patentgesetzes, des Gebrauchsmusterrechts und des Markengesetzes enthalten.

Es versteht sich von selbst, dass zahlreiche Entscheidungen der Instanzgerichte, des BGH, des BPatG, des EuG und des EuGH, seit Erscheinen der Vorauflage ergangen sind.

Die Neuauflage spiegelt die Entwicklung der behandelten Rechtsgebiete wieder. Die in Form von Textbeispielen vorgeschlagenen Formulare, sowie insbesondere die zugehörigen Anmerkungen wurden gegenüber der Vorauflage grundlegend neu bearbeitet. Der Bearbeitungsstand entspricht in etwa Juli/August 2017, teilweile Oktober 2017.

Im Kreis der Autoren haben sich Änderungen ergeben:
Rechtsanwalt Dr. Helmut Eichmann, der bis zur Vorauflage den Teil Geschmacksmusterrecht bearbeitet hat, ist auf eigenen Wunsch ausgeschieden. An seine Stelle sind Herr Rechtsanwalt Dr. Holger Gauss, München, und Herr Rechtsanwalt Dr. Ekkehard Stolz, Stuttgart, getreten. Herr Rechtsanwalt Prof. Dr. Christian Rohnke und Frau Rechtsanwältin Marion Jacob haben in der Vorauflage das Markenrecht bearbeitet. Beide sind auf eigenen Wunsch ausgeschieden. An ihre Stelle sind die Rechtsanwälte Robert Briske und Dr. Matthias Kloth (beide Hamburg) getreten. Rechtsanwalt Wolf Graf von Schwerin (Düsseldorf) hat bisher alleinverantwortlich den Teil „Gebrauchsmusterrecht" bearbeitet. Er wird nunmehr von Frau Rechtsanwältin Eva Geschke (Düsseldorf) unterstützt. Rechtsanwalt Prof. Dr. Thomas Sambuc (Stuttgart) hat bisher mit Herrn Rechtsanwalt Dr. Ekkehard Stolz den Bereich des UWG (Im Kapitel A die Formulare 12, 13, 18, 19, 23) bearbeitet. An die Stelle des Herrn Dr. Stolz ist in dieser Auflage Herr Rechtsanwalt Dr. Alexander Hauch (Stuttgart) getreten. Allen ausgeschiedenen Autoren gebührt an dieser Stelle ein sehr herzlicher Dank. Sie haben zu dem Erfolg dieses Werkes maßgeblich beigetragen. Die neu eintretenden Autoren begrüße ich sehr herzlich und danke ihnen für ihre wertvollen Beiträge.

Verlag, Herausgeber und Autoren haben im Zusammenhang mit der Vorauflage aus Kreisen der Benutzer Verbesserungsvorschläge und Anregungen erhalten. Sie sind dafür dankbar und möchten erneut dazu auffordern, auch in Zukunft diesem Buch ein kritisches Interesse zu widmen.

Düsseldorf, im Oktober 2017 *Peter Mes*

Vorwort zur 1. Auflage

Dieses vom Verlag, Herausgeber und Autoren der Öffentlichkeit vorgelegte Handbuch folgt der Tradition des Beck'schen Prozeßformularbuchs. Das Beck'sche Prozeßformularbuch ist in der 1. Auflage 1980 erschienen und liegt nunmehr in der 8. Auflage 1998 vor. Der Prozeß und das Instrumentarium des Prozeßrechts dienen der Verwirklichung des materiellen Rechts. Dabei zeigt sich, daß Verzögerungen oder gar Vereitelungen der Durchsetzung nur deshalb eintreten, weil der Recht suchende Bürger, das Unternehmen und auch der eingeschaltete Anwalt Mühe haben, die in der jeweils gegebenen Situation geeignet erscheinenden Schritte zu ergreifen, insbesondere Anträge, Klagen, Erwiderungen, Rechtsmittel und/oder Rechtsbehelfe angemessen auszuwählen und zu begründen. Mit dem Beck'schen Prozeßformularbuch war ein erster Versuch unternommen, der Vielgestaltigkeit prozessualer Möglichkeiten auf den verschiedensten Rechtsgebieten Rechnung zu tragen. So finden sich schon dort auch auf mehr als 170 Seiten Textbeispiele für den Bereich des gewerblichen Rechtsschutzes, des Urheberrechts und des Presserechts. Damit konnte Wesentliches, aber nicht die gesamte Vielschichtigkeit dieses interessanten und wirtschaftlich bedeutsamen Rechtsgebietes dargestellt werden. Diese Lücke soll durch dieses Prozeßformularbuch, das nur dem gewerblichen Rechtsschutz und Urheberrecht einschließlich Presserecht gewidmet ist, geschlossen werden. In ihm sind auf ca. 1000 Seiten über 170 umfangreiche Schriftsätze, Anträge und Klagen von namhaften Autoren zusammengefaßt, die umfassend die forensische Tätigkeit im „Grünen Bereich" beschreiben.

Alter Tradition folgend gehört zum Bereich des gewerblichen Rechtsschutzes auch das Wettbewerbsrecht. Seiner Handhabung ist breiter Raum eingeräumt worden. Jedoch auch die anderen Bereiche des gewerblichen Rechtsschutzes werden umfassend dargestellt, so das Markenrecht, das Patentrecht, das Gebrauchsmusterrecht, das Arbeitnehmererfindungsrecht, des weiteren das Geschmacksmusterrecht, das Urheber- und Verlagsrecht sowie das Presse- und Persönlichkeitsrecht. Die Darstellung erfolgt anhand von sogenannten „Formularen". Es handelt sich dabei nicht um „Muster im klassischen Sinn", die vom Benutzer mehr oder weniger wörtlich übernommen werden könnten, sondern vielmehr um Textbeispiele, die das jeweils Typische einer zugrundegelegten vorprozessualen Situation oder einer Prozeßlage darstellen.

Die Anmerkungen haben bewußt vertiefenden Charakter. Sie sollen die Besonderheiten des materiellen Rechts, des weiteren auch alternative Gestaltungsmöglichkeiten aufzeigen. In ihnen sind umfassend weiterführende Hinweise auf Rechtsprechung und Schrifttum enthalten. Den jeweiligen Anmerkungen ist ein Schrifttumshinweis vorangestellt, der weiterführende Literatur enthält. Es wurde bewußt darauf verzichtet, den einzelnen Formularen und/oder den behandelten Sachgebieten eine Einführung in das zugehörte materielle Recht beizufügen. Denn die Formulare einschließlich zugehöriger Anmerkungen sind aus sich heraus verständlich.

Für Anregungen und Verbesserungsvorschläge sind Herausgeber, Verfasser und Verlag dankbar.

Düsseldorf im April 2000 *Peter Mes*

Inhaltsübersicht

Vorwort zur 5. Auflage V
Vorwort zur 1. Auflage VI
Verzeichnis der Bearbeiter XV
Abkürzungs- und Literaturverzeichnis XVII

A. Gesetz gegen den unlauteren Wettbewerb 1
B. Markenrecht 231
C. Patentrecht 433
D. Gebrauchsmusterrecht 675
E. Arbeitnehmererfinderrecht 783
F. Geschmacksmusterrecht 905
G. Urheber- und Verlagsrecht 1011
H. Presserecht 1167

Sachverzeichnis 1251

Inhaltsverzeichnis

Vorwort zur 5. Auflage V
Vorwort zur 1. Auflage VI
Verzeichnis der Bearbeiter XV
Abkürzungs- und Literaturverzeichnis XVII

A. Gesetz gegen den unlauteren Wettbewerb

1. Wettbewerbsrechtliche Abmahnung 1
2. Strafbewehrte Unterlassungserklärung 27
3. Schutzschrift 35
4. Antrag auf Erlass einer einstweiligen Verfügung 42
5. Eidesstattliche Versicherung 57
6. Zustellungsauftrag an den Gerichtsvollzieher 58
7. Abschlussschreiben 68
8. Widerspruch 77
9. Widerspruch mit Anträgen und Begründung einschließlich Antrag auf Einstellung der Zwangsvollstreckung 80
10. Kostenwiderspruch 83
11. Wettbewerbsrechtliche Klage 88
12. Klage wegen Nachahmung eines Produkts (§§ 4 Nr. 3, 3 UWG) 99
13. Klage wegen Nachahmung von Verpackung und Werbung 119
14. Klage wegen Boykottaufruf 129
15. Klage wegen wettbewerbswidriger Preisunterbietung 134
16. Klage wegen Verstoßes gegen § 299 Abs. 2 StGB (Bestechung im geschäftlichen Verkehr/Rechtsbruch) 139
17. Klage wegen Verstoßes gegen §§ 3, 4 Nr. 2 Hs. 1 UWG 144
18. Klage wegen Geheimnisverrats (§ 17 UWG) 150
19. Klage wegen Vorlagenfreibeuterei (§ 18 Abs. 1 UWG) 159
20. Klage aufgrund Heilmittelwerbegesetzes (HWG) 164
21. Klage wegen Verstoßes gegen die Preisangabenverordnung 172
22. Klageerwiderung 176
23. Klageerwiderung Nachahmung 182
24. Antrag nach § 890 ZPO 190
25. Antrag auf Festsetzung von Zwangsmitteln (§ 888 ZPO) 197
26. Antrag auf Erhebung der Hauptsacheklage nach § 926 ZPO 200
27. Antrag auf Aufhebung der einstweiligen Verfügung wegen veränderter Umstände gemäß § 927 ZPO 202
28. Klage auf Schadensersatz gemäß § 945 ZPO 206
29. Klage auf Zahlung einer Vertragsstrafe 211
30. Antrag an die Einigungsstelle nach § 15 UWG 218
31. Beweisantrag/Fragebogen für Verkehrsbefragung 221
32. Anregung auf Vorabentscheidung durch den EuGH gemäß Art. 267 AEUV 225

B. Markenrecht

1.	Markenanmeldung beim DPMA	231
2.	Antrag auf Eintragung einer Marke aufgrund von Verkehrsdurchsetzung	256
3.	Widerspruch gegen die Eintragung einer deutschen Marke	265
4.	Abgrenzungsvereinbarung	280
5.	Beschwerde	286
6.	Rechtsbeschwerde	292
7.	Eintragungsbewilligungs- und Löschungsklage	298
8.	Löschungsantrag	303
9.	Löschungsklage	312
10.	Abmahnung	320
11.	Schutzschrift	326
12.	Antrag auf Erlass einer einstweiligen Verfügung gegen Domain und Metatag	332
13.	Markenverletzungsklage	340
14.	Klageerwiderung	365
15.	Klage gegen Parallelimporteur	372
16.	Klage des Lizenzgebers gegen den Lizenznehmer	382
17.	Klage wegen Verletzung einer geschäftlichen Bezeichnung	390
18.	Klage wegen Titelverletzung	400
19.	Bezifferte Schadensersatzklage	406
20.	Klage wegen Verletzung einer geographischen Herkunftsangabe	411
21.	Strafanzeige	418
22.	Grenzbeschlagnahmeantrag	423

C. Patentrecht

1.	Hinweisschreiben/Berechtigungsanfrage	433
2.	Verwarnung wegen Patentverletzung	447
3.	Verwarnung wegen Patentverletzung unter gleichzeitiger Übersendung eines Klageentwurfs	480
4.	Antwortschreiben des wegen Patentverletzung Inanspruchgenommenen	483
5.	Klage wegen unmittelbarer Patentverletzung (§ 9 S. 2 Nr. 1 PatG)	493
6.	Klage wegen Patentverletzung in Form einer Verfahrensbenutzung (§ 9 S. 2 Nr. 2 PatG)	527
7.	Klage wegen Vertriebs eines durch ein patentgeschütztes Verfahren unmittelbar hergestellten Erzeugnisses (§ 9 S. 2 Nr. 3 PatG)	541
8.	Klage wegen mittelbarer Patentverletzung (§ 10 PatG)	550
9.	Formelle Klageerwiderung in einer Patentverletzungsstreitigkeit	563
10.	Materielle Erwiderung auf eine Klage wegen unmittelbarer Patentverletzung (§ 9 S. 2 Nr. 1 PatG)	572
11.	Materielle Erwiderung auf eine Klage wegen Patentverletzung in Form einer Verfahrensbenutzung (§ 9 S. 2 Nr. 2 PatG)	584
12.	Materielle Erwiderung auf eine Klage wegen Patentverletzung gemäß § 9 S. 2 Nr. 3 PatG	587
13.	Materielle Erwiderung auf eine Klage wegen mittelbarer Patentverletzung (§ 10 PatG)	590
14.	Patentnichtigkeitsklage (gegen deutsches Patent)	592
15.	Widerspruch auf Nichtigkeitsklage	602
16.	Klageerwiderung auf Nichtigkeitsklage	605
17.	Klage wegen Verletzung eines europäischen Patents mit Auslandsberührung	608

18. Nichtigkeitsklage gegen den deutschen Teil eines europäischen Patents .. 618
19. Negative Feststellungsklage 621
20. Antrag auf Erlass einer einstweiligen Verfügung wegen Unterlassung von Abnehmerverwarnungen 628
21. Antrag auf Erlass einer einstweiligen Verfügung wegen Patentverletzung (unmittelbare Patentverletzung, § 9 S. 2 Nr. 1 PatG) 635
22. Antrag im selbstständigen Beweisverfahren und einstweiligen Verfügungsverfahren 648
23. Schutzschrift in einem etwaigen einstweiligen Verfügungsverfahren wegen vermeintlicher Patentverletzung 657
24. Schadensersatzhöheklage wegen Patentverletzung 662
25. Klage wegen Patentberühmung 668
26. Antrag auf Grenzbeschlagnahme patentverletzender Erzeugnisse (§ 142a PatG) 672

D. Gebrauchsmusterrecht

1. Berechtigungsanfrage 675
2. Abmahnung wegen Gebrauchsmusterverletzung 680
3. Erwiderung auf Abmahnung 692
4. Einstweilige Verfügung wegen Abnehmerverwarnung 697
5. Klage wegen wortsinngemäßer Gebrauchsmusterverletzung 706
6. Klage wegen äquivalenter Gebrauchsmusterverletzung 723
7. Formelle Klageerwiderung 738
8. Materielle Klageerwiderung (ohne Aussetzungsantrag) 740
9. Materielle Klageerwiderung (mit Aussetzungsantrag) 745
10. Außergerichtliche Vollstreckung aus einem erstinstanzlichen Urteil wegen Gebrauchsmusterverletzung 748
11. Klage auf bezifferten Schadensersatz wegen Gebrauchsmusterverletzung 750
12. Einstweilige Verfügung wegen Gebrauchsmusterverletzung 753
13. Besichtigungsantrag wegen voraussichtlicher Gebrauchsmusterverletzung 761
14. Einstweilige Verfügung wegen unzulässiger Werbung für Gebrauchsmusterschutz 762
15. Löschungsantrag beim Deutschen Patent- und Markenamt 765
16. Widerspruch gegen Löschungsantrag 772
17. Beschwerde gegen die Entscheidung der Gebrauchsmusterabteilung im Löschungsverfahren 775
18. Beschwerdebegründung 777
19. Formelle Beschwerdeentgegnung 779
20. Materielle Beschwerdeentgegnung 780

E. Arbeitnehmererfinderrecht

1. Erfindungsmeldung 783
2. Bestätigung des Eingangs der Erfindungsmeldung durch den Arbeitgeber 795
3. Beanstandung der Erfindungsmeldung durch den Arbeitgeber 798
4. Erklärung der Inanspruchnahme/Mitteilung der erfolgten Inanspruchnahme einer Diensterfindung 799
5. Aufforderung des Arbeitnehmers an Arbeitgeber, die gemeldete Diensterfindung zum Schutzrecht anzumelden 807
6. Freigabe der Erfindung 810

7.	Aufgabe der Schutzrechtspositionen	814
8.	Vergütungsvereinbarung	824
9.	Vergütungsfestsetzung	836
10.	Widerspruch gegen Vergütungsfestsetzung	842
11.	Verlangen einer Neuregelung der Vergütung wegen wesentlicher Änderung der für die Feststellung der Vergütung maßgebenden Umstände (§ 12 Abs. 6 ArbEG)	844
12.	Geltendmachung der Unbilligkeit einer Vereinbarung (§ 23 Abs. 2 ArbEG)	847
13.	Übernahme einer Schutzrechtsposition durch Arbeitnehmer in der Insolvenz des Arbeitgebers	851
14.	Stufenklage auf Auskunftserteilung und Rechnungslegung sowie Zahlung einer vom Gericht zu bestimmenden angemessenen Erfindervergütung	855
15.	Klageerwiderung auf eine Stufenklage auf Rechnungslegung und Zahlung einer angemessenen Erfindervergütung	873
16.	Klagebeantwortung mit teilweisem Anerkenntnis	877
17.	Antrag an die Schiedsstelle	882
18.	Klage auf Übertragung eines Schutzrechts	890

F. Geschmacksmusterrecht

1.	Berechtigungsanfrage	905
2.	Antwort auf Berechtigungsanfrage	911
3.	Verwarnung	916
4.	Antwort auf Verwarnung	932
5.	Schutzschrift	937
6.	Antrag auf Erlass einer einstweiligen Verfügung aufgrund nicht eingetragenem Gemeinschaftsgeschmacksmuster (mit Herausgabeanordnung)	945
7.	Aufforderung zur Drittauskunft aufgrund eingetragenem Gemeinschaftsgeschmacksmuster	962
8.	Antrag auf Erlass einstw. Verfügung aufgrund eingetragenem Gemeinschaftsgeschmacksmuster (mit Drittauskunft und Belegvorlage)	967
9.	Verletzungsklage aufgrund eingetragenem Gemeinschaftsgeschmacksmuster	973
10.	Erwiderung auf Verletzungsklage	983
11.	Nichtigkeitswiderklage	987
12.	Antrag auf Nichtigerklärung eines eingetragenen Gemeinschaftsgeschmacksmusters	994
13.	Übertragungsklage	1002
14.	Antrag auf Grenzbeschlagnahme	1006

G. Urheber- und Verlagsrecht

1.	Urheberrechtliche Abmahnung	1011
2.	Unterlassungserklärung	1021
3.	Verzichtsvereinbarung	1026
4.	Schutzschrift	1029
5.	Antrag auf Erlass einer einstweiligen Verfügung	1037
6.	Widerspruch	1057
7.	Anordnung auf Klageerhebung	1061
8.	Aufhebungsverfahren	1064

9. Aufhebung wegen veränderter Umstände 1067
10. Antrag auf Erlass einer einstweiligen Verfügung – Auskunft über Herkunft und Vertriebsweg 1071
11. Antrag auf Erlass einer einstweiligen Verfügung zur Sicherstellung 1077
12. Abschlussschreiben 1081
13. Abschlusserklärung 1084
14. Unterlassungs-, Auskunfts- und Schadensersatzklage 1087
15. Klageerwiderung zur Unterlassungsklage 1109
16. Klage auf Einwilligung in die Verwertung (§§ 8, 9 UrhG) 1120
17. Klage auf Zugang (§ 25 UrhG) 1125
18. Klage auf Vertragsanpassung für angemessene Vergütung (§ 32 UrhG) 1128
19. Klage auf weitere Beteiligung (§ 32a UrhG) „Fairnessausgleich" 1134
20. Klage auf Vervielfältigung und Verbreitung 1140
21. Verlagsrechtliche Abrechnungs- und Zahlungsklage 1144
22. Klage wegen der Verletzung des Rechts am eigenen Bild 1148
23. Strafantrag wegen unerlaubter Verwertung urheberrechtlich geschützter Werke (§ 106 UrhG) 1155
24. Antrag zur Überprüfung der Angemessenheit eines Tarifs 1158
25. Antrag auf Abschluss eines Gesamtvertrages 1162

H. Presserecht

1. Gegendarstellung 1167
2. Aufforderungsschreiben zum Abdruck einer Gegendarstellung 1183
3. Ablehnung der Veröffentlichung einer Gegendarstellung 1189
4. Antrag auf Anordnung der Veröffentlichung einer Gegendarstellung 1191
5. Antrag auf Abweisung eines Antrags auf Veröffentlichung einer Gegendarstellung 1197
6. Unterlassungsanspruch – vorprozessuale Abmahnung 1199
7. Unterlassungsanspruch – Unterlassungs- und Verpflichtungserklärung ... 1223
8. Zurückweisung der Abmahnung/Ablehnung der Unterlassungs- und Verpflichtungserklärung 1226
9. Schutzschrift 1227
10. Antrag auf Erlass einer einstweiligen Verfügung 1230
11. Zwangsvollstreckung 1233
12. Abschlussschreiben/Abschlusserklärung 1235
13. Widerruf (Rücknahme, Richtigstellung, Klarstellung) 1237
14. Eingeschränkter Widerruf (Nichtaufrechterhalten) 1239
15. Distanzierung 1240
16. Berichtigende Ergänzung 1240
17. Nachträgliche Ergänzung 1241
18. Vorläufiger Widerruf 1241
19. Klage auf Unterlassung, Widerruf, Schadensersatzfeststellung und Zahlung einer Geldentschädigung (immaterieller Schadensersatz) 1242
20. Klageerwiderung 1247

Sachverzeichnis 1251

Verzeichnis der Bearbeiter

Robert Briske	B. Markenrecht (zusammen mit Dr. Matthias Kloth)
Prof. Dr. Emanuel Burkhardt	H. Presserecht
Dr. Holger Gauss	F. Geschmacksmusterrecht (zusammen mit Dr. Ekkehard Stolz)
Eva Geschke	D. Gebrauchsmusterrecht (zusammen mit Wolf Graf v. Schwerin)
Dr. Alexander Hauch	A. Gesetz gegen den unlauteren Wettbewerb Form. 12, 13, 18, 19, 23 (zusammen mit Prof. Dr. Thomas Sambuc)
Dr. Matthias Kloth	B. Markenrecht (zusammen mit Robert Briske)
Prof. Dr. Peter Lutz	G. Urheber- und Verlagsrecht
Prof. Dr. Peter Mes	C. Patentrecht
Gereon Rother	E. Arbeitnehmererfinderrecht
Prof. Dr. Thomas Sambuc	A. Gesetz gegen den unlauteren Wettbewerb Form. 12, 13, 18, 19, 23 (zusammen mit Dr. Alexander Hauch)
Dr. Andreas Schabenberger	A. Gesetz gegen den unlauteren Wettbewerb Form. 1–11, 14–17, 20–22, 24–32 (zusammen mit Dr. Matthias Sonntag)
Wolf Graf v. Schwerin	D. Gebrauchsmusterrecht (zusammen mit Eva Geschke)
Dr. Matthias Sonntag	A. Gesetz gegen den unlauteren Wettbewerb Form. 1–11, 14–17, 20–22, 24–32 (zusammen mit Dr. Andreas Schabenberger)
Dr. Ekkehard Stolz	F. Geschmacksmusterrecht (zusammen mit Dr. Holger Gauss)

Abkürzungs- und Literaturverzeichnis

a.	auch
aA	andere Ansicht
aaO	am angegebenen Ort
abgedr.	abgedruckt
abl.	ablehnend
ABl.	Amtsblatt
Abs.	Absatz
Abschn.	Abschnitt
Abt.	Abteilung
abw.	abweichend
aE	am Ende
AEUV	Vertrag über die Arbeitsweise der Europäischen Union
aF	alte Fassung
AfP	Archiv für Presserecht
AG	Aktiengesellschaft; Amtsgericht; Ausführungsgesetz
AGB	Allgemeine Geschäftsbedingungen
AGBG	Gesetz zur Regelung des Rechts der Allgemeinen Geschäftsbedingungen
AIPPI	Association Internationale pour la Protection de la Propriété Industrielle = Internationale Vereinigung für gewerblichen Rechtsschutz
AktG	Aktiengesetz
AktO	Aktenordnung
allg.	allgemein
allgM	allgemeine Meinung
Alt.	Alternative
aM	anderer Meinung
AMG	Arzneimittelgesetz
AMRadVO	Verordnung über radioaktive oder mit ionisierenden Strahlen behandelte Arzneimittel
amtl.	amtlich
Änd.	Änderung
ÄndG	Gesetz zur Änderung
AnfG	Anfechtungsgesetz
Anh.	Anhang
Anm.	Anmerkungen
AnwBl.	Anwaltsblatt (Jahr u. Seite)
Anz.	Anzeiger
AO	Anordnung; Abgabenordnung; Amtsordnung
ArbEG	Gesetz über Arbeitnehmererfindungen vom 25.7.1957
ArbG	Arbeitgeber; Arbeitsgericht
ArbGG	Arbeitsgerichtsgesetz
arg.	argumentum (siehe zum Beweis)
Art.	Artikel
Aufl.	Auflage
AusfG	Ausführungsgesetz
AWD	Außenwirtschaftsdienst des Betriebs-Beraters
Az.	Aktenzeichen

XVII

Abkürzungs- und Literaturverzeichnis

AZO	Arbeitszeitordnung
B	Bundes
BAG	Bundesarbeitsgericht, auch Entscheidungen des Bundesarbeitsgerichts
BAG GS	Bundesarbeitsgericht Großer Senat
BAnz.	Bundesanzeiger
Bay.	Bayern
bay.	bayerisch
BayObLG	Bayerisches Oberstes Landesgericht, auch Entscheidungssammlungen in Zivilsachen
BayVBl.	Bayerische Verwaltungsblätter (Jahr u. Seite)
BB	Der Betriebs-Berater (Jahr u. Seite)
BBG	Bundesbeamtengesetz
Bd.	Band
BeckPFormB	Mes, Beck'sches Prozessformularbuch, 13. Aufl. 2016
begl.	beglaubigt
Begr.	Begriff, Begründung
Beil.	Beilage
BekM.	Bekanntmachung
Benkard PatG/*Bearbeiter*	Benkard, Patentgesetz, Gebrauchsmustergesetz, 11. Aufl. 2015
Ber.	Berufung
bes.	besonders
Beschl.	Beschluss
Beschw.	Beschwerde
bestr.	bestritten
BestVerz.	Bestandsverzeichnis
Betr.	Der Betrieb (Jahr u. Seite)
BGB	Bürgerliches Gesetzbuch
BGBl.	Bundesgesetzblatt
BGH	Bundesgerichtshof
BGHZ	Entscheidungen des Bundesgerichtshofs in Zivilsachen
Bl.	Blatt
BLAH/*Bearbeiter*	Baumbach/Lauterbach/Albers/Hartmann, Zivilprozessordnung, 75. Aufl. 2017
BMinJ	Bundesministerium der Justiz
BMJ	Bundesminister der Justiz
BMWi	Bundesminister(ium) für Wirtschaft
BPatGE	Entscheidungen des Bundespatentgerichts
BRAO	Bundesrechtsanwaltsordnung
BR-Drs.	Bundesrats-Drucksache
BSHG	Bundessozialhilfegesetz
BSozG	Bundessozialgericht
Bsp.	Beispiel(e)
BT	Bundestag
BT-Drs.	Bundestags-Drucksache
BtMG	Betäubungsmittelgesetz
Buchst.	Buchstabe
Büro	Das Juristische Büro (Jahr u. Seite)
Busse/Keukenschrijver/*Bearbeiter*	Busse/Keukenschrijver, PatG, 8. Aufl. 2016
BVerfG	Bundesverfassungsgericht
BVerfGE	Entscheidungen des Bundesverfassungsgerichts
BVerfGG	Bundesverfassungsgerichtsgesetz
BVerwG	Bundesverwaltungsgericht

Abkürzungs- und Literaturverzeichnis

BVerwGE	Bundesverwaltungsgerichtsentscheidungen
BVFG	Bundesvertriebenengesetz
BVG	Bundesversorgungsgesetz
BW	Baden-Württemberg
bzgl.	bezüglich
bzw.	beziehungsweise
ca.	circa
Co.	Companie
CR	Computer und Recht
D	Bundesrepublik Deutschland
DBG	Deutsches Beamtengesetz
DDR	Deutsche Demokratische Republik
DEAS	Deutsche Auslegeschrift
DEBP	Deutsches Bundespatent
DEGM	Deutsche Bundesgebrauchsmuster
DEOS	Deutsche Offenlegungsschrift
DEPS	Deutsche Patentschrift
ders.	derselbe
DEWZ	Deutsches Warenzeichen
dgl.	dergleichen
DGVZ	Deutsche Gerichtsvollzieher Zeitung
DIN	Deutsche Industrienorm
dingl.	dinglich
Dipl.-Ing.	Diplom Ingenieur
DJ	Deutsche Justiz (Jahr u. Seite)
DM	Deutsche Mark
DNotZ	Deutsche Notar-Zeitschrift (Jahr u. Seite)
DÖV	Die Öffentliche Verwaltung
DPA	Deutsches Patentamt
DPMA	Deutsches Patent und Markenamt
DPMAV	Verordnung über das Deutsche Patent- und Markenamt
Dreier/Schulze	Dreier/Schulze, UrhG, 5. Aufl. 2015
DRiG	Deutsches Richtergesetz
DRiZ	Deutsche Richterzeitung
DVBl.	Deutsches Verwaltungsblatt
DVO	Durchführungsverordnung
DVUM	Delegierte Unionsmarkenverordnung (EU) Nr. 1430/2017
e.	eines
EA	Einstweilige Anordnung
ebd.	ebenda
EDV	Elektronische Datenverarbeitung
EG	Einführungsgesetz; Europäische Gemeinschaft
EGBGB	Einführungsgesetz zum Bürgerlichen Gesetzbuch
EGGVG	Einführungsgesetz zum Gerichtsverfassungsgesetz
eGmbH	Eingetragene Genossenschaft mit beschränkter Haftung
EGStGB	Einführungsgesetz zum StGB
Einf.	Einführung
Einl.	Einleitung
einschl.	einschließlich
einstw	einstweilig
EntlG	Entlastungsgesetz
entspr.	entsprechend, entspricht
EP	Europäisches Patent
EPA	Europäisches Patentamt
EPS	Europäische Patentschrift

EPÜ	Europäisches Patentübereinkommen
ER	Einzelrichter
ErstrG	Erstreckungsgesetz
ERVDPMAV	Verordnung über den elektronischen Rechtsverkehr beim Deutschen Patent- und Markenamt
etc	et cetera (und so weiter)
EU	Europäische Union
EuGH	Gerichtshof der Europäischen Union
EuGVÜ	Brüsseler Übereinkommen über die gerichtliche Zuständigkeit und die Vollstreckung von Entscheidungen in Zivil und Handelssachen (1968)
EuGVVO	Verordnung (EG) Nr. 44/2001 des Rates vom 22.12.2000 über die gerichtliche Zuständigkeit und die Anerkennung und Vollstreckung von Entscheidungen in Zivil- und Handelssachen (ABl. 2001 L 12, 1)
EuropaR	Europarecht
EUV	Vertrag über die Europäische Union (Stand Lissabon)
EuZW	Europäische Zeitschrift für Wirtschaftsrecht
eV	eingetragener Verein
EV	Einigungsvertrag vom 31.8.1990 (BGBl. II 889)
evtl.	eventuell
EWG	Europäische Wirtschaftsgemeinschaft
EWGV	Vertrag zur Gründung der Europäischen Wirtschaftsgemeinschaft
EWiR	Entscheidungen zum Wirtschaftsrecht
EWR	Europäischer Wirtschaftsraum
EWS	Europäisches Wirtschafts- und Steuerrecht, Europäisches Währungssystem
f., ff.	folgende Seite bzw. Seiten
Fa.	Firma
FamRZ	Ehe und Familie im privaten und öffentlichen Recht
Fezer/Büscher/Obergfell	Fezer/Büscher/Obergfell, Lauterkeitsrecht: UWG, 3. Aufl. 2016
FG	Finanzgericht
FGG	Gesetz über die Angelegenheiten der freiwilligen Gerichtsbarkeit
FGO	Finanzgerichtsordnung
Fn.	Fußnote
Form.	Formular
FRPS	Französische Patentschrift
FS	Festschrift
GBl.	Gesetzblatt
GbR	Gesellschaft bürgerlichen Rechts
GebrMG	Gebrauchsmustergesetz
GebVerz	Allgemeines Gebührenverzeichnis
Geimer/Schütze IntRechtsverkehr	Geimer/Schütze, Der Internationale Rechtsverkehr in Zivil und Handelssachen, 52. Aufl. (Stand: 2016)
Gem	Gemeinde, gemeines, gemischtes, gemeinsam, Gemeinschafts-
gem.	gemäß
GemSOGB	Gemeinsamer Senat der Obersten Gerichtshöfe des Bundes
GenG	Genossenschaftsgesetz
GerNov	Gerichtsstandsnovelle
Gerold/Schmidt/*Bearbeiter*	Gerold/Schmidt, RVG, Kommentar, 22. Aufl. 2015

Abkürzungs- und Literaturverzeichnis

GerVollz.	Gerichtsvollzieher oder Der Gerichtsvollzieher (Jahrgang u. Seite)
Ges.	Gesetz
GeschmMG	Geschmacksmustergesetz
GewO	Gewerbeordnung
gez.	gezeichnet
GG	Grundgesetz
ggf.	gegebenenfalls
GKG	Gerichtskostengesetz
Gloy/Loschelder/Erdmann UWG-HdB/*Bearbeiter*	Gloy/Loschelder/Erdmann, Handbuch des Wettbewerbsrechts, 4. Aufl. 2010
GmbH	Gesellschaft mit beschränkter Haftung
GmbHG	Gesetz betr. die Gesellschaften mit beschränkter Haftung
GMV	Verordnung (EG) Nr. 207/2009 des Rates vom 26. Februar 2009 über die Gemeinschaftsmarke
GoA	Geschäftsführung ohne Auftrag
GPÜ	Gemeinschaftspatentübereinkommen
Grdz.	Grundzüge
GRUR (Int.)	Gewerblicher Rechtsschutz und Urheberrecht (Jahr u. Seite) – (Internationale Ausgabe)
GrZS	Großer Senat in Zivilsachen
GS	Großer Senat
GStW	Gebührenstreitwert
GV NW/GV NRW	Gesetz- und Verordnungsblatt für das Land Nordrhein Westfalen
GVG	Gerichtsverfassungsgesetz
GVGA	Geschäftsanweisung für Gerichtsvollzieher
GVKostG	Gerichtsvollzieherkostengesetz
GVO	Gerichtsvollzieherordnung
GVOBl.	Gesetz- und Verordnungsblatt
GWB	Gesetz gegen Wettbewerbsbeschränkungen
hA	herrschende Ansicht/Auffassung
HaftPflG	Haftpflichtgesetz
HandwO	Handwerksordnung
Harte-Bavendamm/Henning-Bodewig/*Bearbeiter*	Harte-Bavendamm/Henning-Bodewig, UWG, 4. Aufl. 2016
Hartmann	Hartmann, Kostengesetze, KurzKomm., 47. Aufl. 2017
HdB	Handbuch
HGB	Handelsgesetzbuch
hL	herrschende Lehre
hM	herrschende Meinung
HMA	Haager Abkommen über die internationale Hinterlegung gewerblicher Muster und Modelle
HReg.	Handelsregister
HRR	Höchstrichterliche Rechtsprechung (Jahr u. Nr.)
Hrsg.	Herausgeber
Hs.	Halbsatz
HWG	Hessisches Wassergesetz
HZPÜ	Haager Übereinkommen über den Zivilprozess (1954)
HZÜ	Haager Übereinkommen über die Zustellung gerichtlicher und außergerichtlicher Schriftstücke im Ausland in Zivil- und Handelssachen (1965)
idÄnd.	in der Änderung
idF	in der Fassung
idR	in der Regel

IHK	Industrie und Handelskammer
iL	In Liquidation
Ingerl/Rohnke	Ingerl/Rohnke, MarkenG, 3. Aufl. 2010
insb.	insbesondere
int.	international
IntPatÜG	Gesetz über internationale Patentübereinkommen
IPrax.	Praxis des Internationalen Privat und Verfahrensrechts (Jahr u. Seite)
iRd	im Rahmen des
iS	im Sinne
iSd	im Sinne des, der
iSv	im Sinne von
iVm	in Verbindung mit
iW	im Wesentlichen
JBeitrO	Justizbeitreibungsordnung
jeweils	jeweils
JMBl.	Justizministerialblatt
JR	Juristische Rundschau (Jahr u. Seite)
jur.	juristisch
JurA	Juristische Analysen (Jahr u. Seite)
JurBüro	Das juristische Büro
JuS	Juristische Schulung (Jahr u. Seite)
Justiz	Die Justiz (Jahr u. Seite)
JVBl.	Justizverwaltungsblatt (Jahr u. Seite)
JW	Juristische Wochenschrift (Jahr u. Seite)
JZ	JuristenZeitung (Jahr u. Seite)
Kap.	Kapitel
Kfb	Kostenfestsetzungsbeschluss
KfH	Kammer für Handelssachen
Kfv	Kostenfestsetzungsverfahren
Kfz	Kraftfahrzeug
KG	Kammergericht; Kommanditgesellschaft
KGaA	Kommanditgesellschaft auf Aktien
KGJ	Jahrbuch für Entscheidungen des Kammergerichts
Köhler/Bornkamm/ Feddersen	Köhler/Bornkamm, Gesetz gegen den unlauteren Wettbewerb, 35. Aufl. 2017
Komm.	Kommentar
krit.	kritisch
KRsp.	Rechtsprechung zum Kostenrecht, Entscheidungssammlung
KSchG	Kündigungsschutzgesetz
KTS	Zeitschrift für Insolvenzrecht (Jahr u. Seite)
KUG	Gesetz betreffend des Urheberrechts an Werken der bildenden Künste und der Photographie
KV	Kostenverzeichnis (Anlage zum GKG)
LAG	Landesarbeitsgericht
lfd.	laufend
LG	Landgericht
lit.	litera (= Buchstabe)
Lit.	Literatur
LJM	Landesjustizministerium
LJV	Landesjustizverwaltung
LKartB	Landeskartellbehörde
LM	Das Nachschlagewerk des Bundesgerichtshofs in Zivilsachen, herausgegeben von Lindenmaier und Möhring (Gesetzesstelle u. Entscheidungsnr.)

LMBG	Lebensmittel und Bedarfsgegenständegesetz
Loewenheim UrhR-HdB/*Bearbeiter*	Loewenheim, Handbuch des Urheberrechts, 2. Aufl. 2010
LPG	Landespressegesetz
Ls.	Leitsatz
LSG	Landessozialgericht
LuftfzRG	Gesetz über Rechte an Luftfahrzeugen
LuftVG	Luftverkehrsgesetz
m.	mit
MA	Markenartikel
MarkenG	Gesetz über den Schutz von Marken und sonstigen Kennzeichen (Markengesetz – MarkenG) vom 25.10.1994
MarkenR	Markenrecht
MarkenV	Markenverordnung
MD	Magazindienst (Jahr, Seite)
MDR	Monatsschrift für Deutsches Recht (Jahr u. Seite)
ME	Miteigentum
Mes	Mes, Patentgesetz, Gebrauchsmustergesetz, 4. Aufl. 2015
Min.	Ministerium
Mio.	Millionen
MittPA	Mitteilungen der deutschen Patentanwälte (Jahr, Seite)
MittPräsEPA	Mitteilungen des Präsidenten des Europäischen Patentamts
MittPräsPA	Mitteilung des Präsidenten des Deutschen Patentamts
MMA	Madrider Markenabkommen
MMP	Protokoll zum MMA
MüKoBGB/*Bearbeiter*	Münchener Kommentar zum Bürgerlichen Gesetzbuch (§, Rn.)
MüKoZPO/*Bearbeiter*	Münchener Kommentar zur Zivilprozessordnung (§, Rn.)
Muster AnmV	Musteranmeldeverordnung
MusterRegV	Musterregisterverordnung
MuW	Markenschutz und Wettbewerb (Jahr, Seite)
mwN	mit weiteren Nachweisen
MWSt	Mehrwertsteuer
nachf.	nachfolgend
Nachw.	Nachweise
nF	neue Fassung
NJW	Neue Juristische Wochenschrift
NJWCor	Computerreport der NJW
NJWEWettbR	Neue Juristische Wochenschrift – Entscheidungsdienst Wettbewerbsrecht
NJW-RR	Neue Juristische Wochenschrift – Rechtsprechungs-Report Zivilrecht (Jahr u. Seite)
Nr.	Nummer
NRW	Nordrhein-Westfalen
NZB	Nichtzulassungsbeschwerde
o.	oben, oder
oa	oben angegeben(en)
oä	oder ähnlich
OFD	Oberfinanzdirektion
OGHbrZ	Oberster Gerichtshof für die britische Zone
oHG	Offene Handelsgesellschaft
Ohly/Sosnitza	Ohly/Sosnitza, Gesetz gegen den unlauteren Wettbewerb, 7. Aufl. 2016
OLG	Oberlandesgericht
OLGZ	Entscheidungen der Oberlandesgerichte in Zivilsachen

OVG	Oberverwaltungsgericht
OWiG	Gesetz über Ordnungswidrigkeiten
PA	Patentamt (Kaiserliches Patentamt, Reichspatentamt, Deutsches Patentamt); Patentanwalt
Palandt/*Bearbeiter*	Palandt, Bürgerliches Gesetzbuch, 76. Aufl. 2017 (§, Rn.)
PAngV	Preisangabenverordnung
PartG	Parteiengesetz
PatÄndG	Gesetz zur Änderung des Patentgesetzes
PatAnm	Patentanmeldung
PatAnmVO	Verordnung über die Anmeldung von Patenten (Patentanmeldeverordnung)
PatAnwO	Patentanwaltsordnung vom 7.9.1966
PatBl.	Patentblatt (Jahr, Seite)
PatG	Patentgesetz
PatGebG	Gesetz über die Gebühren des Patentamts und des Patentgerichts
PatGebZV	Verordnung über die Zahlung der Gebühren des deutschen PA und des Patentgerichts
PatKostG	Gesetz über die Kosten des Deutschen Patent- und Markenamts und des Bundespatentgerichts
PatKostZV	Verordnung über die Zahlung der Kosten des Deutschen Patent- und Markenamts und des Bundespatentgerichts
PatRModG	Gesetz zur Vereinfachung und Modernisierung des Patentrechts
PCT	Patent Cooperation Treaty (Vertrag über die internationale Zusammenarbeit auf dem Gebiet des Patentwesens)
PharmBetrV	Betriebsverordnung für pharmazeutische Unternehmen
PMZ	Blatt für Patent, Muster und Zeichenwesen (herausgegeben vom Deutschen Patentamt, Jahr, Seite)
PräsPA	Präsident des Patentamts
PrPG	Produktpiraterieschutzgesetz vom 7.3.1990
PrüfRichtl.	Richtlinien für das Prüfungsverfahren
PVÜ	Pariser Verbandsübereinkunft zum Schutz des gewerblichen Eigentums
RA	Rechtsanwalt
RabattG	Rabattgesetz
RabelsZ	Rabels Zeitschrift für ausländisches und internationales Privatrecht
RBerG	Rechtsberatungsgesetz
RdA	Recht der Arbeit (Jahr u. Seite)
RegE	Regierungsentwurf
RegNr.	Registernummer
Rev.	Revision
RG	Reichsgericht
RGBl.	Reichsgesetzblatt
RGSt	Entscheidungen des Reichsgerichts in Strafsachen
RGZ	Entscheidungen des Reichsgerichts in Zivilsachen
Richtl. EPA	Richtlinien für die Prüfung im Europäischen Patentamt (Loseblattausgabe)
RIW/AWD	Recht der internationalen Wirtschaft, Außenwirtschaftsdienst des „Betriebsberater" (Jahr u. Seite)
RL	Richtlinie
RMBeschrG	Rechtsmittelbeschränkungsgesetz
Rn.	Randnummer
Rpfleger	Der Deutsche Rechtspfleger (Jahr u. Seite)

Abkürzungs- und Literaturverzeichnis

RPflG	Rechtspflegergesetz
Rs.	Rechtssache
Rspr.	Rechtsprechung
RsprEinhG	Gesetz zur Wahrung der Einheitlichkeit der Rechtsprechung der Obersten Gerichtshöfe des Bundes vom 19.6.1968 (BGBl. 1968 I 661)
RVO	Reichsversicherungsordnung
S.	Seite
s.	siehe
s. o.	siehe oben
Schulte/*Bearbeiter*	Schulte, Patentgesetz mit Europäischem Patentübereinkommen, Kommentar auf der Grundlage der deutschen und europäischen Rechtsprechung, 9. Aufl. 2014
SGB	Sozialgesetzbuch
SGG	Sozialgerichtsgesetz
SGV NW	Sammlung des bereinigten Gesetz- und Verordnungsblattes für das Land Nordrhein-Westfalen
SJZ	Süddeutsche Juristenzeitung (Jahr u. Seite)
Slg.	amtliche Sammlung der Entscheidungen des EuGH
sog.	sogenannt
SortenSchG	Sortenschutzgesetz vom 11.12.1985
SozR	Sozialrecht, Rechtsprechung und Schrifttum, bearbeitet von den Richtern des Bundessozialgerichts
Sp.	Spalte
spät.	spätestens
städt.	städtisch(e)
StGB	Strafgesetzbuch
StPO	Strafprozessordnung
str.	strittig
StraÜ	Straßburger Übereinkommen zur Vereinheitlichung gewisser Begriffe des materiellen Rechts der Erfindungspatente vom 27.11.1996
Ströbele/Hacker	Ströbele/Hacker, MarkenG, 11. Aufl. 2015
stRspr.	ständige Rechtsprechung
TabuDPA	Taschenbuch des gewerblichen Rechtsschutzes, herausgegeben vom Deutschen Patentamt (Loseblatt)
TÄHAU	Verordnung über tierärztliche Hausapotheken
teilw.	teilweise
Thomas/Putzo/*Bearbeiter*	Thomas/Putzo, Zivilprozessordnung, 38. Aufl. 2017 (§, Rn.)
TRIPS	Agreement on traderelated aspects of intellectual property rights = Übereinkommen über handelsbezogene Aspekte der Rechte des geistigen Eigentums, vom 15.4.1994 (BGBl. 1994 II 1730)
Tz.	Textziffer
u.	unten; und; unter
ua	unter anderem
uä	und ähnliche
Überbl.	Überblick
Übers.	Übersicht
UFITA	Archiv für Urheber, Film, Funk und Theaterrecht
UMDV	Unionsmarkendurchführungsverordnung (EU) Nr. 1430/2017

XXV

UMV	Verordnung (EU) Nr. 1001/2017 des Europäischen Parlaments und des Rates vom 14. Juni 2017 über die Unionsmarke
unstr.	unstreitig
UPOV	Internationales Übereinkommen zum Schutz von Pflanzenzüchtungen, GRUR Int. 1991, 538
UR	Urkundenrolle
UrhG	Urheberrechtsgesetz
UrhSchiedsVO	Urheberrechtsschiedsstellenverordnung
UrhWG	s. WahrnG
URNr.	Urkundenrollennummer
Urt.	Urteil
usw	und so weiter
uU	unter Umständen
UWG	Gesetz gegen den unlauteren Wettbewerb
v.	von, vom
verb.	verbunden
VereinfNov	Gesetz zur Vereinfachung und Beschleunigung gerichtlicher Verfahren (Vereinfachungsnovelle)
VerfGH	Verfassungsgerichtshof
VerglO	Vergleichsordnung
VerlG	Verlagsgesetz
VersR	Versicherungsrecht
VG	Verwaltungsgericht
VGH	Verwaltungsgerichtshof
vgl.	vergleiche
vH	vom Hundert
VO	Verordnung
vollst.	vollständig
Vorb.	Vorbemerkung
VU	Versäumnisurteil
VwGO	Verwaltungsgerichtsordnung
VwKostV	Verwaltungskostenverordnung
VwVfG	Verwaltungsverfahrensgesetz
VwVG	Verwaltungsvollstreckungsgesetz
VwZG	Verwaltungszustellungsgesetz
VZS	Vereinigte Zivilsenate
WahrnV	Urheberrechtswahrnehmungsverordnung
Wandtke/Bullinger/ *Bearbeiter*	Wandtke/Bullinger, Praxiskommentar zum Urheberrecht: UrhR, 4. Aufl. 2014
WiB	Wirtschaftsrechtliche Beratung
WIPO	Weltorganisation für geistiges Eigentum (auch: OMPI)
WM	Wohnungswirtschaft und Mietrecht; Wertpapiermitteilungen
WPM	Wertpapier-Mitteilungen (Jahr u. Seite)
WRP	Wettbewerb in Recht und Praxis (Jahr u. Seite)
WuW/E	Wirtschaft und Wettbewerb. Entscheidungssammlung zum Kartellrecht
zahlr.	zahlreich
ZAP	Zeitschrift für die Anwaltspraxis
zB	zum Beispiel
ZHR	Zeitschrift für das gesamte Handelsrecht und Wirtschaftsrecht
Ziff.	Ziffer
ZIP	Zeitschrift für die gesamte Insolvenzpraxis

ZKostV	Zollkostenverordnung
Zöller/*Bearbeiter*	Zivilprozessordnung, 31. Aufl. 2016
ZLR	Zeitschrift für das gesamte Lebensmittelrecht
ZPO	Zivilprozessordnung
ZRHO	Rechtshilfeordnung in Zivilsachen
Zs.	Zeitschrift
ZSEG	Gesetz über die Entschädigung von Zeugen und Sachverständigen
zT	zum Teil
ZUM	Zeitschrift für Urheber, Film, Funk und Theaterrecht
ZVG	Zwangsversteigerungsgesetz
ZZP	Zeitschrift für Zivilprozess (Band u. Seite)

A. Gesetz gegen den unlauteren Wettbewerb

1. Wettbewerbsrechtliche Abmahnung

Telefax/Einschreiben mit Rückschein[1, 2]

B-GmbH[3]

– Geschäftsführung –

X-Stadt

Betr. A-GmbH ./. B-GmbH

Sehr geehrte Damen und Herren,

ich schreibe Ihnen namens und im Auftrag der A-GmbH,[4] X-Stadt. Die auf mich lautende Vollmacht[5] füge ich bei.

1. Sie haben am 24.3.2017 in der Zeitung „X-Stadt-Nachrichten" mit einer Anzeige für den Verkauf verschiedener Neu- und Gebrauchtwagen geworben.[6] In dieser Anzeige heißt es:
   „Autohaus B-GmbH. – Ihr Ford-Vertragspartner".
2. Diese Angabe ist irreführend gemäß §§ 3 Abs. 1, 5 Abs. 1 S. 2 Nr. 3 UWG.[7] Die Verwendung des Begriffs „Vertragspartner" ruft bei den angesprochenen Verkehrskreisen den Eindruck hervor, Ihr Unternehmen sei Vertragshändler des Automobilherstellers Ford.[8] Dieser Eindruck ist falsch. Tatsächlich ist die B-GmbH nicht Vertragshändler des Automobilherstellers Ford.
3. Diese irreführende geschäftliche Handlung ist geeignet, die Verbraucher und die sonstigen Marktteilnehmer zu einer geschäftlichen Handlung zu veranlassen, die sie andernfalls nicht getroffen hätten. Der Verkehr erwartet von einem Händler, der vertraglich in das Vertriebsnetz eines Automobilherstellers eingebunden ist, besonders geschultes Fachpersonal, mithin eine gehobene Qualität bei der Beratung, beim Service und bei Werkstattleistungen.[9]
4. Meine Mandantin betreibt wie Ihr Unternehmen in X-Stadt ein Autohaus und ist damit als Mitbewerber gemäß § 8 Abs. 3 Nr. 1 UWG befugt, wettbewerbsrechtliche Ansprüche gegen Ihr Unternehmen geltend zu machen.[10]
5. Aufgrund des aufgezeigten Wettbewerbsverstoßes steht meiner Mandantin ein Anspruch auf Unterlassung gegen Sie gemäß § 8 Abs. 1, Abs. 3 Nr. 1 UWG iVm §§ 3, 5 Abs. 1 S. 2 Nr. 3 UWG zu, den ich hiermit für meine Mandantin geltend mache. Durch den Wettbewerbsverstoß haben Sie die Wiederholungsgefahr für weitere Rechtsverletzungen begründet. Das bloße Einstellen des beanstandeten Verhaltens genügt nicht. Die durch den Wettbewerbsverstoß begründete Wiederholungsgefahr kann nur durch die Abgabe einer strafbewehrten Unterlassungserklärung ausgeräumt werden.[11] Eine vorbereitete Erklärung füge ich bei[12] und fordere Sie auf, diese für die B-GmbH zu unterzeichnen und bis spätestens
 . . . . .[13]
(hier eingehend) an mich zurückzusenden. Zur Fristwahrung genügt die Übermittlung per Telefax oder per E-Mail, wenn das Original unverzüglich folgt.[14] Sollten Sie die Frist ungenutzt verstreichen lassen, werde ich meiner Mandantin empfehlen, unverzüglich gerichtliche Hilfe in Anspruch zu nehmen.[15]

6. Nach § 12 Abs. 1 S. 2 UWG sind Sie ferner verpflichtet, meiner Mandantin die Rechtsanwaltskosten für diese Abmahnung zu erstatten.[16] Diese betragen 1,3 Geschäftsgebühren gemäß VV 2300 RVG aus einem Gegenstandswert von ...... EUR zuzüglich Auslagenpausche gemäß VV 7002 RVG und zuzüglich der gesetzlichen Umsatzsteuer. Damit ergibt sich folgender Erstattungsanspruch: ...... Ich fordere Sie auf, diesen Betrag spätestens bis zum
......
auf das angegebene Konto zu überweisen. Sollte ich innerhalb der Frist keinen Zahlungseingang feststellen, werde ich meiner Mandantin empfehlen, auch insoweit gerichtliche Hilfe in Anspruch zu nehmen.
7. Die Geltendmachung weiterer Ansprüche, insbesondere auf Auskunft und Schadensersatz, bleibt ausdrücklich vorbehalten.[17]

Mit freundlichen Grüßen

Rechtsanwalt[23, 24, 25, 26, 27]

Anlagen:
- Vollmacht
- strafbewehrte Unterlassungserklärung

Strafbewehrte Unterlassungserklärung

die B-GmbH, X-Stadt, verpflichtet sich gegenüber der A-GmbH, X-Stadt,

1. es ab sofort zu unterlassen,[18] damit zu werben, die B-GmbH sei Ford-Vertragspartner;[19]
2. für jeden einzelnen Fall der Zuwiderhandlung[20] gegen die Unterlassungsverpflichtung gemäß Ziffer 1. eine Vertragsstrafe in Höhe von 5.100 EUR[21] an die A-GmbH[22] zu zahlen.

X-Stadt, den ......

......

B-GmbH

(Unterschrift der vertretungsberechtigten Personen)

Schrifttum: *Ahrens*, Der Wettbewerbsprozess, 9. Aufl. 2016; *Emmerich*, Unlauterer Wettbewerb, 10. Aufl. 2016; *Engels/Salomon*, Vom Lauterkeitsrecht zum Verbraucherschutzrecht: UWG-Reform 2003, WRP 2004, 32; *Gerstenberg*, Zur (Gegen-)Abmahnung als Retourkutsche, WRP 2011, 1116; *Göckler*, Die Klagebefugnis vertikaler Wirtschaftsverbände, WRP 2016, 434; *Heermann/Schlingloff* (Hrsg.), Münchener Kommentar zum Lauterkeitsrecht, 2. Aufl. 2014; *Heidenreich*, Zum Kostenerstattungsanspruch für eine wettbewerbsrechtliche Gegenabmahnung, WRP 2004, 660; *Isele*, Von Urschriften und Vollziehungsmängeln, WRP 2015, 824; *Jergolla*, Das Ende der wettbewerbsrechtlichen Störerhaftung, WRP 2004, 655; *Klein*, Begründung von Beschlussverfügungen?, GRUR 2016, 899; *Kurz*, Die Vollziehung der einstweiligen Verfügung durch Zustellung an den Anwalt der Antragsgegnerin, WRP 2016, 305; *Labesius*, Zur Auslegung von Unterwerfungserklärungen als Anerkenntnis, WRP 2013, 312; *Lindacher*, Der „Gegenschlag" des Abgemahnten, FS v. Gamm, 1990, S. 83 f.; *Mayer*, Die Folgen rechtsmissbräuchlicher Abmahnungen, WRP 2011, 534; *Mees*, Verbandsklagebefugnis in Fällen des ergänzenden wettbewerblichen Leistungsschutzes, WRP 1999, 62; *Melullis*, Handbuch des Wettbewerbsprozesses, 3. Aufl. 2000; *Mes* in Beck'sches Prozessformularbuch, 13. Aufl. 2016, Form. II. P. 1.; *Ott*, Zustellungsfragen bei einer einstweiligen Verfügung, WRP 2016, 1455; *Rehart*, Die Annahme einer unzureichenden modifizierten Unterlassungserklärung – ein Dilemma des Unterlassungsgläubigers, WRP 2016, 1322; *Sack*, Der Gewinnabschöpfungsanspruch von Verbänden in der geplanten UWG-Novelle, WRP 2003, 549; *Schindler*, Die Klagebefugnis im Wettbewerbsprozess nach der UWG-Reform, WRP 2004, 835; *Schulz*, Schubladenverfügung und die Kosten der nachgeschobe-

1. Wettbewerbsrechtliche Abmahnung   A. 1

nen Abmahnung, WRP 2007, 589; *Teplitzky,* Die jüngste Rechtsprechung des BGH zum wettbewerbsrechtlichen Anspruchs- und Verfahrensrecht X und XI, GRUR 2003, 272 sowie GRUR 2007, 177; *Teplitzky,* Aktuelle Probleme der Abmahnung und Unterwerfung sowie des Verfahrens der einstweiligen Verfügung im Wettbewerbs- und Markenrecht, WRP 2005, 654; *Teplitzky,* Die Regelung der Abmahnung in § 12 Abs. 1 UWG ihre Reichweite und einige ihrer Folgen, FS Ullmann, 2006, 555; *Teplitzky,* Eingeschränkte Unterwerfungserklärungen, VuR 2009, 83; *Teplitzky,* Probleme der notariell beurkundeten und für vollstreckbar erklärten Unterlassungsverpflichtungserklärung (§ 794 Abs. 1 Nr. 5 ZPO), WRP 2015, 527; *Teplitzky,* Verfahrensgrundrechte im Recht der einstweiligen Verfügung, WRP 2016, 1181; *Teplitzky,* Wettbewerbsrechtliche Ansprüche und Verfahren, 11. Aufl. 2016; *Ungewitter,* Zur Verjährung des Aufwendungsersatzanspruchs bei Abmahnungen, GRUR 2012, 697; *Weidert,* Kostenerstattung im Abmahnwesen, AnwB 2004, 595; *Weidert,* Rechtsprobleme der Schubladenverfügung, WRP 2007, 504; *Zindel/Vorländer,* Vom Ende der Schubladenverfügung, WRP 2017, 276.

Zu weiteren Beispielen von Abmahnungen → Form. C.2 zum Patentrecht, → Form. D.2 zum GebrMG, → Form. G.1 zum Urheberrecht; zu einer wettbewerbsrechtlichen Abmahnung s. auch BeckPFormB → Form. II.P.1 mit Anmerkungen.

Anmerkungen

1. Nach § 12 Abs. 1 S. 1 UWG sollen die zur Geltendmachung eines Unterlassungsanspruchs Berechtigten den Schuldner vor der Einleitung eines gerichtlichen Verfahrens abmahnen und ihm Gelegenheit geben, den Streit durch Abgabe einer mit einer angemessenen Vertragsstrafe bewehrten Unterlassungsverpflichtung beizulegen. Soweit die Abmahnung berechtigt ist, kann gemäß § 12 Abs. 1 S. 2 UWG der Ersatz der erforderlichen Aufwendungen verlangt werden.

Bei § 12 Abs. 1 S. 1 UWG handelt es sich um eine „Soll-Vorschrift". Somit besteht keine echte Rechtspflicht zur Abmahnung. In § 12 Abs. 1 S. 1 UWG ist vielmehr eine Obliegenheit zu einer vorgerichtlichen Abmahnung geregelt (BGH GRUR 2010, 257 Rn. 9 – Schubladenverfügung). Die Abmahnung ist damit keine Voraussetzung für die Zulässigkeit oder Begründetheit der gerichtlichen Geltendmachung eines Unterlassungsanspruchs (vgl. *Ohly/Sosnitza* UWG § 12 Rn. 4). Ohne vorherige Abmahnung besteht jedoch das Risiko, dass der Schuldner den Anspruch im Prozess sofort anerkennt und dem Gläubiger trotz Prozesssieg in der Sache gemäß § 93 ZPO die Prozesskosten auferlegt werden. Denn der Schuldner eines wettbewerbsrechtlichen Unterlassungsanspruchs, der vor Einleitung eines gerichtlichen Verfahrens nicht abgemahnt wurde, wird grundsätzlich so behandelt, als habe er keine Veranlassung zur Einleitung gerichtlicher Schritte gegeben (BGH GRUR 2010, 257 Rn. 17 – Schubladenverfügung). Von diesem Grundsatz ausgehend erkennen die Gerichte nur in Ausnahmefällen an, dass eine Abmahnung entbehrlich war (hierzu *Ohly/Sosnitza* UWG § 12 Rn. 5 ff.). In der Praxis kommt der Verzicht auf die vorherige Abmahnung vor allem dann in Betracht, wenn ohnehin nicht mit einem sofortigen Anerkenntnis des Schuldners im Prozess zu rechnen ist oder wenn das Interesse des Gläubigers an einem schnellen gerichtlichen Verbot so groß ist, dass er die Kostenfolge des § 93 ZPO in Kauf nimmt.

Entbehrlich kann eine Abmahnung bei besonders großer Eilbedürftigkeit sein, etwa wenn der Wettbewerbsverstoß ohne sofortige Erwirkung einer einstweiligen Verfügung nicht mehr zu verhindern ist (*Köhler/Bornkamm/Feddersen* UWG § 12 Rn. 1.59), und zwar selbst dann nicht, wenn mit einer ganz kurzen Frist von nur wenigen Stunden abgemahnt wird. Eine vorherige Abmahnung ist auch dann regelmäßig unzumutbar und entbehrlich, wenn mit dem Unterlassungsanspruch zugleich ein Anspruch auf Sequestration rechtswidriger Waren geltend gemacht wird. Denn in diesen Fällen würde eine Abmahnung dem Anspruchsgegner Zeit und Gelegenheit geben, die rechtswidrigen Waren beiseite zu schaffen (OLG Frankfurt GRUR 2006, 264; LG Hamburg GRUR-RR 2004, 191; *Köhler/Bornkamm/Feddersen* UWG § 12 Rn. 1.61). Ausnahmsweise kann eine Abmahnung auch bei Nutzlosigkeit entbehrlich sein, wenn die Abmahnung offensichtlich nutzlos ist, beispielsweise, weil es sich um einen unnachgiebigen Schuldner handelt, aus dessen Verhalten deutlich wird, dass er auf eine Abmahnung keine strafbewehrte Unterlassungserklärung abgeben wird (*Köhler/Bornkamm/Feddersen* UWG § 12 Rn. 1.64). Entscheidend sind die Umstände des jeweiligen Einzelfalls. Ein vorsätzliches Verhalten des Verletzers wird für sich allein nicht zur einer Entbehrlichkeit einer Abmahnung führen (*Ohly/Sosnitza* UWG § 12 Rn. 7). Die Entbehrlichkeit einer Abmahnung ist und bleibt somit ein Ausnahmefall. Ist eine Abmahnung ausnahmsweise entbehrlich, kann der Schuldner allein durch den Wettbewerbsverstoß Anlass zur Klage iSd § 93 ZPO gegeben haben (*Köhler/Bornkamm/Feddersen* UWG § 12 Rn. 1.56). Er trägt die Kosten des Verfahrens damit auch dann, wenn er den Anspruch im Prozess sofort anerkennt. In der Praxis empfiehlt es sich daher, immer und gegebenenfalls mit sehr kurzer Fristsetzung (zB wenige Stunden etwa bei einem Messeauftritt, vgl. OLG Düsseldorf InstGE 4, 159), abzumahnen – es sei denn, mit dem Unterlassungsanspruch soll zugleich ein Sequestrationsanspruch geltend gemacht werden. Vgl. eingehender → Form. A.10 Anm. 7, 8.

Als weitere taktische Spielart kann der Gläubiger auch vor oder zeitgleich mit der Abmahnung eine einstweilige Verfügung erwirken, die er dem Schuldner nur dann zustellt, wenn dieser auf die Abmahnung hin keine strafbewehrte Unterlassungserklärung abgibt. Im Falle einer solchen „Schubladenverfügung" oder auch „Vorratsverfügung" (MüKoUWG/*Ottofülling* § 12 Rn. 132) trägt der abmahnende Gläubiger die Kosten des Rechtsstreits, wenn der Schuldner seinen Widerspruch auf die Kosten beschränkt (*Köhler/Bornkamm/Feddersen* UWG § 12 Rn. 1.72; MüKoUWG/*Ottofülling* § 12 Rn. 132). Der abmahnende Gläubiger trägt im Falle einer Schubladenverfügung zudem die Kosten der Abmahnung, da ein Aufwendungsersatzanspruch nach § 12 Abs. 1 S. 2 UWG nach der Rechtsprechung des BGH nur für eine Abmahnung besteht, die vor der Einleitung eines gerichtlichen Verfahrens ausgesprochen worden ist. (BGH GRUR 2010, 257 – Schubladenverfügung). Sehr kritisch zu Schubladenverfügungen: „Unsitte" *Köhler/Bornkamm/Feddersen* UWG § 12 Rn. 1.73; siehe auch OLG Frankfurt WRP 2017, 362: Enthält ein Abmahnschreiben die Angabe, dass „nach Fristablauf" gerichtliche Schritte eingeleitet werden sollen und dem Abgemahnten mit der Abmahnung Gelegenheit gegeben werde, eine strafbewehrte Unterlassungserklärung abzugeben, während zuvor oder parallel bereits eine Schubladenverfügung beantragt und erlassen wurde, kann hierin eine arglistige Täuschung des Abgemahnten liegen, da für diesen mit der Abmahnung zum Ausdruck gebracht wird, er könne mit einer strafbewehrten Unterlassungserklärung das Verfahren insgesamt außergerichtlich beenden; dazu: *Zindel/Vorländer* WRP 2017, 276.

Die Abmahnung muss dem Abgemahnten die Möglichkeit geben, ihre Berechtigung zu prüfen und durch entsprechendes Verhalten die Einleitung gerichtlicher Schritte zu vermeiden (vgl. *Ohly/Sosnitza* UWG § 12 Rn. 15; *Köhler/Bornkamm/Feddersen* UWG § 12 Rn. 1.12). Notwendige Bestandteile der Abmahnung sind daher:
- Darstellung des Sachverhalts (→ Anm. 6),
- Vorwurf wettbewerbswidrigen Verhaltens (→ Anm. 7),
- Darstellung der Aktivlegitimation des Gläubigers (→ Anm. 9),
- Aufforderung zur Abgabe einer strafbewehrten Unterlassungserklärung (→ Anm. 9),
- Androhung gerichtlicher Schritte (→ Anm. 13).

Zweckmäßig, aber nicht notwendig sind Rechtsausführungen, Fristsetzung und Vorformulierung der geforderten strafbewehrten Unterlassungserklärung. Allerdings muss die Abmahnung so konkret formuliert sein, dass sie den Schuldner in die Lage versetzt, den vermeintlichen Verstoß gegen bestimmte Vorschriften zu erkennen (BGH WRP 2015, 444 Rn. 44 – Monsterbacke II). Die Angabe von Beweismitteln ist in der Abmahnung nicht erforderlich (*Köhler/Bornkamm/Feddersen* UWG § 12 Rn. 1.29).

1. Wettbewerbsrechtliche Abmahnung A. 1

2. Abmahnungen sind geschäftsähnliche Handlungen, auf die die Vorschriften über Rechtsgeschäft und Willenserklärung entsprechend angewandt werden (*Köhler/Bornkamm/Feddersen* UWG § 12 Rn. 1.10). Die Abmahnung ist formlos möglich (*Ohly/Sosnitza* UWG § 12 Rn. 10). Üblich ist – schon aus Beweisgründen – die Schriftform. In der Praxis ist die parallele Mehrfachübermittlung (Telefax, E-Mail und einfacher Brief oder Einschreiben mit Rückschein) zu empfehlen, da der Abmahnende das Risiko des Verlusts der Abmahnung auf dem Postweg trägt (vgl. BGH GRUR 2007, 629 – Zugang des Abmahnschreibens; *Köhler/Bornkamm/Feddersen* UWG § 12 Rn. 1.43). Die Streitfrage, wer den Zugang der Abmahnung zu beweisen hat, ist vom BGH dahingehend geklärt worden, dass der Abgemahnte grundsätzlich darlegen und beweisen muss, dass ihm die Abmahnung nicht zugegangen ist. Da es sich hierbei um eine negative Tatsache handelt, trifft den Abmahnenden jedoch die sekundäre Darlegungslast – gegebenenfalls unter Beweisantritt – substantiiert darzulegen, dass die Abmahnung abgesandt worden ist (BGH GRUR 2007, 629 – Zugang des Abmahnschreibens). Der Gläubiger muss im Prozess die richtige Adressierung und ordnungsgemäße Aufgabe zur Post beweisen. Zur Glaubhaftmachung der Absendung eines Telefaxes kann die eidesstattliche Versicherung der die Absendung bewirkenden Person (Sekretärin) ausreichen; ein Sendeprotokoll ist nicht erforderlich (OLG Düsseldorf GRUR 1990, 310). Dem kann der Abgemahnte wiederum entgegentreten und den fehlenden Zugang etwa durch Benennung von Büropersonal als Zeugen unter Beweis stellen. Steht fest, dass die Abmahnung als Brief, als Telefax oder als E-Mail abgesandt worden ist, erscheint das Bestreiten des Zugangs wenig glaubhaft (§ 286 ZPO). Die zum Teil abweichende frühere instanzgerichtliche Rechtsprechung kann für die Frage des Zugangs der Abmahnung nicht mehr zugrunde gelegt werden.

Verweigert der Schuldner die Annahme grundlos oder hat er keine geeigneten und zumutbaren Vorkehrungen für den Empfang getroffen (zB während des Urlaubs), so kann er sich nicht auf den fehlenden Zugang berufen (OLG Düsseldorf GRUR-RR 2001, 199; OLG Karlsruhe NJWE-WettbR 1997, 128; OLG Naumburg NJWE-WettbR 1999, 241). Erhält der Gläubiger vor der Einreichung der Klage oder des Antrags auf Erlass einer einstweiligen Verfügung Kenntnis davon, dass die Abmahnung nicht zugegangen ist, so ist ein nochmaliger Zustellungsversuch geboten.

3. Die Abmahnung ist zu richten an den Schuldner des Unterlassungsanspruchs. Schuldner ist jeder, der eine nach § 3 UWG unzulässige geschäftliche Handlung als Täter oder Teilnehmer (Anstifter oder Gehilfe) vornimmt, § 8 Abs. 1 S. 1 UWG, oder von dem die Gefahr einer entsprechenden Zuwiderhandlung ausgeht, § 8 Abs. 1 S. 2 UWG. Aus einer geschäftlichen Handlung können sich Ansprüche gegen mehrere Schuldner ergeben (*Ohly/Sosnitza* UWG § 8 Rn. 152). Beispiele: Der Geschäftsführer einer GmbH haftet für unlautere Wettbewerbshandlungen der von ihm vertretenen Gesellschaft persönlich, allerdings nur dann, wenn er daran entweder durch positives Tun beteiligt war oder wenn er die Wettbewerbsverstöße aufgrund einer nach allgemeinen Grundsätzen des Deliktsrechts begründeten Garantenstellung hätte verhindern müssen (BGH WRP 2014, 1040 – Geschäftsführerhaftung); ein Gewerbetreibender, der die wettbewerbswidrige Weitergabe seiner Telefonnummer durch die Gemeindeverwaltung nicht unterbindet, wenn ihm dies möglich und zumutbar ist (BGH GRUR 1990, 463 (464) – Firmenrufnummer; vgl. aber BGH WRP 1999, 1045 – Räumschild); der Hersteller eines Produkts für redaktionelle Werbung, die auf einer fehlerhaften Information durch den Hersteller beruht (BGH GRUR 1993, 561 (562) – Produktinformation).

In der Vergangenheit hat die Rechtsprechung neben der wettbewerbsrechtlichen Haftung als Täter oder Teilnehmer auch die Haftung als Störer anerkannt. Störer ist, wer – ohne Täter oder Teilnehmer zu sein – in irgendeiner Weise willentlich und adäquat kausal zur Verletzung eines geschützten Guts oder zu einer verbotenen Handlung beigetragen hat (BGH GRUR 2002, 618 (619) – Meißner Dekor). Da die Störerhaftung nicht über Gebühr auf Dritte erstreckt werden darf, die nicht selbst die rechtswidrige Beeinträchtigung vorgenommen haben, setzt die Haftung des Störers nach der Rechtsprechung des BGH die Verletzung von Prüfpflichten voraus. Deren Umfang bestimmt sich danach, ob und inwieweit dem als Störer in Anspruch Genommenen nach den Umständen eine Prüfung zuzumuten ist (BGH WRP 2008, 1104 Rn. 50 – Internet-Versteigerung II). In den letzten Jahren hat der BGH entschieden, dass eine Störerhaftung für Fälle des sogenannten Verhaltensunrechts, um die es bei Wettbewerbsverstößen geht, nicht mehr in Betracht kommt (BGH WRP 2014, 1050 Rn. 11 – Geschäftsführerhaftung; BGH GRUR 2011, 152 Rn. 48 – Kinderhochstühle im Internet). Die Abschaffung der Störerhaftung im Wettbewerbsrecht ist vom BGH dadurch vorbereitet worden, dass er in der Entscheidung „Jugendgefährdende Medien bei eBay" die täterschaftliche Haftung für die Verletzung wettbewerbsrechtlicher Verkehrspflichten statuiert hat (BGH GRUR 2007, 890 – Jugendgefährdende Medien bei eBay). Wer durch sein Handeln im geschäftlichen Verkehr die ernsthafte Gefahr begründet, dass Dritte durch das Wettbewerbsrecht geschützte Interessen von Marktteilnehmern verletzen, ist nach dieser Rechtsprechung dazu verpflichtet, diese Gefahr im Rahmen des Möglichen und Zumutbaren zu begrenzen. Wer eine solche wettbewerbsrechtliche Verkehrspflicht verletzt, ist Täter einer unlauteren Wettbewerbshandlung (BGH GRUR 2007, 890 – Jugendgefährdende Medien bei eBay). Diese Rechtsprechung stützt sich auf einen allgemeinen Rechtsgrundsatz, nach dem Jeder, der in seinem Verantwortungsbereich eine Gefahrenquelle schafft oder andauern lässt, die ihm zumutbaren Maßnahmen und Vorkehrungen treffen muss, die zur Abwendung der daraus Dritten drohenden Gefahren notwendig sind (BGH GRUR 2007, 890 Rn. 36 – Jugendgefährdende Medien bei eBay). In der Entscheidung „TV-Wartezimmer" hat der BGH jüngst klargestellt, dass in solchen Fällen, in denen Personen nach der früheren Rechtsprechung als Störer in Anspruch genommen werden konnten, nun eine Haftung als Teilnehmer an einer – gegebenenfalls begründeten – fremden Haupttat in Betracht kommen kann (BGH GRUR 2015, 1025 Rn. 17 – TV-Wartezimmer). Das bei der Teilnehmerhaftung bestehende Vorsatzerfordernis könne zwar dazu führen, dass der Dritte, der nicht Adressat der Norm sei, zunächst nicht mit Aussicht auf Erfolg wettbewerbsrechtlich in Anspruch genommen werden könne. Es bestehe für denjenigen, der sich durch ein Verhalten in seinen wettbewerbsrechtlich geschützten Interessen verletzt sehe, aber die Möglichkeit, den Handelnden zunächst auf die Rechtslage hinzuweisen. Ein entsprechender Hinweis werde regelmäßig zur Folge haben, dass der Adressat der Mitteilung sein Verhalten im Weiteren korrigiere oder dass bei Fortsetzung der Verhaltensweise von einem Teilnehmervorsatz auszugehen sei (BGH GRUR 2015, 1025 Rn. 17 – TV-Wartezimmer).

Bei der Verletzung absoluter Rechte bleibt eine Haftung als Störer auf Unterlassung nach wie vor möglich (*Köhler/Bornkamm/Feddersen* UWG § 8 Rn. 2.2d). Bei der Verletzung absoluter Rechte kann als Störer in Anspruch genommen werden, wer – ohne Täter oder Teilnehmer zu sein – in irgendeiner Weise willentlich und adäquat kausal zur Verletzung des geschützten Rechtsguts beiträgt (BGH WRP 2014, 1050 Rn. 11 – Geschäftsführerhaftung).

Für Teledienstanbieter konkretisiert sich die wettbewerbsrechtliche Verkehrspflicht bei fremden Inhalten als Prüfungspflicht. Deren Bestehen und Umfang richtet sich im Einzelfall nach einer Abwägung aller betroffenen Interessen und relevanten rechtlichen Wertungen. Dabei ist zu prüfen, ob dem in Anspruch Genommenen nach den Umständen eine Prüfung zuzumuten ist (BGH GRUR 2007, 890 Rn. 38 – Jugendgefährdende Medien bei eBay). Für den Betreiber einer Internet-Auktionsplattform hat der BGH entschieden, dass die Bereitstellung der Plattform noch keine Prüfpflicht begründet. Eine Handlungspflicht entsteht aber dann, wenn der Betreiber der Plattform selbst oder über Dritte Kenntnis von konkreten rechtswidrigen Angeboten erlangt hat. Ab dem Hinweis auf eine klare Rechtsverletzung besteht ein lauterkeitsrechtliches Handlungsgebot. Der Betreiber ist dann nicht nur ver-

1. Wettbewerbsrechtliche Abmahnung   A. 1

pflichtet, das konkrete rechtswidrige Angebot unverzüglich zu sperren. Er muss auch Vorsorge treffen, dass es möglichst nicht zu weiteren gleichartigen Rechtsverletzungen kommt (BGH GRUR 2007, 890 Rn. 38 ff. – Jugendgefährdende Medien bei eBay).

Zur Begründung einer Wiederholungsgefahr für einen Unterlassungsanspruch ist eine vollendete Verletzung nach der Begründung einer Prüfungspflicht erforderlich (BGH GRUR 2007, 890 Rn. 53 – Jugendgefährdende Medien bei eBay). Dies bedeutet, dass bei einem ersten unlauteren Angebot auf einer Internetplattform der Betreiber der Plattform auf das rechtswidrige Angebot hingewiesen und zur Entfernung aufgefordert werden muss. Eine Rechtsverletzung, die mit einer berechtigten Abmahnung angegriffen werden kann, liegt erst dann vor, wenn nach dem Hinweis ein weiteres rechtswidriges Angebot erfolgt ist. Die durch den ersten Hinweis verursachten Kosten muss der Betreiber der Internetplattform nicht erstatten.

Von der Haftung als Täter oder Teilnehmer zu unterscheiden ist die Frage der Einstandspflicht für fremdes wettbewerbswidriges Verhalten, die nur aufgrund besonderer Zurechnungsnormen in Betracht kommt. In der Praxis am wichtigsten ist § 8 Abs. 2 UWG. Werden die Zuwiderhandlungen in einem Unternehmen von einem Mitarbeiter oder Beauftragten begangen, so sind nach § 8 Abs. 2 UWG der Unterlassungsanspruch und der Beseitigungsanspruch auch gegen den Inhaber des Unternehmens begründet. Mit dieser Vorschrift wird eine Erfolgshaftung ohne Exkulpationsmöglichkeit des Inhabers des Unternehmens für seine Mitarbeiter und Beauftragten konstituiert. „Beauftragter" gemäß § 8 Abs. 2 UWG kann auch ein selbständiges Unternehmen sein (BGH GRUR 1995, 605 (607) – Franchise-Nehmer) oder ein freier Journalist (OLG Hamm MD 1999, 1001; vgl. auch *Ohly/Sosnitza* UWG § 8 Rn. 150). In der Entscheidung „Geschäftsführerhaftung" hat der BGH entschieden, dass der Geschäftsführer einer GmbH für unlautere Wettbewerbshandlungen der von ihm vertretenen Gesellschaft nur dann persönlich haftet, wenn er daran entweder durch positives Tun beteiligt war oder wenn er die Wettbewerbsverstöße aufgrund einer nach allgemeinen Grundsätzen des Deliktsrechts begründeten Garantenstellung hätte verhindern müssen (BGH WRP 2014, 1050 – Geschäftsführerhaftung). Allein die Organstellung eines Geschäftsführers und seine allgemeine Verantwortlichkeit für den Geschäftsbetrieb begründen keine Verpflichtung des Geschäftsführers gegenüber außenstehenden Dritten, Wettbewerbsverstöße der Gesellschaft zu verhindern. Denn die Pflichten aus der Organstellung bestehen grundsätzlich nur gegenüber der Gesellschaft und nicht auch im Verhältnis zu außenstehenden Dritten (BGH WRP 2014, 2050 Rn. 23 – Geschäftsführerhaftung).

Im Rahmen eines bestehenden vertraglichen Schuldverhältnisses, beispielsweise einer vertraglichen Unterlassungsverpflichtung, kommt eine Haftung für Erfüllungsgehilfen gemäß § 278 BGB in Betracht.

4. Nicht jeder kann wettbewerbsrechtliche Ansprüche geltend machen. Abmahnbefugt (klagebefugt) sind ausschließlich die in § 8 Abs. 3 UWG genannten Gläubiger (Mitbewerber, rechtsfähige Verbände zur Förderung gewerblicher oder selbständiger beruflicher Interessen, qualifizierte Einrichtungen, Industrie- und Handelskammern sowie Handwerkskammern). Im Einzelnen:

a) Klagebefugt ist jeder Mitbewerber, das heißt nach der Legaldefinition des § 2 Abs. 1 Nr. 3 UWG jeder Unternehmer, der mit einem oder mehreren Unternehmen als Anbieter oder Nachfrager von Waren oder Dienstleistungen in einem konkreten Wettbewerbsverhältnis zum Verletzer steht. Ein konkretes Wettbewerbsverhältnis besteht zum einen dann, wenn zwei Parteien gleichartige Waren oder Dienstleistungen innerhalb desselben Endverbraucherkreises abzusetzen versuchen. Ein konkretes Wettbewerbsverhältnis besteht zum anderen auch dann, wenn zwischen den Vorteilen, die eine Partei durch eine Maßnahme für ihr Unternehmen oder das eines Dritten zu erreichen sucht, und den Nachteilen, die die andere Partei dadurch erleidet, eine Wechselwirkung in dem Sinne besteht, dass der eigene Wettbewerb gefördert und der fremde Wettbewerb beeinträchtigt werden kann (BGH WRP 2014, 1307 – nickelfrei; ausführlich: *Köhler/Bornkamm/Feddersen* UWG § 2 Rn. 107 ff.). An das Bestehen eines konkreten Wettbewerbsverhältnisses sind im Interesse eines wirksamen wettbewerbsrechtlichen Individualschutzes keine hohen Anforderungen zu stellen (BGH WRP 2014, 1307 Rn. 32 – nickelfrei). Das Angebot gleichartiger Waren oder Dienstleistungen innerhalb desselben Endverbraucherkreises ist der Normalfall des konkreten Wettbewerbsverhältnisses. So besteht zwischen einem Veranstalter von Lotterien und Sportwetten und einem Wettunternehmen, das über eine Internetseite Sportwetten und Pokerspiele anbietet, ein konkretes Wettbewerbsverhältnis (BGH WRP 2012, 966 Rn. 19 – Poker im Internet). Zwischen zwei Möbelgeschäften in benachbarten Orten besteht ein konkretes Wettbewerbsverhältnis (OLG Stuttgart NJWE-WettbR 1996, 20). Ein konkretes Wettbewerbsverhältnis kann auch zwischen Unternehmen bestehen, die nicht auf der gleichen Vertriebsstufe tätig sind, sofern beide Unternehmen versuchen, gleichartige Waren oder Dienstleistungen innerhalb desselben Endverbraucherkreises abzusetzen (BGH WRP 2014, 1307 Rn. 27 – nickelfrei; BGH WRP 1999, 1151 – EG-Neuwagen I; BGH GRUR 1988, 826 (827) – Entfernung von Kontrollnummern II: Wettbewerbsverhältnis zwischen Hersteller und Händler; BGH GRUR 1993, 563 (564) – Neu nach Umbau: Wettbewerbsverhältnis zwischen Großhändler und Einzelhändler). Zwischen einem Einzelhandelsunternehmen, das Sportartikel vertreibt und einer Verbundgruppe von Sportfachgeschäften besteht ein konkretes Wettbewerbsverhältnis, da die Verbundgruppe die beruflichen Interessen ihrer Mitglieder fördert und sich damit indirekt um dieselben Abnehmerkreise bemüht (BGH WRP 2012, 1216 Rn. 12 – Marktführer Sport). Zwischen einem Versicherer und einem Versicherungsmakler besteht ein konkretes Wettbewerbsverhältnis (BGH WRP 2016, 1354 Rn. 15 f. – Ansprechpartner). Ein konkretes Wettbewerbsverhältnis setzt auch nicht voraus, dass die Unternehmen der gleichen Branche angehören. Es genügt, wenn das konkrete Wettbewerbsverhältnis durch die beanstandete Wettbewerbshandlung begründet worden ist; gibt ein Kraftfahrzeugversicherer Hinweise an Geschädigte, wie sie sich gegenüber einem Sachverständigen verhalten sollen, wird dadurch ein konkretes Wettbewerbsverhältnis zu Rechtsanwälten begründet (BGH WRP 2007, 1334 Rn. 16 f. – Rechtsberatung durch Haftpflichtversicherer). Zwischen einem Unternehmen, das angeblich nickelfreie Edelstahlketten anbietet und einem Unternehmen, das ein Patent zur Herstellung nickelfreien Edelstahls ermöglicht, besteht ein konkretes Wettbewerbsverhältnis, da das Angebot angeblich nickelfreier Edelstahlketten die Patentinhaberin in der Vermarktung ihres Patents durch die Vergabe von Unterlizenzen beeinträchtigen kann (BGH WRP 2014, 1307 – nickelfrei). Ein konkretes Wettbewerbsverhältnis kann bestehen, wenn der Verletzer sich durch eine Gleichstellungsbehauptung an den Ruf der fremden Ware anhängt und diesen für den Absatz seiner Waren auszunutzen versucht (BGH WRP 2014, 1307 Rn. 33 – nickelfrei; BGH GRUR 1988, 453 – Ein Champagner unter den Mineralwässern). Ein konkretes Wettbewerbsverhältnis kann auch gegeben sein, wenn der Verletzer eine Ware oder Dienstleistung als Substitut der Ware oder Dienstleistung des Betroffenen anbietet (BGH WRP 2014, 1307 Rn. 33 – nickelfrei; BGH GRUR 1972, 553 – Statt Blumen ONKO-Kaffee; BGH GRUR 2004, 877 – Werbeblocker). Nicht ausreichend für die Begründung eines konkreten Wettbewerbsverhältnisses ist es, wenn die Maßnahme des einen Unternehmens das andere Unternehmen nur irgendwie in seinem Marktstreben betrifft (BGH WRP 2014, 1307 Rn. 23 – nickelfrei; BGH GRUR 2001, 258 – Immobilienpreisangaben). Zwischen dem Angebot von Reisedienstleistungen und der Tätigkeit einer Verbraucherzentrale besteht kein konkretes Wettbewerbsverhältnis, da sich die Kundenkreise bei der Nachfrage der jeweils angebotenen Waren und Dienstleistungen nicht überschneiden (BGH WRP 2014, 552 Rn. 16 – Werbung für Fremdprodukte). Bei den Tatbeständen der § 4 Nr. 1 UWG (Herabsetzung) und § 4 Nr. 2 UWG (Anschwärzung) ist es nicht erforderlich, dass die

1. Wettbewerbsrechtliche Abmahnung A. 1

beteiligten Unternehmen auf demselben relevanten Markt tätig sind (*Köhler/Bornkamm/ Feddersen* UWG § 2 Rn. 109d; OLG Köln WRP 2016, 268 Rn. 44; aA OLG Braunschweig GRUR-RR 2009, 140 (141)). In diesen Fällen wird das konkrete Wettbewerbsverhältnis gerade durch die Herabsetzung oder die Anschwärzung begründet. Der Tatbestand des § 4 Nr. 3 UWG setzt die Nachahmung der Waren oder Dienstleistungen eines Mitbewerbers voraus, zur Begründung eines konkreten Wettbewerbsverhältnisses ist es ausreichend, aber nicht erforderlich, dass die Unternehmen auf demselben relevanten Markt tätig sind (*Köhler/Bornkamm/Feddersen* UWG § 2 Rn. 110). Bei einer gezielten Behinderung gemäß § 4 Nr. 4 UWG wird regelmäßig ein konkretes Wettbewerbsverhältnis gegeben sein, da das behinderte Unternehmen hierdurch im Absatz behindert werden kann. Handelt der Verletzer zur Förderung fremden Wettbewerbs, so muss das Wettbewerbsverhältnis zwischen dem Verletzten und diesem Dritten bestehen (BGH GRUR 1997, 907 (908) – Emil-Grünbär-Klub).

Maßgeblich für die Beurteilung der Klagebefugnis und damit zugleich der Befugnis zur Abmahnung ist der Zeitpunkt der Verletzungshandlung. Ein Mitbewerber, der zum Zeitpunkt der Verletzungshandlung noch nicht oder nicht mehr im Wettbewerb zum Verletzer steht, ist nicht klagebefugt und damit auch nicht befugt zu einer Abmahnung (OLG Hamburg GRUR 1997, 396; vgl. *Köhler/Bornkamm/Feddersen* UWG § 8 Rn. 3.29; aA OLG Frankfurt WRP 2014, 1229 Rn. 14: einem konkreten Wettbewerbsverhältnis steht es nicht entgegen, dass die Klägerin zum Zeitpunkt der Verletzungshandlung noch keine Mitbewerberin der Klägerin war. Für die Aktivlegitimation für einen Unterlassungsanspruch ist es erforderlich, aber auch ausreichend, dass der Kläger zum Zeitpunkt der letzten mündlichen Verhandlung in einem konkreten Wettbewerbsverhältnis mit dem Beklagten steht.).

Der in einem konkreten Wettbewerbsverhältnis zum Verletzer stehende Mitbewerber kann sowohl am Sitz des Verletzers als auch am „fliegenden Gerichtsstand" des Begehungsorts klagen (§ 14 UWG).

b) Ein abstraktes Wettbewerbsverhältnis genügt seit der UWG-Novelle 2004 nicht mehr, um die Klagebefugnis zu begründen. Für ein abstraktes Wettbewerbsverhältnis genügte es, dass eine nicht gänzlich unbedeutende (potentielle) Beeinträchtigung mit einer gewissen – sei es auch nur geringen – Wahrscheinlichkeit in Betracht gezogen werden konnte (BGH WRP 1996, 1102 (1103) – Großimporteur). Besteht lediglich ein solches abstraktes Wettbewerbsverhältnis und kein konkretes Wettbewerbsverhältnis gemäß § 2 Abs. 1 Nr. 3 UWG, besteht keine Klagebefugnis. Lediglich abstrakt betroffene Mitbewerber müssen versuchen, aktivlegitimierte Verbände gemäß § 8 Abs. 3 Nr. 2, Nr. 3 oder Nr. 4 UWG einzuschalten (Begründung Gesetzesentwurf zum UWG, BT-Drs. 15/1487, 22, re. Sp.). Der Frage, ob zwischen den Parteien ein konkretes Wettbewerbsverhältnis besteht (→ Anm. 4 a)) oder ob der Mitbewerber lediglich abstrakter Mitbewerber ist, kommt daher für die Praxis erhebliche Bedeutung zu.

c) Abmahnbefugt sind nach § 8 Abs. 3 Nr. 2 UWG ferner rechtsfähige Verbände zur Förderung gewerblicher oder selbständiger beruflicher Interessen. Dazu gehören insbesondere Wettbewerbsvereine (zB Zentrale zur Bekämpfung unlauteren Wettbewerbs eV) und Fachverbände (zB Branchenverbände oder Kammern freier Berufe, vgl. BGH WRP 1998, 172 – Professorenbezeichnung in der Arztwerbung III: Landesärztekammer; BGH GRUR 2002, 717 (718) – Klagebefugnis einer Anwaltskammer). In der Praxis spielen Abmahnungen von Verbänden gemäß § 8 Abs. 3 Nr. 2 UWG, die häufig beschwerdeführend für ein Mitglied (das selbst inkognito bleiben will) tätig werden, eine große Rolle. Die Klagebefugnis der Verbände besteht unter den in § 8 Abs. 3 Nr. 2 UWG aufgeführten Voraussetzungen:

Der Verband muss rechtsfähig sein, regelmäßig handelt es sich um eingetragene Vereine oder Körperschaften des öffentlichen Rechts wie Innungen (BGH GRUR 1996, 70 – Sozialversicherungsfreigrenze) oder Kammern (BGH GRUR 2015, 286 – Spezialist für Familienrecht: Rechtsanwaltskammer; BGH GRUR 2015, 1019 Rn. 11 – Mobiler Buchhaltungsservice: Steuerberaterkammer). Die öffentlich-rechtlich organisierten Kammern freier Berufe sind Verbände zur Förderung gewerblicher Interessen im Sinne des § 8 Abs. 3 Nr. 2 UWG, da sie ungeachtet ihrer öffentlich rechtlichen Aufgabenstellung auch die beruflichen Belange ihrer Mitglieder zu wahren und zu fördern haben (BGH GRUR 2015, 1019 Rn. 11 – Mobiler Buchhaltungsservice). Der Verband muss der Förderung gewerblicher oder selbständiger beruflicher Interessen dienen. Dies muss zumindest eine der satzungsmäßigen Aufgaben des Verbands sein. Ob ein Verband im Sinne von § 8 Abs. 3 Nr. 2 UWG der Förderung gewerblicher oder selbständiger beruflicher Interessen dient, ist anhand seiner Zielsetzung, das heißt seiner Satzung und seiner tatsächlichen Betätigung, zu ermitteln (BGH GRUR 2005, 689 (690) – Sammelmitgliedschaft III; *Ohly/Sosnitza* UWG § 8 Rn. 98).

§ 8 Abs. 3 Nr. 2 UWG setzt des Weiteren voraus, dass dem Verband eine erhebliche Zahl von Unternehmern angehört, die Waren oder Dienstleistungen gleicher oder verwandter Art auf demselben Markt vertreiben. Der Begriff der Waren oder Dienstleistungen gleicher oder verwandter Art im Sinne des § 8 Abs. 3 Nr. 2 UWG ist nach der Rechtsprechung des BGH weit auszulegen. Er erfasst solche Waren oder Dienstleistungen, die sich ihrer Art nach so gleichen oder nahestehen, dass mit einer gewissen Wahrscheinlichkeit davon auszugehen ist, dass der Absatz des einen Unternehmers durch wettbewerbswidriges Handeln des anderen Unternehmers beeinträchtigt werden kann (BGH GRUR 2015, 1240 Rn. 14 – Der Zauber des Nordens). Einem Verband gemäß § 8 Abs. 3 Nr. 2 UWG gehört dann eine erhebliche Anzahl von Unternehmern an, wenn diese Mitglieder als Unternehmer, bezogen auf den maßgeblichen Markt, in der Weise repräsentativ sind, dass ein missbräuchliches Vorgehen des Verbands ausgeschlossen werden kann. Dies kann auch schon bei einer geringen Zahl auf dem betreffenden Markt tätiger Mitglieder anzunehmen sein; darauf, ob diese Verbandsmitglieder nach ihrer Zahl und ihrem wirtschaftlichen Gewicht im Verhältnis zu allen anderen auf dem Markt tätigen Unternehmern repräsentativ sind, kommt es nicht an (BGH GRUR 2015, 1240 Rn. 14 – Der Zauber des Nordens; BGH GRUR 2007, 809 (810) – Krankenhauswerbung). Die Mitgliedschaft von vier Unternehmen, die Schiffskreuzfahrten an Endverbraucher vermitteln, ist ausreichend, um ein missbräuchliches Vorgehen auszuschließen (BGH GRUR 2015, 1240 Rn. 16 – Der Zauber des Nordens). Die Mitgliedschaft von fünf Mitbewerbern, die Fotoartikel vertreiben, reicht nicht aus (BGH GRUR 2007, 610 (611) – Sammelmitgliedschaft V). Die Mitgliedschaft von sieben Kliniken und Kurkliniken ist ausreichend (BGH GRUR 2007, 809 (810) – Krankenhauswerbung). Für die Praxis ist zu empfehlen, diese Voraussetzung in jedem Einzelfall zu prüfen und nicht etwa als selbstverständlich gegeben zu unterstellen. Ein Verband gemäß § 8 Abs. 3 Nr. 2 UWG kann je nach der Zusammensetzung seiner Mitgliedschaft durchaus für bestimmte Wettbewerbsverstöße klagebefugt sein, für andere dagegen nicht. Zum Nachweis ist jedenfalls im Rahmen eines Rechtsstreits die namentliche Benennung der Mitglieder erforderlich, denn der Verletzer hat ein berechtigtes Interesse daran, selbst zumindest durch Stichproben der Frage nachgehen zu können, ob die bezeichneten Unternehmen (noch) Mitglieder sind und ob die Angaben des Verbandes zur Branchenzugehörigkeit, zur Marktstärke und zum örtlichen Betätigungsfeld der Mitgliedsunternehmen (noch) Gültigkeit haben; eventuelle Geheimhaltungsinteressen des Verbandes haben zurückzustehen (BGH GRUR 1996, 217 (218) – Anonymisierte Mitgliederliste).

Nach der Rechtsprechung kann sich ein Verband auch auf mittelbare Mitglieder berufen. Es genügt, dass ein Verband, der dem klagenden Verband Wettbewerber des Wettbewerbsverletzers als (mittelbare) Mitglieder vermittelt, von diesen mit der Wahrnehmung ihrer gewerblichen Interessen beauftragt worden ist und seinerseits den klagenden Verband durch seinen Beitritt mit der Wahrnehmung der gewerblichen Interessen seiner Mitglieder beauftragen durfte (BGH GRUR 2007, 610 Rn. 21 – Sammelmitglied-

1. Wettbewerbsrechtliche Abmahnung A. 1

schaft V). Für die Zentrale zur Bekämpfung unlauteren Wettbewerbs eV hat der BGH entschieden, dass diese umfassend klagebefugt ist, weil diesem Verband unter anderem alle Industrie- und Handelskammern angehören, die selbst gemäß § 8 Abs. 3 Nr. 4 UWG ohne weitere Voraussetzungen umfassend klagebefugt sind (BGH GRUR 1995, 122 – Laienwerbung für Augenoptiker).

Der Verband muss nach seiner personellen, sachlichen und finanziellen Ausstattung imstande sein, seine satzungsmäßigen Aufgaben der Verfolgung gewerblicher oder selbständiger beruflicher Interessen tatsächlich wahrzunehmen. Diese Ausstattung fehlt, wenn der Verband die Abmahntätigkeit generell einem Rechtsanwaltsbüro überlässt (OLG Köln MD 1998, 334). Ein Verband muss nicht über so hohe liquiden Mittel verfügen, dass er die Prozesskosten aus allen vom Verband gleichzeitig geführten Prozesse finanzieren kann. Legt der Verband eine die Kosten des Streitfalls vielfach übersteigende liquide Finanzausstattung dar und ist nicht bekannt geworden, dass der Verband in der Vergangenheit Zahlungspflichten für Prozesskosten nicht nachgekommen ist, kann eine unzureichende finanzielle Ausstattung des Verbands grundsätzlich nur angenommen werden, wenn das bei zurückhaltender Betrachtung realistische Kostenrisiko des Verbands seine dafür verfügbaren Mittel spürbar übersteigt (BGH GRUR 2012, 411 Rn. 14 – Glücksspielverband).

Die Klagebefugnis gemäß § 8 Abs. 3 Nr. 2 UWG setzt schließlich voraus, dass die Zuwiderhandlung die Interessen der Mitglieder des Verbandes berührt. Die Interessen der Verbandsmitglieder sind dann betroffen, wenn die Mitglieder ihrerseits gemäß § 8 Abs. 3 UWG klagebefugt sind (*Köhler/Bornkamm/Feddersen* UWG § 8 Rn. 3.51; *Ohly/Sosnitza* UWG § 8 Rn. 108). Zu beachten ist, dass sich die Klagebefugnis der Verbände nicht auf Verstöße gegen rein mitbewerberschützende Vorschriften erstreckt (*Köhler/Bornkamm/Feddersen* UWG § 8 Rn. 3.51). So fehlt einem Verband beispielsweise bei einem Verstoß gegen § 4 Nr. 4 UWG die Klagebefugnis, da es den einzelnen Mitbewerbern, die von einer möglichen Behinderung betroffen werden, überlassen bleiben muss, ob sie die Behinderung hinnehmen oder nicht (BGH WRP 2009, 432 Rn. 22 – Küchentiefstpreis-Garantie).

Die Verbandsklagebefugnis umfasst auch Verstöße gegen das Gesetz gegen Wettbewerbsbeschränkungen (§ 33 Abs. 2 Nr. 1 GWB). Es ist erforderlich, dass dem Verband eine erhebliche Zahl von betroffenen Unternehmern angehört. Das sind nach § 33 Abs. 1 S. 3 GWB diejenigen, die als Mitbewerber oder sonstige Marktbeteiligte durch den Verstoß beeinträchtigt sind.

Ein gemäß § 8 Abs. 3 Nr. 2 UWG klagebefugter Verband kann ausschließlich Unterlassungsansprüche, sowie Beseitigungs-, Widerrufs- (BGH GRUR 1962, 315 (316) – Deutsche Miederwoche) und Gewinnabschöpfungsansprüche (§ 10 UWG) geltend machen. Die Geltendmachung von Schadensersatzansprüchen ist den Verbänden gemäß § 8 Abs. 2 Nr. 3 UWG nicht möglich, wie sich aus dem Wortlaut des § 9 UWG ergibt. Denn nach dieser Vorschrift steht ein Schadensersatzanspruch ausschließlich den Mitbewerbern zu. Damit kann ein Verband auch keine Auskunftsansprüche geltend machen, die der Vorbereitung eines Schadensersatzanspruchs dienen. Auskunftsansprüche kann ein Verband nur insoweit geltend machen, als diese der Beseitigung einer rechtswidrigen Störung oder zur Durchsetzung eines Gewinnabschöpfungsanspruchs dienen. Verbände können zudem – praktisch besonders bedeutsam – regelmäßig nur am allgemeinen Gerichtsstand des Verletzers klagen (§ 14 Abs. 2 UWG).

d) Das UWG dient nach § 1 S. 1 UWG dem Schutz der Mitbewerber, der Verbraucherinnen und Verbraucher sowie der sonstigen Marktteilnehmer. Klagebefugt sind zwar nicht die einzelnen Verbraucher, wohl aber nach § 8 Abs. 3 Nr. 3 UWG die sog. qualifizierten Einrichtungen, die nachweisen, dass sie in die Liste qualifizierter Einrichtungen nach § 4 UKlaG oder in dem Verzeichnis der Kommission der Europäischen Gemeinschaften nach Art. 4 Abs. 3 der Richtlinie 2009/22/EG des Europäischen Parlaments und des Rates vom 23.4.2009 über Unterlassungsklagen zum Schutz der Verbraucherinteressen eingetragen sind. Die aktuelle Liste der qualifizierten Einrichtungen ist auf der Internetseite des Bundesamtes für Justiz abrufbar. Bei diesen qualifizierten Einrichtungen handelt es sich um rechtsfähige Verbände, zu deren satzungsgemäßen Aufgaben es gehört, die Interessen der Verbraucher durch Aufklärung und Beratung nicht gewerbsmäßig und nicht nur vorübergehend wahrzunehmen. Voraussetzung der Klagebefugnis ist, dass der jeweilige Verband in die vom Bundesverwaltungsamt geführte Liste qualifizierter Einrichtungen (§ 4 UKlaG) eingetragen ist. Zu nennen sind insbesondere die Verbraucherzentralen und andere mit öffentlichen Mitteln geförderte Verbraucherverbände, bei denen die Eintragungsvoraussetzungen unwiderleglich vermutet werden.

Die Eintragung in die Liste des Bundesverwaltungsamts erfolgt auf Antrag durch Verwaltungsakt. Gemäß § 4 Abs. 2 S. 1 UKlaG werden in die Liste auf Antrag rechtsfähige Verbände eingetragen, zu deren satzungsmäßigen Aufgaben es gehört, die Interessen der Verbraucher durch Aufklärung und Beratung nicht gewerbsmäßig und nicht nur vorübergehend wahrzunehmen, wenn sie in diesem Aufgabenbereich tätige Verbände oder mindestens 75 natürliche Personen als Mitglieder haben, seit mindestens einem Jahr bestehen und auf Grund ihrer bisherigen Tätigkeit Gewähr für eine sachgerechte Aufgabenerfüllung bieten. Für qualifizierte Einrichtungen empfiehlt es sich, der Abmahnung die vom Bundesverwaltungsamt erteilte Bescheinigung über die Eintragung (§ 4 Abs. 3 S. 2 UKlaG) beizufügen.

Die qualifizierten Einrichtungen werden meist auf Beschwerde einzelner Verbraucher tätig. Die Klagebefugnis der Verbraucherverbände ist nach Sinn und Zweck auf solche Wettbewerbsverstöße beschränkt, die die Interessen der Verbraucher berühren (Begründung Gesetzesentwurf zum UWG, BT-Drs. 15/1487, 23), zB belästigende Werbung (BGH WRP 2000, 722 – Telefonwerbung VI). Die Klagebefugnis der qualifizierten Einrichtungen im konkreten Fall folgt nicht schon aus der Eintragung in die Liste nach § 4 UKlaG. Die Klagebefugnis ist vielmehr davon abhängig, ob die Prozessführung im konkreten Einzelfall vom Satzungszweck der qualifizierten Einrichtung umfasst ist (BGH WRP 2012, 467 Rn. 11 – Überregionale Klagebefugnis). Die Klagebefugnis der Verbraucherzentrale Nordrhein-Westfalen ist nicht auf das Bundesland Nordrhein-Westfalen beschränkt, und zwar unabhängig davon, dass deren Satzung keine Regelung enthält (BGH WRP 2012, 467 Rn. 16 ff. – Überregionale Klagebefugnis).

Für die Verfolgung von grenzüberschreitenden Verstößen sieht Art. 4 Abs. 1 der Richtlinie 2009/22/EG vom 23.4.2009 vor, dass jeder Mitgliedstaat die erforderlichen Maßnahmen trifft, damit im Fall eines Verstoßes, dessen Ursprung in seinem Hoheitsgebiet liegt, jede qualifizierte Einrichtung eines anderen Mitgliedstaats, in dem die von dieser qualifizierten Einrichtung geschützten Interessen durch den Verstoß beeinträchtigt werden, nach Vorlage der Eintragung in das Verzeichnis der qualifizierten Einrichtungen ein gerichtliches Verfahren einleiten kann. Qualifizierte Einrichtungen eines anderen Mitgliedstaats sind danach in Deutschland auf der Grundlage des § 8 Abs. 3 Nr. 3 UWG klagebefugt, wenn sie nachweisen, dass sie in die von der Europäischen Kommission gemäß Art. 4 Abs. 3 der Richtlinie 2009/22/EG geführte Liste qualifizierte Einrichtungen eingetragen sind (*Köhler/Bornkamm/Feddersen* UWG § 8 Rn. 3.62 ff.). Zur Befugnis eines Verbraucherschutzvereins, eine Werbemaßnahme, die sich ausschließlich an im (EU-)Ausland ansässige Verbraucher richtet, als Wettbewerbsverstoß zu verfolgen: BGH GRUR 1998, 419 – Gewinnspiel im Ausland.

e) Nach § 8 Abs. 3 Nr. 4 UWG sind klagebefugt die Industrie- und Handelskammern und die Handwerkskammern. Diese Kammern sind nach § 8 Abs. 3 Nr. 4 UWG ohne weitere Voraussetzungen klagebefugt. Allerdings ist die Klagebefugnis der Industrie- und Handelskammern auf Wettbewerbsverstöße von Unternehmen aus den Bereichen Industrie und Handel beschränkt und für die Handwerkskammern beschränkt sich die Anspruchsberechtigung auf Wettbewerbsverstöße von Handwerkern (*Köhler/Bornkamm/Feddersen* UWG § 8 Rn. 3.64; *Ohly/Sosnitza* UWG § 8 Rn. 113). Die Klagebefugnis gemäß § 8 Abs. 3 Nr. 4 UWG erfasst ausschließlich die ausdrücklich aufgeführten Kam-

1. Wettbewerbsrechtliche Abmahnung

mern. Andere Kammern, wie beispielsweise die Anwaltskammern, sind ausschließlich unter den Voraussetzungen des § 8 Abs. 2 Nr. 3 UWG klagebefugt (*Köhler/Bornkamm/ Feddersen* UWG § 8 Rn. 3.64; *Ohly/Sosnitza* UWG § 8 Rn. 113).

f) Nach § 8 Abs. 4 UWG ist die Geltendmachung der in § 8 Abs. 1 UWG aufgeführten Ansprüche unzulässig, wenn sie unter Berücksichtigung der gesamten Umstände missbräuchlich ist, insbesondere wenn sie vorwiegend dazu dient, gegen den Zuwiderhandelnden einen Anspruch auf Ersatz von Aufwendungen oder Kosten der Rechtsverfolgung entstehen zu lassen. Von einem Missbrauch im Sinne des § 8 Abs. 4 UWG ist auszugehen, wenn sich der Gläubiger bei der Geltendmachung des Unterlassungsanspruchs von sachfremden Gesichtspunkten leiten lässt. Diese müssen allerdings nicht das alleinige Motiv des Gläubigers sein. Ausreichend ist, dass die sachfremden Motive überwiegen (BGH GRUR 2012, 286 Rn. 13 – Falsche Suchrubrik). Ob ein Rechtsmissbrauch gemäß § 8 Abs. 4 UWG gegeben ist, ist jeweils im Einzelfall unter Berücksichtigung der gesamten Umstände zu beurteilen (OLG Nürnberg WRP 2014, 235 Rn. 6; *Köhler/Bornkamm/Feddersen* UWG § 8 Rn. 4.11). Ein Anhaltspunkt für eine missbräuchliche Rechtsverfolgung kann sich unter anderem daraus ergeben, dass die Abmahntätigkeit in keinem vernünftigen wirtschaftlichen Verhältnis zur gewerblichen Tätigkeit des Abmahnenden steht (BGH GRUR 2012, 286 Rn. 13 – Falsche Suchrubrik). Der Versand von 43 Abmahnungen innerhalb von sieben Tagen begründet mit weiteren Umständen den Rechtsmissbrauch, da kein wirtschaftlich vernünftiges Verhältnis zwischen dieser Abmahntätigkeit und der eigentlichen gewerblichen Tätigkeit der Abmahnenden bestand (OLG Hamm WRP 2016, 100 Rn. 13 ff.). Der Versand von 199 Abmahnungen in einem Monat wegen Verletzung der Impressumspflicht gemäß § 5 TMG durch ein finanziell schwaches Unternehmen ist als rechtmissbräuchlich angesehen worden (OLG Nürnberg WRP 2014, 235 Rn. 10 ff.). Ein anderer Anhaltspunkt für einen Rechtsmissbrauch gemäß § 8 Abs. 4 UWG kann darin gesehen werden, dass der Abmahnende mit der Geltendmachung des Anspruchs überwiegend das für sich gesehen nicht schutzwürdige Ziel verfolgt, den Abgemahnten mit möglichst hohen Prozesskosten zu belasten (BGH GRUR 2012, 286 Rn. 13 – Falsche Suchrubrik). Ein weiterer Anhaltspunkt für einen Rechtsmissbrauch ist das systematische Fordern überhöhter Abmahnkosten oder überhöhter Vertragsstrafen (BGH GRUR 2012, 286 Rn. 13 – Falsche Suchrubrik). Die Forderung einer Vertragsstrafe in Höhe von 5.100,00 EUR kann im Einzelfall ein Anhaltspunkt für ein rechtsmissbräuchliches Vorgehen sein (vgl. BGH GRUR 2012, 730 Rn. 24 ff. – Bauheizgerät). Wird mit einer Abmahnung eine vorgefertigte Unterlassungserklärung vorgelegt, die so weit gefasst ist, dass darunter auch gänzlich andere als die abgemahnten Verstöße fallen, so kann auch dies ein Indiz für einen Rechtsmissbrauch sein (BGH GRUR 2012, 730 Rn. 26 – Bauheizgerät). Ein Anhaltspunkt für einen Rechtsmissbrauch kann gegeben sein, wenn der Abmahnende auf unlautere Weise einen fremden Wettbewerbsverstoß provoziert (OLG Düsseldorf GRUR-RS 2016, 06362: Der Abmahnende hat den Abgemahnten mit der Beschaffung eines Produkts beauftragt und diesen anschließend wegen der Wettbewerbswidrigkeit des Inverkehrbringens abgemahnt). Ein Rechtsmissbrauch kann gegeben sein, wenn ein Gläubiger bei einem einheitlichen Wettbewerbsverstoß gegen mehrere verantwortliche Unterlassungsschuldner getrennte Verfahren einleitet und dadurch die Kostenlast erhöht (BGH GRUR 2006, 243 Rn. 16 – MEGA SALE). Ein Rechtsmissbrauch ist auch dann zu bejahen, wenn konzernmäßig verbundene Gläubiger, die von demselben Rechtsanwalt vertreten werden, nicht gemeinsam als Streitgenossen klagen, sondern getrennte Verfahren anstrengen (vgl. BGH WRP 2000, 1269 – Missbräuchliche Mehrfachverfolgung: 14 Verfügungsverfahren und 14 Klageverfahren).

Die Vorschrift des § 8 Abs. 4 UWG gilt nicht nur für die gerichtliche Durchsetzung, sondern auch für die außergerichtliche Geltendmachung von Ansprüchen und damit auch für die Abmahnung (BGH GRUR 2012, 739 Rn. 13 – Bauheizgerät). Eine gemäß § 8

Abs. 4 UWG rechtsmissbräuchliche Abmahnung ist nicht berechtigt im Sinne des § 12 Abs. 1 S. 2 UWG, so dass kein Anspruch auf Ersatz der Aufwendungen für die Abmahnung besteht (BGH GRUR 2012, 730 Rn. 13 – Bauheizgerät; *Köhler/Bornkamm/Feddersen* UWG § 8 Rn. 4.6).

5. Nach § 174 S. 1 BGB ist ein einseitiges Rechtsgeschäft, das ein Bevollmächtigter einem anderen gegenüber vornimmt, unwirksam, wenn der Bevollmächtigte eine Vollmachtsurkunde nicht vorlegt und der andere das Rechtsgeschäft aus diesem Grund unverzüglich zurückweist. Auf der Grundlage dieser Vorschrift ist in den letzten Jahrzehnten streitig geworden, ob mit einer durch einen Vertreter ausgesprochenen Abmahnung eine Vollmachtsurkunde vorgelegt werden muss, und zwar im Original, um zu vermeiden, dass der Abgemahnte die Abmahnung unverzüglich zurückweist. Die Vorlage der Vollmacht (im Original) verzögert in eiligen Fällen die Abmahnung durch einen Vertreter und macht zudem die Abmahnung per E-Mail oder Telefax unmöglich. Nach einer Auffassung ist eine durch einen Bevollmächtigten ausgesprochene Abmahnung nicht deshalb gemäß § 174 BGB unwirksam, weil der Abmahnung keine Vollmacht beigefügt ist (zB OLG Köln WRP 1985, 360; OLG Frankfurt OLG-Report 2001, 270; OLG Hamburg GRUR-RR 2008, 370; LG Hamburg GRUR-RR 2009, 198; OLG Frankfurt GRUR-RR 2010, 221). Nach einer anderen Ansicht ist die wettbewerbsrechtliche Abmahnung eine rechtsgeschäftsähnliche Handlung, auf die § 174 BGB entsprechende Anwendung findet (zB OLG Nürnberg GRUR 1991, 387; OLG Düsseldorf WRP 2001, 52; Gloy/Loschelder/Erdmann UWG-HdB/*Schwippert* § 84 Rn. 14). Der BGH hat in dem Urteil mit dem Stichwort „Vollmachtsnachweis" aus dem Jahr 2010 zu dieser Streitfrage Stellung genommen und entschieden, dass die Vorschrift des § 174 S. 1 BGB auf die wettbewerbsrechtliche Abmahnung dann nicht anwendbar ist, wenn die Abmahnung mit einem Angebot zum Abschluss eines Unterlassungsvertrags verbunden ist (BGH GRUR 2010, 1120 – Vollmachtsnachweis). Bereits in der Abmahnung könne ein Vertragsangebot zum Abschluss eines Unterlassungsvertrags liegen, wenn es von einem Rechtsbindungswillen getragen und hinreichend bestimmt sei. Auf die Abgabe eines Vertragsangebots sei § 174 BGB weder direkt noch indirekt anwendbar. Es bestehe keine Veranlassung, die einheitliche Erklärung des Gläubigers in eine geschäftsähnliche Handlung, nämlich die Abmahnung, und ein Vertragsangebot, nämlich das Angebot auf Abschluss eines Unterlassungsvertrags, aufzuspalten und auf die Abmahnung die Bestimmung des § 174 S. 1 BGB anzuwenden (BGH GRUR 2010, 1120 Rn. 15 – Vollmachtsnachweis). Wenn eine Abmahnung allerdings kein Angebot zum Abschluss eines Unterlassungsvertrags enthält, soll dann ein einseitiges Rechtsgeschäft vorliegen, auf das § 174 S. 1 BGB Anwendung findet (*Köhler/Bornkamm/Feddersen* UWG § 12 Rn. 1.33; *Ohly/Sosnitza* UWG § 12 Rn. 11). Für die Praxis ist daher zu empfehlen, eine Abmahnung immer so zu formulieren, dass sie auch das Angebot zum Abschluss eines Unterlassungsvertrags enthält. Dies lässt sich auch damit dokumentieren, dass jeder Abmahnung eine vom Gläubiger formulierte und auf den jeweiligen Wettbewerbsverstoß zugeschnittene strafbewehrte Unterlassungserklärung beigefügt wird. Falls im Einzelfall keine besondere Eilbedürftigkeit besteht, kann der Abmahnung zudem eine Vollmacht des Gläubigers im Original beigefügt werden, das Formular sieht diesen Weg vor.

6. In der Abmahnung sind der Sachverhalt und der daraus abgeleitete Vorwurf eines unlauteren Verhaltens so genau anzugeben, dass der Abgemahnte den Vorwurf tatsächlich und rechtlich prüfen und die gebotenen Folgerungen daraus ziehen kann. Der Abgemahnte ist in die Lage zu versetzen, die Verletzungshandlung unter den in Betracht kommenden rechtlichen Gesichtspunkten zu würdigen (BGH GRUR 2009, 502 Rn. 13 – pcb). Im Formular ist die beanstandete Verletzungshandlung daher durch die wörtliche Wiedergabe der beanstandeten Werbebehauptung und Angaben zum Ort und Zeitpunkt der Verbreitung konkretisiert worden. Eine Abmahnung, die den Abgemahnten nicht in

1. Wettbewerbsrechtliche Abmahnung   A. 1

die Lage versetzt, den vermeintlichen Verstoß zu erkennen, ist keine berechtigte Abmahnung gemäß § 12 Abs. 1 S. 2 UWG, so dass für eine solche Abmahnung kein Anspruch auf Erstattung der Abmahnkosten besteht (BGH GRUR 2015, 403 Rn. 44 – Monsterbacke II; *Köhler/Bornkamm/Feddersen* UWG § 12 Rn. 1.16). Beweismittel (zB eidesstattliche Versicherung des Testkäufers) müssen mit der Abmahnung nicht vorgelegt werden (*Ohly/Sosnitza* UWG § 12 Rn. 15; KG MD 1998, 26).

7. In der Abmahnung muss der Wettbewerbsverstoß in rechtlicher Hinsicht nicht vollständig und zutreffend gewürdigt werden (*Köhler/Bornkamm/Feddersen* UWG § 12 Rn. 1.16; *Fezer/Büscher/Obergfell* UWG § 12 Rn. 17). Es ist ausreichend, wenn der Abgemahnte die in der Abmahnung vorgeworfene Verletzungshandlung unter den in Betracht kommenden Aspekten rechtlich würdigen kann (*Köhler/Bornkamm/Feddersen* UWG § 12 Rn. 1.16). So hat der BGH eine Abmahnung als nicht berechtigt angesehen, die darauf gestützt worden war, das Zutatenverzeichnis auf der Verpackung eines Lebensmittels entspreche nicht den Anforderungen des § 3 Abs. 3 LMKV, wohingegen der tatsächliche Verstoß gegen Art. 10 Abs. 2 VO (EG) Nr. 1924/2006 (Health-Claims-Verordnung), nämlich die Verletzung einer Informationspflicht, nicht erwähnt war. Die Abmahnung habe den Abgemahnten damit nicht in die Lage versetzt, diesen vermeintlichen Verstoß zu erkennen (BGH GRUR 2015, 403 Rn. 44 – Monsterbacke II).

8. Der geschilderte Fall beruht auf der Entscheidung „Ford-Vertragspartner" des BGH (BGH WRP 2011, 1444 – Ford-Vertragspartner). Die Beklagte, die ein Autohaus betreibt, ist Servicepartnerin, nicht aber Vertragshändlerin des Automobilherstellers Ford. An einem zum Verkauf gestellten Fahrzeug hatte sie ein Schild angebracht, auf dem unter anderem die Angabe stand: „Autohaus L. – Ihr Ford-Vertragspartner" (BGH WRP 2011, 1444 Rn. 2 – Ford-Vertragspartner). Der BGH hat den Rechtsstreit nicht entschieden, sondern an das Berufungsgericht zurückverwiesen, diesem aber mit auf den Weg gegeben, dass eine wettbewerbsrechtlich relevante Irreführung vorliegt, wenn beim angesprochenen Verkehr durch die Verwendung des Begriffs „Vertragspartner" aufgrund der konkreten Umstände der unzutreffende Eindruck entsteht, der Werbende sei Vertragshändler eines Automobilherstellers (BGH WRP 2011, 1444 Rn. 27 – Ford-Vertragspartner).

9. Nach § 5 Abs. 1 S. 1 UWG handelt unlauter, wer eine irreführende geschäftliche Handlung vornimmt, die geeignet ist, den Verbraucher oder sonstigen Marktteilnehmer zu einer geschäftlichen Entscheidung zu veranlassen, die er andernfalls nicht getroffen hätte. Der Relativsatz dieser Formulierung ist durch das Zweite Gesetz zur Änderung des Gesetzes gegen den unlauteren Wettbewerb vom 2.12.2015 angefügt worden. Diese Änderung trägt dem Wortlaut des Art. 6 Abs. 1 der Richtlinie 2005/29/EG über unlautere Geschäftspraktiken Rechnung. Eine inhaltliche Änderung ist damit nicht verbunden, denn schon nach der bis dahin geltenden Gesetzesfassung war im Rahmen des § 3 Abs. 1 UWG aF die Spürbarkeit der Interessenbeeinträchtigung zu prüfen (BGH GRUR 2016, 961 Rn. 25 – Herstellerpreisempfehlung bei Amazon).

10. Da nicht jeder befugt ist, wettbewerbsrechtliche Ansprüche geltend zu machen, muss der Abmahnende die Tatsachen angeben, aus denen sich seine Anspruchsberechtigung ergibt (*Ohly/Sosnitza* UWG § 12 Rn. 14). Ein Verband muss Ausführungen zu seinen Mitgliedern machen, die auf demselben Markt tätig sind, es sei denn die Anspruchsberechtigung des Verbandes ergibt sich aus den allgemein bekannten Umständen (*Fezer/Büscher/Obergfell* UWG § 12 Rn. 14; *Köhler/Bornkamm/Feddersen* UWG § 12 Rn. 1.13). Ein Verband ist jedoch nicht verpflichtet, bereits vorprozessual eine Mitgliederliste vorzulegen (*Fezer/Büscher/Obergfell* UWG § 12 Rn. 14), seinen Mitgliederbestand konkret darzulegen und glaubhaft zu machen. Von einem Verletzer, der ernsthaft an einer außergerichtlichen Beilegung interessiert ist, soll erwartet werden können, dass er eine insoweit bedingte Unterlassungserklärung abgibt (KG MD 1998, 26).

11. Hat der Schuldner den Wettbewerbsverstoß – wie hier – bereits begangen, so wird hierdurch eine tatsächliche Vermutung für das Vorliegen der Wiederholungsgefahr begründet (zB BGH GRUR 2001, 453 (455) – TCM-Zentrum). Die Vermutung der Wiederholungsgefahr wird nicht nur für die identische Verletzungsform begründet, sondern auch für alle im Kern gleichartigen Verletzungshandlungen (BGH GRUR 2008, 702 Rn. 55 – Internet-Versteigerung III). Die Wiederholungsgefahr kann regelmäßig nur durch die Abgabe einer strafbewehrten Unterlassungserklärung ausgeräumt werden (zum (ausnahmsweisen) Wegfall der Wiederholungsgefahr bei einer Änderung der Rechtslage, bei Erlass eines rechtskräftigen Unterlassungsurteils oder bei einer Rechtsnachfolge: *Ohly/Sosnitza* UWG § 8 Rn. 10). Die Einstellung der Verletzungshandlung oder die Zusage des Verletzers, die Verletzungshandlung nicht zu wiederholen, lassen die Wiederholungsgefahr unberührt (*Köhler/Bornkamm/Feddersen* UWG § 8 Rn. 1.49).

Das Verlangen einer strafbewehrten Unterlassungserklärung ist notwendiger Bestandteil der Abmahnung. Eine strafbewehrte Unterlassungserklärung (sog. Unterwerfung) besteht aus zwei Teilen, nämlich der Unterlassungsverpflichtungserklärung und dem Vertragsstrafeversprechen iSd § 339 BGB. Die Wiederholungsgefahr und damit eine materiell-rechtliche Voraussetzung des Unterlassungsanspruchs entfällt bereits mit der Abgabe der strafbewehrten Unterlassungserklärung (vgl. OLG Bamberg WRP 2003, 102 – Nachträgliche Unterwerfungserklärung), unabhängig davon, ob der Gläubiger die Erklärung auch annimmt. Eine gleichwohl erhobene Klage wäre unbegründet. Die strafbewehrte Unterlassungserklärung wird wirksam mit dem Zugang beim Gläubiger (§ 130 Abs. 1 BGB). Für das Zustandekommen des Unterlassungsvertrags zwischen Gläubiger und Schuldner gelten die allgemeinen Vorschriften über Vertragsschlüsse (BGH GRUR 2006, 878 Rn. 14 – Vertragsstrafevereinbarung; näher dazu *Köhler/Bornkamm/Feddersen* UWG § 12 Rn. 1.155 ff.). Geht die Annahmeerklärung des Schuldners dem Gläubiger verspätet zu oder enthält sie inhaltliche Änderungen gegenüber der vom Gläubiger vorformulierten Unterwerfungserklärung, so liegt darin ein neues Angebot (§ 150 BGB), das vom Gläubiger angenommen werden muss. Es ist zu empfehlen, die Annahme einer strafbewehrten Unterlassungserklärung immer ausdrücklich gegenüber dem Schuldner zu erklären, um keine Zweifel entstehen zu lassen, ob ein Unterlassungsvertrag zustande gekommen ist.

Ein Unterlassungsanspruch kann schon dann geltend gemacht werden, wenn ein Wettbewerbsverstoß konkret droht (sog. Erstbegehungsgefahr), § 8 Abs. 1 S. 2 UWG. Ein auf Erstbegehungsgefahr gestützter vorbeugender Unterlassungsanspruch besteht, wenn ernsthafte und greifbare tatsächliche Anhaltspunkte dafür vorhanden sind, dass der Schuldner sich in naher Zukunft rechtswidrig verhalten wird. Dabei muss sich die Erstbegehungsgefahr auf eine konkrete Verletzungshandlung beziehen. Die die Erstbegehungsgefahr begründenden Umstände müssen die drohende Verletzungshandlung so konkret abzeichnen, dass sich für alle Tatbestandsmerkmale zuverlässig beurteilen lässt, ob sie verwirklicht sind (BGH WRP 2017, 51 Rn. 32 – Segmentstruktur; BGH GRUR 2008, 912 Rn. 17 – Metrosex). So begründet die Anmeldung einer Marke die Erstbegehungsgefahr für deren Benutzung für die angemeldeten Waren oder Dienstleistungen (BGH GRUR 2008, 912 Rn. 30 – Metrosex). Eine Erstbegehungsgefahr kann auch durch eine Berühmung, zu einer bestimmten Handlung berechtigt zu sein, begründet werden. Dies kann auch durch Erklärungen in einem Prozess erfolgen. Allerdings genügt die Tatsache, dass sich ein Beklagter gegen eine Klage verteidigt und dabei die Auffassung äußert, zu dem beanstandeten Verhalten berechtigt zu sein, nicht, um eine Erstbegehungsgefahr durch eine Berühmung zu begründen. Die Verteidigung der eigenen Rechtsansicht kann erst dann eine Erstbegehungsgefahr begründen, wenn nicht nur der eigene Standpunkt vertreten wird, um sich die bloße Möglichkeit eines entsprechenden Verhaltens für die Zukunft offenzuhalten, sondern den Erklärungen bei Würdigung der Umstände des konkreten Falls auch die Bereitschaft zu entnehmen ist, sich unmittelbar oder in naher

1. Wettbewerbsrechtliche Abmahnung A. 1

Zukunft in dieser Weise zu verhalten. (BGH WRP 2017, 51 Rn. 36 – Segmentstruktur). Um zu vermeiden, dass aus einer Verteidigung in einem Rechtsstreit der Schluss auf eine Erstbegehungsgefahr gezogen werden kann, ist zu empfehlen, im Rechtsstreit deutlich zu machen, dass der Standpunkt allein zum Zweck der Rechtsverteidigung eingenommen wird und keine Rechtsverletzungen drohen. An die Beseitigung der Erstbegehungsgefahr werden geringere Anforderungen gestellt als an die Beseitigung der Wiederholungsgefahr. Für den Fortbestand der Erstbegehungsgefahr besteht keine Vermutung, so dass keine strafbewehrte Unterlassungserklärung abzugeben ist. Zur Beseitigung der Erstbegehungsgefahr genügt grundsätzlich ein „actus contrarius", ein der Begündungshandlung entgegengesetztes Verhalten (BGH GRUR 2008, 912 Rn. 30 – Metrosex). So wird die durch eine Markenanmeldung begründete Erstbegehungsgefahr durch die Rücknahme der Markenanmeldung oder durch den Verzicht auf die Eintragung beseitigt.

12. Der Abmahnung muss keine vom Abmahnenden formulierte strafbewehrte Unterlassungserklärung beigefügt werden, denn es ist Sache des Abgemahnten, eine zur Beseitigung der Wiederholungsgefahr geeignete Erklärung abzugeben (*Köhler/Bornkamm/Feddersen* UWG § 12 Rn. 1.19). Es ist gleichwohl zu empfehlen, jeder Abmahnung eine vom Abmahnenden formulierte strafbewehrte Unterlassungserklärung beizufügen. Zum einen liegt dann ein Angebot zum Abschluss eines Unterlassungsvertrags vor, so dass mit der Rechtsprechung des BGH mit der Abmahnung keine Vollmacht im Original (§ 174 S. 1 BGB) vorgelegt werden muss (BGH GRUR 2010, 1120 Rn. 15 – Vollmachtsnachweis). Zum anderen macht der Abmahnende mit der Vorlage der von ihm formulierten strafbewehrten Unterlassungserklärung deutlich, welche Erklärung des Abgemahnten er zur Beseitigung der Wiederholungsgefahr als erforderlich ansieht. Überlässt der Abmahnende dem Abgemahnten die Formulierung der strafbewehrten Unterlassungserklärung, so besteht das Risiko, dass er nicht die Erklärung erhält, die er zur Beseitigung der Wiederholungsgefahr für erforderlich hält (Formulierung des Unterlassungsversprechens, Höhe der Vertragsstrafe). Es ist deshalb zweckmäßig und üblich, dass der Abmahnende mit der Abmahnung die von ihm gewünschte strafbewehrte Unterlassungserklärung vorlegt. Fordert der Abmahnende eine zu weit gehende Unterlassungserklärung oder eine zu hohe Vertragsstrafe, beeinträchtigt dies nicht die Wirksamkeit der Abmahnung (*Ohly/Sosnitza* UWG § 12 Rn. 17; *Köhler/Bornkamm/Feddersen* UWG § 12 Rn. 1.19; KG GRUR-RR 2008, 29). Das Formular sieht vor, dass der Abmahnung eine unterschriftsreife strafbewehrte Unterlassungserklärung als separate Anlage beigefügt wird. Der Abgemahnte braucht diese Erklärung lediglich zu unterschreiben und an den Abmahnenden zu senden. Ein zeitraubendes Abschreiben und damit verbundene Übertragungsfehler werden so vermieden.

Werden mehrere Verletzer wegen des gleichen Wettbewerbsverstoßes abgemahnt, so sollte jeder eine entsprechend seinem Tatbeitrag formulierte strafbewehrte Unterlassungserklärung erhalten. Die strafbewehrte Unterlassungserklärung eines Verletzers beseitigt nicht die Wiederholungsgefahr für die anderen Verletzer, da mehrere Verletzer nicht als Gesamtschuldner des Unterlassungsanspruchs haften (vgl. *Köhler/Bornkamm/Feddersen* UWG § 8 Rn. 2.30).

13. Zwar nicht aus rechtlichen, aber aus praktischen Gründen ist es unbedingt erforderlich, für den Eingang (nicht: die Abgabe) der strafbewehrten Unterlassungserklärung eine Frist zu setzen. Die Frist sollte, um die Kontrolle zu erleichtern, datumsmäßig bestimmt sein (also zB nicht „7 Tage nach Erhalt der Abmahnung"). Welche Frist angemessen ist, hängt von den Umständen des Einzelfalls ab, insbesondere von der Dringlichkeit und der Schwere des Wettbewerbsverstoßes. Im Regelfall ist eine Frist von einer Woche ausreichend. In dieser Zeit ist auch die Einholung von Rechtsrat möglich. Die Frist wird umso kürzer zu bemessen sein, je eiliger die Sache ist. In Messesachen, kann auch eine nach Stunden bemessene Frist angemessen sein (OLG Köln MD 1999,

1274). Eine längere Frist als eine Woche kann angemessen sein, wenn der Wettbewerbsverstoß bereits beendet und mit einer baldigen Wiederholung nicht zu rechnen ist.

Hat der Abmahnende keine oder eine zu kurze Frist gesetzt, ist die Abmahnung nicht unwirksam, vielmehr wird eine angemessene Frist in Lauf gesetzt (*Köhler/Bornkamm/ Feddersen* UWG § 12 Rn. 1.19; OLG Köln WRP 1996, 1214). Der Abgemahnte ist nicht gehalten, um eine Verlängerung der zu kurzen Abmahnfrist nachzusuchen. Es genügt, wenn er innerhalb der objektiv angemessenen Frist eine strafbewehrte Unterlassungserklärung abgibt (OLG Hamburg WRP 1995, 1043). Wurde ihm bereits eine einstweilige Verfügung zugestellt, so muss er sich zur Wahrung der Kostenvorteile des § 93 ZPO nicht mehr innerhalb dieser angemessenen Frist unterwerfen. Es reicht aus, wenn er ein sofortiges Anerkenntnis in Form des Kostenwiderspruchs (→ Form. A.10) abgibt (OLG Frankfurt NJWE-WettbR 1997, 46).

14. Der Abmahnende sollte schon aus Beweisgründen immer eine schriftliche strafbewehrte Unterlassungserklärung verlangen. Hat der Abgemahnte die Erklärung telefonisch, per Telefax oder per E-Mail abgegeben, kann der Abmahnende die strafbewehrte Unterlassungserklärung in schriftlicher Form verlangen. Gibt der Abgemahnte auf ein solches Verlangen keine schriftliche Erklärung ab, so verliert die strafbewehrte Unterlassungserklärung mangels Ernsthaftigkeit ihre Wirkung (vgl. BGH GRUR 1990, 530 (532) – Unterwerfung durch Fernschreiben; *Ohly/Sosnitza* UWG § 8 Rn. 13). Qualifiziert man die strafbewehrte Unterlassungserklärung als abstraktes Schuldanerkenntnis im Sinne des § 780 BGB (so BGH GRUR 1998, 953 (954) – Altunterwerfung III; *Köhler/Bornkamm/ Feddersen* UWG § 12 Rn. 1.139; *Ohly/Sosnitza* UWG § 8 Rn. 49), so ist für die vertragliche Wirksamkeit der strafbewehrten Unterlassungserklärung ohnehin Schriftform erforderlich (elektronische Form iSd § 126a BGB ist nicht ausreichend), es sei denn, der Abgemahnte ist Vollkaufmann, § 350 HGB (*Ohly/Sosnitza* UWG § 8 Rn. 13). Zur Wahrung der Schriftform genügt die Telefaxübermittlung nicht (Palandt/*Heinrichs* BGB § 126 Rn. 12 mwN).

15. Die Androhung gerichtlicher Schritte ist erforderlich, um dem Verletzer das Risiko einer gerichtlichen Auseinandersetzung vor Augen zu führen (vgl. *Ohly/Sosnitza* UWG § 12 Rn. 18; OLG Hamburg WRP 1986, 292; OLG München WRP 1981, 601; OLG Düsseldorf WRP 1988, 107). Die Drohung kann sich jedoch auch konkludent aus den Umständen (zB Anwaltsabmahnung unter kurzer Fristsetzung, *Köhler/Bornkamm/Feddersen* UWG § 12 Rn. 1.23) ergeben (vgl. OLG Hamburg GRUR 1991, 81 Ls.). Es empfiehlt sich gleichwohl, die Androhung gerichtlicher Schritte ausdrücklich in die Abmahnung aufzunehmen. Die Art der gerichtlichen Schritte (Klage oder Verfügungsantrag) braucht nicht konkretisiert zu werden (OLG Köln WRP 1979, 392 (394)).

Das Formular geht davon aus, dass der abmahnende Anwalt noch keinen Auftrag hat, nach Ablauf der Frist Klage zu erheben („...... werde ich meiner Mandantin empfehlen, unverzüglich gerichtliche Hilfe ......"). Liegt bereits Klageauftrag vor („...... bin ich beauftragt, unverzüglich gerichtliche Hilfe ......"), so kann für die Abmahnung keine 1,3 Geschäftsgebühr gemäß VV 2300 RVG, sondern lediglich eine 0,8 Gebühr gemäß VV 3101 RVG in Ansatz gebracht und dem Abgemahnten in Rechnung gestellt werden.

16. Seit der UWG-Reform 2004 ist der Kostenerstattungsanspruch in § 12 Abs. 1 S. 2 UWG ausdrücklich geregelt. Soweit die Abmahnung berechtigt ist, kann der Ersatz der erforderlichen Aufwendungen verlangt werden. Vor der Reform des UWG im Jahr 2004 ergab sich der Anspruch auf Erstattung der Abmahnkosten, soweit sie notwendig waren, aus Geschäftsführung ohne Auftrag (GoA), §§ 683, 670 BGB (stRspr seit BGHZ 52, 393 (399) – Fotowettbewerb) und bei schuldhaften Wettbewerbsverstößen als Schadensersatzanspruch (zB §§ 1, 13 Abs. 6 UWG aF). Ein Unternehmen, das einen Rechtsanwalt mit einer wettbewerbsrechtlichen Abmahnung beauftragt, kann die durch die Abmahnung entstandenen Kosten vom Abgemahnten verlangen, und zwar auch dann, wenn es über eine eigene

1. Wettbewerbsrechtliche Abmahnung A. 1

Rechtsabteilung verfügt (BGH WRP 2008, 1188 – Abmahnkostenersatz). Der BFH hat jüngst entschieden, dass mit einer wettbewerbsrechtlichen Abmahnung eines Mitbewerbers diesem gegenüber eine umsatzsteuerpflichtige Leistung iSv § 1 Abs. 1 Nr. 1 S. 1 UStG erbracht wird (BFH WRP 2017, 712 Rn. 24). Auf der Grundlage dieser Rechtsprechung umfasst der Kostenerstattungsanspruch gemäß § 12 Abs. 1 S. 2 UWG auch die gesetzliche Umsatzsteuer für die Kosten der Abmahnung. Dagegen müssen Verbände im Sinne des § 8 Abs. 3 Nr. 2 und Nr. 3 UWG in der Lage sein, auch ohne anwaltlichen Rat typische und durchschnittlich schwer zu verfolgende Wettbewerbsverstöße zu erkennen und abzumahnen (BGH WRP 2008, 1188 Rn. 15 – Abmahnkostenersatz). Der Aufwendungsersatzanspruch nach § 12 Abs. 1 S. 2 UWG besteht ausschließlich für Abmahnungen, die vor der Einleitung eines gerichtlichen Verfahrens erfolgen. Hat der Gläubiger eine einstweilige Verfügung ohne vorherige Abmahnung erhalten, eine sog. „Schubladenverfügung", und mahnt er den Schuldner erst danach ab, steht dem Gläubiger kein Aufwendungsersatzanspruch zu (BGH GRUR 2010, 257 – Schubladenverfügung; *Köhler/Bornkamm/Feddersen* UWG § 12 Rn. 1.101). Der Anspruch auf Erstattung der Abmahnkosten verjährt gemäß § 11 Abs. 1 UWG in sechs Monaten (*Ohly/Sosnitza* UWG § 11 Rn. 25).

Zur Höhe des Kostenerstattungsanspruchs siehe → Anm. 23, 24.

17. Neben dem Unterlassungsanspruch gemäß § 8 Abs. 1 S. 1 UWG kann dem Abmahnenden auch ein Anspruch auf Beseitigung gemäß § 8 Abs. 1 S. 1 UWG zustehen. Der Beseitigungsanspruch ist darauf gerichtet, eine bereits eingetretene aber fortwirkende Beeinträchtigung abzuwehren (*Köhler/Bornkamm/Feddersen* UWG § 8 Rn. 1.85). Allerdings ist durch die jüngste Rechtsprechung des BGH fraglich geworden, welcher Anwendungsbereich für den Beseitigungsanspruch neben dem Unterlassungsanspruch verbleibt. In der Entscheidung „Hot Sox" hat der BGH entschieden, die Verpflichtung zur Unterlassung einer Handlung, durch die ein fortdauernder Störungszustand geschaffen worden sei, sei regelmäßig dahin auszulegen, dass sie nicht nur die Unterlassung derartiger Handlungen umfasse, sondern auch die Vornahme möglicher und zumutbarer Handlungen zur Beseitigung des Störungszustands. Dies umfasse nicht nur die Verpflichtung, den weiteren Vertrieb einzustellen, sondern auch den Rückruf bereits an den Groß- und Einzelhandel verkaufter Ware (BGH WRP 2016, 854 Rn. 34 f. – Hot Sox). Ein Schuldner, dem gerichtlich untersagt worden sei, ein Produkt mit einer bestimmten Aufmachung zu vertreiben oder für ein Produkt mit bestimmten Aufgaben zu werben, müsse grundsätzlich durch einen Rückruf des Produkts dafür sorgen, dass bereits ausgelieferte Produkte von seinen Abnehmern nicht weiter vertrieben werden (BGH GRUR 2017, 208 Rn. 30 – Rückruf von RESCUE-Produkten). Durch eine unlautere Wettbewerbshandlung entstehen für einen abmahnenden Mitbewerber (§ 8 Abs. 3 Nr. 1 UWG) regelmäßig auch Ansprüche auf Auskunft über den Umfang der Verletzungshandlung und gemäß § 9 S. 1 UWG auf Schadensersatz. Diese Ansprüche können schon mit der Abmahnung geltend gemacht werden. Der Abmahnende muss dann allerdings damit rechnen, dass der Abgemahnte sein Verhalten gerade deshalb verteidigt, um dem Schadensersatzanspruch und dem (häufig als unangenehm empfundenen) Auskunftsanspruch entgegenzutreten. Andererseits ist der Schadensersatzanspruch im Ergebnis oft nicht durchsetzbar, da sich die Höhe des durch den Wettbewerbsverstoß verursachten Schadens in vielen Fällen nicht beziffern lässt. Es kann daran gedacht werden, dem Abgemahnten bereits in der Abmahnung den Verzicht auf die Auskunfts- und Schadensersatzansprüche für den Fall anzubieten, dass er innerhalb der gesetzten Frist eine die Wiederholungsgefahr beseitigende strafbewehrte Unterlassungserklärung abgibt. Das Formular geht einen Mittelweg, indem die Geltendmachung von Auskunfts- und Schadensersatzansprüchen vorbehalten wird.

Den Verbänden gemäß § 8 Abs. 3 Nr. 2 UWG, den qualifizierten Einrichtungen gemäß § 8 Abs. 3 Nr. 3 UWG und den Kammern gemäß § 8 Abs. 3 Nr. 4 UWG steht zwar kein

Schadensersatzanspruch zu und damit zugleich auch kein den Schadensersatzanspruch vorbereitender Auskunftsanspruch. Sie können jedoch den Gewinnabschöpfungsanspruch des § 10 UWG geltend machen (näher dazu *Sack* WRP 2003, 549; → Form. A.11 Anm. 11). Mitbewerber sind hierfür wegen des Sanktionscharakters dieses Anspruchs nicht klagebefugt. Der Reformgesetzgeber wollte mit dem Gewinnabschöpfungsanspruch das Durchsetzungsdefizit bei sog. Streuschäden reduzieren, dh in Fällen, in denen eine Vielzahl von Abnehmern geschädigt wird, die Schadenshöhe im Einzelfall jedoch eher gering ist. Der Anspruch gemäß § 10 UWG setzt voraus, dass ein vorsätzlicher Verstoß gegen § 3 UWG oder gegen § 7 UWG vorliegt, durch den der Verletzer einen Gewinn zu Lasten einer Vielzahl von Abnehmern (im Sinne von Marktteilnehmern) erzielt hat. Herauszugeben – an den Bundeshaushalt, § 10 Abs. 1 UWG – ist der Gewinn des Verletzers, wobei die Gläubiger die für die Geltendmachung des Anspruchs erforderlichen Aufwendungen – beschränkt auf die Höhe des abgeschöpften Gewinns – von den zuständigen Stellen des Bundes erstattet verlangen können, soweit sie vom Schuldner keinen Ausgleich erlangen können § 10 Abs. 4 S. 2 UWG.

18. Die Unterlassungserklärung muss so formuliert werden, dass sie die konkrete Verletzungsform erfasst. Am einfachsten ist es daher, den Wettbewerbsverstoß so, wie er vorgefallen ist, wiederzugeben, etwa durch das wörtliche Zitat der beanstandeten Angabe. Nicht selten sind jedoch gewisse Verallgemeinerungen angebracht und wünschenswert, zB die Erstreckung auf andere als die beworbenen Produkte oder die Einbeziehung anderer Werbemittel als die konkret verwendeten Prospekte. Denn eine Verletzungshandlung begründet die Vermutung der Wiederholungsgefahr nicht nur für die identische Verletzungsform, sondern auch für alle im Kern gleichartigen Verletzungshandlungen (zB BGH GRUR 2008, 702 Rn. 55 – Internet-Versteigerung III; BGH GRUR 2006, 421 Rn. 39 – Markenparfümverkäufe; *Köhler/Bornkamm/Feddersen* UWG § 8 Rn. 1.46; *Teplitzky* WRP 1999, 75). Der Abgemahnte kann sich damit begnügen, die vom Abmahnenden geforderte Unterlassungserklärung abzugeben. Ist diese zu eng gefasst, so besteht die Gefahr, dass der Abgemahnte die beanstandete Handlung in leicht abgewandelter Form wiederholt, ohne gegen die Unterlassungsklärung zu verstoßen. Andererseits geht der Abmahnende kein Risiko ein, wenn er die Unterlassungserklärung zu weit formuliert. Denn es ist am Abgemahnten, die zur Beseitigung der Wiederholungsgefahr erforderliche strafbewehrte Unterlassungserklärung abzugeben (*Köhler/Bornkamm/Feddersen* UWG § 12 Rn. 1.19; OLG Köln WRP 1988, 56; OLG München WRP 1988, 62 (63); OLG Hamburg WRP 1989, 32 (33)). Der Abgemahnte kann die geforderte Unterlassungserklärung damit nicht insgesamt zurückweisen. Auch bei der Antragsfassung in einem späteren Prozess ist der Abmahnende nicht an die von ihm im Rahmen der Abmahnung formulierte Unterlassungserklärung gebunden. Er kann also, ohne ein sofortiges Anerkenntnis im Sinne des § 93 ZPO fürchten zu müssen, auch einen engeren Klageantrag stellen, sofern der beanstandete Wettbewerbsverstoß in Abmahnung und Klageantrag identisch ist (OLG Düsseldorf WRP 1988, 107). Umgekehrt ist jedoch der Abgemahnte an die von ihm abgegebene strafbewehrte Unterlassungserklärung auch dann gebunden, wenn diese objektiv zu weit war (vgl. BGH GRUR 1992, 61 (62) – Preisvergleichsliste).

19. Unter der Geltung des UWG 1909 war es üblich, die Unterlassungsverpflichtung mit der in der früheren Generalklausel (§ 1 UWG aF) enthaltenen Formulierung „im geschäftlichen Verkehr zu Zwecken des Wettbewerbs" einzuleiten. Mit der UWG-Novelle 2004 ist die Formulierung „im geschäftlichen Verkehr zu Zwecken des Wettbewerbs" durch den Begriff „Wettbewerbshandlung" ersetzt worden. Die UWG-Novelle 2008 ersetzte den Begriff „Wettbewerbshandlung" durch den Begriff „geschäftliche Handlung". Die geschäftliche Handlung ist in § 2 Abs. 1 Nr. 1 UWG legaldefiniert als „jedes Verhalten einer Person zugunsten des eigenen oder eines fremden Unternehmens

1. Wettbewerbsrechtliche Abmahnung

vor, bei oder nach einem Geschäftsabschluss, das mit der Förderung des Absatzes oder des Bezugs von Waren oder Dienstleistungen oder mit dem Abschluss oder der Durchführung eines Vertrags über Waren oder Dienstleistungen objektiv zusammenhängt". Der Begriff der geschäftlichen Handlung geht über den Begriff der Wettbewerbshandlung hinaus, da er auch das Verhalten nach Vertragsschluss umfasst.

Die Legaldefinition des § 2 Abs. 1 Nr. 1 UWG muss nicht in die Unterlassungserklärung aufgenommen werden. Ausreichend ist es, durch die Verwendung des Begriffs „werben" (wie im Formular) zum Ausdruck zu bringen, dass es sich um eine geschäftliche Handlung handelt. Der Begriff „werben" ist nicht als unbestimmt anzusehen, da regelmäßig nicht zweifelhaft sein wird, ob eine Maßnahme als Werbung anzusehen ist oder nicht (BGH WRP 2000, 389 – Gesetzeswiederholende Unterlassungsanträge). Alternativ bietet sich an, die Formulierung „im Zusammenhang mit der Förderung des Absatzes oder des Bezugs von Waren oder Dienstleistungen" aus der Legaldefinition des § 2 Abs. 1 Nr. 1 UWG zu verwenden. Nach wie vor wird auch noch die aus dem früheren Recht geläufige Formel „im geschäftlichen Verkehr zu Zwecken des Wettbewerbs" verwendet.

20. Die Vertragsstrafe ist verwirkt, wenn zwischen Gläubiger und Schuldner ein Unterlassungsvertrag zustande gekommen ist und wenn der Schuldner danach der Unterlassungsverpflichtung zuwiderhandelt, § 339 S. 2 BGB (BGH GRUR 2006, 878 Rn. 20 – Vertragsstrafevereinbarung). Obwohl im Gesetz nicht ausdrücklich gesagt, zählt nur der schuldhafte Verstoß (Palandt/*Heinrichs* BGB § 339 Rn. 15; *Ohly/Sosnitza* UWG § 12 Rn. 37). Der Schuldner einer Unterlassungsverpflichtung muss grundsätzlich für ein schuldhaftes Verhalten seiner Erfüllungsgehilfen im Sinne von § 278 BGB einstehen, soweit dieses zu einer Verletzung der Unterlassungspflicht geführt hat (BGH GRUR 1998, 963 (964) – Verlagsverschulden II). Ein Dritter ist dann Erfüllungsgehilfe gemäß § 278 BGB, wenn er vom Schuldner in die Erfüllung der vertraglichen Unterlassungsverpflichtung eingeschaltet wird (*Köhler/Bornkamm/Feddersen* UWG § 12 Rn. 1.209). Schaltet ein Schuldner eines Unterlassungsvertrags bei der Veröffentlichung einer der vertraglichen Unterlassungsverpflichtung entsprechenden Werbung ein Verlagsunternehmen ein, so ist das Verlagsunternehmen Erfüllungsgehilfe (BGH GRUR 1998, 963 – Verlagsverschulden II).

Bisweilen ist fraglich, ob eine oder mehrere Zuwiderhandlungen vorliegen. So zB wenn mehrere Prospekte „auf einen Schlag" an eine Vielzahl von Kunden versandt werden (OLG Koblenz GRUR 1992, 884; OLG Zweibrücken GRUR 1990, 307), bei der sukzessiven Veröffentlichung von Anzeigen (BGH WRP 1993, 240 – Fortsetzungszusammenhang) oder der Weiterbenutzung einer Kennzeichnung. Ob mehrere einzelne Handlungen unabhängig voneinander als separate Verstöße oder als eine einheitliche Zuwiderhandlung anzusehen sind, ist im Wege der Auslegung des Unterlassungsvertrags zu ermitteln. Im Rahmen der Auslegung ist zu berücksichtigen, dass der Rechtsbegriff der Fortsetzungstat im Recht der Vertragsstrafe nicht anerkannt werden kann (BGH GRUR 2001, 758 (759) – Trainingsvertrag). Die Auslegung eines Unterlassungsvertrags richtet sich nach der Rechtsprechung des BGH nach den auch sonst für die Vertragsauslegung geltenden Grundsätzen (BGH GRUR 2015, 1021 Rn. 29 – Kopfhörer-Kennzeichnung). Dabei ist der wirkliche Wille der Vertragsparteien maßgebend (§§ 133, 157 BGB), bei dessen Ermittlung neben dem Inhalt der Vertragserklärungen insbesondere die beiderseits bekannten Umstände, der Zweck der Vereinbarung, die Art und Weise ihres Zustandekommens, die wettbewerbsrechtlich relevante Beziehung zwischen den Vertragspartnern und deren Interessenlage zu berücksichtigen sind (BGH GRUR 2015, 1021 Rn. 29 – Kopfhörer-Kennzeichnung). Das Versprechen, eine Vertragsstrafe „für jeden Fall der Zuwiderhandlung" zu zahlen, kann nach der Entscheidung des BGH „Kopfhörer-Kennzeichnung" dahin auszulegen sein, dass mehrere zeitlich nicht zu weit auseinanderliegende Einzelverstöße, die auf fahrlässigem Verhalten beruhen, als eine einzige Zuwiderhandlung angesehen werden (BGH GRUR 2015, 1021 Rn. 29 – Kopfhörer-

Kennzeichnung). Im Urteil „Kinderwärmekissen" aus dem Jahr 2008 hatte der BGH dagegen entschieden, dass das Versprechen einer Vertragsstrafe „für jeden einzelnen Fall der Zuwiderhandlung" eine Zusammenfassung mehrerer oder aller Verstöße zu einer einzigen Zuwiderhandlung nach den Grundsätzen der natürlichen Handlungseinheit oder einer Handlung im Rechtssinne ausschließt (BGH WRP 2009, 182 Rn. 39 – Kinderwärmekissen). Wenn es zu einer Mehr- oder Vielzahl von Verstößen gekommen ist, ist dabei zunächst zu prüfen, ob diese eine natürliche Handlungseinheit bilden und damit nur eine Handlung darstellen. Wenn keine solche Handlungseinheit vorliegt, kann die Auslegung des Unterlassungsvertrags ergeben, dass mehrere fahrlässig begangene und zeitlich nicht zu weit auseinanderliegende Zuwiderhandlungen, die in einer Weise zusammenhängen, dass sie gleichartig und unter Außerachtlassung derselben Pflichtenlage begangen worden sind, nur als ein Verstoß zu werten sind (BGH GRUR 2015, 1021 Rn. 29 – Kopfhörer-Kennzeichnung). Einzelne Handlungen können als rechtliche Einheit anzusehen sein, wenn der Schuldner zwar mehrere tatsächliche Handlungen begeht, diese aber alle auf einem einzigen Entschluss beruhen und sich bei natürlicher Betrachtungsweise wegen ihres zeitlichen und tatsächlichen Zusammenhangs als eine einzige Handlung darstellen (Institut der natürlichen Handlungseinheit). Eine einzige Zuwiderhandlung liegt etwa vor bei Versendung eines Rundschreibens oder Katalogs (BGH WRP 1998, 718 – Testpreis-Angebot) und wurde sogar bei der Auslage von Werbematerial in 74 Arztpraxen in verschiedenen Bundesländern bejaht (OLG Köln WRP 2004, 387). Eine Zusammenfassung wurde zB verneint bei redaktionellen Werbemaßnahmen, die über Jahre hinweg erfolgten (BGH WRP 1998, 164 – Modenschau im Salvatorkeller) oder bei unterschiedlich gestalteten, in zeitlichem Abstand verschickten und gesondert geprüften Mailings (OLG Köln WRP 2000, 226). In der bereits erwähnten Entscheidung „Kinderwärmekissen", in der ausdrücklich eine Vertragsstrafe „für jeden einzelnen Fall der Zuwiderhandlung" vereinbart worden war, hat der BGH die Zusammenfassung der insgesamt 7.000 Verstöße abgelehnt und ist zum Ergebnis gekommen, die Vertragsstrafe sei 7.000 mal verwirkt worden (BGH WRP 2009, 182 Rn. 38 f. – Kinderwärmekissen). Steht eine danach sich ergebende Vertragsstrafe in einem außerordentlichen Missverhältnis zur Bedeutung der Zuwiderhandlung, ist – so der BGH – ihre Herabsetzung nach dem Grundsatz von Treu und Glauben gemäß § 242 BGB geboten, und zwar auf ein Maß, dass der Betrag noch hingenommen werden kann (BGH WRP 2009, 182 Rn. 41 – Kinderwärmekissen: bei 7.000 Verstößen, mit denen ein Nettoumsatz von 48.000 EUR erzielt worden ist und bei denen die rechnerische Vertragsstrafe mehr als 53 Mio. EUR betragen hätte, ist die Vertragsstrafe gemäß § 242 BGB auf 200.000 EUR zu reduzieren).

Vereinbarungen, die eine Zusammenfassung mehrerer Verstöße verhindern (zB „unter Ausschluss der Einrede des Fortsetzungszusammenhangs", „wobei jeder Tag der Weiterbenutzung der Kennzeichnung als ein gesonderter Fall der Zuwiderhandlung gilt"), sind somit mit den vorstehend erwähnten Einschränkungen durch die Rechtsprechung des BGH möglich, nicht jedoch in AGB. AGB, die eine Zusammenfassung von Verstößen ausschließen, sind nach § 307 Abs. 2 Nr. 1 BGB grundsätzlich unwirksam (*Köhler/Bornkamm/Feddersen* UWG § 12 Rn. 1.207). Der Schuldner wird sich auf eine solche Vereinbarung zur Zusammenfassung von Verstößen jedoch nur einlassen müssen, wenn ansonsten die Vertragsstrafe zu niedrig wäre. Wie die Entscheidung des OLG Köln in WRP 2004, 387 (Werbematerial in Arztpraxen) zeigt, kann es, insbesondere wenn es um die Unterlassung der Verwendung von einzelnen zu verschickenden oder auszulegenden Werbematerialien geht, sinnvoll sein, eine Mindestvertragsstrafe vorzusehen, die sich aus der Summierung der einzelnen, konkret bezeichneten Verstöße in Form des verschickten oder ausgelegten Werbematerials errechnet („für jeden Fall der Zuwiderhandlung eine Vertragsstrafe in Höhe von 5.100 EUR, mindestens jedoch in Höhe von . . . . . . EUR für jede von der Unterlassungsverpflichtung erfasste Werbebroschüre, an die A GmbH zu zahlen"). In solchen Fällen, in denen bei der Abgabe der Unterlassungserklärung ein

1. Wettbewerbsrechtliche Abmahnung A. 1

Massenverstoß zu befürchten ist, kann es sich auch empfehlen, ein Vertragsstrafeversprechen nach dem neuen Hamburger Brauch gemäß § 315 Abs. 1, Abs. 3 BGB (vgl. BGH GRUR 1994, 146 – Vertragsstrafebemessung) zu verwenden. Bei einem Vertragsstrafeversprechen nach dem neuen Hamburger Brauch verspricht der Schuldner die Zahlung einer angemessenen vom Gläubiger zu bestimmenden und im Streitfall vom zuständigen Gericht zu bestimmenden Vertragsstrafe.

21. Die Wiederholungsgefahr entfällt nur dann, wenn der Schuldner für den Fall der Zuwiderhandlung gegen die von ihm abgegebene Unterlassungserklärung die Zahlung einer Vertragsstrafe verspricht (→ Anm. 11). Die Höhe der Vertragsstrafe kann grundsätzlich frei vereinbart werden (*Ohly/Sosnitza* UWG § 12 Rn. 36). Eine unverhältnismäßig hohe Vertragsstrafe kann gemäß § 343 BGB auf Antrag des Schuldners durch Urteil auf den angemessenen Betrag herabgesetzt werden. § 343 BGB gilt jedoch nicht für Vollkaufleute (§ 348 HGB). Zwar ist auch bei Kaufleuten eine Herabsetzung der Vertragsstrafe gemäß § 242 BGB möglich, allerdings nicht auf eine angemessene Vertragsstrafe wie bei § 343 BGB, dessen Anwendung bei Kaufleuten gerade ausgeschlossen ist, sondern auf einen Betrag, der nach § 242 BGB noch hingenommen werden kann (BGH WRP 2009, 182 Rn. 41 – Kinderwärmekissen). Um als Druckmittel wirken zu können, muss die Vertragsstrafe so hoch sein, dass ein Verstoß sich für den Verletzer voraussichtlich nicht mehr lohnt (*Köhler/Bornkamm/Feddersen* UWG § 12 Rn. 1.192). Zu berücksichtigen sind daher Art und Größe des Unternehmens, Umsatz und aus dem Wettbewerbsverstoß möglicherweise resultierender Gewinn und Interesse des Verletzers an weiteren gleichartigen Wettbewerbsverstößen sowie Grad des Verschuldens des Schuldners oder die Gefährlichkeit des begangenen Verstoßes (BGH GRUR 1983, 127 (129) – Vertragsstrafeversprechen; BGH GRUR 1984, 72 (74) – Vertragsstrafe für versuchte Vertreterabwerbung; BGH GRUR 1985, 155 (157) – Vertragsstrafe bis zu ...; BGH GRUR 1994, 146 (147 f.) – Vertragsstrafebemessung). Ob es außerdem noch auf die Höhe des dem Gläubiger drohenden Schadens ankommt (so unter Hinweis auf § 340 Abs. 2 BGB, BGH GRUR 1994, 146 (148) – Vertragsstrafebemessung; *Köhler* GRUR 1994, 260 (262 f.)), ist zweifelhaft, da die Vertragsstrafe lediglich der Sicherung der Unterlassungsverpflichtung dient und damit keine Anerkennung von Schadenersatzansprüchen (die ohnehin nur dem Mitbewerber gemäß § 8 Abs. 3 Nr. 1 UWG zustehen) verbunden ist.

Als Vertragsstrafe kann ein bestimmter Geldbetrag versprochen werden. In der Praxis wird häufig bei einem ersten Verstoß eine Vertragsstrafe in Höhe von 5.100 EUR (manchmal auch 5.001 EUR) verlangt. Diese Beträge sind damit begründet worden, im Falle eines Streits über die Verwirkung der Vertragsstrafe die erstinstanzliche Zuständigkeit des in Wettbewerbssachen regelmäßig erfahreneren Landgerichts zu begründen (§ 23 Nr. 1 GVG). Im Streit, ob der Anspruch auf Zahlung der Vertragsstrafe ein Anspruch auf Grund des UWG ist, für den die sachliche Zuständigkeit der Landgerichte aus § 13 Abs. 1 UWG folgt (so *Ohly/Sosnitza* UWG § 13 Rn. 2 mwN; aA *Köhler/Bornkamm/Feddersen* UWG § 13 Rn. 2 mwN), hat der BGH jüngst Stellung bezogen und entschieden, dass für Vertragsstrafeansprüche, die ihren Ursprung in einem auf einer wettbewerbsrechtlichen Abmahnung beruhenden Unterlassungsvertrag haben, die Zuständigkeit der Landgerichte begründet ist, und zwar unabhängig von der Höhe des geltend gemachten Anspruchs auf Vertragsstrafe (BGH WRP 2017, 179 Rn. 23 ff.). Der Schuldner kann unabhängig davon einwenden, dass die Zuständigkeitsstreitwerte mit dem Wegfall der Wiederholungsgefahr nichts zu tun haben und im Einzelfall auch eine geringere Vertragsstrafe ausreichend ist. Ein Vertragsstrafeversprechen kann auch mit einer festen Obergrenze („Vertragsstrafe bis zu ... EUR") versprochen werden. Ein solches Vertragsstrafeversprechen ist regelmäßig nur dann geeignet, die Wiederholungsgefahr zu beseitigen, wenn die Obergrenze doppelt so hoch ist wie eine sonst angemessene feste Vertragsstrafe (BGH GRUR 1985, 155 (157) – Vertragsstrafe bis zu ...). Die Parteien können vereinbaren, dass die Höhe der Vertragsstrafe bei Verstößen durch den Gläubiger (§ 315 BGB) oder durch einen Dritten (§ 317 BGB) bestimmt wird. Bei einem Vertragsstrafeversprechen nach dem sog. neuen Hamburger Brauch verspricht der Schuldner die Zahlung einer angemessenen vom Gläubiger zu bestimmenden und im Streitfall vom zuständigen Gericht zu bestimmenden Vertragsstrafe (vgl. BGH GRUR 1994, 146 – Vertragsstrafebemessung). Diese Form des Vertragsstrafeversprechens setzt die Vorschriften des § 315 Abs. 1, Abs. 3 BGB um und ist geeignet, die Wiederholungsgefahr auszuräumen. Ein solches Vertragsstrafeversprechen nach dem neuen Hamburger Brauch bürdet dem Gläubiger auf der einen Seite zwar das Risiko der Bemessung der jeweils angemessenen Vertragsstrafe auf, auf der anderen Seite bietet es gegenüber einer Vertragsstrafe mit einem festen Geldbetrag den Vorteil, bei schwerwiegenden und umfangreichen Verstößen eine höhere Vertragsstrafe zu bestimmen. Unzulässig ist es, die Festsetzung einer angemessenen Vertragsstrafe dem Gericht zu überlassen, das Gericht ist nicht Dritter im Sinne von § 317 BGB (BGH GRUR 1978, 192 (193) – Hamburger Brauch, mAnm *Schade*).

22. Das Formular sieht die Zahlung der Vertragsstrafe an den Gläubiger vor. Demgegenüber fällt im Vollstreckungsverfahren (§ 890 ZPO) ein etwaiges Ordnungsgeld dem Staat zu. Fraglich ist, ob die Wiederholungsgefahr auch dann entfällt, wenn der Schuldner die Zahlung der Vertragsstrafe an einen Dritten (zB gemeinnützige Einrichtung) verspricht. Der BGH will allein aus dem Versprechen der Zahlung der Vertragsstrafe an einen Dritten keine Zweifel an der Ernstlichkeit der strafbewehrten Unterlassungserklärung ableiten, sondern stellt auf die Umstände des Einzelfalls ab (BGH GRUR 1987, 748 (750) – Getarnte Werbung II, mAnm *Jacobs*). Weigert sich der Schuldner ohne einsichtige Begründung, ein Vertragsstrafeversprechen zugunsten des Gläubigers abzugeben, so kann dies Zweifel an der Ernstlichkeit seines Unterlassungswillens begründen.

Kosten und Gebühren

23. Der Abgemahnte hat dem Abmahnenden die Kosten der Abmahnung zu erstatten, soweit sie erforderlich waren, § 12 Abs. 1 S. 2 UWG (→ Anm. 15). Die Einschaltung eines Rechtsanwalts ist regelmäßig erforderlich. Ein Unternehmen kann die Kosten eines mit der Abmahnung beauftragten Rechtsanwalts auch dann ersetzt verlangen, wenn es über eine eigene Rechtsabteilung verfügt (BGH GRUR 2008, 928 (929) – Abmahnkostenersatz). Anders ist dies bei Verbänden. Ein Verband muss ohne anwaltlichen Rat in der Lage sein, typische und durchschnittlich schwer zu verfolgende Wettbewerbsverstöße zu erkennen und abzumahnen (BGH GRUR 2004, 448 – Auswärtiger Rechtsanwalt IV; *Köhler/Bornkamm/ Feddersen* UWG § 12 Rn. 1.115; ausführlicher zu Verbänden → Anm. 24). Die Kosten eines Patentanwalts sind in Wettbewerbssachen nur ausnahmsweise erstattungsfähig (OLG Jena GRUR-RR 2003, 30). Ein Rechtsanwalt, der sich selbst ein Mandat erteilt, einen unschwer zu erkennenden Wettbewerbsverstoß abzumahnen, kann keine Kostenerstattung verlangen (BGH GRUR 2004, 789 – Selbstauftrag). Der Rechtsanwalt kann eine Geschäftsgebühr nach VV 2300 RVG verlangen, diese entsteht, wenn der Auftrag darauf gerichtet ist, dass der Rechtsanwalt nach außen tätig wird (BGH GRUR 2010, 1120 Rn. 28 – Vollmachtsnachweis). Innerhalb des nach VV 2300 RVG bestehenden Rahmens einer 0,5 bis 2,5-fachen Gebühr ist bei einer wettbewerbsrechtlichen Abmahnung in einem durchschnittlichen Fall nicht von einer unter dem Regelsatz liegenden 1,3-fachen Gebühr auszugehen (BGH GRUR 2010, 1120 Rn. 29 ff. – Vollmachtsnachweis). Hinzu kommt die Auslagenpauschale (VV 7001, 7002 RVG). Der BFH hat jüngst entschieden, dass die wettbewerbsrechtliche Abmahnung eines Mitbewerbers eine umsatzsteuerpflichtige Leistung iSv § 1 Abs. 1 Nr. 1 S. 1 UStG ist (BFH WRP 2017, 712 Rn. 24). Der Kostenerstattungsanspruch des § 12 Abs. 1 S. 2 UWG umfasst damit auch die gesetzliche Umsatzsteuer für die Kosten der Abmah-

1. Wettbewerbsrechtliche Abmahnung   A. 1

nung. Der Streitwert der Abmahnung entspricht grundsätzlich dem Streitwert der Hauptsacheklage (→ Form. A.11 Anm. 4), nicht einem vielleicht niedrigeren Wert des Verfügungsverfahrens (*Köhler/Bornkamm/Feddersen* UWG § 12 Rn. 1.118). Werden gleichzeitig mehrere Verletzer wegen derselben Angelegenheit abgemahnt, so sind gemäß § 22 Abs. 1 RVG die Gegenstandswerte aller Abmahnungen zu addieren und die Geschäftsgebühr nach VV 2300 RVG aus der Summe zu berechnen. Neben der Geschäftsgebühr kann gegebenenfalls noch eine 1,5 Einigungsgebühr nach VV 1000 RVG anfallen, zB wenn der Rechtsanwalt im Auftrag seines Mandanten mit dem Verletzer eine Einigung über die Einräumung einer Aufbrauchsfrist herbeiführt. Die Kosten einer fehlgeschlagenen Abmahnung zählen nicht zu den Kosten des (nachfolgenden) Rechtsstreits (BGH GRUR 2006, 439 – Geltendmachung der Abmahnkosten). Hatte der Anwalt bereits Klageauftrag, so kann er statt der Geschäftsgebühr nach VV 2300 RVG nur eine 0,8 Gebühr gemäß VV 3101 RVG berechnen. Folgt auf die Abmahnung ein gerichtliches Verfahren, so ist nach VV Vorb. 3 Abs. 4 RVG die Geschäftsgebühr zur Hälfte, jedoch höchstens mit einem Gebührensatz von 0,75 auf die Verfahrensgebühr anzurechnen. Sind mehrere Gebühren entstanden, ist für die Abrechnung die zuletzt entstandene Gebühr maßgebend. Die Anrechnung erfolgt nach dem Wert des Gegenstands, der in das gerichtliche Verfahren übergegangen ist.

24. Bei Verbänden gemäß § 8 Abs. 3 Nr. 2 und Nr. 3 UWG ist die Einschaltung eines Rechtsanwalts regelmäßig nicht erforderlich, denn diese Verbände müssen ohne anwaltlichen Rat in der Lage sein, typische und durchschnittlich schwer zu verfolgende Wettbewerbsverstöße zu erkennen und abzumahnen (BGH GRUR 2004, 448 – Auswärtiger Rechtsanwalt IV; *Köhler/Bornkamm/Feddersen* UWG § 12 Rn. 1.115). Hat ein Verband eine Abmahnung ausgesprochen und ist diese ohne Reaktion geblieben und lässt der Verband daraufhin ein zweites Mal von einem Rechtsanwalt abmahnen, so kann der Verband die Kosten der zweiten Abmahnung nach einer neueren Entscheidung des BGH nicht erstattet verlangen (BGH GRUR 2010, 354 – Kräutertee; anders noch und nunmehr überholt: BGH GRUR 1970, 189 – Fotowettbewerb). Die Verbände können als Aufwendungsersatz eine Abmahnpauschale verlangen, die den durchschnittlich anfallenden Bearbeitungskosten entspricht und deren Berechnungsgrundlagen im Streitfall vom Verband zu beweisen sind; derzeit üblich sind Abmahnpauschalen in der Größenordnung zwischen 150,00 EUR und 250,00 EUR. Ein Verband, der eine Abmahnpauschale fordert, muss die Berechnung seiner Abmahnpauschale offenlegen und so einer Prüfung zugänglich machen (*Köhler/Bornkamm/Feddersen* UWG § 12 Rn. 1.127). Denn mit der Abmahnpauschale dürfen ausschließlich pauschalierte Kosten der Abmahnung geltend gemacht werden, die Abmahnpauschale darf darüber hinaus nicht zum Gewinn des Verbands beitragen oder Kostenbestandteile enthalten, die nicht dem Bereich der Abmahnungen zuzurechnen sind. Verbände könnten – eine korrekt berechnete – Abmahnpauschale auch dann in voller Höhe beanspruchen, wenn die Abmahnung nur teilweise berechtigt war (BGH GRUR 2010, 744 Rn. 51 – Sondernewsletter).

Fristen und Rechtsmittel

25. Die – begründete – Abmahnung konkretisiert das zwischen Gläubiger und Schuldner bestehende gesetzliche Schuldverhältnis aus unerlaubter Handlung (*Köhler/Bornkamm/Feddersen* UWG § 12 Rn. 1.75; *Ohly/Sosnitza* UWG § 12 Rn. 20). Diese wettbewerbsrechtliche Sonderbeziehung wird in besonderem Maß durch Treu und Glauben bestimmt und ist geeignet, Rechtspflichten zu begründen (BGH GRUR 1990, 381 – Antwortpflicht des Abgemahnten). So ist der Abgemahnte verpflichtet, innerhalb der gesetzten Frist oder, falls die gesetzte Frist unangemessen kurz ist, innerhalb einer angemessenen Frist auf die Abmahnung zu antworten (BGH GRUR 1990, 381 (382) – Antwortpflicht des Abgemahnten). Zudem können für den Abgemahnten Pflichten zur Aufklärung entstehen, wenn dem Abmahnenden als Folge des Verhaltens des Abgemahnten Kostenschäden drohen, die durch die Aufklärung unschwer zu vermeiden sind (BGH GRUR 1995, 167 (168) – Kosten bei unbegründeter Abmahnung). So ist der Abgemahnte verpflichtet, den Abmahnenden gegebenenfalls auf Umstände hinzuweisen, die der gerichtlichen Durchsetzung des Unterlassungsanspruchs entgegenstehen, wie etwa den Wegfall der Wiederholungsgefahr aufgrund der Abgabe einer strafbewehrten Unterlassungserklärung gegenüber einem anderen Abmahner (sog. Drittunterwerfung) (BGH GRUR 1990, 542 – Aufklärungspflicht des Unterwerfungsschuldners). Dagegen trifft den zu Unrecht Abgemahnten selbst dann keine Aufklärungs- und Antwortpflicht, wenn der Abmahnende gutgläubig war und der Abgemahnte in zurechenbarer Weise den Anschein eines Wettbewerbsverstoßes gesetzt hat (BGH GRUR 1995, 167 (168) – Kosten bei unbegründeter Abmahnung).

26. Der Abgemahnte hat auf eine Abmahnung folgende Reaktionsmöglichkeiten:
a) Der Abgemahnte kann die geforderte strafbewehrte Unterlassungserklärung ohne Einschränkung und innerhalb der gesetzten Frist abgeben. Die Erklärung wird wirksam mit dem Zugang beim Gläubiger, § 130 BGB (BGH WRP 1986, 680 (682) – Verstoß gegen das Vertragsstrafeversprechen; BGH WRP 1985, 175 (176) – Strafbewehrter Unterwerfungsvertrag). Wird die strafbewehrte Unterlassungserklärung im laufenden Prozess nach dem Eintritt der Rechtshängigkeit abgegeben, tritt Erledigung der Hauptsache ein (ganz hM, vgl. Teplitzky Kap. 46 Rn. 35; Ahrens Kap. 33 Rn. 23). Der Schuldner muss ab dem Zeitpunkt der Abgabe der strafbewehrten Unterlassungserklärung alle möglichen und zumutbaren Maßnahmen treffen, um eine Zuwiderhandlung zu vermeiden (OLG Düsseldorf WRP 1985, 30 (31)). Es müssen klare Anweisungen an Mitarbeiter oder an Unternehmen gegeben werden, die der Schuldner zur Erfüllung seiner Unterlassungspflicht einsetzt. Diese Anweisungen sollten schriftlich dokumentiert werden, beispielsweise die Stornierung von Anzeigen bei einem Verlag. Der Schuldner einer Unterlassungsverpflichtung haftet grundsätzlich für ein schuldhaftes Verhalten seiner Erfüllungsgehilfen im Sinne von § 278 BGB (BGH GRUR 1998, 963 (964) – Verlagsverschulden II).
b) Der Abgemahnte kann es ablehnen, eine strafbewehrte Unterlassungserklärung abzugeben. Er gibt dann Veranlassung zur Klage im Sinne des § 93 ZPO. Gegebenenfalls sollten daher vorbereitende Verteidigungsmaßnahmen getroffen werden, zB die Hinterlegung einer Schutzschrift (→ Form. A.3). Sind dem Schuldner Umstände bekannt, die einer gerichtlichen Durchsetzung des Unterlassungsanspruchs entgegenstehen, so kann er aufgrund der durch die Abmahnung geschaffenen wettbewerbsrechtlichen Sonderbeziehung verpflichtet sein, diese Umstände dem Gläubiger mitzuteilen (BGH GRUR 1987, 640 (641) – Wiederholte Unterwerfung II; BGH GRUR 1988, 716 (717) – Aufklärungspflicht gegenüber Verbänden; BGH GRUR 1990, 381 – Antwortpflicht des Abgemahnten; BGH GRUR 1990, 542 (543) – Aufklärungspflicht des Unterwerfungsschuldners). Verletzt er diese Pflicht, so können ihm bei einem späteren Verzichtsurteil in analoger Anwendung des § 93 ZPO die Kosten des Rechtsstreits auferlegt werden (OLG Frankfurt MD 1993, 475).
Wegen Mehrfachabmahnungen → Form. A.2 Anm. 1 unter b).

27. c) Gegen eine unberechtigte Abmahnung kann der Abgemahnte negative Feststellungsklage erheben (BGH GRUR 1985, 571 (573) – Feststellungsinteresse). Eine vorherige Gegenabmahnung zur Vermeidung der Kostenfolge des § 93 ZPO ist grundsätzlich nicht erforderlich (BGH GRUR 2006, 168 (169) – Unberechtigte Abmahnung). Eine Gegenabmahnung kann allerdings – ausnahmsweise – dann geboten sein, wenn die Abmahnung in tatsächlicher und rechtlicher Hinsicht auf offensichtlich unzutreffenden Annahmen beruht, bei deren Richtigstellung mit der Änderung der Auffassung des Abmahnenden gerechnet werden kann oder wenn seit der Abmahnung ein längerer Zeitraum verstrichen ist (BGH GRUR 2004, 790 (792) – Gegenabmahnung). Eine Gegenabmahnung ist nicht geboten, wenn der Abmahnende lediglich einem rechtlichen

Irrtum unterlag (BGH GRUR 2006, 168 – Unberechtigte Abmahnung). Das Feststellungsinteresse entfällt, wenn der Abmahnende zur Durchsetzung des geltend gemachten Unterlassungsanspruchs Leistungsklage erhebt und diese nicht mehr einseitig zurückgenommen werden kann (BGH GRUR 1987, 402 (403) – Parallelverfahren). Die Kosten einer – ausnahmsweise – gebotenen Gegenabmahnung sind gemäß §§ 683, 670 BGB erstattungsfähig (BGH GRUR 2004, 790 – Gegenabmahnung). Die Grundsätze über die unberechtigte Schutzrechtsverwarnung nach § 823 Abs. 1 BGB sind auf eine unberechtigte wettbewerbsrechtliche Abmahnung nicht übertragbar (BGH WRP 2011, 223 Rn. 63 – Kinderhochstühle im Internet), so dass eine unberechtigte wettbewerbsrechtliche Abmahnung regelmäßig keine Ansprüche des Abgemahnten auslöst (*Köhler/Bornkamm/ Feddersen* UWG § 12 Rn. 1.83).

d) Der Schuldner kann die vom Abmahnenden geforderten Erklärungen nur teilweise oder eingeschränkt abgeben. Diese Möglichkeit sollte immer sorgfältig geprüft werden. In Frage kommen etwa: Abweichende Formulierung der Unterlassungserklärung (vgl. zum Parallelproblem der Formulierung des Unterlassungsantrags → Form. A.11 Anm. 7); abweichendes Vertragsstrafeversprechen (→ Anm. 21); Einräumenlassen einer Aufbrauchs- oder Umstellungsfrist (→ Form. A.2 Anm. 5); Aufnahme einer auflösenden Bedingung für den Fall der Änderung der höchstrichterlichen Rechtsprechung (BGH GRUR 1993, 677 – Bedingte Unterwerfung); Unterwerfung unter der Voraussetzung des Nachweises der Aktivlegitimation (OLG Frankfurt MD 1999, 1268).

e) Der Abgemahnte kann auf die Abmahnung zunächst mit der Bitte um Fristverlängerung reagieren. Der Abmahnende ist jedoch nicht verpflichtet, eine objektiv angemessene Frist zu verlängern, zumal dies die Dringlichkeit und damit die Möglichkeit, eine einstweilige Verfügung zu erhalten, in Frage stellen kann. Es kann daher angezeigt sein, die Fristverlängerung von der vorübergehenden Einstellung der beanstandeten Wettbewerbshandlung abhängig zu machen. Jedenfalls bei einem offensichtlichen Wettbewerbsverstoß darf der Abgemahnte die beanstandete Werbung während der Bedenkzeit nicht fortsetzen. Setzt er diese doch fort, gibt er Veranlassung zur Klageerhebung gemäß § 93 ZPO, weil der Gläubiger davon ausgehen muss, dass die Fristverlängerung nur aus taktischen Gründen erbeten wurde (OLG Frankfurt NJW-RR 1987, 37).

2. Strafbewehrte Unterlassungserklärung

Zentrale zur Bekämpfung unlauteren Wettbewerbs eV[1]

. . . . . .

Vorab per E-Mail/vorab per Telefax – Original folgt per Post[2]

Wettbewerbszentrale ./. B-GmbH

Ihr Az . . . . . .

Sehr geehrte Damen und Herren,

ich vertrete die B-GmbH. Auf mich lautende Vollmacht liegt bei. Meine Mandantin hat mir Ihre Abmahnung vom . . . . . . zur Beantwortung übergeben.

Im Namen und in Vollmacht meiner Mandantin gebe ich – ohne Anerkennung einer Rechtspflicht, aber gleichwohl rechtsverbindlich[3] – die nachstehende Erklärung ab:

Die B-GmbH verpflichtet sich gegenüber der Wettbewerbszentrale,

1. es ab sofort zu unterlassen, für Gerätesets der Unterhaltungselektronik mit einem Setpreis zu werben, wenn die in der Werbung angegebenen höheren Einzelpreise vorher nicht gefordert worden sind, insbesondere wie in dem mit der Abmahnung beanstandeten Prospekt für eine Hi-Fi-Kompaktanlage der Marke X und Lautsprecher der Marke Y;[4] für vorhandenes Werbematerial gilt eine Aufbrauchsfrist bis . . . . . .;[5]
2. für jeden Fall der Zuwiderhandlung eine Vertragsstrafe in Höhe von 5.100 EUR[6] an die Wettbewerbszentrale[7] zu zahlen,[8] wobei das Verbot der Vertragsstrafeherabsetzung gemäß § 348 HGB[9] ausgeschlossen ist.

Die Unterlassungserklärung steht unter der auflösenden Bedingung, dass die zu unterlassende Handlung infolge einer Gesetzesänderung oder Änderung der höchstrichterlichen Rechtsprechung rechtmäßig wird.[10, 11]

Meine Mandantin hat die Überweisung der Abmahnpauschale in Höhe von 217,35 EUR auf das in der Abmahnung angegebene Konto bereits veranlasst.

Mit freundlichen Grüßen

Rechtsanwalt

Anlage: Vollmacht

Schrifttum: *Berlit*, Zur Frage der Einräumung einer Aufbrauchsfrist im Wettbewerbsrecht, Markenrecht und Urheberrecht, WRP 1998, 250; *Bernreuther*, Zur Auslegung und Inhaltskontrolle von Vertragsstrafevereinbarungen – Anmerkung zu BGH, GRUR 2001, 578; *Borck*, Über Schwierigkeiten im Gefolge von Mehrfachabmahnungen, WRP 1985, 311; *Deutsch*, Gedanken zur unberechtigten Schutzrechtsverwarnung, WRP 1999, 25; *Dornis/Förster*, Die Unterwerfung: Rechtsnatur und Rechtsnachfolge, GRUR 2006, 195; *Gottschalk*, UWG-Reform: Die Auswirkungen auf Vertragsstrafeversprechen und gerichtliche Unterlassungstitel, WRP 2004, 131; *Heckelmann/Wettich*, Zur Frage der Angemessenheit von Vertragsstrafen oder: Nachdenken ist angesagt, WRP 2003, 184; *Labesius*, Zur Auslegung von Unterwerfungserklärungen als Anerkenntnis, WRP 2013, 312; *Lindacher*, Der „Gegenschlag" des Abgemahnten, FS v. Gamm, 1990, S. 83 ff.; *Lux*, Die inkrongruente Unterwerfung, 2003; *Lührig/Lux*, Die Behandlung von Mehrfachverstößen gegen strafbewehrte Unterlassungserklärungen, FS Helm, 2002, S. 321; *Mes*, Unterwerfungserklärung und Kostenerstattung, GRUR 1978, 345; *Teplitzky*, Wettbewerbsrechtliche Ansprüche und Verfahren, 11. Aufl. 2016; *Teplitzky*, Die wettbewerbsrechtliche Unterwerfung heute, GRUR 1996, 696; *Teplitzky*, Aktuelle Probleme der Abmahnung und Unterwerfung sowie des Verfahrens der einstweiligen Verfügung im Wettbewerbs- und Markenrecht, WRP 2005, 654; *Teplitzky*, Eingeschränkte Unterwerfungserklärungen, VuR 2009, 83; *Ulrich*, Die Aufbrauchsfristen im Verfahren der einstweiligen Verfügung, GRUR 1991, 26; *Traub*, Die Anwendung des § 278 BGB auf die Erfüllung wettbewerbsrechtlicher Unterlassungsversprechen, FS A. C. Gaedertz, 1992, S. 572; vgl. ergänzend die Nachweise in → Form. A.1.

Anmerkungen

1. Der Abgemahnte sollte grundsätzlich innerhalb der in der Abmahnung gesetzten Frist prüfen, ob die Abmahnung objektiv berechtigt ist (→ Form. A.1 Anm. 25–27). Dann hat er zu entscheiden:

a) Eine objektiv unbegründete Abmahnung muss nicht beantwortet werden. Der Empfänger ist insbesondere nicht verpflichtet, den Abmahnenden darüber aufzuklären, dass und warum er für die beanstandete wettbewerbswidrige Handlung nicht verantwortlich ist (BGH WRP 1995, 300 – Kosten bei unbegründeter Abmahnung).

Der zu Unrecht Abgemahnte kann einen sog. Gegenschlag führen durch Erhebung einer negativen Feststellungsklage (BGH GRUR 1985, 571 (573) – Feststellungsinteresse). Zuständig für die Feststellungsklage ist nach hM jedes Gericht, das für die Leistungsklage mit umgekehrtem Rubrum zuständig wäre (Teplitzky Kap. 41 Rn. 71). Eine vor-

2. Strafbewehrte Unterlassungserklärung   A. 2

herige Gegenabmahnung zur Vermeidung der Kostenfolge des § 93 ZPO ist grundsätzlich nicht erforderlich (BGH GRUR 2006, 168 (169) – Unberechtigte Abmahnung; *Köhler/Bornkamm/Feddersen* UWG § 12 Rn. 1.74; die Androhung einer negativen Feststellungsklage soll nach OLG München MD 1999, 1152 sogar Erstbegehungsgefahr begründen – zweifelhaft). Eine Gegenabmahnung ist für die Praxis gleichwohl empfehlenswert und insbesondere dann geboten, wenn der Abmahnende in tatsächlicher oder rechtlicher Hinsicht von offensichtlich unzutreffenden Annahmen ausgegangen ist, bei deren Richtigstellung mit der Änderung der Auffassung des Abmahnenden gerechnet werden kann oder wenn seit der Abmahnung ein längerer Zeitraum verstrichen ist (BGH GRUR 2004, 790 (792) – Gegenabmahnung). Eine Gegenabmahnung ist nicht geboten, wenn der Abmahnende allein einem rechtlichen Irrtum unterlag (BGH GRUR 2006, 168 – Unberechtigte Abmahnung). Erhebt der Abmahnende Unterlassungsklage – zB um die Verjährung zu unterbrechen –, so entfällt das Feststellungsinteresse, sobald die Leistungsklage nicht mehr einseitig zurückgenommen werden kann (BGH GRUR 1987, 402 – Parallelverfahren I; BGH GRUR 1994, 846 – Parallelverfahren II).

Fraglich ist, ob und auf welcher Grundlage der zu Unrecht Abgemahnte vom Abmahnenden Erstattung der Kosten eines mit der Abwehr der Abmahnung beauftragten Rechtsanwalts verlangen kann. § 12 Abs. 1 S. 2 UWG ist auf die Gegenabmahnung nicht anwendbar, da die Vorschrift nach ihrem Wortlaut auf berechtigte Abmahnungen beschränkt ist. Als Rechtsgrundlage für die Geltendmachung der Kosten einer Gegenabmahnung kommt §§ 683, 670 BGB in Betracht (*Köhler/Bornkamm/Feddersen* UWG § 12 Rn. 1.75; *Ohly/Sosnitza* UWG § 12 Rn. 28; Teplitzky Kap. 41 Rn. 74). Allerdings soll eine Gegenabmahnung nur dann dem mutmaßlichen Willen und dem Interesse des Abmahnenden entsprechen und damit einen Aufwendungsersatzanspruch gemäß §§ 683, 670 BGB auslösen, wenn die Gegenabmahnung – ausnahmsweise – deshalb veranlasst ist, weil die Abmahnung in tatsächlicher oder rechtlicher Hinsicht auf offensichtlich unzutreffenden Annahmen beruht und davon auszugehen ist, dass der Abmahnende bei einer Aufklärung von der Abmahnung Abstand nehmen wird (BGH GRUR 2004, 790 (792) – Gegenabmahnung). Ein Anspruch auf Erstattung der Kosten einer Gegenabmahnung setzt somit voraus, dass die Gegenabmahnung – ausnahmsweise – geboten war. Die Grundsätze über die unberechtigte Schutzrechtsverwarnung nach § 823 Abs. 1 BGB sind auf eine unberechtigte wettbewerbsrechtliche Abmahnung nicht übertragbar (BGH WRP 2011, 223 Rn. 63 – Kinderhochstühle im Internet). Dies bedeutet, dass eine unbegründete wettbewerbsrechtliche Abmahnung – anders als eine unberechtigte Schutzrechtsverwarnung – in aller Regel keine rechtswidrige Verletzung des Rechts am eingerichteten und ausgeübten Gewerbebetrieb gemäß § 823 Abs. 1 BGB begründet (OLG Köln GRUR 2001, 525 (529)).

b) Ist die Abmahnung berechtigt, so ist die Abgabe einer strafbewehrten Unterlassungserklärung die schnellste und kostengünstigste Form der Streitbeilegung. Ist der Schuldner wegen desselben Wettbewerbsverstoßes von mehreren Gläubigern abgemahnt worden, so entfällt die Wiederholungsgefahr einheitlich gegenüber allen Gläubigern, wenn der Schuldner gegenüber einem der abmahnenden Gläubiger eine ernsthafte und ausreichende strafbewehrte Unterlassungserklärung abgibt (BGH GRUR 1983, 186 (187) – Wiederholte Unterwerfung; *Köhler/Bornkamm/Feddersen* UWG § 12 Rn. 1.166 ff.). Auch eine freiwillig, dh ohne vorherige Abmahnung erfolgte Unterwerfung gegenüber einem Drittgläubiger (zB Wettbewerbszentrale) kann geeignet sein, die Wiederholungsgefahr zu beseitigen (OLG Frankfurt a. M. WRP 1998, 895 – Freiwillige Unterwerfung gegenüber Drittgläubiger).

Anders als in den Fällen unbegründeter Abmahnung (s. o. a)) ist der Schuldner jedoch verpflichtet, den oder die Zweitabmahnenden darüber aufzuklären, dass er wegen derselben Verletzungshandlung bereits eine strafbewehrte Unterlassungserklärung gegenüber einem Dritten abgegeben hat (BGH GRUR 1987, 54 (55) – Aufklärungspflicht des Abgemahnten). Diese Aufklärungspflicht besteht nicht nur gegenüber Mitbewerbern, sondern auch gegenüber Verbänden gemäß § 8 Abs. 3 UWG (BGH GRUR 1988, 716 – Aufklärungspflicht gegenüber Verbänden). Die Aufklärungspflicht umfasst auch die Offenbarung der dem Dritten gegenüber bereits abgegebenen strafbewehrten Unterlassungserklärung (BGH GRUR 1987, 640 (641) – Wiederholte Unterwerfung II) sowie auch der Abmahnung, auf die diese strafbewehrte Unterlassungserklärung abgegeben worden ist. Der Zweitabmahnende kann vom Schuldner die Erstattung seiner Abmahnkosten verlangen (OLG München GRUR 1988, 843 – Anwaltskosten bei zeitlich früherer Abmahnung).

Formulierungsvorschlag:

„Ihre Abmahnung vom . . . . . . haben wir erhalten. Wir haben wegen derselben geschäftlichen Handlung bereits am . . . . . . gegenüber . . . . . . eine strafbewehrte Unterlassungserklärung abgegeben, Kopie der Abmahnung vom . . . . . . und der unterzeichneten strafbewehrten Unterlassungserklärung vom . . . . . . anbei. Die Wiederholungsgefahr ist dadurch beseitigt. Die Anwaltskosten für Ihre Abmahnung haben wir auf das in Ihrer Abmahnung angegebene Konto überwiesen."

2. Eine strafbewehrte Unterlassungserklärung ist regelmäßig ein abstraktes Schuldanerkenntnis im Sinne des § 780 BGB (so BGH GRUR 1995, 678 (679) – Kurze Verjährungsfrist; ein abstraktes Schuldanerkenntnis gemäß § 781 BGB nehmen an *Ohly/Sosnitza* UWG § 8 Rn. 49 und *Köhler/Bornkamm/Feddersen* UWG § 12 Rn. 1.113). Sie bedarf daher gemäß § 780 BGB (und auch gemäß § 781 BGB) der Schriftform, es sei denn, für den Schuldner liegt ein Handelsgeschäft gemäß § 350 HGB vor. Die Übermittlung per Telefax genügt zur Wahrung der gesetzlichen Schriftform des § 126 Abs. 1 BGB nicht (BGHZ 121, 224 für Bürgschaftserklärung). Die elektronische Form ist gemäß § 780 S. 2 BGB (und gemäß § 781 S. 2 BGB) ausgeschlossen. Die Wiederholungsgefahr wird jedoch bereits durch die Unterwerfung per Telefax oder per E-Mail beseitigt, wenn – wie im Formular – die schriftliche Bestätigung angekündigt wird und in angemessener Frist nachfolgt (vgl. BGH GRUR 1990, 530 – Unterwerfung durch Fernschreiben; *Teplitzky* GRUR 1996, 696 (698)). In der Praxis empfiehlt es sich daher, die strafbewehrte Unterlassungserklärung vorab per E-Mail oder vorab per Telefax an den Abmahnenden zu senden und parallel dazu im Original per Post. Zweck der strafbewehrten Unterlassungserklärung ist es, die Wiederholungsgefahr zu beseitigen und damit eine Voraussetzung für den Unterlassungsanspruch entfallen zu lassen (BGH GRUR 1983, 127 (128) – Vertragsstrafeversprechen). Eine gleichwohl erhobene Unterlassungsklage wäre als unbegründet abzuweisen. Die Wiederholungsgefahr entfällt bereits durch die Abgabe der strafbewehrten Unterlassungserklärung und damit unabhängig von einer Annahmeerklärung des Gläubigers (BGH GRUR 2006, 878 – Vertragsstrafevereinbarung).

3. Die Aufrechterhaltung des eigenen Rechtsstandpunkts (zB im Hinblick auf weitergehende Auskunfts- und Schadensersatzansprüche) ist unschädlich, sofern durch sie die Ernsthaftigkeit der Unterlassungserklärung nicht in Frage gestellt wird (OLG Stuttgart WRP 1997, 358 (361); *Köhler/Bornkamm/Feddersen* UWG § 12 Rn. 1.111).

4. Im Interesse des Schuldners liegt es, die Unterlassungsverpflichtung möglichst eng zu fassen. Er sollte daher eine vom Gläubiger formulierte Unterlassungserklärung nicht ungeprüft übernehmen. Wird eine zu weite Unterlassungserklärung abgegeben, ist diese bindend. Die Unterlassungserklärung muss nach Inhalt und Umfang – ebenso wie der Klageantrag und die Urteilsformel (→ Form. A.4 Anm. 10) – dem Unterlassungsanspruch entsprechen. Die durch eine Verletzungshandlung begründete Vermutung der Wiederholungsgefahr beschränkt sich nicht nur auf die identische Verletzungsform, sondern umfasst auch alle im Kern gleichartigen Verletzungshandlungen (BGH GRUR 2010, 749 Rn. 42 – Erinnerungswerbung im Internet; *Köhler/Bornkamm/Feddersen* UWG § 8 Rn. 1.36). Im Kern gleichartig ist ein Verhalten, das das Charakteristische der konkreten Verletzungsform enthält (BGH GRUR 2010, 749 Rn. 43 – Erinnerungswerbung im Internet).

Ob die vom Schuldner abgegebene strafbewehrte Unterlassungserklärung auch die kerngleichen Erweiterungsformen einschließt, ist durch Auslegung zu ermitteln. Die Auslegung eines Unterlassungsvertrags richtet sich nach den allgemeinen für die Vertragsauslegung geltenden Grundsätzen, §§ 133, 157 BGB. Maßgeblich ist der gewählte Wortlaut und der diesem zu entnehmende objektive Parteiwille (BGH GRUR 2003, 545 – Hotelfoto). Eine eng am Wortlaut orientierte Auslegung ist dabei umso eher geboten, je höher die vereinbarte Vertragsstrafe im Verhältnis zur Bedeutung des gesicherten Unterlassungsanpruchs ist (BGH GRUR 2003, 545 – Hotelfoto). Gibt der Schuldner eine strafbewehrte Unterlassungserklärung ab, die auf die konkrete Verletzungshandlung Bezug nimmt, so kann die Auslegung gleichwohl ergeben, dass sie sich nicht nur auf identische, sondern auf alle im Kern gleichartigen Handlungen erstrecken soll. Dies gilt insbesondere, wenn der Schuldner die vom Gläubiger formulierte strafbewehrte Unterlassungserklärung abgibt (vgl. BGH GRUR 1996, 290 (291) – Wegfall der Wiederholungsgefahr). Anders liegt die Sache, wenn der Schuldner seine Verpflichtung auf die konkrete Verletzungsform beschränkt, obwohl der Gläubiger in der Abmahnung Unterlassung der erweiterten – kerngleiche Handlungen einschließenden – Form verlangt hatte (vgl. OLG Frankfurt WRP 1998, 895 (896); OLG München MD 1999, 1290). Hier wird man die Unterlassungserklärung im Regelfall dahin verstehen müssen, dass eine Verpflichtung eben nur für die eingeschränkte konkrete Form übernommen werden soll (vgl. Teplitzky Kap. 8 Rn. 16a). Eine solche Unterlassungserklärung beseitigt die Wiederholungsgefahr nur teilweise und ist damit nicht ausreichend. Will der Schuldner seine Unterlassungserklärung auf die konkrete Verletzungsform beschränken und will er gleichwohl die Wiederholungsgefahr für im Kern gleichartige Verletzungshandlungen ausräumen, so sollte er ausdrücklich klarstellen, dass damit eine Erstreckung auf kerngleiche Handlungen nicht ausgeschlossen sein soll (*Teplitzky* GRUR 1996, 696 (670)). Beispielsweise würde in dem dem Formular zugrundeliegenden Fall eine Beschränkung auf die in der beanstandeten Prospektwerbung konkret beworbene Hi-Fi-Kompaktanlage und Lautsprecher-Typen die Wiederholungsgefahr nicht ausräumen; vielmehr kann der Gläubiger eine Verallgemeinerung auf „Gerätesets der Unterhaltungselektronik" verlangen (BGH WRP 1996, 734 (736) – Setpreis).

5. Ein sofortiges Verbot kann den Schuldner ungebührlich hart treffen; so zB, wenn er in gutem Glauben Tausende von Katalogen oder Verpackungen herstellen ließ, die dann wegen einer geringfügigen Wettbewerbswidrigkeit vom Markt genommen werden müssten. Die Rechtsprechung gewährt hier ausnahmsweise eine sog. Aufbrauchsfrist, wenn der unterlassungspflichtigen Partei für den Fall der sofortigen Durchführung des Verbots unverhältnismäßige Nachteile erwachsen würden und die befristete Fortsetzung des angegriffenen Verhaltens für den Verletzten keine unzumutbaren Beeinträchtigungen mit sich bringt (BGH GRUR 1982, 425 (431) – Brillen-Selbstabgabestellen; *Berlit* WRP 1998, 250). An die Zuerkennung und Bemessung einer Aufbrauchsfrist ist regelmäßig ein strenger Maßstab anzulegen (vgl. KG WRP 1999, 339 (341)). Die Frist darf nur dazu benutzt werden, um vorhandenes wettbewerbswidriges Material aufzubrauchen, keinesfalls um neues herzustellen (BGH GRUR 1974, 474 (476) – Großhandelshaus). Rechtsgrundlage der Aufbrauchsfrist ist § 242 BGB (BGH GRUR 1982, 425 (431) – Brillen-Selbstabgabestellen). Es handelt sich um eine materiell-rechtliche Beschränkung des Unterlassungsanspruchs, dh das Unterlassungsgebot kann während der Aufbrauchsfrist nicht durchgesetzt werden (*Köhler/Bornkamm/Feddersen* UWG § 8 Rn. 1.59). Schadensersatzansprüche bleiben dagegen unberührt (BGH GRUR 1974, 735 (737) – Pharmamedan). Die Gewährung einer Aufbrauchsfrist im Prozess stellt eine teilweise Klageabweisung dar, die gemäß § 92 Abs. 2 ZPO regelmäßig ohne Kostenfolge bleiben wird (*Köhler/*

Bornkamm/Feddersen UWG § 8 Rn. 1.66; *Ohly/Sosnitza* UWG § 8 Rn. 45). Üblich sind Aufbrauchsfristen von drei bis sechs Monaten (Teplitzky Kap. 57 Rn. 21), maßgeblich sind aber jeweils die Umstände des Einzelfalls (*Ohly/Sosnitza* UWG § 8 Rn. 44). Ob auch im Verfügungsverfahren eine Aufbrauchsfrist gewährt werden kann, ist wegen des Dringlichkeitserfordernisses streitig (bejahend *Köhler/Bornkamm/Feddersen* UWG § 8 Rn. 1.68 mwN und *Ohly/Sosnitza* UWG § 8 Rn. 46; aA OLG Düsseldorf GRUR 1986, 197; OLG Frankfurt WRP 1988, 110).

6. Nur durch das Versprechen einer angemessen hohen Vertragsstrafe entfällt die Wiederholungsgefahr.

Die Festsetzung einer angemessenen Vertragsstrafe dem Gericht zu überlassen (sog. Hamburger Brauch) ist unzulässig (BGH GRUR 1978, 191 (193) – Hamburger Brauch, mAnm *Schade*). Die Festsetzung nach billigem Ermessen, deren Billigkeit im Streitfall zur Prüfung durch das zuständige Gericht gestellt wird, kann jedoch nach dem sog. neuen Hamburger Brauch dem Gläubiger (§ 315 Abs. 1 BGB) oder einem Dritten (§ 317 BGB), soweit es sich dabei nicht um ein Gericht handelt, übertragen werden.

Formulierungsvorschlag:

„Für jeden Fall der Zuwiderhandlung gegen die Unterlassungsverpflichtung gemäß Ziff. 1. an den Gläubiger eine angemessene vom Gläubiger zu bestimmende und im Streitfall vom zuständigen Gericht zu bestimmende Vertragsstrafe zu zahlen."

In der Praxis hat es sich eingebürgert, als festen Vertragsstrafebetrag meist einen Betrag von etwa 5.100 EUR pro Zuwiderhandlung zu vereinbaren, um im Falle eines Streits über die Verwirkung der Vertragsstrafe die Zuständigkeit des Landgerichts zu begründen. Die Festsetzung nach neuem Hamburger Brauch kann im Einzelfall flexibler sein. Der Nachteil dieser flexibleren Festsetzung liegt darin, dass im Falle der Verwirkung der Vertragsstrafe der geforderte Betrag begründet werden muss, so dass den Gläubiger das Bemessungsrisiko trifft. Dem steht für den Gläubiger der Vorteil gegenüber, dass bei umfangreichen und schwerwiegenden Verstößen eine angemessene Vertragsstrafe bestimmt werden kann, die über dem Betrag einer festen Vertragsstrafe liegen kann. Für die Praxis ist davon auszugehen, dass die Parteien in problematischen Fällen, in denen zweifelhaft ist, ob ein Verstoß oder mehrere Verstöße vorliegen, eine gerichtliche Klärung der Angemessenheit der vom Gläubiger geforderten Vertragsstrafe sowohl für einen festen Vertragsstrafebetrag wie im Falle einer Festsetzung durch den Gläubiger herbeiführen werden.

Dem Schuldner bleibt es vorbehalten, statt der ihm meist mit der Abmahnung vorgegebenen Summe eine andere, im Einzelfall angemessene Vertragsstrafe zu versprechen, sofern die versprochene Vertragsstrafe so hoch ist, dass sie angemessen ist und die Wiederholungsgefahr beseitigt. Fordert der Gläubiger mit der Abmahnung ein Vertragsstrafeversprechen mit einem festen Betrag, kann der Schuldner stattdessen auch ein Vertragsstrafeversprechen nach dem neuen Hamburger Brauch abgeben und umgekehrt. Dabei ist zu berücksichtigen, dass die Vertragsstrafe einen doppelten Zweck hat: zum einen auf den Schuldner Druck auszuüben, seiner Unterlassungsverpflichtung nachzukommen (Sicherungsfunktion), zum anderen dem Gläubiger einen pauschalierten (Mindest-)Schadensersatz zu verschaffen (Schadensausgleichsfunktion, vgl. § 340 Abs. 2 BGB). Die Sicherungsfunktion steht im Vordergrund, so dass es nicht gerechtfertigt ist, die Höhe der gegenüber einem Verband gemäß § 8 Abs. 3 UWG versprochenen Vertragsstrafe allgemein niedriger zu bemessen (BGH GRUR 1983, 127 (128) – Vertragsstrafeversprechen). Die versprochene Vertragsstrafe muss in jedem Fall so hoch sein, dass sich ein Verstoß für den Schuldner voraussichtlich nicht mehr lohnt (*Köhler/Bornkamm/Feddersen* UWG § 12 Rn. 1.139). Zu berücksichtigen sind deshalb ua das – zu beseitigende – Interesse des Schuldners an weiteren gleichartigen Begehungshandlungen, die Größe des Unternehmens des Schuldners (zB Filialbetrieb) und die Gefährlichkeit für den Gläubiger (BGH GRUR 1994, 146 – Vertrags-

2. Strafbewehrte Unterlassungserklärung

strafebemessung; BGH GRUR 1984, 72 – Vertragsstrafe für versuchte Vertreterabwerbung).

Ein bürgerlich-rechtlicher Begriff der Fortsetzungstat kann nach der Rechtsprechung des BGH bei der Vertragsstrafe nicht anerkannt werden (BGH GRUR 2001, 758 (759) – Trainingsvertrag; vgl. zu diesem Urteil und zur Gesamtproblematik von Mehrfachverstößen *Lührig/Lux,* FS Helm, S. 321 ff.). Zur Beseitigung der Wiederholungsgefahr ist daher nicht erforderlich, auf die Einrede des Fortsetzungszusammenhangs zu verzichten. Handelt es sich bei einer strafbewehrten Unterlassungserklärung um AGB, kann ein Verzicht auf die Einrede des Fortsetzungszusammenhangs nach § 307 Abs. 2 BGB unwirksam sein.

Zu weiteren Einzelheiten → Form. A.1 Anm. 20, 21.

7. Die verwirkte Vertragsstrafe muss an den Gläubiger gezahlt werden. Für ein Vertragsstrafeversprechen zugunsten eines Dritten (zB gemeinnützige Einrichtung wie das Deutsche Rote Kreuz) kann zweifelhaft sein, ob dieses die Wiederholungsgefahr beseitigt. Nach der Rechtsprechung des BGH kommt es nach den Umständen des Einzelfalls darauf an, ob die Strafverpflichtung gegenüber einem Dritten geeignet erscheint, den Verletzer von Wiederholungen ernsthaft abzuhalten (BGH GRUR 1987, 748 (750) – Getarnte Werbung II mAnm *Jacobs;* → Form. A.1 Anm. 20). Der Schuldner könnte bei einem Vertragsstrafeversprechen zugunsten eines Dritten nicht nur auf das geringe Interesse des Gläubigers spekulieren, im Prozesswege eine Vertragsstrafe durchzusetzen, die ihm selbst nichts bringt, sondern vor allem auch deshalb bedenkenlos zuwiderhandeln, weil ihm der Verstoß zusätzlich zum Erfolg im Wettbewerb noch die moralische Genugtuung verschafft, mit der verwirkten Vertragsstrafe etwas Gutes zu tun (*Teplitzky* GRUR 1996, 696 (700)).

8. Die Parteien können prinzipiell frei vereinbaren, unter welchen Voraussetzungen die Vertragsstrafe verwirkt ist (BGH GRUR 2001, 758 (759) – Trainingsvertrag) – etwa nur bei Schadenseintritt. Üblich ist, die Verwirkung der Vertragsstrafe „für jeden Fall der Zuwiderhandlung" zu vereinbaren. Soweit nichts Gegenteiliges vereinbart ist, setzt die Verwirkung der Vertragsstrafe nach § 339 S. 2 BGB Verschulden voraus (BGH GRUR 1985, 1065 (1066) – Erfüllungsgehilfe; → Form. A.1 Anm. 20, → Form. A.29 Anm. 12). Nach § 278 BGB haftet der Schuldner auch für seine Erfüllungsgehilfen (zB Werbeagentur, Zeitungsverlag). Das Vertragsstrafeversprechen gewährleistet regelmäßig erst dann einen wirksamen Schutz, wenn der Schuldner auch für seinen Erfüllungsgehilfen einzustehen hat (BGH GRUR 1987, 648 (649) – Anwalts-Eilbrief). Die Haftung kann jedoch zwischen den Parteien vertraglich ausgeschlossen werden. Eine andere Frage ist, ob in einem solchen Fall noch die Wiederholungsgefahr entfällt; dies ist str. (ablehnend: OLG Frankfurt GRUR-RR 2003, 198; KG MD 1995, 1225; noch ablehnend *Teplitzky* GRUR 1996, 696; bejahend: *Traub,* FS A. C. Gaedertz, S. 572; *Köhler/Bornkamm/ Feddersen* UWG § 12 Rn. 1.156; Teplitzky Kap. 8 Rn. 29; die Frage ausdrücklich offen lassend BGH WRP 1999, 414 (415) – Vergleichen Sie, nachdem die Vorinstanzen sie verneint hatten). Nach richtiger Auffassung dürfte – wegen der Parallele zu § 890 ZPO – der vertragliche Ausschluss der Haftung nach § 278 BGB jedoch zulässig sein, ohne dass dadurch die Ernstlichkeit der Unterlassungserklärung in Frage gestellt wird. Die Haftung des Schuldners für ein Verschulden seiner Erfüllungsgehilfen wird gemeinhin als wichtiger Nachteil einer strafbewehrten Unterlassungserklärung im Vergleich zu einem Unterlassungstitel angesehen, bei dem es im Rahmen des § 890 ZPO nur auf das eigene Verschulden des Schuldners ankommt. Praktisch sind die Unterschiede jedoch gering, da das Verschulden der Erfüllungsgehilfen regelmäßig mit einem Verschulden des Schuldners einhergeht (*Köhler/Bornkamm/Feddersen* UWG § 12 Rn. 1.156).

9. Wird eine feste Vertragsstrafe für jeden Fall der Zuwiderhandlung versprochen, so kann dies bei einer Vielzahl von Zuwiderhandlungen zu unverhältnismäßig hohen Strafen führen. Hier empfiehlt sich der Ausschluss des § 348 HGB, um die Möglichkeit einer

Herabsetzung der Vertragsstrafe gemäß § 343 BGB auf einen angemessenen Betrag zu eröffnen (*Teplitzky* GRUR 1996, 696). Wird § 348 HGB nicht ausgeschlossen, bleibt auch bei Kaufleuten eine Herabsetzung der Vertragsstrafe gemäß § 242 BGB möglich, allerdings nicht auf eine angemessene Vertragsstrafe wie bei § 343 BGB, dessen Anwendung bei Kaufleuten gerade ausgeschlossen ist, sondern auf einen Betrag, der nach § 242 BGB noch hingenommen werden kann (BGH WRP 2009, 182 Rn. 41 – Kinderwärmekissen). Dieser Betrag wird regelmäßig höher sein als eine angemessene Vertragsstrafe.

10. Eine solche Bedingung ist zulässig, da sich auch der vertragliche Unterlassungsanspruch – wie der gesetzliche Anspruch, den er ersetzen soll – ausschließlich auf ein wettbewerbswidriges Handeln beziehen muss und deshalb billigerweise keine Verpflichtung besteht, ihn auf ein rechtmäßiges Verhalten zu erstrecken (BGH GRUR 1993, 677 (679) – Bedingte Unterwerfung). Regelmäßig kommt bei Änderungen der Rechts- und Sachlage, die die übernommene Unterlassungspflicht und gesetzliche Rechtslage auseinanderfallen („inkongruent werden") lassen, nach hM die Kündigung des Unterwerfungsvertrags aus wichtigem Grund in Betracht (BGH GRUR 1997, 382 – Altunterwerfung I; BGH GRUR 1997, 386 – Altunterwerfung II). Ausnahmsweise kann in Fällen der Änderung der höchstrichterlichen Rechtsprechung oder des Wegfalls der Norm, auf die sich diese Rechtsprechung stützte, der Schuldner den Einwand unzulässiger Rechtsausübung erheben, wenn der vertraglich gesicherte gesetzliche Unterlassungsanspruch dem Gläubiger aufgrund der erfolgten Änderung der höchstrichterlichen Rechtsprechung oder der Gesetzeslage unzweifelhaft nicht mehr zusteht (BGH GRUR 1997, 382 (386) – Altunterwerfung I; eingehend zur „Altunterwerfung"-Rechtsprechung *Lux*, Die inkongruente Unterwerfung, 2003). Um Zweifel auszuschließen, empfiehlt es sich, die vorgeschlagene Bedingung bereits in die Unterlassungserklärung aufzunehmen. Dagegen ist es mit dem Zweck einer Unterlassungserklärung, eine abschließende (außergerichtliche) Unterbindung rechtswidrigen Wettbewerbsverhaltens herbeizuführen, nicht vereinbar, den Bestand der Unterlassungserklärung vom Ausgang eines Parallelprozesses abhängig zu machen, insbesondere wenn der Gläubiger auf diesen Prozess keinen Einfluss hat (BGH GRUR 1993, 677 (679) – Bedingte Unterwerfung). Ebenfalls unzulässig ist eine zeitliche Befristung einer strafbewehrten Unterlassungserklärung, es sei denn, die Befristung bringt die ausnahmsweise bestehenden materiellen Grenzen des gesetzlichen Unterlassungsanspruchs zum Ausdruck (*Köhler/Bornkamm/Feddersen* UWG § 23 Rn. 1.127). Kein Fall einer unzulässigen Befristung liegt vor, wenn eine strafbewehrte Unterlassungserklärung mit der aufschiebenden Befristung abgegeben wird, ein bestimmtes Verhalten ab einem bestimmten in der Zukunft liegenden Termin zu unterlassen (vgl. BGH GRUR 2002, 180 – Weit-Vor-Winter-Schluss-Verkauf). Allerdings bleibt bei einer solchen strafbewehrten Unterlassungserklärung die Wiederholungsgefahr bis zu dem in der Zukunft liegenden Termin unberührt, so dass der Gläubiger das wettbewerbswidrige Verhalten bis dahin mit einer einstweiligen Verfügung untersagen lassen kann.

11. Weiteres Verfahren. Die strafbewehrte Unterlassungserklärung wird wirksam mit Zugang beim Gläubiger (§ 130 Abs. 1 BGB). Der Schuldner muss daher am besten schon vor der Abgabe der strafbewehrten Unterlassungserklärung und auf jeden Fall vor deren Zugang beim Gläubiger hinreichende Vorkehrungen treffen, um eine künftige Zuwiderhandlung zu verhindern (→ Form. A.29 Anm. 12). Die Zusendung einer strafbewehrten Unterlassungserklärung enthält nur dann einen Verzicht auf den Zugang der Annahmeerklärung, wenn die Unterlassungserklärung nicht oder zumindest nicht in einem wesentlichen Punkt von demjenigen abweicht, was der Gläubiger gefordert hat (BGH MD 2002, 821 – Teilunterwerfung). Dem Gläubiger ist daher zu empfehlen, eine strafbewehrte Unterlassungserklärung immer ausdrücklich anzunehmen, insbesondere, aber nicht nur, wenn der Wortlaut der Unterlassungserklärung von dem in der Abmahnung geforderten Wortlaut abweicht.

Gibt der Schuldner im Prozess eine strafbewehrte Unterlassungserklärung ab, so muss der Kläger den Rechtsstreit in der Hauptsache für erledigt erklären; sonst wird die Klage als unbegründet auf Kosten des Klägers abgewiesen (*Köhler/Bornkamm/Feddersen* UWG § 12 Rn. 1.108). Schließt sich der Beklagte der Erledigungserklärung an, so ist über die Kosten des Rechtsstreits durch Beschluss nach § 91a ZPO zu entscheiden. Die Entscheidung kann im schriftlichen Verfahren ergehen (§ 128 Abs. 3 ZPO). Widerspricht der Beklagte der Erledigungserklärung, muss das Gericht durch Urteil darüber entscheiden, ob die Hauptsache tatsächlich erledigt ist. Dann kommt es darauf an, ob die Klage im Zeitpunkt der Abgabe der strafbewehrten Unterlassungserklärung zulässig und begründet war. Das soll auch im Verfügungsverfahren gelten, wobei „Hauptsache" hier der Gegenstand des Verfügungsverfahrens ist (Teplitzky Kap. 55 Rn. 24). Hat der Antragsgegner dagegen eine strafbewehrte Unterlassungserklärung nur für das Verfügungsverfahren abgegeben („bis zur Entscheidung der Hauptsache"), so darf der Antragsteller nur das Verfügungsverfahren für erledigt erklären. Geht dem Kläger die strafbewehrte Unterlassungserklärung nach Einreichung der Klage, aber noch vor ihrer Zustellung zu, so muss er seine Klage umstellen auf Verurteilung des Beklagten zur Zahlung der bis zum Zugang der Unterlassungserklärung entstandenen prozessualen Anwalts- und Gerichtskosten. Rechtsgrundlage hierfür ist § 286 Abs. 1 BGB (BGH GRUR 1990, 381 (382) – Antwortpflicht des Abgemahnten).

3. Schutzschrift

https://www.zssr.justiz.de/[2]

Schutzschrift[1]

gegen einen möglichen Antrag auf Erlass einer einstweiligen Verfügung

A-GmbH[3] – mögliche Antragstellerin –

gegen

B-GmbH – mögliche Antragsgegnerin –

wegen angeblich unlauteren Wettbewerbs

Ich vertrete die Antragsgegnerin.[4] Für den Fall, dass die Antragstellerin wegen des nachstehend wiedergegebenen Sachverhalts einen Antrag auf Erlass einer einstweiligen Verfügung stellen sollte, beantrage ich,

1. den Antrag auf Erlass einer einstweiligen Verfügung zurückzuweisen;[5]
2. hilfsweise: über den Verfügungsantrag nicht ohne mündliche Verhandlung zu entscheiden;[6]
3. äußerst hilfsweise: die Anordnung oder die Vollziehung der einstweiligen Verfügung von einer Sicherheitsleistung der Antragstellerin abhängig zu machen;[7]
4. für den Fall der Zurückweisung des Verfügungsantrags oder seiner Zurücknahme: der Antragstellerin die Kosten des Verfügungsverfahrens einschließlich derjenigen aufzuerlegen, die durch die Hinterlegung dieser Schutzschrift entstanden sind.[8]

Ich bitte gegebenenfalls um Zusendung des Verfügungsantrags zur Stellungnahme (Art. 103 Abs. 1 GG) und bin (nur) unter dieser Voraussetzung damit einverstanden, dass auch der Antragstellerin die vorliegende Schutzschrift zur Kenntnis gegeben wird.[9]

Begründung:

1. Die Antragsgegnerin ist mit Schreiben der Antragstellerin vom ...... wegen angeblich irreführender Werbung gemäß § 5 Abs. 1 S. 2 Nr. 1 UWG abgemahnt worden.

   Glaubhaftmachung: Kopie der Abmahnung, Anlage AG 1

   Die Antragsgegnerin wird dieser Abmahnung nicht Folge leisten, so dass mit dem Antrag auf Erlass einer einstweiligen Verfügung zu rechnen ist.

2. Die Antragsgegnerin produziert und vertreibt Kugelschreiber. Auf den Verpackungen der Kugelschreiber ist die Angabe „Made in Germany" aufgedruckt. Die Antragstellerin, die ebenfalls Kugelschreiber produziert und vertreibt, hat die Verwendung der Angabe „Made in Germany" mit der Begründung beanstandet, sie sei falsch und gemäß § 5 Abs. 1 S. 2 Nr. 1 UWG irreführend. Denn die von der Antragsgegnerin vertriebenen Kugelschreiber würden nicht in Deutschland produziert, sondern in Tschechien.

3. Die Behauptungen der Antragstellerin zum Produktionsort der von der Antragsgegnerin vertriebenen Kugelschreiber sind falsch. Die Antragstellerin zieht zudem falsche rechtliche Schlüsse. Richtig ist allein, dass der Zusammenbau und die Verpackung der von der Antragsgegnerin vertriebenen Kugelschreiber in Tschechien erfolgt, und zwar im Betrieb der tschechischen Tochtergesellschaft der Antragsgegnerin. Die Antragstellerin hat allerdings übersehen, dass alle Bauteile der Kugelschreiber sowohl für das Gehäuse als auch für die Kugelschreibermechanik und auch die Kugelschreiberminen ausschließlich im Betrieb der Antragsgegnerin in Stuttgart und damit in Deutschland gefertigt werden.

   Glaubhaftmachung: eidesstattliche Versicherung des Produktionsleiters der Antragsgegnerin, Herr ......, Anlage AG 2

   Nach der Rechtsprechung des BGH (BGH WRP 2015, 452 Rn. 15 f. – KONDOME – Made in Germany) kennt der Verkehr das Phänomen der internationalen Arbeitsteilung. Er erwartet daher im Allgemeinen nicht, dass alle Produktionsvorgänge am selben Ort stattfinden. Der Verkehr weiß allerdings, dass industriell gefertigte Erzeugnisse ihre Qualität und charakteristischen Eigenschaften in aller Regel allein oder jedenfalls ganz überwiegend der Güte und Art ihrer Verarbeitung verdanken. Bei einem Industrieprodukt bezieht der Verkehr eine Herkunftsangabe deshalb grundsätzlich auf denjenigen Ort der Herstellung der Ware, an dem das Industrieerzeugnis seine für die Verkehrsvorstellung maßgebende Qualität und charakteristischen Eigenschaften erhält. Danach ist es für die Richtigkeit der Angabe „Made in Germany" notwendig aber auch ausreichend, dass die Leistungen in Deutschland erbracht worden sind, durch die das zu produzierende Industrieerzeugnis seine aus Sicht des Verkehrs im Vordergrund stehenden qualitätsrelevanten Bestandteile oder wesentlichen produktspezifischen Eigenschaften erhält.

   Auf der Grundlage dieser Maßstäbe der Rechtsprechung ist die Verwendung der Angabe „Made in Germany" auf den Verpackungen der Kugelschreiber der Antragsgegnerin nicht zu beanstanden. Alle Teile der Kugelschreiber werden in Deutschland produziert. In Tschechien erfolgen lediglich der Zusammenbau der in Deutschland produzierten Teile sowie die Verpackung. Die in Deutschland produzierten Teile der Kugelschreiber bilden die aus der Sicht des Verkehrs qualitätsrelevanten Bestandteile der Kugelschreiber. Diese in Deutschland produzierten Teile geben den Kugelschreibern der Antragsgegnerin ihre Qualität und ihre produktspezifischen Eigenschaften und nicht der Zusammenbau dieser Teile und die Verpackung der Kugelschreiber in Tschechien.

4. Es fehlt auch der Verfügungsgrund. Die Antragsgegnerin verwendet die Angabe „Made in Germany" seit mehr als einem Jahr auf den Verpackungen ihrer Kugelschreiber. Dies kann der Antragstellerin als Mitbewerber nicht verborgen geblieben sein. Die für den Erlass einer einstweiligen Verfügung erforderliche Dringlichkeit ist somit nicht mehr gegeben.[10]

5. Im Falle des Erlasses einer einstweiligen Verfügung würde der Antragsgegnerin ein sehr hoher Schaden entstehen, und zwar durch den Stopp der Verwendung der bereits produzierten Verpackungen, den Stopp des Vertriebs der bereits verpackten Kugelschreiber sowie auch durch den Rückruf der bereits ausgelieferten verpackten Kugelschreiber. Die Antragsgegnerin schätzt diesen Schaden auf einen Betrag in der Größenordnung von mindestens 250.000 EUR.[11]

Glaubhaftmachung: eidesstattliche Versicherung des Marketingleiters der Antragsgegnerin, Herrn . . . . . ., Anlage AG 3

Rechtsanwalt[12,13]

Schrifttum: *Ahrens*, Der Wettbewerbsprozess, 8. Aufl., 2017, Kap. 7; *Hilgard*, Die Schutzschrift im Wettbewerbsrecht, 1985; *Schlingloff*, Das elektronische Schutzschriftenregister und die Schutzschriftenregisterverordnung, WRP 2016, 301; *Schmitt-Gaedke/Arz*, Der Kostenerstattungsanspruch des Hinterlegers einer Schutzschrift, WRP 2012, 60; *Schulz*, Die Schutzschrift im einseitigen Beschlussverfahren, GRUR-Prax 2011, 313; *Wehlau*, Die Schutzschrift, Köln 2011; *Wehlau/Kalbfus*, Die Schutzschrift – Funktion, Gestaltung und prozesstaktische Erwägungen, WRP 2012, 395; *Wehlau/Kalbfus*, Die Schutzschrift im elektronischen Geschäftsverkehr, ZRP 2013, 101; *Wilke/Jungeblut*, Abmahnung, Schutzschrift und Unterlassungsverpflichtungserklärung im gewerblichen Rechtsschutz, 1995; vgl. ergänzend die Nachweise in → Form. A.1.

Ein weiteres Textbeispiel einer wettbewerbsrechtlichen Schutzschrift findet sich bei BeckPFormB → Form. II.P.2.

Anmerkungen

1. In der Praxis werden einstweilige Verfügungen häufig gemäß § 937 Abs. 2 ZPO ohne mündliche Verhandlung und damit ohne vorherige Anhörung des Schuldners, erlassen. Die Schutzschrift soll dies verhindern. In der Schutzschrift trägt der Schuldner dem Gericht die Gründe vor, die gegen den Erlass einer einstweiligen Verfügung sprechen. Er verschafft sich damit rechtliches Gehör (Art. 103 Abs. 1 GG), bevor und auch ohne dass es zu einem Verfügungsantrag kommt. Das Instrument der Schutzschrift wurde von der wettbewerbsrechtlichen Praxis entwickelt.

Mit Wirkung zum 1.1.2016 ist durch §§ 945a, 945b ZPO und die Schutzschriftenregisterverordnung (SRV) ein bundesweites elektronisches Register für Schutzschriften geschaffen worden, das beim OLG Frankfurt geführt wird (näher dazu *Schlingloff* WRP 2016, 301). In § 945a Abs. 1 S. 2 ZPO wird die Schutzschrift als „vorbeugender Verteidigungsschriftsatz gegen erwartete Anträge auf Arrest oder einstweilige Verfügung" legaldefiniert. Gemäß § 49c BRAO sind Rechtsanwälte seit dem 1.1.2017 berufsrechtlich verpflichtet, Schutzschriften elektronisch zum zentralen Schutzschriftenregister einzureichen.

Üblicherweise wird eine Schutzschrift hinterlegt, wenn der Schuldner eine Abmahnung erhalten hat und ihr nicht Folge leisten will. Eine Schutzschrift ist in gleicher Weise auch ohne vorherige Abmahnung möglich, da auch der Gläubiger ohne vorherige Abmahnung sofort eine einstweilige Verfügung beantragen kann (→ Form. A.1 Anm. 1). So empfiehlt sich die Hinterlegung einer Schutzschrift beispielsweise in Fällen grundsätzlicher Bedeutung oder wenn ein Mitbewerber des Schuldners bereits abgemahnt worden ist. Nach der bisherigen Praxis haben die Gerichte Schutzschriften üblicherweise ein halbes Jahr nach der Einreichung weggelegt und aus ihrem Register ausgetragen, sofern bis dahin kein Antrag auf Erlass einer einstweiligen Verfügung eingereicht worden ist. Im elektronischen Schutzschriftenregister nach § 945a ZPO werden Schutzschriften gemäß § 945a Abs. 2 S. 2 ZPO, § 6 Abs. 1 S. 1 SRV sechs Monate nach der Einstellung gelöscht. Die Schutzschrift muss daher nach Ablauf von sechs Monaten erneut eingereicht werden, falls noch immer (trotz der verstrichenen Zeit) oder erneut ein Verfügungsantrag droht.

2. Nach § 945a Abs. 2 S. 1 ZPO gilt eine Schutzschrift als bei allen ordentlichen Gerichten der Länder eingereicht, sobald sie in das Schutzschriftenregister eingestellt ist. Und nach § 945a Abs. 3 ZPO haben die Gerichte über ein automatisiertes Abrufverfahren Zugriff auf das Register. Bevor eine Zivilkammer oder eine Kammer für Handelssachen eines Landgerichts über einen ihr vorliegenden Antrag auf Erlass einer einstweiligen Verfügung entscheidet, stellt es eine Suchanfrage beim elektronischen Schutzschriftenregister, um zu klären, ob dort eine Schutzschrift eingereicht worden ist. Damit ist es nun nicht mehr erforderlich, eine Schutzschrift an ein bestimmtes Landgericht – und eventuell zusätzlich an eine bestimmte Kammer – zu adressieren. Es ist ausreichend, eine beim elektronischen Schutzschriftenregister eingereichte Schutzschrift an das zentrale Schutzschriftenregister zu adressieren und zusätzlich mit der allgemeinen Angabe „An das zuständige Landgericht" zu versehen. Mit der seit 1.1.2017 geltenden berufsrechtlichen Verpflichtung, Schutzschriften ausschließlich zum elektronischen Schutzschriftenregister einzureichen und dem Abruf durch die Gerichte hat sich jedenfalls für die von Rechtsanwälten einzureichenden Schutzschriften die bis dahin für die Praxis sehr wichtige Frage erledigt, bei welchen Landgerichten eine Schutzschrift parallel eingereicht werden sollte. Diese Frage entstand aufgrund des sogenannten „fliegenden Gerichtsstands" des § 14 Abs. 2 Nr. 1 UWG, aus dem sich für den Antragsteller je nach Fallkonstellation die Möglichkeit ergeben kann, einen Antrag auf Erlass einer einstweiligen Verfügung bei verschiedenen zuständigen Gerichten einzureichen. Um zu versuchen, den Erlass einer einstweiligen Verfügung ohne mündliche Verhandlung zu verhindern, mussten Schutzschriften bei allen zuständigen Landgerichten eingereicht werden.

3. Die Parteien des etwaigen Verfügungsverfahrens sind im Aktiv- und Passivrubrum möglichst genau zu bezeichnen, um bei einem Abruf durch ein Landgericht die Zuordnung zum Verfügungsantrag zu gewährleisten.

Weiß der Antragsgegner nicht, von wem ein Verfügungsantrag gestellt werden könnte (zB weil noch keine Abmahnung erfolgte), so muss das Aktivrubrum zwangsläufig offen bleiben, zB „Unbekannt", „N.N.".

4. Die Einreichung einer Schutzschrift unterliegt nicht dem Anwaltszwang, da sie der Durchsetzung rechtlichen Gehörs dient (Ahrens Kap. 7 Rn. 7; Zöller/*Vollkommer* ZPO § 78 Rn. 28, § 945a Rn. 2).

Die Formulierung der Vertretungsanzeige in der Schutzschrift hat Bedeutung insbesondere für die Frage, wem zuzustellen ist: der Partei (Antragsgegner) oder dem Anwalt. Die Frage stellt sich für das Gericht, wenn es einen Termin zur mündlichen Verhandlung bestimmen will, bei der Ladung zum Termin (§ 329 Abs. 2 S. 2 ZPO) und für den Antragsteller bei der Vollziehung der einstweiligen Verfügung gemäß § 929 Abs. 2 ZPO durch Zustellung im Parteibetrieb (→ Form. A.6 Anm. 7).

5. Das Formular folgt der gängigen Praxis, in erster Linie Zurückweisung des Verfügungsantrags zu beantragen und lediglich hilfsweise die Bestimmung eines Termins zur mündlichen Verhandlung (Teplitzky Kap. 55 Rn. 52; *Wehlau*, Die Schutzschrift, Rn. 86). Der Antrag auf Zurückweisung hat als Sachantrag auch Bedeutung im Rahmen der Kostenerstattung (→ Anm. 12).

Unter Umständen ist dem Interesse des Antragsgegners, den Erlass einer einstweiligen Verfügung möglichst lange hinauszuzögern, jedoch mehr mit einer vorherigen mündlichen Verhandlung gedient. Weist nämlich das Landgericht den Verfügungsantrag zurück, so kann der Antragsteller durch eine Beschwerde zum Oberlandesgericht uU doch noch schneller zu einer einstweiligen Verfügung kommen als nach mündlicher Verhandlung und der Berufung gegen das Urteil des Landgerichts.

6. Dieser Antrag verwirklicht den eigentlichen Zweck der Schutzschrift, dem Antragsgegner rechtliches Gehör zu gewähren (→ Anm. 1).

7. Nach §§ 936, 921 S. 2 ZPO kann das Gericht die Anordnung (oder die Vollziehung, vgl. OLG Hamm GRUR 1984, 603; KG WRP 1995, 24) der einstweiligen Verfügung von einer Sicherheitsleistung des Antragstellers abhängig machen, selbst wenn Verfügungsanspruch und Verfügungsgrund glaubhaft gemacht sind. Dieses Vorgehen wird zB dann veranlasst sein, wenn zu befürchten ist, dass der durch die Anordnung und Vollziehung der einstweiligen Verfügung zu erwartende Schaden des Antragsgegners besonders hoch sein wird oder die Vermögensverhältnisse des Antragstellers es bezweifeln lassen, dass dieser etwaige Schadenersatzansprüche des Antragsgegners erfüllen kann (Zöller/*Vollkommer* ZPO § 921 Rn. 3).

8. Bei den Kosten der Einreichung einer Schutzschrift sind folgende Fälle zu unterscheiden (siehe auch *Schmitt-Gaedke/Arz* WRP 2012, 60 ff.):

a) Wird der erwartete Verfügungsantrag nicht gestellt oder wird der Verfügungsantrag vor der Einreichung der Schutzschrift zurückgenommen oder zurückgewiesen, konnte die Schutzschrift keine prozessuale Wirkung entfalten (Ahrens Kap. 7 Rn. 27). In diesen Fällen scheidet eine prozessuale Kostenerstattungspflicht aus (BGH GRUR 2007, 727 Rn. 16 – Kosten der Schutzschrift: keine prozessuale Kostenerstattungspflicht, wenn die Schutzschrift nach der Rücknahme des Verfügungsantrags eingereicht wird). Es kann dann allenfalls ein materiell-rechtlicher Kostenerstattungsanspruch unter dem Gesichtspunkt der Verteidigung gegen eine unberechtigte Abmahnung in Betracht kommen (*Köhler/Bornkamm/Feddersen* UWG § 12 Rn. 3.41; *Ohly/Sosnitza* UWG § 12 Rn. 137; *Wehlau*, Die Schutzschrift, Rn. 194; vgl. hierzu OLG Stuttgart WRP 1984, 296).

b) Wird der Verfügungsantrag gestellt, so sind die Kosten der Schutzschrift grundsätzlich erstattungsfähig. Dies gilt auch dann, wenn der Verfügungsantrag nach der Einreichung der Schutzschrift zurückgenommen oder zurückgewiesen wird (BGH WRP 2003, 516 – Kosten einer Schutzschrift; BGH GRUR 2007, 727 Rn. 15 – Kosten der Schutzschrift II; BGH GRUR 2008, 640 – Kosten der Schutzschrift III; OLG Hamburg GRUR-RR 2016, 431 Rn. 8). Je nach dem Verlauf des Verfahrens ist zu unterscheiden:

Wird der Verfügungsantrag ohne mündliche Verhandlung durch Beschluss zurückgewiesen, so hat das Gericht gemäß § 308 Abs. 2 ZPO in dem Beschluss über die Kosten zu entscheiden. Nach § 91 Abs. 1 S. 1, Abs. 2 S. 1 ZPO hat der Antragsteller die Kosten des Verfügungsverfahrens zu tragen, und zwar unabhängig davon, ob die Schutzschrift vor oder nach dem Eingang des Verfügungsantrags eingereicht worden war (vgl. *Köhler/Bornkamm/Feddersen* UWG § 12 Rn. 3.41; OLG Rostock GRUR-RR 2011, 230). Wird die Schutzschrift erst eingereicht, nachdem der Verfügungsantrag zurückgenommen oder endgültig zurückgewiesen worden war, scheidet eine Kostenerstattung für die Hinterlegung der Schutzschrift aus, da diese dann objektiv nicht erforderlich war (BGH GRUR 2007, 727 Rn. 16 f. – Kosten der Schutzschrift II). Unproblematisch ist auch der Fall, dass die Schutzschrift keinen Erfolg hat und die einstweilige Verfügung ohne oder mit mündlicher Verhandlung erlassen wird. Hier muss gemäß § 91 ZPO der Antragsgegner die Kosten tragen. Zur Höhe der erstattungsfähigen Kosten, insbesondere zur Frage der Notwendigkeit einer Schutzschrift, → Anm. 12.

Für den Fall, dass der Antragsteller den Verfügungsantrag zurücknimmt, wird im Formular beantragt, ihm die Kosten aufzuerlegen. Die Kostenerstattungspflicht ergibt sich hier aus einer entsprechenden Anwendung des § 269 Abs. 3 S. 1 ZPO (*Wehlau*, Die

Schutzschrift, Rn. 198). Um zu der für eine Kostenerstattung erforderlichen Kostengrundentscheidung zu kommen, wird § 296 Abs. 4 ZPO entsprechend angewandt (Ahrens Kap. 7 Rn. 22). Da das Gericht über den Antrag des Antragsgegners nach § 269 Abs. 4 ZPO durch Beschluss entscheiden muss, erfährt der Antragsgegner jedenfalls auf diesem Wege von der Rücknahme des Verfügungsantrags.

9. Normalerweise erlangt der Antragsgegner von dem Verfügungsantrag nur dann Kenntnis, wenn das Gericht Termin zur mündlichen Verhandlung bestimmt. Insbesondere ist ihm nach § 922 Abs. 3 ZPO die Zurückweisung des Verfügungsantrags (das gleiche gilt für die Rücknahme) grundsätzlich nicht mitzuteilen. Der Antragsgegner hat jedoch Anspruch auf rechtliches Gehör (Art. 103 Abs. 1 GG). § 922 Abs. 3 ZPO ist deshalb verfassungskonform so zu verstehen, dass der Antragsgegner von dem Verfügungsantrag und gegebenenfalls seiner Zurückweisung oder Rücknahme (nur) dann nicht in Kenntnis zu setzen ist, wenn durch die Anhörung der Zweck der einstweiligen Verfügung gefährdet würde (Zöller/*Vollkommer* ZPO § 922 Rn. 1 mwN). Letzteres wird in normalen Wettbewerbsstreitigkeiten zwar nur selten der Fall sein (anders eventuell bei der Verletzung von Schutzrechten oder in Fällen der Produktpiraterie). Gleichwohl wird der Antragsgegner in der Praxis regelmäßig nicht informiert (*Schulz* GRUR-Prax 2011, 313). Die weitere Verfahrensbitte, dem Antragsteller die Schutzschrift nur dann zu übermitteln, wenn auch der Antragsgegner den Verfügungsantrag erhält, ist insbesondere vor dem Hintergrund zu sehen, dass einige Gerichte in der Praxis dem Antragsteller die Schutzschrift zur Stellungnahme senden, ohne umgekehrt auch den Antragsgegner zu informieren. Der Antragsteller erhält dadurch die Möglichkeit, seinen Verfügungsantrag im Hinblick auf das Verteidigungsvorbringen in der Schutzschrift „nachzubessern". Mit dieser Praxis sollte Schluss sein.

Wenn das mit einem Verfügungsantrag befasste Gericht eine Schutzschrift aus dem elektronischen Schutzschriftenregister abruft und für einschlägig befindet, erhält der Absender der Schutzschrift gemäß § 5 Abs. 3 SRV nach Ablauf von drei Monaten eine automatisierte Mitteilung, die das abrufende Gericht und das Aktenzeichen des Verfügungsverfahrens enthält. Die Einreichung einer Schutzschrift in das elektronische Schutzschriftenregister schafft auf diese Weise die Möglichkeit, Kenntnis von einem eingereichten Verfügungsantrag zu erhalten.

10. Den Ausführungen zum Verfügungsgrund kommt in einer Schutzschrift naturgemäß besondere Bedeutung zu. Das gilt sowohl für Ausführungen zur Widerlegung der Dringlichkeitsvermutung des § 12 Abs. 2 UWG als auch für die Verneinung einer besonderen Dringlichkeit, wie sie gemäß § 937 Abs. 2 ZPO Voraussetzung für den Verzicht auf eine mündliche Verhandlung ist.

11. Ausführungen zur Begründung des hilfsweise gestellten Antrags auf Anordnung einer Sicherheitsleistung durch den Antragsteller für den Fall, dass die einstweilige Verfügung doch erlassen wird (zu einem Antrag auf Einstellung der Zwangsvollstreckung gegen Sicherheitsleistung → Form. A.9). Von dieser Möglichkeit wird in der Praxis zu selten Gebrauch gemacht. Insbesondere wenn der Antragsgegner ein Herstellerunternehmen ist und die Vollziehung der einstweiligen Verfügung zur Untersagung des Vertriebs der produzierten Waren führt, kann die Vollziehung von der Erbringung einer Sicherheit abhängig gemacht werden (KG WRP 1995, 25). Der Antragsgegner sollte hier darlegen und glaubhaft machen, welcher Schaden (Art und Höhe) ihm gegebenenfalls durch die Vollziehung der einstweiligen Verfügung entstünde.

Kosten und Gebühren

12. Zur Kostenerstattungspflicht dem Grunde nach → Anm. 8.

Jede Geschäftstätigkeit des Prozessbevollmächtigten für das Verfahren, selbst wenn sie nicht dem Gericht gegenüber erfolgt, bringt die Verfahrensgebühr gemäß VV 3100, 3101 RVG zum Entstehen (vgl. BGH GRUR 2007, 727 – Kosten der Schutzschrift II, BGH GRUR 2008, 640 – Kosten einer Schutzschrift III). Die 1,3-fache Verfahrensgebühr nach VV 3100 RVG entsteht nach VV Teil 3 Vorb. 3 Abs. 2 RVG für das Betreiben des Geschäfts einschließlich der Information.

Für die Einreichung der Schutzschrift mit Sachvortrag erhält der mit der Vertretung im erwarteten Verfügungsverfahren betraute Rechtsanwalt die 1,3-fache Verfahrensgebühr nach VV 3100 RVG, wenn der Verfügungsantrag bei Gericht eingeht und später wieder zurückgenommen wird (BGH GRUR 2008, 640 – Kosten der Schutzschrift III). Um eine Ermäßigung der 1,3-fachen Verfahrensgebühr zu vermeiden, ist darauf zu achten, dass die Schutzschrift nicht nur Verfahrensanträge enthält, sondern Tatsachen- und Rechtsausführungen zur Sache (vgl. BGH GRUR 2008, 640 Rn. 12 – Kosten der Schutzschrift III). Unabhängig von der Frage der Gebühren sollte eine Schutzschrift ohnehin immer Ausführungen zur Sach- und Rechtslage enthalten, da sie andernfalls ihren Zweck nicht wird erfüllen können, das Gericht vom Erlass einer einstweiligen Verfügung abzuhalten. Eine Gebührenermäßigung auf die 0,8-fache Gebühr ist ausgeschlossen, wenn der Auftrag endet, nachdem die Schutzschrift, die Sachvortrag und damit Tatsachen- und Rechtsausführungen enthält, beim Schutzschriftenregister eingereicht und der Antrag auf Erlass einer einstweiligen Verfügung gestellt worden ist. Den Sachvortrag muss das Gericht, wenn ihm die Schutzschrift zur Kenntnis gelangt, bei seiner Entscheidungsfindung berücksichtigen (BGH GRUR 2003, 456 – Kosten einer Schutzschrift I).

Die Verfahrensgebühr ermäßigt sich jedoch nach VV 3101 RVG dann auf eine 0,8-fache Gebühr, wenn sich der Auftrag erledigt, bevor die Schutzschrift eingereicht worden ist. Dies ist der Fall, wenn die Schutzschrift eingereicht wird, nachdem der Verfügungsantrag bereits zurückgenommen worden ist (VV 3100, 3101 Nr. 1 RVG). Voraussetzung ist jedoch, dass der Prozessbevollmächtigte des Antragsgegners das Geschäft iSv VV Teil 3 Vorb. 3 Abs. 2 RVG bereits vor der Rücknahme des Verfügungsantrags betrieben hat, etwa durch Entgegennahme des Auftrags sowie erster Informationen.

Kommt es zur mündlichen Verhandlung, erhält der Rechtsanwalt eine 1,3 Verfahrensgebühr (VV 3100 RVG) und eine 1,2 Terminsgebühr (VV 3104 RVG).

Der Streitwert entspricht dem des Verfügungsverfahrens.

Die Kostenerstattungspflicht erfasst auch die Kosten für die Einreichung der Schutzschrift im zentralen elektronischen Schutzschriftenregister gemäß KV 1160 JVKostG. Darauf, ob das Gericht, bei dem der Verfügungsantrag gestellt wird, die Schutzschrift vor seiner Entscheidung zur Kenntnis genommen hat oder nicht, kommt es wegen der Fiktion des § 945a Abs. 2 S. 1 ZPO nicht an (OLG Hamburg GRUR-RR 2016, 431).

Fristen und Rechtsmittel

13. Schutzschriften sind nach § 945a Abs. 2 S. 2 ZPO sechs Monate nach ihrer Einstellung zu löschen. Wird eine aufgefundene Schutzschrift vom abrufenden Gericht als sachlich einschlägig gekennzeichnet, erhält der Absender der Schutzschrift drei Monate nach dieser Kennzeichnung eine automatisiert erstellte Mitteilung mit dem abrufenden Gericht und dem gerichtlichen Aktenzeichen (§ 5 Abs. 3 SRV). Der Antragsgegner erhält auf diese Weise Kenntnis, dass und bei welchem Gericht ein Verfügungsantrag gestellt worden ist. Der Antragsgegner kann dann die prozessuale Kostenerstattung geltend machen (→ Anm. 12). Wenn kein Verfügungsantrag gestellt wird, wird die Schutzschrift üblicherweise nach sechs Monaten gelöscht (s. → Anm. 1). Materiell-rechtliche Kostenerstattungsansprüche sollte der Antragsgegner – sofern dies im Einzelfall möglich ist – etwa vier bis fünf Monate nach der Einreichung der Schutzschrift geltend machen. Dann ist die Dringlichkeit entfallen, so dass es für eine einstweilige Verfügung zu spät ist, andererseits ist die kurze Verjährungsfrist des § 11 UWG noch nicht abgelaufen, was von Bedeutung ist, wenn der Antragsgegner die Erstattungsfähigkeit auf UWG-Vorschriften stützen will (→ Anm. 8).

4. Antrag auf Erlass einer einstweiligen Verfügung

Landgericht

– Zivilkammer/Kammer für Handelssachen –[2]

. . . . . .

Antrag auf Erlass einer einstweiligen Verfügung[1]

A-GmbH, ...[3]   – Antragstellerin –

Prozessbevollmächtigter:[4] Rechtsanwalt . . . . . .

gegen

B-GmbH, ...[5]   – Antragsgegnerin –

wegen unlauteren Wettbewerbs

Streitwert: . . . . . EUR.[6]

Namens und in Vollmacht[7] der Antragstellerin beantrage ich im Wege der einstweiligen Verfügung – wegen besonderer Dringlichkeit ohne mündliche Verhandlung[8] und durch den Vorsitzenden allein[9] – anzuordnen:

1. Die Antragsgegnerin hat es ab sofort zu unterlassen, mit der Angabe zu werben „Ihr Ford-Vertragspartner", wie mit der als Anlage AST 2 beigefügten Zeitungsanzeige.[10]
2. Der Antragsgegnerin wird für jeden Fall der Zuwiderhandlung ein Ordnungsgeld bis zu 250.000 EUR, ersatzweise an ihrem Geschäftsführer zu vollziehende Ordnungshaft bis zu sechs Monaten, oder an ihrem Geschäftsführer zu vollziehende Ordnungshaft bis zu sechs Monaten angedroht.[11]
3. Die Antragsgegnerin trägt die Kosten des Verfahrens.[12]

Begründung:[13]

1. Die Antragstellerin ist Vertragshändler des Automobilherstellers Y und betreibt in X-Stadt ein Autohaus.

   Glaubhaftmachung:[14] eidesstattliche Versicherung des Herrn . . . . . ., Anlage AST 1

2. Die Antragsgegnerin betreibt in X-Stadt ebenfalls ein Autohaus. Am 24.3.2017 warb die Antragsgegnerin in der Zeitung „X-Stadt-Nachrichten" mit einer Anzeige für den Verkauf verschiedener Neu- und Gebrauchtfahrzeuge. In dieser Anzeige stand folgende Angabe: „Autohaus B-GmbH – Ihr Ford-Vertragspartner".

   Glaubhaftmachung: Zeitungsanzeige vom 24.3.2017, Anlage AST 2

3. Der Werkstattleiter der Antragsgegnerin, Herr . . . . . ., hat dem Geschäftsführer der Antragstellerin bei einem Gespräch am Rande eines privaten Treffens am 10.3.2017 mitgeteilt, die Antragsgegnerin sei seit dem Ende des Jahres 2016 nicht mehr Vertragshändler des Automobilherstellers Ford. Der bis dahin bestehende Vertragshändlervertrag zwischen Ford und der Antragsgegnerin sei zum 31.12.2016 beendet worden.

4. Antrag auf Erlass einer einstweiligen Verfügung A. 4

Glaubhaftmachung: eidesstattliche Versicherung des Herrn ......, Anlage AST 1

4. Die Werbung der Antragsgegnerin mit der Angabe „Ihr Ford-Vertragspartner" ist irreführend gemäß § 3 Abs. 1 UWG, § 5 Abs. 1 S. 2 Nr. 3 UWG. Mit ihrer Werbung mit der Angabe „Ihr Ford-Vertragspartner" wendet sich die Antragsgegnerin an das breite Publikum. Die Verwendung des Begriffs „Vertragspartner" ruft bei diesem angesprochenen Verkehrskreis den Eindruck hervor, die Antragsgegnerin sei Vertragspartner des Automobilherstellers Ford. Dieser Eindruck ist falsch. Tatsächlich ist die Antragsgegnerin seit 1.1.2017 nicht mehr Vertragshändler des Automobilherstellers Ford, wie der Werkstattleiter der Antragsgegnerin dem Geschäftsführer der Antragstellerin bei einem Gespräch am 10.3.2017 mitgeteilt hat.[15]

Diese irreführende geschäftliche Handlung ist geeignet, die Verbraucher und die sonstigen Marktteilnehmer zu einer geschäftlichen Handlung zu veranlassen, die sie andernfalls nicht getroffen hätten.[16] Wie der BGH im Urteil „Ford-Vertragspartner" ausgeführt hat, erwartet der Verkehr von einem Händler, der vertraglich in das Vertriebsnetz eines Automobilherstellers eingebunden ist, besonders geschultes Fachpersonal, mithin eine gehobene Qualität bei der Beratung, beim Service und bei Werkstattleistungen (BGH WRP 2011, 1444 Rn. 27 – Ford-Vertragspartner).

5. Die Antragstellerin ist als Mitbewerber gemäß § 2 Abs. 1 Nr. 3 UWG klagebefugt (§ 8 Abs. 3 Nr. 1 UWG). Beide Parteien vertreiben in X-Stadt Automobile und versuchen damit, gleichartige Waren innerhalb derselben Endverbraucherkreise abzusetzen, und stehen daher in einem konkreten Wettbewerbsverhältnis zueinander.[17]

6. Die Antragstellerin hat die Antragsgegnerin mit Schreiben vom 29.3.2017 abgemahnt.[18]

Glaubhaftmachung: Schreiben vom 29.3.2017, Anlage AST 4

Die Antragsgegnerin hat die Abmahnung mit Schreiben vom 4.4.2017 zurückgewiesen und sich ohne Begründung auf die Behauptung beschränkt, sie sei Vertragshändler des Automobilherstellers Ford.

Glaubhaftmachung: Schreiben vom 4.4.2017, Anlage AST 5

Diese Behauptung der Antragsgegnerin trifft nicht zu. Wie sich aus der als Anlage AST 1 vorgelegten eidesstattlichen Versicherung ergibt, ist der Vertragshändlervertrag zwischen der Antragsgegnerin und dem Automobilhersteller Ford zum 31.12.2016 beendet worden.

7. Da die vorprozessuale Abmahnung erfolglos blieb und damit zu rechnen ist, dass die Antragsgegnerin weiter mit der falschen und irreführenden Angabe „Ihr Ford-Vertragspartner" werben wird, ist dringend der Erlass einer einstweiligen Verfügung geboten.

8. Der Verfügungsgrund (Dringlichkeit) wird gemäß § 12 Abs. 2 UWG vermutet.[19]

9. Das angerufene Landgericht ist gemäß § 14 Abs. 1 UWG örtlich zuständig, da die Antragsgegnerin ihre gewerbliche Niederlassung im Gerichtsbezirk hat.[20]

10. Sollte das Gericht erwägen, die Verfügung nicht wie beantragt oder nicht ohne mündliche Verhandlung zu erlassen, bitte ich um telefonische Nachricht. Im Falle des Erlasses der einstweiligen Verfügung bitte ich ebenfalls um telefonische Benachrichtigung, damit die Antragstellerin ihre Rechte ohne Verzögerung durchsetzen kann.

11. Ich beantrage, eine Ausfertigung der einstweiligen Verfügung zu erteilen.[21]

Rechtsanwalt[22, 23]

Schrifttum: *Ahrens,* Der Wettbewerbsprozess, 8. Aufl., 2017, Kap. 43 ff.; *Berneke/Schüttpelz,* Die einstweilige Verfügung in Wettbewerbssachen, 3. Aufl 2015; *Bernreuther,* Einstweilige Verfügung und Erledigungserklärung, GRUR 2007, 660; *Bernreuther,* Der negative Feststellungsantrag im einstweiligen Verfügungsverfahren, WRP 2010, 1191; *Danckwerts,* Die Entscheidung über den Eilantrag, GRUR 2008, 763; *Melullis,* Zur Bestimmung des Zustellungsempfängers bei Beschlussverfügungen, WRP 1992, 249; *Mes,* Kenntnis Dritter und Dringlichkeitsvermutung des § 25 UWG, FS R. Nirk, 1992, S. 661; *Schabenberger,* Zur Hemmung nach § 204 Abs. 1 Nr. 9 BGB in wettbewerbsrechtlichen Auseinandersetzungen, WRP 2002, 293; *Schmidt,* Streitgegenstand und Kernbereich der konkreten Verletzungsform im lauterkeitsrechtlichen Verfügungsverfahren, GRUR-Prax 2012, 179; *Teplitzky,* Klageantrag und konkrete Verletzungsform, WRP 1999, 75; *Teplitzky,* Zu offenen Fragen bei der Dringlichkeitsprüfung im Eilverfahren, WRP 2013, 1414; *Teplitzky,* Unzulässiges forum-„hopping" nach richterlichen Hinweisen, WRP 2016, 917; *Teplitzky,* Wettbewerbsrechtliche Ansprüche und Verfahren, 11. Aufl., 2016, Kap. 54 ff.; *Teplitzky/Peifer/Leistner,* UWG, Band 2, 2. Aufl., Berlin 2013; *Traub,* Verlust der Eilbedürftigkeit durch prozessuales Verhalten des Antragstellers, GRUR 1996, 707; *Traub,* Die Geltendmachung von Ansprüchen auf Erteilung einer Auskunft im Verfahren der einstweiligen Verfügung, WRP 1997, 135; vgl. ergänzend die Nachweise in → Form. A.1.

Anmerkungen

1. Die einstweilige Verfügung hat im Wettbewerbsrecht eine große praktische Bedeutung. Wettbewerbssachen sind grundsätzlich eilbedürftig (*Ohly/Sosnitza* UWG § 12 Rn. 115). Dem trägt § 12 Abs. 2 UWG Rechnung, wonach einstweilige Verfügungen zur Sicherung der im UWG bezeichneten Ansprüche auf Unterlassung auch erlassen werden können, ohne dass der Antragsteller darlegen und glaubhaft machen muss, dass für den Fall der Wiederholung des Wettbewerbsverstoßes eine wesentliche Erschwerung der Durchsetzung seiner Rechte droht (§ 935 ZPO) oder eine einstweilige Regelung zur Abwendung erheblicher Nachteile notwendig ist (§ 940 ZPO). § 12 Abs. 2 UWG begründet eine widerlegliche tatsächliche Vermutung der Dringlichkeit (BGH GRUR 2000, 151 (152) – Späte Urteilsbegründung; *Ohly/Sosnitza* UWG § 12 Rn. 115). Trotz seines nur vorläufigen Charakters führt das Verfügungsverfahren häufig zu einer endgültigen Streitbeilegung unter Vermeidung der Hauptsacheklage, denn in einer Vielzahl von Fällen wird im Anschluss an den Erlass einer einstweiligen Verfügung eine Abschlusserklärung abgegeben (→ Form. A.7 Anm. 1). Die einstweilige Verfügung – insbesondere wenn sie ohne vorherige mündliche Verhandlung ergeht (→ Anm. 9) – ist eine scharfe Waffe, die freilich auch ihre Kehrseite hat. Erweist sie sich später als von Anfang an ungerechtfertigt, so ist der Antragsteller gemäß § 945 ZPO verpflichtet, dem Antragsgegner den sich aus der Vollziehung der Verfügung entstandenen Schaden zu ersetzen (→ Form. A.28). Auf dieses Schadensersatzrisiko muss der Rechtsanwalt seinen Mandanten vor Antragstellung, spätestens aber vor der Vollziehung (Zustellung) der einstweiligen Verfügung, hinweisen.

Die Dringlichkeitsvermutung des § 12 Abs. 2 UWG gilt unmittelbar nur für Unterlassungsansprüche aus dem UWG sowie gemäß § 5 UKlaG für Unterlassungsansprüche aus dem Unterlassungsklagengesetz. Inwieweit eine analoge Anwendung auf Unterlassungsansprüche aus anderen Gesetzen, zB aus dem Markenrecht in Betracht kommt, ist umstritten, wobei die hM mittlerweile dahin gehen dürfte, die entsprechende Anwendung des § 12 Abs. 2 UWG bei Unterlassungsansprüchen auf der Grundlage von Gesetzen über Sonderschutzrechte abzulehnen (*Köhler/Bornkamm/Feddersen* UWG § 12 Rn. 3.14 mit zahlreichen Nachweisen; Ahrens Kap. 45 Rn. 46 ff.; Teplitzky Kap. 54 Rn. 19 ff.). Wird ein Antrag auf Erlass einer einstweiligen Verfügung auf die Verletzung eines Sonderschutzrechts gestützt, ist somit dringend zu empfehlen, auch zum Verfügungsgrund, zur Dringlichkeit, vorzutragen und diesen Vortrag glaubhaft zu machen. Die Geltendma-

4. Antrag auf Erlass einer einstweiligen Verfügung   A. 4

chung von Schadensersatz-, Beseitigungs- und grundsätzlich auch Auskunftsansprüchen bleibt regelmäßig dem Hauptsacheverfahren vorbehalten (→ Form. A.11).

Zu beachten ist, dass der Antrag auf Erlass einer einstweiligen Verfügung die Verjährung hemmt, §§ 204 Abs. 1 Nr. 9, 209 BGB (→ Form. A.7 Anm. 1). Der Gläubiger muss somit das Ende der Hemmung und die kurze Verjährungsfrist des § 11 UWG im Auge behalten (dazu *Schabenberger* WRP 2002, 293). Verfügungsverfahren und Hauptsacheklage können auch gleichzeitig durchgeführt werden, da die Streitgegenstände nicht identisch sind (Harte-Bavendamm/Henning-Bodewig UWG § 12 Rn. 287, 289; OLG Köln WRP 1996, 1214; aA OLG Dresden WRP 1996, 432). Gegenstand des Verfügungsverfahrens ist der Anspruch auf vorläufige Befriedigung des Unterlassungsanspruchs, während im Hauptsacheverfahren über den materiell-rechtlichen Unterlassungsanspruch entschieden wird (*Ohly/Sosnitza* UWG § 12 Rn. 129; *Köhler/Bornkamm/Feddersen* UWG § 12 Rn. 3.6).

Welche prozessualen Auswirkungen es hat, wenn ein Verfügungsantrag gleichzeitig oder nacheinander bei mehreren Gerichten eingereicht wird, ist umstritten. Mit der Einreichung des Verfügungsantrags wird der Anspruch auf vorläufige Befriedigung des Unterlassungsanspruchs rechtshängig. Einem zweiten bei einem anderen Gericht eingereichten Verfügungsantrag steht damit der Einwand der doppelten Rechtshängigkeit gemäß § 261 Abs. 3 Nr. 1 ZPO entgegen (so Teplitzky Kap. 55 Rn. 1 mwN). Nach einer anderen Auffassung entfällt das Rechtsschutzbedürfnis, wenn der Antragsteller den Verfügungsantrag bei mehreren Gerichten einreicht (*Köhler/Bornkamm/Feddersen* UWG § 12 Rn. 3.16a). Das soll auch dann gelten, wenn der Verfügungsantrag bei dem einen Gericht zurückgenommen wird, bevor das andere Gericht über den Verfügungsantrag entschieden hat (OLG Hamburg WRP 2010, 790 (792)). Wird ein Verfügungsantrag bei einem Gericht eingereicht und nach einem richterlichen Hinweis zurückgenommen und danach bei einem anderen Gericht eingereicht, so soll nach einer vertretenen Auffassung ebenfalls das Rechtsschutzbedürfnis entfallen (*Köhler/Bornkamm/Feddersen* UWG § 12 Rn. 3.16a mwN). Nach einer anderen Auffassung soll die Rücknahme des Verfügungsantrags auf einen richterlichen Hinweis hin – jedenfalls solange der Antragsgegner noch nicht angehört worden ist – weder die Dringlichkeit beeinflussen noch das Rechtsschutzbedürfnis entfallen lassen (Fezer/Büscher/Obergfell UWG § 12 Rn. 87 mwN; OLG Düsseldorf GRUR 2006, 782 (785)).

Im Verfügungsverfahren ist eine Revision zum BGH nicht zulässig (§ 542 Abs. 2 ZPO). Die Rechtsprechung der Oberlandesgerichte ist nicht einheitlich. Der Wahl des „richtigen" Gerichtsstands (→ Anm. 2) kommt daher in der Praxis eine nicht zu unterschätzende Bedeutung zu.

2. Örtlich und sachlich zuständig für den Erlass einer einstweiligen Verfügung ist das Gericht der Hauptsache, § 937 Abs. 1 ZPO. Ist die Hauptsache noch nicht anhängig, ist jedes Gericht zuständig, bei dem Hauptsacheklage erhoben werden könnte (*Köhler/Bornkamm/Feddersen* UWG § 12 Rn. 3.4). Ist die Hauptsache bereits anhängig, so ist das mit der Hauptsache befasste Gericht zuständig (*Ohly/Sosnitza* UWG § 12 Rn. 123).

Zwar ist grundsätzlich auch das Gericht, bei dem eine negative Feststellungsklage anhängig ist, als Gericht der Hauptsache anzusehen (*Ohly/Sosnitza* UWG § 12 Rn. 121). Der Antragsgegner kann dem Antragsteller jedoch nicht durch die rasche Erhebung einer negativen Feststellungsklage den ihm genehmen Gerichtsstand aufzwingen und ihn so des Gerichtsstands seiner Wahl berauben (vgl. BGH GRUR 2011, 828 (829) – Bananabay II; BGH GRUR 1994, 846 (848) – Parallelverfahren II). Der Antragsteller kann daher, muss aber nicht, den Verfügungsantrag beim Gericht der negativen Feststellungklage stellen (Teplitzky Kap. 54 Rn. 3; *Köhler/Bornkamm/Feddersen* UWG § 12 Rn. 3.3).

Die *örtliche* Zuständigkeit ergibt sich aus § 14 UWG. Danach ist für Klagen auf der Grundlage des UWG das Gericht zuständig, in dessen Bezirk der Beklagte seine gewerbliche oder selbständige berufliche Niederlassung oder in Ermangelung einer solchen seinen Wohnsitz hat (§ 14 Abs. 1 UWG) und außerdem nur das Gericht, in dessen Bezirk die beanstandete Handlung begangen ist (§ 14 Abs. 2 UWG). Beide Gerichtsstände sind ausschließlich. Die Zuständigkeit eines anderen Gerichts kann daher weder durch eine Gerichtsstandsvereinbarung noch durch rügeloses Verhandeln zur Hauptsache begründet werden, § 40 Abs. 2 ZPO. Der Mitbewerber (→ Form. A.1 Anm. 4) hat zwischen beiden Gerichtsständen die Wahl, § 35 ZPO. Dagegen können die nach § 8 Abs. 3 Nr. 2–4 UWG klagebefugten Verbände, Einrichtungen und Kammern nach § 14 Abs. 2 S. 2 UWG nur dann am Gerichtsstand des Begehungsorts klagen, wenn der Beklagte im Inland weder eine gewerbliche oder selbständige berufliche Niederlassung noch einen Wohnsitz hat.

Der Gerichtsstand der gewerblichen oder selbständigen beruflichen Niederlassung (§ 14 Abs. 1 UWG) ist wie in § 21 ZPO (besonderer Gerichtsstand der Niederlassung) zu bestimmen. Erforderlich ist deshalb, dass der Wettbewerbsverstoß einen Bezug zu der betreffenden Niederlassung hat. Geht der Wettbewerbsverstoß nur von einer Zweigniederlassung aus (zB dortige Sonderveranstaltung), so ist der Gerichtsstand des § 14 Abs. 1 UWG nur bei dem Gericht begründet, in dessen Bezirk sich diese Zweigniederlassung befindet. Daneben kann nicht auch an dem für die Hauptniederlassung oder den Sitz des Unternehmens zuständigen Gericht geklagt werden (OLG Karlsruhe WRP 1998, 329). Das im Gerichtsstand der Zweigniederlassung ergangene Unterlassungsurteil verpflichtet den Beklagten mit allen seinen Haupt- und Nebenstellen, es sei denn, die beanstandete Handlung hat nur zu einer Niederlassung einen Bezug oder die örtliche Begrenzung auf die Niederlassung kommt im Klageantrag zum Ausdruck (*Köhler/Bornkamm/Feddersen* UWG § 14 Rn. 10 zur Einschränkung des räumlichen Geltungsbereichs des Unterlassungsurteils aufgrund der Klagebefugnis → Anm. 10).

Der Gerichtsstand des Begehungsortes (§ 14 Abs. 2 UWG) ist bei der Werbung in Druckschriften zB in Zeitungsanzeigen oder in Prospekten überall im Verbreitungsgebiet gegeben (*Köhler/Bornkamm/Feddersen* UWG § 14 Rn. 15). Ausnahmen können bestehen, wenn die beanstandete Anzeige ausschließlich regionalen Bezug hat (zB Ankündigung rein regionaler wettbewerbswidriger Aktionen). Es ist nicht rechtsmissbräuchlich, durch einen Testkauf die Zuständigkeit eines bestimmten Gerichts herbeizuführen, es sei denn, die Verletzungshandlung wurde unter Verstoß gegen Treu und Glauben im Bezirk des angerufenen Gerichts provoziert (Harte-Bavendamm/Henning-Bodewig UWG § 14 Rn. 79). Der Gerichtsstand des Begehungsortes kann auch dann, wenn im Gerichtsbezirk noch keine Verletzungshandlung erfolgt ist, unter dem Gesichtspunkt der Erstbegehungsgefahr begründet sein (BGH GRUR 1994, 530 (532) – Beta; *Ohly/Sosnitza* UWG § 14 Rn. 10). Die Annahme einer Erstbegehungsgefahr setzt nach der Rechtsprechung des BGH ernsthafte und greifbare tatsächliche Anhaltspunkte dafür voraus, dass der Anspruchsgegner sich in naher Zukunft rechtswidrig verhalten wird. Dabei muss sich die Erstbegehungsgefahr auf eine konkrete Verletzungshandlung beziehen. Die die Erstbegehungsgefahr begründenden Umstände müssen die drohende Verletzungshandlung so konkret abzeichnen, dass sich für alle Tatbestandsmerkmale zuverlässig beurteilen lässt, ob sie verwirklicht sind (BGH WRP 2017, 51 Rn. 32 – Segmentstruktur).

Die Prüfungskompetenz des nach § 14 Abs. 2 UWG örtlich zuständigen Gerichts erstreckt sich ausschließlich auf Ansprüche auf Grund des UWG. Es ist streitig geworden, ob Ansprüche auf Zahlung von Vertragsstrafe solche Ansprüche auf Grund des UWG sind (dagegen *Köhler/Bornkamm/Feddersen* UWG § 14 Rn. 4 mwN; dafür Fezer/Büscher/Obergfell UWG § 14 Rn. 7). Der BGH hat zur Vorschrift des § 13 Abs. 1 S. 1 UWG entschieden, Vertragsstrafeansprüche seien unabhängig von ihrer Höhe Ansprüche auf Grund des UWG (BGH WRP 2017, 179 Rn. 19 ff.). Diese Entscheidung spricht dafür, Ansprüche auf Zahlung von Vertragsstrafe in gleicher Weise von der Zuständigkeitsvorschrift des § 14 Abs. 2 UWG erfasst anzusehen. Falls dies anders gesehen wird, kann die Klage auf Zahlung von Vertragsstrafe im Gerichtsstand des § 14 Abs. 1 UWG erhoben werden.

4. Antrag auf Erlass einer einstweiligen Verfügung   A. 4

Werden neben wettbewerbsrechtlichen Ansprüchen auch Ansprüche aus Kartellrecht, Schutzrechtsverletzungen oder Arbeitsrecht geltend gemacht, so kann die ausschließliche örtliche Zuständigkeit nach § 14 UWG mit den ausschließlichen Zuständigkeiten nach §§ 89, 95 GWB, § 143 PatG, § 105 UrhG, § 27 GebrMG, § 52 DesignG, § 140 MarkenG, § 39 ArbNErfG, § 2 Abs. 1 Nr. 3 Buchst. d ArbGG konkurrieren. Eine Sonderregelung enthält § 141 MarkenG, wonach markenrechtliche Ansprüche, die auch auf die Vorschriften des UWG gegründet werden, nicht im Gerichtsstand des § 14 UWG geltend gemacht werden müssen. Wettbewerbsrechtliche Ansprüche können in einem solchen Fall damit auch vor den Gerichten für Kennzeichenstreitsachen geltend gemacht werden. Ansonsten ist die Rechtslage unklar (vgl. Zöller/*Vollkommer* ZPO § 12 Rn. 20 f., der unter Hinweis auf § 17 Abs. 2 GVG jedenfalls bei konkurrierenden besonderen Gerichtsständen zur Vermeidung von Mehrfachentscheidungen über denselben Streitgegenstand für eine Verfahrenskonzentration bei einem zuständigen Gericht kraft Sachzusammenhang plädiert).

Die Vorschriften der EuGVVO über die gerichtliche Zuständigkeit und die Anerkennung und Vollstreckung von Entscheidungen in Zivil- und Handelssachen gehen § 14 UWG in ihrem Anwendungsbereich vor (*Köhler/Bornkamm/Feddersen* UWG Einl. Rn. 5.51). Hat der Beklagte, der im Inland einen Wettbewerbsverstoß begangen hat, seinen Sitz in einem anderen Vertragsstaat, so ist nach Art. 7 Nr. 2 EuGVVO das (inländische) Gericht zuständig, in dessen Bezirk der Wettbewerbsverstoß begangen worden ist. Das gilt auch für die Klagen der in § 8 Abs. 3 Nr. 2–4 UWG genannten Verbände, Einrichtungen und Kammern; diese sind hier durch § 14 Abs. 2 S. 2 UWG nicht eingeschränkt. Nach Art. 35 EuGVVO können einstweilige Verfügungen bei den Gerichten eines Vertragsstaats auch dann beantragt werden, wenn für die Entscheidung in der Hauptsache das Gericht eines anderen Vertragsstaats aufgrund der EuGVVO zuständig ist.

Die *sachliche* Zuständigkeit richtet sich nach § 13 UWG. Die Landgerichte sind gemäß § 13 Abs. 1 UWG für alle bürgerlichen Rechtsstreitigkeiten ausschließlich zuständig, mit denen ein Anspruch auf Grund des UWG geltend gemacht wird, und zwar unabhängig vom Streitwert. Nach § 13 Abs. 1 S. 2 UWG iVm § 95 Abs. 1 Nr. 5 GVG gehören Wettbewerbssachen vor die Kammer für Handelssachen. Voraussetzung ist jedoch, dass bei dem betreffenden Landgericht eine Kammer für Handelssachen eingerichtet ist und der Antragsteller (§ 96 GVG) oder der Antragsgegner (§ 98 GVG) einen entsprechenden Antrag stellt. Ein solcher Antrag des Antragstellers liegt auch in der Adressierung des Verfügungsantrags an die Kammer für Handelssachen (Zöller/*Lückemann* GVG § 96 Rn. 1). Bei einigen Landgerichten sind Zivilkammern als Spezialkammern für Wettbewerbssachen eingerichtet, die in der Praxis bevorzugt angerufen werden, allerdings kann ein Antragsgegner gemäß § 98 Abs. 1 S. 1 GVG einen Antrag auf Verweisung an die Kammer für Handelssachen stellen.

3. Zur Aktivlegitimation → Form. A.1 Anm. 4.

4. Für den Antrag auf Erlass einer einstweiligen Verfügung besteht kein Anwaltszwang (§§ 936, 920 Abs. 3, 78 Abs. 3 ZPO).

5. Zur Passivlegitimation → Form. A.1 Anm. 3.

In der Entscheidung „Geschäftsführerhaftung" hat der BGH entschieden, dass der Geschäftsführer einer GmbH für unlautere Wettbewerbshandlungen der von ihm vertretenen Gesellschaft nur dann persönlich haftet, wenn er daran entweder durch positives Tun beteiligt war oder wenn er die Wettbewerbsverstöße aufgrund einer nach allgemeinen Grundsätzen des Deliktsrechts begründeten Garantenstellung hätte verhindern müssen (BGH WRP 2014, 1050 – Geschäftsführerhaftung). Allein die Organstellung eines Geschäftsführers und seine allgemeine Verantwortlichkeit für den Geschäftsbetrieb begründen keine Verpflichtung des Geschäftsführers gegenüber außenstehenden Dritten, Wettbewerbsverstöße der Gesellschaft zu verhindern. Denn die Pflichten aus der Organstellung bestehen grundsätzlich nur gegenüber der Gesellschaft und nicht auch im Verhältnis zu außenstehenden Dritten (BGH WRP 2014, 2050 Rn. 23 – Geschäftsführerhaftung). Im Rahmen eines bestehenden vertraglichen Schuldverhältnisses, beispielsweise einer vertraglichen Unterlassungsverpflichtung, kommt eine Haftung für Erfüllungsgehilfen gemäß § 278 BGB in Betracht.

6. Vgl. zunächst zum Streitwert einer Wettbewerbsklage → Form. A.11 Anm. 4.

Gemäß § 51 Abs. 2 GKG ist in Verfahren über Ansprüche nach dem UWG, soweit nichts anderes bestimmt ist, der Streitwert nach der sich aus dem Antrag des Klägers für ihn ergebenden Bedeutung der Sache nach Ermessen zu bestimmen. Maßgeblich ist somit das wirtschaftliche Interesse des Klägers oder Antragstellers (Ahrens Kap. 54 Rn. 33). Ergänzend bestimmt § 51 Abs. 3 S. 1 GKG, dass der nach § 51 Abs. 2 GKG ermittelte Streitwert angemessen zu mindern ist, wenn die Bedeutung der Sache für den Beklagten erheblich geringer zu bewerten ist. Nach § 51 Abs. 4 GKG ist im Verfahren des einstweiligen Rechtsschutzes der sich nach § 51 Abs. 2 und 3 GKG ergebende Wert in der Regel unter Berücksichtigung der geringeren Bedeutung gegenüber der Hauptsache zu ermäßigen. Mit der im Jahr 2013 eingeführten Vorschrift des § 51 Abs. 4 GKG hat der Gesetzgeber deutlich gemacht, dass Verfahren des einstweiligen Rechtsschutzes regelmäßig einen geringeren Streitwert haben als Hauptsacheverfahren, und zwar wegen der nur vorläufigen Sicherung der geltend gemachten Ansprüche (Harte-Bavendamm/Henning-Bodewig UWG § 12 Rn. 841). Nach der Gesetzesbegründung ist § 51 Abs. 4 GKG so ausgestaltet, dass diese Vorschrift grundsätzlich unter Berücksichtigung der geringeren Bedeutung gegenüber der Hauptsache eine Ermäßigung des Werts vorschreibt, in begründeten Einzelfällen aber auch eine Annäherung an den Wert der Hauptsache zulässt (BT-Drs. 17/13057, 31). Dies soll dann der Fall sein, wenn das Verfügungsverfahren aus einer ex ante-Betrachtung zu einer endgültigen Erledigung der Auseinandersetzung führt oder mit hoher Wahrscheinlichkeit führen kann (Harte-Bavendamm/Henning-Bodewig UWG § 12 Rn. 841; *Köhler/Bornkamm/Feddersen* UWG § 12 Rn. 5.12). Die bisherige Rechtsprechung der Oberlandesgerichte, die vor dem Inkrafttreten des § 51 Abs. 4 GKG ergangen ist, war uneinheitlich und reichte von der regelmäßigen Gleichsetzung des Streitwerts des Verfügungsverfahrens mit dem des Hauptsacheverfahrens (zB OLG Köln WRP 2000, 650) über einen Abzug der Hälfte des Wertes der Hauptsache (OLG Oldenburg WRP 1995, 118) bis zu einem Abzug von zwei Dritteln des Streitwerts der Hauptsache (OLG Karlsruhe BeckRS 2011, 06250) (ausführlich dazu: Harte-Bavendamm/Henning-Bodewig UWG § 12 Rn. 844 ff.). Nach dem Inkrafttreten des § 51 Abs. 4 GKG ist diese Rechtsprechung jedenfalls insoweit nicht mehr ohne weiteres anwendbar, als Gerichte vor dem Inkrafttreten dieser Vorschrift davon ausgegangen sind, der Streitwert des Verfügungsverfahrens entspreche regelmäßig dem des Hauptsacheverfahrens. Auf der Grundlage der Vorschrift des § 51 Abs. 4 GKG hat das OLG Celle für den Streitwert des Verfügungsverfahrens einen Abschlag von einem Drittel vorgenommen (OLG Celle WRP 2016, 738 Rn. 9; ebenso *Köhler/Bornkamm/Feddersen* UWG § 12 Rn. 5.12), das OLG Stuttgart einen Abschlag von einem Viertel (OLG Stuttgart WRP 2016, 766 Rn. 6) und das OLG Zweibrücken einen Abschlag von zwei Fünfteln (OLG Zweibrücken NJW-RR 2014, 1535 Rn. 5).

7. Die Vorlage einer Vollmacht ist gemäß § 88 Abs. 2 ZPO nicht erforderlich, wenn der Verfügungsantrag durch einen Rechtsanwalt eingereicht wird.

8. Im Verfügungsverfahren sind drei Dringlichkeitsstufen zu unterscheiden. Zunächst die allgemeine Dringlichkeit, die Voraussetzung für den Erlass einer einstweiligen Verfügung ist und für die § 12 Abs. 2 UWG eine widerlegliche Vermutung begründet (BGH GRUR 2000, 151 (152) – Späte Urteilsbegründung). Zweite Stufe der Dringlichkeit ist der „dringende Fall" iSd § 937 Abs. 2 ZPO, der es dem Gericht erlaubt, ohne mündliche Verhandlung zu

4. Antrag auf Erlass einer einstweiligen Verfügung A. 4

entscheiden. Dritte Stufe der Dringlichkeit ist schließlich der „dringende Fall" iSd 944 ZPO, in dem der Vorsitzende anstelle der Kammer allein entscheiden kann (→ Anm. 9).

Die besondere Dringlichkeit, die nach § 937 Abs. 2 ZPO erforderlich ist, damit das Gericht ohne mündliche Verhandlung entscheiden kann, wird in der ganz überwiegenden Praxis der Gerichte bei wettbewerbsrechtlichen Ansprüchen ohne weiteres bejaht (vgl. OLG Hamburg WRP 1995, 854). Dem entspricht die Verfahrensbitte im Formular. § 12 Abs. 2 UWG stellt allerdings keine Vermutung für diese besondere Dringlichkeit auf. In Einzelfällen kann es daher angezeigt sein, im Verfügungsantrag gesondert zu begründen, warum die Sache so dringlich ist, dass selbst eine innerhalb kürzester Frist anberaumte mündliche Verhandlung nicht abgewartet werden kann (vgl. Zöller/*Vollkommer* ZPO § 937 Rn. 2).

Ohne mündliche Verhandlung ergangene Beschlussverfügungen werden durch Art. 2 Buchst. a Abs. 2 EuGVVO von der Urteilsfreizügigkeit ausgenommen und sind damit nicht ohne weiteres im Ausland vollstreckbar (so zur EuGVVO aF BGH GRUR 2007, 813 – ausländischer Arrestbeschluss; siehe auch *Schlosser/Hess* EuGVVO Art. 2 Rn. 12 ff.). Hat der Antragsgegner seinen Sitz in einem Vertragsstaat der EuGVVO oder in Dänemark, sollte der Erlass einer einstweiligen Verfügung daher so beantragt werden, dass die einstweilige Verfügung nach einer mündlichen Verhandlung erlassen wird (→ Form. A.6 Anm. 8 aE).

9. Gemäß § 944 ZPO kann „in dringenden Fällen" auch der Vorsitzende der angerufenen Kammer allein entscheiden, wenn eine mündliche Verhandlung nicht erforderlich ist. Der dringende Fall im Sinne des § 944 ZPO geht über die allgemeine Dringlichkeit, die schon der Verfügungsgrund als solcher fordert, und die besondere Dringlichkeit gemäß § 937 Abs. 2 ZPO, die das Gericht zur Entscheidung ohne mündliche Verhandlung ermächtigt, noch hinaus (Zöller/*Vollkommer* ZPO § 944 Rn. 1). Der Vorsitzende kann nur dann allein entscheiden, wenn die Zeit bis zum Zusammentreten der Kammer nicht abgewartet werden kann. Praktisch relevant wird dies insbesondere bei der Kammer für Handelssachen, deren Handelsrichter nicht kurzfristig verfügbar sind. Das Einverständnis des Beklagten (§ 349 Abs. 3 ZPO) mit der Entscheidung durch den Vorsitzenden ist nicht erforderlich (§ 105 Abs. 1 letzter Hs. GVG iVm § 944 ZPO).

10. Besondere Sorgfalt ist auf die Formulierung des Unterlassungsantrags zu verwenden (vgl. dazu im einzelnen *Köhler/Bornkamm/Feddersen* UWG § 12 Rn. 2.35 ff.). Es handelt sich um eines der wichtigsten und zugleich schwierigsten Probleme des Wettbewerbsrechts (ausführlich Teplitzky Kap. 51). Auch § 938 ZPO gibt dem Gericht nicht die Möglichkeit, einen einmal gestellten Verfügungsantrag inhaltlich zu modifizieren (Teplitzky Kap. 54 Rn. 38).

Der Unterlassungsantrag muss zunächst hinreichend bestimmt sein gemäß § 253 Abs. 2 Nr. 2 ZPO. Ein Unterlassungsantrag, der dieses Erfordernis nicht erfüllt, ist bereits unzulässig. Nach § 253 Abs. 2 Nr. 2 ZPO darf ein Unterlassungsantrag nicht derart undeutlich gefasst sein, dass der Streitgegenstand und der Umfang der Prüfungs- und Entscheidungsbefugnis des Gerichts (§ 308 Abs. 1 ZPO) nicht erkennbar abgegrenzt sind, sich der Antragsgegner deshalb nicht erschöpfend verteidigen kann und die Entscheidung darüber, was dem Antragsgegner verboten ist, letztlich dem Vollstreckungsgericht überlassen bleibt (zB BGH GRUR 2015, 1237 Rn. 13 – Erfolgsprämie für die Kundengewinnung). Ein Unterlassungsantrag, der lediglich den Gesetzeswortlaut wiederholt, wird grundsätzlich als zu unbestimmt angesehen. Etwas anderes kann dann gelten, wenn der gesetzliche Verbotstatbestand eindeutig und konkret gefasst ist oder der Anwendungsbereich einer Rechtsnorm durch eine gefestigte Auslegung geklärt ist oder der Antragsteller hinreichend deutlich macht, dass er kein Verbot im Umfang des Gesetzeswortlauts beansprucht, sondern sich mit seinem Unterlassungsbegehren an der konkreten Verletzungshandlung orientiert. Auch in solchen Fällen ist der Unterlassungsantrag allerdings nur dann hinreichend bestimmt, wenn zwischen den Parteien kein Streit darüber besteht, dass das beanstandete Verhalten das fragliche Tatbestandsmerkmal erfüllt (BGH GRUR 2015, 1237 Rn. 13 – Erfolgsprämie für die Kundengewinnung). Ein Unterlassungsantrag ist häufig auch dann unbestimmt, wenn er Begriffe enthält, die ihrerseits auslegungsbedürftig sind. Auch bei der Verwendung auslegungsbedürftiger Begriffe kann die Bestimmtheit dann gegeben sein, wenn über den Sinngehalt der verwendeten Begriffe kein Zweifel besteht, so dass die Reichweite von Unterlassungsantrag und Entscheidung feststeht (BGH WRP 2014, 431 Rn. 15 – Online-Versicherungsvermittlung). So hat der BGH beispielsweise die Begriffe „vermitteln", „anzubieten" und „anbieten zu lassen" als nicht hinreichend bestimmt angesehen (BGH WRP 2014, 431 Rn. 15 – Online-Versicherungsvermittlung). Als hinreichend bestimmt wurde der Begriff „markenmäßig" angesehen (BGH GRUR 1991, 138 – Flacon) oder die Wendung „schlussverkaufsfähige Ware" (BGH GRUR 1987, 171 – Schlussverkaufswerbung I), nicht dagegen „Bestellungen, auf die wie in den mit der Klage beanstandeten Bestellungen deutsches Recht anwendbar ist" (BGH GRUR 1992, 561 (562) – Unbestimmter Unterlassungsantrag II) oder „andere Reklamegegenstände von mehr als geringem Wert" (OLG Frankfurt WRP 1979, 67).

Der begründete Unterlassungsantrag muss zudem dem materiell-rechtlichen Unterlassungsanspruch des Antragstellers entsprechen (s. näher BGH GRUR 2002, 72 – Ironisierender Preisvergleich; BGH GRUR 2002, 86 – Laubhefter).

Am einfachsten und sichersten ist es, den Unterlassungsantrag so zu formulieren, dass die sogenannte konkrete Verletzungsform zum Gegenstand des Unterlassungsantrags gemacht wird. Die konkrete Verletzungsform ist die Verletzungshandlung mit den Tatbestandsmerkmalen der jeweiligen Vorschrift des UWG (*Köhler/Bornkamm/Feddersen* UWG § 12 Rn. 2.43; *Teplitzky* WRP 1999, 75). Mit der Aufnahme der konkreten Verletzungshandlung in den Unterlassungsantrag hat der Antragsteller alles Erforderliche getan, um einen begründeten Unterlassungsantrag zu formulieren. Bei einem solchen auf die Verletzungshandlung in der konkret begangenen Form bezogenen Unterlassungsantrag braucht der Antragsteller auch keine einschränkenden Zusätze anzuführen. Vielmehr ist es Sache des Antragsgegners, Wege zu finden, die aus dem Verbot herausführen (BGH WRP 2017, 422 Rn. 34 – Optiker-Qualität). In vielen Fällen ist es schwierig, bis unmöglich, die Merkmale der konkreten Verletzungshandlung verbal zu beschreiben. Dann empfiehlt es sich, die konkrete Verletzungshandlung mit einer Abbildung in den Unterlassungsantrag aufzunehmen. So kann die unlautere Anzeige in den Unterlassungsantrag aufgenommen werden (zB BGH WRP 2016, 1221 – LGA tested) oder ein Ausdruck der Internetseite mit den unlauteren Angaben. Bei einem unlauteren Werbefilm können die Bildsequenz oder das Storyboard wiedergegeben werden. (zB BGH GRUR 2010, 161 – Gib mal Zeitung). In Fällen der unlauteren Nachahmung ist die Abbildung der Nachahmung in den Unterlassungsantrag aufzunehmen (zB BGH GRUR 2012, 1155 – Sandmalkasten). In Fällen des § 17 UWG kann die Wiedergabe von Konstruktionszeichnungen angebracht sein (zB BGH GRUR 1961, 40 – Wurftaubenpresse).

Die konkrete Verletzungshandlung wird auch dann zum Gegenstand des Unterlassungsantrags gemacht, wenn der Unterlassungsantrag zwar eine abstrakte Beschreibung der zu unterlassenden Verletzungshandlung enthält und diese abstrakte Beschreibung zugleich auf die konkret beanstandete Verletzungshandlung bezogen wird, beispielsweise mit der Wendung „... wenn dies geschieht wie mit der nachstehenden Anzeige ...". Der Antragsteller macht damit deutlich, dass eine Anzeige untersagt werden soll, die neben den abstrakt umschriebenen Merkmalen noch eine Reihe weiterer Eigenschaften aufweist. Durch eine solche Antragstellung wird deutlich gemacht, dass Gegenstand des Unterlassungsantrags allein die konkrete Anzeige sein soll (BGH WRP 2011, 873 Rn. 17 – Leistungspakete im Preisvergleich).

Vorsicht ist dagegen geboten, wenn die abstrakte Beschreibung der zu unterlassenden Handlung mit einer beispielhaften Erläuterung verbunden wird. In der Praxis erfolgt dies häufig mit einem Zusatz, der mit dem Wort „insbesondere" eingeleitet wird. Ein mit dem

4. Antrag auf Erlass einer einstweiligen Verfügung   A. 4

Wort „insbesondere" eingeleiteter Teil eines Unterlassungsantrags dient nach der Rechtsprechung des BGH zum einen der Erläuterung des in erster Linie beantragten abstrakten Verbots, indem er beispielhaft verdeutlicht, was unter der im abstrakten Antragsteil genannten Form zu verstehen ist (BGH WRP 2016, 869 Rn. 13 – ConText). Der mit dem Zusatz „insbesondere" eingeleitete Teil des Unterlassungsantrags enthält keinen eigenen Streitgegenstand und wird daher nicht als echter Hilfsantrag angesehen (BGH WRP 2016, 869 Rn. 13 – ConText). Bei einem Unterlassungsantrag, bei dem die abstrakte Beschreibung mit einem „insbesondere"-Zusatz verbunden wird, ist somit darauf zu achten, dass die abstrakte Beschreibung das zu unterlassende Verhalten und die materiell-rechtliche Reichweite des Unterlassungsanspruchs exakt wiedergibt. Gibt die abstrakte Beschreibung dies nicht korrekt wieder oder geht sie über die Reichweite des Unterlassungsanspruchs hinaus, ist der Unterlassungsantrag ganz oder teilweise unbegründet. Denn der „insbesondere"-Zusatz dient nicht der Einschränkung auf die konkrete Verletzungsform, sondern der beispielhaften Erläuterung der abstrakten Beschreibung. Und widersprechen sich der abstrakte Teil des Unterlassungsantrags und der „insbesondere"-Zusatz, führt dies zur Unbestimmtheit des Unterlassungsantrags (BGH WRP 2016, 869 Rn. 14 – ConText). Nach der Rechtsprechung des BGH kann der Antragsteller mit einem „insbesondere"-Zusatz auch deutlich machen, dass Gegenstand seines Unterlassungsantrags nicht allein ein umfassendes, abstrakt formuliertes Verbot sein soll, sondern dass er jedenfalls die Unterlassung des konkret beanstandeten Verhaltens begehrt (BGH WRP 2016, 869 Rn. 13 – ConText). Mit dieser Rechtsprechung deutet der BGH einen als Beispiel formulierten „insbesondere"-Zusatz in einen Zusatz um, der – wie ein mit den Worten „. . . wenn dies geschieht wie . . ." eingeleiteter Zusatz – auf die konkrete Verletzungshandlung bezogen ist. Trotzdem und um Probleme sowohl mit der Bestimmtheit als auch mit der Begründetheit des Unterlassungsantrags nach Möglichkeit zu vermeiden, empfiehlt es sich, den Unterlassungsantrag mit dem Zusatz „. . . wenn dies geschieht wie . . ." auf die konkrete Verletzungsform zu beziehen.

Eine Verletzungshandlung begründet die Vermutung der Wiederholungsgefahr nicht nur für die identische Verletzungsform, sondern auch für alle im Kern gleichartigen Verletzungshandlungen (zB BGH GRUR 2010, 749 Rn. 42 – Erinnerungswerbung im Internet). Daher sind bei der Fassung eines Unterlassungsantrags im Interesse eines hinreichenden Rechtsschutzes gewisse Verallgemeinerungen zulässig, sofern auch in dieser Form das Charakteristische der konkreten Verletzungshandlung zum Ausdruck kommt (BGH GRUR 2008, 752 Rn. 55 – Internet-Versteigerung III). Die Kunst der Formulierung eines Unterlassungsantrags besteht somit darin, diese weiter gefasste Form zu erfassen, in der gerade noch das Charakteristische der Verletzungsform zum Ausdruck kommt, ohne jedoch über diesen materiell-rechtlichen Umfang des Unterlassungsanspruchs hinauszugehen. Überschreitet die Formulierung des Unterlassungsantrags diesen materiell-rechtlichen Umfang des Unterlassungsanspruchs, wird der Unterlassungsantrag ganz oder teilweise unbegründet. Instruktiv hierzu ist nach wie vor die schon etwas ältere Entscheidung des BGH mit dem Stichwort „adidas-Sportartikel": Der BGH hat die Verallgemeinerung von in der Werbung näher bezeichneten adidas-Sportartikeln auf „adidas-Sportartikel" nicht als zu weitgehend und als charakteristisch für die Verletzungshandlung eingestuft, dagegen die Erweiterung des Antrags auf „Sportartikel" (ohne Markennennung) als eine Verfehlung des Charakteristischen der Verletzungshandlung beurteilt. Charakteristisch an der Werbung mit „adidas-Sportartikel" sei gerade die Nennung der bekannten Marke „adidas", auf der die Zugkraft der angebotenen Artikel beruhe (BGH GRUR 1984, 593 (594) – adidas-Sportartikel). Ist ein Unterlassungsantrag über die konkrete Verletzungsform hinaus verallgemeinernd formuliert, müssen Einschränkungen der Reichweite des materiell-rechtlichen Unterlassungsanspruchs in den Unterlassungsantrag aufgenommen werden, um von dem zu weit gefassten Verbot erlaubte Verhaltensweisen auszunehmen (BGH WRP 2017, 422 Rn. 35 – Optiker-Qualität). Ein Beispiel eines solchen Unterlassungsantrags mit einer solchen Einschränkung findet sich in der Entscheidung des BGH „Mobiler Buchhaltungsservice: „... es zu unterlassen, ohne im unmittelbaren räumlichen Zusammenhang mit diesen Angaben darauf hinzuweisen, dass damit nur das Buchen laufender Geschäftsvorfälle . . ., nicht aber das Kontieren von Belegen . . . gemeint ist" (BGH WRP 2015, 1102 Rn. 5 – Mobiler Buchhaltungsservice).

Die Kerntheorie gilt zwar auch im Vollstreckungsverfahren nach § 890 ZPO (→ Form. A.24 Anm. 11). Es ist jedoch sinnvoll, die gewünschte Verallgemeinerung schon im Erkenntnisverfahren zu bringen und nicht erst im Vollstreckungsverfahren.

Ein bundesweites Verbot kann auch dann beantragt und durchgesetzt werden, wenn die Parteien nur an einem Ort oder in einer Region miteinander in Wettbewerb stehen (BGH WRP 1999, 421 – Vorratslücken; *Köhler/Bornkamm/Feddersen* UWG § 8 Rn. 1.69).

11. Eine auf Unterlassung gerichtete einstweilige Verfügung wird vollstreckt nach § 890 ZPO (→ Form. A.24). Der Festsetzung von Ordnungsmitteln hat eine entsprechende Androhung vorauszugehen, § 890 Abs. 2 ZPO, die auch schon in dem die Unterlassungsverpflichtung aussprechenden Titel enthalten sein kann. Um die Vollstreckung der einstweiligen Verfügung zeitnah zu ermöglichen, bietet es sich an, die Androhung der Ordnungsmittel schon in den Antrag auf Erlass einer einstweiligen Verfügung aufzunehmen. Die Androhung muss die Ordnungsmittel nach Art und Höchstmaß konkretisieren (BGH GRUR 1995, 744 – Feuer, Eis & Dynamit I; BGH GRUR 2004, 264 – Euro-Einführungsrabatt). Es bietet sich daher an, bei der Formulierung den Wortlaut des § 890 Abs. 1 ZPO zugrunde zu legen. Das Höchstmaß der ersatzweisen Ordnungshaft beträgt sechs Monate (Zöller/*Stöber* ZPO § 890 Rn. 18). Die Androhung der ersatzweisen Ordnungshaft gegen eine juristische Person ist mit der Maßgabe zulässig, dass sie an einem organschaftlichen Vertreter (Vorstand der AG, Geschäftsführer der GmbH) zu vollziehen ist (BGH GRUR 1991, 929 (931) – Fachliche Empfehlung II; *Köhler/Bornkamm/Feddersen* UWG § 12 Rn. 6.12).

12. Die einstweilige Verfügung ist ihrer Natur nach ohne Sicherheitsleistung vorläufig vollstreckbar wie sich aus einem Umkehrschluss aus § 921 ZPO ergibt (zur ausnahmsweisen Anordnung einer Vollziehungssicherheit s. KG WRP 1995, 24; Gloy/Loschelder/Erdmann UWG-HdB/*Spätgens* § 103 Rn. 28 ff.). Im Antrag auf Erlass einer einstweiligen Verfügung ist daher kein besonderer Antrag zur Vollstreckung ohne Sicherheitsleistung erforderlich und in der einstweiligen Verfügung auch kein besonderer Ausspruch hierzu.

13. Voraussetzung für den Erlass einer einstweiligen Verfügung ist das Vorliegen eines Verfügungsanspruchs und eines Verfügungsgrunds (§§ 936, 920 Abs. 2 ZPO). Verfügungsgrund ist die objektive Dringlichkeit (Eilbedürftigkeit), die nach § 12 Abs. 2 UWG widerleglich vermutet wird. Verfügungsanspruch ist der materiell-rechtliche Anspruch. Dies kann grundsätzlich nur ein Anspruch sein, der einer vorläufigen Regelung oder Befriedigung zugänglich ist, im Wettbewerbsrecht also insbesondere der Unterlassungsanspruch, gegebenenfalls aber auch Beseitigungs- und Widerrufsansprüche, soweit damit keine endgültigen, nicht wiedergutzumachenden Verhältnisse geschaffen werden (*Köhler/Bornkamm/Feddersen* UWG § 12 Rn. 3.9). In dem dem Formular zugrundeliegenden Fall geht es um einen Verstoß gegen das Irreführungsverbot gemäß § 5 UWG. Die Darlegung, dass eine Angabe irreführend ist, erfolgt anhand von mehreren Prüfungsschritten (*Köhler/Bornkamm/Feddersen* UWG § 5 Rn. 1.63): Zunächst sind die angesprochenen Verkehrskreise zu definieren. In einem zweiten Schritt ist das Verständnis der Verkehrskreise zu ermitteln. Sodann ist festzustellen, ob die Vorstellung der Verkehrskreise von den tatsächlichen Verhältnissen abweicht. In einem vierten Schritt ist die Relevanz der Fehlvorstellung für die Entschließung der Verkehrskreise festzustellen. Im Einzelfall kann dann noch eine Interessenabwägung erforderlich sein.

4. Antrag auf Erlass einer einstweiligen Verfügung A. 4

14. Im Verfügungsverfahren ist eine Glaubhaftmachung der anspruchsbegründenden Tatsachen erforderlich, §§ 936, 920 Abs. 2, 294 ZPO. Die Richtigkeit des Parteivorbringens muss damit nicht gewiss, sondern nur überwiegend wahrscheinlich sein (BGH NJW 1998, 1870). Zulässig ist nach § 294 Abs. 1 ZPO insbesondere die eidesstattliche Versicherung der Partei selbst (→ Form. A.5). Weitere Mittel der Glaubhaftmachung sind Prospekte, Fotografien, Zeitungsanzeigen, Warenmuster und die sogenannte anwaltliche Versicherung (OLG Köln GRUR 1986, 196; Zöller/*Greger* ZPO § 294 Rn. 5). Urkunden sind im Rahmen eines Vollbeweises im Original oder in beglaubigter Abschrift vorzulegen (§§ 420, 131 ZPO vgl. BGH NJW 1992, 829). Im Rahmen der Glaubhaftmachung dürfte die Vorlage einer Kopie genügen. Für die mündliche Verhandlung ist die Vorschrift des § 294 Abs. 2 ZPO zu beachten, nach der eine Beweisaufnahme unstatthaft ist, die nicht sofort erfolgen kann. Das bedeutet, dass ausschließlich präsente Beweismittel zugelassen sind. Das Gericht wird daher keine Zeugenladung oder die Einholung eines Sachverständigengutachtens anordnen. Üblich und empfehlenswert ist es daher, eventuelle Zeugen oder Sachverständige in der mündlichen Verhandlung zu stellen, damit sie erforderlichenfalls für eine Glaubhaftmachung zur Verfügung stehen. Die Bezugnahme auf vom Gericht erst einzuholende Auskünfte (zB Auskunft des Deutschen Patentamt- und Markenamts über den Bestand eines Schutzrechts) ist unzulässig (BGH NJW 1958, 712).

Hat der Antragsteller Schwierigkeiten mit der Glaubhaftmachung, so kann er anregen, die Anordnung (oder Vollziehung) der einstweiligen Verfügung von einer Sicherheitsleistung abhängig zu machen, § 921 S. 1 ZPO. Von dieser Möglichkeit wird in der Praxis allerdings selten Gebrauch gemacht.

Da der Antragsgegner (zunächst) nicht gehört wird, wird das Gericht davon ausgehen, dass er alles bestreiten wird. Der Antragsteller muss deshalb alle Tatsachen glaubhaft machen, die zur Begründung des Verfügungsanspruchs erforderlich sind. Eine Ausnahme besteht nur für solche Tatsachen, die das Gericht aus eigener Sachkunde kennt und beurteilen kann (zB welchen Eindruck eine Werbung vermittelt, wenn das Gericht zu den angesprochenen Verkehrskreisen gehört). Nach verbreiteter Ansicht erstreckt sich die Glaubhaftmachungslast des Antragstellers jedenfalls im Beschlussverfahren abweichend von den für das Hauptsacheverfahren geltenden Grundsätzen der Beweislastverteilung somit auch auf das Entkräften naheliegender oder in einer Schutzschrift vorgetragener Anhaltspunkte für Prozesshindernisse oder Einwendungen und Einreden (*Köhler/Bornkamm/Feddersen* UWG § 12 Rn. 3.21).

15. Eine Irreführung wird bejaht, wenn ein erheblicher Teil der angesprochenen Verkehrskreise die Angaben falsch versteht (BGH GRUR 2004, 162 (163) – Mindestverzinsung). Wie groß dieser erhebliche Teil der angesprochenen Verkehrskreise sein muss, um eine Irreführung zu bejahen, hat der BGH bislang nicht entschieden, gleichwohl aber ausgeführt, dass bei einer an Kapitalanleger gerichteten Werbung eine Irreführungsquote von 15 bis 20 % nicht ausreichen würde (BGH GRUR 2004, 162 (163) – Mindestverzinsung). Für eine Irreführung wird regelmäßig ein Anteil von einem Viertel bis einem Drittel der angesprochenen Verkehrskreise erforderlich aber auch ausreichend sein (*Köhler/Bornkamm/Feddersen* UWG § 5 Rn. 1.99). Wesentlich ist somit die Bestimmung der Verkehrskreise, an die sich die geschäftliche Handlung richtet und damit die angesprochenen Verbraucher und sonstigen Marktbeteiligten (*Ohly/Sosnitza* UWG § 5 Rn. 112). Wendet sich eine Werbung nur an Fachleute, so entscheidet deren Auffassung auf dem betreffenden Gebiet. Dabei ist zu beachten, dass Werbeangaben von fachkundigen Kreisen meist sorgfältiger betrachtet werden (*Köhler/Bornkamm/Feddersen* UWG § 5 Rn. 1.69). Sofern bei einer an Fachkreise gerichteten Werbung in Betracht kommt, dass Werbeaussagen an Letztverbraucher weitergegeben oder diesen gegenüber verwendet werden, zählen auch die Letztverbraucher zu den angesprochenen Verkehrskreisen (*Ohly/Sosnitza* UWG § 5 Rn. 121 mwN). Werbung für Massenartikel und Artikel des täglichen Bedarfs richtet sich regelmäßig an das allgemeine Publikum (*Ohly/Sosnitza* UWG § 5 Rn. 117; *Köhler/Bornkamm/Feddersen* UWG § 5 Rn. 1.66). Dabei ist das Verständnis eines durchschnittlich informierten und verständigen Verbrauchers maßgeblich, der die situationsadäquate Aufmerksamkeit aufbringt (zB BGH GRUR 2007, 805 Rn. 19 – Irreführender Kontoauszug).

Ist die Allgemeinheit angesprochen, wird regelmäßig auch das entscheidende Gericht zu den angesprochenen Verkehrskreisen gehören. Kommt es in diesem Fall auf die Vorstellung eines durchschnittlich informierten und situationsadäquat aufmerksamen Verbrauchers an und nicht aber auf die möglicherweise davon abweichende Auffassung einer Minderheit von Verbrauchern, kann der Tatrichter seine Sachkunde grundsätzlich zur Bejahung oder Verneinung der Irreführung einsetzen (BGH GRUR 2004, 244 (245) – Marktführerschaft; BGH GRUR 2002, 550 – Elternbriefe). Worauf die eigene Sachkunde gründet, ist unerheblich. Sie kann aus der allgemeinen Lebenserfahrung des Richters folgen oder aus der besonderen Erfahrung im Umgang mit Wettbewerbsstreitsachen, aber auch aus dem Sachvortrag der Parteien oder den von ihnen vorgelegten (Privat-) Gutachten (*Ohly/Sosnitza* UWG § 5 Rn. 139).

16. Ratio des § 5 UWG ist nicht der Schutz des Verbrauchers vor jeglicher Fehlvorstellung. Der Irreführungstatbestand des § 5 UWG setzt vielmehr voraus, dass eine Angabe geeignet ist, bei einem erheblichen Teil der angesprochenen Verkehrskreise falsche und irreführende Vorstellungen hervorzurufen und zu einer geschäftlichen Entscheidung zu veranlassen, die sie andernfalls nicht getroffen hätten (*Köhler/Bornkamm/Feddersen* UWG § 5 Rn. 1.171 f.).

17. Antragsbefugt sind zum einen Mitbewerber gemäß § 8 Abs. 3 Nr. 1 UWG und damit nach der Legaldefinition des § 2 Abs. 1 Nr. 3 UWG jeder Unternehmer, der mit dem Antragsgegner als Anbieter oder Nachfrager von Waren oder Dienstleistungen in einem konkreten Wettbewerbsverhältnis steht. Antragsbefugt sind in Fällen der irreführenden Werbung zudem auch die in § 8 Abs. 3 Nr. 2–4 UWG aufgeführten Verbände. Unternehmen, die mit dem Antragsgegner lediglich in einem abstrakten Wettbewerbsverhältnis stehen, sind daher selbst nicht antragsbefugt. Sie können nur versuchen, einen antragsbefugten Verband dazu zu bewegen, gegen die irreführende Werbung vorzugehen. Der Vortrag zur Mitbewerberstellung (→ Form. A.1 Anm. 4) ist somit erforderlich, um die Antragsbefugnis zu begründen.

18. Eine vorprozessuale Abmahnung ist zur Begründung des Verfügungsantrags (etwa unter dem Gesichtspunkt des Rechtsschutzinteresses) nicht erforderlich. Erfolgte keine Abmahnung, besteht die Gefahr eines sofortigen Anerkenntnisses nach § 93 ZPO (→ Form. A.1 Anm. 1), insbesondere in der Form eines Kostenwiderspruchs (→ Form. A.10). Der Hinweis auf die Erfolglosigkeit der Abmahnung kann jedoch die Annahme nahelegen, dass eine rasche gerichtliche Entscheidung geboten ist.

19. Die Dringlichkeitsvermutung des § 12 Abs. 2 UWG ist widerlegbar (*Köhler/Bornkamm/Feddersen* UWG § 12 Rn. 3.13). Sie ist insbesondere dann widerlegt, wenn der Antragsteller in Kenntnis des Wettbewerbsverstoßes ohne Grund mit der Stellung des Verfügungsantrags längere Zeit zugewartet hat. Er zeigt damit, dass ihm die Sache selbst nicht so eilig ist. Die praktisch bedeutsame Frage, was eine „längere Zeit" ist, wird von den Gerichten sehr unterschiedlich beantwortet (vgl. die Übersicht über die „Regelfristen" der verschiedenen OLG-Bezirke bei *Köhler/Bornkamm/Feddersen* UWG § 12 Rn. 3.15b und bei Harte-Bavendamm/Henning-Bodewig UWG Anhang zu § 12):

OLG Düsseldorf (GRUR-RR 2015, 65): zwei Monate;
OLG Frankfurt (WRP 2013, 1068 (1069)): keine starre Frist, sechs Wochen können zu tolerieren sein, wenn umfangreiche rechtliche Prüfungen oder weitere Sachverhaltsaufklärung erforderlich sind; als bloße Überlegungszeit ist diese Zeitspanne zu lang;

4. Antrag auf Erlass einer einstweiligen Verfügung   A. 4

OLG Hamburg (GRUR-RR 2008, 366): keine starren Fristen, ein Zuwarten von einem Monat nach der Zurückweisung der Abmahnung kann dringlichkeitsschädlich sein;
OLG Hamm (NJW 2012, 1156): Zuwarten von etwas mehr als einem Monat zwischen Testkauf und Verfügungsantrag ist nicht dringlichkeitsschädlich;
OLG Karlsruhe (WRP 2007, 822 f.): ein Monat;
OLG Köln (WRP 2013, 98): regelmäßig ein Monat, die Dringlichkeitsvermutung wird nicht widerlegt, wenn dieser Zeitraum genutzt wird, um die für die Darlegung des Verfügungsanspruchs erforderlichen Untersuchungen durchzuführen;
OLG München (WRP 2008, 972 (976)): ein Monat;
OLG Stuttgart (WRP 1993, 628 (629)): maßgeblich sind die Umstände des Einzelfalls, sieben Wochen sind noch nicht dringlichkeitsschädlich.

In der Praxis empfiehlt es sich als Faustregel, bei Anträgen, die später als vier Wochen nach Kenntniserlangung vom Wettbewerbsverstoß bei Gericht eingereicht werden, die Gründe für die Verzögerung im Verfügungsantrag darzulegen und gegebenenfalls glaubhaft zu machen. Da bei den Gerichten in den letzten Jahren eine Tendenz zu kürzeren Dringlichkeitsfristen und zu deren strikter Handhabung zu erkennen ist, empfiehlt es sich, einen Antrag auf Erlass einer einstweiligen Verfügung wenn irgend möglich innerhalb eines Monats ab Kenntnis bei Gericht einzureichen. Der Antragsteller sollte sich angesichts der Tendenz zu kürzeren Dringlichkeitsfristen auch nicht auf ältere Rechtsprechung der jeweiligen Obergerichte verlassen, mit der Antragstellern längere Fristen zugestanden worden sind. Zum Wiederaufleben der Dringlichkeit bei Intensivierung der Werbung s. zB OLG Frankfurt NJWE-WettbR 1997, 23, und OLG Köln MD 1999, 1131. Auch das prozessuale Verhalten des Antragstellers kann zeigen, dass ihm die Sache nicht so eilig ist. Das ist insbesondere der Fall, wenn er das Verfahren verzögert. Rechtsmittelfristen dürfen ausgeschöpft werden, so dass nur ausnahmsweise trotz Einhaltung der Fristen die Dringlichkeitsvermutung entfallen kann, so zB bei tatsächlich und rechtlich ganz einfachen Angelegenheiten (OLG Düsseldorf NJWE-WettbR 1997, 27). Vorsicht ist geboten, wenn der Antragsteller die Frist zur Begründung der Berufung verlängern lässt und von dieser Fristverlängerung Gebrauch macht. Dies kann die Dringlichkeitsvermutung entfallen lassen (OLG Nürnberg GRUR 1987, 727; *Ohly/Sosnitza* UWG § 12 Rn. 119 mwN). Weitere Beispiele mit Nachweisen bei *Köhler/Bornkamm/Feddersen* UWG § 12 Rn 3.16.

Wird ein Verband auf Veranlassung eines Dritten tätig, ist auf den Zeitpunkt der Kenntniserlangung durch den Verband abzustellen (OLG München WRP 1990, 719). Der Verband handelt jedoch rechtsmissbräuchlich im Sinne des § 8 Abs. 4 UWG, wenn er sich von dem Dritten, bei dem die Dringlichkeit entfallen ist, vorschieben lässt (OLG Frankfurt GRUR 1991, 471). Allgemein zur Kenntnis Dritter im Rahmen der Dringlichkeitsvermutung: *Mes,* FS Nirk, S. 661 ff.

Die Kenntnis hat, falls nötig, der Antragsgegner darzulegen und glaubhaft zu machen. Das ist naturgemäß schwierig, da es sich um eine subjektive Tatsache handelt. Es genügt daher, dass er Tatsachen vorträgt, die den Schluss auf eine Kenntniserlangung zu einem bestimmten Zeitpunkt zulassen (*Köhler/Bornkamm/Feddersen* UWG § 12 Rn. 3.13). Die überwiegende Rechtsprechung verneint eine Marktbeobachtungspflicht des Antragstellers, und lässt damit ein „Kennenmüssen" nicht genügen (OLG Köln WRP 2011, 1334; OLG Karlsruhe WRP 2010, 793 (794)). Allerdings kann die Dringlichkeitsvermutung des § 12 Abs. 2 UWG im Einzelfall so stark erschüttert sein, dass den Antragsteller eine Darlegungs- und Glaubhaftmachungslast für den Zeitpunkt trifft, wann genau er von dem Wettbewerbsverstoß erstmals Kenntnis erlangt hat (OLG Stuttgart GRUR-RR 2009, 343 (345)).

Die Dringlichkeit entfällt, wenn der Wettbewerbsverstoß bereits beendet und – wenn überhaupt – voraussichtlich erst nach längerer Zeit wiederholbar ist (zB Sommerschlussverkauf, KG WRP 1981, 211). Hier kann der Antragsteller auf das Hauptsacheverfahren verwiesen werden. Die Eilbedürftigkeit ist auch zu verneinen, wenn der Antragsteller bereits durch einen endgültigen (wenngleich noch nicht rechtskräftigen) Titel gesichert ist (KG MD 1999, 954).

20. Die örtliche Zuständigkeit des angerufenen Gerichts ergibt sich hier aus § 14 Abs. 1 UWG. Die Glaubhaftmachung einer Verletzungshandlung im Gerichtsbezirk ist erforderlich, wenn der Antragsteller als Mitbewerber den Verfügungsantrag im Gerichtsstand des Begehungsorts (§ 14 Abs. 2 S. 1 UWG) einreicht.

21. Der Antrag, die einstweilige Verfügung nur bei Entscheidung ohne mündliche Verhandlung zu erlassen, ist die bedingte Rücknahme des Verfügungsantrags für den Fall, dass das Gericht nicht ohne mündliche Verhandlung entscheiden will. Nach wohl überwiegender Meinung (Zöller/*Vollkommer* ZPO § 921 Rn. 1 mwN) ist eine solche Bedingung unwirksam, dh das Gericht kann gleichwohl mündliche Verhandlung anordnen. Die Verfahrensbitte in dem Formular lässt die Entscheidung über eine Rücknahme des Antrags noch offen.

Der im Jahr 2014 in Kraft getretene § 317 Abs. 2 ZPO sieht vor, dass Ausfertigungen nur auf Antrag und nur in Papierform erteilt werden. Zur Vollziehung einer einstweiligen Verfügung gemäß § 929 Abs. 2 ZPO ist die Zustellung der einstweiligen Verfügung im Parteibetrieb an den Antragsgegner erforderlich. Wichtig ist, dass hierzu eine Ausfertigung der einstweiligen Verfügung oder eine beglaubigte Abschrift der Ausfertigung der einstweiligen Verfügung zugestellt werden muss. Das Formular sieht daher den Antrag vor, dem Antragsteller eine Ausfertigung der einstweiligen Verfügung zu erteilen.

Um eine rasche Zustellung (Vollziehung) der einstweiligen Verfügung nach ihrem Erlass sicherzustellen, kann es sich empfehlen, einem beim angerufenen Gericht ansässigen Anwalt Empfangsvollmacht zu erteilen.

Kosten und Gebühren

22. Das Verfahren über den Antrag auf Anordnung einer einstweiligen Verfügung ist gemäß § 17 Nr. 4 Buchst. b RVG eine eigene Angelegenheit gegenüber dem Hauptsacheverfahren. Für den Verfügungsantrag kann der Rechtsanwalt somit eine 1,3 Verfahrensgebühr gemäß VV 3100 RVG berechnen

Fristen und Rechtsmittel

23. Gegen die Zurückweisung des Verfügungsantrags ohne mündliche Verhandlung durch Beschluss (wird dem Antragsgegner nicht mitgeteilt, § 922 Abs. 3 ZPO) ist die sofortige Beschwerde gemäß § 567 Abs. 1 Nr. 2 ZPO gegeben (Zöller/*Vollkommer* ZPO § 922 Rn. 13). Die sofortige Beschwerde ist innerhalb einer Notfrist von 2 Wochen ab der Zustellung der Entscheidung bei dem Gericht, das den Beschluss erlassen hat, oder bei dem Beschwerdegericht einzulegen, § 569 Abs. 1 S. 1 ZPO.

Gegen die Zurückweisung des Verfügungsantrags durch Urteil ist die Berufung gegeben.

Gegen die ohne mündliche Verhandlung ergangene einstweilige Verfügung (Beschlussverfügung) kann der Antragsgegner Widerspruch gemäß § 924 ZPO einlegen (→ Form. A.8), gegen die nach mündlicher Verhandlung durch Urteil erlassene oder bestätigte einstweilige Verfügung steht dem Antragsgegner die Berufung zu. Weitere Rechtsbehelfe: Antrag auf Fristsetzung zur Erhebung einer Hauptsacheklage gemäß § 926 ZPO (→ Form. A.26) oder Antrag auf Aufhebung der einstweiligen Verfügung wegen veränderter Umstände gemäß § 927 ZPO (→ Form. A.27). Der Widerspruch und die Anträge gemäß §§ 926, 927 ZPO sind nicht fristgebunden, können jedoch in Ausnahmefällen wegen Verwirkung ausgeschlossen sein (*Köhler/Bornkamm/Feddersen* UWG § 12 Rn. 3.42).

5. Eidesstattliche Versicherung

Ich, ... (Name, Vorname), geschäftsansässig in . . . . . . versichere[1] in Kenntnis der Strafbarkeit einer falschen eidesstattlichen Versicherung zur Vorlage bei Gericht[2] an Eides Statt:[3]

1. Zur Person:[4]
   Ich bin seit . . . . . .
2. Zur Sache:[5] . . . . . .
   . . . . . .

Datum, Unterschrift

Schrifttum: *Ahrens,* Der Wettbewerbsprozess, 8. Aufl., 2017, Kap. 50 Rn. 30 ff.; *Lackner/Kühl,* Strafgesetzbuch mit Erläuterungen, 28. Aufl. 2014, § 156; *Wehlau/Kalbfus,* Die Versicherung an Eides Statt als Mittel der Glaubhaftmachung, Mitt. 2011, 165.

Anmerkungen

1. Die eidesstattliche Versicherung ist das wichtigste Mittel zur Glaubhaftmachung gemäß § 294 Abs. 1 ZPO im Verfügungsverfahren (→ Form. A.4 Anm. 14). In der Praxis erlangt dieses Institut hohe Bedeutung und ist im Verfügungsverfahren das faktische Surrogat für den Zeugenbeweis (*Wehlau/Kalbfus* Mitt. 2011, 165). Zulässig ist auch die eidesstattliche Versicherung der Partei selbst – eine Möglichkeit, die im Hauptsacheverfahren nicht besteht. Der Beweiswert der eidesstattlichen Versicherung sollte allerdings nicht überschätzt werden (vgl. zB für die Erklärung eines Testkäufers OLG Frankfurt GRUR 1984, 304).

Das Gesetz schreibt für die eidesstattliche Versicherung keine bestimmte Form vor. Sie kann daher schriftlich oder mündlich erfolgen. Ausreichend ist auch die Übermittlung per Telefax (BayObLG NJW 1996, 406; BGH GRUR 2002, 915 (916) – Wettbewerbsverbot in Realteilungsvertrag; Zöller/*Greger* ZPO § 294 Rn. 4). Für den Fall einer schriftlichen Abgabe muss die eidesstattliche Versicherung unterschrieben sein und sie muss persönlich abgegeben werden. Eine Vertretung ist ausgeschlossen (*Wehlau/Kalbfus* Mitt. 2011, 165 (166)). Ob die Vorlage einer einfachen Kopie der eidesstattlichen Versicherung genügt, ist umstritten (*Wehlau/Kalbfus* Mitt. 2011, 165 (167) mwN). In der Praxis verlangen die Gerichte regelmäßig die Vorlage des Originals. Es empfiehlt sich daher, das Original der eidesstattlichen Versicherung mit dem Verfügungsantrag vorzulegen. Falls dies wegen der Eilbedürftigkeit noch nicht möglich ist. weil dem Anwalt das Original noch nicht vorliegt, kann mit dem Verfügungsantrag auch eine Kopie der eidesstattlichen Versicherung vorgelegt werden, und zwar mit dem Hinweis, dass das Original schnellstmöglich nachgereicht wird.

2. Diese Angabe ist an sich nicht erforderlich. Sie hat jedoch eine gewisse Warnfunktion, da der Erklärende zu erkennen gibt, dass ihm die geplante Verwendung seiner eidesstattlichen Versicherung und damit die strafrechtliche Relevanz bekannt sind. Die häufig verwendete Formel „belehrt über die Strafbarkeit einer falschen Versicherung an Eides statt" ist überflüssig, zumal eine vorherige Belehrung durch das Gericht (vgl. § 395 Abs. 1 ZPO) regelmäßig nicht stattgefunden haben wird. Der Wortlaut des Einleitungssatzes sollte sich im Übrigen so weit wie möglich an den Strafvorschriften der §§ 156, 161 Abs. 1 StGB orientieren. Die Angabe des konkreten Aktenzeichens kann problematisch sein, wenn die gleiche Erklärung in verschiedenen Verfahren Verwendung finden soll, sie ist daher nicht zu empfehlen. Unabhängig davon wird zum Zeitpunkt der Abgabe der eidesstattlichen Versicherung regelmäßig auch noch kein Aktenzeichen bekannt sein.

3. Der Wille, die Richtigkeit der Versicherung zu beteuern, muss durch die Formel „an Eides Statt" oder gleichbedeutende Ausdrücke unzweifelhaft zum Ausdruck kommen (BayObLG NJW 1996, 406 (407)).

4. Die Angaben zur Person identifizieren den Erklärenden und – soweit einschlägig – erläutern seine Position sowie seinen Zuständigkeitsbereich innerhalb des Unternehmens. Sie sollten also erkennen lassen, in welchem Verhältnis der Erklärende zur Partei steht (Frage seiner Glaubwürdigkeit), zB Geschäftsführer, Mitarbeiter, und inwieweit er den streitgegenständlichen Vorgang aus eigener Anschauung kennt (zB weil er im maßgeblichen Zeitpunkt in dem betreffenden Geschäftsbereich des Unternehmens tätig war). Hierzu: *Wehlau/Kalbfus* Mitt. 2011, 165 (168).

5. Erforderlich ist eine eigene Sachdarstellung der glaubhaft zu machenden Tatsachen. Gegenstand der eidesstattlichen Versicherung können nur solche Vorgänge sein, die der Erklärende selbst wahrgenommen hat (Zöller/*Greger* ZPO § 294 Rn. 4; vgl. auch BGH NJW 2004, 3491 (3492)). Sie darf sich nicht in einer Bezugnahme auf den Anwaltsschriftsatz oder Angaben Dritter erschöpfen oder diese gar nur wörtlich wiederholen (BGH NJW 1996, 1682; BGH NJW 1988, 2045). Nach *Ahrens* sollten Gerichte eidesstattliche Versicherungen als untauglich ansehen, die sich darauf beschränken, den Inhalt eines Anwaltsschriftsatzes oder das darin enthaltene tatsächliche Vorbringen zu bestätigen (Ahrens Kap. 50 Rn. 32). Urkunden (zB Werbung, Schreiben), auf die in der eidesstattlichen Versicherung Bezug genommen wird, sollten in ihr eindeutig bezeichnet und gegebenenfalls der Erklärung beigefügt werden. Einzelheiten zur Abfassung bei *Wehlau/Kalbfus* Mitt. 2011, 165 (168 f.).

Wer eine falsche Versicherung an Eides Statt abgibt, macht sich gemäß § 156 StGB strafbar, gegebenenfalls in Tateinheit mit (versuchtem) Prozessbetrug. Der Umfang und die Grenzen der Wahrheitspflicht bestimmen sich nach dem Verfahrensgegenstand. Davon hängt es auch ab, ob eine Versicherung wegen Verschweigens wesentlicher Umstände falsch und damit strafbar ist (*Lackner/Kühl* StGB § 156 Rn. 3).

6. Zustellungsauftrag an den Gerichtsvollzieher

Amtsgericht ......

– Gerichtsvollzieherverteilerstelle –[1, 2]

......

In der Vollstreckungssache

A-GmbH ./. B-GmbH

überreichen[3] wir im Namen der Gläubigerin, A-GmbH, ... (Adresse),

1. eine Ausfertigung[4] der einstweiligen Verfügung des Landgerichts ......, Az ...... vom ...... nebst Antragsschrift und Anlagen,[5] und
2. eine einfache beglaubigte Abschrift[6] der Ausfertigung der einstweiligen Verfügung nebst Antragsschrift und Anlagen mit der Bitte, diese nach § 192 Abs. 2 ZPO zu beglaubigen,

6. Zustellungsauftrag an den Gerichtsvollzieher   A. 6

und bitten um kurzfristige Zustellung – soweit möglich noch heute – an die Schuldnerin B-GmbH, ... (Zustelladresse).[7, 8]

Bitte übermitteln Sie uns die Zustellungsurkunde.[9] Für die Zustellkosten[10] kommen wir auf.

Rechtsanwalt[11]

Schrifttum: *Anders,* Die Zustellung einstweiliger Verfügungen nach dem Zustellungsreformgesetz, WRP 2003, 204; *Eyinck,* Entwicklung des Zustellungsrechts nach der Zustellungsreform 2002, MDR 2006, 785; *Geimer/Schütze,* Europäisches Zivilverfahrensrecht, 3. Aufl. 2010; *Hausmann,* Zustellung durch Aufgabe zur Post an Parteien mit Wohnsitz im Ausland, IPRax 1988, 140; *Hök,* Zur Zustellung durch Aufgabe zur Post im internationalen Rechtsverkehr – eine Bestandsaufnahme, JurBüro 1989, 1217; *Kurtz,* Die Vollziehung der einstweiligen Verfügung durch Zustellung an den Anwalt der Antragsgegnerin, WRP 2016, 305; *Mes,* Die Zustellung an den für den Rechtszug bestellten Prozessbevollmächtigten (§ 176 ZPO) und die Heilung bei Verletzung dieser Zustellungspflicht (§ 187 ZPO), Rpfleger 1969, 40; *Oetker,* Die Zustellung von Unterlassungsverfügungen innerhalb der Vollziehungsfrist des § 929 II ZPO, GRUR 2003, 119; *Ott,* Zustellungsfragen bei einer einstweiligen Verfügung, WRP 2016, 1455; vgl. ergänzend die Nachweise in → Form. A.5.

Anmerkungen

1. Einstweilige Verfügungen müssen (anders als Urteile im Hauptsacheverfahren) binnen eines Monats vollzogen werden, §§ 936, 928, 929 Abs. 2 ZPO. Die Vollziehungsfrist soll im Interesse des Schuldnerschutzes verhindern, dass die einstweilige Verfügung unter wesentlich veränderten Umständen vollzogen wird als unter denen, die ihrer Anordnung zugrunde gelegen haben, und umgekehrt sicherstellen, dass der Verfügungsgrund im Zeitpunkt der Vollziehung noch fortwirkt (vgl. BVerfG NJW 1988, 3141; Zöller/*Vollkommer* ZPO § 929 Rn. 3; Fezer/Büscher/Obergfell UWG § 12 Rn. 152). § 929 Abs. 2 ZPO spricht von der „Vollziehung des Arrestbefehls". Was unter dieser „Vollziehung" zu verstehen ist, lässt die Zivilprozessordnung offen. Nach § 928 ZPO sind auf die Vollziehung des Arrestes die Vorschriften über die Zwangsvollstreckung entsprechend anzuwenden, so dass nahe liegt, dass mit der „Vollziehung" die Zwangsvollstreckung gemeint ist (OLG Düsseldorf WRP 2015, 764 Rn. 21; BGH NJW 1993, 1076 (1077)). Unterlassungsverfügungen werden an sich nach § 890 ZPO vollstreckt (→ Form. A.24). Diese Vollstreckung ist jedoch erst nach einer Zuwiderhandlung des Antragsgegners möglich. Aufgrund der einmonatigen Vollziehungsfrist des § 929 Abs. 2 ZPO muss der Antragsteller daher zeitnah und auf andere Art und Weise zum Ausdruck bringen, dass er von dem Titel Gebrauch machen will. Dies geschieht regelmäßig durch die Zustellung der einstweiligen Verfügung im Parteibetrieb. Die Zustellung der einstweiligen Verfügung, die zudem mit der Androhung der Ordnungsmittel gemäß § 890 Abs. 2 ZPO versehen sein muss, begründet zum einen die Wirksamkeit der einstweiligen Verfügung. Sie leitet zum anderen die Zwangsvollstreckung aus der einstweiligen Verfügung ein und dokumentiert den Willen des Antragstellers von der einstweiligen Verfügung Gebrauch zu machen (BGH WRP 2015, 209 Rn. 17 – Nero; OLG Düsseldorf WRP 2015, 764 Rn. 21).

Die Vollziehungsfrist ist nach der Rechtsprechung des BGH der Disposition der Parteien und des Gerichts entzogen. Sie kann weder abgekürzt noch verlängert werden (BGH NJW 1993, 1076 (1079); ebenso zB OLG Düsseldorf WRP 2015, 764 Rn. 25; OLG Karlsruhe BeckRS 2016, 07206 Rn. 14). Wegen dieser Besonderheiten ist eine Ungewissheit oder Unklarheit darüber, ob eine (fristgerechte) Vollziehung stattgefunden hat, zu vermeiden. Nach der Rechtsprechung des BGH geht es nicht an, die Antwort auf diese Frage von den Umständen des Einzelfalls, einer Interessenabwägung, einer Ermessensentscheidung oder der Auslegung einer Willenserklärung abhängig zu machen. Wenn die Vollziehung einer einstweiligen Verfügung auch auf andere Weise als durch Zustellung im Parteibetrieb denkbar ist, muss es sich damit immer um ähnlich formalisierte oder urkundlich belegte, jedenfalls leicht feststellbare Maßnahmen handeln (BGH NJW 1993, 1076 (1079)). Auf der Grundlage dieser Rechtsprechung des BGH genügt es zur Vollziehung einer einstweiligen Verfügung auch, wenn der Antragsteller innerhalb der Vollziehungsfrist des § 929 Abs. 2 ZPO einen Antrag auf Festsetzung von Ordnungsmitteln einreicht, da der Antragsteller auch damit von der einstweiligen Verfügung Gebrauch macht (zB OLG Karlsruhe BeckRS 2016, 07206 Rn. 12). Für den Antragsteller wird es allerdings regelmäßig nicht absehbar sein, ob der Antragsgegner innerhalb der Vollziehungsfrist gegen die einstweilige Verfügung verstoßen wird. Damit muss der Antragsgegner immer die Zustellung der einstweiligen Verfügung im Parteibetrieb betreiben, um auf diese Weise deren Vollziehung zu erreichen. Aufgrund der strengen Anforderungen der Rechtsprechung an die Vollziehung einer einstweiligen Verfügung ist damit immer die Zustellung im Parteibetrieb zu empfehlen.

§ 929 Abs. 3 ZPO bezieht sich auf den Fall, dass eine Vollziehung mehr als die Zustellung erfordert, zB beim Arrest eine Pfändung, und passt daher nicht auf Unterlassungsverfügungen.

Bei der Vollziehung einer Unterlassungsverfügung ist zwischen Beschluss- und Urteilsverfügung zu unterscheiden:

a) Bei der Beschlussverfügung beginnt die Monatsfrist mit der Zustellung des Beschlusses an den Gläubiger (*Köhler/Bornkamm/Feddersen* UWG § 12 Rn. 3.67). Die Zustellung an den Schuldner erfolgt nicht durch das Gericht, sondern ist Aufgabe des Gläubigers, § 922 Abs. 2 ZPO. Mit der Zustellung im Parteibetrieb wird die Beschlussverfügung wirksam und zugleich gem. § 929 Abs. 2 ZPO vollzogen (BGH WRP 2015, 209 Rn. 17 – Nero; OLG Düsseldorf WRP 2015, 764 Rn. 21; vgl. *Zöller/Vollkommer* ZPO § 929 Rn. 13).

b) Bei der Urteilsverfügung beginnt die Monatsfrist des § 929 Abs. 2 ZPO bereits mit der Verkündung (!) des Urteils (OLG Düsseldorf WRP 2015, 764 Rn. 20; *Köhler/Bornkamm/Feddersen* UWG § 12 Rn. 3.67). Liegt das Urteil nach der Verkündung nicht sogleich schriftlich vor, ist dem Gläubiger zu empfehlen, sich umgehend eine abgekürzte Ausfertigung des Tenors erteilen zu lassen, die er dem Schuldner innerhalb der Monatsfrist zustellen kann (§ 317 Abs. 2 S. 3 ZPO). Die Zustellung des schriftlichen Urteils erfolgt zwar an beide Parteien von Amts wegen, § 317 Abs. 1 ZPO. Diese Zustellung von Amts wegen ist aber keine Vollziehung iSd § 929 Abs. 2 ZPO (hM, BGH NJW 1993, 1076 (1077); OLG Düsseldorf WRP 2015, 764 Rn. 21; OLG Jena GRUR-RR 2011, 436; OLG Stuttgart GRUR-RR 2009, 194; *Köhler/Bornkamm/Feddersen* UWG § 12 Rn. 3.62). Denn der Zustellung der Urteilsverfügung von Amts wegen fehlt das für die Zwangsvollstreckung typische Element, dass der Antragsteller seinen Willen kundgibt, von der Urteilsverfügung Gebrauch zu machen (OLG Düsseldorf WRP 2015, 764 Rn. 21). Erforderlich ist also eine nochmalige Zustellung des Urteils durch den Antragsteller an den Antragsgegner im Parteibetrieb oder eine andere Maßnahme, die den Willen des Antragstellers zur zwangsweisen Durchsetzung der Urteilsverfügung bekundet, insbesondere ein Antrag auf Festsetzung von Ordnungsmitteln.

Zu beachten ist, dass eine durch Urteil ausgesprochene einstweilige Verfügung bereits mit der Verkündung wirksam wird und ab diesem Zeitpunkt vom Antragsgegner zu beachten ist, wenn sie eine Ordnungsmittelandrohung enthält (BGH GRUR 2009, 890 Rn. 11 – Ordnungsmittelandrohung; *Ohly/Sosnitza* UWG § 12 Rn. 145), und zwar unabhängig davon, dass der Antragsteller auch diese Urteilsverfügung dem Antragsgegner zur Vollziehung im Parteibetrieb zuzustellen hat.

In der Praxis werden bei der Vollziehung der einstweiligen Verfügung häufig Fehler gemacht, sei es, dass die Notwendigkeit einer Parteizustellung übersehen wird, sei es, dass die Parteizustellung nicht ordnungsgemäß durchgeführt wird (→ Anm. 4–7). Dabei hat

6. Zustellungsauftrag an den Gerichtsvollzieher A. 6

die Versäumung der Vollziehungsfrist des § 929 Abs. 2 ZPO gravierende Folgen, denn die einstweilige Verfügung ist dann endgültig unvollziehbar und gegenstandslos und damit ex tunc unwirksam (*Ohly/Sosnitza* UWG § 12 Rn. 175 mwN). Bei der Beschlussverfügung kann der Antragsgegner wählen, ob er die Verfügung im Widerspruchsverfahren (§ 924 ZPO) oder im Verfahren nach § 927 ZPO wegen des Ablaufs der Vollziehungsfrist aufheben lassen will. Bei der Urteilsverfügung kann er entweder Berufung einlegen oder die Aufhebung wegen veränderter Umstände nach § 927 ZPO betreiben.

Zustellungsmängel sind unter den Voraussetzungen des § 189 ZPO heilbar, sofern das zuzustellende Dokument dem richtigen Zustellungsempfänger tatsächlich zugegangen ist. Dies gilt sowohl für Urteilsverfügungen als auch für Beschlussverfügungen (*Köhler/Bornkamm/Feddersen* UWG § 12 Rn. 3.64 f.; *Ohly/Sosnitza* UWG § 12 Rn. 170). § 189 ZPO bezieht sich nur auf Mängel des Zustellungsvorgangs, nicht auf Mängel des zuzustellenden Schriftstücks (*Ohly/Sosnitza* UWG § 12 Rn. 170; *Teplitzky* Kap. 55 Rn. 44;).

Wird eine einstweilige Verfügung im Widerspruchs- oder Berufungsverfahren erweitert oder inhaltlich verändert, so muss sie erneut innerhalb eines Monats vollzogen werden (OLG Düsseldorf WRP 2015, 764 Rn. 18; OLG Stuttgart GRUR-RR 2009, 194 (195); OLG Köln GRUR 1999, 89; *Köhler/Bornkamm/Feddersen* UWG § 12 Rn. 3.66). Das gleiche gilt, wenn die einstweilige Verfügung erst in der Beschwerde- oder Berufungsinstanz erlassen wird. Etwas anderes gilt dann, wenn die einstweilige Verfügung im Widerspruchs- oder Berufungsverfahren bestätigt oder nur unwesentlich verändert wird, zB durch Konkretisierung oder Verdeutlichung des Verbots, oder wenn lediglich die Begründung geändert wird (*Köhler/Bornkamm/Feddersen* UWG § 12 Rn. 3.66; *Ohly/Sosnitza* UWG § 12 Rn. 172; jeweils mit weiteren Beispielen). Eine erneute Vollziehung ist wohl auch erforderlich, wenn ein Berufungsurteil eine vom Landgericht zunächst erlassene, jedoch auf Widerspruch aufgehobene, einstweilige Verfügung bestätigt (vgl. OLG Frankfurt WRP 2002, 334). Um Zweifelsfälle und Auseinandersetzungen über die Frage der Vollziehung zu vermeiden, ist zu empfehlen, eine einstweilige Verfügung immer dann nochmals im Parteibetrieb zuzustellen, wenn diese inhaltlich geändert worden ist.

2. Der Zustellungsauftrag an den Gerichtsvollzieher ist formlos möglich, vgl. § 192 Abs. 2 ZPO. Zu beauftragen ist der Gerichtsvollzieher, in dessen örtlichem Bezirk (§ 20 Abs. 1 GVGA) die Zustellung vorgenommen werden soll. Der Zustellungsauftrag kann entweder über die Gerichtsvollzieherverteilungsstelle beim Amtsgericht erfolgen oder – insbesondere in eiligen Fällen und sofern der zuständige Gerichtsvollzieher bekannt ist – direkt an den zuständigen Gerichtsvollzieher gesandt werden. Die Gerichtsvollzieherverteilerstelle hat lediglich Aufträge entgegenzunehmen und an den zuständigen Gerichtsvollzieher weiterzuleiten. Sie wirkt bei der Zustellung selbst nicht mit (*Zöller/Stöber* ZPO § 192 Rn. 1).

3. Gemäß § 192 Abs. 2 ZPO sind dem Gerichtsvollzieher das zuzustellende Schriftstück, also eine Ausfertigung der einstweiligen Verfügung, und die erforderlichen Abschriften zu übergeben. Fehlt eine Abschrift, kann der Gerichtsvollzieher die Abschrift selbst anfertigen, was mit zeitlichen Verzögerungen verbunden sein kann.

4. Die „Ausfertigung" ersetzt das (bei den Gerichtsakten befindliche) Original im Rechtsverkehr. Es ist darauf zu achten, dass nach § 317 Abs. 2 S. 1 ZPO Ausfertigungen nur auf Antrag erteilt werden. Dieser Antrag sollte schon im Antrag auf Erlass der einstweiligen Verfügung gestellt werden. Der Antragsteller sollte die Ausfertigung des Urteils oder des Beschlusses, die ihm selbst zugestellt wird, prüfen, bevor er sie zum Zweck der Zustellung an den Gerichtsvollzieher weitergibt. Die Ausfertigung muss eine vollständige Kopie des Titels sein (Unwirksamkeit der Zustellung daher, wenn auch nur eine einzige Seite fehlt, vgl. BGH GRUR 1998, 746), die Unterschriften der Richter wiedergeben (hierfür reicht es aus, dass in der Ausfertigung die Namen der Richter in Maschinenschrift ohne Klammern oder aber in Klammern mit dem Vermerk „gez." angegeben werden, BGH VersR 1994, 1495 bzw. BGH VersR 1980, 741 (742)) und mit dem Ausfertigungsvermerk versehen sein (Zöller/*Stöber* ZPO § 192 Rn. 7). Die Ausfertigung erfordert gemäß § 317 Abs. 4 ZPO die Unterschrift des Urkundsbeamten der Geschäftsstelle, das Gerichtssiegel und einen Ausfertigungsvermerk (Zöller/*Stöber* ZPO § 169 Rn. 15). Üblicherweise wird der Vermerk „Ausfertigung" oder „Ausgefertigt" verwendet, wobei eine bestimmte äußere Form oder ein bestimmter Wortlaut nicht vorgeschrieben sind (BGH NJW 2010, 2519). Fehlt eines der genannten Merkmale, so sollte vom Gericht eine neue Ausfertigung angefordert werden.

Fehlt der Ausfertigungsvermerk und wird damit eine einfache Abschrift oder eine beglaubigte Abschrift einer einfachen Abschrift (ohne Ausfertigungsvermerk) zugestellt, liegt keine nach § 189 ZPO heilbare Verletzung von Zustellungsvorschriften, sondern ein Mangel vor, der dem zuzustellenden Schriftstück anhaftet (vgl. Zöller/*Stöber* ZPO § 192 Rn. 7). Die Zustellung ist in diesen Fällen unwirksam (vgl. OLG Zweibrücken GRUR-RR 2001, 288; *Isele* WRP 2015, 824). Für die Zustellung einer Urteilsverfügung zum Zweck der Vollziehung ist streitig geworden, ob eine Ausfertigung der Urteilsverfügung oder eine beglaubigte Abschrift der Ausfertigung der Urteilsverfügung zuzustellen ist (so zB OLG Düsseldorf WRP 2015, 764 Rn. 22) oder ob es zur Vollziehung ausreichend ist, wenn nach der ordnungsgemäßen Zustellung der Urteilsverfügung von Amts wegen eine formlose Abschrift der Urteilsverfügung im Parteibetrieb zugestellt wird (so OLG München WRP 2013, 674). Um Auseinandersetzungen über die Wirksamkeit der Vollziehung zu vermeiden, empfiehlt es sich, immer eine Ausfertigung oder eine beglaubigte Abschrift der Ausfertigung der Urteilsverfügung zuzustellen. Zur wirksamen Vollziehung genügt nicht die Zustellung einer Kopie des Verhandlungsprotokolls, das die verkündete Urteilsformel, jedoch nicht die Unterschriften der Richter enthält (OLG Hamm GRUR 1987, 853).

5. Mit der Ausfertigung sind die Antragsschrift und eventuell Anlagen dazu (zB eidesstattliche Versicherungen) nur dann zuzustellen, wenn in der einstweiligen Verfügung auf sie Bezug genommen wird (zB Abbildungen der beanstandeten Werbung, die nicht im Tenor enthalten sind) oder wenn das Gericht die Wirksamkeit der einstweiligen Verfügung ausdrücklich von deren Zustellung abhängig gemacht hat (OLG Koblenz GRUR-RS 2013, 08776; differenzierend OLG Frankfurt GRUR-RR 2011, 340). Die Beifügung der Antragsschrift ist zur Wahrung der Vollziehungsfrist dagegen nicht erforderlich, wenn das Gericht die Wirksamkeit der Zustellung nicht von der Zustellung der Antragsschrift abhängig gemacht, sondern nur dem Antragsteller die Zustellung der Antragsschrift aufgegeben hat (OLG Köln WRP 2004, 914; OLG München NJW-RR 2003, 1722).

6. Die Beglaubigung der Abschriften, die dem Antragsgegner zugestellt werden, hat regelmäßig nicht der Rechtsanwalt vorzunehmen, sondern der Gerichtsvollzieher, § 192 Abs. 2 S. 2 ZPO. Der Rechtsanwalt kann jedoch nach wie vor selbst beglaubigen. Ist an mehrere Antragsgegner zuzustellen, ist eine entsprechende Anzahl beglaubigter Abschriften beizufügen. Jede der Abschriften muss den Ausfertigungsvermerk erkennen lassen; der Rechtsanwalt sollte also eine Kopie der Ausfertigung machen.

7. Die Zustelladresse kann von der im Rubrum des Titels angegebenen (Geschäfts-) Adresse des Antragsgegners abweichen, zB wenn die Zustellung auf einer Messe erfolgen soll (vgl. § 177 ZPO). War vorprozessual für den Antragsgegner bereits ein Rechtsanwalt tätig, so ist sorgfältig zu prüfen, ob nicht wegen § 172 Abs. 1 S. 1 ZPO diesem Rechtsanwalt zugestellt werden muss, anstatt dem Antragsgegner. Denn gemäß § 172 Abs. 1 S. 1 ZPO hat in einem anhängigen Verfahren die Zustellung an den für den Rechtszug bestellten Prozessbevollmächtigten zu erfolgen. Gibt es einen solchen Prozessbevollmächtigten, ist die Zustellung an die Partei selbst keine wirksame Vollziehung (BGH NJW 1984, 926; Zöller/*Stöber* ZPO § 172 Rn. 23). In der Praxis bestehen häufig Zweifel, ob

6. Zustellungsauftrag an den Gerichtsvollzieher A. 6

der Tatbestand des § 172 Abs. 1 S. 1 ZPO erfüllt ist und daher die Zustellung an den Rechtsanwalt und nicht an die Partei erfolgen muss:

Die erste Voraussetzung des § 172 Abs. 1 S. 1 ZPO ist ein anhängiger Rechtsstreit. Eine Klage wird anhängig mit ihrer Einreichung, rechtshängig mit ihrer Zustellung an den Beklagten. Dementsprechend wird der Antrag auf Erlass einer einstweiligen Verfügung mit seiner Einreichung bei Gericht anhängig (Zöller/*Stöber* ZPO § 172 Rn. 3).

Die zweite Voraussetzung des § 172 Abs. 1 S. 1 ZPO ist, dass für den Rechtszug ein Prozessbevollmächtigter bestellt wurde. Die Bestellung zum Prozessbevollmächtigten erfolgt durch (formlose) Erklärung der Partei oder des Rechtsanwalts selbst gegenüber dem Gericht oder dem Gegner (Zöller/*Stöber* ZPO § 172 Rn. 7; vgl. zur Anwendung von Rechtsscheinsgrundsätzen bei der Bestellung gegenüber dem Gegner LG Berlin MD 1998, 690). „Prozessbevollmächtigter" ist nur derjenige, der eine Prozessvollmacht in dem gesetzlich durch § 81 ZPO festgelegten Umfang hat (Zöller/*Stöber* ZPO § 172 Rn. 4 f.). Die Bevollmächtigung nur für einzelne Handlungen, zB die Vorkorrespondenz über eine Abmahnung (OLG Hamburg NJW-RR 1993, 958), die Hinterlegung einer Schutzschrift (bei der jedoch regelmäßig eine umfassende Prozessvollmacht vorliegt) oder die Zustellung (BGH NJW-RR 1995, 257), genügt nicht (BGH NJW 1974, 240; → Anm. 7 aE). Welchen Umfang die Vollmacht hat, ist durch Auslegung der Vertretungsanzeige zu ermitteln. Insbesondere wenn sich ein Rechtsanwalt ohne Vorlage einer Prozessvollmacht mit dem Hinweis meldet, er vertrete den Antragsgegner, kann nicht ohne weiteres davon ausgegangen werden, dass die Vertretungsanzeige auch die Durchführung des gerichtlichen Verfahrens umfasst. In solchen Fällen ist daher im Zweifel sowohl an den Rechtsanwalt, der sich gemeldet hat, zuzustellen als auch an den Antragsgegner selbst.

Dritte (ungeschriebene) Voraussetzung des § 172 Abs. 1 S. 1 ZPO ist die Kenntnis der zustellenden Partei oder des Gerichts von der Bestellung des Prozessbevollmächtigten (Zöller/*Stöber* ZPO § 172 Rn. 10 mwN). Die Kenntnis muss spätestens zu Beginn der Zustellung vorliegen (BGH NJW-RR 1986, 286 (287)). Kennenmüssen genügt (Zöller/*Stöber* ZPO § 172 Rn. 10).

Manchmal erwähnen die Gerichte in einer Beschlussverfügung, dass eine Schutzschrift vorlag. Diese Bemerkung dürfte keine Verpflichtung des Antragstellers begründen, die Schutzschrift vom Gericht anzufordern, um feststellen zu können, ob der Antragsgegner einen Prozessbevollmächtigten bestellt hat. Gleichwohl sollte in diesen Fällen vorsorglich die Schutzschrift angefordert werden und ggf. zusätzlich zur Zustellung an den Antragsgegner auch an den Prozessbevollmächtigten zugestellt werden. Hat das Gericht im Rubrum der einstweiligen Verfügung für den Antragsgegner einen Prozessbevollmächtigten angegeben, ist an diesen zuzustellen.

Im Falle der Zustellung von Anwalt zu Anwalt soll das Schreiben die Erklärung enthalten, dass von Anwalt zu Anwalt zugestellt wird (§ 195 Abs. 1 S. 3 ZPO). Bei der Zustellung von Anwalt zu Anwalt ist es ausreichend, eine beglaubigte Abschrift der Ausfertigung des zuzustellenden Schriftstückes zu überreichen. Anders als bei dem Zustellungsauftrag an den Gerichtsvollzieher ist nicht die Ausfertigung beizufügen. Die Zustellung von Anwalt zu Anwalt kann auch per Telefax oder elektronische Mittel erfolgen (§§ 195 Abs. 1 S. 5, 174 Abs. 2 S. 1 ZPO). Die Zustellung setzt auch in einem solchen Fall eine unzweifelhafte Willensäußerung des Empfängers voraus, das Schriftstück zur Zustellung anzunehmen. Dies bedeutet, dass die Zustellung noch nicht mit dem bloßen Zugang des Telefaxes, sondern erst mit der Unterzeichnung eines entsprechenden Empfangsbekenntnisses wirksam erfolgt ist (OLG Köln MD 2007, 306).

Der BGH hat jüngst entschieden, dass es keine Berufspflicht des Rechtsanwalts gibt, an einer Zustellung von Anwalt zu Anwalt mitzuwirken (BGH WRP 2016, 196 – Keine Mitwirkungspflicht bei Zustellung von Anwalt zu Anwalt). Die in § 14 S. 1 BORA bezeichnete Pflicht des Rechtsanwalts zur Annahme des zuzustellenden Schriftstücks und zur unverzüglichen Erteilung des Empfangsbekenntnisses beruhe nicht auf einer den

Grundsätzen des Vorbehalts sowie des Vorrangs des Gesetzes genügenden Ermächtigungsgrundlage für die Schaffung einer Berufspflicht des Rechtsanwalts, an einer Zustellung von Anwalt zu Anwalt mitzuwirken (BGH WRP 2016, 196 Rn. 8 ff. – Keine Mitwirkungspflicht bei Zustellung von Anwalt zu Anwalt; ebenso OLG Karlsruhe BeckRS 2016, 07206 Rn. 17; dazu *Ott* WRP 2016, 1455 (1457)). Diese Entscheidung hatte kurzzeitig große praktische Auswirkungen auf die zur Vollziehung erforderliche Zustellung einer einstweiligen Verfügung an den Prozessbevollmächtigten des Antragsgegners. Da sich der Prozessbevollmächtigte des Antragstellers nicht sicher sein konnte, ob der Prozessbevollmächtigte des Antragsgegners an der Zustellung von Anwalt zu Anwalt mitwirken wird – wahrscheinlicher war, dass er die Mitwirkung schon aufgrund seiner Verpflichtungen aus seinem Mandatsverhältnis zum Antragsgegner verweigern wird –, mussten einstweilige Verfügungen, die an den Prozessbevollmächtigten des Antragsgegners zuzustellen sind, daher über den Gerichtsvollzieher zugestellt werden (*Kurtz* WRP 2016, 305 (311 f.)). Der Gesetzgeber hat mittlerweile gehandelt. Zu § 59b Abs. 2 Nr. 8 BRAO ist die Pflicht bei der Zustellung von Anwalt zu Anwalt als besondere Berufspflicht aufgenommen worden und die Satzungsversammlung hat § 14 S. 1 BORA neu gefasst. Mit Wirkung vom 1.1.2018 ist der Rechtsanwalt nunmehr ausdrücklich verpflichtet, ordnungsgemäße Zustellungen von Gerichten, Behörden und Rechtsanwälten entgegenzunehmen und das Empfangsbekenntnis mit Datum versehen unverzüglich zu erteilen.

Formulierungsvorschlag für Schreiben und entsprechende Empfangsbestätigung:

„. . . . . . als Anlage stellen wir von Anwalt zu Anwalt und zum Zweck der Vollziehung die einstweilige Verfügung des . . . . . . (Az.: . . . . . .) vom . . . . . . zu. Wir bitten Sie, das als weitere Anlage beigefügte Empfangsbekenntnis ordnungsgemäß zu vollziehen und mit Datum und Unterschrift versehen an uns zurückzusenden."
                                    Empfangsbekenntnis
In Sachen
[volles Rubrum]
Az . . . . . .
bestätigen wir, die Verfahrenbevollmächtigten der Antragsgegnerin, von den Verfahrenbevollmächtigten der Antragstellerin, ..., [genaue Bezeichnung der Unterlagen] heute von Anwalt zu Anwalt zugestellt erhalten zu haben.
. . . . . .
Ort, Datum
. . . . . .
Unterschrift"

Die im → Form. A.3 gebrauchte Formulierung, der die Schutzschrift einreichende Rechtsanwalt vertrete die Antragsgegnerin, dürfte dahingehend zu verstehen sein, dass er Prozessbevollmächtigter iSd § 172 Abs. 1 S. 1 ZPO ist (vgl. OLG Köln GRUR-RR 2001, 71). Ganz sicher ist dies jedoch nicht. In derartigen Zweifelsfällen ist zu empfehlen, dass der Prozessbevollmächtigte des Antragstellers die einstweilige Verfügung sowohl dem Antragsgegner als auch dessen Prozessbevollmächtigtem zustellen lässt, um sicher zu gehen. Zu diesem Zweck sollte die Erteilung einer weiteren vollständigen Ausfertigung der einstweiligen Verfügung beantragt werden (§§ 317 Abs. 2 S. 1, 329 Abs. 1 S. 2 ZPO). In Zweifelsfällen empfiehlt es sich ohnehin, die einstweilige Verfügung sowohl an den Antragsgegner als auch an dessen Prozessbevollmächtigten zuzustellen.

8. Das Formular geht von einer Zustellung im Inland aus. Potentiell problematisch, jedenfalls aber zeitraubend, ist stets die Zustellung gerichtlicher Entscheidungen im Ausland.
a) Nach § 183 Abs. 1 S. 1 ZPO ist eine Zustellung im Ausland nach den bestehenden völkerrechtlichen Vereinbarungen vorzunehmen. Wenn Schriftstücke aufgrund völkerrechtlicher Vereinbarungen unmittelbar durch die Post gesandt werden dürfen, so soll

6. Zustellungsauftrag an den Gerichtsvollzieher A. 6

nach § 183 Abs. 1 S. 2 Hs. 1 ZPO durch Einschreiben mit Rückschein zugestellt werden. Der Vorteil bei dieser Zustellungsart liegt darin, dass eine Inanspruchnahme der Rechtshilfebehörden des Empfangsstaats vermieden wird. Die Zustellung durch Einschreiben mit Rückschein ist mit der Übergabe des Einschreibens an den Adressaten, seinen Ehe- oder Lebenspartner, seinen Prozessbevollmächtigten oder einen Ersatzempfänger, welchem die Sendung nach den im Empfangsland geltenden Postbestimmungen ausgehändigt werden kann, wirksam vollzogen (Zöller/*Geimer* ZPO § 183 Rn. 43). Als Zustellungsnachweis genügt der mit dem Erledigungsvermerk des Postboten versehene Rückschein zu dem Einschreiben (Zöller/*Geimer* ZPO § 183 Rn. 45). Wenn die Zustellung durch Einschreiben mit Rückschein in der einschlägigen völkerrechtlichen Vereinbarung nicht vorgesehen ist, soll die Zustellung nach § 183 Abs. 1 S. 2 Hs. 2 ZPO auf Ersuchen des Vorsitzenden des Prozessgerichts unmittelbar durch die Behörden des fremden Staats erfolgen. Ist eine Zustellung im Ausland nach § 183 Abs. 1 ZPO nicht möglich, ist nach § 183 Abs. 2 S. 1 ZPO durch die zuständige diplomatische oder konsularische Vertretung Deutschlands oder die sonstige zuständige Behörde zuzustellen. Aus der Formulierung des § 183 Abs. 1 und Abs. 2 ZPO ergibt sich, dass die Zustellung auf diplomatischem oder konsularischem Weg gemäß § 183 Abs. 2 ZPO nachrangig ist gegenüber der Zustellung nach § 183 Abs. 1 ZPO. Zur Vereinfachung der weiteren Zustellungen in einem Verfügungsverfahren sollte im Rahmen des Ersuchens um Zustellung im Ausland angeregt werden, dass der ausländischen Partei aufgegeben wird, innerhalb angemessener Frist einen inländischen Zustellungsbevollmächtigten zu benennen (§ 184 Abs. 1 ZPO).

§ 183 ZPO gilt nicht nur für die Zustellung von Amts wegen, sondern aufgrund der Verweisung des § 191 ZPO auch für die Zustellung im Parteibetrieb. Der Gläubiger kann jedoch nach hM nicht einen Gerichtsvollzieher mit der Zustellung per Einschreiben mit Rückschein (§ 175 ZPO) beauftragen, da diese Zustellungsart mangels eines Verweises in § 192 ZPO für den Gerichtsvollzieher nicht zur Verfügung steht (Zöller/*Stöber* ZPO § 192 Rn. 1; *Hornung* Rpfleger 2002, 493 (502); aA *Möller* NJW 2003, 1571).

b) Für die Mitgliedstaaten der EU gilt die VO (EG) 1393/2007 des Europäischen Parlaments und des Rates vom 13.11.2007 über die Zustellung gerichtlicher und außergerichtlicher Schriftstücke in Zivil- oder Handelssachen in den Mitgliedstaaten („Zustellung von Schriftstücken") und zur Aufhebung der Verordnung (EG) Nr. 1348/2000 des Rates (EuZustVO). Die EuZustVO sieht vor, dass jeder Mitgliedstaat Übermittlungsstellen benennt, die für die Übermittlung gerichtlicher und außergerichtlicher Schriftstücke zuständig sind, die in einem anderen Mitgliedstaat zuzustellen sind (Art. 2 Abs. 1 EuZustVO) sowie Empfangsstellen, die für die Entgegennahme gerichtlicher und außergerichtlicher Schriftstücke aus einem anderen Mitgliedstaat zuständig sind (Art. 2 Abs. 2 EuZustVO). Nach Art. 4 Abs. 1 EuZustVO sind gerichtliche Schriftstücke zwischen den nach Art. 2 EuZustVO benannten Stellen unmittelbar und so schnell wie möglich zu übermitteln. Die Zustellung eines Schriftstücks wird nach Art. 7 EuZustVO von der Empfangsstelle bewirkt oder veranlasst. Nach Art. 8 Abs. 1 EuZustVO setzt die Empfangsstelle den Empfänger in Kenntnis, dass er die Annahme des zuzustellenden Schriftstücks bei der Zustellung verweigern oder das Schriftstück der Empfangsstelle binnen einer Woche zurücksenden darf, wenn das Schriftstück nicht in einer Sprache abgefasst ist, die der Empfänger versteht oder in der Amtssprache des Empfangsmitgliedstaats oder keine Übersetzung in einer dieser Sprachen beigefügt ist. Um dem in einem Mitgliedstaat der EU ansässigen Antragsgegner die Möglichkeit zu nehmen, die Annahme verweigern zu können, muss daher eine Übersetzung der einstweiligen Verfügung und aller zuzustellenden Anlagen beigefügt werden. Der Antragsteller hat daher einen Antrag auf Zustellung im Ausland bei dem als Übermittlungsstelle gemäß Art. 2 EuZustVO iVm § 1069 Abs. 1 Nr. 1 ZPO zuständigen Gericht – also dem Gericht, das die einstweilige Verfügung erlassen hat – einzureichen. Es empfiehlt sich, vor der Einreichung des Antrags auf Zustellung im Ausland mit dem Gericht (Rechtspfleger) Kontakt aufzunehmen und die

Modalitäten der beabsichtigten Zustellung vorab zu klären, zB die Höhe eines etwaigen Übersetzungskostenvorschusses zu erfragen.

Zur Wahrung der Frist des § 929 Abs. 2 ZPO genügt es, dass der Zustellungsantrag innerhalb der Frist gestellt wird, wenn die Zustellung demnächst erfolgt (OLG Frankfurt GRUR-RR 2010, 400 (401); OLG Düsseldorf GRUR-RR 2001, 94 (95)). Der Begriff „demnächst" wird großzügig ausgelegt. Entscheidend ist, dass die Zustellung nicht durch Umstände verzögert wird, die vom Antragsteller zu vertreten sind (Zöller/*Greger* ZPO § 167 Rn. 10 ff.). Dies ist nicht der Fall bei der Verzögerung der Auslandszustellung durch das Gericht (OLG Hamburg NJW-RR 1988, 1277; OLG Köln GRUR 1999, 66).

Der EuGH hat im Jahr 1980 auf der Grundlage des Übereinkommens vom 27.9.1968 über die gerichtliche Zuständigkeit und die Vollstreckung gerichtlicher Entscheidungen in Zivil- und Handelssachen entschieden, dass gerichtliche Entscheidungen, durch die einstweilige oder auf eine Sicherung gerichtete Maßnahmen angeordnet werden und die ohne Ladung der Gegenpartei ergangen sind oder ohne vorherige Zustellung vollstreckt werden sollen, nicht nach dem im Übereinkommen vorgesehenen Verfahren anerkannt und vollstreckt werden können (EuGH GRUR Int. 1980, 512 Rn. 18). In der Verordnung (EG) Nr. 44/2001 vom 22.12.2000 über die gerichtliche Zuständigkeit und die Anerkennung und Vollstreckung von Entscheidungen in Zivil- und Handelssachen war in Art. 34 Nr. 2 vorgesehen, dass eine Entscheidung nicht anerkannt wird, wenn dem Beklagten, der sich auf das Verfahren nicht eingelassen hat, das verfahrenseinleitende Schriftstück oder ein gleichwertiges Schriftstück nicht so rechtzeitig und in einer Weise zugestellt worden ist, dass er sich verteidigen konnte, es sei denn, der Beklagte hat gegen die Entscheidung keinen Rechtsbehelf eingelegt, obwohl er die Möglichkeit dazu hatte. Dies ist mit der heute geltenden Verordnung (EU) Nr. 1215/2012 vom 12.12.2012 über die gerichtliche Zuständigkeit und die Anerkennung und Vollstreckung von Entscheidungen in Zivil- und Handelssachen (EuGVVO) grundlegend geändert worden. Die heutige EuGVVO enthält keine dem früheren Art. 34 Nr. 2 entsprechende Regelung mehr und auch die vorgenannte Rechtsprechung des EuGH dürfte durch die heutige EuGVVO überholt sein. Nach Art. 2 Buchst. a EuGVVO umfasst der Begriff „Entscheidung" jede von einem Gericht eines Mitgliedstaats erlassene Entscheidung ohne Rücksicht auf ihre Bezeichnung. Für die Zwecke der Anerkennung und Vollstreckung umfasst der Ausdruck „Entscheidung" nach dieser Vorschrift auch einstweilige Maßnahmen, die von einem in der Hauptsache zuständigen Gericht angeordnet wurden. Hierzu gehören keine einstweiligen Maßnahmen, die von einem solchen Gericht angeordnet wurden, ohne dass der Beklagte vorgeladen wurde, es sei denn, die Entscheidung, welche die Maßnahme enthält, wird ihm vor der Vollstreckung zugestellt. Damit korrespondierend regelt Art. 42 Abs. 2 EuGVVO Folgendes: Soll in einem Mitgliedstaat eine in einem anderen Mitgliedstaat ergangene Entscheidung vollstreckt werden, mit er eine einstweilige Maßnahme angeordnet wird, hat der Antragsteller der zuständigen Vollstreckungsbehörde Folgendes vorzulegen: eine Ausfertigung der Entscheidung, die nach Art. 53 EuGVVO ausgestellte Bescheinigung und wenn die Maßnahme ohne Vorladung des Beklagten angeordnet wurde, den Nachweis der Zustellung der Entscheidung. Daraus ist wohl zu schließen, dass eine einstweilige Verfügung, die ein deutsches Gericht erlassen hat, und die in einem anderen Mitgliedstaat der EU vollstreckt werden soll, zunächst auf der Grundlage der EuZustVO in diesem anderen Mitgliedstaat zuzustellen ist. Im Anschluss an die Zustellung ist dann bei der zuständigen Vollstreckungsbehörde des Mitgliedstaats, in dem die Vollstreckung erfolgen soll, der Nachweis gemäß Art. 42 Abs. 2 EuGVVO zu führen.

c) Das Haager Übereinkommen vom 15.11.1965 über die Zustellung gerichtlicher und außergerichtlicher Schriftstücke in Zivil- und Handelssachen (HZÜ) ist in allen Zivil- oder Handelssachen anzuwenden, in denen ein gerichtliches oder außergerichtliches Schriftstück zum Zweck der Zustellung in das Ausland zu übermitteln ist, sofern im Verhältnis zum jeweiligen Staat, in dem zuzustellen ist, nicht eine vorrangige bilaterale

6. Zustellungsauftrag an den Gerichtsvollzieher A. 6

völkerrechtliche Vereinbarung besteht. Im Verhältnis zu den Mitgliedstaaten der EU wird das HZÜ von der EuZustVO überlagert (Zöller/*Geimer* ZPO § 183 Rn. 93). Die Zustellung in Mitgliedstaaten des HZÜ (zB die USA, vgl. die Auflistung bei Zöller/*Geimer* ZPO § 183 Rn. 93) wird in der Weise bewirkt, dass die nach dem Recht des Ursprungsstaats zuständige Behörde (bei einstweiligen Verfügungen also das Prozessgericht durch seinen Vorsitzenden) unter Verwendung eines bestimmten Musters einen Antrag auf Zustellung an die „Zentrale Behörde" des ersuchten Staates richtet, dem das gerichtliche Schriftstück oder eine Abschrift davon beizufügen ist (Art. 3 HZÜ). Eine solche zentrale Behörde richtet jeder Vertragsstaat gemäß Art. 2 HZÜ ein. Diese prüft den Antrag und teilt der ersuchenden Stelle ihre Bedenken mit (Art. 4 HZÜ) oder bewirkt die Zustellung (Art. 5 HZÜ). Das geschieht regelmäßig in der durch das Recht des ersuchten Staates vorgesehenen Form; die ersuchende Stelle kann aber auch eine andere Form beantragen, es sei denn, dass diese Form mit dem Recht des ersuchten Staats unvereinbar ist (Art. 5 Abs. 1 HZÜ).

Der ersuchte Staat hat gemäß Art. 13 HZÜ die Möglichkeit, die Zustellung wegen Gefährdung seiner Hoheitsrechte oder seiner Sicherheit abzulehnen. Ersteres kommt vor allem bei der Androhung von Zwangsmitteln in Betracht, wie sie typischerweise mit einstweiligen Verfügungen verbunden sind. Eine Reihe von Staaten lehnt aus diesem Grund die Zustellung von einstweiligen Verfügungen ab, die mit der Androhung von Ordnungsmitteln verbunden sind. Soll eine einstweilige Verfügung auf der Grundlage des HZÜ im Ausland zugestellt werden, muss damit schon vor der Einreichung des Antrags auf Erlass der einstweiligen Verfügung geprüft werden, ob der Zustellungsstaat die Zustellung von einstweiligen Verfügungen mit der Androhung von Ordnungsmitteln ablehnt. Dann sollte erwogen werden, im Antrag auf Erlass einer einstweiligen Verfügung auf den Antrag zur Androhung von Ordnungsmitteln zu verzichten und diese nachzuholen, sobald der Antragsgegner einen inländischen Zustellungsbevollmächtigten bestellt hat (§ 184 Abs. 1 ZPO).

9. Die Zustellung auf Betreiben einer Partei erfolgt nach Maßgabe der §§ 191 ff. ZPO. Gemäß § 191 ZPO finden auf die Parteizustellung die Vorschriften über die Zustellung von Amts wegen (§§ 166 ff. ZPO) entsprechende Anwendung, soweit sich nicht aus den §§ 192–195 ZPO Abweichungen ergeben. Zustellung ist gemäß § 166 Abs. 1 ZPO die Bekanntgabe eines Dokuments an eine Person in der in diesem Titel bestimmten Form. Dem um die Zustellung ersuchten Gerichtsvollzieher muss gemäß § 192 Abs. 2 ZPO das zuzustellende Schriftstück in der Urschrift körperlich übergeben werden, also in der Form der Ausfertigung nach § 317 Abs. 3 ZPO oder der vollstreckbaren Ausfertigung nach § 724 ZPO. Bei der Zustellung einer einstweiligen Verfügung ist dem Gerichtsvollzieher damit die Ausfertigung der einstweiligen Verfügung zu senden. Zusätzlich sind dem Gerichtsvollzieher Ablichtungen oder Abschriften in einer der Zahl der Zustellungsgegner entsprechenden Zahl zu übergeben, die vom Gerichtsvollzieher zu beglaubigen sind (Zöller/*Stöber* ZPO § 192 Rn. 6). Der Gerichtsvollzieher übergibt dem Antragsgegner die beglaubigte Abschrift der Ausfertigung der einstweiligen Verfügung verbunden mit einer beglaubigten Abschrift der Zustellungsurkunde und übermittelt dem Antragsteller die Ausfertigung der einstweiligen Verfügung verbunden mit der Zustellungsurkunde, § 182 ZPO.

10. Im Rahmen der Kostenfestsetzung im Verfügungsverfahren kann auch die Erstattung der notwendigen Zustellungskosten geltend gemacht werden.

Kosten und Gebühren

11. Für den Zustellungsauftrag an den Gerichtsvollzieher fallen keine Anwaltsgebühren an. Als Wirksamkeitsvoraussetzung gehört die Zustellung gemäß § 16 Nr. 5 RVG noch zum Anordnungsverfahren, als Zwangsvollstreckungsmaßnahme (Vollziehung) ist sie gemäß § 18 Nr. 2 RVG keine besondere Angelegenheit, da sich die Vollziehung auf die Zustellung beschränkt.

7. Abschlussschreiben

Firma B-GmbH . . . . . .

– Geschäftsführung –

Betr.: A-GmbH . . . . . . /. B-GmbH . . . . . .

Landgericht . . . . . ., Az . . . . . .

Sehr geehrte Damen und Herren,

bekanntlich habe ich für meine Mandantin,[2] die A-GmbH, am . . . . . . beim Landgericht . . . . . . eine einstweilige Verfügung gegen Sie erwirkt (Az . . . . . .).[1] Diese Verfügung ist Ihnen nach der mir vorliegenden Zustellungsurkunde am . . . . . . zugestellt worden.[3]

Die ergangene einstweilige Verfügung gewährt nur vorläufigen Rechtsschutz. Sie hemmt die Verjährung nur vorübergehend.[4] Meine Mandantin hat daher ein Rechtsschutzinteresse an der Erlangung eines endgültigen Titels. Außerdem stehen meiner Mandantin noch Ansprüche auf Schadensersatz und Auskunftserteilung zu.[5]

Ich gebe Ihnen Gelegenheit, durch die Abgabe der als Anlage beigefügten Abschlusserklärung zu meinen Händen bis spätestens

. . . . . .[6]

(bei mir eingehend) eine Hauptsacheklage zu vermeiden.[7] Sollten Sie die Frist ungenutzt verstreichen lassen, werde ich meiner Mandantin empfehlen, Klage zu erheben.[8]

Nach ständiger Rechtsprechung des Bundesgerichtshofs sind Sie ferner verpflichtet, meiner Mandantin die Kosten für dieses Abschlussschreiben zu erstatten. Der dabei zugrunde zu legende Gegenstandswert berücksichtigt die über den Gegenstandswert der einstweiligen Verfügung hinausgehenden Ansprüche auf Schadensersatz und Auskunft.[9] Ich fordere Sie auf, den in der beiliegenden Kostenaufstellung ausgewiesenen Betrag spätestens bis zum

. . . . . .

auf das angegebene Konto zu überweisen. Sollte ich bis zum Ablauf der Frist keinen Zahlungseingang feststellen, werde ich meiner Mandantin empfehlen, auch insoweit gerichtliche Hilfe in Anspruch zu nehmen.

Mit freundlichen Grüßen

Rechtsanwalt

Anlage:

– Abschlusserklärung

– Kostenaufstellung

Abschlusserklärung[10]

Die B-GmbH, ... (Adresse),

7. Abschlussschreiben   A. 7

1. erkennt gegenüber der A-GmbH, ... (Adresse) die am . . . . . . ergangene einstweilige Verfügung des Landgerichts . . . . . . (Az . . . . . .) als endgültige und zwischen den Parteien materiell-rechtlich verbindliche Regelung an und verzichtet insbesondere auf die Einlegung eines Widerspruchs (§ 924 ZPO) sowie auf die Rechtsbehelfe der Fristsetzung zur Erhebung der Hauptsacheklage (§ 926 ZPO) und des Antrags auf Aufhebung der einstweiligen Verfügung wegen veränderter Umstände (§ 927 ZPO), sowie auf die Einrede der Verjährung;[11]

2. verpflichtet sich, der A-GmbH unverzüglich Auskunft darüber zu erteilen, in welchem Umfang sie die im Verfügungstenor bezeichneten Handlungen begangen hat. Sie hat Auskunft zu erteilen, wann, in welchem Zeitraum und in welchen Werbeträgern und in welcher Auflagenzahl die vom Verfügungstenor erfasste Angabe verwendet worden ist, sowie wann und in welchem Zeitraum die vom Verfügungstenor erfasste Angabe auf welchen Internetseiten verwendet worden ist und wie viele Zugriffe es auf diese Internetseiten gegeben hat;[12]

3. verpflichtet sich, der A-GmbH allen Schaden zu ersetzen, der dieser durch die im Verfügungstenor bezeichneten Handlungen entstanden ist und künftig noch entstehen wird, einschließlich der Kosten der Aufforderung zur Abgabe der Abschlusserklärung in Höhe einer 1,3-fachen Geschäftsgebühr aus dem Gegenstandswert von . . . . . . EUR zuzüglich Kostenpauschale.[13]

Ort, Datum

. . . . . .

B-GmbH[14, 15]

Schrifttum: *Ahrens*, Die Abschlusserklärung. Zur Simulation der Rechtskraft von Verfügungstiteln, WRP 1997, 907; *Krenz*, Die Geschäftsführung ohne Auftrag beim wettbewerbsrechtlichen Abschlussschreiben, GRUR 1995, 31; *Lüke*, Abschlussschreiben und Schutzschrift bei Unterlassungsverfügungen, FS G. Jahr 1993, S. 293; *Rehart*, Wettbewerbsrechtliches Abschlussschreiben: Wartefrist und Kostenfaktor, GRUR-Prax 2015, 294; *Schabenberger*, Zur Hemmung nach § 204 Abs. 1 Nr. 9 BGB in wettbewerbsrechtlichen Auseinandersetzungen, WRP 2002, 293; *Spehl*, Abschlussschreiben und Abschlusserklärung im Wettbewerbsverfahrensrecht, 1987; *Teplitzky*, Wettbewerbsrechtliche Ansprüche und Verfahren, 11. Aufl. 2016, Kap. 43; vgl. ergänzend die Nachweise in → Form. A.1.

Ein weiteres Beispiel für ein wettbewerbsrechtliches Abschlussschreiben bei BeckPFormB → Form. II.P.4 mit Anmerkungen.

Anmerkungen

1. Für den Antragsteller, der eine einstweilige Verfügung erwirkt und dem Antragsgegner zugestellt hat, stellt sich die Frage, wie weiter zu verfahren ist, denn die einstweilige Verfügung verschafft dem Antragsteller nur vorläufigen Rechtsschutz. Zudem droht die Verjährung. Nach § 11 Abs. 1 UWG verjähren die wettbewerbsrechtlichen Ansprüche nach Ablauf von sechs Monaten. Zwar wird gemäß § 204 Abs. 1 Nr. 9 BGB die Verjährung gehemmt durch die Zustellung des Antrags auf Erlass einer einstweiligen Verfügung – oder wenn der Antrag nicht zugestellt wird, durch dessen Einreichung, wenn die einstweilige Verfügung innerhalb eines Monats seit der Verkündung oder der Zustellung an den Gläubiger zugestellt wird. Allerdings endet die Hemmung gemäß § 204 Abs. 2 S. 1 BGB sechs Monate nach der rechtskräftigen Entscheidung oder einer anderen Beendigung des Verfahrens. Einer rechtskräftigen Entscheidung fähig sind Entscheidungen durch Urteile oder Beschlüsse, durch die der Verfügungsantrag zurückgewiesen wird, nicht aber Beschlussverfügungen, da gegen diese unbefristet Widerspruch erhoben werden kann (*Ohly/Sosnitza* UWG § 11 Rn. 39; *Köhler/Bornkamm/Feddersen* UWG § 11 Rn. 1.41). Insoweit liegt eine anderweitige Beendigung des Verfahrens durch die Zustellung der Beschlussverfügung an den Antragsteller vor (*Schabenberger* WRP 2002, 293 (299); *Maurer* GRUR 2003, 208 (211)). Legt der Antragsgegner Widerspruch ein, bevor die Verjährungsfrist abgelaufen ist, beginnt die Hemmung erneut, § 204 Abs. 2 S. 3 BGB. Zu beachten ist, dass die Hemmung zudem nur den Anspruch erfasst, der durch die einstweilige Verfügung gesichert werden soll und damit den Unterlassungsanspruch, nicht hingegen die Ansprüche auf Schadensersatz und Auskunft (*Schabenberger* WRP 2002, 293; *Köhler/Bornkamm/Feddersen* UWG § 11 Rn. 1.41). Der Antragsteller konnte im Verfügungsverfahren auch noch keine Schadensersatz- und Auskunftsansprüche geltend machen. In dieser Situation würde als prozessuale Maßnahme nur die Erhebung einer (unter Umständen kostspieligen und langwierigen) Hauptsacheklage zum Ziel führen.

Vor diesem Hintergrund hat die wettbewerbsrechtliche Praxis das Instrument des Abschlussschreibens entwickelt. Dieses hat eine doppelte Funktion. Zum einen fordert der Gläubiger den Schuldner auf, die ergangene einstweilige Verfügung als endgültigen Unterlassungstitel anzuerkennen. Zum anderen ist das Abschlussschreiben die vorprozessuale Abmahnung vor der Erhebung der Hauptsacheklage (BGH WRP 2008, 805 Rn. 9 – Abschlussschreiben eines Rechtsanwalts). Das Abschlussschreiben ist zwar nicht Voraussetzung für eine Hauptsacheklage. Um Kostennachteile aus § 93 ZPO zu vermeiden, muss der Antragsteller nach der Zustellung der einstweiligen Verfügung, dem Antragsgegner das Abschlussschreiben zusenden, bevor er Hauptsacheklage erhebt (BGH GRUR 2015, 822 – Kosten für Abschlussschreiben II). Etwas anderes gilt dann, wenn auf Antrag des Antragsgegners die Klageerhebung angeordnet wird oder wenn der Antragsgegner sonst eindeutig zum Ausdruck gebracht hat, die einstweilige Verfügung nicht akzeptieren zu wollen, zB durch die Einlegung des Widerspruchs oder der Berufung (*Ohly/Sosnitza* UWG § 12 Rn. 184; *Köhler/Bornkamm/Feddersen* UWG § 12 Rn. 3.70; OLG Düsseldorf BeckRS 2016, 11379 Rn. 149). Die Ankündigung eines Widerspruchs macht das Abschlussschreiben noch nicht entbehrlich.

2. Die Vorlage einer Vollmacht ist nicht erforderlich.

3. Das Abschlussschreiben ist zulässig, sobald eine einstweilige Verfügung erlassen worden ist. Der Antragsteller sollte gleichwohl eine gewisse Zeit warten, bevor er den Antragsgegner nach der Zustellung der einstweiligen Verfügung zur Abgabe der Abschlusserklärung auffordert. Denn nach der Rechtsprechung des BGH ist das kostenauslösende Abschlussschreiben nur erforderlich und entspricht nur dann dem mutmaßlichen Willen des Antragsgegners (§ 677 BGB), wenn der Antragsteller dem Antragsgegner zuvor angemessene Zeit gewährt hat, um die Abschlusserklärung unaufgefordert von sich aus abgeben zu können (BGH GRUR 2015, 822 Rn. 17 – Kosten für Abschlussschreiben II; OLG Düsseldorf BeckRS 2016, 11379 Rn. 148). (→ Anm. 9).

Bei der Frage, welche Zeit dem Antragsgegner nach der Zustellung einer einstweiligen Verfügung zu gewähren ist, differenziert der BGH danach, ob eine einstweilige Verfügung durch Urteil erlassen oder nach Widerspruch bestätigt worden ist oder ob es sich um eine einstweilige Verfügung handelt, die ohne mündliche Verhandlung durch Beschluss erlassen worden ist. Bei einer durch Urteil erlassenen oder nach Widerspruch bestätigten einstweiligen Verfügung ist es nach der Rechtsprechung des BGH regelmäßig geboten und ausreichend, wenn der Antragsteller eine Wartefrist von zwei Wochen einhält (BGH GRUR 2015, 822 Rn. 21 – Kosten für Abschlussschreiben II). Für eine einstweilige Verfügung, die ohne mündliche Verhandlung erlassen worden ist, hat der BGH zwar ausdrücklich offen gelassen ob eine längere Wartefrist als zwei Wochen einzuhalten ist, gleichwohl aber ausgeführt, auch nach einer Beschlussverfügung werde die angemessene und erforderliche Wartefrist im Regelfall drei Wochen nicht überschreiten (BGH GRUR

7. Abschlussschreiben

2015, 822 Rn. 22 – Kosten für Abschlussschreiben II). Dem Antragsgegner ist somit nach der Zustellung der einstweiligen Verfügung eine Frist von zwei oder drei Wochen zu gewähren, um dem Antragsgegner die Möglichkeit zu geben, die einstweilige Verfügung zu prüfen und anwaltlichen Rat einzuholen, ob der Antragsgegner von sich aus die Abschlusserklärung abgibt. Wird dem Antragsgegner während dieser Wartefrist das Abschlussschreiben mit der Aufforderung zur Abgabe der Abschlusserklärung gesandt, ist das Abschlussschreiben nicht erforderlich und entspricht nicht dem mutmaßlichen Willen des Antragsgegners. Für ein solches Abschlussschreiben vor dem Ablauf der Wartefrist entsteht damit kein Kostenerstattungsanspruch. Wird die Wartefrist eingehalten, bevor dem Antragsgegner das Abschlussschreiben gesandt wird, kann der Antragsgegner die Kosten des Abschlussschreibens nach den Grundsätzen der Geschäftsführung ohne Auftrag (§§ 677, 683, 670 BGB) ersetzt verlangen (BGH GRUR 2010, 1038 Rn. 26 – Kosten für Abschlussschreiben).

Um die Kostenfolge des § 93 ZPO abzuwenden, muss der Antragsteller dem Antragsgegner zudem mit dem Abschlussschreiben ausreichend Zeit geben, um zu entscheiden, ob der Antragsgegner den durch die einstweilige Verfügung gesicherten Unterlassungsanspruch endgültig anerkennen will. Der BGH spricht davon, dass dem Antragsgegner insgesamt ein der Berufungsfrist entsprechender Zeitraum zur Verfügung stehen muss (BGH GRUR 2015, 822 Rn. 18 – Kosten für Abschlussschreiben II). Die Wartefrist nach der Zustellung der einstweiligen Verfügung und die Antwortfrist auf das Abschlussschreiben sollten damit insgesamt einen Monat und bei einer ohne mündliche Verhandlung ergangen einstweiligen Verfügung fünf Wochen betragen. Es soll im Regelfall sachgerecht sein, den Antragsteller mit der Kostenfolge des § 93 ZPO zu belasten, wenn dem Antragsgegner für die Abgabe der Abschlusserklärung insgesamt nur eine kürzere Frist als die Berufungsfrist des § 517 ZPO zur Verfügung stand, der Antragsteller innerhalb dieser Frist Hauptsacheklage erhebt und der Antragsgegner den Anspruch sofort anerkennt (OLG Düsseldorf BeckRS 2016, 11379). Diesen Zeitraum von einem Monat hat der BGH für eine solche einstweilige Verfügung bestimmt, die durch Urteil erlassen oder nach Widerspruch bestätigt worden ist. Für eine einstweilige Verfügung, die ohne mündliche Verhandlung erlassen worden ist, hat der BGH eine Wartefrist von bis zu drei Wochen als angemessen angesehen, ohne sich dazu zu äußern, ob bei einer solchen Beschlussverfügung, insgesamt – und damit einschließlich der Antwortfrist – von einem um eine Woche längeren Zeitraum auszugehen ist. Um Zweifelsfragen zu vermeiden, empfiehlt es sich für die Praxis, bei einer einstweiligen Verfügung, die ohne mündliche Verhandlung erlassen worden ist, mit Wartefrist und Antwortfrist von einem Zeitraum von fünf Wochen auszugehen.

Durch das erforderliche Abschlussschreiben entsteht nach den Grundsätzen der Geschäftsführung ohne Auftrag (§§ 677, 683, 670 BGB) ein Aufwendungsersatzanspruch (BGH GRUR 2010, 1038 Rn. 26 – Kosten für Abschlussschreiben).

4. Die Frage der Verjährung ist bei wettbewerbsrechtlichen Ansprüchen von besonderer Bedeutung. Nach § 11 Abs. 1 UWG verjähren die wettbewerbsrechtlichen Ansprüche in sechs Monaten und nach § 11 Abs. 2 UWG beginnt die Verjährungsfrist, wenn der Anspruch entstanden ist und der Gläubiger von den anspruchsbegründenden Umständen und der Person des Schuldners Kenntnis erlangt oder ohne grobe Fahrlässigkeit erlangen müsste. Diese kurze Verjährung gilt gleichermaßen für den Unterlassungsanspruch wie für die Ansprüche auf Schadensersatz und auf Auskunft.

5. Zum Schadensersatzanspruch → Form. A.11 Anm. 10, 11, zum Auskunftsanspruch → Form. A.11 Anm. 9. In der Praxis wird auf die Geltendmachung von Schadensersatz- und Auskunftsansprüchen nicht selten ganz verzichtet, da sich ein konkreter Schaden häufig nicht beziffern lässt.

Die in diesem Absatz des Formulars gegebene Begründung, warum eine Abschlusserklärung gefordert wird, ist nicht notwendig, im Hinblick auf § 93 ZPO jedoch zweckmäßig, insbesondere wenn der Adressat des Abschlussschreibens kein Rechtsanwalt ist.

6. Auf der Grundlage der vorstehend (→ Anm. 3) ausgeführten Grundsätze der Rechtsprechung des BGH ist dem Antragsgegner eine angemessene Wartezeit zu gewähren, bevor ihm das Abschlussschreiben gesandt wird. Zudem ist dem Antragsgegner im Abschlussschreiben eine weitere angemessene Antwortfrist zur Abgabe der Abschlusserklärung zu gewähren (BGH GRUR 2015, 822 Rn. 17 ff. – Kosten für Abschlussschreiben II). Die Wartezeit bis zum Versand des Abschlussschreibens sollte zwei Wochen bei einer durch Urteil ergangenen oder nach einem Widerspruch bestätigten einstweiligen Verfügung betragen und bei einer ohne mündliche Verhandlung ergangenen Beschlussverfügung sollte drei Wochen gewartet werden, bis das Abschlussschreiben versandt wird. Werden diese Fristen eingehalten, kann für das Abschlussschreiben Aufwendungsersatz nach den Grundsätzen der Geschäftsführung ohne Auftrag verlangt werden. Um die Kostenfolge des § 93 ZPO abzuwenden, ist dem Antragsgegner insgesamt ein der Berufungsfrist entsprechender Zeitraum einzuräumen, wie der BGH für eine durch Urteil erlassene oder nach einem Widerspruch bestätigte einstweilige Verfügung entschieden hat (BGH GRUR 2015, 822 Rn. 18 – Kosten für Abschlussschreiben II). Bei einer einstweiligen Verfügung, die ohne mündliche Verhandlung ergangen ist, sollte der Zeitraum insgesamt fünf Wochen betragen.

Somit ist für die Kostenerstattung auf die Wartefrist bis zum Versand des Abschlussschreibens abzustellen und für die Frage des § 93 ZPO auf den Zeitraum, der dem Antragsgegner insgesamt eingeräumt wird, um seine Entscheidung darüber zu treffen, ob er die Abschlusserklärung abgeben will. Ist die Wartefrist eingehalten, bevor dem Antragsgegner das Abschlussschreiben gesandt wird, hat der Antragsgegner die Kosten des Abschlussschreibens zu erstatten. Wird dem Antragsgegner im Abschlussschreiben eine zu kurze Antwortfrist zur Abgabe der Abschlusserklärung gesetzt, so setzt diese zu kurze Frist eine angemessene Antwortfrist in Gang. Erhebt der Antragsteller während dieser angemessenen Frist Hauptsacheklage trägt der Antragsteller im Falle eines sofortigen Anerkenntnisses des Antragsgegners gemäß § 93 ZPO die Kosten der Hauptsacheklage (BGH GRUR 2015, 822 Rn. 25 – Kosten für Abschlussschreiben II).

7. Für den Fall der Fristversäumung muss die Hauptsacheklage angedroht werden (*Ohly/Sosnitza* UWG § 12 Rn. 186).

8. → Form. A.1 Anm. 15.

9. Nach der Rechtsprechung des BGH ist das kostenauslösende Abschlussschreiben nur dann erforderlich und entspricht nur dann dem mutmaßlichen Willen des Antragsgegners (§ 677 BGB), wenn der Antragsteller dem Antragsgegner zuvor angemessene Zeit gewährt hat, um die Abschlusserklärung unaufgefordert von sich aus abgeben zu können (BGH GRUR 2015, 822 Rn. 17 – Kosten für Abschlussschreiben II; OLG Düsseldorf BeckRS 2016, 11379 Rn. 148; *Köhler/Bornkamm/Feddersen* UWG § 12 Rn. 3.73a; → Anm. 3). Die Wartezeit bis zum Versand des Abschlussschreibens sollte zwei Wochen bei einer durch Urteil ergangenen oder nach einem Widerspruch bestätigten einstweiligen Verfügung betragen und bei einer ohne mündliche Verhandlung ergangenen Beschlussverfügung sollte drei Wochen gewartet werden, bis das Abschlussschreiben versandt wird. Werden diese Fristen eingehalten, kann für das Abschlussschreiben Aufwendungsersatz nach den Grundsätzen der Geschäftsführung ohne Auftrag (§§ 677, 683, 670 BGB) verlangt werden (BGH GRUR 2015, 822 Rn. 14, 17 ff. – Kosten für Abschlussschreiben II; BGH GRUR 2010, 1036 Rn. 26 – Kosten für Abschlussschreiben).

Ob die Einschaltung eines Anwalts notwendig war, ist wie bei der Abmahnung zu beurteilen, bei den nach § 8 Abs. 3 Nr. 2–4 UWG antragsbefugten Verbänden zu ver-

7. Abschlussschreiben   A. 7

neinen, nicht aber bei größeren Unternehmen mit eigener Rechtsabteilung (BGH GRUR 2010, 1038 Rn. 23 f. – Kosten für Abschlussschreiben; *Köhler/Bornkamm/Feddersen* UWG § 12 Rn. 3.73b).

10. Der Antragsteller kann eine schriftliche Abschlusserklärung fordern, um Beweisschwierigkeiten zu vermeiden (KG GRUR 1991, 258; *Köhler/Bornkamm/Feddersen* UWG § 12 Rn. 3.75). Die Übermittlung per Telefax genügt nur, wenn die Abschlusserklärung im Anschluss in Schriftform vorgelegt wird (Teplitzky Kap. 43 Rn. 14; zu der entsprechenden Problematik bei der Unterwerfung vgl. BGH GRUR 1990, 530 (532) – Unterwerfung durch Fernschreiben und → Form. A.1 Anm. 14).

Die Abschlusserklärung wird wirksam mit dem Zugang beim Antragsteller. Eine Annahme durch den Antragsteller ist grundsätzlich nicht erforderlich, da es sich um eine einseitige Erklärung des Antragsgegners handelt (*Ohly/Sosnitza* UWG § 12 Rn. 191).

11. Durch die Abschlusserklärung soll der Antragsteller so gestellt werden, als ob er einen rechtskräftigen Hauptsachetitel hätte. Dazu ist ein Verzicht auf die möglichen Rechtsbehelfe gegen eine einstweilige Verfügung erforderlich, nämlich das Recht auf Widerspruch (§ 924 ZPO), das Recht, dem Antragsteller eine Frist zur Erhebung der Hauptsacheklage setzen zu lassen (§ 926 ZPO) und das Recht auf Aufhebung der einstweiligen Verfügung wegen veränderter Umstände (§ 927 ZPO). Bei einer Urteilsverfügung bedarf es des Verzichts auf die Einlegung der Berufung statt des Verzichts auf Widerspruch.

Der Verzicht auf den Rechtsbehelf des § 927 ZPO betrifft insbesondere die Verjährung. Der Antragsteller soll durch den Verzicht nicht besser gestellt sein, als er bei der Verurteilung des Antragsgegners durch ein rechtskräftiges Hauptsacheurteil stünde (BGH GRUR 2009, 1096 Rn. 16 – Mescher weis). Dies wäre bei einem uneingeschränkten Verzicht auf das Recht aus § 927 ZPO jedoch der Fall, denn ein Hauptsachetitel unterliegt gemäß §§ 323, 767 ZPO in gewissem Umfang der nachträglichen Abänderung (vgl. BGH GRUR 2009, 1096 Rn. 16 – Mescher weis). Die Abschlusserklärung braucht daher solche Einwendungen nicht auszuschließen, die der Antragsgegner mit einer Vollstreckungsabwehrklage nach § 767 ZPO gegen einen rechtskräftigen Hauptsachetitel geltend machen könnte; zu diesen gehören zB Gesetzesänderungen und Änderungen in der höchstrichterlichen Rechtsprechung (BGH GRUR 2009, 1096 Rn. 17 – Mescher weis). Es ist daher eine Formulierung empfehlenswert, nach der der Antragsgegner die einstweilige Verfügung als nach Bestandskraft und Wirkung einem entsprechenden Hauptsachetitel gleichwertig anerkennt und demgemäß auf alle Möglichkeiten eines Vorgehens gegen diesen Titel oder den zu Grunde liegenden Anspruch verzichtet, die auch im Falle eines rechtskräftigen Hauptsachetitels ausgeschlossen wären (*Köhler/Bornkamm/Feddersen* UWG § 12 Rn. 3.74; Teplitzky Kap. 43 Rn. 6 und *Ohly/Sosnitza* UWG § 12 Rn. 189). Jedenfalls soweit die zum Zeitpunkt der Abgabe der Abschlusserklärung bekannten oder erkennbaren Umstände betroffen sind, sollte jedoch auf § 927 ZPO verzichtet werden. Das Formular überlässt es dem Antragsgegner, etwaige für erforderlich gehaltene Einschränkungen zu machen.

Eine – insoweit schuldnerfreundlichere – Abschlusserklärung könnte etwa wie folgt lauten:

> „Wir erklären für unsere Mandantin, die . . . . . ., – ohne Anerkennung einer Rechtspflicht, aber gleichwohl rechtsverbindlich:
> Die [B-GmbH, Adresse], erkennt gegenüber der [A-GmbH, Adresse], die am . . . . . . ergangene [und mit Urteil vom . . . . . . bestätigte] einstweilige Verfügung des Landgerichts . . . . . . (Az . . . . . .) als nach Bestandskraft und Wirkung einem entsprechenden Hauptsachetitel gleichwertig an und verzichtet demgemäß auf alle Möglichkeiten eines Vorgehens gegen die einstweilige Verfügung und/oder gegen den durch sie gesicherten Anspruch, die auch im Fall eines rechtskräftigen Hauptsacheurteils ausgeschlossen wären. Die B-GmbH verzichtet in diesem Umfang insbesondere auf die Einlegung eines Widerspruchs gemäß § 924 ZPO [oder: auf die

Einlegung der Berufung] sowie auf die Rechtsbehelfe der §§ 926, 927 ZPO, eine Frist zur Erhebung der Hauptsacheklage setzen zu lassen und/oder die Aufhebung der einstweiligen Verfügung wegen veränderter Umstände zu beantragen sowie auf die Erhebung der Einrede der Verjährung."

Statt eines Verzichts auf die Rechte aus §§ 924, 926 und 927 ZPO kann der Antragsgegner auch eine strafbewehrte Unterlassungserklärung abgeben (Teplitzky Kap. 43 Rn. 37 mwN). Damit erledigt sich dann zwar der von der einstweiligen Verfügung erfasste Unterlassungsanspruch, so dass diese gemäß §§ 936, 927 ZPO der Aufhebung wegen veränderter Umstände unterliegt (*Ohly/Sosnitza* UWG § 12 Rn. 190). Auf Ansprüche auf Auskunft und Schadensersatz, die parallel zum Unterlassungsanspruch entstanden sind, hat die strafbewehrte Unterlassungserklärung keine Auswirkungen. Wenn der Antragsgegner auch diese Ansprüche außergerichtlich erledigen möchte, muss er die Erklärungen abgeben, die in Ziffer 2. und 3. der Abschlusserklärung vorgesehen sind.

Mit der Abgabe der geforderten Abschlusserklärung verliert der Antragsgegner die Möglichkeit, gegen die einstweilige Verfügung vorzugehen. Eines ausdrücklichen Verzichts auf Schadensersatz gemäß § 945 ZPO bedarf es nicht, da die dort genannte Voraussetzung, dass sich die einstweilige Verfügung als von Anfang an ungerechtfertigt erweist oder aufgehoben wird, nicht mehr eintreten kann. Mit der Abgabe der Abschlusserklärung wird das Rechtsschutzinteresse für eine Hauptsacheklage beseitigt (BGH GRUR 2010, 855 Rn. 16 – Folienrollos; BGH GRUR 1991, 76 (77) – Abschlusserklärung), ebenso für eine negative Feststellungsklage des Antragsgegners (*Ohly/Sosnitza* UWG § 12 Rn. 192; Gloy/Loschelder/Erdmann UWG-HdB/*Spätgens* § 111 Rn. 10; zum Teil wird auch vorgeschlagen, den Verzicht auf die negative Feststellungsklage sowie die Inzidentfeststellungsklage in einem Schadensersatzprozess in die Abschlusserklärung aufzunehmen, vgl. Ahrens Kap. 58 Rn. 23 f.). Die Abschlusserklärung muss allerdings bedingungsfrei abgegeben werden, da andernfalls das Rechtsschutzbedürfnis für eine Hauptsacheklage fortbesteht (BGH WRP 1991, 97 – Rechtsschutzbedürfnis).

12. Die Rechtsgrundlage des wettbewerbsrechtlichen Auskunftsanspruchs ist § 242 BGB. Eine Verpflichtung zur Auskunftserteilung kann nach dem Grundsatz von Treu und Glauben bestehen, wenn der Berechtigte in entschuldbarer Weise über das Bestehen oder den Umfang eines Rechts im Ungewissen ist, er sich die zur Vorbereitung und Durchführung seines Anspruchs notwendigen Auskünfte nicht auf zumutbare Weise selbst beschaffen kann und der Verpflichtete sie unschwer, das heißt ohne unbillig belastet zu sein, zu geben vermag. Voraussetzung ist, dass zwischen dem Berechtigten und dem Verpflichteten eine besondere rechtliche Beziehung besteht, wobei ein gesetzliches Schuldverhältnis genügt, das sich auch aus einem Wettbewerbsverstoß ergeben kann (BGH GRUR 2008, 360 Rn. 17 – EURO und Schwarzgeld; zum Umfang des Auskunftsanspruchs s. *Köhler/Bornkamm/Feddersen* UWG § 9 Rn. 4.11). Im Einzelfall kann ausnahmsweise auch ein Anspruch auf Vorlage von Belegen durch den Schuldner gerechtfertigt sein, um die Verlässlichkeit der Auskunft zu prüfen (BGH GRUR 2001, 841 (845) – Entfernung der Herstellungsnummer II; BGH GRUR 2003, 433 (434) – Cartier-Ring). Zubilligung und Ausmaß des Auskunftsanspruchs hängen von der Art und Schwere der Rechtsverletzung ab sowie von den beiderseitigen Interessen des Berechtigten und des Verpflichteten. Der Anspruch auf Auskunftserteilung ist auf den konkreten Verletzungsfall beschränkt (dh etwa die Bezugsquelle für verletzende Produkte, die in einer bestimmten Rechnung aufgeführt sind oder den Umfang, in dem mit einer bestimmten unlauteren Angabe geworben worden ist). Der wettbewerbsrechtliche Auskunftsanspruch ist regelmäßig nicht auf die Mitteilung von Umsatzangaben gerichtet und ist nicht so weitgehend wie der Auskunfts- und Rechnungslegungsanspruch, der im Falle der Verletzung von Sonderschutzrechten gegeben sein kann. Der wettbewerbsrechtliche Anspruch auf Auskunftserteilung nach Treu und Glauben gemäß § 242 BGB besteht prinzipiell in jedem Rechtsverhältnis, in dem

7. Abschlussschreiben   A. 7

der Gläubiger in entschuldbarer Weise über Bestehen und Umfang seines Rechts im Ungewissen und der Verpflichtete unschwer zur Auskunftserteilung in der Lage ist. Der Auskunftsanspruch ist unter diesen Voraussetzungen daher auch dann gegeben, wenn nicht der in Anspruch Genommene, sondern ein Dritter Schuldner des Hauptanspruchs ist, dessen Durchsetzung die Auskunftserteilung ermöglichen soll. Diese Drittauskunft dient nicht der Unterbindung von Wettbewerbsverstößen des Auskunftspflichtigen selbst, sondern der Verhinderung von Wettbewerbsverstößen Dritter (BGH GRUR 2001, 841 – Entfernung der Herstellungsnummer II; BGH GRUR 2010, 343 Rn. 35 – Oracle).

Das Formular sieht vor, dass die Auskunft unverzüglich und somit ohne schuldhaftes Zögern erteilt wird. Erfahrungsgemäß benötigt die Zusammenstellung einer Auskunft bisweilen eine gewisse Zeit. Der Antragsteller sollte die rechtzeitige Erteilung der Auskunft prüfen. Der Auskunftsanspruch kann und sollte entsprechend den Umständen des jeweiligen Falls präzisiert werden. So kann bei der Werbung mit einer unlauteren Angabe Auskunft über den Umfang der Verwendung dieser Angabe verlangt werden. Wann, in welchem Zeitraum und in welchen Werbeträgern und in welcher Auflagenzahl ist die unlautere Angabe verwendet worden, wann und in welchem Zeitraum ist die unlautere Angabe auf welchen Internetseiten verwendet worden und wie viele Zugriffe hat es auf diese Internetseiten gegeben. Der Schuldner sollte prüfen, ob er insoweit einen Wirtschaftsprüfervorbehalt machen kann (→ Form. A.11 Anm. 9).

13. Diese Formulierung bietet keine Besonderheit (→ Form. A.11 für die Hauptsacheklage).

14. Der Antragsgegner, der vom Antragsteller mit dem Abschlussschreiben zur Abgabe der Abschlusserklärung aufgefordert worden ist, hat folgende Reaktionsmöglichkeiten:
a) Abgabe der geforderten Abschlusserklärung
Durch die Abgabe der Abschlusserklärung wird das Rechtsschutzbedürfnis für eine Hauptsacheklage beseitigt, weil die Abschlusserklärung einen dem Unterlassungstitel gleichwertigen Vollstreckungstitel entstehen lässt (BGH GRUR 2010, 855 Rn. 16 – Folienrollos). Gibt der Antragsgegner die Abschlusserklärung ab, so wirkt die einstweilige Verfügung zeitlich unbegrenzt weiter. Der Antragsgegner muss damit dauerhaft sicherstellen, nicht gegen die einstweilige Verfügung zu verstoßen. Bei einem Verstoß kann der Antragsteller einen Antrag auf Festsetzung von Ordnungsmitteln gemäß § 890 ZPO stellen (zum Verzicht auf das Recht aus § 927 ZPO → Anm. 11). Auch für einen Schadensersatzanspruch des Antragsgegners nach § 945 ZPO ist nach der Abgabe der Abschlusserklärung kein Raum mehr (*Ohly/Sosnitza* UWG § 12 Rn. 192). Wenn der Antragsgegner nicht nur den durch die einstweilige Verfügung nur vorläufig gesicherten Unterlassungsanspruch erledigen will. sondern zusätzlich auch die parallel entstandenen Ansprüche auf Auskunft und Schadensersatz, sollte der Antragsgegner zusätzlich zur Abschlusserklärung auch Erklärungen abgeben, mit denen er sich zur Auskunftserteilung und zum Schadensersatz verpflichtet. Das Formular sieht das so vor.
b) Abgabe einer eingeschränkten Abschlusserklärung
Die Abschlusserklärung lässt das Rechtsschutzbedürfnis für eine Hauptsacheklage nur entfallen, wenn durch die Abschlusserklärung die erwirkte einstweilige Verfügung ebenso effektiv und dauerhaft wirkt wie ein in einem Hauptsacheverfahren erwirkter Titel (BGH GRUR 2005, 692 (694) – „statt"-Preis. Die Abschlusserklärung muss daher dem Inhalt der einstweiligen Verfügung entsprechen, damit sie die Gleichstellung der vorläufigen einstweiligen Verfügung mit einem Hauptsachetitel erreichen kann (BGH GRUR 2005, 692 (694) – „statt"-Preis. Daraus ergibt sich, dass die Abschlusserklärung grundsätzlich bedingungsfrei abgegeben werden muss, da andernfalls das Rechtsschutzbedürfnis für eine Hauptsacheklage fortbesteht (vgl. BGH GRUR 1991, 76 (77) – Abschlusserklärung). Dies sollte der Schuldner immer vor Augen haben, wenn er lediglich eine eingeschränkte Erklärung abgeben will. So genügt eine Abschlusserklärung nicht, die eine auflösende

Bedingung enthält, mit der die Erklärung an den Ausgang eines anderen Rechtsstreits geknüpft wird (BGH GRUR 1991, 76 (77) – Abschlusserklärung). Ist mit der einstweiligen Verfügung ein Verbot ausgesprochen worden, das in zulässiger Weise über die konkrete Verletzungshandlung hinaus verallgemeinert worden ist, ist eine Abschlusserklärung unzureichend, die sich auf die konkret beanstandete Anzeige bezieht (BGH GRUR 2005, 692 (694) – „statt"-Preis). Das gleiche gilt für eine Abschlusserklärung ohne Verzicht auf das Recht aus § 927 ZPO (OLG Hamburg WRP 1995, 648; → Anm. 11). Dagegen kann die Auskunftsverpflichtung gegebenenfalls durch einen Wirtschaftsprüfervorbehalt (→ Form. A.11 Anm. 9) eingeschränkt werden. Auch die Weigerung des Antragsgegners, die Kosten des Abschlussschreibens zu übernehmen, berechtigt den Antragsteller nicht zur Erhebung der Hauptsacheklage; vielmehr muss der Antragsteller diese Kosten dann separat einklagen. Die Weigerung, die Kosten des Abschlussschreibens zu übernehmen, kann allerdings auch begründet gewesen sein, zB bei einem vorzeitigem Abschlussschreiben (→ Anm. 3). Formulierungsvorschlag für eine „schuldnerfreundliche" Abschlusserklärung: → Anm. 11.

c) Abgabe einer strafbewehrten Unterlassungserklärung

Durch die Abgabe einer strafbewehrten Unterlassungserklärung entfällt die Wiederholungsgefahr (*Köhler/Bornkamm/Feddersen* UWG § 8 Rn. 1.48) und damit ein Tatbestandsmerkmal des Unterlassungsanspruchs. Eine gleichwohl erhobene Hauptsacheklage wäre unbegründet. Allerdings beseitigt auch eine durch eine Abschlusserklärung endgültig gewordene einstweilige Verfügung die Wiederholungsgefahr (*Köhler/Bornkamm/Feddersen* UWG § 8 Rn. 1.63, § 12 Rn. 3.77; Teplitzky Kap. 7 Rn. 15). Die Abgabe einer strafbewehrten Unterlassungserklärung ist damit eine Alternative zur Abgabe der Abschlusserklärung (Teplitzky Kap. 43 Rn. 37 mwN). Da die strafbewehrte Unterlassungserklärung ausschließlich den Unterlassungsanspruch erledigt, muss der Antragsgegner zusätzlich Erklärungen zu den parallel entstandenen Ansprüchen auf Auskunft und Schadensersatz abgeben, wenn er auch diese Ansprüche erledigen will (→ Anm. 11).

d) Verzicht auf die Einrede der Verjährung

Zum Teil ist auch daran zu denken, einen gesonderten Verzicht auf die Einrede der Verjährung zu erklären, um Zeit für Vergleichsgespräche zu schaffen (trotz § 202 BGB zulässig, vgl. Palandt/*Ellenberger* BGB § 202 Rn. 7).

Formulierungsvorschlag:

„Ich erkläre für meine Mandantin den Verzicht auf die Einrede der Verjährung für die von Ihrer Partei im anhängigen Verfügungsverfahren vor dem Landgericht X (Az . . . . . .) geltend gemachten Unterlassungsansprüche sowie für die damit zusammenhängenden Ansprüche auf Auskunft und Schadensersatz. Der Einredeverzicht gilt bis . . . . . .".

e) Keine Reaktion oder Ablehnung der Abschlusserklärung

In diesem Fall kann der Antragsteller nach dem Ablauf eines Zeitraums, der von der Zustellung der einstweiligen Verfügung an den Antragsgegner an gerechnet der Berufungsfrist des § 517 ZPO entspricht (und der bei einer ohne mündlichen Verhandlung erlassenen einstweiligen Verfügung eine Woche länger zu bemessen ist), Hauptsacheklage erheben.

Kosten und Gebühren

15. Das Abschlussschreiben gehört nicht mehr zum Verfügungs-, sondern zum Hauptsacheverfahren (BGH GRUR 2010, 1038 Rn. 27 – Kosten für Abschlussschreiben). Das Abschlussschreiben ist daher eine neue, selbständig zu honorierende Angelegenheit im Sinne des § 17 Nr. 4 Buchst. b RVG (BGH GRUR 2010, 1038 Rn. 27 – Kosten für

Abschlussschreiben). Die Kosten des Abschlussschreibens sind damit auch nicht durch die Prozessgebühr für das Verfügungsverfahren abgegolten.

Der BGH hat entschieden, dass für das Abschlussschreiben grundsätzlich ein Kostenerstattungsanspruch in Höhe einer 1,3-fachen Geschäftsgebühr nach VV 2300 RVG entsteht (BGH GRUR 2015, 822 Rn. 32 ff. – Kosten für Abschlussschreiben II). Gegen eine Herabsetzung der Gebühr unter die 1,3-fache Regelgebühr spreche die Funktion des Abschlussschreibens, die einer die Hauptsache vorbereitenden Abmahnung vergleichbar sei, für die regelmäßig eine Gebühr von 1,3 angemessen sei. Es sei zu berücksichtigen, dass sich das Abschlussschreiben regelmäßig nicht in einer bloßen Bezugnahme auf die bereits ergangene einstweilige Verfügung erschöpfe, sondern mit ihm das Ziel verfolgt werde, einen Verzicht des Antragsgegners auf sämtliche Gegenrechte herbeizuführen. Zudem sei nach dem Zugang der Abschlusserklärung regelmäßig eine Prüfung erforderlich, ob die Erklärung inhaltlich ausreiche, um das Rechtsschutzziel zu erreichen (BGH GRUR 2015, 822 Rn. 35 – Kosten für Abschlusserklärung II). Allerdings kann ein Abschlussschreiben gleichwohl auch ein Schreiben einfacher Art sein, für das nur eine 0,3-fache Geschäftsgebühr entsteht, und zwar dann, wenn das Abschlussschreiben nur eine Standardformulierung enthält, die üblicherweise in einem Abschlussschreiben enthalten ist (BGH GRUR 2010, 1038 Rn. 32 – Kosten für Abschlussschreiben). Dies soll nach der Rechtsprechung des BGH der Fall sein, wenn die Aufforderung zur Abgabe der Abschlusserklärung keine erneute rechtliche Prüfung des Sachverhalts erforderte, da ein vom Antragsgegner eingelegter Widerspruch in der mündlichen Verhandlung zurückgenommen worden war und das Abschlussschreiben hierauf Bezug genommen hat und in rechtlicher Hinsicht um die Bestätigung des Verzichts auf die Rechte aus den §§ 924, 926 und 927 ZPO gebeten hat (BGH GRUR 2010, 1038 Rn. 32 – Kosten für Abschlussschreiben). Für den Rechtsanwalt des Antragstellers, der ein Abschlussschreiben an den Antragsgegner sendet, empfiehlt es sich daher, das Abschlussschreiben sorgfältig und ausführlich zu formulieren und sich nicht auf Standardformulierungen zu beschränken.

Als Streitwert ist der regelmäßig höhere Wert des Hauptsacheverfahrens zugrunde zu legen (OLG Hamburg WRP 2008, 135; *Günther* WRP 2010, 1440 (1442)), s. dazu → Form. A.11 Anm. 4. War das Abschlussschreiben inhaltlich zu weit gefasst, können die Kosten teilweise erstattungsfähig sein (OLG Hamburg GRUR-RR 2015, 250).

8. Widerspruch

Landgericht ......

– Kammer .... –[1, 2]

Az ......

In der Sache

A-GmbH   – Antragstellerin –

Prozessbevollmächtigter:[3] ......

gegen

B-GmbH   – Antragsgegnerin –

Prozessbevollmächtigter: ......

vertrete ich die Antragsgegnerin. Namens und in Vollmacht der Antragsgegnerin erhebe ich gegen die einstweilige Verfügung der Kammer vom ......

Widerspruch.[4]

Antrag und Begründung bleiben einem gesonderten Schriftsatz vorbehalten.[5] Ich bitte, einen möglichst zeitnahen Termin zur mündlichen Verhandlung zu bestimmen.[6]

Rechtsanwalt[7, 8]

Schrifttum: *Ahrens,* Der Wettbewerbsprozess, 8. Aufl. 2017, Kap. 51 Rn. 49 ff., Kap. 52 Rn. 39 ff.; *Danckwerts,* Die Entscheidung über den Eilantrag, GRUR 2008, 763; *Mädrich,* Das Verhältnis der Rechtsbehelfe des Antragsgegners im einstweiligen Verfügungsverfahren, 1980; *Schote/Lührig,* Prozessuale Besonderheiten der Einstweiligen Verfügung, WRP 2008, 1281; *Teplitzky,* Aktuelle Probleme der Abmahnung und Unterwerfung sowie des Verfahrens der einstweiligen Verfügung im Wettbewerbs- und Markenrecht, WRP 2005, 654; *Teplitzky,* Wettbewerbsrechtliche Ansprüche und Verfahren, 11. Aufl. 2016, Kap. 55 Rn. 8 ff.; vgl. ergänzend die Nachweise in → Form. A.1.

Anmerkungen

1. Gegen eine ohne mündliche Verhandlung durch Beschluss erlassene einstweilige Verfügung kann der Antragsgegner unbefristet Widerspruch erheben, §§ 936, 924 Abs. 1 ZPO. Der Widerspruch wendet sich gegen die Beschlussverfügung mit der Begründung, sie hätte überhaupt nicht erlassen werden dürfen, doch kann der Widerspruch auch auf neue, erst nach Erlass der einstweiligen Verfügung eingetretene Umstände gestützt werden (Zöller/*Vollkommer* ZPO § 924 Rn. 1). Zu dem auf den Kostenpunkt beschränkten Kostenwiderspruch → Form. A.10. Durch die Erhebung des Widerspruchs wird die Vollziehung der einstweiligen Verfügung nicht gehemmt, § 924 Abs. 3 S. 1 ZPO. Der Schuldner kann lediglich einen Antrag auf einstweilige Einstellung der Zwangsvollstreckung stellen, § 924 Abs. 3 S. 2 ZPO iVm § 707 ZPO. Die einstweilige Einstellung der Zwangsvollstreckung bedeutet bei einer Unterlassungsverfügung jedoch den zeitweiligen Verlust des Verfügungsanspruchs, so dass ein solcher Antrag nur ausnahmsweise Erfolg haben wird, etwa wenn feststeht, dass die Verfügung keinen Bestand haben kann (BGH NJW-RR 1997, 1151 mwN; *Köhler/Bornkamm/Feddersen* UWG § 12 Rn. 6.18; Teplitzky Kap. 57 Rn. 44 mwN).

2. Örtlich und sachlich ausschließlich (§ 802 ZPO) zuständig ist das Gericht, das die einstweilige Verfügung erlassen hat. Auch wenn die Verfügung erst auf Beschwerde des Antragstellers durch Beschluss des Beschwerdegerichts erlassen wurde, entscheidet über den Widerspruch das Gericht erster Instanz; sonst wäre der Partei eine Tatsacheninstanz genommen. Erhebt der Antragsgegner Widerspruch mit der (zutreffenden) Begründung, das Gericht sei für den Erlass der einstweiligen Verfügung örtlich oder sachlich nicht zuständig gewesen, so muss der Antragsteller zugleich die Verweisung gemäß § 281 ZPO beantragen (Zöller/*Vollkommer* ZPO § 924 Rn. 6; OLG Hamm OLGZ 1989, 340; str.).

Über den Widerspruch entscheidet somit regelmäßig das Gericht, das auch die einstweilige Verfügung erlassen hat. Das ist in der Praxis ein nicht unwesentlicher psychologischer Faktor. Der Antragsgegner sollte daher prüfen, ob für ihn ein Antrag auf Verweisung an die Kammer für Handelssachen (§§ 98, 101 GVG) in Betracht kommt.

3. Für einen Widerspruch gegen eine von einem Landgericht erlassene einstweilige Verfügung besteht nach allgemeinen Regeln Anwaltszwang (*Ohly/Sosnitza* UWG § 12 Rn. 149). Die Ausnahme des § 924 Abs. 2 S. 3 ZPO für einstweilige Verfügungen, für die

8. Widerspruch   A. 8

das Amtsgericht Arrestgericht ist, spielt aufgrund der ausschließlichen sachlichen Zuständigkeit der Landgerichte gemäß § 13 Abs. 1 UWG für wettbewerbsrechtliche Verfügungsverfahren keine Rolle. Der Antragsgegner muss somit für die Erhebung des Widerspruchs beim Landgericht einen Anwalt bestellen.

4. Das Formular sieht einen sogenannten Vollwiderspruch vor. Will der Antragsgegner lediglich Kostenwiderspruch einlegen, so muss er dies an dieser Stelle eindeutig zum Ausdruck bringen. Ein Vollwiderspruch verbunden mit der Ankündigung eines erst in der mündlichen Verhandlung (und damit nicht mehr „sofort") abzugebenden Anerkenntnisses genügt nicht für § 93 ZPO (Zöller/*Vollkommer* ZPO § 924 Rn. 5). → Form. A.10 Anm. 3.

5. Nach dem Wortlaut des § 924 Abs. 2 S. 1 ZPO hat der Widerspruchsführer im Widerspruch die Gründe darzulegen, die er für die Aufhebung der einstweiligen Verfügung geltend machen will. Das Fehlen der Begründung macht den Widerspruch allerdings nicht unwirksam (Zöller/*Vollkommer* ZPO § 924 Rn. 7; Fezer/Büscher/Obergfell UWG § 12 Rn. 134; aA LG München I WRP 1996, 253). Da § 924 Abs. 1 S. 2 ZPO keine Sanktion für einen nicht begründeten Widerspruch vorsieht, kann die Begründung nachgeholt werden (Ahrens Kap. 51 Rn. 54). In der Praxis führt dies nicht selten dazu, dass zunächst Widerspruch erhoben wird und die Begründung erst kurz vor dem Verhandlungstermin eingereicht wird. Prinzipiell kann der Antragsgegner auch ausschließlich im Verhandlungstermin mündlich vortragen oder erst im Termin einen Schriftsatz zur Begründung des Widerspruchs überreichen (der dann prinzipiell zu verlesen wäre), denn die Begründung kann in der mündlichen Verhandlung noch nachgeschoben werden (*Ohly/Sosnitza* UWG § 12 Rn. 149). Es ist jedoch empfehlenswert, (zumindest) dem Gericht noch ausreichend Zeit vor der mündlichen Verhandlung zu geben, die Widerspruchsbegründung zu prüfen.

6. Es handelt sich um eine eigentlich unnötige Verfahrensbitte, da das Gericht ohnehin nach Eingang des Widerspruchs unverzüglich unter Wahrung der Ladungsfrist (§ 217 ZPO) Termin zur mündlichen Verhandlung von Amts wegen bestimmen muss, § 924 Abs. 2 S. 2 ZPO. In jüngster Zeit sind allerdings einige Landgerichte dazu übergegangen, Termin zur mündlichen Verhandlung erst zu bestimmen, wenn die Widerspruchsbegründung vorliegt. Diese Handhabung fördert eine sachgerechte Terminsvorbereitung, nimmt aber dem Antragsgegner unter Umständen das Überraschungsmoment.

Fristen und Rechtsmittel

7. Der Widerspruch gemäß § 924 ZPO ist nicht fristgebunden. Allerdings ist bei sehr langem Zuwarten des Antragsgegners Verwirkung möglich (Beispiel: Widerspruch nach $1^3/_4$ Jahren bei Hinnahme der Verfügung bis auf Nebenpunkte, KGR 94, 131; Zöller/*Vollkommer* ZPO § 924 Rn. 10). Solange der Hauptprozess läuft, muss der Gläubiger allerdings mit einem Widerspruch rechnen (Zöller/*Vollkommer* ZPO § 924 Rn. 10). Die Rücknahme und erneute Erhebung des Widerspruchs ist bis zur Rechtskraft des Urteils grundsätzlich jederzeit möglich (Zöller/*Vollkommer* ZPO § 924 Rn. 8; OLG München MDR 1997, 1067). Dieses Vorgehen soll jedenfalls dann nicht rechtsmissbräuchlich sein, wenn mit dem neuen Widerspruch neue Glaubhaftmachungsmittel angekündigt werden (OLG Frankfurt NJW-RR 2013, 703).

Nach der Erhebung des Widerspruchs wird über die Rechtmäßigkeit der Beschlussverfügung durch Urteil entschieden (§ 925 ZPO). Gegen dieses Urteil ist unter den allgemeinen Voraussetzungen Berufung möglich (anders bei Urteil nach Kostenwiderspruch!, → Form. A.10 Anm. 9). Wird die Beschlussverfügung aufgehoben, so entfällt ihre Wirkung mit der Verkündung des Urteils, nicht erst mit dessen Rechtskraft (hM, Teplitzky Kap. 55 Rn. 14 f. mwN; Ahrens Kap. 52 Rn. 45; Zöller/*Vollkommer* ZPO § 925 Rn. 10 mwN).

Kosten und Gebühren

8. Das Widerspruchsverfahren ist keine zweite Instanz, sondern bildet mit dem vorangegangenen Anordnungsverfahren kostenmäßig eine Angelegenheit, § 16 Nr. 5 RVG. Der Rechtsanwalt kann also die Gebühr nach VV 3100 RVG nur einmal fordern (§ 15 Abs. 2 S. 1 RVG). Für die mündliche Verhandlung über den Widerspruch entsteht eine 1,2 Terminsgebühr nach VV 3104 RVG.

9. Widerspruch mit Anträgen und Begründung einschließlich Antrag auf Einstellung der Zwangsvollstreckung

Landgericht . . . . . .[1, 2]

– Kammer . . . . . . –

Az . . . . . .

In der Sache

Firma A-GmbH ./. Firma B-GmbH

vertrete ich die Antragsgegnerin. Namens und in Vollmacht der Antragsgegnerin erhebe ich gegen die einstweilige Verfügung der Kammer vom . . . . . .

Widerspruch.[3]

Ich bitte, einen möglichst zeitnahen Termin zur mündlichen Verhandlung zu bestimmen,[4] in dem ich beantragen werde:

1. die einstweilige Verfügung vom . . . . . . aufzuheben und den Antrag der Antragstellerin vom . . . . . . zurückzuweisen;
2. der Antragstellerin die Kosten des einstweiligen Verfügungsverfahrens aufzuerlegen.[5]

Ferner beantrage ich wegen drohender, irreparabler Schäden für die Antragsgegnerin vorab anzuordnen:[6]

Die Zwangsvollstreckung aus der einstweiligen Verfügung der Kammer vom . . . . . . wird einstweilen bis zur Entscheidung über den Widerspruch ohne Sicherheitsleistung eingestellt,

hilfsweise,

die Zwangsvollstreckung aus der einstweiligen Verfügung der Kammer vom . . . . . . wird gegen Sicherheitsleistung der Antragsgegnerin, die auch durch eine unbedingte, unbefristete, unwiderrufliche und selbstschuldnerische schriftliche Bürgschaftserklärung der . . . . . . [Bank] geleistet werden kann, in Höhe von . . . . . . eingestellt.

Begründung:

Es besteht weder ein Verfügungsanspruch noch ein Verfügungsgrund.[7] Im Einzelnen:

I. Kein Verfügungsanspruch

. . . . . .

9. Widerspruch mit Anträgen und Begründung   A. 9

II. Kein Verfügungsgrund

......

III. Einstweilige Einstellung der Zwangsvollstreckung[8]

Gemäß § 924 Abs. 3 S. 2 ZPO iVm § 707 Abs. 1 S. 1 ZPO kann die Vollstreckung aus einer einstweiligen Verfügung einstweilen eingestellt werden, wenn das eingelegte Rechtsmittel hinreichende Aussicht auf Erfolg hat und das Interesse der Schuldnerin an der Aussetzung der Vollstreckung das Sicherungsinteresse der Gläubigerin überwiegt:

1. Wie oben unter Ziff. I. ausgeführt, besteht im vorliegenden Fall kein Verfügungsanspruch. Der Widerspruch der Antragsgegnerin wird daher Erfolg haben. Gleichwohl hat die Antragstellerin die Beschlussverfügung der Antragsgegnerin am ...... zugestellt. Nach Abwägung der beiderseitigen Interessenlage ist die Einstellung der Zwangsvollstreckung gerechtfertigt. Die Antragstellerin hat kein schutzwürdiges Interesse an der Durchsetzung eines unrechtmäßigen vorläufigen Titels.

2. Die Vollstreckung aus der ungerechtfertigten Beschlussverfügung führt bei der Antragsgegnerin zu ganz erheblichen auch irreparablen Schäden. Die aus der Vollstreckung resultierenden Nachteile gehen zudem über die bloße Vollstreckungswirkung hinaus. Es handelt sich dabei um Nachteile, die nicht in konkreten Geldbeträgen bezifferbar sind. Der Vollzug der einstweiligen Verfügung hat für die Antragsgegnerin zur Folge, dass diese derzeit keine Kugelschreiber vertreiben darf, auf deren Verpackung die Angabe „Made in Germany" steht. Zudem muss die Antragsgegnerin alle Kugelschreiber, die in solche Verpackungen verpackt sind und die die Antragsgegnerin bereits an den Groß- und Einzelhandel ausgeliefert hat, von dort zurückrufen. Dies wird für die Antragsgegnerin nicht nur zu wirtschaftlichen Schäden in deutlich sechsstelliger Höhe führen, sondern auch zu irreparablen Reputationsverlusten. Zudem ist mit einem dauerhaften Verlust von Marktanteilen zu rechnen. Der durch solche Wettbewerbsverzerrungen eingetretene Schaden ist kaum bezifferbar und könnte daher in einem Schadensersatzprozess nach § 945 ZPO nicht ohne weiteres geltend gemacht werden.

3. Unter den besonderen Umständen des Streitfalls ist die Zwangsvollstreckung aus der Beschlussverfügung daher einstweilen einzustellen. Sollte – wider Erwarten – die Beschlussverfügung letztlich rechtskräftig bestätigt werden, so könnte die Antragstellerin möglicherweise Schadensersatzansprüche gegen die Antragsgegnerin geltend machen. Anders als bei den vorangehend erläuterten Interessen der Antragsgegnerin handelt es sich dabei um rein finanzielle Interessen, denen durch Sicherheitsleistung Rechnung getragen werden kann.

Für die Höhe der Sicherheitsleistung ist zunächst der von der Antragstellerin im Verfügungsantrag angegebene Streitwert (dh ihr Interesse) in Höhe von ...... maßgeblich. Unter Berücksichtigung der zu erwartenden Prozesskosten regen wir hilfsweise an, eine Sicherheitsleistung durch die Antragsgegnerin ...... [Streitwert zzgl. Kosten] nach dem Ermessen des Gerichts festzusetzen.

Rechtsanwalt[9, 10, 11]

Schrifttum: *Mädrich*, Das Verhältnis der Rechtsbehelfe des Antragsgegners im einstweiligen Verfügungsverfahren, 1980; vgl. ergänzend die Nachweise in → Form. A.8.

Anmerkungen

1. In der Praxis ist es nicht unüblich, vorab einen formalen Widerspruch gegen eine erlassene Verfügung einzulegen und diesen in einem gesonderten Schriftsatz zu begründen. § 924 Abs. 2 S. 1 ZPO bestimmt zwar, dass der Widerspruchsführer im Widerspruch die Gründe darzulegen hat, die er für die Aufhebung der einstweiligen Verfügung geltend machen will. Doch handelt es sich hierbei nach hM um eine Ordnungsvorschrift, deren Verletzung keine Sanktionen nach sich zieht (Zöller/*Vollkommer* ZPO § 924 Rn. 7; Fezer/Büscher/Obergfell UWG § 12 Rn. 134; aA LG München I WRP 1996, 253). Empfehlenswert ist es jedoch, die Begründung dem Gericht so frühzeitig zur Kenntnis zu bringen, dass es sich mit ihr noch vor der mündlichen Verhandlung ernsthaft befassen kann; sie hat sonst ihren Zweck verfehlt.

2. Örtlich und sachlich ausschließlich (§ 802 ZPO) zuständig ist das die Verfügung erlassende Gericht (→ Form. A.8 Anm. 2).

3. Siehe zum Widerspruch gegen einstweilige Verfügungen das → Form. A.8. In bestimmten Fällen – vor allem, wenn der Antragsgegner vor Erlass einer Beschlussverfügung nicht abgemahnt wurde – ist eine Beschränkung des Widerspruchs auf die Kostenfolge angebracht, um in entsprechender Anwendung des § 93 ZPO die Kosten des Verfahrens auf den Antragsteller abzuwälzen (→ Form. A.10).

4. Der Widerspruch gegen eine im Beschlusswege ergangene einstweilige Verfügung dient dazu, die vor Erlass nicht durchgeführte mündliche Verhandlung durchzuführen und dem Antragsgegner (zusätzlich zu seiner jetzt gegebenen Möglichkeit der schriftsätzlichen Stellungnahme) rechtliches Gehör (Art. 103 Abs. 1 GG) zu verschaffen.

5. Die Kosten des Verfahrens des einstweiligen Rechtsschutzes fallen dem insgesamt Unterliegenden zur Last. Legt der Antragsgegner keinen Widerspruch ein, bleibt es bei der Kostenregelung der einstweiligen Verfügung, nach der der Antragsgegner die Kosten der erlassenen einstweiligen Verfügung zu tragen hat.

6. Da der Widerspruch weder den Vollzug noch die Kostenfestsetzung oder die Zwangsvollstreckung auf der Grundlage der einstweiligen Verfügung hemmt, muss zur Herbeiführung dieser Rechtsfolgen ein Antrag auf Anordnung der einstweiligen Einstellung der Zwangsvollstreckung gemäß § 707 ZPO gestellt werden.

7. Die Begründung des Widerspruchs unterliegt keinen rechtlichen Besonderheiten. Zu beachten ist jedoch, dass der Antragsgegner nicht – wie in der Klageerwiderung des Hauptsacheverfahrens – darauf beschränkt ist, die materielle Rechtmäßigkeit seines Handelns darzulegen und prozessuale Argumente vorzubringen. Da Voraussetzung eines Verfügungstitels auch die Eilbedürftigkeit ist, kann der Antragsgegner auch vorbringen, der Verfügungsgrund habe gefehlt. Die Widerspruchsbegründung gleicht also der Argumentation in der Schutzschrift, so dass hierauf verwiesen werden kann (→ Form. A.3).

8. Eine einstweilige Einstellung der Zwangsvollstreckung führt im Fall einer Unterlassungsverfügung zum zeitweiligen oder sogar endgültigen Verlust des Verfügungsanspruchs. Sie kommt daher nur ausnahmsweise in Betracht (BGH NJW-RR 1997, 1155; OLG Saarbrücken MD 2006, 944). Von dieser Möglichkeit wird in der Praxis daher nur selten Gebrauch gemacht. Ob eine einstweilige Einstellung der Zwangsvollstreckung trotz zeitweiliger oder endgültiger Vereitelung des Verfügungsanspruchs in Betracht kommt, hängt von einer Interessenabwägung ab. Insbesondere wenn die Vollziehung zu schwersten Eingriffen in den Gewerbebetrieb des Schuldners führt, wie dies zum Beispiel der Fall

10. Kostenwiderspruch A. 10

ist bei der Untersagung des Vertriebs von Waren, kann eine einstweilige Einstellung in Betracht kommen (vgl. Zöller/*Vollkommer* ZPO § 921 Rn. 7; KG WRP 1995, 25 mwN). Die Gerichte ordnen die Einstellung der Zwangsvollstreckung aus einer einstweiligen Verfügung nur in Ausnahmefällen an.

9. Da das Widerspruchsverfahren gegen eine einstweilige Verfügung vor dem Landgericht geführt wird, besteht Anwaltszwang (Zöller/*Vollkommer* ZPO § 924 Rn. 7).

Fristen und Rechtsmittel

10. Siehe hierzu die entsprechenden Anmerkungen in → Form. A. 8 Anm. 8.

Kosten und Gebühren

11. Siehe hierzu die entsprechenden Anmerkungen in → Form. A. 8 Anm. 9.

10. Kostenwiderspruch

Landgericht . . . . . .

– Kammer . . . . . . –[1, 2]

Az: . . . . . .

In der Sache[3]

A-GmbH   – Antragstellerin –

Prozessbevollmächtigter: . .

gegen

B-GmbH   – Antragsgegnerin –

Prozessbevollmächtigter: . . . . . .

vertrete ich die Antragsgegnerin in deren Namen und Vollmacht ich gegen die Beschlussverfügung der Kammer vom . . . . . .

Widerspruch[4]

erhebe, den ich auf den Kostenausspruch beschränke. Ich beantrage, der Antragstellerin die Kosten des einstweiligen Verfügungsverfahrens aufzuerlegen.

Begründung:

1. Der Antragsgegnerin wurde am 18.1.2017 die im Antrag genannte einstweilige Verfügung zugestellt, ohne dass sie vorher abgemahnt worden ist. Mit der Verfügung wurde ihr untersagt, im geschäftlichen Verkehr zu Zwecken des Wettbewerbs Kunden der Antragstellerin gegenüber zu behaupten, deren Schreibtischleuchte sei technisch unsicher.

2. Die Antragsgegnerin erklärte der Antragstellerin gegenüber mit Schreiben vom 24.2.2017, dass sie die Verfügung als endgültige Regelung mit Ausnahme des Kostenpunktes anerkennt und auf die Rechte verzichtet, die Verfügung anzugreifen[5, 6] Die Antragsgegnerin hat kein Interesse daran, die von der einstweiligen Verfügung erfasste

Behauptung weiter aufzustellen. Sie hat überhaupt erst aus der Beschlussverfügung erfahren, dass ein einzelner Außendienstmitarbeiter gegenüber einem Kunden diese Behauptung aufgestellt hat. Wäre sie außergerichtlich abgemahnt worden, hätte die Antragsgegnerin sofort eine strafbewehrte Unterlassungserklärung abgegeben. Die Antragstellerin hatte keine Veranlassung, hieran zu zweifeln.

Es lagen auch keine Umstände vor, die eine Abmahnung ausnahmsweise hätten entbehrlich erscheinen lassen können:

a) Eine Abmahnung kann dann überflüssig[7] sein, wenn sie voraussichtlich nicht zum gewünschten Erfolg geführt hätte. Dies wird teilweise dann bejaht, wenn der Verletzte den Eindruck erlangen musste, es handle sich um ein vorsätzliches, planmäßiges und besonders hartnäckiges Zuwiderhandeln gegen wettbewerbsrechtliche Vorschriften. Für eine derartige Annahme konnte die Antragstellerin keine Anhaltspunkte haben.

Die Parteien hatten sich im Gegenteil etwa vier Wochen vor dem beanstandeten Vorfall getroffen, um verschiedene zwischen ihnen bestehende Streitpunkte zu erörtern. In diesem Gespräch wurde auch die Frage der mangelhaften Sicherheit der fraglichen Leuchten von der Antragstellerin angesprochen. Die Antragsgegnerin stellte klar, dass sie diese Frage nicht im Wettbewerb zu ihren Gunsten verwenden werde, insbesondere dieses Thema ihren Kunden gegenüber nicht ansprechen werde.

Glaubhaftmachung: Eidesstattliche Versicherung von Frau . . . . . ., Leiterin der Abteilung Recht und Versicherung der Antragsgegnerin, Anlage AG 1.

Für die Antragstellerin war also klar, dass es sich bei der später gegenüber einem Kunden gemachten Äußerung nicht um einen vorsätzlichen Verstoß, sondern lediglich um eine „Personalpanne" handelte, und dass sich die Antragsgegnerin auf eine Abmahnung hin sofort unterwerfen würde.

b) Es liegen auch keine Umstände vor, die es der Antragstellerin ausnahmsweise unzumutbar[8] gemacht hätten, den üblichen Weg einer Abmahnung einzuschlagen. Weder war die Sache so extrem eilbedürftig, dass eine Abmahnung zu unzumutbaren Verzögerungen geführt hätte, noch wäre durch eine Abmahnung das Rechtsschutzziel der Antragstellerin gefährdet worden. Der Charakter des Verstoßes wies auch keine sonstigen Besonderheiten auf, die eine vorherige Warnung als unzumutbar hätten erscheinen lassen können. Insbesondere hat sich die Antragsgegnerin in der Vergangenheit stets rechtstreu verhalten.

Die ohne Not verursachten Kosten der überflüssigen Beschäftigung des Gerichts mit diesem Fall müssen daher der Antragstellerin zur Last fallen.

Rechtsanwalt[9, 10]

Schrifttum: *Ahrens*, Der Wettbewerbsprozess, 8. Aufl. 2017, Kap. 51 Rn. 55–64; *Amschewitz*, Kostentragung bei Sequestrationsverfügungen ohne vorherige Abmahnung, WRP 2012, 401; *Bernreuther*, Einstweilige Verfügung und Erledigungserklärung, GRUR 2007, 660; *Lemke*, Der Kostenwiderspruch gegen einstweilige Verfügungen, DRiZ 1992, 339; *Seutemann*, Die kostengünstige Beendigung des Zivilprozesses, MDR 1996, 555; *Teplitzky*, Wettbewerbsrechtliche Ansprüche und Verfahren, 11. Aufl. 2016, Kap. 55 Rn. 9–13; vgl. ergänzend die Nachweise in → Form. A.8.

10. Kostenwiderspruch   A. 10

Anmerkungen

1. Der sog. Kostenwiderspruch ist nach ganz hM das Mittel des Antragsgegners, nach einer berechtigten Beschlussverfügung, die ohne vorhergehende Abmahnung ergangen ist, deren Kosten auf den Antragsteller abzuwälzen. Zwar sind auch andere Konstellationen denkbar, in denen ein Kostenwiderspruch einmal Anwendung finden kann (etwa bei der Prüfung, ob die Kosten mehreren Antragsgegnern zu Recht als Gesamtschuldnern auferlegt wurden), doch sind diese Fälle selten.
Der Beklagte, gegen den ohne vorherige Abmahnung eine Hauptsacheklage angestrengt wird, hat die Möglichkeit, den Anspruch unverzüglich anzuerkennen, mit der Folge, dass dem Kläger gemäß § 93 ZPO die Kosten des Rechtsstreits zur Last fallen. Diese Möglichkeit hat der Antragsgegner nicht, gegen den eine Beschlussverfügung ohne vorheriges rechtliches Gehör erlassen wird. Ihm fehlt die tatsächliche Möglichkeit zum sofortigen Anerkenntnis. Er könnte zwar Widerspruch gegen die gesamte Verfügung einlegen und in diesem Widerspruchsverfahren eine strafbewehrte Unterlassungserklärung abgeben, um so die Erledigung herbeizuführen. Dies wäre jedoch kostenmäßig ungünstiger als ein Widerspruch ausschließlich gegen die Kosten. Daher wird heute allgemein eine Beschränkung des Widerspruchs auf den Kostenpunkt anerkannt (zB BGH WRP 2003, 1000 (1001) – Prozessgebühr beim Kostenwiderspruch; BGH WRP 2013, 1484 – Verfahrensgebühr beim Kostenwiderspruch; *Köhler/Bornkamm/Feddersen* UWG § 12 Rn. 3.42; *Ohly/Sosnitza* UWG § 12 Rn. 150; *Fezer/Büscher/Obergfell* UWG § 12 Rn. 136; *Teplitzky* Kap. 55 Rn. 9; *Ahrens* Kap. 51 Rn. 55).

2. Der Widerspruch ist bei dem Gericht und Spruchkörper einzulegen, das die Beschlussverfügung erlassen hat.

3. Praktisch relevant ist, zu welchem Zeitpunkt der Antragsgegner seinen Widerspruch auf den Kostenpunkt beschränken muss. Nach ganz herrschender – und zutreffender – Meinung findet der Gedanke des § 93 ZPO auch hier Anwendung, so dass der Antragsgegner seinen Widerspruch *sofort* auf den Kostenausspruch der Beschlussverfügung zu beschränken hat. „Sofort" bedeutet dabei, wie auch sonst im Rechtsverkehr (vgl. etwa § 147 Abs. 1 BGB), so schnell wie objektiv möglich; jedes Zögern – auch schuldloses – schadet (OLG Düsseldorf WRP 1986, 273 (274)). Damit muss bereits mit dem Schriftsatz, mit dem der Widerspruch eingelegt wird, der Widerspruch auf den Kostenausspruch beschränkt werden, andernfalls ist die Anwendung des § 93 ZPO ausgeschlossen (OLG Stuttgart MD 2001, 497 (499 f.); OLG München MarkenR 2012, 279 (280); *Ahrens* Kap. 51 Rn. 61). Anstatt einen Kostenwiderspruch einzulegen, kann der Schuldner einer ohne vorherige Anhörung erlassenen einstweiligen Verfügung auch so verfahren, dass er Vollwiderspruch einlegt und mit dem Widerspruch eine umfassende strafbewehrte Unterlassungserklärung abgibt. Wenn das Verfügungsverfahren dann übereinstimmend für erledigt erklärt wird, soll nach der Auffassung des OLG Köln im Rahmen der Kostenentscheidung nach § 91a ZPO der Grundgedanke des § 93 ZPO mit zu berücksichtigen sein (OLG Köln GRUR 1990, 310; *Köhler/Bornkamm/Feddersen* UWG § 12 Rn. 3.42; *Fezer/Büscher/Obergfell* UWG § 12 Rn. 136; *Bernreuther* GRUR 2007, 660). Will der Schuldner einer ohne vorherige Abmahnung erlassenen einstweiligen Verfügung die Kostenlast mit Sicherheit auf den Gläubiger abwälzen, empfiehlt sich gleichwohl der Kostenwiderspruch.

4. Die Verwendung des Wortes „Kostenwiderspruch" ist nicht notwendig. Es muss lediglich klar sein, dass sich ein als „Widerspruch" bezeichneter Rechtsbehelf ausschließlich gegen die Kostenentscheidung der Beschlussverfügung wendet (OLG Hamm GRUR 1990, 309). Dies verneinte das OLG Hamm bei der Einlegung eines „Widerspruchs" und der Formulierung: „Die Ag. erkennt den mit der Antragsschrift geltend gemachten Unterlassungsanspruch uneingeschränkt an und ist auch bereit, eine strafbewehrte Unterlassungserklärung abzugeben. Sie ist jedoch nicht bereit, die Kosten des Verfahrens zu tragen". Hierin sah das Gericht lediglich die Ankündigung, im (Gesamt-)Widerspruchsverfahren ein Anerkenntnis abzugeben (OLG Hamm GRUR 1990, 309). Es empfiehlt sich daher in der Praxis, die Beschränkung des Widerspruchs auf den Kostenausspruch zweifelsfrei deutlich zu machen.

5. Das Formular geht davon aus, dass der Antragsteller außergerichtlich bereits eine Abschlusserklärung abgegeben hat (→ Form. A.7). Mit dem Kostenwiderspruch verzichtet der Schuldner auf einen Vollwiderspruch (Ahrens Kap. 51 Rn. 56; Fezer/Büscher/Obergfell UWG § 12 Rn. 136). Fraglich kann sein, ob und in welchem Umfang mit dem Kostenwiderspruch darüber hinaus ein Anerkenntnis verbunden ist. Dies wird jedoch regelmäßig nicht der Fall sein. Die Beschränkung des Widerspruchs auf die Kosten enthält einen teilweisen Rechtsbehelfsverzicht, ohne den der Antragsgegner die mit dem Kostenwiderspruch erstrebte Vergünstigung des § 93 ZPO nicht in Anspruch nehmen könnte. Einem Anerkenntnis nach Klageerhebung steht dies – so der BGH – nicht gleich (BGH WRP 2013, 1484 Rn. 8). Der Kostenwiderspruch hat damit die Bedeutung, dass die Entscheidung des Verfügungsverfahrens hingenommen wird – mit Ausnahme der Kostenentscheidung (Teplitzky Kap. 55 Rn. 11 f.; Ahrens Kap. 51 Rn. 57). Ein Kostenwiderspruch wird gleichwohl regelmäßig als Verzicht auf die Rechte aus § 926 ZPO auszulegen sein, nicht jedoch als Verzicht auf die Rechte aus § 927 ZPO (Teplitzky Kap. 55 Rn. 12; *Köhler/Bornkamm/ Feddersen* UWG § 12 Rn. 3.42). Will der Antragsgegner sich trotz des Kostenwiderspruchs die Rechte aus § 926 ZPO vorbehalten, so muss ein solcher Vorbehalt ausdrücklich erfolgen (KG WRP 1982, 465 (466)). Dies ist für die Praxis zu empfehlen.

6. Mit der Abschlusserklärung (→ Form. A.7) verzichtet der Antragsgegner auf die Einlegung eines Widerspruchs gem. § 924 ZPO sowie auf die Rechte, eine Frist zur Erhebung der Hauptsacheklage setzen zu lassen und die Aufhebung wegen veränderter Umstände zu beantragen (§§ 926, 927 ZPO). Der Verzicht auf den Widerspruch umfasst auch den Verzicht auf einen isolierten Kostenwiderspruch. Will der Antragsgegner sich diese Möglichkeit erhalten, muss er sie sich bei Abgabe der Abschlusserklärung ausdrücklich vorbehalten.

7. Die Rechtsprechung erkennt an, dass es in bestimmten, allerdings zunehmend restriktiv gehandhabten Fällen, entbehrlich sein kann, den Verletzer vorgerichtlich abzumahnen (s. auch *Köhler/Bornkamm/Feddersen* UWG § 12 Rn. 1.56 ff.; *Ohly/Sosnitza* UWG § 12 Rn. 5 ff.). Üblicherweise werden die Fallgruppen der *(ex ante)* vorauszusehenden Erfolglosigkeit einer Abmahnung und deren Unzumutbarkeit unterschieden. Das in der früheren Rechtsprechung als dritte, eigenständige Fallgruppe angesehene schuldhaft vorsätzliche (allerdings im Sinne nicht nur von gewolltem, sondern von bewusst rechtswidrigem) Verhalten ist in jüngerer Zeit nur noch vereinzelt zur Begründung der Entbehrlichkeit herangezogen worden (zB OLG Celle WRP 1993, 812; OLG Stuttgart NJW-RR 2001, 257). Die Argumentation, dass im Fall eines vorsätzlichen Verstoßes der Verletzte davon ausgehen könne, eine Abmahnung werde nichts bringen, wird zutreffend von der hM abgelehnt (*Köhler/Bornkamm/Feddersen* UWG § 12 Rn. 1.66 mwN). Auch Vorsatztäter werden oft aus taktischen Gründen bereits bei der ersten Abmahnung die geforderte Unterlassungserklärung abgeben. Zudem ist für den Gläubiger regelmäßig nicht erkennbar, ob eine vorsätzliche Wettbewerbsverletzung vorliegt (*Köhler/Bornkamm/Feddersen* UWG § 12 Rn. 1.66).

Offensichtliche Nutzlosigkeit der Abmahnung ist etwa anzunehmen, wenn eine bereits abgegebene Unterlassungserklärung widerrufen (OLG Nürnberg WRP 1981, 229) oder verletzt wird (BGH GRUR 1990, 542 (543) – Aufklärungspflicht des Unterwerfungsschuldners; OLG Hamburg GRUR 1989, 707). Das gleiche gilt bei einem Verstoß gegen einen gerichtlichen Verbotstitel (OLG Nürnberg WRP 1981, 290 (291)). Ferner ist eine Abmahnung ausnahmsweise entbehrlich, wenn der Antragsgegner eindeutig zu erkennen gegeben hat, dass er es auf eine gerichtliche Klärung ankommen lassen will (OLG Frankfurt Beschl. v. 10.7.2014 – 6 W 51/14).

Selbst bei Vorliegen eines schweren Wettbewerbsverstoßes wird grundsätzlich eine Abmahnung gefordert (OLG Hamburg WRP 1995, 1037 (1038)). Kein Grund für den Verzicht auf die Abmahnung ist es, wenn der Abgemahnte auf eine Abmahnung durch einen Dritten keine strafbewehrte Unterlassungserklärung abgegeben hat. Hier können individuelle Aspekte eine Rolle spielen, die nicht zwingend darauf schließen lassen, dass generell keine Bereitschaft zur Unterwerfung besteht (hM, vgl. Teplitzky Kap. 41 Rn. 27).

8. Für den Antragsteller kann eine vorherige Abmahnung unzumutbar sein, wenn zusätzlich zur Unterlassung auch die Sequestration von Produktpiraterieware oder von rechtswidrig nachgeahmter Ware geltend gemacht wird (OLG Hamburg WRP 2006, 1262; OLG Frankfurt GRUR 2006, 264; *Köhler/Bornkamm/Feddersen* UWG § 12 Rn. 1.61; dazu *Amschewitz* WRP 2012, 401). Denn in diesen Fällen besteht die Gefahr, dass der Abgemahnte als Reaktion auf die Abmahnung die Ware beiseite oder außer Landes schafft. Die Abmahnung soll – Ausnahme von der Ausnahme – jedoch dann nicht entbehrlich gewesen sein, wenn der Sequestrationsantrag mangels der dafür erforderlichen Voraussetzungen zurückgewiesen worden ist (OLG Frankfurt GRUR-RS 2015, 14743). Die Unzumutbarkeit einer Abmahnung kann ausnahmsweise auch bei extremer Dringlichkeit zu bejahen sein (*Köhler/Bornkamm/Feddersen* UWG § 12 Rn. 1.59). Als überwiegend zumutbar wird eine Abmahnung jedoch selbst in Messesachen angesehen (OLG Frankfurt GRUR 1984, 693; OLG Köln WRP 1986, 626). Da eine Abmahnung heute auch per Telefax oder per E-Mail versandt oder auch per Telefon ausgesprochen werden kann und da bei besonderer Eilbedürftigkeit auch unter Setzung einer kurzen, nach Stunden bemessenen Frist (so OLG Köln WRP 1986, 626 (627)) abgemahnt werden kann, wird es regelmäßig keine Fälle geben, in denen die Abmahnung wegen besonderer Dringlichkeit als unzumutbar angesehen werden kann (Teplitzky Kap. 41 Rn. 33; *Köhler/Bornkamm/Feddersen* UWG § 12 Rn. 1.60). Fraglich ist, wie der Fall zu beurteilen ist, dass ein Unternehmen wiederholt ähnliche Verstöße begeht und sich dann stets auf Abmahnung hin sofort unterwirft (vgl. KG WRP 1988, 167 – Abmahnungspflicht bejaht, gegen Teplitzky Kap. 41 Rn. 39 f. – Abmahnungspflicht verneint). Es empfiehlt sich hier, wie in allen anderen fraglichen Fällen, sicherheitshalber eine Abmahnung auszusprechen oder zu versenden, und zwar je nach den Umständen des Falles mit einer sehr kurzen Fristsetzung.

Fristen und Rechtsmittel

9. Über einen Kostenwiderspruch ist nach mündlicher Verhandlung durch Urteil zu entscheiden, gemäß § 128 Abs. 3 ZPO kann das Gericht allerdings auch ohne mündliche Verhandlung entscheiden. Damit stellt sich die Frage nach dem Rechtsbehelf gegen ein solches Urteil. Da ein Urteil über einen Kostenwiderspruch nur über die Kosten entscheidet, soll dieses Urteil in analoger Anwendung des § 99 Abs. 2 ZPO mit der sofortigen Beschwerde anzugreifen sein (OLG Frankfurt WRP 2015, 235; OLG Saarbrücken MDR 2015, 1154; *Köhler/Bornkamm/Feddersen* UWG § 12 Rn. 3.43; Teplitzky Kap. 55 Rn. 13). Die sofortige Beschwerde ist gemäß § 569 Abs. 1 ZPO binnen einer Notfrist von zwei Wochen einzulegen.

Kosten und Gebühren

10. Für die Einlegung des Kostenwiderspruchs fallen Verfahrens- und Terminsgebühren nicht aus dem Streitwert des Verfügungsverfahrens an, sondern aus dem Streitwert des Kosteninteresses (hM, BGH WRP 2013, 1484; Zöller/*Herget* ZPO § 91 Rn. 13 „Kostenwiderspruch"; OLG Hamburg MDR 2009, 174). Dies sind die Kosten, die bis zur Einlegung des Widerspruchs angefallen sind (Ahrens/*Singer* Kap. 54 Rn. 37; OLG Nürnberg NJW-RR 2013, 635). Die Kosten des Antragsgegners für anwaltliche Beratung, die zur Einlegung des Kostenwiderspruchs führt, sind keine erstattungsfähigen Kosten des Rechtsstreits (BGH WRP 2013, 1484). Hat keine mündliche Verhandlung stattgefunden, fällt keine Terminsgebühr an. VV 3104 Abs. 1 Nr. 1 RVG findet keine Anwendung (OLG Frankfurt GRUR-RR 2007, 62 (63)).

11. Wettbewerbsrechtliche Klage

Landgericht
– Kammer für Handelssachen –[1]

Klage[2]

der A-GmbH – Klägerin –

Prozessbevollmächtigter: ......

gegen

die B-GmbH – Beklagte –

Prozessbevollmächtigter:[3] ......

wegen unlauteren Wettbewerbs

Streitwert: ...... EUR[4]

Namens und in Vollmacht der Klägerin erhebe ich Klage und werde beantragen:

I. Die Beklagte wird verurteilt,
   1. es bei Meidung eines für jeden Fall der Zuwiderhandlung vom Gericht festzusetzenden Ordnungsgeldes bis zu 250.000 EUR, ersatzweise Ordnungshaft, oder einer Ordnungshaft bis zu sechs Monaten, wobei die Ordnungshaft an ihrem jeweiligen gesetzlichen Vertreter zu vollziehen ist und insgesamt zwei Jahre nicht übersteigen darf, zu unterlassen,[5,6] mit Ergebnissen von Geschmackstests wie nachstehend wiedergegeben zu werben:
      (es folgt Einblendung der Anzeige);[7,8]
   2. der Klägerin Auskunft darüber zu erteilen, in welchem Umfang die Beklagte die vorstehend in Ziffer I.1. bezeichneten Handlungen begangen hat, und zwar unter Angabe der Art, des Zeitpunkts und der Anzahl der Werbemaßnahmen.[9]
II. Es wird festgestellt, dass die Beklagte verpflichtet ist, der Klägerin allen Schaden zu ersetzen, der dieser durch die vorstehend in Ziffer I.1. bezeichneten Handlungen entstanden ist und künftig noch entstehen wird.[10,11]
III. Die Kosten des Rechtsstreits trägt die Beklagte.[12]

11. Wettbewerbsrechtliche Klage — A. 11

IV. Das Urteil ist, notfalls gegen Sicherheitsleistung (Bankbürgschaft), vorläufig vollstreckbar.[12]

Begründung:[13]

Die Parteien sind Wettbewerber auf dem „Fast Food"-Markt. Beide vertreiben ua Hamburger über Franchise-Systeme. Eines der Hauptprodukte der Beklagten ist der „W." während ein wesentliches Produkt der Klägerin der „B.M." ist. Die Beklagte schaltete – wenigstens – in der S.-Zeitung vom 28.9.2017 eine Anzeige, in der unter der Überschrift „Satte Mehrheit!" ein Säulendiagramm dargestellt ist, bei dem die „W."-Säule mit 63 % der „B.M."-Säule mit 38 % gegenübersteht.

Die Prozentbezeichnung ist mit einem *-Hinweis erläutert. Danach schmeckt nach einer bei „I." in Auftrag gegebenen Umfrage 62 % der Testpersonen der „W." besser als der „B.M." der Klägerin.

Beweis: Kopie der entsprechenden Seite aus der S.-Zeitung, Anlage K 1

Die Beklagte wurde vorprozessual mit Anwaltsschreiben vom 15.10.2017 abgemahnt, hat jedoch mit Telefax vom 20.10.2017 die Abgabe einer strafbewehrten Unterlassungserklärung abgelehnt, womit Veranlassung zur Klage gegeben ist.

Beweis: Kopie der Schreiben vom 15.10.2017 und 20.10.2017, Anlagen K 2 und K 3

Diese Werbung der Beklagten ist eine unzulässige vergleichende Werbung (§§ 3 Abs. 1, 6 Abs. 1 und Abs. 2 Nr. 1 UWG). Im Einzelnen:

1. Bei der angegriffenen Anzeige handelt es sich um eine unzulässige Erscheinungsform vergleichender Werbung. Die Werbung macht die von der Klägerin angebotenen Produkte unmittelbar erkennbar, § 6 Abs. 1 UWG. Die Voraussetzungen, die § 6 Abs. 2 UWG für die Zulässigkeit einer vergleichenden Werbung aufstellt, sind jedoch nicht erfüllt. Denn der Vergleich ist nicht objektiv auf eine oder mehrere wesentliche, relevante, nachprüfbare und typische Eigenschaften von Waren bezogen, § 6 Abs. 2 Nr. 2 UWG.
Zu solchen Eigenschaften gehört nicht der Geschmack eines Produkts, der keine Eigenschaft der Hamburger selbst ist. Die Produkte sind insoweit nur Reflexions- oder Projektionsfläche von Vorstellungen und subjektiven Einstellungen des einzelnen befragten Verbrauchers. Dieses Verbraucherempfinden beinhaltet aber keine Feststellungen über das verglichene Produkt, sondern über die geschmacklichen Präferenzen der in den Geschmackstest einbezogenen Verbraucher.[14]

2. Das Verhalten der Beklagten ist eine geschäftliche Handlung (§ 2 Abs. 1 Nr. 1 UWG). Die Werbung der Beklagten hat selbstverständlich das Ziel, zugunsten des eigenen Unternehmens den Absatz der Produkte der Beklagten zu fördern. Die Werbung wurde in der S.-Zeitung geschaltet, die mehr als 500.000 Leser pro Tag hat und im gesamten süddeutschen Raum bezogen wird. Die Klägerin ist ebenso wie die Beklagte im Bereich „Fast Food" tätig und damit als Mitbewerberin gemäß § 8 Abs. 3 UWG befugt, wettbewerbsrechtliche Ansprüche gegen die Beklagte geltend zu machen. Der Unterlassungsanspruch der Klägerin folgt aus § 8 Abs. 1, Abs. 3 Nr. 1 UWG iVm §§ 3, 6 Abs. 2 Nr. 2 UWG.[15]

3. Der Anspruch auf Schadensersatz ergibt sich aus §§ 9, 3, 6 Abs. 2 Nr. 2 UWG. Da das Produkt der Beklagten direkt mit dem Produkt der Klägerin verglichen wird, ist ein Schadenseintritt bei der Klägerin zumindest sehr wahrscheinlich. Die Beklagte handelte auch zumindest schuldhaft, da sie bei Beachtung der im Verkehr erforderlichen Sorgfalt ohne weiteres die Wettbewerbswidrigkeit der beanstandeten Werbung hätte erkennen können. Die Beklagte hat zudem das Produkt der Klägerin gezielt zum

Vergleich herangezogen. Da die Klägerin die Höhe des Schadens ohne die geforderte Auskunft noch nicht beziffern kann, ist das für den Feststellungsantrag erforderliche Feststellungsinteresse (§ 256 Abs. 1 ZPO) gegeben. Rechtsgrundlage für den weiter geltend gemachten Auskunftsanspruch ist § 242 BGB.

4. Die S.-Zeitung wird im gesamten Bundesgebiet vertrieben, also auch im Gerichtsbezirk. Das angerufene Gericht ist somit örtlich zuständig.[16]

5. Der Gerichtskostenvorschuss wird mit anliegendem Verrechnungsscheck gezahlt.[17, 18]

Rechtsanwalt

Schrifttum: *Ahrens*, Der Wettbewerbsprozess, 9. Aufl. 2016; *Bergmann*, Zur alternativen und kumulativen Begründung des Unterlassungsantrags im Wettbewerbsrecht, GRUR 2009, 224; *Berneke*, Der enge Streitgegenstand von Unterlassungsklagen des gewerblichen Rechtsschutzes und des Urheberrechts in der Praxis, WRP 2007, 579; *Büscher*, Klagehäufung im Gewerblichen Rechtsschutz – alternativ, kumulativ, eventuell?, GRUR 2012, 16; *Krüger*, Folgeprobleme zu BGH-TÜV I, WRP 2011, 1504; *Krüger*, Plädoyer für eine behutsame Ausweitung des Streitgegenstandsbegriffes, GRUR-Prax 2015, 479; *Schubert*, Klageantrag und Streitgegenstand bei Unterlassungsklagen, ZZP 85, 1972, 29; *Stieper*, Klagehäufung im Gewerblichen Rechtsschutz – alternativ, kumulativ, eventuell?, GRUR 2012, 5; *Teplitzky*, Klageantrag und konkrete Verletzungsform, WRP 1999, 75; *Teplitzky*, Zum Streitgegenstand der wettbewerbsrechtlichen Unterlassungsklage, WRP 2010, 181; *Teplitzky*, Wie weit führt der „erste Schritt"? – Anmerkungen zur Streitgegenstandserweiterung im BGH-Urteil „Branchenbuch Berg", WRP 2012, 261; *v. Ungern-Sternberg*, Grundfragen des Streitgegenstands bei wettbewerbsrechtlichen Unterlassungsklagen (Teil 1), GRUR 2009, 901; (Teil 2), GRUR 2009, 1009; *v. Ungern-Sternberg*, Grundfragen des Klageantrags bei urheber- und wettbewerbsrechtlichen Unterlassungsklagen – Teil I, GRUR 2011, 375, und Teil II, GRUR 2011, 486; s. ergänzend die Nachweise in → Form. A.1 und → Form. A.4.

Anmerkungen

1. Zur Zuständigkeit → Form. A.4 Anm. 2. Bei der Werbung in Presseerzeugnissen besteht die Wiederholungsgefahr im gesamten Verbreitungsgebiet.

2. Inhaltlich sind Klagen in der Hauptsache beinahe stets auf die wettbewerbsrechtliche Trias gerichtet: Unterlassung, Auskunft, Feststellung der Schadensersatzpflicht. Hieran orientiert sich auch das Formular.

3. Weiß der Kläger, dass der Beklagte einen Prozessbevollmächtigten bestellt hat, so sollte er dies in der Klageschrift angeben, damit die Zustellung der Klage gemäß § 176 ZPO an diesen erfolgen kann.

4. Die Klageschrift soll den Streitwert angeben (§ 253 Abs. 3 ZPO). Von diesem hängen die sachliche Zuständigkeit des Gerichts, die Zulässigkeit eines Rechtsmittels sowie die Höhe der Gerichts- und Anwaltskosten ab. Der Streitwert wird vom Gericht nach freiem Ermessen festgesetzt (§ 3 ZPO); Parteiangaben haben lediglich indizielle Bedeutung (BGH GRUR 1986, 93 (94) – Berufungssumme; OLG München WRP 2008, 972 (976)). Ausschlaggebend ist allein das wirtschaftliche Interesse des Klägers an der Anspruchsverwirklichung (BGH GRUR 1990, 1052 (1053) – Streitwertbemessung). Bewertungsmaßstäbe sind insbesondere die Gefährlichkeit („Angriffsfaktor") des Wettbewerbsverstoßes, der drohende Schaden (Umsatzeinbußen) und der Verschuldensgrad (KG WRP 2010, 789). Klagt der unmittelbar Verletzte, ist allein sein Eigeninteresse unter Außerachtlassung möglicher Interessen Dritter oder der Allgemeinheit anzusetzen (BGH GRUR 1977, 748 (749) – Kaffee-Verlosung II). Bei Klagen von Wettbewerbsverbänden

11. Wettbewerbsrechtliche Klage A. 11

ist das Interesse eines gewichtigen Mitbewerbers an der begehrten Unterlassung maßgebend (BGH GRUR 1998, 958; OLG München WRP 2008, 972).

Auf das Interesse der Verbraucher ist bei Klagen von Verbraucherverbänden abzustellen. Hier werden häufig keine finanziellen, sondern immaterielle Interessen eine Rolle spielen, die – wie bei möglicher Gesundheitsgefährdung – einen hohen Streitwert rechtfertigen können.

Der Streitwert wird durch Beschluss festgesetzt, und zwar für jeden Klageantrag gesondert (eine entsprechende Aufteilung bereits in der Klage- bzw. Antragsschrift ist daher sinnvoll). Die Gerichte und Instanzen schätzen mangels greifbarer Maßstäbe den Streitwert oft sehr verschieden ein. Auch wenn Regelstreitwerte prinzipiell unvereinbar mit § 3 ZPO sind (*Köhler/Bornkamm/Feddersen* UWG § 12 Rn. 5.3a), bewegen sich die Streitwerte in Wettbewerbsstreitigkeiten regelmäßig in einer bestimmten Bandbreite, nämlich für den Unterlassungsantrag 20.000 EUR bis 500.000 EUR (häufiger pauschal 50.000 EUR oder 100.000 EUR), für den Schadensersatzfeststellungsantrag $^1/_4$–$^1/_5$ des Unterlassungsantrags und für den Auskunfts- und Rechnungslegungsantrag $^1/_{10}$–$^1/_2$ des Schadensersatzfeststellungsantrags (vgl. *Köhler/Bornkamm/Feddersen* UWG § 12 Rn. 5.13 f.; OLG Köln GRUR 1998, 724). In Fällen durchschnittlicher Bedeutung (nur regionale Auswirkungen des Wettbewerbsverstoßes, Unternehmen kleiner oder mittlerer Größenordnung) wird der Streitwert des Unterlassungsantrags üblicherweise bei 25.000 EUR bis 50.000 EUR, liegen; Streitwerte von mindestens 50.000 EUR bis 250.000 EUR und mehr sind dagegen bei bundesweiter Werbung großer Unternehmen oder wenn es um Vertriebsverbote geht, angemessen.

5. Zur Strafandrohung → Form. A.4 Anm. 11.

6. Neben dem Unterlassungsanspruch steht dem Kläger auch der Beseitigungsanspruch gemäß § 8 Abs. 1 UWG zu. Der Beseitigungsanspruch, der mit dem Unterlassungsanspruch zusammen die wettbewerbsrechtlichen Abwehransprüche bildet, war auch schon vor seiner ausdrücklichen Nennung in § 8 Abs. 1 UWG gewohnheitsrechtlich anerkannt und ergab sich aus der analogen Anwendung von § 1004 BGB (BGH WRP 2001, 546 (548) – SPA; vgl. *Köhler/Bornkamm/Feddersen* UWG § 8 Rn. 1.69 ff.). Der Beseitigungsanspruch ist dem – auch nicht schuldhaft handelnden – Verletzer (→ Form. A.1 Anm. 3) gegenüber gegeben, solange der Störungszustand besteht (BGH WRP 1993, 396 (398) – Maschinenbeseitigung). Auch Verjährung tritt nicht ein, solange der Störungszustand besteht (Dauerhandlung). Der Anspruch entfällt, wenn der Gläubiger zur Duldung verpflichtet ist (dazu *Köhler/Bornkamm/Feddersen* UWG § 8 Rn. 1.41). Für den Antrag ist die wettbewerbsrechtliche Besonderheit zu beachten, dass der Gläubiger die gewünschte Beseitigungsmaßnahme inhaltlich zu konkretisieren hat, während im sonstigen Zivilrecht überwiegend vertreten wird, dass es dem Schuldner überlassen bleiben müsse, auf welche Art und Weise er den Störungszustand beseitige (Teplitzky Kap. 24 Rn. 2 ff. mwN).

Gegenüber geschäftsehrverletzenden Äußerungen steht dem Geschädigten uU ein Widerrufsanspruch zu. Dieser setzt jedoch die Behauptung einer Tatsache voraus, einer Äußerung also, die im Prinzip dem Wahrheitsbeweis zugänglich ist, was sich nach dem Inhalt, so wie er von den angesprochenen Verkehrskreisen verstanden wird, bestimmt (BGH GRUR 1988, 402 (403) – Mit Verlogenheit zum Geld). Gegen Werturteile ist dagegen nur die Unterlassungsklage zulässig (stRspr, etwa BGH GRUR 1992, 527 (529) – Plagiatsvorwurf II). Ein Widerruf kommt nur bei objektiv unwahren Behauptungen in Frage, nicht jedoch, wenn der Kläger ernsthafte Anhaltspunkte für die Wahrheit der Behauptung nicht ausgeräumt hat (vgl. näher *Ohly/Sosznitza* UWG § 8 Rn. 73 ff.). Schließlich muss der Widerruf geeignet und erforderlich sein, die fortdauernde Ansehensminderung zu beseitigen oder wenigstens zu mildern (BGH GRUR 1970, 254 (256) – Remington), sowie für den Beklagten zumutbar. Hierfür ist eine Interessenabwägung vorzunehmen, in die Art und Schwere der unwahren Behauptung, Intensität der Störung usw. einzustellen sind (BGH GRUR 1992, 527 (528) – Plagiatsvorwurf II mwN).

Str. ist, ob die Vollstreckung des Widerrufs nach § 888 ZPO oder gemäß § 894 ZPO zu erfolgen hat (→ Form. A.25 Anm. 4). Klage auf Feststellung der Unwahrheit oder Rechtswidrigkeit einer Äußerung ist hM zufolge nicht möglich (BGH NJW 1977, 1288).

Privilegiert sind aus Gründen der Rechtsstaatlichkeit Äußerungen, die der Rechtswahrung in einem gerichtlichen oder behördlichen Verfahren dienen. Die Privilegierung gilt sowohl für Tatsachenbehauptungen, als auch im Prinzip für Werturteile. Allerdings kann hier eine – wenn auch nicht eng zu ziehende – Grenze des anerkennenswerten Interesses bestehen (so BGH GRUR 1973, 550 (551 f.) – „halbseiden").

7. Die Formulierung des Unterlassungsantrags (s. ergänzend → Form. A.4 Anm. 10) ist eines der wichtigsten, aber auch schwierigsten Probleme des Wettbewerbsrechts. Sie ist prinzipiell Sache des Klägers (BGH GRUR 2002, 86 (89) – Laubhefter), der hier Farbe bekennen muss, dh präzise mitteilen, was er eigentlich will. Generell sind bei der Antragsformulierung vor allem drei Grundsätze zu beachten:

a) Der Antrag muss bestimmt sein (§ 253 Abs. 2 Nr. 2 ZPO), um den Streitgegenstand sowie die Tragweite des begehrten Verbots und die Grenzen der Rechtshängigkeit sowie der Rechtskraft festzulegen (BGH GRUR 2011, 521 – TÜV I). Die Unbestimmtheit des Klageantrags ist auch noch im Revisionsverfahren von Amts wegen zu berücksichtigen (BGH GRUR 2011, 152 Rn. 57 – Kinderhochstühle im Internet). Die Verwendung von Begriffen der Rechts- oder Alltagssprache ist zulässig, wenn im konkreten Fall ihr Sinngehalt nicht zweifelhaft und zwischen den Parteien nicht streitig ist (BGH GRUR 1991, 254 (256) – Unbestimmter Unterlassungsantrag I). An der Bestimmtheit fehlt es dagegen regelmäßig, wenn lediglich der Gesetzestext wiedergegeben wird (BGH WRP 2000, 389 – gesetzeswiederholende Unterlassungsanträge). Als hinreichend bestimmt wurden zB angesehen „Sportartikel" (BGH GRUR 1984, 593 (594) – adidas-Sportartikel), „im geschäftlichen Verkehr" (BGH GRUR 1962, 310 (313) – Gründerbildnis), „markenmäßig" (BGH GRUR 1991, 138 – Flacon), „schlussverkaufsfähige Ware" (BGH GRUR 1987, 171 – Schlussverkaufswerbung I), nicht dagegen: „unmissverständlich" (außer zur Klarstellung: BGH WRP 1999, 1035 – Kontrollnummernbeseitigung), „mit . . . . . . verwechslungsfähig" (BGH GRUR 1963, 430 (431) – Erdener Treppchen; BGH GRUR 1979, 859 (860) – Hausverbot II), „Eindruck erwecken" (BGH GRUR 1962, 310 (313) – Gründerbildnis), „Bestellungen, auf die wie in den mit der Klage beanstandeten Fällen deutsches Recht anwendbar ist" (BGH GRUR 1992, 561 (562) – Unbestimmter Klageantrag II), „andere Reklamegegenstände von mehr als geringem Wert" (OLG Frankfurt WRP 1979, 67 (68)); weitere Beispiele bei *Ohly/Sosnitza* UWG § 12 Rn. 62 ff. sowie *Köhler/Bornkamm/Feddersen* UWG § 12 Rn. 2.37 ff. Bei der Werbung kommt es häufig auf den Gesamteindruck an, so dass sich empfiehlt, eine entsprechende Abbildung (zB Prospektblatt) im Antrag wiederzugeben. Das gleiche gilt in Nachahmungsfällen für die Produktbeschreibung (vgl. BGH GRUR 1986, 673 – Beschlagprogramm; BGH GRUR 1988, 690 – Kristallfiguren). Bei einem TV-Werbespot müssen Bildsequenz und Storyboard in den Antrag aufgenommen werden, wenn eine verbale Beschreibung nicht ausreicht. Bei Computerprogrammen kann die Beifügung eines Datenträgers erforderlich sein (vgl. BGH GRUR 1991, 449 (450) – Betriebssystem). Bei Betriebsgeheimnissen (§ 17 UWG) ist in der Regel eine detaillierte Beschreibung zur Identifizierung des Know-hows im Antrag selbst erforderlich (BGH GRUR 1961, 40 (42) – Wurftaubenpresse), jedoch im Interesse des Geheimnisschutzes nur insoweit als dies für die Zwangsvollstreckung unerlässlich ist (BGH GRUR 1961, 40 (41) – Wurftaubenpresse; BGH GRUR 2008, 727 – Schweißmodulgerät).

11. Wettbewerbsrechtliche Klage   A. 11

b) Hinsichtlich aller im Antrag beschriebenen Handlungsalternativen ist Wiederholungs- bzw. Erstbegehungsgefahr erforderlich, andernfalls besteht kein Unterlassungsanspruch und der Antrag ist unbegründet.

Am einfachsten und sichersten ist es, im Unterlassungsantrag die sog. konkrete Verletzungsform zu beschreiben, dh diejenigen tatsächlichen Merkmale der (erfolgten oder unmittelbar bevorstehenden) Verletzungshandlung, die den Tatbestand der Verbotsnorm erfüllen. Beispiele: „...... es zu unterlassen, wie in der nachstehend wiedergegebenen Anzeige *(es folgt eine Einblendung der Anzeige)* zu werben".

Der Nachteil dieses Vorgehens ist, dass der Beklagte später uU durch eine geringfügige Abweichung hiervon aus dem Verbotsbereich des Tenors herauskommen kann. Der Kläger ist deshalb an einem allgemeiner gefassten Verbot interessiert. Eine solche Verallgemeinerung ist grundsätzlich zulässig, da sich die durch einen Wettbewerbsverstoß begründete Wiederholungsgefahr auch auf alle im Kern gleichartigen Verletzungsformen erstreckt (sog. „Kerntheorie", BGH GRUR 2010, 749 – Erinnerungswerbung im Internet; *Köhler/Bornkamm/Feddersen* UWG § 12 Rn. 2.44 mwN). Voraussetzung ist jedoch, dass in der Verallgemeinerung noch das Charakteristische (der Kern) des festgestellten konkreten Verletzungstatbestands zum Ausdruck kommt. Instruktiv hierzu BGH GRUR 1984, 593 – adidas-Sportartikel: Der BGH hat die Verallgemeinerung von in der Werbung näher bezeichneten adidas-Sportartikel auf „adidas-Sportartikel" nicht als zu weitgehend und als noch im Kernbereich liegend angesehen, dagegen die Erweiterung des Antrags auf „Sportartikel" (ohne Markennennung) als eine Verfehlung des Charakteristischen der Verletzungshandlung beurteilt. Charakteristisch an der Werbung mit „adidas-Sportartikel" war gerade die Herausstellung der bekannten Marke, da nur von dieser der erstrebte Lockvogeleffekt ausgehen konnte (instruktiv und mit weiteren Beispielsfällen auch *Teplitzky* WRP 1999, 75 (76)). Zulässig ist daher die häufig verwendete Formulierung „wörtlich oder sinngemäß" (BGH GRUR 1977, 114 (115) – VUS; vgl. aber OLG Koblenz GRUR 1988, 142 (143)). Zur Möglichkeit und Problematik von Verallgemeinerungen vgl. im einzelnen *Köhler/Bornkamm/Feddersen* UWG § 12 Rn. 2.44. Für außerhalb des Kernbereichs liegende Handlungen muss – falls sie in den Unterlassungsantrag einbezogen werden sollen – ggf. Erstbegehungsgefahr gesondert begründet werden.

Für den Kläger bzw. dessen Rechtsanwalt besteht jedoch die Gefahr, im Antrag über die Beschreibung kerngleicher Handlungen hinauszugehen. Praktisch bewährt hat sich daher der „Insbesondere"-Zusatz, durch den der Kläger im Rahmen eines verallgemeinert formulierten Antrags am Beispiel der konkreten Verletzungsform das Charakteristische der Verletzung verdeutlicht (BGH GRUR 1991, 772 (773) – Anzeigenrubrik I; *Kurtze*, FS Nirk, 1992, S. 571). Der Insbesondere-Zusatz hat quasi die Funktion eines Hilfsantrags: Hält das Gericht das als Obersatz formulierte verallgemeinernde Klagebegehren für zu weit gehend, kann notfalls der Inhalt des Insbesondere-Zusatzes allein zugesprochen werden (BGH GRUR 2011, 444 – Flughafen Frankfurt-Hahn; BGH GRUR 2011, 82 Rn. 37 – Preiswerbung ohne Umsatzsteuer; BGH WRP 2012, Rn. 16 – Kreditkontrolle sowie *Köhler/Bornkamm/Feddersen* UWG § 12 Rn. 2.46).

c) Der Antrag darf schließlich nicht so weit formuliert werden, dass er rechtmäßige Handlungen umfasst. Fehlerhaft unter diesem Gesichtspunkt wäre etwa die Wiedergabe eines längeren Werbetextes, in dessen Rahmen lediglich eine einzelne Aussage beanstandet wird (es sei denn, die Wiedergabe ist zur Vermittlung des Gesamteindrucks und damit zum Verständnis der inkriminierten Aussage erforderlich), oder das Verbot der Verwendung eines Firmenbestandteils schlechthin anstelle der Verwendung in einer Form, die Verwechslungen ermöglicht (BGH GRUR 1981, 61 (64) – Sitex) oder ein „und/oder"-Antrag, wenn lediglich die Kumulierung der in dieser Form angegriffenen Handlungen oder Behauptungen als verbotswidrige Verletzungsform in Betracht kommt (Teplitzky Kap. 51 Rn. 18). Um dieser Gefahr zu begegnen, werden in der Praxis bisweilen einschränkende Zusätze (zB „es sei denn, ...") verwendet. Das ist jedoch nicht zu empfehlen. Der Kläger kann durch die Unbestimmtheit des Zusatzes sogar seinen Antrag unzulässig machen (*Ohly/Sosnitza* UWG § 12 Rn. 73). Grundsätzlich ist es Sache des Beklagten, Wege zu finden, die aus dem Verbot herausführen (BGH GRUR 1989, 445 (446) – Professorenbezeichnung in der Arztwerbung I).

In diesen Zusammenhang gehört auch die Frage der räumlichen Beschränkung des Unterlassungsantrags. Die in § 8 Abs. 3 Nr. 2 UWG genannten Verbände können Unterlassungsansprüche nur dann geltend machen können, wenn ihre Mitglieder auf demselben Markt wie der Verletzer tätig sind. Ein bundesweites Verbot kann jedoch auch dann beantragt und durchgesetzt werden, wenn der Kläger nur regional begrenzt mit dem Verletzer in Wettbewerb steht (BGH WRP 1999, 421 (422) – Vorratslücken; → Form. A.4 Anm. 10 aE).

Die richtige Formulierung des Antrags ist natürlich in erster Linie Aufgabe des Klägeranwalts. Aber auch das Gericht hat nach § 139 Abs. 1 ZPO darauf hinzuwirken, dass sachdienliche Anträge gestellt werden und zu diesem Zweck, soweit erforderlich, die Antragsformulierung zusammen mit den Rechtsanwälten zu erörtern. Dem Klägeranwalt ist daher zu empfehlen, zumindest in nicht ganz einfach und klar liegenden Fällen bereits in der Klageschrift um einen richterlichen Hinweis nach § 139 ZPO zu bitten. Aber auch der Beklagtenanwalt sollte den Antrag genau prüfen. Erfahrungsgemäß gibt es fast immer etwas zu bemängeln.

8. Bei der Formulierung des Unterlassungsantrags ist zu beachten, dass ein bestimmtes Verhalten regelmäßig nur dann gegen das UWG verstößt, wenn es eine geschäftliche Handlung iSd § 2 Abs. 2 Nr. 1 UWG ist. Im Formular enthält bereits die Beschreibung der zu unterlassenden Tätigkeit das Tatbestandsmerkmal „werben" und damit die „geschäftliche Handlung". Der Begriff des „werben" ist nicht als unbestimmt anzusehen, da in aller Regel nicht zweifelhaft ist, ob eine Maßnahme als Werbung anzusehen ist oder nicht (BGH WRP 2000, 389 – Gesetzeswiederholende Unterlassungsanträge). Eine Übernahme der umständlichen Legaldefinition der Wettbewerbshandlung gem. § 2 Abs. 1 Nr. 1 UWG in den Unterlassungsantrag ist nicht praktikabel. Stattdessen sollte entweder der Begriff „geschäftliche Handlung" – soweit möglich – in den Unterlassungsantrag integriert werden, oder es sollte der Formulierung „im Zusammenhang mit der Förderung des Absatzes oder des Bezugs von Waren oder Dienstleistungen" aus der Legaldefinition des § 2 Abs. 1 Nr. 1 UWG – jeweils angepasst an die Besonderheiten des konkreten Falles – sein Bewenden haben (→ Form. A.1 Anm. 19).

9. Rechtsgrundlage des in ständiger Rechtsprechung (OLG Hamm GRUR-RR 2010, 295 (296); BGH GRUR 2001, 841 (842) – Entfernung der Herstellungsnummer II) anerkannten Auskunftsanspruchs ist § 242 BGB (*Köhler/Bornkamm/Feddersen* UWG § 9 Rn. 4.1 sowie zum Umfang Rn. 4.11; → Form. A.7 Anm. 12). Er dient dazu, dem Verletzten die Berechnung seines Schadens zu ermöglichen. Daher kommt dem Inhalt des Schadensersatzanspruchs maßgebliche Bedeutung auch für den Umfang des Auskunftspflicht zu (Teplitzky Kap. 38 Rn. 10). Der Auskunftsanspruch bezieht sich allein auf den konkreten Verletzungstatbestand (OLG München GRUR 1999, 765). Bei einer irreführenden Werbung werden regelmäßig Angaben über Art (Werbemedium), Zeitpunkt, Umfang (Zahl der Verstöße) und unter Umständen auch Empfänger der Werbung genügen (*Köhler/Bornkamm/Feddersen* UWG § 9 Rn. 4.11; BGH GRUR 1961, 288 (293) – Zahnbürsten; BGH GRUR 1965, 313 (314) – Umsatzauskunft; BGH GRUR 1978, 52 (53) – Fernschreibverzeichnisse; BGH GRUR 1987, 647 (648) – Briefentwürfe). Dazu kann auch eine Aufgliederung in Einzelakte gehören (BGH GRUR 1981, 286 (288) – Goldene Karte I). Angaben zum Umsatz des Verletzers können regelmäßig nicht verlangt werden, da für die Schadensberechnung nicht erforderlich: eine eventuelle Umsatzsteigerung des Verletzers muss nicht auf Kosten des Verletzten gegangen sein (Teplitzky Kap. 38 Rn. 18; vgl. aber BGH GRUR 1982, 489 (490) – Korrekturflüssigkeit).

11. Wettbewerbsrechtliche Klage A. 11

Anders dagegen dort, wo die dreifache Schadensberechnung zugelassen ist (Nachahmungsfälle → Form. A.12). Hier benötigt der Verletzte zur Berechnung des Schadensersatzes auf der Basis der Lizenzanalogie oder der Herausgabe des Verletzergewinns Angaben über den Verletzerumsatz sowie Herstellungskosten oder Ein- und Verkaufspreise des Verletzers (*Köhler/Bornkamm/Feddersen* UWG § 9 Rn. 4.26; BGH GRUR 1965, 313 (314) – Umsatzauskunft; BGH GRUR 1977, 491 (494) – Allstar).

Eine Mitteilung der Namen seiner Abnehmer ist dem Verletzer jedoch gewöhnlich nur zuzumuten, wenn er seine Angaben einem zur Berufsverschwiegenheit verpflichteten vereidigten Wirtschaftsprüfer machen kann, der ermächtigt und verpflichtet ist, dem Verletzten auf Anfrage mitzuteilen, ob in dem Verzeichnis ein oder mehrere bestimmte Abnehmer enthalten sind (*Köhler/Bornkamm/Feddersen* UWG § 9 Rn. 4.19; BGH GRUR 1978, 52 (53) – Fernschreibverzeichnisse). Einen Anspruch hierauf hat der Schuldner jedoch nicht; es entscheidet vielmehr eine Interessenabwägung (BGH GRUR 1981, 535 – Wirtschaftsprüfervorbehalt; BGH NJWE-WettbR 1997, 230 (231)). Die Anordnung kann von Amts wegen geschehen (BGH GRUR 1981, 535 – Wirtschaftsprüfervorbehalt; BGH NJWE-WettbR 1999, 139). Der Vorbehalt stellt kein Minus gegenüber dem normalen Auskunftsbegehren dar, sondern eine nach § 242 BGB gebotene Modifizierung, so dass er nicht zu einer Teilabweisung (und damit auch nicht zu einer Kostenbelastung) des Klägers führt (Teplitzky Kap. 38 Rn. 31; BGH GRUR 1978, 52 (53) – Fernschreibverzeichnisse). Formulierungsvorschlag:

> „...... ferner dem Kläger die Namen und Anschriften der Abnehmer der ...... (Ware) ...... mitzuteilen. Der Beklagte kann diese Angaben einem vom Kläger zu benennenden, zur Verschwiegenheit verpflichteten vereidigten Wirtschaftsprüfer machen, sofern er diesen ermächtigt und verpflichtet, dem Kläger auf Antrag mitzuteilen, ob darin ein oder mehrere bestimmte Abnehmer enthalten sind. Macht der Beklagte von dieser Befugnis Gebrauch, so hat er die Kosten des Wirtschaftsprüfers zu übernehmen."

Der Auskunftsanspruch kann auch der Vorbereitung und Durchsetzung eines Anspruchs auf Beseitigung eines fortdauernden Störungszustands dienen (*Köhler/Bornkamm/Feddersen* UWG § 9 Rn. 4.25; → Anm. 6). Beispiel ist die Richtigstellung einer wettbewerbswidrigen Behauptung gegenüber allen Adressaten (BGH GRUR 1970, 254 (257) – Remington; BGH GRUR 1987, 647 (648) – Briefentwürfe; BGH GRUR 1995, 427 (429) – Schwarze Liste; BGH GRUR 1972, 558 (560) – Teerspritzmaschinen; BGH NJW 1996, 197 (198) – Computerprogramm). Hier kann der Verletzte die Angabe der Namen und Anschriften der Empfänger verlangen.

Als akzessorischer Anspruch unterliegt der Auskunftsanspruch der gleichen Verjährung wie der Hauptanspruch (Schadensersatz- oder Beseitigungsanspruch), dessen Vorbereitung und Verwirklichung er dient (BGH GRUR 1972, 558 (560) – Teerspritzmaschinen). Die Auskunft ist grundsätzlich schriftlich zu erteilen (Teplitzky Kap. 38 Rn. 36) und wird nach §§ 887, 888 ZPO vollstreckt, → Form. A.25 Anm. 4 (Teplitzky Kap. 38 Rn. 36). Sollte der Auskunftsanspruch einen gesetzlichen Schadensersatzanspruch vorbereiten, so ist dieser nicht auf den Zeitraum ab der ersten vom Kläger nachgewiesenen oder schlüssig vorgetragenen Verletzungshandlung beschränkt (*Köhler/Bornkamm/Feddersen* UWG § 9 Rn. 4.11; BGH GRUR 2010, 623 – Restwertbörse). Dies gilt auch für vertragliche Auskunftspflichten (Unterwerfungsvertrag → Form. A.2): BGH GRUR 1992, 61 (64) – Preisvergleichsliste.

Abweichend von der Rechtslage bei der Verpflichtung zur Rechnungslegung kann die Beifügung von Belegen nicht verlangt werden (*Köhler/Bornkamm/Feddersen* UWG § 9 Rn. 4.31). Bei wettbewerbsrechtlichen Ansprüchen (Ausnahme: Nachahmung → Form. A.12), besteht grundsätzlich kein Rechnungslegungsanspruch (*Köhler/Bornkamm/Feddersen* UWG § 9 Rn. 4.7b).

Erteilt der Beklagte (während des Prozesses) Auskunft, muss der Kläger den Auskunftsantrag für erledigt erklären; ein Übergang zur bezifferten Leistungsklage ist jedoch regelmäßig nicht erforderlich (BGH GRUR 1978, 187 (188) – Alkoholtest; BGH GRUR 1987, 524 (525) – Chanel No. 5 II; Zöller/*Greger* ZPO § 256 Rn. 7c).

10. Schadensersatzansprüche können nur vom Mitbewerber, nicht von den nach § 8 Abs. 3 Nr. 2–4 UWG klagebefugten Verbänden, Einrichtungen und Kammern geltend gemacht werden. § 8 Abs. 3 UWG berechtigt die dort Genannten lediglich zur Geltendmachung von *Unterlassungs*-, nicht auch von *Schadensersatz*ansprüchen. Regelmäßig kann der Kläger im Zeitpunkt der Klageerhebung seinen Schaden noch nicht insgesamt beziffern, da er den Umfang der Verletzungshandlungen nicht kennt (vgl. BGH GRUR 1993, 55 (56) – Tchibo/Rolex II). Üblich ist deshalb die Feststellungsklage. Das Feststellungsinteresse (§ 256 Abs. 1 ZPO) ist auch hinsichtlich künftiger Schadensfolgen gegeben, wenn diese – sei es auch nur entfernt – möglich, ihre Art, ihr Umfang oder sogar ihr Eintritt aber noch ungewiss sind (BGH GRUR 1992, 559 – Mikrofilmanlage). Auf die Wahrscheinlichkeit einer Schadensentstehung kommt es insoweit nicht an; sie ist erst bei der Begründetheit zu prüfen (BGH GRUR 1992, 559 – Mikrofilmanlage). Das Feststellungsinteresse besteht grundsätzlich auch dann fort, wenn der Kläger im Laufe des Rechtsstreits einen Leistungsantrag stellen könnte (KG OLG-Report 1998, 321; anders bei Vorliegen besonderer Umstände OLG München MD 1998, 531). Das Interesse an einer „alsbaldigen" Feststellung (§ 256 Abs. 1 ZPO) ergibt sich aus dem Umstand, dass auch der wettbewerbsrechtliche Schadensersatzanspruch gemäß § 11 UWG der kurzen Verjährung unterliegt; die Verjährungsfrist beginnt auch dann, wenn der Gläubiger über Umfang und Höhe des Schadens noch im ungewissen ist (BGH GRUR 1984, 820 (822) – Intermarkt II; BGH GRUR 1990, 221 – Forschungskosten; BGH GRUR 1974, 99 (100) – Brünova; *Ohly/Sosnitza* UWG § 11 Rn. 27). Die Feststellungsklage hemmt die Verjährung (§ 204 Abs. 1 Nr. 1 BGB).

Das Feststellungsinteresse fehlt, wenn eine Leistungs- oder eine Stufenklage gemäß § 254 ZPO (1. Stufe: Auskunft, 2. Stufe: Zahlung gemäß Auskunft) möglich und zumutbar ist (BGH NJW 1996, 2097 (2098)). Dies ist jedenfalls dann der Fall, wenn die Schadensentwicklung im Zeitpunkt der Klageerhebung bereits abgeschlossen ist bzw. sich ein weiter eintretender Schaden ohnehin allenfalls im Wege des § 287 ZPO schätzen lässt (BGH NJW 1996, 2097 (2099)). Ist dies nicht der Fall, ist eine Feststellungsklage insgesamt zulässig (BGH NJW 1984, 1552 (1554); BGH VersR 1991, 788; OLG Köln WRP 1999, 357 – Konzernsalve III; Zöller/*Greger* ZPO § 256 Rn. 7a) Kann der Kläger wegen des Wettbewerbsverstoßes die Zahlung einer Vertragsstrafe verlangen, ist ein Schadensersatzfeststellungsantrag nicht zulässig, wenn der Schadensersatzanspruch nicht über die Vertragsstrafe (die auch pauschalierter Schadensersatz ist) hinausreicht (BGH GRUR 1993, 926 – Apothekenzeitschriften).

11. Der wettbewerbsrechtliche Schadensersatzanspruch ist in § 9 UWG ausdrücklich geregelt. Der Schadensersatzanspruch setzt Verschulden (Vorsatz oder Fahrlässigkeit) voraus. Erforderlich ist, dass der Schuldner im Zeitpunkt der Verletzungshandlung die Tatsachen kannte, die den Wettbewerbsverstoß begründeten (BGH WRP 1994, 387 (390) – Indizienkette; BGH WRP 1991, 914 (916) – Kastanienmuster; BGH WRP 1992, 448 (449 f.) – Pullovermuster) und sich der Rechtswidrigkeit bewusst war. Grundsätzlich gilt ein strenger Maßstab. Der Schuldner handelt fahrlässig, wenn er bei erkennbar unklarer oder zweifelhafter Rechtslage die ihm günstigere Beurteilung aufgreift (BGH GRUR 1991, 153 – Pizza & Pasta; BGH GRUR 1992, 556 (559) – TRIANGLE). Eine günstige Rechtsauskunft exkulpiert nicht, wenn die Auskunft die Rechtslage als zweifelhaft erkennen lässt (BGH GRUR 1981, 286 (288) – Goldene Karte I).

Zur Begründetheit der Feststellungsklage genügt die Darlegung, dass der Eintritt eines Schadens nach der Lebenserfahrung wahrscheinlich ist. Es genügt eine gewisse Wahr-

11. Wettbewerbsrechtliche Klage A. 11

scheinlichkeit, die wohl regelmäßig zu bejahen ist (BGH GRUR 1974, 735 (736) – Pharmamedan; BGH GRUR 1993, 926 (927) – Apothekenzeitschrift). Mit der Feststellungsklage wird die Schadensersatzpflicht nur dem Grunde nach festgestellt. Der Schaden selbst ist gegebenenfalls gesondert einzuklagen.

Für Inhalt und Umfang des Ersatzes gelten prinzipiell die §§ 249–254 BGB. Der entgangene Gewinn ist nach § 252 BGB zu ersetzen. Das Gericht kann und muss gemäß § 287 ZPO einen Mindestschaden schätzen, wenn ein Schaden nach der Lebenserfahrung eingetreten ist und nicht jegliche Anhaltspunkte zur Schätzung fehlen (BGH GRUR 1993, 55 (59) – Tchibo/Rolex II). Der Verletzte braucht nicht darzulegen, ob Kunden und ggf. welche zum Verletzer gewechselt sind (BGH GRUR 1990, 687 (689) – Anzeigenpreis II). Ein Erfahrungssatz dahin, dass der entgangene Gewinn dem Verletzergewinn entspricht oder dass der Umsatz des Verletzers dem Verletzten zugutegekommen wäre, existiert nicht (BGH GRUR 1993, 757 (758 f.) – Kollektion „Holiday"). Naturalherstellung kann insbesondere in Abwerbungsfällen in Gestalt von zeitweiligen Beschäftigungs- oder Belieferungsverboten in Betracht kommen (*Ohly/Sosnitza* UWG § 9 Rn. 10). Als schadensersatzfähig sind auch die Kosten der Beseitigung einer Marktverwirrung, zB vermehrter Werbeaufwand anerkannt (*Ohly/Sosnitza* UWG § 9 Rn. 12; BGH GRUR 1974, 735 (736) – Pharmamedan; BGH GRUR 1979, 804 (805) – Falschmeldung; BGH GRUR 1982, 489 (491) – Korrekturflüssigkeit; BGH GRUR 1987, 364 (365) – Vier-Streifen-Schuh). Zur dreifachen Schadensberechnung (Schaden des Verletzten, Lizenzanalogie und Herausgabe des Verletzergewinns) insbesondere in Nachahmungsfällen s. *Köhler/Bornkamm/Feddersen* UWG § 9 Rn. 1.36 ff.

Zusätzlich zu den wettbewerbsrechtlichen Schadensersatzansprüchen hat die UWG-Reform 2004 den Gewinnabschöpfungsanspruch gemäß § 10 UWG zugunsten der Wirtschafts- und Verbraucherverbände sowie Einrichtungen und Kammern gemäß § 8 Abs. 3 Nr. 2, 3 und 4 UWG eingeführt. Der Gewinnherausgabeanspruch ist an drei Voraussetzungen geknüpft: Nur vorsätzlich begangene Zuwiderhandlungen kommen in Betracht. Durch die Handlungen muss einer Vielzahl von Abnehmern ein Schaden zugefügt worden sein, wobei unter den Begriff des Abnehmers nicht nur Verbraucher, sondern alle Marktteilnehmer fallen (BT-Drs. 15/1487, 24, li. Sp.). Der Handelnde muss einen Gewinn auf Kosten der Abnehmer erzielt haben. Nach der Begründung zum Regierungsentwurf soll das letztgenannte Tatbestandsmerkmal erfüllt sein, wenn der Gewinnerzielung unmittelbar ein Vermögensnachteil der Abnehmer gegenübersteht (BT-Drs. 15/1487, 24, li. Sp.). Danach soll jegliche wirtschaftliche Schlechterstellung ausreichend sein. Diese Voraussetzung soll auch dann zu bejahen sein, wenn zwar Leistung und Gegenleistung in einem angemessenen Verhältnis zueinander stehen, der Abnehmer jedoch Aufwendungen getätigt hat, die ohne die unlautere Wettbewerbshandlung nicht angefallen wären.

Von dem erzielten Gewinn sind alle Kosten abzuziehen, die die betreffenden Wettbewerbshandlungen verursacht haben. Dies sind prinzipiell nicht nur die Kosten für die Erstellung der Werbeaktion, sondern auch die Kosten für deren Einstellung und Beseitigung, Verluste infolge etwaiger Schadensersatzansprüche von Mitbewerbern, Verluste durch die etwaige Rückabwicklung von auf dem Wettbewerbsverstoß basierenden Vertragsabschlüssen, etwaige Geldstrafen (vgl. auch § 10 Abs. 2 UWG) sowie – entgegen der Gesetzesbegründung (BT-Drs. 15/1487, 24, re. Sp.) – auch die Kosten der Rechtsverteidigung, die durch die betreffende unlautere Werbung verursacht worden sind. Der nach Abzug der genannten Kosten verbleibende Gewinn ist an den Bundeshaushalt herauszugeben.

Die Gläubiger können von der zuständigen Stelle des Bundes (Bundesverwaltungsamt) die Erstattung der für die Geltendmachung des Anspruchs erforderlichen Aufwendungen (bis zur Höhe des abgeschöpften Gewinns) verlangen, § 10 Abs. 4 S. 2 UWG.

Zur Durchsetzung des Gewinnabschöpfungsanspruchs steht dem Verletzten ein Auskunftsanspruch gemäß § 242 BGB zu, dessen Umfang durch den Inhalt des Gewinnabschöpfungsanspruchs bestimmt wird (→ Anm. 9). Da im Wettbewerbsrecht der weitergehende Rechnungslegungsanspruch in den Fällen der auf den Verletzergewinn gerichteten objektiven Schadensberechnung, etwa wettbewerbswidrige Leistungsübernahme, in Betracht kommt, kann zur Durchsetzung des Gewinnabschöpfungsanspruchs nach § 10 UWG auch ein Rechnungslegungsanspruch geltend gemacht werden (vgl. auch OLG Stuttgart WRP 2007, 350 für Geltendmachung im Rahmen einer Stufenklage, § 254 ZPO). Ausgehend vom Sachverhalt, der dem Formular zugrunde liegt, könnten bei Geltendmachung des Gewinnabschöpfungsanspruchs die Anträge I.2. und II. wie folgt formuliert werden:

„2. der Klägerin Auskunft darüber zu erteilen, in welchem Umfang die Beklagte die vorstehend in Ziff. I.1. bezeichneten Handlungen begangen hat und zwar unter Angabe der Art, des Zeitpunkts und der Anzahl der Werbemaßnahmen, der einzelnen Werbeträger, deren Auflagenhöhe, Verbreitungszeitraum und Verbreitungsgebiet sowie unter Angabe der Menge der seit dem 28.9.2017 vertriebenen „W.";

3. der Klägerin über den Umfang der vorstehend in Ziff. I.1. bezeichneten Handlungen Rechnung zu legen, und zwar unter Vorlage eines Verzeichnisses mit der Angabe
a) der Menge der seit dem 28.9.2017 vertriebenen „W.", chronologisch geordnet nach Wochen und Monaten,
b) des mit „W." erzielten Umsatzes, durch eine chronologisch nach Wochen und Monaten geordnete Zusammenstellung, die die Umsatzsteuer sowie etwaig gewährte Preisnachlässe gesondert erkennen lässt;
c) der betriebenen Werbung, aufgeschlüsselt nach einzelnen Werbeträgern, deren Auflagenhöhe, Verbreitungszeitraum und Verbreitungsgebiet.
d) derjenigen Kosten, die ausschließlich für die vorstehend in Ziff. I.1. bezeichneten Handlungen, die Herstellung, den Bezug und/oder Vertrieb des „W." aufgewendet wurden, durch eine keine Abkürzungen enthaltende, chronologisch nach Wochen und Monaten geordnete Zusammenstellung, die erkennen lässt, ob die einzelnen Kosten ausschließlich für „W." aufgewendet wurden;

II. Es wird festgestellt, dass die Beklagte verpflichtet ist, den durch die vorstehend in Ziff. I.1. bezeichneten Handlungen erzielten und künftig noch zu erzielenden Gewinn an den Bundeshaushalt herauszugeben."

12. Diese Entscheidungen trifft das Gericht von Amts wegen; die Anträge sind nicht erforderlich (zur Kostenentscheidung s. § 308 Abs. 2 ZPO). Die Beklagte muss auch nicht beantragen, eine von ihr zu leistende Sicherheit durch Bankbürgschaft erbringen zu dürfen, da dies gemäß § 108 S. 2 ZPO auch ohne gerichtliche Anordnung möglich ist (zur Sicherheitsleistung → Form. A.22 Anm. 5). Sie haben sich gleichwohl in der Praxis eingebürgert und werden daher auch diesem Formular zugrunde gelegt.

13. Dem Formular liegt der Sachverhalt der Entscheidung OLG München WRP 1999, 692 – Satte Mehrheit, zugrunde.

14. Zur Frage der Behandlung von „hedonisch-sensorischen Geschmackstests" → Form. A.22 mit einer Klageerwiderung zu diesem Fall.

15. Die Anspruchsberechtigung des Mitbewerbers ergibt sich aus § 8 Abs. 3 Nr. 1 UWG (→ Form. A.1 Anm. 10).

16. → Anm. 2.

17. Die Zustellung der Klage ist abhängig von der vorherigen Einzahlung des Gerichtskostenvorschusses (§ 12 Abs. 1 S. 1 GKG). Wichtig ist dies insbesondere für die Hemmung der Verjährung, die gemäß § 204 Abs. 1 Nr. 1 BGB erst mit Erhebung der

Klage, dh der durch die Zustellung der Klageschrift bewirkten Rechtshängigkeit, eintritt (Palandt/*Heinrichs* BGB § 204 Rn. 6). Es empfiehlt sich daher die Einzahlung der drei Gerichtsgebühren parallel zur Einreichung der Klageschrift. An Gerichtskosten fallen in normalen Hauptsacheverfahren pro Instanz drei Gebühren an (KV 1210 GKG), allerdings mit Ermäßigung auf eine Gebühr bei nichtstreitiger Beendigung, insbesondere durch Vergleich (KV 1211 GKG). Wie üblich fallen für die Rechtsanwälte in der Regel bis zu 2,5 Gebühren an, die Verfahrensgebühr gemäß VV 3100 RVG und die Terminsgebühr gemäß VV 3104 RVG. Bei Abschluss eines Vergleichs unter Mitwirkung der Anwälte entsteht zusätzlich die Vergleichsgebühr gemäß VV 1003 RVG. Die Höhe der Gerichts- und Rechtsanwaltsgebühren bestimmt sich nach dem Streitwert (§ 48 Abs. 1 S. 1 GKG; § 23 Abs. 1 S. 1 RVG; → Anm. 3). Die Verfahrenskosten, zu denen neben den erwähnten Gebühren auch Auslagen für Zeugen und Sachverständige usw. kommen, trägt in der Regel der Verlierer (§ 91 ZPO).

18. Für die Klageerhebung sind keine prozessualen, wohl aber materiell-rechtliche Fristen, insbesondere die Verjährung, zu beachten. Zur Fristwahrung genügt die Einreichung der Klage, sofern die Zustellung der Klageschrift „demnächst" gemäß § 167 ZPO erfolgt (vgl. dazu BGH NJW 1993, 2320). Etwaige Verzögerungen der Zustellung, die auf Versäumnisse des Klägers zurückgehen (zB fehlerhafte Parteibezeichnung, zögerliche Zahlung des Gerichtskostenvorschusses), können die Rückwirkung des § 167 ZPO entfallen lassen. Der Kläger muss alles ihm Zumutbare unternommen haben, um eine alsbaldige Zustellung herbeizuführen (vgl. BGH NJW 1999, 3125).

Auch im Wettbewerbsprozess gelten die allgemeinen Grundregeln über die Angreifbarkeit gerichtlicher Hauptsacheurteile mit Berufung oder Revision (§§ 511 ff. ZPO bzw. §§ 542 ff. ZPO).

12. Klage wegen Nachahmung eines Produkts (§§ 4 Nr. 3, 3 UWG)

Landgericht . . . . . .

– Kammer für Handelssachen –[1, 2]

Klage

der Fa. X electronics GmbH, vertreten durch den Geschäftsführer . . . . . .

– Klägerin –

Proz.Bev.: RAe . . . . . .

Mitwirkende Patentanwälte:[3] PAe . . . . . .

gegen

1. die Fa. Y Steckverbinder GmbH, vertreten durch den Geschäftsführer . . . . . .

– Beklagte zu 1) –

2. deren Geschäftsführer[4]

– Beklagter zu 2) –

wegen unlauteren Wettbewerbs

Streitwert (vorläufig geschätzt): 250.000 EUR

Namens und im Auftrag der Klägerin erheben wir Klage. Wir bitten um Anberaumung eines Termins zur mündlichen Verhandlung, in dem wir folgende

Anträge

verlesen werden:
I. Die Beklagten werden verurteilt,
   1. es bei Meidung eines vom Gericht für jeden Fall der Zuwiderhandlung festzusetzenden Ordnungsgeldes bis zu 250.000 EUR, ersatzweise Ordnungshaft, oder Ordnungshaft bis zu sechs Monaten, wobei die Ordnungshaft hinsichtlich der Beklagten zu 1) an ihrem Geschäftsführer zu vollziehen ist, zu unterlassen, im geschäftlichen Verkehr Gehäuse für elektrische Steckverbinder gemäß nachstehenden Abbildungen[5] anzubieten, zu vertreiben[6] oder sonst in den Verkehr zu bringen;
   2. der Klägerin schriftlich Auskunft zu erteilen[7] und Rechnung zu legen[8] über Zeitpunkte und Umfang von Verletzungshandlungen gem. Ziff. 1[9] und zwar unter Angabe von Stückzahlen sowie Einkaufs- und Verkaufspreisen jeder einzelnen erhaltenen bzw. getätigten Lieferung, alles aufgeschlüsselt nach den einzelnen Gehäusetypen;
   3. der Klägerin schriftlich Auskunft über Namen und Anschriften ihrer Lieferanten und gewerblichen Abnehmer[10] von Gehäusen gem. Ziff. 1 zu erteilen.
II. Es wird festgestellt, dass die Beklagten als Gesamtschuldner verpflichtet sind, der Klägerin jeglichen Schaden[11] zu ersetzen, der dieser infolge von Verletzungshandlungen gem. Ziff. I. 1. entstanden ist und zukünftig noch entstehen wird.
III. (Kosten)
IV. (Vorläufige Vollstreckbarkeit)

Begründung:

I. Zum Tatsächlichen:
   1. Die Parteien sind Wettbewerber auf dem Gebiet des Vertriebs von Steckverbindungen für elektronische Geräte. Insbesondere vertreiben sie Gehäuse, die Stecker, Kabel und deren Befestigungen aufnehmen, sie handhabbar machen und vor äußeren Einwirkungen schützen. Die Klägerin stellt die von ihr vertriebenen Gehäuse selbst her,[12] die Beklagte lässt die streitgegenständlichen Nachahmungen in Ungarn fertigen.

   2. Die Klägerin entwickelte im Jahr 2010 eine Reihe von vier Metallgehäusen, die zur Aufnahme von Steckern verschiedener Größe, insbesondere unterschiedlicher Polzahl geeignet sind. In der
   – Anlage K 1 –
   legen wir einen Produktkatalog der Klägerin und als
   – Anlagenkonvolut K 2 –
   je eines der vier Original-Steckverbinder-Gehäuse vor.
   Die Gehäuse dieser mit „M 1" bezeichneten Serie wurden von dem Geschäftsführer der Klägerin zusammen mit dem bei der Klägerin angestellten Diplomingenieur Z gestaltet. Sie weisen die für einen Nachahmungsschutz erforderliche wettbewerbliche Eigenart[13] auf, denn sie zeichnen sich gegenüber allen zuvor auf dem Markt befindlichen Steckergehäusen durch folgende Merkmale aus:[14]
   a) die beidseitig deutlich hervortretenden Griffflächen neben dem mittigen Kabelausgang,
   b) jeweils einen gegenüber der Mittelachse der Gehäuse um 45° versetzten, zusätzlichen seitlichen Kabelausgang,
   c) die rechteckige, annähernd quadratische Form der Kabelausgänge zur Aufnahme passend gestalteter Crimpflansche zur Kabelzugentlastung, und

12. Klage wegen Nachahmung eines Produkts (§§ 4 Nr. 3, 3 UWG)   A. 12

d) die auf der Ober- und Unterseite der Gehäuse angebrachten, trapezförmigen Vertiefungen.

Zum Vergleich legen wir eine repräsentative Auswahl herkömmlich gestalteter Steckverbinder-Gehäuse verschiedener Hersteller als
– Anlagenkonvolut K 3 –
vor. Wie sich aus der Gesamtschau der dargelegten Merkmale, dem hierdurch hervorgerufenen Gesamteindruck und einem Vergleich der Originalprodukte mit den Produkten in der Marktübersicht ergibt, weisen die Steckergehäuse der Klägerin mindestens durchschnittliche wettbewerbliche Eigenart auf.

3. Die Beklagte zu 1), deren Geschäftsführer der Beklagte zu 2) ist, vertreibt exakte Kopien[15] der vier klägerischen Gehäuse, die äußerlich von den Erzeugnissen der Klägerin nicht zu unterscheiden sind. Die jeweiligen Abmessungen stimmen zehntelmillimetergenau überein. Die Beklagte hat allem Anschein nach die Erzeugnisse der Klägerin mittels Abguss, Abtasten oder auf andere rein mechanische Weise vervielfältigen lassen, dh unmittelbar übernommen. Zumindest hat sie, selbst wenn stattdessen ein handwerkliches Nachschaffen vorliegen sollte, sich „sklavisch" an die klägerischen Gehäuse angeklammert und so eine identische Nachahmung zuwege gebracht.[16] Lediglich auf der Innenseite des Gehäusedeckels hat die Beklagte als Abkürzung ihrer Firmenbezeichnung die Buchstaben „YSG" aufdrucken lassen.[17]

Beweis: Vorlage der vier streitgegenständlichen Gehäuse der Beklagten im
– Anlagenkonvolut K 4 –.

4. Der Markterfolg der Serie „M 1" war und ist bedeutend.[18] Seit ihrer Einführung wurden jährlich insgesamt ca. 160.000 Stück in Deutschland abgesetzt.

Beweis: Zeugnis des Vertriebsleiters der Klägerin . . . . . . zu laden über diese.

5. Bereits kurz nach Markteinführung der Nachahmungen durch die Beklagte kam es zu Verwechslungen zwischen den Produkten der Parteien:[19] Die Fa . . . . . . sandte ein mangelhaftes Gehäuse an die Klägerin (vermeintlich) „zurück", das tatsächlich von der Beklagten stammt.

Beweis: – Schreiben der Fa . . . . . . vom . . . . . . in
– Anlage K 5 –
– Vorlage des betreffenden Gehäuses

6. Die Beklagte bietet ihre Gehäuse deutlich billiger (im Schnitt um 25 %) an, als die Klägerin dies kann. Dazu ist sie durch die Einsparung von Forschungs- und Entwicklungskosten sowie durch die Fertigung im Ausland befähigt. Vor allem auf diese Preisunterbietung ist es zurückzuführen, dass die Klägerin seit dem Aufkommen der Nachahmungen der Beklagten erhebliche Umsatzeinbrüche zu verzeichnen hat.[20]

7. Die Beklagten wurden vorgerichtlich mit dem als
– Anlage K 6 –
vorgelegten Brief der mitwirkenden Patentanwälte vom . . . . . . abgemahnt und zur Abgabe einer Unterlassungserklärung aufgefordert. Dem sind sie nicht nachgekommen, so dass die Klägerin gerichtliche Hilfe in Anspruch nehmen muss.

II. In rechtlicher Hinsicht ist auszuführen:
Durch den Vertrieb der streitgegenständlichen Gehäuse verstoßen die Beklagten in mehrfacher Hinsicht gegen Vorschriften des UWG.
1. Vermeidbare Herkunftstäuschung, § 4 Nr. 3 Buchst. a UWG:
   a) Herkunftstäuschung:

- Die exakten Nachahmungen der klägerischen Gehäuse führen zu Verwechslungen zwischen den Produkten der Parteien, und zwar auch hinsichtlich ihrer Herkunft.
- Wie ein Vergleich mit dem vorbekannten Formenschatz (vgl. Anlagenkonvolut K 3) belegt, stechen die klägerischen Gehäuse aus der Masse gleichartiger Produkte infolge ihrer eigenwilligen Gestaltung hervor.[13]
- Ferner hat die 100.000 fache Verbreitung und die von der Klägerin betriebene Werbung zu einer Steigerung der angeborenen Eigenart sowohl der Serie M 1 insgesamt als auch der einzelnen Gehäuse durch eine erhebliche Verkehrsbekanntheit geführt.[18]

Die Käuferkreise nehmen daher an, dass derart gestaltete Steckverbinder-Gehäuse nur von einem bestimmten Unternehmen herrühren. Ob ihnen die Klägerin dabei namentlich bekannt ist, spielt keine Rolle.[21]

Wenn die originellen und bekannten Merkmale der klägerischen Gehäuse allesamt unverändert bei den Erzeugnissen der Beklagten wiederkehren, wird dadurch die Gefahr von Verwechslungen nicht nur der Produkte an sich, sondern auch ihrer betrieblichen Herkunft begründet.[22] Es kommt sogar, wie dargelegt, tatsächlich zu solchen Verwechslungen.[19]

b) Vermeidbarkeit der Herkunftstäuschung:
Die unter I. 1. beschriebenen Funktionen von Steckverbinder-Gehäusen bedingen keine bestimmte äußere Form dieser Gehäuse. Es besteht vielmehr für den Gestalter solcher Gehäuse ein erheblicher Spielraum. Aus dem als Anlage K 3 vorgelegten Vergleichsmaterial ergibt sich, dass Steckverbinder-Gehäuse auch nicht annähernd so aussehen müssen wie die der Klägerin. Insbesondere sind die unter I. 2. als kennzeichnend hervorgehobenen Merkmale a)–d) entweder nur zur Verzierung angebracht und daher willkürlich wählbar[23] (trapezförmige Vertiefungen auf der Ober- und Unterseite), oder zwar funktional vorteilhaft, aber nicht technisch notwendig[24] (Form und Anordnung der Grifflaschen, zusätzlicher Kabelausgang, Form und Abmessungen der Kabelausgänge).

Die Beklagte lehnt sich absichtlich so eng wie möglich an die Gestaltung der klägerischen Gehäuse an, obwohl ihr eine eigene, abweichende Gestaltung möglich wäre. Die dadurch begründete Gefahr von Herkunftstäuschungen wäre folglich vermeidbar, ohne die Gebrauchstauglichkeit der Steckverbinder-Gehäuse spürbar einzuschränken. Die Beklagte hat es nicht einmal für nötig gehalten, willkürlich abänderbare Gehäuseteile anders zu gestalten oder wenigstens ein eigenes Unterscheidungsmerkmal in Form einer Marke[17] äußerlich so anzubringen, dass Herkunftsverwechslungen beim Kauf entgegengewirkt würde.

2. Verwechslungsgefahr, § 5 Abs. 2 UWG:
Daneben rufen die Beklagten durch den Vertrieb der Gehäuse eine Verwechslungsgefahr im Sinne des § 5 Abs. 2 UWG hervor. Indem die Gehäuse identisch nachgeahmt werden, kann bei den Verbrauchern, deren Schutz § 5 Abs. 2 UWG dient, bei der Vermarktung dieses Produkts die Fehlvorstellung entstehen, es handele sich um Gehäuse aus dem Haus der Klägerin. Somit ist wettbewerbsrechtliche Verwechslungsgefahr im Sinne dieser Norm gegeben.[25]

3. Schutzwürdige Leistung:
Unabhängig von der vermeidbaren Gefahr von Herkunftstäuschungen liegt in der identischen Nachahmung der Serie M 1 auch die Ausbeutung einer schutzwürdigen Leistung[26] der Klägerin. Diese Serie hat wegen ihrer besonderen, zugleich funktional vorteilhaften und ästhetisch ansprechenden Gestaltung einen Markterfolg, dessen Ertrag der Klägerin gebührt. Sie hat außerdem in die Gestaltung und

Entwicklung dieser Gehäuse erhebliche Kosten und Mühen investiert,[27] die die Beklagte sich durch ihre Trittbrettfahrerei erspart.
Durch den Vertrieb identischer Nachahmungen nur wenige Jahre nach Markteinführung der klägerischen Produktserie wird die Klägerin daran gehindert, ihre mit der Entwicklung richtungsweisender Produkte verknüpften Gewinnerwartungen[28] zu realisieren. Die Beklagte hat sich jegliche Entwicklungskosten erspart. Durch die identische Nachahmung eines ausgereiften Produkts und die Fertigung in einem Billiglohnland sind ihre Gestehungskosten so viel niedriger als die der Klägerin, dass sie bei qualitativ praktisch austauschbaren Produkten um ca. 25 % billiger anbieten kann. Der BGH hat es wiederholt für bedenklich gehalten, wenn unter diesen Umständen der Vertrieb von Kopien jeden Anreiz zur Fortentwicklung des Standes der Technik nimmt.[29] Das gilt insbesondere dann, wenn dem ursprünglichen Erbringer der übernommenen Leistung die Früchte seiner Anstrengungen (noch) nicht (zB auf Grund des Bestehens eines Sonderrechtsschutzes) hinreichend zugeflossen sind.[28]
Sollte die Kammer wider Erwarten die Klage nur unter diesem Gesichtspunkt für begründet erachten, bitten wir höflich um einen richterlichen Hinweis gem. § 139 ZPO. Die Klägerin wird dann gegebenenfalls den Unterlassungsantrag zeitlich beschränken.[30]

4. Systematische Behinderung:
Die Beklagte geht systematisch und planmäßig vor, indem sie a) identische Nachahmungen b) trotz freier Wählbarkeit einer Fülle von Gestaltungselementen c) der vollständigen Gehäuseserie der Klägerin d) unter erheblicher Preisunterbietung vertreibt. Die sich daraus ergebende systematische Behinderung[31] der Klägerin ist ein weiterer Unlauterkeitsgrund, der der Klage unabhängig von der weiterhin gegebenen vermeidbaren Herkunftstäuschung (oben 1.) und der schutzwürdigen Leistung der Klägerin (oben 2.) zum Erfolg verhelfen muss.
Eine Gesamtbetrachtung des Verhaltens der Beklagten unter Berücksichtigung der unter a)–d) genannten besonderen Umstände führt jedenfalls in deren Addition[32] (dh unabhängig davon, ob nicht schon jeder einzelne Umstand unlauterkeitsbegründend wäre) zur Wettbewerbswidrigkeit des Vertriebs der Nachahmungen:
a) Die Intensität der Nachahmung, also der fehlende Abstand zum Original, wirkt sich bei der wettbewerbsrechtlichen Beurteilung zu Lasten des Nachahmers aus. Dies gilt besonders im Falle einer rein technischen Vervielfältigung (unmittelbare Übernahme), bei der die völlige Übereinstimmung mit dem Vorbild praktisch zwangsläufig ist. Es gilt aber auch, wenn – was vorliegend nicht auszuschließen ist – diese völlige Übereinstimmung auf einer zwar nachschaffenden, aber nur „sklavischen" Tätigkeit beruht. Der Nachahmer erhöht damit nicht nur die Gefahr von Herkunftstäuschungen (vgl. oben 1.). Er trägt auch nichts zum Fortschritt oder zur Bereicherung der Allgemeinheit durch qualitative Ausweitung des Produktangebots bei.[33]
b) Soweit ein ausreichender Spielraum für abweichende Gestaltungen besteht, hat der BGH zum Teil die Darlegung eines sachlich gerechtfertigten Grundes für die identische Nachahmung verlangt.[34] Derartige Gründe werden die Beklagten nicht vorbringen können.
c) Nachahmungen sind umso eher unlauter, als sie sich nicht auf ein einzelnes Produkt beschränken, sondern eine Mehr- oder Vielzahl von Erzeugnissen eines Konkurrenten betreffen.[31] Dies gilt insbesondere für das Kopieren ganzer Produktserien. Ein solcher Fall liegt hier vor.
d) Schließlich ist zu berücksichtigen, dass die Beklagte infolge der Ersparnis eigener Entwicklungsarbeit und der Fertigung in einem Billiglohnland befähigt

wird, die Klägerin deutlich im Preis zu unterbieten. Angesichts der funktionalen und qualitativen Gleichwertigkeit der Erzeugnisse der Parteien ist der Preis ein entscheidender Wettbewerbsparameter. Bei kostenbewussten industriellen Einkäufern solcher Gehäuse – und das sind heutzutage so gut wie alle – führt der Preisunterschied praktisch zur Unverkäuflichkeit der klägerischen Produkte. So wird die Klägerin mit ihren eigenen Waffen geschlagen.[20]

5. Schadenersatz:
Die Beklagten schulden der Klägerin nicht nur Unterlassung für die Zukunft, sondern auch Schadenersatz für die Vergangenheit. Zu dessen Berechnung verlangt die Klägerin Auskunft[7] und Rechnungslegung[8] über Zeit und Umfang des Vertriebs der Nachahmungen. Die Rechnungslegung ist insbesondere im Hinblick auf die der Klägerin zur Verfügung stehende Schadensberechnungsart der Abschöpfung des Verletzergewinns[35] erforderlich. Die Wahl der Berechnungsart behält die Klägerin sich ebenso wie die daraus folgende Bezifferung ihres Schadens bis nach Auskunftserteilung und Rechnungslegung vor.[36]

6. Drittauskunft:
Die Auskunftsansprüche hinsichtlich der Identität von Lieferant(en) und gewerblichen Abnehmern leiten sich aus § 242 BGB, §§ 3, 4 Nr. 3 UWG her. Insoweit geht es der Klägerin ausschließlich um die Vermeidung künftiger, gleichartiger Rechtsverletzungen auf den vor- und nachgelagerten Vertriebsstufen.[10]

7. Örtliche Zuständigkeit:
Die örtliche Zuständigkeit des angerufenen Landgerichts ist gegeben. Zwar hat die Beklagte ihre gewerbliche Niederlassung nicht in dessen Bezirk (§ 14 Abs. 1 UWG). Als „Mitbewerber" iSv § 8 Abs. 3 Nr. 1 UWG kann die Klägerin aber am Gerichtsstand der unerlaubten Handlung (§ 14 Abs. 2 Nr. 1 UWG) klagen.[37]

8. Streitgegenstand:
Die Klägerin stützt ihr Unterlassungsbegehren lediglich auf verschiedene Begründungen, so dass trotz der Unzulässigkeit der alternativen Klagehäufung nur ein Streitgegenstand vorliegt.[38] Für den Fall, dass die Kammer von mehreren Streitgegenständen ausgeht, werden die Anspruchsgrundlagen in der zuvor unter den Ziffern 1–4 genannten Reihenfolge geltend gemacht.

Rechtsanwalt

Schrifttum: *Fezer*, UWG, 2. Aufl. 2010; *Ohly/Sosnitza*, UWG, 7. Aufl. 2016; *Sambuc*, Der UWG-Nachahmungsschutz, 1996; *Teplitzky*, Wettbewerbsrechtliche Ansprüche und Verfahren, 11. Aufl. 2016; *Ullmann*, UWG, 4. Aufl. 2016.

Anmerkungen

1. Vorbemerkung. Das Formular betrifft eine Nachahmung von Gegenständen, die nicht sondergesetzlich (durch ein Patent oä) geschützt sind. Die Klage ist daher ausschließlich auf das UWG gestützt. Es wurden Produkte überwiegend technisch-funktionellen Charakters (im Gegensatz zu „rein ästhetischen" Produkten) gewählt, da derartige Klagen schwieriger zu begründen sind und dem Beklagten mehr Argumente für eine fundierte Verteidigung bieten. Diese werden in → Form. A.23, einer auf die vorliegende Klage zugeschnittenen Klageerwiderung, aufbereitet.

2. Zuständigkeit der Kammer für Handelssachen. Auf das UWG gestützte Nachahmungsklagen sind Handelssachen gemäß § 95 Abs. 1 Nr. 5 GVG, § 13 Abs. 1 UWG.

12. Klage wegen Nachahmung eines Produkts (§§ 4 Nr. 3, 3 UWG)   A. 12

Bei Verbindung mit kennzeichen-, design- oder patentrechtlichen Ansprüchen sind allfällige landesrechtliche Vorschriften hinsichtlich der Zuständigkeitskonzentration zu beachten (Kennzeichenstreitsachen § 140 Abs. 2 MarkenG; Designstreitsachen § 52 Abs. 2 DesignG; Patentstreitsachen § 143 Abs. 2 PatG; Gebrauchsmusterstreitsachen § 27 Abs. 2 GebrMG). Ebenso bei der Verbindung mit urheberrechtlichen Ansprüchen, § 105 UrhG. Urheberrechtssachen sind aber keine Handelssachen. Wird vor der KfH aus UWG und Urheberrecht geklagt, muss auf Antrag des Beklagten der urheberrechtliche Anspruch abgetrennt und an die Zivilkammer verwiesen werden (vgl. *Fezer* UWG § 13 Rn. 21). Bei Landgerichten, an denen nach dem Geschäftsverteilungsplan auch eine Zivilkammer für Wettbewerbssachen zuständig ist, kommt – vor allem bei gleichzeitiger Urheberrechtsverletzung – auch deren Anrufung in Betracht.

3. Mitwirkung von Patentanwälten. Von den Kosten eines mitwirkenden Patentanwalts sind ua in Patentstreitsachen (§ 143 Abs. 3 PatG), Markenstreitsachen (§ 140 Abs. 3 MarkenG), Designstreitsachen (§ 52 Abs. 4 DesignG) und Gebrauchsmusterstreitsachen (§ 27 Abs. 3 GebrMG) die Gebühren nach § 13 RVG erstattungsfähig, ohne dass es jeweils auf die Notwendigkeit seiner Hinzuziehung ankäme.

Im Wettbewerbsprozess kommt es auf die Notwendigkeit der Mitwirkung des Patentanwalts zur zweckentsprechenden Rechtsverfolgung oder -verteidigung iSv § 91 Abs. 1 ZPO an (vgl. OLG Düsseldorf Mitt. 1992, 43). Die Erstattungsfähigkeit ist hier nur ausnahmsweise gegeben, insbesondere, wenn auch Fragen eine Rolle spielen, deren Beantwortung in das Fachgebiet eines Patentanwalts fällt. Dazu gehören alle Rechtsmaterien, hinsichtlich derer sondergesetzlich (s. o.) eine Erstattungsfähigkeit vorgesehen ist (vgl. OLG Frankfurt Mitt. 1988, 37; OLG Frankfurt Mitt. 1991, 173 mAnm *Eisenführ*). Im vorliegenden Fall dürfte eine Erstattungsfähigkeit zu verneinen sein.

4. Haftung des Geschäftsführers. Der Geschäftsführer einer juristischen Person oder ihrer Komplementärin haftet zunächst persönlich, wenn er selbst Täter des Verstoßes ist oder diesen beauftragt hat (BGH GRUR 2014, 883 (884) Rn. 14 – Geschäftsführerhaftung). Nicht ausreichend iS einer persönlichen Haftungsbegründung ist das bloße Wissen der Geschäftsführungsebene um den Wettbewerbsverstoß, sofern nicht eine Garantenstellung besteht (BGH GRUR 2014, 883 (884) Rn. 17 ff. – Geschäftsführerhaftung). Letztere kann sich aus „Ingerenz, Gesetz, Vertrag oder der Inanspruchnahme von Vertrauen" ergeben, wobei jedoch die Organpflichten aus bspw. § 43 Abs. 1 GmbHG oder § 93 Abs. 1 AktG aufgrund deren Eigenschaft als gesellschaftliche Binnenverpflichtung nicht als verantwortungsbegründende Normen herangezogen werden können (BGH GRUR 2014, 883 (884) Rn. 16, 23 – Geschäftsführerhaftung). Eine Haftung kommt in Betracht, wenn – äußerlich betrachtet und ohne gegenteilige Feststellungen – über die inkriminierte Verhaltensweise „typischerweise auf Geschäftsführungsebene entschieden wird", so etwa bei der „Firmierung und dem allgemeinen Werbeauftritt" (BGH GRUR 2014, 883 (884) Rn. 19 – Geschäftsführerhaftung), dem Vertriebsbeginn und der Produktgestaltung (BGH GRUR 2015, 909 (914) Rn. 45 – Exzenterzähne). Ob der Geschäftsführer neben der juristischen Person verklagt werden sollte, richtet sich in erster Linie nach dem praktischen Wert eines Titels auch gegen jenen, vor allem im Hinblick auf einen möglichen Neubeginn „unter anderer Firma", die gesamtschuldnerische Verpflichtung zum Schadenersatz und etwaige Insolvenzrisiken. Dagegen abzuwägen ist das höhere Prozess(kosten)risiko.

5. Abbildungen des Verletzungsgegenstands im Klagantrag. Die Aufnahme von Abbildungen des angegriffenen Gegenstands in den Klagantrag dient in sinnvoller Weise der Bestimmtheit des Antrags iSv § 253 Abs. 2 Nr. 2 ZPO und der Festlegung der konkreten Verletzungshandlung. Zwingend erforderlich ist sie nicht. Der Streitgegenstand kann auch wörtlich umschrieben werden. Umgekehrt ist bei Verwendung von Abbildungen eine zusätzliche wörtliche Beschreibung des angegriffenen Gegenstands ebenfalls nicht zwingend notwendig (BGH GRUR 2013, 1052 (1053) Rn. 12 – Einkaufswagen III; vgl. auch den Antrag I. 1. im Falle BGH GRUR 1998, 830 – Les-Paul-Gitarren: „...... zu unterlassen, elektrische Gitarren gemäß den nachstehenden Abbildungen a) und b) anzubieten ......"). Der Klagantrag muss aber auch bei der Verwendung von Abbildungen zumindest unter Heranziehung des Klagvortrags unzweideutig erkennen lassen, in welchen Merkmalen des angegriffenen Erzeugnisses die Wettbewerbswidrigkeit liegen soll, BGH GRUR 2002, 86 (88) – Laubhefter. Wenn die Abbildung diese Merkmale nicht erkennen lässt (zB wenn es auf die Klangfarbe eines Musikinstruments ankommt), ist die Abbildung allein unzureichend (vgl. BGH GRUR 1966, 617 (618) – Saxophon).

Hinsichtlich welcher Merkmale des angegriffenen Produkts dessen Vertrieb als unlauter beanstandet wird, kann sich auch aus der Klagebegründung ergeben. Sofern die Gefahr einer Herkunftstäuschung gerade auf die Besonderheiten bei einem bestimmten Vertriebsweg gestützt wird, muss der Unterlassungsantrag auf diese Vertriebsform beschränkt werden, sofern bei anderen Vertriebswegen eine Herkunftstäuschung nicht gegeben ist (BGH GRUR 2007, 339 (343) – Stufenleitern).

Ein Antrag, Produkte des Klägers „nicht nachzuahmen", ist zu unbestimmt (vgl. BGH GRUR 1958, 346 (348) – Spitzenmuster), selbst wenn diese Produkte selbst noch so genau beschrieben oder abgebildet werden. Das Gleiche gilt, wenn der Vertrieb einer Vorrichtung verboten werden soll, die „nach Farbe, Gesamtaussehen, Abmessungen, Form, typischer Anordnung der Bauteile, technischer Gestaltung und Funktionsweise zu Verwechslungen mit dem Klagemodell geeignet" ist, BGH GRUR 2002, 86 – Laubhefter. Die Verwechslungsgefahr kann nicht generell, sondern nur von Fall zu Fall beurteilt werden, ist also Tatfrage und darf nicht ins Vollstreckungsverfahren abgeschoben werden, BGH GRUR 2002, 86 (88) – Laubhefter.

6. Nur der Vertrieb ist unlauterer Wettbewerb, nicht die Herstellung. Kein Vernichtungsanspruch. Mit dem UWG kann nur der Vertrieb, nicht aber die Herstellung verboten werden (vgl. BGH GRUR 1982, 305 (308) – Büromöbelprogramm; BGH GRUR 1988, 690 (693 aE) – Kristallfiguren; BGH GRUR 1996, 210 (212) – Vakuumpumpen; weitere Nachweise – auch von Fällen, in denen dies übersehen wurde – bei *Sambuc*, Der UWG-Nachahmungsschutz, Rn. 64 Fn. 19). Die bloße Herstellung kann einem hausinternen Gebrauch oder einem zulässigen Vertrieb im Ausland (vgl. BGH GRUR 1961, 581 (582) – Hummelfiguren II) dienen. Demgemäß kann auch keine Auskunft hinsichtlich Produzent und produzierter Menge begehrt werden (BGH GRUR 2016, 730 (737) Rn. 75 – Herrnhuter Stern).

Es gibt daher auch keinen Vernichtungsanspruch (vgl. BGH GRUR 1988, 690 (693 aE) – Kristallfiguren). Folgerichtig kann auch nicht die Herausgabe an einen Gerichtsvollzieher zum Zwecke der Vernichtung beantragt werden, BGH GRUR 2012, 1155 (1158) – Sandmalkasten. Der Beseitigungsanspruch nach § 8 Abs. 1 UWG kann nur darauf gerichtet werden, sich noch in der Verfügungsgewalt des Anbieters befindliche Nachahmungsstücke vom Markt zu nehmen, BGH GRUR 2012, 1155 (1158) – Sandmalkasten.

7. Unselbstständiger Auskunftsanspruch. Der (unselbstständige oder akzessorische) Auskunftsanspruch dient der Vorbereitung des Bereicherungs- und/oder Schadenersatzanspruchs. Er hat gewohnheitsrechtlichen Rang (vgl. BGH GRUR 1994, 630 (632) – Cartier-Armreif). Eine Berechnung der ungerechtfertigten Bereicherung des Beklagten und/oder des dem Kläger entstandenen Schadens setzt Kenntnisse insbesondere über den Umfang der Verletzungshandlungen voraus, die der Kläger meist nicht hat. Dies gilt unabhängig von der Schadensberechnungsart, zu der der Kläger sich entschließt (was er ohnehin erst nach Auskunftserteilung tun muss) und unabhängig davon, ob er den Schaden nach einer der drei anerkannten Methoden exakt berechnet oder – ebenfalls unter Zugrundelegung dieser Berechnungsarten, vgl. Teplitzky Kap. 52 Rn. 33 – gem. § 287 ZPO vom Gericht schätzen lässt.

12. Klage wegen Nachahmung eines Produkts (§§ 4 Nr. 3, 3 UWG) A. 12

Wegen der Akzessorietät besteht der vorbereitende Auskunftsanspruch nur, wenn gleichzeitig das Bestehen eines Hauptanspruchs festgestellt wird. Zum Feststellungsantrag hinsichtlich der Schadenersatzpflicht → Anm. 11.

Der Umfang der gem. § 242 BGB zur Vorbereitung eines Schadenersatzanspruchs zu erteilenden Auskunft ist abhängig von den Erfordernissen der möglichen Schadensberechnung (vgl. BGH GRUR 1995, 349 (352) – Objektive Schadensberechnung).

Regelmäßig lässt die Rechtsprechung im UWG nur die konkrete Schadensberechnung einschließlich des entgangenen Gewinns (§ 252 BGB) zu. Beim ergänzenden wettbewerbsrechtlichen Leistungsschutz sind jedoch wegen der Nähe zu den Sonderschutzrechten des Gewerblichen Rechtsschutzes und Urheberrechts ausnahmsweise zusätzlich die beiden „abstrakten" Berechnungsarten zugelassen, nämlich die Abschöpfung des Verletzergewinns und die Zahlung einer angemessenen, fiktiven Lizenzgebühr (vgl. BGH GRUR 1993, 757 – Kollektion Holiday). Während bei sonstigen Wettbewerbsverstößen der Schadensersatzanspruch (nicht dem Grunde, aber der Höhe nach) weitgehend leer läuft (weil der Kläger nur schwer beweisen kann, dass bei lauterem Verhalten des Beklagten dessen Kunden ausgerechnet bei ihm gekauft hätten), besteht hier für den Kläger eine konkrete Aussicht auf finanzielle Kompensation.

Der Auskunftsanspruch dient nicht nur der Berechnung des Schadens nach einer der drei zulässigen Alternativen, sondern bereits der Wahl der den größten Erfolg versprechenden Berechnungsart, da diese Wahl erst nach Auskunftserteilung zu erfolgen braucht (vgl. BGH GRUR 1974, 53 (54) – Nebelscheinwerfer).

Es bedarf keiner zeitlichen Beschränkung der Ansprüche auf Auskunft und Rechnungslegung auf den Zeitraum nach der ersten nachgewiesenen Verletzungshandlung. Der I. Zivilsenat des BGH, welcher in seiner früheren Rechtsprechung die gegenteilige Auffassung vertreten hatte, hat sich der Rechtsprechung des X. Zivilsenats angeschlossen, wonach der Auskunftsanspruch den gesamten Umfang von Verletzungshandlungen umfasst, wenn die Tatsache der Rechtsverletzung erwiesen ist (BGH GRUR 2007, 877 (879) – Windsor Estate). Diese zu einer Markenrechtsverletzung ergangene Entscheidung ist auch auf den Auskunftsanspruch wegen Nachahmung übertragbar, da in der Begründung darauf Bezug genommen wird, dass die bei den Gewerblichen Schutzrechten normierten Ansprüche auf Drittauskunft keiner zeitlichen Begrenzung unterliegen. Die Drittauskunft kann auch bei einer auf das UWG gestützten Klage wegen Nachahmung geltend gemacht werden (BGH GRUR 1994, 630 – Cartier-Armreif), so dass die Sachlage vergleichbar ist. Zur Drittauskunft → Anm. 10.

Die Anträge auf Auskunft und Rechnungslegung enthalten keinen Wirtschaftsprüfervorbehalt, da dieser jedenfalls dann sinnlos ist, wenn Drittauskunft über Vertriebswege erteilt werden muss (vgl. zum Patentrecht BGH GRUR 1995, 338 (341) – Kleiderbügel, wo allerdings zwischen Rechnungslegung und Drittauskunft nicht klar unterschieden wird). Zur Drittauskunft → Anm. 10.

Im Übrigen kann der Wirtschaftsprüfervorbehalt von Amts wegen aufgenommen werden und bedarf auch keines Hilfsantrags (vgl. BGH GRUR 1981, 535 – Wirtschaftsprüfervorbehalt).

Mit dem Auskunftsantrag kann – wovon vorliegend allerdings abgesehen wurde – auch bereits über eine Stufenklage der Antrag verbunden werden, den Beklagten erforderlichenfalls die Richtigkeit seiner Auskünfte gem. § 259 Abs. 2 BGB eidesstattlich vor einem nach § 411 Abs. 1 FamFG zuständigen Gericht versichern zu lassen (Palandt/*Grüneberg* BGB § 259 Rn. 15).

8. Rechnungslegung. Rechnungslegung ist eine qualifizierte, inhaltlich am weitesten gehende Form der Auskunftserteilung (vgl. BGH GRUR 1985, 472 – Thermotransformator). Sie ist Voraussetzung für die exakte Berechnung (im Gegensatz zur Schätzung gem. § 287 ZPO) vor allem des herauszugebenden Verletzergewinns, aber auch der Angemessenheit einer fiktiven (Stück-)Lizenzgebühr, und kann sogar für die Feststellung eines konkret entgangenen Gewinns hilfreich sein. Da alle drei Berechnungsarten in Fällen des ergänzenden Leistungsschutzes durchweg zulässig sind (→ Anm. 11), empfiehlt sich hier die ausdrückliche Aufnahme auch der Rechnungslegung in den Antrag.

Da Umfang und Einzelheiten des Anspruchs sich nicht allein aus dem Begriff der Rechnungslegung abschließend herleiten lassen, empfiehlt sich weiterhin eine Aufstellung, worüber Rechnung gelegt werden soll (vgl. Teplitzky Kap. 39 Rn. 9). Im Hinblick auf die mögliche Berechnung des Verletzergewinns sollten insbesondere auch Umsätze mit Lieferanten (und nicht nur mit Abnehmern) ausdrücklich aufgeführt werden.

Unabhängig von der Drittauskunft gehört auch zur Rechnungslegung die Angabe von Namen und Anschriften der Abnehmer und Lieferanten (vgl. Teplitzky Kap. 39 Rn. 9). Deren Identität kann für die Berechnung eines konkreten Umsatz- und Gewinnverlustes relevant werden. Ferner ermöglicht sie die Überprüfung der Vollständigkeit der Auskunft.

9. Keine zeitliche Begrenzung bis zur mündlichen Verhandlung. Die in der 2. Auflage enthaltene Begrenzung der Ansprüche auf Auskunft und Rechnungslegung auf den Zeitraum bis zur letzten mündlichen Verhandlung kann entfallen. Nach der Entscheidung BGH GRUR 2004, 755 – Taxameter ist eine zeitliche Beschränkung nur bis zur letzten mündlichen Verhandlung nicht mehr erforderlich.

10. Drittauskunft über Lieferanten und gewerbliche Abnehmer. Das UWG enthält – anders als die Sondergesetze des Gewerblichen Rechtsschutzes und Urheberrechts – keine Pflicht zur Erteilung von Auskünften, die gesonderte Hauptansprüche gegen Dritte vorbereiten sollen. Diese sogenannte Drittauskunft, wie sie zB in den § 140b PatG, § 19 MarkenG, § 46 DesignG und § 101 UrhG geregelt ist, ermöglicht die Zurück- und Weiterverfolgung von Verletzungsgegenständen entlang der Vertriebswege, sowie das Aufspüren von deren Vertreibern. Sie ist verschuldensunabhängig (vgl. Amtliche Begründung zum Produktpirateriegesetz B III 4 a, abgedruckt in Bl. f. PMZ 1990, 173 (184)).

Der BGH hat die analoge Anwendung dieser Vorschriften zugunsten der Inhaber eines (nur) auf das UWG gestützten Leistungsschutzes abgelehnt, diesen aber zugleich einen Anspruch auf Drittauskunft aus § 242 BGB zugebilligt (vgl. BGH GRUR 1994, 630 – Cartier-Armreif). Diese Herleitung ermöglicht und erfordert eine abgestufte Bewertung der wechselseitigen Interessen und der Umstände des Einzelfalls, wobei den Interessen des Verletzten aber grundsätzlich der Vorrang einzuräumen ist (BGH GRUR 1994, 633). Erforderlich ist aber Verschulden (kritisch dazu *Jacobs* GRUR 1994, 635). Der Anspruch kann im Einzelfall auch die Vorlage von Unterlagen (insbesondere Rechnungen und Lieferscheine) umfassen, sofern die Vorlage für den Schuldner zumutbar ist und der Gläubiger hierauf angewiesen ist (vgl. BGH GRUR 2001, 841 (845) – Entfernung der Herstellungsnummer II).

11. Schadenersatz. Im Verletzungsprozess sind bezifferte Anträge zum Schadenersatz die Ausnahme, da vor einer Schadensberechnung in der Regel erst auf Auskunft geklagt werden muss. Damit wird zweckmäßigerweise aber bereits der Antrag verbunden, die Schadenersatzverpflichtung dem Grunde nach festzustellen. Der Zulässigkeit des Feststellungsbegehrens steht der mögliche Weg der Stufenklage gem. § 254 ZPO nicht entgegen (BGH GRUR 2003, 900 (901) – Feststellungsinteresse III). Dem Feststellungsantrag kann jedoch nur stattgegeben werden, wenn überhaupt ein Schaden entstanden ist. Zu dessen Nachweis dem Grunde nach werden aber keine hohen Anforderungen gestellt. Es ist ein Erfahrungssatz, dass dem von einem Wettbewerbsverstoß unmittelbar Betroffenen in der Regel ein Schaden entsteht (vgl. BGH GRUR 1993, 55 (57) – Tchibo/Rolex II).

Durch den Vertrieb von Nachahmungen seiner Produkte wird der Leistungsschutzberechtigte in der Regel geschädigt, da zumindest ein Teil des vom Nachahmer getätigten Umsatzes und Gewinns sonst von ihm selbst erzielt worden wäre (vgl. BGH GRUR 1972,

12. Klage wegen Nachahmung eines Produkts (§§ 4 Nr. 3, 3 UWG) A. 12

189 – Wandsteckdose II). Die Situation ähnelt hier also stärker der Verletzung gewerblicher Schutzrechte oder des Urheberrechts als einem „normalen" Wettbewerbsverstoß, da letzterer in der Regel nicht zu Lasten eines bestimmten Konkurrenten geht.

Dies hat die Rechtsprechung anerkannt, indem sie dem Inhaber eines UWG-Leistungsschutzes nach und nach dieselben Möglichkeiten des Schadensnachweises und der Schadensberechnung eröffnet hat wie den Inhabern der Sonderschutzrechte. Dies betrifft insbesondere die sogenannte „dreifache Schadensberechnung" (genauer: die Wahl zwischen den drei Berechnungsarten konkreter Schaden, Abschöpfung des Verletzergewinns und angemessene Lizenzgebühr), die seit BGH GRUR 1993, 757 – Kollektion Holiday für alle Fälle der wettbewerbswidrigen Leistungsübernahme anerkannt ist.

Die Berechnungsart „Abschöpfung des Verletzergewinns" hat infolge der Entscheidung BGH GRUR 2001, 329 – Gemeinkostenanteil an Attraktivität gewonnen. Der BGH verwehrt dem Schädiger den Abzug anteiliger Gemeinkosten. Neben Stückkosten dürfen Gemeinkosten vielmehr nur noch gewinnmindernd in Ansatz gebracht werden, wenn und soweit sie ausnahmsweise den schutzrechtsverletzenden Gegenständen unmittelbar zugerechnet werden können. Die Entscheidung ist zum Designrecht ergangen. Sie ist aber auf alle anderen Schutzrechte einschließlich des ergänzenden wettbewerbsrechtlichen Leistungsschutzes anwendbar, weil sie die Berechnungsart allgemein (und nicht im Hinblick auf ein bestimmtes Schutzrecht) betrifft (BGH GRUR 2007, 431 (433) – Steckverbindergehäuse). Demnach dürfen die auf die fragliche Produktion entfallenden Lohnkosten sowie die Kosten für Maschinen und Räumlichkeiten (anteilig bezogen auf ihre Lebensdauer) abgesetzt werden, die nur für die Produktion und den Vertrieb der Nachahmungsprodukte verwendet worden sind (BGH GRUR 2007, 431 (433) – Steckverbindergehäuse). Nicht abzugsfähig sind die allgemeinen Kosten für die Unterhaltung des Betriebs wie beispielsweise Marketingkosten, Geschäftsführergehälter, Verwaltungskosten oder Kosten für Anlagen, die nicht konkret der rechtsverletzenden Fertigung zugerechnet werden können. Andererseits ist der Verletzergewinn, wie stets, nur insoweit abschöpfbar, als er auf der Rechtsverletzung beruht. Der Gewinnanteil, den der Verletzer auch ohne das geistige Eigentum des Geschädigten gemacht hätte, kann stark schwanken. 30 % Abzug hielt BGH GRUR 2001, 329 (332) – Gemeinkostenanteil für zu hoch (dort auch zahlreiche weitere Nachweise). Das OLG Hamburg sieht das modische Design von Damenunterwäsche als zu 60 % ursächlich für die Kaufentscheidung an und sprach daher dem Geschädigten der Nachahmung 60 % des erzielten Verletzergewinns zu (OLG Hamburg GRUR-RR 2009, 136 – Gipürespitze II).

Die Wahl der für den Kläger günstigsten Berechnungsart braucht erst nach Auskunftserteilung und Rechnungslegung zu erfolgen (vgl. BGH GRUR 1993, 55 (57) – Tchibo/Rolex II), spielt also für die Antragstellung im Verletzungsprozess in der Regel keine Rolle. Nur wenn ausnahmsweise bestimmte Berechnungsarten ausscheiden (wie im Falle BGH GRUR 1995, 349 – Objektive Schadensberechnung, wo der Verletzer seinen Gewinn atypischerweise nicht auf Kosten des Verletzten erzielte, sondern dessen Gewinn ebenfalls steigerte), kann dies Einfluss auf den Umfang der Auskunfts- und Rechnungslegungspflicht haben (vgl. BGH GRUR 1995, 349 (352) – Objektive Schadensberechnung).

12. Klagebefugnis des Herstellers. Ansprüche aus ergänzendem wettbewerblichem Leistungsschutz stehen abweichend von § 8 Abs. 3 UWG zunächst nur dem Erbringer der nachgeahmten Leistung zu. Dies ist in der Regel der Hersteller des nachgeahmten Produkts (vgl. BGH GRUR 1993, 34 (37) – Bedienungsanweisung), aber nicht ein Händler, der die nachgeahmten Produkte lediglich vertreibt. Hersteller ist, „wer das Erzeugnis in eigener Verantwortung herstellt oder von einem Dritten herstellen lässt und über das Inverkehrbringen entscheidet" (BGH GRUR 2016, 730 (732) Rn. 21 – Herrnhuter Stern). Die Herstellereigenschaft kommt dem Produzenten des Originals zu, wiewohl ein nachfolgendes Unternehmen in diese Stellung einrücken und einen eigenen Anspruch gem. § 4 Nr. 3 UWG erlangen kann (BGH GRUR 2016, 730 (732 f.) Rn. 23 f., 28 – Herrnhuter Stern).

Ein Händler kann klagebefugt sein, wenn neben individuellen Interessen auch Belange der Allgemeinheit oder aller Wettbewerber berührt werden, etwa bei vermeidbaren Herkunftstäuschungen (vgl. BGH GRUR 1988, 620 (621) – Vespa-Roller). Diese zusätzliche Voraussetzung gilt gem. BGH GRUR 1994, 630 (634) – Cartier-Armreif auch für den Alleinimporteur oder sonstigen ausschließlich Vertriebsberechtigten, der – anders als noch im Falle Vespa-Roller – vom BGH wohl nicht mehr als ohne weiteres „unmittelbar Verletzter" (iSd Rechtsprechung zum früheren UWG) einer Nachahmung angesehen wird. Die Klagebefugnis des (früher) „unmittelbar Verletzten" ist jetzt in § 8 Abs. 3 Nr. 1 UWG geregelt, die sonstiger Gewerbetreibender iSv § 13 Abs. 2 Nr. 1 UWG aF ist entfallen, vgl. Begründung des Regierungsentwurfs zu § 8 Abs. 3 Nr. 1 UWG.

Klagebefugt kann ausnahmsweise ein Händler sein, der eine eigene Leistung durch die Zusammenstellung seiner Kollektion erbringt, diese als solche wettbewerbsrechtliche Eigenart aufweist und in toto übernommen wird (vgl. BGH GRUR 1991, 223 (224) – Finnischer Schmuck, Harte-Bavendamm/Henning-Bodewig/*Sambuc* UWG § 4 Nr. 3 Rn. 208).

13. Wettbewerbliche Eigenart. Nachahmungsobjekte im Rahmen des § 4 Nr. 3 UWG „können Leistungs- und Arbeitsergebnisse aller Art sein" (BGH GRUR 2017, 79 (83) Rn. 44 – Segmentstruktur). Ohne deren wettbewerbliche Eigenart gibt es jedoch keinen ergänzenden Leistungsschutz nach §§ 3, 4 Nr. 3 Buchst. a und b UWG (vgl. BGH GRUR 1983, 377 (379) – Brombeer-Muster; *Ohly/Sosnitza* UWG § 4 Nr. 3 Rn. 3/32); sie ist dafür eine „Grundvoraussetzung" (vgl. BGH GRUR 1960, 232 (234) – Feuerzeug-Ausstattung).

Wettbewerbliche Eigenart „erfordert ein Erzeugnis, dessen konkrete Ausgestaltung oder bestimmte Merkmale geeignet sind, die interessierten Verkehrskreise auf die betriebliche Herkunft oder die Besonderheiten des Erzeugnisses hinzuweisen" (vgl. BGH GRUR 1996, 210 (211) – Vakuumpumpen mwN). Deren Beurteilung bestimmt sich nach dem Gesamteindruck (BGH GRUR 2015, 909 (912) Rn. 27 – Exzenterzähne). (Mit-)Begründet werden kann die Eigenart auch durch technische Merkmale, so lange diese nicht technisch notwendig, sondern bloß technisch bedingt sind, als solche ohne Qualitätsverlust frei wählbar sind, und die Verkehrskreise hieraus Herkunfts- oder Qualitätsvorstellungen ableiten (BGH GRUR 2015, 909 (912) Rn. 26 – Exzenterzähne).

Die erste Alternative obiger Definition (Hinweis auf betriebliche Herkunft) ist Grundlage für die am häufigsten vorkommende Fallgruppe der unlauteren Nachahmung, die vermeidbare Herkunftstäuschung, § 4 Nr. 3 Buchst. a UWG. Auf sie stützt sich auch die vorliegende Klage in erster Linie.

Die zweite Alternative (Hinweis auf Besonderheiten des Erzeugnisses) ist ein diffuser Sachverhalt, dessen genauere Definition der BGH – wohl im Interesse einer vielseitigen Verwendbarkeit – verweigert. Sie spielt(e) – in verschiedenen Varianten – bei folgenden Fallgestaltungen eine Rolle:
- „Schutzwürdige" wettbewerbliche Eigenart: Anders als bei der vermeidbaren Herkunftstäuschung ist die wettbewerbliche Eigenart hier nicht nur notwendige Voraussetzung eines Schutzes gegen Verwechslungsgefahr, sondern – was im Adjektiv „schutzwürdig" sinnfällig zum Ausdruck kommt – Grund und Gegenstand des Schutzes selbst. Mit „wettbewerblicher Eigenart" ist hier weniger ein „Hinweis" auf Besonderheiten, als die Besonderheit selbst gemeint. Wegen ihr soll eine Nachahmung unzulässig sein, wobei allerdings meist weitere anstößige Umstände verlangt werden, → Anm. 26.
- „Saisonschutz" modischer Textilerzeugnisse: Grundlegend war BGH GRUR 1973, 478 – Modeneuheit. Ohne Rücksicht auf etwaige Herkunftsvorstellungen wurde die (fast) identische Nachahmung eines modischen Textilstoffmusters oder Bekleidungsstücks noch in dessen erster (und oft auch letzter) Saison für unlauter gehalten, weil dadurch dem Schöpfer des Original-Musters die Chance einer angemessenen Gewinnerzielung zunichte gemacht wird. Diese Fallgruppe wurde vom BGH unter Hinweis auf das nicht

12. Klage wegen Nachahmung eines Produkts (§§ 4 Nr. 3, 3 UWG)   A. 12

eingetragene Gemeinschaftsgeschmacksmuster (Art. 11 GGVO) mittlerweile aufgegeben (BGH GRUR 2017, 79 (89) Rn. 96 – Segmentstruktur).
- Rufausbeutung, § 4 Nr. 3 Buchst. b UWG: Auch wo es durch die Nachahmung deshalb nicht zu Herkunftstäuschungen kommt, weil der Käufer das Imitat als solches erkennt (zB am Preis), profitiert der Nachahmer uU von dem guten Ruf, den der Original-Hersteller aufgebaut hat. Der „Hinweis auf Besonderheiten" soll dann zB den exklusiven oder Luxus-Charakter eines Produkts betreffen (vgl. BGH GRUR 1985, 876 – Tchibo/Rolex I, kritisch dazu *Sambuc* Rn. 335 ff.).

Bei Beanspruchung eines guten Rufs muss der Kläger vor allem zum Bekanntheitsgrad, zum Inhalt und zur Übertragbarkeit des guten Rufs (vgl. BGH GRUR 1985, 550 – Dimple; BGH GRUR 1991, 465 – Salomon) sowie zur Unterlauterkeit der Rufausbeutung (vgl. BGH GRUR 1994, 732 – McLaren) vortragen.

Im Rahmen der Fallgruppe „vermeidbare Herkunftstäuschung" bedeutet wettbewerbliche Eigenart die Eignung zur Erweckung von Herkunftsvorstellungen. Das Produkt muss sich auf Grund auffälliger, ungewöhnlicher Merkmale von den Konkurrenzerzeugnissen abheben. Diese Merkmale können ästhetischer oder technisch-funktioneller Natur sein. Allerdings wird technisch bedingten Gestaltungen zum Teil schon die Eignung zur Erweckung von Herkunftsvorstellungen abgesprochen, soweit sie erforderlich und nicht beliebig austauschbar sind (vgl. *Ohly/Sosnitza* UWG § 4 Nr. 3 Rn. 3/41). Darunter fallen also nicht nur notwendige, sondern auch schon besonders zweckmäßige Gestaltungen. Sieht man sie gleichwohl als wettbewerblich eigenartig an, ist die Vermeidbarkeit der Herkunftstäuschung besonders aufmerksam zu prüfen, → Anm. 23, 24.

Die wettbewerbliche Eigenart kann dem Produkt von Hause aus anhaften oder durch Bekanntheit infolge Werbung, Markterfolg usw. erworben oder zumindest gesteigert sein, → Anm. 18. In beiden Fällen ist sie nicht ein für alle Mal gegeben, sondern unterliegt der Abnützung durch das Aufkommen ähnlicher Gestaltungen, schwindenden Markterfolg, Aufgehen in Modeströmungen, und dergleichen. → Form. A.23 Anm. 2.

Auf den Grad der wettbewerblichen Eigenart kann es entscheidend ankommen (vgl. BGH GRUR 1999, 751 (752) – Güllepumpen). Er bestimmt den Schutzumfang wesentlich mit, maW den Abstand, den die nachahmende Gestaltung halten muss. Beruht ein Produkt im Wesentlichen auf der Umsetzung einer gestalterischen und praktischen Grundidee, kommt ihm allenfalls geringe wettbewerbliche Eigenart zu, BGH GRUR 2003, 359 (361) – Pflegebett. Auf diese Weise wird dem Freihaltebedürfnis der Mitbewerber Rechnung getragen. Dieses kann auch durch einen gesteigerten Bekanntheitsgrad des Original-Erzeugnisses nur bedingt ausgeräumt werden, BGH GRUR 2003, 359 (361) – Pflegebett sowie → Anm. 18. Auch einer Sachgesamtheit (Hauptprodukt + Zubehör) kann wettbewerbliche Eigenart zukommen, selbst wenn die Gesamtheit im Katalog oder Internetauftritt nicht gemeinsam abgebildet ist. Ausreichend kann sein, wenn der Verkehr erkennt, dass die Produkte im Rahmen eines inhaltlichen Konzepts in ihrer Gesamtheit funktional zusammenwirken, BGH GRUR 2012, 1155 (1157) – Sandmalkasten.

14. Darlegung der die wettbewerbliche Eigenart begründenden Merkmale. Woraus sich die wettbewerbliche Eigenart des Nachahmungsobjekts ergibt, muss vom Kläger spezifisch dargelegt und sodann tatrichterlich festgestellt werden (BGH GRUR 2017, 79 (85) Rn. 58 – Segmentstruktur). Angesprochen ist damit hauptsächlich der für die „Schutzfähigkeit entscheidende Gesamteindruck einer Gestaltung, die ihn tragenden einzelnen Elemente sowie die die Besonderheit des nachgeahmten Produkts ausmachenden Elemente" (BGH GRUR 2017, 79 (85) Rn. 59 – Segmentstruktur). Stützt sich der Kläger auf eine seinem Produkt innewohnende „angeborene" Eigenart, so dürfte häufig – wie im Urheberrecht (vgl. BGH GRUR 1981, 820 (822) – Stahlrohrstuhl II) – die Vorlage des Original-Produkts ausreichen. Zusätzlicher Vortrag ist jedenfalls erforderlich, wo die Marktverhältnisse nicht gerichts- oder allgemeinbekannt sind. Dann gehört zur Schlüssigkeit auch ein Vortrag zum Abstand des klägerischen Erzeugnisses von den vorbekannten und Wettbewerbsprodukten (vgl. BGH GRUR 1998, 478 (479) – Trachtenjanker). Soll die wettbewerbliche Eigenart nach dem Vortrag des Klägers ganz oder teilweise auf einer gesteigerten Verkehrsbekanntheit (im Gegensatz zur „angeborenen" wettbewerblichen Eigenart) beruhen, muss auch dazu vorgetragen werden, → Anm. 18.

Schließlich hat das Gericht den Grad der wettbewerblichen Eigenart festzustellen (BGH GRUR 2017, 79 (85) Rn. 62 – Segmentstruktur), weshalb der Kläger hierzu ebenfalls vortragen sollte.

15. Behauptung und Beweis der Nachahmung. Im Nachahmungsprozess muss der Kläger behaupten und gegebenenfalls beweisen, dass der Beklagte (bzw. der Hersteller des von ihm vertriebenen Produkts) tatsächlich nachgeahmt hat. Anders als das Patent- oder Markenrecht entfaltet der ergänzende UWG-Leistungsschutz keine absolute Sperrwirkung, so dass er gegen selbstständige (einschließlich „prioritätsjüngerer") Doppelschöpfungen in der Regel nicht greift. Schon begrifflich erfordert die Nachahmung Kenntnis des Originals (BGH GRUR 2017, 79 (86) Rn. 64 – Segmentstruktur). Allerdings sind die Beweisanforderungen niedrig. Meist sind die Übereinstimmungen hinsichtlich ungewöhnlicher Merkmale nach der Lebenserfahrung nur mit einer Nachahmung zu erklären. Es gilt der Beweis des ersten Anscheins (vgl. BGH GRUR 1991, 914 (916) – Kastanienmuster), der vom Beklagten aber insbesondere durch den Nachweis eines selbstständigen Entwurfs ausgeräumt werden kann (vgl. BGH GRUR 1969, 292 (294) – Buntstreifensatin II). Die Nachahmung setzt jedenfalls voraus, dass eine Ähnlichkeit gegenüber dem Original zumindest insoweit besteht, als eine Wiedererkennung aufgrund übereinstimmenden Gesamteindrucks möglich ist (BGH GRUR 2017, 79 (86) Rn. 64 – Segmentstruktur). Dass dem Beklagten der Vorwurf des Angebots einer Nachahmung gemacht werden kann, setzt schließlich voraus, „dass die fremde Leistung ganz oder teilweise als eigene Leistung angeboten wird" (BGH GRUR 2017, 79 (86) Rn. 64 – Segmentstruktur). Der Nachahmungsgrad ist vom Gericht festzustellen (BGH GRUR 2017, 79 (86) Rn. 64 – Segmentstruktur), weshalb auch diesbezüglich vom Kläger vorgetragen werden sollte.

16. Unmittelbare Übernahme/Identische Nachahmung. Unter unmittelbarer Übernahme versteht man eine Nachahmung im Wege rein technischer Vervielfältigung im Gegensatz zum handwerklichen, wenn auch uU noch so sklavischen Nachschaffen. Vorübergehend wurde die unmittelbare Übernahme kritischer angesehen, also eher für unlauter gehalten als die nachschaffende (vgl. BGH GRUR 1966, 503 (507) – Apfel-Madonna; BGH GRUR 1969, 618 – Kunststoffzähne). Durch die Gleichstellung der unmittelbaren Übernahme mit der (wie auch immer bewerkstelligten) identischen oder sogar nur fast identischen Nachahmung in der neueren Rechtsprechung seit BGH WRP 1976, 370 – Ovalpuderdose spielt die Methode der Nachahmung zu Recht keine bedeutende Rolle mehr. Ausschlaggebend ist vielmehr der Grad der Ähnlichkeit bzw. die „Identität" der Produkte. Indirekt kann die unmittelbare Übernahme dann erschwerend wirken, wenn sie dem Nachahmer Kostenvorteile verschafft und ihn zur Unterbietung des Preises des Original-Anbieters befähigt, → Anm. 20.

Ein nachgeahmtes Produkt ist „identisch" mit dem des Klägers, wenn es von ihm (praktisch) nicht zu unterscheiden ist. Bei hochgradiger Ähnlichkeit, wo die Unterscheidbarkeit besondere Aufmerksamkeit voraussetzt, spricht man von „fast identischer Nachahmung". Diese ist praktisch häufig, weil der Nachahmer oft nicht willens oder in der Lage ist, eine perfekte Kopie anzufertigen. Bei der Beurteilung der Herkunftstäuschung kommt es weniger auf die Unterschiede und mehr auf die Übereinstimmungen an, da der Verkehr die Produkte regelmäßig nicht gleichzeitig wahrnimmt und vergleicht. Maßgeblich ist vielmehr der Erinnerungseindruck, in dem die übereinstimmenden Merkmale stärker hervortreten als die unterscheidenden, BGH GRUR 2010, 80 (83) – LIKEaBIKE.

12. Klage wegen Nachahmung eines Produkts (§§ 4 Nr. 3, 3 UWG)   A. 12

Die Identität der Nachahmung reicht allein zur Unlauterkeit nicht aus. Sie kann aber im Rahmen der Gesamtbewertung erschwerend hinzugezogen werden, zB kann bei der vermeidbaren Herkunftstäuschung ein geringerer Grad an wettbewerblicher Eigenart ausreichend sein, wenn die Verwechslungsgefahr durch die Identität der sich gegenüberstehenden Produkte gesteigert wird (vgl. *Ohly/Sosnitza* UWG § 4 Nr. 3 Rn. 3/47; BGH GRUR 1979, 119 – Modeschmuck; BGH GRUR 1996, 210 (211) – Vakuumpumpen). Korrespondierend „sind bei einer (nahezu) unmittelbaren Übernahme geringere Anforderungen an die Unlauterkeitskriterien zu stellen als bei einer lediglich nachschaffenden Übernahme" (BGH GRUR 2017, 79 (86) Rn. 64 – Segmentstruktur).

17. Abweichende Kennzeichnungen. Zur Bedeutung abweichender Kennzeichnungen für die Ausräumung einer Herkunftstäuschung → Form. A.23 Anm. 9.

18. Durch Bekanntheit gesteigerte wettbewerbliche Eigenart. Die wettbewerbliche Eigenart kann mit der Verbreitung des Original-Erzeugnisses und hieraus resultierender Bekanntheit bei den Verkehrskreisen steigen (BGH GRUR 2015, 909 (912) Rn. 28 – Exzenterzähne). Durch überdurchschnittliche Bekanntheit kann auch ein von Hause aus weniger einprägsames Produkt einen Wiedererkennungseffekt erzielen. Es verhält sich hier nicht anders als im Markenrecht, wo der Grad der Kennzeichnungskraft (und damit der Schutzumfang) mit der Bekanntheit wächst.

Will sich der Kläger auf eine durch Bekanntheit (mit-)begründete oder gesteigerte wettbewerbliche Eigenart berufen, muss er zu deren Ursachen vortragen. In Frage kommen Absatzzahlen (die allerdings nur in Relation zum Gesamtmarkt der betreffenden Produkte aussagekräftig sind), Werbeaufwand, Presseberichte oder der Besitz von Auszeichnungen (wobei letztere auch ein Indiz für angeborene wettbewerbliche Eigenart sein können). Auch Privatgutachten über die Bekanntheit können als Sachvortrag geeignet sein, wobei ein Bekanntheitsgrad von 46 % „zweifelsohne" ausreicht (BGH GRUR 2006, 79 (82) – Jeans).

19. Vorkommen tatsächlicher Verwechslungen. Es genügt, wenn durch die Nachahmung die Gefahr von Herkunftstäuschungen begründet wird. Ebenso wie bei der Verwechslungsgefahr im Markenrecht bedarf es nicht der Feststellung tatsächlicher Verwechslungen (vgl. *Ullmann* UWG § 4 Nr. 3 Rn. 117). Ist es jedoch schon nachweislich zu Verwechslungen hinsichtlich der Herkunft gekommen, bekräftigt dies natürlich die Verwechslungsgefahr (vgl. BGH WRP 1999, 1031 (1034) – Rollstuhlnachbau). Derartige Fälle sollten daher so vollständig wie möglich dokumentiert und vorgetragen werden. Kann es jedoch aufgrund unterschiedlicher Vertriebswege zu keiner tatsächlichen Begegnung der Waren beim Vertrieb kommen, weil die Waren des Herstellers nur in eigenen, als solche gekennzeichneten Geschäften des Herstellers vertrieben werden, kann dies einer Herkunftstäuschung entgegenstehen (BGH GRUR 2007, 795 (799) – Handtaschen).

20. Preisunterbietung. Der Nachahmer ist oft in der Lage, den Anbieter des Originals im Preis zu unterbieten. Dies kann die unterschiedlichsten Gründe haben, zB Verwendung kostengünstigerer Materialien, Fertigung in Billiglohnländern, rationalere Fertigungsweise, Ersparnis von Entwicklungskosten, Verzicht auf Werbung oder Ersparnis von Markterschließungskosten.

Die unlauterkeitsrechtliche Relevanz einer Preisunterbietung durch den Nachahmer wird in Rechtsprechung und Literatur sehr unterschiedlich beurteilt, vgl. die Nachweise bei *Sambuc* Rn. 452 ff. Das liegt an einem Zwiespalt zwischen dem Verbraucherinteresse an niedrigen Preisen und dem Interesse des Originalherstellers, sich nicht „die Preise verderben" zu lassen. Der BGH hielt Preisunterbietungen durch Nachahmer zum Teil für „unerheblich" (vgl. BGH GRUR 1970, 244 (246) – Spritzgussengel) oder begrüßte sie sogar als Preiswettbewerb (vgl. BGH GRUR 2003, 359 (361) – Pflegebett; BGH GRUR 2000, 521 (525) – Modulgerüst; BGH GRUR 1969, 618 (620) – Kunststoffzähne). In anderen Entscheidungen wird sie hingegen pauschal als erschwerend zu Lasten des

Nachahmers gewertet (vgl. BGH GRUR 1979, 119 (120) – Modeschmuck). Ein bloßer Preisverfall des Originals, bedingt durch das Angebot des Nachahmungsprodukts, genügt jedenfalls nicht, um die Unlauterkeit der Nachahmung auf eine Behinderung gem. § 4 Nr. 4 UWG zu stützen (BGH GRUR 2017, 79 (88) Rn. 82 – Segmentstruktur).

Im Übrigen ist eine vermittelnde Position vorzugswürdig: Dem Interesse der Abnehmer an preisgünstigen Wettbewerbserzeugnissen ist erst Vorrang einzuräumen, wenn die Früchte der übernommenen Leistung ihrem Erbringer bereits ausreichend zugeflossen sind (vgl. BGH GRUR 1969, 618 (620) – Kunststoffzähne). Andernfalls würde insbesondere bei Leistungsergebnissen, die mit hohen Entwicklungskosten belastet sind, der Anreiz zur Schaffung von Innovationen zu stark gedämpft werden (vgl. BGH GRUR 1996, 210 (213) – Vakuumpumpen).

21. Keine konkrete Herkunftsvorstellung erforderlich. Die Herkunftsvorstellung muss nicht in dem Sinne individualisiert sein, dass verkehrsseitig an ein konkretes oder gar an ein namentlich bekanntes Unternehmen gedacht wird. Es genügt die Annahme, das betreffende Produkt „stamme von einem bestimmten Hersteller, wie auch immer dieser heißen möge, oder sei von einem mit diesem verbundenen Unternehmen in den Verkehr gebracht worden" (BGH GRUR 2015, 909 (910) Rn. 11 – Exzenterzähne).

22. Bloße Warenverwechslung genügt nicht. Dies folgt aus dem Erfordernis einer betrieblichen Herkunftsverwechslung. Auch unoriginelle Waren können als solche verwechselt werden, wenn sie einander – zulässiger- oder sogar notwendigerweise – „wie ein Ei dem anderen" gleichen. Das ist rechtlich unerheblich (vgl. BGH GRUR 1963, 152 (155) – Rotaprint). Andernfalls gäbe es statt der grundsätzlichen Nachahmungsfreiheit (vgl. BGH GRUR 2017, 79 (87) Rn. 77 – Segmentstruktur) ein grundsätzliches Nachahmungsverbot (vgl. BGH GRUR 1968, 591 (593) – Pulverbehälter). In dem zur Umsetzung der Richtlinie EG 2005/29/EG eingeführten Anhang zu § 3 Abs. 3 UWG, der unzulässige geschäftliche Handlungen auflistet, ist in Nr. 13 normiert, dass die Werbung für eine Ware, die der Ware eines Mitbewerbers ähnlich ist, unlauter ist, wenn dies in der Absicht geschieht, über die betriebliche Herkunft der beworbenen Ware zu täuschen. Diese Regelung steht neben § 4 Nr. 3 Buchst. a UWG und schränkt dessen Anwendungsbereich nicht ein (Begründung zum Gesetzentwurf der Bundesregierung S. 66). Allerdings stellt der Gesetzgeber mit dem dortigen Anknüpfungspunkt der betrieblichen Herkunftstäuschung auf die Absicht und damit ein subjektives Merkmal ab. Zur „Absicht" soll jedoch schon bedingter Vorsatz genügen (BGH GRUR 2013, 1161 (1166) Rn. 70 – Hard Rock Cafe). Nach dem Gesetzeswortlaut könnte auch eine Werbung mit ähnlichen Waren, welche zu keiner Herkunftstäuschung führt, erfasst sein, weil die bloße Absicht auszureichen scheint. Nach dem Erwägungsgrund 14 S. 6 der Richtlinie muss die Ähnlichkeit indes zu einer Täuschung über die betriebliche Herkunft führen, so dass bloße Produktverwechslungen oder Werbungen, die von vornherein untauglich sind, eine Herkunftstäuschung hervorzurufen, nicht unter das Verbot fallen (vgl. auch BGH GRUR 2013, 1161 (1166) Rn. 70 f. – Hard Rock Cafe; BGH GRUR 2013, 631 (638) Rn. 78 – AMARULA/Marulablu).

23. Vermeidbarkeit bei ästhetischen und technisch-funktionellen Gestaltungen. Eine Täuschung über den Warenursprung ist vermeidbar, „wenn sie durch geeignete und zumutbare Maßnahmen verhindert werden kann" (BGH GRUR 2015, 909 (913) Rn. 33 – Exzenterzähne). Die Frage der „Zumutbarkeit" erfordert eine Interessenabwägung, in deren Rahmen den widerstreitenden Interessen (etwa Schutz vor Herkunftsverwirrungen einerseits, Verwendbarkeit von nicht sondergesetzlich geschützten Merkmalen und Entstehen von Leistungswettbewerb andererseits) Rechnung zu tragen ist (BGH GRUR 2015, 909 (913) Rn. 33 – Exzenterzähne). Herkunftstäuschungen sind leichter vermeidbar, wenn sie an „ästhetische" Produkte oder Merkmale anknüpfen als bei technisch-funktionellen. Es gibt mehr Möglichkeiten, ein Krawattenmuster zu gestalten als eine

12. Klage wegen Nachahmung eines Produkts (§§ 4 Nr. 3, 3 UWG)   A. 12

Bohrmaschine. Zumeist wird bei rein ästhetischen Merkmalen eine Umgestaltung daher sowohl möglich als auch zumutbar sein (BGH GRUR 2015, 909 (913) Rn. 34 – Exzenterzähne). Abstrakter gesprochen: Wird trotz beliebiger Ausweichmöglichkeiten eine eigenartige Gestaltung übernommen, ist eine daraus resultierende Gefahr von Herkunftstäuschungen in der Regel vermeidbar und daher unzulässig (vgl. BGH GRUR 1970, 244 (246) – Spritzgussengel; BGH WRP 1976, 370 (371) – Ovalpuderdose).

24. Technisch bedingte Gestaltungen. Technisch-funktionelle Gestaltungen dürfen wegen eines größeren Freihaltebedürfnisses eher nachgeahmt werden als ästhetische. Sie sind schon weniger zur Erweckung von Herkunftsvorstellungen geeignet (vgl. ausführlich BGH GRUR 2002, 275 (276 f.) – Noppenbahnen; BGH GRUR 2000, 521 (523) – Modulgerüst).

Wie weit der Nachahmungsschutz reicht, hängt – außer vom Grad der wettbewerblichen Eigenart, → Anm. 13 aE – in erster Linie von der Vermeidbarkeit einer etwa begründeten Gefahr von Herkunftstäuschungen ab. Der Nachahmer muss diese Gefahr nicht um jeden Preis vermeiden. Gestaltungen, die technisch notwendig, also unverzichtbar sind, damit ein betreffendes Produkt überhaupt angeboten werden kann, sind mit den Mitteln des UWG nicht monopolisierbar. Auch technisch nur „geeignete" oder „zweckmäßige" Merkmale unterliegen im Allgemeinen einem Freihaltebedürfnis: Jeder Anbieter darf den Gebrauchszweck und die Verkäuflichkeit seiner Ware im Auge behalten und dem offenbarten Stand der Technik eine Lösung frei entnehmen (vgl. BGH GRUR 1968, 591 (592) – Pulverbehälter). Der Nachahmer wird also nicht gezwungen, bewusst ein schlechteres oder rückständigeres Produkt anzubieten oder auch nur eine abweichende technische Lösung zu versuchen (vgl. BGH GRUR 2002, 275 (276 f.) – Noppenbahnen), als es ihm der freie Stand der Technik ermöglicht, selbst wenn es dadurch zu Verwechslungen kommt. Diese gelten dann im Rechtssinne als „unvermeidbar". Dies gilt insbesondere auch für Übereinstimmungen, die auf Kompatibilität beruhen, BGH GRUR 2000, 521 – Modulgerüst.

Eine Ausnahme gilt, wenn „bei einer Vielzahl an sich austauschbarer Gestaltungselemente in allen Punkten die identische Nachahmung des konkreten Produkts gewählt wird" (BGH GRUR 1981, 517 (519) – Rollhocker; ähnlich BGH GRUR 2000, 521 (524) – Modulgerüst). Außerdem gelten die vorgenannten Grundsätze nicht, soweit außer technischen Merkmalen auch frei wählbare ästhetische Gestaltungen, etwa bloße Verzierungen (mit-)übernommen werden, → Anm. 23.

Sind technisch bedingte Merkmale ohne Qualitätseinbußen frei austauschbar, so können diese nach Ablauf des Patentschutzes auch dann dem Erzeugnis zu wettbewerblicher Eigenart verhelfen, wenn sie Teil der technischen Lösung waren, auf denen das Patent beruhte (BGH GRUR 2015, 909 (911 f.) Rn. 22 ff. – Exzenterzähne).

25. Verwechslungsgefahr. § 5 Abs. 2 UWG verbietet unter anderem die Hervorrufung einer Verwechslungsgefahr mit der Ware eines Mitbewerbers. Der Regelungsgehalt des § 4 Nr. 3 UWG als wettbewerberschützende Vorschrift wird von dieser Norm als verbraucherschützender Vorschrift nicht berührt, BGH GRUR 2010, 80 (81) – LIKEaBIKE. Im Unterschied zu § 4 Nr. 3 Buchst. a UWG sind nun bei Vorliegen einer Verwechslungsgefahr im Sinne des § 5 Abs. 2 UWG nicht nur der Hersteller als unmittelbar Betroffener, sondern auch die in § 8 Nr. 1, 3 UWG aufgeführten Mitbewerber, Verbände und Einrichtungen anspruchsberechtigt. Anders als § 4 Nr. 3 UWG, welcher vorrangig den Interessen des Herstellers dient, bezweckt § 5 Abs. 2 UWG den Schutz der Verbraucher vor Irreführung. Gleichwohl ist bei beiden Vorschriften die betriebliche Herkunft Anknüpfungspunkt für die Verwechslungsgefahr (*Köhler/Bornkamm/Feddersen* UWG § 5 Rn. 9.2, 9.23).

26. Schutzwürdige Leistung. Die traditionelle Konzeption eines Schutzes vor Nachahmungen mit dem UWG sieht dessen Charakteristikum darin, dass er – im Gegensatz zum Sonderrechtsschutz – nicht an die Qualität des Leistungsergebnisses als solche anknüpft, sondern an besondere Umstände bei der Ausnutzungs-, Vertriebs- und/oder sonstigen

Verwertungshandlung (vgl. *Ohly/Sosnitza* UWG § 4 Nr. 3 Rn. 3/3). Unlauterkeitsbegründend soll also das „Wie", nicht das „Was" der Nachahmung sein (vgl. *Ohly/Sosnitza* UWG § 4 Nr. 3 Rn. 3/3; *Köhler/Bornkamm/Feddersen* UWG § 4 Nr. 3 Rn. 3.40).

Die „Schutzwürdigkeit" einer Leistung gegen Nachahmungen dürfte demnach keine Rolle spielen, ja selbst der inzwischen landläufige Begriff des „ergänzenden wettbewerblichen Leistungsschutzes" wäre suspekt.

In der Praxis wird das Dogma von der bloß handlungs- (nicht: gegenstands-) bezogenen Unlauterkeit nicht durchgehalten. Schon mit der unverzichtbaren wettbewerblichen Eigenart wird eine gewisse Produktqualität verlangt. Soweit die wettbewerbliche Eigenart als „Hinweis auf Besonderheiten" (im Gegensatz zum Herkunftshinweis) verstanden wird (→ Anm. 13), erweisen sich die „Besonderheiten" oft genug als eigentlicher Grund und Gegenstand des ergänzenden Leistungsschutzes, mögen daneben auch noch mehr oder weniger anstößige Begleitumstände vorliegen (zur Addition von Unlauterkeitsgesichtspunkten → Anm. 32).

Derartige Fälle „schutzwürdiger" Leistungsergebnisse bzw. Vorbilder sind: BGH GRUR 1960, 244 – Simili-Schmuck; BGH GRUR 1969, 618 – Kunststoffzähne; BGH GRUR 1983, 377 – Brombeer-Muster; BGH GRUR 1984, 597 – vitra-Programm; BGH GRUR 1987, 903 – Le Corbusier-Möbel; BGH GRUR 1988, 690 – Kristallfiguren; BGH GRUR 1988, 308 – Informationsdienst; BGH GRUR 1972, 189 – Wandsteckdose II.

Eine Parade-Fallgruppe des direkten Schutzes von wettbewerblich eigenartigen Produkten ist die (mittlerweile aufgegebene) Rechtsprechung zum sogenannten „Saisonschutz" von modischen Erzeugnissen, → Anm. 13 Stichwort „Saisonschutz".

Die Möglichkeit eines direkten (dh nicht durch Fehlvorstellungen des Verbrauchers vermittelten) Nachahmungsschutzes auf der Grundlage der Generalklausel des § 3 Abs. 1 UWG hält der BGH bislang offen, vgl. BGH GRUR 2017, 79 (89) Rn. 97 – Segmentstruktur. Zurückhaltend äußert er sich in BGH GRUR 2011, 436 (438) Rn. 25 – Hartplatzhelden.de, vgl. Harte-Bavendamm/Henning-Bodewig/*Sambuc* UWG § 4 Nr. 3 Rn. 56 ff.

27. Aufwand von Kosten und Mühen. Der Aufwand, den der Kläger für die Entwicklung und Herstellung seines Produkts betrieben hat, sowie die dafür aufgewandten Kosten, können für die Beurteilung der Zulässigkeit von Nachahmungen allenfalls am Rande eine Rolle spielen. Dementsprechend beiläufig werden sie auch im Formular erwähnt. Die etwaige Schutzwürdigkeit einer Leistung beruht nicht auf der Anstrengung als solcher, sondern auf dem dadurch erzielten Ergebnis (BGH GRUR 1967, 315 (317) – skai cubana).

Umgekehrt erspart sich der Nachahmer praktisch immer eigenen Aufwand, wenn er auf Vorbilder zurückgreift. Dieser Umstand kann also ebenfalls nicht unlauterkeitsbegründend sein, da sonst Nachahmungen nicht grundsätzlich zulässig, sondern grundsätzlich unzulässig wären. Außerdem würden volkswirtschaftlich sinnlose Wiederholungen von Entwicklungsarbeit erzwungen.

28. Enttäuschung von Gewinnerwartungen. Nachahmungsschutz wegen „Schutzwürdigkeit" beruht weitgehend auf ähnlichen Erwägungen wie der sondergesetzliche Produktschutz des PatG, der Designrechte, usw. Angestrebt wird die Förderung von Innovation durch die (vorübergehende) Gewährung eines begrenzten Monopols (Stichworte: Anreiz und Belohnung). Der natürliche Vorsprung des Innovators vor den Nachahmern schrumpft mit der Entwicklung der Kommunikations- und Kopiertechnik immer mehr zusammen. Es ist daher weniger denn je gewährleistet, dass ihm genügend Zeit bleibt, seine Investitionen zu amortisieren und einen angemessenen Gewinn zu erzielen, bevor ihm Nachahmer das Wasser abgraben. Das UWG ermöglicht es, den Vorsprung bis dahin künstlich mit Nachahmungsverboten zu verlängern. Ebenso wie der sondergesetzliche Produktschutz – und anders als das Verbot von Herkunftstäuschungen – muss dieser Nachahmungsschutz aber zeitlich begrenzt sein. Da der ergänzende wettbewerbsrechtliche Leistungsschutz von den Anforderungen an das nachgeahmte Produkt her leichter

12. Klage wegen Nachahmung eines Produkts (§§ 4 Nr. 3, 3 UWG)   A. 12

(und zudem formlos) zu erlangen ist als der sondergesetzliche, kann er auch nur einen geringeren und kürzeren Schutz als das Patent- oder Designrecht (zu schweigen vom Urheberrecht) bieten, vgl. ausführlich *Sambuc* Rn. 213 ff.

Wie lange der Nachahmungsschutz dauern muss, um eine angemessene Gewinnerzielung zu ermöglichen, ist in der (mittlerweile aufgegebenen) Rechtsprechung zum „Saisonschutz" modischer Stoffe und Bekleidungsstücke am ausführlichsten erörtert worden, vgl. BGH GRUR 1973, 478 – Modeneuheit; BGH GRUR 1984, 453 – Hemdblusenkleid; OLG Hamburg GRUR 1986, 83 – Übergangsbluse; OLG Karlsruhe GRUR 1994, 450 – Seidenhemden; OLG München GRUR 1995, 275 – Parka-Modell; LG Düsseldorf GRUR 1989, 122 – Sweat-Shirt. Im Modebereich dauerte er maximal ein Jahr; → Anm. 29, 30.

29. Entmutigung fortschrittlicher Entwicklungen. Auch hier geht es um die nachteiligen Auswirkungen einer sofortigen und bedingungslosen Zulassung des Vertriebs von Nachahmungen, aber – anders als bei der vorhergehenden Anmerkung – weniger unter dem Gesichtspunkt der individuellen Interessen des „Nachahmungsopfers", als unter dem des Gemeinwohls. Der BGH wägt hier ab zwischen der Gefahr, dass durch die Zulassung von Nachahmungen „auf bestimmten Gebieten jeder Anreiz zur Fortentwicklung des Standes der Technik genommen wäre" (vgl. BGH GRUR 1966, 617 (620) – Saxophon) und dem weiteren Interesse der Allgemeinheit, „einfache technische Vervielfältigungsverfahren zur Herstellung preiswerter Konkurrenzerzeugnisse einzusetzen". Letzterem gebühre uU der Vorrang, „wenn die Früchte der . . . . . . übernommenen Leistung ihrem Erbringer bereits auf Grund eines Sonderschutzes oder auf andere Weise hinreichend zugeflossen sind" (vgl. BGH GRUR 1969, 618 (620) – Kunststoffzähne).

Zur Berechnung des „Zeitfaktors" vgl. BGH GRUR 1969, 186 – Reprint; BGH GRUR 1972, 127 – Formulare; BGH GRUR 1986, 895 – Notenstichbilder.

30. Zeitliche Beschränkung des Unterlassungsanspruchs. Der Unterlassungsantrag des Formulars enthält keine zeitliche Beschränkung, weil die Klage auch auf vermeidbare Herkunftstäuschung gestützt ist und insoweit keiner solchen Beschränkung unterliegt.

Grundsätzlich besteht der wettbewerbsrechtliche Leistungsschutz fort, solange das Verhalten des Verletzers wettbewerbswidrig bleibt, dh solange die wettbewerbliche Eigenart des nachgeahmten Produkts besteht und in unlauterer Weise ausgenutzt wird, vgl. BGH GRUR 2003, 356 (358) – Präzisionsmessgeräte. Demgemäß ist kein Raum für Überlegungen, die strikten zeitlichen Beschränkungen von Sonderschutzrechten auch im UWG-Nachahmungsschutz fruchtbar zu machen (BGH GRUR 2017, 79 (88) Rn. 91 – Segmentstruktur). Wo nur auf Grund von „Schutzwürdigkeit" geklagt wird oder aus anderen Gründen lediglich eine zeitlich beschränkte Verurteilung verlangt werden kann, sollte eine Begrenzung im Klagantrag enthalten sein, um eine Teilabweisung zu vermeiden (vgl. *Köhler/Bornkamm/Feddersen* UWG § 4 Nr. 3 Rn. 3.89).

31. Systematische Behinderung. Die Nachahmung mehrerer oder gar einer Vielzahl von Erzeugnissen eines Konkurrenten durch einen Wettbewerber wird vom BGH zT als ein erschwerender Umstand bei der Beurteilung des Gesamtverhaltens des Nachahmers angesehen, welches ua deshalb auf eine unlautere Behinderung hinauslaufen könne (vgl. BGH GRUR 1996, 210 (212 f.) – Vakuumpumpen). Dort waren 19 verschiedene Modelle der Klägerin nachgeahmt worden. Im Übrigen sind die quantitativen Anforderungen an ein „systematisches" Nachahmen in der Rechtsprechung völlig uneinheitlich: zB wurde es schon bei drei (vgl. OLG Frankfurt 1979, 466 (467) – Glückwunschkarten) oder vier (vgl. BGH GRUR 1988, 690 (693) – Kristallfiguren) Erzeugnissen bejaht, aber selbst bei 71 Erzeugnissen verneint (vgl. BGH GRUR 1972, 127 (129) – Formulare) oder bei über 100 nicht einmal erwogen (vgl. BGH GRUR 1986, 895 – Notenstichbilder). Weitere Nachweise bei *Sambuc* Rn. 438.

Auch hinsichtlich der qualitativen Anforderungen an die (systematisch) nachgeahmten Gegenstände gehen die Meinungen auseinander: Zum Teil wird auch hier wettbewerbliche Eigenart verlangt (vgl. OLG Frankfurt 1979, 466 (467) – Glückwunschkarten; *v. Gamm* GRUR 1978, 453 (456); *Sambuc* Rn. 434 sowie implizit BGH GRUR 1979, 119 (120) – Modeschmuck), während andere ein systematisches Nachahmen selbst von Dutzendware für unzulässig halten (*Spätgens*, FS Oppenhoff, 1985, S. 407, 431).

Mit BGH GRUR 2017, 79 (87) Rn. 78 f. – Segmentstruktur wurde klargestellt, dass zumindest dann, wenn der Behinderungsaspekt nicht unlauterkeitsverstärkend, sondern unlauterkeitsbegründend ist, die Rechtsgrundlage bei § 4 Nr. 4 UWG zu verorten sei. Tiefgreifende Änderungen dürften hiermit nicht verbunden sein, insbesondere billigt der BGH dem Hersteller auch dann die sog. „dreifache Schadensberechnung" zu, wenn der Nachahmer auf Grundlage von § 4 Nr. 4 UWG in Anspruch genommen wird. Noch nicht gesagt ist damit, welche Umstände eine „Behinderung" darstellen. Die jeder Wettbewerbshandlung immanente Behinderung reicht für sich genommen ebenso wenig aus, wie bspw. ein durch die Nachahmerprodukte ausgelöster Preisverfall, es müssen vielmehr überschießende Unlauterkeitsaspekte zutage treten (BGH GRUR 2017, 79 (88) Rn. 82 – Segmentstruktur). Hingegen dürfte die bereits angesprochene Fallgruppe des systematischen Nachahmens wettbewerblich eigenartiger Leistungen auch im Rahmen des § 4 Nr. 4 UWG fruchtbar gemacht werden können.

32. Addition von Unlauterkeitsgesichtspunkten. Für den Kläger empfiehlt es sich, so viele tatsächliche und rechtliche Gesichtspunkte wie nur möglich zusammenzutragen, die das Verhalten des Beklagten in einem ungünstigen Licht erscheinen lassen können. Zum einen wird die Gewichtung einzelner Aspekte selbst in der BGH-Rechtsprechung nicht immer einheitlich vorgenommen, so dass der Kläger nicht sicher sein kann, dass gerade der ihn persönlich besonders empörende Aspekt (zB die Enge der Anklammerung an das Original oder der fehlende zeitliche Abstand) der Klage (allein) zum Erfolg verhelfen wird. Möglicherweise stört das Gericht sich mehr an Umständen, die dem Kläger zweitrangig erscheinen. Zum anderen wird die Unlauterkeit oft weniger anhand fest umrissener Fallgruppen festgestellt, sondern im „Additionsweg", wobei für sich genommen bedenkliche, aber jeweils noch zulässige Verhaltensweisen oder Umstände in ihrer Summe zur Unlauterkeit des Gesamtverhaltens führen.

33. Zur Zulässigkeit auch identischer Nachahmungen → Form. A.23 Anm. 6.

34. Rechtfertigungslast des Nachahmers bei identischer Nachahmung? Zur identischen Nachahmung und zur unmittelbaren Übernahme → Anm. 16.

Bei ästhetischen Gestaltungsformen kann im Allgemeinen selbst bei zulässiger Anpassung an Zeitgeschmack und Modetrends ein ausreichender Abstand von Erzeugnissen der Mitbewerber eingehalten werden. Daraus hat BGH WRP 1976, 370 (371) – Ovalpuderdose gefolgert, „dass in solchen Fällen nur selten ein sachlich gerechtfertigter Grund zur unmittelbaren Übernahme oder auch einer fast identischen Nachahmung anzuerkennen sein wird". Noch weiter ging er in BGH GRUR 1969, 618 (620) – Kunststoffzähne, wonach den Beklagten die Darlegungs- und Beweislast treffe, aus welchen Gründen eine unmittelbare Übernahme wettbewerbsrechtlich nicht zu beanstanden sei. Danach wäre jedenfalls diese engste Form der Nachahmung regelmäßig verboten und der Nachahmer müsste sich ausnahmsweise rechtfertigen. Dieser Gedanke wurde allerdings in BGH GRUR 1996, 210 (212) – Vakuumpumpen auf seltene Ausnahmefälle beschränkt.

35. Schadensberechnung. → Anm. 11.

36. Wahl der Berechnungsart. → Anm. 11.

37. Örtliche Zuständigkeit. Die Einschränkung des § 14 Abs. 2 S. 2 UWG gilt für den Kläger im Nachahmungsprozess (dh regelmäßig den Hersteller, → Anm. 12) nicht, da er "unmittelbar Verletzter" iSd früheren Rechtsprechung bzw. "Mitbewerber" iSv § 8 Abs. 3 Nr. 1 UWG ist. Es bleibt daher beim fliegenden Gerichtsstand des § 14 Abs. 2 S. 1 UWG.

38. Streitgegenstand. Mit der Entscheidung BGH GRUR 2011, 1043 – TÜV wurde die Zulässigkeit der alternativen Klagehäufung aufgegeben. Wird das Klagebegehren daher auf verschiedene Schutzrechte und hilfsweise auf Anspruchsgrundlagen nach dem UWG gestützt, muss der Kläger die Reihenfolge der geltend gemachten Schutzrechte und der UWG-Ansprüche angeben. Vorliegend wird lediglich ein konkreter Unterlassungsantrag auf verschiedene Begründungen für ein Verbot nach verschiedenen Anspruchsgrundlagen innerhalb des UWG gestellt. Es handelt sich somit um ein und denselben Streitgegenstand (vgl. BGH GRUR 2013, 401 (403) – Biomineralwasser; BGH GRUR 2013, 1052 (1053) Rn. 11 – Einkaufswagen III).

13. Klage wegen Nachahmung von Verpackung und Werbung

Landgericht . . . . . .

– Kammer für Handelssachen –

Klage

der FaA Beauté S. A., vertreten durch den Geschäftsführer . . . . . .

– Klägerin –

Proz.Bev.: RAe . . . . . .

gegen

die Fa. B. Cosmetics GmbH, vertreten durch die Geschäftsführer . . . . . .

– Beklagte –

wegen unlauteren Wettbewerbs

Streitwert: (vorläufig geschätzt) 300.000 EUR

Namens und im Auftrag der Klägerin erheben wir Klage. Wir bitten um Anberaumung eines Termins zur mündlichen Verhandlung, in dem wir folgende

Anträge

verlesen werden:

I. Die Beklagte wird verurteilt,
   1. es bei Meidung eines vom Gericht für jeden Fall der Zuwiderhandlung festzusetzenden Ordnungsgeldes bis zu 250.000 EUR, ersatzweise Ordnungshaft, oder Ordnungshaft bis zu sechs Monaten, wobei die Ordnungshaft an ihren Geschäftsführern zu vollziehen ist, zu unterlassen, im geschäftlichen Verkehr
      a) Rasierwasser (Pre- und Aftershave) in quaderförmigen, milchglasigen Flaschen mit den Abmessungen 12 × 10 × 3 cm (Höhe × Breite × Tiefe) und ovalem, braungrundigem Beschriftungsfeld sowie goldfarbenen, kegelstumpfförmigen Drehverschlüssen anzubieten, zu vertreiben oder sonst in den Verkehr zu bringen, wobei das Pre-shave eine gelb-grüne und das Aftershave eine türkise Farbe aufweist,[1, 2] wie nachstehend abgebildet:[3] und/oder[4]
      b) in der Werbung für Rasierwasser den Werbeslogan "Wir gehen Ihnen an den Bart" zu verwenden;

2. der Klägerin Auskunft zu erteilen[5] über Zeitpunkte und den Umfang von Verletzungshandlungen gem. Ziff. 1[6] und zwar unter Angabe der mit dem Vertrieb erzielten Erlöse und der dafür betriebenen Werbung[7] mit und/oder ohne den Slogan gem. Ziff. 1 b), aufgeschlüsselt nach Werbeträgern und unter Angabe von Verbreitungsort, Erscheinungsdaten und Auflagenzahlen.

II. Es wird festgestellt, dass die Beklagte verpflichtet ist, der Klägerin jeglichen Schaden zu ersetzen, der dieser infolge von Verletzungshandlungen gem. Ziff. I. 1. entstanden ist und künftig noch entstehen wird, einschließlich eines etwaigen Marktverwirrungsschadens.[8]

III. (Kosten)

IV. (Vorläufige Vollstreckbarkeit)

Begründung:

I. Zum Tatsächlichen:
1. Die Klägerin ist eine weltweit bekannte Kosmetik-Herstellerin mit Sitz in Paris. Sie vertreibt seit 7 Jahren zwei Rasierwässer (Pre- und Aftershave) in europaweit einheitlicher Aufmachung unter der Marke „XERXES". In Deutschland erfolgt der Vertrieb durch die Tochtergesellschaft[9] A. Beauté GmbH.
- Die Aufmachung der Rasierwasser-Flaschen der Klägerin weist folgende charakteristische Merkmale auf, die ihr insgesamt mindestens durchschnittliche wettbewerbliche Eigenart verleihen:[10]
- Flaschenform: Annähernd quaderförmig mit nur leicht abgerundeten Kanten.
- Abmessungen: 12 × 10 × 3 cm (Höhe × Breite × Tiefe).
- Glas: Halbtransparentes Milchglas.
- Verschluss: Goldfarbener Drehverschluss, kegelstumpfförmig, 6-fach vertikal gerieffelt, Höhe 3 cm.
- Etikett: Oval, braun, mit goldener Beschriftung in Großbuchstaben „XERXES".
- Farbe: Infolge des halbtransparenten Milchglases weisen die Flaschen in gefülltem Zustand die (weißlich überlagerte) Farbe des jeweiligen Inhalts auf. Beim Pre-shave ist das gelb-grün, beim Aftershave türkis.

Zwei Original-Flaschen aus der Produktion der Klägerin legen wir als
– Anlagen K 1 und K 2 –
vor.

Diese Gesamtaufmachung unterscheidet sich deutlich von allen auf dem Markt befindlichen Konkurrenzerzeugnissen.[11]

Beweis im Bestreitensfall: Sachverständigengutachten

Die Klägerin hat seit der Markteinführung der Serie „XERXES" unter Verwendung von Abbildungen der Flaschen in erheblichem Umfang dafür geworben.[12] Der durchschnittliche Werbeaufwand in den letzten sieben Jahren betrug in Deutschland über 1 Mio. EUR Inhaltlich vermittelt die Werbung durch Abbildung entsprechender Ambiente und Models ein orientalisch-sinnliches Image, das sich bewusst vom sportlich-naturburschenhaften Charakter vieler Konkurrenzerzeugnisse abhebt. Außerdem wird die sanfte Hautverträglichkeit hervorgehoben. Eine Aufstellung aller Werbeträger und Werbemittel im erwähnten Zeitraum fügen wir als
– Anlage K 3 –
bei und berufen uns zum Beweis für die Richtigkeit der darin enthaltenen Angaben auf das

Zeugnis der Werbeleiterin C. U. der deutschen Tochtergesellschaft der Klägerin, zu laden unter . . . . . .

13. Klage wegen Nachahmung von Verpackung und Werbung A. 13

Die Aufmachung der Rasierwasserflaschen der Klägerin wurde in deren Auftrag[13] von dem Designer M. D. gestaltet und in aufwändigen psychologischen Tests im Sinne einer größtmöglichen Attraktivität ausgefeilt.
Beweis: Zeugnis des Marketingleiters J. R. der Klägerin, zu laden über diese.
„XERXES" gehört heute zu den sechs meistverkauften Rasierwasser-Serien in Deutschland.[14]
Beweis: Sachverständigengutachten.
Für diese Serie wirbt die Klägerin von Anfang an mit dem Slogan „Wir gehen Ihnen um den Bart". Das Schmeichlerische dieser Redewendung fügt sich in das erwähnte Image der „XERXES"-Serie ein. Alle Werbemittel gemäß Anlage K 3 enthielten auch diesen Slogan.
Infolge dieser Werbung genießt die „XERXES"-Serie einen guten Ruf, der sich aus dem orientalisch-sinnlichen Image und der besonderen Hautverträglichkeit zusammensetzt.[15]
Beweis: Sachverständigengutachten

2. Die Beklagte bringt seit kurzem ebenfalls Rasierwässer auf den Markt, die täuschend ähnlich wie die der Klägerin aufgemacht sind.[16] Je eine Flasche überreichen wir als

– Anlagen K 4 und K 5 –.

Diese Flaschen und ihr (sichtbarer) Inhalt weichen von den Produkten der Klägerin nur insoweit ab, als
- die Kanten der Flaschen etwas weniger abgerundet (also eckiger) als bei der Klägerin sind,
- der Drehverschluss – bei gleicher Kegelstumpfform – einen etwa 1,5-fachgrößeren Durchmesser, aber keine Riffelung aufweist, und
- das Etikett in einem etwas helleren Braun gehalten ist.

Außerdem wird als Wortmarke anstatt „XERXES" der Name „DARIUS" verwendet.
Im Übrigen weisen die Aufmachungen keinen mit bloßem Auge erkennbaren Unterschied auf. Insbesondere stimmen auch die (sichtbaren) Farben der Flascheninhalte völlig überein. Mithin handelt es sich um eine fast identische Nachahmung.
Die Beklagte wirbt für ihre Rasierwässer mit dem Slogan „Wir gehen Ihnen an den Bart".
Preislich liegen die Produkte der Parteien im selben Segment.

3. Die Beklagte hat sich die Flaschen der Klägerin zum Vorbild genommen und sich eng daran angelehnt. Angesichts der langen Bekanntheit der klägerischen Verpackungen und der Marktkenntnis der Beklagten können die detaillierten Übereinstimmungen kein Zufall sein.[17] Sämtliche übereinstimmenden Merkmale der Flaschenaufmachung sind willkürlich wähl- und abänderbar.[18] Das gilt auch für die Farben der Rasierwässer selbst, da diese bei beiden Parteien nicht natürlich, sondern künstlich sind.
Beweis: Sachverständigengutachten

4. Der Werbespruch der Beklagten „Wir gehen Ihnen an den Bart" ist ersichtlich von dem der Klägerin „Wir gehen Ihnen um den Bart" abgeleitet.

II. In rechtlicher Hinsicht ist auszuführen:
1. Nachahmung der Flaschen:
Durch den Vertrieb der wie beschrieben nachgeahmten Flaschen verstößt die Beklagte in mehrfacher Hinsicht gegen das UWG:

a) Vermeidbare Herkunftstäuschung, § 4 Nr. 3 Buchst. a UWG:
Die frappierende Ähnlichkeit der Flaschenaufmachung der Beklagten mit der älteren, gut eingeführten der Klägerin für identische Produkte begründet die Gefahr von vermeidbaren Herkunftstäuschungen.[19] Derartige Aufmachungen sind im Kosmetikbereich wichtig für das Auffinden und die Wiedererkennung von Produkten, die dem Verbraucher bekannt sind. Eigenartige Merkmale – zumal solche mit einer erheblichen Verkehrsbekanntheit – ermöglichen eine Herkunftsidentifizierung. Auf das Bestehen von Verkehrsgeltung iSv § 4 Abs. 2 MarkenG kommt es für den Anspruch aus § 4 Nr. 3 Buchst. a UWG nicht an; ausreichend ist vielmehr, dass der im Klagantrag beschriebenen Kombination von Kennzeichnungselementen eine wettbewerbliche Eigenart innewohnt und dass sie in den Abnehmerkreisen einen gewissen Grad von Bekanntheit erlangt hat.[20]
Der erforderliche Bekanntheitsgrad wird durch die langjährige umfangreiche Benutzung, die dokumentierte Werbung und die von der Klägerin erzielten Umsätze und Marktanteile belegt.[21]
Die von der Beklagten heraufbeschworene Verwechslungsgefahr ist vermeidbar,[22] da bei Form, Größe, Etikettierung, Farben und Verschluss derartiger Flaschen ein fast unbegrenzter Gestaltungsspielraum besteht. Es gibt keinen kaufmännischen oder gestalterischen Zwang, sich in einer Vielzahl von Einzelmerkmalen an die Gestaltung der Klägerin anzulehnen. Wie bei der markenrechtlichen Verwechslungsgefahr genügt auch bei der unlauteren vermeidbaren Herkunftstäuschung die Begründung einer mittelbaren oder einer Verwechslungsgefahr im weiteren Sinne.[23] Wenigstens insoweit wird die Gefahr von Herkunftstäuschungen auch nicht durch die Verwendung der Wortmarke „DARIUS" anstelle von „XERXES" ausgeräumt.[24] Zunächst fällt der Unterschied in der Beschriftung angesichts der gleichen Länge beider Namen, der Verwendung der gleichen goldenen Farbe und der gleichen Großbuchstaben nicht zwangsläufig auf. Aber auch wenn der Käufer den Unterschied bemerkt, wird er an einen Zusammenhang zwischen den Herstellern der beiden Produkte oder an eine Abwandlung der klägerischen Rasierwasser-Serie glauben, da die Beklagte sich ebenfalls eines Namens mehrerer persischer Großkönige bedient.
b) Rufausbeutung, § 4 Nr. 3 Buchst. b UWG:
Die Produkte der Klägerin sind nicht nur bekannt und erfolgreich, sondern sie genießen auch einen qualitativ guten Ruf, wie oben unter Beweis gestellt. An diesen hängt die Beklagte sich an und profitiert von den Qualitäts- und Werbeanstrengungen der Klägerin mithin auch dort, wo die Verbraucher keiner Verwechslungsgefahr hinsichtlich der Herkunftsstätten unterliegen sollten.[25]
c) Verwechslungsgefahr, § 5 Abs. 2 UWG:
Schließlich ergibt sich der Anspruch aus § 5 Abs. 2 UWG. Die große Ähnlichkeit der Flaschenaufmachung führt dazu, dass bei der Vermarktung des Produkts eine Irreführung über die betriebliche Herkunft bei den angesprochenen Verkehrskreisen entstehen kann.[26]

2. Nachahmung des Werbeslogans:
Der Werbespruch der Beklagten „Wir gehen Ihnen an den Bart" klingt zwar bei genauem Hinhören aggressiver als das schmeichlerische „Wir gehen Ihnen um den Bart" der Klägerin. Da die Slogans sich aber nur in einem Wort unterscheiden, muss befürchtet werden, dass viele Verbraucher diesen Unterschied nicht wahrnehmen und die Herkunft sowohl der beiden Slogans als auch der mit ihnen beworbenen Produkte verwechseln.[27]

13. Klage wegen Nachahmung von Verpackung und Werbung   A. 13

3. Schaden:
Die Nachahmungen von Aufmachung und Werbeslogan der Klägerin durch die Beklagte sind offensichtlich dazu bestimmt und geeignet, Nachfrage nach den Produkten der Klägerin auf die Beklagte umzuleiten. Das unlautere Gebaren der Beklagten geht unmittelbar zu Lasten der Klägerin: Kaufentscheidungen zugunsten von „DARIUS" werden, da ein nennenswerter Preisunterschied nicht besteht, fast ausschließlich auf die Ähnlichkeit mit der gut eingeführten „XERXES"-Serie und des dafür verwendeten Werbeslogans zurückzuführen sein. Der Klägerin ist daher ein Schaden entstanden, der erst nach Auskunftserteilung beziffert werden kann.[28]

4. Streitgegenstand:
Die Klägerin stützt ihr Unterlassungsbegehren bezüglich der Nachahmung der Flaschen lediglich auf verschiedene Begründungen, so dass trotz der Unzulässigkeit der alternativen Klagehäufung insoweit nur ein Streitgegenstand vorliegt.[29] Für den Fall, dass die Kammer bezüglich der Nachahmung der Flaschen von mehreren Streitgegenständen ausgeht, werden die Anspruchsgrundlagen in der zuvor unter der Ziffer 1 a) – c) genannten Reihenfolge geltend gemacht.

Rechtsanwalt

Schrifttum: *Sambuc*, Der UWG-Nachahmungsschutz, 1996, Rn. 681 ff.; *Teplitzky*, Wettbewerbsrechtliche Ansprüche und Verfahren, 11. Aufl. 2016.

Anmerkungen

1. Vorbemerkung. Die Klage betrifft die Nachahmungen einer Verpackungsaufmachung und eines Werbeslogans. Die Klage ist nur auf das UWG gestützt, dh es wird im konkreten Fall weder für die Aufmachung noch für den Slogan Markenschutz (durch Eintragung oder Verkehrsgeltung) beansprucht. Der Marktanteil der Klägerin wird daher für die Zwecke des Formulars bewusst vage umschrieben. In der Praxis muss gründlich geprüft werden, ob eventuell Markenschutz (insbesondere gem. § 4 Nr. 2 MarkenG infolge Verkehrsgeltung) besteht. Hinsichtlich § 5 Abs. 2 UWG sind (eventuelle) markenrechtliche Ansprüche zwar nicht generell vorrangig (BGH GRUR 2016, 965 (966) Rn. 20 – Baumann II; BGH GRUR 2013, 1161 (1165) Rn. 60 – Hard Rock Cafe). Gleichwohl betont der BGH, dass „Wertungswidersprüche zum Markenrecht zu vermeiden sind" und einem Zeicheninhaber „über das Lauterkeitsrecht keine Schutzposition eingeräumt werden [darf], die ihm nach dem Kennzeichenrecht nicht zukommt" (BGH GRUR 2016, 965 (966) Rn. 23 – Baumann II). Ob dies derart stringent zu verstehen ist, dass alles, was markenrechtlich schützbar, im konkreten Fall aber nicht geschützt ist (bspw. mangels Verkehrsgeltung), auch nicht am Lauterkeitsschutz teilhaben kann, ist noch ungeklärt (vgl. zur Parallelproblematik dieser sog. „negativen Begrenzungsfunktion" im Verhältnis von § 4 Nr. 3 UWG zum MarkenG *Bornkamm* GRUR 2005, 97 (102)).

2. Beschreibung des Verletzungsgegenstandes. Der Verletzungsgegenstand wird sowohl verbal als auch bildlich zum Gegenstand des Antrags gemacht. Bei der wörtlichen Beschreibung kommt es darauf an, diejenigen Elemente herauszuarbeiten, die den Anspruch begründen, dh die die Nachahmung im konkreten Fall unlauter machen.

3. Abbildung des Verletzungsgegenstandes. → Form. A.12 Anm. 5.

4. „Und/oder"-Antrag. Diese Formulierung verdeutlicht, dass die Verletzungshandlungen a) und b) auch je für sich und nicht (was auch denkbar wäre) nur in ihrer Kumulierung angegriffen werden (vgl. Teplitzky Kap. 51 Rn. 18). Welche Alternative der Kläger wählt, hängt vom materiellen Recht ab: Ist jede Handlung für sich genommen unlauter, kann sie auch je für sich angegriffen werden („oder"). Ergibt sich die Unlauterkeit erst durch Häufung verschiedener Umstände oder Verhaltensweisen, muss auch die Klage gegen diese Häufung gerichtet sein und die einzelnen Umstände usw. durch ein „und" verbunden werden. Die beliebte „und/oder"-Variante enthält durch das „oder" das Erste, weitergehende Petitum. Der Zusatz „und" dient lediglich der Klarstellung, dass das Verbot auch eine kombinierte Verwendung beider Verletzungshandlungen erfassen soll, die schon isoliert unzulässig wären.

5. Auskunft. Der unselbstständige Auskunftsanspruch dient der Vorbereitung des Schadenersatzanspruchs. Der Umfang der Auskunft richtet sich in erster Linie nach der bzw. den dem Kläger zur Verfügung stehenden Berechnungsart(en) sowie danach, ob eine exakte Schadensberechnung oder nur eine Schadensschätzung möglich ist.

In allen Fällen einer wettbewerbswidrigen Nachahmung fremder Leistungsergebnisse, also auch bei der Anlehnung an Produktaufmachungen und andere Kennzeichnungen sowie fremde Werbung steht dem Kläger die Wahl zwischen den drei Berechnungsarten (konkreter Schaden, Abschöpfung des Verletzergewinns und angemessene Lizenzgebühr) offen (vgl. BGH GRUR 1993, 757 (759 f.) - Kollektion Holiday). Es kommt daher, wie in Markenverletzungsfällen, auch eine abstrakte Schadensberechnung in Frage und der Kläger muss sich - wie stets - erst nach Auskunftserteilung für eine bestimmte (ihm günstigste) Berechnungsweise entscheiden (→ Form. A.12 Anm. 11).

Im Markenrecht wird allerdings angenommen, dass der abzuschöpfende Gewinn nicht allein auf der Markenverletzung beruhe und folglich keine detaillierte Berechnung, sondern nur eine Schadensschätzung in Betracht komme (vgl. Teplitzky Kap. 38 Rn. 15 mwN). Das gilt erst recht für die konkrete Schadensberechnung und die Festlegung einer angemessenen Lizenzgebühr. Angaben über Einkaufs-, Gestehungs- und Vertriebskosten werden daher nicht geschuldet, wohl aber Umsatzangaben, da diese für die Ermittlung des Schadens des Zeicheninhabers grundsätzlich erforderlich sind (vgl. BGH GRUR 1977, 491 (494) - Allstar; BGH GRUR 1982, 420 (423) - BBC/DDC. Da der das förmliche Markenrecht ergänzende UWG-Leistungsschutz keine weitergehenden Ansprüche als jenes gewähren kann, gelten diese Einschränkungen auch für die vorliegende Klage. Sie enthält daher - anders als Form. A.12 zur Produktnachahmung - keinen Antrag auf Rechnungslegung und schließt bei der Auskunftserteilung nur den Gesamtumsatz, aber keine Stückzahlen, Lieferpreise oder Abnehmer ein (vgl. BGH GRUR 1973, 375 (377) - Miss Petite).

6. → Form. A.12 Anm. 9.

7. Auskunft über betriebene Werbung. Wie die anderen unselbstständig geschuldeten Auskünfte dient auch diese der Bezifferung des Schadens, und zwar vor allem des - bei einer Markenverletzung regelmäßig anzunehmenden, → Anm. 8 - Marktverwirrungsschadens (instruktiv BGH GRUR 1987, 364 (365) - Vier-Streifen-Schuh).

Auch bei der unlauteren Nachahmung fremder Kennzeichen wird meist ein Marktverwirrungsschaden zu befürchten sein. Hinsichtlich des nachgeahmten Werbespruchs deckt sich der Anspruch auf Auskunft über die betriebene Werbung mit dem über den Umfang der Verletzung überhaupt.

Auskunft über die Kosten der Werbung kann nur verlangt werden, wenn dies zur Bemessung des im Übrigen unbekannten Umfangs der Werbung erforderlich ist (vgl. BGH GRUR 1987, 364 (365) - Vier-Streifen-Schuh).

Zum Umfang der Auskunft (Erscheinungsdaten usw.) vgl. BGH GRUR 1988, 307 - Gaby.

8. Marktverwirrungsschaden. Bei der Verletzung fremder Marken- oder Firmenrechte nimmt der BGH regelmäßig einen Marktverwirrungsschaden an, wenn nicht Dauer und

13. Klage wegen Nachahmung von Verpackung und Werbung   A. 13

Umfang der Verletzung völlig unbedeutend waren (vgl. BGH GRUR 1974, 735 (736) – Pharmamedan). Wird das verletzte Zeichen benutzt, braucht der Kläger zur Begründung seines Auskunftsanspruchs nichts weiter vorzutragen, da dann nach der Lebenserfahrung zumindest ein Marktverwirrungsschaden entstanden ist (vgl. BGH GRUR 1975, 434 (438) – Bouchet). Dieser kann sogar bei (noch) unbenutzten Zeichen anzunehmen sein, weil bei einer späteren Benutzungsaufnahme durch den Zeicheninhaber die Verkehrskreise darin uU einen Hinweis auf den Verletzer sehen (vgl. BGH GRUR 1968, 367 (369) – Corrida).

9. Keine Klagebefugnis des (bloßen) Vertriebsunternehmens. → Form. A.12 Anm. 12.
Die Tochtergesellschaft ist nicht klagebefugt, da die Aufmachung von der Muttergesellschaft entwickelt wurde (→ Anm. 13).

10. Darlegung der die wettbewerbliche Eigenart begründenden Merkmale. Nur wettbewerblich eigenartige Leistungsergebnisse können gegen Nachahmung auf Grund von § 4 Nr. 3 UWG geschützt werden. Dies gilt einheitlich für Produkte und Werbesprüche (vgl. BGH GRUR 1997, 308 (309) – Wärme fürs Leben). Zu den unterschiedlichen Spielarten der wettbewerblichen Eigenart → Form. A.12 Anm. 13 und zur Darlegungslast des Klägers allgemein → Form. A.12 Anm. 14.
Die Darlegung der die wettbewerbliche Eigenart begründenden Merkmale der klägerischen Aufmachung betrifft mithin die wichtigste Schutzvoraussetzung. Sie ermöglicht die Feststellung der Eigenart gegenüber den Konkurrenzerzeugnissen und ist Voraussetzung für einen Vergleich der klägerischen Aufmachung mit der des Nachahmers (→ Anm. 16). In den Klageantrag gehören diese Merkmale nur, soweit sie bei der Aufmachung des Beklagten wiederkehren (hier zB nicht Höhe und Riffelung des Drehverschlusses, wohl aber dessen goldene Farbe und die Kegelstumpfform).

11. Beweisantritt für die wettbewerbliche Eigenart. Muss der Kläger davon ausgehen, dass das erkennende Gericht mit den Marktverhältnissen nicht vertraut ist, muss er auch zum Abstand vortragen, den seine Aufmachung zu vorbekannten Aufmachungen und den aktuellen der Konkurrenz aufweist (vgl. BGH GRUR 1998, 477 (479) – Trachtenjanker) und für den Bestreitensfall entsprechenden Beweis anbieten.

12. Darlegung des Bekanntheitsgrades. Die Bekanntheit der nachgeahmten Aufmachung spielt eine doppelte Rolle:
a) Zunächst kann sie die wettbewerbliche Eigenart erhöhen oder sogar erst begründen, → Form. A.12 Anm. 18. Bei Gegenständen des Massenkonsums ist der Werbeaufwand ein starkes Indiz für Bekanntheit, weil deutlich mehr Menschen mit der Werbung als mit dem Produkt selbst in Berührung kommen. Von Hause aus vorhandene und durch Werbung gesteigerte wettbewerbliche Eigenarten ergänzen sich gegebenenfalls. Der durch die Addition gewonnene Grad der wettbewerblichen Eigenart steht wiederum in einem Ergänzungsverhältnis zu den weiteren, die Unlauterkeit (insbesondere unter dem Gesichtspunkt der vermeidbaren Herkunftstäuschung) begründenden Umständen: letztere müssen umso gravierender sein, je geringer die Eigenart ist (und umgekehrt), vgl. BGH GRUR 1997, 308 (310 f.) – Wärme fürs Leben.
b) Außerdem hängt vom Bekanntheitsgrad ab, ob und in welchem Umfang es zu Verwechslungen, Rufausbeutungen oder der Übertragung positiver Assoziationen kommen kann → Anm. 19, 20.

13. Klagebefugnis des Erbringers der Leistung. Wegen ergänzenden wettbewerblichen Leistungsschutzes klagebefugt ist grundsätzlich nur der Erbringer der Leistung (→ Form. A.12 Anm. 12) bzw. der, der – wie hier – für ihre Erbringung bezahlt und sich Verwertungsrechte daran hat einräumen lassen.

14. Marktanteil. Ein hoher Marktanteil ist bei entsprechender Einprägsamkeit der Aufmachung ein weiteres Indiz für einen entsprechend hohen Bekanntheitsgrad (→ Anm. 12, 20).

15. Bestehen eines guten Rufs. Ein erheblicher Bekanntheitsgrad (→ Anm. 12) ist zwar notwendige, aber keine hinreichende Bedingung für das Bestehen eines guten Rufs. Diesen macht vielmehr die inhaltliche, qualitative Vorstellung des nachgeahmten Produkts, seiner Aufmachung und/oder seines Anbieters bei denjenigen aus, die sie kennen. § 4 Nr. 3 Buchst. b UWG nennt dies „Wertschätzung". Eine derartige Vorstellung kann auch aus einem künstlich geschaffenen „Image" (wie zum Teil bei den vorliegenden Rasierwässern) bestehen.

16. Ähnlichkeit zwischen den Aufmachungen der Parteien. Die Übereinstimmungen zwischen dem Vorbild und der Nachahmung müssen dem Gericht dargelegt werden. Es empfiehlt sich dringend, einen direkten Vergleich anhand von Mustern zu ermöglichen. Ausschlaggebend ist die Wiederkehr der wettbewerblich eigenartigen Merkmale beim nachgeahmten Erzeugnis, da sich nur daraus die Gefahr von Herkunftstäuschungen ergeben kann. Dies entspricht der markenrechtlichen Verwechslungsgefahr, einschließlich aller deren Spielarten (→ Anm. 23), wiewohl es vorliegend um eine konkrete (und nicht, wie im Markenrecht, abstrakte) Gefahr von Verwechslung geht.

17. Behauptung und gegebenenfalls Beweis einer Nachahmung. Anders als das Markenrecht entfaltet der UWG-Nachahmungsschutz keine Sperrwirkung. Zum Vortrag des Klägers gehört daher, dass die Übereinstimmung zwischen den Aufmachungen der Parteien kein Zufall ist, sondern auf einer Nachahmung beruht. Meist ist dies offensichtlich und wird auch gar nicht bestritten. Im Bestreitensfall sind die Anforderungen an die Beweisführung des Klägers nicht hoch (→ Form. A.12 Anm. 15).

18. Aufmachungselemente willkürlich wählbar. Herkunftstäuschungen sind bei Produktaufmachungen, -verpackungen und sonstigen Kennzeichnungen meist leichter vermeidbar als bei der eigentlichen Ware selbst, da das Diktat bestimmter Formen durch technische Zwänge weitgehend entfällt (→ Form. A.12 Anm. 23, 24). Meist gibt es Möglichkeiten, einen übereinstimmenden Gesamteindruck durch Abweichungen bei augenfälligen Elementen zu vermeiden (vgl. BGH GRUR 1963, 423 (429) – coffeinfrei; BGH GRUR 1967, 315 (317) – skai-cubana). Gegebenenfalls ist aber ein Freihaltebedürfnis (ebenso wie bei Werbesprüchen) zu berücksichtigen. Der BGH nimmt dann mangelnde Herkunftshinweiswirkung an (vgl. BGH GRUR 1997, 308 (310) – Wärme fürs Leben).

19. Vermeidbare Herkunftstäuschung. Bei der Nachahmung von Aufmachungen und sonstigen Kennzeichnungen gelten im Rahmen dieser Fallgruppe im Prinzip dieselben Grundsätze wie bei der Produktnachahmung (→ Form. A.12 Anm. 19, → Form. A.12 Anm. 21, → Form. A.12 Anm. 22), nämlich hinsichtlich
- der wettbewerblichen Eigenart (→ Anm. 10),
- der Ähnlichkeit zwischen den Aufmachungen (→ Anm. 16),
- der Bedeutung des Bekanntheitsgrades (→ Anm. 12, 20) und
- der Vermeidbarkeit der Herkunftstäuschung (→ Anm. 18).

20. Erforderlicher Bekanntheitsgrad. Die Bekanntheit der nachgeahmten Aufmachung (wie aller Arbeitsergebnisse) trägt nicht nur uU zur wettbewerblichen Eigenart bei (→ Anm. 12), sondern ist auch Voraussetzung dafür, dass es zu Herkunftstäuschungen, Rufausbeutungen oder Übertragung sonstiger positiver Assoziationen kommen kann (vgl. BGH GRUR 1997, 308 (310 f.) – Wärme fürs Leben). Die Anforderungen an den Grad der Bekanntheit sind in der Rechtsprechung meist vage beschrieben: eine „gewisse Bekanntheit" sei erforderlich (vgl. BGH GRUR 1963, 423 (428) – coffeinfrei; BGH

13. Klage wegen Nachahmung von Verpackung und Werbung   A. 13

GRUR 1969, 190 (191) – halazon; BGH GRUR 1977, 614 (615) – Gebäudefassade; BGH GRUR 1985, 445 (446) – Amazonas). Klar ist nur, dass es einerseits ohne nennenswerte Bekanntheit mangels Wiedererkennungswert nicht zu Herkunftstäuschungen kommen kann (sondern allenfalls zu Behinderungen, vgl. BGH WRP 1976, 370 (371) – Ovalpuderdose) und dass andererseits die „gewisse" Bekanntheit unterhalb der Verkehrsgeltungsschwelle des § 4 Nr. 2 MarkenG liegt. Diese Bekanntheit des Originals muss bei Markteinführung des nachgeahmten Leistungsergebnisses „bei nicht unerheblichen Teilen" des relevanten Verkehrs vorliegen (BGH GRUR 2016, 730 (736 f.) Rn. 58 – Herrnhuter Stern). Vgl. iÜ *Sambuc* Rn. 617 ff.

21. → Anm. 12.

22. → Anm. 18.

23. Mittelbare Verwechslungsgefahr, Verwechslungsgefahr im weiteren Sinne, Übertragung von Assoziationen. Die markenrechtlichen Kategorien „mittelbare Verwechslungsgefahr" (zutreffende Unterscheidung der Marken selbst, aber unzutreffende Einstufung als Abwandlungen der Marken eines einzigen Anbieters) und „Verwechslungsgefahr im weiteren Sinne" (zutreffende Unterscheidung sogar der Anbieter, aber Annahme rechtlicher oder wirtschaftlicher Beziehungen zwischen diesen), die § 14 MarkenG als „gedankliches Inverbindungbringen" bezeichnet (vgl. *Ingerl/Rohnke* MarkenG § 14 Rn. 805), sind auch auf die vermeidbare Herkunftstäuschung übertragbar (vgl. BGH GRUR 2001, 251 (253 f.) – Messerkennzeichnung; BGH GRUR 2009, 1069 (1070) – Knoblauchwürste). Nach BGH GRUR 1997, 308 (311) – Wärme fürs Leben reicht es sogar aus, wenn die von einem Werbespruch geweckten positiven Assoziationen auf den Übernehmer oder Nachahmer des Spruchs umgeleitet werden. Allerdings kann es für eine Verwechslungsgefahr im weiteren Sinne nicht ausreichend sein, dass Übereinstimmungen im Stil bestehen etwa dergestalt, dass auf beiden Verpackungen Tiere und Landschaften naiv-naturalistisch dargestellt sind, BGH GRUR 2009, 1069 (1071) – Knoblauchwürste.

24. Ausräumung der Verwechslungsgefahr durch (teilweise) abweichende Kennzeichnungen. → Form. A.23 Anm. 7.

25. Rufausbeutung. Soweit der gute Ruf oder die „Wertschätzung", wie § 4 Nr. 3 Buchst. b UWG sagt, der Ware eines Konkurrenten auf dem Umweg über eine Herkunftstäuschung (mit) ausgenutzt wird, bleibt § 4 Nr. 3 Buchst. a UWG anwendbar, der dann sozusagen in einer qualifizierten Form verwirklicht wird.

Die eigenständige rechtliche Bedeutung von § 4 Nr. 3 Buchst. b UWG kommt zum Tragen, wenn der Nachfrager keinem Irrtum über die betriebliche Herkunft der Waren unterliegt. Es geht hier um isolierte Ausnutzungen oder Beeinträchtigungen der Wertschätzung von Waren oder Dienstleistungen eines Konkurrenten. Der Käufer weiß, dass er nicht das Original vor sich hat. Die gedanklichen Verbindungen, die er zwischen Originalerzeugnis und Nachahmung herstellt, sind subtiler, wiewohl es nicht genügt, „wenn lediglich Assoziationen an ein fremdes Produkt und damit Aufmerksamkeit erweckt werden" (BGH GRUR 2017, 79 (88) Rn. 86 – Segmentstruktur).

Zum Teil wird angenommen, es gehe dabei um bloße Warenverwechslungen (im Gegensatz zur Herkunftsverwechslung). Der Käufer halte das nachgeahmte Produkt irrig für die von ihm geschätzte „Originalware" und erwerbe es auf Grund der Wertschätzung, die er der Originalware entgegenbringe. Beim Begriff „Originalware" wird aber „Herkunft" mitgedacht. In einer so verstandenen Warenverwechslung kann der selbstständige Charakter einer Rufausnutzung gem. § 4 Nr. 3 Buchst. b UWG also nicht liegen.

Ob der Verbraucher in Kenntnis unterschiedlicher Anbieter seine Wertschätzung überhaupt auf ein fremdes Produkt überträgt (und sei es nur „teils bewusst, teils unbewusst", BGH GRUR 1981, 142 (144) – Kräutermeister) erscheint fraglich.

Die charakteristischen Fälle sind vielmehr diejenigen, in denen die „Warenverwechslung" nicht gegenüber dem Käufer herbeigeführt wird, sondern wo dieser die Produktähnlichkeit gegenüber seiner Umwelt benutzt, um sich als Besitzer eines möglichst prestigeträchtigen Original-Erzeugnisses zu gerieren, vgl. BGH GRUR 1985, 876 – Tchibo/Rolex I; BGH GRUR 1998, 830 – Les-Paul-Gitarren. Der Käufer kann mit der Nachahmung „Eindruck schinden" (vgl. OLG Düsseldorf GRUR-RR 2012, 200 (210) – Tablet PC), so dass eine „post-sale-confusion" entsteht (vgl. *Ohly/Sosnitza* UWG § 4 Nr. 3 Rn. 3/67).

Da es nicht um Herkunftstäuschung geht, hindert auch die Anbringung unterscheidender Herkunftsbezeichnungen (wie zB „Royal" statt „Rolex" bei den Tchibo-Uhren) eine Ausnutzung oder Beeinträchtigung der Wertschätzung nicht. Derartige Markierungen (ebenso wie etwa ein deutlich niedrigerer Preis) werden zwar vom Erwerber der Nachahmungen wahrgenommen, nicht aber von dessen Umgebung.

Soweit der Nachahmer sich lediglich einen Aufmerksamkeitsvorsprung verschafft, den er bei der Wahl einer „neutralen" Bezeichnung oder Aufmachung nicht hätte, kommt § 4 Nr. 3 Buchst. b UWG nicht zum Tragen, da er im Gegensatz zu § 14 Abs. 2 Nr. 3 MarkenG die Alternativen „Ausnutzung oder Beeinträchtigung der Unterscheidungskraft" nicht enthält (BGH GRUR 2007, 795 (799) – Handtaschen).

Ausnutzung oder Beeinträchtigung der Wertschätzung fremder Waren ist nicht per se unlauter, sondern nur, wenn sie „unangemessen" erfolgt. Der Grundsatz der Nachahmungsfreiheit hat insbesondere dann Vorrang, wenn ein künstlich geschaffenes Image eine selbstständige oder sogar die einzige Leistung des jeweiligen Klägers ist (wenn also „nur" ein „Ruf als solcher" produziert wird, vgl. BGH GRUR 1994, 732 – McLaren). Grundsätzlich darf man sich außerhalb des Sonderrechtsschutzes an fremde Images ebenso frei anhängen wie an andere Leistungen auch, vgl. BGH GRUR 1993, 692 (695) – Guldenburg. Nach BGH GRUR 2010, 1125 – Femur-Teil können bei fehlender Herkunftstäuschung die Interessen des Nachahmers, eine nach dem freien Stand der Technik und den mit dem Vorbild gewonnenen Erfahrungen angemessene Gestaltung zu wählen, überwiegen mit der Folge, dass keine unlautere Rufausbeutung vorliegt. Es kann jedoch auch bei fehlender Herkunftsverwechslung eine unlautere Beeinträchtigung des Rufs vorliegen, insbesondere wenn die schlechtere Qualität des Nachahmungsprodukts geltend gemacht wird, BGH GRUR 2010, 1125 (1129) – Femur-Teil.

26. Verwechslungsgefahr. → Form. A.12 Anm. 25.

27. Nachahmung von Werbesprüchen. BGH GRUR 1997, 308 – Wärme fürs Leben stellt bei „gewisser Verkehrsbekanntheit" (→ Anm. 20) niedrige Anforderungen an die Originalität des Werbespruchs und lässt es für eine Herkunftstäuschung hinsichtlich der Slogans (eine solche hinsichtlich der jeweiligen Produkte stand nicht zur Debatte) ausreichen, „dass sich der Bekl. mit seiner Werbung das beim Publikum bestehende, auf die Werbung der Kl. zurückgehende Erinnerungsbild zunutze macht". LG Hamburg NJWE 2000, 239 – Wir machen Millionäre sieht bei diesem Slogan nur eine geringe angeborene wettbewerbliche Eigenart mit der Folge, dass der Schutzumfang von Haus aus gering ist und ein wettbewerbsrechtlicher Schutz nur bei Vorliegen besonders gewichtiger Unlauterkeitsmerkmale zu rechtfertigen ist.

§ 5 Abs. 2 UWG erfasst auch die Verwechslungsgefahr mit der Marke oder einem Kennzeichen eines Mitbewerbers. Folgerichtig kann der Anspruch bei der Nachahmung von Werbeslogans auf diese Norm gestützt werden. Der Vorrang des Markenrechts, wie er in der Rechtsprechung seit BGH GRUR 1999, 161 – MAC Dog angenommen wurde, ist nach der Richtlinie 2005/29/EG jedenfalls in Bezug auf § 5 Abs. 2 UWG im Grundsatz weggefallen, ohne dass damit gesagt wäre, dass markengesetzliche Wertenscheidungen keine Rolle mehr spielen können (→ Anm. 1). Da Werbeslogans prinzipiell markengesetzlich geschützt werden können und diese – anders als Produktgestaltungen – auch nicht das Herzstück des ergänzenden Leistungsschutzes bilden, könnte allerdings zu verlangen sein, dass Werbeslogans § 5 Abs. 2 UWG nur dann unterfallen, wenn sie auch markengesetzlich geschützt sind (vgl. *Köhler/Bornkamm/Feddersen* UWG § 5 Rn. 9.16; vgl. im Hinblick auf § 4 Nr. 3 UWG auch *Bornkamm* GRUR 2005, 97 (102)).

Ausführlich zur Nachahmung von Werbung *Sambuc* Rn. 681 ff. und *Sambuc*, FS Hertin, 2000, S. 439 ff.

28. Schaden. Die Anforderungen an die Darlegung einer Schadensentstehung (im Gegensatz zu dessen Höhe, die in der Regel erst nach Auskunftserteilung zur Debatte steht), sind bei Kennzeichenverletzungen nach dem UWG ebenso wie nach dem MarkenG nicht hoch (→ Anm. 8).

29. Streitgegenstand. Mit der Entscheidung BGH GRUR 2011, 1043 – TÜV wurde die Zulässigkeit der alternativen Klagehäufung aufgegeben. Wird das Klagebegehren daher auf verschiedene Schutzrechte und hilfsweise auf Anspruchsgrundlagen nach dem UWG gestützt, muss der Kläger die Reihenfolge der geltend gemachten Schutzrechte und der UWG-Ansprüche angeben. Vorliegend wird lediglich ein konkreter Unterlassungsantrag bezüglich der Nachahmung der Flaschenform auf verschiedene Begründungen für ein Verbot nach verschiedenen Anspruchsgrundlagen innerhalb des UWG gestellt. Es handelt sich somit um ein und denselben Streitgegenstand (vgl. BGH GRUR 2013, 401 (403) – Biomineralwasser; BGH GRUR 2013, 1052 (1053) Rn. 11 – Einkaufswagen III).

14. Klage wegen Boykottaufruf

Landgericht ......

– Kammer für Handelssachen –[1]

Klage

der Firma A ......

– Klägerin –

Prozessbevollmächtigter: Rechtsanwalt ......

gegen

die Firma B ......

– Beklagte –

wegen: unlauteren Wettbewerbs (Boykottaufruf)[2]

Streitwert: vorläufig geschätzt ...... EUR[3]

Namens und in Vollmacht der Klägerin erhebe ich Klage und werde im Termin zur mündlichen Verhandlung folgende Anträge stellen:

I. Die Beklagte wird verurteilt, es bei Meidung eines für jeden Fall der Zuwiderhandlung vom Gericht festzusetzenden Ordnungsgeldes bis zu 250.000 EUR, ersatzweise Ordnungshaft oder Ordnungshaft bis zu sechs Monaten zu unterlassen,[4]
   im Rahmen geschäftlicher Handlungen
   1. folgende Behauptungen aufzustellen und zu verbreiten:
      a) Die Abwanderung der Fachhändler aus dem Vertrieb der X-Produkte ist in vollem Gange;
         und/oder

b) immer mehr Händler werfen von sich aus das Handtuch und sehen sich nach neuen Fabrikaten um;
und/oder
c) falls auch Sie Interesse haben, können Sie Adressennachweise über uns erfragen.
2. bei Nachfragen Adressennachweise entsprechend I.1.c) zu liefern.[5]
II. Die Kosten des Rechtsstreits trägt die Beklagte.
III. Das Urteil ist – gegebenenfalls gegen Sicherheitsleistung (Bank- oder Sparkassenbürgschaft) – vorläufig vollstreckbar.
Hilfsweise: Der Klägerin wird nachgelassen, die Zwangsvollstreckung gegen Sicherheitsleistung (Bank- oder Sparkassenbürgschaft) abzuwenden.[6]

Begründung:

I. Sachverhalt

Die Klägerin vertreibt über Fachhändler, mit denen sie entsprechende Verträge geschlossen hat, Fotoapparate. Die Beklagte verlegt und vertreibt Branchen-Informationsblätter. In der Ausgabe vom . . . . . . berichtete die Beklagte über die Geschäftsentwicklung bei der Klägerin:

„Die Abwanderung der Fachhändler aus dem Vertrieb der O-Fotoapparate (also den Produkten der Klägerin) ist in vollem Gange. Immer mehr Händler werfen von sich aus das Handtuch und sehen sich nach neuen Fabrikaten um . . . . . . Falls auch Sie Interesse haben, können Sie Adressennachweise über Möglichkeiten eines Bezugs preisgünstiger Ware über uns erfragen." (Klammervermerk hinzugefügt)

Als Anlage K 1 überreichen wir ein Exemplar besagter Ausgabe des Branchen-Informationsblatts der Beklagten. Der Bericht, aus dem das obige Zitat stammt, findet sich auf Seite 4. Die zitierte Passage ist dort markiert. Als Anlage K 2 legen wir das Schreiben vor, mit welchem die Klägerin die Beklagte abmahnt.[7] Das Antwortschreiben ist als Anlage K 3 beigefügt. Da die begehrte strafbewehrte Unterlassungserklärung nicht abgegeben wurde, ist Klage geboten.

II. Rechtslage

Das Verhalten der Beklagten verstößt gegen §§ 3, 4 Nr. 4 UWG:

1. Ihr Verhalten ist eine geschäftliche Handlung iSv § 2 Abs. 1 Nr. 1 UWG. Insoweit genügt ein Handeln zur Förderung eines oder mehrerer fremder Unternehmen, hier der branchenangehörigen Leser der von der Beklagten herausgegebenen Informationsblätter. Die Richtlinie 2005/29/EG über unlautere Geschäftspraktiken steht der Erstreckung des Anwendungsbereichs des Gesetzes gegen den unlauteren Wettbewerb auf Handlungen zur Förderung des Wettbewerbs zu Gunsten fremder Unternehmen nicht entgegen.

2. Es handelt sich bei dem beanstandeten Bericht um eine gezielte Behinderung von Mitbewerbern in der Form eines Boykottaufrufs, §§ 3, 4 Nr. 4 UWG. Form und Inhalt des beanstandeten Beitrags zeigen, dass es der Beklagten darum ging, Fachhändler zu veranlassen, die Fotoapparate der Marke O nicht mehr von der Klägerin zu beziehen. Dabei hat sich die Beklagte nicht darauf beschränkt, die Leser ihres Blattes über das Preisniveau der Klägerin sowie die Vergleichspreise der Mitbewerber zu unterrichten. Sie hat darüber hinaus Fachhändlern, die entweder Kunden der Klägerin waren oder werden konnten, angeboten, preisgünstigere Lieferanten zu benennen. Dabei wies sie ausdrücklich darauf hin, dass die Preise der Konkurrenten 10 bis 15 Prozent unter denen der Klägerin lägen und dass sich deshalb andere Händler schon jetzt nicht mehr bei der Klägerin eindeckten. Letztlich ist dies ein Aufruf an die Verkehrskreise, die Geschäftsverbindung zur Klägerin abzubrechen oder gar nicht erst eine Geschäftsbeziehung zur Klägerin aufzunehmen

14. Klage wegen Boykottaufruf A. 14

(BGH GRUR 2000, 344 (346)). Sowohl die Adressaten (die Fachhändler) als auch die Klägerin (als Verrufene) sind in dem Bericht genannt bzw. erkennbar.

3. Mithin geht der Bericht der Beklagten in seiner Wirkung über eine bloße informative Presseberichterstattung hinaus. Der Artikel ist subjektiv erkennbar darauf gerichtet, die geschäftlichen Entschließungen der branchenzugehörigen Leser in der Weise zu beeinflussen, dass sie eine Bezugssperre gegen die Klägerin verhängen. Dies ergibt sich insbesondere aus dem Angebot, den augenblicklichen und den möglichen Vertragspartnern der Klägerin anderweitige Bezugsmöglichkeiten konkret nachzuweisen. Der Bericht war auch objektiv zu einer entsprechenden Beeinflussung geeignet.

4. Der Beklagten mag es zwar nicht darum gegangen sein, die Klägerin vom Markt zu verdrängen. Die Abwägung der Interessen der Beteiligten ergibt jedoch, dass die Behinderung gleichwohl „gezielt" iSd § 4 Nr. 4 UWG erfolgte und damit als unlauter anzusehen ist:
Die Beklagte kann sich nicht darauf berufen, ihr Verhalten sei durch das Grundrecht der Meinungs- und Pressefreiheit (Art. 5 GG) gerechtfertigt, wie sie dies in der Beantwortung der Abmahnung versucht hat. Das Grundrecht der Pressefreiheit deckt nicht einen Boykottaufruf aus rein wirtschaftlichen Motiven. Daher kann sich die Beklagte zur Rechtfertigung ihres Verhaltens auch nicht auf die Blinkfüer-Entscheidung des BVerfG berufen (BVerfGE 25, 256 (264)). In dieser Entscheidung stellte das BVerfG zwar fest, dass eine Presseberichterstattung auch in Form eines Boykottaufrufs durch das Grundrecht der freien Meinungsäußerung gedeckt sei, wenn sie das Mittel zu geistigem Meinungskampf in einer die Öffentlichkeit wesentlich berührenden Frage sei. Die Beklagte hat die beanstandeten Aussagen jedoch nicht im Rahmen eines Meinungsaustauschs in einer Fachzeitschrift getroffen, sondern sich mit ihrem Informationsblatt unmittelbar an potenzielle Abnehmer der Klägerin gewandt. Im vorliegenden Fall zielten die Äußerungen der Beklagten darauf ab, in den individuellen Bereich des wirtschaftlichen Wettbewerbs bestimmter Marktkonkurrenten einzugreifen: Die Beklagte hat es nicht dabei belassen, die Preise der Klägerin zu kritisieren und auf günstigere Preise der Mitbewerber hinzuweisen. Vielmehr griff sie aktiv in die wettbewerbliche Auseinandersetzung zwischen der Klägerin und ihren Mitbewerbern ein, indem sie allen Interessenten den konkreten und direkten Nachweis günstigerer Einkaufsquellen anbot. Hierdurch wurde die Klägerin im Wettbewerb mit ihren Mitbewerbern behindert.[8] Im Monat nach Erscheinen des Boykottaufrufs haben über 40 Vertragshändler der Klägerin ihren Vertriebsvertrag mit der Klägerin gekündigt. In den letzten drei Monaten vor Erscheinen des Boykottaufrufs geschah das im Durchschnitt nur acht Mal im Monat. Beweise können nachgereicht werden.

5. Die Klägerin ist klagebefugt, § 8 Abs. 3 Nr. 1 UWG. Sie ist Mitbewerberin im Sinne des §§ 4 Nr. 4, 2 Abs. 1 Nr. 3 UWG. Da die Beklagte zur Förderung fremden Wettbewerbs gehandelt hat, genügt es, dass zwischen ihren Lesern und der Klägerin ein konkretes Wettbewerbsverhältnis besteht.

6. Die Zuständigkeit des angerufenen Gerichts ergibt sich daraus, dass die Beklagte im Gerichtsbezirk ihren Sitz hat.

7. Den Gerichtskostenvorschuss in Höhe von . . . . . . zahlen wir mit dem beigefügten Verrechnungsscheck ein.[9]

Rechtsanwalt

Schrifttum: *Bauer/Wrage-Molkenthin*, Aufforderung zu Liefer- und Bezugssperren, BB 1989, 1495; *Bechtold/Bosch*, GWB, 8. Aufl. 2015; *Bergerhoff*, Nötigung durch Boykott, 1998; *Hartwig*, Neuere Literatur zum Verhältnis von Werbung und Meinungsfreiheit, WRP 2003, 1193; *Kreuzpoint-*

ner, Boykottaufrufe durch Verbraucherorganisationen, 1980; *Markert,* Aufforderung zu Liefer- und Bezugssperren, BB 1989, 921; *Möllers,* Zur Zulässigkeit des Verbraucherboykotts – Brent Spar und Mururoa, NJW 1996, 1374; *Möschel,* Zum Boykott-Tatbestand des § 26 Abs. 1 GWB, FS Benisch, 1989, S. 339; *Ullmann,* Eine Bemerkung zur Meinungsfreiheit in der Wirtschaftswerbung, GRUR 1996, 948; *Werner,* Wettbewerbsrecht und Boykott, 2008; s. ergänzend die Nachweise in → Form. A.1.

Anmerkungen

1. Zur örtlichen und sachlichen Zuständigkeit → Form. A.4 Anm. 2.

a) Sachliche Zuständigkeit. Für Wettbewerbsprozesse ist das Landgericht sachlich unabhängig vom Streitwert zuständig (§ 13 Abs. 1 S. 1 UWG iVm § 95 Abs. 1 Nr. 5 GVG). Der Kläger hat die Wahl, ob er die Klage an die Zivilkammer oder die Kammer für Handelssachen richtet (§ 96 Abs. 1 GVG). Entscheidet sich der Kläger zunächst für die Zivilkammer, kann der Beklagte eine Verweisung an die Kammer für Handelssachen herbeiführen (§ 98 GVG). Geht es um einen Verstoß gegen § 21 GWB, ist daran zu denken, die Klage ggf. bei einer für Kartellsachen zuständigen Spezialkammer zu erheben.

b) Örtliche Zuständigkeit. Für wettbewerbsrechtliche Klagen ist nach § 14 Abs. 1 UWG das Gericht zuständig, in dessen Bezirk der Beklagte seine gewerbliche Niederlassung oder (in Ermangelung einer solchen) seinen Wohnsitz hat.

Daneben sieht § 14 Abs. 2 UWG die Zuständigkeit der Gerichte vor, in deren Bezirk die Handlung begangen wurde. Begehungsort iSd § 14 Abs. 2 UWG ist neben dem Handlungs- auch der Erfolgsort, wenn der Schadenseintritt zum Tatbestand der Rechtsverletzung gehört. Dieser „fliegende Gerichtsstand" steht nur dem unmittelbar Verletzten iSd § 8 Abs. 3 Nr. 1 UWG offen. Den Anspruchsberechtigten iSd § 8 Abs. 3 Nr. 2–4 UWG steht ausschließlich der Gerichtsstand nach § 14 Abs. 1 UWG zur Verfügung.

Für Personen, die im Inland weder Niederlassung noch Wohnsitz aufweisen, regelt die Vorschrift hilfsweise die Zuständigkeit der Gerichte des inländischen Aufenthaltsorts. Hat der Beklagte seinen Sitz in einem anderen Vertragsstaat, so ist nach Art. 7 Nr. 3 Brüssel-Ia-VO (VO (EU) Nr. 1215/2012) das (inländische) Gericht zuständig, in dessen Bezirk der Wettbewerbsverstoß begangen worden ist. Das gilt auch für die Klage der in § 8 Abs. 3 Nr. 2–4 UWG genannten Verbände, Einrichtungen und Kammern. Die Vorschriften der Brüssel-Ia-VO gehen § 14 UWG vor (*Köhler/Bornkamm/Feddersen* UWG Einl. Rn. 5.51).

Sofern in Fällen des Boykotts neben wettbewerbsrechtlichen Ansprüchen auch Ansprüche aus Kartellrecht geltend gemacht werden sollen, ist zu prüfen, ob die ausschließliche örtliche Zuständigkeit nach § 14 UWG mit der ausschließlichen Zuständigkeit nach §§ 89, 95 GWB konkurrieren könnte.

2. Der Boykottaufruf ist die Aufforderung eines bestimmten oder bestimmbaren Adressaten(kreis) zu einer Liefer- oder Bezugssperre. Er setzt zumindest drei Beteiligte voraus: Den Auffordernden (Boykottierer oder Verrufer), den Adressaten der Boykottaufforderung, der die Liefer- bzw. Bezugssperre umsetzt und den Boykottierten (Verrufenen). Die Aufforderung muss eine geschäftliche Handlung im Sinne von § 2 Abs. 1 Nr. 1 UWG sein, dh objektiv mit der Förderung des Absatzes oder Bezugs zugunsten des eigenen oder eines fremden Unternehmens zusammenhängen (zum Begriff „Aufforderung" s. *Köhler/Bornkamm/Feddersen* UWG § 4 Rn. 4.119a ff.). Ist ein Boykottaufruf zu bejahen, ist die damit typischerweise einhergehende Behinderung auch als „gezielt" im Sinne des § 4 Nr. 4 UWG anzusehen, wenn nicht besondere Umstände vorliegen, die das Handeln als sachlich gerechtfertigt erscheinen lassen (vgl. *Köhler/Bornkamm/Feddersen* UWG § 4 Rn. 4.122). Das setzt nicht notwendig eine entsprechende Absicht voraus (siehe BGH GRUR 2007, 800 – Außendienstmitarbeiter; BGH GRUR 2008, 621 – AKA-

14. Klage wegen Boykottaufruf   A. 14

DEMIKS; OLG Köln WRP 2010, 1179; OLG Köln GRUR-RR 2011, 98 zu den Voraussetzungen, unter denen die erforderliche Gezieltheit der Behinderung zu bejahen ist).

Häufig wird ein Boykottaufruf auch gegen das Boykottverbot im Kartellrecht (§ 21 Abs. 1 GWB) verstoßen (näher *Bechtold/Bosch* GWB § 21 Rn. 3 ff.). Anders als bei §§ 3, 4 Nr. 4 UWG ist hier allerdings zusätzlich erforderlich, dass der Auffordernde und der Adressat Unternehmen (oder Unternehmensvereinigungen) sein müssen; überdies setzt § 21 Abs. 1 GWB die Absicht voraus, bestimmte Unternehmen unbillig zu beeinträchtigen. Trotz dieser Unterschiede liegt bei der Mehrzahl in der Praxis vorkommender Boykottaufrufe regelmäßig sowohl ein Verstoß gegen §§ 3, 4 Nr. 4 UWG als auch § 21 Abs. 1 GWB vor. Die beiden Tatbestände sind dann nebeneinander anwendbar (vgl. *Köhler/Bornkamm/Feddersen* UWG § 4 Rn. 4.127).

Im wettbewerbsrechtlichen Boykottverfahren beruft sich der beklagte Verrufer nicht selten auf das Recht der Meinungs- oder Pressefreiheit (Art. 5 GG; vgl. hierzu bereits grundlegend BVerfGE 25, 256 (264) – Blinkfüer). Für das Form. wurde daher ein entsprechender Beispielsfall gewählt. Der Sachverhalt ist an die dem „Copy-Charge"-Urteil des BGH (BGH GRUR 1984, 214 ff.) zugrundeliegende Fallgestaltung angelehnt (s. auch BGH GRUR 2009, 878 – Fräsautomat).

3. Da es sich um einen Wettbewerbsprozess handelt, gelten die allgemeinen Grundsätze für die Streitwertbestimmung bei wettbewerbsrechtlichen Auseinandersetzungen: Maßgeblich ist das Klägerinteresse an den mit der Klage verfolgten Ansprüchen. Für die Streitwertbemessung sind eine Fülle von Faktoren berücksichtigungsfähig, namentlich Bedeutung und Größe der Parteien; deren Umsätze im von der Wettbewerbshandlung betroffenen Produkt- bzw. Dienstleistungssektor; Dauer, Intensität, räumliche Verbreitung und Auswirkungen der betreffenden Werbemaßnahmen bzw. sonstigen Wettbewerbshandlungen; Schwere des Wettbewerbsverstoßes usw. → Form. A.11 Anm. 4 sowie → Form. A.4 Anm. 6.

4. Zur beim Unterlassungsantrag erforderlichen Strafandrohungsklausel → Form. A.4 Anm. 11 sowie → Form. A.24 Anm. 7.

5. Die korrekte Formulierung des Unterlassungsantrags bereitet erfahrungsgemäß häufig Probleme. Hierauf ist besondere Sorgfalt zu verwenden. Insbesondere muss der Unterlassungsantrag hinreichend konkret und bestimmt formuliert sein (s. dazu näher → Form. A.4 Anm. 10 und → Form. A.11 Anm. 7). Grundsätzlich muss sich der Unterlassungsantrag an den konkreten Verletzungshandlungen bzw. Verletzungsformen orientieren. Um zu verhindern, dass der Beklagte versucht, sich durch leichte Abwandlungen seines früheren Verhaltens dem Urteil zu entziehen, sind bei der Formulierung des Unterlassungsantrags Verallgemeinerungen zulässig, sofern darin das Charakteristische (der „Kern") der konkreten Verletzungsform aus der begangenen Verletzungshandlung zum Ausdruck kommt. Im Regelfall ist es jedoch empfehlenswert, sich bei der Formulierung des Unterlassungsantrags möglichst konkret am Wortlaut der beanstandeten Äußerung zu orientieren. Im Beispielsfall wird der streitgegenständliche Boykottaufruf daher wörtlich zitiert.

Daneben kämen im vorliegenden Fall – wie stets bei Wettbewerbsprozessen – bei einem vorsätzlichen Wettbewerbsverstoß auch Ansprüche auf Schadensersatz (bei fehlender Konkretisierung der Höhe des Schadens gegebenenfalls ein Anspruch auf Feststellung der Schadensersatzpflicht) sowie Auskunft über den Umfang der Verletzungshandlungen in Betracht. Vgl. dazu näher → Form. A.11, dort insbesondere → Form. A.11 Anm. 9, 10.

6. Bei Zuständigkeit der Kammern für Handelssachen (§ 71 GVG iVm §§ 23, 94, 95 Abs. 1 Nr. 5 GVG; → Anm. 1) hat der Vorsitzende Richter die Möglichkeit, den Rechtsstreit im Einverständnis mit den Parteien allein zu entscheiden (§ 253 Abs. 3 ZPO, → Form. A.22 Anm. 6).

7. Eine vorhergehende Abmahnung (→ Form. A.1) ist im Wettbewerbsprozess zwar nicht zwingend erforderlich, aber empfehlenswert; vgl. § 12 Abs. 1 UWG sowie näher → Form. A.1 Anm. 1. Daher sollte die Klageschrift auch die vorherige erfolglose Abmahnung erwähnen. Das Antwortschreiben des Gegners ist vorzulegen, insbesondere soweit es Argumente enthält, mit denen der Gegner versucht, sich zu verteidigen. In der Klageschrift sollte auf diese Argumente gleich eingegangen werden.

8. Anspruchsberechtigt ist prinzipiell nur der der von der Behinderung betroffene Mitbewerber, § 8 Abs. 3 Nr. 1 UWG (BGH GRUR 2009, 416 Rn. 22 – Küchentiefstpreis-Garantie; BGH WRP 2011, 749 Rn. 8 – Änderung der Voreinstellung III).

Kosten und Gebühren

9. → Form. A.11 Anm. 18.

15. Klage wegen wettbewerbswidriger Preisunterbietung

Landgericht ......

Kammer für Handelssachen[1]

Klage

der Firma A ......

– Klägerin –

Prozessbevollmächtigter: Rechtsanwalt ......

gegen

die Firma B ......

– Beklagte –

wegen: unlauteren Wettbewerbs (unlautere Preisunterbietung)[2]

Streitwert: vorläufig geschätzt ...... EUR[3]

Namens und in Vollmacht der Klägerin erhebe ich Klage und werde im Termin zur mündlichen Verhandlung folgende Anträge stellen:

1. Die Beklagte wird verurteilt, es bei Meidung eines für jeden Fall der Zuwiderhandlung vom Gericht festzusetzenden Ordnungsgeldes bis zu 250.000 EUR, ersatzweise Ordnungshaft oder Ordnungshaft bis zu sechs Monaten zu unterlassen,[4]
geschäftlich handelnd
Anzeigen für das Anzeigenblatt „AB-Extra" für einen Anzeigenaufpreis von 0,24 EUR/mm auf den regulären Tageszeitungs-Anzeigenpreis von derzeit 0,53 EUR/mm anzubieten und zu akquirieren.[5]
2. Es wird festgestellt, dass die Beklagte verpflichtet ist, der Klägerin allen Schaden zu ersetzen, der dieser aus der gemäß Ziff. 1 untersagten Anzeigenpreisgestaltung entstanden ist.[6]
3. Die Kosten des Rechtsstreits trägt die Beklagte.

15. Klage wegen wettbewerbswidriger Preisunterbietung — A. 15

4. Das Urteil ist – gegebenenfalls gegen Sicherheitsleistung (Bank- oder Sparkassenbürgschaft) – vorläufig vollstreckbar.
Hilfsweise: Der Klägerin wird nachgelassen, die Zwangsvollstreckung gegen Sicherheitsleistung (Bank- oder Sparkassenbürgschaft) abzuwenden.[7]

Begründung:

I. Sachverhalt

1. Die Parteien sind Konkurrenten.[8] Die Klägerin gibt seit 1966 in B. ein Anzeigenblatt heraus, das wöchentlich kostenlos an die meisten Haushalte verteilt wird. Es erscheint derzeit in einer Auflage von 90.300 Exemplaren.
Die Beklagte ist ein überörtliches Verlagsunternehmen, das hauptsächlich Zeitungen verlegt. Zu ihrem Verlagsprogramm gehört auch die derzeit führende Tageszeitung in B., deren Auflage von ursprünglich 43.000 Exemplaren auf derzeit etwa 38.000 Exemplare in den letzten vier Jahren gesunken ist.
Vor etwa fünf Monaten nahm die Beklagte zusätzlich in B. den kostenlosen Betrieb eines Anzeigenblattes mit dem Titel . . . . . . auf, das derzeit in einer Auflage von 112.000 Exemplaren erscheint. Im Anzeigenblatt der Beklagten können gewerbliche Anzeigen nur kombiniert mit gleichzeitigem Erscheinen in ihrer Tageszeitung aufgegeben werden. Der Millimeterpreis für eine solche gewerbliche Kombinationsanzeige bei der Beklagten beträgt 0,77 EUR. Der Anzeigenpreis für gewerbliche Anzeigen in der Tageszeitung liegt bei 0,53 EUR. Somit beträgt der Aufpreis für das Erscheinen des Inserats im Anzeigenblatt der Beklagten lediglich 0,24 EUR.
Demgegenüber muss die Klägerin, um wirtschaftlich arbeiten zu können, für die gewerblichen Anzeigen in ihrem Anzeigenblatt 1,70 EUR/mm verlangen.

2. Ziel der Preisgestaltung der Beklagten ist es, die Klägerin vom Anzeigenmarkt in B. zu verdrängen. Der derzeitige Millimeterpreis von 0,77 EUR für die gewerbliche Kombinationsanzeige deckt bei weitem nicht die Betriebskosten der Beklagten.

Beweis: Sachverständigengutachten

Der Aufpreis von 0,24 EUR für die Anzeigen im Anzeigenblatt reicht nicht einmal aus, um die Papierkosten zu decken.

Beweis: wie vor.

Bei kostendeckender Kalkulation müsste die Beklagte für das Erscheinen gewerblicher Anzeigen in ihrem Anzeigenblatt (neben dem Erscheinen in ihrer Zeitung) einen Anzeigenaufpreis von mindestens 1,46 EUR/mm verlangen.

Beweis: wie vor.

Diesen für einen kostendeckenden Betrieb erforderlichen Mindestpreis unterschreitet die Beklagte bei weitem. Sie betreibt diese Preispolitik bereits seit mehreren Monaten kontinuierlich. Diese Preispolitik hat bei der Klägerin für einen Rückgang der Umsätze aus gewerblichen Anzeigen um 78 % geführt.

Beweis: Zeugnis des Leiters der Buchhaltung bei der Klägerin, Herrn Peter T. Taubenstraße 17, 11111 B.

3. Die Klägerin hat insgesamt bislang 215 gewerbliche Abonnementkunden verloren, die früher regelmäßig bei ihr inserierten. Dies entspricht 68 % ihres Bestands an gewerblichen Dauerkunden im Abonnementbereich.

Beweis: wie vor.

Diese Verluste traten nach langen Jahren stetigen Zugewinns an Abonnementkunden drastisch ein, nachdem die Beklagte mit ihrem neuen Anzeigenblatt unter Einsatz der oben beschriebenen Kampfpreise auf den Markt gekommen war.

Zahlreiche ehemalige gewerbliche Anzeigenkunden der Klägerin haben dieser zu verstehen gegeben, dass sie allein wegen der extrem günstigen Konkurrenzpreise der Beklagten für kombinierte Anzeigen in deren Anzeigenblatt und Tageszeitung zu dieser gewechselt seien.

Durch den Verlust dieser gewerblichen Anzeigenkunden ist die Klägerin inzwischen erheblich in die Verlustzone gerutscht. In den letzten drei Kalenderquartalen wurde durchgehend ein Verlust erzielt. Die finanziellen Reserven der Klägerin sind längst aufgezehrt. Ihr Kreditpotential ist nahezu vollständig ausgeschöpft.

Beweis: Zeugnis des Leiters der Buchhaltung der Klägerin, Herrn Peter T., b. b.

4. Mit Schreiben vom . . . . . ., Anlage K 1, forderte die Klägerin die Beklagte daher auf, dieses Verhalten einzustellen.[9] Die Beklagte lehnte dies mit Schreiben vom . . . . . ., Anlage K 2, ab. Daher ist Klage geboten.

II. Rechtslage

1. Die Beklagte betreibt mit ihrer Preisgestaltung einen gezielten und ruinösen Verdrängungs- und Vernichtungswettbewerb, der darauf abzielt, die Klägerin als Konkurrentin endgültig zu beseitigen. Wie ausgeführt, liegt die Preisgestaltung der Beklagten unter ihren Selbstkosten.

Die Klägerin verkennt nicht, dass die Preisunterbietung wettbewerbsrechtlich grundsätzlich zulässig ist. Ihr ist auch bekannt, dass selbst ein Verkauf unter Selbstkosten nicht von vornherein wettbewerbsrechtlich zu missbilligen ist (zB BGH GRUR 2006, 596 – 10 % billiger; BGH GRUR 2009, 416 – Küchentiefstpreis-Garantie; BGH GRUR 1979, 321 (322) – Verkauf unter Einstandspreis I; BGH GRUR 1984, 204 (206) – Verkauf unter Einstandspreis II). Im vorliegenden Fall handelt die Beklagte jedoch in Verdrängungsabsicht.

2. In dem nicht kostengerechten Preisverhalten der Beklagten ist keine nach kaufmännischen Grundsätzen noch vertretbare Kalkulation erkennbar. Die Preisgestaltung ist lediglich daraus zu erklären, dass es der Beklagten in erster Linie um die Verdrängung der Mitbewerber geht. Ein anderer nachvollziehbarer Grund als die gezielte Schädigung der Klägerin unter Inkaufnahme eigener Verluste ist nicht ersichtlich. Die auf Dauer angelegte, systematische Preisunterbietung der Beklagten kann nur aufgehen, wenn die Klägerin aus dem Markt ausscheidet. Die fortgesetzte Preisunterbietung begründet auch die ernsthafte Gefahr, und ist damit objektiv geeignet, die Klägerin vom Markt zu verdrängen. Die Beklagte missbraucht dabei die eigene starke finanzielle Position, die es ihr ermöglicht, die Kampfpreisgestaltung nahezu unbegrenzt durchzuhalten. Mithin liegt eine gezielte Behinderung der Klägerin durch die Beklagte vor, §§ 3, 4 Nr. 4 UWG.

3. Neben der gezielten Behinderung des – in B. einzigen – Mitbewerbers auf dem Markt der Anzeigenblätter stellt das Verhalten der Beklagten auch eine allgemeine Marktbehinderung dar, da es an einer sachlichen Rechtfertigung fehlt und durch die Kampfpreisgestaltung eine Gefährdung des Wettbewerbsbestands insgesamt gegeben ist, da das Ausscheiden der Klägerin aus dem Markt droht.

4. Der Klägerin steht daher ein Unterlassungsanspruch gegen diese unlautere Preiskampfunterbietung zu. Da die Beklagte vorsätzlich handelt, hat die Klägerin auch Anspruch auf Schadensersatz. Die Preisunterbietung dauert derzeit noch an. Daher

15. Klage wegen wettbewerbswidriger Preisunterbietung　　　　　　　A. 15

sind die Schäden noch nicht abschließend feststellbar. Es wird daher zunächst die Feststellung der Schadensersatzpflicht begehrt.

5. Die Zuständigkeit des angerufenen Gerichts ergibt sich aus der Tatsache, dass die Beklagte im Gerichtsbezirk ihren Sitz hat.[1]

6. Der Gerichtskostenvorschuss wird per beigefügten Verrechnungsscheck eingezahlt.[10]

Rechtsanwalt

Schrifttum: *Block*, Verkauf unter Einstandspreis, 2002; *Bott*, Die Gratiszeitung im Spiegel von Wettbewerbs- und Verfassungsrecht, 2003; *Bülow*, Preisgestaltung und Rechtswidrigkeit, BB 1985, 1297; *Caspary*, Der Verkauf unter Einstandspreis: Nach § 20 Abs. 4 S. 2 GWB unter Berücksichtigung des US-amerikanischen und EG-Kartellrechts, 2005; *Dangelmaier*, Der Verkauf unter Einstandspreis im Spiegel des deutschen und europäischen Kartellrechts, 2003; *Dangelmaier/Gassner*, Neues zur Kartellrechtswidrigkeit von Verkäufen unter Einstandspreis, WuW 2003, 491; *Fichert/Keßler*, Untereinstandspreisverkäufe im Lebensmitteleinzelhandel, WuW 2002, 1173; *Gloy*, Zur Beurteilung gezielter Kampfpreise nach Kartell- und Wettbewerbsrecht, FS Gaedertz, 1992, S. 209; *Köhler*, „Verkauf unter Einstandspreis" im neuen GWB, BB 1999, 697; *Köhler*, Der Markenartikel und sein Preis, NJW-Sonderheft 2003, 28; *Lettl*, Kartell- und wettbewerbsrechtliche Schranken für Angebote unter Einstandspreis, JZ 2003, 662; *Luber*, Verkauf unter Einstandspreis, WuW 2001, 686; *Mann/Smid*, Preisunterbietung von Presseprodukten, WM 1997, 139; *Nette*, Die kartell- und wettbewerbsrechtliche Beurteilung der Preisunterbietung, 1984; *Pichler*, Das Verhältnis von Kartell- und Lauterkeitsrecht, 2009; *Sack*, Der Verkauf unter Selbstkosten im Einzelhandel, WRP 1983, 75; *Sack*, Der Verkauf unter Selbstkosten in Handel und Handwerk, BB 1988, Beilage 3 zu Heft 11; *Schneider*, Überarbeitete Auslegungsgrundsätze des Bundeskartellamtes zum Angebot unter Einstandspreis, WRP 2004, 171; *Tang Van*, Verkauf unter Einstandspreis, 2004; *Teplitzky*, Zur Frage der wettbewerbsrechtlichen Zulässigkeit des (ständigen) Gratisvertriebs einer ausschließlich durch Anzeigen finanzierten Zeitung, GRUR 1999, 108; *Waberbeck*, Verkäufe unter Einstandspreis – Gelöste und ungelöste Auslegungsprobleme des § 20 Abs. 4 S. 2 GWB, WRP 2006, 991; s. ergänzend die Nachweise in → Form. A.14, → Form. A.1.

Anmerkungen

1. Zur örtlichen und sachlichen Zuständigkeit → Form. A.4 Anm. 2.

2. Die Preisunterbietung ist wettbewerbsrechtlich grundsätzlich zulässig. Sofern keine besonderen Umstände hinzutreten, gilt dies auch für Verkäufe unter Selbstkosten bzw. unter dem Einstands- oder Einkaufspreis (BGH GRUR 2009, 416 Rn. 13 – Küchentiefstpreis-Garantie; BGH WRP 2010, 1388 Rn. 20 – Ohne 19 % Mehrwertsteuer). Ein Verstoß gegen §§ 3, 4 Nr. 4 UWG kommt jedoch in Betracht, wenn der Verkauf unter Selbstkosten geeignet ist, einzelne Mitbewerber zu verdrängen oder zu vernichten, und dies auch bezweckt wird (BGH GRUR 1990, 685 ff. – Anzeigenpreis I. zu § 1 UWG aF; BGH GewArch 2003, 343 – Wal Mart; BGH GRUR 2006, 596 – 10 % billiger), wenn Preise unter Einsatz unlauterer Mittel oder durch Rechts- bzw. Vertragsbruch unterboten werden oder wenn die Preisunterbietung zur Markenschädigung führt (vgl. zu diesen Fallgruppen näher *Köhler/Bornkamm/Feddersen* UWG § 4 Nr. 4 Rn. 4.189 ff).

In der prozessualen Praxis ist in Fällen dieser Art erfahrungsgemäß vor allem die Beweisführung (namentlich die Ermittlung der Selbstkosten des Beklagten und das Vorliegen einer Verdrängungsabsicht) für den Kläger schwierig. Ihn trifft grundsätzlich die Beweislast für das Vorliegen einer wettbewerbswidrigen Kampfpreisunterbietung (vgl. BGH GRUR 2005, 1059 (1061) – Quersubventionierung von Laborgemeinschaften). Nicht ausreichend ist eine bloß abstrakte Gefahr einer Preisunterbietung (BGH GRUR 2006, 596 (597) – Abstrakte Preisgarantie). Für die wettbewerbsrechtliche Würdigung kommt es daher regelmäßig darauf an, ob in der Preisgestaltung eine betriebswirtschaftliche vernünftige, jedenfalls nach kaufmännischen Grundsätzen noch vertretbare Kalkulation erkennbar ist (BGH GRUR 1986, 397 ff. – Abwehrblatt II). Abgesehen davon, dass dies ein eher unscharfes und wertungsabhängiges Kriterium ist, hat der Kläger in der Regel wenig Einblick in die Kalkulationsgrundlagen des Gegners. In der Regel hat er keine andere Wahl, als zu versuchen, auf der Grundlage der verfügbaren Daten den erforderlichen Nachweis mit Hilfe eines Sachverständigengutachtens zu führen.

Der Sachverhalt orientiert sich mit einigen Abwandlungen an einer Fallgestaltung, die der BGH-Entscheidung Anzeigenpreis II (BGH GRUR 1990, 687 ff.) zu Grunde lag.

Gemäß §§ 19, 20 GWB bzw. Art. 102 AEUV kann es eine kartellrechtlich unzulässige unbillige Behinderung darstellen, wenn ein Unternehmen Waren oder gewerbliche Leistungen nicht nur gelegentlich unter Einstandspreis anbietet, es sei denn, dieses ist sachlich gerechtfertigt (näher *Bechtold/Bosch* GWB § 20 Rn. 33 ff.). In der Lebensmittelbranche kann allerdings auch der gelegentliche Verkauf unter Einstandspreis vorbehaltlich einer sachlichen Rechtfertigung per se unzulässig sein (§ 20 Abs. 3 S. 2 Nr. 1 GWB). Der kartellrechtliche Tatbestand zur Preisunterbietung ist jedoch nach Vorstellung des Gesetzgebers nur auf Handelsunternehmen anwendbar (*Bechtold/Bosch* GWB § 20 Rn. 34) und gilt gemäß § 20 Abs. 3 S. 1 GWB nur für Unternehmen mit gegenüber kleinen und mittleren Mitbewerbern überlegener Marktmacht. Damit bleiben die zu § 1 UWG aF entwickelten Grundsätze für die Preisunterbietung neben dieser kartellrechtlichen Spezialvorschrift weiterhin anwendbar.

3. Zur Streitwertbestimmung → Form. A.14 Anm. 3.

4. Zur Strafandrohung → Form. A.14 Anm. 4.

5. Die korrekte Formulierung des Unterlassungsantrags bereitet erfahrungsgemäß häufig Probleme. Hierauf ist besondere Sorgfalt zu verwenden. → Form. A.4 Anm. 10, → Form. A.11 Anm. 7. Bei Klagen wegen wettbewerbswidriger Preisunterbietung wird sich der Unterlassungsantrag in den meisten Fällen darauf richten müssen, die aktuelle konkrete Preisgestaltung zu unterlassen. Dem entspricht auch das Antragsbeispiel im Formular. Soweit der verurteilte Gegner eine Preisgestaltung nur unerheblich ändert, ist es eine Frage der Auslegung des Unterlassungsgebots im Bestrafungsverfahren nach § 890 ZPO, ob auch die neue Preisgestaltung nach der im Wettbewerbsrecht geltenden Kerntheorie von dem Verbot erfasst wird (→ Form. A.4 Anm. 10, 11). Weitergehende Anträge, die darauf gerichtet sind, vorbeugend eine Reihe weiterer Preisgestaltungen untersagen zu lassen, sind regelmäßig problematisch. Ein vorbeugender Verbotsanspruch besteht nur, soweit für eine entsprechende Erstbegehungsgefahr greifbare Anhaltspunkte vorliegen (zB BGH GRUR 1990, 687 (688) – Anzeigenpreis II).

6. Neben dem Unterlassungsanspruch kommt bei einem schuldhaften Verstoß gegen §§ 3, 4 Nr. 4 UWG auch ein Schadensersatzanspruch in Betracht. Im Bereich der Preisunterbietung werden solche Ansprüche häufiger geltend gemacht als bei anderen Wettbewerbsverstößen, da – jedenfalls bei einer eher begrenzten Zahl von Konkurrenten in einem bestimmten Gebiet – eher die Chance besteht, die Kausalität einer Kampfpreisunterbietung für wirtschaftliche Einbußen des betroffenen Unternehmens nachzuweisen als etwa bei Werbemaßnahmen, die einen geringeren unmittelbaren Bezug auf bestimmte Konkurrenten aufweisen. Im vorliegenden Fall wird zunächst nur die Feststellung der Schadensersatzpflicht begehrt, da die Preisunterbietung bei Klageerhebung noch andauert, die Schäden also noch nicht abschließend überschaubar sind.

7. Bei Zuständigkeit der Kammern für Handelssachen (§ 71 GVG iVm §§ 23, 94, 95 Abs. 1 Nr. 5 GVG; → Anm. 1) hat der Vorsitzende Richter die Möglichkeit, den Rechtsstreit im Einverständnis mit den Parteien allein zu entscheiden (§ 253 Abs. 3 ZPO, → Form. A.22 Anm. 6).

8. Die Aktivlegitimation der Kläger richtet sich nach § 8 UWG. Als Kläger kommen nach § 8 Abs. 3 Nr. 1 UWG vor allem unmittelbar betroffene Mitbewerber in Betracht, ferner Verbände im Sinne von § 8 Abs. 3 Nr. 2 UWG, qualifizierte Einrichtungen iSd § 8 Abs. 3 Nr. 3 UWG sowie Industrie- und Handelskammern und Handwerkskammern nach § 8 Abs. 3 Nr. 4 UWG. Im vorliegenden Fall ist die Klägerin unmittelbar betroffene Mitbewerberin. Näheres zu Fragen der Aktivlegitimation → Form. A.1 Anm. 4.

9. Eine vorhergehende Abmahnung (→ Form. A.1) ist im Wettbewerbsprozess zwar nicht erforderlich, aber empfehlenswert; → Form. A.1 Anm. 1. Daher sollte die Klageschrift auch die vorherige erfolglose Abmahnung erwähnen. Das Antwortschreiben des Gegners sollte insbesondere ebenfalls vorgelegt werden, soweit es Argumente enthält, mit denen der Gegner versucht, sich zu verteidigen, und auf die die Klageschrift ebenfalls gleich eingehen sollte.

Kosten und Gebühren

10. → Form. A.11 Anm. 18.

16. Klage wegen Verstoßes gegen § 299 Abs. 2 StGB (Bestechung im geschäftlichen Verkehr/Rechtsbruch)

Landgericht . . . . . .

Kammer für Handelssachen[1]

Klage

der Firma A . . . . . .

– Klägerin –

Prozessbevollmächtigter: Rechtsanwalt . . . . . .

gegen

die Firma B . . . . . .

– Beklagte –

wegen: unlauteren Wettbewerbs (Bestechung)[2]

Streitwert: vorläufig geschätzt . . . . . . EUR[3]

Namens und in Vollmacht der Klägerin erhebe ich Klage und werde im Termin zur mündlichen Verhandlung folgende Anträge stellen:

1. Die Beklagte wird verurteilt, es bei Meidung eines für jeden Fall der Zuwiderhandlung vom Gericht festzusetzenden Ordnungsgeldes bis zu 250.000 EUR, ersatzweise Ordnungshaft, oder Ordnungshaft bis zu sechs Monaten zu unterlassen,[4]
im geschäftlichen Verkehr handelnd Angestellten von Lebensmittel-Einzelhandelsgeschäften Geldzahlungen dafür anzubieten, zu versprechen oder zu gewähren, dass sie für das betreffende Einzelhandelsgeschäft Produkte der Beklagten bestellen.[5]

2. Die Beklagte wird verurteilt, der Klägerin über den Umfang der Handlungen gemäß Ziff. 1 Auskunft zu erteilen, insbesondere über die Adressaten von Bestechungszahlungen, Dauer und Höhe der Bestechungszahlungen sowie die hierdurch zusätzlich erzielten Umsätze.[6]
3. Es wird festgestellt, dass die Beklagte der Klägerin alle Schäden zu ersetzen hat, welche dieser aus den in Ziff. 1 bezeichneten Handlungen bereits entstanden sind und künftig noch entstehen werden.[7]
4. Die Kosten des Rechtsstreits trägt die Beklagte.
5. Das Urteil ist – gegebenenfalls gegen Sicherheitsleistung (Bank- oder Sparkassenbürgschaft) – vorläufig vollstreckbar.
Hilfsweise: Der Klägerin wird nachgelassen, die Zwangsvollstreckung gegen Sicherheitsleistung (Bank- oder Sparkassenbürgschaft) abzuwenden.[8]

Begründung:

I. Sachverhalt

1. Beide Parteien sind Hersteller von Fertiggerichten. Sie stehen miteinander in unmittelbarem Wettbewerb.[9]
2. Die Beklagte ist in den vergangenen Monaten dazu übergegangen, durch Bestechung von Angestellten die Präsenz ihrer Produkte im Einzelhandel zu erhöhen.
Die Klägerin erhielt hierauf eine ganze Reihe von Hinweisen. Zum einen wurde ihr über die Bestechungsaktivitäten vom Zeugen A berichtet. Der Zeuge A ist der Bruder eines leitenden Angestellten der Klägerin. Er ist gleichzeitig Mitglied eines Stammtischs, bei dem auch ein Außendienstmitarbeiter der Beklagten zuweilen teilnimmt. Bei einer Sitzung des Stammtischs am 15.3.2017 berichtete der Außendienstmitarbeiter der Beklagten, Herr B, über die Praxis der Beklagten, Angestellte von Einzelhandelsgeschäften, die für den Einkauf von Fertiggerichten zuständig sind, zu bestechen. Da der Zeuge A hierdurch die Interessen des Arbeitgebers seines Bruders gefährdet sah, gab er diese Information unverzüglich an die Klägerin weiter. An der Glaubwürdigkeit des Zeugen A, der weder an der Bestechung selbst noch an einem der beteiligten Unternehmen irgendein unmittelbares persönliches Interesse hat, bestehen keine Zweifel.
Zum anderen wurden die Bestechungspraktiken der Beklagten auch durch den Zeugen C bestätigt. Er war bis zum 31.3.2017 Mitarbeiter des Einzelhandelsgeschäfts X in Y. Seine Tätigkeit beendete er, um sich durch ein Fachhochschulstudium beruflich fortzubilden. Er ist also aus seinem bisherigen Arbeitsverhältnis nicht im Streit ausgeschieden. Herr C weiß aus eigener Anschauung, dass die beiden Einkäufer dieses Einzelhandelsgeschäfts, die Herren D und E, über den Außendienstmitarbeiter F der Beklagten ebenfalls Bestechungsgelder erhielten, damit sie die Fertiggerichte der Beklagten bestellen. Herr C ist mit einem Mitarbeiter der Klägerin, Herrn K, befreundet, dem er über diese Bestechungspraxis der Beklagten berichtete.

Beweis: 1. Zeugnis des Herrn Dieter A [genaue Anschrift]
2. Zeugnis des Herrn Heinz C [genaue Anschrift][10]

3. Diese Bestechungspraktiken der Beklagten führten auch dazu, dass die Produkte der Klägerin im Einzelhandel teilweise ausgelistet wurden. Dies gilt etwa für das bereits vorstehend in Ziff. 2 erwähnte Einzelhandelsgeschäft X in Y. Dort wurden die Bestechungsgelder an die Herren D und E nicht nur bezahlt, damit sie die Fertiggerichte der Beklagten bestellen, sondern auch dafür, dass die Fertiggerichte der Klägerin aus dem Sortiment des Geschäfts genommen wurden.

Beweis: Zeugnis des Herrn Heinz C, b. b.

16. Klage wegen Verstoßes gegen § 299 Abs. 2 StGB A. 16

Auch ansonsten war die Beklagte bei ihren Bestechungsaktivitäten regelmäßig bestrebt, nicht nur die Aufnahme der eigenen Produkte in das Sortiment der betreffenden Einzelhandelsgeschäfte zu erreichen, sondern gleichzeitig möglichst auch – als weitere Gegenleistung für die gezahlten Bestechungsgelder – die Auslistung der klägerischen Produkte.

Beweis: Zeugnis des Herrn Dieter A, b. b.

4. Die Klägerin hat gegen die maßgeblichen Mitarbeiter der Beklagten, die nach den bisherigen Erkenntnissen in erster Linie für die Bestechungsaktionen verantwortlich sind, auch Strafantrag[11] gestellt. Diese Mitarbeiter sind die Herren B und F. Den Strafantrag legen wir als Anlage K 1 vor.

Aufgrund dieses Strafantrags ist auch bereits ein Ermittlungsverfahren gegen die maßgeblichen Mitarbeiter der Beklagten anhängig. Es wird bei der Staatsanwaltschaft P unter dem Aktenzeichen . . . . . . geführt. Wie von der Staatsanwaltschaft zu erfahren war, haben bereits die bisherigen Ermittlungen weitere Hinweise auf die Bestechung anderer Angestellter von Einzelhandelsbetrieben durch die Beklagte bzw. deren Vertreter ergeben. Wir beantragen daher, die Akten des Ermittlungsverfahrens bei der Staatsanwaltschaft P, Aktenzeichen . . . . . ., beizuziehen.

II. Rechtslage

1. Der geltend gemachte Unterlassungsanspruch ergibt sich aus § 299 Abs. 2 StGB iVm §§ 3, 3a, 8 Abs. 1, 3 Nr. 1 UWG.

Nach § 299 Abs. 2 StGB ist es strafbar, im geschäftlichen Verkehr zu Wettbewerbszwecken einem Angestellten oder Beauftragten eines geschäftlichen Betriebs einen Vorteil als Gegenleistung dafür anzubieten, zu versprechen oder zu gewähren, dass er als Gegenleistung den Bestechenden oder einen Dritten beim Bezug von Waren oder gewerblichen Leistungen in unlauterer Weise bevorzugt.[2] Dieser Straftatbestand der Bestechung im geschäftlichen Verkehr wurde durch die leitenden Mitarbeiter der Beklagten, ..., verwirklicht, ebenso durch verschiedene Außendienstmitarbeiter der Beklagten. Die Beklagte hat durch ihren Außendienst Angestellte verschiedener Einzelhandelsgeschäfte bestochen. Diesen Angestellten wurde Geld dafür bezahlt, dass sie die Beklagte bei der Bestellung von Fertiggerichten bevorzugen.

Für dieses Verhalten ihrer Angestellten ist die Beklagte nach § 8 Abs. 2 UWG verantwortlich. Der Unterlassungsanspruch der Klägerin ergibt sich aus §§ 3, 3a, 8 Abs. 1, 3 Nr. 1 UWG.

Bei § 299 StGB handelt es sich um eine Vorschrift, die auch dazu bestimmt ist, im Interesse der Marktteilnehmer das Marktverhalten zu regeln.[2] Die Zahlungen sind geschäftliche Handlungen im Sinne von § 2 Abs. 1 Nr. 1 UWG. Sie hängen objektiv mit der Förderung des Absatzes bzw. mit dem Abschluss von Verträgen zusammen. Die Bestechungspraktiken der Beklagten führten auch dazu, dass die Produkte der Klägerin im Einzelhandel teilweise ausgelistet wurden. Damit ist das Vorgehen der Beklagten auch geeignet die Interessen von Mitbewerbern spürbar zu beeinträchtigen.[9]

2. Der Schadensersatzanspruch ergibt sich aus §§ 3, 3a, 9 S. 1 UWG sowie aus § 823 Abs. 2 BGB iVm § 299 StGB.[7] Durch diese Bestechungsaktionen sind der Klägerin ganz erhebliche Schäden entstanden. Wie bereits dargelegt, wurden beispielsweise in Einzelhandelsgeschäften die Produkte der Klägerin von Angestellten, welche für die Beklagte bestochen worden waren, ausgelistet, um für die Produkte der Beklagten Platz zu schaffen. Die Klägerin hat dadurch weniger Produkte (Fertiggerichte) verkauft, als dies sonst der Fall gewesen wäre. Hierdurch sind ihr Verluste entstanden. Die Höhe der Verluste steht im Augenblick noch nicht fest. Daher besteht an einem Feststellungsantrag im Sinne von § 256 ZPO hinreichendes Interesse.

3. Der Auskunftsanspruch gemäß Ziff. 2 ergibt sich aus § 242 BGB. Er dient der Vorbereitung des Schadensersatzanspruchs.[8]

4. Als Anlage K 2 legen wir das Schreiben vor, mit welchem die Klägerin die Beklagte erfolglos abmahnte. Das Antwortschreiben, mit dem der Bestechungsvorwurf pauschal bestritten wurde, ist als Anlage K 3 beigefügt. Daher ist Klage geboten.[12]

5. Die Zuständigkeit des angerufenen Gerichts ergibt sich aus der Tatsache, dass die Beklagte im Gerichtsbezirk ihren Sitz hat.[1]

6. Der Gerichtskostenvorschuss wird per beigefügten Verrechnungsscheck eingezahlt.[13]

Rechtsanwalt

Schrifttum: *Alexander*, Öffentliche Auftragsvergabe und unlauterer Wettbewerb, WRP 2004, 700; *Bieber*, Die Kontrolle des Berufsrechts der Freiberufler – insbesondere der Rechtsanwälte – mit Hilfe von § 4 Nr. 11 UWG, WRP 2008, 723; *Blessing*, Schmiergeldzahlungen, in Müller-Gugenberger/Bieneck (Hrsg.), Wirtschaftsstrafrecht, 5. Aufl. 2011, § 53 C; *Brand/Wostry*, Die Strafbarkeit des Vorstandsmitglieds einer AG gemäß § 299 Abs. 1 StGB, WRP 2008, 637; *Bürger*, § 299 StGB – eine Straftat gegen den Wettbewerb?, wistra 2003, 130; *Büttner*, Sittenwidrige Wettbewerbshandlung durch Gesetzesverstoß in der neuen Rechtsprechung des BGH, FS Erdmann, 2002, 545; *Doepner*, Unlauterer Wettbewerb durch Rechtsbruch – Quo vadis?, GRUR 2003, 825; *Eidam*, Unternehmen und Strafe, 2. Aufl. 2001; *Elskamp*, Gesetzesverstoß und Wettbewerbsrecht, 2008; *Ennuschat*, Rechtsschutz privater Wettbewerber gegen private Konkurrenz, WRP 2008, 883; *Ernst*, Abmahnungen auf Grund von Normen außerhalb des UWG, WRP 2004, 1133; *Gärtner/Heil*, Kodifizierter Rechtsbruchtatbestand und Generalklausel, WRP 2005, 20; *Glöckner*, Wettbewerbsbezogenes Verständnis der Unlauterkeit und Vorsprungserlangung durch Rechtsbruch, GRUR 2008, 960; *Greeve*, Korruptionsdelikte in der Praxis, 2005; *Kiesel*, Die Zuwendung an Angestellte und Beauftragte im Ausland, DStR 2000, 949; *Köhler*, Der Rechtsbruchtatbestand im neuen UWG, GRUR 2004, 381; *Köhler*, Zur Umsetzung der Richtlinie über unlautere Geschäftspraktiken, GRUR 2005, 793; *Köhler*, Die Unlauterkeitstatbestände des § 4 UWG und ihre Auslegung im Lichte der Richtlinie über unlautere Geschäftspraktiken, GRUR 2008, 841; *Köhler*, Dogmatik des Beispielskatalogs des § 4 UWG, WRP 2012, 638; *Paringer*, Korruption im Profifußball, 2001; *Pfuhl*, Von erlaubter Verkaufsförderung und strafbarer Korruption, 2010; *Randt*, Abermals Neues zur Korruptionsbekämpfung: Die Ausdehnung der Angestelltenbestechung des § 299 StGB auf den Weltmarkt, BB 2002, 2252; *Randt*, Schmiergeldzahlungen bei Auslandssachverhalten, BB 2000, 1006; *Sack*, Gesetzwidrige Wettbewerbshandlungen nach der UWG-Novelle, WRP 2004, 1307; *Schmitz*, Auslandsgeschäfte unter Berücksichtigung des Korruptionsstrafrechts, RIW 2003, 189; *Walter*, Angestelltenbestechung, internationales Strafrecht und Steuerstrafrecht, wistra 2001, 321; *Weitnauer*, Bonusprogramme im geschäftlichen Bereich – Eine rechtliche Grauzone, NJW 2010, 2560.

Anmerkungen

1. Zur örtlichen und sachlichen Zuständigkeit → Form. A.4 Anm. 2.

2. Die Bestechung von Angestellten war früher in § 12 UWG geregelt. Durch das Gesetz zur Bekämpfung der Korruption vom 13.8.1997 (BGBl. I 2038 ff.) wurde diese Regelung im UWG gestrichen. Eine entsprechende Regelung findet sich heute im 26. Abschn. des StGB mit der Überschrift „Straftaten gegen den Wettbewerb" (vgl. zum Gesetzentwurf der Bundesregierung BR-Drs. 553/96). Mit geringfügigen Abwandlungen ist die frühere sog. „aktive Bestechung" (§ 12 Abs. 1 UWG aF) als „Bestechung im geschäftlichen Verkehr" in § 299 Abs. 2 StGB und die vormalige sog. „passive Bestechung" (§ 12 Abs. 2 UWG aF) als „Bestechlichkeit" in § 299 Abs. 1 StGB geregelt. Der Strafrahmen wurde von einem auf drei Jahre angehoben. Für besonders schwere Fälle sieht § 300 StGB mit Regelbeispielen einen Strafrahmen von drei Monaten bis zu fünf

Jahren vor. Nach § 301 Abs. 1 StGB sind Bestechlichkeit und Bestechung im geschäftlichen Verkehr nach wie vor Antragsdelikte, sofern nicht ein besonders schwerer Fall vorliegt. Antragsberechtigt sind nach § 301 Abs. 2 StGB neben dem unmittelbar Verletzten auch die in § 8 Abs. 3 Nr. 2 und 4 UWG bezeichneten Verbände und Kammern. Durch das Gesetz zur Ausführung der Gemeinsamen Maßnahme betreffend die Bestechung im privaten Sektor vom 22.8.2002 (BGBl. I 3387) wurde klargestellt, dass auch der Wettbewerb auf einem ausländischen Markt geschützt ist.

§ 299 StGB ist eine Marktverhaltensregelung im Sinne des § 3a UWG zum Schutze des Unternehmers in seiner Eigenschaft als Nachfrager von Waren oder Dienstleistungen (vgl. *Köhler/Bornkamm/Feddersen* UWG § 3a Rn. 1.328). Nach altem Verständnis handelte es sich bei § 299 StGB um eine wertbezogene Vorschrift, deren Verletzung gleichzeitig auch gegen § 1 UWG aF verstieß. Bestechung im geschäftlichen Verkehr ist nach Auffassung der Allgemeinheit wettbewerbsrechtlich schlechthin verwerflich, vgl. BGH GRUR 2001, 1178 – Gewinn-Zertifikat, zu § 1 UWG aF.

Das Formular hat eine Klage zum Gegenstand, mit der Ansprüche eines durch die Bestechung benachteiligten Mitbewerbers geltend gemacht werden. Daneben kommen auch Ansprüche des Geschäftsherrn gegen seinen bestochenen Angestellten oder Beauftragten sowie gegen den Bestechenden in Betracht.

Zur strafrechtlichen und strafverfahrensrechtlichen Seite: Ein Strafantrag empfiehlt sich regelmäßig, um auf die Täter (Spezialprävention), aber auch auf die Allgemeinheit (Generalprävention) eine abschreckende Wirkung auszuüben. Zudem besteht die Chance, dass die Ermittlungen der Strafverfolgungsbehörden weitere Beweismittel zutage fördern, die bei der Verfolgung zivilrechtlicher Ansprüche helfen können.

3. Zur Streitwertbestimmung → Form. A.11 Anm. 4 sowie → Form. A.4 Anm. 6.

4. Zur beim Unterlassungsantrag erforderlichen Strafandrohung → Form. A.4 Anm. 11 sowie → Form. A.24 Anm. 7.

5. Zur Formulierung des Unterlassungsantrags → Form. A.4 Anm. 10, → Form. A.11 Anm. 7. Im gewählten Beispiel wurde der Unterlassungsantrag dadurch präzisiert, dass die von der Bestechung betroffenen Geschäfte (Lebensmittel/Einzelhandel), die Art der Vorteilsgewährung (Geldzahlungen) und die damit geförderten Waren (Produkte der Beklagten) konkretisiert wurden.

6. Der Auskunftsanspruch dient der Vorbereitung des Schadensersatzanspruchs (näher *Köhler/Bornkamm/Feddersen* UWG § 9 Rn. 4.1 ff.).

7. Gegen den Bestechenden besteht auch ein Schadensersatzanspruch gemäß §§ 3, 3a, 9 S. 1 UWG. Verschulden ist Voraussetzung. Der Anspruch besteht sowohl gegen den Bestechenden (wie er im vorliegenden Fall im Formular geltend gemacht wird) als auch gegen den Bestochenen. § 299 StGB ist zudem zugunsten der Mitbewerber auch ein Schutzgesetz im Sinne von § 823 Abs. 2 BGB. Soweit ein Schadensersatzanspruch besteht, kommt zur Berechnung der konkreten Schadenshöhe auch ein Anspruch auf Auskunft und Rechnungslegung in Betracht.

8. → Form. A.14 Anm. 6.

9. Die Zuwiderhandlung gegen eine Marktverhaltensregelung ist nur dann unlauter, wenn sie geeignet ist, die in § 3a UWG genannten Interessen zu beeinträchtigen. Die ursprünglich in § 3 Abs. 1 UWG 2004 enthaltene Spürbarkeitsklausel wurde auf den Rechtsbruchtatbestand beschränkt. Eine tatsächliche Interessenbeeinträchtigung ist nicht erforderlich. Die bloße Eignung reicht. Sie richtet sich nach dem Schutzzweck der verletzten Marktverhaltensregelung und ist zu bejahen, wenn eine objektive Wahrscheinlichkeit besteht, dass die konkrete geschäftliche Handlung die durch die Marktverhaltensregelung jeweils geschützten Interessen der Verbraucher, Mitbewerber oder sonstigen Marktteilnehmer spürbar beeinträchtigt. Die Spürbarkeit ist unter Berücksichtigung der Umstände des Einzelfalls festzustellen und richtet sich nach Schwere, Häufigkeit und Dauer der Handlung sowie danach, wer durch die Marktverhaltensregelung geschützt wird (näher *Köhler/Bornkamm/Feddersen* UWG § 3a Rn. I.94 ff.). Im Fall von Verstößen gegen §§ 3, 3a UWG (hier iVm § 299 StGB) sind aktiv legitimiert nach § 8 Abs. 3 Nr. 1 UWG die unmittelbar betroffene Mitbewerber, aber auch die in § 8 Abs. 3 Nr. 2–4 UWG aufgeführten Verbände, qualifizierten Einrichtungen und Kammern. Näher zu Fragen der Aktivlegitimation → Form. A.1 Anm. 4.

10. In der Praxis sind Bestechungsvorgänge häufig schwer zu beweisen. Alle Beteiligten, also der Bestechende ebenso wie der Geschmierte, haben ein hohes Interesse daran, die Bestechung geheim zu halten. Zudem gibt es über die Bestechungsvorgänge häufig auch keine schriftlichen Unterlagen. Dies gilt auch im vorliegenden Fall. Man ist daher nicht selten allein auf Zeugenbeweis angewiesen. Bei Vorbereitung einer entsprechenden Klage ist daher mit besonderer Sorgfalt darauf zu achten, dass die Vorwürfe zweifelsfrei zu beweisen sind. Hierfür bieten sich insbesondere „neutrale" Zeugen an, die auf irgendeine Weise von den Vorgängen zuverlässige und glaubwürdige Kenntnis erhalten haben, ohne selbst an der Bestechung beteiligt gewesen zu sein. Die Zeugen sollten mit dem Sachverhalt unbedingt hinreichend gut vertraut und auch aussagewillig sein. Im vorliegenden Beispielsfall stützt sich das Beweisangebot auf das Zeugnis zweier voneinander unabhängiger neutraler Zeugen.

11. Vgl. § 301 StGB und → Anm. 1.

12. → Form. A.14 Anm. 7.

Kosten und Gebühren

13. → Form. A.11 Anm. 18.

17. Klage wegen Verstoßes gegen §§ 3, 4 Nr. 2 Hs. 1 UWG

Landgericht ......

Kammer für Handelssachen[1]

Klage

der Firma A ......

– Klägerin –

Prozessbevollmächtigter: Rechtsanwalt ......

gegen

die Firma B ......

– Beklagte –

wegen: unlauteren Wettbewerbs (Anschwärzung)[2]

Streitwert: vorläufig geschätzt ...... EUR[3]

17. Klage wegen Verstoßes gegen §§ 3, 4 Nr. 2 Hs. 1 UWG A. 17

Namens und in Vollmacht der Klägerin erhebe ich Klage und werde im Termin zur mündlichen Verhandlung folgende Anträge stellen:

1. Die Beklagte wird verurteilt, es bei Meidung eines für jeden Fall der Zuwiderhandlung vom Gericht festzusetzenden Ordnungsgeldes bis zu 250.000 EUR, ersatzweise Ordnungshaft bis zu sechs Monaten, oder Ordnungshaft bis zu sechs Monaten zu unterlassen,[4]
geschäftlich handelnd die Behauptungen aufzustellen und/oder zu verbreiten,
   a) die Klägerin sei nicht imstande, Zündkerzen der Marke C zu günstigeren Bedingungen zu beziehen als der deutsche und europäische Handel
   und/oder
   b) die Klägerin sei nicht in der Lage, Zündkerzen der Marke C in den von ihr angebotenen Mengen zu liefern.[5]
2. Die Beklagte wird verurteilt, der Klägerin eine vollständige Liste mit Namen und genauen Anschriften der Adressaten des Rundschreibens der Beklagten vom 17.8.2017 zu übermitteln.[6]
3. Die Beklagte wird verurteilt, gegenüber den Adressaten ihres Rundschreibens vom 17.8.2017 zu erklären, dass die ihr gemäß vorstehender Ziff. 1 untersagten Äußerungen unwahr sind und nicht mehr aufrechterhalten werden.[7]
4. Es wird festgestellt, dass die Beklagte verpflichtet ist, alle Schäden zu ersetzen, welche ihr aufgrund der Behauptungen der Beklagten gemäß Ziff. 1 bereits entstanden sind und künftig noch entstehen werden.[8]
5. Die Kosten des Rechtsstreits trägt die Beklagte.
6. Das Urteil ist – gegebenenfalls gegen Sicherheitsleistung (Bank- oder Sparkassenbürgschaft) – vorläufig vollstreckbar.
Hilfsweise: Der Klägerin wird nachgelassen, die Zwangsvollstreckung gegen Sicherheitsleistung (Bank- oder Sparkassenbürgschaft) abzuwenden.[9]

Begründung:

I. Sachverhalt

Die Parteien sind Mitbewerber.[10] Die Klägerin vertreibt neben anderen Autozubehörteilen auch Zündkerzen.[11] Die Beklagte ist die deutsche Tochtergesellschaft der weltweit tätigen Zündkerzenherstellerin C. T. T. C. (im Folgenden: C-Konzern).

Für den Absatz seiner Zündkerzen unterhält der C-Konzern weltweit kein geschlossenes Vertriebssystem mit fester Preisbindung. Daher sind die Preise für C-Zündkerzen in Deutschland und im westeuropäischen Raum deutlich höher als in anderen Teilen der Erde, zB in Südostasien und in Afrika.

Die Klägerin warb im Juni 2017 mit Rundschreiben an Kunden in der Bundesrepublik Deutschland, in denen es ua hieß: „Sonderangebot für C-Kupferzündkerzen. Wenn Sie mehr als 0,59 USD pro Stück zahlen, sollten Sie sich an uns wenden. Wir sind einer der führenden unabhängigen Händler in Europa! Sparen Sie Geld, kaufen Sie bei uns!"

Beweis: Rundschreiben der Klägerin von Juni 2017, Anlage K 1

Mit Datum vom 17.8.2017 verbreitete die Beklagte daraufhin ein Rundschreiben[12] an ihre Kunden, in dem es ua heißt:

„Sehr geehrter C-Kunde, Sie werden vielleicht Kenntnis davon erhalten haben, dass die Firma F. GmbH [die Klägerin] in den vergangenen Wochen durch immer neue Rundschreiben C-Zündkerzen zu Billigpreisen „anbietet". Dabei erweckt sie auf die eine oder andere Weise immer den Eindruck, als hätte sie oder ihre verbundenen Unternehmen günstigere Bezugsmöglichkeiten als der deutsche und europäische Handel.

Das ist jedoch tatsächlich nicht der Fall. In Wirklichkeit ist die Firma F. GmbH nach unserer festen Überzeugung zur Lieferung von C-Zündkerzen in der angebotenen Größenordnung überhaupt nicht in der Lage. Die F. GmbH wird vom Unternehmen der C-Gruppe überhaupt nicht beliefert. Wir sind sicher, dass unsere Kunden auf die Störmanöver der Firma F. GmbH nicht hereinfallen und diese nicht unterstützen werden."

Beweis: Ein Exemplar des Rundschreibens der Beklagten vom 17.8.2017, Anlage K 2

Diese Behauptungen[13] der Beklagten sind unrichtig.[14] Die Klägerin verfügt über die angebotenen Liefermöglichkeiten. Sie kann sich auf dem außereuropäischen Markt mit Zündkerzen zu den angegebenen Preisen in millionenfacher Stückzahl jederzeit (auch kurzfristig) eindecken, insbesondere in Mittelamerika, Afrika und Asien.

Beweis unter Verwahrung gegen die Beweislast:

Zeugnis des Herrn P., Leiter der Einkaufsabteilung der Klägerin, [Anschrift]

Die Klägerin hat die Beklagte mit Schreiben vom 15.11.2017, Anlage K 3, abgemahnt.[15] Mit Schreiben vom 22.11.2017, Anlage K 4, wies die Beklagte die Abmahnung zurück. Sie bleibe bei den Behauptungen in ihrem Rundschreiben. Die Klägerin werde von C-Vertriebsgesellschaften nicht beliefert. Daher könne sie die Zündkerzen nicht in den beworbenen Stückzahlen und schon gar nicht zu dem beworbenen Preis liefern.

II. Rechtslage

1. Das Verhalten der Beklagten verstößt gegen §§ 3, 4 Nr. 2 Hs. 1 UWG (Anschwärzung). Nach diesen Bestimmungen ist es unzulässig, im Rahmen geschäftlicher Handlungen über die Waren, Dienstleistungen oder das Unternehmen eines Mitbewerbers Tatsachen zu behaupten oder zu verbreiten, die geeignet sind, den Betrieb des Unternehmers oder den Kredit des Unternehmers zu schädigen, sofern die Tatsachen nicht erweislich wahr sind.
Bei den Behauptungen der Beklagten, die Klägerin sei nicht imstande, C-Zündkerzen zu günstigeren Bedingungen zu beziehen als der deutsche und der europäische Handel und sie sei auch nicht in der Lage, C-Zündkerzen in den von ihr angebotenen Mengen zu liefern, handelt es sich um Tatsachenbehauptungen. Diese Tatsachenbehauptungen sind auch offensichtlich geeignet, den Geschäftsbetrieb der Klägerin zu schädigen, da Kunden hierdurch veranlasst werden, an der Lieferungs- und Leistungsfähigkeit der Klägerin sowie generell an ihrer Seriosität und Zuverlässigkeit zu zweifeln.

2. Die Tatsachenbehauptungen sind auch unwahr:
    a) Die Darlegungs- und Beweislast für die in dem Rundschreiben der Beklagten aufgestellten Tatsachenbehauptungen liegt bei der Beklagten. Dies ergibt sich bereits aus dem Wortlaut von § 4 Nr. 2 Hs. 1 UWG. Dies gilt auch im vorliegenden Fall, obgleich es sich um sogenannte negative Tatsachen handelt (vgl. BGHZ 101, 49 (55), zu § 14 UWG aF). Dass ein solcher Nachweis für die Beklagte nicht einfach sein mag, steht dem nicht entgegen.[14]
    b) Die Beklagte kann die Beweislast auch nicht durch Berufung auf § 4 Nr. 2 Hs. 2 UWG auf die Klägerin abwälzen. Zum einen handelt es sich bei den streitgegenständlichen Behauptungen der Beklagten nicht um vertrauliche Mitteilungen, da sie in Rundschreiben an eine Vielzahl von Kunden verbreitet wurden. Zudem hatte die Beklagte an der Verbreitung dieser Behauptungen im vorliegenden Fall auch kein berechtigtes Interesse, ohne dass es hierauf noch entscheidend ankäme.

3. Der Unterlassungsanspruch ergibt sich aus §§ 3, 4 Nr. 2 Hs. 1, 8 Abs. 1 S. 1, Abs. 3 Nr. 1 UWG. Grundlage für den Schadensersatzanspruch ist §§ 3, 4 Nr. 2 Hs. 1, 9 S. 1

UWG. Der Anspruch auf Schadensersatz wird bereits durch das bewusste Verbreiten kreditschädigender Behauptungen ausgelöst, ohne dass es weiterer subjektiver Voraussetzungen bedürfte. Die Klägerin kann im Augenblick den ihr entstandenen (mit Sicherheit beträchtlichen) Schaden noch nicht abschließend beziffern. Daher ist im vorliegenden Fall ein Feststellungsantrag zulässig.
Der Auskunftsanspruch steht der Klägerin nach Treu und Glauben zu (§ 242 BGB).
Der Widerrufsanspruch ist erforderlich, um den durch die geschäftsschädigenden Behauptungen der Beklagten hervorgerufenen fortdauernden Störungszustand zu beseitigen. Eine entsprechende Mitteilung der Beklagten an die Kunden, denen das besagte Rundschreiben geschickt wurde, ist hierfür geeignet und auch erforderlich.

4. Die Beklagte trifft ein erheblicher Schuldvorwurf, sie handelte jedenfalls bedingt vorsätzlich. Der Wettbewerbsverstoß der Beklagten hatte auch einen erheblichen Umfang, das Rundschreiben vom 17.8.2017 wurde im gesamten Bundesgebiet verschickt. Beweise können nachgereicht werden.

5. Die Zuständigkeit des angerufenen Gerichts ergibt sich daraus, dass das Rundschreiben auch im Gerichtsbezirk vertrieben wurde, wie aus der oben links auf dem Rundschreiben angegebenen Anschrift des Adressaten ersichtlich.[1]

6. Der Gerichtskostenvorschuss wird per beigefügtem Verrechnungsscheck eingezahlt.[16]

Rechtsanwalt

Schrifttum: *Born*, Gen-Milch und Goodwill – Äußerungsrechtlicher Schutz durch das Unternehmenspersönlichkeitsrecht, AfP 2005, 110; *Brammsen/Apel*, Die „Anschwärzung", § 4 Nr 8 UWG, WRP 2009, 1464; *Brinkmann*, Der äußerungsrechtliche Unternehmensschutz in der Rechtsprechung des BGH, GRUR 1988, 516; *Köhler*, Die Unlauterkeitstatbestände des § 4 UWG und ihre Auslegung im Lichte der Richtlinie über unlautere Geschäftspraktiken, GRUR 2008, 841; *Meier-Beck*, Die unberechtigte Schutzrechtsverwarnung als Eingriff in das Recht am Gewerbebetrieb, WRP 2006, 790; *Messer*, Verbreitung wahrer, geschäftsschädigender Tatsachen über Gewerbetreibende, FS Vieregge, 1995, 629; *Ohly*, Schadensersatzansprüche wegen Rufschädigung und Verwässerung im Marken- und Lauterkeitsrecht, GRUR 2007, 926; *Sack*, Irreführende vergleichende Werbung, GRUR 2004, 89; *Schaub*, Haftung der Betreiber von Bewertungsportalen für unternehmensbezogene Äußerungen, FS Köhler, 2014, 593; *Schilling*, Haftung für geschäftsschädigende Äußerungen Dritter: Abgrenzung zwischen Meinungsforen und kombinierten Buchungs- und Bewertungsportalen, GRUR-Prax 2012, 105; *Teplitzky*, Die prozessualen Folgen der Entscheidung des Großen Senats für Zivilsachen zur unberechtigten Schutzrechtsverwarnung, WRP 2005, 9; *Werner*, Wettbewerbsrecht und Boykott, 2008; *Zimmermann*, Die unberechtigte Schutzrechtsverwarnung, 2008.

Anmerkungen

1. Zur örtlichen und sachlichen Zuständigkeit → Form. A.4 Anm. 2. Im vorliegenden Fall ist der Kläger im Hinblick auf die Aussagen im Rundschreiben der Beklagten als Mitbewerber unmittelbar betroffen. Für ihn gilt daher nicht die Beschränkung auf den ausschließlichen Gerichtsstand in § 14 Abs. 2 S. 2 UWG. Er hat die Möglichkeit, den „fliegenden Gerichtsstand" des Begehungsorts nach § 14 Abs. 2 S. 1 UWG zu nutzen.

2. Das Formular hat einen Fall zu §§ 3, 4 Nr. 2 UWG zum Gegenstand. Die Bestimmungen schützen den Gewerbetreibenden vor Anschwärzung durch die Konkurrenz, also vor unwahren geschäftsschädigenden Tatsachenbehauptungen im Wettbewerb. Es handelt sich um einen Spezialfall der gezielten Behinderung. Solche unwahren Tatsachenbehauptungen können zugleich eine aggressive geschäftliche Handlung gemäß § 4a UWG sein sowie unter §§ 5 und 6 UWG und die zivilrechtlichen Deliktstatbestände fallen (*Köhler/Bornkamm/Feddersen* UWG § 4 Rn. 2.5 ff.).

3. Zur Streitwertbestimmung → Form. A.11 Anm. 4 sowie → Form. A.4 Anm. 6.

4. Zur Strafandrohung → Form. A.4 Anm. 11 sowie → Form. A.24 Anm. 7.

5. Zur Formulierung des Unterlassungsantrags → Form. A.4 Anm. 10, → Form. A.11 Anm. 7. Wie das gewählte Beispiel zeigt, sollte sich der Unterlassungsantrag bei Ansprüchen nach §§ 3, 4 Nr. 2 UWG möglichst auf die konkrete kreditschädigende Tatsachenbehauptung beziehen, die der Gegner aufgestellt oder verbreitet hat. Es sollte also nach Möglichkeit genau die Formulierung verwendet werden, die der Gegner benutzt hat. Mit Verallgemeinerungen sollte man in diesem Bereich zurückhaltend sein. Eine verallgemeinernde Formulierung kommt allenfalls in Betracht, wenn der Gegner eine bestimmte Behauptung immer wieder in leicht unterschiedlichen Formulierungen (mit aber im Kern gleichen Inhalt) aufgestellt hat. Selbst in solchen Fällen ist es in der Regel vorzugswürdig, die verschiedenen konkreten Formulierungen des Gegners im Antrag konkret und kumulativ aufzuführen.

6. Für den Geschädigten besteht auch ein Anspruch auf Auskunft über die Adressaten der kreditschädigenden unrichtigen Tatsachenbehauptung. Dieser Anspruch dient der Vorbereitung von Schadensersatzansprüchen und Widerrufsansprüchen (vgl. BGH GRUR 1962, 382 – Konstruktionsbüro; BGH GRUR 1970, 254 (257) – Remington). Im gewählten Beispielsfall geht es um ein Rundschreiben. In solchen Fällen gibt es meist eine Adresskartei oder Adressdatei mit Adressen (zB bestehender oder potentieller Kunden, Angehörigen der relevanten Branche usw), die zur Versendung des Rundschreibens verwendet wurde.

7. Als besonderer Fall des Beseitigungsanspruchs nach § 8 Abs. 1 S. 1 UWG kommt in Fällen dieser Art ein Widerrufsanspruch in Betracht. Da es hier um die Beseitigung fortdauernder Beeinträchtigungen geht, ist ein Verschulden anders als bei Ersatzansprüchen nicht erforderlich (ausführlich *Köhler/Bornkamm/Feddersen* UWG § 8 Rn. 1.111). Der Anspruch setzt voraus, dass die Behauptung einen Zustand geschaffen hat, der eine fortwirkende Quelle der Schädigung darstellt (vgl. BGHZ 14, 163 (173) – Constanze II). Die Kundgebung muss sich dem Gedächtnis Dritter derartig eingeprägt haben, dass sie in ihnen geistig fortlebt (*Köhler/Bornkamm/Feddersen* UWG § 8 Rn. 1.114). Diese Voraussetzung muss bis zur letzten mündlichen Verhandlung gegeben sein. Bei längeren Prozessen kann dies fraglich werden, insbesondere, soweit die Äußerung nur für einen kurzen Zeitraum verbreitet wurde und seit damals im Gedächtnis der Adressaten verblasst oder inzwischen auch durch andere Äußerungen überlagert wurde. Bei Geltendmachung des Widerrufsanspruchs besteht daher stets ein gewisses Risiko, dass der Zeitablauf bis zur rechtskräftigen Verurteilung den materiell-rechtlichen Anspruch in Frage stellt. Ferner muss der Widerruf nötig und dazu geeignet sein, den Störungszustand zu beseitigen; dabei sind die Interessen beider Parteien sorgfältig gegeneinander abzuwägen (vgl. BGH GRUR 1957, 236 – Pertussin I). Im vorliegenden Fall erscheint der Widerruf als das nötige und geeignete Mittel, um gegenüber den Adressaten des Rundschreibens der Beklagten den hierdurch hervorgerufenen unrichtigen Eindruck zu beseitigen. Dagegen ist es nicht Zweck des Widerrufs, dem Verletzten innerlich „Genugtuung zu verschaffen" oder gar den Verletzer zu „demütigen" (BGH GRUR 1957, 278 – Evidur). Inhaltlich ist der Widerruf im Kern eine Erklärung des Verletzers, dass die beanstandete Behauptung unrichtig bzw. unwahr gewesen sei und nicht mehr aufrechterhalten werde. Entsprechend wurde der Antrag formuliert.

8. Weitere Rechtsfolge eines Verstoßes gegen §§ 3, 4 Nr. 2 UWG ist nach § 9 S. 1 UWG ein Schadensersatzanspruch. Da im gewählten Beispielsfall der eingetretene Schaden noch nicht endgültig feststeht und seine Ermittlung erst nach Erteilung der begehrten Auskunft über die Adressaten des Rundschreibens mit der kreditschädigenden Tatsachenbehauptung endgültig möglich sein wird, wird zunächst ein Feststellungsanspruch geltend gemacht.

9. Bei Zuständigkeit der Kammern für Handelssachen (§ 71 GVG iVm §§ 23, 94, 95 Abs. 1 Nr. 5 GVG; → Anm. 1) hat der Vorsitzende Richter die Möglichkeit, den Rechtsstreit im Einverständnis mit den Parteien allein zu entscheiden (§ 253 Abs. 3 ZPO).

10. Zur Aktivlegitimation → Form. A.15 Anm. 8.

11. Der dem Formular zugrundeliegende Sachverhalt geht – mit einigen Abwandlungen – auf die Fallgestaltung zurück, die den Gegenstand des BGH-Urteils „Fehlende Lieferfähigkeit" (BGH GRUR 1993, 572 ff.) bildete.

12. Die Beweislast für die Behauptung/Verbreitung der wahrheitswidrigen kreditschädigenden Tatsachenbehauptung liegt beim Kläger/Anspruchsteller. Im vorliegenden Fall ist der Beweis nicht allzu schwer, da die beanstandete Äußerung schriftlich – sogar in einem Rundschreiben – verbreitet wurde. Größere Beweisschwierigkeiten bereiten erfahrungsgemäß Fälle, in denen die Anschwärzung des Konkurrenten mündlich erfolgt. Hier kommt in erster Linie der Zeugenbeweis in Betracht, der sich in mehrfacher Hinsicht als problematisch erweisen kann. In äußerungsrechtlichen Streitigkeiten kommt es darauf an, die beanstandete Äußerung in ihrem Wortlaut möglichst genau zu ermitteln. Zeugen können sich häufig an den genauen Wortlaut bestimmter Aussagen nicht mehr erinnern. Zudem unterhalten potentielle Zeugen in Fällen dieser Art mitunter geschäftliche Beziehungen zu beiden Prozessparteien und sind daher besonders unwillig, in einem solchen Verfahren auszusagen. In der Praxis empfiehlt es sich daher, vor einem gerichtlichen Vorgehen in Fällen dieser Art besonders sorgfältig zu prüfen und zu klären, ob das verfügbare Beweisangebot ausrcicht.

13. §§ 3, 4 Nr. 2 UWG gewähren nur Ansprüche gegen (unrichtige kreditschädigende) Tatsachenbehauptungen. Nicht erfasst werden abträgliche wahre Tatsachenbehauptungen, die über §§ 3, 4 Nr. 1 UWG erfasst werden können. Auch herabsetzende Meinungsäußerungen (Werturteile) über Mitbewerber sind nicht von § 4 Nr. 2 UWG erfasst, sondern können unter § 4 Nr. 1, Nr. 4, 6 Abs. 2 Nr. 5 UWG unter dem Gesichtspunkt der herabsetzenden Werbung, der Behinderung und der herabsetzenden vergleichenden Werbung in Betracht. Zur Abgrenzung von Tatsachenbehauptungen und Meinungsäußerungen siehe *Köhler/Bornkamm/Feddersen* UWG § 4 Rn. 2.13 ff.

14. Der Wortlaut von § 4 Nr. 2 Hs. 1 UWG („sofern die Tatsachen nicht erweislich wahr sind") verdeutlicht, dass nicht der Kläger die Unwahrheit der Tatsachen zu behaupten hat, sondern ggf. der Verletzer den Beweis zu erbringen hat, dass seine kreditschädigenden Behauptungen zutreffen. Im Prozess trägt daher der Behauptende das Risiko des non liquet, dh der Situation, dass weder Wahrheit noch Unwahrheit der Behauptung als erwiesen angesehen werden kann. Dies gilt allerdings – wie der vorliegende Beispielsfall zeigt – bei der Behauptung sog. „negativer" Tataschen (also wenn das Nichtbestehen einer Tatsache behauptet wird, wie hier etwa die fehlende Lieferfähigkeit) nur eingeschränkt. Für solche Fälle gewährt der BGH in der Regel unter Zumutbarkeitsgesichtspunkten dem Beklagten eine gewisse Erleichterung, um den Schwierigkeiten Rechnung zu tragen, denen sich die Partei gegenübersieht, die das Negativum (also das Nichtvorliegen der Tatsache) beweisen muss. In solchen Fällen darf sich der Kläger nicht mit bloßem Bestreiten begnügen, sondern muss darlegen, welche tatsächlichen Umstände für das Vorliegen der positiven Tatsache sprechen. Der beweispflichtige Beklagte genügt dann der ihm obliegenden Beweispflicht, wenn er die gegnerische Tatsachenbehauptung widerlegt oder ernsthaft in Frage stellt (vgl. BGH GRUR 1993,

572 (573 f.) – Fehlende Lieferfähigkeit, zu § 14 UWG aF). Dies gilt auch im Bereich von § 4 Nr. 2 Hs. 1 UWG jedenfalls dann, wenn der Behauptende berechtigten Anlass hatte, gerade in dieser Weise zu formulieren (BGH GRUR 1993, 572 (573 f.) – Fehlende Lieferfähigkeit, zu § 14 UWG aF). In Fällen dieser Art empfiehlt es sich daher für den Kläger, in der Klageschrift die Richtigkeit der positiven Tatsache (hier also: bestehende Lieferfähigkeit) zu behaupten und unter Beweis zu stellen; keinesfalls sollte man sich darauf verlassen, dass der Gegner das Nichtbestehen der Tatsache (hier also: das Nichtbestehen der Liefermöglichkeit) nicht beweisen kann.

15. → Form. A.14 Anm. 7.

Kosten und Gebühren

16. → Form. A.11 Anm. 18.

18. Klage wegen Geheimnisverrats (§ 17 UWG)

Landgericht . . . . . .

– Kammer für Handelssachen –

Klage

der Fa. N. Elektrogroßhandel GmbH, vertreten durch den Geschäftsführer . . . . . .

– Klägerin –

Proz.Bev.: RAe . . . . . .

gegen

1. die Fa. N. Hausgeräte GmbH, vertreten durch den Geschäftsführer Berthold N.

– Beklagte zu 1) –

2. Herrn Berthold N.

– Beklagter zu 2) –

wegen Geheimnisverrats ua (§ 17 UWG)

Streitwert: 200.000 EUR

Namens und im Auftrag der Klägerin erheben wir Klage. Wir bitten um Anberaumung eines Termins zur mündlichen Verhandlung, in dem wir folgende

Anträge

verlesen werden:

I. Die Beklagten werden verurteilt,
   1. es bei Meidung eines vom Gericht für jeden Fall der Zuwiderhandlung festzusetzenden Ordnungsgeldes bis zu 250.000 EUR, ersatzweise Ordnungshaft, oder Ordnungshaft bis zu sechs Monaten, im Wiederholungsfall Ordnungshaft bis zu zwei Jahren, wobei die Ordnungsstrafe am jeweiligen Geschäftsführer der Beklagten zu 1) zu vollziehen ist, zu unterlassen, im geschäftlichen Verkehr

18. Klage wegen Geheimnisverrats (§ 17 UWG) — A. 18

   a) die Datenverarbeitungs-Programme[1, 2] PLAGER, PEKRS, FIBU, STAM und ALTOBJ der Klägerin nebst den gespeicherten Daten LAGER, EKRS, FIBU, STAM und ABLAGE der Klägerin gemäß beigefügter CD[3] für eigene Zwecke zu verarbeiten;[4]
   b) innerhalb von zwei Jahren[5] ab Zustellung der Klageschrift Elektro-Hausgeräte an die Kunden der Klägerin zu vertreiben, die in der Daten-Bibliothek STAM (Stand: 31.12.2001) der Klägerin aufgelistet sind;
2. Auskunft darüber zu erteilen, innerhalb welchen Zeitraums und in welchem Umfang sie Verletzungshandlungen gem. Ziff. 1 a) und 1 b) begangen haben, wobei hinsichtlich Buchst. b) die betreffenden Kunden und die mit ihnen jeweils erzielten Umsätze zu benennen sind.[6]

II. Es wird festgestellt, dass
1. die Beklagten gesamtschuldnerisch verpflichtet sind, der Klägerin jeglichen Schaden zu ersetzen, der ihr aus Verletzungshandlungen gem. Ziff. I. 1. a) entstanden ist und künftig noch entstehen wird;
2. der Beklagte zu 2) verpflichtet ist, der Klägerin jeglichen Schaden zu ersetzen, der ihr daraus entstanden ist und künftig noch entstehen wird, dass er die in Ziff. I. 1. a) genannten Datenverarbeitungs-Programme und Daten vom Zentralrechner der Klägerin auf mobile Datenträger überspielt[7] und der Beklagten zu 1) zugänglich gemacht hat.[8]

III. (Kosten)
IV. (Vorläufige Vollstreckbarkeit)

Begründung:

I. Zum Tatsächlichen:
1. Die Klägerin ist seit 1960 im Elektrogroßhandel tätig. Sie wurde von den Brüdern Robert und Peter N. gegründet, die sich Ende der 90er Jahre aus der Geschäftsführung zurückzogen. Im Zuge einer Kapitalaufstockung wurde damals eine familienfremde Geschäftsführung eingesetzt.
Der Elektrogroßhandel der Klägerin wird mit vier Produktsparten betrieben, nämlich Beleuchtungskörpern, elektrischen Haushaltsgeräten, elektrischem Installationsmaterial und elektrischen Kabeln und Leitungen.
Der Beklagte zu 2) (nachstehend: „der Beklagte") ist Sohn des Firmengründers Robert N. und Geschäftsführer der Beklagten zu 1) (nachstehend: „die Beklagte").
Der Beklagte war vom 1.9.1998 bis 30.4.2002 Prokurist[9] der Klägerin.
In dieser Eigenschaft war er selbstständig für den Unternehmensbereich „Elektrische Haushaltsgeräte" zuständig, den er bis zu seinem Ausscheiden leitete. Vor seiner Bestellung zum Prokuristen war er bereits vier Jahre als einfacher kaufmännischer Angestellter in dem Unternehmen tätig.

2. Die Beklagte wurde durch Gesellschaftsvertrag vom 5.1.2002 gegründet und am 12.3.2002 in das Handelsregister eingetragen.
Beweis: Handelsregisterauszug in
   – Anlage K 1 –
Der Beklagte und Geschäftsführer der Beklagten ist deren Mehrheitsgesellschafter. Die Beklagte betreibt – wie die Klägerin – einen Großhandel mit elektrischen Haushaltsgeräten.

3. Die Zeit zwischen der Gründung der Beklagten am 5.1.2002 und seinem Ausscheiden als Prokurist und Leiter der Abteilung „Elektrische Hausgeräte" bei der Klägerin am 30.4.2002 nutzte der Beklagte dazu, möglichst viele der personellen

und sachlichen Ressourcen sowie Kundenbeziehungen der Klägerin für seine eigene Neugründung abzuwerben, abzuzweigen bzw. direkt zu übernehmen.

a) Zunächst warb er die Mehrheit der Mitarbeiter der von ihm geleiteten Abteilung ab und stellte sie bei der Beklagten ein. Dabei handelte es sich um vier von insgesamt sechs Mitarbeitern im Büro. Diese Vorgänge sind nicht Gegenstand des vorliegenden Verfahrens,[10] werden aber im Zusammenhang mit dem nachstehenden Sachverhalt relevant.

b) Sodann hat der Beklagte in verschiedenen Fällen an die Klägerin erteilte Kundenaufträge auf die Beklagte umgeleitet oder zumindest deren Umleitung veranlasst:

- Die Fa. Elektro-Sch. aus Pforzheim bat die Klägerin telefonisch am 28.2.2002 um Angebote für verschiedene Kühlschränke.
Mit Fax vom 1.3.2002,
– Anlage K 2 –
gab die Klägerin Angebote ab. Sachbearbeiterin bei der Klägerin war Frau Irene H. Frau H. hatte ihren Arbeitsvertrag bei der Klägerin am 14.2.2002 gekündigt und schied am 30.4.2002 aus. Inzwischen arbeitet sie bei der Beklagten.
Die Fa. Sch. gab auf Grund dieses Angebots am 19.3.2002 eine Bestellung an die Klägerin. Die Bestellnummer lautete 56 518. Lieferung wurde verbindlich für die KW 18 vereinbart. Diesen Liefertermin bestätigte der Beklagte *für die Klägerin* mit Telefax vom 12.4.2002,
– Anlage K 3 –
Die Lieferung wurde jedoch nicht rechtzeitig ausgeführt und zwar deswegen, weil die Unterlagen bezüglich dieser Bestellung in der 18. KW bei der Klägerin verschwunden waren (die vorgelegten Anlagen sind Kopien aus der Buchhaltung der Fa. Elektro-Sch.).
Nach Ablauf der 18. KW am 7.5.2002 erkundigte sich die Fa. Sch. telefonisch bei der Klägerin, wo die versprochene Lieferung bleibe.

Beweis im Bestreitensfall: Zeugnis der Frau Simone A., zu laden über die Klägerin

Die Klägerin konnte, wie erwähnt, diesen Vorgang in ihren Unterlagen nicht feststellen. In der Zwischenzeit hatte die *Beklagte* der Fa. Sch. für diese Bestellung eine Rechnung gesandt, und zwar mit Datum vom 3.5.2002, eingegangen am 9.5.2002
– Anlage K 4 –
Diese Rechnung nimmt Bezug auf die Bestellung Nr. 56.518 vom 19.3.2002, welche an die Klägerin erging.
Die Fa. Sch. wies diese Rechnung der Beklagten postwendend zurück Schreiben vom 9.5.2002 in
– Anlage K 5 –
und verlangte Abrechnung durch die Klägerin.
Dieser Vorgang ist nur so zu erklären, dass der Beklagte oder aber die bei der Klägerin ausgeschiedene Frau H. auf Veranlassung des Beklagten den an die Klägerin erteilten Auftrag auf die Beklagte umleitete.

- Ein ähnlicher Vorfall ereignete sich bei der Ausführung einer Bestellung der Fa. Z+F GmbH & Co. KG aus Augsburg, die am 18.4.2002 an die Klägerin geschickt wurde,
Telefax vom 18.4.2002 in

18. Klage wegen Geheimnisverrats (§ 17 UWG)   A. 18

– Anlage K 6 –.
Nach Fälligkeit der Lieferung in der KW 18 mahnte die Fa. Z+F die Klägerin mit Telefax vom 4.5.2002
– Anlage K 7 –
und bat um sofortige Erledigung.
Erneut konnte die Klägerin diesen Bestellvorgang in ihren Unterlagen nicht feststellen. Sie informierte die Fa. Z+F dementsprechend und bat um Übersendung einer Kopie der Bestellung. Z+F kam dieser Bitte mit Fax vom 7.5.2002
– Anlage K 8 –
nach. Der zuständige Sachbearbeiter der Klägerin vermerkte auf dieser Mitteilung handschriftlich: „Keine Bestellung in Ablage". Wohin diese Bestellung inzwischen gelangt war, ergibt sich aus einem Lieferschein der *Beklagten* vom 15.5.2002
– Anlage K 9 –
und der dazugehörigen Rechnung der *Beklagten* vom gleichen Tage
– Anlage K 10 –.
Beide betreffen exakt die gleiche Ware, die Gegenstand der Bestellung vom 18.4.2002 an die Klägerin war.
Dieser Vorgang kam erst dadurch ans Licht, dass die Fa. Z+F die Rechnung der Beklagten an die Klägerin zahlte, weil sie der Auffassung war, bei der Beklagten handele es sich um eine weitere Niederlassung der Klägerin.

Beweis: Zeugnis des Herrn Dieter. R., zu laden über die Fa. Z+F GmbH & Co. KG

Sachbearbeiter dieser Bestellung war erneut Frau Irene H., und zwar zunächst bei der Klägerin (vgl. Bestellung vom 18.4.2002, Anlage K 6) und sodann einen Monat später bei der Beklagten (vgl. Lieferschein und Rechnung vom 15.5.2002, Anlagen K 9 und K 10). Deshalb blieb dem Ansprechpartner bei Z+F, Herrn R., auch verborgen, dass er es plötzlich – unfreiwillig – mit einem anderen Lieferanten zu tun hatte. Erneut ist allerdings kaum anzunehmen, dass Frau H. diese Umleitung eines Auftrags aus eigenem Antrieb vorgenommen hat. Es spricht vielmehr alles – und damit auch der Beweis des ersten Anscheins – dafür, dass sie sich vom Beklagten zu ihrem Tun hat anstiften lassen.

4. Die zwei geschilderten Fälle von „Auftragsumleitungen", hinter die die Klägerin mehr oder weniger zufällig gekommen ist (die Höhe der Dunkelziffer ist unbekannt, auch daher der Auskunftsantrag) werden durch die nachstehend geschilderten Machenschaften des Beklagten erklärlich:
a) Der Beklagte überspielte am Sonntag, dem 15.2.2002 in großem Umfang Daten aus der EDV-Anlage der Klägerin auf eigene, mobile Datenträger. Dabei handelte es sich um sämtliche Programme und Daten, welche die Lagerverwaltung, das Rückstandswesen, die Einkaufsabwicklung, die Stammdaten, die Buchhaltung und die Einkaufskonditionen betreffen, ferner die gesamte Ablagebibliothek, dh sämtliche Rechnungen seit 2001 und alle Lieferscheine seit 1.7.2001.
Im Einzelnen:
Am Sonntag, dem 15.2.2002, wurde um 8:51 Uhr der Bildschirm „TERM32", der sich am Arbeitsplatz des Beklagten befand, mit dem Kennwort „LAGER" (dh dem Kennwort für die Abteilung „Elektrische Haushaltsgeräte") gestartet. Um 9:27 Uhr wurde der Bildschirm „TERM51", der sich im selben Büro befindet, mit dem Kennwort „JOCHEN" (Programmier-Kennwort des Geschäftsführers der Klägerin, Herrn E.) gestartet. Das Kennwort war außer Herrn E. nur dem Beklagten bekannt, da dieser das System des Öfteren an

Sonn- und Feiertagen benutzte und deshalb das Kennwort für die Systembedienung benötigte. Herr E. nahm die beiden Bildschirme im Büro des Beklagten an diesem Tage nicht in Betrieb.

Beweis: – Benutzungsprotokoll der EDV-Anlage in
– Anlage K 11 –,
– Zeugnis der Frau Cornelia E.

Um 9:43 Uhr wurde über den Drucker „MATRIX13", der sich ebenfalls im damaligen Büro des Beklagten befindet, eine Liste aller System-Bibliotheken ausgedruckt. In diesen Bibliotheken sind die verschiedenen Daten und Programme der Klägerin gespeichert.

Beweis: Druckerprotokoll in
– Anlage K 12 –.

Um 9:57 Uhr wurde der Bildschirm „DSP01", der sich im EDV-Raum befindet, gestartet. Es begann die Überspielung einzelner Bibliotheken:

– PLAGER = Programme für Lagerabwicklung,
Benutzungsprotokoll in

– Anlage K 13 –

– LAGER = Daten für Lagerabwicklung,
Benutzungsprotokoll in

– Anlage K 14 –

– PEKRS = Programme für Einkaufsabwicklung,
Benutzungsprotokoll in

– Anlage K 15 –

– EKRS = Daten für Einkaufsabwicklung,
Benutzungsprotokoll in

– Anlage K 16 –

– FIBU = Programme und Daten Finanzbuchhaltung,
Benutzungsprotokoll in

– Anlage K 17 –

– STAM = Programme und Daten aller Stammdaten (Kundenstamm, Artikel-Stamm usw.)
Benutzungsprotokoll in

– Anlage K 18 –

Um 12:46 Uhr wurde der Bildschirm „DSP01" ausgeschaltet, Benutzungsprotokoll in
– Anlage K 19 –.

Um 13:31 Uhr wurde der Bildschirm am Arbeitsplatz des Beklagten (TERM32) abgeschaltet, um 13:53 Uhr der Bildschirm im EDV-Raum wieder gestartet, und der Befehl PWRDWNSYS zum automatischen Ausschalten des Systems eingegeben,
– Anlage K 20 –.

Am selben Tage wurde die EDV-Anlage um 15:37 Uhr nochmals manuell eingeschaltet,
Benutzungsprotokoll in

18. Klage wegen Geheimnisverrats (§ 17 UWG) A. 18

– Anlage K 21 –.
Um 15:40 Uhr wurde „TERM32" im Hausgerätebüro gestartet, um 16:34 Uhr DSP01 im EDV-Raum,
Benutzungsprotokoll in
– Anlage K 22 –.
Von 16:40 Uhr bis 17:55 Uhr wurden vom Bildschirm „DSP01" aus insgesamt 13 Magnetband-Cassetten mit Eigner-Identifikation MOEDELK vorbereitet,
– Anlage K 23 –.
Um 18:03 Uhr wurde wiederum mit der Sicherung folgender Bibliotheken fortgefahren:

– ABLAGE   = Daten Archivierung (Lieferscheine, Rechnungen, etc)

– Anlage K 24 –
– ALTOBJ   = alte Programme,

– Anlage K 25 –
Das System wurde um 19:50 Uhr ausgeschaltet
– Anlage K 26 –.
Für eventuell erforderliche Erläuterungen der verschiedenen Benutzungs-Protokolle der EDV-Anlage steht im Termin zur mündlichen Verhandlung der Geschäftsführer der Klägerin, Herr E., zur Verfügung. Vorsorglich berufen wir uns für die Richtigkeit der zuvor gemachten Angaben und deren Beleg durch die Benutzungs-Protokolle auf den

Beweis

durch ein

Sachverständigengutachten.

b) Die gestohlenen Daten verwendeten die Beklagten in der Folgezeit, um ihren eigenen Geschäftsbetrieb aufzubauen und die Klägerin im Wettbewerb mit ihren eigenen Waffen zu schlagen. Dazu gehörte nicht nur der nahtlose „Einstieg" der Beklagten in Aufträge, die der Klägerin erteilt worden waren (vgl. oben 3. b), sondern auch die Übernahme eines kompletten Systems von Bestellnummern, Auftrags- und Rechnungsformularen.
Die Klägerin hatte 1983 begonnen, sämtliche von ihr geführten Artikel mit einer betriebsinternen Artikel-Nummer zu versehen. Dabei war die Reihenfolge vollkommen willkürlich. Bei mehreren 10.000 Artikeln ist es extrem unwahrscheinlich, dass ein Konkurrenzunternehmen auch nur für ein Produkt unabhängig die gleiche Artikelnummer annimmt. Die Beklagte jedoch verwendet durchgängig die gleichen Artikelnummern wie die Klägerin.

Beweis: Sachverständigengutachten

Dies ergibt sich beispielhaft aus sechs Rechnungen der Beklagten
– Anlagenkonvolut K 27 –
der wir sechs Rechnungen der Klägerin über die gleichen Artikel (verschiedene Mikrowellengeräte, Gefrierschränke und Wasserkocher) gegenübergestellt haben
– Anlagenkonvolut K 28 –.

II. Zum Rechtlichen:

Die Klage richtet sich gegen beide Beklagte insoweit, als diese Geschäftsgeheimnisse der Klägerin unbefugt verwerten (§ 17 Abs. 2 Nr. 2 Alt. 1 UWG), und zwar auf Unterlassung (Klagantrag I. 1. a) und b)), Auskunft (I. 2.) und Feststellung der Schadensersatzpflicht (II. 1.); gegen den Beklagten zu 2) zusätzlich (Klagantrag II. 2.) auf Feststellung der Schadensersatzpflicht wegen unbefugter Sicherung (§ 17 Abs. 2 Nr. 1 Buchst. c Alt. 2

UWG) und Mitteilung (§ 17 Abs. 1 und Abs. 2 Nr. 2 Alt. 2 UWG) von Geschäftsgeheimnissen der Klägerin.

1. Die im Klagantrag I. 1. genannten Datenverarbeitungsprogramme und Daten betreffend die Lagerverwaltung, das Rückstandswesen, die Einkaufsabwicklung, die Stammdaten, die Buchhaltung und die Ablagebibliothek der Klägerin sind deren Geschäftsgeheimnisse.[1] Nur zwei Personen hatten, wie erwähnt, durch die Kenntnis der entsprechenden Kennworte Zugriff auf die Datenspeicher.[11] Dadurch wurde zugleich der Geheimhaltungswille der Klägerin dokumentiert.[12]

2. Der Beklagte hat noch während seiner Tätigkeit als Prokurist der Klägerin deren Geschäftsgeheimnisse zum Zwecke des Wettbewerbs, aus Eigennutz und zugunsten eines Dritten (nämlich seiner eigenen Firma, der Beklagten) mitgeteilt und so die Tatbestände des § 17 Abs. 1 und Abs. 2 Nr. 2 Alt.2 UWG erfüllt.

3. Durch die Überspielung der Daten hat er diese ferner iSv § 17 Abs. 2 Nr. 1 Buchst. c Alt. 2 UWG unbefugt gesichert, dh sich von einem ihm bereits bekannten Geheimnis eine genaue und bleibende Kenntnis verschafft.[7]

4. Bis zum heutigen Tage verwerten[4] die Beklagten iSv § 17 Abs. 2 Nr. 2 Alt. 1 UWG die Geschäftsgeheimnisse der Klägerin, die
   • die Beklagte unbefugt mitgeteilt bekommen hat bzw.
   • der Beklagte unbefugt gesichert und mitgeteilt hat.

5. Der Unterlassungsanspruch ergibt sich aus § 17 UWG iVm § 8 Abs. 1 S. 1 UWG bzw. § 1004 BGB analog, der Schadenersatzanspruch aus § 823 Abs. 2 BGB iVm § 17 UWG.

6. Die Auskunftsansprüche bereiten die Bezifferung des Schadenersatzes vor, und zwar sowohl hinsichtlich des durch die Verwertung der Geschäftsgeheimnisse durch beide Beklagten entstandenen Schadens als auch hinsichtlich des durch die Sicherung und Mitteilung durch den Beklagten zu 2) verursachten Schadens, da auch dessen Umfang vom Umfang der Verwertung abhängt.

7. Die Verwertung der Geschäftsgeheimnisse in Form eines Vertriebs an Kunden der Klägerin soll nur für zwei Jahre untersagt werden (vgl. Klagantrag I. 2.), da die Klägerin die betreffenden Kunden rechtlich nicht auf Dauer gegen eine Geschäftsbeziehung mit der Beklagten abschirmen kann. Eine Verwertung der Geschäftsgeheimnisse (insbesondere der Kundenlisten) iSv § 17 Abs. 2 Nr. 1 Alt. 1 UWG liegt nur insoweit vor, als der Beklagten ein sofortiger und umfassender Zugriff auf diese Kunden und deren Bedürfnisse ermöglicht wird. Dieses Wissen könnte die Beklagte sich jedoch im Laufe der Zeit selbst erarbeiten.[4]

Rechtsanwalt

Schrifttum: UWG-Kommentare zu § 17; *Doepner*, Anmerkungen zum wettbewerbsrechtlichen Geheimnisschutz im Zivilprozess, FS Tilmann, 2003, S. 105 ff.; *Fezer*, Der zivilrechtliche Geheimnisschutz im Wettbewerbsrecht, FS Traub, 1994, S. 81 ff.; *Gloy/Loschelder/Erdmann* Handbuch des Wettbewerbsrechts, 4. Aufl. 2010, § 77; *Pfeiffer*, Der strafrechtliche Verrat von Betriebs- und Geschäftsgeheimnissen nach § 17 UWG, FS Nirk, 1992, S. 861 ff.; *Teplitzky*, Wettbewerbsrechtliche Ansprüche und Verfahren, 11. Aufl. 2016.

Anmerkungen

1. Vorbemerkung. Das Formular betrifft eine Klage wegen „Geheimnisverrats", wie die Tatbestände des § 17 UWG schlagwortartig zusammengefasst werden. Tatsächlich

18. Klage wegen Geheimnisverrats (§ 17 UWG) **A. 18**

betrifft nur § 17 Abs. 1 UWG den eigentlichen „Geheimnisverrat", der nach dem Gesetz nur von einem Beschäftigten des verratenen Unternehmens und nur während der Dauer des Beschäftigungsverhältnisses begangen werden kann.

§ 17 Abs. 2 UWG enthält vier weitere (Straf-)Tatbestände, denen zunächst allesamt die eingangs des Abs. 2 beschriebenen Motive des Täters (zu Zwecken des Wettbewerbs usw.) gemeinsam sind:

In Nr. 1 geht es um die unbefugte Verschaffung oder Sicherung von Geheimnissen (durch wen auch immer) mit den in a)–c) aufgeführten Methoden.

Nr. 2 baut auf der vorhergehenden Nr. 1 und auf Abs. 1 auf, insoweit sie voraussetzt, dass bereits ein Geheimnis unerlaubt mitgeteilt (Abs. 1) oder durch eigene oder fremde Handlung verschafft (Nr. 2 Alt. 1) oder gesichert (Nr. 2 Alt. 2) wurde. Sie stellt die (weitere) Mitteilung eines solchermaßen unbefugt mitgeteilten, verschafften oder gesicherten Geheimnisses sowie dessen Verwertung unter Strafe.

Die UWG-Reform hat § 17 UWG inhaltlich weitgehend unverändert gelassen.

2. Betriebs- und Geschäftsgeheimnisse. Angesichts der Gleichstellung beider im Gesetz ist eine klare Unterscheidung entbehrlich. Im Allgemeinen wird der Begriff „Betriebsgeheimnis" für den technischen und der des „Geschäftsgeheimnisses" für den kaufmännischen Bereich verwendet, vgl. *Harte-Bavendamm* Hdb. WettbewerbsR § 77 Rn. 8.

Computerprogramme kommen vorzüglich als Geschäfts- oder Betriebsgeheimnisse in Betracht, und zwar sowohl hinsichtlich der Programme als solcher als auch der mit ihnen gespeicherten Daten (vgl. *Harte-Bavendamm* Hdb. WettbewerbsR § 77 Rn. 14 Fn. 79 mwN).

3. Bestimmtheit des Antrags. Welche Daten Streitgegenstand sind, wird vorliegend durch Beifügung einer mit diesen Daten bespielten CD festgelegt. Dies dient dem Bestimmtheitserfordernis des § 253 Abs. 2 Nr. 2 ZPO.

Grundsätzlich müssen sich Art und Umfang der Unterlassungsverpflichtung aus der Urteilsformel (dem Tenor) ersehen lassen. Abbildungen etwa von Anzeigen oder Verletzungsgegenständen lassen sich in den Antrag und den Tenor integrieren, → Form. A.12 Anm. 5.

Davon werden in zwei Richtungen Ausnahmen zugelassen:

a) Zum einen gibt es Streitgegenstände, hinsichtlich derer eine Aufnahme in den Tenor zu ihrer Identifizierung unzweckmäßig, nicht ausreichend oder sogar unmöglich ist, wie im Falle der von einer Schweinemastanlage verursachten Gerüche, vgl. BGH NJW 1999, 356. Im Falle des Verbots der Wiedergabe einer Bühnen- und Musiksequenz hat der BGH daher etwa die Bezugnahme auf eine Video-Kassette zugelassen (sogar ohne Integration in den Antrag, sondern nur in Form einer Bezugnahme des Antrags auf eine Anlage zur Klageschrift, mit der Folge, dass die Kassette nach Abschluss des Berufungsverfahrens an den Kläger zurückgegeben worden war), vgl. BGH GRUR 2000, 228 – Musical-Gala, krit. Teplitzky Kap. 57 Rn. 6 ff. Zulässig ist es auch, sich bei Schaltplänen und Layouts auf Anlagen zu beziehen, welche dem Urteilstenor angeheftet werden können (BGH WRP 2008, 1085 – Schweißmodulgenerator).

Die Beifügung geeigneter Speichermedien ist auch für die Festlegung von Software anerkannt, vgl. BGH GRUR 2000, 228 – Musical-Gala. Das Gleiche muss für Daten gelten, die mit Hilfe von Arbeitsprogrammen gespeichert sind. Hier erfordert es uU die Praktikabilität (vgl. dazu Teplitzky Kap. 57 Rn. 8) der Antragstellung und der Tenorierung, nicht einen Ausdruck von uU Hunderten von Seiten in Papierform in den Antrag zu integrieren.

Zum Teil wird auch die bloße Bezeichnung von DV-Programmen, soweit sie beiden Parteien geläufig ist, als ausreichend bestimmt angesehen, vgl. etwa den in OLG Frankfurt GRUR 1985, 1049 – Baustatikprogramm wiedergegebenen Unterlassungstenor.

b) Zum anderen können die Anforderungen an die Bestimmtheit des Klagantrags in Widerstreit mit Geheimhaltungsinteressen des Klägers geraten. Es wäre widersinnig, dem Kläger, der zB die Verbreitung eines Betriebsgeheimnisses durch den Beklagten unterbinden will, erst zur Offenbarung just dieses Geheimnisses gegenüber dem Beklagten zu zwingen. Das Prozessrecht kann nicht fordern, was das materielle Recht (uU sogar unter Strafandrohung) verhindern will. Soll der Beklagte zB keine Kunden des Klägers besuchen, so muss dem Antrag keine Kundenliste beigefügt werden, vgl. BGH GRUR 1964, 215 – *Milchfahrer*; BAGE 57, 159 = NJW 1988, 1686; OLG Koblenz NJW-RR 1987, 95; ausführlich zum Ganzen und mit Vorschlägen zur Austarierung der widerstreitenden Interessen *Doepner*, FS Tilmann, S. 105.

Im vorliegenden Fall kommen die Gesichtspunkte unter b) nicht zum Tragen, da die Klägerin vorträgt, die Beklagten seien bereits im Besitz der geheim zu haltenden Daten.

4. Verwertung des Geheimnisses. Die bloße Wiederholung des Gesetzeswortlauts („unbefugt verwertet", § 17 Abs. 2 Nr. 2 Alt. 1 UWG) im Antrag wäre – wie meist – unzulässig (vgl. Teplitzky Kap. 5 Rn. 8). Als Form der Verwertung wird daher hier die Datenverarbeitung konkretisiert.

„Verwertung" ist jede Nutzung, insbesondere die wirtschaftliche Ausschlachtung des Geheimnisses (vgl. *Köhler/Bornkamm/Feddersen* UWG § 17 Rn. 41). Bezüglich der Frage, ob eine Verwertung vorliegt, kann das Gericht ein Sachverständigengutachten einholen. Beispielsweise billigte der BGH die Feststellungen des Berufungsgerichts, das aufbauend auf einem Sachverständigengutachten, wonach 10 Konstruktionsmerkmale mit hoher Wahrscheinlichkeit aus den fraglichen Konstruktionszeichnungen herrührten, den Schluss gezogen hatte, die Summe der Übereinstimmungen rechtfertige die Annahme, dass die fraglichen Konstruktionszeichnungen verwendet wurden, BGH GRUR 2010, 536 (540) – Modulgerüst II.

5. Zeitliche Begrenzung des Unterlassungsantrags. Vgl. zunächst Klage Abschn. II. 7 und BGH GRUR 2003, 356 (358) – Präzisionsmessgeräte. Während die Unterlassung der Geheimnisverwertung in Form der Verarbeitung von DV-Programmen (Antrag Ziff. 1) dauerhaft verlangt wird, enthält Ziff. 2 hinsichtlich der Geheimnisverwertung in Form der Belieferung von Kunden der Klägerin eine zeitliche Begrenzung. Das Geheimnis beschränkt sich auf die gespeicherten Kundendaten wie Ansprechpartner, Bestellpraxis, Nachfragepräferenzen, Zahlungsverhalten usw. sowie den geordneten, sofortigen Zugriff auf diese Daten. Dass es diese Kunden gibt und dass sie potenzielle Nachfrager sind, ist hingegen kein Geheimnis. Der Beklagten muss es also unbenommen bleiben, im Laufe der Zeit selbstständig den Kontakt zu diesen (potenziellen) Kunden zu entwickeln. Vgl. Harte-Bavendamm/Henning-Bodewig/*Harte-Bavendamm* UWG § 17 Rn. 59. Hat sich der Nachahmer die für die Leistungsübernahme erforderlichen Kenntnisse erschlichen, kann Unterlassung dauerhaft begehrt werden, solange das Verhalten des Nachahmers mit dem Makel der Wettbewerbswidrigkeit behaftet ist, dh solange die wettbewerbliche Eigenart des Produkts besteht und in unlauterer Weise ausgenutzt wird (BGH GRUR 2003, 356 – Präzisionsmessgeräte).

6. Auskunftsanspruch. Wie stets, dient auch hier der (unselbstständige) Auskunftsanspruch der Vorbereitung des Schadenersatzanspruchs (→ Form. A.12 Anm. 7).

Umstritten ist, ob der Beklagte Auskunft erteilen muss, wem er das Geheimnis offenbart hat (vgl. Harte-Bavendamm/Henning-Bodewig/*Harte-Bavendamm* UWG § 17 Rn. 64). Hier geht es um die Kunden der Klägerin, so dass sich die Streitfrage nicht stellt.

7. Sicherung von Geheimnissen. Unter Sicherung versteht man das Sich-Verschaffen einer genaueren und bleibenden Kenntnis eines schon bekannten Geheimnisses, vgl. *Harte-Bavendamm*, Hdb. WettbewerbsR § 77 Rn. 45. Ein Sichern liegt nicht vor, wenn ein ausscheidender Mitarbeiter die ein Geheimnis enthaltende Kopie eines Dokuments mitnimmt, sofern er die Kopie im Rahmen der Arbeitstätigkeit befugt erstellt oder bekommen hat (BGH GRUR 2012, 1048 – MOVICOL-Zulassungsantrag).

Dieses Tatbestandsmerkmal wird im Antrag durch die Überspielung vom Zentralrechner auf mobile Datenträger konkretisiert.

8. Mitteilung. Das Tatbestandsmerkmal der „Mitteilung" erscheint sowohl in § 17 Abs. 1 UWG (Geheimnisverrat durch Beschäftigten) als auch in § 17 Abs. 2 Nr. 2 UWG (Weitergabe eines bereits unbefugt verschafften oder gesicherten Geheimnisses). Der Beklagte zu 2) erfüllt vorliegend beide Tatbestände, indem er der Beklagten zu 1) die Geheimnisse zugänglich gemacht hat.

9. Beschäftigter des Geheimnisinhabers. Mit seiner Angestelltenwigenschaft bei der Klägerin zur Tatzeit qualifiziert der Beklagte sich als möglicher Täter iSv § 17 Abs. 1 UWG. Für die Tatbestände des Abs. 2 kommt es darauf nicht an.

10. Abwerbung von Arbeitskräften. Abgesehen von Fällen der Verleitung zum Vertragsbruch oder der Ausnutzung eines solchen kann die Abwerbung von Arbeitskräften (dh deren Verleitung zur Kündigung des bisherigen und zur Eingehung eines neuen Arbeitsverhältnisses) nur in extremen Fällen wettbewerbswidrig sein (vgl. *Köhler/Bornkamm/Feddersen* UWG § 4 Nr. 4 Rn. 4.103).

11. Begriff des Geheimnisses. Zum Begriff des Geheimnisses gehört das Fehlen einer Offenkundigkeit oder auch nur betriebsintern allgemeinen Zugänglichkeit (ausführlich zum Geheimnisbegriff *Köhler/Bornkamm/Feddersen* UWG § 17 Rn. 4). Kundenlisten stellen im Allgemeinen einen wichtigen Bestandteil des „good will" eines Unternehmens dar und stellen regelmäßig ein Geschäftsgeheimnis dar, sofern es sich nicht um eine bloße Adressenliste handelt, die jederzeit ohne großen Aufwand aus allgemein zugänglichen Quellen erstellt werden kann (BGH GRUR 2006, 1044 (1046) – Kundendatenprogramm). Ein Geschäftsgeheimnis braucht keinen bestimmten Vermögenswert zu besitzen (BGH GRUR 2006, 1044 (1046) – Kundendatenprogramm).

12. Geheimhaltungswille. Der erforderliche Geheimhaltungswille des Geheimnisinhabers kann sich auch aus den Umständen, wie Wegschließen oder – wie hier – Bekanntgabe von Passwörtern nur an einzelne Personen ergeben, vgl. *Harte-Bavendamm*, Hdb. WettbewerbsR § 77 Rn. 12. Ob die zweckgebundene Auswahl und Zusammenstellung allgemein zugänglicher (Fach-)Informationen bereits zu einem Betriebsgeheimnis führt, hängt von dem Zeit- bzw. Kostenaufwand ab, der für die Auswahl und Zusammenstellung notwendig war (BGH GRUR 2012, 1048 (1049) – MOVICOL-Zulassungsantrag).

19. Klage wegen Vorlagenfreibeuterei (§ 18 Abs. 1 UWG)

Landgericht S.

– Kammer für Handelssachen –

Klage

der Fa. H. Textildruckerei GmbH

– Klägerin –

Proz.Bev.: RAe . . . . . .

gegen

1. Fa. C. Kindermode GmbH & Co. KG, vertreten durch die Komplementärin C. Kindermode GmbH, diese vertreten durch den Geschäftsführer Harald C.

– Beklagte zu 1) –

2. Fa. C. Kindermode GmbH,[1] vertreten durch den Geschäftsführer Harald C.

– Beklagte zu 2) –

3. Herrn Harald C.[1]

– Beklagter zu 3) –

wegen Vorlagenfreibeuterei (§ 18 Abs. 1 UWG) und Verletzung vorvertraglicher Pflichten (§ 311 Abs. 2 Nr. 2 BGB)

Streitwert: 50.000 EUR

Namens und im Auftrag der Klägerin erheben wir Klage. Wir bitten um Anberaumung eines Termins zur mündlichen Verhandlung, in dem wir folgende

Anträge

verlesen werden:

I. Die Beklagten werden verurteilt,
   1. es bei Meidung eines vom Gericht für jeden Fall der Zuwiderhandlung festzusetzenden Ordnungsgeldes bis zu 250.000 EUR, ersatzweise Ordnungshaft, oder Ordnungshaft bis zu sechs Monaten, wobei die Ordnungshaft im Hinblick auf die Beklagten zu 1) und 2) am jeweiligen Geschäftsführer der Bekl. zu 2) zu vollziehen ist, zu unterlassen,[2] Bekleidungsstücke[3] herzustellen oder herstellen zu lassen,[4] anzubieten, zu vertreiben oder sonst in den Verkehr zu bringen, die mit einem oder mehreren[5] der nachstehend abgebildeten vier Bildmuster versehen sind;
   2. der Klägerin Auskunft zu erteilen und Rechnung zu legen[6] über Zeitpunkte und Umfang von Verletzungshandlungen gem. Ziff. 1 bis zur letzten mündlichen Verhandlung, und zwar unter Angabe von Stückzahlen sowie Gestehungskosten[7] und Verkaufspreisen jeder Lieferung;
   3. der Klägerin Auskunft über Namen und Anschriften ihrer gewerblichen Abnehmer von Bekleidungsstücken gem. Ziff. 1 sowie des bzw. der Stickereiunternehmen(s), das/die die Muster gem. Ziff. 1 ausgeführt hat/haben,[8] zu erteilen.
II. Es wird festgestellt, dass die Beklagten gesamtschuldnerisch[9] verpflichtet sind, der Klägerin jeglichen Schaden zu ersetzen,[10] der dieser infolge von Verletzungshandlungen gem. Ziff. I. 1. entstanden ist und zukünftig noch entstehen wird.
III. (Kosten)
IV. (Vorläufige Vollstreckbarkeit)

Begründung:

1. Die Klägerin bedruckt Textilien, vor allem Sweat- und T-Shirts, für Dritte nach eigenen Entwürfen. Diese Designs bietet sie Bekleidungsherstellern mit der Maßgabe an, dass der Druck anschließend nur von ihr vorgenommen werden darf, wenn sich der Hersteller für eines ihrer Motive entscheidet. Aufkleber mit dem Text:
„Eigentum der Fa. H. Textildruckerei GmbH. Überlassung nur zur Ansicht. Weitergabe oder Kopieren verboten"
sind auf allen Musterdrucken angebracht, die die Klägerin den Herstellern zugänglich macht oder überlässt.

2. Die Beklagte zu 1) stellt Baby- und Kinderbekleidung her. Sie hat in der Vergangenheit mehrfach bei der Klägerin nach deren Motiven drucken lassen. Dabei waren ihr stets zuvor Muster mit dem erwähnten Eigentums-Hinweis überlassen worden. Die Geschäftspolitik der Klägerin war den Beklagten also bekannt.

19. Klage wegen Vorlagenfreibeuterei (§ 18 Abs. 1 UWG)   A. 19

Der Beklagte zu 3) (gleichzeitig Geschäftsführer der Beklagten zu 2)), der Komplementärin der Beklagten zu 1)) unterrichtete sich im vergangenen Februar im Hause der Klägerin über neue Muster. Zufällig war er zugegen, als die angestellte Designerin Gudrun H. letzte Hand an die Entwürfe mehrerer Zeichnungen legte, auf denen jeweils drei Teddybären mit unterschiedlichen Fellfarben, aber einheitlich gekleidet in blauen Overalls bei vier verschiedenen Aktivitäten gezeigt wurden, nämlich beim Rudern, Rollschuhfahren, Rodeln und Radschlagen. Diese Zeichnungen gefielen dem Beklagten so gut, dass er darum bat, sie bei seiner Heimreise am selben Tage mitnehmen und dem Produktmanager seines Hauses zeigen zu dürfen. Mit diesem zusammen wolle er entscheiden, ob diese Motive für Artikel der Beklagten verwendbar wären. Die Klägerin entsprach diesem Wunsch. In der Eile wurde allerdings vergessen, den sonst üblichen Aufkleber auf den Musterzeichnungen anzubringen, wonach eine eigenmächtige Verwertung dieser Motive verboten ist.

Etwa drei Wochen später sandte der Beklagte die Zeichnungen an die Klägerin mit dem als
– Anlage K 1 –
vorgelegten Schreiben zurück. Darin heißt es, der Produktmanager der Beklagten zu 2) habe unabhängig vom Beklagten zu 3) bereits vor dessen Besuch bei der Klägerin ähnliche Entwürfe bei einer Stickerei eingekauft und dort ausführen lassen, so dass die Klägerin mit ihren Designs leider nicht mehr zum Zuge kommen könne.

Die den Beklagten überlassenen und von diesen zurückgeschickten Original-Zeichnungen fügen wir als
– Anlagenkonvolut K 2 –
bei.

3. Nach dieser Absage kam es für die Klägerin völlig überraschend, dass die Beklagte zu 1) im letzten Monat eine Serie von vier Kinderjacken präsentierte, auf deren Rücken jeweils eine der vier für die Klägerin entworfenen Zeichnungen wiedergegeben ist. Die Wiedergaben sind zwar nicht gedruckt, sondern gestickt. Trotzdem sind die Zeichnungen der Klägerin in allen farblichen und förmlichen Einzelheiten wiederzuerkennen.[11] Geringfügige Abweichungen, etwa in den Proportionen der Bärenfiguren, beruhen ausschließlich auf der Anpassung an den auf der Rückseite von Kinderjacken zur Verfügung stehenden Raum. Davon kann sich die Kammer anhand der vier Jacken der Beklagten überzeugen, die wir als
– Anlagenkonvolut K 3 –
überreichen.

Die Klägerin selbst hat ihre Entwürfe noch nicht anderweitig verwertet oder vergeben.[12]

4. Durch eine Abmahnung (Kopie in
– Anlage K 4 –)
zur Rede gestellt, verteidigten die Beklagten sich damit, es sei zu einer Verwechslung mit den eigentlich zur Verwendung vorgesehenen Mustern der Stickerei gekommen. Im Übrigen entbehrten die Bären der wettbewerblichen Eigenart und hätten mühelos auch von den Beklagten selbst in dieser Form gestaltet werden können.

5. In rechtlicher Hinsicht ist auszuführen:
a) § 18 Abs. 1 UWG:
Bei den dem Beklagten überlassenen Zeichnungen handelt es sich um „Vorlagen"[13] iSv § 18 Abs. 1 UWG. Diese Vorlagen wurden dem Beklagten auch im Sinne dieser Vorschrift „anvertraut":[14] Zwar war wegen des vom Beklagten ausgeübten Zeitdrucks die Anbringung des üblichen Vertraulichkeitsvermerks unterlassen worden. Aufgrund ihrer früheren Geschäftsbeziehungen zu der Klägerin war den Beklagten

aber bekannt, dass die Klägerin Muster nur außer Hauses gibt, um damit für sich Aufträge zu akquirieren (und nicht etwa, um ihren Kunden eine für diese kostenlose Verwertung zu ermöglichen).

Die Verteidigung der Beklagten mit einer angeblichen Verwechslung mit einem Konkurrenzentwurf ist fadenscheinig: Da die Klägerin ihre Original-Entwürfe zurückerhielt, müssen die Beklagten zum Zwecke der Verzierung ihrer Jacken durch eine Stickerei Kopien der klägerischen Entwürfe angefertigt und sie dem Stickerei-Unternehmen zur Verfügung gestellt haben. Möglicherweise wurden die Entwürfe auch im Original weitergegeben und erst bei dem Stickerei-Unternehmen kopiert. Ob letzteres überhaupt – wie es im Brief der Beklagten an die Klägerin anlässlich der Rückgabe der Entwürfe hieß – jemals eigene Entwürfe gefertigt hat, kann dahinstehen. Denn selbst wenn dies zuträfe, wäre die angebliche Verwechslung spätestens offenbar geworden, als die Stickerei den Auftrag zur Fertigung nach einer fremden Vorlage erhielt. Zumindest eine der beiden Tatbestands-Alternativen des § 18 Abs. 1 UWG (Verwertung oder Mitteilung an Dritte) hat der Beklagte zu 3) vorsätzlich[15] verwirklicht. Eine Wahlfeststellung zwischen den beiden Alternativen ist zulässig.[16] Für die Straftat des Beklagten zu 3) als Organ der Beklagten zu 2) haftet diese gem. §§ 823 Abs. 2, 1004 analog, 31 BGB[17] auf Schadensersatz und Unterlassung. Die Beklagte zu 1) wiederum hat dafür in ihrer Eigenschaft als Komplementärin der Beklagten zu 2) gemäß §§ 128, 161 Abs. 2 HGB einzustehen.

Auf eine wettbewerbliche Eigenart der überlassenen Vorlagen kommt es bei § 18 Abs. 1 UWG nicht an;[18] ebenso wenig darauf, ob die Beklagten die Vorlagen selbst hätten fertigen können.[19]

b) Verletzung vorvertraglicher Pflichten:

Des Weiteren haben die Beklagten Pflichten aus einem vorvertraglichen Schuldverhältnis verletzt, das durch die Aufnahme von Vertragsverhandlungen begründet wurde (culpa in contrahendo, § 311 Abs. 2 Nr. 2 BGB). Durch die Mitnahme brandneuer, noch nicht zuvor gezeigter oder gar verwerteter Entwürfe zur Ansicht und Prüfung nahmen die Beklagten Vertrauen in Anspruch, das ihnen die Klägerin auf Grund vorangegangener Geschäftsbeziehungen bereitwillig einräumte. Dieses Vertrauen haben die Beklagten grob missbraucht, indem sie diese Entwürfe ohne Rücksprache mit der Klägerin und ohne Bezahlung durch Weitergabe und/oder Vervielfältigung für sich verwerteten.

Gäbe es auf Grund der angeblichen Verwechslung der Entwürfe irgendwelche Zweifel am Vorsatz des Beklagten zu 3), würde die c.i.c.-Haftung (im Gegensatz zu der nach § 18 Abs. 1 UWG) davon nicht betroffen, da insoweit gem. § 276 Abs. 1 S. 1 BGB Fahrlässigkeit ausreicht.[20]

Rechtsanwalt

Anmerkungen

1. Zur Frage, ob Geschäftsführer und/oder Komplementäre (zusätzlich) verklagt werden sollten, → Form. A.12 Anm. 4.

Da § 18 UWG als Straftatbestand ausgestaltet ist und als solcher nur von einer natürlichen Person verwirklicht werden kann, bietet sich vorliegend die Klage (auch) gegen den Geschäftsführer der Komplementärin als strafrechtlich Verantwortlichen an.

2. Der Unterlassungsanspruch gründet sich auf § 1004 BGB analog sowie auf § 8 Abs. 1 S. 1 UWG, da die Beklagten im geschäftlichen Verkehr handeln und die Verletzung einer strafrechtlichen Wettbewerbsnorm zugleich unlauter ist.

Er erlischt allerdings mit Beendigung des Vertrauensverhältnisses, das wiederum ua mit dem vom Kläger veranlassten Eintritt der Offenkundigkeit entfällt (vgl. BGH GRUR 1960,

19. Klage wegen Vorlagenfreibeuterei (§ 18 Abs. 1 UWG)   A. 19

554 (555) – Handstrickverfahren). Eine Offenkundigkeit ist vorliegend aber noch nicht von der Klägerin herbeigeführt worden, → Anm. 11. Die Offenbarung durch die Beklagten ist in diesem Zusammenhang unschädlich, da § 18 Abs. 1 UWG sonst leer laufen würde.

3. „Bekleidungsstücke" ist gegenüber der konkreten Verletzungshandlung „Kinderjacken" eine zulässige Verallgemeinerung des Antrags, da es nur auf die Verwertung der Vorlagen selbst ankommt, aber nicht darauf, auf welcher Art von Bekleidungsstücken sie erfolgt.

4. Anders als das auf § 4 Nr. 3 UWG gestützte Nachahmungsverbot (→ Form. A.12 Anm. 6) erfasst das „Verwertungsverbot" des § 18 Abs. 1 UWG auch die Herstellung.

5. Die konkrete Verletzungshandlung enthält die Verwendung aller vier Muster. Die Tatbestandsvoraussetzungen des § 18 Abs. 1 UWG (insbesondere das Anvertrautsein) treffen aber auf jedes einzelne zu. Auch besteht insoweit Begehungsgefahr, da eine einzelne Verwendung der Muster ebenso nahe liegt, wie die kombinierte. Der Sache nach handelt es sich hier um einen „und/oder"-Antrag (→ Form. A.13 Anm. 4) in anderer Formulierung.

6. Der Umfang der Auskunftspflicht und ob Rechnung zu legen ist, richtet sich vor allem nach den Möglichkeiten der Schadensberechnung, die dem Kläger offen stehen, → Form. A.12 Anm. 7, 8. Ob die sogenannte „dreifache Schadensberechnung" (→ Form. A.12 Anm. 11) in § 18 UWG-Fällen zulässig ist, ist strittig (dafür *Köhler/Bornkamm/ Feddersen* UWG § 17 Rn. 58; KG GRUR 1988, 702 – Corporate Identity; dagegen BGH GRUR 1960, 554 (557) – Handstrickverfahren, wo aber eine Berechnung des konkreten Schadens (entgangener Gewinn) anhand der Höhe des Verletzergewinns zugelassen wird).

Mit der Aufnahme der Rechnungslegung in den Antrag gehen wir mit der inzwischen wohl überwiegenden Meinung von einer Wahlmöglichkeit des Verletzten zwischen den drei Berechnungsarten auch in Fällen des § 18 UWG aus.

7. Stellt der Beklagte die Verletzungsgegenstände selbst her, gehört die Offenlegung der Gestehungskosten zur Vorbereitung einer möglichen Abschöpfung des Verletzergewinns (entsprechend der Rechnungslegung über Einkaufspreise bei einem bloßen Vertreiber).

8. Zur Drittauskunft → Form. A.12 Anm. 10.

Werden gewerbliche Abnehmer des Verletzers über die strafbare und unlautere Entstehung der von ihnen vertriebenen Gegenstände unterrichtet – meist im Wege der Abmahnung –, so begehen auch sie bei weiterem Vertrieb objektiv und subjektiv unlauteren Wettbewerb zu Lasten des Verletzten und handeln darüber hinaus spätestens ab diesem Zeitpunkt schuldhaft. Die mittels Vorlagenfreibeuterei geschaffene Nachahmung behält auf Dauer den Makel der „verbotenen Frucht" (vgl. OLG Hamm NJW-RR 1990, 1380 (1381)).

9. Die gesamtschuldnerische Haftung, ergibt sich aus den §§ 830, 840 BGB.

10. Zum Schadenersatz → Form. A.12 Anm. 11 und zur Frage der „dreifachen Schadensberechnung" in § 18 UWG-Fällen → Anm. 6.

11. § 18 UWG setzt keine „identische oder wesensgleiche Verwertung" voraus (BGH GRUR 1960, 554 (556) – Handstrickverfahren), aber die Vorlage muss wenigstens erkennbar bleiben.

12. Sonst wäre Offenkundigkeit eingetreten und das Vertrauensverhältnis ab diesem Zeitpunkt entfallen. Es käme dann kein Unterlassungsanspruch, sondern – für den Zeitraum vor Eintritt der Offenkundigkeit – nur Schadenersatz in Betracht, → Anm. 2.

13. „Vorlage" iSv § 18 Abs. 1 UWG ist „alles, was bei Herstellung neuer Gegenstände als Vorbild dienen soll" (*Ohly/Sosnitza* UWG § 18 Rn. 4). Die Worte „technischer Art" in § 18 Abs. 1 UWG beziehen sich nur auf „Vorschriften", nicht auf „Vorlagen".

14. Die Verpflichtung des Empfängers, die überlassene Vorlage nur im Interesse des Anvertrauenden zu benutzen, kann sich aus einer ausdrücklichen oder stillschweigenden Vereinbarung (selbstständiger Vertrag unabhängig von einer etwaigen zukünftigen Verwertung, vgl. RG GRUR 1942, 352 (354) – Quarzlampe), als Nebenpflicht einer bestehenden Vertragsbeziehung (vgl. BGH GRUR 1964, 31 (33) – Petromax II; BGH GRUR 1955, 445 (446) – Mantelmodell) oder aus einem vorvertraglichen Vertrauensverhältnis gem. § 311 Abs. 2 Nr. 2 BGB (wie hier, vgl. auch OLG Hamm NJW-RR 1990, 1380) ergeben.

15. § 18 Abs. 1 UWG ist ein Vergehen (§ 12 Abs. 2 StGB) und kann nur vorsätzlich begangen werden (§ 15 StGB). Die UWG-Reform hat die Versuchsstrafbarkeit in § 18 Abs. 2 UWG eingeführt.

16. Zu den verschiedenen Spielarten der Wahlfeststellung und ihrer Zulässigkeit bei „rechtsethischer und psychologischer Vergleichbarkeit" vgl. *Schönke/Schröder* StGB § 1 Rn. 57 ff.

17. Zur Organhaftung vgl. *Köhler/Bornkamm/Feddersen* UWG § 8 Rn. 2.19 f.

18. Es genügt, „dass der vom Vertrauensempfänger tatsächlich benutzte Gedanke von dem in der Vorlage verkörperten technischen Gedanken Gebrauch macht und dass dieser weder ihm noch der Allgemeinheit ohne größere Schwierigkeiten und Opfer zugänglich war" (BGH GRUR 1960, 554 (556) – Handstrickverfahren). Was hingegen schon Allgemeingut ist, kann nicht (mehr) „anvertraut" werden.

19. BGH GRUR 1960, 554 (556) – Handstrickverfahren.

20. Als Auffangtatbestand kommt, wenn der Tatbestand des § 18 Abs. 1 UWG nicht (vollständig) erfüllt ist, § 4 Nr. 3 Buchst. c UWG (vgl. dazu *Sambuc*, Der UWG-Nachahmungsschutz, Rn. 274 ff.) und – bei wettbewerblich eigenartigen Produkten – „Behinderung" (vgl. BGH GRUR 1983, 377 (379) – Brombeer-Muster) in Betracht.

20. Klage aufgrund Heilmittelwerbegesetzes (HWG)

Landgericht ......

– Kammer für Handelssachen –[1]

Az.: ......

Klage

A-GmbH

– Klägerin –

Prozessbevollmächtigte: ......

gegen

20. Klage aufgrund Heilmittelwerbegesetzes (HWG) A. 20

B-GmbH

– Beklagte –

Prozessbevollmächtigte: ......

wegen wettbewerbswidriger Werbung (Verstoß gegen HWG/AMG)[2]

Namens und in Vollmacht der Klägerin erhebe ich Klage und werde beantragen:

1. Die Beklagte wird verurteilt, es bei Meidung eines für jeden Fall der Zuwiderhandlung vom Gericht festzusetzenden Ordnungsgeldes bis zu 250.000 EUR, ersatzweise Ordnungshaft, oder Ordnungshaft bis zu sechs Monaten, wobei die Ordnungshaft an ihrem jeweiligen gesetzlichen Vertreter zu vollziehen ist und insgesamt zwei Jahre nicht übersteigen darf, zu unterlassen,[3]
    a) im geschäftlichen Verkehr zu Wettbewerbszwecken für das Mundwasser XY innerhalb der Fachkreise zu werben, ohne dass die Werbung die Firma und den Sitz des pharmazeutischen Unternehmers, die Zusammensetzung des Mundwassers gem. § 11 Abs. 1 S. 1 AMG, die Anwendungsgebiete, die Gegenanzeigen und die Nebenwirkungen angibt, wenn dies wie nachfolgend geschieht:
    [Einblendung]
    und/oder
    b) das Mundwasser XY mit einer Packungsbeilage in den Verkehr zu bringen, in der Gegenanzeigen und Nebenwirkungen nicht angegeben sind;
    und/oder
    c) das Mundwasser XY in Verkehr zu bringen, ohne auf dem Behältnis das Verfallsdatum anzugeben;
    und/oder
    d) das Mittel „XY" zu vertreiben, solange es nicht als Arzneimittel zugelassen ist.
2. Die Kosten des Rechtsstreits trägt die Beklagte.
3. Das Urteil ist, notfalls gegen Sicherheitsleistung (Bankbürgschaft), vorläufig vollstreckbar.[3]

Begründung:

Die Beklagte stellt her und vertreibt die Mundwasser „XY". Die Klägerin produziert und vertreibt ua das als Arzneimittel zugelassene Mundspüllösung „YZ".

Eine Originalflasche „XY" aus der Produktion der Beklagten legen wir als Anlage K 1 und deren Verpackung als Anlage K 2 vor. „XY" ist nicht als Arzneimittel zugelassen.

Das Mundwasser „XY" enthält ua das Antiseptikum Chlorhexidin. Auf der Verpackung befinden sich folgende Hinweise: „Mundspülung zur Mundpflege", „Reduziert bakteriellen Zahnbelag und hemmt dessen Neubildung" sowie „Schützt das Zahnfleisch und trägt zur Erhaltung der Mundgesundheit bei". Auf dem Beipackzettel heißt es, man solle den Mund zweimal täglich mit 10 ml unverdünnter Lösung 30 Sekunden lang spülen.

Beweis: 1) Verpackung, bereits vorgelegt als Anlage K 2
        2) Packungsbeilage „XY", Anlage K 3

Auf dem Behältnis, in dem das Mundwasser XY in Verkehr gebracht wird, ist nicht das Verfalldatum angegeben.

Beweis: Inaugenscheinnahme der Originalflasche „XY", bereits vorgelegt als Anlage K 1

In der dem Mundwasser „XY" beigefügten Packungsbeilage sind keine Gegenanzeigen angegeben.

Beweis: Packungsbeilage „XY", bereits vorgelegt als Anlage K 3

Am 4.5.2017 hat die Beklagte im Z-Journal, einem Fachmagazin für Ärzte und Apotheker, für Ihre Mundwasser „XY" mit einer Anzeige, die ua folgende Aussagen enthält, geworben:

„Pflegt und reinigt auch bei entzündetem oder gereiztem Zahnfleisch"
sowie
„Vertrauen Sie der bewährten entzündungshemmenden Wirkung von XY"

Die beanstandete Anzeige gibt weder Firma und Sitz des pharmazeutischen Unternehmers an, noch enthält sie Angaben zur Zusammensetzung des Mundwassers oder zu Gegenanzeigen und Nebenwirkungen. Die entsprechende Anzeige legen wir als Anlage K 4 vor.

Aufmachung und Bewerbung des streitgegenständlichen Produkts verstoßen gegen zwingende gesetzliche Vorgaben, § 3a UWG:[4]

1. Es liegt ein Verstoß gegen §§ 2, 21 AMG vor. Bei dem Produkt „XY" der Beklagten handelt es sich um ein Arzneimittel gem. § 2 Abs. 1 Nr. 1 AMG, das zulassungspflichtig ist.[5] Das Mundwasser der Beklagten hat eine pharmakologische Wirkung. Es handelt sich damit um ein Funktionsarzneimittel, § 2 Abs. 1 Nr. 1 AMG. Dies ergibt sich aus der Definition des Begriffs „pharmakologisch" in Abschnitt A.2.1.1. der Leitlinie zur Abgrenzung von Arzneimitteln und Medizinprodukten „Medical Devices: Guidance document". Danach ist die für die Bejahung einer pharmakologischen Wirkung erforderliche Wechselwirkung zwischen den Molekülen der Wirksubstanz und einem zellulären Bestandteil nicht nur dann zu bejahen, wenn es zu einer Wechselwirkung mit einem zellulären Bestandteil des Körpers des Anwenders kommt, sondern auch wenn eine Wechselwirkung zwischen der Wirksubstanz und einem beliebigen im Körper des Anwenders vorhandenen zellulären Bestandteil besteht (s. EuGH NVwZ 2012, 1459 – Vermarktung einer Mundspülung als Kosmetikum). Mithin ist vorliegend ausreichend, dass das Chlorhexidin mit Bestandteilen von Bakterienzellen in der Mundhöhle des Anwenders reagiert und dadurch Gingivitis lindert. Die in der beanstandeten Anzeige (Anlage K 4) enthaltene Anpreisung des Produkts durch die Beklagte ist vollständig auf diese Wirkungen ausgerichtet. Dementsprechend ist auch die überwiegende Zweckbestimmung des Mundwassers XY nicht die Körperpflege, sondern die Behebung oder Linderung bereits bestehender Störungen. Damit handelt es sich auch um ein Bestimmungsarzneimittel, § 2 Abs. 2 Nr. 1 AMG.[6]

2. Da die Packungsbeilage keine Aussagen zu Gegenanzeigen enthält, liegt auch ein Verstoß gegen § 11 Abs. 1 Nr. 3 Buchst. a AMG vor.[7] Ferner verstößt die Beklagte gegen § 10 Abs. 1 Nr. 9, Abs. 7 AMG, weil auf dem Behältnis, in dem das Mundwasser XY in Verkehr gebracht wird, nicht das Verfalldatum angegeben ist.[8, 9]

3. Ferner liegt ein Verstoß gegen § 4 HWG vor. Firma und Sitz des pharmazeutischen Unternehmers, die Zusammensetzung des Arzneimittels gem. § 11 Abs. 1 S. 1 Nr. 6 AMG, die Gegenanzeigen sowie die Nebenwirkungen sind Pflichtangaben, § 4 Abs. 1 Nr. 1, 3, 5 und 6 HWG.[10] Einer der Fälle, in denen diese Pflichtangaben entbehrlich sind, liegt nicht vor: Wegen der in der Werbung enthaltenen Anpreisungen ist die Anzeige keine Erinnerungswerbung, § 4 Abs. 6 HWG.[11] Es handelt sich auch nicht um eine Werbung außerhalb der Fachkreise, bei der die hier fehlenden Pflichtangaben entfallen könnten, § 4 Abs. 3 S. 3 HWG. Die Anzeige ist im Z-Journal abgedruckt. Es handelt sich um eine Fachpublikation, die sich ausschließlich an Ärzte und Apotheker, mithin an Fachkreise richtet.[12]

4. Die gerügten Verstöße betreffen allesamt Normen, die (auch) das Marktverhalten im Interesse der Marktteilnehmer regeln sollen, § 3a UWG. §§ 10, 11, 21 AMG und § 11

HWG sind dazu bestimmt, die Werbung und Gegebenheiten auf dem Arzneimittelmarkt festzulegen und so gleiche rechtliche Voraussetzungen für die auf diesem Markt tätigen Mitbewerber zu schaffen.[13] Der Wettbewerbsverstoß ist auch geeignet, die Interessen der Verbraucher spürbar zu beeinträchtigen, § 3a UWG.[14] Durch die unzureichenden Angaben in der Packungsbeilage und auf der Verpackung werden Verbraucher in ihrer Fähigkeit zu einer informierten Entscheidung erheblich beeinträchtigt. Die betroffenen Vorschriften des AMG und HWG schützen zudem die Volksgesundheit.

5. Der Unterlassungsanspruch der Klägerin, die eine konkrete Mitbewerberin (§ 2 Abs. 1 Nr. 3 UWG) der Beklagten ist, folgt aus § 8 Abs. 1, 3 Nr. 1 AMG iVm §§ 3, 3a UWG iVm §§ 10, 11 AMG, § 11 HWG.[15]

6. Die Zuständigkeit des angerufenen Gerichts ergibt sich daraus, dass das Mundwasser der Beklagten sowie das Z-Journal bundesweit, auch im Gerichtsbezirk, vertrieben wird.

7. Den Gerichtskostenvorschuss in Höhe von . . . . . . zahlen wir mit dem beigefügten Verrechnungsscheck ein.[16]

Rechtsanwalt

Schrifttum: *Bülow/Ring*, Heilmittelwerbegesetz, 4. Aufl. 2011; *Burk*, Die neuen Publikumswerbeverbote des § 11 HWG auf dem Prüfstand von Verfassungs- und Europarecht, GRUR 2012, 1097; *v. Czettritz*, Pflichtangaben in modernen Medien, PharmR 2003, 301; *Doepner*, Heilmittelwerbegesetz, 2. Aufl. 2000; *Doepner*, Heilmittelwerberechtliche Publikumswerbeverbote in § 11 Abs. 1 HWG – Auslegungsprobleme angesichts ihrer Ausgestaltung als Gefährdungsdelikte, PharmR 2010, 560; *Doepner*, Unlauterer Wettbewerb durch Rechtsbruch – Quo vadis?, GRUR 2003, 825; *Gröning/Weihe-Groening*, Heilmittelwerberecht, Loseblattsammlung; *Kügel/Müller/ Hofmann*, AMG, 2012; *Meyer/Reinhart*, Das neue Lebensmittel- und Futtermittelgesetzbuch – eine Mogelpackung, WRP 2005, 1437; *Mühl*, Abgrenzungsfragen zwischen den Begriffen „Arzneimittel" und „Lebensmittel", 2002; *Paal/Rehmann*, Aktuelle Entwicklungen im Heilmittelwerberecht, A&R 2012, 8; *Reese*, Änderungen des Heilmittelwerbegesetzes durch die 16. AMG-Novelle, MPR 2012, 165; *Reese*, Zur Auslegung des § 1 UWG bei HWG- und AMG-Verstößen – Neue Entwicklungstendenzen in der Rechtsprechung, PharmR 2003, 223; *Rehmann*, Arzneimittelgesetz (AMG), 3. Aufl. 2008; *Stoll*, Das Publikumswerbeverbot für verschreibungspflichtige Arzneimittel – erste Anzeichen einer Auflockerung, PharmR 2004, 100; vgl. ergänzend die Nachweise in → Form. A.1, → Form. A.4, → Form. A.24.

Anmerkungen

1. Zur Zuständigkeit der Kammer für Handelssachen → Form. A.4 Anm. 2.

2. Beim HWG handelt es sich um einen Regelungskomplex des öffentlichen Rechts. Entsprechend sieht das Gesetz öffentlich-rechtliche Sanktionen (Strafe bei irreführender Werbung, § 14 HWG; Geldbuße bei verschiedenen Ordnungswidrigkeiten, § 15 HWG; Einziehung von Werbematerial, § 16 HWG) bei Zuwiderhandlungen vor. Gleiches gilt für das AMG. Zivilrechtliche Unterlassungsansprüche lassen sich jedoch aus den allgemeinen wettbewerbsrechtlichen Vorschriften herleiten, vor allem aus §§ 8 und 9 UWG iVm § 3a UWG (Rechtsbruch) und § 5 UWG (Irreführung).

Die Vorschriften des UWG werden – da Werbung iSd HWG (zur Begriffsbestimmung s. Bülow/Ring/*Bülow* HWG § 1 Rn. 2 ff.) stets eine Wettbewerbshandlung iSd § 2 Abs. 1 Nr. 1 UWG ist – häufig konkurrierend neben den Vorschriften des HWG einschlägig sein. So erfüllt zB eine irreführende Werbung gem. § 3 HWG meist auch den Irreführungstatbestand des § 5 UWG. Wo dies nicht der Fall ist, wird ein Verstoß gegen Normen des HWG – und gegen des AMG – häufig einen Wettbewerbsverstoß iSd §§ 3, 3a UWG begründen. Dies ergibt sich jedoch nicht bereits daraus, dass die Vorschriften des HWG und des AMG dem Schutz der Volksgesundheit dienen und somit wertbezogen sind. Der Unlauterkeitsvorwurf gemäß §§ 3, 3a UWG ergibt sich vielmehr daraus, dass die verletzten Normen darauf abzielen, das Marktverhalten im Interesse der Marktteilnehmer zu regeln (→ Anm. 14).

3. Zur beim Unterlassungsantrag erforderlichen Strafandrohung → Form. A.24 Anm. 7, → Form. A.4 Anm. 11. Zu den Anforderungen an die Formulierung des Unterlassungsantrags → Form. A.4 Anm. 10, → Form. A.11 Anm. 7.

4. Ist das HWG anwendbar, treffen das Produkt eine Reihe von Werberestriktionen. Praktisch besonders bedeutsam ist das Irreführungsverbot des § 3 HWG. Als irreführend wird dabei gem. § 3 S. 2 Nr. 1 HWG insbesondere angesehen, wenn Arzneimitteln Wirkungen beigelegt werden, die sie nicht haben (vgl. etwa OLG Hamburg MD 1998, 793: „Oft ist über Nacht schon alles vorbei" ist irreführend, wenn das Mittel nicht in vielen Fällen innerhalb einer Nacht eine vollständige Heilung bewirkt). Auch darf nicht die Vorstellung erweckt werden, ein Erfolg sei mit Sicherheit zu erwarten (§ 3 S. 2 Nr. 2 Buchst. a HWG; vgl. dazu OLG Hamburg GRUR 1999, 83) oder es werden bei bestimmungsgemäßem Gebrauch keine schädlichen Wirkungen eintreten (§ 3 S. 2 Nr. 2 Buchst. b HWG; so etwa für die Aussage „allgemein gut verträglich": OLG Stuttgart ES-HWG Nr. 105 zu § 3). Ist die therapeutische Wirksamkeit eines Produkts umstritten, muss die Werbung darauf hinweisen (OLG Köln GRUR 1999, 97: Vitamin E für die Linderung von Gelenkschmerzen und bei Kreislaufproblemen). Weiter sind etwa folgende Restriktionen zu beachten: Einschränkung der Wertreklame (§ 7 HWG), Publikumswerbeverbot für verschreibungspflichtige und bestimmte andere Arzneimittel (§ 10 HWG), Verbot bestimmter Inhalte – etwa fachlicher Empfehlungen – für die Werbung außerhalb der Fachkreise (§ 11 HWG; die Aussage, „Die moderne Medizin setzt daher immer öfter auf das pflanzliche Arzneimittel „Euminz®......" wurde als unzulässige fachliche Empfehlung iSd § 11 Abs. 1 S. 1 Nr. 2 HWG angesehen, s. BGH GRUR 2012, 1058 – Euminz, während der Hinweis „belegte Wirksamkeit" in Verbindung mit einer Fußnote, die auf den veröffentlichten Bericht über eine klinische Studie verweist, nicht als fachliche Empfehlung im Sinne der Verbotsnorm einzustufen sei, vgl. OLG Köln PharmR 2013, 277 unter Hinweis auf die Aufhebung des Verbots der Werbung mit Gutachten, Zeugnissen oder fachlichen Veröffentlichungen in § 11 Abs. 1 S. 1 Nr. 1 HWG aF durch das zweite Gesetz zur Änderung arzneimittelrechtlicher und anderer Vorschriften), Verbot der Bezugnahme auf bestimmte Krankheiten und Leiden außerhalb der Fachkreise (§ 12 HWG; beispielsweise ist die Aussage „Ernährungsbedingt erhöhte Blutfettwerte können gesenkt werden" eine gem. § 12 Abs. 1 HWG iVm Anlage A Nr. 3 nur innerhalb der Fachkreise zulässige Werbung für die Behandlung einer Stoffwechselkrankheit, BGH WRP 1998, 312), usw.

Daneben stellt das Gesetz einen Katalog von Mindestinhalten für die Werbung auf (sog. Pflichtangaben, § 4 HWG), etwa über die Zusammensetzung, Gegenanzeigen, Nebenwirkungen etc (→ Anm. 10).

5. Das an die Entscheidung „Mundspüllösung" des BGH (BGH GRUR 2010, 1140) angelehnte Formular behandelt ua die praktisch wichtige Abgrenzung zwischen Arzneimittel und Kosmetikum (s. auch EUGH NVwZ 2012, 1459 und OLG Frankfurt PharmR 2011, 378 – Mundspüllösung; zur Abgrenzung; Arzneimittel/Lebensmittel vgl. etwa OLG München MD 1998, 100 – Honigwein mit Ginkgo-Zusätzen). Diese Abgrenzung ist zunächst bereits unter dem Gesichtspunkt relevant, dass Kosmetika, anders als Arzneimittel, keiner Zulassung bedürfen. Unterschiede bestehen aber auch im Hinblick auf werberechtliche Vorschriften: Voraussetzung für die Verletzung von heilmittelwerberechtlichen Vorschriften ist nämlich zunächst, dass der in § 1 Abs. 1 HWG bezeichnete Anwendungsbereich des Gesetzes eröffnet ist. Danach sind dessen Vorschriften vor allem auf die Werbung für Arzneimittel anzuwenden; deren Definition enthält § 2 AMG. Grundsätzlich keine Anwendung findet das Gesetz demgegenüber auf kosmetische Mittel iSd § 2 Abs. 5 LFGB. Dies ist nur bei solchen Kosmetika betreffenden Werbeaussagen anders, die sich „auf die Erkennung, Beseitigung oder Linderung von Krankheiten, Leiden, Körperschäden oder krankhaften Beschwerden bei Mensch oder Tier" beziehen. (§ 1 Abs. 1 Nr. 2, Abs. 2 HWG).

Arzneimittel und Kosmetikum schließen einander aus: gem. § 2 Abs. 3 Nr. 3 AMG liegt kein Arzneimittel vor, wenn es sich beim Produkt um ein kosmetisches Mittel handelt. Ein solches ist gem. § 2 Abs. 5 LFGB ein Stoff oder eine Zubereitung aus Stoffen, die ausschließlich oder überwiegend dazu bestimmt ist, äußerlich am Körper des Menschen oder in seiner Mundhöhle zur Reinigung, zum Schutz, zur Erhaltung eines guten Zustandes, zur Parfümierung, zur Veränderung des Aussehens oder dazu angewendet werden, den Körpergeruch zu beeinflussen. Als kosmetische Mittel gelten nicht Stoffe oder Zubereitungen aus Stoffen, die zur Beeinflussung der Körperformen bestimmt sind.

6. Die Abgrenzung Arzneimittel/kosmetisches Mittel erfolgt also über den unbestimmten Rechtsbegriff der „überwiegenden Bestimmung". Maßgebend ist die objektive Zweckbestimmung und nicht eine vom jeweiligen Hersteller angegebene Zweckbestimmung (vgl. *Rehmann* AMG § 2 Rn. 28), für deren Feststellung es auf die allgemeine Verkehrsauffassung ankommt. Entscheidend ist also der Eindruck, den die beteiligten Verkehrskreise über die Verwendung des Erzeugnisses gewinnen (vgl. BGH GRUR 2010, 1140; objektive Kriterien, etwa naturwissenschaftliche Erkenntnis, betonend: Bülow/Ring HWG § 1 Rn. 74, der jedoch auch die Verkehrsauffassung heranzieht). Sind arzneiliche und kosmetische Zweckbestimmung gleichgewichtig, liegt ein Arzneimittel vor. Wesentliches Indiz für die Verkehrsauffassung ist die Werbung für das Produkt, weil sich nur selten eine Verkehrsauffassung gegen die Herstellerangaben ausbilden wird. Meist wird es sich bei Mundwässern – ebenso wie etwa bei Zahnpasten – zwar um kosmetische Mittel handeln. Sofern – wie im vorliegenden Fall – jedoch dem Mundwasser tatsächlich eine pharmakologische Wirkung zukommt, handelt es sich um ein Funktionsarzneimittel im Sinne von § 2 Abs. 1 Nr. 1 AMG.

7. Die Packungsbeilage – die gem. § 11 Abs. 1 AMG in ihrer Überschrift als „Gebrauchsinformation" zu bezeichnen ist – ist zentraler Bestandteil der Unterrichtung des Verbrauchers und daher auf seinen Verständnishorizont zugeschnitten. Sie soll die sachgerechte Anwendung des Mittels gewährleisten. Der Anwendungsbereich der Regelung erstreckt sich – ebenso wie bei den Kennzeichnungspflichten gem. § 10 AMG und den werberechtlichen Pflichtangaben gem. § 4 HWG – nicht auf Arzneimittel schlechthin, sondern nur auf solche iSv § 1 Abs. 1 oder Abs. 2 Nr. 1 AMG. Er umfasst auch naturgemäß nur Fertigarzneimittel (dh solche, die im Voraus hergestellt und in einer zur Abgabe an den Verbraucher bestimmten Packung in den Verkehr gebracht werden, § 4 Abs. 1 AMG). Keine Anwendung findet die Pflicht zur Beifügung einer Packungsbeilage auch bei nicht zulassungspflichtigen Präparaten (§ 11 Abs. 1 S. 4 AMG).

Die Vorschrift stellt einen Katalog mit Angaben auf, die die Beilage in der im Gesetz genannten Reihenfolge allgemeinverständlich in deutscher Sprache und gut lesbarer Schrift (→ Anm. 10) enthalten muss. Die Angaben dürfen auch zusätzlich in anderen Sprachen gemacht werden; dann müssen jedoch die gleichen Angaben gemacht werden wie auf Deutsch, § 11 Abs. 1 S. 3 AMG. Weitere Informationen dürfen nur dann hinzugefügt werden, soweit sie mit der Verwendung des Arzneimittels in Zusammenhang stehen, für die gesundheitliche Aufklärung wichtig sind und der Fachinformation (§ 11a AMG) nicht zuwiderlaufen, § 11 Abs. 1 S. 5 AMG. Sind danach solche Angaben zulässig, müssen sie von den vorgeschriebenen Angaben deutlich abgesetzt und abgetrennt sein (§ 11 Abs. 5 S. 2 AMG).

8. Fertigarzneimittel unterliegen darüber hinaus, sofern es sich um Mittel iSv § 1 Abs. 1 oder Abs. 2 Nr. 1 HWG handelt, näher definierten Kennzeichnungspflichten, deren Katalog sich aus § 10 AMG ergibt. Gem. § 12 AMG kann die Kennzeichnungspflicht über § 10 AMG hinaus durch Rechtsverordnung auch auf andere Arzneimittel erstreckt werden. Daneben fordern weitere Vorschriften die Kennzeichnung von Arzneimitteln, so das Betäubungsmittelgesetz (§ 14 BtMG) und die VO über radioaktive oder mit ionisierenden Strahlen behandelte Arzneimittel (§ 3 AMRadVO).

Nach § 10 AMG müssen die Behältnisse (Flaschen, Dosen, Tuben etc; nicht Blister –dh Durchdrückpackungen) und, soweit vorhanden, die äußeren Umhüllungen bestimmter Fertigarzneimittel (nämlich von Arzneimitteln iSv § 1 Abs. 1 oder Abs. 2 Nr. 1 AMG) enumerativ aufgezählte Mindestangaben enthalten. Hierzu gehören ua der Name oder die Firma des pharmazeutischen Unternehmers (dh desjenigen, der für das Inverkehrbringen verantwortlich ist, vgl. § 4 Abs. 18 AMG), die Bezeichnung des Arzneimittels, die Zulassungs- und Chargennummer, Darreichungsform, Inhalt und Art der Anwendung, die arzneilich wirksamen Bestandteile (soweit durch Auflage oder Rechtsverordnung vorgeschrieben auch sonstige Bestandteile; ebenso bei Arzneimitteln zur Injektion oder zur Anwendung am Auge), evtl. der Hinweis „verschreibungspflichtig". Alle Angaben müssen in gut lesbarer Schrift erfolgen, wobei die Anforderungen im einzelnen str. sind. Vgl. zur Parallelvorschrift des § 4 Abs. 2 HWG → Anm. 12.

Auch kosmetische Mittel unterliegen einer Pflicht zur Kennzeichnung, deren Umfang in Art. 19 der EU-Kosmetikverordnung (VO (EG) Nr. 1223/2009) beschrieben ist.

9. Da die gesetzlichen Vorschriften zur Kennzeichnung von Produkten regelmäßig dem Schutz der Verbraucher dienen, sind sie Marktverhaltensregelungen im Interesse der Verbraucher iSd § 3a UWG. Ein Verstoß gegen die Vorschriften über Pflichtangaben ist daher zugleich ein Wettbewerbsverstoß (etwa KG PharmaR 1995, 125; vgl. auch OLG Köln NJW-E WettbR 1998, 6). Auch Informationen auf der Packungsbeilage können „Werbung" iSd HWG sein, wenn die Beilage zu Werbezwecken verwendet wird. Daher kann die nicht ausreichende Abgrenzung der zusätzlichen Informationen gem. § 11 Abs. 1 S. 5 AMG wettbewerbswidrig sein (BGH GRUR 1993, 846 (847) – Terfemundin; vgl. auch BGHZ 114, 354 – Katovit). Doch stellen Packungsbeilagen nicht rezeptpflichtiger Arzneimittel, die lediglich zur sachlichen Produkt- und Gebrauchsinformation benutzt werden und nur die nach §§ 11, 12 AMG vorgeschriebenen Pflichtangaben enthalten, begrifflich keine Werbung im Sinne des HWG dar (BGH GRUR 1998, 959 (960) – Neurotrat Forte, der BGH bejaht aber in dieser Entscheidung grundsätzlich die Möglichkeit eines Verstoßes gegen allgemeines Werberecht. Das vollständige Weglassen der Packungsbeilage ist danach als wettbewerbswidrig anzusehen.

10. § 4 HWG stellt inhaltliche Anforderungen an die Arzneimittelwerbung auf, indem er vorschreibt, welchen Mindestinhalt eine Werbeanzeige enthalten muss. Die Norm soll gewährleisten, dass sich der Werbeadressat ein möglichst vollständiges Bild von dem angebotenen Arzneimittel machen kann. Der „Werbung" dienen dabei auch die Angaben, die eher abschrecken, wie etwa die Angaben über Nebenwirkungen und Gegenanzeigen (BGHZ 114, 354 (356 f.) – Katovit). Der Werbeadressat soll eine möglichst rationale Entscheidung darüber treffen können, ob das angebotene Arzneimittel seinen gesundheitlichen Bedürfnissen entspricht (BGH NJW 1988, 767 – Lesbarkeit I). Die in der Werbung gemachten Angaben müssen gem. § 4 Abs. 2 HWG mit denen übereinstimmen, die nach §§ 11 oder 12 AMG für die Packungsbeilage vorgeschrieben sind. Die für diese vorgeschriebenen Angaben sind jedoch umfangreicher (vgl. § 11 AMG); der

20. Klage aufgrund Heilmittelwerbegesetzes (HWG) A. 20

Katalog nach HWG greift lediglich den Informationskern aus der Packungsbeilage heraus (amtl. Begr. zum Regierungsentwurf, BT-Drs. 7/3060, 67).

Die Pflichtangaben sind in bestimmter Art und Weise mitzuteilen: zum einen sind sie von den übrigen Werbeaussagen deutlich abgesetzt und abgegrenzt zu halten. Dies dient nach der amtlichen Begründung dazu, dass sie von den Werbeadressaten als sachlich informativer Teil der Gesamtwerbung erkannt werden können (BT-Drs. 7/3060, 67); der Leser soll sich die Angaben nicht aus verschiedenen Teilen der Anzeige zusammensuchen müssen. Ausreichend kann uU aber je nach konkreter Ausgestaltung auch eine Umrandung, ein andere Schrifttype etc sein (Bülow/Ring HWG § 4 Rn. 104), während das bloße Unterbringen in einem getrennten Absatz nicht ausreichend ist (OLG Stuttgart WRP 1985, 448 – Uricedin). Es ist nicht zwingend nötig, dass die Pflichtangaben zusammenhängend gemacht werden, Grenzen zieht jedoch das Erfordernis der guten Lesbarkeit, das auch hier gilt (Bülow/Ring HWG § 4 Rn. 103).

11. Erinnerungswerbung liegt vor, wenn ausschließlich mit der Bezeichnung eines Arzneimittels oder zusätzlich mit dem Namen, der Firma oder der Marke des pharmazeutischen Unternehmers geworben wird. Eine solche Werbung ist von den Pflichtangaben (→ Anm. 10) befreit. Eine Werbung für ein Arzneimittel mit Hinweisen auf die Zusammensetzung, die Dosierung und die Verwendungsmöglichkeiten des Präparates verlässt diesen Bereich zulässiger Erinnerungswerbung (KG MD 1998, 584). Bei Monopräparaten ist jedoch die Angabe des alleinigen Wirkstoffs zulässig, wenn diese Angabe in der in § 4 Abs. 1a HWG vorgeschriebenen Weise erfolgt (BGH WRP 1998, 502).

12. Kennzeichnend für das HWG ist die Differenzierung zwischen Werbung innerhalb der Fachkreise und Öffentlichkeitswerbung. Fachkreise sind dabei nach § 2 HWG „Angehörige der Heilberufe oder des Heilgewerbes, Einrichtungen, die der Gesundheit von Mensch oder Tier dienen, oder sonstige Personen, soweit sie mit Arzneimitteln, Verfahren, Behandlungen Gegenständen oder anderen Mitteln erlaubterweise Handel treiben oder sie in Ausübung ihres Berufes anwenden." Bestimmte Werbemaßnahmen sind ausschließlich innerhalb dieser Kreise zulässig, so etwa die Werbung für verschreibungspflichtige Mittel oder für solche, die Schlaflosigkeit oder psychische Störungen beseitigen oder die Stimmungslage beeinflussen sollen (§ 10 HWG) sowie das Werben mit der Angabe, das Arzneimittel sei ärztlich oder anderweitig fachlich empfohlen oder geprüft (§ 11 Abs. 1 Nr. 2 HWG). Bei einer Werbung außerhalb der Fachkreise können die Pflichtangaben nach § 4 Abs. 1 HWG in bestimmtem Umfang entfallen, wenn der bekannte Text „Zu Risiken und Nebenwirkungen fragen Sie Ihren Arzt oder Apotheker" angegeben wird (§ 4 Abs. 3, 5 HWG).

13. Der Unlauterkeitsvorwurf des § 3a UWG setzt einen Verstoß gegen Normen voraus, die (zumindest auch) darauf abzielen, das Marktverhalten im Interesse der Marktteilnehmer zu regeln. Der verletzten Norm muss zumindest eine sekundäre Schutzfunktion zu Gunsten der Marktteilnehmer zukommen. Erforderlich ist, dass die Norm, gegen die verstoßen wird, dazu bestimmt ist, die Gegebenheiten auf bestimmten Produktmärkten festzulegen und so gleiche rechtliche Voraussetzungen für die auf diesem Markt tätigen Wettbewerber zu schaffen (BGH GRUR 2002, 825 – Elektroarbeiten). Der Gesetzesverstoß muss die Handlung in der Weise prägen, dass diese auch als Wettbewerbshandlung unlauter im Sinne des § 3 UWG ist (vgl. zu Verstößen gegen Vorschriften des HWG: *Köhler/Bornkamm/Feddersen* UWG § 3a Rn. 1.218 ff. mwN).

14. Zum Spürbarkeitserfordernis des § 3a UWG → Form. A.16 Anm. 9 und Form. A.1 Anm. 9.

15. Zur Aktivlegitimation → Form. A.1 Anm. 10.

Kosten und Gebühren

16. → Form. A.1 Anm. 23, 24,→ Form. A.11 Anm. 18.

21. Klage wegen Verstoßes gegen die Preisangabenverordnung

Landgericht ......

Kammer für Handelssachen[1]

Klage

der Firma A ......

– Klägerin –

Prozessbevollmächtigter: Rechtsanwalt ......

gegen

die Firma B ......

– Beklagte –

wegen: unlauteren Wettbewerbs/Verstoß gegen die Preisangabenverordnung[2]

Streitwert: vorläufig geschätzt ...... EUR[3]

Namens und in Vollmacht der Klägerin erhebe ich Klage und werde im Termin zur mündlichen Verhandlung folgende Anträge stellen:

1. Die Beklagte wird verurteilt, es bei Meidung eines für jeden Fall der Zuwiderhandlung vom Gericht festzusetzenden Ordnungsgeldes bis zu 250.000 EUR, ersatzweise Ordnungshaft bis zu sechs Monaten, oder Ordnungshaft bis zu sechs Monaten zu unterlassen,[4]
im geschäftlichen Verkehr gegenüber Letztverbrauchern für Schiffsreisen mit der Ankündigung von Preisen zu werben, ohne den jeweiligen Gesamtpreis zu nennen, insbesondere ohne ein obligatorisch erhobenes Service-Entgelt in den Gesamtpreis einzurechnen, sofern dies geschieht wie in Anlage K1 wiedergegeben.[5]
2. Die Kosten des Rechtsstreits trägt die Beklagte.
3. Das Urteil ist – gegebenenfalls gegen Sicherheitsleistung (Bank- oder Sparkassenbürgschaft) – vorläufig vollstreckbar.
Hilfsweise: Der Klägerin wird nachgelassen, die Zwangsvollstreckung gegen Sicherheitsleistung (Bank- oder Sparkassenbürgschaft) abzuwenden.[6]

Begründung:

I. Sachverhalt

Beide Parteien sind Veranstalter von Kreuzfahrten. Sie stehen miteinander in unmittelbarem Wettbewerb.[7]

Die Beklagte ist eine Reederei, die ua eine achttägige Kreuzfahrt auf der klassischen Postschiffroute entlang der Küste Norwegens veranstaltet. In ihren Prospekten gibt sie den Preis für diese Kreuzfahrt wie folgt an: *„ab 800,00 EUR p.P. zzgl. Service-Entgelt*"*. In einem Sternchenvermerk auf der Rückseite des Prospekts wird die Preisangabe wie folgt erläutert: *„Special zzgl. Service-Entgelt. Am Ende der Kreuzfahrt fällt zusätzlich ein Service-Entgelt in Höhe von 7 EUR p.P./beanstandungsfrei an Bord verbrachter Nacht an."* Als Anlage 1 überreiche ich einen aktuellen Prospekt der Beklagten für diese Kreuzfahrt. Als Anlage 2 lege ich das Schreiben vor, mit welchem die Klägerin die Beklagte erfolglos abgemahnt hat. Das Antwortschreiben ist als Anlage 3 beigefügt. Da die begehrte strafbewehrte Unterlassungserklärung nicht abgegeben wurde, ist Klage geboten.[8]

II. Rechtslage

Der Klägerin steht gegen die Beklagte ein Unterlassungsanspruch gemäß §§ 3, 3a, 8 Abs. 1 UWG in Verbindung mit § 1 Abs. 1 S. 1 PAngV zu:

1. Die Beklagte ist nach § 1 Abs. 1 S. 1 PAngV verpflichtet, bei der Angabe des Preises für die von ihr veranstaltete Kreuzfahrt in ihrer Werbung den Gesamtpreis anzugeben. Dabei ist das „Service-Entgelt" einzubeziehen. Das vom Reisenden zu entrichtende Service-Entgelt ist keine freiwillige Leistung, sondern ein verpflichtender Preisbestandteil, der nach § 1 Abs. 1 S. 1 PAngV in den Gesamtpreis, also das tatsächlich zu zahlende Gesamtentgelt, aufzunehmen ist. Die Zahl der von der Reise umfassten Nächte und die Höhe des Service-Entgelts stehen von Anfang an fest. Nach dem Regelungsgehalt der Preisangabenverordnung soll dem Verbraucher Klarheit über die Preise und deren Gestaltung verschafft und verhindert werden, dass er seine Preisvorstellung anhand untereinander nicht vergleichbarer Preise gewinnen muss. Mithin verstößt die Beklagte gegen die Verpflichtung zur Angabe des Gesamtpreises, § 1 Abs. 1 S. 1 PAngV, wenn sie das „Service-Entgelt", das auf jeden Fall anfällt, nicht in den angegebenen Preis einbezieht.

2. Der Verstoß der Beklagten gegen § 1 Abs. 1 PAngV ist wettbewerbswidrig, §§ 3, 3a UWG. Nach diesen Bestimmungen handelt unlauter, wer einer gesetzlichen Vorschrift zuwiderhandelt, die auch dazu bestimmt ist, im Interesse der Marktteilnehmer das Marktverhalten zu regeln. Die Bestimmungen der PAngV sind Vorschriften in diesem Sinne, vgl. BGH GRUR 2010, 652 – Costa del Sol.

3. Dem steht nicht entgegen, dass hier der Anwendungsbereich der Richtlinie 2005/29/EG über unlautere Geschäftspraktiken eröffnet ist, die sich nach ihrem Art. 2 Buchst. c auch auf Dienstleistungen bezieht.[9] Ein Verstoß gegen eine nationale Marktverhaltensregel kann die Unlauterkeit nach § 3a UWG begründen, wenn die Marktverhaltensregel eine unionsrechtliche Grundlage hat (vgl. BGH GRUR 2014, 1208 – Preis zuzüglich Überführung). Dies ist hier der Fall. Soweit § 1 Abs. 1 S. 1 PAngV bestimmt, dass beim Angebot von oder der Werbung für Dienstleistungen der Preis anzugeben ist, findet diese Vorgabe ihre unionsrechtliche Grundlage in Art. 7 Abs. 4 Buchst. c der Richtlinie 2005/29/EG über unlautere Geschäftspraktiken (und zudem, worauf es hier aber nicht ankommt, in Art. 22 Abs. 1 Buchst. i, Abs. 2 und 3 Buchst. a, Abs. 4 der Richtlinie 2006/123/EG über Dienstleistungen im Binnenmarkt).

4. Die angegriffene Preiswerbung verstößt gegen § 1 Abs. 1 S. 1 PAngV, soweit diese Bestimmung Art. 7 Abs. 4 Buchst. c der Richtlinie 2005/29/EG umsetzt. Insoweit ist das in § 1 Abs. 1 S. 1 PAngV genannte „Werben unter Angabe von Preisen" richtlinienkonform auszulegen im Sinne der in Art. 7 Abs. 4 Buchst. c der Richtlinie 2005/29/EG in Bezug genommenen „Aufforderung zum Kauf" gemäß Art. 2 Buchst. i der Richtlinie 2005/29/EG. Eine „Aufforderung zum Kauf" liegt vor, wenn der Verkehr über das beworbene Produkt und dessen Preis hinreichend informiert ist, um eine geschäftliche Entscheidung treffen zu können, ohne dass die kommerzielle Kommunikation auch eine tatsächliche Möglichkeit bieten muss, das Produkt zu kaufen (vgl. EuGH GRUR 2011, 930 – Ving Sverige). Diese Voraussetzungen sind hier erfüllt. Die

Angaben im Prospekt reichen für eine „Aufforderung zum Kauf im vorgenannten Sinne" aus.

5. Es handelt sich auch um eine spürbare Beeinträchtigung der Interessen der Verbraucher iSd § 3a UWG. Das Spürbarkeitserfordernis ist im Hinblick auf Art. 7 Abs. 4 Buchst. c der Richtlinie 2005/29/EG richtlinienkonform auszulegen. Werden – wie hier – unter Verstoß gegen § 3a UWG Informationen vorenthalten, die das Unionsrecht als wesentlich einstuft, ist das Erfordernis der Spürbarkeit nach § 3a UWG ohne Weiteres erfüllt (BGH GRUR 2012, 842 – Neue Personenkraftwagen I).[10]

6. Die Aktivlegitimation der Klägerin ergibt sich aus § 8 Abs. 3 Nr. 1 UWG.[11]

7. Die Zuständigkeit des angerufenen Gerichts ergibt sich aus der Tatsache, dass die Beklagte im Gerichtsbezirk ihren Sitz hat.[2]

8. Der Gerichtskostenvorschuss wird per beigefügten Verrechnungsscheck eingezahlt.[12]

Rechtsanwalt

Schrifttum: *Buchmann*, Die Angaben von Grundpreisen im Internet, K&R 2012, 90; *Domke/Sperlich*, Werbung für Verbraucherkredite mit Zinsangaben, BB 2010, 2069; *Eckert*, Grundsätze der Preisangabenverordnung im Lichte der neuesten BGH-Entscheidungen, GRUR 2011, 678; *Enßlin*, Verpflichtung zur Angabe von Preisen in der Werbung für Telefonmehrwertdienste, WRP 2001, 359; *Ernst*, Die Pflichtangaben nach § 1 II PAngV im Fernabsatz, GRUR 2006, 636; *Fuhrmann*, Preisangabenverordnung, in: Erbs/Kohlhaas, Strafrechtliche Nebengesetze, Band III., Abschnitt P 183; *Gelberg*, Verwaltungspraxis und Rechtsprechung 1999/2001 zur Preisangabenverordnung, GewArch 2002, 225; *Gelberg*, Vierte Verordnung zur Änderung der Preisangabenverordnung, GewArch 2003, 137; *Goldberg*, (Kein) „Haircut" bei der Preisangabenverordnung, WRP 2013, 1561; *Hoeren*, Die Pflicht zur Preisangabe für Leistungen eines telefonischen Auskunftsdienstes, MMR 2003, 784; *Jacobi*, Die optische Vergrößerung der Grundpreisangabe – Notwendigkeit und Umsetzung, WRP 2010, 1217; *Köhler*, Preisinformationspflichten, FS Loschelder, 2010, 127; *Kolb*, Auswirkungen und Zusammenspiel der Übergangsklausel und des Spezialitätsgrundsatzes der Richtlinie über unlautere Geschäftspraktiken am Beispiel der Preisangabenverordnung, Diss. Bayreuth 2015, S. 12 ff.; *Rohnke*, Die Preisangabenverordnung und die Erwartungen des Internetnutzers, GRUR 2007, 381; *Torka*, Neue Vorgaben für Finanzierungswerbung durch § 6a PAngV, WRP 2011, 1247; *Völker*, Preisangabenrecht. Recht der Preisangaben und Preiswerbung, 2. Aufl. 2002; *Völker*, Neue Entwicklungen im Recht der Preisangaben, NJW 2000, 2787; *Voigt*, Preisangabenverordnung erzwingt mehr Transparenz im Spendenmarkt, WRP 2007, 44; *Widmann*, Die Preisangabenverordnung im Handwerk – Umfang und Grenzen, WRP 2010, 1443; *Willems*, Preisangaben vor dem „Frisierspiegel" des Europarechts?, GRUR 2014, 734.

Anmerkungen

1. Zu örtlicher und sachlicher Zuständigkeit → Form. A.14 Anm. 1, → Form. A.4 Anm. 2.

2. Ausgangspunkt des Formulars ist der Sachverhalt einer Entscheidung des BGH vom 7.5.2015 (BGH GRUR 2015, 1240 f. – Zauber des Nordens).
Die Preisangabenverordnung (PAngV) gehört zu den wichtigsten sog. „wettbewerbsrechtlichen Nebengesetzen", deren Bedeutung sich allerdings durch vorrangige unionsrechtliche Regelung relativiert hat (→ Anm. 9; *Köhler/Bornkamm/Feddersen* UWG § 3a Rn. 1.18 und PAngV Vorb. Rn. 9 ff.). Die Regelungen der PAngV betreffen alleine die Art und Weise der Preisangabe im geschäftlichen Verkehr. Ziel ist zum einen der Verbraucherschutz durch Preisklarheit und Preiswahrheit, zum anderen aber auch die Gewährleistung des lauteren Preiswettbewerbs (formelles Preisrecht im Unterschied zum materiellen Preisrecht, das die Zulässigkeit von Preisen betrifft).

21. Klage wegen Verstoßes gegen die Preisangabenverordnung A. 21

Die beiden wichtigsten Regelungen der PAngV, die am häufigsten den Gegenstand von Prozessen bilden, werden gleich zu Anfang in § 1 Abs. 1 S. 1 PAngV getroffen: Aus dieser Bestimmung ergibt sich die Verpflichtung zur Preisangabe, wenn Letztverbrauchern Waren oder gewerbliche Leistungen gewerbsmäßig oder geschäftsmäßig oder regelmäßig in sonstiger Weise angeboten werden oder ihnen gegenüber unter Angabe von Preisen geworben wird. Ferner muss der Gesamtpreis angegeben werden, also der Preis, der einschließlich der Steuer und aller sonstiger Preisbestandteile (unabhängig von einer eventuellen Rabattgewährung im Einzelfall) tatsächlich zu zahlen ist (näher *Völker* PAngV § 1 Rn. 40 ff.). Damit wird eine Pflicht zur vollständigen Preisinformation statuiert. Von grundlegender Bedeutung sind auch die Verpflichtungen in § 1 Abs. 6 S. 1 PAngV, wonach alle Angaben nach der PAngV der allgemeinen Verkehrsauffassung und den Grundsätzen von Preisklarheit und Preiswahrheit genügen müssen. §§ 4–8 PAngV konkretisieren die Pflicht zur Endpreisangabe für die Branchen Handel, Dienstleistungssektor, Kreditwirtschaft, Gaststätten und Beherbergungsbetriebe sowie Tankstellen und Parkplätze. Beispielsweise verpflichtet die Sonderbestimmung für Kredite in § 6 PAngV die Kreditbranche zur Angabe des effektiven Jahreszinses anstelle des Endpreises. Wichtig ist schließlich der umfangreiche Ausnahmenkatalog in § 9 PAngV, den der Praktiker bei preisangabenrechtlichen Konflikten nicht aus dem Auge verlieren sollte.

Bei Prozessen im Bereich des Preisangabenrechts geht es häufig darum, dass aus Sicht des Klägers nicht der nach § 1 Abs. 1 S. 1 PAngV vorgeschriebene Gesamtpreis angegeben wurde, dass also der vom Beklagten genannte Preis nicht alle Preisbestandteile enthält und dadurch das Publikum hinsichtlich der Höhe des letztlich tatsächlich insgesamt zu zahlenden Preises im Unklaren gelassen wird. Daher wurde für das Formular auch ein entsprechender Beispielsfall gewählt.

Bei Konflikten im Bereich der Preisangabenverordnung ist zu beachten, dass die wesentlichen Vorschriften nur für den Verkehr mit *Letztverbrauchern* gelten, also insbesondere nicht bei Angeboten im Verhältnis zum Handel (vgl. § 1 Abs. 1 S. 1 PAngV). Wesentlich ist ferner die Ausnahmebestimmung in § 9 Abs. 1 Nr. 1 PAngV, wonach die Vorschriften der Verordnung nicht anzuwenden sind auf Angebote oder Werbung gegenüber Letztverbrauchern, die die Waren oder Leistung in ihrer selbständigen beruflichen oder gewerblichen oder in ihrer behördlichen oder dienstlichen Tätigkeit verwenden (näher *Völker* PAngV § 9 Rn. 4 ff.). Die PAngV findet daher letztlich nur im Verhältnis zu privaten Letztverbrauchern Anwendung. Soweit Preiswerbung bzw. Preisangaben nicht unter die Bestimmungen der PAngV fallen, unterliegen sie im geschäftlichen Verkehr dem Maßstab des Wettbewerbsrechts, insbesondere dem Verbot der Irreführung durch Unterlassen gemäß §§ 3, 5a Abs. 2–4 UWG.

3. Zur Streitwertbestimmung → Form. A.14 Anm. 3.

4. Zur Strafandrohung → Form. A.14 Anm. 4.

5. Zur Formulierung des Unterlassungsantrags → Form. A.14 Anm. 5.

6. → Form. A.14 Anm. 6.

7. Zur Aktivlegitimation → Form. A.15 Anm. 8.

8. → Form. A.15 Anm. 9.

9. Ein Verstoß gegen die Bestimmungen der PAngV soll im Anwendungsbereich des Unionsrechts (zB der Richtlinie 2005/29/EG über unlautere Geschäftspraktiken) eine Unlauterkeit im Rahmen des Rechtsbruchtatbestands gemäß § 3a UWG nur begründen können, wenn die entsprechende Marktverhaltensregelung der PAngV eine unionsrechtliche Grundlage hat (BGH GRUR 2010, 652 – Costa del Sol) oder – wohl richtiger gesagt – wenn die jeweilige Marktverhaltensregelung mit vorrangigem Unionsrecht vereinbar ist, wobei die Marktverhaltensregelung richtlinienkonform auszulegen ist (*Köhler/Bornkamm/Feddersen* UWG § 3a Rn. 1.9). Vor Anwendung einer Norm der PAngV ist daher jeweils zunächst die Vereinbarkeit mit dem Unionsrecht zu prüfen (s. grundlegend zum Verhältnis zum Unionsrecht: *Köhler/Bornkamm/Feddersen* PAngV § 1 Rn. 1 ff.). Dabei haben EU-Verordnungen, die Preisangaben regeln (zB Art. 23 Abs. 1 VO (EG) 1008/2008), Vorrang vor der PAngV und soweit verschiedene EU-Richtlinien Vorgaben für Preisangaben enthalten, ist das Verhältnis dieser Richtlinien zueinander zu bestimmen und die Regelung der PAngV im Hinblick auf die maßgebliche Richtlinie zu beurteilen. Im Hinblick auf die Umsetzung des Art. 7 Abs. 4 Richtlinie 2005/29/EG über unlautere Geschäftspraktiken durch § 5a Abs. 3 UWG wird zum Teil empfohlen, bei Verstößen gegen § 1 Abs. 1 S. 1 PAngV, die zugleich ein Verstoß gegen § 5 Abs. 3 UWG sind, nur §§ 3 Abs. 1, 5a Abs. 2 und 3 Nr. 3 UWG anzuwenden und nicht §§ 3 Abs. 1, 3a UWG iVm § 1 Abs. 1 S. 1 PAngV, um etwaige Wertungswidersprüche zu Art. 7 der Richtlinie 2005/29/EG über unlautere Geschäftspraktiken zu vermeiden (*Köhler/Bornkamm/Feddersen* UWG § 3a Rn. 1.18 und PAngV § 1 Rn. 1b).

10. Die Eignung zu einer spürbaren Beeinträchtigung der Verbraucher ist ohne weiteres zu bejahen, wenn Preisinformationen zurückgehalten werden, die nach Art. 7 Abs. 4 Buchst. c oder Art. 7 Abs. 5 der Richtlinie 2005/29/EG wesentlich sind. Zum Spürbarkeitserfordernis nach § 3a UWG → Form. A.16 Anm. 9 und Form A. 1 Anm. 9.

11. Da der Verstoß gegen die PAngV als gleichzeitiger Wettbewerbsverstoß (also Verstoß gegen §§ 3, 3a UWG) angegriffen wird, richtet sich die Aktivlegitimation im vorliegenden Fall nach § 8 Abs. 3 Nr. 1 UWG (→ Form. A.15 Anm. 8).

Kosten und Gebühren

12. → Form. A.11 Anm. 18.

22. Klageerwiderung

Landgericht ......

Kammer für Handelssachen[1]

Klageerwiderung[2]

in der Sache

Firma A ......

– Klägerin –

Prozessbevollmächtigter: ......

gegen

Firma B ......

– Beklagte –

Prozessbevollmächtigter: ......

zeige ich an, dass ich die Beklagte vertrete.[3] Im Termin zur mündlichen Verhandlung werde ich beantragen:

22. Klageerwiderung   A. 22

1. die Klage wird abgewiesen;
2. die Klägerin hat die Kosten des Rechtsstreits zu tragen;[4]
3. das Urteil ist vorläufig vollstreckbar;[4]
   hilfsweise für den Fall des Unterliegens:
4. Der Beklagten wird gestattet, die Vollstreckung durch Sicherheitsleistung (Bank- oder Sparkassenbürgschaft) abzuwenden.[5]

Die Beklagte ist mit einer Entscheidung durch den Vorsitzenden einverstanden.[6]

Begründung:

Die Beklagte rügt die fehlende örtliche Zuständigkeit des angerufenen Gerichts. In der Sache ist die Klage unbegründet. Der Klägerin stehen die geltend gemachten Ansprüche nicht zu. Denn der beanstandete Vergleich enthält ausschließlich zutreffende Angaben über objektiv nachprüfbare Eigenschaften der Produkte der Parteien. Im Einzelnen:

Die Klägerin wendet sich gegen eine von der Beklagten in der S.-Zeitung vom 28.9.2017 geschaltete Anzeige. In dieser hatte die Beklagte die Beliebtheit der beiden Hauptprodukte der Parteien – jeweils Hamburger – gegenübergestellt. Die Anzeige stand unter der Überschrift „Satte Mehrheit!" und bildete ein Säulendiagramm ab, bei dem eine das Produkt der Beklagten repräsentierende „W."-Säule mit 63 % einer das gegnerische Produkt kennzeichnenden „B.M."-Säule mit 38 % gegenüberstand. Die Prozentzahlen gaben dabei jeweils an, welcher Anteil der durch das „I."-Institut Befragten das jeweilige Produkt dem anderen gegenüber favorisierten.

1. Das angerufene Gericht ist örtlich nicht zuständig.[7] Bei der „S."-Zeitung handelt es sich nicht um ein bundesweit, sondern um ein nur im süddeutschen Raum vertriebenes Blatt.[8]

    Beweis (unter Verwahrung gegen die Beweislast): Zeugnis von Herrn X, Vertriebsleiter der S.-Zeitung, (ladungsfähige Anschrift)

    Das angerufene Gericht hat seinen Sitz außerhalb dieses Verbreitungsgebiets. Da für den Gerichtssitz weder die Begehung einer unerlaubten Handlung vorgetragen ist (§ 14 Abs. 2 UWG), noch die Beklagte dort ihren Sitz hat (§ 14 Abs. 1 UWG), ist dort auch kein Gerichtsstand begründet.

2. Entgegen der Auffassung der Klägerin erfüllt die beanstandete Werbung die Voraussetzungen einer zulässigen vergleichenden Werbung, § 6 UWG.
    a) Wie sich im Umkehrschluss zu § 6 Abs. 2 Nr. 2 UWG ergibt, ist vergleichende Werbung ua dann zulässig, wenn sie objektiv eine oder mehrere wesentliche, relevante, nachprüfbare und typische Eigenschaften der verglichenen Waren bezieht. Im Gegensatz zu der Auffassung der Klägerin handelt es sich beim Geschmack eines Lebensmittels um eine solche „Eigenschaft" des Produkts. Die gegenteilige Auffassung beruht auf einer fehlerhaften Interpretation dieses Begriffs.[9]

        Zwar setzt die Bestimmung des Geschmacks eine subjektive Wertung des Konsumenten voraus. Insoweit manifestiert sich auch dessen individuelle Präferenz in seinem Urteil. Dieses Urteil hat jedoch ein objektives Substrat, nämlich den objektiv feststellbaren Geschmack, dh die individuell vorhandene Zusammensetzung aus süßen, scharfen, salzigen und sonstigen geschmacksgebenden Komponenten.

        Jedenfalls aber kann die Einschätzung eines Produkts durch die Verbraucher – ebenso wie die Kundenzufriedenheit (OLG Saarbrücken GRUR-RR 2008, 312) – prinzipiell eine nachprüfbare Eigenschaft sein. Diese Fähigkeit, den Publikumsgeschmack zu treffen, ist eine für das Produkt wesentliche, relevante, nachprüfbare und typische Eigenschaft. Die beanstandete Werbung vergleicht diese Wertschätzung, nämlich stellt die Anzahl derjenigen Testpersonen, denen das Produkt der Beklagten besser geschmeckt hat der Anzahl von Testpersonen gegenüber, denen das Produkt der Klägerin besser geschmeckt hat. Die Nachprüfbarkeit der damit verbundenen Behauptung, dass die Produkte der Beklagten einer größeren Zahl von Testpersonen geschmeckt haben als die Produkte der Klägerin, ist dadurch gewährleistet, dass der Test zutreffend und überprüfbar ist. Der Test wurde unter Einbeziehung einer repräsentativen Anzahl und einem ebensolchen Querschnitt der Bevölkerung durch das angesehene „I."-Institut durchgeführt. Diese Eigenschaft ist auch für den Verbraucher relevant. Ihm wird mitgeteilt, es erhöhe sich die Wahrscheinlichkeit, dass das Produkt auch seinem Geschmack entsprechen wird.

b) Die Werbung ist auch nicht irreführend. Die Klägerin räumt selbst ein, dass die verglichenen Produkte substituierbar sind. Dass sie aus den im Wesentlichen selben geschmacksbestimmenden Zutaten bestehen, wie die Klägerin meint, ist dagegen nicht zu fordern. Ausreichend muss die gattungsmäßige und funktionelle Identität sein. Sowohl bei „W.", als auch bei „B.M." handelt es sich um das jeweilige Spitzenprodukt der Parteien. Wenn die Beklagte bei der geschmacklichen Zusammensetzung dabei andere Wege geht als die Klägerin, so ist dies gerade ein Grund, in einem Vergleich darauf hinweisen zu dürfen. Die angesprochenen Verkehrskreise erwarten auch nichts anderes.

Beweis: Einholung eines Sachverständigengutachtens (Verkehrsbefragung)[10]

Anders könnte dies höchstens zu beurteilen sein, wenn etwa ein deutlich billigeres Konkurrenzprodukt der Klägerin, beispielsweise ein einfacher Hamburger, mit dem vergleichsweise üppig ausgestatteten „W." verglichen worden wäre. Dies ist jedoch nicht der Fall. Die Geschmacksnuancen liegen auch nicht so weit auseinander, dass sie vernünftigerweise nicht mehr miteinander verglichen werden könnten (beispielsweise ein Pfeffersteak mit einer Tafel Schokolade).

3. Die Beklagte ist abhängig von ihrem funktionierenden Franchisesystem. In diesem wird Werbung zentral betrieben und durch Beiträge der Franchisenehmer finanziert. Würde ein Verbot der betreffenden Werbung – schon vor Rechtskraft des Urteils – zwangsweise durchgesetzt werden können, würde der bei den Franchisenehmern über die Jahre geschaffene good will unwiederbringlich zerstört.

Glaubhaftmachung:[11] Eidesstattliche Versicherung des Leiters der Marketingabteilung, Herrn ......, Anlage B1

Deshalb wird hilfsweise beantragt, die Zwangsvollstreckung gegen Sicherheitsleistung abwenden zu dürfen.

Nach alledem ist die Klage bereits als unzulässig, jedenfalls aber als unbegründet abzuweisen.[12, 13]

Rechtsanwalt

Schrifttum: *Berlit,* Der irreführende Werbevergleich, WRP 2010, 757; *Büscher,* Klagehäufung im gewerblichen Rechtsschutz – alternativ, kumulativ, eventuell?, GRUR 2012, 16; *Fischer,* Die Berücksichtigung „nachgereichter Schriftsätze" im Zivilprozess, NJW 1994, 1315; *Köhler,* Irreführende vergleichende Werbung, GRUR 2013, 761; *Krüger,* Folgeprobleme zu BGH-TÜV I, WRP 2011, 1504; *Lange,* Bestreiten mit Nichtwissen, NJW 1990, 3233; *Meinberg,* Hauptsache, es schmeckt? – Hedonisch-sensorische Konsumentenurteile als Beurteilungsmaßstab im Rahmen vergleichender Lebensmitteltests, ZLR 1999, 1; *Michel,* Der Schriftsatz des Anwalts im Zivilprozess, 6. Aufl. 2004; *Rosenberg/Schwab,* Zivilprozessrecht, 16. Aufl. 2004; *Sack,* Reformbedarf bei § 6 UWG, GRUR

2015, 130; *Scherer*, Kehrtwende bei der vergleichenden Werbung, GRUR 2012, 545; vgl. ergänzend die Nachweise in → Form. A.1, → Form. A.11.

Anmerkungen

1. Hat der Kläger die Zivilkammer angerufen, kann der Beklagte gem. § 98 GVG Verweisung an die Kammer für Handelssachen beantragen. Dies empfiehlt sich sogar, falls dem Hauptsacheverfahren ein einstweiliges Verfügungsverfahren vor der Zivilkammer des angerufenen Gerichts vorangegangen war, das die Beklagte verloren hat.

2. Inhaltlich schließt das Formular an den Sachverhalt des → Form. A.11 an. Es geht um die Zulässigkeit vergleichender Werbung. Die maßgebliche Regelung des § 6 UWG ist richtlinienkonform im Sinne des Wortlauts und Zwecks der Richtlinie 2006/114/EG über irreführende und vergleichende Werbung auszulegen. Die Richtlinie 2006/114/EG beurteilt vergleichende Werbung im Grundsatz wettbewerbs- und verbraucherpolitisch positiv (*Köhler/Bornkamm/Feddersen* UWG § 6 Rn. 11). Die Anforderungen an die Zulässigkeit der vergleichenden Werbung sind daher prinzipiell eher großzügig auszulegen (vgl. EUGH GRUR 2007, 69 – LIDL Belgium/Colruyt).

3. Bei Anordnung des schriftlichen Vorverfahrens ist die Verteidigungsbereitschaft anzuzeigen indem zusätzlich erklärt wird: „Die Beklagte will sich gegen die Klage verteidigen." Es ist die nicht verlängerbare Notfrist von zwei Wochen zu beachten, § 276 Abs. 1 S. 1 ZPO. Häufig werden die Anträge bereits vorab zusammen mit der Verteidigungsanzeige übersandt. In diesem Fall sind sie in der Klageerwiderung nicht mehr zu wiederholen.

4. Diese Entscheidungen trifft das Gericht von Amts wegen; die Anträge sind nicht erforderlich. Sie haben sich gleichwohl in der Praxis eingebürgert und werden daher auch diesem Formular zugrunde gelegt.

5. Die Parteien können bis zum Schluss der mündlichen Verhandlung, auf die das Urteil ergeht (§ 714 Abs. 1 ZPO), Vollstreckungsschutzanträge nach § 712 ZPO stellen, nach hM auch noch im Berufungsrechtszug (BGH WRP 1998, 1184 – Fehlender Vollstreckungsschutzantrag III; Zöller/*Herget* ZPO § 714 Rn. 1). Deren tatsächliche Voraussetzungen sind glaubhaft zu machen (§ 714 Abs. 2 ZPO). Möglich ist ein Vollstreckungsschutzantrag bei allen Urteilen, die gemäß § 708 ZPO oder § 709 ZPO vorläufig vollstreckbar sind. Ein versäumter Vollstreckungsschutzantrag kann in der Revisionsinstanz nicht mehr nachgeholt werden (BGH NJWE-WettbR 1999, 139 – Vorläufige Vollstreckung von Auskunftsansprüchen).

Ein solcher Antrag ist jedoch nur unter strengen Voraussetzungen begründet. Dem Schuldner muss durch die Vollstreckung ein unersetzbarer Nachteil entstehen (Wortlaut § 712 Abs. 1 S. 1 ZPO). Auch wenn dieser festgestellt ist, muss aber eine Abwägung zwischen den Interessen des Schuldners am Unterbleiben der Zwangsvollstreckung und denen des Gläubigers an ihrer Durchführung zugunsten des Schuldners ausfallen, § 712 Abs. 2 ZPO. Ein unersetzbarer Nachteil kann etwa entstehen bei drohendem Existenzverlust oder Betriebseinstellung (BGH NJW-RR 1987, 62 zu § 719 ZPO), auch ein nicht zu ermittelnder Schaden, soweit § 287 ZPO nur unsichere Aussichten gibt (BLAH ZPO § 707 Rn. 10), ebenso die Gefährdung von Betriebsstätten, Arbeitsplätzen, Kundennetzen oder *good will* (OLG Frankfurt a.M. MDR 1982, 239 zu § 707 ZPO) können den Antrag begründen. Einen nicht zu ersetzenden Nachteil kann auch eine irreversible Handlung wie Auskunft oder Widerruf auslösen, nicht aber die bloße durch das Urteil entstehende Kreditgefährdung. Im Zweifel haben die Interessen des Gläubigers Vorrang, insbesondere bei Unterlassungs- und Auskunftsansprüchen (Thomas/Putzo ZPO § 712 Rn. 5).

Ein unterlassener Antrag nach § 712 ZPO kann dazu führen, dass bei Revisionseinlegung ein Antrag auf einstweilige Einstellung der Zwangsvollstreckung gem. § 719 Abs. 2 S. 1 ZPO unzulässig wird (BGH NJWE WettbR 1997, 230 (231)).

Wird eine Prozessbürgschaft als Sicherheit gestellt, entsteht die Bürgschaft, wenn die Erklärung der Bank dem Sicherungsberechtigten im Original (§ 130 BGB) zugeht oder nach § 132 Abs. 1 BGB iVm §§ 166 ff. ZPO zugestellt wird. Dabei kann die Aushändigung der Urschrift der Urkunde erforderlich sein (Zöller/*Herget* ZPO § 108 Rn. 11). Umfasst die Vollmacht des Prozessbevollmächtigten – wie regelmäßig – auch den Abschluss des Bürgschaftsvertrages, kann die Zustellung auch an diesen erfolgen. Vorsorglich sollte die Zustellung nicht von Anwalt zu Anwalt, sondern per Gerichtsvollzieher veranlasst werden. Die Kosten für die Beschaffung der Bürgschaft sind im notwendigen Umfang nach hM solche der Zwangsvollstreckung und damit erstattungsfähig (Zöller/*Stöber* ZPO § 788 Rn. 5 mwN).

6. Der Vorsitzende der Kammer für Handelssachen – die im Formularfall angerufen wurde – hat im Einverständnis der Parteien die Möglichkeit, den Rechtsstreit allein zu entscheiden. Üblicherweise werden die Parteien vom Gericht unter Fristsetzung aufgefordert, mitzuteilen, ob sie hiermit einverstanden sind. Erfahrungsgemäß können die meisten Verfahren vom Vorsitzenden allein entschieden werden. Gerade bei grundsätzlichen Fragen aber kann es sich empfehlen, den Rechtsstreit vor die Kammer zu bringen.

7. Die Zuständigkeitsrüge ist gemäß § 282 Abs. 3 S. 1 ZPO im ersten Verhandlungstermin vor Stellung der Sachanträge und Einlassung zur Hauptsache zu erheben. Ist Frist zur schriftlichen Klageerwiderung gesetzt, müssen die Rügen innerhalb dieser Frist geltend gemacht werden. Die Rügen müssen gleichzeitig, dh bis zum gem. § 282 Abs. 3 ZPO maßgeblichen Termin erhoben werden.

Im Wettbewerbsprozess wird häufig nicht am allgemeinen Gerichtsstand des Beklagten geklagt, sondern an einem deliktischen Gerichtsstand, § 14 Abs. 2 UWG (→ Form. A.4 Anm. 2). Auf die präzise Bestimmung der örtlichen Zuständigkeit ist daher von beiden Parteien besonderes Augenmerk zu richten.

8. Allerdings begründet die Werbung in einer überregionalen Zeitung Erstbegehungsgefahr auch für die Werbung in weiteren überregionalen Zeitungen, Teplitzky Kap. 51 Rn. 17.

Für die Prozessführung ebenso wichtig wie überzeugende Rechtsausführungen ist das „Arbeiten am Sachverhalt". Für den Beklagten bedeutet dies insbesondere, von seiner Möglichkeit des Bestreitens von Tatsachen sinnvoll Gebrauch zu machen; Tatsachen, die nicht ausdrücklich bestritten werden, sind nach § 138 Abs. 3 ZPO als zugestanden anzusehen, wenn sich die Absicht zum Bestreiten nicht aus dem sonstigen Sachvortrag ergibt.

Ansatzpunkt der Frage, welche Tatsachen bestritten werden dürfen, ist die prozessuale Wahrheitspflicht, § 138 Abs. 1 ZPO die nicht nur die Parteien, sondern auch deren Anwälte trifft. Ihr Inhalt ist die subjektive Wahrhaftigkeit. Die Parteien dürfen daher zu ihren Gunsten keine Erklärungen wider besseres Wissen abgeben; sie dürfen nicht bewusst lügen. Hierzu gehört auch das bewusste Verschweigen wesentlicher Tatsachen. Eine Partei darf auch Tatsachen vortragen, die sie selbst positiv weder kennt noch kennen kann (auch vermutete Tatsachen, BGH NJW 1995, 2111: unzulässig erst, wenn die Behauptung ohne greifbare Anhaltspunkte willkürlich „aufs Geratewohl" oder „ins Blaue hinein" aufgestellt wird; bei der Annahme von Willkür ist Zurückhaltung geboten). Umgekehrt darf die beklagte Partei alle Behauptungen des Gegners bestreiten, an deren Wahrheit sie zweifelt oder von deren Wahrheit bzw. Unwahrheit sie überhaupt keine

Kenntnis hat (Thomas/Putzo ZPO § 138 Rn. 4 f.). Sie darf sich eine dem eigenen Sachvortrag widersprechende Behauptung des Gegners sogar hilfsweise zu Eigen machen, so lange sie nicht von deren Unwahrheit überzeugt ist (BGH NJW 1995, 2843 (2846) mwN).

Der Prozessbevollmächtigte darf die Darstellung seines Mandanten auch bei Zweifeln an deren Richtigkeit übernehmen; die Grenze liegt dort, wo Behauptungen als unwahr erkannt werden (BGH NJW 1952, 1148). Eine Offenbarungspflicht soll für den Rechtsanwalt auch dann entfallen, wenn er sich mit der Mitteilung des wahren Sachverhalts in Widerspruch zu den Behauptungen seines Mandanten setzen und diesen dadurch der Unwahrhaftigkeit vor Gericht und damit eines versuchten Prozessbetrugs bezichtigen müsste (BGH NJW 1952, 1148).

Allerdings trifft den Bestreitenden unter Umständen die Pflicht, seinen Sachvortrag zu substantiieren. Diese Pflicht hängt vom Einzelfall ab, etwa davon, wie substantiiert der Vortrag der Gegenseite ist und wie nahe die erklärungsbelastete Partei den Geschehnissen steht. Grundsätzlich muss danach substantiiert vorgetragen werden, wenn der belasteten Partei ein solcher Gegenvortrag möglich ist, was wiederum dann der Fall ist, wenn sich die behaupteten Vorgänge in ihrem Wahrnehmungsbereich abgespielt haben (BGH NJW-RR 1986, 60). Zu weiteren Einzelheiten vgl. *Lange* NJW 1990, 3233.

Nicht verpflichtet ist die Partei zur Offenbarung von Umständen, mit der sie sich der Gefahr einer Strafverfolgung aussetzen würde oder eine Unehrenhaftigkeit preisgeben würde. Auch dies jedoch berechtigt sie nicht zu wahrheitswidrigem Behaupten oder Bestreiten. Sie kann lediglich von entsprechendem Vorbringen absehen (Zöller/*Greger* ZPO § 138 Rn. 3). Ein Beklagter etwa, dem Geheimnisverrat (§ 17 UWG) durch Mitnahme und Verwertung von Konstruktionszeichnungen seinem ehemaligen Arbeitgeber gegenüber vorgeworfen wird, dürfte danach nicht wahrheitswidrig bestreiten, die Unterlagen mitgenommen zu haben. Werden die Zeichnungen usw bei ihm gefunden und sind die Vorwürfe ungerechtfertigt, so könnte von dem Beklagten substantiiertes Bestreiten dahingehend verlangt werden, dass er darlegt, auf welche Weise er in deren Besitz gelangt ist.

9. Dem Fall liegt die allgemeine Fragestellung zugrunde, ob und gegebenenfalls unter welchen Voraussetzungen sog. „hedonisch-sensorische Konsumentenurteile" zu Zwecken der Werbung eingesetzt werden dürfen. Davon zu unterscheiden ist die Frage, ob deren Verwendung zwar nicht zu Werbezwecken, aber in neutralen Warentest zulässig ist.

Bestimmendes Charakteristikum „hedonisch-sensorischer" Urteile ist ihre reine Subjektivität. Anders als bei „einfachen" sensorischen Prüfungen, bei denen der Versuch unternommen wird, den Geschmack des Lebensmittels „objektiv" zu beschreiben (etwa: süß, salzig, „fischig"), steht bei hedonischen Bewertungen nur die Einordnung des vorgefundenen Geschmackserlebnisses in ein subjektives Bewertungsschema im Vordergrund (schmeckt mir/schmeckt mir nicht).

Das OLG München verneinte in der dem Formular zugrunde liegenden Entscheidung die Frage, ob es sich bei der Tatsache, dass ein Produkt „gut schmecke", um eine Eigenschaft des Produkts selbst handele und damit auch die Zulässigkeit der vergleichenden Werbung (→ Form. A.11).

In der Entscheidung Cola-Test (BGH GRUR 1987, 49) billigte der BGH indes eine Werbung, in der – möglicherweise gestellt – ein „Tester" einen geschmacklichen Blindtest durchführt und sich für das beworbene Produkt entscheidet. Hierin sah der BGH keine herabsetzende Kritik an der Konkurrenzware, sondern lediglich den Hinweis darauf, dass Cola-Getränke unterschiedlich – nicht: besser oder schlechter – schmeckten, und dass Cola-Trinker, wenn sie selbst probieren, zu unterschiedlichen Präferenzen kommen würden. Er deutete die Werbung nicht so, dass die Aussage aufgestellt werde, das eigene Produkt schmecke mehr Personen als das der Konkurrenz.

In der Entscheidung LIDL Belgium/Colruyt entschied der EuGH, dass das Erfordernis der Objektivität eines Vergleichs bedeutet, dass einerseits Eigenschaften des Produkts verglichen werden müssen, welche die Kriterien der Wesentlichkeit, Relevanz, Nachprüfbarkeit und Typizität in Bezug auf das Produkt erfüllen, und andererseits diese Eigenschaften zudem objektiv verglichen werden müssen (EuGH GRUR 2007, 69). Damit sollen im Wesentlichen Vergleiche ausgeschlossen werden, die sich aus einer subjektiven Wertung ihres Urhebers und nicht aus einer objektiven Feststellung ergeben (*Köhler/Bornkamm/Feddersen* UWG § 6 Rn. 118, der zutreffend darauf hinweist, dass das Kriterium der Objektivität damit nur für die Vergleichsaussage als solche gelten kann, wenn ihm neben dem Erfordernis der Nachprüfbarkeit eine eigene Bedeutung zukommen soll).

10. Die Einholung eines Sachverständigengutachtens in Form einer demoskopischen Verbraucherbefragung ist in der Praxis die Ausnahme; die Gerichte üben sich in Zurückhaltung (→ Form. A.31 sowie Gloy/Loschelder/Erdmann UWG-HdB/*Helm* § 59 Rn. 201). Im Einzelfall wird daher zu überlegen sein, ein demoskopisches Gutachten als Parteigutachten in den Prozess einzuführen, um in geeigneten Fällen dem Gericht die benötigte spezifische Sachkunde zu vermitteln (→ Form. A.31). Der Tatrichter kann seine Sachkunde und Lebenserfahrung nicht nur zur Bejahung, sondern auch zur Verneinung der Irreführungsgefahr heranziehen und auf dieser Grundlage das Verkehrsverständnis feststellen (BGH WRP 2002, 527 (529) – Elternbriefe).

Bei der Irreführungsgefahr handelt es sich um eine anspruchsbegründende Tatsache, die der Kläger zu beweisen hat. Von ihm wird auch der Auslagenvorschuss eingefordert, der je nach notwendigem Umfang der Befragung sehr erheblich sein kann; die Gesamtkosten belaufen sich nicht selten auf 1.000 EUR bis 40.000 EUR (vgl. zu demoskopischen Gutachten eingehend Gloy/Loschelder/Erdmann UWG-HdB/*Helm* § 59 Rn. 201 ff.; Einzelheiten in → Form. A.31).

11. Gemäß § 714 Abs. 2 ZPO sind die tatsächlichen Voraussetzungen des Vollstreckungsschutzantrags nach § 712 ZPO glaubhaft zu machen. Es gilt somit insbesondere § 294 ZPO (Thomas/Putzo ZPO § 714 Rn. 4), so dass auch im Hauptsacheverfahren eidesstattliche Versicherungen zulässig sind.

Kosten und Gebühren

12. → Form. A.11 Anm. 18.

Fristen und Rechtsmittel

13. → Form. A.11 Anm. 19.

23. Klageerwiderung Nachahmung

Landgericht . . . . . .

– Kammer für Handelssachen –

Az . . . . . .

Klageerwiderung

23. Klageerwiderung Nachahmung A. 23

In Sachen

der Fa. X electronics GmbH

gegen

Fa. Y Steckverbinder GmbH ua

zeigen wir an, dass wir die Beklagten vertreten.

Im Termin zur mündlichen Verhandlung werden wir folgende

Anträge

verlesen:
1. Die Klage wird abgewiesen.
2. Die Klägerin trägt die Kosten des Rechtsstreits.
3. Hilfsweise: Der Beklagten wird nachgelassen, die Zwangsvollstreckung aus einem der Klage etwa stattgebenden Urteil ohne Rücksicht auf eine Sicherheitsleistung der Klägerin durch Sicherheitsleistung abzuwenden, die auch durch unbedingte, unbefristete, unwiderrufliche selbstschuldnerische Bürgschaft einer als Zoll- oder Steuerbürge in der Bundesrepublik Deutschland zugelassenen Bank oder Sparkasse erbracht werden kann.

Begründung:

I. Zum Tatsächlichen:

1. Die von der Klägerin angebotenen Gehäuse für Steckverbindungen sind nichts Besonderes. Zum Beweis des Gegenteils hat die Klägerin wohlweislich keine repräsentative Marktübersicht vorgelegt, sondern (vgl. Anlage K 3) eine Auswahl getroffen, die ihre Serie M 1 im Vergleich als besonders innovativ und formschön erscheinen lassen soll. Zur Vervollständigung der Marktübersicht legen wir drei weitere Erzeugnisse von Wettbewerbern der Parteien vor, die allesamt vor der Serie M 1 der Klägerin auf dem Markt waren und sowohl die Funktion als auch die Optik dieser Serie und der zu ihr gehörenden Einzelprodukte in wesentlichen Merkmalen vorwegnehmen:[1, 2]
Das Gehäuse der Fa. A in

– Anlage B 1 –

weist bereits seitliche Grifflaschen auf, wenn diese auch ergonomisch gewölbt und nicht, wie bei der Klägerin, gerade gestaltet sind.
Rechteckige (anstatt runder) Kabelausgänge gab es ebenfalls schon lange vor den klägerischen Produkten, wie ein Katalog der Fa. B aus dem Jahre 1997

– Anlage B 2 –

belegt.
Schließlich hat die Klägerin selbst schon vor der aktuellen Serie M 1 mit zusätzlichen, seitlichen Kabelausgängen experimentiert, wie die Abbildung auf S. 34 ihres eigenen früheren Produktkataloges

– Anlage B 3 –

veranschaulicht.
Aufgrund dessen kann die Serie M 1 nicht als derart aufsehenerregende Pionierleistung angesehen werden, als die die Klägerin sie darstellt. Diese Gehäuse sind daher von Hause aus weder einzeln noch als Serie geeignet, auf ihre Herkunft aus einem bestimmten Betrieb hinzuweisen, noch wirken sie überhaupt als etwas Besonderes.[3]

2. Die fehlende angeborene wettbewerbliche Eigenart wird auch nicht durch einen gesteigerten Bekanntheitsgrad ausgeglichen. Die Klägerin kann und will sich offenbar nicht auf eine etwaige Verkehrsgeltung der Form ihrer Gehäuse als Marke berufen.[4]

Die genannten Absatzzahlen ergeben aber nicht einmal eine im Rahmen von § 4 Nr. 3 Buchst. a UWG erschwerend zu berücksichtigende Bekanntheit, da sie lediglich einem Marktanteil von ca. 8 % entsprechen.[5]

Beweis: Sachverständigengutachten

3. Entgegen der Mutmaßung der Klägerin liegt auch keine unmittelbare Übernahme im Sinne einer bloß mechanischen Vervielfältigung vor.[6] Die Beklagte hat allerdings bei ihrem Lieferanten die Fertigung von Steckverbinder-Gehäusen veranlasst, die hinsichtlich der äußeren Gestaltung und der Funktionselemente denen der Klägerin weitestgehend entsprechen. Die maßgetreue Übereinstimmung beruht zum Teil darauf, dass die Beklagte im Interesse der Benutzer eine Kompatibilität mit den von der Klägerin vertriebenen Anschlussverbindungen anstrebte.[7] Im Übrigen war an den Gehäusen der Klägerin nichts zu verbessern. Da die Beklagte mit dem UWG nicht gezwungen werden kann, bewusst ein technisch und optisch minderwertiges Produkt anzubieten, dürfte sie die Gehäuse der Klägerin sogar identisch nachahmen.[8] Absolut identisch sind die Produkte der Parteien aber nicht einmal: zu ihrer herkunftsmäßigen Unterscheidung dient der von der Beklagten auf der Innenseite der Gehäuse angebrachte Firmenaufdruck.[9] Demgegenüber weisen die Gehäuse der Klägerin keinerlei Herkunftsbezeichnung, sondern lediglich Bestellnummern auf.

4. Die streitgegenständlichen Produkte werden ausschließlich von industriellen Anwendern oder Weiterverarbeitern bezogen, nicht hingegen von privaten Endverbrauchern. Da die Parteien sich ausschließlich an Fachleute wenden, ist hinsichtlich einer möglichen Herkunftstäuschung auf deren Marktübersicht und Kaufverhalten abzustellen. Fachleute identifizieren einen Anbieter nicht anhand irgendwelcher Äußerlichkeiten seiner Produkte. Die Kaufsituation ist nicht mit der einer Hausfrau im Supermarkt zu vergleichen, die gewohnheitsmäßig stets nach derselben Aufmachung des von ihr bevorzugten Konsumguts greift. Professionelle Einkäufer wissen auf Grund der direkten Geschäftsbeziehungen zu den Anbietern industrieller Erzeugnisse genau, mit wem sie es zu tun haben.[10]

II. Zum Rechtlichen:

1. Kein Sonderschutzrecht:
Die klägerischen Gehäuse genießen keinen Schutz auf Grund des Patent-, Gebrauchsmuster-, Urheber- oder Designgesetzes. Sie wären auch nach keinem dieser Gesetze schutzfähig. Folglich ist ihre Nachahmung grundsätzlich frei. Das UWG dient nicht der Schaffung von Ersatz-Ausschließlichkeitsrechten. Nur ausnahmsweise, auf Grund besonderer Umstände oder Folgen der Nachahmung, kann ein die Sondergesetze ergänzender Leistungsschutz wegen unlauteren Wettbewerbs gewährt werden.[11] Solche Umstände liegen hier nicht vor.

2. Keine vermeidbare Herkunftstäuschung:
a) Herkunftstäuschungen scheiden schon deshalb aus, weil sich professionelle Einkäufer nicht von der äußeren Form von Steckverbinder-Gehäusen über deren Herkunft täuschen lassen, vgl. oben I. 4.
b) Im Übrigen wären solche Herkunftstäuschungen im Rechtssinne nicht „vermeidbar". Dieser Begriff ist nicht so zu verstehen, dass dem Wettbewerber jede nur theoretisch denkbare Umgestaltung eines vorbildlichen Produkts zugemutet werden würde. Vielmehr darf er stets die Verkäuflichkeit, die optimale Funktionalität und die Bedienung des Zeitgeschmacks im Auge behalten. Er wird nicht gezwungen, bewusst ein schlechteres oder hässlicheres Produkt anzubieten, als ihm dies nach dem freien Stand der Technik und dem freien Formenschatz möglich wäre. Infolgedessen sind etwa auftretende Herkunftstäuschungen hinzunehmen.[12]

23. Klageerwiderung Nachahmung A. 23

3. **Keine Verwechslungsgefahr gem. § 5 Abs. 2 UWG:**
   Wie oben dargelegt besteht bei den angesprochenen Fachkreisen keine Gefahr der Irreführung über die betriebliche Herkunft. Zudem steht der auf der Innenseite der Gehäuse angebrachte Firmenaufdruck einer Herkunftstäuschung entgegen.

4. **Keine schutzwürdige Leistung:**
   Die Klägerin beansprucht hier einen direkten Schutz der Formen und Funktionen ihrer Gehäuse, wie er für die schon erwähnten Sondergesetze des gewerblichen Rechtsschutzes typisch ist. Nach herrschender Meinung hat der ergänzende Leistungsschutz des UWG die sachlichen, förmlichen und zeitlichen Grenzen dieser Sondergesetze zu respektieren.[13] Wo diese zB wegen Unterschreitung der jeweils erforderlichen Schöpfungshöhe oder Fortschrittlichkeit nicht eingreifen, kann nicht ein praktisch inhaltsgleicher Schutz mit dem UWG gewährt werden. Die Schutzwürdigkeit der Leistung als solcher ist hier also kein zulässiger Gesichtspunkt für das Verbot einer Nachahmung, sondern es kommt ausschließlich auf etwaige unlauterkeitsbegründende Begleitumstände an, die hier fehlen. Die Preisunterbietung kann generell kein solcher erschwerender Begleitumstand sein.[14] Preiswettbewerb ist im Sinne der möglichst kostengünstigen Versorgung der Bevölkerung mit Waren aller Art wirtschaftspolitisch erwünscht.
   Vorliegend ist auch nicht anzunehmen, dass ausnahmsweise der Innovationsdrang der Klägerin dadurch gedämpft würde, dass ihr kein Quasi-Vertriebsmonopol mit dem UWG zugeteilt würde.[15] Durch ihren Markterfolg seit Einführung der Serie M 1 vor mehr als vier Jahren sind ihre Entwicklungskosten mehr als amortisiert. Es gibt daher keinen Grund, den natürlichen Wettbewerbsvorsprung künstlich zu verlängern und der Klägerin weiterhin die Erzielung von Monopolgewinnen zu ermöglichen. Die Klägerin muss sich nun dem Preiswettbewerb stellen.

5. **Keine systematische Behinderung:**
   Die Beklagten dürfen nicht nur einzelne Produkte nachahmen, sondern auch die vollständige, aus vier Gehäusen bestehende Serie. Die unterschiedlichen Gehäuse-Ausführungen sind durch die verschiedenen Polzahlen (9-polig, 15-polig, 25-polig und 37-polig) der Steckverbinder bedingt, zu deren Aufnahme die Gehäuse dienen. Da die Gehäuse für alle Polzahlen nachgefragt werden, kann ein Anbieter sich keine Lücke im Sortiment leisten. Die „Systematik" in der Handlungsweise der Beklagten ist daher ebenso zwangsläufig (nämlich vom Markt gefordert) wie beim Angebot der Klägerin und kann daher nicht zu ihrem Nachteil gewertet werden.[16]
   Im Übrigen ist „Behinderung" eine Leerformel.[17] Die Klägerin wird in ihren Marktaktivitäten nur insoweit „behindert", als sie die streitgegenständlichen Produkte nun nicht mehr als einzige anbietet. Die „Behinderung" als solche ist mit anderen Worten nur Folge von Wettbewerb, nicht von unlauterem Wettbewerb. Da die Beklagte bei gleicher Qualität deutlich preisgünstiger anbietet, jagt sie der Klägerin natürlich Kunden ab. Es ist verständlich, dass die Klägerin darüber nicht entzückt ist. Sie hat aber keinen Anspruch auf ein gesetzlich nicht vorgesehenes Vertriebs-Monopol an diesen gemeinfreien Gestaltungen, oder auf Erzielung der mit einem solchen Monopol verbundenen, nicht wettbewerbsgerechten Preise.
   Die Darlegungs- und Beweislast hinsichtlich der Unlauterkeit der Nachahmung und der sie angeblich begründenden Umstände verbleibt bei der Klägerin. Die Rechtsprechung, die dem identischen Nachahmer eine Rechtfertigung seines Verhaltens auferlegte, dürfte durch jüngere BGH-Entscheidungen überholt sein.[18]

6. Zusammenfassend ergibt sich, dass die Klägerin in Abwesenheit eines Sonderschutzrechts keinen Anspruch darauf hat, diese gemeinfreien Produkte weiterhin allein – und folglich teurer als unter Wettbewerbsbedingungen – anzubieten. Die Beklagte hat das ihr Zumutbare getan, um eine zutreffende Herkunftsidentifizierung der von ihr angebotenen Gehäuse sicherzustellen.

7. Verjährung:
Nur vorsorglich beruft die Beklagte sich auch auf teilweise Verjährung. Etwaige Ansprüche auf unselbstständige Auskunft, Rechnungslegung und Schadenersatz betreffend Vertriebshandlungen, die mehr als sechs Monate vor Klageeinreichung vorgenommen wurden, sind verjährt. Ausweislich des Datums der Abmahnung kannte die Klägerin zum damaligen Zeitpunkt bereits die von der Beklagten angebotenen Produkte.[19]

Rechtsanwalt

Anmerkungen

1. Vorbemerkung. Es handelt sich hier um die Erwiderung auf die Klage gemäß → Form. A.12.

2. Vorbekanntheit der klägerischen Gestaltung. Die wettbewerbliche Eigenart (→ Form. A.12 Anm. 13) des klägerischen Produkts muss für den Unterlassungsanspruch (noch) zum Zeitpunkt der letzten mündlichen Verhandlung gegeben sein, für den Schadenersatzanspruch während des Zeitraums, für den Schadenersatz begehrt wird (vgl. *Sambuc*, Der UWG-Nachahmungsschutz, Rn. 152 mwN).

Der Beklagte wird daher in erster Linie versuchen, die wettbewerbliche Eigenart des klägerischen Produkts schon im Zeitpunkt von dessen Markteinführung in Frage zu stellen. Dies gelingt am sichersten durch Vorlage gleicher oder ähnlicher vorbekannter Produkte. Zwar ist die Neuheit einer Gestaltung keine notwendige und schon gar keine hinreichende Bedingung für wettbewerbliche Eigenart, sie kann aber stark zu ihr beitragen.

Da weder die kennzeichnende (Herkunftshinweis) noch die schutzwürdige (Besonderheit) wettbewerbliche Eigenart (zu diesen Varianten → Form. A.12 Anm. 13) ein für alle Mal gegeben ist, kann sie zwischen der Markteinführung und dem entscheidungserheblichen Zeitpunkt wieder entfallen. Das ist insbesondere dann der Fall, wenn die fraglichen Gestaltungsmerkmale inzwischen üblich geworden sind (vgl. BGH GRUR 1998, 477 (479) – Trachtenjanker).

3. Hinweis auf Herkunft oder Besonderheiten. Zu den verschiedenen Varianten der wettbewerblichen Eigenart → Form. A.12 Anm. 13.

4. Verkehrsgeltung. Würde die Klägerin vorliegend Verkehrsgeltung ihrer Gehäuse behaupten, könnte sie die Klage auf § 4 Nr. 2 MarkenG stützen. Da sie dies nicht tut, handelt es sich um eine reine UWG-Klage. Auch wenn eine Produktgestaltung grundsätzlich dem Formmarkenschutz zugänglich ist, im konkreten Fall aber die Verkehrsgeltungsschwelle des § 4 Nr. 2 MarkenG nicht erreicht ist, wird dem Beklagten hierdurch nicht die Verteidigung dergestalt ermöglicht, dass die Geltendmachung des UWG-Anspruchs durch den Kläger aufgrund des Vorrangs markenrechtlicher Wertungen gesperrt sei (vgl. *Bornkamm* GRUR 2005, 97 (102)). Die vorliegende Klageerwiderung geht ohnehin davon aus, dass die Gehäuse markenrechtlich nicht schützbar sind.

5. Zur Begründung oder Steigerung der wettbewerblichen Eigenart durch Verkehrsbekanntheit → Form. A.12 Anm. 18.

6. Zur Unterscheidung zwischen unmittelbarer Übernahme und (fast) identischer Nachahmung und deren rechtlicher Bedeutung → Form. A.12 Anm. 15, 16.

7. Kompatibilität von Original und Nachahmung. Die Kompatibilität eines nachgeahmten Produkts mit dem Vorbild, dessen Zubehör oder anderen Produkten des Klägers ist für sich genommen kein Unlauterkeitsgrund, da auch Ergänzungs- und Ersatzteile sowie Zusatzgeräte von anderen als den Original-Herstellern grundsätzlich frei hergestellt und vertrieben werden dürfen, wo dem nicht zB ein Patent oder ein Designrecht entgegensteht (vgl. BGH GRUR 2000, 521 (525) – Modulgerüst; BGH GRUR 1977, 660 – Einbauleuchten; BGH GRUR 1984, 282 – Telekonverter; BGH GRUR 1990, 528 – Rollen-Clips).

Andererseits ist die Kompatibilität aber, wenn die Voraussetzungen einer unlauteren Nachahmung im Übrigen vorliegen, auch keine durchgreifende Rechtfertigung des Nachahmers. Die dadurch für den Verbraucher gegebenenfalls entstehenden Vorteile können nur im Rahmen einer Gesamtwürdigung des Wettbewerbsverhaltens des Beklagten entlastend berücksichtigt werden.

8. Zulässigkeit auch identischer Nachahmungen. Die grundsätzliche Nachahmungsfreiheit rechtfertigt sich ua daraus, dass auch der Schöpfer des „Originals" nicht bei „Null" angefangen, sondern von dem Wissens- und Erfahrungsschatz profitiert hat, den frühere Generationen zusammengetragen haben. Daraus hat die Rechtsprechung gelegentlich gefolgert, die Nachahmung sei nur zulässig, wenn der Nachahmende seinerseits – wenn auch „auf den Schultern seiner Vorgänger stehend" – einen Beitrag zum Fortschritt (durch Verbesserung des nachgeahmten Produkts) leistet, also nicht identisch nachahmt (vgl. BGH GRUR 1959, 240 (242) – Nelkenstecklinge; BGH GRUR 1962, 470 (475) – AKI). Diese Argumentation ist jedoch vereinzelt geblieben und schöpft den Sinn der Nachahmungsfreiheit nicht aus. Diese soll nicht nur eine Weiter- und Höherentwicklung auf der Basis des schon Erreichten ermöglichen, sondern durch Produkt- und Preiskonkurrenz das Angebot auch verbreitern und verbilligen. Wenn die identische Nachahmung auch nicht per se unlauter ist, so kann die vollständige Übereinstimmung mit dem Vorbild doch zur Unlauterkeit unter anderen Gesichtspunkten, vor allem der vermeidbaren Herkunftstäuschung beitragen, → Form. A.12 Anm. 16.

9. Anbringung von Marken des Nachahmers zur Ausräumung der Herkunftstäuschung. Eine durch die äußere Übereinstimmung der Produkte begründete betriebliche Verwechslungsgefahr kann uU dadurch beseitigt werden, dass der Beklagte eine eigene Kennzeichnung (Wort-, Bild-, kombinierte, dreidimensionale oder Farbmarke) auf seinem Produkt und/oder dessen Verpackung anbringt (vgl. BGH GRUR 2003, 820 (823) – Bremszangen; BGH GRUR 1999, 751 (753) – Güllepumpen). Glaubt der Verkehr infolgedessen nicht mehr an einen gleichen Anbieter, entfällt ein Anspruch wegen vermeidbarer Herkunftstäuschung, da dieser sich nur gegen die Begründung einer Verwechslungsgefahr richtet, das Produkt als solches aber nur auf dem Umweg über seine Herkunftsfunktion (mit)schützt. Manchmal verlangt der Kläger vom Beklagten überhaupt nur die Anbringung einer unterscheidenden Marke und wehrt sich im Übrigen nicht gegen den Vertrieb der nachgeahmten Ware selbst (vgl. BGH GRUR 1970, 510 – Fußstützen).
Voraussetzungen für eine Ausräumung der Verwechslungsgefahr durch Anbringung einer unterscheidenden Kennzeichnung durch den Nachahmer sind:

a) Die Kennzeichnung muss vor der Kaufentscheidung auf dem Produkt oder dessen Verpackung wahrnehmbar sein (vgl. BGH GRUR 1962, 243 (247) – Kindersaugflasche; BGH GRUR 1999, 751 (753) – Güllepumpen), wobei eine Wahrnehmbarkeit auch aus größerer Distanz nicht zu fordern sein dürfte (Harte-Bavendamm/Henning-Bodewig/ *Sambuc* UWG § 4 Nr. 3 Rn. 130; aA OLG Karlsruhe GRUR-RR 2013, 518 (523) – Rillen-Design). Die Wahrnehmbarkeit der abweichenden Kennzeichnung ist vorliegend äußerst fraglich, da die Innenseite der Gehäuse vor dem Kauf nur ausnahmsweise inspiziert werden dürfte. Schließlich muss gewährleistet sein, dass eine Verpackung oder ein Etikett mit der abweichenden Kennzeichnung noch zum Zeitpunkt des Kaufs vorhanden ist (BGH GRUR 2006, 79 (82) – Jeans).

b) Die Marke muss für die Kaufentscheidung eine Rolle spielen. Das ist zB bei Textilstoffen regelmäßig nicht der Fall, da hier das Muster für die Kaufentscheidung ausschlaggebend ist (vgl. BGH GRUR 1962, 144 (151) – Buntstreifensatin I). Bei der (fast) identischen Nachahmung eines Gerüstsystems achten die interessierten Fachleute eher auf die technisch-konstruktiven Merkmale als auf eine zusätzlich angebrachte Firmenkennzeichnung (vgl. BGH GRUR 2000, 521 (524) – Modulgerüst).

c) Die abweichende Kennzeichnung muss zur Ausräumung auch der Verwechslungsgefahr im weiteren Sinne geeignet sein, dh der Verkehr darf auch nicht an ein Lizenzverhältnis oder ähnliches zwischen den Parteien glauben (vgl. BGH GRUR 1988, 620 (623) – Vespa-Roller).

d) Wenn das nachgeahmte Produkt markenlos verkauft wird, besteht bei ausdrücklicher Kennzeichnung durch den Nachahmer die zusätzliche Gefahr, dass auch die Original-Erzeugnisse mit ihm identifiziert werden, er sich also eine nicht individualisierte Herkunftsvorstellung des Verkehrs aneignet, denn die für eine vermeidbare Herkunftstäuschung erforderliche „Herkunftsvorstellung" setzt keine namentliche Bekanntheit des Original-Herstellers voraus, sondern bezeichnet lediglich die Annahme, dieses Produkt werde nur von einem Unternehmen (welchem auch immer) angeboten (→ Form. A.12 Anm. 21).

e) Schließlich spielen Umstände des Einzelfalls eine Rolle (vgl. BGH GRUR 2003, 820 (823) – Bremszangen; BGH GRUR 2002, 275 (277) – Noppenbahnen; BGH GRUR 2000, 521 (524) – Modulgerüst), zB die Auffälligkeit der Anbringung, unterschiedliche Schreibweisen oder graphische Aufmachungen und dergleichen.

10. Abnehmerkreise maßgeblich für Gefahr von Herkunftstäuschungen. Der flüchtige Käufer alltäglicher Konsumgüter unterliegt leichter Herkunftstäuschungen als der professionelle Einkäufer eines Großunternehmens. Demgemäß nimmt die Rechtsprechung an, dass Hersteller, insbesondere wenn sie für die eigene Produktion zukaufen, den Lieferanten namentlich kennen und sich durch äußere Übereinstimmungen der Produkte nicht irreführen lassen (vgl. OLG Düsseldorf GRUR 1953, 394 (395) – Nähmaschinenmotor; BGH GRUR 1963, 328 (330) – Fahrradschutzbleche; BGH GRUR 1967, 315 (318) – skai cubana; BGH GRUR 1977, 666 (667) – Einbauleuchten). Das Gleiche gilt in der Regel für Händler, Vertreter und generell Fachleute, soweit diese ebenso marktkundig wie Hersteller sind (vgl. BGH GRUR 1955, 418 (419) – Herzwandvase; BGH GRUR 1967, 315 (318) – skai cubana; BGH GRUR 1968, 591 (594) – Pulverbehälter; BGH GRUR 1988, 385 (387) – Wäsche-Kennzeichnungsbänder; BGH GRUR 1996, 210 (212) – Vakuumpumpen; differenzierend BGH GRUR 2000, 521 (524 aE) – Modulgerüst; BGH GRUR 1999, 1106 (1109) – Rollstuhlnachbau). Ebenso ist die Gefahr einer Herkunftstäuschung gering, wenn sich die Produkte an einen begrenzten Adressatenkreis von öffentlichen Auftraggebern richten, die fachkundig sind und dem Erwerb eine Ausschreibung vorschalten, BGH GRUR 2012, 58 (64) – Seilzirkus.

11. Ausnahmecharakter des ergänzenden UWG-Leistungsschutzes. Da die Sondergesetze des Gewerblichen Rechtsschutzes und Urheberrechts die Schutzgewährung jeweils von genau umschriebenen sachlichen, zeitlichen und zum Teil auch förmlichen Voraussetzungen abhängig machen, geben sie zu erkennen, dass bei Nichterfüllung dieser Voraussetzungen die betreffende Leistung nach dem jeweiligen Sondergesetz nicht geschützt sein soll. Um diese Schutzschranken nicht zu unterlaufen, folgert die herkömmliche Meinung, dass der Schutz vor Nachahmungen durch das UWG nicht am Gegenstand der Nachahmung anknüpfen dürfe. Dem Schutz der schöpferischen Leistung als solcher dienten ausschließlich die geistigen und technischen Schutzrechte. Die wettbewerbsrechtliche Beurteilung hingegen habe lediglich die Art und Weise zum Gegenstand wie ein Wettbewerber die Leistung eines Mitbewerbers für sich ausnutze (vgl. Fezer UWG § 4 Nr. 9 Rn. 3). Dementsprechend kann bspw. nach Ablauf des Patentschutzes der ergänzende Leistungsschutz auch hinsichtlich jener übernommenen Merkmale, die Teil der dem Patent zugrundeliegenden Lösung waren, zum Zuge kommen (BGH GRUR 2015, 909 (911) Rn. 22 – Exzenterzähne). In der Verordnung (EG) Nr. 6/2002 zum

Gemeinschaftsgeschmacksmuster, mit welcher ein dreijähriger Nachahmungsschutz für das nicht eingetragene Gemeinschaftsgeschmacksmuster eingeführt wurde, ist in Art. 96 Abs. 1 ausdrücklich normiert, dass die Bestimmungen über den unlauteren Wettbewerb unberührt bleiben. Wettbewerbsrechtliche Ansprüche während dieses dreijährigen Nachahmungsschutzes oder nach Ablauf dieses Zeitraums sind mithin nicht ausgeschlossen (BGH GRUR 2006, 79 (80) – Jeans). Der BGH begründet dies in der genannten Entscheidung mit dem Argument, Gegenstand des Geschmacksmusters sei im Gegensatz zum Nachahmungsschutz nach dem UWG ein bestimmtes Leistungsergebnis. Diese theoretische Trennung zwischen sondergesetzlichem und ergänzendem Leistungsschutz lässt sich jedoch praktisch nicht durchhalten. Sie wird schon durch die überragende Bedeutung der wettbewerblichen Eigenart des nachgeahmten Produkts widerlegt. Eine Vielzahl von Erscheinungsformen des ergänzenden Leistungsschutzes ist nur durch seinen quasi-schutzrechtsähnlichen Charakter erklärlich, zB die Zulassung der dreifachen Schadensberechnung (→ Form. A.12 Anm. 11) oder die Zulassung der Eingriffskondiktion. Auch die (mittlerweile aufgegebene) Rechtsprechung zum „Saisonschutz", die einen lupenreinen, zeitlich begrenzten Schutz der schöpferischen Leistung als solcher eingeführt hatte (→ Form. A.12 Anm. 13), war mit der herkömmlichen Vorstellung einer abschließenden Regelung des Schutzes schöpferischer Leistungen durch die Sondergesetze unvereinbar.

12. → Form. A.12 Anm. 24.

13. → Anm. 11.

14. Zur Bedeutung der Preisunterbietung → Form. A.12 Anm. 20.

15. Zur Dämpfung fortschrittlicher Entwicklungen durch die Zulassung von Nachahmungen → Form. A.12 Anm. 27.

16. Zum systematischen Nachahmen → Form. A.12 Anm. 31.

17. Behinderung. Leistungs- und Behinderungswettbewerb sind zu allgemeine Kategorien, als dass sie für die Entscheidung konkreter Fälle brauchbare Kriterien bieten könnten. Ein gewisser Grad an Behinderung ist mit der Zulassung von Nachahmungen immer verbunden. Dieser Umstand allein reicht demnach für eine Behinderung nicht aus, sondern muss in weiteren Fallspezifika liegen (BGH GRUR 2017, 79 (88) Rn. 82 – Segmentstruktur). Die umfassende Gesamtwürdigung aller Umstände eines Nachahmungsfalls (→ Form. A.12 Anm. 31) kann aber im Ergebnis auf eine unlautere Behinderung hinauslaufen (vgl. BGH GRUR 1996, 210 (212) – Vakuumpumpen). Können Original und Kopie aufgrund des äußeren Erscheinungsbilds unterschieden werden, spricht dies gegen eine unlautere Behinderung (BGH GRUR 2007, 795 (799) – Handtaschen).

18. → Form. A.12 Anm. 34.

19. Verjährung. Der sechsmonatigen Verjährung gem. § 11 Abs. 1 UWG unterliegen die durch eine konkrete Verletzung hervorgerufenen Ansprüche. Jede neue Zuwiderhandlung unterliegt ihrer eigenen Verjährung (vgl. BGH GRUR 1974, 99 – Brünova), die allerdings im Hinblick auf die 6-Monats-Frist erst mit Kenntnis des Verletzten von der Handlung und der Schadensentstehung zu laufen beginnt (vgl. *Köhler/Bornkamm/Feddersen* UWG § 11 Rn. 1.18). Bei einer Dauerhandlung ist Verjährungsbeginn für den Unterlassungsanspruch die Beendigung der Dauerhandlung (*Ohly/Sosnitza* UWG § 11 Rn. 18). Hingegen beginnt die Verjährung für den Schadensersatzanspruch nicht erst mit der Beendigung der unlauteren Dauerhandlung. Der sich aus Einzelhandlungen ergebende Schadensersatzanspruch verjährt fortlaufend, so dass die vergangenheitsbezogenen Schadensersatzansprüche aus den jeweiligen Teilakten gesondert verjähren (*Ullmann/Ernst* UWG § 11 Rn. 18).

24. Antrag nach § 890 ZPO

Landgericht[1] . . . . . .

Az.: . . . . . .

Antrag nach § 890 ZPO[2]

A-GmbH . . . . . .

– Gläubigerin –

Prozessbevollmächtigter:[3] . . . . . .

gegen

B-GmbH . . . . . .

– Schuldnerin –

Prozessbevollmächtigter: . . . . . .

Ich beantrage,

1. gegen die Schuldnerin wegen Zuwiderhandlung gegen das Unterlassungsgebot gemäß Ziffer 1. des Urteils der Kammer vom 5.3.2016 ein empfindliches Ordnungsgeld[4] zu verhängen, ersatzweise Ordnungshaft, die an dem Geschäftsführer Herrn . . . . . . der Schuldnerin zu vollziehen ist;[5]
2. Die Schuldnerin hat ab Zustellung dieses Beschlusses bis zum Ablauf des . . . . . . eine Sicherheit von . . . . . . EUR zugunsten der Gläubigerin für deren durch fernere Zuwiderhandlungen entstehenden Schaden zu bestellen.

Begründung:[6]

1. Mit Urteil der Kammer[7] vom 5.3.2016 – Az . . . . . . – ist die Schuldnerin im Wege der einstweiligen Verfügung verurteilt worden, es bei Meidung der gesetzlichen Ordnungsmittel zu unterlassen, „Steckbausteine anzubieten oder in Verkehr zu bringen, welche quaderförmig ausgebildet sind, auf ihrer Oberseite im Abstand von je 3 mm zylindrische Noppen mit einem Durchmesser von je 13 mm und einer Noppenhöhe von ca. 4 mm aufweisen und deren Unterseiten in der Weise quadratisch ausgebildet sind, dass die runden Noppen der Oberseite in die Quadrate eines gleichen Steckbausteines passen." Ich übergebe eine beglaubigte Kopie der vollstreckbaren Ausfertigung des Urteils der Kammer als Anlage G 1.
Eine vollstreckbare Ausfertigung des Urteils wurde der Schuldnerin von Amts wegen am 11.3.2016 und im Parteibetrieb am 17.3.2016 zugestellt.[7] Eine Kopie der Zustellungsurkunde übergebe ich als Anlage G 2.

2. Die Schuldnerin hat mehrfach[8] gegen das Unterlassungsgebot verstoßen:
Sie verwendet nach wie vor zur Bewerbung ihrer Produkte einen Katalog, in dem auch die streitgegenständlichen Steckbausteine angeboten werden. Die Abbildung auf Seite 363 dieses Katalogs zeigt einen solchen Steckbaustein in Originalgröße.

Beweis:[9] Katalog 2016 der Schuldnerin, Anlage G 3

Diesen Katalog hat die Schuldnerin am 29.4.2016, also nach Zustellung der einstweiligen Verfügung,[10] an den Kindergarten E-Stadt versandt.

Beweis: Zeugnis des Herrn . . . . . ., Mitarbeiter des Kindergartens E-Stadt, ...
(ladungsfähige Anschrift)

24. Antrag nach § 890 ZPO A. 24

Den gleichen Katalog schickte die Schuldnerin am 6.5.2016 an Frau . . . . . .

Beweis: Zeugnis der Frau . . . . . ., (ladungsfähige Anschrift)

Zwar sind die der Schuldnerin untersagten Noppenmaße in dem Katalog 2016 nicht ausdrücklich angegeben.[11] Sie sind jedoch ohne weiteres an dem in Mitte der Katalogseite abgebildeten Musterstein nachzumessen, nachdem dieser ausdrücklich mit dem Vermerk „Originalgröße" versehen ist.

Ob die Schuldnerin Steine mit den untersagten Maßen auf eine Bestellung hin auch liefert, ist unerheblich, da das Unterlassungsurteil nicht nur das Inverkehrbringen dieser Steine, sondern auch bereits das Anbieten untersagt.

3. Die Schuldnerin hat mithin mehrfach vorsätzlich[12] gegen das ergangene Urteil verstoßen. Sie ist daher durch Verhängung eines empfindlichen Ordnungsgeldes[13] zur Einhaltung des gerichtlichen Verbotes zu zwingen. Die Höhe des Ordnungsgeldes wird in das Ermessen des Gerichts gestellt, sollte allerdings mindestens . . . . . . EUR betragen.[14]

4. Das Verhalten der Schuldnerin zeigt, dass sie nicht gewillt ist, das ergangene Verbot zu beachten. Weitere Verstöße sind daher zu besorgen. Mithin ist Sicherheitsleistung für die entstehenden Schäden der Gläubigerin geboten. Die Höhe der Sicherheit errechnet sich wie folgt: . . . . . .[15, 16, 17]

Rechtsanwalt

Schrifttum: *Bork,* Ab wann ist die Zuwiderhandlung gegen die Unterlassungsverfügung sanktionierbar gemäß § 890 ZPO?, WRP 1989, 360; *Castendiek,* Die Amtszustellung als Vollziehung von Urteilsverfügungen mit Unterlassungsgebot, WRP 1979, 527; *Hees,* Vollstreckung aus erledigten Unterlassungstiteln nach § 890 ZPO – kein Ende des Streits in Sicht, GRUR 1999, 128; *Kehl,* Einstweilige Verfügung – ähnliche neue Werbung – was tun?, WRP 1999, 46; *Kramer,* Der richterliche Unterlassungstitel im Wettbewerbsrecht, 1982; *Melullis,* Zur Bestimmung des Zustellungsempfängers bei Beschlussverfügungen, WRP 1982, 249; *Ruess,* Vollstreckung aus Unterlassungstiteln, NJW 2004, 485; *Schuschke/Walker,* Vollstreckung und Vorläufiger Rechtsschutz: Kommentar zum achten Buch der Zivilprozessordnung, 6. Aufl. 2015; *Sosnitza,* Vom Fortsetzungszusammenhang zur natürlichen und rechtlichen Handlungseinheit – Vertragsstrafe und Ordnungsgeld, FS Lindacher, 2007, S. 161; *Teplitzky,* Wettbewerbsrechtliche Ansprüche, 11. Aufl. 2016; *Vohwinkel:* Neuer Vollziehungsbegriff für § 945 ZPO – Auswirkungen auf § 929 II ZPO?, GRUR 2010, 977; vgl. ergänzend die Nachweise in → Form. A.1 und → Form. A.4.

Anmerkungen

1. Zuständig ist ausschließlich (§ 802 ZPO) das Prozessgericht erster Instanz (§ 890 Abs. 1 S. 1 ZPO). Auf die Höhe des beantragten oder festgesetzten Ordnungsmittels kommt es nicht an.

2. Unterlassungstitel (insbesondere einstweilige Verfügung oder Urteil in der Hauptsache) werden nach § 890 ZPO vollstreckt. Gegen den Schuldner, der dem Unterlassungsgebot zuwiderhandelt, wird auf Antrag des Gläubigers vom Gericht ein Ordnungsmittel (Ordnungsgeld oder Ordnungshaft) festgesetzt. Die Unterlassungsvollstreckung hat damit im Gegensatz zu anderen Vollstreckungsarten strafähnlichen Charakter (BVerfG NJW 1967, 195 (196); BVerfG NJW 1981, 2457; BVerfG NJW 1991, 3139).

3. Vor dem Landgericht besteht Anwaltszwang, auch wenn aus einer Beschlussverfügung vollstreckt werden soll.

4. Der Antrag braucht das Ordnungsmittel und dessen Höhe nicht zu bestimmen (Zöller/*Stöber* ZPO § 890 Rn. 13). Stellt der Gläubiger einen bestimmten Antrag, gilt § 308 ZPO; es sollte daher generell nur ein Mindestmaß beantragt und die Höhe ausdrücklich in das Ermessen des Gerichts gestellt werden. Von Amts wegen ist neben dem Ordnungsgeld ersatzweise Ordnungshaft festzusetzen (BLAH ZPO § 890 Rn. 17).

5. Auch gegen eine juristische Person darf Ordnungshaft bzw. Ersatzordnungshaft nach nicht unbestrittener, aber in der Praxis ganz vorherrschender Meinung verhängt werden (BGH GRUR 1992, 749 (750) – Fachliche Empfehlung II), allerdings nur mit der Maßgabe, dass sie an ihren Organen (Vorstand, Geschäftsführer usw.) zu vollziehen ist. Das Organ muss selbst schuldhaft gegen das Unterlassungsgebot verstoßen haben. Im Beschluss ist deshalb das Organ, gegen das die Ordnungshaft vollstreckt werden soll, namentlich anzugeben (BGH GRUR 1992, 749 (750) – Fachliche Empfehlung II).

6. Der Sachverhalt ist der Entscheidung OLG Stuttgart WRP 1997, 248 nachgebildet.

7. Die Voraussetzungen der Zwangsvollstreckung, § 750 ZPO müssen vorliegen. Die Festsetzung von Ordnungsmitteln durch das Gericht setzt einen vollstreckbaren Unterlassungstitel, die Androhung eines Ordnungsmittels nach § 890 Abs. 2 ZPO und die Zustellung des Titels voraus (*Köhler/Bornkamm/Feddersen* UWG § 12 Rn. 6.1 ff.). Die Ordnungsmittelandrohung ist regelmäßig schon im Titel enthalten (→ Form. A.4 Anm. 11). Sonst muss sie auf Antrag des Gläubigers durch einen besonderen Beschluss des Gerichts nachgeholt werden (zB im Falle eines Prozessvergleichs, bei dem die Aufnahme der Androhung in den Titel unzulässig ist, *Köhler/Bornkamm/Feddersen* UWG § 12 Rn. 6.3. Ein entsprechender Beschluss ist aber unzulässig, wenn der Vergleich vertragsstrafe-bewehrt ist). Vor der Festsetzung eines Ordnungsmittels (nicht notwendig jedoch vor Zuwiderhandlung, → Anm. 10) müssen Titel und Androhung dem Schuldner zugestellt worden sein, § 750 Abs. 1 ZPO.

8. Gegenstand des Verfahrens ist nur die Zuwiderhandlung, auf die sich der Antrag bezieht. Später erfolgte oder bekannt gewordene Zuwiderhandlungen können entsprechend den Grundsätzen der Klageänderung durch einen neuen Antrag (gegebenenfalls auch in der Beschwerdeinstanz, OLG Stuttgart WRP 1990, 134) in das Verfahren einbezogen werden. Zur Frage, ob und inwieweit mehrere einzelne Verstöße zu einer einzigen Zuwiderhandlung zusammengefasst werden können → Anm. 13. Zuwiderhandlungen, die länger als zwei Jahre zurückliegen, sind verjährt (Art. 9 EGStGB). Die Verjährung wird durch Einleitung eines Ordnungsmittelverfahrens nicht unterbrochen (Zöller/*Stöber* ZPO § 890 Rn. 24).

9. Der Gläubiger muss die Zuwiderhandlung und das Verschulden des Schuldners beweisen. Glaubhaftmachung genügt nicht (*Köhler/Bornkamm/Feddersen* UWG § 12 Rn. 6.8).

10. Als Zuwiderhandlung kommen nur solche Handlungen in Betracht, die nach dem Zeitpunkt der Wirksamkeit des Titels und der Ordnungsmittelandrohung begangen wurden. Urteile sind grundsätzlich ab Verkündung (dh vor Zustellung) wirksam (Schuschke/Walker ZPO § 890 Rn. 24) und zu beachten. Ein nur gegen Sicherheitsleistung vorläufig vollstreckbares Urteil muss der Schuldner jedoch erst beachten, wenn der Gläubiger die Sicherheit geleistet hat und dies dem Schuldner in formalisierter Form nachgewiesen war (BGH GRUR 1996, 812 – Unterlassungsurteil gegen Sicherheitsleistung).

Bei einstweiligen Verfügungen muss als weitere Voraussetzung die Vollziehung gemäß § 929 Abs. 2 ZPO hinzutreten. Dies gilt nicht nur für Beschlussverfügungen, die vom Gläubiger im Parteibetrieb zuzustellen sind (§ 922 Abs. 2 ZPO und diese Zustellung zugleich die Vollziehung gemäß § 929 Abs. 2 ZPO darstellt), sondern auch für Urteilsverfügungen. Allerdings wird eine im Verfahren des vorläufigen Rechtsschutzes durch Urteil erlassene Verbotsverfügung mit der Verkündung des Urteils wirksam und ist vom Schuldner bereits ab diesem Zeitpunkt zu beachten, wenn sie eine Ordnungsmittelandrohung enthält. Daher kann gegen den Schuldner wegen einer schuldhaften Zuwiderhandlung im Zeitraum zwischen Verkündung und Zustellung eines entsprechenden Urteils im Parteibetrieb ein Ordnungsmittel festgesetzt werden, wenn im Zeitpunkt der mündlichen Verhandlung über den Ordnungsmittelantrag die allgemeinen Voraussetzung der Zwangsvollstreckung und eine wirksame Vollziehung iSd § 929 Abs. 2 ZPO zu bejahen sind (BGH GRUR 2009, 890 – Ordnungsmittelandrohung).

Fällt der Titel später fort, so stellt sich die Frage, ob für zuvor begangene Zuwiderhandlungen noch ein Ordnungsmittel festgesetzt werden kann. Beim Titelfortfall *ex tunc* (zB Klagerücknahme, § 269 ZPO; Aufhebung des Urteils in höherer Instanz; Aufhebung der einstweiligen Verfügung im Widerspruchsverfahren oder wegen Versäumung der Frist zur Erhebung der Hauptsacheklage gemäß § 926 Abs. 2 ZPO) ist die weitere Vollstreckung unzulässig und der Titel ist aufzuheben (§§ 775 Nr. 1, 776 ZPO, vgl. *Köhler/Bornkamm/Feddersen* UWG § 12 Rn. 6.16a mwN). Beim Titelfortfall *ex nunc* (zB Aufhebung wegen veränderter Umstände nach § 927 ZPO; übereinstimmende Erledigungserklärung) ist die Festsetzung eines Ordnungsmittels für frühere Zuwiderhandlungen nach wohl überwiegender Ansicht ebenfalls unzulässig (BGH GRUR 2004, 264 – Euro-Einführungsrabatt; OLG Hamm WRP 1990, 423 mAnm *Münzberg*; Teplitzky Kap. 57 Rn. 38; *Köhler/Bornkamm/Feddersen* UWG § 12 Rn. 6.16; *Ohly/Sosnitza* UWG § 12 Rn. 254; offengelassen von OLG Nürnberg WRP 1996, 145). Relevant wird dieser Meinungsstreit vor allem im Falle der Erledigung, zB wenn die Parteien den Rechtsstreit nach Abgabe einer strafbewehrten Unterlassungserklärung durch den Schuldner übereinstimmend für erledigt erklären: hier sollte der Gläubiger seine Erledigungserklärung ausdrücklich auf die Zukunft beschränken, wenn er aus dem Titel wegen früher begangener Zuwiderhandlungen noch vollstrecken will (BGH GRUR 2004, 264 – Euro-Einführungsrabatt; OLG Hamm WRP 1990, 423 mAnm *Münzberg*; vgl. auch OLG Frankfurt WRP 1992, 717; OLG Stuttgart WRP 1995, 890; OLG Nürnberg WRP 1996, 145).

11. Ob eine Zuwiderhandlung vorliegt, richtet sich nach dem Unterlassungstenor. Zu dessen Auslegung können Tatbestand und Entscheidungsgründe herangezogen werden (BGH GRUR 1992, 525 – Professorenbezeichnung in der Arztwerbung II), bei einer Beschlussverfügung auch die Antragsschrift, wenn sie mit zugestellt wurde (*Köhler/Bornkamm/Feddersen* UWG § 12 Rn. 6.4). Der Titel muss jedoch aus sich heraus verständlich sein; die Bezugnahme auf Gegenstände, die mit dem Urteil selbst nicht verbunden sind, zB Anlagen zu Parteischriftsätzen oder den bei den Gerichtsakten befindlichen Nachahmungsgegenstand, scheidet aus (BGH GRUR 1985, 1041 (1049) – Inkasso-Programm; Teplitzky Kap. 57 Rn. 6). Zum räumlichen Geltungsbereich eines Unterlassungstitels → Form. A.4 Anm. 10 aE.

Die (angebliche) Zuwiderhandlung stimmt häufig nicht völlig mit dem Unterlassungstenor überein (zur Problematik vgl. *Kehl* WRP 1999, 46; *Köhler/Bornkamm/Feddersen* UWG § 12 Rn. 6.4). Ist im Urteil die sog. konkrete Verletzungsform beschrieben (→ Form. A.4 Anm. 10), so erfasst der Verbotsumfang jedoch auch abgewandelte, denselben „Kern" enthaltende Handlungsformen, sofern der Titel diesen Kern, dh das Charakteristische der Verletzungsform, zweifelsfrei zum Ausdruck bringt (sog. *Kerntheorie*, vgl. BGH WRP 1989, 572 (574) – Bioäquivalenz-Werbung; BVerfG GRUR 2007, 618 – Organisationsverschulden). Eine entsprechende Anwendung des Verbots auf ein dem tenorierten lediglich ähnliches Verhalten ist dagegen wegen des repressiven Charakters der Ordnungsmittel (Art. 103 Abs. 2 GG) unzulässig.

Die Abgrenzung ist praktisch schwierig (vgl. die Beispiele bei Schuschke/Walker ZPO § 890 Rn. 22 f.). In Zweifelsfällen sollte der Gläubiger die Einleitung eines neuen Erkenntnisverfahrens für die neue Verletzungshandlung in Erwägung ziehen. Ein solches Vorgehen ist allerdings nicht ohne Risiko. Beurteilt das Gericht im Zweitprozess die neue Verletzungshandlung als gleichwertig, so muss es grundsätzlich zur Abweisung der zweiten Klage wegen entgegenstehender Rechtskraft als unzulässig gelangen, weil Identität der Streitgegenstände besteht (BGH GRUR 1993, 157 (158) – Dauernd billig). Allerdings ist anerkannt, dass bei fehlender Vollstreckungsmöglichkeit, namentlich Unbestimmtheit des Ersttitels trotz Rechtskraft ein Zweitprozess möglich ist (BGHZ 93, 287 (289)). *Teplitzky* (Teplitzky Kap. 57 Rn. 16c) will einen Zweitprozess zulassen, wenn der Gläubiger zumindest einen erfolglosen Vollstreckungsversuch unternommen hat. Der Nachteil dieser Lösung ist, dass es dann bei Einleitung des Zweitprozesses bereits an der Dringlichkeit fehlen kann, wenn nicht sogar schon Verjährung eingetreten ist. Die Rechtsprechung ist deshalb zum Teil großzügiger und lässt bei objektiven Zweifeln am Verbotsumfang Ordnungsmittelverfahren und Zweitprozess parallel zu (vgl. OLG Frankfurt WRP 1997, 51). Im Zweitprozess sollte Unterlassung der neuen Verletzungshandlung begehrt werden; eine Feststellung des Inhalts des Ersttitels ist wenig hilfreich (OLG Zweibrücken NJW-RR 1997, 1).

12. Die Festsetzung eines Ordnungsmittels setzt wegen des strafähnlichen Charakters Verschulden voraus (grundlegend: BVerfG NJW 1967, 1995 (1996)). Der Schuldner selbst bzw. bei juristischen Personen die Organe müssen schuldhaft gehandelt haben; Verschulden von Hilfspersonen (§ 8 Abs. 2 UWG, § 278 BGB) reicht nicht (BVerfG NJW 1967, 1995 (1996)). Eigenes Verschulden trifft den Schuldner schon dann, wenn er nicht unverzüglich nach Kenntnis vom Unterlassungstitel alle ihm zumutbaren Maßnahmen trifft, um künftige Zuwiderhandlungen zu verhüten (*Köhler/Bornkamm/Feddersen* UWG § 12 Rn. 6.7; BGH GRUR 2017, 208 – Rückruf von RESCUE-Produkten). Dies umfasst ohne weiteres die eingehende Belehrung und Überwachung der eigenen Mitarbeiter sowie die Sanktionierung von Verstößen seitens der Mitarbeiter (LG Frankfurt WRP 2008, 691 (692)). Die Belehrung von Mitarbeitern hat grundsätzlich schriftlich unter Angabe der Nachteile aus einem Verstoß hinsichtlich des Arbeitsverhältnisses und hinsichtlich der Zwangsvollstreckung zu erfolgen (OLG Nürnberg WRP 1999, 1184; vgl. auch LG Frankfurt WRP 2008, 691). Darüber hinaus ist der Unterlassungsschuldner auch verpflichtet, im Rahmen des Möglichen und Zumutbaren auf selbstständige Dritte einzuwirken, soweit dies zur Beseitigung eines fortdauernden Störungszustands erforderlich ist (BGH GRUR 2015, 258 – CT-Paradies). Zwar hat der Unterlassungsschuldner für das selbständige Handeln Dritter prinzipiell nicht einzustehen. Er ist jedoch gehalten, auf Dritte, deren Handeln ihm wirtschaftlich zugutekommen, einzuwirken, wenn er mit einem Verstoß ernstlich rechnen muss und zudem rechtliche und tatsächliche Einflussmöglichkeiten auf das Verhalten der Dritten hat (BGH GRUR 2014, 595 – Vertragsstrafenklausel). Dies folgt daraus, dass die gerichtliche angeordnete Unterlassung eine Dauerhandlung ist, bei der die Nichtbeseitigung des Verletzungszustands gleichbedeutend mit der Fortsetzung der Verletzungshandlung ist (BGH GRUR 2017, 823 – Luftentfeuchter). Danach muss ein Schuldner, dem gerichtlich untersagt worden ist, ein Produkt mit einer bestimmten Aufmachung zu vertreiben oder für ein Produkt mit bestimmten Angaben zu werben, grundsätzlich durch einen Rückruf des Produkts und/oder des untersagten Werbematerials dafür sorgen, dass bereits ausgelieferte Produkte von seinen Abnehmern nicht weiter vertrieben werden (BGH GRUR 2016, 720 – Hot Sox; BGH GRUR 2016, 406 – Piadina-Rückruf) bzw. das Werbematerial keine weitere Verbreitung findet (ansonsten kann danach für dennoch – vom Dritten – verteiltes Material Ordnungsgeld verhängt werden). Die Verpflichtung, bereits ausgelieferte und mit einer wettbewerbswidrigen Werbung versehene Produkte zurückzurufen, setzt nicht voraus, dass

24. Antrag nach § 890 ZPO A. 24

dem Unterlassungsschuldner gegen seine Abnehmer rechtlich durchsetzbare Ansprüche auf Unterlassung der Weiterveräußerung oder auf Rückgabe dieser Produkte zustehen (BGH GRUR 2017, 208 – RESCUE Produkte). Zu allem Vorstehenden kritisch *Hermanns* GRUR 2017, 977 und *Dissmann* GRUR 2017, 986. Die Einwirkung auf Abnehmer kann auch umfassen, die weitere Belieferung von der Abgabe einer strafbewehrten Unterlassungserklärung abhängig zu machen (KG WRP 1998, 627). Die Pflicht zum Tätigwerden kann auch die Kontrolle einer Anzeigenstornierung umfassen (OLG Hamburg WRP 1997, 52; OLG Köln MD 1998, 333; KG MD 1999, 1095). Die (unrichtige) anwaltliche Auskunft, die neue Verletzungshandlung falle nicht unter den Unterlassungstenor, entlastet den Schuldner grundsätzlich nicht (BGH GRUR 1971, 223 (225) – Clix-Mann).

13. Festgesetzt werden kann Ordnungsgeld oder (praktisch selten) Ordnungshaft. Das Ordnungsgeld fließt – anders als die Vertragsstrafe, die dem Gläubiger zugutekommt – in die Staatskasse. Das einzelne Ordnungsgeld beträgt mindestens 5 EUR (Art. 6 Abs. 1 EGStGB), höchstens 250.000 EUR gemäß § 890 Abs. 1 S. 2 ZPO, die Ordnungshaft mindestens einen Tag (Art. 6 Abs. 2 EGStGB), höchstens sechs Monate gemäß § 890 Abs. 1 S. 1 ZPO, bei mehrfachen Verstößen insgesamt bis zu zwei Jahren. Das Ordnungsgeld soll so bemessen sein, dass sich aus Schuldnersicht die erneute Titelverletzung wirtschaftlich nicht lohnt. Weitere Bemessungsfaktoren sind die Gefährlichkeit der Verletzungshandlung für den Gläubiger Art, Umfang und Dauer des Verstoßes sowie der Grad des Verschuldens (BGH GRUR 1994, 45 (47) – Vertragsstrafenbemessung; OLG Hamm WRP 2000, 413 (417)). Der Streitwert des vorangegangenen Unterlassungsverfahrens hat allenfalls indizielle Bedeutung; die schematische Festsetzung eines Ordnungsgeldes von 1/20 des Ausgangsstreitwerts des Unterlassungsverfahrens bei einem ersten Verstoß (so zeitweilig OLG Hamburg NJW-RR 1987, 1024; ähnlich OLG Frankfurt NJW-RR 1990, 639 und KG WRP 1992, 176) ist unzulässig (BGH GRUR 1994, 45 (47)). Die Ordnungsmittelfestsetzung wird weder durch eine aufgrund desselben Verstoßes verfallene Vertragsstrafe noch durch eine aufgrund eines anderen Vollstreckungstitels eines anderen Gläubigers wegen derselben Verletzungshandlung bereits erfolgte Ordnungsmittelfestsetzung ausgeschlossen. Doch sind diese Sanktionen bei der Bemessung der Höhe des Ordnungsgeldes zu berücksichtigen (Teplitzky Kap. 57 Rn. 36).

Fraglich ist, unter welchen Umständen mehrere gleichartige Handlungen, auch wenn sie zeitlich nicht unerheblich auseinanderliegen, zu einer einzigen Zuwiderhandlung zusammengefasst werden können. Bei der Ordnungsmittelfestsetzung kommt es auf das Gewicht der Gesamtsanktion an, die das Gericht nach seinem Ermessen unter angemessener Würdigung der Einzelakte zu beurteilen hat. Maßgeblich ist daher, ob sich mehrere Verstöße, etwa auf Grund eines räumlich-zeitlichen Zusammenhanges oder eines einheitlichen Willensentschlusses, bei natürlicher Betrachtungsweise als ein einheitliches, zusammengehörendes Tun darstellen (BGH GRUR 2009, 427 – Mehrfachverstoß gegen Unterlassungstitel; BGH GRUR 2001, 758 f. – Trainingsvertrag; vgl. *Köhler/Bornkamm/Feddersen* UWG § 12 Rn. 6.4 mwN; *Ohly/Sosnitza* UWG § 12 Rn. 246 aE; Teplitzky Kap. 57 Rn. 35; → Form. A.1 Anm. 20).

14. Der Gläubiger sollte dem Gericht seine Vorstellung über die Höhe des Ordnungsmittels bekanntgeben, jedoch deutlich machen, dass es sich insoweit lediglich um eine Anregung und nicht einen bindenden Antrag (§ 308 ZPO) handelt. Gegebenenfalls empfehlen sich ergänzende Angaben zu den Bemessungsfaktoren (→ Anm. 13). In der Praxis werden sehr unterschiedliche Ordnungsgelder festgesetzt. Für die Rabattaktion der Textilhandelskette C&A anlässlich der Einführung des Euro Anfang 2002 hatte das LG Düsseldorf fünf Ordnungsgelder in Höhe von jeweils 200.000 EUR festgesetzt, die jedoch vom OLG Düsseldorf auf zwei Ordnungsgelder von jeweils 200.000 EUR reduziert wurden.

15. Voraussetzung der Bestellung einer Sicherheit ist mindestens einmalige Zuwiderhandlung. Nach Möglichkeit sollten jedoch weitere Umstände wie zum Beispiel wiederholte, systematische oder besonders schwerwiegende Verstöße, vorgetragen werden. Die Höhe der Sicherheit muss nicht zwingend im Antrag bezeichnet werden. Art und Höhe der Sicherheitsleistung (§ 108 Abs. 1 S. 1 ZPO) stehen im Ermessen des Gerichts (Zöller/Stöber ZPO § 890 Rn. 27). Es empfiehlt sich jedoch, Angaben hierzu und dem zu erwartenden Schaden zu machen. Da der Schaden in Wettbewerbssachen regelmäßig schwer zu beziffern ist, wird sich die Sicherheitsleistung in der Regel nur auf die künftigen Kosten beziehen.

16. Der Streitwert des Ordnungsmittelverfahrens ist nicht nach der Höhe des festgesetzten Ordnungsgeldes zu bestimmen, sondern nach § 3 ZPO frei zu schätzen. Maßgebend ist das Interesse des Gläubigers an der Vollstreckung (*Köhler/Bornkamm/Feddersen* UWG § 12 Rn. 5.15). In der Praxis wird der Streitwert üblicherweise auf $1/5$ bis $1/3$ des Streitwerts des Unterlassungsverfahrens festgesetzt.

Gerichtskosten entstehen in Höhe von pauschal 20 EUR nach KV 2111 GKG.

Im Verfahren nach § 890 Abs. 1 ZPO erhält der Anwalt gemäß VV 3309 RVG eine 0,3 Verfahrensgebühr. Jede Verurteilung zu einem Ordnungsgeld gilt gemäß § 18 Nr. 14 RVG als besondere Angelegenheit. Die Kosten für Testkäufer zur Überwachung des Unterlassungsgebotes sind notwendige Kosten der Zwangsvollstreckung, wenn sie den Erfolg des Ordnungsmittelverfahrens mit herbeiführen und die Ermittlungen nicht in weniger aufwendiger Weise durchgeführt werden konnten (Walker/Schuschke ZPO § 890 Rn. 52). Der Antrag auf Sicherheitsleistung nach § 890 Abs. 3 ZPO ist ebenfalls eine besondere Angelegenheit gemäß § 18 Nr. 15 RVG. Es fällt eine weitere 0,3 Verfahrensgebühr gemäß VV 3309 RVG an. Für den Antrag gemäß → Form. A.24 würde also insgesamt eine 0,6 Verfahrensgebühr anfallen.

Streitig ist, ob für die Kostenentscheidung § 788 ZPO – danach hat der Schuldner die notwendigen Kosten der Zwangsvollstreckung zu tragen, wobei die Notwendigkeit aus der Sicht des Gläubigers bei Verfahrenseinleitung zu beurteilen ist – gilt (so OLG Frankfurt WRP 1977, 32; OLG Hamm WRP 1978, 386; OLG Köln WRP 1987, 569) oder §§ 91 ff. ZPO (so OLG Koblenz WRP 1984, 90; OLG München NJW-RR 1991, 1086; OLG Hamm WRP 1985, 712). Die Frage wird relevant, wenn der Gläubiger mit seinem Ordnungsmittelantrag unterliegt, zB weil der Schuldner sich überraschenderweise von dem Vorwurf eines Organisationsverschuldens entlasten kann (vgl. Teplitzky Kap. 57 Rn. 47 unter umfassender Darstellung des Meinungsstandes).

17. Der Schuldner ist zum Ordnungsmittelantrag des Gläubigers zu hören (§ 891 ZPO). Eine mündliche Verhandlung ist jedoch nicht notwendig, § 128 Abs. 4 ZPO. Gegen den Beschluss, mit dem ein Ordnungsmittel festgesetzt wird, steht dem Schuldner binnen einer Notfrist von zwei Wochen ab Zustellung die sofortige Beschwerde zu, § 793 ZPO iVm § 467 ZPO. Dem Gläubiger steht die sofortige Beschwerde bei Zurückweisung des Ordnungsmittelantrags sowie bei zu niedriger Bemessung eines Ordnungsmittels zu. Zur Aufhebung eines rechtskräftigen Ordnungsmittelbeschlusses im Falle eines Verzichts s. KG MD 1999, 1260.

Über die Kosten des Beschwerdeverfahrens ist nach §§ 91 ff. ZPO zu entscheiden, da hierfür § 788 ZPO nicht gilt (BGH NJW-RR 1989, 125; KG WRP 1999, 1066: Ordnungsgeld-Herabsetzung an Beschwerdeverfahren).

25. Antrag auf Festsetzung von Zwangsmitteln (§ 888 ZPO)

Landgericht ......[1]

Az.: ......

Antrag nach § 888 ZPO[2]

A-GmbH ......

– Gläubigerin –

Prozessbevollmächtigter: ......

gegen

B-GmbH ......

– Schuldnerin –

Prozessbevollmächtigter: ......

Namens und mit Vollmacht der Gläubigerin beantrage ich,

gegen die Schuldnerin wird wegen Nichterteilung der Auskunft gemäß Ziffer I.2. des Urteils der Kammer vom 17.1.2016 (Az ......) ein empfindliches Zwangsgeld festgesetzt, ersatzweise Zwangshaft, die an der Geschäftsführerin der Schuldnerin, Frau ......, zu vollziehen ist.[3]

Begründung:

1. Die Schuldnerin wurde mit Urteil der Kammer vom 17.1.2016, Az.: ......, wegen einer gem. §§ 3 Abs. 1, 4 Nr. 3 UWG unerlaubten Nachahmung rechtskräftig verurteilt. Gemäß Ziffer I.2. des Tenors hat sie der Gläubigerin Auskunft darüber zu erteilen, in welchem Umfang sie die in dessen Ziffer I.1. bezeichneten Handlungen begangen hat, und zwar unter Angabe der Art, des Zeitpunkts, des Umfangs und ggf. Name und Anschrift der Abnehmer.[4]

   Beweis: Kopie des Urteils, Anlage G1

2. Eine mit der Klausel versehene vollstreckbare Ausfertigung dieses Urteils wurde der Schuldnerin am 25.2.2016 ordnungsgemäß zugestellt.[5]

   Beweis: Kopie der Zustellungsurkunde, Anlage G2

3. Die Gläubigerin hat die Schuldnerin mehrfach zur Auskunftserteilung aufgefordert, zuletzt am 27.6.2016.

   Beweis: Kopie der Anwaltsschreiben vom ......, Anlagenkonvolut G3

4. Die Schuldnerin ist dieser Verpflichtung bis heute nicht nachgekommen. Daher ist die Verhängung eines Zwangsmittels geboten.[6] Die Höhe des Zwangsgeldes wird in das Ermessen der Kammer gestellt, sollte allerdings mindestens ...... EUR betragen. Die Schuldnerin hat trotz wiederholter Aufforderung zur Auskunftserteilung keinerlei Reaktion gezeigt. Damit verletzt sie in besonders eklatanter Weise ihre Verpflichtungen aus dem Urteil der Kammer.[7,8,9]

Rechtsanwalt

Schrifttum: *Ahrens,* Der Wettbewerbsprozess, 7. Aufl. 2014; *Ahrens/Spätgens,* Einstweiliger Rechtsschutz und Zwangsvollstreckung in UWG-Sachen, 4. Aufl. 2001; *Grunsky,* Die Notwendigkeit der Hinzuziehung Dritter durch den Schuldner bei Vollstreckung eines Anspruchs auf Vornahme unvertretbarer Handlungen – OLG Hamm OLGZ 1966, 443 und NJW 1973, 1135, JuS 1973, 553; *Peters,* Restriktive Auslegung des § 888 Abs. 1 ZPO?, GS Richard Bruns, 1980, S. 285; *Remin,* Rechtsverwirklichung durch Zwangsgeld, 1991; *Ritter,* Zum Widerruf einer Tatsachenbehauptung, ZZP 84 (1971), 163, *Schilken,* Zur Zwangsvollstreckung nach § 888 Abs. 1 ZPO bei notwendiger Mitwirkung Dritter, JR 1976, 320; *Teplitzky,* Die Vollziehung der einstweiligen Verfügung auf Auskunftserteilung, FS Kreft, 2004, 163; vgl. ergänzend die Nachweise in → Form. A.1, → Form. A.4, → Form. A.24.

Anmerkungen

1. Zuständig ist nach § 888 Abs. 1 ZPO das Prozessgericht 1. Instanz.

2. Die Verhängung eines Zwangsgeldes nach § 888 Abs. 1 ZPO dient dazu, den Schuldner zur Vornahme einer *unvertretbaren Handlung* (zum Begriff → Anm. 4) zu zwingen. Anders als die Ordnungsmittelsanktion des § 890 ZPO, die nach hM neben der präventiven Beugefunktion auch eine repressive Ahndungsfunktion besitzt (BVerfGE 20, 323 (332)) und dazu dient, eine Zuwiderhandlung gegen ein gerichtliches Unterlassungsgebot zu ahnden, beschränkt sich die Funktion des § 888 ZPO auf die Willensbeugung (OLG Hamm NJW-RR 1988, 1087 (1088)). Verschulden ist dementsprechend, abgesehen vom Fall der Unmöglichkeit, grundsätzlich keine Voraussetzung für die Verhängung (BLAH/*Hartmann* ZPO § 888 Rn. 16).

Der Vollstreckungsantrag gemäß § 888 ZPO kann darüber hinaus auch Bedeutung für die Vollziehung einer Gebotsverfügung (etwa auf Auskunftserteilung) Bedeutung erlangen: Umstritten ist, ob die Parteizustellung zur Vollziehung einer Gebotsverfügung ausreicht, oder ob zusätzlich Vollstreckungsanträge gemäß §§ 887, 888 ZPO und ggf. deren Mitteilung an den Schuldner erforderlich sind, um den Vollzugswillen des Gläubigers zu dokumentieren. Nach wohl überwiegender Auffassung genügt die Zustellung auch bei der Gebotsverfügung (OLG München MDR 2003, 53; OLG Frankfurt NJW-RR 1998, 1007, OLG Celle 2001, 261). Nach Ansicht des OLG Hamburg (WRP 1996, 1047) ist jedoch auch die Stellung von Vollstreckungsanträgen erforderlich (wobei dann konsequenterweise wohl auch die Vollstreckungsanträge dem Schuldner mitgeteilt werden müssten). Jedenfalls sofern im Zuständigkeitsbereich des OLG Hamburg eine Gebotsverfügung erwirkt wurde, empfiehlt sich daher innerhalb der Vollziehungsfrist die Vollstreckungsanträge zu stellen und dem Schuldner mitzuteilen.

3. Für den Antrag gelten die Bestimmtheitsregeln, die auch für gerichtliche Titel Geltung besitzen. Der Antrag muss also die vorzunehmende Handlung, wegen der ein Zwangsgeld festgesetzt werden soll, bestimmt oder wenigstens bestimmbar bezeichnen. Nicht notwendig ist dagegen, das Zwangsmittel selbst der Art (Zwangsgeld oder Haft) oder gar der Höhe nach anzugeben (Thomas/Putzo ZPO § 888 Rn. 8). Da die Gefahr der Teilabweisung mit entsprechender Kostenfolge besteht, ist dies für die Praxis auch nicht anzuraten.

4. § 888 Abs. 1 ZPO erlaubt die Verhängung von Zwangsgeldern lediglich zur Durchsetzung unvertretbarer Handlungen. Dies sind solche, die ein Dritter nicht vornehmen kann oder darf oder wenigstens nicht so vornehmen kann, wie es dem Schuldner möglich ist (Thomas/Putzo ZPO § 888 Rn. 1). Merkmal der unvertretbaren Handlung ist weiter, dass ihre Vornahme ausschließlich vom Willen des Schuldners abhängt. Dem steht nicht notwendig entgegen, dass sich dieser unter Umständen der Mitwirkung Dritter bedienen muss. Eine Zwangsvollstreckung nach § 888 ZPO scheidet nach hM nur dann aus, wenn eindeutig feststeht, dass der Dritte, der mitwirken oder zustimmen muss, dazu nicht bereit ist. Dies kann erst festgestellt werden, wenn der Vollstreckungsschuldner alles in seiner Macht Stehende getan hat, um die Mitwirkung oder Zustimmung des Dritten zu erlangen, und er seine darauf gerichteten Bemühungen im Einzelnen dargelegt hat (BayObLG NJW-RR 1989, 462 (463) mwN). Ist dies nicht der Fall, bleibt der Schuldner, bedroht von der Zwangsmittelsanktion des § 888 ZPO verpflichtet. Diese Konstellation kann gerade auch bei gegen Unternehmen gerichteten Auskunftsansprüchen eintreten.

Unvertretbare Handlungen können etwa sein: Auskunftserteilung, Vorlage von Belegen (nicht umfasst vom einfachen Auskunftsanspruch), Rechnungslegung (KG NJW 1972, 2093; ebenso selbst wenn sie nur mit Hilfe eines Dritten erstellbar ist: OLG Köln NJW-RR 1992, 683); Gegendarstellung (OLG Köln NJW 1969, 755); Widerruf einer Behauptung (sehr str., ebenso BGHZ 37, 187 (190); offen gelassen in BGH NJW 1977, 1288; aA: OLG Hamm NJW-RR 1992, 634: Vollstreckung nach § 894 Abs. 1 ZPO), Schaffung künstlerischer Werke oder wissenschaftlicher Leistungen, für die besondere Fähigkeiten notwendig sind (Thomas/Putzo ZPO § 888 Rn. 2; str.). Vgl. zu dem Begriff weiter die ausführliche Darstellung mwN bei Zöller/*Stöber* ZPO § 888 Rn. 3.

Zum Auskunftsanspruch → Form. A.11 Anm. 9.

5. Als Maßnahme der Zwangsvollstreckung unterliegt die Verhängung des Zwangsgeldes den allgemeinen, für alle Vollstreckungshandlungen notwendigen Voraussetzungen („Titel, Klausel, Zustellung"), § 750 ZPO vgl. dazu Zöller/*Stöber* ZPO vor § 704 Rn. 14 ff. Eine vorherige Androhung des Zwangsmittels erfolgt gemäß § 888 Abs. 2 ZPO nicht.

Besteht Grund zu der Annahme, dass die erteilte Auskunft nicht mit der erforderlichen Sorgfalt gemacht wurde, also inhaltlich unrichtig oder unvollständig ist, besteht die Möglichkeit der Erhebung einer Klage (Bestätigung der Angaben durch eidesstattliche Versicherung gemäß § 259 Abs. 2 BGB analog). Maßgebend für die Annahme mangelnde Sorgfalt ist das Gesamtverhalten des Schuldners (BGH GRUR 1960, 247 – Krankenwagen). Mangelnde Sorgfalt kann zu bejahen sein bei schuldhafter Unrichtigkeit bzw. Unvollständigkeit oder auch bei bereits berichtigten Angaben (BGH GRUR 1960, 247 – Krankenwagen; ebenso OLG Düsseldorf Urt. v. 5.9.1996 – 2 U 58/95 – unveröff.: bereits bei einmaliger Berichtigung).

Hat der Gläubiger Anlass zu der Annahme, dass die Angaben unrichtig sind, müsste er also im Ergebnis den Schuldner dazu verurteilen lassen, eine unrichtige eidesstattliche Versicherung abzugeben. Um dieser zu entgehen, muss der Schuldner seine Auskunft vorher richtigstellen oder ergänzen.

Str. ist, ob der Schuldner im Verfahren des § 888 ZPO einwenden kann, er habe die Auskunft bereits erteilt (für Berücksichtigung im Verfahren selbst, ebenso auch bei § 887 ZPO: OLG Köln NJW-RR 1996, 100; OLG Stuttgart NJW-RR 1986, 1501; BLAH/*Hartmann* ZPO § 888 Rn. 9; Zöller/*Stöber* ZPO § 888 Rn. 11; aA OLG Hamm MDR 1984, 591; OLG Köln RPfleger 1986, 309: Geltendmachung nur durch Vollstreckungsabwehrklage gem. § 767 ZPO; abw. OLG Köln NJW-RR 1989, 188; Thomas/Putzo ZPO § 888 Rn. 7: Gläubiger kann nicht die Unrichtigkeit der Auskunft geltend machen sondern nur, dass die Auskunft unvollständig oder unzureichend ist).

6. Das Mindestmaß des Zwangsgeldes liegt gemäß Art. 6 Abs. 1 S. 1 iVm S. 3 EGStGB bei 5 EUR, das Höchstmaß bei 250.000 EUR (§ 888 Abs. 1 S. 2 ZPO). Die Haftdauer darf sechs Monate nicht überschreiten (§§ 888 Abs. 1 S. 3, 913 ZPO) und wird bei juristischen Personen an deren jeweiligem gesetzlichen Vertreter vollzogen. Das Gericht entscheidet über die Festsetzung der Zwangsmittel durch Beschluss. Empfänger des Geldes ist nicht der Gläubiger, sondern die Staatskasse. Nach hM erfolgt die Vollstreckung nach den allgemeinen Regeln auf Antrag des Gläubigers gem. §§ 803 ff. ZPO (so insb. BGH NJW 1983, 1859 mwN), nicht von Amts wegen nach der JBeitrO (so BLAH/*Hartmann* ZPO § 888 Rn. 18; OLG München NJW 1983, 1859).

7. Für das Verfahren gelten die allgemeinen Vorschriften über den Anwaltsprozess, dh die Parteien müssen sich vor dem Landgericht und höheren Instanzen durch einen Rechtsanwalt vertreten lassen, § 78 ZPO.

8. Für das Gerichtsverfahren fällt keine Gebühr an. Lediglich für die Durchführung der gerichtlichen Vollstreckung eines Zwangsgeldes werden Gebühren verlangt (etwa eine volle Gebühr für die durch den Gerichtsvollzieher erwirkte Pfändung von Bargeld, § 17 Abs. 1 GVKostG). Der Gläubigeranwalt erhält eine 0,3 Verfahrensgebühr gemäß VV 3309 RVG. Das Verfahren einschließlich Vollstreckung eines Zwangsmittelbeschlusses bildet dabei eine Angelegenheit.

9. Gegen den zurückweisenden wie auch den anordnenden Beschluss ist die sofortige Beschwerde (§ 793 ZPO iVm §§ 567 ff. ZPO) binnen einer Notfrist von zwei Wochen nach Zustellung der Entscheidung gegeben, die auch zur Verfügung steht, wenn ein nach Meinung des Gläubigers zu geringes Zwangsgeld festgesetzt wurde. Die Rechtsbeschwerde findet nur statt, wenn das Beschwerdegericht sie zugelassen hat, § 574 Abs. 1 Nr. 2 ZPO. Nach wohl überwiegender Auffassung hat der Schuldner für die Geltendmachung der Erfüllung wenigstens auch die Möglichkeit des § 767 ZPO. Allein diese Möglichkeit kommt in Betracht, wenn das Zwangsgeldverfahren bereits rechtskräftig abgeschlossen ist (OLG Frankfurt MDR 1981, 414). Gegen die Vollstreckung des Beschlusses stehen ihm darüber hinaus die allgemeinen zwangsvollstreckungsrechtlichen Rechtsbehelfe zur Seite.

26. Antrag auf Erhebung der Hauptsacheklage nach § 926 ZPO

Landgericht ......

– ...... Kammer ...... –[1]

Az ......[2]

Antrag nach § 926 Abs. 1 ZPO[3]

In Sachen[4]

A-GmbH & Co. KG ./. B-AG

zeige ich an, dass ich die Antragsgegnerin vertrete.[5] Ich beantrage, durch Beschluss anzuordnen

der Antragstellerin wird eine Frist zur Erhebung der Klage gesetzt.

Begründung:

Die Antragstellerin hat gegen die Antragsgegnerin die Beschlussverfügung vom ...... erwirkt. Die Hauptsache ist bislang nicht anhängig. Auf Antrag der Antragstellerin ist der Antragsgegnerin eine Frist zur Erhebung der Klage zu setzen, §§ 936, 926 Abs. 1 ZPO. Die Frist sollte vorzugsweise nicht mehr als einen Monat betragen.[6, 7, 8]

Rechtsanwalt

Schrifttum: *Bernecke/Schüttpelz*, Die einstweilige Verfügung in Wettbewerbssachen, 3. Aufl. 2015; *Ibbeken*, Das TRIPs-Übereinkommen und die vorgerichtliche Beweishilfe im gewerblichen Rechtsschutz, 2004; *Mädrich*, Das Verhältnis der Rechtsbehelfe des Antragsgegners im einstweiligen Verfügungsverfahren, 1980; *Schote/Lührig*, Prozessuale Besonderheiten der Einstweiligen Verfügung,

26. Antrag auf Erhebung der Hauptsacheklage nach § 926 ZPO   A. 26

WRP 2008, 1281; vgl. ergänzend die Nachweise in → Form. A.1, → Form. A.4, → Form. A.11, → Form. A.24.

Anmerkungen

1. Zuständig ist das „Arrestgericht", also dasjenige, das die einstweilige Verfügung erlassen hat. Wurde die einstweilige Verfügung erst vom Beschwerde- oder Berufungsgericht erlassen, so ist nach hM gleichwohl das Gericht des ersten Rechtszugs zuständig (Zöller/*Vollkommer* ZPO § 926 Rn. 6 mwN).

2. Das Verfahren nach § 926 Abs. 1 ZPO bildet mit dem Verfahren über den Erlass der einstweiligen Verfügung eine Einheit. Das Aktenzeichen ist also das gleiche (zB § 4 baden-württembergische AktO).

3. Um die Prüfung des materiellen Anspruchs im ordentlichen Prozess zu erzwingen, kann der Antragsgegner beantragen, durch Beschluss ohne mündliche Verhandlung anzuordnen, dass der Antragsteller innerhalb vom Gericht zu bestimmender Frist Klage zur Hauptsache zu erheben hat, §§ 936, 926 Abs. 1 ZPO. Leistet der Antragsteller der Anordnung nicht Folge, so kann der Antragsgegner in einem zweiten Schritt gemäß § 926 Abs. 2 ZPO die Aufhebung der einstweiligen Verfügung beantragen. Der Antrag nach § 926 Abs. 1 ZPO ist nicht fristgebunden. § 926 ZPO trägt Art. 50 Abs. 6 des TRIPs-Übereinkommen Rechnung, der jedoch ein von § 926 ZPO teilweise abweichendes Verfahren vorsieht (zur Anwendbarkeit des Übereinkommens in Deutschland, BGH GRUR 2002, 1046 – Faxkarte; LG Düsseldorf InstGE 1, 160).

Zwischen den Rechtsbehelfen der §§ 924, 926 und 927 ZPO hat der Antragsgegner die Wahl (Zöller/*Vollkommer* ZPO § 924 Rn. 2). Er wird sich für den langwierigen Weg der Hauptsacheklage entscheiden, wenn dort die Beweissituation für ihn günstiger ist als im Verfügungsverfahren oder die Möglichkeit einer Revision zum BGH offengehalten werden soll. Unter dem Gesichtspunkt der Beweislastverteilung bestehen keine Vorteile gegenüber einer negativen Feststellungsklage (mit nachfolgender Aufhebung der einstweiligen Verfügung im Verfahren nach § 927 ZPO), da die negative Feststellungsklage auch dann begründet ist, wenn unklar bleibt, ob der streitige Anspruch besteht (BGH NJW 1993, 1716).

Der Antrag nach § 926 Abs. 1 ZPO setzt grundsätzlich eine (noch) bestehende einstweilige Verfügung voraus (Zöller/*Vollkommer* ZPO § 926 Rn. 9), ist jedoch bereits bei Einreichung eines Verfügungsantrages zulässig (*Köhler/Bornkamm/Feddersen* UWG § 12 Rn. 3.45). Ist die einstweilige Verfügung im Widerspruchs- oder Berufungsverfahren aufgehoben oder durch Urteil für erledigt erklärt worden, so besteht sie nicht mehr und für einen Antrag nach § 926 Abs. 1 ZPO fehlt das Rechtsschutzbedürfnis (BGH NJW 1973, 1329). Davon zu unterscheiden ist der Fall, dass die einstweilige Verfügung noch besteht, der zu sichernde Unterlassungsanspruch aber nicht mehr. Beispiele sind der Wegfall der Wiederholungsgefahr (BGH NJW 1974, 503; BGH NJW 1993, 2687) oder der Fall der Verjährung (BGH NJW 1981, 1955). Hier ist das Rechtsschutzbedürfnis für einen Antrag nach § 926 Abs. 1 ZPO zu bejahen, insbesondere kann der Antragsgegner nicht auf das zur Überprüfung der Kostenentscheidung unter Umständen einfachere Widerspruchsverfahren verwiesen werden (BGH NJW 1993, 2687). Der Antragsteller kann jedoch in diesen Fällen auf die Rechte aus der einstweiligen Verfügung verzichten und dadurch einem Antrag nach § 926 Abs. 1 ZPO die Grundlage entziehen (BGH NJW 1974, 503; wichtig wegen § 945 ZPO).

Die Pressegesetze der meisten Länder schließen ein Hauptsacheverfahren über den presserechtlichen Gegendarstellungsanspruch aus. Damit entfällt auch das Verfahren nach § 926 ZPO (Zöller/*Vollkommer* ZPO § 926 Rn. 2).

4. Der Antrag nach § 926 Abs. 1 ZPO ist zwar ein bestimmender, jedoch kein vorbereitender Schriftsatz iSd § 129 Abs. 1 ZPO. Das volle Rubrum nach § 130 ZPO ist daher nicht erforderlich.

5. Das Verfahren nach § 926 Abs. 1 ZPO findet vor dem Rechtspfleger statt (§ 20 Nr. 14 RPflG). Daher kein Anwaltszwang, § 13 RPflG.

6. Zuständig für die Anordnung der Frist ist der Rechtspfleger, § 20 Nr. 14 RPflG. Die Länge der Frist beträgt mindestens zwei Wochen, üblich ist ein Monat (Zöller/*Vollkommer* ZPO § 926 Rn. 16). Eine Verlängerung der Frist ist möglich, § 224 Abs. 2 ZPO. Der Antragsteller kann eine Verlängerung der gesetzten Frist beantragen.

7. Das Verfahren nach § 926 ZPO bildet mit dem vorangegangenen Verfügungsverfahren eine Angelegenheit (Gebühreninstanz), § 16 Nr. 5 RVG, vgl. Zöller/*Vollkommer* ZPO § 926 Rn. 35. Hat zB der Rechtsanwalt des Gläubigers eine Beschlussverfügung erwirkt und stellt der Rechtsanwalt des Schuldners lediglich den Antrag nach § 926 ZPO, so können beide jeweils eine Prozessgebühr in Rechnung stellen; lediglich der Streitwert des Aufhebungsverfahrens ist unter Umständen geringer als der des vorangegangenen Verfügungsverfahrens (Zöller/*Herget* ZPO § 3 Rn. 16 Stichwort „Einstweilige Verfügung" mwN). Eine gesonderte Gerichtsgebühr fällt nicht an.

8. Gegen die Fristsetzung steht dem Antragsteller der Rechtsbehelf der Erinnerung (§ 11 Abs. 2 RPflG) zu, falls die Fristsetzung unzulässig war bzw. die Unzulässigkeit geltend gemacht werden soll (BGH NJW-RR 1987, 683 (685)).
Erhebt der Antragsteller nicht fristgerecht Klage, so kann der Antragsgegner aus diesem formellen Grund die Aufhebung der einstweiligen Verfügung nach § 926 Abs. 2 ZPO beantragen. Zuständig für die Aufhebung ist das Gericht, das die Frist zur Klageerhebung angeordnet hat (Zöller/*Vollkommer* ZPO § 926 Rn. 22; str.). Es besteht Anwaltszwang (§ 78 ZPO). Die Verfügung wird mit Wirkung ex tunc aufgehoben (Zöller/*Vollkommer* ZPO § 924 Rn. 1). Der Antragsteller trägt die Kosten des Aufhebungs- und des vorangegangenen Verfügungsverfahrens, und zwar auch dann, wenn die Verfügung bei ihrem Erlass sachlich gerechtfertigt war. Er hat ferner nach § 945 ZPO den gesamten Schaden zu ersetzen, der dem Antragsgegner aus der Vollziehung der Verfügung entstanden ist (*Köhler/Bornkamm/Feddersen* UWG § 12 Rn. 3.81).
Die Klagefrist wird durch Einreichung der Klageschrift innerhalb der Frist gewahrt, wenn die Zustellung demnächst erfolgt, § 167 ZPO (OLG Köln MD 1999, 1276; Zöller/*Vollkommer* ZPO § 926 Rn. 32). Streitgegenstand und Unterlassungsantrag des Verfügungs- und des Hauptsacheverfahrens müssen sich decken, jedoch schadet es nicht, wenn der Antrag des Hauptsacheverfahrens weitergeht als der des Verfügungsverfahrens (BGH NJW 1993, 2686). Ist die Identität von Verfügungsanspruch und Hauptsache streitig, so hat der Gläubiger diese Identität nachzuweisen (vgl. OLG Frankfurt MDR 1981, 237 (238)).

27. Antrag auf Aufhebung der einstweiligen Verfügung wegen veränderter Umstände gemäß § 927 ZPO

Landgericht

– ...... Kammer .... –[1]

Antrag nach § 927 ZPO[2]

der B-AG ......

27. Antrag auf Aufhebung der eV wegen veränderter Umstände A. 27

– Antragstellerin[3] –

Prozessbevollmächtigter:[4] . . . . .

gegen

die A-GmbH . . . . . .

– Antragsgegnerin –

Ich zeige an, dass ich die Antragstellerin vertrete. Ich beantrage,

1. die durch Urteil des Landgerichts . . . . . . vom . . . . . . (Az . . . . . .) erlassene einstweilige Verfügung aufzuheben;
2. der Antragsgegnerin die Kosten des Aufhebungsverfahrens einschließlich der Kosten des vorangegangenen Verfügungsverfahrens aufzuerlegen;[5]
3. die Zwangsvollstreckung aus der in Ziffer 1. bezeichneten einstweiligen Verfügung bis zur Rechtskraft dieses Aufhebungsurteils einstweilen einzustellen.[6]

Begründung:

Der Antragstellerin wurde im Verfügungsverfahren umgekehrten Rubrums mit Urteil des Landgerichts vom . . . . . . (Az.: . . . . . .) – ohnehin völlig zu Unrecht – verboten, in ihrer Werbung die Bezeichnung „Software-Center" zu verwenden, weil diese – quod non – angeblich über die Größe des Betriebs der Antragsgegnerin irreführe.[7]

Glaubhaftmachung:[8] Kopie des Urteils, Anlage AST 1

Dieses Urteil hat die Antragsgegnerin der Antragstellerin am . . . . . ., also drei Wochen nach Erlass, zustellen lassen. Der zugestellten Ausfertigung fehlten jedoch mehrere Seiten.

Glaubhaftmachung: Kopie der zugestellten Ausfertigung, Anlage AST 2

Die erfolgte Zustellung war mithin unwirksam. Ein weiterer Zustellungsversuch im Parteibetrieb wurde bis heute nicht unternommen, so dass die einmonatige Vollziehungsfrist des § 929 Abs. 2 ZPO verstrichen ist.[9] Der Antragstellerin ist eine vollständige Ausfertigung der Beschlussverfügung auch nicht anderweitig zugegangen.

Glaubhaftmachung: Eidesstattliche Versicherung des Geschäftsführers der Antragstellerin, Herrn . . . . . ., Anlage AST 3

Die Antragstellerin hat die Antragsgegnerin zum Verzicht auf die Rechte aus der Beschlussverfügung, zur Herausgabe des Titels aufgefordert und die Einleitung des Aufhebungsverfahrens in Aussicht gestellt.[10]

Glaubhaftmachung: Schreiben vom . . . . . ., Anlage AST 4

Die Antragsgegnerin ist dieser Aufforderung nicht nachgekommen. Mithin ist die einstweilige Verfügung wegen veränderter Umstände aufzuheben, §§ 936, 927 Abs. 1 ZPO.

Über den Antrag Ziffer 3. bitte ich vorab zu entscheiden (§ 707 Abs. 2 ZPO).[11, 12]

Rechtsanwalt

Schrifttum: *Mädrich*, Das Verhältnis der Rechtsbehelfe des Antragsgegners im einstweiligen Verfügungsverfahren, 1980; *Schote/Lührig*, Prozessuale Besonderheiten der Einstweiligen Verfügung, WRP 2008, 1281; *Teplitzky*, Zu Meinungsdifferenzen über Urteilswirkungen im Verfahren der wettbewerblichen einstweiligen Verfügung, WRP 1987, 149; vgl. ergänzend die Nachweise in → Form. A.1, → Form. A.4, → Form. A.24.

Anmerkungen

1. Zuständig ist das mit der Hauptsache befasste Gericht, § 927 Abs. 2 ZPO. Der Aufhebungsantrag kann auch im Weg der Widerklage im Hauptsacheverfahren gestellt werden (OLG Hamburg GRUR-RR 2007, 20; aA OLG Karlsruhe GRUR-RR 2014, 362). Ist die Hauptsache nicht anhängig, ist das erstinstanzliche Gericht des einstweiligen Verfügungsverfahrens zuständig; dies gilt auch, wenn erst das Berufungsgericht die einstweilige Verfügung erlassen hatte (*Köhler/Bornkamm/Feddersen* UWG § 12 Rn. 3.54). Das Berufungsgericht ist nur zuständig, wenn das Berufungsverfahren anhängig ist. Das Vollstreckungsgericht ist nur im Fall der Aufhebung nach § 934 ZPO zuständig.

2. Nach § 927 ZPO kann die Aufhebung der einstweiligen Verfügung wegen veränderter Umstände beantragt werden. Gemeint sind Umstände, die nach Erlass der einstweiligen Verfügung eingetreten oder dem Antragsgegner bekanntgeworden sind. Die Frage der ursprünglichen Rechtmäßigkeit der einstweiligen Verfügung wird in dem Verfahren nach § 927 ZPO nicht geprüft (Zöller/*Vollkommer* ZPO § 927 Rn. 1).

Die veränderten Umstände können den Verfügungsanspruch oder den Verfügungsgrund betreffen. Die praktisch wichtigsten Fälle sind: rechtskräftige Abweisung der Hauptsacheklage (BGH NJW 1993, 2687; *Teplitzky* WRP 1987, 149); Nichteinhaltung der Vollziehungsfrist des § 929 Abs. 2 ZPO (OLG Hamm NJW-RR 1990, 1214; OLG Karlsruhe WRP 1996, 121; Zöller/*Vollkommer* ZPO § 929 Rn. 21 mwN; aA OLG München NJW-RR 1986, 999; OLG München WRP 1996, 1052); Eintritt und Einrede der Verjährung (*Köhler/Bornkamm/Feddersen* UWG § 12 Rn. 3.56); Änderung der Rechtslage durch neue Gesetzgebung (BGH GRUR 2009, 1096 – Mescherweis) oder eine neue höchstrichterliche Rechtsprechung (vgl. OLG Frankfurt a. M. GRUR-RR 2014, 410) und rechtskräftiges Urteil in der Hauptsache zugunsten des Gläubigers, mit dem das Bedürfnis für den Fortbestand des vorläufigen Titels entfällt (OLG Frankfurt a. M. GRUR-RR 2014, 410).

Veränderte Umstände können auch im Widerspruchs- oder Berufungsverfahren geltend gemacht werden. Zwischen diesen Rechtsbehelfen und § 927 ZPO hat der Antragsgegner des Verfügungsverfahrens die Wahl (hM, *Köhler/Bornkamm/Feddersen* UWG § 12 Rn. 3.60). Ein „doppelter Angriff" ist jedoch nicht möglich: §§ 924, 927 ZPO stehen zwar nebeneinander, nicht aber gleichzeitig zur Verfügung (OLG Düsseldorf NJW-RR 1988, 188). Regelmäßig ist der Widerspruch der günstigere Rechtsbehelf, da er zu einer Aufhebung *ex tunc* führt. Soweit die veränderten Umstände bereits Gegenstand eines anderen Verfahrens sind, das die Beseitigung der einstweiligen Verfügung zum Gegenstand hat, steht dem Antrag anderweitige Rechtshängigkeit (oder Rechtskraft entgegen). Ein Rechtsschutzbedürfnis ist dann zu verneinen.

3. Bestimmender und vorbereitender Schriftsatz, daher ist ein volles Rubrum erforderlich (§ 130 ZPO). Der Antrag erhält bei Gericht ein neues Aktenzeichen, das nicht mit dem des Verfügungsverfahrens identisch ist.

Der Antragsgegner (Schuldner) hat im Verfahren nach § 927 ZPO die Parteirolle des (Aufhebungs-)Klägers, der Antragsteller (Gläubiger) diejenige des (Aufhebungs-)Beklagten (Zöller ZPO § 927 Rn. 9). In der Praxis ist die Parteibezeichnung uneinheitlich. Bisweilen wird die Bezeichnung des Verfügungsverfahrens übernommen (so zB OLG München NJWE-WettbR 1998, 282), andere Gerichte (so zB OLG Hamburg WRP 1997, 53) bezeichnen den Aufhebungskläger als Antragsteller. Das Formular folgt der letztgenannten Praxis.

4. Es besteht Anwaltszwang nach allgemeinen Regeln, § 78 Abs. 1 ZPO (Zöller/*Vollkommer* ZPO § 927 Rn. 9).

27. Antrag auf Aufhebung der eV wegen veränderter Umstände A. 27

5. Die Kostenentscheidung bezieht sich grundsätzlich nur auf das Verfahren nach § 927 ZPO. Ausnahmsweise werden jedoch die Kosten des vorangegangenen Verfügungsverfahrens einbezogen, wenn die Hauptsacheklage rechtskräftig als von Anfang an unbegründet abgewiesen wurde (BGH GRUR 1993, 1001 – Verfügungskosten; OLG Hamburg MD 1998, 303) sowie bei Versäumung der Vollziehungsfrist des § 929 Abs. 2 ZPO (OLG Karlsruhe WRP 1996, 120; *Ulrich* WRP 1996, 84; *Köhler/Bornkamm/Feddersen* UWG § 12 Rn. 3.58; aA OLG München NJWE-WettbR 1998, 282).

6. Das Aufhebungsurteil ist vorläufig vollstreckbar ohne Sicherheitsleistung, § 708 Nr. 6 ZPO. Nach hM (Zöller/*Vollkommer* ZPO § 927 Rn. 14 mwN) wird die weitere Vollstreckung aus der einstweiligen Verfügung bereits mit Verkündung des (rechtsgestaltenden) Urteils unzulässig. Es ist empfehlenswert, diese Rechtsfolge aussprechen zu lassen, um sich nicht dem Risiko eines Ordnungsmittelverfahrens auszusetzen. § 924 Abs. 3 ZPO der auf § 707 ZPO verweist, findet im Rahmen des § 927 ZPO entsprechende Anwendung (Zöller/*Vollkommer* ZPO § 927 Rn. 9c). Ein solcher Antrag ist ins Formular aufgenommen.

7. Siehe dazu *Köhler/Bornkamm/Feddersen* UWG § 5 Rn. 4.47.

8. Die „veränderten Umstände" sind glaubhaft zu machen (OLG Hamburg WRP 1997, 53; Zöller/*Vollkommer* ZPO § 927 Rn. 9).

9. Nach hM müssen auch Urteilsverfügungen im Parteibetrieb innerhalb der Frist des § 929 Abs. 2 ZPO zugestellt werden. Geschieht dies nicht, ist deren Vollstreckung nach ganz hM unzulässig (BGH WRP 1993, 308 – Straßenverengung; OLG München NJWE-WettbR 1998, 282; OLG Hamburg WRP 1997, 53; vgl. *Teplitzky* WRP 1998, 1034 gegen die abw. Auffassung des OLG Stuttgart WRP 1997, 350 und OLG Stuttgart WRP 1997, 873; → Form. A.6 Anm. 1). Fehlt auch nur eine Seite des zuzustellenden Schriftstücks, ist die Zustellung unwirksam (BGH GRUR 1998, 746). Die Heilungsvorschrift des § 189 ZPO gilt nur für Mängel des Zustellungsvorgangs, nicht für Mängel des zuzustellenden Schriftstücks.

10. Bevor der Antrag nach § 927 ZPO bei Gericht eingereicht wird, muss der Antragsteller den Antragsgegner zunächst abmahnen, um die Kostenfolge des § 93 ZPO zu vermeiden (KG MD 1999, 1096; *Köhler/Bornkamm/Feddersen* UWG § 12 Rn. 3.58 mwN). Mit der Abmahnung sollte der Antragsgegner aufgefordert werden, auf die Rechte aus der einstweiligen Verfügung zu verzichten und den Titel an den Antragsteller herauszugeben. Verzichtet der Antragsgegner auf seine Rechte aus der einstweiligen Verfügung, gibt den Titel heraus und verpflichtet sich, die Kosten des Verfügungsverfahrens zu erstatten, fehlt es am Rechtsschutzbedürfnis für den Antrag nach § 927 ZPO (vgl. OLG Stuttgart NJOZ 2008, 3274).

11. Das Aufhebungsverfahren nach § 927 ZPO bildet ebenso wie das Verfahren nach § 926 ZPO mit dem vorangegangenen Verfügungsverfahren eine Angelegenheit (Gebühreninstanz), § 16 Nr. 6 RVG. Es kann daher auf die Ausführungen in → Form. A.4 Anm. 22 verwiesen werden. Die Entscheidung im Aufhebungsverfahren berührt jedoch regelmäßig nicht die Kostenentscheidung des Verfügungsverfahrens, soweit nicht, wie in dem dem Formular zugrunde liegenden Fall, *ex tunc* wirkende Aufhebungsgründe in Rede stehen (vgl. Teplitzky Kap. 56 Rn. 38).

12. Die Entscheidung über den Aufhebungsantrag ergeht durch Urteil. Das Aufhebungsurteil nach § 927 ZPO ist rechtsgestaltend und wirkt *ex nunc*. Aufgehoben ist die einstweilige Verfügung mit Rechtskraft des Urteils (Zöller/*Vollkommer* ZPO § 927 Rn. 14). Gegen das Urteil ist Berufung möglich, jedoch keine Revision (§ 545 Abs. 2

ZPO). Analog § 371 BGB kann die Herausgabe des Titels verlangt werden (vgl. Palandt/*Heinrichs* BGB § 371 Rn. 4).

Die Aufhebung der einstweiligen Verfügung nach § 927 ZPO berechtigt den Antragsgegner (Schuldner) nicht zum Schadensersatz nach § 945 ZPO. Nach Aufhebung der einstweiligen Verfügung kann der Antragsgegner jedoch bereits gezahlte Ordnungsgelder zurückfordern (OLG Hamm MDR 1989, 1001; OLG Celle WRP 1991, 586 (587); OLG Düsseldorf GRUR 1990, 547; *Köhler/Bornkamm/Feddersen* UWG § 12 Rn. 6.17; *Ohly/Sosnitza* UWG § 12 Rn. 254).

28. Klage auf Schadensersatz gemäß § 945 ZPO

Landgericht ......[1]

Zivilkammer[2]

Klage[3]

B-GmbH ......

– Klägerin –

Prozessbevollmächtigter: ......

gegen

A-GmbH ......

– Beklagte –

Prozessbevollmächtigter:

wegen Schadensersatzes gem. § 945 ZPO

Streitwert: ...... EUR

Namens und in Vollmacht der Klägerin erhebe ich Klage und werde beantragen:

1. Die Beklagte wird verurteilt, an die Klägerin ...... EUR nebst Zinsen in Höhe von fünf Prozentpunkten über dem Basiszinssatz hieraus seit Rechtshängigkeit zu zahlen.
2. Die Beklagte trägt die Kosten des Rechtsstreits.
3. Das Urteil ist, notfalls gegen Sicherheitsleistung, vorläufig vollstreckbar.

Sofern das Gericht das schriftliche Vorverfahren anordnet, beantrage ich für den Fall der Fristversäumnis oder des Anerkenntnisses,

die Beklagte durch Versäumnisurteil oder Anerkenntnisurteil ohne mündliche Verhandlung zu verurteilen.[4]

Begründung:

Der Klägerin steht gegen die Beklagte ein Schadensersatzanspruch aus § 945 Alt. 1 ZPO zu:[5]

Die Parteien des Rechtsstreits sind Konkurrenten auf dem Gebiet der Schmuckproduktion. Die Beklagte stellt seit einigen Jahren sog. „Indianerschmuck" aus Silber her, den sie in einem eigenen Verkaufsgeschäft in C-Stadt verkauft. Die Klägerin wurde durch einen ehemaligen Mitarbeiter der Beklagten gegründet und eröffnete Anfang 2010 ein eigenes Verkaufsgeschäft in C-Stadt, in dem sie gleichfalls Indianerschmuck herstellte und ver-

28. Klage auf Schadensersatz gemäß § 945 ZPO A. 28

äußerte. Einzelne Stücke waren dabei nahezu identisch zu Stücken aus der Kollektion der Beklagten.[6]

Durch Urteil vom 3.8.2014 untersagte das LG . . . . . . der Klägerin auf Antrag der Beklagten im Wege der einstweiligen Verfügung das Inverkehrbringen von fünf näher bezeichneten Schmuckstücken. Zur Begründung führte das Gericht aus, es handele sich bei diesen Schmuckstücken um unlautere Nachahmungen von Indianerschmuck der Beklagten (§§ 3, 4 Nr. 3 UWG).

Beweis: Urteil vom 3.8.2014, Anlage K 1

Das vom 3.8.2014 verkündete Urteil wurde der Klägerin von Amts wegen am 24.8.2014 und im Parteibetrieb am 31.8.2014 zugestellt.

In dem von der Beklagten nach Fristsetzung gem. §§ 936, 926 ZPO angestrengten Hauptsacheverfahren ist diese nunmehr letztinstanzlich unterlegen. Das OLG . . . . . . hat mit rechtskräftigem Urteil vom 7.9.2017 entschieden, den nachgeahmten Schmuckstücken mangele es bereits an der wettbewerblichen Eigenart, da es sich bei ihnen um Stücke handele, die sich von anderen „Indianerschmuckstücken" nicht signifikant unterschieden.

Beweis: Urteil vom 7.9.2017, Anlage K 2

An diese Beurteilung ist das nunmehr über den Schadensersatz entscheidende Gericht gebunden, weswegen sich weitere Ausführungen hierzu erübrigen.[7]

Die Klägerin hat das in der Urteilsverfügung enthaltene gerichtliche Verbot, das eine Ordnungsmittelandrohung enthielt, beachtet und den Vertrieb der streitgegenständlichen Schmuckstücke ab dem 3.8.2014 eingestellt.[8] Dadurch entging ihr ein im August 2014 eingegangener Großauftrag, der ein Volumen von . . . . . . EUR gehabt hätte.

Beweis: Einvernahme von Frau . . . . . ., Vertriebsleiterin der Klägerin, zu laden über diese

Der Klägerin ist durch die Beachtung der Verbotsverfügung ein nicht unerheblicher Schaden entstanden, da sie die – sich bis dahin hervorragend verkaufenden – Schmuckstücke für die Dauer von . . . . . . Monaten nicht mehr veräußern konnte. Den ihr hieraus entstandenen Schaden macht sie mit der vorliegenden Klage geltend, wobei sie zur Schadensberechnung den mit dem vorgenannten Großauftrag erzielten Gewinn in Höhe von . . . . . . EUR sowie für einen Zeitraum von . . . . . . Monaten zusätzlich einen durchschnittlichen Gewinn der der Verbotsverfügung vorausgegangenen sechs Monate zugrunde legt; dieser betrug monatlich ca . . . . . . EUR[8]

Beweis: Kopie aus den Auftragsbüchern der Klägerin, Anlage K 3[9]

Hinzu kommen die an die Beklagte geleisteten Kosten des Verfügungsverfahrens in Höhe von . . . . . . EUR.

Wenn die Beklagte die Vollstreckung aus einem vorläufigen Titel betreibt, hat sie das Risiko zu tragen, dass sich ihr Vorgehen nachträglich als unberechtigt erweist. Gemäß § 945 Alt. 1 ZPO hat die Beklagte daher der Klägerin die vorangehend aufgeführten Vermögensnachteile auszugleichen. Die vorprozessual geltend gemachten Einwendungen[10] stehen der Beklagten nicht zu; insbesondere haftet die Beklagte nicht nur für ab der Zustellung der einstweiligen Verfügung im Parteibetrieb entstandene Schäden. Die Beklagte haftet vielmehr verschuldensunabhängig ab dem Zeitpunkt der Urteilsverkündung (vgl. BGH GRUR 2009, 890 – Ordnungsmittelandrohung).

Rechtsanwalt[11, 12]

Schrifttum: *Ahrens*, Der Schadenersatzanspruch nach § 945 ZPO im Streit der Zivilsenate, FS Henning Piper, 1996, 31; *Gleußner*, Schadensersatz nach § 945 ZPO bei Unterlassungsverfügungen auch ohne Vollziehung?, MDR 1996, 451; *Ulrich*, Ersatz des durch die Vollziehung entstandenen Schadens gem. § 945 ZPO auch ohne Vollziehung, WRP 1999, 82; *Vohwinkel:* Neuer Vollziehungsbegriff für § 945 ZPO – Auswirkungen auf § 929 II ZPO?, GRUR 2010, 977; vgl. ergänzend die Nachweise in → Form. A.1, → Form. A.4, → Form. A.24.

Anmerkungen

1. Zuständig für die Klage ist entweder das Gericht des allgemeinen Gerichtsstands gemäß § 12 ZPO oder – da es sich bei einer unberechtigten Zwangsvollstreckung um eine unerlaubte Handlung iwS handelt (obwohl nicht rechtswidrig gehandelt wird) – im Gerichtsstand der unerlaubten Handlung gemäß § 32 ZPO. Zu den gem. § 32 ZPO in Frage kommenden Begehungsorten vgl. Zöller/*Vollkommer* ZPO § 32 Rn. 17 Stichwort „Zwangsvollstreckung/sittenwidrige Ausnutzung von Vollstreckungstiteln". Der Rechtsweg zu den ordentlichen Gerichten ist auch dann gegeben, wenn im Ausgangsverfahren ein Verwaltungsgericht gemäß § 123 VwGO entschieden hat (BGHZ 78, 127).

2. Zuständig ist eine Zivilkammer des Landgerichts, nicht eine Kammer für Handelssachen. Denn es handelt sich nicht um ein beiderseitiges Handelsgeschäft und es liegt auch kein sonstiger Fall des § 95 GVG vor.

3. Das Formular behandelt eine Klage auf Ersatz des Schadens, der dem Kläger durch die Vollziehung einer einstweiligen Verfügung entstanden ist (§ 945 ZPO). Die Ersatzpflicht ergibt sich immer dann, wenn eine einstweilige Verfügung angeordnet wurde, die sich später jedoch als von Anfang an ungerechtfertigt erweist oder aufgehoben wird, weil der Antragsteller die gerichtlich angeordnete Klageerhebungsfrist gemäß § 926 Abs. 2 ZPO oder § 942 Abs. 3 ZPO nicht eingehalten hat. Die – verschuldensunabhängige – Ersatzpflicht findet nach stRspr (ebenso wie § 717 Abs. 2 ZPO) ihre Grundlage in dem allgemeinen Rechtsgrundsatz, dass die Vollstreckung aus noch nicht endgültigen Titeln auf Gefahr des Gläubigers erfolgt (BGH GRUR 2015, 196 – Nero). Der Schadensersatzanspruch aus § 945 ZPO greift nicht, wenn eine Abschlusserklärung abgegeben wurde; dann ist die einstweilige Verfügung ein endgültiger Titel.

Die einstweilige Verfügung muss von einem inländischen Gericht erlassen worden sein. Bei einstweiligen Maßnahmen ausländischer Gerichte findet § 945 ZPO keine Anwendung (OLG Nürnberg WRP 1992, 509).

Die prozessuale Geltendmachung des auf Zahlung von Geld oder Feststellung der Ersatzpflicht lautenden Schadensersatzanspruches erfolgt in einem gesonderten ordentlichen Zivilprozess, auch im Wege der Widerklage. Möglich ist aber auch die Aufrechnung im zwischen den Parteien schwebenden Hauptsacheverfahren. Die Geltendmachung im Verfügungsverfahren scheidet dagegen nach ganz hM aus, da das summarische Eilverfahren nicht geeignet ist, die Frage des Schadensersatzes endgültig zu klären (vgl. Thomas/Putzo ZPO § 945 Rn. 12).

4. Für den Fall, dass das Gericht das schriftliche Vorverfahren anordnet, kann ein weiterer Schriftsatz vermieden werden, indem diese Anträge (§§ 307 Abs. 2 S. 2, 331 Abs. 3 S. 2 ZPO) bereits in der Klageschrift gestellt werden.

5. Die erste Alternative des § 945 ZPO gewährt Schadensersatz, wenn sich die Anordnung eines Arrestes oder einer einstweiligen Verfügung „als von Anfang an ungerechtfertigt" erweist. Anders als bei der zweiten Alternative ist die formelle Aufhebung der Verfügung also keine Voraussetzung für den Schadensersatz; man spricht insoweit auch von einer „Quasi-Aufhebung" durch den Schadensersatzrichter (hM, vgl.

28. Klage auf Schadensersatz gemäß § 945 ZPO   A. 28

Ahrens, FS Piper, S. 31, 34 f.; BLAH/*Hartmann* ZPO § 945 Rn. 12; Zöller/*Vollkommer* ZPO § 945 Rn. 9). Die Anordnung ist von Anfang an ungerechtfertigt, wenn sie bei richtiger Beurteilung der tatsächlichen und rechtlichen Gegebenheiten nicht hätte erlassen werden dürfen, weil die Voraussetzungen für ihren Erlass im Zeitpunkt der Anordnung objektiv nicht vorlagen. Dies ist der Fall, wenn es von Anfang an am Verfügungsanspruch oder Verfügungsgrund gefehlt hat, oder wenn sich deren Voraussetzungen nicht nachweisen ließen (vgl. BGH NJW 1988, 3268 (3269); BGH NJW-RR 1992, 733 (736)). Da sich die speziellen Gefahren des einstweiligen Rechtsschutzes realisiert haben müssen, reicht es nicht aus, dass lediglich allgemeine Prozessvoraussetzungen gefehlt haben (OLG Karlsruhe GRUR 1984, 156 (158)). Gleichfalls nicht ausreichend ist nach hM das Fehlen lediglich einer ordnungsgemäßen Glaubhaftmachung. Vielmehr ist dem vormaligen Antragsteller und jetzigen Beklagten dann die Möglichkeit gegeben, seinen damaligen Vortrag zur Darlegung seiner Rechte zu erweitern und über die Mittel der Glaubhaftmachung hinaus neue Beweisangebote zu unterbreiten (BGH NJW-RR 1992, 998 (1001) – Roter mit Genever; aA BLAH/*Hartmann* ZPO § 945 Rn. 7). Der Konstellation, dass eine einstweilige Verfügung von Anfang an ungerechtfertigt ist, steht es gleich, wenn die dieser zugrunde gelegte Gesetzesvorschrift vom Verfassungsgericht für verfassungswidrig und nichtig erklärt wird (BGH NJW 1970, 1459).

Die zweite Alternative des § 945 ZPO sieht die Schadensersatzpflicht für den Fall vor, dass der Antragsgegner entgegen einer ihm gemäß § 942 Abs. 1 ZPO bzw. § 926 Abs. 1 ZPO gesetzten Frist nicht das Hauptsacheverfahren durchgeführt hat und die Verfügung deswegen aufgehoben worden ist. Maßgeblich ist dabei nicht die materielle Rechtslage, sondern allein der formale Umstand der Aufhebung: Die Aufhebung aufgrund der Fristversäumung ist sowohl notwendige (BGH NJW-RR 1992, 998 (999) – Roter mit Genever), als auch hinreichende Bedingung (BGH NJW 1980, 189 (190 f.)). Eine analoge Anwendung auf den Fall der nicht eingehaltenen Vollziehungsfrist des § 929 Abs. 2 ZPO ist demgegenüber nicht möglich (BGH MDR 1964, 224; generell gegen eine weitergehende Auslegung auch BGH NJW-RR 1992, 998 (999) – Roter mit Genever).

Keine Anwendung findet die Regelung des § 945 ZPO auch im umgekehrten Fall, in dem der Erlass der Anordnung zu Unrecht abgelehnt wird und der Antragsteller im Hauptsacheprozess obsiegt (BGHZ 45, 251; ebenso für die Rücknahme des Antrags, weil die Verfügung vom Antragsteller nicht innerhalb der Vollziehungsfrist des § 920 Abs. 2 ZPO wirksam zugestellt worden ist: BGH NJW-RR 1995, 495). Ebenfalls keine Anwendung findet die Norm im ähnlichen Fall, dass die Zwangsvollstreckung gemäß § 771 Abs. 3 ZPO einstweilig eingestellt wird und sich dies nachträglich als ungerechtfertigt erweist (BGHZ 95, 10 (13 ff.), wo der BGH zugleich eine Ausnahme für den Fall macht, dass die Unterlassung von Vollstreckungsmaßregeln durch einstweilige Verfügung angeordnet wurde).

6. Der Sachverhalt des Formulars lehnt sich an die Entscheidung BGH GRUR 1991, 223 – Finnischer Schmuck an.

7. Das Gericht, das über den Schadensersatzanspruch zu befinden hat, ist im Umfang der Rechtskraftwirkung an eine ergangene Hauptsacheentscheidung gebunden (BGH NJW-RR 1992, 998 (999) – Roter mit Genever), selbst wenn die zugrunde liegende Vorschrift verfassungswidrig war oder wenn sich die Rechtsauffassung inzwischen gewandelt hat. Da sich das Hauptsacheurteil mit der Frage des Verfügungsgrundes nicht auseinandersetzt, tritt insoweit auch keine Bindungswirkung ein. Gleichfalls keine Bindungswirkung kommt auch einem nicht mit Gründen versehenen Verzichtsurteil zu (BGH GRUR 1998, 1010 – WINCAD).

Im einstweiligen Verfügungsverfahren ergangene Entscheidungen entfalten überwiegend keine Bindungswirkung (s. dazu im Einzelnen *Köhler/Bornkamm/Feddersen* UWG

§ 12 Rn. 3.80 sowie Zöller/*Vollkommer* ZPO § 945 Rn. 9; MüKoZPO/*Heinze* § 945 Rn. 16 mwN).

Ist danach eine Bindungswirkung zu verneinen, weil ein Hauptsacheverfahren nicht durchgeführt oder nicht mit einer Sachentscheidung abgeschlossen wurde, und auch keine aufhebende Entscheidung im Verfügungsverfahren vorliegt, muss zur Sache vorgetragen werden. Dabei hat dann der Beklagte, der eine Haftung aus § 945 ZPO abwenden will, die Berechtigung seines einstweiligen Rechtsschutzbegehrens nachzuweisen; ihn trifft insoweit die Darlegungs- und Beweislast (BGH NJW-RR 1992, 998 (1001) – Roter mit Genever). Für den Bereich des gewerblichen Rechtsschutzes sind in diesem Zusammenhang diejenigen materiell-rechtlichen Vorschriften von besonderem Interesse, die den Verfügungsgrund vermuten (zB § 12 Abs. 2 UWG). Hierzu wird vertreten, dass der Kläger das Fehlen des Verfügungsgrundes nur dann geltend machen kann, wenn er die gesetzliche Vermutung bereits im Verfügungsverfahren hinreichend widerlegt hatte (MüKoZPO/*Heinze* § 945 Rn. 11).

8. Neben dem Schaden, der dem Kläger aus einer Sicherheitsleistung erwachsen ist, kann er jeden Schaden ersetzt verlangen, der ihm „aus der Vollziehung" der einstweiligen Verfügung entstanden ist. Dabei kommt es jedoch nicht auf eine Vollziehung iSd § 929 Abs. 2 ZPO durch Parteizustellung an. Ausreichend ist vielmehr, dass eine Urteilsverfügung verbunden mit einer Ordnungsmittelandrohung verkündet wurde. Denn der Schuldner muss die Verfügung ab Verkündung beachten und im Fall einer Zuwiderhandlung mit der Verhängung von Ordnungsmitteln rechnen. Hierdurch entsteht ein Vollstreckungsdruck, der als Beginn der Vollziehung im Sinne des § 945 ZPO zu werten ist (BGH GRUR 2009, 890 – Ordnungsmittelandrohung). Bei der Beschlussverfügung reicht die Zustellung im Parteibetrieb (§ 922 ZPO), sofern die Beschlussverfügung mit einer Ordnungsmittelandrohung (§ 890 Abs. 2 ZPO) verbunden ist. Demgegenüber reicht die formlose Übermittlung einer Beschlussverfügung nicht.

Was als Schaden umfasst ist, bemisst sich nach den allgemeinen Grundsätzen der §§ 249 ff. BGB (BGH GRUR 2015, 196 – Nero). Zu ersetzen sind also insbesondere entgangener Gewinn, Wertverlust einer Sache oder der Nutzungsausfall. Nicht zu ersetzen sind Schäden, die aus dem bloßen Bekanntwerden der Verfügung erwachsen (BGH NJW 1988, 3268 (3269); relevant auch bei den sog. „Kreditschäden"), die eigenen, im Verfügungsverfahren entstandenen Auslagen (BGH NJW 1993, 2685; danach hat der vormalige Antragsgegner jedoch die Möglichkeit, im Aufhebungsverfahren gem. § 927 Abs. 1 ZPO einen Antrag auf Abänderung der Kostenentscheidung der aufzuhebenden Entscheidung zu stellen, wenn er im Hauptsacheverfahren erfolgreich war), wohl aber die dem Gegner erstatteten Kosten, bei denen es sich um einen Vollstreckungsschaden handelt. Kein Vollziehungsschaden ist ein bezahltes Ordnungsgeld nach § 890 ZPO (KG GRUR 1987, 571; vgl. aber OLG Köln OLGZ 92, 448 (451 f.): Rückzahlung analog §§ 776, 775 Nr. 1 ZPO aus der Staatskasse nach Verzicht des Antragstellers auf die Rechte aus der Verfügung).

§ 945 ZPO ist darüber hinaus auch auf solche Schäden anzuwenden, die durch Leistungen entstehen, die der Schuldner durch Erfüllung des Anspruchs zur Abwendung der Vollziehung erbringt, wobei dafür allerdings die Vollstreckung objektiv drohen muss (BGH MDR 1996, 451 (453)).

Im Einzelfall kann die Geltendmachung des Anspruchs aus § 945 ZPO gegen Treu und Glauben verstoßen, so wenn sich der Schadensersatzgläubiger auf die Vollziehung der einstweiligen Verfügung hin ohne Präjudiz für die Sach- und Rechtslage einseitig unterworfen hat (OLG Frankfurt a. M. MD 1998, 598). Zur Ermittlung der Schadenshöhe ist § 287 ZPO (Schadensschätzung) anzuwenden (großzügig insoweit BGH GRUR 1979, 869 (870 ff.) Oberarmschwimmringe m. zust. Anm. *Pietzcker*).

9. Die Beweislast für die Rechtmäßigkeit der Verfügung trifft zwar den Beklagten, dh den Antragsteller des Verfügungsverfahrens (→ Anm. 3). Die Voraussetzungen für den Umfang des Schadens aber treffen nach allgemeinen Regeln den Kläger des Schadensersatzprozesses.

10. Der Beklagte kann gegen den geltend gemachten Anspruch den Einwand des Mitverschuldens gemäß § 254 BGB erheben. Ein Mitverschulden kann etwa darin bestehen, dass der Antragsgegner und jetzige Kläger es versäumt hat, gegen die einstweilige Verfügung einen offensichtlich erfolgversprechenden Widerspruch zu erheben (BGH NJW 2006, 2557). Dabei ist jedoch die Wertung des § 945 ZPO zu beachten, die davon ausgeht, dass die Vollstreckung aus einem nicht endgültigen Titel zu Lasten des Vollstreckungsgläubigers geht; an ein anspruchsausschließendes Mitverschulden sind somit hohe Anforderungen zu stellen (BGH NJW 1990, 2689 (2690)).

Die Verjährung des Anspruchs aus § 945 ZPO richtet sich nach den §§ 195, 199 BGB. Danach verjährt der Schadensersatzanspruch regelmäßig in drei Jahren ab dem Schluss des Jahres, in dem der Kläger von der Entstehung des Schadens Kenntnis erlangt hat oder ohne grobe Fahrlässigkeit erlangt haben müsste. Die entsprechende Kenntnis liegt – bei Aufhebung der Entscheidung – erst mit Abschluss des Verfahrens über den Erlass einer einstweiligen Verfügung (BGH NJW 1980, 189; BGH NJW 1992, 2297) vor. Wird das Hauptsacheverfahren betrieben, soll es für den Verjährungsbeginn ausreichen, wenn in der Hauptsache ein Urteil erging, das in hohem Maße dafür spricht, dass die einstweilige Verfügung von Anfang an nicht gerechtfertigt war, selbst wenn dieses Urteil noch nicht rechtskräftig ist (BGH NJW 2003, 2610).

Kosten und Gebühren

11. → Form. A.11 Anm. 18.

Fristen und Rechtsmittel

12. → Form. A.11 Anm. 19.

29. Klage auf Zahlung einer Vertragsstrafe

Landgericht ......[1]

Klage

der A-GmbH, vertreten durch ihren Geschäftsführer ......

– Klägerin –

Prozessbevollmächtigter: Rechtsanwalt ......

gegen

B-GmbH, vertreten durch ihren Geschäftsführer ......

– Beklagte –

wegen: Vertragsstrafe[2]

Namens und in Vollmacht der Klägerin erhebe ich Klage und werde beantragen:

1. Die Beklagte wird verurteilt, an die Klägerin 30.600 EUR nebst Zinsen in Höhe von acht Prozentpunkten über dem Basiszinssatz hieraus seit Rechtshängigkeit zu zahlen.[3]
2. Die Kosten des Rechtsstreits trägt die Beklagte.[4]
3. Das Urteil ist notfalls gegen Sicherheitsleistung (Bankbürgschaft) vorläufig vollstreckbar.[4]

Ich rege an, einen frühen ersten Termin zu bestimmen. Sofern das Gericht das schriftliche Vorverfahren anordnet, beantrage ich für den Fall der Fristversäumnis oder des Anerkenntnisses,

die Beklagte durch Versäumnisurteil oder Anerkenntnisurteil ohne mündliche Verhandlung zu verurteilen.[5]

Begründung:[6]

1. Die Parteien sind Wettbewerber bei der Herstellung und dem Vertrieb von Luftentfeuchtern.
2. In der Zeitschrift „N." (Ausgabe Nr. 4/2017) warb die Beklagte für ihr Produkt „Luftentfeuchter a.-X." auf der Produktverpackung mit der Aufschrift „40 % mehr Wirksamkeit". Eine Kopie dieser Anzeige lege ich als Anlage K 1 vor.[7]
Die Klägerin mahnte daraufhin die Beklagte mit Anwaltsschreiben vom 25.5.2017 ab. Eine Kopie der Abmahnung lege ich als Anlage K 2 vor.
Mit Antwortschreiben vom 14.6.2017 verpflichtete sich die Beklagte mit einer von ihr selbst formulierten strafbewehrten Unterlassungserklärung, es zu unterlassen, mit der beanstandeten Aussage zu werben. Für jeden Fall der Zuwiderhandlung gegen diese Verpflichtung versprach sie die Zahlung einer Vertragsstrafe, deren Höhe sie in das billige Ermessen der Klägerin stellte. Eine Kopie dieser strafbewehrten Unterlassungserklärung lege ich als Anlage K 3 vor.
Die Klägerin nahm diese Erklärung mit dem als Anlage K3a beigefügten Rechtsanwaltsschreiben vom 15.6.2017 an.[8]
3. Die Beklagte klebte auf den von ihr weiterhin vertriebenen Produkten die streitgegenständliche Aussage ab. Die von ihr vor Abgabe der Unterlassungserklärung an sechs rechtlich selbstständige Märkte der Firma H. bereits verkauften Produkte hat sie jedoch nicht zurückgerufen und auch nicht dafür gesorgt, dass die Produkte von den H-Märkten entsprechend abgeklebt wurden. Im Zeitraum vom 14.6.2017 bis zum 5.8.2017 waren die Produkte mit der beanstandeten Werbung weiterhin in diesen sechs H-Märkten erhältlich. Dies ist zwischen den Parteien unstreitig.
4. Die Klägerin hat die Beklagte wegen sechsmaligen Verstoßes gegen die strafbewehrte Unterlassungserklärung vom 14.6.2017 zur Zahlung einer Vertragsstrafe in Höhe von 30.600 EUR aufgefordert. Die Beklagte hat dies abgelehnt, so dass Klage geboten ist.
5. Der geltend gemachte Vertragsstrafenanspruch ergibt sich aus § 339 BGB. Die Beklagte hat dem Unterlassungsvertrag vom 15.6.2017 zuwidergehandelt (§ 339 S. 2 BGB).[9]
Im Einzelnen:
   a) Die vor Abgabe der Unterlassungserklärung an die sechs H-Märkte veräußerten Luftentfeuchter haben einen fortdauernden Störungszustand geschaffen. Die von der Beklagten abgegebene Unterlassungsverpflichtung ist mangels abweichender Anhaltspunkte dahin auszulegen, dass sie nicht nur die Unterlassung der beanstandeten Handlung als solcher, sondern auch die Vornahme aller der Beklagten möglichen und zumutbaren Handlungen zur Beseitigung des Störungszustands umfasst (BGH GRUR 2016, 406 – Piadina-Rückruf; BGH GRUR 2016, 720 – Hot Sox).[10] Die Bejahung einer entsprechenden Handlungspflicht setzt nicht voraus, dass die Parteien des Unterlassungsvertrags eine ausdrückliche Verein-

barung über eine Pflicht zur Beseitigung getroffen haben. Die Beklagte hätte daher alles ihr zumutbare unternehmen müssen, um die sechs H.-Märkte von einer Veräußerung der Ware mit einer die beanstandete Werbeaussage enthaltenden Produktverpackung abzuhalten.

b) Die Beklagte hat jedoch – trotz entsprechender Aufforderung der Klägerin vom 21.6.2017 – nichts unternommen, sondern die Auffassung vertreten, zu einem entsprechenden Einwirken auf die sechs H.-Märkte nicht verpflichtet zu sein. Sie hat daher die versprochene Vertragsstrafe sechsmal verwirkt, woraus sich der mit der Klage geltend gemachte Betrag von 30.600 EUR ergibt (BGH GRUR 2009, 181 – Kinderwärmekissen).[11]

c) Die Beklagte handelte schuldhaft, nämlich vorsätzlich.[12] Wenn wie im Streitfall eine Zuwiderhandlung vorliegt, wird das Verschulden des Schuldners vermutet, §§ 339 S. 1, 286 Abs. 4 BGB (BGH GRUR 2014, 595– Vertragsstrafenklausel). Für das Gegenteil ist die Beklagte beweispflichtig (§ 280 Abs. 1 S. 2 BGB).

d) Der geltend gemachte Zinsanspruch ergibt sich in Höhe von fünf Prozentpunkten über dem Basiszins aus §§ 286, 288 Abs. 1 BGB. Der Anspruch aus einem Vertragsstrafeversprechen ist keine Entgeltforderung im Sinne von § 288 Abs. 2 BGB (BGH GRUR 2015, 187 – Zuwiderhandlung während Schwebezeit).

6. Das angerufene Gericht ist örtlich zuständig, da die Beklagte ihren Sitz im Gerichtsbezirk hat.

Rechtsanwalt[13, 14]

Schrifttum: *Kaiser*, Die Vertragsstrafe im Wettbewerbsrecht, 1999; *Köhler*, Vereinbarung und Verwirkung der Vertragsstrafe, in: FS J. Gernhuber, 1993, S. 207; *Köhler*, Vertragsstrafe und Schadensersatz, GRUR 1994, 260; *Köhler*, Das strafbewehrte Unterlassungsversprechen im Wettbewerbsrecht, WiB 1994, 97; *Labesius*, Zur Auslegung von Unterwerfungserklärungen als Anerkenntnis, WRP 2013, 312; *Lindacher*, Gesicherte Unterlassungserklärung, Wiederholungsgefahr und Rechtsschutzbedürfnis, GRUR 1975, 413; *Lux*, Die inkongruente Unterwerfung, 2003; *Lührig/Lux*, Die Behandlung von Mehrfachverstößen gegen strafbewehrte Unterlassungserklärungen, FS Helm, 2002, S. 321; *Rieble*, „Kinderwärmekissen" und Vertragsstrafendogmatik, GRUR 2009, 824; *Teplitzky*, Die (Unterwerfungs-)Vertragsstrafe in der neueren BGH-Rechtsprechung, WRP 1994, 709; *Teplitzky*, Die Auflösung von Unterwerfungsverträgen mit nicht mehr verfolgungsberechtigten Gläubigern, WRP 1996, 1004; *Traub*, Die Anwendung des § 278 BGB auf die Erfüllung wettbewerblicher Unterlassungsversprechen, FS A.-C. Gaederz, 1992, S. 563; *Ulrich*, Die fortgesetzte Handlung im Zivilrecht, WRP 1997, 73; *Wiebe*, Bindung an Unterlassungsverträge nach der Novellierung von § 13 Abs. 2 Nr. 1 und 2 UWG, WRP 1995, 75; vgl. ergänzend die Nachweise in → Form. A.1, → Form. A.2.

Anmerkungen

1. Die Klage auf Zahlung der Vertragsstrafe ist auf den Unterwerfungsvertrag gestützt, nicht auf UWG so dass die Gerichtsstände des § 14 UWG nicht gegeben sind. Die Klage muss also regelmäßig im allgemeinen Gerichtsstand des Beklagten erhoben werden. Die sachliche Zuständigkeit richtet sich nach der Höhe der eingeklagten Vertragsstrafe; beläuft sich diese auf über 5.000 EUR, so ist das Landgericht zuständig, §§ 23, 71 GVG. Die Zuständigkeit der Kammer für Handelssachen ergibt sich nicht aus § 27 Abs. 1 UWG, eventuell aber aus § 95 Abs. 1 Nr. 1 GVG, wenn die Parteien Kaufleute sind und der Unterwerfungsvertrag für sie ein Handelsgeschäft iSd §§ 343, 344 HGB war.

2. Hat der Schuldner gegen eine strafbewehrte Unterlassungserklärung (→ Form. A.2) verstoßen, kann der Gläubiger die verwirkte Vertragsstrafe geltend machen. Es gibt aber auch noch weitere Möglichkeiten:

Der Gläubiger kann den Schuldner zur Abgabe einer neuen Unterlassungserklärung mit höherer Vertragsstrafe auffordern. Denn durch einen erneuten Wettbewerbsverstoß trotz strafbewehrter Unterlassungserklärung (zur Reichweite der Unterlassungserklärung → Anm. 7) wird regelmäßig eine neue Wiederholungsgefahr begründet, die grundsätzlich nur durch eine weitere Unterwerfungserklärung mit einer gegenüber der ersten erheblich höheren Strafbewehrung ausgeräumt werden kann (BGH GRUR 1990, 534 – Abruf-Coupon).

In dringenden Fällen kann der Gläubiger sofort eine einstweilige Verfügung beantragen. Eine vorherige Abmahnung des uneinsichtigen Wiederholungstäters ist grundsätzlich entbehrlich (BGH GRUR 1990, 542 (543) – Aufklärungspflicht des Unterwerfungsschuldners).

Hat der Gläubiger bereits einen Unterlassungstitel, so kann er parallel zur Geltendmachung der Vertragsstrafe einen Ordnungsmittelantrag nach § 890 ZPO stellen. Die verwirkte Vertragsstrafe ist bei der Bemessung der Höhe des Ordnungsgeldes zu berücksichtigen (→ Form. A.24 Anm. 13).

Der Gläubiger kann – nach vergeblicher Abmahnung – die Klage auf Zahlung der Vertragsstrafe mit einer Klage auf Unterlassung, Auskunft und Schadensersatz (→ Form. A.11) verbinden, wenn das gleiche Gericht zuständig ist (→ Anm. 1). Diese Klage kann sowohl auf Vertrag als auch auf Gesetz gestützt werden. Der Vertragsanspruch auf Unterlassung setzt keine Wiederholungs- oder Erstbegehungsgefahr voraus; für seine klageweise Geltendmachung muss jedoch ein Rechtsschutzbedürfnis gegeben sein (BGH GRUR 1999, 522 – Datenbankabgleich). Die Möglichkeit, eine Vertragsstrafe zu fordern, lässt das Rechtsschutzbedürfnis für eine Unterlassungsklage nicht entfallen, da der Unterlassungstitel mit Vollstreckung nach § 890 ZPO den Gläubiger besser schützt als die Vertragsstrafe (BGH GRUR 1980, 241 (242) – Rechtsschutzbedürfnis). Beim Antrag auf Feststellung oder Leistung von Schadensersatz ist zu beachten, dass gemäß § 340 Abs. 2 BGB die Vertragsstrafe auf den Schadensersatz anzurechnen ist und daher nur Ersatz des überschießenden Schadens verlangt werden kann. Allerdings kann der vertragliche Unterlassungs- und Schadensersatzanspruch – nicht aber der Anspruch auf Vertragsstrafe – der kurzen Verjährung analog § 11 UWG unterliegen (vgl. BGH GRUR 1995, 678 – Kurze Verjährung). Besondere praktische Bedeutung hat die doppelte Anspruchsgrundlage beim Auskunftsanspruch: Während bei gesetzlichen Schadensersatzansprüchen die Ausforschung von Verletzungshandlungen im Wege der Auskunft für die Zeit vor der ersten nachgewiesenen Begehung unzulässig ist, ist der Schuldner beim Verstoß gegen eine strafbewehrte Unterlassungserklärung verpflichtet, dem Gläubiger zu offenbaren, ob es sich um einen einmaligen Verstoß handelte oder ob er weitere Verstöße gegen seine vertragliche Verpflichtung begangen hat (BGH GRUR 1992, 61 (64) – Preisvergleichsliste). Gegebenenfalls kann der Gläubiger dann weitere Vertragsstrafen einfordern.

3. Werden nur Prozesszinsen geltend gemacht, ergibt sich der Zinsanspruch aus §§ 291, 288 BGB.

4. Diese Anträge sind nur eine Anregung an das Gericht. Sowohl über die Kosten (§ 308 Abs. 2 ZPO) als auch über die vorläufige Vollstreckbarkeit hat das Gericht ohne Antrag zu erkennen hat. Lediglich besondere Anträge nach §§ 710, 711 S. 3 ZPO müssen gemäß § 714 ZPO vor Schluss der mündlichen Verhandlung gestellt werden. Gemäß § 108 S. 2 ZPO kann der Kläger die Sicherheitsleistung – ohne gerichtliche Bestimmung – nicht nur durch Hinterlegung, sondern auch durch schriftliche, unwiderrufliche, unbedingte und unbefristete Bankbürgschaft erbringen.

5. Für den Fall, dass das Gericht das schriftliche Vorverfahren anordnet, kann ein weiterer Schriftsatz vermieden werden, indem diese Anträge (§§ 307 Abs. 2 S. 2, 331 Abs. 3 S. 2 ZPO) bereits in der Klageschrift gestellt werden.

6. Der Sachverhalt ist der Entscheidung BGH GRUR 2017, 923 – Luftentfeuchter – nachgebildet.

7. Der ursprüngliche Wettbewerbsverstoß und die Abmahnkorrespondenz können bei der Auslegung der strafbewehrten Unterlassungserklärung eine Rolle spielen (→ Anm. 8).

8. Das Zustandekommen des Unterwerfungsvertrages ist vom Gläubiger darzulegen und gegebenenfalls zu beweisen. Für den entsprechenden Vertragsabschluss gelten die allgemeinen vertragsrechtlichen Anforderungen (BGH GRUR 2006, 878). Hat sich der frühere Inhaber eines Handelsgeschäfts zur Unterlassung und für den Fall der Zuwiderhandlung zur Zahlung einer Vertragsstrafe verpflichtet, so schuldet derjenige, der das Handelsgeschäft übernimmt und unter der bisherigen Firma fortführt, gemäß § 25 Abs. 1 HGB nicht nur Unterlassung, sondern im Fall der Zuwiderhandlung auch die versprochene Vertragsstrafe (BGH WRP 1997, 328 – Übergang des Vertragsstrafeversprechens).

9. Macht der Gläubiger den Anspruch auf die verwirkte Vertragsstrafe geltend, so kann der Schuldner nicht einwenden, das nach dem Vertrag untersagte Verhalten sei in Wirklichkeit nicht wettbewerbswidrig. Denn der Unterlassungsvertrag schafft eine abstrakte Unterlassungsverpflichtung, die in ihrem Bestand nicht davon abhängig ist, dass das fragliche Verhalten auch mit Hilfe eines gesetzlichen Unterlassungsanspruchs unterbunden werden könnte (BGH GRUR 1997, 386 (387 f.) – Altunterwerfung II). Das gilt gerade in den Fällen, in denen die Rechtslage unklar ist.

Ändern sich nachträglich die Umstände, die den Schuldner veranlasst haben, eine strafbewehrte Unterlassungserklärung abzugeben, zB infolge einer Änderung des Gesetzes oder Klärung der Rechtslage durch eine höchstrichterliche Entscheidung, so fällt damit nicht automatisch die Geschäftsgrundlage des Unterlassungsvertrages weg (§ 313 BGB). Der Schuldner kann den Unterlassungsvertrag jedoch regelmäßig aus wichtigem Grund (§ 314 BGB) kündigen, wenn ihm die weitere Erfüllung des Vertrags nicht zugemutet werden kann (vgl. BGH GRUR 1997, 382 (383 ff.) – Altunterwerfung I: Wegfall der Klagebefugnis eines Verbandes nach § 13 Abs. 2 Nr. 2 UWG infolge des UWG-Änderungsgesetzes vom 25.7.1994; OLG Hamburg GRUR 1999, 780 – Oldies: gewandeltes Verbraucherleitbild). Die Kündigung muss innerhalb angemessener Frist nach Erlangung der Kenntnis von den maßgeblichen Umständen erklärt werden; die Zweiwochenfrist des § 626 Abs. 2 S. 1 BGB ist nicht anwendbar (BGH GRUR 1997, 368 (390) – Altunterwerfung II). Die Kündigung führt nur zu einer Beendigung des Unterlassungsvertrags für die Zukunft (BGH GRUR 1997, 382 (385) – Altunterwerfung I). Eine schon vor der Änderung der Rechtslage verfallene und bezahlte Vertragsstrafe kann nicht zurückgefordert werden; das gilt auch dann, wenn die Parteien erst nach Leistung der Vertragsstrafe von der Änderung Kenntnis erlangt haben (BGH GRUR 1983, 602 (603) – Vertragsstraferückzahlung, mAnm *Klaka*).

In Ausnahmefällen kann die Geltendmachung des Anspruchs auf Zahlung der Vertragsstrafe jedoch rechtsmissbräuchlich sein, wenn der vertraglich gesicherte gesetzliche Unterlassungsanspruch dem Gläubiger aufgrund der erfolgten Gesetzesänderung unzweifelhaft, dh ohne weiteres erkennbar, nicht mehr zusteht (BGH GRUR 1997, 382 (386) – Altunterwerfung I; OLG Köln MD 1997, 1227) Diese Situation lag etwa hinsichtlich Unterlassungsverpflichtungserklärungen vor, die unter der Geltung des durch das UWG-Reformgesetz von 2004 ersatzlos aufgehobenen Sonderveranstaltungsverbotes (§ 7 UWG aF) abgegeben wurde. Auch in diesen Fällen empfiehlt sich aber aus Gründen der Rechtssicherheit eine Kündigung. Die Einforderung der Vertragsstrafe muss darüber hinaus im Einklang mit den aus dem Abmahnverhältnis folgenden Rücksichtspflichten stehen. Ein Verstoß kann vorliegen, wenn dem Gläubiger bekannt ist, dass sich der Schuldner aufgrund der Abmahnung um eine Änderung der beanstandeten Werbung bemüht und er ihn, ohne ihn auf die Unzulänglichkeit seiner Bemühungen hingewiesen zu haben, unmittelbar nach Zugang der strafbewehrten Unterlassungserklärung die Verwirkung der Vertragsstrafe geltend macht (OLG Köln GRUR-RR 2001, 46).

Der Anspruch auf Zahlung der verwirkten Vertragsstrafe unterliegt nicht der kurzen Verjährung des § 11 UWG, sondern verjährt gemäß § 195 BGB nach drei Jahren (BGH GRUR 1995, 678 (680) – Kurze Verjährungsfrist). Es verstößt jedoch gegen Treu und Glauben, wenn der Gläubiger Verstöße „sammelt", um so einen möglichst hohen, wirtschaftlich bedrohlichen Vertragsstrafenanspruch entstehen zu lassen. Aus dem Zweck der Vertragsstrafe als Sanktionsmittel ergibt sich die Verpflichtung des Gläubigers, das Verhalten des Schuldners zu beobachten und auf seine Vereinbarkeit mit der gegebenen Unterlassungserklärung zeitnah zu überprüfen und gegebenenfalls die Vertragsstrafe geltend zu machen (BGH WRP 1998, 164 (167) – Modenschau im Salvator-Keller).

10. Die Unterlassungsschuldner hat zwar für das selbständige Handeln Dritter prinzipiell nicht einzustehen. Er hat jedoch auf Dritte, deren Handeln ihm wirtschaftlich zugutekommt, einzuwirken, wenn er mit einem Verstoß ernstlich rechnen muss und zudem rechtliche oder tatsächliche Einflussmöglichkeiten auf das Verhalten der Dritten hat (BGH GRUR 2014, 595 – Vertragsstrafenklausel). Diese Möglichkeit der Einflussnahme wird vom Bundesgerichtshof regelmäßig bejaht. Die Verpflichtung, bereits ausgelieferte und mit einer wettbewerbswidrigen Werbung versehene Produkte zurückzurufen, setzt nicht voraus, dass dem Unterlassungsschuldner gegen seine Abnehmer rechtlich durchsetzbare Ansprüche auf Unterlassung der Weiterveräußerung oder auf Rückgabe dieser Produkte zustehen (BGH GRUR 2017, 208 – RESCUE Produkte). Das Fehlen eines durchsetzbaren Anspruchs schließt nicht die Pflicht des Unterlassungsschuldners aus, einen Rückruf zumindest zu versuchen (BGH GRUR 2017, 923 – Luftentfeuchter). Die Grenze ist nur die – bislang vom Bundesgerichtshof nicht konkretisierte – Schwelle der Unzumutbarkeit. Kritisch zu allem Vorstehenden: *Hermanns* GRUR 2017, 977 und *Dissmann* GRUR 2017, 986.

Die Reichweite einer strafbewehrten Unterlassungserklärung ist durch Auslegung zu ermitteln. Die Auslegung richtet sich nach den allgemein für die Vertragsauslegung gültigen Regeln (§§ 133, 157 BGB); ein unmittelbarer Rückgriff auf die Grundsätze, die für die Auslegung eines Unterlassungstitels gelten, kommt nicht in Betracht (BGH GRUR 1992, 61 (62) – Preisvergleichsliste), weil einem Unterlassungsvertrag der Charakter eines vollstreckbaren Titels fehlt. Abzustellen ist in erster Linie auf den gewählten Wortlaut, auch wenn dieser kürzer oder weiter reicht als die Verletzungsform der den Anlass der Unterwerfung bildenden Handlung (BGH GRUR 1992, 61 (62) – Preisvergleichsliste). Ergänzend heranzuziehen sind insbesondere die Art und Weise des Zustandekommens des Unterlassungsvertrags, sein Zweck, die Wettbewerbsbeziehungen zwischen den Vertragsparteien und ihre Interessenlage (BGH GRUR 1997, 931 (932) – Sekundenschnell).

Der Umstand, dass sich eine strafbewehrte Unterlassungserklärung ihrem Wortlaut nach nur auf einen bestimmten Werbesatz bezieht, bedeutet nicht, dass sich die vertragliche Unterlassungspflicht auf diesen beschränken muss. Zweck eines Unterlassungsvertrages ist es regelmäßig, nach einer Verletzungshandlung die Vermutung der Wiederholungsgefahr durch eine strafbewehrte Unterlassungsverpflichtung auszuräumen und damit die Einleitung oder Fortsetzung eines gerichtlichen Verfahrens entbehrlich zu machen. Die Vermutung der Wiederholungsgefahr gilt jedoch nicht allein für die genau identische Verletzungsform, sondern umfasst auch alle im Kern gleichartigen Verletzungsformen (BGH GRUR 1996, 290 (291) – Wegfall der Wiederholungsgefahr I). Der regelmäßig anzunehmende Zweck eines Unterlassungsvertrags spricht deshalb erfahrungsgemäß dafür, dass die Vertragsparteien durch ihn auch im Kern gleichartige

Verletzungsformen erfassen wollten (BGH GRUR 1997, 931 (932) – Sekundenschnell). Auch eine Klarstellung des Umfangs der eingegangenen Unterlassungsverpflichtung in einem Schreiben oder Schriftsatz nach Abgabe der Unterlassungserklärung kann berücksichtigt werden (BGH MD 1998, 288 (291) – Der M.-Markt packt aus).

Zwingend ist dies aber nicht. Die Auslegung des Unterlassungsvertrags kann auch ergeben, dass dieser bewusst eng auf die bezeichnete konkrete Verletzungsform bezogen ist.

11. Mehrere Zuwiderhandlungen können schnell zu unerträglich hohen Vertragsstrafen führen, wenn – wie meist – eine feste Vertragsstrafe für jeden Fall der Zuwiderhandlung vereinbart wurde. Eine Reduzierung gemäß § 343 BGB ist bei Vollkaufleuten gemäß §§ 348, 351 HGB aber nicht möglich.

Ob mehrere einzelne Handlungen als separate Verstöße oder als einheitliche Zuwiderhandlung anzusehen sind, ist im Wege einer interessengerechten Auslegung des Unterlassungsverpflichtungsvertrages unter Berücksichtigung aller Umstände des Einzelfalles festzustellen. Eine einzige Zuwiderhandlung liegt etwa vor bei Versendung eines Rundschreibens oder Katalogs (BGH WRP 1998, 718 – Testpreis-Angebot) und wurde auch bei Auslage von Werbematerial in 74 Arztpraxen in verschiedenen Bundesländern bejaht (OLG Köln WRP 2004, 387). Doch ist die Grenze bei einer Vielzahl von Zuwiderhandlungen über mehrere Jahre hinweg überschritten (BGH WRP 1998, 164 (166) – Modenschau im Salvator-Keller). In der dem Formular zugrundeliegenden Entscheidung hat der BGH nur einen einzelnen Verstoß gegen das Vertragsstrafeversprechen angenommen, weil die Verstöße gegen das Unterlassungsversprechen auf einem einheitlichen Entschluss der Beklagten beruhten, gegenüber ihren Abnehmern untätig zu bleiben. Bei einer wertenden Betrachtungsweise liege nur ein Verstoß gegen die Unterlassungsverpflichtung vor.

Die ausdrückliche Vereinbarung einer Vertragsstrafe „unter Ausschluss des Fortsetzungszusammenhangs" (so die früher gebräuchliche Formulierung) schließt eine Zusammenfassung mehrerer Verstöße zu einer einzigen Zuwiderhandlung nach den Grundsätzen der natürlichen Handlungseinheit oder einer Handlung im Rechtssinne prinzipiell aus (BGH WRP 2009, 182 (186) Rn. 38 f. – Kinderwärmekissen). Mithin ist die vereinbarte Vertragsstrafe mit der Zahl der einzelnen Verstöße zu multiplizieren. Eine Begrenzung der Höhe der Gesamtvertragsstrafe ergibt sich lediglich aus § 242 BGB. Zudem ist eine entsprechende Abrede in AGB, zB der vorformulierten Unterlassungserklärung eines Verbandes, gemäß § 307 Abs. 2 Nr. 2 BGB unwirksam (vgl. BGH WRP 1993, 240 – Fortsetzungszusammenhang). S. zu diesem Problemkreis näher → Form. A.1 Anm. 20, 21.

12. Gemäß § 339 S. 2 BGB ist die Vertragsstrafe verwirkt mit der Zuwiderhandlung. Entgegen dem Wortlaut der Vorschrift ist Verschulden erforderlich (BGH GRUR 1985, 1065 (1066) – Erfüllungsgehilfe), das jedoch bei einer festgestellten Zuwiderhandlung vermutet wird. Beweispflichtig für mangelndes Verschulden ist der Schuldner, § 280 Abs. 1 S. 2 BGB. Nach Abgabe der strafbewehrten Unterlassungserklärung muss der Schuldner hinreichende Vorkehrungen treffen, um eine Zuwiderhandlung zu verhindern (zu den Anforderungen → Form. A.24 Anm. 12 und KG MD 1999, 809: Weiterverbreitung von Werbematerial durch Einzelhändler des Schuldners).

Anders als bei § 890 ZPO haftet der Schuldner gemäß § 278 BGB auch für ein schuldhaftes Verhalten seines Erfüllungsgehilfen, das zu einer Zuwiderhandlung geführt hat, es sei denn, dass diese Haftung vertraglich ausgeschlossen worden ist (BGH GRUR 1985, 1065 – Erfüllungsgehilfe). Erfüllungsgehilfe ist, wer vom Schuldner zur Erfüllung der von ihm vertraglich übernommenen Unterlassungsverpflichtung eingeschaltet wurde bzw. hätte eingeschaltet werden müssen (BGH GRUR 1988, 561 (562) – Verlagsverschulden). Erfüllungsgehilfe kann auch ein selbständiges Unternehmen sein, zB Presseverlag (BGH GRUR 1988, 561 (562) – Verlagsverschulden). Der Schuldner haftet auch dann, wenn der Erfüllungsgehilfe entgegen der Weisung des Schuldners gehandelt hat

(BGH GRUR 1988, 561 (563) – Verlagsverschulden). Erfüllungsgehilfen sind zB die Werbeagentur (BGH GRUR 1985, 1065 – Erfüllungsgehilfe), der Zeitungsverlag (BGH GRUR 1988, 561 – Verlagsverschulden), der Rechtsanwalt des Schuldners (BGH GRUR 1987, 648 – Anwalts-Eilbrief) und die von der Werbeagentur des Schuldners eingeschaltete Druckerei (OLG Karlsruhe GRUR 1992, 883).

Kosten und Gebühren

13. → Form. A.11 Anm. 18.

Fristen und Rechtsmittel

14. → Form. A.11 Anm. 19.

30. Antrag an die Einigungsstelle nach § 15 UWG

Einigungsstelle zur Beilegung

von Wettbewerbsstreitigkeiten

bei der IHK ......[1, 2]

Antrag

der Firma A ......

– Antragstellerin[3] –

gegen

Firma B ......

– Antragsgegnerin –

auf Einleitung eines Einigungsverfahrens gemäß § 15 UWG.

Die Antragstellerin bittet,

> die Antragsgegnerin vor die gesetzliche Einigungsstelle gemäß § 15 UWG zwecks Herbeiführung eines gütlichen Ausgleichs hinsichtlich der nachfolgend dargestellten Wettbewerbsstreitigkeit zu laden.

Begründung:[4]

Sowohl die Antragstellerin als auch die Antragsgegnerin sind im Bereich des Fahrradeinzelhandels in Stuttgart tätig. Die Parteien sind mithin Mitbewerber, § 8 Abs. 3 Nr. 1 UWG.

Die Antragsgegnerin warb unlängst in der Dezember-Ausgabe der Stadtillustrierten „Stuttgart aktuell" für das Fahrradmodell X 300 der Marke „TARGA", das für 599 EUR angeboten wurde, mit dem zusätzlichen Slogan:

> „Ein echter Preishammer. So günstig bekommen Sie dieses Rad nie wieder! Nutzen Sie unseren sensationell günstigen WINTERPREIS!".

Bei dem erwähnten Fahrradmodell handelt es sich um ein sogenanntes Auslaufmodell. Es ist nicht mehr im aktuellen Produktionsprogramm des Herstellers. Es werden lediglich

30. Antrag an die Einigungsstelle nach § 15 UWG — A. 30

Lager-Restbestände, die sich noch vereinzelt im Handel befinden, abverkauft. Der Hersteller hat inzwischen ein technisch verbessertes und optisch aktuelleres Nachfolgemodell auf den Markt gebracht.

Beweis: Original-Anzeige der Antragsgegnerin, Anlage 1

Mit dieser Werbung – insbesondere durch den blickfangmäßig hervorgehobenen Begriff „WINTERPREIS" – vermittelt die Antragsgegnerin den Eindruck, das angebotene Fahrrad werde – da das Radfahren im Winter weniger attraktiv wird – besonders preisgünstig angeboten, da es sich im Winter ohne zusätzlichen Kaufanreiz über den Preis schlecht absetzen lasse. Der Verkehr erhält dadurch den Eindruck, das zum „WINTERPREIS" angebotene Fahrrad sei nur jahreszeitbedingt im Preis ermäßigt, nicht aber deshalb, weil es sich um ein Auslaufmodell handelt. Daher ist diese Werbung irreführend gemäß §§ 3 Abs. 1, 5 Abs. 1, Abs. 2 Nr. 2 Alt. 1 UWG.

Die Antragsgegnerin wurde mit Abmahnschreiben vom . . . . . . abgemahnt und zur Abgabe einer strafbewehrten Unterlassungserklärung aufgefordert.

Beweis: Abmahnschreiben vom . . . . . ., Anlage 2

Die Antragsgegnerin wies mit Schreiben vom . . . . . . die Abmahnung zurück und lehnte die Abgabe der geforderten Unterlassungserklärung ab.

Beweis: Antwortschreiben vom . . . . . ., Anlage 3

Die irreführende geschäftliche Handlung der Antragsgegnerin ist geeignet, die Verbraucher und die sonstigen Marktteilnehmer zu einer geschäftlichen Handlung zu veranlassen, die sie andernfalls nicht getroffen hätten. Der Wettbewerbsverstoß der Antragsgegnerin hat zudem einen erheblichen Umfang, die Stadtillustrierte „Stuttgart aktuell" erscheint mit einer Auflage von 112.000 Stück im gesamten Stadtgebiet. Beweise können nachgereicht werden.[5]

Die Antragstellerin sieht die Möglichkeit, durch fachkundiges Einwirken der Einigungsstelle und Aufklärung der Antragsgegnerin über die Rechtslage von neutraler Seite doch noch zu einer außergerichtlichen Lösung zu kommen. Sie macht deshalb im Interesse einer gütlichen Beilegung des Konflikts folgenden Einigungsvorschlag:[6]

1. Die Antragsgegnerin verpflichtet sich gegenüber der Antragstellerin, es zu unterlassen, Marken-Fahrradmodelle, die früher zum aktuellen Produktsortiment des jeweiligen Herstellers gehörten und jetzt von diesem nicht mehr oder nur noch als verbilligte Auslaufmodelle angeboten werden, ohne geeigneten Hinweis auf diesen Umstand anzubieten, insbesondere wenn dies wie folgt geschieht:
„Ein echter Preishammer. So günstig bekommen Sie dieses Rad nie wieder! Nutzen Sie unseren sensationell günstigen WINTERPREIS!".
2. Für jeden Fall der künftigen Zuwiderhandlung gegen das in Ziff. 1 enthaltene Unterlassungsversprechen verpflichtet sich die Antragsgegnerin zur Zahlung einer Strafe von 5.500 EUR an die Antragstellerin.
3. Die Antragstellerin gewährt der Antragsgegnerin im Hinblick auf noch vorhandene Werbemittel bzw. bereits geschaltete Anzeigen eine Aufbrauchs- und Umstellungsfrist bis Ende März dieses Jahres.
4. Im Interesse einer raschen und gütlichen außergerichtlichen Einigung verzichtet die Antragstellerin auf die Erstattung der an sich fälligen und mit oben erwähntem Abmahnschreiben geltend gemachten Anwaltskosten der Abmahnung in Höhe von . . . . . . EUR.

Rechtsanwalt

Schrifttum: *Bernreuther*, Zur Zulässigkeit der Einigungsstelle gemäß § 27a UWG und der dort gegebenen Möglichkeiten der Erörterung wettbewerbswidriger AGB, WRP 1994, 853; *Fezer*, Lauterkeitsrecht – Kommentar zum Gesetz gegen den unlauteren Wettbewerb, Band 2, §§ 5–22 UWG, 3. Aufl. 2016; *Köhler*, Das Einigungsverfahren nach § 27a UWG: Rechtstatsachen, Rechtsfragen, Rechtspolitik, WRP 1991, 617; *Ottofülling*, Außergerichtliches Konfliktmanagement nach § 15 UWG, WRP 2006, 410; *Probandt*, Die Einigungsstelle nach § 27a UWG, 1993; *Teplitzky*, Wettbewerbsrechtliche Ansprüche, 11. Aufl. 2016, Kap. 42; s. ergänzend die Nachweise in → Form. A.1.

Anmerkungen

1. Das Einigungsstellenverfahren ist in § 15 UWG geregelt. Daneben gibt es Durchführungsbestimmungen der Länder, insbesondere mit Vorschriften über Organisation und Besetzung der Einigungsstellen und weiteren Einzelheiten des Verfahrens (§ 15 Abs. 11 UWG; Fundstellen der Landesvorschriften bei *Köhler/Bornkamm/Feddersen* UWG nach § 15 Rn. 4). Zu Besetzung und Berufung der Einigungsstellen vgl. § 15 Abs. 2 UWG und die Durchführungsbestimmungen. Die Einigungsstellen sind zuständig für bürgerliche Rechtsstreitigkeiten aufgrund des UWG (§ 15 Abs. 1 UWG). Bei Streitigkeiten im Sinne von § 8 Abs. 3 Nr. 2–4 UWG können die Einigungsstellen von jeder Partei angerufen werden (§ 15 Abs. 3 UWG). In der Praxis wird die Möglichkeit des Einigungsstellenverfahrens namentlich von der Zentrale zur Bekämpfung unlauteren Wettbewerbs e. V. in erheblichem Umfang genutzt (vgl. *Ottofülling* WRP 2006, 410 (427)). Prinzipiell wird durch die Anrufung der Einigungsstellen die Verjährung in gleicher Weise wie durch Klageerhebung unterbrochen (näher § 15 Abs. 9 UWG), was im Hinblick auf die kurze Verjährungsfrist des Wettbewerbsrechts wichtig ist (s. § 11 Abs. 1, Abs. 2 Nr. 1, Nr. 2 UWG). Das Einigungsstellenverfahren soll auf der Grundlage einer Aussprache der Parteien vor einer unabhängigen und sachkundigen Stelle eine rasche außergerichtliche Beilegung von Wettbewerbskonflikten ermöglichen (§ 15 Abs. 5 S. 1 UWG). Es ist kein Schiedsverfahren. Die Einigungsstelle trifft also nicht etwa eine Schiedsentscheidung. Sie soll lediglich, wo dies möglich ist, als Mediator einen gütlichen Ausgleich zwischen den Parteien, also den Abschluss eines Vergleichs ermöglichen.

2. Für die örtliche Zuständigkeit der Einigungsstellen ist § 14 UWG entsprechend anzuwenden (§ 15 Abs. 4 UWG).

3. Die Einigungsstelle kann von jeder Partei angerufen werden, also auch vom Anspruchsgegner. Im vorliegenden Beispiel ist es die Partei, die den Anspruch geltend macht (in der Praxis der Regelfall). Ruft ein Antragsteller die Einigungsstelle an, ist für die Dauer des Einigungsstellenverfahrens eine negative Feststellungsklage des Angegriffenen auf Nichtbestehen des geltend gemachten Anspruchs nicht zulässig (§ 15 Abs. 10 S. 4 UWG). Ist bereits ein Gerichtsverfahren anhängig, kann das Gericht auf Antrag einer Partei den Parteien unter Anberaumung eines neuen Termins aufgeben, vor diesem Termin die Einigungsstelle zur Herbeiführung eines gütlichen Ausgleichs anzurufen (§ 15 Abs. 10 S. 1 UWG). In der Praxis ist dies selten. Noch seltener ist ein solcher Vorgang im Verfügungsverfahren, wo für eine solche Anordnung neben dem Antrag einer Prozesspartei auch die Zustimmung der anderen erforderlich ist (§ 15 Abs. 10 S. 2 UWG); ein Verfügungskläger wäre mit der Stellung eines solchen Antrags bzw. der Erklärung seiner Zustimmung in der Regel schlecht beraten, da hierdurch die im Verfügungsverfahren regelmäßig erforderliche Dringlichkeit entfällt.

4. Für die an die Einigungsstelle zu richtende Antragsschrift und ihre Begründung enthält § 15 UWG keine näheren Bestimmungen. Die Durchführungsverordnungen regeln gewisse formale Anforderungen (zB die EinigungsstellenVO in Baden-Württemberg, § 5:

„Anträge sind schriftlich mit Begründung in mindestens dreifacher Fertigung unter Bezeichnung der Beweismittel und Beifügung etwa vorhandener Urkunden und sonstiger Beweisstücke einzureichen oder zu Protokoll zu erklären."') Selbstverständlich empfiehlt es sich, den wesentlichen Sachverhalt möglichst klar und vollständig darzustellen, ebenso die rechtliche Wertung des Antragstellers. Die bisherige Korrespondenz zwischen den Parteien und die streitgegenständliche Werbung, soweit es um solche geht, sollte ebenfalls vorgelegt werden.

5. Zur Spürbarkeit im Rahmen des § 5 Abs. 1 S. 1 UWG → Form. A.1 Anm. 9.

6. Nicht geboten, aber sinnvoll ist es, wenn der Antragsteller einen konkreten Einigungsvorschlag in der Antragsschrift unterbreitet. Ansonsten hat die Einigungsstelle, die einen gütlichen Ausgleich anzustreben hat, die Möglichkeit, den Parteien einen schriftlichen, mit Gründen versehenen Einigungsvorschlag zu machen (§ 15 Abs. 6 S. 2 UWG). In der Praxis werden Einigungsvorschläge von der Einigungsstelle auch in der Verhandlung gemacht, die im Einigungsstellenverfahren – ein wesentlicher Unterschied zum Gerichtsverfahren – regelmäßig nicht öffentlich ist und vom Vorsitzenden nach den Durchführungsbestimmungen anberaumt wird. Kommt ein Vergleich zustande, gelten die Formvorschriften in § 15 Abs. 7 S. 1 UWG. Aus einem solchen Vergleich findet die Zwangsvollstreckung statt (§ 15 Abs. 7 S. 2 UWG; § 794 Abs. 1 Nr. 1 ZPO).

31. Beweisantrag/Fragebogen für Verkehrsbefragung

I. Beweisantrag

Es soll Beweis[1] erhoben werden über die Frage, ob die Angabe „mit extra viel Fleisch" in der aus der Anlage ersichtlichen Etikettierung eines Gemüseeintopfs beim Verbraucher die relevante Fehlvorstellung hervorruft, das so bezeichnete Produkt weise einen höheren Fleischanteil als 8 % (bezogen auf das noch nicht erwärmte Fertigprodukt) auf.[2]

II. Fragebogen[3]

1. (Eine Büchse des Gemüseeintopfs wird im Abstand von ca. 50 cm vor die befragte Person gestellt, mit dem Hauptetikett in Richtung des Befragten).
   „Welche Vorstellungen verbinden Sie mit dem Produkt?"[4]
   . . . . . .

2. „Gibt es noch andere Erwartungen, die Sie an dieses Produkt haben? Sagen Sie ruhig alles, was Ihnen hierzu im Augenblick einfällt."[4]
   . . . . . .

3. „Unter dem Markennamen „X" und der Angabe „Gemüseeintopf" befindet sich noch die Angabe „mit extra viel Fleisch!".
   Wie verstehen Sie das hier?"[5]
   . . . . . .
   „Möchten Sie das noch ergänzen?"
   . . . . . .

4. „Was sagt Ihnen die Bezeichnung „mit extra viel Fleisch!" über den Fleischgehalt des Produkts? Was stellen Sie sich da vor?"[6]
   . . . . . .
   „Möchten Sie das noch ergänzen?"
   . . . . . .

5. „Können Sie den Fleischgehalt, den Sie erwarten, auch ungefähr in Prozent oder in Gramm (bezogen auf diese Büchse) ausdrücken, oder haben Sie dazu keine bestimmte Vorstellung?"[6]
   ......
6. (Die Büchse wird der befragten Person ausgehändigt, soweit sie die Dose nicht schon von selbst in die Hand genommen hat).
   „Wenn Sie sich bitte einmal genauer ansehen, was seitlich auf der Büchse steht, finden Sie dort die Angabe:
   „Fleischgehalt mindestens 8 %"
   Entspricht das Ihren Erwartungen, oder hatten Sie sich etwas anderes vorgestellt? Oder ist das für Sie ohne Bedeutung?"[7]
   • Entspricht meinen Erwartungen.
   • Hatte mir etwas anderes vorgestellt.
   • Ist mir gleichgültig.
   • Die Angabe „Fleischgehalt mindestens 8 %" verstehe ich nicht.
7. „Inwiefern entspricht das, was auf der Büchse steht, nicht Ihren Erwartungen? Was hatten Sie sich anders vorgestellt?"[7]
   ......
   „Wollen Sie das noch ergänzen? Bitte sagen Sie mir alles, was nicht Ihren Erwartungen entspricht."[7]
   ......
8. „Hat sich Ihre Einstellung zu dem Produkt durch die Lektüre der Packungstexte verändert?"[7]
   • Meine Einstellung hat sich durch die Lektüre der Packungstexte verändert.
   • Meine Einstellung hat sich durch die Lektüre der Packungstexte nicht verändert.
   (Falls Frage 8 bejaht wird:)
9. „Kommt das Produkt für Sie jetzt eher mehr oder eher weniger in Frage als vor der Lektüre der Packungstexte?"[7]
   • Kommt für mich jetzt mehr in Frage.
   • Kommt für mich jetzt weniger in Frage.
   ......
10. „Wie oft kommt es vor, dass Sie selbst Büchsen-Fertiggerichte essen oder (für sich oder für andere) kaufen? Häufig, manchmal, selten oder nie?"[8]
11. „Kennen Sie dieses Produkt, haben Sie es also schon einmal gekauft oder verwendet, oder ist es Ihnen dem Namen nach oder vom Sehen bekannt, oder begegnen Sie ihm hier zum ersten Mal?"[9]
    • Schon gekauft bzw. verwendet.
    • Ist mir dem Namen nach bzw. vom Sehen bekannt.
    • Habe das Produkt vorher noch nie gesehen.

Schrifttum: *Amschewitz,* Die Nachprüfbarkeit der Werbung mit selbst durchgeführten Studien, WRP 2013, 571; *Becker,* Das demoskopische Gutachten als zivilprozessuales Beweismittel, 2002; *Eichmann,* Rechtsdemoskopische Gutachten, in Münchener Anwaltshandbuch Gewerblicher Rechtsschutz, 2001, S. 205 ff.; *Fezer,* Lauterkeitsrecht (UWG) Kommentar zum Gesetz gegen den unlauteren Wettbewerb (UWG), 3. Aufl. 2016; *Hornung/Hofmann,* Die Zulässigkeit der Markt- und Meinungsforschung nach Datenschutz- und Wettbewerbsrecht, WRP 2014, 776 (Teil 1) und 910 (Teil 2); *Niedermann,* Empirische Erkenntnisse zur Verkehrsbefragung, GRUR 2006, 367; *Pflüger,* Rechtsforschung in der Praxis: Der demoskopische Nachweis von Verkehrsgeltung und Verkehrsdurchsetzung – Teil 1, GRUR 2004, 652; *Pflüger,* Rechtsforschung in der Praxis: Besonderheiten bei der Messung von Verkehrsdurchsetzung – Teil 2, GRUR 2006, 818; *Pflüger,* Rechtsdemoskopische Gutachten – Fallstricke bei der Verkehrsbefragung, GRUR 2017, 992.

31. Beweisantrag/Fragebogen für Verkehrsbefragung A. 31

Ausgewählte BGH-Rechtsprechung: WRP 2002, 527 – Elternbriefe; GRUR 2002, 182 – Frühstücksprodukte; GRUR 2004, 244 – Marktführerschaft; GRUR 2004, 786 – Alleinstellungsberühmung eines Online-Dienstes; GRUR 2007, 1066 – Kinderzeit, GRUR 2008, 793 – Rillenkoffer; GRUR 2008, 900 – SPA II; GRUR 2009, 418 (421) – Fußpilz; WRP 2014, 1184 – Original Bach-Blüten.

Anmerkungen

1. Die Unlauterkeit einer Werbemaßnahme hängt häufig davon ab, welches Verständnis der Verkehr einer Werbeaussage beimisst, oder ob eine Fehlvorstellung für die Kaufentscheidung relevant ist. Der für das Formular gewählte Beispielsfall betrifft den Bereich der Irreführung. Maßgeblich ist das Verständnis des angemessen gut unterrichteten und angemessen aufmerksamen und kritischen Durchschnittsverbrauchers oder durchschnittlichen sonstigen Marktteilnehmers (BGH GRUR 2014, 1184 – Original Bach Blüten; Erwägungsgrund 18 S. 2 der Richtlinie 2005/29/EG über unlautere Geschäftspraktiken). In der ganz überwiegenden Zahl der Fälle beurteilen die Gerichte die Verkehrsauffassung auf der Grundlage eigener Sachkunde. Dabei geht es nicht um die Feststellung einer Tatsache, sondern um das Erfahrungswissen, wie der Verkehr die zu beurteilende Aussage verstehen wird, also eine Prognoseentscheidung (*Köhler/Bornkamm/Feddersen* UWG § 5 Rn. 3.10). Nach Erwägungsgrund 18 S. 6 der Richtlinie 2005/29/EG über unlautere Geschäftspraktiken haben die Gerichte sich auf ihre eigene Urteilsfähigkeit unter Berücksichtigung der Rechtsprechung des Gerichtshofs zu verlassen (der eine deutliche Tendenz hat, diese eigene Urteilsfähigkeit zu bejahen, s. EuGH GRUR Int. 1998, 795 – Gut Springenheide). Sofern sich das Gericht hierzu nicht in der Lage sieht, kann es sich eines Meinungsforschungsgutachtens bedienen, um sich über eine Verkehrsbefragung das benötigte Erfahrungswissen zu verschaffen (BGH GRUR 2004, 244 – Marktführerschaft). Die für die Beurteilung der geschäftlichen Handlung benötigte spezifische Sachkunde wird im Wege des Sachverständigenbeweises (§ 402 ZPO) vom Gericht erhoben. Alternativ kann auch in Betracht kommen, Auskünfte von Kammern und Verbänden einzuholen.

Die unionsrechtlich „verordnete" Zurückhaltung der Gerichte, demoskopische Untersuchungen durchführen zu lassen, sollte die Parteien aber nicht davon abhalten, selbst Verkehrsumfragen zu beauftragen und in geeigneten Fällen als Privatgutachten in den Prozess einzuführen. Dabei handelt es sich dann um substantiierten Parteivortrag, der die Sachkunde des Richters (weiter) erhöhen kann. Meinungsforschungsgutachten können zudem ein Hilfsmittel sein, um vorprozessual die Erfolgsaussichten einer gerichtlichen Auseinandersetzung besser einzuschätzen zu können. Ferner können sie in Vergleichsverhandlungen als Argumentationshilfe herangezogen werden. Ein demoskopisches Gutachten ist allerdings kostspielig und trägt aufgrund der Schwierigkeiten, die mit der Erarbeitung eines einwandfreien Fragenkatalogs verbunden sind, ein beträchtliches Risiko in sich, letztlich keine verwertbaren Resultate zu liefern. Meistens liegen die Kosten – je nach Art und Umfang der Befragung – in der Größenordnung von 15.000 EUR bis 40.000 EUR, teilweise bei bis über 50.000 EUR, wobei Kosten vor allem dann eher im oberen Bereich liegen, wenn der zu befragende beteiligte Verkehrskreis nicht mit der allgemeinen Bevölkerung identisch ist bzw. nicht als Teilgruppe daraus rekrutiert werden kann, sondern wenn in Unternehmen, bei selbständigen/freien Berufen oder Behörden befragt werden muss. Die Kosten eines vom Gericht angeordneten Sachverständigengutachtens trägt die unterliegende Prozesspartei. Die Kosten von Parteigutachten sind von der unterliegenden Prozesspartei nur dann zu tragen, wenn die Kosten als notwendig iSd § 91 ZPO anerkannt werden, was eher selten der Fall sein wird.

2. Das Formular dient der Veranschaulichung. Der Fragenkatalog, durch den im Rahmen der Meinungsumfrage die Verkehrsauffassung ermittelt wird, ist regelmäßig nicht Bestandteil des Beweisantrags bzw. des entsprechenden gerichtlichen Beweisbeschlusses. Vielmehr bestimmt das Gericht – nach Vorerörterung mit den Parteien – einen entsprechend erfahrenen Sachverständigen bzw. ein in diesem Bereich fachlich anerkanntes Institut.

3. Mit seiner Bestellung erhält der Sachverständige vom Gericht in der Regel den Beweisbeschluss sowie den Auftrag, einen Vorschlag für die Befragung (also einen Fragebogen mit entsprechenden Anweisungen an den Fragesteller) zu erstellen. Zusammen mit dem Fragebogen wird gleichzeitig eine Kostenschätzung bzw. ein Kostenvoranschlag eingereicht, der es Gericht und Parteien ermöglicht, von vornherein die finanzielle Seite in die Überlegungen mit einzubeziehen. Die Höhe der Kosten hängt in erster Linie von der Zahl der Fragen und der Zahl der zu befragenden Personen und von deren Erreichbarkeit ab; letzteres vor allem dann, wenn spezielle Verkehrskreise zu befragen sind, wie zB Ärzte, leitende Mitarbeiter in Unternehmen usw. Da die Kosten in der Regel hoch sind (und das Ergebnis häufig nicht absehbar ist), kann dies für die Parteien eine Motivation sein, nach einer vergleichsweisen Lösung des Konflikts zu suchen. Der Befragungsvorschlag des Sachverständigen wird mit den Parteien entweder schriftlich oder im Rahmen der mündlichen Verhandlung – bei einem Einweisungstermin – erörtert und dann durch gerichtlichen Beschluss endgültig festgelegt. In der Regel streben die Gerichte an, über die Art und Weise der Befragung einen Konsens zwischen den Parteien herbeizuführen, um spätere methodologische Einwände der Parteien gegen das Gutachten und seine Beweiskraft nach Möglichkeit auszuschließen.

Die Formulierung des Fragenkatalogs erfolgt regelmäßig nicht, jedenfalls nicht primär, durch die am Verfahren beteiligten Rechtsanwälte und Richter, sondern durch den vom Gericht bestellten Sachverständigen, der dem Gericht und den Parteien zunächst einen schriftlichen Befragungsvorschlag vorlegt. Für die Parteien kann es ratsam sein, sich ergänzend von Experten für Meinungsumfragen beraten zu lassen (Sachverständigeninstitute sind aufgeführt zB bei Gloy/Loschelder/Erdmann UWG-HdB § 41 Rn. 29). Eine solche sachkundige Unterstützung kann bei der Prüfung und Erörterung des vom gerichtlichen Sachverständigen vorgelegten Befragungsvorschlags, namentlich im Einweisungstermin, der die Grundlage für die endgültige Festlegung des Fragenkatalogs durch das Gericht bildet, helfen, Mängel in der Methodik zu identifizieren und zu eliminieren, die andernfalls zu unbrauchbaren Umfrageergebnissen führen können. Typische Fehlerquellen sind zu offene bzw. zu geschlossene Fragestellungen oder fehlende bzw. unzutreffende nachfassende Fragen.

Das Formular beschränkt sich auf den eigentlichen Fragebogen. In der Praxis erhalten Gericht und Parteien vom Sachverständigen den Fragebogen mit Erläuterungen zu dem zu befragenden Personenkreis, zur Befragungsmethode und zu den einzelnen Fragen.

4. Am Anfang der Befragung werden die Verbraucher in der Regel in sehr allgemeiner Weise aufgefordert, sich zum Produkt bzw. der fraglichen Etikettierung zu äußern. Dadurch soll eine möglichst unbefangene und spontane Reaktion ermittelt werden. Im Anfangsstadium der Befragung sind die Befragten und deren Vorstellungen durch die Befragung selbst noch am wenigsten beeinflusst. Die Antworten auf solche offenen Fragen können daher für das Verkehrsverständnis besonders aufschlussreich sein.

5. Mit den folgenden Fragen wird die Aufmerksamkeit der Befragten stärker auf die Angabe bzw. den Teil der Produktaufmachung hingelenkt, um die es eigentlich geht. Auch in dieser Phase wird regelmäßig noch auf eine möglichst offene Fragestellung Wert gelegt, um nach Möglichkeit die spontane Reaktion des Befragten so wenig wie möglich durch die Art und Weise der Fragestellung zu beeinflussen.

6. Anschließend wird häufig konkreter nach der spezifischen Verbrauchererwartung, um die es bei der Beweiserhebung geht, gefragt. Diese Phase der Befragung ist sensibel.

Bei solchen Fragen besteht das Risiko, dass bestimmte Erwartungen oder Vorstellungen durch die konkrete Frage beeinflusst bzw. überhaupt erst erzeugt werden. Daher ist es bei derartigen Fragestellungen wesentlich, den Befragten durch die gewählte Formulierung einen möglichst weiten Spielraum für die Beantwortung einzuräumen und sie durch einen entsprechenden Zusatz auch darauf aufmerksam zu machen, dass sie auch angeben können, in diesem Punkt keine konkreten Vorstellungen zu haben. Dies reduziert das Risiko, dass der Verbraucher eine Antwort gibt, die seinen Vorstellungen bei unbefangener Betrachtung des Produkts nicht entspricht, nur um die Frage zu beantworten. Mitunter wird in dieser (oder einer anderen geeigneten) Phase der Befragung auch eine Pause von einigen Minuten eingelegt, in denen Fragen zu ganz anderen Themen gestellt werden. Dadurch soll erreicht werden, dass die Verbraucher bei der Beantwortung der weiteren Fragen nicht zu sehr von den bisherigen Fragen und den darauf gegebenen Antworten beeinflusst werden (sog. „Pufferfragen").

7. Bei den folgenden Fragen wird der Verbraucher im gewählten Beispiel zunächst über die – ihm in der Regel bis dahin nicht bekannte – relevante Produktzusammensetzung aufgeklärt und anschließend seine Reaktion hierauf festgestellt. Hierdurch wird noch einmal genauer untersucht, ob tatsächlich eine Divergenz zwischen den Vorstellungen der Befragten und der Wirklichkeit besteht, ob also Anhaltspunkte für eine Irreführung vorliegen. Gleichzeitig tragen die Reaktionen der Befragten in dieser Phase auch zu der Feststellung bei, ob eine mögliche Irreführung für die Verbrauchereinstellung bzw. das Verbraucherverhalten im konkreten Fall überhaupt von Relevanz ist.

8. Im gewählten Beispiel soll durch diese Frage noch etwas differenzierter geklärt werden, ob die Befragten zum engeren (regelmäßigen oder zumindest gelegentlichen) Konsumentenkreis gehören oder nur zu den potentiellen Abnehmern. Je nach Art des Produkts und der Reaktionen auf die vorangegangenen Fragen kann auch dies für die Gesamtwürdigung eine Rolle spielen. Zudem wird durch diese Abschlussfrage auch noch einmal verifiziert, ob der Befragte tatsächlich zu den angesprochenen Verkehrskreisen gehört.

9. Die Kontrollfrage, ob die Befragten das Produkt bzw. seine Aufmachung bereits kennen, wird gestellt, um das Vorverständnis der Befragten zu ermitteln, das die Antworten auf die gestellten Fragen beeinflusst.

32. Anregung auf Vorabentscheidung durch den EuGH gemäß Art. 267 AEUV

Landgericht ......

...... Kammer für Handelssachen

In Sachen

A-KG ./. B-GmbH

rege ich in Ergänzung des bisherigen Vorbringens für die Beklagte an,[1] dem Gerichtshof der Europäischen Union[2] gem. Art. 267 Abs. 2 AEUV (ex Artikel 234 Abs. 2 EG-Vertrag) folgende Frage zur Auslegung von Art. 34 AEUV (ex Art. 28 EG-Vertrag) zur Vorabentscheidung vorzulegen:[3]

„1. Ist Art. 34 AEUV (ex Art. 28 EG-Vertrag) dahin auszulegen,[4] dass er einer nationalen Maßnahme entgegensteht, die die Einfuhr und den Vertrieb eines in einem anderen Mitgliedstaat rechtmäßig vertriebenen Erzeugnisses, dessen Menge aus Anlass

einer kurzzeitigen Werbekampagne erhöht wurde und dessen Verpackung den Aufdruck „+ 10 %" trägt, deshalb verbietet,
a) weil diese Ausstattung geeignet sei, beim Verbraucher die Vorstellung hervorzurufen, die Ware werde zum gleichen Preis angeboten wie bisher die Ware in der alten Ausstattung,
b) weil die neue Ausstattung beim Verbraucher den Eindruck erwecke, das Volumen oder das Gewicht des Erzeugnisses seien in erheblichem Umfang vergrößert bzw. erhöht?"[5]

Weiter beantrage ich,

den Rechtsstreit bis zur Vorabentscheidung des Gerichtshofs der Europäischen Union gemäß Art. 267 Abs. 2 AEUV (ex Artikel 234 Abs. 2 EG-Vertrag) auszusetzen.[6]

Begründung:[7]

Die Beklagte führt Eiscreme-Riegel von Frankreich, wo diese zum Zwecke des europaweiten Vertriebs rechtmäßig hergestellt und in einheitlicher Ausstattung verpackt werden, nach Deutschland ein. Diese Verpackung trägt den Aufdruck „+ 10 %", was aus Anlass einer kurzzeitigen europaweiten Werbekampagne beschlossen worden war, in deren Rahmen die Menge jedes Erzeugnisses um 10 % erhöht wurde. Dabei wurde ein Teil der Verpackung für die Aktion farblich gekennzeichnet; zwischen den Parteien ist unstreitig, dass der farblich gekennzeichnete Teil mehr als 10 % der Gesamtpackung ausmacht.[8]

Die Klägerin, ein rechtsfähiger Verband zur Förderung gewerblicher Interessen, verlangt von der Beklagten Unterlassung der Verwendung des Aufdrucks „+ 10 %" in Deutschland. Die Verpackung sei irreführend, § 3 Abs. 1 UWG. Die Beklagte ist demgegenüber der Auffassung, dass ein Urteil, das ihr die Einfuhr und den Vertrieb des Eiscreme-Riegels mit dem beanstandeten Aufdruck verböte, Art. 34 AEUV (ex-Art. 28 EG-Vertrag) verletzen würde. Das Verbot, ein Produkt innerhalb eines Mitgliedstaates mit der Aufschrift „+ 10 %" zu versehen, würde den Importeur dazu zwingen, die Ausstattungen seiner Produkte je nach dem Ort des Inverkehrbringens unterschiedlich zu gestalten und demgemäß die zusätzlichen Verpackungs- und Werbungskosten zu tragen, was den innerstaatlichen Handel erheblich beeinträchtigen würde. Das zur Rechtfertigung eines solchen Verbots vorgebrachte Argument des Schutzes der Verbraucher vor Täuschung ist hingegen nicht stichhaltig, da von einem verständigen Verbraucher erwartet werden kann, zu durchschauen, dass zwischen der Größe von Werbeaufdrucken, die auf eine Erhöhung der Menge des Erzeugnisses hinweisen und dem Ausmaß dieser Erhöhung nicht notwendig ein Zusammenhang besteht. Die bloße Möglichkeit, dass Einzelhändler den Preis der Ware erhöhen könnten und damit die Verbraucher in die Irre führen, genügt noch nicht, um ein allgemeines Verbot zu rechtfertigen, das den innergemeinschaftlichen Handel behindern könnte.

Die Entscheidung in diesem Rechtsstreit hängt somit von der Beantwortung der vorgeschlagenen Frage zur Auslegung von Art. 34 AEUV (ex-Art. 28 EG-Vertrag) ab.[9] Spätestens in der Revisionsinstanz wird diese Frage durch den BGH gem. Art. 267 Abs. 3 AEUV ohnehin vorgelegt werden müssen, da die Antwort auf die Frage weder offensichtlich ist, noch die Frage bereits vom EuGH entschieden wurde.[10] Aus Gründen der Prozessökonomie empfiehlt es sich aus Sicht der Beklagten, bereits jetzt eine Vorabentscheidung einzuholen, wobei der Kammer selbstverständlich unbenommen bleibt, eine eigene Formulierung für die der Anregung zugrunde liegende Rechtsfrage zu wählen.[11, 12, 13]

Rechtsanwalt

32. Anregung auf Vorabentscheidung durch den EuGH gemäß Art. 267 AEUV A. 32

Schrifttum: *Bergmann,* Vorabentscheidungsverfahren nach dem EU-Reformvertrag von Lissabon, ZAR 2011, 4; *Beuel,* Kein Richterprivileg bei unterlassener Vorlage gemäß Art. 177 EGV, EuZW 1996, 748; *Calliess/Ruffert,* EUV/AEUV, 5. Aufl. 2016; *Clausnitzer,* Die Vorlagepflicht an den EuGH. Zum (mangelnden) Rechtsschutz gegen Verstöße letztinstanzlicher Gerichte, NJW 1989, 641; *Dauses,* Vorabentscheidungsverfahren, in: *Dauses* (Hrsg.), Handbuch des EU-Wirtschaftsrechts, Band 2, Kap. P. II., Loseblatt, 41. Ergänzungslieferung 2017; *Glaesner,* Die Vorlagepflicht unterinstanzlicher Gerichte im Vorabentscheidungsverfahren, EuR 1990, 143; *Grabitz/Hilf/Nettesheim* (Hrsg.), Kommentar zur Europäischen Union, Band I, Loseblatt, 61. Ergänzungslieferung 2017; *von der Groeben/Schwarze/Hatje,* Europäisches Unionsrecht, Band IV, 7. Aufl. 2015; *Leckmann,* Probleme des Vorabentscheidungsverfahrens nach Art. 177 EWGV, 1988; *Lenz/Borschardt* (Hrsg.) EU-Verträge: Kommentar nach dem Vertrag von Lissabon, 6. Aufl. 2012; *Pescatore,* Das Vorabentscheidungsverfahren nach Art. 177 EWG-Vertrag und die Zusammenarbeit zwischen dem Gerichtshof und den nationalen Gerichten, BayVBl. 1987, 33 (68); *Voß,* Erfahrungen und Probleme bei der Anwendung des Vorabentscheidungsverfahrens nach Art. 177 EWGV aus der Sicht eines deutschen Richters, EuR 1986, 95; *Vosskuhle,* Zur Verletzung des Rechts auf den gesetzlichen Richter bei Nicht-Vorlage an den EuGH, JZ 2001, 924; *Wagner,* Funktion und praktische Auswirkungen der richterlichen Vorlagen an den Gerichtshof der Europäischen Gemeinschaften, 2001; *Wägenbaur,* Stolpersteine des Vorabentscheidungsverfahrens, EuZW 2000, 37; zu einem weiteren Beispiel siehe auch *Mes,* in Beck'sches Prozessformularbuch, 13. Aufl. 2016, Form. II.N.12; vgl. ergänzend die Nachweise in → Form. A.1, → Form. A.4, → Form. A.24.

Anmerkungen

1. Das Formular behandelt eine Anregung an das mit einem Rechtsstreit befasste Gericht, den Rechtsstreit auszusetzen und eine entscheidungserhebliche europarechtliche Vorfrage gemäß Art. 267 AEUV (ex-Art. 234 EG-Vertrag) dem EuGH zur Vorabentscheidung vorzulegen. Als prozessualer Rahmen dient hier ein erstinstanzliches Hauptsacheverfahren.

Das Vorgehen nach Art. 267 AEUV soll vor allem der Wahrung der Rechtseinheit innerhalb der Mitgliedstaaten dienen (EuGH – 107/76, Slg. 1977, 957 (972) – Hoffmann La Roche; EuGH – 35 u. 36/82, Slg. 1982, 3723 (3734 f.) – Morson u. Jhanian; EuGH – 283/81, Slg. 1982, 3415 (3428) – C. I. L. F. I. T.).

2. Der EuGH – sowie gemäß Art. 256 Abs. 3 AEUV (ex-Art 225 EGV) für bestimmte Sachgebiete das Europäische Gericht I. Instanz – beantwortet Fragen, die ihm im Rahmen des Vorlageverfahrens gem. Art. 267 AEUV von „einem Gericht eines Mitgliedstaats" gestellt werden. Gerichte iSd Art. 267 AEUV können auch Stellen sein, die keine Gerichte im klassischen Sinne sind. Zur Beurteilung dieser Frage stellt der Gerichtshof auf eine Reihe von Gesichtspunkten ab (EuGH – C-54/96, Slg. 1997, I-4992 f. – Dorsch):
- gesetzliche Grundlage der Einrichtung,
- ständiger Charakter,
- obligatorische Gerichtsbarkeit,
- streitiges Verfahren,
- Anwendung von Rechtsnormen durch diese Einrichtung,
- deren Unabhängigkeit.

Wesentlich ist damit vor allem, dass die Stelle in irgendeiner Weise staatlich ist, also etwa auf gesetzlicher Grundlage errichtet wurde oder behördlicher Aufsicht unterliegt, und dass die Parteien verpflichtet sind, sich im Fall von Rechtsstreitigkeiten an diese Stelle zu wenden (obligatorische Gerichtsbarkeit), wobei jedoch ausreichend ist, dass es in der Praxis keinen faktischen Rechtsbehelf zu den ordentlichen Gerichten gibt (EuGH – 246/80 Slg. 1981, 2311 – Broekmeulen; vgl. weiter EuGH – 61/65, Slg. 1966, 583 (602) – Vaassen-Göbbels). Private Schiedsgerichte erfüllen diese Voraussetzungen nicht. Sie sind nicht vorlageberechtigt (EuGH – 102/81, Slg. 1982, 1095 – Nordsee). Dieses Recht kommt erst dem gegen den Schiedsspruch angerufenen staatlichen Gericht zu.

3. Eine Vorlagepflicht besteht nur, wenn die Entscheidung des Gerichts nicht mehr mit Rechtsmitteln angefochten werden kann, Art. 267 Abs. 3 AEUV. Rechtsmittel in diesem Sinn ist auch die Nichtzulassungsbeschwerde, so dass für die Berufungsgerichte keine Vorlagepflicht besteht (EuGH EuZW 2002, 476 – Lyckeskog). Keine Vorlagepflicht besteht auch, wenn der EuGH die Frage bereits entschieden hat oder keine vernünftigen Zweifel an der Richtigkeit der Auslegung bestehen. Eine Vorlagepflicht besteht auch nicht in Eilverfahren, weil der Rechtsstreit noch in ein streitiges Hauptverfahren übergeleitet werden kann, in dem sämtliche aufgeworfenen Fragen erneut geprüft werden (EuGH – 107/76, NJW 1977, 1585 – Terrapin/Terranova; EuGH – 35 u. 36/82, Slg. 1982, 3723 (3734 f.) – Morson und Jhanjan). Das mitgliedstaatliche Gericht entscheidet also – solange gegen seine Entscheidungen noch Rechtsmittel möglich sind (→ Anm. 11) – grundsätzlich nach seinem Ermessen, ob es die Frage dem EuGH vorlegt, (Art. 267 Abs. 2 AEUV). Es handelt sich daher lediglich um eine *Anregung*, tätig zu werden, die weder einer bestimmten Form, noch irgendwelchen Fristen unterliegt. Das Gericht hingegen ist, wenn es vorlegt, an die Regelungen der Verfahrensordnung des Gerichtshofs der Europäischen Gemeinschaften (abrufbar unter http://www.curia.eu.int) gebunden, insbesondere an die in Art. 125 AEUV und Art. 126 AEUV (ex-Art. 103 EGV und ex-Art. 104 EGV) getroffenen Regeln über Vorlagen zur Vorabentscheidung und andere Auslegungsverfahren. Dem Ermessen des Gerichts bleibt es auch überlassen, zu welchem Zeitpunkt es das Verfahren aussetzt und die Frage vorlegt, wobei es aus prozessökonomischen Gründen die Frage erst dann stellen wird, wenn bereits Klarheit über den relevanten Sachverhalt und die Erforderlichkeit der Vorlage besteht.

4. Gegenstand und Umfang der Prüfung werden durch Art. 267 AEUV vorgegeben. Die Vorlagefragen sind abstrakt zu formulieren. Der Gerichtshof entscheidet danach über: a) die Auslegung der Verträge und b) über die Gültigkeit und die Auslegung der Handlungen der Organe, Einrichtungen oder sonstigen Stellen der Union. Im Gegensatz zur Auslegung steht die *Anwendung* der gemeinschaftsrechtlichen Normen auf den Einzelfall nicht zur Entscheidung des EuGH (BVerfG NJW 2002, 1486).

Gemäß Buchstabe a) ist der EuGH berufen, über die Auslegung des gesamten *primären* Gemeinschaftsrechts letztverbindlich zu entscheiden. Dies umfasst auch Fragen nach Inhalt und Umfang der ungeschriebenen allgemeinen Rechtsgrundsätze des Gemeinschaftsrechts.

Art. 267 Abs. 1 Buchst. b AEUV eröffnet demgegenüber die Überprüfung von Gültigkeit und Auslegung des gesamten sekundären Gemeinschaftsrechts. In den überprüfungsfähigen Bereich einbezogen sind neben den in Art. 304 AEUV (ex-Art. 262 EGV) aufgeführten Rechtshandlungen (Verordnungen, Richtlinien und Entscheidungen) auch die sog. atypischen Rechtsakte, die zwar keinen verbindlichen Inhalt haben, jedoch einem Gemeinschaftsorgan zuzurechnen und geeignet sind, Rechtswirkungen zu erzeugen, etwa Beschlüsse oder Entschließungen von Gemeinschaftsorganen.

Von der dem EuGH eingeräumten Kompetenz nach Art. 234 EGV nicht umfasst ist die Auslegung nationaler Rechtsvorschriften oder deren Gültigkeit bzw. Vereinbarkeit mit dem Gemeinschaftsrecht (stRspr; vgl. EuGH – 54/72, Slg. 1973, 193 (204) – Fonderie Officine Riunite ./. Vereinigte Kammgarn-Spinnereien; EuGH – 16/83, Slg. 1984, 1299 (1324) – Prantl; EuGH – Rs. 91 u. 127/83, Slg. 1984, 3435 – Heineken; EuGH – 14/86, Slg. 1987, 2545 (2569) – Pretore di Salò ./. X). Allerdings wird der EuGH eine entsprechend formulierte Frage in eine solche nach der Auslegung der relevanten gemeinschaftsrechtlichen Normen umdeuten (→ Anm. 5 aE).

5. Besteht bereits kein Anspruch auf Vorlage, kann natürlich erst recht kein Anspruch auf eine bestimmte Formulierung bestehen. Alleine das vorlegende nationale Gericht bestimmt, welche Fragen dem EuGH im Rahmen des Vorabentscheidungsverfahrens des Art. 267 AEUV vorzulegen sind (EuGH – C-183/95, EuZW 1999, 730 – Affish BV ./. Rijksdienst, Ls. 1). Gleichwohl ist zu empfehlen, dem Gericht bereits einen sorgfältig ausgearbeiteten Formulierungsvorschlag an die Hand zu geben. Da die *Anwendung* des

32. Anregung auf Vorabentscheidung durch den EuGH gemäß Art. 267 AEUV A. 32

Unionsrechts auf den konkreten Einzelfall Sache des erkennenden nationalen Gerichts bleibt und der EuGH nur über die Auslegung einer bestimmten Rechtsfrage zu entscheiden hat, muss die Vorlagefrage stets *abstrakt* formuliert sein. In der Praxis üblich sind dabei gestaffelte, nach einem „Wenn-Dann-Raster" aufgebaute Fragen gemäß dem Schema: „Ist . . . . . . so auszulegen, dass . . . . . .? Falls ja, ...? Falls nein, ...?".
Der EuGH verfährt mit der Auslegung von ihrer Fassung nach eigentlich unstatthaften Fragen (→ Anm. 4) sehr großzügig und vermeidet deren Abweisung als unzulässig (zur EuGH-Terminologie der „Unzulässigkeit" vgl. Dauses EU-WirtschaftsR-HdB Kap. P. II Rn. 44, 175 f.).

6. Bei dem Vorabentscheidungsersuchen handelt es sich um einen Zwischenrechtsstreit, bei dem der Prozess gemäß bzw. analog § 148 ZPO ausgesetzt wird (bei einer Frage nach der Gültigkeit einer Gemeinschaftsrechtsnorm kommt nach OLG Düsseldorf NJW 1993, 1661 nur eine analoge Anwendung in Betracht, weil die Wirksamkeit einer Rechtsvorschrift kein „Rechtsverhältnis" iSv § 148 ZPO sei).
Eine Aussetzung kann auch angeregt werden, wenn eine für den vorliegenden Rechtsstreit erhebliche Auslegungsfrage Gegenstand eines bereits anhängigen Vorlageverfahrens ist, das einen Ausgangsrechtsstreit zwischen *anderen* Parteien betrifft (vgl. OLG Frankfurt Beschl. v. 12.11.2011 – 6 O 33/08; BPatG GRUR 2002, 734; BAG Beschl. v. 6.11.2002 – 5 AZR 279/01). Denn die nationalen Gerichte sind verpflichtet, den Auslegungen des EuGH zum Unionsrecht zu folgen. Auch wenn die Vorabentscheidungen des EuGH außerhalb des Ausgangsrechtsstreits keine unmittelbare rechtliche Bindungswirkung entfalten, kommt ihnen aufgrund ihrer Leitfunktion für die Anwendung des Unionsrechts eine über den Einzelfall hinausgehende tatsächliche Bindungswirkung und rechtsbildende Kraft zu. Die Gemeinschaftsgerichte und die nationalen Gerichte sind zu loyaler Zusammenarbeit verpflichtet (BGH NJW 2005, 1947 ff.).

7. Es empfiehlt sich, in der Anregung den zugrunde liegenden Sachverhalt und die sich stellenden Rechtsfragen einschließlich ihres Kontextes – ausführlicher als im Formular – darzustellen. Denn das Gericht muss, wenn es sich zur Vorlage entschließt, dem EuGH den zugrunde liegenden Sachverhalt und die Rechtsfragen so erläutern, dass dieser die in Frage stehende Norm sinnvoll auslegen kann. Fehlt eine solche Schilderung der sachlichen und rechtlichen Ausgangspunkte, kann es vorkommen, dass der EuGH erklärt, nicht in der Lage zu sein, die Fragen sinnvoll zu beantworten und den Antrag als unzulässig zurückweist (vgl. EuGH – C-320–322/90, Slg. 1993, I-393 – Telemarsicabruzzo; EuGH – C.-157/92, Slg. 1993, I-1085 – Banchero; EuGH – C-378/93, Slg. 1994, I-399 – La Pyramide; EuGH – C-458/93, Slg. 1995, I-511 – Saddik; EuGH – C-326/95, Slg. 1996, I-1385 und EuGH – C-66/97, EWS 1998, 74 – jeweils Banco de Fomento e Exterior).
Selbstverständlich ist das vorlegende Gericht auch hinsichtlich seiner Begründung nicht an die Parteien gebunden. Geht es um die Frage der Nichtigkeit einer gemeinschaftsrechtlichen Vorschrift, so ist auch der EuGH nicht an den durch die Begründung des nationalen Gerichts vorgegebenen Prüfungsumfang gebunden; insoweit besteht ein Unterschied zur Nichtigkeitsklage nach Art. 263 AEUV (ex-Art. 230 EGV).

8. In materieller Hinsicht ist das Textbeispiel der Entscheidung „Mars" (EuGH – C-470/93, Slg. 1995, I-1923) nachgebildet, die das Spannungsfeld zwischen der europarechtlichen Vorgabe des Art. 34 AEUV (ex-Art. 28 EGV) und den nationalen Verbotsvorschriften des Lauterkeitsrechts, hier § 5 UWG, betraf. In „Mars" bejahte der EuGH einen Verstoß gegen Art. 34 AEUV im Wesentlichen mit der Argumentation des Formulars.

9. Das nationale Gericht muss nach Art. 267 Abs. 3 AEUV die vorgelegte Frage für entscheidungserheblich halten. Da hierüber ausschließlich die Auffassung des Gerichts entscheidet, die vom EuGH nicht überprüft wird (EuGH – 209–213/84, Slg. 1986, 1425

(1460) – Asjes; EuGH – 53/79, Slg. 1980, 273 (281) – Damiani), empfiehlt sich für die Praxis eine entsprechend gute Argumentation.

10. Das letztinstanzliche Gericht ist zur Vorlage verpflichtet, wenn gegen die Entscheidung des Gerichts kein Rechtsmittel nach nationalem Recht mehr möglich ist (Art. 267 Abs. 3 AEUV). Für die Frage, wann eine Entscheidung des einzelstaatlichen Gerichtes nicht mehr mit Rechtsmitteln des innerstaatlichen Rechts angefochten werden kann, kommt es nach herrschender Meinung darauf an, dass im konkreten Einzelfall kein Rechtsmittel mehr gegeben ist (konkrete Betrachtungsweise, vgl. BVerfG EWS 1997, 399 (400); Calliess/Ruffert/*Wegener* AEUV Art. 267 Rn. 28; aA *Bleckmann* Europarecht 6. Aufl. Rn. 921, wonach lediglich die hierarchisch obersten Gerichtshöfe der Mitgliedstaaten vorlagepflichtig sind, sog. abstrakte Betrachtungsweise. Eine Vorlage kann jedoch einerseits unterbleiben, wenn bereits eine gesicherte Rechtsprechung des EuGH zu der betreffenden Rechtsfrage besteht (und zwar selbst dann, wenn die strittigen Fragen mit den bereits geklärten nicht völlig identisch sind), und andererseits, wenn keinerlei Raum für vernünftige Zweifel an der richtigen Auslegung bestehen. Nicht vorlegen muss ein letztinstanzliches Gericht auch dann, wenn die Frage im Rahmen desselben nationalen Rechtsstreits bereits Gegenstand eines Vorabentscheidungsersuchens gewesen ist (EuGH – C-337/95, WRP 1998, 150 – Dior ./. Evora).

11. Legt ein Gericht entgegen dieser Verpflichtung eine Frage dem EuGH nicht zur Entscheidung vor, so stellt dies eine Vertragsverletzung gemäß Art. 185, 186 AEUV (ex-Art. 169, 170 EGV) dar. Die Kommission sieht jedoch regelmäßig von der Einleitung von Vertragsverletzungsverfahren ab. Eine unterlassene Vorlage kann auch mit der Verfassungsbeschwerde angefochten werden, da das Bundesverfassungsgericht den EuGH in seinem „Solange II"-Beschluss (BVerfGE 73, 339 (366)) als gesetzlichen Richter im Sinne von Art. 101 Abs. 1 S. 2 GG anerkannt hat (vgl. auch BVerfG NJW 2011, 1131). Das BVerfG prüft jedoch nur, ob Art. 267 AEUV in offensichtlich unhaltbarer Weise gehandhabt wurde (BVerfGE NJW 2011, 1131; BGH GRUR-RR 2012, 148 – Thüringer Klöße). Dies bejaht es in Fällen der grundsätzlichen Verkennung der Vorlagepflicht, bei bewusstem Abweichen von der EuGH-Rspr. ohne Vorlagebereitschaft und bei sog. unvollständiger Rechtsprechung, dh Überschreiten des dem nationalen Gerichts zukommenden Beurteilungsspielraums. Schließlich wird unter Hinweis auf die „Brasserie du Pêcheur"-Entscheidung des EuGH (EuGH EuZW 1996, 205) auch vertreten, dass die Mitgliedstaaten auf Schadensersatz haften können, wenn der hoheitliche Verstoß auf einer unterlassenen Vorlage eines mitgliedstaatlichen Gericht gemäß Art. 267 Abs. 3 AEUV beruht (*Beuel* EuZW 1996, 748).

12. Für die Kosten gilt Art. 72 der Verfahrensordnung des Gerichtshofs, wonach das Verfahren im Grundsatz kostenfrei ist. Die Entscheidung über die Kosten trifft nach Art. 104 § 6 Abs. 1 der Verfahrensordnung das nationale Gericht. Nach Abs. 2 dieser Vorschrift kann der EuGH in besonderen Fällen im Rahmen der Prozesskostenhilfe eine Beihilfe bewilligen, um es einer Partei zu erleichtern, sich vertreten zu lassen oder persönlich zu erscheinen. Die Gebühren des Rechtsanwalts bestimmen sich nach § 38 RVG.

13. Da es sich lediglich um eine Anregung handelt, sind keine Fristen zu beachten; vgl. insoweit → Anm. 3. Nach der Rspr. des Gerichtshofs ist eine wirksame Vorlage Voraussetzung für die Befassung mit ihr. Dies führt dazu, dass nach der Aufhebung der Vorlageentscheidung durch ein Rechtsmittelgericht die Frage nicht beantwortet und das Verfahren aus dem Register des Gerichts ausgetragen wird (EuGH – 31/68, Slg. 1970, 403 – Chanel ./. Cepeha). Die Anfechtbarkeit der Rechtsakte, durch die die Vorlage angeordnet wird, richtet sich jedoch nach innerstaatlichem Recht. In der Bundesrepublik Deutschland kommt für eine Anfechtung des Aussetzungs- und Vorlagebeschlusses lediglich § 252 ZPO in Betracht; dessen Anwendbarkeit wird jedoch von der hM für solche Aussetzungsbeschlüsse abgelehnt, die zwangsläufig mit einer Vorlage (an das BVerfG oder den EuGH) verbunden sind, OLG Köln WRP 1977, 734.

B. Markenrecht

1. Markenanmeldung beim DPMA

Deutsches Patent- und Markenamt

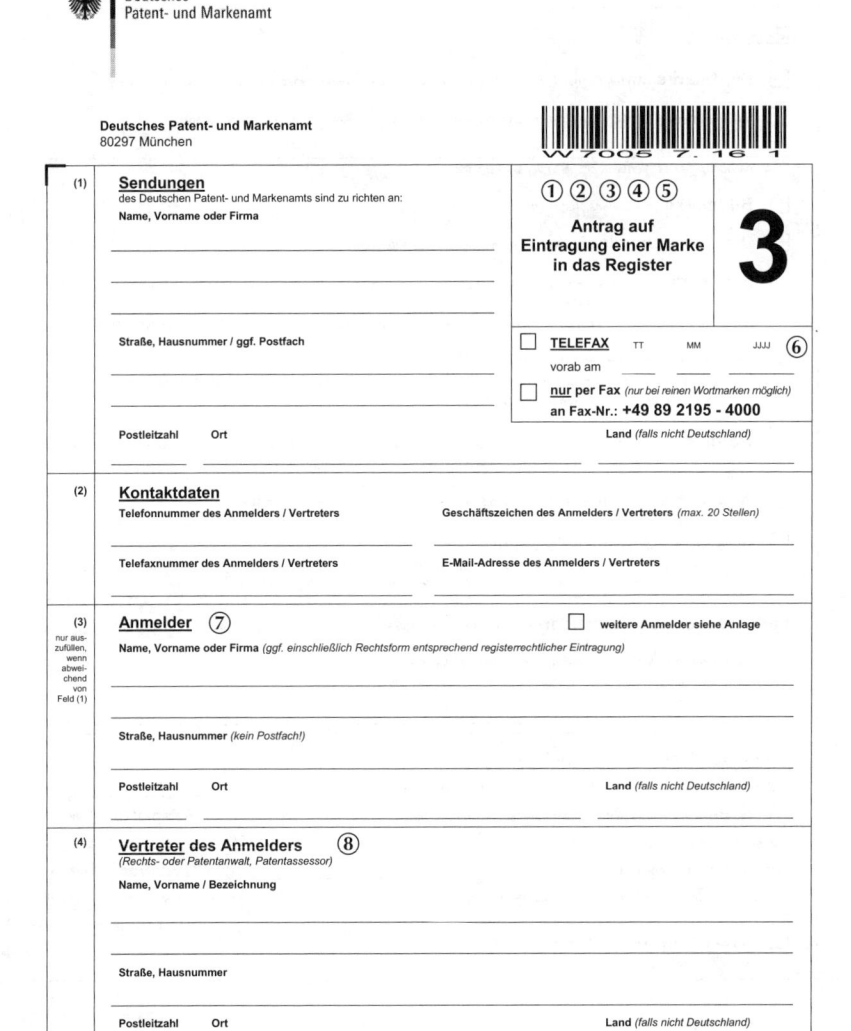

Deutsches Patent- und Markenamt
80297 München

W 7005 7.16 1

① ② ③ ④ ⑤
Antrag auf Eintragung einer Marke in das Register **3**

(1) Sendungen
des Deutschen Patent- und Markenamts sind zu richten an:
Name, Vorname oder Firma

Straße, Hausnummer / ggf. Postfach

☐ **TELEFAX** TT MM JJJJ ⑥
vorab am

☐ **nur per Fax** *(nur bei reinen Wortmarken möglich)*
an Fax-Nr.: **+49 89 2195 - 4000**

Postleitzahl   Ort   Land *(falls nicht Deutschland)*

(2) Kontaktdaten
Telefonnummer des Anmelders / Vertreters   Geschäftszeichen des Anmelders / Vertreters *(max. 20 Stellen)*

Telefaxnummer des Anmelders / Vertreters   E-Mail-Adresse des Anmelders / Vertreters

(3) *nur auszufüllen, wenn abweichend von Feld (1)*
Anmelder ⑦   ☐ weitere Anmelder siehe Anlage
Name, Vorname oder Firma *(ggf. einschließlich Rechtsform entsprechend registerrechtlicher Eintragung)*

Straße, Hausnummer *(kein Postfach!)*

Postleitzahl   Ort   Land *(falls nicht Deutschland)*

(4) Vertreter des Anmelders ⑧
(Rechts- oder Patentanwalt, Patentassessor)
Name, Vorname / Bezeichnung

Straße, Hausnummer

Postleitzahl   Ort   Land *(falls nicht Deutschland)*

Nummer der Allgemeinen Vollmacht *(soweit vorhanden)*

B. 1 B. Markenrecht

(5) Markendarstellung *(pro Anmeldung nur eine Marke)* ⑩ ⑪ ⑫ ⑬

☐ _____
(Wortmarke)

oder

☐ siehe Anlage (<u>Vordruck W 7005.1</u> *oder auf Blatt DIN A4*)
(zwingend erforderlich für Wort-/Bildmarke, Bildmarke, Dreidimensionale Marke, Farbmarke, Hörmarke oder andere Markenform)

! Ein ° sollte der Markendarstellung nicht schon bei der Anmeldung hinzugefügt werden, da unter Umständen eine Zu rückweisung wegen Täuschungsgefahr gemäß § 8 Abs. 2 Nr. 4 Markengesetz in Betracht kommen kann.

(6) Markenform ⑭

☐ **Wortmarke** *(Wörter, Buchstaben, Zahlen, sonstige Schriftzeichen; ohne grafische Ausgestaltung oder Farben)*

☐ **Wort-/Bildmarke** *(Kombination aus Wort und Bild, grafisch gestaltete Wörter oder Wortfolgen)*

_____
(Wiedergabe des Wortbestandteils in der Markendarstellung)

☐ **Bildmarke** *(zweidimensionale Bilder)*

☐ **Dreidimensionale Marke** *(dreidimensionale Gestaltungen)*

☐ **Farbmarke** *(z. B. abstrakte Farbe oder Kombination aus mehreren Farben, als Markendarstellung (Punkt (5)) ist ein Farbmuster einzureichen!)*
Bezeichnung der Farbe(n) nach einem international anerkannten Farbklassifikationssys tem (z. B. RAL, Pantone, HKS):

_____

☐ Beschreibung der Anordnung der Farben zueinander (räumliche Anordnung und Größenverhältnis) ist als Anlage beigefügt
(nur erforderlich bei Farbkombinationsmarken)

☐ **Hörmarke** *(in Notenschrift darstellbare, akustisch hörbare Töne / Melodie; als Markendarstellung (Punkt (5)) ist eine Notenschrift sowie eine Wiedergabe auf einem Datenträger einzureichen!)*

☐ **Andere Markenform** *(z. B. Kennfadenmarke, Positionsmarke, Bewegungsmarke)*

☐ Markenbeschreibung ist als Anlage beigefügt
(nur erforderlich, wenn die Markenwiedergabe den Schutzgegenstand nicht hinreichend – in objektiver Weise – bestimmt; darf maximal 100 Wörter und keine grafischen oder sonstigen Gestaltungselemente enthalten)

(7) Farbangaben zur Markendarstellung *(nicht auszufüllen bei Wortmarken, Hörmarken und Farbmarken)*

☐ Die Markendarstellung enthält **farbige** Elemente und zwar in folgenden Farben:
(bitte allgemeine/n Farbnamen angeben, z. B. gelb, rot, grün, blau)

_____

(8) Nichtlateinische Schriftzeichen
(ggf. zwingend auszufüllen, bei Platzmangel bitte gesonderte Anlage verwenden)

☐ Die Markendarstellung enthält **nichtlateinische** Schriftzeichen.

		Beispiel für "Буква"	
Übersetzung (in die deutsche Sprache):	_____	Übersetzung:	<u>Buchstabe</u>
Transliteration (buchstabengetreue Wiedergabe):	_____	Transliteration:	<u>Bukva</u>
Transkription (phonetische Wiedergabe in lateinischen Schriftze ichen):	_____	Transkription:	<u>Bukwa</u>

oder

☐ Transkription (phonetische Wiedergabe in Lautschrift)
ist als Anlage beigefügt

1. Markenanmeldung beim DPMA
B. 1

(9) Verzeichnis der Waren und/oder Dienstleistungen *(nach Klassen gruppiert)* ⑯
(zwingend auszufüllen, bei Platzmangel bitte gesonderte Anlage verwenden)
(Suche nach Waren und/oder Dienstleistungen in der einheitlichen Klassifikationsdatenbank (eKDB)

Leitklassenvorschlag des Anmelders: _____ ⑰

Klasse/n   **Bezeichnung/en**

(10) Serienanmeldung *(Vorblatt bitte ausfüllen und beifügen)* ⑳

☐ Die Anmeldung ist Bestandteil **einer Serie** von Markenanmeldungen

☐ Die Serie enthält identische Waren-/Dienstleistungsverzeichnisse

Diese Anmeldung ist Nr. _____ von _____ Anmeldungen

(11) Priorität ⑲

☐ **Ausländische Priorität**
Kopie / Abschrift der ausländischen Voranmeldung

☐ ist beigefügt

☐ wird nachgereicht

Datum   **Staat**   **Aktenzeichen**

_____   _____   _____

☐ **Ausstellungspriorität**   ☐ **Ausstellungsbescheinigung** *(Vordruck W 7708 bitte ausfüllen und beifügen)*

Bezeichnung der Ausstellung

B. 1 B. Markenrecht

(12) Sonstige Anträge

☐ Antrag auf <u>beschleunigte Prüfung</u> nach § 38 Markengesetz *(gebührenpflichtig)* ⑮

☐ Antrag auf die Eintragung als <u>Kollektivmarke</u> nach §§ 97 ff. Markengesetz *(nicht für Privatpersonen möglich)* ⑱

☐ Antrag auf <u>internationale Registrierung</u> dieser Markenanmeldung liegt bei *(Formblatt der WIPO)* ⑨

(13) Gebührenzahlung von _____ EUR ㉒

! Die Gebühren sind <u>innerhalb von 3 Monaten</u> nach Einreichung der Anmeldung zu zahlen *(<u>siehe Kostenmerkblatt</u>)*. Wird die Anmeldegebühr (ggf. auch die Gebühren für den Antrag auf beschleunigte Prüfung) nicht innerhalb von 3 Monaten nach dem Eingangstag der Anmeldung gezahlt, so gilt die Anmeldung (bzw. der Antrag auf beschleunigte Prüfung) als zurückgenommen. Bitte beachten Sie, dass die <u>Prüfung</u> der Schutzfähigkeit der Marke <u>erst nach Zahlungseingang</u> beginnt.

Zahlung per Banküberweisung

☐ Überweisung
(Dreimonatige Zahlungsfrist beachten!)

Zahlungsempfänger:
Bundeskasse Halle/DPMA
IBAN: DE84 7000 0000 0070 0010 54
BIC (SWIFT-Code): MARKDEF1700

Anschrift der Bank:
Bundesbankfiliale München
Leopoldstr. 234, 80807 München

Zahlung mittels SEPA-Basis-Lastschrift

☐ Ein gültiges **SEPA-Basis-Lastschriftmandat** (<u>Vordruck A 9530</u>) mit der Mandatsreferenznummer *(bitte eintragen)*:

_____

☐ liegt dem DPMA bereits vor *(Mandat für mehrmalige Zahlungen)*

☐ ist beigefügt

☐ **Angaben zum Verwendungszweck** (<u>Vordruck A 9532</u>) des Mandats mit der o. g. Mandatsreferenznummer sind beigefügt.

(14) Anlagen

☐ Markendarstellung auf Vordruck W 7005.1 oder auf Blatt DIN A4

☐ Markenwiedergabe auf Datenträger *(<u>zulässige Datenträgerformate</u>)*

☐ Verzeichnis der Waren/Dienstleistungen

☐ Markenbeschreibung *(maximal 100 Wörter, darf keine grafischen oder sonstigen Gestaltungselemente enthalten)*

☐ Transkription *(phonetische Wiedergabe in Lautschrift)*

☐ _____

(15) Unterschrift

Der Unterschrift ist der Name in Druckbuchstaben oder Maschinenschrift hinzuzufügen; bei Firmen die Bezeichnung laut Handelsregister mit Angabe der Stellung/Funktion des Unterzeichnenden.

㉑ ㉓

_____   _____
Datum   Unterschrift(en)

_____
Funktion des Unterzeichners

1. Markenanmeldung beim DPMA **B. 1**

DEUTSCHES PATENT- UND MARKENAMT

Markenabteilungen 80297 München	Dienststelle Jena 07738 Jena
Telefon: +49 89 2195-0 Telefax: +49 89 2195-4000 Telefonische Auskünfte: +49 89 2195-3402 Internet: http://www.dpma.de	Telefon: +49 3641 40-54 Telefax: +49 3641 40-5690 Telefonische Auskünfte: +49 3641 40-5555 Technisches Informationszentrum Berlin 10958 Berlin
Zahlungsempfänger: Bundeskasse Halle/DPMA IBAN: DE84 7000 0000 0070 0010 54 BIC (SWIFT-Code): MARKDEF1700 Anschrift der Bank: Bundesbankfiliale München Leopoldstr. 234, 80807 München	Telefon: +49 30 25992-0 Telefax: +49 30 25992-404 Telefonische Auskünfte: +49 30 25992-220

Erläuterungen

Ausführliche Hinweise für das Ausfüllen des Antrages finden sich in den **Ausfüllhinweisen zum Antrag** sowie in dem **Merkblatt „Wie melde ich eine Marke an?"** (W 7731). Das DPMA gibt veröffentlichte Daten auch an Dritte weiter; weitere Hinweise hierzu finden Sie unter http://www.dpma.de/service/e_dienstleistungen/datenabgabe/dpmadatenabgabe/index.html.
Alle Vordrucke und Merkblätter können Sie gebührenfrei unter http://www.dpma.de/marke/formulare/index.html abrufen.

Anmeldegebühren*)

Wird die Anmeldegebühr nicht innerhalb von 3 Monaten nach dem Eingang der Anmeldung gezahlt, gilt die Anmeldung gemäß § 6 Abs. 2 PatKostG als zurückgenommen.

Bei einer Schutzdauer von zunächst **10 Jahren** beginnend mit dem Anmeldetag

(1) Anmeldeverfahren einschließlich der Klassengebühr für bis zu drei Klassen

für eine Marke (§ 32 MarkenG) bei elektronischer Anmeldung	290 €	Gebührennummer: 331 000
für eine Marke (§ 32 MarkenG) bei Anmeldung in Papierform	300 €	Gebührennummer: 331 100
für eine Kollektivmarke (§ 97 MarkenG)	900 €	Gebührennummer: 331 200

(2) Zusätzliche Klassengebühr bei Anmeldung für mehr als drei Klassen

für eine Marke je zusätzlicher Klasse (§ 32 MarkenG)	100 €	Gebührennummer: 331 300
für eine Kollektivmarke je zusätzlicher Klasse (§ 97 MarkenG)	150 €	Gebührennummer: 331 400

(3) Gebühr für den Antrag auf beschleunigte Prüfung nach § 38 MarkenG

Beschleunigte Prüfung der Anmeldung (§ 38 MarkenG)	200 €	Gebührennummer: 331 500

Zahlungshinweise

1. Die Gebühren können gemäß § 1 der Patentkostenzahlungsverordnung (PatKostZV) wie folgt entrichtet werden:
   a) durch **Bareinzahlung** bei den Geldstellen des Deutschen Patent- und Markenamts in München, Jena und im Technischen Informationszentrum in Berlin,
   b) durch **Überweisung oder (Bar-) Einzahlung** bei einem inländischen oder ausländischen Geldinstitut auf das oben angegebene Konto der Bundeskasse Halle/DPMA,
   c) durch **Erteilung eines SEPA-Basis-Lastschriftmandats mit Angaben zum Verwendungszweck**
      Bitte beachten Sie hierzu Folgendes:
      → Wenn Sie dem DPMA bereits **ein SEPA-Basis-Lastschriftmandat** für mehrmalige Zahlungen erteilt haben, geben Sie bitte die Mandatsreferenznummer in Feld 10 an und füllen Sie den Vordruck A 9532 (Angaben zum Verwendungszweck) aus.
      → Haben Sie dem DPMA **noch kein SEPA-Basis-Lastschriftmandat** erteilt, können Sie ein SEPA-Basis-Lastschriftmandat (als Einzel- oder Mehrfachmandat) erteilen, indem Sie den Vordruck A 9530 ausfüllen und das ausgefüllte Original an das DPMA übersenden. Ergänzend muss auch der Vordruck A 9532 (Angaben zum Verwendungszweck) ausgefüllt werden. Das SEPA-Mandat muss dem DPMA immer im Original vorliegen. Bei einer Übermittlung per Fax muss das SEPA-Mandat im Original innerhalb eines Monats nachgereicht werden, damit der Zahlungstag gewahrt bleibt. Geht das Original des SEPA-Mandats nicht innerhalb der Monatsfrist ein, so gilt der Tag des Eingangs des Originals als Zahlungstag.
      Weitere Einzelheiten zur Zahlung im SEPA-Basis-Lastschriftverfahren können Sie dem "Merkblatt über die Nutzung der Verfahren der SEPA-Zahlungsinstrumente" entnehmen.

2. Bei jeder Zahlung sind das vollständige Aktenzeichen, die genaue Bezeichnung des Anmelders (Rechtsinhabers) und der Verwendungszweck anzugeben. Anstelle des Verwendungszwecks kann auch die entsprechende Gebührennummer (siehe oben) angegeben werden.

Nach Eingang Ihrer Anmeldung beim DPMA werden eine Akte angelegt, das Verzeichnis der Waren und Dienstleistungen überprüft und Ihre Grunddaten erfasst. Sie erhalten nach etwa 3 bis 4 Wochen eine Empfangsbestätigung. Diese enthält Gebühreninformationen zu Ihrer Anmeldung. Zusätzlich zur Empfangsbestätigung erfolgt keine weitere Gebührenbenachrichtigung.

*) Stand: 1. November 2010 (Die jeweils gültigen Gebühren können dem Merkblatt A 9510 oder dem Internet - siehe Adresse im Kopf auf dieser Seite - entnommen werden).

B. Markenrecht

Schrifttum (allgemein): *Berlit*, Markenrecht, 10. Aufl. 2015; *Büscher/Dittmer/Schiwy*, Gewerblicher Rechtsschutz, Urheberrecht, Medienrecht, 3. Aufl. 2015; *Eisenführ/Schennen*, Unionsmarkenverordnung, 5. Aufl. 2016; *Ekey/Klippel/Bender*, Markenrecht Band 1: Markengesetz und Markenrecht ausgewählter ausländischer Staaten, 3. Aufl. 2015; *Fezer*, Markenrecht, 4. Aufl. 2009; *Fezer*, Handbuch der Markenpraxis, Markenverfahrensrecht, Markenvertragsrecht, 3. Aufl. 2016; *Hacker*, Markenrecht, 4. Aufl. 2016; *Kur/v. Bomhardt/Albrecht*, Markenrecht, 1. Aufl. 2017; *Lange*, Marken- und Kennzeichenrecht, 2. Aufl. 2012; *Lange*, Internationales Handbuch des Marken- und Kennzeichenrechts, 1. Aufl. 2009; *Pohlmann*, Verfahrensrecht der Gemeinschaftsmarke, 1. Aufl. 2012; *v. Schultz*, Kommentar zum Markenrecht, 3. Aufl. 2012.

Anmerkungen

1. Das MarkenG schützt gemäß § 1 MarkenG drei Grundformen von Kennzeichen, nämlich Marken (§ 1 Nr. 1 MarkenG iVm §§ 3, 4 MarkenG), geschäftliche Bezeichnungen (§ 1 Nr. 2 MarkenG iVm § 5 MarkenG), bei denen wiederum Unternehmenskennzeichen (§ 5 Abs. 2 MarkenG) und Werktitel (§ 5 Abs. 3 MarkenG) zu unterscheiden sind, sowie geographische Herkunftsangaben (§ 1 Nr. 3 MarkenG iVm § 126 MarkenG). Die geschäftlichen Bezeichnungen des § 5 MarkenG und die deutschen geographischen Herkunftsangaben des § 126 MarkenG sind von einer Eintragung unabhängig und entstehen durch bloße Benutzung (→ Form. B.17, → Form. B.20). Demgegenüber können als Marken schutzfähige Zeichen im Sinne von § 3 MarkenG entweder – wie regelmäßig – durch Anmeldung und Eintragung (§ 4 Nr. 1 MarkenG iVm §§ 32 ff. MarkenG), bei Erlangung von Verkehrsgeltung aber auch ohne Eintragung durch bloße Benutzung (§ 4 Nr. 2 MarkenG) oder schließlich bei Erlangung notorischer Bekanntheit im Inland ohne Eintragung und sogar ohne Benutzung im Inland (§ 4 Nr. 3 MarkenG) Schutz erlangen.

Eine **Marke** ist ein Zeichen, das geeignet ist, die Waren oder Dienstleistungen eines Unternehmens von denen eines anderen Unternehmens zu unterscheiden (vgl. § 3 Abs. 1 MarkenG). Es handelt sich also um eine Produktbezeichnung, die aber nicht nur ein Produkt von einem anderen unterscheidet, sondern sie soll primär die Herkunft des Produkts aus einem bestimmten Unternehmen garantieren. Dies wird deutlich, wenn zwei verschiedene Produkte wie zB Milch und Quark mit derselben Marke gekennzeichnet sind. Die Marke steht hier für die Herkunft aus ein und demselben Molkereibetrieb (Ursprungsidentität) und unterscheidet somit diese Produkte von Produkten anderer Molkereibetriebe.

2. Der Schutz der Marke als Produktkennzeichen (im Gegensatz zum Schutz der Bezeichnung des Unternehmens oder Geschäftsbetriebs) kann ohne Vorliegen gesteigerter Bekanntheit nur dann erreicht werden, wenn das förmliche **Anmeldeverfahren** mit der Eintragung abgeschlossen worden ist. Das Anmeldeverfahren wird bestimmt durch die Vorschriften des MarkenG (insbesondere durch die materiell-rechtlichen Vorschriften der §§ 3, 4 und 8 MarkenG sowie die Verfahrensvorschriften der §§ 32–41 MarkenG), die MarkenV, die DPMAV, die ERVDPMAV, das PatKostG und die PatKostZV. Die Bedeutung der Anmeldung liegt nicht nur in der Einleitung des Verfahrens, das mit der Eintragung seinen Abschluss findet, sondern insbesondere in der Begründung der Priorität (§§ 6 Abs. 2, 33 Abs. 1 MarkenG). Außerdem entsteht eine anwartschaftsähnliche Rechtsposition, da bei Vorliegen der gesetzlichen Voraussetzungen ein Eintragungsanspruch besteht (§ 33 Abs. 2 MarkenG). Im Übrigen beginnt mit dem Anmeldetag die zehnjährige (verlängerbare) Schutzdauer der Marke, § 47 MarkenG.

3. Wie für alle gewerblichen Schutzrechte gilt für Marken das **Territorialitätsprinzip**, dh der Geltungsbereich einer beim Deutschen Patent- und Markenamt (DPMA) eingetragenen Marke ist auf das Gebiet der Bundesrepublik Deutschland beschränkt. Neben nationalen Marken gibt es auch Registermarken für staatenübergreifende Territorien. Eine beim Amt der Europäischen Union für geistiges Eigentum (EUIPO; bis 23. März 2016: Harmonisie-

1. Markenanmeldung beim DPMA   B. 1

rungsamt für den Binnenmarkt, HABM) in Alicante angemeldete und eingetragene Unionsmarke genießt in allen Mitgliedstaaten der Europäischen Union einheitlich Schutz und unterliegt in erster Linie den Bestimmungen der Unionsmarkenverordnung 2017/1001/EU (UMV). Die frühere Gemeinschaftsmarkenverordnung (207/2009/EG; GMV) wurde durch die UMV ersetzt. Darüber hinaus ist es möglich, eine bereits existierende Basismarke (zB eine deutsche Marke oder eine Unionsmarke) bei der WIPO in Genf international registrieren zu lassen (sog. internationale Registrierung oder IR-Marke). Dies führt allerdings nicht zu einem einheitlichen internationalen Markenschutz, sondern zu einem Bündel nationaler Markenrechte in den jeweils benannten Vertragsstaaten des Madrider Systems (Madrider Abkommen über die internationale Registrierung von Marken, sog. MMA, und Protokoll zum Madrider Abkommen über die internationale Registrierung von Marken, sog. PMMA). Das hier besprochene Formular betrifft die Anmeldung einer deutschen Marke beim DPMA (zu den Formularen für die Anmeldung von Unionsmarken beim EUIPO und IR-Marken bei der WIPO, vgl. Beck'sche Formularsammlung zum gewerblichen Rechtsschutz mit Urheberrecht, 5. Auflage 2015, Muster V.2 und V.3).

4. Für die Markenanmeldung ist grundsätzlich das (abgedruckte) amtliche **Formblatt W 7005** in der jeweils aktuellen Fassung zu verwenden (§ 2 Abs. 1 MarkenV), welches auf der Internetseite des DPMA zur Verfügung steht (http://www.dpma.de/marke/formulare/index.html, dort auch mit weiteren Formularen und Ausfüllhinweisen). Darüber hinaus können deutsche Marken nunmehr auch **elektronisch** auf der Webseite des DPMA unter „DPMAdirektWeb" (https://direkt.dpma.de/marke/) angemeldet werden (zur elektronischen Anmeldung von Unionsmarken beim EUIPO, s. https://euipo.europa.eu/ohimportal/de/route-to-registration; für IR-Marken steht noch keine Möglichkeit der online-Anmeldung zur Verfügung). Das Formblatt kann auch bei den Auskunftsstellen des DPMA angefordert werden. Gemäß § 9 Abs. 1 S. 2 DPMAV sollen die Formblätter verwendet werden, soweit dies nicht ohnehin zwingend vorgeschrieben ist. Die frühere Möglichkeit, Formblätter gleichen Inhalts und vergleichbaren Formats zu verwenden, ist daher zu vermeiden (zur Zulässigkeit fremdsprachiger Anmeldungen s. § 15 MarkenV). Nach § 32 Abs. 1 MarkenG kann der Antrag direkt beim DPMA oder bei bestimmten Patentinformationszentren (derzeit an 25 Standorten, siehe https://www.dpma.de/amt/kooperation/patentinformationszentren/index.html) eingereicht werden.

5. Die Wirksamkeit der Anmeldung setzt zunächst voraus, dass die **Mindestangaben von § 32 Abs. 2 MarkenG** gemacht werden, nämlich die Identifikation des Anmelders (→ Anm. 7), die Wiedergabe der Marke (→ Anm. 10, 11, → Anm. 14) und das Verzeichnis der Waren und Dienstleistungen (→ Anm. 16). Sind diese Mindesterfordernisse von § 32 Abs. 2 MarkenG erfüllt, hat die Anmeldung prioritätsbegründende Wirkung durch Festlegung des Anmeldetages, §§ 33 Abs. 1, 36 Abs. 1 Nr. 1, 6 Abs. 2 MarkenG. Mängel hinsichtlich dieser Mindesterfordernisse können zwar innerhalb einer vom DPMA gesetzten Frist beseitigt werden. Dies führt aber zu einer Verschiebung der Priorität auf den Zeitpunkt der Mängelbeseitigung, § 36 Abs. 2 S. 2 MarkenG. Verstößt der Anmelder lediglich gegen die weiteren Anmeldeerfordernisse nach § 32 Abs. 3 MarkenG iVm den Vorschriften der MarkenV oder der DPMAV, führt dies dagegen nicht zu einer Verschiebung des Prioritätstages, sondern das DPMA setzt nach § 36 Abs. 4 MarkenG eine Frist zur Beseitigung der Mängel (zur Bestimmung und Verlängerung der Frist: § 18 DPMAV). Werden sie beseitigt, wird die Anmeldung ohne Auswirkung auf den Prioritätstag weiterbehandelt; werden sie nicht beseitigt, führt dies zur Zurückweisung der Anmeldung, § 36 Abs. 4 MarkenG. Wird die Anmeldung wegen Versäumung der Frist nach § 36 Abs. 4 MarkenG zurückgewiesen, kommt ein Antrag auf Weiterbehandlung der Anmeldung nach § 91a MarkenG in Betracht (im Einzelnen Ströbele/Hacker/*Kober-Dehm* MarkenG § 91a Rn. 4 ff.). Darüber hinaus können die gerügten Mängel noch nach Zurückweisung der Anmeldung in einem nachfolgenden Rechtsmittelverfahren (unter Wahrung des ursprünglichen Anmeldetages) beseitigt werden (BPatG GRUR-RR 2014, 20 (21) – GbR-Vertreter). Zur Anmeldegebühr → Anm. 22.

6. Die **Formerfordernisse** der Markenanmeldung ergeben sich insbesondere aus den §§ 9– 12 DPMAV sowie aus den §§ 2 ff. MarkenV. Die Markenanmeldung kann schriftlich oder elektronisch erfolgen (→ Anm. 4). Für die schriftliche Anmeldung ist das Formblatt zu verwenden. Dieses kann ausgefüllt entweder im Original oder per Telefax beim DPMA eingereicht werden (§§ 10 Abs. 1, 11 Abs. 1 DPMAV). In der Regel ist die Übermittlung per Telefax für die Zuerkennung des Anmeldetages ausreichend, sofern die allgemeinen Voraussetzungen erfüllt sind (→ Anm. 5). Unter Umständen, zB bei Qualitätsmängeln der Wiedergabe per Telefax, kann das DPMA aber die Nachreichung des Originals verlangen (§ 11 Abs. 2 DPMAV). Bei der Anmeldung einer farbigen Marke ist die Übersendung der Original-Anmeldeunterlagen zwingend. Soweit es sich nicht um eine Wortmarke handelt, erscheint die Übermittlung des Originals wegen der Qualität der Markenwiedergabe ohnehin sinnvoll. Wird die Anmeldung vor Versendung des Originals per Telefax an das DPMA übermittelt, sollte dies durch Ankreuzen des Kästchens und Angabe des Telefax-Datums kenntlich gemacht werden, um beim DPMA den Eindruck einer Doppelanmeldung und die Vergabe von zwei verschiedenen Aktenzeichen zu vermeiden. Die Markenanmeldung in elektronischer Form kann nunmehr auch signaturfrei (§ 2 Abs. 1 Nr. 1 ERVDPMAV) direkt auf der Webseite des DPMA über die Eingabemaske des „DPMAdirektWeb" (https://direkt.dpma.de/marke/anmeldung.php) eingereicht werden. Daneben bleibt die signaturgebundene elektronische Anmeldung möglich (§ 1 Abs. 1 Nr. 3 Buchst. a ERVDPMAV), bei der die Dokumente mit einer qualifizierten oder fortgeschrittenen elektronischen Signatur iSd § 3 Abs. 3 ERVDPMAV zu versehen sind. Eine Übersendung der Anmeldeunterlagen per einfacher E-Mail ist dagegen nicht möglich.

7. Wer **Anmelder** sein kann, richtet sich nach § 7 MarkenG. Die Markenrechtsfähigkeit entspricht dabei der Rechtsfähigkeit des bürgerlichen Rechts und erstreckt sich auf natürliche Personen (§ 7 Nr. 1 MarkenG), juristische Personen (§ 7 Nr. 2 MarkenG) und Personengesellschaften, sofern sie mit der Fähigkeit ausgestattet sind, Rechte zu erwerben und Verbindlichkeiten einzugehen (§ 7 Nr. 3 MarkenG). Die Markenrechtsfähigkeit ist zu unterscheiden von der Geschäftsfähigkeit, nach der sich insbesondere die Verfahrensfähigkeit richtet (vgl. §§ 50, 52 ZPO). Zu den Personengesellschaften nach § 7 Nr. 3 MarkenG gehören nicht nur die oHG (§§ 105 ff. HGB), die KG (§ 161 HGB) und die PartG (§ 7 PartG), sondern auch die Vorgesellschaft der Kapitalgesellschaften (vgl. BGH GRUR 1993, 404 – Columbus zur Firmenrechtsfähigkeit) und die (Außen-)GbR (BPatG GRUR 2004, 1030 – Markenregisterfähigkeit einer GbR; BGH NJW 2001, 1056 – Rechtsfähigkeit einer Außen-GbR). Der Anmelder kann auch ein Ausländer sein, ohne dass es auf die Gegenseitigkeit ankäme oder er seinen Wohnsitz oder Sitz in Deutschland haben müsste (→ Anm. 8). Einen Geschäftsbetrieb muss der Anmelder nicht unterhalten.

Nach § 32 Abs. 2 Nr. 1 MarkenG muss die Anmeldung Angaben enthalten, die es erlauben, die Identität des Anmelders festzustellen (im Einzelnen s. Ströbele/Hacker/ *Hacker* MarkenG § 32 Rn. 12; *Ingerl/Rohnke* MarkenG § 32 Rn. 6). Darüber hinaus trifft § 5 MarkenV eine nähere Regelung. Danach sind bei natürlichen Personen Vor- und Familiennamen bzw. die (einzelkaufmännische) Firma, bei juristischen Personen oder Personengesellschaften neben dem Namen die Rechtsformbezeichnung und bei einer GbR darüber hinaus der Name und die Anschrift mindestens eines vertretungsberechtigten Gesellschafters (§ 5 Abs. 1 Nr. 2 MarkenV) anzugeben. Daran ändert auch die Grundbuch-Eintragungsfähigkeit der GbR nichts (BPatG GRUR-RR 2014, 20 (21) – GbR-Vertreter). Die Anschrift ist jeweils mit Straße, Hausnummer, Postleitzahl und Ort, bei Anmeldern mit Wohnsitz oder Sitz im Ausland auch mit Staat, anzugeben. Wird die Anmeldung von mehreren Personen eingereicht, sind diese Angaben für alle Anmelder zu machen (§ 5 Abs. 3 MarkenV).

1. Markenanmeldung beim DPMA B. 1

8. Für einen Anmelder mit Wohnsitz, Sitz oder einer Niederlassung in Deutschland besteht beim DPMA kein **Vertreter**zwang, es steht ihm aber frei, sich jederzeit vertreten zu lassen, § 13 Abs. 1 DPMAV. Der auswärtige Anmelder ohne Wohnsitz, Sitz oder Niederlassung in Deutschland muss dagegen einen Inlandsvertreter bestellen (§ 96 MarkenG), damit das DPMA die Zustellungen zuverlässig vornehmen kann. Damit ist allerdings nicht die Verpflichtung verbunden, nach der Bestellung auch die Verfahrenshandlungen ausschließlich über den Inlandsvertreter vornehmen zu lassen (BPatG Beschl. v. 4.6.1996 – 24 W (pat) 219/94, BeckRS 1996, 10393 Rn. 24 – Ultra Glow; BGH GRUR 1969, 437 (438) – Inlandsvertreter) oder einen Inlandsvertreter auch nach Abschluss des Eintragungsverfahrens dauerhaft zu bestellen (BGH GRUR 2009, 701 Rn. 9 ff. – Niederlegung der Inlandsvertretung; BPatG Beschl. v. 18.2.2010 – 30 W (pat) 95/09, BeckRS 2010, 07452). Unter den Voraussetzungen des § 96 Abs. 2 MarkenG kann auch ein Rechts- oder Patentanwalt eines Mitgliedstaates der Europäischen Union oder des Europäischen Wirtschaftsraumes Vertreter vor dem DPMA sein.

Sofern Rechtsanwälte, Patentanwälte, Erlaubnisscheininhaber oder in den Fällen des § 155 PatAnwO Patentassessoren als Vertreter benannt werden, wird die Vorlage einer Vollmacht von Amts wegen nicht gefordert (§ 15 Abs. 4 DPMAV). Andere Vertreter müssen eine Vollmacht einreichen, was aber nicht gleichzeitig mit der Anmeldung geschehen muss (§ 15 Abs. 1 DPMAV). Ist abzusehen, dass regelmäßig Anmeldungen eingereicht werden, kann eine „allgemeine Vollmacht" mit der Ermächtigung der Vertretung in allen Markenangelegenheiten sinnvoll sein, § 15 Abs. 2 DPMAV. Die allgemeinen Vollmachten werden vom DPMA registriert und mit einer Nummer versehen, auf die in der Anmeldung Bezug genommen werden kann (§ 5 Abs. 4 MarkenV).

9. Für alle Länder des Madrider Systems kann eine **internationale Registrierung** schon auf der Basis einer deutschen Markenanmeldung beantragt werden, da seit 2015 alle Mitgliedstaaten des Madrider Markenabkommens (MMA) zugleich Mitglieder des Protokolls zum MMA (PMMA) sind. Nur für den Fall, dass dies bereits gleichzeitig mit der Anmeldung der deutschen Marke geschehen soll, ist dies im Formular anzukreuzen und das entsprechende Formblatt der WIPO beizufügen. Es ist jedoch zweckmäßig, den Antrag auf internationale Registrierung erst zu stellen, wenn das DPMA der deutschen Basismarkenanmeldung ein Aktenzeichen zugeteilt und dies dem Anmelder (idR mit der Empfangsbescheinigung) mitgeteilt hat, weil vorher eine Bearbeitung des Antrages auf internationale Registrierung nicht möglich ist. Häufig ist es auch sinnvoll, mit dem Antrag auf internationale Registrierung zu warten, bis über die deutsche Markenanmeldung entschieden und diese eingetragen worden ist, sofern dies noch innerhalb der sechsmonatigen Frist zur Inanspruchnahme der Priorität der deutschen Basismarke geschieht. → Anm. 15.

10. Die **Wiedergabe der Marke** bestimmt ihren Schutzbereich, insbesondere bei der Frage der Zeichenähnlichkeit im Kollisionsfall (→ Form. B.13 Anm. 22, 24). Mit jedem Antrag kann nur eine Marke angemeldet werden (§ 2 Abs. 2 MarkenV). Sobald der Antrag beim DPMA eingereicht ist, kann die angemeldete Marke nicht mehr verändert werden. Die Marke ist klar und eindeutig graphisch wiederzugeben, so dass im Eintragungsverfahren der Beurteilung der Marke eine festgelegte Form zu Grunde gelegt werden kann, die Eintragung ins Register ermöglicht wird und die Allgemeinheit bei Veröffentlichung der Eintragung über den Bestand und den Schutzbereich der Marke unterrichtet werden kann (BPatG GRUR 2008, 348 – Tastmarke). Zwingend erforderlich ist somit eine Wiedergabe aller Merkmale des Zeichens, die für den Schutzumfang von Bedeutung sind, zB die besondere graphische oder farbige Gestaltung einer Wort-/Bildmarke. Eine Einschränkung des Schutzbereichs des dargestellten Zeichens durch Erklärung des Zeicheninhabers (sog. „Disclaimer", zB bei einer Wort-/Bildmarke die Angabe, dass kein Schutz für den Wortbestandteil als solchen begehrt werde) ist im MarkenG nicht zulässig (BPatG GRUR 1996, 410 (411) – Color COLLECTION, auch der frühere

Art. 37 Abs. 2 GMV wurde mit der Reform durch die UMV gestrichen). Zur objektiven Konkretisierung kann zusätzlich eine Beschreibung mit der Markenanmeldung zur Erläuterung der zweidimensionalen graphischen Markenwiedergabe eingereicht werden. Das verfahrensrechtliche Erfordernis einer klaren und eindeutigen Markenwiedergabe korreliert mit dem materiell-rechtlichen Erfordernis der graphischen Darstellbarkeit nach § 8 Abs. 1 MarkenG (vgl. BPatG GRUR 2007, 63 (64) – KielNET; einschränkend Ströbele/Hacker/*Kirschneck* MarkenG § 32 Rn. 14). Ist ein Zeichen nicht (zweidimensional) graphisch darstellbar, kann es nicht eingetragen werden, § 8 Abs. 1 MarkenG (→ Anm. 11).

11. Die **Art der Wiedergabe** der Marke ist in § 32 Abs. 2 Nr. 2 MarkenG nicht im Einzelnen vorgegeben, wird aber in den §§ 7–12 MarkenV näher festgelegt. Die einzelnen Vorgaben der MarkenV sind für die Bestimmung des Prioritätstages nicht maßgebend, dh solche formalen Mängel der Wiedergabe können grundsätzlich innerhalb einer vom DPMA gesetzten Frist behoben werden, ohne dass dies Auswirkungen auf den Prioritätstag hätte. Es ist aber für die Zuerkennung des Prioritätstages in jedem Fall erforderlich, dass die Marke bei der Anmeldung **eindeutig** definiert ist, damit der Schutzgegenstand zweifelsfrei erkennbar ist und nicht die Gefahr besteht, dass innerhalb des Anmeldeverfahrens eine (unzulässige) Änderung des Anmeldegegenstandes erfolgt (BGH GRUR 2001, 239 – Zahnpastastrang; BGH GRUR 2004, 502 (503) – Gabelstapler II; BGH GRUR 2007, 55 (57) – Farbmarke gelb/grün II; Ströbele/Hacker/*Kirschneck* MarkenG § 32 Rn. 13; *Ingerl/ Rohnke* MarkenG § 32 Rn. 8). **Mindestvoraussetzung** ist bei **Wortmarken** die schriftliche Wiedergabe, bei allen anderen Markenformen bis auf Weiteres die graphische Darstellung. Auf EU-Ebene ist das Erfordernis der graphischen Darstellbarkeit nach der jüngsten Reform in Art. 3 Markenrechts-Richtlinie (2015/2436/EU) und in Art. 4 UMV nicht mehr enthalten und wird damit künftig wohl auch in §§ 8 Abs. 1, 32 Abs. 2 Nr. 2 MarkenG entfallen. Bis auf Weiteres bleibt es aber für deutsche Markenanmeldungen verbindlich. Inwieweit sich in Zukunft alternative Formen der Darstellung etablieren, zB bei Hörmarken allein durch Hinterlegung von Tonträgern, wird sich erst noch zeigen müssen. Stets muss auch dann die Darstellung eindeutig, präzise, in sich abgeschlossen, leicht zugänglich, verständlich, dauerhaft und objektiv sein (s. Erwägungsgrund 10 der UMV).

Bei **Wort-/Bildmarken** und **Bildmarken** ist die Marke unmittelbar abzubilden. Soll die Marke in Farbe eingetragen werden, ist eine farbige Wiedergabe einzureichen und die Farben sind mit Worten (zB Rot, Gelb, Grün; nicht nur mit RAL-, Pantone- oder HKS-Nummern) zu benennen. Bei der Anmeldung einer farbigen Marke per Telefax wird der Anmeldetag des Faxeinganges nur zuerkannt, wenn auf dem Fax die Farbzuordnung klar erkennbar ist. Farbige Ausdrucke sind in diesem Fall nachzureichen. **Dreidimensionale Marken** sind durch zweidimensionale graphische Darstellungen von bis zu sechs verschiedenen Ansichten in Form von Lichtbildern oder graphischen Strichzeichnungen wiederzugeben (§ 9 MarkenV). Die Darstellung muss den Schutzgegenstand insbesondere auch in seiner räumlichen Gestaltung und Ausdehnung eindeutig festlegen (BPatG GRUR 2012, 283 (284) – Schokoladenstäbchen). Aber auch **Hörmarken** und **sonstige Markenformen** (wie zB abstrakte Farbmarken, Geruchsmarken, Positionsmarken, Tastmarken), die nicht unmittelbar visuell wahrnehmbar sind, müssen zweidimensional graphisch wiedergegeben werden, § 8 Abs. 1 MarkenG. Nach den vom EuGH aufgestellten Grundsätzen muss die (mittelbare) graphische Darstellung solcher Zeichen klar, eindeutig, in sich abgeschlossen, leicht zugänglich, verständlich, dauerhaft und objektiv sein (vgl. EuGH GRUR 2003, 145 Rn. 55 – Sieckmann). Bei einer Hörmarke können diese Anforderungen zB durch ein in Takte gegliedertes Notensystem mit Notenschlüsseln, Noten- und Pausenzeichen sowie ggf. Vorzeichen erfüllt werden (EuGH GRUR 2004, 54 Rn. 62 – Shield Mark/Kist). Bei abstrakten bzw. konturlosen Farbmarkenanmeldungen ist ein Farbmuster in Verbindung mit der Bezeichnung der Farbe nach einem

1. Markenanmeldung beim DPMA   **B. 1**

international anerkannten Farbkennzeichnungscode (zB RAL, Pantone, HKS) anzugeben (§ 10a Abs. 1 S. 2 MarkenV; EuGH GRUR 2003, 604 Rn. 36 f. – Libertel; BGH GRUR 2010, 637 Rn. 10 – Farbe Gelb; BPatG GRUR 2013, 844 (845) – Sparkassen-Rot). Bei einer konturlosen Farbkombinationsmarke ist zusätzlich die systematische Anordnung, in der die betreffenden Farben in vorher festgelegter und beständiger Weise verbunden sind, wiederzugeben (§ 10a Abs. 2 MarkenV). Dies erfordert die Angabe der konkreten Farbverteilung, zB die Angabe, dass zwei (konkret bestimmte) Farben im Verhältnis 1:1 in seitlicher Anordnung nebeneinander einzutragen sind, bei mehr als zwei Farben auch unter Angabe der Reihenfolge (vgl. EuGH GRUR 2004, 858 (859) – Heidelberger Bauchemie; BGH GRUR 2007, 55 – Farbmarke gelb/grün II; BPatG GRUR 2005, 1056 – Dunkelblau/Hellblau; BPatG GRUR 2009, 157 – Orange/Schwarz IV; BPatG Beschl. v. 8.4.2011 – 26 W (pat) 12/10, BeckRS 2011, 07985 – Blau/Silber; BPatG GRUR 2014, 185 (189) – Farbmarke Blau). Die genauen Anforderungen an die (wohl durch Abbildungen und/oder Beschreibungen vorzunehmende) graphische Darstellung von Tastmarken sind weiterhin unklar (vgl. dazu BGH GRUR 2007, 148 – Tastmarke; BPatG GRUR 2008, 348 – Tastmarke). Im Fall der Geschmacks- oder Geruchsmarke stellt der EuGH praktisch unerfüllbare Anforderungen auf (vgl. EuGH GRUR 2003, 145 – Sieckmann; EuG GRUR 2006, 327 – Odeur de fraise mûre). Außerdem ist eine Angabe zur Markenform erforderlich, wenn die wörtliche bzw. graphische Darstellung hinsichtlich der Markenkategorie nicht eindeutig ist (→ Anm. 14).

Zur Wiedergabe der Marke gehört auch eine ergänzende **Beschreibung** der Marke, soweit diese nach § 6a Abs. 2 MarkenV (seit 24.6.2016) **notwendig** ist. Danach muss für Marken, deren Schutzgegenstand sich mit der zweidimensionalen graphischen Wiedergabe allein nicht ausreichend darstellen lässt, zwingend auch eine Beschreibung der Marke beigefügt werden. Das gilt vor allem für **Positionsmarken,** bei denen die wesensmäßige Schutzbeschränkung auf die konkrete Position innerhalb der Ausstattung zu beschreiben ist, und andere **sonstigen Markenformen** iSd § 12 MarkenV.

Über diese für die Zuerkennung des Anmeldetages maßgeblichen Mindestvoraussetzungen hinaus enthält die MarkenV **weitere** Vorgaben für die Wiedergabe der verschiedenen Markenformen, nämlich in § 7 MarkenV für Wortmarken, in § 8 MarkenV für Bildmarken (und Wort-/Bildmarken), in § 9 MarkenV für dreidimensionale Marken, in § 10 MarkenV für Kennfadenmarken, in § 10a MarkenV für Farbmarken, in § 11 MarkenV für Hörmarken und in § 12 MarkenV für sonstige Markenformen (zu den einzelnen Markenformen → Anm. 14). Für alle Markenformen mit Ausnahme von Wortmarken gilt, dass zwei übereinstimmende graphische Wiedergaben einzureichen sind, wobei – soweit nicht das Formblatt verwendet wird – das Blatt nicht größer als DIN A 4, die Darstellung nicht größer als 26,2 cm × 17 cm und nicht kleiner als 8 cm × 8 cm sein darf, das Blatt nur einseitig zu bedrucken ist und vom oberen und vom linken Seitenrand ein Randabstand von mindestens 2,5 cm einzuhalten ist (§ 8 Abs. 4 MarkenV). Bei dreidimensionalen Marken sind die (bis zu sechs Ansichten) auf einem Blatt abzubilden. Alternativ kann die Wiedergabe der Marke auf einem Datenträger eingereicht werden, wobei sich die zulässigen Formate aus § 8 Abs. 6 MarkenV ergeben. Die Anmeldung kann nach § 6a Abs. 1 MarkenV eine zusätzliche Beschreibung der Marke enthalten, auch wenn diese nicht iSd § 6a Abs. 2 MarkenV notwendig ist. Die Beschreibung ist auf einem gesonderten DIN A4 – Blatt mit maximal 100 Wörtern beizufügen, § 6a Abs. 3 MarkenV. Muster und Modelle dürfen nicht beigefügt werden, § 13 MarkenV. Bei Hörmarken ist aber zusätzlich eine klangliche Wiedergabe der Marke auf einem Datenträger einzureichen, § 11 Abs. 3, 4 MarkenV.

12. Die **Eintragungsfähigkeit** der Zeichen wird vom DPMA im Hinblick auf die (generelle) Markenfähigkeit des Zeichens im Sinne von § 3 MarkenG und auf das Vorliegen absoluter Schutzhindernisse im Sinne von § 8 MarkenG geprüft. Dagegen findet von Amts wegen keine allgemeine Prüfung auf relative Schutzhindernisse statt, dh darauf, ob für Dritte Marken oder sonstige ältere Rechte bestehen, die der Eintragung entgegenstehen könnten (→ Form. B.3, → Form. B.9). Eine Ausnahme besteht nur hinsichtlich der notorisch bekannten Marke (§§ 10, 37 Abs. 4 MarkenG), die ein absolutes Eintragungshindernis darstellen kann. Sie spielt in der Prüfungspraxis aber kaum eine Rolle.

(1) Im Eintragungsverfahren ist zunächst zu prüfen, ob (abstrakte) **Markenfähigkeit nach § 3 MarkenG** vorliegt. Dabei eröffnet § 3 Abs. 1 MarkenG die Möglichkeit des Schutzes grundsätzlich für alle Zeichenformen (Wörter, Buchstaben, Bilder, Formen etc), die abstrakt, dh ohne Bezug zu den angemeldeten Waren/Dienstleistungen, „geeignet sind, Waren oder Dienstleistungen eines Unternehmens von denjenigen anderer Unternehmen zu unterscheiden" (im Einzelnen *Ingerl/Rohnke* MarkenG § 3 Rn. 6 ff.). Diese abstrakte Markenfähigkeit wird in der Praxis fast immer zu bejahen sein (vgl. zB BGH GRUR 2008, 1093 Rn. 10 – Marlene-Dietrich-Bildnis I; BGH GRUR 2009, 954 Rn. 11 – Kinder III; BGH GRUR 2009, 669 Rn. 9 – POST II). Selbst die Form einer Ware, wie zB die Form eines Autos oder einer Flasche, gilt als abstrakt markenfähig, sofern es sich nicht (nur) um den „Prototyp" oder die „Grundform" dieser Ware schlechthin handelt (vgl. BGH GRUR 2006, 679 Rn. 12 – Porsche Boxster; BGH GRUR 2004, 502 (503) – Gabelstapler II). Das Zeichen muss (abstrakt) geeignet sein, die Herkunft aus einem bestimmten Geschäftsbetrieb zu kennzeichnen. Das setzt aber nicht voraus, dass ein derartiger Geschäftsbetrieb überhaupt besteht (§ 7 Nr. 1 MarkenG). Auch Privatpersonen können grundsätzlich Markenrechte erwerben (→ Anm. 12 (2.9)).

Für dreidimensionale Formen enthält § 3 Abs. 2 MarkenG zusätzliche Schutzhindernisse, die – wegen ihrer systematischen Stellung in § 3 MarkenG – auch nicht durch Verkehrsdurchsetzung (→ Form. B.2) überwunden werden können. Nach § 3 Abs. 2 Nr. 1 MarkenG sind solche Formen vom Schutz ausgeschlossen, die ausschließlich durch die Art der Ware selbst bedingt sind, also ausschließlich aus Merkmalen bestehen, die die Grundform der Warengattung ausmachen, zB der einfache Henkel zu einer Kaffeetasse (vgl. auch BGH GRUR 2008, 510 Rn. 13 f. – Milchschnitte; BGH GRUR 2010, 138 Rn. 15 – ROCHER-Kugel). Weiter sind von der Eintragung solche Formen ausgeschlossen, die zur Erreichung einer technischen Wirkung erforderlich sind (§ 3 Abs. 2 Nr. 2 MarkenG), was auch bei Vorliegen technischer Alternativen denkbar ist (EuGH GRUR 2010, 1008 Rn. 83 – Lego). Bei der Prüfung, ob ein Zeichen aus einer Form besteht, deren wesentliche Merkmale einer technischen Funktion entsprechen, ist nicht nur die hinterlegte Darstellung, sondern vielmehr auch die (häufig nicht sichtbare) technische Funktion der abgebildeten Ware maßgeblich. So war zB im Fall des bekannten „Rubik's Cube"-Zauberwürfel nicht nur die bildliche Darstellung des Würfels mit Gitterstruktur, sondern auch die Drehbarkeit der Einzelteile zu berücksichtigen, was im konkreten Fall zur Annahme eines Eintragungshindernisses führte (EuGH GRUR 2017, 66 Rn. 47 ff. – Simba Toys/EUIPO; vgl. auch EuGH Urt. v. 6.3.2014 – C-337 P to C-340/12 P, BeckRS 2014, 80564 Rn. 57 f. – Pi-Design). Dies kann vor allem für spätere Nichtigkeitsanträge relevant werden. Ein abstraktes Schutzhindernis nach § 3 Abs. 2 Nr. 2 MarkenG liegt aber nicht vor, wenn die beanspruchte Form nicht ausschließlich technisch bedingt ist, sondern noch darüber hinausgehende wesentliche Gestaltungsmerkmale aufweist (EuGH GRUR 2010, 1008 Rn. 43 ff. – Lego; BGH GRUR 2008, 510 Rn. 20 – Milchschnitte; BGH GRUR 2010, 231 Rn. 28 ff. – Legostein). Zudem soll dieser Ausschlussgrund nicht einschlägig sein, wenn die Form das Ergebnis der technischen Herstellungsweise ist und damit nicht selbst eine technische Wirkung auslöst (EuGH GRUR 2015, 1198 Rn. 53, 55 – Nestlé/Cadbury zum „KitKat"-Schokoriegel). Schließlich sind vom Schutz solche Formen ausgeschlossen, die der Ware einen wesentlichen Wert verleihen (§ 3 Abs. 2 Nr. 3 MarkenG). Damit sind ästhetische Gestaltungen erfasst. Allerdings greift dieser Ausschlussgrund nur dann ein, wenn der Verkehr allein in dem ästhetischen Gehalt der Form den wesentlichen Wert der Ware bzw. die handelbare Ware selbst sieht und es deshalb ausgeschlossen ist, dass der Form

1. Markenanmeldung beim DPMA B. 1

zumindest auch die Funktion eines Herkunftshinweises zukommt (BGH GRUR 2008, 71 Rn. 18 – Fronthaube; BGH GRUR 2010, 138 Rn. 19 – ROCHER-Kugel). Dies ist zB bei Kunstwerken denkbar. Dass eine gelungene ästhetische Gestaltung der Ware besonderen Wert verleihen kann, reicht aber nicht generell aus, um sie vom Markenschutz auszuschließen (im Einzelnen *Ingerl/Rohnke* MarkenG § 3 Rn. 58 ff.).

Nach der Neufassung von Art. 4 Abs. 1 Buchst. e Markenrechts-Richtlinie bezieht sich der Ausschlussgrund nunmehr auch auf Zeichen, bei denen der jeweilige Tatbestand von einem „anderen charakteristischen Merkmal" einer Ware erfüllt wird. Dies kann ua für Formen von Ersatzteilen gelten.

(2) Größere praktische Bedeutung als § 3 MarkenG, von dem sich der 2. Absatz ohnehin nur auf Formmarken bezieht, haben die **absoluten Schutzhindernisse des § 8 MarkenG**, die für alle Markenformen gelten. Zum Erfordernis der graphischen Darstellbarkeit (§ 8 Abs. 1 MarkenG) wird auf → Anm. 10, 11 verwiesen. § 8 Abs. 2 MarkenG enthält eine enumerative Aufzählung von Schutzhindernissen, von denen insbesondere Nr. 1 und 2 praktische Bedeutung haben. Die Schutzhindernisse des § 8 Abs. 2 Nr. 1–3 MarkenG können durch Verkehrsdurchsetzung überwunden werden, § 8 Abs. 3 MarkenG (→ Form. B.2). Zu den Schutzhindernissen des § 8 Abs. 2 MarkenG existiert eine umfangreiche und ständig wachsende Kasuistik, die im Rahmen dieser Erläuterung nicht im Einzelnen dargestellt werden kann (vgl. dazu *Ingerl/Rohnke* MarkenG § 8; *Ströbele/Hacker/Ströbele* MarkenG § 8). Aufzuzeigen sind aber einige wichtige Grundlinien und Beispiele aus der Rechtsprechung:

(2.1) Die Schutzhindernisse des § 8 Abs. 2 MarkenG sind immer im Hinblick auf das Verhältnis des konkreten Zeichens zu den angemeldeten **Waren/Dienstleistungen** zu bestimmen. Ein Zeichen kann für bestimmte Waren schutzunfähig sein, für andere dagegen schutzfähig (zB BGH GRUR 2010, 1100 Rn. 10 ff. – TOOOR!; BGH GRUR 2012, 1044 Rn. 9 ff. – Neuschwanstein; BGH GRUR 2014, 569 Rn. 11 – HOT; BGH GRUR 2016, 934 Rn. 10 – OUI; BGH GRUR 2015, 1012 Rn. 10 – Nivea-Blau; BPatG Beschl. v. 19.6.2017 – 25 W (pat) 523/15, BeckRS 2017, 114962 Rn. 9).

Es erfolgt eine Prüfung im Einzelfall. Voreintragungen bzw. Entscheidungen über ähnliche Anmeldungen sind nicht bindend (EuGH GRUR 2009, 667 Rn. 18 – Bild.T-Online.de und ZVS; BGH GRUR 2011, 230 Rn. 12 – SUPERgirl; BGH Beschl. v. 17.8.2010 – I ZB 61/09, BeckRS 2011, 02150 Rn. 12 – FREIZEIT Rätsel Woche; BGH GRUR 2013, 522 Rn. 20 – Deutschlands schönste Seiten; BGH GRUR 2014, 872 Rn. 45 – Gute Laune Drops; BPatG Beschl. v. 16.6.2017 – 28 W (pat) 548/16, BeckRS 2017, 116792 Rn. 24 – Inox Safety Star).

(2.2) Verschiedene Eintragungshindernisse nach § 8 Abs. 2 MarkenG können kumulativ vorliegen. Für die Zurückweisung der Eintragung ist es aber ausreichend, dass ein Eintragungshindernis vorliegt. Das DPMA kann dementsprechend offenlassen, ob dem Zeichen die notwendige Unterscheidungskraft gemäß § 8 Abs. 2 Nr. 1 MarkenG fehlt, wenn es ein Freihaltebedürfnis im Sinne des § 8 Abs. 2 Nr. 2 MarkenG feststellt. Die Eintragungshindernisse der fehlenden Unterscheidungskraft und des Freihaltebedürfnisses haben indes eine sehr große gemeinsame Schnittmenge.

(2.3) Abzustellen ist stets auf die **Marke als Ganzes** in der eingetragenen Form (BGH GRUR 2011, 65 Rn. 12 – Buchstabe T mit Strich; BGH GRUR 2015, 590 Rn. 33 – PINAR; BPatG Beschl. v. 15.5.2017 – 26 W (pat) 577/16, BeckRS 2017, 111986 Rn. 13 – Hopper). Es dürfen bei der Beurteilung weder Bestandteile weggelassen noch hinzugedacht werden (BGH GRUR 2015, 173 Rn. 22 – for you). Der Verkehr nimmt die Marke so wahr, wie sie ihm entgegentritt, ohne sie einer analysierenden Betrachtung zu unterziehen. Ein Bedeutungsgehalt, der erst in mehreren gedanklichen Schritten ermittelt wird, kann die Annahme einer fehlenden Unterscheidungskraft nicht tragen (BGH GRUR 2014, 872 Rn. 50 – Gute Laune Drops; BGH GRUR 2016, 934 Rn. 17 – OUI). Bei mehrgliedrigen Zeichen kann sich die Schutzfähigkeit bereits aus einem schutzfähigen Bestandteil ergeben, was zB bei einem Wort-/Bildzeichen durch eine besondere graphische Gestaltung geschehen kann (BGH GRUR 2016, 382 Rn. 31 – BioGourmet). Auch kann die Schutzfähigkeit durch die besondere Kombination von für sich betrachtet jeweils schutzunfähigen Bestandteilen begründet werden (vgl. BGH GRUR 2016, 382 Rn. 37 – BioGourmet). Das gilt insbesondere für die Zusammenfügung beschreibender Angaben, die im Einzelfall dazu führen kann, dass sich die Gesamtbezeichnung nicht in einer Sachangabe erschöpft, sondern ihr im Hinblick auf die beanspruchten Waren oder Dienstleistungen Unterscheidungskraft zukommt (vgl. EuGH GRUR 2004, 674 Rn. 99 – Postkantoor; BGH GRUR 2012, 270 Rn. 16 – Link economy; BGH GRUR 2014, 1204 Rn. 16 – DüsseldorfCongress; BGH GRUR 2017, 186 Rn. 32 – Stadtwerke Bremen). Ganz einfache graphische Gestaltungen oder Verzierungen des Schriftbildes, an die sich der Verkehr etwa durch häufige werbemäßige Verwendungen gewöhnt hat, können allerdings eine fehlende Unterscheidungskraft der Wörter nicht aufwiegen (vgl. BGH GRUR 2001, 1153 – antiKALK; BGH GRUR 2008, 710 Rn. 20 – VISAGE; BGH GRUR 2014, 1204 Rn. 20 – DüsseldorfCongress; BGH GRUR 2014, 872 Rn. 36 – Gute Laune Drops).

(2.4) Dem Zeichen fehlt „jegliche **Unterscheidungskraft**" im Sinne von § 8 Abs. 2 Nr. 1 MarkenG, wenn es nicht geeignet ist, vom Verkehr als Unterscheidungsmittel für Waren oder Dienstleistungen eines Unternehmens von denen anderer Unternehmen aufgefasst zu werden. Insbesondere solchen Zeichen, die vom Verkehr ohne weiteres und ohne Unklarheiten als Beschreibung in Bezug auf die in Frage stehenden Waren oder Dienstleistungen erfasst werden, fehlt in der Regel jegliche Unterscheidungskraft. Dies kann auch bei Angaben der Fall sein, die nicht die Ware oder Dienstleistung unmittelbar betreffen, aber einen engen beschreibenden Bezug zu den angemeldeten Waren oder Dienstleistungen herstellen. Gleiches gilt für solche Angaben, die aus gebräuchlichen Wörtern oder Wendungen der deutschen Sprache oder einer bekannten Fremdsprache bestehen, die – etwa wegen einer entsprechenden Verwendung in der Werbung oder den Medien – stets nur als solche und nicht als Unterscheidungsmittel verstanden werden (zB BGH GRUR 2006, 850 Rn. 19 – FUSSBALL WM 2006; BGH GRUR 2012, 1143 Rn. 9 – Starsat; BGH GRUR 2014, 565 Rn. 12 – smartbook; BGH GRUR 2015, 173 Rn. 17 – for you; BGH GRUR 2016, 934 Rn. 12 – OUI; BGH GRUR 2016, 934 Rn. 12 – profitbricks.es). Die Eintragungsfähigkeit sog. sprechender Zeichen ist dagegen anerkannt. Einem in der maßgeblichen Sprache nicht vorhandenen Fantasie- und Kunstwort mit eigenschöpferischem Gehalt kann auch bei bestehendem beschreibenden Anklang grundsätzlich nicht jegliche Unterscheidungskraft versagt werden, zB „Microcotton" für Handtücher (BGH GRUR 2017, 520 Rn. 49 – MICRO COTTON). Ob fremdsprachige Angaben unterscheidungskräftig sind, hängt davon ab, ob der angesprochene inländische Verkehr sie ihrem beschreibenden Sinngehalt nach erfasst, wobei an die Fremdsprachenkenntnisse des Verkehrs keine zu geringen Anforderungen zu stellen sind (vgl. EuGH GRUR 2006, 411 – Matratzen Concord/Hukla; BGH GRUR 2008, 710 – VISAGE).

Die Unterscheidungskraft kann nicht nur Wortzeichen, sondern auch anderen Markenformen fehlen, etwa Bildmarken, die als Inhaltsbeschreibung für Medienprodukte aufgefasst werden (BGH GRUR 2008, 1093 Rn. 15 – Marlene-Dietrich-Bildnis I; BPatG Beschl. v. 6.8.2015 – 25 W (pat) 14/14, BeckRS 2015, 15104) oder die ohne Verfremdung die Ware selbst abbilden (vgl. EuGH GRUR 2006, 1022 Rn. 29 ff. – Wicklerform; BGH GRUR 2011, 158 Rn. 8 – Hefteinband; EuG GRUR-RR 2017, 220 Rn. 23 f. – Birkenstocksohle-Oberflächenmuster). Formmarken, die aus der Form der Ware selbst oder ihrer Verpackung bestehen, gelten grundsätzlich nur dann als unterscheidungskräftig, wenn sie erheblich von der Norm oder der Branchenüblichkeit abweichen (EuGH GRUR 2006, 233 Rn. 31 – Standbeutel; BGH GRUR 2008, 71 Rn. 22 ff. – Fronthaube; BGH GRUR 2010, 138 Rn. 25 ff. – ROCHER-Kugel; EuG Urt. v. 24.2.2016 – T-411/14, GRUR-RS 2016, 80388 Rn. 39 – Konturflasche Coca-Cola). Abstrakte Farbmarken sind von Hause aus regelmäßig nicht unterscheidungskräftig (BGH GRUR 2016, 1167 Rn. 15

1. Markenanmeldung beim DPMA   B. 1

– Sparkassen-Rot). Dies kann bei speziellen Waren oder Dienstleistungen, bei denen die Farbe unüblich ist oder bei denen der Verkehr daran gewöhnt ist, in Farben einen betrieblichen Herkunftshinweis zu sehen, ausnahmsweise anders sein (vgl. zB EuGH GRUR 2003, 604 – Libertel; EuGH GRUR Int. 2005, 227 – Farbe Orange; BGH GRUR 2010, 637 Rn. 13 ff. – Farbe Gelb; BGH GRUR 2014, 1101 Rn. 23 – Gelbe Wörterbücher). In der Regel wird bei abstrakten Farbmarken nur eine Eintragung aufgrund Verkehrsdurchsetzung in Betracht kommen (→ Form. B.2; vgl. BGH GRUR 2016, 1167 Rn. 21 ff. – Sparkassen-Rot). Weitere Beispiele aus der Rechtsprechung zu § 8 Abs. 2 Nr. 1 MarkenG → Anm. 12 (2.6).

(2.5) Nach § 8 Abs. 2 Nr. 2 MarkenG sind solche Zeichen von der Eintragung ausgeschlossen, die ausschließlich aus Angaben bestehen, die im Verkehr zur Bezeichnung der Art, der Beschaffenheit, der Menge, der Bestimmung, des Wertes, der geographischen Herkunft, der Zeit der Herstellung der Waren oder der Erbringung der Dienstleistungen oder zur Bezeichnung sonstiger Merkmale der Waren oder Dienstleistungen dienen können. Dieses **Freihaltebedürfnis** bestimmt sich objektiv nach den Bedürfnissen des Verkehrs zur Verwendung der Marke, insbesondere als beschreibende Angabe. Unerheblich ist, ob es verfügbare Synonyme oder gebräuchlichere Angaben zur Beschreibung gibt (vgl. EuGH GRUR 2004, 674 – Postkantoor; BPatG Beschl. v. 11.5.2010 – 30 W (pat) 3/10, BeckRS 2010, 21448). Ein Freihaltebedürfnis kann auch dann vorliegen, wenn die Bezeichnung verschiedene Bedeutungen hat, der Inhalt vage ist oder nur in *einer* ihrer Bedeutungen beschreibend ist (EuGH GRUR 2004, 146 – Doublemint; BGH GRUR 2008, 900 Rn. 15 – Spa II; BGH GRUR 2014, 569 Rn. 18 – HOT). Bei der Beurteilung des Freihaltebedürfnisses sind auch zukünftige Entwicklungen zu berücksichtigen. Für die Annahme einer zukünftig beschreibenden Angabe bedarf es allerdings der Feststellung, dass eine derartige Verwendung vernünftigerweise zu erwarten ist (BGH GRUR 2017, 186 Rn. 43 – Stadtwerke Bremen). Eine geographische Herkunftsangabe gilt schon dann als freihaltebedürftig, wenn es gut vorstellbar ist, dass sich ein Unternehmen der betreffenden Branche an diesem Ort ansiedeln könnte (BGH GRUR 2003, 882 – Lichtenstein; BPatG Beschl. v. 1.2.2017 – 29 W (pat) 24/15, BeckRS 2017, 106494 Rn. 11 – Nikolausdorf). Auch Bildzeichen können als beschreibende Angabe dienen und somit freihaltebedürftig sein, zB kann die Abbildung eines Tierkopfes auf Tierfutter als Sortenangabe verstanden werden (vgl. BGH GRUR 2004, 331 – Westie-Kopf; BPatG GRUR-RR 2013, 17 (18) – Domfront). Formmarken sind in der Regel freihaltebedürftig, wenn sie sich innerhalb des auf dem jeweiligen Warengebiet üblichen Formenschatzes bewegen (vgl. BGH GRUR 2008, 71 – Fronthaube; BGH GRUR 2015, 1009 Rn. 36 f. – BMW-Emblem). Weitere Rechtsprechungsbeispiele zu § 8 Abs. 2 Nr. 2 MarkenG → Anm. 12 (2.6).

(2.6) **Verneint** wurde die Schutzfähigkeit unter den Aspekten der fehlenden Unterscheidungskraft und/oder des bestehenden Freihaltebedürfnisses zB für folgende Zeichen: „Willkommen im Leben" ua für Bild- und Tonträger sowie Druckereierzeugnisse, weil die Wortfolge trotz thematischer Beschränkung der Waren einen titelartigen Hinweis auf den Inhalt bezeichne (BGH GRUR 2009, 778 Rn. 16); „Fussball WM 2006" für Sportveranstaltungen und diverse Merchandise Artikel (BGH GRUR 2006, 850 Rn. 19); „VISAGE" für Mittel zur Körper- und Schönheitspflege, weil der inländische Verkehr dieses französische Wort iSv „Gesicht" und damit als Hinweis auf die Bestimmung der Produkte verstehe (BGH GRUR 2008, 710 Rn. 16); „Rheinpark-Center Neuss", weil der Verkehr auf den Ort schließe, von dem aus die beanspruchten Dienstleistungen erbracht werden (BGH GRUR 2012, 272 Rn. 10 ff.); fotografische Abbildung eines Bürogebäudes für Immobilienwesen, weil es den Gegenstand der Dienstleistung beschreibe (BGH GRUR 2005, 257 – Bürogebäude); Form eines Autos für Autos (BGH GRUR 2006, 679 – Porsche Boxster, wobei Unterscheidungskraft bejaht und nur ein Freihaltebedürfnis angenommen wurde); „Neuschwanstein" für Souvenirartikel sowie Verpflegung und Beherbergung (BPatG GRUR 2011, 922 – Neuschwanstein; aA EuG Urt. v. 5.7.2016 –

T-167/15, GRUR-RR 2016, 81444 Rn. 30, 42 – NEUSCHWANSTEIN: das Aufbringen des Namens eines Museums auf Souvenirartikeln stellt für sich genommen kein beschreibendes Merkmal dieser Ware dar); „Chef" mit der englischen Bedeutung „Chefkoch, Küchenchef" für Schulung, Ausbildung, Durchführung von Seminaren (BPatG GRUR-RR 2015, 203 – Chefs Trophy); „AppOtheke" ua für Software (BPatG GRUR-RR 2015, 333 – AppOtheke).

Bejaht wurde die Schutzfähigkeit zB in folgenden Fällen: „STADTWERKE BREMEN" für Waren und Dienstleistungen eines Versorgungsunternehmens, da die Bezeichnung sich nicht in der Beschreibung von Versorgungsdienstleistungen im Einzugsbereich der Stadt Bremen erschöpfe, sondern hiermit die betriebliche Herkunft aus einem bestimmten Versorgungsunternehmen in kommunaler Trägerschaft bezeichnet werde (BGH GRUR 2017, 186 Rn. 33 ff., 40 ff. – Stadtwerke Bremen); „OUI" ua für Schmuck und Bekleidungsstücke, da der anpreisende Sinn die Eignung, als Herkunftshinweis zu wirken, nicht ausschließe (BGH GRUR 2016, 934 Rn. 23 – OUI); „FOR YOU" für Waren aus dem Bereich der Gesundheit und Ernährung, da die Marke nicht nur als Hinweis auf eine Anpassung der Waren an individuelle Bedürfnisse verstanden werde (BGH GRUR 2015, 173 Rn. 22 – for you); „Link Economy" ua für Druckereierzeugnisse, weil die konkrete Bedeutung unklar bleibe (BGH GRUR 2012, 270 Rn. 12); „Vorsprung durch Technik", weil das Verständnis einen gewissen Interpretationsaufwand erfordere, und der Slogan originell und prägnant sei (EuGH GRUR 2010, 228 Rn. 59); „OMEPRAZOK" für pharmazeutische Erzeugnisse, weil Laien von einer Fantasiebezeichnung ausgingen und sich die Bezeichnung für Fachkreise hinreichend von der Wirkstoffangabe „Omeprazol" unterscheide (BGH GRUR 2002, 540); „LOKMAUS" für die Entwicklung von Software für Modelleisenbahnen, weil es an einem hinreichend engen beschreibenden Bezug fehle (für ein elektronisches Handsteuerungsgerät für Modelleisenbahnen sei die Bezeichnung dagegen rein beschreibend und somit schutzunfähig (BGH GRUR 2005, 578); Form einer Armbanduhr, weil die angemeldete Warenform nicht nur eine Kombination üblicher Gestaltungsmerkmale sei und im maßgeblichen Warengebiet eine nahezu unübersehbare Vielfalt von Gestaltungsmöglichkeiten existiere (BGH GRUR 2007, 973 – Rado-Uhr III).

(2.7) Nach § 8 Abs. 2 Nr. 3 MarkenG sind solche Bezeichnungen von der Eintragung ausgeschlossen, die als Gattungsbezeichnungen üblich geworden sind, womit vor allem die Fälle der nachträglichen Umwandlungen einer früher schutzfähigen Bezeichnung gemeint sind (BGH GRUR 1999, 1093 – FOR YOU). Die praktische Relevanz dieser Vorschrift ist gering.

(2.8) Nach § 8 Abs. 2 Nr. 4 MarkenG sind **täuschende Zeichen** von der Eintragung ausgeschlossen. Im Eintragungsverfahren können Täuschungsgefahren aber nur berücksichtigt werden, wenn sie offen zu Tage treten, die Zeichen müssen „ersichtlich" zur Täuschung geeignet sein (§ 37 Abs. 3 MarkenG). Dieses Schutzhindernis ist nur dann gegeben, wenn im Hinblick auf die konkreten Waren und Dienstleistungen des Verzeichnisses keine Benutzung denkbar ist, bei der keine Irreführung des Verkehrs erfolgt (BGH GRUR 2012, 272 Rn. 26 – Rheinpark-Center Neuss; BGH GRUR 2014, 376 Rn. 23 – grill meister; BGH GRUR 2017, 186 Rn. 21 – Stadtwerke Bremen). Das kann zB der Fall sein, wenn das Zeichen ein Gründungsdatum enthält, das nicht das des Inhabers ist (zum WZG BPatG GRUR 1995, 411 – SEIT 1895) oder das Zeichen „®" für einen ersichtlich nicht schutzfähigen Bestandteil verwendet wird (BGH GRUR 2014, 376 Rn. 24 ff. – grill meister). Zu den in der Praxis wichtigen Fallgruppen siehe *Ingerl/Rohnke* MarkenG § 8 Rn. 263 ff.).

(2.9) Nach § 8 Abs. 2 Nr. 10 MarkenG sind bösgläubige Markenanmeldungen von der Eintragung ausgeschlossen. Die Beurteilung der **Bösgläubigkeit** hat grundsätzlich umfassend unter Berücksichtigung aller Umstände des konkreten Falles zu erfolgen (EuGH GRUR Int. 2013, 792 Rn. 29 ff. – Malaysia Dairy Industries; BGH GRUR 2015, 1214 Rn. 58 – Goldbären). Entscheidend ist der Zeitpunkt der Anmeldung, wobei Umstände vor und

1. Markenanmeldung beim DPMA   B. 1

nach der Anmeldung, ebenfalls zu berücksichtigen sind (BGH GRUR 2016, 378 Rn. 13 f. – LIQUIDROM; BGH GRUR 2016, 380 Rn. 11 f. – GLÜCKSPILZ). Die Bösgläubigkeit des Anmelders muss „ersichtlich" sein (§ 37 Abs. 3 MarkenG), dh sie muss sich unmittelbar ohne umfangreiche und zeitraubende Ermittlungen aus den dem DPMA zugänglichen Informationsquellen ergeben (BPatG GRUR 2012, 840 (841) – soulhelp). Eine Anmeldung erfolgt bösgläubig, wenn der Anmelder das angemeldete Zeichen nicht als Marke, dh als Herkunftshinweis, benutzt, sondern die formale Rechtsstellung als Inhaber eines Kennzeichenrechts lediglich zum Zwecke der rechtsmissbräuchlichen oder sittenwidrigen Behinderung Dritter einsetzen will (BGH GRUR 2006, 850 Rn. 41 – FUSSBALL WM 2006; BPatG GRUR 2015, 902 (902 f.) – Bayern Event). Dies ist nicht schon dann der Fall, wenn der Anmelder keinen Geschäftsbetrieb unterhält, in dem er die Marke benutzen könnte. Es genügt ein genereller Benutzungswille, die Marke entweder selbst im geschäftlichen Verkehr zu benutzen oder sie der Benutzung durch einen Dritten – im Wege der Lizenzerteilung oder nach einer Übertragung – zuzuführen. Dabei gilt eine (widerlegbare) Vermutung für einen generellen Benutzungswillen (BGH GRUR 2001, 242 – Classe E). Sittenwidrigkeit liegt auch nicht schon dann vor, wenn der Anmelder weiß, dass ein Dritter dasselbe Zeichen für gleiche Waren benutzt, ohne hierfür ein Markenrecht erworben zu haben.

Vielmehr müssen **besondere Umstände** vorliegen, zB dass der Zeicheninhaber in Kenntnis eines schutzwürdigen Besitzstands des Vorbenutzers ohne zureichenden sachlichen Grund für gleiche oder ähnliche Waren oder Dienstleistungen die gleiche oder eine zum Verwechseln ähnliche Bezeichnung mit dem Ziel der Störung des Besitzstands des Vorbenutzers oder in der Absicht, für diesen den Gebrauch der Bezeichnung zu sperren, als Kennzeichen hat eintragen lassen oder aber die mit der Eintragung des Zeichens kraft Markenrechts entstehende und wettbewerbsrechtlich an sich unbedenkliche Sperrwirkung zweckfremd als Mittel des Wettbewerbskampfes einsetzt (vgl. EuGH GRUR 2009, 763 Rn. 34 ff. – Lindt & Sprüngli/Franz Hauswirth; BGH GRUR 2005, 581 (582) – The Colour of Elégance; BGH GRUR 2008, 621 Rn. 21 – AKADEMIKS zum UWG; BGH GRUR 2008, 917 Rn. 20 – EROS zum UWG; BGH GRUR 2010, 1034 Rn. 13 – LIMES LOGISTIK; BGH GRUR 2012, 429 Rn. 10 ff. – Simca; BGH GRUR 2016, 378 Rn. 17 – LIQUIDROM; BGH GRUR 2016, 380 Rn. 17 – GLÜCKSPILZ).

Bösgläubigkeit kommt vor allem bei sog. **Spekulations- und Hinterhaltsmarken** in Betracht, bei denen der Markenanmelder eine Vielzahl von Marken für unterschiedliche Waren oder Dienstleistungen ohne erkennbaren Benutzungswillen anmeldet und die Marken im Wesentlichen zu dem Zweck gehortet werden, Dritte, die identische oder ähnliche Bezeichnungen verwenden mit Unterlassungs- und Schadensersatzansprüchen zu überziehen (BGH GRUR 2012, 429 Rn. 10 – Simca). Tendenziell stellt die Rechtsprechung strenge Anforderungen. So folgt zB aus einem Vorgehen des Inhabers einer Wortmarke „GLÜCKSPILZ" gegen die dekorative Verwendung auf Fußmatten nicht bereits die Bösgläubigkeit, auch wenn er weitere vergleichbare Marken wie „Pokalsieger", „Küchenfee", „Albglück", „Junges Gemüse", „Aufgeweckt", „Seemannsbraut" hat registrieren lassen (BGH GRUR 2016, 380 – GLÜCKSPILZ). Ebenfalls reicht es noch nicht für die Annahme einer böswilligen Anmeldung, wenn das dadurch beeinträchtigte ältere Unternehmenskennzeichen keinen bundesweiten, sondern nur einen räumlich auf das lokale Tätigkeitsgebiet des Unternehmens beschränkten Schutzbereich aufweist (BGH GRUR 2016, 378 – LIQUIDROM). Für bösgläubig wurde hingegen die Anmeldung von „Gold-Teddy" im Rahmen des „Goldbären"-Streits gehalten, da diese ohne erkennbare eigene Benutzungsabsicht als unmittelbare Reaktion auf die Ankündigung des Wettbewerbers, Süßigkeiten unter „Teddy" zu vertreiben, und damit primär in Behinderungsabsicht angemeldet worden war (BGH GRUR 2015 Rn. 55 ff. – Goldbären; zu weiteren Fallgruppen und Beispielen, vgl. Ströbele/Hacker/*Ströbele* MarkenG § 8 Rn. 863 ff.; Büscher/Dittmer/Schiwy/*v. Gamm* MarkenG § 8 Rn. 92 ff.).

13. Weil das Zeichen während des Anmeldeverfahrens nicht geändert werden kann, können Schutzhindernisse nachträglich nicht behoben werden, es sei denn, sie lassen sich durch Beschränkungen der Waren oder Dienstleistungen ausräumen, → Anm. 16. Deshalb kann es bei Zeichen, die in Gefahr sind, wegen absoluter Schutzhindernisse nach § 8 MarkenG zurückgewiesen zu werden, sinnvoll sein, gleichzeitig mehrere Alternativen anzumelden. Dabei ist für **jede** Marke eine **gesonderte Anmeldung** erforderlich, § 2 Abs. 2 MarkenV. Vgl. hierzu auch → Anm. 20. Es kommen insbesondere Kombinationen des möglicherweise schutzunfähigen Zeichens mit schutzfähigen Bestandteilen in Betracht, so etwa mit dem Firmenschlagwort des Anmelders oder mit graphischen Gestaltungen. Sollte eine Beanstandung wegen eines absoluten Schutzhindernisses des § 8 Abs. 2 Nr. 1–3 MarkenG erfolgen, wird der Anmelder erwägen, ob es ihm möglich ist, die erforderliche Verkehrsdurchsetzung nachzuweisen. Verkehrsdurchsetzung kann in jedem Verfahrensstadium geltend gemacht werden, selbst wenn die ursprüngliche Anmeldung nicht auf Verkehrsdurchsetzung gestützt war (→ Form. B.2).

14. Gemäß § 6 MarkenV ist die **Markenform** anzugeben, wobei nach § 6a Abs. 1 MarkenV für alle Markenformen (außer Wortmarken) zur Erläuterung der zweidimensionalen graphischen Markenwiedergabe eine Beschreibung eingereicht werden kann. Die Markenform beeinflusst auch den Schutzumfang der Marke. So kann zB eine Notenfolge einerseits eine Bildmarke sein und dann von ähnlich aussehenden Notenfolgen verletzt werden. Ist die Notenfolge dagegen die Darstellung einer Hörmarke, kommt es auf die klangliche Ähnlichkeit an. Die Angabe der Markenform ist eine Mindestvoraussetzung im Sinne von § 32 Abs. 2 MarkenG, wenn die graphische Wiedergabe insoweit nicht eindeutig ist (→ Anm. 11). Wortmarken (§ 7 MarkenV) können aus üblichen Schriftzeichen (Buchstaben, Zahlen oder sonstigen Zeichen) bestehen, die sich mit der vom DPMA verwendeten üblichen Druckschrift darstellen und eintragen lassen. Bildmarken (§ 8 MarkenV) bestehen aus Bildern, Bildelementen oder Abbildungen. Soll ein Wortzeichen in einer besonderen Schreibweise, Schriftanordnung oder Schriftgestaltung eingetragen werden, wenn es dem Anmelder also auf einen bestimmten optischen Eindruck ankommt, ist seine Marke als Wort/Bildmarke nach § 8 Abs. 1 S. 1 MarkenV anzumelden (BPatG Beschl. v. 8.11.2006 – 29 W (pat) 16/06 – JURnal). Dreidimensionale Marken (§ 9 MarkenV) bestehen aus einer dreidimensionalen Gestaltung oder Form. Kennfadenmarken (§ 10 MarkenV) sind farbige Streifen oder Fäden, die auf Kabeln, Drähten oder anderen Produkten angebracht sind. Farbmarken (§ 10a MarkenV) sind Farben und Farbzusammenstellungen, und zwar auch unabhängig von einer bestimmten Aufmachung oder figürlichen Erscheinung (abstrakte Farbmarken). Hörmarken (§ 11 MarkenV) sind akustische, aus Tönen bestehende Marken. Sonstige Marken (§ 12 MarkenV) sind solche, die sich nicht den ausdrücklich benannten Markenformen zuordnen lassen. Da § 3 MarkenG die möglichen Markenformen nicht abschließend aufzählt, kommen abstrakt sämtliche Zeichen als Marke in Betracht, die geeignet sind, Waren oder Dienstleistungen eines Unternehmens von denjenigen anderer Unternehmen zu unterscheiden. Dies können neben Positionsmarken jedenfalls theoretisch zB auch Bewegungsmarken, Hologramme, Tastmarken, Geruchsmarken oder Geschmacksmarken sein (vgl. Ströbele/Hacker/*Kirschneck* MarkenG § 8 Rn. 71 ff.).

15. Aufgrund des Geschäftsanfalls beim DPMA kann eine zügige Prüfung der Anmeldung nicht immer sichergestellt werden. Dies hat zwar keine Auswirkungen auf die Priorität, da hierfür der Anmeldetag maßgeblich ist. Dennoch kann der Anmelder ein Interesse an einer schnellen Prüfung und Eintragung haben, insbesondere wenn die deutsche Marke als Basis für eine internationale Registrierung dienen soll (→ Anm. 9). Denn die Inanspruchnahme der Priorität der deutschen Basismarke setzt voraus, dass der Antrag auf internationale Registrierung innerhalb von 6 Monaten nach der Anmeldung der Basismarke gestellt wird (Art. 4 Abs. 2 MMA/Art. 4 Abs. 2 PMMA iVm Art. 4 PVÜ). Zwar sind seit 2015 alle MMA-Staaten auch PMMA-Staaten, so dass nach Art. 9 sexies

1. Markenanmeldung beim DPMA   B. 1

PMMA iVm Regel 9 Nr. 4 der gemeinsamen Ausführungsordnung zum MMA/PMMA (GAusfO) auch eine (bloße) Anmeldung der Basismarke als Grundlage für eine prioritätswahrende internationale Registrierung dienen kann (bei reinen MMA-Staaten musste die Basismarke innerhalb der sechs Monate bereits eingetragen sein). Allerdings besteht bei Gesuchen aufgrund einer Anmeldung das Risiko, dass die internationale Registrierung ihren Schutz wieder verliert, soweit die Basismarkenanmeldung nicht eingetragen wird. Dies kann unnötige Kosten verursachen. § 38 MarkenG sieht deshalb die Möglichkeit vor, gegen Entrichtung einer besonderen Gebühr (200 EUR) eine **beschleunigte Prüfung** zu beantragen. Bei Beantragung der beschleunigten Prüfung muss – soweit keine vom Anmelder zu vertretenden Verzögerungen vorliegen – die Eintragung oder ein die Anmeldung ganz oder teilweise zurückweisender Beschluss in der Regel innerhalb von sechs Monaten nach der Anmeldung erfolgen (BGH GRUR 2000, 325 – Beschleunigungsgebühr). Wird die Prüfung der Anmeldung aus Gründen, die überwiegend dem Bereich des DPMA zuzurechnen sind, in dieser Zeit nicht abgeschlossen, kann die Rückzahlung der Beschleunigungsgebühr aus Billigkeitsgründen beantragt werden, § 63 Abs. 2 MarkenG (Ströbele/Hacker/*Kirschneck* MarkenG § 38 Rn. 2 ff.).

16. Der Schutzumfang der Marke richtet sich einerseits nach dem Zeichen (→ Anm. 10–14), zum anderen nach dem **Verzeichnis der Waren/Dienstleistungen**, für die Schutz begehrt wird. Ein Waren- und Dienstleistungsverzeichnis gehört somit zu den Mindestvoraussetzungen der Anmeldung, § 32 Abs. 2 Nr. 3 MarkenG. Das Verzeichnis ist insbesondere Ausgangspunkt für die Prüfung der absoluten Eintragungshindernisse (→ Anm. 12) sowie der Warenähnlichkeit im Kollisionsfall (→ Form. B.3 Anm. 7 sowie → Form. B.13 Anm. 25). Welche Waren/Dienstleistungen das Verzeichnis enthält, liegt zunächst in der Entscheidung des Anmelders, der theoretisch alle denkbaren Waren und Dienstleistungen beanspruchen kann. Eine Korrektur kann durch den Benutzungszwang (§§ 25, 26 MarkenG) nach Ablauf der Benutzungsschonfrist erfolgen.

Alle Waren und Dienstleistungen sind aufgrund der „Internationalen Klassifikation von Waren und Dienstleistungen für die Eintragung von Marken" (Klassifikation von Nizza) in 45 **Klassen** eingeteilt. Diese besteht aus den Klassenüberschriften (ein oder mehrere Oberbegriffe pro Klasse), erläuternden Anmerkungen und wird ergänzt durch (nicht abschließende) alphabetische Listen der in den jeweiligen Klassen anerkannten Waren und Dienstleistungen. Die seit dem 1. Januar 2017 gültige 11. Ausgabe der Nizzaer Klassifikation kann abgerufen werden unter https://www.dpma.de/service/klassifikationen/nizzaklassifikation/index.html. Eine Anmeldung kann beliebig viele Waren und Dienstleistungen beliebig vieler Klassen enthalten. Die Anzahl der Klassen wirkt sich aber auf die Gebühren aus, da lediglich Waren/Dienstleistungen der drei ersten Klassen von der Anmeldegrundgebühr umfasst sind, weitere Klassen dagegen zusätzliche Klassengebühren verursachen (→ Anm. 22). In der Anmeldung sind die Waren und Dienstleistungen (nicht nur die Klassen) genau zu benennen, wobei alle Waren/Dienstleistungen nach Klassen getrennt und die Klassen numerisch aufsteigend aufgeführt werden müssen, § 20 Abs. 3 MarkenV (zB Klasse 9: Computersoftware; Klasse 16: Druckereierzeugnisse, Schreibwaren; Klasse 41: Ausbildung). Das Verzeichnis ist in Schriftgröße 11 Punkt und mit einem Zeilenabstand von 1,5 abzufassen, § 20 Abs. 4 MarkenV.

Die Waren/Dienstleistungen sind so **klar und eindeutig** anzugeben, dass sie erstens einer Klasse eindeutig zugeordnet werden können und zweitens die zuständigen Behörden und die Wirtschaftsteilnehmer den Schutzumfang der Marke allein auf dieser Grundlage klar erkennen können (EuGH GRUR 2012, 822 Rn. 49 – IP TRANSLATOR). Ist dies aufgrund der Angaben des Anmelders zunächst nicht möglich, liegt ein Mangel der Anmeldung iSv § 32 Abs. 2 MarkenG vor, der auf Fristsetzung zu beseitigen ist. Soweit möglich und hinreichend bestimmt, sollen zur Benennung der Waren/Dienstleistungen die Bezeichnungen der Klasseneinteilungen, dh die in den Klassenüberschriften genannten

Oberbegriffe, oder die Begriffe der (nicht abschließenden) alphabetischen Listen der anerkannten Waren und Dienstleistungen verwendet werden. Im Übrigen sollen möglichst verkehrsübliche Begriffe verwendet werden, § 20 Abs. 2 MarkenV (zB BPatG Beschl. v. 12.9.2012 – 29 W (pat) 529/12, BeckRS 2012, 21978 – Sage Shop). Zum Zwecke der einheitlichen Klassifizierung hat das DPMA gemeinsam mit dem Amt der Europäischen Union für Geistiges Eigentum (EUIPO) und weiteren nationalen Markenämtern eine einheitliche Klassifikationsdatenbank (eKDB) mit ca. 70.000 Waren- und Dienstleistungsbegriffen erstellt, die in 23 Sprachen übersetzt und bei den beteiligten Markenämtern anerkannt sind. Neben alphabetischen Listen hält die eKDB eine zur Klassifizierung und Formulierung des Verzeichnisses hilfreiche Suchmaschine bereit, diese ist im Internet abrufbar über die Webseite des DPMA unter https://www.dpma.de/marke/klassifikation/index.html sowie direkt über die gemeinsame Plattform „TMclass" der harmonisierten europäischen Ämter unter http://tmclass.tmdn.org/ec2. Bei der Verwendung von Oberbegriffen ist zu beachten, dass zwar die meisten der in den Klassenüberschriften genannten Oberbegriffe ausreichend klar sind, aber einige dieser Oberbegriffe dem Erfordernis der Klarheit und Eindeutigkeit nicht genügen, weil sie zu allgemein formuliert sind oder zu unterschiedliche Waren/Dienstleistungen abdecken (EuGH GRUR 2012, 822 Rn. 54 – IP TRANSLATOR).

In Umsetzung der „IP TRANSLATOR"-Entscheidung haben das DPMA, das EUIPO und die anderen beteiligten europäischen Ämter die Klassenüberschriften der Nizzaer Klassifikation überprüft und in einer gemeinsamen Erklärung fünf Oberbegriffe als zu unbestimmt und konkretisierungsbedürftig festgestellt. So sind bei „Maschinen" (Klasse 7) zusätzlich deren Verwendungszweck, bei „Reparaturwesen" und „Installationsarbeiten" (Klasse 37) die betreffenden Waren oder Warengruppen, auf die sich die Dienstleistungen beziehen, bei „Materialbearbeitung" (Klasse 40), wodurch diese Dienstleistung erbracht wird, und bei „von Dritten erbrachte persönliche und soziale Dienstleistungen betreffend individuelle Bedürfnisse" (Klasse 45), die jeweils konkreten Dienstleistungen (mit-)anzugeben (vgl. Gemeinsame Mitteilung zur gemeinsamen Praxis bei den in den Klassenüberschriften der Nizzaer Klassifikation enthaltenen Oberbegriffen vom 28.10.2015, abrufbar unter https://www.dpma.de/marke/klassifikation/index.html).

Auf EU-Ebene wurde die „IP TRANSLATOR"-Rechtsprechung bei der Neufassung von Art. 28 UMV berücksichtigt. Die in Art. 28 Abs. 8 UMV gesetzte Übergangsfrist zur Klarstellung der Waren- und Dienstleistungsverzeichnisse ist seit 24.9.2016 verstrichen, so dass die betroffenen Unionsmarken nunmehr nur für diejenigen Waren oder Dienstleistungen gelten, die eindeutig von der wörtlichen Bedeutung der Begriffe in der Überschrift der einschlägigen Klasse erfasst sind.

Sollen **sämtliche Waren/Dienstleistungen einer Klasse** beansprucht werden, so genügt es nach der „IP TRANSLATOR"-Rechtsprechung nicht unbedingt, sämtliche in der Klassenüberschrift enthaltene Oberbegriffe der Nizzaer Klassifikation zu benennen, da bei wörtlicher Auslegung nicht alle Waren/Dienstleistungen der betreffenden Klasse unter die benannten Oberbegriffe fallen. Zu diesem Zweck haben die Markenämter die sog. „Class Scopes" als Teil der eKDB definiert, mit denen jeweils das gesamte Spektrum der jeweiligen Klasse abgedeckt werden kann.

Bei **Dienstleistungen** handelt es sich grundsätzlich um selbständige wirtschaftliche Tätigkeiten, die für Dritte erbracht werden (nicht nur unselbständige Hilfstätigkeiten, wie zB der bloße Verkauf oder die Bewerbung eigener Produkte). Auch Einzelhandelsdienstleistungen sind inzwischen als eintragungsfähig anerkannt, denn sie enthalten über den reinen Verkauf der Waren hinaus Dienstleistungen, die den Verbraucher zum Kauf bei einem bestimmten Händler veranlassen sollen, zB die Zusammenstellung und Präsentation eines bestimmten Sortiments. Einzelhandelsdienstleistungen sind durch Angaben der Waren oder Warengruppen, auf die sie sich beziehen, zu konkretisieren. Nicht ausreichend sind nur Klassenangaben und allgemeine, klassenübergreifende Bereichsangaben. Ausreichend sind dagegen

1. Markenanmeldung beim DPMA   B. 1

Klassenangaben in Verbindung mit hinreichend klaren und eindeutigen Begriffen der Nizzaer Klassenüberschriften einerseits oder mit Einzelbegriffen der Nizzaer Klassifikation andererseits. Entgegen früherer Praxis des DPMA wäre danach die Formulierung „Einzelhandelsdienstleistungen für Waren der Klasse 12" zu unbestimmt. Erforderlich ist die wörtliche Benennung konkreter Waren oder Warengruppen, wie zB „Einzelhandelsdienstleistungen im Bereich Fahrzeuge und Fahrzeugzubehör" (vgl. EuGH GRUR 2005, 764 (766) Rn. 26 ff. – Praktiker; EuGH GRUR 2014, 869 – Netto-Marken-Discount/DPMA; BPatG GRUR 2016, 509 – Netto Marken-Discount).

Um einen möglichst großen Schutzumfang zu erreichen, wird häufig ein umfangreiches Verzeichnis der Waren/Dienstleistungen sinnvoll sein. Andererseits erhöht die Aufnahme zusätzlicher Waren/Dienstleistungen auch die Gefahr von Kollisionen mit älteren Drittzeichen, was nicht nur Widersprüche, sondern auch Unterlassungsansprüche nach sich ziehen kann. Darüber hinaus kann ein Verzeichnis, das statt einer konkreten Ware/Dienstleistung den umfangreicheren Warenoberbegriff aufführt, im Hinblick auf die Schutzfähigkeit nachteilig sein. Denn ein Zeichen ist bereits dann von der Eintragung ausgeschlossen, wenn für eine spezielle, unter den Oberbegriff fallende Ware oder Dienstleistung ein Eintragungshindernis besteht (BGH GRUR 2006, 850 (856) – FUSSBALL WM 2006). Das Verzeichnis kann aber jederzeit **eingeschränkt** werden (§§ 39, 48 MarkenG), was sich zB wegen Beanstandungen aufgrund absoluter Eintragungshindernisse oder in Folge von Abgrenzungsvereinbarungen im Widerspruchsverfahren häufig als notwendig erweist. Unproblematisch sind die Streichung von ganzen Waren-/Dienstleistungsbegriffen, die Beschränkung eines Oberbegriffes durch Benennung der speziellen, darunter fallenden Ware/Dienstleistung (zB „Druckereierzeugnisse, nämlich Zeitschriften") oder gegenständliche Beschränkungen, die ganze Kategorien von Waren/Dienstleistungen aus einem Oberbegriff ausnehmen (zB „Bekleidungsstücke, ausgenommen Unterwäsche"). Möglich ist zB auch die Beschränkung von Medienwaren oder -dienstleistungen auf bestimmte Inhalte (zB „Bild- und Tonträger zu den Themen Kochen und Backen", vgl. BGH GRUR 2009, 778 Rn. 9 – Willkommen im Leben). Dagegen sind zB Beschränkungen im Hinblick auf Vertriebswege, Werbekonzepte oder selbst gewählte (nicht gegenständlich bedingte) Zweckbestimmungen in der Regel unbeachtlich, weil sie nicht die Ware/Dienstleistung selbst charakterisieren und nicht dauerhaft sind (vgl. zB BPatG GRUR-RR 2008, 237 (238) – Bernstein). Ferner sind aus Gründen der Rechtssicherheit jedenfalls solche Ausnahmevermerke unzulässig, die sich darauf beschränken, dass die fraglichen Waren/Dienstleistungen ein bestimmtes Merkmal nicht aufweisen, das durch die Marke benannt wird (unzulässig zB „Direct-mailing-Kampagnen, soweit diese keinen Bezug zu einem Postamt haben" für die Marke „Postkantoor", EuGH GRUR 2004, 675 Rn. 114, 117 – Postkantoor; vgl. auch BGH GRUR 2009, 778 Rn. 9 – Willkommen im Leben; BPatG GRUR 2008, 512 (515) – Ringelnatz; zu Ausnahmevermerken im Einzelnen Ströbele/Hacker/*Ströbele* MarkenG § 8 Rn. 394 ff.). Nachträgliche Erweiterungen des Verzeichnisses sind stets unzulässig.

17. Nach dem Schwerpunkt der Anmeldung legt das DPMA eine sog. **Leitklasse** fest, die für die amtsinterne Zuständigkeit maßgeblich ist. Der Anmelder kann eine Leitklasse vorschlagen, wenngleich dieser Vorschlag nicht bindend ist (§ 21 Abs. 2 MarkenV). Wurde bereits eine andere Marke mit demselben Verzeichnis eingetragen, kann der Anmelder durch Angabe des Aktenzeichens an der dafür vorgesehenen Stelle darauf hinweisen und dadurch die Prüfung beschleunigen. Ein Anspruch auf identische Eintragung folgt daraus allerdings nicht.

18. Kollektivmarken sind eine besondere Markenart, für die §§ 97–106 MarkenG Sonderregelungen enthalten. Sie verweisen nicht auf die Herkunft aus einem bestimmten (einzelnen) Geschäftsbetrieb, sondern auf die Herkunft aus einer Gruppe von Unternehmen, deren Mitglieder durch die Zugehörigkeit zu dem Verband, der Inhaber der Marke ist, miteinander verbunden sind. Die Kollektivmarke ist damit besonders geeignet, bestimmte übereinstimmende Eigenschaften der Waren oder Dienstleistungen zu „verbriefen", die allen Waren/Dienstleistungen der Verbandsmitglieder gemeinsam sind. Sie kommt damit zB als Gütezeichen in Frage (*Ingerl/Rohnke* MarkenG § 97 Rn. 9). Für das Anmeldeverfahren sind folgende Besonderheiten zu beachten:

(1) Inhaber der Kollektivmarke kann keine natürliche Person und keine Gesamthandsgemeinschaft sein, sondern nur ein „rechtsfähiger Verband" oder eine juristische Person des öffentlichen Rechts, § 98 MarkenG. Als rechtsfähiger Verband kommt insbesondere ein eingetragener Verein, eine AG, GmbH, KG, oHG oder GbR in Betracht (im Einzelnen *Ingerl/Rohnke* MarkenG § 98 Rn. 5 ff.).

(2) § 102 MarkenG enthält das zusätzliche Anmeldeerfordernis der Markensatzung, die nach § 102 Abs. 2 MarkenG folgende Angaben enthalten muss: Namen und Sitz des Verbandes, Zweck und Vertretung des Verbandes, die Voraussetzungen für die Mitgliedschaft, Angaben über den Kreis der zur Benutzung der Kollektivmarke befugten Personen, die Bedingungen für die Benutzung der Kollektivmarke und Angaben über die Rechte und Pflichten der Beteiligten im Falle von Verletzungen der Kollektivmarke. Die Markensatzung wird insbesondere auf Verstöße gegen die öffentliche Ordnung oder die guten Sitten geprüft, § 103 MarkenG. Nach § 99 MarkenG ist in Abweichung von § 8 Abs. 2 Nr. 2 MarkenG auch die Anmeldung von geographischen Herkunftsangaben als Kollektivmarken zulässig. In diesem Fall sind zusätzliche Erfordernisse zu erfüllen (vgl. § 102 Abs. 3 MarkenG).

Durch die Reform des Unionsmarkenrechts wurde in den Art. 74a ff. UMV die sog. Unionsgewährleistungsmarke eingeführt, die bei der Anmeldung als solche bezeichnet wird. Sie dient vor allem dazu, Waren oder Dienstleistungen, für die der Inhaber der Marke das Material, die Art und Weise der Herstellung der Waren oder der Erbringung der Dienstleistungen, die Qualität, Genauigkeit oder andere Eigenschaften – mit Ausnahme der geografischen Herkunft – gewährleistet, von solchen zu unterscheiden, für die keine derartige Gewährleistung besteht. Die neuen Bestimmungen zur Unionsgewährleistungsmarke sind seit dem 1.10.2017 anwendbar. Während es bei den Kollektivmarken darum geht, Waren und Dienstleistungen der Mitglieder eines Verbands (des Markeninhabers) von denen anderer Unternehmen zu unterscheiden, also die Herkunft aus verbandsangehörigen Unternehmen zu kennzeichnen, dient die Gewährleistungsmarke speziell der Kennzeichnung einer bestimmten Qualität der Ware oder Dienstleistung und damit als eine Art „Gütesiegel". Trotz der zahlreichen Parallelen – auch die Kollektivmarke dient häufig der Gütesicherung – besteht ein wesentlicher Unterschied darin, dass die Kollektivmarke nur Verbänden, die Unionsgewährleistungsmarke hingegen auch einzelnen natürlichen Personen und Unternehmen zugänglich ist, die die Zertifizierung überwachen (vgl. zur Gewährleistungsmarke *Dissmann/Somboonvong* GRUR 2016, 657).

19. Bei der Kollision verwechslungsfähiger Marken ist die **Priorität** ausschlaggebend, dh wer sein Kennzeichenrecht früher erworben hat, kann sich grundsätzlich gegenüber demjenigen durchsetzen, der dies erst später getan hat. Das Prioritätsprinzip ist somit grundlegend für die Berechtigung sowohl im Widerspruchs- und Löschungsverfahren als auch für das Verletzungsverfahren vor den ordentlichen Gerichten. Der Zeitrang der Marke bestimmt sich grundsätzlich nach dem **Anmeldetag** (§ 6 Abs. 2 MarkenG iVm § 33 Abs. 1 MarkenG), → Anm. 5. Nach §§ 34, 35 MarkenG können aber unter bestimmten Voraussetzungen frühere Prioritäten in Anspruch genommen werden.

(1) Die Inanspruchnahme **ausländischer Prioritäten** richtet sich gem. § 34 Abs. 1 MarkenG nach den anwendbaren Staatsverträgen oder, wenn solche Verträge fehlen, nach bestehender Gegenseitigkeit (§ 34 Abs. 2 MarkenG). Staatsverträge, die zu einer Vorverlegung der Priorität einer deutschen Anmeldung führen können, können zweiseitige oder mehrseitige Abkommen sein. Das wichtigste mehrseitige Abkommen ist insoweit die

1. Markenanmeldung beim DPMA

Pariser Verbandsübereinkunft (PVÜ). Die Mitgliedstaaten werden zB auf der Website der WIPO (www.wipo.int) genannt. Nach Art. 4 PVÜ kann für die deutsche (Zweit-)Marke die Priorität der in einem anderen Verbandsland eingereichten Anmeldung beansprucht werden. Auch eine Unionsmarkenanmeldung (Art. 32 UMV) oder eine internationale Registrierung (Art. 4 MMA, Art. 4 PMMA) kommen als Grundlage für die Prioritätsbeanspruchung in Betracht. Die deutsche Zweitanmeldung muss innerhalb einer Frist von 6 Monaten nach der Erstanmeldung (Art. 4 C PVÜ) durch den Anmelder der Erstanmeldung oder seinen Rechtsnachfolger erfolgen (Art. 4 A Abs. 1 PVÜ). Die mit der Zweitanmeldung beanspruchte Marke muss mit der Marke der Erstanmeldung identisch sein, es muss sich also nicht nur um dasselbe Zeichen, sondern auch um dieselben Waren oder Dienstleistungen handeln, soweit nicht eine Beanspruchung von Teilprioritäten vorliegt. Allerdings können auch eine oder mehrere Teilprioritäten für verschiedene Waren/Dienstleistungen in Anspruch genommen werden. Dies kann zu abweichenden Teilprioritäten hinsichtlich bestimmter Waren/Dienstleistungen ohne förmliche Teilung der Anmeldung führen (BPatGE 18, 25 – Dolfino Sub). Weitere formelle Mindestvoraussetzungen der Prioritätsbeanspruchung regelt § 34 Abs. 3 MarkenG. Die ausländische Priorität muss – wenn dies nicht gleichzeitig mit der Markenanmeldung auf dem Anmeldeformular erfolgt – innerhalb von 2 Monaten nach der Zweitanmeldung unter Angabe des Datums und des Staates der (ausländischen) Erstanmeldung beansprucht werden. Ferner sind das Aktenzeichen anzugeben und eine Abschrift der früheren Anmeldung einzureichen, wozu das DPMA, wenn diese Angaben/Unterlagen fehlen, ausdrücklich unter Fristsetzung von 2 Monaten auffordert. Handelt es sich bei der Abschrift der ausländischen Voranmeldung um ein englisches, französisches, italienisches oder spanisches Schriftstück, ist es dem DPMA freigestellt, dieses zu berücksichtigen oder eine deutsche Übersetzung anzufordern. Handelt es sich um ein Schriftstück in einer anderen Fremdsprache, ist eine von einem Rechtsanwalt oder Patentanwalt beglaubigte oder von einem öffentlich bestellten Übersetzer angefertigte Übersetzung zwingend innerhalb eines Monats nachzureichen, § 16 Abs. 4 MarkenV. Änderungen und Korrekturen sind nur innerhalb der vorgesehenen Fristen möglich. Wird die Prioritätsfrist versäumt oder werden Angaben nicht rechtzeitig gemacht, so wird der Prioritätsanspruch verwirkt. Eine Wiedereinsetzung in den vorigen Stand kann möglich sein (§ 91 MarkenG), der Anmeldetag der Zweitanmeldung bleibt hiervon aber unberührt (BPatG GRUR 2005, 887 – Tragbare Computervorrichtung).

(2) Wird die Marke für Waren oder Dienstleistungen auf bestimmten Ausstellungen erstmals zur Schau gestellt, kann der Benutzer innerhalb von 6 Monaten die **Priorität der Ausstellung** in Anspruch nehmen, § 35 MarkenG. Für das Zurschaustellen ist erforderlich, dass die gekennzeichneten Waren weiteren Kreisen bekannt werden (BGH GRUR 1983, 31 (32) – Klarsichtbecher). Prioritätsbegründend ist nicht jede Ausstellung, sondern lediglich eine solche, die vom BMJ im Bundesgesetzblatt bekannt gemacht wird. Die Bekanntmachung ist konstitutiv für die Eignung der Ausstellung, prioritätsbegründend zu wirken. Sonstige Kriterien, wie internationale Bedeutung, Zahl der Besucher etc spielen keine Rolle. Gemäß § 35 Abs. 4 MarkenG muss die Priorität innerhalb von 2 Monaten nach dem Anmeldetag unter Angabe des Datums und der Ausstellung der erstmaligen Zurschaustellung beansprucht werden. Daraufhin fordert das DPMA den Anmelder auf, innerhalb von zwei Monaten die Zurschaustellung der Waren/Dienstleistungen unter der angemeldeten Marke nachzuweisen. Hierfür kann das auf der Website des DPMA (https://www.dpma.de/marke/formulare/index.html) abrufbare „Formular Ausstellungsbescheinigung" W7708 verwendet werden. Wird die Prioritätsfrist versäumt oder werden Angaben nicht rechtzeitig gemacht, ist der Prioritätsanspruch verwirkt.

20. Werden gleichzeitig, das heißt in einem Poststück, aber unter Verwendung gesonderter Anmeldeformulare, mehrere Marken (mindestens zwei) angemeldet, können diese ggf. als Serie angemeldet werden. Dies bewirkt, dass diese Anmeldungen, soweit möglich, zeitgleich und durch dieselbe Markenstelle bearbeitet werden, so dass derselbe Ansprechpartner für alle Anmeldungen zuständig ist. Eine **Serienanmeldung** setzt voraus, dass die Anmeldungen denselben Anmelder sowie denselben Leitklassenvorschlag (→ Anm. 17) aufweisen, für alle Anmeldungen gleichermaßen der Antrag auf beschleunigte Prüfung gestellt oder nicht gestellt ist, zu jeder Anmeldung ein gesondertes Antragsformular vorliegt, an der im Formular vorgesehenen Stelle die Gesamtzahl der (Einzel-) Anmeldungen sowie die Nummer der laufenden Anmeldung vermerkt sind und das Formular „Vorblatt zu einer Serie von Anmeldungen" (W 7002) vollständig ausgefüllt ist (abrufbar unter http://www.dpma.de/marke/formulare/index.html). Dagegen ist es nach der UMV nicht möglich, Unionsmarken als Serie anzumelden.

21. Die Anmeldung ist vom Anmelder oder seinem Vertreter zu unterzeichnen (§ 10 Abs. 1 DPMAV). Es genügt allerdings, wenn das unterschriebene Original durch Telefax übermittelt wird (§ 11 Abs. 1 DPMAV), → Anm. 6.

Kosten und Gebühren

22. Die Gebühren ergeben sich aus dem Gebührenverzeichnis zu § 2 Abs. 1 PatKostG (s. auch Kostenmerkblatt des DPMA A 9510 und http://www.dpma.de/marke/gebuehren/index.html). Danach ist für eine Anmeldung für Waren/Dienstleistungen aus bis zu drei Klassen bei Anmeldung in Papierform eine Gebühr von 300 EUR (GV 331.100 PatKostG) zu bezahlen, bei elektronischer Anmeldung (→ Anm. 6) eine Gebühr von 290 EUR (GV 331.000 PatKostG) zu bezahlen. Für die vierte und jede folgende Klasse ist eine zusätzliche Klassengebühr in Höhe von 100 EUR (GV 331.300 PatKostG) zu entrichten. Handelt es sich um eine Kollektivmarke, beträgt die Grundgebühr 900 EUR (GV 331.200 PatKostG), eine zusätzliche Klassengebühr (ab der vierten Klasse) 150 EUR (GV 331.400 PatKostG). Für die beschleunigte Prüfung ist eine zusätzliche Gebühr in Höhe von 200 EUR zu zahlen (GV 331.500 PatKostG). Die Höhe der Gebühren wird dem Anmelder in einer Gebührenbenachrichtigung mitgeteilt, die in der Regel zusammen mit der Empfangsbescheinigung versandt wird. Unabhängig von der Gebührenbenachrichtigung werden die Gebühren aber mit Einreichung der Anmeldung fällig und sind spätestens innerhalb von drei Monaten ab Fälligkeit zu zahlen. Anderenfalls gelten Anmeldung und/oder der Antrag auf beschleunigte Prüfung als zurückgenommen (§§ 3 Abs. 1, 6 Abs. 1 und 2 PatKostG). Die Nichtzahlung oder nur teilweise Zahlung zusätzlich anfallender Klassengebühren führt gemäß § 36 Abs. 3 MarkenG zur Teilzurückweisung der Anmeldung. Die Zahlungswege bestimmen sich nach § 1 PatKostZV und gehen aus dem Anmeldeformular hervor. Sofern ein SEPA-Lastschriftmandat erteilt wird, sollte der amtliche Vordruck A 9530/9532 verwendet werden (s. www.dpma.de/service/dasdpmainformiert/gebuehrenzahlungbeimdpma/sepa_lastschrift/index.html). Als Zahlungstag gelten bei Bareinzahlung der Tag der Einzahlung, bei Zahlung per SEPA-Lastschriftmandat der Tag, an dem die Voraussetzungen für den Lastschrifteinzug beim DPMA vorliegen (gültiges Lastschriftmandat im Original mit handschriftlicher Unterschrift sowie Angaben zum Verwendungszweck) und die Abbuchung vorgenommen werden kann und bei Überweisungen der Tag der Gutschrift auf dem Konto des DPMA (§ 2 PatKostZV). Bei Versäumung der Zahlungsfrist kommt eine Wiedereinsetzung in Betracht (§ 91 MarkenG).

Fristen und Rechtsmittel

23. Hält das DPMA die angemeldete Marke ganz oder teilweise zB wegen der Formulierung des Waren- und Dienstleistungsverzeichnisses (→ Anm. 16) oder wegen

1. Markenanmeldung beim DPMA   B. 1

absoluter Schutzhindernisse (→ Anm. 12) für nicht eintragungsfähig, teilt es dies dem Anmelder in einem Beanstandungsbescheid mit und setzt eine Frist zur Stellungnahme. Soweit die Beanstandungen nicht ausgeräumt werden, weist das DPMA die Anmeldung ganz oder teilweise zurück. Wird der zurückweisende Beschluss von einem Beamten des gehobenen Dienstes oder einem vergleichbaren Angestellten erlassen, kann der Anmelder wahlweise Erinnerung (§ 64 Abs. 1 S. 1 MarkenG) oder Beschwerde (§§ 64 Abs. 6 S. 1, 66 Abs. 1 MarkenG) einlegen, anderenfalls ist die Beschwerde statthaft (§ 66 MarkenG). Der Beschluss ist mit einer Rechtsmittelbelehrung zu versehen, die das bzw. die statthaften Rechtsmittel benennt, § 61 Abs. 2 MarkenG. Vor dem DPMA und dem BPatG (§ 81 MarkenG) besteht kein Vertretungszwang. Lässt sich der Anmelder vor dem DPMA vertreten, so muss nach § 15 Abs. 1 DPMAV eine unterschriebene Vollmachtsurkunde eingereicht werden. Nach § 15 Abs. 4 DPMAV findet bei anwaltlichen Vertretern keine Prüfung der Vollmacht von Amts wegen statt, dh in der Praxis genügt eine formlose Bestellung des Anwalts als Vertreter.

(1) Die **Erinnerung** ist ein Rechtsbehelf, über den das DPMA entscheidet. Sie ist innerhalb einer Notfrist von einem Monat nach Zustellung des Beschlusses zulässig (§ 64 Abs. 2 MarkenG). Innerhalb dieser Frist ist auch die Erinnerungsgebühr in Höhe von 150 EUR zu zahlen (§ 6 Abs. 1 S. 1 PatKostG, § 2 Abs. 1 PatKostG iVm GV 333.000 PatKostG). Bei Versäumnis kann eine Wiedereinsetzung in den vorigen Stand in Betracht kommen, § 91 MarkenG. Die Erinnerung ist schriftlich und handschriftlich unterzeichnet beim DPMA einzulegen, wobei die Übermittlung per Telefax genügt (§§ 10, 11 DPMAV). Die Erinnerung hat aufschiebende Wirkung. Sie ist nicht formgebunden und muss weder einen Antrag enthalten noch muss sie begründet werden, wenngleich sich eine Begründung in der Praxis empfiehlt und der begehrte Tenor als Antrag formuliert werden sollte. Es gilt das Verbot der Schlechterstellung (reformatio in peius) gegenüber der Erstprüferentscheidung. Dies hindert das DPMA allerdings nicht daran, nach Abschluss des Erinnerungsverfahrens das Eintragungsverfahren erneut aufzugreifen und eine weiterreichende Zurückweisung auszusprechen (Ströbele/Hacker/*Kirschneck* MarkenG § 64 Rn. 12).

(2) Die **Beschwerde** ist ein Rechtsmittel, über welche (sofern das DPMA nicht selbst abhilft) das BPatG entscheidet. Sie ist innerhalb einer Notfrist von einem Monat nach Zustellung des Beschlusses zulässig und beim DPMA einzulegen (§ 66 Abs. 2 MarkenG). Innerhalb der Frist ist auch die Beschwerdegebühr in Höhe von 200 EUR zu zahlen (§ 6 Abs. 1 S. 1 PatKostG, § 2 Abs. 1 PatKostG iVm GV 401.300 PatKostG). Zur Beschwerde im Einzelnen → Form. B.5.

2. Antrag auf Eintragung einer Marke aufgrund von Verkehrsdurchsetzung

An das

Deutsche Patent- und Markenamt

80297 München

Markenanmeldung Nr. ..... „ULTRABIKE"

Anmelderin: ULTRABIKE GmbH

Wir nehmen Bezug auf den Beanstandungsbescheid der Markenstelle für Klasse 12 vom ......[1] Entgegen der Auffassung der Markenstelle fehlt es der Bezeichnung ULTRABIKE für die Waren „Fahrräder" nicht an jeglicher Unterscheidungskraft im Sinne von § 8 Abs. 2 Nr. 1 MarkenG. Die Kombination der Bestandteile „ULTRA" und „BIKE" ist sprachunüblich, und der Gesamtbegriff wird vom Verkehr nicht als beschreibende Angabe, sondern als Herkunftshinweis aufgefasst.[2]

Unabhängig davon hat sich die Bezeichnung ULTRABIKE infolge ihrer Benutzung für Fahrräder gemäß § 8 Abs. 3 MarkenG im Verkehr als Marke durchgesetzt.[3, 4]

1. Die Anmelderin bringt als deutsche Tochtergesellschaft der amerikanischen Herstellerin ULTRABIKE Inc. bereits seit 2005 Fahrräder unter der Kennzeichnung ULTRABIKE auf den deutschen Markt.[5] Diese sind bundesweit in ca. einem Viertel der Fahrradfachgeschäfte vertreten. Angesichts der Tatsache, dass die meisten Einzelhändler nur wenige Marken führen, bedeutet dies eine sehr hohe Marktpräsenz. Die Fahrräder tragen die Kennzeichnung ULTRABIKE deutlich lesbar auf dem Rahmen. Kataloge mit Abbildungen der Fahrräder überreichen wir als
   Anlage A 1.

2. Die Umsatzentwicklung in den vergangenen Jahren ist durch rasches und ständiges Wachstum gekennzeichnet und ergibt sich aus folgenden Zahlen:[6]

2012	...
2013	...
2014	...
2015	...
2016	...
2017	...

   Mit einem Gesamtumsatz von ..... Millionen EUR im Jahre 2016 gehört die Anmelderin zu den Marktführern. Nach einer Übersicht des Branchendienstes „Fahrradwirtschaft" Heft 11/2017 liegen die Fahrräder ULTRABIKE mit einem Marktanteil von 30 % im Segment der Mountainbikes an zweiter und mit einem Marktanteil von 19 % im gesamten Fahrradmarkt an dritter Stelle
   Anlage A 2.

3. Die Anmelderin hat in erheblichem Umfang Werbung für ihre Produkte ULTRABIKE betrieben. Die Gesamtwerbeaufwendungen haben sich ebenfalls kontinuierlich gesteigert, wobei sich folgendes Bild ergibt:[7]

2. Antrag auf Eintragung einer Marke aufgrund von Verkehrsdurchsetzung B. 2

2012	...
2013	...
2014	...
2015	...
2016	...
2017	...

Damit machten die Werbeausgaben für ULTRABIKE laut einer Studie des Branchendienstes „Fahrradwirtschaft" in den letzten 3 Jahren 30 % der Gesamtwerbeausgaben im Fahrradmarkt aus,

Anlage A 3.

Bei der Werbung hat es sich vorwiegend um Print-Werbung in Zeitschriften gehandelt. Dabei wurde jeweils die Anmeldemarke ULTRABIKE in prominenter Form verwendet. Wir übergeben als

Anlagenkonvolut A 4

Beispiele aus der Media-Werbung der letzten Jahre. Erscheinungszeitraum und Reichweite der jeweiligen Medien gehen aus der Anlage ebenfalls hervor.

4. Die Öffentlichkeit ist über die Produkte der Anmelderin nicht zuletzt durch ein umfangreiches Presseecho informiert.[8] Das gilt zunächst für Testberichte in Fahrradzeitschriften

Anlagenkonvolut A 5,

aber auch für Artikel in den Technikbeilagen der allgemeinen Presse, zB einem Bericht über die innovativen Kohlefaserrahmen des Spitzenmodells CKX in der Beilage „Technik und Motor" der Frankfurter Allgemeinen Zeitung vom 3.8.2017,

Anlage A 6.

Daneben sind die Fahrräder der Anmelderin auch im Zusammenhang mit Sporterfolgen in das Blickfeld der Öffentlichkeit gerückt, so bei der Cross-Europameisterschaft 2016, die Heiko Horn auf einem ULTRABIKE CRX gewann,

Anlage A 7.

5. Die Anmelderin hat durch ein Marktforschungsinstitut eine Verkehrsbefragung in Auftrag gegeben, die wir als

Anlage A 8

überreichen.[9]
Wir dürfen die wesentlichen Ergebnisse kurz zusammenfassen:[10]
- Die Bezeichnung ULTRABIKE ist in der allgemeinen Bevölkerung 72 % aller Befragten im Zusammenhang mit Fahrrädern bekannt.
- 63 % aller Befragten haben angegeben, Fahrräder mit der Bezeichnung ULTRABIKE kämen von einem bestimmten Hersteller.
- Von diesen 63 % haben auf die Frage, wie dieser Hersteller heiße, fast alle zutreffend die Anmelderin benannt. So haben insgesamt 58 % aller Befragten geantwortet, der Hersteller heiße seinerseits ULTRABIKE. 3 % aller Befragten gaben an, den Namen nicht zu kennen. Lediglich 2 % aller Befragten haben die Namen anderer Hersteller genannt. Zieht man Letztere ab, ergibt sich ein Durchsetzungsgrad von 61 % in der allgemeinen Bevölkerung.
- Für die Teilgruppe der Radfahrer ergibt sich aus der Verkehrsbefragung sogar ein Durchsetzungsgrad von 71 %.[11]
- Da der Begriff ULTRABIKE für Fahrräder jedenfalls nicht glatt beschreibend ist (s.o.), wäre schon ein Durchsetzungsgrad von 50 % für eine Verkehrsdurchsetzung

ausreichend. Die Anforderungen einer Verkehrsdurchsetzung in der allgemeinen Bevölkerung sind somit bei Weitem erfüllt.[12]

6. Im Übrigen kann davon ausgegangen werden, dass der Durchsetzungsgrad auf der Ebene des gut informierten Einzelhandels und Fachpublikums noch wesentlich höher ist als in der allgemeinen Bevölkerung.[13]

Die Marke ist somit einzutragen.[14, 15, 16]

Rechtsanwalt

Schrifttum: vgl. die Hinweise → Form. B.1.

Anmerkungen

1. Das vorliegende Formular geht davon aus, dass der Anmelder auf seine Markenanmeldung (→ Form. B.1) hin einen Beanstandungsbescheid des DPMA wegen fehlender Unterscheidungskraft erhalten hat und er sich nun gegenüber dem DPMA auf Verkehrsdurchsetzung beruft. Der Anmelder kann sich gleich mit der Markenanmeldung, aber auch zu jedem späteren **Zeitpunkt des Verfahrens** auf Verkehrsdurchsetzung berufen, auch im Löschungsverfahren wegen absoluter Schutzhindernisse (BGH GRUR 2014, 483 Rn. 21 – test) und noch im Beschwerdeverfahren vor dem BPatG. Der Anmelder kann auch die Eintragung einer zweiten Anmeldung aufgrund von Verkehrsdurchsetzung beantragen, wenn seine ursprüngliche Anmeldung zurückgewiesen worden ist. Die Bestandskraft des Zurückweisungsbeschlusses steht dem nicht entgegen.

2. Zu den absoluten Eintragungshindernissen → Form. B.1 Anm. 12.

3. Ist eine Marke von Hause aus nicht eintragbar, weil die Eintragungshindernisse der §§ 8 Abs. 2 Nr. 1–3 MarkenG (Fehlen jeglicher Unterscheidungskraft, Freihaltebedürfnis oder üblich gewordene Bezeichnung) vorliegen, kann die Eintragung durch Nachweis der Verkehrsdurchsetzung erreicht werden, § 8 Abs. 3 MarkenG. Für die Unionsmarke findet sich eine vergleichbare Regelung in Art. 7 Abs. 3 UMV, wonach eine Eintragung entgegen Art. 7 Abs. 1 Buchst. b, c, d UMV möglich ist, wenn die angemeldete Marke für die Waren oder Dienstleistungen, deren Eintragung beantragt wird, infolge Benutzung Unterscheidungskraft erlangt hat. Eine kraft Verkehrsdurchsetzung eingetragene Marke ist einer von Hause aus kennzeichnungskräftigen Marke **gleichwertig** (BGH GRUR 2006, 701 Rn. 9 – Porsche 911). Insbesondere sind Gerichte in einem Verletzungsprozess an die Eintragungsentscheidung des DPMA gebunden, so dass sie ihr nicht nachträglich inzident jeglichen Schutz versagen können. Dabei ist regelmäßig von normaler Kennzeichnungskraft auszugehen (BGH GRUR 2002, 171 (174) – Marlboro-Dach; BGH GRUR 2009, 672 Rn. 26 – OSTSEE-POST). Besondere Umstände können aber eine über- oder unterdurchschnittliche Kennzeichnungskraft einer kraft Verkehrsdurchsetzung eingetragenen Marke begründen (vgl. BGH GRUR 2007, 1071 Rn. 28 – Kinder II; BGH GRUR 2012, 930 Rn. 27 – Bogner B/Barbie B; BGH GRUR 2016, 197 Rn. 30 – Bounty).

4. Das DPMA ist nur dann gehalten, in die **Prüfung der Verkehrsdurchsetzung** einzutreten, wenn der Anmelder hinreichende Anhaltspunkte für die Verkehrsdurchsetzung vorträgt. Das DPMA hat kein offizielles Formular für die Darlegung der Verkehrsdurchsetzung entwickelt. Diese erfolgt vielmehr den Umständen des Einzelfalles angepasst durch schlüssigen Sachvortrag und Vorlage entsprechender Unterlagen zur Glaubhaftmachung. Ist ausreichender Vortrag erfolgt, so dass eine Verkehrsdurchsetzung möglich erscheint, tritt das DPMA in die Amtsprüfung ein und fordert ggf. weitere Nachweise,

2. Antrag auf Eintragung einer Marke aufgrund von Verkehrsdurchsetzung B. 2

wie zB ein demoskopisches Gutachten. Der Nachweis obliegt dem Antragsteller. Ist die Verkehrsdurchsetzung amts- oder gerichtsbekannt (zB aufgrund einer früheren Entscheidung), ist ein weiterer Nachweis entbehrlich.

Der Anmelder kann Verkehrsdurchsetzung auch **hilfsweise** für den Fall geltend machen, dass das DPMA absolute Eintragungshindernisse nach § 8 Abs. 2 Nr. 1, 2 oder 3 MarkenG für gegeben hält. Auch in diesem Fall hat das DPMA aber zunächst zu prüfen, ob tatsächlich entsprechende Eintragungshindernisse vorliegen, denn Verkehrsdurchsetzung ist kein selbständiger Eintragungsgrund, sondern überwindet die Eintragungshindernisse des § 8 Abs. 2 Nr. 1–3 MarkenG (vgl. EuGH GRUR 2007, 234 Rn. 21 – EUROPOLIS). Beruft sich der Anmelder mit Erfolg hilfsweise auf Verkehrsdurchsetzung, kann er diese Entscheidung aber nicht mit der Begründung anfechten, dass eine Eintragung schon aufgrund originärer Schutzfähigkeit hätte erfolgen müssen. Insoweit fehlt es an einer Beschwer, denn eine kraft Verkehrsdurchsetzung eingetragene Marke ist einer originär kennzeichnungskräftigen Marke gleichwertig (BGH GRUR 2006, 701 Rn. 9 – Porsche 911).

Die Frage, ob eine Marke sich infolge Benutzung im Verkehr iSv § 8 Abs. 3 MarkenG durchgesetzt hat, ist anhand einer **Gesamtschau** aller Gesichtspunkte zu beurteilen, die zeigen können, dass die Marke die Eignung erlangt hat, die in Rede stehenden Waren als von einem bestimmten Unternehmen stammend zu kennzeichnen und diese von den Waren anderer Unternehmen zu unterscheiden. Zu berücksichtigen sind dabei vor allem der (in erster Linie durch Verkehrsbefragung zu ermittelnde) Anteil der beteiligten Verkehrskreise, der die Ware auf Grund der Marke als von einem bestimmten Unternehmen stammend erkennt, der von der Marke gehaltene Marktanteil, die Intensität, die geografische Verbreitung, die Dauer der Benutzung der Marke, der Werbeaufwand des Unternehmens für die Marke sowie Erklärungen von Industrie- und Handelskammern und von anderen Berufsverbänden (vgl. EuGH GRUR 1999, 723 Rn. 51 – Windsurfing Chiemsee; EuGH GRUR 2014, 776 Rn. 41 – Deutscher Sparkassen- und Giroverband/Banco Santander [Sparkassen-Rot]; BGH GRUR 2008, 710 Rn. 28 – VISAGE; BGH GRUR 2010, 138 Rn. 38 – ROCHER-Kugel; BGH GRUR 2015, 581 Rn. 29 – Langenscheidt-Gelb; BGH GRUR 2015, 1012 Rn. 23 ff. – NIVEA-Blau; BGH GRUR 2016, 1167 Rn. 31 – Sparkassen-Rot).

Auch wenn die jüngere Rechtsprechung regelmäßig betont, dass der Nachweis der Verkehrsdurchsetzung auch ohne eine (oft kostenintensive) Verkehrsbefragung erbracht werden kann (zB BGH GRUR 2014, 483 Rn. 32 – test), verlangt das DPMA nach wie vor in den meisten Fällen ein demoskopisches Gutachten als verlässlichen Nachweis, insbesondere wenn es um Waren geht, die sich (zumindest auch) an Endverbraucher richten (→ Anm. 9–13; Verkehrsdurchsetzung ohne Gutachten aber zB bejaht in BPatG Beschl. v. 7.12.2010 – 33 W (pat) 123/08, BeckRS 2011, 00637 – Oppenheim; BPatG Beschl. v. 27.11.2012 – 29 W (pat) 524/11, BeckRS 2012, 25479 – LandLust).

Die Verkehrsdurchsetzung ist für die angemeldeten Waren/Dienstleistungen nachzuweisen. Es reicht insbesondere nicht aus, dass die Verkehrsdurchsetzung nur für einen Teil der Waren oder Dienstleistungen, die unter einen angemeldeten Oberbegriff fallen, nachgewiesen wird. Vielmehr ist grundsätzlich die Durchsetzung für alle Waren- und Dienstleistungsgruppen nachzuweisen, die der Oberbegriff umfasst (vgl. BGH GRUR 2011, 65 Rn. 26 – Buchstabe T mit Strich; BGH GRUR 2015, 1012 Rn. 45 – Nivea Blau). Ebenso genügt es grundsätzlich nicht, wenn der Nachweis für nur ähnliche Waren erbracht wird (BGH GRUR 2001, 1042 f. – REICH UND SCHOEN), wobei allerdings bei einem besonders engen sachlichen und wirtschaftlichen Zusammenhang, zB zwischen der Ware „Druckereierzeugnisse, nämlich Testmagazine" und der Dienstleistung „Herausgabe von Testzeitschriften", der für die Ware erfolgte Nachweis auch für die Dienstleistung als erbracht angesehen werden kann (BGH GRUR 2014, 483 Rn. 47 – test). Die fehlende Durchsetzung für einzelne Untergruppen kann ggf. eine Beschränkung des Waren-/Dienstleistungsverzeichnisses erforderlich machen (→ Form. B.1 Anm. 16). Alternativ kann die Anmeldung auch nach § 40 MarkenG geteilt werden, so dass die Marke für die nicht beanstandeten

Waren und Dienstleistungen eingetragen werden kann, was in der Praxis aber eher selten geschieht (dazu Ziffer IV.5.19 der Richtlinie für die Prüfung von Markenanmeldungen, Formular W 7735/12.14, abrufbar unter www.dpma.de/marke/formulare/).

Da eine eingetragene Marke im gesamten Bundesgebiet Schutz genießt, muss die Verkehrsdurchsetzung für das gesamte Inland festgestellt werden, während eine bloß regionale Verkehrsdurchsetzung nicht genügt (vgl. EuGH GRUR 2007, 234 Rn. 22 f. – EUROPOLIS; BGH GRUR 1988, 211 (212) – Wie hammas denn; BPatGE 24, 64 – Pfeffer & Salz; Ströbele/Hacker/*Ströbele* MarkenG § 8 Rn. 650). Dabei muss die Verkehrsdurchsetzung allerdings nicht gleichmäßig in allen Regionen erreicht werden, vielmehr genügt es, dass im Bundesdurchschnitt der erforderliche Durchsetzungsgrad erreicht ist (vgl. BGH GRUR 2004, 331 (332) – Westie-Kopf).

Auch für Unionsmarken gilt, dass die durch Benutzung erlangte Unterscheidungskraft iSd Art. 7 Abs. 3 UMV zur Überwindung absoluter Schutzhindernis für all jene Teile der EU, in denen das Schutzhindernis besteht, dh bei EU-weit nicht unterscheidungskräftigen Zeichen grundsätzlich für die gesamte EU, nachzuweisen ist (vgl. EuGH GRUR 2012, 925 Rn. 60, 62 – Lindt-Schokoladenhase; EuG GRUR-RS 2016, 80388 Rn. 78 – Coca-Cola-Konturflasche; etwas anderes gilt für den Nachweis der Bekanntheit der Unionsmarke iSd Art. 8 Abs. 5, Art. 9 Abs. 2 Buchst. c UMV, der nach der „PAGO"-Rechtsprechung des EuGH uU bereits als erbracht anzusehen ist, wenn die Bekanntheit in einzelnen EU-Staaten nachgewiesen ist, vgl. EuGH GRUR 2009, 1158 – PAGO International; EuGH GRUR 2015, 1002 Rn. 26 ff. – Iron & Smith/Unilever; vgl. dazu auch *Kochendörfer* GRUR 2016, 778 (780)).

5. Eine Verkehrsdurchsetzung setzt eine vorangegangene **Benutzung** des Zeichens für die angemeldeten Waren/Dienstleistungen „als Marke", also zur Identifizierung der Ware/Dienstleistung als von einem bestimmten Unternehmen stammend, voraus (EuGH GRUR 2005, 763 Rn. 26 – Nestlé/Mars; BGH GRUR 2008, 710 Rn. 23 - VISAGE; BGH 2014, 483 Rn. 29 – test; BGH GRUR 2015, 1012 Rn. 23 – NIVEA-Blau; BGH GRUR 2016, 1167 Rn. 31 – Sparkassen-Rot). Grundsätzlich muss die Marke in der Form benutzt worden sein, in der sie angemeldet wird. Wurde die angemeldete Marke nicht allein, sondern in Kombination mit anderen Marken oder Bestandteilen benutzt, schließt dies eine Verkehrsdurchsetzung zwar nicht aus. In diesem Fall muss aber (zB durch Verkehrsbefragung) sorgfältig nachgewiesen werden, dass der angesprochene Verkehr die angemeldete Marke auch bei isolierter Benutzung als betrieblichen Herkunftshinweis versteht (EuGH GRUR 2005, 763 Rn. 27, 30 – Nestlé/Mars; BGH GRUR 2008, 710 Rn. 38 – VISAGE; BGH GRUR 2009, 954 Rn. 19, 22 – Kinder III). Dies kann insbesondere bei abstrakten Farbmarken oder Warenformmarken problematisch sein, weil festzustellen ist, dass der Verkehr in dem benutzten Zeichen (zB einer Farbe oder einer Form) eben nicht nur die Warengestaltung, sondern ein selbständiges Kennzeichen sieht (EuGH GRUR 2015, 1198 Rn. 42 ff. – Nestlé/Cadbury [Kit Kat]; BGH GRUR 2016, 1167 Rn. 32, 38 – Sparkassen-Rot). Benutzungsformen oder Werbekampagnen, die einen wechselseitigen Bezug zwischen Zeichen und Ware einerseits und Zeichen und Anmelder andererseits hervorheben, können förderlich sein (vgl. BPatG GRUR 2008, 428 (430) – Farbmarke Rot). Dass der Verkehr eine Warenform als Herkunftshinweis wahrnimmt, kann sich aus einem durch Verkehrsbefragung festzustellenden hohen Zuordnungsgrad ergeben (BGH GRUR 2010, 138 Rn. 34 – ROCHER-Kugel). Bei Farbmarken ist ein weit überwiegend einheitlicher Gebrauch der Farbe bei hohem Marktanteil ein wesentliches Indiz für eine Benutzung als Marke (BGH GRUR 2016, 1167 Rn. 28 – Sparkassen-Rot). Eine bestimmte Mindestdauer der Benutzung ist für die Verkehrsdurchsetzung nicht erforderlich. Theoretisch kann bei entsprechend großem Werbeaufwand oder hoher Medienpräsenz die Verkehrsdurchsetzung schon kurz nach der Markteinführung eines neuen Produktes gegeben sein (vgl. BGH GRUR 2006, 679 Rn. 24 – Porsche Boxster). Eine länger anhaltende Benutzung in nennenswertem Umfang und eine geographisch weite Verbreitung können allerdings zusätzliche Indizien für eine Verkehrsdurchsetzung sein.

6. Bestimmte Mindestumsätze sind nicht erforderlich. Signifikante Umsätze oder Verkaufszahlen sind aber ein Indiz für die Verkehrsdurchsetzung. Damit ihnen Aussagekraft zukommt, sollten sie zu den unter anderen Marken desselben Produktsegmentes generierten Umsätzen ins Verhältnis gesetzt werden. Insbesondere können die von der Marke gehaltenen **Marktanteile** bedeutend sein (EuGH GRUR 2006, 1022 Rn. 76, 79 – Wicklerform; BPatG GRUR 2007, 593 (595 f.) – Ristorante: 25 % Marktanteil, 20-jährige Benutzung und hohe Umsatzzahlen reichen aus). In diesem Zusammenhang ist allerdings zu berücksichtigen, dass ein völlig einzigartiges Produkt, das einen Marktanteil von 100 % in einer bestimmten Marktnische aufweist, vom Verkehr nicht selten gattungsmäßig mit dem Kennzeichen bezeichnet wird, dh das Kennzeichen des Marktpioniers wird als Bezeichnung der neuen Gattung missverstanden. Ist eine solche gattungsmäßige Alleinstellung auf dem Markt festzustellen, ist besonders sorgfältig zu prüfen, ob der Verkehr die Bezeichnung wirklich als betrieblichen Herkunftshinweis versteht und er nicht den eigentlich gattungsmäßig verstandenen Begriff nur wegen der Monopolstellung mit dem Anmelder in Verbindung bringt (vgl. BGH GRUR 2006, 760 Rn. 18 – LOTTO; BGH GRUR 2009, 669 Rn. 21 – POST II).

7. Werbeaufwendungen können ein wichtiges Indiz für die Verkehrsdurchsetzung sein, jedenfalls wenn sie erheblich und über eine längere Zeitdauer kontinuierlich erfolgt sind. Welche Werbeaufwendungen als erheblich anzusehen sind, ist je nach Branche unterschiedlich zu beurteilen. Deshalb kann es von Bedeutung sein, welchen Anteil an den Gesamtwerbeausgaben auf dem fraglichen Produktmarkt die Werbeausgaben für diese Marke ausmachen (EuGH GRUR 2006, 1022 Rn. 77, 79 – Wicklerform). Bei Produkten, die sich an die Allgemeinheit richten, kann nach wie vor insbesondere Fernsehwerbung größeren Umfangs ein Indiz für Verkehrsdurchsetzung sein. Sinnvoll ist die Vorlage von Mustern der Werbung, vor allem solchen, die die hervorgehobene Verwendung der angemeldeten Marke zeigen. Dabei sind Angaben zum Zeitraum der Verwendung bzw. des Erscheinens der Werbung, aber auch Angaben über Auflagenhöhe, Verbreitung oder Reichweite der Werbemedien wichtig.

8. Das **Presseecho** kann ein Indiz für Verkehrsdurchsetzung der Marke sein, vor allem wenn es sich nicht nur in Branchen- oder Special-Interest-Titeln findet (vgl. zB BPatG Beschl. v. 7.12.2010 – 33 W (pat) 123/08, BeckRS 2011, 00637 – Oppenheim). Wird in der allgemeinen Presse die Marke als Hinweis auf die Produkte des Anmelders benutzt, spricht dies für hinreichende Unterscheidungskraft (§ 8 Abs. 2 Nr. 1 MarkenG), da man sonst erwarten könnte, dass neben der gattungsbeschreibenden Angabe ein unterscheidender Hinweis auf den Herkunftsbetrieb erfolgt („Das ULTRABIKE von . . . . . .").

9. Die Feststellung der Verkehrsdurchsetzung soll aufgrund einer Gesamtwürdigung aller maßgeblichen Gesichtspunkte erfolgen (→ Anm. 4), so dass eine Verkehrsbefragung nach den Vorgaben des EuGH nicht immer erforderlich ist. Richten sich die angemeldeten Waren/Dienstleistungen (zumindest auch) an Endverbraucher, verlangt das DPMA aber regelmäßig ein **demoskopisches Gutachten** durch ein anerkanntes Meinungsforschungsinstitut. Gleiches gilt insbesondere in Fällen, in denen das Zeichen, für das Verkehrsdurchsetzung geltend gemacht wird, neben anderen Marken oder als Teil einer komplexen Marke benutzt worden ist (BGH GRUR 2010, 138 Rn. 38 f. – ROCHER-Kugel; BGH GRUR 2014, 483 Rn. 32 – test; BGH GRUR 2016, 1167 Rn. 32 – Sparkassen-Rot). Ein solches demoskopisches Gutachten muss nicht gleichzeitig mit der Berufung auf Verkehrsdurchsetzung vorgelegt werden. Vielmehr wird das DPMA den Anmelder zur Durchführung einer Verkehrsbefragung auf seine Kosten auffordern, wenn nach dem Vortrag und den vorgelegten Unterlagen eine Verkehrsdurchsetzung möglich erscheint. Je nach Gestaltung des Einzelfalles ist dabei mit Kosten von etwa 20.000 bis 50.000 EUR zu rechnen. Abgesehen von einer (je nach Einzelfall ggf. erforderlichen) Frage nach der Zugehörigkeit zum maßgeblichen Verkehrskreis (→ Anm. 11) enthält der Fragenkatalog in seinem Kern in der Regel die Frage nach der Bekanntheit der Marke (zB „Haben Sie die Bezeichnung ULTRABIKE im Zusammenhang mit Fahrrädern schon einmal gehört/gesehen/gelesen?"), die Frage nach dem Durchsetzungsgrad (zB „Ist die Bezeichnung ULTRABIKE Ihrer Meinung nach im Zusammenhang mit Fahrrädern ein Hinweis auf ein ganz bestimmtes Unternehmen, mehrere Unternehmen, gar kein Hinweis auf irgendein Unternehmen oder können Sie nichts dazu sagen?") sowie die Frage nach der Zuordnung (zB „Wissen Sie, wie dieses Unternehmen heißt/diese Unternehmen heißen?"). Es ist empfehlenswert, die konkrete Formulierung des Fragenkatalogs, zu der ggf. auch die Definition des Verkehrskreises gehört, und den Umfang der Verkehrsbefragung vorher mit dem Prüfer abzustimmen, um die Verwertbarkeit des Gutachtens sicherzustellen und unnötige Kosten zu vermeiden (s. auch Ziff. 5.17 der Richtlinie für die Prüfung von Markenanmeldungen, Formular W 7735/12.14, abrufbar unter www.dpma.de/marke/formulare/). Eine Stichprobe bei 1000 Befragten ist für ein Verkehrsgutachten idR ausreichend (BGH GRUR 2014, 483 Rn. 38 – test).

10. In der Rechtsprechung und Literatur wird die Terminologie von „Durchsetzungsgrad", Bekanntheitsgrad", „Kennzeichnungsgrad" und „Zuordnungsgrad" nicht immer einheitlich verwendet (vgl. *Hacker* Markenrecht, Rn. 179; *Niedermann* GRUR 2006, 267 (268)). Verkehrsdurchsetzung mit entsprechendem „Durchsetzungsgrad" ist mehr als bloße Bekanntheit, da (darüber hinausgehend) auch noch nachgewiesen werden muss, dass das Zeichen als betrieblicher Herkunftshinweis (und nicht etwa nur als Gattungsangabe oder dekoratives Gestaltungsmittel) verstanden wird. Der „Bekanntheitsgrad" wird bestimmt aus der Zahl der befragten Personen, welche erklären, die Bezeichnung im Zusammenhang mit den beanspruchten und benutzten Waren und Dienstleistungen zu kennen, ohne zwingend darin einen Herkunftshinweis auf ein Unternehmen zu sehen. In der Regel ist der Bekanntheitsgrad deshalb höher als der Durchsetzungsgrad. Der „Kennzeichnungsgrad" wird durch die Frage ermittelt, ob die Personen, welche das Zeichen kennen, darin einen Hinweis auf ein bestimmtes oder mehrere bestimmte Unternehmen sehen. Da die Verkehrsdurchsetzung gerade für die Markenanmelderin nachgewiesen werden muss, ist darüber hinaus aber sicherzustellen, dass das Zeichen nicht einem anderen Unternehmen zugeordnet wird. Daher wird nach Ermittlung des „Kennzeichnungsgrads" der „Zuordnungsgrad" mit der unverzichtbaren Kontrollfrage (BPatG Beschl. v. 19.7.2006 – 32 W (pat) 217/04, BeckRS 2007, 10482 Rn. 22 – SCHÜLERHILFE) ermittelt, dass die befragten Personen, die erklärt haben, das Zeichen als Hinweis auf ein oder mehrere bestimmte Unternehmen zu verstehen, anschließend gefragt werden, ob sie den Namen des/der Unternehmen kennen. Dabei ist es nicht erforderlich, dass die Befragten den Namen des Anmelders kennen. Wird der Anmelder gar nicht identifiziert oder lautet die Antwort „nein, kenne ich nicht", ist dies unschädlich. Werden mehrere Unternehmen benannt, kann dies dem Anmelder dann zugerechnet werden, wenn es sich um wirtschaftlich verbundene Unternehmen oder Lizenznehmer handelt. Schädlich sind allerdings Falschzuordnungen dergestalt, dass nicht der Anmelder oder ihm zurechenbare Unternehmen, sondern ein anderes Unternehmen, zB eines Konkurrenten, namentlich genannt wird. Dieser Anteil der beteiligten Verkehrskreise, der in der Marke einen Hinweis auf ein falsches Unternehmen sieht, ist über den Zuordnungsgrad in Abzug zu bringen. Bereinigt um etwaige Fehlertoleranzen, die in der Praxis des DPMA und der Rechtsprechung des BPatG früher regelmäßig in Ansatz gebracht wurden (vgl. zB BPatG GRUR 2009, 170 (173) – Farbmarke Rapsgelb: auf der Basis einer Zuordnung von 57,9 % wurde entsprechend der Fehlertoleranztabelle eine Fehlertoleranz von 5,7 % berücksichtigt), ergibt sich aus dem „Zuordnungsgrad" der letztlich für die Verkehrsdurchsetzung maßgebliche „Durchsetzungsgrad". Seit allerdings der BGH klargestellt hat, dass Fehlertoleranzen

2. Antrag auf Eintragung einer Marke aufgrund von Verkehrsdurchsetzung   B. 2

grundsätzlich nicht zu berücksichtigen sind, wenn der Befragung eine ausreichend große Stichprobe von mindestens 1000 Befragten zu Grunde liegt (BGH GRUR 2014, 483 Rn. 38 f. – test), entspricht der „Zuordnungsgrad" häufig dem maßgeblichen „Durchsetzungsgrad" (zu den Einzelheiten zulässiger und unzulässiger Fragestellungen bei der Durchführung von Verkehrsbefragungen, s. BGH GRUR 2016, 1167 Rn. 35 ff. – Sparkassen-Rot).

11. Welches die „**beteiligten Verkehrskreise**" sind, in denen die Verkehrsdurchsetzung nachzuweisen ist, hängt von den angemeldeten Waren/Dienstleistungen ab. Zu berücksichtigen sind nicht nur aktuelle Nutzer oder Käufer der fraglichen Waren/Dienstleistungen, sondern alle Verkehrskreise, in denen die Marke Verwendung finden oder Auswirkungen haben kann (BGH GRUR 2006, 760 Rn. 22 – LOTTO). Der engere Verkehrskreis der Radfahrer ist im Musterfall somit streng genommen nicht entscheidend, weil die Zielgruppe von Fahrrädern wesentlich weiter ist. Bei Waren/Dienstleistungen des Massenkonsums zählt grundsätzlich die Gesamtbevölkerung zu den angesprochenen Verkehrskreisen (BGH GRUR 2009, 954 Rn. 26 – Kinder III). Lediglich diejenigen Teile der Bevölkerung, welche die beanspruchten Waren/Dienstleistungen für sich „kategorisch ablehnen" (zB bei Alkoholika, Tabakwaren oder Glücksspielen), können außer Betracht bleiben (BGH GRUR 2006, 760 Rn. 22 – LOTTO). Offengelassen hat der BGH bisher, ob darüber hinaus auch Personen ausgenommen werden können, die „keinen Bezug" zu den fraglichen Waren haben (BGH GRUR 2009, 954 Rn. 26 – Kinder III; BGH GRUR 2010, 138 Rn. 46 – ROCHER-Kugel). Dabei sind für die Bestimmung der angesprochenen Verkehrskreise nur die objektiven Merkmale der angemeldeten Waren/Dienstleistungen zu berücksichtigen, während individuelle und jederzeit veränderbare Vermarktungsstrategien oder Werbekonzeptionen des Anmelders wie zB die Vermarktung an bestimmte Kundenkreise ohne Einfluss sind (BGH GRUR 2008, 710 Rn. 32 – VISAGE).

12. Welche **Prozentsätze** für die Bejahung der Verkehrsdurchsetzung ausreichend sind, kann nicht allgemein entschieden werden, sondern ist Frage des Einzelfalls. Der EuGH vermeidet seit jeher die Angabe von Prozentzahlen (EuGH GRUR 1999, 723 (727) – Chiemsee). Von den deutschen Gerichten werden als Untergrenze für den Durchsetzungsgrad regelmäßig 50 % der beteiligten Verkehrskreise angesetzt (BGH GRUR 2008, 710 Rn. 26 – VISAGE; BGH GRUR 2009, 954 Rn. 24 – Kinder III; BGH GRUR 2010, 138 Rn. 41 – ROCHER-Kugel; BGH GRUR 2014, 483 Rn. 34 – test; BGH GRUR 2016, 1167 Rn. 92 – Sparkassen-Rot). Ausnahmsweise kann auch ein etwas darunter liegender Durchsetzungsgrad genügen, sofern besondere Umstände eine abweichende Beurteilung rechtfertigen (vgl. BPatG GRUR 2007, 593 (595) – Ristorante; BGH GRUR 2014, 483 Rn. 34 – test). Soweit die deutsche Rechtsprechung für Begriffe, die die Ware/Dienstleistung *glatt* beschreiben, und abstrakte Farbmarken bislang Durchsetzungsgrade von weit über 50 %, zT sogar eine „nahezu einhellige" Verkehrsdurchsetzung verlangt hatte (zB 85 % für „Post", BPatG GRUR 2007, 714 (717 f.) – POST; 75 % für abstrakte Farbmarke „blau", BPatG GRUR 2014, 185 – Farbmarke Blau), geht die Tendenz mit dem EuGH in jüngerer Zeit dahin, auch bei von Haus aus schutzunfähigen Zeichen im Regelfall keinen weit oberhalb von 50 % liegenden Durchsetzungsgrad zu fordern. Dies schließt gleichwohl nicht aus, dass bei glatt beschreibenden Angaben, Gattungsbegriffen oder häufig verwendeten Farbtönen im Einzelfall auch weiterhin ein deutlich höherer Durchsetzungsgrad verlangt werden kann (vgl. EuGH GRUR 2014, 776 Rn. 33 ff. – Oberbank ua/DSGV [Sparkassen-Rot]; BGH GRUR 2015, 581 Ls. 3 – Langenscheidt-Gelb; BGH GRUR 2015, 1012 Rn. 32 – Nivea-Blau; BGH GRUR 2016, 197 Rn. 21 – Bounty; BGH GRUR 2016, 1167 Rn. 92 – Sparkassen-Rot; Ströbele/Hacker MarkenG § 8 Rn. 630 ff.).

13. Die Verkehrsdurchsetzung muss in allen **Verkehrskreisen** erreicht sein, in denen die Marke Verwendung finden oder Auswirkungen zeitigen kann (→ Anm. 11). Hierzu gehören auch Fachkreise wie zB Händler und bestimmte Berufsgruppen. Die Verkehrsdurchsetzung in Fachkreisen kann zB durch eine demoskopische Befragung in dieser Gruppe oder durch eine vom DIHK durchgeführte Befragung der Industrie- und Handelskammern, die vom DPMA gegen eine Auslagenpauschale von 3.000 EUR vermittelt wird, nachgewiesen werden. Von entscheidender Bedeutung ist der Durchsetzungsgrad in den Fachkreisen, wenn es sich um Waren/Dienstleistungen handelt, die ausschließlich von Fachkreisen verwendet werden, wie zB bei medizinischen Geräten, die nur von Ärzten oder Krankenhäusern erworben und benutzt werden. Demgegenüber genügt es nicht, dass der Anmelder seinerseits nur an Industrieunternehmen verkauft, diese aber die Ware ihrerseits an Endverbraucher weiterveräußern. Werden von den angemeldeten Waren/Dienstleistungen in erster Linie Endabnehmer angesprochen, ist der Nachweis der Verkehrsdurchsetzung in Fachkreisen allein nicht ausreichend (BGH GRUR 2008, 710 Rn. 35 – VISAGE). Der Beweiswert der amtlichen Ermittlungen bei den Industrie- und Handelskammern ist im Vergleich zu demoskopischen Gutachten jedoch schwächer. Zum einen sind die Rücklaufquoten mangels Beantwortungspflicht oftmals sehr gering und zum anderen sind Mitbewerber der Anmelder möglicherweise nicht neutral in ihrem Antwortverhalten (BPatG Beschl. v. 17.1.2005 – 30 W (pat) 16/04, BeckRS 2009, 2136 – B-3 alloy).

14. Soweit die Verkehrsdurchsetzung festgestellt wird, wird die Marke mit der Anmerkung „verkehrsdurchgesetzte Marke" im Register eingetragen. Damit der Anmeldetag als **Prioritätstag** gilt, muss die Verkehrsdurchsetzung für den Zeitpunkt der Anmeldung festgestellt worden sein. Dabei ist es denkbar, dass eine in der Gegenwart festgestellte, sehr hohe Verkehrsdurchsetzung die Vermutung rechtfertigt, dass schon zu einem früheren Zeitpunkt der erforderliche Durchsetzungsgrad erreicht war. Es ist auch nicht von vornherein ausgeschlossen, dass ein Nachweis für die Vergangenheit geführt wird. In der Praxis ist die Feststellung einer in der Vergangenheit liegenden Verkehrsauffassung allerdings kaum zuverlässig möglich (vgl. BGH GRUR 2013, 1145 (1149) – TOTO; BGH GRUR 2014, 565 Rn. 26 – smartbook; BGH GRUR 2016, 1167 Rn. 32 ff. – Sparkassen-Rot). Wird die Verkehrsdurchsetzung erst für einen nach der Anmeldung liegenden Zeitpunkt nachgewiesen, so verschiebt sich der Prioritätszeitpunkt der Marke auf den Zeitpunkt des Nachweises. Die Eintragung mit verschobenem Prioritätstag setzt das Einverständnis des Anmelders voraus, § 37 Abs. 2 MarkenG und § 18 MarkenV. Diese Möglichkeit der Prioritätsverschiebung, die das deutsche Recht eröffnet, gibt es zB bei Unionsmarkenanmeldungen nicht. Für diese muss eine Verkehrsdurchsetzung am Anmeldetag durch eine vorherige Benutzung erworben worden sein (vgl. EuGH GRUR Int. 2009, 917 Rn. 42 ff. – Imagination Technologies). Jedoch ist es nach der Rechtsprechung anerkannt, dass sich auch aus Beweismitteln, die erst nach dem Anmeldetag der Unionsmarke datiert sind, Rückschlüsse auf das Vorliegen der erlangten Unterscheidungskraft nach Art. 7 Abs. 3 UMV im maßgeblichen Zeitpunkt des Anmeldetages ziehen lassen (EuGH Beschl. v. 5.10.2004 – C-192/03, BeckRS 2005, 70092 Rn. 41 – BSS).

Kosten und Gebühren

15. Die Anmeldegebühren sind unabhängig davon, ob die Eintragung aufgrund von Verkehrsdurchsetzung erfolgen soll. Zur Gebührenhöhe → Form. B.1 Anm. 22.

Fristen und Rechtsmittel

16. Die Rechtsmittel gegen einen Beschluss des DPMA sind unabhängig davon, ob die Eintragung aufgrund von Verkehrsdurchsetzung erfolgen soll. Zu Fristen und Rechtsmitteln → Form. B.1 Anm. 23.

3. Widerspruch gegen die Eintragung einer deutschen Marke

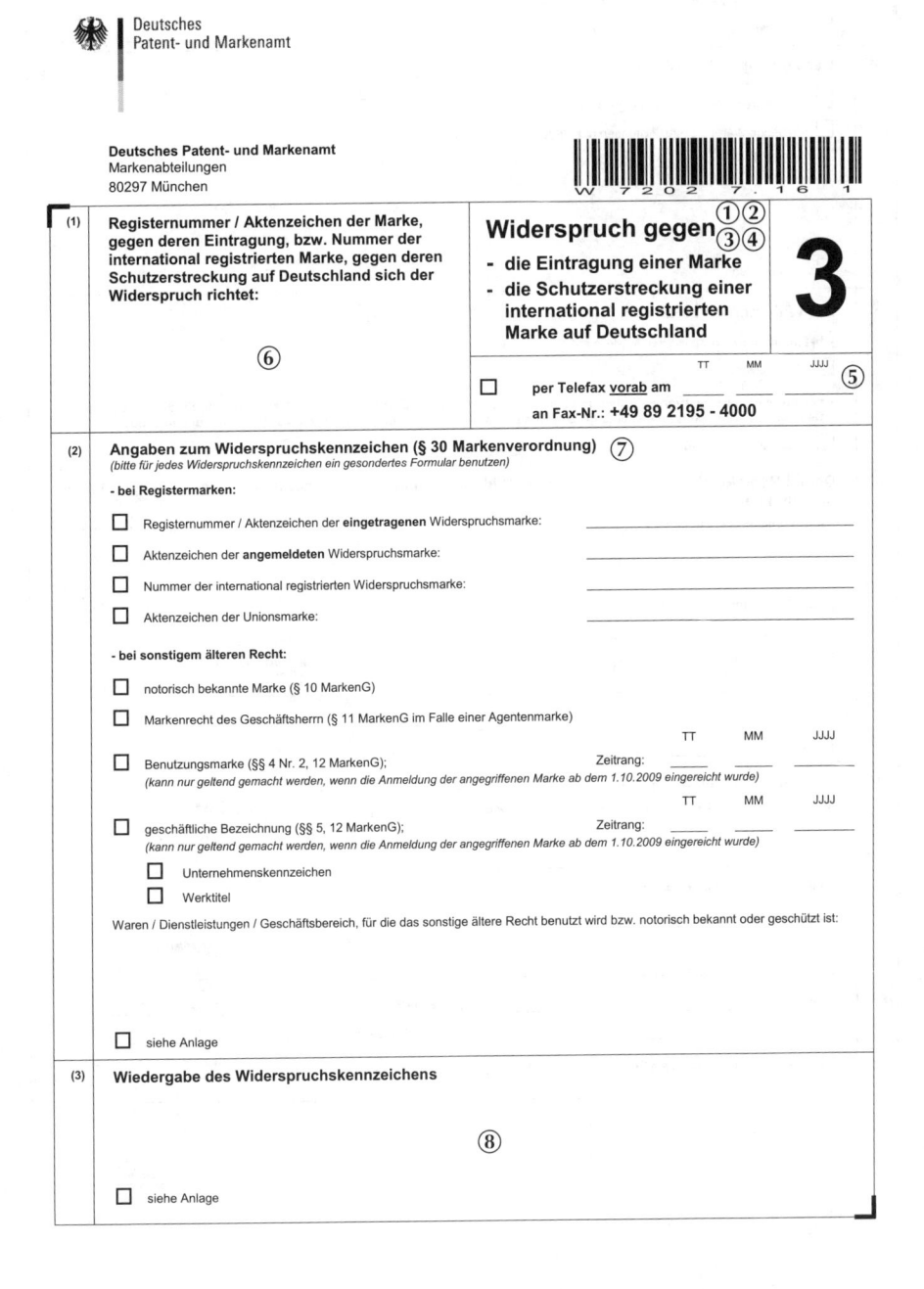

Deutsches Patent- und Markenamt

Deutsches Patent- und Markenamt
Markenabteilungen
80297 München

(1) Registernummer / Aktenzeichen der Marke, gegen deren Eintragung, bzw. Nummer der international registrierten Marke, gegen deren Schutzerstreckung auf Deutschland sich der Widerspruch richtet: ⑥	**Widerspruch gegen** ①② ③④ - die Eintragung einer Marke - die Schutzerstreckung einer international registrierten Marke auf Deutschland **3** TT MM JJJJ ☐ per Telefax <u>vorab</u> am ___ ___ ___ ⑤ an Fax-Nr.: +49 89 2195 - 4000

(2) Angaben zum Widerspruchskennzeichen (§ 30 Markenverordnung) ⑦
(bitte für jedes Widerspruchskennzeichen ein gesondertes Formular benutzen)

- bei Registermarken:

☐ Registernummer / Aktenzeichen der **eingetragenen** Widerspruchsmarke: _____

☐ Aktenzeichen der **angemeldeten** Widerspruchsmarke: _____

☐ Nummer der international registrierten Widerspruchsmarke: _____

☐ Aktenzeichen der Unionsmarke: _____

- bei sonstigem älteren Recht:

☐ notorisch bekannte Marke (§ 10 MarkenG)

☐ Markenrecht des Geschäftsherrn (§ 11 MarkenG im Falle einer Agentenmarke)

☐ Benutzungsmarke (§§ 4 Nr. 2, 12 MarkenG); Zeitrang: TT ___ MM ___ JJJJ ___
(kann nur geltend gemacht werden, wenn die Anmeldung der angegriffenen Marke ab dem 1.10.2009 eingereicht wurde)

☐ geschäftliche Bezeichnung (§§ 5, 12 MarkenG); Zeitrang: TT ___ MM ___ JJJJ ___
(kann nur geltend gemacht werden, wenn die Anmeldung der angegriffenen Marke ab dem 1.10.2009 eingereicht wurde)
    ☐ Unternehmenskennzeichen
    ☐ Werktitel

Waren / Dienstleistungen / Geschäftsbereich, für die das sonstige ältere Recht benutzt wird bzw. notorisch bekannt oder geschützt ist:

☐ siehe Anlage

(3) Wiedergabe des Widerspruchskennzeichens

⑧

☐ siehe Anlage

(4)	**Angabe der Zeichenform des Widerspruchskennzeichens**	
	☐ Wortmarke / -zeichen ⑨	
	☐ Bildmarke / -zeichen (Wort- / Bildmarke / -zeichen)	
	☐ Sonstige Zeichenform *(bitte angeben)* _____	
(5)	**Der Widerspruch wird auf** ⑩	
	☐ alle Waren / Dienstleistungen gestützt.	
	☐ folgende Waren / Dienstleistungen des Widerspruchskennzeichens gestützt:	
	☐ siehe Anlage	
(6)	**Der Widerspruch stützt sich** ⑪	
	- bei international registrierten Marken auf den Länderteil:	
	☐ Deutschland ☐ EU	
	- bei international registrierten Widerspruchsmarken, die vor dem 3. Oktober 1990 mit Wirkung sowohl für die Bundesrepublik Deutschland als auch für die ehemalige Deutsche Demokratische Republik registriert worden sind, auf den Länderteil:	
	☐ Bundesrepublik Deutschland ☐ Ehemalige DDR	
(7)	**Der im Register eingetragene Inhaber der Widerspruchsmarke bzw. der Inhaber des sonstigen Widerspruchskennzeichens**	
	Name, Vorname oder Firma *(entsprechend registerrechtlicher Eintragung)* ⑫ ☐ Weitere Inhaber siehe Anlage	
	Straße, Hausnummer *(kein Postfach!)*	
	Postleitzahl Ort Land *(falls nicht Deutschland)*	
	Telefon-Nr.: _____ E-Mail: _____	
	Telefax-Nr.: _____ Geschäftszeichen: _____	
(8)	**Widersprechender** ist *(nur ausfüllen, wenn abweichend von Feld 7)*	
	Name, Vorname oder Firma *(entsprechend registerrechtlicher Eintragung)* ⑬	
	Straße, Hausnummer *(kein Postfach!)*	
	Postleitzahl Ort Land *(falls nicht Deutschland)*	
	Telefon-Nr.: _____ E-Mail: _____	
	Telefax-Nr.: _____ Geschäftszeichen: _____	
	Zeitpunkt, zu dem ein Antrag auf Eintragung des Rechtsübergangs gestellt wurde: _____	

3. Widerspruch gegen die Eintragung einer deutschen Marke   B. 3

(9) Vertreter des Widersprechenden   ⑭
Name, Vorname / Bezeichnung *(Rechts- oder Patentanwalt, Patentassessor)*

_____
_____

Straße, Hausnummer

_____

Postleitzahl   Ort   Land *(falls nicht Deutschland)*

Telefon-Nr.: _____ E-Mail: _____
Telefax-Nr.: _____ Geschäftszeichen: _____
ggf. Nr. der Allgemeinen Vollmacht: _____

(10) Der Widerspruch richtet sich gegen   ⑮

☐ alle Waren / Dienstleistungen
☐ folgende Waren / Dienstleistungen der angegriffenen Marke:

☐ siehe Anlage

(11) Inhaber der angegriffenen Marke, gegen deren Eintragung bzw. Schutzerstreckung sich der Widerspruch richtet

Name, Vorname oder Firma *(entsprechend registerrechtlicher Eintragung)*   ⑯

_____
_____

Straße, Hausnummer *(kein Postfach!)*

_____

Postleitzahl   Ort   Land *(falls nicht Deutschland)*

(12) Gebührenzahlung von _____ EUR   ⑱

❗ Für jedes Widerspruchskennzeichen ist eine Gebühr zu entrichten. Die Widerspruchsgebühr ist für jeden Antragsteller (Widerspruchsführer) gesondert zu zahlen.

Zahlung per Banküberweisung	Zahlung mittels SEPA-Basis-Lastschrift
☐ Überweisung **Zahlungsempfänger:** Bundeskasse Halle/DPMA IBAN: DE84 7000 0000 0070 0010 54 BIC (SWIFT-Code): MARKDEF1700 **Anschrift der Bank:** Bundesbankfiliale München Leopoldstr. 234, 80807 München	☐ Ein gültiges **SEPA-Basis-Lastschriftmandat** *(Vordruck A 9530)* mit der Mandatsreferenznummer *(bitte eintragen)*: ☐ liegt dem DPMA bereits vor *(Mandat für mehrmalige Zahlungen)* ☐ ist beigefügt ☐ Angaben zum **Verwendungszweck** *(Vordruck A 9532)* des Mandats mit der o. g. Mandatsreferenznummer sind beigefügt.

B. 3   B. Markenrecht

(13) **Anlagen**

☐ Unterlagen zur Darlegung / zum Nachweis des Bestehens und des Zeitrangs der Benutzungsmarke / der geschäftlichen Bezeichnung / des sonstigen älteren Rechts

☐ Wiedergabe des Widerspruchskennzeichens

☐ Verzeichnis der Waren / Dienstleistungen, auf die der Widerspruch gestützt wird

☐ Verzeichnis der Waren / Dienstleistungen, gegen die sich der Widerspruch richtet

☐ Vollmacht

☐ **Doppelstücke der Widerspruchsunterlagen** (§ 17 Abs. 2 DPMAV)

☐ SEPA-Basis-Lastschriftmandat *(Vordruck A 9530)*

☐ Angaben zum Verwendungszweck *(Vordruck A 9532)*

☐ _____

(14)

⑰ ⑲

_____   _____
      Datum   Unterschrift(en) ggf. Firmenstempel

3. Widerspruch gegen die Eintragung einer deutschen Marke   B. 3

DEUTSCHES PATENT- UND MARKENAMT

Markenabteilungen
80297 München

Telefon:	+49 89 2195-0
Telefax:	+49 89 2195-4000
Telefonische Auskünfte:	+49 89 2195-3402
Internet:	http://www.dpma.de
Zahlungsempfänger:	Bundeskasse Halle/DPMA
IBAN:	DE84 7000 0000 0070 0010 54
BIC (SWIFT-Code):	MARKDEF1700
Anschrift der Bank:	Bundesbankfiliale München Leopoldstr. 234, 80807 München

Dienststelle Jena
07738 Jena

Telefon: +49 3641 40-54
Telefax: +49 3641 40-5690
Telefonische Auskünfte: +49 3641 40-5555

Technisches Informationszentrum Berlin
10958 Berlin

Telefon: +49 30 25992-0
Telefax: +49 30 25992-404
Telefonische Auskünfte: +49 30 25992-220

Kostenhinweise

Bei Widerspruch gegen die Eintragung einer Marke sind gemäß §§ 2 Abs. 1, 3 Abs. 1 Patentkostengesetz folgende Gebühren zu entrichten:

Gebühr für das Widerspruchsverfahren

(Gebührennummer 331 600) ....120,-- €

Je geltend gemachtem Widerspruchskennzeichen liegt ein eigener Widerspruch vor, für den dann jeweils eine eigene Gebühr zu entrichten ist. Die Widerspruchsgebühr ist für jeden Antragsteller (Widerspruchsführer) gesondert zu zahlen. Die Zahlung muss innerhalb einer Frist von drei Monaten nach dem Tag der Veröffentlichung der Eintragung der Marke erfolgen. Wird die Gebühr nicht oder nicht vollständig gezahlt, so gilt der Widerspruch als nicht erhoben.

Bei der Zahlung geben Sie bitte an:

- den **Verwendungszweck** und Gebührennummer
- die **Registernummer** der Marke, gegen die sich der Widerspruch richtet.

Erläuterung zu Feld (12)

Wenn Sie dem DPMA bereits **ein SEPA-Basis-Lastschriftmandat** für mehrmalige Zahlungen erteilt haben, geben Sie bitte die Mandatsreferenznummer in Feld 12 an und füllen Sie den Vordruck A 9532 (Angaben zum Verwendungszweck) aus.

Haben Sie dem DPMA **noch kein SEPA-Basis-Lastschriftmandat** erteilt, können Sie ein SEPA-Basis-Lastschriftmandat (als Einzel- oder Mehrfachmandat) erteilen, indem Sie den Vordruck A 9530 ausfüllen und das ausgefüllte Original an das DPMA übersenden. Ergänzend muss auch der Vordruck A 9532 (Angaben zum Verwendungszweck) ausgefüllt werden. Das SEPA-Mandat muss dem DPMA immer im Original vorliegen. Bei einer Übermittlung per Fax muss das SEPA-Mandat im Original innerhalb eines Monats nachgereicht werden, damit der Zahlungstag gewahrt bleibt. Geht das Original des SEPA-Mandats nicht innerhalb der Monatsfrist ein, so gilt der Tag des Eingangs des Originals als Zahlungstag.

Weitere Einzelheiten zur **Zahlung mittels SEPA-Basis-Lastschriftverfahren** können Sie dem „Merkblatt über die Nutzung der Verfahren der SEPA-Zahlungsinstrumente" entnehmen.

Schrifttum: vgl. die Hinweise → Form. B.1.

Anmerkungen

1. Da das DPMA im Eintragungsverfahren nur absolute Schutzhindernisse prüft (→ Form. B.1 Anm. 12), ist es Sache der Inhaber älterer Kennzeichen, gegen die Eintragung von Zeichen vorzugehen, die mit ihren älteren Kennzeichen kollidieren. Viele Markeninhaber lassen ihre Marken deshalb von professionellen Monitoring-Dienstleistern überwachen und werden unmittelbar informiert, wenn eine ähnliche Marke eines Dritten veröffentlicht wird.

Das MarkenG sieht zwei Verfahren vor, um aus älteren Kennzeichenrechten gegen jüngere eingetragene Marken vorzugehen, nämlich das in §§ 42, 43 MarkenG geregelte Widerspruchsverfahren beim DPMA und das Löschungsverfahren vor den ordentlichen Gerichten (§§ 55, 51 MarkenG → Form. B.9 Anm. 1). Einen gesetzlichen Vorrang eines Verfahrens gibt es nicht. Grundsätzlich kann der Inhaber des älteren Rechts auch parallel beide Rechtsbehelfe ergreifen, wobei das Widerspruchsverfahren auf Antrag ausgesetzt werden kann. Eine abweisende Entscheidung in einem der beiden Verfahren hat für das jeweils andere Verfahren keine Bindungswirkung. Ist das Widerspruchsverfahren rechtskräftig zugunsten des Anmelders abgeschlossen, kann der Widersprechende trotzdem jederzeit wegen derselben Kollision Löschungsklage erheben (stRspr, vgl. BGH GRUR 1967, 94 (95) – Stute; *Ingerl/Rohnke* MarkenG § 43 Rn. 56). Für das Widerspruchsverfahren spricht vor allem das wesentlich geringere Kostenrisiko (→ Anm. 18). Für die Löschungsklage spricht dagegen die Möglichkeit, damit gleichzeitig eine Unterlassungsklage zu verbinden (→ Form. B.13). Darüber hinaus ist die Löschungsklage – im Gegensatz zum Widerspruch – nicht fristgebunden und kann ggf. auch auf die sonstigen älteren Rechte iSv § 13 MarkenG (insbesondere Namensrechte, das Recht an der eigenen Abbildung, Urheberrechte, Sortenbezeichnungen, geographische Herkunftsangaben, sonstige gewerbliche Schutzrechte) gestützt werden.

Das **Widerspruchsverfahren** ist ein Verwaltungsverfahren vor dem DPMA, das den Instanzenzug in der Regel über die Beschwerde zum BPatG (§§ 66 ff. MarkenG; → Form. B.5; uU vorab optional Erinnerung, § 64 MarkenG (→ Anm. 19) und gegebenenfalls die Rechtsbeschwerde zum BGH (§§ 83 ff. MarkenG; → Form. B.6) eröffnet. Es gilt der Amtsermittlungsgrundsatz (§ 59 Abs. 1 MarkenG) mit einigen Durchbrechungen (insbesondere bei der Glaubhaftmachung des Bestands älterer nicht eingetragener Widerspruchskennzeichen, der rechtserhaltenden Benutzung sowie bei der Feststellung gesteigerter Kennzeichnungskraft, s.u.). Das MarkenG geht – anders als noch das WZG und anders als das Unionsmarkenrecht (vgl. Art. 46 UMV) – von einem nachgeschalteten Widerspruchsverfahren aus, dh es findet erst nach Eintragung der angegriffenen Marke statt. Das Widerspruchsverfahren ist gesetzlich geregelt in §§ 42, 43 MarkenG, ergänzt durch §§ 29–32 MarkenV sowie die allgemeinen Regelungen der DPMAV.

Die **Widerspruchsgründe** sind in § 42 Abs. 2 MarkenG abschließend aufgeführt. Sie sind mit Inkrafttreten des PatRModG zum 1.10.2009 erheblich erweitert worden. Nach dem bis dahin geltenden Recht konnte ein Widerspruch nur auf eine angemeldete, eingetragene oder notorisch bekannte Marke mit älterem Zeitrang gestützt werden, und die Widerspruchsgründe waren darauf beschränkt, dass die jüngere Marke wegen Doppelidentität gemäß § 9 Abs. 1 Nr. 1 MarkenG, wegen Verwechslungsgefahr gemäß § 9 Abs. 1 Nr. 2 MarkenG oder wegen ihrer Eintragung für einen Agenten oder Vertreter nach § 11 MarkenG gelöscht werden kann (vgl. § 42 MarkenG aF). Gegen Marken, die ab dem 1.10.2009 angemeldet worden sind, kann sich der Widersprechende auch auf den erweiterten Schutz der bekannten Marke nach § 9 Abs. 1 Nr. 3 MarkenG berufen (§ 42 Abs. 2 Nr. 1 oder 2 MarkenG) oder gemäß § 42 Abs. 2 Nr. 4 MarkenG den Widerspruch

3. Widerspruch gegen die Eintragung einer deutschen Marke   B. 3

darauf stützen, dass die Marke wegen einer nicht eingetragenen Benutzungsmarke nach § 4 Nr. 2 MarkenG oder wegen einer geschäftlichen Bezeichnung nach § 5 MarkenG (Unternehmenskennzeichen oder Werktitel) zu löschen ist (§ 12 MarkenG iVm §§ 14, 15 MarkenG). Zu den Widerspruchsgründen im Einzelnen → Anm. 7.

Auch der Inhaber der jüngeren Marke ist in seinen Verteidigungsmöglichkeiten im Wesentlichen auf ein Vorbringen zu den in § 42 MarkenG genannten Widerspruchsgründen und die Einrede der Nichtbenutzung nach § 43 Abs. 1 MarkenG beschränkt. Darüber hinausgehende Umstände, wie zB die Löschungsreife der Widerspruchsmarke wegen eines noch älteren Rechts oder eine Nichtangriffsvereinbarung sind im Widerspruchsverfahren nicht zu berücksichtigen. Insoweit kommt für den Inhaber der jüngeren Marke eine Eintragungsbewilligungsklage in Betracht, → Form. B.7.

Mit dem Widerspruch wird nur darüber entschieden, ob die jüngere Marke (ganz oder teilweise) aufgrund der Widerspruchsgründe des § 42 Abs. 2 MarkenG zu löschen ist, § 43 Abs. 2 MarkenG. Über die Frage, ob der Anmelder das Kennzeichen in einer bestimmten Form benutzen darf, ist damit nicht entschieden. Die Begrenzung der Widerspruchsgründe und Verteidigungsmöglichkeiten trägt dem Umstand Rechnung, dass das Widerspruchsverfahren als summarisches, auf die Erledigung einer großen Zahl von Fällen zugeschnittenes Verfahren nicht dafür geeignet ist, komplizierte Sachverhalte zu klären (vgl. BGH GRUR 2006, 859 Rn. 33 – Malteserkreuz). Unterlassungsansprüche sind im Verletzungsverfahren geltend zu machen (→ Form. B.13). Je größer die wirtschaftliche Bedeutung der Widerspruchsmarke und je ähnlicher die jüngere Marke ist, desto eher wird der Inhaber der älteren Marke dazu tendieren, das volle Spektrum der Klagemöglichkeiten vor den ordentlichen Gerichten zu nutzen. Da die Anmeldung einer Marke regelmäßig die Erstbegehungsgefahr für deren Nutzung begründet, empfiehlt es sich in klaren Kollisionsfällen für den Inhaber älterer Rechte auch, parallel zu oder noch vor dem Widerspruch eine Abmahnung auszusprechen (→ Form. B.10).

2. Der Widerspruch ist an das DPMA zu richten, wenn mit dem Widerspruch die Löschung einer deutschen Marke oder die Schutzverweigerung für eine internationale Registrierung mit Schutzerstreckung für die Bundesrepublik Deutschland begehrt wird (→ Anm. 6).

Für einen Widerspruch gegen die Anmeldung einer **Unionsmarke** oder die Schutzerstreckung einer internationalen Marke auf die Europäische Union findet ausschließlich das Widerspruchsverfahren beim EUIPO nach Maßgabe der Art. 46–48, 146 Abs. 5–8, 196 UMV iVm Art. 2 ff. DVUM statt. Hierfür ist entsprechend nicht das obige Formular des DPMA, sondern das ähnlich strukturierte Widerspruchsformular des EUIPO zu verwenden, das im Nutzerbereich der Webseite des EUIPO unter http://euipo.europa.eu abrufbar ist (vgl. zu den Einzelheiten des Widerspruchsverfahrens beim EUIPO die aktuellen „Prüfungsrichtlinien für Unionsmarken" des EUIPO, Teil C Widerspruch vom 1.10.2017, abrufbar unter https://euipo.europa.eu/ohimportal/de/trade-mark-guidelines; Kur/v. Bomhardt/Albrecht UMV Art. 41 Rn. 1 ff. mwN).

3. Die **Widerspruchsfrist**, innerhalb derer zwingend auch die Widerspruchsgebühr zu entrichten ist (→ Anm. 18), beträgt drei Monate und beginnt bei deutschen Marken mit der Veröffentlichung der Eintragung im Markenblatt, § 42 Abs. 1 MarkenG. Die Widerspruchsfrist ist nach §§ 187 ff. BGB zu berechnen. Die Frist endet damit grundsätzlich an demjenigen Tag des dritten Monats nach der Veröffentlichung, dessen Zahl dem Veröffentlichungstag entspricht. Bei einer Veröffentlichung zB am 11.1.2017 endet die Widerspruchsfrist also mit Ablauf des 11.4.2017. Fällt der letzte Tag der Widerspruchsfrist auf einen Samstag, Sonntag oder einen am Ort der annahmeberechtigten Dienststellen des DPMA geltenden gesetzlichen Feiertag, läuft die Frist erst am darauffolgenden Werktag ab (§ 193 BGB). Für einen Widerspruch gegen eine international registrierte Marke gelten die Sonderregelungen der §§ 114 Abs. 1 und 2, 124 MarkenG. An die Stelle der Veröffentlichung der Eintragung im Markenblatt tritt die Veröffentlichung der IR-Marke in dem von der WIPO herausgegebenen Veröffentlichungsblatt. Die dreimonatige Widerspruchsfrist beginnt mit dem ersten Tag des Monats, der dem Monat folgt, der als Ausgabemonat des Veröffentlichungsblattes gilt. Sie endet am letzten Tag des dritten Monats, soweit das Fristende nicht auf einen Sonn- oder Feiertag fällt (Ströbele/Hacker/Kober-Dehm MarkenG § 114 Rn. 3). War zB auf dem Veröffentlichungsblatt der WIPO der 11.1.2017 angegeben, begann die Widerspruchsfrist somit am 1.2.2017 und endete mit Ablauf des 2.5.2017, da der 30.4.2017 ein Sonntag und der 1.5.2017 ein Feiertag war. Die Widerspruchsfrist ist **nicht verlängerbar**. Es ist auch keine Wiedereinsetzung in den vorigen Stand möglich (§ 91 Abs. 1 S. 2 MarkenG). Die Versäumung der Widerspruchsfrist präkludiert aber nicht die Löschungsklage nach §§ 51, 55 MarkenG.

Bei Widersprüchen gegen Unionsmarken beim EUIPO richten sich die Widerspruchsfristen nach Art. 44 Abs. 1, 46 UMV iVm Art. 67 ff. DVUM. Auch hier ist die Frist zur Einreichung des Widerspruchs von drei Monaten ab Veröffentlichung der Unionsmarkenanmeldung nicht verlängerbar. Die Zulässigkeitsvoraussetzungen sind zwingend innerhalb dieser Frist zu erfüllen. Zudem ist besondere Vorsicht geboten, weil die Amtsöffnungstage des EUIPO in Alicante zum Teil von denen in Deutschland abweichen. (vgl. zu den Widerspruchsfristen beim EUIPO, Prüfungsrichtlinien für Unionsmarken Teil C Widerspruch Abschnitt 1 vom 1.10.2017, Ziff. 6.2, S. 92 ff. abrufbar unter https://euipo.europa.eu/ohimportal/de/trade-mark-guidelines; Kur/v. Bomhardt/Albrecht UMV Art. 41 Rn. 11 f.)

4. Die Verwendung des amtlichen Formblattes (abrufbar unter www.dpma.de/marke/formulare; Formular W 7202) ist nicht zwingend (§ 29 Abs. 2 MarkenV: *„soll"*), aber sinnvoll, da es alle erforderlichen **Mindestangaben** aufführt. Es liegt deshalb diesem Formular zugrunde. Der Mindestinhalt des Widerspruchs bestimmt sich nach § 30 Abs. 1 MarkenV, wonach die Identität der angegriffenen Marke, des Widerspruchskennzeichens und des Widersprechenden feststellbar sein müssen. Bei den nicht eingetragenen Widerspruchskennzeichen sind zu deren Identifizierung die Art, die Wiedergabe, die Form, der Zeitrang, der Gegenstand und der Inhaber des geltend gemachten Kennzeichenrechts anzugeben. Liegen die Mindestangaben nicht vor, können sie nach Fristablauf auch nicht nachgeholt werden. Weitere Angaben, die gemacht werden *sollen*, ergeben sich aus § 30 Abs. 2 MarkenV.

Bei Widersprüchen gegen Unionsmarken sollte das amtliche Formblatt des EUIPO verwendet werden (abrufbar im Nutzer-Bereich der Webseite des EUIPO unter http://euipo.europa.eu). Die darin aufgeführten erforderlichen Mindestangaben ergeben sich aus Art. 2 Abs. 2 DVUM. Zu beachten sind darüber hinaus insbesondere die Sprachregelungen in Art. 146 Abs. 5–8 UMV. Es zählt zu den zwingenden Mindestanforderungen, dass die Widerspruchsschrift in einer der fünf Amtssprachen Deutsch, Englisch, Französisch, Italienisch oder Spanisch (Art. 146 Abs. 2 UMV) eingereicht wird (s. im Einzelnen Prüfungsrichtlinien für Unionsmarken des EUIPO, Teil C Widerspruch, Abschnitt 1, Ziffer 2, S. 7 ff.).

Der Widerspruch muss nicht begründet werden, weshalb auch der Widerspruchsgrund (→ Anm. 1) – jedenfalls über die Identifizierung des Widerspruchskennzeichens hinaus – nicht spezifiziert werden muss. Allerdings ist eine **Begründung** in der Praxis in den meisten Fällen sinnvoll. Unentbehrlich ist eine Begründung, wenn der Widerspruch auf nicht registrierte Kennzeichenrechte gestützt wird oder eine Bekanntheit des älteren Kennzeichens geltend gemacht werden soll, denn der Widersprechende trägt insoweit die Darlegungs- und Beweislast (vgl. BGH GRUR 2006, 859 Rn. 33 – Malteserkreuz). Bei einem Widerspruch aufgrund eines nicht registrierten Kennzeichenrechts hat der Widersprechende das Bestehen und den älteren Zeitrang des Kennzeichenrechts sowie seine Inhaberschaft daran im Einzelnen und vollständig darzulegen und ggf. zu beweisen. Gleiches gilt für das Vorliegen der Bekanntheit, wenn der Widersprechende den erweiter-

3. Widerspruch gegen die Eintragung einer deutschen Marke　　　　　　　　B. 3

ten Schutz einer bekannten Marke oder einer bekannten geschäftlichen Bezeichnung geltend machen will (s. auch Ströbele/Hacker/*Kirschneck* MarkenG § 42 Rn. 59; *Hacker* GRUR 2010, 99 (101)). Darüber hinaus ist eine Begründung insbesondere dann erforderlich, wenn die Entscheidung des DPMA Benutzungssachverhalte berücksichtigen soll, wie zB eine aufgrund intensiver Benutzung erhöhte Kennzeichnungskraft oder eine im Markt präsente Zeichenserie des Widersprechenden. Denn für solche Sachverhalte, die den amtlichen Ermittlungen des DPMA nicht zugänglich sind, obliegt dem Widersprechenden eine Mitwirkungspflicht. Der Widersprechende hat diejenigen Umstände, die den von ihm geltend gemachten Rechtstatbestand stützen, darzulegen und durch präsente Beweis- und Glaubhaftmachungsmittel glaubhaft zu machen (BGH GRUR 2006, 859 Rn. 33 – Malteserkreuz; vgl. auch Ströbele/Hacker/*Kirschneck* MarkenG § 42 Rn. 60, der insoweit gar einen Vollbeweis iSd § 286 ZPO fordert). Soweit es sich nicht um die notwendigen Angaben nach § 30 Abs. 1 MarkenV handelt, kann die Begründung auch nachgereicht werden. Um zu verhindern, dass vor Eingang der Begründung nach Aktenlage entschieden wird, sollte das Nachreichen einer Begründung angekündigt und die Gewährung einer Frist hierfür beantragt werden (§ 19 Abs. 2 DPMAV). Im Gegensatz zur Widerspruchsfrist (→ Anm. 3) sind die im Widerspruchsverfahren vom DPMA gesetzten Fristen bei Angabe ausreichender Gründe jedenfalls einmal verlängerbar, § 18 Abs. 2 DPMAV. Weitere Fristverlängerungen sollen nach § 18 Abs. 3 DPMAV nur gewährt werden, wenn ein berechtigtes Interesse und das Einverständnis des anderen Beteiligten glaubhaft gemacht werden (zB im Fall von Verhandlungen über eine Einigung durch Abgrenzungsvereinbarung). Gegenwärtig ist die Amtspraxis des DPMA relativ großzügig.

Für die Einlegung und Begründung von Widersprüchen gegen Unionsmarken beim EUIPO gelten ähnliche Regelungen und Vorgaben nach Art. 46 ff. UMV iVm Art. 2 ff. DVUM, wobei das Verfahren einige zusätzliche Besonderheiten aufweist. Nach Eingang der Widerspruchsschrift und Prüfung der Zulässigkeit des Widerspruchs sendet das EUIPO an beide Beteiligten eine Mitteilung mit der Festsetzung der Verfahrensfristen. Zunächst wird den Beteiligten eine sog. „cooling-off"-Frist von zwei Monaten für eine mögliche gütliche Einigung eingeräumt, die bei Bedarf auf insgesamt 24 Monate verlängert werden kann, bevor der kontradiktorische Teil des Widerspruchsverfahrens beginnt. Darin erhält zunächst der Widerspruchsführer die Gelegenheit, seinen Widerspruch binnen weiterer zwei Monate durch ergänzende Ausführungen und Beweismittel zu begründen, bevor anschließend der Anmelder Gelegenheit zur Erwiderung auf den Widerspruch binnen weiterer zwei Monate erhält. Auch ist zu beachten, dass die Amtspraxis des EUIPO im Hinblick auf die Gewährung von Fristverlängerungen trotz zwischenzeitlicher Lockerungen nach wie vor deutlich strenger ist als die Amtspraxis des DPMA (vgl. im Einzelnen Prüfungsrichtlinien für Unionsmarken des EUIPO, Teil C Widerspruch, Abschnitt 1, S. 6 ff., 80 ff.).

5. Der Widerspruch ist **schriftlich** zu erheben und zu unterzeichnen (§ 10 DPMAV; → Anm. 17) es genügt aber grundsätzlich eine Übermittlung des unterschriebenen Originals per **Telefax** (§ 11 DPMAV). Etwas anderes gilt allerdings, wenn ein nicht registriertes Widerspruchskennzeichen Farben beinhaltet. Denn die genaue Wiedergabe des Widerspruchskennzeichens gehört zu den Mindestforderungen eines Widerspruchs nach § 30 Abs. 1 MarkenV. Jedenfalls wenn die Farben und auch ihre genaue Verteilung im Zeichen nicht eindeutig (zB bei abstrakten Farbmarken durch Farbcodes wie Pantone oder RAL) erkennbar sind, ist auch die farbige Wiedergabe des Widerspruchskennzeichens innerhalb der Widerspruchsfrist einzureichen (vgl. zum Widerspruchsverfahren vor dem EUIPO: GRUR-RR 2010, 472 – Blau/Silber mAnm *Hertz-Eichenrode* GRUR-RR 2010, 474 (475)). Wird der Widerspruch vorab per Telefax übersandt, ist dies kenntlich zu machen. Eine elektronische Einreichung von Widersprüchen ist beim DPMA bislang nicht vorgesehen. Dagegen ist die elektronische Einreichung von Widersprüchen beim EUIPO nach Art. 63

DVUM iVm Beschluss Nr. EX-17-4 des Exekutivdirektors des Amtes betreffend Mitteilungen durch elektronische Mittel möglich (vgl. Prüfungsrichtlinien für Unionsmarken des EUIPO, Teil C Widerspruch, Abschnitt 1, S. 7).

6. Der Widerspruch beim DPMA ist nur **gegen eingetragene** deutsche Marken und gegen international registrierte Marken mit Schutzerstreckung für die Bundesrepublik Deutschland statthaft, nicht aber gegen eine bloße Anmeldung (anders im Unionsmarkenrecht) und ebenso wenig gegen eine aufgrund von Verkehrsgeltung (§ 4 Nr. 2 MarkenG) oder notorischer Bekanntheit (§ 4 Nr. 3 MarkenG) geschützte (nicht eingetragene) Marke. Auch deutsche Marken, die aus der Umwandlung einer IR-Marke nach Ablauf der zwölfmonatigen Schutzverweigerungsfrist nach Art. 5 Abs. 2 PMMA oder aus der Umwandlung einer Unionsmarke hervorgegangen sind, können nicht mit einem Widerspruch angegriffen werden (§§ 125 Abs. 4 S. 3, 125d Abs. 3 S. 2 MarkenG). Diese hätten vor der Umwandlung im Wege des Widerspruches angegriffen werden können. Gegen Unionsmarkenanmeldungen und IR-Marken mit Schutzerstreckung für die Europäische Union kann Widerspruch nur beim EUIPO erhoben werden (→ Anm. 2).

Um die erforderliche Bestimmbarkeit der Marke (→ Anm. 4) sicherzustellen, sollte stets die Registernummer bzw. das Aktenzeichen der Marke, gegen die sich der Widerspruch richtet, angegeben werden (vgl. § 30 Abs. 2 Nr. 1 MarkenV).

7. Der Widerspruch kann nur auf die in § 42 MarkenG genannten **Widerspruchskennzeichen** gestützt werden, welche im Formular einzeln aufgelistet sind. Durch Ankreuzen ist die Art des Kennzeichenrechts anzugeben (§ 30 Abs. 1 MarkenV). Ein Widerspruch kann – anders als im Unionsmarkenrecht – jeweils nur auf ein Widerspruchskennzeichen gestützt werden, § 29 Abs. 1 MarkenV. Möchte der Widersprechende aus mehreren Kennzeichen gegen die jüngere Marke vorgehen, ist für jedes dieser Widerspruchskennzeichen ein eigener Widerspruch einzulegen und jeweils eine gesonderte Widerspruchsgebühr zu entrichten (→ Anm. 18). Verschiedene Widersprüche desselben Widersprechenden können aber in einer Widerspruchsschrift zusammengefasst werden, § 29 Abs. 1 S. 2 MarkenV.

Für Widerspruchsverfahren gegen Unionsmarkenanmeldungen beim EUIPO umfassen die parallelen Regelungen in Art. 46 Abs. 1 UMV iVm Art. 8 UMV auch nationale eingetragene Marken und nicht eingetragene Kennzeichen sowie Ursprungsbezeichnungen und geografische Angaben als mögliche Widerspruchskennzeichen. Beim EUIPO kann ein Widerspruch jeweils auf mehrere ältere Kennzeichenrechte nebeneinander gestützt werden, zB auf eine eingetragene ältere Unionsmarke, eine nationale Marke, ein nationales Unternehmenskennzeichenrecht sowie auf Werktitelschutz, ohne dass dafür gesonderte Widerspruchsgebühren anfallen (Art. 2 DVUM; vgl. dazu im Einzelnen Prüfungsrichtlinien für Unionsmarken des EUIPO, Teil C Widerspruch, Abschnitt 1, S. 15 ff.).

(a) Das Widerspruchskennzeichen kann eine **Registermarke**, dh eine angemeldete oder eingetragene deutsche Marke, eine IR-Marke mit Schutzerstreckung für Deutschland oder die Europäische Union, oder auch eine angemeldete oder eingetragene Unionsmarke sein. Es sollte die Registernummer bzw. das Aktenzeichen der Widerspruchsmarke angegeben werden, § 30 Abs. 2 Nr. 2 MarkenV. Wird der Widerspruch auf eine noch nicht eingetragene Anmeldung gestützt, wird das Widerspruchsverfahren gegebenenfalls bis zum Abschluss des Eintragungsverfahrens der Widerspruchsmarke ausgesetzt (§ 32 Abs. 2 MarkenV). Denn Markenanmeldungen stellen nur dann ein Eintragungshindernis dar, wenn sie auch eingetragen werden (§ 9 Abs. 2 MarkenG). Auch wenn gegen eine eingetragene Widerspruchsmarke selbst noch ein Widerspruchsverfahren oder Löschungsverfahren anhängig ist, kann das aus dieser Widerspruchsmarke angestrengte Widerspruchsverfahren bis zur Entscheidung über das andere Verfahren ausgesetzt werden, wenn dies sachdienlich erscheint (§ 32 Abs. 1, Abs. 2 MarkenV). Wird die

3. Widerspruch gegen die Eintragung einer deutschen Marke   B. 3

Anmeldung unanfechtbar zurückgewiesen oder fällt die Widerspruchsmarke nachträglich weg (zB durch Löschung), wird der Widerspruch grundsätzlich unzulässig (*Ingerl/ Rohnke* MarkenG § 42 Rn. 27).

Uneinigkeit besteht allerdings über die Zulässigkeit eines Widerspruchs, der zunächst (zulässig) aus einer angemeldeten oder eingetragenen Unionsmarke erhoben worden ist, diese später aber – nach Ablauf der Widerspruchsfrist – nach Art. 139 UMV in eine deutsche Marke umgewandelt worden ist. Hier stellt sich die Frage, ob die ursprüngliche Widerspruchsmarke (Unionsmarke) durch die deutsche Marke (als ihr Nachfolger) „ausgetauscht" und als dasselbe materielle Schutzrecht angesehen werden kann (so BPatG GRUR 2008, 451 (452) – WEB VIP/VIP; OLG Düsseldorf Urt. v. 3.12.2013 – I-20 U 162/12, BeckRS 2014, 12143; aA BPatG Mitt 2005, 277 (278) – TAXI MOTO, wonach sich die Wirkung der Umwandlung darauf beschränken soll, dass der Inhaber der späteren nationalen Marke die Priorität der früheren Unionsmarke in Anspruch nehmen kann). Der BGH hat dies für Widerspruchsverfahren ausdrücklich offengelassen, im konkreten Fall aber im Ergebnis mit der letztgenannten Auffassung Schadensersatzansprüche für den Zeitraum vor Eintragung der nationalen Marke verneint (BGH GRUR 2016, 83 Rn. 27 – Amplidect/amplitleq).

Ebenfalls umstritten ist, ob ein Widerspruch, der zunächst aus einer deutschen Marke erhoben wurde, nach Erlöschen dieser Widerspruchsmarke auf der Grundlage einer Unionsmarke fortgeführt werden kann, wenn diese gemäß Art. 39 UMV wirksam die Seniorität der deutschen Widerspruchsmarke beansprucht (so BPatG GRUR 2006, 612 (613) – Seniorität; aA BPatG GRUR 2014, 302 – IPSUM; Ströbele/Hacker/*Kirschneck* MarkenG § 42 Rn. 11 mwN). Der Widersprechende sollte sich in einer solchen Fallkonstellation also nicht darauf verlassen.

Die praktisch bedeutsamsten Widerspruchsgründe sind die **Identität und die Verwechslungsgefahr** mit einer älteren Marke oder Markenanmeldung, § 42 Abs. 2 MarkenG iVm § 9 Abs. 1 Nr. 1 und 2 MarkenG. Die im Rahmen dieser Widerspruchsgründe vorzunehmende Prüfung entspricht im Wesentlichen der Prüfung der Markenverletzungstatbestände nach § 14 Abs. 2 Nr. 1 und 2 MarkenG im Verletzungsprozess (→ Form. B.13 Anm. 22–25). Im Unterschied zum Verletzungsprozess ist im Widerspruchsverfahren aber nicht die Benutzungslage, sondern zunächst ausschließlich der Registerstand maßgeblich. Es sind also die Zeichen und die Waren/Dienstleistungen, wie sie im Register stehen, zu vergleichen. Im Hinblick auf die mit dem Widerspruch angegriffene Marke gilt dies ausnahmslos. Für die Widerspruchsmarke erfährt dieser Grundsatz allerdings eine Ausnahme durch § 43 MarkenG, der die Einrede der mangelnden Benutzung der Widerspruchsmarke regelt. Vorausgesetzt, dass die fünfjährige Benutzungsschonfrist der Widerspruchsmarke bereits abgelaufen ist, hat der Widersprechende, wenn der Inhaber der angegriffenen Marke die Einrede der Nichtbenutzung nach § 43 Abs. 1 MarkenG erhebt, die rechtserhaltende Benutzung der Widerspruchsmarke iSv § 26 MarkenG glaubhaft zu machen. Bei der Entscheidung über den Widerspruch werden dann nur diejenigen Waren/ Dienstleistungen der Widerspruchsmarke berücksichtigt, für die die Benutzung glaubhaft gemacht worden ist, § 43 Abs. 1 S. 3 MarkenG (→ Form. B.14 Anm. 7). Darüber hinaus kann die Benutzung der Widerspruchsmarke im Rahmen der Prüfung der Verwechslungsgefahr nach § 9 Abs. 1 Nr. 2 MarkenG, genauer gesagt bei der Prüfung ihres Schutzumfanges (Steigerung ihrer Kennzeichnungskraft) berücksichtigt werden, wenn es um amtsbekannte Benutzungshandlungen geht oder der Widersprechende hierzu hinreichend vorgetragen und ggf. glaubhaft gemacht hat (zur Kennzeichnungskraft → Form. B.13 Anm. 23; zur Berücksichtigung gesteigerter Kennzeichnungskraft im Widerspruchsverfahren vgl. Ströbele/Hacker/*Hacker* MarkenG § 42 Rn. 57, § 9 Rn. 167 ff.).

Zudem kann sich der Widersprechende auch auf Bekanntheit seiner Marke und damit auf den **erweiterten Schutz nach § 9 Abs. 1 Nr. 3 MarkenG** wegen unlauterer Ausnutzung oder Beeinträchtigung der Unterscheidungskraft oder der Wertschätzung der Widerspruchsmarke berufen. Dieser Schutz geht über den Bereich der ähnlichen Waren/Dienstleistungen hinaus. Der Widerspruchsgrund des § 9 Abs. 1 Nr. 3 MarkenG entspricht im Wesentlichen dem Markenverletzungstatbestand des § 14 Abs. 2 Nr. 3 MarkenG (→ Form. B.13 Anm. 26), wobei im Widerspruchsverfahren gedanklich zu unterstellen ist, dass die angegriffene Marke markenmäßig für die angemeldeten Waren/Dienstleistungen benutzt wird. Die Bekanntheit der Widerspruchsmarke ist von dem Widersprechenden im Einzelnen und vollständig darzulegen und ggf. zu beweisen (Ströbele/Hacker/*Kirschneck* MarkenG § 42 Rn. 58 ff.; *Hacker* GRUR 2010, 99 (101)), → Anm. 4.

Die Widerspruchsmarke muss einen älteren **Zeitrang** als die angegriffene Marke haben. Dieser bestimmt sich nach dem Anmeldetag bzw. der beanspruchten Priorität der Marke (§ 6 Abs. 2 MarkenG). Daneben kann für eine Unionsmarke bzw. Unionsmarkenanmeldung auch die wirksam beanspruchte Seniorität einer älteren und (wegen Verzichts oder Nichtverlängerung) entfallenen deutschen Marke maßgeblich sein (nähere Ausführungen bei Ströbele/Hacker/*Kirschneck* MarkenG § 42 Rn. 9 ff.).

(b) Theoretisch kann ein Widerspruch auch auf eine (nicht eingetragene) notorisch bekannte Marke (**§ 10 MarkenG**) gestützt werden (§ 42 Abs. 2 Nr. 2 MarkenG). In der Praxis hat dies aber keine Bedeutung.

(c) Der Widerspruch kann auf ein inländisches oder ausländisches Markenrecht gestützt werden, soweit die jüngere Marke wegen ihrer Eintragung für einen Agenten oder Vertreter des Markeninhabers nach **§ 11 MarkenG** zu löschen ist. Auch dieser Widerspruchsgrund ist in der Praxis selten. Im Einzelnen s. zB *Ingerl/Rohnke* MarkenG § 11; Ströbele/Hacker/*Hacker* MarkenG § 11.

(d) Nach § 42 Abs. 2 Nr. 4 MarkenG kann sich der Widersprechende auch auf eine **Benutzungsmarke** nach § 4 Nr. 2 MarkenG oder eine **geschäftliche Bezeichnung** nach § 5 MarkenG (Unternehmenskennzeichen oder Werktitel) berufen und damit seinen Löschungsanspruch aus § 12 MarkenG geltend machen. Dieser ist jedoch nur gegeben, wenn ein Unterlassungsanspruch für das gesamte Bundesgebiet besteht (§§ 12, 14 Abs. 5, 14 Abs. 2 Nr. 1–3 MarkenG bzw. §§ 12, 15 Abs. 4, 15 Abs. 2 und 3 MarkenG). Auf ein nur örtlich beschränktes Recht kann ein Widerspruch somit nicht erfolgreich gestützt werden.

Ein Widerspruch aus einem **Werktitel** ist nur begründet, wenn diesem nicht nur ein werkindividualisierender Charakter, sondern auch die Funktion eines betrieblichen Herkunftshinweises zukommt. Dies wird regelmäßig bejaht für bekannte Reihentitel, wie zB von Zeitungen, Zeitschriften oder Fernsehsendungen, dagegen idR verneint für die Werktitel von Einzelwerken wie Büchern oder Spielfilmen (im Einzelnen s. *Ingerl/Rohnke* MarkenG § 15 Rn. 155 ff.). Die Umstände, aus denen sich die betriebliche Herkunftsfunktion des Werktitels ergibt, sind vom Widersprechenden darzulegen und ggf. zu beweisen (→ Anm. 4).

Bei den nicht angemeldeten oder eingetragenen Widerspruchskennzeichen sind innerhalb der Widerspruchsfrist zu deren Identifizierung die Art, die Wiedergabe, die Form, der Zeitrang, der Gegenstand sowie der Inhaber des geltend gemachten Kennzeichenrechts anzugeben, § 30 Abs. 1 S. 2 MarkenV. Die Art des Kennzeichenrechts kann durch Ankreuzen im Formular angegeben werden. Zur Wiedergabe → Anm. 8 und zur Form → Anm. 9.

Der Zeitrang bestimmt sich nach dem Zeitpunkt, zu dem das geltend gemachte Kennzeichenrecht gemäß § 6 Abs. 3 MarkenG erworben wurde. Dies ist bei § 4 Nr. 2 MarkenG bei Erreichen der Verkehrsgeltung, bei § 4 Nr. 3 MarkenG bei Erreichen der notorischen Bekanntheit der Fall. Bei geschäftlichen Bezeichnungen nach § 5 MarkenG kommt es auf den Zeitpunkt der Benutzungsaufnahme und ggf. auf die Erlangung von Verkehrsgeltung an. Bei originär unterscheidungskräftigen Werktiteln kann der Zeitrang durch eine Titelschutzanzeige vorverlagert werden (Ströbele/Hacker/*Hacker* MarkenG § 5 Rn. 114 ff.).

3. Widerspruch gegen die Eintragung einer deutschen Marke — B. 3

Der anzugebende Gegenstand des Kennzeichenrechts meint bei einer Benutzungsmarke und einer notorisch bekannten Marke diejenigen Waren/Dienstleistungen, für die die Marke benutzt wurde bzw. für die notorische Bekanntheit erlangt wurde. Bei Unternehmenskennzeichen ist es das Unternehmen oder der Geschäftsbereich, für das das Kennzeichen benutzt wurde. Bei Werktiteln ist es das konkrete gekennzeichnete Werk bzw. die Werkreihe.

8. Da für die Ähnlichkeitsprüfung die konkrete Gestalt des Widerspruchskennzeichens zugrunde zu legen ist, ist es im Widerspruch so wiederzugeben, wie es Schutz genießt, also zB eine Wort-/Bildmarke in ihrer eingetragenen graphischen Gestaltung. Bei angemeldeten oder eingetragenen Marken, die nicht nur aus Wortbestandteilen bestehen, empfiehlt sich die Überreichung eines Auszugs aus dem Online-Register des DPMA, des EUIPO oder der WIPO als Anlage. Bei nicht angemeldeten oder eingetragenen Kennzeichen hat die Wiedergabe regelmäßig durch eine graphische Wiedergabe zu erfolgen, die das Kennzeichen in der im Verkehr benutzten Form mit all seinen Merkmalen genau darstellt. Bei farbigen Zeichen → Anm. 5.

9. Als Form kommen bei Register-, Benutzungsmarken und notorisch bekannten Marken alle Zeichenformen iSd § 3 Abs. 1 MarkenG in Betracht, während die Zeichenformen bei Unternehmenskennzeichen und Werktiteln naturgemäß beschränkter sind (s. Ströbele/Hacker/*Kirschneck* MarkenG § 42 Rn. 42).

10. Der Widerspruchsführer bestimmt den Umfang der Prüfung durch das DPMA. Insbesondere kann der Widersprechende bestimmen, ob er seinen Widerspruch auf alle oder nur ausgewählte **Waren/Dienstleistungen der Widerspruchsmarke** stützt, § 30 Abs. 2 Nr. 9 MarkenV. Wenn die Benutzungsschonfrist der Widerspruchsmarke abgelaufen ist, kann es sinnvoll sein, den Widerspruch nur auf diejenigen Waren/Dienstleistungen zu stützen, für welche die Widerspruchsmarke benutzt worden ist, damit auf die Einrede der Nichtbenutzung (§ 43 Abs. 1 MarkenG) hin die rechtserhaltende Benutzung nur für diese Waren/Dienstleistungen glaubhaft zu machen ist (→ Anm. 7). Auch aus verfahrensökonomischen Gründen kann es angezeigt sein, den Widerspruch nur auf relevante Waren/Dienstleistungen zu stützen. Die Waren/Dienstleistungen, auf die der Widerspruch gestützt sein soll, können jederzeit beschränkt werden. Eine nachträgliche Erweiterung ist nach Ablauf der Widerspruchsfrist allerdings nicht mehr möglich.

11. Ist das Widerspruchskennzeichen eine international registrierte Marke, ist anzugeben, ob der Widerspruch auf einen deutschen Länderteil oder auf die Benennung der EU gestützt wird.

12. Es sollen der Name und die Anschrift des Inhabers des Widerspruchskennzeichens angegeben werden (§ 30 Abs. 2 Nr. 5 MarkenV), → Anm. 13.

13. Widerspruchsberechtigt ist grundsätzlich der materielle Inhaber der Widerspruchsmarke oder der geschäftlichen Bezeichnung. Bei angemeldeten oder eingetragenen Marken gilt eine Vermutung, dass die materielle Berechtigung mit dem Registereintrag übereinstimmt (§§ 28 Abs. 1, 31 MarkenG). Sind mehrere Inhaber eingetragen, ist jeder Mitinhaber widerspruchsberechtigt (§ 744 Abs. 2 BGB). Wurde die Widerspruchsmarke übertragen, kann der Rechtsnachfolger erst dann Widerspruch aus ihr erheben, wenn sie auf ihn umgeschrieben oder der Umschreibungsantrag zumindest beim DPMA eingegangen ist, §§ 28 Abs. 2, 31 MarkenG (zum Rechtsübergang s. in Ströbele/Hacker/*Kirschneck* MarkenG § 42 Rn. 21 ff.). Bei nicht angemeldeten oder eingetragenen Widerspruchskennzeichen hat der Widersprechende die Umstände, aus denen sich eine Rechtsinhaberschaft ergibt, darzulegen und zu beweisen, → Anm. 4. Auch ein Lizenznehmer kommt als Widersprechender in Betracht (Ströbele/Hacker/*Kirschneck* MarkenG § 42 Rn. 18; BPatG GRUR 2000, 815 – turfa). Unterscheidet sich der Widersprechende vom

Inhaber des Widerspruchskennzeichens (→ Anm. 12) sind auch Name und Anschrift des Widersprechenden anzugeben.

14. Der inländische Widersprechende kann sich jederzeit durch einen Bevollmächtigten vertreten lassen. Hat der Widersprechende keinen Wohnsitz oder Sitz im Inland, muss für die Durchführung des Verfahrens ein Inlandsvertreter benannt werden (§ 96 Abs. 1 MarkenG). Bestellt sich ein Rechtsanwalt, Patentanwalt, Erlaubnisscheininhaber oder Patentassessor, wird regelmäßig kein Nachweis der Bevollmächtigung gefordert. Andere Vertreter müssen idR die Vollmachtsurkunde vorlegen.

15. Der Widersprechende kann bestimmen, ob sich sein Widerspruch gegen alle Waren/Dienstleistungen oder nur gegen ausgewählte **Waren/Dienstleistungen der angegriffenen Marke** richten soll. Liegt es auf der Hand, dass der Widerspruch hinsichtlich einiger Waren/Dienstleistungen unbegründet ist und zurückgewiesen wird, ist es sinnvoll, ihn nur gegen bestimmte Waren/Dienstleistungen zu richten. Die mitunter anzutreffende Formulierung „gegen alle identischen oder ähnlichen Waren und Dienstleistungen" ist nicht hinreichend bestimmt und wird regelmäßig als Angriff gegen alle Waren/Dienstleistungen ausgelegt. Wird der Widerspruch nur gegen „alle identischen oder ähnlichen Waren" erhoben, kann darin ein gegen alle Waren (Klassen 1–34), nicht aber gegen Dienstleistungen (Klassen 35–45) erhobener Widerspruch zu sehen sein (s. Ströbele/Hacker/*Kirschneck* MarkenG § 42 Rn. 47).

16. Vgl. § 30 Abs. 2 Nr. 8 MarkenV. Danach ist nicht unbedingt die Anschrift, sondern nur der Name des Inhabers anzugeben.

17. Der Widerspruch ist vom Widersprechenden oder seinem Vertreter zu unterzeichnen (→ Anm. 5).

Kosten und Gebühren

18. Die Widerspruchsgebühr ist zwingend innerhalb der Widerspruchsfrist (→ Anm. 3) zu bezahlen. Sie beträgt gegenwärtig 120 EUR (§ 64a MarkenG iVm § 2 Abs. 1 PatKostG, GV 331.600 PatKostG). Bei der Zahlung sollten Verwendungszweck und Gebührennummer sowie die Registernummer der Marke, gegen die sich der Widerspruch richtet, angegeben werden. Bei Zahlung durch Erteilung eines SEPA-Lastschriftmandats wird empfohlen, den amtlichen Vordruck A 9530/9532 (s. www.dpma.de/service/dasdpmainformiert/gebuehrenzahlungbeimdpma/sepa_lastschrift/index.html) zu verwenden. Zu den Zahlungswegen → Form. B.1 Anm. 22. Die Widerspruchsgebühr fällt für jeden Widerspruch an, ist also vom Widerspruchsführer für jedes Widerspruchskennzeichen gesondert zu entrichten (→ Anm. 7). Wird die Widerspruchsgebühr nicht rechtzeitig bezahlt, gilt der Widerspruch als nicht erhoben (§ 6 Abs. 2 PatKostG; dazu kritisch de lege ferenda *Ingerl/Rohnke* MarkenG § 42 Rn. 56). Eine Fristverlängerung ist ebenso wenig möglich wie eine Wiedereinsetzung (§ 91 Abs. 1 S. 2 MarkenG). Wenn allerdings der Widersprechende zwei Widersprüche erhebt, aber nur eine Widerspruchsgebühr zahlt, kann er auch noch nachträglich und nach Ablauf der Widerspruchsfrist bestimmen, auf welchen der beiden Widersprüche die Gebühr gezahlt sein soll (BGH GRUR 2016, 392 Rn. 12 – BioGourmet).

Bei verspäteter Zahlung ist die Gebühr zurückzuerstatten (§ 10 Abs. 2 PatKostG). Im Ausnahmefall kann die Widerspruchsgebühr auch aus Billigkeitsgründen zurückerstattet werden (§ 63 Abs. 3 MarkenG), insbesondere in Fällen fehlerhafter Veröffentlichung der angegriffenen Marke, die zum Widerspruch Anlass gegeben hat (vgl. Ströbele/Hacker/*Kirschneck* MarkenG § 63 Rn. 15).

3. Widerspruch gegen die Eintragung einer deutschen Marke B. 3

Grundsätzlich trägt jeder Beteiligte im Widerspruchsverfahren die ihm entstandenen Kosten – unabhängig vom Ausgang des Verfahrens – selbst. Einer Kostenentscheidung bedarf es in diesem Fall nicht, § 63 Abs. 1 S. 3 MarkenG. Liegen besondere Umstände vor, kann das DPMA aus Billigkeitsgründen eine abweichende Kostenentscheidung treffen, § 63 Abs. 1 S. 1 und 2 MarkenG. In der Praxis ist dies aber eine recht seltene Ausnahme.

Die Gebühren für die Einlegung eines Widerspruchs gegen eine Unionsmarkenanmeldung beim EUIPO betragen derzeit 320 EUR. Abweichend vom deutschen Widerspruchsverfahren erfolgt in der Widerspruchsentscheidung in der Regel auch eine Entscheidung über die Kosten mit partieller Kostenerstattung zugunsten der obsiegenden Partei. Die unterliegende Partei trägt die Widerspruchsgebühr von 320 EUR. Zusätzlich hat sie der obsiegenden Partei eine Pauschale von 300 EUR für die Kosten der Vertretung zu erstatten (Art. 109 Abs. 1 UMV, Art. 85 Abs. 1, 6 DVUM; zur möglichen Kostenerstattung bei Rücknahme des Widerspruchs → Form. B.4 Anm. 12); zu den Einzelheiten der Kosten und Gebühren im Widerspruchsverfahren beim EUIPO, vgl. Prüfungsrichtlinien für Unionsmarken des EUIPO, Teil C Widerspruch, Abschnitt 1, S. 71 ff.).

Fristen und Rechtsmittel

19. Zu Widerspruchsfrist → Anm. 3. Die Markenabteilung entscheidet über den Widerspruch durch Beschluss. Wird der Beschluss über den Widerspruch von einem Beamten des gehobenen Dienstes oder einem vergleichbaren Angestellten erlassen, kann die (teilweise) unterlegene Partei innerhalb eines Monats ab Zustellung wahlweise Erinnerung (§ 64 Abs. 1 MarkenG) oder Beschwerde (§§ 64 Abs. 6, 66 MarkenG) beim DPMA einlegen. Anderenfalls ist die Beschwerde nach § 66 MarkenG statthaft und innerhalb eines Monats ab Zustellung beim DPMA einzulegen. Der Beschluss ist mit einer Rechtsmittelbelehrung zu versehen, § 61 Abs. 2 MarkenG. Zur Erinnerung wird auf die Erläuterungen in → Form. B.1 Anm. 23 verwiesen. Zur Beschwerde im Einzelnen → Form. B.5.

4. Abgrenzungsvereinbarung

Abgrenzungsvereinbarung[1]

zwischen

A, (Adresse)

und

B, (Adresse)

1. A ist Inhaberin der deutschen Wortmarke Nr. ..... FLASHPOINT mit Priorität vom 1.3.2005, die für Bekleidung Schutz genießt. B hat am 2.2.2017 die deutsche Wort-/Bildmarke Nr. ..... FLASHER ebenfalls für Bekleidung angemeldet. Sie wurde am 5.7.2017 eingetragen. Gegen diese Marke hat A Widerspruch erhoben.[2]
2. B wird die Marke FLASHER nur für Kinderbekleidung benutzen[3] und das Warenverzeichnis der Marke dementsprechend auf „Kinderbekleidung" beschränken.[4] B wird die Marke FLASHER außerdem nur in der jetzt eingetragenen Form, insbesondere in der dort verwendeten typographischen Gestaltung und nicht in Verbindung mit dem weiteren Bestandteil POINT, verwenden.[5]
3. B wird auch in Zukunft das Zeichen FLASHER nicht für andere Bekleidungsstücke als Kinderbekleidung oder im Zusammenhang mit dem weiteren Bestandteil POINT als Marke anmelden.[6]
4. B wird aus der Eintragung oder Benutzung der Marke FLASHER keine Rechte gegen Neuanmeldungen oder die Benutzung von Zeichen von A, die den Bestandteil FLASH enthalten, geltend machen. Diese Verpflichtung gilt nicht für das Zeichen FLASHER.[7]
5. A wird seinen Widerspruch gegen die Marke von B zurücknehmen, nachdem B den Teilverzicht gemäß Nr. 2 erklärt hat.[8] A wird auch in Zukunft gegen diese Marke, identische Neuanmeldungen der Bezeichnung FLASHER und gegen deren Benutzung für Kinderbekleidung durch B nicht vorgehen.[9]
6. Diese Vereinbarung gilt für das Gebiet der Bundesrepublik Deutschland.[10]
7. Die Parteien werden die sie treffenden Verpflichtungen ihren jeweiligen Rechtsnachfolgern, Lizenznehmern und verbundenen Unternehmen auferlegen. Dies vorausgesetzt, stehen diesen auch die Rechte aus dieser Vereinbarung zu.[11]
8. Die Parteien tragen ihre Kosten im Zusammenhang mit dem Widerspruchsverfahren und dem Abschluss dieser Vereinbarung jeweils selbst.[12]
9. Sollten eine oder mehrere Bestimmungen dieses Vertrages unwirksam sein oder werden, soll die Wirksamkeit des Vertrages im Übrigen entgegen § 139 BGB hiervon unberührt bleiben. Die Parteien verpflichten sich, die unwirksame Bestimmung durch eine wirksame Bestimmung zu ersetzen, die dem angestrebten wirtschaftlichen Zweck am nächsten kommt. Gleiches gilt im Falle einer Regelungslücke.[13]

......
(Ort, Datum)
......
A

......
(Ort, Datum)
......
B

4. Abgrenzungsvereinbarung B. 4

Schrifttum: vgl. die Hinweise → Form. B.1.; *Harte-Bavendamm/v. Bomhard*, Abgrenzungsvereinbarungen und Gemeinschaftsmarken, GRUR 1998, 530; *Kirchhoff*, Möglichkeiten und Grenzen markenrechtlicher Abgrenzungsvereinbarungen aus Sicht des Kartellrechts, GRUR 2017, 248 ff.; *Reimann/Schmitz*, in: Münchener Vertragshandbuch, Band 3: Wirtschaftsrecht II, 7. Aufl., → Form. VIII. 6 Abgrenzungsvereinbarung mit Vorrechtserklärung (MVHdB III WirtschaftsR II); *Schwanhäusser*, Die Auswirkungen der Toltecs-Entscheidung des Europäischen Gerichtshofs auf Abgrenzungsvereinbarungen, GRUR Int. 1985, 816.

Anmerkungen

1. Die Abgrenzungsvereinbarung – mitunter auch als Koexistenzvereinbarung oder Vorrechtsvereinbarung bezeichnet – ist in den meisten Fällen eine vergleichsweise (§ 779 BGB) Konfliktregelung, die vor allem bei der gütlichen Beendigung von Widerspruchsverfahren erhebliche praktische Bedeutung hat. Sie kann aber auch Teil einer vergleichsweisen Lösung im Verletzungsprozess sein oder schon vor Widerspruchs- oder Klageerhebung zur Vermeidung von Auseinandersetzungen abgeschlossen werden. Insbesondere die erhebliche Dauer von durch mehrere Instanzen geführten Verfahren und das oftmals ungewisse Ergebnis einer streitigen Auseinandersetzung sind häufige Motive dafür, durch vertragliche Regelung Rechtssicherheit für beide Parteien zu schaffen.

Zwar enthält die Abgrenzungsvereinbarung in der Regel eine Zustimmung des Inhabers des älteren Zeichens zu bestimmten Benutzungshandlungen des prioritätsjüngeren Anmelders. Sie stellt aber keine Lizenz im Sinne von § 30 MarkenG, sondern eine bloße Duldung dar. Dementsprechend ist sie in aller Regel unentgeltlich und auf Benutzungshandlungen beschränkt, die das prioritätsältere Kennzeichen nicht identisch oder nicht für identische Waren/Dienstleistungen benutzen (zur Abgrenzung zur Lizenz vgl. BGH GRUR 2001, 54 (55 f.) – SUBWAY/Subwear). § 30 Abs. 4 und 5 MarkenG gelten nicht. Auch kann sich der Prioritätsjüngere gegen dritte Angreifer nicht auf die Gestattung in der Abgrenzungsvereinbarung und über diese auf das Recht des Prioritätsälteren berufen. Es gilt also nicht der Rechtsgedanke des § 986 BGB analog, welcher eine schuldrechtliche Gestattung zur Benutzung des älteren Rechts voraussetzt (zu diesem Rechtsgedanken als Einrede im Markenverletzungsprozess zB BGH GRUR 1995, 117 (120) – NEUTREX; BGH GRUR 1994, 652 (653) – VIRION; BGH GRUR 1993, 574 (575 f.) – Decker; BGH GRUR 2002, 967 (970) – Hotel Adlon).

Abgrenzungsvereinbarungen können im Ergebnis wettbewerbsbeschränkende Wirkungen im Sinne von § 1 GWB bzw. Art. 101 AEUV haben, unter anderem deshalb, weil sich der Prioritätsjüngere in der Regel verpflichtet, die Marke nicht für bestimmte Waren/Dienstleistungen einzusetzen. Diese Wettbewerbsbeschränkung ist allerdings dann kartellrechtlich unbedenklich, wenn zumindest eine ernsthafte Möglichkeit besteht, dass dem Prioritätsälteren insoweit ohnehin Unterlassungsansprüche zustehen. Geht es den Markeninhabern primär um die Lösung eines wirklichen markenrechtlichen Konflikts, sind dadurch bewirkte Wettbewerbsbeschränkungen nur dann kartellrechtlich relevant, wenn sie spürbar sind. Dazu bedarf es stets besonderer Umstände und Feststellungen im Einzelfall, um eine Rechtswidrigkeit zu begründen (stRspr, zB BGH GRUR 1976, 323 – Thermalquelle, vgl. auch BGH GRUR 2016, 849 Rn. 23, 31 – Pelican/Pelikan). Für die Beurteilung kommt es auf die Rechtslage und den Stand der Rechtsprechung zum Zeitpunkt des Abschlusses der Abgrenzungsvereinbarung an (BGH GRUR 2011, 641 Rn. 18 ff. – Jette Joop; BGH WuW 2016, 595 Rn. 14 – Peek&Cloppenburg II; BGH GRUR 2016, 849 Rn. 21 – Pelican/Pelikan). Im Geltungsbereich von Art. 101, 102 AEUV hat der EuGH darauf abgestellt, ob die Abgrenzungsvereinbarung nur dazu dient, in beiderseitigem Interesse der Parteien Verwechslungen und Konflikte zu vermeiden, und mit ihr keine Marktaufteilungen oder andere Wettbewerbsbeschränkungen bezweckt werden. Dabei ist der Anwendungsbereich zulässiger Abgrenzungsvereinbarungen nicht auf eindeutige Kollisionsfälle beschränkt. Den Parteien ist ein Einschätzungsspielraum für die markenrechtliche Beurteilung einzuräumen, der nicht zu eng zu bemessen ist (vgl. zB EuGH GRUR Int. 1985, 399 – Toltecs/Dorcet II; zur kartellrechtlichen Problematik s. zB ausführlich Fezer/*Fammler*, Handbuch der Markenpraxis, Band II 1 A Rn. 7 ff.; *Harte-Bavendamm/v. Bomhard* GRUR 1998, 530 ff.; *Schwanhäusser* GRUR Int. 1985, 816 ff.; *Kirchhoff* GRUR 2017, 248 ff.).

2. Es empfiehlt sich, eine Art Präambel aufzunehmen, die den Ausgangspunkt der Abgrenzungsvereinbarung festhält. Sie definiert insbesondere auch den Kenntnisstand der Parteien über die Kennzeichenrechte der jeweils anderen Seite. Sofern die Parteien mehrere Marken im Ähnlichkeitsbereich besitzen, vielleicht auch ausländische Marken oder Unionsmarken, kann es angezeigt sein, sämtliche Marken in die Abgrenzung einzubeziehen. Dies kann eine diffizile Regelung erfordern, insbesondere wenn die Prioritätslage in verschiedenen Ländern oder hinsichtlich verschiedener Waren/Dienstleistungen unterschiedlich ist. Auch die Einbeziehung anderer Kennzeichenrechte, wie zB Unternehmenskennzeichenrechte oder Titelrechte, kann sinnvoll sein.

3. Die konkrete Benutzung des Zeichens durch den Prioritätsjüngeren ist nicht Gegenstand des Widerspruchsverfahrens, sondern wäre gegebenenfalls in einem Verletzungsprozess zu klären (→ Form. B.3 Anm. 1). Es ist aber ratsam und üblich, dieses Konfliktpotential aus Anlass der Einigung über die Markeneintragung mitzuregeln, um die gewünschte Rechtssicherheit zu schaffen. Anderenfalls bliebe der Prioritätsältere – trotz Abschluss einer Abgrenzungsvereinbarung über die Markeneintragungen – hinsichtlich der Benutzung der Marke auf die Geltendmachung seiner gesetzlichen Unterlassungsansprüche angewiesen (vgl. OLG Hamburg GRUR-RR 2008, 239 (241) – ACRI). Gleichzeitig könnte der Prioritätsjüngere nicht darauf vertrauen, dass seine Benutzung auch auf Dauer geduldet würde. Wenn noch kein Verletzungsrechtsstreit anhängig ist, ist es unüblich, eventuelle Beschränkungen oder Unterlassungsverpflichtungen des Prioritätsjüngeren mit einer Strafbewehrung zu versehen. Hat der Prioritätsjüngere bereits die Benutzung für Produkte aufgenommen, die er in Zukunft nicht mehr benutzen soll, kann eine Strafbewehrung aber angemessen sein. Die Unterlassungsverpflichtung wird sich typischerweise auf diejenigen Produkte beziehen, an denen der Prioritätsältere ein überwiegendes Interesse hat. Die Abgrenzungsvereinbarung wird meist nur dann geschlossen werden können, wenn sich die Hauptinteressengebiete der Parteien zB nach Produktgruppen, ggf. auch nach Adressatenkreisen oder Absatzmärkten voneinander abgrenzen lassen. Je nach den Verhandlungspositionen (zB wenn in unterschiedlichen Ländern oder für unterschiedliche Waren einmal die eine und einmal die andere Partei die jeweils älteren Rechte besitzt) kann es auch angemessen sein, dass beide Parteien sich Einschränkungen unterwerfen.

4. Die Einschränkung des Warenverzeichnisses kann jederzeit gegenüber dem DPMA einseitig vom Inhaber erklärt werden (für das Anmeldeverfahren s. § 39 Abs. 1 MarkenG: teilweise Zurücknahme; für die eingetragene Marke s. § 48 Abs. 1 MarkenG: Teilverzicht; zur Einschränkung des Verzeichnisses → Form. B.1 Anm. 16). Entsprechendes gilt im Unionsmarkenrecht. Auch die Einschränkung einer Unionsmarke ist beim EUIPO jederzeit, bis zur Eintragung durch Teilrücknahme (Art. 49 Abs. 1 UMV), nach der Eintragung im Wege des Teilverzichts (Art. 57 Abs. 1 UMV) möglich. Dabei ist zu beachten, dass eine Beschränkung des Waren- und Dienstleistungsverzeichnisses – anders als die Verpflichtung hinsichtlich der Benutzung (→ Anm. 3, 5) – nicht nur zwischen den Vertragsparteien wirkt, sondern auch unmittelbar den Schutzumfang der Marke gegenüber Dritten schmälert.

4. Abgrenzungsvereinbarung B. 4

5. Die Beschränkung der Benutzung des Zeichens auf bestimmte graphische Formen ist häufig in Abgrenzungsvereinbarungen zu finden, wenngleich sie nicht Gegenstand des Widerspruchsverfahren ist (→ Anm. 3). Eine Änderung der eingetragenen Form der Marke im Register ist – anders als eine Beschränkung des Verzeichnisses der Waren/Dienstleistungen – nicht möglich. Auch die Benutzung einer abweichenden Gestaltung kann aber ggf. rechtserhaltend für die eingetragene Marke wirken, wenn die Abweichung den kennzeichnenden Charakter der Marke nicht iSd § 26 Abs. 3 MarkenG verändert (zur Frage, inwieweit abweichende Markenformen für die rechtserhaltende Benutzung ausreichend sind, vgl. Ingerl/*Rohnke* MarkenG § 26 Rn. 125 ff.; Ströbele/Hacker/*Ströbele* MarkenG § 26 Rn. 139 ff.).

6. Damit Auseinandersetzungen auch für die Zukunft vermieden und die Beschränkung des Verzeichnisses der angegriffenen Marke (→ Anm. 4) nicht durch unbeschränkte Neuanmeldungen unterlaufen werden, ist es ratsam, eine Regelung für etwaige Neuanmeldungen des Prioritätsjüngeren aufzunehmen. Diese kann sowohl identische Neuanmeldungen als auch Abwandlungen und – je nach Geltungsbereich der Vereinbarung (→ Anm. 10) – inländische ebenso wie ausländische Neuanmeldungen betreffen.

7. Ebenso ist es sinnvoll, eine Regelung für zukünftige Neuanmeldungen des Inhabers der prioritätsälteren Marken und deren Benutzung zu schaffen. Diese Neuanmeldungen wären ihrerseits nämlich jünger als die (nach Rücknahme des Widerspruchs fortbestehende) Marke des Prioritätsjüngeren. Ähnlichkeit der Marken vorausgesetzt, könnte der Prioritätsjüngere deshalb gegen solche Neuanmeldungen des Inhabers und ggf. deren Benutzung vorgehen. Demgegenüber kann der Inhaber ein berechtigtes Interesse daran haben, Abwandlungen seines älteren Zeichens neu anzumelden, zB um bei einer Ausdehnung seines Produktsortiments auf weitere Waren/Dienstleistungen die eingeführte Marke zu verwenden oder um Änderungen der graphischen Gestaltung markenrechtlich abzusichern, ohne das Risiko eingehen zu müssen, dass diese nicht mehr als Benutzung der eingetragenen Marke angesehen werden. Diesen Interessen wird dadurch Rechnung getragen, dass der Prioritätsjüngere das bessere Recht des Inhabers anerkennt, indem er schon jetzt erklärt, dass solche Marken, die den kollisionsbegründenden Bestandteil (im vorliegenden Fall FLASH) enthalten, von ihm nicht angegriffen werden (Vorrechtsvereinbarung). Andererseits wird sich auch der Prioritätsjüngere dagegen absichern wollen, dass der Inhaber sich bei seinen Neuanmeldungen nicht zu sehr an die geduldete Marke des Prioritätsjüngeren annähert oder diese gar identisch anmeldet und verwendet. Dazu dient die ausdrückliche Herausnahme des Zeichens FLASHER.

Die verwendete Formulierung schließt ausdrücklich nur Angriffe gegen Neuanmeldungen und gegen die Benutzung prioritätsjüngerer Kennzeichen aus, die aufgrund der Eintragung oder Benutzung der geduldeten Marke geltend gemacht werden könnten, weil sie in deren Schutzbereich eingreifen. Gegen die (ursprüngliche) Marke des Inhabers kann der Prioritätsjüngere idR ohnehin nicht vorgehen, zumindest nicht aufgrund der geduldeten jüngeren Marke. Bei der hier verwendeten Formulierung dürfte aber die Löschung wegen Verfalls gemäß § 49 Abs. 1 MarkenG geltend gemacht werden, soweit die Marke nicht rechtserhaltend benutzt worden ist. Ob solche Löschungsansprüche wegen Nichtbenutzung (einseitig oder gegenseitig) wirksam ausgeschlossen werden können, ist umstritten und vom Einzelfall abhängig (vgl. Ströbele/Hacker/*Hacker* MarkenG § 30 Rn. 132 mwN). Dafür spricht insbesondere, dass auch im Widerspruchs- und Verletzungsverfahren die Geltendmachung der Nichtbenutzung als Einrede ausgestaltet und somit der Parteiinitiative unterstellt ist. Allerdings können Vereinbarungen, die Löschungsansprüche wegen Nichtbenutzung ausschließen, kartellrechtlich problematisch sein, wenn sie Unterlassungspflichten begründen, die über das markenrechtlich Gebotene hinausgehen und damit eine Wettbewerbsbeschränkung bezwecken oder eine spürbare Wettbewerbsbeschränkung bewirken (→ Anm. 1). Hiervon zu unterscheiden sind die

Verfallsgründe nach § 49 Abs. 2 MarkenG sowie die Nichtigkeitsgründe nach § 50 Abs. 1 MarkenG. Diese können nicht wirksam durch eine Abgrenzungsvereinbarung ausgeschlossen werden, weil sie nicht das Verhältnis der Marken zueinander betreffen, sondern im öffentlichen Interesse liegen.

8. Mit der Rücknahme des Widerspruchs endet das Widerspruchsverfahren ohne Sachentscheidung. Der Widerspruch kann bis zur Rechtskraft der Entscheidung über den Widerspruch jederzeit, also auch noch im Beschwerdeverfahren vor dem BPatG, zurückgenommen werden. In diesem Fall wird der zuvor ergangene Beschluss des DPMA wirkungslos (§ 82 Abs. 1 S. 1 MarkenG, § 269 Abs. 3 S. 1 ZPO; BGH GRUR 1998, 818 – PUMA). Zur Kostenfolge → Anm. 12.

9. Die Beendigung des Widerspruchsverfahrens durch Rücknahme des Widerspruchs schließt weder eine spätere Löschungsklage noch eine Unterlassungsklage gegen die tatsächliche Benutzung der Marke aus. Deshalb ist es für den Prioritätsjüngeren empfehlenswert, eine ausdrückliche Nichtangriffsklausel aufzunehmen. Der Inhalt wird sich wiederum an den Benutzungshandlungen orientieren, die der Inhaber als weniger störend akzeptiert hat und die dem nun eingeschränkten Verzeichnis der Waren/Dienstleistungen der jüngeren Marke entsprechen. Zu den Grenzen der Nichtangriffsabrede → Anm. 7.

10. Es ist empfehlenswert, eine ausdrückliche Bestimmung der geographischen Reichweite der Abgrenzungsvereinbarung aufzunehmen. Anderenfalls wird bei einer Abgrenzungsvereinbarung, deren Anlass ein Widerspruchsverfahren über deutsche Marken ist, die Annahme naheliegen, dass sie nur Deutschland betrifft. Ist bereits vorhersehbar, dass die Parteien auch im Ausland aufeinandertreffen werden, ist häufig eine Erstreckung der Vereinbarung auch auf diese Länder sinnvoll. Das gilt insbesondere für das Gebiet der EU, das durch Unionsmarkenanmeldungen betroffen sein kann (s. *Harte-Bavendamm/v. Bomhard* GRUR 1998, 530). Vor Abschluss einer solchen Vereinbarung mit Erstreckung auf das Ausland sollte die Prioritätslage in anderen Ländern recherchiert werden. Nicht selten ist der in Deutschland Prioritätsjüngere im Ausland der Prioritätsältere, so dass eine differenzierte Abgrenzung erforderlich werden kann. Ferner können ausländische Rechtsordnungen besondere Regelungen erforderlich machen. Zum Beispiel sollte berücksichtigt werden, dass – anders als bei deutschen Markenanmeldungen oder Unionsmarkenanmeldungen – in manchen Ländern (zB USA, Russland, China) ältere ähnliche Marken schon von Amts wegen der Eintragung einer jüngeren Marke entgegengehalten werden. Dies kann dazu führen, dass die bloße Verpflichtung zum Nichtangriff von Neuanmeldungen (→ Anm. 7) nicht ausreicht, um Neuanmeldungen im Ausland erfolgreich zu platzieren. In vielen, aber nicht allen Ländern können Zustimmungserklärungen des Inhabers der älteren Marke (sog. „Letter of Consent") darüber hinweghelfen. Im Übrigen ist zu beachten, dass eine Ausdehnung des Geltungsbereichs der Vereinbarung über die bestehende Kollisionslage hinaus kartellrechtliche Probleme aufwerfen kann, insbesondere wenn es dadurch zu Marktaufteilungen oder zur Erschwerung des Marktzutritts in einzelnen Ländern kommt (→ Anm. 1).

11. Abgrenzungsvereinbarungen werden regelmäßig als Dauerschuldverhältnis auf unbegrenzte Zeit abgeschlossen. Kündigungsmöglichkeiten aus wichtigem Grund ergeben sich aus § 314 BGB. Im Übrigen können die Grundsätze über die Störung der Geschäftsgrundlage (§ 313 BGB) heranzuziehen sein. Da § 30 Abs. 5 MarkenG nicht gilt (→ Anm. 1), sind Rechtsnachfolger (zB Erwerber der Marken) nicht ohne weiteres an die Verpflichtungen, zB die Nichtangriffsverpflichtungen aus der Abgrenzungsvereinbarung, gebunden (vgl. zB BGH GRUR 1981, 591 (592) – Gigi-Modelle). Ohne vertragliche Regelung gehen die Rechte und Pflichten der Abgrenzungsvereinbarung nach §§ 25, 27, 28 HGB über, wenn der Geschäftsbetrieb, in dessen Rahmen die Vereinbarung geschlossen wurde, als Ganzes veräußert wird. Im Übrigen bedarf die Rechtsnachfolge

4. Abgrenzungsvereinbarung

einer schuldrechtlichen Verpflichtung, wie eines Schuldbeitritts, einer Schuldübernahme oder eines Vertrages zugunsten Dritter. Eine Einbeziehung von Rechtsnachfolgern in die Pflichten wäre als Vertrag zu Lasten Dritter (ohne Zustimmung des Dritten) unwirksam. Deshalb empfiehlt sich eine ausdrückliche Verpflichtung, die jeweiligen vertraglichen Pflichten auf Rechtsnachfolger zu übertragen. Anderenfalls wäre die auf eine dauerhafte Konfliktbeilegung gerichtete Abgrenzungsvereinbarung nicht hinreichend stabil. In die Rechte der Vereinbarung treten Rechtsnachfolger in der Regel (ohne ausdrückliche Regelung) automatisch ein (vgl. BGH GRUR 2002, 967 (970) – Hotel Adlon zur geschäftlichen Bezeichnung). Eine klarstellende Regelung erscheint aber empfehlenswert (Vertrag zugunsten Dritter gemäß § 328 BGB). Insbesondere bei Konzernstrukturen kann auch die Einbeziehung verbundener Unternehmen sinnvoll sein. Gegebenenfalls ist es ratsam, diese genau zu definieren, wobei zB an die Vorschriften der §§ 15 ff. AktG angeknüpft werden kann.

12. Das DPMA trifft bei Beendigung des Widerspruchsverfahrens durch Rücknahme in der Regel keine Kostenentscheidung, insbesondere sind § 269 Abs. 3 S. 2 und 3 ZPO nicht anwendbar (BGH GRUR 1998, 818 – PUMA). Es gilt der Grundsatz, dass jeder Beteiligte unabhängig vom Verfahrensausgang seine Kosten selbst trägt, § 63 Abs. 1 S. 3 MarkenG. Nur ausnahmsweise werden die Kosten aus Billigkeitsgründen einem Beteiligten auferlegt. Vertraglich können Kostenerstattungsansprüche aber natürlich frei vereinbart werden.
Betrifft die Abgrenzungsvereinbarung einen Widerspruch gegen eine Unionsmarkenanmeldung, kann sich die Rücknahme des Widerspruchs auf die Kostenfolge auswirken. Wird der Widerspruch aufgrund der Beschränkung des Verzeichnisses und noch während der sog. cooling-off-period (dh vor Beginn des kontradiktorischen Verfahrens, Art. 6 Abs. 1 DVUM) erklärt, wird die Widerspruchsgebühr erstattet und es ergeht keine Kostenentscheidung (Art. 6 Abs. 4 DVUM). Nach Beginn des kontradiktorischen Verfahrens ergeht eine Kostenentscheidung, es sei denn, die Parteien informieren das EUIPO über ihre Kostenvereinbarung (vgl. Art. 109 Abs. 6 UMV; Einzelheiten s. EUIPO, Prüfungsrichtlinien für Unionsmarken, Teil C, Widerspruch, Abschnitt 1, Verfahrensfragen, Stand 1.10.2017, S. 63 ff.).

13. Ein Vertrag birgt das Risiko, dass einzelne Bestimmungen unwirksam sind oder werden. Ist dies der Fall, folgt aus § 139 BGB grundsätzlich die Nichtigkeit des gesamten Vertrages, wenn nicht anzunehmen ist, dass er auch ohne den nichtigen Teil geschlossen worden wäre. Deshalb sollte zum Ausdruck gebracht werden, dass die Parteien den Vertrag auch ohne den unwirksamen Teil abgeschlossen hätten und an diesem festhalten wollen (sog. salvatorische Klausel; zur Auslegung und geltungserhaltenden Reduktion einer Abgrenzungsvereinbarung vgl. auch BGH GRUR 2011, 835 Rn. 53 ff. – Jette Joop; BGH BeckRS 2013, 03988 Rn. 47 – Peek & Cloppenburg). Zusätzlich kann sich die Aufnahme üblicher Vertragsklauseln empfehlen, zB eine Regelung zum anwendbaren Recht (Art. 3 Rom I-VO, insbesondere bei internationalen Markenkollisionen), eine Gerichtsstandsvereinbarung (§ 38 ZPO bzw. Art. 25 Brüssel Ia-VO), Schriftformklausel etc.

5. Beschwerde

An das

Deutsche Patent- und Markenamt[1]

80297 München

Vorab per Telefax: 0 89/21 95–22 21[2]

Aktenzeichen: ......
Markenanmeldung: PRIME TIME
Anmelderin: ......

Namens und im Auftrag der Anmelderin[3] legen wir gegen den Beschluss der Markenstelle für Klasse 25 des Deutschen Patent- und Markenamtes vom 26.8.2016, uns zugestellt am 29.8.2016,[4]

Beschwerde[5]

ein und beantragen, den Beschluss aufzuheben, soweit die Markenanmeldung „PRIME TIME" für die Waren „Uhren" zurückgewiesen worden ist.[6]

Hilfsweise beantragen wir die Anberaumung eines Termins zur mündlichen Verhandlung.[7]

Begründung:[8]

Entgegen der Auffassung des Erstprüfers ist PRIME TIME für die angemeldeten Waren schutzfähig.

1. Dem Anmeldezeichen fehlt auch für „Uhren" nicht jegliche Unterscheidungskraft gemäß § 8 Abs. 2 Nr. 1 MarkenG. Es mag sein, dass der inländische Verkehr die englischen Worte „PRIME" (iSv „erstklassig") und „TIME" (iSv „Zeit") kennt. Für die Frage der Schutzfähigkeit kommt es aber nicht auf die Einzelelemente, sondern auf das Zeichen als Ganzes an. „PRIME TIME" hat als Begriff für „Hauptsendezeit" Eingang in die deutsche Sprache gefunden. Der Gesamteindruck der Wortkombination geht somit über die bloße Zusammenfügung beschreibender Einzelelemente hinaus. In seiner Gesamtheit ist das Zeichen deshalb als betrieblicher Herkunftshinweis für Uhren geeignet.[9]

2. Für das Anmeldezeichen besteht auch kein Freihaltebedürfnis gemäß § 8 Abs. 2 Nr. 2 MarkenG. Die allein maßgebliche Gesamtaussage von „PRIME TIME" ist nicht geeignet, Uhren nach ihrer Beschaffenheit oder sonstiger Merkmale zu beschreiben, so dass sie nicht zur Benutzung durch Mitbewerber freizuhalten ist.[10]

Die Beschwerdegebühr in Höhe von 200 EUR bitten wir, von unserem Konto einzuziehen. Eine Einzugsermächtigung ist als Anlage beigefügt.[12]

Rechtsanwalt[11, 13]

Schrifttum: vgl. die Hinweise → Form. B.1.

Anmerkungen

1. Die Beschwerde ist beim DPMA einzulegen (§ 66 Abs. 2 MarkenG). Die Einlegung beim BPatG ist nicht fristwahrend und nur dann unschädlich, wenn die Beschwerdeschrift weitergeleitet wird und noch innerhalb der Beschwerdefrist beim DPMA eingeht. Damit kann jedenfalls dann nicht gerechnet werden, wenn die Beschwerde erst am Nachmittag des letzten Tages der Beschwerdefrist beim BPatG eingeht (vgl. BPatG Beschl. v. 19.4.2012 – 30 W 551/11, BeckRS 2012, 11678). Zur Frist → Anm. 4.

In einseitigen Verfahren (wie dem dem Formular zugrunde liegenden Anmeldeverfahren) kann das DPMA der Beschwerde durch Aufhebung des angefochtenen Beschlusses abhelfen und ggf. auch die Beschwerdegebühr zurückzahlen, § 66 Abs. 5 MarkenG. Anderenfalls ist die Beschwerde vor Ablauf eines Monats ohne Stellungnahme dem BPatG vorzulegen. In mehrseitigen Verfahren wie zB in Widerspruchsverfahren besteht keine Abhilfemöglichkeit, sondern die Beschwerde ist unverzüglich dem BPatG vorzulegen, § 66 Abs. 5 S. 2, S. 5 MarkenG.

2. Die Beschwerde ist schriftlich einzulegen (§ 66 Abs. 2 MarkenG). Dies erfordert insbesondere die eigenhändige Unterschrift des Beschwerdeführers oder seines Prozessbevollmächtigten. Es genügt jedoch, wenn das unterzeichnete Original der Beschwerdeschrift per Telefax an das DPMA übermittelt wird. Darüber hinaus lässt die Rechtsprechung Ausnahmen vom Erfordernis der eigenhändigen Unterschrift zu, wenn im Einzelfall zweifelsfrei ersichtlich ist, von wem die Erklärung herrührt und dass kein bloßer Entwurf vorliegt, sondern die Erklärung mit Wissen und Willen des Berechtigten dem DPMA zugeleitet worden ist (vgl. zB BGH GRUR 2003, 1068 – Computerfax; aber auch BGH NJW 2005, 2086 – Berufungsbegründung mittels Computerfax ohne eingescannte Unterschrift). Unter bestimmten Voraussetzungen, insbesondere unter Verwendung einer qualifizierten elektronischen Signatur nach dem Signaturgesetz oder einer geeigneten fortgeschrittenen Signatur einer internationalen Organisation auf dem Gebiet des gewerblichen Rechtsschutzes (zugelassen ist Online Service Smart Card des EPA), ist auch die elektronische Einlegung möglich (§ 95a Abs. 1 MarkenG iVm § 130a Abs. 1, Abs. 3 ZPO, § 12 DPMAV, § 1 Nr. 3 Buchst. b ERVDPMAV). Hinsichtlich der einzelnen Voraussetzungen wird auf die ERVDPMAV sowie die weiterführenden Hinweise auf der Website des DPMA (aktuell unter dem Link „DPMAdirekt", https://www.dpma.de/service/e_dienstleistungen/dpmadirekt/index.html) verwiesen. Eine Einlegung per Email ist nicht zulässig.

3. Beschwerdeberechtigt ist jeder am Verfahren vor dem DPMA Beteiligte (§ 66 Abs. 1 S. 2 MarkenG). Das sind zB der Anmelder, der Widersprechende, Antragsteller und Markeninhaber im Löschungsverfahren usw. Der Beteiligte kann sich eines Vertreters bedienen, es besteht aber kein Anwalts- oder Vertreterzwang, wie sich aus § 81 Abs. 1 MarkenG ergibt. Der Vertreter muss nicht als Anwalt zugelassen sein. Bestellt sich ein Rechtsanwalt oder Patentanwalt als Vertreter, wird die Vollmacht nicht von Amts wegen geprüft (§ 81 Abs. 6 S. 2 MarkenG). Im Übrigen kann die Vollmacht nachgereicht werden (§ 81 Abs. 5 S. 2 MarkenG). Der auswärtige Anmelder, der im Inland keinen Wohnsitz, Sitz oder eine Niederlassung hat, muss sich eines Inlandsvertreters bedienen, an den das Gericht zustellen kann (§ 96 MarkenG; → Form. B.1 Anm. 8). Das DPMA ist nicht Beteiligter im Beschwerdeverfahren.

4. Die Beschwerde ist innerhalb eines Monats nach Zustellung des angefochtenen Beschlusses einzulegen, § 66 Abs. 2 MarkenG. Diese **Frist** wird allerdings nur in Gang gesetzt, wenn der Beschluss mit ordnungsgemäßer Rechtsmittelbelehrung versehen war (§ 61 Abs. 2 MarkenG). Für die Fristberechnung gelten § 222 ZPO, §§ 187 ff. BGB. Auch die Beschwerdegebühr muss innerhalb der Beschwerdefrist gezahlt werden (§ 6 Abs. 1 S. 1 PatKostG). Zur Beschwerdegebühr → Anm. 12. Wiedereinsetzung in den vorigen Stand kann in Betracht kommen (§ 91 MarkenG, zur Wiedereinsetzung nach Versagung von Verfahrenskostenhilfe s. BGH Beschl. v. 14.4.2011 – I ZA 21/10, BeckRS 2011, 11531 Rn. 17 ff. – TSP Trailer-Stabilization-Program).

Bei der Durchgriffsbeschwerde gibt es keine Beschwerdefrist, sondern im Gegenteil eine Mindestzeit, die abzuwarten ist (→ Anm. 5). Sie beträgt nach § 66 Abs. 3 S. 1 MarkenG im einseitigen Verfahren zunächst 6 Monate, woraufhin ein „Antrag auf Entscheidung" zu stellen ist. Zwei Monate nachdem dieser Antrag dem DPMA zugegangen ist, ist die Durchgriffsbeschwerde statthaft. Sie wird nach § 66 Abs. 3 S. 8 MarkenG wieder unzulässig, soweit die Erinnerungsentscheidung ergangen ist. Im zweiseitigen Verfahren kann der Antrag auf Entscheidung gemäß § 66 Abs. 3 S. 2 MarkenG erst nach 10 Monaten gestellt werden.

5. Die Beschwerde ist ein Rechtsmittel und **statthaft** gegen Beschlüsse der Markenstellen und -abteilungen des DPMA, § 66 Abs. 1 S. 1 MarkenG. Darunter fällt nach dem „materiellen" Beschlussbegriff jede Entscheidung, die eine abschließende Regelung enthält, welche die Rechte von Verfahrensbeteiligten berührt (BPatGE 29, 65 (66) zum Patentrecht; BPatGE 2, 56 (58); im Einzelnen in Ströbele/Hacker/*Ströbele* MarkenG § 66 Rn. 7 ff.). Hat die Entscheidung die äußere Form eines Beschlusses, ist sie immer beschwerdefähig („formaler" Beschlussbegriff, BPatGE 13, 163 (164)). Soweit ein Beschluss von einem Beamten des gehobenen Dienstes oder einem vergleichbaren Angestellten erlassen worden ist, hat die (teilweise) unterlegene Partei ein Wahlrecht zwischen der Beschwerde (§§ 64 Abs. 6, 66 MarkenG) und der Erinnerung (§ 64 MarkenG), über welche das DPMA entscheidet.

Da für den Adressaten des Beschlusses die dienstrechtliche Stellung des Unterzeichners nicht immer zweifelsfrei sein wird, kommt der Rechtsmittelbelehrung (§ 61 Abs. 2 MarkenG), aus welcher das statthafte Rechtsmittel hervorgeht, besondere Bedeutung zu. Für den Fall, dass in einem Verfahren mit mehreren Beteiligten eine teilweise unterlegene Partei Erinnerung und die andere teilweise unterlegene Partei Beschwerde einlegt, s. § 64 Abs. 6 S. 2 MarkenG.

Daneben sieht § 66 Abs. 3 MarkenG die Durchgriffsbeschwerde gegen Erstbeschlüsse des DPMA vor, gegen die eigentlich die Erinnerung der statthafte Rechtsbehelf ist, wenn das DPMA über die Erinnerung nicht innerhalb eines gewissen Zeitraumes entschieden hat. Im einseitigen Verfahren ist die Durchgriffsbeschwerde zulässig, wenn über die Erinnerung nicht innerhalb von sechs Monaten entschieden worden ist, ein Antrag auf Entscheidung nach Ablauf dieser sechs Monate gestellt worden ist und auch auf diesen Antrag hin innerhalb von zwei Monaten kein Beschluss des DPMA ergangen ist. In der Praxis ist dies nur selten der Fall. Abgesehen von den besonderen Zulässigkeitsvoraussetzungen gelten im Verfahren mit nur einem Beteiligten keine Besonderheiten gegenüber der „normalen" Beschwerde (zu Abweichungen im Verfahren mit mehreren Beteiligten siehe § 66 Abs. 3 S. 3–5 MarkenG sowie *Ingerl/Rohnke* MarkenG § 66 Rn. 25 f.; Ströbele/Hacker/*Knoll* MarkenG § 66 Rn. 16 f.).

Der Beschwerdeführer muss durch die angefochtene Entscheidung **beschwert** sein, entweder weil seinem Antrag nicht in vollem Umfang stattgegeben worden ist (formelle Beschwer) oder sonst eine Entscheidung zu seinem Nachteil ergangen ist (materielle Beschwer, vgl. im Einzelnen *Ingerl/Rohnke* MarkenG § 66 Rn. 34 und Ströbele/Hacker/*Knoll* MarkenG § 66 Rn. 33). In diesem Formular richtet sich die Beschwerde gegen einen Beschluss des DPMA, mit welchem eine Markenanmeldung zurückgewiesen worden ist.

Die Beschwerde hat aufschiebende Wirkung, § 66 Abs. 1 S. 3 MarkenG.

Für das Rechtsmittel der **Erinnerung** gemäß § 64 MarkenG kann das vorliegende Formular in gleicher Weise verwendet werden. Zur Erinnerung s. → Form. B.1 Anm. 23.

5. Beschwerde

Gegen Beschlüsse des EUIPO betreffend **Unionsmarken** ist ausschließlich das separate Beschwerdeverfahren nach Art. 66 ff. UMV bei den Beschwerdekammern des EUIPO statthaft. Die Beschwerde ist dort innerhalb von zwei Monaten ab Zustellung der Entscheidung schriftlich beim EUIPO einzulegen, und innerhalb von vier Monaten nach Zustellung schriftlich zu begründen (Art. 68 Abs. 1 UMV). Die Beschwerdegebühr beträgt 720 EUR. Das Rechtsmittel der Beschwerde kann beim EUIPO auch elektronisch eingereicht werden (Einzelheiten zum Beschwerdeverfahren beim EUIPO, siehe Webseite des EUIPO unter https://euipo.europa.eu/ohimportal/de/appeal; vgl. auch BeckOK UMV/ *Müller* Stand 26.6.2017, zu Art. 58 ff. UMV (a F)).

6. Das MarkenG stellt keine besonderen Anforderungen an den Inhalt der Beschwerde. Allerdings muss die Beschwerdeerklärung den angegriffenen Beschluss so genau bezeichnen, dass er eindeutig identifiziert werden kann, und sie die Person des Beschwerdeführers eindeutig erkennen lässt (*Ingerl/Rohnke* MarkenG § 66 Rn. 26; Ströbele/Hacker/*Knoll* MarkenG § 66 Rn. 40 ff.). Neben der Angabe des Beschwerdeführers (bei juristischen Personen einschließlich ihres gesetzlichen Vertreters) empfiehlt sich deshalb die Angabe des Aktenzeichens und des Datums des angegriffenen Beschlusses sowie der Markenanmeldung.

Ein Erfordernis bestimmter **Anträge** besteht nicht. Es ist allerdings hinreichend deutlich zu machen, welches Ziel der Beschwerdeführer verfolgt. Wird kein Antrag gestellt, ist idR davon auszugehen, dass der angegriffene Beschluss in vollem Umfang zur Überprüfung gestellt wird. Wird ein Antrag gestellt, genügt es im einseitigen Verfahren, die Aufhebung des angegriffenen Beschlusses (ggf. in einem beschränkten Umfang) zu begehren. Die Anordnung der Eintragung der Marke muss nicht beantragt werden. Ein Antrag kann jederzeit bis zum Schluss der mündlichen Verhandlung gestellt werden. Wird ein das Beschwerdebegehren beschränkender Antrag einmal gestellt, bleibt der Beschwerdeführer daran gebunden. Im Übrigen gilt das Verbot der Schlechterstellung (reformatio in peius) gegenüber der angegriffenen Entscheidung. Eine Durchbrechung erfährt dieser Grundsatz durch die Möglichkeit einer Anschlussbeschwerde im mehrseitigen Verfahren (s. dazu Ströbele/Hacker/*Knoll* MarkenG § 66 Rn. 50 ff.).

7. Das BPatG entscheidet über die Beschwerde grundsätzlich ohne **mündliche Verhandlung**. Wie sich aus § 69 MarkenG ergibt, wird eine mündliche Verhandlung nur dann anberaumt, wenn einer der Beteiligten sie beantragt, vor dem BPatG Beweis erhoben wird oder das BPatG sie für sachdienlich erachtet. Der Antrag auf Durchführung der mündlichen Verhandlung kann bereits mit der Erhebung der Beschwerde, aber auch später jederzeit bis zur Absendung der Entscheidung durch die Geschäftsstelle gestellt werden (BGH GRUR 1997, 223 (224) – Ceco). Er kann – wie in diesem Formular – auch **hilfsweise** für den Fall gestellt werden, dass den Anträgen des Beschwerdeführers bzw. des Beteiligten, der die mündliche Verhandlung beantragt, nicht auch ohne mündliche Verhandlung in vollem Umfang entsprochen wird (BGH GRUR 2008, 731 Rn. 15 – alpha-CAM; *Ingerl/Rohnke* MarkenG § 69 Rn. 5). Wird eine mündliche Verhandlung beantragt, muss sie – unabhängig davon, ob sie sachdienlich erscheint – angeordnet werden, bevor eine Entscheidung ergeht, die für den die mündliche Verhandlung beantragenden Beteiligten nachteilig ist. Anderenfalls liegt eine Verletzung des rechtlichen Gehörs vor (BGH Beschl. v. 19.1.2006 – I ZB 77/05, BeckRS 2006, 07546 Rn. 8 f. – Rossi; BGH GRUR-RR 2008, 260 Rn. 8 – Melander). Durch die (hilfsweise) Beantragung einer mündlichen Verhandlung kann der Beschwerdeführer bzw. der andere Beteiligte deshalb sicherstellen, dass er vor Erlass einer für ihn nachteiligen Entscheidung durch die Ladung zum Termin erfährt, für wann eine Entscheidung vorgesehen ist, so dass er vor oder in der mündlichen Verhandlung ggf. noch ergänzend vortragen kann (→ Anm. 8). Der Antrag auf mündliche Verhandlung kann jederzeit wieder zurückgenommen werden. Dies schließt aber nicht die Durchführung der Verhandlung aus anderen Gründen (zB wegen Sachdienlichkeit) aus. Erscheint ein Beteiligter zur mündlichen Verhandlung nicht, wird ohne ihn entschieden. Ein Versäumnisurteil gibt es nicht.

8. Eine **Begründung** der Beschwerde ist gesetzlich nicht vorgeschrieben, aber in der Praxis die Regel und ratsam. Eine Begründung muss nicht mit Beschwerdeeinlegung erfolgen, sondern kann jederzeit bis zum Erlass einer Entscheidung, dh bis zur Absendung der Entscheidung durch die Geschäftsstelle, nachgereicht werden (BGH GRUR 1997, 223 (224) – Ceco). Eine angekündigte, aber nicht eingereichte Beschwerdebegründung muss vom BPatG allerdings nicht angefordert werden, sondern das BPatG kann nach angemessener Frist entscheiden (Ströbele/Hacker/*Knoll* MarkenG § 66 Rn. 42). Um eine nachteilige Entscheidung ohne vorherige Stellungnahme zu verhindern, kann (hilfsweise) Antrag auf mündliche Verhandlung gestellt werden (→ Anm. 7). Werden vom BPatG Fristen gesetzt, sollten diese eingehalten werden. Eine Überschreitung der Frist zieht in der Regel aber keine verfahrensrechtlichen oder materiell-rechtlichen Konsequenzen nach sich. Da das BPatG im Beschwerdeverfahren eine **Tatsacheninstanz** darstellt, ist insbesondere an die grundsätzlich jederzeit mögliche Ergänzung des Sachvortrages zu denken. Zum Beispiel ist es während des gesamten Beschwerdeverfahrens möglich, sich auf Verkehrsdurchsetzung der angemeldeten Marke zu berufen (→ Form. B.2; zu Vortrag nach Schluss der mündlichen Verhandlung s. auch BGH GRUR 2012, 89 Rn. 16 – Stahlschlüssel). Hält der Senat für einige der angemeldeten Waren/Dienstleistungen Schutzhindernisse für gegeben, für andere dagegen nicht, kann eine Beschränkung des Waren-/Dienstleistungsverzeichnisses sinnvoll sein (→ Form. B.1 Anm. 16). Aufgrund des (im einseitigen Verfahren mit Weiterleitung der Beschwerde an das BPatG eintretenden) Devolutiveffektes der Beschwerde ist die Beschränkung des Verzeichnisses gegenüber dem BPatG zu erklären. Dies kann auch noch in der mündlichen Verhandlung geschehen. In Bezug auf ein Löschungsverfahren hat der BGH klargestellt, dass ein Teilverzicht auf die Marke nur vor Schluss der mündlichen Verhandlung erklärt werden kann. Danach kann er nur noch bei Anordnung des schriftlichen Verfahrens (§ 82 Abs. 1 S. 1 MarkenG, § 128 Abs. 2 ZPO) oder Wiedereröffnung der mündlichen Verhandlung (§ 76 Abs. 6 S. 2 MarkenG) berücksichtigt werden (BGH GRUR 2011, 654 Rn. 13 ff. – Yoghurt-Gums). Im Übrigen kommt eine Zurückweisung wegen Verspätung im Beschwerdeverfahren in Betracht, soweit der Beibringungsgrundsatz gilt. Dies ist zB im Widerspruchsverfahren im Hinblick auf die Einrede mangelnder Benutzung nach § 43 Abs. 1 MarkenG der Fall. Insoweit sind auf das Beschwerdeverfahren aber nicht die Vorschriften der ZPO über die Berufung, sondern (soweit überhaupt entsprechend anwendbar) die Verspätungsvorschriften für das Verfahren erster Instanz anzuwenden (BGH GRUR 2010, 859 Rn. 15 – Malteserkreuz III). Da das Beschwerdeverfahren kein Anwaltsprozess iSv § 78 Abs. 1 ZPO ist, kommt eine Zurückweisung nach §§ 282 Abs. 2, 296 Abs. 2 ZPO nur in Betracht, wenn den Parteien durch richterliche Anordnung aufgegeben worden ist, die mündliche Verhandlung insbesondere durch Schriftsätze vorzubereiten (BGH GRUR 2010, 859 Rn. 16 – Malteserkreuz III).

9. Zur Unterscheidungskraft bei Wortmarken → Form. B.1 Anm. 12; im Einzelnen *Ingerl/Rohnke* MarkenG § 8 Rn. 108 ff.; Ströbele/Hacker/*Ströbele* MarkenG § 8 Rn. 69 ff. Zu Wortkombinationsmarken vgl. zB EuGH GRUR 2004, 674 – Postkantoor; EuGH GRUR 2004, 680 – BIOMILD; BGH GRUR 2009, 949 – My World; BGH GRUR 2009, 952 – DeutschlandCard; BGH GRUR 2012, 270 – Link economy; BGH GRUR 2014, 1204 Rn. 16 – DüsseldorfCongress; BGH GRUR 2017, 186 Rn. 32 – Stadtwerke Bremen.

10. Zum Freihaltebedürfnis → Form. B.1 Anm. 12; im Einzelnen *Ingerl/Rohnke* MarkenG § 8 Rn. 196 ff.; BGH GRUR 2017, 186 Rn. 41 ff. mwN – Stadtwerke Bremen.

11. Zu Formerfordernissen → Anm. 2, zur Vertretung durch Bevollmächtigte → Anm. 3.

Kosten und Gebühren

12. Die Beschwerdegebühr beträgt 200 EUR (GV 401.300 PatKostG) und muss gemäß § 6 Abs. 1 S. 1 PatKostG innerhalb der Beschwerdefrist des § 66 Abs. 2 MarkenG (→ Anm. 4) eingehen. Die Zahlung kann durch Bareinzahlung, Überweisung auf ein Konto des DPMA oder durch Erteilung eines SEPA-Lastschriftmandats erfolgen. Für Letzteres sollte der amtliche Vordruck 9530/9532 verwendet werden (www.dpma.de/service/dasdpmainformiert/gebuehrenzahlungbeimdpma/sepa_lastschrift/index.html). Welcher Tag als Zahlungstag gilt, ist in § 2 PatKostZV definiert, → Form. B.1 Anm. 22. Wird die Gebühr nicht, nicht vollständig oder nicht rechtzeitig gezahlt, gilt die Beschwerde als nicht eingelegt, § 82 Abs. 1 S. 3 MarkenG iVm § 6 Abs. 2 PatKostG. Wiedereinsetzung kann möglich sein (§ 91 MarkenG). Die unselbständige Anschlussbeschwerde ist gebührenfrei. Auch wenn ein Erinnerungsführer gemäß § 64 Abs. 6 MarkenG Beschwerde erhebt, nachdem zuvor der andere Beteiligte in einem mehrseitigen Verfahren Beschwerde erhoben hatte, ist vom Erinnerungsführer keine Beschwerdegebühr zu entrichten. Diese gilt durch die zu zahlende, aber niedrigere Erinnerungsgebühr iHv 150 EUR (GV 333.000 PatKostG) als abgegolten.

Für die Durchgriffsbeschwerde (→ Anm. 5) ist eine Beschwerdegebühr zu entrichten. Da für die Einlegung einer Durchgriffsbeschwerde nach § 66 Abs. 3 MarkenG keine Ausschlussfrist gilt (→ Anm. 4), ist für die Durchgriffsbeschwerdegebühr aber die allgemeine Regelung des § 6 Abs. 1 S. 2 PatKostG anzuwenden, so dass sie innerhalb von 3 Monaten ab Fälligkeit (Tag des Eingangs der Beschwerde beim DPMA) zu zahlen ist. Für die Fristberechnung gelten § 222 ZPO, §§ 187 ff. BGB.

Im Beschwerdeverfahren trägt grundsätzlich jeder Beteiligte seine Kosten – unabhängig vom Ausgang des Verfahrens – selbst, § 71 Abs. 1 S. 2 MarkenG. Bei mehrseitigen Beschwerdeverfahren kann der Senat aus Billigkeitsgründen ausnahmsweise eine abweichende Kostenentscheidung treffen (§ 71 Abs. 1 S. 1 MarkenG). Auch im einseitigen Beschwerdeverfahren erhält der Beschwerdeführer seine Kosten in der Regel nicht erstattet, selbst wenn er in vollem Umfang obsiegt. Als Ausnahme von diesem Grundsatz sieht § 71 Abs. 3 MarkenG die Möglichkeit vor, die Rückzahlung der Beschwerdegebühr anzuordnen. Dies kommt nur aus Billigkeitsgründen in Betracht, dh wenn es aufgrund besonderer Umstände unbillig wäre, die Beschwerdegebühr einzubehalten. Hierüber entscheidet der Senat auch ohne Antrag von Amts wegen. Bei fehlendem Ausspruch erfolgt analog § 71 Abs. 1 S. 2 MarkenG keine Rückzahlung (im Einzelnen s. *Ingerl/Rohnke* MarkenG § 71 Rn. 35 ff.; Kur/v. Bomhardt/Albrecht/*Albrecht* MarkenG § 71 Rn. 65 ff.).

Gemäß § 82 Abs. 1 MarkenG iVm §§ 114 ff. ZPO kann für das Beschwerdeverfahren Verfahrenskostenhilfe zu gewähren sein (BGH GRUR 2009, 88 Rn. 8 ff. – ATOZ; BGH GRUR 2010, 270 Rn. 11 ff. und 26 – ATOZ III).

Fristen und Rechtsmittel

13. Zur Beschwerdefrist → Anm. 4.

Gegen die Entscheidung des BPatG ist die Rechtsbeschwerde statthaft, wenn das BPatG die Rechtsbeschwerde zugelassen hat (§ 83 Abs. 1 S. 1, Abs. 2 MarkenG) oder wenn einer der in § 83 Abs. 3 MarkenG aufgezählten Verfahrensmängel gerügt wird (zulassungsfreie Rechtsbeschwerde). Die Frist zur Einlegung der Rechtsbeschwerde beträgt einen Monat nach Zustellung des Beschlusses an den Rechtsbeschwerdeführer, § 85 Abs. 1 MarkenG. Im Einzelnen → Form. B.6.

6. Rechtsbeschwerde

Bundesgerichtshof[2]
– I. Zivilsenat –[3]
Herrenstraße 45 a
76133 Karlsruhe
In Sachen
......

– Markeninhaberin/Rechtsbeschwerdeführerin –[4]

Prozessbevollmächtigter: ......[5]
Mitwirkend: Patentanwalt Dipl.-Ing. ......[6]

gegen

......

– Widersprechende/Rechtsbeschwerdegegnerin –

zeigen wir an, dass wir die Vertretung der Rechtsbeschwerdeführerin vor dem BGH übernommen haben. Namens und im Auftrag der Rechtsbeschwerdeführerin legen wir hiermit

Rechtsbeschwerde[1]

gegen den Beschluss[7] des BPatG Az. ...... vom ......, zugestellt am ......,[8] ein und beantragen:

1. Der Beschluss des Bundespatentgerichts vom ......, Az. ...... wird aufgehoben und zur anderweitigen Verhandlung und Entscheidung an das Bundespatentgericht zurückverwiesen.[9]
2. Die Kosten des Verfahrens fallen der Rechtsbeschwerdegegnerin zur Last.[10]

Begründung:[11]

Das Bundespatentgericht hat in dem angegriffenen Beschluss die Rechtsbeschwerde zwar nicht zugelassen.[12] Die Rechtsbeschwerdeführerin beruft sich aber darauf, dass der Beschluss in einem wesentlichen Punkt nicht mit Gründen versehen ist.[13] Der Beschluss wird deshalb in vollem Umfang angefochten.[14]

Im Einzelnen:

Den Widerspruch der Rechtsbeschwerdegegnerin aus ihrer Marke ...... hat das DPMA zunächst wegen mangelnder Ähnlichkeit der sich gegenüberstehenden Zeichen zurückgewiesen. Als die Rechtsbeschwerdegegnerin daraufhin den Widerspruch im Beschwerdeverfahren weiterverfolgt hat, hat die Rechtsbeschwerdeführerin mit Schriftsatz vom ...... die Einrede der Nichtbenutzung hinsichtlich der Widerspruchsmarke erhoben.[15] Mit Schriftsatz vom ...... hat die Rechtsbeschwerdegegnerin Benutzungshandlungen mit einem Gesamtumsatzvolumen von rund 500 EUR vorgetragen. Die Rechtsbeschwerdeführerin hat daraufhin mit Schriftsatz vom . . . . . . die mangelnde Ernsthaftigkeit der Benutzung ausdrücklich gerügt und diese Rüge mit einer ausführlichen Darstellung der einschlägigen Rechtsprechung von BGH und BPatG sowie der europäischen Gerichte untermauert.[16]

In der Begründung des angegriffenen Beschlusses findet sich zum Einwand der mangelnden Benutzung nur der Satz: „Die Benutzung der Widerspruchsmarke ist durch die eidesstattliche Versicherung des Geschäftsführers der Widersprechenden hinreichend glaubhaft gemacht". Auf die von der Rechtsbeschwerdeführerin ausdrücklich gerügte fehlende Ernsthaftigkeit der Benutzungshandlungen ist das BPatG mit keinem Wort eingegangen, obwohl sich angesichts der außerordentlich geringen tatsächlichen Umsätze selbst ohne eine solche Rüge Zweifel hätten aufdrängen müssen. Die formelhafte Ablehnung des Nichtbenutzungseinwandes lässt nicht erkennen, welche Gründe für diese rechtliche Beurteilung des BPatG maßgebend waren.[17] Da es somit an einer ordnungsgemäßen Begründung fehlt, ist der Beschluss aufzuheben, ohne dass es auf weitere inhaltliche Mängel, insbesondere die unzutreffende Beurteilung der Zeichenähnlichkeit ankommt.[18]

Rechtsanwalt[19, 20, 21]

Anmerkungen

1. Die Rechtsbeschwerde ist ein revisionsähnliches Rechtsmittel, das in §§ 83–90 MarkenG näher geregelt ist. Ein anderes Rechtsmittel gegen Beschlüsse des BPatG sieht das Gesetz nicht vor (§ 82 Abs. 2 MarkenG), insbesondere nicht die sofortige Beschwerde des § 567 ZPO (vgl. BGH GRUR 1979, 696 – Kunststoffrad; Ströbele/Hacker/*Knoll* MarkenG § 83 Rn. 2). Gegen Beschwerde- und Erinnerungsentscheidungen des BPatG zu Kostenfestsetzungsbeschlüssen können uU Rechtsbeschwerden nach § 63 Abs. 3 S. 2 MarkenG bzw. § 71 Abs. 5 MarkenV iVm §§ 104 Abs. 3 S. 1, 574 ZPO in Betracht kommen (str.; → Anm. 7). Die Rechtsprechung zu §§ 100 ff. PatG kann ergänzend herangezogen werden (*Ingerl/Rohnke* MarkenG § 83 Rn. 22). Entsprechend dieser Ausgestaltung ist die Rechtsbeschwerde auf die Überprüfung von Rechtsfehlern beschränkt (§§ 84 Abs. 2, 89 Abs. 2 MarkenG). §§ 546, 547 ZPO gelten entsprechend, § 84 Abs. 2 S. 2 MarkenG. Tatsächliche Feststellungen können deshalb nur angegriffen werden, soweit ein Verstoß gegen allgemeine Erfahrungssätze oder Denkgesetze vorliegt (BGH GRUR 2002, 342 (343) – ASTRA/ESTRA-PUREN, BGH GRUR 1996, 198 (199) – Springende Raubkatze). Das betrifft zB Feststellungen zu Auffassungen der beteiligten Verkehrskreise oder dem Bekanntheitsgrad eines Zeichens usw.

2. Die Rechtsbeschwerde ist schriftlich beim Bundesgerichtshof einzulegen, § 85 Abs. 1 MarkenG.

3. Zuständig ist der I. Zivilsenat des BGH. Damit wird die Zweigleisigkeit des Rechtszuges von DPMA und BPatG einerseits und den ordentlichen Gerichten andererseits wenigstens in letzter Instanz aufgehoben, was für die Sicherung der Einheitlichkeit der Rechtsprechung von erheblicher Bedeutung ist (*Ingerl/Rohnke* MarkenG § 83 Rn. 7).

4. Beschwerdeberechtigt ist nach § 84 Abs. 1 MarkenG jeder Beteiligte des Beschwerdeverfahrens, wobei als weitere ungeschriebene Voraussetzung aber hinzukommt, dass der Beteiligte durch die angefochtene Beschwerdeentscheidung beschwert sein muss, also die Entscheidung ihm weniger gewährt, als er gefordert hat (zB BGH GRUR 1978, 591 – Kabe: Beschwer liegt vor, wenn das BPatG die Sache an das DPMA zur Feststellung einer eventuellen Verkehrsdurchsetzung zurückverweist, weil ein absolutes Schutzhindernis angenommen wird; BGH GRUR 2006, 701 Rn. 7 – Porsche 911; im Einzelnen siehe *Ingerl/Rohnke* MarkenG § 84 Rn. 2). Die Beschwer muss nicht von der Rechtsfrage abhängen, wegen der die Rechtsbeschwerde zugelassen wurde (BGH GRUR 1984, 797 (798) – Zinkenkreisel, für das Patentrecht).

5. Die Rechtsbeschwerde ist durch einen beim Bundesgerichtshof zugelassenen Rechtsanwalt einzulegen (§ 85 Abs. 5 S. 1 MarkenG; BGH GRUR 1985, 1052 – LECO).

6. Patentanwälte können die Rechtsbeschwerde zwar nicht selbst einlegen, soweit sie nicht gleichzeitig als Rechtsanwälte beim BGH zugelassen sind (→ Anm. 5), sie sind aber mitwirkungsberechtigt, § 85 Abs. 5 S. 2 MarkenG. Im Falle ihrer Mitwirkung sind die dadurch entstehenden zusätzlichen Kosten nach § 85 Abs. 5 S. 3 MarkenG nach § 13 RVG zuzüglich der Auslagen erstattungsfähig.

7. Statthaft ist die Rechtsbeschwerde gegen Beschlüsse des BPatG, mit denen über eine Beschwerde gegen Beschlüsse der Markenstellen oder Markenabteilungen des DPMA instanzabschließend entschieden worden ist (§ 83 Abs. 1 S. 1 MarkenG). Kostenentscheidungen des BPatG sind in Verbindung mit der Hauptsache rechtsbeschwerdefähig. Ausgenommen sind dagegen Beschwerdeentscheidungen zu Kostenfestsetzungsbeschlüssen des DPMA (BGH GRUR 1986, 453 – Transportbehälter; aA Ströbele/Hacker/*Knoll* MarkenG § 83 Rn. 12) sowie die isolierte Kostenentscheidung des Beschwerdeverfahrens, zB nach Erledigung oder Rücknahme der Beschwerde (BPatGE 12, 238 (242); anders aber zB BGH GRUR 2001, 139 (140) – Parkkarte, wo die Frage, ob überhaupt eine Kostengrundentscheidung ergehen soll, Hauptsache des Beschwerdeverfahrens war). Ebenfalls nicht rechtsbeschwerdefähig sind Entscheidungen zu Nebenfragen des Beschwerdeverfahrens, zB hinsichtlich der Einsicht in die Beschwerdeakten (BPatGE 17, 18 (25)). Das gilt auch wenn das BPatG die Rechtsbeschwerde irrtümlich zugelassen haben sollte (vgl. BGH GRUR 1986, 453 – Transportbehälter; BGH Beschl. v. 25.8.2015 – X ZB 8/14, BeckRS 2015, 15780 Rn. 5 – Überraschungsei; *Ingerl/Rohnke* MarkenG § 83 Rn. 18).

8. Die Frist zur Einlegung der Rechtsbeschwerde beträgt einen Monat nach Zustellung des Beschlusses an den Rechtsbeschwerdeführer, § 85 Abs. 1 MarkenG. Die Wiedereinsetzung in den vorigen Stand ist zulässig (§ 88 Abs. 1 MarkenG). Die Frist zur Einreichung der Begründung (→ Anm. 11) beträgt einen weiteren Monat nach der Einlegung der Rechtsbeschwerde und ist auf Antrag verlängerbar (§ 85 Abs. 3 MarkenG).

9. Wenn die Rechtsbeschwerde begründet ist, kann der BGH nicht selbst in der Sache entscheiden, auch dann nicht, wenn die Entscheidung ausschließlich von einer Rechtsfrage (zB der Verwechslungsgefahr im Sinne von § 9 MarkenG) abhängt. Er muss vielmehr zwingend an das BPatG zurückverweisen, § 89 Abs. 4 MarkenG, wobei bei Häufung schwerer Fehler oder einer erfolgreichen Besetzungsrüge auch eine Zurückverweisung an einen anderen Senat analog § 563 Abs. 1 S. 2 ZPO in Betracht kommt (BGH GRUR 1990, 346 (348) – Aufzeichnungsmaterial), jedenfalls wenn sich daraus die Besorgnis der Voreingenommenheit ergibt (BGH GRUR 2004, 77 (79) – PARK & BIKE).

10. Es gilt der Grundsatz, dass jeder Beteiligte seine eigenen Kosten trägt, § 90 Abs. 1 S. 3 MarkenG. Die Kosten des Verfahrens hat im einseitigen Rechtsbeschwerdeverfahren (zB beim Streit über die Eintragungsfähigkeit der Marke) unabhängig vom Ausgang grundsätzlich der Rechtsbeschwerdeführer zu tragen (stRspr, zB BPatG GRUR 1964, 634; *Ingerl/Rohnke* MarkenG § 90 Rn. 2). Sind mehrere beteiligt (wie in dem hier behandelten Verfahren), kann bei erfolgreicher Rechtsbeschwerde eine Kostenentscheidung zu Lasten eines der Beteiligten nach Billigkeit erfolgen (§ 90 Abs. 1 S. 1 MarkenG). Wird die Beschwerde zurückgewiesen oder als unzulässig verworfen, sind dem Beschwerdeführer die Kosten aufzuerlegen (§ 90 Abs. 2 S. 1 MarkenG), was umgekehrt auch für den Beteiligten gilt, der durch grobes Verschulden Kosten verursacht hat (§ 90 Abs. 2 S. 2 MarkenG). Im Übrigen gelten die zu § 71 MarkenG entwickelten Grundsätze, insbesondere, dass das Unterliegen allein noch nicht zwingend die Kostentragung durch den Unterliegenden zur Folge hat (BPatG GRUR 1997, 293 (295) – Green Point/Der Grüne Punkt; BPatG GRUR 2002, 68 (70) – COMFORT HOTEL; *Ingerl/Rohnke* MarkenG § 71 Rn. 13). Nach Auffassung des BGH entspricht es aber regelmäßig der Billigkeit, demjenigen, der während des Rechtsbeschwerdeverfahrens durch Verzicht auf die Marke ihre Löschung herbeigeführt hat, die Kosten des erledigten Rechtsbeschwerdeverfahrens aufzuerlegen (BGH Beschl. v. 30.4.2015 – I ZB 13/14, BeckRS 2015, 16319 Rn. 5 – PANTOPREM; Büscher/Dittmer/Schiwy MarkenG § 90 Rn. 6).

Die Höhe der Gerichtskosten beträgt nach KV 1255 GKG pauschal 750 EUR. Für die Rechtsanwaltsgebühren gilt das RVG. Der Gegenstandswert bemisst sich nach dem Interesse des Markeninhabers an der Markeneintragung und wird vom BGH in Rechtsbeschwerdeverfahren im Regelfall auf 50.000 EUR festgesetzt (BGH GRUR 2006, 704 – Markenwert; BGH Beschl. v. 30.7.2015 – I ZB 61/13, GRUR-RS 2015, 19674 Rn. 7 – Farbmarke Langenscheidt-Gelb; Büscher/Dittmer/Schiwy MarkenG § 90 Rn 13). Besondere Umstände können aber eine höhere (zB BGH Beschl. v. 25.10.2007 – I ZB 22/04, BeckRS 2008, 07104 – Milchschnitte: 100.000 EUR; BGH GRUR 2009, 669 – POST II: 200.000 EUR; BGH GRUR 2009, 954 – Kinder III: 500.000 EUR; BGH GRUR 2014, 565 – smartbook: 250.000 EUR; BGH GRUR 2014, 483 – test: 500.000 EUR; BGH Beschl. v. 30.7.2015 – I ZB 61/13, GRUR-RS 2015, 19674 Rn. 7 f. – Farbmarke Langenscheidt-Gelb: 500.000 EUR) oder niedrigere Festsetzung rechtfertigen.

11. Die Rechtsbeschwerde muss begründet werden, § 85 Abs. 3 S. 1 MarkenG, und die nach § 85 Abs. 4 MarkenG erforderlichen Mindestvoraussetzungen erfüllen, nämlich die Erklärung enthalten, inwieweit der Beschluss angefochten wird, auf die Verletzung welcher Rechtsnormen sich die Rechtsbeschwerde stützt und aus welchen Tatsachen sich der Verstoß gegen Verfahrensvorschriften ergibt. Detaillierte Rechtsausführungen sind demgegenüber nicht erforderlich.

12. § 83 MarkenG unterscheidet die zugelassene (§ 83 Abs. 1, 2 MarkenG) und die zulassungsfreie (§ 83 Abs. 3 MarkenG) Rechtsbeschwerde. Nach § 83 Abs. 2 MarkenG ist die Rechtsbeschwerde zuzulassen, wenn eine Rechtsfrage von grundsätzlicher Bedeutung zu entscheiden ist (Nr. 1) oder die Fortbildung des Rechts oder die Sicherung einer einheitlichen Rechtsprechung eine Entscheidung des Bundesgerichtshofs erfordert (Nr. 2). Eine Rechtsfrage von grundsätzlicher Bedeutung ist eine solche, die voraussichtlich in einer beachtlichen Anzahl von Fällen zukünftig entscheidungserheblich sein wird und höchstrichterlich noch nicht geklärt ist. Demgegenüber kommt es nicht auf die wirtschaftliche Bedeutung der Angelegenheit für die beteiligten Parteien an (BVerfG GRUR-RR 2009, 222 – Achteckige Zigarettenschachtel; BGH GRUR 2003, 259 –Revisionsvoraussetzungen; *Ingerl/Rohnke* MarkenG § 83 Rn. 23 ff.). Zur Sicherung einer einheitlichen Rechtsprechung ist die Zulassung insbesondere dann erforderlich, wenn der entscheidende Senat des BPatG von der Rechtsprechung des BGH, eines anderen Senats des BPatG oder eines OLG abweichen will (im Einzelnen *Ingerl/Rohnke* MarkenG § 83 Rn. 31 ff.; Ströbele/Hacker/*Knoll* MarkenG § 83 Rn. 25). In dem Beispielsfall, der dem Formular zugrunde liegt, hat das BPatG die Rechtsbeschwerde nicht zugelassen. Gegen diese Entscheidung ist kein weiteres Rechtsmittel gegeben, insbesondere auch nicht die Nichtzulassungsbeschwerde, so dass gegen die fehlerhafte Nichtzulassung der Rechtsbeschwerde grundsätzlich nicht vorgegangen werden kann (vgl. BGH GRUR 1977, 214 (215) – Aluminiumdraht), wogegen auch keine verfassungsrechtlichen Bedenken bestehen (vgl. BGH GRUR 1968, 59 – Golden Toast). Ist die Rechtsbeschwerde nicht zugelassen worden, bleibt nur die Berufung auf einen der zulassungsfreien Rechtsbeschwerdegründe des § 83 Abs. 3 MarkenG, nämlich die Besetzungsrüge (§ 83 Abs. 3 Nr. 1 MarkenG; dazu *Ingerl/Rohnke* MarkenG § 83 Rn. 46 ff.), die Mitwirkung eines ausgeschlossenen oder abgelehnten Richters (§ 83 Abs. 3 Nr. 2 MarkenG; dazu zB BGH GRUR 1990, 434 – Wasserventil; *Ingerl/Rohnke* MarkenG § 83 Rn. 52 ff. mwN), die Verletzung des rechtlichen Gehörs (§ 83 Abs. 3 Nr. 3 MarkenG; dazu zB BGH GRUR 2008, 1027 – Cigarettenpackung; BGH GRUR 2014, 1132 Rn. 19 ff. – Schwarzwälder Schinken; BGH Beschl. v. 13.8.2015 – I ZB 76/14, BeckRS 2015, 16441 Rn. 15 – Heliomedical; zu den Anforderungen an das rechtliche Gehör im Beschwerdeverfahren auch *Ingerl/Rohnke* MarkenG § 78 Rn. 3 ff., § 83 Rn. 53 ff. mwN), ein Vertretungsmangel nach § 83 Abs. 3 Nr. 4 MarkenG (dazu im Einzelnen *Ingerl/Rohnke* MarkenG § 83 Rn. 23), die Verletzung der Öffentlichkeit (§ 83 Abs. 3 Nr. 5 MarkenG; *Ingerl/Rohnke* MarkenG § 83 Rn. 85) oder den Begründungsmangel (§ 83 Abs. 3 Nr. 6 MarkenG, dazu *Ingerl/Rohnke* MarkenG § 83 Rn. 86 ff.) Die form- und fristgerecht eingelegte Rechtsbeschwerde ist ohne Zulassung statthaft, wenn einer dieser im Gesetz abschließend aufgeführten, die zulassungsfreie Rechtsbeschwerde eröffnenden Verfahrensmängel mit konkreter Begründung gerügt wird. Darauf, ob die Rüge durchgreift, kommt es für die Statthaftigkeit dagegen nicht an (stRspr, zB BGH GRUR 2010, 1034 Rn. 9 – LIMES LOGISTIK; BGH GRUR 2014, 1132 Rn. 9 – Schwarzwälder Schinken; BGH Beschl. v. 13.8.2015 – I ZB 76/14, BeckRS 2015, 16441 Rn. 10 – Heliomedical). Die größte praktische Bedeutung haben der auch im vorliegenden Formular herangezogene Begründungsmangel und die Verletzung rechtlichen Gehörs.

13. Ein Begründungsmangel im Sinne von § 83 Abs. 3 Nr. 6 MarkenG liegt nicht nur vor, wenn die Begründung völlig fehlt, vielmehr ist es auch ausreichend, wenn sie entweder unverständlich, verworren, sachlich inhaltslos oder so floskelhaft ist, dass sie die tragenden Erwägungen nicht erkennen lässt (vgl. BGH GRUR 2003, 546 (548) – TURBO-TABS; BGH GRUR 2004, 79 – Paroxetin; BGH GRUR-RR 2008, 458 Rn. 14 – Durchflußzähler; *Ingerl/Rohnke* MarkenG § 83 Rn. 86 mwN). Auf die inhaltliche Richtigkeit der Begründung kommt es dagegen nicht an, auch ein offensichtlicher Rechtsfehler ist einer fehlenden Begründung nicht gleichzustellen (BGH GRUR 2009, 992 Rn. 25 – Schuhverzierung). Nicht mit Gründen versehen ist die Beschwerdeentscheidung auch, wenn ein entscheidungserheblicher Teil des Vorbringens eines Beteiligten nicht gewürdigt wird. Dieses Vorbringen muss ein „selbständiges Angriffs- und Verteidigungsmittel" im Sinne von §§ 282, 296 ZPO sein (BGH GRUR 2000, 53 (54) – Slick 50; BGH GRUR 2009, 992 Rn. 25 – Schuhverzierung). Ein solches selbständiges Verteidigungsmittel liegt vor, wenn es für sich allein geeignet wäre, eine andere Entscheidung zu begründen. Das ist insbesondere bei dem hier angeführten Einwand der Nichtbenutzung anzunehmen (*Ingerl/Rohnke* MarkenG § 83 Rn. 91). Dabei gelten wiederum die gleichen Mindestanforderungen an die Begründung. Im vorliegenden Fall wird in der Rechtsbeschwerde gerügt, dass auf das Verteidigungsmittel nur mit einem formelhaften Satz eingegangen wird. Im Hinblick auf die substantiiert vorgetragenen Bedenken des Beschwerdeführers zur Ernsthaftigkeit der Benutzung war das nicht ausreichend, da nicht deutlich wird, aus welchen Gründen das BPatG die nur in sehr geringem Umfang erfolgte Benutzung für ausreichend angesehen hat.

14. Damit wird das Erfordernis von § 85 Abs. 4 MarkenG erfüllt.

15. Die Einrede der Nichtbenutzung der Widerspruchsmarke (§ 43 MarkenG), kann unter Umständen wegen verfahrensverzögernder Verspätung nicht zuzulassen sein, insbesondere wenn die Erhebung erst in der mündlichen Verhandlung oder kurz vor der mündlichen Verhandlung erfolgt (BGH GRUR 2010, 859 Rn. 14 ff. – Malteserkreuz III;

6. Rechtsbeschwerde   B. 6

im Einzelnen *Ingerl/Rohnke* MarkenG § 43 Rn. 17; Ströbele/Hacker/*Ströbele* MarkenG § 43 Rn. 43 ff.). Im hier geschilderten Fall hat das BPatG die Einrede aber nicht wegen Verspätung zurückgewiesen, die Widersprechende hat dazu auch noch inhaltlich Stellung genommen.

16. Die Art und der Umfang der Benutzung müssen erkennen lassen, dass es sich nicht nur um formale, zum Zwecke des Rechtserhalts vorgenommene Scheinbenutzungshandlungen handelt (*Ingerl/Rohnke* MarkenG § 26 Rn. 214 ff. mwN; Ströbele/Hacker/*Bogatz/Schäffler* MarkenG § 26 Rn. 73 ff.). Auch ein sehr geringer Umfang der Benutzung schließt die Ernsthaftigkeit nicht von vornherein aus, wenn besondere Gründe vorliegen (vgl. BGH GRUR 2006, 152 Rn. 24 – GALLUP; EuGH GRUR 2006, 582 Rn. 73 ff. – VITAFRUIT; EuGH GRUR Int. 2014, 956 – Walzer Traum; dazu im Einzelnen → Form. B.9 Anm. 13).

17. Da ein Verfahrensfehler gerügt wird, gibt die Rechtsbeschwerdebegründung die erforderlichen Tatsachen an, hier also die Tatsache der Einredeerhebung und die darauffolgenden Darlegungen der Widersprechenden.

18. Im Fall der nicht zugelassenen Rechtsbeschwerde prüft der BGH nur, ob der geltend gemachte Mangel vorliegt. Anders als bei der zugelassenen Rechtsbeschwerde wird nicht überprüft, ob der Beschluss auch aus anderen Gründen aufzuheben wäre (BGH GRUR 1997, 223 (224) – CECO). Weitere Ausführungen erübrigen sich deshalb für den Rechtsbeschwerdeführer.

19. Die Rechtsbeschwerde ist von dem beim BGH zugelassenen Rechtsanwalt handschriftlich zu unterzeichnen. Im Falle der Einreichung der Rechtsbeschwerde als elektronisches Dokument ist dieses mit einer qualifizierten elektronischen Signatur nach dem SigG oder einer fortgeschrittenen Signatur einer internationalen Organisation auf dem Gebiet des gewerblichen Rechtsschutzes – zB die Online Services Smart Card des EPA – zu versehen. Wie das DPMA geben auch das BPatG und der BGH die Einzelheiten zum Verfahren, zur elektronischen Signatur und zu den aktuellen Formatstandards jeweils auf ihren Internetseiten unter www.bpatg.de bzw. www.bundesgerichtshof.de bekannt (§ 3 BGH/BPatGERVV; vgl. Ströbele/Hacker/*Kober-Dehm* MarkenG § 95a Rn. 5, 10 mwN).

Kosten und Gebühren

20. → Anm. 10.

Fristen und Rechtsmittel

21. Der BGH entscheidet im Rechtsbeschwerdeverfahren letztinstanzlich. Weitere Rechtsmittel sind nicht gegeben.

7. Eintragungsbewilligungs- und Löschungsklage

An das

Landgericht ......

Kennzeichenstreitkammer[1]

......

In Sachen

Firma A GmbH

— Klägerin —[2]

Prozessbevollmächtigte: RAe ......

gegen

Firma B

— Beklagte —[3]

wegen: Bewilligung der Eintragung einer Marke[4] und Löschung[5]

Streitwert: vorläufig geschätzt 50.000 EUR[6]

Namens und in Vollmacht der Klägerin erheben wir Klage und bitten um Anberaumung eines baldigen Verhandlungstermins, in dem wir beantragen werden:

I. Die Beklagte wird verurteilt, gegenüber dem Deutschen Patent- und Markenamt in die Eintragung der Marke Nr. ...... „BeatBob XXL" einzuwilligen.[7]
II. Die Beklagte wird verurteilt, in die Löschung ihrer im Register des Deutschen Patent- und Markenamtes unter der Nr. ...... eingetragene Marke „BitBob" einzuwilligen.[8]
III. Die Kosten des Rechtsstreits fallen der Beklagten zur Last.[9]
IV. Das Urteil ist hinsichtlich der Kosten – notfalls gegen Sicherheitsleistung – vorläufig vollstreckbar.[10]

Begründung:

I. Zum Sachverhalt:
1. Die Klägerin produziert und vertreibt seit 2004 in Deutschland Musik-CDs unter der Bezeichnung „BeatBob". Sie ist Inhaberin der am 5.4.2004 für „Tonträger, insbesondere CDs" eingetragenen deutschen Marke „BeatBob" Nr. ...... Einen Registerauszug überreichen wir als

Anlage K 1.

2. Die Beklagte ist im Jahr 2005 gegründet worden und betreibt nach Kenntnis der Klägerin eine Konzertagentur. Sie hat sich im Jahr 2014 die deutsche Marke „BitBob", Nr. ...... schützen lassen, die ua für „Tonträger" eingetragen ist,[11] wie sich aus dem Registerauszug ergibt,

Anlage K 2.

3. Um ihre erfolgreiche Marke „BeatBob" insbesondere für ihre CD-Sammel-Editionen weiterzuentwickeln, meldete die Klägerin im Jahr 2015 die deutsche Marke „BeatBob XXL" Nr. ...... an, welche am 25.9.2015 für „Tonträger, insbesondere CDs" eingetragen worden ist,

Anlage K 3.

7. Eintragungsbewilligungs- und Löschungsklage B. 7

Die Beklagte hat aus ihrer Marke „BitBob" erfolgreich Widerspruch gegen die jüngere Marke „BeatBob XXL" der Klägerin erhoben. Gegen die auf den Widerspruch ergangene Löschungsentscheidung des DPMA,
Anlage K 4,
hat die Klägerin Beschwerde eingelegt. Diese ist vom BPatG mit Beschluss vom 15.9.2017 zurückgewiesen worden,[12, 13]
Anlage K 5.

II. Rechtliches:
Die Beklagte ist zwar formell Inhaberin der Marke „BitBob", diese ist aber wegen der noch älteren Marke „BeatBob" der Klägerin löschungsreif.
Zwischen der Marke „BeatBob" der Klägerin und der jüngeren Marke „BitBob" der Beklagten besteht Verwechslungsgefahr im Sinne von § 9 Abs. 1 Nr. 2 MarkenG.[14] Beide Marken sind für „Tonträger" und somit für identische Waren eingetragen. Die Marke „BeatBob" ist schon von Hause aus mindestens durchschnittlich kennzeichnungskräftig, wobei ihre Kennzeichnungskraft durch die langjährige Benutzung durch die Klägerin sogar noch erhöht worden ist. Zudem sind sich die gegenüberstehenden Zeichen – wie das BPatG in dem vorgelegten Beschluss zu Recht ausführt – insbesondere unter klanglichen, aber auch unter schriftbildlichen Gesichtspunkten hochgradig ähnlich.
Folglich hat die Klägerin einen Anspruch auf Löschung der Marke „BitBob" gemäß § 51 Abs. 1 MarkenG iVm § 9 Abs. 1 Nr. 2 MarkenG sowie einen Eintragungsanspruch gemäß § 44 Abs. 1 MarkenG.

Rechtsanwalt[15, 16]

Schrifttum: vgl. die Hinweise → Form. B.1.

Anmerkungen

1. Die Eintragungsbewilligungsklage nach § 44 MarkenG ist Kennzeichenstreitsache im Sinne von § 140 Abs. 1 MarkenG. Zur Zuständigkeit → Form. B.9 Anm. 2, 3.

2. Aktivlegitimiert ist derjenige, der zum Zeitpunkt der Löschung der Marke, deren Wiedereintragung beantragt wird, Inhaber war oder dessen Rechtsnachfolger. Es gilt die Vermutung des § 28 Abs. 1 MarkenG (nicht dagegen § 28 Abs. 2 MarkenG).

3. Passivlegitimiert ist der Widersprechende oder sein Rechtsnachfolger als Inhaber der Widerspruchsmarke (*Ingerl/Rohnke* MarkenG § 44 Rn. 18). Es gilt die Vermutung des § 28 Abs. 1 MarkenG (nicht dagegen § 28 Abs. 2 MarkenG).

4. Die Eintragungsbewilligungsklage nach § 44 MarkenG ermöglicht dem im Widerspruchsverfahren Unterlegenen, doch noch die Eintragung der Marke zu erreichen, wenn sich sein Eintragungsanspruch aus Gründen ergibt, die im sachlich beschränkten Widerspruchsverfahren (→ Form. B.3 Anm. 1) nicht geltend gemacht werden konnten. Im Grundsatz wird somit durch die Eintragungsbewilligungsklage geltend gemacht, dass die Entscheidung im Widerspruchsverfahren materiell-rechtlich falsch war. Dabei kommt der Entscheidung im Widerspruchsverfahren insoweit Bindungswirkung zu, als sie die Zeichen- und Waren-/Dienstleistungsidentität bzw. -ähnlichkeit betrifft. Lediglich strukturelle Mängel aufgrund der beschränkten Prüfung im Widerspruchsverfahrens sollen durch die Eintragungsbewilligungsklage ausgeglichen werden (vgl. BGH GRUR 2002,

59 (61) – ISCO; *Ingerl/Rohnke* MarkenG § 44 Rn. 9; Ströbele/Hacker/*Hacker* MarkenG § 44 Rn. 6 ff.). Demgegenüber tritt insbesondere hinsichtlich der folgenden rechtlichen Gesichtspunkte keine Bindungswirkung ein. Sie kommen daher als Klagegründe nach § 44 MarkenG in Betracht (vgl. auch Ströbele/Hacker/*Hacker* MarkenG § 44 Rn. 20 ff.):
- Löschungsreife der Widerspruchsmarke wegen älterer Rechte des Inhabers der jüngeren Marke, zB auch aus nicht eingetragenen Marken des § 4 Nr. 2 oder 3 MarkenG, aus geschäftlichen Bezeichnungen gemäß § 5 MarkenG oder aus sonstigen älteren Rechten des § 13 Abs. 2 MarkenG. Dem Beispielsfall liegt eine ältere eingetragene Marke des Klägers zugrunde;
- Löschungsreife der Widerspruchsmarke wegen mangelnder Benutzung, unabhängig davon, ob diese Einrede schon im Widerspruchsverfahren erhoben worden ist, da die Entscheidung insoweit keine Bindungswirkung hat (BGH GRUR 2002, 59 (61) – ISCO). Auch wenn die Widerspruchsmarke zu einem Zeitpunkt nach Veröffentlichung der angegriffenen Marke des Klägers einmal löschungsreif war und die Löschungsreife erst durch spätere Benutzungsaufnahme wieder geheilt worden ist, kann die Eintragungsbewilligungsklage erfolgreich sein, weil die angegriffene Marke den Status eines koexistenzberechtigten Zwischenrechtes erlangt hat (vgl. § 51 Abs. 4 Nr. 1 MarkenG);
- vertragliche Gestattung der Eintragung, zB durch Lizenzvertrag oder Vorrechtsvereinbarung (→ Form. B.4);
- Täuschungseignung der Widerspruchsmarke (§ 49 Abs. 2 Nr. 2 MarkenG);
- Rechtsmissbrauch (§ 242 BGB);
- außermarkenrechtliche Löschungsgründe, zB wegen wettbewerbswidriger Anmeldung der Widerspruchsmarke (§§ 3, 4 Nr. 4 UWG); und/oder
- fehlerhafte Beurteilung der Priorität durch das DPMA (§§ 34, 35 MarkenG).

Die Eintragungsbewilligungsklage ist begründet, wenn ein „Anspruch auf die Eintragung" besteht. Damit ist nicht der Eintragungsanspruch gegenüber dem DPMA nach § 33 Abs. 2 S. 1 MarkenG gemeint, sondern ein zwischen den Parteien bestehender Anspruch. Er kann konstruiert werden als Anspruch des materiell Berechtigten auf Beseitigung der rechtswidrigen Störung, die durch den Widerspruch des nur formell besser Berechtigten hervorgerufen wird (vgl. *Ingerl/Rohnke* MarkenG § 44 Rn. 6).

5. Die Eintragungsbewilligungsklage kann idR mit einer Klage auf Löschung der Widerspruchsmarke kombiniert werden (→ Anm. 8).

6. Der Gegenstandswert bemisst sich nach dem Interesse des Klägers an der Markeneintragung. Für den Regelfall, dh wenn keine besonderen Umstände eine höhere oder niedrigere Festsetzung rechtfertigen, erscheinen 50.000 EUR angemessen (vgl. BGH GRUR 2006, 704 – Markenwert; BGH Beschl. v. 30.7.2015 – I ZB 61/13, GRUR-RS 2015, 19674 Rn. 7 – Farbmarke Langenscheidt-Gelb; → Form. B.6 Anm. 10). Zu den Kosten und Gebühren vor den ordentlichen Gerichten vgl. auch Erläuterungen zu → Form. B.13 Anm. 31.

7. Die Eintragungsbewilligungsklage ist Leistungsklage und darauf zu richten, dass der Beklagte verurteilt wird, in die Eintragung der gelöschten Marke einzuwilligen, § 894 Abs. 1 ZPO. Daneben kann nach dem Wortlaut von § 44 Abs. 3 MarkenG auch eine Feststellungsklage in Betracht kommen (*Ingerl/Rohnke* MarkenG § 44 Rn. 20).

8. Kann sich der Eintragungsbewilligungskläger – wie im Textbeispiel – auf eigene ältere Rechte im Sinne von §§ 9–13 MarkenG berufen, wird es in der Regel sinnvoll sein, die Eintragungsbewilligungsklage mit einer Löschungsklage gegen die Widerspruchs-

7. Eintragungsbewilligungs- und Löschungsklage   B. 7

marke zu verbinden. Nur auf diesem Weg kann die Übereinstimmung des Registerstandes mit der materiellen Rechtslage herbeigeführt werden. Wird die Eintragungsbewilligungsklage lediglich auf eine Gestattung oder auf ein sonstiges Recht zur Koexistenz gestützt (→ Anm. 4 zu koexistenzberechtigten Zwischenrechten als Klagegrund), kommt eine Löschungsklage allerdings nicht in Betracht. Zur Löschungsklage im Übrigen → Form. B.9.

9. Für die Kostenentscheidung gelten §§ 91 ff. ZPO. Ein Antrag ist mithin nicht erforderlich. Für den Fall, dass der Beklagte den Widerspruch in Unkenntnis der älteren Rechte des Klägers (oder sonstiger Klagegründe) erhoben hat, ist es ratsam, ihn vor Klageerhebung außergerichtlich zur Anspruchserfüllung aufzufordern, um die Kostenfolge des § 93 ZPO zu vermeiden.

10. Ein Antrag auf Anordnung der vorläufigen Vollstreckbarkeit ist nicht erforderlich (§§ 708 ff. ZPO). Ohnehin kann sich die vorläufige Vollstreckung nur auf die Kosten beziehen. Die Vollstreckung der Verurteilung zur Einwilligung in die Eintragung der Marke erfolgt dagegen nach § 894 ZPO, so dass die Erklärung erst mit Rechtskraft des Urteils als abgegeben gilt. Der Kläger kann dann unter Vorlage einer vollstreckbaren Ausfertigung des Urteils die Wiedereintragung seiner Marke mit ihrem ursprünglichen Zeitrang beantragen (§ 44 Abs. 3 MarkenG).

11. Das DPMA prüft eine Markenanmeldung zwar auf absolute Eintragungshindernisse, es prüft aber nicht, ob die Markenanmeldung mit älteren eingetragenen Marken kollidiert. Es liegt deshalb in der Hand jedes Markeninhabers selbst, Neuanmeldungen zu überwachen und gegen identische oder verwechslungsfähige jüngere Marken (insbesondere durch Widerspruchserhebung, → Form. B.3) vorzugehen.

12. Die Eintragungsbewilligungsklage ist statthaft, wenn eine die Löschung anordnende Widerspruchsentscheidung vorliegt. Die Rechtskraft der Widerspruchsentscheidung muss spätestens zum Zeitpunkt der letzten mündlichen Verhandlung über die Eintragungsbewilligungsklage gegeben sein. Eine Ausschöpfung der Rechtsbehelfe (Erinnerung, Beschwerde, Rechtsbeschwerde) ist nicht erforderlich, vielmehr kann nach der Löschungsentscheidung des DPMA auch anstelle der Beschwerde sogleich Eintragungsbewilligungsklage erhoben werden (*Ingerl/Rohnke* MarkenG § 44 Rn. 15). Die Rechtsprechung lässt als Sonderfall auch eine sog. vorgezogene Eintragungsbewilligung vor Abschluss des Widerspruchsverfahrens zu, wenn die Widerspruchsgründe unstreitig gestellt werden oder die Eintragungsbewilligungsklage auch bei Unterstellung der Widerspruchsgründe Erfolg haben kann. In diesem Fall ist die Klage auf Erklärung der Rücknahme des Widerspruchs zu richten (vgl. BGH GRUR 2002, 59 (60) – ISCO; *Ingerl/Rohnke* MarkenG § 44 Rn. 31 ff.; Ströbele/Hacker/*Hacker* MarkenG § 44 Rn. 18).

13. Die Klage muss innerhalb einer gesetzlichen Ausschlussfrist von sechs Monaten nach Unanfechtbarkeit (Rechtskraft) der Widerspruchsentscheidung erhoben werden, § 44 Abs. 2 MarkenG. Eine Wiedereinsetzung ist nicht möglich. Da Beschwerdeentscheidungen des BPatG auch bei unterbliebener Zulassung der Rechtsbeschwerde erst mit Ablauf der Rechtsbeschwerdefrist formell rechtskräftig werden (BPatGE 10, 140 (141)), läuft im vorliegenden Beispielsfall die Klagefrist also sieben Monate nach der Zustellung der Beschwerdeentscheidung des BPatG an den Kläger ab.

14. Zur Verwechslungsgefahr → Form. B.13 Anm. 22–25.

Kosten und Gebühren

15. → Anm. 6.

Fristen und Rechtsmittel

16. Zur Klagefrist → Anm. 13.
Statthaftes Rechtsmittel gegen die Entscheidung des Landgerichts ist die Berufung, siehe dazu Erläuterungen zu → Form. B.13 Anm. 32.

8. Löschungsantrag

Deutsches Patent- und Markenamt

Deutsches Patent- und Markenamt ①
Markenabteilungen
80297 München

W 7 4 4 2 5 . 1 6 1

(1) Angaben zur Marke

Registernummer:

④

Wiedergabe der Marke:

Antrag auf ② ③

☐ vollständige Löschung einer Marke
☐ teilweise Löschung einer Marke
☐ vollständige Schutzentziehung einer international registrierten Marke
☐ teilweise Schutzentziehung einer international registrierten Marke

wegen absoluter Schutzhindernisse

☐ per Fax <u>vorab</u> am   TT MM JJJJ

☐ <u>nur</u> per Fax am   TT MM JJJJ

an Fax-Nr.: **+49 89 2195 - 4000**

3

(2) Antragsteller ⑤
Name, Vorname / Firma lt. Handelsregister

Straße, Hausnummer des (Wohn-)Sitzes *(kein Postfach!)*

Postleitzahl Ort

Land *(falls nicht Deutschland)*

Telefon-Nr.:   Telefax-Nr.:
Geschäftszeichen:

(3) Vertreter des Antragstellers ⑥
Name, Vorname / Bezeichnung

Straße, Hausnummer

Postleitzahl Ort

Land *(falls nicht Deutschland)*

ggf. Nr. der Allgemeinen Vollmacht:
Telefon-Nr.:   Telefax-Nr.:
Geschäftszeichen:

B. 8

(4) Sendungen des Amtes sind zu richten an

☐ Antragsteller ☐ Vertreter

☐ folgenden Zustellungs- und Empfangsbevollmächtigten:

Name, Vorname / Bezeichnung

_____

Straße, Hausnummer

_____

Postleitzahl Ort

_____

Land _(falls nicht Deutschland)_

_____

Telefon-Nr.: _____ Telefax-Nr.: _____

Geschäftszeichen: _____

(5) _(nur bei Antrag auf **teilweise** Löschung / **teilweise** Schutzentziehung auszufüllen)_

Der Antrag auf teilweise Löschung / Schutzentziehung der Marke wegen absoluter Schutzhindernisse soll für folgende Waren / Dienstleistungen gelten:

Nur bei Platzmangel für die Aufzählung der Waren und/oder Dienstleistungen bitte das Verzeichnis als Anlage beifügen!

☐ Das Verzeichnis der Waren und/oder Dienstleistungen wurde als Anlage beigefügt.

Klassen	Waren / Dienstleistungen _(zwingend zu benennen, Angabe lediglich der Klassen ist nicht ausreichend)_

⑦

(6) Löschungsgrund (§ 50 Abs. 1 MarkenG) / **Schutzentziehungsgrund** (§ 115 Abs. 1 i.V.m. § 50 Abs. 1 MarkenG) ⑧

☐ Die Marke ist entgegen § 3 MarkenG eingetragen worden (§ 50 Abs. 1 i.V.m. § 3 MarkenG).
☐ Die Marke ist entgegen § 7 MarkenG eingetragen worden (§ 50 Abs. 1 i.V.m. § 7 MarkenG).
☐ Die Marke ist entgegen § 8 Abs. 2 Nr. 1 bis 3 MarkenG eingetragen worden (§ 50 Abs. 1 i.V.m. § 8 MarkenG).
☐ Die Marke ist entgegen § 8 Abs. 2 Nr. 4 bis 9 MarkenG eingetragen worden (§ 50 Abs. 1 i.V.m. § 8 MarkenG).
☐ Die Marke ist entgegen § 8 Abs. 2 Nr. 10 MarkenG eingetragen worden (§ 50 Abs. 1 i.V.m. § 8 MarkenG: Bösgläubigkeit).

(7) Gebühren EUR _____ _(bei der Zahlung bitte Verwendungszweck und Aktenzeichen/Registernummer angeben)_ ⑨

! Die Gebühr für das Löschungsverfahren ist für jeden Antragsteller gesondert zu zahlen.

Zahlung per Banküberweisung	**Zahlung mittels SEPA-Basis-Lastschrift**
☐ Überweisung	☐ Ein gültiges SEPA-Basis-Lastschriftmandat _(Vordruck A 9530)_
Zahlungsempfänger: Bundeskasse Halle/DPMA IBAN: DE84 7000 0000 0070 0010 54 BIC (SWIFT-Code): MARKDEF1700	☐ liegt dem DPMA bereits vor _(Mandat für mehrmalige Zahlungen)_
	☐ ist beigefügt
Anschrift der Bank: Bundesbankfiliale München Leopoldstr. 234, 80807 München	☐ Angaben zum Verwendungszweck _(Vordruck A 9532)_ des Mandats mit Mandatsreferenznummer sind beigefügt.

8. Löschungsantrag

B. 8

(8)	**Anlagen** ⑩
	☐ Wiedergabe der Marke
	☐ Vollmacht
	☐ _____
	☐ _____

(9)	**Bei den folgenden Unterschriften sind die Namen in Druckbuchstaben oder Maschinenschrift, bei Firmen die Bezeichnung laut Handelsregister mit Angabe der Stellung/Funktion des/der Unterzeichner/s hinzuzufügen.**

⑪

Datum   Unterschrift(en)   Funktion(en) des/der Unterzeichner/s

Hinweise zum Antrag

a) Kostenhinweise

Für den Antrag auf Löschung / Teillöschung einer Marke bzw. vollständige / teilweise Schutzentziehung einer international registrierten Marke wegen absoluter Schutzhindernisse ist gemäß §§ 2 Abs. 1, 3 Abs. 1 Patentkostengesetz eine **Gebühr für das Löschungsverfahren** von EUR 300,- (Gebührennummer 333 300) zu entrichten. Die Gebühr für das Löschungsverfahren ist für jeden Antragsteller gesondert zu zahlen.

Wird die Gebühr nicht innerhalb von 3 Monaten nach Einreichung des Antrages gezahlt, gilt der Antrag als zurückgenommen (§ 6 Patentkostengesetz).

Bei der Zahlung geben Sie bitte an:

- den **Verwendungszweck:** Löschungsverfahren / Teillöschungsverfahren und Gebührennummer 333 300
- die **Registernummer** der Marke

b) Erläuterungen zu Feld (7)

Wenn Sie dem DPMA bereits **ein SEPA-Basis-Lastschriftmandat** für mehrmalige Zahlungen erteilt haben, füllen Sie den Vordruck A 9532 (Angaben zum Verwendungszweck) aus.

Haben Sie dem DPMA **noch kein SEPA-Basis-Lastschriftmandat** erteilt, können Sie ein SEPA-Basis-Lastschriftmandat (als Einzel- oder Mehrfachmandat) erteilen, indem Sie den Vordruck A 9530 ausfüllen und das ausgefüllte Original an das DPMA übersenden. Ergänzend muss auch der Vordruck A 9532 (Angaben zum Verwendungszweck) ausgefüllt werden. Das SEPA-Mandat muss dem DPMA immer im Original vorliegen. Bei einer Übermittlung per Fax muss das SEPA-Mandat im Original innerhalb eines Monats nachgereicht werden, damit der Zahlungstag gewahrt bleibt. Geht das Original des SEPA-Mandats nicht innerhalb der Monatsfrist ein, so gilt der Tag des Eingangs des Originals als Zahlungstag.

Weitere Einzelheiten zur **Zahlung mittels SEPA-Basis-Lastschriftverfahren** können Sie dem „Merkblatt über die Nutzung der Verfahren der SEPA-Zahlungsinstrumente" entnehmen.

B. 8

An das

Deutsche Patent- und Markenamt

Markenabteilungen

80297 München

Deutsche Marke Nr. ...... „OLED"

Inhaberin: Firma A

Antragstellerin: Firma B, (Adresse)

Begründung des Löschungsantrags[12]

gemäß §§ 54 Abs. 1, 50 Abs. 1 MarkenG iVm § 8 Abs. 2 Nr. 2 und Nr. 10 MarkenG:

1. Für die Inhaberin ist die mit dem Löschungsantrag angegriffene Marke „OLED" am 17.9.2015 für die Waren „Geräte zur Aufzeichnung, Übertragung und Wiedergabe von Ton und Bild, TV-Geräte, Smartphones" eingetragen worden.[13]

2. Für diese Waren hätte die Marke nicht eingetragen werden dürfen, weil ihr ein Freihaltebedürfnis nach § 8 Abs. 2 Nr. 2 MarkenG entgegenstand. Dieses besteht auch heute noch.[14]
Die Buchstabenfolge „OLED" steht für „Organic Light Emitting Diode" (= organische Leuchtdiode). Sie ist ein technischer Fachausdruck für ein leuchtendes Dünnschichtbauelement aus organischen halbleitenden Materialien, das sich von den anorganischen Leuchtdioden (LED) dadurch unterscheidet, dass die elektrische Stromdichte und die Leuchtdichte geringer sind und keine einkristallinen Materialien erfordern. OLED ist eine Technologie, die insbesondere bei Flachbildschirmen und biegsamen Bildschirmen zum Einsatz gelangt. Sie ermöglicht es, bei gesteigerter Bildqualität Bildschirme herzustellen, die gleichsam flexibel und erheblich dünner als bisherige Bildschirme sind. Diese Technik wird bereits seit einigen Jahren in der Praxis eingesetzt und wird in absehbarer Zeit die herkömmliche Bildschirmtechnik verdrängen.
Wir übergeben Auszüge aus Veröffentlichungen in der Fachpresse, wo diese Bezeichnung beschreibend für die genannte Technologie eingesetzt wird, als

Anlagenkonvolut L 1.

Wir übergeben ferner als

Anlagenkonvolut L 2

Kataloge verschiedener Hersteller von Fernsehgeräten und Smartphones, die die Bezeichnung „OLED" in beschreibender Weise verwenden.
Sowohl die Auszüge aus der Fachpresse als auch die Kataloge sind mit ihren jeweigen Erscheinungsdaten versehen, welche teilweise schon weit vor dem Anmeldetag der Marke liegen und bis heute reichen.

3. Die Inhaberin hat die Marke auch bösgläubig angemeldet, § 8 Abs. 2 Nr. 10 MarkenG.[15]
Die Inhaberin ist ein seit 2005 im Bereich der Unterhaltungselektronik tätiges Unternehmen, wie sich aus dem Handelsregisterauszug

Anlage L 3

ergibt. Als Fachunternehmen war der Inhaberin die Bedeutung der Buchstabenfolge „OLED" zum Zeitpunkt der Markenanmeldung bekannt. Das ergibt sich insbesondere daraus, dass die Inhaberin bereits seit 2014 von der Antragstellerin zum Zweck des Weitervertriebs mit OLED-Geräten beliefert wurde, wie die als

Anlage L 4

8. Löschungsantrag B. 8

überreichten Lieferscheine belegen. Die Zusammenarbeit der Parteien ist mittlerweile beendet. Die Inhaberin hat die Antragstellerin aufgefordert, die Benutzung der Bezeichnung „OLED" auf ihren Geräten zu unterlassen,
Anlage L 5.
Sie hat gleichzeitig angedeutet, dass sie gegen Zahlung einer angemessenen Vergütung bereit wäre, eine Lizenz an ihrer Marke zu erteilen.
Aus dem Verhalten der Inhaberin ergibt sich mit hinreichender Deutlichkeit, dass diese nicht nur wusste, dass sie eine freihaltebedürftige Bezeichnung als Marke angemeldet hat,[16] sondern dass sie die Anmeldung auch vorgenommen hat, um Wettbewerber, insbesondere ihre frühere Vertragspartnerin, rechtsmissbräuchlich zu behindern.

Die Marke ist zu löschen.[17]

Rechtsanwalt[18, 19]

Schrifttum: vgl. die Hinweise → Form. B.1.

Anmerkungen

1. Der Löschungsantrag wegen absoluter Schutzhindernisse nach §§ 54, 50 MarkenG, den dieses Formular behandelt, ist schriftlich beim DPMA zu stellen. Es genügt, wenn das unterschriebene Original per Telefax übermittelt wird (§§ 10, 11 DPMAV). Die elektronische Kommunikation ist für Löschungsanträge noch nicht zugelassen (vgl. § 1 Nr. 3 ERVDPMAV).
Zuständig sind die Markenabteilungen (§ 5 Abs. 3 DPMAV). Diese entscheiden über Löschungsanträge nach § 54 MarkenG als kollegialer Spruchkörper mit mindestens drei Mitgliedern des DPMA, § 56 Abs. 3 MarkenG, § 5 Abs. 3 DPMAV.

2. Marken können aus unterschiedlichen (materiell-rechtlichen) Gründen zu Unrecht eingetragen sein. Im MarkenG findet sich eine differenzierte gesetzliche Regelung zur Beseitigung solcher Marken. Verfahrensrechtlich zu unterscheiden sind dabei insbesondere der Widerspruch (§ 42 MarkenG), das Löschungsverfahren vor dem DPMA wegen absoluter Schutzhindernisse (§ 54 MarkenG) oder wegen Verfalls (§ 53 MarkenG) und die Löschungsklage vor den ordentlichen Gerichten (§ 55 MarkenG). Die unterschiedlichen Verfahren entsprechen unterschiedlichen materiell-rechtlichen Grundlagen. Der nur innerhalb der dreimonatigen Widerspruchsfrist statthafte Widerspruch kann nur auf die Kollision der eingetragenen Marke mit älteren Kennzeichen gestützt werden (im Einzelnen → Form. B.3). Der Löschungsantrag beim DPMA nach § 54 MarkenG, den dieses Formular behandelt, ist auf die Geltendmachung der absoluten Schutzhindernisse, die in § 50 Abs. 1 MarkenG abschließend aufgezählt sind, beschränkt (→ Anm. 8). Die Löschungsklage vor den ordentlichen Gerichten nach § 55 MarkenG kann sowohl auf ältere Rechte gestützt werden (§ 51 MarkenG) als auch auf die Verfallsgründe des § 49 MarkenG (→ Form. B.9). Dabei nimmt der Verfall insoweit eine verfahrensrechtliche Zwischenstellung ein, als § 53 Abs. 1 MarkenG die Möglichkeit eröffnet, den Verfall zunächst ebenfalls durch Antrag beim DPMA geltend zu machen. Das DPMA unterrichtet den Inhaber von dem Löschungsantrag. Widerspricht er nicht innerhalb von zwei Monaten nach Zustellung der Mitteilung, wird die Marke ohne Sachprüfung gelöscht, § 53 Abs. 3 MarkenG (vgl. BGH GRUR 2012, 315 Rn. 13 – akustilon; *Ingerl/Rohnke* MarkenG § 53 Rn. 9). Widerspricht der Markeninhaber, muss wiederum das gerichtliche Löschungsverfahren nach § 55 MarkenG durchgeführt werden, § 53 Abs. 4 MarkenG.

3. Der Antrag auf Löschung soll unter Verwendung des vom DPMA herausgegebenen Formblattes (Formblatt W 7442, abrufbar unter www.dpma.de/marke/formulare/index.html) gestellt werden (§ 42 MarkenV iVm § 41 Abs. 1 MarkenV). Die Verwendung des Formblattes ist nicht zwingend, aber sinnvoll, weil es alle notwendigen Angaben abfragt. Der Antrag muss mindestens die **Pflichtangaben** nach § 42 MarkenV iVm § 41 Abs. 2 MarkenV enthalten, nämlich die Registernummer der Marke, deren Löschung beantragt wird, Namen und Anschrift des Antragstellers, Namen und Anschrift des Vertreters (sofern einer bestellt ist), für den Fall, dass die Löschung nur für einen Teil der Waren und Dienstleistungen beantragt wird, für die die Marke eingetragen ist, entweder die Waren und Dienstleistungen, für die die Löschung beantragt wird, oder die Waren und Dienstleistungen, für die die Löschung nicht beantragt wird, sowie den Löschungsgrund (→ Anm. 4–7).

4. Mit dem Löschungsantrag beim DPMA kann die Löschung einer deutschen Marke oder einer internationalen Registrierung mit Schutzerstreckung für die Bundesrepublik Deutschland beantragt werden. Es muss die Registernummer der angegriffenen Marke angegeben werden, darüber hinaus soll eine Wiedergabe der Marken erfolgen.

Dagegen richtet sich die Löschung von Unionsmarken nach den abweichenden Vorschriften der UMV und ist vor dem EUIPO (s. Art. 58 ff. UMV) oder ggf. durch Widerklage im Verletzungsverfahren (Art. 128 Abs. 1 UMV, vgl. BGH GRUR 2008, 254 – THE HOME STORE) geltend zu machen. Das EUIPO stellt die relevanten Formblätter sowie ergänzende Hinweise und Prüfungsrichtlinien auf seiner Webseite zur Verfügung (abrufbar unter https://euipo.europa.eu/ohimportal/de/forms-and-filings; vgl. zu den Einzelheiten die Prüfungsrichtlinien für Unionsmarken des EUIPO, Teil D, Abschnitt 1 Löschungsverfahren, Stand 1.10.2017, S. 3 ff.).

5. Nach § 54 Abs. 1 S. 2 MarkenG kann der Antrag von jedem gestellt werden, es handelt sich um ein Popularverfahren. Es sind Name und Anschrift des Antragstellers anzugeben. Ist bereits eine bestandskräftige Entscheidung des DPMA oder des BPatG in einem Löschungsverfahren ergangen, können allerdings derselbe Antragsteller, sein Rechtsnachfolger oder Strohmann die Marke nicht wegen desselben Löschungsgrundes erneut überprüfen lassen (Rechtsgedanke des § 322 ZPO, vgl. BGH GRUR 2010, 231 Rn. 16 ff., 20 – Legostein). Darüber hinaus kann eine Unzulässigkeit in Betracht kommen, wenn sich der Antragsteller zum Nichtangriff der Marke verpflichtet hatte oder der Antrag von einem Strohmann des vertraglich Verpflichteten eingelegt wird (Ströbele/Hacker/*Kirschneck* MarkenG § 54 Rn. 6).

6. Die anwaltliche Vertretung ist zulässig, aber nicht obligatorisch. Auswärtige Antragsteller müssen zur Durchführung des Verfahrens einen Inlandsvertreter bestellen (§ 96 MarkenG). Bestellt sich als Vertreter ein Rechtsanwalt, Patentanwalt, Erlaubnisscheininhaber oder Patentassessor, wird regelmäßig kein Nachweis der Bevollmächtigung gefordert. Andere Vertreter müssen idR eine Vollmachtsurkunde vorlegen.

7. Es kann die vollständige oder die teilweise Löschung für bestimmte Waren/Dienstleistungen beantragt werden. Wird nur eine teilweise Löschung begehrt, ist anzugeben, für welche Waren/Dienstleistungen die Löschung beantragt wird.

8. Gemäß § 50 Abs. 1 MarkenG kann die Löschung wegen absoluter Schutzhindernisse mit der Begründung beantragt werden, dass die Marke entgegen §§ 3, 7 oder 8 MarkenG eingetragen worden ist, dh dass ihr die Markenfähigkeit fehlt, der Anmelder nicht Inhaber einer Marke sein kann oder ihr absolute Schutzhindernisse iSv § 8 MarkenG entgegenstehen (→ Form. B.1 Anm. 12). Es können mehrere Löschungsgründe kumulativ geltend gemacht werden. Bei Verwendung des offiziellen Formulars des DPMA reicht es für eine ausreichend bestimmte Angabe der Löschungsgründe aus,

8. Löschungsantrag

wenn die in Feld (6) des Formulars aufgelisteten Löschungsgründe einzeln oder kumulativ angekreuzt werden. Wird hingegen der Löschungsantrag ohne Formular gestellt, ist bei der Angabe des Löschungsgrundes darauf zu achten, dass ein pauschaler Verweis auf § 8 Abs. 2 MarkenG nach Auffassung des BGH nicht ausreicht, sondern vielmehr das konkrete Schutzhindernis des § 8 Abs. 2 MarkenG zu benennen ist, zB fehlende Unterscheidungskraft (Nr. 1), Bösgläubigkeit (Nr. 10) usw. Andernfalls wäre der Antrag in entsprechender Anwendung von § 253 Abs. 2 Nr. 2 ZPO zu unbestimmt und damit unzulässig (vgl. BGH GRUR 2016, 500 Rn. 13 – Fünf-Streifen-Schuh, unter Hinweis auf die differenzierende Fristenregelung in § 50 Abs. 2 S. 2 MarkenG; aA BPatG GRUR 2017, 275 (277 f.) – Quadratische Schokoladenverpackung, für Antrag aufgrund Schutzhindernis nach § 3 MarkenG). Zur weiteren Begründung → Anm. 12.

9. Die Gebühr für den Löschungsantrag beträgt 300 EUR (§ 64a MarkenG, § 2 Abs. 1 PatKostG, GV 333.300 PatKostG). Die Gebühr wird mit Einreichung des Löschungsantrags fällig und ist innerhalb von drei Monaten ab Fälligkeit zu zahlen. Zu den Zahlungswegen → Form. B.5 Anm. 12. Wird die Gebühr nicht, nicht vollständig oder verspätet gezahlt, gilt der Antrag als zurückgenommen (§ 6 Abs. 2 PatKostG). Allerdings ist das DPMA nicht gehindert, im Rahmen von § 50 Abs. 3 MarkenG ein Amtslöschungsverfahren zu beginnen, wenn die Gebühr nicht bezahlt wird.

Grundsätzlich trägt jeder Beteiligte des Verfahrens seine Kosten selbst, § 63 Abs. 1 S. 3 MarkenG. Eine Kostenauferlegung kommt aber aus Billigkeitsgründen in Betracht (§ 63 Abs. 1 S. 2 MarkenG), zB wenn der Markeninhaber durch eine bösgläubige Markenanmeldung Veranlassung für das Löschungsverfahren gegeben hat. Eine Kostenfestsetzung erfolgt auf Antrag, § 63 Abs. 3 S. 1 MarkenG. Aus Billigkeitsgründen kann das DPMA auch die Erstattung der Antragsgebühr anordnen, § 63 Abs. 2 MarkenG.

10. Mit dem Antrag können Anlagen, insbesondere auch eine Begründung eingereicht werden, → Anm. 12.

11. Der Antrag ist zu unterzeichnen. Zur Form → Anm. 1.

12. Eine über die Angabe des Löschungsgrundes (→ Anm. 8) hinausgehende Begründung ist nicht zwingend, in der Praxis aber sinnvoll, insbesondere wenn sich der Löschungsgrund nicht aus der Aktenlage oder den üblichen Recherchen ergibt. Es gilt zwar der Amtsermittlungsgrundsatz (§ 59 Abs. 1 MarkenG), aber den Antragsteller trifft eine Mitwirkungspflicht. Insbesondere hat der Antragsteller diejenigen Tatsachen darzulegen und auch nachzuweisen, die der Amtsermittlung nicht zugänglich sind. Verbleiben Zweifel, ob im maßgeblichen Zeitpunkt (→ Anm. 14, 15) ein Schutzhindernis vorlag, gehen diese grundsätzlich zu Lasten des Antragstellers (BGH GRUR 2010, 138 Rn. 48 – ROCHER-Kugel).

Diese sog. Feststellungslast trifft den Antragsteller nach jüngerer Rechtsprechung allerdings nicht – entgegen früherer Rechtsprechung des BGH (zB BGH GRUR 2009, 669 Rn. 31 – POST II) – für das Fehlen der Verkehrsdurchsetzung der angegriffenen Marke nach § 8 Abs. 3 MarkenG, sofern diese im Verfahren relevant ist. Den Nachweis der Verkehrsdurchsetzung hat auch im Löschungsverfahren der Markeninhaber bzw. Antragsgegner zu erbringen, wobei verbleibende Zweifel zu seinen Lasten gehen (EuGH GRUR 2014, 776 Rn. 68 ff. – Oberbank ua/DSGV [Sparkassen-Rot]; BPatG GRUR 2015, 796 (802) – Farbmarke Rot – HKS 13 [Sparkassen-Rot II]; BPatG GRUR-RR 2017, 52 Rn. 32 – Schokoladenstäbchen III; vom BGH zuletzt ausdrücklich unter Erwägung einer weiteren Vorlage an den EuGH offengelassen, vgl. BGH GRUR 2016, 1167 Rn. 55 – Sparkassen-Rot).

Soweit ein Antragsteller während des laufenden Verfahrens seine rechtliche Argumentation zur Begründung seines Löschungsantrags zB von § 3 Abs. 2 Nr. 2 MarkenG auf § 3 Abs. 2 Nr. 1 und 3 MarkenG umstellt, liegt darin nach Auffassung des BPatG keine

Änderung des Streitgegenstands (BPatG GRUR 2017, 275 (277 f.) – Quadratische Schokoladenverpackung). Denn es werde weder der bloße Antrag (Rechtsschutzbegehren) umgestellt, da nach wie vor die Löschung derselben Marke begehrt werde, noch werde dieser Antrag auf einen anderen Lebenssachverhalt gestützt, der insoweit ausreichend durch die konkrete Markeneintragung umrissen sei. Das Verhältnis dieser Entscheidung des BPatG zum BGH-Beschluss „Fünf-Streifen-Schuh (BGH GRUR 2016, 500), welcher einen engen Streitgegenstandsbegriff (s. zum Verletzungsverfahren BGH GRUR 2011, 1043 Rn. 26 – TÜV II; BGH GRUR 2013, 401 Rn. 18 ff. – Biomineralwasser) im Löschungsverfahren nahe legt, ist dabei noch nicht abschließend geklärt. Wenn sich dieser feingliedrige Streitgegenstandsbegriff auch im Löschungsverfahren durchsetzen sollte, kann nur unter den Voraussetzungen entsprechend der §§ 263, 264, 267 ZPO das ursprüngliche Löschungsbegehren geändert oder erweitert werden (vgl. BPatGE 42, 250 (253) – Winnetou; BPatG GRUR 2004, 685 (687 f.) – LOTTO). Auch vor diesem Hintergrund ist eine Begründung mit ergänzenden Ausführungen zu den konkret zu benennenden Löschungsgründen ratsam.

13. Wird der Löschungsantrag auf eines der Schutzhindernisse des § 8 Abs. 2 Nr. 1–3 MarkenG (fehlende Unterscheidungskraft, Freihaltebedürfnis oder im Verkehr üblich gewordene Bezeichnung) gestützt, kann nach § 50 Abs. 2 S. 2 MarkenG die Eintragung nur gelöscht werden, wenn der Antrag auf Löschung innerhalb von zehn Jahren seit dem Tag der Eintragung gestellt wird. Für die weiteren Löschungsgründe, insbesondere für die Geltendmachung der bösgläubigen Markenanmeldung nach § 8 Abs. 2 Nr. 10 MarkenG, gilt keine zeitliche Schranke. Die Einschränkungen des § 50 Abs. 3 MarkenG gelten nur für das Löschungsverfahren von Amts wegen und sind deshalb im vorliegenden Fall nicht einschlägig.

14. Von besonderer Bedeutung im Rahmen der Prüfung sind die **maßgeblichen Zeitpunkte** für die begehrte Antragslöschung. Nach § 50 Abs. 2 S. 1 MarkenG kann Löschung nur verlangt werden, wenn (1) das Schutzhindernis schon im Zeitpunkt der **Anmeldung der Marke** (EuGH MarkenR 2010, 439 Rn. 41 ff. – Flugbörse; auch der BGH stellt unter Abkehr von seiner früheren Rechtsprechung nicht mehr auf den Zeitpunkt der Eintragung der Marke, sondern auf deren Anmeldetag ab, BGH GRUR 2013, 1143 Rn. 15 – Aus Akten werden Fakten; BGH GRUR 2014, 483 Rn. 22 – test; vgl. Ströbele/Hacker MarkenG § 50 Rn. 9) vorlag **und** (2) auch im **Zeitpunkt der Entscheidung** über den Antrag auf Löschung (ggf. Schluss der mündlichen Verhandlung vor dem BPatG) noch fortbesteht (vgl. BGH GRUR 2009, 669 Rn. 22 – POST II; BGH GRUR 2016, 1167 Rn. 55, 57 – Sparkassen-Rot). Danach ist der Löschungsantrag unbegründet und zurückzuweisen, wenn die angegriffene Marke entweder zZt der Anmeldung schutzfähig war oder die Schutzfähigkeit bis zum Zeitpunkt der Entscheidung über den Antrag zB durch nachgewiesene Verkehrsdurchsetzung nachträglich hergestellt wurde (BGH GRUR 2016, 1167 Rn. 55 ff. – Sparkassen-Rot).

Zur Beweis- und Feststellungslast → Anm. 12.

Lediglich für den Löschungsgrund der bösgläubigen Markenanmeldung kommt es allein auf den Anmeldezeitpunkt an (→ Anm. 15). Damit sind zum einen verkehrsdurchgesetzte Zeichen iSv § 8 Abs. 3 MarkenG, die (nachträglich) Schutzfähigkeit erlangt haben, nicht zu löschen (zB BGH GRUR 2009, 954 Rn. 23 – Kinder III). Zum anderen sind auch alle sonstigen tatsächlichen Änderungen zu berücksichtigen, die die Eintragbarkeit nachträglich herbeigeführt haben, zB wenn sich die Verkehrsauffassung dahingehend geändert hat, dass in der Form der betreffenden Ware häufig ein Herkunftshinweis gesehen wird. Auch im umgekehrten Fall, in dem die Marke zum Anmeldezeitpunkt schutzfähig war, sich inzwischen aber zB zu einer Gattungsbezeichnung entwickelt hat, ist sie nicht nach §§ 54, 50 MarkenG zu löschen. In diesem Fall kommt nur eine Löschung wegen Verfalls nach § 49 MarkenG in Betracht (→ Form. B.9).

8. Löschungsantrag B. 8

Im Textbeispiel wird das Freihaltebedürfnis nach § 8 Abs. 2 Nr. 2 MarkenG geltend gemacht. Auch das Fehlen jeglicher Unterscheidungskraft nach § 8 Abs. 2 Nr. 1 MarkenG wäre vertretbar. Zu den absoluten Schutzhindernissen → Form. B.1 Anm. 12 und *Ingerl/Rohnke* MarkenG § 8. Die Feststellung des Freihaltebedürfnisses oder ggf. anderer Eintragungshindernisse muss auf konkrete Anhaltspunkte gestützt werden, bloße Zweifel an der Eintragungsfähigkeit reichen nicht aus (BGH GRUR 1965, 146 (151) – Rippenstreckmetall II; BGH GRUR 2009, 669 Rn. 31 – POST II; BGH GRUR 2010, 138 Rn. 48 – ROCHER-Kugel). Es ist deshalb trotz des Amtsermittlungsgrundsatzes sinnvoll, wie hier vorgesehen, Unterlagen über die beschreibende Benutzung vorzulegen. Der Benutzung durch Dritte kommt dabei naturgemäß größeres Gewicht zu als der Benutzung lediglich durch den Antragsteller selbst. Neben Presseartikeln und Katalogen kommen zB auch Auszüge aus Wörterbüchern, aus Fachbüchern oder aus dem Internet in Betracht. Sofern es, anders als im Beispielsfall, Anhaltspunkte für eine Verkehrsdurchsetzung der angegriffenen Marke iSd § 8 Abs. 3 MarkenG zugunsten des Inhabers gibt, durch die ein etwaig festgestelltes Schutzhindernis iSd § 8 Abs. 2 Nr. 1–3 MarkenG überwunden werden kann, trifft dafür nicht den Antragsteller, sondern den Markeninhaber die Feststellungslast. Nicht der Antragsteller muss also belegen, dass die angegriffene Marke keine Verkehrsdurchsetzung erlangt hatte, sondern vielmehr muss dann ggf. der Markeninhaber eine Verkehrsdurchsetzung im Zeitpunkt der Anmeldung oder Zeitpunkt der Entscheidung über den Löschungsantrag nachweisen, um eine Löschung der angegriffenen Marke abzuwenden (str., so EuGH GRUR 2014, 776 Rn. 68 ff. – Oberbank ua/DSGV [Sparkassen-Rot]; BPatG GRUR 2015, 796 (802) – Farbmarke Rot – HKS 13 [Sparkassen-Rot II]; BPatG GRUR-RR 2017, 52 Rn. 32 – Schokoladenstäbchen III; anders noch: BGH GRUR 2009, 669 Rn. 31 – POST II; offengelassen in BGH GRUR 2016, 1167 Rn. 55 – Sparkassen-Rot); → Anm. 12.

15. Für den Löschungsgrund der bösgläubigen Markenanmeldung (§§ 50 Abs. 1, 8 Abs. 2 Nr. 10 MarkenG) kommt es allein auf den Zeitpunkt der Anmeldung an, dh die Bösgläubigkeit muss (nur) bei Einreichung der Markenanmeldung vorgelegen haben und haftet der Marke damit auf Dauer an, so dass zB ein nachträglicher Übergang der Marke auf einen gutgläubigen Dritten unbeachtlich ist (vgl. EuGH GRUR 2009, 763 Rn. 35, 53 – Lindt & Sprüngli/Franz Hauswirth; Ströbele/Hacker/*Kirschneck* MarkenG § 50 Rn. 11). Von einer Bösgläubigkeit ist auszugehen, wenn die Anmeldung rechtsmissbräuchlich oder sittenwidrig erfolgt ist. Anhaltspunkte für eine bösgläubige Markenanmeldung liegen zB vor, wenn dem Anmelder bekannt ist, dass Dritte das Zeichen bereits nutzen, sei es als eigene Kennzeichnung (ohne formellen Schutz) oder in beschreibender Weise, und er die Weiterbenutzung dann mithilfe seiner formalen Markenrechte zu verhindern versucht. Im Einzelnen → Form. B.1 Anm. 12 (2.9). Dabei wird die Bösgläubigkeit nicht dadurch ausgeschlossen, dass das angemeldete Zeichen eigentlich schutzunfähig ist. Denn auch von solchen Zeichen kann eine faktische Behinderungswirkung ausgehen (BPatG GRUR 2000, 812 (814) – TubeXpert). Gerade bei technischen Gattungsbezeichnungen, die dem DPMA ggf. nicht bekannt sind, kann in dem Versuch der Monopolisierung eine bösgläubige Anmeldung gesehen werden (vgl. OLG Hamburg GRUR 1995, 816 – Xtensions). Zusätzliche Unlauterkeitsgesichtspunkte können sich zB aus einer vorherigen vertraglichen Beziehung der Parteien ergeben, auch aus der Anmeldung einer Vielzahl behindernder Zeichen (OLG Karlsruhe GRUR 1997, 373 (374) – NeutralRed).

16. Der bloße Umstand, dass die Anmeldung in Kenntnis des beschreibenden Charakters der Marke erfolgt, begründet allein noch nicht die Bösgläubigkeit. Bei der Etablierung des Gesamtbildes der missbräuchlichen Markenanmeldung kann diesem Element aber unterstützende Bedeutung zukommen.

17. Das weitere Verfahren ist in § 54 Abs. 2 MarkenG ansatzweise geregelt. Danach ist zunächst der Markeninhaber von dem Löschungsantrag zu unterrichten. Widerspricht er nicht, wird die Marke gelöscht, ohne dass eine inhaltliche Prüfung durch das DPMA stattfindet. Wird Widerspruch erhoben, so wird das im Gesetz nicht näher geregelte Löschungsverfahren durchgeführt, für das die allgemeinen Verfahrensvorschriften der §§ 56–65 MarkenG gelten (im Einzelnen *Ingerl/Rohnke* MarkenG § 54 Rn. 8 ff.; Ströbele/Hacker/*Kirschneck* MarkenG § 54 Rn. 13 ff.). Sofern die Löschung erfolgt, gelten die Wirkungen der Eintragung als von Anfang an (ex tunc) nicht eingetreten, § 52 Abs. 2 MarkenG, soweit nicht eine Beschränkung der Rückwirkung nach § 52 Abs. 3 MarkenG gegeben ist. Auch die Nichtigerklärung einer Unionsmarke wirkt nach Art. 62 Abs. 2 UMV ex tunc (EuG Beschl. v. 12.4.2013 – T-474/11 – Igama/GAMMA), soweit keine Ausnahme nach Art. 62 Abs. 3 UMV eingreift.

Kosten und Gebühren

18. → Anm. 9.

Fristen und Rechtsmittel

19. Gegen die Entscheidung der Markenabteilung ist innerhalb eines Monats ab Zustellung die Beschwerde statthaft (§ 66 MarkenG), → Form. B.5.

9. Löschungsklage

Landgericht ......[2]

Kennzeichenstreitkammer[3]

In Sachen

A GmbH

– Klägerin –

Prozessbevollmächtigte: Rechtsanwälte ......

gegen

B GmbH

– Beklagte –

wegen Löschung[1] und Feststellung (MarkenG)

Streitwert: vorläufig geschätzt 50.000 EUR[4]

zeige ich an, dass ich zusammen mit Herrn Patentanwalt ......[5] die Klägerin vertrete. Ich bitte um Anberaumung eines baldigen Termins zur mündlichen Verhandlung, in dem ich die folgenden

9. Löschungsklage

Anträge

stellen werde:

I. Die Beklagte wird verurteilt, in die Löschung[1] ihrer beim Deutschen Patent- und Markenamt unter der Nummer ...... eingetragenen Marke LOVELY LINDA für die Waren „Damenoberbekleidung" einzuwilligen.[6]
II. Es wird festgestellt, dass der Verfall der in Antrag I bezeichneten Marke am 15.9.2015 eingetreten ist.[7]
III. Die Kosten des Verfahrens fallen der Beklagten zur Last.[8]
IV. Das Urteil ist im Kostenpunkt – notfalls gegen Sicherheitsleistung – vorläufig vollstreckbar.[9]

Begründung:

1. Die Parteien sind Wettbewerber auf dem Textilmarkt.[10] Seit 2016 bringt die Klägerin eine Damenbekleidungslinie unter der Bezeichnung „Lovely Linda" auf den Markt.

2. Die Beklagte ist Inhaberin der deutschen Marke LOVELY LINDA, die unter der Nummer ...... seit dem 14.9.2010 ua für „Damenoberbekleidung" beim Deutschen Patent- und Markenamt eingetragen ist, wie sich aus der Kopie des Registerauszuges

Anlage K 1

ergibt.[11]
Die Beklagte hat gegen Abnehmer der Klägerin Unterlassungs- und Schadensersatzansprüche aus der Marke geltend gemacht.[12]

3. Die Marke ist seit dem 15.9.2015 wegen Nichtbenutzung verfallen.[13] Die Beklagte selbst hat die Marke im Inland nicht verwendet. Die Klägerin als Unternehmen derselben Branche hat ihren Außendienst angewiesen, Benutzungsbeispiele zu suchen. Diese Suche ist erfolglos geblieben.

Beweis: Zeugnis von ......

Darüber hinaus hat die Klägerin eine Benutzungsrecherche durchführen lassen. Auch diese hat keine Benutzung durch die Beklagte zum Vorschein gebracht,[14]

Anlage K 2.

Soweit für die Klägerin ersichtlich, hat die Beklagte zwar eine inländische Lizenznehmerin, die Firma X GmbH.[15] Diese verwendet die Marke aber nicht für Damenoberbekleidung, sondern für Lederwaren, wie zB Handtaschen. Damit ist eine rechtserhaltende Benutzung für Damenoberbekleidung nicht gegeben.[16]

Rechtsanwalt[17, 18]

Schrifttum: vgl. die Hinweise → Form. B.1.

Anmerkungen

1. Zur systematischen Stellung der Löschungsklage im Gesamtsystem → Form. B.8 Anm. 2.
Die **Löschungsklage** vor den ordentlichen Gerichten, die in § 55 MarkenG teilweise geregelt ist, ist das Mittel zur Geltendmachung der Verfallsgründe des § 49 MarkenG oder des Bestehens älterer Rechte des § 51 MarkenG. Verfall kann zwar auch durch Antrag beim DPMA geltend gemacht werden (§ 53 MarkenG), doch ist auf Widerspruch des Markeninhabers gegen den Löschungsantrag das Verfahren dann trotzdem im Klagewege vor den ordentlichen Gerichten gem. § 55 MarkenG weiterzuführen, § 53

Abs. 4 MarkenG. Die unmittelbare klageweise Geltendmachung des Verfallsgrundes empfiehlt sich deshalb immer, wenn aufgrund einer bereits anhängigen Auseinandersetzung oder sonstigen vorprozessualen Verhaltens des Markeninhabers davon ausgegangen werden kann, dass er sich gegen den Löschungsantrag verteidigen wird. Der vorherige Antrag beim DPMA wäre dann nur Zeitverschwendung. Umgekehrt empfiehlt sich das Amtslöschungsverfahren in den Fällen, bei denen mit einem Widerstand des Inhabers nicht gerechnet wird, zB weil er seine Tätigkeit auf dem entsprechenden Gebiet ohnehin schon aufgegeben hat. Stützt sich der Löschungsantrag auf Nichtigkeit wegen Bestehens älterer Rechte (§ 51 MarkenG), ist nur die Löschungsklage vor den ordentlichen Gerichten gegeben (soweit die Widerspruchsfrist bereits abgelaufen ist). Dieses Formular behandelt den Verfall wegen Nichtbenutzung. Eine Löschungswiderklage wegen Bestehens älterer Rechte wird im → Form. B.13 behandelt.

Die Löschungsklage nach § 55 MarkenG ist gerichtet auf die Löschung einer deutschen Marke. Für international registrierte Marken mit Schutzerstreckung auf Deutschland sieht § 115 Abs. 1 MarkenG unter gleichen Voraussetzungen eine Klage auf Schutzentziehung vor.

Der Verfall oder die Nichtigkeit von Unionsmarken können dagegen nicht durch Löschungsklage nach § 55 MarkenG, sondern nur durch Antrag beim EUIPO oder im Wege der Widerklage im Verletzungsprozess geltend gemacht werden (Art. 58, 60, 128 UMV). Daneben besteht im Rahmen des Art. 127 Abs. 3 UMV die Möglichkeit der einredeweisen Geltendmachung von Löschungsgründen.

§ 49 MarkenG sieht vier verschiedene **Verfallsgründe** vor, nämlich die Nichtbenutzung (§ 49 Abs. 1 MarkenG), die Umwandlung in eine gebräuchliche Bezeichnung aufgrund zurechenbaren Verhaltens des Markeninhabers (§ 49 Abs. 2 Nr. 1 MarkenG), die täuschende Benutzung durch den Inhaber oder mit seiner Zustimmung (§ 49 Abs. 2 Nr. 2 MarkenG) sowie den Wegfall der Inhabervoraussetzungen nach § 7 MarkenG (§ 49 Abs. 2 Nr. 3 MarkenG). In der Praxis spielt als Verfallsgrund vor allem die Nichtbenutzung eine Rolle. In einem anhängigen Verletzungsverfahren kann die Nichtbenutzung zwar auch einredeweise geltend gemacht werden (§ 25 Abs. 2 MarkenG), doch ist der Beklagte darauf nicht beschränkt. Die Löschungsklage wird dabei in der Regel schon deshalb vorzuziehen sein, weil sie im Erfolgsfall zu einer nicht nur zwischen den Parteien wirkenden Entscheidung führt: Auch Abnehmer und Lieferanten des Löschungsklägers können aus der dann weggefallenen Marke nicht mehr in Anspruch genommen werden.

2. Die Löschungsklage ist Kennzeichenstreitsache nach § 140 Abs. 1 MarkenG, woraus sich die ausschließliche Zuständigkeit der Landgerichte ergibt. Die örtliche Zuständigkeit richtet sich grundsätzlich nach dem allgemeinen Gerichtsstand des Beklagten, §§ 12 ff. ZPO, wobei die Zuständigkeitskonzentration nach § 140 Abs. 2 MarkenG zu beachten ist (→ Form. B.13 Anm. 1). Bei auswärtigen Markeninhabern ohne inländischen Gerichtsstand kann die Klage am Sitz des Inlandsvertreters erhoben werden, § 96 Abs. 3 MarkenG. Fehlt es am Inlandsvertreter, so ist das Landgericht München I am Sitz des DPMA nach § 23 ZPO örtlich zuständig (*Ingerl/Rohnke* MarkenG § 55 Rn. 17; Ströbele/Hacker/*Hacker* MarkenG § 140 Rn. 29). Außerdem kann eine Löschungsklage wegen älterer Rechte (nicht wegen Verfalls) nach § 32 ZPO am Sitz des DPMA als Handlungsort für die den Störungszustand begründende Handlung erhoben werden, nicht aber am zwangsläufig ubiquitären Erfolgsort aufgrund des bundesweiten Schutzes (vgl. OLG Frankfurt a. M. WRP 2007, 671 (672) – Kollektivmarke Volksbank; *Ingerl/Rohnke* MarkenG § 55 Rn. 42; Ströbele/Hacker/ *Hacker* MarkenG § 140 Rn. 35). Die internationale Zuständigkeit der deutschen Gerichte ergibt sich im Anwendungsbereich der Brüssel Ia-VO aus Art. 24 Nr. 4 Brüssel Ia-VO, wobei die Norm alle Arten von Rechtsstreitigkeiten über die Eintragung oder die Gültigkeit eines Schutzrechts betrifft, unabhängig davon, ob die Frage klageweise oder einredeweise aufgeworfen wird (EuGH GRUR 2007, 49 – GAT/LUK).

9. Löschungsklage

3. In der Regel bestehen an den Landgerichten eigene Kennzeichenstreitkammern aufgrund der internen Geschäftsverteilungspläne (§ 21e GVG). Im Übrigen zählen Kennzeichenstreitsachen iSv § 140 Abs. 1 MarkenG zu den Handelssachen nach § 95 Abs. 1 Nr. 4 Buchst. c GVG, so dass die Klage auch vor die Kammern für Handelssachen gebracht werden kann → Form. B.13 Anm. 1, 2.

4. Die Gegenstandswerte in Kennzeichenstreitsachen liegen in der Praxis meist zwischen 20.000 und 250.000 EUR, wobei die Festsetzungspraxis an den Gerichten unterschiedlich ist. Für die Löschungsklage erscheinen 50.000 EUR im Regelfall, dh wenn keine besonderen Umstände eine höhere oder niedrigere Festsetzung rechtfertigen, angemessen (vgl. BGH GRUR 2006, 704 – Markenwert, zur Löschung nach Widerspruch: 50.000 EUR im Regelfall; andererseits BPatG GRUR 2007, 176 – Widerspruchs-Beschwerdeverfahren, wo für den Regelfall 20.000 EUR für angemessen gehalten wurden; OLG Köln Urt. v. 31.8.2007 – 6 U 15/07, BeckRS 2008, 05543 – Schutzengel, wo der Streitwert auf 40.000 EUR festgesetzt wurde; vgl. aber auch BGH Beschl. v. 25.10.2007 – I ZB 22/04, BeckRS 2008, 07104 – Milchschnitte: 100.000 EUR; BGH GRUR 2009, 669 – POST II: 200.000 EUR; BGH GRUR 2009, 954 – Kinder III: 500.000 EUR; BGH GRUR 2014, 565 – smartbook: 250.000 EUR; BGH GRUR 2014, 483 – test: 500.000 EUR; BGH Beschl. v. 30.7.2015 – I ZB 61/13, GRUR-RS 2015, 19674 Rn. 7 f. – Farbmarke Langenscheidt-Gelb: 500.000 EUR in Löschungsverfahren gegen bekannte Marke wegen absoluter Schutzhindernisse).

5. Für die Mitwirkung eines Patentanwalts sind nach § 140 Abs. 3 MarkenG die Kosten nach § 13 RVG sowie die notwendigen Auslagen zu erstatten. Es ist sinnvoll, die Mitwirkung in der Klageschrift anzuzeigen, um Zweifeln über die Mitwirkung zu begegnen → Form. B.13 Anm. 4. Zu weiteren Einzelheiten der Erstattung der Patentanwaltsgebühren siehe *Ingerl/Rohnke* MarkenG § 140 Rn. 56 ff.; *Ströbele/Hacker/Hacker* MarkenG § 140 Rn. 55 ff.

6. Der Antrag lautet auf die Einwilligung in die Löschung bzw. bei IR-Marken auf Einwilligung in die Schutzentziehung (→ Anm. 1), was man daraus schließen kann, dass die Klage gegen den Inhaber als Partei zu richten ist (§ 55 Abs. 1 MarkenG, §§ 115 Abs. 1, 124 MarkenG; *Ingerl/Rohnke* MarkenG § 55 Rn. 10; *Ströbele/Hacker/Hacker* MarkenG § 55 Rn. 5). Der Eintritt der Rechtskraft des klagestattgebenden Urteils fingiert die Einwilligung (§ 894 ZPO). Der Kläger kann dann selbst unter Vorlage einer vollstreckbaren Ausfertigung des rechtskräftigen Urteils beim DPMA die (Teil-)Löschung bzw. bei IR-Marken die (Teil-)Schutzentziehung der Marke vollziehen lassen (→ Anm. 9).

7. Wird die Marke wegen Verfalls (teilweise) gelöscht, wie es im Formular beantragt wird, wirkt die Löschung nur auf den Zeitpunkt der Klageerhebung zurück, § 52 Abs. 1 S. 1 MarkenG. Dem Markeninhaber verblieben damit weiterhin seine Ansprüche, insbesondere auf Schadensersatz, wegen der Benutzungshandlungen vor der Erhebung der Löschungsklage dann ggf. auch noch für einen Zeitraum, währenddessen die Marke (wegen Ablaufs der fünfjährigen Benutzungsschonfrist, § 25 Abs. 1 MarkenG) eigentlich schon löschungsreif gewesen wäre. Deshalb kann es sinnvoll sein, gemäß § 52 Abs. 1 S. 2 MarkenG die Feststellung des Zeitpunktes, in dem der Verfall materiell-rechtlich eingetreten ist, zu beantragen. Der Feststellung des Verfallseintritts vor Klageerhebung kommt Drittwirkung zu, so dass sich zB die Abnehmer des Klägers darauf berufen können (*Ingerl/Rohnke* MarkenG § 52 Rn. 10; *Ströbele/Hacker/Hacker* MarkenG § 52 Rn. 10).

8. Für die Kostenentscheidung gelten §§ 91 ff. ZPO. Ein Antrag ist mithin nicht erforderlich. Für den Fall, dass ansonsten ein sofortiges Anerkenntnis des Beklagten in Betracht kommt, ist es ratsam, zunächst Löschungsantrag beim DPMA nach § 53

MarkenG zu stellen (→ Anm. 1) oder den Beklagten außergerichtlich zur Löschung aufzufordern, um die Kostenfolge des § 93 ZPO zu vermeiden.

9. Die vorläufige Vollstreckbarkeit bezieht sich nicht auf den Löschungsausspruch, da hierfür Rechtskraft erforderlich ist (§ 894 ZPO), sondern nur auf die Kosten des Rechtsstreits. Ein Antrag auf Anordnung der vorläufigen Vollstreckbarkeit ist nicht erforderlich (§§ 708 ff. ZPO).

10. Die Löschungsklage wegen Verfalls ist nach § 55 Abs. 2 Nr. 1 MarkenG Popularklage, dh sie kann von jedermann erhoben werden. Auf ein Wettbewerbsverhältnis zwischen den Parteien, eine beabsichtigte oder tatsächliche Benutzung der streitgegenständlichen Marke durch den Kläger usw. kommt es somit nicht an. Deshalb ist es auch unschädlich, wenn das Zeichen trotz der Löschung der Marke wegen anderweitiger Kennzeichenrechte des Inhabers nicht von Dritten benutzt werden kann oder die Löschung dem Kläger möglicherweise keinen Vorteil bringt (BGH GRUR 2005, 1047 (1048) – OTTO).

Die Popularklage kann grundsätzlich nicht mit dem Einwand des Rechtsmissbrauchs ausgeschlossen werden, wenn dieser in der Person des Klägers oder seines Verhaltens begründet ist (*Ingerl/Rohnke* MarkenG § 55 Rn. 13). Etwas anderes kann gelten, wenn der Kläger gegenüber dem Markeninhaber durch eine Nichtangriffsabrede auf sein Klagerecht verzichtet hat oder wenn es sich bei dem Kläger nur um einen „Strohmann" handelt, der eingesetzt worden ist, um eine solche Nichtangriffsabrede seines Hintermanns zu umgehen. Allerdings ist umstritten, ob Nichtangriffsabreden und damit auch der Einwand, es handele sich um einen Strohmann, im Hinblick auf den Popularklagecharakter des § 55 Abs. 2 Nr. 1 MarkenG überhaupt beachtlich sind (bejahend *Ingerl/Rohnke* MarkenG § 55 Rn. 14; dem folgend LG Frankfurt a.M. GRUR-RR 2009, 197 – Strohmann; offengelassen in BGH GRUR 1997, 747 – Cirkulin; vgl. auch BGH GRUR 2010, 231 Rn. 21 ff. – Legostein).

11. Die Klage kann nach § 55 Abs. 1 MarkenG unabhängig von der materiell-rechtlichen Inhaberschaft stets gegen den im Register als Markeninhaber Eingetragenen gerichtet werden (BGH GRUR 2005, 871 – Seicom; *Ingerl/Rohnke* MarkenG § 55 Rn. 7; aA *Fezer*, MarkenR, MarkenG § 55 Rn. 16). Die Klage gegen den materiell berechtigten, nicht eingetragenen Inhaber ist daneben aber in jedem Fall auch zulässig und ratsam, wenn dem Kläger dieser Inhaber bekannt ist (subjektive Klagehäufung).

12. Hält man für den Feststellungsantrag zu II. ein eigenes Interesse des Klägers an der Feststellung des Zeitpunkts des Verfalls für erforderlich (*Ingerl/Rohnke* MarkenG § 52 Rn. 6; aA Ströbele/Hacker/*Hacker* MarkenG § 52 Rn. 7; offen gelassen von OLG München GRUR-RR 2005, 375 (378) – 800-FLOWERS), kann dieses Feststellungsinteresse im vorliegenden Fall mit den ausgesprochenen Abmahnungen und den geltend gemachten Schadensersatzansprüchen dargelegt werden.

13. Die Löschungsklage ist nach § 49 Abs. 1 MarkenG wegen Nichtbenutzung begründet, wenn die Marke innerhalb der letzten fünf Jahre nicht oder nicht in ausreichendem Umfang gemäß § 26 MarkenG benutzt worden ist. Dabei kommt, wie in § 49 Abs. 1 MarkenG im Einzelnen geregelt, nicht nur eine fünfjährige Nichtbenutzung nach Eintragung der Marke, sondern auch jeder andere durchgehende und noch anhaltende Fünfjahreszeitraum, währenddessen die Marke nicht benutzt worden ist, in Frage. Es genügt, wenn der Zeitraum der fünfjährigen Nichtbenutzung erst nach Klageerhebung, aber vor der letzten mündlichen Verhandlung endet (BGH GRUR 2009, 60 (61) – LOTTOCARD; BGH GRUR 2003, 428 (430) – BIG BERTHA). In Fällen, in denen gegen die Marke Widerspruch erhoben worden war, tritt an die Stelle der Eintragung der Zeitpunkt des Abschlusses des Widerspruchsverfahrens, der ebenfalls im Register ver-

9. Löschungsklage B. 9

öffentlicht wird (§ 26 Abs. 5 MarkenG). Wird Klage auf Schutzentziehung gegen den deutschen Teil einer internationalen Registrierung erhoben, sind für die Berechnung der Benutzungsschonfrist §§ 115 Abs. 2, 124 MarkenG zu beachten.

Eine **rechtserhaltende Benutzung** iSv § 26 MarkenG setzt voraus, dass die Marke entsprechend ihrer Hauptfunktion, die Ursprungsidentität der Waren oder Dienstleistungen zu garantieren, für die sie geschützt ist, verwendet wird, um für diese Produkte einen Absatzmarkt zu erschließen oder zu sichern (stRspr, vgl. EuGH GRUR 2003, 425 Rn. 43 – Ansul/Ajax; EuGH GRUR Int. 2014, 956 Rn. 29 – Reber/HABM [Walzer Traum]; BGH GRUR 2012, 180 Rn. 42 – Werbegeschenke mwN; BGH GRUR 2012, 1261 Rn. 12 – Orion; BGH GRUR 2015, 685 Rn. 10 – STAYER). Ob die Marke ernsthaft im Inland benutzt worden ist, ist anhand sämtlicher Tatsachen und Umstände zu beurteilen, durch die die wirtschaftliche Verwertung der Marke im Geschäftsverkehr belegt werden kann. Dazu rechnen der Umfang und die Häufigkeit der Benutzung der Marke. Die Frage, ob eine Benutzung mengenmäßig hinreichend ist, um Marktanteile für die durch die Marke geschützten Waren oder Dienstleistungen zu behalten oder hinzu zu gewinnen, hängt somit von mehreren Faktoren und einer Einzelfallbeurteilung ab (vgl. EuGH GRUR 2008, 343 Rn. 72 f. – Il Ponte Finanziaria/HABM [BAINBRIDGE]; BGH GRUR 2012, 832 Rn. 49 – ZAPPA). Dabei müssen die Benutzungshandlungen einen Inlandsbezug aufweisen (vgl. BGH GRUR 2012, 1261 Rn. 13 – Orion; Ströbele/Hacker/*Ströbele* MarkenG § 26 Rn. 221; Büscher/Dittmer/Schiwy/*Schalk* MarkenG § 26 Rn. 68; zur Notwendigkeit der Benutzung einer Unionsmarke in der Europäischen Union, EuGH GRUR 2013, 182 Rn. 38 – Leno Merken [ONEL/OMEL]). Für international registrierte Marken gelten keine anderen Maßstäbe (Ströbele/Hacker/*Ströbele* MarkenG § 26 Rn. 175; Büscher/Dittmer/Schiwy/*Schalk* MarkenG § 26 Rn. 68).

Bei der Beurteilung ist grundsätzlich ein großzügiger Maßstab anzulegen. Das Erfordernis der rechtserhaltenden Benutzung dient in erster Linie dazu, rein symbolische Nutzungen bzw. sog. Scheinbenutzungen, die allein zum Zweck der Wahrung der durch die Marke verliehenen Rechte erfolgen, als nicht ausreichend für den Erhalt des Markenschutzes auszuschließen. Daher können auch ein vergleichsweise geringer Benutzungsumfang oder eine geringe Benutzungsdauer für die Annahme einer rechtserhaltenden Benutzung ausreichend sein, wenn sich die Benutzung bei Berücksichtigung aller Umstände des Einzelfalls insgesamt als ernsthaft darstellt. Stets setzt eine rechtserhaltende Benutzung eine markenmäßige Verwendung des Zeichens voraus, dh die Marke muss in üblicher und wirtschaftlich sinnvoller Weise für die Waren/Dienstleistungen verwendet werden, für die sie eingetragen ist. Eine Verwendung ausschließlich als Unternehmenskennzeichen genügt dagegen nicht (BGH GRUR 2005, 1047 (1049) – OTTO; BGH GRUR 2006, 150 Rn. 9 – NORMA; BGH GRUR 2008, 616 Rn. 11 – AKZENTA). Ferner setzt § 26 Abs. 1 MarkenG grundsätzlich eine Benutzung im Inland (zB die reine Durchfuhr im Ausland gekennzeichneter Waren durch Deutschland reicht nicht aus, vgl. BGH GRUR 2015, 685 Rn. 26 – STAYER) sowie einen gewissen mengenmäßigen Umfang der Benutzung voraus, wobei das Überschreiten der Schwelle zur Ernsthaftigkeit von der Produktart und den maßgeblichen Abnehmerkreisen abhängt (vgl. BGH GRUR 2006, 152 Rn. 21 – GALLUP). So können bei speziellen und teuren Produkten weitaus weniger Umsätze und Verkäufe ausreichen, als bei Massenprodukten und Konsumgütern des täglichen Bedarfs, wobei es jeweils keine konkreten Mindestwerte gibt. Auch die Lieferung an einen einzigen Kunden kann mitunter ausreichend sein. Weiter ist eine gewisse Dauer der Benutzung, die sich aber keineswegs auf den gesamten Fünfjahreszeitraum erstrecken muss (BGH GRUR 2008, 616 Rn. 23 – Akzenta), von Bedeutung, vor allem, wenn die mengenmäßigen Umsätze noch Zweifel an der Ernsthaftigkeit lassen. So wurde zB der Verkauf von 293 Kisten à 12 Flaschen (3516 Flaschen) Fruchtsaftkonzentrat für insgesamt ca. 4800 EUR für mehrere Lieferungen über einen Zeitraum von knapp einem Jahr als ausreichend für eine rechtserhaltende Benutzung für „Fruchtsäfte" in Klasse 32 angesehen (EuGH GRUR 2006, 582 – VITAFRUIT). Nicht ausreichend waren dagegen zB der Verkauf von 12 Paletten mit insgesamt 15.522 Wasserflaschen für einen Betrag von ca. 800 EUR für zwei Lieferungen innerhalb weniger Monate (EuG Urt. v. 18.3.2015 – T-250/13, BeckRS 2015, 80814 Rn. 25 ff. – SMART WATER, bestätigt durch EuGH Urt. v. 17.3.2016 – C-252/15 P, BeckRS 2016, 472587 – SMART WATER), der Verkauf von insgesamt 2593 Wodka-Flaschen innerhalb von drei Monaten (EuG Urt. v. 5.6.2014 – T-495/12, T-497/12, BeckRS 2014, 81641 – Dracula Bite) und der konstante monatliche Verkauf von ca. 3,6 kg exklusiver, handgemachter Schokoladepralinen über einen Zeitraum von 22 Monaten in einem Ladengeschäft für „Schokoladenwaren" (EuG GRUR Int. 2013, 340; bestätigt durch EuGH GRUR Int. 2014, 956 – Reber/HABM [Walzer Traum]).

Ungenügend sind jedenfalls bloß sporadische Verwendungen, die erkennbar allein der Wahrung der durch die Marke verliehenen Rechte dienen sollen. Ausnahmsweise können aber berechtigte Gründe für die Nichtbenutzung die mangelnde Benutzung unschädlich machen, zB bei zeitlich beschränkten Werbe- oder Einfuhrverboten (vgl. BGH GRUR 1994, 512 – SIMMENTHAL; BGH GRUR 2007, 321 Rn. 30 – COHIBA).

Grundsätzlich ist die Marke in der Form zu benutzen, in der sie eingetragen ist. Weicht die benutzte Form von der eingetragenen Form ab, so wirkt diese Benutzung nur dann nach § 26 Abs. 3 S. 1 MarkenG rechtserhaltend, wenn die Abweichungen den kennzeichnenden Charakter der Marke nicht verändern, dh wenn der Verkehr die benutzte Form dem Gesamteindruck nach als dieselbe Marke ansieht (stRspr, zB BGH GRUR 2000, 1038 (1039) – Kornkammer; BGH GRUR 2007, 592 Rn. 12 – bodo Blue Night; BGH GRUR 2013, 840 Rn. 20 – PROTI II). Wird die Marke nur in Kombination mit weiteren Zeichen benutzt, liegt darin eine unschädliche Abweichung, wenn der Verkehr in der Kombination nicht ein zusammengesetztes einheitliches, sondern zwei eigenständige Kennzeichen sieht (BGH GRUR 2005, 515 (516) – FERROSIL; BGH GRUR 2007, 592 Rn. 15 – bodo Blue Night; EuGH Beschl. v. 15.6.2016 – C-94/16 P, BeckRS 2016, 81441 Rn. 38 ff. – ARKTIS). Relativ streng ist die Rechtsprechung bei abweichender Benutzung graphischer Bestandteile in zusammengesetzten Zeichen (vgl. zB EuGH Beschl. v. 22.6.2016 – C-295/15 P, BeckRS 2016, 81512 Rn. 4 ff. – ARTHUR & ASTON/Arthur). Liegt eine nach den Maßstäben des § 26 Abs. 3 S. 1 MarkenG unschädliche Abweichung der benutzten von der eingetragenen Form vor, gilt dies nach § 26 Abs. 3 S. 2 MarkenG ausdrücklich auch dann, wenn die Marke in der Form, in der sie benutzt worden ist, ebenfalls eingetragen ist (vgl. auch EuGH GRUR 2012, 1258 – Rintisch/Eder; BGH GRUR 2013, 840 Rn. 29 – PROTI II).

Zu den Voraussetzungen der rechtserhaltenden Benutzung im Einzelnen s. *Ingerl/Rohnke* MarkenG § 26 und Ströbele/Hacker/*Ströbele* MarkenG § 26, sowie zur Unionsmarke Kur/v. Bomhardt/Albrecht/*Eckhartt/Fuhrmann* UMV Art. 15 und Eisenführ/Schennen UMV Art. 15.

14. Für die Nichtbenutzung der Marke trägt der Löschungskläger die Darlegungs- und Beweislast. Darin unterscheidet sich die Löschungsklage von der einredeweisen Geltendmachung der Nichtbenutzung, die zur Beweislast des Markeninhabers führt. Allerdings kommen dem Kläger dabei wegen der Schwierigkeit des Beweises negativer Tatsachen Beweiserleichterungen zugute. Nach dem Grundsatz von Treu und Glauben (§ 242 BGB) trifft den Beklagten eine prozessuale Erklärungspflicht, soweit der Löschungskläger keine genaue Kenntnis von den Umständen der Benutzung der Marke hat und auch nicht über die Möglichkeit verfügt, den Sachverhalt von sich aus aufzuklären (BGH GRUR 2009, 60 Rn. 19 – LOTTOCARD; BGH GRUR 2012, 1261 Rn. 11 – Orion; BGH GRUR 2015, 685 Rn. 10 – STAYER). Seiner Beweislast wird der Kläger in der Regel dadurch nachkommen können, dass er im Einzelnen darlegt, mit welchen Mitteln er versucht hat, die mit der streitgegenständlichen Marke gekennzeichneten

9. Löschungsklage   B. 9

Waren zu erwerben, welche Branchenkenntnisse er hat usw. Auch eine Recherche eines professionellen Dienstleisters, aus der sich ergibt, dass eine Benutzung der Marke nicht feststellbar ist, ist für die Darlegung sinnvoll. Daraufhin liegt es aufgrund seiner sekundären Darlegungslast an dem Beklagten, die ernsthafte Benutzung seiner Marke darzulegen (vgl. BGH GRUR 2013, 725 Rn. 11 – Duff Beer; BGH GRUR 2015, 685 Rn. 10 f. – STAYER; OLG Hamburg GRUR-RR 2010, 379 – Metro I und II; OLG Braunschweig MarkenR 2009, 118 (121) – ROUNDER; OLG München GRUR-RR 2008, 300 – ODDSET Die Sportwette; *Ingerl/Rohnke* MarkenG § 55 Rn. 12; Ströbele/Hacker/*Hacker* MarkenG § 55 Rn. 12; *Schulz* MarkenR 2016, 507 (514 f.)).

15. Eine Marke kann auch durch einen Dritten rechtserhaltend benutzt werden, sofern die Benutzung mit Zustimmung des Markeninhabers erfolgt, § 26 Abs. 2 MarkenG. Maßgeblich ist, dass die (ausdrückliche oder konkludente) Zustimmung wirksam ist und der Dritte sich bewusst ist, eine fremde Marke zu benutzen. Hauptanwendungsfall der Zurechnung nach § 26 Abs. 2 MarkenG ist die Benutzung durch einen Lizenznehmer (vgl. BGH GRUR 2008, 616 Rn. 21 – AKZENTA; *Ingerl/Rohnke* MarkenG § 26 Rn. 115 ff.; Ströbele/Hacker/*Ströbele* MarkenG § 26 Rn. 127 ff.).

16. Die Benutzung ist nur dann zur Rechtserhaltung der Marke geeignet, wenn sie für die eingetragenen Waren/Dienstleistungen erfolgt ist. Nicht ausreichend wäre insbesondere eine Benutzung für solche Waren, die den Waren des Verzeichnisses nur ähnlich sind (vgl. OLG Köln MarkenR 2008, 214 (216) – Schutzengel). Wird eine Marke nur für einen Teil der eingetragenen Waren benutzt, wirkt dies für die übrigen Waren nicht rechtserhaltend, so dass die Marke teilweise löschungsreif ist (§ 49 Abs. 3 MarkenG). Problematischer sind Fälle, in denen die Marke für einen Warenoberbegriff eingetragen ist, aber nur für spezielle unter den Oberbegriff fallende Waren benutzt wird. In diesem Fall kommt eine Einschränkung des Oberbegriffs in Betracht. Anders als bei der Einrede der Nichtbenutzung, bei der in einem solchen Fall nur von den konkreten benutzten Waren/Dienstleistungen auszugehen ist (→ Form. B.13 Anm. 7), ist die Markeneintragung aber nicht nur auf die tatsächlich benutzten Waren oder Dienstleistungen zu beschränken. Vielmehr sind im Interesse der wirtschaftlichen Bewegungsfreiheit des Markeninhabers darüber hinaus auch diejenigen Waren/Dienstleistungen im Verzeichnis zu belassen, die nach Auffassung des Verkehrs gemeinhin als zum gleichen Warenbereich gehörend angesehen werden (sog. erweiterte Minimallösung; vgl. BGH GRUR 2009, 60 Rn. 32 – LOTTOCARD). Insoweit gelten dann aber ggf. im Hinblick auf den Benutzungsumfang höhere Anforderungen, um ein rechtserhaltende Benutzung auch für den Oberbegriff als erfolgt anzusehen (vgl. EuG GRUR Int. 2013, 340 Rn. 42, bestätigt durch EuGH GRUR Int. 2014, 956 Rn. 38 ff. – Reber/HABM [Walzer Traum]; im Einzelnen zu dieser Problematik *Ingerl/Rohnke* MarkenG § 49 Rn. 26 ff.; Ströbele/Hacker/*Hacker* MarkenG § 49 Rn. 48 ff.).

Kosten und Gebühren

17. → Anm. 4, 5, 8; vgl. auch Erläuterung zu → Form. B.13 Anm. 31.

Fristen und Rechtsmittel

18. Gegen die Entscheidung des Landgerichts im Löschungsverfahren ist das Rechtsmittel der Berufung statthaft, vgl. dazu Hinweise zu → Form. B.13 Anm. 32.

B. 10

10. Abmahnung

An die

X GmbH

Und deren Geschäftsführer Herrn ......

[Anschrift]. .....

Betreff: Missbräuchliche DE-Markenanmeldung Nr. ..... .STORMBRINGER und Markenverletzung durch Inverkehrbringen von Bekleidungsstücken unter der Marke STORMBRINGER[1]

Sehr geehrte Damen und Herren,

sehr geehrter Herr ......,

wir zeigen an, dass wir anwaltliche Vertreter der Z Corp., 1150 Avenue of the Americas, NY 10012 USA sind. Ordnungsgemäße Bevollmächtigung wird anwaltlich versichert.[2] Patentanwalt Dr. Schwarz, Hamburg wirkt bis zum Abschluss der Angelegenheit mit.[3]

Wie sich aus dem uns vorliegenden Vertriebsvertrag vom 10./12. November 2011 ergibt, waren Sie exklusiver Vertriebspartner unserer Mandantin für das Gebiet der Bundesrepublik Deutschland. Dabei oblag Ihnen insbesondere der inländische Vertrieb der von unserer Mandantin unter der Marke STORMBRINGER hergestellten Bekleidungsstücke, vor allem im Bereich der Sportfunktionskleidung. Der Vertriebsvertrag ist nach Ablauf der fünfjährigen Laufzeit nicht verlängert worden. Wie Ihnen bekannt sein dürfte, vertreibt unsere Mandantin Produkte dieser Marke mittlerweile sowohl direkt über das Internet als auch über ausgewählte Fachhändler auch in der Bundesrepublik Deutschland.

Unsere Mandantin ist darauf aufmerksam geworden, dass Sie am 25. November 2016 die Wort-/Bildmarke STORMBRINGER beim Deutschen Patent- und Markenamt angemeldet haben. Diese ist am 4. April 2017 eingetragen worden. Das Verzeichnis der Ware beansprucht unter anderem in Klasse 25 „Bekleidungsstücke".

Bei den daraufhin von unserer Mandantin angestellten Recherchen hat sich herausgestellt, dass Sie Textilien mit dieser Kennzeichnung im Inland anbieten, so zum Beispiel eine Allwetter-Sportjacke zum Preis von 249,00 EUR, wie sich aus dem anliegenden Ausdruck aus Ihrer Internetpräsenz ergibt.[4]

Wie Ihnen bekannt ist, ist unsere Mandantin in den USA Inhaberin der Marke STORMBRINGER Nr. ...... Zwar verfügt unsere Mandantin nicht über eigene Markenrechte im Inland, doch berechtigt Sie das nicht zur Anmeldung der hochgradig ähnlichen Marke Nr. ...... STORMBRINGER im eigenen Namen. Darin liegt bereits die unzulässige Anmeldung einer Agentenmarke nach § 11 MarkenG und eine bösgläubige Anmeldung im Sinne von § 8 Abs. 2 Nr. 10 MarkenG. Außerdem stellt die Anmeldung gegenüber unserer Mandantin einen unlauteren Behinderungswettbewerb im Sinne von § 4 Nr. 4 UWG dar. Zur Übertragung der Marke sind Sie gemäß § 17 Abs. 1 MarkenG verpflichtet.[5]

Den Vertrieb von Bekleidungsstücken, die mit dieser Marke gekennzeichnet sind, haben Sie gemäß § 17 Abs. 2 MarkenG zu unterlassen. Er stellt darüber hinaus eine Markenverletzung im Sinne von § 14 Abs. 2 Nr. 2 MarkenG dar. Zwar verfügt unsere Mandantin nicht über eine Registermarke im Inland. Durch die Ihnen bekannte, umfangreiche

10. Abmahnung

Benutzung in den vergangenen Jahren ist bei dem angesprochenen Segment des Verkehrs – nämlich den Käufern von Sport- und Funktionsbekleidung – ein hinreichender Bekanntheitsgrad entstanden, um Markenschutz nach § 4 Nr. 2 MarkenG zu begründen.[6] Darüber hinaus ist der Vertrieb unter der hochgradig ähnlichen Kennzeichnung, insbesondere aufgrund des übereinstimmenden Wortbestandteils geeignet, eine Täuschung über die betriebliche Herkunft herbeizuführen (§ 5 Abs. 2 UWG).[7] Der Verkehr hat keinerlei Anlass, anzunehmen, es gäbe zwei unabhängige Anbieter identischer Waren mit (fast) identischen Zeichen.

Der genannte Sachverhalt begründet Ansprüche ua auf Unterlassung, Schadensersatz, Auskunft und Vernichtung. Da es sich bei den streitgegenständlichen Verletzungshandlungen um Maßnahmen handelt, über die typischerweise auf Geschäftsführungsebene entschieden wird, bestehen die Ansprüche auch gegen den Geschäftsführer persönlich.[19]

Wir haben Sie dementsprechend aufzufordern, die beigefügte Verpflichtungserklärung bis zum . . . . . . firmenmäßig unterzeichnet zurückzusenden. Zur Einhaltung der Frist ist die Übersendung der Erklärung vorab per Telefax oder E-Mail ausreichend, sofern das Original per Post folgt.

Den Eingang der Auskunft gemäß Nummer 2 der Verpflichtungserklärung erwarten wir bis zum . . . . . .[8]

Sollten wir einen fristgerechten Eingang der Erklärung nicht feststellen können, werden wir unserer Mandantin empfehlen, unverzüglich gerichtliche Hilfe in Anspruch zu nehmen.[9] Wir weisen vorsorglich darauf hin, dass die vorsätzliche Markenverletzung strafbar ist. Unsere Mandantin behält sich ausdrücklich vor, Strafanzeige zu stellen.[10]

Die Kosten unserer Einschaltung haben Sie unter dem Gesichtspunkt der Geschäftsführung ohne Auftrag und des Schadensersatzes zu ersetzen.[11] Wir erwarten den Ausgleich der ebenfalls beigefügten Kostennote bis zum . . . . . .

Mit freundlichen Grüßen

Rechtsanwalt

[Anhang]

Unterlassungs- und Verpflichtungserklärung[12]

Wir, die Firma X GmbH, ..., und ihr Geschäftsführer Herr . . . . . persönlich, geschäftsansässig ebenda, verpflichten uns hiermit jeweils gegenüber der Firma Z Corp., 1150 Avenue of the Americas, NY 10012 USA,

1. die deutsche Marke Nr. . . . . . ., Wort-/Bildmarke STORMBRINGER bis zum . . . . . . auf die Firma Z Corp. zu übertragen und gegenüber dem Deutschen Patent- und Markenamt die Zustimmung zur Umschreibung zu erteilen;[13]
2. es bei Meidung einer Vertragsstrafe, die für jeden Fall der Zuwiderhandlung fällig ist und die von der Z Corp. nach billigem Ermessen festzusetzen und im Streitfall vom zuständigen Landgericht überprüfbar ist,[14] zu unterlassen, im geschäftlichen Verkehr die Bezeichnung STORMBRINGER für Bekleidungsstücke zu verwenden, insbesondere das Zeichen auf Bekleidungsstücken oder ihrer Aufmachung oder Verpackung anzubringen, unter diesem Zeichen Bekleidungsstücke anzubieten, in den Verkehr zu bringen oder zu den genannten Zwecken zu besitzen oder unter diesem Zeichen Bekleidungsstücke einzuführen oder auszuführen oder das Zeichen in diesem Zusammenhang in den Geschäftspapieren oder in der Werbung zu benutzen;[15]
3. der Z Corp. bis zum . . . . . . vollständige Auskunft über alle Handlungen gemäß Nummer 2 zu erteilen, einschließlich der Namen und Anschriften der Hersteller,

Lieferanten und anderer Vorbesitzer der so gekennzeichneten Waren sowie der gewerblichen Abnehmer und Verkaufsstellen, für die sie bestimmt waren, sowie der Menge der hergestellten, ausgelieferten, erhaltenen oder bestellten Waren sowie der Preise, die für die betreffenden Waren bezahlt wurden, zu erteilen und diese Auskunft durch die zugehörigen Handelsunterlagen, insbesondere Angebote, Bestellungen, Rechnungen und Lieferscheine zu belegen;[16]

4. alle gemäß Ziffer 2 gekennzeichneten Waren, die sich in unserem Eigentum oder Besitz befinden, bis zum . . . . . . zu vernichten und der Firma Z Corp. die Vernichtung nachzuweisen sowie gemäß Ziffer 2 gekennzeichnete Waren von den gewerblichen Abnehmern zurückzurufen, unter Hinweis auf den rechtsverletzenden Charakter der Ware und der Bereitschaft zur Übernahme aller mit der Rücklieferung verbundenen Kosten;[17]

5. die Kosten der Einschaltung der Rechtsanwälte . . . . . und des Patentanwalts Dr. Schwarz jeweils in Höhe einer 1,3 RVG-Gebühr aus einem Streitwert in Höhe von 250.000 EUR zu übernehmen.[18]

[Datum],. . . . ._____   [Datum],. . . . ._____
. . . . X GmbH   . . . . [Name GF]

Anmerkungen

1. Wie im Wettbewerbsrecht und anderen Gebieten des Gewerblichen Rechtsschutzes ist es vor Einleitung gerichtlicher Schritte in der Regel sinnvoll, eine Abmahnung auszusprechen. Dafür spricht zum einen die Prozessökonomie, da in der Praxis auf Abmahnungen häufig – gegebenenfalls eingeschränkte – Unterlassungserklärungen abgegeben werden, so dass die gerichtliche Auseinandersetzung unnötig ist. Selbst wenn die Abmahnung erfolglos bleibt, kann aus dem ablehnenden Antwortschreiben des Abgemahnten entnommen werden, auf welche materiell-rechtlichen Gesichtspunkte er sich in einer bevorstehenden Auseinandersetzung stützen will. Diese Gesichtspunkte können in einer nachfolgenden Klage- oder Antragsschrift berücksichtigt werden. Vor allem verhindert die vorherige Abmahnung aber die Kostenauferlegung an den Kläger oder Antragsteller im Fall des sofortigen Anerkenntnisses nach § 93 ZPO. Wird auf die Abmahnung nicht innerhalb angemessener Frist eine Unterlassungserklärung abgegeben, hat der Beklagte hinreichenden Anlass zur Klageerhebung gegeben. Nicht empfehlenswert ist die vorherige Abmahnung, wenn mit einer Erschwerung der Rechtsdurchsetzung, zum Beispiel durch Beweisvereitelung, zu rechnen ist, also vor allem in Fällen der Markenpiraterie. Hier ermöglichen es §§ 19 Abs. 7, 19a Abs. 3, 19b Abs. 3 MarkenG vielmehr, beweissichernde Maßnahmen bei offensichtlichen Rechtsverletzungen im Wege der einstweiligen Verfügung zu erreichen, ohne dass eine vorherige Information des Anspruchsgegners erfolgt.

2. Der Abgemahnte kann die Abmahnung grundsätzlich nicht mit der Begründung zurückweisen, eine Vollmacht sei nicht beigefügt worden. Zwar wird zum Teil vertreten, dass die Regelung für einseitige Rechtsgeschäfte in § 174 BGB auf marken- und wettbewerbsrechtliche Abmahnungen entsprechend anzuwenden sei mit der Konsequenz, dass bei fehlender Vorlage einer Vollmachtsurkunde und unverzüglicher Zurückweisung der Abmahnung durch den Abgemahnten aus diesem Grund die Abmahnung unwirksam sei (vgl. zum Streitstand auch Ahrens/*Achilles* Kap. 2 Rn. 27 ff.). Dies gilt jedoch nicht, wenn die Abmahnung – wie hier aufgrund der vorformulierten Unterlassungserklärung → Anm. 12 – mit einem Angebot auf Abschluss eines Unterlassungsvertrages verbunden ist (BGH GRUR 2010, 1120 Rn. 14 f. – Vollmachtnachweis). Die anwaltliche Versicherung der ordnungsgemäßen Bevollmächtigung ist aber üblich und empfehlenswert.

10. Abmahnung

3. Es handelt sich hier um eine markenrechtliche Streitigkeit, so dass im gerichtlichen Verfahren die Kosten der Mitwirkung eines Patentanwalts nach § 140 Abs. 3 MarkenG erstattungsfähig sind. Im vorgerichtlichen Bereich, insbesondere bei der Abmahnung ist nach der Rechtsprechung des BGH allerdings eine Einzelfallprüfung der Erforderlichkeit vorzunehmen (vgl. BGH GRUR 2011, 754 – Kosten des Patentanwalts II; BGH GRUR 2012, 756 – Kosten des Patentanwalts III; BGH GRUR 2012, 759 – Kosten des Patentanwalts IV). Eine Erstattungsfähigkeit kommt in der Regel nur in Betracht, wenn der Patentanwalt Aufgaben wahrgenommen hat, die typischerweise zu seinem Arbeitsfeld gehören, zum Beispiel eine Schutzrechtsrecherche, und die nicht in gleicher Weise von dem beauftragten Rechtsanwalt erledigt werden konnten (vgl. BGH GRUR 2012, 759 Rn. 14 – Kosten des Patentanwalts IV; Ströbele/Hacker MarkenG § 140 Rn. 72). In der Abmahnung muss dazu nichts näher ausgeführt werden, sollten die Patentanwaltskosten streitig durchgesetzt werden müssen, obliegt der Nachweis der Notwendigkeit dem Abmahnenden.

4. Die Sachverhaltsdarstellung in der Abmahnung kann verhältnismäßig kurz ausfallen. Notwendig ist keine umfassende Schilderung des Sachverhalts, sondern eine Information des Abgemahnten darüber, aufgrund welchen Sachverhalts ihm eine Rechtsverletzung vorgeworfen wird. Soweit dem Abgemahnten diese Informationen selbst bekannt sind (hier die Einzelheiten des früheren Vertriebsvertrages), sind dazu keine näheren Ausführungen erforderlich.

5. Der in der Abmahnung kurz geschilderte Sachverhalt hat gleichzeitig marken- und wettbewerbsrechtliche Aspekte. Die Anmeldung der Marke des Geschäftsherrn durch den Agenten oder Vertreter ist in § 11 MarkenG als eigener Löschungsgrund ausgestaltet. Dies wird in § 17 Abs. 1 MarkenG durch einen Übertragungsanspruch zu Gunsten des Geschäftsherrn und in § 17 Abs. 2 MarkenG durch einen Unterlassungsanspruch ergänzt. Nach Auffassung des BGH setzt die Anwendbarkeit des § 11 MarkenG voraus, dass das Agenten- oder Vertreterverhältnis im Zeitpunkt der Anmeldung noch bestand (vgl. BGH GRUR 2008, 611 Rn. 20 – audison; *Ingerl/Rohnke* MarkenG § 11 Rn. 8). Ob sich eine Pflicht zur Interessenwahrnehmung auch aus nachvertraglichen Treuepflichten ergeben und deren Verletzung die Anwendbarkeit des § 11 MarkenG eröffnen kann, ist umstritten (vgl. Ströbele/Hacker/*Hacker* MarkenG § 11 Rn. 10 mwN). Daher wird bereits in der Abmahnung ergänzend auf den Gesichtspunkt des Behinderungswettbewerbs Bezug genommen.

6. Die Anspruchstellerin verfügt nicht über eingetragene Markenrechte im Inland. Wenn eine Agentenmarke im Sinne von § 11 MarkenG vorliegt, gewährt § 17 Abs. 2 MarkenG dem Inhaber einen direkten Unterlassungsanspruch. Sollte man den Tatbestand von § 17 Abs. 2 MarkenG hier verneinen, kann die Anspruchstellerin gegen den Vertrieb von Waren, die mit einem ähnlichen Zeichen versehen sind, wie es für sie im Ausland geschützt ist, markenrechtlich vorgehen, wenn sie entweder über eine im Inland notorisch bekannte Marke im Sinne von § 4 Nr. 3 MarkenG verfügt oder die früheren Benutzungshandlungen zur Entstehung einer Verkehrsgeltungsmarke nach § 4 Nr. 2 MarkenG geführt haben. Da die Anforderungen an die notorische Bekanntheit über die der Verkehrsgeltung hinausgehen (notorische Bekanntheit setzt eine allgemeine Bekanntheit von mind. 60–70 % voraus, vgl. BPatG Beschl. v. 18.3.2003 – 24 W (pat) 112/01, BeckRS 2008, 26432 – DORAL; Kur/v. Bomhardt/Albrecht/*Weiler* MarkenG § 4 Rn. 150 f.; *Ingerl/Rohnke* MarkenG § 4 Rn. 31) und bei dem im Muster geschilderten Sachverhalt ein derart hoher Bekanntheitsgrad unwahrscheinlich ist, bezieht sich die Anspruchstellerin hier auf § 4 Nr. 2 MarkenG. Da die Marke STORMBRINGER für Bekleidung von Hause aus unterscheidungskräftig ist, genügt ein Zuordnungsgrad von ca. 20–25 % in den angesprochenen Verkehrskreisen (sog. einfache Verkehrsgeltung).

Die für die Verkehrsdurchsetzung erforderliche Zuordnung von über 50 % ist nur in Fällen sog. qualifizierter Verkehrsgeltung erforderlich, wenn der betreffenden Bezeichnung absolute Schutzhindernisse nach § 8 Abs. 2 Nr. 1–3 MarkenG entgegenstehen würden (vgl. dazu BGH GRUR 2004, 151 (153) – Farbmarkenverletzung I; BGH GRUR 2008, 710 Rn. 25 f. – VISAGE; Ströbele/Hacker MarkenG § 4 Rn. 45 mwN). Der Nachweis der Verkehrsgeltung erfolgt grundsätzlich in gleicher Weise wie hinsichtlich der Verkehrsdurchsetzung (→ Form. B.2). Zuordnungen des Zeichens zum (früheren) Vertriebspartner sind unschädlich (*Ingerl/Rohnke* MarkenG § 4 Rn. 27). Nähere Ausführungen zu den tatsächlichen Grundlagen der behaupteten Verkehrsgeltung müssen in der Abmahnung nicht gemacht werden.

7. Sollte Markenschutz nicht bestehen, ist als Auffangtatbestand jedenfalls noch an die Irreführung über die betriebliche Herkunft, § 5 Abs. 2 MarkenG, zu denken. Zu berücksichtigen ist aber, dass bei der Anwendung der lauterkeitsrechtlichen Vorschriften zum Schutz vor Herkunftstäuschungen gem. § 5 Abs. 2 Nr. 1 und Abs. 2 UWG im Einzelfall Wertungswidersprüche zum Markenrecht zu vermeiden sind (BGH GRUR 2013, 397 Rn. 44 – Peek & Cloppenburg III; BGH GRUR 2016, 965 Rn. 23 – Baumann II). Dem Zeicheninhaber darf über das Lauterkeitsrecht keine Schutzposition eingeräumt werden, die ihm nach dem Kennzeichenrecht nicht zukommt. Scheiden zB auf Grund des das gesamte Kennzeichenrecht beherrschenden Prioritätsgrundsatzes (vgl. § 6 Abs. 1 MarkenG, Art. 4 MarkenRL; Art. 8 UMV; Art. 16 Abs. 1 S. 3 Hs. 1 TRIPS) kennzeichenrechtliche Ansprüche wegen eines schlechteren Zeitrangs aus, kann sich der Inhaber des prioritätsjüngeren Kennzeichenrechts grundsätzlich nicht mit Erfolg auf den lauterkeitsrechtlichen Schutz vor einer Irreführung über die betriebliche Herkunft stützen, um dem Inhaber des Kennzeichenrechts mit älterem Zeitrang die Benutzung seines Kennzeichens zu verbieten (BGH GRUR 2016, 965 Rn. 23 – Baumann II). Im Hinblick auf die vorherige Marktpräsenz im Inland und die fortbestehende Lieferung ins Inland durch die Anspruchstellerin erscheint eine Irreführung in dieser Fallkonstellation jedoch gut begründbar.

8. Die Abmahnung muss dem Abgemahnten eine angemessene Frist zur Überlegung einräumen, wobei die Länge der Frist von den Umständen des Einzelfalles abhängig ist (vgl. BGH GRUR 2010, 355 Rn. 18 – Testfundstelle, auch zur Verlängerung einer unangemessen kurzen Frist und zur verspäteten Annahme eines befristeten Angebots). Der im Muster geschilderte Sachverhalt weist eine gewisse rechtliche und tatsächliche Komplexität auf, so dass eine Fristsetzung von ein bis zwei Wochen angemessen sein dürfte. Anhaltspunkte für eine noch größere Eilbedürftigkeit sind nicht erkennbar. Bei der Abmahnung und Fristsetzung ist jeweils auch die erforderliche Dringlichkeit für einen möglichen späteren Antrag auf Erlass einer einstweiligen Verfügung (→ Form. B.13) im Auge zu behalten, wenn die geforderte Unterlassungserklärung nicht abgegeben wird.

Die Wiederholungsgefahr entfällt bei mündlich, telefonisch, per Telefax oder E-Mail abgegebener Unterlassungserklärung nur, wenn die Erklärung schriftlich bestätigt wird (BGH GRUR 1990, 530 (532) – Unterwerfung durch Fernschreiben). Ansonsten fehlt die hinreichend ernsthafte Unterwerfungsbereitschaft, so dass die Erklärung unwirksam ist.

9. Gerichtliche Schritte sind grundsätzlich anzudrohen, um dem Abgemahnten die Ernsthaftigkeit des Verlangens vor Augen zu führen (BGH GRUR 2007, 164 Rn. 12 – Telefax-Werbung II).

10. Zu den strafrechtlichen Konsequenzen der vorsätzlichen Markenverletzung → Form. B.21. Die Einleitung strafrechtlicher Schritte ist im Regelfall der Markenverletzung zwar unüblich, kann in der Abmahnung aber angedroht werden, um den Abgemahnten vollständig über die Risiken aufzuklären und seine Bereitschaft zur Abgabe der geforderten Erklärung zu erhöhen. Beim zugrundeliegenden Sachverhalt rechtfertigt die

10. Abmahnung

Vorgeschichte auch die Annahme einer Schädigungsabsicht des Abgemahnten, die über das normale Maß hinausgeht.

11. Zu den durch eine Markenverletzung ausgelösten Schäden gehören die im Zusammenhang mit einer vorprozessual ausgesprochenen Abmahnung entstandenen Kosten. Erstattung der Kosten kann der Verletzte sowohl aufgrund des Schadensersatzanspruchs (§ 14 Abs. 6 MarkenG) als auch nach den Vorschriften der Geschäftsführung ohne Auftrag (§§ 683, 677, 670 BGB) verlangen. Die Kosten der Einschaltung eines Rechtsanwalts sind im Markenrecht immer zur zweckentsprechenden Rechtsverfolgung notwendig, selbst wenn der Markeninhaber über eine eigene Rechtsabteilung verfügt (vgl. BGH GRUR 2008, 929 Rn. 14 – Abmahnkostenersatz; BGH GRUR 2008, 996 Rn. 40 – Clone-CD; *Ingerl/Rohnke* MarkenG Vor §§ 14–19d Rn. 304). Jedenfalls eine 1,3 Geschäftsgebühr nach VV 2300 RVG ist stets angemessen, im vorliegenden Fall wäre im Hinblick auf die komplizierte Rechtsfrage ggf. auch eine 1,8 Geschäftsgebühr gerechtfertigt (vgl. *Ingerl/Rohnke* MarkenG Vor §§ 14–19d Rn. 107). Zur Erstattung der Kosten der Patentanwalts → Anm. 3.

12. Die Beifügung einer vorformulierten Verpflichtungserklärung ist im Markenrecht ebenso wie im Wettbewerbsrecht und anderen Bereichen des Gewerblichen Rechtsschutzes üblich und sinnvoll, da der Anspruchsteller auf diesem Weg den Streitgegenstand aus seiner Sicht bestimmen kann. Weicht der Abgemahnte vom vorgegebenen Wortlaut ab, ist zu prüfen, ob die Wiederholungsgefahr ausgeräumt wird oder die Unterlassungserklärung als ungenügend zurückgewiesen werden kann (vgl. BGH GRUR 2002, 824 (825) – Teilunterwerfung). Für die Ausräumung der Wiederholungsgefahr genügt bereits die Abgabe der Unterlassungserklärung. Deren Annahme ist hierfür nicht erforderlich (stRspr; vgl. nur BGH GRUR 2010, 335 Rn. 21 – Testfundstelle). Allerdings bedarf es bei abweichender Unterlassungserklärung des Abgemahnten zur Wirksamkeit des Vertragsstrafeversprechens einer separaten ausdrücklichen Annahme durch den Markeninhaber. Daher sollte der Markeninhaber bei Erhalt einer Unterlassungserklärung, die von seiner vorformulierten Erklärung abweicht, in jedem Fall auch explizit die Annahme erklären, wenn er diese akzeptieren möchte.

13. Das DPMA verlangt zur Umschreibung eine Erklärung des Inhabers. Materiellrechtlich ist die Übertragung der deutschen Marke auch ohne Umschreibung im Register wirksam.

14. Im Formular ist anstelle einer festen Vertragsstrafe der sog. modifizierte Hamburger Brauch (auch „Neuer Hamburger Brauch") vorgesehen. Dieser regelt, dass im Falle eines künftigen Verstoßes gegen die Unterlassungserklärung die Vertragsstrafe durch den Gläubiger oder einen Dritten nach billigem Ermessen gem. § 315 Abs. 1 BGB der Höhe nach bestimmt wird und diese Bestimmung im Einzelfall nach § 315 Abs. 3 BGB erforderlichenfalls durch ein Gericht überprüft werden kann (BGH GRUR 1990, 1051 – Vertragsstrafe ohne Obergrenze; BGH GRUR 2014, 595 Rn. 18 – Vertragsstrafenklausel).

15. Zur Tenorierung des Unterlassungsanspruchs → Form. B.13 Anm. 9.

16. Zum Auskunftsanspruch → Form. B.13 Anm. 11.

17. Zum Vernichtungs- und Rückrufsanspruch → Form. B.13 Anm. 13.

18. → Anm. 11.

19. Neben dem Unternehmen haftet auch der Geschäftsführer persönlich als Täter oder Teilnehmer für Marken- und Wettbewerbsverletzungen, wenn es sich dabei um Maßnahmen der Gesellschaft handelt, über die typischerweise auf Geschäftsführungsebene entschieden wird (vgl. BGH GRUR 2016, 803 Rn. 61 – Armbanduhr; BGH GRUR

2017, 397 Rn. 110 – World of Warcraft II) → Form. B.13 Anm. 5. Von einem solchen typischen Geschehensablauf kann etwa ausgegangen werden, wenn bei kleineren Gesellschaften, wie zB einer haftungsbeschränkten Unternehmensgesellschaft, der Geschäftsführer typischerweise selbst über die Anmeldung und Benutzung von Kennzeichen entscheidet. Die Abmahnungen gegenüber der Gesellschaft und dem Geschäftsführer sollten in einem Abmahnschreiben zusammengefasst werden, um nicht den Eindruck von missbräuchlichen Geltendmachungen der Unterlassungsansprüche durch Generierung von doppelten Geschäftsgebühren zu erwecken (vgl. BGH GRUR 2002, 257 – Missbräuchliche Mehrfachabmahnung).

11. Schutzschrift

An die beim

Schutzschriftenregister[1]

eingetragenen Landgerichte

Schutzschrift

In dem etwaigen einstweiligen Verfügungsverfahren[2]

A GmbH

– mutmaßliche Antragstellerin –

gegen

......

– mutmaßliche Antragsgegnerin –

wegen: angeblicher Markenverletzung (MarkenG/UMV)

zeigen wir an, dass wir die mutmaßliche Antragsgegnerin (nachfolgend „Antragsgegnerin") vertreten. Für den Fall, dass die mutmaßliche Antragstellerin (nachfolgend „Antragstellerin") den Erlass einer einstweiligen Verfügung beantragen sollte, mit der sie erstrebt, der Antragsgegnerin zu untersagen, die Bezeichnung GLORIOUS für Produkte der pflegenden Hautkosmetik zu verwenden,[3] beantragen wir namens und in Vollmacht der Antragsgegnerin,

den Antrag auf Erlass einer einstweiligen Verfügung kostenpflichtig zurückzuweisen;[4]

hilfsweise:

nicht ohne mündliche Verhandlung zu entscheiden;

höchst hilfsweise:

der Antragsgegnerin eine Aufbrauchsfrist für bereits hergestellte Verpackungen und Werbemittel bis zum ...... zu gewähren;[5]

höchst hilfsweise:

den Vollzug einer einstweiligen Verfügung von der vorherigen Leistung einer Sicherheit durch die Antragstellerin in Höhe von mindestens 5 Millionen EUR abhängig zu machen.[6]

11. Schutzschrift

Außerdem beantragen wir Einsicht in die Akten des Verfügungsverfahrens durch Übersendung der Akten für einige Tage an unsere Kanzlei, auch für den Fall des Erlasses einer einstweiligen Verfügung ohne mündliche Verhandlung. Umgehende Rückgabe wird zugesichert.

Begründung:

1. Die Antragsgegnerin ist gerichtsbekannt. Sie gehört zu den weltweit führenden Konsumgüterherstellern und ist in der Bundesrepublik Deutschland einer der führenden Anbieter von Haut- und Körperpflegeprodukten.
Die Antragsgegnerin beabsichtigt, in Kürze auf dem deutschen Markt eine neue Hautpflegeserie unter der Bezeichnung GLORIOUS einzuführen.
Die Antragstellerin hat die Antragsgegnerin mit Schreiben vom . . . . . . abgemahnt
Anlage AG 1.
Die Antragstellerin behauptet in der Abmahnung, die beabsichtigte Markteinführung von GLORIOUS verletze ihre Unionsmarke Nr. . . . . . . Wort-/Bildmarke GLORIA, die Schutz für „Produkte für Haut- und Körperpflege" beansprucht.[7]
Die Antragsgegnerin hat die Abmahnung mit Schreiben vom . . . . . . zurückgewiesen
Anlage AG 2.
Sie erwartet deshalb, dass die Antragstellerin versuchen wird, ihre vermeintlichen Ansprüche im Wege der einstweiligen Verfügung durchzusetzen. Ein derartiger Antrag wäre allerdings zurückzuweisen, da es sowohl am Verfügungsgrund (dazu unten 2.), wie am Verfügungsanspruch (dazu unten 3.) fehlt.

Im Einzelnen:

2. Es fehlt schon am Verfügungsgrund, da die Angelegenheit nicht mehr dringlich ist.[8]
Die Antragsgegnerin hat bereits am . . . . . . , also bereits vor mehr als einem Jahr, zur Absicherung des damals noch in der Planung befindlichen Projekts ihrerseits die Unionsmarke Nr. . . . . . GLORIOUS angemeldet. Nachdem die Antragstellerin gegen diese Marke Widerspruch eingelegt hatte, entspann sich eine Korrespondenz zwischen den Parteien
Anlagenkonvolut AG 3.
Dabei hat die Antragsgegnerin der Antragstellerin auch mitgeteilt, dass sie die Kennzeichnung konkret für eine Hautpflegeserie verwenden will und der Antragstellerin sogar Entwürfe für die beabsichtigte Produktgestaltung übersandt.
Die Antragstellerin hat im Ergebnis zwar ihre Zustimmung verweigert. Jedenfalls hatte sie aber bereits zu diesem Zeitpunkt – also vor mehr als vier Monaten – Kenntnis von der konkreten Absicht der Antragsgegnerin, eine so bezeichnete Kosmetikserie einzuführen. Sie hätte also bereits damals eine einstweilige Verfügung beantragen können. Ihr langes Zuwarten zeigt, dass ihr die Angelegenheit nicht so eilig ist. Damit fehlt die Dringlichkeit.

3. Daneben fehlt es auch am Verfügungsanspruch. Eine Markenverletzung liegt nicht vor, da keine Verwechslungsgefahr besteht.[9]
Das Zeichen GLORIA ist im Kosmetikbereich unterdurchschnittlich kennzeichnungskräftig. Es ist insbesondere dadurch geschwächt, dass eine Reihe ähnlicher Drittzeichen von Mitbewerbern verwendet werden, wie sich aus
Anlagenkonvolut AG 4
ergibt. Darüber hinaus fehlt es an der Zeichenähnlichkeit. GLORIA ist ohne weiteres als Personenname erkennbar. Demgegenüber wird das Zeichenwort der angegriffenen jüngeren Marke entweder in seiner englischen Bedeutung erkannt („ruhmreich", im übertragenen Sinne: „großartig") oder als Phantasiebegriff eingeschätzt. Damit ist die

Verwechslungsgefahr durch den klar abweichenden Sinngehalt ausgeschlossen. Zudem fehlt es an der klanglichen und schriftbildlichen Ähnlichkeit (......).
Schließlich ist die Verfügungsmarke nach Recherchen der Antragsgegnerin in den letzten fünf Jahren nicht benutzt worden.[10] Die Marke der Antragstellerin befindet sich außerhalb der Benutzungsschonfrist. Die Antragsgegnerin erhebt ausdrücklich die Einrede der Nichtbenutzung.

4. Unabhängig davon wäre der Antragsgegnerin jedenfalls eine angemessene Aufbrauchsfrist einzuräumen.[11] Diese ist immer dann geboten, wenn dem Schuldner durch die sofortige Vollstreckbarkeit der einstweiligen Verfügung unverhältnismäßige Nachteile drohen. Im vorliegenden Fall müsste die Antragsgegnerin in großem Umfang bereits hergestellte Produkte und Werbemittel vernichten. Dadurch würden ihr nicht nur unmittelbare Schäden entstehen, sondern auch die Erfüllung ihrer Lieferverträge mit ihren Abnehmern zeitweise unmöglich gemacht. Es entspricht der Lebenserfahrung, dass die Abnehmer solche Lücken bei Wettbewerbern schließen werden, wodurch der Antragsgegnerin dauerhaft Marktanteile verloren gehen können. Bei dieser Interessenlage wäre eine Aufbrauchfrist angemessen (vgl. *Köhler/Bornkamm/Feddersen* UWG § 8 Rn. 1.72 ff.).

5. Jedenfalls ist der Antragstellerin im Hinblick auf die erheblichen wirtschaftlichen Schäden, die der Antragsgegnerin drohen, eine angemessene Sicherheitsleistung aufzuerlegen (*Köhler/Bornkamm/Feddersen* UWG § 8 Rn. 1.78). Es drohen erhebliche Schäden, die zu entsprechenden Schadensersatzansprüchen nach § 945 ZPO führen können.[12]

6. Wir bitten, der Antragstellerin diese Schutzschrift nur zugänglich zu machen, wenn sie vorher Antrag auf Erlass einer einstweiligen Verfügung[13] gestellt hat. Weiter bitten wir, uns auch dann vom Eingang eines Verfügungsantrages zu unterrichten, wenn die Kammer beabsichtigen sollte, diesen ohne mündliche Verhandlung zurückzuweisen.[14]

Rechtsanwalt

Schrifttum: *Hartmann*, Neue Schutzschriftregeln – Fragen über Fragen, GRUR-RR 2015, 89; *Schmidt-Gaedke/Arz*, Der Kostenerstattungsanpruch des Hinterlegers einer Schutzschrift, WRP 2012, 60; *Schulz*, Die Rechte des Hinterlegers einer Schutzschrift, WRP 2009, 1472; *Schlingloff*, Das elektronische Schutzschriftenregister und die Schutzschriftenregisterverordnung, WRP 2016, 301; *Wehlau/Kalbfus*, Die Schutzschrift – Funktion, Gestaltung und prozesstaktische Erwägungen, WRP 2012, 395.

Anmerkungen

1. Die Hinterlegung von Schutzschriften ist eine Entwicklung der Praxis. Seit Einführung der §§ 945a, 945b ZPO mit Wirkung zum 1.1.2016 hat sie erstmals auch eine gesetzliche Regelung erfahren. Für die Hinterlegung von Schutzschriften haben sich in den letzten Jahren einige praktische Änderungen ergeben. Insbesondere werden Schutzschriften in Marken- und Wettbewerbsstreitigkeiten heute nicht mehr, wie früher aufgrund des sog. „fliegenden" Gerichtsstands üblich, an sämtliche bundesweit in Betracht kommenden Landgerichte gefaxt und versendet. Stattdessen sieht die Neuregelung vor, dass Schutzschriften fortan nur noch elektronisch beim zentralen Schutzschriftenregister (ZSSR), das von der Landesjustizverwaltung Hessen für alle Bundesländer geführt wird, zu hinterlegen sind (§ 945a Abs. 1 ZPO). Weitere Einzelheiten zum ZSSR sind auf Grundlage des § 945b ZPO in der Schutzschriftenregisterverordnung (SRV) vom

11. Schutzschrift

24.11.2015 geregelt (BGBl. I 2135; abrufbar zB unter https://www.gesetze-im-internet.de/srv/SRV.pdf).

Mit Hinterlegung der Schutzschrift im ZSSR gilt die Schutzschrift als bei allen ordentlichen Gerichten der Länder eingereicht (§ 945a Abs. 2 S. 1 ZPO). Zu beachten ist, dass bei der Verwendung des Online-Formulars das Schutzschriftendokument mit einer qualifizierten elektronischen Signatur zu versehen ist (vgl. zu den weiteren Einzelheiten die Informationen auf den Webseiten des ZSSR unter https://www.zssr.justiz.de/ und https://schutzschriftenregister.hessen.de, auf denen auch ein Handbuch „Zentrales elektronisches Schutzschriftenregister" des OLG Frankfurt a.M. mit detaillierten Anleitungen zur Verwendung des Online-Formulars bereitgestellt ist, vgl. https://schutzschriftenregister.hessen.de/sites/schutzschriftenregister.hessen.de/files/handbuch_zssr_of.pdf).

Seit dem 1.1.2017 sind Rechtsanwälte aufgrund der Regelung in § 49c BRAO verpflichtet, Schutzschriften ausschließlich zum Schutzschriftenregister nach § 945a ZPO einzureichen. Die Einreichung kann unter https://www.zssr.justiz.de/ oder über das besondere elektronische Anwaltspostfach (beA) geschehen. Die (zusätzliche) Einreichung einer schriftlichen Schutzfrist beim zuständigen Gericht bleibt weiterhin möglich (BeckOK ZPO/*Mayer* § 945a Rn. 1), da es sich nur um eine standesrechtliche Pflicht handelt. Sie ist im Einzelfall auch weiterhin sinnvoll, um eine Kenntnisnahme sicherzustellen.

2. Wie im Wettbewerbsrecht und anderen Bereichen des Gewerblichen Rechtsschutzes hat sich die Schutzschrift auch im Markenrecht als übliches Verteidigungsmittel außerhalb der gesetzlichen Regelungen in der Praxis etabliert (umfassend Teplitzky/*Feddersen* Kap. 55 Rn. 52 ff.). Die Einreichung einer Schutzschrift empfiehlt sich, wenn der Erlass einer einstweiligen Verfügung im Beschlusswege und deren anschließende Vollziehung zu erheblichen Problemen des Antragsgegners führen würde, zum Beispiel durch die Verhinderung oder Verzögerung der Markteinführung eines neuen Produkts. Ein derartiger Fall liegt dem Formular zugrunde. Besondere Bedeutung hat die Schutzschrift, wenn dem Gericht Gesichtspunkte zur Kenntnis gebracht werden sollen, die über die rein rechtliche Argumentation im Hinblick auf einen bestimmten Verletzungsfall hinausgehen, also zum Beispiel vorprozessuales Verhalten der Parteien betreffen, wie im Formular geschildert. Dazu gehört auch Sachverhalt, der für die Beurteilung der Verwechslungsgefahr von Bedeutung sein kann, zum Beispiel die Kennzeichnungskraft der angeblich verletzten Marke im Hinblick auf verwendete Drittzeichen in diesem Segment, Kennzeichnungsgewohnheiten, die für eine beschreibende Verwendung im Sinne von § 23 Nr. 2 MarkenG sprechen können usw. Soweit reine Rechtsfragen, zum Beispiel die Zeichenähnlichkeit, betroffen sind, kann in der Schutzschrift auf besonders einschlägige Entscheidungen hingewiesen werden. Die Schutzschrift ist allerdings keine vorweggenommene Widerspruchsschrift oder Klageerwiderung und sollte nicht versuchen, alle denkbaren Argumente des Antragstellers zu antizipieren, zumal damit das Risiko verbunden ist, den Antragsteller auf potentielle Angriffslinien aufmerksam zu machen. Soweit eine förmliche Abmahnung oder sonstige Vorkorrespondenz vorliegt, orientiert sich die Schutzschrift sinnvollerweise an den dort vom mutmaßlichen Antragsteller vorgebrachten Argumenten.

3. Die Schutzschrift muss erkennen lassen, im Hinblick auf welche erwartete Auseinandersetzung sie eingereicht wird. Demgegenüber ist es nicht erforderlich, dass der erwartete Antrag in der einstweiligen Verfügung vollständig antizipiert wird. Deshalb ist es zum Beispiel unnötig, unterschiedliche Handlungsmodalitäten des § 14 Abs. 3 MarkenG aufzuführen oder gar Abbildungen beabsichtigter Benutzungsformen (die gegebenenfalls dem mutmaßlichen Antragsteller noch gar nicht bekannt sind) in den Antrag aufzunehmen.

4. Da es sich bei der Schutzschrift prozessrechtlich nicht um eine vorweggenommene Widerspruchsschrift handelt, ist eine förmliche Antragstellung nicht notwendig, aber üblich. Dabei sollte in erster Linie die Zurückweisung des Antrags ohne mündliche Verhandlung begehrt werden.

5. Eine Aufbrauchsfrist ist – bei Vorliegen ihrer Voraussetzungen – grundsätzlich von Amts wegen zu gewähren (*Köhler/Bornkamm/Feddersen* UWG § 8 Rn. 1.72 ff.) Vorausgesetzt ist allerdings, dass den Vollstreckungsschuldner die Vollziehung der einstweiligen Verfügung unverhältnismäßig hart träfe. Dabei ist einerseits auf objektive Umstände abzustellen, insbesondere die Schwere der Nachteile, die dem Schuldner drohen und die Zumutbarkeit für den Gläubiger, andererseits subjektiv auf den Grad des Verschuldens des Gläubigers, so dass bei Vorsatz und grober Fahrlässigkeit eine Aufbrauchsfrist meist ausscheidet. In der Praxis werden Aufbrauchsfristen im einstweiligen Verfügungsverfahren nur selten gewährt. Der Sachverhalt, der dem Formular zugrunde liegt, spricht im Hinblick auf die Vorkorrespondenz auch eher gegen eine Aufbrauchsfrist, da der Antragsgegnerin die älteren Marken und die Rechtsauffassung der Antragstellerin bereits aus der Vorkorrespondenz bekannt waren, so dass sie ggf. eine andere Bezeichnung hätte wählen können.

6. Das Gericht kann die Vollziehung der einstweiligen Verfügung von der vorherigen Leistung einer Sicherheit durch den Antragsteller abhängig machen (§ 921 S. 1 ZPO). Das kommt vor allem in Betracht, wenn durch die Vollziehung der einstweiligen Verfügung dem Antragsgegner erhebliche Schäden drohen, insbesondere durch Umsatzausfälle, und zweifelhaft ist, ob der Antragsteller eventuelle Schadensersatzansprüche nach § 945 ZPO in dieser Höhe befriedigen könnte. Die Praxis ist mit der Anordnung solcher Sicherheitsleistungen sehr zurückhaltend. Für den mutmaßlichen Antragsgegner, der die Sicherheitsleistung in der Schutzschrift beantragt, stellt sich darüber hinaus das Problem, dass umfangreicher Sachvortrag zu den wirtschaftlichen Auswirkungen der einstweiligen Verfügung, insbesondere zu erwartenden Umsätzen, negative Auswirkungen in einem späteren Schadensersatzprozess haben kann, falls das Gericht doch eine Markenverletzung annimmt. Im vorliegenden Fall sind deshalb nur knappe Angaben hinsichtlich des zu erwartenden Schadens gemacht worden.

7. Die Schilderung des Sachverhalts beschränkt sich auf das Minimum, das es dem Gericht ermöglicht, den Anlass der Auseinandersetzung zu verstehen. Wenn möglich, sollte vermieden werden, dem mutmaßlichen Antragsteller in der Schutzschrift weitere Informationen zu geben, die einen Verfügungsantrag ergänzen oder gar erst schlüssig machen würden. So sollten keine konkreten Angaben zum beabsichtigten Zeitpunkt der Markteinführung, zu den beabsichtigten Verwendungsformen usw. gemacht werden, soweit sich nicht gerade aus diesen Gesichtspunkten Argumente gegen die Verletzung ergeben, zum Beispiel aus einer bestimmten graphischen Gestaltung des Etiketts, bei der das Klagezeichen als Teil einer abweichenden Gesamtbezeichnung oder als beschreibend erscheint. Meist ist es ausreichend, auf die Abmahnung zu verweisen. Bei der Einreichung von Unterlagen zur Glaubhaftmachung nach § 294 ZPO, wie zB Abbildungen und Beispiele von Drittnutzungen, um eine beschreibende Verwendung in dem betreffenden Produktsegment zu belegen, ist zu beachten, dass die maximale Dateigröße beim Schutzschriftenregister nach den Einreichungsbedingungen auf derzeit 20 MB begrenzt ist (Details s. Handbuch „Zentrales elektronisches Schutzschriftenregister" → Anm. 1).

8. Eine einstweilige Verfügung kann nur erlassen werden, wenn ein Verfügungsgrund vorliegt, insbesondere die Angelegenheit noch dringlich ist. Gegen die Dringlichkeit spricht insbesondere eine längere Kenntnis des Antragstellers von der angeblichen Verletzungshandlung (BGH GRUR 2000, 151 (152) – Späte Urteilsbegründung; *Ingerl/Rohnke* MarkenG Vor §§ 14–19d Rn. 193 ff.; → Form. B.12 Anm. 25). Die Kenntnis von der Markenanmeldung ermöglicht dem Antragsteller bereits, basierend auf der Erstbegehungsgefahr auch gegen bevorstehende Benutzungshandlungen der Marke im Wege der einstweiligen Verfügung vorzugehen, so dass die Dringlichkeitsfrist grundsätzlich mit der Kenntnis von der Anmeldung beginnt (OLG Köln NJOZ 2015, 45 (46) – L-Thyrox; *Ingerl/Rohnke* MarkenG Vor §§ 14–19d Rn. 202). Allerdings kann die spätere Benutzungsaufnahme als andersartige Handlung eine erneute Dringlichkeitsfrist in Lauf setzen (zB OLG Hamburg NJOZ 2008, 2753 (2765) – Navigon; OLG Stuttgart OLG-Report 2009, 633 (635) – Ordensfotos). Im vorliegenden Fall ist zumindest argumentierbar, dass die Übersendung konkreter Muster für die Produktgestaltung der mutmaßlichen Antragstellerin bereits zum damaligen Zeitpunkt die Entscheidung ermöglichte, ob gerade gegen diese (behaupteten) Verletzungshandlungen vorgegangen werden soll. Mehr spricht allerdings dafür, dass mit dem tatsächlichen Schadenseintritt durch die Benutzungsaufnahme die Dringlichkeit erneut auflebt.

9. Rechtsfragen wie die Verwechslungsgefahr sollten in der Schutzschrift nur dann näher behandelt werden, wenn dem Gericht bestimmte Argumente zur Kenntnis gebracht werden sollen, die sich nicht aus dem unstreitigen Sachverhalt oder der Antragsschrift ergeben. Dafür kommt hier insbesondere der Schwächungseinwand durch Nutzung ähnlicher Drittzeichen von Wettbewerbern in Frage, da das Zivilgericht nicht selbständig den Sachverhalt ermittelt und die Antragstellerin vermutlich zu diesen Gesichtspunkten nichts vortragen wird (zu den Voraussetzungen des Schwächungseinwandes zB BGH GRUR 2009, 685, Rn. 25– ahd.de; BGH GRUR 2009, 766 Rn. 32 – Stofffähnchen).

10. Die Nichtbenutzungseinrede kann ebenfalls bereits in der Schutzschrift erhoben werden und wird gegebenenfalls dazu führen, dass die Antragstellerin Gelegenheit erhalten muss, ergänzend zu diesem Gesichtspunkt vorzutragen. Da die Antragstellerin insoweit darlegungs- und glaubhaftmachungspflichtig ist, bedarf es keiner näheren Substantiierung durch den Antragsgegner.

11. → Anm. 5.

12. → Anm. 6.

13. Durch diese Erklärung wird verhindert, dass das Gericht der mutmaßlichen Antragstellerin die Schutzschrift vor Antragstellung übersendet und damit der Antragstellerin die Möglichkeit gibt, den Verfügungsantrag entsprechend anzupassen. Allerdings ist mit Einreichung des Verfügungsantrags das Prozessrechtsverhältnis zwischen den Parteien begründet, so dass der Antragsteller Anspruch auf Überlassung der Schutzschrift hat. Es steht ihm dann frei, in einem ergänzenden Schriftsatz auf die Argumente in der Schutzschrift einzugehen.

14. Mit der Information über den zurückgewiesenen Antrag soll die Grundlage für einen nachfolgenden Kostenfestsetzungsantrag gelegt werden. Jedenfalls in dieser Konstellation besteht im Grundsatz eine Kostenerstattungspflicht für die Hinterlegung der Schutzschrift. Zu erstatten ist eine 1,3 Gebühr nach VV 3100 RVG (vgl. BGH GRUR 2008, 640 Rn. 11 ff. – Kosten der Schutzschrift III; OLG Hamburg GRUR-RR 2016, 431 zur Erstattungsfähigkeit der Kosten einer beim zentralen Schutzschriftenregister gem. § 945a ZPO eingereichten Schutzschrift). Unabhängig davon teilen manche Gerichte weiterhin dem Antragsgegner, der eine Schutzschrift eingereicht hat, nicht mit, wenn der Antrag ohne Beschluss zurückgenommen wird. Es empfiehlt sich deshalb, nach einer angemessenen Wartezeit bei den Gerichten nachzufragen, ob Anträge eingegangen sind. Wird die Anfrage nicht beantwortet, kann vorsorglich ein Antrag auf Streitwertfestsetzung gestellt werden (DPST WettbProzR/*Tavanti* Rn. 231).

12. Antrag auf Erlass einer einstweiligen Verfügung gegen Domain und Metatag

Landgericht . . . . . .[2]

. . . . . .

Antrag auf Erlass einer einstweiligen Verfügung[1]

In Sachen

DREAMLAND Reise GmbH, ...

– Antragstellerin –

Verfahrensbevollmächtigte: Rechtsanwälte . . . . . .[3]

gegen

B GmbH, ...

– Antragsgegnerin –

wegen: Unterlassung (MarkenG)

Streitwert: vorläufig geschätzt 100.000 EUR[4]

zeigen wir an, dass wir die Antragstellerin vertreten. Namens und im Auftrag der Antragstellerin beantragen wir den Erlass einer einstweiligen Verfügung gegen die Antragsgegnerin, wegen besonderer Dringlichkeit ohne mündliche Verhandlung und erforderlichenfalls durch den Vorsitzenden allein, deren Tenorierung wir wie folgt anregen:

I. Der Antragsgegnerin wird es bei Meidung eines für jeden Fall der Zuwiderhandlung fälligen Ordnungsgeldes, ersatzweise Ordnungshaft, oder Ordnungshaft (Ordnungsgeld im Einzelfall bis zu 250.000 EUR, Ordnungshaft bis zu sechs Monate, im Wiederholungsfall bis zu zwei Jahre, diese zu vollziehen an ihren Geschäftsführern),[5]
   verboten,
   1. im geschäftlichen Verkehr unter der Internet-Domain „dreemland.de" Reisen anzubieten und/oder zu vermitteln;[6]
   2. im geschäftlichen Verkehr das Wort „dreemland" als Metatag im HTML-Code einer Internetseite, auf der Reisen angeboten werden, zu verwenden.[7]
II. Die Kosten des Verfahrens fallen der Antragsgegnerin nach einem Streitwert von 100.000 EUR zur Last.

Begründung:

1. Die Antragstellerin betreibt seit 2006 Reisebüros für Pauschal- und Flugreisen, wie aus dem Handelsregisterauszug hervorgeht,
   Anlage A 1.
   Mittlerweile ist sie mit 35 Filialen bundesweit, zB in den Städten . . . . . ., vertreten,[8] was durch die eidesstattliche Versicherung von . . . . . . glaubhaft gemacht wird,
   Anlage A 2.
   Seit Aufnahme ihrer geschäftlichen Tätigkeit firmiert die Antragstellerin unter DREAMLAND Reise GmbH. Die Antragstellerin verwendet ihr Firmenschlagwort DREAMLAND[9] auch als Geschäftsbezeichnung für ihre Reisebüros, nämlich als Leuchtschrift über den Eingängen,[10]
   Anlage A 3,

und auf den Titelseiten ihrer Reisekataloge,[11]
Anlage A 4.
Darüber hinaus betreibt sie seit 2012 unter der Domain „www.dreamland.com" eine Website, auf welcher Reisen im Internet gebucht werden können.[12] Einen Screenshot der Website überreichen wir als
Anlage A 5.
Die Bezeichnung DREAMLAND hat sich die Klägerin auch durch die am 25.7.2005 angemeldete und am 2.9.2006 für die Dienstleistungen „Organisation und Vermittlung von Reisen" eingetragene deutsche Wortmarke Nr. . . . . . DREAMLAND geschützt. Einen aktuellen Registerauszug überreichen wir als
Anlage A 6.[13]

2. Die Antragstellerin ist am 15.9.2017 von einer Stammkundin auf die Internetseite unter der Domain „www.dreemland.de" aufmerksam gemacht worden.[14] Auf dieser Internetseite werden ebenfalls Reisen, insbesondere Pauschal- und Flugreisen zur Online-Buchung angeboten.[15] Screenshots der Internetseite überreichen wir als
Anlagenkonvolut A 7.
Wie die Domainabfrage auf der Website der Denic e.G. ergab, ist die Domain „www.dreemland.de" für die Antragsgegnerin registriert,
Anlage A 8,[16]
und zwar seit dem 10.4.2014, wie die Denic e.G. auf eine History-Anfrage mitteilte,[17]
Anlage A 9.
Bei weiteren Recherchen stellte die Antragstellerin fest, dass die Internetseite der Antragsgegnerin sogar dann von Suchmaschinen als Treffer angezeigt wird, wenn man eigentlich nach der Website der Antragstellerin sucht, indem man „dreamland" als Suchbegriff eingibt. Einen Ausdruck der Ergebnisliste der Suchmaschinenabfrage überreichen wir als
Anlage A 10.
Das ist darauf zurückzuführen, dass die Antragsgegnerin die Marke und geschäftliche Bezeichnung der Klägerin „dreamland" als Metatag im HTML-Code verwendet.[18] Einen Ausdruck des Quelltextes der Seite überreichen wir als
Anlage A 11.

3. Die Antragstellerin hat die Antragsgegnerin mit Schreiben vom 22.9.2017 abgemahnt,
Anlage A 12.[19]
Die Antragsgegnerin hat die Abgabe einer strafbewehrten Unterlassungserklärung mit Schreiben vom 29.9.2017 mit der Begründung abgelehnt, es liege keine rechtsverletzende Benutzung vor. Sie könne sich aber den Verkauf der Domain an die Klägerin vorstellen, sofern diese ein angemessenes Angebot unterbreite,
Anlage A 13.[20]

4. Der geltend gemachte Unterlassungsanspruch nach Antrag I.1. ergibt sich aus § 14 Abs. 2 Nr. 2, Abs. 5 MarkenG und § 15 Abs. 2, Abs. 4 MarkenG.[21] Die Antragstellerin stützt sich in erster Linie auf ihre Markenrechte, hilfsweise auf ihr Unternehmenskennzeichen, höchst hilfsweise auf den Gesichtspunkt des Behinderungswettbewerbs. Da der Verkehr die Top-Level-Domain „.de" als solche erkennt, ist sie beim Zeichenvergleich außer Betracht zu lassen. Es stehen sich mithin DREAMLAND und DREEMLAND gegenüber, die klanglich identisch und auch schriftbildlich hochgradig ähnlich sind.[22] Daneben ist der Antrag auch aus §§ 3, 4 Nr. 4 UWG unter dem Gesichtspunkt des unlauteren Abfangens von Kunden begründet. Mit ihrer Domain nutzt die Antragsgegnerin gezielt Tippfehler der Internetuser aus, die eigentlich den Geschäftskontakt mit der Antragstellerin suchen.[23]

5. Der Unterlassungsantrag nach I.2. ergibt sich aus § 14 Abs. 2 Nr. 1 MarkenG sowie § 15 Abs. 2 MarkenG. Auch die Benutzung des Zeichens „dreamland" als Metatag stellt eine markenmäßige bzw. kennzeichenmäßige Benutzung dar (BGH GRUR 2007, 65 Rn. 16 ff. – Impuls; BGH GRUR 2007, 784 Rn. 18 – AIDOL).[24]

6. Nachdem die Antragsgegnerin die Abmahnung zurückgewiesen hat, ist die Antragstellerin dringend auf die begehrte einstweilige Verfügung angewiesen. Durch das beschriebene Verhalten der Antragsgegnerin besteht permanent die Gefahr, dass Internetuser fehlgeleitet werden und der Antragstellerin Geschäfte entgehen. Hierdurch wird auch der gute Ruf der Antragstellerin nachhaltig geschädigt. Demgegenüber versucht die Antragsgegnerin lediglich, in unlauterer Weise von dieser Kennzeichenverletzung zu profitieren. Dringlichkeit ist deshalb gegeben.[25]

Wir bitten um telefonische Benachrichtigung, sobald die einstweilige Verfügung erlassen ist oder falls Bedenken gegen deren Erlass bestehen sollten.

Rechtsanwältin[26, 27]

Schrifttum: vgl. die Hinweise → Form. B.1.; *Bettinger*, Handbuch des Domainrechts, 2. Aufl. 2017.

Anmerkungen

1. Wie auch in anderen Gebieten des gewerblichen Rechtsschutzes ist die einstweilige Verfügung in der Praxis die bevorzugte Verfahrensform der markenrechtlichen Auseinandersetzung. Gegenüber dem Verfahren bei einstweiligen Verfügungen in benachbarten Rechtsgebieten bestehen nur wenige markenrechtliche Besonderheiten. Es kann deshalb zunächst verwiesen werden auf die ausführliche Darstellung des Rechts der einstweiligen Verfügung bei → Form. A.4. Die insbesondere gegenüber dem Wettbewerbsrecht bestehende Besonderheit, dass in Fällen offensichtlicher Rechtsverletzung auch Auskunft über Herkunft und Vertriebsweg der rechtsverletzenden Ware/Dienstleistung im Wege des einstweiligen Rechtsschutzes erlangt (§ 19 Abs. 7 MarkenG) sowie als Vorstufe des Vernichtungsanspruches auch ein Sequestrationsanspruch (dazu *Ingerl/Rohnke* MarkenG § 18 Rn. 38 ff.; zur Notwendigkeit einer Abmahnung bei Titulierung eines Sequestrationsanspruchs s. OLG Karlsruhe GRUR-RR 2013, 182 (183) – Spielsteuerung) geltend gemacht werden kann, deckt sich mit der Rechtslage im Urheberrecht (→ Form. G.11), so dass auf eine ausführliche Darstellung an dieser Stelle verzichtet werden kann. Zu beachten sind auch die am 1.9.2008 in Kraft getretenen §§ 19a und 19b MarkenG. Nach § 19a Abs. 1, Abs. 3 MarkenG kann eine Verpflichtung zur Vorlage einer Urkunde oder zur Duldung der Besichtigung einer Sache, die zur Begründung von Ansprüchen gegen den vermeintlichen Verletzer erforderlich ist, ggf. im Wege der einstweiligen Verfügung angeordnet werden. Ist das Bestehen eines Schadensersatzanspruchs offensichtlich, kommt auch die Anordnung der Vorlage von Urkunden zur Sicherung von Schadensersatzansprüchen nach § 19b Abs. 1 MarkenG im Wege der einstweiligen Verfügung in Betracht, § 19b Abs. 3 MarkenG. Nicht im Wege der einstweiligen Verfügung geltend gemacht werden kann naturgemäß der Schadensersatzanspruch, der im Markenrecht aufgrund der Möglichkeit der dreifachen Schadensberechnung (→ Form. B.19 Anm. 6) erhebliche praktische Bedeutung hat. Gleiches gilt für den Vernichtungsanspruch (→ Form. B.13 Anm. 13) und den Löschungsanspruch (→ Form. B.7 Anm. 8).

Diesem Formular liegen eine kennzeichenverletzende Domain sowie ein sog. Metatag zugrunde. Als Rechtsgrundlage beim Vorgehen gegen Domains kommen neben den in diesem Formular relevanten Ansprüchen aus dem MarkenG auch wettbewerbsrechtliche

12. Antrag auf Erlass einer eV gegen Domain und Metatag   B. 12

Ansprüche sowie Ansprüche nach § 12 BGB oder §§ 823, 826 BGB in Betracht. Dabei sind die kennzeichenrechtlichen Ansprüche grundsätzlich vorrangig, wenn es sich – wie in dem hier zugrunde liegenden Fall – um eine kennzeichenmäßige Benutzung im geschäftlichen Verkehr handelt. Der Kennzeicheninhaber kann sich aber zB ergänzend auf § 12 BGB berufen, wenn sein Unternehmenskennzeichen außerhalb des geschäftlichen Verkehrs oder außerhalb der Branche und damit außerhalb der kennzeichenrechtlichen Verwechslungsgefahr verwendet wird (stRspr, zB BGH GRUR 2005, 430 (431) – mho.de; BGH GRUR 2016, 810 Rn. 38 – profitbricks.es). Obwohl an eine Benutzung im geschäftlichen Verkehr keine hohen Anforderungen zu stellen sind, besteht bei einem Domainnamen keine Vermutung für ein Handeln im geschäftlichen Verkehr. Im Zweifel ist von einer rein privaten Nutzung auszugehen (BGH GRUR 2008, 1099 Rn. 11 ff. – afilias.de; BGH GRUR 2016, 810 Rn. 21 – profitbricks.es). Den Rückgriff auf § 12 BGB lässt der BGH auch dann zu, wenn nur Rechtsfolgen begehrt werden, die aus §§ 14, 15 MarkenG nicht herleitbar sind, zB der Verzicht auf die Domain (BGH GRUR 2012, 304 Rn. 32 ff. – Basler Haar-Kosmetik; BGH GRUR 2014, 393 Rn. 16 – wetteronline.de; BGH GRUR 2016, 810 Rn. 38 – profitbricks.es).

2. Die sachliche Zuständigkeit des Landgerichts ergibt sich aus § 140 Abs. 1 MarkenG. Diese Norm gilt auch im einstweiligen Verfügungsverfahren, § 937 Abs. 1 ZPO. Örtlich zuständig ist – wie im Markenrecht immer – auch das Gericht des Erfolgsortes (§ 32 ZPO), wobei die Konzentration auf Kennzeichengerichte zu beachten ist (→ Form. B.13 Anm. 1). Bei Kennzeichenverletzungen im Internet ist nach § 32 ZPO idR die örtliche Zuständigkeit jedes deutschen Kennzeichengerichtes gegeben, da von jedem Ort auf die Webseite zugegriffen werden kann. Allerdings hat der BGH mehrfach entschieden, dass ein Unternehmen mit regional begrenztem Tätigkeitsbereich nicht schon dadurch bundesweit tätig ist, dass seine Website überall abrufbar ist (zB BGH GRUR 2006, 159 Rn. 18 – hufeland.de). Dies spricht dafür, einen regional beschränkten Wirkungskreis eines Unternehmens bzw. einer Website auch bei der Bestimmung der örtlichen Zuständigkeit zu berücksichtigen. Handelt es sich um ein Angebot eines ausländischen Webseitenbetreibers, ist zunächst die internationalen Zuständigkeit zu bestimmen (→ Form. B.13 Anm. 1). Wird die Verletzung einer deutschen Marke behauptet, sind die deutschen Gerichte nach Art. 7 Nr. 2 Brüssel Ia-VO (bis 26.2.2015 Art. 5 Nr. 3 Brüssel I-VO) international zuständig (vgl. EuGH GRUR 2012, 654 Rn. 27 ff. – Wintersteiger).

3. Da die Landgerichte ausschließlich zuständig sind (→ Anm. 2), besteht grundsätzlich Anwaltszwang, § 78 Abs. 2 ZPO. Allerdings sieht § 78 Abs. 3 ZPO hiervon eine Ausnahme für Prozesshandlungen vor, die vor dem Urkundsbeamten der Geschäftsstelle vorgenommen werden können, wie es bei einem Antrag auf Erlass einer einstweiligen Verfügung der Fall ist (§§ 936, 920 Abs. 3 ZPO). Diese Ausnahme gilt allerdings nur für den Antrag auf Erlass der einstweiligen Verfügung. In einer darauf folgenden mündlichen Verhandlung besteht wiederum Anwaltszwang. Ein Patentanwalt kann mitwirken → Form. B.13 Anm. 4.

4. Zur Streitwertbemessung → Form. B.13 Anm. 7.

5. Zur Ordnungsmittelandrohung → Form. B.13 Anm. 8. Die zweckmäßige Formulierung des Antragseinganges unterscheidet sich bei der markenrechtlichen einstweiligen Verfügung nicht von dem aus dem Wettbewerbsrecht bekannten Normalfall. Auf die Anmerkungen in → Form. A.4 wird verwiesen.

6. Der Unterlassungsantrag richtet sich gegen die Benutzung der Domain in ihrer registrierten Form, also nicht nur gegen die bloße Verwendung übereinstimmender Schlagworte. Es gelten die gleichen Grundsätze wie bei Unterlassungsansprüchen gegen geschäftliche Bezeichnungen (→ Form. B.17 Anm. 4). Die konkrete Verletzungsform schließt die „Top-Level-Domain" (zB „.de", „.com") ein. Allerdings sind die Top-Level-Domains regelmäßig als nicht individualisierende Zusätze selbst nicht unterscheidungskräftig und deshalb für die Kollisionsprüfung unbeachtlich (BGH GRUR 2009, 1055 Rn. 66 – airdsl; OLG Dresden MMR 2015, 193 (194) – fluege.de). Da es für die Verwechslungsgefahr nach § 14 Abs. 2 Nr. 2 MarkenG auf Waren-/Dienstleistungsähnlichkeit (→ Form. B.13 Anm. 25) bzw. nach § 15 Abs. 2 MarkenG auf Branchennähe (→ Form. B.17 Anm. 29) ankommt, ist der Unterlassungsantrag auch diesbezüglich konkret zu fassen, muss also angeben, welche Waren oder Dienstleistungen unter dieser Domain angeboten oder beworben werden.

Eine Kennzeichenverletzung setzt eine rechtsverletzende Benutzung der Domain voraus. Die bloße Registrierung eines Domainnamens stellt noch keine Benutzung dar. Sie begründet grundsätzlich auch keine Erstbegehungsgefahr, denn die bloße Domainregistrierung bietet idR keine ernsthaften Anhaltspunkte, ob das Zeichen überhaupt kennzeichenmäßig und, falls ja, für welche Waren/Dienstleistungen bzw. in welcher Branche es benutzt werden soll (BGH GRUR 2009, 484 Rn. 64 – Metrobus). Anders ist dies zu beurteilen, wenn sich der Anspruchsteller auf § 12 BGB stützen kann, da hier bereits die unberechtigte Registrierung einer Domain und das Aufrechterhalten dieser Registrierung eine Namensverletzung darstellen kann (BGH GRUR 2002, 622 (624) – shell.de; BGH GRUR 2008, 1099 Rn. 19 – afilias.de; BGH GRUR 2016, 810 Rn. 38 – profitbricks.es).

Macht der Anspruchsteller eine Kennzeichenverletzung nach §§ 14, 15 MarkenG geltend, ist er in der Regel auf Unterlassungsansprüche beschränkt. Darüber hinaus besteht ggf. ein Anspruch auf Einwilligung in die Löschung der Domain (Löschungs- oder Freigabeanspruch), der allerdings nicht im einstweiligen Rechtsschutz begehrt werden kann. Der Löschungsanspruch besteht auch nur dann, wenn schon das Halten des Domain-Namens für sich gesehen eine Rechtsverletzung darstellt. Diese Voraussetzung ist nicht schon automatisch erfüllt, weil der Domaininhaber als juristische Person stets im geschäftlichen Verkehr handelt. Vielmehr kann dies nur bejaht werden, wenn der Domaininhaber bei einer Verwendung der Domain notwendig auch alle weiteren Voraussetzungen der §§ 14 oder 15 MarkenG erfüllt (BGH GRUR 2009, 685 Rn. 36 – ahd.de). Dies ist im Rahmen des § 14 Abs. 2 Nr. 2 MarkenG oder § 15 Abs. 2 MarkenG kaum denkbar, weil eine Kennzeichenverletzung jedenfalls ausgeschlossen ist, wenn die Beklagte die Domain für unähnliche Waren/Dienstleistungen bzw. in einer deutlich anderen Branche benutzt. Kann sich die Kennzeicheninhaberin auf den erweiterten Bekanntheitsschutz nach § 14 Abs. 2 Nr. 3 MarkenG oder § 15 Abs. 3 MarkenG berufen, kommt ein Löschungsanspruch dagegen in Betracht, weil dann auch Schutz außerhalb des Warenähnlichkeitsbereichs begehrt werden kann. Allerdings kommt auch dort ein Löschungsanspruch nur in Frage, wenn jede Verwendung der Domain eine unlautere Ausnutzung oder Beeinträchtigung der Unterscheidungskraft oder Wertschätzung des bekannten Kennzeichens darstellt (BGH GRUR 2007, 888 Rn. 13 – EUR Telekom). Der Löschungsanspruch aus Markenrecht ist somit die seltene Ausnahme. Allerdings kann er sich aus § 12 BGB ergeben, der nach der Rechtsprechung des BGH ergänzend anwendbar bleibt (vgl. BGH GRUR 2012, 304 Rn. 31 ff. – Basler Haar-Kosmetik; BGH GRUR 2014, 506 Rn. 8 – sr.de; BGH GRUR 2016, 810 Rn. 38 – profitbricks.es). Im Wege der einstweiligen Verfügung kann der Anspruch aber ohnehin nicht durchgesetzt werden. Ein Anspruch auf Übertragung der Domain besteht im Gegensatz zu einem Anspruch auf Verzicht des Verletzers gegenüber der Denic e.G. nicht (BGH GRUR 2002, 622 (626) – shell.de). Hierauf ist der Kläger bei „.de-Domains" wie im Beispielsfall auch nicht angewiesen, denn er kann bei der Denic e.G. einen sog. Dispute-Eintrag beantragen. Ein Dispute-Eintrag bei der streitgegenständlichen Domain bewirkt, dass sie nicht auf einen Dritten übertragen werden kann und im Falle der Löschung der Domain (zB nach

Verurteilung zur Einwilligung in die Löschung) der Antragsteller unmittelbar neuer Domaininhaber wird. Um die Übertragung an einen Dritten effektiv zu verhindern, empfiehlt es sich, den Antrag bereits vor einer Abmahnung oder Klageerhebung zu stellen. Das Antragsformular ist unter www.denic.de abrufbar. Ein Dispute-Eintrag gilt für ein Jahr, kann aber ggf. verlängert werden. Im Falle eines unberechtigten Dispute-Antrags besteht jedoch für den Antragsteller die Gefahr, dass der Domaininhaber seinen Anspruch auf Löschung des Dispute-Antrags kostenpflichtig geltend macht (OLG Köln GRUR-RR 2006, 267 (268) – investment.de; LG Köln GRUR-RR 2013, 254 (256) – Bye Bye). Richtet sich der Löschungsanspruch nicht gegen eine „.de-Domain", sondern gegen eine Domain, für die es kein Dispute-Verfahren gibt (zB gegen eine „.com"- oder „.eu-Domain"), kommt ein Verfügungsverbot im einstweiligen Rechtsschutz in Betracht, um zu verhindern, dass die streitgegenständliche Domain zwischenzeitlich auf einen Dritten übertragen und die Rechte des Antragstellers vereitelt werden (KG GRUR-RR 2007, 398 – eu-Domainnamensperrung).

7. → Anm. 18.

8. Im Beispielsfall stützt sich die Antragstellerin hilfsweise auf ein prioritätsälteres Recht aus einer geschäftlichen Bezeichnung nach § 5 MarkenG, nämlich auf ihre Firma. Kennzeichnungskraft vorausgesetzt, entsteht es ohne förmliche Eintragung durch Benutzung im geschäftlichen Verkehr. Für die Schlüssigkeit des Antrages ist es deshalb erforderlich, die Benutzung einschließlich des Zeitpunkts der Benutzungsaufnahme vorzutragen und ggf. glaubhaft zu machen, im Einzelnen → Form. B.17 Anm. 10. Unternehmenskennzeichen genießen in der Regel Schutz im gesamten Bundesgebiet (BGH GRUR 2007, 884 Rn. 29 – Cambridge Institute). Bei einem Reisebüro könnten allerdings Zweifel aufkommen, ob es sich um ein nach Zweck und Zuschnitt örtlich nur beschränkt und auch nicht auf Expansion angelegtes Unternehmen handeln könnte, was den Schutz des Unternehmenskennzeichens örtlich beschränken würde (BGH GRUR 2007, 884 Rn. 29 mwN – Cambridge Institute). In diesem Fall würde auch die Verwendung des Zeichens als Internet-Domain den Kennzeichenschutz nicht auf das gesamte Bundesgebiet erweitern (vgl. BGH GRUR 2005, 262 (263) – soco.de; BGH GRUR 2006, 159 Rn. 18 – hufeland.de). Es ist deshalb sinnvoll, auf die bundesweite Ausdehnung der Geschäftstätigkeit der Antragstellerin hinzuweisen. Lässt sich auf diese Weise zeigen, dass der Zuschnitt der Geschäftstätigkeit nicht nur örtlich oder regional ist, sondern auf eine Ausdehnung in das gesamte Bundesgebiet gerichtet ist, kommt es nicht darauf an, ob in bestimmten Teilen des Bundesgebietes konkret noch keine Niederlassungen zu finden sind (BGH GRUR 1985, 72 f. – Consilia); → Form. B.17 Anm. 13.

9. Gegenstand des Unternehmenskennzeichenschutzes des § 5 Abs. 2 MarkenG kann auch ein selbstständig kennzeichnungskräftiger Firmenbestandteil sein (BGH GRUR 2008, 1108 Rn. 29 – Haus & Grund III; BGH GRUR 2005, 262 (263) – soco.de; *Ingerl/Rohnke* MarkenG § 5 Rn. 23 ff.). Dabei kommt es nicht darauf an, dass dieser Firmenbestandteil tatsächlich in Alleinstellung benutzt wird. Vielmehr ist entscheidend, dass der Bestandteil für sich genommen hinreichend unterscheidungskräftig und geeignet ist, dem Verkehr als Kurzbezeichnung zu dienen (BGH GRUR 2009, 772 (778) Rn. 75 – Augsburger Puppenkiste; BGH GRUR 2013, 68 Rn. 26 ff. – Castel/VIN CASTELL); → Form. B.15 Anm. 23.

10. Unabhängig von der Firma kann eine besondere Geschäftsbezeichnung nach § 5 Abs. 2 S. 2 MarkenG geschützt sein, sofern sie auch tatsächlich als solche benutzt wird. Liegt ohnehin schon Schutz des Firmenbestandteils nach § 5 Abs. 2 S. 1 MarkenG vor, ergeben sich keine weiteren Besonderheiten (zum Schutz der besonderen Geschäftsbezeichnung *Ingerl/Rohnke* MarkenG § 5 Rn. 27 ff.; Kur/v. Bomhardt/Albrecht/*Weiler* MarkenG § 5 Rn. 43 ff.).

11. Die Benutzung als Katalogtitel ist eine typische Benutzungsform einer geschäftlichen Bezeichnung. Daneben kann dadurch Titelschutz (§ 5 Abs. 3 MarkenG) begründet werden (vgl. BGH GRUR 2005, 959 (960) – FACTS II), ohne dass es im vorliegenden Fall darauf ankäme.

12. Die Domain als solche stellt keine eigene Kennzeichen-Kategorie dar und ist auch kein sonstiges Recht im Sinne von § 823 Abs. 1 BGB (BVerfG GRUR 2005, 261 – ad-acta.de; BGH GRUR 2012, 417 Rn. 21 ff. – gewinn.de). Die Benutzung eines unterscheidungskräftigen Domain-Namens kann aber ebenfalls Unternehmenskennzeichenschutz iSv § 5 Abs. 2 MarkenG begründen. Dies setzt voraus, dass die Domain nicht nur (mit der Funktion einer Telefonnummer vergleichbar) als Adressbezeichnung benutzt wird, sondern der Verkehr darin einen Herkunftshinweis erkennt (BGH GRUR 2005, 262 (263) – soco.de).

13. Primär beruft sich die Antragstellerin auf ihre eingetragene Marke, so dass Vortrag zur Priorität, zur Inhaberschaft und zum Umfang der Marke erforderlich ist. Glaubhaftmachung kann regelmäßig durch Vorlage eines aktuellen Registerauszuges erfolgen → Form. B.13 Anm. 17.

14. Der Zeitpunkt der Kenntniserlangung ist für die Frage des Verfügungsgrundes von Bedeutung. Hat die Antragstellerin mit der Einleitung gerichtlicher Schritte zulange gewartet, kann dies die Dringlichkeitsvermutung des § 12 Abs. 2 UWG, sofern man diese im Markenrecht überhaupt anwenden will, widerlegen. Näher zum Verfügungsgrund → Anm. 25.

15. Konkreter Sachvortrag zur Verwendung des Zeichens durch die Antragsgegnerin ist erforderlich, um den Antrag hinsichtlich der rechtsverletzenden Benutzung schlüssig zu machen. Es muss zum einen dargelegt werden, dass es sich um eine kennzeichenmäßige Benutzung im geschäftlichen Verkehr handelt. Zum anderen muss vorgetragen und ggf. glaubhaft gemacht werden, in welcher Branche bzw. für welche Dienstleistungen die Bezeichnung benutzt wird, um eine Verwechslungsgefahr nach § 15 Abs. 2 MarkenG bzw. § 14 Abs. 2 Nr. 2 MarkenG begründen zu können → Form. B.13 Anm. 19, 25 sowie → Form. B.17 Anm. 17, 29.

16. Unter www.denic.de kann eine sog. „whois"-Abfrage nach dem Inhaber einer „.de"-Domain durchgeführt werden.

17. Die „whois"-Auskunft (→ Anm. 16) enthält zwar das Datum der letzten Aktualisierung, nicht aber das Datum der erstmaligen Registrierung oder Benutzung der Domain. Zumal die Benutzung einer Domain eigene Unternehmenskennzeichenrechte begründen kann (→ Anm. 12), sind dies aber wichtige Informationen, um die Prioritätslage zu prüfen. Deshalb kann es sinnvoll sein, bei der Denic e.G. zusätzlich eine sog. History-Anfrage zu stellen. Die Denic e.G. erteilt Auskunft zB über das Registrierungsdatum oder das Datum der Übertragung der Domain auf ihren aktuellen Inhaber, soweit ein berechtigtes Interesse dargelegt wird.

18. Bei einem sog. Metatag handelt es sich um eine Information im Quelltext einer Internetseite, die von Suchmaschinen aufgefunden werden und zu einer entsprechenden Trefferanzeige führen kann. Obwohl ein Metatag für den durchschnittlichen Internetnutzer nicht sichtbar ist, liegt darin eine markenmäßige bzw. kennzeichenmäßige Benutzung (BGH GRUR 2007, 65 Rn. 16 ff. – Impuls; OLG Frankfurt a.M. GRUR-RR 2017, 60 – scan2net). Maßgeblich ist, ob das als Metatag verwendete Zeichen dazu benutzt wird,

12. Antrag auf Erlass einer eV gegen Domain und Metatag   B. 12

das Ergebnis des Auswahlverfahrens der Suchmaschine zu beeinflussen. Diese Grundsätze hat der BGH auch auf die „Weiß-auf-Weiß"-Schrift übertragen (BGH GRUR 2007, 784 Rn. 18 – AIDOL; BGH GRUR-RR 2011, 343 Ls. 1 – Impuls II).

19. Wie im Wettbewerbsrecht kommt der vorherigen Abmahnung nur im Hinblick auf die Kostentragungspflicht bei sofortigem Anerkenntnis gemäß § 93 ZPO Bedeutung zu. Im Markenrecht bestehen demgegenüber keine Besonderheiten.

20. Das Verkaufsangebot kann als zusätzliches Indiz dafür gewertet werden, dass die Antragsgegnerin kein berechtigtes Interesse an der Domain hat.

21. Im Einzelnen zum Unterlassungsanspruch aus § 14 Abs. 2 Nr. 2 MarkenG → Form. B.13 Anm. 22–25 und aus § 15 Abs. 4 MarkenG → Form. B.17 Anm. 4.

22. Für die Beurteilung einer Kennzeichenverletzung durch Domains gelten die allgemeinen Grundsätze zur Prüfung der Verwechslungsgefahr. Dabei kann die Top-Level-Domain aber regelmäßig vernachlässigt werden (→ Anm. 6). Werden die Ansprüche auf unterschiedliche Rechtsgrundlagen gestützt, ist das Verhältnis anzugeben, in dem sie zueinander stehen sollen, → Form. B.13 Anm. 17.

23. Die Registrierung und Benutzung einer Domain kann grundsätzlich auch wettbewerbsrechtliche Ansprüche begründen, → Anm. 1. Bei sog. Tippfehler-Domains kommt insbesondere eine wettbewerbswidrige Behinderung iSv § 4 Nr. 4 UWG unter dem Gesichtspunkt des unlauteren Kundenfangs in Betracht (vgl. im Einzelnen BGH GRUR 2014, 393 Rn 24 ff. – wetteronline.de mwN).

24. → Anm. 18.

25. Der Erlass einer einstweiligen Verfügung setzt Dringlichkeit voraus, §§ 935, 940 ZPO. Nach mittlerweile wohl hM ist die Dringlichkeitsvermutung des § 12 Abs. 2 UWG im Kennzeichenrecht nicht analog anzuwenden, wenngleich auch bei den die Vermutung verneinenden Gerichten der Rechtsgedanke der Vorschrift häufig zum Tragen kommt (zB OLG Köln NJOZ 2015, 45 – L-Thyrox; OLG München GRUR 2007, 174 – Wettenvermittlung; OLG Frankfurt a. M. Urt. v. 8.6.2017 – 6 U 249/16, BeckRS 2017, 114541 Rn. 14; aA zB OLG Hamburg GRUR-RR 2009, 309 (310) – agenda; OLG Bremen Urt. v. 18.9.2015 – 2 U 33/15, GRUR-RS 2015, 18986 – Gitterstruktur-Puzzle; zum Streitstand *Ingerl/Rohnke* MarkenG Vor §§ 14–19d Rn. 194 f.). Die Dringlichkeit sollte also vorsorglich näher begründet werden, wozu auch die Angabe und ggf. Glaubhaftmachung des Zeitpunkts der Kenntniserlangung von der Verletzung gehört (→ Anm. 14), denn ein langes Zuwarten widerlegt die Dringlichkeitsvermutung. Der Zeitraum des zulässigen Zuwartens wird in der Rechtsprechung sehr unterschiedlich beurteilt und ist letztlich eine Frage der Einzelfallwürdigung. Bei den meisten Gerichten gelten Fristen zwischen einem und zwei Monaten. Traditionell streng sind das LG München I und das OLG München mit starrer 1-Monatsfrist (vgl. OLG München GRUR-RR 2016, 499 – Verkaufsaktion für Brillenfassung). Andere Gerichte sind zum Teil großzügiger, zB das OLG Frankfurt a. M. (uU auch 2 Monate nicht zu beanstanden, vgl. OLG Frankfurt a. M. Urt. v. 8.6.2017 – 6 U 249/16, BeckRS 2017, 114541 Rn. 16 ff.) und das OLG Hamburg (Antrag innerhalb von 6 Wochen ab Kenntnis idR dringlichkeitswahrend, aber auch stets vom Einzelfall abhängig, vgl. OLG Hamburg GRUR-RR 2008, 366 (367)). Die Tendenz der Rechtsprechung geht überwiegend dahin, die erforderliche Dringlichkeit zunehmend strenger zu beurteilen. Ebenfalls ist es dringlichkeitsschädlich, wenn der Antragsteller im Berufungsverfahren die Berufungsbegründungsfrist verlängert und den Schriftsatz zwar innerhalb der verlängerten Frist, aber nach Ablauf der ursprünglichen Frist einreicht.

Das Ausschöpfen der gesetzlichen Berufungsbegründungsfrist (ohne Verlängerung) wird hingegen ganz überwiegend noch als dringlichkeitswahrend angesehen (kritisch zuletzt OLG München GRUR-RR 2016, 499 Rn. 77 – Verkaufsaktion für Brillenfassung). Im Einzelnen s. *Köhler/Bornkamm/Feddersen* UWG § 12 Rn. 3.15b; Harte-Bavendamm/Henning-Bodewig/*Retzer* UWG Anhang zu § 12 Rn. 917 ff.; Cepl/Voß/*Voß* ZPO § 940 Rn. 86 mwN).

Kosten und Gebühren

26. Vgl. Erläuterungen zu → Form. B.13 Anm. 31. Zu beachten sind insbesondere die von einem Hauptsacheverfahren abweichenden Gerichtsgebühren- und Ermäßigungstatbestände nach KV 1410 ff. GKG.

Fristen und Rechtsmittel

27. Wird der Verfügungsantrag im Beschlusswege zurückgewiesen, kann der Antragsteller hiergegen sofortige Beschwerde nach § 567 Abs. 1 ZPO einlegen. Die Frist beträgt zwei Wochen und beginnt mit der Zustellung der Entscheidung, spätestens mit Ablauf von fünf Monaten nach Verkündung des Beschlusses, § 569 Abs. 1 ZPO. Die sofortige Beschwerde kann beim Ausgangsgericht oder beim Beschwerdegericht (OLG, § 119 Abs. 1 Nr. 2 GVG) eingelegt werden, § 569 Abs. 1 ZPO.
Der Antragsgegner kann gegen eine Beschlussverfügung gemäß § 924 Abs. 1 ZPO Widerspruch einlegen. Dieser ist beim Ausgangsgericht einzulegen und nicht fristgebunden.
Wird über den Verfügungsantrag durch Urteil entschieden, können Antragsteller oder Antragsgegner hiergegen Berufung zum OLG einlegen, §§ 511 ff. ZPO. Die Berufungsfrist beträgt einen Monat und beginnt mit der Zustellung des in vollständiger Form abgefassten Urteils, spätestens aber fünf Monate nach der Verkündung, § 517 ZPO. Vgl. Erläuterung zu → Form. B.13 Anm. 32.

13. Markenverletzungsklage

Landgericht ......[1]

Kammer für Handelssachen[2]

......

In Sachen

Firma A GmbH, ...[3]

– Klägerin –

Prozessbevollmächtigte: Rechtsanwälte ......[4]

gegen

Firma B GmbH,[5] vertreten durch ihren Geschäftsführer, ...

– Beklagte –

wegen: Unterlassung, Schadensersatz, Auskunft, Vernichtung (MarkenG)[6]

13. Markenverletzungsklage

Streitwert: vorläufig geschätzt 500.000 EUR[7]

Namens und im Auftrag der Klägerin erheben wir Klage und bitten um Anberaumung eines baldigen Termins zur mündlichen Verhandlung, in dem wir die folgenden

Anträge

stellen werden:

I. Die Beklagte wird verurteilt, es bei Meidung eines für jeden Fall der Zuwiderhandlung festzusetzenden Ordnungsgeldes bis zu 250.000 EUR, ersatzweise Ordnungshaft, oder Ordnungshaft bis zu sechs Monaten, im Wiederholungsfall bis zu zwei Jahren, die Ordnungshaft zu vollziehen an ihrem Geschäftsführer,[8] zu unterlassen, im geschäftlichen Verkehr das Zeichen GIORDINO für Schuhe zu benutzen, nämlich dieses Zeichen auf Schuhen, ihrer Aufmachung oder Verpackung anzubringen, unter diesem Zeichen Schuhe einzuführen, auszuführen, anzubieten, in den Verkehr zu bringen oder zu diesen Zwecken zu besitzen oder dieses Zeichen in Geschäftspapieren oder in der Werbung zu benutzen.[9]

II. Es wird festgestellt, dass die Beklagte verpflichtet ist, der Klägerin allen Schaden zu ersetzen, der dieser aus den in Antrag I. beschriebenen Handlungen bereits entstanden ist oder künftig noch entstehen wird.[10]

III. Die Beklagte wird verurteilt, der Klägerin Auskunft über Herkunft und Vertriebsweg der nach Antrag I. gekennzeichneten Waren zu erteilen, insbesondere Angaben zu machen über Namen und Anschriften der Hersteller, Lieferanten und anderen Vorbesitzer, der gewerblichen Abnehmer und Verkaufsstellen, für welche die Waren bestimmt waren, über die Menge der hergestellten, ausgelieferten, erhaltenen und bestellten Waren sowie über die Preise, die für die Waren bezahlt wurden.[11]

IV. Die Beklagte wird verurteilt, der Klägerin Auskunft über Art und Umfang der in Antrag I. beschriebenen Handlungen zu erteilen, und zwar durch Vorlage eines Verzeichnisses, aus dem sich die mit den Waren nach Antrag I. erzielten Umsätze und die Gestehungskosten einschließlich aller Kostenfaktoren, jeweils aufgeschlüsselt nach Kalenderviertjahren, sowie Art und Umfang der betriebenen Werbung, gegliedert nach Werbeträger, Auflagenzahl, Erscheinungszeit und Verbreitungsgebiet, ergeben.[12]

V. Die Beklagte wird verurteilt, die nach Antrag I. gekennzeichneten Waren zurückzurufen, sie endgültig aus den Vertriebswegen zu entfernen sowie solche in ihrem Besitz oder Eigentum stehenden Waren und die ihr gehörenden Materialien und Geräte, die vorwiegend zur Kennzeichnung gemäß Antrag I. gedient haben, zu vernichten.[13]

VI. Der Klägerin wird die Befugnis zugesprochen, das Urteil auf Kosten der Beklagten in der Wochenendausgabe der Zeitung „Die große Allgemeine" in einer Größe von 15 cm mal 15 cm bekanntzumachen.[14]

VII. Die Beklagte wird verurteilt, an die Klägerin 4.196,90 EUR nebst Zinsen iHv fünf Prozentpunkten über dem Basiszinssatz p.a. seit dem 26.2.2017 zu zahlen.[15]

VIII. Die Beklagte trägt die Kosten des Rechtsstreits.

IX. Das Urteil ist – gegebenenfalls gegen Sicherheitsleistung – vorläufig vollstreckbar.[16]

Begründung:

1. Die Klägerin ist Inhaberin der deutschen Marke GIORDINI Nr. . . . . . mit Zeitrang vom 24.3.2002, die seit dem 1.12.2002 eingetragen ist. Das Verzeichnis der Waren und Dienstleistungen umfasst unter anderem „Damenoberbekleidung", die Marke steht weiterhin in Kraft. Wir übergeben einen aktuellen Registerauszug des Deutschen Patent- und Markenamtes als

Anlage K 1.

Die Klägerin ist Inhaberin weiterer Marken mit dem Bestandteil GIORDINI, insbesondere der deutschen Wort-/Bildmarke GIORDINI MODA (fig.) Nr. . . . . . mit Priorität vom . . . . . .
         Anlage K 2.
Das Warenverzeichnis stimmt mit der Wortmarke K 1 überein. Die Klägerin stellt klar, dass sie ihre Ansprüche in erster Linie auf die Marke K 1 stützt. Ansprüche aus der Marke K 2 werden nur hilfsweise geltend gemacht. Die nachfolgenden Ausführungen gelten gleichermaßen für beide Marken.[17]

2. Die Klägerin benutzt die Marke GIORDINI seit 2004 im gesamten Damenmodenbereich in erheblichem Umfang.[18] Neben klassischer Damenoberbekleidung bringt sie unter dieser Marke auch Accessoires, wie zB Handtaschen und Modeschmuck sowie in großem Umfang Damenschuhe auf den Markt. Kataloge über die Produkte der Klägerin aus den letzten Jahren überreichen wir als
         Anlagenkonvolut K 3.
Mit Damenoberbekleidung dieser Marke hat sie allein in der Bundesrepublik Deutschland im Jahr 2016 Umsätze in Höhe von . . . . . . Millionen EUR erzielt. Sie gilt als eine der führenden Marken im gehobenen Preissegment unterhalb der echten Luxusmarken wie GUCCI oder ARMANI. Nach einer Studie der Branchenzeitschrift „Der Textilmarkt" gehört GIORDINI bereits seit fünf Jahren zu den zehn umsatzstärksten Marken in diesem Produktmarkt in Deutschland,
         Anlage K 4.
Ausweislich einer kürzlich durchgeführten Umfrage über das Markenbewusstsein der Bevölkerung ist sie immerhin 50 % der deutschen Bevölkerung bekannt,
         Anlage K 5.

3. Anfang 2017 ist die Klägerin darauf aufmerksam geworden, dass die Beklagte Schuhe unter der Bezeichnung GIORDINO in Verkehr bringt. Es handelt sich um modische Damenschuhe, wie aus dem Katalog der Beklagten,
         Anlage K 6,
ersichtlich ist.[19] Sie zielen auf dasselbe Kundensegment wie die Kleidung und Schuhe der Klägerin.

4. Auf die Abmahnung der Klägerin vom 12.2.2017,
         Anlage K 7,
haben die anwaltlichen Vertreter der Beklagten erklärt, Ansprüche der Klägerin bestünden nicht, da es an jeder Waren- und Zeichenähnlichkeit fehle,[20]
         Anlage K 8.

5. Diese Einwände gehen fehl. Durch den Vertrieb von Schuhen mit dem Zeichen GIORDINO verletzt die Beklagte die Markenrechte der Klägerin gemäß § 14 Abs. 2 Nr. 2 und Nr. 3 MarkenG.[21]
a) Es besteht Verwechslungsgefahr iSv § 14 Abs. 2 Nr. 2 MarkenG.[22]
Die Klagemarke ist von Haus aus von mindestens durchschnittlicher Kennzeichnungskraft, da es sich um einen Namen ohne beschreibende Anklänge handelt. Diese Kennzeichnungskraft wurde durch die intensive Benutzung und den überdurchschnittlichen Bekanntheitsgrad der Marke noch erheblich gesteigert.[23]
Die Zeichenähnlichkeit zwischen GIORDINI und GIORDINO ist sowohl in klanglicher als auch in schriftbildlicher Hinsicht hoch. Die ersten sieben von acht Buchstaben sowie die ersten zwei von drei Silben sind vollkommen identisch. Die Zeichen unterscheiden sich nur hinsichtlich des wenig beachteten letzten Buchstabens, wobei es sich bei den Endungen „I" und „O" jeweils um Endvokale handelt, die vom deutschen Verkehr als „typisch italienisch" empfunden und deshalb umso leichter

miteinander verwechselt werden. Auch unter begrifflichen Gesichtspunkten besteht Ähnlichkeit, weil beide Zeichen als italienischer Männername verstanden werden.[24] Auch die Warenähnlichkeit zwischen Damenoberbekleidung und Damenschuhen ist zu bejahen.[25] Selbst wenn man mit der älteren Rechtsprechung – bei Bejahung der Warenähnlichkeit – von einem eher geringen Grad der Ähnlichkeit ausginge (vgl. zB BPatG GRUR 1997, 54 – S. Oliver), begründet dies angesichts der hohen Zeichenähnlichkeit und der gesteigerten Kennzeichnungskraft der Klagemarke eine Verwechslungsgefahr. Außerdem ist zu berücksichtigen, dass sich die Verkehrsauffassung seitdem verändert hat. Inzwischen ist der Verkehr daran gewöhnt, dass Bekleidungshersteller auch die passenden Accessoires und Schuhe unter derselben Marke anbieten. Dies handhabt nicht nur die Klägerin so (s. o.), sondern auch viele ihrer Wettbewerber, wie deren Produktübersichten belegen,

Anlage K 9.

Insbesondere Damenoberbekleidung und Damenschuhe sind häufig hinsichtlich Farbe und Schnitt aufeinander abgestimmt und werden in vielen Verkaufsstätten zusammen angeboten, so dass sogar von hoher Warenähnlichkeit auszugehen ist (vgl. OLG Hamburg GRUR-RR 2006, 182 (183) – Miss 17).

b) Unabhängig von der Warenähnlichkeit liegt auch eine Markenverletzung nach § 14 Abs. 2 Nr. 3 MarkenG vor.[26] Wie oben dargelegt, sind die Klagemarken bekannt. Indem die Beklagte Schuhe unter einer sehr ähnlichen Bezeichnung vertreibt, nutzt sie die von der Klägerin durch jahrzehntelange Marktpräsenz erarbeitete Wertschätzung der Klagemarke in unlauterer Weise aus.

6. Aus dem geschilderten Sachverhalt ergeben sich die klageweise geltend gemachten Ansprüche:
   a) Der Unterlassungsanspruch ist aus § 14 Abs. 2 Nr. 2 und 3 MarkenG iVm § 14 Abs. 3, Abs. 5 MarkenG begründet.
   b) Der Schadensersatzanspruch ergibt sich aus § 14 Abs. 6 MarkenG. Der Beklagten als Fachunternehmen der Branche konnte die in erheblichem Umfang benutzte und sogar in der allgemeinen Bevölkerung überdurchschnittlich bekannte Marke der Klägerin nicht unbekannt geblieben sein. Zumindest bei einer ordnungsgemäßen Recherche vor der Benutzungsaufnahme ihrer eigenen Bezeichnung hätte die Beklagte auf die Marke der Klägerin aufmerksam werden müssen.[27]
   c) Der Auskunftsanspruch zu Antrag III. ergibt sich aus § 19 Abs. 1 und 3 MarkenG. Der weitere Auskunftsanspruch zu Antrag IV. ist zur Bezifferung des Schadensersatzanspruches erforderlich und stützt sich auf § 19 Abs. 3 MarkenG und § 242 BGB.
   d) Der Vernichtungsanspruch gemäß Antrag V. ergibt sich aus § 18 Abs. 1 MarkenG. Da die verletzende Marke sowohl innen als auch außen durch Prägung auf den Schuhen der Beklagten angebracht ist, ist nicht erkennbar, auf welche andere Weise der rechtsverletzende Zustand beseitigt werden könnte.
   e) Der Anspruch auf Urteilsveröffentlichung ergibt sich aus § 19c MarkenG. Die Klägerin hat ein berechtigtes Interesse daran, der Schädigung des guten Rufs und der Verwässerung ihrer bekannten Marke durch die Urteilsveröffentlichung entgegenzuwirken.[28]
   f) Der Anspruch auf Erstattung der Abmahnkosten gemäß Antrag VI. ergibt sich aus den Grundsätzen der Geschäftsführung ohne Auftrag sowie aus dem Schadensersatzanspruch nach § 14 Abs. 6 MarkenG.[29]

7. Die Zuständigkeit des angerufenen Gerichtes ergibt sich daraus, dass die Schuhe auch im Bezirk des angerufenen Gerichts vertrieben werden, zB durch Lieferung an die Firma Y-Moda.[30]

Rechtsanwalt[31, 32]

Schrifttum: vgl. die Hinweise → Form. B.1.

Anmerkungen

1. Die Markenverletzungsklage ist eine Kennzeichenstreitsache, für die nach § 140 Abs. 1 MarkenG unabhängig vom Streitwert die Landgerichte ausschließlich zuständig sind. Nach § 140 Abs. 2 MarkenG sind die Landesregierungen ermächtigt, durch Rechtsverordnung die Kennzeichenstreitsachen insgesamt oder teilweise für die Bezirke mehrerer Landgerichte einem Gericht zuzuweisen. Von dieser Befugnis haben die Länder in großem Umfang Gebrauch gemacht, wobei zum Zeitpunkt des Redaktionsschlusses folgende Zuständigkeiten für deutsche Markenstreitsachen gelten:

Baden-Württemberg:	LG Stuttgart für den Bezirk des OLG Stuttgart, LG Mannheim für den Bezirk des OLG Karlsruhe.
Bayern:	LG München I für den Bezirk des OLG München, LG Nürnberg-Fürth für die Bezirke des OLG Nürnberg und des OLG Bamberg.
Berlin:	LG Berlin (keine Konzentration).
Brandenburg:	LG Berlin (aufgrund Staatsvertrages mit Berlin).
Bremen:	LG Bremen (keine Konzentration).
Hamburg:	LG Hamburg (keine Konzentration).
Hessen:	LG Frankfurt a. M.
Mecklenburg-Vorpommern:	LG Rostock.
Niedersachsen:	LG Braunschweig.
Nordrhein-Westfalen:	LG Düsseldorf für den Bezirk des OLG Düsseldorf (gleichzeitig Unionsmarkengericht für Nordrhein-Westfalen, s. u.); LG Köln für den Bezirk des OLG Köln; LG Bielefeld für die LG-Bezirke Bielefeld, Detmold, Münster und Paderborn; LG Bochum für die LG-Bezirke Arnsberg, Bochum, Dortmund, Essen, Hagen, Siegen.
Rheinland-Pfalz:	LG Koblenz für den Bezirk des OLG Koblenz; LG Frankenthal für den Bezirk des OLG Zweibrücken.
Saarland:	LG Saarbrücken (keine Konzentration).
Sachsen:	LG Leipzig.
Sachsen-Anhalt:	LG Magdeburg.
Schleswig-Holstein:	LG Kiel.
Thüringen:	LG Erfurt.

Wird die Klage nicht auf eine deutsche, sondern auf eine Unionsmarke gestützt, kann sich eine abweichende Zuständigkeit ergeben. Die internationale Zuständigkeit ist in Art. 125 UMV geregelt, wobei insbesondere Art. 125 Abs. 5 UMV praxisrelevant ist. Danach kann eine Verletzungsklage in Deutschland anhängig gemacht werden, wenn hier die Verletzungshandlung begangen worden ist oder droht (Handlungs- oder Erfolgsort; dazu EuGH GRUR 2012, 654 Rn. 21 ff. – Wintersteiger; BGH GRUR 2015, 689 Rn. 19 – Parfumflakon III). Auch für Unionsmarkenstreitsachen sind in Deutschland die Landgerichte ohne Rücksicht auf den Streitwert ausschließlich zuständig (§ 125e Abs. 1

MarkenG), und die Landesregierungen haben gemäß ihrer Ermächtigung aus § 125e Abs. 3 MarkenG die Zuständigkeit der Unionsmarkengerichte ebenfalls konzentriert. Dabei stimmen die Unionsmarkengerichte größtenteils mit den oben genannten Kennzeichenstreitgerichten überein. Einzige Ausnahme bildet derzeit Nordrhein-Westfalen, wo das LG Düsseldorf als Unionsmarkengericht für ganz Nordrhein-Westfalen zuständig ist.

Die örtliche Zuständigkeit richtet sich nach den allgemeinen Vorschriften (§§ 12 ff. ZPO, bei Unionsmarkenstreitsachen § 125g MarkenG iVm §§ 12 ff. ZPO), wobei neben dem allgemeinen Gerichtsstand beim Wohnsitz bzw. Sitz des Beklagten (§§ 12, 13, 17 ZPO) und dem besonderen Gerichtsstand der Niederlassung des Beklagten (§ 21 ZPO) insbesondere der Gerichtsstand der unerlaubten Handlung (§ 32 ZPO) von Bedeutung ist. Dieser wird im vorliegenden Fall geltend gemacht (→ Anm. 30).

Da es sich um ausschließliche Zuständigkeiten handelt, sind Gerichtsstandsvereinbarungen bzw. rügeloses Einlassen nach § 40 Abs. 2 S. 1 Nr. 2 bzw. S. 2 ZPO nur dann wirksam, wenn sie zur Zuständigkeit eines der Kennzeichenstreitgerichte führen. Ist die Klage bei einem unzuständigen Gericht anhängig gemacht, muss der Kläger die Verweisung an das zuständige Gericht beantragen, da die Klage anderenfalls als unzulässig abzuweisen ist (§ 281 ZPO). Ist die Klage zugleich auf kartellrechtliche Vorschriften gestützt, geht die ausschließliche Zuständigkeit des Kartellgerichts vor (§ 89 GWB).

In Fällen grenzüberschreitender Rechtsverletzungen, zB im Internet, kann zunächst die Frage der internationalen Zuständigkeit deutscher Gerichte zu klären sein. Im Verhältnis zu den Mitgliedstaaten der EU gilt die VO (EG) Nr. 1215/2012 (EuGVVO oder Brüssel-Ia-VO), wonach der Verletzer auch am Ort der unerlaubten Handlung verklagt werden kann (Art. 7 Nr. 2 Brüssel-Ia-VO). Im Verhältnis zu Dänemark galt die Brüssel-Ia-VO nicht unmittelbar, jedoch hat Dänemark sich zur Umsetzung der Verordnung verpflichtet (ABl. 2013 L 79, 4). Im Verhältnis zu Island, Norwegen und der Schweiz gilt das LugÜ, welches der Brüssel-Ia-VO inhaltlich ähnlich (im Hinblick auf Art. 7 Nr. 2 Brüssel-Ia-VO in Art. 5 Nr. 3 LugÜ wortgleich) ist. Im Übrigen richtet sich die internationale Zuständigkeit nach den Vorschriften über die örtliche Zuständigkeit (§§ 12 ff. ZPO). Für die internationale Zuständigkeit deutscher Gerichte kommt es grundsätzlich darauf an, ob der Kläger eine im Inland begangene Verletzungshandlung des Beklagten behauptet und diese nicht von vornherein ausgeschlossen ist (BGH GRUR 2015, 689 Rn. 19 – Parfumflakon III). Bei einer Kennzeichenverletzung im Internet ist die internationale Zuständigkeit deutscher Gerichte in der Regel gegeben, wenn die Klage auf eine deutsche Marke gestützt wird. Ob darüber hinaus erforderlich ist, dass sich der Internetauftritt bestimmungsgemäß auf den jeweiligen Mitgliedstaat richtet, hat der BGH für Markenverletzungen bislang offengelassen (vgl. EuGH GRUR 2012, 654 Rn. 29 – Wintersteiger; EuGH GRUR 2014, 100 Rn. 37 – Pinckney/Mediatech; BGH GRUR 2015, 1004 Rn. 13 ff. – IPS/ISP; bereits verneint für den Bereich Urheber- und verwandte Schutzrechte: es reicht die bloße Abrufbarkeit, vgl. BGH GRUR 2016, 1048 Rn. 16 ff. – An Evening with Marlene Dietrich). Die Rechtsprechung fordert ein aktives Verhalten des Beklagten im Inland. Eine Beteiligung im Ausland, zB durch Verkauf und Übergabe rechtsverletzender Ware in einem anderen Mitgliedstaat, die im Inland lediglich ihre Wirkung entfaltet, reicht nicht aus (BGH GRUR 2015, 689 Rn. 22 f. – Parfumflakon III). Ebenso wenig reicht die unsubstantiierte Behauptung, der im Ausland ansässige Beklagte sei „Auftraggeber" oder trage die „Gesamtverantwortung" für die Kennzeichenverletzung (OLG München Urt. v. 29.8.2016 – 29 U 745/16, BeckRS 2016, 111591 Rn. 31 ff. zu Amazon Luxemburg für Rechtsverletzung auf „amazon.de").

2. Kennzeichenverletzungsklagen sind unabhängig von der Kaufmannseigenschaft der Parteien generell Handelssachen (§ 95 Abs. 1 Nr. 4 Buchst. c GVG). Die Kammern für Handelssachen sind aber dann nicht zuständig, wenn die Klage gleichzeitig auf bürgerlich-rechtliche Anspruchsgrundlagen gestützt wird, zB auf §§ 12, 823, 826 BGB. Demgegenüber sind lauterkeitsrechtliche Ansprüche ebenfalls unabhängig von der Kaufmannseigenschaft Handelssachen (§ 95 Abs. 1 Nr. 5 GVG). Auch wenn an vielen Gerichten für Kennzeichenstreitsachen besondere Zivilkammern, sog. Kennzeichenstreitkammern, eingerichtet wurden, kann der Beklagte gleichwohl den Rechtsstreit an die Kammer für Handelssachen verweisen lassen, wenn er vor Verhandlung zur Hauptsache, bei gesetzter Frist zur Klagerwiderung innerhalb dieser Frist, einen entsprechenden Antrag stellt (§§ 96 Abs. 1, 98 Abs. 1, 101 Abs. 1 GVG). Dies geschieht in der Praxis häufig in einstweiligen Verfügungsverfahren, wenn die vom Kläger zuvor angerufene Zivilkammer eine Beschlussverfügung erlassen hat.

3. Aktivlegitimiert ist für die Verletzungsansprüche zunächst der Inhaber der eingetragenen Marke, wobei sich die materiell-rechtliche Inhaberschaft nicht nach der Eintragung im Register richtet, die nach § 28 Abs. 1 MarkenG lediglich eine widerlegliche Vermutung begründet. Ein Inhaberwechsel während des Verletzungsprozesses zieht die Rechtsfolgen der §§ 265, 325 ZPO nach sich (BGH GRUR 2006, 329 Rn. 20 – Gewinnfahrzeug mit Fremdemblem). Nach §§ 28 Abs. 2 S. 1, 33 Abs. 2 S. 1 MarkenG kann der Rechtsnachfolger, auf den das durch die Anmeldung einer Marke begründete Recht übertragen worden ist, in einem Verfahren vor dem Patentamt, einem Beschwerdeverfahren vor dem Patentgericht oder einem Rechtsbeschwerdeverfahren vor dem BGH das durch die Anmeldung begründete Recht erst ab dem Zugangszeitpunkt des Umschreibungsantrags beim DPMA geltend machen (vgl. BGH GRUR 2017, 186 Rn. 10 – Stadtwerke Bremen). Der Lizenznehmer ist nur klagebefugt, wenn der Markeninhaber zustimmt, § 30 Abs. 3 MarkenG (*Ingerl/Rohnke* MarkenG § 30 Rn. 93 ff.). Unabhängig davon kann der Lizenznehmer der Schadensersatzklage des Markeninhabers gemäß § 30 Abs. 4 MarkenG als Streitgenosse beitreten (*Ingerl/Rohnke* MarkenG § 30 Rn. 102 ff.), ein eigener Schadensersatzanspruch des Lizenznehmers ergibt sich aus dieser verfahrensrechtlichen Vorschrift allerdings nicht (BGH GRUR 2007, 877 Rn. 31 (32) – Windsor Estate). Nach den allgemeinen Regeln ist zudem die gewillkürte Prozessstandschaft zulässig, wenn der Inhaber zustimmt und der Prozessstandschafter ein eigenes schutzwürdiges Interesse an der Rechtsverfolgung hat, wobei sich dieses Interesse aus den besonderen Beziehungen des Ermächtigten zum Rechtsinhaber ergeben kann und auch wirtschaftliche Interessen zu berücksichtigen sind (BGH GRUR 2006, 329 Rn. 21 – Gewinnfahrzeug mit Fremdemblem; BGH GRUR 2008, 1108 Rn. 54 – Haus & Grund III; BGH GRUR 2016, 1048 Rn. 21 – An Evening with Marlene Dietrich; BGH GRUR 2017, 397 Rn. 30 f. – World of Warcraft II: Muttergesellschaft für Kennzeichenrechte der mittelbaren Tochtergesellschaft; weitere Beispiele bei *Ingerl/Rohnke* MarkenG vor §§ 14–19 Rn. 14 f.).

4. Da das Landgericht zuständig ist, besteht Anwaltszwang, § 78 Abs. 1 ZPO. Zusätzlich kann ein Patentanwalt mitwirken. Die durch dessen Mitwirkung entstehenden Kosten sind nach § 13 RVG sowie hinsichtlich der notwendigen Auslagen erstattungsfähig, § 140 Abs. 3 MarkenG. Für diesen Fall ist es sinnvoll, die Mitwirkung in der Klageschrift anzuzeigen, um Zweifeln über die Mitwirkung zu begegnen. Die Mitwirkung ist im Kostenfestsetzungsverfahren nach § 104 Abs. 2 S. 1 ZPO glaubhaft zu machen. Eine Nachprüfung der Notwendigkeit der Mitwirkung im gerichtlichen Verfahren erfolgt nicht. Es kommt daher auch nicht darauf an, ob der Patentanwalt gegenüber dem Rechtsanwalt eine „Mehrleistung" erbracht hat. Für die vorgerichtliche Mitwirkung findet hingegen eine Erforderlichkeitsprüfung statt (vgl. BGH GRUR 2012, 756 Rn. 20 – Kosten des Patentanwalts III; BGH GRUR 2012, 758 Rn. 16 f. – Kosten des Patentanwalts IV; zu weiteren Einzelheiten der Erstattung der Patentanwaltsgebühren siehe *Ingerl/Rohnke* MarkenG § 140 Rn. 56 ff.; Ströbele/Hacker/*Hacker* MarkenG § 140 Rn. 55 ff.

5. Passivlegitimiert ist grundsätzlich der Verletzer, dh jeder Täter, Mittäter, Anstifter oder Gehilfe im Rahmen der allgemeinen deliktsrechtlichen Bestimmungen des § 830 BGB.

Das **Unternehmen** als juristische Personen bzw. Personengesellschaft unterliegt unmittelbar als solches der Täterhaftung. Das Handeln eines Organs, zB des Geschäftsführers, wird der Gesellschaft über § 31 BGB zugerechnet. Ferner kommt eine Zurechnung über § 278 BGB oder eine Haftung für Verrichtungsgehilfen nach § 831 BGB in Betracht. Für die Handlungen von Angestellten und Beauftragten haftet der Betriebsinhaber (die Gesellschaft) nach § 14 Abs. 7 MarkenG ohne Exkulpationsmöglichkeit. Dabei ist der Begriff des Beauftragten im Markenrecht, wie bei § 8 Abs. 2 UWG, weit auszulegen. Er erfasst jeden, der aufgrund eines Rechtsverhältnisses so in die betriebliche Organisation des Inhabers eingegliedert ist, dass dem Betriebsinhaber ein bestimmender Einfluss auf diejenige Tätigkeit zukommt, in deren Bereich das zu beanstandende Verhalten fällt, umgekehrt aber auch der Erfolg dieser Tätigkeit dem Betriebsinhaber zugutekommt. Das kann auch bei selbständigen Unternehmen der Fall sein (BGH GRUR 2009, 1167 Rn. 21 – Partnerprogramm), zB bei Werbeagenturen (BGH GRUR 1991, 772 (774) – Anzeigenrubrik I), bei selbständigen Handelsvertretern (BGH GRUR 1971, 119 (120) – Branchenverzeichnis) oder bei einer in den Vertrieb der Muttergesellschaft eingebundenen Tochtergesellschaft (BGH GRUR 2005, 864 (865) – Meißner Dekor II).

Neben der Haftung des Unternehmens kommt in vielen Fällen eine persönliche Haftung der gesetzlichen Vertreter, vor allem der **Geschäftsführer**, in Betracht. Insofern ist zu beachten, dass die Rechtsprechung die Haftung der Geschäftsführer – als **Täter oder Teilnehmer** (zur Störerhaftung s. u.) – in jüngerer Zeit sowohl für Wettbewerbsverstöße (BGH GRUR 2014, 883 – Geschäftsführerhaftung) als auch für Verletzungen von Markenrechten und anderen absoluten Schutzrechten deutlich erweitert hat (vgl. BGH GRUR 2017, 397 Rn. 110 – World of Warcraft II). Ein Geschäftsführer haftet bei der Verletzung von Markenrechten durch die von ihm vertretene Gesellschaft als Täter oder Teilnehmer, wenn er an den deliktischen Handlungen entweder durch positives Tun beteiligt war oder er sie aufgrund einer nach allgemeinen Grundsätzen des Deliktsrechts begründeten Garantenstellung hätte verhindern müssen. Eine Beteiligung durch positives Tun liegt vor, wenn der Geschäftsführer ein auf Rechtsverletzungen angelegtes Geschäftsmodell selbst ins Werk gesetzt hat. Weiter kann bei Maßnahmen der Gesellschaft, über die **typischerweise auf Geschäftsführungsebene entschieden** wird, nach dem äußeren Erscheinungsbild und mangels abweichender Feststellungen davon ausgegangen werden, dass sie von den Geschäftsführern veranlasst worden sind (vgl. BGH GRUR 2015, 672 Rn. 83 – Videospiel-Konsolen II; BGH GRUR 2015, 909 Rn. 45 – Exzenterzähne; BGH GRUR 2016, 803 Rn. 61 – Armbanduhr; BGH GRUR 2017, 397 Rn. 110 – World of Warcraft II). Für typischerweise dem Geschäftsführer vorbehaltene Entscheidungen zB über den Vertrieb wichtiger neuer Produkte wird damit prima facie eine Veranlassung durch den Geschäftsführer widerleglich vermutet, mit der erheblichen Konsequenz, dass der Geschäftsführer als Täter bzw. Teilnehmer auch auf Auskunft und Schadensersatz haftet.

Mehrere Verletzer haften hinsichtlich des Schadensersatzanspruches als Gesamtschuldner, § 840 Abs. 1 BGB.

Abgesehen von der vorgenannten umfassenden Haftung der Verletzer eröffnet die **Störerhaftung** die Möglichkeit, auch denjenigen auf Unterlassung (nicht aber auf Schadensersatz) in Anspruch zu nehmen, der – ohne Täter oder Teilnehmer zu sein – in irgendeiner Weise willentlich und adäquat kausal zur Verletzung beigetragen hat (BGH GRUR 2002, 618 (619) – Meißner Dekor I). Da die Störerhaftung nicht über Gebühr auf Dritte erstreckt werden darf, die nicht selbst die rechtswidrige Beeinträchtigung vorgenommen haben, setzt die Haftung des Störers die Verletzung von Prüfpflichten voraus, deren Umfang sich danach bestimmt, ob und inwieweit dem als Störer in Anspruch

Genommenen nach den Umständen eine Prüfung zuzumuten ist. Dies ist vor allem für Kennzeichenverletzungen auf **Online-Marktplätzen** relevant. So hat der Betreiber eines Online-Marktplatzes nicht nur die Pflicht, klare Rechtsverletzungen unmittelbar nach Hinweis zu entfernen. Er hat auch Vorsorge zu treffen, dass es nicht zu weiteren Verletzungen kommt, indem er zB die über die elektronischen Verweise in seinen Anzeigen erreichbaren Angebote auf problemlos erkennbare weitere Schutzrechtsverletzungen überprüft (vgl. BGH GRUR 2015, 485 Rn. 49 ff. – Kinderhochstühle im Internet III, BGH GRUR 2016, 936 Rn. 26 ff. – Angebotsmanipulation bei Amazon, jeweils mwN; sowie allgemein zur Störerhaftung im Markenrecht mit weiteren Beispielen, Ströbele/Hacker MarkenG § 14 Rn. 394 ff.).

6. Das MarkenG regelt die Ansprüche des Inhabers einer Marke gegen Dritte, die seine Marke oder ein ähnliches Kennzeichen ohne seine Zustimmung benutzen, vor allem in § 14 MarkenG (Unterlassung und Schadensersatz), § 18 MarkenG (Vernichtung) und § 19 MarkenG (Auskunft). Ergänzt werden diese Vorschriften seit 1.9.2008 durch § 19a MarkenG (Vorlage- und Besichtigungsansprüche), § 19b MarkenG (Sicherung von Schadensersatzansprüchen) und § 19c MarkenG (Urteilsbekanntmachung). §§ 16 und 17 MarkenG enthalten eigene Anspruchsgrundlagen für zwei Sonderfälle, nämlich den Gebrauch der Marke in gattungsbeschreibender Weise in Nachschlagewerken und die Anmeldung der Marke durch einen ungetreuen Vertreter (sog. Agentenmarke).

Unterlassungs- und Schadensersatzansprüche wegen der Verletzung von Unternehmenskennzeichen sind in § 15 MarkenG selbständig geregelt (→ Form. B.17). Die unbefugte Benutzung geographischer Herkunftsangaben ist in § 128 MarkenG gesondert geregelt (→ Form. B.20). Einige prozessuale Besonderheiten sind für alle Kennzeichenstreitsachen vor den ordentlichen Gerichten in §§ 140 ff. MarkenG geregelt. Unterlassungs- und Auskunftsanspruch sind – unter zusätzlichen Voraussetzungen – auch durch einstweilige Verfügung durchsetzbar, ebenso Vorlage- und Besichtigungsansprüche gemäß § 19a MarkenG und Maßnahmen zur Sicherung von Schadensersatzansprüchen gemäß § 19b MarkenG (→ Form. B.12).

7. Der Streitwert ist nach § 3 ZPO vom Gericht nach freiem Ermessen festzusetzen, wenn kein beziffertser Zahlungsanspruch geltend gemacht wird. Dabei steht im Vordergrund das wirtschaftliche Interesse des Klägers, das sich primär nach dem Wert des verletzten Kennzeichenrechtes richtet, wobei insbesondere die unter der Bezeichnung erzielten Umsätze des Klägers, aber zB auch die Bekanntheit und die Dauer der Benutzung der Marke Anhaltspunkte geben. Daneben beeinflusst auch die Intensität der Verletzungshandlung („Angriffsfaktor") die Streitwertangabe, nämlich einerseits der Umfang der Verletzungshandlung, andererseits die Intensität der Verwechslungsgefahr oder Rufausbeutung, wie sie beispielsweise durch die hohe Ähnlichkeit der Kennzeichen begründet sein kann (vgl. BGH GRUR 2014, 206 Rn. 16 – Einkaufskühltasche; ausführlich *Ingerl/Rohnke* MarkenG § 142 Rn. 8). Der eigenen Streitwertangabe des Klägers kommt in der Praxis erhebliche indizielle Bedeutung zu (BGH GRUR 1986, 93 (94) – Berufungssumme; BGH GRUR 1992, 562 (563) – Handelsvertreter-Provision). Werden – wie im vorliegenden Fall – mehrere Streitgegenstände (Unterlassung, Auskunft, Schadensersatzfeststellung, Vernichtung) geltend gemacht, kann es im weiteren Verfahrensgang erforderlich sein, den Streitwert aufzuteilen, wenn die Klage nur teilweise erfolgreich ist. In der Praxis sind aber einheitliche Streitwertangaben in der Klageschrift üblich. Bei einem einheitlichen Unterlassungsantrag, dem mehrere Streitgegenstände in eventualer oder kumulativer Klagehäufung zugrunde liegen, hat keine formale Streitwertaddition zu erfolgen, sondern ist der Streitwert mit Blick auf die hilfsweise oder kumulativ geltend gemachten Ansprüche nur angemessen zu erhöhen (vgl. BGH Urt. v. 28.4.2016 – I ZR 254/14, BeckRS 2016, 17714 Rn. 73 – Marke und Werktitel Kinderstube). In der Regel wird auf den Unterlassungsanspruch der größte Teil des Gesamtstreitwertes entfallen.

13. Markenverletzungsklage   B. 13

Typische Streitwerte für kennzeichenrechtliche Unterlassungsklagen liegen etwa in der Größenordnung von 50.000 EUR bis 250.000 EUR, können bei bekannten Kennzeichen, die in erheblichem Umfang benutzt werden, aber auch Werte von deutlich mehr als 1 Million EUR annehmen. Die in § 142 MarkenG eröffnete Möglichkeit der Streitwertbegünstigung hat in der Praxis bisher keine nennenswerte Rolle gespielt.

8. Die Ordnungsmittelandrohung wird sinnvollerweise schon mit der Klage beantragt, damit im Falle eines Verstoßes gegen das Urteil sofort ein Ordnungsmittel verhängt werden kann und nicht nach § 890 Abs. 2 ZPO noch nachträglich eine Androhung beantragt werden muss. Art und Umfang der anzudrohenden Ordnungsmittel ergeben sich aus § 890 Abs. 1 ZPO.

9. Der Unterlassungsantrag muss zunächst dem Bestimmtheitsgebot des § 253 Abs. 2 Nr. 2 ZPO entsprechen. Danach ist ein Unterlassungsantrag zu unbestimmt und somit unzulässig, wenn der Streitgegenstand und der Umfang der Prüfungs- und Entscheidungsbefugnis des Gerichts nicht klar umrissen sind, der Beklagte sich deshalb nicht erschöpfend verteidigen kann und im Ergebnis dem Vollstreckungsgericht die Entscheidung darüber überlassen bleibt, was dem Beklagten verboten ist (stRspr, vgl. BGH GRUR 2014, 398 Rn. 14 – Online-Versicherungsvermittlung; BGH GRUR 2015, 1201 Rn. 41 – Sparkassen-Rot/Santander-Rot; BGH GRUR 2016, 705 Rn. 11 – conText; BGH GRUR 2017, 266 Rn. 29 – World of Warcraft I). Zu vermeiden sind deshalb unbestimmte Wendungen, vor allem soweit sie bezwecken, den Schutzbereich auszudehnen (zu unbestimmt zB „zum Verwechseln ähnlich", vgl. BGH GRUR 1999, 235 (238) – Wheels Magazine; BGH GRUR 1994, 844 (845) – Rotes Kreuz: „mit ähnlicher Gestaltung"). Vielmehr müssen die Waren und Dienstleistungen sowie die Verletzungsformen, die von dem Verbotstenor erfasst sein sollen, benannt werden. Vorzugswürdig ist es in der Regel, die in § 14 Abs. 3 MarkenG beispielhaft aufgeführten denkbaren Verletzungshandlungen wiederzugeben, wie das im Formular geschieht. Diese Begriffe (zB „anzubieten", „in den Verkehr zu bringen" oder „zu bewerben") werden ebenso wie zB „markenmäßig" in der Regel als hinreichend bestimmt angesehen. Etwas anderes kann allerdings gelten, wenn der Sinngehalt im Einzelfall zweifelhaft ist, zB weil die Parteien gerade darüber streiten, ob die konkrete Benutzung „markenmäßig" oder lediglich dekorativ erfolgte. Dann muss der Kläger das Merkmal konkret umschreiben und ggf. mit Beispielen unterlegen oder sein Begehren an der konkreten Verletzungshandlung orientieren (vgl. BGH GRUR 2011, 539 Rn. 13 – Rechtsberatung durch Lebensmittelchemiker; BGH GRUR 2015, 1201 Rn. 39 ff. – Sparkassen-Rot/Santander-Rot; BGH GRUR 2015, 485 Rn. 30 – Kinderhochstühle im Internet III; BGH GRUR 2017, 266 Rn. 29 – World of Warcraft I).

Ferner ist der Unterlassungsantrag so konkret zu fassen, dass er die Grenzen des materiell-rechtlichen Unterlassungsanspruches gemäß § 14 Abs. 2 iVm Abs. 5 MarkenG nicht überschreitet, wobei es auf den Umfang der Wiederholungs- bzw. Erstbegehungsgefahr ankommt (BGH GRUR 2008, 1002 Rn. 19 – Schuhpark). Dabei sind bei der Fassung des Unterlassungsantrages im Interesse eines hinreichenden Rechtsschutzes des Klägers gewisse Verallgemeinerungen durchaus zulässig, soweit auch in der Verallgemeinerung das Charakteristische der konkreten Verletzungsform zum Ausdruck kommt. Dies hat seinen Grund darin, dass eine Verletzungshandlung die Vermutung der Wiederholungsgefahr nicht nur für die identische Verletzungsform, sondern auch für alle im Kern gleichartigen Verletzungshandlungen begründet (vgl. zB BGH GRUR 2006, 421 Rn. 39 – Markenparfümverkäufe). Der zulässige Umfang der Verallgemeinerung lässt sich kaum abstrakt festlegen, sondern ist unter Berücksichtigung aller Umstände im jeweiligen Einzelfall zu bestimmen. In jedem Fall ist darauf zu achten, dass der Antrag keine erlaubten Verhaltensweisen umfasst. Ist der Antrag zu weit gefasst und verfehlt er die konkrete Verletzungsform, weil er auch erlaubte Verhaltensweisen umfasst – dies ist dann kein Fall fehlender Bestimmtheit iSd § 253 Abs. 2 Nr. 2 ZPO –, ist der Antrag unbegründet (vgl. BGH GRUR 2014, 393 Rn. 47 – wetteronline.de).

Im Formular wird als Oberbegriff eine an § 14 Abs. 2 MarkenG angelehnte Formulierung („im geschäftlichen Verkehr zu benutzen") gewählt. Das ist im vorliegenden Fall, bei dem keine Möglichkeit der zulässigen Benutzung, insbesondere im Sinne von § 23 MarkenG, erkennbar ist, unproblematisch. Stehen demgegenüber möglicherweise zulässige Benutzungsformen der streitigen Bezeichnung im Raum, sind diese entweder negativ aus dem Antrag auszunehmen („soweit nicht . . . . . . "), oder der Verbotsantrag ist noch enger auf die konkrete Verletzungsform, gegebenenfalls durch Einfügung von Abbildungen oder unter Hinweis auf eine Anlage, zu beziehen (s. u.).

Der Antrag muss von der Kennzeichnung ausgehen, die der Verletzer benutzt (konkrete Verletzungsform), nicht etwa von der Marke des Klägers. Die konkret wiederzugebende Verletzungsform ist auch nicht auf die nach Auffassung des Klägers kollisionsbegründenden Bestandteile, zB einen übereinstimmenden Bildbestandteil, zu beschränken (BGH GRUR 2009, 772 Rn. 29 – Augsburger Puppenkiste; BGH GRUR 1989, 425 (427) – Herzsymbol). Umgekehrt muss der Klageantrag auch nicht die Möglichkeit berücksichtigen, dass etwa durch Hinzufügung von Zusätzen, die gegenwärtig nicht verwendet werden, zukünftig die Verwechslungsgefahr ausgeräumt werden könnte (zB BGH GRUR 1981, 277 – Biene Maja). Dementsprechend muss der Unterlassungsantrag keine Einschränkung dahingehend enthalten, dass die Benutzung der Kennzeichnung verboten wird, solange sie ohne weitere unterscheidungskräftige Zusätze erfolgt, usw. Ob überhaupt Fälle denkbar sind, bei denen aufgrund der Bekanntheit einer Marke jede Verwendung – unabhängig von eventuellen Modifikationen und Zusätzen – verboten werden kann, ist zweifelhaft („Schlechthin-Verbot", vgl. *Ingerl/Rohnke* MarkenG §§ 14–19 Rn. 162). Prozesstaktisch ist ein solcher allumfassender Verbotsantrag jedenfalls nicht zu empfehlen. Besser ist es, gegen erneut verletzende Abwandlungen gegebenenfalls erneut durch Klage oder einstweilige Verfügung vorzugehen.

Wenn nur eine bestimmte graphische oder dreidimensionale Gestaltung der verletzenden Kennzeichnung die Kollision begründet, oder wenn sie zumindest die Ähnlichkeit verstärkt und dieser Gesichtspunkt in der Begründung eine Rolle spielt, muss die Verletzungsform in dieser konkreten Gestaltung, zB durch eine entsprechende Abbildung, in den Antrag einbezogen werden (zB „. . . . . . zu benutzen, wenn dies in der nachstehend abgebildeten Form erfolgt: [*Einblendung Abbildung*]"). Ist die konkrete graphische Gestaltung zwar nicht für die Begründung des Verletzungstatbestandes wesentlich, will der Kläger aber Zweifel vermeiden, kann es sinnvoll sein, nach einem allgemeiner gehaltenen Einleitungssatz mit einer „insbesondere"-Formulierung fortzufahren, nach der die jetzt verwendete konkrete Gestaltung aufgeführt wird (vgl. BGH GRUR 2003, 242 (243) – Dresdner Christstollen; BGH GRUR 2016, 705 Rn. 13 – ConText). Eine solche Klarstellung kann zusätzlich durch das Klagevorbringen hinreichend verdeutlicht werden, welches zur Auslegung des Antrags mit heranzuziehen ist (BGH GRUR 2015, 1201 Rn. 40 – Sparkassen-Rot/Santander-Rot mwN; BGH GRUR 2017, 266 Rn. 32 – World of Warcraft I).

Gewisse Verallgemeinerungen bei den Waren und Dienstleistungen – zB durch Verwendung des Warenoberbegriffes statt Benennung der speziellen Waren, für welche der Beklagte die verletzende Kennzeichnung verwendet hat – sind zulässig, soweit die Erstbegehungsgefahr reicht. Je weiter die Waren/Dienstleistungen im Antrag gefasst werden, desto größer ist allerdings die Gefahr, dass dieser teilweise unbegründet ist, weil er den Umfang des aus § 14 Abs. 2 MarkenG resultierenden Verbotsrechts überschreitet. Im Musterfall könnte es deshalb zB sinnvoll sein, den Antrag auf die Benutzung für „Damenschuhe" (statt „Schuhe") zu beschränken, weil das Risiko besteht, dass ein Gericht die Warenähnlichkeit von „Damenoberbekleidung" zu „Damenschuhen" bejaht, zu Herren- oder Kinderschuhen aber verneint (→ Anm. 25).

13. Markenverletzungsklage

Eine zulässige Verallgemeinerung kommt auch im Hinblick auf die Begehungsform in Betracht. So ist es insbesondere nicht erforderlich, dass Verstöße hinsichtlich aller in § 14 Abs. 3 MarkenG aufgeführten Modalitäten nachgewiesen sind oder konkret drohen. Vielmehr besteht aufgrund einer Verletzungshandlung regelmäßig für alle in § 14 Abs. 3 MarkenG genannten Verwertungshandlungen Begehungsgefahr (vgl. BGH GRUR 2006, 421 Rn. 42 – Markenparfümverkäufe: Parallelimporte, die nicht auf eine Marke beschränkt waren).

Eine Verallgemeinerung im Hinblick auf die verletzte Marke wird nur im Ausnahmefall in Betracht kommen. Aus der Verletzung einer Marke des Klägers kann nicht ohne weiteres die Gefahr abgeleitet werden, dass auch andere Marken verletzt werden könnten. Das kann unter Umständen dann anders sein, wenn es sich um unterschiedliche Produktlinien des Klägers handelt und der Beklagte – zB in systematischen Pirateriefällen – bereits mehrere Produktlinien unter Einschluss der dafür jeweils verwendeten Marken nachgeahmt hat oder sonstige Umstände des Einzelfalles eine Begehungsgefahr auch hinsichtlich der Verletzung anderer Marken begründen (vgl. BGH GRUR 2006, 421 Rn. 40 – Markenparfümverkäufe).

Aussagen zum räumlichen Umfang des Verbots müssen nicht aufgenommen werden. Auch ohne besonderen Ausspruch erfasst der Verbotstenor immer nur den Geltungsbereich des MarkenG, wobei zu berücksichtigen ist, dass auch Ein- und Ausfuhr in den Geltungsbereich vom Verbot umfasst sind. Wird der Unterlassungsanspruch auf die Verletzung einer Unionsmarke gestützt, so besteht der Unterlassungsanspruch in der Regel für das gesamte Gebiet der Europäischen Union. Die durch die Verletzung in einem Mitgliedstaat begründete Wiederholungsgefahr erstreckt sich grundsätzlich auf die gesamte Europäische Union. Es ist nicht erforderlich, dass eine Verletzung tatsächlich in allen Mitgliedstaaten der Europäischen Union erfolgt ist oder konkret droht (BGH GRUR 2008, 254 Rn. 39 – THE HOME STORE; EuGH GRUR 2016, 1166 Rn. 30 – combit/commit; OLG Frankfurt a.M. GRUR 2016, 817 – BEAUTY-TOX). Denkbar ist allerdings, nur ein territorial begrenztes Verbot auszusprechen, wenn die Verwechslungsgefahr wegen sprachlicher Unterschiede, einer räumlich abweichenden Verkehrsauffassung oder einer unterschiedlichen Kennzeichnungskraft in einzelnen, regional begrenzten Gebieten vorliegt, in anderen hingegen nicht (EuGH GRUR 2011, 518 Rn. 48 – DHL/Chronopost; EuGH GRUR 2016, 1166 Rn. 31 – combit/commit). Ist bereits absehbar, dass nicht in allen Mitgliedstaaten eine Verwechslungsgefahr begründet werden kann, so sollte der auf eine Unionsmarke gestützte Unterlassungsantrag – auch vor dem Hintergrund möglicher Gegenansprüche nach § 945 ZPO – von vornherein ausdrücklich territorial begrenzt werden, zB auf Deutschland.

Von der Formulierung des Verbots und der Frage der zulässigen Verallgemeinerungen im Erkenntnisverfahren zu unterscheiden ist die Frage des Verbotsumfanges auf Vollstreckungsebene. Hier gilt, ebenso wie im Wettbewerbsrecht, dass auch Abwandlungen erfasst sind, in denen das Charakteristische des titulierten Verbots zum Ausdruck kommt (BGH GRUR 2010, 156 Rn. 25 – EIFELZEITUNG). Damit werden auch **kerngleiche** Abwandlungen der untersagten Kennzeichennutzung vom Verbotsumfang erfasst, wobei aber im Hinblick auf die Schwierigkeit der Beurteilung der Verwechslungsgefahr relativ enge Grenzen anzulegen sind.

10. Der Schadenersatzanspruch ergibt sich aus § 14 Abs. 6 MarkenG. Er setzt auf Seiten des Verletzers Verschulden voraus. In der Praxis spielt diese Frage aber eine untergeordnete Rolle, da zum einen die Verschuldensmaßstäbe sehr streng sind (→ Anm. 27), zum anderen notfalls auf Bereicherungsansprüche zurückgegriffen werden kann, die wiederum verschuldensunabhängig eine Entschädigung gem. § 812 Abs. 2 BGB (nur) auf Basis der angemessenen Lizenzgebühr begründen (BGH GRUR 2010, 237

Rn. 22 – Zoladex; zur Verjährung vgl. BGH GRUR 2015, 780 Rn. 27 ff. – Motorradteile).

Der Umfang des Schadenersatzes kann, wie bei allen gewerblichen Schutzrechten und wie seit 1.9.2008 in § 14 Abs. 6 MarkenG ausdrücklich geregelt, nach Wahl des Verletzten in dreifacher Weise berechnet werden, nämlich durch konkrete Schadensberechnung einschließlich des entgangenen Gewinns (§§ 249, 252 BGB), durch objektive Schadensberechnung entweder als Herausgabe des Verletzergewinns (seit BGH GRUR 1961, 354 – Vitasulfal) oder nach der Lizenzanalogie (seit BGH GRUR 1966, 375 – Meßmer Tee II). Die verschiedenen Berechnungsmethoden können nicht additiv geltend gemacht werden (BGH GRUR 2010, 239 Rn. 50 – BTK), wohl aber hilfsweise nebeneinander. Solange der nach einer bestimmten Berechnungsweise geltend gemachte Anspruch weder erfüllt noch rechtskräftig zuerkannt worden ist, ist ein Wechsel zu einer anderen Berechnungsmethode möglich (BGH GRUR 1993, 757 (758) – Kollektion Holiday).

Welche Schadensberechnung gewählt wird, ist nach den Umständen des Einzelfalles zu entscheiden. Meist ist die Berechnung auf der Basis der Lizenzanalogie für den Markeninhaber am einfachsten durchzusetzen. Schwierigkeiten kann dabei im Einzelfall die Bestimmung des angemessenen Lizenzsatzes bereiten, vor allem in Fällen, bei denen keine identische Benutzung des Zeichens und nur relativ geringe Warenähnlichkeit vorliegt. Von besonderer Bedeutung ist in diesem Zusammenhang die Bekanntheit und damit der Werbewert der verletzten Kennzeichnung. Typische Lizenzsätze liegen heute etwa im Bereich von 2–5 %, können aber bei der identischen Nutzung bekannter Kennzeichen auch höhere Werte annehmen (Büscher/Dittmer/Schiwy MarkenG § 14 Rn. 650; ausführlich *Ingerl/Rohnke* MarkenG vor §§ 14–19 Rn. 261 ff.). Zur fiktiven Lizenzgebühr treten zusätzlich Zinsen bezogen auf den üblicherweise in Lizenzverträgen vereinbarten Zahlungstermin (BGH GRUR 2010, 239 Rn. 55 – BTK). Die Berechnung auf der Basis des konkreten Schadens beim Markeninhaber kommt vor allem dann in Betracht, wenn der Verletzer nur relativ geringe Umsätze erzielt hat, dann zB als Marktverwirrungsschaden (BGH GRUR 1987, 364 (365) – Vier-Streifen-Schuh). Der Nachweis entgangenen Gewinns scheitert häufig an den Schwierigkeiten der Kausalitätsfeststellung, da meist offen bleibt, ob der Markeninhaber anstelle des Verletzers die Umsätze mit den Kunden des Verletzers hätte tätigen können. Im Übrigen müsste der Markeninhaber zur Berechnung seines konkreten Schadens Einblick in seine Kalkulation gewähren, was er in der Regel vermeiden wollen wird. Seit der Entscheidung BGH GRUR 2001, 329 – Gemeinkostenanteil hat die Bedeutung der Abschöpfung des Verletzergewinns wesentlich zugenommen, da nur noch diejenigen Kosten vom Umsatz abgezogen werden können, die eindeutig dem Verletzungsprodukt zuzuordnen sind (Gestehungskosten). Allerdings bleibt die Prüfung notwendig, welcher Anteil des Gewinns auf die Kennzeichenverletzung zurückgeht, denn nur insoweit kann der Gewinn abgeschöpft werden. Dieser Anteil macht bei Kennzeichenverletzungen in der Regel nur einen Bruchteil des Umsatzes aus, der gemäß § 287 ZPO durch Schätzung ermittelt werden kann, wenn nicht ausnahmsweise jegliche Anhaltspunkte für eine Schätzung fehlen (BGH GRUR 2006, 419 Rn. 15 f. – Noblesse). Etwa bei der Benutzung einer Prestigemarke oder einer dreidimensionalen Marke kann der erzielte Gewinn aber auch fast vollständig auf der Verwendung des Kennzeichens beruhen (vgl. BGH GRUR 2006, 419 Rn. 18 – Noblesse), so dass kaum Abschläge zu machen sind (im Einzelnen *Ingerl/Rohnke* MarkenG Vor §§ 14–19 Rn. 238 ff.; Ströbele/Hacker MarkenG § 14 Rn. 521 ff.).

Im Unionsmarkenrecht gibt es darüber hinaus einen speziellen Anspruch auf angemessene Entschädigung nach Art. 11 Abs. 2 UMV für Handlungen Dritter, welche nach Veröffentlichung der Anmeldung, aber noch vor deren Eintragung vorgenommen werden. Dieser Anspruch hat kein Pendant im deutschen Recht. Er beruht auf dem Umstand, dass Unionsmarken erst nach Ablauf des Widerspruchsverfahrens eingetragen werden

13. Markenverletzungsklage

und der Inhaber bis dahin kein Ausschließlichkeitsrecht geltend machen kann. Die angemessene Entschädigung ist im Umfang grundsätzlich geringer als der Schadensersatz nach Eintragung, sie kann aber auch auf Herausgabe des Gewinns des unautorisierten Nutzers gerichtet sein (vgl. EuGH GRUR 2016, 931 Rn. 50, 57 – Nikolajeva).

Der Schadensersatzanspruch wird in der Praxis in der Regel zunächst im Wege der Feststellungsklage geltend gemacht, um die Verjährung zu hemmen (§ 204 Abs. 1 Nr. 1 BGB) bzw. in den Genuss der dreißigjährigen Verjährungsfrist zu gelangen (§ 197 Abs. 1 Nr. 3 BGB). Das berechtigte Interesse an der Schadensersatzfeststellung ergibt sich daraus, dass der Kläger seinen Schaden erst nach Auskunftserteilung (→ Anm. 12) beziffern kann. Es ist grundsätzlich schon dann zu bejahen, wenn auch nur die entfernte Möglichkeit eines Schadenseintritts besteht (BGH GRUR 2001, 1177 (1178) – Feststellungsinteresse II; BGH GRUR 1972, 180 (183) – Cheri). Zur Begründetheit ist darüber hinausgehend eine gewisse Wahrscheinlichkeit des Schadenseintritts erforderlich (BGH GRUR 2001, 1177 (1178) – Feststellungsinteresse II; BGH GRUR 1975, 434 (437) – Bouchet). Diese ist bei Kennzeichenverletzungen aber in aller Regel zu bejahen und ergibt sich daraus, dass der Markeninhaber zumindest eine angemessene Lizenzgebühr geltend machen kann (vgl. BGH GRUR 2006, 421 Rn. 45 – Markenparfümverkäufe). Zum nachfolgenden Betragsverfahren → Form. B.19.

11. Der markenrechtliche Auskunftsanspruch ist in § 19 MarkenG, der durch das am 1.9.2008 in Kraft getretene Gesetz zur Verbesserung der Durchsetzung von Rechten des geistigen Eigentums erweitert worden ist, gesetzlich verankert. Es handelt sich um einen selbständigen und verschuldensunabhängigen Anspruch, der dem Verletzten die Aufdeckung der Quellen und Vertriebswege von schutzrechtsverletzenden Waren/Dienstleistungen ermöglichen soll.

Der Auskunftsanspruch des § 19 MarkenG richtet sich auf „Herkunft und Vertriebsweg" widerrechtlich gekennzeichneter Waren und Dienstleistungen (§ 19 Abs. 1 MarkenG). § 19 Abs. 3 Nr. 1 MarkenG enthält die Konkretisierung, dass Namen und Anschrift des Herstellers, des Lieferanten und anderer Vorbesitzer, der gewerblichen Abnehmer und Verkaufsstellen, für die die Waren/Dienstleistungen bestimmt waren, mitzuteilen sind. Umstritten ist, ob die Auskunft über die „Anschrift" auch E-Mail-Adressen, IP-Adressen sowie Telefonnummern umfasst (verneint für § 101 UrhG durch LG Frankfurt a. M. GRUR-RR 2017, 3 mwN zum Streitstand). Weiter sieht § 19 Abs. 3 Nr. 2 MarkenG eine Auskunft über die Menge der hergestellten, ausgelieferten, erhaltenen oder bestellten Gegenstände vor, sowie – im Gegensatz zur Rechtsprechung zu § 19 MarkenG aF (BGH GRUR 2008, 796 Rn. 18 – Hollister) – eine Auskunft über die Preise, die für die betreffenden Waren oder Dienstleistungen bezahlt wurden. Nicht erfasst werden nach wie vor Namen und Anschrift der privaten Endabnehmer, deren weiterer Gebrauch der markenverletzenden Ware selbst keinen Verletzungstatbestand darstellt, weshalb der Markeninhaber gegen sie auch keine Rechte geltend machen kann (vgl. BGH GRUR 1998, 696 – Rolex-Uhr mit Diamanten). Darüber hinaus fehlen weiterhin einige Informationen, die zur Berechnung des Schadensersatzes wesentlich sind. Diese Lücke kann in gewissem Umfang durch den zusätzlich gegebenen allgemeinen Auskunftsanspruch, der im Mustertext in Antrag IV. geltend gemacht wird (→ Anm. 12), geschlossen werden.

Der Klageantrag auf Auskunft nach § 19 MarkenG muss nicht auf bestimmte Personengruppen eingeschränkt werden, da dem Markeninhaber häufig gar nicht bekannt sein wird, ob der Verletzer selbst herstellt oder einen Vorlieferanten hat, ob er an gewerbliche Abnehmer oder nur an private Letztverbraucher geliefert hat usw. Ebenso wenig ist eine zeitliche Beschränkung in den Auskunftsantrag aufzunehmen (BGH GRUR 2007, 877 Rn. 25 – Windsor Estate). Auch diese Fragen sollen mit dem Auskunftsanspruch geklärt werden. Inhaltlich ist der Auskunftsanspruch aus § 19 MarkenG auf die Erteilung von Auskünften über den konkreten Verletzungsfall, dh über die konkrete Verletzungshandlung einschließlich solcher Handlungen, die ihr im Kern gleichartig sind (→ Anm. 9), beschränkt (BGH GRUR 2006, 504 Rn. 34 – Parfümtestkäufe; vgl. auch BGH GRUR 2002, 709 (711 ff.) – Entfernung der Herstellungsnummer III). Wenn – wie hier – gleichzeitig ein Unterlassungsanspruch geltend gemacht wird, der eine entsprechende Formulierung schon enthält, wird eine Verweisung auf diesen Antrag häufig sinnvoll sein.

Der zur Auskunft Verpflichtete schuldet eine Wissenserklärung. Dies beschränkt die Auskunftspflicht aber nicht auf das präsente Wissen des Verpflichteten, sondern er ist grundsätzlich auch verpflichtet, in zumutbarem Umfang alle ihm zur Verfügung stehenden Möglichkeiten der Information auszuschöpfen, dh er hat seine Geschäftsunterlagen durchzusehen, alle ihm sonst zugänglichen Informationen aus seinem Unternehmensbereich zur Erteilung einer vollständigen Auskunft heranzuziehen und muss sich, wenn dies nicht ausreicht, gegebenenfalls durch Nachfrage bei seinen Lieferanten um Aufklärung bemühen (BGH GRUR 2006, 504 Rn. 40 – Parfümtestkäufe; BGH GRUR 2015, 1248 Rn. 30 ff. – Tonerkartuschen). Weitergehende Nachforschungspflichten, insbesondere zu Ermittlungen bei Dritten, bestehen dagegen nicht (vgl. BGH GRUR 2006, 504 Rn. 40 – Parfümtestkäufe; BGH GRUR 2003, 433 (434) – Cartier-Ring). Der Auskunftsanspruch findet seine Grenze im Grundsatz der Verhältnismäßigkeit (§ 19 Abs. 4 MarkenG), der den Beklagten insbesondere vor einer im Einzelfall zu weitgehenden und vom Gesetzeszweck nicht mehr gedeckten Ausforschung durch Konkurrenten bewahren soll. Unter den Voraussetzungen des § 19a MarkenG kann der zur Auskunft Verpflichtete auch auf Vorlage von Belegen wie zB Auftragsbestätigungen, Rechnungen oder Lieferscheinen in Anspruch genommen werden.

In Fällen einer offensichtlichen Rechtsverletzung und in Fällen, in denen der Kennzeicheninhaber bereits Klage gegen den Verletzer erhoben hat, kann ein eigenständiger Auskunftsanspruch gemäß § 19 Abs. 2 MarkenG auch gegen Dritte geltend gemacht werden (vgl. BGH GRUR 2012, 1026 Rn. 12 ff. – Alles kann besser werden), die – ohne selbst Verletzer zu sein – in gewerblichem Ausmaß rechtsverletzende Ware in ihrem Besitz hatten, rechtsverletzende Dienstleistungen in Anspruch genommen haben, für rechtsverletzende Tätigkeiten genutzte Dienstleistungen erbracht haben oder nach Angaben Dritter an der Herstellung, Erzeugung oder am Vertrieb solcher Waren oder an der Erbringung solcher Dienstleistungen beteiligt waren (zB Transportpersonen, Provider, etc). Der Auskunftsanspruch gegenüber Dritten besteht grundsätzlich nicht gegen Personen, die nach §§ 383–385 ZPO im Prozess gegen den Verletzer zeugnisverweigerungsberechtigt wären. Jedoch ist § 19 Abs. 2 S. 1 Hs. 2 MarkenG anhand Art. 8 Abs. 3 Buchst. e Enforcement-Richtlinie (2004/48/EG) dahingehend auszulegen, dass ein Bankinstitut nicht gem. § 383 Abs. 1 Nr. 6 ZPO die Auskunft über Namen und Anschrift des Kontoinhabers unter Berufung auf das Bankgeheimnis verweigern darf, wenn das Konto für den Zahlungsverkehr im Zusammenhang mit einer offensichtlichen Markenverletzung genutzt wurde (BGH GRUR 2016, 497 Rn. 19 ff. – Davidoff Hot Water II; EuGH GRUR 2015, 894 Rn. 35 ff. – Coty Germany/Sparkasse Magdeburg). Eine Verweigerung der Drittauskunft unter Hinweis auf das Bankgeheimnis ist damit bei offensichtlichen Markenverletzungen nicht mehr möglich.

Im Fall der offensichtlichen Rechtsverletzung kann der Auskunftsanspruch – sowohl der gegen den Verletzer als auch der gegen den Dritten – auch im Wege der einstweiligen Verfügung durchgesetzt werden, § 19 Abs. 7 MarkenG.

Erteilt der zur Auskunft Verpflichtete vorsätzlich oder grob fahrlässig eine falsche oder unvollständige Auskunft, ist er zum Ersatz des daraus entstehenden Schadens verpflichtet, § 19 Abs. 6 MarkenG (vgl. auch BGH GRUR 2016, 526 – Irreführende Lieferantenangabe). Die Vollstreckung des Auskunftsanspruchs erfolgt nach § 888 ZPO durch Zwangsgeld oder Zwangshaft (zB BGH GRUR 2009, 794 Rn. 20 – Auskunft über

13. Markenverletzungsklage

Tintenpatronen). Die Androhung der Zwangsmittel ist – anders als bei § 890 Abs. 2 ZPO – nicht erforderlich, § 888 Abs. 2 ZPO. Falls die Auskunft durch Einsichtnahme in Geschäftsbücher oder die betriebliche EDV, zB durch Sachverständige, erfolgen kann, kann sie auch im Wege der Ersatzvornahme nach §§ 887, 892 ZPO vollstreckt werden. Der Auskunftsanspruch kann nach den allgemeinen Vorschriften für vorläufig vollstreckbar erklärt werden. Die Endgültigkeit der einmal erteilten Auskunft steht dem nicht entgegen (BGH GRUR 1996, 78 – Umgehungsprogramm).

12. Die von §§ 19 und 19a MarkenG nicht erfassten Auskünfte, die zur Bezifferung des Schadensersatzanspruches erforderlich sind, können aus einem unselbständigen Hilfsanspruch auf Auskunft zur Durchsetzung der Schadensersatzansprüche begehrt werden. Dieser besteht neben § 19 MarkenG (vgl. § 19d MarkenG) und ergibt sich gewohnheitsrechtlich aus § 242 BGB (BGH GRUR 2013, 638 Rn. 53 – Völkl; grundlegend BGH GRUR 1973, 375 (377) – Miss Petite). Durch die Neufassung von § 19 Abs. 3 MarkenG und die Belegvorlagepflicht nach § 19a MarkenG ist seine praktische Bedeutung wesentlich verringert.

Der Auskunftsanspruch ist akzessorisch zum Schadensersatzanspruch, setzt also voraus, dass dieser dem Grunde nach gegeben ist (BGH GRUR 2007, 884 Rn. 41 – Cambridge Institute). Folglich kann er auch nur in dem Umfang bestehen, in dem eine Verpflichtung zum Schadensersatz besteht. Er kann sich also nur auf die konkret festgestellte Verletzungshandlung, einschließlich kerngleicher Handlungen, beziehen (BGH GRUR 2006, 504 Rn. 45 – Parfümtestkäufe; BGH GRUR 2013, 638 Rn. 53 – Völkl). Er kommt aber auch zur Begründung des verschuldensunabhängigen Bereicherungsanspruches in Betracht (BGH GRUR 1996, 271 (275) – Gefärbte Jeans). Der Auskunftsanspruch muss erforderlich sein, um dem Verletzer die Berechnung seines Schadenersatzes zu ermöglichen, was dem Grunde nach regelmäßig unterstellt werden kann. Er wird begrenzt durch die Unzumutbarkeit, die im Einzelfall bei völlig unverhältnismäßigem Aufwand zur Erteilung der Auskunft oder bei überwiegendem Geheimhaltungsinteresse vorliegen kann (vgl. BGH GRUR 2015, 1248 Rn. 30 ff. – Tonerkartuschen). Da die Auskunft dem Markeninhaber ermöglichen muss, seine Schadensersatzansprüche nach allen Berechnungsalternativen (→ Anm. 10) zu beziffern, um sodann von seinem Wahlrecht Gebrauch zu machen, sind insbesondere Angaben über die Verletzerumsätze, die Gestehungskosten und Angaben zu Art und Umfang der getätigten Werbung zu machen, nicht aber zu Lieferpreisen oder internen Aufschlüsselungen der Verletzerumsätze (BGH GRUR 1991, 153 (155) – Pizza & Pasta; BGH GRUR 1980, 227 (233) – Monumenta Germaniae Historica). Kommt für die Berechnung des Schadensersatzanspruchs anhand des Verletzergewinns ohnehin nur eine grobe Schätzung in Betracht, die auch anhand der Umsätze und der grob ermittelten Gewinne erfolgen kann, können detaillierte Informationen zu den erzielten Gewinnen idR nicht verlangt werden (BGH GRUR 2006, 419 Rn. 17 – Noblesse). Die frühere Rechtsprechung, wonach der Schadensersatzanspruch und somit der zur Bezifferung notwendige Auskunftsanspruch frühestens im Zeitpunkt der ersten nachgewiesenen Verletzungshandlung entstehen konnten (vgl. BGH GRUR 1988, 307 (308) – Gaby), hat der BGH ausdrücklich aufgegeben (BGH GRUR 2007, 877 Rn. 24 f. – Windsor Estate), so dass die Auskunft auch für den Zeitraum vor der ersten nachgewiesenen Verletzungshandlung verlangt werden kann. Der Antrag muss somit keine zeitliche Begrenzung enthalten.

13. Der Vernichtungsanspruch ergibt sich aus § 18 MarkenG. Dieser knüpft an die objektiven Verletzungstatbestände des § 14 Abs. 2–4 MarkenG an. Er ist als Beseitigungsanspruch verschuldensunabhängig.

Erfasst werden zunächst alle im Besitz oder Eigentum des Verletzers befindlichen, widerrechtlich gekennzeichneten Waren, § 18 Abs. 1 S. 1 MarkenG.

Daneben kann nach § 18 Abs. 1 S. 2 MarkenG die Vernichtung der im Eigentum des Verletzers befindlichen Materialien und Geräte, die vorwiegend zur widerrechtlichen Kennzeichnung der Waren gedient haben (zB Etiketten, Stempel, Druckstöcke etc), verlangt werden.

Darüber hinaus kann der Verletzer nach § 18 Abs. 2 MarkenG auch auf Rückruf von widerrechtlich gekennzeichneter Ware bzw. auf deren Entfernen aus den Vertriebswegen in Anspruch genommen werden. Dies kommt allerdings nur insoweit in Betracht, als es ihm auch möglich ist. Eine Verurteilung zum Rückruf bedeutet, dass der Beklagte rechtliche Möglichkeiten zur Rückabwicklung des Vertragsverhältnisses nutzen muss und im Übrigen seine Abnehmer zur freiwilligen Rückgabe aufzufordern hat. Soweit der Beklagte eine Dispositionsbefugnis über die Ware hat (zB bei Vertrieb auf Kommissionsbasis), kann er sie auch aus den Vertriebswegen entfernen (ausführlich *Jänich* MarkenR 2008, 413). Passivlegitimiert ist der Verletzer. Der Anspruch richtet sich also nicht gegen private Letztverbraucher, die selbst keine Markenverletzung begehen (vgl. LG Düsseldorf Mitt. 1996, 22 – Windsurfing Chiemsee).

Für den Bereich des Wettbewerbsrechts hat der BGH kürzlich entschieden, dass der Verletzer auch bereits aufgrund einer Unterlassungsverpflichtung zum Rückruf verpflichtet sein kann (BGH 2016, 720 Rn. 33 ff. – Hot Sox; BGH 2017, 208 Rn. 30 – Rescue). Ob diese Rechtsprechung auch für das Markenrecht gilt – im Unterschied zu § 18 Abs. 2 MarkenG sieht das UWG keinen separaten Anspruch auf Rückruf vor – ist aktuell ungeklärt (verneinend OLG Frankfurt a. M. GRUR 2016, 1319 Rn. 16 – Quarantäne-Buchung; die Rechtsbeschwerde ist beim BGH anhängig, Az. I ZB 96/16).

Nach § 18 Abs. 3 MarkenG ist der Anspruch auf Vernichtung, Rückruf und Entfernen aus den Vertriebswegen ausgeschlossen, wenn dies im Einzelfall für den Verletzer oder für Dritte, insbesondere für Eigentümer oder Besitzer, unverhältnismäßig wäre. Damit sind insbesondere Fälle erfasst, bei denen die Entfernung des verletzenden Zeichens mit relativ geringem Aufwand möglich ist, zB durch Abziehen von Aufklebern. Auch der Grad des Verschuldens ist in die Beurteilung der Verhältnismäßigkeit einzubeziehen (vgl. BGH GRUR 2006, 504 Rn. 52 – Parfümtestkäufe; BGH GRUR 1997, 899 (900 f.) – Vernichtungsanspruch). Die Darlegungs- und Beweislast für die Ausnahmevoraussetzungen trägt der Verletzer. Es ist nicht erforderlich, im Antrag festzulegen, in welcher Art der Verletzer die Vernichtung durchzuführen hat. Eine bestimmte Maßnahme kann nur dann verlangt werden, wenn andere Maßnahmen nicht in Betracht kommen. Unter welchen Voraussetzungen auch eine Herausgabe an den Markeninhaber zum Zweck der Vernichtung verlangt werden kann, ist umstritten und stets vom Einzelfall abhängig (vgl. BGH GRUR 2006, 504 Rn. 52 – Parfümtestkäufe; BGH GRUR 2012, 392 Rn. 31 – Echtheitszertifikat; BGH GRUR 2014, 378 Rn. 45 – OTTO CAP).

Die Zwangsvollstreckung des Vernichtungsanspruchs erfolgt nach §§ 887, 892 ZPO, nämlich durch Wegnahme der Ware durch den Gerichtsvollzieher und Durchführung der Vernichtung im Wege der Ersatzvornahme durch den Gläubiger (*Ingerl/Rohnke* MarkenG § 18 Rn. 36). Die Kosten der Vernichtung trägt der Verletzer nach § 788 ZPO. Rückruf- und Entfernungsansprüche sind nach § 888 ZPO zu vollstrecken (s. *Jänich* MarkenR 2008, 413 (416)).

14. § 19c MarkenG gewährt der obsiegenden Partei einer Klage aufgrund des MarkenG einen Anspruch auf Urteilsbekanntmachung auf Kosten der unterliegenden Partei, sofern sie ein berechtigtes Interesse darlegt (→ Anm. 28). Der Ausspruch nach § 19c MarkenG setzt einen Antrag voraus (§ 308 ZPO). Da § 19c S. 2 MarkenG vorsieht, dass Art und Umfang der Veröffentlichung im Urteil bestimmt werden, könnte der Kläger die genaue Bezeichnung des Mediums und der Größe der Veröffentlichung auch dem Gericht überlassen. Einerseits um dem Bestimmtheitsgebot nach § 253 Abs. 2 Nr. 2 ZPO Rechnung zu tragen, andererseits aber auch um auf die Tenorierung hinsichtlich Art und

13. Markenverletzungsklage

Umfang der Veröffentlichung Einfluss zu nehmen, wird es sich in der Regel aber empfehlen, das gewünschte Medium, Größe, Angaben zur Art der Veröffentlichung etc zu benennen. Die Befugnis zur Urteilsveröffentlichung erlischt, wenn von ihr nicht innerhalb von drei Monaten nach Eintritt der Rechtskraft des Urteils Gebrauch gemacht wird (§ 19c S. 3 MarkenG). Die Befugnis zur Urteilsveröffentlichung ist nicht vorläufig vollstreckbar, § 19c S. 4 MarkenG (im Einzelnen *Maaßen* MarkenR 2008, 417). Die Urteilsveröffentlichung hat der Beklagte nicht von sich aus vorzunehmen. Dem Kläger wird nur eine Veröffentlichungsbefugnis zuerkannt. Dabei sind auch gewisse Änderungen vom tatsächlichen Tenor zur besseren Lesbarkeit zulässig, sofern dadurch keine Irreführung oder Sinnentstellung erfolgt (vgl. BGH Beschl. v. 14.1.2016 – I ZR 107/15, BeckRS 2016, 04388 Rn. 13 – Markenverletzende Produktfälschung).

15. Mit dem Antrag VI. wird die Erstattung der Abmahnkosten (bei einem Gegenstandswert von 500.000,00 EUR), die als vorprozessuale Kosten nicht Gegenstand des Kostenfestsetzungsverfahrens (§§ 103 ff. ZPO) sind, beantragt. Der Erstattungsanspruch ergibt sich aus den Grundsätzen der Geschäftsführung ohne Auftrag sowie aus § 14 Abs. 6 MarkenG. Die geforderte Summe entspricht einer 1,3 Geschäftsgebühr nach VV 2300 RVG zuzüglich der Pauschale für Entgelte für Post- und Telekommunikationsdienstleistungen nach VV 7002 RVG. Die Geschäftsgebühr kann vollständig geltend gemacht werden, denn nach wiederholter Rechtsprechung des BGH vermindert die anteilige Anrechnung der vorgerichtlich entstandenen Geschäftsgebühr auf die Verfahrensgebühr des gerichtlichen Verfahrens gemäß VV Teil 3 Vorb. 3 Abs. 4 RVG nicht die bereits entstandene Geschäftsgebühr, sondern die in dem anschließenden gerichtlichen Verfahren nach VV 3100 RVG anfallende Verfahrensgebühr (BGH NJW-RR 2008, 1095; BGH NJW 2008, 1323; jeweils mwN).

16. Die Stellung der Nebenanträge ist unnötig, erfolgt in der Praxis aber regelmäßig.

17. Zur Schlüssigkeit der Markenverletzungsklage gehört zunächst Vortrag zur Priorität, zur Eintragung und zum Gegenstand (maßgebliche Waren/Dienstleistungen) der Klagemarke sowie zur Inhaberschaft des Schutzrechtes durch den Kläger. Dies kann regelmäßig durch Vorlage eines Registerauszuges erfolgen, wofür sich für deutsche Marken ein Auszug aus der Datenbank DPINFO des DPMA anbietet (https://dpinfo.dpma.de/; für Unionsmarken: Website des EUIPO unter https://euipo.europa.eu/eSearch/; für IR-Marken: Website der WIPO unter http://www.wipo.int/romarin/). Im Hinblick auf die Möglichkeit einer zwischenzeitlich abgegebenen Verzichtserklärung ist der Hinweis darauf, dass die Marke weiter in Kraft steht, sinnvoll. Zur Aktivlegitimation → Anm. 3.

In der Praxis werden die Ansprüche nicht selten auf mehrere Kennzeichenrechte gestützt. Das kann sinnvoll sein, wenn das an sich nächstkommende (insbesondere zeichenähnlichste) Schutzrecht gewisse Schwächen aufweist, zB hinsichtlich eines enger gefassten Verzeichnisses der Waren oder Dienstleistungen, oder es sich bereits außerhalb der Benutzungsschonfrist befindet, so dass auf eine entsprechende Einrede des Beklagten hin (vgl. § 25 MarkenG) mit einer Einschränkung des Waren- und Dienstleistungsverzeichnisses gerechnet werden muss. Nach der ständigen Rechtsprechung bildet jedes Schutzrecht einen eigenen Streitgegenstand (BGH GRUR 2001, 755 (756 f.) – Telefonkarte; BGH GRUR 2011, 1043 Rn. 26 – TÜV II; BGH GRUR 2015, 258 Rn. 23 – CT-Paradies; anders zT im Wettbewerbsrecht nach BGH GRUR 2013, 401 – Biomineralwasser). Als Ausgleich für die damit verbundene Schutzrechtskumulation wurde die ansonsten im Zivilprozessrecht grundsätzlich unzulässige alternative Klagehäufung für den Bereich der Schutzrechte und wettbewerbsrechtlichen Ansprüche lange Zeit „nicht beanstandet" (s. BGH GRUR 2011, 521 Rn. 8 – TÜV I). Der BGH hat jedoch mit dem Hinweisbeschluss „TÜV" entschieden, dass diese Praxis nicht mit dem Bestimmtheitsgebot in § 253 Abs. 2 Nr. 2 ZPO und dem Gedanken der Waffengleichheit vereinbar ist

(BGH GRUR 2011, 521 – TÜV I). Daher muss der Kläger in der Klageschrift klarstellen, ob er die verschiedenen Schutzrechte kumulativ oder eventuell geltend machen will. Für den hier vorliegenden Fall der eventuellen Klagehäufung ist auch die Reihenfolge der Schutzrechte anzugeben (BGH GRUR 2011, 521 Rn. 13 – TÜV I). Demgegenüber bilden die verschiedenen Verletzungstatbestände des § 14 Abs. 2 Nr. 1–3 MarkenG einen einheitlichen Streitgegenstand. Werden, wie im Formular, Ansprüche sowohl auf den Gesichtspunkt der Verwechslungsgefahr als auch auf die Rufausbeutung gestützt, ist es insoweit nicht erforderlich, eine Reihenfolge anzugeben (vgl. BGH GRUR 2011, 1043 Rn. 27 – TÜV II; BGH GRUR 2012, 621 Rn. 32 – OSCAR). Prozesstaktisch wird es meist vorteilhaft sein, die Klage zunächst auf die (zeichen- und waren-)ähnlichste Kennzeichnung zu stützen und weitere Schutzrechte nur einzuführen, soweit diesen Anspruchsgrundlagen Schwächen anhaften.

18. Die Benutzung der Marke durch den Kläger ist strenggenommen nicht Teil des für die Schlüssigkeit erforderlichen Sachvortrages, und zwar auch dann nicht, wenn die Benutzungsschonfrist abgelaufen ist. Auf die Frage der rechtserhaltenden Benutzung kommt es nur an, wenn der Beklagte die Nichtbenutzung einredeweise geltend macht (§ 25 Abs. 2 S. 1 MarkenG). Ist die Benutzung unproblematisch, wird es jedoch meistens prozesstaktisch sinnvoll sein, dazu schon in der Klageschrift vorzutragen, zumal der Kläger im Verletzungsprozess die Beweislast in vollem Umfang trägt (dazu *Ingerl/Rohnke* MarkenG § 25 Rn. 19 ff.). Wenn die Marke – wie hier – in erheblichem Umfang benutzt ist und sogar Anhaltspunkte für einen gesteigerten Bekanntheitsgrad bestehen, sollte Sachvortrag dazu ebenfalls schon in der Klageschrift erfolgen. Der gesteigerte Bekanntheitsgrad hat Auswirkungen auf den Schutzumfang der Marke und damit auf die Beurteilung der Verwechslungsgefahr (→ Anm. 22, 23). Ferner ist eine im Inland bekannte Marke nicht nur gegen Verwechslungsgefahr nach § 14 Abs. 2 Nr. 2 MarkenG, sondern darüber hinaus nach § 14 Abs. 2 Nr. 3 MarkenG geschützt (→ Anm. 26). Daneben unterstützt die Bekanntheit des Klagezeichens die Annahme, dass der Beklagte schuldhaft gehandelt hat (→ Anm. 27), und hat Auswirkungen auf den Streitwert (→ Anm. 7).

19. Der Vortrag zur Verletzungshandlung muss konkrete Beispiele für das vom Beklagten verwendete Zeichen und die damit gekennzeichneten Waren und Dienstleistungen enthalten. Dabei gehört zur Schlüssigkeit der Klage insbesondere die Darlegung des Handelns im geschäftlichen Verkehr und die Darlegung einer „markenmäßigen" Benutzung, also einer Verwendung in einer Form, die nach der maßgeblichen Verkehrsauffassung (→ Anm. 22) als Herkunftshinweis für Waren oder Dienstleistungen verstanden wird (vgl. BGH GRUR 2010, 1103 Rn. 25 – Pralinenform II). Im Beispielsfall handelt es sich um eine Phantasiebezeichnung, die in markentypischer Weise auf den Produkten angebracht und in Katalogen in unmittelbarem Zusammenhang mit bestimmten Waren, nämlich Schuhen, verwendet wird. Eine markenmäßige Benutzung für Schuhe ist somit unproblematisch gegeben. In der Vorkorrespondenz ist diese Frage auch nicht problematisiert worden.

Dagegen wird die Frage der markenmäßigen Benutzung in der Praxis insbesondere dann problematisch, wenn auch eine Verwendung als beschreibende Angabe in Betracht kommt. Dann sind meist zusätzliche Ausführungen zum markenmäßigen Verständnis geboten. Für eine markenmäßige Benutzung reicht es aus, wenn die objektive, nicht fernliegende Möglichkeit besteht, dass ein nicht unerheblicher Teil des angesprochenen Verkehrs die angegriffene Bezeichnung als herkunftshinweisend versteht (EuGH GRUR 2003, 55 Rn. 58 – Arsenal FC; BGH GRUR 2009, 484 – Metrobus). Der EuGH fordert sogar, dass ein Verständnis als betriebliches Herkunftskennzeichen ausgeschlossen sein muss, um die rechtsverletzende Benutzung zu verneinen (EuGH GRUR 2002, 692 Rn. 17 – Hölterhoff). Ist der Verkehr dagegen der Auffassung, die Angabe beschreibe ein Produkt nach seinen Eigenschaften, nicht nach seiner betrieblichen Herkunft, scheidet eine markenverletzende Benutzung regelmäßig aus (zB BGH GRUR 2009, 502 Rn. 29 – pcb). In solchen Fällen greift ggf. auch die Schutzschranke des § 23 Nr. 2 MarkenG ein (→ Form. B.14 Anm. 8). Eine blickfangmäßige Herausstellung oder die Verwendung eines Zeichens im Rahmen der Produktkennzeichnung sprechen dagegen für eine markenmäßige Verwendung (BGH GRUR 2012, 1040 Rn. 19 – pjur/pure; BGH GRUR 2017, 520 Rn. 26 – MICRO COTTON).

An einer markenmäßigen Benutzung fehlt es auch dann, wenn das Zeichen nicht (zumindest auch) als Marke, sondern ausschließlich als Unternehmenskennzeichen aufgefasst wird (vgl. BGH GRUR 2011, 623 Rn. 22 ff. – Peek & Cloppenburg II, zur rechtserhaltenden Benutzung; BGH GRUR 2008, 254 Rn. 22 ff. – THE HOME STORE; EuGH GRUR 2007, 971 Rn. 21 – Céline). Gleiches gilt bei einer Benutzung als Werktitel. Diese wird der Verkehr nach der Rechtsprechung in der Regel nicht (auch) als markenmäßig im Sinne eines betrieblichen Herkunftshinweises auffassen, sofern es sich nicht um einen bekannten Titel handelt (vgl. BGH GRUR 1994, 909 (910) – WIR IM WESTEN; Büscher/Dittmer/Schiwy MarkenG § 14 Rn. 146; OLG Hamburg Urt. v. 24.5.2017 – 5 U 174/16, BeckRS 2017, 113244 – Abnehmen mit ALMASED). Bei Formen und Farben kann es für die Verkehrsauffassung maßgeblich auf eine gesteigerte Kennzeichnungskraft der älteren Marke ankommen, wobei der BGH mehrmals betont hat, dass diese keine unabdingbare Voraussetzung ist (vgl. BGH GRUR 2014, 1101 Rn. 29 – Gelbe Wörterbücher; BGH GRUR 2015, 1201 Rn. 93 – Sparkassen-Rot/Santander-Rot). Ist hingegen eine Warenform, wie zB der „Bounty"-Schokoriegel, verkehrsdurchgesetzt, wird der Verkehr in der Regel auch hochgradig ähnliche Gestaltungen als herkunftshinweisend und damit markenmäßig wahrnehmen (BGH GRUR 2016, 197 Rn. 26 ff. – Bounty).

20. Eine Abmahnung ist weder prozessual noch materiell-rechtlich erforderlich. Sie ist in der Praxis aber meistens sinnvoll, einerseits um dem Anspruchsgegner die Möglichkeit zu geben, sich ohne gerichtliche Auseinandersetzung zu unterwerfen, andererseits um die Kostenfolge des § 93 ZPO durch sofortiges Anerkenntnis zu vermeiden. Eine Abmahnung ist jedoch unzumutbar und entbehrlich, wenn durch die Warnung des Schuldners der Unterlassungsanspruch gefährdet oder vereitelt werden würde (OLG Hamburg WRP 1988, 47 – Entbehrlichkeit einer Abmahnung). Zu den Kostenerstattungsansprüchen aufgrund der Abmahnung → Anm. 15.

21. Ob eine Markenverletzung vorliegt, bestimmt sich nach § 14 Abs. 2–4 MarkenG. Dabei führt § 14 Abs. 2 MarkenG in Nr. 1–3 die drei Grundfälle der Markenverletzung auf, während § 14 Abs. 3 und 4 MarkenG die möglichen Begehungsformen der Markenverletzung weiter konkretisieren.

Nach § 14 Abs. 2 Nr. 1 MarkenG ist die Verwendung der identischen Marke für die identischen Waren oder Dienstleistungen ohne weiteres verboten. In der Praxis spielt die sog. Doppelidentität vor allem im Bereich der Markenpiraterie eine Rolle. Eine Markenverletzung liegt vor, selbst wenn der Verkäufer ausdrücklich darauf hinweist, dass es sich nicht um Originalware handelt. Bei Doppelidentität kommt es auf eine Verwechslungsgefahr nicht an. Diese wird unwiderleglich vermutet (vgl. BGH GRUR 2004, 860 (863) – Internet-Versteigerung I; im Einzelnen zu § 14 Abs. 2 Nr. 1 MarkenG *Ingerl/Rohnke* MarkenG § 14 Rn. 265 ff.; Ströbele/Hacker/*Hacker* MarkenG § 14 Rn. 276 ff.).

§ 14 Abs. 2 Nr. 2 MarkenG betrifft die in der Praxis im Vordergrund stehenden Fälle der Markenverletzung aufgrund von Verwechslungsgefahr. Dabei sind wiederum drei Grundkonstellationen denkbar, nämlich die Verwendung eines mit der Klagemarke ähnlichen Zeichens für identische Waren/Dienstleistungen, eines identischen Zeichens für nur ähnliche Waren/Dienstleistungen und eines ähnlichen Zeichens für ähnliche Waren/Dienstleistungen. In jedem der drei Fälle ist eine Prüfung der Verwechslungsgefahr erforderlich, also insbesondere die Feststellung, ob die Ähnlichkeit jeweils groß genug ist, um Verwechslungsgefahr zu begründen. Näheres → Anm. 22.

§ 14 Abs. 2 Nr. 3 MarkenG betrifft schließlich den Schutz von bekannten Marken gegen Benutzungen, die die Unterscheidungskraft oder Wertschätzung der Marke in unlauterer Weise ausnutzen oder beeinträchtigen. Näheres → Anm. 26.

Die Begründung des Verletzungstatbestandes, insbesondere nach § 14 Abs. 2 Nr. 2 oder Nr. 3 MarkenG, stellt in der Regel die Hauptschwierigkeit einer Markenverletzungsklage dar. Für eine zuverlässige Beurteilung der Erfolgsaussichten ist im Einzelfall die intensive Auseinandersetzung mit der außerordentlich umfangreichen Judikatur unverzichtbar, während in den folgenden → Anm. 22–26 nur Grundzüge grob skizziert werden können.

22. Bei der Beurteilung der Verwechslungsgefahr ist zunächst zu berücksichtigen, dass eine abstrakte Gefahr ausreicht, tatsächliche Verwechslungen müssen nicht vorgekommen sein (stRspr, zB BGH GRUR 2004, 860 (863) – Internet-Versteigerung I; BGH GRUR 1966, 495 (498) – UNIPLAST; *Ingerl/Rohnke* MarkenG § 14 Rn. 171, 225 mwN). Obwohl es sich um eine Rechtsfrage handelt, ist die Verwechslungsgefahr auf Grundlage der Verkehrsauffassung zu bestimmen. In der Regel ist von der Auffassung des durchschnittlich informierten, aufmerksamen und verständigen aktuellen oder potentiellen Durchschnittsverbrauchers der relevanten Waren und Dienstleistungen auszugehen (stRspr, zB BGH GRUR 2012, 64 Rn. 9 – Maalox/Melox-GRY; BGH GRUR 2013, 631 Rn. 64 – AMARULA/Marulablu). Bei Waren/Dienstleistungen, die sich nur an bestimmte Fachkreise wenden, ist deren Auffassung maßgeblich (zB bei medizinischen Geräten; zu rezeptpflichtigen Arzneimitteln vgl. zB BGH GRUR 1995, 50 (52) – Indorekdal/Indohexal). Es ist grundsätzlich unzulässig, nur auf einen Teil des angesprochenen Verkehrs iSe gespaltenen Verkehrsauffassung abzustellen. Etwas anderes gilt ausnahmsweise, wenn die sich gegenüberstehenden Zeichen verschiedene Verkehrskreise ansprechen, die sich – wie etwa der allgemeine Verkehr und Fachkreise oder unterschiedliche Sprachkreise – objektiv voneinander abgrenzen lassen. Dann reicht es für die Annahme einer Verletzung, wenn in einem der Verkehrskreise Verwechslungsgefahr besteht. So ist zB für verschreibungspflichtige Medikamente, die sich sowohl an Endverbraucher als auch Fachkreise, Ärzte und Apotheker, richten, eine Verwechslungsgefahr in der Gruppe der Endverbraucher ausreichend (vgl. EuGH GRUR Int. 2007, 718 Rn. 56 ff., 90, 99 – TRAVATAN II; BGH GRUR 2012, 64 Rn. 9 – Maalox/Melox-GRY). Abgesehen von solchen Sonderfällen kann die Verkehrsauffassung in der Regel aufgrund eigener Sachkunde des Gerichts festgestellt werden.

Die Frage, ob Verwechslungsgefahr im Sinne von § 14 Abs. 2 Nr. 2 MarkenG vorliegt, ist (ebenso wie bei § 9 Abs. 1 Nr. 2 MarkenG) unter Heranziehung aller Umstände des Einzelfalls umfassend zu beurteilen. Dabei ist von einer Wechselwirkung zwischen drei Faktoren, nämlich der Kennzeichnungskraft der prioritätsälteren Marke (→ Anm. 23), der Identität oder Ähnlichkeit der Waren/Dienstleistungen (→ Anm. 25), und dem Grad der Ähnlichkeit der Zeichen (→ Anm. 24) in der Weise auszugehen, dass ein geringerer Grad der Ähnlichkeit der Waren/Dienstleistungen durch einen höheren Grad der Ähnlichkeit der Zeichen oder durch eine gesteigerte Kennzeichnungskraft der älteren Marke ausgeglichen werden kann und umgekehrt (stRspr, zB BGH GRUR 2015, 176 Rn. 9 – ZOOM/ZOOM; BGH GRUR 2016, 283 Rn. 7 BSA/DSA DEUTSCHE SPORTMANAGEMENTAKADEMIE; BGH GRUR 2016, 382 Rn. 21 – BioGourmet). Darüber hinaus können sich für die Beurteilung der Verwechslungsgefahr weitere Faktoren entscheidungserheblich auswirken, wie ua die Art der Ware, die im Einzelfall angesprochenen Verkehrskreise und daraus folgend die zu erwartende Aufmerksamkeit und das zu erwartende Differenzierungsvermögen dieser Verkehrskreise bei der Wahrnehmung der Kennzeichen (vgl. BPatG Beschl. v. 10.4.2017 – 25 W (pat) 8/15, BeckRS 2017, 107096 – N4Life/4Life).

23. Je höher die Kennzeichnungskraft der älteren Marke ist, desto größer ist ihr Schutzumfang und desto eher wird eine Verwechslungsgefahr zu bejahen sein. Handelt es sich um eine Marke, die sich für den angesprochenen Verkehr erkennbar eng an einen beschreibenden Begriff anlehnt, verfügt sie von Haus aus idR nur über unterdurchschnittliche Kennzeichnungskraft. Auch erstreckt sich der Schutz nicht auf die beschreibende Angabe selbst (vgl. zB BGH GRUR 2012, 1040 Rn. 29, 39 – pjur/pure). Handelt es sich dagegen – wie im Beispielsfall – um eine Marke, der für die konkreten Waren/Dienstleistungen keine beschreibenden Anklänge zukommen, ist in der Regel von normaler originärer Kennzeichnungskraft auszugehen. Die Kennzeichnungskraft einer Marke kann auch nachträglich, insbesondere durch eine langjährige intensive Benutzung, hohe Werbeaufwendungen für die Marke, einen hohen Marktanteil und die daraus resultierende Bekanntheit gesteigert werden (vgl. BGH GRUR 2009, 766 Rn. 30 – Stofffähnchen; BGH GRUR 2017, 75 Rn. 29 – Wunderbaum II). Die eine solche gesteigerte Kennzeichnungskraft begründenden Umstände müssen vom Kläger substantiiert dargelegt und ggf. belegt werden. Andererseits kann die Kennzeichnungskraft einer Marke ausnahmsweise auch nachträglich geschwächt werden, zB durch die Benutzung einer Vielzahl ähnlicher Drittmarken (zur Kennzeichnungskraft im Einzelnen *Ingerl/Rohnke* MarkenG § 14 Rn. 497 ff., Ströbele/Hacker MarkenG § 9 Rn. 132 ff.).

24. Die Zeichenähnlichkeit ist eine Rechtsfrage, weshalb grundsätzlich keine ausführlichen Darlegungen in der Klageschrift erforderlich sind. Trotzdem ist es in Fällen der nichtidentischen Benutzung üblich, die für die Verwechslungsgefahr sprechenden Gesichtspunkte in der Klageschrift aufzuführen.

Die Zeichenähnlichkeit kann in verschiedenen Richtungen bestehen, nämlich in klanglicher, (schrift-)bildlicher oder begrifflicher Hinsicht, wobei schon das Vorliegen hinreichender Ähnlichkeit in einem der drei Wahrnehmungsbereiche zur Bejahung der Verwechslungsgefahr genügen kann (stRspr, zB BGH GRUR 2011, 824 Rn. 26 – Kappa; BGH GRUR 2008, 714 Rn. 37 – idw; BGH GRUR 2006, 60 Rn. 17 – coccodrillo), allerdings auch Unterschiede in einer Wahrnehmungsrichtung – etwa beim Sinngehalt – Ähnlichkeiten in anderer Hinsicht kompensieren können (EuGH GRUR 2006, 237 Rn. 20 – Ruiz-Picasso; BGH GRUR 2010, 235 Rn. 19, 21 – AIDA/AIDU).

Wesentlich ist dabei, dass das Publikum Marken aufgrund eines undeutlichen Erinnerungseindruckes wahrnimmt, so dass den Übereinstimmungen idR größere Bedeutung als den Unterschieden zukommt (zB BGH GRUR 1995, 50 (52) – Indorektal/Indohexal). Obwohl die Rechtsprechung von Einzelfallentscheidungen bestimmt ist, die das Aufstellen allgemein verbindlicher Regeln erschweren, kann man davon ausgehen, dass bei der klanglichen Ähnlichkeit insbesondere Wortlänge, Silbenzahl und Vokalfolge von Bedeutung sind. Dabei ist nach der Rechtsprechung vor allem die Übereinstimmung in den Anfangslauten und in der Vokalfolge wichtig, während Endungen meist weniger beachtet werden (Rechtsprechungsnachweise bei *Ingerl/Rohnke* MarkenG § 14 Rn. 863 ff.; Ströbele/Hacker/*Hacker* MarkenG § 9 Rn. 254 ff.). Ähnlichkeit in der graphischen Gestaltung spielt vor allem bei Bild- und Wort-/Bildzeichen eine Rolle, aber auch bei Wortmarken ist das Schriftbild auf Übereinstimmungen in der Buchstabenfolge zu vergleichen. Begriffliche Übereinstimmungen können auch dann zur Verwechslungsgefahr führen, wenn es an einer klanglichen und schriftbildlichen Ähnlichkeit fehlt (zB BPatG Mitt. 1984, 56 – Rancher = Farmer). Allerdings sind in diesem Fall hohe Anforderungen an die begrifflichen Ähnlichkeiten zu stellen, bloß entfernte Ähnlichkeiten im Sinngehalt genügen nicht (BGH GRUR 2004, 779 (782) – Zwilling/Zweibrüder). Verneint wurde begriffliche Ähnlichkeit zwischen der Wortmarke „Goldbären" und einer Produktgestaltung in Bärenform in goldener Farbe, da die Wortmarke nicht die naheliegende, ungezwungene und erschöpfende Bezeichnung der angegriffenen Produktgestaltung darstellte (BGH

GRUR 2015, 1214 Rn. 33 ff. – Goldbären; vgl. im Einzelnen Ströbele/Hacker/*Hacker* MarkenG § 9 Rn. 284 ff.).

Im vorliegenden Fall handelt es sich um zwei italienische Eigennamen, die sich nur im Schlussvokal unterscheiden. Damit wird in aller Regel die klangliche Ähnlichkeit zu bejahen sein. Darüber hinaus besteht auch eine hohe schriftbildliche Ähnlichkeit.

Komplexer ist die Prüfung der Zeichenähnlichkeit in Fallkonstellationen, in denen sich mehrgliedrige Zeichen, zB Mehrwortzeichen oder Wort-/Bildzeichen, gegenüberstehen, die nicht in allen ihrer Bestandteile Ähnlichkeiten aufweisen. Bei der Beurteilung der Ähnlichkeit sind die sich gegenüberstehenden Zeichen grundsätzlich jeweils als Ganzes zu berücksichtigen und in ihrem Gesamteindruck miteinander zu vergleichen (stRspr, zB BGH GRUR 2016, 382 Rn. 37 – BioGourmet). Das schließt es allerdings nicht aus, unter Umständen einem einzelnen Bestandteil eines komplexen Zeichens eine besondere, das gesamte Zeichen prägende Kennzeichnungskraft beizumessen, und die Gefahr einer Verwechslung der beiden Gesamtzeichen schon bei einer Übereinstimmung in diesem prägenden Bestandteil zu bejahen (stRspr, zB EuGH GRUR 2010, 1098 Rn. 56 – Calvin Klein/HABM; BGH GRUR 2009, 1055 Rn. 23 – airdsl; BGH GRUR 2008, 903 Rn. 18 – SIERRA ANTIGUO; BGH GRUR 2007, 888 Rn. 22 – EUR Telekom; BGH GRUR 2006, 60 Rn. 17 – coccodrillo). Dies kann vor allem der Fall sein, wenn die anderen Bestandteile wegen ihrer beschreibenden Bedeutung im Vergleich zu dem dominierenden Bestandteil weitgehend in den Hintergrund treten und daher zu vernachlässigen sind (EuGH GRUR 2016, 80 Rn. 37 – BGW/Scholz). Bei der Feststellung des Gesamteindrucks können auch für sich genommen schutzunfähige Bestandteile mit zu berücksichtigen sein. Jedoch kann eine zur Verwechslungsgefahr führende Zeichenähnlichkeit allein im Hinblick auf eine Übereinstimmung in schutzunfähigen Bestandteilen nicht angenommen werden (BGH GRUR 2016, 283 Rn. 18 – BSA/DSA DEUTSCHE SPORTMANAGEMENTAKADEMIE; BGH GRUR 2016, 382 Rn. 37 – BioGourmet; anders aber zT die europäischen Gerichte, vgl. EuGH Beschl. v. 19.11.2015 – C-190/15 P, BeckRS 2016, 80039 Rn. 22 ff. – Solidfloor/SOLID floor; EuGH Beschl. v. 14.1.2016 – C-278/15 P, BeckRS 2016, 80337 Rn. 21 ff. – Royal County of Berkshire POLO CLUB/BEVERLY HILLS POLO CLUB).

Bei Wort-/Bildmarken ist von dem Erfahrungssatz auszugehen, dass sich der Verkehr regelmäßig an dem Wortbestandteil orientiert, wenn er kennzeichnungskräftig ist, weil der Wortbestandteil die einfachste Möglichkeit der Benennung bietet. In bildlicher Hinsicht prägt der Bildbestandteil eine Wort-/Bildmarke in der Regel mit, es sei denn, bei dem Bildbestandteil handelt es sich bloß um eine nichtssagende oder geläufige und nicht ins Gewicht fallende Verzierung (vgl. BGH GRUR 2009, 484 Rn. 33 – METROBUS; BGH GRUR 2008, 903 Rn. 24 f. – SIERRA ANTIGUO mwN; BGH GRUR 2016, 382 Rn. 36 ff. – BioGourmet; zur abgestuften Bedeutung unterschiedlicher Zeichenkomponenten auch BGH GRUR 2011, 148 Rn. 22 – Goldhase II). Zur Prägetheorie im Einzelnen s. *Ingerl/Rohnke* MarkenG § 14 Rn. 1015 ff.; Ströbele/Hacker MarkenG § 9 Rn. 364 ff.

Ferner schützt § 14 Abs. 2 Nr. 2 MarkenG (ebenso wie § 9 Abs. 1 Nr. 2 MarkenG) nicht nur vor unmittelbarer Verwechslungsgefahr, sondern auch davor, dass der Verkehr die Unterschiede der sich gegenüberstehenden Zeichen zwar erkennt, aber organisatorische oder wirtschaftliche Verbindungen zwischen den dahinter stehenden Unternehmen herstellt (sog. Verwechslungsgefahr im weiteren Sinn). Insbesondere ist es nicht ausgeschlossen, dass ein Zeichen, das als Bestandteil in ein komplexes Zeichen aufgenommen wird, dort eine selbständig kennzeichnende Stellung behält, auch ohne dass es die Gesamtmarke prägt. Bei Identität oder Ähnlichkeit dieses selbständig kennzeichnenden Bestandteils in dem jüngeren Zeichen mit einer älteren Marke kann Verwechslungsgefahr ebenfalls zu bejahen sein, weil dadurch beim Verkehr der Eindruck hervorgerufen werden kann, dass die fraglichen Waren/Dienstleistungen zumindest aus wirtschaftlich miteinan-

13. Markenverletzungsklage   B. 13

der verbundenen Unternehmen stammen (EuGH GRUR 2005, 1042 Rn. 30 ff. – THOMSON LIFE; BGH GRUR 2009, 772 Rn. 57, 70 – Augsburger Puppenkiste; BGH GRUR 2012, 635 Rn. 26 – METRO/ROLLER's Metro; BGH GRUR 2013, 833 Rn. 45 ff. – Culinaria/Villa Culinaria).

25. Verwechslungsgefahr setzt voraus, dass die in Rede stehenden Waren/Dienstleistungen identisch oder einander ähnlich sind. Wiederum handelt es sich um eine Rechtsfrage, die aber Tatsachenfeststellungen voraussetzt. Dabei ist bei der Klagemarke grundsätzlich von den Waren und Dienstleistungen ihres Verzeichnisses auszugehen. Nur soweit die Einrede der Nichtbenutzung erhoben worden ist (→ Form. B.14 Anm. 7), kommt es auf die Waren/Dienstleistungen des Verzeichnisses an, für welche die Marke auch tatsächlich benutzt worden ist. Auf Beklagtenseite ist bei Unterlassungsklagen (anders als bei Widersprüchen, s. → Form. B.3 Anm. 7 unter (a)) entscheidend, wofür das Zeichen benutzt wird. Ob Waren unterschiedlicher Art, wie hier Damenoberbekleidung und Damenschuhe, als ähnlich anzusehen sind, ist unter Berücksichtigung alle Umstände des Einzelfalles aufgrund der Verkehrsauffassung festzustellen. Nach ständiger Rechtsprechung von EuGH und BGH sind bei der Beurteilung der Ähnlichkeit der Waren oder Dienstleistungen alle erheblichen Faktoren zu berücksichtigen, die das Verhältnis zwischen den Waren/Dienstleistungen kennzeichnen. Dazu gehören insbesondere die Art der Waren/Dienstleistungen, ihr Verwendungszweck und ihre Nutzung sowie ihre Eigenschaft als miteinander konkurrierende oder einander ergänzende Waren oder Dienstleistungen (stRspr seit EuGH GRUR 1998, 922 Rn. 23 – Canon; zB BGH GRUR 2009, 484 Rn. 25 – METROBUS). In die Beurteilung einzubeziehen ist, ob die Waren oder Dienstleistungen regelmäßig von denselben Unternehmen oder unter ihrer Kontrolle hergestellt oder erbracht werden oder ob sie beim Vertrieb Berührungspunkte aufweisen (BGH GRUR 2014, 378 Rn. 38 – OTTO CAP; BGH GRUR 2016, 382 Rn. 21 – BioGourmet). Von einer absoluten Unähnlichkeit ist auszugehen, wenn trotz (unterstellter) Identität der Marken die Annahme einer Verwechslungsgefahr wegen des Abstands der Waren/Dienstleistungen von vornherein ausgeschlossen ist. Dabei ist zu beachten, dass bloße Lizenzierungs- und Vermarktungspraktiken grundsätzlich keinen Einfluss auf die Warenähnlichkeit haben (vgl. BGH GRUR 2006, 941 Rn. 14 – TOSCA BLU; BGH GRUR 2014, 488 Rn. 15 – DESPERADOS/DESPERADO).

Zu der Frage der Warenähnlichkeit von Schuhen und Bekleidungsstücken hat der BGH mehrfach Stellung genommen, so in der Entscheidung JOHN LOBB (BGH GRUR 1999, 164), wo er insbesondere auf die Herstellungsstätten, die Beschaffenheit, Zweckbestimmung und Verwendungsweise sowie die Vertriebswege der Waren abgestellt hat, und die Warenähnlichkeit wegen der seinerzeit festgestellten Unterschiede für Herrenschuhe verneint hat. Demgegenüber hat er für Sportbekleidung und Sportschuhe die Warenähnlichkeit bejaht (BGH GRUR 1986, 248 (249) – Sporthosen, zum WZG). Es spricht Einiges dafür, dass der Verkehr inzwischen davon ausgeht, dass Damenbekleidung und -schuhe unter der Kontrolle desselben Unternehmens entworfen und hergestellt werden, sie werden inzwischen auch häufig zusammen angeboten (so auch OLG Hamburg GRUR-RR 2006, 182 (183) – Miss 17, das von hochgradiger Warenähnlichkeit zwischen Bekleidung und Schuhen ausgeht; vgl. auch EuG GRUR Int. 2005, 503 Rn. 68 – MISS ROSS/SISSI ROSSI; EuG GRUR Int. 2007, 845 Rn. 46 – PiraNAM diseno original Juan Bolanos: Warenähnlichkeit bejaht für Damenschuhe und Damentaschen). Es ist Frage des Einzelfalles, ob aus prozesstaktischen Überlegungen nur auf eine positive Entscheidung hingewiesen wird oder ob schon in der Klageschrift ausführlicher Sachvortrag erfolgt, zB dazu, dass Damenbekleidung und Damenschuhe häufig in denselben Geschäften verkauft werden und dass Damenschuhe oft gerade farblich und gestalterisch auf bestimmte Bekleidungsstücke abgestimmt sind (Ensemble).

26. Gemäß § 14 Abs. 2 Nr. 3 MarkenG wird der Schutz bekannter Marken über den Schutz vor Verwechslungsgefahr hinaus auf Fälle erweitert, in denen die Wertschätzung oder die Unterscheidungskraft der bekannten Marke ohne rechtfertigenden Grund in unlauterer Weise ausgenutzt oder beeinträchtigt wird. Dieser Schutz greift auch dann ein, wenn keine Waren-/Dienstleistungsähnlichkeit besteht, wenngleich die Identität oder Ähnlichkeit der Waren/Dienstleistungen die Anwendbarkeit des Bekanntheitsschutzes nach § 14 Abs. 2 Nr. 3 MarkenG (entgegen seinem Wortlaut) auch nicht ausschließt (BGH GRUR 2004, 235 (238) – Davidoff II; BGH GRUR 2017, 75 Rn. 37 – Wunderbaum II). Auch hinsichtlich der Zeichenähnlichkeit sind die Anforderungen gegenüber der Verwechslungsgefahr geringer. Im Rahmen des § 14 Abs. 2 Nr. 3 MarkenG genügt ein Ähnlichkeitsgrad, bei dem die beteiligten Verkehrskreise die Zeichen gedanklich miteinander verknüpfen (EuGH GRUR Int. 2011, 500 Rn. 51 ff. – TiMi KINDERJOGHURT; EuGH Urt. v. 20.11.2014 – C-581/13 P, C-582/13 P, BeckRS 2014, 82421 Rn. 72 ff. – GOLDEN BALLS/BALLON D'OR). Allerdings müssen dafür – neben der Bekanntheit der Marke (zu den Anforderungen vgl. BGH GRUR 2017, 75 Rn. 37 – Wunderbaum II; zu den Besonderheiten bei Unionsmarken vgl. EuGH GRUR 2015, 1002 Rn. 26 ff. – Iron & Smith/Unilever) – die weiteren Tatbestandsvoraussetzungen vorliegen, zB die im Beispielstext geltend gemachte unlautere Ausnutzung der Wertschätzung der bekannten Marke. Dies kann dadurch geschehen, dass das positive Image der Marke auf die Produkte des Verletzers übertragen und zur Förderung des Absatzes angezapft wird. Im Hinblick auf die nur hilfsweise Geltendmachung dieser Anspruchsgrundlage bleiben im Muster die Ausführungen dazu relativ knapp. Zu den Anforderungen an eine bekannte Marke und zum Bekanntheitsschutz s. im Einzelnen *Ingerl/Rohnke* MarkenG § 14 Rn. 1241 ff.; Ströbele/Hacker/*Hacker* MarkenG § 14 Rn. 292 ff.

27. Wie auch sonst im gewerblichen Rechtsschutz sind die Sorgfaltsanforderungen sehr hoch. Es handelt jeder Verletzer fahrlässig, der keine Recherche durchführt, bevor er eine Kennzeichnung in Benutzung nimmt (stRspr, zB BGH GRUR 2008, 1104 Rn. 35 – Haus & Grund II). Im Beispielsfall wäre bei einer derartigen Recherche die ähnliche Marke der Klägerin aufgefallen. Da es sich nicht um eine identische Bezeichnung und nicht um identische Waren handelt, stellt sich die Frage, ob eine abweichende Beurteilung der Verwechslungsgefahr durch den Beklagten diesen entlasten kann. Darin würde ein Rechtsirrtum liegen, der nach der Rechtsprechung des BGH nur dann beachtlich ist, wenn der Beklagte auch bei Anwendung der im Verkehr erforderlichen Sorgfalt nicht mit einer anderen Beurteilung durch die Gerichte zu rechnen brauchte, was bei einer zweifelhaften Rechtslage kaum denkbar ist (grdl. BGH GRUR 1996, 272 (275) – Gefärbte Jeans; sa BGH GRUR 2010, 738 Rn. 40 – Peek & Cloppenburg).

28. Die Urteilsveröffentlichung nach § 19c MarkenG setzt ein berechtigtes Interesse der obsiegenden Partei voraus. Dieses kann sich zB daraus ergeben, dass eine in größerem Umfang erfolgte Markenverletzung von erheblichen Teilen des Verkehrs wahrgenommen wurde und einen erheblichen Marktverwirrungsschaden ausgelöst hat. Bei der Verletzung bekannter Marken dürfte regelmäßig ein berechtigtes Interesse bestehen, einer mit der Verletzung verbundenen Rufschädigung oder Verwässerung des Zeichens durch Urteilsveröffentlichung entgegenzuwirken. Erst recht ist ein berechtigtes Interesse anzunehmen, wenn die andere Partei den Rechtsstreit zuvor in die Öffentlichkeit getragen hat, so dass es aus Sicht der obsiegenden Partei einer Richtig- oder Klarstellung bedarf. (im Einzelnen *Maaßen* MarkenR 2008, 417; vgl. auch OLG Frankfurt a. M. GRUR 2014, 296 (297 f.) – Sportreisen; BGH Beschl. v. 14.1.2016 – I ZR 107/15, BeckRS 2016, 04388 Rn. 13 – Markenverletzende Produktfälschung); → Anm. 14.

29. → Anm. 15.

14. Klageerwiderung

30. Die Lieferung der rechtsverletzenden Ware ist als „Inverkehrbringen" eine Verletzungshandlung, die den Gerichtsstand der unerlaubten Handlung nach § 32 ZPO begründet, → Anm. 1.

Kosten und Gebühren

31. Vor den ordentlichen Gerichten fallen Kosten streitwertabhängig nach dem GKG an. Anwaltsgebühren entstehen streitwertabhängig nach Maßgabe des RVG, insbesondere nach §§ 13, 19 RVG. Kosten des mitwirkenden Patentanwalts sind nach § 140 Abs. 3 MarkenG iVm § 13 RVG erstattungsfähig, → Anm. 4.

Fristen und Rechtsmittel

32. Es gelten in vollem Umfang die Regelungen über das Erkenntnisverfahren vor den ordentlichen Gerichten. Gegen das Urteil des Landgerichts ist die Berufung (§ 511 ZPO) zum OLG statthaft. Die Berufungsfrist beträgt einen Monat und beginnt mit der Zustellung des in vollständiger Form abgefassten Urteils, spätestens aber fünf Monate nach der Verkündung, § 517 ZPO. Die Mindesterfordernisse des § 519 Abs. 2 ZPO (Bezeichnung des Urteils, gegen das die Berufung gerichtet wird, und Erklärung, dass gegen dieses Urteil Berufung eingelegt wird), denen die Berufungsschrift genügen muss, sind zu beachten. Die Berufung ist zu begründen, wobei die Anforderungen des § 520 ZPO zu beachten sind. Die Frist für die Berufungsbegründung beträgt zwei Monate und beginnt mit der Zustellung des in vollständiger Form abgefassten Urteils, spätestens mit Ablauf von fünf Monaten nach der Verkündung, § 520 Abs. 2 S. 1 ZPO.

14. Klageerwiderung

Landgericht . . . . . .

Az.: . . . . . .

In Sachen

A GmbH

Prozessbevollmächtigte: . . . . . .

– Klägerin –

gegen

B Inc.

Prozessbevollmächtigte: . . . . . .

– Beklagte –

zeigen wir an, dass wir die Beklagte zusammen mit Herrn Patentanwalt Dr.-Ing. . . . . . . vertreten. In der mündlichen Verhandlung werden wir beantragen,

die Klage kostenpflichtig abzuweisen.[1, 2]

Begründung:³

Die Klägerin beruft sich für ihre Unterlassungs- und Löschungsklage auf die bessere Priorität ihrer deutschen Marke Nr. ..... SOFTWARE THINKER gegenüber der Marke TINKER der Beklagten. Dabei schildert die Klägerin den Sachverhalt aber nur unvollständig. Auch die von ihr gezogenen rechtlichen Schlussfolgerungen sind unzutreffend. Im Einzelnen:

1. Prioritätslage

Die Klagemarke ist mit Priorität vom 1.8.2010 für die Klägerin geschützt. Demgegenüber ist die deutsche Marke Nr. ..... TINKER der Beklagten zwar prioritätsjünger. Nach der Abmahnung durch die Klägerin hat die Beklagte allerdings mit der Firma C einen Lizenzvertrag geschlossen. Diese ist Inhaberin der deutschen Marke THINKER SOFTWARE, die ebenfalls für Software und mit einer Priorität vom 1.5.1999 eingetragen ist. Auf diese kann sich die Beklagte einredeweise berufen, denn aus THINKER SOFTWARE könnte erfolgreich gegen die Klagemarke vorgegangen werden. Zur Geltendmachung dieser Ansprüche ist die Beklagte in dem Lizenzvertrag auch ermächtigt worden,⁴

Anlage B 1.

2. Mangelnde Verwechslungsgefahr

Auch unabhängig davon ist die Klage unbegründet. Es fehlt an der Verwechslungsgefahr.

Es stehen sich die Zeichen

SOFTWARE THINKER

und

TINKER

gegenüber. Trotz der Kennzeichnungsschwäche des Bestandteils SOFTWARE im Klagezeichen kann er bei der Prüfung der Verwechslungsgefahr nicht außer Betracht bleiben, da er zusammen mit dem zweiten Wortbestandteil einen einheitlichen Gesamtbegriff bildet (BGH GRUR 2009, 484 Rn. 34 – METROBUS; BGH GRUR 1998, 932 (933) – MEISTERBRAND). Dem Verkehr ist klar, dass die Klägerin ihre Software nicht ganz allgemein als „Denker" bezeichnen will, sondern dass sie als Tool bei der Erstellung von Software ein „Software-Denker" ist.⁵ SOFTWARE THINKER und TINKER unterscheiden sich in ihrem Gesamteindruck aber sowohl klanglich als auch schriftbildlich erheblich. Die Verwechslungsgefahr wird weiter dadurch ausgeschlossen, dass die beiden Zeichen einen klar unterschiedlichen Bedeutungsgehalt haben. Dabei ist davon auszugehen, dass gerade im Bereich der potentiellen Käufer von Softwaretools gute Englischkenntnisse vorhanden sind. Der Sinngehalt des Klagezeichens erschließt sich aber selbst mit minimalen Englischkenntnissen ohne weiteres. Die Software soll als „Software-Denker" den Programmierer unterstützen. Dieser klar erkennbare und von dem Wort TINKER, das im Englischen „Bastler" bedeutet, deutlich abweichende Sinngehalt schließt die Verwechslungsgefahr aus (BGH GRUR 1992, 130 – Bally/BALL).⁶

3. Nichtbenutzung der Klagemarke

Das Klagezeichen ist am 10.6.2011 eingetragen worden. Die Beklagte erhebt hiermit ausdrücklich die Einrede der Nichtbenutzung.⁷ Die Beklagte, die als Wettbewerberin auf demselben Markt tätig ist, hat eine Benutzung der Klagemarke nicht feststellen können.

4. Lauterer Gebrauch

Der Unterlassungsanspruch ist ferner nach § 23 Nr. 2 MarkenG ausgeschlossen. Mit der Angabe TINKER weist die Beklagte auf die Eigenschaften, nämlich die Zweck-

14. Klageerwiderung B. 14

bestimmung, ihres Produktes hin. Es ist dafür gedacht, dem Softwareprogrammierer als Hilfe beim „Basteln" zu dienen.[8]

5. **Verwirkung**
Etwaige Unterlassungsansprüche der Klägerin wären auch verwirkt, § 21 Abs. 4 MarkenG. Der Klägerin ist seit mindestens vier Jahren bekannt, dass die Beklagte ihre Software in Deutschland unter der Marke TINKER vertreibt. Schon damals hatte die Klägerin bei der Beklagten eine Berechtigungsanfrage gestellt,

Anlage B 2.

Die Beklagte wies die Klägerin darauf hin, dass sie die Marke TINKER im Ausland bereits seit 2008 und auch in Deutschland schon seit 2010 benutze und dass sie im Übrigen keine Verwechslungsgefahr sehe. Daraufhin erhob die Klägerin dreieinhalb Jahre lang keine Einwände. Die Beklagte konnte deshalb davon ausgehen, dass die Klägerin auch keinen Anstoß mehr an ihrer Marke nehmen würde. Die Beklagte hat einen erheblichen schutzwürdigen Besitzstand auch im Inland erworben; so betrugen ihre Umsätze im Jahre 2016 ...... EUR, im Jahre 2017 bisher ......[9] EUR.

Beweis: Zeugnis von Herrn ......

6. **Rechtsmissbrauch**
Schließlich beruft sich die Beklagte auch auf §§ 3, 4 Nr. 4 UWG. Die Anmeldung der Marke der Klägerin erfolgte in Kenntnis der vorherigen Benutzung des Zeichens TINKER durch die Beklagte und war rechtsmissbräuchlich. Da die Klägerin, wie oben ausgeführt, die Marke offenkundig nicht benutzt, liegt der Gedanke nahe, dass sie sie ausschließlich zu Behinderungszwecken erworben hat. Auf das Bestehen eines schutzwürdigen Besitzstandes der Beklagten wurde bereits oben hingewiesen. Ist die Marke rechtsmissbräuchlich erworben, kann sich die Beklagte darauf auch einredeweise berufen.[10]

Rechtsanwalt[11, 12, 13]

Schrifttum: vgl. die Hinweise → Form. B.1.

Anmerkungen

1. Die Beklagte verteidigt sich gegen die aufgrund der prioritätsälteren Marke SOFTWARE THINKER erhobene Unterlassungs- und Löschungsklage wegen der von ihr verwendeten und eingetragenen Marke TINKER für Software. Das Formular führt eine größere Zahl der praktisch wichtigen Einwendungen auf. In der Praxis dürfte eine solche Kumulation von Einwendungen aber wohl kaum je vorliegen. Einige der Einwendungen werden von dem vorgetragenen Sachverhalt im Ergebnis auch nicht gestützt. Eine Anzahl von Einwendungen, die sich in den Schriftsatz nicht widerspruchsfrei hätten integrieren lassen, werden in → Anm. 11 behandelt, nämlich das Zwischenrecht aus § 22 MarkenG, die Verjährung des § 20 MarkenG und die Erschöpfung des § 24 MarkenG.

2. Für den Klageabweisungsantrag sind keine besonderen gesetzlichen Vorgaben zu beachten. Wesentlich ist, in der Klageerwiderung bereits alle Verteidigungsmittel so weit als möglich vorzubringen (§ 277 Abs. 1 ZPO). Eine Übertragung auf den Einzelrichter (§ 348 ZPO) ist in Markensachen in der Regel nicht angezeigt.

3. Der Aufbau der Klageerwiderung folgt keinem festen Schema. Werden eine Reihe voneinander unabhängiger Verteidigungsmittel geltend gemacht (wie im vorliegenden Fall), kann es sinnvoll sein, nicht nach Sachverhalt und Rechtsausführungen zu unterteilen, sondern bei jedem Verteidigungsmittel beide Aspekte zusammenzufassen. Das gilt besonders dann, wenn der Sachvortrag des Klägers zwar unvollständig, aber im Übrigen unstreitig ist, wie das hier im Hinblick auf die Schutzrechtslage und die angegriffene Benutzungsform der Fall ist.

4. Grundsätzlich ist es für den Verletzungstatbestand unerheblich, ob es ältere Zeichen Dritter gibt. Maßgebend ist allein das Prioritätsverhältnis zwischen den Parteien. Eine Ausnahme existiert aber, wenn die Beklagte sich auf eine vertragliche Gestattung (Lizenz) eines gegenüber der Klägerin prioritätsälteren Zeicheninhabers berufen kann. Ein Lizenznehmer kann sich grundsätzlich auf die Rechte seines Lizenzgebers berufen. Dafür muss dieser die Benutzung des Rechts gestattet haben, die Gestattung muss die streitgegenständliche Benutzung abdecken und die Klagemarke muss in den Schutzbereich dieses Rechts eingreifen. Der BGH begründet dies mit einer Analogie zu § 986 BGB (BGH GRUR 2009, 1055 Rn. 52 – airdsl; grdl. BGH GRUR 1993, 574 (575) – Decker; BGH GRUR 2013, 1150 Rn. 25 – Baumann I; *Ingerl/Rohnke* MarkenG § 14 Rn. 39 ff.). Im Beispielsfall hat die Firma C der Beklagten aber wohl nicht die Benutzung eines mit der prioritätsältesten Marke THINKER SOFTWARE identischen Zeichens, sondern nur – wie in der Praxis häufig – die Benutzung des abweichenden Zeichens TINKER gestattet. Es handelt sich mithin nicht um eine echte Lizenz (vgl. BGH GRUR 2001, 54 (55 ff.) – SUBWAY/Subwear). In diesem Fall kommt es daher darauf an, dass die prioritätsälteste Marke THINKER SOFTWARE wiederum Unterlassungsansprüche gegen die Klagemarke gewährt. Außerdem muss die Beklagte diese Ansprüche der Klägerin einredeweise entgegenhalten können. Dafür kommt es darauf an, ob sie von der Firma C (ihrer „Lizenzgeberin") dazu ermächtigt worden ist und sie ein eigenes schutzwürdiges Interesse an der Geltendmachung hat (vgl. BGH GRUR 1995, 505 (506) – APISERUM). Liegen keine rechtlichen oder wirtschaftlichen Sonderbeziehungen vor, ist dies eher zweifelhaft (vgl. BGH GRUR 2008, 1108 Rn. 51 ff. und 66 – Haus und Grund III). Statt einer Lizenznahme kann zur Verteidigung auch der Erwerb einer prioritätsälteren Marke in Betracht gezogen werden. Dies ist, auch wenn der Erwerb erst während des Rechtsstreits zu Verteidigungszwecken erfolgt, idR nicht als rechtsmissbräuchlich anzusehen (BGH GRUR 2002, 967 (970) – Hotel Adlon). Dementsprechend ist es häufig sinnvoll, als Beklagter das Markenregister nach geeigneten älteren Zeichen zu überprüfen, deren Inhaber ggf. zur Einräumung einer Lizenz oder zur Übertragung bereit wäre.

5. Zur Verwechslungsgefahr → Form. B.13 Anm. 22–25. Im vorliegenden Fall ist Identität der Waren gegeben, da beide Parteien ihre Marke für Software benutzen. Entscheidend ist deshalb, ob auch die Zeichenähnlichkeit zu bejahen ist. Hier muss es zunächst im Interesse der Beklagten liegen, einen isolierten Vergleich der weitgehend ähnlichen Bestandteile THINKER einerseits und TINKER andererseits zu vermeiden. Grundsätzlich sind die Zeichen in ihrem Gesamteindruck miteinander zu vergleichen. Ob hier dennoch der Einzelvergleich zwischen THINKER und TINKER maßgeblich ist, hängt davon ab, ob das Wort THINKER die Klagemarke SOFTWARE THINKER prägt oder ob sie einen selbständig kennzeichnenden Bestandteil darstellt (→ Form. B.13 Anm. 24). Obwohl selbständig nicht schutzfähige Bestandteile (hier: SOFTWARE) meist nicht allein prägend sind (vgl. BGH GRUR 2007, 1071 Rn. 36 – Kinder II), können sie gleichwohl für den Gesamteindruck der Kombinationsmarke von Bedeutung sein. Dies kann vor allem gelten, wenn der Verkehr zwischen nicht schutzfähigen und schutzfähigen Bestandteilen deshalb nicht differenziert, weil sie eine Sinneinheit bilden (vgl. BGH GRUR 2009, 484 Rn. 34 – METROBUS; BGH GRUR 2004, 598 (599) – Kleiner Feigling; BGH GRUR 1998, 932 (933) – MEISTERBRAND). Das könnte bei SOFTWARE THINKER jedenfalls in Betracht kommen.

14. Klageerwiderung

6. Sollte der Verkehr den beschreibenden Bestandteil SOFTWARE doch abspalten und vernachlässigen, so dass von einer Prägung der Klagemarke durch den Bestandteil THINKER auszugehen ist, wäre jedenfalls die klangliche und die schriftbildliche Zeichenähnlichkeit zu TINKER gegeben (→ Form. B.13 Anm. 24). Als letzte Verteidigungslinie kann dann noch der Ausschluss der Zeichenähnlichkeit durch einen abweichenden Sinngehalt ins Feld geführt werden. Dabei gelten allerdings recht strenge Maßstäbe, da nur der eindeutige Sinngehalt relevant ist, der vom Verkehr ohne weiteres sofort verstanden wird (EuGH GRUR 2006, 237 Rn. 20 – PICARO/PICASSO; BGH GRUR 1995, 50 (52) – Indorektal/Indohexal; BGH GRUR 2010, 235 Rn. 19 – AIDA/AIDU; weitere Nachweise bei *Ingerl/Rohnke* MarkenG § 14 Rn. 927 ff.). Im vorliegenden Fall hat das Klagezeichen eine leicht verständliche englische Bedeutung, so dass der Ausschluss der Verwechslungsgefahr durch abweichenden Sinngehalt jedenfalls vertretbar ist.

7. Nach § 25 Abs. 1 MarkenG ist die Geltendmachung der Verletzungsansprüche der §§ 14 und 18–19c MarkenG nicht möglich, wenn die Marke innerhalb der letzten 5 Jahre vor der Geltendmachung des Anspruchs nicht gemäß § 26 MarkenG benutzt worden ist, sofern sie zu diesem Zeitpunkt bereits 5 Jahre eingetragen war. War gegen die Klagemarke Widerspruch erhoben worden, tritt an die Stelle der Eintragung der Zeitpunkt des Abschlusses des Widerspruchsverfahrens, der ebenfalls im Register veröffentlicht wird (§ 26 Abs. 5 MarkenG). Nach § 25 Abs. 2 MarkenG ist die rechtserhaltende Benutzung aber nur auf Einrede des Beklagten hin vom Kläger nachzuweisen. Dabei sind die zivilprozessualen Zulässigkeitsvoraussetzungen, insbesondere die Vorschriften über die Zurückweisung verspäteten Vorbringens nach § 296 ZPO, zu beachten. Erhebt der Beklagte die Einrede, hat der Kläger den Beweis für die rechtserhaltende Benutzung zu führen. Es ist also nicht erforderlich, dass der Beklagte seinerseits Beweis für die Nichtbenutzung antritt. Die Erhebung der Einrede, wie sie im Formular erfolgt, ist prozessual ausreichend. Dabei stellt § 25 Abs. 2 MarkenG dem Beklagten zwei Einreden der Nichtbenutzung zur Verfügung, nämlich einerseits für den Zeitraum von fünf Jahren vor Klageerhebung und andererseits für den Zeitraum von fünf Jahren vor dem Schluss der mündlichen Verhandlung. Konkretisiert der Beklagte den Zeitraum nicht, sondern erhebt er die Einrede der Nichtbenutzung ganz allgemein, wie im Beispielstext, gelten beide Einreden als erhoben, so dass der Kläger den Benutzungsnachweis für beide Zeiträume zu führen hat. Das Gleiche gilt im Hinblick auf die Löschungsklage, § 55 Abs. 3 MarkenG. Der Maßstab für die rechtserhaltende Benutzung ergibt sich insbesondere aus § 26 MarkenG, → Form. B.9 Anm. 13–15. Sofern der Kläger die rechtserhaltende Benutzung seiner Marke nicht nachweisen kann, ist die Klage unbegründet. Kann er die rechtserhaltende Benutzung nur für einen Teil der eingetragenen Waren/Dienstleistungen nachweisen, so sind nur diese für die Prüfung der Verwechslungsgefahr zu berücksichtigen, § 25 Abs. 2 S. 3 MarkenG. Dies gilt auch bei einer nur teilweisen Benutzung für einen im Verzeichnis eingetragenen Oberbegriff. In diesem Fall ist der Waren-/Dienstleistungsähnlichkeitsprüfung nicht der Oberbegriff, sondern nur die konkrete Ware/Dienstleistung, für welche die Marke benutzt wurde, zugrunde zu legen (BGH GRUR 2006, 937 Rn. 22 – Ichthyol II; die bei der Löschung wegen Verfalls angewendete erweiterte Minimallösung, hält der BGH im Kollisionsverfahren für nicht anwendbar; krit. *Ströbele/Hacker/Hacker* MarkenG § 25 Rn. 31 ff.). Demgegenüber fordert der EuGH für den Nachweis der rechtserhaltenden Benutzung im Widerspruchsverfahren, dass die Benutzung für die eingetragenen Oberbegriffe und nicht nur für die darunter fallenden Waren nachgewiesen wird (vgl. EuGH GRUR Int. 2014, 956 Rn. 39 ff. – Walzer Traum). Wenn bspw. „Schokoladenwaren" eingetragen sind und nur handgemachte Pralinen vertrieben werden, so ist eine ernsthafte Benutzung nicht nur für „Pralinen", sondern für „Schokoladenwaren" nachzuweisen, was im konkreten Fall dazu führte, dass der EuGH die rechtserhaltende Benutzung – mangels ausreichenden

Nutzungsumfangs in Bezug auf den Oberbegriff „Schokoladenwaren" – insgesamt verneint hat → Form. B.9 Anm. 16.

8. § 23 MarkenG nimmt aus dem Schutzbereich der Marke bestimmte Benutzungsformen aus. Danach ist nach § 23 Nr. 1 MarkenG die Benutzung des eigenen Namens, wovon auch Handelsnamen und Gesellschaftsbezeichnungen erfasst sind (EuGH GRUR 2005, 156 Rn. 77 ff. – Anheuser-Busch/Budvar; BGH GRUR 2007, 971 Rn. 31 ff. – Céline), sowie der Anschrift zulässig. Nach § 23 Nr. 2 MarkenG dürfen beschreibende Angaben unabhängig vom Markenschutz benutzt werden, und zwar auch dann, wenn nach allgemeinen Grundsätzen ein markenmäßiger Gebrauch vorliegen würde (EuGH GRUR 2004, 234 Rn. 15 – Gerolsteiner/Putsch). Im Beispielsfall dürfte allerdings keine echte beschreibende Angabe vorliegen. Die Angabe TINKER ist für Software keine Gattungsbezeichnung oder sonst freihaltebedürftig. Sie ist vielmehr für Software eher fernliegend und bestenfalls im übertragenen Sinne beschreibend, § 23 Nr. 2 MarkenG liegt deshalb nicht vor (vgl. BGH GRUR 2012, 621 Rn. 44 – OSCAR). Auch § 23 Nr. 3 MarkenG, nach dem notwendige Bestimmungsangaben, insbesondere als Ersatzteil oder Zubehör, von dem Schutzbereich der Marke ausgenommen werden, ist hier nicht einschlägig. Die Beklagte bietet kein Produkt als Ergänzung zu den Produkten der Klägerin an, sondern ein eigenes, ähnliches Produkt unter einer ähnlichen Bezeichnung. Liegen die Voraussetzungen des § 23 Nr. 1, 2 oder 3 MarkenG vor, greift die Schutzschranke ferner nur ein, wenn die Benutzungshandlung nicht gegen die guten Sitten verstößt. Diese entsprechen der Pflicht, den berechtigten Interessen des Markeninhabers nicht in unlauterer Weise zuwiderzuhandeln (BGH GRUR 2005, 423 (425) – Staubsaugerfiltertüten), wie es zB der Fall sein kann, wenn die Art und Weise der Benutzung den unzutreffenden Anschein einer geschäftlichen Beziehung erweckt (vgl. EuGH GRUR 2005, 509 Rn. 41 ff. – Gillette Company/LA-Laboratories) oder die Werbewirkung der Klagemarke ausgenutzt wird (BGH GRUR 2011, 1135 Rn. 24 – GROSSE INSPEKTION FÜR ALLE). Hierzu gibt es eine umfangreiche Kasuistik, vgl. Ströbele/Hacker MarkenG § 23 Rn. 87 ff., 103 ff.

9. § 21 MarkenG sieht in den Abs. 1–3 spezielle markengesetzliche Regelungen der Verwirkung des Unterlassungsanspruchs für den Fall vor, dass der Beklagte selbst Inhaber einer Marke oder geschäftlichen Bezeichnung ist. Im vorliegenden Fall kommt § 21 Abs. 1 MarkenG in Betracht, da die Beklagte Inhaberin einer eingetragenen Marke TINKER ist. Weiter ist erforderlich, dass die Beklagte die Marke während eines Zeitraumes von fünf aufeinanderfolgenden Jahren benutzt hat und dass der Inhaber der prioritätsälteren Marke die Benutzung wissentlich geduldet hat. Ein subjektives Vertrauen des Prioritätsjüngeren auf die Zulässigkeit der weiteren Benutzung ist nicht erforderlich. Einer Kenntnis steht es gleich, wenn sich der Inhaber des älteren Kennzeichenrechts einer Kenntnisnahme treuwidrig verschließt (vgl. BGH GRUR 2016, 705 Rn. 36 – ConText). Dagegen reicht grob fahrlässige Unkenntnis nicht aus. Im Beispielsfall ist eine Verwirkung nach § 21 Abs. 1 MarkenG allerdings ausgeschlossen, weil die Klägerin die Benutzung des Zeichens der Beklagten erst seit vier Jahren duldet. Ebenso ist die Verwirkung des Löschungsanspruches nach der entsprechenden Regelung in § 51 Abs. 2 S. 1 MarkenG ausgeschlossen. In diesem Fall kommt allenfalls die Verwirkung des Unterlassungsanspruchs nach den allgemeinen Grundsätzen (§ 21 Abs. 4 MarkenG iVm § 242 BGB) in Betracht, welche unabhängig davon anwendbar sind, ob die Beklagte ein eigenes Kennzeichenrecht erworben hat. Seit der EuGH in Art. 9 MRRL, der § 21 Abs. 1– 3 MarkenG entspricht, eine abschließende Regelung und nicht lediglich einen Mindeststandard gesehen hat (EuGH GRUR 2012, 519 Rn. 27 ff. – Budvar/Anheuser-Busch), ist umstritten und ungeklärt, inwieweit die allgemeinen Verwirkungsregeln neben § 21 MarkenG anwendbar bleiben und ob § 21 Abs. 4 MarkenG richtlinienkonform ist (vgl. *Koch* GRUR 2012, 1092; Ströbele/Hacker MarkenG § 21 Rn. 70 mwN zum Streitstand; zuletzt ausdrücklich offengelassen von BGH GRUR 2016, 705 Rn. 48 f. – ConText).

14. Klageerwiderung

BGH GRUR 2012, 928 Rn. 20 ff. – Honda/Grauimport will die Unterlassungsansprüche hinsichtlich einzelner Handlungen jeweils separat verwirken lassen. Jedenfalls bleiben die allgemeinen Verwirkungsregeln neben § 21 Abs. 2 MarkenG für die Durchsetzung von Ansprüchen aus Unternehmenskennzeichen anwendbar, die nicht dem harmonisierten Bereich unterfallen (BGH GRUR 2016, 705 Rn. 49 – ConText).

Bei einer Verwirkung nach allgemeinen Grundsätzen ist keine feste Zeitspanne vorgegeben, wenn auch die 5-Jahres-Frist des § 21 Abs. 1–3 MarkenG als Anhaltspunkt dienen kann. Vor allem ist hier aber zusätzlich erforderlich, dass die Beklagte im Vertrauen auf die Duldung einen wertvollen Besitzstand erworben hat. Dabei kommt es insbesondere auf Umsätze und Kundenzahl des Verletzers und die objektive Bedeutung für den Verletzer an (BGH GRUR 1993, 151 (154) – Universitätsemblem; BGH GRUR 1989, 449 (451 f.) – MARITIM; BGH GRUR 2016, 705 Rn. 50 – ConText). Vertrauen kann der Verletzer auf die Duldung insbesondere, wenn er selbst gutgläubig war und er seinerseits wusste, dass dem Rechtsinhaber die Benutzung bekannt war (zB BGH GRUR 1960, 183 (186) – Kosaken-Kaffee). Der Zeitraum während eines gültigen Gestattungsvertrages mit dem Kennzeicheninhaber bzw. der in dieser Zeit begründete Besitzstand können eine Verwirkung nicht begründen (vgl. BGH GRUR 2006, 56 Rn. 45 – BOSS-Club; BGH GRUR 2001, 1164 (1166) – buendgens).

10. Dem Rechtsmissbrauchseinwand kommt im Markenrecht nicht nur im Zusammenhang mit der Verwirkung (→ Anm. 9) Bedeutung zu, sondern insbesondere auch unter dem Gesichtspunkt des missbräuchlichen Rechtserwerbs. Diese Fallkonstellation ist in § 50 Abs. 1 MarkenG iVm § 8 Abs. 2 Nr. 10 MarkenG als selbständiger Löschungsgrund ausgestaltet, der grundsätzlich durch Löschungsantrag vor dem DPMA geltend zu machen ist. Im Rahmen des Verletzungsprozesses kann der Beklagte den aus einer Marke hergeleiteten Ansprüchen jedoch einredeweise entgegenhalten, dass auf Seiten des Markeninhabers Umstände vorliegen, die die Geltendmachung des markenrechtlichen Schutzes als eine wettbewerbswidrige Behinderung (§§ 3, 4 Nr. 4 UWG) erscheinen lassen. Es kommt insbesondere der Kennzeichenerwerb zu Behinderungszwecken in Betracht. Dabei ist es nicht ausreichend, dass die Klägerin die Markenanmeldung in Kenntnis der (nicht durch ein Schutzrecht abgesicherten) Vorbenutzung der Beklagten im Inland oder Ausland vorgenommen hat. Vielmehr sind weitere Umstände zur Begründung der Unlauterkeit erforderlich. Dafür kann es ausreichend sein, dass der Beklagte einen schutzwürdigen Besitzstand im Inland erworben hat, und der Kläger in Kenntnis dieses Besitzstandes ohne sachlichen Grund für die gleichen Waren die gleiche oder eine ähnliche Bezeichnung als Marke hat eintragen lassen mit dem Ziel, den Besitzstand des Beklagten zu stören oder dessen Weitergebrauch der Bezeichnung zu sperren, oder die Sperrwirkung der Marke zweckfremd als Mittel des Wettbewerbskampfes einzusetzen (vgl. zB BGH GRUR 2000, 1032 – EQUI 2000; BGH GRUR 2008, 917 Rn. 20 – EROS; BGH GRUR 2016, 380 Rn. 17 – GLÜCKSPILZ). Im Beispielsfall fehlt es schon an Hinweisen für einen schutzwürdigen Besitzstand. Dieser würde voraussetzen, dass das Zeichen des Beklagten im Inland zum Prioritätszeitpunkt der Klagemarke entweder auf Grund der im Inland erfolgten Benutzung oder aufgrund einer überragenden Verkehrsgeltung im Ausland eine gewisse Bekanntheit erreicht hat (BGH GRUR 2008, 621 Rn. 22 – AKADEMIKS). Darüber hinaus liegen keine hinreichenden Anhaltspunkte dafür vor, dass eine unlautere Absicht wesentliches Motiv des Klägers war. Die bloße Nichtbenutzung der Klagemarke kann hierfür nicht genügen. Im Einzelnen zu den Fallgruppen des missbräuchlichen Rechtserwerbs, vgl. *Ingerl/Rohnke* MarkenG Vor §§ 14–19d Rn. 321 ff.; Kur/v. Bomhardt/Albrecht/*Albrecht* MarkenG § 8 Rn. 829 ff.

11. Weitere Verteidigungsmittel des Beklagten sind vor allem:
a) Der Zwischenrechtserwerb des § 22 MarkenG. In den dort geregelten Fällen sind Ansprüche auch gegen die Benutzung einer eigentlich prioritätsjüngeren Marke aus-

geschlossen. Nach § 22 Abs. 1 Nr. 1 MarkenG gilt dies zunächst für den Fall der nachträglichen Erweiterung des Schutzbereiches der Klagemarke aufgrund Erreichens der Bekanntheit im Sinne von § 14 Abs. 2 Nr. 3 MarkenG oder § 15 Abs. 3 MarkenG. Weil die prioritätsjüngere Marke für Waren- oder Dienstleistungen geschützt ist, die nicht im Ähnlichkeitsbereich des Warenverzeichnisses der Klagemarke liegen, die Kollision also erst durch die nach Anmeldung der prioritätsjüngeren Marke stattfindende Ausdehnung des Schutzbereiches begründet wird, können Ansprüche auf Unterlassung nicht geltend gemacht werden. Gleiches gilt nach § 22 Abs. 1 Nr. 2 MarkenG für solche prioritätsjüngeren Zeichen, deren Eintragung veröffentlicht wurde oder bereits veröffentlicht war, während die prioritätsältere Marke löschungsreif war (zB wegen Nichtbenutzung), wenn die Löschungsreife später wieder geheilt wurde. Das kann zB durch nachträgliche Benutzungsaufnahme eintreten. Ähnliche Vorschriften zur Verteidigung gegen Löschungsansprüche finden sich in § 51 Abs. 3 und 4 MarkenG.

b) Für die Verjährung des Unterlassungsanspruchs und der anderen Ansprüche aus §§ 14–19c MarkenG gilt regelmäßig eine dreijährige Frist, die mit dem Schluss des Jahres beginnt, in dem der Anspruch entstanden ist und der Verletzte von den den Anspruch begründenden Umständen sowie der Person des Verletzers Kenntnis erlangt hat oder ohne grobe Fahrlässigkeit hätte erlangen müssen, § 20 MarkenG iVm §§ 195, 199 Abs. 1 BGB. Ohne Kenntnis oder grob fahrlässige Unkenntnis des Verletzten beträgt die Verjährungsfrist zehn Jahre ab Entstehung des Anspruchs (§ 20 MarkenG iVm § 199 Abs. 3 Nr. 1 und Abs. 4 BGB) bzw. ab der Zuwiderhandlung bei Unterlassungsansprüchen (§ 199 Abs. 5 BGB). Ohne Rücksicht auf ihre Entstehung und die Kenntnis oder grob fahrlässige Unkenntnis verjähren Schadensersatzansprüche spätestens dreißig Jahren von der Begehung der Handlung, § 199 Abs. 3 Nr. 2 BGB. Liegt eine Dauerhandlung vor, die das Kennzeichenrecht kontinuierlich verletzt, beginnt die Verjährungsfrist für den Unterlassungsanspruch erst, wenn die Störung beseitigt wurde. Etwas anderes gilt aber für Schadensersatzansprüche, deren Verjährung unabhängig von der Fortdauer der Störung beginnt (*Ingerl/Rohnke* MarkenG § 20 Rn. 14; Kur/v. Bomhardt/Albrecht/*Dörre* MarkenG § 20 Rn. 16 ff.). Der Löschungsanspruch verjährt wegen des fortdauernden Störungszustands dagegen nicht.

c) Die Erschöpfung gemäß § 24 MarkenG betrifft einzelne Exemplare der gekennzeichneten Waren, die mit Zustimmung des Markeninhabers innerhalb der EU/des EWR in Verkehr gebracht worden sind. Dieser Problemkreis wird im Zusammenhang mit der Klage gegen einen Parallelimporteur ausführlicher behandelt → Form. B.15 Anm. 6, 19).

Kosten und Gebühren

12. Vgl. Erläuterungen zu → Form. B.13 Anm. 31.

Fristen und Rechtsmittel

13. Vgl. Erläuterungen zu → Form. B.13 Anm. 32.

15. Klage gegen Parallelimporteur

Landgericht[1]

– Kennzeichenstreitkammer –

In Sachen

15. Klage gegen Parallelimporteur B. 15

Firma A

– Klägerin –

Prozessbevollmächtigte: ......

gegen

Firma B

– Beklagte –

wegen: Unterlassung, Auskunft, Schadensersatz (MarkenG, UWG)

Streitwert: vorläufig geschätzt 250.000 EUR[2]

Namens und im Auftrag der Klägerin erheben wir hiermit Klage[3] gegen die Beklagte und bitten um Anberaumung eines baldigen Termins zur mündlichen Verhandlung, in dem wir die folgenden

Anträge

stellen werden:

I. Die Beklagte wird verurteilt, es bei Meidung eines für jeden Fall der Zuwiderhandlung festzusetzenden Ordnungsgeldes von bis zu 250.000 EUR, ersatzweise Ordnungshaft, oder Ordnungshaft bis zu sechs Monaten, im Wiederholungsfall bis zu zwei Jahren, die Ordnungshaft zu vollziehen an ihren Geschäftsführern, zu unterlassen,[4]
1. im geschäftlichen Verkehr Duftwässer der Marken „Belle de Jour" oder „Jane" einzuführen oder auszuführen, anzubieten, in den Verkehr zu bringen oder zu diesen Zwecken zu besitzen, soweit diese nicht von der Klägerin selbst oder mit ihrer Zustimmung innerhalb des Europäischen Wirtschaftsraums in den Verkehr gebracht worden sind;[5]
2. im geschäftlichen Verkehr Duftwässer der Marken „Belle de Jour" oder „Jane" einzuführen, auszuführen, anzubieten, in Verkehr zu bringen oder zu diesen Zwecken zu besitzen, wenn die Umverpackungen durch die Entfernung der Vertriebskontrollnummern Schnittbeschädigungen aufweisen, insbesondere in der nachfolgend abgebildeten Form (Abbildung);[6]
II. Es wird festgestellt, dass die Beklagte der Klägerin allen Schaden zu ersetzen hat, der dieser durch Handlungen gemäß Antrag I. Ziff. 1. mit dem Duftwasser „Belle de Jour" und durch Handlungen gemäß Antrag I. Ziff. 2. mit dem Duftwasser „Jane" entstanden ist oder künftig noch entstehen wird.[7]
III. Die Beklagte wird verurteilt, der Klägerin Auskunft über Herkunft und Vertriebsweg der in Antrag I. beschriebenen Waren zu erteilen, insbesondere unter Angabe von Namen und Anschriften ihrer Lieferanten und sonstigen Vorbesitzer, der gewerblichen Abnehmer und Verkaufsstellen, für welche die Waren bestimmt waren, über die Menge der ausgelieferten, erhaltenen und bestellten Waren und über die Preise, die für die Waren bezahlt wurden und diese Auskunft durch Vorlage der zugehörigen Bestellungen, Lieferscheine und Rechnungen zu belegen.[8]
IV. Die Beklagte wird verurteilt, der Klägerin Auskunft über Art und Umfang der Handlungen nach Antrag I. Ziff. 1. mit dem Duftwasser „Belle de Jour" und der Handlungen nach Antrag I. Ziff. 2. mit dem Duftwasser „Jane" zu erteilen, insbesondere unter Angabe der erzielten Umsätze und der Gestehungskosten, jeweils aufgeschlüsselt nach Kalendervierteljahren.[9]

Begründung:

I. Sachverhalt

1. Die Klägerin ist ein führendes Unternehmen auf dem Gebiet der Herstellung und des Vertriebs von Luxuskosmetika. Zu ihren erfolgreichsten Produkten gehören die Damendüfte „Belle de Jour" und „Jane". Sie gehören dem oberen Preissegment an, mit typischen Einzelhandelspreisen von rund ...... EUR[10] Die Klägerin hat die Produkte mit erheblichem Werbeaufwand auf dem Markt eingeführt, wie sich im Einzelnen aus folgender Übersicht ergibt[11]

Anlage K 1.

Beweis: Zeugnis von ......

Beide Produktlinien werden in aufwendig gestalteten Flakons und Umverpackungen angeboten, wie sie aus den Mustern

Anlagen K 2 und K 3

ersichtlich sind, die wir im Original zu den Gerichtsakten übergeben.

2. Die Klägerin ist Inhaberin der deutschen Marken Nr. ...... (Wortmarke „Belle de Jour") und Nr. ...... (Wortmarke „Jane"). Sie ist außerdem Inhaberin der Wort-/Bildmarken Nr. ...... und Nr. ......, die jeweils die graphisch gestaltete Verpackung der Duftserien schützen.[12] Diese Marken sind jeweils für „Parfümeriewaren" eingetragen und stehen in Kraft. Aktuelle Registerauszüge überreichen wir als

Anlagen K 4a, b, c, d.

Klageantrag I.1. wird auf die Wortmarke Nr. ...... und Wortmarke Nr. ...... gestützt. Klageantrag II. wird auf die Wort-/Bildmarken Nr. ...... und Nr. ...... gestützt.[13]

3. Die Klägerin bringt ihre Duftwässer innerhalb des EWR nur über den Facheinzelhandel, die sogenannten „Depositäre", in den Verkehr. Die Depositäre werden direkt von der Klägerin beliefert, nicht über zwischengeschaltete Großhändler. Mit allen Depositären besteht der schriftliche Depotvertrag,

Anlage K 5.

Durch den Depotvertrag werden die Depositäre insbesondere verpflichtet, die Produkte der Klägerin nur an Endverbraucher und nur in einzelhandelsüblichen Mengen abzugeben (Anlage K 5, § 7). Das Vertriebsbindungssystem der Klägerin ist von der EU-Kommission freigestellt worden.[14]

Die Beklagte gehört nicht zu den Depositären der Klägerin.

4. Das Vertriebssystem der Klägerin ist theoretisch lückenlos, und wird diskriminierungsfrei gehandhabt, da alle ihre unmittelbaren Abnehmer durch Depotverträge gemäß Anlage K 5 gebunden sind. Die Klägerin beliefert keine Unternehmen, die solche Depotverträge nicht unterzeichnet haben.[15]

Beweis: Zeugnis von Herrn ......

Um die praktische Lückenlosigkeit[16] sicherstellen zu können, bedient sich die Klägerin eines Kontrollnummern-Systems. Jede Verpackung der Produkte ist mit einer achtstelligen Kontrollnummer versehen, die nur bei Bestrahlung mit Infrarotlicht sichtbar wird. Diese Nummer ermöglicht es der Klägerin, festzustellen, welcher der vertraglich gebundenen Händler abredewidrig andere Händler außerhalb des Vertriebssystems beliefert hat. Wenn die Klägerin solche Verstöße feststellt, reagiert sie mit den vertragsgemäßen Sanktionen, dh sie fordert in der Regel eine Vertragsstrafe und droht an, bei Feststellung eines weiteren Verstoßes den Depotvertrag aus wichtigem Grund zu kündigen.[17]

Beweis: Zeugnis von Herrn ......

5. Am 13.4.2017 hat ein Testkäufer der Klägerin, Herr ......, in der Hamburger Filiale der Beklagten in der ...... straße 5 die im Original als

Anlage K 6

übergebene Packung Eau de Toilette 50 ml „Belle de Jour" erworben. Die Verpackung trägt den Code 34.849 692. Wir übergeben dazu ein Testkaufprotokoll,

Anlage K 7,

aus dem Ort und Zeit des Einkaufs und die Person des Testkäufers hervorgehen.[18] Soweit die Codenummer bestritten werden sollte, kann der Code in der mündlichen Verhandlung mit einer UV-Lichtlampe sichtbar gemacht und in Augenschein genommen werden.
Diese Codenummer ist in den Datenbanken der Klägerin der Firma X Cosmetics in Bahrain zugeordnet. Dieses Unternehmen betreibt dort einen Duty Free Shop auf dem internationalen Flughafen. Die Klägerin hat die Ware für die Firma X Cosmetics auf eigenem LKW in den Hafen von Marseilles geliefert und dort einem Seefrachtführer übergeben, der in ihrem Auftrag handelte und die Ware erst in Bahrain an die Käuferin übergeben hat.[19]

Beweis: ......

Die Firma X Cosmetics ist vertraglich daran gehindert, die Ware außerhalb Bahrains oder an gewerbliche Abnehmer zu veräußern, wie sich aus dem Vertriebsvertrag,

Anlage K 8,

ergibt. Gegen diese vertragliche Verpflichtung hat sie offenkundig verstoßen, jedenfalls ist die Ware ohne Zustimmung der Klägerin im Europäischen Wirtschaftsraum auf den Markt gekommen.[20]

6. Beim gleichen Testkauf hat der Testkäufer auch eine Packung Eau de Toilette 50 ml „Jane" erworben, die eine Schnittbeschädigung aufweist, wie sie aus der

Anlage K 9

ersichtlich ist. Die Beschädigung findet sich an der Stelle der Packung, die üblicherweise die Codenummer trägt, welche nun nicht mehr lesbar ist. Wie leicht zu erkennen ist, wird durch den Schnitt der äußere Eindruck der Verpackung verändert und verschlechtert. Insbesondere wird die dunkelblau glänzende Oberfläche jetzt durch eine weiße, raue Pappfläche entstellt. Dabei ist auch der Schriftzug „Jane" teilweise beschädigt worden.

II. Rechtliches

1. Aufgrund der Kontrollnummer steht fest, dass das beim Testkauf erworbene Eau de Toilette der Serie „Belle de Jour" nicht mit Zustimmung der Klägerin im EWR in Verkehr gebracht worden ist. Erschöpfung ist somit nicht eingetreten, § 24 Abs. 1 MarkenG. Damit war das Anbieten in der Bundesrepublik Deutschland durch die Beklagte markenrechtswidrig, § 14 Abs. 2 Nr. 1 MarkenG. Hinsichtlich des beim Testkauf erworbenen Eau de Toilette „Jane" kann die Herkunft zwar aufgrund der Decodierung nicht mehr festgestellt werden. Es steht aber zu vermuten, dass die Ware ebenfalls von einem Lieferanten außerhalb der EU/des EWR stammt. Anderenfalls wäre die Decodierung unnötig gewesen.[21] Jedenfalls besteht insoweit Begehungsgefahr, denn es handelt sich um ein mit „Belle de Jour" vergleichbares Luxusparfum, das die Klägerin ebenfalls nur über ihr selektives Vertriebssystem in den Verkehr bringt (vgl. BGH GRUR 2006, 421 Rn. 39 ff. – Markenparfümverkäufe).[22]

2. Die Beschädigung der Umverpackung, die durch die Decodierung bei dem Eau de Toilette „Jane" hervorgerufen worden ist, führt zu einer so schwerwiegenden Produktveränderung, dass die Erschöpfung nach § 24 Abs. 2 MarkenG unabhängig davon ausgeschlossen ist, ob die Ware mit Zustimmung der Klägerin innerhalb des EWR in Verkehr gebracht worden ist oder nicht. Die aufwendig gestaltete und luxuriös wirkende Verpackung macht einen wesentlichen Teil des Kaufanreizes für Luxusparfüm aus. Produkte wie Parfums der oberen Preisklasse werden nicht nur wegen der objektiven Merkmale des Produkts erworben, sondern auch deshalb, weil der Käufer an einer „Aura des Luxus" teilhaben will. Wird das Produkt beschädigt, leidet diese Aura. Die Ware wird aus Sicht des Kunden zweite Wahl, ein Billigprodukt.[23, 24]

3. Der Schadensersatzanspruch ergibt sich aus § 14 Abs. 6 MarkenG.[25] Insbesondere hat die Beklagte, soweit nicht vorsätzlich, zumindest fahrlässig gehandelt, indem sie die Prüfungspflichten, die sie nach den Umständen traf, verletzt hat. Als gewerblicher Einkäufer von Markenparfums war sie bei dem Bezug der vertriebsgebundenen Ware außerhalb des von der Klägerin organisierten Vertriebsweges gehalten zu prüfen, ob die ihr angebotene Ware bereits erschöpft ist (BGH GRUR 2006, 421 Rn. 46 – Markenparfümverkäufe).

4. Die Auskunftsansprüche ergeben sich aus §§ 19 und 19a MarkenG bzw. § 242 BGB iVm § 14 Abs. 6 MarkenG.[26]

5. Die geltend gemachten Ansprüche bestehen ferner auf wettbewerbsrechtlicher Grundlage wegen gezielter Behinderung nach § 4 Nr. 4 UWG unter dem Gesichtspunkt des unlauteren Verleitens zum Vertragsbruch. Hierauf wird die Klage hilfsweise gestützt.

Rechtsanwalt[27, 28]

Schrifttum: vgl. die Hinweise → Form. B.1.

Anmerkungen

1. Die Zuständigkeit ergibt sich aus § 140 MarkenG. Auch soweit (hilfsweise) wettbewerbsrechtliche Ansprüche geltend gemacht werden, bleibt es bei der Zuständigkeit des Kennzeichenstreitgerichtes (*Ingerl/Rohnke* MarkenG § 140 Rn. 7); → Form. B.13 Anm. 1, 2.

2. Zur Bestimmung des Streitwertes → Form. B.13 Anm. 7.

3. Das Formular betrifft den Standardfall der Klage des vertriebsbindenden Herstellers von Markenartikeln gegen einen außerhalb des selektiven Vertriebsbindungssystems operierenden Einzelhändler, also eine Auseinandersetzung mit dem „grauen Markt". Grundsätzlich ist der Handel mit den Produkten des Vertriebsbinders zulässig. Einen direkten Anspruch des vertriebsbindenden Markenartiklers gegen den „Außenseiter" aus § 3 UWG iVm § 4 Nr. 4 UWG gibt es nur im Ausnahmefall. Insbesondere genügt es hierfür nicht, dass der „Außenseiter" den Vertragsbruch eines gebundenen Händlers bloß ausgenutzt hat, um die Ware zu erlangen (BGH GRUR 2000, 724 (726) – Außenseiteranspruch II; BGH GRUR 2009, 173 Rn. 31 – bundesligakarten.de; vgl. auch BGH GRUR 2017, 397 Rn. 67 f. – World of Warcraft II zur unlauteren Vertriebsstörung; *Köhler/Bornkamm/Feddersen* UWG § 4 Rn. 4.63 mwN). Handelt es sich um Ware, die noch nicht vom Markeninhaber selbst oder mit seiner Zustimmung im Gebiet der EU oder des EWR in Verkehr gebracht worden ist, ist allerdings keine Erschöpfung eingetreten (§ 24 MarkenG), so dass das Anbieten und Vertreiben der Ware im Inland eine Markenverletzung gemäß § 14 Abs. 2 Nr. 1 MarkenG darstellen kann. Um festzustellen, ob es sich um eine solche nicht erschöpfte Ware handelt, bedienen sich die vertriebsbindenden Markenartikler ausgefeilter Kontrollnummernsysteme, die mit Hilfe von EDV-gestützten Verzeichnissen die jeweils ersten Abnehmer jedes einzelnen Warenstücks identifizieren können. Die Entfernung solcher Kontrollnummern eines zulässigen und schutzwürdigen Systems ist wettbewerbsrechtlich unzulässig (BGH GRUR 2000, 724 (727) – Außenseiteranspruch II; *Köhler/Bornkamm/Feddersen* UWG § 4 Rn. 4.64 ff.). Daneben kann durch die Kontrollnummernentfernung auch eine uU bereits eingetretene Erschöpfung der Ware wieder entfallen und somit zu einer Markenverletzung führen, jedenfalls wenn die Beschädigung sichtbar ist (BGH GRUR 2002, 709 (711) – Entfernung der Herstellungsnummer III).

4. Zur Ordnungsmittelandrohung → Form. B.13 Anm. 8.

5. Zur Formulierung des Unterlassungsantrages allgemein → Form. B.13 Anm. 9. Vertreibt die Klägerin noch weitere vergleichbare Luxusparfums in ihrem selektiven Vertriebssystem, kommt eine Erweiterung des Unterlassungsantrages auch auf weitere Marken wegen Begehungsgefahr in Betracht (BGH GRUR 2006, 421 Rn. 39 f. – Markenparfümverkäufe). Der Unterlassungsantrag I. Ziff. 1. richtet sich gegen den „Parallelimport" von Ware, also gegen den Vertrieb von Originalware des Herstellers, die mit dessen Marken gekennzeichnet, die aber ohne die Zustimmung des Herstellers auf den europäischen Markt gelangt ist. Wer im geschäftlichen Verkehr Originalware vertreibt, erfüllt zunächst den Tatbestand des § 14 Abs. 2 Nr. 1 MarkenG, denn er benutzt die fremde Marke für identische Waren. Allerdings kann ein Markeninhaber die Benutzung der Marke für solche Ware, die von ihm oder mit seiner Zustimmung im Inland, im Gebiet der EU oder des EWR (EU-Staaten zuzüglich Norwegen, Island, Liechtenstein) einmal in Verkehr gebracht worden ist (→ Anm. 19), idR nicht untersagen, weil mit diesem (erstmaligen) Inverkehrbringen der Ware die Rechte aus der Marke erschöpft sind, § 24 Abs. 1 MarkenG. Somit ist der Weitervertrieb markenrechtlich frei. Die Erschöpfungswirkung des § 24 Abs. 1 MarkenG tritt aber nur für das jeweilige, konkrete Warenstück ein, keineswegs für alle gleichartigen Waren (EuGH GRUR Int. 1999, 870 Rn. 19 – Sebago). Dabei gilt der Grundsatz der EU- bzw. EWR-weiten Erschöpfung. So hat der Markeninhaber zB nicht das Recht, Reimporte von Originalware in den EWR zu untersagen, wenn die konkrete Ware schon früher einmal mit seinem Willen innerhalb des EWR in Verkehr gebracht worden war.

Beim Parallelimport handelt sich also um eine andere Verletzungshandlung als beim Vertrieb von Ware, die ohne Zustimmung des Inhabers mit dem Zeichen versehen worden ist (gefälschte Ware/Pirateriewaren; bei gefälschter Ware kann Erschöpfung nur durch spätere Genehmigung des Markeninhabers eintreten). Auf diese konkrete Verletzungsform des Parallelimports stellt der Unterlassungsantrag I. Ziff. 1. ab.

6. Mit dem Antrag I. Ziff. 2. wird das Inverkehrbringen beschädigter Originalware gerügt. Unabhängig von der Frage, ob diese (zunächst) in unbeschädigtem Zustand mit Zustimmung des Markeninhabers innerhalb der EU oder des EWR in Verkehr gebracht worden ist, kann sich die Unzulässigkeit des Vertriebs der beschädigten Ware aus § 24 Abs. 2 MarkenG ergeben. Ist die Beschädigung schwerwiegend genug, können berechtigte Interessen des Markeninhabers dem weiteren Vertrieb entgegenstehen. Hierzu im Einzelnen → Anm. 23, 24. Für die Formulierung des Unterlassungstenors ist es erforderlich, auf die konkrete Form der Beschädigung abzustellen, die sich bei dem beanstandeten Testkauf-Produkt findet. Da im Rahmen von § 24 Abs. 2 MarkenG eine Interessenabwägung stattfinden muss, kann die Entscheidung immer nur konkret für eine bestimmte Art von

Beschädigung bei einem bestimmten Produkt erfolgen. Verallgemeinerungen wie ein Antrag, dem Beklagten allgemein das Inverkehrbringen eines bestimmten Kosmetikproduktes „mit beschädigter Verpackung" zu untersagen, wären deshalb zu unbestimmt.

7. In der Praxis wird der Schadensersatzanspruch häufig, wie im Beispielsfall, zunächst im Wege der Feststellungsklage geltend gemacht, um die Verjährung zu hemmen und in den Genuss der dreißigjährigen Verjährung zu kommen. Zum Schadensersatz- und Schadensersatzfeststellungsantrag allgemein → Form. B.13 Anm. 10; zur Betragsklage → Form. B.19.

Problematisch ist hier allerdings der Umfang der begehrten Feststellung: Zunächst ist zu beachten, dass eine Schadensersatzpflicht nur für die jeweils festgestellten Verletzungshandlungen besteht, nicht aber – anders als der Unterlassungsanspruch – bei bloßer Begehungsgefahr. Nur soweit mindestens ein Verletzungsfall nachgewiesen ist, kann die Schadensersatzpflicht für gleich liegende Handlungen festgestellt werden. Eine Verletzungshandlung nach Antrag I. Ziff. 1. wurde aber nur im Hinblick auf die Marke „Belle de Jour" und eine Verletzungshandlung nach Antrag I. Ziff. 2. nur im Hinblick auf die Marke „Jane" nachgewiesen. Deshalb sollte der Schadensersatzfeststellungsantrag auf die jeweils festgestellten und ihnen gleichen Verletzungshandlungen konkretisiert werden. Ein weiteres Problem ergibt sich daraus, dass die Feststellung der Schadensersatzpflicht über die konkret festgestellte Verletzungshandlung (Verkauf des im Testkauf erworbenen Parfums) hinaus für alle gleich liegenden Handlungen voraussetzt, dass sämtliche von dem Feststellungsurteil erfassten Handlungen auch schuldhaft begangen worden sind. Dies dürfte im Hinblick auf die Handlungen nach Antrag I. Ziff. 2. problemlos zu bejahen sein. Bei dem mit Antrag I. Ziff. 1. beanstandeten Weitervertrieb von vertriebsgebundenen Parfums bei nicht erschöpftem Markenrecht kann es allerdings Fallgestaltungen geben, in denen ein schuldhaftes Verhalten nicht vorliegt. Insbesondere könnte die Beklagte die Ware von einem Händler in Europa erworben haben, dem gegenüber ihr im Einzelfall keine Prüfungspflicht hinsichtlich der Erschöpfung oblag (vgl. BGH GRUR 2006, 421 Rn. 47 – Markenparfümverkäufe).

8. Der Auskunftsanspruch hinsichtlich der Vertriebswege ergibt sich aus § 19 Abs. 3 Nr. 1 MarkenG. Er besteht nicht nur im Hinblick auf Herkunft und Vertriebsweg der beiden konkreten durch Testkauf erworbenen Produkte, sondern kann insoweit – wie der Unterlassungsanspruch – verallgemeinert werden, als er das Charakteristische der konkreten Verletzungshandlung erfasst (BGH GRUR 2006, 504 Rn. 36 ff. – Parfümtestkäufe). Eine Bezugnahme auf die Verletzungshandlungen nach Antrag I ist deshalb sinnvoll. Im Unterschied zum Auskunftsanspruch nach § 242 BGG ist der selbständige Auskunftsanspruch nach § 19 MarkenG verschuldensunabhängig, → Form. B.13 Anm. 11. Der Anspruch auf Belegvorlage ergibt sich aus § 19a MarkenG. Beim Handel mit nicht erschöpfter Ware wird regelmäßig ein gewerbliches Ausmaß der Verletzungshandlung vorliegen.

9. Der mit Antrag III. 2. begehrte Auskunftsanspruch über Liefermenge und Preise ergibt sich aus § 19 Abs. 3 Nr. 2 MarkenG.

10. Die Preisstellung der Produkte ist wiederum ein Indiz für ihren Luxuscharakter und damit möglicherweise für die Bedeutung, die der Verkehr einer Verpackungsbeschädigung zumessen wird.

11. Die Werbeaufwendungen sind ein wesentliches Indiz für die von einer bestimmten Wertschätzung getragene Marktstellung der Produkte der Klägerin, die einerseits den selektiven Vertrieb rechtfertigt, andererseits Beschädigungen der Verpackung höheres Gewicht verleiht.

12. Verpackungen sind als Marken auch insgesamt schutzfähig, § 3 Abs. 1 MarkenG. Dabei kommt der Schutz für zweidimensionale Gestaltungen (Etikett, Packungsvorderseite) ebenso wie für dreidimensionale Gestaltungen (zB Flacon) in Betracht → Form. B.1 Anm. 12.

13. Zur Schlüssigkeit der Markenverletzungsklage gehört zunächst Vortrag zur Priorität, zur Eintragung und zum Umfang (maßgebliche Waren/Dienstleistungen) der Klagemarke sowie zur Inhaberschaft der Klägerin. Dies kann regelmäßig durch Vorlage eines aktuellen Registerauszuges erfolgen. Wie bei → Form. B.13 Anm. 17 dargestellt, bedarf es bei Geltendmachung mehrerer Marken der Klarstellung, ob diese kumulativ, alternativ oder im Eventualverhältnis geltend gemacht werden. Im vorliegenden Fall liegt es nahe, die beiden Wortmarken für die jeweilig identischen Marken aufweisenden, nicht erschöpften Gegenstände als Anspruchsgrundlage zu wählen (Antrag I. 1.), während hinsichtlich der Verschlechterungen der Verpackung der Rückgriff auf die Wort-/Bildmarken naheliegt. Das wird an dieser Stelle der Begründung klargestellt.

14. Die Klägerin vertreibt die Produkte im Wege des „selektiven Vertriebs". Selektive Vertriebssysteme bzw. Kontrollnummernsysteme sind aber nur schutzwürdig, wenn sie kartellrechtlich unbedenklich sind. Anderenfalls muss der Hersteller die Entfernung der Kontrollnummern hinnehmen, so dass sowohl wettbewerbsrechtliche als auch markenrechtliche Ansprüche entfallen können (vgl. BGH GRUR 2000, 724 (727) – Außenseiteranspruch II; *Köhler/Bornkamm/Feddersen* UWG § 4 Rn. 4.65). Unionsrechtlich sind diese vertikalen Vertriebsbindungen nach Art. 101 Abs. 1 AEUV grundsätzlich zulässig, wenn die Auswahl der Wiederverkäufer aufgrund objektiver Gesichtspunkte qualitativer Art erfolgt, die sich auf die fachliche Eignung des Wiederverkäufers, seines Personals und seiner sachlichen Ausstattung beziehen, und sofern diese Voraussetzungen einheitlich für alle in Betracht kommenden Wiederverkäufer festgelegt und ohne Diskriminierung angewendet werden (BGH GRUR 2001, 448 (449) – Kontrollnummernbeseitigung II). Fällt ein Vertriebsbindungssystem unter Art. 101 Abs. 1 AEUV, kommt eine Freistellung nach Art. 101 Abs. 3 AEUV iVm der GVO Nr. 330/2010 über Vertikalvereinbarungen in Betracht, was nach dem Sachvortrag hier erfolgt ist. Nach deutschem Kartellrecht gelten dieselben Grundsätze (§§ 1, 2 GWB iVm VertikalGVO).

15. Das System muss diskriminierungsfrei angelegt und gehandhabt sein (→ Anm. 14). Dies setzt die einheitliche Bindung aller Abnehmer voraus. Der Hersteller muss seinen Händlern grundsätzlich dieselben Verpflichtungen auferlegen und dafür sorgen, dass innerhalb eines einheitlichen Wirtschaftsraums nur systemgebundene Händler als Anbieter auftreten, was dem früheren Erfordernis der gedanklichen Lückenlosigkeit entspricht. Hersteller, die nur einen Teil des Marktes über ein selektives Vertriebssystem, andere Teile aber unbeschränkt versorgen, können eine Beseitigung der Kontrollnummern dagegen nicht mit Hilfe des Wettbewerbs- oder Markenrechts unterbinden (BGH GRUR 2001, 448 (449) – Kontrollnummernbeseitigung II).

16. Die praktische Lückenlosigkeit stellt keine notwendige Voraussetzung für die Wirksamkeit des Vertriebssystems dar (BGH GRUR 2000, 724 (725) – Außenseiteranspruch II). Allerdings ist es erforderlich, die Bedeutung der Kodierung für die Verfolgung von Verstößen gegen die Vertriebsbindung darzulegen, damit die Kodierungsentfernung als wettbewerbswidrig und ggf. markenverletzend angesehen werden kann.

17. Darlegungen zur praktischen Verfolgung von Verstößen sind sinnvoll, da erfahrungsgemäß Verstöße bei jedem Vertriebssystem auftreten werden. Werden sie konsequent verfolgt und bleiben sie deshalb vereinzelt, spricht das aber nicht gegen die diskriminierungsfreie Handhabung.

18. Der Verletzungstatbestand wird üblicherweise durch einen Testkauf glaubhaft gemacht. Das Testkaufprotokoll sollte neben Ort und Zeit des Einkaufs möglichst Kassenbeleg sowie – soweit vorhanden – besondere Merkmale der Produkte, insbesondere ihre Kodierung, enthalten. Dazu kann sich die Anfertigung von Fotografien und ggf. von eidesstattlichen Versicherungen (die allerdings im Hauptsacheverfahren kein zulässiges Beweismittel darstellen) empfehlen. Um Zweifel im weiteren Verfahrensverlauf auszuschließen, ist es sinnvoll, genau zu dokumentieren, wer im unmittelbaren Besitz des Verletzungsgegenstandes war.

19. Der Markeninhaber kann sich auf mangelnde Erschöpfung der Markenrechte berufen, wenn die Ware nicht durch ihn selbst und auch nicht mit seiner Zustimmung erstmals in einem Mitgliedstaat der EU oder in einem anderen Vertragsstaat des Abkommens über den Europäischen Wirtschaftsraum (EWR) in Verkehr gebracht worden ist, § 24 Abs. 1 MarkenG. Der Europäische Wirtschaftsraum umfasst neben den Mitgliedstaaten der EU noch Island, Liechtenstein und Norwegen (vgl. EWR-Abkommen vom 2.5.1992, BGBl. 1993 II 367). Die Schweiz ist nicht Mitglied des EWR. Die früher in der deutschen Rechtsprechung anerkannte sogenannte weltweite Erschöpfung (BGHZ 41, 84 = GRUR 1964, 372 – Maja) gilt unter § 24 MarkenG nicht fort. § 24 Abs. 1 MarkenG beschreibt abschließend die Grenzen der Erschöpfung (vgl. EuGH GRUR 1998, 919 – Silhouette; BGH GRUR 1996, 271 – Gefärbte Jeans).
Ein Inverkehrbringen im EWR liegt jedenfalls vor, wenn der Markeninhaber die Verfügungsgewalt über die Ware innerhalb des EWR im Rahmen eines Verkaufs auf den Erwerber übertragen hat (nach EuGH GRUR 2011, 1025 Rn. 68 ff. – L'Oréal/eBay tritt bei kostenloser Überlassung von Proben an Verbraucher keine Erschöpfung ein). Bei konzerninternen Warenbewegungen fehlt es hieran noch. Ist die Ware verkauft und wird sie innerhalb des EWR vom Verkäufer an eine Transportperson übergeben, kommt es darauf an, wem die transportrechtliche Verfügungsbefugnis über die Ware zusteht. Ist die Transportperson vom Käufer beauftragt, geht die Verfügungsgewalt mit Übergabe der Ware über, so dass Erschöpfung eintritt, und zwar unabhängig davon, ob der Verkäufer mit dem Weitervertrieb innerhalb des EWR einverstanden ist (BGH GRUR 2006, 863 Rn. 15 ff. – ex works). Deshalb trägt die Klägerin im Beispielsfall vor, dass sie die Frachtführerin selbst beauftragt und sich somit nicht innerhalb des EWR ihrer Verfügungsgewalt begeben hat.

20. Die Beweislast für die Voraussetzungen der Erschöpfung des Markenrechts trägt zwar grundsätzlich die Beklagte, weil es sich um eine Einwendung handelt (vgl. BGH GRUR 2012, 626 Rn. 25 ff. – CONVERSE I). Vertreibt der Markeninhaber seine Ware im EWR aber – wie im Beispielsfall – im Rahmen eines ausschließlichen oder selektiven Vertriebssystems, führt dies zu einer Modifizierung der Beweislastregeln, um den Anforderungen des freien Warenverkehrs aus Art. 34, 36 AEUV gerecht zu werden. Der Klägerin obliegt der Nachweis dafür, dass die Ware ursprünglich von ihr selbst oder mit ihrer Zustimmung außerhalb des EWR in den Verkehr gebracht worden ist. Dies ist der Klägerin anhand ihres Kodierungssystems möglich. Die Beweislast dafür, dass die Ware anschließend mit Zustimmung der Klägerin im EWR in den Verkehr gebracht wurde, obliegt dann allerdings wieder der Beklagten (vgl. BGH GRUR 2004, 156 (157 f.) – stüssy II mwN; Kur/v. Bomhardt/Albrecht/*Steudtner* MarkenG § 24 Rn. 32 ff.; *Ingerl/Rohnke* MarkenG § 24 Rn. 88 ff.). Dabei genügt es nicht, wenn sich die Beklagte auf mögliche Fehler im Kontrollnummernsystem beruft. Vielmehr muss die Beklagte konkret zu Anwendungsfehlern im System des Herstellers bei der Vergabe und Zuordnung der betreffenden Kontrollnummer vortragen und Beweis antreten oder eine lückenlose Lieferkette bis zum Markeninhaber darlegen und beweisen (vgl. BGH Beschl. v. 14.1.2016 – I ZR 107/15, BeckRS 2016, 4388 Rn. 10 zum Beweis von Originalware).

21. Die Decodierung kann ein Indiz dafür sein, dass die Ware von außerhalb der EU bzw. des EWR eingeführt worden ist.

22. Ein Unterlassungsanspruch besteht nicht nur bei Wiederholungsgefahr, sondern auch im Fall der Erstbegehungsgefahr, § 14 Abs. 5 S. 2 MarkenG. Hat ein Beklagter eine bestimmte Marke des Klägers verletzt, begründet dies allein allerdings nicht ohne Weiteres die Vermutung, dass er auch andere dem Kläger zustehende Marken verletzt. Eine Begehungsgefahr kann aber auch insoweit wegen der konkreten Umstände des Einzelfalles bestehen. Hier sprechen die Umstände, dass es sich um vergleichbare Luxusparfums handelt und beide nur im Rahmen des selektiven Vertriebssystems der Klägerin vertrieben werden, für die Gefahr, dass die Beklagte versuchen wird, sich auch das Eau de Toilette der Marke „Jane" auf dem Graumarkt zu beschaffen (vgl. BGH GRUR 2006, 421 Rn. 40 – Markenparfümverkäufe).

23. Auch wenn die Ware ursprünglich vom Markeninhaber im EWR in Verkehr gebracht worden ist, kann der Einwand der Erschöpfung nach § 24 Abs. 2 MarkenG ausgeschlossen sein, wenn berechtigte Interessen des Markeninhabers dem Weitervertrieb der Ware entgegenstehen. Schon vor dem Inkrafttreten von § 24 MarkenG hat die Rechtsprechung solche Ausnahmen vom Erschöpfungsgrundsatz insbesondere in den Fällen der Produktveränderung anerkannt (grundlegend RGZ 103, 359 – Singer: Neulackieren einer gebrauchten Nähmaschine; zum MarkenG zB BGH GRUR 1996, 271 (274 f.) – Gefärbte Jeans; BGH GRUR 2005, 160 (161) – SIM-LOCK: Entfernen der SIM-Lock-Sperre in Mobiltelefonen; *Ingerl/Rohnke* MarkenG § 24 Rn. 58 ff.; zur Erschöpfung beim Parallelimport umverpackter Arzneimittel zB BGH GRUR 2011, 817 Rn. 19 ff. – RENNIE; EuGH GRUR 2007, 586 – Boehringer Ingelheim; BGH GRUR 2016, 702 Rn. 19 ff. – Eligard). Neben Änderungen des Produktes selbst können auch Änderungen an der Verpackung zum Ausschluss der Erschöpfung führen. Insbesondere besteht ein berechtigtes Interesse des Markeninhabers daran, dass die Ware nicht weitervertrieben wird, wenn die Kontrollnummern seines schutzwürdigen Vertriebssystems (→ Anm. 14) entfernt worden sind und mit der Entfernung der Nummern ein sichtbarer, die Garantiefunktion der Marke berührender Eingriff in die Substanz der Ware, des Behältnisses oder der Verpackung verbunden ist (BGH GRUR 2001, 448 (450) – Kontrollnummernbeseitigung). Mit den deutlich sichtbaren Schnittverletzungen ist gerade bei den Luxusparfums, für die eine gewisse „Aura" wesentlich ist, ein erheblicher Eingriff verbunden (EuGH GRUR 2011, 1025 Rn. 78 ff. – L'Oréal/eBay).

24. Das Entfernen von legitimen Zwecken dienenden Kontrollnummern kann unter verschiedenen Gesichtspunkten rechtswidrig sein. Zunächst kommt § 24 Abs. 2 MarkenG in Frage. Auch wenn die Kontrollnummernentfernung keine sichtbare Beschädigung der Verpackung zur Folge hat, ist eine Erschöpfung ausgeschlossen, wenn damit ein anderer, die Garantiefunktion der Marke berührender Eingriff verbunden ist, zB wenn es sich bei den entfernten Nummern gleichzeitig um die nach der KosmetikVO vorgeschriebenen Herstellernummern handelte (BGH GRUR 2002, 709 (711) – Entfernung der Herstellungsnummer III). Daneben ist die Entfernung von legitimen Zwecken dienenden Kontrollnummern jedenfalls als Behinderungswettbewerb nach §§ 3, 4 Nr. 4 UWG wettbewerbswidrig (vgl. BGH GRUR 1999, 1109 – Entfernung der Herstellungsnummer I; BGH GRUR 2001, 841 – Entfernung der Herstellungsnummer II; BGH GRUR 2002, 709 (710) – Entfernung der Herstellungsnummer III; *Köhler/Bornkamm/Feddersen* UWG § 4 Rn. 4.165).

25. Zum Schadensersatzfeststellungsantrag → Anm. 7 sowie → Form. B.13 Anm. 10.

26. Zum Auskunftsanspruch → Anm. 8, 9.

Kosten und Gebühren

27. Zu den Gebühren vor den ordentlichen Gerichten vgl. Erläuterungen zu → Form. B.13 Anm. 31.

Fristen und Rechtsmittel

28. Statthaftes Rechtsmittel gegen die Entscheidung des Landgerichts ist die Berufung, siehe dazu Erläuterungen zu → Form. B.13 Anm. 32.

16. Klage des Lizenzgebers gegen den Lizenznehmer

Landgericht ......[1]

– Kennzeichenstreitkammer –

In Sachen

A GmbH, ...

– Klägerin –[2]

Prozessbevollmächtigte: Rechtsanwälte ......

gegen

B GmbH, ...

– Beklagte –

wegen: Unterlassung, Auskunft, Schadensersatz (MarkenG)

Streitwert: vorläufig geschätzt: 500.000 EUR[3]

zeigen wir an, dass wir die Klägerin vertreten. Namens und im Auftrag der Klägerin erheben wir Klage[4] gegen die Beklagte und bitten um Anberaumung eines baldigen Termins zur mündlichen Verhandlung, in der wir die folgenden

Anträge

stellen werden:

I. Die Beklagte wird verurteilt, es bei Meidung der gesetzlichen Ordnungsmittel[5] zu unterlassen, im geschäftlichen Verkehr die Marke XX für Bekleidungsstücke zu benutzen, insbesondere diese Marke auf Bekleidungsstücken, ihrer Aufmachung oder Verpackung anzubringen, unter dieser Marke Bekleidungsstücke anzubieten, in Verkehr zu bringen, zu diesen Zwecken zu besitzen, einzuführen oder auszuführen, oder diese Marke in Geschäftspapieren oder in der Werbung für Bekleidungsstücke zu benutzen.[6]

Hilfsweise zu I.:

Ia. Die Beklagte wird verurteilt, es bei Meidung der gesetzlichen Ordnungsmittel zu unterlassen, im geschäftlichen Verkehr die Marke XX für andere Bekleidungsstücke als Damenoberbekleidung, insbesondere für Trainingsanzüge der nachstehend wiedergegebenen Art

16. Klage des Lizenzgebers gegen den Lizenznehmer B. 16

(......)
zu benutzen, insbesondere die Marke XX auf solchen Waren, deren Aufmachung oder Verpackung anzubringen, solche Waren unter dieser Marke anzubieten, in Verkehr zu bringen, zu diesen Zwecken zu besitzen, einzuführen oder auszuführen, oder diese Marke in Geschäftspapieren oder in der Werbung für solche Waren zu benutzen.[7]

II. Die Beklagte wird verurteilt, der Klägerin Auskunft zu erteilen,[8]
  1. für die Zeit seit dem ...... über Art und Umfang der in Antrag I. beschriebenen Handlungen sowie über Herkunft und Vertriebsweg der nach Antrag I. gekennzeichneten Waren, und
  2. über Art und Umfang der in Antrag I a. beschriebenen Handlungen sowie über die Herkunft und den Vertriebsweg der nach Antrag I a. gekennzeichneten Waren, soweit die Auskunft nicht von Antrag II. 1. erfasst ist,
  und zwar jeweils unter Angabe der erzielten Umsätze, der Gestehungskosten sowie Art und Umfang der betriebenen Werbung, gegliedert nach Werbeträger, Auflagenzahl, Erscheinungszeit und Verbreitungsgebiet, sowie unter Angabe der Namen und Anschriften der Hersteller, Lieferanten und anderer Vorbesitzer, der gewerblichen Abnehmer und Verkaufsstellen, für welche die Waren bestimmt waren, der Menge der hergestellten, ausgelieferten, erhaltenen und bestellten Waren sowie der Preise, die für die Waren bezahlt wurden und die erteilte Auskunft durch Vorlage von Unterlagen zu belegen, nämlich Angebote, Bestellungen, Rechnungen und Lieferscheine.

III. Es wird festgestellt, dass die Beklagte der Klägerin allen Schaden zu ersetzen hat, der dieser aus Handlungen gemäß Ziff. I. seit dem ...... und aus Handlungen gemäß Ziff. I a. entstanden ist oder zukünftig noch entstehen wird.[9]

IV. Die Beklagte wird verurteilt, an die Klägerin die im Folgenden näher bezeichneten Unterlagen herauszugeben: ......[10]

Begründung:

1. Die Klägerin ist ein führender Anbieter von hochwertigen Sportartikeln. Sie ist insbesondere im Snowboard-Bereich bekannt geworden, stellt heute aber unter anderem auch konventionelle Skier, Tennisschläger und Mountainbikes her. Ihre Produkte kennzeichnet sie mit der in zahlreichen Ländern geschützten Bezeichnung „XX". Sie ist in Deutschland ua durch die Wortmarke Nr. ...... mit Priorität vom ......
   Anlage K 1
   sowie weitere Wort-Bild-Marken geschützt. Die Marke steht in Kraft.[11]

2. Die Marke XX weist ein umfangreiches Warenverzeichnis auf, das ua auch „Bekleidungsstücke" enthält. Da die Klägerin im Textilbereich nicht selbst tätig ist, vergibt sie hier Lizenzen. Mit der Beklagten wurde am ...... der Lizenzvertrag
   Anlage K 2,
   geschlossen. Gemäß § 4 des Vertrages wird der Beklagten eine Exklusivlizenz für Damenoberbekleidung für das Gebiet der Bundesrepublik Deutschland eingeräumt. Für Herrenbekleidung hatte die Klägerin zu diesem Zeitpunkt schon der Firma ...... vertraglich eine ausschließliche Lizenz erteilt,
   Anlage K 3.
   Dies war der Beklagten durch eine mündliche Mitteilung der Klägerin bekannt.

Beweis: Zeugnis von Herrn ......

In der Textilbranche wird zwischen Damenoberbekleidung (DOB) einerseits und Herrenkonfektion (HK) sowie Kinderkonfektion (KiKo) unterschieden. Es handelt sich dabei um feststehende Begriffe, die in der Praxis keine Abgrenzungsschwierigkeiten aufwerfen. So zeichnet sich die Damenoberbekleidung gegenüber der Herrenkonfektion schon durch andere Größenreihen aus. Daran ändert der Umstand nichts, dass im Einzelfall auch geschlechtsneutrale Produkte existieren mögen (zB T-Shirts).[12]

Beweis: Sachverständigengutachten

3. Mit Schreiben vom . . . . . . machte die HK-Lizenznehmerin die Klägerin darauf aufmerksam, dass sie im Katalog des Sportmodeeinzelhändlers Z mit „XX" gekennzeichnete Herrentrainingsanzüge festgestellt habe, die nicht von ihr stammten. Die Klägerin vermutete zunächst einen Markenpiraten, mahnte die Firma Z ab,

Anlage K 4,

und forderte sie zur Unterlassung und Auskunft auf. Die Firma Z teilte daraufhin mit Schreiben vom . . . . . . mit,

Anlage K 5,

sie habe die Ware von der Beklagten bezogen. Die Klägerin forderte die Beklagte zur Stellungnahme auf,

Anlage K 6.

Mit Schreiben vom . . . . . .

Anlage K 7,

erklärte die Beklagte, sie habe in der Tat an die Firma Z die Trainingsanzüge geliefert, es handele sich jedoch nicht um HK, sondern um „Unisex-Produkte", die sie im Rahmen ihrer DOB-Lizenz herstellen dürfe.[13]

Die Klägerin hat die Beklagte daraufhin mit Schreiben vom . . . . . .

Anlage K 8,

unter Fristsetzung bis zum . . . . . . aufgefordert, die Lieferungen an die Firma Z einzustellen, eine strafbewehrte Unterlassungserklärung abzugeben und Auskunft über die Umsätze mit diesen Produkten zu erteilen. Sie hat der Beklagten angedroht, den Lizenzvertrag fristlos zu kündigen, falls die Erklärung nicht abgegeben werde.[14]

Da die Beklagte diese Erklärung nicht abgegeben hat, hat die Klägerin mit Schreiben vom . . . . . .

Anlage K 9,

den Lizenzvertrag wegen Verstoßes gegen die gegenständliche Beschränkung fristlos gekündigt. Sie hat sich dafür auf § 12 des Lizenzvertrages bezogen, der eine fristlose Kündigung aus wichtigem Grund, insbesondere bei einer schwerwiegenden Vertragsverletzung, vorsieht.[15] Die Kündigung ist ausweislich des Rückscheins,

Anlage K 10,

am . . . . . . der Beklagten zugegangen.[16]

4. Die Beklagte hat die Kündigung zurückgewiesen,

Anlage K 11.

Sie stellt nach Kenntnis der Klägerin weiter Kleidungsstücke her, die mit dem Zeichen „XX" versehen sind. Bei der Herstellung dieser Kleidungsstücke verwendet die Beklagte weiterhin Vorlagen, Muster und Zeichnungen, die ihr von der Klägerin in Umsetzung von § 8 des Lizenzvertrages zur Verfügung gestellt worden sind. Diese sind gemäß § 12 Nr. 3 des Lizenzvertrages nach Vertragsende herauszugeben.

5. Zur rechtlichen Würdigung erlauben wir uns die folgenden kurzen Hinweise.[17]
(. . . . . .)

Rechtsanwältin[18, 19]

16. Klage des Lizenzgebers gegen den Lizenznehmer B. 16

Anmerkungen

1. Streitigkeiten aufgrund von Lizenzverträgen über Marken sind Kennzeichenstreitsachen im Sinne von § 140 Abs. 1 MarkenG. Diese Norm ist weit auszulegen. Neben den unmittelbar aus den Bestimmungen des MarkenG abgeleiteten Ansprüchen fallen auch Ansprüche aus rechtsgeschäftlichen Erklärungen und Vereinbarungen, die, wie zB Übertragungen, Belastungen oder Lizenzen, (teilweise) im MarkenG geregelt sind. Gleiches gilt für Ansprüche aus nicht ausdrücklich im MarkenG geregelten Vereinbarungen, die an das Bestehen oder den Inhalt eines Kennzeichenrechts anknüpfen, wie zB Abgrenzungsvereinbarungen (BGH GRUR 2004, 622 – ritter.de). Folglich sind die Landgerichte ohne Rücksicht auf den Streitwert ausschließlich zuständig. Für die örtliche Zuständigkeit gilt § 140 Abs. 2 MarkenG (→ Form. B.13 Anm. 1).

2. Aktivlegitimiert zur Geltendmachung der markenrechtlichen Ansprüche aus § 30 Abs. 2 MarkenG ist der Lizenzgeber als Markeninhaber. Dass er für den hier fraglichen Bereich eine weitere (ausschließliche) Lizenz an einen Dritten erteilt hat, ist unschädlich, wie sich im Gegenschluss aus § 30 Abs. 3 und 4 MarkenG ergibt. Danach kann der Lizenznehmer – und zwar unabhängig von der Art der Lizenz, also auch im Fall der ausschließlichen Lizenz – Klage gegen Verletzer nur mit ausdrücklicher Zustimmung des Lizenzgebers erheben. Diese kann bis zum Schluss der mündlichen Verhandlung erteilt werden (BGH GRUR 2012, 630 Rn. 24 – CONVERSE II). Ist lizenzvertraglich nichts anderes geregelt, ist der Lizenzgeber dagegen immer aktivlegitimiert. Soweit der Kläger vertragliche Ansprüche geltend macht, ist er als Lizenzgeber ohnehin aktivlegitimiert.

3. Für den Streitwert gelten gegenüber Klagen gegen dritte Verletzer keine Besonderheiten. Wiederum ist insbesondere das Interesse des Klägers (also des Lizenzgebers) ausschlaggebend (→ Form. B.13 Anm. 7). Anhaltspunkte für das Interesse des Lizenzgebers können dabei nicht nur die zu erwartenden Lizenzgebühren über die rechtliche Laufzeit, sondern insbesondere die Umsätze des Lizenznehmers bilden.

4. Das Rechtsverhältnis zwischen Lizenzgeber und Lizenznehmer ist in § 30 MarkenG nur ausschnittsweise geregelt. Daneben sind insbesondere die Regeln des allgemeinen Zivilrechts anwendbar. Grundsätzlich ist dabei die Lizenzeinräumung (§ 30 Abs. 1 MarkenG, → Anm. 12) als Verfügungsgeschäft von der lizenzvertraglichen Regelung des Kausalgeschäfts zu unterscheiden, die in § 30 MarkenG nur andeutungsweise erwähnt wird (vgl. § 30 Abs. 2 MarkenG: „gegen eine Bestimmung des Lizenzvertrages"). In einem typischen Lizenzvertrag fallen Kausal- und Verfügungsgeschäft zusammen. Gegenstand des Verfügungsgeschäfts ist die Einräumung des Nutzungsrechts, das in verschiedener Hinsicht, zB gegenständlich, räumlich und zeitlich beschränkt sein kann (→ Anm. 12). Die Unionsmarkenlizenzen sind in Art. 25 ff. UMV geregelt und entsprechen weitgehend den §§ 30, 31 MarkenG. Es besteht jedoch die Besonderheit, dass unionsmarkenrechtliche Lizenzen auf Antrag eines Beteiligten in das Register beim EUIPO eingetragen und veröffentlicht werden, Art. 25 Abs. 5 UMV.

Bei einer Klage des Lizenzgebers gegen den Lizenznehmer ist hinsichtlich der Anspruchsgrundlage sowie hinsichtlich der Rechtsfolgen nach der Art des Verstoßes des Lizenznehmers zu unterscheiden: Hat der Lizenznehmer gegen eine der in § 30 Abs. 2 MarkenG aufgezählten Beschränkungen des Nutzungsrechts verstoßen, hat er die Marke also außerhalb des ihm durch Verfügungsgeschäft eingeräumten Nutzungsrechts benutzt, ist der Lizenznehmer jedem dritten Verletzer gleichgestellt. Dementsprechend kann der Lizenzgeber gegen ihn aufgrund der markenrechtlichen Anspruchsgrundlagen, insbesondere §§ 14, 18–19c MarkenG, vorgehen. Dasselbe gilt für Benutzungshandlungen des Lizenznehmers nach Beendigung des Vertrags, zB nach wirksamer Kündigung. Daneben kommen, je nach Ausgestaltung des Lizenzvertrags, Ansprüche auf vertraglicher Grundlage, zB aus §§ 280 ff. BGB, in Betracht. Besteht der Vorwurf gegen den Lizenznehmer dagegen in einer Verletzung einer bloß schuldrechtlichen Verpflichtung aus dem Lizenzvertrag, zB wegen Nichtzahlung der Lizenzgebühr, kann der Lizenzgeber keine markenrechtlichen, sondern nur schuldrechtliche Ansprüche geltend machen. Diese Differenzierung ist auch für die Frage von Bedeutung, inwieweit der Lizenzgeber Dritte, zB Abnehmer des Lizenznehmers, in Anspruch nehmen kann. Dies kann bei einer Überschreitung des nach § 30 MarkenG eingeräumten Nutzungsrechts auf der Grundlage markenrechtlicher Anspruchsgrundlagen zu bejahen sein, ist bei bloßer Verletzung vertraglicher Pflichten allerdings zu verneinen (vgl. EuGH GRUR 2009, 593 Rn. 38 ff. – Copad).

Das Formular behandelt die Klage des Lizenzgebers gegen den Lizenznehmer nach einem Verstoß des Lizenznehmers gegen den Lizenzvertrag, in diesem Fall die Missachtung der gegenständlichen Beschränkung der Lizenz auf Damenoberbekleidung. Diesen Verstoß hat der Lizenzgeber zum Anlass für eine außerordentliche Kündigung genommen. Bei Wirksamkeit der Kündigung hat der Lizenznehmer alle weiteren Benutzungshandlungen sofort zu unterlassen. Benutzt er weiter, stehen dem Lizenzgeber dieselben Ansprüche wie gegen jeden anderen Verletzer zu (§ 30 Abs. 2 Nr. 1 MarkenG). Sollte die Kündigung unwirksam sein, zB weil der Vertragsverstoß nicht das für eine fristlose Kündigung erforderliche Gewicht hat, folgen aus dem Verstoß markenrechtliche Unterlassungsansprüche zumindest hinsichtlich der vertragswidrigen Benutzungshandlungen (§ 30 Abs. 2 Nr. 3 MarkenG), die hier hilfsweise geltend gemacht werden.

5. Zur Ordnungsmittelandrohung → Form. B.13 Anm. 8.

6. Mit dem Hauptantrag I. stellt die Klägerin gegenüber dem Hilfsantrag I a. den weitergehenden Antrag, nämlich auf zukünftige Unterlassung der Benutzung der lizenzierten Marke insgesamt, also auch in Bezug auf Damenoberbekleidung. Der Erfolg dieses Antrages setzt voraus, dass die fristlose Kündigung wirksam ist (→ Anm. 16). Ist der Lizenzvertrag beendet, stehen dem Lizenzgeber gegen den Lizenznehmer die markenrechtlichen Ansprüche in gleichem Umfang zu wie gegen jeden dritten Verletzer (vgl. § 30 Abs. 2 Nr. 1 MarkenG). Für die Formulierung des Unterlassungsantrags, der hier aus § 14 Abs. 2 Nr. 1 MarkenG folgt, ergeben sich somit keine Besonderheiten. Insbesondere sollte der Unterlassungsantrag auch nach Beendigung des Vertrags nicht auf ein sog. „Schlechthin-Verbot" gerichtet sein, sondern hinsichtlich der Waren/Dienstleistungen so konkret gefasst werden, dass der Unterlassungsanspruch vom Schutzumfang der Marke gedeckt ist und eine Begehungsgefahr (Erstbegehungs- oder Wiederholungsgefahr) besteht. Ein weitergehender Antrag wäre im Hinblick auf den überschießenden Teil unbegründet. Andererseits liegt es im Interesse des Klägers, sich möglichst weitreichend auch gegen bisher nicht vorgekommene Arten von Verstößen, zB gegen die Nutzung der Marke im Kindermodenbereich, abzusichern. Deshalb richtet sich der Antrag im Formular auf die Unterlassung der Benutzung der Marke für Bekleidungsstücke. Im Übrigen folgt die Formulierung des Unterlassungsantrags dem Wortlaut von § 14 Abs. 3 MarkenG. Zur Formulierung des Unterlassungsantrags im Allgemeinen → Form. B.13 Anm. 9.

7. Der Hilfsantrag wird für den Fall gestellt, dass die fristlose Kündigung als unwirksam angesehen wird (→ Anm. 16), ein Verstoß gegen den Lizenzvertrag durch die Benutzung der Marke für Trainingsanzüge aber vorliegt. Da sich dieser Verstoß auf die „Art der Waren (. . . . . .), für die die Lizenz erteilt wurde" bezieht, können wiederum unmittelbar die Rechte aus der Marke geltend gemacht werden (§ 30 Abs. 2 Nr. 3 MarkenG). Dem Lizenznehmer steht also wiederum ein Anspruch aus § 14 Abs. 2 Nr. 1 MarkenG zu, soweit es sich nicht um von der Lizenz gedeckte Damenoberbekleidung handelt. Deshalb sind aus dem begehrten allgemeinen Verbot der Benutzung für Bekleidungsstücke lediglich die lizenzierten Waren (Damenoberbekleidung) ausgenommen worden. Wie aus der vorgerichtlichen Korrespondenz hervorgeht, ist zwischen den Parteien insbesondere die Frage streitig, ob es sich bei den Trainingsanzügen um von der Lizenz gedeckte Waren oder um Waren anderer Art handelt. Deshalb erscheint es sinnvoll, diese konkret streitgegenständlichen Waren ausdrücklich in die Antragsformulierung aufzunehmen. Das mit diesem Antrag geltend gemachte Begehren steht zwar nicht in einem echten Eventualverhältnis zum Hauptantrag. Vielmehr ist es in dem Hauptantrag als „Minus" enthalten. Da Zweifel an der Begründetheit des Hauptantrags bestehen, erscheint es aber ratsam, diesen Antrag zu formulieren, um sicherzustellen, dass das Gericht ggf. die Verurteilung zu diesem „Minus" ausspricht. Gleichzeitig wird dem Gericht ein Tenorierungsvorschlag an die Hand gegeben.

8. Der gegenständlich weitere Auskunftsantrag II. 1, der sich auf sämtliche Bekleidungsstücke bezieht, ist in zeitlicher Hinsicht weniger weitgehend als der mit dem Hilfsantrag I a. korrespondierende (und somit Damenoberbekleidung ausnehmende) Auskunftsanspruch II. 2. Die beiden Auskunftsanträge stehen deshalb nicht im Verhältnis des Haupt- und Hilfsantrages, sondern ergänzen einander. Ist der Hauptantrag begründet, ist auch der gesamte Auskunftsantrag nach II. 1. und II. 2. begründet. Die zweigeteilte Formulierung hat ihren Grund darin, dass das umfassende Verbot der Benutzung der Marke nach dem Hauptantrag I. erst mit Zugang der fristlosen Kündigung wirksam werden kann. Deshalb ist der Auskunftsantrag nach II. 1 auf Handlungen nach diesem Zeitpunkt beschränkt. Demgegenüber richtet sich der Auskunftsanspruch II. 2. nur auf von der Lizenzeinräumung nicht umfasste Nutzungshandlungen. Diese haben schon vor der Kündigung vorgelegen und sind deshalb nicht durch diesen Zeitpunkt begrenzt. Der Umfang des Anspruchs ergibt sich aus §§ 19 und 19a MarkenG, die wegen Verstoßes gegen eine Beschränkung des § 30 Abs. 2 MarkenG hier anwendbar sind. Im Einzelnen zum Auskunftsanspruch → Form. B.13 Anm. 11. Der Auskunftsantrag kann ggf. weiter präzisiert werden bzw. auf die Erteilung zusätzlicher Auskünfte gerichtet sein, soweit diese auf vertraglicher Grundlage bestehen, insbesondere bei einer Verletzung der vertraglichen Rechnungslegungspflichten. Da sich der Rechnungslegungsanspruch regelmäßig auf alle Waren beziehen wird, die mit den lizenzierten Marken versehen sind, wären diese schuldrechtlichen Auskunftsverpflichtungen nicht auf die gestatteten Benutzungen beschränkt, sondern könnten uneingeschränkt (unter Einschluss der verletzenden Benutzung) geltend gemacht werden.

9. Der Schadensersatzfeststellungsanspruch ergibt sich aus § 14 Abs. 6 MarkenG iVm § 30 Abs. 2 MarkenG, wobei wiederum die zeitliche und inhaltliche Unterscheidung wie beim Auskunftsanspruch (→ Anm. 8) zu machen ist. Inhaltlich weist der Schadensersatzfeststellungsanspruch gegenüber dem Grundfall (→ Form. B.13 Anm. 10) keine Besonderheiten auf. In einem nachfolgenden Betragsverfahren wird die Höhe der angemessenen Lizenzgebühr durch die vertraglich vereinbarte Lizenzberechnung vorgegeben sein. Allerdings ist der Lizenzgeber beim Vorgehen gegen seinen (ggf. früheren) Lizenznehmer grundsätzlich (vorbehaltlich abweichender Regelungen im Lizenzvertrag) nicht darauf beschränkt, den Schadensersatz im Wege der Lizenzanalogie zu berechnen. Seine Rechte aus § 14 Abs. 6 MarkenG sind – jedenfalls im Anwendungsbereich der deliktischen Anspruchsgrundlagen, auf die § 30 Abs. 2 MarkenG verweist – nicht eingeschränkt, so dass er auch die konkrete Schadensberechnung oder die Abschöpfung des Verletzergewinns wählen kann.

10. Der Herausgabeanspruch hinsichtlich der vom Lizenzgeber überlassenen Unterlagen ergibt sich nicht unmittelbar aus dem MarkenG, sondern aus dem Lizenzvertrag. Im vorliegenden Fall ist die Verpflichtung zur Rückgabe nach Beendigung des Vertrages –

wie meist – vertraglich ausdrücklich geregelt. Fehlt es an einer solchen ausdrücklichen Regelung, kann sich diese Verpflichtung auch konkludent als Nebenpflicht oder – bei Eigentumsvorbehalt – als Herausgabeanspruch nach § 985 BGB konstruieren lassen (allgemein zu den nachvertraglichen Rechten und Pflichten *Ingerl/Rohnke* MarkenG § 30 Rn. 91; Ströbele/Hacker/*Hacker* MarkenG § 30 Rn. 73 ff.).

11. Für die Schlüssigkeit der Klage ist es nicht ausreichend, nur die Existenz des Lizenzvertrags und den Verstoß des Lizenznehmers vorzutragen. Wenn Markenschutz nicht bestünde, zB weil die Marke nicht rechtzeitig verlängert worden wäre, könnte der Lizenzgeber keine markenrechtlichen Ansprüche geltend machen. Gegenüber vertraglichen Ansprüchen könnte sich der Lizenznehmer ggf. auf Störung der Geschäftsgrundlage (§ 313 BGB) berufen. Zum Vortrag bezüglich des Bestands der Marken → Form. B.13 Anm. 17.

12. Im Mittelpunkt des Falles steht die inhaltliche Reichweite der Lizenzeinräumung. Dieser Punkt ist auch im Lizenzvertrag ausdrücklich zu regeln. Prozessual ist Vortrag zur vertraglichen Regelung deshalb erforderlich, weil nur bei einem Verstoß gegen die lizenzvertraglichen Regelungen nach § 30 Abs. 2 MarkenG der Rückgriff auf markenrechtliche Ansprüche eröffnet ist. Im vorliegenden Fall dient etwas substantiierterer Vortrag zur Definition der streitigen Kategorien „Damenoberbekleidung" und „Herrenkonfektion" auch der Vorwegnahme von Argumenten des Beklagten. Die Definition des Lizenzumfangs hat in mehrere Richtungen stattzufinden (vgl. dazu ausführlich *Ingerl/Rohnke* MarkenG § 30 Rn. 19 ff.; Ströbele/Hacker/*Hacker* MarkenG § 30 Rn. 7 ff., 42 ff.). Zunächst ist festzulegen, ob eine einfache, eine ausschließliche oder eine Alleinlizenz vorliegt. Eine ausschließliche Lizenz ist gegeben, wenn nur der Lizenznehmer die Marke in der lizenzierten Weise benutzen darf. Das ist nach dem Vortrag in der Klageschrift hier der Fall, da für Damenoberbekleidung auf dem Gebiet der Bundesrepublik Deutschland nur der Lizenznehmer tätig werden durfte. Für andere Segmente können weitere ausschließliche Lizenzen existieren, zB für den Bereich der Herrenkonfektion. Demgegenüber liegt eine einfache Lizenz vor, wenn der Lizenzgeber sich das Recht vorbehält, für den Gegenstand der Lizenz weitere Lizenzen zu erteilen oder dies bereits getan hat. Im Markenrecht sind mit der Einräumung einer ausschließlichen Lizenz aber keine unmittelbaren Rechtsfolgen verknüpft. Insbesondere gilt aufgrund der ausdrücklichen Regelung von § 30 Abs. 3 MarkenG nicht die Vermutung, dass der Lizenznehmer zur Geltendmachung der Markenrechte im eigenen Namen befugt ist. In gegenständlicher Hinsicht kann die Lizenz auf einzelne Waren oder Dienstleistungen, für die die Marke Schutz genießt, beschränkt werden (§ 30 Abs. 1 MarkenG). Die Abgrenzung des Lizenzgegenstands erfolgt sinnvollerweise durch eine in der Branche allgemein akzeptierte Definition, ggf. auch durch eine längere Aufzählung. Um den Vertrag nicht zu überfrachten, kann dies auch in einer Anlage erfolgen. Wie der vorliegende Vertrag zeigt, kann die Verwendung relativ abstrakter Oberbegriffe leicht zu Abgrenzungsschwierigkeiten führen. Im vorliegenden Fall war die Lizenz auf Damenoberbekleidung beschränkt. Soweit der Vertrag insoweit nicht klar ist, ist er auszulegen (zB BGH GRUR 2011, 946 Rn. 17 ff. – KD; vgl. zu konkludenter Gestattung und Lizenzierung, BGH GRUR 2016, 965 Rn. 37 ff. – Baumann II; BGH GRUR 2016, 201 Rn. 24 ff. – Ecosoil). Im vorliegenden Fall trägt der Kläger für seine Auslegung insbesondere die Kenntnis des Beklagten von der Existenz eines weiteren ausschließlichen Lizenznehmers vor. Für die Frage, ob es, wie vom Beklagten behauptet, Kleidungsstücke geben kann, die in beide Kategorien fallen und ob dies konkret für die hier streitigen Trainingsanzüge gilt, wäre ggf. zusätzlicher Sachvortrag sinnvoll, der auch das Angebot eines Sachverständigenbeweises einschließen kann. Bleiben insoweit Unklarheiten, ist die Lizenzeinräumung im Zweifel eng und unter Berücksichtigung des beabsichtigten Zwecks auszulegen, jedenfalls soweit bei einer engen Auslegung noch ein wirtschaftlich sinnvoller Kern verbleibt. Das ergibt sich aus dem in

### 16. Klage des Lizenzgebers gegen den Lizenznehmer	B. 16

§ 31 Abs. 5 UrhG kodifizierten Zweckübertragungsgrundsatz, der auch für andere Bereiche des gewerblichen Rechtsschutzes analog anwendbar ist (vgl. BGH GRUR 2002, 248 (251) – SPIEGEL-CD-ROM; BGH GRUR 2010, 62 Rn. 16 – Nutzung von Musik für Werbezwecke; *Ingerl/Rohnke* MarkenG § 30 Rn. 26). Neben den weiteren in § 30 Abs. 2 MarkenG genannten, zB territorialen Beschränkungen der Lizenz, können auch darüber hinausgehende Einschränkungen der Nutzungsrechte des Lizenznehmers ohne die Wirkung des § 30 Abs. 2 MarkenG vereinbart werden, so zB die Beschränkung auf einzelne Benutzungsarten (etwa die bloße Anbringung), die Bindung der Lizenz an einen bestimmten Geschäftsbetrieb, ohne den sie nicht übertragen werden kann, eine bestimmte Benutzungsform usw. (vgl. *Ingerl/Rohnke* MarkenG § 30 Rn. 45 ff.). Verstöße gegen solche Vereinbarungen können allerdings keine markenrechtlichen, sondern nur vertragliche Ansprüche nach sich ziehen (→ Anm. 1).

13. Den Verstoß gegen die Regelungen des Lizenzvertrags muss der Lizenzgeber beweisen. Damit wird gleichzeitig substantiiert der Kündigungsgrund vorgetragen. Die vorgelegte schriftliche Auskunft des Abnehmers wird im Fall des substantiierten Bestreitens durch den Lizenznehmer nicht als Vollbeweis ausreichend sein. Es kann sich daher anbieten, zusätzlich Zeugenbeweis anzubieten. Im vorliegenden Fall ergibt sich aber aus der Reaktion des Lizenznehmers, dass er den Vorfall vermutlich nicht bestreiten wird, sondern auf seine Berechtigung zu der beanstandeten Vertriebshandlung abstellen wird.

14. In der Regel wird der außerordentlichen Kündigung gemäß § 314 Abs. 2 BGB eine erfolglose Abmahnung vorausgehen müssen, bei der ggf. eine angemessene Nachfrist gesetzt werden muss, die Vertragsverletzung zu beheben (BGH GRUR 1997, 610 (611) – Tinnitus-Masker; Ströbele/Hacker/*Hacker* MarkenG § 30 Rn. 74; *Ingerl/Rohnke* MarkenG § 30 Rn. 88). Eine solche Abmahnung kann entbehrlich sein, wenn das Vertrauensverhältnis zB aufgrund wiederholter schwerwiegender Verletzungen nicht wieder hergestellt werden kann (BGH GRUR 1992, 112 (114) – pulp-wash).

15. Die Kündigung ist nur berechtigt, wenn hinreichende Kündigungsgründe vorgetragen werden. Soweit diese im Lizenzvertrag nicht ausdrücklich oder nur generalklauselartig umschrieben sind, ist eine außerordentliche Kündigung nach § 314 BGB möglich, wenn der kündigenden Vertragspartei die Fortsetzung des Vertragsverhältnisses nicht länger zugemutet werden kann (vgl. BGH GRUR 2002, 703 (705) – VOSSIUS & PARTNER). Die vorsätzliche Verletzung wesentlicher Vertragspflichten wird in aller Regel die Vertrauensgrundlage zerstören (vgl. *Ingerl/Rohnke* MarkenG § 30 Rn. 84). Im vorliegenden Fall wäre eine Anbringung der lizenzierten Marke auf Produkten, für die keine Lizenz eingeräumt wurde, ein schwerwiegender Vertragsverstoß, der die außerordentliche Kündigung rechtfertigen würde. Eine andere Beurteilung könnte sich allenfalls dann ergeben, wenn die Beweisaufnahme zeigen würde, dass der Begriff der „Damenoberbekleidung" im Verkehr nicht so eindeutig festgelegt ist, dass Überschneidungen mit dem Bereich der Herrenkonfektion ausgeschlossen wären. Wenn dann weiter festgestellt würde, dass der vom Lizenznehmer mit der Marke versehene Trainingsanzug zumindest vertretbar auch als Damenoberbekleidung angesehen werden könnte, wäre ggf. aufgrund des geringeren Verschuldensgrades des Lizenznehmers ein außerordentlicher Kündigungsgrund zweifelhaft. Für den Lizenzgeber ist es prozesstaktisch wichtig, nicht nur den objektiven Vertragsverstoß zu belegen, sondern auch deutlich zu machen, dass für einen auf diesem Gebiet tätigen Unternehmer und Fachmann wie der Beklagten kein Zweifel an der Auslegung des Lizenzvertrags bestehen konnte.

16. Die Kündigung als einseitige empfangsbedürftige Willenserklärung muss dem Lizenznehmer zugegangen sein. Dafür ist der Lizenzgeber im Streitfall darlegungs- und beweispflichtig. Eine besondere Form der Kündigungserklärung ist nicht vorgeschrieben, auch ein eventueller Formzwang des Lizenzvertrags erstreckt sich nicht auf die Kündigungserklärung.

17. In der rechtlichen Würdigung wird sinnvollerweise insbesondere das Verhältnis der verschiedenen Anträge zueinander noch einmal verdeutlicht. Darüber hinaus wären Ausführungen zum Vorliegen eines ausreichenden Kündigungsgrunds sinnvoll.

Kosten und Gebühren

18. Zu den Gebühren vor den ordentlichen Gerichten vgl. Erläuterungen zu → Form. B.13 Anm. 31.

Fristen und Rechtsmittel

19. Statthaftes Rechtsmittel gegen die Entscheidung des Landgerichts ist die Berufung, siehe dazu Erläuterungen zu → Form. B.13 Anm. 32.

17. Klage wegen Verletzung einer geschäftlichen Bezeichnung

Landgericht . . . . . .[1]

– Kennzeichenstreitkammer –

Klage

In Sachen

Alpha-Pharma GmbH, ...

– Klägerin –

Prozessbevollmächtigte: . . . . . .

gegen

Alfa Gesellschaft für Produktentwicklung und Marketing mbH, ...

– Beklagte –

wegen: Unterlassung, Auskunft, Schadensersatz, Vernichtung (MarkenG)[2]

Streitwert: vorläufig geschätzt 500.000 EUR[3]

erheben wir namens der Klägerin Klage gegen die Beklagte und bitten um Anberaumung eines baldigen Termins zur mündlichen Verhandlung, in dem wir die folgenden Anträge stellen werden:

I. Die Beklagte wird verurteilt, es bei Vermeidung eines für jeden Fall der Zuwiderhandlung festzusetzenden Ordnungsgeldes bis zu 250.000 EUR, ersatzweise Ordnungshaft, oder Ordnungshaft bis zu sechs Monaten, im Wiederholungsfall bis zu zwei Jahren, die Ordnungshaft zu vollziehen an ihrem Geschäftsführer, zu unterlassen,
   1. sich im geschäftlichen Verkehr zur Kennzeichnung ihres auf die Herstellung und den Vertrieb von Kosmetikcremes gerichteten Geschäftsbetriebs der Bezeichnung Alfa Gesellschaft für Produktentwicklung und Marketing mbH zu bedienen;[4]

17. Klage wegen Verletzung einer geschäftlichen Bezeichnung B. 17

2. im geschäftlichen Verkehr das schlagwortartig hervorgehobene Wort ALFA auf kosmetischen Cremes oder ihrer Aufmachung oder Verpackung anzubringen, unter dieser Kennzeichnung kosmetische Cremes anzubieten, in Verkehr zu bringen oder zu den genannten Zwecken zu besitzen, einzuführen oder auszuführen, oder diese Kennzeichnung in Geschäftspapieren oder in der Werbung für kosmetische Cremes zu benutzen.[5]

II. Die Beklagte wird verurteilt, der Klägerin darüber Auskunft zu erteilen, in welchem Umfang sie Handlungen gemäß Antrag I. begangen hat, und zwar über die Umsätze, die unter der streitgegenständlichen Bezeichnung getätigt wurden, sowie über die Menge der gem. Antrag I. hergestellten, ausgelieferten, erhaltenen oder bestellten Waren, über die für diese Waren bezahlten Preise sowie über die gewerblichen Abnehmer dieser Waren und zum Beleg dieser Auskunft geeignete Unterlagen, insbesondere Bestellungen, Rechnungen und Lieferscheine vorzulegen.[6]

III. Es wird festgestellt, dass die Beklagte der Klägerin allen Schaden zu ersetzen hat, der dieser aus den in Antrag I. beschriebenen Handlungen bereits entstanden ist oder künftig noch entstehen wird.[7]

IV. Die Beklagte wird verurteilt, die gemäß Antrag I. gekennzeichneten Waren zurückzurufen, endgültig aus den Vertriebswegen zu entfernen und sie, soweit sie in ihrem Besitz oder Eigentum stehen, zu vernichten.[8]

Begründung:

1. Die Klägerin ist ein führendes Unternehmen auf dem Gebiet der naturheilkundlichen Präparate, insbesondere von erkältungslindernden Mitteln auf der Basis pflanzlicher Wirkstoffe. Ihr Sortiment umfasst zum Beispiel die folgenden Produkte, zu deren näheren Eigenschaften wir einen Auszug aus der aktuellen Roten Liste
   Anlage K 1
   übergeben:[9] . . . . .

2. Die Klägerin ist mit Gesellschaftsvertrag vom 15.1.2010
   Anlage K 2
   gegründet worden. Im Handelsregister ist sie seit dem 3.4.2010 eingetragen,[10]
   Anlage K 3.

3. Die Klägerin firmierte zunächst unter der Bezeichnung Müller Arzneimittel GmbH. Mit Unternehmenskaufvertrag vom 1.10.2014 hat sie alle Aktiva und Passiva der Alpha-Pharma GmbH (im Folgenden „Alpha-Parma alt") übernommen und den damals bestehenden Geschäftsbetrieb unter Übernahme der zehn Mitarbeiter fortgesetzt.

   Beweis: Zeugnis von . . . . . .

   Mit dem Erwerb der „Alpha-Pharma alt" hat die Klägerin auch deren Firma übernommen, wie sich aus dem als
   Anlage K 4
   überreichten Vertrag ergibt. Durch gleichzeitige Satzungsänderung hat die Klägerin ihre Firma in Alpha-Pharma GmbH geändert,
   Anlage K 5.
   Diese Firmenänderung ist am 12.2.2015 im Handelsregister eingetragen worden.[11]

4. Die „Alpha-Pharma alt" war ihrerseits schon im Jahr 2000 gegründet worden, wie sich aus dem Handelsregisterauszug
   Anlage K 6
   ergibt. Sie hatte zunächst die Firma Alpha-Arzneimittel GmbH geführt, seit 2012 firmierte sie als Alpha-Pharma GmbH.[12]

5. Schon die „Alpha-Pharma alt" hatte nach kleinen Anfängen im Nürnberger Raum schnell mit ihren Produkten den ganzen deutschen Markt versorgt. Eine Kundenliste aus dem Jahr 2003
Anlage K 7
zeigt, dass schon zu diesem Zeitpunkt an Apotheken in sämtlichen Bundesländern geliefert wurde.[13] Dieser flächendeckende Vertrieb hat sich nach dem Erwerb durch die Klägerin fortgesetzt und hält bis in die Gegenwart an. Ihre bundesweiten Umsätze lagen im letzten Jahr bei rund 21 Millionen EUR.[14]

6. Durch eine Werbeanzeige in der Oktoberausgabe der Zeitschrift „Homöopathie heute"
Anlage K 8
ist die Klägerin auf die Beklagte erstmals aufmerksam geworden.[15] Sie ist ausweislich des Handelsregisterauszuges
Anlage K 9
durch Gesellschaftsvertrag vom 1.3.2008 gegründet und am 15.7.2008 im Handelsregister eingetragen worden.[16] Das Produktprogramm der Beklagten wird deutlich aus ihrem Werbefaltblatt,
Anlage K 10.
Danach entwickelt und vermarktet sie ein ganzes Spektrum von kosmetischen Cremes, denen überwiegend auch medizinische Wirkungen zugeschrieben werden, so einen „Antifaltenbalsam" sowie eine „Jungbrunnencreme", die durch „Anregen des Kreislaufs" den Energieumsatz des Körpers erhöhen und unerwünschte Fettpolster abbauen sollen usw.[17]
Wie aus dem Prospekt ebenfalls ersichtlich ist, tragen Produktausstattung und Verpackung der Cremes das Firmenschlagwort ALFA schlagwortartig hervorgehoben oder in Alleinstellung als Produktkennzeichen.[18]

7. Die Beklagte ist erfolglos durch die Klägerin abgemahnt worden,[19]
Anlage K 11.
Zu ihrer Verteidigung hat sich die Beklagte insbesondere auf ihre gegenüber der Klägerin angeblich bessere firmenrechtliche Priorität sowie hilfsweise auf mangelnde Verwechslungsgefahr berufen.[20]

8. Zur Rechtslage erlauben wir uns nur folgende kurze Hinweise:[21]
 a) Die Klägerin kann sich auf die Priorität der „Alpha-Pharma alt" von 2000 berufen, da sie deren Geschäftsbetrieb und Firma übernommen hat und fortführt. Die geringfügige Änderung der Firma in den beschreibenden Bestandteilen im Jahre 2012 kann an der Unternehmenskontinuität nichts ändern.[22]
 b) Das Unternehmenskennzeichen der Klägerin wird geprägt von dem Firmenschlagwort ALPHA, das auch isoliert Schutz genießt.[23] Jedenfalls für die hier streitgegenständlichen Produkte aus dem kosmetischen und pharmazeutischen Bereich ist das Zeichen auch ohne weiteres normal kennzeichnungskräftig.[24]
 c) Ebenso wie die Firma der Klägerin wird diejenige der Beklagten vom Schlagwort geprägt, das in diesem Fall ALFA heißt.[25]
 d) Die beiden Schlagwörter sind miteinander verwechslungsfähig.[26] Die Zeichen sind klanglich identisch und auch unter schriftbildlichen Gesichtspunkten hochgradig ähnlich, weil sie sich nur in einem Buchstaben in der Wortmitte unterscheiden.[27] Ein Ausschluss der Verwechslungsgefahr durch unterschiedlichen Sinngehalt kommt schon deshalb nicht in Betracht, weil die Zeichen klanglich identisch sind, so dass der Verkehr vermeintliche Unterschiede im Sinngehalt gar nicht erfassen kann.[28]
 e) Die erforderliche Branchennähe zwischen den Parteien ist gegeben.[29] Es kann dahinstehen, ob zwischen Herstellern von Kosmetika und solchen von Pharmazeutika generell Branchennähe besteht. Jedenfalls im vorliegenden Fall, wo es um den Vertrieb

17. Klage wegen Verletzung einer geschäftlichen Bezeichnung   B. 17

von Produkten geht, mit denen (auch) arzneimittelmäßige Wirkungen erzielt werden sollen, ist sie zu bejahen. Sie wird verstärkt durch den Schwerpunkt der Tätigkeit der Klägerin im Bereich der Naturheilmittel, da auch für Kosmetika zunehmend mit der Herstellung aus natürlichen Wirkstoffen geworben wird, wie aus der als
Anlage K 12
beiliegenden Anzeige ersichtlich ist.

Rechtsanwalt[30, 31]

Schrifttum: vgl. die Hinweise → Form. B.1.

Anmerkungen

1. Klagen wegen Verletzung einer geschäftlichen Bezeichnung sind Kennzeichenstreitsachen, weshalb die Landgerichte ausschließlich zuständig sind (§ 140 Abs. 1 MarkenG). Auf die näheren Erläuterungen bei → Form. B.12 Anm. 2, 3 wird verwiesen.

2. Der Begriff der geschäftlichen Bezeichnung (§ 5 Abs. 1 MarkenG) umfasst sowohl Unternehmenskennzeichen (§ 5 Abs. 2 MarkenG) als auch Werktitel (§ 5 Abs. 3 MarkenG). Werktitel benennen geistige Werke, zB Druckschriften wie Bücher oder Zeitungen, Filmwerke, Ton- oder Bühnenwerke (→ Form. B.18). Ein Unternehmenskennzeichen kann insbesondere die Firma oder die besondere Bezeichnung eines Geschäftsbetriebs oder Unternehmens sein. Das Formular behandelt den Grundfall und einige Besonderheiten der Klage aufgrund einer geschäftlichen Bezeichnung, in diesem Fall der Firma (§ 5 Abs. 2 MarkenG).

In § 15 MarkenG hat der Gesetzgeber die Verletzung der geschäftlichen Bezeichnungen in weitgehender – aber nicht vollständiger – Angleichung zur Markenverletzung des § 14 MarkenG geregelt. Dem gesetzgeberischen Ziel einer möglichst weitgehenden Parallelisierung des Schutzes von Marken und geschäftlichen Bezeichnungen entsprechend gelten die Folgeansprüche der §§ 18–19c MarkenG für geschäftliche Bezeichnungen ebenso. Die Unterlassungs- und Schadensersatzansprüche (§ 15 Abs. 4 und 5 MarkenG) sind zwar selbständig geregelt, unterscheiden sich aber nicht grundsätzlich von dem für Marken geltenden § 14 MarkenG. Die Firma ist auch durch § 12 BGB geschützt, der aber gegenüber § 15 MarkenG grundsätzlich subsidiär ist (BGH GRUR 2002, 622 (623) – shell.de). Allerdings ist § 12 BGB ergänzend anwendbar, wenn die Unternehmensbezeichnung außerhalb des geschäftlichen Verkehrs oder außerhalb der Branche des älteren Zeichens verwendet wird (BGH GRUR 2008, 1099 Rn. 10 – afilias.de; BGH GRUR 2014, 393 Rn 16 – wetteronline.de) oder eine Rechtsfolge begehrt wird, die das MarkenG nicht zur Verfügung stellt, wie etwa ein Anspruch auf Löschung eines Domain-Namens (BGH GRUR 2012, 304 Rn. 32 – Basler Haar-Kosmetik; BGH GRUR 2016, 810 Rn. 38 – profitbricks.es). Im Falle handelsrechtlich unbefugten Firmengebrauchs kann außerdem § 37 Abs. 2 S. 1 HGB als weitere Anspruchsgrundlage hinzutreten.

Besonderheiten gegenüber den eingetragenen Marken ergeben sich bei den geschäftlichen Bezeichnungen in verschiedener Hinsicht. Schon die Entstehung des Schutzes hängt nicht von einem formellen Eintragungsakt ab, sondern bei originär kennzeichnungskräftigen Zeichen von der tatsächlichen Benutzungsaufnahme im geschäftlichen Verkehr (zB BGH GRUR 2009, 685 Rn. 17 – ahd.de; BGH GRUR 2016, 705 Rn. 19 – ConText), → Anm. 10. Der Übergang der Kennzeichenrechte kann nur zusammen mit dem so bezeichneten Geschäftsbetrieb, nicht isoliert nach § 27 MarkenG erfolgen (*Ingerl/Rohnke* MarkenG Vor §§ 27–31 Rn. 9 ff.). Der geographische Schutzbereich der geschäftlichen Bezeichnung kann ggf. auf ein Teilgebiet der Bundesrepublik Deutschland beschränkt sein → Anm. 13, während Schutz von eingetragenen Marken immer das gesamte Bundesgebiet umfasst. Andererseits kommt bei geschäftlichen Bezeichnungen eher als im Markenrecht ein Schutz von Abkürzungen und Schlagwörtern als „Elementenschutz" in Betracht → Anm. 23. An die Stelle der Ähnlichkeit der Waren und Dienstleistungen tritt die Branchennähe, die einen weiteren Begriff darstellt, also eher zur Bejahung von Kollisionen führt → Anm. 29. Auf diese Besonderheiten ist im Folgenden einzugehen.

3. Zum Streitwertansatz vgl. allgemein → Form. B.13 Anm. 7. Im vorliegenden Fall ist streitwerterhöhend zu berücksichtigen, dass sowohl die firmen- als auch die markenmäßige Verwendung angegriffen werden (Anträge I.1. und I.2.). Außerdem werden Auskunft, Feststellung der Schadensersatzpflicht und Vernichtung beantragt. Im Hinblick auf den Umstand, dass die Kennzeichen der Parteien seit Jahren in erheblichem Umfang benutzt werden, ist der Streitwertansatz im Formular als zurückhaltend zu bewerten.

4. Mit dem Antrag I.1. macht die Klägerin ihren Unterlassungsanspruch aus § 15 Abs. 4 MarkenG im Hinblick auf die firmenmäßige Benutzung der verwechslungsfähigen Unternehmensbezeichnung durch die Beklagte geltend. Wie bei der Markenverletzung sind Unterlassungsansprüche aus § 15 Abs. 4 MarkenG grundsätzlich nur gegen die kennzeichenmäßige Benutzung gegeben (BGH GRUR 2009, 685 Rn. 20 – ahd.de; *Ingerl/Rohnke* MarkenG § 15 Rn. 31 ff.). Dabei ist eine ähnliche Abgrenzung wie im Rahmen von § 14 MarkenG vorzunehmen (→ Form. B.13 Anm. 19), mit dem Unterschied, dass es nicht auf eine herkunftshinweisende Benutzung für Waren/Dienstleistungen („markenmäßige" Benutzung), sondern auf eine Benutzung als individualisierendes Unternehmenskennzeichen ankommt. Die Übergänge können im Einzelfall fließend sein (→ Anm. 5). Der Unterlassungsanspruch gegen die firmenmäßige Benutzung, dh den Namen, dessen sich die Beklagte im geschäftlichen Verkehr bedient, kann nur gegen die konkrete Verletzungsform in ihrer Gesamtheit gerichtet sein. Auch dann, wenn – wie im vorliegenden Fall – nur ein einzelner Bestandteil des Unternehmenskennzeichens der Beklagten kollisionsbegründend ist („ALFA"), kann der Unterlassungsanspruch nur gegen die Firma in ihrer tatsächlichen Form, wie sie im Handelsregister eingetragen ist, bzw. gegen ein Firmenschlagwort, wie es tatsächlich benutzt wird, gerichtet werden (vgl. BGH GRUR 1997, 468 (470) – NetCom; BGH GRUR 2016, 705 Rn. 33 f. – ConText; *Ingerl/Rohnke* MarkenG Vor §§ 14–19d Rn. 161). Das ergibt sich schon daraus, dass die Verwendung eines kollisionsbegründenden Bestandteils kaum je in jeder denkbaren Kombination mit anderen Bestandteilen verwechslungsfähig sein wird (vgl. BGH GRUR 1997, 903 – GARONOR; BGH GRUR 2013, 833 Rn. 26 f. – Culinaria/Villa Culinaria). Daher kann ein sog. Schlechthin-Verbot, also ein Verbot jeglicher Firmierung mit einem bestimmten Bestandteil, unabhängig von einer Begehungsgefahr für eine Benutzung in Alleinstellung, grundsätzlich nicht verlangt werden (vgl. BGH GRUR 2016, 705 Rn. 33 f. – ConText; Ströbele/Hacker/*Hacker* MarkenG § 15 Rn. 99). Davon zu unterscheiden ist der Angriff auf eine konkrete (markenmäßige) Benutzung des Schlagwortes in isolierter Form, die durch die Beklagte selbst erfolgt (Antrag I.2.).

Neben dem Unterlassungsanspruch kann zusätzlich ein Anspruch auf Löschung der verletzenden Firma im Handelsregister geltend gemacht werden, der sich als Beseitigungsanspruch aus § 19d MarkenG iVm § 1004 BGB ergibt (BGH GRUR 2008, 1104 Rn. 34 – Haus & Grund II). Anders als der Unterlassungsanspruch ist der Löschungsanspruch auf die Löschung des konkreten verletzenden Firmenbestandteils im Register beschränkt, da er als Beseitigungsanspruch nicht weiter gehen darf, als zur Behebung der Störung erforderlich ist (BGH GRUR 1981, 60 (64) – Sitex; BGH GRUR 2013, 833 Rn. 26 ff. – Culinaria/Villa Culinaria). In der Praxis spielt der Löschungsanspruch eine untergeordnete Rolle, da der Erfolg des Unterlassungsanspruchs gleichzeitig bedeutet, dass die Firma im geschäftlichen Verkehr nicht mehr geführt werden kann, weshalb sie im Ergebnis auch im Handelsregister geändert werden muss.

17. Klage wegen Verletzung einer geschäftlichen Bezeichnung   B. 17

5. Auch durch eine markenmäßige Benutzung kann ein Unternehmenskennzeichen verletzt werden. Das gilt trotz der Rechtsprechung des EuGH, die für den umgekehrten Fall keine markenverletzende Benutzung in der Verwendung als Unternehmenskennzeichen sieht. Denn im (nicht namensmäßigen) Gebrauch des angegriffenen Zeichens als Marke liegt regelmäßig eine Benutzung zugleich als Unternehmenskennzeichen, da die Marke eine bestimmte betriebliche Herkunft des gekennzeichneten Produkts anzeigt (vgl. BGH GRUR 2011, 623 Rn. 44 – Peek & Cloppenburg II; BGH GRUR 2012, 635 Rn. 11 – METRO/ROLLER's Metro; Ströbele/Hacker/*Hacker* MarkenG § 15 Rn. 18 mwN). Im Antrag ist wiederum die konkrete Verletzungsform zu beschreiben, hier also die Verwendung in schlagwortartig hervorgehobener Weise oder Alleinstellung. Die weitere Formulierung von Antrag I.2. folgt hinsichtlich der zu verbietenden Handlungsformen der Formulierung in § 14 Abs. 3 MarkenG. In § 15 MarkenG fehlt zwar eine entsprechende Aufzählung, doch ist eine analoge Anwendung im Rahmen von § 15 MarkenG möglich (BGH GRUR 2010, 239 Rn. 44 – BTK). Zur Formulierung des Unterlassungsantrags im Allgemeinen → Form. B.13 Anm. 9.

6. Der Auskunftsanspruch ergibt sich auch im Rahmen von § 15 MarkenG direkt aus §§ 19, 19a MarkenG und ggf. als Hilfsanspruch zum Schadensersatzanspruch aus § 242 BGB. Gegenüber der Markenverletzung ergeben sich keine Besonderheiten, wobei der Anspruch auf Auskunft über Lieferanten und Abnehmer sich nur auf rechtswidrig gekennzeichnete Waren und Dienstleistungen (entsprechend Antrag I.2.) beziehen kann. Auf die nähere Erläuterung zu den Auskunftsansprüchen in → Form. B.13 Anm. 11, 12 wird verwiesen.

7. Der Schadensersatzspruch ergibt sich aus § 15 Abs. 5 MarkenG, der wortgleich mit § 14 Abs. 6 MarkenG ist. Auf die Erläuterungen zum Schadensersatzanspruch bei Markenverletzungen in → Form. B.13 Anm. 10 wird verwiesen.

8. Der Rückruf- und Vernichtungsanspruch ergibt sich direkt aus § 18 MarkenG. Er bezieht sich in erster Linie auf die rechtswidrig gekennzeichneten Waren. Dem entspricht die Antragsfassung im Beispieltext. Er könnte auch noch auf die im Eigentum der Beklagten stehenden Materialien und Geräte, die vorwiegend zur widerrechtlichen Kennzeichnung der Waren gedient haben, erweitert werden, § 18 Abs. 1 S. 2 MarkenG. Auf die Erläuterungen zum Vernichtungsanspruch bei Markenverletzungen in → Form. B.13 Anm. 13 wird verwiesen. Ob darüber hinaus auch die Vernichtung anderer Gegenstände wie zB Briefpapier, verlangt werden kann, erscheint nach der Neufassung des § 18 Abs. 1 MarkenG, der statt – wie früher – auf „Gegenstände" nun auf „Waren" abstellt, fraglich (Ströbele/Hacker/*Hacker* MarkenG § 18 Rn. 19 f.).

9. Da die geschäftliche Bezeichnung durch tatsächlichen Gebrauch, nicht durch Eintragung, entsteht, existiert auch kein Verzeichnis der Waren und Dienstleistungen, wie dies bei der Marke der Fall ist. Die zur Bejahung der Verletzung erforderliche Branchennähe ergibt sich wiederum primär aus tatsächlichen Gesichtspunkten, nämlich den Tätigkeitsgebieten der Parteien, dh den Produktbereichen und Arbeitsgebieten, die nach der Verkehrsauffassung für die beteiligten Unternehmen typisch sind (BGH GRUR 2011, 831 Rn. 23 – BCC; BGH GRUR 2016, 810 Rn. 65 – profitbricks.es; Ströbele/Hacker/*Hacker* MarkenG § 15 Rn. 55 ff.). Die im Handelsregister eingetragenen bzw. im Gesellschaftsvertrag genannten Geschäftszwecke treten hinter den tatsächlichen Aktivitäten zurück. Für die Schlüssigkeit der Klage ist deshalb die Darlegung der Tätigkeitsgebiete beider Parteien erforderlich. Sinnvollerweise konzentriert sich der Sachvortrag dabei auf Waren oder Dienstleistungen, die möglichst nahe am Angebot der Beklagten liegen. Zu der Beurteilung der Branchennähe → Anm. 29.

10. Wie bei allen Kennzeichenrechten ist der Entstehungszeitpunkt bei der Unternehmenskennzeichnung von zentraler Bedeutung für die relative Berechtigung der verschiedenen Benutzer (Prioritätsgrundsatz). Die geschäftliche Bezeichnung entsteht nicht durch einen formellen Eintragungsvorgang, sondern durch die tatsächliche Benutzung im geschäftlichen Verkehr, vgl. § 5 Abs. 2 MarkenG. Der Zeitpunkt der Benutzungsaufnahme bestimmt die Priorität des Kennzeichenrechts (§ 6 Abs. 3 MarkenG). Um seine Ansprüche zu begründen, muss der Kläger also Benutzungshandlungen im geschäftlichen Verkehr zu einem früheren Zeitpunkt als der Beklagte vortragen und erforderlichenfalls beweisen. Erster Anhaltspunkt ist dafür in der Regel die Eintragung im Handelsregister, die gesellschaftsrechtliche Gründung ist als interner Vorgang nicht ausreichend. Die Eintragung im Handelsregister allein als nur formaler Vorgang begründet den Schutz allerdings ebenfalls noch nicht (stRspr, vgl. BGH GRUR 1962, 419 (422) – Leona für den umgekehrten Fall der Einstellung der Geschäftstätigkeit trotz fortdauernder Registereintragung), hat aber indizielle Bedeutung. Weiterer konkreter Sachvortrag zur Benutzung im geschäftlichen Verkehr wird in der Regel aber nur dann notwendig sein, wenn der Beklagte diese Geschäftstätigkeit substantiiert bestreitet. Dann wären zB Rechnungen, Auftragsbestätigungen, sonstige geschäftliche Korrespondenz, Werbeunterlagen usw. vorzulegen. Dabei sind die Anforderungen an den Umfang der geschäftlichen Tätigkeit vergleichsweise gering. Auch nach außen in Erscheinung tretende Vorbereitungshandlungen können ausreichend sein, wenn sie darauf schließen lassen, dass eine dauernde wirtschaftliche Betätigung aufgenommen werden soll (BGH GRUR 1997, 903 (905) – GARONOR; BGH GRUR 2016, 1066 Rn. 23 – mt-perfect; Ströbele/Hacker/*Hacker* MarkenG § 5 Rn. 51 f.; *Ingerl/Rohnke* MarkenG § 5 Rn. 57 ff.). Die bloße Ingebrauchnahme im geschäftlichen Verkehr ist allerdings nur dann ausreichend, wenn die geschäftliche Bezeichnung hinreichende originäre Kennzeichnungskraft aufweist. Dafür ist es erforderlich, dass die Bezeichnung vom Verkehr als namensmäßiger Hinweis auf ein bestimmtes Unternehmen aufgefasst wird (vgl. BGH GRUR 2008, 1104 Rn. 17 – Haus & Grund II; BGH GRUR 2016, 705 Rn. 19 – ConText). Diese Kennzeichnungskraft kann insbesondere fehlen, wenn die geschäftliche Bezeichnung nur aus beschreibenden Angaben besteht, was bei Sachfirmen nicht selten ist. Allerdings sind die Anforderungen der Rechtsprechung auch relativ niedrig (vgl. BGH GRUR-RR 2010, 205 Rn. 22 – Haus & Grund IV; Beispiele für ausreichende Kennzeichnungskraft bei *Ingerl/Rohnke* MarkenG § 5 Rn. 42; Beispiele für fehlende Kennzeichnungskraft bei *Ingerl/Rohnke* MarkenG § 5 Rn. 49). Im Beispielsfall ist die Bezeichnung „ALPHA-Pharma GmbH" hinreichend kennzeichnungskräftig, da „ALPHA" keine Beziehung zum Gegenstand des Geschäftsbetriebes oder sonstige beschreibende Bedeutung hat.

11. Im vorliegenden Fall will sich die Klägerin auf die bessere Priorität der „Alpha-Pharma alt" berufen, die schon im Jahre 2000 gegründet worden ist. Im MarkenG ist nicht ausdrücklich geregelt, unter welchen Voraussetzungen ein Unternehmenskennzeichen prioritätswahrend übertragen werden kann. § 27 MarkenG ist nach seinem eindeutigen Wortlaut auf geschäftliche Bezeichnungen nicht anwendbar. Vielmehr ist anzunehmen, dass die geschäftliche Bezeichnung dergestalt an den Geschäftsbetrieb gebunden ist, dass sie nicht ohne diesen prioritätswahrend übertragen werden kann (sog. Akzessorietätsprinzip). Dabei genügt es, setzt es aber auch voraus, dass mit dem Unternehmenskennzeichen im Großen und Ganzen diejenigen Werte übertragen werden, die aus wirtschaftlicher Perspektive die Annahme rechtfertigen, der Erwerber führe die mit dem Zeichen anhängige Geschäftstradition fort (zB BGH GRUR 2004, 790 (792) – Gegenabmahnung; Ströbele/Hacker/*Hacker* MarkenG § 27 Rn. 72 mwN. Für die Firma ist diese Akzessorietät in § 23 HGB ausdrücklich geregelt. Im vorliegenden Fall ist nicht nur die Firma, sondern auch das Gesamtunternehmen der „Alpha-Pharma alt" übernommen worden, was für den Rückbezug auf die Priorität der älteren Firma ausreicht. Die

17. Klage wegen Verletzung einer geschäftlichen Bezeichnung

gesellschaftsrechtliche Umwandlung ist in der Regel für den Fortbestand der ursprünglichen Priorität unschädlich (BGH GRUR 1990, 1042 (1044) – Datacolor). Anders kann es sich verhalten, wenn mit der gesellschaftsrechtlichen Umwandlung eine wesentliche Veränderung des Geschäftsbetriebes verbunden war (vgl. BGH GRUR 1957, 550 – Tabu II; BGH GRUR 2016, 1066 Rn. 23 – mt-perfect). Das ist im Beispielfall nicht der Fall, da der ursprüngliche Geschäftsbetrieb fortgesetzt wird.

12. Die Änderung der Firma führt grundsätzlich zum Erlöschen der Kennzeichenrechte an der älteren Firma (BGH GRUR 1995, 754 (756) – Altenburger Spielkartenfabrik). Im vorliegenden Fall sind die Änderungen (Austausch von „Arzneimittel" gegen „Pharma") aber geringfügig und betreffen insbesondere nicht den kennzeichnenden Bestandteil. Sie sind deshalb für die Fortdauer des ursprünglichen Kennzeichenrechts unschädlich (vgl. BGH GRUR 1995, 505 (507) – Apiserum; zur Aufrechterhaltung des Kennzeichenrechts bei vorübergehender Unterbrechung der Nutzung, vgl. BGH GRUR 2016, 1066 Rn 22 ff. – mt-perfect; → Anm. 14).

13. Grundsätzlich sind Unternehmenskennzeichen im ganzen Bundesgebiet geschützt (BGH GRUR 1995, 754 (757) – Altenburger Spielkartenfabrik; BGH GRUR 2014, 506 Rn. 23 – sr.de), es sei denn, der Tätigkeitsbereich des Unternehmens ist nach seinem Zweck und Zuschnitt örtlich nur beschränkt und auch nicht auf Expansion angelegt. Letzteres kann zB bei Restaurants, Hotels, Fahrschulen, Theatern, Sprachschulen und anderen sog. Platzgeschäften der Fall sein (vgl. zB BGH GRUR 2007, 884 Rn. 29 – Cambridge Institute; BGH GRUR 1995, 507 (508) – City-Hotel; weitere Beispiele bei *Ingerl/Rohnke* MarkenG § 5 Rn. 14; Ströbele/Hacker/*Hacker* MarkenG § 5 Rn. 69). Im Falle eines solchen regional begrenzten Tätigkeitsbereiches wird auch durch die Verwendung des Zeichens im weltweit abrufbaren Internet, zB als Domain, der Kennzeichenschutz nicht automatisch auf das gesamte Bundesgebiet erstreckt (BGH GRUR 2005, 262 (263) – soco.de; BGH GRUR 2006, 159 Rn. 18 – hufeland.de). Im vorliegenden Fall ist die Klägerin für ein Pharmaunternehmen verhältnismäßig klein. Der Gedanke liegt deshalb nicht fern, dass sie ihre Geschäftstätigkeit möglicherweise zunächst nur regional begrenzt ausgeübt haben könnte. Dem wird durch den Vortrag bundesweiter Vertriebstätigkeit vorgebeugt.

14. Da die Bezeichnung originär kennzeichnungskräftig ist, sind nur geringe Anforderungen an den Umfang der geschäftlichen Tätigkeit der Klägerin zu stellen (→ Anm. 10). Wesentlich ist aber, dass die Geschäftstätigkeit nicht unterbrochen worden ist, da dies zu einem Erlöschen der Kennzeichenrechte führen kann, jedenfalls wenn der Verkehr aus den Umständen des Einzelfalles schließen konnte, dass eine Fortführung des Geschäftsbetriebes nicht beabsichtigt ist (BGH GRUR 2005, 871 (872) – Seicom; vgl. zu den Unterbrechungsfällen, die vor allem im Zusammenhang mit dem zweiten Weltkrieg und der deutschen Teilung praktisch bedeutsam wurden, zB BGH GRUR 2002, 967 (969) – Hotel Adlon sowie Ströbele/Hacker/*Hacker* MarkenG § 5 Rn. 75; *Ingerl/Rohnke* MarkenG § 5 Rn. 70). Lediglich vorübergehende Unterbrechungen der Kennzeichennutzung sind in der Regel unschädlich. An die für die Aufrechterhaltung des Kennzeichenrechts erforderliche Zeichenbenutzung sind keine höheren Anforderungen zu stellen als an die für seine anfängliche Entstehung erforderlichen Benutzungshandlungen (BGH GRUR 2016, 1066 Rn. 23 – mt-perfect). Für die fortgesetzte, prioritätswahrende Nutzung ihres Unternehmenskennzeichens ist, insbesondere bei zwischenzeitlichen Unterbrechungen der Nutzung, grundsätzlich die Klägerin darlegungs- und beweispflichtig.

15. Der Zeitpunkt der Kenntnisnahme durch die Klägerin ist zwar nicht unter Verjährungsgesichtspunkten erheblich, da es sich bei der Verletzungshandlung durch die Beklagte um eine Dauerhandlung handelt, die allenfalls hinsichtlich zurückliegender Schadensersatzansprüche jeweils zeitanteilig verjähren kann (→ Form. B.14 Anm. 11 b) sowie Ströbele/Hacker/*Hacker* MarkenG § 20 Rn. 14; *Ingerl/Rohnke* MarkenG § 20 Rn. 14). Im Hinblick darauf, dass der Beklagten ein eigenes Kennzeichenrecht aufgrund ihrer Firma zusteht, käme allerdings grundsätzlich eine Verwirkung nach § 21 Abs. 2 MarkenG in Betracht, wenn die Klägerin die Benutzung der Bezeichnung mehr als fünf Jahre wissentlich geduldet hätte (→ Form. B.13 Anm. 9). Diesem Argument beugt der Sachvortrag zur späteren Kenntniserlangung vor.

16. Wann die Beklagte ihre Geschäftstätigkeit aufgenommen hat, kann die Klägerin in der Regel nicht wissen. Sie kommt ihrer Substantiierungslast hinsichtlich der Priorität aber dadurch nach, dass sie das Eintragungsdatum der Beklagten im Handelsregister vorträgt. Soweit die Beklagte schon vorher Geschäftstätigkeit entwickelt haben sollte (→ Anm. 10), obliegt ihr der diesbezügliche Sachvortrag.

17. Der Sachvortrag zur Verwendung der Bezeichnung durch die Beklagte ist erforderlich, um die Klage hinsichtlich der rechtsverletzenden Benutzung schlüssig zu machen, und enthält gleichzeitig weiteren, notwendigen Vortrag zur Begründung der Branchennähe zwischen den Parteien (→ Anm. 9, 29).

18. Der Vortrag ist erforderlich, um den Klageantrag I.2. zu rechtfertigen; → Anm. 5. Aus der bloß firmenmäßigen Verwendung des Unternehmenskennzeichens kann nicht ohne Weiteres auch auf eine Erstbegehungsgefahr für eine markenmäßige Verwendung des Zeichens geschlossen werden. Allerdings hat es der BGH im umgekehrten Fall für möglich gehalten, aus der Anmeldung einer Marke auf eine Erstbegehungsgefahr für eine Kennzeichenverletzung nach § 15 Abs. 2 MarkenG zu schließen (BGH GRUR 2008, 912 Rn. 30 – Metrosex).

19. Eine Abmahnung ist vor Klageerhebung weder prozessual noch materiell-rechtlich erforderlich, idR aber sinnvoll, um dem Beklagten die Möglichkeit zu geben, sich außergerichtlich zu unterwerfen, und um die Kostenfolge des § 93 ZPO durch sofortiges Anerkenntnis zu vermeiden. Zu den Kostenerstattungsansprüchen aufgrund der Abmahnung, die auch mit der Klage geltend gemacht werden können, → Form. B.13 Anm. 15.

20. Der Sachvortrag zur vorprozessualen Korrespondenz ist für die Schlüssigkeit der Klage nicht erforderlich. Auch das für den Schadensersatzanspruch vorausgesetzte Verschulden ist nicht von der Abmahnung durch die Klägerin abhängig. Meist wird es aber prozesstaktisch sinnvoll sein, die vom Gegner vorprozessual vorgebrachten Argumente bereits in der Klageschrift aufzugreifen, um ihnen einen Teil ihrer Wirkung zu nehmen. Das empfiehlt sich im vorliegenden Fall auch deshalb, weil die Argumente des Beklagten nicht völlig aus der Luft gegriffen sind und ein gewisses Restrisiko darstellen. Die juristische Auseinandersetzung folgt dann in Ziffer 8. des Schriftsatzes.

21. Das Textbeispiel behandelt die Rechtsfragen nur knapp. Bei dem markenrechtlich erfahrenen Kennzeichenstreitgericht ist das in aller Regel auch ausreichend. Zusätzliche Argumente lassen sich aus den in den Anmerkungen genannten Entscheidungen gewinnen, worauf hier zur Vermeidung von Wiederholungen verzichtet wird.

22. → Anm. 11, 12.

23. Eine Besonderheit des Schutzes des Unternehmenskennzeichens gegenüber den eingetragenen Marken liegt darin, dass bei der Verwechslungsprüfung nicht nur die Gesamtbezeichnung, sondern auch Abkürzungen und Firmenschlagworte allein zugrunde gelegt werden können. Darin liegt ein markanter Unterschied zu der im Bereich der eingetragenen Marken gültigen „Prägetheorie" (vgl. zu den unterschiedlichen Prüfungsmaßstäben *Ingerl/Rohnke* MarkenG § 15 Rn. 56 ff., 82 ff. einerseits und § 14 Rn. 999 ff. andererseits; Ströbele/Hacker/*Hacker* MarkenG § 15 Rn. 40 ff.). Einem Teil der Firmenbezeichnung kann isolierter Schutz nach § 5 Abs. 2 MarkenG als vom Schutz der vollständigen Firma abgeleiteter Schutz zukommen, sofern es sich um einen unterscheidungskräftigen Firmenbestandteil handelt, der seiner Art nach im Vergleich zu den übrigen Firmenbestandteilen geeignet erscheint, sich im Verkehr als schlagwortartiger Hinweis auf das Unternehmen durchzusetzen. Ist dies zu bejahen, kommt es nicht darauf an, ob die fragliche Kurzbezeichnung auch tatsächlich in Alleinstellung verwendet worden ist oder sich im Verkehr durchgesetzt hat (BGH GRUR 2013, 68 Rn. 28, 33 – Castell/VIN Castel; BGH GRUR 2016, 705 Rn. 28 – ConText; *Ingerl/Rohnke* MarkenG § 15 Rn. 56 ff. mwN). Andere Firmenbestandteile oder Abkürzungen können auch durch tatsächliche Benutzung in Alleinstellung Schutz erlangen. Im vorliegenden Fall ist „Alpha" unterscheidungskräftig und gegenüber dem beschreibenden Bestandteil „Pharma" geeignet, vom Verkehr als Schlagwort verwendet zu werden. Dasselbe gilt für „ALFA" in der Firma der Beklagten, denn auch bei dem Kollisionszeichen ist auf den Teil des gesamten Zeichens abzustellen, der gesonderten kennzeichenrechtlichen Schutz genießt (BGH GRUR 2002, 898 (899) – defacto). Dabei kommt bei der Beklagten hinzu, dass sie das Zeichen „ALFA" ohnehin auch in Alleinstellung einsetzt. Der Verwechslungsprüfung sind also die beiden Schlagworte „Alpha" und „ALFA" zugrunde zu legen (vgl. BGH GRUR 2008, 803 Rn. 19 – HEITEC; BGH GRUR 2016, 705 Rn. 29 f. – ConText).

24. Zur originären Kennzeichnungskraft → Anm. 10. Die Kennzeichnungskraft hat nicht nur Bedeutung für die Entstehung des Schutzes, sondern auch für die Prüfung der Verwechslungsgefahr. Sie steht in Wechselwirkung mit der Zeichenähnlichkeit und der Branchennähe, → Anm. 26.

25. → Anm. 23.

26. Für die Beurteilung der Verwechslungsgefahr iSd § 15 Abs. 2 MarkenG kommt es maßgeblich auf die Ähnlichkeit der sich gegenüberstehenden Zeichen, auf die Kennzeichnungskraft des prioritätsälteren Zeichens und den wirtschaftlichen Abstand der Tätigkeitsbereiche der Parteien (Branchennähe) an, wobei diese Kriterien dergestalt in Wechselwirkung zueinander stehen, dass ein größerer Abstand der Tätigkeitsgebiete durch einen höheren Grad der Ähnlichkeit der Zeichen oder durch eine gesteigerte Kennzeichnungskraft des älteren Zeichens ausgeglichen werden kann und umgekehrt (stRspr, zB BGH GRUR 2010, 738 Rn. 22 – Peek & Cloppenburg; BGH GRUR 2012, 635 Rn. 12 – METRO/ROLLER's Metro; BGH GRUR 2016, 705 Rn. 23 – ConText). Somit erfolgt die Prüfung der Verwechslungsgefahr nach § 15 Abs. 2 MarkenG zwar nicht identisch, aber ähnlich wie die Prüfung im Rahmen des § 14 Abs. 2 Nr. 2 MarkenG. Zur Branchennähe → Anm. 29, zu § 14 MarkenG → Form. B.13 Anm. 22–25.

27. Die Prüfung der Zeichenähnlichkeit ist nach ähnlichen Grundsätzen vorzunehmen wie bei der Markenverletzung. Auf die Darstellung in → Form. B.13 Anm. 24 wird verwiesen. Eine Abweichung ergibt sich allerdings im Hinblick auf die Prägetheorie bzw. den selbständigen Schutz von Firmenbestandteilen, → Anm. 23.

28. Ein abweichender Sinngehalt kann die Verwechslungsgefahr trotz klanglicher oder schriftbildlicher Ähnlichkeit ausschließen (→ Form. B.13 Anm. 6). Die Anforderungen sind allerdings hoch. Vorausgesetzt wird, dass eines der Zeichen einen für jedermann verständlichen Sinngehalt hat, der vom Verkehr auch bei nur flüchtiger Wahrnehmung sofort erfasst wird. Darüber hinaus kommt eine Neutralisierung der Ähnlichkeiten durch abweichenden Sinngehalt nicht in Betracht, wenn der Sinngehalt beider Zeichen in die gleiche Richtung deutet (BGH GRUR 2000, 605 (607) – comtes/ComTel).

29. Zwischen den Parteien muss Branchennähe bestehen (→ Anm. 26), sofern es sich bei der Bezeichnung nicht um ein bekanntes Kennzeichen handelt, das auch unabhängig von der Branchennähe geschützt ist, vgl. § 15 Abs. 3 MarkenG. Bei dem vorzunehmenden Vergleich der Branchen der Parteien ist die Rechtsprechung mit der Annahme der Branchennähe relativ großzügig. Weder ist es erforderlich, dass sich die Tätigkeitsbereiche der Parteien vollständig decken, noch ist auch nur eine breite Überschneidung erforderlich. Zwar kommt es grundsätzlich auf den Tätigkeitsschwerpunkt, also die Produktbereiche und Arbeitsgebiete, die nach der Verkehrsauffassung typisch für die Parteien sind, an (BGH GRUR 2012, 635 Rn. 14 – METRO/ROLLER's Metro; BGH GRUR 2016, 810 Rn. 65 – profitbricks.es; Ströbele/Hacker/*Hacker* MarkenG § 15 Rn. 55 ff.), doch können einzelne Berührungspunkte ausreichen (BGH GRUR 2002, 898 (899 f.) – defacto; BGH GRUR 2011, 831 Rn. 23 – BCC), wobei auch zukünftige Ausweitungsmöglichkeiten berücksichtigt werden können, wenn sie aus Sicht des Verkehrs nicht fernliegend sind. Anhaltspunkte für Branchennähe können Berührungspunkte der Waren oder Dienstleistungen der Unternehmen auf den Märkten sowie Gemeinsamkeiten der Vertriebswege und der Verwendbarkeit der Produkte und Dienstleistungen sein (BGH GRUR 2009, 484 Rn. 73 – METROBUS). Zu berücksichtigen sein kann auch, ob sich die Unternehmen mit ihren Produkten auf dem Markt tatsächlich begegnen, mithin jedenfalls eine Überschneidung der Kreise der Adressaten der jeweiligen Leistungen gegeben ist (BGH GRUR 2006, 937 Rn. 38 – Ichthyol II; BGH GRUR 2016, 810 Rn. 65 – profitbricks.es; Büscher/Dittmer/Schiwy/*Büscher* MarkenG § 15 Rn. 54. Dabei können auch Diversifikationstendenzen, die in einer Branche sichtbar sind, berücksichtigt werden, soweit sie der Verkehr erkennt (zB BGH GRUR 1989, 856 (858) – Commerzbau: Bank und Bauunternehmen). Umgekehrt begründet aber zB ein gemeinsamer Bezug zur Informationstechnologie aufgrund der Vielzahl und Differenziertheit des Angebots in diesem Bereich noch keine Branchennähe (BGH GRUR 2005, 262 (263) – soco.de; BGH GRUR 2016, 810 Rn. 67 – profitbricks.es). Soweit möglich, sollte der Kläger Beispiele aus der Branche vorweisen, bei denen Unternehmen in beiden Geschäftsbereichen tätig sind. Zwischen Pharmazeutika und Kosmetika sollte dies jedenfalls im Hinblick auf das Produktprogramm größerer Wettbewerber möglich sein (vgl. zB BGH GRUR 1991, 475 – Caren Pfleger). Zur Branchennähe im Einzelnen s. *Ingerl/Rohnke* MarkenG § 15 Rn. 88 ff.; Kur/v. Bomhardt/Albrecht/*Thalmaier* MarkenG § 15 Rn. 44 ff.; Ströbele/Hacker/*Hacker* MarkenG § 15 Rn. 55 ff.

Kosten und Gebühren

30. Zu den Gebühren vor den ordentlichen Gerichten vgl. Erläuterungen zu → Form. B.13 Anm. 31.

Fristen und Rechtsmittel

31. Statthaftes Rechtsmittel gegen die Entscheidung des Landgerichts ist die Berufung, siehe dazu Erläuterungen zu → Form. B.13 Anm. 32.

18. Klage wegen Titelverletzung

Landgericht . . . . . .[1]

. . . . . .

In Sachen

Firma XY Verlags AG . . . . . .

– Klägerin –

18. Klage wegen Titelverletzung

Prozessbevollmächtigte: Rechtsanwälte ......

gegen

Firma AB Internet Mediahouse GmbH, vertreten durch ihren Geschäftsführer, ...

– Beklagte –

wegen: Unterlassung, Schadensersatz

Streitwert: vorläufig geschätzt 100.000 EUR[2]

erheben wir namens und im Auftrag der Klägerin Klage gegen die Beklagte mit der Bitte um Anberaumung eines baldigen Termins zur mündlichen Verhandlung, in dem wir die folgenden

A n t r ä g e[3]

stellen werden:

I. Der Beklagten wird es bei Meidung eines für jeden Fall der Zuwiderhandlung fälligen Ordnungsgeldes, ersatzweise Ordnungshaft, diese zu vollziehen an ihrem Geschäftsführer (Ordnungsgeld im Einzelfall bis zu 250.000 EUR, Ordnungshaft im Wiederholungsfall bis zu zwei Jahren)

v e r b o t e n,

im geschäftlichen Verkehr die Bezeichnung „ALPINE" als Titel einer Internetveröffentlichung mit redaktionellen Inhalten zu Bergsteigen und verwandten Themen einzusetzen, insbesondere solche Inhalte unter der Domainadresse „www.alpine.com" Nutzern mit Sitz in der Bundesrepublik Deutschland zugänglich zu machen.[4]

II. (......)[5]

Begründung:

I. Zum Sachverhalt

1. Die Klägerin ist ein Verlagshaus, das insbesondere im Bereich der Special-Interest-Zeitschriften tätig ist. Zum Angebot der Klägerin gehört die Zeitschrift ALPINE, die sich mit Themen rund um das Bergsteigen befasst, insbesondere zu Touren, Ausrüstung und praktischen Tipps, aber auch Themen wie Naturschutz und Sportpolitik behandelt. Wir übergeben ein Exemplar des aktuelles Heftes als
Anlage K 1.[6]
ALPINE ist erstmals im Jahr 2002 auf den Markt gekommen.[7] Wir übergeben als
Anlage K 2
eine Kopie der Titelseite der ersten Ausgabe. ALPINE hat laut IVW eine verkaufte Auflage von rund 45.000 Exemplaren.[8] Diese ist seit Jahren stabil. Die IVW-Zahlen aus den vergangenen zwei Jahren übergeben wir als
Anlage K 3.
Daraus ergibt sich auch, dass ALPINE im Segment der Bergsteigerzeitschriften das auflagenstärkste Produkt ist.

2. Wie im Zeitschriftenmarkt üblich, existiert neben dem gedruckten Heft eine Internetpräsenz (www.alpine.de).[9]

3. Die Klägerin bringt unter dem Reihentitel ALPINE auch eine Buchreihe zu bergsteigerischen Themen heraus. Wir übergeben dazu einen aktuellen Verlagskatalog
Anlage K 4.
Der Reihentitel erscheint dabei in der Form „ALPINE-Bücher" sowohl auf dem Einband wie dem Vorsatzblatt
Anlage K 5.

4. Die Beklagte ist nach den Informationen auf ihrer Homepage www.ab-enterprises. com Teil eines amerikanischen Konzerns, der in erheblichem Umfang auf verschiedenen Gebieten der Medien und Unterhaltungsbranche tätig ist. Zu den Tätigkeitsfeldern der Beklagten gehört auch der Tourismus, insbesondere die Veranstaltung von Sport- und sogenannten „Adventure-Reisen", wie sich aus den als
Anlage K 6
überreichten Auszügen aus der Homepage ergibt. Offenbar zur Unterstützung des Absatzes dieser Reisen betreibt die Beklagte verschiedene themenbezogene Websites, so zum Beispiel „www.african-safari.com" und die hier streitgegenständliche „www.alpine.com". Auf dieser Website erscheint eine Mischung von redaktionellen Beiträgen zu bestimmten „alpinen" Reisezielen und Angeboten für Pauschalreisen, so zum Beispiel „Ski-Trecking in the Swiss Alps" und „Best of the Rocky Mountains".[10]
Die Seite ist englischsprachig. Sie ermöglicht aber die Buchung von Reisen von Deutschland aus mit deutschen Kreditkarten und unter Angabe einer deutschen Anschrift des Kunden. Der Unterzeichner hat selbst eine entsprechende Testbuchung durchgeführt (und später wieder storniert). Die entsprechenden Screenshots sind nachstehend eingeblendet:[11]
......

5. Die Klägerin hat die Beklagte mit Schreiben vom ...... abgemahnt. Die Beklagte hat darauf nicht reagiert.

II. Rechtliche Beurteilung
1. Das angerufene Gericht ist international zuständig, da die Verletzung eines deutschen Rechts, nämlich des Titelrechts der Klägerin an ALPINE, gerügt wird.[12]

2. Der Klägerin stehen Titelschutzrechte an ALPINE zu. Durch die Verwendung als Titel einer Zeitschrift, als Domainadresse und als Bezeichnung einer Buchreihe sind die Titelrechte entstanden. Dass der Titel beschreibende Anklänge aufweist, ist im Rahmen von § 5 Abs. 3 MarkenG unschädlich, da dem Verkehr bekannt ist, dass insbesondere Zeitungen und Zeitschriften, aber auch Sachbücher, häufig Titel aufweisen, die den Themenschwerpunkt schlagwortartig beschreiben.[13]

3. Die Beklagte verletzt die Titelrechte der Klägerin.
Eine Verletzung im Inland liegt vor. Das Angebot richtet sich auch an Kunden in Deutschland, wie insbesondere die Bestellmöglichkeit vom Inland aus zeigt. Dass es sich hier um ein englischsprachiges Angebot handelt, steht dem nicht entgegen, da die meisten Deutschen der englischen Sprache mächtig sind, insbesondere soweit sie sich für Auslandsreisen interessieren. Der Beklagten wäre es ohne Weiteres technisch möglich, deutsche Kunden von der Bestellmöglichkeit oder sogar vom Zugriff auf die Seite insgesamt auszuschließen. Entsprechende Verfahren zur sogenannten „Geolokalisation" sind heute weithin üblich. Dass auch die Beklagte solche Verfahren verwendet, zeigt sich insbesondere daran, dass beim Aufruf ihrer Website www.alpine.com von Deutschland aus teilweise deutschsprachige Werbung erscheint. Der Server erkennt also offenkundig, von welchem Land aus der Zugriff erfolgt.[14]
Die Domainadresse eines redaktionell ausgestalteten Angebots fungiert als Titel dieser internetgestützten Publikation.[15] Diese titelmäßige Verwendung verletzt ältere Titelrechte der Klägerin im Inland. Das Titelschlagwort ALPINE ist in beiden Titeln identisch. Der Inhalt der Website unterscheidet sich zwar teilweise, da auf der Website der Beklagten das Angebot von Reisen den wirtschaftlichen Schwerpunkt bildet. Demgegenüber gibt es inhaltliche Übereinstimmungen im Hinblick auf redaktionelle Artikel mit Bezug auf die Bergwelt und Bergsteigerrei-

18. Klage wegen Titelverletzung B. 18

sen. Zum anderen liegt es für den Verkehr, dem ein relativ breites Spektrum von ALPINE-Produkten der Klägerin bekannt ist, nahe, dass diese sich nun auch dem Reisebereich zugewandt haben könnte. Das gilt umso mehr, als dem Verkehr auch sonst bekannt ist, dass Medienunternehmen zum Beispiel Leserreisen oder Hörerreisen anbieten. Damit ist die hinreichende Werknähe gegeben.

Die Verwechslungsgefahr ist umso mehr zu bejahen, als die umfangreiche Benutzung im Inland die Kennzeichnungskraft des Klagetitels gesteigert hat. Damit sind die geltend gemachten Ansprüche begründet.

Rechtsanwalt[16, 17]

Anmerkungen

1. Titelrechtliche Streitigkeiten gehören zu den Kennzeichenstreitsachen des § 140 Abs. 1 MarkenG, → Form. B.13 Anm. 1.

2. Für die Bestimmung des Streitwerts gelten keine Besonderheiten, → Form. B.13 Anm. 7.

3. Das Formular behandelt eine nur auf Titelrechte gemäß § 5 Abs. 3 MarkenG gestützte Klage. Titelrechte bilden zusammen mit den Unternehmenskennzeichen des § 5 Abs. 2 MarkenG die geschäftlichen Bezeichnungen. Diese sind aufgrund ihrer Benutzung im geschäftlichen Verkehr auch ohne Registrierung geschützt. Zur Verletzung des Unternehmenskennzeichens wird auf → Form. B.17 verwiesen. In diesem Formular werden Besonderheiten des Titelschutzes angesprochen.

4. Der Unterlassungsantrag richtet sich gegen die titelmäßige Verwendung der von der Klägerin beanspruchten Bezeichnung ALPINE, wobei grundsätzlich auch andere Verwendungsformen als die Benutzung als Domainname in Betracht kommen, vor allem eine Verwendung des Titels auf der Homepage selbst, unabhängig von der Domainadresse. Die konkret vorgeworfene Verletzungshandlung, nämlich das Zugänglichmachen der unter www.alpine.com ins Internet eingestellten Inhalte an Benutzer in Deutschland, wird dann im „insbesondere"-Zusatz angegriffen. Dabei ist der Antrag auf die konkrete Verwendung des Domainnamens für die betreffende Internetseite mit redaktionellen Inhalten zum Thema Bergsteigen und verwandten Themen zu beziehen, um nicht auch mögliche erlaubte Verhaltensweisen zu umfassen (vgl. BGH GRUR 2014, 393 Rn. 46 f. – wetteronline.de).

5. Zu den Nebenansprüchen, insbesondere auf Auskunft und Feststellung des Schadensersatzes, ergeben sich keine Besonderheiten, → Form. B.13 Anm. 10–14.

6. Der Titelschutz entsteht durch die Benutzungsaufnahme für ein Werk im Inland. Dementsprechend ist Sachvortrag zur Benutzung für die inländische Zeitschrift notwendig. Die Benutzung muss zum Zeitpunkt der Geltendmachung der Unterlassungsansprüche grundsätzlich noch andauern, da der Titel durch Aufgabe des Gebrauchs erlischt, soweit der Verkehr nicht aus sonstigen Umständen erkennen kann, dass eine baldige Fortführung geplant ist (BGH GRUR 2010, 642 Rn. 36 – WM-Marken; vgl. *Ingerl/Rohnke* MarkenG § 5 Rn. 104; Ströbele/Hacker/*Hacker* MarkenG § 5 Rn. 109 ff.). Es ist deswegen sinnvoll, zum Beleg der fortdauernden Benutzung ein aktuelles Exemplar der Druckschrift vorzulegen.

7. Der Zeitpunkt des erstmaligen Erscheinens begründet den Zeitrang im Sinne von § 6 Abs. 3 MarkenG, wobei gegebenenfalls eine Vorverlegung durch eine Titelschutzanzeige (vgl. BGH GRUR 1989, 760 – Titelschutzanzeige) oder eine Ankündigung in branchenüblicher Weise (BGH GRUR 2001, 1054 (1055) – Tagesreport) in Betracht kommt. Für die Vorverlagerung des Schutzes eines Werktitels durch eine Titelschutzanzeige reicht jedoch die bloße Titelankündigung auf der eigenen Internetseite der Werktitelschutz beanspruchenden Partei nicht aus (BGH GRUR 2009, 1055 Rn. 45 – airdsl; vgl. im Einzelnen Ströbele/Hacker/*Hacker* MarkenG § 5 Rn. 114 ff.). Im vorliegenden Fall wird der Zeitrang durch Nachweis des erstmaligen Erscheinens der Zeitschrift geführt.

8. Die Zeitschrift muss in gewissem Umfang im Inland erscheinen, wobei allerdings nur relativ geringe quantitative Anforderungen gestellt werden, insbesondere wenn im Ausland größere Auflagen verbreitet werden (zB OLG Hamburg GRUR-RR 2005, 312 (313) – NEWS; OLG München MD 1997, 1128 (1131) – Internetworld: wenige hundert Stück im Inland ausreichend bei umfangreicher Benutzung im Ausland; Büscher/Dittmer/Schiwy/*Büscher* MarkenG § 5 Rn. 48). Unabhängig davon sollten insbesondere gute Auflagen- und Reichweitenzahlen vorgetragen werden, um mit einer Stärkung der Kennzeichnungskraft durch Benutzung und mit einem gegebenenfalls damit verbundenen größeren Schutzumfang argumentieren zu können.

9. Gedruckte Zeitschrift einerseits und Internetpräsenz andererseits sind zwei unterschiedliche Werkarten. Allerdings kann die Werkähnlichkeit auch dann zu bejahen sein, wenn der Verkehr annimmt, es handele sich um eine andersgeartete Ausgabe desselben Werks, zum Beispiel des Buchs zum Film (BGH GRUR 2003, 440 (441) – Winnetous Rückkehr). Internetpräsenzen von Printmedien sind heute die Regel (vgl. auch BGH GRUR 2010, 156 Rn. 24 f. – EIFEL-ZEITUNG). Trotzdem ist es sinnvoll, konkret vorzutragen, dass auch im Fall der Zeitschrift der Klägerin eine solche Internetpräsenz besteht. Der weitere Vortrag zur Nutzung als Reihentitel für Bücher unterstreicht die Werbewirksamkeit des Titels.

10. Beim Vortrag zur Verletzungshandlung sind auch konkrete Ausführungen zum Inhalt der angegriffenen Internetpräsenz notwendig, da sich danach der Grad der Werkähnlichkeit bestimmt. Diese könnte zu verneinen sein, wenn es sich um eine reine Werbe- und Angebotsseite eines Reiseveranstalters handeln würde. Im vorliegenden Fall wird deshalb darauf abgestellt, dass hier auch redaktionelle Beiträge enthalten sind, die eine größere Nähe zum Werk der Klägerin begründen.

11. Damit wird die Zugriffsmöglichkeit aus dem Inland dokumentiert, die für die Annahme einer inländischen Verletzungshandlung nötig ist, → Anm. 14.

12. Für die Zuständigkeit der deutschen Gerichte kommt es nicht darauf an, ob auch der Tatbestand im Inland verwirklicht ist, im vorliegenden Fall also insbesondere nicht auf die Frage, ob die Website sich auch gezielt an deutsche Adressaten richtet. Ausreichend ist vielmehr, dass die Klage auf ein inländisches Schutzrecht (hier das Titelrecht) gestützt ist (vgl. EuGH GRUR 2012, 654 Rn. 24 ff. – Wintersteiger).

13. Die Anforderungen an die Unterscheidungskraft bei Werktiteln sind geringer als bei Marken, da dem Verkehr sowohl bei Zeitungen wie bei (Fach-)Zeitschriften und Sachbüchern Titel mit beschreibenden Anklängen bekannt sind (zB BGH GRUR 2002, 176 (177) – Auto Magazin; BGH GRUR 2003, 440 (441) – Winnetous Rückkehr; BGH GRUR 2012, 1265 Rn. 20 – Stimmt's?; OLG Hamburg GRUR-RR 2005, 312 (313) – NEWS; Ströbele/Hacker/*Hacker* MarkenG § 5 Rn. 102 ff.; *Ingerl/Rohnke* MarkenG § 15 Rn. 167 mwN). Allerdings können die für Zeitungs- und Zeitschriftentitel geltenden geringen Anforderungen nach Auffassung des BGH nicht ohne weiteres auf Apps für Mobilgeräte und auf Internetangebote angewendet werden, die nicht auch als Printversion erhältlich sind. In diesen Bereichen fehle es (bislang) an einer entsprechenden Verkehrsgewöhnung an die Benutzung von Gattungsbezeichnungen (vgl. BGH GRUR

18. Klage wegen Titelverletzung

2016, 939 Rn. 33 ff. – wetter.de: Werktitelschutz für App „wetter.de" verneint; weitere Beispiele bei *Ingerl/Rohnke* MarkenG § 15 Rn. 166 ff.; Ströbele/Hacker/*Hacker* MarkenG § 5 Rn. 102 ff.). Im vorliegenden Fall ist „ALPINE" keine rein beschreibende Bezeichnung, sondern enthält allenfalls beschreibende Anklänge und sollte daher (jedenfalls) als Titel ohne Weiteres schutzfähig sein. Die Kehrseite der geringeren Anforderungen an die Kennzeichnungskraft ist allerdings der damit gegebenenfalls verbundene geringere Schutzumfang. Dieser ist im vorliegenden Fall allerdings im Hinblick auf die Zeichenidentität nicht problematisch.

14. Ein Kernproblem des Falles liegt in der Begehung im Inland. Dabei handelt es sich um eine Frage der Begründetheit, nicht der Zulässigkeit, → Anm. 12. Erforderlich ist, dass ein hinreichender, wirtschaftlich relevanter Inlandsbezug vorliegt, also wirtschaftliche Auswirkungen im Inland bestehen (vgl. BGH GRUR 2005, 431 (433) – Hotel Maritime; BGH GRUR 2012, 621 Rn. 36 – OSCAR; BGH GRUR 2014, 601 Rn. 45 – englischsprachige Pressemitteilung). Dabei ist eine Gesamtabwägung vorzunehmen, bei der auf der einen Seite zu berücksichtigen ist, wie groß die Auswirkungen der Kennzeichenbenutzung auf die inländischen wirtschaftlichen Interessen des Zeicheninhabers sind (vgl. zum Urheberrecht LG Hamburg ZUM 2016, 887 Rn. 28 ff. – Fremdsprachiger Blog). Auf der anderen Seite ist maßgebend, ob und inwieweit die Rechtsverletzung sich als unvermeidbare Begleiterscheinung technischer oder organisatorischer Sachverhalte darstellt, auf die der Inanspruchgenommene keinen Einfluss hat oder ob dieser etwa – zB durch die Schaffung von Bestellmöglichkeiten aus dem Inland oder die Lieferung auch ins Inland – zielgerichtet von der inländischen Erreichbarkeit profitiert und die Beeinträchtigung des Zeicheninhabers dadurch nicht nur unwesentlich ist. Auch bei englischsprachigen Websites unter „".com"-Domains kann ein wirtschaftlich relevanter Inlandsbezug durchaus gegeben sein. Mögliche Anhaltspunkte hierfür sind zB die Angabe von Kontaktdaten mit Verweis auf deutsche Websites (vgl. BGH GRUR 2014, 601 Rn. 46 – englischsprachige Pressemitteilung; OLG Karlsruhe GRUR-RS 2016, 10600 Rn. 35 ff.) Für einen hinreichenden Inlandsbezug kann im vorliegenden Fall sprechen, dass Bestellmöglichkeiten für inländische Verbraucher bestehen. Die Klageschrift stellt zusätzlich auf einen weiteren Aspekt ab, nämlich die in den letzten Jahren wesentlich verbesserten Möglichkeiten der Geolokalisation, die es ermöglichen, mit hoher Sicherheit den Zugriff auf die Website für Nutzer in bestimmten Gebieten (zB im vorliegenden Fall der Bundesrepublik Deutschland) zu sperren. Wird von dieser Möglichkeit kein Gebrauch gemacht, ist dies ebenfalls ein Indiz für eine bewusste Ansprache auch des inländischen Verkehrs (vgl. BGH GRUR 2014, 601 Rn. 46 – englischsprachige Pressemitteilung).

15. Die Domainadresse kann ihrerseits eine titelverletzende Benutzung darstellen, wenn die unter dieser Adresse erscheinende Website einen redaktionellen Inhalt aufweist (vgl. OLG Hamburg GRUR-RR 2004, 104 (106 f.) – Eltern). Die bloße Registrierung der Domain würde dagegen nicht ausreichen (BGH GRUR 2005, 687 (689) – weltonline.de).

Kosten und Gebühren

16. Zu den Gebühren vor den ordentlichen Gerichten vgl. Erläuterungen zu → Form. B.13 Anm. 31.

Fristen und Rechtsmittel

17. Statthaftes Rechtsmittel gegen die Entscheidung des Landgerichts ist die Berufung, siehe dazu Erläuterungen zu → Form. B.13 Anm. 32.

19. Bezifferte Schadensersatzklage

An das

Landgericht ......

......

In Sachen

Firma ATTACKS Sports Apparel GmbH ......

– Klägerin –

Prozessbevollmächtigte: Rechtsanwälte ......

gegen

Firma OLYMPIC Imports GmbH, vertreten durch ihren Geschäftsführer, ...

– Beklagte –

wegen: Forderung (MarkenG)

Streitwert: vorläufig geschätzt 311.252 EUR[1]

erheben wir namens und im Auftrag der Klägerin Klage gegen die Beklagte mit den folgenden

A n t r ä g e n :

I. Die Beklagte wird verurteilt, an die Klägerin 311.252 EUR zzgl. Zinsen in Höhe von fünf Prozentpunkten über dem Basiszinssatz zu zahlen.[2]

II. ......[3]

Begründung:

Die vorliegende Klage ist das Betragsverfahren zu dem bei der Kammer anhängig gewesenen Grundverfahren zum Aktenzeichen ...... Die Kammer hatte dort die Verpflichtung der Beklagten zur Leistung von Schadensersatz an die Klägerin dem Grunde nach festgestellt. Die Berufung der Beklagten gegen dieses Urteil ist vom Oberlandesgericht mit Urteil vom ......, Aktenzeichen ...... zurückgewiesen worden. Es wird angeregt, die Akten dieses Verfahrens beizuziehen.

Im Grundverfahren ist die Beklagte auch zur Auskunftserteilung unter anderem über Umsätze mit den Verletzungsgegenständen sowie Gestehungskosten und andere interne Kostenfaktoren verurteilt worden. Die Auskunft hat die Beklagte mittlerweile erteilt

Anlage K 1.[4]

Auf der Basis dieser Auskunft macht die Klägerin nun bezifferten Schadensersatz geltend. Sie übt ihr Wahlrecht (zunächst) dahingehend aus, dass die Berechnung auf der Basis des Verletzergewinns gewählt wird.[5] Wie nachfolgend zu zeigen ist, ist dabei ein Verletzergewinn in Höhe von 311.252 EUR zugrunde zu legen.

Im Einzelnen:

1. Die Beklagte hat T-Shirts in Verkehr gebracht, auf deren Vorderseite die Angabe „SUDDEN ATTACK!" aufgebracht war. Dabei war der Zeichenbestandteil ATTACK in ca. fünfmal so großen Buchstaben wie der Bestandteil SUDDEN gehalten.

19. Bezifferte Schadensersatzklage   B. 19

Die beiden Wortbestandteile waren zweizeilig übereinander angebracht, wobei der weit größere Bestandteil ATTACK praktisch die gesamte Breite der Vorderseite der T-Shirts einnahm. Darüber hinaus war die von der Beklagten gewählte Typographie zumindest angelehnt an die von der Beklagten in Zusammenhang mit bestimmten Produktserien verwendeten grafischen Gestaltungen. Darin haben Landgericht und Oberlandesgericht zu Recht eine Verletzung der Wortmarke ATTACK, DE . . . . . . der Klägerin gesehen.[6]

2. Es ist schon im Grundverfahren vorgetragen worden, dass es sich bei ATTACK um eine der im Inland führenden Marken für sogenannte „Streetwear" handelt, die von Jugendlichen zum Beispiel der Skaterszene und anderen Trendsportarten zugerechnet wird. Auf die im Grundverfahren vorgetragenen Marktanteils- und Umsatzzahlen (vgl. dort Klageschrift S. . . . . ., Anlagen K . . . . . .) wird Bezug genommen.[7] Entsprechend des großen Markterfolgs der Klagemarke kann davon ausgegangen werden, dass sie auch einen entsprechenden Ruf bei modebewussten Jugendlichen genießt.

3. Die Produkte der Klägerin gehören – innerhalb des Marktes für Streetwear – zum Hochpreissegment. Im Verletzungszeitraum betrug der typische Einzelhandelspreis für einfache T-Shirts, die unter der Marke vertrieben wurden, 29,90 EUR. Praktisch alle anderen Produkte haben höhere Preise, so liegen etwa typische Einzelhandelspreise für Kapuzenpullis bei 89,90 EUR. Wir übergeben zum Beleg für die Preisgestaltung der klägerischen Produkte einige Auszüge von Internetseiten führender Sportartikel- und Modehändler

Anlagenkonvolut K 2.[8]

4. Bei den streitgegenständlichen T-Shirts, die die Beklagte mit der verletzenden Kennzeichnung auf den Markt gebracht hat, handelt es sich um einfache Baumwollware ohne besondere Qualitätsmerkmale.

Beweis im Bestreitensfall: Augenschein, Sachverständigengutachten.

Einfache weiße und farbige T-Shirts vergleichbarer Art werden bei Einzelhändlern wie zum Beispiel H & M, Zara oder Primark typischerweise für unter 10 EUR, im Einzelfall sogar für unter 5 EUR angeboten.

Beweis: 1. Auszug aus der Internetpräsenz des Einzelhändlers . . . . . .,
Anlage K 3.[9]
2. Zeugnis . . . . .

5. Wie sich aus der erteilten Auskunft ergibt, hat die Beklagte insgesamt eine Stückzahl von . . . . . . der streitgegenständlichen T-Shirts verkauft. Ein Großteil dieser Verkäufe erfolgte im Direktvertrieb an Endkunden über das Internet, teilweise wurden aber auch größere Stückzahlen an bestimmte Einzelhändler abgegeben. Abhängig von Vertriebskanal, Konfektionsgröße und Farbstellung variierten die Abgabepreise der Beklagten zwischen 7,50 EUR (Verkauf an Einzelhändler X) und 19,95 EUR bei der Abgabe direkt an Endkunden über das Internet. Zu den Einzelheiten wird auf die von der Beklagten in Erfüllung des Auskunftsanspruchs überreichte Übersicht (Anlage K 1) verwiesen.

Insgesamt hat die Beklagte danach einen Umsatz von 465.182 EUR erzielt.

6. Die Beklagte hat die T-Shirts von einem Auftragsfertiger in Bangladesch bezogen. Dieser hat die T-Shirts nach den Vorgaben der Beklagten gefertigt und insbesondere bereits mit der rechtsverletzenden Kennzeichnung versehen. Für verschiedene Lieferungen der rechtsverletzenden Ware hat die Beklagte an ihren Vorlieferanten nach Abzug gewährter Rabatte insgesamt einen Nettobetrag von . . . . . . EUR überwiesen

(vgl. Anlage K 1, S. . . . . .). Damit bleibt auf der ersten Stufe ein Rohgewinn von
. . . . . . EUR.
Die Beklagte hat darüber hinaus angegeben, sie habe Kosten in Höhe von insgesamt
. . . . . . EUR für Verpackung und Versand aufgewendet. Da Versandkosten in den oben dargestellten Umsätzen bereits enthalten sind, ist die Klägerin bereit, diese Kosten als abzugsfähig zu akzeptieren.
Sonstige abzugsfähige Kosten sind allerdings nicht ersichtlich. Weder hat die Beklagte produktspezifische Werbung nur für die verletzende Ware betrieben, noch sind sonstige, gerade diesen Produkten zuordenbare Kosten in der Aufstellung enthalten. Eine anteilige Berücksichtigung der Kosten der mit dem Vertrieb beauftragten Mitarbeiter und der Website, über die die meisten Verkäufe erfolgt sind, kommt nicht in Betracht. Die Beklagte vertreibt über diese Website und mit diesen Mitarbeitern auch eine Vielzahl anderer Produkte. Insgesamt ergibt sich somit ein Verletzergewinn in Höhe von 311.252 EUR, der der Schadensersatzberechnung zugrunde zu legen ist.[10]

7. Dieser Verletzergewinn ist der Schadensberechnung in vollem Umfang zugrunde zu legen, da davon auszugehen ist, dass der Gesamtgewinn durch die Markenverletzung erzielt wurde.[11]
Die streitgegenständlichen T-Shirts unterscheiden sich von generischen Billigprodukten ausschließlich durch die rechtsverletzende Kennzeichnung. Ihr auffallend hoher Abgabepreis kann nur dadurch erklärt werden, dass sich die Kunden mit der bekannten Marke der Klägerin schmücken wollten und deshalb bereit waren, einen Preis zu bezahlen, der weit über dem für nicht gekennzeichnete T-Shirts lag (wenn auch immer noch signifikant unterhalb der günstigsten Angebote der Klägerin).
Darüber hinaus ist nicht ersichtlich, dass die Beklagte überhaupt in der Lage gewesen wäre, mit nicht gekennzeichneten T-Shirts einen Gewinn zu erzielen. Es ist davon auszugehen, dass sie weniger günstige Einkaufskonditionen aushandeln kann als große Wettbewerber, wie zum Beispiel H & M. Sie kann deshalb im Ergebnis bei nicht gekennzeichneten Shirts auch nicht preiskompetitiv zu den Marktführern sein. In dieser Situation hätte sie vermutlich völlig davon abgesehen, nicht gekennzeichnete T-Shirts anzubieten.
Damit geht der gesamte erzielte Gewinn auf die Markenverletzung zurück.[12] Die Klägerin legt diesen Gesamtgewinn ihrer Schadensberechnung zugrunde.
8. Der Zinsanspruch ergibt sich aus §§ 291, 288 ZPO.

Rechtsanwältin[13, 14]

Anmerkungen

1. Es wird eine bezifferte Forderung geltend gemacht, die gleichzeitig den Streitwert bestimmt.

2. Im Regelfall der Markenverletzungsklage richtet sich der Antrag zunächst auf Feststellung der Schadensersatzverpflichtungen und Auskunft (→ Form. B.13 Anm. 10–12). Ohne erteilte Auskunft kann der Kläger in der Regel seinen Schadensersatzanspruch nicht beziffern. Die Durchsetzung der Schadensersatzforderung erfolgt deshalb in einem separaten Betragsverfahren. In der Praxis sind nach rechtskräftigem Abschluss des Grundverfahrens Vergleiche über den zu leistenden Schadensersatz häufig, insbesondere höchstrichterliche Rechtsprechung zur Schadensberechnung ist deshalb vergleichsweise selten (vgl. die Nachweise bei *Ingerl/Rohnke* MarkenG Vor §§ 14–19d Rn. 216 ff; zur Schadensberechnung Ströbele/Hacker/*Hacker* MarkenG § 14 Rn. 509 ff.).

3. Zu den Nebenentscheidungen → Form. B.13 Anm. 16.

4. Sinnvollerweise wird die Klage bei derselben Kammer wie das vorangegangene Grundverfahren eingereicht, wenn es grundsätzlich auch möglich ist, sie bei anderen zuständigen Gerichten anhängig zu machen. Auf den Akteninhalt des Vorprozesses kann dann jeweils verwiesen werden.

5. Die erteilte Auskunft nach §§ 19, 19a MarkenG und ggf. § 242 BGB bildet die Berechnungsgrundlage für die bezifferte Schadensersatzforderung. Im vorliegenden Fall sind dabei insbesondere die Angaben zu Umsätzen und Gestehungskosten von Bedeutung.

6. Für die Bezifferung des Schadens stehen dem Kläger wahlweise drei verschiedene Berechnungsmethoden zur Verfügung:

Er kann Ersatz des ihm konkret entstandenen Schadens (§§ 249, 252 BGB), Herausgabe des vom Verletzer erzielten Gewinns (§ 14 Abs. 6 S. 2 MarkenG) oder Schadensersatz im Wege der Lizenzanalogie (§ 14 Abs. 6 S. 3 MarkenG) verlangen.

In der Praxis immer noch am weitesten verbreitet ist die Berechnung auf der Basis der Lizenzanalogie. Dabei wird in der Regel eine prozentuale Lizenz auf die Umsätze mit den verletzenden Gegenständen zu Grunde gelegt. Die Höhe der Lizenzgebühr richtet sich nach dem objektiven Wert der angemaßten Benutzungsberechtigung (vgl. BGH GRUR 2010, 239 Rn. 20 – BTK), wobei besonders die Bekanntheit und der Ruf des verletzten Kennzeichens, der Grad der Verwechslungsgefahr und die Intensität der Beeinträchtigung in die Berechnung einfließen (vgl. *Ingerl/Rohnke* MarkenG Vor §§ 14–19d Rn. 262; *Ströbele/Hacker/Hacker* MarkenG § 14 Rn. 538). Die Höhe der Lizenzgebühr ist dabei von der Branchenübung abhängig, wobei auch eine geringe Umsatzrendite lizenzgebührmindernd ins Gewicht fallen kann (BGH GRUR 2010, 239 Rn. 49 f. – BTK). Lizenzerhöhend kann demgegenüber eine mögliche Rufbeeinträchtigung der Marke durch die billigen Nachahmungen sein. Die Höhe der Lizenzgebühr liegt typischer Weise im Bereich zwischen 1 % und 5 % (BGH GRUR 2010, 239 Rn. 25 f. – BTK; näher *Ingerl/Rohnke* MarkenG Vor §§ 14–19d Rn. 269; *Ströbele/Hacker/Hacker* MarkenG § 14 Rn. 546). Die auf dieser Basis berechnete Lizenzgebühr ist um einen Zinsanteil zu erhöhen, da der Verletzte so zu stellen ist, als hätte er Lizenzzahlungen im Lizenzvertrag üblicherweise aufgrund laufender Abrechnungen erhalten (BGH GRUR 2010, 239 Rn. 55 – BTK). Im vorliegenden Fall wäre bei Verletzerumsätzen von weniger als 500.000,00 EUR im Wege der Lizenzanalogie selbst bei einem hohen Lizenzsatz nur ein Schadensersatz von vermutlich weniger als 50.000,00 EUR zu erzielen gewesen. In solchen Fällen kann es für den Markeninhaber vorteilhafter sein, die Berechnung auf der Basis des erzielten Verletzergewinns vorzunehmen, wie es im Formular geschieht. Diese Berechnungsmethode ist insbesondere für Fälle geeignet, bei denen die Verwendung der streitigen Marke für den Absatzerfolg von besonderer Bedeutung war, zum Beispiel wenn es sich um eine bekannte Marke im Modebereich handelt. Demgegenüber kann bei komplexeren technischen Produkten der Umsatz ggf. nur zu geringerem Teil auf die verwendete Marke zurückgehen (→ Anm. 12). Als dritte Möglichkeit der Schadensberechnung kommt der konkrete, beim Verletzten eingetretene Schaden, insbesondere der entgangene Gewinn, in Betracht. In der Praxis spielt diese Möglichkeit kaum eine Rolle, da es regelmäßig sehr schwierig ist, die notwendige Kausalität zwischen der Verletzungshandlung und entgangenem Gewinn des Markeninhabers darzulegen. Im vorliegenden Fall wird dies zum Beispiel durch die Preisdifferenz zwischen den Verletzungsgegenständen und den Originalprodukten weiter erschwert. Ein Nachweis, dass der Markeninhaber entsprechende Stückzahlen an Originalware abgesetzt hätte wie der Verletzer, ist in dieser Konstellation nicht zu führen.

Das Wahlrecht erlischt erst mit Erfüllung oder rechtskräftiger Zuerkennung des Anspruchs nach einer der drei Methoden (vgl. BGH GRUR 1993, 55 (57) – Tchibo/Rolex II; BGH GRUR 2000, 226 (227) – Planungsmappe). Der Kläger kann grundsätzlich auch noch in der Berufungsinstanz zu einer anderen Berechnungsart übergehen (einschränkend für den Fall der Anschlussberufung, BGH GRUR 2008, 93 – Zerkleinerungsvorrichtung; vgl. Ströbele/Hacker/*Hacker* MarkenG § 14 Rn. 511 f.). Wechselt der Kläger im Laufe des Verfahrens die zunächst gewählte Art der Schadensberechnung, ohne seinen Klageantrag zu erweitern oder diesen auf einen anderen Lebenssachverhalt zu stützen, liegt keine Änderung des Streitgegenstands vor (BGH GRUR 1993, 55 (57) – Tchibo/Rolex II; BGH Urt. v. 18.5.2017 – VII ZR 122/14 Rn. 23). Es handelt es sich bei den verschiedenen Berechnungsarten des Schadens nur um verschiedene Liquidationsformen eines einheitlichen Schadensersatzanspruchs und nicht um verschiedene Ansprüche mit unterschiedlichen Rechtsgrundlagen. Gleichwohl ist dem Kläger grundsätzlich zu raten, zu einem möglichst frühen Zeitpunkt zu entscheiden, welche Art der Schadensberechnung er wählen will oder ggf. von Anfang an verschiedene Schadensberechnungsmethoden im Wege der Haupt- und Hilfsanträge zu verfolgen.

7. Eine kurze Schilderung des Verletzungssachverhalts zur Darlegung der Schlüssigkeit der Klage ist sinnvoll, auch wenn eine Bezugnahme auf das Grundurteil ausreichend ist.

8. Mit der Wiederholung des Sachvortrags zur Marktstellung der klägerischen Produkte wird bereits die Argumentation vorbereitet, dass der Verkaufserfolg des Beklagten in vollem Umfang auf die Nutzung der bekannten Marke der Klägerin zurückzuführen ist.

9. Der relativ hohe Preis der klägerischen Produkte spricht dafür, dass mit der Marke entsprechende Wertvorstellungen einhergehen und Kunden bereit sind, für so gekennzeichnete Ware Preisaufschläge zu entrichten.

10. Mit dem Hinweis auf die relativ einfache Qualität der Verletzungsgegenstände wird dem Argument vorgebeugt, der Verkehr habe diese wegen ihrer überlegenen Produkteigenschaften erworben. Stattdessen wird darauf hingewiesen, dass vergleichbare T-Shirts ohne Marke weitaus billiger angeboten werden.

11. Die Gewinnberechnung im Rahmen markenrechtlichen Schadensersatzes folgt besonderen Grundsätzen. Insbesondere ist keine anteilige Berücksichtigung von Gemeinkosten (also zum Beispiel Personalkosten, Abschreibungen für Immobilien und Anlagen) möglich, sondern nur von solchen Kosten, die sich unmittelbar der Beschaffung bzw. der Produktion der Verletzungsgegenstände zuordnen lassen. Im vorliegenden Fall sind damit abzugsfähig nur die an den Vorlieferanten gezahlten Einkaufspreise sowie die konkret mit den Verletzungsprodukten zusammenhängenden Verpackungs- und Versandkosten (vgl. BGH GRUR 2001, 329 (331) – Gemeinkostenanteil; BGH GRUR 2006, 419 Rn. 15 – Noblesse; zum PatG/UWG BGH GRUR 2007, 431 Rn. 31 – Steckverbindergehäuse und *Grabinski* GRUR 2009, 262; im Einzelnen *Ingerl/Rohnke* MarkenG Vor §§ 14–19d Rn. 265 ff.; Ströbele/Hacker/*Hacker* MarkenG § 14 Rn. 518 ff.).

12. Ob der Verletzergewinn im gesamten Umfang auf die Markenverletzung zurückgeht, ist Frage des Einzelfalles. Der Anteil ist ggf. im Wege der Schätzung nach § 287 ZPO zu ermitteln (vgl. zB BGH GRUR 2006, 419 Rn. 18 – Noblesse; BGH GRUR 2009, 856 Rn. 42 – Tripp-Trapp-Stuhl; Ströbele/Hacker/*Hacker* MarkenG § 14 Rn. 521 ff.). Im vorliegenden Fall spricht viel dafür, dass die Bekleidungsstücke nur wegen der prominent eingesetzten, verwechslungsfähigen Marke abgesetzt werden konnten. Damit wäre der gesamte Verletzergewinn der Schadensberechnung zugrunde zu legen (vgl. für eine ähnliche Fallkonstellation OLG Hamburg GRUR-RR 2005, 258 (260) – Ahoj-Brause).

Kosten und Gebühren

13. Zu den Gebühren vor den ordentlichen Gerichten vgl. Erläuterungen zu → Form. B.13 Anm. 31.

Fristen und Rechtsmittel

14. Statthaftes Rechtsmittel gegen die Entscheidung des Landgerichts ist die Berufung, siehe dazu Erläuterungen zu → Form. B.13 Anm. 32.

20. Klage wegen Verletzung einer geographischen Herkunftsangabe

An das

Landgericht ......[1]

– Kennzeichenstreitkammer –

In Sachen

Verein der Thüringischen Holzspielzeugproduzenten e. V., ...[2]

– Kläger –

Prozessbevollmächtigte: Rechtsanwälte ......

gegen

A GmbH, Rudolphstraße 1, Nürnberg[3]

– Beklagte –

wegen: Unterlassung[4, 5]

Streitwert: vorläufig geschätzt: 50.000 EUR[6]

zeigen wir an, dass wir den Kläger vertreten. Namens und im Auftrag des Klägers erheben wir Klage gegen die Beklagte und bitten um Anberaumung eines baldigen Termins zur mündlichen Verhandlung, in dem wir die folgenden

Anträge

stellen werden:

I. Der Beklagten wird es bei Meidung eines für jeden Fall der Zuwiderhandlung fälligen Ordnungsgeldes, ersatzweise Ordnungshaft, oder Ordnungshaft (Ordnungsgeld im Einzelfall bis zu 250.000 EUR, Ordnungshaft bis zu sechs Monate, im Wiederholungsfall bis zu zwei Jahre, diese zu vollziehen an ihren Geschäftsführern),[7]

verboten,

1. im geschäftlichen Verkehr Holzspielzeug unter der Bezeichnung „Thüringer Holzspielzeug" anzubieten oder in Verkehr zu bringen, wenn die Herstellungsstätte dieses Spielzeugs nicht tatsächlich in Thüringen liegt.[8]
2. hilfsweise zu 1.: im geschäftlichen Verkehr Holzspielzeug unter der Bezeichnung „Thüringer Holzspielzeug" anzubieten oder in Verkehr zu bringen, wenn nicht die

Herstellung des hölzernen Spielzeugkorpus' auf dem Gebiet des Bundeslandes Thüringen erfolgt ist.[9]

II. (Kosten, vorläufige Vollstreckbarkeit)[10]

Begründung:

1. Der Kläger ist ein Zusammenschluss von Thüringer Spielzeugherstellern, wie sich aus seiner Satzung

   Anlage K 1

   ergibt. Zu seinen satzungsgemäßen Aufgaben gehört auch die Verteidigung der Thüringer Spielwarenindustrie gegen die missbräuchliche Verwendung der geographischen Herkunftsangabe „Thüringen" bzw. „Thüringer". Der Kläger hat gegenwärtig ...... Mitglieder, die sich im Einzelnen aus der Mitgliederliste

   Anlage K 2

   ergeben. Die missbräuchliche Verwendung geographischer Herkunftshinweise auf Thüringen wird vom Kläger konsequent verfolgt. Wir weisen dabei insbesondere auf die vor dem angerufenen Gericht anhängig gewesenen Verfahren mit den Az. ...... und ...... hin.[11]

2. Die Beklagte ist ein größeres Unternehmen der Spielwarenbranche. Sie ist unter anderem Anbieterin verschiedener Spielzeugserien für das Vorschul- und Grundschulalter, darunter auch der Holzspielzeugserie „Woody". Seit kurzem bringt sie nun eine preislich deutlich höher angesiedelte Serie von Holzspielzeug unter der Bezeichnung „Oma Annette" auf den Markt. Dieses Spielzeug soll, wie sich zB aus dem Katalog

   Anlage K 3

   ergibt, offenbar nostalgische Gefühle ansprechen. Nach den Angaben im Katalog soll es angeblich „in Handarbeit" hergestellt werden. Außerdem soll es sich um

   „Thüringer Holzspielzeug"

   handeln.[12]

3. Nach Feststellungen des Klägers handelt es sich aber in Wirklichkeit um Spielzeug, das von der Firma ...... in der Tschechischen Republik hergestellt wird. Dieses Unternehmen bietet eine identische Serie in seinem Katalog

   Anlage K 4

   an. Die Übereinstimmungen werden an den jeweils im Original übergebenen Mustern

   Anlage K 5a, K 5 b

   besonders deutlich: ......

   Der Kläger hat unter seinen Mitgliedern nachgeforscht, ob diese das Holzspielzeug, das von der Beklagten in der Serie „Oma Annette" angeboten wird, hergestellt haben. Die Antworten waren negativ, wie sich aus dem

   Anlagenkonvolut K 6

   ergibt.[13] Auf die Abmahnung des Klägers hin,[14]

   Anlage K 7,

   hat die Beklagte behauptet, das Spielzeug stamme deshalb aus Thüringen und rechtfertige die Angabe „Thüringer Holzspielzeug", weil es durch das in Thüringen ansässige Unternehmen ...... hergestellt sei. Eine Rückfrage bei diesem Unternehmen hat aber ergeben, dass dort lediglich die Finisharbeiten vorgenommen wurden, nämlich das Polieren und Lackieren der fertig zusammengebauten Spielzeuge und in einigen Fällen das Bemalen,

   Anlage K 8.

   Diese letzten Verarbeitungsschritte allein sind allerdings nicht ausreichend, um die Angabe „Thüringer Holzspielzeug" zu rechtfertigen.[15]

20. Klage wegen Verletzung einer geographischen Herkunftsangabe   B. 20

4. „Thüringen" bzw. „Thüringer Holzspielzeug" ist eine geographische Herkunftsangabe im Sinne von § 126 Abs. 1 MarkenG, wobei naheliegt, dass der Verkehr mit dem traditionsreichen Thüringer Holzspielzeug auch besondere Qualitätsvorstellungen im Sinne von § 127 Abs. 2 MarkenG verbindet.[16] Darauf kommt es aber im Ergebnis nicht an, da der Hauptantrag schon deshalb nach § 127 Abs. 1 MarkenG begründet ist, weil das Spielzeug – entgegen der Angabe der Beklagten – nicht aus Thüringen stammt.[17]

Rechtsanwalt[18, 19]

Schrifttum: vgl. die Hinweise → Form. B.1.

Anmerkungen

1. Nach dem klaren Wortlaut von § 140 Abs. 1 MarkenG sind auch Ansprüche aufgrund geographischer Herkunftsangaben Kennzeichenstreitsachen und deshalb den Kennzeichengerichten zugewiesen (→ Form. B.13 Anm. 1, 2).

2. § 128 Abs. 1 MarkenG eröffnet die auf Unterlassung gerichtete Klagebefugnis bei der missbräuchlichen Verwendung geographischer Herkunftsangaben den nach § 8 Abs. 3 UWG Klagebefugten. Das sind neben den Mitbewerbern (§ 8 Abs. 3 Nr. 1 UWG) die rechtsfähigen Verbände zur Förderung gewerblicher Interessen (§ 8 Abs. 3 Nr. 2 UWG), die qualifizierten Einrichtungen (§ 8 Abs. 3 Nr. 3 UWG) sowie die Industrie- und Handelskammern und Handwerkskammern (§ 8 Abs. 3 Nr. 4 UWG). Über den Wortlaut der § 128 Abs. 1 MarkenG iVm § 8 Abs. 3 UWG hinaus erkennt die Rechtsprechung auch die Aktivlegitimation derjenigen an, die eine geographische Herkunftsangabe berechtigterweise im geschäftlichen Verkehr benutzen, auch wenn es sich zB mangels räumlicher Berührungen der Angebote nicht um Mitbewerber iSv § 8 Abs. 3 Nr. 1 UWG handelt (BGH GRUR 2007, 884 Rn. 34 – Cambridge Institute; BGH GRUR 2016, 741 Rn. 13 – Himalaya Salz). Die gleiche Aktivlegitimation gilt für die Ansprüche gemäß §§ 18, 19, 19a und 19c MarkenG. Ein Schadensersatzanspruch nach § 128 Abs. 2 MarkenG steht dagegen nur dem berechtigten Nutzer einer geographischen Herkunftsangabe zu. Bei der Bemessung des Schadensersatzes kann auch ein Verletzergewinn zu berücksichtigen sein (§ 128 Abs. 2 S. 2 MarkenG). Entsprechende Regelungen sieht § 135 MarkenG für die Verletzung von geographischen Angaben und Ursprungsbezeichnungen iSd VO (EU) Nr. 1151/2012 über Qualitätsregelungen für Agrarerzeugnisse und Lebensmittel vor, → Anm. 4.

3. Hinsichtlich der Passivlegitimation ergeben sich keine Besonderheiten gegenüber Ansprüchen aus § 14 MarkenG (→ Form. B.13 Anm. 6). § 127 Abs. 1 MarkenG verbietet allgemein die „Benutzung" der geographischen Herkunftsangabe im geschäftlichen Verkehr für Waren oder Dienstleistungen, wenn dadurch „eine Gefahr der Irreführung über die geographische Herkunft besteht". Nach § 128 Abs. 1 MarkenG kann jeder auf Unterlassung in Anspruch genommen werden, der die geographische Herkunftsangabe entgegen § 127 MarkenG benutzt. Im vorliegenden Fall hat der Beklagte das mit der irreführenden Bezeichnung versehene Spielzeug selbst in Verkehr gebracht. Wer es hergestellt oder mit der Bezeichnung versehen hat, spielt keine Rolle.

4. Das Formular behandelt die Klage wegen missbräuchlicher Verwendung einer nur nach nationalem deutschem Recht geschützten geographischen Herkunftsangabe. Daneben besteht zum Schutz von geographischen Angaben und Ursprungsbezeichnungen für Agrarerzeugnisse und Lebensmittel ein besonderes unionsrechtliches Schutzsystem durch die VO (EU) Nr. 1151/2012 des Europäischen Parlaments und des Rates vom 21.11.2012. Die betreffenden Bezeichnungen werden in das von der Europäischen Kommission geführte Register der geschützten Ursprungsangaben und geschützten geographischen Angaben eingetragen, zum Verfahren s. §§ 130 ff. MarkenG. Im Anwendungsbereich der EU-Verordnung, die sich auf Bezeichnungen für Erzeugnisse beschränkt, bei denen ein besonderer Zusammenhang zwischen ihren Eigenschaften und ihrer geographischen Herkunft besteht, gilt ein uneingeschränkter Anwendungsvorrang der unionsrechtlichen Vorschriften. Ein ergänzender Rechtsschutz aufgrund bilateraler Abkommen oder nach nationalem Recht scheidet insoweit aus (BGH GRUR 2016, 970 Rn. 15 ff. – Champagner Sorbet). Geographische Angaben und Ursprungsbezeichnungen, die hingegen nur dazu dienen, die geografische Herkunft eines Erzeugnisses herauszustellen, dh unabhängig von dessen besonderen Eigenschaften, fallen nicht in den Geltungsbereich der EU-Verordnung (EuGH GRUR 2014, 674 Rn. 29 f. – Salame Felino). Entsprechend bleibt § 127 Abs. 1 MarkenG auch im Bereich geographischer Angaben und Ursprungsbezeichnungen für Agrarerzeugnisse und Lebensmittel anwendbar. Die Regelung ist aber unionskonform dahingehend auszulegen, dass bei der Beurteilung der Frage, ob eine Gefahr der Irreführung über die geographische Herkunft des Produkts besteht, bei Agrarerzeugnissen und Lebensmitteln mit der geographischen Herkunft etwa verbundene besondere Qualitäts- oder Eigenschaftsvorstellungen unberücksichtigt bleiben (BGH GRUR 2016, 741 Rn. 18 – Himalaya Salz).

Die hier allein einschlägigen §§ 126 ff. MarkenG schützen die geographischen Herkunftsangaben im Sinne von § 1 Nr. 3 MarkenG. Anders als die Marken und die geschäftlichen Bezeichnungen verkörpern sie keine Individualrechte, sondern einen kollektiven Goodwill, der allen berechtigten Unternehmen zusteht (Amtl. Begr. Abs. 1 zu Teil 6). Die Nutzungsberechtigung richtet sich nach rein tatsächlichen Verhältnissen, nämlich der geographischen Herkunft der Produkte einerseits und der Verkehrsauffassung andererseits. Ursprünglich handelte es sich um einen wettbewerbsrechtlichen Ansatz, der insbesondere Verbraucher vor Irreführung schützen sollte. Damit wurde die frühere Rechtsprechung zu § 3 UWG aF zunächst in das MarkenG integriert (vgl. BGH GRUR 1999, 252 (254) – Warsteiner II; BGH GRUR 2002, 426 (427) – Champagner bekommen, Sekt bezahlen). Seit der Novellierung des Markengesetzes durch das Gesetz zur Verbesserung der Durchsetzung von Rechten des geistigen Eigentums vom 7.7.2008 wird der Schutz geographischer Herkunftsangaben heute jedoch überwiegend nicht mehr als wettbewerbsrechtlich, sondern als kennzeichenrechtlich begründeter Schutz angesehen (s. BGH GRUR 2016, 741 Rn. 13 ff. – Himalaya Salz). Das UWG bleibt nur noch in Einzelfällen anwendbar, bei denen keine geographische Herkunftsangabe im Sinne von § 126 MarkenG vorliegt, insbesondere bei sogenannten „fiktiven" Herkunftsangaben, also Fantasienamen, die bei dem Verbraucher nur den Eindruck einer geographischen Herkunftsangabe erwecken (vgl. Büscher/Dittmer/Schiwy/*Büscher* MarkenG § 126 Rn. 14 f.). Darüber hinaus kommt ein Rückgriff auf §§ 3, 5 UWG in Betracht, wenn eine geographische Herkunftsangabe nicht für Waren/Dienstleistungen, sondern als Unternehmenskennzeichen benutzt wird (vgl. zB BGH GRUR 2001, 73 (76) – Stich den Buben).

Die Gesetzessystematik der §§ 126 ff. MarkenG gibt – außerhalb des Anwendungsbereichs der VO (EU) Nr. 1151/2012 – folgende Prüfungsschritte vor: Zunächst muss eine unmittelbare oder mittelbare geographische Herkunftsangabe vorliegen (§ 126 Abs. 1 MarkenG), die keine Gattungsbezeichnung sein darf (§ 126 Abs. 2 MarkenG). Liegt eine Benutzung im geschäftlichen Verkehr für Waren oder Dienstleistungen anderer Herkunft vor (vgl. hierzu BGH GRUR 2007, 884 Rn. 31 – Cambridge Institute), ist diese untersagt, wenn die Gefahr der Irreführung besteht (§ 127 Abs. 1 MarkenG) oder ein besonderer Ruf der Herkunftsangabe besteht und die Benutzung geeignet ist, diesen in unlauterer Weise zu beeinträchtigen oder auszunutzen (§ 127 Abs. 3 MarkenG). Ein

20. Klage wegen Verletzung einer geographischen Herkunftsangabe B. 20

Schutz kann aber auch gegen die Verwendung der Angabe für Waren und Dienstleitungen gleicher Herkunft bestehen, wenn diese nicht die Eigenschaften der sonst so bezeichneten Waren und Dienstleistungen haben (sog. qualifizierte geographische Herkunftsangabe, § 127 Abs. 2 MarkenG). Gemäß § 127 Abs. 4 MarkenG können diese Verletzungstatbestände auch eingreifen, wenn die geographische Herkunftsangabe nicht identisch, aber eine damit ähnliche Bezeichnung oder die geographische Herkunftsangabe mit Zusätzen benutzt wird (vgl. zB BGH GRUR 2007, 67 Rn. 19 ff. – Pietra di Soln; vgl. zu Art. 13 Abs. 1 VO (EU) Nr. 1151/2012, BGH GRUR 2016, 970 Rn. 29 f. – Champagner Sorbet).

5. Im Wege der Verbandsklage kann gem. § 128 Abs. 1 MarkenG der Unterlassungsanspruch geltend gemacht werden. Daneben könnte der klagende Verband auch Ansprüche auf Vernichtung nach § 18 MarkenG sowie auf Auskunft nach § 19 MarkenG (→ Form. B.13 Anm. 11, 13) und die Ansprüche aus §§ 19a und 19c MarkenG geltend machen (§ 128 Abs. 1 S. 3 MarkenG). Schadensersatzansprüche und Ansprüche aus § 19b MarkenG können dagegen nur die unmittelbar Verletzten, also diejenigen, die die geschützte geographische Herkunftsangabe befugt benutzen, geltend machen (§ 128 Abs. 2 MarkenG).

6. Der Streitwert orientiert sich am Interesse eines Mitbewerbers an der Unterlassung, es gelten also die gleichen Grundsätze wie bei sonstigen Kennzeichenverletzungen (→ Form. B.13 Anm. 7).

7. Zur Ordnungsmittelandrohung → Form. B.13 Anm. 8.

8. Die Formulierung des Unterlassungsantrags richtet sich nach der konkreten Verletzungsform (im Einzelnen → Form. B.13 Anm. 9). Da eine gesetzliche Aufzählung möglicher Verletzungshandlungen in §§ 126, 127 MarkenG – anders als in § 14 Abs. 3 MarkenG – nicht enthalten ist, liegt eine Formulierung näher, die nur auf die Verletzungshandlungen abstellt, die hinsichtlich des Beklagten konkret vorgetragen werden können. Im vorliegenden Fall beschränkt sich der Antrag deshalb auf das Anbieten und Inverkehrbringen. Im Hauptantrag wird dabei ganz allgemein darauf abgestellt, dass das Produkt nicht in Thüringen hergestellt wurde. Im Hinblick auf die vom Beklagten in der außergerichtlichen Korrespondenz schon aufgeworfene Frage der unterschiedlichen Fertigungsstufen könnten allerdings Zweifel an der Bestimmtheit hinsichtlich des Wortes „hergestellt" bestehen. Aus diesem Grund wird zusätzlich ein – engerer, aber konkreter umschriebener – Hilfsantrag gestellt.

9. Der Hilfsantrag differenziert die verschiedenen Herstellungsstufen und begehrt das Verbot der Kennzeichnung von Produkten, die in der von der Beklagten konkret eingeräumten Art und Weise hergestellt werden.

10. Hinsichtlich der Prozessanträge → Form. B.13 Anm. 16. Zusätzlich zu den gestellten Anträgen und den Anträgen auf Vernichtung und Auskunft (→ Anm. 5) könnte der Kläger wegen der vorprozessual erfolgten Abmahnung ggf. auch seine Kostenerstattungsansprüche geltend machen; → Form. B.13 Anm. 15.

11. Der hier auftretende Verband ist nur dann gemäß § 8 Abs. 3 UWG klagebefugt, wenn ihm eine erhebliche Zahl von Unternehmen angehört, die Waren gleicher oder verwandter Art auf demselben Markt vertreiben, wenn er zur Wahrnehmung seiner satzungsgemäßen Aufgaben in der Lage ist, und wenn die Zuwiderhandlung die Interessen seiner Mitglieder berührt. Deshalb trägt der Kläger im Beispielstext hierzu substantiiert vor: Aus der Satzung ergibt sich der Verbandszweck, der auch die Geltendmachung von Unterlassungsansprüchen einschließt. Eine erhebliche Zahl von Mitbewerbern gehört dem Verband an. Zum substantiierten Vortrag der Mitgliederzahl ist in der Regel die namentliche Benennung erforderlich (BGH GRUR 1996, 217 – Anonymisierte Mitgliederliste). Die Fähigkeit zur Wahrnehmung der satzungsgemäßen Aufgaben kann – solange nicht substantiiertes Bestreiten des Beklagten vorliegt – auch aus der bisherigen Prozessführung geschlossen werden (zB BGH GRUR 2000, 1093 (1095) – Fachverband). Hinsichtlich der Anforderungen des § 8 Abs. 3 UWG im Einzelnen kann auf das wettbewerbsrechtliche Schrifttum (zB *Köhler/Bornkamm/Feddersen* UWG § 8 Rn. 3.1 ff.) verwiesen werden.

12. Abweichend vom üblichen Aufbau wird im vorliegenden Muster die Verletzungshandlung vor der Schutzrechtslage (nämlich dem Schutz der Bezeichnung „Thüringen") geschildert. Das erscheint deshalb sinnvoll, weil die Qualifikation von „Thüringen" als geographische Herkunftsangabe unzweifelhaft ist und deshalb ohne weiteren tatsächlichen Vortrag in die Rechtsausführungen der Klagebegründung verlagert werden kann. Anders wäre die Situation zB im Fall der Verletzung einer nach der VO (EU) Nr. 1151/2012 geschützten geographischen Angabe für Lebensmittel. Hier wäre zum Registrierungstatbestand einschließlich des Inhalts der Spezifikation vollständig vorzutragen.

13. Für die Tatbestandsmerkmale der Verletzung, also insbesondere für die Herkunft der gekennzeichneten Produkte aus einem anderen Gebiet, trägt der Kläger die Beweislast. Im Einzelfall kann es für den Kläger allerdings schwierig oder sogar unmöglich sein, die wahre Herkunft der Produkte herauszufinden. Da es sich um Informationen aus der Sphäre der Beklagten handelt, kann dieser dagegen ohne Weiteres Aufklärung leisten. Deshalb kann sich der Kläger ggf. auf eine Modifikation der Darlegungs- und Beweislast nach den Grundsätzen der nach wie vor gültigen „Bärenfang"-Rechtsprechung (BGH GRUR 1963, 270 (271)) beziehen. Nach dem auch im Prozessrecht geltenden Grundsatz von Treu und Glauben (§ 242 BGB) kann den Beklagten eine prozessuale Erklärungspflicht treffen (vgl. BGH GRUR 2008, 702 Rn. 47 – Internetversteigerung III; BGH GRUR 2007, 247 Rn. 33 – Regenwaldprojekt I; vgl. auch BGH GRUR 2012, 626 Rn. 26 ff. – Converse I). Mit dem Sachvortrag in der Klagebegründung hat der Kläger das ihm Obliegende zur Substantiierung der Klage getan. Es ist nun an der Beklagten, zur Herkunft der von ihr so gekennzeichneten Ware weiter vorzutragen (sog. sekundäre Darlegungslast).

14. Eine Abmahnung ist weder prozessual noch materiell-rechtlich erforderlich. Sie ist in der Praxis aber meistens sinnvoll, einerseits um dem Anspruchsgegner die Möglichkeit zu geben, sich ohne gerichtliche Auseinandersetzung zu unterwerfen, andererseits um die Kostenfolge des § 93 ZPO durch sofortiges Anerkenntnis zu vermeiden. Zu den Kostenerstattungsansprüchen aufgrund der Abmahnung → Form. B.13 Anm. 15.

15. Welche Anforderungen im Einzelnen zu stellen sind, um die Verwendung der Herkunftsangabe zu rechtfertigen, ist im Gesetz nicht geregelt. Bei industriellen Produkten, die typischerweise mehrere Fertigungsstufen durchlaufen, die an verschiedenen Orten durchgeführt werden, kann diese Frage im Einzelfall schwierig zu beantworten sein. Letztlich kommt es auf die Auffassung der angesprochenen Verkehrskreise, in der Regel also auf die Auffassung des durchschnittlich informierten und verständigen Verbrauchers an, worüber in Zweifelsfällen ein demoskopisches Gutachten Aufschluss geben kann (vgl. zB BGH GRUR 2002, 160 (162) – Warsteiner III; BGH GRUR 1999, 252 (255) – Warsteiner II). Dabei ist es erforderlich, dass ein hinreichender Teil der relevanten Verkehrskreise irregeführt wird, wofür 10 bis 15 % ausreichend sein können (ob parallel zu §§ 3, 5 UWG mittlerweile höhere quantitative Anforderungen zu stellen sind, ist umstritten, vgl. Ströbele/Hacker/*Hacker* MarkenG § 127 Rn. 12 mwN). Feste Quoten bestehen hierfür allerdings nicht, vielmehr ist eine Einzelfallbeurteilung vorzunehmen. Bei bearbeiteten Naturerzeugnissen ist zunächst zu prüfen, ob im Einzelfall für die Wertvorstellung des Verkehrs eher der Rohstoff oder eher die Verarbeitung des Produktes

20. Klage wegen Verletzung einer geographischen Herkunftsangabe B. 20

maßgeblich ist. Kommt es mehr auf die Verarbeitung an, stellt sich die Frage, worin aus Sicht des Verkehrs der wesentliche Produktionsvorgang liegt (vgl. Ströbele/Hacker/*Hacker* MarkenG § 127 Rn. 8 ff. unter Hinweis auf OLG Düsseldorf WRP 2011, 939 (940) – Produziert in Deutschland). Bei Holzspielzeug dürfte der wesentliche Produktionsvorgang die Herstellung des eigentlichen Spielzeugkorpus sein, da dieser auf den Gesamteindruck und den Spielwert den größten Einfluss hat. Dass möglicherweise erhebliche künstlerische Leistungen auch noch bei der Bemalung usw. zu erbringen sind, ändert daran im Ergebnis wohl nichts.

16. § 126 Abs. 1 MarkenG schützt als geographische Herkunftsangaben zunächst die Namen von Orten, Gegenden usw., hier also ohne weiteres die Bezeichnung „Thüringen", wobei auch die adjektivische Formulierung („Thüringer") unproblematisch eine solche geographische Herkunftsangabe ist (zB BGH GRUR 1981, 71 (73) – Lübecker Marzipan; BGH GRUR 2002, 1074 (1075) – Original Oettinger; BGH GRUR 2002, 160 (161) – Warsteiner III; weitere Beispiele bei *Ingerl/Rohnke* MarkenG § 126 Rn. 5; Kur/v. Bomhardt/Albrecht/*Schulteis* MarkenG § 126 Rn. 14 ff.). Der Schutz dieser geographischen Bezeichnung setzt nicht voraus, dass sie dem Verkehr als solche bekannt ist. Maßgeblich ist insoweit nur, dass der angegebene Ort nicht aufgrund seiner Eigenart oder wegen der Besonderheit der Ware als Produktionsstätte erkennbar ausscheidet (BGH GRUR 1999, 252 (254) – Warsteiner II). Einer solchen Annahme steht hier schon entgegen, dass die Produktionsstätten der Mitglieder des Klägers tatsächlich in Thüringen liegen.

Neben solchen unmittelbaren Herkunftsangaben können auch sogenannte „mittelbare" Herkunftsangaben Schutz genießen, dh alle Kennzeichnungen, Aufmachungen usw., aus denen der Verkehr auf die geographische Herkunft der so gekennzeichneten Waren schließt, zB Flaggen, Ortswappen, unter Umständen fremdsprachige Kennzeichnungen (Beispiele bei *Ingerl/Rohnke* MarkenG § 126 Rn. 6; Kur/v. Bomhardt/Albrecht/*Schulteis* MarkenG § 126 Rn. 18 ff.). Die vom Kläger ebenfalls beiläufig angesprochene „qualifizierte" Herkunftsangabe im Sinne von § 127 Abs. 2 MarkenG liegt vor, wenn mit der geographischen Herkunftsangabe bestimmte Eigenschaften verbunden sind. Das kann grundsätzlich auch bei einem handwerklich geprägten Produkt wie Holzspielzeug der Fall sein, wenn bestimmte technische Fertigkeiten in einem geographischen Gebiet besonders ausgeprägt oder gar nur dort zu finden sind. Da die streitigen Gegenstände ohnehin nicht aus Thüringen kommen und die Klage deshalb bereits auf § 127 Abs. 1 MarkenG gestützt werden kann, kann diese Frage aber dahingestellt bleiben.

17. Die einfache geographische Herkunftsangabe gemäß § 127 Abs. 1 MarkenG setzt nicht voraus, dass der Verbraucher mit ihr eine besondere, auf regionale oder örtliche Eigenheiten zurückzuführende Qualitätsvorstellung verbindet. Entscheidend ist, dass eine Irreführungsgefahr der angesprochenen Verkehrskreise über die geographische Herkunft als solche besteht (→ Anm. 15). Die Frage, ob der Schutz der einfachen geographischen Herkunftsangabe nach § 127 Abs. 1 MarkenG auch voraussetzt, dass die Herkunft der Ware iSd § 5 UWG für die Kaufentscheidung des Verbrauchers relevant ist, hatte der BGH früher verneint (zu § 3 UWG aF: BGH GRUR 2001, 420 (421) – SPA; BGH GRUR 1999, 252 (254) – Warsteiner II), dies aber danach ausdrücklich offen gelassen (BGH GRUR 2002, 1074 (1076) – Original Oettinger; BGH GRUR 2002, 160 (162) – Warsteiner III). Im Einzelnen s. *Ingerl/Rohnke* MarkenG § 127 Rn. 4 f.; Ströbele/Hacker/*Hacker* MarkenG § 127 Rn. 13 ff.).

Der Tatbestand des § 127 Abs. 1 MarkenG ist nicht schon immer dann erfüllt, wenn die geographische Herkunftsangabe für Produkte anderer Herkunft verwendet wird. Die Gefahr der Irreführung ist vielmehr nach den Umständen des Einzelfalles zu beurteilen, insbesondere auch im Hinblick auf evtl. aufklärende Zusätze oder sonstige Merkmale, die eine Irreführung des Verkehrs vermeiden können (sog. „entlokalisierende Zusätze").

Ferner untersteht der Anspruch aus § 127 Abs. 1 MarkenG dem Verhältnismäßigkeitsvorbehalt. Im Rahmen der Verhältnismäßigkeitsprüfung ist die Irreführungsgefahr gegen die Interessen des werbenden Unternehmens abzuwägen (BGH GRUR 2002, 1074 (1076) – Original Oettinger; BGH GRUR 2002, 160 (162) – Warsteiner III). Dabei ist allerdings davon auszugehen, dass grundsätzlich kein schutzwürdiges Interesse daran besteht, eine unrichtige geographische Herkunftsangabe zu verwenden. Im Beispielsfall bestehen keine Anhaltspunkte für ein besonderes Interesse der Beklagten an der Verwendung der Bezeichnung „Thüringer Holzspielzeug", so dass hierzu kein Vortrag erforderlich ist.

Kosten und Gebühren

18. Zu den Gebühren vor den ordentlichen Gerichten vgl. Erläuterungen zu → Form. B.13 Anm. 31.

Fristen und Rechtsmittel

19. Statthaftes Rechtsmittel gegen die Entscheidung des Landgerichts ist die Berufung, siehe dazu Erläuterungen zu → Form. B.13 Anm. 32.

21. Strafanzeige

An die

Staatsanwaltschaft bei dem Landgericht ......[1, 2]

Unter Vorlage der im Original beigefügten Vollmacht[3] erstatten wir namens und im Auftrag der durch uns vertretenen Firma A GmbH ...... (im Folgenden: Anzeigeerstatterin)

Strafanzeige

gegen Herrn B. ..... und stellen gleichzeitig

Strafantrag[4]

unter allen rechtlich in Betracht kommenden Gesichtspunkten.

Begründung:

1. Die Anzeigeerstatterin ist ein führendes Unternehmen der Textilindustrie. Sie ist bekannt vor allem für ihre sportlich-modische Kleidung, die sie ua unter der Marke TIGER vertreibt. Die Bezeichnung TIGER ist Gegenstand verschiedener nationaler und internationaler Markeneintragungen, so insbesondere der deutschen Wortmarke TIGER Nr. ..... mit Priorität vom ......,
Anlage A 1
und der Wort-/Bild-Marke TIGER (mit Tigerkopf) Nr. ..... mit Priorität vom ......,
Anlage A 2.
Beide Marken sind jeweils für Bekleidungsstücke eingetragen. Die Marke A 2 mit dem markanten Tigerkopf ist ein bekanntes „Logo", das die Anzeigeerstatterin intensiv für Sport- und Freizeitkleidung aller Art benutzt, wie sich zB aus dem Katalog
Anlage A 3

21. Strafanzeige B. 21

der Anzeigeerstatterin ergibt. Charakteristisch dafür ist insbesondere auch die Anbringung des Logos auf der linken Brustseite von T-Shirts und Sweatshirts.

2. Mitarbeiter der Anzeigeerstatterin haben am . . . . . . bei einem Testkauf in der Modeboutique „Westwind" in München, ... Straße, Nr. . . . . ., festgestellt, dass dort mit dem Tiger-Logo versehene T-Shirts vertrieben werden, die nicht von der Antragsgegnerin stammen. Es handelt sich hierbei um Fälschungen.

Beweis: Zeugnis von Herrn . . . . . .

3. Inhaber der Boutique „Westwind" ist Herr B., wie sich zB aus der Creditreform-Auskunft,

Anlage A 4,

ergibt.

4. Da Herr B. erhebliche Stückzahlen der markenverletzenden Ware absetzt, liegt die Annahme nahe, dass ihm bekannt ist, dass es sich um gefälschte Ware handelt. Auch die Preisstellung, nämlich der Abgabepreis von 13,90 EUR für ein T-Shirt, wie er sich aus dem noch mit einem Preissticker versehenen Testkauf-Exemplar ergibt,

Anlage A 5,

liegt so weit unterhalb des üblichen Listenpreises (39,90 EUR), dass Herr B. die T-Shirts entweder selbst produziert oder sie zu einem so niedrigen Einkaufspreis eingekauft haben muss, dass er als Mitglied der Textilbranche nicht im Zweifel darüber sein konnte, dass es sich um gefälschte Ware handelt.[5]

5. Es wird angeregt, in der Boutique „Westwind" eine Durchsuchung[6] durchzuführen und mit dem Tiger-Logo gekennzeichnete Ware zu beschlagnahmen.[7]

6. Zur rechtlichen Beurteilung erlauben wir uns nur folgende kurze Bemerkungen: Die identische Übernahme der bekannten Kennzeichnung der Klägerin auf identischen Waren, nämlich T-Shirts, verstößt gegen § 14 Abs. 2 Nr. 1 MarkenG und ist damit nach § 143 Abs. 1 Nr. 1 MarkenG strafbar. Da Herr B. als Einzelhändler gewerbsmäßig handelt, ist auch die Qualifikation von § 143 Abs. 2 MarkenG erfüllt, die Tat ist damit Offizialdelikt.[8] Der Strafantrag wird deshalb nur aus Gründen höchster Vorsorge gestellt.

Rechtsanwalt[9, 10]

Schrifttum: vgl. die Hinweise → Form. B.1.; *Brandau/Rehaag*, Praxishandbuch IP-Strafrecht, 1. Aufl. 2017.

Anmerkungen

1. Die vorsätzliche Kennzeichenverletzung ist strafbar nach § 143 MarkenG. Das gilt sowohl in Bezug auf deutsche Marken und internationale Registrierungen mit Schutz in Deutschland (§ 143 Abs. 1 Nr. 1–3 MarkenG) als auch in Bezug auf geschäftliche Bezeichnungen (§ 143 Abs. 1 Nr. 4 und 5 MarkenG) und Unionsmarken (§ 143a MarkenG). Die strafbare Benutzung geografischer Herkunftsangaben sowie geschützter geografischer Angaben und Ursprungsbezeichnungen nach der VO (EG) Nr. 1151/2012 ist in § 144 MarkenG geregelt. Verfahrensrechtlich gelten für das an die Strafanzeige anschließende Ermittlungsverfahren die Vorschriften der StPO ohne weitere Besonderheiten (§§ 158 ff. StPO).

Die Straftatbestände des § 143 MarkenG knüpfen in vollem Umfang an die zivilrechtlichen Verletzungstatbestände der §§ 14 und 15 MarkenG an. Da nur die „widerrechtliche" Handlung strafbar ist, kann die Strafbarkeit insbesondere auch ausgeschlossen sein, wenn die Schutzschranken der §§ 21 ff. MarkenG oder sonstige zivilrechtliche Einwendungen vorliegen (s. *Brandau/Rehaag* Kap. 1 Rn. 15 ff.). Anders als für zivilrechtliche Ansprüche ist Vorsatz im Sinne von § 15 StGB erforderlich (→ Anm. 5). Im Rahmen des Schutzes bekannter Kennzeichen (§ 143 Abs. 1 Nr. 2, 3 Buchst. b, 5 MarkenG) ist darüber hinaus Absicht hinsichtlich der Ausnutzung oder Beeinträchtigung der Unterscheidungskraft oder Wertschätzung des bekannten Kennzeichens erforderlich (vgl. *Ingerl/Rohnke* MarkenG § 143 Rn. 4; Ströbele/Hacker/*Hacker* MarkenG § 143 Rn. 20). Die Verjährungsfrist beträgt fünf Jahre ab Beendigung der Verletzungshandlung, §§ 78 Abs. 3 Nr. 4, 78a StGB.

Strafrechtliches Vorgehen ist im Normalfall der Markenverletzung relativ selten, obwohl der Straftatbestand keineswegs auf Pirateriefälle beschränkt ist (vgl. zB LG Bonn Urt. v. 7.3.2016 – 27 KLs 4/15, zum strafbaren Grauimport von ca. 29.000 Original-Armbanduhren). Pirateriefälle sind in der Praxis aber der häufigste Anlass für eine Strafanzeige wegen Kennzeichenverletzung. Auch das vorliegende Muster betrifft einen (vermuteten) Markenpirateriefall. Für den Kennzeicheninhaber kann die Strafanzeige dabei verschiedene Funktionen erfüllen: Zunächst wirkt sie abschreckend auf mögliche Verletzer und zeigt in der Branche, dass der Markeninhaber bereit ist, seine Rechte mit allen zur Verfügung stehenden Mitteln zu verteidigen. Vor allem stellt das Strafprozessrecht aber Ermittlungsmaßnahmen zur Verfügung, insbesondere die Durchsuchung und Beschlagnahme (→ Anm. 6, 7), die im zivilrechtlichen Verfahren gar nicht möglich oder jedenfalls schwerer durchsetzbar sind. Solche Ermittlungsmaßnahmen können die Weiterverbreitung von Pirateriewaren bisweilen effektiver stoppen und vor allem weitere Informationen über den Verletzer und die Verletzungshandlungen zu Tage fördern als zivilrechtliche Maßnahmen nach §§ 14, 15, 18–19c MarkenG, bei denen häufig schon die genaue Identifizierung des Verletzers und die Zustellung schwierig sein können. Im Rahmen der Bekämpfung der Produktpiraterie hat die Strafanzeige damit ihren sinnvollen Platz im anwaltlichen Repertoire. Im Gegensatz zum Zivilprozess ist das Strafverfahren aber der Disposition des Anzeigeerstatters größtenteils entzogen. Es unterliegt vielmehr der Staatsanwaltschaft als Herrin des Ermittlungsverfahrens und der Hoheitsgewalt des Staates. Das förmliche Mitwirkungsrecht des Anzeigeerstatters ist im Wesentlichen auf das Klageerzwingungsverfahren nach § 172 StPO und auf die Möglichkeit beschränkt, sich gemäß § 395 Abs. 2 Nr. 2 StPO der öffentlichen Klage als Nebenkläger anzuschließen. Darin liegt einer der wesentlichen Nachteile gegenüber dem Zivilverfahren. Zudem stellt eine einfache Kennzeichenverletzung nach § 143 Abs. 1 MarkenG bzw. § 143a Abs. 1 MarkenG, die also nicht gewerbsmäßig begangen worden ist, nicht nur ein Antragsdelikt (→ Anm. 4), sondern auch ein Privatklagedelikt dar, § 374 Abs. 1 Nr. 8 StPO. Dies bedeutet, dass die Staatsanwaltschaft die öffentliche Klage (trotz Strafantrags) nur bei öffentlichem Interesse (§ 376 StPO) erhebt, dh wenn der Rechtsfrieden über den Lebenskreis des Verletzten hinaus gestört und die Strafverfolgung ein gegenwärtiges Anliegen der Allgemeinheit ist. Das öffentliche Interesse an der Strafverfolgung von Verletzungen von Rechten des geistigen Eigentums wird in der Regel bejaht, wenn eine nicht nur geringfügige Schutzrechtsverletzung vorliegt, wobei insbesondere das Ausmaß der Schutzrechtsverletzung, der eingetretene oder drohende wirtschaftliche Schaden und die vom Täter erstrebte Bereicherung zu berücksichtigen sind (vgl. Nr. 261, 261a der Richtlinien für das Strafverfahren und das Bußgeldverfahren – RiStBV). Wird ein öffentliches Interesse verneint, wird der Antragsteller auf den Privatklageweg verwiesen (§ 374 Nr. 8 StPO). Bei der gewerblichen Kennzeichenverletzung nach § 143 Abs. 2, Abs. 4 MarkenG bzw. § 143a Abs. 2 MarkenG iVm § 143 Abs. 2, Abs. 4 MarkenG handelt es sich dagegen um ein Offizialdelikt (→ Anm. 4), so dass die Staatsanwaltschaft auch ohne Strafantrag tätig wird und Anklage erhebt, sofern die Ermittlungen genügenden Anlass bieten (§ 170 Abs. 1 StPO), dh hinreichender Tatverdacht

21. Strafanzeige

vorliegt. Im Hinblick auf die relativ geringen Anforderungen an das Tatbestandsmerkmal der gewerbsmäßigen Begehung wird die Qualifikation meist vorliegen (vgl. zum Begriff des „gewerblichen Ausmaßes" *Ingerl/Rohnke* MarkenG § 19 Rn. 16; *Ströbele/Hacker/Hacker* MarkenG § 143 Rn. 23).

2. Zuständig ist die Staatsanwaltschaft am Gericht des Begehungsortes oder am Wohnsitz des Betroffenen (Markenverletzers), §§ 7, 8 StPO iVm § 143 GVG.

3. Strafanzeige und Strafantrag kann der Verletzte selbst stellen. Im Hinblick auf die zivilrechtlichen Vorfragen wird häufig aber eine anwaltliche Vertretung sinnvoll sein.

4. Die einfache Kennzeichenverletzung nach § 143 Abs. 1 MarkenG bzw. § 143a MarkenG ist Antragsdelikt (§§ 77 ff. StGB), soweit die Strafverfolgungsbehörde nicht wegen des besonderen öffentlichen Interesses ein Einschreiten von Amts wegen für geboten hält (§ 143 Abs. 4 MarkenG). In der Praxis wird das besondere öffentliche Interesse aber nur ausnahmsweise bejaht. Deshalb sollte im Fall einer einfachen Kennzeichenverletzung sicherheitshalber ein Strafantrag gestellt werden. Offizialdelikt ist allerdings die (hier behauptete) gewerbsmäßige Begehungsform (Qualifikation), § 143 Abs. 2, 4 MarkenG, so dass die Staatsanwaltschaft im vorliegenden Fall auch ohne Strafantrag tätig werden muss. Zumindest dann, wenn nicht von vornherein klar ist, dass die Tat gewerbsmäßig begangen wurde, empfiehlt sich aber die vorsorgliche Stellung des Strafantrages. Er ist innerhalb von drei Monaten nach Kenntniserlangung zu stellen, § 77b StGB. Antragsberechtigt ist der Markeninhaber als Verletzter gemäß § 77 Abs. 1 StGB.

5. Da Strafbarkeit nur bei Vorsatz vorliegt (§ 15 StGB), sind hierfür Anhaltspunkte vorzutragen. Der bloße objektive Verletzungstatbestand genügt – anders als bei der zivilrechtlichen Unterlassungsklage – nicht. Vorsatz ist das Wissen und Wollen der Tatbestandsverwirklichung, wovon auch der bedingte Vorsatz erfasst ist. Es ist deshalb ausreichend, wenn der Markenverletzer den Verletzungserfolg ernsthaft für möglich gehalten und zumindest billigend in Kauf genommen hat. Für vorsätzliches Handeln kann insbesondere die identische Benutzung des Kennzeichens sprechen. Allerdings kommt auch in diesem Fall gutgläubiger Erwerb in Betracht, der durch weitere Indizien auszuschließen ist, zB die Preisstellung (auf die im Formular abgestellt wird), eine lückenlose Vertriebsbindung, eine erheblich abweichende Qualität der Ware usw. (zu Irrtümern über die Echtheit oder Herkunft der Ware s. *Brandau/Rehaag* Kap. 1 Rn. 117 ff.). Vorsatz liegt grundsätzlich auch immer dann vor, wenn der Verletzer durch eine vorherige Abmahnung darauf hingewiesen wurde, dass die von ihm in Verkehr gebrachten Produkte markenverletzend sind, er sein rechtsverletzendes Handeln aber trotzdem fortsetzt. In der Praxis der Bekämpfung der Produktpiraterie empfiehlt sich in der Regel aber die vorherige Abmahnung nicht, da die vorsätzlich handelnden Täter dies zur Beseitigung von Beweismitteln nutzen könnten. In diesen Fällen kommt der Darstellung der Indizien besondere Bedeutung zu.

6. Die Durchsuchung richtet sich nach §§ 102 ff. StPO. Sie kann sowohl beim Verdächtigen in dessen Wohnung und Geschäftsräumen erfolgen (§ 102 StPO) als auch bei anderen Personen unter den Voraussetzungen des § 103 StPO.

7. Die Beschlagnahme von Gegenständen, die als Beweismittel in Betracht kommen, richtet sich nach § 94 StPO. Sie tritt neben die zivilrechtliche Beschlagnahme (Sequestration) durch den Gerichtsvollzieher zur Sicherung insbesondere des Vernichtungsanspruchs nach § 18 MarkenG.

8. Handel mit den Produkten stellt jedenfalls ein gewerbsmäßiges Verhalten dar, wenn sich der Täter durch die wiederholte Begehung der Straftat eine fortlaufende Einnahmequelle von einigem Umfang und einiger Dauer verschafft. Damit soll in erster Linie der Wiederholungstäter erfasst werden. Jedoch reicht auch die erste Tat, die in Wiederholungsabsicht begangen worden ist, aus, um den Qualifikationstatbestand zu erfüllen (Ströbele/Hacker/*Hacker* MarkenG § 143 Rn. 23 ff.). Für die Gewerbsmäßigkeit spricht in der Regel das Vorhalten eines größeren Sortiments bzw. einer höheren Stückzahl der rechtsverletzenden Waren.

Kosten und Gebühren

9. Die Strafanzeige und der Strafantrag sind kostenfrei.

Fristen und Rechtsmittel

10. Gegen den Beschluss der Staatsanwaltschaft, das Ermittlungsverfahren einzustellen (§ 171 StPO), kann der Anzeigeerstatter Beschwerde nach § 172 StPO einlegen, sofern er selbst Verletzter ist. Die Beschwerdefrist beträgt zwei Wochen nach Bekanntmachung des Bescheids über die Einstellung. Wird die Beschwerde abgelehnt, kann innerhalb eines Monats nach der Bekanntmachung dieser Entscheidung gerichtliche Entscheidung beantragt werden, § 172 Abs. 2 StPO.

22. Grenzbeschlagnahmeantrag

EUROPÄISCHE UNION – ANTRAG AUF TÄTIGWERDEN ① ② ③

EXEMPLAR FÜR DEN ANTRAGSTELLER

2

1. Antragsteller
Name (*):
Anschrift (*):
Ort (*):
Postleitzahl:
Land (*):
EORI-Nummer:
TIN-Nummer:
Nationale Kennnummer:
Telefon: (+)
Mobil: (+)
Fax: (+)
E-Mail:
Webseite:

Für Eintragungen der Zollbehörden
Eingangsdatum

Registriernummer des Antrags

RECHTE GEISTIGEN EIGENTUMS
ANTRAG AUF TÄTIGWERDEN DER ZOLLBEHÖRDEN
gemäß Artikel 6 der Verordnung (EU) Nr. 608/2013

2 (*). Unionsantrag ☐
Nationaler Antrag ☐

3 (*). Eigenschaft des Antragstellers ④
☐ Rechtsinhaber
☐ zur Nutzung der Rechte geistigen Eigentums ermächtigte Person oder Einrichtung
☐ Verwertungsgesellschaft
☐ Berufsorganisation
☐ Gruppe von Erzeugern von Erzeugnissen mit einer geografischen Angabe oder Vertreter solcher Gruppe
☐ Wirtschaftsteilnehmer, der zur Verwendung einer geografischen Angabe berechtigt ist
☐ zuständige Kontrollstelle oder Behörde für eine solche geografische Angabe
☐ Inhaber von in zwei oder mehr Mitgliedstaaten gültigen ausschließlichen Lizenzen

4. Vertreter, der den Antrag im Namen des Antragstellers stellt ⑤
Unternehmen:
Name (*):
Anschrift (*):
Ort (*):
Postleitzahl:
Land (*):
Telefon: (+)
Mobil: (+)   ☐ Handlungsvollmacht ist beigefügt
Fax: (+)

2

5 (*). Art des Rechts, für das der Antrag gestellt wird ⑥
☐ Nationale Marke (NTM)
☐ Gemeinschaftsmarke (CTM)
☐ Internationale Marke (ITM)
☐ Nationales eingetragenes Design (ND)
☐ eingetragenes Gemeinschaftsgeschmacksmuster (CDR)
☐ nicht eingetragenes Gemeinschaftsgeschmacksmuster (CDU)
☐ International eingetragenes Design (ICD)
☐ Urheberrecht oder verwandtes Schutzrecht (NCPR)
☐ Handelsname (NTN)
☐ Topografie eines Halbleitererzeugnisses (NTST)
☐ Patent nach nationalem Recht (NPT)
☐ Patent nach EU-Recht (UPT)
☐ Gebrauchsmuster (NUM)

Geografische Angabe/Ursprungsbezeichnung
☐ für Agrarerzeugnisse und Lebensmittel (CGIP)
☐ für Wein (CGIW)
☐ für aromatisierte Getränke aus Weinbauerzeugnissen (CGIA)
☐ für Spirituosen (CGIS)
☐ für andere Waren (NGI)
☐ wie in Vereinbarungen zwischen der Union und Drittländern aufgeführt (CGIL)
Sortenschutzrecht
☐ national (NPVR)
☐ der Gemeinschaft (CPVR)
ergänzendes Schutzzertifikat:
☐ für Arzneimittel (SPCM)
☐ für Pflanzenschutzmittel (SPCP)

6 (*). Mitgliedstaat, oder im Falle eines Unionsantrags, die Mitgliedstaaten, in denen ein Tätigwerden der Zollbehörden beantragt wird ⑦
☐ ALLE MITGLIEDSTAATEN
☐ BE ☐ BG ☐ CZ ☐ DK ☐ DE ☐ EE ☐ IE ☐ EL ☐ ES ☐ FR ☐ HR ☐ IT ☐ CY ☐ LV
☐ LT ☐ LU ☐ HU ☐ MT ☐ NL ☐ AT ☐ PL ☐ PT ☐ RO ☐ SI ☐ SK ☐ FI ☐ SE ☐ UK

7. Ansprechpartner für Verwaltungsfragen
Unternehmen:
Name (*):
Anschrift (*):
Ort (*):
Postleitzahl:
Land (*):
Telefon: (+)
Mobil: (+)
Fax: (+)
E-Mail:
Webseite:

8. Ansprechpartner für technische Fragen
Unternehmen:
Name (*):
Anschrift (*):
Ort (*):
Postleitzahl:
Land (*):
Telefon: (+)
Mobil: (+)
Fax: (+)
E-Mail:
Webseite:

9. Im Falle eines Unionsantrags: die Angaben zu den Ansprechpartnern in Verwaltungsfragen und technischen Fragen sind aufgenommen in Anlage Nr. ....

10. Anwendung des Verfahrens für die Vernichtung von Waren in Kleinsendungen ⑧
☐ Ich beantrage die Anwendung des Verfahrens nach Artikel 26 der Verordnung (EU) Nr. 608/2013. Ich bin mit der Übernahme der Kosten für die Vernichtung der Waren im Rahmen dieses Verfahrens einverstanden, soweit dies von den Zollbehörden verlangt wird.

(*) Pflichtfelder, die ausgefüllt werden müssen   (+) mindestens ein Feld muss ausgefüllt werden

11 (*). Liste der Rechte, für die der Antrag gestellt wird ⑨					
Nr.	Art des Rechts	Nummer der Eintragung	Tag der Eintragung	Ablaufdatum	Warenkreis:
Für weitere Rechte, siehe Anlage Nr. ...				☐ Beschränkte Verarbeitung ⑩	

Originalwaren ⑪

12. Angaben zu den Waren (*) Recht geistigen Eigentums Nr.: Beschreibung der Waren (*): KN-Tarifposition: Zollwert: Durchschnittlicher EU-Marktwert: Nationaler Marktwert	☐ Beschränkte Verarbeitung ☐ Separates Blatt beigefügt. Anlage Nr. ...
13. Erkennungsmerkmale der Waren (*) Stelle der Merkmale auf den Waren (*): Beschreibung (*):	☐ Beschränkte Verarbeitung ☐ Separates Blatt beigefügt. Anlage Nr. ...
14. Herstellungsort (*) Land: Unternehmen: Anschrift: Ort:	☐ Beschränkte Verarbeitung ☐ Separates Blatt beigefügt. Anlage Nr. ...
15. Beteiligte Unternehmen (*) Rolle: Name (*): Anschrift: Ort:	☐ Beschränkte Verarbeitung ☐ Separates Blatt beigefügt. Anlage Nr. ...
16. Händler (*)	☐ Beschränkte Verarbeitung ☐ Separates Blatt beigefügt. Anlage Nr. ...
17. Information über den Warenvertrieb	☐ Beschränkte Verarbeitung ☐ Separates Blatt beigefügt. Anlage Nr. ...
18. Verpackungen Art der Verpackungen: Anzahl der Artikel pro Verpackung: Beschreibung (inklusive typische Merkmale)	☐ Beschränkte Verarbeitung ☐ Separates Blatt beigefügt. Anlage Nr. ...
19. Beigefügte Dokumente Art des Dokuments: Beschreibung:	☐ Beschränkte Verarbeitung ☐ Separates Blatt beigefügt. Anlage Nr. ...

22. Grenzbeschlagnahmeantrag   B. 22

Fälschungen (12)

20. Angaben zu den Waren ☐ Beschränkte Verarbeitung
    Recht geistigen Eigentums Nr.:
    Beschreibung der Waren:

    KN-Tarifposition:
    Mindestwert:

    ☐ Separates Blatt beigefügt. Anlage Nr. ...

21. Erkennungsmerkmale der Waren ☐ Beschränkte Verarbeitung
    Stelle der Merkmale auf den Waren:
    Beschreibung:

    ☐ Separates Blatt beigefügt. Anlage Nr. ...

22. Herstellungsort ☐ Beschränkte Verarbeitung
    Land:
    Unternehmen:
    Anschrift:
    Ort:

    ☐ Separates Blatt beigefügt. Anlage Nr. ...

23. Beteiligte Unternehmen ☐ Beschränkte Verarbeitung
    Rolle:
    Name:
    Anschrift:
    Ort:

    ☐ Separates Blatt beigefügt. Anlage Nr. ...

24. Händler ☐ Beschränkte Verarbeitung

    ☐ Separates Blatt beigefügt. Anlage Nr. ...

25. Information über den Warenvertrieb ☐ Beschränkte Verarbeitung

    ☐ Separates Blatt beigefügt. Anlage Nr. ...

26. Verpackungen ☐ Beschränkte Verarbeitung
    Art der Verpackungen:
    Anzahl der Artikel pro Verpackung:
    Beschreibung (inklusive typische Merkmale):

    ☐ Separates Blatt beigefügt. Anlage Nr. ...

27. Beigefügte Dokumente ☐ Beschränkte Verarbeitung
    Art des Dokuments:
    Beschreibung:

    ☐ Separates Blatt beigefügt. Anlage Nr. ...

28. Zusatzinformationen ⑬	☐ Beschränkte Verarbeitung
☐	☐ Separates Blatt beigefügt. Anlage Nr. ....

29. Verpflichtungserklärungen ⑭

Mit meiner Unterschrift erkläre ich, dass ich mich verpflichte:

— jede Änderung von Angaben, die ich in diesem Antrag oder in den Anlagen dazu gemäß Artikel 15 der Verordnung (EU) Nr. 608/2013 gemacht habe unverzüglich der zuständigen Zolldienststelle, die diesem Antrag stattgegeben hat, mitzuteilen.

— Informationen gemäß Artikel 6 Absatz 3 Buchstaben g, h, oder i der Verordnung (EU) Nr. 608/2013, die für die Analyse und die Bewertung des Risikos einer Verletzung des betreffenden Rechts bzw. der betreffenden Rechte geistigen Eigentums durch die Zollbehörden wichtig sind, auf das bzw. die sich dieser Antrag bezieht, unverzüglich gegenüber der zuständigen Zolldienststelle, die diesem Antrag stattgegeben hat, zu aktualisieren.

— die Haftung unter den Bedingungen gemäß Artikel 28 der Verordnung (EU) Nr. 608/2013 zu übernehmen und die Kosten gemäß Artikel 29 der Verordnung (EU) Nr. 608/2013 zu tragen.

Ich bin damit einverstanden, dass alle Daten, die mit diesem Antrag übermittelt wurden, durch die Europäische Kommission und die Mitgliedstaaten verarbeitet werden dürfen.

30. Unterschrift(*)

Datum (TT/MM/JJJJ)   Unterschrift des Antragstellers

Ort   Name (in Druckschrift)

Für Eintragungen der Zollbehörden

Entscheidung der Zollbehörden (im Sinne von Abschnitt 2 der Verordnung (EU) Nr. 608/2013)

☐ Dem Antrag wird in vollem Umfang stattgegeben.

☐ Dem Antrag wird teilweise stattgegeben (siehe beigefügte Liste der stattgegebenen Rechte).

Tag der Entscheidung (TT/MM/JJJJ)   Unterschrift und Stempel   Zuständige Zolldienststelle

Der Antrag gilt bis zum:

Anträge auf Verlängerung des Zeitraums für das Tätigwerden der Zollbehörden sollten spätestens 30 Arbeitstage vor Ablauf des Gültigkeitsdatums eingegangen sein.

☐ Der Antrag wird abgelehnt.

Die Begründung für die teilweise oder vollständige Ablehnung sowie die Rechtsbehelfsbelehrung sind beigefügt.

Datum (TT/MM/JJJJ)   Unterschrift und Stempel   Zuständige Zolldienststelle

22. Grenzbeschlagnahmeantrag B. 22

Anmerkungen

1. Das Grenzbeschlagnahmeverfahren ist ein Verwaltungsverfahren der Zollbehörden, welches die Verhinderung der Ein-, Durch- und Ausfuhr von Waren zum Ziel hat, die geistiges Eigentum verletzen. Zu unterscheiden ist zwischen der Grenzbeschlagnahme nach nationalem deutschen Recht und der nach Unionsrecht. Die deutsche Grenzbeschlagnahme ist im Wesentlichen in den §§ 146 ff. MarkenG geregelt. Diese finden auf den Warenverkehr an den deutschen Grenzen Anwendung. Da Zollkontrollen der Warenbewegungen innerhalb der EU an den Binnengrenzen aufgrund des Schengener Abkommens grundsätzlich nicht mehr erfolgen, sind die §§ 146 ff. MarkenG praktisch weitgehend bedeutungslos geworden (weniger als 2 % der Aufgriffe der deutschen Zollbehörden im Jahr 2016 betrafen Anträge nach §§ 146 ff. MarkenG, vgl. Broschüre der Generalzolldirektion „Gewerblicher Rechtsschutz – Statistik für das Jahr 2016", S. 6, abrufbar unter www.zoll.de). Die in der heutigen Praxis primär maßgebliche unionsrechtliche Grenzbeschlagnahme ist in der VO (EU) Nr. 608/2013 (ABl. 2013 L 181, 15, im Folgenden kurz „VO") geregelt, welche die bis zum 1.1.2014 gültige VO (EG) Nr. 1383/2003 (ABl. 2003 L 196, 7) ersetzt hat (die zuvor mit Wirkung zum 1.7.2004 die frühere VO (EG) Nr. 3295/94, die sog. Produktpiraterieverordnung, abgelöst hatte). Die VO regelt das Verfahren nahezu vollständig selbst. Im Anwendungsbereich der VO sind deren Regelungen gegenüber den nationalen Verfahrensbestimmungen vorrangig, §§ 150, 151 MarkenG. Weitere Vorschriften zur europäischen Grenzbeschlagnahme finden sich in der Durchführungsverordnung VO (EU) Nr. 1352/2013 (ABl. 2013 L 341, 10, im Folgenden „DurchführungsVO"). Das vorliegende Formblatt „EUROPÄISCHE UNION – ANTRAG AUF TÄTIGWERDEN" ist Bestandteil der DurchführungsVO als deren Anhang I. Ebenfalls in der DurchführungsVO enthalten sind das Antragsformular für die Verlängerung des Antrags und eine Anleitung zum Ausfüllen der Formblätter (Anhänge II und III der DurchführungsVO; jeweils abgedruckt im Amtsblatt der Europäischen Union, ABl. 2013 L 341, 12 ff.).

Eine unionsrechtliche Grenzbeschlagnahme kommt nur an den Außengrenzen der EU in Betracht, also beim Warenverkehr mit Drittstaaten. Die Außengrenzen sind in der VO aber nicht räumlich definiert, sondern zollrechtlich zu verstehen. So ist die VO vor allem anwendbar, wenn Waren zur Einfuhr in die EU oder zur Ausfuhr oder Wiederausfuhr aus der EU beim Zoll angemeldet werden (vgl. Art. 1 Abs. 1 Buchst. a–c VO). Das kommt nicht nur an den räumlichen Außengrenzen der EU in Betracht, also zB an der polnisch-russischen Grenze, sondern auch an Orten innerhalb der Union, zB am Flughafen Frankfurt/Main. An den so definierten Außengrenzen kommt eine europäische Grenzbeschlagnahme grundsätzlich bei allen Waren in Betracht, die im Verdacht stehen, die Marke (oder ein anderes geistiges Eigentumsrecht) eines Rechtsinhabers zu verletzen. Vom Anwendungsbereich der VO ausgenommen ist jede Art von Originalware, auch dann, wenn sie nicht erschöpft ist („Graumarktware", nicht erschöpfte Parallelimporte), und ebenso von Lizenznehmern hergestellte Ware, auch dann, wenn sie den Bestimmungen des Lizenzvertrags nicht entspricht (Art. 1 Abs. 5 VO). Auf die Ein- und Ausfuhr solcher Ware ebenso wie auf den gesamten Warenverkehr an den Binnengrenzen der EU, sowie bei Verletzung nicht eingetragener Marken iSd § 4 Nr. 2, Nr. 3 MarkenG und Werktitel nach § 5 Abs. 3 MarkenG (vgl. Ströbele/Hacker/*Hacker* MarkenG § 146 Rn. 10; Büscher/Dittmer/Schiwy MarkenG § 146 Rn. 7), bleibt die nationale Beschlagnahme nach §§ 146 ff. MarkenG als „Auffangregelung" anwendbar (vgl. § 146 Abs. 1 S. 1 MarkenG: „[. . . . .] soweit nicht die Verordnung (EG) Nr. 608/2013 [. . . . .] anzuwenden ist [. . . . .]").

Grundsätzlich setzt das Tätigwerden der Zollbehörden nach Art. 17 Abs. 1 VO und Art. 26 Abs. 1 Buchst. c VO einen Antrag iSd Art. 2 Nr. 9–11 VO sowie eine Entscheidung über die Stattgabe des Antrags voraus. Eine Ausnahme vom Antragserfordernis ist in Art. 18 Abs. 1 VO bestimmt. Danach können die Zollbehörden auch von Amts wegen tätig werden, wenn sie nach Ausübung ihres pflichtgemäßen Ermessens Waren im Verdacht haben, rechtsverletzend zu sein. Jedoch ist auch in diesen Fällen ein nachträglicher Antrag nach Art. 18 Abs. 3 UAbs. 3, Abs. 4 Buchst. b VO erforderlich, wenn die Ware vernichtet werden soll.

Da die unionsrechtliche die nationale deutsche Grenzbeschlagnahme heute an Bedeutung deutlich übertrifft (s.o.), konzentriert sich dieser Abschnitt auf die unionsrechtliche Grenzbeschlagnahme. Diese selbst kennt wiederum zwei verschiedene Arten von Grenzbeschlagnahmeanträgen, nämlich zum einen den sog. nationalen Antrag nach Art. 2 Nr. 10 VO (nicht zu verwechseln mit dem Antrag nach nationalem Recht gemäß §§ 146 ff. MarkenG), und zum anderen den sog. Unionsantrag nach Art. 2 Nr. 11 VO. Der nationale Antrag ist auf das Tätigwerden der Zollbehörden nur des Mitgliedstaates gerichtet, in welchem er gestellt wurde, und kann auf alle Rechte geistigen Eigentums nach Art. 2 Nr. 1 VO gestützt werden. Zu den Rechten geistigen Eigentums gehören seit dem 1.1.2014 – im Unterschied zur früheren VO (EG) 1383/2003 – auch Handelsnamen, Art. 2 Nr. 1 Buchst. l VO. Ein nationaler Antrag, der zB auf eine deutsche Marke oder ein Unternehmenskennzeichen iSd § 5 Abs. 2 MarkenG gestützt ist, gilt also nur in Deutschland, dh nur für die Ein- oder Ausfuhr in die oder aus der EU über den deutschen Zoll. Dagegen kann mit dem Unionsantrag nicht nur ein Tätigwerden des deutschen Zolls, sondern auch ein Tätigwerden von Zollbehörden anderer oder aller EU-Mitgliedstaaten beantragt werden. Dies erfordert jedoch die Inhaberschaft eines Rechts, das auf Rechtsvorschriften der Union mit unionsweiter Rechtswirkung beruht, Art. 4 VO. Der Unionsantrag kann daher vor allem auf Unionsmarken und internationale Marken mit Schutzerstreckung auf die EU gestützt werden, nicht hingegen auf nationale Marken und – mangels EU-weiter Regelung – nicht eingetragene Unternehmenskennzeichen. Er empfiehlt sich vor allem, wenn die Transportwege für potentiell verdächtige Waren unklar sind.

Unabhängig davon, ob ein nationaler Antrag oder ein Unionsantrag nach der VO gestellt wird, bezieht sich dieser Antrag (sog. „Antrag auf Tätigwerden") noch nicht auf eine ganz konkrete Warenlieferung und richtet sich auch noch nicht gegen einen bestimmten Dritten. Der Antrag wird vielmehr zunächst für eine unbestimmte Vielzahl von Fällen gestellt, dh es wird ganz grundsätzlich das Tätigwerden des Zolls für den Fall beantragt, dass er auf eine bestimmte Art von Ware trifft, die im Verdacht steht, die Markenrechte des Rechtsinhabers zu verletzen.

Ebenso abstrakt wird vom Zoll auch über den Antrag entschieden und die Entscheidung dem Rechtsinhaber innerhalb von 30 Arbeitstagen nach Eingang seines Antrags mitgeteilt (Art. 9 Abs. 1 S. 1 VO). Teilt der Zoll die Auffassung des Rechtsinhabers, dass die Waren der beschriebenen Art zumindest im Verdacht stehen, sein Markenrecht zu verletzen, gibt er dem Antrag statt und setzt zugleich den Zeitraum fest, für den die Stattgabe wirksam sein soll. Dieser Zeitraum beläuft sich in der Regel auf ein Jahr, kann aber verlängert werden (Art. 11 Abs. 1, 12 Abs. 1 VO).

Greift der Zoll anschließend innerhalb dieses Zeitraums eine konkrete Lieferung von Waren der in dem Antrag beschriebenen Art auf (auf die ihn der Rechtsinhaber auch konkret hinweisen kann), beschlagnahmt er diese. Allerdings führt er – anders als bei der Grenzbeschlagnahme nach den §§ 146 ff. MarkenG – keine Beschlagnahme im Rechtssinne durch, sondern er setzt deren Überlassung aus (wenn eine Zollanmeldung vorgenommen wurde) oder er hält die Ware zurück (in allen anderen Fällen), Art. 17 Abs. 1 VO. Anschließend unterrichtet er den Rechtsinhaber ebenso wie den Anmelder oder den Besitzer der Ware von dieser Aussetzung der Überlassung oder Zurückhaltung (Art. 17 Abs. 3 VO).

22. Grenzbeschlagnahmeantrag

Von da an läuft eine Frist von zehn Werktagen (bei leicht verderblichen Waren von drei Werktagen), die um weitere höchstens zehn Werktage verlängert werden kann (bei leicht verderblichen Waren nicht verlängerbar). Innerhalb dieser Frist muss der Rechtsinhaber die schriftliche Zustimmung des Anmelders oder des Besitzers der Ware zu ihrer Vernichtung beschaffen und dem Zoll vorlegen (Art. 23 Abs. 1 VO). Um dem Antragsteller die Arbeit zu erleichtern und um den Schutz seiner Marke zu optimieren, ist hier aber eine „Zustimmungsfiktion" vorgesehen: Die Zustimmung gilt als erteilt, wenn der Anmelder oder Besitzer der Ware ihrer Vernichtung nicht innerhalb der genannten Frist widerspricht (Art. 23 Abs. 1 Buchst. c S. 2 VO). Auf diese „Zustimmungsfiktion" muss der Zoll den Anmelder oder Besitzer auch schon in seiner Unterrichtung hinweisen. Erhält der Rechtsinhaber die Zustimmung, muss er ebenfalls innerhalb der genannten Frist die Vernichtung der Ware beim Zoll beantragen (zu diesem Verfahrensabschnitt, dem sog. „vereinfachten Verfahren", siehe Art. 23 VO). Erhält er sie nicht oder wird ihr sogar ausdrücklich widersprochen und will der Rechtsinhaber nicht riskieren, dass die Ware vom Zoll freigegeben wird, dh sie überlassen oder ihre Zurückhaltung aufgehoben wird, muss er dagegen ebenfalls noch innerhalb der Frist ein gerichtliches Verfahren gegen den Anmelder, Besitzer oder Eigentümer der Ware einleiten, in dem festgestellt wird, ob die Ware die Marke des Rechtsinhabers verletzt oder nicht (Art. 23 Abs. 3 S. 2 VO). Da dieses Verfahren letztlich in die Vernichtung der Ware münden soll, ist fraglich und umstritten, ob insoweit eine Entscheidung im Verfahren auf Erlass einer einstweiligen Verfügung ausreichend ist (bejahend: OLG München WRP 1997, 975 (977); *Ingerl/ Rohnke* MarkenG § 150 Rn. 12; Kur/v. Bomhardt/Albrecht MarkenG § 150 Rn. 99; aA Ströbele/Hacker MarkenG § 150 Rn. 48; offengelassen von Büscher/Dittmer/Schiwy MarkenG § 150 Rn. 8). Vorsorglich sollte daher (auch) Hauptsacheklage eingereicht werden. Der Anmelder, Besitzer oder Eigentümer der Ware kann zwar gegen Sicherheitsleistung die Überlassung oder die Aufhebung der Zurückhaltung der Ware erwirken (Art. 24 VO). Ist rechtskräftig festgestellt, dass die Ware die Markenrechte des Rechtsinhabers verletzt, steht am Ende des Verfahrens jedoch ihre Vernichtung.

Die passenden Antragsformulare sind ebenso wie weiterführende Informationen auf der Website des Zolls unter www.zoll.de erhältlich, dort in der Rubrik „Fachthemen" unter den Links „Verbote und Beschränkungen", „Gewerblicher Rechtsschutz" und „Fachverfahren ZGR-online".

2. Zuständig für Grenzbeschlagnahmeanträge ist ausschließlich die Zentralstelle Gewerblicher Rechtsschutz („ZGR") der Generalzolldirektion in München (Sophienstraße 6, 80333 München, Telefon 089/59 95–23 15, Telefax 089/59 95–23 17, E-Mail dvia24. gzd@zoll.bund.de). Dies gilt sowohl für nationale Anträge und Unionsanträge nach Art. 3 ff. VO als auch zuständige Zolldienststelle iSd Art. 5 Abs. 1 VO als auch für nationale deutsche Anträge auf Grenzbeschlagnahme nach §§ 146 ff. MarkenG. Sämtliche Anträge sind elektronisch auf der Online-Plattform „ZGR-Online" der ZGR auszufüllen und anschließend ausgedruckt und unterschrieben per Post an die vorgenannte Anschrift zu senden, → Anm. 3.

3. Das vorliegende Formular „EUROPÄISCHE UNION – ANTRAG AUF TÄTIGWERDEN" betrifft den häufigsten Fall eines Grenzbeschlagnahmeantrags, nämlich einen Antrag auf Tätigwerden der europäischen Zollbehörden nach Art. 3 ff. VO. Mit diesem einheitlichen Formular, das in Anhang I der DurchführungsVO niedergelegt (ABl. 2013 L 341, 12 ff.) und auf der Webseite des Zoll www.zoll.de unter „Formulare" abrufbar ist, können sowohl nationale Anträge als auch Unionsanträge nach Art. 3 ff. VO eingereicht werden. Für nationale Anträge nach §§ 146 ff. MarkenG gibt es ein separates Formblatt, das ebenfalls auf der Webseite des Zoll verfügbar ist. Ergänzende Informationen und Erläuterungen zum Ausfüllen des Formulars befinden sich in Anhang III der DurchführungsVO (ABl. 2013 L 341, 28 ff.).

Da die ZGR zwischenzeitlich ein E-Filing System iSd Art. 5 Abs. 6 VO bereithält, nämlich die Internet-Plattform „ZGR-Online" unter „www.zgr-online.zoll.de/", sind sämtliche Anträge auf Grenzbeschlagnahme nunmehr über entsprechende Online-Masken, die dem vorliegenden Formular in Aufbau und Inhalt weitgehend entsprechen, direkt auf der Webseite der ZGR auszufüllen und zu hinterlegen. Die Eingabe erfolgt dabei in zwei Schritten. Zunächst ist der Antrag auf elektronischem Weg in die Internetplattform einzustellen. Danach ist der vollständig ausgefüllte Antrag auszudrucken und unterschrieben an die ZGR zu senden. Für die Antragsstellung über das E-Filing System ist eine Online-Registrierung bei der ZGR erforderlich. Ohne vorherige Einstellung in das E-Filing System wird ein Antrag von den Zollbehörden heute nicht mehr bearbeitet. Ausführliche Informationen und Erläuterungen zur Antragstellung über die Webseite der ZGR finden sich in dem „Benutzerhandbuch Antragstellung", das die ZGR ebenfalls auf ihrer Webseite unter https://www.zgr-online.zoll.de bereithält.

4. Es besteht kein Anwaltszwang, der Rechtsinhaber ist auch selbst antragsberechtigt. Ebenso können auch zur Nutzung des in Rede stehenden Rechts Berechtigte den Antrag stellen. Allerdings ist in diesem Fall ein Nachweis der Nutzungsberechtigung (zB Kopie des Lizenzvertrags oder schriftliche Bestätigung des Markeninhabers, → Anm. 9) beizufügen. Von weiteren Voraussetzungen ist die Antragsbefugnis nicht abhängig. Da der Antragsteller im späteren Verlauf des Verfahrens aber darauf angewiesen sein kann, (Hauptsache-) Klage gegen den Importeur der Ware zu erheben (→ Anm. 1), sollte schon von vornherein darauf geachtet werden, dass nur ein solcher Lizenznehmer den Antrag stellt, dem auch die für eine solche Klage notwendige Prozessführungsbefugnis und Aktivlegitimation zusteht (vgl. § 30 Abs. 3 MarkenG).

5. Ist der Antragsteller Vertreter des Rechtsinhabers, sind zusätzlich zu den Angaben zum Antragsteller die Einzelheiten zum Vertreter – nebst Handlungsvollmacht – einzureichen.

6. Für die Arten der Rechte geistigen Eigentums, die durchgesetzt werden sollen, sind in diesem Feld die betreffenden Kästchen anzukreuzen. Zusätzlich sind Unterlagen beizufügen, aus denen sich ergibt, dass das geltend gemachte Recht besteht und der Antragsteller Inhaber oder Nutzungsberechtigter ist, zB ein aktueller Registerauszug für die geltend gemachte Marke, → Anm. 9.

7. Mit diesem Formular kann ein nationaler Antrag nach Art. 2 Nr. 10 VO oder ein Unionsantrag nach Art. 2 Nr. 11 VO gestellt werden (Feld 2). Die betreffenden Länder, für die der Antrag gestellt wird, sind in Feld 6 anzukreuzen. Bei einem nationalen Antrag ist der einzelne Mitgliedstaat anzukreuzen. Bei einem Unionsantrag sind mehrere oder alle Mitgliedstaaten anzukreuzen.

8. Für Kleinsendungen gibt es nach Art. 26 VO ein zusätzlich vereinfachtes Vernichtungsverfahren, das an dieser Stelle explizit zu beantragen ist. Danach kann die Vernichtung einer Kleinsendung erfolgen, ohne dass der Rechtsinhaber darüber im Einzelfall informiert wird. Voraussetzung ist, dass der Anmelder oder Besitzer der Ware innerhalb von zehn Arbeitstagen nach Mitteilung über die Aussetzung der Überlassung oder über die Zurückhaltung der Waren der Vernichtung zugestimmt hat oder die Zustimmung nach Art. 26 Abs. 6 VO fingiert wird. Kleinsendungen sind nach Art. 2 Nr. 19 VO Post- oder Eilkuriersendungen, die höchstens drei Einheiten enthalten und weniger als 2 kg wiegen. Ein Vorteil dieses Verfahrens sind die reduzierten Verwaltungskosten von pauschal 15 EUR für die Vernichtung. Ein Nachteil ist die fehlende Information des Rechtsinhabers im Falle der (fingierten) Zustimmung des Anmelders zur Vernichtung.

9. In Ergänzung zu den angekreuzten Arten der Rechte geistigen Eigentums in Feld 5 → Anm. 5 sind hier die einzelnen Rechte jeweils konkret aufzulisten, ua unter Angabe von Eintragungsnummer, Tag der Eintragung, Ablaufdatum und Warenkreis. Entsprechende Registerauszüge und sonstige Unterlagen zur Glaubhaftmachung der beanspruchten Rechte, zB Benutzungsbelege und -beispiele für nicht eingetragene Unternehmenskennzeichen, sind beizufügen.

10. Das Kästchen „Beschränkte Verarbeitung" in den Feldern 12 bis 28 dient datenschutzrechtlichen Anforderungen. Beantragt der Antragsteller die beschränkte Verarbeitung der von ihm bereitgestellten Informationen nach Art. 31 Abs. 5 VO, führt dies dazu, dass nur diejenigen Zollbehörden Zugang zu den Informationen des Antrags erhalten, in denen ein Tätigwerden beantragt wurde.

11. In den Feldern 12 bis 19 sind Angaben zu den Originalwaren beizufügen. Dazu sollten Abbildungen, Beschreibungen und Identifizierungsmittel der Originalware (wie etwa Markierungen, Etiketten, Sicherheitsstreifen, Hologramme, Knöpfe, Anhänger und Strichcodes etc) und Angaben zum Herstellungsort und zu den beteiligten Unternehmen (wie Lieferanten, Hersteller, Empfänger etc) aufgeführt werden, um den Zollbehörden die Unterscheidung von gefälschter Ware zu ermöglichen (Einzelheiten, s. Anhang III der DurchführungsVO, ABl. 2013 L 341, 29 f.).

12. In den Feldern 20 bis 27 sind Angaben zu machen, die die Feststellung erleichtern, dass es sich um gefälschte Ware handelt, zB durch Angabe von bekannten Absendern oder Empfängern, die schon früher als Herkunfts- oder Zielunternehmen von gefälschter Ware bekannt geworden sind, durch Angabe von Erkennungsmerkmalen gefälschter Ware usw. (Einzelheiten, s. Anhang III der DurchführungsVO, ABl. 2013 L 341, 30).

13. Im Feld 28 kann der Markeninhaber alle zusätzlichen Informationen geben, die für die Analyse und die Bewertung des Risikos einer Verletzung der betreffenden Rechte geistigen Eigentums durch die Zollbehörden wichtig sind, wie spezielle Informationen zu geplanten Lieferungen von mutmaßlichen Fälschungen, einschließlich spezieller und genauer Informationen über Beförderungsmittel, Behälter und beteiligte Personen.

14. Die Bearbeitung des Antrags und des Verlängerungsantrags sind zwar gebührenfrei, Art. 8, 12 Abs. 6 VO. Der Antragsteller muss jedoch die in Feld 29 abgedruckte Verpflichtungserklärung abgeben. Mit der Erklärung verpflichtet sich der Antragsteller zur Übernahme aller Kosten des Verfahrens nach Art. 29 Abs. 1 VO, insbesondere der Lagerkosten (Art. 17, 18 VO) sowie der Kosten einer eventuellen Vernichtung (Art. 23, 26 VO), sowie zur Haftung nach Art. 28 VO für den Fall, dass das Verfahren nicht zu seinen Gunsten endet (zB weil er nicht rechtzeitig Klage erhebt oder weil das Gericht feststellt, dass die Ware das geltend gemachte Markenrecht nicht verletzt). Da die VO hinsichtlich des Kostenrechts keine weiteren Vorgaben macht, gelten insoweit gemäß § 150 MarkenG iVm § 148 Abs. 2 MarkenG, § 178 AO die Regelungen der ZollKostV.

Kosten und Gebühren

15. → Anm. 14 aE.

Fristen und Rechtsmittel

16. Wird der Antrag auf Tätigwerden vom Zoll abgelehnt, versieht die Zollbehörde ihre Entscheidung mit einer Begründung und einer Rechtsbehelfsbelehrung, Art. 9 Abs. 1 S. 2 VO. Gegen die Ablehnung ist statthafter Rechtsbehelf für den Rechtsinhaber und Antragsteller der Einspruch gemäß Art. 44 VO (EU) Nr. 952/2013 (sog. „Zollkodex"),

§§ 347 ff. AO. Die Frist zur Einlegung dieses Rechtsbehelfs beträgt einen Monat und beginnt mit der Bekanntgabe der Entscheidung.

Gleiches gilt für den Anmelder oder Besitzer von Ware, deren Überlassung vom Zoll ausgesetzt oder die vom Zoll zurückgehalten wird. Allerdings ist zu beachten, dass auch in diesem Einspruchsverfahren lediglich überprüft wird, ob die formellen und materiellen Voraussetzungen für die Beschlagnahme vorliegen. Es wird also nicht überprüft, ob die Ware tatsächlich die vom Antragsteller geltend gemachte Marke verletzt, sondern lediglich, ob ein dahingehender Verdacht (der allein Voraussetzung für die Beschlagnahme nach der VO ist) besteht. Die Klärung der Frage, ob die geltend gemachte Marke durch die Ware tatsächlich verletzt wird, bleibt dagegen dem vom Antragsteller bei Widerspruch des Anmelders oder Besitzers einzuleitenden gerichtlichen Verfahren vorbehalten.

C. Patentrecht

1. Hinweisschreiben/Berechtigungsanfrage

Firma B......[1]

– Geschäftsleitung –

......

Betr.: A....../. B......, DE...... betreffend eine Vorrichtung zum Abscheiden von Sand aus mit Sand und organischen Stoffen belastetem Abwasser[2]

Sehr geehrte Damen und Herren,

die Firma A...... hat mich mit der Wahrnehmung ihrer Interessen beauftragt und bevollmächtigt. Die Vollmacht[3] füge ich bei. Namens meiner Mandantin teile ich Ihnen das Folgende mit:

I.

1. Meine Mandantin ist eingetragene, alleinige und ausschließlich verfügungsberechtigte Inhaberin des DE...... betreffend eine Vorrichtung zum Abscheiden von Sand aus mit Sand und organischen Stoffen belastetem Abwasser.[4] Die zugrunde liegende Anmeldung erfolgte am 10.8.2005. Sie wurde am 6.3.2006 veröffentlicht.[5] Die Bekanntmachung des Hinweises auf die Patenterteilung sowie die Veröffentlichung der Patentschrift erfolgten am 19.4.2010. Ich überreiche als
   Anlage A
   zu Ihrer Unterrichtung die zugehörige Patentschrift.[6]

2. Das Patent lehrt eine gegenüber dem bisherigen Stand der Technik neue und auf erfinderischer Tätigkeit beruhende Verbesserung[7] eines so genannten Sandabscheiders. Das ist eine Vorrichtung zum Abscheiden von Sand aus mit Sand und mit organischen Stoffen belastetem Abwasser. Es war bekannt, das Abwasser in einem stehenden Behälter in eine Umlaufströmung zu versetzen, die dafür sorgt, dass die organischen Stoffe nach oben bewegt werden, während der Sand nach unten zu einem unten an dem Behälter angeschlossenen Austragsförderer absinkt. Nach einer gewissen Absetzzeit wird der Sand sodann ausgetragen. Zum Zweck des Austragens befindet sich unten im Behälter eine Austragsöffnung, die wiederum mit einem Austragsförderer (regelmäßig in Form einer Förderschnecke) in Verbindung steht. Die Förderschnecke verläuft nach oben geneigt, wobei das Austragsende oberhalb der Höhe des Überlaufes zu liegen kommt.
   Die dem DE...... zugrunde liegende Erfindung bezieht sich nach den Formulierungen des Oberbegriffs des Hauptanspruchs auf eine Vorrichtung zum Abscheiden von Sand aus mit Sand und organischen Stoffen belastetem Abwasser, bestehend aus
   (1) einem stehenden Behälter,
   (2) mit einem Überlauf für das mit organischen Stoffen belastete Abwasser,
   (3) mit einem an eine untere Austragsöffnung des Behälters angeschlossenen Austragsförderer.
   Bei dem nach Maßgabe der vorstehenden Merkmalsanalyse[8] vorbekannten Stand der Technik hat es sich als nachteilig erwiesen, dass der ausgetragene Sand noch mit organischen Stoffen in einer Menge belastet ist, die eine Weiterverwendung des

Sandes, beispielsweise als Schüttgut für Bauzwecke, ausschließt. Der aus solchen Abwässern abgetrennte Sand muss häufig als Sondermüll behandelt und deponiert werden. Das ist zeit- und kostenaufwändig. Das Vorstehende vorausgeschickt, liegt der Erfindung nach dem DE ...... das technische Problem (die Aufgabe) zugrunde, eine Vorrichtung vorstehend wiedergegebener Art so zu verbessern,
  „dass der ausgetragene Sand nunmehr einen unbedenklichen Restanteil an organischen Stoffen aufweist und für Bauzwecke oder dergleichen eingesetzt werden kann." (vgl. DE-PS ......, Spalte ......, Zeilen ......).
Die Lösung erfolgt dadurch, dass einer Vorrichtung mit den vorstehend genannten Merkmalen die weitere Merkmalskombination[8] hinzugefügt wird:
(4) der Behälter weist ein sich bis in den Bodenbereich erstreckendes Rührwerk auf,
(5) im Bodenbereich befindet sich eine Frischwasserzufuhr,
(6) für den Antrieb des Austragsförderers ist eine Steuereinrichtung vorgesehen, die den Antrieb des Austragsförderers in Abhängigkeit von dem Druckanstieg im Behälter steuert.
Einzelheiten der Erfindung nach dem DE ...... ergeben sich aus dem Inhalt der Anlage A, nämlich Beschreibung und Figuren, auf die zur Vermeidung von Wiederholungen Bezug genommen wird. Zum besseren Verständnis wird folgendes ausgeführt:[9]
In Figur 1 ist ein Ausführungsbeispiel der Erfindung dargestellt. Die Vorrichtung zum Abscheiden von Sand aus Abwässern besteht im Wesentlichen aus einem stehenden Behälter (1). Dieser verfügt über eine bodenseitige Austragsöffnung (2), an die sich ein schräg nach oben steigender Austragsförderer (3) (vorzugsweise ein Schneckenförderer) anschließt. Es ist des Weiteren ein sich bis in den Bodenbereich des Behälters erstreckendes Rührwerk (4) vorgesehen, das eine Rührwelle (5) mit radial abstehenden Rührarmen (6) besitzt und am unteren Ende der Rührwelle (5) eine die Austragsöffnung (2) mit axialem Abstand abdeckende Scheibe (7) trägt. An der Scheibe sind gegen den Behälterboden vorragende Rührfinger (8) vorgesehen. Der Rührwerkantrieb (9) besteht aus einem Elektromotor (10). Es ist des Weiteren ein ringförmiger Überlauf (13) vorhanden, der von der Behälterwand aufragt. Durch eine Zulaufleitung (14) fließt Abwasser zu, durch eine Ableitung (15) das übergelaufene Abwasser ab. Im Bereich des Austragsförderers (3) ist eine Frischwasserzuleitung (16) angeordnet, über die durch die Austragsöffnung (2) Wasser gepumpt werden kann.
Die vorstehend skizzierte Vorrichtung nach einem Ausführungsbeispiel des DE ...... arbeitet in der Weise, dass das zum Abscheiden des Sandes über die Abwasserzulaufleitung (14) in den Behälter (1) gepumpte Abwasser (= Gemisch aus Abwasser, mitgespültem Sand und ebenfalls mitgespülten organischen Stoffen) durch das umlaufende Rührwerk (4) sowie durch das von unten über die Frischwasserzuleitung (16) zugeführte Wasser in eine Umlaufströmung versetzt wird. In dieser werden die spezifisch leichteren organischen Stoffe nach oben zum Überlauf (13) bewegt. Die spezifisch schwereren Sandkörner sinken gegen den Behälterboden ab und bilden dort einen mit mehr oder weniger Wasser durchströmten/durchflossenen Sandkuchen (18). Dieser wird vom Rührwerk (4) mechanisch gerührt. Dadurch reiben sich die einzelnen Sandkörner aneinander und es werden an den Sandkörnern anhaftende organische Stoffe abgerieben. Das durch die Zuleitung (16) zugeführte Wasser und die dadurch erzeugte aufwärts gerichtete Strömung nehmen die abgeriebenen organischen Stoffe zum Überlauf (13) mit, wo sie mit dem Abwasser ausgeschwemmt werden. Der abgesetzte Sandkuchen (18) wird – von Zeit zu Zeit – vom Austragsförderer (3) in einen Auffangbehälter (19) ausgetragen, wobei gleichzeitig eine Entwässerung des ausgetragenen Sandes erfolgt. Von Bedeutung für die Erfindung nach dem DE ...... ist insbesondere das Merkmal 6. Dieses steht im Zusammenhang damit, dass stets eine Mindestmenge Sand mit einer vorgegebenen Mindesthöhe vorhanden sein soll. Das

1. Hinweisschreiben/Berechtigungsanfrage C. 1

führt dazu, dass über den Austragsförderer (3) höchstens eine dem jeweiligen Sandzuwachs über diese Mindesthöhe hinaus entsprechende Sandmenge ausgefördert werden darf. Um diese Mindesthöhe sicherzustellen, wird nach Maßgabe des Merkmals 6 der Antrieb (21) für den Austragsförderer (3) in Abhängigkeit von der vorgegebenen Mindesthöhe des abgesetzten Sandes gesteuert. Im Ausführungsbeispiel geschieht dies durch das Messen der Stromaufnahme des Elektromotors (10). Mit zunehmender Höhe des Sandkuchens (18) steigt der Rührwiderstand und steigt damit auch die Stromaufnahme des Elektromotors (10). Das wird von dem Messgerätgeber (23) erfasst und der Steuerung (22) zugrunde gelegt.

3. Der Hauptanspruch[10] des DE . . . . . . hat folgenden Wortlaut:
„Vorrichtung zum Abscheiden von Sand aus mit Sand und organischen Stoffen belastetem Abwasser, bestehend aus einem stehenden Behälter (1) mit einem Überlauf (13) für das mit organischen Stoffen belastete Abwasser und mit einem an eine untere Austragsöffnung (2) des Behälters (1) angeschlossenen Austragsförderer (3), dadurch gekennzeichnet, dass der Behälter (1) ein sich bis in den Bodenbereich erstreckendes Rührwerk (4) und im Bodenbereich eine Frischwasserzufuhr (16) aufweist und dass für den Antrieb (21) des Austragsförderers (3) eine Steuereinrichtung (22) vorgesehen ist, die den Antrieb (21) des Antragsförderers (3) in Abhängigkeit von der Absetzhöhe des Sandes im Behälter (1) steuert."

4. Meine Mandantin hat Kenntnis davon erlangt, dass Sie Sandabscheider herstellen und vertreiben, die in das DE . . . . . . eingreifen. So haben Sie beispielsweise am . . . . . . an die Firma X einen derartigen Sandabscheider geliefert, bei dem sämtliche Merkmale 1 bis 6 des vorstehend gegliederten Hauptanspruchs des DE . . . . . . wortsinngemäß verwirklicht worden sind. Ich verfüge ferner über einen Prospekt mit dem Druckvermerk 6/2017 (= Juni 2017), der die Bezeichnung trägt „X-Sandabscheider und ihre Einsatzzwecke". In ihm ist der von ihnen hergestellte und vertriebene Sandabscheider in allen interessierenden Einzelheiten, insbesondere im Hinblick auf die Merkmale 1 bis 6 der vorstehend wiedergegebenen Merkmalsanalyse, beschrieben.[11]

II.

Der vorstehend dargestellte Benutzungstatbestand gibt meiner Mandantin Anlass, an Sie die Frage zu richten,[12] auf Grund welcher Umstände Sie sich als berechtigt ansehen, von der Lehre des DE . . . . . . Gebrauch zu machen. Ich habe Sie aufzufordern, mir diese Umstände bis zum . . . . . .

. . . . . . [13]

mitzuteilen, andernfalls ich meiner Mandantin vorbehalten muss, die ihr im Zusammenhang mit ungerechtfertigter Patentbenutzung erwachsenden Ansprüche geltend zu machen.

Mit verbindlichen Empfehlungen[14, 15]

Schrifttum: I. Zum deutschen Patentrecht
1. Kommentare: *Benkard* PatG/Bearbeiter, PatG u. GebrMG, 11. Aufl. 2015; *Busse/Keukenschrijver/Bearbeiter*, PatG, 8. Aufl. 2016; *Fitzner/Lutz/Bodewig*, Patentrechtskommentar, 4. Aufl. 2012 (Fortsetzung des Kommentars *Klauer/Möhring*, PatG, 3. Aufl. 1971).

2. Lehrbücher und Monografien: *Chrocziel*, Einführung in den gewerblichen Rechtsschutz und das Urheberrecht, 2. Aufl. 2002; *Däbritz/Jesse/Bröcher*, Patente, 3. Aufl. 2009; *Dolder/Faupel/Butler*, Der Schutzbereich von Patenten, Bd. 1 u. 2, 3. Aufl. 2008 und 2009; *Gleiss/Heide*, Gewerblicher Rechtsschutz, 2002; *Götting*, Gewerblicher Rechtsschutz, 10. Aufl. 2014; *Groß*, Mediation im Gewerblichen Rechtsschutz und Urheberrecht, 2009; *Haedicke*, Patentrecht, 2009; *Haedicke/Timmann*, Handbuch des Patentrechts, 2012; *van Hees/Braitmayer*, Verfahrensrecht in Patentsachen, 4. Aufl. 2010; *Ilzhöfer/Engels*, Patent-, Marken- und Urheberrecht, 8. Aufl. 2010, *Jestaedt*, Patentrecht. Ein fallbezogenes

Lehrbuch, 2. Aufl. 2008; *Kettler/Meyer*, Patent Law in Germany – Patentrecht in Deutschland, 2013; *Keukenschrijver*, Patentnichtigkeitsverfahren, 3. Aufl. 2008; *Kraßer/Ann*, Lehrbuch des Patentrechts, 7. Aufl. 2016; *Kühnen*, Handbuch der Patentverletzung, 9. Aufl. 2017; *Nieder*, Die Patentverletzung. Materielles Recht und Verfahren, 2004; *Osterrieth*, Patentrecht, 5. Aufl. 2015; *Pitz*, Patentverletzungsverfahren, 2. Aufl. 2010; *Rebel*, Gewerbliche Schutzrechte, 6. Aufl. 2010; *Reichel*, Gebrauchsmuster- und Patentrecht – praxisnah, 6. Aufl. 2003; *Schickedanz*, Die Formulierung von Patentansprüchen, 2. Aufl. 2009; *Schramm/Bearbeiter*, Der Patentverletzungsprozess – Patent- und Prozessrecht, 7. Aufl. 2013; *Treichel*, Die Sanktionen der Patentverletzung und ihre gerichtliche Durchsetzung im deutschen und französischen Recht, 2001; *Trimborn*, Patent und Gebrauchsmuster, 2003; *Witte/Vollrath*, Praxis der Patent- und Gebrauchsmusteranmeldung, 6. Aufl. 2008; *Wurzer/Reinhardt*, Bewertung technischer Schutzrechte, 2006.

II. Zum Europäischen Patentübereinkommen (EPÜ)

1. Kommentare: *Beier/Haertel/Schricker/Straus*, Europäisches Patentübereinkommen, Münchener Gemeinschaftskommentar (im Erscheinen); *Benkard/Bearbeiter*, EPÜ, 2. Aufl. 2012; *Bremi*, The European Patent Convention and Proceedings before the European Patent Office (EPC 2000), 2008; *Brinkmann/Tilmann*, EPÜ-Handbuch, 2005; *Singer/Stauder*, EPÜ, 7. Aufl. 2016; *Singer/Stauder*, The European Patent Convention, 3. Aufl. 2003; *Visser*, The Annotated European Patent Convention, 2009.

2. Lehrbücher, Monografien und Aufsätze: *Adolphsen*, Europäisches und Internationales Zivilprozessrecht in Patentsachen, 2. Aufl. 2009; *Dybdhal/Müller*, Europäisches Patentrecht, 3. Aufl. 2009; *Fritz/Grünbeck/Hijazi*, Schlüssel zum Europäischen Patentübereinkommen, 2001, 2002; *Gall*, Die europäische Patentanmeldung und der PCT in Frage und Antwort, 6. Aufl. 2002; *Gruber/Adam/Haberl*, Europäisches und Internationales Patentrecht, 6. Aufl. 2008; *Pagenberg/Cornish*, Interpretation of Patents in Europe, 2006; *Rippe*, Europäische und internationale Patentanmeldungen, 4. Aufl. 2006.

3. Zur Rechtsfortbildung des europäischen Patents: *Holeweg*, Europäischer und internationaler gewerblicher Rechtsschutz und Urheberrecht, GRUR Int. 2001, 141; *Nack/Phélip*, Bericht über die Diplomatische Konferenz zur Revision des Europäischen Patentübereinkommens, GRUR Int. 2001, 322; *Tilmann*, Neue Überlegungen im Patentrecht, GRUR 2006, 824; *Fabry*, Die Harmonierung der Europäischen Patentrechtsprechung, GRUR 2008, 7.

III. Zum Gemeinschaftspatent

1. Kommentare: *Tillmann/Plassmann*, Einheitspatent, Einheitliches Patentgericht, 2017.

2. Monografien, Aufsätze: *Chudziak*, Das Verhältnis zwischen zukünftigem Einheitspatent und nationalem Patent mit überschneidendem Schutzumfang und gleichem Zeitrang, GRUR 2015, 839; *Grabinski*, Verfahrensordnung für das Einheitliche Patentgericht, GRUR Int. 2013, 310; *Grabinski*, Die Qual der Wahl – Ein Vergleich der Patentverletzungsverfahren vor dem Einheitlichen Patentgericht und den deutschen Gerichten am Beispiel des Gerichtsstandortes Düsseldorf, FS 80 Jahre Patentgerichtsbarkeit in Düsseldorf, 2016, 141; *Gruber*, Das Einheitliche Patentgericht: Vorlagebefugt kraft eines völkerrechtlichen Vertrags?, GRUR Int. 2015, 323; *Haberl/Schallmoser*, Einheitspatent und Einheitliches Patentgericht starten voraussichtlich Anfang 2017, GRUR Prax. 2016, 28; *Hüttermann*, Der EuGH und das Einheitspatentgericht – Erkenntnisse aus den „Spanien"-Urteilen C-146/13 und C-147/13?, Mitt. 2015, 498; *Hüttermann*, Führen die Verfahrensregeln des Einheitlichen Patentgerichts zu einer Renaissance früherer (überholter) Praktiken?, Mitt. 2016, 212; *Hüttermann*, Was bedeutet die „Brexit"-Abstimmung für den gewerblichen Rechtsschutz in Europa?, Mitt. 2016, 353; *Leistner*, Vollstreckung von Urteilen des Einheitlichen Patentgerichts in Deutschland, GRUR 2016, 217; *Luginbühl*, Europäisches Patent mit einheitlicher Wirkung, GRUR Int. 2013, 305; *Ohly*, Auf dem Weg zum Einheitspatent und zum einheitlichen Patentgericht. Licht am Ende des Tunnels oder Tunnel am Ende des Lichts?, ZGE/IPJ 4 (2012), 419; *Kiani/Springorum*, Aktuelles aus dem Bereich der „Patent Litigation". Die Prozessvertretung vor dem Einheitlichen Patentgericht, Zeitenwende für die juristische Berufe in Europa?, Mitt. 2016, 155; *McGuire*, European Patent Package: Das Zusammenspiel von EPVO, EPGÜ und Nationalen Patentrecht, Mitt. 2015, 537; *Meier-Beck*, Quo Vadis, iudicium unitarium?, GRUR 2014, 144; *Meier-Beck*, Bifurkation und Trennung. Überlegungen zum Übereinkommen über ein Einheitliches Patentgericht und zur Zukunft des Trennungsprinzips in Deutschland, GRUR 2015, 929; *Pagenberg*, Die EU-Patentrechtsreform – Zurück auf Los?, GRUR 2012, 582; *Schallmoser/Grabinski*, The Rules of Procedure of the Unified Patent Court (Part I), Mitt. 2015, 425; *Stjerna*, Die Beratungen zum „Einheitspatent" und der zugehörigen Gerichtsbarkeit – Auf dem Weg ins Desaster, Mitt. 2012, 54; *Tilmann*, The Future of the UPC after Brexit, GRUR 2016, 753; *Tilmann*, Glücklich im Hafen: Das Einheitspatent,

1. Hinweisschreiben/Berechtigungsanfrage C. 1

GRUR 2015, 527; *Wals*, Schadensersatz und Einheitspatentsystem, GRUR-Int. 2016, 513; *Wals*, UPCA and EPUE-Reg – Construction and Application, GRUR Int. 2016, 409.

3. **Materialien zum Gemeinschaftspatent und zur Europäischen Gerichtsbarkeit:** EuGH, Gutachten 1/09, GRUR Int. 2011, 309 = Mitt. 2011, 183; dazu *Tilmann*, Das Europäische Patentgericht nach dem Gutachten 1/09 des EuGH, GRUR Int. 2011, 499; *Opfer/Ahner/Tilmann/Schmidt/Beldiman*, Ordnung ins Verfahren bringen? – Herausforderungen der Verfahrensordnung des Einheitlichen Patentgerichts, GRUR Int. 2015, 904; *Romandini/Hilty/Lamping*, Stellungnahme zum Referentenentwurf eines Gesetzes zur Anpassung patentrechtlicher Vorschriften aufgrund der Europäischen Patentreform, GRUR Int. 2016, 554; *Stjerna*, Das Gutachten 1/09 des EuGH – Geplantes EU-Patentgerichtssystem ist mit den EU-Verträgen unvereinbar, Mitt. 2011, 213; *Würtenberger/Freischem*, Stellungnahme der GRUR zum Referentenentwurf eines Gesetzes zur Anpassung patentrechtlicher Vorschriften aufgrund der Europäischen Patentreform und zum Referentenentwurf eines Gesetzes zu dem Übereinkommen vom 19.2.2013 über ein Einheitliches Patentgericht, GRUR 2016, 575.

IV. Sonstiges:

1. Aus der **Rechtsprechung des Bundespatentgerichts** (Patentrecht und Gebrauchsmusterrecht), Jahresberichte, insbesondere: *Engels/Morawek*, Aus der Rechtsprechung des Bundespatentgerichts im Jahre 2009: GRUR 2010, 465; *Engels/Morawek* GRUR 2011, 561; *Engels/Morawek* GRUR 2012, 551; *Engels/Morawek* GRUR 2012, 673; *Engels/Morawek* GRUR 2013, 433; *Engels/Morawek* GRUR 2013, 545; *Engels/Morawek* GRUR 2014, 409; *Engels/Morawek* GRUR 2015, 513; *Engels/Morawek* GRUR 2016, 537.

2. Zur Rechtsprechung des Bundesgerichtshofs in Patent- und Gebrauchsmustersachen: *Meier-Beck*, Die Rechtsprechung des Bundesgerichtshofs im Patent- und Gebrauchsmusterrecht im Jahre 2010; GRUR 2011, 857; *Meier-Beck*, ... 2011: GRUR 2012, 1177; *Meier-Beck*, ... 2012, GRUR 2013, 1177; *Meier-Beck*, ... 2013, GRUR 2014, 1033; *Meier-Beck*, ... 2014, GRUR 2015, 721; *Meier-Beck*, ... 2015, GRUR 2016, 865.

3. Zur Rechtsprechung der Instanzgerichte in Patent- und Gebrauchsmustersachen: *Hoppe-Jänisch*, Die Rechtsprechung der deutschen Instanzgerichte zum Patent- und Gebrauchsmusterrecht seit dem Jahr 2014, GRUR-RR 2015, 497; *Hoppe-Jänisch*, Die Rechtsprechung . . . . . 2015, GRUR-RR 2016, 385.

4. Zu TRIPs: *Busche/Stoll/Wiebe*, TRIPs, Internationales und europäisches Recht des geistigen Eigentums, 2. Aufl. 2013; *Gervais*, The TRIPs Agreement, 2. Aufl. 2003; *Staehelin*, Das TRIPs-Abkommen. Immaterialgüterrecht im Licht der globalisierten Handelspolitik, 2. Aufl. 1999.

V. Hilfsmittel: Beck'sche Formularsammlung zum gewerblichen Rechtsschutz mit Urheberrecht, 4. Aufl. 2009; *Cepl/Voß*, Prozesskommentar zum gewerblichen Rechtsschutz, 2015; *Eisenmann/Jautz*, Grundriss gewerblicher Rechtsschutz und Urheberrecht. Mit 55 Fällen und Lösungen, 9. Aufl. 2012; *Erdmann/Rojahn/Sosnitza*, Handbuch des Fachanwalts/Gewerblicher Rechtsschutz, 2008; *Rebel*, Gewerbliche Schutzrechte, Anmeldungs-Strategie, Verwertung, 6. Aufl. 2010.

VI. Literatur zum so genannten Hinweisschreiben:

Bruchhausen, Der Meinungsaustausch über Patentverletzungen, Mitt. 1969, 286; *Brandi-Dohrn*, Die Abnehmerverwarnung in Rechtsprechung und Praxis, GRUR 1981, 679; *Nieder*, Außergerichtliche Konfliktlösung im gewerblichen Rechtsschutz, 1999; *Ullmann*, Die Verwarnung aus Schutzrechten – Mehr als eine Meinungsäußerung?, GRUR 2001, 1027; Literaturhinweise zur Abmahnung/Verwarnung siehe Schriftumsnachweise bei Textbeispiel → Form. C.2.

Anmerkungen

1. § 59 Abs. 2 S. 2 PatG 1981 enthält eine Legaldefinition der Abmahnung (= Verwarnung) wegen Patentverletzung. Sie ist die „Aufforderung des Patentinhabers, eine angebliche Patentverletzung zu unterlassen", mithin ein ernsthaftes und endgültiges Unterlassungsbegehren (BGH GRUR 1997, 896 (897) – Mecki-Igel III; Benkard PatG/*Scharen* vor §§ 9 bis 14 Rn. 14 mwN). Die Verwarnung birgt nicht unbeträchtliche Risiken. Erweist sie sich als ungerechtfertigt, kann sie den Verwarner schadensersatzpflichtig machen; gegebenenfalls löst sie auch Ansprüche auf Unterlassung aus. Zu Einzelheiten → Form. C.2 Anm. 1.

Will der Inhaber des Schutzrechtes (oder jeder sonst wie am Schutzrecht Berechtigte) die im Zusammenhang mit einem Verwarnungsschreiben bestehenden Risiken vermeiden, bietet sich ein so genanntes Hinweisschreiben an (= Schutzrechtshinweis = Berechtigungsanfrage). Mit ihm wird lediglich ein die Tatsachen- und Rechtslage aufklärender Meinungsaustausch mit dem etwaigen Schutzrechtsverletzer eröffnet. Der etwaige Schutzrechtsverletzer wird auf das rechtsbeständige Schutzrecht hingewiesen, des Weiteren wird er auf den Tatbestand seiner Benutzung aufmerksam gemacht. Erweist sich wegen Fehlens von rechtfertigenden Umständen die Benutzung als rechtswidrig, liegt der Tatbestand einer Schutzrechtsverletzung vor. Das Hinweisschreiben soll der Aufklärung des Sachverhaltes dienen und insbesondere den Angeschriebenen veranlassen, Umstände/Gründe dafür zu nennen, auf Grund deren er sich zur Benutzung des Schutzrechtes berechtigt fühlt. Eine solche Anfrage/Aufforderung übt keinen unmittelbaren Druck auf die Entschließungsfreiheit des Inanspruchgenommenen aus. Ein Hinweisschreiben kann daher regelmäßig nicht als Eingriff in den eingerichteten und ausgeübten Gewerbebetrieb angesehen werden und löst daher keinen Schadensersatzanspruch aus (BGH GRUR 2011, 995 Rn. 29 – Besonderer Mechanismus; BGH GRUR 1997, 896 (897) – Mecki-Igel III; OLG Düsseldorf GRUR-Prax. 2012, 352; LG Frankfurt GRUR-RR 2007, 377 – BERODUAL®N). Insbesondere ist die Antwort auf eine Berechtigungsanfrage kein Geschäft des Anfragenden und löst daher keine Kostenerstattungsansprüche für den Gegner aus (LG München I InstGE 6, 117 – Kosten der Gegenabmahnung auf Berechtigungsanfrage). Allerdings ist bei der Formulierung eines Hinweisschreibens grundsätzlich ebenfalls Vorsicht geboten. Die Abgrenzung zwischen Verwarnung und Hinweis ist oft schwierig (zur Problematik vgl. *Bruchhausen* Mitt. 1969, 286 (290); *Brandi-Dohrn* GRUR 1981, 679 (682)). Ein weiteres Textbeispiel für ein Hinweisschreiben findet sich in BeckPFormB/*Mes* → Form. II.Q.8. Das Hinweisschreiben muss auch inhaltlich richtig sein und darf zB nichts Wesentliches verschweigen (OLG Karlsruhe GRUR-RR 2008, 197). Die bloße Übersendung einer Kopie eines Hinweisschreibens, das an einen etwaigen Patentverletzer gerichtet ist, an ein „Partnerunternehmen" macht aus dem Hinweisschreiben noch keine Verwarnung (OLG Düsseldorf GRUR-Prax. 2012, 352).

2. Die Patentnummer ist im Formular offengelassen, der Patentgegenstand kurz bezeichnet. In diesem wie auch in sämtlichen folgenden Textbeispielen ist das jeweils zugrunde gelegte Patent rein fiktiv, um insbesondere im Zusammenhang mit den interessierenden Benutzungs-/Verletzungshandlungen der §§ 9 ff. PatG ohne weiteres Abwandlungen zu ermöglichen, denen jeweils ein vergleichbarer, tatsächlich jedoch unterschiedlicher technischer Sachverhalt zugrunde liegt.

3. Die Beifügung einer Vollmacht wird empfohlen. An sich bedarf es einer Vollmacht nicht, da das Hinweisschreiben – ebenso wie die Abmahnung – im Normalfall weder einseitiges Rechtsgeschäft noch geschäftsähnliche Handlung ist. Vgl. zu Einzelheiten → Form. C.2 Anm. 3.

4. Die Daten des dem Formular zugrunde gelegten Patents sind aus Veranschaulichungsgründen so gewählt, dass das Patentgesetz 1981, das zum 1.1.1981 in Kraft getreten ist, in vollem Umfang anwendbar ist. Je nach Anmeldetag des geltend gemachten Patentes gelten zurzeit noch PatG 1968, PatG 1978 und PatG 1981. Allerdings werden Fälle, die nach PatG 1968 und PatG 1978 zu behandeln sind, in zunehmendem Maß infolge Zeitablaufs seltener.

5. Die im Formular angegebenen Daten haben Bedeutung für den Beginn der sich aus der Patentanmeldung bzw. dem erteilten Patent ergebenden Ansprüche des Patentinhabers. Ab Veröffentlichung des Hinweises gemäß § 32 Abs. 5 PatG 1981 auf die Anmeldung des Patents (= Hinweis auf die Möglichkeit der Einsicht in die Akten der Patentanmeldung) entsteht im Falle der (rechtmäßigen, BGHZ 107, 161 = GRUR 1989, 411 –

1. Hinweisschreiben/Berechtigungsanfrage   C. 1

Offenend-Spinnmaschine; BGH GRUR 1993, 460 (464) – Wandabstreifer – mAnm *von Maltzahn*) Benutzung ein Anspruch auf angemessene Entschädigung. Ab Veröffentlichung der Patenterteilung setzt die Ausschließungsbefugnis des Patentinhabers mit zugehörigen Ansprüchen ein (→ Anm. 7).

6. Es wird empfohlen, die Patentschrift dem Hinweisschreiben beizufügen. Zwar besteht die Möglichkeit, Patentschriften über das Internet auszudrucken (zB über die Homepage des DPMA – www.dpma.de). Es kann jedoch nicht ausgeschlossen werden, dass diese Möglichkeit nicht jedermann zur Verfügung steht oder dem Adressaten des Hinweisschreibens nicht bekannt ist und dementsprechend wertvolle Zeit verloren geht, weil die Patentschrift erst anderweitig beschafft werden muss.

7. Die Patentanmeldung gibt ihrem Inhaber ein Benutzungsmonopol und gewährt ihm Ausschließlichkeitsrechte (vgl. §§ 9, 10 PatG) erst dann, wenn das Patent erteilt und die Veröffentlichung der Erteilung im Patentblatt erfolgt sind (§§ 49, 58 Abs. 1 S. 3 PatG). Mit der Veröffentlichung der Patenterteilung im Patentblatt wird auch die Patentschrift (= deutsche Patentschrift = DE-PS) veröffentlicht (§ 58 Abs. 1 S. 2 PatG). In ihr sind die Patentansprüche, die Beschreibung und die Zeichnungen, aufgrund deren das Patent erteilt worden ist, enthalten (§ 32 Abs. 3 S. 1 PatG). Ferner sind in ihr die Druckschriften anzugeben, die das DPMA für die Beurteilung der Patentfähigkeit geprüft hat (§§ 32 Abs. 3 S. 2, 43 Abs. 1 PatG). Die Patentschrift kann zusätzlich die sog. Zusammenfassung enthalten (§ 32 Abs. 3 S. 3 PatG), bei der es sich um eine der technischen Unterrichtung dienende Kurzfassung der Anmeldung handelt (§ 36 Abs. 2 PatG). Die Patentschrift ist mithin die ursprünglich eingereichte Patentanmeldung in der Gestalt, die sie im Erteilungsverfahren erhalten hat. Dementsprechend sind in § 34 Abs. 3 PatG die Erfordernisse der Patentanmeldung analog zum Inhalt der Patentschrift bestimmt. In § 34 Abs. 4 PatG ist des Weiteren ausgeführt, dass die Erfindung in der Anmeldung so deutlich und vollständig zu offenbaren ist, dass ein Fachmann sie ausführen kann. Die Patentschrift, die nach Abschluss des Erteilungsverfahrens veröffentlicht wird, muss nicht die erste Unterrichtung der Öffentlichkeit über die Existenz einer Patentanmeldung sein. Zuvor kann schon eine Offenlegungsschrift (= Deutsche Offenlegungsschrift = DE-OS) gemäß § 32 Abs. 1 Nr. 1 PatG veröffentlicht worden sein. Das geschieht – allerdings immer seltener – dann, wenn es nicht schon zuvor (wegen rascher Beendigung des Erteilungsverfahrens) zur Veröffentlichung einer Patentschrift gekommen ist (§ 32 Abs. 2 S. 3 PatG) und die Akten einer Patentanmeldung jedermann zur Einsicht freistehen, weil entweder sich der Anmelder gegenüber dem DPMA mit der Akteneinsicht einverstanden erklärt und den Erfinder benannt hat (§ 31 Abs. 1 Nr. 1 PatG) oder seit dem Anmelde- bzw. seit dem Prioritätstag der Anmeldung 18 Monate verstrichen sind. Im Falle der Offenlegung einer Patentanmeldung erfolgt eine entsprechende Anzeige im Patentblatt (§ 32 Abs. 5 PatG). Die Offenlegungsschrift enthält die in § 34 Abs. 3 Nr. 2–4 PatG bezeichneten Unterlagen der Anmeldung in der ursprünglich eingereichten oder in derjenigen Form, wie sie vom DPMA zur Veröffentlichung zugelassen worden ist (§§ 32 Abs. 2 S. 1, 34 Abs. 3 Nr. 2–4 PatG).

Die Veröffentlichung sowohl der Offenlegungsschriften, der Patentschriften und des Patentblattes kann in elektronischer Form erfolgen (§ 32 Abs. 1 S. 2 PatG). Von dieser Möglichkeit macht das DPMA ab der ersten Publikationswoche 2004 ausschließlich Gebrauch. Es veröffentlicht seine amtlichen Publikationen im Patentblatt, Markenblatt und Geschmacksmusterblatt sowie die Patentdokumente (A- B- C- U- und T-Schriften) ausschließlich in elektronischer Form über die amtliche Internetplattform DPMApublikationen. Ab 1.1.2004 lautet die Zugriffsadresse: http://publikationen.dpma.de. Zu den entsprechenden Zugriffsmöglichkeiten (PDF-Version/Recherchierbare Version) vgl. DPMA Mitteilung Nr. 11/03 PMZ 2003, 353.

Die gesetzlichen Wirkungen des Patents treten mit der Veröffentlichung der Erteilung des Patents im Patentblatt ein (§ 58 Abs. 1 PatG). Es sind folgende:

a) Das Patent gewährt dem Patentinhaber sowohl ein positives Benutzungsrecht als auch – negative – Verbietungsrechte. Der Umfang dieser Rechte ist in §§ 9, 10 PatG positiv beschrieben, in §§ 11–13 PatG negativ im Sinne von Beschränkungen der Wirkungen des Patents (zu § 11 Nr. 2 PatG vgl. zB BVerfG GRUR 2001, 43 – Klinische Versuche; BGHZ 130, 259 = GRUR 1996, 109 – Klinische Versuche I). Besondere Bedeutung haben die in § 139 Abs. 1, 2 PatG geregelten Ansprüche des Patentinhabers auf Unterlassung sowie auf Schadensersatz. Weitere Ansprüche gewähren §§ 140a, 140b PatG auf Vernichtung und sogenannte Drittauskunft. Ferner besteht in gewohnheitsrechtlicher Anwendung des § 242 BGB sowie der Rechtsregeln betreffend die auftragslose Geschäftsführung ein Rechnungslegungsanspruch (BGH GRUR 1982, 723 (725) – Dampffrisierstab I; BGH GRUR 1984, 728 (729) – Dampffrisierstab II; zur Anwendung des § 242 BGB für den Auskunftsanspruch eines Arbeitnehmererfinders vgl. BGH GRUR 2003, 789 – Abwasserbehandlung; dazu auch *Rosenberger* GRUR 2000, 25). Dieser Rechnungslegungsanspruch bleibt von der Bestimmung des § 140b PatG unberührt (vgl. dazu § 141a PatG; *Mes* PatG § 140b Rn. 11, 59 ff.).

b) Positives Benutzungsrecht als auch negative Verbietungsrechte bestehen nur insoweit, als der Schutzbereich des Patentes betroffen ist. Dieser ist in § 14 PatG ausdrücklich so festgeschrieben, dass er durch den Inhalt der Patentansprüche bestimmt wird, wobei die Beschreibung und die Zeichnungen (der Patentschrift) zur Auslegung der Patentansprüche heranzuziehen sind (→ Anm. 8).

c) Die Schutzdauer eines Patentes beträgt 20 Jahre (§ 16 Abs. 1 S. 1 PatG). Sie beginnt ab dem Anmeldetag, so dass die effektive Dauer der Schutzwirkungen eines Patentes, die erst mit der Veröffentlichung der Erteilung des Patents im Patentblatt beginnt (§§ 49, 58 Abs. 1 PatG), deutlich kürzer ist.

d) Aus der nur offengelegten (aber noch nicht erteilten) Patentanmeldung erwachsen zu Gunsten des Anmelders keine Ansprüche auf Unterlassung, Drittauskunft, Vernichtung und Schadensersatz. § 33 Abs. 1 PatG gewährt jedoch ab dem Zeitpunkt der Offenlegung zu Gunsten des Patentanmelders einen Anspruch auf eine den Umständen nach angemessene Entschädigung (vgl. *U. Krieger* GRUR 2001, 965), wenn der Benutzer entweder von der Patentanmeldung wusste oder infolge Fahrlässigkeit von ihr keine Kenntnis hatte. Das gilt nicht für mittelbare Patentverletzungen (BGH GRUR 2004, 845 – Drehzahlermittlung; aA *Holzapfel* GRUR 2006, 881). Wer vom Gegenstand einer offengelegten Patentanmeldung Gebrauch macht, handelt allerdings wegen fehlender Ausschließungswirkungen der Anmeldung nicht rechtswidrig (BGH GRUR 1989, 411 – Offenend-Spinnmaschine; BGH GRUR 1993, 460 (464) – Wandabstreifer – mAnm *von Maltzahn*).

Nach der Veröffentlichung der Erteilung des Patents besteht innerhalb einer Frist von 3 Monaten die Möglichkeit des Einspruchs (§ 59 Abs. 1 PatG). Dieser kann nur auf die Behauptung gestützt werden, das Patent sei zu Unrecht erteilt und dementsprechend zu widerrufen (§§ 59 Abs. 1 S. 3, 21, 61 PatG). Ist die Einspruchsfrist verstrichen, kann gegen das Patent nur im Wege der Nichtigkeitsklage vorgegangen werden (§§ 81 ff. PatG).

Ist Gegenstand der Berechtigungsanfrage (des Hinweisschreibens) ein europäisches Patent (Europapatent, EP, EU) nach dem Europäischen Patentübereinkommen (= EPÜ), so gilt folgende Rechtslage:

Das Übereinkommen über die Erteilung europäischer Patente (EPÜ) ist für die Bundesrepublik Deutschland am 7.10.1977 in Kraft getreten (Bekanntmachung vom 9.9.1977, BGBl. II 792). Es gilt am 1.7.2002 in 24 europäischen Staaten.

Das EPÜ schafft vereinheitlichte Anmelde- und Auslegungsregelungen für das FP und zentralisiert insbesondere seine Anmeldung beim Europäischen Patentamt, dessen Rechtsstellung und Organisation es regelt (Art. 5 ff. EPÜ). Das EP selbst stellt sich allerdings als sog. „europäisches Bündelpatent" dar, nämlich als ein Bündel nationaler Patente der

1. Hinweisschreiben/Berechtigungsanfrage   C. 1

Vertragsstaaten (Art. 2 Abs. 2, 64, 66, 139 EPÜ). Mithin gelten im Hinblick auf die Rechtswirkungen eines EP für die Bundesrepublik Deutschland die Vorausführungen zu deutschen Patenten. Insbesondere wird eine Verletzung des EP nach nationalem Recht behandelt (Art. 64 Abs. 3 EPÜ). Für eine Verletzungsklage auf der Grundlage eines EP sind die deutschen Verletzungsgerichte (LGe, OLGe, BGH) zuständig (zu den Bemühungen, im Zusammenhang mit der Einführung des Gemeinschaftspatentes auch für europäische Patente eine europäische zentrale Gerichtsbarkeit einzuführen, vgl. zuletzt *Pagenberg* GRUR 2012, 582; *Stjerna* Mitt. 2012, 54). Der Einspruch gegen ein EP ist beim Europäischen Patentamt einzureichen, das auch über eine Beschwerde gegen eine Einspruchsentscheidung entscheidet (Art. 99 ff., 106 ff. EPÜ). Nach der Neuregelung des Art. 112a EPÜ ist bei schwerwiegenden, in Absatz 2 dieser Bestimmung aufgeführten Fällen eine Überprüfung der Beschwerdeentscheidung durch die Große Beschwerdekammer des Europäischen Patentamts vorgesehen (vgl. dazu *Messerli* GRUR 2001, 979). Hingegen ist für eine Nichtigkeitsklage gegen ein EP in erster Instanz das Bundespatentgericht, in zweiter Instanz der Bundesgerichtshof zuständig (Art. 138 EPÜ; Art. II § 6 IntPatÜG), wobei dort allerdings über den Rechtsbestand des EP nur für den Bereich der Bundesrepublik Deutschland entschieden wird (→ Form. C.18). Das EP hat eine Laufzeit von 20 Jahren, gerechnet auf den Anmeldetag (Art. 63 EPÜ). Seine Erteilung wird veröffentlicht und es wird eine Patentschrift (EU-PS) ausgegeben (Art. 65, 98 EPÜ). Zur Ausgabe einer europäischen Offenlegungsschrift vgl. Art. 93 EPÜ. Die Schutzwirkungen einer offengelegten europäischen Patentanmeldung entsprechen in der Bundesrepublik Deutschland denjenigen einer nationalen Patentanmeldung. Bei Benutzung kann mithin ein Anspruch auf angemessene Entschädigung geltend gemacht werden (Art. 67 EPÜ; dazu Benkard EPÜ/*Schäfers* Art. 67 Rn. 1 ff.). Weitere Einzelheiten → Form. C.2 Anm. 26.

Zum Gemeinschaftspatent:
In Art. 142 Abs. 1 EPÜ ist vorgesehen, dass ein einheitliches europäisches Patent (Gemeinschaftspatent) geschaffen wird, das für alle Vertragsstaaten für die Gesamtheit ihrer Hoheitsgebiete einheitlich gelten soll. Eine grundlegende Einigung zur Schaffung des Gemeinschaftspatentes einschließlich einer zugehörigen zentralen europäischen Gerichtsbarkeit ist erfolgt. Das Gemeinschaftspatentwesen einschließlich der zugehörigen Europäischen Patentgerichtsbarkeit soll 2017 in Kraft treten. Durch den „Brexit" ist eine Unsicherheit eingetreten. Überwiegend wird die Auffassung vertreten, dass das Gemeinschaftspatent unverändert eingeführt werden wird (vgl. zB *Weiden* GRUR 2017, 145).

8. Das Patent (auch schon die Patentanmeldung) enthält einen oder mehrere Ansprüche. In ihnen ist anzugeben, was als patentfähig unter Schutz gestellt werden soll (§ 34 Abs. 3 Nr. 3 PatG). Den Patentansprüchen kommt besondere Bedeutung zu. Ihr Inhalt bestimmt den Schutzbereich des Patents und der Patentanmeldung (§ 14 S. 1 PatG). Der Patentanspruch beschreibt somit die patentfähige Erfindung = den Gegenstand der Erfindung (BGH GRUR 2004, 47 – Blasenfreie Gummibahn I; BGH GRUR 1993, 651 – Tetraploide Kamille), wobei die Gesamtheit der Merkmale des Patentanspruchs einschließlich ihrer zugehörigen Wirkungen die patentierte Lösung repräsentiert (BGH GRUR 2000, 1005 – Bratgeschirr). Gemäß § 14 S. 2 PatG sind die Beschreibungen und die Zeichnungen zur Auslegung der Patentansprüche heranzuziehen. Maßgeblich für den Inhalt der Patentansprüche ist nicht allein der Wortlaut, sondern vielmehr der Sinngehalt (Wortsinn). Dieser ergibt sich aus dem gesamten Offenbarungsgehalt der Patentansprüche, so wie er sich für den Fachmann, an den sich die Patentschrift wendet, auf der Grundlage des Offenbarungsgehalts der Patentschrift darstellt (BGH in stRspr, zB BGH GRUR 1999, 909 (911) re.Sp. – Spannschraube; BGH GRUR 2001, 232 (233) re.Sp. – Brieflocher). Dabei geht es immer darum, im Zusammenhang mit der Beurteilung der Frage, ob eine Patentverletzung vorliegt, die technische Lehre die sich aus der Sicht des vom Patent angesprochenen Fachmanns aus den Merkmalen des Anspruchs im Einzelnen und in ihrer Gesamtheit ergibt, zu ermitteln (BGH in stRspr, zB BGH GRUR 2008, 779 (782) re.Sp. oben – Mehrgangnabe; BGHZ 171, 120 Rn. 18 = GRUR 2007, 410 – Kettenradanordnung; BGHZ 172, 108 = GRUR 2007, 859 Rn. 13 – Informationsübermittlungsverfahren I). Maßgeblich sind der Sinngehalt des Patentanspruchs in seiner Gesamtheit und der Beitrag, den die einzelnen Merkmale des Anspruchs zum Leistungsergebnis der Erfindung liefern. Diese müssen unter Heranziehung der den Patentanspruch erläuternden Beschreibung und Zeichnungen (vgl. § 14 S. 2 PatG) durch Auslegung ermittelt werden (BGH GRUR 2008, 779 (782) re.Sp. oben – Mehrgangnabe). Es handelt sich um eine Rechtsfrage, die der Überprüfung in der Revision zugänglich ist; zugleich gilt, dass die Auslegung des Patentanspruchs nicht einem gerichtlichen Sachverständigen überlassen werden darf, sondern vielmehr dem Gericht auferlegt ist (BGH GRUR 2008, 779 (782) re.Sp. oben – Mehrgangnabe).

Die Beschreibung des Erfindungsgegenstandes im Patentanspruch erfolgt überwiegend in der Weise, dass der Patentanspruch in einen Oberbegriff (= Wiedergabe des vorbekannten Standes der Technik) sowie in einen kennzeichnenden Teil (Zusammenfassung der gegenüber dem vorbekannten Stand der Technik für sich oder in Kombination neuen Merkmale; vgl. § 1 Abs. 2 PatAnmVO) untergliedert ist, ohne dass diese Unterteilung für die rechtliche Bewertung einer angegriffenen Ausführungsform als patentverletzend von Bedeutung ist (BGH GRUR 1994, 357 – Muffelofen). Die Zweiteilung folgt allein Zweckmäßigkeitsüberlegungen (zur sog. „einteiligen" Formulierung des Patentanspruchs vgl. *Flad* GRUR 1994, 478 (479)).

Um im Folgenden die anzugreifende Ausführungsform (= angegriffene Ausführungsform = Verletzungsform) sowohl zutreffend zu erfassen als auch zutreffend als patentverletzend zu charakterisieren, ist es sinnvoll, den Wortlaut der Patentansprüche, insbesondere des Hauptanspruchs, und den darin festgelegten Gegenstand der Erfindung einerseits und die anzugreifende Ausführungsform andererseits unter Berücksichtigung von **Aufgabe** (= technisches Problem) und **Lösung** des Patents miteinander zu vergleichen. Dazu empfiehlt sich grundsätzlich eine Merkmalsanalyse. Anhand einer derartigen Merkmalsanalyse kann sodann die Verletzungsform im Hinblick auf bestehende Gemeinsamkeiten/Unterschiede mit dem Erfindungsgegenstand überprüft werden. Das Formular gibt im hier interessierenden Zusammenhang in Form einer Merkmalsanalyse zunächst den Oberbegriff, nachfolgend sodann den so genannten kennzeichnenden Teil des Hauptanspruchs des geltend gemachten Patents wieder. Zur Merkmalsanalyse vgl. *Meier-Beck* GRUR 2001, 967; *Kaess* GRUR 2000, 637; zum Aufbau einer Merkmalsanalyse vgl. die Beispiele: BGH GRUR 2000, 1005 – Bratgeschirr; BGH GRUR 2002, 511 – Kunststoffrohrteil; BGH GRUR 2002, 515 – Schneidmesser I; BGH GRUR 2002, 519 – Schneidmesser II; BGH GRUR 2008, 779 (780 f.) – Mehrgangnabe).

Ob aufgrund eines Vergleiches einer (zutreffenden) Merkmalsanalyse mit der sog. Verletzungsform (= angegriffenen Ausführungsform) im Hinblick auf bestehende Gemeinsamkeiten/Unterschiede eine Verletzung des Patents gegeben ist, bestimmt sich nach seinem Schutzumfang, der durch die Regelung des § 14 PatG festgelegt wird. Danach gilt, dass der Schutzumfang des Patentes durch den Inhalt der Patentansprüche bestimmt wird, wobei Beschreibung und Zeichnungen zur Auslegung heranzuziehen sind. Die Erteilungsakte (genauer: Vorgänge im Erteilungsverfahren) ist grundsätzlich kein Auslegungsmittel bei der Schutzbereichsbestimmung eines Patents (vgl. *Kühnen* GRUR 2012, 664; aA möglicherweise BGHZ 189, 330 = GRUR 2012, 701 – Okklusionsverrichtung; wie hier: BGHZ 150, 161 = GRUR 2002, 511 – Kunststoffrohrteil). Ob ein Patentverletzungstatbestand vorliegt, ist durch einen Vergleich des Gegenstands des Patentes (so wie in den Ansprüchen nach Maßgabe des § 14 PatG niedergelegt und zuvor oben ausgeführt) und der angegriffenen Ausführungsform (Verletzungsform) miteinander nach Aufgabe (= technisches Problem) und Lösung zu ermitteln.

1. Hinweisschreiben/Berechtigungsanfrage C. 1

a) Wortsinngemäße Patentverletzung:
Unter den Schutz eines Patentes fällt jedenfalls die identische (wortlautgemäße = unmittelbar gegenständliche) Benutzung (vgl. zB BGHZ 98, 12 ff. = GRUR 1986, 802 (804) li.Sp. unten – Formstein; BGH GRUR 1999, 914 (916) re.Sp. – Kontaktfederblock). Ob eine Patentverletzung vorliegt, erfordert zunächst eine Befassung mit der technischen Lehre, die sich aus der Sicht des vom Patent angesprochenen Fachmanns aus den Merkmalen des Anspruchs im Einzelnen und in ihrer Gesamtheit ergibt (BGH in stRspr, zB BGH GRUR 2008, 779 (782) re.Sp. oben – Mehrgangnabe; zuvor BGHZ 171, 120 Rn. 18 = GRUR 2007, 410 – Kettenradanordnung; BGHZ 172, 108 = GRUR 2007, 859 Rn. 13 – Informationsübermittlungsverfahren I). Dabei ist nicht an einem philologischen Wortlaut des Patentanspruchs zu haften, sondern maßgeblich ist der technisch verstandene und häufig erst im Wege der Auslegung zu ermittelnde Wortsinn der Formulierungen des Patentanspruchs. Dabei stellt der durch die Patentschrift angesprochene Fachmann auf den technischen Gesamtzusammenhang ab, den ihm der Inhalt der Patentschrift unter Berücksichtigung der in ihr objektiv offenbarten Lösung vermittelt (BGH in stRspr, zB BGH GRUR 1999, 909 (911) re.Sp. – Spannschraube; BGH GRUR 2001, 232 (233) re.Sp. – Brieflocher). Der Sinngehalt eines Patentanspruchs in seiner Gesamtheit und der Beitrag, den die einzelnen Merkmale für die Erfindung liefern, müssen durch Auslegung ermittelt werden, wobei die den Patentanspruch erläuternde Beschreibung und die Zeichnungen heranzuziehen sind (§ 14 S. 2 PatG; ebenso Art. 69 Abs. 1 S. 2 EPÜ). Der Durchschnittsfachmann ist des Weiteren bestrebt, die Patentschrift in einem sinnvollen Zusammenhang zu lesen und ihren Gesamtinhalt im Zweifel so zu verstehen, dass sich Widersprüche nicht ergeben (OLG Düsseldorf Mitt. 1998, 179 – Mehrpoliger Steckverbinder; ähnlich BGH GRUR 2008, 887 (889) re.Sp. Rn. 21 – Momentanpol II). Auf Vorgänge im Erteilungsverfahren, die der Patenterteilung vorausgegangen sind, kommt es grundsätzlich für die Bestimmung des Schutzbereichs eines Patents nicht an (BGHZ 150, 161 = GRUR 2002, 511 – Kunststoffrohrteil; möglicherweise aA BGHZ 189, 330 = GRUR 2011, 701; vgl. dazu *Kühnen* GRUR 2012, 664). Wird ein Begriff im Patentanspruch mehrfach verwendet, besteht in der Regel kein Anlass, ihn unterschiedlich auszulegen (BGH GRUR 2017, 152 – Zungenbett).

b) Äquivalente Patentverletzung:
Neben einem wortsinngemäßen Gebrauchmachen von den Merkmalen eines Patentanspruchs fällt unter den Schutz eines Patents auch diejenige Benutzung, die zwar vom Wortsinn abweicht, jedoch die Lehre des Patents mit gleichwirkenden Mitteln (= Gleichwirkung = Äquivalenz) verwirklicht (BGH in stRspr, zB BGHZ 98, 19 = GRUR 1986, 802 (805) – Formstein; BGH GRUR 1999, 909 (913 f.) – Spannschraube; BGH GRUR 2000, 1005 – Bratgeschirr; BGH GRUR 2002, 515 (517) li.Sp. – Schneidmesser I; BGH GRUR 2002, 519 (521) li.Sp. – Schneidmesser II). Äquivalent sind allerdings nur solche Mittel, die der Durchschnittsfachmann anhand von Überlegungen, die am Sinngehalt des Patentanspruchs anknüpfen, als gleichwirkend auffinden kann (grundlegend: BGHZ 98, 19 = GRUR 1986, 803 (805) – Formstein; BGH GRUR 1991, 436 (439) – Befestigungsvorrichtung II). Diese Anforderung hat der Bundesgerichtshof präzisiert, und zwar insbesondere in den Entscheidungen BGHZ 150, 161 = GRUR 2002, 511 – Kunststoffrohrteil; BGHZ 150, 149 = GRUR 2002, 515 – Schneidmesser I; BGH GRUR 2002, 519 – Schneidmesser II; BGH GRUR 2002, 523 – Custodiol I; zu diesen Entscheidungen: *Reimann/Köhler* GRUR 2002, 931; *Meier-Beck* GRUR 2003, 905:

- Bei der angegriffenen Ausführungsform (Verletzungsform) muss das im Vergleich zum Gegenstand des Anspruchs vorgesehene Austauschmittel das der Erfindung zugrunde liegende Problem mit zwar abgewandelten, aber objektiv gleichwirkenden Mitteln lösen (sog. technische Gleichwirkung, vgl. dazu *Mes* PatG § 14 Rn. 71 ff.). Dabei genügt es nicht, wenn das Austauschmittel im Wesentlichen die Gesamtwirkung der Erfindung erreicht. Erforderlich ist, dass die Mindestanforderungen an Qualität und

Quantität einer patentgemäß gewollten Wirkung auch durch das abgewandte Mittel erfüllt werden (BGH GRUR 2012, 1122 – Palettenbehälter III).
- Das bzw. die Austauschmittel muss/müssen durch den Fachmann als gleichwirkend aufgefunden werden können. Dazu bedarf es einer Orientierung durch den Fachmann am Patentanspruch (BGH GRUR 2000, 1005 (1006) – Bratgeschirr; BGHZ 150, 149 = GRUR 2002, 515 – Schneidmesser I; BGHZ 150, 161 = GRUR 2002, 511 – Kunststoffrohrteil; vgl. zu Einzelheiten *Mes* PatG § 14 Rn. 75 ff.). An dieser Voraussetzung fehlt es insbesondere, wenn das eingesetzte Austauschmittel bei einer angegriffenen Ausführungsform einen völlig anderen Weg geht als die Lehre des betroffenen Patents und/oder auf die mit dem Patent angestrebten Wirkungen/Vorteile verzichtet wird (BGH GRUR 1999, 909 – Spannschraube). Benötigt der Fachmann erfinderisches Bemühen, um zur Austauschlösung zu gelangen, stellt sich die Frage, ob der Schutzbereich des Patents verlassen ist (BGH GRUR 1994, 597 (600) – Zerlegvorrichtung für Baumstämme; *Mes* PatG § 14 Rn. 77 ff. mwN; dazu insbesondere auch OLG Düsseldorf GRUR 1999, 702 – Schließfolgeregler; *Meier-Beck* GRUR 2003, 910). Zum Problem der so genannten abhängigen Erfindung und ihrer Einbeziehung unter den Schutzumfang eines Patentanspruchs im Wege der Äquivalenz vgl. OLG Düsseldorf GRUR 1999, 702 – Schließfolgeregler; zuletzt insbesondere *Meier-Beck* GRUR 2003, 910.
- Wenn schon gilt, dass die Gleichwirkung der Austauschlösung grundsätzlich nicht ohne Orientierung am Patentanspruch festgestellt werden kann (BGH GRUR 2000, 1005 (1006) – Bratgeschirr), gilt dies erst recht für das zusätzliche Erfordernis (vgl. zB BGH GRUR 2002, 515 ff.), dass die Überlegungen, die der Fachmann anstellen muss, um zur Austauschlösung zu gelangen, derart am Sinngehalt der im Patentanspruch unter Schutz gestellten technischen Lehre orientiert sein müssen, dass der Fachmann die abweichende Ausführung mit ihren abgewandelten Mitteln als der patentgegenständlichen gleichwertige Lösung in Betracht zieht. Damit wird vom Bundesgerichtshof einer abstrahierenden Betrachtung eine Absage erteilt (ebenso *Reimann/Köhler* GRUR 2002, 933 li.Sp. oben). Es kommt nicht darauf an, dass die angegriffene Ausführungsform „irgendwie" infolge der eingesetzten Austauschmittel gleichartige Wirkungen wie der Patentgegenstand zeigt. Vielmehr ist entscheidend, dass eine spezifische Gleichwirkung des abgewandelten Mittels mit demjenigen besteht, das im Anspruch beschrieben ist (*Meier-Beck* GRUR 2003, 908 (909)).
- Zu der zuvor genannten Einschränkung, wonach das Austauschmittel im Wesentlichen die gleichen technischen Wirkungen wie die Kombination der Merkmale im Anspruch bzw. wie ein dort beschriebenes einzelnes Merkmal aufweisen muss (BGH GRUR 2012, 1122 – Palettenbehälter III), hat der Bundesgerichtshof in jüngerer Zeit ein weiteres Merkmal der Einschränkung für die Annahme einer äquivalenten Lösung entwickelt. Dieses lässt sich als „Verzichtsgedanke" auffassen. Nach dem Bundesgerichtshof ist es regelmäßig ausgeschlossen, eine Ausführungsform als äquivalent zu bewerten, die in der Beschreibung des Patents als mögliche Lösung der Aufgabe angeführt ist, jedoch im Wortlaut des Patentanspruchs keinen Niederschlag gefunden hat (BGH GRUR 2012, 45 – Diglycidverbindung; BGHZ 189, 330 = GRUR 2011, 701 – Okklusionsvorrichtung mit kritischer Anmerkung *Kühnen*; vgl. auch LG Mannheim GRUR-RR 2015, 330). Das gleiche gilt, wenn die Beschreibung eines Patents mehrere Möglichkeiten zur Erreichung einer technischen Wirkung enthält, jedoch nur eine dieser Möglichkeiten in den Patentanspruch aufgenommen worden ist. Dann ist eine Verletzung des Patents mit äquivalenten Mitteln in der Regel zu verneinen (BGH GRUR 2016, 921 – Pemetrexed). Dieser Grundsatz greift allerdings dann nicht ein, wenn der Fachmann erkennt, dass die beanspruchte Ausführungsform sich nur als spezieller Anwendungsfall von mehreren möglichen Lösungen darstellt. Immer aber gilt, dass eine Verletzung des Patents mit äquivalenten Mitteln nur dann angenommen werden kann, wenn sich die abgewandelte Lösung in ihren spezifischen Wirkungen mit der unter Schutz gestellten Lösung deckt

1. Hinweisschreiben/Berechtigungsanfrage C. 1

und sich in ähnlicher Weise wie diese Lösung von der nur in der Beschreibung, nicht aber im Anspruch aufgezeigten Lösungsvariante unterscheidet (BGH GRUR 2012, 45 – Diglycidverbindung). Zu weiteren Einzelheiten vergleiche *Mes* PatG § 14 Rn. 90 ff.

Zusammenfassend lassen sich für die patentrechtliche Äquivalenz drei Fragen unterscheiden (vgl. *Meier-Beck* GRUR 2003, 907):

(1) Löst die angegriffene Ausführungsform das der Erfindung zugrunde liegende Problem mit zwar abgewandelten, aber objektiv gleichwirkenden Mitteln?

(2) Wenn diese Frage zu bejahen ist: Befähigen den Fachmann seine Fachkenntnisse, die abgewandelten Mittel als gleichwirkend aufzufinden?

(3) Wenn auch diese Frage zu bejahen ist: Sind die Überlegungen, die der Fachmann anstellen muss, derart am Sinngehalt der im Patentanspruch unter Schutz gestellten technischen Lehre orientiert, dass der Fachmann die abweichende Ausführung mit ihren abgewandelten Mitteln als eine Lösung in Betracht zieht, die der wortsinngemäßen (des Patentanspruchs) gleichwertig ist?

(4) Zusätzlich: Ist in der Patentbeschreibung (zumindest) ein Lösungsweg beschrieben, der im Patentanspruch keinen Niederschlag gefunden hat, so ist der zuvor skizzierte „Verzichtsgedanke" zu prüfen. Die Lösung, auf die „verzichtet" worden ist, kann regelmäßig nicht als äquivalente Patentverletzung bewertet werden.

Formsteineinwand. Im Falle der Annahme von Äquivalenz lässt der Bundesgerichtshof allerdings die Verteidigung zu, die als äquivalent angegriffene Ausführungsform stelle mit Rücksicht auf den vorbekannten Stand der Technik keine patentfähige Erfindung dar (BGH GRUR 1986, 803 (805 f.) – Formstein; zum Formsteineinwand siehe insbesondere *Nieder*, FS *König*, 2003, 379; *Popp* GRUR 2009, 318; *Mes* PatG § 14 Rn. 106 ff. mwN). Mit dem sog. „Formsteineinwand" soll gewährleistet sein, dass sich der Schutz des Patents nicht auf diejenige Weiterentwicklung des freien Standes der Technik erstreckt, die nicht neu oder erfinderisch ist und somit für den Gemeingebrauch offen stehen soll. Der Rechtsgedanke des Vertrauensschutzes auf den Wortlaut eines erteilten Anspruchs – Gebot der Rechtssicherheit – erfordert Beachtung (BGH GRUR 1989, 903 (905) re.Sp. unten – Batteriekastenschnur; BGH GRUR 2002, 515 (517) li.Sp. – Schneidmesser I; BGH GRUR 2002, 519 (521) li.Sp. – Schneidmesser II; BGH GRUR 2002, 523 (525 f.) jeweils li.Sp. – Custodiol I). Dabei greift der Formsteineinwand dann nicht, wenn die Merkmale eines erteilten Patentanspruchs bei der angegriffenen Ausführungsform identisch (wortsinngemäß) verwirklicht sind (BGH GRUR 1999, 914 – Kontaktfederblock). Vor der Prüfung des Formsteineinwandes ist mithin methodisch zunächst erforderlich, sämtliche Merkmale und ihre Funktion im Rahmen der patentgemäßen Lehre zu klären und sodann festzustellen, ob von jedem einzelnen Anspruchsmerkmal des Patentes bei der angegriffenen Ausführungsform Gebrauch gemacht wird. Nur dann, wenn diese Feststellung ergibt, dass mindestens eines dieser Merkmale nicht in wortsinngemäßer Form verwirklicht ist, ist eine Prüfung des Formsteineinwandes angebracht (BGH GRUR 1999, 914 – Kontaktfederblock).

Kein Teilschutz. Die lange Zeit im Zusammenhang mit § 14 PatG (ebenso: Art. 69 EPÜ) streitige Frage, ob eine so genannten Unterkombination oder ein Teilschutz als patentverletzend zu bewerten ist (vgl. zB LG Düsseldorf GRUR Int. 1990, 382 – Adapter; BGH GRUR 1992, 40 – Beheizbarer Atemluftschlauch), ist nunmehr durch den Bundesgerichtshof dahin entschieden, dass der Schutzbereich eines Patents oder Gebrauchsmusters keine Unter- oder Teilkombination der Merkmale der beanspruchten technischen Lehre erfasst (BGH GRUR 2007, 1059 – Zerfallszeitmessgerät; zu Einzelheiten vgl. *Mes* PatG § 14 Rn. 119 ff.).

Die **Auslegung** von Patentansprüchen und die **Ermittlung** ihres Schutzbereichs gehören zu den schwierigsten anwaltlichen Aufgaben im Zusammenhang mit der Bearbeitung eines Patentverletzungsrechtsstreits. Die vorstehend angeführten bedeutsamen Entscheidungen des Bundesgerichtshofs leisten dazu eine wesentliche Hilfestellung: BGH GRUR 1999, 909

– Spannschraube; BGH GRUR 2000, 1005 – Bratgeschirr; BGH GRUR 2001, 232 – Brieflocher; BGH GRUR 2002, 511 – Kunststoffrohrteil; BGH GRUR 2002, 515 – Schneidmesser I; BGH GRUR 2002, 519 – Schneidmesser II; BGH GRUR 2002, 523 – Custodiol I; BGH GRUR 2002, 527 – Custodiol II. Die in diesen Entscheidungen getroffenen Aussagen lassen sich dahingehend zusammenfassen, dass zum einen alles dasjenige, was in den Ansprüchen nicht konkret seinen Niederschlag gefunden hat, nicht unter den Schutzumfang der Ansprüche fallen kann; und dass zum anderen die in den Ansprüchen enthaltenen Festlegungen (zB anhand von Maß- und Bereichsangaben) für die Auslegung der Patentansprüche regelmäßig beschränkende Bedeutung haben. Grundsätzlich kommt es auf das technische Verständnis des angesprochenen Fachmanns an (zB BGH GRUR 1999, 909 – Spannschraube), der regelmäßig bestrebt ist, die Patentschrift in einem sinnvollen Zusammenhang zu lesen und ihren Gesamtinhalt im Zweifel so zu verstehen, dass sich Widersprüche nicht ergeben (OLG Düsseldorf Mitt. 1998, 179 – Mehrpoliger Steckverbinder; ähnlich BGH GRUR 2008, 887 (889) Rn. 21 – Momentanpol II).

9. Die nachfolgenden Ausführungen sind eher für eine Verwarnung typisch, finden sich jedoch regelmäßig auch in einem Hinweisschreiben. In einer Verwarnung muss es dem Berechtigten (Patentinhaber, Lizenznehmer) darum gehen, der Gefahr der Kostenauferlegung gemäß § 93 ZPO zu entgehen; deshalb muss er den Verwarnten in den Stand versetzen, die Rechtslage nachprüfen zu können (OLG Düsseldorf GRUR 1970, 432; OLG Düsseldorf GRUR 1980, 135). Dazu gehört es regelmäßig, dass die Patentschrift übersandt (es besteht die Möglichkeit, Patentschriften über das Internet auszudrucken, www.dpma.de), ggf. kurz erläutert und auf den Verletzungstatbestand eingegangen wird. Da auch bei einem Hinweisschreiben das Interesse des Berechtigten (Schutzrechtsinhabers) vordringlich dahin geht, etwaige Verteidigungsargumente des Patentbenutzers in Erfahrung zu bringen, empfiehlt es sich, auch bei einem Hinweisschreiben diese Ausführungen zur Erläuterung des benutzten Patents ausführlicher zu gestalten.

10. Es ist nicht zwingend erforderlich, den Wortlaut des Hauptanspruchs des Patentes zu wiederholen. Es könnte auch auf die beigefügte Patentschrift verwiesen werden. Die Wiederholung des Hauptanspruchs bzw. interessierender Nebenansprüche oder Unteransprüche, auf die die Berechtigungsanfrage gestützt wird, hat sich jedoch als zweckmäßig erwiesen.

11. Der Benutzungstatbestand braucht nur kurz skizziert zu werden. Allerdings kann es sich in diesem Zusammenhang auch empfehlen, den Benutzungstatbestand etwas ausführlicher darzustellen, etwa nach Maßgabe der Ausführungen in einer Abmahnung (→ Form. C.2).

12. Diese Frage ist der eigentliche Kern des Hinweisschreibens (der Berechtigungsanfrage; kritisch dazu: *Ullmann* GRUR 2001, 1027 (1028), der allerdings verkennt, dass im Gegensatz zu einer Abmahnung nach Maßgabe des § 59 Abs. 2 S. 2 PatG 1981 eine Berechtigungsanfrage eben kein ernsthaftes und endgültiges Unterlassungsbegehren beinhaltet). Die Antwort durch den Angeschriebenen ist von entscheidender Bedeutung für das weitere Vorgehen des Patentinhabers. Folgende Reaktionen sind möglich:

a) Der Angeschriebene leugnet mit zureichenden Gründen einen Benutzungstatbestand.

b) Der Angeschriebene räumt den Benutzungstatbestand ein, beruft sich jedoch auf ein Vorbenutzungs- bzw. Weiterbenutzungsrecht; er beruft sich auf einen schutzhindernden Stand der Technik usw.

c) Der Angeschriebene räumt ein, von der Lehre des geltend gemachten Patents Gebrauch zu machen und bietet seinerseits eine angemessene Reaktion an, etwa die Abgabe einer strafbewehrten Unterlassungsverpflichtungserklärung; eine Aufforderung zum Eintritt in Lizenzverhandlungen.

2. Verwarnung wegen Patentverletzung C. 2

Je nach Inhalt der Antwort des Adressaten des Hinweisschreibens (der Berechtigungsanfrage) wird der Patentinhaber zu entscheiden haben, ob er das Vorhaben einer Inanspruchnahme des Gegners aufgibt, ob er auf Grund des Antwortschreibens nunmehr eine Abmahnung (→ Form. C.2) heraussendet oder ob er unmittelbar Klage erhebt (allerdings mit dem Risiko der unterlassenen Abmahnung und dem sich daraus ergebenden Kostenrisiko des § 93 ZPO im Falle sofortiger Unterwerfung durch den Gegner im Prozess, → Form. C.2 Anm. 1 mwN).

13. Regelmäßig empfiehlt sich eine Fristsetzung von einem Monat.

Kosten und Gebühren

14. Liegt (wie regelmäßig) noch kein Auftrag zur Klageerhebung vor, bestimmt sich die Höhe der zu erstattenden Anwaltskosten gemäß VV 2300 RVG iVm §§ 2 Abs. 2, 13 RVG. VV 2300 RVG sieht eine Geschäftsgebühr mit einem Rahmen von 0,5 bis 2,5 vor. Eine Gebühr von mehr als 1,3 kann nur gefordert werden, wenn die Tätigkeit umfangreich oder schwierig war (vgl. dazu den zugehörigen Text zu VV 2300 RVG). 1,3 wird in aller Regel ein angemessener Gebührenansatz (für eine Verwarnung) sein, vgl. BGH GRUR 2010, 1120 Rn. 30 – Vollmachtsnachweise; BGH NJW-RR 2007, 420 Rn. 9. Eine Kostenerstattungspflicht des Adressaten eines Hinweisschreibens (einer Berechtigungsanfrage) besteht nicht. Erst dann, wenn sich an das Hinweisschreiben eine Abmahnung anschließt, kann der Patentverletzer zur Kostenerstattung verpflichtet sein. Die Verpflichtung kann sich als Schadensersatzverpflichtung (BGH GRUR 1995, 338 (342) – Kleiderbügel) und/oder aus dem rechtlichen Gesichtspunkt der auftragslosen Geschäftsführung in Verbindung mit § 242 BGB ergeben (BGH stRspr; BGH GRUR 2000, 337 (338) – Preisknaller; BGH GRUR 1994, 311 (312) – Finanzkaufpreis ohne Mehrkosten; BGHZ 115, 210 (212) = GRUR 1992, 176 – Abmahnkostenverjährung; OLG Frankfurt GRUR-RR 2002, 397 – Tiapridex; → Form. C.2 Anm. 31).

Fristen und Rechtsmittel

15. Keine.

2. Verwarnung wegen Patentverletzung

Firma B . . . . . .[1]

– Geschäftsleitung –

. . . . . .

Betr.: A . . . . . ./. B . . . . . ., DE . . . . . . betreffend eine Vorrichtung zum Abscheiden von Sand aus mit Sand und organischen Stoffen belastetem Abwasser[2]

Sehr geehrte Damen und Herren,

Die Firma A . . . . . . hat mich beauftragt, gemeinsam mit Herrn Patentanwalt X ihre Interessen wahrzunehmen. Namens und in – beigefügter – Vollmacht[3] meiner Mandantin teile ich Ihnen in Abstimmung[4] mit Herrn Patentanwalt X das Folgende mit:

C. 2

I.

1. Meine Mandantin ist eingetragene, alleinige und ausschließlich verfügungsberechtigte Inhaberin des DE ...... betreffend eine Vorrichtung zum Abscheiden von Sand aus mit Sand und organischen Stoffen belastetem Abwasser.[2] Die zugrunde liegende Anmeldung erfolgte am 10.8.2005.[5] Sie wurde am 6.3.2006 veröffentlicht.[5] Die Bekanntmachung des Hinweises auf die Patenterteilung sowie die Veröffentlichung der Patentschrift erfolgten am 19.4.2010.[6] Ich überreiche als
   Anlage A
   zu Ihrer Unterrichtung die zugehörige Patentschrift.[6]

2. Das Patent lehrt eine gegenüber dem bisherigen Stand der Technik neue, auf erfinderischer Tätigkeit beruhende und gewerblich anwendbare[7] Verbesserung eines sog. Sandabscheiders. Das ist eine Vorrichtung zum Abscheiden von Sand aus mit Sand und mit organischen Stoffen belastetem Abwasser. Es war bekannt,[8] das Abwasser in einem stehenden Behälter in eine Umlaufströmung zu versetzen, die dafür sorgt, dass die organischen Stoffe nach oben bewegt werden, während der Sand nach unten zu einem unten an dem Behälter angeschlossenen Austragsförderer absinkt. Nach einer gewissen Absetzzeit wird der Sand sodann ausgetragen. Zum Zweck des Austragens befindet sich unten im Behälter eine Austragsöffnung, die wiederum mit einem Austragsförderer (vorzugsweise in Form einer Förderschnecke) in Verbindung steht. Die Förderschnecke verläuft nach oben geneigt, wobei das Austragsende oberhalb der Höhe des Überlaufes zu liegen kommt.
Die dem DE ...... zugrunde liegende Erfindung bezieht sich nach den Formulierungen des Oberbegriffs des Hauptanspruchs[9] auf eine
   Vorrichtung zum Abscheiden von Sand aus mit Sand und organischen Stoffen belastetem Abwasser, bestehend aus
   (1) einem stehenden Behälter,
   (2) mit einem Überlauf für das mit organischen Stoffen belastete Abwasser,
   (3) mit einem an eine untere Austragsöffnung des Behälters angeschlossenen Austragsförderer.
Bei dem nach Maßgabe der vorstehenden Merkmalsanalyse vorbekannten Stand der Technik[10] hat es sich als nachteilig erwiesen, dass der ausgetragene Sand noch mit organischen Stoffen in einer Menge belastet ist, die eine Weiterverwendung des Sandes, beispielsweise als Schüttgut für Bauzwecke, ausschließt. Der aus solchen Abwässern abgetrennte Sand muss häufig als Sondermüll behandelt und deponiert werden. Das ist zeit- und kostenaufwändig. Das Vorstehende vorausgeschickt, liegt der Erfindung nach dem DE ...... das technische Problem (die Aufgabe)[11] zugrunde, eine Vorrichtung vorstehend wiedergegebener Art so zu verbessern,
   „dass der ausgetragene Sand nunmehr einen unbedenklichen Restanteil an organischen Stoffen aufweist und für Bauzwecke oder dergleichen eingesetzt werden kann." (vgl. DE-PS ......, Spalte ......, Zeilen ......).
Die Lösung[12] erfolgt dadurch, dass einer Vorrichtung mit den vorstehend genannten Merkmalen die weitere Merkmalskombination hinzugefügt wird:
   (4) der Behälter weist ein sich bis in den Bodenbereich erstreckendes Rührwerk auf,
   (5) im Bodenbereich befindet sich eine Frischwasserzufuhr,
   (6) für den Antrieb des Austragsförderers ist eine Steuereinrichtung vorgesehen, die den Antrieb des Austragsförderers in Abhängigkeit von dem Druckanstieg im Behälter steuert.
Einzelheiten der Erfindung nach dem DE ...... ergeben sich aus dem Inhalt der Anlage A, nämlich Beschreibung und Figuren, auf die zur Vermeidung von Wiederholungen Bezug genommen wird. Zum besseren Verständnis wird folgendes ausgeführt:[8, 9, 13]

2. Verwarnung wegen Patentverletzung   C. 2

In Figur 1 ist ein Ausführungsbeispiel der Erfindung dargestellt. Die Vorrichtung zum Abscheiden von Sand aus Abwässern besteht im Wesentlichen aus einem stehenden Behälter (1). Dieser verfügt über eine bodenseitige Austragsöffnung (2), an die sich ein schräg nach oben steigender Austragsförderer (3) (vorzugsweise ein Schneckenförderer) anschließt. Es ist des Weiteren ein sich bis in den Bodenbereich des Behälters erstreckendes Rührwerk (4) vorgesehen, das eine Rührwelle (5) mit radial abstehenden Rührarmen (6) besitzt und am unteren Ende der Rührwelle (5) eine die Austragsöffnung (2) mit axialem Abstand abdeckende Scheibe (7) trägt. An der Scheibe sind gegen den Behälterboden vorragende Rührfinger (8) vorgesehen. Der Rührwerkantrieb (9) besteht aus einem Elektromotor (10). Es ist des Weiteren ein ringförmiger Überlauf (13) vorhanden, der von der Behälterwand aufragt. Durch eine Zulaufleitung (14) fließt Abwasser zu, durch eine Ableitung (15) das übergelaufene Abwasser ab. Im Bereich des Austragsförderers (3) ist eine Frischwasserzuleitung (16) angeordnet, über die durch die Austragsöffnung (2) Wasser gepumpt werden kann.

Die vorstehend skizzierte Vorrichtung nach einem Ausführungsbeispiel des DE . . . . . . arbeitet in der Weise, dass das zum Abscheiden des Sandes über die Abwasserzulaufleitung (14) in den Behälter (1) gepumpte Abwasser (= Gemisch aus Abwasser, mitgespültem Sand und ebenfalls mitgespülten organischen Stoffen) durch das umlaufende Rührwerk (4) sowie durch das von unten über die Frischwasserzuleitung (16) zugeführte Wasser in eine Umlaufströmung versetzt wird. In dieser werden die spezifisch leichteren organischen Stoffe nach oben zum Überlauf (13) bewegt. Die spezifisch schwereren Sandkörner sinken gegen den Behälterboden ab und bilden dort einen mit mehr oder weniger Wasser durchströmten/durchflossenen Sandkuchen (18). Dieser wird vom Rührwerk (4) mechanisch gerührt. Dadurch reiben sich die einzelnen Sandkörner aneinander und es werden an den Sandkörnern anhaftende organische Stoffe abgerieben. Das durch die Zuleitung (16) zugeführte Wasser und die dadurch erzeugte aufwärts gerichtete Strömung nehmen die abgeriebenen organischen Stoffe zum Überlauf (13) mit, wo sie mit dem Abwasser ausgeschwemmt werden. Der abgesetzte Sandkuchen (18) wird – von Zeit zu Zeit – vom Austragsförderer (3) in einen Auffangbehälter (19) ausgetragen, wobei gleichzeitig eine Entwässerung des ausgetragenen Sandes erfolgt. Von Bedeutung für die Erfindung nach dem DE . . . . . . ist insbesondere das Merkmal 6. Dieses steht im Zusammenhang damit, dass stets eine Mindestmenge Sand mit einer vorgegebenen Mindesthöhe vorhanden sein soll. Das führt dazu, dass über den Austragsförderer (3) höchstens eine dem jeweiligen Sandzuwachs über diese Mindesthöhe hinaus entsprechende Sandmenge ausgefördert werden darf. Um diese Mindesthöhe sicherzustellen, wird nach Maßgabe des Merkmals 6 der Antrieb (21) für den Austragsförderer (3) in Abhängigkeit von der vorgegebenen Mindesthöhe des abgesetzten Sandes gesteuert. Im Ausführungsbeispiel geschieht dies durch das Messen der Stromaufnahme des Elektromotors (10). Mit zunehmender Höhe des Sandkuchens (18) steigt der Rührwiderstand und steigt damit auch die Stromaufnahme des Elektromotors (10). Das wird von dem Messgerätgeber (23) erfasst und der Steuerung (22) zugrunde gelegt.

3. Der Hauptanspruch[14] des DE . . . . . . hat folgenden Wortlaut:
„Vorrichtung zum Abscheiden von Sand aus mit Sand und organischen Stoffen belastetem Abwasser, bestehend aus einem stehenden Behälter (1) mit einem Überlauf (13) für das mit organischen Stoffen belastete Abwasser und mit einem an eine untere Austragsöffnung (2) des Behälters (1) angeschlossenen Austragsförderer (3), dadurch gekennzeichnet, dass der Behälter (1) ein sich bis in den Bodenbereich erstreckendes Rührwerk (4) und im Bodenbereich eine Frischwasserzufuhr (16) aufweist und dass für den Antrieb (21) des Austragsförderers (3) eine Steuereinrichtung (22) vorgesehen ist, die den Antrieb (21) des Antragsförderers (3) in Abhängigkeit von der Absetzhöhe des Sandes im Behälter (1) steuert."

4. Meine Mandantin hat Kenntnis davon erlangt, dass Sie Sandabscheider herstellen und vertreiben, die in das DE ...... eingreifen. So haben Sie beispielsweise am ...... an die Firma X einen derartigen Sandabscheider geliefert, bei dem sämtliche Merkmale 1 bis 6 des vorstehend gegliederten Hauptanspruchs des DE ...... wortsinngemäß verwirklicht worden sind. Ich verfüge ferner über einen Prospekt mit dem Druckvermerk 6/2017 (= Juni 2017), der die Bezeichnung trägt „X-Sandabscheider und ihre Einsatzzwecke". In ihm ist der von ihnen hergestellte und vertriebene Sandabscheider in allen interessierenden Einzelheiten, insbesondere im Hinblick auf die Merkmale 1 bis 6 der vorstehend wiedergegebenen Merkmalsanalyse beschrieben.[15]

II.

Meine Mandantin hat mich ermächtigt,[16] Ihnen vor Einleitung gerichtlicher Schritte[17] Gelegenheit zur außergerichtlichen Bereinigung des Streitverhältnisses zu geben. Namens und in Vollmacht meiner Mandantin habe ich Sie in Abstimmung mit Herrn Patentanwalt X[18] aufzufordern, sich ihr gegenüber zu meinen Händen rechtsverbindlich zu verpflichten,[19]

1. es bei Meidung einer für jeden Fall der Zuwiderhandlung fälligen Vertragsstrafe in Höhe von 5.100 EUR (in Worten: fünftausendeinhundert EUR) zu unterlassen,[20] Vorrichtungen zum Abscheiden von Sand aus mit Sand und organischen Stoffen belastetem Abwasser, bestehend aus einem stehenden Behälter mit einem Überlauf für das mit organischen Stoffen belastete Abwasser und mit einem an eine untere Austragsöffnung des Behälters angeschlossenen Austragsförderer[21] herzustellen, anzubieten, in den Verkehr zu bringen oder zu gebrauchen oder zu den genannten Zwecken entweder einzuführen oder zu besitzen,[22] bei denen der Behälter ein sich bis in den Bodenbereich erstreckendes Rührwerk und im Bodenbereich eine Frischwasserzufuhr aufweist und für den Antrieb des Austragsförderers eine Steuereinrichtung vorgesehen ist, die den Antrieb des Austragsförderers in Abhängigkeit von der Absetzhöhe des Sandes im Behälter steuert;[21]

2. meiner Mandantin unter Vorlage eines geordneten Verzeichnisses darüber Rechnung[23] zu legen, in welchem Umfang die Adressatin dieses Schreibens die zu II. 1. bezeichneten Handlungen seit dem 6.4.2006 begangen hat, und zwar unter Angabe
   a) der Herstellungsmengen und -zeiten sowie der Menge der erhaltenen oder bestellten Erzeugnisse, ferner der Namen und Anschriften der Hersteller, Lieferanten und anderer Vorbesitzer,[24]
   b) der einzelnen Lieferungen, aufgeschlüsselt nach Liefermengen, -zeiten und -preisen unter Einschluss von Typenbezeichnungen sowie der Namen und Anschriften der Abnehmer,
   c) der einzelnen Angebote unter Einschluss von Typenbezeichnungen sowie der Namen und Anschriften der Angebotsempfänger,[25]
   d) der betriebenen Werbung, aufgeschlüsselt nach Werbeträgern, deren Auflagenhöhe, Verbreitungszeitraum und Verbreitungsgebiet,
   e) der nach den einzelnen Kostenfaktoren aufgeschlüsselten Gestehungskosten und des erzielten Gewinns,[27, 28]
   wobei[26]
   • die Angaben zu e) nur für die Zeit seit dem 19.5.2010 zu machen sind,
   • der Adressatin dieses Schreibens vorbehalten bleibt, die Namen und Anschriften der nicht gewerblichen Abnehmer und der Angebotsempfänger statt meiner Mandantin einem von dieser zu bezeichnenden, ihr gegenüber zur Verschwiegenheit verpflichteten vereidigten Wirtschaftsprüfer mitzuteilen, sofern sie dessen Kosten trägt und ihn ermächtigt und verpflichtet, meiner Mandantin auf konkrete Anfrage mitzuteilen, ob ein bestimmter Abnehmer oder Angebotsempfänger in der Aufstellung enthalten ist;

2. Verwarnung wegen Patentverletzung C. 2

- die Richtigkeit und Vollständigkeit der Angaben betreffend vorstehend a) und b) durch Vorlage von Bank-, Finanz- oder Handelsunterlagen oder einen geeigneten Zugang dazu, hilfsweise durch Übermittlung von Belegen (Rechnungen, hilfsweise Lieferscheine, jeweils in Kopie) nachzuweisen ist;[29]

3. die in Ihrem unmittelbaren oder mittelbaren Besitz oder in Ihrem Eigentum befindlichen unter vorstehend II. 1. beschriebenen Erzeugnisse zu vernichten;[30]
4. Vorrichtungen entsprechend vorstehend II. 1. zurückzurufen und/oder sie endgültig aus den Vertriebswegen zu entfernen;[31]
5. meiner Mandantin für die zu II. 1. bezeichneten und in der Zeit vom 6.4.2006 bis einschließlich 18.5.2010 begangenen Handlungen eine angemessene Entschädigung zu zahlen;[32]
6. sich zu verpflichten, meiner Mandantin allen Schaden zu ersetzen, der ihr durch die zu II. 1. bezeichneten, seit dem 19.5.2010 begangenen Handlungen entstanden ist und noch entstehen wird;[33]
7. meiner Mandantin die ihr durch Einschaltung des Herrn Patentanwalt X sowie durch meine Einschaltung entstandenen Kosten auf der Grundlage eines Gegenstandswertes von ...... EUR in Höhe je einer 1,3 Rechtsanwaltsgebühr zuzüglich Auslagen und Mehrwertsteuer zu erstatten.[34]

Die diesseits geltend gemachte Kostenerstattungspflicht findet ihre Grundlage in dem rechtlichen Gesichtspunkt des Schadensersatzes sowie demjenigen der auftragslosen Geschäftsführung. Sie ist in der höchstrichterlichen Rechtsprechung seit langem anerkannt.[34]

Ich weise darauf hin, dass nur durch die Abgabe einer strafbewehrten Unterlassungsverpflichtungserklärung die Wiederholungsgefahr für den Unterlassungsanspruch meiner Mandantin entfällt. Die bloße Aufgabe der diesseits beanstandeten Verletzungshandlungen genügt zur Beseitigung der Wiederholungsgefahr sowie zur Ausräumung des Rechtsschutzbedürfnisses für die gerichtliche Geltendmachung nicht.[35, 36]

Ich erwarte den Eingang der vorstehenden Verpflichtungserklärungen bis zum ......,[37] andernfalls ich davon ausgehe, dass Sie eine gerichtliche Auseinandersetzung vorziehen. Ich werde dann meiner Mandantin empfehlen, unverzüglich gerichtliche Schritte einzuleiten.[38]

Mit verbindlichen Empfehlungen[39, 40, 41, 42]

Schrifttum: Vgl. die Hinweise zu → Form. C.1.

Zur Patentverwarnung: *Bernreuther*, Zur Auslegung und Inhaltskontrolle von Vertragsstrafevereinbarungen, GRUR 2003, 114; *Bodendorff*, Schadensersatz wegen unberechtigter Verwarnung im Immaterialgüter- und Wettbewerbsrecht, 2007; *Busch*, Zurückweisung einer Abmahnung bei Nichtvorlage der Originalvollmacht nach § 174 Satz 1 BGB?, GRUR 2006, 477; *Deutsch*, Der BGH-Beschluss zur unberechtigten Schutzrechtsverwarnung und seine Folgen für die Praxis, GRUR 2006, 374; *Deutsch*, Gedanken zur unberechtigten Schutzrechtsverwarnung, WRP 1999, 25; *Kircher*, Der Sequestrationsantrag im einstweiligen Rechtsschutz: Ausweg aus der Obliegenheit zur Abmahnung?, FS Schilling, 2007, 293; *Kühnen*, Handbuch der Patentverletzung, 9. Aufl. 2017, S. 297 ff.; *Meier-Beck*, Die Verwarnung aus Schutzrechten – Mehr als eine Meinungsäußerung!, GRUR 2005, 535; *Mes*, PatG, 4. Aufl. 2015, Rn. 224 ff. zu § 139; *Nieder*, Außergerichtliche Konfliktlösung im gewerblichen Rechtsschutz, 1999; *Rieble*, „Kinderwärmkissen" und Vertragsstrafendogmatik, GRUR 2009, 824; *Sack*, Die Haftung für unbegründete Schutzrechtsverwarnungen, WRP 2005, 253; *Spätgens*, Des Anwalts Hindernisparcours. Fallen und Handicaps. Insbesondere: Vollmachtsnachweis bei der Abmahnung?, FS Samwer, 2008, 205; *Teplitzky*, Zur Frage der Rechtmäßigkeit unberechtigter Schutzrechtsverwarnungen – Zugleich Besprechung von BGH GRUR 2004, 958 – Verwarnung aus Kennzeichenrecht, GRUR 2005, 9; *Ullmann*, Die Verwarnung aus Schutzrechten – Mehr als eine Meinungsäußerung?, GRUR 2001, 1027; *Wehlau*, Die Schutzschrift, 2011; *Wilke/Jungeblut*, Abmahnung, Schutzschrift und Unterlassungserklärung im gewerblichen Rechtsschutz, 1995; *Zimmermann*, Die ungerechtfertigte Schutzrechtsverwarnung, 2008.

Anmerkungen

1. Ein weiteres Textbeispiel für eine patentrechtliche Abmahnung findet sich in Beck PFormB/*Mes* → Form. II.Q.1. § 59 Abs. 2 S. 2 PatG enthält eine Legaldefinition der **Abmahnung** (= Verwarnung) wegen Patentverletzung. Danach ist sie die „Aufforderung des Patentinhabers, eine angebliche Patentverletzung zu unterlassen". Die Verwarnung beinhaltet mithin ein ernsthaftes und endgültiges Unterlassungsbegehren (BGH GRUR 2011, 995 – Besonderer Mechanismus; BGH GRUR 1997, 896 (897) – Mecki-Igel III; vgl. dazu auch § 97a Abs. 1 UrhG nF vom 7.7.2008). Sie stellt sich sachlich regelmäßig im Zusammenhang mit der darin geltend gemachten Unterlassungsverpflichtung als ein Angebot zum Abschluss eines Unterlassungsvertrages dar (BGH GRUR 2010, 355 Rn. 18 – Testfundstelle; BGH GRUR 2010, 1120 Rn. 15 – Vollmachtsnachweis; zuvor OLG Celle GRUR 1990, 481 – Vertragsstrafeversprechen – für Wettbewerbsrecht). Die Verwarnung ist zugleich jedoch auch Prozessvorbereitungsmaßnahme, indem der Abgemahnte gehalten ist, auf die Abmahnung zu antworten (BGH GRUR 1987, 54 (55) mAnm *Lindacher* = WRP 1986, 672 (673) – Aufklärungspflicht des Abgemahnten; BGH GRUR 1990, 542 – Aufklärungspflicht des Unterwerfungsschuldners; BGH GRUR 1990, 381 = WRP 1990, 276 – Antwortpflicht des Abgemahnten, jeweils für Wettbewerbsrecht). Des Weiteren ist die Abmahnung Prozessvorbereitungsmaßnahme, weil ohne Verwarnung im Falle der Klageerhebung und des sofortigen Anerkenntnisses des Klagebegehrens durch den Patentverletzer der Kläger gemäß § 93 ZPO die Kosten des Rechtsstreits tragen muss. Schließlich ist die Verwarnung Ausfluss der Inhaberschaft des Rechtes am Patent und damit des Interesses des Patentinhabers, möglichst bald die Patentverletzung beendet zu sehen. Daneben trägt die Verwarnung ein Moment der Fremdgeschäftsführung, indem sie im – mutmaßlichen – Interesse des Patentverletzers liegt (BGH GRUR 1995, 424 (425) re.Sp. – Abnehmerverwarnung; OLG Düsseldorf GRUR 2003, 814 – Unberechtigte Abnehmerverwarnung).

Die patentrechtliche Verwarnung birgt beträchtliche Risiken. Ist sie ungerechtfertigt/unbegründet, stellt sie einen Eingriff in den eingerichteten und ausgeübten Geschäftsbetrieb dar und verpflichtet, sofern Verschulden gegeben ist, gemäß § 823 Abs. 1 BGB zu Schadensersatz (BGH GRUR 2011, 995 Rn. 28 – Besonderer Mechanismus; BGH GRUR 2006, 219 – Detektionseinrichtung II; BGH GRUR 2005, 882 – Unberechtigte Schutzrechtsverwarnung; BGH GRUR 1997, 741 – Chinaherde: für Gebrauchsmuster; BGH GRUR 1995, 424 (425) re.Sp. – Abnehmerverwarnung: für Patent; BGH GRUR 1979, 332 – Brombeerleuchte: für Geschmacksmuster und Urheberrecht; BGH GRUR 1978, 492 – Fahrradgepäckträger II: für Patent). Die gegenüber dieser Rechtsprechung kritischen Gegenstimmen (zB *Ullmann* GRUR 2001, 1027; OLG Düsseldorf GRUR 2003, 814 – Unberechtigte Abnehmerverwarnung – und auch BGH GRUR 2004, 958 – Verwarnung aus Kennzeichenrecht) sind durch die Entscheidung des Großen Senats für Zivilsachen, GRUR 2005, 882 – Unberechtigte Schutzrechtsverwarnung – verworfen. Zugleich kann die ungerechtfertigte Verwarnung gegen § 3 UWG verstoßen (BGH GRUR 2001, 54 (55) – SUBWAY/Subwear; BGH GRUR 1995, 424 (425) – Abnehmerverwarnung).

BGH GRUR 2016, 630 = WRP 2016, 881 – Unberechtigte Schutzrechtsverwarnung II – dehnt das Schadensersatzrisiko einer ungerechtfertigten Verwarnung auch auf den verantwortlichen Rechtsanwalt aus. Ihn soll gegenüber dem später Verwarnten eine Garantenpflicht dahingehend treffen, den Schutzrechtsinhaber nicht in einer die Rechtslage unzutreffend einzuschätzenden Weise über die Berechtigung der Schutzrechtsverwarnung zu beraten. Handelt der Rechtsanwalt fahrlässig, so soll er neben dem Schutzrechtsinhaber unter dem Gesichtspunkt eines rechtswidrigen und schuldhaften Eingriffs in den eingerichteten und ausgeübten Gewerbebetrieb zum Schadensersatz verpflichtet sein. Hat jedoch der Rechtsanwalt den Schutzrechtsinhaber bei unklarer Rechtslage auf alle wesentlichen Gesichtspunkte hingewiesen und entscheidet sich der Schutzrechtsinha-

2. Verwarnung wegen Patentverletzung C. 2

ber trotz aufgezeigter Bedenken dazu, die Verwarnung auszusprechen, scheidet eine Haftung des Rechtanwalts wegen unberechtigter Schutzrechtsverwarnung nach § 823 Abs. 1 BGB regelmäßig aus (BGH GRUR 2016, 630).

Die Verwarnung kann ungerechtfertigt sein,
(a) weil sie zu pauschal und unsubstantiiert, irreführend oder sonst sachlich unrichtig ist (OLG Düsseldorf Mitt. 1996, 60; OLG Düsseldorf GRUR 2003, 814 (815) li.Sp. – Unberechtigte Abnehmerverwarnung; OLG Düsseldorf GRUR-RR 2002, 213 – Auslaufendstücke für Sanitärarmaturen: für markenrechtliche Verwarnung); vgl. das Beispiel einer Abnehmerverwarnung in Form der Übersendung eines nicht rechtskräftigen Patentverletzungsurteils, wenn der Eindruck begründet wird, das Urteil sei rechtskräftig, BGH GRUR 1995, 424 – Abnehmerverwarnung;

(b) weil sie sachlich unbegründet ist, nämlich das geltend gemachte Patent nicht rechtsbeständig und/oder der Verletzungstatbestand nicht gegeben ist. Zur Beseitigung eines Störungszustandes muss der Patentinhaber eine unberechtigt ausgesprochene Verwarnung widerrufen (BGH GRUR 1995, 424 (426) – Abnehmerverwarnung).

Es besteht ein schmaler Grat zwischen dem berechtigten Anliegen des Patentinhabers, die Patentverletzung beendet zu sehen und mit dem Inanspruchgenommenen im Wege eines „Meinungsaustausches" die Frage der Patentverletzung aufzuklären und andererseits dem Interesse des Verwarnten vor ungerechtfertigten Behinderungen im Zusammenhang mit der Geltendmachung eines Sonderausschließungsrechtes. Bevor ein Patentverletzer verwarnt wird, sollten daher die Schutzfähigkeit des geltend gemachten Schutzrechtes sowie der Verletzungstatbestand überprüft werden. Geschieht dies sorgfältig und sachkundig, zieht insbesondere der Verwarner Patent- und Rechtsanwälte zu Rate, ist im Hinblick auf sein Verschulden ein Entlastungsbeweis möglich (BGH GRUR 1999, 741 (742) – Chinaherde; BGH GRUR 1976, 715 – Spritzgießmaschine; OLG Karlsruhe GRUR-RR 2003, 230 – Funkuhr: Kein Verschulden des Patentinhabers, wenn dieser zunächst die Entscheidung des Bundespatentgerichts im Patentnichtigkeitsverfahren abgewartet hat; vgl. auch BGH GRUR 2006, 432 – Verwarnung aus Kennzeichenrecht II). Dabei wird im Falle eines erteilten und nicht mehr einsprechbaren Patentes eine Fehleinschätzung seiner Schutzfähigkeit eher als unverschuldet angesehen werden können als eine Fehleinschätzung des Verletzungstatbestandes. Zur erhöhten Sorgfaltspflicht bei Verwarnung aus einem Gebrauchsmuster vgl. BGH GRUR 1997, 741 – Chinaherde.

BGH unterscheidet in GRUR 2005, 882 – Unberechtigte Schutzrechtsverwarnung – nicht grundsätzlich zwischen einer Verwarnung gegenüber dem unmittelbaren Patentverletzer und einer Verwarnung gegenüber seinem Abnehmer/Kunden (sog. Abnehmer-, Kunden- oder Drittverwarnung). Allerdings werden die Sachverhalte der Abnehmerverwarnung eher den Vorwurf eines unerlaubten Eingriffs in das Recht am ausgeübten Gewerbebetrieb rechtfertigen (vgl. zu dieser Problematik *Meier-Beck* GRUR 2005, 535 und den Fall eines Schadensersatzes wegen – unberechtigter – Abnehmerverwarnung in BGH GRUR 2006, 219 – Detektionseinrichtung II).

Während früher die Auffassung vertreten worden war, auch die unbegründete Verletzungsklage stelle einen Eingriff in das Recht am eingerichteten und ausgeübten Gewerbebetrieb des Beklagten dar (vgl. zB BGHZ 38, 200 (206 f.) = GRUR 1963, 255 – Kindernähmaschinen), kann dies im Grundsatz nach BGH GRUR 2005, 882 (884) re. Sp. – Unberechtigte Schutzrechtsverwarnung – nicht mehr gelten. Handelt ein Kläger/ Schutzrechtsinhaber subjektiv redlich, greift er durch die Erhebung einer Klage nicht rechtswidrig in ein geschütztes Rechtsgut seines Verfahrensgegners ein, weil er ein staatliches, gesetzlich eingerichtetes und geregeltes Verfahren beginnt oder betreibt. Für die Folgen einer fahrlässigen Fehleinschätzung der Rechtslage haftet der Schutzrechtsinhaber grundsätzlich nicht, da der Schutz des Prozessgegners durch das gerichtliche Verfahren nach Maßgabe seiner gesetzlichen Ausgestaltung gewährleistet ist. Damit bleibt eine Haftung durch Verfahrenseinleitung und -fortführung gemäß §§ 823 Abs. 1, 826 BGB möglich, wenn der Schutzrechtsinhaber vorsätzlich handelt, beispielsweise in Kenntnis eines dem Rechtsbestand des Klagepatents entgegenstehenden Standes der Technik eine Verletzungsklage anhängig macht.

Ein Schaden des ungerechtfertigt Verwarnten (= ungerechtfertigt Beklagten) ist in vielerlei Hinsicht denkbar, und zwar zB in Form von Produktions- und Liefereinstellungen infolge der Verwarnung, von Kosten durch Inanspruchnahme rechtsanwaltlicher und/oder patentanwaltlicher Hilfe, Rufschädigungen. Erscheinen tatsächliche Umstände und Rechtslage im Einzelfall nicht ausreichend geklärt, sollte infolge des hohen Risikos, das mit einer Verwarnung verbunden ist, anstelle einer Verwarnung gegenüber dem vermeintlichen Verletzer lediglich ein Schutzrechtshinweis erfolgen. Dieser dient lediglich dem Meinungsaustausch, um die Tatsachen- und Rechtslage mit dem etwaigen Schutzrechtsverletzer zu klären. Ein Schutzrechtshinweis begründet regelmäßig, sofern er zB nicht gegenüber einem Dritten, etwa einem Abnehmer des vermeintlichen Verletzers erfolgt, keinen rechtswidrigen Eingriff in den eingerichteten und ausgeübten Gewerbebetrieb und löst damit keinen Schadensersatzanspruch aus (BGH GRUR 2011, 995 Rn. 29 – Besonderer Mechanismus; BGH GRUR 1997, 896 (897) – Mecki-Igel III; LG Frankfurt GRUR-RR 2007, 377 – Berodual®N). Ein Beispiel für einen Schutzrechtshinweis findet sich in → Form. C.1.

Die sogenannte **Torpedo**-Problematik:

Schrifttum: *Adolphsen,* Europäisches und Internationales Zivilprozessrecht in Patentsachen, 2. Aufl. 2009, Rn. 696 bis 743; *Carl,* Einstweiliger Rechtsschutz bei Torpedo-Klagen, 2007; *A. v. Falck,* Einige Gedanken zur Aussetzung des Patentverletzungsstreits nach Art. 27, 28 EuGVVO bei Torpedo-Klagen (zugleich zu LG Düsseldorf InstGE 9, 256 ff.), FS Mes, 2009, 111; *A. v. Falck/Leitzen,* Abschied vom Torpedo auf Raten, Mitt. 2005, 534; *Grabinski,* Angst vor dem Zitterrochen? – Zur Verfahrensaussetzung nach Art. 27, 28 VO (EG) Nr. 44/2001 in Patentverletzungsstreitigkeiten vor deutschen Gerichten, FS Tilmann, 2003, S. 461 ff.; *Kühnen,* Handbuch der Patentverletzung, 9. Aufl. 2017, S. 344 f.; *Meibom/Pitz,* Die europäische „Torpedorechtsprechung" stößt an ihre Grenzen, GRUR Int. 1998, 765; *Pitz,* Torpedos unter Beschuss, GRUR Int. 2001, 32; *Rojahn,* Neues vom Torpedo oder Totgesagte leben länger; FS Mes 2009, 303.

Liegt der Verwarnung/Abmahnung ein europäisches Patent zugrunde, so sehen sich Notwendigkeit und Berechtigung einer Abmahnung unter erhebliche Zweifel gestellt. Denn häufig reagiert der Abgemahnte in der Weise, dass er vorbeugend bei einem Gericht in der Europäischen Gemeinschaft in einem Land, von dem man allgemeinhin davon ausgeht, dass die Gerichtsbarkeit dort relativ langsam arbeitet, eine negative Feststellungsklage erhebt, von der Lehre des geltend gemachten Patents keinen Gebrauch zu machen, wobei diese Feststellungsklage regelmäßig mit einer in diesem Land möglichen Nichtigkeitsklage verbunden wird. Da die Leistungsklage gegenüber einer negativen Feststellungsklage nicht gemäß Art. 27 Abs. 1 VO (EG) Nr. 44/2000 über die gerichtliche Zuständigkeit und die Anerkennung und Vollstreckung von Entscheidungen in Zivil- und Handelssachen vorrangig ist (vgl. EuGH NJW 1989, 665 – Gubisch/Palumbo) wird unter Berufung auf die Rechtshängigkeit einer derartigen Auslandsklage (häufig bezeichnet als „italienischer" oder „belgischer Torpedo") sodann im Falle der nachträglichen Erhebung einer Verletzungsklage in der Bundesrepublik Deutschland von dem Inanspruchgenommenen die Einrede entgegenstehender Rechtshängigkeit erhoben, aufgrund deren das – später befasste – deutsche Gericht das Verfahren von Amts wegen aussetzen muss, bis die Zuständigkeit des zuerst angerufenen (ausländischen) Gerichts feststeht (Art. 27 Abs. 1 VO (EG) Nr. 44/2001; vgl. dazu OLG Düsseldorf Mitt. 2000, 419 (422) – Aussetzung; LG Düsseldorf GRUR Int. 2002, 157; LG Düsseldorf GRUR 2000, 692 – NMR-Kontrastmittel; *von Meibom/Pitz* GRUR Int. 1998, 765; *Stauder* GRUR Int. 2000, 1021 (1022) – Verpackungsmaschine; *Pitz* GRUR Int. 2001, 32; Tribunal Paris GRUR Int. 2001, 173; Brüssel GRUR Int. 2001, 170; OLG Düsseldorf GRUR Int. 2000, 776 – Impfstoff III; LG Hamburg GRUR Int. 2002, 1025). Obgleich ein derartiger „Torpedo" einen Patentverletzungsprozess für einen sehr

2. Verwarnung wegen Patentverletzung C. 2

langen Zeitraum (ca. 1 bis 2 Jahre) in seiner Durchführung hemmen kann und obgleich es ferner in besonderen Fällen denkbar ist, anstelle eines Hauptklageverfahrens den Weg des einstweiligen Verfügungsverfahrens mit Erfolg zu beschreiten (vgl. zB LG Düsseldorf GRUR Int. 2002, 157 – HIV–Immunoassay; LG Hamburg GRUR Int. 2002, 1025 – Seifenverpackung), geht die Rechtsprechung der Instanzgerichte nach wie vor dahin, auch in derartigen Fällen eine vorherige Abmahnung zu fordern, um zu vermeiden, dass im Falle einer sofortigen Unterwerfung (durch Anerkenntnis oder Unterlassungsverpflichtungserklärung) des Beklagten dem Kläger die Kosten auferlegt werden. Als „Unterstützung" gegen einen etwaigen Gegenangriff durch einen „Torpedo" lässt es die Rechtsprechung zu, eine Abmahnung unter Verwendung moderner Kommunikationsmittel mit Fristsetzungen von einigen wenigen Stunden oder Tagen auszusprechen (vgl. OLG Düsseldorf InstGE 2, 237 (239) Rn. 6 f. – Turbolader II). Vor Absendung einer Abmahnung muss daher Klarheit darüber herrschen, ob man die Vorteile einer Abmahnung mit nachfolgender Unterwerfung des Störers/Verletzers einschließlich der günstigen Kostenfolge des § 93 ZPO genießen oder ob man der möglicherweise raschen Durchsetzung des Unterlassungsanspruchs bei sofortigem Anerkenntnis/sofortiger Unterwerfung des Störers mit dem Risiko der Kostenauferlegung den Vorzug gibt.

Nur in Ausnahmefällen haben sich Instanzgerichte bereitgefunden, dem Einwand des Rechtsmissbrauchs im Zusammenhang mit einem „Torpedo" Folge zu leisten (vgl. OLG Düsseldorf Mitt. 2000, 412 (422) – Aussetzung; LG Düsseldorf GRUR Int. 1998, 803 – Kondensatorspeicherzellen; LG Düsseldorf InstGE 3, 8 – Cholesterin-Test: ersichtlich unzuständiges ausländisches Gericht und das Verfahren wird nicht oder ohne Grund nur schleppend betrieben).

LG Düsseldorf GRUR Int. 2008, 756 (= InstGE 9, 256) – Mehrschichtiges Verschlusssystem – zeigt, wie ein schon anhängiger Torpedo ausgehebelt werden kann: Der deutsche nationale Teil des europäischen Patents wird auf einen Rechtsnachfolger übertragen; dieser macht Ansprüche wegen Patentverletzung erst ab dem Zeitpunkt seiner Inhaberschaft des Patents geltend. Dann geht es trotz Identität von Klagepatent und angegriffener Ausführungsform in beiden Verfahren nicht um denselben Anspruch zwischen denselben Parteien im Sinne von Art. 27 Abs. 1 EuGVVO.

2. Das dem Textbeispiel im Formular zugrunde gelegte Patent ist fiktiv. Es wird auch in den weiteren Textbeispielen dieses Teils des Formularbuchs benutzt, dann jedoch in jeweiligen Abwandlungen zu den jeweils interessierenden (behandelten) Benutzungshandlungen der §§ 9 ff. PatG. Die Patentnummer ist im Formular offengelassen, der Patentgegenstand wird kurz bezeichnet und sodann im weiteren Inhalt des Formulars näher dargestellt.

3. Höchst vorsorglich wird empfohlen, eine **Vollmacht** beizufügen. BGH (BGH GRUR 2010, 355 Rn. 18 – Testfundstelle; BGH GRUR 2010, 1120 Rn. 15 – Vollmachtsnachweis) sieht in der Abmahnung (Verwarnung) ein Vertragsangebot zum Abschluss eines Unterwerfungsvertrages, wenn es von einem Rechtsbindungswillen getragen und inhaltlich hinreichend bestimmt ist. Nach dieser Sicht ist § 174 BGB weder direkt noch analog anwendbar, weil es sich nicht um ein einseitiges Rechtsgeschäft handelt. Eine Vollmacht braucht mithin nicht der Verwarnung beigefügt zu werden. OLG Celle GRUR-RR 2011, 77 – Fehlende Originalvollmacht – hält die Berufung eines Abgemahnten auf § 174 S. 1 BGB für treuwidrig, wenn dieser gleichzeitig das Angebot zum Abschluss einer Unterlassungsvereinbarung annimmt. Zur früheren Rechtsprechung → Form. C.2 Anm. 3 der Vorauflage. Dass trotz der Unanwendbarkeit des § 174 S. 1 BGB empfohlen wird, eine Vollmacht beizufügen, ist zwei Umständen geschuldet. Zum einen liegen bisher zur Unanwendbarkeit des § 174 S. 1 BGB nur Entscheidungen des I. Zivilsenats des Bundesgerichtshofs vor (s.o.). Es ist mithin noch ungeklärt, ob der X. Senat des Bundesgerichtshofs, der für patentrechtliche und Gebrauchsmusterstreitsachen zuständig ist, sich dem anschließt. Zum anderen ist die Beifügung der Vollmacht geeignet, Unsicherheiten vorzubeugen.

Allerdings sollten an den Vollmachtsnachweis von vornherein keine allzu großen Anforderungen gestellt werden, und zwar insbesondere dann nicht, wenn – wie häufig – mündlich, per E-Mail oder per Telefax abgemahnt wird (vgl. ferner *Mes* PatG § 139 Rn. 246 ff.).

Zugang. Ein eher banales, in der Praxis in seiner Bedeutung jedoch nicht zu unterschätzendes Problem ist der Zugang der Verwarnung beim Adressaten. Anerkennt der Inanspruchgenommene gemäß § 93 ZPO das Klagebegehren bzw. den Antrag auf Erlass einer einstweiligen Verfügung, so muss der Kläger/Antragsteller die Kosten des Verfahrens tragen, sofern er nicht zuvor abgemahnt hat. An den Zugang der Abmahnung sind bisher keine Anforderungen gestellt worden; es genügte, dass der Abmahnende die Absendung in Form eines einfachen Schreibens nachweisen konnte. Diese Auffassung ist vom BGH in GRUR 2007, 629 – Zugang der Abmahnung – bestätigt (vgl. zuvor OLG Köln WRP 1984, 230 mwN; *Burchert* WRP 1985, 479 mwN). Das Zugangsrisiko einer Abmahnung trägt nach der bisher herrschenden Auffassung nicht der Verletzte (Abmahnende), sondern der Verletzer (zB KG WRP 2016, 512 – Zugang der Abmahnung; OLGe Jena GRUR-RR 2007, 96 = GRUR 2007, 264 – Bestreiten der Abmahnung; Düsseldorf GRUR 1994, 170 (210); Düsseldorf WRP 1996, 1111; Hamburg GRUR 1976, 444; Frankfurt WRP 1985, 87 f.; Oldenburg WRP 1987, 718; Hamm WRP 1987, 43 (44) li.Sp.; Saarbrücken WRP 1990, 373 (374); KG MD 1991, 93; KG MD 1992, 567; KG MD 1993, 735; Karlsruhe WRP 1997, 477). In jüngerer Zeit ist jedoch die gegenteilige Auffassung auf dem Vormarsch: Danach ist in denjenigen Fällen, bei denen es um die Anwendung des § 93 ZPO geht und der Zugang einer Abmahnung bestritten wird, davon auszugehen, dass der Kläger oder Antragsteller (Anspruchsinhaber) zu beweisen (im einstweiligen Verfügungsverfahren: glaubhaft zu machen) hat, dass die Abmahnung zugegangen ist (vgl. zB OLGe Schleswig-Holstein GRUR 2008, 456 = GRUR-RR 2008, 108 – Sendeprotokoll; Düsseldorf GRUR-RR 2001, 199 (200) li.Sp. – Anforderungen für Zugang – mwN; OLG Dresden WRP 1997, 1201; LG Düsseldorf Mitt. 2006, 188 – Zugang eines Abmahnungsschreibens = GRUR-RR 2006, 143 – trsys.de (Markenkammer); *Mellulis*, Handbuch des Wettbewerbsprozesses, 3. Aufl. 2000, Rn. 793 ff., insbesondere Rn. 793a und b; *Ulrich* WRP 1998, 124 ff.; Benkard PatG/*Grabinski/Zülch* § 139 Rn. 163b). In der modernen Welt der Kommunikation (Telefax, Computer-Fax und E-Mails) bringt der Nachweis des Zugangs keine Probleme mehr. Die Übersendung per Telefax beispielsweise genügt regelmäßig, um den Zugang beim Empfänger zu belegen (BGH NJW 2004, 1320; OLG Düsseldorf GRUR 1990, 310; OLG Hamburg MDR 1994, 468; KG WRP 1994, 39 (40); aA OLG Schlesweig-Holstein GRUR 2008, 456 = GRUR-RR 2008, 108 – Sendeprotokoll). Bei E-Mails wird der Zugang durch Versendung an die E-Mail-Adresse des Empfängers und die Bestätigung des Eingangs dort belegt. Unter Zugrundelegung von BGH GRUR 2007, 629 (630) Rn. 30 – Zugang des Abmahnschreibens – empfiehlt sich die Kombination der Kommunikationswege: Wird eine Abmahnung/Verwarnung sowohl mit normaler Post, per Telefax und per E-Mail auf den Weg gebracht, ist die Einlassung des Schuldners wenig glaubhaft (so ausdrücklich BGH GRUR 2007, 629 (630) Rn. 30 – Zugang des Abmahnschreibens), er habe sie nicht erhalten. Erkennt allerdings der Abmahnende, dass die Abmahnung (zB in Form eines Einschreibens wegen nicht zurückerlangtem Rückschein) nicht zugegangen ist, kann es zur Vermeidung von Kostennachteilen geboten sein, die Abmahnung unter kurzer Fristsetzung zu wiederholen (OLG Köln WRP 1989, 47).

Entbehrlichkeit der Abmahnung. Davon kann nur selten ausgegangen werden. In der (regelmäßig wettbewerbsrechtlichen) Rechtsprechung der Oberlandesgerichte wird eine Abmahnung für entbehrlich gehalten, wenn bei objektiver Würdigung alle interessierenden Umstände der Verletzte davon ausgehen durfte, dass sich der Verletzer nur einem gerichtlichen Verbot beugen werde (zu Einzelheiten vgl. *Mes* PatG § 139 Rn. 272). Derartige Fälle werden regelmäßig nur in Verfahren der einstweiligen Verfügung von Interesse sein. Dort gilt insbesondere ein weiterer Gesichtspunkt: Soll im Wege der einstweiligen Verfügung neben einem Unterlassungsanspruch auch ein Sequestrations-

2. Verwarnung wegen Patentverletzung   C. 2

anspruch im Hinblick auf schutzrechtsverletzende Ware geltend gemacht werden, kann eine Abmahnung entbehrlich sein (*Mes* PatG § 139 Rn. 272).

4. In nahezu allen patentrechtlichen Streitigkeiten ist die Hinzuziehung eines Patentanwalts geboten. Von den Kosten, die durch seine Mitwirkung entstehen, sind die Gebühren nach §§ 2 Abs. 2, 13 RVG in vollem Umfang zu erstatten; ein Gleiches gilt für die notwendigen Auslagen des Patentanwalts (§ 143 Abs. 3 PatG). Der Patentanwalt muss tatsächlich an einer vorprozessualen Verwarnung mitgewirkt haben. Dann bedarf es keiner Prüfung der Notwendigkeit seiner Mitwirkung (KG GRUR-RR 2010, 403 – Vorprozessuale Patentanwaltskosten; OLG Hamm GRUR-RR 2010, 404 – Patentanwaltskosten im Abmahnungsverfahren; aA OLG Frankfurt GRUR-RR 2010, 127 – Vorgerichtliche Patentanwaltskosten; OLG Düsseldorf BeckRS 2008, 05681; alle Entscheidungen zu § 140 Abs. 3 MarkenG). Mitwirkung des Patentanwalts an der Abmahnung/Verwarnung hat stattgefunden, wenn irgendeine streitbezogene Tätigkeit entfaltet wurde, die zur Entstehung der Gebührenschuld des Mandanten ihm gegenüber geführt hat (OLG Nürnberg GRUR-RR 2003, 29; OLG Frankfurt Mitt. 2003, 317 (319)). Die Verfahrensgebühr des Patentanwalts deckt lediglich die Sichtung, Ortung oder Auswertung von Material ab, nicht jedoch die Beschaffung (OLG München InstGE 5, 79 – Recherchekosten als notwendige Auslagen). Die vorstehend beschriebene Regelung des § 143 Abs. 3 PatG findet auf die Hinzuziehung eines Patentanwalts aus einem Mitgliedsstaat der Europäischen Union analoge Anwendung (BGH RPfleger 2007, 626 = GRUR 2007, 999 – Consulenti in Marchi).

5. Die Daten des im Textbeispiel zugrunde gelegten Patents sind so gewählt, dass zum einen das Patentgesetz 1981 und zum anderen das Erstreckungsgesetz mit Wirkung zum 1.5.1992 in vollem Umfang anwendbar sind. Zur früheren Rechtslage vgl. zB *Mes* PatG, 1. Aufl. 1997, Rn. 56 f. mit Antragsformulierungen.

Die im Textbeispiel angegebenen Daten haben Bedeutung nicht nur für das anzuwendende Recht, sondern insbesondere für die Entstehung der sich aus der Patentanmeldung bzw. dem erteilten Patent ergebenden Ansprüche des Patentinhabers. Ab Offenlegung der Patentanmeldung entsteht im Falle der Benutzung durch Dritte ein Anspruch des Inhabers auf angemessene Entschädigung; ab Veröffentlichung der Patenterteilung setzt die Ausschließungsbefugnis des Patentinhabers mit zugehörigen Ansprüchen ein. Vgl. die nachfolgenden Ausführungen.

Hinweis: §§ 140a ff. PatG sind mit Wirkung zum 1.9.2008 neu gefasst. Diese Bestimmungen enthalten teilweise bisher nicht bekannte Ansprüche bzw. Anspruchsinhalte. Bei der Formulierung des Formulars wird unterschiedslos davon ausgegangen, dass die Neufassung der §§ 140a ff. PatG auch auf Sachverhalte der Vergangenheit Anwendung findet.

6. Die Anmeldung eines Patents gibt ihrem Inhaber ein Benutzungsmonopol und gewährt ihm Ausschließungsrechte (§§ 9 ff. PatG) erst dann, wenn das Patent erteilt und die Veröffentlichung der Erteilung im Patentblatt erfolgt sind (§§ 49, 58 Abs. 1 S. 3 PatG). Mit der Veröffentlichung der Patenterteilung im Patentblatt wird die Patentschrift (= deutsche Patentschrift = DE-PS) veröffentlicht. In ihr sind die Patentansprüche, die Beschreibung und die Zeichnungen, auf Grund deren das Patent erteilt worden ist, enthalten (§ 32 Abs. 3 S. 1 PatG). Ferner sind in der Patentschrift die Druckschriften anzugeben, die das DPMA für die Beurteilung der Patentfähigkeit des Anmeldungsgegenstandes geprüft hat (§§ 32 Abs. 3 S. 2, 43 Abs. 1 PatG). Die Patentschrift enthält schließlich regelmäßig auch die so genannte Zusammenfassung (§ 32 Abs. 3 S. 3 PatG), bei der es sich um eine der technischen Unterrichtung dienende Kurzfassung der Anmeldung handelt, deren gesetzlich vorgeschriebener Inhalt sich aus § 36 Abs. 2 S. 2 PatG ergibt. Die Patentschrift ist somit – schlagwortartig formuliert – die ursprünglich eingereichte Patentanmeldung in der Gestalt, die sie im Erteilungsverfahren gewonnen hat. Dementsprechend sind in § 34 Abs. 3 PatG die Erfordernisse der Patentanmeldung analog zum Inhalt der Patentschrift bestimmt, wobei insbesondere in § 34 Abs. 4 PatG auch ausgeführt ist, dass die Erfindung in der Anmeldung so deutlich und vollständig zu offenbaren ist, dass ein Fachmann sie ausführen kann. Allerdings muss die Patentschrift, die nach Abschluss des Erteilungsverfahrens veröffentlicht wird, nicht die erste Unterrichtung der Öffentlichkeit über die Existenz einer Patentanmeldung sein. Zuvor kann schon eine Offenlegungsschrift (= deutsche Offenlegungsschrift = DE-OS = sog. A-Schrift) gemäß § 32 Abs. 1 Nr. 1 PatG veröffentlicht worden sein. Das geschieht dann, wenn es nicht zuvor schon zur Veröffentlichung einer Patentschrift gekommen ist (§ 32 Abs. 2 S. 3 PatG) und die Akten einer Patentanmeldung jedermann zur Einsicht freistehen, nämlich wenn entweder der Anmelder sich gegenüber dem DPMA mit der Akteneinsicht einverstanden erklärt und den Erfinder benannt hat (§ 31 Abs. 1 Nr. 1 PatG) oder seit dem Anmelde- bzw. seit dem Prioritätstag der Anmeldung 18 Monate verstrichen sind. Im Falle einer Offenlegung einer Patentanmeldung wird diese im Patentblatt angezeigt (§ 32 Abs. 5 PatG). Die Offenlegungsschrift enthält die in § 34 Abs. 3 Nr. 2–4 PatG bezeichneten Unterlagen der Anmeldung in der ursprünglich eingereichten oder in derjenigen Form, wie sie vom Patentamt zur Veröffentlichung zugelassen worden ist (§§ 32 Abs. 2 S. 1, 34 Abs. 3 Nr. 2–4 PatG).

Die Veröffentlichung sowohl der Offenlegungsschriften, der Patentschriften und des Patentblattes kann in elektronischer Form erfolgen (§ 32 Abs. 1 S. 2 PatG). Von dieser Möglichkeit macht das DPMA ab der ersten Publikationswoche 2004 ausschließlich Gebrauch. Es veröffentlicht seine amtlichen Publikationen im Patentblatt, Markenblatt und Geschmacksmusterblatt sowie die Patentdokumente (A- B- C- U- und T-Schriften) ausschließlich in elektronischer Form über die amtliche Internetplattform DPMApublikationen. Ab 1.1.2004 lautet die Zugriffsadresse: http://publikationen.dpma.de. Zu den entsprechenden Zugriffsmöglichkeiten (PDF-Version/Recherchierbare Version) vgl. DPMA Mitteilung Nr. 11/03 PMZ 2003, 353.

(1) Mit der Veröffentlichung der Erteilung des Patents im Patentblatt treten die gesetzlichen Wirkungen des Patents ein (§§ 49, 58 Abs. 1 PatG). Es sind die folgenden:

a) Das Patent gewährt dem Patentinhaber sowohl ein positives Benutzungsrecht als auch – negative – Verbietungsrechte. Der Umfang dieser Rechte ist in §§ 9, 10 PatG positiv beschrieben, in §§ 11–13 PatG negativ im Sinne von Beschränkungen der Wirkungen des Patents (zu § 11 Nr. 2 PatG vgl. zB BVerfG GRUR 2001, 43 – Klinische Versuche; BGHZ 130, 259 = GRUR 1996, 109 – Klinische Versuche I). Besondere Bedeutung haben die in § 139 Abs. 1, 2 PatG gewährten Ansprüche des Patentinhabers auf Unterlassung sowie auf Schadensersatz. Weitere Ansprüche gewähren die mit Wirkung zum 1.9.2008 neu gefassten §§ 140a–140e PatG, wobei insbesondere die Ansprüche auf Vernichtung (§ 140a PatG), auf Drittauskunft (§ 140b PatG) sowie auf die Vorlage/Übergabe von Unterlagen (§§ 140c, 140d PatG) interessieren. Einzelheiten sind diesen Bestimmungen zu entnehmen. Von besonderer Bedeutung: § 140b Abs. 3 PatG gewährt das Recht, in Fällen offensichtlicher Patentverletzungen den Auskunftsanspruch auch im Wege der einstweiligen Verfügung geltend zu machen. Zum Fall einer derartigen „offensichtlichen" Patentverletzung vgl. OLG Düsseldorf GRUR 1993, 818 (821) – Mehrfachkleiderbügel. § 141a PatG stellt ausdrücklich klar, dass neben dem Auskunftsanspruch dieser Bestimmung zur Vorbereitung der Bezifferung eines Schadensersatzanspruchs der einhellig anerkannte und von der ständigen Rechtsprechung gewährte Anspruch auf Rechnungslegung unberührt fortbesteht (über Einzelheiten → Anm. 23, 24). Von besonderer Bedeutung: Der **Besichtigungsanspruch** gemäß § 140c Abs. 1 PatG, → Form. C.22.

b) Positives Benutzungsrecht und negative Verbietungsrechte des Patentinhabers sind maßgeblich vom Schutzumfang des Patents abhängig. Der Schutzbereich eines Patents ist in § 14 PatG so beschrieben, dass er durch den Inhalt der Patentansprüche bestimmt wird, wobei die Beschreibung und die Zeichnung zur Auslegung der Patentansprüche heranzuziehen sind. Zu Einzelheiten vgl. nachfolgend → Anm. 9.

2. Verwarnung wegen Patentverletzung C. 2

c) Die Schutzdauer eines Patents beträgt 20 Jahre (§ 16 Abs. 1 S. 1 PatG). Sie beginnt ab dem Anmeldetag, so dass die effektive Dauer der Schutzwirkungen eines Patentes, die erst mit der Veröffentlichung der Erteilung des Patents im Patentblatt beginnt (§§ 49, 58 Abs. 1 PatG), deutlich kürzer ist.

d) Auf Grund der bloßen Offenlegung einer Patentanmeldung können aus dieser keine Ansprüche auf Unterlassung, Rechnungslegung und Schadensersatz hergeleitet werden, ebenso wenig wie Ansprüche aus §§ 140a ff. PatG. Die Benutzung einer offengelegten Patentanmeldung ist nicht rechtswidrig (BGH GRUR 1993, 460 (464) – Wandabstreifer – mAnm *v. Maltzahn*; BGH GRUR 1989, 411 – Offenend-Spinnmaschine). § 33 Abs. 1 PatG gewährt jedoch ab dem Zeitpunkt der Offenlegung einen Anspruch auf eine den Umständen nach angemessene Entschädigung, wenn der Benutzer entweder von der Patentanmeldung wusste oder infolge Fahrlässigkeit von ihr keine Kenntnis hatte (vgl. *U. Krieger* GRUR 2001, 965; zur Entschädigungspflicht für mittelbare Patentverletzungen verneinend: BGH GRUR 2004, 845 – Drehzahlermittlung; bejahend: *Holzapfel* GRUR 2006, 881).

Das erteilte Patent unterliegt innerhalb einer Frist von 3 Monaten nach der Veröffentlichung der Erteilung dem Einspruch (§ 59 Abs. 1 PatG). Dieser kann nur auf die Behauptung gestützt werden, das Patent sei zu Unrecht erteilt und dementsprechend zu widerrufen (§§ 59 Abs. 1 S. 3, 21, 61 PatG). Ist die Einspruchsfrist verstrichen, so kann gegen das Patent nur im Wege der Nichtigkeitsklage vorgegangen werden (§§ 81 ff. PatG).

(2) Ist Gegenstand der Abmahnung (der Verwarnung) ein **europäisches Patent** (Europapatent, EP oder EU-P) nach dem Europäischen Patentübereinkommen (= EPÜ), so gilt folgende Rechtslage (zu Literaturhinweisen vgl. Angaben zum Schrifttum zu → Form. C.1):

Das EPÜ schafft vereinheitlichte Anmelde- und Auslegungsregelungen für das EP und zentralisiert insbesondere seine Anmeldung beim Europäischen Patentamt, dessen Rechtsstellung und Organisation es regelt (Art. 5 ff. EPÜ). Das EP selbst stellt sich allerdings als sog. „europäisches Bündelpatent" dar: Es ist ein Bündel nationaler Patente der Vertragsstaaten (Art. 2 Abs. 2, 64, 66, 139 EPÜ). Mithin gelten im Hinblick auf die Rechtswirkungen eines EP für die Bundesrepublik Deutschland die Vorausführungen zu deutschen Patenten. Insbesondere wird eine Verletzung des EP nach nationalem Recht behandelt (Art. 64 Abs. 3 EPÜ). Für eine Verletzungsklage auf der Grundlage eines EP sind die deutschen Verletzungsgerichte (LGe, OLGe, BGH) zuständig (zu den Bemühungen, eine europäische zentrale Gerichtsbarkeit einzuführen, vgl. nachfolgend in dieser Anmerkung die Ausführungen zu (3). Der Einspruch gegen ein EP ist beim Europäischen Patentamt einzureichen, das auch über eine Beschwerde gegen eine Einspruchsentscheidung entscheidet (Art. 99 ff., 106 ff. EPÜ). Nach Art. 112a EPÜ ist bei schwerwiegenden, in Abs. 2 dieser Bestimmung aufgeführten Fällen eine Überprüfung der Beschwerdeentscheidung durch die Große Beschwerdekammer des Europäischen Patentamts vorgesehen (vgl. dazu *Messerli* GRUR 2001, 979). Hingegen ist für eine Nichtigkeitsklage gegen ein EP in erster Instanz das Bundespatentgericht, in zweiter Instanz der Bundesgerichtshof zuständig (Art. 138 EPÜ; Art. II §§ 6, 10 IntPatÜG). Allerdings wird dort über den Rechtsbestand des EP nur für den Bereich der Bundesrepublik Deutschland entschieden (→ Form. C.18). Das EP hat eine Laufzeit von 20 Jahren, gerechnet ab dem Anmeldetag (Art. 63 EPÜ). Seine Erteilung wird veröffentlicht und es wird eine Patentschrift (EU-PS) ausgegeben (Art. 65, 98 EPÜ). Zur Ausgabe einer europäischen Offenlegungsschrift vgl. Art. 93 EPÜ. Die Schutzwirkungen einer offengelegten europäischen Patentanmeldung entsprechen in der Bundesrepublik Deutschland denjenigen einer nationalen Patentanmeldung. Bei Benutzung kann mithin ein Anspruch auf angemessene Entschädigung geltend gemacht werden (Art. 67 EPÜ; dazu Benkard EPÜ/*Schäfers* Art. 67 Rn. 1 ff.). Ist die europäische Patentanmeldung allerdings nicht in deutscher Sprache veröffentlicht worden, so besteht ein Entschädigungsanspruch erst von dem Tag an, an dem eine von dem Anmelder eingereichte deutsche Übersetzung der Patentansprüche vom DPMA veröffentlicht worden ist oder der Anmelder eine solche Übersetzung dem Benutzer der Erfindung übermittelt hat (Art. II § 1a Abs. 2 IntPatÜG).

(3) Zum Gemeinschaftspatent:

Schrifttum: vgl. *Haberl/Schallmoser,* Auf der Zielgeraden zu einem neuen europäischen Patentwesen, GRUR-Prax. 2013, 1 ff.; *Pagenberg,* Die EU-Patentrechtsreform – Zurück auf Los?, GRUR 2012, 582; *Stjerna,* Die Beratungen zum „Einheitspatent" und der zugehörigen Gerichtsbarkeit – Auf dem Weg ins Desaster, Mitt. 2012, 54; *Tilmann,* Durchbruch: die Entscheidungen zum Einheitspatent und zum Europäischen Patentgericht, GRUR 2013, 157.

In Art. 142 Abs. 1 EPÜ ist vorgesehen, dass ein einheitliches europäisches Patent (Gemeinschaftspatent) geschaffen wird, das für alle Vertragsstaaten für die Gesamtheit ihrer Hoheitsgebiete einheitlich gelten soll. Mit Beschluss 2011/167/EU hat der Rat der Europäischen Union am 10.3.2011 über die Ermächtigung zu einer verstärkten Zusammenarbeit im Bereich der Schaffung eines einheitlichen Patentschutzes entschieden. Infolgedessen sind 2 europäische Verordnungen ergangen, nämlich die Verordnung (EU) Nr. 1257/2012 des europäischen Parlaments und des Rates vom 17.12.2012 über die Umsetzung der verstärkten Zusammenarbeiten im Bereich der Schaffung eines einheitlichen Patentschutzes (abgedr. zB in *Beck Texte,* PatR, 13. Aufl. 2016, Nr. 55, S. 453). Eine zweite Verordnung (EU) Nr. 1260/2012 des Rates vom 17.12.2012 betrifft die Umsetzung der verstärkten Zusammenarbeit im Bereich der Schaffung eines einheitlichen Patentschutzes im Hinblick auf die anzuwendenden Übersetzungsregelungen (abgedr. in *Beck Texte,* PatR, 13. Aufl. 2016, Nr. 55a, S. 467). Diese Verordnungen beruhen auf Art. 118 Abs. 1, 2 EPÜ. Sie sind mithin europarechtlicher Natur. Die Verordnungen werden ergänzt durch das (völkerrechtliche) Übereinkommen über ein einheitliches Patentgericht vom 10.2.2013 (abgedr. in *Beck Texte,* PatR, 13. Aufl. 2016, Nr. 56, S. 474 ff.). Das geschaffene System betreffend das Gemeinschaftspatent und das zugehörige Europäische Patentgericht mit einem Sitz in Paris und mit Nebenstellen in London und in München sollte mit Wirkung zum 1.1.2014 eingerichtet werden, wenn 13 Vertragsstaaten das Abgekommen ratifiziert haben. Ein Inkrafttreten wird trotz des sog. Brexit noch im Laufe des Jahres 2017 erwartet. Das System betreffend das Gemeinschaftspatent hat insoweit besondere Bedeutung, als es auch für europäische Patente gilt, die zum Zeitpunkt des Inkrafttretens des Übereinkommens über ein einheitliches Patentgericht noch nicht erloschen oder nach diesem Zeitpunkt erteilt worden sind. Dazu gilt die Sonderregelung des Art. 83 EPGÜ. Während einer Übergangszeit von 7 Jahren nach dem Inkrafttreten des Übereinkommens können Klagen wegen Verletzung bzw. auf Nichtigerklärung eines europäischen Patents weiterhin bei nationalen Gerichten oder anderen zuständigen nationalen Behörden erhoben werden (Art. 83 Abs. 1 EPGÜ). Vor Ablauf der Übergangszeit kann ein Inhaber oder Anmelder eines europäischen Patents (sowie ein Inhaber eines ergänzenden Schutzzertifikats) dann, wenn noch keine Klage erhoben worden ist, die sog. „Opt-Out"-Lösung wählen. Er muss zu diesem Zweck der Kanzlei des Einheitlichen Patentgerichts spätestens einen Monat vor Ablauf der Übergangszeit eine Mitteilung über die Inanspruchnahme dieser Ausnahmeregelung zukommen lassen. Diese wird mit der Eintragung der entsprechenden Mitteilung in das Register wirksam (Art. 83 Abs. 3 EPGÜ). Das Übereinkommen betreffend das einheitliche Patentgericht hat Übergangscharakter. 5 Jahre nach seinem Inkrafttreten soll eine abschließende Entscheidung über die Fortsetzung getroffen werden (Art. 83 Abs. 5 EPGÜ).

(4) Um dem Abgemahnten eine Überprüfung der Rechtslage zu ermöglichen, ist es regelmäßig geboten, die Patentschrift zu übersenden. Zwar besteht die Möglichkeit, Patentschriften über das Internet auszudrucken (zB über die Homepage des DPMA – www.dpma.de). Es kann jedoch nicht ausgeschlossen werden, dass diese Möglichkeit nicht jedermann zur Verfügung steht und dementsprechend wertvolle Zeit verloren geht, weil die Patentschrift durch den Angeschriebenen erst anderweitig beschafft werden muss.

2. Verwarnung wegen Patentverletzung C. 2

7. Vgl. die Inhalte der Bestimmungen §§ 1 Abs. 1, 3, 4 und 5 PatG. Sie stellen die im Formular hier aufgeführten Erfordernisse der Neuheit, der erfinderischen Tätigkeit und der gewerblichen Anwendbarkeit auf. Auf die Nennung der gewerblichen Anwendbarkeit könnte verzichtet werden, da sie regelmäßig nur in Ausnahmefällen fehlt.

8. In den folgenden Darlegungen des Textbeispiels vollzieht sich der Zweck der Schutzrechtsverwarnung: Die Verwarnung soll dem Abgemahnten Gelegenheit geben, an der Aufklärung des Sachverhalts mitzuwirken (→ Anm. 1). Infolgedessen sowie insbesondere auch, um der Gefahr der Kostenauferlegung gemäß § 93 ZPO im Falle eines sofortigen Anerkenntnisses des Prozessgegners zu entgehen, ist es notwendig, dass der Verwarner den Verwarnten in den Stand versetzt, die Rechtslage nachprüfen zu können (OLG Düsseldorf GRUR 1980, 135; OLG Düsseldorf GRUR 1970, 432). Dazu gehört es regelmäßig, dass die Patentschrift übersandt, ggf. kurz erläutert und auf den Verletzungstatbestand eingegangen wird. In dem Textbeispiel des Formulars findet sich eine recht umfangreiche Darstellung des Gegenstandes des geltend gemachten Patents sowie anschließend des Verletzungstatbestandes, und zwar zu I. 2. bis 4. Diese Ausführungen können ggf. kürzer gehalten werden, wie im Beispiel einer Schutzrechtsverwarnung bei BeckPFormB/*Mes* → Form. II.Q.1.

9. Maßgeblich für die Bestimmung des Schutzumfanges eines Patents sind in erster Linie die Ansprüche, unter ihnen die Formulierung des Hauptanspruchs (§ 14 PatG). In ihnen ist anzugeben, was als patentfähig unter Schutz gestellt werden soll (§ 34 Abs. 3 Nr. 3 PatG). Der Inhalt der Ansprüche bestimmt den Schutzbereich des Patents und der Patentanmeldung (§ 14 S. 1 PatG). Der Patentanspruch beschreibt somit die patentfähige Erfindung = den Gegenstand der Erfindung (BGH GRUR 2004, 47 – Blasenfreie Gummibahn; BGH GRUR 1993, 651 – Tetraploide Kamille), wobei die Gesamtheit der Merkmale des Patentanspruchs einschließlich ihrer zugehörigen Wirkungen die patentierte Lösung repräsentiert (BGH GRUR 2000, 1005 – Bratgeschirr). Gemäß § 14 S. 2 PatG sind die Beschreibungen und die Zeichnungen zur Auslegung der Patentansprüche heranzuziehen. Das dient nicht nur und erst der Behebung von Unklarheiten, sondern auch schon zur Klarstellung und zur Erläuterung der in den Ansprüchen verwendeten technischen Begriffe und insbesondere der Klärung der Bedeutung und der Tragweite der dort beschriebenen Erfindung (BGH in stRspr, BGH GRUR 2004, 413 (414) re.Sp. – Geflügelkörperhalterung; BGHZ 150, 149 (153) = GRUR 2002, 515 – Schneidmesser I; weitere Nachweise bei *Mes* PatG § 14 Rn. 16). Dabei ist für den Inhalt der Patentansprüche nicht allein der Wortlaut bestimmend, sondern vielmehr der Sinngehalt (Wortsinn). Es kommt mithin auf den Offenbarungsgehalt der Patentansprüche an, so wie er sich für den Fachmann, an den sich die Patentschrift wendet, auf der Grundlage des Offenbarungsgehaltes der Patentschrift darstellt (BGH in stRspr, zB BGH GRUR 1999, 909 (911) re.Sp. – Spannschraube; BGH GRUR 2001, 232 (233) re.Sp. – Brieflocher). Dabei geht es immer darum, im Zusammenhang mit der Beurteilung der Frage, ob eine Patentverletzung vorliegt, die technische Lehre, die sich aus der Sicht des vom Patent angesprochenen Fachmanns aus den Merkmalen des Anspruchs im Einzelnen und in ihrer Gesamtheit ergibt, zu ermitteln (BGH in stRspr, zB BGH GRUR 2008, 779 (782) re.Sp. oben – Mehrgangnabe; BGHZ 171, 120 Rn. 18 = GRUR 2007, 410 – Kettenradanordnung; BGHZ 172, 108 = GRUR 2007, 859 Rn. 13 – Informationsübermittlungsverfahren I). Maßgeblich sind der Sinngehalt des Patentanspruchs in seiner Gesamtheit und der Beitrag, den die einzelnen Merkmale des Anspruchs zum Leistungsergebnis der Erfindung liefern. Diese müssen unter Heranziehung der den Patentanspruch erläuternden Beschreibung und Zeichnungen (vgl. § 14 S. 2 PatG) durch Auslegung ermittelt werden (BGH GRUR 2008, 779 (782) re.Sp. oben – Mehrgangnabe). Es handelt sich um eine Rechtsfrage, die der Überprüfung in der Revision zugänglich ist; zugleich gilt, dass die Auslegung des Patentanspruchs nicht einem gerichtlichen Sachverständigen überlassen werden darf, sondern vielmehr dem Gericht auferlegt ist (BGH GRUR 2008, 779 (782) re.Sp. oben – Mehrgangnabe; zu Einzelheiten vgl. *Mes* PatG § 14 Rn. 137 ff.).

Die Beschreibung des Erfindungsgegenstandes im Patentanspruch erfolgt überwiegend in der Weise, dass der Patentanspruch in einen Oberbegriff (= Wiedergabe des vorbekannten Standes der Technik) sowie in einen kennzeichnenden Teil (Zusammenfassung der gegenüber dem vorbekannten Stand der Technik für sich oder in Kombination neuen Merkmale; vgl. § 1 Abs. 2 PatAnmVO) untergliedert ist, ohne dass diese Unterteilung für die patentrechtliche Bewertung einer angegriffenen Ausführungsform als patentverletzend von Bedeutung ist (BGH GRUR 1994, 357 – Muffelofen). Die Zweiteilung folgt allein Zweckmäßigkeitsüberlegungen (zur sog. „einteiligen" Formulierung des Patentanspruchs vgl. *Flad* GRUR 1994, 478 (479)).

Um die anzugreifende Ausführungsform (= angegriffene Ausführungsform = Verletzungsform) sowohl zutreffend zu erfassen als auch zutreffend als patentverletzend zu charakterisieren, ist es zweckmäßig, den Wortlaut der Patentansprüche, insbesondere des Hauptanspruchs, und den darin festgelegten Gegenstand der Erfindung einerseits und die anzugreifende Ausführungsform andererseits unter Berücksichtigung von **Aufgabe** (technisches Problem) und **Lösung** des Patents miteinander zu vergleichen. Das erfordert einen zweistufigen Ansatz. Auf einer ersten Stufe ist der Inhalt der Patentansprüche unter Berücksichtigung des § 14 PatG zu bestimmen. Es ist mithin zu ermitteln, was die patentfähige Erfindung = der Gegenstand der Erfindung ist (BGH GRUR 2004, 47 – Blasenfreie Gummibahn I; BGH GRUR 1993, 651 – Tetraploide Kamille). Auf die Grundsätze zu Beginn dieser Anmerkung wird verwiesen. Ist damit der unmittelbare Gegenstand des Patentes anhand der Patentansprüche ermittelt, erfolgt auf einer zweiten Stufe die Ermittlung des **Schutzumfangs des Patents,** nämlich des Vergleichs des unmittelbaren Gegenstandes des Patents (der offenbarten und beanspruchten Erfindung) mit der anzugreifenden Ausführungsform (Verletzungsform). Hilfreich und nahezu unentbehrlich ist in der Mehrzahl aller Patentverletzungsfälle die Erstellung einer so genannten **Merkmalsanalyse.** Anhand einer derartigen Merkmalsanalyse kann sodann die Verletzungsform im Hinblick auf bestehende Gemeinsamkeiten/Unterschiede mit dem Erfindungsgegenstand überprüft werden. Das Formular gibt im hier interessierenden Zusammenhang in Form einer Merkmalsanalyse zunächst den Oberbegriff, nachfolgend sodann den so genannten kennzeichnenden Teil des Hauptanspruchs des geltend gemachten Patents wieder. Zur Merkmalsanalyse vgl. *Meier-Beck* GRUR 2001, 967; *Kaess* GRUR 2000, 637; zum Aufbau einer Merkmalsanalyse vgl. die Beispiele: BGH GRUR 2000, 1005 – Bratgeschirr; BGH GRUR 2002, 511 – Kunststoffrohrteil; BGH GRUR 2002, 515 – Schneidmesser I; BGH GRUR 2002, 519 – Schneidmesser II; BGH GRUR 2008, 779 (780 f.) – Mehrgangnabe.

a) Wortsinngemäße Patentverletzung:

Unter den Schutz eines Patentes fällt jedenfalls die identische (wortlautgemäße = unmittelbar gegenständliche) Benutzung (vgl. zB BGHZ 98, 12 ff. = GRUR 1986, 802 (804) li.Sp. unten – Formstein; BGH GRUR 1999, 914 (916) re.Sp. – Kontaktfederblock; BGH GRUR 2004, 413 (415) – Geflügelkörperhalterung). Ob eine Patentverletzung vorliegt, erfordert zunächst eine Befassung mit der technischen Lehre, die sich aus der Sicht des vom Patent angesprochenen Fachmanns aus den Merkmalen des Anspruchs im Einzelnen und in ihrer Gesamtheit ergibt (BGH in stRspr, zuletzt BGH GRUR 2008, 779 (782) re.Sp. oben – Mehrgangnabe; BGHZ 171, 120 Rn. 18 = GRUR 2007, 410 – Kettenradanordnung; BGHZ 172, 108 = GRUR 2007, 859 Rn. 13 – Informationsübermittlungsverfahren I). Ausgangspunkt ist zunächst der Wortlaut des Patentanspruchs. Ihm kommt entscheidende (wenn auch nicht alleinige) Bedeutung zu (BGH GRUR 2011, 701 Rn. 23 – Okklusionsvorrichtung mit kritischer Anmerkung *Kühnen*; BGH GRUR 2010, 602 – Gelenkanordnung). Dabei ist nicht an einem philologischen Wortlaut des Patentanspruchs zu haften, sondern maßgeblich ist der technisch verstandene und häufig erst im Wege der Auslegung zu ermittelnde Wortsinn der Formulierungen des Patentanspruchs (BGH GRUR 2004, 413

2. Verwarnung wegen Patentverletzung C. 2

(415) – Geflügelkörperhalterung). Dabei stellt der durch die Patentschrift angesprochene Fachmann auf den technischen Gesamtzusammenhang ab, den ihm der Inhalt der Patentschrift unter Berücksichtigung der in ihr objektiv offenbarten Lösung vermittelt (BGH in stRspr, zB BGH GRUR 1999, 909 (911) re.Sp – Spannschraube; BGH GRUR 2001, 232 (233) re.Sp – Brieflocher). Der Sinngehalt eines Patentanspruchs in seiner Gesamtheit und der Beitrag, den die einzelnen Merkmale für die Erfindung liefern, müssen durch Auslegung ermittelt werden, wobei die den Patentanspruch erläuternde Beschreibung und die Zeichnung heranzuziehen sind (§ 14 S. 2 PatG; ebenso Art. 69 Abs. 1 S. 2 EPÜ). Der Offenbarungsgehalt der Patentschrift bestimmt – im Sinne einer Auslegungshilfe – den Wortsinn eines Patentanspruchs nur insoweit, soweit die Beschreibung Niederschlag in den Ansprüchen gefunden hat (BGH GRUR 1999, 909 (911) re.Sp – Spannschraube). Ist bei sinnvollem Verständnis des Wortlauts ein Merkmal nicht so deutlich beschrieben/einbezogen, dass es vom Fachmann als zur Erfindung gehörend erkannt wird, kann es den Gegenstand dieses Anspruchs nicht kennzeichnen (vgl. *Mes* PatG § 14 Rn. 21). Dies kann für ein Ausführungsbeispiel gelten, das in der Formulierung des Patentanspruchs keinen Niederschlag gefunden hat (BGH GRUR 2011, 701 – Okklusionsvorrichtung). Regelmäßig ist eine funktionale Betrachtung angebracht, nämlich zu ermitteln, was jedes einzelne Merkmal des Anspruchs für sich und in seiner Gesamtheit mit den übrigen Merkmalen leistet (BGH GRUR 2007, 407 – Kettenradanordnung I; BGH GRUR 2004, 845 – Drehzahlermittlung). Es kommt auf das Verständnis des Durchschnittsfachmanns an. Dieser ist bestrebt, die Patentschrift in einem sinnvollen Zusammenhang zu lesen und ihren Gesamtinhalt im Zweifel so zu verstehen, dass sich Widersprüche nicht ergeben (OLG Düsseldorf Mitt. 1998, 179 – Mehrpoliger Steckverbinder; ähnlich auch BGH GRUR 2008, 887 (889) re.Sp. Rn. 21 – Momentanpol II). Auf Vorgänge im Erteilungsverfahren, die der Patenterteilung vorausgegangen sind, kommt es grundsätzlich für die Bestimmung des Schutzbereichs eines Patents nicht an (BGH GRUR 2002, 511 – Kunststoffrohrteil; offengelassen in BGH GRUR 2011, 701 Rn. 25 – Okklusionsvorrichtung; vgl. dazu *Meier-Beck* GRUR 2012, 1177 (1181) re.Sp.; *Kühnen* GRUR 2012, 664; *Mes* PatG § 14 Rn. 40 ff.). Wird ein Begriff im Anspruch mehrfach benutzt, besteht in der Regel kein Anlass, ihn unterschiedlich auszulegen (BGH GRUR 2017, 152 – Zungenbett).

b) Äquivalente Patentverletzung:
Neben einem wortsinngemäßen Gebrauchmachen von den Merkmalen eines Patentanspruchs fällt unter den Schutz eines Patents auch diejenige Benutzung, die zwar vom Wortsinn abweicht, jedoch die Lehre des Patents mit gleichwirkenden Mitteln (= Gleichwirkung = Äquivalenz) verwirklicht (BGH in stRspr, zB BGHZ 98, 19 = GRUR 1986, 802 (805) – Formstein; BGH GRUR 1999, 909 (913 f.) – Spannschraube; BGH GRUR 2000, 1005 – Bratgeschirr; BGH GRUR 2002, 515 (517) li.Sp. – Schneidmesser I; BGH GRUR 2002, 519 (521) li.Sp. – Schneidmesser II). Äquivalent sind allerdings nur solche Mittel, die der Durchschnittsfachmann anhand von Überlegungen, die am Sinngehalt des Patentanspruchs anknüpfen, als gleichwirkend auffinden kann (grundlegend: BGHZ 98, 19 = GRUR 1986, 803 (805) – Formstein; BGH GRUR 1991, 436 (439) – Befestigungsvorrichtung II). Der Bundesgerichtshof hat die Anforderungen an die Annahme einer äquivalenten Patentverletzung präzisiert, und zwar insbesondere in den Entscheidungen BGHZ 150, 161 = GRUR 2002, 511 – Kunststoffrohrteil; BGHZ 150, 149 = GRUR 2002, 515 – Schneidmesser I; BGH GRUR 2002, 519 – Schneidmesser II; BGH GRUR 2002, 523 – Custodiol I; zu diesen Entscheidungen: *Reimann/Köhler* GRUR 2002, 931; *Meier-Beck* GRUR 2003, 905):

- **Gleichwirkung.** Bei der angegriffenen Ausführungsform (Verletzungsform) muss das im Vergleich zum Gegenstand des Anspruchs vorgesehene Austauschmittel das der Erfindung zugrunde liegende Problem mit zwar abgewandelten, aber objektiv gleichwirkenden Mitteln lösen. Dabei müssen die Gesamtwirkungen der patentgemäßen Lösung im Wesentlichen mit gleichwirkenden Austauschmitteln erzielt werden (BGH GRUR

2012, 1122 – Palettenbehälter III; zur sog. technischen Gleichwirkung vgl. *Mes* PatG § 14 Rn. 71 ff.).
- **Auffindbarkeit.** Das bzw. die Austauschmittel muss/müssen durch den Fachmann als gleichwirkend aufgefunden werden können (zur sog. Auffindbarkeit vgl. *Mes* PatG § 14 Rn. 75 ff.). Dazu bedarf es einer Orientierung durch den Fachmann am Patentanspruch (BGH GRUR 2000, 1005 (1006) – Bratgeschirr; BGHZ 150, 149 = GRUR 2002, 515 – Schneidmesser I; BGHZ 150, 161 = GRUR 2002, 511 – Kunststoffrohrteil). An dieser Voraussetzung fehlt es insbesondere, wenn das eingesetzte Austauschmittel bei einer angegriffenen Ausführungsform einen völlig anderen Weg geht als die Lehre des betroffenen Patents und/oder auf die mit dem Patent angestrebten Wirkungen/Vorteile verzichtet wird (BGH GRUR 1999, 909 – Spannschraube). Benötigt der Fachmann erfinderisches Bemühen, um zur Austauschlösung zu gelangen, stellt sich die Frage, ob der Schutzbereich des Patents verlassen ist (BGH GRUR 1994, 597 (600) – Zerlegvorrichtung für Baumstämme; *Mes* PatG § 14 Rn. 83 ff. mwN; dazu insbesondere auch OLG Düsseldorf GRUR 1999, 702 – Schließfolgeregler; *Meier-Beck* GRUR 2003, 910). Zum Problem der so genannten abhängigen Erfindung und ihrer Einbeziehung unter den Schutzumfang eines Patentanspruchs im Wege der Äquivalenz vgl. OLG Düsseldorf GRUR 1999, 702 – Schließfolgeregler; *Meier-Beck* GRUR 2003, 910.
- **Gleichwertigkeit der Austauschlösung.** Wenn schon gilt, dass die Gleichwirkung der Austauschlösung grundsätzlich nicht ohne Orientierung am Patentanspruch festgestellt werden kann (BGH GRUR 2000, 1005 (1006) – Bratgeschirr), gilt dies erst recht für die vom Bundesgerichtshof in der zuvor zitierten Rechtsprechung (BGH GRUR 2002, 515 ff.) aufgestellte weitere Voraussetzung für die Annahme von Äquivalenz. Danach ist es erforderlich, dass die Überlegungen, die der Fachmann anstellen muss, um zur Austauschlösung zu gelangen, derart am Sinngehalt der im Patentanspruch unter Schutz gestellten technischen Lehre orientiert sein müssen, dass der Fachmann die abweichende Ausführung mit ihren abgewandelten Mitteln als der patentgegenständlichen gleichwertige Lösung in Betracht zieht. Damit wird vom Bundesgerichtshof einer abstrahierenden Betrachtung eine Absage erteilt (ebenso *Reimann/Köhler* GRUR 2002, 933 li.Sp. oben). Es kommt nicht darauf an, dass die angegriffene Ausführungsform „irgendwie" infolge der eingesetzten Austauschmittel gleichartige Wirkungen wie der Patentgegenstand zeigt. Vielmehr ist entscheidend, dass eine spezifische Gleichwirkung des abgewandelten Mittels mit demjenigen besteht, das im Anspruch beschrieben ist (*Meier-Beck* GRUR 2003, 908 (909)). Das schließt es regelmäßig aus, eine Ausführungsform als äquivalent zu bewerten, die sich zwar in der Beschreibung des Patentes als mögliche Lösung findet, jedoch im Wortlaut des Anspruchs keinerlei Niederschlag findet (BGH GRUR 2012, 45 – Diglycidverbindung; BGHZ 189, 330 = GRUR 2011, 701 – Okklusionsvorrichtung mit kritischer Anmerkung *Kühnen*; *Meier-Beck* GRUR 2012, 1177 (1182) li.Sp. zu Fn. 41).
- **Kein „Verzicht".** Zu der zuvor genannten Einschränkung, wonach das Austauschmittel im Wesentlichen die gleichen technischen Wirkungen wie die Kombination der Merkmale im Anspruch bzw. wie ein dort beschriebenes einzelnes Merkmal aufweisen muss (BGH GRUR 2012, 1122 – Palettenbehälter III), hat der Bundesgerichtshof in jüngerer Zeit ein weiteres Merkmal der Einschränkung für die Annahme einer äquivalenten Lösung entwickelt. Dieses lässt sich als „Verzichtsgedanke" auffassen. Nach dem Bundesgerichtshof ist es regelmäßig ausgeschlossen, eine Ausführungsform als äquivalent zu bewerten, die in der Beschreibung des Patents als mögliche Lösung der Aufgabe angeführt ist, jedoch im Wortlaut des Patentanspruchs keinen Niederschlag gefunden hat (BGH GRUR 2012, 45 – Diglycidverbindung; BGHZ 189, 330 = GRUR 2011, 701 – Okklusionsvorrichtung mit kritischer Anmerkung *Kühnen*; vgl. auch LG Mannheim GRUR-RR 2015, 330). Das gleiche gilt, wenn die Beschreibung eines Patents mehrere Möglichkeiten zur Erreichung einer technischen Wirkung enthält, jedoch nur eine

2. Verwarnung wegen Patentverletzung

dieser Möglichkeiten in den Patentanspruch aufgenommen worden ist. Dann ist eine Verletzung des Patents mit äquivalenten Mitteln in der Regel zu verneinen (BGH GRUR 2016, 921 – Pemetrexed). Dieser Grundsatz greift allerdings dann nicht ein, wenn der Fachmann erkennt, dass die beanspruchte Ausführungsform sich nur als spezieller Anwendungsfall von mehreren möglichen Lösungen darstellt. Immer aber gilt, dass eine Verletzung des Patents mit äquivalenten Mitteln nur dann angenommen werden kann, wenn sich die abgewandelte Lösung in ihren spezifischen Wirkungen mit der unter Schutz gestellten Lösung deckt und sich in ähnlicher Weise wie diese Lösung von der nur in der Beschreibung, nicht aber im Anspruch aufgezeigten Lösungsvariante unterscheidet (BGH GRUR 2012, 45 – Diglycidverbindung). Zu weiteren Einzelheiten vgl. *Mes* PatG § 14 Rn. 90 ff.

Zusammenfassend lassen sich für die patentrechtliche Äquivalenz drei Fragen unterscheiden (vgl. *Meier-Beck* GRUR 2003, 907):
(1) Löst die angegriffene Ausführungsform das der Erfindung zugrunde liegende Problem mit zwar abgewandelten, aber objektiv gleichwirkenden Mitteln?
(2) Wenn diese Frage zu bejahen ist: Befähigen den Fachmann seine Fachkenntnisse, die abgewandelten Mittel als gleichwirkend aufzufinden?
(3) Wenn auch diese Frage zu bejahen ist: Sind die Überlegungen, die der Fachmann anstellen muss, derart am Sinngehalt der im Patentanspruch unter Schutz gestellten technischen Lehre orientiert, dass der Fachmann die abweichende Ausführung mit ihren abgewandelten Mitteln als eine Lösung in Betracht zieht, die der wortsinngemäßen (des Patentanspruchs) gleichwertig ist?
(4) Zusätzlich: Ist in der Patentbeschreibung (zumindest) ein Lösungsweg beschrieben, der im Patentanspruch keinen Niederschlag gefunden hat, so ist der zuvor skizzierte „Verzichtsgedanke" zu prüfen. Die Lösung, auf die „verzichtet" worden ist, kann regelmäßig nicht als äquivalente Patentverletzung bewertet werden.

Formsteineinwand. Im Falle der Annahme von Äquivalenz lässt der Bundesgerichtshof allerdings die Verteidigung zu, die als äquivalent angegriffene Ausführungsform stelle mit Rücksicht auf den vorbekannten Stand der Technik keine patentfähige Erfindung dar (BGH GRUR 1986, 803 (805 f.) – Formstein; siehe insbesondere *Nieder*, FS König, 2003, 379; *Mes* PatG § 14 Rn. 96 ff. mwN; *Popp* GRUR 2009, 318). Mit dem so genannten „Formsteineinwand" soll gewährleistet sein, dass sich der Schutz des Patents nicht auf diejenige Weiterentwicklung des freien Standes der Technik erstreckt, die nicht neu oder erfinderisch ist und somit für den Gemeingebrauch offen stehen soll. Der Rechtsgedanke des Vertrauensschutzes auf den Wortlaut eines erteilten Anspruchs – Gebot der Rechtssicherheit – erfordert Beachtung (BGH GRUR 1989, 903 (905) re.Sp. unten – Batteriekastenschnur; BGH GRUR 2002, 515 (517) li.Sp. – Schneidmesser I; BGH GRUR 2002, 519 (521) li.Sp. – Schneidmesser II; BGH GRUR 2002, 523 (525 f.) jeweils li.Sp. – Custodiol I). Dabei greift der Formsteineinwand dann nicht, wenn die Merkmale eines erteilten Patentanspruchs bei der angegriffenen Ausführungsform identisch (wortsinngemäß) verwirklicht sind (BGH GRUR 1999, 914 – Kontaktfederblock). Vor der Prüfung des Formsteineinwandes ist mithin methodisch zunächst erforderlich, sämtliche Merkmale und ihre Funktion im Rahmen der patentgemäßen Lehre zu klären und sodann festzustellen, ob von jedem einzelnen Anspruchsmerkmal des Patentes bei der angegriffenen Ausführungsform Gebrauch gemacht wird. Nur dann, wenn diese Feststellung ergibt, dass mindestens eines dieser Merkmale nicht in wortsinngemäßer Form verwirklicht ist, ist eine Prüfung des Formsteineinwandes angebracht (BGH GRUR 1999, 914 – Kontaktfederblock).

Kein Teilschutz. Die lange Zeit im Zusammenhang mit § 14 PatG (ebenso: Art. 69 EPÜ) streitige Frage, ob eine so genannte Unterkombination oder ein Teilschutz als patentverletzend zu bewerten ist (vgl. zB LG Düsseldorf GRUR Int. 1990, 382 – Adapter; BGH GRUR 1992, 40 – Beheizbarer Atemluftschlauch), ist durch den Bundesgerichtshof dahin entschieden, dass der Schutzbereich eines Patents oder Gebrauchsmusters keine Unter- oder

Teilkombination der Merkmale der beanspruchten technischen Lehre erfasst (BGH GRUR 2007, 1059 – Zerfallszeitmessgerät; zu Einzelheiten vgl. *Mes* PatG § 14 Rn. 119 ff.).

10. Analog der (fiktiven) Patentschrift wird im Textbeispiel des Formulars der vorbekannte Stand der Technik kurz abgehandelt, sodann daraus das der Erfindung nach dem Patent zugrunde liegende technische Problem (die Aufgabe) dargestellt.

11. Erfindungen beziehen sich auf Lehren zu technischem Handeln (BGH GRUR 2002, 143 (144) – Suche fehlerhafter Zeichenketten; BPatG GRUR 2003, 1033 – Transaktion im elektronischen Zahlungsverkehr; EPA GRUR Int. 2002, 87 – Steuerung eines Pensionssystems/PBS PARTNERCHIP; kritisch dazu *van Raden/Wertenson* GRUR 1995, 523). Dabei handelt es sich um Anweisungen zum planmäßigen Handeln unter Einsatz beherrschbarer Naturkräfte zur Erreichung eines kausal übersehbaren Erfolges (BGH GRUR 1969, 672 – Rote Taube; BGH GRUR 1980, 849 (850) – Antiblockiersystem; BGHZ 67, 22 = GRUR 1977, 95 – Dispositionsprogramm). Erfindungen liegt ein technisches Problem (die **Aufgabe**) zugrunde, um deren Lösung es geht. Die Aufgabe ist regelmäßig in einer Patentschrift ausdrücklich formuliert. Das Formular wiederholt ein derartiges (fiktives) Zitat aus der Patentschrift mit Belegstelle. Fehlt es an der Wiedergabe einer Aufgabe in der Patentschrift, ist dies unschädlich (BGH GRUR 1998, 899 (900) – Alpinski). Denn die Aufgabe richtet sich ohnehin nicht nach den subjektiven Vorstellungen des Anmelders, sondern danach, was die im Patent beanspruchte Erfindung tatsächlich leistet (BGH in stRspr, zB BGH GRUR 2010, 607 Rn. 18 – Fettsäurezusammensetzung; BGH GRUR 2010, 602 Rn. 27 = Mitt. 2010, 300 – Gelenkanordnung; BGH GRUR 2005, 141 (142) li.Sp. – Anbieten interaktiver Hilfe). Maßgeblich ist, was der durch die Patentschrift angesprochene Fachmann aus ihrem Inhalt unter Heranziehung des gesamten Standes der Technik und seines Fachwissens als das objektiv durch die Erfindung gelöste technische Problem erkennt (BGH Mitt. 2000, 105 – Extrusionskopf; BGH GRUR 1991, 811 (814) – Falzmaschine). Die Ermittlung der Aufgabe ist Teil der Auslegung des Anspruchs (BGH GRUR 2010, 602 – Gelenkanordnung). Allerdings ist die in der Patentschrift genannte „Aufgabe" nicht ohne weiteres ausschlaggebend. Sie kann zB von vornherein unrichtig sein (BGH GRUR 2011, 607 Rn. 19 – Kosmetisches Sonnenschutzmittel III). Dann gilt – wie zuvor ausgeführt – diejenige Aufgabe, zu deren Lösung die patentbeanspruchte Erfindung tatsächlich beiträgt.

12. Die **Lösung** der Aufgabe erfolgt durch die Merkmale des Hauptanspruchs. Diese sind im Textbeispiel → Form. C.2 im Formulartext S.I.3 (unter Zugrundelegung des fiktiven Wortlauts) des Hauptanspruchs des Patents wiedergegeben.

13. Weitere Darstellung des Gegenstandes des geltend gemachten Patents. Diese ist im Beispiel sehr ausführlich gehalten. Eine solche Ausführlichkeit wird in vielen Fällen nicht notwendig sein. Vgl. dazu das Beispiel in BeckPFormB/*Mes* → Form. II.Q.1.

14. In einer Abmahnung (ebenso wenig wie in einem Hinweis-/Berechtigungsschreiben, → Form. C.1) wird es regelmäßig nicht erforderlich sein, den oder die Ansprüche des geltend gemachten Patents zu wiederholen. Im Textbeispiel erfolgt das Zitat des Hauptanspruchs insbesondere, um dem Benutzer ein besseres Verständnis zu ermöglichen.

15. Darstellung des Verletzungstatbestandes. Weitere Einzelheiten dazu → Form. C.1 Anm. 11 und → Anm. 21.

16. Statt „ermächtigt" könnte formuliert werden „befugt", „angewiesen", „beauftragt". Alle diese Formulierungen besagen inhaltlich das Gleiche: Die Heraussendung der Abmahnung soll dem wegen Patentverletzung Inanspruchgenommenen Gelegenheit geben, an einer außergerichtlichen Erledigung des Streitverhältnisses mitzuwirken.

2. Verwarnung wegen Patentverletzung   C. 2

17. Die Androhung gerichtlicher Maßnahmen und die unbedingte Geltendmachung insbesondere eines Unterlassungsanspruchs (vgl. nachfolgend II. 1. im Textbeispiel) kennzeichnen eine Abmahnung im Gegensatz zu einer bloßen Berechtigungsanfrage (einem Hinweisschreiben). Vgl. dazu oben → Anm. 1 und das Textbeispiel → Form. C.1. Allerdings erachtet BGH GRUR 2011, 995 Rn. 31 – Besonderer Mechanismus – eine (unberechtigte) Verwarnung aus einem Schutzrecht auch dann als gegeben, wenn keine strafbewehrte Unterlassungsverpflichtungserklärung eingefordert wird. Diese Entscheidung beruht jedoch auf dem Sonderfall, dass bisher noch keine Schutzrechtsverletzung vorgekommen war, sondern der Schutzrechtsinhaber sich lediglich des Bestehens von Ansprüchen berühmt.

18. Zur Notwendigkeit der Mitwirkung eines Patentanwalt → Anm. 4.

19. Sachlich können die nachfolgenden Ausführungen als Angebot zu dem Abschluss eines Verpflichtungsvertrages angesehen werden.

20. Einschlägig ist § 339 Abs. 2 BGB. Diese Bestimmung liegt der Formulierung des Vertragsstrafeversprechens entsprechend dem Textbeispiel zu II. 1. zugrunde. Gemäß §§ 316, 317 BGB ist es zwar auch grundsätzlich möglich, die Höhe der Vertragsstrafe durch den Unterlassungsgläubiger oder durch einen Dritten bestimmen zu lassen, wobei „Dritter" nicht unmittelbar ein Gericht sein darf (BGH GRUR 1978, 192 mAnm *Schade* – *Hamburger Brauch*). Eine solche Formulierung könnte zB lauten:

„es bei Meidung einer für jeden Fall der Zuwiderhandlung fälligen Vertragsstrafe, deren Höhe durch den Gläubiger nach pflichtgemäßem Ermessen zu bestimmen ist, wobei das Landgericht . . . . . . die Angemessenheit der Vertragsstrafe im Streitfall zu überprüfen hat, zu unterlassen, ..."

Mit einer solchen Formulierung sind jedoch Unsicherheiten in tatsächlicher wie auch in rechtlicher Hinsicht verbunden; insbesondere ist ein gerichtliches Verfahren provoziert. Deshalb wird sie im Textbeispiel nicht vorgeschlagen. Des Weiteren sind erhebliche Unsicherheitsmomente mit einer Vertragsstrafe verbunden, deren Höhe vom Gläubiger in einem vom Schuldner vorgegebenen Rahmen zu bestimmen ist (sog. neuer Hamburger Brauch, dazu BGH GRUR 1985, 155 f. – Vertragsstrafe bis zu . . . . . I mAnm *Ahrens* – und BGH GRUR 1985, 937 – Vertragsstrafe bis zu . . . . . II mAnm *Ahrens*). Ein solches Vertragsstrafeversprechen beseitigt allerdings die Wiederholungsgefahr. Schließlich gibt es die Möglichkeit, eine Unterlassungsverpflichtungserklärung einseitig abzugeben, bei der die Bestimmung der Vertragsstrafe im Falle der Zuwiderhandlung dem Unterlassungsgläubiger in der Weise überlassen bleibt, dass keine Obergrenze für die Vertragsstrafe genannt ist (BGH GRUR 1990, 1051 = WRP 1991, 27). Das Formular sieht die Zahlung der versprochenen Vertragsstrafe an den Gläubiger (in bestimmter Höhe) vor. Es ist umstritten, ob auch eine Klaglosstellung des Gläubigers dadurch erfolgen kann, dass Zahlung an einen Dritten (zB eine gemeinnützige Organisation) versprochen wird. Maßgeblich sind jeweils die Umstände des Einzelfalles (BGH WRP 1987, 724 – Getarnte Werbung II = GRUR 1987, 748 (749 f.) mAnm *Jacobs*). Hat der Gläubiger ausdrücklich Zahlung der Vertragsstrafe an sich selbst verlangt und verweigert der Unterlassungsschuldner dies ohne einsichtige Begründung, so spricht der Anschein dafür, die Ernstlichkeit des Unterlassungswillens in Zweifel zu stellen (BGH WRP 1987, 724 (725 f.) – Getarnte Werbung II). Die Hinzufügung einer aufschiebenden Befristung zu einer vertragsstrafebewehrten Unterlassungsverpflichtungserklärung macht diese grundsätzlich nicht unwirksam (BGH GRUR 2002, 180 (181) li.Sp. – Weit-vor-Winter-Schluss-Verkauf: zum UWG).

Zur Höhe der Vertragsstrafe können generalisierende Angaben grundsätzlich nicht gemacht werden. Es kommt jeweils auf sämtliche Umstände des Einzelfalles an (BGH GRUR 2002, 180 (181) re.Sp. – Weit-vor-Winter-Schluss-Verkauf: zum UWG). In wettbewerbsrechtlichen Streitigkeiten stellt der Bundesgerichtshof auf den Zweck der versprochenen Vertragsstrafe ab, in erster Linie künftige Zuwiderhandlungen zu verhindern.

Dabei spielen vor allem die Art, die Schwere und das Ausmaß der Zuwiderhandlung, das Verschulden des Verletzers sowie die Gefährlichkeit des Verstoßes für den Gläubiger eine maßgebliche Rolle (BGH GRUR 2002, 180 (181) re.Sp. – Weit-vor-Winter-Schluss-Verkauf; BGH GRUR 1994, 146 (147) = NJW 1994, 45 – Vertragsstrafebemessung; BGH GRUR 1983, 127 (129) – Vertragsstrafeversprechen). In wettbewerbsrechtlichen Streitigkeiten wird häufig die Summe von 5.001 EUR vereinbart, um im Falle eines Streites über die Verwirkung der Vertragsstrafe die Zuständigkeit des Landgerichts zu begründen (§ 23 Nr. 1 GVG). Dieser Gesichtspunkt entfällt für die Bestimmung einer Vertragsstrafe in einer patentrechtlichen Streitigkeit, da hier die Landgerichte ohne Rücksicht auf die Höhe des Streitwertes sachlich zuständig sind (§ 143 Abs. 1 PatG). Maßgeblich sowohl in wettbewerbs- wie auch in patentrechtlichen Streitigkeiten ist, dass die Höhe der Vertragsstrafe geeignet sein muss, die Ernstlichkeit des Unterlassungswillens des Schuldners zum Ausdruck zu bringen. Denn die strafbewehrte Unterlassungsverpflichtungserklärung beseitigt die Wiederholungs- bzw. die Begehungsgefahr für den Unterlassungsanspruch (BGH GRUR 1996, 260 (261) – Wegfall der Wiederholungsgefahr I), allerdings nur dann, wenn sie den bestehenden gesetzlichen Unterlassungsanspruch nach Inhalt und Umfang voll abdeckt und dementsprechend uneingeschränkt, unwiderruflich, unbedingt und grundsätzlich auch ohne die Angabe eines Endtermins erfolgt (BGH GRUR 2002, 180 (181) – Weit-vor-Winter-Schluss-Verkauf; BGH GRUR 1997, 379 (380) – Wegfall der Wiederholungsgefahr II). Nach Meinung des OLG Hamburg fehlt dem Gläubiger für die gerichtliche Durchsetzung seines gesetzlichen Unterlassungsanspruchs das Rechtsschutzbedürfnis, wenn der Schuldner eine ausreichende strafbewehrte Unterlassungsverpflichtungserklärung abgegeben hat (vgl. OLG Hamburg GRUR 1974, 108; so auch früher BGH, zB BGH WRP 1978, 38 (39) – Hamburger Brauch; noch heute: Thomas/Putzo ZPO Vorb. § 253 Rn. 27). Dieser Meinungsstreit kann dahinstehen. Letztlich beruht die der strafbewehrten Unterlassungsverpflichtungserklärung eigene Wirkung der Klaglosstellung darauf, dass der Gläubiger infolge des Vertragsstrafeversprechens gegen den Schuldner Druck ausüben kann, die eingegangene Verpflichtung einzuhalten (BGH GRUR 1984, 72 (73) – Vertragsstrafe für versuchte Vertreterabwerbung). Damit ist eine dem § 890 ZPO vergleichbare Beugewirkung begründet, denn in der wirtschaftlichen Auswirkung sind Ordnungsgeld gemäß § 890 ZPO und Vertragsstrafe für den Schuldner gleich spürbar. Darüber hinaus enthält die Vereinbarung einer Vertragsstrafe auch ein Element des pauschalierten Schadensersatzes (so zum Wettbewerbsrecht: Großkommentar UWG/*Köhler* vor § 13 B 111).

In patentrechtlichen Streitigkeiten wird man davon ausgehen können, dass regelmäßig eine Vertragsstrafe in Höhe von 5.001 EUR (oder auch wiederholt zu beobachten: 5.100 EUR) an der unteren Grenze liegen wird. Maßgeblich für die Bestimmung der Höhe der Vertragsstrafe sind insbesondere die Wettbewerbsposition des Patentinhabers (bzw. des oder der Lizenznehmer), der wirtschaftliche Wert des Patents, die wirtschaftliche Position des Verletzers und die Intensität der Verletzungshandlungen (so genannter „Angriffsfaktor").

Wird eine Unterwerfungserklärung angenommen, begründet dies ein auf ein Unterlassen gerichtetes Dauerschuldverhältnis (BGH GRUR 1995, 678 (679) – Kurze Verjährungsfrist). Der Inhalt der Unterlassungspflicht ergibt sich durch Auslegung. Diese kann enger oder weiter sein als bei einem gerichtlichen Verbot (BGH GRUR 1997, 931 (932) – Sekundenschnell).

Eine besondere Problematik liegt in dem Zusammenfassen von **Mehrfachverstößen** – Stichwort: Fortsetzungszusammenhang. Dazu BGHZ 146, 318 = GRUR 2001, 758 = NJW 2001, 2622 – Trainingsvertrag; *Bernreuther* GRUR 2003, 114. Handelt es sich bei denjenigen Gegenständen (Erzeugnissen, Vorrichtungen, Stoffen usw.), die den Gegenstand der Unterlassungsverpflichtungserklärung bilden, um solche, die regelmäßig in großer Zahl hergestellt und/oder vertrieben werden oder geht es darum Werbe-

2. Verwarnung wegen Patentverletzung

maßnahmen zu unterbinden, so bietet es sich an, neben der Vertragsstrafe in Höhe von beispielsweise 5.100 EUR zu formulieren:

„Mindestens für jedes entgegen der Unterlassungsverpflichtung hergestellte (vertriebene) Erzeugnis (Werbebroschüre) eine Vertragsstrafe in Höhe von . . . . . . zu zahlen."

Wobei sodann die Vertragsstrafe für jedes einzelne Erzeugnis zB 100,00 EUR (oder ggfs. auch deutlich mehr) betragen kann. Zur Zulässigkeit einer solchen Klausel vgl. BGH GRUR 2009, 181 – Kinderwärmekissen; allerdings ggf. Herabsetzung gem. § 242 BGB; dazu BGH GRUR 2009, 181 – Kinderwärmekissen.

Zu den Rechtsfolgen einer zwar abgegebenen, jedoch unbegründet zurückgewiesenen Unterwerfungserklärung vgl. *Teplitzky* GRUR 1983, 609 f.; BGH GRUR 1996, 290 – Wegfall der Wiederholungsgefahr I.

21. Die Formulierung der Unterlassungsverpflichtungserklärung zu II. 1. im Textbeispiel des Formulars folgt dem Wortlaut des Hauptanspruchs des (fiktiven) geltend gemachten Patents und übernimmt insbesondere dessen zweigeteilte Fassung (in Oberbegriff und kennzeichnenden Teil), wobei die vorstehend bezeichneten beiden Teile durch die Benutzungshandlungen (→ Anm. 22) getrennt sind.

Die Unterlassungsverpflichtungserklärung ist die kurz gefasste Beschreibung der konkreten Verletzungsform. Sie hat sich am Anspruch bzw. an den Ansprüchen des Patentes zu orientieren. Den Patentansprüchen kommt besondere Bedeutung zu. Gemäß § 14 S. 1 PatG bestimmen sie den Schutzbereich des Patentes. In ihnen ist anzugeben, was seitens des Patentanmelders als patentfähig beansprucht und was im Falle der Patenterteilung durch das Patentamt als patentfähig angesehen worden ist. → Anm. 9. Um die Verletzungsform sowohl zutreffend zu erfassen als auch als patentverletzend zu charakterisieren, ist es notwendig, den Wortlaut der Patentansprüche, insbesondere des Hauptanspruchs, und den darin festgelegten Gegenstand der Erfindung einerseits und die angegriffene Ausführungsform (Verletzungsform) andererseits unter Berücksichtigung von Aufgabe (= technisches Problem) und Lösung des Patents miteinander zu vergleichen. Dazu ist eine Merkmalsanalyse regelmäßig aufzustellen (→ Anm. 9). Anhand einer derartigen Merkmalsanalyse kann sodann die Verletzungsform im Hinblick auf bestehende Gemeinsamkeiten/Unterschiede mit dem Erfindungsgegenstand verglichen werden. Ob eine Verletzung des Streitpatents vorliegt, bestimmt sich nach seinem Schutzumfang. Zur Ermittlung des Schutzumfangs → Anm. 9, insbesondere zu den Verletzungsformen einer „wortsinngemäßen" oder einer „äquivalenten" Benutzung.

22. Erfolgte oder zu besorgende Herstellungshandlungen sind substantiiert darzulegen. Kann dies nicht geschehen, ist das Verbot des Herstellens in die vorbereitete Unterlassungsverpflichtungserklärung nicht einzubeziehen. Im Übrigen gilt regelmäßig für die Benutzungshandlungen (Verletzungshandlungen) des Anbietens, des Inverkehrbringens, des Gebrauchens oder des Einführens oder des Besitzens der Grundsatz der Einheit der Benutzungshandlungen; es genügt die Darlegung eben nur einer der vorstehend bezeichneten Handlungen, um auch die übrigen mit in den Umfang des Verbotes einzuschließen. Zum Begriff des Anbietens vgl. BGH GRUR 2003, 1031 – Kupplung für optische Geräte. Ein Anbieten kann beispielsweise schon dann vorliegen, wenn jemand als Makler (für einen Dritten) auftritt, vgl. OLG Hamburg GRUR Int. 1999, 67 – Enrofloxacin.

23. Die im Textbeispiel gewählte Formulierung des Auskunfts- bzw. Rechnungslegungsanspruchs enthält Angaben, die vom Verpflichteten einerseits gemäß § 140b PatG geschuldet sind (sog. „Drittauskunft") und andererseits als Rechnungslegungsangaben gemäß § 242 BGB iVm den Rechtsregeln betreffend die auftragslose Geschäftsführung zu machen sind. Die zu erteilenden Auskünfte/Rechnungslegungsangaben sollen zweierlei bewirken:

Sie sollen zum Ersten den Patentinhaber insbesondere befähigen, weitere Patentverletzungen durch Dritte zu unterbinden. Die Mitteilung der gewerblichen Abnehmer hat dabei besondere Bedeutung, da sie es dem Patentinhaber ermöglicht, weitere Patentverletzer in Erfahrung zu bringen (OLG Düsseldorf GRUR 1993, 818 – Mehrfachkleiderbügel; sog. Drittauskunft; dazu *Oppermann*, Der Auskunftsanspruch im gewerblichen Rechtsschutz und Urheberrecht, dargestellt unter besonderer Berücksichtigung der Produktpiraterie, 1997).

Zum anderen sollen die zu erteilenden Auskünfte (besser: Rechnungslegungsangaben) den Patentinhaber in den Stand versetzen, einen ihm zustehenden Schadensersatzanspruch ziffernmäßig zu bestimmen. Denn wie auch sonst im Bereich des gewerblichen Rechtsschutzes kann insbesondere der durch Patentverletzungshandlungen geschädigte Patentinhaber den ihm entstandenen Schaden in dreifacher Weise berechnen (Ersatz des unmittelbaren Schadens, der durch die Patentverletzung entstanden ist, insbesondere in Form des entgangenen Gewinns; die Zahlung einer angemessenen Lizenzgebühr und die Herausgabe des Verletzergewinns). Zu Einzelheiten → Anm. 29. Ein derartiger Rechnungslegungsanspruch wird in § 141a PatG vorausgesetzt, wenn auch nicht geregelt. Er findet seine Grundlage (unverändert) in einer gewohnheitsmäßigen Anwendung des § 242 BGB sowie der Rechtsregeln betreffend die auftragslose Geschäftsführung (vgl. BGH GRUR 1962, 398 (400) – Atomschutzvorrichtung; BGH GRUR 1984, 728 (729) li.Sp. – Dampffrisierstab II; BGH GRUR 1994, 898 (899) re.Sp. unten, (900) li.Sp. oben – Copolyester I; vgl. ferner *Tilmann* GRUR 1987, 251).

24. Die in der Aufforderung zu II. 2. enthaltenen Daten und die einzelnen Inhalte ergeben sich wie folgt:

(1) Das Datum 6.4.2006: Da in II. 4. Entschädigung nach Offenlegung der Patentanmeldung geltend gemacht wird, ist das Datum der Offenlegung der Patentanmeldung zuzüglich einen Monat so genannter „Karenzzeit" anzugeben. Veröffentlichungstag der Patentanmeldung ist der 6.3.2006, so dass sich mithin der 6.4.2006 ergibt. Wird ein Schadensersatzanspruch geltend gemacht (wie mit dem Verlangen zu II. 5. im Textbeispiel des Formulars), ist das Datum der Veröffentlichung der Patenterteilung zuzüglich einen Monat so genannter „Karenzzeit" maßgeblich. BGH GRUR 1986, 803 (806) – Formstein – formuliert die „Karenzzeit" als „4 Wochen". In der Praxis wird von einem Monat ausgegangen, da die Ermittlung einer 4-Wochenfrist schwierig ist. Die Zuerkennung einer „Karenzzeit" für den Patentbenutzer (Patentverletzer) ergibt sich daraus, dass dieser die Möglichkeit haben soll und muss, zunächst überhaupt in angemessener Form von der Patenterteilung/Veröffentlichung der Patentanmeldung Kenntnis zu nehmen, um sein weiteres Verhalten darauf einrichten zu können.

(2) Inhalt und Umfang der Auskunftspflicht entsprechend II. 2. a) und b) ergeben sich weitgehend aus § 140b Abs. 3 PatG, nämlich soweit es um die Menge der erhaltenen oder bestellten Erzeugnisse, der Namen und Anschriften der Hersteller, Lieferanten und anderer Vorbesitzer einerseits sowie der einzelnen Lieferungen, aufgeschlüsselt nach Namen und Anschriften der Abnehmer unter Einschluss von Typenbezeichnungen andererseits geht. Soweit die übrigen Angaben betreffend die Herstellungs- und Liefermengen, -zeiten und -preise sowie die einzelnen Angebote, Umfang betriebener Werbung und Gestehungskosten/erzielter Gewinn in Rede stehen, ergibt sich der zugehörige Rechnungslegungsanspruch aus den Rechtsregeln des § 242 BGB und der auftragslosen Geschäftsführung. Es handelt sich um einen Hilfsanspruch zur Verwirklichung von Schadensersatz- oder Bereicherungsansprüchen des Patentinhabers. Es ist anerkannt, dass die Rechnungslegung ihrem Zweck entsprechend alle Angaben enthalten muss, die der Patentinhaber braucht, um sich für eine der ihm offen stehenden Schadensberechnungen zu entscheiden, die Schadenshöhe oder den Umfang der Bereicherung konkret zu berechnen und darüber hinaus die Richtigkeit der Rechnungslegung nachzuprüfen

2. Verwarnung wegen Patentverletzung C. 2

(BGH GRUR 1994, 898 (900) li.Sp. oben – Copolyester I; BGH GRUR 2001, 841 – Entfernung der Herstellungsnummer II). Dieser Anspruch hat gewohnheitsrechtlichen Charakter (BGHZ 141, 267 (285) = GRUR 1999, 984 (988) – Laras Tochter). Er war in § 140b Abs. 5 PatG aF ausdrücklich erwähnt; diese Bestimmung ist gestrichen worden. Nunmehr gilt der hinzugefügte § 141a PatG nF, in der generell ausgeführt wird, dass Ansprüche aus anderen gesetzlichen Vorschriften unberührt bleiben. Infolgedessen ist davon auszugehen, dass der Rechnungslegungsanspruch nach wie vor besteht. Soweit es um Herstellungshandlungen geht, muss ein Herstellen durch den Patentinhaber substantiiert dargelegt werden.

25. Beschränkungen des Verlangens im Anschluss an das Wort „wobei" ergeben sich im Textbeispiel einschließlich zugehöriger Daten wie folgt:
(1) Es ist im Textbeispiel nicht mehr das Datum des 1.5.1992 aufgeführt (vgl. dazu MP FormB GewRS, 1. Aufl., → Form. C.2 Anm. 24. In geeigneten Fällen ist im Anschluss an die Anfügung „wobei" einzufügen,
– sich die Verpflichtung zur Rechnungslegung für die vor dem 1.5.1992 begangenen Handlungen auf Handlungen in dem Gebiet der Bundesrepublik Deutschland in den bis zum 2.10.1990 bestehenden Grenzen beschränkt.
Eine solche Einfügung/Einschränkung ist vorzunehmen, wenn die Schutzwirkungen des Patentes sich auch auf den Zeitraum vor den 1.5.1992 erstrecken. Erst mit dem Inkrafttreten des Erstreckungsgesetzes (§§ 1, 55 ErstrG) wurden am 1.5.1992 erteilte Patente auch auf das sog. Beitrittsgebiet ausgedehnt. Für die Zeit davor gelten die territorialen Grenzen des „alten" Bundesgebiets.
(2) Das Datum des 1.7.1990: In geeigneten Fällen kann auch eine weitere Ergänzung einzufügen sein, nämlich im Anschluss an die Anfügung „wobei"
– die Angaben zu a) nur für die Zeit seit dem 1.7.1990 zu machen sind.
Eine solche Beschränkung der Rechnungslegungspflicht ergibt sich aus dem rechtlichen Gesichtspunkt des Inkrafttretens des Produktpirateriegesetzes zum 1.7.1990. Handelt es sich mithin um ein Patent mit Schutzwirkungen vor dem 1.7.1990, ist eine entsprechende Beschränkung vorzunehmen.
(3) Die Beschränkung der Rechnungslegungspflicht im Zusammenhang mit den Angaben zu e) für die Zeit seit dem 19.5.2010 ergibt sich aus dem Tatbestand, dass ein Anspruch auf den etwaig gezogenen Verletzergewinn nur unter dem rechtlichen Gesichtspunkt des (vollen) Schadensersatzes möglich ist. Das setzt den Tatbestand der Patenterteilung voraus. Insoweit gilt wiederum eine einmonatige Karenzfrist. Erteilungstag für das Patent des Textbeispiels des Formulars ist der 19.4.2010. Daraus ergibt sich der 19.5.2010.
(4) Zum Wirtschaftsprüfervorbehalt am Ende des Auskunfts-/Rechnungslegungsbegehrens zu II. 2.:
§ 140b Abs. 3 PatG erlaubt nur in Ausnahmefällen den sog. Wirtschaftsprüfervorbehalt (BGH GRUR 1995, 338 (341 f.) – Kleiderbügel). Die vorgeschlagene Formulierung trägt dem Rechnung. Sie beschränkt den Wirtschaftsprüfervorbehalt auf solche Angaben, auf deren Erhalt sich aus § 140b PatG kein Anspruch ergibt, nämlich auf die Namen und Anschriften der nicht gewerblichen Abnehmer sowie der Angebotsempfänger (BGH GRUR 1995, 338 (341) re.Sp. unten – Kleiderbügel). Auf diese Angaben besteht nur ein Anspruch unter Zugrundelegung des gewohnheitsrechtlich gemäß § 242 BGB anerkannten Rechnungslegungsanspruchs. Für diesen Rechnungslegungsanspruch wird üblicherweise ein Wirtschaftsprüfervorbehalt bei bestehendem Wettbewerbsverhältnis eingeräumt; Einzelheiten dazu bei *Mes* PatG § 140b Rn. 43 mwN).

26. Ein weiterer Formulierungsvorschlag findet sich in: BeckPFormB/*Mes* → Form. II. Q.1 zu 4 (2) und (3), Seite 1610. In ihm werden die infolge eines Anspruchs auf Drittauskunft gemäß § 140b PatG geschuldeten Angaben von den Rechnungslegungsangaben, die gemäß § 242 BGB iVm auftragsloser Geschäftsführung zu machen sind, getrennt. Insoweit heißt es dort wie folgt:

„...... (2) Meiner Mandantin für die Zeit ab ...... Auskunft über die Herkunft und den Vertriebsweg der vorstehend unter (1) beschriebenen Erzeugnisse zu erteilen, insbesondere unter Angabe der Namen und Anschriften der Hersteller, der Lieferanten und deren Vorbesitzer, der gewerblichen Abnehmer oder Auftraggeber sowie unter Angabe der Menge der hergestellten, ausgelieferten, erhaltenen oder bestellten Erzeugnisse;
(3) meiner Mandantin über den Umfang der vorstehend zu (1) beschriebenen und seit dem ...... begangenen Handlungen Rechnung zu legen, und zwar unter Vorlage eines Verzeichnisses mit der Angabe der Herstellungsmengen und -zeiten sowie der einzelnen Lieferungen unter Nennung
a) der Liefermengen, Typenbezeichnungen, Artikel-Nummern, Lieferzeiten, Lieferpreise und der Namen und Anschriften der Abnehmer,
b) der Gestehungskosten unter Angabe der einzelnen Kostenfaktoren sowie des erzielten Gewinns,
c) und unter Angabe der einzelnen Angebote, der Angebotsmengen, Typenbezeichnungen, Artikel-Nummern, Angebotszeiten und Angebotspreise sowie der Namen und Anschriften der Angebotsempfänger,
d) der einzelnen Werbeträger, deren Auflagenhöhe, Verbreitungszeitraum und Verbreitungsgebiet,
wobei
e) vorbehalten bleiben mag, die Namen und Anschriften der Angebotsempfänger und der nicht gewerblichen Abnehmer statt meiner Mandantin einem von dieser zu bezeichnenden und ihr gegenüber zur Verschwiegenheit verpflichteten vereidigten Wirtschaftsprüfer mitzuteilen, sofern Sie die durch seine Einschaltung entstandenen Kosten tragen und ihn ermächtigen, meiner Mandantin auf Anfrage mitzuteilen, ob bestimmte Abnehmer und/oder Lieferungen in der erteilten Rechnung enthalten sind,
f) ......"

Eine vergleichbare Formulierung findet sich auch im Textbeispiel des → Form. C.5.

27. Zu den Gestehungskosten gehören nicht die Gemeinkostenanteile (Fixkosten). Diese dürfen vom Verletzer im Falle der Geltendmachung des Anspruchs auf Herausgabe des Verletzergewinns nicht abgezogen werden (BGH GRUR 2001, 329 (331) – Gemeinkostenanteil; *Tilmann* GRUR 2003, 647; *Haft/Reimann* Mitt. 2003, 437; zu einzelnen Fällen der Anwendung der Entscheidung der „Gemeinkostenanteil"-Entscheidung → Form. C.24 Anm. 1).

28. In ständiger Praxis der Düsseldorfer Gerichte (Landgericht und Oberlandesgericht) ist gegenüber dem rechnungslegungspflichtigen Patentverletzer geltend gemacht worden, dieser müsse seine Rechnungslegungsangaben entsprechend der materiellen Rechtslage ausrichten, wie zuvor in → Anm. 26 dargestellt. Insoweit war die Formulierung üblich: „...... der nach den einzelnen Kostenfaktoren aufgeschlüsselten Gestehungskosten und des erzielten Gewinns, wobei dieser nicht durch den Abzug von Fixkosten und variablen Gemeinkosten gemindert wird, sofern diese nicht ausnahmsweise den vorstehend zu II. 1. bezeichneten Vorrichtungen unmittelbar zuzuordnen sind."
Diese Präzisierung der Rechnungslegungsangaben ist von BGH GRUR 2007, 773 (777) re.Sp. – Rohrschweißverfahren – verworfen worden. In Konsequenz dessen hat OLG Düsseldorf (Mitt. 2009, 400 – Rechnungslegungsanspruch) einen entsprechenden Rechnungslegungsantrag als unbegründet erachtet. Die Konsequenz der Rechtsprechung des BGH besteht darin, dass ein etwaiger Streit zwischen den Parteien betreffend die „Qualifizierung" von Kosten als „unmittelbar" dem Verletzungsprodukt zuzuordnen oder nicht, in den Schadensersatzhöheprozess (und nicht in das Auskunfts- bzw. Rechnungslegungserzwingungsverfahren) verlagert wird (so geschehen in OLG Düsseldorf Mitt. 2006, 553 – Lifter).

2. Verwarnung wegen Patentverletzung   C. 2

Eine Auskunfts-/Rechnungslegungspflicht umfasst regelmäßig auch die Vorlage von Belegen (BGH GRUR 2001, 841 (845) li.Sp. oben – Entfernung der Herstellungsnummer II), wobei sich diese sachlich im Umfang nur auf die nach § 140b PatG zu erteilenden Angaben beziehen und des Weiteren regelmäßig die Vorlage von Kopien von Rechnungen, hilfsweise Lieferscheinen genügt.

29. Mit Wirkung zum 1.9.2008 sind §§ 140a ff. PatG neu gefasst und ergänzt. § 140c Abs. 1 S. 2 PatG sieht nunmehr bei hinreichender Wahrscheinlichkeit einer im gewerblichen Ausmaß begangenen Rechtsverletzung einen Anspruch auf die Vorlage von Bank-, Finanz- oder Handelsunterlagen vor. § 140d Abs. 1 PatG in der Neufassung ergänzt den Anspruch auf Vorlage von Bank-, Finanz- oder Handelsunterlagen in den Fällen des § 139 Abs. 2 PatG durch die Möglichkeit, dass der Verpflichtete Zugang zu diesen Unterlagen verschaffen muss. Diese Regelungen sind wenig klar, geschweige denn hilfreich. Sie sind dennoch in das Textbeispiel als Formulierungsvorschläge aufgenommen, und zwar nach Maßgabe eines Hauptbegehrens. Es ist ein Hilfsbegehren für den Fall gestellt, dass entweder die Patentverletzung kein gewerbliches Ausmaß erreicht oder der Inanspruchgenommene gemäß § 140c Abs. 1 S. 3 PatG – erfolgversprechend – geltend macht, dass es sich um vertrauliche Informationen handelt. Dann trifft im Falle einer (nachfolgenden) gerichtlichen Auseinandersetzung das Gericht die „erforderlichen Maßnahmen, um den im Einzelfall gebotenen Schutz zu gewährleisten". Im Zusammenhang mit einer angestrebten außergerichtlichen Einigung macht es jedoch wenig Sinn, sämtliche Auskunfts-/Rechnungslegungsverpflichtungen des Schuldners, die sich etwaig ergeben können, auszuschöpfen. Insoweit sieht das Formular insbesondere vor, einen – in den tatbestandlichen Voraussetzungen weniger schwierig zu beurteilenden – Anspruch auf Vorlage von Belegen geltend zu machen (BGH GRUR 2001, 841 (845) li.Sp. oben – Entfernung der Herstellungsnummer II; BGH GRUR 2002, 709 (712) – Entfernung der Herstellungsnummer III: zum UWG). Siehe dazu vorstehend → Anm. 28 aE.

30. Ein Vernichtungsanspruch gemäß § 140a PatG kann in geeigneten Fällen auch wie folgt formuliert werden:

> „...... die in ihrem unmittelbaren oder mittelbaren Besitz oder in ihrem Eigentum befindlichen unter vorstehend II. 1. beschriebenen Erzeugnisse zu vernichten oder nach ihrer Wahl an einen von meiner Mandantin zu bestimmenden Treuhänder zum Zwecke der Vernichtung herauszugeben."

Die Herausgabe kann dabei insbesondere an einen zur Vernichtung bereiten Gerichtsvollzieher erfolgen (BGH GRUR 2003, 228 – P Vermerk: zum Urheberrecht). Es kann in Betracht kommen, zur Sicherung des Anspruchs auf Vernichtung ergänzend zur Herausgabe an den Gerichtsvollzieher ein Verbot der Rückgabe von Verletzungserzeugnissen an den Vorlieferanten im Wege der einstweiligen Verfügung zu erwirken (OLG Frankfurt GRUR-RR 2003, 96 – Uhrennachbildungen: zum Urheberrecht).

Zu dieser Wahlmöglichkeit ist darauf hinzuweisen, dass die Vernichtung an sich dem Verletzer obliegt, nicht dem Verletzten. Die Vollstreckung erfolgt gemäß § 887 ZPO. Es steht jedoch nichts entgegen, dass der Gläubiger dem Schuldner die Möglichkeit der Wahl einräumt, die Erzeugnisse einem Treuhänder (Sequester = Gerichtsvollzieher) zum Zwecke der Vernichtung herauszugeben.

31. Der so genannte Rückrufanspruch ist durch § 140a Abs. 3 PatG nF begründet. Er bezieht sich nach Satz 1 auf Erzeugnispatente, nach Satz 2 auf Erzeugnisse, die nach Maßgabe des § 9 S. 2 Nr. 3 PatG unmittelbar durch ein patentgeschütztes Verfahren hergestellt worden sind. Zum Rückrufanspruch vgl. *Mes* PatG § 140a Rn. 18 ff.; *Jestaedt* GRUR 2009, 102; *Künzel*, FS Mes, 2009, 241; *Wreesmann* Mitt. 2010, 276.

32. Der Entschädigungsanspruch ergibt sich aus § 33 PatG; für europäische Patentanmeldungen, mit denen auch für Deutschland Schutz beansprucht wird, gilt eine vergleichbare Regelung (Art. 67 Abs. 2 S. 3 EPÜ; Art. II § 1a Abs. 1 IntPatÜG), allerdings nur dann, wenn die Anmeldung in deutscher Sprache veröffentlicht worden ist bzw. ab dem Zeitpunkt, an dem bei fremdländischer Sprache die Ansprüche in deutscher Sprache veröffentlicht wurden oder der Anmelder dem Benutzer die Ansprüche in deutscher Sprache übermittelt hat (Art. II § 1a Abs. 2 IntPatÜG). Die Benutzung einer offengelegten Patentanmeldung ist nicht rechtswidrig (BGHZ 107, 161 = GRUR 1989, 411 – Offenendspinnmaschine; BGH GRUR 1993, 460 (464) – Wandabstreifer – mAnm *v. Maltzahn*). Der Entschädigungsanspruch errechnet sich in seiner Höhe im Wege der Lizenzanalogie. Die Herausgabe des Benutzergewinns oder der Ersatz des entgangenen eigenen Gewinns können seitens des Inhabers der Patentanmeldung nicht verlangt werden (BGH GRUR 1989, 411 – Offenendspinnmaschine). Daraus folgt auch eine nur eingeschränkte Rechnungslegungspflicht des Benutzers, wie vorstehend im Formular zu II. 2. mit der zeitlichen Beschränkung, die Angaben zu e) erst seit einem bestimmten Datum (nämlich einem Monat nach Erteilung des Patents) zu machen, geltend gemacht. Gleiches gilt für die zeitliche Beschränkung „6.4.2006 bis einschließlich 18.5.2010" in dem Verlangen zu II. 4. der Abmahnung des Formulars. In dieser zeitlichen Einschränkung kommt die Besonderheit des patentrechtlichen Entschädigungsanspruchs gemäß § 33 PatG zum Ausdruck. Rechnungslegungspflichtig für den geltend gemachten Entschädigungsanspruch ist nur der Zeitraum zwischen erstmaliger Offenlegung der Patentanmeldung und Veröffentlichungstag der Patenterteilung zuzüglich jeweiliger Karenzzeit von einem Monat; denn nur für diese Zeit besteht ein eingeschränkter Anspruch, nämlich auf angemessene Entschädigung.

Das Formular betrifft den Fall einer unmittelbaren Patentverletzung. Im Falle einer mittelbaren Patentverletzung (vgl. dazu die Textbeispiele in → Form. C.8) verneint BGH GRUR 2004, 845 – Drehzahlermittlung – einen Entschädigungsanspruch (vgl. dazu *Holzapfel* GRUR 2006, 881).

33. Ein Anspruch auf Schadensersatz besteht frühestens ab dem Datum der Patenterteilung, wobei nach ständiger Praxis unter Zugrundelegung der Übung der Rechtsprechung ein Monat Karenzzeit hinzuaddiert wird (vgl. dazu die Ausführungen in → Anm. 23).

Zum Umfang der Schadensersatzverpflichtung: Im Falle der Patentverletzung kann der Patentinhaber seinen Schaden in dreifacher Weise berechnen, nämlich Ersatz des unmittelbaren Schadens, der durch die Patentverletzung entstanden ist, insbesondere des entgangenen (eigenen) Gewinns (so jetzt ausdrücklich § 139 Abs. 2 S. 2 PatG nF mit Wirkung zum 1.9.2008); die Zahlung einer angemessenen Lizenzgebühr einschließlich die Herausgabe des Verletzergewinns (allgM, vgl. zB *Busse* PatG, 7. Aufl. 2013, § 139 Rn. 121 ff.). Bei dem Verletzergewinn ist besonders sorgfältig zu prüfen, dass nur derjenige Gewinn herauszugeben ist, der auf der Benutzung des Patents beruht (BGH GRUR 2012, 1226 – Flaschenträger; OLG Frankfurt GRUR-RR 2011, 201 – Getränketräger: Gewinnanteil wurde mit 50 % bemessen). Voraussetzung einer jeglichen Schadensersatzverpflichtung ist die schuldhafte tatbestandsmäßige (und auch rechtswidrige) Patentverletzung. Zum Verbrauch des Wahlrechts des Gläubigers vgl. BGH GRUR 2008, 93 – Zerkleinerungsvorrichtung. Weitere Einzelheiten in → Form. C.5 Anm. 28, 29, → Form. C.24 Anm. 8.

34. Nach Auffassung des Bundesgerichtshofs beruht die Kostenerstattungsverpflichtung des Patentverletzers sowohl auf dem rechtlichen Gesichtspunkt des Schadensersatzes (dazu BGH GRUR 1995, 338 (342) – Kleiderbügel) als auch auf den Rechtsgrundsätzen der Geschäftsführung ohne Auftrag in gewohnheitsrechtlicher Anwendung auch des § 242 BGB (ständige Rechtsprechung des Bundesgerichtshofs in wettbewerbsrechtlichen Streitigkeiten, zB GRUR 2001, 450 (453) – Franzbranntwein-Gel; BGHZ 52, 393 (399) – Fotowettbewerb; BGH MDR 1973, 483 = GRUR 1973, 384 – Goldene Armbänder;

2. Verwarnung wegen Patentverletzung   C. 2

BGH GRUR 1984, 129 – shop-in-the-shop; BGH GRUR 1985, 924 re.Sp. – Schallplattenimport II; BGHZ 115, 210 (212) = GRUR 1992, 176 – Abmahnkostenverjährung; BGH GRUR 1994, 311 (312) – Finanzkaufpreis ohne Mehrkosten; BGH GRUR 2000, 337 (338) – Preisknaller; OLG Frankfurt GRUR-RR 2002, 397 – Tiapridex; OLG München GRUR-RR 2006, 176 – Schubladenverfügung).

Hatte der Berechtigte schon eine so genannte „Schubladenverfügung" (Vorratsverfügung) erwirkt und mahnt er erst dann den Verpflichteten ab, so handelt er nicht im Interesse des Schuldners, weil er diesem die günstige Kostenfolge des § 93 ZPO abschneiden will; ein Kostenerstattungsanspruch auf Abmahnkosten ist nicht veranlasst (OLG München GRUR-RR 2006, 176 – Schubladenverfügung).

35. Nur bei berechtigter Besorgnis einer künftigen Patentverletzung besteht der Unterlassungsanspruch gemäß § 139 Abs. 1 PatG. Auf die Willensrichtung des Verletzers kommt es nicht an, insbesondere nicht auf ein Verschulden (BGHZ 14, 163 (170)). Regelmäßig begründet das Vorkommen von Patentverletzungshandlungen die Annahme der **Wiederholungsgefahr,** die wiederum grundsätzlich nur durch die Abgabe einer strafgesicherten (strafbewehrten) Unterlassungsverpflichtungserklärung beseitigt werden kann (BGH GRUR 1976, 579 – Tylosin; BGH GRUR 1993, 677 (679) – Bedingte Unterwerfung; BGH GRUR 1996, 290 – Wegfall der Wiederholungsgefahr; vgl. auch zuvor → Anm. 20 mwN). Wird die Patentverletzungshandlung lediglich eingestellt oder eine ungesicherte Unterlassungsverpflichtungserklärung abgegeben, genügt dies zur Beseitigung der Wiederholungsgefahr grundsätzlich nicht (BGH GRUR 1977, 543 (547) – Der 7. Sinn). Allerdings entfällt die Wiederholungsgefahr auch dann, wenn der Gläubiger eine ihm angebotene ausreichende Unterlassungsverpflichtungserklärung nicht annimmt (BGH GRUR 1996, 290 (292) – Wegfall der Wiederholungsgefahr). Ist noch keine Patentverletzung vorgekommen, steht sie jedoch unmittelbar bevor, kann dies **Begehungsgefahr** begründen. Die sie begründenden Umstände müssen sich so konkret abzeichnen, dass der Tatbestand einer Patentverletzung umfassend zuverlässig beurteilt werden kann (BGH GRUR 2010, 1103 Rn. 23 – Pralinenform II: zum Markenrecht; BGH GRUR 2010, 536 Rn. 41 – Modulgerüst II; BGH GRUR 2010, 455 Rn. 25 – Stumme Verkäufer II: zum UWG). Die erforderlichen Anhaltspunkte für die Annahme der Begehungsgefahr sind vom Gläubiger vorzutragen und ggf. zu beweisen (BGH GRUR 1991, 607 (608) re.Sp. – Visper; BGH GRUR 1994, 57 (58) – Geld-Zurück-Garantie). Auch in der Berühmung, zu einer Patentbenutzungshandlung berechtigt zu sein, kann Begehungsgefahr liegen (BGH GRUR 1990, 678 (679) – Herstellerkennzeichen auf Unfallwagen – für Markensache), ebenfalls die Patentbenutzung infolge einer Testbestellung (BGH GRUR 2012, 1230 – MPEG-2-Videosignalcodierung); zu Einzelheiten vgl. *Mes* PatG § 139 Rn. 82 ff.). An die Beseitigung der Begehungsgefahr und damit an den Wegfall eines etwaig bestehenden Unterlassungsanspruchs sind geringere Anforderungen zu stellen als an die Beseitigung von Wiederholungsgefahr. Es kann insbesondere genügen, dass der Berühmende uneingeschränkt und eindeutig erklärt, die beanstandete Handlung in Zukunft nicht vorzunehmen (BGH GRUR 2001, 1174 – Berühmungsaufgabe: zum UWG).

36. Der neu gefasste und ab 1.9.2008 geltende § 140e PatG begründet den Anspruch der obsiegenden Partei eines Patentverletzungsprozesses (und damit auch: des Beklagten) im Urteil die Befugnis zugesprochen zu erhalten, das Urteil auf Kosten der unterliegenden Partei öffentlich bekannt zu machen. Dieser Anspruch wird naturgemäß in einer Abmahnung nicht geltend gemacht.

37. Die dem Verwarnten zugestandene Überprüfungs- und Erklärungsfrist sollte nicht zu kurz bemessen sein. Grundsätzlich ist ca. ein Monat angemessen. Allerdings können sich im Einzelfall auch sehr viel kürzere Fristen ergeben, beispielsweise von nur Stunden oder gar nur einem Tag (ggf. einigen wenigen Tagen). Das gilt insbesondere in solchen Fällen, in denen ein so genannter „Torpedo" befürchtet werden muss (→ Anm. 1 aE).

38. Zu den Reaktionsmöglichkeiten/-pflichten des Verwarnten:
Ebenso wie bei wettbewerbsrechtlichen Abmahnungen wird man bei Schutzrechtsverwarnungen den Abgemahnten als verpflichtet anzusehen haben, innerhalb der gesetzten Frist auf die Verwarnung zu antworten, und zwar entweder dahingehend, dass er eine ausreichende strafbewehrte Unterlassungsverpflichtungserklärung abgibt oder deren Abgabe ablehnt (BGH GRUR 1990, 381 = WRP 1990, 276 – Antwortpflicht des Abgemahnten). Des Weiteren ist die Abmahnung vollständig und wahrheitsgemäß zu beantworten (BGH GRUR 1990, 542 – Aufklärungspflicht des Unterwerfungsschuldners; KG WRP 1989, 659). Kommt der Abgemahnte dieser Verpflichtung nicht nach, so kann sich daraus zu seinen Lasten eine Schadensersatzverpflichtung (zB zur Erstattung von Kosten in analoger Anwendung des § 93 ZPO bei Verzichtsurteil, OLG Frankfurt MD 1993, 475) ergeben. Insbesondere bestehen für einen Verwarnten folgende Reaktionsmöglichkeiten:

a) Uneingeschränkte Abgabe der geforderten Erklärungen, in eindeutiger Form und bedingungsfrei (BGH GRUR 2002, 180 – Weit-vor-Winter-Schluss-Verkauf; BGH GRUR 1993, 677 (679) – Bedingte Unterwerfung); wird eine Unterlassungsverpflichtungserklärung unter eine auflösende Bedingung gestellt („dass die zu unterlassene Handlung durch Gesetz oder höchstrichterliche Rechtsprechung eindeutig als zulässig erachtet wird"), beseitigt dies die Wiederholungsgefahr nicht (OLG Düsseldorf InstGE 5, 68 – Bedingtes Unterlassungsversprechen);

b) Abgabe der geforderten Erklärungen mit Einschränkungen, die allerdings der Gläubiger nicht zu akzeptieren braucht (zB BGH GRUR 1993, 677 – Bedingte Unterwerfung) oder mit abweichenden Formulierungen:

aa) In materieller Hinsicht, zB im Hinblick auf die Beschreibung der konkreten Verletzungsform; im Hinblick auf etwaige Abweichungen betreffend Auskunfts- und Schadensersatzansprüche;

bb) ggf. unter Angabe einer (zulässigen) Rechtsbedingung, beispielsweise betreffend den Rechtsbestand des geltend gemachten Patents; eine derartige Bedingung ist zulässig (BGH GRUR 1993, 677 (679) – Bedingte Unterwerfung; BGH WRP 1997, 318 (320) re. Sp. – Altunterwerfung II);

cc) ggf. unter Einfügung einer aufschiebenden Befristung (BGH GRUR 2002, 180 – Weit-vor-Winter-Schluss-Verkauf);

dd) im Hinblick auf den etwaig geltend gemachten Kostenerstattungsanspruch.

c) Vorbereitende Verteidigungsmaßnahmen, zB im Falle der Besorgnis eines Antrags auf Erlass einer einstweiligen Verfügung: Einreichung einer Schutzschrift, → Form. C.23; negative Feststellungsklage (ohne Obliegenheit des zu Unrecht Abgemahnten, eine Gegenabmahnung auszusprechen, vgl. BGH Mitt. 2006, 47 – Unberechtigte Abmahnung), vgl. zur negativen Feststellungsklage → Form. C.19. Möglichkeiten eines Gegenangriffes im Falle einer ungerechtfertigten Verwarnung, insbesondere einer so genannten Abnehmerverwarnung, → Form. C.20.

d) Insbesondere wird der wegen Patentverletzung Inanspruchgenommene zu prüfen haben (vgl. dazu *Mes* PatG § 9 Rn. 73 ff.):
- Ist der Tatbestand einer Patentverletzung gegeben, wortsinngemäß oder äquivalent?
- Ist das Patent erloschen (vgl. § 20 PatG) oder ist seine Schutzdauer abgelaufen (vgl. § 16 Abs. 1 S. 1 PatG)?
- Liegt eine Erschöpfung des Patentrechts vor? (vgl. *v.der Groeben*, FS Mes, 2009, 141; *Laudien* GRUR Int. 2000, 617; *Sack* GRUR Int. 2000, 610; *Sack* GRUR 1999, 193; *Mager* GRUR 1999, 637; *Beier* GRUR Int. 1996, 1; BGH GRUR 2000, 299 – Karate; BGH GRUR 1998, 130 (132) – Handhabungsgerät; BGH GRUR 1997, 116 – Prospekthalter; LG Düsseldorf Mitt. 2000, 458 – Dämmstoffbahn; LG Düsseldorf InstGE 1, 146 – Proteinderivat; Erschöpfung zB auch infolge einer Schadensersatzlizenz, dazu OLG Düsseldorf Mitt. 1998, 358 – Durastep; LG München Mitt. 1998, 262).

2. Verwarnung wegen Patentverletzung   C. 2

- Liegt eine rechtmäßige Patentbenutzung vor? Gründe dafür: Zustimmung (Lizenz, Lizenzbereitschaftserklärung) oder gesetzliche Regelung (Vorbenutzungsrecht gem. § 12 PatG: dazu *Bartenbach/Bartenbach*, FS Eisenführ 2003, 115; *Keukenschrijver* GRUR 2001, 944; *Müller* Mitt. 2001, 151; *Busche* GRUR 1999, 645; BGH GRUR 2002, 231 – Biegevorrichtung; LG Düsseldorf Mitt. 2001, 561 – Laborthermostat II; Weiterbenutzungsrecht gem. § 123 Abs. 5 und Abs. 6 PatG, dazu LG München Mitt. 1998, 33 – Weiterbenutzungsrecht im Falle einer Teilung im Einspruchsverfahren; Art. 122 Abs. 6 EPÜ oder § 28 ErstrG (dazu BGH GRUR 2003, 507 – Inalapril); zu allem *Mes* PatG § 9 Rn. 90 ff.).
- Liegt widerrechtliche Entnahme (§ 8 PatG) vor? Diese Verteidigung kann auch im Verletzungsprozess geltend gemacht werden (BGH GRUR 2005, 567 – Schweißbrennerreinigung; *Mes* PatG § 8 Rn. 22 f. und § 9 Rn. 101).
- Zweifel am Rechtsbestand des Patents begründen für sich genommen keine Einwendungen des Patentbenutzers. Ergeben sich erhebliche Zweifel, dass das geltend gemachte Patent schutzfähig ist, so kann ein Einspruch, ggf. auch ein Beitritt zu einem Einspruchsverfahren (§ 59 PatG) oder eine Nichtigkeitsklage gegen das Patent (§§ 81 ff. PatG) ins Auge gefasst werden. Diese Rechtsbehelfe können gem. § 148 ZPO zu einer Entscheidung des Verletzungsgerichts führen, den Patentverletzungsprozess auszusetzen.
- Ergibt sich Anlass zur Annahme einer missbräuchlichen Ausnutzung der Ausschließungsbefugnis durch den Patentinhaber? Derartiges kann sich insbesondere unter Anwendung der Rechtsgrundsätze des Art. 102 AEUV (= Vertrag über die Arbeitsweise der Europäischen Union; EG-Vertrag von Lissabon, in Kraft seit dem 1.12.2009, zuvor Art. 82 EG aF) und §§ 19, 20 GWB ergeben, insbesondere im Zusammenhang mit einer sog. „Pool"-Lizenz, die Grundlage eines allgemeinen Industrie-Standards ist (vgl. LG Düsseldorf InstGE 7, 70 – Videosignal-Codierung I; LG Düsseldorf InstGE 10, 66 – Videosignal-Codierung III = GRUR-RR 2009, 119 (nur Leitsatz); BGH GRUR 2009, 694 – Orange-Book-Standard; vgl. ferner *Kühnen*, FS Tilmann, 2003, 513; *Busche*, FS Tilmann, 2003, 645; vgl. ferner *Mes* PatG § 9 Rn. 111 ff., insbesondere zum sog. FRAND-Einwand). Vgl. dazu zuletzt EuGH GRUR 2015, 764 – Huawei Technologies/ZTE; *Kellenter,* FS 80 Jahre Patentgerichtsbarkeit in Düsseldorf, 2016, 255 ff.; *Kühnen,* FS 80 Jahre Patentgerichtsbarkeit in Düsseldorf, 2016, 311 ff.; *Voß/Fehre,* FS 80 Jahre Patentgerichtsbarkeit in Düsseldorf, 2016, 559 ff.; *Hauck/Kammlah* GRUR Int. 2016, 420; *Bodewig* GRUR Int. 2015, 626; *Hilty/Slowinski* GRUR Int. 2015, 781; *Block* GRUR 2017, 124; LG Düsseldorf GRUR 2013, 614 = GRUR-RR 2013, 196 – LTE-Standard; Besprechungsaufsatz *Verhauwen* GRUR 2013, 558 = GRUR-RR 2013, 196 mAnm *Hoppe-Jänisch* = GRUR-Prax. 2013, 162 (*Schachl*); *Walz* GRUR Int. 2013, 718.
- Ist eine unzulässige Erweiterung gegeben? (§ 38 PatG; wichtig: Akteneinsicht beantragen).
- Verjährung/Verwirkung. Regelung der Verjährung in § 141 PatG unter Bezugnahme auf §§ 194 ff. BGB. Die (regelmäßige) Verjährungsfrist beträgt – auch für den Unterlassungsanspruch – 3 Jahre (§§ 194 Abs. 1, 195 BGB), wobei allerdings bei Unterlassungsansprüchen mit jeweilig erneuter Begehung ein neuer Unterlassungsanspruch entsteht (Grundsatz der Einzelverjährung, dazu Busse/Keukenschrijver PatG § 141 Rn. 9, 27). Verjährung beseitigt nicht die Tatbestandsmäßigkeit der Patentverletzung oder ihre Rechtswidrigkeit, sondern begründet lediglich eine Einrede. Zu Einzelheiten vgl. *Mes* PatG Anm. zu § 141. Besteht seitens des Berechtigten Kenntnis nur von einer Verletzungshandlung, beginnt dadurch nicht die Verjährung für andere Verletzungshandlungen, die der Gläubiger nicht kennt (BGH GRUR 1999, 751 (754) re.Sp. – Güllepumpen; vgl. *Mes* PatG § 141 Rn. 11).
Verwirkung ist als Einwand im Patentverletzungsprozess wegen des zeitlich begrenzten Ausschließungscharakters des Patents selten erfolgreich. Einzelheiten dazu bei *Mes* PatG § 9 Rn. 105 ff., § 139 Rn. 209 ff. Vgl. aber auch OLG Düsseldorf GRUR-RR 2013, 1 – Haubenstretchautomat.

- Ist der mit der angegriffenen Ausführungsform erzielte Umsatz zurzeit und/oder zukünftig von so großem Interesse, dass die regelmäßig nicht unbedeutenden Kosten eines Patentverletzungsprozesses einschließlich einer etwaigen Nichtigkeitsklage (eines Einspruchs) angemessen erscheinen? Häufig ist es von großer Bedeutung, ob eine zweifelsfrei nicht unter den Schutzumfang des Patents fallende Umgehungsform gefunden und unter erträglichen wirtschaftlichen Bedingungen hergestellt oder sonst wie bezogen werden kann.
- Erscheint eine Lizenznahme möglich und vertretbar?
- Sollte eine Schutzschrift hinterlegt werden? Da patentrechtliche Unterlassungsansprüche und solche auf Drittauskunft (§§ 139 Abs. 1, 140b PatG) – wenn auch seltener – im Wege des einstweiligen Verfügungsverfahrens geltend gemacht werden können (→ Form. C.20), muss überlegt werden, ob die Hinterlegung einer Schutzschrift (→ Form. C.23) geboten erscheint.
- Torpedo-Abwehr? Im Falle der Inanspruchnahme aus dem nationalen Teil eines europäischen Patents wird der Inanspruchgenommene auch diesen Gesichtspunkt mit einzubeziehen haben. Einzelheiten dazu bei *Mes* PatG § 139 Rn. 283 ff.; → Anm. 1. Weitere Hinweise in → Form. C.4 Anm. 2.

Kosten und Gebühren

39. Rechtsanwaltskosten

a) Es liegt kein Klageauftrag vor.

Es entsteht eine Geschäftsgebühr. Dafür stellen VV 2300 ff. RVG iVm §§ 2 Abs. 2, 13 RVG, einen Gebührenrahmen von 0,5 bis 2,5 zur Verfügung (vgl. dazu im Allgemeinen *Bölling* WRP 2012, 1214). Eine Gebühr von mehr als 1,3 kann nur gefordert werden, wenn die Tätigkeit umfangreich oder schwierig war. Regelmäßig ist eine Gebühr von 1,3 angemessen. Denn jedenfalls handelt es sich bei einer patentrechtlichen Verwarnung nicht um ein Schreiben einfacher Art, das in VV 2302 RVG dahingehend definiert ist, dass es „weder schwierige rechtliche Ausführungen noch größere sachliche Auseinandersetzungen enthält". Für ein Schreiben einfacher Art beschränkt VV 2302 RVG den Gebührenrahmen auf 0,3. Zur Angemessenheit einer Geschäftsgebühr in Höhe von 1,3 vgl. BGH GRUR 2010, 1120 Rn. 30 – Vollmachtsnachweise; BGH NJW-RR 2007, 420 Rn. 9. Zur Abgrenzung der Anwendung von entweder VV 3100 ff. RVG oder VV 2300 ff. RVG vgl. Gerold/Schmidt/*Müller-Rabe* RVG Anh. II Rn. 125 ff. Großzügiger: LG Düsseldorf InstGE 6, 37 – Abmahnkostenerstattung bei Patentverletzung: Wegen der regelmäßig gegebenen Schwierigkeit ist eine über 1,3 hinausgehende Rechtsanwaltsgebühr gerechtfertigt; in technisch und rechtlich einfach gelagerten Patentverletzungsfällen gilt regelmäßig ein Gebührensatz von 1,5. Des Weiteren kommt ein Ermessensspielraum des Anwalts in Betracht. Die Ausübung des Ermessens ist hinzunehmen, so lange und so weit sie einen Toleranzbereich von 20 % des an sich angemessenen Satzes nicht überschreitet (LG Düsseldorf InstGE 6, 37 – Abmahnkostenerstattung bei Patentverletzung). Noch großzügiger LG Frankfurt, wonach (in einer Markensache) der Rechtsanwalt eine 2,0 Geschäftsgebühr gem. §§ 2, 13 RVG VV 2300 RVG verlangen kann (LG Frankfurt Mitt. 2007, 90 – 2,0 Geschäftsgebühr). Zu den Kosten eines Abschlussschreibens vgl. BGH GRUR 2010, 1038 – Kosten für Abschlussschreiben.

b) Es liegt Klageauftrag vor: Die Verfahrensgebühr richtet sich nach VV 3100 ff. RVG iVm §§ 2 Abs. 2, 13 RVG. Gemäß VV 3101 Nr. 1 RVG ist eine Verfahrensgebühr in Höhe von 0,8 in Ansatz zu bringen.

c) Problem der Anrechnung: Folgt der ohne Klageauftrag durchgeführten Verwarnung (Abmahnung) ein gerichtliches Verfahren, so wurde nach altem Rechtszustand die entstandene Geschäftsgebühr aus VV 2300 RVG zur Hälfte, höchstens aber mit einem Satz von 0,75 auf die nach VV 3100 ff. RVG entstandene Verfahrensgebühr des gerichtlichen

2. Verwarnung wegen Patentverletzung   C. 2

Verfahrens angerechnet und im Kostenfestsetzungsverfahren berücksichtigt (vgl. zu diesem alten Rechtszustand BGH NJW 2007, 249 = GRUR 2006, 439; aA BGH NJW 2010, 1375 Rn. 11 ff.; BGH AnwBl. 2011, 226 Rn. 7). § 15a RVG nF hat mit Wirkung zum 5.8.2009 durch das Gesetz vom 30.7.2009 eine Neuregelung geschaffen. Danach verringert eine etwaige Anrechnung nicht automatisch die Gebühr, auf die anzurechnen ist. Es entstehen vielmehr beide Gebühren in vollem Umfang, wobei jedoch der Gesamtbetrag nicht mehr als den um den Anrechnungsbetrag verminderten Gesamtbetrag der beiden Gebühren ausmachen darf. Folge ist, dass ein Anwalt nicht mehr verlangen kann, als ihm nach der Anrechnung zusteht. Rechenbeispiel und Einzelheiten dazu bei Gerold/Schmidt/*Müller-Rabe* RVG § 15a Rn. 7 ff. Die Verfahrensgebühr nach VV 3100 RVG, entstanden durch die Tätigkeit im Prozessverfahren, ist im Kostenfestsetzungsverfahren in voller Höhe geltend zu machen. Eine Kürzung aufgrund der Regelung in der VV Vorb. 3 Abs. 4 RVG über die hälftige Anrechnung wegen einer entstandenen Geschäftsgebühr nach VV 2300 RVG erfolgt nicht (BGH GRUR-RR 2012, 136 = BeckRS 2011, 27328).

40. Patentanwaltsgebühren:
Es gelten die Vorausführungen für einen mitwirkenden Patentanwalt (§ 143 Abs. 3 PatG). Der Patentanwalt muss tatsächlich mitgewirkt, mithin irgendeine streitbezogene Tätigkeit entfaltet haben, die zur Entstehung der Gebührenschuld ihm gegenüber geführt hat (BGH GRUR 2012, 759 – Kosten des Patentanwalts IV; OLG Nürnberg GRUR-RR 2003, 29; OLG Frankfurt Mitt. 2003, 317 (319); KG GRUR 2000, 803 – Mitwirkender Patentanwalt: zu § 140 Abs. 3 MarkenG). Zur Höhe der erstattungsfähigen Patentanwaltsgebühren vgl. *Hodapp* Mitt. 2006, 22.

Die Verfahrensgebühr des Patentanwalts deckt lediglich die Sichtung, Ordnung oder Auswertung von Material ab, nicht aber die Beschaffung (OLG München InstGE 5, 79 – Recherchekosten als notwendige Auslagen). Das muss auch für die Geschäftsgebühr gelten.

Werden die außergerichtlichen Kosten der Mitwirkung eines Patentanwalts im Klagewege (im Mahnverfahren) geltend gemacht, so soll nach BGH GRUR 2012, 759 – Kosten des Patentanwalts IV – und BGH GRUR 2011, 754 Rn. 11–14 – Kosten des Patentanwalts II – die gesetzliche Vermutung des § 140 Abs. 3 MarkenG weder unmittelbar noch analog eingreifen; es soll die Notwendigkeit bestehen, zur Mitwirkung des Patentanwalts und zu ihrer Erforderlichkeit substantiiert vorzutragen. Die Rechtsprechung des I. Zivilsenats des Bundesgerichtshofs ist - möglicherweise – auf § 143 Abs. 3 PatG zu übertragen.

§ 11 RVG, der für einen Rechtsanwalt Festsetzung der Kosten gegen den Auftraggeber ermöglicht, gilt für den Patentanwalt nicht (BGH GRUR 2015, 1253 – Festsetzung der Patentanwaltsvergütung).

41. Materielle Rechtsgrundlage für den – außergerichtlichen – Kostenerstattungsanspruch: → Anm. 34.

Fristen und Rechtsmittel

42. Keine.

3. Verwarnung wegen Patentverletzung unter gleichzeitiger Übersendung eines Klageentwurfs

Firma B . . . . . .[1, 2]

– Geschäftsleitung –

. . . . . .

Betr.: A . . . . . ./. B . . . . . ., DE . . . . . .[3] betreffend eine Vorrichtung zum Abscheiden von Sand aus mit Sand und organischen Stoffen belastetem Abwasser

Sehr geehrte Damen und Herren,

meine Mandantin ist die Firma A . . . . . ., die mich beauftragt hat, gemeinsam mit Herrn Patentanwalt X[4] ihre Interessen wahrzunehmen. Meine Mandantin hat mir die bisher zwischen Ihnen und Herrn Patentanwalt X gewechselte Korrespondenz übergeben.[5] In Abstimmung mit Herrn Patentanwalt X[6] teile ich Ihnen namens und in (beigefügter) Vollmacht[7] meiner Mandantin das Folgende mit:

1. Meine Auftraggeberin ist ausschließliche und alleinige Inhaberin des im Betreff bezeichneten DE . . . . . . Das Schutzrecht, dessen Patentschrift Ihnen schon übersandt worden ist (dessen Patentschrift ich in der Anlage beifüge),[8] betrifft eine Vorrichtung zum Abscheiden von Sand aus mit Sand und organischen Stoffen belastetem Abwasser.
   Sie stellen her und vertreiben Sandabscheider, die in das Patent meiner Auftraggeberin eingreifen.[9]

2. Meine Auftraggeberin hat mich beauftragt,[10] Klage zu erheben. Ich füge als Anlage den von mir ausgearbeiteten Entwurf einer Klage bei, wobei ich von einer Übersendung der Anlagen zur Klageschrift absehe, da diese sich schon in Ihrem Besitz befinden.[8]

3. Meine Mandantin hat mich zugleich ermächtigt, Ihnen noch einmal – diesmal allerdings letztmalig – Gelegenheit zur außergerichtlichen Erledigung des Streitverhältnisses zu geben. Sie können die Erhebung der Klage gegenstandslos machen, wenn Sie sich entsprechend den diesseitigen Klageanträgen des beigefügten Entwurfs verpflichten, nämlich durch Abgabe
   a) einer strafbewehrten Unterlassungsverpflichtungserklärung entsprechend der Formulierung des Klageantrags I. 1., wobei anstelle der dort vorgesehenen gesetzlichen Ordnungsmittel von Ihnen für jeden Fall der schuldhaften Zuwiderhandlung[11] eine diesseits als geboten angesehene Vertragsstrafe in Höhe von . . . . . . EUR zu versprechen ist;[12]
   b) einer Verpflichtungserklärung zur Auskunftserteilung und zur Rechnungslegung entsprechend dem Klageantrag I. 2.;[13]
   c) einer Verpflichtungserklärung zur Vernichtung;[14]
   d) einer Verpflichtungserklärung zum Rückruf;[15]
   e) eines Anerkenntnisses betreffend Ihre Verpflichtung zur angemessenen Entschädigung und zu Schadensersatz entsprechend den Klageanträgen II. 1. und 2.;[16]
   f) einer Verpflichtungserklärung zur Übernahme der meiner Mandantin durch meine Einschaltung sowie diejenige von Herrn Patentanwalt X entstandenen Kosten, und zwar in Höhe je einer 0,8 Rechtsanwalts- und Patentanwaltsgebühr auf der Grundlage eines Gegenstandswertes von . . . . . . EUR zuzüglich Auslagen und Mehrwertsteuer.[17]

3. Verwarnung wegen Patentverletzung   C. 3

Für den Eingang der vorstehenden Erklärungen habe ich mir den
...... [18]
vorgemerkt. Nach fruchtlosem Fristablauf gehe ich davon aus, dass Sie einer gerichtlichen Entscheidung den Vorzug geben.[19]

Mit verbindlichen Empfehlungen[20, 21, 22, 23, 24]

Schrifttum: vgl. die Hinweise zu → Form. C.1, → Form. C.2.

Anmerkungen

1. Ein weiteres Textbeispiel findet sich im BeckPFormB/*Mes* → Form. II.Q.2. Das Formular bezieht sich inhaltlich auf die Klage entsprechend → Form. C.5.

2. Es handelt sich um die schärfste Form einer möglichen Verwarnung, indem dem Patentverletzer ein Klageentwurf übersandt wird. Diese Form der Verwarnung kann sich dann anbieten, wenn schon zuvor – insbesondere unter Beteiligung von Rechts- bzw. Patentanwälten – eine fruchtlose Verwarnungskorrespondenz stattgefunden hat. Von einem derartigen Sachverhalt geht das Formular aus. Es mag auch andere Fälle geben, in denen es angebracht erscheint, diese Form der Verwarnung, wie im Formular vorgeschlagen, zu wählen. Durch Übersendung des Klageentwurfs wird gegenüber dem Patentverletzer verdeutlicht, dass der Patentinhaber auch zur Inanspruchnahme gerichtlicher Hilfe entschlossen ist. Für den Patentinhaber bzw. seinen Anwalt bietet die Ausarbeitung eines Klageentwurfs die Möglichkeit, die ihm zur Verfügung stehenden Argumente zu sammeln und selbst noch einmal kritisch vor Erhebung einer Klage zu würdigen.

3. Es ist die Patentnummer anzugeben.

4. In allen Patentverletzungsstreitigkeiten empfiehlt sich die Hinzuziehung eines Patentanwalts.

5. Es wird davon ausgegangen, dass schon eine fruchtlose Vorkorrespondenz stattgefunden hat.

6. Die Mitteilung im Schreiben, dass eine Abstimmung mit dem Patentanwalt stattgefunden hat, ist keine bloße Floskel. Der Patentanwalt muss seinerseits ebenfalls den ihm vorgelegten Klageentwurf sowie das Abmahnschreiben prüfen, andernfalls er nicht nur seiner Verpflichtung gegenüber dem Mandanten nicht gerecht wird, sondern auch er seine Mitwirkungsgebühr im Zusammenhang mit der Abmahnung nicht verdient (vgl. § 143 Abs. 3 PatG; → Anm. 17).

7. Zur Notwendigkeit der Beifügung einer Vollmacht → Form. C.2 Anm. 3. Dort ebenso zur Frage, welche Vorkehrungen für den Nachweis des Zugangs zu treffen sind.

8. Das Formular geht davon aus, dass der Inanspruchgenommene schon – infolge der Vorkorrespondenz – die Patentschrift in den Händen hält. Ist dies nicht der Fall, muss sie ihm übersandt werden. Das kann gesondert – wie im Formular vorgesehen – geschehen oder dadurch, dass ihm auch die Anlagen zur nachfolgend angeführten Klageschrift, zu der auch insbesondere die Patentschrift gehört, mitübersandt werden. Können Anlagen zur Klageschrift nicht mitübersandt werden, zB weil es sich um Modelle, um Verletzungsgegenstände oä handelt, kann es geboten sein, dies besonders auszuführen.

9. Diese Ausführungen betreffen den Verletzungstatbestand. Insoweit kann sich diese Form der Abmahnung – im Gegensatz zum Hinweisschreiben gemäß → Form. C.1 oder zur „normalen" Abmahnung gemäß → Form. C.2 – sehr kurz fassen, weil der Verletzungstatbestand in der Klage im Einzelnen geschildert ist.

10. Es ist zu prüfen und zu beachten, ob schon seitens des Mandanten Klageauftrag erteilt worden ist. Davon geht das Formular aus (zu den Gebührenfolgen → Anm. 17). Sofern seitens des Mandanten – wie häufig – kein verbindlicher Klageauftrag vorliegt, kann wie folgt formuliert werden:

> „Meine Auftraggeberin hat mich beauftragt, die Rechtslage zu prüfen. Das Ergebnis meiner Prüfung ist in dem von mir ausgearbeiteten Entwurf einer Klage niedergelegt, wobei ich von einer Übersendung . . . . . .".

11. Grundsätzlich zur Formulierung einer vertragsstrafebewehrten Unterlassungsverpflichtungserklärung → Form. C.2 Anm. 20–22. Hier ist im Formular auf den Unterlassungsantrag I. 1. der Klageschrift gemäß → Form. C.5 verwiesen.

12. Zur Höhe der Vertragsstrafe und zur Formulierung des Strafgedinges → Form. C.2 Anm. 20.

13. Die vorgesehene Verpflichtungserklärung zur Auskunftserteilung und zur Rechnungslegung entspricht dem Klageantrag I. 2. Einzelheiten dazu → Form. C.5 Anm. 13–15.
Anstelle der Aufforderung zur Abgabe einer Verpflichtungserklärung zur Auskunftserteilung und zur Rechnungslegung entsprechend dem Klageantrag I. 2. könnte auch die Forderung formuliert werden, innerhalb der nachfolgend genannten Frist die im Klageantrag I. 2. geforderten Auskünfte und Rechnungslegungsangaben zu erteilen.

14. → Form. C.2 Anm. 30 mit insbesondere auch einem alternativen Formulierungsvorschlag.

15. → Form. C.2 Anm. 31.

16. Zu Einzelheiten der Ansprüche auf Entschädigung und Schadensersatz sowie deren Feststellung → Form. C.5 Anm. 28, 29, → Form. C.5 Anm. 54–56

17. Die Verpflichtung des Patentverletzers, die im Zusammenhang mit seinen Patentverletzungen stehenden Rechtsverfolgungskosten zu tragen, besteht aus zwei Rechtsgründen. Zum einen ergibt sich die Kostenerstattungspflicht des Störers aus Geschäftsführung ohne Auftrag iVm § 242 BGB (BGH GRUR 2000, 337 (338) – Preisknaller; weitere Einzelheiten in → Form. C.1 Anm. 14 und in → Form. C.2 Anm. 31). Des Weiteren kann sich die Verpflichtung zur Kostenerstattung aus dem rechtlichen Gesichtspunkt des Schadensersatzes ergeben (BGH GRUR 1995, 338 (342) – Kleiderbügel).
Die Kosten eines eingeschalteten (und mitwirkenden) Patentanwalts sind ebenfalls zu tragen (§ 143 Abs. 3 PatG). Zur tatsächlichen Mitwirkung des Patentanwalts ist erforderlich und auch ausreichend, dass er irgendeine streitbezogene Tätigkeit entfaltet hat, die zur Entstehung der Gebührenschuld ihm gegenüber geführt hat (BGH GRUR 2012, 759 – Kosten des Patentanwalts IV; OLG Nürnberg GRUR-RR 2003, 29; OLG Frankfurt Mitt. 2003, 317 (319); KG GRUR 2000, 803 – Mitwirkender Patentanwalt: zu § 140 Abs. 3 MarkenG). Die Vergütung von Patentanwälten kann jetzt nach § 11 RVG gegen den Auftraggeber festgesetzt werden (vgl. zu § 19 BRAGO verneinend OLG München Mitt. 2001, 91; aA: BPatG GRUR 2002, 732 – Künstliche Atmosphäre II – für den Fall, dass der Patentanwalt im Patentnichtigkeitsverfahren gegenüber seiner Mandantin nach den Gebührensätzen der BRAGO abrechnet; dann kommt eine analoge Festsetzung gemäß § 19 BRAGO in Betracht. Werden allerdings (wie im Falle einer erfolgreichen Verwarnung) die Kosten des mitwirkenden Patentanwalts nicht in einem gerichtlichen Kostenfestsetzungsverfahren, sondern in einem Mahn- oder Klageverfahren geltend gemacht, soll nach BGH GRUR 2012, 759 re.Sp. – Kosten des Patentanwalts IV; BGH

4. Antwortschreiben des wegen Patentverletzung Inanspruchgenommenen   C. 4

GRUR 2011, 754 Rn. 11–14 – Kosten des Patentanwalts II – § 140 Abs. 3 MarkenG weder unmittelbar noch analog anwendbar sein; es muss vielmehr substantiiert dazu vorgetragen werden, dass die Kosten der Mitwirkung des Patentanwalts erforderlich waren. → Anm. 20–22.

18. Die Erklärungsfrist sollte nicht zu kurz bemessen sein. Angemessen ist grundsätzlich ca. 1 Monat. Diese Frist kann kürzer ausfallen, wenn – wie hier – schon eine längere vorprozessuale Korrespondenz stattgefunden hat oder zu besorgen ist, dass in einem ausländischen Gerichtsstand im Falle der Geltendmachung von Rechten aus einem nationalen Teil eines europäischen Patentes eine negative Feststellungsklage seitens des Abgemahnten eingereicht werden wird (sog. „Italienischer Torpedo", → Form. C.2 Anm. 33).

19. Zu den Reaktionsmöglichkeiten eines Verwarnten → Form. C.2 Anm. 38, → Form. C.4 Anm. 2.

Kosten und Gebühren

20. Liegt noch kein Auftrag zur Klageerhebung vor, sind VV 2300 ff. RVG iVm §§ 2 Abs. 2, 13 RVG einschlägig. Danach entsteht eine Geschäftsgebühr mit einem Gebührenrahmen von 0,5 bis 2,5. Eine Geschäftsgebühr von mehr als 1,3 kann nur gefordert werden, wenn die Tätigkeit umfangreich oder schwierig war. Regelmäßig wird man von einer 1,3 Geschäftsgebühr auszugehen haben (→ Form. C.2 Anm. 39–41).

21. Liegt Klageauftrag vor, so gilt VV 3101 Nr. 1 RVG iVm §§ 2 Abs. 2, 13 RVG. Es entsteht eine Verfahrensgebühr 0,8.

22. Folgt der Abmahnung ein gerichtliches Verfahren, so wird gemäß VV Vorb. 3 Abs. 4 S. 1 RVG die Geschäftsgebühr aus VV 2300 RVG zur Hälfte, höchstens aber mit einem Satz von 0,75 auf die nach VV Teil 3 RVG entstandene Verfahrensgebühr des gerichtlichen Verfahrens angerechnet. Der Gegner muss im Fall des Unterliegens dem Kläger in der Kostenfestsetzung die Verfahrensgebühr erstatten. Die Geschäftsgebühr kann der Kläger (in vollem Umfang) unter dem rechtlichen Gesichtspunkt des Schadensersatzes bzw. der auftragslosen Geschäftsführung (außerhalb des Kostenfestsetzungsverfahrens) geltend machen (→ Form. C.2 Anm. 39–41 und nachfolgend Klageantrag I. 6. mit zugehöriger → Form. C.5 Anm. 32).

23. Zu weiteren Einzelheiten → Anm. 17.

Fristen und Rechtsmittel

24. Keine.

4. Antwortschreiben des wegen Patentverletzung Inanspruchgenommenen

Herrn Rechtsanwalt
. . . . . .[1, 2]

Betr.: A . . . . . ./. B . . . . . ., DE . . . . . . betreffend eine Vorrichtung zum Abscheiden von Sand aus mit Sand und organischen Stoffen belastetem Abwasser

Sehr geehrter Herr Kollege ......,

die Firma B hat Herrn Patentanwalt Y und mich mit der gemeinsamen[3] Wahrnehmung ihrer Interessen, insbesondere mit der Beantwortung Ihres an sie gerichteten Schreibens vom ......[4] beauftragt. Namens und in Vollmacht meiner Mandantin beantworte ich in Abstimmung mit Herrn Patentanwalt Y Ihr Schreiben wie folgt:

I.

1. Das von Ihrer Auftraggeberin[5] geltend gemachte DE ...... betreffend Vorrichtung zum Abscheiden von Sand aus mit Sand oder organischen Stoffen belastetem Abwasser ist nicht rechtsbeständig.[6] Meine Mandantin hat in der Zwischenzeit über Herrn Patentanwalt Y weiteren Stand der Technik recherchiert, der deutlich dem Gegenstand des obigen Patentes näher kommt als derjenige, der im Erteilungsverfahren berücksichtigt worden ist. Insoweit handelt es sich um folgende Entgegenhaltungen:
D 1 = FR-PS ......
D 2 = US-PS ......
Beide vorstehend bezeichneten Literaturstellen sind vorveröffentlicht[7] gegenüber dem Anmeldetag[8] des DE ......
Die Entgegenhaltung D 1 trifft den Gegenstand des geltend gemachten Patentes Ihrer Auftraggeberin neuheitsschädlich. Die FR-PS ...... zeigt nicht nur sämtliche Merkmale des Oberbegriffs der von Ihnen übermittelten Merkmalsanalyse,[9] sondern auch in wörtlicher Übereinstimmung die Merkmale 4 und 6 des kennzeichnenden Teils. Soweit das Merkmal 5 in Rede steht, dass nämlich im Bodenbereich eine Frischwasserzufuhr vorgesehen ist, ist dieses Merkmal in der hier behandelten Entgegenhaltung nicht ausdrücklich erwähnt. Das Erfordernis einer Zufuhr von Wasser im Bodenbereich ergibt sich jedoch selbstverständlich aus der Erwägung, dass der vorbekannte Sandabscheider natürlich auch eine Wasserzufuhr aufweisen muss, andernfalls kein Ausschwemmen möglich ist. Eine derartige Wasserzufuhr ist als allgemeines Erfordernis in der Entgegenhaltung D 1 in Spalte 4, Zeilen 47 bis 62 ausdrücklich erwähnt. Wenn auch Figuren und Ansprüche eine solche Wasserzufuhr nicht ausdrücklich erwähnen, so ergibt sich aus dem Gesamtinhalt der Entgegenhaltung D 1, dass eine solche Wasserzufuhr vorhanden ist. Damit sind sämtliche Merkmale des Anspruchs 1 des DE ...... in einer Literaturstelle vorweggenommen. Der Inhalt der Anlage D 1 steht mithin der Schutzfähigkeit des Hauptanspruchs des DE ...... neuheitsschädlich entgegen.

2. Selbst wenn man entgegen der diesseits vertretenen Auffassung den Inhalt der Entgegenhaltung D 1 nicht wie vorstehend interpretieren sollte, ergibt eine Kombination[10] der Entgegenhaltungen D 1 und D 2 den Gegenstand des Hauptanspruchs des DE ...... Denn in der Entgegenhaltung D 2 ist mit Bezugszeichen 7 in Figur 3 für eben einen vergleichbaren Sandabscheider im Bodenbereich eine Wasserzufuhr wiedergegeben. Im Übrigen unterscheidet sich der Gegenstand der Entgegenhaltung D 2 vom Hauptanspruch des DE ...... nur dadurch, dass dort zwar ein Rührwerk entsprechend dem Merkmal 4 vorgesehen, dieses jedoch nicht automatisch entsprechend dem Merkmal 6 gesteuert wird. Der Durchschnittsfachmann auf dem hier interessierenden Gebiet ist ein praktischer Ingenieur mit Fachhochschul-, äußerstenfalls Hochschulausbildung, der über einige Jahre Berufserfahrung in der Abwassertechnik und im Bau von Abwasseranlagen hat.[11] Für ihn ist es ein leichtes, die Entgegenhaltungen D 1 und D 2 miteinander zu kombinieren und bei zusammenschauender Betrachtung dasjenige, was in der Entgegenhaltung D 1 fehlt, durch den Inhalt in der Entgegenhaltung D 2 zu ergänzen. Damit ergibt sich der Gegenstand des DE ...... in nahe liegender Weise aus dem Stand der Technik; er beruht nicht auf erfinderischer Tätigkeit.

4. Antwortschreiben des wegen Patentverletzung Inanspruchgenommenen   C. 4

II.

Meine Mandantin macht auch von der Lehre des Hauptanspruchs des DE ...... keinen Gebrauch.[12] Zu Unrecht wird von Ihrer Auftraggeberin ein Verletzungstatbestand angenommen. Dazu ist folgendes auszuführen:

1. Eine Patentverletzung liegt nicht vor, weil es an der Verwirklichung der Merkmale 2, 3 und 5 fehlt:[13]
......

2. Sonstige Einwendungen:[14]
......

III.[15]

Meine Mandantin beabsichtigt, gegen das DE ...... Nichtigkeitsklage[16] zu erheben. Des Weiteren behält sich meine Mandantin vor, eine negative Feststellungsklage,[17] dass keine Patentverletzung vorliegt, einzureichen. Ihre Auftraggeberin kann die Erhebung der Nichtigkeitsklage und/oder der negativen Feststellungsklage gegenstandslos machen, wenn sie gegenüber meiner Mandantin zu meinen Händen bis zum

......

rechtsverbindlich auf die mit Schreiben vom ...... geltend gemachten Ansprüche verzichtet und die meiner Mandantin durch Einschaltung von Herrn Patentanwalt Y sowie durch meine Einschaltung entstandenen Kosten auf der Grundlage des in der Abmahnung vom ...... angegebenen Gegenstandswertes in Höhe je einer ...... Anwaltsgebühr zuzüglich Auslagen erstattet.[15] Die Verpflichtung zur Erstattung der meiner Mandantin entstandenen Rechtsverteidigungskosten ergibt sich aus dem rechtlichen Gesichtspunkt des § 3 UWG sowie gemäß § 823 Abs. 1 BGB unter dem Blickwinkel des ungerechtfertigten Eingriffs in den eingerichteten und ausgeübten Geschäftsbetrieb.[15] Im Übrigen ergibt sich die Kostenerstattungspflicht Ihrer Auftraggeberin auch unter dem rechtlichen Gesichtspunkt der auftragslosen Geschäftsführung sowie des Schadensersatzes schon deshalb, weil meine Mandantin gehalten ist, Ihre Auftraggeberin vor Erhebung der vorstehend bezeichneten Klagen abzumahnen.[18]

Mit kollegialen Grüßen[19, 20]

Schrifttum: Vgl. die Hinweise zu → Form. C.1; *Aigner*, Beseitigung der Wiederholungsgefahr bei Abbedingung des § 348 HGB in der strafbewehrten Unterlassungserklärung?, GRUR 2007, 950.

Anmerkungen

1. Der Bundesgerichtshof sieht den Empfänger einer Abmahnung als verpflichtet an, innerhalb der gesetzten Frist zu antworten, und zwar entweder dahingehend, dass er eine ausreichend strafbewehrte Unterlassungsverpflichtungserklärung abgibt oder deren Abgabe ablehnt (BGH GRUR 1990, 381 = WRP 1990, 276 – Antwortpflicht des Abgemahnten – für Wettbewerbsrecht). Ist ein prozessuales Verfahren eingeleitet, kann dem Beklagten die Pflicht obliegen, anstelle mit Nichtwissen bestreiten zu dürfen, sich zunächst die zugänglichen Informationen in Unternehmen und von denjenigen Personen einzuholen, die ggf. unter seiner Anleitung, Aufsicht oder Verantwortung tätig geworden sind (BGH GRUR 2002, 190 – Die Profis: zum Markenrecht). Eine vergleichbare Informationsbeschaffungspflicht wird man auch im vorprozessualen Schriftverkehr anzunehmen haben. Des Weiteren wird man den Abgemahnten auch für verpflichtet halten müssen, die Abmahnung vollständig und wahrheitsgemäß zu beantworten (BGH GRUR 1990, 542 – Aufklärungspflicht des Unterwerfungsschuldners; KG WRP 1989, 659). Kommt der Abgemahnte seinen Verpflichtungen nicht nach, so können sich zu seinen Lasten Nachteile ergeben, beispielsweise in Form etwa der Erstattung von Kosten in analoger Anwendung des § 93 ZPO bei Verzichtsurteil (vgl. OLG Frankfurt MD 1993, 475).

Man wird davon auszugehen haben, dass die vorstehenden Ausführungen auch für den Adressaten eines Hinweisschreibens (einer Berechtigungsanfrage) gelten. Denn mit einer Berechtigungsanfrage soll ein die Tatsachen- und Rechtslage aufklärender Meinungsaustausch mit dem etwaigen Schutzrechtsverletzer eröffnet werden (→ Form. C.1 Anm. 1).

Das hier wiedergegebene Formular geht vom Tatbestand einer Abmahnung aus; es ist in den Ausführungen zu I und II auch für ein Hinweisschreiben verwendbar.

2. Im Falle des Empfangs einer Abmahnung oder auch in Erwiderung einer Berechtigungsanfrage (eines Hinweisschreibens) ergeben sich für den Inanspruchgenommenen folgende Reaktionsmöglichkeiten:
(1) Er kann die geforderten Erklärungen, und zwar in eindeutiger Form (KG MD 1993, 751) und bedingungsfrei (BGH GRUR 2002, 180 – Weit-Vor-Winter-Schluss-Verkauf; BGH GRUR 1993, 677 (679) – Bedingte Unterwerfung) abgeben. Die Abgabe der Unterlassungsverpflichtungserklärung unter einer aufschiebenden Befristung steht regelmäßig der Annahme der Ernstlichkeit des Unterlassungswillens nicht entgegen (BGH GRUR 2002, 180 – Weit-Vor-Winter-Schluss-Verkauf). Die Hinzufügung einer auflösenden Bedingung „dass die zu unterlassene Handlung durch Gesetz oder höchstrichterliche Rechtsprechung eindeutig als zulässig erachtet wird" beseitigt die Wiederholungsgefahr nicht (OLG Düsseldorf InstGE 5, 68 – Bedingtes Unterlassungsversprechen);
(2) er kann die geforderten Erklärungen mit Einschränkungen abgeben, die möglicherweise der Gläubiger jedoch nicht zu akzeptieren braucht (für eine wettbewerbsrechtliche Auseinandersetzung vgl. BGH MD 1993, 537) oder mit abweichenden Formulierungen
a) in materieller Hinsicht, zB abweichende Formulierung der Unterlassungsverpflichtungserklärung (unbedenklich, sofern sie im Kern dem Unterlassungsanspruch entspricht, vgl. BGH GRUR 1996, 290 (291) – Wegfall der Wiederholungsgefahr I; BGH GRUR 1997, 379 – Wegfall der Wiederholungsgefahr II; vgl. auch BGH GRUR 2002, 180 re.Sp. unten – Weit-Vor-Winter-Schluss-Verkauf: Eine abgegebene Unterlassungsverpflichtungserklärung muss nach Inhalt und Umfang den gesetzlichen Unterlassungsanspruch voll abdecken);
b) in Form der abweichenden Bestimmung der Höhe der Vertragsstrafe;
c) im Hinblick auf etwaig geltend gemachte Auskunfts- und Schadensersatzansprüche;
d) gegenüber dem erhobenen Unterlassungsanspruch ggf. Inanspruchnahme von Aufbrauch- und Umstellungsfristen;
e) Einschränkung/Ablehnung eines etwaig geltend gemachten Kostenerstattungsanspruchs.
(3) In jedem Fall hat der Abgemahnte im Einzelnen zu prüfen, ob der Tatbestand einer Patentverletzung, so wie ihm gegenüber geltend gemacht, tatsächlich besteht (vgl. dazu näher *Mes* PatG § 9 Rn. 73 ff.). Relevante Einwendungen können sein
a) es fehlt schon **tatbestandsmäßig** an einer Patentverletzung; diese ist weder wortsinngemäß noch äquivalent gegeben; zu Einzelheiten → Form. C.5 Anm. 15–17, → Form. C.5 Anm. 43–46;
b) das Patent ist **erloschen** (vgl. dazu Mes PatG § 20 Rn. 3 ff.).
c) es liegt eine **Erschöpfung** des Patentrechts vor (vgl. *v. der Groeben,* FS Mes, 2009, 141; *Laudien* GRUR Int. 2000, 617; *Sack* GRUR Int. 2000, 610; *Sack* GRUR 1999, 193; *Mager* GRUR 1999, 637; *Beier* GRUR Int. 1996, 1; BGH GRUR 2000, 299 – Karate; BGH GRUR 1998, 130 (132) – Handhabungsgerät; BGH GRUR 1997, 116

4. Antwortschreiben des wegen Patentverletzung Inanspruchgenommenen C. 4

– Prospekthalter; LG Düsseldorf Mitt. 2000, 458 – Dämmstoffbahn; LG Düsseldorf Mitt. 1999, 179 – Levitationsmaschine; LG Düsseldorf InstGE 7, 70 (89 f.) Rn. 75 ff. – Videosignal-Codierung I; LG Düsseldorf InstGE 1, 146 – Proteinderivat; für das Schweizer Recht: Schweizer Bundesgericht GRUR Int. 2000, 639 – Kodak II; Handelsgericht Zürich GRUR Int. 1999, 555 – Kodak; Erschöpfung zB auch infolge Zahlung einer Schadensersatzlizenz, dazu LG München Mitt. 1998, 262; OLG Düsseldorf Mitt. 1998, 358 – Durastep).

d) es liegt eine **rechtmäßige** Patentbenutzung vor, zB infolge Zustimmung (Lizenz, Lizenzbereitschaftserklärung; zur sog. „Pool"-Lizenz im Zusammenhang mit einem Industrie-Standard (MPEG2) vgl. LG Düsseldorf InstGE 7, 70 – Videosignal-Codierung I) oder kraft Gesetzes (Vorbenutzungsrecht gemäß § 12 PatG; dazu *Bartenbach/Bartenbach*, FS Eisenführ, 2003, 115; *Bergermann*, FS 80 Jahre Patentgerichtsbarkeit in Düsseldorf, 2016, 51; *Keukenschrijver* GRUR 2001, 944; *Müller* Mitt. 2001, 151; *Busche* GRUR 1999, 645; BGH GRUR 2002, 231 – Biegevorrichtung; LG Düsseldorf Mitt. 2001, 561 – Laborthermostat II; Weiterbenutzungsrecht gemäß § 123 Abs. 5 und Abs. 6 PatG, dazu LG München Mitt. 1998, 33 – Weiterbenutzungsrecht im Falle einer Teilung im Einspruchsverfahren; Art. 122 Abs. 6 EPÜ oder § 28 ErstrG (dazu BGH GRUR 2003, 507 – Enalapril); zu allem *Mes* PatG § 9 Rn. 96 ff., insbesondere zum sog. FRAND-Einwand);

e) freier Stand der Technik (**Formsteineinwand**). Gegenüber dem Vorwurf der äquivalenten (nicht: wortsinngemäßen) Patentverletzung kann der Einwand erhoben werden, die angegriffene Ausführungsform stelle mit Rücksicht auf den Stand der Technik keine patentfähige Erfindung dar (BGH GRUR 1986, 803 (805) – Formstein; BGH GRUR 1997, 454 – Kabeldurchführung; BGH GRUR 1999, 914 (918) – Kontaktfederblock; LG Düsseldorf GRUR 1994, 509 – Rollstuhlfahrrad);

f) **widerrechtliche Entnahme**. Sie begründet einen Einwand des durch den im Wege der widerrechtlichen Entnahme unmittelbar Betroffenen gegenüber der Inanspruchnahme wegen vermeintlicher Patentverletzung (RGZ 130, 158 (160));

g) **Zweifel am Rechtsbestand** des Patentes begründen für sich genommen keine Einwendungen des Inanspruchgenommenen. Ergeben sich jedoch erhebliche Zweifel, dass das geltend gemachte Patent schutzfähig ist, so ist zu überlegen, ob ein Einspruch, gegebenenfalls auch ein Beitritt zu einem Einspruchsverfahren (§ 59 PatG) oder eine Nichtigkeitsklage gegen das Patent (§§ 81 ff. PatG) überwiegende Erfolgsaussichten bieten. In diesem Zusammenhang stellt sich insbesondere auch die Frage, ob eine Schutzrechtsrecherche Aussicht auf Erfolg bietet, die Patentfähigkeit in Zweifel ziehendes Material zu ermitteln. Widerrufs- und Nichtigkeitsgründe des Patentes sind in §§ 21, 22 PatG abschließend aufgeführt (BGH GRUR 2004, 47 (48) – Blasenfreie Gummibahn I; BGH GRUR 1997, 612 – Polyethylenfilamente; BGH GRUR 1988, 757 (760) – Düngerstreuer). Nichtigkeitsgründe sind neben der in § 22 Abs. 2 PatG insbesondere angeführten unzulässigen Erweiterung des Schutzbereichs des Patents die fehlende Patentfähigkeit gemäß §§ 1–5 PatG (§ 21 Abs. 1 Nr. 1 PatG); die unzureichende Offenbarung (§ 21 Abs. 1 Nr. 2 PatG); die widerrechtliche Entnahme (§ 21 Abs. 1 Nr. 3 PatG) und die unzulässige Erweiterung (§ 21 Abs. 1 Nr. 4 PatG);

h) **Akteneinsicht**. Die Einsicht in die Erteilungsakten des Patents steht grundsätzlich jedermann frei (§ 31 Abs. 1 PatG). Die Erteilungsakten können Aufschluss darüber geben, ob eine unzulässige Erweiterung gegeben ist (§ 38 PatG). An sich sind die Erteilungsakten jedoch kein in § 14 S. 2 PatG genanntes Auslegungsmittel für das Patent. Grundsätzlich kommt es für die Bestimmung des Schutzbereichs eines Patentes nicht auf Vorgänge im Erteilungsverfahren an, die der Patenterteilung vorausgegangen sind (BGH GRUR 2002, 511 – Kunststoffrohrteil). Die Erteilungsakten können jedoch Hinweise für das Verständnis des Durchschnittsfachmanns von den in der Patentschrift benutzten Begriffen vermitteln (BGH GRUR 1968, 311 (313) – Garmachverfahren).

Die Akteneinsicht vermittelt ferner einen Eindruck darüber, mit welcher Intensität und mit welchen Materialien (Entgegenhaltungen) die Patentanmeldung vor der Patenterteilung geprüft worden ist. Zur letzten Entwicklung der Rechtsprechung betreffend die Bedeutung des Inhalts von Erteilungsakten vgl. BGH GRUR 2011, 701 Rn. 25 – Okklusionsvorrichtung (wo diese Frage offengelassen ist) und insbesondere *Meier-Beck* GRUR 2012, 1177 (1181) re.Sp.; *Kühnen* GRUR 2012, 664.

i) **Verjährung/Verwirkung.** Verjährung ist in § 141 PatG unter Bezugnahme auf §§ 194 ff. BGB geregelt. Die (regelmäßige) Verjährungsfrist beträgt – auch für Unterlassungsansprüche – 3 Jahre (§§ 194 Abs. 1, 195 BGB), und zwar mit dem Schluss des Jahres, mit dem der Anspruch entstanden ist und der Gläubiger von den den Anspruch begründenden Umständen und der Person des Schuldners Kenntnis erlangt hat oder ohne grobe Fahrlässigkeit erlangen müsste (§ 199 Abs. 1 BGB). Bei Unterlassungsansprüchen allerdings entsteht mit jeweiliger erneuter Begehung ein neuer Unterlassungsanspruch (Busse/Keukenschrijver PatG § 141 Rn. 9, 27 f.). Das führt dazu, dass Unterlassungsansprüche solange nicht verjähren, als Zuwiderhandlungen vorgekommen oder zu besorgen sind. Die Ansprüche auf Schadensersatz, Rechnungslegung sowie die Ansprüche gemäß §§ 140a ff. PatG (Vernichtung, Drittauskunft, Vorlage von Urkunden oder Besichtigung einer Sache, Vorlage von Bank-, Finanz- oder Handelsunterlagen und Rückruf (§ 140a Abs. 3 PatG)) unterliegen ebenfalls gemäß § 141 S. 1 PatG der Verjährung. Für Entschädigungsansprüche wegen Benutzung einer offengelegten Patentanmeldung gilt nicht § 141 PatG, sondern § 33 Abs. 3 PatG. Danach finden auch für die Verjährung des Entschädigungsanspruchs die §§ 194 ff. BGB entsprechende Anwendung, allerdings mit der Maßgabe, dass die Verjährung frühestens ein Jahr nach Erteilung des Patents eintritt (§ 33 Abs. 3 S. 1 PatG). § 141 S. 2 PatG enthält gegenüber dem früheren Rechtszustand gemäß § 141 S. 3 PatG 1981 aF eine Klarstellung: Nunmehr gilt auch für den Bereicherungsanspruch § 852 BGB entsprechend, mithin eine Verjährungsfrist von 3 Jahren (§ 195 BGB). Allerdings findet gemäß § 141 S. 2 PatG § 852 BGB entsprechende Anwendung. Danach gilt, dass dann, wenn der Patentverletzer durch die Patentverletzungshandlung auf Kosten des Verletzten etwas verlangt hat (zB die Ersparnis einer Lizenzgebühr), er auch nach Eintritt der Verjährung des Anspruchs auf Ersatz des aus einer unerlaubten Handlung entstehenden Schadens zur Herausgabe nach den Vorschriften über die Herausgabe einer ungerechtfertigten Bereicherung verpflichtet ist. Dieser sog. „Restschadensersatzanspruch" verjährt gemäß § 852 S. 2 BGB in 10 Jahren von seiner Entstehung an, ohne Rücksicht auf die Entstehung in 30 Jahren von der Begehung der Verletzungshandlung oder dem sonstigen, den Schaden auslösenden Ereignis an.

Verwirkung. Dieser Einwand ist im Patentverletzungsprozess wegen des zeitlich begrenzten Ausschließungscharakters des Patents selten erfolgreich (vgl. aber auch die gegenteilige Auffassung von OLG Düsseldorf GRUR-RR 2013, 1 ff. – Haubenstretchautomat). Es ist insbesondere zwischen Unterlassungsansprüchen einerseits und Ansprüchen auf Schadensersatz/Bereicherung andererseits zu unterscheiden. Beim Unterlassungsanspruch kommt Verwirkung in Betracht, wenn der Patentinhaber über einen längeren Zeitraum untätig geblieben ist, obwohl er den Verstoß gegen seine Rechte kannte oder bei der gebotenen Wahrung seiner Interessen kennen musste, so dass der Verletzer mit der Duldung seines Verhaltens rechnen durfte und sich daraufhin einen wertvollen Besitzstand geschaffen hat (BGH GRUR 2001, 323 (325) li.Sp. – Temperaturwächter). Die Verwirkung eines Schadensersatzanspruchs setzt demgegenüber keinen vergleichbaren schutzwürdigen Besitzstand voraus, sondern nur, dass der Schuldner auf Grund eines hinreichend lange dauernden Duldungsverhaltens des Rechtsinhabers darauf vertrauen durfte, dieser werde nicht mehr mit Schadensersatzansprüchen wegen solcher Handlungen an den Schuldner herantreten, die er auf Grund des geweckten Duldungsanscheins vorgenommen hat (BGH

4. Antwortschreiben des wegen Patentverletzung Inanspruchgenommenen   C. 4

GRUR 2001, 323 (325) li.Sp.). Der der Entscheidung „Temperaturwächter" zugrunde liegende Sachverhalt war dadurch gekennzeichnet, dass ein außergewöhnlich langer Zeitraum zwischen Kenntnis des Verletzungsgegenstandes und Geltendmachung der Rechte bestand, nämlich von ca. 21 Jahren (BGH GRUR 2001, 323 (327) li.Sp. oben – Temperaturwächter). Regelmäßig gelten erhöhte Anforderungen an die Geltendmachung des Verwirkungseinwandes, vgl. BGH GRUR 1994, 597 (602) – Zerlegvorrichtung für Baumstämme. Beachtlich ist allerdings der Sonderfall, dass der Patentinhaber und der wegen Verletzung Inanspruchgenommene zuvor sich in einem Einspruchsverfahren einander gegenüber gestanden haben und der Patentinhaber dort gegenüber der anderen Partei eine Erklärung abgegeben hat, eine bestimmte Ausführungsform aus dem Patent nicht anzugreifen bzw. eine bestimmte Ausführungsform falle nicht unter den Schutzumfang. In einem solchen Fall kann sich aus den allgemeinen Grundsätzen des Verbots treuwidrigen Handelns zu Gunsten des wegen Patentverletzung Inanspruchgenommenen eine Eiwendung ergeben (vgl. BGH GRUR 2006, 923 – Luftabscheider für Milchsammelanlage).

j) **Missbräuchliche Ausnutzung** der Ausschließungsbefugnis durch den Patentinhaber, insbesondere unter Anwendung der Rechtsgrundsätze des Art. 102 AEUV (= Vertrag über die Arbeitsweise der Europäischen Union; EG-Vertrag von Lissabon, in Kraft seit dem 1.12.2009, zuvor Art. 82 EG aF) und §§ 19, 20 GWB (dazu *Kühnen*, FS Tilmann, 2003, 513). Eine erste Frage lautet dahin, ob der wegen Patentverletzung Inanspruchgenommene im Patentverletzungsverfahren sich darauf berufen kann, der Patentinhaber benutze seine Ausschließungsbefugnis wegen bestehender Marktmacht rechtsmissbräuchlich (verneinend dazu: OLG Düsseldorf InstGE 2, 168 Rn. 27 – Spundfass; aA *Kühnen*, FS Tilmann, 2003, 513–515). Sodann wäre die Frage zu klären, ob eine missbräuchliche Ausnutzung einer beherrschenden Stellung auf dem gemeinsamen Markt oder auf einem wesentlichen Teil desselben gemäß Art. 102 AEUV anzunehmen ist (dazu *Kühnen*, FS Tilmann, 2003, 513–515). Zum Einwand der kartellrechtlichen Zwangslizenz (sog. FRAND-Einwand), nämlich dem Einwand des wegen Patentverletzung Inanspruchgenommenen, er habe wegen des Bestehens eines Patent-basierten Industriestandards einen Anspruch auf Erteilung einer einfachen (Unter-)Lizenz zu Bedingungen, die „fair, reasonable and non-discriminating" sein müssen, vgl. LG Düsseldorf InstGE 7, 70 (90 ff.) Rn. 81 ff. – Videosignal-Codierung I = GRUR-RR 2007, 181; LG Düsseldorf InstGE 10, 66 – Videosignal-Codierung III = GRUR-RR 2009, 119 (nur Leitsatz); BGH GRUR 2009, 694 – Orange-Book-Standard; OLG Karlsruhe GRUR 2007, 177; vgl. ferner *Mes* PatG § 9 Rn. 111 ff.). Die jüngste Entwicklung ist durch EuGH GRUR Int 2015, 942 – Huawei/ZTE gekennzeichnet. Weitere Einzelheiten → Form. C.2 Anm. 38.

k) Des Weiteren wird der Inanspruchgenommene zu überlegen haben, ob der mit der angegriffenen Ausführungsform erzielte Umsatz zurzeit und/oder zukünftig für ihn von so großem Interesse ist, dass die regelmäßig nicht unbedeutenden Kosten eines Patentverletzungsprozesses einschließlich eines etwaigen Einspruchs bzw. einer etwaigen Nichtigkeitsklage angemessen erscheinen. Welche Abänderungen erscheinen in technischer Hinsicht möglich, um aus dem ermittelten Schutzumfang des geltend gemachten Patents herauszukommen? Erscheint eine Lizenznahme möglich und vertretbar?

l) **Hinterlegung einer Schutzschrift?** Da die patentrechtlichen Ansprüche auf Unterlassung und Drittauskunft (§§ 139 Abs. 1, 140b PatG) – wenn auch seltener – im Wege des einstweiligen Verfügungsverfahrens geltend gemacht werden können (→ Form. C.20 und → Form. C.21), muss sich der Inanspruchgenommene überlegen, ob die Hinterlegung einer Schutzschrift (→ Form. C.23) geboten erscheint. Zum einstweiligen Verfügungsverfahren in Patentverletzungsstreitigkeiten vgl. *Holzapfel* GRUR 2003, 287; *A. von Falck* Mitt. 2002, 430; OLG Frankfurt GRUR-RR 2003,

263 – mini flexiprobe; OLG Karlsruhe GRUR-RR 2002, 278 – DVD-Player: zur einstweiligen Anordnung der Sequestration; OLG Hamburg GRUR-RR 2002, 244 – Spannbacke; LG Hamburg GRUR-RR 2002, 45 – Felodipin; EuGH GRUR 2001, 235 – TRIPS-Abkommen; OLG München Mitt. 2001, 85.
m) **Torpedoabwehr?** Im Falle der Inanspruchnahme aus dem nationalen Teil eines europäischen Patents wird der Inanspruchgenommene auch diesen Gesichtspunkt mit einzubeziehen haben. Dazu Einzelheiten in → Form. C.2 Anm. 1 und bei *Mes* PatG § 139 Rn. 283 ff.

3. § 143 Abs. 3 PatG geht davon aus, dass die Kosten der Mitwirkung eines Patentanwalts in patentrechtlichen Streitigkeiten zur zweckentsprechenden Rechtsverfolgung/Verteidigung grundsätzlich notwendig sind. Nach der Auffassung des I. Zivilsenats des Bundesgerichtshofs gilt die Vermutung der vergleichbaren Bestimmung des § 140 Abs. 3 MarkenG nur für das gerichtliche Verfahren. Im Falle der außergerichtlichen Mitwirkung eines Patentanwalts soll demgegenüber diese Regelung nicht Platz greifen, weil sie zu einer ungerechtfertigten Bevorzugung entstandener Patentanwaltskosten im Vergleich zu Rechtsanwaltskosten führe (BGH GRUR 2012, 756 Rn. 22 – Kosten des Patentanwalts III; BGH GRUR 2011, 754 Rn. 16–19 – Kosten des Patentanwalts II). Infolgedessen bedarf es jeweils des Nachweises der Notwendigkeit der Mitwirkung des Patentanwalts (BGH GRUR 2012, 756 Rn. 23 – Kosten des Patentanwalts III; BGH GRUR 2011, 754 Rn. 16–19 – Kosten des Patentanwalts II).

4. Das Formular ist für den Tatbestand anwendbar, dass auf eine vorangegangene Abmahnung geantwortet wird; in den Teilen I und II auch dann, wenn es sich nur um eine Berechtigungsanfrage gehandelt hat.

5. Es ist niemals der Rechtsanwalt/Patentanwalt, der Ansprüche geltend macht, sondern es ist jeweils die von ihm vertretene Partei. Auf diesen Tatbestand nimmt die Formulierung Bedacht.

6. → Anm. 2. Im Wesentlichen ist die Verteidigung eines wegen Patentverletzung Inanspruchgenommenen zweigleisig: Zum einen ist jeweils zu prüfen, ob der Tatbestand einer Patentverletzung vorliegt, zum anderen, ob der geltend gemachte Schutzrecht rechtsbeständig ist. Die Ausführungen im Formular zu I befassen sich mit der – denklogisch vorangehenden – Frage der Rechtsbeständigkeit des geltend gemachten Patents.

7. Patente werden nur für Erfindungen (= Lehren zum technischen Handeln) erteilt, die neu sind (§§ 1 Abs. 1, 3 PatG). Eine Erfindung gilt als neu, wenn sie nicht zum Stand der Technik gehört (§ 3 Abs. 1 S. 1 PatG), wobei der Stand der Technik alle Kenntnisse umfasst, die vor dem für den Zeitrang der Anmeldung (der Erfindung) maßgeblichen Tag der Öffentlichkeit zugänglich gemacht worden sind (§ 3 Abs. 1 S. 2 PatG). Der Zeitrang der Anmeldung bestimmt sich entweder nach dem Tag des Eingangs der Patentanmeldung beim Deutschen Patentamt (§ 35 Abs. 1 PatG) oder bei einer wirksamen Inanspruchnahme einer Priorität nach dem so genannten Prioritätstag (§§ 40, 41 PatG). Die Wirkungen einer Prioritätsinanspruchnahme sind sachlich in Art. 4 B Pariser Verbandsübereinkunft (PVÜ) beschrieben. Sie bestehen in der Sicherung des Altersrangs der in Anspruch genommenen Voranmeldung für die Nachanmeldung. Das führt dazu, dass die im **Prioritätsintervall** liegenden Entgegenhaltungen als Stand der Technik sowohl für die Prüfung der Neuheit als auch der Erfindungshöhe unberücksichtigt bleiben (vgl. dazu zB *Mes* PatG § 40 Rn. 13). Die Ausführungen im Formular zu I. 1. befassen sich mit der fehlenden Neuheit. Insoweit kann nur solcher Stand der Technik interessieren, der vor dem für den Zeitrang der Anmeldung maßgeblichen Tag (hier: Anmeldetag) vorveröffentlicht ist. Daher der ausdrückliche Hinweis auf den Tatbestand der Vorveröffentlichung im Formular.

4. Antwortschreiben des wegen Patentverletzung Inanspruchgenommenen C. 4

8. Es muss sich um den jeweils für den Zeitrang der Anmeldung maßgeblichen Tag handeln. Das kann – wie im Formular erwähnt – der Anmeldetag sein; das kann jedoch ebenfalls auch der so genannte Prioritätstag sein. Zum Unterschied → Anm. 7.

9. Das Textbeispiel geht davon aus, dass eine Verwarnung entsprechend → Form. C.2 vorangegangen ist, der eine Merkmalsanalyse beigefügt war. Ist dies nicht der Fall, so empfiehlt es sich, zur Antwort auf die Berechtigungsanfrage/Verwarnung eine Merkmalsanalyse des Hauptanspruchs bzw. der geltend gemachten weiteren Ansprüche des Streitpatents anzufertigen und zu übersenden. Zum Beispiel einer Merkmalsanalyse → Form. C.1 Anm. 8.

10. Die Ausführungen im Formular zu I. 2. befassen sich mit dem Erfordernis der erfinderischen Tätigkeit (oft auch als „Erfindungshöhe" bezeichnet). Gemäß § 4 PatG gilt eine Erfindung als auf einer erfinderischen Tätigkeit beruhend, wenn sie sich für den Fachmann nicht in nahe liegender Weise aus dem Stand der Technik ergibt (zu Einzelheiten vgl. *Mes* PatG § 4 Rn. 1 ff. mwN). Erfinderische Tätigkeit kann nur auf einem technischen Beitrag zum Stand der Technik beruhen (BPatG Mitt. 2002, 275 – Elektronischer Zahlungsverkehr). Regelmäßig fehlt es daran, wenn der auf dem interessierenden Gebiet angesprochene Fachmann (→ Anm. 11) nur zwei Entgegenhaltungen, zB schriftliche Beschreibungen oder eine schriftliche Beschreibung und eine offenkundige Vorbenutzung, miteinander zu kombinieren braucht. Allerdings ist das Naheliegen einzelner Merkmale einer Vorrichtung für sich noch nicht geeignet, die nahe liegende Kombination aus ihnen zu begründen (BGH GRUR 1999, 145 – Stoßwellen-Lithotripter). Es spricht für eine erfinderische Tätigkeit, wenn von eingefahrenen Wegen abgewichen wird (BGH GRUR 1999, 145 – Stoßwellen-Lithotripter). Es kann eine willkürliche, durch nichts angeregte Kombination der Merkmale von zwei Entgegenhaltungen regelmäßig nicht den Patentgegenstand nahe legen, wenn diese Kombination erst mit zusätzlichen grundlegenden Änderungen der bekannten Ausführungsform zum Patentgegenstand führt (BPatG GRUR 1998, 653 – Regelbarer Schwingungsdämpfer für KFZ). Insbesondere ist vor jeder rückschauenden Betrachtungsweise (in Kenntnis der Erfindung) zu warnen, vgl. dazu *Schickedanz* GRUR 2001, 459; *Knesch* Mitt. 2000, 311 ff.; *Niedlich* Mitt. 2000, 281; *Anders* Mitt. 2000, 41 ff. Wesentliche Entscheidungen: BGHZ 156, 179 – Blasenfreie Gummibahn I; BGH Mitt. 2007, 411 – Injizierbarer Mikroschaum, BGH Mitt. 2006, 663 – Vorausbezahlte Telefongespräche; BGH GRUR 2006, 666 – Stretchfolienhaube. Zum Verbot der Schaffung von „Teilaufgaben" zur Ermittlung erfinderischer Tätigkeit: BGH GRUR 2007, 1055 – Papiermaschinengewebe.
Weitere Aufsätze zur erfinderischen Tätigkeit: *Féaux de La-croix* GRUR 2006, 625; *Jestaedt* GRUR 2001, 939; *Stellmach* Mitt. 2007, 5.

11. § 4 S. 1 PatG stellt ausdrücklich auf den Fachmann ab. Für ihn darf sich die Erfindung nicht in nahe liegender Weise aus dem Stand der Technik ergeben. Insoweit ist der auf dem „betroffenen" Gebiet tätige Fachmann maßgeblich (BGH Mitt. 2003, 116 – Rührwerk; BGH GRUR 2003, 693 (694) – Hochdruckreiniger; BGH GRUR 1995, 330 (331) – Elektrische Steckverbindung; *Jestaedt* GRUR 2001, 939 (940 f.)). Zu Einzelheiten vgl. *Mes* PatG § 4 Rn. 16 ff.

12. Im Formular folgen zu II. die Ausführungen betreffend den fehlenden Tatbestand einer Patentverletzung.

13. Ausgehend von der Merkmalsanalyse entsprechend → Anm. 9 sind die Merkmale im Einzelnen abzuhandeln. Dabei empfiehlt es sich, zunächst darzustellen, was das Merkmal nach dem Streitpatent im Hinblick auf Aufgabe und Lösung leisten soll und worin und weshalb sich die Unterschiede bei der angegriffenen Ausführungsform ergeben.

14. Sonstige mögliche Einwendungen sind diejenigen, die oben in → Anm. 2 zu (3) behandelt sind.

15. Die Ausführungen im Formular zu III. gehen vom Tatbestand einer vorangegangenen Abmahnung aus. Bei einer bloßen Berechtigungsanfrage fehlt es regelmäßig an einem Eingriff in den eingerichteten und ausgeübten Gewerbebetrieb im Sinne des § 823 Abs. 1 BGB bzw. an der Verwirklichung des Tatbestandes eines Behinderungswettbewerbs gemäß § 3 UWG. Infolgedessen wird derjenige, der im Wege der Berechtigungsanfrage angeschrieben worden ist, wesentlich moderater zu antworten haben, etwa mit den Formulierungen:

> „Auf Grund der vorstehend skizzierten Sach- und Rechtslage ist meine Mandantin der Auffassung, dass gegen sie keine Ansprüche wegen vermeintlicher Verletzung des DE...... geltend gemacht werden können. Sie erachtet gemeinsam mit Herrn Patentanwalt Y und mir die Korrespondenz als erledigt."

Liegt jedoch eine Abmahnung/Schutzrechtsverwarnung vor, so stellen die Ausführungen im Formular zu III. die Gegenposition des nach seiner Sicht zu Unrecht Inanspruchgenommenen dar. Der wegen vermeintlicher Patentverletzung Inanspruchgenommene hat Anlass, gegen das Patent Nichtigkeitsklage (§§ 81 ff. PatG) zu erheben bzw. Einspruch einzulegen = sich an einem anhängigen Einspruch zu beteiligen (§ 59 PatG). Er hat ferner Anlass (= ausreichendes Feststellungsinteresse), negative Feststellungsklage zu erheben. Voraussetzung ist jeweils, dass nicht der Patentverwarner zuvor auf die geltend gemachten Ansprüche nach entsprechender Aufforderung verzichtet und damit die Verwarnung zurückgenommen hat. Solange nicht die Zurücknahme einer Verwarnung erfolgt, begründet sie einen fortdauernden Störungszustand (BGH GRUR 1995, 424 (426) – Abnehmerverwarnung).

Nach nach wie vor herrschender und vom BGH mehrfach bestätigter Meinung (BGH GRUR 2006, 219 – Detektionseinrichtung II; BGH GRUR 2005, 882 – Unberechtigte Schutzrechtsverwarnung), stellt die ungerechtfertigte/unbegründete patentrechtliche Verwarnung einen Eingriff in den eingerichteten und ausgeübten Geschäftsbetrieb dar und verpflichtet, sofern Verschulden gegeben ist, gemäß § 823 Abs. 1 BGB zu Schadensersatz. Zugleich kann die ungerechtfertigte Verwarnung gegen § 3 UWG verstoßen (BGH GRUR 2001, 54 (55) – SUBWAY/Subwear; BGH GRUR 1995, 424 (425) – Abnehmerverwarnung). Zu weiteren Einzelheiten → Form. C.2 Anm. 1.

16. Zum Beispiel eine Nichtigkeitsklage gegen ein deutsches Patent → Form. C.14, gegen den deutschen Teil eines europäischen Patents → Form. C.18.

17. Zum Beispiel eine negative Feststellungsklage → Form. C.19.

18. Die Kosten eines so genannten Abwehrschreibens sind keine „Vorbereitungskosten" iSd § 91 ZPO für ein etwaig nachfolgendes Gerichtsverfahren und dementsprechend auf die dort entstehende Verfahrensgebühr nicht anrechenbar (BGH GRUR 2008, 639 – Kosten eines Abwehrschreibens). Für diesen Fall wird für den geltend gemachten Kostenerstattungsanspruch eine „Hilfsposition" dadurch begründet, dass die Kosten der „Gegenabmahnung" zugleich den Grundsätzen der Kostenerstattung einer Abmahnung unterliegen (→ Form. C.2 Anm. 31, 39–41).

Kosten und Gebühren

19. VV 2300 f. RVG iVm §§ 2 Abs. 2, 13 RVG. Danach besteht für die entstehende Geschäftsgebühr ein Gebührenrahmen von 0,5 bis 2,5. Eine Gebühr von mehr als 1,3 kann nur gefordert werden, wenn die Tätigkeit umfangreich oder schwierig war. Regelmäßig wird man in Anlehnung an den früheren Rechtszustand (gerechtfertigt war eine 7,5/10

Rechtsanwaltsgebühr) von einer 1,3 Geschäftsgebühr ausgehen können (vgl. Gerold/Schmidt/*Müller-Rabe* RVG Anh. II Rn. 125 ff: Für wettbewerbsrechtliche Abmahnung).

Folgt der außergerichtlichen Korrespondenz (Abmahnung und Erwiderung) ein gerichtliches Verfahren, so sind die Kosten eines Abwehrschreibens zu Gunsten des Beklagten nicht auf die Verfahrensgebühr anrechenbar, da sie keine notwendigen Kosten der Rechtsverteidigung iSd § 91 Abs. 1 S. 1 ZPO darstellen (BGH GRUR 2008, 639 – Kosten eines Abwehrschreibens).

Fristen und Rechtsmittel

20. Keine.

5. Klage wegen unmittelbarer Patentverletzung (§ 9 S. 2 Nr. 1 PatG)

Landgericht

4. Zivilkammer[1]

Werdener Straße 1

40227 Düsseldorf[2]

Klage

der Firma A GmbH

– Klägerin[3] –

Prozessbevollmächtigter: Rechtsanwalt . . . . . .[4]

gegen

1. die Firma B GmbH, X-Stadt, Y-Straße, vertreten durch den Geschäftsführer, den Beklagten zu 2, ebenda,[5]
2. Herrn C,[6]

– Beklagte –

wegen: Patentverletzung

Streitwert: vorläufig geschätzt . . . . . . EUR[7]

Namens und in Vollmacht der Klägerin erhebe ich Klage und bitte um die Anberaumung eines Verhandlungstermins sowie um Ladung der Beteiligten.[8]

Es handelt sich um eine patentrechtliche Streitigkeit, deren Entscheidung durch den Einzelrichter nicht angezeigt erscheint.[9] Es wird gebeten, von der Anberaumung einer Güteverhandlung abzusehen. Sie bietet keine erkennbare Aussicht auf Erfolg. Ein Gleiches gilt für eine Mediation oder ein anderes Verfahren der außergerichtlichen Konfliktbeilegung.[10]

Ich beantrage,[11]

I. die Beklagten zu verurteilen,
   1. es bei Meidung[12] eines für jeden Fall der Zuwiderhandlung fälligen Ordnungsgeldes bis zu 250.000 EUR, ersatzweise Ordnungshaft bis zu 6 Monaten oder Ordnungshaft bis zu 6 Monaten, im Wiederholungsfalle Ordnungshaft bis zu 2 Jahren, wobei die Ordnungshaft im Hinblick auf die Beklagte zu 1 an ihrem jeweiligen Geschäftsführer zu vollstrecken ist,[13] zu unterlassen,[14]

Vorrichtungen zum Abscheiden von Sand aus mit Sand und organischen Stoffen belastetem Abwasser, bestehend aus einem stehenden Behälter mit einem Überlauf für das mit organischen Stoffen belastete Abwasser und mit einem an eine untere Austragsöffnung des Behälters angeschlossenen Austragsförderer,[15] herzustellen, anzubieten, in den Verkehr zu bringen oder zu gebrauchen oder zu den genannten Zwecken einzuführen oder zu besitzen,[16] bei denen der Behälter ein sich bis in den Bodenbereich erstreckendes Rührwerk und im Bodenbereich eine Frischwasserzufuhr aufweist und für den Antrieb des Austragsförderers eine Steuereinrichtung vorgesehen ist, die den Antrieb des Austragsförderers in Abhängigkeit von der Absetzhöhe des Sandes im Behälter steuert[17] (DE ......, Anspruch 1);[18]
2. der Klägerin für die Zeit ab dem ...... (b)[25] Auskunft über die Herkunft und den Vertriebsweg der unter vorstehend zu I. 1. beschriebenen Erzeugnisse zu erteilen, insbesondere unter Angabe der Namen und Anschriften, des Lieferanten und/oder anderer Vorbesitzer, der gewerblichen Abnehmer oder Auftraggeber.[19]
3. der Klägerin über den Umfang der vorstehend zu I. 1. bezeichneten und seit dem ...... (b)[25] begangenen Handlungen Rechnung zu legen,[20] und zwar unter Vorlage eines geordneten Verzeichnisses unter Beifügung der Belege,[21] insbesondere unter Angabe
   a) der Herstellungsmengen und -zeiten, der Menge der erhaltenen oder bestellten Erzeugnisse sowie im Hinblick auf erhaltene Lieferungen der Namen und Anschriften der Hersteller, Lieferanten und anderer Vorbesitzer,[22]
   b) der einzelnen Lieferungen, aufgeschlüsselt nach Liefermengen, -zeiten und -preisen unter Einschluss von Typenbezeichnungen sowie der Namen und Anschriften der Abnehmer,[23]
   c) der einzelnen Angebote, aufgeschlüsselt nach Angebotsmengen, -zeiten und -preisen unter Einschluss von Typenbezeichnungen sowie der Namen und Anschriften der Angebotsempfänger,[24]
   d) der betriebenen Werbung, aufgeschlüsselt nach Werbeträgern, deren Auflagenhöhe, Verbreitungszeitraum und Verbreitungsgebiet,
   e) der nach den einzelnen Kostenfaktoren aufgeschlüsselten Gestehungskosten und des erzielten Gewinns,[25, 26]
   wobei
   – vom Beklagten zu 2 sämtliche Angaben und von beiden Beklagten die Angaben zu e) nur für die Zeit seit dem ...... (b)[27] zu machen sind,
   – den Beklagten vorbehalten bleiben mag,[28] die Namen und Anschriften der nicht gewerblichen Abnehmer und der Angebotsempfänger statt der Klägerin einem von dieser zu bezeichnenden und ihr gegenüber zur Verschwiegenheit verpflichteten vereidigten Wirtschaftsprüfer mitzuteilen, sofern die Beklagten dessen Kosten tragen und ihn ermächtigen und verpflichten, der Klägerin auf konkrete Anfrage mitzuteilen, ob ein bestimmter Abnehmer oder Angebotsempfänger in der Aufstellung enthalten ist,
   – die Richtigkeit und Vollständigkeit der Angaben betreffend vorstehend a) und b) durch Vorlage von Bank-, Finanz- oder Handelsunterlagen oder einen geeigneten Zugang dazu,
   hilfsweise: durch Übermittlung von Belegen (Rechnungen und Lieferscheinen, jeweils in Kopie)
   nachzuweisen ist;[29]
4. die im unmittelbaren oder mittelbaren Besitz oder im Eigentum der Beklagten befindlichen Erzeugnisse entsprechend vorstehend I. 1. an einen von der Klägerin zu beauftragenden Gerichtsvollzieher zum Zwecke der Vernichtung auf Kosten der Beklagten herauszugeben;[30]

5. Klage wegen unmittelbarer Patentverletzung (§ 9 S. 2 Nr. 1 PatG)   C. 5

    5. Vorrichtungen entsprechend vorstehend I. 1. zurückzurufen und/oder sie endgültig aus den Vertriebswegen zu entfernen;[31]
    6. an die Klägerin den Betrag von . . . . . . EUR nebst Zinsen in Höhe von 5 Prozentpunkten über dem Basiszinssatz seit Rechtshängigkeit zu zahlen;[32]
    7. die Klägerin zu befugen, im Falle des Obsiegens das Urteil auf Kosten der Beklagten öffentlich bekannt zu machen, wobei Art und Umfang der Bekanntmachung durch das Gericht bestimmt werden mögen;[33]
II. festzustellen,
    1. dass die Beklagte zu 1 verpflichtet ist, der Klägerin für die zu I. 1. bezeichneten und in der Zeit vom . . . . . . (a) . . . . . .[27] bis zum . . . . . . (b)[27] . . . . . . begangenen Handlungen eine angemessene Entschädigung zu zahlen;[34]
    2. dass die Beklagten gesamtverbindlich verpflichtet sind, der Klägerin allen Schaden zu ersetzen, der ihr und/oder der Firma D GmbH durch die zu I. 1. bezeichneten und seit dem . . . . . . (b) . . . . . .[27] begangenen Handlungen entstanden ist und noch entstehen wird;[35]
III. den Beklagten gesamtverbindlich die Kosten des Rechtsstreits aufzuerlegen;[36]
IV. das Urteil – gegebenenfalls gegen Sicherheitsleistung (Bank- oder Sparkassenbürgschaft) – für vorläufig vollstreckbar zu erklären;[36, 37]
hilfsweise der Klägerin nachzulassen, im Unterliegensfall die Zwangsvollstreckung wegen der Kosten gegen Sicherheitsleistung (Bank- oder Sparkassenbürgschaft) abzuwenden.[36]

Begründung:

I.

1. Die Klägerin ist eingetragene, alleinige und ausschließlich verfügungsberechtigte Inhaberin[38] des DE . . . . . . betreffend eine Vorrichtung zum Abscheiden von Sand aus mit Sand und organischen Stoffen belastetem Abwasser. Die zugrunde liegende Anmeldung erfolgte am . . . . . .[39, 40] und wurde am . . . . . .[39] bekannt gemacht.[40] Die Veröffentlichung der Patenterteilung im Patentblatt erfolgte am . . . . . .[39, 40] Das DE . . . . . . (im Folgenden auch: Klagepatent), dessen Schrift ich als

Anlage K 1[41]

– für die Mitglieder der angerufenen Kammer in drei Exemplaren – überreiche, steht in Kraft.
Beweis: Auskunft des Deutschen Patent- und Markenamts.[42]

2. Das Klagepatent bezieht sich[43] auf einen so genannten Sandabscheider, nämlich auf eine Vorrichtung zum Abscheiden von Sand aus mit Sand und organischen Stoffen beladenem Abwasser. Das Abwasser wird in einem stehenden Behälter in eine Umlaufströmung versetzt. Diese sorgt dafür, dass die organischen Stoffe nach oben bewegt werden, während der Sand nach unten zu einem unten an dem Behälter angeschlossenen Austragsförderer absinkt. Nach einer gewissen Absetzzeit wird der Sand sodann ausgetragen. Zum Zwecke des Austragens befindet sich unten im Behälter eine Austragsöffnung, die wiederum mit einem Austragsförderer (regelmäßig in Form einer Förderschnecke) in Verbindung steht. Die Förderschnecke verläuft nach oben geneigt, wobei das Austragsende oberhalb der Höhe des Überlaufes liegt.
Die dem Klagepatent zugrunde liegende Erfindung[44] bezieht sich auf eine Vorrichtung zum Abscheiden von Sand aus mit Sand und organischen Stoffen belastetem Abwasser, bestehend aus
(1) einem stehenden Behälter,
(2) mit einem Überlauf für das mit organischen Stoffen belastete Abwasser,

(3) mit einem an eine untere Austragsöffnung des Behälters angeschlossenen Austragsförderer.

Nach dem im vorbekannten Stand der Technik[45] bekannten Verfahren zum Abscheiden von Sand aus mit Sand und organischen Stoffen beladenem Abwasser hat es sich vor allem als nachteilig erwiesen, dass der ausgetragene Sand noch mit organischen Stoffen in einer Menge belastet ist, die eine Weiterverwendung des Sandes, beispielsweise als Schüttgut für Bauzwecke, ausschließt. Vielmehr muss der aus solchen Abwässern abgetrennte Sand als Sondermüll behandelt und deponiert werden. Das ist zeit- und kostenaufwändig.

Der Erfindung nach dem Klagepatent liegt das technische Problem (die Aufgabe)[46] zugrunde, eine Vorrichtung vorstehend wiedergegebener Art so zu verbessern,

„. . . . . dass der ausgetragene Sand nur einen unbedenklichen Restanteil an organischen Stoffen aufweist und für Bauzwecke oder dergleichen eingesetzt werden kann."

Die Lösung[47] erfolgt dadurch, dass einer Vorrichtung mit den vorstehend genannten Merkmalen (1) bis (3) die weitere Merkmalskombination hinzugefügt wird:
(4) Der Behälter weist ein sich bis in den Bodenbereich erstreckendes Rührwerk auf,
(5) im Bodenbereich befindet sich eine Frischwasserzufuhr,
(6) für den Antrieb des Austragsförderers ist eine Steuereinrichtung vorgesehen, die den Antrieb des Austragsförderers in Abhängigkeit von der Absetzhöhe des Sandes im Behälter steuert.

Einzelheiten[48] der Erfindung nach dem Klagepatent ergeben sich aus dem Inhalt der Anlage K 1, nämlich Beschreibung und Figuren, auf die zur Vermeidung von Wiederholungen Bezug genommen wird. In Figur 1 ist eine Ausführungsform des Erfindungsgegenstandes dargestellt. Aus Figur 1 und der zugehörigen Beschreibung (Sp . . . . . ., Z . . . . . .) ist erkennbar, dass die Vorrichtung im Wesentlichen aus einem stehenden Behälter 1 besteht. Dieser verfügt über eine bodenseitige Austragsöffnung 2, an die sich ein schräg nach oben steigender Austragsförderer 3 (zB ein Schneckenförderer) anschließt. Es ist ein sich bis in den Bodenbereich des Behälters erstreckendes Rührwerk 4 vorgesehen, das eine Rührwelle 5 mit radial abstehenden Rührarmen 6 besitzt und am unteren Ende der Rührwelle 5 eine die Austragsöffnung 2 mit axialem Abstand abdeckende Scheibe 7 trägt. An der Scheibe 7 sind gegen den Behälterboden vorragende Rührfinger 8 vorgesehen. Der Rührwerkantrieb 9 besteht aus einem Elektromotor 10. Es ist des Weiteren ein ringförmiger Überlauf 13, der von der Behälterwand aufragt, vorhanden. Ferner ist vorgesehen, dass eine Abwasserzulaufleitung 14 vorhanden ist und eine das übergelaufene Abwasser ableitende Ableitung 15. Im Bereich des Austragsförderers 3 ist eine Frischwasserzuleitung 16 vorhanden, über die durch die Austragsöffnung 2 Wasser gepumpt werden kann.

Die Vorrichtung nach einem Ausführungsbeispiel des Klagepatents arbeitet in der Weise, dass das zum Abscheiden des Sandes über die Abwasserzulaufleitung 14 in den Behälter 1 gepumpte Abwasser (= Gemisch aus Abwasser, mitgespültem Sand und ebenfalls mitgespülten faulfähigen, organischen Stoffen) durch das umlaufende Rührwerk 4 sowie durch das von unten über die Wasserzuleitung 16 zugeführte Wasser in eine Umlaufströmung versetzt wird. In der Umlaufströmung werden die spezifisch leichteren organischen Stoffe nach oben zum Überlauf 13 bewegt. Die spezifisch schwereren Sandkörner sinken gegen den Behälterboden ab und bilden dort einen Sandkuchen 18. Dieser wird vom Rührwerk 4 mechanisch gerührt. Dadurch reiben sich die einzelnen Sandkörner aneinander und es werden an den Sandkörnern anhaftende organische Stoffe abgerieben. Das durch die Zuleitung 16 zugeführte Wasser und die dadurch erzeugte aufwärtsgerichtete Strömung nehmen diese abgeriebenen organischen Stoffe zum Überlauf 13 mit, wo sie mit dem Abwasser ausgeschwemmt werden. Der abgesetzte Sandkuchen 18 kann dann – von Zeit zu Zeit – vom Austragsförderer 3

5. Klage wegen unmittelbarer Patentverletzung (§ 9 S. 2 Nr. 1 PatG)   C. 5

in einen Auffangbehälter 19 ausgetragen werden, wobei gleichzeitig eine Entwässerung des ausgetragenen Sandes erfolgt, weil das Austragsende 20 des Austragsförderers 3 höher als der Überlauf 13 liegt. Von Bedeutung für die erfindungsgemäße Lehre für die Trennung des Sandes von den organischen Stoffen ist, dass stets ein Sandkuchen 18 mit einer vorgegebenen Mindesthöhe vorhanden ist. Das bedeutet, dass über den Austragsförderer 3 höchstens eine den jeweiligen Sandzuwachs über diese Mindesthöhe hinaus entsprechende Sandmenge ausgefördert werden darf. Um diese Mindesthöhe des Sandkuchens 18 sicherzustellen, wird nach Maßgabe des Merkmals 6 der Antrieb 21 für den Austragsförderer 3 in Abhängigkeit von der vorgegebenen Mindesthöhe des abgesetzten Sandes gesteuert. Im Ausführungsbeispiel geschieht dies durch das Messen der Stromaufnahme des Elektromotors 10. Mit zunehmender Höhe des Sandkuchens 18 steigen der Rührwiderstand und damit auch die Stromaufnahme des Elektromotors 10. Das wird von dem Messwertgeber 23 erfasst und der Steuerung 22 zugrunde gelegt.

Der für den Rechtsstreit allein interessierende Hauptanspruch[49] des Klagepatents hat folgenden Wortlaut:

„Vorrichtung zum Abscheiden von Sand aus mit Sand und organischen Stoffen belastetem Abwasser, bestehend aus einem stehenden Behälter (1) mit einem Überlauf (13) für das mit organischen Stoffen belastete Abwasser und mit einem an eine untere Austragsöffnung (2) des Behälters (1) angeschlossenen Austragsförderer (3), dadurch gekennzeichnet, dass der Behälter (1) ein sich bis in den Bodenbereich erstreckendes Rührwerk (4) und im Bodenbereich eine Frischwasserzufuhr (16) aufweist und dass für den Antrieb (21) des Austragsförderers (3) eine Steuereinrichtung (22) vorgesehen ist, die den Antrieb (21) des Austragsförderers (3) in Abhängigkeit von der Absetzhöhe des Sandes im Behälter (1) steuert."

Zuvor ist Anspruch 1 des Klagepatents schon in eine Merkmalsanalyse, bestehend aus den Merkmalen (1) bis (6) gegliedert worden. Diese[50] überreiche ich zur Arbeitserleichterung – für die Mitglieder der angerufenen Kammer in drei Exemplaren – noch einmal gesondert als

Anlage K 2.[50]

3. Die Beklagte zu 1, deren Geschäftsführer der Beklagte zu 2 ist, stellt her und vertreibt Vorrichtungen zum Abscheiden von Sand aus mit Sand und organischen Stoffen beladenem Abwasser, die wortsinngemäß[51] den Hauptanspruch des Klagepatents[52] verwirklichen. Die Vorrichtung der Beklagten ist in dem Prospekt gemäß

Anlage K 3,

den ich für das Gericht im Original, im Übrigen in Kopie der interessierenden Seiten, überreiche, beschrieben. Der Verletzungstatbestand[53] ergibt sich wie folgt:

Der Prospekt gemäß Anlage K 3 beschreibt eine Sandwaschanlage als eine Vorrichtung der Beklagten zum Abscheiden von Sand aus mit Sand und organischen Stoffen beladenem Abwasser. Diese verwirklicht sämtliche Merkmale des Oberbegriffs des Hauptanspruchs. Denn sie besteht aus einem stehenden Behälter (Merkmal 1), mit einem Überlauf für das mit organischen Stoffen belastete Abwasser (Merkmal 2) und mit einem an eine untere Austragsöffnung des Behälters angeschlossenen Austragsförderer (Merkmal 3). Dazu kann ich auf die Prinzipskizze auf Blatt 2 des Prospektes gemäß Anlage K 3 (dort die Zeichnungen „Überlauf" und „Ablauf" für die untere Austragsöffnung und die zugehörigen Vorrichtungsteile) verweisen. Somit sind sämtliche Merkmale des Oberbegriffs des Hauptanspruchs des Klagepatents wortsinngemäß verwirklicht.

In wörtlicher Übereinstimmung mit dem Merkmal 4 weist der Behälter der Beklagten auch ein sich bis in den Bodenbereich erstreckendes Rührwerk auf. Dieses Rührwerk wird im Prospekt der Beklagten gemäß Anlage K 3 ausdrücklich als solches bezeichnet, wobei hervorgehoben wird, dass es mit geringer Drehzahl betrieben wird. Auch das Merkmal 5 ist wortsinngemäß verwirklicht, indem die Verletzungsform im Bodenbereich eine Frischwasserzufuhr aufweist (vgl. Anlage K 3, Blatt 2 links, untere Prinzipskizze). Dass die Beklagten in diesem Zusammenhang von Brauchwasser anstelle von Frischwasser sprechen, bedeutet patentrechtlich keinen Unterschied. Brauchwasser ist landläufig dasjenige Frischwasser, das nicht Trinkwasserqualität hat. Auch das Merkmal 6 ist wortsinngemäß verwirklicht. Denn seitens der Vorrichtung der Beklagten wird nur der von organischen Bestandteilen gereinigte Sand automatisch mittels der Sandaustragsschnecke ausgetragen, dabei entwässert und in einen Container abgeworfen. Dazu verweise ich auf die Beschreibung auf Blatt 4 der Anlage K 3. Um jedoch zu verhindern, dass organische Bestandteile mit dem Sand ausgetragen werden, ist die Sandwaschanlage der Beklagten in Übereinstimmung mit der Lehre des Klagepatents ebenfalls so ausgelegt, dass eine Sandschicht konstanter Höhe im Bodenbereich aufrechterhalten wird. Das beschreiben die Beklagten in ihrem Prospekt gemäß Anlage K 3, dort Blatt 4, wo es zu dem dort beschriebenen Punkt „mögliche Störungen" ua heißt:

„Organischer Anteil im ausgetragenen Sand ist stark angestiegen."

Als mögliche Ursache wird bezeichnet:

„Notwendige Sandschicht ist nicht mehr vorhanden",

wobei sodann als Mittel der Störungsbehebung angegeben wird:

„Einfüllen von ca. 1 qbm sauberen Sand, um Sandschicht wieder herzustellen."

Mit den vorstehenden Zitaten wird im Prospekt der Beklagten gemäß Anlage K 3 genau dasjenige beschrieben, was das Klagepatent im Zusammenhang mit dem Merkmal 6 lehrt. Zur Steuerung des Austragsvorgangs ist in Übereinstimmung mit dem Wortsinn des Hauptanspruchs im Zusammenhang mit dem Merkmal 6 bei der Verletzungsform der Beklagten eine Drucksonde vorgesehen, mit deren Hilfe die Ausdehnungshöhe der Sandschicht gemessen und je nach Messergebnis der Austrag des Sandes gestartet werden kann.

Beweis: 1. Inaugenscheineinnahme
2. Sachverständigengutachten.

4. Die sich aus der Patentverletzung ergebenden Ansprüche der Klägerin werden gegen die Beklagten gerichtlich geltend gemacht, nachdem außergerichtliche Bemühungen zur Erledigung des Streitverhältnisses erfolglos geblieben sind.[54]

II.

Die rechtliche Bewertung ergibt die Begründetheit des Klagebegehrens:

1. Der mit Klageantrag I. 1. geltend gemachte Unterlassungsanspruch findet seine Grundlage in § 139 Abs. 1 PatG iVm § 9 S. 2 Nr. 1 PatG.[55] Das Klagepatent steht in Kraft. Es wird seitens der Beklagten wortsinngemäß verletzt. Da schon Patentverletzungen vorgekommen sind, ergibt sich die für den geltend gemachten Unterlassungsanspruch erforderliche Wiederholungsgefahr.

2. Der mit Klageantrag II. 2. geltend gemachte Schadensersatzanspruch ist dem Grunde nach gemäß § 139 Abs. 2 PatG gerechtfertigt.[56] Die Beklagten haben vorsätzlich – schuldhaft in das Klagepatent eingegriffen; mindestens fällt ihnen grobe Fahrlässigkeit zur Last.[57] Es ist ferner von ihnen nicht zu bestreiten, dass durch ihre Patentverletzungshandlungen die Entstehung eines Schadens zu Lasten der Klägerin in hohem Maße wahrscheinlich ist.[56]

3. Die Klägerin kann die Höhe des ihr entstandenen Schadens ziffernmäßig nicht bestimmen, ohne zuvor von den Beklagten in gewohnheitsrechtlicher Anwendung des § 242 BGB sowie der Rechtsregeln betreffend die auftragslose Geschäftsführung,[58] Rechnungslegung zu erhalten. Daraus rechtfertigt sich der mit Klageantrag I. 3. geltend gemachte Rechnungslegungsanspruch. Zugleich ergibt sich die Zulässigkeit des Schadensersatzfeststellungsbegehrens gemäß Klageantrag II.[59] Der mit Kla-

5. Klage wegen unmittelbarer Patentverletzung (§ 9 S. 2 Nr. 1 PatG) C. 5

geantrag I. 2. geltend gemachte Anspruch auf Drittauskunft findet seine Grundlage in § 140b PatG.[60]

4. Ab Veröffentlichung des Hinweises gemäß § 32 Abs. 5 PatG auf die Klagepatentanmeldung kann die Klägerin von der Beklagten zu 1 Entschädigung gemäß § 33 PatG für Benutzungshandlungen beanspruchen.[61] Auch dieser Anspruch wird mit Klageantrag II. 1. dem Grunde nach geltend gemacht. Zur Vorbereitung dient der mit Klageantrag I. 3. erhobene Rechnungslegungsanspruch, der mit den im Klageantrag wiedergegebenen Einschränkungen seine Grundlage in den Rechtsregeln betreffend die auftragslose Geschäftsführung unter Berücksichtigung von Treu und Glauben gemäß § 242 BGB findet.[62]

5. In üblicher Weise ist bei der Formulierung der Klageanträge auf Rechnungslegung/ Auskunftserteilung, Schadensersatz- und Entschädigungsfeststellung ein Monat „Karenzzeit" betreffend das Veröffentlichungsdatum der Patentanmeldung bzw. den Veröffentlichungstag der Patentschrift berücksichtigt.[63]

6. Der mit Klageantrag I. 5. geltend gemachte Rückrufanspruch findet seine rechtliche Grundlage in § 140a Abs. 3 PatG nF Danach kann die Klägerin die Beklagten, die entgegen § 9 PatG die klagepatentgemäße Erfindung benutzt haben, auf Rückruf der Erzeugnisse, die Gegenstand des Klagepatents sind, oder auf deren endgültiges Entfernen aus den Vertriebswegen in Anspruch nehmen. Die Klägerin geht davon aus, dass sich patentverletzende Erzeugnisse der Beklagten schon bei deren Kunden befinden und dass des Weiteren daneben auch patentverletzende Erzeugnisse der Beklagten sich in den Vertriebswegen befinden, beispielsweise bei mit der Beklagten zu 1 zusammenarbeitenden Händlern. Dem trägt die Formulierung des Klageantrags I. 5. Rechnung.

7. Der mit Klageantrag I. 4. geltend gemachte Vernichtungsanspruch findet seine rechtliche Grundlage in § 140a PatG.[64]

8. Mit Klageantrag I. 6. wird seitens der Klägerin ein Zahlungsanspruch in Höhe der Kosten gegen die Beklagte geltend gemacht, die ihr durch die vorprozessuale, allerdings erfolglose Abmahnung der Beklagten nach Maßgabe des Schreibens gemäß
Anlage K 4
entstanden sind. Wie aus Anlage K 4 ersichtlich, hat die Klägerin patent- und rechtsanwaltliche Hilfe in Anspruch genommen und dafür einen Gegenstandswert von . . . . . . EUR zugrunde gelegt. Dieser Wert entspricht dem eingangs dieser Klage genannten Streitwert. Der Klägerin sind vorgerichtliche Abmahnkosten in Form sowohl einer patent- als auch einer rechtsanwaltlichen Geschäftsgebühr gem. VV 2300 RVG entstanden. Sie hat dabei einen Mittelwert mit einem Gebührenfaktor von 1,3 zugrunde gelegt. Dieser Ansatz ist angemessen und verkehrsüblich. Hinzugerechnet ist ein Betrag für Auslagen in Höhe von . . . . . . EUR. Daraus errechnet sich der mit Klageantrag I. 6. geltend gemachte Gesamtbetrag in Höhe von EUR . . . . . ., der gem. § 288 BGB ab dem . . . . . . mit fünf Prozentpunkten über dem Basiszinssatz zu verzinsen ist.
Außergerichtlich entstandene Geschäftsgebühren sind in vollem Umfang gerichtlich geltend zu machen. Sie werden auf die ebenfalls entstandene Verfahrensgebühr des gerichtlichen Verfahrens nicht anteilig angerechnet. Damit vermindert sich nicht die bereits entstandene Geschäftsgebühr, sondern es reduziert sich die im anschließenden gerichtlichen Verfahren anfallende Verfahrensgebühr.[65]

9. Mit Klageantrag I. 7. wird der Anspruch der Klägerin auf Veröffentlichung des obsiegenden Urteils gegen die Beklagte geltend gemacht. Dieser findet seine Rechtsgrundlage in § 140e PatG in der Fassung des Gesetzes zur Verbesserung der Durchsetzung von Rechten des geistigen Eigentums vom 7.7.2008, die seit dem 1.9.2008 gilt. Danach ist in Patentverletzungsprozessen der obsiegenden Partei im Urteil die

Befugnis zuzusprechen, das Urteil auf Kosten der unterliegenden Partei öffentlich bekannt zu machen, wenn sie ein berechtigtes Interesse darlegt. Das berechtigte Interesse der Klägerin ergibt sich daraus, dass ......[66]

10. Die Verantwortlichkeit des Beklagten zu 2 ergibt sich auf Grund eigenen täterschaftlichen Verhaltens, diejenige der Beklagten zu 1 unter dem rechtlichen Gesichtspunkt der Organhaftung (§ 31 BGB analog) infolge eines Einstehenmüssens für das Verhalten ihres Geschäftsführers.[67]

11. Patentverletzungshandlungen der Beklagten sind in Nordrhein-Westfalen vorgekommen.[68] So haben die Beklagten beispielsweise an den Abnehmer X in Dortmund ihre patentverletzende Vorrichtung geliefert. Im Falle des Bestreitens trage ich dazu näher vor und trete Beweis an. Aus dem Vorstehenden ergibt sich die Zuständigkeit des angerufenen Gerichts unter dem rechtlichen Gesichtspunkt der patentrechtlichen Streitigkeit (§ 143 PatG).

III.

Ich zeige an, dass die Klägerin

Herrn Patentanwalt[69]

......

zur Mitwirkung in diesem Rechtsstreit bestellt hat.[70, 71, 72]

Hinweis: Ein weiteres Beispiel einer Patentverletzungsklage findet sich im BeckPFormB/Mes → Form. II.Q.2.

Schrifttum: vgl. die Hinweise zu → Form. C.1.

1. Insbesondere zum Patentverletzungsprozess: *Kühnen*, Handbuch der Patentverletzung, 9. Aufl. 2017; *Mes*, PatG, 4. Aufl. 2015, Rn. 217 ff. zu § 139; *Nieder*, Die Patentverletzung. Materielles Recht und Verfahren, 2004; *Pitz*, Patentverletzungsverfahren, 2. Aufl. 2010; *Schramm/Bearbeiter*, Der Patentverletzungsprozess – Patent- und Prozessrecht, 7. Aufl. 2013; *Treichel*, Die Sanktionen der Patentverletzung und ihre gerichtliche Durchsetzung im deutschen und französischen Recht, 2001; *van Hees/Braitmayer*, Verfahrensrecht in Patentsachen, 4. Aufl. 2010; *von Hellfeld*, Schadensersatz- und Unterlassungsansprüche, 2016.

2. Zu Spezialfragen des Patentverletzungsprozesses: *Arnold/Tellmann*, Kein Vernichtungsanspruch bei mittelbarer Patentverletzung? zugleich Anm. zu BGH GRUR 2006, 570 – extracoronales Geschiebe, GRUR 2007, 353; *Augenstein/Roderburg*, Aussetzung des Patentverletzungsverfahrens nach Änderung der Patentansprüche, GRUR 2008, 457; *Block*, 18 Monate nach EuGH „Huawei/ZTE", GRUR 2017, 121; *Bodewig/Wandtke*, Die doppelte Lizenzgebühr als Berechnungsmethode im Lichte der Durchsetzungsrichtlinie, GRUR 2008, 220; *Bornhäusser*, Zur einstweiligen Einstellung der Zwangsvollstreckung im Patentverletzungsverfahren nach erstinstanzlicher Vernichtung des Klagepatents, GRUR 2015, 331; *Brändle*, Der Weg zum Vergleich im Patentprozess, GRUR 2001, 880; *Burrichter*, Der qualifizierte Hinweis nach § 83 Abs. 1 PatG und seine Bedeutung für den Verletzungsprozess – Teil 1, FS 80 Jahre Patentgerichtsbarkeit in Düsseldorf, 2016, 79; *Chakraborty*, Der qualifizierte Hinweis nach § 83 Abs. 1 PatG und seine Bedeutung für den Verletzungsprozess – Teil 2, FS 80 Jahre Patentgerichtsbarkeit in Düsseldorf, 2016, 101; *Dagg*, „To Stay ...... Or Not To Stay", Mitt. 2003, 1; *Eck/Dombrowski*, Rechtsschutz gegen Besichtigungsverfügungen im Patentrecht, GRUR 2008, 387; *Fähndrich/Ibbeken*, Gerichtszuständigkeit und anwendbares Recht im Falle grenzüberschreitender Verletzungshandlungen der Rechte des geistigen Eigentums; Bericht für die Deutsche Landesgruppe der AIPPI zur Frage Q174, GRUR Int. 2003, 616; *C. Götz*, Tatsachen- und Informationsbeschaffung im Immaterialgüterrechtsprozess, 2012; *W. Götz*, Schaden und Bereicherung in der Verletzerkette, GRUR 2001, 295; *W. Götz*, Die Neuvermessung des Lebenssachverhalts. Der Streitgegenstand im Unterlassungsprozess, GRUR 2008, 401; *Grabinski*, Zur Bedeutung des Europäischen Gerichtsstands- und Vollstreckungsübereinkommens (Brüsseler Übereinkommens) und des Lugano-Übereinkommens in Rechtsstreitigkeiten über Patentverletzungen, GRUR Int. 2001, 199; *Grabinski*, Angst vor dem

5. Klage wegen unmittelbarer Patentverletzung (§ 9 S. 2 Nr. 1 PatG) C. 5

Zitterrochen? – Zur Verfahrensaussetzung nach Art. 27, 28 VO (EG) Nr. 44/2001 in Patentverletzungsstreitigkeiten vor deutschen Gerichten, FS Tilmann, 2003, 461; *Grosch*, Zum Streitgegenstandsbegriff im Patentverletzungsprozess unter Berücksichtigung der Rechtsprechung zum Wettbewerbs- und Markenprozess, FS Schilling, 2007, 207; *Haedicke*, Die Gewinnhaftung des Patentverletzers, GRUR 2005, 529; *Haft/Reimann*, Zur Berechnung des Verletzergewinns nach der Gemeinkostenanteil-Entscheidung des BGH vom 2.11.2000, Mitt. 2003, 437; *Haupt*, Territorialitätsprinzip im Patent- und Gebrauchsmusterrecht bei grenzüberschreitenden Fallgestaltungen, GRUR 2007, 187; *Heermann*, Schadensersatz und Bereicherungsausgleich bei Patentrechtsverletzungen, GRUR 1999, 625; *Herr*, BGH erteilt grenzüberschreitenden Patentverletzungsverfahren eine Absage, Mitt. 2006, 481; *Horn/Dethof*, Der Mitinhaber eines Patents als Verletzungskläger, FS 80 Jahre Patentgerichtsbarkeit in Düsseldorf, 2016, 189; *Jestaedt*, Die Ansprüche auf Rückruf und Entfernen schutzrechtsverletzender Gegenstände aus den Vertriebswegen, GRUR 2009, 102; *König*, Die Beweisnot des Klägers und der Besichtigungsanspruch nach § 809 BGB bei Patent- und Gebrauchsmusterverletzungen, Mitt. 2002, 153; *Kubis*, Patentverletzungen im europäischen Prozessrecht – Ausschließliche Zuständigkeit kraft Einrede?, Mitt. 2007, 220; *Kühnen*, Die Tenorierung des Warnhinweises in Fällen mittelbarer Patentverletzung, GRUR 2008, 218; *Kühnen*, Eine neue Ära bei der Antragsformulierung? Kritische Gedanken zur BGH-Entscheidung „Blasfolienherstellung", GRUR 2006, 180; *Kühnen*, Die Besichtigung im Patentrecht. Eine Bestandsaufnahme 2 Jahre nach „Faxkarte", GRUR 2005, 185; *Kühnen*, Verspätete Lizenzierungsbemühungen bei SEP mit FRAND-Erklärung, FS 80 Jahre Patentgerichtsbarkeit in Düsseldorf, 2016, 311; *Lenz*, Sachantragsfassung im Patentverletzungsprozess, GRUR 2008, 565; *Maul/Maul*, Produktpiraterie im Pharma-Bereich – Sanktionsbedarf und Schadensquantifizierung, GRUR 1999, 1059; *Meier-Beck*, Die Verwarnung aus Schutzrechten – Mehr als eine Meinungsäußerung!, GRUR 2005, 535; *Meier-Beck*, Herausgabe des Verletzergewinns – Strafschadensersatz nach deutschem Recht?, GRUR 2005, 617; *Meier-Beck*, Probleme des Sachantrags im Patentverletzungsprozess, GRUR 1998, 276; *Mes*, Si tacuisses. – Zur Darlegungs- und Beweislast im Prozess des gewerblichen Rechtsschutzes, GRUR 2000, 934; *Müller*, Grenzenlose Organhaftung für Patentverletzungen?, GRUR 2016, 570; *Müller-Stoy*, Durchsetzung des Besichtigungsanspruchs. Kritische Überlegungen zu OLG München, GRUR-RR 2009, 991 – Laser-Hybrid-Schweißverfahren, GRUR-RR 2009, 161; *Pitz*, Torpedos unter Beschuss, GRUR Int. 2001, 32; *Pross*, Verletzergewinn und Gemeinkosten, FS Tilmann, 2003, 881; *Schickedanz*, Die Restitutionsklage nach rechtskräftigem Verletzungsurteil und darauffolgende Nichtigerklärung des verletzten Patents, GRUR 2000, 570; *Tilmann*, Gewinnherausgabe im gewerblichen Rechtsschutz und Urheberrecht; Folgerungen aus der Entscheidung „Gemeinkostenanteil", GRUR 2003, 647; *Tilmann/Schreibauer*, Die neueste BGH-Rechtsprechung zum Besichtigungsanspruch nach § 809 BGB, GRUR 2002, 1015; *van Raden*, Außergerichtliche Konfliktregelung im gewerblichen Rechtsschutz, GRUR 1998, 444; *von der Osten*, Zum Anspruch auf Herausgabe des Verletzergewinns im Patentrecht, GRUR 1998, 284; *von der Osten*, Schadensersatzberechnung im Patentrecht, Mitt. 2000, 95; *Voß*, Die vollständige Übersetzung einer europäischen Patentschrift gem. Art. II § 3 Abs. 1 IntPatÜG als (unabdingbare) Wirksamkeitsvoraussetzung, GRUR 2008, 654; *Voß*, Vollstreckungsschutz in Patentverletzungsverfahren nach § 712 ZPO, FS 80 Jahre Patentgerichtsbarkeit in Düsseldorf, 2016, 573; *Werner*, Die Haftung des GmbH-Geschäftsführers für Wettbewerbsverstöße und Immaterial-Güterrechtsverletzungen durch die Gesellschaft, GRUR 2015, 739.

3. Materialien: Verordnung (EG) Nr. 44/2001, über die gerichtliche Zuständigkeit und die Anerkennung und Vollstreckung von Entscheidungen in Zivil- und Handelssachen (Beilage NJW Heft 11/2002 und EuZW Heft 5/2002).

Anmerkungen

1. § 143 Abs. 1 PatG bestimmt die ausschließliche sachliche Zuständigkeit der Landgerichte für Patentstreitsachen. § 143 Abs. 2 PatG eröffnet den Bundesländern die Möglichkeit der Konzentration auf nur wenige Landgerichte. Von dieser Möglichkeit haben nahezu alle Bundesländer Gebrauch gemacht. Es gilt folgende Regelung (vgl. GRUR 2000, 36 (39)): Baden-Württemberg: LG Mannheim; Bayern: LG München I für den OLG-Bezirk München, LG Nürnberg-Fürth für die OLG-Bezirke Nürnberg und Bamberg; Berlin/Brandenburg: LG Berlin; Bremen, Hamburg, Mecklenburg-Vorpommern und Schleswig-Holstein: LG Hamburg; Hessen und Rheinland-Pfalz: LG Frankfurt;

Niedersachsen: LG Braunschweig; Nordrhein-Westfalen: LG Düsseldorf; Sachsen: LG Leipzig; Sachsen-Anhalt: LG Magdeburg; Thüringen: LG Erfurt. Soweit in einem Land nur ein einziges Landgericht vorhanden ist, geht die Konzentrationsermächtigung des § 143 Abs. 2 PatG ins Leere. Zuständig mithin für das Saarland: LG Saarbrücken.

§ 143 Abs. 1 PatG begründet – in Abweichung zu § 95 Abs. 1 Nr. 4 Buchst. c GVG – die funktionelle Zuständigkeit der Zivilkammern.

§ 143 Abs. 1 PatG gibt eine gesetzliche Definition (Klammerdefinition) des Begriffes der **Patentstreitsachen**. Es handelt sich dabei um alle Klagen, durch die ein Anspruch aus einem der im Patentgesetz geregelten Rechtsverhältnisse geltend gemacht wird. Der Begriff der Patentstreitsache wird weit ausgelegt. Ihm unterfallen alle vermögensrechtlichen und nicht vermögensrechtlichen Streitigkeiten, die einen Anspruch auf eine Erfindung oder aus einer Erfindung zum Gegenstand haben oder sonst wie mit einer Erfindung eng verknüpft sind (BGHZ 14, 72); Einzelheiten bei *Mes* PatG § 143 Rn. 4 ff.).

2. Die örtliche Zuständigkeit wird in § 143 PatG nicht geregelt. Sie bestimmt sich gemäß §§ 12 ff. ZPO. Danach bestehen **allgemeine** (§§ 12, 13 ZPO: bei natürlichen Personen der Gerichtsstand des Wohnsitzes; § 17 ZPO: bei juristischen Personen der Gerichtsstand des Geschäftssitzes) und **besondere** Gerichtsstände, zB der gewerblichen Niederlassung (§ 21 ZPO), des Vermögens (§ 23 ZPO) und insbesondere der unerlaubten Handlung (§ 32 ZPO). Unerlaubte Handlungen (= Patentverletzungen) sind überall dort begangen, wo die Handlung selbst – sei es auch nur in Form eines einzigen Tatbestandsmerkmals – verwirklicht ist (Handlungs-/Begehungsort), wie auch dort, wo der Verletzungserfolg (Erfolgsort) eingetreten ist (BGH GRUR 1994, 530 (531) – Beta – zu Art. 5 Nr. 3 EuGVÜ = Art. 5 Nr. 3 VO (EG) Nr. 44/2001; einschränkend dazu: Tribunale de Bologna GRUR Int. 2000, 1021: Der Gerichtsstand der unerlaubten Handlung gem. Art. 5 Nr. 3 EuGVÜ ist im Falle einer negativen Feststellungsklage, mit der der Kläger beantragt, das Nichtvorliegen einer Patentverletzung festzustellen, nicht begründet; im Gerichtsstand der unerlaubten Handlung nach Art. 5 Nr. 3 EuGVÜ kann auch eine vorbeugende Unterlassungsklage erhoben werden: LG Düsseldorf GRUR Int. 1999, 775 – Impfstoff II, allerdings nur insoweit, als es um für die in diesem Vertragsstaat begangenen Patentverletzungshandlungen, nicht jedoch für weitere Patentverletzungen, die in anderen Vertragsstaaten begangen worden sind und dort bestehende parallele oder inhaltsgleiche Patente betreffen, geht: LG Düsseldorf GRUR Int. 1999, 455 – Schussfadengreifer). § 32 ZPO erfasst auch den verschuldensunabhängigen Unterlassungsanspruch, und zwar schon dann, wenn die Patentverletzung lediglich ernsthaft droht (OLG Hamburg GRUR 1987, 403 – Informationsschreiben). An sich gilt § 32 ZPO nicht für Entschädigungsansprüche gemäß § 33 PatG 1981; Art. II 1 a Abs. 1–3 IntPatÜG (*Kühnen* GRUR 1997, 19). Bei negativer Feststellungsklage ist dasjenige Gericht örtlich zuständig, das für eine positive Leistungsklage (zB auf Unterlassung) umgekehrten Rubrums zuständig wäre (OLG Köln GRUR 1978, 658; dies soll nach OLG München Mitt. 2002, 418 – Elektronisches Leitsystem – nicht für eine negative Feststellungsklage im Gerichtsstand der unerlaubten Handlung gem. Art. 5 Nr. 3 EuGVÜ gelten).

Zu den besonderen Problemen der internationalen Zuständigkeit vgl. *Mes* PatG § 143 Rn. 24 ff.; *Schacht* GRUR 2012, 1110; *Meier-Beck* GRUR 1999, 379; *Grabinski* GRUR Int. 2001, 199; *Lundstedt* GRUR 2001, 103; *Fähndrich/Ibbeken* GRUR Int. 2003, 616; weitere Schrifttumsnachweise bei → Form. C.17.

3. Aktivlegitimation. Zur Geltendmachung von Patentverletzungsansprüchen sind der im Register eingetragene (§ 30 Abs. 3 S. 2 PatG; vgl. dazu *Mes* PatG § 30 Rn. 14 ff.) Patentinhaber und der ausschließliche Lizenznehmer, soweit dessen Nutzungsrecht betroffen ist, aktivlegitimiert (BGH WRP 1998, 406 (408) – Lunette; BGH GRUR 1996, 109 (111) – Klinische Versuche I; BGH GRUR 1995, 338 – Kleiderbügel). Auch bei Bestehen einer ausschließlichen Lizenz ist der Patentinhaber (auch: Gebrauchsmuster-

5. Klage wegen unmittelbarer Patentverletzung (§ 9 S. 2 Nr. 1 PatG) C. 5

inhaber) aktivlegitimiert zur Geltendmachung von Patentverletzungsansprüchen, vgl. BGH GRUR 2008, 896 – Tintenpatrone. Zu den auch vom ausschließlichen Lizenznehmer geltend zu machenden Ansprüchen gehört insbesondere derjenige auf Ersatz eines eigenen Schadens (BGH GRUR 2008, 896 – Tintenpatrone; BGH GRUR 2004, 758 (763) – Flügelradzähler). Die Ansprüche auf Rechnungslegung und diejenigen gemäß §§ 140a ff. PatG nF (Drittauskunft, Vernichtung, Rückruf, Vorlage von Urkunden/ Einsichtnahme in Rechnungsunterlagen usw.) sowie die Ansprüche auf Schadensersatz und Entschädigung können vom Patentinhaber oder dem ausschließlichen Lizenznehmer an Dritte abgetreten werden. Für den Unterlassungsanspruch gilt das nicht. Dieser ist ohne das Patent selbst auf Dritte nicht übertragbar. Ein Dritter kann jedoch im Wege der gewillkürten Prozessstandschaft befugt (ermächtigt) werden, bei vorhandenem eigenem Interesse den Unterlassungsanspruch des Patentinhabers bzw. des ausschließlichen Lizenznehmers gerichtlich geltend zu machen. Eine derartige Prozessführungsermächtigungserklärung (Prozessstandschaftserklärung) kann (verbunden mit einer Abtretungserklärung) wie folgt lauten:

„Abtretungs- und Prozessführungsermächtigung
Wir, die Firma (bzw. Person), sind eingetragene, alleinige und ausschließlich verfügungsberechtigte Inhaberin des DE ...... betreffend ...... Dieses Schutzrecht wird von ...... ohne unsere Zustimmung benutzt. Die sich aus den unerlaubten Benutzungshandlungen ergebenden Ansprüche auf Drittauskunft, Rechnungslegung sowie die weiteren Ansprüche gemäß §§ 140a ff. PatG nF (auf Vernichtung, auf Rückruf oder auf endgültiges Entfernen aus den Vertriebswegen, auf Vorlage einer Urkunde oder Besichtigung einer Sache sowie auf Vorlage von Bank-, Finanz- oder Handelsunterlagen oder einen geeigneten Zugang zu den entsprechenden Unterlagen), Schadensersatz und Entschädigung sowie auf Bereicherung treten wir hiermit an die diese Erklärung annehmende Firma (bzw. Person) ...... ab. Wir ermächtigen des Weiteren die Firma (bzw. Person) ...... den uns zustehenden Unterlassungsanspruch gerichtlich in eigenem Namen geltend zu machen. Wir bestätigen, dass die von uns zur Prozessführung Befugte über ein eigenes wirtschaftliches Interesse an der Geltendmachung des uns zustehenden Unterlassungsanspruchs verfügt, weil sie mit unserer Zustimmung vom Gegenstand des Patents im Bereich der Bundesrepublik Deutschland Gebrauch macht. Das geschieht zB in der Weise, dass ...... Auf einen Zugang der Annahmeerklärung verzichten wir."

Die Abtretung (Übertragung) von Ansprüchen ist zweiseitiges Rechtsgeschäft; die Ermächtigung ist einseitiges Rechtsgeschäft. Auf den Zugang der Annahmeerklärung für die Abtretungserklärung kann verzichtet werden, nicht allerdings auf die Annahmeerklärung selbst (§ 151 BGB). Die in der Prozessstandschafts- und Abtretungserklärung enthaltene Bestätigung eines eigenen wirtschaftlichen Interesses des Prozessstandschafters versteht sich von selbst; die gewillkürte Prozessstandschaft erfordert ein (wenn auch nicht allzu großes) wirtschaftliches Interesse des Klägers.

4. Häufig findet man schon im Aktivrubrum die Anzeige der mitwirkenden Patentanwälte, zB in Form der Formulierung:

„mitwirkende Patentanwälte: ......".

5. Passivlegitimation. Die Klage ist gegen den Patentverletzer zu richten. Das ist jeder, der die Erfindung in eigener Person im Sinne des § 9 PatG unmittelbar benutzt oder als Teilnehmer nach Maßgabe des § 830 Abs. 2 BGB eine fremde unmittelbare Benutzung iSd § 9 PatG ermöglicht oder fördert (BGH GRUR 2009, 1142 Rn. 24 – MP3-Player-Import mAnm *Gärtner*; BGH GRUR 2004, 845 (848) li.Sp. – Drehzahlermittler). Es kann also jeder Alleintäter, Mittäter, Nebentäter, Gehilfe oder Anstifter Patentverletzer sein (BGH GRUR 2002, 599 – Funkuhr II). Mittelbare Täterschaft kann genügen (vgl. *Mes* PatG § 139 Rn. 56 ff.). Ungeachtet der Beteiligungsformen Täterschaft oder Teilnahme ist Patentverletzer auch derjenige, der die Erfindung unberechtigt benutzt, mithin jeder

Handelnde (BGH GRUR 1989, 411 – Offenend-Spinnmaschine). Als Störer haftet ferner jeder, der willentlich und adäquat kausal an der Herbeiführung der rechtswidrigen Beeinträchtigung im Sinne einer Patentbenutzung mitwirkt (BGH GRUR 1995, 62 (64) – Betonerhaltung; Busse/Keukenschrijver PatG § 139 Rn. 27 mwN). Allerdings haftet beispielsweise der Inhaber eines Telefonanschlusses nicht bereits deshalb für Patentverletzungen eines Dritten, weil dieser seine Telefonnummer in der Werbung als Anlaufadresse für die Anbahnung von Geschäften angegeben hat (BGH GRUR 1999, 977 – Räumschild). Zur Haftung der Veranstalter von Teleshopping-Programmen wegen Patentverletzungen: *Wuestenberg* GRUR 2002, 649; regelmäßig keine Haftung von Betreibern einer Internet-Auktionsplattform (BGH GRUR 2007, 708 – Internet-Versteigerung II; BGH GRUR 2004, 860 – Internet-Versteigerung I). Die Passivlegitimation kann sich unterschiedlich gestalten, je nachdem, ob es sich um einen Unterlassungsanspruch handelt (vgl. dazu *Mes* PatG § 139 Rn. 56 ff.) oder um zB einen Schadensersatzanspruch (vgl. *Mes* PatG § 139 Rn. 102).

6. Handelt es sich bei der Beklagten um eine Personalgesellschaft, so wird empfohlen, die Klage zur Erweiterung des Haftungsvermögens sowohl gegen die Gesellschaft selbst als auch gegen sämtliche haftenden Gesellschafter zu richten. Richtet sich die Klage gegen eine juristische Person (zB GmbH, AG), sollten die verantwortlichen Organe (Vorstand, Geschäftsführer) mitverklagt werden. Sie begehen die Patentverletzung regelmäßig täterschaftlich; die Gesellschaften haften analog § 31 BGB unter dem Blickwinkel der Organhaftung (vgl. OLG Düsseldorf GRUR-RR 2016, 105 – Verbindungsstück; LG Mannheim GRUR-RR 2013, 449 (452) re.Sp.; BGH GRUR 1986, 248 (250) – Sporthosen; *Klaka* GRUR 1988, 729; kritisch *Götting* GRUR 1994, 6; zu allem vgl. *Köhler/Bornkamm/Feddersen* UWG § 8 Rn. 2.19, 2.20). Ungeachtet einer täterschaftlichen Beteiligung des Organs einer Gesellschaft anerkennt BGH GRUR 2016, 257 – Glasfasern II – die Schadensersatzverpflichtung eines Geschäftsführers, wenn er die ihm möglichen und zumutbaren Maßnahmen unterlässt, die Geschäftstätigkeit des Unternehmen so einzurichten und zu steuern, dass hierdurch keine technischen Schutzrechte Dritter verletzt werden. Handelt es sich um ein Unternehmen auf einem gleichen Geschäftsfeld wie dasjenige des Patentinhabers, bedarf es im Regelfall keiner näheren Klärung und/oder tatrichterlichen Feststellung zu der für die Annahme einer Schadensersatzverpflichtung maßgeblichen Handlung des gesetzlichen Vertreters (BGH GRUR 2016, 257 – Glasfasern II). Dazu: *Müller* GRUR 2016, 570; *Werner* GRUR 2015, 739.

Daneben kommt auch eine Haftung gemäß § 831 BGB für das Verhalten gesetzlicher Vertreter wie auch leitender Angestellter in Betracht; ebenso die Haftung einer Holding für die Tochter (OLG Düsseldorf InstGE 6, 152 – Permanentmagnet).

7. Streitwert.

Dazu empfiehlt sich allgemein folgende Literatur: *Köllner*, Welche Streitwertangaben machen die Parteien? – Eine Anmerkung zu BGH „Vorausgezahlte Telefongespräche II", Mitt. 2013, 8; *Köllner*, Neuer Streit um den Streitwert – Eine kleine Spieltheorie, Mitt. 2010, 454; *Labesius*, Streitwertbemessung bei der hilfsweisen Geltendmachung unterschiedlicher gewerblicher Schutzrechte, GRUR-RR 2012, 317; *Mes*, PatG, 4. Aufl. 2015, Rn. 458 ff. zu § 139; *Voß* in *Fitzner/Lutz/Bodewig*, Patentrechtskommentar, 2012, Rn. 197 ff. vor § 139; *Wessing/Basar*, Streitwertangabe – strafbar?, GRUR 2012, 1215.

Der Streitwert ist für die Gerichts- (§§ 3 Abs. 1, 63 GKG) und die Anwaltsgebühren (§§ 2 Abs. 1, 13 RVG) nach billigem Ermessen gemäß § 3 ZPO durch das Gericht festzusetzen. Der Kläger macht bei Einreichung der Klage dazu einen Vorschlag. Maßgeblich für die Höhe des Streitwertes ist die Bewertung seiner wirtschaftlichen Interessen. Diese hängen ua von der wirtschaftlichen Bedeutung des Klägers, des Patents und der Intensität der Verletzungshandlungen des Beklagten (einschließlich der wirtschaftlichen Bedeutung des Beklagten) ab (sog. Angriffsfaktor). Dabei ist der erzielte Umsatz nur ein

5. Klage wegen unmittelbarer Patentverletzung (§ 9 S. 2 Nr. 1 PatG)   C. 5

Faktor, auf den es nicht entscheidend ankommt (*Schramm* GRUR 1953, 104; aA OLG Düsseldorf InstGE 12, 107 = GRUR-RR 2010, 406 L = Mitt. 2010, 490 mAnm *von Petersdorff-Campen*). Regelmäßig steht der Unterlassungsanspruch, nämlich das Interesse des Klägers, das ihm eingeräumte Benutzungsmonopol ohne Störungen Dritter ausüben zu können, im Vordergrund. Der Unterlassungsanspruch wird meist mit ca. $^2/_3$ des Gesamtstreitwertes zu bewerten sein. Den Rest machen die Ansprüche auf Auskunft/ Rechnungslegung, Vernichtung sowie die sonstigen Ansprüche der §§ 140a ff. PatG nF und die Ansprüche auf Schadensersatz- und Entschädigungsfeststellung aus. Bei dieser Anspruchskombination ist wiederum das Schadensersatzfeststellungsbegehren mit $^2/_3$ zu veranschlagen; der Rest entfällt auf die Ansprüche auf Rechnungslegung/Auskunftserteilung, Vernichtung, ggf. Entschädigungsfeststellung sowie die weiteren Ansprüche der §§ 140a ff. PatG nF. Der Wert des Auskunftsanspruchs/Rechnungslegungsanspruchs soll sich nach dem Wert des Arbeits- bzw. Zeitaufwands des Anspruchsgegners bestimmen (BGH NJW 2017, 739; BGH GRUR 1999, 1037 – Wert der Auskunftsklage). Allgemein gültige Angaben hinsichtlich der Beurteilung des gesamten Streitwertes lassen sich für patentrechtliche Streitigkeiten nicht machen. Der Streitwert wird regelmäßig in der Größenordnung von 250.000 EUR und höher liegen. Gemäß § 144 PatG kann auf Antrag der Streitwert herabgesetzt werden, sofern durch den Antragsteller glaubhaft gemacht wird, dass seine Belastung nach dem vollen Streitwert seine wirtschaftliche Lage erheblich gefährden würde. Die Herabsetzung ist **vor** der Verhandlung zur Hauptsache zu beantragen (§ 144 Abs. 2 S. 2 PatG; OLG Düsseldorf GRUR 1985, 219 f.). Von dieser Möglichkeit wird in der Praxis selten Gebrauch gemacht.

Mit Klageantrag I. 6. wird ein bezifferter Zahlungsanspruch, gerichtet auf die Erstattung entstandener Geschäftsgebühren, geltend gemacht. Nach BGH NJW 2007, 3289 soll sich der Kostenerstattungsanspruch nicht streitwerterhöhend auswirken. Das erscheint unzutreffend, weil BGH NJW 2007, 2049 entschieden hat, dass die Geschäftsgebühr nach VV 2300 RVG im Kostenfestsetzungsverfahren gemäß §§ 103, 104 ZPO nicht zu berücksichtigen ist. Sie kann dann auch keine Nebenforderung im Sinne von § 4 Abs. 1 S. 2 ZPO sein.

Nach BGH GRUR 2012, 1288 = Mitt. 2013, 46 – Vorausbezahlte Telefongespräche II – sind übereinstimmende und nicht erkennbar unrichtige Angaben der Parteien am Beginn eines Patentverletzungsprozesses regelmäßig ein widerlegbares Indiz für die Richtigkeit der übereinstimmenden Angaben.

8. Verfahrensbitten betreffend die Anberaumung eines Verhandlungstermins sowie um Ladung der Beteiligten sind an sich überflüssig, da von Amts wegen (nach erfolgter Einzahlung des Kostenvorschusses und nach Eingang der Klage) ein Verhandlungstermin anzuberaumen ist, zu dem die Beteiligten zu laden sind (§ 275 ZPO). Natürlich kann ein Gericht auch von der Möglichkeit des schriftlichen Vorverfahrens Gebrauch machen (§ 276 ZPO, → Anm. 9).

9. Für die Beurteilung einer patentrechtlichen Streitigkeit mit regelmäßig schwierigen Tatsachen- und Rechtsfragen sollte das gesamte Erfahrungswissen einer Kammer zur Verfügung stehen. Grundsätzlich eignen sich mithin patentrechtliche Streitigkeiten nicht für eine Übertragung auf den Einzelrichter. Im Formular ist diese Stellungnahme gemäß §§ 253 Abs. 3 Nr. 3, 348 Abs. 1 Nr. 1 ZPO vorgesehen.

Dem Formular liegt das Verfahren der 4a., 4b. und 4c. Zivilkammern des Landgerichts Düsseldorf (Patentkammer) zugrunde. Der ausführliche Termin zur mündlichen Verhandlung wird durch einen frühen ersten Termin gemäß § 275 ZPO vorbereitet, in dem die Bearbeitungsfristen für die Klageerwiderung und eine etwaige Replik sowie ein ausführlicher Termin zur mündlichen Verhandlung bestimmt werden, wenn nicht die Streitsache schon im frühen ersten Termin durch Anerkenntnis, Säumnis oder Vergleich erledigt werden kann. Das schriftliche Vorverfahren gemäß § 276 ZPO eignet sich zur

Erledigung einer Patentstreitsache vom Grundsatz her nur dann, wenn die bearbeitende Kammer bereit ist, an die Parteien Hinweise für die weitere Bearbeitung zu geben. Für den Fall, dass die angerufene Patentkammer grundsätzlich oder im Ausnahmefall das schriftliche Vorverfahren gemäß § 276 ZPO wählt, ist hier vorsorglich der Antrag auf Erlass eines Anerkenntnis- bzw. Versäumnisurteils gemäß §§ 307 Abs. 2, 331 Abs. 3 ZPO für den Fall fehlender Verteidigungsbereitschaft der Beklagten vorzusehen. Die entsprechenden Formulierungen könnten lauten:

„Sollten die Beklagten die geltend gemachten Ansprüche ganz oder zum Teil anerkennen (§ 307 Abs. 2 ZPO) oder nicht rechtzeitig ihre Verteidigungsbereitschaft anzeigen (§ 371 Abs. 3 ZPO), so beantrage ich schon jetzt, das Anerkenntnisurteil bzw. das Versäumnisurteil zu erlassen."

10. § 278 Abs. 2 ZPO sieht vor, dass der mündlichen Verhandlung zum Zwecke der gütlichen Beilegung des Rechtsstreits eine Güteverhandlung vorausgehen soll. Sie soll nach der Vorstellung des Gesetzes entfallen können, wenn bereits ein Einigungsversuch vor einer außergerichtlichen Gütestelle stattgefunden hat oder wenn die Güteverhandlung erkennbar aussichtslos erscheint. In Patentverletzungsstreitigkeiten ist es die Regel, dass die Parteien vor Anrufung des Gerichts einen gütlichen Ausgleich untereinander gesucht haben. Das ist wegen der Komplexität der zu beurteilenden Sachverhalte und widerstreitenden Interessen oft nicht möglich. Wenn mithin Klage erhoben wird, kann regelmäßig davon ausgegangen werden, dass nur gerichtliche Hilfe den Konflikt der Parteien lösen kann. Infolgedessen würde es auch auf eine Überforderung der Gerichte hinauslaufen, in Patentverletzungsstreitigkeiten vor Eintritt in die mündliche Verhandlung eine Güteverhandlung durchzuführen. Denn zu diesem Zeitpunkt der Auseinandersetzung ist noch völlig unklar, ob tatsächlich eine Patentverletzung gegeben ist. Wie soll der gerichtliche Vorschlag lauten? Auf Abgabe einer Unterlassungsverpflichtungserklärung? Auf Lizenznahme? Ist der Kläger überhaupt bereit, eine Lizenz zu geben? Alle diese Fragen sind ungeklärt. Infolgedessen ist die Durchführung einer Güteverhandlung ohne erkennbare Aussicht auf Erfolg. Dem trägt der Formulierungsvorschlag im Textbeispiel Rechnung.

§ 278a ZPO sieht als weitere Möglichkeit der gütlichen Einigung eine Mediation oder ein anderes Verfahren der außergerichtlichen Konfliktbeilegung vor. Im Textbeispiel wird eine solche Möglichkeit verworfen. Das muss allerdings nicht zwingend sein. Es kann Sachverhalte geben, wo beide Parteien durchaus ein Interesse daran haben, vor einem Mediator in einem Mediationsverfahren den Versuch einer wechselseitigen Angleichung von Interessen zu unternehmen.

11. Die Klageanträge des Formulars enthalten sämtliche sich aus der Patentverletzung ergebenden Ansprüche, nämlich auf Unterlassung, Auskunftserteilung, Rechnungslegung, Vernichtung sowie die nach §§ 140a ff. PatG nF neu hinzugetretenen Ansprüche auf zB Vorlage von Urkunden, Verschaffung von Zugang von Unterlagen, des Weiteren auf Schadensersatz. Ferner wird ein Entschädigungsanspruch geltend gemacht. Zu Einzelheiten vgl. die nachfolgenden Anmerkungen.

12. Der Wortlaut der Strafandrohungsklausel ergibt sich aus § 890 Abs. 1 ZPO. Das Höchstmaß der ersatzweisen Ordnungshaft beträgt 6 Monate, im Wiederholungsfall 2 Jahre (so die ständige Übung der Praxis, vgl. BLAH ZPO § 890 Rn. 17).

13. Es wird teilweise die Auffassung vertreten, dass bei Personalgesellschaften oder juristischen Personen Ordnungshaft, auch in Form der Ersatzordnungshaft, nicht angedroht werden könne (OLG Bremen WRP 1979, 464 (466) mwN). Der Bundesgerichtshof folgt dieser Auffassung nicht (BGH GRUR 1991, 929 (931) – Fachliche Empfehlung II). Ein entsprechender Antrag auf Androhung schadet jedenfalls nicht.

5. Klage wegen unmittelbarer Patentverletzung (§ 9 S. 2 Nr. 1 PatG)   C. 5

14. Alternativ kann anstelle nur der Worte „zu unterlassen" eine örtliche Beschränkung aufgenommen werden, nämlich „in der Bundesrepublik Deutschland zu unterlassen". Ein solcher Hinweis auf die räumliche Beschränkung des Unterlassungsbegehrens ist an sich überflüssig. Ein in Deutschland geltendes nationales (oder auch europäisches Bündel-) Patent (nicht: europäisches Gemeinschaftspatent) entfaltet nur hier Schutzwirkungen. Der Hinweis schadet jedoch nicht und kann angebracht sein, wenn es sich um ausländische Beklagte handelt. Ein entsprechender Hinweis auf die örtliche Geltung des beantragten Verbotes ist sinnvoll, wenn es sich um die Geltendmachung eines europäischen Patents handelt (→ Form. C.17).

15. Entsprechend der üblichen so genannten zweigeteilten Formulierung der Patentansprüche in der Patentschrift unterteilt man in einen so genannten „Oberbegriff" und in einen „kennzeichnenden Teil" (auch: Kennzeichen; vgl. zu den Möglichkeiten der Formulierungen eines Patentanspruchs *Mes* PatG § 14 Rn. 10 ff.). Für die rechtliche Bewertung ist es ohne Bedeutung, ob ein Merkmal im Oberbegriff oder im kennzeichnenden Teil des Patentanspruchs erscheint (BGH GRUR 1994, 357 – Muffelofen). Die Formulierung des Unterlassungsantrags macht sich die Unterteilung eines Patentanspruchs in Oberbegriff und kennzeichnenden Teil zunutze. Vor den zu verbietenden Handlungen sind die Merkmale des Oberbegriffs angeordnet.

16. Die dem Patentinhaber (bzw. ausschließlichen Lizenznehmer) vorbehaltenen und dementsprechend für Dritte untersagten Benutzungshandlungen sind in §§ 9 ff. PatG festgehalten. Dabei regeln §§ 9, 10 PatG die Wirkungen des Patentes betreffend die unmittelbare und die mittelbare Benutzung; §§ 11–13 PatG die Beschränkungen der Wirkung des Patents. Die Formulierung im Klageantrag I. 1. folgt dem Wortlaut des § 9 S. 2 Nr. 1 PatG. Dabei ist darauf zu achten, dass **Herstellungshandlungen** nur dann verboten werden können, wenn sie entweder durch den Verletzer vorgekommen sind (Wiederholungsgefahr) oder zu besorgen sind (Begehungsgefahr). Infolgedessen muss zum begehrten Verbot der Herstellung durch den Kläger substantiiert vorgetragen werden. Hat demgegenüber der Patentverletzer den Verletzungsgegenstand angeboten oder sonst wie in Verkehr gebracht, so ergeben sich die im Antrag nachstehend aufgeführten Benutzungshandlungen ohne nähere Substantiierung infolge des Grundsatzes der Einheitlichkeit der Verletzungshandlungen. Zur Formulierung des Unterlassungsantrags vgl. *Mes* PatG § 139 Rn. 294 ff.; *Lenz* GRUR 2008, 565.

17. Im Anschluss an die zu verbietenden Verletzungshandlungen werden entsprechend dem Wortlaut des kennzeichnenden Teils des Patentanspruchs (→ Anm. 15) diejenigen Merkmale der Verletzungsform aufgeführt, die die sog. Verletzungshandlung im Klageantrag gemäß § 253 Abs. 2 Nr. 2 ZPO ausreichend bestimmt konkretisieren. Es reicht nicht aus, dem Beklagten untersagen zu lassen, das Patent DE . . . . . . zu verletzen. Eine solche Antragsformulierung/Tenorierung wäre nicht ausreichend bestimmt und einer Vollstreckung gemäß § 890 ZPO nicht zugänglich. Es kommt darauf an, so genau wie irgend möglich die sog. Verletzungsform (so die Formulierung des Klägers; der Beklagte spricht regelmäßig nur von der „angegriffenen Ausführungsform") zu bezeichnen. Dies geschieht anhand eines Vergleichs zwischen dem Wortlaut der Patentansprüche (maßgeblich regelmäßig nur: der Hauptanspruch) und dem darin festgelegten Gegenstand der Erfindung einerseits und der Verletzungsform (angegriffenen Ausführungsform) andererseits. Es empfiehlt sich, eine Merkmalsanalyse aufzustellen. Eine solche ist in dem Muster einer Patentverletzungsklage auch in der Begründung zu I. 2. wiedergegeben. Anhand der Merkmalsanalyse ist sodann die Verletzungsform (angegriffene Ausführungsform) im Hinblick auf bestehende Gemeinsamkeiten mit dem in dem Patentanspruch beanspruchten Erfindungsgegenstand zu überprüfen und darzulegen. Dem Formular liegt aus Gründen der vereinfachten Darstellung und eines besseren Verständnisses der Fall einer wortlautgemäßen (wortsinngemäßen) und technisch einfachen Patentverletzung zugrunde.

Zur Problematik der Ermittlung des Schutzumfangs eines Patents bei einer Verletzungsform, die vom Wortlaut des Patentes abweicht, → Anm. 50.

Enthält ein Patentanspruch mehrere Alternativen, von denen die streitgegenständliche Verletzungsform nur eine verwirklicht, so ist der Klageantrag auf diese verwirklichte Ausführungsform zu beschränken. Wird zB in einem Patentanspruch formuliert: „...... mit einem Kern, bestehend aus Metall oder Kunststoff ......" und verwirklicht die Verletzungsform nur die Alternative „aus Metall", so ist diese Alternative in den Antrag aufzunehmen (LG München Mitt. 1999, 466 – Verbotsantrag). Lautet – wie häufig – die Formulierung im Patentanspruch, dass ein dort für einen Stoff/eine Vorrichtung beschriebenes Material, „ausgewählt aus einer Gruppe ......" sein soll, wird man diese Formulierung wiederholen dürfen. Grundsätzlich gilt der zweigliedrige Streitgegenstandsbegriff. Danach bestimmt sich der Streitgegenstand im gewerblichen Rechtsschutz nach Antrag und Lebenssachverhalt (BGH GRUR 2012, 485 Rn. 11 – Rohrreinigungsdüse II; BGH GRUR 2006, 960 (961) – Anschriftenleiste; BGH GRUR 2003, 716 (717) – Reinigungsarbeiten; OLG München InstGE 9, 192 Rn. 16 – Ackerwalze; OLG Frankfurt GRUR-RR 2002, 397 (398) re.Sp – Tiapridex: zum Markenrecht). Wird – wie im Textbeispiel – der Tatbestand einer wortsinngemäßen Verletzung des Patents geltend gemacht, kann sich der Unterlassungsantrag am Wortlaut der Ansprüche des Klagepatents orientieren (BGH GRUR 1986, 803 (806) li.Sp. – Formstein). Besteht zwischen den Parteien eines Verletzungsprozesses Streit über die Verwirklichung bestimmter Merkmale des geltend gemachten Anspruchs, kann sich die Notwendigkeit ergeben, diese (umstrittenen) Merkmale ausdrücklich in den Verbotstenor aufzunehmen, vgl. BGH GRUR 2005, 569 – Blasfolienherstellung; kritisch dazu *Kühnen* GRUR 2006, 180). Allerdings geht BGH GRUR 2012, 485 – Rohrreinigungsdüse II – davon aus, dass ein Kläger allgemein durch das Prozessrecht nicht gehindert ist, Ansprüche wegen Patentverletzung nicht nur wegen einer bestimmten angegriffenen Ausführungsform geltend zu machen, sondern auch weitere Ausführungsformen, die sich unter den Patentanspruch subsumieren lassen, einzubeziehen. Die Antragsformulierung muss daher aus prozessualer Sicht nicht zwingend den Klagegrund widerspiegeln, sondern es kann sich aus der Darstellung des Klagegrundes (Lebenssachverhalts) ein abweichendes Bild ergeben. Alles Vorstehende stellt allerdings nicht in Frage, dass prozessual der Klageantrag ausreichend bestimmt sein muss, wie eingangs dieser Anmerkung beschrieben.

Handelt es sich um den Tatbestand einer äquivalenten Patentverletzung (→ Anm. 50), muss die konkrete Verletzungsform einschließlich der konkreten Form der Benutzung in den Klageantrag aufgenommen werden (BGH GRUR 1986, 803 (806) li.Sp. – Formstein). Insbesondere muss der Klageantrag verdeutlichen, in welchen abweichenden Gestaltungen sich die äquivalente Patentverletzung verkörpert (BGH GRUR 2010, 314 – Kettenradanordnung II).

18. Aus Gründen der Übersichtlichkeit empfiehlt es sich, schon im Klageantrag denjenigen Anspruch des geltend gemachten Patentes anzuführen, dessen Verletzung geltend gemacht wird.

19. Der Anspruch auf sog. Drittauskunft (Klageantrag I. 2.) ergibt sich aus § 140b PatG. Die zu erteilenden Auskünfte, insbesondere die Mitteilung der gewerblichen Abnehmer, sollen den Patentinhaber befähigen, weitere Patentverletzungen durch Dritte zu unterbinden (OLG Düsseldorf GRUR 1993, 818 – Mehrfachkleiderbügel). Ein Wirtschaftsprüfervorbehalt ist für § 140b PatG nicht vorgesehen und nur in Ausnahmefällen (zB sehr enges Wettbewerbsverhältnis) denkbar. Die einzige Grenze, die § 140b PatG kennt, ist, dass die Auskunftserteilung „im Einzelfall unverhältnismäßig ist" (BGH GRUR 1995, 338 – Kleiderbügel; zum Wirtschaftsprüfervorbehalt → siehe nachfolgend

5. Klage wegen unmittelbarer Patentverletzung (§ 9 S. 2 Nr. 1 PatG)   C. 5

Anm. 20). Der Auskunftsanspruch des § 140b PatG ist nicht mit dem allgemeinen Rechnungslegungsanspruch identisch, der aus den nachstehend → Anm. 20 wiedergegebenen Gründen gewährt wird. Es findet sich in der Praxis auch die Übung, Auskunftsanspruch und Rechnungslegungsanspruch in einer einheitlichen Formulierung zusammenzufassen. Auch für diese einheitliche Formulierung müssen bestehende rechtliche Unterschiede beachtet werden. Eine derartige einheitliche Antragsfassung anstelle der im Textbeispiel vorgesehenen Formulierung der Klageanträge I. 2. und 3. kann wie folgt lauten:

„...... der Klägerin unter Vorlage eines geordneten Verzeichnisses und unter Beifügung der Belege darüber Angaben zu machen, in welchem Umfang die Beklagten die zu I. 1. bezeichneten Handlungen seit dem ...... (a) begangen haben, und zwar unter Angabe
a) der Herstellungsmengen und -zeiten, der Menge der erhaltenen oder bestellten Erzeugnisse sowie der Namen und Anschriften der Hersteller, Lieferanten und anderer Vorbesitzer,
b) der einzelnen Lieferungen, aufgeschlüsselt nach Liefermengen, -zeiten und -preisen unter Einschluss von Typenbezeichnungen sowie der Namen und Anschriften der Abnehmer,
c) der einzelnen Angebote, aufgeschlüsselt nach Angebotsmengen, -zeiten und -preisen unter Einschluss von Typenbezeichnungen sowie der Namen und Anschriften der Angebotsempfänger,
d) der betriebenen Werbung, aufgeschlüsselt nach Werbeträgern, deren Auflagenhöhe, Verbreitungszeitraum und Verbreitungsgebiet,
e) der nach den einzelnen Kostenfaktoren aufgeschlüsselten Gestehungskosten und des erzielten Gewinns."

Hat das Klagepatent schon Schutzwirkungen vor dem 1.7.1990 entfaltet, so ist ergänzend zu formulieren:

„...... wobei diese Angaben nur für die Zeit seit dem 1.7.1990 zu machen sind."

Diese Beschränkung ergibt sich daraus, dass § 140b PatG zum 1.7.1990 in Kraft getreten ist, mithin vor diesem Zeitpunkt ein entsprechender Anspruch auf „Drittauskunft" nicht besteht.

Hat das Klagepatent schon vor dem 1.5.1992 Schutzwirkungen entfaltet, so ist ergänzend des Weiteren zu formulieren:

„...... wobei sich die Verpflichtung zur Auskunftserteilung für die vor dem 1.5.1992 begangenen Handlungen auf solche in dem Gebiet der Bundesrepublik Deutschland in den bis zum 2.10.1990 bestehenden Grenzen beschränkt."

Diese Beschränkung ergibt sich, weil erst zum 1.5.1992 die Wirkungen des Erstreckungsgesetzes in Kraft getreten sind (§§ 1, 55 ErstrG). Diese bestehen darin, dass die Verbietungsrechte eines Patentes sich auch auf das „Beitrittsgebiet" erstrecken; für Benutzungshandlungen vor dem 1.5.1992 gelten nur die territorialen Grenzen des „alten" Bundesgebiets.

20. Nach ständiger höchstrichterlicher Rechtsprechung kann im Falle der Patentverletzung wie auch sonst im Bereich gewerblicher Ausschließlichkeitsrechte der Schaden in dreifacher Weise berechnet werden (Ersatz des unmittelbaren Schadens, der durch die Patentverletzung entstanden ist, insbesondere des entgangenen Gewinns; Herausgabe des Verletzergewinns; die Zahlung einer angemessenen Lizenzgebühr; vgl. statt vieler *Melullis*, FS Fritz Traub, 1994, 287 ff.; zur dogmatischen Herleitung der Schadensersatzberechnungsmethode nach dem herauszugebenden Verletzergewinn vgl. BGH GRUR 2001, 329 – Gemeinkostenanteil). Um sich über die günstigste Berechnungsart schlüssig zu werden und den Schaden ziffernmäßig zu bestimmen, kann der Verletzte einen Rechnungslegungsanspruch geltend machen. Dieser ist in § 139 PatG zwar nicht ausdrücklich erwähnt. Er beruht nach ständiger höchstrichterlicher Rechtsprechung auf der Grundlage des § 242 BGB und hat gewohnheitsrechtlichen Charakter (vgl. BGH GRUR 1997, 116 – Prospekthalter; BGH GRUR 1984, 728 (729) li.Sp. – Dampffrisierstab II; zum Rechnungslegungsanspruch vgl. auch *Tilmann* GRUR 1987, 251 ff.; Mes PatG § 140b

Rn. 59 ff.). Auch durch die Neufassung der §§ 140a ff. PatG ist dieser Rechnungslegungsanspruch ersichtlich nicht in Wegfall geraten. § 141a PatG nF besagt vielmehr ausdrücklich, dass Ansprüche aus anderen gesetzlichen Vorschriften unberührt bleiben. Die im Klageantrag I. 3. des Formulars verlangten Angaben werden ebenfalls gewohnheitsrechtlich zuerkannt (BGH GRUR 1982, 723 f. – Dampffrisierstab I). Sie folgen den in der geltend gemachten Unterlassungsverpflichtung aufgeführten Verletzungshandlungen. Nur soweit die Namen und Anschriften von **nicht gewerblichen** Abnehmern bzw. von **Angebotsempfängern** in Rede stehen, besteht die Besonderheit eines Wirtschaftsprüfervorbehalts (BGH GRUR 1995, 338 (341 f.) – Kleiderbügel).

Hat das Klagepatent schon Wirkungen vor dem 1.5.1992 entfaltet, so gilt die gleiche Beschränkung des Rechnungslegungsantrags wie → Anm. 19 aE.

Rechnungslegungs- und Auskunftsansprüche unterliegen keiner unmittelbaren zeitlichen Beschränkung. Es gilt zum einen, dass sowohl der Schadensersatzanspruch als auch der Auskunftsanspruch zeitlich nicht durch die vom Gläubiger nachgewiesene erste Verletzungshandlung begrenzt sind (BGH GRUR 2007, 867 – Windsor Estate – in ausdrücklicher Aufgabe der gegenteiligen Auffassung in BGH GRUR 1988, 307 – Gaby: jeweils zum Markenrecht; zum Patentrecht hat der X. Zivilsenat des Bundesgerichtshofs diese Auffassung zu keinem Zeitpunkt je vertreten). Zum anderen sind Rechnungslegungs- und Auskunftsansprüche nicht auf den Zeitraum bis zur letzten mündlichen Verhandlung beschränkt, sondern können auch darüber hinausgehend geltend gemacht werden (BGH GRUR 2004, 755 – Taxameter; OLG Karlsruhe Mitt. 2003, 309 – Auskunftsanspruch nach letzter mündlicher Verhandlung; *Meier-Beck* GRUR 1998, 276 (280); aA OLG Düsseldorf Mitt. 2001, 424 – Längenverstellbares Tragelement = GRUR-RR 2002, 48 – Zeitraum der Rechnungslegung).

21. Der Anspruch auf Vorlage von Unterlagen, insbesondere Handelsunterlagen, nämlich Rechnungen, Einkaufsbelegen, ergibt sich nunmehr aus § 140c Abs. 1 PatG. Diese Bestimmung hat einen noch weitreichenderen Inhalt: Sie begründet einen Anspruch auf Vorlage einer Urkunde oder Besichtigung einer Sache oder auch eines Verfahrens, das Gegenstand des Patents ist, wenn dies zur Begründung von Patentverletzungsansprüchen erforderlich ist. Zur gerichtlichen Durchsetzbarkeit im Wege der einstweiligen Verfügung eines derartigen Vorlage- und Besichtigungsanspruchs im Hinblick auf einen patentverletzenden Gegenstand oder ein patentverletzendes Verfahren vgl. das Textbeispiel in → Form. C.22. Bei hinreichender Wahrscheinlichkeit einer im gewerblichen Ausmaß begangenen Patentverletzung erstreckt sich der Vorlageanspruch auch auf Bank-, Finanz- oder Handelsunterlagen.

Nach früherem Recht ergab sich unter dem rechtlichen Gesichtspunkt der Notwendigkeit der Vorbereitung eines Schadensersatzanspruchs ein entsprechender Anspruch auf Vorlage von Belegen (BGH GRUR 2001, 841 (845) li.Sp. oben – Entfernung der Herstellungsnummer II; BGH GRUR 2002, 709 (712) – Entfernung der Herstellungsnummer I: zum UWG). Zu weiteren Einzelheiten → Anm. 26, 29.

22. Das Verbot der Herstellungshandlungen ergibt sich aus § 139 PatG iVm § 9 S. 2 Nr. 1 PatG. Dementsprechend ist auch der Rechnungslegungsanspruch auf eine Offenbarung der Herstellungsmengen und -zeiten gerichtet. Im Unterschied zu dem mit Klageantrag I. 2. geltend gemachten Auskunftsanspruch betreffend den Namen und die Anschrift des Herstellers bzw. des Lieferanten bzw. anderer Vorbesitzer geht es beim Rechnungslegungsanspruch nicht darum, Auskünfte über Patentverletzungshandlungen Dritter zu erhalten, sondern um Angaben betreffend den **Umfang** von Verletzungshandlungen.

23. Die hier aufgeführten Verletzungshandlungen entsprechen § 9 S. 2 Nr. 1 PatG und dem dort aufgeführten „Inverkehrbringen". Wenn in Übereinstimmung mit dem Klageantrag I. 2. wiederum Abnehmer aufgeführt sind, deren Namen und Anschriften

5. Klage wegen unmittelbarer Patentverletzung (§ 9 S. 2 Nr. 1 PatG)   C. 5

aufzuführen sind, geht es nicht um die Drittauskunft als solche (Mitteilung der Abnehmer), sondern um den Umfang von Verletzungshandlungen.

24. Angebote sind dem Patentinhaber vorbehalten (§ 9 S. 2 Nr. 1 PatG; vgl. BGH GRUR 2003, 1031 – Kupplung für optische Geräte). Diese Art der Benutzungs-(Verletzungs-)Handlungen ist mithin gesondert aufzuführen. Allerdings besteht insoweit ein Wirtschaftsprüfervorbehalt (BGH GRUR 1995, 338 (341 f.) – Kleiderbügel), da es hier um Rechnungslegungsangaben, nicht jedoch um Drittauskunft gemäß § 140 Abs. 1, 2 PatG geht.

25. Zu den Gestehungskosten gehören nicht die Gemeinkostenanteile (Fixkosten). Diese dürfen vom Verletzer im Falle der Geltendmachung des Anspruchs auf Herausgabe des Verletzergewinns nicht abgezogen werden (BGH GRUR 2001, 329 (331) – Gemeinkostenanteil; *Tilmann* GRUR 2003, 647; *Haft/Reimann* Mitt. 2003, 437; zu einzelnen Fällen der Anwendung der Entscheidung der „Gemeinkostenanteil"-Entscheidung → Form. C.24 Anm. 1).

26. In ständiger Praxis der Düsseldorfer Gerichte (Landgericht und Oberlandesgericht) ist gegenüber dem rechnungslegungspflichtigen Patentverletzer geltend gemacht (beantragt) worden, dieser müsse seine Rechnungslegungsangaben entsprechend der materiellen Rechtslage ausrichten, wie in → Anm. 25 dargestellt. Insoweit war die Formulierung üblich:

„. . . . . . der nach den einzelnen Kostenfaktoren aufgeschlüsselten Gestehungskosten und des erzielten Gewinns, wobei dieser nicht durch den Abzug von Fixkosten und variablen Gemeinkosten gemindert wird, sofern diese nicht ausnahmsweise den vorstehend zu II. 1. bezeichneten Vorrichtungen unmittelbar zuzuordnen sind."

Diese Präzisierung der Rechnungslegungsangaben ist von BGH GRUR 2007, 773 (777) re.Sp. – Rohrschweißverfahren – verworfen worden. In Konsequenz dessen hat OLG Düsseldorf (Mitt. 2009, 400 – Rechnungslegungsanspruch) einen entsprechenden Rechnungslegungsantrag als unbegründet erachtet. Die Konsequenz der Rechtsprechung des BGH besteht darin, dass ein etwaiger Streit zwischen den Parteien betreffend die „Qualifizierung" von Kosten als „unmittelbar" dem Verletzungsprodukt zuzuordnen oder nicht, in den Schadensersatzhöheprozess (und nicht in das Auskunfts- bzw. Rechnungslegungserzwingungsverfahren) verlagert wird. So wird dies auch in der Entscheidung OLG Düsseldorf Mitt. 2006, 553 – Lifter – gehandhabt. Die Auskunfts-/Rechnungslegungspflicht umfasst regelmäßig auch die Vorlage von Belegen (BGH GRUR 2001, 841 (845) li.Sp. oben – Entfernung der Herstellungsnummer II), wobei sich diese sachlich im Umfang nur auf die nach § 140b PatG geschuldeten Angaben beziehen und des Weiteren regelmäßig die Vorlage von Kopien von Rechnungen, hilfsweise Lieferscheinen genügt.

27. Die in den Klageanträgen I. 2., 3. und II. 1. und 2. genannten Daten einschließlich zugehöriger Beschränkungen ergeben sich wie folgt:
a) Zum Datum (a):
Da im Klageantrag II. 1. Entschädigung nach Offenlegung der Patentanmeldung geltend gemacht wird (→ Anm. 28), ist das Datum der Offenlegung der Patentanmeldung zuzüglich einen Monat sog. „Karenzzeit" anzugeben. Wird ein Schadensersatzanspruch geltend gemacht (entsprechend Klageantrag II. 2.), ist das Datum der Veröffentlichung der Patenterteilung zuzüglich einen Monat sog. „Karenzzeit" maßgeblich. BGH GRUR 1986, 803 (806) – Formstein – formuliert die Karenzzeit als „4 Wochen"; hier wird von einem Monat ausgegangen, da die Ermittlung einer 4 Wochenfrist in der Praxis schwierig ist. Die Zuerkennung einer „Karenzzeit" für den Beklagten ergibt sich daraus, dass dieser die Möglichkeit haben soll und muss, zunächst überhaupt in angemessener Form von der Patenterteilung/Patentveröffentlichung (im Falle der Geltendmachung eines Entschädi-

gungsanspruchs: von der Veröffentlichung der Patentanmeldung) Kenntnis zu nehmen, um sein weiteres Verhalten darauf einrichten zu können.

b) Zum Datum (b):
Maßgeblich für das hier einzusetzende Datum ist der Tag der Veröffentlichung der Patenterteilung zuzüglich wiederum einen Monat Karenzzeit. Denn nur nach der Veröffentlichung der Patenterteilung (§ 58 Abs. 1 S. 3 PatG) kommt überhaupt der Tatbestand einer (schuldhaften) Patentverletzung in Betracht. Erst danach besteht die Möglichkeit einer Schadensersatzpflicht und kann ein Anspruch auf Schadensersatz und damit insbesondere auf Herausgabe des Verletzergewinns geltend gemacht werden. Für den Zeitraum der Offenlegung der Patentanmeldung besteht keine Schadensersatz-, sondern nur eine Entschädigungspflicht (§ 33 Abs. 1 PatG). In diesem Teil des Formulars ist mithin das Datum der Veröffentlichung der Patenterteilung (zuzüglich einen Monat „Karenz") einzusetzen. Aus dem Vorstehenden ergibt sich zugleich auch die Notwendigkeit der zeitlichen Beschränkung betreffend die Inanspruchnahme des Geschäftsführers (= Beklagten zu 2). Dieser haftet wegen (eigener) unerlaubter Handlung; die Benutzung einer nur offengelegten Patentanmeldung ist jedoch nicht rechtswidrig (BGHZ 107, 161 = GRUR 1989, 411 – Offenend-Spinnmaschine; BGH GRUR 1993, 460 (464) – Wandabstreifer – mAnm *von Maltzahn*).

c) Es können weitere Daten wie folgt bedeutsam sein:
Handelt es sich um ein Patent, das vor dem 1.5.1992 in Kraft war, so ist ergänzend zu formulieren:

„...... wobei ......
– sich die Verpflichtung zur Rechnungslegung für die vor dem 1.5.1992 begangenen Handlungen auf solche in dem Gebiet der Bundesrepublik Deutschland in den bis zum 2.10.1990 bestehenden Grenzen beschränkt."

Der 1.5.1992 ist derjenige Tag, zu dem die Wirkungen des Erstreckungsgesetzes in Kraft getreten sind (§§ 1, 55 ErstrG). Für Benutzungshandlungen davon gelten nur die territorialen Grenzen des „alten" Bundesgebiets.

Handelt es sich bei dem Klagepatent um ein solches, das vor dem 1.7.1990 schon Schutzwirkungen entfaltete, ist ergänzend zu formulieren:

„...... wobei ......
– die Angaben zu vorstehend I. 1. a) nur für die Zeit seit dem 1.7.1990 zu machen sind."

Das Datum des 1.7.1990 ergibt sich aus dem Zeitpunkt des Inkrafttretens des § 140b PatG zum 1.7.1990. Sind Namen und Anschriften von Vorlieferanten oder anderer Vorbesitzer anzugeben, so würde für derartige Angaben ein Wirtschaftsprüfervorbehalt einzuräumen sein.

28. Soweit die Namen und Anschriften von nicht gewerblichen Abnehmern und von Angebotsempfängern zu offenbaren sind, besteht die Besonderheit eines Wirtschaftsprüfervorbehalts (BGH GRUR 1995, 338 (341 f.) – Kleiderbügel). Die vorstehenden Angaben sind „Rechnungslegungsangaben" und von § 140b PatG nicht erfasst.

29. Mit Wirkung zum 1.9.2008 sind §§ 140a ff. PatG neu gefasst und ergänzt. § 140c Abs. 1 S. 2 PatG sieht bei hinreichender Wahrscheinlichkeit einer im gewerblichen Ausmaß begangenen Rechtsverletzung einen Anspruch auf die Vorlage von Bank-, Finanz- oder Handelsunterlagen vor. § 140d Abs. 1 PatG nF ergänzt den Anspruch auf Vorlage von Bank-, Finanz- oder Handelsunterlagen in den Fällen des § 139 Abs. 2 PatG durch die Möglichkeit, dass der Verpflichtete Zugang zu diesen Unterlagen verschaffen muss. Diese Regelungen sind weitgehend unklar und auch nicht hilfreich. Sie sind dennoch in das Textbeispiel als Formulierungsvorschläge aufgenommen, und zwar nach Maßgabe eines Hauptbegehrens. Es ist ein Hilfsbegehren für den Fall gestellt, dass entweder die Patentverletzung kein gewerbliches Ausmaß erreicht oder der Inanspruch-

5. Klage wegen unmittelbarer Patentverletzung (§ 9 S. 2 Nr. 1 PatG)   C. 5

genommene gemäß § 140e Abs. 1 S. 3 PatG nF erfolgreich geltend macht, dass es sich um vertrauliche Informationen handelt. Dann muss das Gericht die „erforderlichen Maßnahmen, um den im Einzelfall gebotenen Schutz zu gewährleisten", treffen. Zu dem nach früherem Recht geltenden Anspruch auf Vorlage von Belegen vgl. BGH GRUR 2001, 841 (845) li.Sp. oben – Entfernung der Herstellungsnummer II; BGH GRUR 2002, 709 (712) – Entfernung der Herstellungsnummer III: zum UWG.

30. § 140a PatG gewährt einen Vernichtungsanspruch. Nach dem Wortlaut des Gesetzes soll die Vernichtung durch den Verletzer selbst erfolgen (BGHZ 128, 220 (225 ff.) = GRUR 1995, 338 (340 f.) – Kleiderbügel). Die Tathandlung des Vernichtens im Sinne des § 140a PatG ist eine vertretbare Handlung, so dass an sich die Zwangsvollstreckung gemäß § 887 ZPO erfolgt (OLG Düsseldorf InstGE 10, 301 Rn. 2 – Metazachlor). Das setzt allerdings voraus, dass ein Dritter – und somit auch der Gläubiger/Kläger – sich in den Besitz der zu vernichtenden Sachen setzen kann. Weigert sich der Schuldner, die Sachen selbst zu vernichten oder die Sachen zur Vernichtung herauszugeben, so kann die Zwangsvollstreckung nach dem Wortlaut des § 140a PatG nicht durchgeführt werden. Insoweit erscheint es sachgerecht, wie im Textbeispiel vorgeschlagen, zu formulieren und die Herausgabe an einen Gerichtsvollzieher (Sequester) zum Zwecke der Vernichtung zu beantragen (BGHZ 153, 69 (77 f.) = GRUR 2003, 228 (229 f.) – P-Vermerk: zum Urheberrecht; BGH GRUR 1997, 899 – Vernichtungsanspruch: zu § 18 Abs. 1 MarkenG; Benkard PatG/*Grabinski/Zülch* § 150a Rn. 10 f.; aA LG und OLG Düsseldorf: Nach der dort geübten Praxis ist zu formulieren: „ . . . . . die im unmittelbaren oder mittelbaren Besitz oder im Eigentum der Beklagten befindlichen Erzeugnisse entsprechend vorstehend I. 1. zu vernichten".). Regelmäßig wird der Berechtigte nicht verlangen können, dass die zur Vernichtung bestimmten Erzeugnisse an ihn, den Verletzten, zum Zwecke der Vernichtung herausgegeben werden (so aber LG Köln MA 93, 15: zu §25a WZG; *Cremer* Mitt. 1992, 153 (163)). Weitere Einzelheiten und Antragsformulierungen vgl. *Mes* PatG § 140a Rn. 11 ff. Zu § 140a PatG wird auch die Auffassung vertreten, dieser Anspruch könne sich nur gegen die juristische Person selbst (hier also: die Beklagte zu 1), nicht jedoch gegen deren Organ(e) richten (OLG Düsseldorf InstGE 10, 129 – Druckerpatrone II). Dieser Auffassung wird hier nicht gefolgt. Sie mag richtig sein, wenn mehrere Geschäftsführer bestellt sind. Handelt es sich jedoch nur um einen Geschäftsführer (zB insbesondere bei einer kleinen GmbH), wird nicht nur vom organschaftlichen, sondern auch vom tatsächlichen Besitz des Geschäftsführers ausgegangen werden können. Ein Beispiel für die Formulierung des Klageantrags betreffend Vernichtung unter Zugrundelegung der zuvor genannten Auffassung des OLG Düsseldorf findet sich in → Form. D.5 Klageantrag I.6.

31. Zur Neuformulierung der §§ 140a ff. PatG → Anm. 29, 30. Der Klageantrag I. 4. befasst sich mit dem in § 140a Abs. 3 PatG gewährten Rückrufanspruch. Danach kann der Verletzte vom Verletzer den Rückruf der Erzeugnisse, die Gegenstand des Patentes sind, verlangen oder geltend machen, sie seien endgültig aus den Vertriebswegen zu entfernen. Das Gesetz formuliert eine „oder"-Stellung, die im Klageantrag durch ein „und" ersetzt ist. Denn beide Maßnahmen sind nebeneinander möglich, je nach Fallgestaltung. Zur Neufassung des § 140a Abs. 3 PatG vgl. *Jestaedt* GRUR 2009, 102. Vgl. ferner *Künzel*, FS Mes, 2009, 241. Nach *Kühnen*, Handbuch der Patentverletzung, 9. Aufl. 2017, S. 478 ff., Rn. 583 ff. kann ein Rückrufantrag wie folgt formuliert werden:

„ . . . . . die unter 1 bezeichneten, seit dem . . . . . . in Verkehr gebrachten Erzeugnisse gegenüber den gewerblichen Abnehmern unter Hinweis auf den gerichtlich (Urteil des . . . . . . vom . . . . . .) festgestellten patentverletzenden Zustand der Sache und mit der verbindlichen Zusage zurückzurufen, etwaige Entgelte zu erstatten sowie notwendige Verpackungs- und Transportkosten sowie mit der Rückgabe verbundene Zoll- und Lagerkosten zu übernehmen und die Erzeugnisse wieder an sich zu nehmen."

Neben dem hier behandelten Rückrufanspruch begründet § 140a Abs. 3 PatG (kumulativ) auch den Anspruch auf endgültiges Entfernen aus den Vertriebswegen. Dieser wird im Textbeispiel nicht geltend gemacht. Eine mögliche Antragsfassung könnte nach *Künzel*, FS Mes, 2009, 241 (250 f.) lauten:

„...... die zu I. 1. bezeichneten Erzeugnisse endgültig aus den Vertriebswegen zu entfernen, wobei insbesondere die folgenden Maßnahmen zu ergreifen sind:
a) Die Beklagte hat alle möglichen und zumutbaren Maßnahmen zu ergreifen, um die Standorte und die Besitzer der zu I. 1. bezeichneten Erzeugnisse zu ermitteln;
b) soweit die Beklagte selbst rechtliche oder tatsächliche Verfügungsgewalt über die zu I. 1. bezeichneten Erzeugnisse inne hat, müssen die rechtlich zulässigen und zumutbaren Maßnahmen ergriffen werden, damit diese Erzeugnisse in den unmittelbaren Besitz der Beklagten gelangen und dort verbleiben;
c) soweit die Beklagte weder rechtliche noch tatsächliche Verfügungsgewalt über die zu I. 1. bezeichneten Erzeugnisse inne hat, muss sie alle rechtlich zulässigen und zumutbaren Maßnahmen ergreifen, um die Personen, die Ansprüche auf Herausgabe zum Zwecke der Vernichtung gegen die Inhaber der Verfügungsgewalt der Erzeugnisse inne haben, zur Geltendmachung dieser Ansprüche zu veranlassen und/oder diese Personen bei der Geltendmachung dieser Ansprüche zu unterstützen."

32. Der Klageantrag I. 6. betrifft einen Zahlungsanspruch, nämlich den Anspruch auf Erstattung der entstandenen Geschäftsgebühr. Dies ergibt sich unter dem rechtlichen Gesichtspunkt der auftragslosen Geschäftsführung gemäß §§ 677, 638 BGB sowie unter Schadensersatzgesichtspunkten (allg. Meinung, BGH in stRspr, → Form. C.2 Anm. 34). Folgt einer ohne Klageauftrag durchgeführten Verwarnung (Abmahnung) ein gerichtliches Verfahren, so wurde früher die entstandene Geschäftsgebühr aus VV 2300 RVG zur Hälfte, höchstens aber mit einem Satz von 0,75 auf die nach VV 3100 ff. RVG entstandene Verfahrensgebühr des gerichtlichen Verfahrens angerechnet und im Kostenfestsetzungsverfahren berücksichtigt (vgl. zu diesem bisherigen Rechtszustand BGH NJW 2007, 249 = GRUR 2006, 439; aA BGH NJW 2010, 1375 Rn. 11 ff.; BGH AnwBl. 2011, 226 Rn. 7). § 15a RVG nF hat mit Wirkung zum 5.8.2009 eine Änderung gebracht. Danach verringert eine etwaige Anrechnung nicht automatisch die Gebühr, auf die anzurechnen ist. Es entstehen vielmehr beide Gebühren in vollem Umfang, wobei jedoch der Gesamtbetrag nicht mehr als den um den Anrechnungsbetrag verminderten Gesamtbetrag der beiden Gebühren ausmachen darf. Folge ist, dass ein Anwalt nicht mehr verlangen kann, als ihm nach der Anrechnung zusteht. Rechenbeispiel und Einzelheiten dazu bei Gerold/Schmidt/*Müller-Rabe* RVG § 15a Rn. 7 ff.

33. §§ 140a ff. PatG sind mit Wirkung zum 1.9.2008 neu gefasst (→ Anm. 29). Die neue Bestimmung des § 140e PatG eröffnet im Patentverletzungsprozess die Möglichkeit, dass der obsiegenden Partei im Urteil die Befugnis zugesprochen wird, das Urteil auf Kosten der unterliegenden Partei öffentlich bekanntzumachen, wenn sie ein berechtigtes Interesse darlegt. Art und Umfang der Bekanntmachung werden im Urteil bestimmt. § 140e S. 3 PatG beinhaltet eine Ausschlussfrist. Danach erlischt die Befugnis, wenn von ihr nicht innerhalb von 3 Monaten nach Eintritt der Rechtskraft des Urteils Gebrauch gemacht wird. § 140e S. 4 PatG bestimmt, dass die Bekanntmachungsbefugnis nicht vorläufig vollstreckbar ist. Im Textbeispiel wird zwar im Klageantrag I. 7. ein entsprechender Antrag vorgeschlagen. Es erscheint jedoch zweifelhaft, ob ein solcher Antrag tatsächlich gestellt werden sollte. Es steht zu befürchten, dass die eigentlich interessierenden Fragen, nämlich betreffend den Rechtsbestand des Patentes und den Tatbestand der Patentverletzung durch einen Streit zwischen den Parteien über die Befugnis zur Urteilsveröffentlichung überlagert werden. Streit kann insbesondere darüber bestehen, ob tatsächlich die dies beantragende Partei „ein berechtigtes Interesse" darlegen kann, dass eine Urteilsveröffentlichung erfolgen soll. Des Weiteren kann Streit darüber bestehen, in welcher Art und in welchem Umfang die Bekanntmachung erfolgen soll (vollständige Veröffentlichung, Veröffentlichung nur des Tenors oder nur Teilbereiche des Tenors oder auch vollständige/teilweise Veröffentlichung der Begründung?). Zur Begründung des Antrags → Anm. 66.

5. Klage wegen unmittelbarer Patentverletzung (§ 9 S. 2 Nr. 1 PatG)   C. 5

34. § 33 Abs. 1 PatG gibt einen Entschädigungsanspruch nach Offenlegung der Patentanmeldung wegen Benutzung (*U. Krieger* GRUR 2001, 965). Da die offengelegte Patentanmeldung noch keine Ausschließungswirkungen beinhaltet, ist die Benutzung einer offengelegten Patentanmeldung nicht rechtswidrig (BGH GRUR 1989, 411 – Offenend-Spinnmaschine; BGH GRUR 1993, 460 (464) – Wandabstreifer – mAnm *von Maltzahn*). Zwar haben die Geschäftsführer/Organe einer juristischen Person die Patentbenutzungshandlungen selbst verwirklicht, jedoch daraus regelmäßig keine eigenen Vorteile gezogen. Infolgedessen richtet sich der Entschädigungsanspruch nicht gegen den Handelnden, sondern gegen den Nutznießer der Benutzungshandlung (zB die GmbH; BGH GRUR 1989, 411 (412) – Offenend-Spinnmaschine; BGH GRUR 1993, 460 (464) li.Sp. – Wandabstreifer). Es wird eine nach den Umständen angemessene Entschädigung geschuldet. Diese umfasst weder den konkreten Schaden noch die Herausgabe des Benutzergewinns (BGH GRUR 1989, 411 – Offenend-Spinnmaschine). Die Grundsätze der Lizenzanalogie sind anwendbar (BGH GRUR 1989, 411 (413 f.)). Ob Abstriche im Vergleich zur Schadensersatzlizenz gemacht werden müssen, ist zweifelhaft (bejahend OLG Düsseldorf GRUR 1981, 45 (51) – Absatzhaltehebel; nicht beanstandet von BGH GRUR 1982, 286 – Fersenabstützvorrichtung; offengelassen BGH GRUR 1989, 411 (414) – Offenend-Spinnmaschine). Das Textbeispiel betrifft den Fall einer unmittelbaren Patentverletzung. Geht es um eine mittelbare Patentverletzung (vgl. dazu die Beispiele in → Form. C.8 und → Form. C.10) ist ein Entschädigungsanspruch zu verneinen (BGH GRUR 2004, 845 – Drehzahlermittlung; vgl. auch *Holzapfel* GRUR 2006, 881).

35. Die schuldhafte Patentverletzung verpflichtet zu Schadensersatz (§ 139 Abs. 2 PatG). Der Verletzte kann seinen Schaden in dreifacher Weise berechnen, nämlich
(1) den ihm infolge der Patentverletzung **unmittelbar entstandenen Schaden** einschließlich des **entgangenen Gewinns** (§§ 249, 252 BGB),
(2) nach Maßgabe einer **fiktiven** (angemessenen) **Lizenzgebühr** (§ 139 Abs. 2 S. 3 PatG) und
(3) er kann den aus der Verletzungshandlung **durch den Verletzer gezogenen Gewinn** herausverlangen (§ 139 Abs. 2 S. 2 PatG). Bei dieser Berechnungsmethode ist besonders sorgfältig zu prüfen, dass nur derjenige Gewinn herausverlangt werden kann, der tatsächlich auf der Benutzung des Patents beruht (BGH GRUR 2012, 1226 = Mitt. 2012, 505 – Flaschenträger; zuvor OLG Frankfurt GRUR-RR 2011, 201 – Getränketräger; OLG Düsseldorf InstGE 5, 251 = Mitt. 2006, 553 – Lifter). Dieser anteilig tatsächlich auf der Patentverletzung beruhende Verletzergewinn kann regelmäßig nur gemäß § 287 ZPO geschätzt werden (OLG Düsseldorf InstGE 5, 251 = Mitt. 2006, 553 – Lifter).
Alle Berechnungsarten sind verschiedene Maßstäbe für die Errechnung der Schadenshöhe, nicht jedoch verschiedene Anspruchsgrundlagen; der Übergang von einer zur anderen Berechnungsart im Prozess beinhaltet daher keine Klageänderung (BGH GRUR 1991, 60 (61) – Roleximitation; BGH GRUR 1993, 55 – Tchibo/Rolex II; OLG Düsseldorf Mitt. 2007, 139 (141) li.Sp. – Berechnungswechsel; dazu und zur Schadensberechnung im Einzelnen vgl. *Mes* PatG § 139 Rn. 164). Die Wahlmöglichkeit des Gläubigers zwischen den Schadensersatzberechnungsmethoden endet jedenfalls mit Rechtskraft eines über den Schadensersatzanspruch endgültig entscheidenden Urteils, wobei der Verletzte dieses Wahlrecht auch dann verliert, wenn über seinen Schadensersatzanspruch bereits für ihn selbst unangreifbar nach einer Berechnungsart entschieden worden ist (BGH GRUR 2008, 93 ff. = NJW 2008, 373 – Zerkleinerungsvorrichtung – unter Aufhebung der gegenteiligen Entscheidung OLG Düsseldorf Mitt. 2007, 139 – Berechnungswechsel).
Die **Zulässigkeit** des Schadensersatzfeststellungsbegehrens ergibt sich daraus, dass der Geschädigte ohne nähere Kenntnis vom Umfang der Patentverletzungshandlungen nicht in der Lage ist, sich über die Art der Berechnung seines Schadens schlüssig zu werden und den

Schaden ziffernmäßig der Höhe nach zu bestimmen. Es hat sich im Bereich des gewerblichen Rechtsschutzes und insbesondere des Patentverletzungsprozesses bewährt, die Schadensersatzverpflichtung (ebenso wie die Verpflichtung zur angemessenen Entschädigung gemäß § 33 PatG) des Verletzers lediglich feststellen zu lassen. An sich besteht auch die Möglichkeit einer Stufenklage gemäß § 254 ZPO, wobei der Verletzte in erster Stufe auf Unterlassung und Rechnungslegung klagt, sodann in zweiter Stufe auf Schadensersatz nach Maßgabe erfolgter Rechnungslegung. Eine derartige Stufenklage führt zu dem nachteiligen Ergebnis, dass der Prozess zunächst auf der ersten Stufe durch die Instanzen zur Rechtskraft geführt werden muss, bevor eine Entscheidung auf der zweiten Stufe ergehen kann. Demgegenüber ist eine einheitliche Prozessführung durch Kombination von Rechnungslegungs- und Schadensersatz- (Entschädigungs-)Feststellungsklage vorzuziehen (vgl. dazu allgM, BGH in stRspr, zB BGH GRUR 2001, 1077 (1078) – Feststellungsinteresse II; BGH GRUR 2003, 900 – Feststellungsinteresse III: Auch unter Geltung des zum 1.1.2002 neu geregelten Verjährungsrechts; *Meier-Beck* GRUR 1998, 276 (279)).

Neben dem Schadensersatzanspruch gibt es noch den sog. Restschadensersatzanspruch, den § 141 S. 2 PatG iVm § 852 BGB gewährt (→ Form. C.4 Anm. 2i)).

Der Streit in Rechtsprechung und Schrifttum, ob über den Zeitpunkt der letzten mündlichen Verhandlung hinaus Schadensersatz (und entsprechend Auskunftserteilung/Rechnungslegung) verlangt werden kann, ist seit BGH GRUR 2004, 755 – Taxameter – bejahend entschieden (aA, nämlich Beschränkung nur auf den Zeitpunkt der letzten mündlichen Verhandlung: OLG Düsseldorf GRUR-RR 2002, 48 = Mitt. 2001, 424 – Längenverstellbares Tragelement).

Die zwischen dem I. und X. Zivilsenat seit der Entscheidung „Gaby" (BGH GRUR 1988, 307) bestehende Meinungsdivergenz, ob der aus einer Schutzrechtsverletzung folgende Schadensersatzanspruch sowie der der Bezifferung dieses Anspruchs dienende Rechnungslegungsanspruch zeitlich durch die vom Gläubiger nachgewiesene erste Verletzungshandlung begrenzt ist, ist nunmehr aufgehoben. In Übereinstimmung auch mit dem X. Zivilsenat vertritt nunmehr auch der I. Zivilsenat des BGH die Auffassung, dass eine derartige zeitliche Begrenzung nicht stattgreift (BGH GRUR 2007, 877 – Windsor Estate).

36. Kosten- und Vollstreckungsanträge sind grundsätzlich entbehrlich, da die Nebenentscheidungen von Amts wegen zu treffen sind. Sie schaden aber nicht und bilden eine „Erinnerungshilfe", zB für die Auferlegung der Kosten auf die Beklagten als Gesamtschuldner. Eine solche Haftung besteht für die unerlaubten Handlungen der Patentverletzung gemäß §§ 830, 840 BGB, ggf. unter Einbezug auch der Organhaftung des Geschäftsführers gemäß § 31 BGB. Dazu vgl. den Text im Formular zu II. 9.

Zur Sicherheitsleistungsanordnung kann auch formuliert werden:

„...... die Sicherheitsleistung auch durch eine unwiderrufliche, unbedingte, unbefristete und selbstschuldnerische Bürgschaft einer in der Europäischen Union als Zoll- oder Steuerbürgin anerkannten Bank oder Sparkasse zu erbringen."

37. Soweit ein Antrag auf die Befugnis gerichtet ist, das Urteil auf Kosten der Beklagten öffentlich bekannt zu machen, ist darauf zu achten, dass für diesen Antrag keine vorläufige Vollstreckbarkeit erreicht werden kann (§ 140e S. 4 PatG und → Anm. 33). In einem solchen Fall ist mithin zu formulieren:

„Das Urteil – gegebenenfalls gegen Sicherheitsleistung (Bank- oder Sparkassenbürgschaft) – für vorläufig vollstreckbar zu erklären, ausgenommen den Urteilstenor nach Maßgabe des Klageantrags I. 7."

38. Darlegung zur Aktivlegitimation der Klägerin, nämlich im Textbeispiel als Patentinhaberin. In gleicher Weise kann anstelle des Patentinhabers oder auch neben dem Patentinhaber der ausschließliche Lizenznehmer auf Grund eigener Aktivlegitimation klagen, soweit er in seinem Nutzungsrecht durch die Patentverletzungshandlungen be-

5. Klage wegen unmittelbarer Patentverletzung (§ 9 S. 2 Nr. 1 PatG)   C. 5

troffen ist (→ Anm. 3 mwN). Ist der Patentinhaber beispielsweise nicht der alleinige Inhaber, sondern besteht eine Rechtsgemeinschaft mit Dritten, so müssen entweder alle Mitinhaber klagen oder den Alleinkläger zur Prozessführung ermächtigen. Bestehen belastende Rechte des Klagepatents (zB Nießbrauch oder Pfandrechte), so wäre der Inhaber nicht mehr „ausschließlich verfügungsberechtigt"; auch in diesem Falle bedarf es einer besonderen Darlegung der Klagebefugnis. Derartige Fälle sind selten. Die vorstehenden Hinweise sollen nur aufmerksam machen. Vgl. auch *Horn/Dethof*, FS 80 Jahre Patentgerichtsbarkeit in Düsseldorf, 2016, 189.

39. Die hier aufgeführten Daten sind für die Beurteilung des Patentrechtsverhältnisses von Bedeutung: Aus einer Patentanmeldung können die Ansprüche der §§ 139 ff. PatG erst dann hergeleitet werden, wenn das Patent erteilt und die Erteilung im Patentblatt veröffentlicht ist (§§ 49, 58 Abs. 1 PatG). Gleichzeitig wird die Patentschrift ausgegeben (§ 58 Abs. 1 S. 2 PatG). Der Anmeldetag des Patents interessiert für die Berechnung der äußerstenfalls gemäß § 16 Abs. 1 S. 1 PatG 20-jährigen Schutzdauer. Darüber hinaus ist der Anmeldetag/Prioritätstag von Bedeutung, weil nur der zu diesem Tag der Öffentlichkeit zugängliche Stand der Technik der Schutzfähigkeit des Patentes unter dem Blickwinkel fehlender Neuheit (§ 3 PatG) bzw. fehlender Erfindungshöhe (§ 4 PatG) entgegengehalten werden kann (Ausnahme: § 3 Abs. 2 PatG betreffend den sog. fiktiven Stand der Technik; vgl. dazu *Mes* PatG § 3 Rn. 64 ff.). Richtet sich der Zeitrang einer Patentanmeldung nicht nach dem Anmeldetag, sondern nach einer in Anspruch genommenen Priorität, so scheidet der auch im so genannten Prioritätsintervall der Öffentlichkeit zugänglich gewordene Stand der Technik für die Beurteilung von Neuheit und Erfindungshöhe aus (vgl. §§ 40, 41 PatG).

40. Das Formular geht von einer Patentanmeldung aus, die nach dem 1.1.1981 getätigt worden ist, so dass das PatG 1981 in vollem Umfang anwendbar ist. Ältere Fälle, bei denen die Bekanntmachung der Patentanmeldung vor dem 1.1.1981 beschlossen worden ist, wird es in der Praxis kaum noch geben. In einem solchen Fall empfiehlt es sich, in der Klageschrift auch den Bekanntmachungstag, zu dem die sog. Auslegungsschrift erteilt wird, mit anzugeben. Für eine derartige frühere Anmeldung entfaltet schon die Bekanntmachung vorläufig die Wirkungen der Patenterteilung (§ 30 Abs. 1 S. 2 PatG 1968). Für die auch die Vergangenheit erfassenden Anträge auf Rechnungslegung, Auskunftserteilung, Schadensersatz- und Entschädigungsfeststellung hat der Veröffentlichungstag der Patenterteilung Bedeutung. Ein Verschulden des Patentverletzers kann erst ab einem Zeitpunkt angenommen werden, der eine ca. 1 monatige Überlegungsfrist („Karenzfrist") zubilligt (BGH GRUR 1986, 803 (806) – Formstein – gewährt einen Prüfungszeitraum von bis zu 4 Wochen; besser: einen Monat; vgl. dazu näher → Anm. 27, → Anm. 34, 35).

41. Es empfiehlt sich, für jedes Mitglied des Gerichtes die Patentschrift gesondert in Kopie zu überreichen, damit die gesamte Kammer der mündlichen Verhandlung, bei der insbesondere regelmäßig auch technische Einzelheiten zur Sprache kommen, ohne Schwierigkeiten anhand der Schrift des Klageschutzrechtes folgen kann. Gleiches gilt für die im Formular als Anlage gesondert überreichte Merkmalsanalyse.

42. Vgl. § 31 PatG. Diese Bestimmung regelt das Recht der Akteneinsicht. Ist ein Patent erteilt, hat jedermann regelmäßig das Recht, in die Erteilungsakten Einsicht zu nehmen. Der Beweisantritt des Formulars wird selten praktisch, weil die Beteiligten einer Patentverletzungsstreitigkeit regelmäßig die Amtsakten schon kennen oder diese Akten – meist auf Antrag des Beklagten – vom Verletzungsgericht beigezogen werden (vgl. als Beispiel für einen Aktenbeziehungsantrag → Form. C.9). Häufig wird auch nur ein sog. Online-Registerauszug vorgelegt. Dieser ist erhältlich bei www.dpma.de.

43. Eine patentfähige Erfindung bezieht sich auf eine Lehre zum technischen Handeln, die insbesondere neu, auf einer erfinderischen Tätigkeit beruhend und gewerblich anwendbar sein muss (§ 1 Abs. 1 PatG). Schon diese Voraussetzungen sowie insbesondere jedoch auch die Schwierigkeit der technischen Materie erfordern es regelmäßig, den Gegenstand des Klagepatentes herauszuarbeiten. Es empfiehlt sich, dem Gericht den in der Klagepatentschrift behandelten Stand der Technik in Form von Anlagen zu überreichen, zB die in der Beschreibung des Klagepatents angeführten Literaturstellen. Das kann etwa mit der Formulierung geschehen:

„Ausgangspunkt der Lehre des Klagepatents ist die FR-PS . . . . . ., die ich – einschließlich deutscher Übersetzung – als Anlage K . . . . . . überreiche. In ihr ist folgender Stand der Technik behandelt: . . . . . ."

Liegt der Stand der Technik nur in einer Fremdsprache vor, empfiehlt es sich, Übersetzungen beizufügen.

44. Die nachfolgenden Ausführungen betreffen den Oberbegriff des Hauptanspruchs des Klagepatents und sind schon aus Vereinfachungsgründen nach Art einer Merkmalsanalyse gegliedert. Zum Inhalt und zur Notwendigkeit einer Merkmalsanalyse → Anm. 50. Es ist nicht zwingend, schon in diesem „frühen" Stadium der Klagebegründung den Oberbegriff des Hauptanspruchs des Klagepatents nach Art einer Merkmalsanalyse gegliedert wiederzugeben. Es kann vielmehr auch der Weg gegangen werden, erst nach Wiedergabe des Hauptanspruchs dessen gesamten Inhalt (nämlich Oberbegriff und Kennzeichen) merkmalsmäßig zu gliedern; → Anm. 50.

45. Die nachfolgenden Ausführungen behandeln den Stand der Technik und seine Nachteile.

46. Jeder Erfindung liegt eine **Aufgabe** (= ein technisches Problem) zugrunde, deren **Lösung** die Erfindung dient. Ist der relevante Stand der Technik einschließlich seiner Nachteile dargestellt, so ergibt sich regelmäßig ohne Schwierigkeit die der Erfindung zugrunde liegende Aufgabe. Oft nennt die Patentschrift eine Aufgabe. Eine solche Benennung in der Patentschrift kann jedoch fehlen (vgl. zB BGH GRUR 1998, 899 (900) – Alpinski) oder die genannte Aufgabe kann auch falsch sein. Das ist unschädlich, da sich die Aufgabe nicht nach der subjektiven Vorstellung des Anmelders, sondern allein danach richtet, was die patentbeanspruchte Erfindung tatsächlich leistet (BGH in stRspr, zB BGH GRUR 2010, 607 Rn. 18 – Fettsäurezusammensetzung; BGH GRUR 2010, 602 = Mitt. 2010, 300 – Gelenkanordnung). Die Ermittlung der Aufgabe ist Teil der Auslegung des Patentanspruchs, mithin Rechtsanwendung (BGH GRUR 2010, 602 – Gelenkanordnung).

47. Entsprechend den in → Anm. 46 enthaltenen Ausführungen erfolgen nunmehr Darstellungen zur Lösung der gestellten Aufgabe. Das geschieht – aus Vereinfachungsgründen – wiederum in Form der unmittelbaren Übernahme der Merkmale des kennzeichnenden Teils des Hauptanspruchs des Klagepatents nach Art einer Merkmalsgliederung. Das ist nicht zwingend. Vielmehr kann eine Merkmalsgliederung auch später im Zusammenhang mit der Wiedergabe und Analyse des Hauptanspruchs erfolgen (→ Anm. 50).

48. Es wird empfohlen, den Gegenstand des Klagepatents nach Aufgabe und Lösung sowie insbesondere auch anhand der Ausführungsbeispiele der Klagepatentschrift schon in der Klageschrift deutlich darzustellen. Diesem Zweck dienen die nachfolgenden Ausführungen betreffend Einzelheiten der Erfindung nach dem Klagepatent.

49. Zur Bedeutung der Patentansprüche vgl. § 14 PatG 1981 und → Anm. 50; zu Einzelheiten *Mes* PatG § 14 Rn. 1 ff.. Regelmäßig bestehen mehrere Patentansprüche. Vom Grundsatz her ist der erste Anspruch der allgemeinste, der den Erfindungsgedanken am umfassendsten beschreibt (sog. **Hauptanspruch**). Ihm sind weitere Ansprüche nach-

5. Klage wegen unmittelbarer Patentverletzung (§ 9 S. 2 Nr. 1 PatG)   C. 5

geordnet, die auf ihn Bezug nehmen (sog. echte **Unteransprüche**) und damit vom Grundsatz her Gestaltungen beanspruchen, die nicht selbstständig patentfähig sind. Es gibt jedoch auch Patente, bei denen neben dem Hauptanspruch ein selbstständig schutzfähiger, dh eine vom Hauptanspruch unabhängige Erfindung beinhaltender **Nebenanspruch** gegeben ist (§ 4 Abs. 5 PatAnmVO).

50. In einer **Merkmalsanalyse** ist die Erfindung, so wie sie im Hauptanspruch des Patentes (ggf. auch in einem Nebenanspruch oder in der Kombination von Haupt- und Unteransprüchen) niedergelegt ist, in Einzelmerkmale aufzugliedern. Diese Aufgliederung dient dem Vergleich der Verletzungsform (angegriffenen Ausführungsform) mit dem unmittelbaren Gegenstand des Patents (der patentgegenständlichen Erfindung) unter Berücksichtigung von Aufgabe und Lösung. Damit ist die Frage des Schutzumfangs eines jeden Patents angesprochen.

Maßgeblich für die Bestimmung des Schutzumfanges eines Patents sind in erster Linie die Ansprüche, unter ihnen die Formulierung des Hauptanspruchs (§ 14 PatG). In ihnen ist anzugeben, was als patentfähig unter Schutz gestellt werden soll (§ 34 Abs. 3 Nr. 3 PatG). Der Inhalt der Ansprüche bestimmt den Schutzbereich des Patents und der Patentanmeldung (§ 14 S. 1 PatG). Der Patentanspruch beschreibt somit die patentfähige Erfindung = den Gegenstand der Erfindung (BGH GRUR 2004, 47 – Blasenfreie Gummibahn I; BGH GRUR 1993, 651 – Tetraploide Kamille), wobei die Gesamtheit der Merkmale des Patentanspruchs einschließlich ihrer zugehörigen Wirkungen die patentierte Lösung repräsentiert (BGH GRUR 2004, 845 – Drehzahlermittlung; BGH GRUR 2000, 1005 – Bratgeschirr). Gemäß § 14 S. 2 PatG sind die Beschreibungen und die Zeichnungen zur Auslegung der Patentansprüche heranzuziehen. Dabei ist für den Inhalt der Patentansprüche nicht allein der Wortlaut bestimmend, sondern vielmehr der Sinngehalt (Wortsinn) (zu Einzelheiten vgl. *Mes* PatG § 14 Rn. 20 ff.). Es kommt mithin auf den Offenbarungsgehalt der Patentansprüche an, so wie er sich für den Fachmann, an den sich die Patentschrift wendet, auf der Grundlage des Offenbarungsgehaltes der Patentschrift darstellt (BGH in stRspr, zB BGH GRUR 1999, 909 (911) re.Sp. – Spannschraube; BGH GRUR 2001, 232 (233) re.Sp. – Brieflocher). Dabei geht es immer darum, im Zusammenhang mit der Beurteilung der Frage, ob eine Patentverletzung vorliegt, die technische Lehre, die sich aus der Sicht des vom Patent angesprochenen Fachmanns aus den Merkmalen des Anspruchs im Einzelnen und in ihrer Gesamtheit ergibt, zu ermitteln (BGH in stRspr, zB BGH GRUR 2008, 797 (782) re.Sp. oben – Mehrgangnabe; BGHZ 171, 120 Rn. 18 = GRUR 2007, 410 – Kettenradanordnung; BGHZ 172, 108 = GRUR 2007, 859 Rn. 13 – Informationsübermittlungsverfahren I). Maßgeblich sind der Sinngehalt des Patentanspruchs in seiner Gesamtheit und der Beitrag, den die einzelnen Merkmale des Anspruchs zum Leistungsergebnis der Erfindung liefern. Diese müssen unter Heranziehung der den Patentanspruch erläuternden Beschreibung und Zeichnungen (vgl. § 14 S. 2 PatG) durch Auslegung ermittelt werden (BGH GRUR 2008, 779 (782) re.Sp. oben – Mehrgangnabe). Ein erteilter Patentanspruch hat Rechtsnormcharakter (BGH GRUR 2010, 914 Rn. 25 – Kettenradanordnung II; BGH GRUR 2009, 653 Rn. 16 – Straßenbaumaschine; BGH GRUR 2008, 887 Rn. 13 – Momentanpol). Die Auslegung eines Anspruchs ist mithin Rechtsfrage, die der Überprüfung in einer Revision zugänglich ist; zugleich gilt, dass die Auslegung des Patentanspruchs nicht einem gerichtlichen Sachverständigen überlassen werden darf, sondern vielmehr dem Gericht auferlegt ist (BGH GRUR 2008, 779 – Mehrgangnabe).

Die Beschreibung des Erfindungsgegenstandes im Patentanspruch erfolgt überwiegend in der Weise, dass der Patentanspruch in einen Oberbegriff (= Wiedergabe des vorbekannten Standes der Technik) sowie in einen kennzeichnenden Teil (Zusammenfassung der gegenüber dem vorbekannten Stand der Technik für sich oder in Kombination neuen Merkmale; vgl. § 1 Abs. 2 PatAnmVO) untergliedert ist, ohne dass diese Unterteilung für die patentrechtliche Bewertung einer angegriffenen Ausführungsform als patentverletzend von Bedeutung ist (BGH GRUR 1994, 357 – Muffelofen). Die Zweiteilung folgt allein Zweckmäßigkeitsüberlegungen (zur sog. „einteiligen" Formulierung des Patentanspruchs vgl. *Flad* GRUR 1994, 478 (479)).

Um die angegriffene Ausführungsform (= Verletzungsform) sowohl zutreffend zu erfassen als auch zutreffend als patentverletzend zu charakterisieren, ist es zweckmäßig, den Wortlaut der Patentansprüche, insbesondere des Hauptanspruchs, und den darin festgelegten Gegenstand der Erfindung einerseits und die anzugreifende Ausführungsform andererseits unter Berücksichtigung von **Aufgabe** (technisches Problem) und **Lösung** des Patents miteinander zu vergleichen. Das erfordert einen zweistufigen Ansatz. Auf einer ersten Stufe ist der Inhalt der Patentansprüche unter Berücksichtigung des § 14 PatG zu bestimmen. Es ist mithin zu ermitteln, was die patentfähige Erfindung = der Gegenstand der Erfindung ist (BGH GRUR 2004, 47 – Blasenfreie Gummibahn I; BGH GRUR 1993, 651 – Tetraploide Kamille). Auf die Grundsätze zu Beginn dieser Anmerkung wird verwiesen. Ist damit der unmittelbare Gegenstand des Patentes anhand der Patentansprüche ermittelt, erfolgt auf einer zweiten Stufe die Ermittlung des **Schutzumfangs des Patents**, nämlich des Vergleichs des unmittelbaren Gegenstandes des Patents (der offenbarten und beanspruchten Erfindung) mit der angegriffenen Ausführungsform (Verletzungsform). Hilfreich und nahezu unentbehrlich ist in der Mehrzahl aller Patentverletzungsfälle die Erstellung einer sog. **Merkmalsanalyse**. Anhand einer derartigen Merkmalsanalyse kann sodann die Verletzungsform im Hinblick auf bestehende Gemeinsamkeiten/Unterschiede mit dem Erfindungsgegenstand überprüft werden. Das Formular gibt im hier interessierenden Zusammenhang in Form einer Merkmalsanalyse zunächst den Oberbegriff, nachfolgend sodann den sog. kennzeichnenden Teil des Hauptanspruchs des geltend gemachten Patents wieder. Zur Merkmalsanalyse vgl. *Meier-Beck* GRUR 2001, 967; *Kaess* GRUR 2000, 637; zum Aufbau einer Merkmalsanalyse vgl. die Beispiele: BGH GRUR 2000, 1005 – Bratgeschirr; BGH GRUR 2002, 511 – Kunststoffrohrteil; BGH GRUR 2002, 515 – Schneidmesser I; BGH GRUR 2002, 519 – Schneidmesser II; BGH GRUR 2008, 779 (780 f.) – Mehrgangnabe).

Ob auf Grund eines Vergleiches einer (zutreffenden) Merkmalsanalyse mit der sog. Verletzungsform (= angegriffenen Ausführungsform) im Hinblick auf bestehende Gemeinsamkeiten/Unterschiede eine Verletzung des Patents gegeben ist, bestimmt sich nach seinem Schutzumfang, der durch die Regelung des § 14 PatG festgelegt wird. Danach gilt, dass der Schutzumfang des Patentes durch den Inhalt der Patentansprüche bestimmt wird, wobei Beschreibung und Zeichnungen zur Auslegung heranzuziehen sind. Ob ein Patentverletzungstatbestand vorliegt, ist durch einen Vergleich des Gegenstands des Patentes (so wie in den Ansprüchen nach Maßgabe des § 14 PatG niedergelegt und zuvor oben ausgeführt) und der angegriffenen Ausführungsform (Verletzungsform) miteinander nach Aufgabe (= technisches Problem) und Lösung zu ermitteln.

a) Wortsinngemäße Patentverletzung:

Unter den Schutz eines Patentes fällt jedenfalls die identische (wortlautgemäße = unmittelbare = unmittelbar gegenständliche) Benutzung (vgl. zB BGHZ 98, 12 ff. = GRUR 1986, 802 (804) li.Sp. unten – Formstein; BGH GRUR 1999, 914 (916) re.Sp. – Kontaktfederblock; BGH GRUR 2004, 413 (415) – Geflügelkörperhalterung). Ob eine Patentverletzung vorliegt, erfordert zunächst eine Befassung mit der technischen Lehre, die sich aus der Sicht des vom Patent angesprochenen Fachmanns aus den Merkmalen des Anspruchs im Einzelnen und in ihrer Gesamtheit ergibt (BGH in stRspr, zB BGH GRUR 2008, 779 (782) re.Sp. oben – Mehrgangnabe; BGHZ 171, 120 Rn. 18 = GRUR 2007, 410 – Kettenradanordnung; BGHZ 172, 108 Rn. 13 = GRUR 2007, 859 – Informationsübermittlungsverfahren I). Ausgangspunkt ist zunächst der Wortlaut des Patentanspruchs. Ihm kommt entscheidende, wenn auch nicht alleinige Bedeutung zu (BGH GRUR 2011, 701 Rn. 23 – Okklusionsvorrichtung m. krit. Anm. *Kühnen*; BGH 2010, 602 – Gelenkanordnung). Der Inhalt eines Patentanspruchs bedeutet jedoch nicht (nur) Wortlaut, sondern vielmehr Sinngehalt (Wortsinngehalt). Es ist nicht an einem philologischen Wortlaut des Patentanspruchs

5. Klage wegen unmittelbarer Patentverletzung (§ 9 S. 2 Nr. 1 PatG)   C. 5

zu haften, sondern maßgeblich ist der technisch verstandene und häufig erst im Wege der Auslegung zu ermittelnde Wortsinn der Formulierungen des Patentanspruchs. Dabei stellt der durch die Patentschrift angesprochene Fachmann auf den technischen Gesamtzusammenhang ab, den ihm der Inhalt der Patentschrift unter Berücksichtigung der in ihr objektiv offenbarten Lösung vermittelt (BGH in stRspr, zB BGH GRUR 1999, 909 (911) re.Sp. – Spannschraube; BGH GRUR 2001, 232 (233) re.Sp. – Brieflocher). Der Sinngehalt eines Patentanspruchs in seiner Gesamtheit und der Beitrag, den die einzelnen Merkmale für die Erfindung liefern, müssen durch Auslegung ermittelt werden, wobei die den Patentanspruch erläuternde Beschreibung und die Zeichnungen heranzuziehen sind (§ 14 S. 2 PatG; ebenso Art. 69 Abs. 1 S. 2 EPÜ). Der Durchschnittsfachmann ist des Weiteren bestrebt, die Patentschrift in einem sinnvollen Zusammenhang zu lesen und ihren Gesamtinhalt im Zweifel so zu verstehen, dass sich Widersprüche nicht ergeben (OLG Düsseldorf Mitt. 1998, 179 – Mehrpoliger Steckverbinder; ähnlich BGH GRUR 2008, 887 (889) re. Sp. Rn. 21 – Momentanpol II). Patentansprüche, Beschreibungen und Zeichnungen sind gleichwertige Offenbarungsmittel (BGH GRUR 2010, 599 Rn. 22 – Formteil; BGH GRUR 2007, 578 Rn. 11 – Rückspülbare Filterkerze). Ist jedoch bei sinnvollem Verständnis des Wortlauts des Anspruchs ein Merkmal nicht so deutlich einbezogen, dass es vom Fachmann als zur Erfindung gehörend erkannt wird, kann es den Gegenstand des Anspruchs nicht kennzeichnen (vgl. *Mes* PatG § 14 Rn. 21). Dies kann für ein Ausführungsbeispiel gelten, das in der Formulierung des Patentanspruchs keinen Niederschlag gefunden hat (BGH GRUR 2011, 701 – Okklusionsvorrichtung m. krit. Anm. *Kühnen*). Auf Vorgänge im Erteilungsverfahren, die der Patenterteilung vorausgegangen sind, kommt es grundsätzlich für die Bestimmung des Schutzbereichs eines Patents nicht an (BGH GRUR 2002, 511 – Kunststoffrohrteil; offengelassen in BGH GRUR 2011, 701 Rn. 25 – Okklusionsvorrichtung; vgl. dazu *Meier-Beck* GRUR 2012, 1147 (1181) re.Sp.; *Kühnen* GRUR 2012, 664). Wird in einem Patentanspruch ein Begriff mehrfach benutzt, so ist er regelmäßig jeweils im gleichen Sinn zu verstehen (BGH GRUR 2017, 152 – Zungenbett).

b) Äquivalente Patentverletzung:

Neben einem wortsinngemäßen Gebrauchmachen von den Merkmalen eines Patentanspruchs fällt unter den Schutz eines Patents auch diejenige Benutzung, die zwar vom Wortsinn abweicht, jedoch die Lehre des Patents mit gleichwirkenden Mitteln (= Gleichwirkung = Äquivalenz) verwirklicht (BGH in stRspr, zB BGHZ 98, 19 = GRUR 1986, 802 (805) – Formstein; BGH GRUR 1999, 909 (913 f.) – Spannschraube; BGH GRUR 2000, 1005 – Bratgeschirr; BGH GRUR 2002, 515 (517) li.Sp. – Schneidmesser I; BGH GRUR 2002, 519 (521) li.Sp. – Schneidmesser II). Das Auslegungsprotokoll zu Art. 69 EPÜ rechnet zum Inhalt der Patentansprüche und damit zum Schutzbereich eines Patents nicht nur das, was sich aus dem genauen Wortlaut der Patentansprüche ergibt. Damit ist nach ständiger Rechtsprechung des Bundesgerichtshofs zu § 14 PatG der Weg für eine Ausdehnung des Schutzbereichs über den Anspruchswortlaut hinaus auf sog. Äquivalente (Gleichwirkungen) eröffnet (BGH GRUR 1986, 803 (805) li.Sp. – Formstein; BGH GRUR 1993, 886 (889) li.Sp. – Weichvorrichtung; BGH GRUR 1994, 597 (600) li.Sp. oben – Zerlegvorrichtung für Baumstämme; insbesondere die vorstehend angeführten BGH-Entscheidungen in GRUR 2002, 515 ff.). Äquivalent sind allerdings nur solche Mittel, die der Durchschnittsfachmann anhand von Überlegungen, die am Sinngehalt des Patentanspruchs anknüpfen, als gleichwirkend auffinden kann (grundlegend: BGHZ 98, 19 = GRUR 1986, 803 (805) – Formstein; BGH GRUR 1991, 436 (439) – Befestigungsvorrichtung II). Der Bundesgerichtshof hat die Anforderung an die Annahme einer äquivalenten Patentverletzung präzisiert, und zwar insbesondere in den Entscheidungen BGHZ 150, 161 = GRUR 2002, 511 – Kunststoffrohrteil; BGHZ 150, 149 = GRUR 2002, 515 – Schneidmesser I; BGH GRUR 2002, 519 – Schneidmesser II und BGH GRUR 2002, 523 – Custodiol I; zu diesen Entscheidungen: *Reimann/Köhler* GRUR 2002, 931; *Meier-Beck* GRUR 2003, 905:

- **Gleichwirkung.** Bei der angegriffenen Ausführungsform (Verletzungsform) muss das im Vergleich zum Gegenstand des Anspruchs vorgesehene Austauschmittel das der Erfindung zugrunde liegende Problem mit zwar abgewandelten, aber objektiv gleichwirkenden Mitteln lösen (zu Einzelheiten vgl. *Mes* PatG § 14 Rn. 66 ff.). Dabei genügt es nicht, wenn das Austauschmittel im Wesentlichen die Gesamtwirkung der Erfindung erreicht. Erforderlich ist, dass die Mindestanforderungen an Qualität und Quantität einer patentgemäß gewollten Wirkung auch durch das abgewandte Mittel erfüllt werden (BGH GRUR 2012, 1122 – Palettenbehälter III).
- **Auffindbarkeit.** Das bzw. die Austauschmittel muss/müssen durch den Fachmann als gleichwirkend aufgefunden werden können. Dazu bedarf es einer Orientierung durch den Fachmann am Patentanspruch (BGH GRUR 2000, 1005 (1006) – Bratgeschirr; BGHZ 150, 149 = GRUR 2002, 515 – Schneidmesser I; BGHZ 150, 161 = GRUR 2002, 511 – Kunststoffrohrteil); vgl. zu Einzelheiten *Mes* PatG § 14 Rn. 75 ff. An dieser Voraussetzung fehlt es insbesondere, wenn das eingesetzte Austauschmittel bei einer angegriffenen Ausführungsform einen völlig anderen Weg geht als die Lehre des betroffenen Patents oder auf die mit dem Patent angestrebten Wirkungen/Vorteile verzichtet wird (BGH GRUR 1999, 909 – Spannschraube). Benötigt der Fachmann erfinderisches Bemühen, um zur Austauschlösung zu gelangen, stellt sich die Frage, ob der Schutzbereich des Patents verlassen ist (BGH GRUR 1994, 597 (600) – Zerlegvorrichtung für Baumstämme; *Mes* PatG § 14 Rn. 77 ff. mwN). Zum Problem der sog. abhängigen Erfindung und ihrer Einbeziehung unter den Schutzumfang eines Patentanspruchs im Wege der Äquivalenz vgl. OLG Düsseldorf GRUR 1999, 702 – Schließfolgeregler; zuletzt insbesondere *Meier-Beck* GRUR 2003, 910.
- **Gleichwertigkeit.** Wenn schon gilt, dass die Gleichwirkung der Austauschlösung grundsätzlich nicht ohne Orientierung am Patentanspruch festgestellt werden kann (BGH GRUR 2000, 1005 (1006) – Bratgeschirr), gilt dies erst recht für die vom Bundesgerichtshof in der zuvor zitierten Rechtsprechung (BGH GRUR 2002, 515 ff.) aufgestellte zusätzliche Voraussetzung für die Annahme von Äquivalenz. Danach ist es erforderlich, dass die Überlegungen, die der Fachmann anstellen muss, um zur Austauschlösung zu gelangen, derart am Sinngehalt der im Patentanspruch unter Schutz gestellten technischen Lehre orientiert sein müssen, dass der Fachmann die abweichende Ausführung mit ihren abgewandelten Mitteln als der patentgegenständlichen gleichwertige Lösung in Betracht zieht. Damit wird vom Bundesgerichtshof einer abstrahierenden Betrachtung eine Absage erteilt (ebenso *Reimann/Köhler* GRUR 2002, 933 li.Sp. oben). Es kommt nicht darauf an, dass die angegriffene Ausführungsform „irgendwie" infolge der eingesetzten Austauschmittel gleichartige Wirkungen wie der Patentgegenstand zeigt. Vielmehr ist entscheidend, dass eine spezifische Gleichwirkung des abgewandelten Mittels mit demjenigen besteht, das im Anspruch beschrieben ist (*Meier-Beck* GRUR 2003, 908 (909)). Das schließt es regelmäßig aus, eine Ausführungsform als äquivalent zu bewerten, die sich zwar in der Beschreibung des Patents als mögliche Lösung findet, jedoch im Wortlaut des Anspruchs keinerlei Niederschlag findet (BGH GRUR 2012, 45 – Diglycidverbindung; BGHZ 189, 330 = GRUR 2011, 701 – Okklusionsvorrichtung m. krit. Anm. *Kühnen*; *Meier-Beck* GRUR 2012, 1177 (1182) li.Sp. zu Fn. 41).
- **„Kein Verzicht".** Zu der zuvor genannten Einschränkung, wonach das Austauschmittel im Wesentlichen die gleichen technischen Wirkungen wie die Kombination der Merkmale im Anspruch bzw. wie ein dort beschriebenes einzelnes Merkmal aufweisen muss (BGH GRUR 2012, 1122 – Palettenbehälter III), hat der Bundesgerichtshof in jüngerer Zeit ein weiteres Merkmal der Einschränkung für die Annahme einer äquivalenten Lösung entwickelt. Dieses lässt sich als „Verzichtsgedanke" auffassen. Nach dem Bundesgerichtshof ist es regelmäßig ausgeschlossen, eine Ausführungsform als äquivalent zu bewerten, die in der Beschreibung des Patents als mögliche Lösung der Aufgabe angeführt ist, jedoch im

5. Klage wegen unmittelbarer Patentverletzung (§ 9 S. 2 Nr. 1 PatG)   C. 5

Wortlaut des Patentanspruchs keinen Niederschlag gefunden hat (BGH GRUR 2012, 45 – Diglycidverbindung; BGHZ 189, 330 = GRUR 2011, 701 – Okklusionsvorrichtung mit kritischer Anmerkung *Kühnen*; vgl. auch LG Mannheim GRUR-RR, 2015, 330). Das gleiche gilt, wenn die Beschreibung eines Patents mehrere Möglichkeiten zur Erreichung einer technischen Wirkung enthält, jedoch nur eine dieser Möglichkeiten in den Patentanspruch aufgenommen worden ist. Dann ist eine Verletzung des Patents mit äquivalenten Mitteln in der Regel zu verneinen (BGH GRUR 2016, 921 – Pemetrexed). Dieser Grundsatz greift allerdings dann nicht ein, wenn der Fachmann erkennt, dass die beanspruchte Ausführungsform sich nur als spezieller Anwendungsfall von mehreren möglichen Lösungen darstellt. Immer aber gilt, dass eine Verletzung des Patents mit äquivalenten Mitteln nur dann angenommen werden kann, wenn sich die abgewandelte Lösung in ihren spezifischen Wirkungen mit der unter Schutz gestellten Lösung deckt und sich in ähnlicher Weise wie diese Lösung von der nur in der Beschreibung, nicht aber im Anspruch aufgezeigten Lösungsvariante unterscheidet (BGH GRUR 2012, 45 – Diglycidverbindung). Zu weiteren Einzelheiten vgl. *Mes* PatG § 14 Rn. 90 ff.

Zusammenfassend lassen sich für die patentrechtliche Äquivalenz drei Fragen unterscheiden (vgl. *Meier-Beck* GRUR 2003, 907):
(1) Löst die angegriffene Ausführungsform das der Erfindung zugrunde liegende Problem mit zwar abgewandelten, aber objektiv gleichwirkenden Mitteln?
(2) Wenn diese Frage zu bejahen ist: Befähigen den Fachmann seine Fachkenntnisse, die abgewandelten Mittel als gleichwirkend aufzufinden?
(3) Wenn auch diese Frage zu bejahen ist: Sind die Überlegungen, die der Fachmann anstellen muss, derart am Sinngehalt der im Patentanspruch unter Schutz gestellten technischen Lehre orientiert, dass der Fachmann die abweichende Ausführung mit ihren abgewandelten Mitteln als eine Lösung in Betracht zieht, die der wortsinngemäßen (des Patentanspruchs) gleichwertig ist?
(4) Zusätzlich: Ist in der Patentbeschreibung (zumindest) ein Lösungsweg beschrieben, der im Patentanspruch keinen Niederschlag gefunden hat, so ist der zuvor skizzierte „Verzichtsgedanke" zu prüfen. Die Lösung auf die „verzichtet" worden ist, kann regelmäßig nicht als äquivalente Patentverletzung bewertet werden.

Formsteineinwand. Im Falle der Annahme von Äquivalenz lässt der Bundesgerichtshof allerdings die Verteidigung zu, die als äquivalent angegriffene Ausführungsform stelle mit Rücksicht auf den vorbekannten Stand der Technik keine patentfähige Erfindung dar (BGH GRUR 1986, 803 (805 f.) – Formstein; siehe insbesondere *Nieder*, FS König, 2003, 379; *Popp* GRUR 2009, 318; *Mes* PatG § 14 Rn. 106 ff. mwN). Mit dem sog. „Formsteineinwand" soll gewährleistet sein, dass sich der Schutz des Patents nicht auf diejenige Weiterentwicklung des freien Standes der Technik erstreckt, die nicht neu oder erfinderisch ist und somit für den Gemeingebrauch offen stehen soll. Der Rechtsgedanke des Vertrauensschutzes auf den Wortlaut eines erteilten Anspruchs – Gebot der Rechtssicherheit – erfordert Beachtung (BGH GRUR 1989, 903 (905) re.Sp. unten – Batteriekastenschnur; BGH GRUR 2002, 515 (517) li.Sp. – Schneidmesser I; BGH GRUR 2002, 519 (521) li.Sp. – Schneidmesser II; BGH GRUR 2002, 523 (525 f.) jeweils li.Sp. – Custodiol I). Dabei greift der Formsteineinwand dann nicht, wenn die Merkmale eines erteilten Patentanspruchs bei der angegriffenen Ausführungsform identisch (wortsinngemäß) verwirklicht sind (BGH GRUR 1999, 914 – Kontaktfederblock). Vor der Prüfung des Formsteineinwandes ist mithin methodisch zunächst erforderlich, sämtliche Merkmale und ihre Funktion im Rahmen der patentgemäßen Lehre zu klären und sodann festzustellen, ob von jedem einzelnen Anspruchsmerkmal des Patentes bei der angegriffenen Ausführungsform Gebrauch gemacht wird. Nur dann, wenn diese Feststellung ergibt, dass mindestens eines dieser Merkmale nicht in wortsinngemäßer (jedoch äquivalenter) Form verwirklicht ist, ist eine Prüfung des Formsteineinwandes angebracht (BGH GRUR 1999, 914 – Kontaktfederblock).

Kein Teilschutz. Die lange Zeit im Zusammenhang mit § 14 PatG (ebenso: Art. 69 EPÜ) streitige Frage, ob eine sog. Unterkombination oder ein Teilschutz als patentverletzend zu bewerten ist (vgl. zB LG Düsseldorf GRUR Int. 1990, 382 – Adapter; BGH GRUR 1992, 40 – Beheizbarer Atemluftschlauch), ist durch den Bundesgerichtshof dahin entschieden, dass der Schutzbereich eines Patents oder Gebrauchsmusters keine Unter- oder Teilkombination der Merkmale der beanspruchten technischen Lehre erfasst (BGH GRUR 2007, 1059 – Zerfallszeitmessgerät; zu Einzelheiten vgl. *Mes* PatG § 14 Rn. 119 ff.).

51. Aus Darstellungsgründen wurde der einfachste Fall einer Patentverletzung gewählt, nämlich derjenige einer wortsinngemäßen (sogar: wörtlich übereinstimmenden) Verletzung. Die meisten Fälle liegen in der Praxis schwieriger und lassen sich häufig nur über Äquivalenzbetrachtungen lösen, → Form. C.1 Anm. 8 b) → Form. C.2 Anm. 9b).

52. Verfügt der Kläger über mehrere Patente, die er gegen den Verletzer wegen gleichartiger Verletzungshandlungen geltend machen könnte, so muss er dies in einer Klage tun, da andernfalls eine spätere Klage unzulässig wäre (§ 145 PatG und dazu *Mes* PatG § 145 Rn. 1 ff.).

53. Ebenso wie es sich empfiehlt, den Gegenstand des Klagepatents im Einzelnen darzulegen, gilt dies auch für den Verletzungstatbestand. Er muss für Außenstehende nachvollziehbar dargestellt und ggf. bewiesen werden.

54. Der Hinweis auf den Tatbestand einer vorherigen Abmahnung ist für die Schlüssigkeit/Begründung der Klage nicht von Bedeutung. Ein entsprechender Hinweis erfolgt jedoch regelmäßig, um dem angerufenen Gericht zu zeigen, dass der Kläger seine Hilfe nur als „ultima ratio" in Anspruch nimmt. Sollte der Beklagte unverzüglich das Klagebegehren anerkennen oder eine strafbewehrte Unterlassungsverpflichtungserklärung und im Hinblick auf die „Nebenansprüche" streiterledigende Erklärungen abgeben, so kommt es für die Auferlegung von Kosten gemäß §§ 91a, 93 ZPO auf eine ausreichende vorprozessuale Abmahnung an (→ Form. C.2 Anm. 1). Auf den Tatbestand einer außergerichtlichen Verwarnung wird nachfolgend im Zusammenhang mit der rechtlichen Begründung des Anspruchs auf Erstattung der entstandenen Geschäftsgebühr noch einmal eingegangen (→ Anm. 65).

55. Liegt eine verbotene Patentbenutzung vor (§§ 9 ff. PatG), so gewährt § 139 Abs. 1 PatG einen (verschuldensunabhängigen) Unterlassungsanspruch. Inhaber des Unterlassungsanspruchs (aktivlegitimiert) ist gemäß § 139 Abs. 1 PatG der durch die verbotene Benutzung Verletzte. Das ist der Patentinhaber, ggf. auch der ausschließliche Lizenznehmer (zu weiteren Einzelheiten → Anm. 3). Der einfache Lizenznehmer ist nicht aktivlegitimiert; ihm kann der Unterlassungsanspruch (ohne Übertragung des Patents) nicht abgetreten werden; wohl ist jedoch eine gewillkürte Prozessstandschaft möglich (BGH GRUR 1995, 54 (57) – Nicoline; → Anm. 3). Sind Patentverletzungshandlungen vorgekommen, besteht **Wiederholungsgefahr** (BGH GRUR 2003, 1031 (1033) li.Sp. – Kupplung für optische Geräte). Diese kann regelmäßig nur durch Abgabe einer strafbewehrten Unterlassungsverpflichtungserklärung ausgeräumt werden (BGH GRUR 1996, 290 – Wegfall der Wiederholungsgefahr); → Form. C.2 und Anmerkungen dort. Ist noch keine Patentverletzung vorgekommen, steht sie jedoch unmittelbar bevor, so kann **Begehungsgefahr** anzunehmen sein. Diese genügt für die Begründung eines Unterlassungsanspruchs (§ 139 Abs. 1 S. 2 PatG). Die erforderlichen Anhaltspunkte für die Annahme der Begehungsgefahr sind vom Kläger vorzutragen und ggf. zu beweisen (BGH GRUR 1991, 607 (608) re.Sp. – Vesper; BGH GRUR 1994, 57 (58) – Geld-Zurück-Garantie). Schon die Berühmung, zu einer Patentbenutzungshandlung berechtigt zu sein, kann Begehungsgefahr begründen (BGH GRUR 1990, 678 (679) – Herstellerkennzeichen auf Unfallwagen: für Markensache). Allerdings sind an die Beseitigung von Begehungsgefahr und damit an das Erlöschen eines

5. Klage wegen unmittelbarer Patentverletzung (§ 9 S. 2 Nr. 1 PatG)   C. 5

Unterlassungsanspruchs geringere Anforderungen zu stellen als an die Beseitigung von Wiederholungsgefahr, zB kann es genügen, dass der Berühmende uneingeschränkt und eindeutig erklärt, die beanstandete Handlung in Zukunft nicht vorzunehmen (BGH GRUR 2001, 1174 – Berühmungsaufgabe: zum UWG).

56. Wird das Benutzungsmonopol eines Patentinhabers (vgl. § 9 S. 1 PatG) durch die im Gesetz vorgesehenen Verletzungshandlungen (§§ 9 S. 2, 10 PatG) beeinträchtigt, so begründet dies schon eine ausreichende Wahrscheinlichkeit für einen Schaden zu Lasten des Patentinhabers. Diese Wahrscheinlichkeit genügt zur Geltendmachung eines Schadensersatzfeststellungsbegehrens, insbesondere wenn schon ein Verletzungsfall festgestellt worden ist (BGH GRUR 1960, 423 (426) re.Sp. – Kreuzbodenventilsäcke; BGH GRUR 1964, 496 (497) re.Sp. – Formsand II).

57. Zum Erfordernis eines Verschuldens und den Anforderungen dazu vgl. Benkard PatG/*Grabinski/Zülch* § 139 Rn. 42 ff.; *Mes* PatG § 139 Rn. 103 ff.

58. Zum Rechnungslegungsanspruch → Anm. 19, 20, →Anm. 25, 26, →Anm. 29.

59. Zur Zweckmäßigkeit der Schadensersatzfeststellungsklage (anstelle einer Stufenklage) → Anm. 35.

60. → Anm. 19.

61. Zum Entschädigungsanspruch bei offengelegter Patentanmeldung → Anm. 34.

62. Da die Benutzung einer offengelegten Patentanmeldung nicht rechtswidrig ist (→ Anm. 34), umfasst der Anspruch auf angemessene Entschädigung weder Herausgabe des Verletzergewinns noch Ersatz des entgangenen eigenen Gewinns. Infolgedessen besteht auch nur ein eingeschränkter Rechnungslegungsanspruch (→ Anm. 27 b)).

63. Zur Überlegungsfrist („Karenzzeit") von einem Monat → Anm. 27.

64. → Anm. 32; zur Höhe der Geschäftsgebühr von 1,5 vgl. LG Düsseldorf InstGE 6, 37 – Abmahnkostenerstattung bei Patentverletzung. Zu weiteren Nachweisen und Beispielen vgl. „Kosten und Gebühren" zu → Form. C.2 Anm. 39. Zu den Verzugszinsen in Höhe von neun Prozentpunkten über dem Basiszinssatz vgl. § 288 Abs. 2 BGB (und nicht acht Prozentpunkten) vgl. LG Düsseldorf InstGE 5, 172 – Verzugszinsen.

65. Zu den Ausführungen im Textbeispiel vgl. BGH NJW 2007, 2049 = GRUR 2006, 439. Nach BGH NJW 2007, 3289 soll sich der Kostenerstattungsanspruch gem. Klageantrag I. 6. nicht streitwerterhöhend auswirken. Das erscheint schon deshalb unrichtig, weil BGH NJW 2007, 249 entschieden hat, dass die Geschäftsgebühr nach VV 2300 RVG – anders als die Verfahrensgebühr – im Kostenfestsetzungsverfahren nach §§ 103, 104 ZPO nicht berücksichtigt werden kann; sie ist somit keine Nebenforderung im Sinne von § 4 Abs. 1 S. 2 ZPO. In der Zwischenzeit ist die Streitfrage in § 15a RVG nF neu geregelt. → Anm. 32.

66. Von einer näheren Begründung des berechtigten Interesses wird abgesehen. Vernünftigerweise lässt sich eine derartige Begründung kaum finden. Als ein Anwendungsbeispiel mögen § 103 UrhG, § 47 GeschmMG und § 12 Abs. 3 S. 1 UWG dienen. Tatsächlich sind die Umstände bei einer geltend gemachten Patentverletzung jedoch nicht ohne weiteres den vorstehend bezeichneten Bestimmungen vergleichbar. Patentverletzungsprozesse interessieren die allgemeine Öffentlichkeit nur selten. Insbesondere wird bei einer Veröffentlichung eines Patentverletzungsurteils regelmäßig nur ein kleiner Teil der Öffentlichkeit überhaupt an eben diesem Urteil Interesse haben. Der überwiegende Teil der Öffentlichkeit wird durch das Urteil erst auf den Tatbestand der Patentverletzung überhaupt hingewiesen, so dass die Gefahr einer unnötigen Bloßstellung und Herabsetzung in der Öffentlichkeit gegeben ist (vgl. OLG Celle GRUR-RR 2001, 125 (126) – Stadtbahnwagen: Urheberrecht). So scheidet eine Veröffentlichung auch dann aus, wenn sie nur einen Teil der Öffentlichkeit aufzuklären geeignet ist, im Übrigen jedoch eher verwirrt (BGH GRUR 1966, 623 (625) – Kupferberg). Für ein berechtigtes Interesse an einer Veröffentlichung des Urteilstenors kann sprechen, dass der Rechtsstreit weite Beachtung findet und sein Ausgang Planungsgrundlage für eine Vielzahl von Personen/Unternehmen ist oder wenn es sich um ein eng begrenztes Fachgebiet mit hochspezialisierten Fachzeitschriften handelt, von denen in einer eine Veröffentlichung die interessierten Kreise erreicht.

Eine Vorauszahlung der Bekanntmachungskosten, so wie dies beispielsweise in § 103 Abs. 3 UrhG vorgesehen ist, kennt § 140e PatG nicht.

67. → Anm. 5, 6.

68. Ausführungen zur sachlichen und örtlichen Zuständigkeit des Patentstreitgerichts. Zu Einzelheiten → Anm. 1, 2.

69. Die Mitwirkung eines Patentanwalts ist in Patentverletzungsstreitigkeiten dringend zu empfehlen. Die Kosten seiner Mitwirkung sind in gleicher Höhe wie die Gebühren des Rechtsanwalts erstattungsfähig (§ 143 Abs. 3 PatG).

70. Der patentrechtliche Unterlassungsanspruch ist auch im Wege des einstweiligen Verfügungsverfahrens durchsetzbar (ebenso wie der Anspruch auf Drittauskunft gemäß § 140b PatG). Das ist jedoch die – seltenere – Ausnahme. Zu Einzelheiten → Form. C.21.

Kosten und Gebühren

71. Es gelten die allgemeinen Grundsätze.
1. Gerichtskosten: Drei Gebühren gemäß KV 1210 GKG, ggf. mit Ermäßigung auf eine Gebühr bei nicht streitiger Beendigung (KV 1211 GKG). Es ist ein Gerichtskostenvorschuss in Höhe von drei Gerichtsgebühren zu zahlen; ohne diese Vorauszahlung wird die Klage nicht zugestellt (§ 12 Abs. 1 GKG). Die Höhe der Gerichtsgebühren bestimmt sich nach dem Streitwert (§ 48 Abs. 1 S. 1 GKG).
2. Anwaltskosten: Es entstehen 1,3 Verfahrensgebühr (ggf. mit Erhöhungsgebühr) gemäß VV 3100 RVG und 1,2 Terminsgebühr gemäß VV 3104 RVG, ggf. zusätzlich die Vergleichsgebühr gemäß VV 1003 RVG. Die Höhe der Anwaltsgebühren bestimmt sich nach dem Streitwert (§ 23 Abs. 1 S. 1 RVG).
3. Besonderheiten im Zusammenhang mit dem Patentverletzungsprozess bestehen wie folgt:
(1) § 143 Abs. 3 PatG: Die Kosten eines mitwirkenden Patentanwalts sind in gleicher Höhe wie diejenigen des Rechtsanwalts erstattungsfähig. Die Notwendigkeit der Mitwirkung eines Patentanwalts ist in patentrechtlichen Streitigkeiten nicht zu prüfen. *Literatur*: vgl. *Hodapp* Mitt. 2006, 22.
Zur (gesonderten) Erstattungsfähigkeit von Recherchekosten (neben der Verfahrensgebühr des Patentanwalts) vgl. OLG München InstGE 5, 79.
(3) § 144 PatG: Möglichkeit der Streitwertherabsetzung auf Antrag. → Anm. 7.

Fristen

72. Keine.

6. Klage wegen Patentverletzung in Form einer Verfahrensbenutzung (§ 9 S. 2 Nr. 2 PatG)

Landgericht

4. Zivilkammer[1]

Werdener Straße 1

40227 Düsseldorf[2]

Klage

der Firma A GmbH

– Klägerin[3] –

Prozessbevollmächtigter: ......[4]

gegen

1. die Firma B GmbH, X-Stadt, Y-Straße, vertreten durch den Geschäftsführer, den Beklagten zu 2, ebenda[5]
2. Herrn C,[6]

– Beklagte –

wegen: Patentverletzung

Streitwert: vorläufig geschätzt ...... EUR[7]

Namens und in Vollmacht der Klägerin erhebe ich Klage und bitte um die Anberaumung eines Verhandlungstermins sowie um Ladung der Beteiligten.[8]

Es handelt sich um eine patentrechtliche Streitigkeit, deren Entscheidung durch den Einzelrichter nicht angezeigt erscheint.[9] Ich äußere ferner die Bitte, von der Anberaumung einer Güteverhandlung abzusehen, da sie keine erkennbare Aussicht auf Erfolg bietet.[10] Die Parteien haben sich außergerichtlich erfolglos schon um eine Einigung bemüht.[10] Auch eine Mediation oder ein anderes Verfahren der außergerichtlichen Konfliktbeilegung erscheint nicht hilfreich.[11]

Ich beantrage,[12]

I. die Beklagten zu verurteilen,
1. es bei Meidung[13] eines für jeden Fall der Zuwiderhandlung fälligen Ordnungsgeldes bis zu 250.000 EUR ersatzweise Ordnungshaft bis zu 6 Monaten oder Ordnungshaft bis zu 6 Monaten, im Wiederholungsfalle Ordnungshaft bis zu 2 Jahren, wobei die Ordnungshaft im Hinblick auf die Beklagte zu 1 an ihrem jeweiligen Geschäftsführer zu vollstrecken ist,[14] zu unterlassen,[15]
   a) ein Verfahren zum Abscheiden von Sand aus mit Sand und organischen Stoffen belastetem Abwasser[16] anzuwenden,[17] bei dem das Abwasser in einen Behälter eingeleitet wird, in dessen Bodenbereich Sand und Frischwasser eingebracht wird und in dessen Bodenbereich sich ferner ein Rührwerk befindet, das den Behälterinhalt in strömende Bewegung versetzt, um die an den Sandkörnern anhaftenden organischen Stoffe abzureiben und auszuschwemmen[18] (DE ...... – Anspruch 1)[19]
   b) Vorrichtungen zum Abscheiden von Sand aus mit Sand und organischen Stoffen belastetem Abwasser, bestehend aus einem stehenden Behälter mit

einem Überlauf für das mit organischen Stoffen belastete Abwasser und mit einem an einer unteren Austragsöffnung des Behälters angeschlossenen Austragsförderer zur Durchführung des vorstehend zu I. 1. a) bezeichneten Verfahrens anzubieten oder zu liefern, bei denen der Behälter ein sich bis in den Bodenbereich erstreckendes Rührwerk und im Bodenbereich eine Frischwasserzufuhr aufweist und für den Antrieb des Austragsförderers eine Steuereinrichtung vorgesehen ist, die den Antrieb des Austragsförderers in Abhängigkeit von der Absetzhöhe des Sandes im Behälter steuert;[20]
2. der Klägerin Rechnung[21, 22] darüber zu legen, in welchem Umfang die Beklagten die zu I. 1. bezeichneten Handlungen seit dem ...... (a)[23] begangen haben, und zwar unter Angabe[24]
   a) der Art und des Umfangs verübter eigener Verfahrensbenutzungshandlungen entsprechend vorstehend I. 1. a) unter Einschluss insbesondere der Angabe des erzielten Umsatzes sowie der nach den einzelnen Kostenfaktoren aufgeschlüsselten Kosten und des erzielten Gewinns,
   b) der einzelnen Angebote des Verfahrens entsprechend vorstehend I. 1. b), aufgeschlüsselt nach Inhalten, Leistungsentgelten sowie unter Einschluss der Namen und Anschriften der Angebotsempfänger,
   c) der einzelnen Lieferungen von Vorrichtungen unter Angabe der Liefermengen, Typenbezeichnungen, Artikel-Nummern, Lieferzeiten, Lieferpreise und Namen und Anschriften der Abnehmer,
   d) der Gestehungskosten unter Nennung der einzelnen Kostenfaktoren sowie des erzielten Gewinns,
   wobei,
   - vom Beklagten zu 2 sämtliche Angaben und von beiden Beklagten die Angaben zu c) nur für die Zeit seit dem ...... (b)[23] zu machen sind,
   - den Beklagten vorbehalten bleiben mag,[25] die Namen und Anschriften der nicht gewerblichen Abnehmer und der Angebotsempfänger statt der Klägerin einem von dieser zu bezeichnenden und ihr gegenüber zur Verschwiegenheit verpflichteten vereidigten Wirtschaftsprüfer mitzuteilen, sofern die Beklagten dessen Kosten tragen und ihn ermächtigen und verpflichten, der Klägerin auf konkrete Anfrage mitzuteilen, ob ein bestimmter Abnehmer oder Angebotsempfänger in der Aufstellung enthalten ist,
   - wobei die Richtigkeit und Vollständigkeit der Angaben betreffend vorstehend a) bis d) durch Vorlage von Bank-, Finanz- oder Handelsunterlagen oder einen geeigneten Zugang dazu, hilfsweise durch Übermittlung von Belegen (Rechnungen in Kopie) nachzuweisen ist;[26]
3. an die Klägerin den Betrag von ...... EUR zu zahlen;[27]
4. ...... (ggf. Urteilsveröffentlichung) ......;[28]
II. festzustellen,[29]
   1. dass die Beklagte zu 1 verpflichtet ist, der Klägerin für die zu I. 1. bezeichneten und in der Zeit vom ...... (a)[23] ...... bis zum ...... (b)[23] ...... begangenen Handlungen eine angemessene Entschädigung[30] zu zahlen;
   2. dass die Beklagten gesamtverbindlich verpflichtet sind, der Klägerin allen Schaden zu ersetzen, der ihr durch die zu I. 1. bezeichneten und seit dem ...... (b)[23] ...... begangenen Handlungen entstanden ist und noch entstehen wird,[31]
III. den Beklagten gesamtverbindlich die Kosten des Rechtsstreits aufzuerlegen;[32]
IV. das Urteil – ggf. gegen Sicherheitsleistung (Bank- oder Sparkassenbürgschaft) – für vorläufig vollstreckbar zu erklären;[32]
   hilfsweise der Klägerin nachzulassen, die Zwangsvollstreckung wegen der Kosten gegen Sicherheitsleistung (Bank- oder Sparkassenbürgschaft) abzuwenden.[32]

6. Klage wegen Patentverletzung in Form einer Verfahrensbenutzung   C. 6

Begründung:

I.

1. Die Klägerin ist eingetragene, alleinige und ausschließlich verfügungsberechtigte Inhaberin[33] des DE . . . . . . betreffend ein Verfahren zum Abscheiden von Sand aus mit Sand und organischen Stoffen belastetem Abwasser. Die zugrunde liegende Anmeldung erfolgte am . . . . . .[34] und wurde am . . . . . .[34] bekannt gemacht. Die Veröffentlichung der Patenterteilung im Patentblatt erfolgte am . . . . . .[34] Das DE . . . . . . (im Folgenden auch: Klagepatent), dessen Schrift ich als

Anlage K 1[35]

– für die Mitglieder der angerufenen Kammer in drei Exemplaren – überreiche, steht in Kraft.

Beweis: Auskunft des Deutschen Patent- und Markenamts.[36]

2. Die dem Klagepatent zugrunde liegende Erfindung[37] betrifft ein Verfahren zum Abscheiden von Sand aus mit Sand und organischen Stoffen beladenem Abwasser.

Es lag im vorbekannten Stand der Technik,[38] eine Trennung von organischen Stoffen und Sand in der Weise durchzuführen, dass ein mit Sand und organischen Stoffen belastetes Abwasser in mehr oder weniger große Klärbecken eingeleitet und sodann abgewartet wurde, bis sich die schwereren und festeren Bestandteile nach unten absetzten. Das verbleibende Wasser wurde sodann abgepumpt, die schwereren abgesetzten Bestandteile wurden entfernt und einer weiteren Verwertung/Bearbeitung zugeführt. Die Nachteile eines derartigen Verfahrens liegen auf der Hand. Es ist zeitraubend und umständlich, erfordert einen hohen Raumbedarf und führt insbesondere nicht zu dem Ziel, Rückstände in Form beispielsweise von Sand zu erhalten, die ohne weiteres weiter verwendet werden können, beispielsweise als Schüttgut für Bauzwecke. Vielmehr muss der aus solchen Abwässern abgetrennte Sand vielfach als Sondermüll behandelt und deponiert werden. Das ist zeit- und kostenaufwändig (vgl. Anl. K 1, ...).

Von dem Vorstehenden ausgehend liegt der Erfindung nach dem Klagepatent die Aufgabe (das technische Problem)[39] zugrunde, ein Verfahren zur Verfügung zu stellen, das zu dem Ergebnis führt,

„. . . . . . dass der ausgetragene Sand nur einen unbedenklichen Restanteil an organischen Stoffen aufweist und für Bauzwecke o. dgl. eingesetzt werden kann."
(Anl. K 1, ...).

Die Lösung dieser Aufgabe[40] erfolgt mit dem klagepatentgemäßen Verfahren zum Abscheiden von Sand aus mit Sand und organischen Stoffen belastetem Abwasser, das folgende Merkmale aufweist:

(1) Das Abwasser wird in einen im Wesentlichen runden Behälter eingebracht,
(2) es wird mit einem Rührwerk, das sich im Bodenbereich befindet, in strömende Bewegung versetzt,
(3) um die an den Sandkörnern anhaftenden organischen Stoffe abzureiben,
(4) es wird im Bodenbereich Frischwasser zugeführt, um die losgelösten organischen Bestandteile auszuschwemmen,
(5) es ist für den Antrieb des Austragsförderers eine Steuereinrichtung vorgesehen, die den Antrieb des Austragsförderers in Abhängigkeit von der Absetzhöhe des Sandes im Behälter steuert.

Die vorstehend wiedergegebene Merkmalsanalyse überreiche ich zur Arbeitserleichterung – für die Mitglieder der angerufenen Kammer in drei Exemplaren – noch einmal gesondert als

Anlage K 2.[41]

Einzelheiten der Erfindung aus dem Klagepatent ergeben sich aus dem Inhalt der Anlage K 1, nämlich Beschreibung und Figuren, auf die ich zur Vermeidung von Wiederholungen Bezug nehme. In Figur 1 ist in Form eines Ausführungsbeispiels eine Vorrichtung dargestellt, die zur Durchführung des erfindungsgemäßen Verfahrens geeignet ist. Insoweit ist erkennbar, dass die dargestellte Vorrichtung zum Abscheiden von Sand aus Abwässern im wesentlich aus einem stehenden Behälter (1) besteht.[42] Dieser verfügt über eine bodenseitige Austragsöffnung (2), an die sich ein schräg nach oben steigender Austragsförderer (3) (vorzugsweise ein Schneckenförderer) anschließt. Es ist des Weiteren ein sich bis in den Bodenbereich des Behälters erstreckendes Rührwerk (4) vorgesehen, das eine Rührwelle (5) mit radial abstehenden Rührarmen (6) besitzt und am unteren Ende der Rührwelle (5) eine die Austragsöffnung (2) mit axialem Abstand abdeckende Scheibe (7) trägt. An der Scheibe (7) sind gegen den Behälterboden vorragende Rührfinger (8) vorgesehen. Der Rührwerkantrieb (9) besteht aus einem Elektromotor (10). Im oberen Bereich des Behälters ist ein ringförmiger Überlauf (13), der von der Behälterwand aufragt, vorhanden. Des Weiteren sind eine Abwasserzulaufleitung (14) und eine das übergelaufene Abwasser ableitende Ableitung (15) vorgesehen. Im Bereich des Austragsförderers (3) ist eine Frischwasserzuleitung (16) vorhanden, über die durch die Austragsöffnung (2) Wasser gepumpt werden kann.

Die vorstehend skizzierte Vorrichtung nach einem Ausführungsbeispiel des Verfahrens des Klagepatents arbeitet in der Weise, dass das zum Abscheiden des Sandes über die Abwasserzulaufleitung (14) in den Behälter (1) gepumpte Abwasser (= Gemisch aus Abwasser, mitgespültem Sand und ebenfalls mitgespülten faulfähigen, organischen Stoffen) durch das umlaufende Rührwerk (4) so wie durch das von unten über die Wasserzuleitung (16) zugeführte Wasser in eine Umlaufströmung versetzt wird. In der Umlaufströmung werden die spezifisch leichteren organischen Stoffe nach oben zum Überlauf (13) bewegt. Die spezifisch schwereren Sandkörner sinken gegen den Behälterboden ab und bilden dort einen Sandkuchen (18). Dieser wird vom Rührwerk (4) mechanisch gerührt. Dadurch reiben sich die einzelnen Sandkörner aneinander und es werden an den Sandkörnern anhaftende organische Stoffe abgerieben. Das durch die Zuleitung (16) zugeführte Wasser und die dadurch erzeugte aufwärts gerichtete Strömung nehmen diese abgeriebenen organischen Stoffe zum Überlauf (13) mit, wo sie mit dem Abwasser ausgeschwemmt werden. Der abgesetzte Sandkuchen (18) kann dann – von Zeit zu Zeit – vom Austragsförderer (3) in einen Auffangbehälter (19) ausgetragen werden, wobei gleichzeitig eine Entwässerung des ausgetragenen Sandes erfolgt, weil das Austragsende (20) des Austragsförderers (3) höher als der Überlauf (13) liegt. Von Bedeutung für das erfindungsgemäße Verfahren ist, dass stets ein Sandkuchen (18) mit einer vorgegebenen Mindesthöhe vorhanden ist. Das bedeutet, dass über den Austragsförderer (3) höchstens eine den jeweiligen Sandzuwachs über diese Mindesthöhe hinaus entsprechende Sandmenge ausgefördert werden darf. Um diese Mindesthöhe des Sandkuchens (18) sicherzustellen, wird der Antrieb (21) für den Austragsförderer (3) in Abhängigkeit von der vorgegebenen Mindesthöhe des abgesetzten Sandes gesteuert. Im Ausführungsbeispiel geschieht dies durch das Messen der Stromaufnahme des Elektromotors (14). Mit zunehmender Höhe des Sandkuchens (18) steigt der Rührwiderstand und steigt damit auch die Stromaufnahme des Elektromotors (10). Das wird von dem Messwertgeber (23) erfasst und der Steuerung (22) zugrunde gelegt.

Der für den Rechtsstreit interessierende Hauptanspruch[43] des Klagepatents hat folgenden Wortlaut:

„Verfahren zum Abscheiden von Sand aus mit Sand und organischen Stoffen bestehendem Abwasser, *dadurch gekennzeichnet*, dass das Abwasser in einen im Wesentlichen runden Behälter eingeleitet wird, in dessen Bodenbereich sich ein Rührwerk befindet und Frischwasser zugeführt werden kann, wobei das Rührwerk den Behälterinhalt in eine strömende Bewegung versetzt, um die an den Sandkörnern anhaftenden organischen Stoffe abzureiben, die sodann infolge der Frischwasserzufuhr ausgeschwemmt werden und wobei ein Austragförderer vorgesehen

6. Klage wegen Patentverletzung in Form einer Verfahrensbenutzung   C. 6

ist, der über eine Steuereinrichtung verfügt, die den Antrieb des Austragsförderers in Abhängigkeit von der Absetzhöhe des Sandes im Behälter steuert."

3. Die Beklagte zu 1, deren Geschäftsführer der Beklagte zu 2 ist, ist ein privates Abwasserreinigungsunternehmen, das insbesondere Abwässer von der Gemeinde ...... zugeleitet erhält und diese reinigt.[44] Die Beklagte zu 1, die bisher die Abwasserreinigung nach dem eingangs in dieser Klage geschilderten vorbekannten Stand der Technik vorgenommen hat, ist in jüngster Zeit dazu übergegangen, das klagepatentgemäße Verfahren anzuwenden, ohne allerdings seitens der Klägerin (Patentinhaberin) über die erforderliche Zustimmung zu verfügen. Wie die Beklagte zu 1 Abwasser reinigt, ergibt sich aus einem Informationsblatt, von dem ich eine Kopie als
Anlage K 3
überreiche. Anlage K 3 ist in den Haushaltungen der Gemeinde ...... in umfangreicher Weise verteilt worden. Der Verletzungstatbestand ergibt sich aus dem Inhalt der Anlage K 3 wie folgt:
Die Information betreffend „Abwasserreinigung" beschreibt eine Sandwaschanlage als eine bei der Beklagten zu 1 betriebene Vorrichtung zum Abscheiden von Sand aus mit Sand und organischen Stoffen beladenem Abwasser. Im Zusammenhang mit dieser Anlage verwirklicht die Beklagte zu 1 das gattungsgemäße Verfahren nach dem Klagepatent, nämlich ein Verfahren zum Abscheiden von Sand aus mit Sand und organischen Stoffen beladenem Abwasser. Sie verwirklicht insbesondere sämtliche Merkmale des kennzeichnenden Teils des Hauptanspruchs. Im Einzelnen:[45]
......

4. Die Beklagte zu 1 ist nicht nur dazu übergegangen, das klagepatentgemäße Verfahren für sich und eigene Zwecke zu nutzen. Sie versucht darüber hinaus, dieses Verfahren zu vermarkten.[46] Als
Anlage K 4
überreiche ich eine Werbeanzeige, die in der Zeitschrift „Kommunale Abwässer", Heft ......, erschienen ist. In dieser Anzeige wird seitens der Beklagten ihr System „Reiner Sand" beschrieben und es wird insbesondere gegenüber Dritten in der Weise beworben, dass diesen mitgeteilt wird, die Beklagte zu 1 sei bereit, an ihrem Verfahren Lizenzen gegenüber Dritten zu erteilen und diese in Einzelheiten des Verfahrens einzuführen. Darüber hinaus bietet die Beklagte zu 1 in Anlage K 4 zugleich auch eine Vorrichtung an, die ausschließlich dazu bestimmt und geeignet ist, das klagepatentgegenständliche Verfahren auszuüben. Einzelheiten zu dieser Vorrichtung ergeben sich aus dem Inhalt der Anlage K 4 wie folgt: ......[47]

5. Die Klägerin hat die Beklagten mit dem als
Anlage K 5
in Kopie beigefügten Anwaltsschreiben außergerichtlich abgemahnt.[48] Die Abmahnung blieb erfolglos. Infolgedessen ist Klage geboten. Mit ihr werden die der Klägerin zustehenden Ansprüche gerichtlich geltend gemacht.

II.

Zur Rechtslage ist folgendes auszuführen:

1. Der Unterlassungsanspruch gemäß Klageantrag I. 1. a) findet seine Grundlage in § 139 Abs. 1 PatG iVm § 9 S. 2 Nr. 2 PatG.[49] Nach dieser Bestimmung hat das Klagepatent die Wirkung, dass es jedem Dritten verboten ist, ohne Zustimmung der Patentinhaberin dasjenige Verfahren, das Gegenstand des Patentes ist, anzuwenden. Dass seitens der Beklagten Patentverletzungshandlungen vorgekommen sind, ist vorstehend zu Ziffer I. 3. im Einzelnen dargelegt. Infolgedessen ist Wiederholungsgefahr für den diesseits geltend gemachten Unterlassungsanspruch gegeben.

2. Der mit Klageantrag I. 1. b) erhobene Unterlassungsanspruch richtet sich gegen die Vermarktung des Verfahrens durch die Beklagte.[50] Nach Sicht der Klägerin liegt ein unmittelbares Anbieten des Verfahrens seitens der Beklagten und damit der Tatbestand einer unmittelbaren Verfahrenspatentverletzung gemäß § 9 S. 2 Nr. 2 PatG dann vor, wenn die Beklagte Vorrichtungen anbietet und vertreibt, die ausschließlich zur Durchführung des klagepatentgemäßen Verfahrens bestimmt und geeignet sind. Letztlich kann es dahinstehen, ob dies den Tatbestand einer unmittelbaren Patentverletzung ausmacht.[20] Jedenfalls liegt der Tatbestand einer mittelbaren Patentverletzung gemäß § 10 Abs. 1 PatG vor. Denn nach dieser Bestimmung hat das Klagepatent insbesondere auch die Wirkung, dass es jedem Dritten verboten ist, ohne Zustimmung der Klägerin im Bereich der Bundesrepublik Deutschland Dritten, die zur Benutzung des patentierten Verfahrens nicht befugt sind, Mittel anzubieten oder zu liefern, die sich auf ein wesentliches Element des klagepatentgemäßen Verfahrens beziehen. Diese Mittel müssen geeignet und bestimmt sein, für die Benutzung der Erfindung nach dem Klagepatent verwendet zu werden. Sämtliche vorstehend skizzierten Voraussetzungen des § 10 Abs. 1 PatG liegen im Streitfall vor: Die im Klageantrag I. 1. b) konkretisierte Vorrichtung, die von den Beklagten angeboten und vertrieben wird, ist ausschließlich bestimmt und geeignet, zur Durchführung des klagepatentgemäßen Verfahrens eingesetzt zu werden. Das ergibt sich schon unmittelbar daraus, dass eben diese Vorrichtung so, wie sie von den Beklagten angeboten wird, im Hauptanspruch des Klagepatents angeführt und im Übrigen im Klagepatent ausführlich beschrieben worden ist.[51]

3. Der mit Klageantrag II. 2. geltend gemachte Schadensersatzanspruch ist dem Grunde nach gemäß § 139 Abs. 2 PatG gerechtfertigt. Die Beklagten haben vorsätzlich – schuldhaft[52] in das Klagepatent eingegriffen; mindestens fällt ihnen grobe Fahrlässigkeit zur Last. Es ist ferner von ihnen nicht zu bestreiten, dass durch ihre Patentverletzungshandlungen die Entstehung eines Schadens zu Lasten der Klägerin in hohem Maße wahrscheinlich ist.[53]

4. Ab Veröffentlichung des Hinweises gemäß § 32 Abs. 5 PatG auf die Klagepatentanmeldung kann die Klägerin von der Beklagten zu 1 Entschädigung gemäß § 33 PatG für Benutzungshandlungen beanspruchen.[54] Dieser Anspruch wird mit Klageantrag II. 1. dem Grunde nach geltend gemacht.[55]

5. Die Klägerin kann die Höhe des ihr entstandenen und mit Klageantrag II. 2. geltend gemachten Schadens ziffernmäßig nicht bestimmen, ohne zuvor von den Beklagten in gewohnheitsrechtlicher Anwendung des § 242 BGB sowie der Rechtsregeln betreffend die auftragslose Geschäftsführung Rechnungslegung zu erhalten. Zugleich hat die Klägerin gemäß § 140b PatG den Anspruch auf Drittauskunft. Insgesamt rechtfertigt sich somit der mit Klageantrag I. 2. geltend gemachte Anspruch auf Rechnungslegung/Auskunftserteilung. Zugleich ergibt sich die Zulässigkeit des Schadensersatzfeststellungsbegehrens.[56]

6. Auch zur Vorbereitung des mit Klageantrag II. 1. dem Grunde nach geltend gemachten Entschädigungsanspruchs dient der mit Klageantrag I. 2. erhobene Rechnungslegungsanspruch, der mit den im Klageantrag wiedergegebenen Einschränkungen seine Grundlage in den Rechtsregeln betreffend die auftragslose Geschäftsführung unter Berücksichtigung von Treu und Glauben gemäß § 242 BGB findet.[57]

7. In üblicher Weise ist bei der Formulierung der Klageanträge auf Rechnungslegung/Auskunftserteilung, Schadensersatz- und Entschädigungsfeststellung ein Monat „Karenzzeit" betreffend das Veröffentlichungsdatum der Patentanmeldung bzw. den Veröffentlichungstag der Patentschrift berücksichtigt.[58]

8. Die Verantwortlichkeit des Beklagten zu 2 ergibt sich auf Grund eigenen täterschaftlichen Verhaltens, diejenige der Beklagten zu 1 unter dem rechtlichen Gesichtspunkt der Organhaftung (§ 31 BGB analog) infolge eines Einstehenmüssens für das Verhalten ihres Geschäftsführers.[59]

6. Klage wegen Patentverletzung in Form einer Verfahrensbenutzung C. 6

9. Die Zuständigkeit des angerufenen Gerichts ergibt sich aus dem Geschäftssitz der Beklagten in Nordrhein-Westfalen. Dort verübt sie auch die streitgegenständlichen Patentverletzungshandlungen.[60]

III.

Ich zeige an, dass die Klägerin neben ihren Prozessbevollmächtigten

Herrn Patentanwalt

...... [61]

zur Mitwirkung in diesem Rechtsstreit bestellt hat.[62]

Beglaubigte und einfache Abschriften sind zum Zwecke der Zustellung beigefügt.[63, 64]

Schrifttum: Vgl. die Hinweise zu → Form. C.1. Zu Verfahrensansprüchen ergänzend: *Brandi-Dohrn*, Die Schutzwirkung von Verwendungsansprüchen, FS König, 2003, 33; *Eisenführ*, Zur Rechtsnatur von Verwendungsansprüchen (Verfahren oder Erzeugnis?), FS Schilling, 2007, 99; *Féaux de Lacroix*, Was ist ein Arbeitsverfahren?, Mitt. 2007, 10; *Féaux de Lacroix*, Auslegung von Zweckangaben in Verfahrensansprüchen – Zweite nichtmedizinische Indikation, GRUR 2003, 282; *Seuß*, Über die Notwendigkeit einer Neubewertung des Schutzes chemischer Herstellungsverfahren, Mitt. 2006, 398; *Sieckmann*, Der Verwendungsanspruch, GRUR 1998, 85.

Anmerkungen

1. In § 143 PatG findet sich eine umfassende Regelung der ausschließlichen und sachlichen Zuständigkeit der Landgerichte für Patentstreitsachen, der Zivilkammern und insbesondere der Konzentration auf nur einige wenige Landgerichte (zu allem → Form. C.5 Anm. 1).

2. Die örtliche Zuständigkeit findet in § 143 PatG keine Regelung. Sie bestimmt sich gemäß §§ 12 ff. ZPO. Zu Einzelheiten → Form. C.5 Anm. 2. Von besonderer Bedeutung ist der Gerichtsstand der unerlaubten Handlung, der für Patentverletzungshandlungen gemäß § 32 ZPO gilt. Patentverletzungshandlungen sind überall dort begangen, wo entweder ein Teilakt der Handlung selbst verwirklicht wurde oder der Verletzungserfolg eingetreten ist. Zu Einzelheiten → Form. C.5 Anm. 2 mwN.

3. Aktivlegitimiert für die Geltendmachung von Patentverletzungsansprüchen sind der im Register eingetragene (§ 30 Abs. 3 S. 2 PatG; vgl. dazu *Mes* PatG § 30 Rn. 20 f.) Patentinhaber und der ausschließliche Lizenznehmer, soweit dessen Nutzungsrecht betroffen ist (BGH WRP 1998, 406 (408) – Lunette; BGH GRUR 1996, 109 (111) – Klinische Versuche I; BGH GRUR 1995, 338 – Kleiderbügel). Zu weiteren Einzelheiten der Aktivlegitimation sowie zur Notwendigkeit einer etwaigen Prozessführungsermächtigung für die Geltendmachung des Unterlassungsanspruchs sowie zur Möglichkeit der Abtretung von Ansprüchen auf Rechnungslegung, Vernichtung, Schadensersatz und Entschädigung → Form. C.5 Anm. 3.

4. Zur etwaigen Angabe mitwirkender Patentanwälte → Form. C.5 Anm. 4.

5. Passivlegitimiert ist der Patentverletzer; gegen ihn ist die Klage zu richten. Patentverletzer ist jeder, der die Erfindung unberechtigt benutzt, mithin jeder Handelnde (BGH GRUR 1989, 411 – Offenend-Spinnmaschine). Zu Einzelheiten → Form. C.5 Anm. 5.

6. Handelt es sich bei der Beklagten um eine juristische Person (Personal- oder Kapitalgesellschaft; Verein; öffentliche Körperschaft), so empfiehlt es sich regelmäßig, die Klage zur Erweiterung des Haftungsvermögens sowohl gegen die juristische Person selbst als auch gegen die für sie Verantwortung tragenden Organe zu richten. Zu Einzelheiten → Form. C.5 Anm. 6.

7. Vorschlag für die Festsetzung des Streitwertes auf Grund vorläufiger Schätzung durch den Kläger. Der Streitwert ist für die Gerichts- (§ 12 GKG) und die Anwaltskosten (§§ 7 ff. BRAGO) nach billigem Ermessen gemäß § 3 ZPO durch das Gericht festzusetzen. Zu Einzelheiten der Streitwertbestimmung → Form. C.5 Anm. 7.

8. Verfahrensbitten betreffend die Anberaumung eines Verhandlungstermins sowie um Ladung der Beteiligten sind an sich überflüssig, da von Amts wegen (nach Eingang der Klage und nach Einzahlung des Kostenvorschusses) ein Verhandlungstermin anzuberaumen ist, zu dem die Beteiligten zu laden sind (§ 275 ZPO). Zur Möglichkeit eines etwaigen schriftlichen Vorverfahrens gemäß § 276 ZPO → Form. C.5 Anm. 8, 9.

9. Patentrechtliche Streitigkeiten sind schwierig zu beurteilen und zu entscheiden. Es sollte daher regelmäßig das gesamte Erfahrungswissen einer Patentkammer zur Verfügung stehen. Eine Entscheidung durch den Einzelrichter ist daher grundsätzlich nicht angezeigt (Stellungnahme gem. §§ 253 Abs. 3 Nr. 3, 348 Abs. 1 Nr. 1 ZPO). Zu weiteren Einzelheiten → Form. C.5 Anm. 9.

10. § 278 Abs. 2 ZPO bestimmt, der mündlichen Verhandlung zum Zwecke der gütlichen Beilegung des Rechtsstreits eine Güteverhandlung vorausgehen zu lassen. Sie soll nach der Vorstellung des Gesetzes entfallen können, wenn bereits ein Einigungsversuch vor einer außergerichtlichen Gütestelle stattgefunden hat oder wenn die Güteverhandlung erkennbar aussichtslos erscheint. Regelmäßig bietet eine Güteverhandlung in patentrechtlichen Streitigkeiten keine erkennbare Aussicht auf Erfolg. Darauf weist diese Formulierung im Textbeispiel hin. Weitere Einzelheiten → Form. C.5 Anm. 10.

Im Textbeispiel ist des Weiteren ausdrücklich darauf hingewiesen, dass zuvor erfolglos schon Einigungsbemühungen stattgefunden haben. Solche Einigungsbemühungen liegen beispielsweise in einer vorprozessualen (erfolglosen) Abmahnung (Verwarnung). Der Hinweis, wie im Formular vorgesehen, ist nicht unbedingt notwendig.

11. Art. 2 des Gesetzes vom 21.7.2012 (BGBl. I 1577) hat § 278a ZPO neu eingefügt. Darin wird als weitere Möglichkeit der gütlichen Einigung eine Mediation oder ein anderes Verfahren der außergerichtlichen Konfliktbeilegung vorgesehen. Das Textbeispiel weist ausdrücklich darauf hin, dass Derartiges nicht hilfreich ist. Das muss allerdings nicht in jedem Streitfall in gleicher Weise zutreffen. Zu Einzelheiten → Form. C.5 Anm. 10.

12. Die Klageanträge des Formulars enthalten sämtliche sich aus der (Verfahrens-) Patentverletzung ergebenden Ansprüche auf Unterlassung, Auskunftserteilung, Rechnungslegung und Schadensersatz. Des Weiteren wird ein Entschädigungsanspruch geltend gemacht. Zu Einzelheiten vgl. die nachfolgenden Anmerkungen.

13. Zum Wortlaut der Strafandrohungsklausel vgl. § 890 Abs. 1 ZPO; weitere Hinweise in → Form. C.5 Anm. 12.

14. Teilweise wird die Auffassung vertreten, bei Personalgesellschaften oder juristischen Personen könne Ordnungshaft, auch in Form der Ersatzordnungshaft, nicht angedroht werden (OLG Bremen WRP 1979, 464 (466) mwN). Der Bundesgerichtshof folgt dieser Auffassung nicht (BGH GRUR 1991, 929 (931) – Fachliche Empfehlung II). Ein entsprechender Antrag schadet jedenfalls nicht.

15. Es kann sich anbieten, in geeigneten Fällen (zB bei einem ausländischen Beklagten) den Worten „zu unterlassen" eine territoriale Beschränkung hinzuzufügen, nämlich „in

6. Klage wegen Patentverletzung in Form einer Verfahrensbenutzung C. 6

der Bundesrepublik Deutschland zu unterlassen". Sofern es sich um den nationalen Teil eines europäischen Patents handelt, ist ein solcher Zusatz anzuraten (→ Form. C.5. Anm. 14 und → Form. C.17).

16. Wie im Textbeispiel → Form. C.5 und im dortigen Klageantrag I. 1. geht auch hier das Textbeispiel von der Annahme aus, dass der Hauptanspruch der Klagepatentschrift in einen sog. „Oberbegriff" und in einen „kennzeichnenden Teil" unterteilt ist. Die Formulierung des Unterlassungsantrags macht sich diese Unterteilung zunutze, indem vor den zu verbietenden Handlungen die Merkmale des Oberbegriffs angeordnet sind (→ Form. C.5 Anm. 15).

17. Die dem Patentinhaber (bzw. dem ausschließlichen Lizenznehmer) vorbehaltenen Benutzungshandlungen sind für Verfahrenspatente in § 9 S. 2 Nr. 2 PatG aufgeführt. Danach handelt es sich um die Benutzungshandlungen des Anwendens (des Verfahrens) bzw. des Anbietens zur Anwendung im Geltungsbereich des Patentgesetzes. Im Formular ist nur das Verbot des Anwendens erfasst. Ob auch ein Anbieten eines klagepatentgegenständlichen Verfahrens gegeben oder möglich ist, → Anm. 20.

18. Im Anschluss an die zu verbietenden Verletzungshandlungen werden entsprechend dem Wortlaut des kennzeichnenden Teils des Patentanspruchs diejenigen Merkmale der Verletzungsform (im Hinblick auf das hier streitgegenständliche Verfahren) aufgeführt, die die sog. Verletzungshandlung im Klageantrag gemäß § 253 Abs. 2 Nr. 2 ZPO ausreichend bestimmt konkretisieren. Zu Einzelheiten → Form. C.5 Anm. 17.

19. Werden insbesondere mehrere Ansprüche des Klagepatents geltend gemacht, so empfiehlt es sich aus Gründen der Übersichtlichkeit, schon im Klageantrag die jeweiligen Ansprüche anzuführen, deren Verletzung mit dem jeweiligen Klageantrag erfasst werden soll.
Zu geltend gemachten Verfahrenspatentverletzungen vgl. insbesondere BGH GRUR 2007, 773 = Mitt. 2007, 317 – Rohrschweißverfahren; OLG München Mitt. 1999, 223 – Verletzung eines Verwendungspatents; LG Düsseldorf GRUR-RR 2001, 201 – Cam-Carpet; LG Düsseldorf Mitt. 1999, 155 – Verwendungsschutz.

20. Die mit Klageantrag I. 1. b) bezeichneten Verletzungshandlungen betreffen einen Tatbestand, der patentrechtlich nicht einfach zu qualifizieren ist. Es bestehen nämlich Zweifel, ob allein das Anbieten eines Verfahrens eine (unerlaubte) Patentbenutzung im Sinne des § 9 S. 2 Nr. 2 PatG sein kann. Nach überwiegender Ansicht müssen zusätzliche Merkmale hinzutreten, nämlich mindestens, dass der Dritte weiß oder es auf Grund der Umstände offensichtlich sein muss, dass die Anwendung des Verfahrens ohne Zustimmung des Patentinhabers unerlaubt ist (vgl. dazu amtl. Begr. zum Gemeinschaftspatentgesetz, PMZ 1979, 266 (290); *Mes* PatG § 9 Rn. 62). Um hier ein bestehendes Risiko weitgehend auszuschalten, ist Klageantrag I. 1. b) auf den Tatbestand einer mittelbaren Patentverletzung im Sinne des § 10 PatG ausgerichtet (vgl. dazu ebenfalls *Mes* PatG § 9 Rn. 61).
Die mittelbare Patentverletzung begründet keinen Vernichtungsanspruch; § 140a PatG ist nicht anwendbar (BGH GRUR 2006, 570 – Extracoronales Geschiebe).

21. Ist zumindest eine Patentverletzungshandlung vorgekommen (und nachweisbar oder unbestritten), so stehen dem Patentinhaber Ansprüche auf Auskunftserteilung (§ 140b PatG) und auf Rechnungslegung (gem. § 242 BGB iVm den Rechtsregeln betreffend die auftragslose Geschäftsführung; Gewohnheitsrecht) zu. Zu diesen Ansprüchen vgl. → Form. C.5 Anm. 19 ff. In Abweichung der Formulierungen der Klageanträge I. 2. und 3. des Textbeispiels in → Form. C.5 beruht die Fassung des Klageantrags I. 2. in → Form. C.6 auf einer Zusammenfassung der Ansprüche sowohl auf Auskunftserteilung als auch auf Rechnungslegung. Diese zusammengefasste Formulierung wird in der Praxis häufig benutzt → Form. C.5 Anm. 19.

22. Des Weiteren hat der Klageantrag I. 1. b) eine weitere Besonderheit. Er beruht (zumindest auch) auf dem Tatbestand der mittelbaren Patentverletzung. Für diesen Tatbestand gilt § 140b PatG ebenfalls unmittelbar, so dass auch insoweit ein Anspruch auf Drittauskunft, so wie mit Klageantrag I. 2. erhoben, geltend gemacht werden kann (vgl. *Mes* PatG § 140b Rn. 12).

23. Die mit Klageantrag I. 2. geforderten Rechnungslegungsangaben sollen den Patentinhaber befähigen, seinen Schaden – wie auch sonst im gewerblichen Rechtsschutz üblich – in dreifacher Weise zu berechnen (Ersatz des entgangenen Gewinns, Herausgabe des Verletzergewinns, Zahlung einer angemessenen Lizenzgebühr, → Form. C.5 Anm. 20, 35.

Bei mittelbarer Patentverletzung ist der zu ersetzende Schaden derjenige, der durch die unmittelbare Patentverletzung des Abnehmers des Mittels entsteht. Führt dies in geeigneten Fällen zu einem Gewinn des mittelbaren Patentverletzers, kann ein Schadensersatzanspruch darauf gerichtet sein. Der Anspruch auf Rechnungslegung besteht nur zur Durchsetzung dieser Schadensansprüche (BGH GRUR 2007, 679 – Haubenstretchautomat). Vgl. zuvor: BGH GRUR 2005, 848 – Antriebsscheibenaufzug: Bei einer mittelbaren Patentverletzung ist (nur) derjenige Schaden zu ersetzen, der durch die unmittelbare Patentverletzung des Abnehmers des Mittels entsteht; dazu *Voß* GRUR 2006, 281.

24. Die in den Klageanträgen I. 2. und II. genannten Daten ergeben sich wie folgt:
a) Zum Datum (a):
Im Klageantrag II. 1. wird Entschädigung nach Offenlegung der Patentanmeldung verlangt. Dementsprechend ist dieses Datum für den Rechnungslegungsantrag I. 2. bedeutsam. Das Datum „(a)" ergibt sich durch Hinzuaddierung von einem Monat, sog. „Karenzzeit". Einzelheiten → Form. C.5 Anm. 27.
b) Maßgeblich für das Datum (b) ist das Bestehen einer Schadensersatzpflicht. Erst für sie kann ein Anspruch auf Herausgabe des Verletzergewinns geltend gemacht werden. Für den Zeitraum der Offenlegung der Patentanmeldung besteht keine Schadensersatz-, sondern nur eine Entschädigungspflicht (§ 33 Abs. 1 PatG 1981). In diesem Teil des Formulars ist mithin das Datum der Veröffentlichung der Patenterteilung (zuzüglich einen Monat „Karenz") einzusetzen. Daraus ergibt sich zugleich auch die Notwendigkeit der zeitlichen Beschränkung betreffend die Inanspruchnahme des Geschäftsführers (= Beklagten zu 2). Dieser haftet wegen (eigener) unerlaubter Handlung; die Benutzung einer nur offengelegten Patentanmeldung ist jedoch nicht rechtswidrig (BGHZ 107, 161 = GRUR 1989, 411 – Offenend-Spinnmaschine; BGH GRUR 1993, 460 (464) – Wandabstreifer mAnm *von Maltzahn*).
c) Es können weitere Daten wie folgt bedeutsam sein:
Handelt es sich um ein Patent, das vor dem 1.5.1992 in Kraft war, so ist ergänzend zu formulieren:

„..... wobei ......
– sich die Verpflichtung zur Rechnungslegung für die vor dem 1.5.1992 begangenen Handlungen auf solche in dem Gebiet der Bundesrepublik Deutschland in den bis zum 2.10.1990 bestehenden Grenzen beschränkt."

Der 1.5.1992 ist derjenige Tag, zu dem die Wirkungen des Erstreckungsgesetzes in Kraft getreten sind (§§ 1, 55 ErstrG). Für Benutzungshandlungen davon gelten nur die territorialen Grenzen des „alten" Bundesgebiets.
Handelt es sich bei dem Klagepatent um ein solches, das vor dem 1.7.1990 schon Schutzwirkungen entfaltete, ist ergänzend zu formulieren:

„..... wobei
– die Angaben zu vorstehend I. 1. a) nur für die Zeit seit dem 1.7.1990 zu machen sind."

6. Klage wegen Patentverletzung in Form einer Verfahrensbenutzung   C. 6

Das Datum des 1.7.1990 ergibt sich aus dem Zeitpunkt des Inkrafttretens des § 140b PatG zum 1.7.1990. Sind Namen und Anschriften von Vorlieferanten oder anderer Vorbesitzer anzugeben, so würde für derartige Angaben ein Wirtschaftsprüfervorbehalt einzuräumen sein.

25. Gemäß § 140b PatG ist der sog. Wirtschaftsprüfervorbehalt nur insoweit zulässig, als die Namen und Anschriften von **nicht gewerblichen** Abnehmern bzw. von **Angebotsempfängern** in Rede stehen (BGH GRUR 1995, 338 (341 f.) – Kleiderbügel). Insoweit handelt es sich um „Rechnungslegungsangaben", die nicht von § 140b PatG erfasst sind.

26. Mit Wirkung zum 1.9.2008 sind §§ 140a ff. PatG neu gefasst und ergänzt. § 140c Abs. 1 S. 2 PatG sieht bei hinreichender Wahrscheinlichkeit einer im gewerblichen Ausmaß begangenen Rechtsverletzung einen Anspruch auf die Vorlage von Bank-, Finanz- oder Handelsunterlagen vor. § 140d Abs. 1 PatG in der Neufassung ergänzt den Anspruch auf Vorlage von Bank-, Finanz- oder Handelsunterlagen in den Fällen des § 139 Abs. 2 PatG durch die Möglichkeit, dass der Verpflichtete Zugang zu diesen Unterlagen verschaffen muss. Von dieser Rechtslage geht die Formulierung im Textbeispiel aus. Es ist ein Hilfsbegehren für den Fall gestellt, dass entweder die Patentverletzung kein gewerbliches Ausmaß erreicht oder der Inanspruchgenommene gemäß § 140e Abs. 1 S. 3 PatG geltend machen kann, dass es sich um vertrauliche Informationen handelt. Dann trifft das Gericht die „erforderlichen Maßnahmen, um den im Einzelfall gebotenen Schutz zu gewährleisten". Zu weiteren Einzelheiten → Form. C.2 Anm. 29.

27. Es handelt sich um einen Zahlungsantrag, gerichtet auf Erstattung derjenigen Kosten, die durch vorprozessuale Maßnahmen (insbesondere Abmahnung/Verwarnung) entstanden sind. Regelmäßig erstattungsfähig ist eine entstandene Geschäftsgebühr, sowohl bei dem mitwirkenden Patentanwalt als auch bei dem Rechtsanwalt. Zu Einzelheiten → Form. C.2 Anm. 39 ff.

28. Zu der an sich möglichen Geltendmachung eines Anspruchs auf Urteilsveröffentlichung vgl. den Klageantrag I. 7. in → Form. C.5 und zugehörige Begründung, ferner → Form. C.5. Anm. 32.

29. Die mit Klageantrag II. 1. und 2. geltend gemachten Verpflichtungen der Beklagten auf Zahlung von Schadensersatz (Klageantrag II. 2.) bzw. Entschädigung (Klageantrag II. 1.) hängen in ihrer Höhe von Rechnungslegungs-/Auskunftsangaben der Beklagten ab, die mit Klageantrag I. 2. verlangt werden. Ohne derartige Rechnungslegungs-/Auskunftsangaben ist der Geschädigte nicht in der Lage, sich über die Art der Berechnung insbesondere seines Schadens (auch der Höhe seines Entschädigungsanspruchs) schlüssig zu werden und den Schaden bzw. die Entschädigung ziffernmäßig der Höhe nach zu bestimmen. Daher hat es sich im Bereich des gewerblichen Rechtsschutzes und insbesondere des Patentverletzungsprozesses bewährt, die Schadensersatzverpflichtung (ebenso wie die Verpflichtung zur angemessenen Entschädigung gemäß § 33 PatG) des Verletzers (Benutzers) lediglich feststellen zu lassen. Das erforderliche (besondere) Interesse an einer Feststellungsklage ergibt sich daraus, dass regelmäßig die Schadensentwicklung noch nicht vollständig abgeschlossen oder übersehen werden kann (BGH in stRspr, zB BGH GRUR 2001, 1077 (1078) – Feststellungsinteresse II; BGH GRUR 2003, 900 – Feststellungsinteresse III; BGH NJW 2006, 439 (440) mit Hinweisen auf die ständige Rechtsprechung). Dieser Weg der Feststellungsklage gemäß Klageantrag II. ist der Möglichkeit einer Stufenklage gemäß § 254 ZPO vorzuziehen. Bei einer Stufenklage muss der Verletzte in erster Stufe auf Unterlassung und Rechnungslegung klagen, sodann in zweiter Stufe auf Schadensersatz nach Maßgabe erfolgter Rechnungslegung. Eine solche Stufenklage führt zu dem nachteiligen Ergebnis, dass der Prozess zunächst auf der ersten Stufe durch die Instanzen zur Rechtskraft geführt werden muss, bevor eine Entscheidung auf der zweiten Stufe ergehen kann. Das führt zur Notwendigkeit der Teilung des an sich einheitlichen Prozessstoffes in Teil- und Schlussurteil; für den Kläger führt es ferner zum Nachteil, dass er erst nach Jahren eine vollstreckbare Kostenentscheidung gegen den Beklagten erlangt. Zu weiteren Einzelheiten → Form. C.5 Anm. 35.

30. Zum Entschädigungsanspruch des § 33 Abs. 1 PatG → Form. C.5 Anm. 34. Der Entschädigungsanspruch des § 33 PatG gilt nicht für mittelbare Patentverletzungshandlungen gemäß § 10 PatG, vgl. BGH GRUR 2004, 758 – Flügelradzähler; *Meier-Beck* GRUR 1993, 1 (4); *Mes* PatG § 33 Rn. 5; aA OLG Düsseldorf GRUR 2003, 50 = GRUR-RR 2002, 369 = Mitt. 2003, 252 mAnm *König* – Haubenstretchautomat; OLG Düsseldorf Mitt. 2003, 264 – Antriebsscheibenaufzug; der Entschädigungsanspruch ist in der zugehörigen Revisionsentscheidung BGH GRUR 2005, 848 – Antriebsscheibenaufzug – nicht behandelt; *Holzapfel* GRUR 2006, 881.

31. Die schuldhafte Patentverletzung verpflichtet zu Schadensersatz (§ 139 Abs. 2 PatG). Zur Schadensersatzverpflichtung und zu den Möglichkeiten der Schadensberechnungen → Form. C.5 Anm. 35.

32. Die Anträge betreffend Kosten und Zwangsvollstreckung sind grundsätzlich entbehrlich, da diese Nebenentscheidungen von Amts wegen zu treffen sind. Die im Formular vorgesehenen Anträge schaden aber nicht und bilden eine „Erinnerungshilfe", zB für die Auferlegung der Kosten auf die Beklagten als Gesamtschuldner. Eine solche Haftung besteht für die unerlaubten Handlungen der Patentverletzung gemäß §§ 830, 840 BGB, ggf. unter Einbezug auf der Organhaftung des Geschäftsführers gemäß § 31 BGB.

33. Darlegung zur Aktivlegitimation der Klägerin (hier: Patentinhaberin). In gleicher Weise kann anstelle des Patentinhabers oder auch neben dem Patentinhaber der ausschließliche Lizenznehmer auf Grund eigener Aktivlegitimation klagen, soweit er in seinem Nutzungsrecht durch die Patentverletzungshandlungen betroffen ist (→ Form. C.5 Anm. 3 mwN und → Form. C.5 Anm. 38).

34. Die Daten der Anmeldung, der Bekanntmachung der Patentanmeldung sowie der Veröffentlichung der Patenterteilung sind für die Beurteilung des Patentrechtsverhältnisses von entscheidender Bedeutung. Einzelheiten → Form. C.5 Anm. 39, 40.

35. Jedem Mitglied des Gerichtes sollte die Patentschrift gesondert in einem Leseexemplar überreicht werden, damit es der mündlichen Verhandlung ohne Schwierigkeiten anhand der Schrift des Klageschutzrechtes folgen kann. Gleiches gilt für die im Textbeispiel sodann als Anlage K 2 noch einmal angeführte Merkmalsanalyse.

36. Vgl. § 31 PatG. Zu Einzelheiten → Form. C.5 Anm. 42.

37. Das dem Formular zugrunde gelegte Beispiel eines Patentes beruht auf einer Abänderung desjenigen Patentes, das dem vorangehenden Textbeispiel entsprechend → Form. C.5 zugrunde gelegt wird. Ebenso wie dort beruhen die technischen Annahmen allein auf einer Fiktion, die in Form eines besonders einfachen technischen Beispiels (was nicht unbedingt „richtig" sein muss) gewählt worden ist. Die nachfolgenden Ausführungen im Textbeispiel sollen die dem (fiktiven) Klagepatent zugrunde liegende Erfindung beschreiben (→ Form. C.5 Anm. 43 ff.).

38. Die nachfolgenden Ausführungen im Textbeispiel behandeln den Stand der Technik und seine Nachteile.

39. Jeder Erfindung liegt eine **Aufgabe** (= ein technisches Problem, → Form. C.5 Anm. 46) zugrunde, deren **Lösung** die Erfindung dient. Ist der relevante Stand der

6. Klage wegen Patentverletzung in Form einer Verfahrensbenutzung C. 6

Technik einschließlich seiner Nachteile dargestellt, so ergibt sich regelmäßig ohne Schwierigkeiten die der Erfindung zugrunde liegende Aufgabe.

40. Die **Lösung** der Aufgabe wird im Textbeispiel sogleich anhand einer Merkmalsanalyse dargestellt, die sich aus dem (angenommenen) Hauptanspruch des fiktiv zu Grunde gelegten Klagepatents ergibt. Eben dieser Hauptanspruch wird im Textbeispiel sodann später noch einmal zitiert, nachdem sein gesamter Inhalt in den der Merkmalsanalyse folgenden Ausführungen dargestellt ist.

41. Es empfiehlt sich die Erstellung einer Merkmalsanalyse sowie deren Überreichung als Anlage für Gericht (in 3 Exemplaren) und Gegner. Zu den Vorteilen und den Anforderungen einer Merkmalsanalyse und damit insbesondere zur Ermittlung des Schutzumfangs eines Patentes → Form. C.5 Anm. 50.

42. Es empfiehlt sich, in der Darstellung der Einzelheiten der dem Klagepatent zugrunde liegenden Erfindung die in der Patentschrift angeführten Bezugszeichen zu verwenden. Diese sind im Textbeispiel „fiktiv", wie der gesamte Inhalt des zugrunde gelegten Patentes.

43. Zur Bedeutung der Patentansprüche und zur Ermittlung ihres Schutzumfangs vgl. § 14 PatG und insbesondere → Form. C.5 Anm. 50, 51 Der im nachstehenden Textbeispiel wiedergegebene Hauptanspruch ist zuvor im Textbeispiel schon in Form einer Merkmalsanalyse aufgegliedert. Nur mit einer solchen Merkmalsanalyse lassen sich die angegriffene Ausführungsform (Verletzungsform) und der Gegenstand des Klagepatents miteinander vergleichen. Erst dann lässt sich auch ermitteln, ob eine wortsinngemäße Verletzung des Klagepatents vorliegt oder (ganz oder teilweise) eine solche im Wege der Äquivalenz (→ Form. C.5 Anm. 50).

44. Es folgt im Textbeispiel die Darstellung der Patentverletzung, und zwar im Hinblick auf die handelnden Personen, wie auch im Hinblick auf die Schilderung des Verletzungstatbestandes. Aus Gründen der einfachen Darstellung wurde der Tatbestand einer wortsinngemäßen Verletzung gewählt.

45. Aus Platzgründen wurde von einer näheren Darstellung von Einzelheiten des Verletzungstatbestandes Abstand genommen. Ein Beispiel findet sich in → Form. C.5, dort im Textbeispiel zu I. 3.

46. Ob das in I. 4. des Textbeispiels geschilderte Verhalten der Beklagten ausreicht, um ein patentrechtlich relevantes Anbieten des klagepatentgegenständlichen Verfahrens zu begründen, erscheint zweifelhaft. → Anm. 18.

47. Diese Ausführungen belegen den Tatbestand einer mittelbaren Patentverletzung im Sinne des § 10 PatG, auf den Klageantrag I. 1. b) abstellt (→ Anm. 18).

48. Eine vorherige außergerichtliche Abmahnung ist für die Schlüssigkeit/Begründung der Klage ohne Bedeutung. Ein Hinweis auf den Tatbestand der Abmahnung ist jedoch geboten, um dem angerufenen Gericht zu zeigen, dass der Kläger gerichtliche Hilfe nur nach gehöriger Bemühung, außergerichtlich eine Lösung zu erreichen, in Anspruch genommen hat. Erkennen die Beklagten unverzüglich das Klagebegehren (in der ersten mündlichen Verhandlung) „sofort" an oder geben sie eine strafbewehrte Unterlassungsverpflichtungserklärung ab, so kommt es für die Auferlegung von Kosten gemäß §§ 91, 93 ZPO auf eine ausreichende vorprozessuale Abmahnung an (→ Form. C.2 Anm. 1). Da mit Klageantrag I. 3. die außergerichtlichen Abmahnkosten geltend gemacht werden (müssen), ist die Überreichung des Verwarnungsschreibens sinnvoll, um zB darzulegen, dass auf Seiten der Klägerin schon in der vorprozessualen Bearbeitung sowohl ein Rechtsals auch ein Patentanwalt tätig waren. Zu der nur eingeschränkten Erstattungsfähigkeit von außergerichtlich entstandenen Patentanwaltskosten → Form. C.2 Anm. 40.

49. Im Falle einer verbotenen Patentbenutzung (§§ 9–13 PatG) gewährt § 139 Abs. 1 PatG einen (verschuldensunabhängigen) Unterlassungsanspruch. Zu Einzelheiten → Form. C.5 Anm. 55).

50. Die Ausführungen im Textbeispiel tragen der Tatsache Rechnung, dass möglicherweise ein (patentrechtlich relevantes) Anbieten des Verfahrens seitens der Beklagten nicht gegeben ist; jedenfalls liegt jedoch der Tatbestand einer mittelbaren Patentverletzung im Sinne des § 10 Abs. 1 PatG vor. Dieser Tatbestand wird rechtlich bewertet und geltend gemacht.

51. Vortrag zum Tatbestand der mittelbaren Patentverletzung. Regelmäßig ist dann bei einem Verfahrensanspruch von einer mittelbaren Patentverletzung im Sinne des § 10 Abs. 1 PatG auszugehen, wenn es sich um eine im Patentanspruch genannte Vorrichtung handelt, die zur Ausführung des Verfahrens verwendet wird (BGH GRUR 2007, 773 = Mitt. 2007, 317 – Rohrschweißverfahren). Allerdings besteht nur dann ein Anspruch auf Unterlassung des Angebots und des Vertriebs einer zur Durchführung des patentgemäßen Verfahrens geeigneten Vorrichtung, wenn diese ausschließlich zur Durchführung dieses Verfahrens bestimmt und geeignet ist. Das setzt regelmäßig entsprechende Darlegungen und Feststellungen voraus. Vgl. zu diesem Problemkreis BGH GRUR 2007, 679 = Mitt. 2007, 310 – Haubenstretchautomat. Kann eine Vorrichtung auch patentfrei benutzt werden, besteht ggf. ein Unterlassungsanspruch dahingehend, dass die auch patentverletzend benutzbare Vorrichtung nur mit einem Warnhinweis angeboten und vertrieben werden darf. Das erfordert jedoch die Feststellung besonderer, nämlich die erhebliche Gefahr einer Patentverletzung nahe liegender Umstände (BGH GRUR 2007, 679 = Mitt. 2007, 310 – Haubenstretchautomat). Zur Formulierung eines derartigen Warnhinweises vgl. *Kühnen* GRUR 2008, 218.

52. Zum Erfordernis eines Verschuldens und den Anforderungen dazu vgl. Mes PatG § 139 Rn. 103 ff.; Benkard PatG/*Grabinski/Zülch* § 139 Rn. 42 ff.; *Kühnen*, Handbuch der Patentverletzung, 9. Aufl. 2017, S. 434 ff. Rn. 353 ff.

53. Zur ausreichenden Wahrscheinlichkeit der Begründung eines Schadens → Form. C.5 Anm. 56.

54. Die Benutzung einer nur offengelegten Patentanmeldung ist nicht rechtswidrig (BGH GRUR 1989, 411 – Offenend-Spinnmaschine; BGH GRUR 1993, 460 (464) – Wandabstreifer mAnm *von Maltzahn*). Infolgedessen haftet der Geschäftsführer der Beklagten zu 1 (mithin der Beklagte zu 2) nicht. Der Entschädigungsanspruch richtet sich nur gegen die Beklagte zu 1 als der Nutznießerin der Benutzungshandlungen.

55. Zu Einzelheiten → Form. C.5 Anm. 35, 59 sowie → Anm. 29.

56. Zur Zulässigkeit eines derartigen Feststellungsbegehrens → Anm. 29.

57. Infolge der fehlenden Rechtswidrigkeit der Benutzung einer offengelegten Patentanmeldung (→ Anm. 30) umfasst der Anspruch auf angemessene Entschädigung weder Herausgabe des Verletzergewinns noch Ersatz des entgangenen eigenen Gewinns. Infolgedessen besteht auch nur ein eingeschränkter Rechnungslegungsanspruch. Dieser ist kein Anspruch auf Drittauskunft gemäß § 140b PatG, weil es an einer rechtswidrigen Patentbenutzung fehlt. Zu Einzelheiten → Form. C.5 Anm. 34, 61, 62.

58. Zur Überlegungsfrist „Karenzzeit" von einem Monat → Anm. 24.

59. → Anm. 3, 4.

60. Ausführungen zur sachlichen und örtlichen Zuständigkeit des angerufenen Patentstreitgerichts. Zu Einzelheiten → Form. C.5 Anm. 1, 2

7. Klage wegen Vertriebs   **C. 7**

61. Die Mitwirkung eines Patentanwalts ist in Patentverletzungsstreitigkeiten regelmäßig geboten. Zu den Kosten seiner Mitwirkung und ihrer Erstattungsfähigkeit vgl. § 143 Abs. 3 PatG sowie → Form. C.5 Anm. 71. Neben einer Mitwirkungsanzeige kann es sich auch anbieten, den mitwirkenden Patentanwalt schon im Aktivrubrum anzuzeigen (→ Anm. 4).

62. Der patentrechtliche Unterlassungsanspruch ist auch im Wege des einstweiligen Verfügungsverfahrens durchsetzbar (ebenso wie der Anspruch auf Drittauskunft gemäß § 140b PatG). Das ist jedoch eher die Ausnahme. Zu Einzelheiten → Form. C.21.

Kosten und Gebühren

63. Es gelten die Bemerkungen → Form. C.5.

Fristen

64. Keine.

7. Klage wegen Vertriebs eines durch ein patentgeschütztes Verfahren unmittelbar hergestellten Erzeugnisses (§ 9 S. 2 Nr. 3 PatG)

Landgericht

...... Zivilkammer (Patentkammer)[1]

......[2]

                          Klage

der Firma A GmbH[3]

                                           – Klägerin –

Prozessbevollmächtigter: RA ......[4]

                          gegen

die Firma D GmbH,[5] X-Stadt, X-Straße, vertreten durch den Geschäftsführer[6] ......

                                           – Beklagte –

wegen: Patentverletzung

Streitwert (vorläufig geschätzt): ...... EUR[7]

Namens und in Vollmacht der Klägerin erhebe ich Klage und bitte um die Anberaumung eines Verhandlungstermins sowie um Ladung der Beteiligten.[8]

Es handelt sich um eine patentrechtliche Streitigkeit, deren Entscheidung durch den Einzelrichter nicht angezeigt erscheint.[9] Es wird gebeten, von der Anberaumung einer Güteverhandlung abzusehen. Sie bietet keine erkennbare Aussicht auf Erfolg.[10] Ein Gleiches gilt für eine Mediation oder ein anderes Verfahren der außergerichtlichen Konfliktbeilegung.[11]

Ich beantrage,[12]
I. die Beklagte zu verurteilen,
   1. es bei Meidung[13] eines für jeden Fall der Zuwiderhandlung fälligen Ordnungsgeldes bis zu 250.000 EUR, ersatzweise Ordnungshaft bis zu sechs Monaten oder Ordnungshaft bis zu sechs Monaten, im Wiederholungsfalle Ordnungshaft bis zu zwei Jahren, wobei die Ordnungshaft an dem jeweiligen Geschäftsführer der Beklagten zu vollstrecken ist, zu unterlassen,[14, 15]
   Schüttgut anzubieten, in Verkehr zu bringen oder zu gebrauchen oder zu den genannten Zwecken in das Gebiet der Bundesrepublik Deutschland einzuführen[16] oder zu besitzen, das mittels eines Verfahrens zum Abscheiden von Sand aus mit Sand und organischen Stoffen belastetem Abwasser hergestellt worden ist,[17] bei dem das Abwasser in einem Behältnis eingeleitet wird, in dessen Bodenbereich Sand und Frischwasser eingebracht wird und in dessen Bodenbereich sich ferner ein Rührwerk befindet, das den Behälterinhalt in strömende Bewegung versetzt, um die an den Sandkörnern anhaftenden organischen Stoffe abzureiben und auszuschwemmen (DE . . . . . . Anspruch 1);[18]
   2. der Klägerin Rechnung darüber zu legen,[19] in welchem Umfang die Beklagte die zu I. 1. bezeichneten Handlungen seit dem . . . . . . (a)[20] begangen hat, und zwar unter Vorlage eines geordneten Verzeichnisses sowie der Beifügung von Belegen und unter Angabe
      a) der Menge der erhaltenen und bestellten Erzeugnisse sowie der Namen und Anschriften der Hersteller, Lieferanten und anderer Vorbesitzer,
      b) der einzelnen Lieferungen, aufgeschlüsselt nach Liefermengen, -zeiten und -preisen unter Einschluss von Typenbezeichnungen sowie der Namen und Anschriften der Abnehmer,
      c) der einzelnen Angebote, aufgeschlüsselt nach Angebotsmengen, -zeiten und -preisen unter Einschluss von Typenbezeichnungen sowie der Namen und Anschriften der Angebotsempfänger,
      d) der betriebenen Werbung, aufgeschlüsselt nach Werbeträgern, deren Auflagenhöhe, Verbreitungszeitraum und Verbreitungsgebiet,
      e) der nach den einzelnen Kostenfaktoren aufgeschlüsselten Gestehungskosten und des erzielten Gewinns,
      wobei
      – sich die Verpflichtung zur Rechnungslegung . . . . . .[21]
   3. . . . . . .[22]
II. festzustellen,[23]
   1. dass die Beklagte verpflichtet ist, der Klägerin für die zu I. 1. bezeichneten und in der Zeit vom . . . . . . a)[20, 24] bis zum . . . . . . b)[20, 24] begangenen Handlungen eine angemessene Entschädigung[25] zu zahlen;
   2. dass die Beklagte verpflichtet ist, der Klägerin allen Schaden zu ersetzen, der ihr durch die zu I. 1. bezeichneten und seit dem . . . . . . b)[20] begangenen Handlungen entstanden ist und noch entstehen wird;[26]
III. der Beklagten die Kosten des Rechtsstreits aufzuerlegen;[27]
IV. das Urteil – gegebenenfalls gegen Sicherheitsleistung (Bank- oder Sparkassenbürgschaft) – für vorläufig vollstreckbar zu erklären;[27]
   hilfsweise der Klägerin nachzulassen, die Zwangsvollstreckung wegen der Kosten gegen Sicherheitsleistung (Bank- oder Sparkassenbürgschaft) abzuwenden.[27]

7. Klage wegen Vertriebs C. 7

Begründung:[28]

I.

1. Die Klägerin ist eingetragene, alleinige und ausschließlich verfügungsberechtigte Inhaberin des DE ...... betreffend ein Verfahren zum Abscheiden von Sand aus mit Sand und organischen Stoffen belastetem Abwasser. Die zugrunde liegende Anmeldung erfolgte am ......[29] und wurde am ......[29] bekannt gemacht. Die Veröffentlichung der Patenterteilung im Patentblatt erfolgte am ......[29] Das DE ...... (im Folgenden auch: Klagepatent) steht in Kraft.

Beweis: Auskunft des Deutschen Patent- und Markenamts.[30]

Ich überreiche die zugehörige Patentschrift – für die Mitglieder des angerufenen Gerichts in drei Exemplaren – als

Anlage K 1.[31]

2. Die dem Klagepatent zugrunde liegende Erfindung[32] betrifft ein Verfahren zum Abscheiden von Sand aus mit Sand und organischen Stoffen belastetem Abwasser.

Es lag im vorbekannten Stand der Technik,[33] eine Trennung von organischen Stoffen und Sand in der Weise durchzuführen, dass ein mit Sand und organischen Stoffen belastetes Abwasser in mehr oder weniger große Klärbecken eingeleitet und sodann abgewartet wurde, bis sich die schwereren und festeren Bestandteile nach unten absetzten. Das verbleibende Wasser wurde sodann abgepumpt, die schwereren abgesetzten Bestandteile wurden entfernt und einer weiteren Verwertung/Bearbeitung zugeführt. Die Nachteile eines derartigen Verfahrens liegen auf der Hand. Es ist zeitraubend und umständlich, erfordert einen hohen Raumbedarf und führt insbesondere nicht zu dem Ziel, Rückstände in Form beispielsweise von Sand zu erhalten, die ohne weiteres weiter verwendet werden konnten, insbesondere etwa als Schüttgut für Bauzwecke, zur Herstellung von Formteilen und ähnlichem. Vielmehr musste der aus solchen Abwässern abgetrennte Sand vielfach als Sondermüll behandelt und deponiert werden. Das ist zeit- und kostenaufwändig (vgl. dazu Anlage K 1 ......).

Von dem Vorstehenden ausgehend liegt der Erfindung nach dem Klagepatent die Aufgabe (das technische Problem)[34] zugrunde, ein Verfahren zur Verfügung zu stellen,

„...... mit dem Schüttgut erzeugt wird, bei dem der ausgetragene Sand nur einen unbedenklichen Restanteil an organischen Stoffen aufweist, dementsprechend das Schüttgut ohne weiteres für Bauzwecke oder dergleichen eingesetzt werden kann."

(vgl. Anl. K 1 ......)[35]

Die Lösung dieser Aufgabe[36] erfolgt mit der Erfindung nach dem Klagepatent, dessen Bezeichnung lautet:

„Verfahren zum Abscheiden von Sand aus mit Sand und organischen Stoffen belastetem Abwasser",

und dessen Anspruch 1 folgende Merkmale aufweist:

......[37]

Die vorstehende Merkmalsanalyse überreiche ich – für die Mitglieder des angerufenen Gerichts in drei Exemplaren – als

Anlage K 2.

3. Die Beklagte betreibt einen Baustoffhandel in X-Stadt. Zu ihrem Vertriebsprogramm gehört insbesondere Schüttgut verschiedenster Art. Die Beklagte erhält dieses Schüttgut ua von der B GmbH, bei der es sich um ein privates Abwasserreinigungsunternehmen handelt. Dieses erhält insbesondere Abwässer von der Gemeinde Z zugeleitet und reinigt diese. Wie diese Reinigung geschieht, ist in einem Informationsblatt der B GmbH beschrieben, von dem ich eine Kopie als

Anlage K 3

Mes

überreiche. Aus dem Informationsblatt ergibt sich der Tatbestand der Patentverletzung wie folgt:

Das Informationsblatt betrifft eine neue „Abwasserreinigungsanlage", die von der B GmbH in Betrieb genommen worden ist. In Zusammenhang mit dieser Anlage wird von der B GmbH ein Verfahren benutzt, das wortsinngemäß dem Anspruch 1 des Klagepatents gemäß Anlage K 1 entspricht . . . . . .[38] Mit diesem Verfahren wird Schüttgut erzeugt, das wiederum seitens der Beklagten dieses Rechtsstreits, nämlich der C GmbH, angeboten und vertrieben wird.[39]

4. Die Klägerin hat die Beklagte mit dem als

Anlage K 4

in Kopie überreichten Anwaltsschreiben außergerichtlich abgemahnt, jedoch erfolglos.[40] Daher ist Klage geboten. Mit ihr werden die der Klägerin wegen der Patentverletzungshandlungen der Beklagten zustehenden Ansprüche gerichtlich geltend gemacht.

II.

Die rechtliche Bewertung ergibt die Begründetheit des Klagebegehrens:

1. Der Unterlassungsantrag I. 1. findet seine Grundlage in § 139 Abs. 1 PatG iVm § 9 S. 2 Nr. 3 PatG.[41] Nach diesen Bestimmungen ist es jedem Dritten verboten, ohne Zustimmung der Patentinhaberin ein Erzeugnis anzubieten, in Verkehr zu bringen oder zu gebrauchen oder zu den genannten Zwecken entweder einzuführen oder zu besitzen, das durch ein Verfahren, das Gegenstand des Patents ist, unmittelbar hergestellt ist. Schüttgut, wie es von der Beklagten angeboten und vertrieben wird, ist ein Erzeugnis im Sinne des § 9 S. 2 Nr. 3 PatG.[42] Dieses ist auch durch ein Verfahren, das Gegenstand des Klagepatents ist, unmittelbar hergestellt.[43] Das bedarf keiner vertiefenden Darlegung. Der Tatbestand der unmittelbaren Herstellung ergibt sich schon auf Grund des vorstehend zu I. 3. geschilderten Geschehensablaufs. Denn das patentgeschützte Verfahren ist auf die Erlangung von verarbeitungsfähigem Schüttgut gerichtet. Damit ist zugleich auch die Unmittelbarkeit gegeben, indem ein hinreichender Zusammenhang zwischen Verfahren und Erzeugnis besteht.[44]

2. Der mit Klageantrag II. 2. geltend gemachte Schadensersatzanspruch ist dem Grunde nach gemäß § 139 Abs. 2 PatG gerechtfertigt . . . . . .[45]

3. Der Entschädigungsanspruch entsprechend Klageantrag II. 1. ergibt sich dem Grunde nach aus § 33 PatG . . . . . .[46]

4. Die des Weiteren mit Klageanträgen I . . . . . . geltend gemachten Ansprüche ergeben sich . . . . . .[47]

5. Die Klägerin kann die Höhe der von ihr dem Grunde nach geltend gemachten Ansprüche auf Schadensersatz und Entschädigung ziffernmäßig nicht bestimmen, ohne zuvor von der Beklagten Auskunft bzw. Rechnungslegung erhalten zu haben. Darauf hat sie Anspruch . . . . . .[48]

6. Die Zuständigkeit des angerufenen Gerichts ergibt sich aus dem Geschäftssitz der Beklagten im Land . . . . . .[49]

III.

Ich zeige an, dass die Klägerin neben ihren Prozessbevollmächtigten

Herrn Patentanwalt

. . . . . .

zur Mitwirkung an diesem Rechtsstreit bestellt hat.[50]

Beglaubigte und einfache Abschriften sind zum Zwecke der Zustellung beigefügt.[51, 52]

7. Klage wegen Vertriebs   C. 7

Schrifttum: vgl. die Hinweise zu → Form. C.1 und → Form. C.5; *Beier/Ohly*, Was heißt unmittelbares Verfahrenserzeugnis?, GRUR Int. 1996, 973; *Bruchhausen*, Sind Endprodukte unmittelbare Verfahrenserzeugnisse eines auf die Herstellung des Zwischenprodukts gerichteten Verfahrens?, GRUR 1979, 743; *Hahn*, Der Schutz von Erzeugnissen patentierter Verfahren, 1968; *Kühnen*, When are Products „directly" obtained by Process?, in: Patent in Japan and Europe, Liber amicorum for Guntram Rahn, 2011, 509; *Mes*, Der Schutz des Erzeugnisses gemäß § 9 Satz 2 Nr. 3 PatG, GRUR 2009, 305; *Petri/Böck*, Kein derivativer Erzeugnisschutz gemäß § 9 Satz 2 Nr. 3 PatG für Informationen? Mitt. 2012, 103; *Seuß*, Über die Notwendigkeit einer Neubewertung des Schutzes chemischer Herstellungsverfahren, Mitt. 2006, 398.

Anmerkungen

1. § 143 PatG enthält eine umfassende Regelung der ausschließlichen sachlichen Zuständigkeit der Landgerichte für Patentstreitsachen, der Zuständigkeit der Zivilkammern und insbesondere eine Regelung zur Konzentration auf nur einige wenige Landgerichte. Zu allem → Form. C.5 Anm. 1.

2. § 143 PatG regelt nicht die örtliche Zuständigkeit. Diese bestimmt sich gemäß §§ 12 ff. ZPO. Zu Einzelheiten → Form. C.5 Anm. 2; → Form. C.6 Anm. 2.

3. Aktivlegitimiert zur Geltendmachung von Patentverletzungsansprüchen sind der Patentinhaber und der ausschließliche Lizenznehmer, soweit dessen Nutzungsrecht betroffen ist (BGH WRP 1998, 406 (408) – Lunette; BGH GRUR 1996, 109 (111) – Klinische Versuche I; BGH GRUR 1995, 338 – Kleiderbügel). Zu weiteren Einzelheiten → Form. C.5 Anm. 3.

4. Am Ende des Textbeispiels ist die Mitwirkungsanzeige betreffend einen Patentanwalt vorgesehen. Es kann sich auch anbieten, neben dieser Anzeige die Mitwirkung des Patentanwalts schon im Aktivrubrum anzuführen. → Form. C.5 Anm. 4, → Anm. 50.

5. Die Klage ist gegen den Patentverletzer zu richten. Das ist jeder, der die Erfindung unberechtigt benutzt, mithin jeder Handelnde (BGH GRUR 1989, 411 – Offenend-Spinnmaschine). Zu Einzelheiten → Form. C.5 Anm. 5.

6. Ist die Beklagte eine juristische Person (Personal- oder Kapitalgesellschaft; Verein; öffentliche Körperschaft), stellt sich regelmäßig die Frage, ob die Klage zur Erweiterung des Haftungsvermögens auch gegen die Verantwortung tragenden Organe gerichtet werden soll. Zu Einzelheiten → Form. C.5 Anm. 6.

7. Zur Angabe des Streitwertes → Form. C.5 Anm. 7.

8. Verfahrensbitten betreffend die Anberaumung eines Verhandlungstermins sowie um Ladung der Beteiligten sind an sich überflüssig, da von Amts wegen (nach Eingang der Klage und Einzahlung des Kostenvorschusses) ein Verhandlungstermin anzuberaumen ist, zu dem die Beteiligten zu laden sind (§ 275 ZPO). Zur Möglichkeit der Durchführung eines schriftlichen Vorverfahrens vgl. § 276 ZPO und → Form. C.5 Anm. 8 ff.

9. Stellungnahme gemäß §§ 253 Abs. 3 Nr. 3, 348 Abs. 1 Nr. 1 ZPO. Regelmäßig gehört eine patentrechtliche Streitigkeit nicht vor den Einzelrichter, da das gesamte Erfahrungswissen einer Kammer zur Verfügung stehen sollte. Zur weiteren Durchführung des Verfahrens → Form. C.5 Anm. 9, 10.

10. Anregung gemäß § 278 Abs. 2 ZPO. Diese Bestimmung sieht vor, eine Güteverhandlung anzuberaumen, die der mündlichen Verhandlung vorausgehen soll. Die Güteverhandlung soll nach der Vorstellung des Gesetzes entfallen können, wenn bereits ein Einigungsversuch vor einer außergerichtlichen Gütestelle stattgefunden hat oder wenn die Güteverhandlung erkennbar aussichtslos erscheint. In Patentverletzungsstreitigkeiten ist es regelmäßig nicht angebracht, eine Güteverhandlung durchzuführen. Zu Einzelheiten → Form. C.5 Anm. 10.

11. Zum neu gefassten § 278a ZPO und die dort vorgesehene Mediation oder ein anderes Verfahren der außergerichtlichen Konfliktbeilegung → Form. C.5 Anm. 10.

12. Die Klageanträge des Formulars enthalten die sich aus einer Patentverletzungshandlung im Wesentlichen ergebenden Ansprüche auf Unterlassung, Rechnungslegung (Auskunftserteilung), Vernichtung, Schadensersatz und Entschädigung. Daneben gewähren §§ 140a ff. PatG in der seit 1.9.2008 geltenden Neufassung weitere Ansprüche auf Vorlage von Belegen, Handelsunterlagen, auf Rückruf und Urteilsveröffentlichung. → Form. C.2 Anm. 29–31, → Form. C.2 Anm. 36.

13. Der Wortlaut der Strafandrohungsklausel ergibt sich aus § 890 Abs. 1 ZPO. Zu weiteren Einzelheiten → Form. C.5 Anm. 12.

14. Die Androhung von Ordnungshaft bei Personalgesellschaften oder juristischen Personen folgt der Übung des Bundesgerichtshofs (BGH GRUR 1991, 929 (931) – Fachliche Empfehlung II; aA OLG Bremen WRP 1979, 464 (466) mwN). Jedenfalls schadet eine entsprechende Antragsformulierung auf Androhung nicht.

15. Es kann sich anbieten, zu den Worten „zu unterlassen" eine territoriale Beschränkung, nämlich „in der Bundesrepublik Deutschland zu unterlassen" hinzuzufügen. Ein solcher Hinweis ist regelmäßig überflüssig, da ein in Deutschland geltendes nationales (wie auch europäisches) Patent nur hier Schutzwirkungen entfaltet. Der Hinweis kann jedoch dann klarstellende Funktion haben, wenn es sich um ein ausländisches Unternehmen auf Seiten der Beklagten handelt. Ein entsprechender Hinweis auf die örtliche Geltung des beantragten Verbotes ist sinnvoll, wenn es sich um die Geltendmachung eines europäischen Patents handelt (→ Form. C.17).

16. Der Zusatz „in das Gebiet der Bundesrepublik Deutschland" bezieht sich auf die dem Patentinhaber allein vorbehaltene Handlung des Einführens (§ 9 S. 2 Nr. 3 PatG). Die Hinzufügung eines derartigen Zusatzes kann angebracht sein, wenn es sich um eine ausländische Beklagte handelt, die insbesondere im Ausland das patentgegenständliche Verfahren benutzt. Zwar liegt dann in der Verfahrensbenutzung im Ausland wegen der nur territorialen Geltung eines deutschen Patents keine rechtswidrige Patentverletzungshandlung vor. Das ändert allerdings nichts daran, dass die durch die Patentverfahrenshandlungen hergestellten Erzeugnisse wiederum dem sog. derivativen Erzeugnisschutz des § 9 S. 2 Nr. 3 PatG unterfallen und dementsprechend insbesondere auch die Tathandlung des Einführens rechtswidrige Patentverletzungshandlung ist.

17. Der Klageantrag I. 1. im Textbeispiel zielt auf das sog. „unmittelbare Verfahrenserzeugnis", das derivativen Erzeugnisschutz gemäß § 9 S. 2 Nr. 3 PatG genießt. Das Formular knüpft inhaltlich an das Textbeispiel in → Form. C.6 an. Der Verbotsantrag (Unterlassungsantrag) ist darauf gerichtet, die sich aus der Anwendung des patentgeschützten Verfahrens ergebenden Erzeugnisse nicht weiter anzubieten, in Verkehr zu bringen oder zu gebrauchen oder zu den genannten Zwecken in das Gebiet der Bundesrepublik Deutschland einzuführen oder zu besitzen.

18. Zur Formulierung des Unterlassungsantrags I. 1. nach Maßgabe der Formulierung des Patentanspruchs (und ggf. seiner Unterteilung in einen Oberbegriff und in einen kennzeichnenden Teil) sowie zur Benennung des Patentanspruchs am Ende des Unterlassungsantrags → Form. C.5 Anm. 15–17.

7. Klage wegen Vertriebs   C. 7

19. In der Formulierung des Klageantrags I. 2. werden die Ansprüche auf Drittauskunft (§ 140b PatG) und auf Rechnungslegung (§ 242 BGB; Geschäftsführung ohne Auftrag; Gewohnheitsrecht) in Kombination miteinander geltend gemacht. Zu den verschiedenen Möglichkeiten, den Anspruch auf Drittauskunft einerseits und den Rechnungslegungsanspruch andererseits als gesonderte Klageanträge zu formulieren, → Form. C.5 mit den dort vorgeschlagenen Klageanträgen I. 2. und I. 3. sowie → Form. C.5 Anm. 18.

20. Die in den Klageanträgen I. 2. und II. angegebenen Daten „a" sowie „b" ergeben sich wie folgt:
a) Zum Datum (a):
Das Datum (a) bezeichnet den Tag der Offenlegung der Patentanmeldung zuzüglich einen Monat sog. „Karenzzeit". Ab diesem Datum kann ein Entschädigungsanspruch infolge der offengelegten Patentanmeldung geltend gemacht werden (→ Form. C.5 Anm. 25).
b) Zum Datum (b):
Das Datum (b) bezeichnet den Tag der Veröffentlichung der Patenterteilung zuzüglich wiederum einen Monat Karenzzeit. Ab diesem Zeitpunkt kann Schadensersatz geltend gemacht werden. → Form. C.5 Anm. 25.
Die vorstehend bezeichneten Daten (a) und (b) haben wiederum auch Bedeutung für die Rechnungslegungsansprüche bzw. die Ansprüche auf Drittauskunft. Ab dem Zeitpunkt der Offenlegung (plus Karenzzeit) gibt es keinen Anspruch auf Drittauskunft (§ 140b PatG); dieser Anspruch setzt ein erteiltes Patent voraus. Allerdings gibt es im Zusammenhang mit der Offenlegung der Patentanmeldung (zuzüglich Karenzzeit) einen Entschädigungsanspruch, der seinerseits wiederum einen – eingeschränkten – Rechnungslegungsanspruch auslöst; die Einschränkung des Rechnungslegungsanspruchs ergibt sich insoweit, als ein Entschädigungsanspruch weder Verletzergewinn noch eigenen entgangenen Gewinn beinhalten kann, sondern allenfalls nach Maßgabe der Lizenzanalogie berechnet werden kann. Zu Einzelheiten → Form. C.5 Anm. 25.

21. Im Textbeispiel sind die Möglichkeiten einer Beschränkung der Verpflichtung zur Rechnungslegung, die in den Klageantrag aufzunehmen sind, offengelassen. Es handelt sich um die gleichen Beschränkungen, die in → Anm. 27 sowie in (Wirtschaftsprüfervorbehalt) → Form. C.5 Anm. 28 angeführt sind. Darauf wird verwiesen.

22. In geeigneten Fällen kann an die Geltendmachung eines Vernichtungsanspruchs gemäß § 140a PatG gedacht werden. Ein entsprechender Antrag wäre hier einzufügen. Im Formular ist er nicht vorgesehen, weil die Vernichtung des streitgegenständlichen Schüttgutes wenig Sinn macht. Zur Formulierung eines Antrags auf Vernichtung das Beispiel in → Form. C.5, dort Klageantrag I. 4. und zugehörige → Anm. 30.
Weitere Anträge können den Anspruch auf Erstattung vorprozessualer Rechtsverfolgungskosten (vgl. dazu Klageantrag I. 6. in → Form. C.5 Anm. 32) sowie diejenigen Ansprüche/Befugnisse betreffen, die §§ 140a ff. PatG in der ab 1.9.2008 geltenden Neufassung gewähren. → Form. C.5 Anm. 29–33.

23. Es hat sich im Bereich des gewerblichen Rechtsschutzes, insbesondere im Patentverletzungsprozess, bewährt, die Schadensersatzverpflichtung (ebenso wie die Verpflichtung zur angemessenen Entschädigung gemäß § 33 PatG) des Verletzers (Benutzers) lediglich feststellen zu lassen. Zu Einzelheiten → Form. C.5 Anm. 34, 35.

24. Der Zeitraum zwischen „a" (= Offenlegungstag der Patentanmeldung und ein Monat Karenzzeit) bis zu „b" (= Datum der Veröffentlichung der Patenterteilung zuzüglich einen Monat Karenzzeit) ergibt denjenigen Zeitraum, für den wegen Benutzungshandlungen der offengelegten Patentanmeldung eine Entschädigung zu zahlen ist (§ 33 Abs. 1 PatG), → Anm. 23.

25. § 33 Abs. 1 PatG gewährt einen Entschädigungsanspruch nach Offenlegung der Patentanmeldung wegen Benutzung. Die Benutzung einer offengelegten Patentanmeldung ist nicht rechtswidrig (BGH GRUR 1989, 411 – Offenend-Spinnmaschine). Infolgedessen wird eben eine nur den Umständen nach angemessene Entschädigung geschuldet, die weder den konkreten Schaden noch die Herausgabe des Benutzergewinns umfasst (BGH GRUR 1989, 411 – Offenend-Spinnmaschine). Allerdings sind die Grundsätze der Lizenzanalogie anwendbar (BGH GRUR 1989, 411 (413 f.)). Ob Abstriche im Vergleich zur Schadensersatzlizenz gemacht werden müssen, ist zweifelhaft (bejahend: OLG Düsseldorf GRUR 1981, 45 (51) – Absatzhaltehebel; nicht beanstandet von BGH GRUR 1982, 286 – Fersenabstützvorrichtung; offengelassen BGH GRUR 1989, 411 (414) – Offenend-Spinnmaschine). Zu weiteren Einzelheiten vgl. U. *Krieger* GRUR 2001, 965.

26. Zu den tatbestandlichen Voraussetzungen einer Schadensersatzverpflichtung des Patentverletzers und zu den Berechnungsmöglichkeiten des Geschädigten → Form. C.5 Anm. 35.

27. Kosten- und Vollstreckungsanträge sind grundsätzlich entbehrlich. Nebenentscheidungen werden von Amts wegen durch das Gericht getroffen. Entsprechende Anträge schaden aber nicht und werden regelmäßig gestellt. Zu den (geringen) Erfolgsaussichten eines Vollstreckungsschutzantrages → Form. C.5 Anm. 36.

28. Die nachfolgenden Ausführungen zur Begründung der Klage entsprechen denjenigen einer „normalen" Patentverletzungsklage, so wie sie in der Begründung zu → Form. C.5 enthalten sind. Das Textbeispiel variiert den „Grundfall" der unmittelbaren Patentverletzung, so wie er → Form. C.5 zugrunde liegt, in Form eines Fallbeispiels, bei dem es um den derivativen Patentschutz eines (unmittelbaren) Verfahrenserzeugnisses geht. Soweit in nachfolgenden Anmerkungen nicht auf Besonderheiten eines derartigen Fallbeispiels eingegangen wird, gelten die allgemeineren Hinweise zu → Form. C.5 in den dortigen Fußnoten.

29. Zu den Daten, die für die Beurteilung eines Patentrechtsverhältnisses von Bedeutung sind → Form. C.5 Anm. 39, 40.

30. Siehe § 31 PatG und das dort geregelte Recht der Akteneinsicht, → Form. C.5 Anm. 42.

31. Die Patentschrift sollte – zumindest in Kopie – für jedes Mitglied des Gerichtes überreicht werden, damit die gesamte Kammer der mündlichen Verhandlung ohne Schwierigkeiten folgen kann. Die gleiche Bemerkung gilt auch für eine zu erstellende Merkmalsanalyse; zu deren Bedeutung → Form. C.5 Anm. 50.

32. Die nachfolgenden Ausführungen betreffen die Schilderung der dem Klagepatent zugrunde liegenden Erfindung. Vgl. dazu auch das Textbeispiel zu I. 2. der Begründung → Form. C.5 Anm. 44 ff.

33. Die nachfolgenden Ausführungen behandeln den Stand der Technik und seine Nachteile. In Abweichung zB in → Form. C.5 ist nunmehr die Schilderung des nachteiligen Standes der Technik darauf gerichtet, darzulegen, dass bisher in der Fachwelt nicht daran gedacht worden war, kontaminiertes Abwasser zur Erlangung von weiterhin verarbeitungsfähigem Schüttgut aufzuarbeiten.

34. Jede Erfindung bezieht sich auf eine Aufgabe (ein technisches Problem) und auf die Lösung der Aufgabe. Hier geht es um die Darstellung der Aufgabe. Zu weiteren Einzelheiten sowie insbesondere zur Ermittlung des Schutzumfangs eines Patents → Form. C.5 Anm. 46 ff.

7. Klage wegen Vertriebs

35. Ist in der Klagepatentschrift – wie regelmäßig – die Aufgabe (das technische Problem) formuliert, so bietet es sich an, diese Formulierung – wie im Textbeispiel vorgesehen – zu zitieren, und zwar unter Hinweis auf die entsprechende Passage in der Klagepatentschrift gemäß Anlage K 1.

36. Die nachfolgenden Ausführungen betreffen die Lösung der Aufgabe. Ein Beispiel für eine entsprechende Darstellung findet sich auch in → Form. C.5 Anm. 47, 48.

37. Es bietet sich an, den Anspruch 1 (sofern denn dieser – wie im Textbeispiel angenommen wird – das klagepatentgegenständliche Verfahren beansprucht) nach Maßgabe einer Merkmalsanalyse zu gliedern und diese im Übrigen gesondert – für das Gericht in drei Exemplaren – zu überreichen. Zu einer solchen Merkmalsanalyse und ihrer Wiedergabe in einer Klagebegründung das → Form. C.5, dort Klagebegründung zu I. 2. und insbesondere zugehörige → Anm. 50.

38. Mit den Ausführungen im Textbeispiel → Form. C.7 wird der Verletzungstatbestand geschildert. Zu den Voraussetzungen einer Patentverletzung → Form. C.5 Anm. 50, 51. In dem in → Form. C.7 behandelten Beispielsfall müsste hier der Verletzungstatbestand – vorzugsweise anhand der Merkmalsanalyse – dargestellt werden. Darauf wird im Textbeispiel aus Platzgründen verzichtet.

39. Mit dem Hinweis, dass das Schüttgut Ergebnis des patentgeschützten Verfahrens ist, wird der Tatbestand des derivativen Erzeugnisschutzes gemäß § 9 S. 2 Nr. 3 PatG geltend gemacht.

40. Eine vorherige Abmahnung ist für Zulässigkeit/Schlüssigkeit der Klage nicht erforderlich. Dennoch macht es Sinn, auf den Tatbestand einer erfolglosen Abmahnung hinzuweisen. → Form. C.5 Anm. 54. Die vorgerichtliche Abmahnung (Verwarnung) kann einen Anspruch auf Erstattung der entstandenen Geschäftsgebühr begründen. Zu Einzelheiten → Form. C.5 und → Form. C.5 Anm. 32, → Form. C.5 Anm. 64, 65. Vgl. ebenfalls → Anm. 48.

41. Zu dem sich aus der Patentverletzung ergebenden – verschuldensunabhängigen – Unterlassungsanspruch → Form. C.5 Anm. 55, 56.

42. Das Formular behandelt den Fall des Erzeugnisschutzes gemäß § 9 S. 2 Nr. 3 PatG. Dieser Schutz entspricht demjenigen eines Erzeugnisses, das selbst Gegenstand eines Patentes ist und auf das mithin § 9 S. 2 Nr. 1 PatG anwendbar wäre.

43. Der Beispielsfall ist einfach gelagert. Häufig liegen die Fälle schwieriger. Regelmäßig bestehen Probleme im Zusammenhang mit dem Erfordernis der Unmittelbarkeit des (hergestellten) Verfahrenserzeugnisses (zu diesem Problemkreis vgl. *Mes* GRUR 2009, 305). Auf diese und weitere Schwierigkeiten geht das nachfolgende → Form. C.12 einschließlich zugehöriger Anm. näher ein. Insbesondere interessiert die Regelung des § 139 Abs. 3 PatG, die ggf. bei einem neuen Erzeugnis, das durch das klagepatentgeschützte Verfahren hergestellt wird, eine Beweislastumkehr beinhaltet. Bei einer Inanspruchnahme dieser Beweislastumkehr des § 139 Abs. 3 PatG könnte eine entsprechende Formulierung beispielsweise lauten:

„Hilfsweise beruft sich die Klägerin auf die Beweislastumkehr des § 139 Abs. 3 PatG. Denn das mit dem klagepatentgegenständlichen Verfahren hergestellte Erzeugnis ist neu. Ein Erzeugnis mit vergleichbaren Eigenschaften hat es zuvor nicht gegeben . . . . . . (müsste ausgeführt werden). Insbesondere ergibt sich bei dem mit dem Klagepatent hergestellten Erzeugnis folgende kennzeichnende Eigenschaft . . . . . (müsste ausgeführt werden). Es ist gerade diese Eigenschaft, die auch das den Klagegrund bildende Erzeugnis der Beklagten aufweist . . . . . . (müsste ausgeführt werden)."

44. → Anm. 43.

45. Zum Schadensersatzanspruch des Patentinhabers → Form. C.5 Anm. 35. Das Textbeispiel ist durch solche Ausführungen zu ergänzen, wie sie beispielsweise in → Form. C.5 zu II. 2. vorgeschlagen sind.

46. Zum Entschädigungsanspruch → Form. C.5 Anm. 34. Das Textbeispiel ist durch Ausführungen entsprechend denjenigen in → Form. C.5 zu II. 4. zu ergänzen.

47. Als weiterer Anspruch kommt ein Zahlungsanspruch, gerichtet auf Erstattung der vorprozessual entstandenen Rechtsverfolgungskosten (Anwalts- und Patentanwaltskosten) in Betracht. Zur Rechtsgrundlage und zur Formulierung eines derartigen Anspruchs → Form. C.5 Anm. 32 und zuvor → Anm. 40. Des Weiteren sind Ansprüche gemäß §§ 140a ff. PatG auf Vorlage von Belegen, Verschaffung von Unterlagen in Betracht zu ziehen. Zu diesen Anträgen/Ansprüchen → Form. C.5 Anm. 29 ff.

48. Bei (regelmäßig gegebener) Unfähigkeit des Gläubigers, die Höhe der ihm zustehenden Ansprüche auf Entschädigung und/oder Schadensersatz ziffernmäßig zu bestimmen, ist die Feststellungsklage das prozessuale Mittel. Zugleich ergibt sich ein Rechnungslegungs-(Auskunfts-)Anspruch. Zu Einzelheiten → Form. C.5 Anm. 20 ff., → Form. C.5 Anm. 54ff.

49. Zur Bestimmung der sachlichen und örtlichen Zuständigkeit des angerufenen Gerichts vgl. die Ausführungen → Form. C.5, dort II. 7. und → Form. C.5 Anm. 1, 2.

50. Zur Notwendigkeit der Mitwirkung eines Patentanwalts wird auf → Form. C.5 Anm. 69 verwiesen. Zur Mitwirkungsanzeige schon im Aktivrubrum → Anm. 4.

Kosten und Gebühren

51. Es gelten die Bemerkungen zu → Form. C.5.

Fristen

52. Keine.

8. Klage wegen mittelbarer Patentverletzung (§ 10 PatG)

Landgericht

Zivilkammer (Patentkammer)[1]

......[2]

Klage

der Firma A GmbH

– Klägerin –[3]

Prozessbevollmächtigter: ......[4]

gegen

8. Klage wegen mittelbarer Patentverletzung (§ 10 PatG)   C. 8

1. die Firma B GmbH, X-Stadt, Y-Straße, vertreten durch den Geschäftsführer, den Beklagten zu 2, ebenda,
2. Herrn C,

– Beklagte –[3]

wegen: Patentverletzung

Streitwert: vorläufig geschätzt . . . . . . EUR[5]

Namens und in Vollmacht der Klägerin erhebe ich Klage und bitte um die Anberaumung eines Verhandlungstermins sowie um Ladung der Beteiligten.

Es handelt sich um eine patentrechtliche Streitigkeit, deren Entscheidung durch den Einzelrichter nicht angezeigt erscheint. Ich äußere ferner die Bitte, von der Anberaumung einer Güteverhandlung abzusehen, da sie keine erkennbare Aussicht auf Erfolg bietet. Ein Gleiches gilt für eine Mediation oder ein anderes Verfahren der außergerichtlichen Konfliktbeilegung.[6]

Ich beantrage,[7]

I. die Beklagten zu verurteilen,
   1. es bei Meidung[8] eines für jeden Fall der Zuwiderhandlung fälligen Ordnungsgeldes bis zu 250.000 EUR, ersatzweise Ordnungshaft bis zu 6 Monaten oder Ordnungshaft bis zu 6 Monaten, im Wiederholungsfalle Ordnungshaft bis zu 2 Jahren, wobei die Ordnungshaft im Hinblick auf die Beklagte zu 1 an ihrem jeweiligen Geschäftsführer zu vollstrecken ist, zu unterlassen,[9, 10]
Rührwerke[11] mit sich radial erstreckenden Rührarmen, die an ihren freien Enden verbreitert sind, Dritten zur Benutzung im Bereich der Bundesrepublik Deutschland anzubieten oder zu liefern, die geeignet sind, im Zusammenhang mit Vorrichtungen zum Abscheiden von Sand aus mit Sand und organischen Stoffen belastetem Abwasser, bestehend aus einem stehenden Behälter mit einem Überlauf für das mit organischen Stoffen belastete Abwasser und mit einem an einer unteren Austragsöffnung des Behälters angeschlossenen Austragsförderer benutzt zu werden, bei denen der Behälter ein sich bis in den Bodenbereich erstreckendes Rührwerk und im Bodenbereich eine Frischwasserzufuhr aufweist und vor den Antrieb des Austragsförderers eine Steuereinrichtung vorgesehen ist, die den Antrieb des Austragsförderers in Abhängigkeit von der Absetzhöhe des Sandes im Behälter steuert (DE . . . . . ., Ansprüche 1 und 2);[12]
   2. der Klägerin Rechnung darüber zu legen,[13, 14, 15] in welchem Umfang die Beklagten die zu I. 1. bezeichneten Handlungen seit dem . . . . . . (a) begangen haben, und zwar unter Angabe
      a) . . . . . .
   3. der Klägerin . . . . .[16]
II. festzustellen, ...[17, 18]
III. (Kosten)[19] . . . . . .
IV. (vorläufige Vollstreckbarkeit)[19] . . . . . .

Begründung:

I.

1. Die Klägerin ist eingetragene, alleinige und ausschließlich verfügungsberechtigte Inhaberin des DE . . . . . . betreffend eine Vorrichtung zum Abscheiden von Sand aus mit Sand und organischen Stoffen belastetem Abwasser.[20] Die Daten dieses Patents (im Folgenden auch: Klagepatent) lauten wie folgt:[21]

Anmeldetag: ......
Bekanntmachungstag: ......
Veröffentlichungstag der Patenterteilung: ......
Die zugehörige Schrift des Klagepatents füge ich als
                    Anlage K 1
– für die Mitglieder des angerufenen Gerichts in drei Exemplaren[22] – bei. Das Klagepatent steht in Kraft.

Beweis: Auskunft des Deutschen Patent- und Markenamts.[23]

2. Das Klagepatent bezieht sich auf einen sog. Sandabscheider, nämlich auf eine Vorrichtung zum Abscheiden von Sand aus mit Sand und organischen Stoffen belastetem Abwasser.[24] Das Abwasser wird in ein stehendes Behältnis eingeleitet und dort in eine Umlaufströmung versetzt. Diese sorgt dafür, dass die organischen Stoffe nach oben bewegt werden, während der Sand nach unten zu einem unten an dem Behälter angeschlossenen Austragsförderer absinkt. Nach einer gewissen Absetzzeit wird der Sand sodann ausgetragen. Zum Zwecke des Austragens befindet sich unten im Behälter eine Austragsöffnung, die wiederum mit einem Austragsförderer (zB in Form einer Förderschnecke) in Verbindung steht. Der Austragsförderer verläuft nach oben geneigt, wobei das Austragsende oberhalb der Höhe des Überlaufes liegt.

Der dem Klagepatent zugrunde liegende Stand der Technik umfasst Verfahren und Vorrichtungen zum Abscheiden von Sand aus mit Sand und organischen Stoffen belastetem Abwasser, bei denen es sich als nachteilig erwiesen hat, dass der ausgetragene Sand noch mit organischen Stoffen in einer Menge belastet ist, die eine Weiterverwendung des Sandes, insbesondere zB als Schüttgut für Bauzwecke, ausschließt. Bisher musste regelmäßig der aus Abwässern abgetrennte Sand als Sondermüll behandelt und deponiert werden. Das ist zeit- und kostenaufwändig. Die Erfindung nach dem Klagepatent will die Aufgabe[25] (das technische Problem) lösen, eine Vorrichtung der im vorbekannten Stand der Technik liegenden Art so zu verbessern,

„...... dass der ausgetragene Sand nur einen unbedenklichen Restanteil an organischen Stoffen aufweist und für Bauzwecke o.dgl. eingesetzt werden kann."
(vgl. Anlage K 1, Sp. 2, Z. 14 bis 17)[26]

Zur Lösung[27] dieser Aufgabe sieht der Hauptanspruch des Klagepatents für eine Vorrichtung zum Abscheiden von Sand aus mit Sand und organischen Stoffen belastetem Abwasser, bestehend aus
(1) einem stehenden Behälter,
(2) mit einem Überlauf für das mit organischen Stoffen belastete Abwasser,
(3) mit einem an eine untere Austragsöffnung des Behälters angeschlossenen Austragsförderer,
                    – Oberbegriff –
die weiteren Merkmale vor:
(4) der Behälter weist ein sich bis in den Bodenbereich erstreckendes Rührwerk auf,
(5) im Bodenbereich befindet sich eine Frischwasserzufuhr,
(6) für den Antrieb des Austragsförderers ist eine Steuereinrichtung vorgesehen, die den Antrieb des Austragsförderers in Abhängigkeit von der Absetzhöhe des Sandes im Behälter steuert
                    – kennzeichnender Teil –

Einzelheiten[28] der Erfindung nach dem Klagepatent entsprechend dem Hauptanspruch ergeben sich aus dem Inhalt der Anlage K 1, nämlich Beschreibung und Figuren, auf die zur Vermeidung von Wiederholungen Bezug genommen wird. In Figur 1 ist ein Ausführungsbeispiel des Erfindungsgegenstandes dargestellt. Insoweit ist erkennbar, dass die Vorrichtung im Wesentlichen aus einem stehenden Behälter (1) besteht, der über eine bodenseitige Austragsöffnung (2) verfügt, an die sich ein schräg nach oben

8. Klage wegen mittelbarer Patentverletzung (§ 10 PatG) C. 8

steigender Austragsförderer (3) (im Ausführungsbeispiel in Form eines Schneckenförderers) anschließt. Es ist ein sich bis in den Bodenbereich des Behälters erstreckendes Rührwerk (4) vorgesehen, das eine Rührwelle (5) mit radial abstehenden Rührarmen (6) besitzt und am unteren Ende der Rührwelle (5) eine die Austragsöffnung (2) mit axialem Abstand abdeckende Scheibe (7) trägt. An der Scheibe (7) sind gegen den Behälterboden vorragende Rührfinger (8) vorgesehen.

Anspruch 2[29] befasst sich mit einer besonderen Ausgestaltung der Rührfinger (8). Diese sollen nämlich so gestaltet sein, dass sie sich an ihrem freien Ende hin deutlich verbreitern. Mit dieser Verbreiterung sollen sich die Strömungsgeschwindigkeiten am Behälterrand gegenüber denjenigen in der Mitte vergrößern. Fügt man die Merkmale des Anspruchs 2 zu der Merkmalskombination des Anspruchs 1 hinzu, so ergibt sich folgende ergänzende Merkmalsanalyse:

Merkmale 1 bis 6: wie zuvor, zusätzlich:

(7) Das Rührwerk weist sich radial erstreckende Rührarme auf,

(8) die Rührarme sind an ihren freien Enden verbreitert.

Zur Arbeitserleichterung und zum besseren Verständnis überreiche ich die die Ansprüche 1 und 2 des Klagepatents gliedernde Merkmalsanalyse noch einmal gesondert als

Anlage K 2[30]

– für die Mitglieder des angerufenen Gerichts in drei Exemplaren.

Die Vorrichtung nach einem Ausführungsbeispiel des Klagepatents arbeitet in der Weise, dass das zum Abscheiden des Sandes über die Abwasserzulaufleitung (14) in den Behälter (1) gepumpte Abwasser (= Gemisch aus Abwasser, mitgespültem Sand und ebenfalls mitgespülten faulfähigen, organischen Stoffen) durch das umlaufende Rührwerk (4) und insbesondere durch die besondere Ausgestaltung der Rührfinger (8) entsprechend dem Anspruch 2 in eine Umlaufströmung versetzt wird. In der Umlaufströmung werden die spezifischen leichteren organischen Stoffe nach oben zum Überlauf (13) bewegt. Die spezifisch schwereren Sandkörner sinken gegen den Behälterboden ab und bilden dort einen Sandkuchen (18). Dieser wird vom Rührwerk (4) mechanisch gerührt. Dadurch reiben sich die einzelnen Sandkörner aneinander und es werden an den Sandkörnern anhaftende organische Stoffe abgerieben. Das durch die Zuleitung (16) zugeführte Wasser und die dadurch erzeugte aufwärts gerichtete Strömung nehmen diese abgeriebenen organischen Stoffe zum Überlauf (13) mit, wo sie mit dem Abwasser ausgeschwemmt werden. Der abgesetzte Sandkuchen (18) kann dann – von Zeit zu Zeit – vom Austragsförderer (3) in einen Auffangbehälter (19) ausgetragen werden, wobei gleichzeitig eine Entwässerung des ausgetragenen Sandes erfolgt, weil das Austragsende (20) des Austragsförderers (3) höher als der Überlauf (13) liegt. Nach dem Anspruch 2 kommt der Ausgestaltung der freien Enden der Rührfinger besondere Bedeutung zu. Sie sorgen dafür, dass die Strömungsgeschwindigkeit am Rand des Behälters höher als im inneren Bereich ist. Zugleich bewirkt die schraubenförmige Gestaltung der Rührfinger eine gleichmäßige Durchmischung des Sandkuchens.

Die für den Rechtsstreit interessierenden Ansprüche 1 und 2 des Klagepatents haben folgenden Wortlaut:[31]

1. „Vorrichtung zum Abscheiden von Sand aus mit Sand und organischen Stoffen beladenem Abwasser, bestehend aus einem stehenden Behälter (1) mit einem Überlauf (13) für das mit organischen Stoffen belastete Abwasser und mit einem an eine untere Austragsöffnung (2) des Behälters (1) angeschlossenen Austragsförderer (3), dadurch gekennzeichnet, dass der Behälter (1) ein sich bis in den Bodenbereich erstreckendes Rührwerk (4) und im Bodenbereich eine Frischwasserzufuhr (16) aufweist und dass für den Antrieb (21) des Austragsförderers (3) eine Steuereinrichtung (22) vorgesehen ist, die den Antrieb (21) des Austragsförderers (3) in Abhängigkeit von der Absetzhöhe des Sandes im Behälter (1) steuert.

2. Vorrichtung nach Anspruch 1, dadurch gekennzeichnet, dass die Rührarme (8) des Rührwerks (4) schraubenförmig ausgestaltet sind und sich zu ihren freien Enden hin verbreitern."

3. Die Beklagte zu 1, deren Geschäftsführer der Beklagte zu 2 ist, stellt her und vertreibt Rührwerke mit den Merkmalen des Anspruchs 2, die geeignet sind, in Vorrichtungen zum Abscheiden von Sand aus mit Sand und organischen Stoffen beladenem Abwasser eingesetzt zu werden, die der Lehre des Hauptanspruchs des Klagepatents entsprechen.[32] Die Beklagten bieten insbesondere ihre Rührwerke als Ersatz zu den Original-Rührwerken der Klägerin an, um Kunden der Klägerin zu veranlassen, klagepatentgemäße Vorrichtungen im Falle des Ausfalles der Rührwerke mit eben den Rührwerken der Beklagten zu bestücken.
Ich überreiche als

Anlage K 3[33]

ein Angebot der Beklagten einschließlich zugehöriger technischer Zeichnungen für ein „Rührwerk zum Austauschsystem XY", wobei die Klägerin ihrerseits ihr System als „System XY" vertreibt und weitgehend bekannt gemacht hat. Dem Inhalt der Anlage K 3 ist zu entnehmen, dass es sich bei dem Rührwerk der Beklagten um ein solches handelt, das insbesondere die Merkmale des Anspruchs 2 des Klagepatents verwirklicht. Dies wird von den Beklagten insoweit hervorgehoben, als sie auf die besondere „schneckenförmige Ausgestaltung der Rührarme" bevorzugt abstellen und des Weiteren auch den Zweck betonen, den diese Ausgestaltung hat. Es ist ferner aus dem Inhalt der Anlage K 3 ohne weiteres ersichtlich, dass die Rührarme beim Rührwerk der Beklagten auch an ihren freien Enden verbreitert sind.

4. Auf Grund der vorstehenden Ausführungen ist der Tatbestand der mittelbaren Patentverletzung offenbar.[34] Gemäß § 10 Abs. 1 PatG hat das Klagepatent insbesondere die Wirkung, dass es jedem Dritten verboten ist, ohne Zustimmung des Patentinhabers anderen als zur Benutzung der patentierten Erfindung berechtigten Personen Mittel, die sich auf ein wesentliches Element der Erfindung beziehen, zur Benutzung der Erfindung anzubieten oder zu liefern, sofern der Dritte weiß oder es auf Grund der Umstände offensichtlich ist, dass diese Mittel dazu geeignet und bestimmt sind, für die Benutzung der Erfindung verwendet zu werden. Das seitens der Beklagten hergestellte und vertriebene Rührwerk ist sowohl nach seiner objektiven Beschaffenheit als auch nach dem Inhalt des Angebots der Beklagten ein Mittel, das sich auf ein wesentliches Element der Erfindung nach dem Klagepatent bezieht. Nach Merkmal 4 des Hauptanspruchs des Klagepatents kommt es auf das Rührwerk und seine Ausgestaltung in besonderer Weise zur Durchführung der Lehre des Klagepatents an. Denn danach soll ein erfindungsgemäßer Behälter ein sich bis in den Bodenbereich erstreckendes Rührwerk aufweisen. Das Rührwerk ist von entscheidender Bedeutung für die klagepatentgemäße Vorrichtung, weil anderenfalls keine Strömungsgeschwindigkeit erzeugt werden kann, die ihrerseits wiederum Voraussetzung für das Durchmischen und das Aneinanderreiben des mit organischen Faulstoffen belasteten Sandes ist. Wie sehr das Rührwerk für die klagepatentgemäße Erfindung von Bedeutung ist, ergibt sich ergänzend auch daraus, dass sich Anspruch 2 auf die Ausgestaltung des Rührwerks bezieht. Nach dem Inhalt des Anspruchs 2 sollen die Arme des Rührwerks schneckenförmig gestaltet sein, ferner sollen sie sich an ihrem freien Ende verbreitern. Auch diese Merkmale weisen die Rührwerke auf, die von den Beklagten angeboten und vertrieben werden.
Tatsächlich können die seitens der Beklagten angebotenen Rührwerke zu keinem anderen Zweck eingesetzt werden als zu demjenigen, der seitens der Beklagten auch ausdrücklich beworben wird, nämlich im Zusammenhang mit der klagepatentgegenständlichen Vorrichtung nach Anspruch 1 des Klagepatents benutzt zu werden. Für den Fall des Bestreitens:

8. Klage wegen mittelbarer Patentverletzung (§ 10 PatG)   C. 8

Beweis: Sachverständigengutachten[35]

Die Beklagten können sich nicht damit verteidigen,[36] die Abnehmer der Klägerin seien frei, Ersatz- und Zubehörteile bei jedermann zu beziehen, da durch Auslieferung der klagepatentgemäßen Vorrichtung diese gemeinfrei geworden seien.[37] Eine derartige Rechtsauffassung der Beklagten, sofern sie denn von ihnen vertreten würde, findet in der geltenden Rechtsordnung keine Grundlage. Denn sie liefe im Ergebnis darauf hinaus, dass die Abnehmer der Klägerin frei seien, die ihnen gelieferte Vorrichtung jeweils durch ein Rührwerk zu ergänzen, wenn dieses zum Ausfall bzw. zur Zerstörung der Vorrichtung geführt hat. Damit ist die Frage berührt, ob die Abnehmer der Klägerin befugt sind, die ihnen gelieferte Vorrichtung im Falle der Zerstörung bzw. der Beendigung ihrer wirtschaftlichen Lebensdauer neu herzustellen. Diese Frage stellen, heißt sie zu verneinen. Denn es ist allein die Klägerin, die als die Inhaberin des Klagepatents Vorrichtungen entsprechend § 9 S. 2 Nr. 1 PatG herstellen darf. Jedem Dritten ist eine derartige Herstellung, zu der auch eine Wiederherstellung gehört, untersagt.

Die Beklagten können sich des Weiteren auch nicht auf die Ausnahmevorschrift des § 10 Abs. 2 PatG berufen.[38] Denn die seitens der Beklagten hergestellten und vertriebenen Rührwerke sind keine allgemein im Handel erhältlichen Erzeugnisse. Vielmehr handelt es sich um ein Vorrichtungsteil, das speziell als Ergänzungs- bzw. Ersatzbedarf für die klagepatentgemäße Vorrichtung erstellt worden ist.

5. Die Beklagten sind außergerichtlich erfolglos abgemahnt worden. Das Abmahnungsschreiben überreiche ich in Kopie als

Anlage K 4

Infolgedessen ist Klage geboten. Mit ihr werden die der Klägerin wegen der Patentverletzungshandlungen der Beklagten zustehenden Ansprüche gerichtlich geltend gemacht.

II.

Die Rechtfertigung sämtlicher Klageanträge ergibt sich in rechtlicher Hinsicht wie folgt:

1. Der mit Klageantrag I. 1. geltend gemachte Unterlassungsanspruch findet seine Begründung in § 139 Abs. 1 PatG iVm § 10 Abs. 1 PatG. Das Klagepatent steht in Kraft. Es äußert gemäß § 10 Abs. 1 PatG die Wirkung, dass auch mittelbare Benutzungshandlungen, wie sie den Streitgegenstand bilden, untersagt sind. Seitens der Beklagten sind mittelbare Patentverletzungshandlungen vorgekommen. Infolgedessen ist Wiederholungsgefahr für den mit Klageantrag I. 1. geltend gemachten Unterlassungsanspruch begründet.[39]

Die Klägerin hat insbesondere Anspruch darauf, dass seitens der Beklagten Angebot und Vertrieb der den Klagegrund bildenden Rührwerke unterlassen werden. Denn diese sind geeignet, im Zusammenhang mit den Abscheidungsvorrichtungen der Klägerin benutzt zu werden.[39]

2. (Ausführungen zu den mit Klageantrag II. geltend gemachten Ansprüchen auf Entschädigung und Schadensersatz) . . . . . .[40]

3. . . . . . . (weitere Ausführungen zu den ebenfalls geltend gemachten Ansprüchen auf Auskunftserteilung/Rechnungslegung sowie zur Zulässigkeit der Anträge auf Feststellung der Entschädigungs- und/oder Schadensersatzverpflichtung) . . . . . .[40]

III.

Ich zeige an, dass die Klägerin

Herrn Patentanwalt

. . . . . .

zur Mitwirkung in diesem Rechtsstreit bestellt hat.[41, 42, 43]

Schrifttum: *Ann,* „Identität und Lebensdauer" – Patentverletzung durch Instandsetzung patentierter Vorrichtungen, FS König, 2003, 17; *Arnold/Tellmann,* Kein Vernichtungsanspruch bei mittelbarer Patentverletzung?, zugleich Anm. zu BGH GRUR 2006, 570 – extracoronales Geschiebe, GRUR 2007, 353; *Busche,* Mittelbare Patentverletzung – Zu den dogmatischen Grundlagen eines Rechtsinstituts, GRUR 2009, 236; *Fabry/Trimborn,* Die mittelbare Patentverletzung – Das unterschätzte Geschäftsrisiko, GRUR 2008, 861; *Fitzner,* Die mittelbare Patentverletzung – quo vadis? – Mitt. 2008, 243; *Geschke,* Auskunft und Rechnungslegung nach einer mittelbaren Schutzrechtsverletzung, FS Schilling, 2007, 125; *Giebe,* Gedränge im Vorfeld – Mittelbare Patentverletzung, Verwendungsschutz und unfertiger Gegenstand, FS Schilling, 2007, 143; *Haedicke,* Organhaftung für Patentverletzungen als mittelbare Schutzrechtsverletzung, FS Blaurock, 2013, 105; *Haedicke* Schadensersatz bei mittelbarer Patentverletzung, GRUR 2009, 273; *Hahn,* Nach der BGH-Entscheidung „MPEG-II-Videosignalcodierung": Verschärfte Anforderungen an mittelbare Patentverletzung, GRUR-Prax 2013, 261; *Höhfeld,* Zur Frage des Bestimmtseins „Durch den Abnehmer" bei der mittelbaren Patentverletzung, FS Schilling 2007, 263; *Hölder,* Mittelbare Patentverletzung und Erschöpfung bei Austausch- und Verschleißteilen, GRUR 2005, 20; *Holzapfel,* Zu § 10 PatG als Rechtszuweisungsnorm, GRUR 2003, 193; *König,* Mittelbare Patentverletzung, Mitt. 2000, 10; *Kühnen,* Die Tenorierung des Warnhinweises in Fällen mittelbarer Patentverletzung, GRUR 2008, 218; *Langfinger,* Versuchsprivileg und mittelbare Patentverletzung, VPP 2011, 53; *Leistner,* Störerhaftung und mittelbare Schutzrechtsverletzung, GRUR 2010, Beilage zu Heft 1; *Meier-Beck,* Ersatzansprüche gegenüber dem mittelbaren Patentverletzer, GRUR 1993, 1; *Mes,* Die mittelbare Patentverletzung, GRUR 1998, 281; *Nieder,* Schadensersatz wegen mittelbarer Patentverletzung, FS Reimann, 2009, 351; *Nieder,* Entschädigungs- und Restentschädigungsanspruch bei mittelbarer Erfindungsbenutzung, Mitt. 2004, 241; *Nieder,* Die mittelbare Patentverletzung – Eine Bestandsaufnahme, GRUR 2006, 977; *Nieder,* Zur Antrags- und Verbotsfassung bei mittelbarer Patentverletzung, GRUR 2000, 272; *Preu,* Die unmittelbare und mittelbare Benutzung, GRUR 1980, 697; *Rauh,* Mittelbare Patentverletzung in Deutschland, Japan und den USA, GRUR Int. 2010, 459; *Rigamonti,* Theorie und Praxis der mittelbaren Patentverletzung, Mitt. 2009, 57; *Rinken,* Die Rechtsfolgen einer mittelbaren Patentverletzung nach § 10 Patentgesetz, 2012; *Scharen,* Die Behandlung der (sog.) mittelbaren Patentverletzung in der Rechtsprechung des Bundesgerichtshofs, GRUR 2009, 944; *Scharen,* Der Unterlassungsantrag bei drohender mittelbarer Patentverletzung, GRUR 2001, 995; *Schmidt-Dreyer/Baitzhofer,* Aktuelle Entwicklungen im Bereich der mittelbaren Patentverletzung ausgehend von der Entscheidung „Nespresso", Mitt. 2015, 101; *Voß,* Abschied vom Schadensersatz bei mittelbarer Patentverletzung?, Anmerkung zum Urteil des BGH „Antriebsscheibenaufzug", GRUR 2006, 281; *Weisse,* Mittelbare Patentverwirrung – Anmerkung zu den Entscheidungen „Flügelradzähler", „Laufkranz" und „Pipettensystem" des Bundesgerichtshofs, Mitt. 2009, 55; *Weisse,* Indirect patent infringement in Germany – an assessment of the status quo, FS von Meibom, 2010, 517.

Anmerkungen

1. § 143 PatG regelt die ausschließliche und sachliche Zuständigkeit der Landgerichte für Patentstreitsachen, der Zivilkammern und insbesondere die Konzentration auf nur einige wenige Landgerichte (→ Form. C.5 Anm. 1).

2. Die örtliche Zuständigkeit bestimmt sich gemäß §§ 12 ff. ZPO. Zu Einzelheiten → Form. C.5 Anm. 2.

3. Zur Aktivlegitimation, zur Passivlegitimation und ggf. zum Erfordernis, bei einer juristischen Person auch den Geschäftsführer (den Vorstand) mitzuverklagen, → Form. C.5 Anm. 3–6.

4. Zur Angemessenheit einer Mitwirkungsanzeige des mitwirkenden Patentanwalts → Form. C.5 Anm. 4.

5. Zur Festsetzung des Streitwertes → Form. C.5 Anm. 7.

8. Klage wegen mittelbarer Patentverletzung (§ 10 PatG)   C. 8

6. Zu den Verfahrensbitten betreffend die Anberaumung eines Verhandlungstermins, zur Anregung, von der Entscheidung durch den Einzelrichter abzusehen und schließlich ebenfalls zu der Stellungnahme, dass keine Güteverhandlung oder ein sonstiges Mediationsverfahren durchgeführt werden sollten, → Form. C.5 Anm. 8–10.

7. Die Klageanträge des Textbeispiels beziehen sich auf den Tatbestand mittelbarer Patentverletzung (§ 10 PatG).

8. Zur Strafandrohungsklausel vgl. § 890 Abs. 1 ZPO; zu Einzelheiten → Form. C.5 Anm. 12f.

9. Der Unterlassungsantrag I. 1. des Textbeispiels bezieht sich auf einen Fall mittelbarer Patentverletzung. Gemäß § 10 Abs. 1 PatG hat das Patent die Wirkung, dass es jedem Dritten verboten ist, ohne Zustimmung des Patentinhabers im Geltungsbereich des Patentgesetzes anderen als zur Benutzung der patentierten Erfindung berechtigten Personen Mittel, die sich auf ein wesentliches Element der Erfindung beziehen, zur Benutzung im Bereich der Bundesrepublik Deutschland anzubieten oder zu liefern, wenn der Dritte weiß oder es auf Grund der Umstände offensichtlich ist, dass diese Mittel dazu geeignet und bestimmt sind, für die Benutzung der Erfindung verwendet zu werden. In der weiteren Begründung des Formulars wird – an einem fiktiven Fall – dargestellt und davon ausgegangen, dass das streitgegenständliche Rührwerk Mittel ist, das sich auf ein wesentliches Element der klagepatentgegenständlichen Erfindung bezieht. Um dies in besonderer Weise zu verdeutlichen, wird im Textbeispiel insbesondere auch auf den Anspruch 2 des (fiktiven) Patentes betreffend eine Vorrichtung zum Abscheiden von Sand aus mit Sand und organischen Stoffen beladenem Abwasser abgestellt, weil dieser Anspruch 2 betreffend das Rührwerk noch einmal zusätzliche Merkmale aufweist, die die Eignung zur Ausübung der klagepatentgegenständlichen Erfindung verstärken. Zum Erfordernis, dass das Mittel sich auf ein wesentliches Element der Erfindung im Sinne von § 10 Abs. 1 PatG beziehen muss vgl. zB BGH GRUR 2015, 467 – Audiosignalcodierung.

Dem Textbeispiel liegt ein Fall zugrunde, bei dem davon ausgegangen wird, dass die Verletzungsform **ausschließlich** geeignet ist, im Zusammenhang mit einer Vorrichtung nach Anspruch 1 des Klagepatents benutzt zu werden → Anm. 10.

10. Bei einem Unterlassungsantrag gegen eine mittelbare Patentverletzung stellt sich immer die Frage nach dem Umfang des Verbotes, das erwirkt werden kann, und mithin nach der konkreten Formulierung des Unterlassungsantrags (hier: Klageantrag I. 1.). Man wird wie folgt unterscheiden müssen:

a) Ist die angegriffene Vorrichtung oder das angegriffene Vorrichtungsteil so sehr ausschließlich darauf gerichtet, zur Benutzung der Erfindung im Geltungsbereich des Patentgesetzes eingesetzt zu werden, dass eine andere Bestimmung vernünftigerweise nicht in Betracht kommt, wird ein umfassendes Verbot beantragt werden können (vgl. BGH GRUR 2001, 228 – Luftheizgerät). Davon geht der Klageantrag I. 1. im Formular aus. Zwar setzt der Tatbestand der mittelbaren Patentverletzung keine unmittelbare Verletzung des Patentes durch den Dritten voraus (BGH GRUR 2001, 228 – Luftheizgerät, Ls. 1). Ob ein Mittel im Sinne des § 10 Abs. 1 PatG geeignet und bestimmt ist, für die Benutzung der Erfindung verwendet zu werden, obliegt der Bestimmung durch den Liefer- bzw. Angebotsempfänger. Wenn der Liefernde/Anbietende weiß oder es aufgrund der Umstände offensichtlich ist, dass Bestimmung und Eignung im Sinne der Erfindungsbenutzung gegeben sind, liegt der Tatbestand der mittelbaren Patentverletzung vor. Da es maßgeblich auf den Handlungswillen des Liefer-/Angebotsempfängers ankommt, sind (theoretisch) zwei Möglichkeiten denkbar: Die erste Möglichkeit besteht darin, dass der Patentinhaber weiß, wie der Liefer-/Angebotsempfänger das gelieferte/angebotene Mittel verwendet. Diese Fälle sind selten und nur dann gegeben, wenn entgegen dem Bild des § 10 PatG schon eine unmittelbare Patentverletzung vorgekommen ist. In einem solchen Fall könnte (neben dem Tatbestand einer mittelbaren Patentverletzung) auch der Tatbestand (der Teilnahme an) einer unmittelbaren Patentverletzung geltend gemacht werden. Bei der Mehrzahl der Fälle kann es allerdings nur darum gehen, ob „es aufgrund der Umstände offensichtlich" ist, dass der Liefer-/Angebotsempfänger die interessierenden Mittel für die Benutzung der Erfindung zu verwenden beabsichtigt. Hinzu kommt, dass auch der Dritte (= mittelbarer Patentverletzer) entweder wissen muss oder es aufgrund der Umstände offensichtlich ist, dass die interessierenden Mittel geeignet sind, für die Benutzung der Erfindung verwendet zu werden. § 10 PatG wendet sich nicht an den Angebots- oder Lieferempfänger, sondern an den Dritten, nämlich den mittelbaren Patentverletzer. Infolgedessen müssen die objektiven und subjektiven Voraussetzungen dieser Bestimmung im Zeitpunkt schon des Angebots oder der Lieferung vorliegen. Es ist mithin für die erforderliche Offensichtlichkeit nach § 10 Abs. 1 PatG maßgeblich, ob zu diesem Zeitpunkt nach den Gesamtumständen des Falles eine drohende Verletzung des Ausschließlichkeitsrechts bei objektiver Betrachtung schon so deutlich erkennbar ist, dass ein Angebot oder eine Lieferung der wissentlichen Patentgefährdung gleichkommt (BGH GRUR 2007, 679 (684) li.Sp. oben Rn. 36 – Haubenstretchautomat). Nach Auffassung des Bundesgerichtshofs können zum Nachweis des Handlungswillens des Abnehmers und der Kenntnis und das Wollen des Lieferanten Erfahrungen des täglichen Lebens verwendet werden (BGH GRUR 2001, 228 (231) re.Sp. – Luftheizgerät). Empfiehlt zB der Lieferant dem Belieferten eine bestimmte Verwendung einer Vorrichtung, spricht die Erfahrung dafür, dass sich der Belieferte nach dieser Anleitung richtet und die Vorrichtung entsprechend verwendet und der Lieferant dies auch weiß (BGH GRUR 2001, 228 (231) re.Sp. – Luftheizgerät; BGHZ 168, 124 = GRUR 2006, 839 – Deckenheizung; BGH GRUR 2005, 848 (850) – Antriebsscheibenaufzug; BGH GRUR 2007, 679 (684) Rn. 37 – Haubenstretchautomat). In gleicher Weise ist das Textbeispiel in der Klagebegründung gestaltet. Die weitere Möglichkeit ist diejenige, die (auch) im Klageantrag I. 1. durch die Formulierung „geeignet" erfasst ist. Denn der Tatbestand der mittelbaren Patentverletzung ist regelmäßig gegeben, wenn ein Gerät infolge seiner technischen Eigenart und Zweckbestimmung auf eine zu einem Patenteingriff führende Benutzung zugeschnitten ist und es zu einem entsprechenden Gebrauch angeboten wird. Auch dies begründet die Annahme einer patentverletzenden Benutzung, und zwar diesmal in Form der Offensichtlichkeit aufgrund der Umstände (BGH GRUR 2001, 228 (231) re.Sp. – Luftheizgerät). Über die interessierenden Umstände müssen allerdings vom Tatrichter Feststellungen getroffen werden (BGH GRUR 2001, 228 (231 f.) - Luftheizgerät).

b) Kommt neben der patentverletzenden Benutzung durch den Dritten auch eine patentfreie Benutzung in Betracht, muss es dem Anbieter/Lieferanten zur Vermeidung einer mittelbaren Patentverletzung möglich sein, seinerseits durch Vorkehrungen dafür zu sorgen, dass die von ihm angebotenen/gelieferten Mittel **nicht** mehr zur Benutzung der patentierten Erfindung eingesetzt werden können. In Übereinstimmung mit der früheren Rechtsprechung des Bundesgerichtshofs (BGH GRUR 1961, 627 (628) – Metallspritzverfahren; BGH GRUR 1964, 496 (497) – Formsand II) erscheint es sachgerecht, je nach der „Nähe" des Mittels zur patentierten Erfindung und damit je nach dem „Gefährdungsgrad" des Angebots bzw. der Lieferung eines derartigen Mittels dem Anbieter/ Lieferanten zu erlauben, seinerseits Vorkehrungen zu treffen, etwa in Form von Hinweispflichten gegenüber seinen Abnehmern oder – häufig – in Form der Notwendigkeit, mit seinen Abnehmern bei Lieferung eine (regelmäßig strafbewehrte) Unterlassungsverpflichtungsvereinbarung zu treffen, die gelieferten Mittel nicht in patentverletzender Weise zu benutzen. Vgl. dazu *Mes* GRUR 1998, 281; *Scharen* GRUR 2001, 995 (997). Ein entsprechender Antrag könnte beispielsweise lauten:

„. . . . . es bei Meidung . . . . . . zu unterlassen, Rührwerke mit sich radial erstreckenden Rührarmen, die an ihren freien Enden verbreitert sind, Dritten im Bereich der Bundesrepublik Deutschland anzubieten oder zu liefern, ohne ausdrücklich und unübersehbar schon bei dem Angebot derartiger Rührwerke darauf hinzuweisen, dass sie nicht im Zusammenhang mit den

8. Klage wegen mittelbarer Patentverletzung (§ 10 PatG)   C. 8

> Vorrichtungs- und Verfahrensansprüchen des Patentes DE ...... benutzt werden dürfen und – im Falle der Lieferung – mit dem Lieferempfänger eine strafbewehrte Unterlassungsverpflichtungsvereinbarung betreffend die Benutzung des vorstehend bezeichneten Patentes DE ...... im Hinblick auf die Ansprüche ...... abzuschließen, wobei die Höhe der Vertragsstrafe mindestens ...... EUR beträgt."

Macht der Patentinhaber einen Anspruch auf Unterlassung des Vertriebs von Mitteln, die von den Abnehmern patentverletzend benutzt werden können, mit der Maßgabe geltend, dass der wegen mittelbarer Patentverletzung Inanspruchgenommene nur dann anbieten bzw. liefern darf, wenn sich seine Abnehmer bezogen auf das Klagepatent strafbewehrt zur Unterlassung verpflichtet haben, bedarf dies der Darlegung besonderer Umstände und deren Feststellung (BGH GRUR 2007, 679 – Haubenstretchautomat). Vgl. dazu auch BGH GRUR 2006, 839 – Deckenheizung.

c) Nach dem Wortlaut des § 10 Abs. 1 PatG erfordert der Tatbestand der mittelbaren Patentverletzung, dass sich die Mittel auf ein wesentliches Element der Erfindung beziehen (vgl. dazu BGH GRUR 2012, 1230 Rn. 32 = Mitt. 2012, 557 – MPEG-2-Videosignal-Codierung). Das beurteilt sich nach dem Wortlaut des Patentanspruchs. Regelmäßig sind alle im Patentanspruch benannten Merkmale wesentliche Elemente der Erfindung (BGH GRUR 2007, 773 Rn. 14 = Mitt. 2007, 317 – Rohrschweißverfahren). Es sind jedoch auch Ausnahmen möglich, wenn ein im Anspruch bezeichnetes Merkmal zum Leistungsergebnis nichts beiträgt (BGH GRUR 2012, 1230 Rn. 32 = Mitt. 2012, 557 – MPEG-2-Videosignal-Codierung; BGH GRUR 2007, 769 – Pipettensystem; LG Mannheim GRUR-RR 2010, 368 (Ls.) = InstGE 12, 70 – Handover). Gleiches gilt, wenn ein Mittel zur Verwirklichung eines Verfahrensschrittes eingesetzt wird, der den im Patentanspruch eines Verfahrenspatents vorgesehenen Schritten lediglich vorausgeht und für die Verwirklichung der Erfindung nicht von Bedeutung ist (BGH GRUR 2015, 467 – Audiosignalcodierung). Handelt es sich um einen Verfahrensanspruch und ist dort eine Vorrichtung zur Ausführung ausdrücklich benannt, so handelt es sich regelmäßig um ein wesentliches Element (BGH GRUR 2007, 773 Rn. 14 = Mitt. 2007, 317 – Rohrschweißverfahren). Ein Ausnahmefall findet sich bei BGH GRUR 2012, 1230 = Mitt. 2012, 557 – MPEG-2-Videosignal-Codierung. Das Klagepatent schützt sowohl ein Codier- als auch ein (reziprokisch) Decodierverfahren. BGH vertritt (im Gegensatz zur Vorinstanz: OLG Düsseldorf) die Auffassung, dass ein Datenträger mit codierten Daten kein Mittel im Sinne des Patentes zum Decodieren sei (BGH GRUR 2012, 1230 Rn. 35 = Mitt. 2012, 557 – MPEG-2-Videosignal-Codierung). Das ist fraglich. Zu weiteren Einzelheiten betreffend die mittelbare Patentverletzung vgl. Mes PatG § 10 Rn. 13 ff. mwN.

11. Auch im Fall der mittelbaren Patentverletzung wird im Klageantrag I. 1. der Versuch unternommen, zwischen einem „Oberbegriff" und einem „kennzeichnenden Teil" zu unterscheiden, diesmal allerdings bezogen auf das Mittel zur Durchführung der klagepatentgeschützten Erfindung, hier „Rührwerke".

12. Es empfiehlt sich, aus Gründen der Übersichtlichkeit/Klarheit in den jeweiligen Unterlassungsanträgen die jeweils geltend gemachten Ansprüche des Klageschutzrechts anzuführen.

13. Auch bei der mittelbaren Patentverletzung sollen die mit Klageantrag I. 2. geforderten Rechnungslegungsangaben den Patentinhaber befähigen, seinen Schaden zu berechnen. Allerdings besteht bei mittelbarer Patentverletzung kein umfassender Schadensersatzanspruch, sondern nur ein Anspruch auf Ersatz von Kosten der Rechtsverfolgung und auf Erstattung eines solchen Schadens, der durch unmittelbare Patentverletzung des Abnehmers des Mittels entstanden ist (BGH GRUR 2005, 848 – Antriebsscheibenaufzug). BGH anerkennt in diesem Zusammenhang lediglich, dass der Schadensersatzanspruch bei mittelbarer Patentverletzung auch auf Abschöpfung des Gewinns des mittelbaren Patentverletzers gerichtet werden kann. Nur zur Durchsetzung dieser Schadensersatzansprüche besteht der Anspruch auf Rechnungslegung (BGH GRUR 2007, 679 – Haubenstretchautomat; dazu kritisch *Voß* GRUR 2006, 281). Für mittelbare Patentverletzungen kann keine Entschädigung gemäß § 33 Abs. 1 PatG gefordert werden (BGH GRUR 2007, 679 – Haubenstretchautomat; BGH GRUR 2005, 848 – Antriebsscheibenaufzug; BGH GRUR 2004, 845 – Drehzahlermittlung; *Meier-Beck* GRUR 1993, 1 (4); *Mes* PatG § 33 Rn. 5).

14. Die einzelnen zu fordernden Angaben und Daten finden sich im Klageantrag I. 2. zu → Form. C.6 Anm. 19–24.

15. Zum (eingeschränkten) Wirtschaftsprüfervorbehalt → Form. C.6 Anm. 25.

16. Zu den weiteren Ansprüchen, die im Zusammenhang mit einer Patentverletzung geltend gemacht werden können, vgl. → Form. C.5 Klageanträge I. 3. bis 6. sowie → Anm. 19, → Anm. 34.

17. Zur Verbindung der Leistungsklage auf Auskunftserteilung/Rechnungslegung und der Feststellungsklage auf Schadensersatz → Form. C.5 Anm. 35.

18. Zum Schadensersatzanspruch und seine Geltendmachung dem Grunde nach (im Wege der Feststellungsklage) → Form. C.5 Anm. 35.

19. Anträge betreffend Kosten und Zwangsvollstreckung sind zwar entbehrlich, da Nebenentscheidungen von Amts wegen zu treffen sind. Sie schaden jedoch nicht und werden regelmäßig gestellt.

20. Der gesamte Inhalt des „Klagepatents" ist fiktiv.

21. Zu der Bedeutung dieser Daten → Form. C.5 Anm. 36, → Form. C.5 Anm. 39, 40.

22. Es empfiehlt sich, für jedes Mitglied des Gerichtes die Klagepatentschrift in einem Exemplar zu überreichen, damit alle Mitglieder der Kammer sowohl bei der Vorberatung als auch bei der mündlichen Verhandlung und einer nachfolgenden Beratung der Diskussion folgen und sich daran beteiligen können.

23. Vgl. § 31 PatG. Zu Einzelheiten → Form. C.5 Anm. 42.

24. Das dem Formular zugrunde gelegte Beispiel eines Patents beruht auf einer weiteren Abänderung des Patents, das den vorangehenden Textbeispielen zugrunde gelegt worden ist. Sämtliche hier gemachten Angaben beruhen auf einer Fiktion, die in Form eines besonders einfachen technischen Beispiels, das nicht unbedingt „technisch richtig" sein muss, gewählt worden ist. Die im Formular nachfolgenden Ausführungen beschreiben die dem (fiktiven) Klagepatent zugrunde liegende Erfindung, beginnend mit dem technischen Hintergrund, dem vorbekannten Stand der Technik und seinen Nachteilen. Zu weiteren Einzelheiten → Form. C.5 Anm. 43 ff.

25. Jeder Erfindung liegt eine **Aufgabe** (ein technisches Problem) zugrunde, deren **Lösung** die Erfindung dient. Die Aufgabe findet sich regelmäßig in der Beschreibung der Patentschrift formuliert. Fehlt sie oder ist sie fehlerhaft, gelten die Grundsätze in → Form. C.5 Anm. 46.

26. Die **Lösung** der Aufgabe wird im Formular sogleich in Form einer Merkmalsanalyse dargestellt, die sich aus dem Hauptanspruch des Klagepatents ergibt. Es empfiehlt sich, und das Textbeispiel folgt dieser Empfehlung, die dem Klagebegehren zugrunde gelegten Ansprüche noch einmal zu einem späteren Zeitpunkt (nach Art einer Zusammenfassung) zu zitieren.

8. Klage wegen mittelbarer Patentverletzung (§ 10 PatG)   C. 8

27. Es folgt eine zusammenfassende Darstellung der dem Klagepatent zugrunde liegenden Erfindung, und zwar vordringlich unter Erläuterung der Figuren des Klagepatents, wobei es regelmäßig empfehlenswert ist, die dort eingesetzten Bezugszeichen mitzuverwenden.

28. Im Formular wird insbesondere auch auf die Bedeutung des Anspruchs 2 abgestellt, um (zusätzlich) zu begründen, dass die den Klagegrund bildenden Rührwerke Mittel sind, die sich auf ein wesentliches Element der Erfindung des Klagepatents im Sinne des § 10 Abs. 1 PatG beziehen. → Anm. 31.

29. Eine (zutreffende) Merkmalsanalyse der geltend gemachten Ansprüche eines Patentes ist die Grundlage eines jeden Verletzungsprozesses. Zur Bedeutung der Patentansprüche und der Merkmalsanalyse → Form. C.5 Anm. 49, 50. Wegen der Bedeutung der Merkmalsanalyse sollte diese – ebenso wie die Patentschrift – den Mitgliedern des angerufenen Gerichts in drei Exemplaren zur Verfügung gestellt werden, damit jeder Richter sowohl bei der Vorbereitung als auch bei der mündlichen Verhandlung und schließlich auch bei einer Nachberatung dem Verlauf der Diskussion folgen und die Argumente, die vorgetragen worden sind, richtig einordnen kann.

30. Es empfiehlt sich, die dem Klagebegehren zugrunde gelegten Ansprüche noch einmal zu wiederholen. Es kommt in der Praxis immer wieder vor, dass sich aus der Wiederholung der Ansprüche in der Klageschrift ein anderer Wortlaut als im geltend gemachten Klagepatent selbst ergibt, beispielsweise weil das Klagepatent in einem Einspruchs- (§§ 59 ff. PatG), in einem Nichtigkeits- (§§ 81 ff. PatG) oder in einem Beschränkungsverfahren (§ 64 PatG) beschränkt worden ist.

31. Zu I. 3. folgt die Darstellung des Verletzungstatbestandes, hier der mittelbaren Patentverletzung im Sinne des § 10 Abs. 1 PatG. Der Tatbestand der mittelbaren Patentverletzung setzt im Wesentlichen voraus:
a) Es muss sich um ein Angebot oder um die Lieferung von Mitteln handeln, die sich auf ein wesentliches Element der Erfindung beziehen,
b) Angebot oder Lieferung müssen an Nichtberechtigte erfolgen,
c) Angebot oder Lieferung müssen dazu dienen, dass eine Benutzung der Erfindung im Geltungsbereich des Patentgesetzes, mithin in der Bundesrepublik Deutschland erfolgt,
d) besonders schwierig: Es muss der Nachweis geführt werden, dass der mittelbare Patentverletzer weiß oder es aufgrund der Umstände offensichtlich ist, dass diese Mittel dazu geeignet und bestimmt sind, für die Benutzung der Erfindung verwendet zu werden.
Die letztgenannte Voraussetzung gemäß d) ist in → Anm. 9 behandelt worden.
Die Voraussetzungen nach b) und c) bieten regelmäßig keine allzu großen Schwierigkeiten. → Anm. 10 zu c).
Es wird darauf hingewiesen, dass eine mittelbare Patentverletzung auch darin liegen kann, dass Mittel, die sich auf ein wesentliches Element der Erfindung beziehen, ins Ausland geliefert werden, wenn sie dort zur Herstellung eines erfindungsgemäßen Erzeugnisses beitragen sollen, das sodann zur Lieferung nach Deutschland bestimmt ist (BGH GRUR 2007, 313 – Funkuhr II). Besondere Schwierigkeiten macht a), nämlich die Bestimmung, ob sich ein Mittel auf ein wesentliches Element der Erfindung bezieht. Davon kann ausgegangen werden, wenn ein Verfahrensanspruch eine Vorrichtung ausdrücklich benennt, die zur Ausführung des Verfahrens verwendet wird (BGH GRUR 2007, 773 – Rohrschweißverfahren). Die Voraussetzung a) ist zu verneinen, wenn ein in einem Anspruch genanntes Merkmal zu dem Leistungsergebnis der Erfindung, dh zu der erfindungsgemäßen Lösung des dem Patent zugrunde liegenden technischen Problems, nichts beiträgt (BGH GRUR 2007, 769 – Pipettensystem).

32. Dem Beispiel liegt ein einfacher Fall des Nachweises einer Verletzungshandlung zugrunde. Es wird von einem eigenen Angebot der Beklagten ausgegangen. Oft sind die Verhältnisse schwieriger. Dann kann es sich empfehlen, sich ein Original des Verletzungserzeugnisses der Beklagten zu beschaffen (soweit möglich), Fotos davon vorzulegen, technische Zeichnungen anzufertigen (vorzugsweise mit den gleichen Bezugszeichen wie im Klagepatent benutzt). Zu den Schwierigkeiten im Zusammenhang mit dem Nachweis einer mittelbaren Patentverletzung (Bestimmung durch den Liefer- und Angebotsempfänger zur Patentbenutzung) → Anm. 10, 31.

33. Die nachfolgenden Ausführungen sind schon Rechtsausführungen zum Tatbestand der mittelbaren Patentverletzung. Diese könnten – wahlweise – auch zu II. 1. gebracht werden.

34. Mit diesem – höchst vorsorglichen – Beweisantritt soll das Merkmal der Eignung zur Verwendung im Sinne einer zu erwartenden Patentverletzung begründet werden. → Anm. 10, 31.

35. Es ist oft eine Frage der taktischen Erwägungen, ob etwaige (vorauszusehende) Verteidigungsargumente der Beklagten schon in der Klageschrift angeführt und abgehandelt werden sollen. Häufig genügt es, wie folgt zu formulieren:

„Ein etwaiger Hinweis der Beklagten auf eine vermeintliche Gemeinfreiheit der von der Klägerin ausgelieferten Vorrichtungen ist rechtlich unerheblich. Zu Einzelheiten werden wir ergänzend vortragen, sofern die Beklagten sich mit einem solchen Hinweis verteidigen."

Oder:

„Die Beklagten haben sich außergerichtlich darauf berufen, die von der Klägerin gelieferten Vorrichtungen seien gemeinfrei, so dass jedermann Ersatz- bzw. Ergänzungsteile zur Wiederherstellung im Falle der Reparatur liefern dürfe. Diese Einlassung der Beklagten ist rechtsirrig. Zu Einzelheiten werden wir ergänzend vortragen."

Im Formular ist die grundsätzliche Problematik zwischen bloßer Reparatur und Neuherstellung angesprochen. Der Inhaber eines gemeinfreien Erzeugnisses darf grundsätzlich in jeder Hinsicht darüber frei verfügen und sämtliche Benutzungshandlungen des § 9 S. 2 Nr. 1 PatG vornehmen. Er darf vordringlich die Vorrichtung in Betrieb nehmen und für ihre einwandfreie Funktion sorgen, dh auch Ausbesserungen und Instandhaltungen vornehmen. Er darf jedoch die Vorrichtung nicht in einem solchen Umfang wieder ausbessern, dass eine Neuherstellung vorliegt (BGH GRUR 2004, 758 – Flügelradzähler; LG Düsseldorf GRUR 1988, 116 (119) – Ausflussschieberverschluss; LG Düsseldorf GRUR Int. 1989, 695 (697) – Halbschalenlagerung; BGH GRUR 1959, 232 (234) – Förderrinne; *Mes* GRUR 1998, 281 (282) li.Sp.). Zum Thema „Ersatzteil" vgl. auch *Zech* Mitt. 2000, 195. Wird – bei dem fiktiven Klagepatent – das gesamte Rührwerk ausgetauscht, läuft dies auf eine Neuherstellung des Sandabscheiders hinaus. Zu Einzelheiten vgl. *Mes* PatG § 10 Rn. 26 ff.

36. Zur Erschöpfung vgl. BGH GRUR 2000, 299 – Karate; BGH GRUR 1998, 130 (132) – Handhabungsgerät; BGH GRUR 1997, 116 – Prospekthalter, → Form. C.10 Anm. 20 c).

37. Auch bei der (vorsorglichen) Erörterung eines möglichen Verteidigungseinwandes gemäß § 10 Abs. 2 PatG gelten die in → Anm. 32 angeführten Überlegungen. Zum Anwendungsbereich des § 10 Abs. 2 PatG vgl. *Mes* GRUR 1998, 282 re.Sp.

38. Ebenso wie auch sonst im Bereich des § 139 Abs. 1 PatG ist der dort gewährte Unterlassungsanspruch verschuldensunabhängig. Es genügt das Vorliegen des Tatbestandes einer Patentverletzung, ferner das Bestehen von Wiederholungsgefahr oder Bege-

9. Formelle Klageerwiderung in einer Patentverletzungsstreitigkeit C. 9

hungsgefahr. Wiederholungsgefahr liegt regelmäßig vor, wenn Patentverletzungshandlungen schon vorgekommen sind. Zu Einzelheiten → Form. C.5 Anm. 55.

39. Das Textbeispiel geht von der Ausschließlichkeit einer patentverletzenden Verwendung aus. Nur dann ist ein Verbot auf Anbieten und Herstellung der (nur mittelbar) patentverletzenden Vorrichtung gerechtfertigt. Zu weiteren Fallkonstellationen eines eingeschränkteren Verbots → Anm. 10.

40. Die folgenden Ausführungen einschließlich zugehöriger Anmerkungen entsprechen den Textbeispielen in den → Form. C.5, → Form. C.6.

41. Die Mitwirkung eines Patentanwalts ist regelmäßig geboten.

Kosten und Gebühren

42. Die Hinweise zu → Form. C.5, → Form. C.6.

Fristen

43. Keine.

9. Formelle Klageerwiderung in einer Patentverletzungsstreitigkeit

Landgericht
Zivilkammer (Patentkammer)[1, 2, 3]

......

In Sachen

– A –   (RA . . . . . .)

           gegen

– B –   (RA . . . . . .)

Az . . . . . .

zeige ich an, dass ich die Vertretung der Beklagten übernommen habe.

Vorab mache ich gegen die Zulässigkeit der Klage folgendes geltend: . . . . . . (zB die Einrede der . . . . . .) . . . . . .[4]

Ich beantrage,
1. die Klage abzuweisen;
2. hilfsweise der (den) Beklagten für den Fall ihrer Verurteilung zur Rechnungslegung nach ihrer Wahl vorzubehalten, die Namen und Anschriften ihrer nicht gewerblichen Abnehmer und Empfänger von Angeboten statt der Klägerin einem von dieser zu bezeichnenden, ihr gegenüber zur Verschwiegenheit verpflichteten vereidigten Wirtschaftsprüfer mitzuteilen, sofern die Beklagte(n) dessen Kosten trägt (tragen) und ihn zugleich ermächtigt (ermächtigen), der Klägerin darüber Auskunft zu erteilen, ob eine

bestimmt bezeichnete Lieferung oder ein bestimmt bezeichneter Abnehmer oder ein bestimmt bezeichneter Empfänger eines Angebots in der Rechnung enthalten ist;[5]

3. der Klägerin die Kosten des Rechtsstreits aufzuerlegen;[6]

4. das Urteil im Hinblick auf die Kosten – gegebenenfalls gegen Sicherheitsleistung (Bank- oder Sparkassenbürgschaft) – für vorläufig vollstreckbar zu erklären;[6] hilfsweise der (den) Beklagten im Unterliegensfall zu gestatten, die Zwangsvollstreckung gegen Sicherheitsleistung (Bank- oder Sparkassenbürgschaft) abzuwenden.[7]

Des Weiteren beantrage ich,

die Erteilungsakten des DE . . . . . . beizuziehen[8] und der (den) Beklagten für die Dauer ihrer vom Gericht zu bestimmenden Schriftsatzfrist zur Einsichtnahme zur Verfügung zu stellen.[9]

Die Beklagte(n) schließt (schließen) sich der Auffassung der Klägerin an, dass eine Entscheidung durch den Einzelrichter wegen der tatsächlichen und rechtlichen Schwierigkeiten, die die vorliegende Patentstreitsache bietet, nicht angezeigt erscheint.[10] Die Beklagte(n) ist (sind) in Übereinstimmung mit der Klägerin der Ansicht, dass von einer Güteverhandlung gemäß § 278 Abs. 2 ZPO abgesehen werden sollte.[11]

Ich zeige an, dass die Beklagte(n) neben ihrem Prozessbevollmächtigten

Herrn Patentanwalt

. . . . . .

zur Mitwirkung in diesem Rechtsstreit bestellt hat (haben).[12, 13, 14, 15, 16]

Anmerkungen

1. Es handelt sich um eine formelle Klageerwiderung, die keine materielle Klageverteidigung, sondern lediglich die Anzeige der Vertretungsübernahme, die Ankündigung der Anträge, die Erklärungen gemäß §§ 348 Abs. 1, 271 Abs. 3 und 278 Abs. 2 ZPO, einen etwaigen Antrag auf Aktenbeiziehung und – sofern der Sachverhalt dies erfordert – etwaig zu erhebende prozesshindernde Einreden (→ Anm. 4) enthält. Eine solche formelle Klageerwiderung ist nur veranlasst, wenn das angerufene Gericht nicht den Weg des schriftlichen Vorverfahrens beschreitet, sondern einen frühen ersten Termin zur mündlichen Verhandlung anberaumt, in dem sodann die Schriftsatzfristen für die Parteien zur weiteren Bearbeitung des Rechtsstreits sowie ein Termin zur ausführlichen mündlichen Verhandlung bestimmt werden. Auf die Hinweise in der prozessleitenden Verfügung des befassten Gerichts ist jeweils besonders zu achten. Im Folgenden sind die Hinweise des Landgerichts Düsseldorf (→ Anm. 15) und des Landgerichts München (→ Anm. 16) abgedruckt.

2. Das Formular bezieht sich auf sämtliche vorstehend zu → Form. C.5–8 wiedergegebenen Patentverletzungsklagen.

3. Patentstreitsachen gehören gemäß § 143 Abs. 2 PatG vor die Patentkammer der berufenen und insoweit ausschließlich zuständigen Landgerichte (→ Form. C.5 Anm. 1). Darauf macht der Klammervermerk im Adressenfeld des Formulars aufmerksam. Allerdings ist die Klageerwiderung an die tatsächlich befasste Kammer zu richten, ungeachtet ihrer geschäftsplanmäßigen Zuständigkeit oder der Frage der Zuständigkeit überhaupt des befassten Landgerichts. Ggf. muss auf Verweisung des Rechtsstreits bzw. auf Klageabweisung als unzulässig beantragt werden.

9. Formelle Klageerwiderung in einer Patentverletzungsstreitigkeit

4. Gemäß § 282 Abs. 3 ZPO sind in der formellen Klageerwiderung, die die erste mündliche Verhandlung vorbereitet, sämtliche Rügen, die die Zulässigkeit der Klage betreffen, gleichzeitig (und vor der Verhandlung zur Hauptsache) geltend zu machen. Insoweit handelt es sich nicht nur um alle prozesshindernden Einreden des § 274 ZPO aF, sondern um sämtliche Prozesshindernisse und Prozessvoraussetzungen im Sinne des § 280 Abs. 1 ZPO. Ob allerdings die Rüge fehlenden Rechtsschutzbedürfnisses schon in der ersten mündlichen Verhandlung im Zusammenhang mit der formellen Klageerwiderung geltend gemacht werden muss, darf bezweifelt werden. In der Praxis sind die vorab in der formellen Klageerwiderung zu bringenden Rügen jedenfalls diejenigen der prozesshindernden Einreden der fehlenden Prozesskostensicherheit gemäß § 269 Abs. 6 ZPO, der fehlenden Ausländersicherheit gemäß §§ 110 ff. ZPO, der Einrede des Schiedsvertrages gemäß § 1032 ZPO sowie die Einrede der fehlenden Zuständigkeit (örtlich: gem. § 39 ZPO, ggf. iVm § 143 Abs. 2 PatG; sachlich: § 143 Abs. 1 PatG; international: vgl. zB *Mes* PatG § 143 Rn. 24 ff.).

5. Dieser Hilfsantrag befasst sich im Zusammenhang mit dem Rechnungslegungsantrag mit dem sog. Wirtschaftsprüfervorbehalt. Ein solcher ist am Ende des Antrags I. 3. beispielsweise der Patentverletzungsklage in → Form. C.5 schon enthalten. Zu Einzelheiten → Form. C.5 Anm. 20, 28. Die Pflichten zur Drittauskunft und zur Rechnungslegung erfassen nicht die Mitteilung der Namen und Anschriften von **nicht** gewerblichen Abnehmern und von Angebotsempfängern (BGH GRUR 1995, 338 (341 f.) – Kleiderbügel).

6. Die Anträge zu Nebenentscheidungen sind an sich überflüssig, da diese von Amts wegen zu treffen sind. Derartige Anträge werden jedoch regelmäßig in der Praxis – zB als Erinnerungshilfen – gestellt. Handelt es sich bei dem Beklagten um einen EU-Ausländer, so kann im Zusammenhang mit dem Antrag auf Sicherheitsleistung wie folgt formuliert werden:

„..... das Urteil im Unterliegensfall gegen die (den) Beklagte(n) lediglich gegen Sicherheitsleistung in Höhe von ..... EUR für vorläufig vollstreckbar zu erklären und der (dem) Beklagten nachzulassen, die Sicherheitsleistung durch Erbringung einer Bürgschaft einer Bank oder öffentlich-rechtlichen Sparkasse mit dem Sitz in der Europäischen Union zu erbringen."

7. Soweit für den (die) Beklagte(n) Vollstreckungsschutz beantragt wird, muss dieser Antrag begründet werden (vgl. dazu BGH GRUR 1996, 512 – Fehlender Vollstreckungsschutzantrag II). Eine solche Begründung erfolgt in der Praxis nur selten. Der Grund liegt in den Anforderungen des § 712 ZPO. Danach ist ein Vollstreckungsschutzantrag nur dann erfolgreich, wenn der Schuldner darlegt, dass ihm die Vollstreckung einen nicht zu ersetzenden Nachteil bringt (§ 712 Abs. 1 S. 1 ZPO) und sich zugleich ergibt, dass nicht ein überwiegendes Interesse des Gläubigers dem Vollstreckungsschutz entgegensteht (§ 712 Abs. 2 S. 1 ZPO). Es muss mithin zur Begründung eines Vollstreckungsschutzantrages regelmäßig zum Umfang der streitgegenständlichen Verletzungshandlungen vorgetragen werden. Ein solcher Vortrag läuft auf eine vorweggenommene Rechnungslegung hinaus. Es kommt des Weiteren hinzu, dass bei einer Patentverletzung das Urteil lediglich ein zeitlich begrenztes Unterlassungsgebot beinhaltet, nämlich beschränkt auf die Schutzdauer des geltend gemachten Patents. Es ist mithin zu berücksichtigen, dass jedes Hinausschieben der Zwangsvollstreckung die Verurteilung weitgehend oder sogar vollständig wertlos macht (BGH GRUR 2000, 862 – Spannvorrichtung).

8. Es kann auch formuliert werden,

„..... die Amtsakten des DE ..... beizuziehen",
ferner:
„..... die Amtsakten einschließlich sämtlicher Beschwerdeakten des DE ..... beizuziehen."
Ist Klagegrundlage ein europäisches Patent, ist entsprechend zu formulieren:
„..... die Erteilungsakten des EP ..... beizuziehen."

Häufig bedarf es der Beiziehung der Erteilungsakten schon deshalb nicht, weil die Beteiligten eines Patentverletzungsprozesses und damit auch die Prozessvertreter der beklagten Partei diese schon kennen.

Ohne Kenntnis der Erteilungsakten kann sehr häufig ein Patentverletzungsprozess nicht sachgerecht bearbeitet werden. Die Erteilungsakten gehören nach einhelliger Meinung allerdings nicht zu den für das Patent relevanten Auslegungsmitteln. Ob an diesem seit Jahrzehnten geltenden Grundsatz noch festgehalten werden kann, hat der Bundesgerichtshof in jüngerer Zeit offengelassen (BGH GRUR 2011, 701 Rn. 25 – Okklusionsvorrichtung; vgl. dazu *Meier-Beck* GRUR 2012, 1147 (1181) re.Sp.; *Kühnen* GRUR 2012, 664). Zur früheren Rechtsprechung vgl. BGH GRUR 2002, 511 (513 f.) – Kunststoffrohrteil; zuvor schon BGHZ 3, 365 (370) – Schuhsohle; *Mes* PatG § 14 Rn. 40 ff.; aA für beschränkende Erklärungen im Erteilungsverfahren *Rogge*, FS Brandner, 1996, 483 ff. = Mitt. 1998, 201 ff.). Es ist nur die Patentschrift, die die Öffentlichkeit über den Inhalt der Patentansprüche unterrichtet. Infolgedessen kann aus Gründen der Rechtssicherheit (BGH GRUR 1992, 40 (42) – Beheizbarer Atemluftschlauch) der Schutzbereich eines Patentes auf Grund von Inhalten der Erteilungsakten, die in der Patentschrift keinen für den Fachmann erkennbaren Niederschlag gefunden haben, nicht berührt werden. Alles Vorstehende hatte der Bundesgerichtshof in BGH GRUR 2002, 511 – Kunststoffrohrteil – noch einmal klargestellt: Auf Vorgänge im Erteilungsverfahren, die der Patenterteilung vorausgegangen sind, kommt es für die Auslegung der Patentansprüche nicht an (zu der Infragestellung dieses Grundsatzes vgl. die Vorausführungen). Soweit Vorgänge im Erteilungsverfahren, insbesondere durch eine beschränkte Aufrechterhaltung des Patents, in der Patentschrift ihren Niederschlag gefunden haben, ergibt sich die Beachtlichkeit dieser Vorgänge unmittelbar schon aus § 14 PatG oder aus Art. 69 EPÜ (BGH GRUR 2002, 511 (513) re.Sp. – Kunststoffrohrteil). Auch Ausführungen im Patenterteilungsbeschluss, die in der Patentschrift keinen Niederschlag gefunden haben, sind für die Auslegung der Patentansprüche ohne Bedeutung. Sie dürfen insbesondere vom Verletzungsrichter nicht dazu herangezogen werden, den Patentgegenstand unter den Anspruchswortlaut einzuschränken (BGH GRUR 1985, 967 (969) – Zuckerzentrifuge). In den Erteilungsakten können jedoch Beschränkungen oder Verzichtserklärungen des Patentinhabers enthalten sein, die immer dann von Bedeutung sind, wenn sie im Anspruchswortlaut einen Niederschlag gefunden haben (BGH GRUR 1987, 280 (282) li.Sp. – Befestigungsvorrichtung I). Bedeutsam kann auch sein, wenn sich aus den Erteilungsakten ein bestimmtes Verständnis der patentierten Lehre durch die maßgeblichen Fachleute des Patentamtes ergibt; ebenso bedeutsam eine Einlassung des Patentinhabers im Erteilungsverfahren, die zu der jetzt von ihm im Patentverletzungsprozess geltend gemachten Auffassung im Einzelfall unter dem Blickwinkel des venire contra factum proprium Bedeutung gewinnen kann (zu allem BGH GRUR 1993, 886 (888) re.Sp. – Weichvorrichtung I; BGH Mitt. 1997, 364 – Weichvorrichtung II; *Rogge*, FS Brandner, 1996, 493 ff. = Mitt. 1998, 205 ff.; *Mes* PatG § 14 Rn. 40 ff. insbesondere 45 mwN; vgl. ferner BGH GRUR 2006, 923 – Luftabscheider für Milchsammelanlage: Erklärungen eines Patent- oder Gebrauchsmusterinhabers im Einspruchs- oder im gebrauchsmusterrechtlichen Löschungsverfahren können gegenüber einer dort beteiligten Partei Bedeutung unter dem rechtlichen Gesichtspunkt treuwidrigen Verhaltens erhalten; vgl. zuvor BGH GRUR 1993, 886 – Weichvorrichtung I; BGH NJW 1997, 3377 – Weichvorrichtung II). Des Weiteren ergibt sich nur aus den Erteilungsakten eine etwaig unzulässige Erweiterung (§ 38 PatG). Die Erteilungsakten sind ferner aufschlussreich, als sich aus ihnen Anhaltspunkte für die Kenntnisse und das Verständnis des Durchschnittsfachmanns ergeben, beispielsweise aus ihnen ersichtlich ist, wie die Fachleute des DPMA einen bestimmten Ausdruck zurzeit der Anmeldung des Patentes verstanden haben, des Weiteren wie beispielsweise der Anmelder einen bestimmten Ausdruck verstanden wissen wollte usw. (zur Bedeutung der Erteilungsakten vgl. insbesondere Benkard PatG/*Scharen* § 14 Rn. 32 ff.; *Rogge*, FS Brandner, 1996, S. 483 ff. = Mitt. 1998, 201 ff.; insbesondere aber auch: BGH GRUR 2002, 511 – Kunst-

9. Formelle Klageerwiderung in einer Patentverletzungsstreitigkeit   C. 9

stoffrohrteil; BGH GRUR 2006, 923 – Luftabscheider für Milchsammelanlage: zu Erklärungen in einem Einspruchs- oder Löschungsverfahren).

9. Die Zustimmung des Patentinhabers zur Akteneinsicht ist regelmäßig nicht notwendig; jeder interessierte Dritte hat ein Recht auf Akteneinsicht (§ 31 PatG; dazu *Mes* PatG § 31 Rn. 1 ff.).

10. Stellungnahme gemäß §§ 348 Abs. 1, 271 Abs. 3 ZPO betreffend die Entscheidung des Rechtsstreits durch den Einzelrichter.

11. Erklärung zur Frage der Notwendigkeit einer Güteverhandlung gemäß § 278 Abs. 2 ZPO. Sofern der Beklagte allerdings der Auffassung ist, dass eine Güteverhandlung hilfreich sein könnte, sollte er ausdrücklich und bestimmt darauf hinweisen und ihre Durchführung beantragen. Vgl. zB *Brose* GRUR 2016, 146. Insoweit könnte eine Formulierung lauten:

„Im Gegensatz zur Auffassung der Klägerin legt die Beklagte Wert darauf, dass eine Güteverhandlung durchgeführt werden sollte. Sie beantragt hiermit eine Güteverhandlung gemäß § 278 Abs. 2 ZPO durchzuführen.
Zur Begründung weist die Beklagte auf folgendes hin: . . . . . .".

Zu weiteren Einzelheiten betreffend auch eine Mediation → Form. C.5 Anm. 10.

12. Die Mitwirkung eines Patentanwalts ist in Patentverletzungsstreitigkeiten dringend zu empfehlen. Das gilt auch dann, wenn der Kläger wider Erwarten keinen Patentanwalt bestellt haben sollte (vgl. zB der Mitwirkungsanzeige für einen Patentanwalt, → Form. C.5 Anm. 4, 69). Die Kosten der Mitwirkung eines Patentanwalts sind in gleicher Höhe wie Rechtsanwaltsgebühren zuzüglich Auslagen erstattungsfähig (§ 143 Abs. 3 PatG). Allerdings ist darauf hinzuweisen, dass der Patentanwalt tatsächlich mitgewirkt haben muss, mithin eine streitbezogene Tätigkeit entfaltet hat, die zur Entstehung der Gebührenschuld ihm gegenüber geführt hat (OLG Nürnberg GRUR-RR 2003, 29; OLG Frankfurt Mitt. 2003, 317 (319); KG GRUR 2000, 803 – Mitwirkender Patentanwalt: zu § 140 Abs. 5 MarkenG). Zu weiteren Einzelheiten → Form. C.3 Anm. 17, → Form. C.5 Anm. 71.

Kosten und Gebühren

13. Vgl. die Hinweise zu Kosten und Gebühren zu → Form. C.5 Anm. 71.

Fristen

14. Es sind diejenigen Fristen zu beachten, die das Gericht in seiner Eingangsverfügung mit Zustellung der Klage gesetzt und übermittelt hat.

15. Hinweise zum Düsseldorfer Verfahren in Patentstreitsachen in Form einer „prozessleitenden Verfügung" (Stand: Februar 2017):
1. Die Güteverhandlung ist entbehrlich, da sie erkennbar aussichtslos erscheint.
2. Früher erster Termin zur mündlichen Verhandlung wird bestimmt auf . . . . . .
3. Die beklagte Partei wird auf folgendes hingewiesen:
Für den vorliegenden Rechtsstreit besteht Anwaltszwang. Nur ein bei einem Amts- oder Landgericht zugelassener Rechtsanwalt kann wirksame Prozesserklärungen abgeben. Die beklagte Partei wird daher aufgefordert, einen Rechtsanwalt zu bestellen, wenn sie sich gegen die Klage verteidigen will.

4. Die Parteien werden darauf hingewiesen, dass das Nichterscheinen im Termin zu einem Verlust des Prozesses führen kann. Gegen die nicht erschienene Partei kann auf Antrag des Gegners ein Versäumnisurteil (§§ 330, 331 ZPO) erlassen werden; in diesem Fall hat die säumige Partei auch die Gerichtskosten und die notwendigen Kosten der Gegenseite zu tragen (§ 91 ZPO). Aus dem Versäumnisurteil kann der Gegner der säumigen Partei gegen diese die Zwangsvollstreckung betreiben (§ 708 Nr. 2 ZPO).

5. Die Parteien werden zum weiteren Verfahren auf folgendes hingewiesen:

a) Im frühen ersten Termin werden
– die Anträge gestellt und erforderlichenfalls ihre zweckmäßige Fassung erörtert,
– der Haupttermin bestimmt und
– die zur Vorbereitung des Haupttermins notwendigen Schriftsatzfristen (Klageerwiderungs-, Replik- und Duplikfrist) festgesetzt. Eine schriftliche Klageerwiderung vor dem frühen ersten Termin ist nicht erforderlich.

b) Im frühen ersten Termin müssen die Rügen, die die Zulässigkeit der Klage betreffen und auf die die beklagte Partei verzichten kann/können, erhoben werden, da sie später nur noch zugelassen werden dürfen, wenn die beklagte Partei die Verspätung genügend entschuldigt und glaubhaft macht (§§ 283 Abs. 3, 296 Abs. 3, 4 ZPO).

c) Angriffs- und Verteidigungsmittel, die erst nach Ablauf der hierfür gesetzten Frist vorgebracht werden, dürfen nur zugelassen werden, wenn nach der freien Überzeugung der Kammer ihre Zulassung die Erledigung des Rechtsstreits nicht verzögern würde oder wenn die Partei die Verspätung genügend entschuldigt (§ 296 Abs. 4 ZPO).

d) Angriffs- und Verteidigungsmittel, die entgegen der allgemeinen Prozessförderungspflicht nicht rechtzeitig vorgebracht oder mitgeteilt werden, können zurückgewiesen werden, wenn ihre Zulassung nach der freien Überzeugung der Kammer die Erledigung des Rechtsstreits verzögern würde und die Verspätung auf grober Nachlässigkeit beruht (§ 296 Abs. 2 ZPO).

e) In der Klageerwiderung sind **alle** Verteidigungsmittel vorzubringen, die gegen die Klage vorgebracht werden sollen.

f) Falls die beklagte Partei einen auf einen Einspruch, eine Nichtigkeitsklage, einen Löschungsantrag oder sonstigen Rechtsbehelf gegen das Klageschutzrecht gestützten Antrag auf **Aussetzung** der Verhandlung (§ 148 ZPO) stellen will, ist auch dieser mit der **Klageerwiderung** zu begründen und der entsprechende Rechtsbehelf vorzulegen. Dementsprechend gilt die Replikfrist auch für die Gegenäußerung der klägerischen Partei zu dem Aussetzungsantrag und der für diesen gegebenen Begründung.

Ob das Klageschutzrecht den Rechtsbestandsangriffen standhält, liegt nicht in der Entscheidungsbefugnis des Verletzungsgerichts. Dessen Aufgabe ist es allein zu klären, ob ausnahmsweise eine vorübergehende Aussetzung des Verletzungsprozesses deshalb geboten ist, weil die Vernichtung des Klageschutzrechtes mit derart hoher, nahezu an Sicherheit grenzender Wahrscheinlichkeit zu erwarten steht, dass eine Verurteilung des Beklagten aus dem (aller Voraussicht nach zu vernichtenden) Schutzrecht nicht gerechtfertigt werden kann. Um diese Entscheidung zu treffen, ist es weder notwendig noch angebracht, das Rechtsbestandsverfahren im Verletzungsprozess in allen Einzelheiten vorwegzunehmen. Es hat vielmehr eine summarische Prüfung auf das Vorliegen offensichtlicher Vernichtungsgründe stattzufinden. Mit Rücksicht darauf wird den Parteien aufgegeben,

- in ihren Schriftsätzen eigenständig (dh ohne Bezugnahme auf als Anlage überreichte Schriftsätze aus dem Rechtsbestandsverfahren) und aus sich heraus verständlich zum Rechtsbestandsangriff vorzutragen,
- wobei der diesbezügliche Vortrag auf diejenigen **maximal 2 bis 3** Entgegenhaltungen zu beschränken ist, die nach Sicht der beklagten Partei dem Klageschutzrecht am nächsten kommen.

9. Formelle Klageerwiderung in einer Patentverletzungsstreitigkeit C. 9

g) Im Interesse einer ordnungsgemäßen Vorbereitung des Haupttermins sind die Klageerwiderungs- und die Replikfrist nur mit Zustimmung der Gegenseite, die mit dem Verlängerungsgesuch glaubhaft zu machen ist, verlängerbar. Soweit eine Partei einer Verlängerung der für den Gegner geltenden Schriftsatzfrist zustimmt und daraufhin die beantragte Fristverlängerung gewährt wird, folgt daraus kein Anspruch darauf, dass auch die eigene Schriftsatzfrist verlängert wird. Das gilt selbst dann, wenn der Gegner der besagten Verlängerung zustimmt.

Die Fristsetzungen dienen auch der ordnungsgemäßen Terminsvorbereitung durch die Kammer, weswegen es nicht im Belieben der Parteien steht, das Fristenregime durch wechselseitige Zustimmungen zum Nachteil der Kammer zu Fall zu bringen. Die **Duplikfrist ist** deshalb **nicht verlängerbar**.

Gehen gleichwohl nach der Duplik Schriftsätze ein, ist eine geordnete Vorbereitung des Haupttermins und damit der Termin selbst gefährdet. Bei der Anwendung der Verspätungsvorschriften ist dies entsprechend zu berücksichtigen. Insbesondere kann sich eine Verspätung aus der Notwendigkeit der Anberaumung eines weiteren Verhandlungstermins zur Erörterung neuen technischen Vorbringens ergeben.

h) Eine zügige Erledigung des Verfahrens ist nur möglich, wenn der Aktenumfang nicht ausufert, sondern in einem angemessenen Umfang gehalten wird. Dies bedeutet keinen Verzicht auf irgendein für notwendig erachtetes Angriffs- oder Verteidigungsargument und auch keine Beschränkung des rechtlichen Gehörs. Die Parteien werden jedoch dringend gebeten, auf Ausführungen zu verzichten, die unnötig sind, weil sie den Sach- und Streitstand über das bereits Geschriebene hinaus nicht vertiefen, sondern für alle Beteiligten bloß zusätzliche Lesearbeit ohne weiteren Erkenntnisgewinn verursachen. Die Kammer erwartet deshalb von beiden Parteien,

- dass sie bei ihrem Vortrag darum bemüht sind, die Argumente „auf den Punkt darzustellen" und
- davon absehen, Argumente, die in einem früheren Schriftsatz bereits ausgebreitet worden sind, zu wiederholen.

i) Mit Rücksicht auf die jede Partei von Gesetzes wegen (§ 138 Abs. 1 ZPO) treffende **prozessuale Wahrheitspflicht** ist es erforderlich, dass zu technischen Behauptungen, deren Richtigkeit die Kammer voraussichtlich nicht aus eigener Anschauung beurteilen kann,

- mitgeteilt wird, ob sich die Behauptung auf durchgeführte Messungen, Berechnungen oder Untersuchungen stützt und von wem diese durchgeführt wurden, oder welche Grundlage die Behauptung sonst hat;
- mit vollständigem Namen und ladungsfähiger Anschrift diejenige Person bezeichnet wird, auf deren Information die technische Behauptung beruht.
- Der Haupttermin dient zur ausführlichen mündlichen Verhandlung, in der die Prozessbevollmächtigten das Streitverhältnis vortragen (§§ 137, 78 Abs. 1 ZPO).
- Ein Haupttermin kann nur aus erheblichen Gründen aufgehoben oder verlegt werden. Die erheblichen Gründe sind glaubhaft zu machen (§ 227 ZPO). Die Parteien mögen daher sofort, nachdem ihnen ein Haupttermin mitgeteilt worden ist, prüfen, ob alle Personen, deren Teilnahme an der Verhandlung erforderlich ist, verfügbar sind; anderenfalls ist dies dem Gericht umgehend mitzuteilen.

6. Den Parteien wird aufgegeben:

a) von allen fremdsprachigen Unterlagen mit dem betreffenden Schriftsatz eine deutsche Übersetzung einzureichen,

b) Schriftsätze, soweit nach § 195 ZPO zulässig, von Anwalt zu Anwalt zuzustellen,

c) Abschriften der Schriftsätze nebst vervielfältigungsfähigen Anlagen in einer solchen Anzahl beizufügen, dass jeweils ein gesondertes Exemplar des Schriftsatzes und der Anlagen für jede gegnerische Partei, für ihren Rechtsanwalt und ihren Patentanwalt zur Verfügung steht.

16. Hinweise zum Münchener Verfahren in Patentstreitsachen bei der 7. oder der 21. Zivilkammer (Stand: März 2017; abrufbar bei www.justiz.bayern.de/gericht/lg/m1/zustand/verfahren/vf_Patentstreitsachen.php)

Kernpunkte des seit Ende 2009 von beiden Patentkammern praktizierten Münchener Verfahrens zur Stärkung des Patentstandortes München sind die Durchführung zweier Verhandlungstermine in der Sache (früher erster Termin und Haupttermin) und ein strenges Fristenregime. Ziel ist es, Patentinhabern in einem fairen und transparenten Verfahren schnellen und effektiven Rechtsschutz bereitzustellen. Hierbei ist derzeit angestrebt, den frühen ersten Termin innerhalb von drei bis vier Monaten nach Klagezustellung durchzuführen und eine erstinstanzliche Hauptsacheentscheidung in acht bis zwölf Monaten nach Klagezustellung zu treffen. Die Einholung von schriftlichen Sachverständigengutachten sowie die Aussetzung des Rechtsstreits sollen nur ganz ausnahmsweise erfolgen. – Für Gebrauchsmusterstreitigkeiten gelten die nachfolgenden Ausführungen sinngemäß, soweit nicht zwingende gesetzlichen Vorschriften eine abweichende Handhabung gebieten. Vindikationsverfahren werden individuell geführt.

Auslandszustellungen Soweit eine Zustellung der Klage im Ausland erforderlich ist, wird auf die ebenfalls auf der Homepage des Landgerichts abrufbaren Hinweise zu Auslandszustellungen in Patentstreitsachen verwiesen.

Mediation in Patentstreitsachen. In Patentstreitsachen besteht beim Landgericht München I die Möglichkeit einer Mediation unter Leitung eines ausgebildeten Güterichters, der in der Regel Mitglied der anderen Patentstreitkammer ist und ggf. durch einen Güterichter des Bundespatentgerichts unterstützt werden kann. Die Zuweisung erfolgt im Einverständnis der Parteien zB im Rahmen des frühen ersten Termins. Der Güterichter terminiert regelmäßig innerhalb von ein bis zwei Monaten. In diesem Güteverfahren besteht die Möglichkeit, eine umfassende Regelung aller zwischen den Parteien offenen Streitpunkte – unabhängig davon, ob diese bereits rechtshängig sind – oder Zwischenregelungen für die Zeit bis zum streitigen Abschluss des Verfahrens zu vereinbaren.

Güteverhandlung und früher erster Termin

Dem frühen ersten Termin geht regelmäßig eine Güteverhandlung voraus. Kommt keine gütliche Einigung oder die Vereinbarung eines Termins zur Mediation zustande, wird der frühe erste Termin durchgeführt. Hierbei wird allein auf der Grundlage der Klage sowie der Klageerwiderung über die Fragen der Auslegung des Klagepatents sowie der Patentverletzung verhandelt. Hierzu sind die Benennung des angesprochenen Fachmanns sowie schriftsätzliche Ausführungen beider Parteien (für die Klagepartei in der Klageschrift) zur Auslegung des Klagepatents zwingend erforderlich. Fragen des Rechtsbestandes und der Aussetzung sind idR dem Haupttermin vorbehalten. Im frühen ersten Termin wird auch der Streitwert festgesetzt werden. Für die Güteverhandlung ist die Anwesenheit der Parteien erforderlich. Dies erleichtert die Sachaufklärung, weil die Parteien mit dem technischen Gebiet und der angegriffenen Ausführungsform und ihren Eigenschaften am besten vertraut sind. Soweit Vertreter entsandt werden, ist zu beachten, dass diese auch zu Verhandlungen über eine vergleichsweise Einigung der Parteien hinreichend bevollmächtigt sein müssen, § 141 Abs. 3 S. 2 ZPO. Es wird jedoch gebeten, von der Bevollmächtigung ausschließlich der anwaltlichen oder patentanwaltlichen Vertreter nach dieser Vorschrift abzusehen. Sofern die Entscheidungszuständigkeit außerhalb der Gesellschaft liegt, die Partei des Rechtsstreits ist, wird darum gebeten, entsprechend befugte Vertreter der zuständigen Einheit (Konzernobergesellschaft, Private-Equity-Gesellschaft etc) zu entsenden.

Weitere Verfahrensplanung. Am Ende des frühen ersten Termins wird mit den Parteien der weitere Verfahrensablauf besprochen. Ein Haupttermin wird durchgeführt, wenn nicht beide Parteien auf ihn verzichten oder der Kläger durch sein Verhalten anderweitig gezeigt hat, dass er von dem von ihm zunächst gewählten Münchner Verfahren wieder Abstand nehmen will. Der Termin für den Haupttermin sowie die Fristen für den weiteren Vortrag werden vom Gericht festgesetzt. In der Regel erhält jede Partei nur

9. Formelle Klageerwiderung in einer Patentverletzungsstreitigkeit   C. 9

einmal Gelegenheit zu weiteren schriftsätzlichen Ausführungen. Die Fristen werden in der Regel mit jeweils ca. zwei Monaten bemessen. Die Parteien werden regelmäßig gebeten werden, Schriftsätze von Anwalt zu Anwalt zuzustellen und zur Vorbereitung des Haupttermins durch die Kammermitglieder etwa drei Wochen vorher eine kurze Zusammenfassung ihrer wichtigsten Argumente als Anlage (nicht als Schriftsatz!) einzureichen. Diese Zusammenfassung sollte höchstens 10 Seiten (davon höchstens fünf Seiten Fließtext zuzüglich Abbildungen und Schaubilder) umfassen.

Fristverlängerungen/weitere Schriftsätze. Die Fristen sind grundsätzlich nicht verlängerbar. In zu begründenden und ggf. glaubhaft zu machenden Ausnahmefällen kann eine einmalige Verlängerung einer Frist um maximal eine Woche erfolgen. Eine solche Verlängerung führt nicht dazu, dass auch die nachfolgende Frist des Gegners automatisch zu verlängern ist, auch dann nicht, wenn dieser der ersten Fristverlängerung zugestimmt hat. Die Frist zur Vorlage einer Zusammenfassung ist – weil kurz vor dem Haupttermin – nicht verlängerbar. Die Einreichung nicht abgesprochener Schriftsätze sollte unterbleiben. In jedem Fall wird darum gebeten, zuvor das Gespräch mit dem Vorsitzenden zu suchen.

Verspätete Anträge. Die beklagte Partei hat alle Verteidigungsmittel, die gegen die Klage eingewandt werden sollen, bereits in der Klageerwiderung vorzubringen. Spätestens im frühen ersten Termin müssen alle Rügen, die die Zulässigkeit der Klage betreffen und auf die die beklagte Partei verzichten kann, erhoben werden.

Klageänderungen. Die Klagepartei möge bedenken, dass Klageänderungen, die Auswechslung oder die Erweiterung des Verletzungsvorwurfs sowie der Übergang vom Vorwurf einer wortsinngemäßen zum Vorwurf einer äquivalenten Patentverletzung in diesem straffen Fristensystem nur dann unter Wahrung angemessener Verteidigungsmöglichkeiten für die beklagte Partei abzuhandeln sein werden, wenn sie spätestens im frühen ersten Termin angekündigt und somit bei der weiteren Verfahrensplanung berücksichtigt werden können.

Prozesskostensicherheit. Die Höhe einer eventuell zu leistenden Prozesskostensicherheit errechnet sich aus denjenigen Kosten, die einschließlich der etwaigen Einlegung einer Nichtzulassungsbeschwerde beim Bundesgerichtshof voraussichtlich anfallen (BGH NJW 2001, 3630; OLG München Urt. v. 28.11.2013 – 6 U 187/13).

Vollstreckungssicherheit. Soweit kein abweichender substantiierter Vortrag der Parteien erfolgt, wird sich die Bemessung etwaiger Vollstreckungssicherheiten maßgeblich am Streitwert orientieren. Für die Klagepartei empfiehlt es sich, Teilstreitwerte und Teilsicherheiten anzugeben.

Haupttermin. Im Haupttermin werden alle für die Entscheidung relevanten Fragen mit den Parteien und ihren Vertretern – soweit noch erforderlich – abschließend erörtert. Spätestens zum Haupttermin sollten Anträge vorliegen, die den Erfordernissen der höchstrichterlichen Rechtsprechung an die Bestimmtheit des Klageantrages (BGH – Blasfolienherstellung und Rohrreinigungsdüse II) und den Erfordernissen der TÜV-Rechtsprechung gerecht werden.

Übersetzungen. Die Parteien werden gebeten, relevante Textstellen aus fremdsprachigen Quellen im Schriftsatz im Original und in deutscher Übersetzung einzublenden. Die Kammern behalten sich vor, im Einzelfall vollständige Übersetzungen nachzufordern.

Umfang von Schriftsätzen. Es wird gebeten, beim Umfang der eingereichten Schriftsätze darauf zu achten, dass die Verfahren bei Wahrung der technischen Verständlichkeit noch handhabbar bleiben und im Rahmen der bestehenden (knappen) richterlichen Kapazitäten bearbeitet und zur Entscheidung gebracht werden können.

Weitere formale Fragen. Es wird gebeten, zentrale Anlagen (Klagepatentschrift, kolorierte Zeichnungen zu deren Erläuterung, Schaubilder, Merkmalsanalysen, Merkmalsvergleiche zwischen Patentanspruch und angegriffener Ausführungsform, zentrale Entgegenhaltungen, Zusammenfassungen, etc) jeweils mit drei Überstücken für die Kammer zuzüglich zu dem Original für die Akte und den Abschriften für den Gegner – einzureichen. Die Anlagen sollten durchgängig nummeriert und – wenn sie mehrseitig sind –

gehefet sein. Es bietet sich an, Offenbarungsstellen in der Beschreibung des Klagepatents oder anderer Druckschriften, auf die schriftsätzlich Bezug genommen wurde, in der jeweiligen Anlage (sowie deren Übersetzung) farblich durch Umrandung zu kennzeichnen (grün für Kläger, rot für Beklagte).

Aussetzung. Soweit die beklagte Partei die Aussetzung des Rechtsstreits bis zur Klärung der Rechtsbeständigkeit des Klagepatents begehrt, hat sie die hierfür sprechenden Argumente bereits in der Klageerwiderung eigenständig, dh – wie auch sonst – ohne Bezugnahme auf die als Anlagen überreichten Schriftsätze und Entgegenhaltungen aus dem Rechtsbestandsverfahren, und aus sich selbst heraus verständlich schriftsätzlich vorzutragen, wobei dem Vortrag diejenigen maximal drei Entgegenhaltungen voranzustellen sind, die am meisten Erfolg (siehe nächster Absatz) versprechen. Hierzu sind in die Klageerwiderung Offenbarungsstellen im Original bzw. in deutscher Übersetzung ebenso einzublenden wie Fotos oder Zeichnungen, wenn auf diese Bezug genommen wird. Ferner bietet es sich an, diese Offenbarungsstellen in den Entgegenhaltungen selbst (sowie in deren Übersetzungen) farblich durch Umrandung zu kennzeichnen (grün für Kläger, rot für Beklagte). Soweit die Klageerwiderung keinen zulässigen Aussetzungsantrag enthält, wird ein Haupttermin nur dann durchgeführt, wenn dies die Klagepartei ausdrücklich wünscht. Werden Angriffe gegen den Rechtsbestand des Klagepatents erst später vorgebracht, kann die zeitliche Verzögerung im Rahmen der Aussetzungsentscheidung zum Nachteil der beklagten Partei gewürdigt werden.

Die erkennende Kammer wird aber auch bei einem Beklagtenvortrag, der diese Grundsätze in formaler und zeitlicher Hinsicht beachtet, regelmäßig nur im Ausnahmefall zu der Wertung gelangen können, dass eine überwiegende Wahrscheinlichkeit dafür besteht, dass das Klagepatent im Rechtsbestandsverfahren vernichtet (oder maßgeblich eingeschränkt) werden wird und das Verfahren daher aussetzen. Die bisherige Erfahrung hat gezeigt, dass hierbei regelmäßig diejenigen Angriffe am meisten Erfolg hatten, die auf Entgegenhaltungen gestützt waren, die im Prüfungsverfahren oder im bisherigen Bestandsverfahren noch nicht vorgelegen haben und der Neuheit des Klagepatents ohne weiteres (also zum Beispiel ohne fachmännisches „Mitlesen" von Merkmalen) entgegengehalten werden konnten. Hingegen waren Angriffe gestützt auf das Fehlen einer erfinderischen Tätigkeit, auf offenkundige Vorbenutzungen sowie auf den Vorwurf der unzulässigen Erweiterung bzw. Schutzbereichserweiterung nur im Ausnahmefall erfolgreich. In diesen seltenen Fällen, in denen die erkennende Kammer das Vorliegen einer überwiegenden Wahrscheinlichkeit für eine Vernichtung oder substantielle Beschränkung des Klagepatents bejahen würde, wird sie die Parteien hierauf hinweisen und eine einvernehmliche Aussetzung des Rechtsstreits bis zum Vorliegen einer erstinstanzlichen Entscheidung im Bestandsverfahren anregen.

10. Materielle Erwiderung auf eine Klage wegen unmittelbarer Patentverletzung (§ 9 S. 2 Nr. 1 PatG)

Landgericht

Zivilkammer (Patentkammer)[1]

......

In Sachen

– A –   (RA ......)

10. Materielle Klageerwiderung (§ 9 S. 2 Nr. 1 PatG)   C. 10

gegen

– B –   (RA......)

Az......

Termin:......

werde ich in Ergänzung zu den Anträgen auf Klageabweisung im Schriftsatz vom......[2, 3] des Weiteren beantragen,

den Rechtsstreit bis zur rechtskräftigen Erledigung der gegen das Klagepatent DE...... erhobenen Nichtigkeitsklage[4] auszusetzen.[5]

Begründung:

I.

1. Das DE...... (im Folgenden auch: Klagepatent) ist nicht rechtsbeständig.[6] Die Beklagte hat daher unter dem Datum des...... Nichtigkeitsklage zum Bundespatentgericht erhoben, die ich als

Anlage A

überreiche unter Einschluss der darin aufgeführten Entgegenhaltungen,[7] nämlich

als Anlage A 1   die FR-PS......

als Anlage A 1a   die deutsche Übersetzung der vorstehend bezeichneten französischen Patentschrift,[8]

als Anlage A 2   die US-PS......

als Anlage A 2a   die deutsche Übersetzung der vorstehend bezeichneten US-amerikanischen Patentschrift.[8]

2. Nach der Merkmalsanalyse in der Klageschrift[9] bezieht sich die vermeintliche Erfindung des Klagepatents nach dem Oberbegriff des Hauptanspruchs auf eine Vorrichtung zum Abscheiden von Sand aus mit Sand und organischen Stoffen belastetem Abwasser, bestehend aus
(1) einem stehenden Behälter,
(2) mit einem Überlauf für das mit organischen Stoffen belastete Abwasser,
(3) mit einem an eine untere Austragöffnung des Behälters angeschlossenen Austragförderer.[10]
Die der vermeintlichen Erfindung zugrunde liegende Aufgabe (das technische Problem[11]) soll darin bestehen, eine Vorrichtung dieser Art so zu verbessern,
„...... dass der ausgetragene Sand nur einen unbedenklichen Restanteil an organischen Stoffen aufweist und für Bauzwecke oder dergleichen eingesetzt werden kann." (vgl. die Klagepatentschrift gemäß Anlage K 1, Sp...... Z......)[12]
Es soll insbesondere nach der Aufgabe des Klagepatents vermieden werden, dass der aus belasteten Abwässern abgetrennte Sand als Sondermüll behandelt und deponiert werden muss, weil dies zeit- und kostenaufwändig sei (vgl. Klagepatentschrift gemäß Anlage K 1, Sp...... Z......).
Nach dem kennzeichnenden Teil des Hauptanspruchs des Klagepatents soll die der vermeintlichen Erfindung zugrunde liegende Aufgabe mit der nachfolgenden Merkmalskombination gelöst werden,[13] nämlich dadurch, dass
(4) der Behälter ein sich bis in den Bodenbereich erstreckendes Rührwerk aufweist,
(5) sich im Bodenbereich eine Frischwasserzufuhr befindet,

(6) für den Antrieb des Austragsförderers eine Steuereinrichtung vorgesehen ist, die den Antrieb des Austragsförderers in Abhängigkeit von der Absetzhöhe des Sandes im Behälter steuert.

3. Die vorstehend wiedergegebene Merkmalskombination des Anspruchs 1 und damit die vermeintliche Erfindung des Klagepatents nach dem Hauptanspruch sind neuheitsschädlich vorweggenommen, und zwar durch den vorstehend zu I. 1. bezeichneten und der Nichtigkeitsklage zugrunde gelegten Stand der Technik. Dieser Stand der Technik ist im Erteilungsverfahren nicht berücksichtigt worden.[14]
Die in der Nichtigkeitsklage behandelten Entgegenhaltungen sind gegenüber dem Anmeldetag des Klagepatents vorveröffentlicht. Die Entgegenhaltung gemäß Anlage A 1 zeigt sämtliche Merkmale des Oberbegriffs des Klagepatents unter Zugrundelegung der seitens der Beklagten als zutreffend angesehenen Merkmalsanalyse des Klägers. Darüber hinaus werden auch in wörtlicher Übereinstimmung die Merkmale 4 und 6 des kennzeichnenden Teils durch den vorbekannten Stand der Technik verwirklicht. Das bedarf keiner vertiefenden Erläuterung, als beispielsweise schon die Betrachtung der Figur 1 in der Entgegenhaltung ein dort mit dem Bezugszeichen ...... beschriftetes Rührwerk zeigt, das sich in den Bodenbereich des Behälters erstreckt (Merkmal 4) und ferner entsprechend dem Merkmal 6 in der gleichen Figur eine Steuereinrichtung (dort mit dem Bezugszeichen ...... gekennzeichnet) vorgesehen ist, die den Antrieb des Austragsförderers in Abhängigkeit von dem Druckanstieg im Behälter steuert. Dass der Druckanstieg in diesem Zusammenhang von Bedeutung ist, ergibt sich aus der Beschreibung (Blatt ......, Zeile ......) der Anlage A 1 (in der deutschen Übersetzung Blatt ......, Zeile ...... der Anlage A 1 a). Soweit das Merkmal 5 in Rede steht, dass nämlich im Bodenbereich eine Frischwasserzufuhr vorgesehen sein soll, ist dieses Merkmal in der Entgegenhaltung gemäß Anlage A 1 nicht ausdrücklich erwähnt. Das Erfordernis einer Zufuhr von Wasser im Bodenbereich ergibt sich jedoch selbstverständlich aus der Erwägung, dass der vorbekannte Sandabscheider entsprechend dem Inhalt der Anlage A 1 natürlich auch eine Wasserzufuhr aufweisen muss, andernfalls kein Ausschwemmen möglich ist. Eine derartige Wasserzufuhr ist als allgemeines Erfordernis in der hier behandelten Entgegenhaltung in Spalte ......, Zeile ...... ausdrücklich erwähnt. Da es für die Auslegung der Entgegenhaltung auf den Gesamtinhalt ankommt,[15] sind mithin sämtliche Merkmale des Hauptanspruchs des Klagepatents in einer einzigen Literaturstelle vorweggenommen. Diese steht der Schutzfähigkeit des Hauptanspruchs des Klagepatents neuheitsschädlich entgegen.[15]
Aus der Entgegenhaltung gemäß Anlage A 2 ergibt sich,[16] ......

4. Die Nichtigkeitsklage ist des Weiteren auf folgendes gestützt (folgen weitere Nichtigkeitsgründe):
a) ......[16]

II.

Es fehlt auch an einer Verletzung des Klagepatents.[17]

1. Seitens der Beklagten wird von der Merkmalsanalyse der Klageschrift[9] ausgegangen. Zur Vermeidung von Wiederholungen nehme ich auf die vorstehend zu I. 2. wiedergegebenen Ausführungen, die sich mit dieser Merkmalsanalyse auseinandersetzen, Bezug.

2. Ob die angegriffene Ausführungsform die Merkmale 1 bis 5 nach der Merkmalsanalyse der Klageschrift verwirklicht,[18] kann dahinstehen. Denn jedenfalls fehlt es an einer Verwirklichung des Merkmals 6. Seitens der Klägerin wird übersehen, dass die angegriffene Ausführungsform überhaupt keine Steuereinrichtung für den Antrieb des Austragsförderers aufweist. Vielmehr verzichtet die angegriffene Ausführungsform entgegen der Lehre des Klagepatents auf eine Steuerung des Austragsförderers. Es ist

10. Materielle Klageerwiderung (§ 9 S. 2 Nr. 1 PatG)   C. 10

dazu von vornherein vorgesehen, dass der Austragsförderer mit stetig gleicher und sehr langsamer Geschwindigkeit arbeitet. Infolge des nur langsamen Arbeitens des Austragsförderers hat der in die Vorrichtung insgesamt eingebrachte Sand immer ausreichend Zeit, sich abzusetzen bzw. sich in ausreichender Höhe anzusammeln. Damit fehlt es zugleich auch an dem weiteren Teilmerkmal des Merkmals 6, wonach der Antrieb des Austragsförderers in Abhängigkeit von der Absetzhöhe des Sandes im Behälter gesteuert werden muss.

Fehlt bei einer angegriffenen Ausführungsform ein Anspruchsmerkmal, so scheidet die Annahme einer Patentverletzung aus.[19]

3. Ungeachtet des Tatbestandes der fehlenden Patentbenutzung[20] seitens der Beklagten kann die Patentverletzungsklage auch aus weiteren Gründen[21] keinen Erfolg haben:

a) . . . . . .[21, 22]

Schrifttum: vgl. die Hinweise zu → Form. C.5; ferner *Augenstein/Roderburg*, Aussetzung des Patentverletzungsverfahrens nach Änderung der Patentansprüche, GRUR 2008, 457; *Brändle*, Der Weg zum Vergleich im Patentprozess, GRUR 2001, 880; *Dagg*, „To stay . . . . . . or not to stay", Mitt. 2003, 1; *Eisenkolb*, Die Enforcement-Richtlinie und ihre Wirkung, GRUR 2007, 387; *von Falck*, Einige Gedanken zur Aussetzung des Patentverletzungsstreits nach Art. 27, 28 EuGVVO bei Torpedo-Klagen (zugleich zu LG Düsseldorf InstGE 9, 246 ff.), FS Mes, 2009, 111; *Fock/Bartenbach*, Zur Aussetzung nach § 148 ZPO bei Patentverletzungsverfahren, Mitt. 2010, 155; *Kaess*, Die Schutzfähigkeit technischer Schutzrechte im Verletzungsverfahren, GRUR 2009, 277; *Klepsch/Büttner*, Zum Aussetzungsmaßstab außerhalb des Unterlassungsanspruchs, FS 80 Jahre Patentgerichtsbarkeit in Düsseldorf, 2016, 281; *U. Krieger*, Nochmals: Die Aussetzung des Patentverletzungsprozesses, GRUR 1996, 941; *von Maltzahn*, Die Aussetzung im Patentverletzungsprozess nach § 148 ZPO bei erhobener Patentnichtigkeitsklage, GRUR 1985, 163; *Pahlow*, Anspruchskonkurrenzen bei Verletzung lizenzierter Schutzrechte unter Berücksichtigung der Richtlinie 2004/48/EG, GRUR 2007, 1001; *Rogge*, Zur Aussetzung in Patentverletzungsprozessen, GRUR Int. 1996, 386; *Rogge*, Die Nichtigerklärung europäischer Patente in Deutschland, GRUR Int. 1996, 1101; *Schickedanz*, Die Restitutionsklage nach rechtskräftigem Verletzungsurteil und darauf folgender Nichtigerklärung des verletzten Patents, GRUR 2000, 570.

Anmerkungen

1. Ein weiteres Textbeispiel einer materiellen Klageerwiderung findet sich in Beck PFormB/*Mes* → Form. II.Q.5 S. 1661 ff.

Abweichend von einer nur „formellen" Klageerwiderung (→ Form. C.9) enthält die materielle Klageerwiderung das gesamte sachliche Verteidigungsvorbringen des Beklagten. Die materielle Klageerwiderung ist natürlich (wie schon die formelle Klageerwiderung) an die tatsächlich befasste Kammer des vom Kläger angerufenen Landgerichts zu richten. Ist ihr nicht eine formelle Klageerwiderung nach Maßgabe des Textbeispiels → Form. C.9 vorangegangen, muss die materielle Klageerwiderung natürlich die dort bezeichneten Anträge und Ausführungen enthalten.

2. Das Formular geht davon aus, dass Nichtigkeitsklage entsprechend dem → Form. C.14 erhoben worden ist. Die Nichtigkeitsklage ist allerdings gemäß § 81 Abs. 2 PatG subsidiär gegenüber dem Rechtsbehelf des Einspruchs. Sie ist unzulässig, solange der wegen Patentverletzung Inanspruchgenommene Einspruch gegen das Patent einlegen oder sich an einem schon anhängigen Einspruchsverfahren durch Beitritt beteiligen kann (§ 59 Abs. 2 PatG bzw. Art. 99, 105 EPÜ). Sollte eine Nichtigkeitsklage ausscheiden und nur ein Einspruch bzw. Beitritt zu einem Einspruchsverfahren in Betracht kommen, so ist der Aussetzungsantrag wie folgt zu formulieren:

„...... den Rechtsstreit bis zur rechtskräftigen Erledigung des gegen das Klagepatent ......
anhängigen Einspruchs auszusetzen."

Der hier vorgeschlagene Antrag bezieht sich auf eine Aussetzung bis zur „rechtskräftigen Erledigung" des Nichtigkeitsverfahrens bzw. des Einspruchsverfahrens. In der Praxis folgen die Gerichte einem so weitgehenden Antrag regelmäßig nicht, sondern setzen aus bis zur erstinstanzlichen Entscheidung über eine Nichtigkeitsklage bzw. über einen Einspruch. Das ist grundsätzlich sachgemäß. Wird in erster Instanz das Patent vernichtet bzw. widerrufen, so bleibt der Rechtsstreit gemäß § 148 ZPO ausgesetzt. Sind Nichtigkeitsklage oder Einspruch jedoch erfolglos, so ist es regelmäßig gerechtfertigt, den Verletzungsprozess fortzusetzen. Ausnahmen können dann gelten, wenn ein Patent teilweise vernichtet bzw. widerrufen worden ist.

3. Die Patenterteilung ist ein begünstigender, nämlich ein Ausschluss- sowie ein (alleiniges) Benutzungsrecht begründender Verwaltungsakt. Die ausschließliche Prüfungskompetenz liegt beim Deutschen Patentamt, beim Europäischen Patentamt, beim Bundespatentgericht sowie beim Bundesgerichtshof. Solange ein Patent formell in Kraft steht, ist das Verletzungsgericht daran gebunden (Tatbestandswirkung); es hat grundsätzlich das Patent so hinzunehmen, wie es erteilt worden ist (Feststellungswirkung; BGH GRUR 2005, 41 (43) li.Sp. unten – Staubsaugerrohr; BGH GRUR 2004, 710 (711) re.Sp. – Druckmaschinen-Temperierungssystem; BGH GRUR 2003, 550 – Richterablehnung; LG Düsseldorf GRUR 1994, 509 – Rollstuhlfahrrad). Die fehlende Schutzfähigkeit (Rechtsbeständigkeit) eines erteilten Patents ist im Patentverletzungsprozess keine erhebliche Einwendung des Beklagten. Nur wenn Nichtigkeitsklage erhoben worden ist bzw. im Falle der §§ 81 Abs. 2, 59 Abs. 2 PatG (bzw. Art. 99, 105 EPÜ) ein Einspruch oder der Beitritt zu einem anhängigen Einspruchsverfahren erfolgt sind, kann beantragt werden, gemäß § 148 ZPO den Patentverletzungsprozess auszusetzen. Einspruch und Nichtigkeitsklage hemmen freilich die Rechtswirkungen des Patentes nicht (§ 58 Abs. 1 S. 3 PatG; BGH GRUR 1987, 284 – Transportfahrzeug). Infolgedessen ist eine Aussetzung nur dann geboten, wenn die Nichtigkeitsklage/der Einspruch mit hoher Wahrscheinlichkeit erfolgreich sein wird (BGH GRUR 1987, 284 – Transportfahrzeug; OLG Düsseldorf GRUR 2009, 53 (Ls.) – Brandschutzvorrichtung; OLG Düsseldorf GRUR-RR 2007, 259 – Thermocycler; OLG Düsseldorf GRUR 1979, 188 – Flachdachabläufe; OLG Düsseldorf GRUR 1979, 636 – Ventilanbauvorrichtung; ähnlich OLG München GRUR 1990, 352 (353) li.Sp. – Regal-Ordnungssysteme, wonach der voraussichtliche Erfolg eines Rechtsbehelfs glaubhaft sein muss; großzügiger OLG Düsseldorf Mitt. 1996, 87 (88) – Captopril, wonach es für die Aussetzung genügen soll, dass der gegen das Klagepatent ergriffene Rechtsbehelf einige Erfolgsaussichten hat). Die Verletzungsgerichte sind zu Recht mit der Anwendung des § 148 ZPO zurückhaltend. Durch eine Aussetzung wird der Verletzungsprozess erheblich – meist um ein Jahr und länger – verzögert. Der Patentinhaber wird bei Aussetzung des Prozesses an der Durchsetzung seines zeitlich begrenzten Ausschlussrechts gehindert. Von einer ausreichend hohen Wahrscheinlichkeit des Erfolges einer Nichtigkeitsklage bzw. eines Einspruchs kann regelmäßig nur dann ausgegangen werden, wenn **neuheitsschädlicher** Stand der Technik geltend gemacht wird, der im Prüfungsverfahren bisher noch nicht beurteilt wurde. Wird zum fehlenden Rechtsbestand des Klagepatents nur auf **fehlende erfinderische Tätigkeit** hingewiesen, so besteht in der Regel kein Anlass zur Aussetzung des Verletzungsprozesses. Die Beurteilung der Erfindungshöhe ist Wertungsfrage, bei der regelmäßig mit guten Gründen ein erfinderischer Schritt sowohl bejaht als auch verneint werden kann. Bloße Zweifel des Verletzungsgerichts an der Erfindungshöhe rechtfertigen eine Aussetzung nicht. Außerdem muss der dem Verletzungsgericht vorgelegte Stand der Technik dem Klagepatent näher stehen als derjenige, der im Erteilungsverfahren bereits berücksichtigt worden ist. Denn der berücksichtigte Stand der Technik hat die zuständige Erteilungsbehörde gerade nicht veranlasst, das Patent zu

10. Materielle Klageerwiderung (§ 9 S. 2 Nr. 1 PatG) C. 10

versagen. Die Beurteilung der Frage, ob erfinderische Tätigkeit zuzuerkennen ist, ist eine wertende Entscheidung, die nicht vom Verletzungsgericht zu treffen ist (OLG Düsseldorf in stRspr, zB Mitt. 1997, 257 (258) – Steinknacker; gebilligt von BGH GRUR 1987, 284 – Transportfahrzeug). Vielmehr handelt es sich um eine Prognoseentscheidung im Hinblick auf einen wahrscheinlichen Ausgang eines Nichtigkeits-/Einspruchsverfahrens (LG Düsseldorf GRUR-RR 2010, 369 (Ls.) – Rotor-Drehsensor). Nur dann, wenn sich kein „vernünftiges" Argument mehr für die Erfindungshöhe finden lässt, ist die Aussetzung des Verletzungsprozesses geboten (BGH GRUR 1987, 284 re.Sp. oben – Transportvorrichtung; OLG Düsseldorf GRUR 2009, 53 = NJOZ 2008, 2831 – Brandschutzvorrichtung). Das Verletzungsgericht ist jedoch befugt, eine eigene kritische Entscheidung darüber zu treffen, ob mit hoher/überwiegender Wahrscheinlichkeit ein Urteil des Bundespatentgerichts, mit dem ein Patent wegen fehlender erfinderischer Tätigkeit für nichtig erklärt worden ist, vom Bundesgerichtshof in der anhängigen Berufungsinstanz aufgehoben werden wird (OLG Düsseldorf GRUR 2008, 1077 = GRUR-RR 2008, 329 – Olanzapin – in einem einstweiligen Verfügungsverfahren; *Lenz* GRUR 2008, 1042). Hat der Patentinhaber im Einspruchsverfahren sein Patent selbst beschränkt oder verteidigt er es im Nichtigkeitsverfahren nur noch in beschränktem Umfang, so ist eine Aussetzung eher veranlasst (OLG München GRUR 1990, 352 – Regal-Ordnungssysteme).

Grundsätzlich sind Nichtigkeitsklage und Einspruchsverfahren im Zusammenhang mit der Beurteilung der Aussetzung des Verletzungsprozesses gleich zu behandeln. Es ist allerdings nicht von der Hand zu weisen, dass die Aussetzung des Patentverletzungsprozesses bei einem Erfolg versprechenden Einspruchsverfahren eher geboten ist als bei einer Nichtigkeitsklage. Der Grund liegt in der unterschiedlichen Regelung der Darlegungs- und Beweislast. Im Einspruchsverfahren ist es der Patentanmelder, der darlegen und ggf. beweisen muss, dass der Gegenstand der Anmeldung die Patentierungsvoraussetzungen erfüllt. Im Nichtigkeitsverfahren ist dies umgekehrt; dort trägt der Nichtigkeitskläger die Beweislast (BGH GRUR 1991, 522 (523) – Feuerschutzabschluss). Die Erfahrung zeigt, dass im Nichtigkeitsverfahren immer wieder Beweislastentscheidungen insbesondere im Zusammenhang mit der Bewertung der erfinderischen Tätigkeit (§ 4 PatG) zu Gunsten des Patentinhabers ergehen.

Für die Aussetzung des Patentverletzungsprozesses in der Berufungsinstanz urteilt das Oberlandesgericht Düsseldorf großzügiger, wenn der Patentinhaber in erster Instanz ein obsiegendes Urteil erzielt hat (OLG Düsseldorf Mitt. 1997, 57 – Steinknacker).

Es können auch **zusätzliche Gesichtspunkte** für bzw. gegen eine Aussetzung sprechen. Beispiele gegen eine Aussetzung: Die Erhebung der Nichtigkeitsklage und ihre Einführung in den Prozess durch den Beklagten erfolgen spät (BGH GRUR 1958, 75 – Tonfilmwand), insbesondere so spät, dass dem Kläger keine angemessene Erwiderung möglich ist (LG Düsseldorf InstGE 3, 54 – Sportschuhsole). Bestreitet der Beklagte den Verletzungstatbestand und muss somit ein vom Kläger beantragtes Sachverständigengutachten eingeholt werden, kann dies ebenfalls gegen eine Aussetzung sprechen (LG Düsseldorf InstGE 8, 112 – Aussetzung bei aufklärungsbedürftiger Verletzungslage). Für eine Aussetzung: Der Kläger kennt den Verletzungstatbestand schon über mehrere Jahre, ohne dass er Verletzungsklage erhoben hätte. Für eine Aussetzung kann sprechen, dass die Auswirkungen eines Unterlassungsurteils wirtschaftlich außerordentlich bedeutsam sind, weil zB eine gesamte Fertigung für dritte Abnehmer untersagt würde. Für eine Aussetzung kann auch bedeutsam sein, dass der Kläger sich auf Äquivalenz beruft oder dass im Einspruchsverfahren der zugrunde zu legende Patentanspruch geändert worden ist (OLG München GRUR 1990, 352), oder dass im Einspruchs- oder Nichtigkeitsverfahren eine mündliche Verhandlung vertagt wurde, weil weiterer Aufklärungsbedarf besteht (vgl. dazu BGH GRUR 2004, 354 – Vertagung).

4. Das Verletzungsgericht muss im Wege des **Freibeweises** die Wahrscheinlichkeit eines Erfolges der Nichtigkeitsklage bzw. eines Einspruchs prüfen und bewerten. Das Verletzungsgericht erhebt mithin regelmäßig nicht Zeugenbeweis. Vielmehr genügen Glaubhaftmachungsmittel (Beweismittel) wie Prospekte, Fotografien, Zeitungsberichte und insbesondere eidesstattliche Versicherungen (§ 294 Abs. 1 ZPO). Ausgenommen für die Geltung eidesstattlicher Versicherungen sind allerdings die Tatbestände der offenkundigen Vorbenutzungen. Hier werden eidesstattliche Versicherungen in der Praxis des Landgerichts und des Oberlandesgerichts Düsseldorf nur dann anerkannt, wenn eine ansonsten bestehende (geringfügige) Lücke im Sachvortrag zu schließen ist (OLG Düsseldorf GRUR 1979, 636 (637) – Ventilanbohrvorrichtung).

5. Die Aussetzung ist Ermessensentscheidung (BGH GRUR 2012, 93 – Klimaschrank; OLG München InstGE 11, 192 – Abstrakte Vorgreiflichkeit). Sie erfolgt durch Beschluss des Verletzungsgerichts. Dagegen ist sofortige Beschwerde möglich (§§ 252, 567 ff. ZPO), über die das Beschwerdegericht (Oberlandesgericht) entscheidet (OLG Düsseldorf GRUR-RR 2003, 359 – Vorgreiflichkeit). Dabei hat das Oberlandesgericht eine nur eingeschränkte Prüfungskompetenz: Die rechtliche Bewertung des Landgerichts betreffend den geltend gemachten Verletzungstatbestand und/oder den Rechtsbestand des Klagepatents steht nur zur Überprüfung im Hinblick auf Ermessensfehler. Soweit das Landgericht Vorgreiflichkeit auf der Grundlage der von ihm vorgenommenen Feststellungen/Bewertungen bejaht hat, ist dies vom Oberlandesgericht in vollem Umfang zu überprüfen (OLG Düsseldorf GRUR 2004, 88 und GRUR 2004, 272 (nur Leitsätze) = GRUR-RR 2003, 359 – Vorgreiflichkeit; OLG Düsseldorf GRUR 1994, 507 (508) – Prüfungskompetenz des Beschwerdegerichts). Sofern die Parteien auf eine Begründung des Aussetzungsbeschlusses verzichten, kann dieser auch ohne Begründung ergehen. Teilweise abweichend die Praxis des OLG München (InstGE 11, 192 – Abstrakte Vorgreiflichkeit): Auf eine Vorgreiflichkeit (nämlich Tatbestand einer möglichen Patentverletzung) soll es nicht ankommen, sondern es könne auch wegen eines anhängigen Rechtsbehelfs ausgesetzt werden, wenn die Verletzung nicht feststeht.

6. Die fehlende Rechtsbeständigkeit kann sich aus dem Vorliegen von Widerrufsgründen, die im Wege des Einspruchsverfahrens geltend zu machen sind (§§ 21, 61 PatG), und aus dem Vorliegen von Nichtigkeitsgründen, die im Wege des Nichtigkeitsverfahrens geltend zu machen, im Übrigen jedoch mit den Widerrufsgründen weitgehend identisch sind, ergeben (§§ 22, 81 PatG). Handelt es sich um ein europäisches Patent mit Schutzerstreckung für den Bereich der Bundesrepublik Deutschland, ergeben sich die Widerrufsgründe (Einspruchsgründe) aus Art. 100 EPÜ, die im Wege des Einspruchs (Art. 99 EPÜ) geltend zu machen sind und zum rückwirkenden Widerruf des europäischen Patents führen (Art. 68, 102 EPÜ). Ist die 9-monatige Einspruchsfrist verstrichen (Art. 99 Abs. 1 EPÜ), so ist gegen das formell rechtskräftige europäische Patent Nichtigkeitsklage zum Bundespatentgericht gegeben, mit der – etwa ebenso wie bei einer Nichtigkeitsklage gegen ein deutsches Patent – gleichartige Nichtigkeitsgründe geltend zu machen sind (Art. II §§ 6, 10 IntPatÜG; → Form. C.18).

7. Es wird empfohlen, dem Verletzungsgericht nicht nur die Nichtigkeitsklage, sondern auch die zugehörigen Anlagen zu überreichen. Ferner ist es regelmäßig notwendig, den Inhalt der Nichtigkeitsklage kurz darzustellen. In diesem Zusammenhang sind ggf. die Hinweise in den Eingangsverfügungen (prozessleitenden Verfügungen) der jeweils befassten Gerichte zu beachten (→ Form. C.9 Anm. 15, 16).

8. Die Gerichtssprache ist Deutsch (§ 184 GVG). Infolgedessen ist es erforderlich, von Schriftstücken in ausländischer Sprache deutsche Übersetzungen beizufügen, sofern die Anlagen inhaltlich in Bezug genommen werden. Es kann genügen, Übersetzungen nur der interessierenden Teile/Passagen zu übermitteln.

10. Materielle Klageerwiderung (§ 9 S. 2 Nr. 1 PatG)   C. 10

9. Das Formular geht davon aus, dass in der Klageschrift eine Merkmalsanalyse erstellt worden ist. Ist dies nicht der Fall, sollte dieses Versäumnis des Klägers durch den Beklagten nachgeholt werden, indem der Beklagte dann eine eigenständige Merkmalsanalyse erarbeitet und dem Gericht unterbreitet. Es wird für das Formular davon ausgegangen, dass die Merkmalsanalyse in der Klageschrift zutrifft. Ist dies nicht der Fall, muss der Beklagte auf seine abweichenden Auffassungen betreffend die Merkmalsanalyse aufmerksam machen. In diesem Fall empfiehlt sich regelmäßig die Überreichung einer (abweichenden) Merkmalsanalyse durch den Beklagten (in drei Exemplaren für das Gericht).

10. Bis hierhin Merkmale des Oberbegriffs.

11. Jede Erfindung ist eine Lehre zum technischen Handeln, der ein konkretes Problem zugrunde liegt (= Aufgabe = technisches Problem). Dieses findet sich in der Patentschrift regelmäßig im Anschluss an den vorbekannten Stand der Technik erläutert. Entscheidend ist allerdings weniger dasjenige, was sich in der Patentschrift als Erläuterung findet als vielmehr diejenige Aufgabe (dasjenige technische Problem), das sich dem angesprochenen Durchschnittsfachmann als technisches Problem (Aufgabe) aus der Patentschrift ergibt. Die Ermittlungen von Aufgabe und Lösung haben für die Bestimmung des Schutzumfanges (§ 14 PatG) eines Patents entscheidende Bedeutung. Die Aufgabe ist allein aus der Patentschrift zu ermitteln; sie ist von allen Elementen der Lösung freizuhalten (BGH GRUR 1981, 811 – Falzmaschine). Auf die subjektiven Vorstellungen des Erfinders (einschließlich der Beschreibung in der Patentschrift) kommt es nicht an, sondern auf das technische Problem, das sich bei objektiver Betrachtung des Inhalts der Patentschrift ergibt (BGH GRUR 2004, 579 (582) re.Sp. – Imprägnieren von Tintenabsorbierungsmitteln; BGH GRUR 2003, 693 – Hochdruckreiniger; BGH Mitt. 2003, 116 (117) li.Sp. – Rührwerk; BGH GRUR 1991, 811 – Falzmaschine; BGH GRUR 1981, 186 (188) – Spinnturbine II). Zu weiteren Einzelheiten → Form. C.2 Anm. 9, → Form. C.5 Anm. 49, 50.

12. Im Formular wird davon ausgegangen, dass die Aufgabe im Klagepatent zutreffend formuliert ist. Ist dies nicht der Fall, sind die Ausführungen zu → Anm. 11 zu beachten.

13. Die Lösung der Aufgabe erfolgt mit der Merkmalskombination, die im kennzeichnenden Teil des Hauptanspruchs des Patents beschrieben ist. Grundsätzlich liegt die Lösung nur in derjenigen Lehre zum technischen Handeln, die in den Patentansprüchen ihren Niederschlag gefunden hat. Ob der Erfinder dazu die richtige theoretische Begründung gegeben oder sogar die Wirkungsursachen zutreffend verstanden hat, ist für die Bestimmung des Gegenstandes eines Patentes unerheblich (BGH GRUR 1994, 357 (358 f.) – Muffelofen). Zu weiteren Einzelheiten → Form. C.2 Anm. 9, → Form. C.5 Anm. 49, 50.

14. Für die Beurteilung der Erfolgsaussichten eines Einspruchs bzw. einer Nichtigkeitsklage ist es für den Verletzungsrichter von entscheidender Bedeutung, ob der als Grundlage für den Antrag auf Aussetzung herangezogene Rechtsbehelf auf einem Stand der Technik beruht, der schon im Prüfungs-/Erteilungsverfahren berücksichtigt worden ist oder ob es sich insoweit um einen neuen Stand der Technik handelt. Ist der entgegengehaltene Stand der Technik schon berücksichtigt worden, so hat ein Verletzungsgericht regelmäßig wenig Anlass, von der sachkundigen Beurteilung im Erteilungsverfahren abzuweichen, sofern nicht der Erteilungsbehörde ein offenkundiger Fehler unterlaufen ist (Schulte/*Voß*/*Kühnen* PatG § 139 Rn. 284). Im Textbeispiel wird davon ausgegangen, dass es sich um einen neuen Stand der Technik handelt, der des Weiteren den Gegenstand des Klagepatents neuheitsschädlich vorwegnimmt.

15. Ebenso wie beispielsweise Aufgabe und Lösung aus dem gesamten Inhalt der Klagepatentschrift zu ermitteln sind (BGH Mitt. 2000, 105 – Extrusionskopf; BGH GRUR 1991, 811 – Falzmaschine), gilt dies für den Offenbarungsgehalt von druckschriftlichen Entgegenhaltungen (zu Einzelheiten vgl. *Mes* PatG § 3 Rn. 29 ff. mwN). Zum maßgeblichen **Offenbarungsgehalt** einer vorveröffentlichten schriftlichen Beschreibung gehört alles, was der Fachmann der Veröffentlichung nach ihrem Gesamtinhalt entnimmt (BGH GRUR 2009, 382 mAnm *Bublak/Coehn* Mitt. 2009, 119 – Olanzapin), zB dasjenige, was zwar in den Merkmalen des Patentanspruchs und im Wortlaut der Beschreibung nicht ausdrücklich erwähnt ist, aus der Sicht des Fachmanns jedoch sich nach seinem allgemeinen Fachwissen selbstverständlich oder nahezu unerlässlich ergibt und deshalb keiner besonderen Erwähnung bedarf. Dazu gehören insbesondere unmittelbar nahe liegende Abwandlungen, die der Fachmann quasi mitliest bzw. „zwischen den Zeilen liest" (BGH GRUR 2009, 382 = Mitt. 2009, 119 – Olanzapin; BGH GRUR 2002, 146 (148) li.Sp. – Luftverteiler; BGH Mitt. 2000, 67 (68) re.Sp. – Schmierfettzusammensetzung; BGH GRUR 1995, 330 (332) – Elektrische Steckverbindung; *Rogge* GRUR 1996, 931 (934); aA für das europäische Patent EPA Amtsbl. 1984, 401 – Spiroverbindungen/Ciba-Geigy: sog. „fotografischer" Neuheitsbegriff).

16. Widerrufsgründe/Nichtigkeitsgründe
  a) Widerrufsgründe in § 21 PatG
(1) Fehlende Patentfähigkeit gemäß §§ 1–5 PatG
(2) Unzureichende Offenbarung
(3) Widerrechtliche Entnahme
(4) Unzulässige Erweiterung
  b) Nichtigkeitsgründe in § 22 PatG
(1) Fehlende Patentfähigkeit gem. § 21 Abs. 1 Nr. 1 PatG
(2) Fehlende ausreichende Offenbarung gem. § 21 Abs. 1 Nr. 2 PatG
(3) Widerrechtliche Entnahme gem. § 21 Abs. 1 Nr. 3 PatG
(4) Unzulässige Erweiterung gem. § 21 Abs. 1 Nr. 4 PatG
(5) Zusätzlicher Nichtigkeitsgrund der nachträglichen Erweiterung gem. § 22 Abs. 1 PatG aE
  c) Widerrufs- und Nichtigkeitsgründe sind im Gesetz **abschließend** aufgezählt; was in §§ 21, 22 PatG als Grund nicht angegeben ist, kann auch nicht im Wege des Einspruchs bzw. der Nichtigkeitsklage geltend gemacht werden (BGH GRUR 2004, 47 (48) – Blasenfreie Gummibahn I; BGH GRUR 2003, 47 (48) – Sammelhefter; BGH GRUR 1998, 901 (902) – Polymermasse; BGH GRUR 1997, 612 – Polyethylenfilamente; *Mes* PatG § 22 Rn. 25 ff.). Keine Nichtigkeitsgründe sind daher insbesondere Unklarheiten oder Unzulänglichkeiten der Formulierungen (BGH GRUR 1997, 612 – Polyethylenfilamente), die Wahl einer unzutreffenden Patentkategorie (BGH GRUR 1967, 241 (242) – Mehrschichtplatte), Verzichte oder Beschränkungen im Erteilungsverfahren, die in den Patentansprüchen keinen Niederschlag gefunden haben , unbemerkt gebliebene Mängel des Erteilungsverfahrens (BPatG PMZ 1984, 380), Patenterschleichung (vgl. zu allem Vorstehenden *Mes* PatG § 22 Rn. 26 ff.).
  d) Weitere Widerrufs- bzw. Nichtigkeitsgründe, wie vorstehend skizziert, sind hier im Textbeispiel (unter Berufung auf den erhobenen Einspruch/die eingereichte Nichtigkeitsklage) näher darzulegen.

17. Ob eine Verletzung des Klagepatents vorliegt, hängt im Wesentlichen vom Schutzumfang ab (§ 14 PatG). Dieser erschließt sich am ehesten anhand einer Merkmalsanalyse (wie zu I. 2. im Textbeispiel schon angeführt). Mit einer solchen Merkmalsanalyse ist auf einer ersten Stufe der Inhalt der Patentansprüche zu bestimmen. In ihnen hat der Patentanmelder anzugeben, was er als patentfähig unter Schutz gestellt wissen möchte (§ 34 Abs. 3 Nr. 3 PatG). Der so verstandene Patentanspruch enthält die offenbarte und beanspruchte Erfindung (= den unmittelbaren Gegenstand des Patents; vgl. BGH GRUR 2004, 47 – Blasenfreie Gummibahn I; BGH GRUR 1993, 651 (653) – Tetraploide Kamille). Ist der unmittelbare Gegenstand des Patents anhand der Patentansprüche ermittelt, erfolgt auf einer zweiten Stufe die Ermittlung des Schutzumfangs des Patents (vgl. zB *Jestaedt* GRUR 2001,

10. Materielle Klageerwiderung (§ 9 S. 2 Nr. 1 PatG)   C. 10

939), nämlich der Vergleich des unmittelbaren Gegenstandes des Patents (der offenbarten und beanspruchten Erfindung) mit der anzugreifenden Ausführungsform (Verletzungsform). Dabei ist maßgeblich für die Bestimmung des Schutzbereichs des Patents und der Patentanmeldung der Inhalt der Patentansprüche. Diese sind mithin nicht nur bloßer Ausgangspunkt, sondern die entscheidende Grundlage für die Ermittlung des Schutzumfangs (BGHZ 98, 12 (18) = GRUR 1986, 803 (805) li.Sp. – Formstein; BGH GRUR 1994, 597 (599) re. Sp. – Zerlegvorrichtung für Baumstämme; BGH GRUR 1998, 1003 (1004) re.Sp. – Leuchtstoff). Zu weiteren Einzelheiten → Form. C.2 Anm. 9, → Form. C.5 Anm. 50.

Da schon im Zusammenhang mit den Ausführungen betreffend die Erfolgsaussichten der Nichtigkeitsklage (bzw. des Einspruchs) zu I. 1. dieses Textbeispiels Ausführungen zum (unmittelbaren) Gegenstand des Patents gemacht worden sind, kann auf die dort vorhandene Merkmalsanalyse im Zusammenhang mit den Ausführungen betreffend den Schutzumfang verwiesen werden. Ist ein Sachverhalt gegeben, bei dem eine Nichtigkeitsklage keine Aussicht auf Erfolg bietet und infolgedessen ein Aussetzungsantrag nicht in Betracht kommt, muss im Zusammenhang mit der Beurteilung und Abhandlung der Verletzungsform (in der Sprache des Beklagten regelmäßig nur als „angegriffene Ausführungsform" bezeichnet) eine Merkmalsanalyse erstellt und im Vergleich mit ihr die angegriffene Ausführungsform erörtert werden.

Im Textbeispiel wird zunächst zum Gegenstand des Patents und sodann (gleichzeitig) zum Inhalt der Nichtigkeitsklage vorgetragen. In der Praxis findet sich häufig auch eine abweichende Reihenfolge: Zunächst Darstellung des Gegenstandes des Patents, dann Verneinung des geltend gemachten Verletzungstatbestandes sowie anschließend Ausführungen zum fehlenden Rechtsbestand des Klagepatents.

18. Das Beispiel ist so gewählt, dass die Verwirklichung der Merkmale 1 bis 5 vernünftigerweise nicht bestritten werden kann. Infolgedessen wählt der Beklagte die Verteidigung mit einem „Dahinstehen lassen". Die Verteidigung konzentriert sich auf das Leugnen der Verwirklichung des Merkmals 6 der Merkmalsanalyse.

19. Vgl. dazu BGH GRUR 1994, 597 (600) – Zerlegvorrichtung für Baumstämme; fehlt es insbesondere bei der angegriffenen Ausführungsform an einem Merkmal, dessen besondere Bedeutung in der Patentschrift hervorgehoben ist, ist die Annahme einer Patentverletzung aus Gründen der Rechtssicherheit jedenfalls auszuschließen, BGH GRUR 1992, 40 (41) – Beheizbarer Atemluftschlauch. Der Schutz einer sog. Unterkombination (Teilkombination) scheidet aus (BGH GRUR 2007, 1059 – Zerfallszeitmessgerät). Von einer Unterkombination (Teilkombination) spricht man dann, wenn bei der angegriffenen Ausführungsform zumindest ein Merkmal des Anspruchs ersatzlos fehlt.

20. Sind weitere Einwendungen gegen die Annahme einer Patentverletzung zu erheben, so müssen sie hier gebracht werden. Weitere Einwendungen gegen die geltend gemachte Patentverletzung können sein (vgl. dazu *Mes* PatG § 9 Rn. 73 ff., sowie → Form. C.2 Anm. 38)

    a) Erlöschen des Patents (Einzelheiten in § 20 Abs. 1 PatG, nämlich infolge schriftlichen Verzichts, infolge nicht rechtzeitiger Erfinderbenennung oder nicht rechtzeitiger Zahlung der Jahresgebühr)

    b) Ablauf der Schutzdauer (§ 16 PatG)

    c) Erschöpfung wegen Vertriebshandlungen im In- oder Ausland (dazu *v. der Groeben*, FS Mes, 2009, 141; *Laudien* GRUR Int. 2000, 617; *Sack* GRUR Int. 2000, 610; *Sack* GRUR 1999, 193; *Mager* GRUR 1999, 637; *Beier* GRUR Int. 1996, 1; BGH GRUR 2000, 299 – Karate; BGH GRUR 1998, 130 (132) – Handhabungsgerät; BGH GRUR 1997, 116 – Prospekthalter; LG Düsseldorf Mitt. 2000, 458 – Dämmstoffbahn; LG Düsseldorf Mitt. 1999, 179 – Levitationsmaschine; LG Düsseldorf InstGE 1, 146 – Proteinderivat; für das Schweizer Recht: Schweizer Bundesgericht GRUR Int. 2000, 639

– Kodak II; Handelsgericht Zürich GRUR Int. 1999, 555 – Kodak) oder zB infolge von Schadensersatzlizenzzahlung (dazu LG München Mitt. 1998, 262; OLG Düsseldorf Mitt. 1998, 358 – Durastep);
d) **Rechtmäßige Benutzung**
(1) Infolge Zustimmung (§ 9 S. 2 PatG, ebenso § 10 Abs. 1 PatG) des Patentinhabers bzw. des ausschließlichen Lizenznehmers; Lizenzbereitschaftserklärung (§ 23 Abs. 3 S. 4 PatG); Zwangslizenz (§ 24 Abs. 1 PatG)
(2) Kraft Gesetzes sind gemäß § 11 PatG die dort beschriebenen Benutzungshandlungen von vornherein keine tatbestandsmäßigen Patentverletzungen
(3) Ein Vorbenutzungsrecht gemäß § 12 PatG schließt Rechtswidrigkeit aus. Vgl. dazu BGH GRUR 2002, 231 – Biegevorrichtung; LG Düsseldorf InstGE 2, 253 – Wirbelkammer; *Bartenbach/Bartenbach*, FS Eisenführ, 2003, 115; *Busche* GRUR 1999, 645; *Keukenschrijver* GRUR 2001, 944; *Kühnen*, FS Mes, 2009, 233; *Müller* Mitt. 2001, 151; *Nirk* GRUR 2001, 984; *Sehirlali/Bjerke* GRUR Int. 2001, 828; zur Unerheblichkeit einer Vorbenutzung im Ausland: LG Düsseldorf InstGE 1, 259 = Mitt. 2001, 561 – Laborthermostat II. Hierher gehört ggf. auch ein Recht an einem älteren Patent oder Gebrauchsmuster (vgl. § 14 GebrMG; das gilt auch für den Lizenznehmer, BGH GRUR 1994, 606 (610) – Förderband)
(4) Weiterbenutzungsrechte schließen Rechtswidrigkeit der Patentbenutzung aus, zB infolge Wiedereinsetzung in den vorigen Stand nach Erlöschen und Wiederinkrafttreten des Patents (§ 123 Abs. 5, Abs. 6 PatG, dazu LG München Mitt. 1998, 33 – Weiterbenutzungsrecht im Falle einer Teilung im Einspruchsverfahren; Art. 122 Abs. 6 EPÜ); Weiterbenutzungsrechte infolge der Erstreckung von Schutzwirkungen eines Patents (§§ 9, 26 ff. ErstrG; dazu *Brändel* GRUR 1993, 169; BGH GRUR 2003, 507 – Enalapril). Insbesondere: Weiterbenutzungsrechte infolge fehlerhafter deutscher Übersetzung eines in fremder Verfahrenssprache erteilten europäischen Patents (Art. II § 3 Abs. 5 IntPatÜG; *Rogge* GRUR 1993, 284)
(5) Behördliche Anordnung gemäß § 13 PatG beseitigt Rechtswidrigkeit
(6) Inanspruchnahme einer patentierten Arbeitnehmererfindung beseitigt Rechtswidrigkeit der Benutzung (§§ 6, 7 Abs. 1 ArbNEG).
(7) Missbräuchliche Ausnutzung des Patents, insbesondere unter Verstoß gegen Art. 102 AEUV (ex Art. 82 EG); dazu und zu dem sog. FRAND-Einwand vgl. *Mes* PatG § 9 Rn. 111 ff.; → Form. C.4 Anm. 2.

21. Weitere Gründe, die den Tatbestand der Patentbenutzung/der Rechtswidrigkeit der Benutzung ausschließen:
a) **Nichtigkeit bzw. Widerrufbarkeit des Patents.** Relevant grundsätzlich nur gemäß § 148 ZPO unter Hinweis auf eine erhobene Nichtigkeitsklage bzw. einen Einspruch und in Verbindung mit dem Antrag, den Patentverletzungsprozess auszusetzen (vgl. Einzelheiten oben).
b) „**Freier Stand der Technik**". Mit dieser „Kurzbezeichnung" wird der sog. „Formsteineinwand" angesprochen. Er ist erheblich nur gegenüber nicht wortsinngemäßen (BGH GRUR 1999, 914 (918) – Kontaktfederblock), sondern äquivalenten Patentverletzungen. Er bedeutet: Gegenüber einer als äquivalent unter dem rechtlichen Gesichtspunkt der Patentverletzung angegriffenen Ausführungsform kann geltend gemacht werden, diese (die angegriffene Ausführungsform) stelle mit Rücksicht auf den vorbekannten Stand der Technik keine patentfähige Erfindung dar, weil entweder schon nicht neu oder jedenfalls nicht auf erfinderischer Tätigkeit beruhend (BGH GRUR 1986, 803 (805) – Formstein; BGHZ 134, 353 = GRUR 1997, 454 – Kabeldurchführung; BGH GRUR 2002, 515 (517) li.Sp. – Schneidmesser I; BGH GRUR 2002, 519 (521) li.Sp. – Schneidmesser II; BGH GRUR 2002, 523 (525 f.) jeweils li.Sp. – Custodiol I; LG Düsseldorf GRUR 1994, 509 –

10. Materielle Klageerwiderung (§ 9 S. 2 Nr. 1 PatG)   C. 10

Rollstuhlfahrrad; *Kühnen* GRUR 1996, 729; *Scharen* GRUR 1999, 285). Weitere Einzelheiten zur Äquivalenz und zum „Formsteineinwand" → Form. C.5 Anm. 43.

c) **Widerrechtliche Entnahme** begründet einen Einwand gegen die Inanspruchnahme wegen vermeintlicher Patentverletzung, allerdings nur zu Gunsten des durch die widerrechtliche Entnahme Betroffenen (RGZ 130, 158 (160); *Mes* PatG § 8 Rn. 22 f.).

d) **Unzulässige Erweiterung.** Ein entsprechender Einwand kann im Verletzungsprozess regelmäßig nicht erhoben werden (anders noch § 26 Abs. 5 PatG 1968). Die unzulässige Erweiterung ist Widerrufsgrund und dementsprechend mögliche Grundlage für einen Einspruch (§§ 21 Abs. 1 Nr. 4, 59, 61 PatG) oder eine Nichtigkeitsklage (§§ 21 Abs. 1 Nr. 4, 22, 81 PatG); Aussetzungsantrag gemäß § 148 ZPO.

e) **Doppelpatentierung**; gemäß Art. II § 8 IntPatÜG erheblich, LG Düsseldorf GRUR 1993, 812 – Signalübertragungsvorrichtung; LG Düsseldorf GRUR Int. 1989, 695 – Halbschalenlagerung; vgl. *Mes* GRUR 2001, 976; *Kühnen*, FS König, 2003, S. 309.

f) **Verjährung.** Beseitigt nicht den Tatbestand der Rechtswidrigkeit, sondern begründet eine Einrede. Regelung in § 141 PatG unter Bezugnahme auf §§ 194 ff. BGB. Die (regelmäßige) Verjährungsfrist beträgt auch für Unterlassungsansprüche 3 Jahre (§§ 194 Abs. 1, 195 BGB), und zwar mit dem Schluss des Jahres, mit dem der Anspruch entstanden ist und der Gläubiger von den den Anspruch begründenden Umständen und der Person des Schuldners Kenntnis erlangt hat oder ohne grobe Fahrlässigkeit erlangen müsste (§ 199 Abs. 1 BGB). Bei Unterlassungsansprüchen allerdings entsteht mit jeweiliger erneuter Begehung ein neuer Unterlassungsanspruch (Busse/Keukenschrijver PatG § 141 Rn. 9, 28). Das führt im Ergebnis dazu, dass Unterlassungsansprüche solange nicht verjähren, als Zuwiderhandlungen vorgekommen oder zu besorgen sind.

Die Ansprüche auf Schadensersatz, Rechnungslegung, Vernichtung (§ 140a PatG) und Drittauskunft (§ 140b PatG) unterliegen ebenfalls gemäß § 141 S. 1 PatG der Verjährung. Für Entschädigungsansprüche wegen Benutzung einer offengelegten Patentanmeldung gilt nicht § 141 PatG, sondern § 33 Abs. 3 PatG. Danach finden auch für die Verjährung des Entschädigungsanspruchs die §§ 194 ff. BGB entsprechende Anwendung, allerdings mit der Maßgabe, dass die Verjährung frühestens ein Jahr nach Erteilung des Patentes eintritt (§ 33 Abs. 3 S. 1 PatG).

Zum sog. Restschadensersatzanspruch: Hat der Patentverletzer durch die Patentverletzungshandlungen auf Kosten des Verletzten etwas erlangt (zB die Ersparnis einer Lizenzgebühr), kann er auch nach Eintritt der Verjährung des Anspruchs auf Ersatz des aus einer unerlaubten Handlung entstehenden Schadens zur Herausgabe nach den Vorschriften über die Herausgabe einer ungerechtfertigten Bereicherung verpflichtet sein. Dieser Anspruch verjährt gemäß § 852 S. 2 BGB in 10 Jahren von seiner Entstehung an, ohne Rücksicht auf die Entstehung in 30 Jahren von der Begehung der Verletzungshandlung oder dem sonstigen, den Schaden auslösenden Ereignis an.

g) **Verwirkung.** Beseitigt nicht den Tatbestand der Rechtswidrigkeit, begründet jedoch eine Einrede. Wegen der zeitlich begrenzten Schutzdauer eines Patentes ist dieser Einwand im Patentverletzungsprozess selten erfolgreich. Es ist zwischen Unterlassungsansprüchen einerseits und Ansprüchen auf Schadensersatz/Bereicherung andererseits zu unterscheiden.

Beim Unterlassungsanspruch kommt Verwirkung in Betracht, wenn der Patentinhaber über einen längeren Zeitraum untätig geblieben ist, obwohl er den Verstoß gegen seine Rechte kannte oder bei der gebotenen Wahrung seiner Interessen kennen musste, so dass der Verletzer mit der Duldung seines Verhaltens rechnen durfte und sich daraufhin einen wertvollen Besitzstand geschaffen hat (BGH GRUR 2001, 323 (325) li.Sp. – Temperaturwächter).

Die Verwirkung eines Schadensersatzanspruchs setzt demgegenüber keinen vergleichbaren schutzwürdigen Besitzstand voraus, sondern nur, dass der Schuldner auf Grund eines hinreichend lange dauernden Duldungsverhaltens des Rechtsinhabers darauf vertrauen durfte, dieser werde nicht mehr mit Schadensersatzansprüchen wegen solcher

Handlungen an den Schuldner herantreten, die er auf Grund des geweckten Duldungsanscheins vorgenommen hat (BGH GRUR 2001, 323 (325) li.Sp. – Temperaturwächter).

Der der Entscheidung „Temperaturwächter" zugrunde liegende Sachverhalt war dadurch gekennzeichnet, dass ein außergewöhnlich langer Zeitraum zwischen Kenntnis des Verletzungsgegenstandes und Geltendmachung der Rechte bestand, nämlich von ca. 21 Jahren (BGH GRUR 2001, 323 (327) li.Sp. oben – Temperaturwächter). Regelmäßig gelten erhöhte Anforderungen an die Geltendmachung des Verwirkungseinwandes (vgl. BGH GRUR 1994, 597 (602) – Zerlegvorrichtung für Baumstämme; vgl. allerdings auch OLG Düsseldorf GRUR-RR 2013, 1 – Haubenstretchautomat: Danach soll Verwirkung gegeben sein, wenn bei (erfolgreicher) Geltendmachung eines Verfahrensanspruchs aus dem Patent (mithin: mittelbare Patentverletzung) der Kläger erst nach geraumer Prozessdauer auch den Vorrichtungsanspruch (unmittelbare Patentverletzung) geltend macht. Diese Auffassung steht unter Zweifel, weil nicht erkennbar ist, wie zu Gunsten des Beklagten ein schutzwürdiger Besitzstand entstanden sein kann, wenn er jedenfalls der (mittelbaren) Patentverletzung schuldig ist.

h) **Patenterschleichung**; als Einwand nur selten erfolgreich (BGH GRUR 1965, 231 (234) li.Sp. oben – Zierfalten). Voraussetzung ist, dass der Patentinhaber vorsätzlich sittenwidrig im Erteilungsverfahren ihm bekannten neuheitsschädlichen Stand der Technik verschwiegen hat; dazu *Mes* PatG § 9 Rn. 108.

Fristen

22. Die vom Gericht gesetzten Einlassungs- und Erwiderungsfristen sind einzuhalten (§§ 274 Abs. 2, 277 Abs. 3, 296 ZPO).

11. Materielle Erwiderung auf eine Klage wegen Patentverletzung in Form einer Verfahrensbenutzung (§ 9 S. 2 Nr. 2 PatG)

Landgericht

...... Zivilkammer (Patentkammer)[1, 2, 3]

......

In Sachen

– A –   (RA ......)

gegen

– B –   (RA ......)

Az ......

Termin: ......

werde ich in Ergänzung zu den Anträgen auf Klageabweisung im Schriftsatz vom ......[3] des Weiteren beantragen,

den Rechtsstreit bis zur rechtskräftigen Erledigung der gegen das Klagepatent DE ...... erhobenen Nichtigkeitsklage[4] auszusetzen.[5]

11. Materielle Klageerwiderung (§ 9 S. 2 Nr. 2 PatG) C. 11

Begründung:

I.

Das DE...... (im Folgenden auch: Klagepatent) ist nicht rechtsbeständig.[6] Seitens der Beklagten zu 1 ist die als

Anlage B 1

überreichte Nichtigkeitsklage erhoben worden, und zwar gestützt auf die ebenfalls überreichten Entgegenhaltungen, nämlich

DE-......, überreicht als Anlage B 2
FR-PS......, überreicht als Anlage B 3.

Zur Vermeidung von Wiederholungen wird auf den Inhalt der Nichtigkeitsklage in vollem Umfang Bezug genommen. In ihr wird der Gegenstand des Klagepatents dem vorbekannten Stand der Technik gegenübergestellt und es wird des Weiteren erläutert, dass die Nichtigkeitsgründe...... gegeben sind. Die Nichtigkeitsklage wird mit überwiegender Wahrscheinlichkeit zur Nichtigerklärung des Klagepatentes führen.

II.

Die Beklagten machen auch von der Lehre des Klagepatents keinen Gebrauch.[7, 8]

1. Die Klägerin übersieht schon, dass die Beklagte zu 1 in der von der Klägerin überreichten Werbeanzeige (Anlage K 4 zur Klageschrift) das klagepatentgegenständliche Verfahren Dritten nicht zur Nutzung anbietet. Vielmehr bewirbt die Beklagte zu 1 dort ihr eigenes Verfahren, das sich von demjenigen des Klagepatents im Zusammenhang mit dem Merkmal 5 deutlich unterscheidet. Die Klägerin hat den technischen Sachverhalt in der Klageschrift unzutreffend dargestellt. Entgegen der dortigen Darstellung ist es nämlich nicht so, dass für den Antrieb des Austragsförderers bei der Vorrichtung der Beklagten eine Steuereinrichtung vorgesehen ist, die den Antrieb des Austragsförderers in Abhängigkeit von der Absetzhöhe des Sandes im Behälter steuert. Vielmehr benutzt die Vorrichtung der Beklagten überhaupt keine Steuereinrichtung, sondern lediglich eine Zeitschaltung. Diese sorgt dafür, dass der Antrieb des Austragsförderers eingeschaltet wird, wenn die Gesamtanlage eine gewisse Zeit, zB eine halbe Stunde, in Betrieb gewesen ist. Zu diesem Zeitpunkt wird der Antrieb des Austragsförderers in Betrieb gesetzt, gleichgültig in welcher Höhe der Sand im Behälter steht. Es fehlt mithin an dem Merkmal 5, wonach der Antrieb des Austragsförderers durch eine Steuereinrichtung in Abhängigkeit von der Absetzhöhe des Sandes im Behälter gesteuert wird.

Um einer etwaigen Berufung der Klägerin auf eine vermeintliche Äquivalenz von vornherein vorzubeugen, wird seitens der Beklagten darauf hingewiesen, dass die von ihr gewählte Maßnahme technisch nicht mit dem Merkmal 5 des Hauptanspruchs des Klagepatents gleichzusetzen ist.[9] Wenn dieses Merkmal lehrt, dass der Antrieb des Austragsförderers infolge einer Steuereinrichtung in Abhängigkeit von der Absetzhöhe des Sandes im Behälter betätigt werden soll, so soll durch diesen funktionalen Zusammenhang nach der Lehre der Klagepatentschrift und insbesondere auch unter Berücksichtigung des eigenen Vorbringens der Klägerin in der Klageschrift sichergestellt sein, dass immer nur eine bestimmte Sandmenge ausgefördert wird, wohingegen eine Mindestmenge verbleiben muss. Diese erfindungswesentliche Funktion wird seitens der angegriffenen Vorrichtung der Beklagten nicht verwirklicht.

Beweis im Falle des Bestreitens: Sachverständigengutachten.

Fehlt es schon an der technischen Gleichwirkung, so ist Äquivalenz ausgeschlossen.

2. Aus den vorstehenden Ausführungen ist schon deutlich, dass die Vorrichtung der Beklagten sich im Hinblick auf das Verfahrensmerkmal 5 erheblich von der Lehre des Klagepatents unterscheidet. Soweit die Klägerin zur Vorrichtung selbst vorträgt und geltend macht, es werde der jeweilige Sandzuwachs bei der Vorrichtung der Beklagten in der Weise gemessen, dass ein Sensor eingesetzt werde, der die Mindesthöhe misst, hat die Klägerin schlicht ein Vorrichtungsteil aufseiten der Beklagten verwechselt. Es ist zwar richtig, dass im Behälter bei der Vorrichtung der Beklagten ein Sensor vorhanden ist, dieser dient jedoch einem völlig anderen Zweck als der Messung der Mindesthöhe des Sandkuchens. Dazu wird ausgeführt:
......[10]

Rechtsanwalt

Schrifttum: Vgl. die Hinweise zu → Form. C.10.

Anmerkungen

1. Es wird davon ausgegangen, dass zuvor eine formelle Klageerwiderung (→ Form. C.9) seitens der Beklagten eingereicht worden ist. Fehlt es daran, müssen die dort vorgesehenen Anträge und Erklärungen in die sog. „materielle" Klageerwiderung aufgenommen werden. Diese enthält das gesamte sachliche Verteidigungsvorbringen.

2. Es handelt sich um das Gegenstück zu → Form. C.6, nämlich um die Erwiderung auf die dortige Klage.

3. Wie in → Form. C.10 Anm. 2 wird auch hier davon ausgegangen, dass seitens des (der) Beklagten eine Nichtigkeitsklage erhoben worden ist, um jedenfalls die Aussetzung des Rechtsstreits bis zur erstinstanzlichen Entscheidung des Bundespatentgerichts über die erhobene Nichtigkeitsklage zu erreichen (§ 148 ZPO). Zu Einzelheiten → Form. C.10 Anm. 2, 3. Ist gegen das Klagepatent noch ein Einspruch oder zumindest die Beteiligung an einem Einspruchsverfahren Dritter möglich, so tritt an die Stelle der Nichtigkeitsklage das Einspruchsverfahren. → Form. C.10 Anm. 2, 3.

4. Die Wahrscheinlichkeit eines Erfolges der Nichtigkeitsklage (des Einspruchs) muss seitens des Verletzungsgerichts im Wege des **Freibeweises** beurteilt werden. Dazu vgl. → Form. C.10 Anm. 4. Regelmäßig wird zunächst nur die Aussetzung des Patentverletzungsprozesses bis zur **erstinstanzlichen** Entscheidung im Nichtigkeitsverfahren (bzw. im Einspruchsverfahren) in Betracht kommen (→ Form. C.10 Anm. 2).

5. Der Beschluss, mit dem das Verletzungsgericht das Verletzungsverfahren gemäß § 148 ZPO aussetzt, ist für den Kläger im Wege der sofortigen Beschwerde (§§ 252, 567 ff. ZPO) angreifbar. Zu Einzelheiten → Form. C.10 Anm. 5.

6. Zur Ausgestaltung des Sachvortrages betreffend den fehlenden Rechtsbestand des Klagepatents sowie zum Aufbau der Verteidigung kann auf die Ausführungen zu I. 1. bis 4. in → Form. C.10 mit Anmerkungen verwiesen werden.

7. Die Ausführungen betreffend das Fehlen eines Verletzungstatbestandes folgen regelmäßig dem Aufbau der Darstellung in der Klageschrift. Zur Notwendigkeit einer Merkmalsanalyse und zu weiteren Einzelheiten → Form. C.10 Anm. 17, 20 sowie das Textbeispiel dort zu II. 1. bis 3.

8. Unterschiede betreffend die Darlegung des fehlenden Verletzungstatbestandes ergeben sich insbesondere aus den Tatbestandsmerkmalen des § 9 S. 2 Nr. 2 PatG 1981.

12. Materielle Klageerwiderung (§ 9 S. 2 Nr. 3 PatG)   C. 12

Seitens des Beklagten ist darzulegen, dass er weder ein Verfahren, das Gegenstand des Patents ist, angewendet noch angeboten hat. Steht die Anwendung des Verfahrens in unmittelbarem Zusammenhang mit einer Vorrichtung, muss des Weiteren auch dargelegt werden, dass die Vorrichtung als solche nicht zur Ausübung des Verfahrens geeignet ist. Zum Tatbestand der mittelbaren Patentverletzung → Form. C.8, → Form. C.13.

9. Darlegung betreffend das Fehlen einer äquivalenten Patentverletzung. Zu den Voraussetzungen der Äquivalenz → Form. C.5 Anm. 43. Die im Textbeispiel vorgesehene vorsorgliche Verteidigung des Beklagten, es liege keine äquivalente Patentverletzung vor, ist nicht zwingend geboten. Maßgeblich sind jeweils die Umstände des Einzelfalles, insbesondere die Überlegung, wie sehr der Gesichtspunkt der Äquivalenz nahe liegt.

Fristen

10. Die vom Gericht gesetzten Einlassungs- und Erwiderungsfristen sind einzuhalten (§§ 274 Abs. 2, 277 Abs. 3, 296 ZPO).

12. Materielle Erwiderung auf eine Klage wegen Patentverletzung gemäß § 9 S. 2 Nr. 3 PatG

Landgericht

...... Zivilkammer (Patentkammer)[1, 2]

......

In Sachen

A   (RA ......)

gegen

B   (RA ......)

Az ......

Termin: ......

werde ich in Ergänzung zu den Anträgen auf Klageabweisung im Schriftsatz vom ......[3] des Weiteren beantragen,

den Rechtsstreit bis zur rechtskräftigen Erledigung der gegen das Klagepatent DE ...... erhobenen Nichtigkeitsklage[4] auszusetzen.[5]

Zur

Begründung

des vorstehenden Aussetzungsantrages sowie der diesseitigen Anträge auf Klageabweisung wird folgendes ausgeführt:

I.

Das DE ......, im Folgenden auch Klagepatent, ist nicht rechtsbeständig.[6] Seitens der Beklagten zu 1 ist Nichtigkeitsklage erhoben worden, die ich als

Anlage B 1

überreiche ......[7]

II.

Seitens der Beklagten wird das Klagepatent auch nicht verletzt.

1. Es ist zwar richtig, dass die Beklagte ua mit Schüttgut handelt. Es ist ebenfalls richtig, dass die Beklagte dieses Schüttgut – teilweise – von der B GmbH bezieht. Seitens der Beklagten wird jedoch mit Nichtwissen bestritten, dass die B GmbH dasjenige Verfahren benutzt, das von der Klägerin in der Klageschrift geschildert wird.[8]

2. ......[9, 10]

Rechtsanwalt

Schrifttum: Vgl. die Hinweise zu → Form. C.7.

Anmerkungen

1. Das Textbeispiel geht davon aus, dass zuvor eine formelle Klageerwiderung (→ Form. C.9) seitens der Beklagten eingereicht worden ist. Sollte dies nicht der Fall gewesen sein, muss die nachfolgende „materielle" Klageerwiderung nicht nur das gesamte sachliche Verteidigungsvorbringen enthalten, sondern auch diejenigen Anträge/Erklärungen, die üblicherweise in der formellen Klageerwiderung vorzubringen sind. Die nachfolgende „materielle" Klageerwiderung enthält das gesamte sachliche Verteidigungsvorbringen.

2. Es handelt sich inhaltlich um das Gegenstück zu → Form. C.7, mit dem auf die dortige Klage erwidert wird.

3. Wie in → Form. C.10 Anm. 2 wird auch für dieses Textbeispiel davon ausgegangen, dass seitens der Beklagten eine Nichtigkeitsklage erhoben worden ist, um jedenfalls eine Aussetzung des Rechtsstreits bis zur erstinstanzlichen Entscheidung des Bundespatentgerichts über die erhobene Nichtigkeitsklage zu erreichen (§ 148 ZPO). Ist noch ein Einspruch gegen das Klagepatent oder ist zumindest die Beteiligung an einem anhängigen Einspruchsverfahren Dritter möglich, so tritt an die Stelle der Nichtigkeitsklage das Einspruchsverfahren. Zu Einzelheiten → Form. C.10 Anm. 2, 3.

4. Der Verletzungsrichter muss die Wahrscheinlichkeit eines Erfolges der Nichtigkeitsklage im Wege des **Freibeweises** beurteilen. Einzelheiten dazu in → Form. C.10 Anm. 4.

5. Der Aussetzungsbeschluss ist für den Kläger im Wege der sofortigen Beschwerde angreifbar (§§ 252, 567 ff. ZPO). Zu Einzelheiten → Form. C.10 Anm. 5.

6. Es empfiehlt sich regelmäßig, in der Klageerwiderung zunächst auf das Klagepatent einzugehen, es zu analysieren und in seinem Rechtsbestand zu erörtern. Insoweit bietet es sich an, in diesem Zusammenhang auf eine erhobene Nichtigkeitsklage einzugehen und den eingangs des Schriftsatzes gestellten Aussetzungsantrag zu begründen. Dieser Aufbau ist nicht zwingend. Selbstverständlich kann auch zunächst der geltend gemachte Verletzungstatbestand erörtert werden. Zur Ausgestaltung eines Sachvortrages betreffend die Verteidigung mit einer Nichtigkeitsklage wird auf die Ausführungen zu I. 1. bis 4. in → Form. C.10 mit zugehörigen Anmerkungen verwiesen.

12. Materielle Klageerwiderung (§ 9 S. 2 Nr. 3 PatG) C. 12

7. Die Ausführungen betreffend den fehlenden Verletzungstatbestand folgen regelmäßig dem Aufbau der Darstellung in der Klageschrift. Zur Notwendigkeit einer Merkmalsanalyse und zu weiteren Einzelheiten → Form. C.10 Anm. 17, 20 sowie das Textbeispiel dort zu II. 1. bis 3.

8. Die Beklagte darf als Abnehmer eines Vorlieferanten den Sachvortrag der Klägerin betreffend das vom Vorlieferanten eingesetzte Verfahren mit Nichtwissen bestreiten (§ 138 Abs. 4 ZPO). Der Kläger muss dann darlegen und insbesondere beweisen, dass das angegriffene Erzeugnis unmittelbar durch das klagepatentgegenständliche Verfahren hergestellt worden ist. Dazu interessieren zwei Problemkreise:
Ein erstes (Beweis-)Problem kann sich daraus ergeben, dass der Kläger sehr oft keine nähere Kenntnis über das Herstellungsverfahren hat, lediglich auf Grund bestimmter Eigenschaften des Erzeugnisses davon ausgeht, dass das patentgeschützte Verfahren eingesetzt worden ist. § 139 Abs. 3 PatG enthält eine Beweiserleichterung. Bis zum Beweis des Gegenteils gilt das gleiche Erzeugnis, das von einem nicht Berechtigten hergestellt worden ist, als nach dem patentierten Verfahren hergestellt, wenn das Patent ein Verfahren zur Herstellung eines **neuen** Erzeugnisses schützt. Diese Regelung entspricht Art. 34 Abs. 1 Buchst. a TRIPS. Voraussetzung ist die Neuheit des hergestellten Erzeugnisses. Neu im Sinne des § 139 Abs. 3 PatG bedeutet nicht neu im Sinne des § 3 PatG. Es genügt, dass sich das Erzeugnis in irgendeiner mit Sicherheit unterscheidbaren Eigenschaft (zB auf chemischem Gebiet) von dem Vorbekannten abhebt (LG München GRUR 1964, 679 (680) li.Sp. – Appreturmittel). Ferner ist Voraussetzung, dass das angegriffene Erzeugnis ein solches gleicher Beschaffenheit wie das patentgeschützte Erzeugnis ist (BGHZ 67, 38 (44 ff.) = GRUR 1977, 100 (104 f.) – Alkylendiamine). Im Beispielsfall sind die tatbestandlichen Voraussetzungen des § 139 Abs. 3 PatG nicht gegeben. Denn das (→ Form. C.7) klagegegenständliche Schüttgut ist ersichtlich nicht neu im Sinne dieser Bestimmung. Etwas anderes könnte nur dann gelten, wenn es spezifische Eigenschaften hätte, die vorbekanntes Schüttgut nicht hatte.
Eine weitere Schwierigkeit im Zusammenhang mit § 9 S. 2 Nr. 3 PatG besteht in dem Erfordernis der Unmittelbarkeit. Ein derivativer Erzeugnisschutz gemäß § 9 S. 2 Nr. 3 PatG greift nur dann ein, wenn das Erzeugnis **unmittelbar** durch das patentgegenständliche Verfahren hergestellt worden ist. Die Bestimmung dieses Merkmals macht bei mehrstufigen Produktionsverfahren Schwierigkeiten, von denen nur eine Produktionsstufe verfahrenspatentrechtlich geschützt ist. Zu dieser Problematik vgl. *Mes* GRUR 2009, 305; *Mes* PatG § 9 Rn. 61 ff. mwN; Busse/Keukenschrijver PatG § 9 Rn. 105 ff. Wird ein letzter Teilakt des Verfahrens durch einen Dritten ausgeübt, so kann es sich sowohl um den Fall einer unmittelbaren Patentverletzung wie auch darum handeln, dass ein aus einem solchen Verfahrensablauf gewonnenes Produkt ein unmittelbares Verfahrenserzeugnis im Sinne von § 9 Nr. 3 PatG ist (vgl. LG Düsseldorf GRUR-RR 2001, 201 – Cam-Carpet).

9. Zu weiteren Verteidigungseinwendungen → Form. C.10 Anm. 20, 21. Allerdings kann im Zusammenhang mit einer Patentverletzung gemäß § 9 S. 2 Nr. 3 ZPO nicht geltend gemacht werden, das Herstellungsverfahren werde im Ausland ausgeübt (*Mes* PatG § 9 Rn. 68 mwN).

Fristen

10. Die vom Gericht gesetzten Einlassungs- und Erwiderungsfristen sind einzuhalten (§§ 274 Abs. 2, 277 Abs. 3, 296 ZPO).

13. Materielle Erwiderung auf eine Klage wegen mittelbarer Patentverletzung (§ 10 PatG)

Landgericht
Zivilkammer (Patentkammer)[1, 2]
......

In Sachen

– A – (RA ......)

gegen

– B – (RA ......)

Az ......
Termin: ......

werde ich in Ergänzung zu den Anträgen auf Klageabweisung im Schriftsatz vom ......[3] des Weiteren beantragen,

den Rechtsstreit bis zur rechtskräftigen Erledigung der gegen das Klagepatent DE ...... erhobenen Nichtigkeitsklage[4] auszusetzen.[5]

Begründung:

I.

Das DE ...... (im Folgenden auch: Klagepatent) ist nicht rechtsbeständig.[6] Die Beklagte zu 1 hat daher Nichtigkeitsklage zum Bundespatentgericht erhoben, die ich in Kopie als

Anlage B 1

überreiche. Zur Vermeidung von Wiederholungen nehme ich in vollem Umfang Bezug auf den Inhalt der Nichtigkeitsklage gemäß Anlage B 1. Ich trage zum besseren Verständnis das Folgende vor: ......[7]

II.

Der Tatbestand der mittelbaren Patentverletzung ist seitens der Beklagten nicht verwirklicht.[8]

1. Das Klagebegehren ist schon unschlüssig. Die Klägerin übersieht, dass seitens der Beklagten lediglich allgemein im Handel erhältliche Erzeugnisse angeboten und vertrieben werden.[9] Diese sind gemäß § 10 Abs. 2 PatG vom Verbot der mittelbaren Patentverletzung jedenfalls so lange ausgeschlossen, als seitens der Beklagten die Lieferempfänger nicht bewusst veranlasst werden, den Tatbestand einer unmittelbaren Patentverletzung zu verwirklichen. Bei den von der Beklagten angebotenen Erzeugnissen handelt es sich um solche, ...

2. Selbst wenn die angerufene Kammer der Auffassung der Beklagten von der Unschlüssigkeit des Klagebegehrens schon auf Grund der Bestimmung des § 10 Abs. 2 PatG nicht folgen sollte, fehlt es an einer mittelbaren Patentverletzung. Insoweit ergibt sich schon ein weiteres Mal, dass das Vorbringen der Klägerin unsubstantiiert und daher auch unschlüssig ist. Denn das von der Klägerin als Anlage K 3 überreichte Angebot der Beklagten zu 1 ist nicht an einen Abnehmer oder Interessenten im Bereich der

13. Materielle Klageerwiderung (§ 10 PatG)   C. 13

Bundesrepublik Deutschland gerichtet, sondern an einen Adressaten in Frankreich.[10] Auf der von der Klägerin als Anlage K 3 überreichten Kopie eines Angebots der Beklagten zu 1 ist das Adressenfeld abgedeckt. Als

Anlage B 2

überreiche ich für die Beklagte eine Kopie des Durchdrucks des Angebots, dessen Original an den französischen Interessenten gerichtet worden war. Im Falle des Bestreitens werde ich das Original eben dieses Durchdrucks in der mündlichen Verhandlung vorlegen. Aus der diesseits überreichten Anlage ist ersichtlich, dass es sich um einen französischen Abnehmer handelt. Dann fehlt es seitens der Beklagten an einer Tathandlung, die sich auf ein Angebot oder eine Lieferung der Benutzung der Erfindung im Geltungsbereich des Patentgesetzes erstrecken könnte. Für ausländische Patentbenutzungshandlungen ist der Tatbestand der mittelbaren Patentverletzung nicht verwirklicht.

3. Lediglich höchst vorsorglich wird für die Beklagten des Weiteren in tatsächlicher Hinsicht zum geltend gemachten Verletzungstatbestand ausgeführt:
..... [11, 12]

Rechtsanwalt

Schrifttum: Vgl. die Hinweise zu → Form. C.8 und → Form. C.10.

Anmerkungen

1. Es wird davon ausgegangen, dass zuvor eine formelle Klageerwiderung (→ Form. C.9) seitens der Beklagten eingereicht worden ist. Die „materielle" Klageerwiderung enthält nunmehr das gesamte sachliche Verteidigungsvorbringen. Hat es zuvor keine formelle Klageerwiderung gegeben, müssen die dort vorgesehenen Anträge/Erklärungen natürlich in die materielle Klageerwiderung aufgenommen werden.

2. Das Formular bezieht sich inhaltlich auf das → Form. C.8.

3. → Form. C.11 Anm. 3.

4. → Form. C.11 Anm. 4.

5. → Form. C.11 Anm. 5.

6. → Form. C.11 Anm. 6.

7. Die Nichtigkeitsklage ist einschließlich sämtlicher dort angeführter Anlagen zu überreichen. Es empfiehlt sich, die Anlagen nach Maßgabe eines „Konkordanzverzeichnisses" aufzuführen und zu benennen. Es kann sich je nach den Umständen des Einzelfalles, insbesondere bei schwierigeren technischen Sachverhalten, empfehlen, den Inhalt der Nichtigkeitsklage noch einmal für die Richter des Zivilgerichtes „zu übersetzen", dh bestimmte technische Hintergründe (die in der Nichtigkeitsklage nicht erläutert sind) vorzutragen, bestimmte Fachausdrücke zu erläutern, wesentliche Gesichtspunkte herauszustellen und/oder zusammenzufassen. Dazu wird auf das Textbeispiel in → Form. C.10 verwiesen.

8. Es folgen die Darlegungen betreffend das Fehlen eines Verletzungstatbestandes.

9. Die Darlegungen betreffend den fehlenden Patentverletzungstatbestand beginnen mit der Ausnahmevorschrift des § 10 Abs. 2 PatG. Das geschieht im Textbeispiel der Vollständigkeit halber. In der Praxis sind die Fälle des § 10 Abs. 2 PatG selten.

10. Es handelt sich um ein rechtliches Verteidigungsargument, das aus dem Wortlaut des § 10 Abs. 1 PatG gewonnen wird. Der Tatbestand der mittelbaren Patentverletzung setzt voraus, dass eine Lieferung eines Mittels, das sich auf ein wesentliches Element der Erfindung bezieht, zur Benutzung der Erfindung im Geltungsbereich des Patentgesetzes, dh im Bereich der Bundesrepublik Deutschland, erfolgt (BGH GRUR 2004, 758 (760) re. Sp. – Flügelradzähler; *Mes* PatG § 10 Rn. 3). Allerdings kann eine mittelbare Patentverletzung auch darin liegen, dass Mittel, die sich auf ein wesentliches Element der Erfindung beziehen, ins Ausland geliefert werden; eine solche Auslandslieferung begründet den Tatbestand der mittelbaren Patentverletzung dann, wenn das Mittel dort zur Herstellung eines erfindungsgemäßen Erzeugnisses beitragen soll, das wiederum zur Lieferung nach Deutschland bestimmt ist (BGH GRUR 2007, 313 – Funkuhr II).

11. Hier müssen Ausführungen zur Erwiderung auf den Inhalt der Klage gemäß → Form. C.8, dort I. 3. und 4. erfolgen. In der vorgenannten Klage ist dort insbesondere zum Tatbestand der mittelbaren Patentverletzung dahingehend vorgetragen worden, das seitens der Beklagten angebotene und vertriebene Rührwerk weise bestimmte Eigenschaften auf und sei daher ein Mittel, das bestimmt und geeignet sei, für die Benutzung der Erfindung nach dem Klagepatent verwendet zu werden. Der Beklagte kann sich zB damit verteidigen, dass die vom Kläger behauptete Eignung nicht gegeben ist und Beweis dafür antreten, zB durch Sachverständigengutachten. Eine weitere denkbare Verteidigungsmöglichkeit des Beklagten besteht zB darin, geltend zu machen, dass das von ihm angebotene Mittel lediglich ein solches sei, mit dem eine Reparatur der (nach Auslieferung durch die Klägerin) an sich gemeinfreien Vorrichtung möglich sei. Zu Einzelheiten → Form. C.8 Anm. 33. Zum Tatbestand der mittelbaren Patentverletzung vgl. insbesondere → Form. C.8 Anm. 9 mit der dort erörterten Rechtsprechung des Bundesgerichtshofs, vor allem BGH GRUR 2001, 228 – Luftheizgerät; BGH GRUR 2006, 839 – Deckenheizung; BGH GRUR 2007, 679 – Haubenstretchautomat.

Fristen

12. Die vom Gericht gesetzten Einlassungs- und Erwiderungsfristen sind einzuhalten (§§ 274 Abs. 2, 277 Abs. 3, 296 ZPO).

14. Patentnichtigkeitsklage (gegen deutsches Patent)

Bundespatentgericht[1]

. . . . . .

Namens und in Vollmacht

der Firma B[2] wird

Klage[3, 4]

gegen

den Inhaber des DE . . . . . .,[5]

die Firma A,[6]

wegen Nichtigkeit des DE . . . . . .[7]

erhoben und beantragt,

14. Patentnichtigkeitsklage (gegen deutsches Patent) — C. 14

1. das DE . . . . . . in vollem Umfang für nichtig zu erklären;[8]
2. der Beklagten die Kosten des Verfahrens aufzuerlegen.[9]

Den Streitwert gebe ich auf Grund vorläufiger Schätzung mit . . . . . . EUR an[10] und entrichte die sich auf der Grundlage dieses Streitwerts ergebenden Gerichtskosten in Höhe von . . . . . . EUR mit anliegender Einziehungsermächtigung.

Die Vertretervollmacht ist beigefügt.[11]

Begründung:[12]

I.

1. Das Streitpatent . . . . . .[13] betrifft eine Vorrichtung zum Abscheiden von Sand aus mit Sand und organischen Stoffen beladenem Abwasser. Die zugrunde liegende Anmeldung erfolgte am . . . . . . und wurde am . . . . . . bekannt gemacht. Veröffentlichung der Patenterteilung im Patentblatt und Ausgabe der Patentschrift erfolgten am . . . . . . Als Anlage K 1[14] überreiche ich die Schrift des Streitpatents.

2. Das Streitpatent bezieht sich auf einen Sandabscheider,[13] nämlich auf eine Vorrichtung zum Abscheiden von Sand aus mit Sand und organischen Stoffen beladenem Abwasser. Das Abwasser wird in einem stehenden Behälter in eine Umlaufströmung versetzt. Diese sorgt dafür, dass die organischen Stoffe nach oben bewegt werden, während der Sand nach unten zu einem unten an dem Behälter angeschlossenen Austragsförderer absinkt. Nach einer gewissen Absetzzeit wird der Sand sodann ausgetragen. Zum Zwecke des Austragens befindet sich unten im Behälter eine Austragsöffnung, die wiederum mit einem Austragsförderer (regelmäßig in Form einer Förderschnecke) in Verbindung steht. Die Förderschnecke verläuft nach oben geneigt, wobei das Austragsende oberhalb der Höhe des Überlaufes zu liegen kommt. Die dem Streitpatent zugrunde liegende vermeintliche Erfindung bezieht sich nach dem Oberbegriff des Hauptanspruchs auf eine

Vorrichtung zum Abscheiden von Sand aus mit Sand und organischen Stoffen beladenem Abwasser, bestehend aus
(1) einem stehenden Behälter,
(2) mit einem Überlauf für das mit organischen Stoffen belastete Abwasser,
(3) mit einem an eine untere Austragsöffnung des Behälters angeschlossenen Austragsförderer.[15]

3. Nach der Beschreibungseinleitung (Sp. 1, Z . . . . . .) geht das Streitpatent von einem im Stand der Technik vorbekannten Verfahren zum Abscheiden von Sand aus mit Sand und organischen Stoffen beladenem Abwasser aus, bei dem es sich als nachteilig erwiesen habe, dass der ausgetragene Sand noch mit organischen Stoffen in einer Menge belastet sei, die eine weitere Verwendung des Sandes, beispielsweise als Schüttgut für Bauzwecke, ausschließt. Nach der Beschreibungseinleitung des Streitpatents wird der aus solchen Abwässern abgetrennte Sand als Sondermüll behandelt und deponiert. Das Streitpatent bemängelt dies als zeit- und kostenaufwändig. Ihm liegt ausweislich der Angabe in Spalte . . . . . ., Zeile . . . . . ., das technische Problem (die Aufgabe) zugrunde, eine Vorrichtung der vorstehend wiedergegebenen Art so zu verbessern,[16, 18]

„. . . . . . dass der ausgetragene Sand nur einen unbedenklichen Restanteil an organischen Stoffen aufweist und für Bauzwecke oder dergleichen eingesetzt werden kann."

Die Lösung[17, 18] soll nach der vermeintlichen Erfindung des Streitpatents darin bestehen, dass einer Vorrichtung mit den vorstehend genannten Merkmalen weitere Merkmale wie folgt hinzugefügt werden:
(4) Der Behälter weist ein sich bis in den Bodenbereich erstreckendes Rührwerk auf,
(5) im Bodenbereich befindet sich eine Frischwasserzufuhr,
(6) für den Antrieb des Austragsförderers ist eine Steuereinrichtung vorgesehen, die den Antrieb des Austragsförderers in Abhängigkeit von der Absetzhöhe des Sandes im Behälter steuert.[19]

II.

Das Streitpatent ist gemäß § 22 Abs. 1 PatG iVm § 21 Abs. 1 Nr. 1– 4 PatG für nichtig zu erklären. Die diesseits geltend gemachten Nichtigkeitsgründe sind:[20, 21, 22]

1. Der Gegenstand des Patentes ist nach den §§ 1–5 PatG nicht patentfähig (§ 21 Abs. 1 Nr. 1 PatG)[23]
2. Fehlende Offenbarung (§ 21 Abs. 1 Nr. 2 PatG)
3. Widerrechtliche Entnahme (§ 21 Abs. 1 Nr. 3 PatG)
4. Unzulässige Erweiterung (§ 21 Abs. 1 Nr. 4 PatG).[24, 25, 26]

Rechtsanwalt/Patentanwalt

Schrifttum: 1. Monographien: *Keukenschrijver*, Das Patentnichtigkeitsverfahren, 5. Aufl. 2014; *van Hees/Braitmayer*, Verfahrensrecht in Patentsachen, 4. Aufl. 2010.

2. Fallsammlungen: *Bausch*, Nichtigkeitsrechtsprechung in Patentsachen, Bd. 1 bis 4 (2007).

3. Aufsätze: *Asendorf*, Zu den Aufgaben des gerichtlichen Sachverständigen in Patentnichtigkeitsverfahren, GRUR 2009, 209; *Augenstein/Roderburg*, Aussetzung des Patentverletzungsverfahrens nach Änderung der Patentansprüche, GRUR 2008, 457; *Bacher/Nagel*, Fremdsprachige Urkunden im Patentnichtigkeitsverfahren vor dem BGH, GRUR 2001, 873; *Dihm*, Klarstellung von Patentansprüchen im Nichtigkeitsverfahren, GRUR 1995, 295; *Dihm*, Einspruch gegen Europäisches Patent und Nichtigkeitsklage beim Bundespatentgericht nebeneinander?, Mitt. 1998, 441; *Flad*, Änderung des Patents im Einspruchs, Einspruchsbeschwerde-, Nichtigkeits- und Beschränkungsverfahren, GRUR 1995, 178; *Jestaedt*, Patentschutz und öffentliches Interesse, FS Traub, 1994, 141; *Jestaedt*, Die Erledigung der Hauptsache in Patentnichtigkeits- und Patenteinspruchsverfahren, WRP 1994, 680; *Jestaedt*, Prozessförderungs- und Mitwirkungspflichten im Patentnichtigkeitsverfahren, FS Piper, 1996, 695; *Jüngst/Wolters*, Das Torasemid-Urteil des Bundespatentgerichts (abgedr. in Mitt. Heft 1/2007, S. 16 ff.) – Eine Anmerkung, Mitt. 2007, 445; *Keukenschrijver*, Zur Bindung an die Anträge des Patentinhabers und zum Streitgegenstand im Patentnichtigkeitsverfahren, GRUR 2014, 127; *König*, Die Berufung in Patentnichtigkeits- und Zwangslizenzsachen nach neuem Recht, Mitt. 1998, 349; *Mes*, Reflections on the German Patent Litigation System, FS Straus, Patents and Technological Progress in a Globalized World, 2009, 401; *Micunescu*, Der „Strohmann"-Einwand im Patentnichtigkeits- und Markenlöschungsverfahren, GRUR Prax 2012, 429; *Münster-Horstkotte*, Das Trennungsprinzip im deutschen Patentsystem – Probleme und Lösungsmöglichkeiten, Mitt. 2012, 1; *Pagenberg/Stauder*, „Show me your best piece of prior art . . . . . ." . . . . . oder wie kann das deutsche Nichtigkeitsverfahren kuriert werden?, GRUR Int. 2008, 689; *Pitz*, Die Entwicklung der Nichtigkeitsklage vom patentamtlichen Verwaltungsverfahren zum zivilprozessualen Folgeverfahren gegen europäische Patente, GRUR 1995, 231; *Prietzel-Funk*, Die Ablehnung des Sachverständigen im Patentnichtigkeitsverfahren, Grundsätze und Einzelfälle, GRUR 2009, 322; *Raible*, Einspruch beim Europäischen Patentamt und Nichtigkeitsklage beim Bundespatentgericht nebeneinander? Nein, weder nebeneinander noch nacheinander!, Mitt. 1999, 241; *Reimann*, Quod est in actis, est in mundo, FS Mes, 2009, 293; *Rogge*, Zur Aussetzung in Patentverletzungsprozessen, GRUR Int. 1996, 386; *Rogge*, Die Nichtigerklärung europäischer Patente in Deutschland, GRUR Int. 1996, 1111; *Sredl*, Das ergänzende Schutzzertifikat im deutschen Patentnichtigkeitsverfahren, GRUR 2001, 596; *Walter*, Die objektive Rechtskraft des Urteils im Patentnichtigkeitsprozess, GRUR 2001, 1032; *Winkler*, Das Nichtigkeitsverfahren im Wandel?, VPP-Rundbrief 2007, 149; *Zepel/Rütting*, Kartell-

14. Patentnichtigkeitsklage (gegen deutsches Patent) C. 14

rechtliche Zulässigkeit von Nichtangriffsabreden und ihre Prüfung im Patentnichtigkeitsverfahren, WRP 2013, 305.

Literatur zum Patentnichtigkeitsverfahren nach dem Patentmodernisierungsgesetz: *Bacher*, Das reformierte Patentnichtigkeitsverfahren in der Berufungsinstanz, GRUR 2013, 902; *Bausch*, The New German Nullity Procedural Law: The means to shorten the length of the proceeding? in: Patent Practice in Japan and Europe: liber amicorum for Guntram Rahn, 2011, 253; *Bross*, Das mündliche Sachverständigengutachten im Nichtigkeitsberufungsverfahren vor dem Bundesgerichtshof – Verfassungskonform oder verfassungswidrig?, GRUR 2012, 249; *Gröning*, Angriff und Verteidigung im reformierten Patentnichtigkeitsberufungsverfahren, GRUR 2012, 996; *Keussen*, Das „modernisierte" Patentnichtigkeitsverfahren – Hinweise für die Praxis, Mitt. 2010, 167; *Kiani/Springorum/Palin*, Aktuelles aus dem Bereich der „Patent Litigation". Das reformierte erstinstanzliche Patentnichtigkeitsverfahren in der Praxis, Mitt. 2012, 394; *Meier-Beck*, Das künftige Berufungsverfahren in Patentnichtigkeitssachen, FS Mes, 2009, 273; *Meier-Beck*, Das neue Berufungsverfahren in Patentnichtigkeitssachen, FS Hirsch, 2008, 593.

Anmerkungen

1. Ein weiteres Textbeispiel einer Patentnichtigkeitsklage findet sich bei BeckPFormB/ Mes → Form. II.Q.6, S. 1666 ff.

Das Bundespatentgericht ist für Klagen auf Erklärung der Nichtigkeit oder Zurücknahme von Patenten und auf Erteilung von Zwangslizenzen ausschließlich zuständig (§ 65 Abs. 1 S. 1 PatG). Diese Zuständigkeit gilt sowohl für deutsche wie auch für europäische Patente, soweit deren Schutz auf das Gebiet der Bundesrepublik Deutschland erstreckt ist (Art. II § 6 IntPatÜG). Die Zuständigkeit des Bundespatentgerichts gilt des Weiteren auch für Klagen wegen Erteilung oder Rücknahme von Zwangslizenzen oder wegen der Anpassung der durch Urteil festgesetzten Vergütung für eine Zwangslizenz (§ 81 Abs. 1 S. 1 PatG).

2. Die Nichtigkeitsklage ist Popularklage. Sie dient dem öffentlichen Interesse an einer Vernichtung zu Unrecht erteilter Patente (BGH GRUR 2010, 992 Rn. 8 – Ziehmaschinenzugeinheit II; BGH GRUR-RR 2010, 136 Rn. 17 – sealing lamina; BGH Mitt. 2005, 165 – Gewährung von Verfahrenskostenhilfe im Nichtigkeitsverfahren; BGH GRUR 2001, 140 (141) li.Sp. – Zeittelegramm; BGH GRUR 1995, 342 (343) – Tafelförmige Elemente). Die Nichtigkeitsklage kann grundsätzlich mithin von jedermann erhoben werden (BGH GRUR 2010, 992 Rn. 8 – Ziehmaschinenzugeinheit II; BGH GRUR 2006, 438 Rn. 9, 12 = Mitt. 2006, 213 – Carvedilol I). Eine Ausnahme gilt für den Fall der widerrechtlichen Entnahme; hier ist nur der Verletzte klageberechtigt (§ 81 Abs. 3 PatG; zur Darlegungs- und Beweislast des Verletzten im Falle einer widerrechtlichen Entnahme: BGH GRUR 2001, 823 mit neu formuliertem Leitsatz in GRUR 2002, 53 – Schleppfahrzeug: Für den Fall einer Patentvindikationsklage gemäß § 8 S. 1 PatG). Zu einem erforderlichen Rechtsschutzbedürfnis → Form. C.16 Anm. 4 und dort Einwendungen (8) und (9).

3. Die Nichtigkeitsklage ist schriftlich beim Bundespatentgericht zu erheben (§ 81 Abs. 4 S. 1 PatG).

4. Ist schon eine Nichtigkeitsklage anhängig, kann ein an der Vernichtung des Streitpatents interessierter Dritter neben der Erhebung einer eigenen Nichtigkeitsklage weitere Möglichkeiten in Betracht ziehen. Zum einen ist jeder außenstehender Dritter zu jeder Zeit befugt, einen sog. „letter amici curiae" an das befasste Bundespatentgericht oder den Bundesgerichtshof (im Berufungsverfahren) zu richten und seine Auffassungen zum Rechtsbestand des Streitpatents darzulegen. In diesem Fall ist ein Dritter nicht Verfahrensbeteiligter. Aufgrund des im Nichtigkeitsverfahren geltenden Untersuchungsgrundsatzes (Inquisitionsmaxime) ist das Bundespatentgericht (der Bundesgerichtshof) jedoch von Amts wegen veranlasst, seine Eingabe zu berücksichtigen. Es besteht ferner die Möglichkeit der Nebenintervention. Für deren Zulässigkeit reicht es aus, wenn der Nebenintervenient durch das Streitpatent in seinen geschäftlichen Tätigkeiten als Wettbewerber beeinträchtigt werden kann (BGH GRUR 2006, 438 – Carvedilol I). Diese Möglichkeit besteht insbesondere auch im Berufungsverfahren (BGH GRUR 2006, 438 – Carvedilol I).

5. Die Nichtigkeitsklage ist gegen den in der Patentrolle als Patentinhaber Eingetragenen zu richten (§§ 81 Abs. 1 S. 2, 30 Abs. 3 S. 3 PatG), nicht gegen den nur materiell berechtigten Inhaber des Patents (BGH GRUR 1966, 107 – Patentrolleneintrag; *Rogge* GRUR 1985, 734 (735)). Auch der ausschließliche Lizenznehmer ist nicht richtiger Beklagter (BGH Mitt. 1996, 82 (86) – Human-Immuninterferon). Richtet sich die Nichtigkeitsklage gegen ein europäisches Patent (Art. II § 6 Int-PatÜG), ist nur derjenige richtiger Beklagter, der auch in der deutschen Rolle als Patentinhaber eingetragen ist; die Umschreibung im europäischen Patentregister ist ohne Bedeutung (BPatGE 32, 204 = GRUR 1992, 435 – Zusätzlicher Kläger). Ist die Klage einmal gegen den eingetragenen Patentinhaber wirksam erhoben, ändert eine Umschreibung nach Klageerhebung an der Parteirolle dieses Beklagten nichts (§ 265 Abs. 2 ZPO iVm § 99 ZPO; BGH GRUR 1992, 430 – Tauchcomputer; BPatGE 33, 1 = GRUR 1993, 32 – Tauchgang-Anzeigeeinrichtung). Der neu eingetragene Inhaber kann gegen seinen Willen nicht in die Rolle des Beklagten gezwungen werden (BPatG GRUR 2001, 774 – Künstliche Atmosphäre).
Ist der in der Nichtigkeitsklage bezeichnete (formelle) Beklagte nicht eingetragener Patentinhaber und kann seine Eintragung bis zur mündlichen Verhandlung nicht nachgewiesen werden, so ist die Klage als unzulässig abzuweisen (BGH GRUR 1966, 107 – Patentrolleneintragung). Im Wege der **subjektiven Klageänderung** kann die Klage allerdings gegen den in der Rolle Eingetragenen umgestellt werden; dabei kommt es auf die Zustimmung des neuen Beklagten nicht an (BGHZ 65, 264 (268)); in Abweichung zu dem Sachverhalt, dass eine Umschreibung des Streitpatents von dem zunächst berechtigten und eingetragenen Inhaber auf seinen Rechtsnachfolger erfolgt, dazu BPatG GRUR 2001, 774 – Künstliche Atmosphäre). Erfolgt die subjektive Klageänderung allerdings erst in der Berufungsinstanz, so ist sie ohne Zustimmung des neuen Beklagten nicht zulässig (BGHZ 65, 264 (268)).
Die vorstehenden Grundsätze gelten auch für die Zwangslizenzklage. Insbesondere ist die gegen einen (auch ausschließlichen) Lizenznehmer gerichtete Zwangslizenzklage unzulässig (BGH GRUR 1996, 190 (195) – Polyferon).

6. Die Klage muss die beklagte Partei deutlich und zutreffend bezeichnen.

7. Die Klage muss den Streitgegenstand bezeichnen (§ 81 Abs. 5 S. 1 PatG). Dies geschieht im Formular mit der Angabe „Nichtigkeit". Je nach Fallgestaltung wäre zu formulieren: „Teilnichtigkeit" oder „Erteilung einer Zwangslizenz". Hinzu kommen ferner die Möglichkeiten, dass sich die Klage gegen ein ergänzendes Schutzzertifikat richtet (§ 81 Abs. 1 S. 1 PatG) bzw. in Kombination sowohl gegen ein Patent als auch gegen ein ergänzendes Schutzzertifikat (§ 81 Abs. 1 S. 3 PatG). Zur Nichtigkeitsklage gegen ein ergänzendes Schutzzertifikat vgl. *Sredl* GRUR 2001, 596.

8. Die Klage **soll** einen bestimmten Antrag enthalten (§ 81 Abs. 5 S. 1 PatG 1981 aE). Das Formular bezieht sich auf ein deutsches Patent. Richtet sich die Klage gegen ein europäisches Patent (→ Form. C.18), müsste der Antrag lauten:

„...... das europäische Patent ...... mit Wirkung für das Hoheitsgebiet der Bundesrepublik Deutschland für nichtig zu erklären."

14. Patentnichtigkeitsklage (gegen deutsches Patent) C. 14

Sowohl bei einem deutschen als auch bei einem europäischen Patent kann auch auf Teilnichtigkeit geklagt werden, zB in der Form, dass nur einige Ansprüche des Patents angegriffen werden. In solchen Fällen könnte der Antrag lauten:

„...... das DE ...... im Umfang des Patentanspruchs 1 für nichtig zu erklären."

oder

„...... das DE ...... im Umfang der Ansprüche 1 bis 3 für nichtig zu erklären, im Hinblick auf den Anspruch 3 nur insoweit, als er auf den Anspruch 2 rückbezogen ist."

Der Kläger hat es allerdings nicht in der Hand, seinerseits im Klageantrag dem Patentinhaber eine bestimmte Formulierung der Ansprüche des Streitpatentes vorzuschreiben (BGH GRUR 1997, 272 (273) li.Sp. – Schwenkhebelverschluss).

Es ist der Kläger, der den Streitgegenstand bestimmt, indem er das angegriffene Streitpatent bezeichnet und einen bestimmten Antrag stellt sowie einen oder mehrere Nichtigkeitsgründe geltend macht. An die geltend gemachten Nichtigkeitsgründe sowie an den Antrag ist das Gericht gebunden. Es kann insbesondere nicht von Amts wegen überprüfen, ob ein anderer, nicht geltend gemachter Nichtigkeitsgrund besteht (BGH GRUR 1995, 394 – Perfluorocarbon; BPatGE 34, 1). In dem Fall, dass der Kläger nur auf Teilnichtigkeit des Streitpatents klagt, ist das Bundespatentgericht nicht befugt, von sich aus auf eine Erweiterung des lediglich auf die Vernichtung des Hauptanspruchs beschränkten Klageantrags als „sachdienlich" hinzuwirken (BPatGE 23, 103 = GRUR 1981, 349 – Poltermaschine).

Der Beklagte wirkt an der Bestimmung des Streitgegenstandes insoweit mit, indem er festlegt, in welcher Fassung (in welchem Umfang) er das Patent (beschränkt) verteidigt (BGH GRUR 2005, 145 (146) re.Sp. – Elektronisches Modul; BGH GRUR 1997, 272 (273) li.Sp. – Schwenkhebelverschluss; BGH GRUR 1995, 210 (211) re.Sp. unten – Lüfterklappe; weitere Einzelheiten bei *Mes* PatG § 81 Rn. 40 ff.). An die Dispositionen des Beklagten ist das Gericht ebenfalls gebunden; es hat ohne weitere Sachprüfung beispielsweise das Streitpatent in dem nicht verteidigten Umfang für nichtig zu erklären (ständige Praxis, zB BGH GRUR 2009, 933 – Druckmaschinen-Temperierungssystem II; BGH GRUR 2009, 42 (44) li.Sp. Rn. 16 – Multiplexsystem; BGH GRUR 2005, 233 – Paneelemente; BGH GRUR 1996, 857 (858) re.Sp. oben – Rauchgasklappe). Wird das Streitpatent in vollem Umfang angegriffen und verteidigt der Patentinhaber im Wege der Selbstbeschränkung das Patent nicht mehr (sog. „Beschränkung auf Null") ist es ohne Sachprüfung für nichtig zu erklären (BPatG GRUR 2010, 137 – Oxaliplatin). Verteidigt der Patentinhaber das Streitpatent mit Haupt- und Hilfsanträgen, so ist das Gericht an die durch den Beklagten vorgegebene Reihenfolge gebunden (BPatG GRUR 2009, 46 – Ionenaustauschverfahren). Insbesondere ist das Gericht nicht befugt, von sich aus dem Streitpatent eine andere Fassung zu geben, die es als patentfähig ansieht (BGH GRUR 2004, 583 – Tintenstandsdetektor; BGH GRUR 1997, 272 (273) li.Sp. – Schwenkhebelverschluss).

9. Über die Kosten ist durch das Bundespatentgericht von Amts wegen zu entscheiden (§ 84 Abs. 2 S. 1 PatG 1981). Der Kostenantrag hat gleichwohl eigenständige Bedeutung, weil gemäß § 84 Abs. 2 S. 2 PatG 1981 die Kostenentscheidung in Ausnahmefällen nicht nach dem Maß des Obsiegens oder Unterliegens gemäß § 91 ZPO, sondern nach billigem Ermessen erfolgt; mit seinem Kostenantrag unterstreicht der Nichtigkeitskläger, dass der – unterlegene – Beklagte die Kosten tragen soll. Zu Einzelheiten und insbesondere zur vorläufigen Vollstreckbarkeit der Kostenentscheidung: *Mes* PatG § 84 Rn. 23 ff.

10. Es ist die Angabe des **Streitwertes** durch den Nichtigkeitskläger erforderlich. Maßgeblich ist das Gesetz zur Bereinigung von Kostenregelungen auf dem Gebiet des geistigen Eigentums vom 13.12.2001, das in Art. 1 das „Gesetz über die Kosten des

Deutschen Patent- und Markenamts und des Bundespatentgerichts" (PatKostG) enthält (abgedr. in PMZ 2002, 14 ff.). Gemäß § 2 Abs. 2 S. 1 PatKostG richten sich die Gebühren für Klagen und einstweilige Verfügungen vor dem Bundespatentgericht nach dem Streitwert. Infolgedessen muss in der Klageschrift ein Streitwert angegeben werden. Für die Festsetzung des Streitwertes gelten gemäß § 2 Abs. 2 S. 4 PatKostG die Vorschriften des Gerichtskostengesetzes entsprechend. In gleicher Weise sind auch die Regelungen über die Streitwertherabsetzung (§ 144 PatG) entsprechend anwendbar (§ 2 Abs. 2 S. 5 PatKostG).

Der Streitwert einer Nichtigkeitsklage wird von Amts wegen festgesetzt. Die Angabe in der Klageschrift ist lediglich ein Vorschlag des Klägers. Die Höhe des Streitwerts bestimmt sich nach dem Interesse der Allgemeinheit an der Vernichtung des angegriffenen Patents. Das ist der gemeine (objektive) Wert des Patents zum Zeitpunkt der Klageerhebung (bzw. zum Zeitpunkt der Berufungseinlegung im Falle der Berufungsinstanz) zuzüglich des Betrages der bis dahin entstandenen Schadensersatzansprüche (BGH GRUR 2011, 757 – Nichtigkeitsstreitwert; BGH GRUR 2009, 1100 – Druckmaschinen-Temperierungssystem III). Die Höhe der Schadensersatzansprüche wird auf der Grundlage der Lizenzanalogie berechnet (BPatG Mitt. 1996, 61). Der entgangene Gewinn des Patentinhabers bleibt unberücksichtigt (BPatG Mitt. 1996, 61), ebenso derjenige eines Lizenznehmers (BPatGE 27, 61 = GRUR 1985, 524 – UV-Bestrahlungsgerät). Ist ein bezifferter Patentverletzungsschadensersatz geltend gemacht, so ist die Klagesumme maßgeblich und regelmäßig in voller Höhe zur Bemessung des Streitwertes zu berücksichtigen (BGH GRUR 2009, 1100 – Druckmaschinen-Temperierungssystem III). Die Streitwertangaben eines Verletzungsprozesses enthalten keine zuverlässige Aussage über den Wert des Schutzrechts (BPatG GRUR 1986, 240 – Gbm-Streitwert).

BGH GRUR 2011, 757 – Nichtigkeitsstreitwert – hält an den vorstehend skizzierten Grundsätzen fest. Allerdings wird regelmäßig nunmehr von dem Streitwert eines auf das Streitpatent gestützten Verletzungsprozesses ausgegangen, wobei dieser für den Nichtigkeitsstreitwert um 25 % erhöht wird. Darin soll sich der gemeine Wert des Patents widerspiegeln, der in der Regel über das im Verletzungsprozess verfolgte Individualinteresse hinausgeht (BGH GRUR 2011, 757 – Nichtigkeitsstreitwert).

Die Höchstgrenze des Streitwertes unterliegt der Kappung von 30 Mio. EUR, und zwar sowohl im Hinblick auf die Gerichts- als auch auf die Anwaltsgebühren (BGH GRUR 2009, 1100 Rn. 9 – Druckmaschinen-Temperierungssystem III).

Die gleichen Grundsätze gelten für das sog. **Schutzzertifikat**.

Im Verfahren wegen **Erteilung einer Zwangslizenz** bestimmt sich der Streitwert nach dem Interesse des Klägers an der Lizenz.

Die Festsetzung des Streitwertes durch das Bundespatentgericht erfolgt durch Beschluss.

Die Höhe der Gerichtsgebühren bestimmt sich gemäß § 2 Abs. 2 S. 2 PatKostG nach § 11 Abs. 2 GKG. Danach ist der Wert des Streitgegenstandes (Streitwert) maßgeblich. Wie viele Gebühren zu zahlen sind, ergibt sich aus dem Gebührenverzeichnis „B Gebühren des Bundespatentgerichts" nach Maßgabe des § 2 Abs. 1 PatKostG. Für eine Nichtigkeitsklage ist die Nr. 412.100 einschlägig. Danach werden für die Nichtigkeitsklage 4,5 Gerichtsgebühren fällig.

Die Einzahlung der Gerichtsgebühren konnte bisher insbesondere durch Übersendung eines Verrechnungsschecks erfolgen. Gemäß § 1 Abs. 2 Nr. 2 PatKostG wird das Bundesministerium der Justiz ermächtigt, durch Rechtsverordnung zu bestimmen, welche Zahlungswege für die an das Deutsche Patent- und Markenamt sowie an das Bundespatentgericht zu zahlenden Kosten (Gebühren und Auslagen) gelten und Bestimmungen über den Zahlungstag zu treffen. Das ist durch die Verordnung über die Zahlung der Kosten des Deutschen Patent- und Markenamts und des Bundespatentgerichts (Patentkostenzahlungsverordnung – PatKostZV) vom 20.12.2001, die am 1.1.2002 in Kraft getreten ist, geschehen. Gemäß § 1 Abs. 1 Nr. 5 PatKostG kann insbesondere eine Einziehungsermächtigung von einem Inlandskonto erteilt werden. Dazu finden sich die entsprechenden Vordrucke auf der Internet-Seite

14. Patentnichtigkeitsklage (gegen deutsches Patent)   C. 14

des Deutschen Patent- und Markenamts. Überwiesen werden kann ferner gemäß § 1 Abs. 1 Nr. 2 PatKostG auch auf ein Konto der Zahlstelle des Deutschen Patent- und Markenamts (Konto der Zahlstelle: BBk München, BLZ 700 00 00, Kto.-Nr. 70001054).

Die Gerichtsgebühren werden schon mit Einreichung der Klage fällig (§ 3 Abs. 1 PatKostG).

Zur Bildung eines **Teilstreitwertes** (um eine Gebührenermäßigung zu erreichen) vgl. *Mes* PatG § 84 Rn. 78).

11. § 97 PatG. Die Vollmacht kann nachgereicht werden.

12. Zu den an den Inhalt der Begründung zu stellenden Anforderungen vgl. § 81 Abs. 5 S. 2 PatG: Die zur Begründung (der Klage) dienenden Tatsachen und Beweismittel sind anzugeben. Entspricht die Klage diesen Anforderungen nicht in vollem Umfang, so ist dem Kläger zur erforderlichen Ergänzung seitens des Vorsitzenden des Nichtigkeitssenats des Bundespatentgerichts eine bestimmte Frist zu setzen (§ 81 Abs. 5 S. 3 PatG). Regelmäßig sollte die Klageschrift enthalten
- eine Erläuterung des Streitpatents (unter Beifügung der Patentschrift) sowie eine Merkmalsanalyse jedenfalls des angegriffenen Anspruchs;
- die Darstellung der Nichtigkeitsgründe (eine bestimmte Reihenfolge ist insoweit nicht zwingend; es empfiehlt sich jedoch, die Nichtigkeitsgründe der unzulässigen Erweiterung sowie der mangelnden Offenbarung vorab zu erörtern); das deutsche Recht kennt keinen Nichtigkeitsgrund in Form einer „unangemessenen Anspruchsbreite" (vgl. BGH GRUR 2004, 47 – Blasenfreie Gummibahn I).
- wird mangelnde Neuheit und/oder Erfindungshöhe geltend gemacht, empfiehlt es sich, die Entgegenhaltungen (druckschriftliche Entgegenhaltungen) als Anlagen der Klageschrift beizufügen, sie zu nummerieren oder sonst wie zu bezeichnen und ihre Inhalte zu erläutern;
- wird offenkundige Vorbenutzung geltend gemacht, sind detaillierte Angaben zu machen und dazu Beweisanträge anzukündigen.

13. Der Inhalt des Textbeispiels ist an den → Form. C.1–8 ausgerichtet. Es wird zunächst das Streitpatent erläutert, und zwar nach dem in der Streitpatentschrift zugrunde gelegten Stand der Technik und dem sich daraus ergebenden technischen Problem (der Aufgabe) sowie der Lösung der Aufgabe. Regelmäßig wird durch das Bundespatentgericht methodisch in einem zweistufigen Verfahren vorgegangen: In einer ersten Stufe wird der Gegenstand des Streitpatents festgestellt. In einer weiteren Stufe folgt sodann die Prüfung der materiellen Voraussetzung der Patentfähigkeit (vgl. dazu *Jestaedt* GRUR 2001, 939). Soweit es um die Feststellung des Gegenstandes eines angegriffenen Patentanspruchs geht, bedarf es dieser nur in dem Umfang, wie dies zur Prüfung der Bestandsfähigkeit des Patents gegenüber dem geltend gemachten Nichtigkeitsgrund erforderlich ist (BGH GRUR 2004, 47 – Blasenfreie Gummibahn I). Für die Feststellung des Gegenstandes eines angegriffenen Patentanspruchs gelten die gleichen Grundsätze wie bei der Feststellung des Sinngehalts und bei der Auslegung des Patents im Verletzungsprozess (BGH GRUR 2007, 859 – Informationsübermittlungsverfahren I). Insbesondere darf im Nichtigkeitsverfahren nicht etwa deshalb eine einengende Auslegung der angegriffenen Patentansprüche zugrunde gelegt werden, weil mit dieser Auslegung die Schutzfähigkeit eher bejaht werden könnte (BGH GRUR 2004, 47 – Blasenfreie Gummibahn I).

14. Das Bundespatentgericht zieht zwar von sich aus die Erteilungsakten des Streitpatentes bei. Zur Arbeitserleichterung aller Prozessbeteiligten ist es jedoch sinnvoll, diejenigen Schriftstücke, auf die sich die Klage bezieht, als Anlage beizufügen und sie zu bezeichnen (→ Anm. 12).

15. Es empfiehlt sich, auch im Rahmen der Nichtigkeitsklage eine Merkmalsanalyse zu Grunde zu legen (→ Anm. 12). Die voranstehenden Ausführungen betreffen die Merkmale des Oberbegriffs des Hauptanspruchs des angegriffenen Streitpatents.

16. Es folgt eine kurze Darstellung der Aufgabe (des technischen Problems; entsprechend den Angaben der Streitpatentschrift).

17. Es folgt eine kurze Darstellung der Lösung (entsprechend den Angaben der Streitpatentschrift).

18. Weder bei der Ermittlung der Aufgabe noch bei der Ermittlung der Lösung kommt es auf die subjektiven Vorstellungen des Verfassers der Streitpatentschrift oder gar des Erfinders an. Maßgeblich ist jeweils das technische Problem, das sich bei objektiver Betrachtung des Inhalts der Streitpatentschrift (ggf. auch entgegen demjenigen, was dort niedergelegt ist) ergibt (BGH GRUR 2004, 579 (582) re.Sp. – Imprägnieren von Tintenabsorbierungsmitteln; BGH GRUR 2003, 693 – Hochdruckreiniger; BGH Mitt. 2003, 116 (117) li.Sp. – Rührwerk; BGH GRUR 1991, 811 – Falzmaschine; BGH GRUR 1981, 186 (188) – Spinnturbine II). Für die Ermittlung der Lösung gilt der Grundsatz, dass nur dasjenige den (unmittelbaren) Gegenstand des Patents bilden kann, was in den Patentansprüchen seinen Niederschlag gefunden hat. Maßgeblich ist nicht, ob der Erfinder bzw. der Verfasser der Streitpatentschrift die richtige theoretische Begründung gegeben oder sogar die Wirkungsursachen der gegebenen technischen Lehre zutreffend verstanden hat (BGH GRUR 1994, 357 (358 f.) – Muffelofen). Vielmehr kommt es darauf an, was ein Fachmann unter Berücksichtigung des Inhalts der Beschreibung und der Zeichnungen den Ansprüchen als technische Lehre entnimmt (BGH GRUR 1999, 909 – Spannschraube; BGH GRUR 1997, 116 – Prospekthalter; BGH GRUR 1995, 330 – Elektrische Steckverbindung; BPatG Mitt. 2002, 47 – Rapamycin). Maßgeblich ist der Sinngehalt des Patentanspruchs in seiner Gesamtheit und der Beiträge, den die einzelnen Merkmale zum Leistungsergebnis der Erfindung liefern. Insbesondere darf dem Patentanspruch nicht ein bestimmter Sinngehalt beigelegt werden, weil sich anderenfalls eine unzulässige Erweiterung ergeben würde (BGH GRUR 2012, 1124 – Polymerschaum).

19. Im Textbeispiel finden sich zu (4) bis (6) die Merkmale des kennzeichnenden Teils des Hauptanspruchs des Streitpatents.

20. Das Formular listet zu II. lediglich die in §§ 22 Abs. 1, 21 Abs. 1 PatG aufgeführten Nichtigkeitsgründe auf. Wie diese darzustellen sind, ergibt sich aus → Anm. 12.

21. Ebenso wie beim Patentverletzungsprozess ist auch bei einer Klage gemäß § 81 PatG auf Nichtigkeit oder Zwangslizenz der Kläger gehalten, vor Erhebung der Klage den Versuch zu unternehmen, das mit der Klage angestrebte Ziel außergerichtlich zu erreichen. § 93 ZPO ist auch auf die Kostenentscheidung im Nichtigkeitsverfahren anwendbar (BGH GRUR 1984, 272 (276) – Isolierglasscheibenrandfugenfüllvorrichtung). Es ist mithin jedem Nichtigkeitskläger anzuraten, vor Erhebung der Nichtigkeitsklage den Nichtigkeitsbeklagten aufzufordern, auf das Streitpatent zu verzichten (BPatG GRUR-RR 2009, 325 = GRUR 2009, 1196 (Ls.) – Verzichtsaufforderung). Das gilt auch dann, wenn der Patentinhaber zuvor Verletzungsklage erhoben hatte (BPatG GRUR-RR 2009, 325 = GRUR 2009, 1196 (Ls.) – Verzichtsaufforderung). Es gibt mithin derjenige Nichtigkeitsbeklagte Veranlassung zur Klage, der auf eine angedrohte Nichtigkeitsklage den geforderten Verzicht auf ein Patent ablehnt. Allerdings ist es erforderlich für ein ausreichendes, das Kostenrisiko des § 93 ZPO ausschließendes Aufforderungsschreiben, dass darin die Nichtigkeitsgründe ausreichend substantiiert dargelegt worden sind (BPatGE 35, 138 = GRUR 1983, 504 – Sofortiger Patentverzicht). Auch dann, wenn der Patentinhaber im Nichtigkeitsverfahren das Streitpatent entsprechend einer vorherigen Ankündigung von Anfang an nur noch in dem beschränkten Umfang verteidigt, in dem er den Nichtigkeitskläger in einem parallelen

14. Patentnichtigkeitsklage (gegen deutsches Patent)   C. 14

Verletzungsverfahren in Anspruch genommen hat, gibt der Beklagte Anlass zur Klageerhebung im Sinne von § 93 ZPO. Denn ohne Durchführung eines Beschränkungsverfahrens bleibt das Streitpatent im erteilten Umfang weiter unverändert in Kraft und muss mithin vom Kläger im Wege der Nichtigkeitsklage beseitigt werden (BPatG Mitt. 2000, 333 – Dynamisches Mikrophon).

Eine an sich auch Erfolg versprechende Nichtigkeitsklage kann mutwillig erhoben sein. Davon ist grundsätzlich auszugehen, wenn eine unter dem Einfluss des Klägers stehende Person in einem bereits anhängigen Nichtigkeitsverfahren dasselbe Rechtsschutzziel verfolgt und bei Erhebung der weiteren Nichtigkeitsklage eine abschließende Entscheidung des Bundesgerichtshofs in dem anhängigen Verfahren, die möglicherweise zur Erledigung des zweiten Rechtsstreits führt, unmittelbar (im konkreten Sachverhalt: ein Tag) bevorsteht (BPatG GRUR 2003, 726 – Luftverteiler).

22. Einzelheiten zu den Verfahrensprinzipien der Nichtigkeitsklage bei *Mes* PatG § 81 Rn. 30 ff. Insbesondere interessiert die Beweislast. Trotz des im Nichtigkeitsverfahren herrschenden **Untersuchungsgrundsatzes** bleibt die Beweislast regelmäßig beim Kläger. Es geht zu seinen Lasten, wenn als Ergebnis der Verhandlung (und einer etwaigen Beweisaufnahme) ein „non liquet" gegeben ist. Nur dann, wenn **zweifelsfrei** feststeht, dass das Patent (zB wegen fehlender Neuheit oder erfinderischer Tätigkeit) zu Unrecht erteilt ist, kann dem Patentinhaber die durch die Patenterteilung erlangte Rechtsstellung genommen werden (BGH GRUR 1999, 145 (146) re.Sp. – Stoßwellen-Lithotripter, für europäisches Patent; BGH GRUR 1991, 522 (523) – Feuerschutzabschluss).

23. Die häufigsten Angriffe gegen den Rechtsbestand eines Patentes sind diejenigen unter dem rechtlichen Gesichtspunkt fehlender Neuheit oder fehlender erfinderischer Tätigkeit. ZB eines Neuheitsangriffes vgl. das Textbeispiel in → Form. C.10, dort zu I. 1. bis 3. Zur Beurteilung der erfinderischen Tätigkeit vgl. *Jestaedt* GRUR 2001, 939.

24. Qualifizierter Hinweis. § 83 PatG nF (in Kraft seit 1. Oktober 2009 für alle zu diesem Zeitpunkt anhängig gemachten Verfahren beim Bundespatentgericht) erfordert den sog. qualifizierten Hinweis. Danach soll das Patentgericht die Parteien so früh wie möglich auf Gesichtspunkte hinweisen, die für die Entscheidung voraussichtlich von besonderer Bedeutung sein werden oder die der Konzentration der Verhandlung auf die für die Entscheidung wesentlichen Fragen dienlich sind. Zu Einzelheiten dieser Kernvorschrift des Patentrechtsmodernisierungsgesetzes vgl. *Mes* PatG § 83 Rn. 1 ff.

Kosten und Gebühren

25. Zu der Neuregelung der Kosten und Gebühren für das Nichtigkeitsverfahren vor dem Bundespatentgericht → Anm. 9. Die Rechtsanwaltsgebühren bestimmen sich nach dem vom Bundespatentgericht festzusetzenden Streitwert (§ 2 Abs. 1, 2 RVG iVm VV 3100 RVG; dazu Gerold/Schmidt RVG VV Vorb. 3 Rn. 8, S. 1086). Ein Gleiches gilt für einen Patentanwalt, der im Nichtigkeitsverfahren tätig ist (BPatGE 28, 193 = GRUR 1987, 286 – Patentanwaltskosten im Nichtigkeitsverfahren). Grundsätzlich wird man davon ausgehen können, dass im Falle des Anhängigseins eines Patentverletzungsprozesses eine Doppelvertretung durch Patent- wie auch Rechtsanwalt im Nichtigkeitsverfahren erforderlich ist. Das ist nunmehr von BGH entschieden (vgl. BGH GRUR 2013, 427 – Doppelvertretung im Nichtigkeitsverfahren; BGH GRUR 2013, 430 – Rechtsanwalt im Nichtigkeitsverfahren). Damit ist der Meinungsstreit zwischen den verschiedenen Nichtigkeitssenaten des Bundespatentgerichts zu den Kosten der sog. Doppelvertretung (vgl. dazu *Mes*, 3. Aufl. 2012, PatG § 84 Rn. 46 ff. mwN) überwunden. Zum jetzt geltenden Meinungsstand vgl. *Mes* PatG § 84 Rn. 47 ff.

Zu den Gerichtsgebühren des Bundesgerichtshofs im Falle einer Berufung gegen das erstinstanzliche Urteil des Bundespatentgerichts: Es gilt § 11 Abs. 1 GKG iVm Anl. 1, nämlich dem Kostenverzeichnis. Maßgeblich sind KV 1240–1249 GKG. Danach wird für das Verfahren im Allgemeinen beim Bundesgerichtshof der doppelte Satz der Gebühr nach § 11 Abs. 2 GKG gefordert. Diese Gebühr wird gemäß § 61 GKG schon mit Einreichung der Berufung fällig. Ergeht ein die Berufungsinstanz beim Bundesgerichtshof abschließendes Urteil mit Begründung, werden weitere vier Gebühren fällig.

Im Nichtigkeitsberufungsverfahren sind die Kosten der Doppelvertretung durch Rechts- und Patentanwalt regelmäßig notwendig und erstattungsfähig (BPatG GRUR-RR 2010, 401 = Mitt. 2010, 490 – Doppelvertretungskosten im Nichtigkeitsberufungsverfahren).

Fristen und Rechtsmittel

26. Gegen die Urteile der Nichtigkeitssenate des Bundespatentgerichts findet die Berufung zum Bundesgerichtshof statt (§§ 110 ff. PatG). (vgl. dazu im Allgemeinen *Bacher* GRUR 2013, 902; *Gröning* GRUR 2012, 996; *Meier-Beck*, FS Mes, 2009, 273; *Meier-Beck*, FS Hirsch, 2008, 593). Die Berufungsfrist beträgt **einen Monat** und beginnt mit der Zustellung des in vollständiger Form abgefassten Urteils, spätestens aber mit dem Ablauf von 5 Monaten nach der Verkündung (§ 110 Abs. 3 PatG).

Die Berufung wird durch Einreichung der Berufungsschrift beim Bundesgerichtshof eingelegt (§ 110 Abs. 2 PatG). Zum Inhalt der Berufung vgl. § 110 Abs. 4 PatG. Es soll mit der Berufungsschrift eine Ausfertigung oder beglaubigte Abschrift des angefochtenen Urteils vorgelegt werden (§ 110 Abs. 6 PatG). Die Berufung muss begründet werden (§ 112 Abs. 1 PatG). Die Berufungsbegründung ist, sofern sie – wie häufig – nicht bereits in der Berufungsschrift enthalten ist, in einem gesonderten Schriftsatz beim Bundesgerichtshof einzureichen (§ 112 Abs. 2 S. 1 PatG). Die Berufungsbegründungsfrist beträgt 3 Monate, die mit der Zustellung des in vollständiger Form abgefassten Urteils, spätestens aber mit Ablauf von 5 Monaten nach der Verkündung des angefochtenen Urteils beginnt (§ 112 Abs. 2 S. 2, 3 PatG). (Zum früheren Rechtszustand vgl. Vorauflage). Zur eingeschränkten Prüfungsmöglichkeit im Berufungsnichtigkeitsverfahren nach neuem Recht vgl. BGH GRUR 2013, 275 – Routenplanung.

15. Widerspruch auf Nichtigkeitsklage

Bundespatentgericht

...... Nichtigkeitssenat[1, 2]

In der Nichtigkeitssache

der Firma B

gegen

die Firma A als den Inhaber des DE ......

Az ......

bestelle ich mich zum Prozessbevollmächtigten der Nichtigkeitsbeklagten. Vertretervollmacht ist beigefügt.

Namens und in Vollmacht der Beklagten

widerspreche[3, 5]

15. Widerspruch auf Nichtigkeitsklage   C. 15

ich der Nichtigkeitsklage.

Ich beantrage,[3]

1. die Nichtigkeitsklage abzuweisen;
2. der Klägerin die Kosten des Verfahrens aufzuerlegen.

Die Begründung[4] der vorstehenden Anträge bleibt einem gesonderten Schriftsatz vorbehalten. Zur Einreichung dieses Schriftsatzes wird eine Schriftsatzfrist von . . . . . . Monaten erbeten.[4] Erhalte ich keinen gegenteiligen Bescheid, gehe ich davon aus, dass diesem Fristgesuch entsprochen wird.

Abschriften für Gegner sind beigefügt.

Rechtsanwalt/Patentanwalt

Schrifttum: → Form. C.14.

Anmerkungen

1. Ist eine Nichtigkeitsklage beim Bundespatentgericht schriftlich erhoben, so begründet dies ihre Anhängigkeit (§ 81 Abs. 4 S. 1 PatG). Die Nichtigkeitsklage und alle Schriftsätze sind der Gegenpartei von Amts wegen zuzustellen (§ 81 Abs. 4 S. 3 PatG). Mit Zustellung der Nichtigkeitsklage fordert das Patentgericht den Beklagten auf, sich innerhalb eines Monats über die Nichtigkeitsklage zu erklären (§ 82 Abs. 1 PatG). Geschieht dies seitens des Beklagten nicht, kann ohne mündliche Verhandlung sofort nach der Klage entschieden und dabei jede vom Kläger behauptete Tatsache für erwiesen angenommen werden (§ 82 Abs. 2 PatG). Zu diesem besonderen Säumnisverfahren vgl. Mes PatG § 82 Rn. 6; Busse/Keukenschrijver PatG § 82 Rn. 8. Ein eigentliches Säumnisverfahren im Sinne der ZPO, das durch Versäumnisurteil endet, findet nicht statt; vielmehr wird trotz Säumnis der Partei durch streitiges Urteil entschieden (BGH GRUR 1996, 757 – Tracheotomiegerät). Trotz unterlassenen Widerspruchs muss eine Sachprüfung durchgeführt werden (BGH GRUR 1995, 577 – Drahtelektrode).

Die Einmonatsfrist des § 82 Abs. 1 PatG ist eine nicht verlängerbare Ausschlussfrist. Wiedereinsetzung allerdings ist möglich.

Widerspricht der Beklagte der Nichtigkeitsklage rechtzeitig, so teilt das Patentgericht den Widerspruch dem Kläger mit und das Verfahren wird streitig fortgesetzt (§ 83 Abs. 1, 2 PatG).

2. Es ist der Kläger, der den Streitgegenstand der Nichtigkeitsklage bestimmt, indem er das angegriffene Streitpatent bezeichnet und einen bestimmten Antrag stellt sowie einen oder mehrere Nichtigkeitsgründe geltend macht. An diese Dispositionen des Klägers ist das Gericht gebunden; es darf nicht von Amts wegen überprüfen, ob ein anderer, nicht geltend gemachter Nichtigkeitsgrund besteht (BGH GRUR 1995, 394 – Perfluorocarbon). Auch der Kläger bestimmt, ob er die Nichtigkeitsklage auf Unteransprüche erstreckt wissen will. Beansprucht er nur eine Teilvernichtung des Streitpatents, so ist das Gericht daran gebunden (BPatGE 23, 103 = GRUR 1981, 349 – Poltermaschine). Die nicht im Wege der Nichtigkeitsklage angegriffenen Patentansprüche bleiben in Kraft (BGH GRUR 2012, 149 – Sensoranordnung).

Der Beklagte wirkt an der Bestimmung des Streitgegenstandes mit. Er allein ist befugt, festzulegen, in welcher Fassung (in welchem Umfang) er das Patent (beschränkt) verteidigt, insbesondere welche Formulierung der Patentanspruch haben soll (BGH GRUR 1997, 272 (273) li.Sp. – Schwenkhebelverschluss; BGH GRUR 1995, 210 (211) re.Sp. unten – Lüfterklappe; BGH GRUR 1992, 839 – Linsenschleifmaschine). Entschließt sich beispielsweise der Beklagte, das Streitpatent zu beschränken, so hat das Gericht ohne weitere Sachprüfung das Streitpatent in dem nicht verteidigten Umfang für nichtig zu erklären (BGH GRUR 2005, 233 – Paneelelemente; BGH GRUR 1996, 857 (858) re.Sp. oben – Rauchgasklappe). Das gilt insbesondere dann, wenn das Streitpatent im vollen Umfang angegriffen und von dem Patentinhaber im Wege der Selbstbeschränkung nicht (sog. „Beschränkung auf Null") verteidigt wird. Dann ist es ohne Sachprüfung für nichtig zu erklären (BPatG GRUR 2010, 137 – Oxaliplatin). Verteidigt der Patentinhaber das Streitpatent mit Haupt- und Hilfsanträgen, so ist das Gericht an die durch den Beklagten vorgegebene Reihenfolge gebunden (BPatG GRUR 2009, 46 – Ionenaustauschverfahren). Das Gericht ist insbesondere nicht befugt, von sich aus den Ansprüchen des Streitpatents eine andere Formulierung zugrunde zu legen, die es als patentfähig ansieht (BGH GRUR 2004, 583 – Tintenstandsdetektor; BGH GRUR 1997, 272 (273) li.Sp. – Schwenkhebeverschluss).

3. An sich würde die Formulierung des Widerspruchs durch den Nichtigkeitsbeklagten genügen. Das Formular sieht auch die Ankündigung von Anträgen vor.

4. Der Widerspruch braucht seitens des Beklagten nicht begründet zu werden. Eine Begründung ist jedoch grundsätzlich sinnvoll. Im Formular ist vorgesehen, für die Einreichung einer Klageerwiderung eine angemessene Frist (regelmäßig: 3 Monate) zu beantragen. Das nachfolgende → Form. C.16 enthält eine Klageerwiderung.

5. Es bestehen weitere Reaktionsmöglichkeiten des Beklagten. Anstelle eines Widerspruchs bzw. einen Widerspruch zu unterlassen (§§ 82, 83 PatG) kann der Beklagte wie folgt reagieren:

(1) Als Reaktion auf eine Nichtigkeitsklage (ebenso bei einer Klage auf Zwangslizenz bzw. bei einer Klage auf Zurücknahme des Patents, § 81 Abs. 1 PatG) kann der Nichtigkeitsbeklagte (Patentinhaber) auf das Patent durch Erklärung gegenüber dem Deutschen Patent- und Markenamt (nicht gegenüber dem Bundespatentgericht) ganz oder teilweise verzichten (§ 20 Abs. 1 Nr. 1 PatG). Die Nichtigkeitsklage erledigt sich damit ganz oder teilweise.

(2) Der Beklagte kann das Nichtigkeitsklagebegehren anerkennen. Ein solches Anerkenntnis ist grundsätzlich bei Klagen auf Erteilung einer Zwangslizenz oder Zurücknahme des Patents (§ 81 Abs. 1 PatG) möglich. Nach der wohl herrschenden Auffassung in Rechtsprechung und Schrifttum soll allerdings ein Anerkenntnis bei Nichtigkeitsklagen nicht möglich sein (BGH GRUR 1995, 577 re.Sp. – Drahtelektrode). Diese Auffassung erscheint nicht überzeugend. Geht man von ihr aus, so bedeutet das „Anerkenntnis" des Nichtigkeitsbeklagten jedoch jedenfalls die Erklärung, der Klage im Umfang des „Anerkenntnisses" nicht widersprechen zu wollen. Aufgrund einer solchen Erklärung ist das Bundespatentgericht von einer Sachprüfung entbunden, ob der klägerische Antrag begründet ist (BGH GRUR 1995, 577 re.Sp. – Drahtelektrode).

(3) Der Beklagte kann einen schon eingelegten Widerruf ganz oder teilweise zurücknehmen. Dies wirkt wie ein von vornherein unterlassener oder eingeschränkter Widerruf (ähnlich Schulte/*Voit* PatG § 82 Rn. 9: Selbstbeschränkung).

(4) Kostenfolge: Analog § 93 ZPO Kosten beim Nichtigkeitskläger, sofern dieser bei streitloser Erledigung infolge Erklärung des Beklagten den Patentinhaber nicht zuvor zum Verzicht auf das Streitpatent aufgefordert hatte (BGH GRUR 1984, 272 (276) – Isolierglasscheibenrandfugenfüllvorrichtung; BGH GRUR 1983, 504 – sofortiger Patentverzicht).

16. Klageerwiderung auf Nichtigkeitsklage

Bundespatentgericht

...... Nichtigkeitssenat

In der Nichtigkeitssache

der Firma B

gegen

die Firma A

wegen: Nichtigkeit des DE ......

Az ......

begründe ich die diesseitigen Anträge auf Klageabweisung aus dem Widerspruchsschriftsatz vom ......:

I.
Formelle Einwendungen

1. Die Nichtigkeitsklage ist schon deshalb unzulässig, weil sie sich gegen die Firma A als vermeintlich eingetragenen Inhaber des DE ...... richtet. Tatsächlich ist die Klägerin jedoch insoweit einem Irrtum erlegen. Die Firma A ist nicht als Patentinhaber eingetragen. Eingetragener Inhaber ist vielmehr die Komplementär-GmbH der Firma A. Der Nichtigkeitsbeklagten fehlt es mithin an der Prozessführungsbefugnis. Das macht die Klage unzulässig.[1]
2. Zu II. 3. wird die Nichtigkeitsklage auf den vermeintlichen Tatbestand der widerrechtlichen Entnahme gestützt (§ 21 Abs. 1 Nr. 3 PatG). In der Klagebegründung finden sich allerdings keine Angaben dazu, weshalb die Klägerin diejenige Rechtsperson ist, die durch eine vermeintlich widerrechtliche Entnahme des Erfindungsgegenstandes verletzt sein soll. Gemäß § 81 Abs. 3 PatG ist im Falle der widerrechtlichen Entnahme jedoch nur der Verletzte zur Erhebung der Klage berechtigt. Die fehlende Aktivlegitimation der Klägerin macht die Klage unzulässig.[2]
3. Die Nichtigkeitsklage ist des Weiteren wegen Verstoßes gegen § 81 Abs. 2 PatG 1981 unzulässig. Die Klägerin hat nämlich übersehen, dass gegen das Klagepatent noch ein Einspruch zulässig ist.[3]
4. Gegen die Zulässigkeit der Nichtigkeitsklage bestehen weitere Bedenken, nämlich ......[4]

II.
Materielle Einwendungen

Die Nichtigkeitsklage kann auch in der Sache keinen Erfolg haben:

1. Die vermeintlich fehlende Patentfähigkeit des Gegenstandes des Patentes ist ohne weiteres gegeben. Die gegenteilige Bewertung in der Nichtigkeitsklage beruht auf einer fehlerhaften Anwendung geltenden Rechts sowie einer unzutreffenden Beurteilung des vorbekannten Standes der Technik. Im Einzelnen: ......[5] ......[6,7]

Rechtsanwalt/Patentanwalt

Schrifttum: → Form. C.14.

Anmerkungen

1. Die Klage ist gemäß § 81 Abs. 1 S. 2 PatG nur gegen den eingetragenen Patentinhaber zulässig. Ist die Nichtigkeitsklage nicht gegen den formell eingetragenen Patentinhaber gerichtet, so ist sie wegen fehlender Prozessführungsbefugnis des Beklagten unzulässig (BGH GRUR 1966, 107 – Patentrolleneintragung; BPatG GRUR 2014, 104 (Ls.) = Mitt. 2013, 575 (Ls.) – Verfahren zum Formen). Richtet sich die Nichtigkeitsklage gegen den deutschen Teil eines europäischen Patents (Art. II § 6 IntPatÜG), ist nur derjenige richtiger Beklagter, der auch in der deutschen Rolle als Patentinhaber eingetragen ist. Die Umschreibung im europäischen Patentregister reicht nicht aus (BPatGE 32, 204 = GRUR 1992, 435 – Zusätzlicher Kläger). Fehlt es nach den vorstehenden Ausführungen an der Passivlegitimation, kann die Klage in erster Instanz gegen den tatsächlich im Register als Patentinhaber Eingetragenen im Wege der **subjektiven Klageänderung** umgestellt werden. Auf die Zustimmung des neuen Beklagten kommt es nicht an (BGHZ 65, 264 (268); vgl. dazu *Mes* PatG § 82 Rn. 29 mwN). Ist eine Klage allerdings einmal gegen den eingetragenen Patentinhaber wirksam erhoben, ändert eine nachfolgende Umschreibung an der Parteirolle dieses Beklagten nichts (§ 265 Abs. 2 ZPO iVm § 99 PatG; BGH GRUR 1992, 430 – Tauchcomputer; BPatGE 33, 1 = GRUR 1993, 32 – Tauchgang-Anzeigeeinrichtung). Ist die Nichtigkeitsklage gegen den zunächst in die Rolle eingetragenen Patentinhaber wirksam erhoben und ergibt sich sodann ein Wechsel der Patentinhaberschaft, so kann der in der Patentrolle eingetragene Erwerber nicht gegen seinen Willen in die Position des Beklagten gezwungen werden (BPatG GRUR 2001, 774 – Künstliche Atmosphäre).

2. Vgl. *Mes* PatG § 82 Rn. 14.

3. § 81 Abs. 2 PatG iVm §§ 59 ff. PatG. Bis zum Inkrafttreten des Patentnovellierungsgesetzes vom 27.6.2013 betrug gemäß § 59 Abs. 1 PatG die Einspruchsfrist nur 3 Monate. Demgegenüber wurde dieser Einwand gegenüber deutschen Patenten nur selten praktisch. Nach dem Inkrafttreten des Patentnovellierungsgesetzes von 2013 wird sich dies ändern. Nunmehr beträgt in Übereinstimmung mit Art. 99 Abs. 1 EPÜ auch bei deutschen nationalen Patenten die Einspruchsfrist 9 Monate. § 81 Abs. 2 PatG gilt auch für europäische Patente (BVerfG Mitt. 2006, 313 – Einspruch vor dem EPA = GRUR 2006, 569 – Strahlungssteuerung; BPatG Mitt. 2007, 16 – Torasemid = InstGE 7, 131; Busse/Keukenschrijver PatG § 81 Rn. 17). Streitig ist, ob § 81 Abs. 2 PatG auch dann eingreift, wenn das im Einspruchsverfahren befindliche europäische Patent mit einem Stand der Technik in Form einer älteren nationalen Anmeldung im Sinne von Art. 139 Abs. 2 EPÜ angegriffen wird und der Offenbarungsgehalt der dem angegriffenen europäischen Patent zugrunde liegenden europäischen Anmeldung nicht über denjenigen der älteren nationalen Anmeldung hinausgeht. In diesem Fall wendet BPatG GRUR 2002, 1045 – Schlauchbeutel – § 81 Abs. 2 PatG nicht an. Zur Problematik des § 81 Abs. 2 PatG im Verhältnis zu europäischen Einspruchsverfahren de lege ferenda vgl. *Diehm* Mitt. 1998, 441; *Raible* Mitt. 1999, 241; *Jüngst/Wolters* Mitt. 2007, 445. Weitere Einzelheiten bei *Mes* PatG § 81 Rn. 85 ff. insbesondere Rn. 90–93.

4. Im Formular sind nur beispielhaft drei Einwendungen betreffend die Zulässigkeit der Nichtigkeitsklage behandelt. Weitere Einwendungen können sein
(1) fehlende Ordnungsmäßigkeit der Klageerhebung;
(2) Mängel der Parteifähigkeit, Prozessfähigkeit, Fehlen der notwendigen Vertretung (§ 25 Abs. 1 PatG);
(3) fehlende Aktivlegitimation des Klägers im Falle des Nichtigkeitsgrundes der widerrechtlichen Entnahme (§ 81 Abs. 3 PatG). Im Formular behandelt;

16. Klageerwiderung auf Nichtigkeitsklage   C. 16

(4) unrichtiger Beklagter (§ 81 Abs. 1 S. 2 PatG). Im Formular behandelt; im Übrigen → Anm. 1;
(5) Einspruchsmöglichkeit gemäß § 81 Abs. 2 PatG und damit Subsidiarität der Nichtigkeitsklage (im Formular behandelt); im Übrigen → Anm. 3;
(6) der Klageantrag ist unzulässig. Beispiel: Die Nichtigkeitsklage ist auf Klarstellung des Patents gerichtet, BGH GRUR 1987, 757 – Düngerstreuer;
(7) die Nichtigkeitsklage enthält nicht die Substantiierung eines Nichtigkeitsgrundes (§ 81 Abs. 5 S. 2 PatG, dazu *Mes* PatG § 81 Rn. 84);
(8) fehlendes Rechtsschutzbedürfnis. Da die Nichtigkeitsklage Popularklage ist und dem öffentlichen Interesse an einer Vernichtung zu Unrecht erteilter Patente dient, ist das Rechtsschutzbedürfnis regelmäßig gegeben (BGH GRUR 1998, 904 – Bürstenstromabnehmer; BGH GRUR 1995, 342 (343) – Tafelförmige Elemente; *Mes* PatG § 81 Rn. 77 ff.). Ist das Streitpatent erloschen, bedarf es einer besonderen Darlegung eines Feststellungsinteresses an der rückwirkenden Vernichtung des Patents (BGH GRUR 2006, 316 – Koksofentür; BGH GRUR 2004, 849 – Duschabtrennung; BGH GRUR 1998, 904 – Bürstenstromabnehmer). Ein solches Interesse ist jedenfalls dann anzuerkennen, wenn sich der Ausgang des Nichtigkeitsverfahrens auf die Rechte des Klägers auswirken kann und die Durchführung des Verfahrens der Wahrung dieser Rechte dient (BGH GRUR 1982, 355 – Bauwerksanfeuchtung). Das gilt in allen Fällen, in denen der Kläger sich patentrechtlichen Ansprüchen aus dem Streitpatent ausgesetzt sieht, zB im Zusammenhang mit einer erhobenen Verletzungsklage (BGH stRspr, zB BGH GRUR 2009, 746 – Betrieb einer Sicherheitseinrichtung; BGH GRUR 2008, 90 – Verpackungsmaschine; BGH GRUR 2008, 60 – Sammelhefter II), des Weiteren, wenn im Verletzungsprozess die Schadensersatzverpflichtung rechtskräftig festgestellt und ein Teilbetrag anerkannt wurde (BPatGE 33, 240 = GRUR 1993, 732 – Randaufhängung) und schließlich auch, solange eine Inanspruchnahme noch zu besorgen ist (BGH GRUR 1995, 342 (434) – Tafelförmige Elemente) oder auch noch die Möglichkeit einer Restitutionsklage zu Gunsten des Nichtigkeitsklägers besteht (BGH GRUR 2006, 316 – Koksofentür). Sind die Wirkungen eines deutschen Patents nach Maßgabe des Art. II § 8 Abs. 1 IntPatÜG erloschen, so wird vom Bundespatentgericht ebenfalls ein ausreichendes Rechtsschutzbedürfnis für eine gegen dieses Patent erhobene Nichtigkeitsklage anerkannt (BPatG GRUR 2002, 53 – Stretchfolie; dazu *Mes* GRUR 2001, 976);
(9) prozesshindernde Einreden auf Grund von Beziehungen der Parteien, insbesondere des Bestehens von Nichtangriffsabreden. Eine Nichtigkeitsklage kann infolge von besonderen Beziehungen der Parteien untereinander unzulässig sein, beispielsweise insbesondere dann, wenn zwischen den Parteien Treuepflichten bestehen (zB des Arbeitnehmers gegenüber der vom Arbeitgeber in Anspruch genommenen Erfindung, BGH GRUR 1987, 900 – Entwässerungsanlage), auf Grund eines Zusammenarbeitsvertrages (BGH GRUR 1989, 39 – Flächenentlüftung), eines Lizenzvertrages (BPatG GRUR 1996, 480 (481) – Nichtangriffsabrede); auf Grund eines vorangegangenen Verkaufs des Streitpatents, wobei sodann die prozesshindernde Einrede nicht nur gegenüber dem Verkäufer, sondern auch gegenüber etwaigen Tochterunternehmen gilt (BPatG Mitt. 2001, 190). Insbesondere spielen – vertraglich oder konkludent vereinbarte – Nichtangriffsabreden eine Rolle. Dazu vgl. *Mes* PatG § 81 Rn. 94 ff. mwN;
(10) entgegenstehende Rechtskraft: selten. Insbesondere binden vorangegangene Entscheidungen im Einspruchs- oder Einspruchsbeschwerdeverfahren – auch bei Parteiengleichheit – nicht (so für europäische Patente BGH GRUR 1996, 757 – Zahnkranzfräser). Zu den objektiven und subjektiven Grenzen der Rechtskraft vgl. *van Venrooy* GRUR 1991, 92; *Walter* GRUR 2001, 1032; *Mes* PatG § 81 Rn. 104 ff.;

(11) Einrede der fehlenden Sicherheitsleistung bei Nicht-EU-Klägern (§ 81 Abs. 6 PatG). Die Klage gilt als zurückgenommen, wenn die erforderliche Sicherheitsleistung nicht rechtzeitig erbracht wurde (§ 81 Abs. 6 S. 3 PatG; vgl. *Mes* PatG § 81 Rn. 141 ff.).

5. Die Erwiderung auf eine Nichtigkeitsklage sollte sich nicht allein darin erschöpfen, nur auf die Klagebegründung „zu antworten", dh „zu reagieren". Regelmäßig ist es sachgerecht, wenn der Nichtigkeitsbeklagte aus seiner Sicht den Gegenstand der Erfindung nach dem Streitpatent darstellt.

Im Anschluss an eine (gebotene) Darstellung des Inhalts des Streitpatents ist sodann auf die geltend gemachten Nichtigkeitsgründe zu erwidern, nämlich darzulegen:
(1) Der Gegenstand des Patents ist nach den §§ 1–5 PatG patentfähig (§ 21 Abs. 1 Nr. 1 PatG).
(2) Die Lehre des Streitpatents ist ausreichend offenbart (§ 21 Abs. 1 Nr. 2 PatG).
(3) Es liegt kein Tatbestand der widerrechtlichen Entnahme vor (§ 21 Abs. 1 Nr. 3 PatG).
(4) Es fehlt an einer unzulässigen Erweiterung (§ 21 Abs. 1 Nr. 4 PatG).

Kosten und Gebühren

6. → Form. C.14.

Fristen und Rechtsmittel

7. → Form. C.14.

17. Klage wegen Verletzung eines europäischen Patents mit Auslandsberührung

Landgericht

...... Zivilkammer (Patentkammer)[1, 2]

......[3]

Klage

der Firma A GmbH

– Kläger –

– Prozessbevollmächtigter: RA ...... –

gegen

1. die Firma B GmbH, X-Stadt, Y-Straße, vertreten durch den Geschäftsführer, den Beklagten zu 2, ebenda,[4]
2. Herrn C,[4] ebenda, ...

– Beklagte –

wegen: Verletzung des europäischen Patents ......

Streitwert: vorläufig geschätzt ...... EUR[5]

17. Klage wg. Verletzung eines europäischen Patents mit Auslandsberührung   C. 17

Namens und in Vollmacht der Klägerin erhebe ich Klage und bitte um die Anberaumung eines Verhandlungstermins sowie um Ladung der Beteiligten.[6]

Es handelt sich um eine patentrechtliche Streitigkeit, deren Entscheidung durch den Einzelrichter nicht angezeigt erscheint. Es wird gebeten, von der Anberaumung einer Güteverhandlung abzusehen. Sie bietet keine erkennbare Aussicht auf Erfolg. Ein Gleiches gilt für eine Mediation oder ein anderes Verfahren der außergerichtlichen Konfliktbeilegung.[7]

Ich beantrage,[8]

I. die Beklagten zu verurteilen,
 1. es bei Meidung[9] eines für jeden Fall der Zuwiderhandlung fälligen Ordnungsgeldes bis zu 250.000 EUR ersatzweise Ordnungshaft bis zu 6 Monaten oder Ordnungshaft bis zu 6 Monaten, im Wiederholungsfalle Ordnungshaft bis zu 2 Jahren, wobei die Ordnungshaft im Hinblick auf die Beklagte zu 1 an ihrem jeweiligen Geschäftsführer zu vollstrecken ist, zu unterlassen,
 im deutschen Geltungsbereich des europäischen Patents . . . . . .[10] herzustellen,[11] ferner in Deutschland, Großbritannien . . . . . . anzubieten oder in den Verkehr zu bringen,[12]
 Vorrichtungen zum Abscheiden von Sand aus mit Sand und organischen Stoffen beladenem Abwasser, bestehend aus einem stehenden Behälter mit einem Überlauf für das mit organischen Stoffen belastete Abwasser und mit einem an eine untere Austragsöffnung des Behälters angeschlossenen Austragsförderer, bei denen der Behälter ein sich bis in den Bodenbereich erstreckendes Rührwerk und im Bodenbereich eine Frischwasserzufuhr aufweist und für den Antrieb des Austragsförderers eine Steuereinrichtung vorgesehen ist, die den Antrieb des Austragsförderers in Abhängigkeit von der Absetzhöhe des Sandes im Behälter steuert (europäisches Patent . . . . . ., Anspruch 1);[13]
 2. der Klägerin Rechnung[14] darüber zu legen, in welchem Umfang die Beklagten die zu I. 1. bezeichneten Handlungen . . . . . .;
 3. . . . . . .[15]
II. festzustellen,[16]
 dass die Beklagten gesamtverbindlich verpflichtet sind, der Klägerin allen Schaden zu ersetzen, der ihr durch die zu I. 1. bezeichneten und seit dem . . . . . . begangenen Handlungen entstanden ist und noch entstehen wird;
III. den Beklagten gesamtverbindlich die Kosten des Rechtsstreits aufzuerlegen;[17]
IV. das Urteil – ggf. gegen Sicherheitsleistung (Bank- oder Sparkassenbürgschaft) – für vorläufig vollstreckbar zu erklären;[17]
 hilfsweise der Klägerin nachzulassen, die Zwangsvollstreckung wegen der Kosten gegen Sicherheitsleistung (Bank- oder Sparkassenbürgschaft) abzuwenden.[17]

Begründung:

I.

1. Die Klägerin ist eingetragene, alleinige und ausschließlich verfügungsberechtigte Inhaberin des europäischen Patents . . . . . .[10] (im Folgenden auch: Klagepatent) betreffend eine Vorrichtung zum Abscheiden von Sand aus mit Sand und organischen Stoffen beladenem Abwasser. Die zugrunde liegende Anmeldung erfolgte am . . . . . .[18] und wurde am . . . . . .[18] bekannt gemacht. Die Veröffentlichung der Patenterteilung im europäischen Patentblatt erfolgte am . . . . . .[18] Das europäische Patent steht im Bereich der Bundesrepublik Deutschland, Großbritannien, Frankreich, Italien und in . . . . . .[19] in Kraft.
Beweis: Auskunft der nationalen Patentämter.[20]

Ich überreiche die Schrift des Klagepatents als
Anlage K 1
– für die Mitglieder der angerufenen Kammer in drei Exemplaren.[21]
Die Verfahrenssprache des Klagepatents ist Deutsch.[22]

2. Das Klagepatent bezieht sich auf einen so genannten Sandabscheider, nämlich auf eine Vorrichtung zum Abscheiden von . . . . . .[23]

3. Die Verletzungshandlungen der Beklagten ergeben sich wie folgt: . . . . . .[24]

4. Es ist eine Besonderheit des Streitfalles,[25] dass die Beklagten nicht nur im Bereich der Bundesrepublik Deutschland tätig sind, sondern auch im europäischen Ausland, nämlich in den im Klageantrag I. 1. genannten Ländern. Am Geschäftssitz der Beklagten zu 1 stellen die Beklagten zu 1 und zu 2 die klagepatentgegenständlichen Erzeugnisse her, um sie sodann sowohl im Bereich der Bundesrepublik Deutschland als auch in den vorstehend bezeichneten europäischen Ländern anzubieten und in den Verkehr zu bringen.

5. Die Klägerin hat die Beklagten außergerichtlich erfolglos abgemahnt.[26] Infolgedessen ist Klage geboten. Mit ihr werden die der Klägerin zustehenden Ansprüche wegen Patentverletzungshandlungen im Bereich der Bundesrepublik Deutschland sowie in den Ländern . . . . . . gerichtlich geltend gemacht.

II.

1. Der mit Klageantrag I. 1. geltend gemachte Unterlassungsanspruch ist auf Grund folgender Rechtsvorschriften begründet:[27]
   - Im Bereich der Bundesrepublik Deutschland auf Grund § 139 Abs. 1 PatG iVm Art. 2 Abs. 2, 64 Abs. 1, 3 EPÜ.
   - Für Großbritannien auf Grund von Sections 60 Abs. 1, 61 Abs. 1 Buchst. a, Patents Acts 1977.
   - Für Frankreich auf Grund von Art. L 611-1 bis Art. L 615-22 Code de la Propriété Intellectuelle (CIP) vom 1.7.1992.
   - . . . . . .

   Sämtliche vorstehenden Vorschriften sind durch die jeweiligen Länder im Zusammenhang mit der Ratifizierung des Europäischen Patentübereinkommens im Wesentlichen gleich gestaltet worden. Für die jeweils geltend gemachten Unterlassungsansprüche besteht Wiederholungsgefahr, da schon Patentverletzungshandlungen vorgekommen sind.

2. Der mit Klageantrag II. dem Grunde nach geltend gemachte Schadensersatzanspruch findet seine Grundlage[27]
   - für Deutschland in § 139 Abs. 2 PatG iVm Art. 2 Abs. 2, 64 Abs. 1, 3 EPÜ,
   - für Großbritannien in Section 61 Art. 1 Buchst. c Patents Acts 1977 für das Vereinigte Königreich,
   - für Frankreich in Art. 1382, 1383 Code Civile des Gesetzes 68–1 über Erfindungspatente vom 2.1.1968,
   - . . . . . .

3. Der mit Klageantrag I. 3. geltend gemachte Rechnungslegungsanspruch findet seine Grundlage[27]
   - für den Bereich der Bundesrepublik Deutschland in § 140b PatG, des Weiteren in gewohnheitsrechtlicher Anwendung des § 242 BGB sowie der Rechtsregeln betreffend die auftragslose Geschäftsführung. Die vorstehend bezeichneten Rechtsregeln sind gemäß Art. 2 Abs. 2, 64 Abs. 1, 3 EPÜ unmittelbar anwendbar;
   - für Großbritannien in Section 61 Art. 1 Buchst. d Patents Acts,
   - für Frankreich in gewohnheitsrechtlicher Rechtsfortbildung zur Durchsetzung der Schadensersatzansprüche aus Art. 1382, 1383 Code Civile.

III.

Das angerufene Gericht ist sachlich gemäß § 143 Abs. 1 PatG unter dem rechtlichen Gesichtspunkt der patentrechtlichen Streitigkeiten zuständig. Die örtliche Zuständigkeit ergibt sich aus dem Geschäftssitz der Beklagten zu 1 und zu 2 im Bundesland ...... iVm Art. II § 10 IntPatÜG und den örtlichen Zuständigkeitsregelungen gemäß §§ ...... ZPO.[28] Die internationale Zuständigkeit des angerufenen Gerichts ergibt sich auf Grund von Art. 2 Abs. 1 VO (EG) 44/2001.[29]

IV.

Ich zeige an, dass die Klägerin

Herrn Patentanwalt[30]

......

zur Mitwirkung in diesem Rechtsstreit bestellt hat.

Beglaubigte und einfache Abschriften sind zum Zwecke der Zustellung beigefügt.[31, 32]

Rechtsanwalt

Schrifttum: 1. *Literatur:* Vgl. die Hinweise zu → Form. C.1. Insbesondere zu Patentverletzungsprozessen mit Auslandsberührung, vor allem auf der Grundlage europäischer Patente: *Adolphsen*, Europäisches und internationales Zivilprozessrecht in Patentsachen, 2. Aufl. 2009; *Bukow*, Die Entscheidung GAT/LUK und ihre Konsequenzen – Vom Ende der „Cross-Border-Injunctions", FS Schilling, 2007, 59; *Fähndrich/Ibbeken*, Gerichtszuständigkeit und anwendbares Recht im Falle grenzüberschreitender Verletzungshandlungen der Rechte des geistigen Eigentums; Bericht für die Deutsche Landesgruppe der AIPPI zur Frage Q 174, GRUR Int. 2003, 616; *Grabinski*, Grenzüberschreitende Beweisaufnahme im deutschen Patentverletzungsverfahren unter besonderer Berücksichtigung der Verordnung (EG) Nr. 1206/2001, FS Schilling, 2007, 191; *Grabinski*, Zur Bedeutung des Europäischen Gerichtsstands- und Vollstreckungsübereinkommens (Brüsseler Übereinkommen) und des Lugano-Übereinkommens in Rechtsstreitigkeiten über Patentverletzungen, GRUR Int. 2001, 199; *Haupt*, Territorialitätsprinzip im Patent- und Gebrauchsmusterrecht der grenzüberschreitenden Fallgestaltungen, GRUR 2007, 187; *Heinze/Heinze*, Transit als Markenverletzung – Schlusswort des EuGH in der Entscheidung „Montex/Diesel", GRUR 2007, 740; *Heinze/Roffael*, Internationale Zuständigkeit für Entscheidungen über die Gültigkeit ausländischer Immaterialgüterrechte, GRUR Int. 2006, 787; *Herr*, EuGH erteilt grenzüberschreitenden Patentverletzungsverfahren eine Absage, Mitt. 2006, 481; *Hölder*, Grenzüberschreitende Durchsetzung europäischer Patente, 2004; *Kubis*, Patentverletzungen im europäischen Prozessrecht – Ausschließliche Zuständigkeit Kraft Einrede?, Mitt. 2007, 220; *Kurtz*, Grenzüberschreitender einstweiliger Rechtsschutz im Immaterialgüterrecht, Diss., 2004; *Luginbühl/Wollgast*, Das neue Haager Übereinkommen über Gerichtsstandsvereinbarungen: Aussichten für das geistige Eigentum, GRUR Int. 2006, 208; *Pansch*, Die einstweilige Verfügung zum Schutze des geistigen Eigentums im grenzüberschreitenden Verkehr. Eine Untersuchung zur Notwendigkeit einer Harmonisierung in Europa, Diss., 2003; *Pitz*, Torpedos unter Beschuss, GRUR Int. 2001, 32; *Reichardt*, Die Auswirkung des Nichtigkeitseinwands auf die internationale Zuständigkeit in Patentstreitigkeiten, GRUR Int. 2008, 574; *Schacht*, Neues zum internationalen Gerichtsstand der Streitgenossen bei Patentverletzungen, GRUR 2012, 1110; *Schauwecker*, Extraterritoriale Patentverletzungsjurisdiktion, 2009; *von Michel*, Europäische Patente – Neue Übersetzungsvorgaben ab Mai 2008 nach dem Londoner Protokoll, Mitt. 2008, 148; *Voß*, Die vollständige Übersetzung einer europäischen Patentschrift gem. Art. II § 3 Abs. 1 IntPatÜG als (unabdingbare) Wirksamkeitsvoraussetzung, GRUR 2008, 654.

2. *Materialien:* Verordnung (EG) Nr. 44/2001 über die gerichtliche Zuständigkeit und die Anerkennung und Vollstreckung von Entscheidungen in Zivil- und Handelssachen (Beilage NJW Heft 11/2002 und EuZW Heft 5/2002).

3. **Wesentliche Entscheidungen:** GRUR 2007, 49 = GRUR Int. 2006, 839 = Mitt. 2006, 361 – GAT (zu Art. 16 Nr. 4 EuGVÜ; → Anm. 1 aE); GRUR 2007, 47 – Geschäftspolitik = GRUR Int. 2006, 836 – Roche/Primus/Hoffmann La Roche = Mitt. 2006, 420 – Roche/Primus (zu Art. 6 Nr. 1 EuGVÜ); LG Düsseldorf GRUR Int. 2008, 756 – Mehrschichtiges Verschlusssystem.

Anmerkungen

1. Das Textbeispiel schließt an → Form. C.5 inhaltlich an. Anstelle eines nationalen deutschen Patents geht es nunmehr um die Verletzung eines europäischen Patents (genauer: der nationalen Teile eines europäischen Patents), und zwar sowohl durch Verletzungshandlungen im Inland als auch im europäischen Ausland. Gerade für europäische Patente (mit deutschem nationalen Teil) ist die Entscheidung von Bedeutung, ob vor Klageerhebung abgemahnt werden soll. Eine vorherige Abmahnung kann die Gefahr eines so genannten „Torpedos" begründen. Dazu eingehend → Anm. 1 unter „Torpedoproblematik" zu → Form. C.2. Wird mithin Klage wegen Verletzung eines europäischen Patents erhoben, sollte sicher sein, dass nicht zuvor ein „Torpedo" gestartet worden ist. Vgl. weitere Einzelheiten auch nachfolgend → Anm. 3 zu Art. 27 VO (EG) 44/2001 über die gerichtliche Zuständigkeit und die Anerkennung und Vollstreckung von Entscheidungen in Zivil- und Handelssachen.

Von besonderer Bedeutung: Art. 16 Nr. 4 (jetzt: Art. 22 Nr. 4 VO (EG) Nr. 44/2001) bestimmt, dass für Klagen auf der Grundlage eines europäischen Patentes die Gerichte eines jeden Mitgliedstaates ohne Rücksicht auf den Wohnsitz der Parteien für alle Verfahren ausschließlich zuständig sind, die die Erteilung oder die Gültigkeit eines europäischen Patentes zum Gegenstand haben, das für diesen Staat erteilt wurde. Diese Bestimmung wird vom Europäischen Gerichtshof in EUGH GRUR 2007, 49 – GAT – dahingehend ausgelegt, dass die Zuständigkeit eines (deutschen) Verletzungsgerichts auch dann nicht (mehr) gegeben ist, wenn in einem Verletzungsprozess der Beklagte sich auf den fehlenden Rechtsbestand des europäischen Patents für das betroffene Land, hinsichtlich dessen Patentverletzungsansprüche geltend gemacht werden, beruft. Damit ist das Textbeispiel nur dann anwendbar, wenn entweder zwischen den Parteien zuvor vereinbart worden ist, dass seitens des Beklagten keine Argumente auf der Grundlage eines vermeintlich fehlenden Rechtsbestandes des Klagepatents geltend gemacht werden oder derartige Einwendungen nicht zu erwarten sind. Besteht das Risiko, dass der Beklagte den fehlenden Rechtsbestand des Klagepatents für ein Geltungsland (ausgenommen die Bundesrepublik Deutschland) einwendet, entfällt die Zuständigkeit des deutschen Gerichts (EuGH GRUR 2007, 49 – GAT).

2. § 143 Abs. 1 PatG bestimmt die ausschließlich sachliche/funktionelle Zuständigkeit der Landgerichte für Patentstreitsachen, ungeachtet der Frage, ob es sich bei dem Rechtsstreit um eine vermögens- oder um eine nicht vermögensrechtliche Streitigkeit handelt (BGH GRUR 1955, 83), ferner ungeachtet der Höhe des Streitwertes. Patentstreitsachen im Sinne des § 143 Abs. 1 PatG sind neben Streitsachen aus und im Zusammenhang mit deutschen nationalen Patenten insbesondere auch solche aus europäischen Patenten mit Schutzerstreckung für Deutschland (Art. II § 10 Abs. 2 IntPatÜG), ferner auch in analoger Anwendung des § 143 Abs. 1 PatG Streitigkeiten im Zusammenhang mit ausländischen Patenten oder Erfindungen (OLG Düsseldorf GRUR Int. 1968, 100 (101); OLG Frankfurt GRUR 1983, 435; vgl. *Mes* PatG § 143 Rn. 8). Allerdings gilt die Ausnahme, wie zuvor am Ende von → Anm. 1 behandelt: Wird seitens des Beklagten geltend gemacht, das ausländische Patent oder das europäische Patent mit Geltungsbereich im Ausland sei für in Anspruch genommene Länder (ausgenommen: Bundesrepublik Deutschland) nicht rechtsbeständig, fehlt (entfällt) die internationale deutsche Zuständigkeit (EuGH GRUR 2007, 49 – GAT). Zu weiteren Einzelheiten → Form. C.5 Anm. 1.

3. Die örtliche Zuständigkeit wird in § 143 PatG nicht geregelt. Sie bestimmt sich gemäß §§ 12 ff. ZPO. Zu Einzelheiten → Form. C.5 Anm. 2.

Zur internationalen Zuständigkeit enthält § 143 PatG keine Regelung. Diese Frage, nämlich ob ein deutsches oder ein ausländisches Gericht zuständig ist, ist in jeder Lage des Verfahrens (auch in der Revision) von Amts wegen zu prüfen (BGH GRUR 1988, 483 (484)

17. Klage wg. Verletzung eines europäischen Patents mit Auslandsberührung C. 17

– AGIAV). Die internationale Zuständigkeit deutscher Gerichte folgt regelmäßig den Regeln der ZPO über die örtliche Zuständigkeit (§§ 12–37 ZPO; herrschende Meinung; BGH zB BGH GRUR 2011, 558 Rn. 6 – www.womanineurope.com; BGH GRUR 2010, 461 Rn. 7 – New York Times; BGH NJW 1991, 3092 (3093)). Handelt es sich – wie im Formular vorgesehen – um einen europäischen Auslandsbezug, gilt die EG-VO 1215/2012 (EuGVVO) bzw. das Luganer Übereinkommen (LugÜ). In materieller Hinsicht gilt Art. 8 Abs. 1 ROM II-VO. Dieser begründet das sog. Schutzlandprinzip, dass nämlich auf außervertragliche Schutzverhältnisse aus einer Verletzung von Rechten des geistigen Eigentums das Recht des Staates anzuwenden ist, für den der Schutz beansprucht wird. Dieser Grundsatz ist gemäß Art. 14 ROM II-VO nicht disponibel. Es gelten folgende (nur skizzierte) Grundsätze:

Gemäß Art. 1 Abs. 1 S. 1 EuGVVO hat diese Geltung auch für patentrechtliche Streitigkeiten. Nach Art. 4 Abs. 1 EuGVVO ist im Grundsatz eine Person, die ihren **Wohnsitz (Sitz)** in dem Hoheitsgebiet eines Mitgliedsstaates hat ohne Rücksicht auf ihre Staatsangehörigkeit vor den Gerichten dieses Staates zu verklagen. Für Gesellschaften und juristische Personen bestimmt Art. 63 Abs. 1 EuGVVO, dass sie ihren Wohnsitz an demjenigen Ort haben, an dem sich ihr satzungsgemäßer Sitz, ihre Hauptverwaltung oder Hauptniederlassung befindet. Hat der/die Beklagte keinen Wohnsitz in dem Hoheitsgebiet eines Mitgliedsstaates, so bestimmt sich die Zuständigkeit des Gerichts eines jeden Mitgliedsstaates nach seinen eigenen Gesetzen, vorbehaltlich der Art. 24, 25 EuGVVO (Art. 6 Abs. 1 EuGVVO). Maßgeblich sind mithin die allgemeinen Vorschriften des Mitgliedsstaats betreffend die internationale Zuständigkeit. Hatte der (die) Beklagte keinen Wohnsitz (Sitz) in dem Hoheitsgebiet eines Vertragsstaates, kann sich jede Person, die ihren Wohnsitz im Hoheitsgebiet eines Mitgliedsstaates hat, in diesem Staat auf die dort geltenden Zuständigkeitsvorschriften, in Deutschland insbesondere auf § 23 ZPO, berufen (vgl. Art. 6 Abs. 2 EuGVVO). Es genügt zur Begründung der internationalen Zuständigkeit nach Art. 4 Abs. 1 EuGVVO, wenn diese im Laufe des Rechtsstreits eintritt. Ist dies der Fall, bleibt die internationale Zuständigkeit auch dann erhalten, wenn der sie begründende Tatbestand im Nachhinein entfällt (OLG Braunschweig Mitt. 2011, 310 (Ls.) – Nachträgliche Zuständigkeit).

Personen (auch juristische Personen oder Gesellschaften), die ihren Wohnsitz in dem Hoheitsgebiet eines Vertragsstaates haben, können vor den Gerichten eines anderen Vertragsstaates nur verklagt werden, wenn dies in den Abschnitten 2 bis 7 des Kap. I der EuGVVO entsprechend festgelegt ist (Art. 5 Abs. 1 EuGVVO). Entsprechende Zuständigkeitsregelungen finden sich für Patentverletzungsstreitigkeiten in:

- Art. 7 Nr. 1 EuGVVO: **Gerichtsstand des vertraglichen Erfüllungsorts.** Er kommt für die Geltendmachung von Ansprüchen aus einem Lizenzvertrag in Betracht (EuGH GRUR 2009, 753 – Falco: Zum Urheberrecht). Maßgeblich ist regelmäßig Art. 7 Nr. 1 Buchst. a EuGVVO, da eine gegen Entgelt eingeräumte Lizenz kein Vertrag über die Erbringung von Dienstleistungen im Sinne des Art. 7 Nr. 1 Buchst. b EuGVVO ist (EuGH GRUR 2009, 753 – Falco: Zum Urheberrecht).
- Art. 7 Nr. 2 EuGVVO: **Gerichtsstand der unerlaubten Handlung.** Eine Person, die ihren **Wohnsitz in dem Hoheitsgebiet** eines Mitgliedsstaates hat, kann in einem anderen Mitgliedsstaat verklagt werden, wenn Ansprüche aus einer unerlaubten Handlung (dazu gehören auch Patentverletzungen, EuGH IPRAX 1985, 92; BGH GRUR 1994, 530 (531) – Beta; *Neuhaus* Mitt. 1996, 262) den Gegenstand des Verfahrens bilden. Zuständig ist neben dem Gericht des Handlungsortes gemäß Art. 7 Nr. 2 EuGVVO das Gericht des Erfolgsortes, nämlich des Ortes, an dem der Schaden eingetreten ist (EuGH NJW 1977, 493; EuGH NJW 1991, 631). Der Erfolgsort ist stets identisch mit dem Schutzstaat des verletzten Patents (Schutzlandprinzip, EuGH GRUR 2012, 659 – Wintersteiger/Products EVO). Im Übrigen sind für den Gerichtsstand der unerlaubten Handlung gemäß Art. 7 Nr. 2 EuGVVO die Rechtsgrundsätze anwendbar, die gemäß § 32 ZPO für den (nationalen) besonderen Gerichtsstand der unerlaubten Handlung gelten (LG München Mitt. 2007, 560 (561) – Actinium-225). Allerdings ist

der Begriff der unerlaubten Handlung im Sinne des Art. 7 Nr. 2 EuGVVO autonom auszulegen (EuGH NJW 2009, 3501; zu allem vgl. *Mes* PatG § 143 Rn. 28 ff.).
- Art. 8 Nr. 1 EuGVVO: **Gerichtsstand der Streitgenossenschaft**, dazu *Hölder* Mitt. 2005, 208; *Lange* GRUR 2007, 107; *Schacht* GRUR 2012, 1110; *Mes* PatG § 143 Rn. 33 ff.
- Art. 3 Abs. 1EuGVVO iVm Art. 17 Nr. 1 EuGVVO: **Gerichtsstand der Prorogation.** Die Parteien können Gerichtsstandsvereinbarungen treffen.
- Art. 26 EuGVVO: **Gerichtsstand der rügelosen Einlassung.** Lässt sich ein Beklagter vor einem Gericht eines Mitgliedsstaats auf das Verfahren ein, so wird dadurch die Zuständigkeit dieses Gerichts begründet. Das gilt nicht, wenn die Einlassung nur deshalb erfolgt, um den Mangel der Zuständigkeit geltend zu machen oder wenn ein anderes Gericht aufgrund des Art. 24 EuGVVO ausschließlich zuständig ist.
- Art. 35 EuGVVO: **Gerichtsstand der einstweiligen Verfügung.** Einstweilige Maßnahmen können bei den Gerichten des einen Staates auch dann beantragt werden, wenn für die Entscheidung in der Hauptsache das Gericht eines anderen Mitgliedsstaats zuständig ist. (Zu Einzelheiten vgl. *Mes* PatG § 143 Rn. 39).
- Art. 29 ff. EuGVVO: **Zuständigkeit bei anderweitiger Rechtshängigkeit, sog. „Torpedoproblematik".** Werden bei Gerichten verschiedener Vertragsstaaten Klagen wegen desselben Anspruchs zwischen denselben Parteien anhängig gemacht, setzt das später angerufene Gericht das Verfahren von Amts wegen aus, bis die Zuständigkeit des zuerst angerufenen Gerichts feststeht (Art. 29 Abs. 1 EuGVVO). Sobald dies gegeben ist, erklärt sich das später angerufene Gericht zugunsten des erstangerufenen Gerichts für unzuständig (Art. 29 Abs. 3 EuGVVO). Zu den Begriffen „derselbe Anspruch" und „dieselben Parteien" vgl. zu weiteren Einzelheiten *Mes* PatG § 143 Rn. 41 ff. Vgl. ferner → Form. C.2 Anm. 1.

Ein taugliches Hilfsmittel dazu: Übertragung des deutschen (nationalen) Teils des europäischen (Klage-)Patents auf die Klagepartei und Geltendmachung von Ansprüchen ausschließlich für einen Zeitpunkt ab Übertragung (LG Düsseldorf GRUR Int. 2008, 756 – Mehrschichtiges Verschlusssystem = InstGE 9, 246 – Vorlaminiertes mehrschichtiges Band; dazu *von Falck*, FS Mes, 2009, 111).

4. Handelt es sich bei der Beklagten um eine Personal- oder Kapitalgesellschaft, so wird empfohlen, die Klage zur Erweiterung des Haftungsvermögens sowohl gegen sämtlich haftende Gesellschafter wie auch gegen die verantwortlichen Organe der juristischen Personen (zB GmbH, AG; dort Vorstand, Geschäftsführer usw.) zu richten. Es sind nämlich die persönlich haftenden Gesellschafter bzw. die Organe einer Gesellschaft, die die Patentverletzung regelmäßig täterschaftlich begehen. Die Personalgesellschaften haften gemäß §§ 128, 161 Abs. 2 HGB bzw. unter dem rechtlichen Gesichtspunkt der Organhaftung gemäß § 31 BGB analog (BGH GRUR 1986, 248 (250) – Sporthosen; *Klaka* GRUR 1988, 729; kritisch *Götting* GRUR 1994, 6). (Einen abweichenden Ansatz wählt BGH GRUR 2016, 257 – Glasfasern II). Der Bundesgerichtshof bejaht eine Garantenstellung eines Geschäftsführers/Vorstandmitgliedes, wenn der Schutz von Rechten Dritter eine organisatorische Aufgabe ist, zu der zu allererst der gesetzliche Vertreter berufen ist. Stellt ein Unternehmen technische Erzeugnisse her oder führt sie ein, so begründet dies eine Garantenstellung für einen gesetzlichen Vertreter. Regelmäßig bedarf es dazu keiner substantiierten Begründung (BGH GRUR 2016, 257 – Glasfasern II; kritisch *Müller* GRUR 2016, 570).

5. Zur Höhe des Streitwertes → Form. C.5 Anm. 5.

6. Die Anberaumung des Verhandlungstermins sowie die Ladung der Beteiligten erfolgen durch das Gericht an sich von Amts wegen. Die entsprechenden Formulierungen im Formular können mithin entfallen.

17. Klage wg. Verletzung eines europäischen Patents mit Auslandsberührung   C. 17

Dem Formular liegt ebenso wie den vorangegangenen Formularen das Verfahren der 4. Zivilkammer des Landgerichts Düsseldorf (Patentkammer) zugrunde. Einzelheiten → Form. C.5 Anm. 8.

7. § 278 Abs. 2 ZPO sieht im Grundsatz vor, dass vor der mündlichen Verhandlung zum Zwecke der gütlichen Beilegung des Rechtsstreits eine Güteverhandlung vorausgehen soll. Diese Regelung ist für Patentverletzungsprozesse nicht brauchbar. Zu Einzelheiten → Form. C.5 Anm. 9. Der durch Art. 2 des Gesetzes vom 21.7.2012 (BGBl. I 1577) eingefügte § 278a ZPO sieht als weitere Möglichkeit der gütlichen Einigung eine Mediation oder ein anderes Verfahren der außergerichtlichen Konfliktbeilegung vor. Regelmäßig wird eine solche Möglichkeit im Patentverletzungsprozess nicht genutzt. Zu Einzelheiten → Form. C.5 Anm. 10.

8. Die Klageanträge des Formulars enthalten aus der Patentverletzung sich ergebende Ansprüche, nämlich auf Unterlassung, Auskunftserteilung (Rechnungslegung) und Schadensersatz. Da die Anträge allerdings teilweise auf das Gebiet der Bundesrepublik Deutschland bezogen sind, teilweise auf das europäische Ausland, ergeben sich im Hinblick auf die Einzelanträge Unterschiede. Diese sind in den nachfolgenden Formulierungen der Anträge vermerkt.

Ein Antrag auf Vernichtung ist aus Vereinfachungsgründen nicht geltend gemacht worden. Zu einem solchen Antrag → Form. C.5 Anm. 30.

9. Der Wortlaut der Strafandrohungsklausel ergibt sich aus § 890 Abs. 1 ZPO. Zu Einzelheiten dazu → Form. C.5 Anm. 12. Auch wenn es im Textbeispiel ua darum geht, Handlungen im Ausland untersagen zu lassen, erfolgt die Einflussnahme auf den Willen des Betroffenen durch die Strafandrohung im Bereich der Bundesrepublik Deutschland.

10. Es ist die Patentnummer anzugeben.

11. In dem dem Textbeispiel zugrunde liegenden Sachverhalt wird davon ausgegangen, dass die Beklagte zu 1 im Bereich der Bundesrepublik Deutschland die patentverletzenden Erzeugnisse herstellt und sie sodann in Deutschland selbst sowie auch in anderen, im Folgenden benannten europäischen Ländern anbietet und vertreibt. Infolgedessen kann sich das Verbot der Herstellungshandlung nur auf das Gebiet der Bundesrepublik Deutschland beziehen.

12. Das Herstellen erfolgt im Textbeispiel nur im Bereich der Bundesrepublik Deutschland, die anderen Benutzungshandlungen (Anbieten oder Inverkehrbringen) erfolgen auch in anderen europäischen Ländern. Dem trägt die Formulierung des Unterlassungsantrags I. 1. Rechnung. Sofern außer den benannten Ländern Deutschland und Großbritannien auch weitere Länder betroffen sind, sind diese hier anzuführen.

13. Die Formulierung (Konkretisierung) der Verletzungshandlungen folgt dem Wortlaut des zugrunde gelegten Anspruchs 1 des Klagepatents. Allerdings ist die konkrete Verletzungsform zu beschreiben. Weicht diese vom Wortlaut ab, kommt es nur auf die Verletzungsform an. Das gilt beispielsweise im Falle einer Verletzung des Klagepatents im Wege der Äquivalenz. Dann muss der Unterlassungsantrag die konkrete Verletzungsform sowie die konkrete Art der Benutzung erfassen (BGH GRUR 1986, 803 (806) li.Sp. – Formstein). Zu Einzelheiten der Formulierung des Unterlassungsantrags → Form. C.5 Anm. 17, 18.

14. Die Formulierung des Auskunftsanspruchs sowie des Rechnungslegungsanspruchs kann auch nach Maßgabe der Formulierungen zu Klageanträgen I. 2. und 3. des Textbeispiels in → Form. C.5 erfolgen. Allerdings ist für jeweils das betroffene ausländische Land zu ermitteln, ob entsprechende Rechnungslegungsangaben geschuldet sind. Vgl. dazu die Ausführungen in → Form. C.6 zu II. 3.

15. Zu etwaigen weiteren Nebenansprüchen → Form. C.5 und die dortigen Klageanträge I. 4. ff., wobei allerdings darauf zu achten ist, dass diese im Textbeispiel → Form. C.5 nur für den Bereich der Bundesrepublik Deutschland geltend gemacht worden sind.

16. Zu Einzelheiten der Schadensersatzverpflichtung gelten für den Bereich der Bundesrepublik Deutschland die Ausführungen insbesondere in → Form. C.5 Anm. 29. Es ist jeweils für den Bereich des europäischen Auslands gesondert zu prüfen, ob eine vergleichbare Schadensersatzverpflichtung besteht. Siehe dazu die Ausführungen zu II. 2. im Klagebeispiel.

17. Kostenanträge sowie Anträge auf Zwangsvollstreckung sind an sich entbehrlich, werden jedoch regelmäßig gestellt.

18. Die im Formular vorgesehenen Daten sind für die Beurteilung des Patentrechtsverhältnisses von Bedeutung. Zur deutschen Rechtslage → Form. C.5 Anm. 27. Die Verhältnisse im Ausland liegen ähnlich. Das ist jeweils anhand der in Anspruch genommenen ausländischen Rechtsordnung konkret zu überprüfen. Eine Übersicht bei *Mes/Verhauwen* PatG § 14 Anh. zu § 14 Rn. 149 ff.

19. Es sind hier im Einzelnen die Länder aufzuführen, für die der Schutz des Klagepatents geltend gemacht wird.

20. Ist das europäische Patent, ggf. nach Einspruchsverfahren, erteilt, handelt es sich um ein „Bündel nationaler Schutzrechte" (Art. 2 Abs. 2, 64 Abs. 1 EPÜ). Für die Geltendmachung des deutschen Teils eines europäischen Patents kommt es darauf an, dass der Patentinhaber als solcher in der deutschen Rolle eingetragen ist; die Umschreibung im europäischen Patentregister reicht nicht aus (BPatGE 32, 204 = GRUR 1992, 435 – Zusätzlicher Kläger).

21. Es empfiehlt sich, für jedes Mitglied des Gerichts die Patentschrift gesondert in Kopie zu überreichen, damit sämtliche Kammermitglieder der mündlichen Verhandlung ohne Schwierigkeiten folgen können. Gleiches gilt für die im Formular als Anlage gesondert vorgesehene und zu überreichende Merkmalsanalyse.

22. Aus Vereinfachungsgründen wurde im Beispiel gewählt, dass die Verfahrenssprache Deutsch ist. Ist das nicht der Fall, ist folgendes zu beachten: Für Patente, die vor dem 1.5.2008 veröffentlicht worden sind, gilt die Bestimmung des Art. II § 3 Abs. 2 IntPatÜG aF Danach besteht die Notwendigkeit, eine deutsche Übersetzung für ein europäisches Patent mit Schutzerstreckung im Bereich der Bundesrepublik Deutschland zu überreichen, und zwar innerhalb einer Frist von 3 Monaten ab Veröffentlichung des Hinweises auf die Erteilung des europäischen Patents unter Zahlung einer Gebühr. Für vor dem 1.5.2008 veröffentlichte Patente gilt diese Bestimmung nach wie vor (BGH GRUR 2010, 708 – Nabenschaltung II). Dies hat teilweise zu umfassenden Diskussionen betreffend die Vollständigkeit und Richtigkeit einer Übersetzung geführt (vgl. dazu zB *Mes*, FS von Meibom, 2010, 708; *Mes* PatG § 20 Rn. 5 mwN). Für ab dem 1.5.2008 veröffentlichte europäische Patente, deren Verfahrenssprache nicht Deutsch ist, gilt diese Regelung nun nicht mehr. Zum früheren Rechtszustand vgl. die Vorauflage → Form. C.17 Anm. 22.

23. Zur Vermeidung von Wiederholungen kann im Hinblick auf die nachfolgenden Ausführungen im Textbeispiel auf diejenigen zu I. 2. in → Form. C.5 verwiesen werden.

24. Zur Vermeidung von Wiederholungen wird auf die Ausführungen im Textbeispiel des → Form. C.5, dort zu I. 3. verwiesen.

25. Der Besonderheit des Auslandsbezuges wird durch die Formulierungen im Klageantrag I. 1. sowie nachstehend zu II. bei der jeweiligen Darstellung der geltenden Rechtslagen Rechnung getragen.

26. Eine vorherige Abmahnung ist für die Schlüssigkeit/Begründung der Klage nicht von Bedeutung. Regelmäßig erfolgt ein entsprechender Hinweis, um dem Gericht zu verdeutlichen, dass der Kläger nicht leichtfertig das Gericht angerufen, sondern zuvor den Versuch einer außergerichtlichen Erledigung unternommen hat. Für den (seltenen) Fall, dass der Beklagte das Klagebegehren anerkennt bzw. im Hinblick auf den Unterlassungsantrag eine strafbewehrte Unterlassungsverpflichtungserklärung abgibt, ist der Tatbestand vorheriger Abmahnung bedeutsam für die Auferlegung der Kosten gemäß §§ 91, 93 ZPO (vgl. dazu → Form. C.2 Anm. 1, insbesondere auch zur Gefahr des so genannten „italienischen/belgischen Torpedos"). Wird auch auf Ersatz der außergerichtlichen Rechtsverfolgungskosten (Erstattung der entstandenen Geschäftsgebühr) beantragt, sollte die außergerichtliche Abmahnung vorgelegt werden; → Form. C.5, Klageantrag I. 6. und zugehörige → Form. C.5 Anm. 32.

27. Es folgt nunmehr die Angabe der insbesondere interessierenden ausländischen Rechtsnormen. Eine Übersicht über diese Rechtsnormen findet sich bei *Mes/Verhauwen* PatG Anh. zu § 14 Rn. 149 ff.
Es ist der Kläger, der das ausländische Recht vortragen und im Bestreitensfall auch beweisen muss, da er es ist, der sich auf ausländische Rechtsnormen beruft (§ 293 ZPO). Über die ausländischen Patentrechtsordnungen informieren in unregelmäßigen Abständen erscheinende Veröffentlichungen in PMZ. Weitere Einzelheiten bei *Mes/Verhauwen* PatG Anh. zu § 14 Rn. 149 ff.

28. Die örtliche Zuständigkeit bestimmt sich nach §§ 12 ff. ZPO. Die entsprechende Bestimmung ist mithin gegebenenfalls im Textbeispiel einzusetzen.

29. Zur sachlich/funktionellen, zur örtlichen und zur internationalen Zuständigkeit vgl. die Ausführungen in → Anm. 1–3.

30. Wie in allen patentrechtlichen Streitigkeiten gilt auch für eine Patentverletzungsklage mit Auslandsbezug, dass die Mitwirkung eines Patentanwalts in hohem Maße empfehlenswert ist. Die Kosten seiner Mitwirkung sind erstattungsfähig (§ 143 Abs. 3 PatG). Das gilt insbesondere infolge analoger Anwendung des § 143 Abs. 3 PatG auch für die Mitwirkung eines ausländischen Patentanwalts (BGH GRUR 2007, 999 – Consulenti in marchi; zuvor OLG Frankfurt GRUR-RR 2006, 422 = GRUR-RR 2007, 408: Markensache; OLG Düsseldorf GRUR 1988, 761 – Irischer Patentanwalt).

Kosten und Gebühren

31. Es gelten die allgemeinen Grundsätze mit Besonderheiten für den Patentverletzungsprozess, → Form. C.5 Anm. 71.

Fristen

32. Keine.

18. Nichtigkeitsklage gegen den deutschen Teil eines europäischen Patents

Bundespatentgericht[1]

. . . . . .

. . . . . .

Namens und in Vollmacht

der Firma B[4] wird

Klage[2]

gegen

den Inhaber des europäischen Patents . . . . . .,[3]

die Firma A,[4]

wegen: Nichtigkeit des deutschen Teils des europäischen Patents . . . . . .[5]

erhoben und beantragt,[6]

1. das europäische Patent . . . . . . mit Wirkung für das Hoheitsgebiet der Bundesrepublik Deutschland für nichtig zu erklären;[7]
2. der Beklagten die Kosten des Verfahrens aufzuerlegen.[8]

Die Gerichtskosten in Höhe von . . . . . . EUR[9] werden mit beiliegender Einziehungsermächtigung entrichtet. Die Vertretervollmacht ist beigefügt.

Begründung:[10]

I.

1. Die Beklagte ist eingetragene Inhaberin des europäischen Patents . . . . . . betreffend ein Verfahren und eine Vorrichtung zum Abscheiden von Sand aus mit Sand und organischen Stoffen beladenem Abwasser. Die zugrunde liegende Anmeldung erfolgte am . . . . . . und wurde am . . . . . . bekannt gemacht. Die Veröffentlichung der Patenterteilung im europäischen Patentblatt und die Ausgabe der Patentschrift erfolgten am . . . . . . Als

Anlage K 1

überreiche ich die Schrift des europäischen Patents . . . . . . (im Folgenden auch: Streitpatent). Das Streitpatent genießt auch Schutz für den Bereich der Bundesrepublik Deutschland.

2. Die Verfahrenssprache des Streitpatents ist . . . . . .[11]

3. Das Streitpatent bezieht sich auf einen Sandabscheider, nämlich auf eine Vorrichtung zum Abscheiden von Sand aus mit Sand und organischen Stoffen beladenem Abwasser sowie einem zugehörigen Verfahren.

. . . . . .[12, 13]

Rechtsanwalt/Patentanwalt

Schrifttum: Vgl. die Hinweise zu → Form. C.14.

18. Nichtigkeitsklage gegen den deutschen Teil eines europäischen Patents C. 18

Anmerkungen

1. Das Bundespatentgericht ist auch für Klagen auf Erklärung der Nichtigkeit oder Zurücknahme von Patenten sowie auf Erteilung von Zwangslizenzen ausschließlich zuständig (§ 65 Abs. 1 S. 1 PatG), soweit es sich um europäische Patente handelt, deren Schutz auf das Gebiet der Bundesrepublik Deutschland erstreckt ist (Art. II § 6 IntPatÜG; vgl. *Mes* PatG § 81 Rn. 2 f.). Art. II § 6 IntPatÜG formuliert auch die Nichtigkeitsgründe, und zwar in Übereinstimmung mit Art. 138 EPÜ. Danach wird das mit Wirkung für die Bundesrepublik Deutschland erteilte europäische Patent auf Antrag für nichtig erklärt, wenn sich ergibt, dass
(1) der Gegenstand des europäischen Patents nach den Art. 52–57 EPÜ nicht patentfähig ist;
(2) das europäische Patent die Erfindung nicht so deutlich und vollständig offenbart, dass ein Fachmann sie ausführen kann;
(3) der Gegenstand des europäischen Patents über den Inhalt der europäischen Patentanmeldung in ihrer bei der für die Einreichung der Anmeldung zuständigen Behörde ursprünglich eingereichten Fassung oder, wenn das Patent auf einer europäischen Teilanmeldung oder einer nach Art. 61 EPÜ eingereichten neuen europäischen Anmeldung beruht, über den Inhalt der früheren Anmeldung in ihrer bei der für die Einreichung der Anmeldung zuständigen Behörde ursprünglich eingereichten Fassung hinausgeht;
(4) der Schutzbereich des europäischen Patents erweitert worden ist;
(5) der Inhaber des europäischen Patents nicht nach Art. 60 Abs. 1 EPÜ berechtigt ist.

Betreffen die Nichtigkeitsgründe nur einen Teil des europäischen Patents, so wird die Nichtigkeit durch entsprechende Beschränkung des Patents erklärt (Art. II § 6 Abs. 2 S. 1 IntPatÜG, Art. 138 Abs. 2 EPÜ). Art. 138 Abs. 2 S. 2 EPÜ überlässt es dem nationalen Recht, die Beschränkung in Form einer Änderung der Patentansprüche, der Beschreibung oder der Zeichnung durchzuführen. Von dieser Möglichkeit macht Art. II § 6 Abs. 2 S. 2 IntPatÜG Gebrauch, indem dort angeordnet wird, dass die Beschränkung in Form einer Änderung der Patentansprüche, der Beschreibung oder der Zeichnungen vorgenommen werden kann. Regelmäßig erfolgt in der Praxis eine Änderung der Patentansprüche; eine Beschränkung in Form lediglich der Umgestaltung der Beschreibung oder der Zeichnungen findet in der Praxis regelmäßig nicht statt.

Im Falle der widerrechtlichen Entnahme (Art. II § 6 Abs. 1 Nr. 5 IntPatÜG) kann nur der durch die widerrechtliche Entnahme Betroffene Nichtigkeitsklage erheben (vgl. Art. II § 6 Abs. 3 IntPatÜG).

Die Nichtigkeitsklage gegen den deutschen Teil eines europäischen Patents richtet sich nach den §§ 81 ff., 110 ff. PatG (BGH GRUR 1988, 290 (293) – Kehlrinne).

2. Schriftformerfordernis gemäß § 81 Abs. 4 S. 1 PatG.

3. Die Nichtigkeitsklage ist auch beim europäischen Patent gegen den in der Patentrolle als Patentinhaber Eingetragenen zu richten. Es kommt dabei darauf an, dass es sich um die Eintragung der deutschen Rolle handelt; die Umschreibung im europäischen Patentregister ist bedeutungslos (BPatGE 32, 204 = GRUR 1992, 435 – Zusätzlicher Kläger). Vgl. ferner die Hinweise in → Form. C.14 Anm. 4.

4. Die Nichtigkeitsklage muss die beteiligten Parteien bestimmt und deutlich bezeichnen. Auch die Nichtigkeitsklage gegen den deutschen Teil eines europäischen Patents ist Popularklage. Es gelten die Ausführungen in → Form. C.14 Anm. 2.

5. Die Nichtigkeitsklage muss den Streitgegenstand bezeichnen (§ 81 Abs. 5 S. 1 PatG). Das ist bei einem europäischen Patent mit Schutzerstreckung für die Bundesrepublik Deutschland die (teilweise) Beseitigung der Wirkung für die Bundesrepublik Deutschland (Art. II § 6 Abs. 1 IntPatÜG).

6. Die verfahrensmäßigen Bestimmungen finden sich auch bei einer Nichtigkeitsklage gegen den deutschen Teil eines europäischen Patents in §§ 81 ff. PatG. → Form. C.14 Anm. 5 ff. Es gilt eine Besonderheit: Ist die Verfahrenssprache des Streitpatents nicht Deutsch, so kann eine Änderung des Wortlauts, insbesondere eine Einfügung (Beschränkung) dennoch in deutscher Sprache erfolgen (BGH GRUR 1992, 839 – Linsenschleifmaschine). Die Auslegung eines europäischen Patents durch das Europäische Patentamt ist im Nichtigkeitsverfahren zwar zu berücksichtigen, jedoch nicht verbindlich (BGH GRUR 1998, 895 – Regenbecken).

7. Gegenstand der Nichtigkeitsklage ist das europäische Patent, soweit es Schutzerstreckung für den Bereich der Bundesrepublik Deutschland beansprucht. Daraus ergibt sich die hier vorgeschlagene Antragsformulierung. Soll nur auf „Teilnichtigkeit" geklagt werden, so gelten vergleichbare Antragsformulierungen wie in → Form. C.14 Anm. 7, zB:

„. . . . . . das europäische Patent . . . . . . im Umfang seines Anspruchs 1 mit Wirkung für das Hoheitsgebiet der Bundesrepublik Deutschland für nichtig zu erklären."

8. Die Kostenentscheidung trifft das Bundespatentgericht von Amts wegen (§ 84 Abs. 2 S. 1 PatG). Dennoch hat der Kostenantrag eigenständige Bedeutung, weil gemäß § 84 Abs. 2 S. 2 PatG die Kostenentscheidung in Ausnahmefällen nicht nach dem Maß des Obsiegens oder Unterliegens gemäß § 91 ZPO, sondern nach billigem Ermessen erfolgt. Der Nichtigkeitskläger unterstreicht mit seinem Kostenantrag, dass der – unterlegene – Beklagte die Kosten tragen soll. Zu Einzelheiten und insbesondere zur vorläufigen Vollstreckbarkeit vgl. *Mes* PatG § 84 Rn. 23 ff.

9. Zur Regelung der Gerichtskosten vgl. → Form. C.14 Anm. 9.

10. Zum Aufbau und zu den Anforderungen einer Begründung einer Nichtigkeitsklage gegen den deutschen Teil eines europäischen Patents → Form. C.14 betreffend die Patentnichtigkeitsklage gegen ein deutsches Patent und insbesondere → Form. C.14 Anm. 11 ff.

11. Verfahrenssprache für europäische Patente können Englisch, Französisch oder Deutsch sein (Art. 14 Abs. 1, 3, 7 EPÜ). Die Veröffentlichung erfolgt in der vom Anmelder gewählten Verfahrenssprache, die sodann auch die verbindliche Fassung des Patents erhält (Art. 70 EPÜ). Die Patentansprüche werden in die zwei verbleibenden Verfahrenssprachen übersetzt (Art. 14 Abs. 7 Hs. 2 EPÜ). Den Vertragsstaaten steht es frei, Übersetzungen in die jeweilige Landessprache zu fordern (Art. 65 EPÜ). Die Bundesrepublik Deutschland hat mit Wirkung zum 1.6.1992 eine deutsche Übersetzung englischer oder französischer europäischer Patentschriften angeordnet (Art. II § 3 IntPatÜG; dazu *Bossung* GRUR Int. 1995, 923 (930)). Die Beschränkung eines fremdsprachigen europäischen Patents kann im deutschen Nichtigkeitsverfahren durch eine Neufassung, sogar in Form einer deutschsprachigen Einfügung in einen fremdländischen Patentanspruch erfolgen (BGH GRUR 1992, 839 – Linsenschleifmaschine; *Rogge* GRUR 1993, 284; *Rogge* GRUR Int. 1996, 1111 (1114)).

Kosten und Gebühren

12. Es gelten die Grundsätze zu → Form. C.14 Anm. 25.

Fristen

13. Keine.

19. Negative Feststellungsklage

Landgericht
...... Zivilkammer (Patentkammer)[1, 2]
......[3]

Klage

der Firma B GmbH,[4] ......

– Klägerin –

Prozessbevollmächtigter: Rechtsanwalt ......

gegen

die Firma A GmbH,[5] ......

– Beklagte –

wegen: vermeintlicher Patentverletzung

Streitwert: vorläufig geschätzt ...... EUR[6]

Namens und in Vollmacht der Klägerin erhebe ich Klage und bitte um die Anberaumung eines Verhandlungstermins sowie um Ladung der Beteiligten.[7]

Es handelt sich um eine patentrechtliche Streitigkeit, deren Entscheidung durch den Einzelrichter nicht angezeigt erscheint. Es wird gebeten, von der Anberaumung einer Güteverhandlung abzusehen. Sie bietet keine erkennbare Aussicht auf Erfolg. Ein Gleiches gilt für eine Mediation oder ein anderes Verfahren der außergerichtlichen Konfliktbeilegung.[8]

Ich beantrage,
1. festzustellen,
   dass die Klägerin durch das Patent DE ...... rechtlich nicht gehindert ist,[9] im Bereich der Bundesrepublik Deutschland[10] Vorrichtungen[11] zum Abscheiden von Sand aus mit Sand und organischen Stoffen belastetem Abwasser, bestehend aus einem stehenden Behälter mit einem Überlauf für das mit organischen Stoffen belastete Abwasser und mit einem an einer unteren Austragsöffnung des Behälters angeschlossenen Austragsförderer,
   herzustellen, anzubieten, in den Verkehr zu bringen, zu gebrauchen oder zu den genannten Zwecken einzuführen oder zu besitzen, bei denen der Behälter ein sich bis in den Bodenbereich erstreckendes Rührwerk und im Bodenbereich eine Frischwasserzufuhr aufweist, für den Antrieb des Austragsförderers jedoch keine Steuereinrichtung vorgesehen ist, die den Antrieb des Austragsförderers in Abhängigkeit von der Absetzhöhe des Sandes im Behälter steuert;
2. der Beklagten die Kosten des Rechtsstreits aufzuerlegen;[12]
3. das Urteil im Hinblick auf die Kosten – ggf. gegen Sicherheitsleistung (Bank- oder Sparkassenbürgschaft) – zu Gunsten der Klägerin für vorläufig vollstreckbar zu erklären.[12]

Begründung:[13]

I.

1. Die Beklagte ist formell eingetragene Inhaberin des DE . . . . . . betreffend eine Vorrichtung zum Abscheiden von Sand aus mit Sand und organischen Stoffen belastetem Abwasser. Die zugehörige Patentschrift überreiche ich – für die Mitglieder der angerufenen Kammer in 3 Exemplaren – als
   Anlage K 1.

2. Die Beklagte hat die Klägerin mit Patentanwaltsschreiben/Rechtsanwaltsschreiben vom . . . . . . wegen vermeintlicher Verletzung des vorstehend bezeichneten Patents auf Unterlassung, Rechnungslegung, Vernichtung und Schadensersatz in Anspruch genommen. Diese Verwarnung überreiche ich als
   Anlage K 2.
Sie erfolgte zu Unrecht, wie im Folgenden noch zu zeigen sein wird. Dennoch hat die Beklagte der Aufforderung der Klägerin, die Verwarnung zurückzunehmen bzw. förmlich auf die geltend gemachten vermeintlichen Patentverletzungsansprüche zu verzichten, nicht Folge geleistet. Infolgedessen ist diese negative Feststellungsklage geboten.[14]

3. Der Hauptanspruch des Klagepatents hat folgenden Wortlaut:[15]
„Vorrichtung zum Abscheiden von Sand aus mit Sand und organischen Stoffen belastetem Abwasser, bestehend aus einem stehenden Behälter (1) mit einem Überlauf (13) für das mit organischen Stoffen belastete Abwasser und mit einem an eine untere Austragsöffnung (2) des Behälters (1) angeschlossenen Austragsförderer (3), dadurch gekennzeichnet, dass der Behälter (1) ein sich bis in den Bodenbereich erstreckendes Rührwerk (4) und im Bodenbereich eine Frischwasserzufuhr (16) aufweist und dass für den Antrieb (21) des Austragsförderers (3) eine Steuereinrichtung (22) vorgesehen ist, die den Antrieb (21) des Austragsförderers (3) in Abhängigkeit von der Absetzhöhe des Sandes im Behälter (1) steuert."
Übersetzt man den Wortlaut des Hauptanspruchs des Patents der Beklagten in eine Merkmalsanalyse, so ergibt sich eine solche folgenden Inhalts:
„Vorrichtung zum Abscheiden von Sand aus mit Sand und organischen Stoffen belastetem Abwasser, bestehend aus
(1) einem stehenden Behälter,
(2) mit einem Überlauf für das mit organischen Stoffen belastete Abwasser,
(3) mit einem an eine untere Austragsöffnung des Behälters angeschlossenen Austragsförderer,
– Oberbegriff –
(4) wobei der Behälter ein sich bis in den Bodenbereich erstreckendes Rührwerk aufweist,
(5) im Bodenbereich befindet sich eine Frischwasserzufuhr,
(6) für den Antrieb des Austragsförderers ist eine Steuereinrichtung vorgesehen, die den Antrieb des Austragsförderers in Abhängigkeit von der Absetzhöhe des Sandes im Behälter steuert."
– kennzeichnender Teil –.
Ich überreiche zum Zwecke der Arbeitserleichterung – für die Mitglieder der Kammer in 3 Exemplaren – die vorbezeichnete Merkmalsanalyse noch einmal gesondert als
   Anlage K 3.[16]

4. Die Klägerin[17] stellt her und vertreibt Vorrichtungen zum Abscheiden von Sand aus mit Sand und organischen Stoffen belastetem Abwasser, deren nähere Ausgestaltung sich aus dem Prospektblatt der Klägerin gemäß
   Anlage K 4[17]

ergibt. Insoweit ist ohne weiteres erkennbar, dass – wie im vorbekannten Stand der Technik – bei den Vorrichtungen der Klägerin sämtliche Merkmale des Oberbegriffs verwirklicht sind. Diese bedürfen daher keiner besonderen Darlegung. Es soll des Weiteren auch nicht bestritten werden, dass die Merkmale 4 und 5 des kennzeichnenden Teils des Hauptanspruchs des Patents der Beklagten verwirklicht sind, indem der Behälter auch ein Rührwerk aufweist, das sich bis in den Bodenbereich erstreckt und indem ferner im Bodenbereich auch eine Frischwasserzufuhr vorhanden ist.

Es fehlt jedoch ersatzlos am Merkmal 6. Denn es ist weder ein Austragsförderer vorgesehen noch ein irgendwie gearteter Antrieb mit Steuereinrichtung, die den Antrieb des Austragsförderers in Abhängigkeit von der Absetzhöhe des Sandes im Behälter steuert. Die Vorrichtung der Klägerin arbeitet im Gegensatz zur Lehre des Patents der Beklagten in der Weise, dass auf einen Austragsförderer gänzlich verzichtet wird. Bei der Vorrichtung der Beklagten ist vielmehr ein bloßer Überlauf vorhanden, der die nach oben geschwemmten Faulstoffe abführt, ohne dass eine ausdrückliche Austragsförderung in Form einer Betätigung durch eine Steuereinrichtung und einem zugehörigen Antrieb vorhanden wäre. Was das Patent der Beklagten unter Austragsförderer und Steuereinrichtung versteht, ergibt sich aus der Beschreibung einschließlich der zugehörigen Figuren (Sp . . . . . ., Z . . . . . .). Insoweit ist erkennbar, dass das Patents der Beklagten einen Schneckenförderer vorschlägt, der – in Abhängigkeit zur Absetzhöhe des nach unten sinkenden Sandes im Behälter – in Betrieb genommen wird. Dabei ist vorgesehen, dass der Austragsförderer erst dann betätigt wird, wenn die Absetzhöhe des Sandes eine gewisse Höhe erreicht hat. Auf derartige Steuerungsmöglichkeiten verzichtet die Vorrichtung der Klägerin gänzlich. Hier wird es vielmehr dem Betreiber einer derartigen Anlage überlassen, von Zeit zu Zeit die Absetzhöhe des Sandes zu kontrollieren, um sodann den Sand, wenn die Absetzhöhe eine gewisse (zu große) Höhe erreicht hat, über eine mit einem Schieber sonst verschlossene Öffnung, die sodann geöffnet wird, gesondert aus der Vorrichtung herauszubringen. Dies geschieht mit herkömmlichen Mitteln, beispielsweise in Form von Handarbeit durch Schaufeln, Eimer oä.

Es soll seitens der Beklagten nicht verschwiegen werden, dass sie eine zusätzliche Vorrichtung als Ergänzung anbietet, die mechanisch den Sand mit einer Art Schieber ausstößt. Insoweit handelt es sich jedoch nicht um einen „Austragsförderer" im Sinne der Lehre des Merkmals 6 des Patentes der Beklagten; erst recht nicht handelt es sich um einen Austragsförderer, der (automatisch) über eine Steuereinrichtung, die ihrerseits von der Absetzhöhe des Sandes abhängig ist, betätigt wird.

5. Weiterer Sachvortrag bleibt vorbehalten.

II.

Die rechtliche Bewertung ergibt die Zulässigkeit und Begründetheit des Feststellungsbegehrens:

1. Die Klägerin hat ein ausreichendes Feststellungsinteresse im Sinne des § 256 Abs. 1 ZPO. Solange die Beklagte die ausgesprochene Verwarnung nicht zurücknimmt bzw. auf die damit zu Unrecht geltend gemachten Ansprüche nicht verzichtet, ist die Klägerin in ihrer gewerblichen Tätigkeit behindert.[18]

2. Die sachlich und örtliche Zuständigkeit des angerufenen Gerichts ergibt sich sowohl unter dem rechtlichen Gesichtspunkt der patentrechtlichen Streitigkeit sowie auch deshalb, weil bei einem Patentverletzungsprozess umgekehrten Rubrums das Gericht ebenfalls zuständig wäre.[19]

3. Der Beklagten stehen gegen die Klägerin keinerlei Ansprüche gemäß §§ 139 ff. PatG im Zusammenhang mit dem Patent der Beklagten zu. Die angegriffene Vorrichtung der Klägerin macht von der Lehre des Patentes der Beklagten keinen Gebrauch. Das ist zuvor zu Ziffer I. 3. im Einzelnen näher dargelegt.

III.

Ich zeige an, dass die Klägerin

Herrn Patentanwalt[20]

. . . . . .

zur Mitwirkung in diesem Rechtsstreit bestellt hat.

Beglaubigte und einfache Abschriften sind zum Zwecke der Zustellung beigefügt.[21, 22]

Rechtsanwalt

Schrifttum: vgl. die Hinweise bei → Form. C.5.

Anmerkungen

1. Ist eine Schutzrechtsverwarnung ausgesprochen oder hat der Kläger aus anderen Gründen Anlass zu der Besorgnis, wegen vermeintlicher Patentverletzung in Anspruch genommen zu werden, kann überlegt werden, eine negative Feststellungsklage zu erheben. Das kommt regelmäßig nur in Betracht, wenn weitgehende Sicherheit auf Seiten des Klägers besteht, nicht von der Lehre des Patents Gebrauch zu machen. Wird eine negative Feststellungsklage erhoben, kann erwartet werden, dass der Patentinhaber seinerseits im Wege der Widerklage seine vermeintlichen Patentverletzungsansprüche geltend macht. Dazu besteht der besondere Gerichtsstand des § 33 ZPO. Danach kann bei dem Gericht der Klage eine Widerklage erhoben werden, wenn ein ausreichender Zusammenhang mit dem Streitgegenstand der Klage besteht. In einem solchen Fall ist die negative Feststellungsklage für erledigt zu erklären, da kein schutzwürdiges ausreichendes Feststellungsinteresse mehr besteht, wenn, wie regelmäßig nach einer mündlichen Verhandlung, die Leistungsklage (Widerklage) nicht mehr einseitig zurückgenommen werden kann (BGH in stRspr., zB BGH GRUR 2006, 217 (218) re.Sp. – Detektionseinrichtung I).

Vor einer negativen Feststellungsklage bedarf es keiner Gegenabmahnung durch den Kläger, mit dem er den zu Unrecht Abmahnenden (Verwarnenden) auf die fehlende Berechtigung der Abmahnung (Verwarnung) hinweist (BGH Mitt. 2006, 47 – Unberechtigte Abmahnung).

Inhaltlich ist das Textbeispiel die Reaktion zur Schutzrechtsverwarnung entsprechend → Form. C.2; prozessual handelt es sich um das Gegenstück zur Patentverletzungsklage entsprechend → Form. C.5.

2. → Form. C.5 Anm. 1.

3. → Form. C.5 Anm. 2. Für die örtliche Zuständigkeit der negativen Feststellungsklage gilt, dass sie bei demjenigen Gericht liegt, das für eine positive Leistungsklage (zB auf Unterlassung) umgekehrten Rubrums zuständig wäre (OLG Köln GRUR 1978, 658). Vgl. ferner zur örtlichen Zuständigkeit → Form. C.5 Anm. 2.

4. → Form. C.5 Anm. 5, 6. Es gilt das dort Ausgeführte reziprok: Prozessführungsbefugt zur Erhebung einer negativen Feststellungsklage ist jeder, der wegen vermeintlicher Patentverletzung in Anspruch genommen werden kann. Zu den Prozessführungsbefugten gehören insbesondere auch die für eine juristische Person verantwortlichen Organe (Vorstand,

19. Negative Feststellungsklage C. 19

Geschäftsführer). Zur (persönlichen) Haftung von Organen → Form. C.17 Anm. 4. Das Aktivrubrum im Beispiel könnte mithin auch in der Weise ergänzt werden, dass als weiterer Kläger der Geschäftsführer der dort benannten B GmbH aufgeführt wird. Der Prozessvoraussetzung des ausreichenden Feststellungsinteresses gemäß § 256 Abs. 1 ZPO ist allerdings besondere Aufmerksamkeit zu widmen. Im Streitfall bietet sie keine Schwierigkeit, weil von einer vorangegangenen Patentverwarnung ausgegangen wird. Liegt eine solche jedoch nicht vor, müssen schon besondere Umstände gegeben sein, um zur Annahme eines ausreichenden Feststellungsinteresses im Sinne des § 256 Abs. 1 ZPO zu kommen.

5. Es ist selbstverständlich, dass sich die Klage gegen denjenigen richtet, der die Schutzrechtsverwarnung ausgesprochen hat. Ob weitere Beklagte etwaig miteinzubeziehen sind, hängt von den Umständen des Einzelfalles ab. Wird beispielsweise eine patentrechtliche Verwarnung sowohl im Namen des Patentinhabers als auch im Namen des ausschließlichen Lizenznehmers ausgesprochen, so kann die negative Feststellungsklage auch gegen den ausschließlichen Lizenznehmer gerichtet werden.

6. Es gelten die gleichen Erwägungen wie in → Form. C.5 Anm. 7. Es ist streitig, ob für die negative Feststellungsklage der gleiche (volle) Streitwert wie für die Leistungsklage umgekehrten Rubrums gilt. Bejahend: BGH FamRZ 2007, 464; BGH NJW 1997, 1787; BAG JZ 1961, 666; KG GRUR-RR 2009, 160; OLG Düsseldorf AnwBl. 1997, 680; OLG Köln Versicherungsrecht 1994, 1090; OLG Oldenburg MDR 1996, 101; *Hartmann* GKG Anh. I § 48 (§ 3 ZPO) Rn. 54 mwN.

7. → Form. C.5 Anm. 8.

8. → Form. C.5 Anm. 9, 10.

9. Alternativ könnte auch formuliert werden:

„...... dass der Klägerin gegen die Beklagte im Hinblick auf das Patent DE ...... keine Ansprüche zustehen, wenn die Beklagte im Bereich der Bundesrepublik Deutschland Vorrichtungen ...... herstellt, anbietet, in den Verkehr bringt, gebraucht oder zu den genannten Zwecken einführt oder besitzt, bei denen ......"."

Anstelle einer negativen Feststellungsklage kann seitens des Adressaten einer ungerechtfertigten Schutzrechtsverwarnung auch an eine Unterlassungsklage gedacht werden. Denn nach der herrschenden Auffassung begründet die ungerechtfertigte Verwarnung einen Eingriff in den eingerichteten und ausgeübten Gewerbebetrieb. Das ist Grundlage für einen Unterlassungsanspruch gemäß §§ 823 Abs. 1, 1004 BGB. Besteht zwischen den Parteien ein Wettbewerbsverhältnis, kann § 3 UWG Grundlage eines Unterlassungsanspruchs sein. → Form. C.2 Anm. 1, dort insbesondere auch zu den jüngeren Auffassungen im Schrifttum und der Rechtsprechung, wonach es sich bei einer patentrechtlichen Verwarnung nur um einen „Meinungsaustausch" handeln soll. Die Geltendmachung eines Unterlassungsanspruchs erfordert die Fortdauer einer Beeinträchtigung, insbesondere Wiederholungsgefahr. Ist die Schutzrechtsverwarnung nur gegenüber dem Hersteller beispielsweise einer Vorrichtung erfolgt, nicht gegenüber seinen Abnehmern, können entsprechende Darlegungen Schwierigkeiten bereiten. Infolgedessen wird für den Fall einer „unmittelbaren" Direktverwarnung des Herstellers der negativen Feststellungsklage hier der Vorzug gegeben. Für den Fall, dass dennoch trotz erhöhter Risiken eine Unterlassungsklage erhoben werden soll, wäre zu formulieren:

„...... es bei Meidung ...... (folgen die gesetzlichen Ordnungsmittel gemäß § 890 ZPO) zu unterlassen, die Klägerin wegen vermeintlicher Patentverletzung aus dem DE ...... in Anspruch zu nehmen, wenn diese im Bereich der Bundesrepublik Deutschland Vorrichtungen zum Abscheiden von Sand aus ...... herstellt, anbietet, in den Verkehr bringt oder zu den genannten Zwecken einführt oder gebraucht, bei denen ......"

Mes

Die Geltendmachung eines Unterlassungsanspruchs wegen Drittverwarnung (Abnehmerverwarnung) findet sich in → Form. C.20.

10. Die negative Feststellungsklage ist Spiegelbild der Leistungsklage umgekehrten Rubrums, mithin hier einer etwaigen Unterlassungsklage des Patentinhabers. Dieser kann Ansprüche wegen Patentverletzung nur im territorialen Geltungsbereich der Bundesrepublik Deutschland geltend machen. Aus Vorsichtsgründen wird empfohlen, diesen Geltungsbereich auch der Formulierung des (negativen) Feststellungsantrags zu Grunde zu legen. Das ist notwendig, wenn es sich um das Leugnen von Ansprüchen aus dem deutschen (nationalen) Teil eines europäischen Patents handelt.

11. Aus dem Charakter der negativen Feststellungsklage als ein reziprokes Spiegelbild der entsprechenden positiven Leistungs-(Unterlassungs-)Klage des Patentinhabers ergibt sich, dass es notwendig ist, das Rechtsverhältnis, dessen Nichtbestehen festgestellt werden soll (§ 256 Abs. 1 ZPO) möglichst konkret zu beschreiben. Das geschieht in der Weise, dass die angegriffene Ausführungsform einschließlich der interessierenden Benutzungshandlungen in den Feststellungsantrag aufgenommen wird.

12. Kosten- und Vollstreckungsanträge sind grundsätzlich entbehrlich, da die Nebenentscheidungen von Amts wegen zu treffen sind. Derartige Anträge schaden aber nicht und bilden eine „Erinnerungshilfe". Eine (leugnende) Feststellungsklage hat einen vollstreckungsfähigen Inhalt nur im Hinblick auf die Kosten.

13. Die Begründung folgt dem Aufbau des → Form. C.5, allerdings aus Sicht des wegen vermeintlicher Patentverletzung Betroffenen.

14. Darlegung des Feststellungsinteresses gemäß § 256 Abs. 1 ZPO. Die negative Feststellungsklage steht in Rechtsbehelfskonkurrenz zur Möglichkeit des wegen vermeintlicher Patentverletzung Inanspruchgenommenen, gegen das Patent Nichtigkeitsklage gemäß §§ 81 ff. PatG zu erheben (→ Form. C.14 → Form. C.16, → Form. C.18) bzw. Einspruch einzulegen (§§ 59 ff. PatG). Wegen Verschiedenartigkeit der Rechtsschutzziele von negativer Feststellungsklage einerseits und Nichtigkeitsklage und/oder Einspruchsverfahren andererseits bestehen diese Rechtsbehelfe nebeneinander. Unterfällt freilich bei objektiver Betrachtung das Verhalten des wegen Patentverletzung Inanspruchgenommenen dem Schutzumfang des Streitpatents und kann mithin vernünftigerweise eine Verletzung des Patents nicht geleugnet werden, so würde eine negative Feststellungsklage zwangsnotwendig nur zu dem Ergebnis führen, dass bei erhobener Nichtigkeitsklage bzw. eingelegtem Einspruch das Verletzungsgericht gemäß § 148 ZPO die Entscheidung über die Nichtigkeitsklage aussetzt. Eine solche Aussetzung erfolgt allerdings nur dann, wenn mit überwiegender Wahrscheinlichkeit mit einer Vernichtung (einem Widerruf) des Patentes zu rechnen ist (→ Form. C.10 Anm. 3–5). Wird mithin von der Lehre des Streitpatents Gebrauch gemacht, so ist die Erhebung einer negativen Feststellungsklage nur in selteneren Ausnahmefällen zu empfehlen, beispielsweise dann, wenn dem Betroffenen an der Erlangung eines bestimmten Gerichtsstandes gelegen ist und erwartet werden kann, dass der Patentinhaber nicht ein weiteres Gericht mit einer positiven Leistungsklage anruft, sondern seinerseits in diesem Gerichtsstand Widerklage erhebt (§ 33 ZPO). Ein solches sog. „forum shopping" wird in zunehmendem Maße gern bei Inanspruchnahmen auf Grund von europäischen Patenten angewandt, um den Einwand anderweitiger Rechtshängigkeit gemäß Art. 29 ff. EuGVVO = Art. 21 Luganer Übereinkommen zu begründen. Denn werden bei Gerichten verschiedener Mitgliedsstaaten Klagen wegen desselben Anspruches zwischen denselben Parteien anhängig gemacht, setzt das später angerufene Gericht das Verfahren von Amts wegen aus, bis die Zuständigkeit des zuerst angerufenen Gerichts feststeht. Der Begriff „derselbe Anspruch" in Art. 29 Abs. 1 EuGVVO ist weit auszulegen, um einander widersprechende Urteile zu

19. Negative Feststellungsklage C. 19

vermeiden (LG Düsseldorf GRUR Int. 2008, 756 (758) li.Sp. unten – Mehrschichtiges Verschlusssystem; BGH NJW 1995, 1758 (1759) und EuGH NJW 1992, 3221 – Overseas Union/New Hampshire Insurance: zu Art. 21 Abs. 1 EuGVÜ). So handelt es sich jedenfalls um „denselben Anspruch" im Sinne des Art. 29 Abs. 1 EuGVVO, wenn eine den Tatbestand der Patentverletzung leugnende Feststellungsklage bei einem deutschen oder einem ausländischen Gericht anhängig gemacht wird und es sich um dieselbe angegriffene Ausführungsform und um dasselbe nationale bzw. europäische Patent handelt (LG Düsseldorf GRUR Int. 2008, 756 (758) – Mehrschichtiges Verschlusssystem = InstGE 9, 246 – Vorlaminiertes mehrschichtiges Band; dazu *von Falck*, FS Mes, 2009, 111; Benkard PatG/*Grabinski/Zülch* § 139 Rn. 101e mwN). Die erforderliche Parteiendentität besteht, wenn die negative Feststellungsklage gegen den Patentinhaber gerichtet ist; sie besteht auch dann, wenn die Verletzungsklage von einem Lizenznehmer in Prozessstandschaft (für den Patentinhaber) erhoben ist (OLG Düsseldorf GRUR Int. 2000, 776 (778 f.) – Impfstoff III; LG Düsseldorf GRUR Int. 1998, 804 f. – Impfstoff; LG Düsseldorf GRUR Int. 2008, 756 (758) re.Sp. oben – Mehrschichtiges Verschlusssystem = InstGE 9, 246 – Vorlaminiertes mehrschichtiges Band). Diese negative Feststellungsklage hindert den Inhaber des europäischen Patents, die Streitsache noch einmal bei einem Gericht seiner Wahl eines ihm genehmen Vertragsstaates anhängig zu machen. Zur Problematik dieses sog. „italienischen/belgischen Torpedos" → Form. C.2 Anm. 1; zu einem etwaig möglichen Mittel der Abhilfe → Form. C.17 Anm. 3.

15. Es folgt eine Darstellung des Inhalts des Streitpatents, und zwar aus der Sicht des den Tatbestand der Patentverletzung Leugnenden.

16. Ebenso wie im „aktiven" Patentverletzungsprozess des Patentinhabers empfiehlt es sich auch bei der leugnenden Feststellungsklage, die Merkmalsanalyse des Hauptanspruchs des Klagepatents gesondert zu überreichen, und zwar insbesondere für die Mitglieder des Gerichts in je einem Exemplar, damit diese der mündlichen Verhandlung besser folgen können.

17. Es folgt eine Darstellung, dass **keine** Patentverletzung gegeben ist. Soweit insoweit Prospekte oder sonstige Werbeunterlagen, Darstellungen uä vorhanden sind, sollten diese überreicht werden.

18. Die ungerechtfertigte Schutzrechtsverwarnung löst nach noch herrschender Meinung zu Gunsten des Adressaten auch einen Unterlassungsanspruch aus, der unter dem rechtlichen Gesichtspunkt des Eingriffs in den eingerichteten und ausgeübten Gewerbebetrieb auf § 823 Abs. 1 BGB sowie im Falle des Bestehens eines Wettbewerbsverhältnisses auch auf § 3 UWG gestützt werden kann (→ Form. C.2 Anm. 1; → Anm. 9). Vgl. im Falle einer Abnehmerverwarnung und eines dagegen gerichteten Antrags auf Erlass einer einstweiligen Verfügung → Form. C.20.

19. → Anm. 3.

20. Zur Notwendigkeit und Nützlichkeit der Hinzuziehung eines Patentanwalts in patentrechtlichen Streitigkeiten → Form. C.2 Anm. 4.

Kosten und Gebühren

21. → Form. C.5 Anm. 71.

Fristen

22. Keine.

20. Antrag auf Erlass einer einstweiligen Verfügung wegen Unterlassung von Abnehmerverwarnungen

Landgericht

...... Zivilkammer (Patentkammer)[1, 2]

......

Antrag

auf Erlass einer einstweiligen Verfügung

der Firma B GmbH, ...

– Antragstellerin[3] –

Verfahrensbevollmächtigter: Rechtsanwalt ......[4]

gegen

die Firma A GmbH, ...

– Antragsgegnerin[5] –

wegen: unzulässiger Patentverwarnung[6]

Streitwert: vorläufig geschätzt ...... EUR[7]

Namens und in Vollmacht der Antragstellerin beantrage ich, das Gericht möge im Verfahren der einstweiligen Verfügung, wegen besonderer Dringlichkeit ohne vorherige mündliche Verhandlung durch Beschluss,[8] anordnen:

I. Der Antragsgegnerin wird es bei Meidung eines für jeden Fall der Zuwiderhandlung fälligen Ordnungsgeldes bis zu 250.000 EUR, ersatzweise Ordnungshaft bis zu 6 Monaten, oder Ordnungshaft bis zu 6 Monaten, im Wiederholungsfalle Ordnungshaft bis zu 2 Jahren, wobei die Ordnungshaft am jeweiligen Geschäftsführer der Antragsgegnerin zu vollstrecken ist, untersagt,[9]
Abnehmer und/oder Interessenten der Antragstellerin wegen vermeintlicher Verletzung des deutschen Patents ...... in Anspruch zu nehmen, insbesondere[10] wenn dies nach Maßgabe des nachstehend wiedergegebenen Schreibens geschieht:
(folgt Abbildung der streitgegenständlichen Abnehmerverwarnung)[11]
II. der Antragsgegnerin die Kosten des Verfahrens aufzuerlegen.[12]

Begründung:

I.

1. Zwischen den Parteien herrscht ein Wettbewerbsverhältnis. Beide sind im Bereich der Abwassertechnik tätig und stellen her und vertreiben insbesondere Vorrichtungen zum Abscheiden von Sand.[13]

2. Die Antragstellerin hat soeben feststellen müssen,[14] dass die Antragsgegnerin dazu übergegangen ist, das zwischen den Parteien bestehende Wettbewerbsverhältnis mit unlauteren Mitteln zu gestalten. Die Antragsgegnerin hat nämlich in großer Zahl an Abnehmer der Antragstellerin Verwarnungsschreiben wegen vermeintlicher Verletzung des deutschen Patents ...... geschickt, von denen wir ein Beispiel als

20. Antrag auf Erlass einer einstweiligen Verfügung C. 20

Anlage Ast 1
überreichen. In den Briefen gemäß Anlage Ast 1 heißt es ua:
„Betrifft: Vorrichtungen der Firma B GmbH
Sehr geehrte Dame,
sehr geehrter Herr,
uns ist bekannt geworden, dass Sie beabsichtigen, eine Vorrichtung der Firma B GmbH zum Abscheiden von Sand aus mit Sand und organischen Stoffen belastetem Abwasser zu erwerben. Wir möchten Sie darauf hinweisen, dass diese Vorrichtung von der Lehre unseres Patentes ...... Gebrauch macht. Nach diesem Patent ist uns eine Vorrichtung zum Abscheiden von Sand aus mit Sand und organischen Stoffen belastetem Abwasser geschützt, die aus einem stehenden Behälter mit einem Überlauf für das mit organischen Stoffen belastete Abwasser und mit einem an eine untere Austragsöffnung des Behälters angeschlossenen Austragsförderer besteht. Nach dem Wortlaut des Hauptanspruchs unseres Patentes weist der Behälter ein sich bis in den Bodenbereich erstreckendes Rührwerk und im Bodenbereich eine Frischwasserzufuhr auf. Es ist des Weiteren ein Austragsförderer mit einem Antrieb vorgesehen, wobei eine Steuereinrichtung vorhanden ist, die den Antrieb des Austragsförderers in Abhängigkeit von der Absetzhöhe des Sandes im Behälter steuert. Nach den diesseitigen Feststellungen macht die Vorrichtung der Firma B GmbH von sämtlichen vorstehend bezeichneten Merkmalen Gebrauch.
Wir weisen darauf hin, dass Sie im Falle des Erwerbs einer derartigen Vorrichtung mit der Geltendmachung von Patentverletzungsansprüchen durch uns rechnen müssen, und zwar im Zusammenhang mit einem Gebrauchmachen einer von der Firma B GmbH erworbenen Vorrichtung. Es wäre uns lieb, wenn es zur Einleitung eines Patentverletzungsprozesses nicht kommen würde. Ein solcher Prozess erschiene uns nur dann vermeidbar, wenn Sie von dem Erwerb einer solchen Vorrichtung der Firma B GmbH Abstand nehmen."[15]

3. Die Abnehmerverwarnung seitens der Antragsgegnerin erfolgt zu Unrecht. Wir überreichen dazu als
Anlage Ast 2
die Patentschrift ...... desjenigen Patentes, auf das sich die Antragsgegnerin in ihrem Schreiben gemäß Anlage Ast 1 bezieht. Zum Gegenstand dieses Patentes und insbesondere zum Schutzumfang seines Hauptanspruchs ist folgendes auszuführen:[16] ......
Bei der Vorrichtung der Antragstellerin sind wesentliche Merkmale des Hauptanspruchs des Patentes ...... der Antragsgegnerin nicht verwirklicht. So findet sich weder ein Austragsförderer noch ein Antrieb für einen Austragsförderer noch eine zugehörige Steuereinrichtung. Dazu wird folgendes ausgeführt: ......[16]

4. Des Weiteren ist die verfügungsgegenständliche Verwarnung der Antragsgegnerin inhaltlich weitgehend unbestimmt. So hat es die Antragsgegnerin beispielsweise sowohl unterlassen, das Patent, dessen vermeintliche Verletzung sie geltend macht, näher zu erläutern oder gar nur die Patentschrift zu übersenden. Insbesondere hat die Antragsgegnerin sich darauf beschränkt, mehr oder weniger vage allgemeine Hinweise auf eine vermeintliche Patentverletzung zu geben. Das wiegt umso schwerer, als potentielle Kunden und Kunden der Antragstellerin, die die Adressaten des Schreibens gemäß Anlage Ast 1 sind, weder willens noch in der Lage sind, von sich aus den Tatbestand der vermeintlichen Patentverletzung zu überprüfen.[17]

5. Die Antragstellerin hat die Antragsgegnerin vor diesem Antrag auf Erlass einer einstweiligen Verfügung abgemahnt. Das Abmahnungsschreiben[18] überreichen wir in Kopie als
Anlage Ast 3.
Die Abmahnung blieb erfolglos. Infolgedessen ist dieser Antrag auf Erlass einer einstweiligen Verfügung dringend geboten, um die Entstehung weiteren Schadens zu Lasten der Antragstellerin abzuwenden.

II.

Die rechtliche Bewertung ergibt die Zulässigkeit und die Begründetheit dieses Verfügungsantrags.

1. Das angerufene Gericht ist sachlich und örtlich zuständig. Es handelt sich um eine patentrechtliche Streitigkeit. Die Versendung der Abnehmerverwarnung erfolgte ua auch an einen Adressaten im Bundesland . . . . . . Das ergibt sich aus dem als Anlage Ast 1 beigefügten Beispiel.[2]

2. Die unzulässige, weil sachlich nicht gerechtfertigte Abnehmerverwarnung der Antragsgegnerin begründet zu Gunsten der Antragstellerin Unterlassungsansprüche gemäß § 3 UWG, § 823 Abs. 1 BGB (letzteren unter dem rechtlichen Gesichtspunkt des Eingriffs in den eingerichteten und ausgeübten Geschäftsbetrieb). Dass seitens der Antragstellerin keinerlei Patentverletzung vorliegt, ist zuvor zu Ziffer I. 2. ausgeführt. Darauf wird zur Vermeidung von Wiederholungen verwiesen. Höchst vorsorglich wird ergänzend in diesem Zusammenhang darauf hingewiesen, dass die Antragsgegnerin diejenige ist, die die Berechtigung ihrer Abnehmerverwarnung und damit insbesondere des von ihr erhobenen Patentverletzungsvorwurfes darlegen und beweisen muss.[19]

3. Der mit Verfügungsantrag I. geltend gemachte Unterlassungsanspruch ist des Weiteren auch schon deshalb begründet, weil die verfügungsgegenständliche Abnehmerverwarnung der Antragsgegnerin inhaltlich wesentlich zu unbestimmt ist, insbesondere den Adressaten eben dieses Rundschreibens gemäß Anlage Ast 1 nicht einmal eine Möglichkeit der Überprüfung betreffend den erhobenen Patentverletzungsvorwurf an die Hand gegeben wird.[20]

III.

Ich zeige an, dass die Antragstellerin auch

Herrn Patentanwalt

. . . . . .

zur Mitwirkung in diesem Verfahren bestellt hat.[21]

Beglaubigte und einfache Abschriften sind zum Zwecke der Zustellung beigefügt.[22, 23]

Rechtsanwalt

Schrifttum: Vgl. zur ungerechtfertigten Verwarnung aus gewerblichen Schutzrechten die Schrifttumshinweise zu → Form. C.2. Weitere Hinweise zu → Form. C.21.

Anmerkungen

1. Das Textbeispiel beinhaltet einen Verfügungsantrag, der in Reaktion auf eine Verwarnung anhängig gemacht wird. Ein Beispiel einer Verwarnung zeigt → Form. C.2. Das Textbeispiel betreffend den Verfügungsantrag geht allerdings zusätzlich vom Tatbestand einer Abnehmerverwarnung aus (→ Form. C.2 Anm. 1 m. w. Einzelheiten). Eine ungerechtfertigte Schutzrechtsverwarnung stellt regelmäßig einen Eingriff in das Recht am eingerichteten und ausgeübten Gewerbebetrieb dar (§ 823 Abs. 1 BGB). Sie begründet Ansprüche auf Unterlassung und (bei Verschulden) auf Schadensersatz (BGH GRUR 2007, 313 – Funkuhr II; BGH GRUR 2006, 219 – Detektionseinrichtung II; BGH GRUR 2005, 882 – Unberechtigte Schutzrechtsverwarnung). Insbesondere dann, wenn die Abmahnung aus weiteren Gründen unzulässig ist, etwa weil sie zu pauschal und unsubstantiiert ist, irreführend oder sachlich unrichtig ist (OLG Düsseldorf Mitt. 1996, 60; OLG Düsseldorf GRUR 2003, 814 (815) li.Sp. – Unberechtigte Abnehmerverwarnung; OLG Düsseldorf GRUR-RR 2002, 213 – Auslaufendstücke für Sanitärarmaturen: Für markenrechtliche Verwarnung: ferner beispielsweise BGH GRUR 1995, 424 – Abnehmerverwarnung: Irreführung bei Übersendung eines nicht rechtskräftigen Patentverletzungsurteils, wenn der Eindruck begründet wird, das Urteil sei rechtskräftig), wird man die Geltendmachung eines Unterlassungsanspruchs auch im Wege des einstweiligen Verfügungsverfahrens, wie dies das Formular vorsieht, für vertretbar halten können. Die ungerechtfertigte Verwarnung kann auch gegen § 3 UWG verstoßen (BGH GRUR 2001, 54 (55) – Subway/Subwear; BGH GRUR 1995, 424 (425) – Abnehmerverwarnung). Sie kann insbesondere auch schadensersatzpflichtig machen (§ 4 Nr. 1, 8, 10 UWG sowie § 9 UWG, dazu BGH GRUR 2004, 958 – Verwarnung aus Kennzeichenrecht). Vgl. dazu auch nachstehend → Anm. 19 und die Ausführungen im Formulartext zu II. 3.

2. Die sich aus der ungerechtfertigten Abnehmerverwarnung entwickelnde Rechtsstreitigkeit ist ebenfalls patentrechtliche Streitigkeit im Sinne des § 143 PatG (so für den Fall einer unzulässigen Patentberühmung gemäß § 3 UWG aF: OLG Düsseldorf Jur Büro 1986, 1904). Zum Begriff der patentrechtlichen Streitigkeit und der sachlichen und örtlichen Zuständigkeit (bestimmter) Landgerichte → Form. C.5 Anm. 1. Allerdings stellt der Wortlaut des § 143 Abs. 1 PatG im Zusammenhang mit der Definition von Patentstreitsachen nur auf „Klagen, durch die ein Anspruch aus einem der in diesem Gesetz geregelten Rechtsverhältnisse geltend gemacht wird", ab, nicht auf Anträge auf Erlass einer einstweiligen Verfügung. Für diese ergibt sich jedoch die Zuständigkeit des Patentstreitgerichts nach Maßgabe der §§ 937 Abs. 1, 943 Abs. 1 ZPO und der dort enthaltenen Regelung betreffend die Zuständigkeit des Gerichts der Hauptsache für das einstweilige Verfügungsverfahren (vgl. *Mes* PatG § 143 Rn. 10).

3. Aktivlegitimiert für die Geltendmachung eines Unterlassungsanspruchs wegen unzulässiger Schutzrechtsverwarnung ist entweder der unmittelbare Adressat eines derartigen Verwarnungsschreibens oder – wie hier – der durch das Verwarnungsschreiben „unmittelbar Betroffene". Unmittelbar betroffen ist dasjenige Unternehmen, das die vermeintlich patentverletzenden Vorrichtungen herstellt und/oder vertreibt. Aus der unmittelbaren Betroffenheit ergibt sich zugleich die „Betriebsbezogenheit" des Eingriffs in den eingerichteten und ausgeübten Gewerbebetrieb im Sinne des § 823 Abs. 1 BGB. Des Weiteren ergibt sich aus der unmittelbaren Betroffenheit auch zugleich die Aktivlegitimation im Sinne des § 3 UWG nF (ohne Zuhilfenahme des § 8 Abs. 3 Nr. 1 UWG nF) für die Geltendmachung eines wettbewerbsrechtlichen Unterlassungsanspruchs (OLG Düsseldorf Mitt. 1996, 60 re.Sp. – Patenthinweise an potentielle Abnehmer).

4. Der Antrag auf Erlass einer einstweiligen Verfügung kann vor der Geschäftsstelle (einer Kammer des Landgerichts) zu Protokoll erklärt werden (§§ 920 Abs. 3, 936 ZPO). Infolgedessen bedarf es zur Einreichung eines Antrags auf Erlass einer einstweiligen Verfügung keiner anwaltlichen Vertretung (§§ 78 Abs. 3, 79 Abs. 1 S. 1 ZPO). Diese Freistellung vom Anwaltszwang gilt jedoch nur für den Antrag selbst, nicht jedoch für das weitere Verfahren. Infolgedessen ist regelmäßig die Vertretung durch einen Rechtsanwalt erforderlich.

5. Die Passivlegitimation ergibt sich aus der Störereigenschaft. Passivlegitimiert ist mithin insbesondere der Täter der ungerechtfertigten Abnehmerverwarnung.

6. Kurze Angabe des Streitverhältnisses.

7. Der Streitwert des geltend gemachten Unterlassungsanspruchs, in der eigenen wirtschaftlichen Tätigkeit nicht durch Abnehmerverwarnungen beeinträchtigt zu sein, ist ähnlich zu bestimmen wie derjenige, der für die geltend gemachten vermeintlichen Patentverletzungsansprüche anzusetzen ist. Allerdings sind die Streitwertangaben insoweit nicht identisch. So kann das wirtschaftlich zu beurteilende Interesse des von einer unzulässigen Abnehmerverwarnung Betroffenen wesentlich größer (oder auch kleiner) sein als dasjenige des Patentinhabers. Maßgeblich sind zum einen die wirtschaftliche Position des durch die Abnehmerverwarnung Betroffenen, zum anderen die Intensität des „Angriffsfaktors" durch den Verwarnenden.

8. Im Falle der Abwehr einer ungerechtfertigten Abnehmerverwarnung ist zunächst, wie in allen Fällen eines Antrags auf Erlass einer einstweiligen Verfügung, eine ausreichende Dringlichkeit für eine einstweilige Regelung zu beachten, darzulegen und ggf. glaubhaft zu machen. Von einer solchen „allgemeinen" Dringlichkeit wird im Textbeispiel ausgegangen. Im Falle der Abwehr einer ungerechtfertigten Abnehmerverwarnung wird häufiger als in sonstigen Fällen die besondere Dringlichkeit im Sinne des § 937 Abs. 2 ZPO gegeben sein, wonach die Entscheidung in dringenden Fällen durch das angerufene Gericht ohne mündliche Verhandlung ergehen kann. Diese besondere Dringlichkeit des § 937 Abs. 2 ZPO resultiert aus der erhöhten Gefährlichkeit einer ungerechtfertigten Abnehmerverwarnung für das wirtschaftliche Fortkommen und die wettbewerbliche Situation des dadurch Betroffenen. → Form. C.2 Anm. 1. Ob eine schließlich besonders erhöhte Dringlichkeit im Sinne des § 944 ZPO gegeben ist, die es dem Kammervorsitzenden erlaubt, ohne seine Beisitzer zu entscheiden, ist im Formular offen gelassen. In Patentverletzungsstreitigkeiten empfiehlt es sich regelmäßig, dass sämtliche Kammermitglieder über einen Verfügungsantrag entscheiden.

Richtet sich der Verfügungsantrag gegen ein ausländisches Unternehmen, so sind die Bestimmungen betreffend die Zustellung einer Verfügung im Ausland zu beachten, → Form. A.6 Anm. 8. Ggf. macht die Anerkennung einer ohne mündliche Verhandlung ergangenen (Beschluss-)Verfügung im europäischen Ausland Probleme. Dazu ist auf Art. 36 Abs. 1 EuGVVO zu verweisen. Danach kann eine Entscheidung in einem anderen Mitgliedsstaat nicht anerkannt werden, wenn dem Beklagten, der sich auf das Verfahren nicht eingelassen hat, das verfahrenseinleitende Schriftstück oder ein gleichwertiges Schriftstück nicht so rechtzeitig und in einer Weise zugestellt worden ist, dass er sich verteidigen konnte. In einem solchen Fall ist ggf. davon Abstand zu nehmen, das Gericht um den Erlass einer einstweiligen Verfügung ohne vorherige mündliche Verhandlung zu bitten.

Hinweis: Es gibt einen Entwurf der Verordnung des Europäischen Parlaments und des Rates über die gerichtliche Zuständigkeit und die Anerkennung und Vollstreckung von Entscheidungen in Zivil- und Handelssachen vom 30.11.2012, der zu einigen Änderungen (Erleichterungen) führt. Nach Art. 42 Abs. 2 Entwurf ist grundsätzlich die Vollstreckung einer Entscheidung, mit der eine einstweilige Maßnahme einschließlich einer Sicherungsmaßnahme angeordnet wird, auch in einem anderen Mitgliedsstaat möglich.

Zu allem Vorstehenden → Form. A.6 Anm. 8.

9. Ordnungsmittelandrohung gemäß § 890 Abs. 2 ZPO.

10. Der vorgeschlagene Antrag enthält eine „Insbesondere"-Anfügung, wie sie in wettbewerbsrechtlichen Streitigkeiten häufig vorkommt. Eine solche Formulierung eines Unterlassungsantrags hat eine Mehrfachfunktion. Sie dient einmal dazu, eine „Auffangstellung" für den Fall zu schaffen, dass das angerufene Gericht der Auffassung des Antragstellers, wonach schon die allgemein beschriebene Handlung des Antragsgegners wettbewerbswidrig ist, nicht folgt (BGH GRUR 1982, 374 (376) re.Sp. – Ski-Auslaufmodelle). Zum anderen besteht häufig Veranlassung, diejenigen Verhaltensweisen in den Antrag ausdrücklich aufzunehmen, die zusätzlich das Wettbewerbswidrige im angegriffenen Verhalten qualifizieren (BGH GRUR 1965, 485 = WRP 1965, 140 – Versehrtenbetrieb). Der Sache nach (allerdings nicht prozessual, da kein besonderer Streitgegenstand eingeführt wird) handelt es sich um einen Hilfsantrag (BGH GRUR 1991, 772 (773) – Anzeigenru-

20. Antrag auf Erlass einer einstweiligen Verfügung   C. 20

brik I). Die konkreter (enger) beschriebenen Verhaltensweisen werden vom Gericht allerdings erst dann geprüft, wenn die allgemeiner umschriebenen Verhaltensweisen nicht Grundlage einer Verurteilung sein können (BGH GRUR 1997, 672 (673) – Sonderpostenhändler; BGH GRUR 1996, 793 (795) – Fertiglesebrillen). Schließlich gibt es Fälle, wo der „Insbesondere"-Teil nur Beispielcharakter hat (BGH GRUR 1993, 834 (835) re.Sp. – Haftungsbeschränkung bei Anwälten; KG GRUR 1988, 78; *Kurtze*, FS Nirk, 1992, 571 ff.). Im Textbeispiel handelt es sich eher um einen Beispielsfall, anhand dessen sich das wettbewerbswidrige bzw. rechtswidrige Verhalten des Antragsgegners dokumentiert.

Mit der vorgeschlagenen „Insbesondere"-Formulierung ist ein gewisses Risiko insoweit verbunden, als es für das Wettbewerbs- bzw. Rechtswidrige im Verhalten des Antragsgegners vordringlich auf die Formulierungen in dem Abmahnungsschreiben ankommt, das nachstehend zu I. 2. im Textbeispiel wiedergegeben ist. Will der Antragsteller diesem Risiko ausweichen, kann er anstelle von „insbesondere wenn" nur formulieren „wenn", so dass dann das Abmahnungsschreiben unmittelbarer Gegenstand des Unterlassungsantrags ist.

11. Sehr häufig wird die konkret beanstandete „Verletzungsform" im Antrag selbst (bildlich) wiedergegeben bzw. wörtlich zitiert. Das streitgegenständliche Verwarnungsschreiben findet sich nachstehend zu I. 2. im Textbeispiel abgedruckt. Von einer Formulierung im Unterlassungsantrag etwa des Inhalts:

„..... wenn dies nach Maßgabe des Schreibens vom ...... (Datum) geschieht", wird ebenso Abstand genommen wie von einer Formulierung

„..... wenn dies nach Maßgabe des Inhalts der Anlage Ast 1 geschieht ......".

Beiden Formulierungen begegnen Bedenken, weil sie möglicherweise nicht das Erfordernis der ausreichenden Bestimmtheit des Unterlassungsantrags (§ 253 Abs. 2 Nr. 2 ZPO) bzw. des Unterlassungstitels (§ 890 Abs. 1 ZPO) erfüllen. Zur Notwendigkeit der Formulierung eines inhaltlich bestimmten Unterlassungsantrags vgl. BGH GRUR 2003, 958 – Paperboy.

12. Anträge auf Nebenentscheidungen (Kosten und vorläufige Vollstreckbarkeit) sind an sich überflüssig; sie werden jedoch regelmäßig – häufig aus Erinnerungsgründen – gestellt und schaden nicht. Eines Antrags auf Erklärung der vorläufigen Vollstreckbarkeit bedarf es nicht, da einstweilige Verfügungen von sich aus vorläufig vollstreckbar sind und dementsprechend keiner Vollstreckbarkeitserklärung bedürfen (BLAH ZPO § 708 Rn. 8).

13. Darlegung der Aktivlegitimation der Antragstellerin, nämlich schon auf Grund eines bestehenden Wettbewerbsverhältnisses unter dem rechtlichen Gesichtspunkt des § 3 UWG (vgl. OLG Düsseldorf Mitt. 1996, 60 re.Sp. – Patenthinweise an potentielle Abnehmer).

14. Im Textbeispiel folgt die Darlegung des den Verfügungsgrund bildenden Sachverhalts. Einer besonderen Glaubhaftmachung bedarf es im Textbeispiel nicht, weil als Anlage Ast 1 das von der Antragsgegnerin stammende Abnehmerverwarnungsschreiben vorgelegt wird.

15. Das Formular enthält ein „Negativbeispiel" für eine Verwarnung, so wie sie nicht sein sollte bzw. so, wie sie mit erhöhten rechtlichen Risiken verbunden ist: Das Patent, auf das der Patentinhaber Bezug nimmt, wird lediglich erwähnt, die Patentschrift wird jedoch nicht beigefügt. Dadurch ist eine Überprüfung des Schutzumfangs durch den Adressaten des Schreibens nicht möglich. Der Tatbestand der vermeintlichen Patentverletzung wird nur sehr kursorisch geschildert. Auch dies erschwert dem Adressaten die Überprüfungsmöglichkeit. Ungeachtet des diffusen Inhalts der Abnehmerverwarnung enthält sie dennoch die Ankündigung gerichtlicher Schritte und damit den Willen des Patentinhabers, den ihm vermeintlich zustehenden Unterlassungsanspruch durchzusetzen. Am Ende schließlich wird in der Abnehmerverwarnung deutlich, was der Patentinhaber

Mes   633

eigentlich bezwecken möchte, nämlich das Nachfrageinteresse des Adressaten des Briefes auf sich selbst und seine eigene Leistungen zu richten. Noch einmal sehr deutlich: Das verfügungsgegenständliche Schreiben im Textbeispiel soll nicht zur Nachahmung empfohlen werden. Zu den Anforderungen an eine ordnungsgemäße Abmahnung vgl. Benkard PatG/*Grabinski/Zülch* § 139 Rn. 163a.

16. Es folgen Darlegungen betreffend den Gegenstand des Patentes, von deren Wiedergabe im Einzelnen abgesehen wird. Die Darlegungen können etwa demjenigen entsprechen, was seitens eines Beklagten in einer materiellen Klageerwiderung vorzutragen ist. → Form. C.10.

17. Vgl. dazu OLG Düsseldorf Mitt. 1996, 60 (61) – Patenthinweise an potentielle Abnehmer.

18. Eine vorherige Abmahnung vor Einreichung eines Antrags auf Erlass einer einstweiligen Verfügung ist für seine Zulässigkeit und Begründetheit nicht erforderlich. Die erfolglos gebliebene Abmahnung zeigt jedoch, dass der Erlass einer einstweiligen Verfügung geboten erscheint, weil die Antragsgegnerin nicht von sich aus bereit ist, ihr rechtswidriges/wettbewerbswidriges Verhalten einzustellen. Zu den Beispielen von Abmahnungen vgl.: im Patentrecht → Form. C.2, im Wettbewerbsrecht → Form. A.1, im Gebrauchsmusterrecht → Form. D.2. Wird ohne vorherige Abmahnung ein gerichtliches Verfahren eingeleitet, trägt der Antragsteller/Kläger das Risiko der Kostenauferlegung gemäß § 93 ZPO, sofern der Antragsgegner/Beklagte sofort anerkennt → Form. C.2 Anm. 1.

19. Vgl. Benkard PatG/*Scharen* §§ 9 bis 14 Rn. 25. Die Regeln betreffend die Beweislast gelten erst recht für das einstweilige Verfügungsverfahren, denn hier sollen die Beweisanforderungen für den Beweisbelasteten gerade dadurch gemildert sein, dass nicht voller Beweis, sondern nur Glaubhaftmachung erforderlich ist (vgl. OLG Koblenz WRP 1979, 387 (389); OLG Frankfurt NJW-RR 1991, 174 (175); OLG Stuttgart WRP 1991, 268 (269)).

20. Vgl. OLG Düsseldorf Mitt. 1996, 60 – Patenthinweise an potentielle Abnehmer.

21. Die Mitwirkung eines Patentanwalts ist in patentrechtlichen Streitigkeiten grundsätzlich geboten. → Form. C.5 Anm. 69.

Kosten und Gebühren

22. → Form. A.4 Anm. 22. Allerdings sind die zusätzlichen Besonderheiten des § 143 PatG zu beachten. → Form. C.5 Anm. 71.

Fristen

23. Keine. Allerdings ist das Erfordernis der Dringlichkeit zu beachten.
Zu den Tatbeständen, dass die einstweilige Verfügung ohne mündliche Verhandlung oder nach mündlicher Verhandlung erlassen/nicht erlassen wird und die sich sodann ergebenden Fristen und Rechtsmittel → Form. A.4 Anm. 23.

21. Antrag auf Erlass einer einstweiligen Verfügung wegen Patentverletzung (unmittelbare Patentverletzung, § 9 S. 2 Nr. 1 PatG)

Landgericht

...... Zivilkammer (Patentkammer)[1, 2]

......[3]

Antrag

auf Erlass einer einstweiligen Verfügung

der Firma A GmbH, ...

– Antragstellerin[4] –

Verfahrensbevollmächtigter: Rechtsanwalt ......[5]

gegen

1. die Firma B GmbH, ..., vertreten durch den Geschäftsführer, den Antragsgegner zu 2, ebenda,
2. Herrn C, ... ebenda,

– Antragsgegner[6] –

wegen: Patentverletzung

Streitwert: vorläufig geschätzt ...... EUR[7]

Namens und in Vollmacht[8] der Antragstellerin richte ich an das Gericht die Bitte, es möge im Verfahren der einstweiligen Verfügung, wegen besonderer Dringlichkeit ohne vorherige mündliche Verhandlung durch Beschluss,[9] anordnen:[10]

I. den Antragsgegnern wird es bei Meidung eines für jeden Fall der Zuwiderhandlung fälligen Ordnungsgeldes bis zu 250.000 EUR, ersatzweise Ordnungshaft bis zu 6 Monaten oder Ordnungshaft bis zu 6 Monaten, im Wiederholungsfalle Ordnungshaft bis zu 2 Jahren, wobei die Ordnungshaft im Hinblick auf die Antragsgegnerin zu 1 an ihrem jeweiligen Geschäftsführer zu vollstrecken ist, untersagt,[11]
Vorrichtungen zum Abscheiden von Sand aus mit Sand und organischen Stoffen belastetem Abwasser, bestehend aus einem stehenden Behälter mit einem Überlauf für das mit organischen Stoffen belastete Abwasser und mit einem an eine untere Austragsöffnung des Behälters angeschlossenen Austragsförderer,[12]
herzustellen, anzubieten, in den Verkehr zu bringen oder zu den genannten Zwecken einzuführen oder zu gebrauchen, bei denen der Behälter ein sich bis in den Bodenbereich erstreckendes Rührwerk und im Bodenbereich eine Frischwasserzufuhr aufweist und für den Antrieb des Austragsförderers eine Steuereinrichtung vorgesehen ist, die den Antrieb des Austragsförderers in Abhängigkeit von der Absetzhöhe des Sandes im Behälter steuert[13] (DE ......, Anspruch 1);
II. den Antragsgegnern wird aufgegeben,[14] der Antragstellerin innerhalb einer Frist von 14 Tagen nach Zustellung der einstweiligen Verfügung Auskunft darüber zu erteilen,[15] in welchem Umfang die Antragsgegnerin zu 1 die vorstehend zu I bezeichneten Handlungen seit dem ...... (b)[16] begangen hat, und zwar unter Angabe[17]
a) der Herstellungsmengen und -zeiten (alternativ:[18] der Menge der erhaltenen oder bestellten Erzeugnisse sowie der Namen und Anschriften der Hersteller, Lieferanten und anderer Vorbesitzer),

b) der einzelnen Lieferungen, aufgeschlüsselt nach Liefermengen, -zeiten und -preisen unter Einschluss von Typenbezeichnungen sowie der Namen und Anschriften der Abnehmer;
III. den Antragsgegnern werden die Kosten des Verfahrens gesamtverbindlich auferlegt.[19]

Begründung:[20]

I.

1. Die Antragstellerin ist eingetragene, alleinige und ausschließlich verfügungsberechtigte Inhaberin des DE ...... betreffend eine Vorrichtung zum Abscheiden von Sand aus mit Sand und organischen Stoffen belastetem Abwasser. Die zugrunde liegende Patentanmeldung erfolgte am ...... und wurde am ...... bekannt gemacht. Die Veröffentlichung der Patenterteilung im Patentblatt erfolgte am ...... Das DE ...... (im Folgenden auch: Verfügungspatent), dessen Schrift ich als
Anlage Ast 1
– für die Mitglieder der angerufenen Kammer in drei Exemplaren – überreiche, steht in Kraft.

Glaubhaftmachung: Online-Registerauszug des Verfügungspatents[21]

2. Das Verfügungspatent bezieht sich auf einen sogenannten Sandabscheider, nämlich auf eine Vorrichtung ......[20]

3. Das Verfügungspatent[22] ist der angerufenen Kammer bekannt, und zwar aus dem Patentverletzungsstreit gleichen Rubrums, der in erster Instanz durch Urteil der Kammer vom ...... geendet hat. Die seitens der Antragsgegner gegen dieses Urteil eingelegte Berufung blieb erfolglos. Sie wurde vom Oberlandesgericht mit Urteil vom ...... zurückgewiesen. Dagegen haben die Antragsgegner keine Revision eingelegt. In der Zwischenzeit ist auch die von der Antragsgegnerin zu 1 gegen das Verfügungspatent erhobene Nichtigkeitsklage durch rechtskräftiges Urteil des Bundespatentgerichts vom ...... (Az. ......) zurückgewiesen worden. Ich überreiche die ergangenen Urteile, nämlich als
Anlage Ast 2 das Urteil der Kammer,
Anlage Ast 3 das Urteil des Oberlandesgerichts,
Anlage Ast 4 das Urteil des Bundespatentgerichts.

4. Die Antragsgegnerin zu 1, deren Geschäftsführer der Antragsgegner zu 2 ist, hat es sich einfallen lassen, die von ihr hergestellten und vertriebenen Vorrichtungen zum Abscheiden von Sand aus mit Sand und organischen Stoffen belastetem Abwasser, so wie sie den Klagegrund des vorstehend bezeichneten Verfahrens vor der angerufenen Kammer (Az. ......) gebildet haben, geringstfügig abzuändern.[23] Die Abänderung besteht darin, dass sie die Steuereinrichtung für den Antrieb des Austragsförderers zwar nach wie vor in Abhängigkeit von der Absetzhöhe des Sandes im Behälter gestaltet hat, diesmal jedoch mit anderen Mitteln. Es ist der angerufenen Kammer noch erinnerlich, dass bei der ursprünglichen Verletzungsform die Steuereinrichtung des Austragsförderers in der Weise in Abhängigkeit von der Absetzhöhe des Sandes im Behälter gesteuert wurde, dass das Maß der Stromaufnahme des Rührwerks Richtschnur war. Je höher sich der Sand absetzte, umso größer war der Kraft- und Energieaufwand, den das Rührwerk aufwenden musste, um den Sand zu bewegen. Dieser (elektrische) Energieaufwand wurde bei der ursprünglichen Verletzungsform gemessen und als Maß für die Steuerung des Antriebs des Austragsförderers genommen. Hier haben die Antragsgegner nunmehr eine Abänderung in der Weise vorgenommen, dass nicht mehr der Energieaufwand, den der Elektromotor des Rührwerks benötigt, als Maß für den Antrieb des Austragsförderers gewählt wird, sondern ein Wärmesensor eingesetzt wird. Dieser misst die Wärme des Elektroantriebs des sich

bis in den Bodenbereich erstreckenden Rührwerks. Übersteigt dieser Wärmewert in Abhängigkeit des Maßes an Arbeit, das das Rührwerk leisten muss, einen bestimmten voreingestellten Wert, so wird der Antrieb des Austragsförderers betätigt. Diese Umgestaltung ist nach wie vor eine Steuerung des Antriebs des Austragsförderers in Abhängigkeit von der Absetzhöhe des Sandes. Denn ebenso wie zuvor durch die notwendige Energieaufnahme ist nunmehr die Erhöhung der Wärme des Elektromotors abhängig von der Höhe der Absetzhöhe des Sandes.

Zum Zwecke der Glaubhaftmachung überreiche ich eine die nunmehr abgeänderte Vorrichtung der Antragsgegnerin zu 1 betreffende Werbeunterlage als

Anlage Ast 5.

Dort ist die Abänderung, wie zuvor wiedergegeben, seitens der Antragsgegner geschildert.

5. Die Antragstellerin hat die Antragsgegner außergerichtlich abgemahnt.[24] Die Abmahnung blieb erfolglos. Infolgedessen ist dieser Antrag auf Erlass einer einstweiligen Verfügung geboten, um weiteren Patentverletzungen der Antragsgegner vorzubeugen. Zugleich ergibt sich im Zusammenhang mit dem diesseits geltend gemachten Auskunftsanspruch die erforderliche Dringlichkeit aus § 140b Abs. 7 PatG.[25]

II.

Die rechtliche Bewertung ergibt die Begründetheit des Verfügungsbegehrens:

1. Der mit Verfügungsantrag I. geltend gemachte Unterlassungsanspruch findet seine Grundlage in § 139 Abs. 1 PatG. Der Tatbestand der Patentverletzung ist zuvor zu Ziffer I. 4. näher dargestellt und glaubhaft gemacht. Zur Vermeidung von Wiederholungen wird darauf verwiesen.

2. Die für den Erlass einer einstweiligen Verfügung erforderlichen besonderen Voraussetzungen im Patentverletzungsprozess liegen ebenfalls vor. Nach ständiger Rechtsprechung ist davon auszugehen, dass der patentrechtliche Unterlassungsanspruch gemäß §§ 935, 940 ZPO auch im Wege der einstweiligen Verfügung durchsetzbar ist, sofern besondere Voraussetzungen wie folgt gegeben sind:

a) Es ist zuvor schon geschildert und dargelegt, dass der erforderliche Verfügungsanspruch[26] vorliegt, nämlich der Tatbestand der Verletzung des Verfügungspatents. Dieser bedarf keiner weiteren Glaubhaftmachung, weil unmittelbar aus den diesseits überreichten Anlagen ersichtlich.

b) Zum erforderlichen Verfügungsgrund[27] gehört die Notwendigkeit eines gerichtlichen Verbotes zur Abwehr „wesentlicher Nachteile" (§§ 935, 940 ZPO). Diese Voraussetzung bedarf besonderer Prüfung.[28] Dazu genügt es nicht allein, dass eine Dringlichkeit im Sinne eines zeitlichen Erfordernisses vorhanden ist. Vielmehr ist eine Abwägung der Interessenlage beider Parteien notwendig. Bei dieser Interessenabwägung interessiert insbesondere, dass die Rechtsbeständigkeit des Verfügungspatents so gesichert ist, dass sich keine durchgreifenden Zweifel mehr aufdrängen. Im Streitfall ist ein ausreichender Rechtsbestand des Verfügungspatents schon deshalb gegeben, weil dieses ein Nichtigkeitsverfahren überstanden hat. Insbesondere ist aus der Erwiderung der Antragsgegner auf die Abmahnung der Antragstellerin kein weiterer Stand der Technik bekannt geworden, der nicht schon bisher allen Beteiligten unter Einschluss auch des angerufenen Gerichts bekannt gewesen wäre.[29]

c) Auch die weitere Voraussetzung, dass der Verletzungstatbestand zweifelsfrei und einfach gelagert ist, so dass er im summarischen Verfahren auch für Nichttechniker ohne weiteres nachvollziehbar ist, ist gegeben. Das gilt im Streitfall insbesondere deshalb, weil das angerufene Gericht sowohl das Verfügungspatent als auch die Verletzungsform (wenn auch in geringfügig abgewandeltem Umfang) bestens kennt[30] (vgl. LG Düsseldorf Mitt. 1995, 190 – Schließfolgeregler – für den Fall der gleichen angegriffenen Ausführungsform).

d) Bei der notwendigen Abwägung der Interessenlage beider Parteien muss dem Interesse der Antragstellerin, ihre Ausschließungsbefugnis durchzusetzen gegenüber dem Interesse der Antragsgegner, Verletzungshandlungen fortzusetzen, der Vorrang gegeben werden. Zwischen den Parteien besteht ein unmittelbares Wettbewerbsverhältnis in einem relativ engen Markt. Damit wirkt sich jede Patentverletzungshandlung der Antragsgegner unmittelbar zu Lasten der Antragstellerin aus, etwa in der Weise, dass jede seitens der Antragsgegner hergestellte und vertriebene Vorrichtung die Chancen der Antragstellerin unmittelbar verringert, eine derartige Vorrichtung liefern zu können. Des Weiteren kommt hinzu, dass die Antragsgegnerin zu 1 die Preise der Antragstellerin deutlich unterbietet.[31] Zur Glaubhaftmachung überreiche ich . . . . . .

Im Übrigen ist für die Interessenabwägung beider Parteien im Streitfall des Weiteren entscheidend . . . . . .[32]

3. Der mit Verfügungsantrag II. geltend gemachte Auskunftsanspruch findet seine Grundlage in § 140b PatG. Danach sind die Antragsgegner verpflichtet, der Antragstellerin unverzüglich Auskunft über die Herkunft und den Vertriebsweg der von ihnen in patentverletzender Weise benutzten Erzeugnisse zu erteilen, wobei sie gemäß § 140b Abs. 2 PatG Angaben entsprechend dem Inhalt des Verfügungsantrags II. zu machen haben. Nach § 140b Abs. 7 PatG kann in Fällen offensichtlicher Rechtsverletzung die Verpflichtung zur Erteilung der Auskunft im Wege der einstweiligen Verfügung angeordnet werden. Ein derartiger Fall ist gegeben. Dass eine offensichtliche Rechtsverletzung vorliegt, ist in tatsächlicher Hinsicht vorstehend zu I., in rechtlicher Hinsicht vorstehend zu II. 2. im Einzelnen dargelegt. Darauf wird verwiesen.[33]

III.

Ich zeige an, dass die Antragstellerin

Herrn Patentanwalt[34]

. . . . . .

zur Mitwirkung in diesem Verfahren bestellt hat.

Beglaubigte und einfache Abschrift sind zum Zwecke der Zustellung beigefügt.[35, 36, 37]

Rechtsanwalt

Schrifttum: Vgl. die allgemeinen Hinweise zu → Form. C.1; ferner: *Berneke*, Neues Vorbringen im Berufungsverfahren zu Arrest und einstweiliger Verfügung, FS Tilmann, 2003, 755; *Brinks/Fritze*, Einstweilige Verfügung in Patentverletzungssachen in den USA und Deutschland, GRUR Int. 1987, 133; *Carl*, Einstweiliger Rechtsschutz bei Torpedoklagen, 2007; *A. von Falck*, Einstweilige Verfügung in Patent- und Gebrauchsmustersachen, Mitt. 2002, 429; *Fischer*, Einstweilige Verfügung in Patentsachen – zum Verfügungsanspruch, FS Traub, 1994, 105; *Hansen*, Einstweilige Verfügungsverfahren auf dem Gebiet der Arzneimittelerfindungen in Europa, FS von Meibom, 2010, 119; *Harmsen*, Neue Dringlichkeit im einstweiligen Verfügungsverfahren, FS 80 Jahre Patentgerichtsbarkeit in Düsseldorf, 2016, 175; *Holzapfel*, Zum einstweiligen Rechtsschutz im Wettbewerbs- und Patentrecht, GRUR 2003, 287; *Kehl*, Von der Marktbeobachtung bis zur Nichtvollziehung – Wann ist es dem Anspruchsteller „nicht so eilig"?, FS Loschelder, 2010, 139; *Klute*, Strategische Prozessführung im Verfügungsverfahren, GRUR 2003, 34; *Krieger*, Die vorläufige Durchsetzung von Unterlassungsansprüchen wegen Patentverletzung, FS Preu, 1988, 165; *Kurtz*, Grenzüberschreitender einstweiliger Rechtsschutz im Immaterialgüterrecht, Diss., 2004; *Lenz*, Anmerkungen zum „Olanzapin"-Urteil des OLG Düsseldorf – mitnichten ein Paradigmenwechsel in der Patentrechtsprechung, GRUR 2008, 1042; *Marshall*, Die einstweilige Verfügung in Patentstreitsachen, FS Klaka, 1987, 99; *Maurer*, Verjährungshemmung durch vorläufigen Rechtsschutz, GRUR 2003, 208; *von Meibom/Pitz*, Grenzüberschreitende Verfügungen im internationalen Patentverletzungsverfahren, Mitt. 1996, 181;

21. Antrag auf Erlass einer einstweiligen Verfügung wegen Patentverletzung   C. 21

Meier-Beck, Die einstweilige Verfügung wegen Verletzung von Patent- und Gebrauchsmusterrechten, GRUR 1988, 861; *Meier-Beck,* Aktuelle Fragen des Patentverletzungsverfahrens, GRUR 1999, 379; *Müller-Stoy/Wahl,* Düsseldorfer Praxis zur einstweiligen Unterlassungsverfügung wegen Patentverletzung, Mitt. 2008, 311; *Oetker,* Die Zustellung von Unterlassungsverfügungen innerhalb der Vollziehungsfrist des § 929 Abs. 2 ZPO, GRUR 2003, 199; *Pansch,* Die einstweilige Verfügung zum Schutz des geistigen Eigentums im grenzüberschreitenden Verkehr, 2003; *Rogge,* Einstweilige Verfügung in Patent- und Gebrauchsmustersachen, FS von Gamm, 1990, 461; *Rojahn,* Vorläufiger Rechtsschutz durch staatliche Gerichte bei Schiedsgerichtsabrede – Ist effektiver Rechtsschutz gewährleistet?, FS von Meibom, 2010, 395; *Schultz-Süchting,* Einstweilige Verfügung in Patent- und Gebrauchsmustersachen, GRUR 1988, 571; *Teplitzky,* Gerichtliche Hinweise im einseitigen Verfahren einer einstweiligen Unterlassungsverfügung, GRUR 2008, 34; *Wehlau/Kalbfuss,* Die Versicherung an Eides Statt als Mittel der Glaubhaftmachung, Mitt. 2011, 165.

Anmerkungen

1. Im Wettbewerbs- und Markenrecht ist es die Regel, den Unterlassungsanspruch im Wege der einstweiligen Verfügung geltend zu machen. Im Patentrecht ist dies eher die Ausnahme, die allerdings zunehmend häufiger wird. Für diese Entwicklung zeichnen TRIPS und die Richtlinie 2004/48/EG zur Durchsetzung der Rechte des geistigen Eigentums verantwortlich, die durch das Gesetz zur Verbesserung der Durchsetzung von Rechten des geistigen Eigentums vom 7.7.2008 mit Wirkung zum 1.9.2008 umgesetzt worden ist. Dazu wird auf die Neufassung der §§ 139 ff. PatG nF verwiesen.

Die Sondervorschrift des § 12 Abs. 2 UWG, die in Wettbewerbssachen eine Vermutung der Dringlichkeit begründet, ist in patentrechtlichen Streitigkeiten nicht anwendbar (OLG Düsseldorf GRUR 1983, 79 (80) – AHF-Konzentrat; OLG Düsseldorf GRUR 1994, 508 – Dringlichkeit; aA: OLG Karlsruhe GRUR 1979, 700 – Knickarm-Markise; OLG Karlsruhe GRUR 1982, 169 (171) – Einhebelmischarmatur). Dennoch gibt es Fälle, in denen das einstweilige Verfügungsverfahren auch für Patentverletzungen in Betracht kommt:
- Die Geltendmachung eines Unterlassungsanspruchs, insbesondere zB auch zeitlich befristet (für die Dauer einer Messe) oder gegenständlich beschränkt (bezogen auf die Ausstellung einer bestimmten patentverletzenden Vorrichtung);
- zB auf Sequestration patentverletzender Waren (OLG Karlsruhe GRUR-RR 2002, 278 – DVD-Player; ggf. ohne vorherige Abmahnung: LG Hamburg GRUR-RR 2004, 191; aA OLG Braunschweig GRUR-RR 2005, 103; dazu *Kircher,* FS Schilling, 2007, 293);
- insbesondere: in Fällen offenkundiger Patentverletzung auf Drittauskunft (§ 140b Abs. 7 PatG);
- im selbständigen Beweisverfahren auf Vorlage/Besichtigung und Duldung (vgl. § 140c PatG; → Form. C.22).

Es müssen – wie auch in sonstigen einstweiligen Verfügungsverfahren – ein Verfügungsanspruch und ein Verfügungsgrund gegeben sein. Zum Verfügungsanspruch gehören ein rechtsbeständiges Patent und der Verletzungstatbestand. Der Verfügungsgrund ergibt sich aus §§ 935, 940 ZPO: Die beantragte einstweilige Maßnahme (regelmäßig in Form der Durchsetzung des Unterlassungsanspruchs, ggf. auch in Form der Sequestration, OLG Karlsruhe GRUR-RR 2002, 278 – DVD-Player) muss zur Abwehr wesentlicher Nachteile notwendig sein. Diese Voraussetzung bedarf der besonderen Aufmerksamkeit. Sie ist nicht schon deshalb gegeben, weil eine Patentverletzung vorliegt (OLG Düsseldorf Mitt. 1996, 87 (88) – Captopril) oder gar deshalb, weil das Verfügungspatent in naher Zukunft abläuft (OLG München Mitt. 1999, 223 – Verletzung eines Verwendungspatents). Ein rein zeitliches Erfordernis im Sinne einer „Dringlichkeit" für die beantragte einstweilige Maßnahme ist zwar notwendig, jedoch allein nicht ausreichend. OLG München hält ein Zuwarten über einen Zeitraum von über einem Monat für geeignet, die Eilbedürftigkeit zu widerlegen (OLG München Mitt. 2001, 85 (89) – Wegfall der Dringlichkeit), wobei auch das OLG

München einen Untersuchungszeitraum zubilligt, in dem die 1-Monatsfrist dann nicht abläuft, wenn Bedenken an der Überzeugungskraft der Glaubhaftmachungsmittel gegeben sind; in diesem Fall muss der Verfügungskläger mit der gebotenen Eile und dem erforderlichen Nachdruck weitere Mittel beibringen und anschließend alsbald den Antrag einreichen (OLG München Mitt. 2001, 85 (89) re.Sp. – Wegfall der Dringlichkeit). Liegt der Fall so, dass Bedenken gegen die Glaubhaftmachungskraft während der Monatsspanne nicht auftauchen, jedoch zu einem späteren Zeitpunkt, soll der Antragsteller gehalten sein, den Antrag bei Gericht einzureichen und bei später sich ergebenden Bedenken den Antrag (bzw. seine Begründung) nachzubessern (OLG München Mitt. 2001, 85 (89) re.Sp.). Das OLG München steht mit seiner 1-Monatsfrist weitgehend vereinzelt. Insbesondere geht die Dringlichkeit in einem einstweiligen Verfügungsverfahren nach Maßgabe dieses zeitlichen Moments nicht schon durch Zeitablauf verloren, der wegen Untersuchung der Ware verstreicht (OLG Hamburg GRUR 1987, 899 – Verbandsmaterial), auch nicht durch Ausschöpfung von Rechtsmittelfristen (OLG Frankfurt GRUR 2002, 236 – Eilbedürfnis in Patentsachen). Über das zeitliche Moment hinaus bedarf es einer sorgfältigen Abwägung zwischen den Interessen der Parteien, nämlich dem Interesse des Antragstellers an der Erlangung eines (vorläufigen) Unterlassungsgebotes im Vergleich zu den Interessen des Antragsgegners, nicht in einem summarischen Verfahren zur Unterlassung teilweise wirtschaftlich sehr bedeutsamer Handlungen verurteilt zu werden. Weitere Einzelheiten im Zusammenhang mit der notwendigen Abwägung folgen nachstehend zu → Anm. 27.

2. § 143 Abs. 1 PatG bestimmt die ausschließliche sachliche Zuständigkeit der Landgerichte für Patentstreitsachen. § 143 Abs. 2 PatG eröffnet die Möglichkeit der Konzentration auf nur wenige Landgerichte, davon haben nahezu alle Bundesländer Gebrauch gemacht. Zu Einzelheiten → Form. C.5 Anm. 1.

§ 143 Abs. 1 PatG bestimmt die sachliche Zuständigkeit für Patentstreitsachen an sich nur für **Klagen**. Die Zuständigkeit eines Gerichts für das Verfahren der einstweiligen Verfügung folgt der Zuständigkeit im Hauptklageverfahren (§ 937 Abs. 1 ZPO).

3. § 143 PatG regelt nicht die örtliche Zuständigkeit. Diese bestimmt sich gemäß §§ 12 ff. ZPO. Zu den bestehenden allgemeinen (§§ 12, 13 ZPO) und **besonderen** Gerichtsständen (insbesondere der unerlaubten Handlung, § 32 ZPO) → Form. C.5 Anm. 2.

4. Aktivlegitimiert zur Geltendmachung des verfügungsgegenständlichen Unterlassungsanspruchs ist sowohl der Patentinhaber als auch der ausschließliche Lizenznehmer, soweit dessen Nutzungsrecht durch die Verletzungshandlung berührt ist (BGH GRUR 1995, 338 – Kleiderbügel; BGH GRUR 1996, 109 (111) – Klinische Versuche I; BGH WRP 1998, 406 (408) – Lunette). Dem Patentinhaber (oder auch: Gebrauchsmusterinhaber) steht grundsätzlich auch dann ein Unterlassungsanspruch gegen den Verletzer zu, wenn er an dem Schutzrecht eine ausschließliche Lizenz vergeben hat (BGH GRUR 2008, 896 = Mitt 2008, 407 – Tintenpatrone). Soll der Unterlassungsanspruch nicht vom Patentinhaber oder dem ausschließlichen Lizenznehmer geltend gemacht werden, so ist in geeigneten Fällen der Weg der gewillkürten Prozessstandschaft eröffnet. Es muss dann eine Ermächtigungserklärung vorgelegt und ein ausreichendes Eigeninteresse des Verfügungsklägers/Antragstellers glaubhaft gemacht werden. Zur Formulierung einer derartigen Prozessführungsermächtigungserklärung → Form. C.5 Anm. 3.

5. Der Antrag auf Erlass einer einstweiligen Verfügung kann vor der Geschäftsstelle (einer Kammer des Landgerichts) zu Protokoll erklärt werden (§§ 920 Abs. 3, 936 ZPO). Infolgedessen bedarf es zur Einreichung eines Antrags auf Erlass einer einstweiligen Verfügung keiner anwaltlichen Vertretung (§§ 78 Abs. 3, 79 Abs. 1 S. 1 ZPO). Diese Freistellung vom Anwaltszwang gilt jedoch nur für den Antrag selbst, nicht jedoch für das weitere Verfahren. Infolgedessen ist regelmäßig die Vertretung durch einen Rechtsanwalt erforderlich.

21. Antrag auf Erlass einer einstweiligen Verfügung wegen Patentverletzung C. 21

6. Ebenso wie eine Hauptklage richtet sich auch das Verfügungsverfahren gegen den Störer, dh gegen den bzw. die Patentverletzer. Dazu → Form. C.5 Anm. 4. Diese sind als Antragsgegner/Verfügungsbeklagte vollständig und zutreffend im Rubrum zu bezeichnen. Handelt es sich bei einer Antragsgegnerin um eine Personalgesellschaft, so sollte sich auch der Antrag auf Erlass einer einstweiligen Verfügung zur Erweiterung des Haftungsvermögens sowohl gegen die Gesellschaft selbst als auch gegen sämtliche haftenden Gesellschafter richten. Handelt es sich bei der Antragsgegnerin (Verfügungsbeklagten) um eine juristische Person, so sollten auch die in Betracht kommenden juristischen Organe (Geschäftsführer, Vorstand) mit einbezogen werden. Dazu sowie zum Vorhandensein mehrerer Störer → Form. C.5 Anm. 5, 6.

7. Es gelten die gleichen Grundsätze wie bei einem Hauptklageverfahren. → Form. C.5 Anm. 7. Allerdings wird in der Praxis teilweise die Auffassung vertreten, dass der Unterlassungsanspruch im einstweiligen Verfügungsverfahren geringer zu bewerten sei als derjenige im Hauptklageverfahren. Dieser Auffassung wird hier nicht zugestimmt. Sowohl im Hauptklageverfahren als auch im einstweiligen Verfügungsverfahren geht es jeweils um die Durchsetzung der Ausschließungsbefugnis des Patentinhabers bzw. des ausschließlichen Lizenznehmers.

8. Gemäß § 88 Abs. 2 ZPO ist bei Einreichung eines Antrags auf Erlass einer einstweiligen Verfügung durch einen Rechtsanwalt die Beifügung einer Vollmacht nicht erforderlich.

9. Besondere Verfahrensbitte gemäß § 937 Abs. 2 ZPO. Diese beinhaltet auch den Antrag gemäß § 944 ZPO, dass der Vorsitzende der angerufenen Kammer allein entscheiden möge. Allerdings bestehen in der Praxis des patentrechtlichen einstweiligen Verfügungsverfahrens Abweichungen. Von einem besonders dringenden Fall wird man nur ausnahmsweise sprechen können, beispielsweise bei Patentverletzungen im Zusammenhang mit Messen. Andernfalls wird es regelmäßig angebracht sein, über den Antrag auf Erlass einer einstweiligen Verfügung mündlich zu verhandeln, um jedenfalls auch die Einlassung des Antragsgegners zu kennen. Wegen der Komplexität der zu beurteilenden Sachverhalte und der zu entscheidenden Rechtsfragen ist es regelmäßig ebenfalls angebracht, dass der Rechtsstreit nicht durch den Einzelrichter entschieden wird.

Handelt es sich um ausländische Antragsgegner, macht die Anordnung einer einstweiligen Verfügung ohne vorherige mündliche Verhandlung durch Beschluss zurzeit wenig Sinn. Ihrer Anerkennung im Ausland steht Art. 34 Nr. 2 EuGVVO entgegen. Allerdings ist eine Änderung durch den europäischen Gesetzgeber beabsichtigt. → Form. C.20 Anm. 7.

10. Das Textbeispiel enthält zwei Anträge, nämlich auf Unterlassung (§ 139 Abs. 1 PatG) und auf Auskunft (§ 140b PatG).

11. Zur Strafandrohungsklausel → Form. C.5 und insbesondere → Form. C.5 Anm. 12. Der Unterlassungsanspruch des § 139 Abs. 1 PatG wird in Form eines Verbotes formuliert.

12. Die Formulierung des zu I. beantragten Verbots entspricht dem Unterlassungsantrag zu I. 1. der Klageschrift → Form. C.5. Zu Einzelheiten → Form. C.5 Anm. 12–18.

13. Zu Einzelheiten der Antragsformulierung → Form. C.5 Anm. 12–18.

14. Das hier beantragte Gebot betrifft den Anspruch auf sog. Drittauskunft, der sich aus § 140b PatG ergibt. Der Sinn dieses Anspruchs besteht darin, den Patentinhaber zu befähigen, weitere Patentverletzungen durch Dritte zu unterbinden (OLG Düsseldorf GRUR 1993, 818 – Mehrfachkleiderbügel). Zu Einzelheiten dieses Anspruchs und möglichen Formulierungen eines Antrags → Form. C.5 Anm. 19. Für diesen Anspruch gilt die Besonderheit des § 140b Abs. 7 PatG: In Fällen offensichtlicher Rechtsverletzung kann die Verpflichtung zur Erteilung der Auskunft im Wege der einstweiligen Verfügung nach den

Vorschriften der Zivilprozessordnung angeordnet werden. Ob diese Regelung die notwendige Dringlichkeit ersetzt, ist zweifelhaft (verneinend: Benkard PatG/*Grabinski/Zülch* § 140b Rn. 20).

15. Die Vollstreckung des Auskunftserzwingungsanspruchs erfolgt gemäß § 888 ZPO. Es empfiehlt sich, im Wege der einstweiligen Verfügung dem Verpflichteten eine bestimmte Frist zur Auskunftserteilung setzen zu lassen.

16. Zur Bedeutung der „Daten" (a) und (b) im Zusammenhang mit Rechnungslegung, Drittauskunft und Schadensersatz → Form. C.5 Anm. 27. Hier handelt es sich um das Datum „(c)", nämlich den Zeitpunkt der zweifelsfreien Beachtungspflicht des erteilten Patents durch Dritte. Es ist zwar schon die Veröffentlichung der Patenterteilung im Patentblatt, mit der die gesetzlichen Wirkungen des Patents eintreten (§ 58 Abs. 1 S. 3 PatG). Gewohnheitsmäßig wird jedoch Dritten für die Beachtung des Patents eine „Karenzzeit" zugestanden, die einen Monat beträgt (BGH GRUR 1986, 803 (806) – Formstein; → Form. C.5 Anm. 27).

17. Die geforderten Angaben entsprechen nur im Hinblick auf a) und b) im Verfügungsantrag II. denjenigen des Klageantrags I. 2. im → Form. C.5. Insoweit wirkt sich aus, dass § 140b PatG sich in Voraussetzungen und Inhalt von dem in gewohnheitsrechtlicher Anwendung des § 242 BGB sowie der Rechtsregeln betreffend die auftragslose Geschäftsführung zur Vorbereitung eines Schadensersatzanspruches zugebilligten Rechnungslegungsanspruch unterscheidet. Der im Verfügungsantrag II. geltend gemachte Anspruch auf die sog. **Drittauskunft** soll die Quellen und Vertriebswege der bei einem Verletzer aufgefundenen Erzeugnisse aufdecken, um weiteren Patentverletzungen entgegentreten zu können.

18. Maßgeblich für die Antragsformulierung ist der jeweils zugrunde liegende Sachverhalt: Handelt es sich um einen Hersteller, gilt nur die erste Variante; handelt es sich um einen Händler oder sonstigen Vertreiber, gilt die zweite Variante, die sich in der Klammer mit der Angabe „alternativ" befindet.

19. Ein Kostenantrag ist an sich entbehrlich, da die Nebenentscheidung über die Kosten (ebenso wie diejenige über die vorläufige Vollstreckbarkeit) von Amts wegen zu treffen ist.

20. Die Begründung eines Antrags auf Erlass einer einstweiligen Verfügung erfolgt im Hinblick auf die Darstellung des zugrunde liegenden Patentes und des Verletzungstatbestandes in gleicher Weise wie bei einer „normalen" Patentverletzungsklage. Zur Vermeidung von Wiederholungen wird mithin auf die Ausführungen im → Form. C.5, dort zu I. der Begründung, einschließlich zugehöriger Anmerkungen verwiesen. Besonderheiten ergeben sich allerdings insoweit, als Darstellungen zum Verfügungsgrund erforderlich sind. Diese erfolgen im Textbeispiel zu I. 3. und 4.

21. Eine Online-Registerauskunft ist unter www.dpma.de; DPINFO mit der Internetadresse: https://dpinfo.dpma.de erhältlich.

22. Eine einstweilige Verfügung kann in patentrechtlichen Streitigkeiten – wie auch sonst – nur erlassen werden, wenn Verfügungsanspruch und Verfügungsgrund ausreichend zweifelsfrei gegeben sind. Die Darlegungs- und Glaubhaftmachungslast liegt in vollem Umfang beim Antragsteller (Kläger); jeder Zweifel schadet. Zum Verfügungsanspruch gehören der Bestand des Patentes und der Verletzungstatbestand. Die nachfolgenden Ausführungen betreffend das Verfügungspatent beziehen sich auf den Rechtsbestand und erfolgen deshalb, um nachfolgend zu II. 2. die rechtliche Wertung treffen zu können, dass der Rechtsbestand des Verfügungspatents in ausreichendem Maße gewährleistet erscheint, so dass auf der Grundlage eben dieses Patents eine einstweilige Regelung

21. Antrag auf Erlass einer einstweiligen Verfügung wegen Patentverletzung   C. 21

mit einschneidenden Folgen für den Antragsgegner (Verfügungsbeklagten) erfolgen kann (→ Anm. 1, → Anm. 23–28).

23. Diese und die nachfolgenden Ausführungen beziehen sich auf den Verletzungstatbestand. Sie gehören damit (noch) zur Darstellung des Verfügungsanspruchs. Zugleich zielen sie jedoch auch auf eine Darlegung des Verfügungsgrundes ab. Wie nachstehend im Textbeispiel zu II. 2. näher dargestellt ist, ist auch der Verletzungstatbestand so ausreichend sicher durch das angerufene Gericht im Wege des einstweiligen Verfügungsverfahrens zu bewerten, dass eine einstweilige Regelung zu Lasten des Antragsgegners (Verfügungsbeklagten) vertretbar erscheint.

24. An sich ist eine außergerichtliche Abmahnung keine Zulässigkeitsvoraussetzung für einen Antrag auf Erlass einer einstweiligen Verfügung, und zwar weder im allgemeinen Wettbewerbs- und Markenrecht noch im Patentrecht. Für die Vorbereitung eines Antrags auf Erlass einer einstweiligen Verfügung wegen Patentverletzung hat die Abmahnung jedoch Bedeutung. Der Inanspruchgenommene soll Gelegenheit gehabt haben, seine Einwendungen, insbesondere zum Stand der Technik, vorzubringen. Im Streitfall wäre eine Abmahnung an sich entbehrlich, weil der Verletzer schon im Wege der Nichtigkeitsklage (vgl. dazu die Sachverhaltsschilderung zu I. 3. und dort Anlage Ast 4) hinreichend Zeit und Gelegenheit gehabt hat, sich mit dem Stand der Technik und dem Rechtsbestand des Verfügungspatents auseinanderzusetzen (LG Düsseldorf GRUR 1980, 989 – Sulfaveridin). Ist zuvor eine außergerichtliche Korrespondenz erfolgt und hat diese zu erkennen gegeben, dass seitens des Antragsgegners (Verfügungsbeklagten) keine interessierenden Einwendungen, insbesondere kein relevanter Stand der Technik, aufgezeigt werden konnten, kann sich die Situation ergeben, dass über den Antrag auf Erlass einer einstweiligen Verfügung ohne mündliche Verhandlung zu Gunsten des Antragstellers entschieden wird.

25. Zu dem Sachverhalt, dass Antragsgegner ein ausländisches Unternehmen ist, → Anm. 9, → Anm. 33.

26. Zum Verfügungsanspruch gehören Bestand des Patentes sowie der Verletzungstatbestand. Insoweit unterscheidet sich ein Verfügungsantrag nicht von einer Patentverletzungsklage. Die erforderlichen Darlegungen finden sich im Textbeispiel zu I. der Begründung des Verfügungsantrags.

27. Besondere Schwierigkeiten bereitet die Darlegung des Verfügungsgrundes. Um die „Notwendigkeit" eines gerichtlichen Verbots zur Abwehr „wesentlicher Nachteile" (§§ 935, 940 ZPO) darzulegen, müssen regelmäßig die folgenden Voraussetzungen gegeben sein, die sich sodann auch im Textbeispiel zu I. 2. im Einzelnen finden (vgl. dazu *Mes* PatG § 139 Rn. 522 ff.; vgl. ferner OLG Düsseldorf InstGE 12, 114 = Mitt. 2011, 193 – Harnkatheterset; dazu *Mes* PatG § 139 Rn. 532 ff.; ferner: OLG Karlsruhe GRUR-RR 2015, 509 – Ausrüstungssatz).

a) *Schutzfähigkeit des Verfügungspatents*. Sie muss sich als so gesichert darstellen, dass „sich keine durchgreifenden Zweifel aufdrängen" (OLG Karlsruhe GRUR-RR 2015, 509 – Ausrüstungssatz; OLG Karlsruhe GRUR 1982, 169 (171) – Einhebelmischarmatur; OLG Karlsruhe GRUR 1988, 900 – Dutralene; strenger: OLG Düsseldorf GRUR 1959, 619: „Über jeden Zweifel erhaben"; vgl. aber auch – großzügiger – OLG Düsseldorf GRUR 1983, 79 (80) – AHF-Konzentrat; OLG Düsseldorf Mitt. 1982, 230 (231)). Angemessen ist auch die Formulierung des OLG Hamburg in GRUR-RR 2002, 244 – Spannbacke. Danach setzt der Erlass einer Patentverfügung zur Vermeidung des Risikos einer Fehlbeurteilung technischer Sachverhalte im summarischen Verfahren voraus, dass das Verfügungspatent mit zumindest großer Wahrscheinlichkeit rechtsbeständig ist bzw. sich in einem anhängigen Nichtigkeits- bzw. Einspruchsverfahren als rechtsbeständig erweisen wird. Die Schutzfähigkeit muss jedenfalls so gesichert erscheinen, dass in einem

Hauptklageverfahren eine Aussetzung wegen eines anhängigen Einspruchs oder Nichtigkeitsverfahrens nicht in Betracht käme (OLG Düsseldorf Mitt. 1982, 230 (231) re.Sp.). In jüngerer Zeit findet sich häufig auch die Formulierung, dass von einem ausreichenden Rechtsbestand des Verfügungspatents dann auszugehen ist, wenn im Falle des Anhängigseins einer Hauptklage das befasste Gericht keinen Anlass sehen würde, den Verletzungsprozess auszusetzen (OLG Düsseldorf Mitt. 1996, 87 (88) – Captopril; LG Düsseldorf InstGE 5, 231 – Druckbogenstabilisierer). In der Tendenz strenger: OLG Düsseldorf InstGE 12, 114 = Mitt. 2011, 193 Rn. 64 – Harnkatheterset: Der Bestand des Verfügungspatents soll so eindeutig zu Gunsten des Antragstellers zu beurteilen sein, dass eine fehlerhafte, in einem etwa nachfolgenden Hauptklageverfahren zu revidierende Entscheidung nicht ernstlich zu erwarten ist (ähnlich: OLG Karlsruhe InstGE 11, 143 – VA-LCD-Fernseher = GRUR-RR 2009, 442 – Vorläufiger Rechtsschutz). Ist kein Einspruchs- oder Nichtigkeitsverfahren anhängig, ist das befasste Gericht gehindert, überhaupt den Rechtsbestand im Rahmen einer vorzunehmenden Interessenabwägung zu behandeln (OLG Düsseldorf InstGE 12, 114 – Harnkatheterset = Mitt. 2011, 193 Rn. 69; OLG Düsseldorf InstGE 7, 147 = Mitt. 2007, 504 – Kleinleistungsschalter). Davon kann nur dann eine Ausnahme gelten, wenn es dem Antragsgegner nicht zumutbar ist, den Rechtsbestand des Verfügungspatents bis zu dem für die Entscheidung über das Verfügungsbegehren maßgeblichen Zeitpunkt mit einem Einspruch oder einer Nichtigkeitsklage anzugreifen (OLG Düsseldorf Mitt. 2007, 504 – Kleinleistungsschalter; vgl. im Einzelnen *Mes* PatG § 139 Rn. 532 mwN). Noch großzügiger: OLG Düsseldorf Mitt. 2008, 327 Rn. 63 – Olanzapin – (mAnm *Müller-Stoy/Bublak/Coehn* Mitt. 2008, 335): Die Rechtsbeständigkeit des Antragsschutzrechtes muss hinlänglich gesichert sein, wobei die Einschätzung durch das Verletzungsgericht in eigener Verantwortung vorzunehmen ist. Im Streitfall hat das Oberlandesgericht eine ausreichende Rechtsbeständigkeit des Verfügungspatents anerkannt, obgleich dieses im Nichtigkeitsverfahren durch das Bundespatentgericht in erster Instanz wegen vermeintlich fehlender erfinderischer Tätigkeit für nichtig erklärt worden war (dazu auch *Lenz* GRUR 2008, 1042). Noch großzügiger: OLG Karlsruhe GRUR 1979, 700 – Knickarm-Markise, das Zweifel an der Schutzfähigkeit durch Anordnung einer Sicherheitsleistung kompensieren möchte. Ob das OLG Karlsruhe daran heute noch festhält, erscheint zweifelhaft. Zurzeit ist die Rechtsprechung dieses Gerichtes eher restriktiv. Im Grundsatz kann nach seiner Auffassung von einem für den Erlass einer Unterlassungsverfügung hinreichend gesicherten Rechtsbestand nur dann ausgegangen werden, wenn das Verfügungspatent ein erstinstanzliches Einspruchs- oder Nichtigkeitsverfahren überstanden hat (OLG Karlsruhe GRUR-RR 2015, 509 – Ausrüstungssatz; in Anlehnung an OLG Düsseldorf InstGE 9, 140 (146) = GRUR-RR 2008, 329 – Olanzapin; OLG Düsseldorf InstGE 12, 114 – Harnkatheterset).

Ist ein Einspruchsverfahren oder eine Nichtigkeitsklage anhängig, kommt es auf die große Wahrscheinlichkeit an, dass das Verfügungspatent sich als rechtsbeständig erweist (OLG Hamburg GRUR-RR 2002, 244 – Spannbacke). Für die erforderliche Beurteilung ist nicht auf die eigene Überzeugung des befassten Spruchkörpers hinsichtlich der Neuheit bzw. der erfinderischen Höhe der patentierten technischen Lehre abzustellen, sondern auf eine Prognose, in welcher Weise die technischen Prüfer des Europäischen Patentamts im Einspruchsverfahren bzw. die Richter des Bundespatentgerichts im Nichtigkeitsverfahren über die geltend gemachten Entgegenhaltungen entscheiden werden (OLG Hamburg GRUR-RR 2002, 244 2. Ls. – Spannbacke; ebenso: LG Hamburg GRUR 2002, 45 – Felodipin – für die Prognose des Ausgangs eines Vorlageverfahrens an den Europäischen Gerichtshof nach Art. 234 EG betreffend den Bestand eines Patentes bzw. eines ergänzenden Schutzzertifikats; aA OLG Düsseldorf Mitt. 2008, 327 Rn. 63 = GRUR-RR 2008, 329 (331) li.Sp. oben – Olanzapin: „Die Einschätzung der Rechtsbeständigkeit muss das Verletzungsgericht in eigener Verantwortung vornehmen".).

21. Antrag auf Erlass einer einstweiligen Verfügung wegen Patentverletzung   C. 21

Von einer ausreichend gesicherten Schutzfähigkeit des Verfügungspatents wird man in der Praxis regelmäßig ausgehen können, wenn dieses in einem Einspruchs- oder Nichtigkeitsverfahren „erhärtet" worden ist (vgl. OLG Karlsruhe GRUR-RR 2015, 509 – Ausrüstungssatz; zuvor: OLG Düsseldorf GRUR-RR 2011, 81 (82) li.Sp. – Gleitsattelscheibenbremse II; OLG Düsseldorf InstGE 12, 114 = Mitt. 2011, 193 Rn. 74 – Harnkatheterset; OLG Düsseldorf GRUR 2008, 1077 (Ls.) = GRUR-RR 2009, 157 = Mitt. 2008, 327 = InstGE 9, 140 (146) – Olanzapin I). Der Verletzte muss ferner zur Schutzfähigkeit des Verfügungspatents den Stand der Technik vortragen (vgl. zB OLG Düsseldorf Mitt. 1982, 230 (231) re.Sp.). Dazu ist es regelmäßig erforderlich, zum Anmelde- und zu weiteren das Patent betreffenden Verfahren im Einzelnen unter Überreichung des einschlägigen Standes der Technik vorzutragen und ggf. auf Einwendungen des als Verletzter Inanspruchgenommenen einzugehen.

Bestreitet allerdings der Verletzer im nachfolgenden Verfügungsverfahren den Rechtsbestand des geltend gemachten Patentes (oder auch Gebrauchsmusters) **nicht**, so ist dieser durch das Gericht als gegeben anzunehmen (vgl. LG Düsseldorf InstGE 5, 231 – Druckbogenstabilisierer).

b) Der Verletzungstatbestand muss zweifelsfrei und darüber hinaus so gelagert sein, dass er im summarischen Verfahren auch für Nichttechniker nachvollziehbar ist (OLG Düsseldorf GRUR 1983, 79 (80); OLG Karlsruhe GRUR-RR 2002, 278 – DVD-Player; OLG Karlsruhe GRUR 1988, 900 f. – Dutralene; LG Hamburg GRUR-RR 2002, 45 – Felodipin), insbesondere darf nicht ein Sachverständiger hinzugezogen werden müssen (OLG Düsseldorf GRUR-RR 2008, 329 – Olanzapin). Es genügt, dass der Verletzungstatbestand zwischen den Parteien unstreitig ist (OLG Düsseldorf GRUR-RR 2008, 329 – Olanzapin).

Regelmäßig kann im einstweiligen Verfügungsverfahren lediglich der Tatbestand einer wortsinngemäßen Verwirklichung geltend gemacht und beurteilt werden. Der Tatbestand einer äquivalenten Verletzung lässt sich in der Regel nicht mit dem erforderlich hohen Grad von Zuverlässigkeit feststellen (OLG Hamburg GRUR-RR 2002, 244 (245) li.Sp. – Spannbacke; OLG Frankfurt GRUR-RR 2003, 263 – mini Flexiprobe).

c) Die vorstehenden Gesichtspunkte betreffend die Liquidität des Verletzungstatbestandes und den Rechtsbestand des Verfügungspatents sind im Rahmen einer Abwägung der Interessenlage beider Parteien zu berücksichtigen. Darüber hinaus müssen jedoch des Weiteren Überlegungen dahingehend durchgeführt werden, wie groß das sachgerechte/ schützenswerte Interesse des Patentinhabers ist, seine Ausschließungsbefugnis durchzusetzen, zum anderen demgegenüber das Interesse des Antragsgegners (Beklagten) zu bewerten ist, ggf. in berechtigter wirtschaftlicher Betätigung nicht behindert zu werden. Zu den Abwägungskriterien vgl. *Meier-Beck* GRUR 1999 379 (382 ff.). Verwertet beispielsweise der Patentinhaber sein Patent ohnehin nur durch Lizenzvergabe oder beabsichtigt er gar nur in der Zukunft, es zu verwerten, so kann bei der Interessenabwägung zu seinem Nachteil eher in Ansatz gebracht werden, dass er eher auf eine Klärung im Hauptsacheverfahren und auf einen Ersatzanspruch zu verweisen ist als derjenige, dem es gerade auf die Ausnutzung seiner Monopolstellung ankommt (LG Düsseldorf GRUR 2000, 692 – NMR-Kontrastmittel). Die Tatsache, dass eine negative Feststellungsklage in einem Mitgliedstaat der EU mit „langsamer Gerichtsbarkeit" erhoben worden ist (sog. italienischer/belgischer Torpedo), kann für sich allein den für den Erlass einer einstweiligen Verfügung erforderlichen Verfügungsgrund nicht begründen (LG Düsseldorf GRUR 2000, 692 – NMR-Kontrastmittel; vgl. aber auch LG Düsseldorf GRUR Int. 1998, 803 – Kondensatorspeicherzellen – mit den kommentierenden Bemerkungen von *Meier-Beck* GRUR 1999, 379 (383 f.)). Weitere Abwägungskriterien sind im Zusammenhang mit → Anm. 31, 32 behandelt.

28. OLG Düsseldorf GRUR 1983, 79 (80) – AHF-Konzentrat; OLG Düsseldorf Mitt. 1996, 87 (88) – Captopril; LG Hamburg GRUR-RR 2002, 45 (47 f.) – Felodipin.

29. OLG Düsseldorf Mitt. 1982, 230 (231) re.Sp. In jüngerer Zeit findet sich häufig auch die Formulierung, dass von einem ausreichenden Rechtsbestand des Verfügungspatents dann auszugehen ist, wenn im Falle des Anhängigseins einer Hauptklage das befasste Gericht keinen Anlass sehen würde, den Verletzungsprozess auszusetzen (OLG Düsseldorf Mitt. 1996, 87 (88) – Captopril; LG Düsseldorf InstGE 5, 231 – Druckbogenstabilisierer). Ist kein Einspruchs- oder Nichtigkeitsverfahren anhängig, ist das befasste Gericht gehindert, überhaupt den Rechtsbestand im Rahmen einer vorzunehmenden Interessenabwägung zu behandeln (OLG Düsseldorf Mitt. 2007, 504 – Kleinleistungsschalter). Davon kann nur dann eine Ausnahme gelten, wenn es dem Antragsgegner nicht zumutbar ist, den Rechtsbestand des Verfügungspatents bis zu dem für die Entscheidung über das Verfügungsbegehren maßgeblichen Zeitpunkt mit einem Einspruch oder einer Nichtigkeitsklage anzugreifen (OLG Düsseldorf Mitt. 2007, 504 – Kleinleistungsschalter). Noch großzügiger: OLG Düsseldorf Mitt. 2008, 327 = GRUR-RR 2008, 329 (331) – Olanzapin: Die Rechtsbeständigkeit des Antragsschutzrechtes muss hinlänglich gesichert sein, wobei die Einschätzung durch das Verletzungsgericht in eigener Verantwortung vorzunehmen ist. Im Streitfall hat das Oberlandesgericht eine ausreichende Rechtsbeständigkeit des Verfügungspatents anerkannt, obgleich dieses im Nichtigkeitsverfahren durch das Bundespatentgericht in erster Instanz wegen vermeintlich fehlender erfinderischer Tätigkeit für nichtig erklärt worden war (dazu *Lenz* GRUR 2008, 1042). Allerdings gibt es auch durchaus restriktivere Entscheidungen insbesondere des OLG Düsseldorf (→ Anm. 27).

30. Es handelt sich dabei nicht um ein notwendiges, jedoch hilfreiches Abwägungskriterium (vgl. LG Düsseldorf Mitt. 1995, 190 – Schließfolgeregler – für den Fall der gleichen angegriffenen Ausführungsform).

31. Ein bestehendes Wettbewerbsverhältnis, hohe Entwicklungskosten des Patentinhabers, ersparte eigene Entwicklungskosten des Nachahmers sowie daraus fließende Preisunterbietungen sind Gründe, die sich in Form erheblicher Nachteile für den Patentinhaber niederschlagen und dementsprechend für den Erlass einer einstweiligen Verfügung in besonderer Weise sprechen (vgl. dazu auch *Meier-Beck* GRUR 1999, 379 (383)).

32. Im Formular sind die wesentlichen Gründe für den Erlass einer einstweiligen Verfügung aufgezählt, nämlich betreffend Vorhandensein eines „gesicherten" Patentverletzungstatbestandes sowie eine ausreichend gesicherte Schutzfähigkeit des Verfügungspatents und schließlich für die Abwägung der beiderseitigen Interessen der Parteien; weitere Gründe sind bei *Meier-Beck* GRUR 1999, 379 (382 f.) aufgeführt. So kommt insbesondere der Erlass einer einstweiligen Verfügung in Betracht, wenn der Antragsteller in angemessener Zeit in einem Hauptklageverfahren nicht zum Erfolg kommen kann. Häufiger vorkommendes Beispiel in der Praxis ist, dass der Verletzer eines europäischen Patentes in Ausnutzung des Art. 27 VO (EG) Nr. 44/2001 (dazu und zur sog. Torpedo-Problematik → Form. C.2 Anm. 1) in einem ausländischen Gerichtsstand eine negative Feststellungsklage erhoben hat, die für eine erhebliche Zeit einen deutschen Patentverletzungshauptklageprozess blockiert (vgl. *Meier-Beck* GRUR 1999, 379 (383 f.)).

Der Erlass einer einstweiligen Verfügung kommt beispielsweise nicht in Betracht, wenn Zweifel betreffend den Schutzumfang des Verfügungspatents bestehen, etwa wenn das Verfügungspatent im Erteilungsverfahren beschränkt worden ist und die Möglichkeit besteht, dass die angegriffene Ausführungsform im Bereich der Beschränkung liegt (OLG Frankfurt GRUR 1988, 686 – Dialysegerät).

Aufschluss- und lehrreich ist die Entscheidung des LG Hamburg GRUR-RR 2002, 45 – Felodipin, insbesondere auch zu den Gesichtspunkten der Abwägung der sich gegenüberstehenden Interessen der Parteien im Rahmen der §§ 935, 940 ZPO (LG Hamburg GRUR-RR 2002, 45 (47 f.)).

21. Antrag auf Erlass einer einstweiligen Verfügung wegen Patentverletzung   **C. 21**

33. Zu Einzelheiten des Anspruchs auf Drittauskunft gemäß § 140b PatG → Anm. 13–16. Für diesen Anspruch hat der Gesetzgeber in Fällen „offensichtlicher Rechtsverletzungen" ausdrücklich den Weg der einstweiligen Verfügung eröffnet. Dennoch muss zur Frage der Dringlichkeit vorgetragen werden (→ Anm. 14; *Eichmann* GRUR 1990, 575 (586)), die ebenfalls insbesondere nicht analog § 12 Abs. 2 UWG vermutet wird (→ Anm. 1). § 140b Abs. 7 PatG ändert die frühere Gesetzeslage jedoch insoweit, als für die schon endgültige Befriedigung des Gläubigers des Auskunftsanspruchs das einstweilige Verfügungsverfahren vorgesehen wird. Zur Frage der offensichtlichen Rechtsverletzung vgl. die Beispiele OLG Braunschweig GRUR 1993, 669 – Stoffmuster – verneinend für ein Geschmacksmuster; OLG Düsseldorf GRUR 1993, 818 – Mehrfachkleiderbügel – bejahend für ein Patent und ein – paralleles – Gebrauchsmuster; vgl. auch OLG Frankfurt GRUR 2002, 236 (238) li.Sp. unten – Eilbedürfnis in Patentsachen.

34. Wie auch sonst in patentrechtlichen Streitigkeiten ist es dringend zu empfehlen, die Hilfe eines Patentanwalts in Anspruch zu nehmen. Die Kosten der Mitwirkung des Patentanwalts sind in gleicher Höhe wie die Gebühren des Rechtsanwalts erstattungsfähig (§ 143 Abs. 3 PatG).

35. Die Zustellung der einstweiligen Verfügung erfolgt zum Zwecke der Vollziehung im Parteibetrieb (BGHZ 120, 79 (86) = GRUR 1993, 415 (416) – Straßenverengung – mwN zum Meinungsstand; aA OLG Stuttgart WRP 1997, 350 (352 f.)). Aus Vorsichtsgründen ist vorzusehen, dass der einstweiligen Verfügung auch die Anlagen beigefügt und diese sodann mit zugestellt werden. Ist eine Anlage nicht ohne weiteres kopierfähig (zB weil ein Verletzungsbeispiel, ein Muster oder ein Modell zu den Gerichtsakten überreicht wurde), ist hier zu formulieren:

„Bei Anordnung der Zustellung der einstweiligen Verfügung mit Anlagen richten wir an das Gericht die Bitte, die Anlage . . . . . . von dem Zustellungsgebot auszunehmen, weil sie nicht kopierbar ist."

Zur Wahrung der Vollziehungsfrist (§ 929 Abs. 2 ZPO) genügt in analoger Anwendung von §§ 207 Abs. 1, 270 Abs. 3 ZPO, dass der Antrag auf Zustellung im Parteibetrieb vor Fristablauf bei der Gerichtsvollzieherverteilerstelle eingeht und die Zustellung anschließend „demnächst" erfolgt (OLG Düsseldorf InstGE 1, 255 – Vollziehungsfrist).

Kosten und Gebühren

36. Siehe die Ausführungen zu → Form. A.4. Die Besonderheiten des Patentverletzungsprozesses sind zu beachten, → Form. C.5 Anm. 71.

Fristen

37. Keine. Jedoch sind die Besonderheiten der für einen Antrag auf Erlass einer einstweiligen Verfügung erforderlichen Dringlichkeit zu beachten.

Zu den Tatbeständen, dass die einstweilige Verfügung ohne mündliche Verhandlung oder nach mündlicher Verhandlung erlassen/nicht erlassen wird und die sich sodann ergebenden Fristen und Rechtsmittel → Form. A.4 Anm. 23.

22. Antrag im selbstständigen Beweisverfahren und einstweiligen Verfügungsverfahren

Landgericht
Zivilkammer (Patentkammer)[1, 2]
......

     Antrag im selbstständigen Beweisverfahren
     und einstweiligen Verfügungsverfahren

der Firma A ......[3]

                       – Antragstellerin –

Verfahrensbevollmächtigter: RA ......[4]

        gegen

die Firma B ......[5]

                        – Antragsgegnerin –

Zustelladresse für Antragsgegnerin:
Messe Düsseldorf, Stockumer Kirchstraße 160, 40474 Düsseldorf, Halle 15, Stand D 16[6]
wegen: Beweisanordnung wegen Patentverletzung
Streitwert: (vorläufig geschätzt) ...... EUR[7]

Namens und in Vollmacht der Antragstellerin beantrage ich, eine Besichtigung im selbstständigen Beweisverfahren anzuordnen sowie eine einstweilige Verfügung ohne mündliche Verhandlung durch Beschluss zu erlassen[8]

Als Tenor für die Beschlussfassung rege ich an:

I. Auf Antrag der Antragstellerin wird, da ein Rechtsstreit noch nicht anhängig ist und die Antragstellerin ein rechtliches Interesse daran hat, dass der Zustand einer Sache festgestellt wird, die Durchführung des selbstständigen Beweisverfahrens gemäß §§ 485 ff. ZPO angeordnet.[9]

II. 1. Es soll durch Einholung eines Sachverständigengutachtens Beweis darüber erhoben werden,[10] ob die auf der Messe ...... in Halle ......, Stand ......, ausgestellte Vorrichtung die Merkmale des Anspruchs 1 des deutschen Patentes ...... (bzw. des europäischen Patentes ......) verwirklicht, die wie folgt lauten: Vorrichtung zum Abscheiden von Sand aus mit Sand und organischen Stoffen belastetem Abwasser bestehend aus
(1) einem stehenden Behälter,
(2) mit einem Überlauf für das mit organischen Stoffen belastete Abwasser,
(3) mit einem an eine untere Austragsöffnung des Behälters angeschlossenen Austragsförderer,
(4) wobei der Behälter ein sich bis in den Bodenbereich erstreckendes Rührwerk aufweist,
(5) und im Bodenbereich sich eine Frischwasserzufuhr befindet,

(6) und für den Antrieb des Austragsförderers eine Steuereinrichtung vorgesehen ist, die den Antrieb des Austragsförderers in Abhängigkeit von der Absetzhöhe des Sandes im Behälter steuert.
2. Zum Sachverständigen[11] wird
Herr Prof. Dr. XY ......
Tel.: ......
Fax: ......
Email: ......
bestellt.
3. Dem Sachverständigen wird im Interesse der Wahrung etwaiger Betriebsgeheimnisse der Antragsgegnerin, die bei seiner Gutachtertätigkeit zu Tage treten können, aufgegeben, jeden unmittelbaren Kontakt mit der Antragstellerin zu vermeiden und notwendige Korrespondenz entweder über das Gericht oder mit den anwaltlichen Vertretern der Antragstellerin zu führen. Der Sachverständige wird darüber hinaus auch gegenüber Dritten zur Verschwiegenheit verpflichtet.[12]
4. Die Begutachtung soll – wegen besonderer Eilbedürftigkeit – ohne vorherige Ladung und Anhörung der Antragsgegnerin erfolgen.[13]

III. Im Wege der einstweiligen Verfügung[14] werden darüber hinaus folgende weitere Anordnungen getroffen:
1. Neben dem Sachverständigen hat die Antragsgegnerin folgenden anwaltlichen Vertretern der Antragstellerin die Anwesenheit während der Begutachtung zu gestatten:[15]
– Rechtsanwalt ......
– Patentanwalt ......
2. Rechtsanwalt ...... und Patentanwalt ...... werden verpflichtet, Tatsachen, die im Zuge des selbständigen Beweisverfahrens zu ihrer Kenntnis gelangen und den Geschäftsbetrieb der Antragsgegnerin betreffen, geheim zu halten, insbesondere auch gegenüber der Antragstellerin und deren Mitarbeitern.[16]
3. Der Antragsgegnerin wird – mit sofortiger Wirkung und für die Dauer der Begutachtung – untersagt, ohne Zustimmung der Antragstellerin und/oder des Sachverständigen Änderungen an der vorstehend zu I. 1. bezeichneten Vorrichtung vorzunehmen, insbesondere an dem Bedienpult einstellbare Verfahrensparameter gegenüber demjenigen Zustand abzuändern, in dem die Vorrichtung gegenüber dem Messepublikum vorgeführt wird.[17]
4. Für jeden Fall der Zuwiderhandlung gegen das unter III. 3. bezeichnete Verbot wird der Antragsgegnerin ein Ordnungsgeld bis zu 250.000,00 EUR, ersatzweise Ordnungshaft oder Ordnungshaft bis zu 6 Monaten angedroht, wobei die Ordnungshaft an dem jeweiligen Geschäftsführer der Antragsgegnerin zu vollstrecken ist.[18]
5. Die Antragsgegnerin hat es zu dulden, dass der Sachverständige sowie die zur Teilnahme berechtigten Anwälte die zu begutachtende Vorrichtung in Augenschein nehmen und dass der Sachverständige, sofern er dies für geboten hält, Verblendungen bzw. Abdeckungen entfernt, um den inneren Aufbau der einzelnen Einheiten einsehen zu können und/oder die Vorrichtung im laufenden Betrieb untersucht. Dabei soll eine Besichtigung und Untersuchung der Vorrichtung unter Einbezug der an der Vorrichtung eingestellten sowie an der Steuerung der Maschine einstellbaren Verfahrensparameter, welche die Arbeitsweise der Maschine beeinflussen können, vorgenommen werden. Die Antragsgegnerin hat es ferner zu dulden, dass der Sachverständige Fotografien/bewegliche Bildfolgen von der zu begutachtenden Vorrichtung anfertigt[19]
6. Die Antragsgegnerin wird verpflichtet, auf Anforderung des Sachverständigen die zu begutachtende Vorrichtung in Betrieb zu setzen, so dass der Sachverständige die Arbeitsweise und Steuerungsmöglichkeiten erkennen kann.[19]

7. Der Sachverständige hat – für den Fall, dass einer der unter Ziffer III. 1. genannten anwaltlichen Vertreter der Antragstellerin der Begutachtung beiwohnt – die Antragsgegnerin vor der Begutachtung auf die Möglichkeit hinzuweisen, innerhalb von . . . . . . Stunden auch ihrerseits einen rechts- und/oder patentanwaltlichen Vertreter hinzuzuziehen und – für den Fall, dass die Antragsgegnerin von dieser Möglichkeit Gebrauch macht – mit dem Beginn der Begutachtung um den vorstehend bezeichneten Zeitraum zu warten.[20]
8. Nach Vorlage des schriftlichen Gutachtens wird die Antragsgegnerin Gelegenheit erhalten, zu etwaigen Geheimhaltungsinteressen, die auf ihrer Seite bestehen, Stellung zu nehmen. Die Kammer wird alsdann darüber entscheiden, ob der Antragstellerin das Gutachten zur Kenntnis gebracht wird.[21]

IV. Die Durchführung des selbständigen Beweisverfahrens ist davon abhängig, dass die Antragstellerin vorab einen Auslagenvorschuss in Höhe von . . . . . . EUR bei der Gerichtskasse in . . . . . . einzahlt.

V. Der Wert des Streitgegenstandes für das selbständige Beweisverfahren wird auf . . . . . . EUR festgesetzt, derjenige für das einstweilige Verfügungsverfahren auf . . . . . . EUR.

VI. Die Kosten des einstweiligen Verfügungsverfahrens trägt die Antragsgegnerin.[22]

Begründung

I.

1. Die Antragstellerin ist alleinige, ausschließlich verfügungsberechtigte und eingetragene Inhaberin des Patentes DE . . . . . . betreffend eine Vorrichtung zum Abscheiden von Sand aus mit Sand und organischen Stoffen belastetem Abwasser. Die zugrunde liegende Anmeldung erfolgte am . . . . . . und wurde am . . . . . . bekannt gemacht. Die Veröffentlichung der Patenterteilung im Patentblatt erfolgte am . . . . . . Das DE . . . . . ., dessen Schrift ich als

Anlage Ast 1

– für die Mitglieder der angerufenen Kammer in drei Exemplaren – überreiche, steht in Kraft.

Glaubhaftmachung:[23] Onlineauszug des Deutschen Patent- und Markenamts, überreicht als

Anlage Ast 2.

2. Anspruch 1 des Patentes bezieht sich auf einen so genannten Sandabscheider, nämlich . . . . . .[24] (Ausführungen vergleichbar wie zu I. 2. im Textbeispiel des → Form. C.5).

3. Bei der Antragsgegnerin handelt es sich um ein ausländisches Unternehmen aus . . . . . . Diese stellt auf der Messe . . . . . . in Düsseldorf in der Zeit vom . . . . . . bis . . . . . . eine von Anspruch 1 in vorstehend bezeichnetem Umfang wortsinngemäß Gebrauch machende Vorrichtung zum Abscheiden von Sand aus mit Sand und organischen Stoffen belastetem Abwasser aus. Dass der Tatbestand einer Patentverletzung gegeben ist, der nunmehr anhand der zurzeit kurzfristig ausgestellten Vorrichtung der Antragsgegnerin festgestellt werden soll, ergibt sich aus folgendem: . . . . . .[25] (Ausführungen vergleichbar wie zu I. 3. im Textbeispiel des → Form. C.5). Zum Zwecke der Glaubhaftmachung des Patentverletzungstatbestandes überreiche ich als

Anlage Ast 3[23]

die eidesstattliche Versicherung des Zeugen . . . . . .

Da es sich bei der Antragsgegnerin um einen ausländischen Wettbewerber handelt, der allerdings im Bereich der Bundesrepublik Deutschland patentverletzende Erzeugnisse anbietet, ist es für die Antragstellerin naturgemäß erschwert, verwertbare Beweisergebnisse betreffend den Patentverletzungstatbestand im Bereich der Bundesrepublik

Deutschland zu erlangen. Auf der Messe . . . . . ., auf der die Antragsgegnerin ihr patentverletzendes Erzeugnis ausstellt,

Glaubhaftmachung:[23] . . . . . . Anlage Ast 4 . . . . . .

besteht Fotografierverbot.

Glaubhaftmachung:[23] . . . . . . Anlage Ast 5 . . . . . .

Infolgedessen ist es für die Antragstellerin nicht möglich, Video- oder sonstige Filmaufnahmen vom Verletzungsgegenstand zu machen, um diese sodann in einem Patentverletzungsprozess zu verwerten. Des Weiteren zeigt die praktische Erfahrung, dass es durchaus Schwierigkeiten bereitet, beweismäßige Feststellungen durch Beobachtungen von Zeugen treffen zu lassen. Das gilt auch dann, wenn die Zeugen sodann ihre Beobachtungen in unverzüglich angefertigten und von ihnen unterzeichneten Protokollen niederlegen. Insoweit kommt es immer wieder vor und wird durch die praktische Erfahrung des Unterzeichners bestätigt, dass dann, wenn – oft nach relativ geraumer Zeit – tatsächlich eine Beweisaufnahme über den Tatbestand der Patentverletzung stattfindet, es dem wegen Patentverletzung Inanspruchgenommenen gelingt, seinerseits Zeugen aufzubieten, die sodann vor Gericht gegenteilige Bekundungen zu den Zeugen der Antragstellerin machen. Damit entsteht ein non liquet und die Antragstellerin muss beweisfällig bleiben.

4. Im Streitfall können die notwendigen beweismäßigen Feststellungen durch einen Sachverständigen unschwer getroffen werden. Der Sachverständige braucht nur die Verletzungsform in Augenschein zu nehmen und diese sodann festzuhalten, beispielsweise in Form von Film- oder Fotoaufnahmen.

5. Aus dem vorstehenden Sachvortrag sowie insbesondere der Glaubhaftmachung gemäß Anlage Ast 2 ergibt sich zugleich auch der Tatbestand der Ausstellung der streitgegenständlichen Vorrichtung der Antragsgegnerin im Gerichtsbezirk des angerufenen Gerichts, so dass dessen Zuständigkeit nach Maßgabe des § 486 Abs. 2 S. 1 ZPO glaubhaft gemacht ist.[26]

6. Der diesseitige Vorschlag der Bestellung des Sachverständigen nach Maßgabe des Antrags I. 3. bezieht sich auf einen Fachmann, der über ausreichende Sachkunde im Bereich der Abwassertechnik und zugehörigem Apparatebau verfügt. Ausweislich der als
Anlage Ast 6
überreichten Unterlage ist Herr Prof. Dr. . . . . Fachmann auf dem hier interessierenden Gebiet. Herr Prof. Dr. . . . . steht auch für eine sofortige Begutachtung zur Verfügung.

7. Soweit im Antrag zu III. 1. und 2. Personen aufgeführt sind, die – neben dem zu bestellenden Sachverständigen – während der Untersuchung anwesend sein sollen, handelt es sich um „Hilfspersonen", nämlich um den Verfahrensbevollmächtigten der Antragstellerin, ferner um Herrn Patentanwalt . . . . . ., dessen Sachkunde im Zusammenhang mit der Sachverständigenbegutachtung aufseiten der Antragstellerin für erforderlich gehalten wird.[27]

8. Wir regen ferner an,
die Antragsgegnerin vor der Entscheidung über die diesseitigen Anträge durch Beschluss nicht anzuhören, insbesondere nicht eine mündliche Verhandlung anzuberaumen.[28]
Eine vorherige Anhörung sowie erst recht die Anberaumung einer mündlichen Verhandlung könnten seitens der Antragsgegnerin genutzt werden, die zu besichtigende Vorrichtung beiseite zu schaffen oder sie zumindest in einer solchen Weise abzuändern, dass der geltend gemachte Patentverletzungstatbestand nicht mehr festgestellt werden könnte. Im Übrigen mag ihr – wie diesseits im vorgeschlagenen Tenor zu III. 7. vorgesehen – die Möglichkeit eingeräumt werden, ihrerseits rechts- oder patent-

anwaltliche Hilfe in Anspruch zu nehmen. Wir schlagen vor, einen Zeitraum von 2 Stunden vorzusehen, um dies der Antragsgegnerin zu ermöglichen.

9. Einem etwaigen Geheimhaltungsinteresse der Antragsgegnerin wird dadurch Rechnung getragen, dass in dem vorgeschlagenen Tenor die Bestimmungen zu II. 3. und III. 8. vorgesehen sind. Dadurch ist gewährleistet, dass ohne vorherige zusätzliche Entscheidung der Kammer das Gutachten des Sachverständigen nicht an die Antragstellerin ausgehändigt oder ihr auch sonst nicht bekannt wird.[29]
Im Übrigen ist die Antragsgegnerin bei den beweismäßigen Feststellungen ohnehin zugegen, da diese auf einem Messestand der Antragsgegnerin zu treffen sind (§ 491 ZPO).

II.

Das diesseitige Begehren wird wie folgt begründet:

1. Der Anspruch der Antragstellerin auf Einleitung und Durchführung des selbständigen Beweisverfahrens im Zusammenhang mit der von ihr gegenüber der Antragsgegnerin geltend gemachten Patentverletzung ergibt sich aus § 140c Abs. 1 S. 1 PatG. Es ist hinreichend wahrscheinlich, dass seitens der Antragsgegnerin von der Lehre des Anspruchs 1 des Patentes . . . . . . ohne Zustimmung der Antragstellerin und damit rechtswidrig Gebrauch gemacht wird. Dazu wird auf die Ausführungen zu vorstehend I. 1. bis 3. zur Vermeidung von Wiederholungen verwiesen. Die Antragstellerin kann sich allerdings letzte Gewissheit über den Tatbestand der Patentverletzung nur durch die diesseits beantragten beweismäßigen Feststellungen verschaffen. Infolgedessen ist zum einen entsprechend der Bestimmung des § 140c Abs. 1 S. 1 PatG hinreichend wahrscheinlich, dass seitens der Antragsgegnerin von einer zu Gunsten der Antragstellerin patentierten Erfindung Gebrauch gemacht wird, so dass zum anderen seitens der Antragstellerin gegenüber der Antragsgegnerin ein Anspruch auf Besichtigung der patentverletzenden Vorrichtung, die sich in der Verfügungsgewalt der Antragsgegnerin befindet, geltend gemacht werden kann. Dies ist insbesondere zur Begründung von Patentverletzungsansprüchen zu Gunsten der Antragstellerin gegen die Antragsgegnerin erforderlich.

2. Die Durchführung des Besichtigungsanspruchs gemäß § 140c Abs. 1 S. 1 PatG erfordert zugleich auch diejenigen Maßnahmen/Anordnungen, die entsprechend dem Entwurf des Tenors zu III. vorgesehen sind. Diese Anordnungen beziehen sich zum einen auf die notwendige Duldung der Besichtigung durch die Antragsgegnerin, und zwar durch den diesseits benannten Sachverständigen sowie auch die Teilnahme der zur Unterstützung des Sachverständigen und zur Wahrung der Rechte der Antragstellerin notwendigen anwaltlichen Personen. Zum anderen dienen die Anordnungen im vorgeschlagenen Tenor zu III insbesondere auch dazu, dass die Antragsgegnerin es unterlässt, Veränderungen an dem zu besichtigenden Gegenstand vorzunehmen.

III.

Ich zeige an, dass die Antragstellerin neben ihrem Verfahrensbevollmächtigten

Herrn Patentanwalt[30]

. . . . . .

zur Mitwirkung in diesem Verfahren bestellt hat.[31, 32, 33]

Rechtsanwalt

Schrifttum: *Battenstein,* Instrumente zur Informationsbeschaffung im Vorfeld von Patent- und Urheberrechtsverletzungsverfahren, 2006; *Bork,* Effiziente Beweissicherung für den Urheberrechtsverletzungsprozess – Dargestellt am Beispiel raubkopierter Computerprogramme, NJW 1997, 1665;

22. Antrag im selbstst. Beweisverfahren und einstw. Verfügungsverfahren C. 22

Dörre-Maaßen, Das Gesetz zur Verbesserung der Durchsetzung von Rechten des geistigen Eigentums, GRUR-RR 2008, 217; *Eck/Dombrowski,* Rechtsschutz gegen Besichtigungsverfügungen im Patentrecht, GRUR 2008, 387; *C. Götz,* Tatsachen- und Informationsbeschaffung im Immaterialgüterrechtsprozess, 2012; *Grabinski,* Die Zwangsvollstreckung der Duldungsverfügung im patentrechtlichen Besichtigungsverfahren, FS Mes, 2009, 129; *Guiadek,* Die Beweisermittlung im gewerblichen Rechtsschutz und Urheberrecht, 2011; *Harte-Bavendamm,* Der Richtlinienvorschlag zur Durchsetzung der Rechte des geistigen Eigentums, FS Tilmann, 2003, 793; *Ibbeken,* Das TRIPS-Übereinkommen und die vorgerichtliche Beweishilfe im gewerblichen Rechtsschutz, 2004; *Kather/Fitzner,* Der Patentinhaber, der Besichtigte, der Gutachter und sein Gutachten, Mitt. 2010, 325; *Köklö/Müller-Stoy,* Zum Dringlichkeitserfordernis in Besichtungsverfahren. Ein rheinisches Duell, Mitt. 2011, 109; *König,* Die Beweisnot des Klägers und der Besichtigungsanspruch nach § 809 BGB bei Patent- und Gebrauchsmusterverletzungen, Mitt. 2002, 153; *Kreye,* Der Besichtigungsanspruch nach § 140c PatG im Spannungsfeld von Informations- und Geheimhaltungsinteressen, FS von Meibom, 2010, 241; *U. Krieger,* Durchsetzung gewerblicher Schutzrechte in Deutschland und die TRIPS-Standards, GRUR Int. 1997, 421; *Kühnen,* Die Besichtigung im Patentrecht. Eine Bestandsaufnahme 2 Jahre nach „Faxkarte", GRUR 2005, 185; *Kühnen,* Update zum Düsseldorfer Besichtigungsverfahren, Mitt. 2009, 211; *Melullis,* Zum Besichtigungsanspruch im Vorfeld der Feststellung einer Verletzung von Schutzrechten, FS Tilmann, 2003, 843; *Mes,* Si tacuisses. – Zur Darlegungs- und Beweislast im Prozess des gewerblichen Rechtsschutzes, GRUR 2000, 934; *Müller-Stoy,* Der Besichtigungsanspruch gemäß § 140c PatG in der Praxis; Teil 1: Voraussetzungen und Reichweite des Anspruchs, Mitt. 2009, 361; Teil 2: Der Schutz der Interessen des Anspruchsgegners, Mitt. 2010, 267; *Müller-Stoy,* Durchsetzung des Besichtigungsanspruchs. Kritische Überlegungen zu OLG München, GRUR-RR 2009, 191 – Laser-Hybrid-Schweißverfahren, GRUR-RR 2009, 161; *Rauschhofer,* Quellcodebesichtigung im Eilverfahren – Softwarebesichtigung nach § 809 BGB, GRUR-RR 2006, 249; *Stjerna,* Das Dringlichkeitserfordernis im Besichtigungsverfahren, Mitt. 2011, 271; *Tilmann/Schreibauer,* Die neueste BGH-Rechtsprechung zum Besichtigungsanspruch nach § 809 BGB/Anmerkungen zum Urteil des BGH „Faxkarte", GRUR 2002, 1015; *Werner,* Beweissicherung bei Schutzrechtsverletzungen in Belgien, Frankreich und Deutschland, VPP 2003, 76.

Anmerkungen

1. §§ 139 ff. PatG sind durch das Gesetz zur Verbesserung der Durchsetzung von Rechten des geistigen Eigentums vom 7.7.2008 mit Wirkung zum 1.9.2008 neu gefasst. § 140c Abs. 1 PatG enthält nunmehr einen Anspruch auf Vorlage einer Urkunde oder Besichtigung einer Sache oder eines Verfahrens. Besteht eine hinreichende Wahrscheinlichkeit, dass ein Dritter ohne Zustimmung des Patentinhabers entgegen den §§ 9–13 PatG eine patentierte Erfindung benutzt, so kann er von dem Rechtsinhaber oder einem anderen Berechtigten auf Vorlage einer Urkunde oder Besichtigung einer Sache, die sich in seiner Verfügungsgewalt befindet, oder eines Verfahrens, das Gegenstand des Patentes ist, in Anspruch genommen werden. Voraussetzung ist, dass dies zur Begründung von Ansprüchen des Patentinhabers erforderlich ist. Gemäß § 140c Abs. 1 S. 3 PatG muss dann, sofern der vermeintliche Verletzer geltend macht, dass es sich um vertrauliche Informationen handelt, das Gericht die erforderlichen Maßnahmen treffen, um den im Ernstfall gebotenen Schutz zu gewährleisten. § 140c Abs. 1 S. 2 PatG ergänzt das bestehende Instrumentarium dahingehend, dass dann, wenn die hinreichende Wahrscheinlichkeit einer im gewerblichen Ausmaß begangenen Patentverletzung gegeben ist, sich der Anspruch auch auf die Vorlage von Bank-, Finanz- oder Handelsunterlagen erstreckt. § 140c Abs. 2 PatG schließt den Anspruch in Abs. 1 aus, wenn die Inanspruchnahme im Einzelfall unverhältnismäßig ist. § 140c Abs. 3 PatG bestimmt, dass die Verpflichtung zur Duldung der Besichtigung einer Sache (wie auch zur Vorlage einer Urkunde) im Wege der einstweiligen Verfügung nach den §§ 935–945 ZPO angeordnet werden kann. Die Bestimmung ordnet des Weiteren in Satz 2 an, dass das Gericht die erforderlichen Maßnahmen trifft, um den Schutz vertraulicher Informationen zu gewährleisten. Nach Maßgabe des § 140c Abs. 3 S. 3 PatG gilt dies insbesondere in den Fällen, in denen die einstweilige Verfügung ohne vorherige Anhörung des Gegners erlassen wird.

Das Textbeispiel beruht auf § 140c Abs. 1–3 PatG. Diese entsprechen schon seit längerem einer ständigen Düsseldorfer Praxis, wie sie dem – zwischenzeitlich abgewandelten – Textbeispiel nach Maßgabe des → Form. C.22 der Vorauflage zugrunde liegt. Zur Entwicklung der Besichtigungsanordnung vgl. die Vorauflage, → Form. C.22 Anm. 1–3.

2. Die örtliche und sachliche Zuständigkeit richtet sich nach § 486 ZPO. Ist ein Rechtsstreit anhängig, so ist das selbstständige Beweisverfahren beim Prozessgericht zu beantragen (§ 486 Abs. 1 ZPO). Ist ein Rechtsstreit noch nicht anhängig, so ist der Antrag bei dem Gericht zu stellen, das nach dem Vortrag des Antragstellers zur Entscheidung in der Hauptsache berufen wäre (§ 486 Abs. 2 S. 1 ZPO). Handelt es sich um die Vorbereitung eines Patentverletzungsprozesses, sind die Landgerichte ausschließlich sachlich zuständig (§ 143 Abs. 1 PatG), und zwar jeweils in funktioneller Zuständigkeit die Zivilkammern. Zu Einzelheiten der sachlichen und örtlichen Zuständigkeit der Patentverletzungsgerichte → Form. C.5 Anm. 1, 2.

3. Die Aktivlegitimation im selbstständigen Beweisverfahren entspricht derjenigen eines Patentverletzungsprozesses. Dazu → Form. C.5 Anm. 3.

4. Der Antrag auf Erlass einer einstweiligen Verfügung kann vor der Geschäftsstelle (einer Kammer des Landgerichts) zu Protokoll erklärt werden (§§ 920 Abs. 3, 936 ZPO). Infolgedessen bedarf es zur Einreichung eines Antrags auf Erlass einer einstweiligen Verfügung keiner anwaltlichen Vertretung (§§ 78 Abs. 3, 79 Abs. 1 S. 1 ZPO). Diese Freistellung vom Anwaltszwang gilt nur für den Antrag selbst, nicht jedoch für das weitere Verfahren. Infolgedessen ist regelmäßig die Vertretung durch einen Rechtsanwalt erforderlich. Die vorstehenden Bemerkungen gelten auch für das selbstständige Beweissicherungsverfahren, das ebenso wie das Verfahren auf Erlass einer einstweiligen Verfügung gemäß § 486 Abs. 4 ZPO durch einen Antrag vor der Geschäftsstelle zu Protokoll (der Zivilkammer eines Landgerichts) erklärt werden kann. Diese Freistellung vom Anwaltszwang gilt nur für die Verfahrenseinleitung, nicht für die Fortsetzung des Verfahrens (vgl. OLG Koblenz Mitt. 2013, 99 (Ls.) – Anwaltszwang in Beweissicherungsverfahren).

5. Ebenso wie bei einem Patentverletzungsprozess ist der Antrag gegen den Patentverletzer zu richten. Einzelheiten dazu in → Form. C.5 Anm. 5. Die richtige Bezeichnung des Antragsgegners ist im Übrigen gemäß § 487 Nr. 1 ZPO erforderlich.

6. Handelt es sich, wie im Textbeispiel, um einen ausländischen/auswärtigen Patentverletzer, ist es ratsam, die Messe-Zustelladresse, sofern vorhanden, anzugeben.

7. Der Streitwert des selbstständigen Beweisverfahrens entspricht dem Wert der Hauptsache (BGH NJW 2004, 3488 (3489 f.); *Mes* PatG § 140c Rn. 41). Derjenige des einstweiligen Verfügungsverfahrens beträgt ca. $^1/_5$ des Werts des Beweissicherungsverfahrens (vgl. *Mes* PatG § 140c Rn. 41).

8. Die Entscheidung über den Antrag durch Beschluss ist zwingend, soweit die Anordnung des selbstständigen Beweisverfahrens in Rede steht (§ 490 Abs. 1 ZPO). Wird antragsgemäß entschieden, sind die Tatsachen, über die der Beweis zu erheben ist, und die Beweismittel unter Benennung der zu vernehmenden Zeugen und Sachverständigen zu bezeichnen (§ 490 Abs. 2 S. 1 ZPO). Dem dient der nachfolgende Aufbau der Anträge, der schon nach Art eines „Beschlusstenors" formuliert ist. Der den Beweis anordnende Beschluss ist nicht anfechtbar (§ 490 Abs. 2 S. 2 ZPO). Zugleich enthält das Textbeispiel einen Antrag auf Erlass einer einstweiligen Verfügung. Hier **kann** das befasste Gericht durch Beschluss ohne mündliche Verhandlung die beantragte einstweilige Verfügung erlassen.

9. Anordnung des selbstständigen Beweisverfahrens gemäß §§ 485 ff. ZPO.

10. Der Formulierungsvorschlag ist an den Wortlaut des § 485 Abs. 2 S. 1 Nr. 1 ZPO angelehnt, wonach der Zustand einer Sache festgestellt werden kann. § 140c Abs. 1 S. 2 PatG enthält die Formulierung, dass der Patentinhaber einen Anspruch auf „Besichtigung einer Sache" oder „eines Verfahrens, das Gegenstand des Patents ist" hat. Feststellung des Zustands oder Besichtigung einer Sache erfordert ggf. auch einen Eingriff in die Substanz, zB den Ausbau und Wiedereinbau von Teilen einer Vorrichtung (BGH GRUR 2013, 316 Rn. 26 – Rohrmuffe). Die nachfolgenden Formulierungen zu II. 1. im Textbeispiel enthalten den Tatbestand der Patentverletzung.

11. Vgl. § 487 Nr. 3 ZPO. Danach wird ein Sachverständiger nur als Beweismittel genannt (vorgeschlagen); die Auswahl trifft das Gericht gemäß §§ 492 Abs. 1, 404 ZPO.

12. Die Verschwiegenheitsverpflichtung des Sachverständigen wie auch weiterer teilnehmender Personen beruht auf einer zu treffenden Anordnung des befassten Gerichts nach Maßgabe des § 140c Abs. 1 S. 3 PatG. Zwar ist zum Zeitpunkt der Antragstellung im selbständigen Beweisverfahren noch nicht bekannt, ob der vermeintliche Verletzer geltend machen wird, dass es sich um vertrauliche Informationen handelt, die den Gegenstand der Begutachtung durch den gerichtlichen Sachverständigen bilden. Jedoch ist schon im Vorgriff auf eine etwaige Verteidigung des Antragsgegners mit Vertraulichkeitsgesichtspunkten eine entsprechende Anordnung zu treffen.

13. Die Entscheidung auch im selbständigen Beweisverfahren ergeht durch Beschluss gemäß § 490 Abs. 1 ZPO. Infolgedessen ist gemäß § 128 Abs. 4 ZPO eine mündliche Verhandlung fakultativ. Der Antrag ist darauf gerichtet, eine mündliche Verhandlung nicht stattfinden zu lassen, weil anderenfalls der Beweisgegner schon durch den Antrag auf Beweisanordnung gewarnt wird. Das könnte ihn dazu veranlassen, Beweismittel zu unterdrücken oder den zu besichtigenden Zustand zu verändern. Schwierigkeiten im Zusammenhang mit der Zustellung im Ausland bei ausländischen Antragsgegnern ergeben sich nicht, weil die Zustellung in der Bundesrepublik Deutschland, zB an der Messeanschrift, erfolgen soll. Zu den abweichenden Konstellationen im Verfahren der einstweiligen Verfügung → Form. C.20 Anm. 8.

14. Die Durchsetzung des Vorlage- bzw. Besichtigungsanspruchs im Wege der einstweiligen Verfügung ist nunmehr gemäß § 140c Abs. 3 PatG möglich. Das Textbeispiel folgt dem sog. Düsseldorfer Verfahren. Danach begründet der Verweis in § 140c Abs. 3 PatG auf die Regeln der einstweiligen Verfügung zugleich eine Aussage über die erforderliche Dringlichkeit (OLG Düsseldorf Mitt. 2011, 300 – Dringlichkeit im Beweissicherungsverfahren; OLG Düsseldorf InstGE 12, 105 Rn. 2 – Zuwarten mit Besichtigungsantrag = Mitt. 2011, 151 – Dringende Besichtigung; anderer Ansicht OLG Köln GRUR-RR 2009, 325 (Ls.) = OLGR Köln 2009, 258 f. – Besichtigungsanspruch im Eilverfahren; OLG Nürnberg GRUR-RR 2016, 108 – Besichtigungsanspruch: Zu § 101a Abs. 3 S. 1 UrhG; zu allem *Mes* PatG § 140c Rn. 35). Auch hier gilt, dass gemäß § 140c Abs. 3 S. 2 PatG das Gericht die erforderlichen Maßnahmen trifft, um den Schutz vertraulicher Informationen zu gewährleisten. Insbesondere ist gemäß § 140c Abs. 3 S. 3 PatG vorgesehen, dass die einstweilige Verfügung ohne vorherige Anhörung des Gegners erlassen wird, wobei insbesondere in einem solchen Fall sodann der Schutz vertraulicher Informationen durch entsprechende Anordnungen des Gerichts gewährleistet sein muss.

15. Teil der Duldungsanordnung, die auf der Grundlage des § 140c Abs. 3 S. 1 PatG zu treffen ist, nämlich um den Anspruch auf Duldung der Besichtigung einer Sache durchzusetzen.

16. Vertraulichkeitsanordnung auf der Grundlage des § 140c Abs. 3 S. 2 PatG.

17. Teil der Duldungsanordnung gemäß § 140c Abs. 3 S. 1 PatG. Ohne eine entsprechende Unterlassungsaufforderung würde der Besichtigungsanspruch ins Leere gehen.

18. Strafandrohung zur Durchsetzung des Unterlassungsanspruchs gemäß Tenor III. 3.

19. Teil der Duldungsanordnung gemäß § 140c Abs. 3 S. 1 PatG.

20. Es entspricht einem Gebot der Waffengleichheit, zumindest während der Besichtigung dann, wenn die Antragstellerin anwaltliche Hilfe in Anspruch nimmt, dies auch der Antragsgegnerin zu ermöglichen. Regelmäßig reicht ein Zeitraum von 2 oder 3 Stunden aus.

21. § 140c Abs. 3 S. 2 PatG sieht vor, dass das Gericht die erforderlichen Maßnahmen trifft, um den Schutz vertraulicher Informationen zu gewährleisten, und zwar insbesondere in Fällen einer einstweiligen Verfügung ohne vorherige Anordnung (§ 140c Abs. 3 S. 3 PatG). Die Anordnungen im vorgeschlagenen Tenor III. 8. dienen dem Schutz vertraulicher Informationen.

22. Über die Kosten des selbständigen Beweisverfahrens ist erst im Zusammenhang mit dem nachfolgenden Hauptklageverfahren zu entscheiden. Über die Kosten des einstweiligen Verfügungsverfahrens muss sofort entschieden werden.

23. Glaubhaftmachung gemäß § 487 Nr. 4 ZPO.

24. Es erfolgt eine vollständige Darlegung des Patentgegenstandes nach Maßgabe etwa des Beispiels zu I. 2. in → Form. C.5. Das entspricht der Darstellung der anspruchsbegründenden Voraussetzungen des § 140c Abs. 1 PatG.

25. Ebenso wie im Patentverletzungsprozess bedarf es einer vollständigen Darlegung der Patentverletzung. Dazu kann etwa auf das Textbeispiel → Form. C.5 zu I. 3. verwiesen werden.

26. Glaubhaftmachung der Zuständigkeit des Gerichts. Da § 143 PatG auch die Streitigkeiten des § 140c PatG als patentrechtlich qualifiziert, lässt sich die Begründung der Zuständigkeit des angerufenen Gerichts auch insbesondere nach den allgemeinen Rechtsgrundsätzen herleiten und darlegen (→ Form. C.5 Anm. 1, 2).

27. Da der Antragsgegnerin auf dem Messestand, auf dem die Besichtigung/Inaugenscheinseinnahme durch den gerichtlichen Sachverständigen erfolgen soll, das Hausrecht zusteht, hat sie – die Antragsgegnerin – die Möglichkeit, von diesem Hausrecht auch im Zusammenhang mit der Sachverständigenbegutachtung abwehrend Gebrauch zu machen. Um den „Hilfspersonen" der Partei nach Maßgabe der im Textbeispiel zu I. 7. gegebenen Begründung Zutritt zu verschaffen, erscheint der geltend gemachte Duldungsanspruch zu II. 3. notwendig. Er ist insbesondere auch begründet nach Maßgabe des § 140c Abs. 3 S. 1 PatG. („Zur Duldung der Besichtigung einer Sache").

28. Soweit der Antrag auf Durchführung des selbständigen Beweisverfahrens in Rede steht, findet der Antrag seine Grundlage in § 491 Abs. 1 ZPO, nämlich von der Ladung des Beweisgegners Abstand zu nehmen. Gemäß § 491 Abs. 1 ZPO ist das Bild des Gesetzes allerdings dasjenige, dass der Beweisgegner grundsätzlich geladen werden soll, und zwar unter Zustellung des Beschlusses und einer Abschrift des Antrags, damit er in dem auf die Beweisaufnahme bestimmten Termin seine Rechte gemäß §§ 357, 397, 402 ZPO wahrnehmen kann. Es erscheint vertretbar, den im Formular vorgesehenen Antrag zu stellen, weil – wie in der Begründung dort angenommen – die Besichtigung unmittelbar auf dem Messestand der Antragsgegnerin stattfindet und dementsprechend die Antragsgegnerin (Beweisgegner) sowieso an der Beweisaufnahme teilnimmt. Einer Ladung der Antragsgegnerin zur Beweisaufnahme bedarf es mithin nicht. Dass der Antrag gestellt wird, von einer Ladung des Beweisgegners Abstand zu nehmen, findet seine Rechtfertigung in der Besorgnis, dass – insbesondere bei rascher möglicher Abänderung von Verfahrensparametern einer Maschine – die Beweisführung vereitelt wird.

Allerdings muss bedacht werden, dass bei einem etwaigen Ausbleiben des Beweisgegners im Falle der unterbliebenen rechtzeitigen Ladung das Beweisergebnis nicht benutzt werden kann (§ 493 Abs. 2 ZPO).

Soweit das Verfügungsverfahren in Rede steht, findet der Antrag seine Grundlage in § 140c Abs. 3 S. 3 PatG. Hier ist vorgesehen, dass die einstweilige Verfügung ohne vorherige Anhörung des Gegners ergeht.

29. Anordnung betreffend den Schutz vertraulicher Informationen gemäß § 140c Abs. 3 S. 2, 3 PatG.

30. Auch schon im selbständigen Beweisverfahren ist die Mitwirkung eines Patentanwalts – wie auch sonst in Patentverletzungsprozessen – zu empfehlen.

31. Das Textbeispiel geht von einem Sachverhalt aus, bei dem die Besichtigung/Inaugenscheinseinnahme durch den Sachverständigen in einem öffentlichen Raum, nämlich anlässlich einer Messe, stattfinden soll. Es gibt auch Fallkonstellationen, bei denen es sich als notwendig erweist, den zu untersuchenden Gegenstand erst einmal in einem Betriebsgelände des Antragsgegners aufzufinden, um ihn sodann untersuchen zu können. Zu derartigen Konstellationen vgl. *Grabinski*, FS Mes, 2009, 129.

Kosten und Gebühren

32. Gerichtskosten: 0,5 Gerichtsgebühr gem. KV 1610 GKG;
Anwaltskosten: Nach VV 3100 f. RVG: Verfahrensgebühr (1,3 gem. VV 3100 RVG; 0,8 gem. VV 3101 RVG; vgl. *Gerold/Schmidt* RVG Anh. III S. 1890 ff. Rn. 4 ff.

Fristen

33. Keine, mit Ausnahme des Erfordernisses der Dringlichkeit für den Antrag auf Erlass einer einstweiligen Verfügung.

Zu den Tatbeständen, dass die einstweilige Verfügung ohne mündliche Verhandlung oder nach mündlicher Verhandlung erlassen/nicht erlassen wird und die sich sodann ergebenden Fristen und Rechtsmittel → Form. A.4 Anm. 23.

23. Schutzschrift in einem etwaigen einstweiligen Verfügungsverfahren wegen vermeintlicher Patentverletzung

https://www.zssr.justiz.de/[1, 2]

......

Schutzschrift[1]

   in einem etwaigen einstweiligen Verfügungsverfahren

der Firma A[3] ......

            – mutmaßliche Antragstellerin –

   gegen

die Firma B⁴ . . . . . .

— mutmaßliche Antragsgegnerin —

Verfahrensbevollmächtigter:⁵ Rechtsanwalt⁶ . . . . . .

wegen: vermeintlicher Patentverletzung

Hiermit bestelle ich mich zum Verfahrensbevollmächtigten für die Firma B (im Folgenden: Antragsgegnerin) für den Fall, dass die Firma A (im Folgenden: Antragstellerin) wegen des nachstehend wiedergegebenen Sachverhalts einen Antrag auf Erlass einer einstweiligen Verfügung stellen sollte.

Ich beantrage,

1. einen etwaigen Antrag auf Erlass einer einstweiligen Verfügung abzuweisen;⁶
2. hilfsweise: über einen etwaigen Antrag auf Erlass einer einstweiligen Verfügung nicht ohne vorherige mündliche Verhandlung zu entscheiden;⁷
3. für den Fall der Abweisung des Verfügungsantrags oder seiner Zurücknahme: der Antragstellerin die Kosten des Verfügungsverfahrens einschließlich derjenigen aufzuerlegen, die durch die Hinterlegung dieser Schutzschrift entstanden sind.⁸

Ich bin damit einverstanden, dass

- Termin zur mündlichen Verhandlung unter Abkürzung der Ladungsfrist bestimmt wird;⁹
- der Antragstellerin die vorliegende Schutzschrift zugänglich gemacht wird, sofern diese einen Antrag auf Erlass einer einstweiligen Verfügung stellen sollte.¹⁰

Begründung:¹¹

1. Die Antragsgegnerin ist formell eingetragene Inhaberin des DE . . . . . ., dessen zugehörige Schrift ich als

Anlage Sch 1

überreiche. Die Antragstellerin hat die Antragsgegnerin mit dem Schreiben gemäß

Anlage Sch 2

wegen vermeintlicher Patentverletzung abgemahnt. Die Verwarnung erfolgte zu Unrecht. Dies hat die Antragsgegnerin der Antragstellerin mit dem als

Anlage Sch 3

überreichten Anwaltsschreiben mitgeteilt. Die Antragsgegnerin muss jedoch wegen des scharfen Wettbewerbsverhältnisses zwischen den Parteien besorgen, dass die Antragstellerin sich uneinsichtig zeigt und insbesondere den Versuch unternehmen wird, im Wege eines einstweiligen Verfügungsverfahrens gegen die Antragsgegnerin vorzugehen. Infolgedessen ist die Hinterlegung dieser Schutzschrift geboten.

2. Die Antragstellerin übersieht in ihrer Abmahnung gemäß Anlage Sch 2, dass das DE . . . . . in seinem Rechtsbestand in hohem Maße zweifelhaft ist. Die Antragsgegnerin hat ihre Rechtsauffassung betreffend den fehlenden Rechtsbestand des DE . . . . . . der Antragstellerin im Wege der Nichtigkeitsklage geltend gemacht. Wir überreichen die Nichtigkeitsklage der Antragsgegnerin als

Anlage Sch 4,

einschließlich der darin aufgeführten Entgegenhaltungen, nämlich . . . . . . (es folgen Entgegenhaltungen). Zur Vermeidung von Wiederholungen nehmen wir auf den Inhalt der Nichtigkeitsklage Bezug. In ihr ist dargelegt, dass dem Gegenstand des Patentes . . . . . . der Antragstellerin schon die Neuheit fehlt (wird ausgeführt).

3. Der von der Antragstellerin geltend gemachte Verletzungstatbestand besteht nicht (wird ausgeführt).⁴ Ein etwaiges Verfügungsbegehren der Antragstellerin wäre jeden-

23. Schutzschrift in einem etwaigen einstweiligen Verfügungsverfahren   C. 23

falls auch schon deshalb zurückzuweisen, weil eine Abwägung der Interessen der Parteien keinen ausreichenden Verfügungsgrund im Sinne der §§ 935, 940 ZPO ergibt. Dazu ist folgendes auszuführen:

...... [12, 13, 14]

Rechtsanwalt[15]

Schrifttum: Aus dem im Wesentlichen wettbewerbsrechtlichen Schrifttum nur einige Hinweise: *Deutsch,* Die Schutzschrift in Theorie und Praxis, GRUR 1990, 327; *Hilgard,* Die Schutzschrift im Wettbewerbsrecht, 1985; *Krahe,* Die Schutzschrift, Kostenerstattung und Gebührenanfall, 1991; *May,* Die Schutzschrift im Arrest- und einstweiligen Verfügungsverfahren, 1983; *Mellulis,* Hdb. des Wettbewerbsrechts, 3. Aufl. 2000, Rn. 43 ff.; *Schulz,* Die Rechte des Hinterlegers einer Schutzschrift, WRP 2009, 1472; *Spernath,* Die Schutzschrift im zivilrechtlichen Verfahren, 2009; *Feddersen* in: *Teplitzky,* Wettbewerbsrechtliche Ansprüche, 11. Aufl. 2016, Kap. 55, Rn. 52 ff.; *Wehlau/Kalbfus,* Die Schutzschrift, 2. Aufl. 2015; *Wilke/Jungeblut,* Abmahnung und Schutzschrift, 2. Aufl. 1995.

Zum elektronischen Schutzschriftregister: *Hartmann,* Neue Schutzschriftregeln, GRUR-RR 2015, 89; *Schwippert,* Staatliches elektronisches Register für Schutzschriften, MarkenR 2014, 6; *Weiden,* Vorbereitung des elektronischen Schutzschriftenregisters, GRUR 2015, 559.

Anmerkungen

1. Die Hinterlegung von Schutzschriften gehört zum typischen Instrumentarium des Wettbewerbsverfahrensrechts. Die Schutzschrift selbst war in der geltenden Zivilprozessordnung bis zur Neuformulierung der §§ 945a, 945b ZPO nicht ausdrücklich verankert. Sie hatte gewohnheitsrechtlichen Charakter und war als eine außerhalb eines anhängigen Verfahrens nur für den Fall des Anhängigwerdens eines einstweiligen Verfügungsantrags erfolgte Anregung an das Gericht zu verstehen. Ihre Beachtlichkeit für das Gericht ergab sich im Falle einer tatsächlichen Antragstellung auf Erlass einer einstweiligen Verfügung als Ausformung des Grundsatzes vom rechtlichen Gehör (Art. 103 Abs. 1 GG), auf Grund des summarischen Charakters des einstweiligen Verfügungsverfahrens und insbesondere infolge der Regelung gemäß § 937 Abs. 2 ZPO, wonach in besonders dringenden Fällen die Entscheidung durch das Gericht auch ohne mündliche Verhandlung – ggf. durch den Vorsitzenden (§ 944 ZPO) – erfolgen kann. §§ 945a und 945b ZPO unter Einschluss insbesondere der Verordnung über das elektronische Schutzschriftenregister (Schutzschriftenregisterverordnung – SRV) vom 24.11.2015 haben mit Wirkung zum 1.1.2016 eine Änderung bewirkt. **Nunmehr sind die Schutzschrift und ihre Einreichung gesetzlich geregelt.** Schutzschriften sind vorbeugende Verteidigungsschriftsätze gegen erwartete Anträge auf Arrest oder einstweilige Verfügung (§ 945a Abs. 1 S. 2 ZPO). Schutzschriften sind gemäß § 2 Abs. 1 SRV ab 1.1.2016 (für einen Rechtanwalt: zwingend) beim **Zentralen Schutzschriftenregister am Oberlandesgericht Frankfurt** elektronisch einzureichen. Das Schutzschriftenregister ist ein zentrales, länderübergreifendes elektronisches Register für Schutzschriften (Schutzschriftenregister). Für die Einreichung gelten die Anforderungen des § 2 SRV, nämlich dass der Schutzschrift ein einheitlich strukturierter Datensatz beizufügen ist und dass sowohl die Schutzschrift als auch der strukturierte Datensatz als elektronisches Dokument bei dem Register einzureichen sind. Ist die Einreichung ordnungsgemäß erfolgt, so wird die dem Register elektronisch übermittelte Schutzschrift unverzüglich zum elektronischen Abruf und Ausdruck in das Register eingestellt (§ 3 Abs. 1 SRV). Die Einstellung ist dann erfolgt, wenn die Schutzschrift auf der für den Abruf bestimmten Einrichtung des Registers elektronisch gespeichert und für die Gerichte der Länder abrufbar ist (§ 3 Abs. 2 SRV). Dem Absender der Schutzschrift wird eine automatisiert erstellte Bestätigung über den Zeitpunkt der Einstellung erteilt (§ 3 Abs. 4 SRV). Die zuständigen Gerichte der Länder sind in elektronischer Form zur Nutzung des Registers in anhängigen Verfahren befugt. Insbesondere obliegt ihnen der Abruf, nämlich eine Suchanfrage bei dem Register (§ 4 Abs. 1, 2 SRV). Für das Schutzschriftenregister besteht an sich kein Anwaltszwang, so dass jede natürliche Person oder auch ein Patentanwalt das Schutzschriftenregister benutzen kann. Für Rechtsanwälte allerdings gilt eine Berufspflicht gemäß § 49c BRAO mit Wirkung zum 1.1.2017. **Der Rechtsanwalt ist verpflichtet,** Schutzschriften ausschließlich zum Schutzschriftenregister einzureichen. Diese Verpflichtung gilt wiederum nicht für natürliche Personen oder für Patentanwälte.

In patentrechtlichen Streitigkeiten ist der Erlass einer einstweiligen Verfügung die im Vergleich zu wettbewerbsrechtlichen Streitfällen relativ seltene Ausnahme. Infolgedessen ist die Hinterlegung von Schutzschriften in patentrechtlichen Streitigkeiten nur in Ausnahmefällen geboten, nämlich nur dann, wenn sehr ernsthaft mit einem Antrag auf Erlass einer einstweiligen Verfügung wegen der Besonderheit des zugrunde liegenden Sachverhaltes gerechnet werden muss. Zu einem solchen Sachverhalt → Form. C.21.

2. Wird die Schutzschrift durch einen Rechtanwalt eingereicht, **muss** sie an das elektronische Zentrale Schutzschriftenregister in Form eines elektronischen Dokuments (§ 130a ZPO) eingereicht werden.

3. Die mutmaßlichen Parteien des erwarteten einstweiligen Verfügungsverfahrens sind im Aktiv- und Passivrubrum – wie auch sonst – möglichst genau zu bezeichnen.

4. Die Schutzschrifthinterlegung unterliegt keinem Anwaltszwang. Wird sie jedoch durch einen Rechtsanwalt eingereicht, gelten – zwingend – die Ausführungen in → Anm. 1, 2.

5. Ist der die Schutzschrift hinterlegende Anwalt beim betroffenen Gericht postulationsfähig, so muss die Zustellung einer etwaig ergehenden Beschlussverfügung an ihn erfolgen (§ 176 ZPO), andernfalls grundsätzlich keine Vollziehung der Verfügung vorliegt (Gefahr des Verstreichens der Vollziehungsfrist, § 929 Abs. 2 ZPO; vgl. dazu OLG Düsseldorf WRP 1982, 531; OLG Düsseldorf GRUR 1984, 79 (80); OLG Karlsruhe WRP 1986, 966; zur Problematik *Melullis* WRP 1982, 249; zur Heilung eines Zustellungsmangels gemäß § 187 ZPO im Bereich des § 929 Abs. 2 ZPO: OLG Karlsruhe WRP 1986, 966 mwN). Verschiedentlich wird die Auffassung vertreten, die Bestellung zum Verfahrensbevollmächtigten im Wege der Hinterlegung einer Schutzschrift sei eher nachteilig, weil sie das Verfügungsverfahren ggf. beschleunigt. Es erscheint eher vorteilhaft, wenn Einzelheiten betreffend etwa die Durchführung einer mündlichen Verhandlung im Verfügungsverfahren mit dem beim Landgericht zugelassenen bzw. die Schutzschrift hinterlegenden Verfahrensbevollmächtigten rasch geklärt werden können.

Es ist bisher noch nicht entschieden, welche Folgen sich daraus ergeben, dass eine Schutzschrift vom befassten Gericht nicht beachtet wird, weil zB übersehen wurde, sie beim Zentralen Schutzschriftenregister abzurufen. Hier gilt allerdings die gesetzliche Fiktion des § 945a Abs. 2 ZPO. Eine Schutzschrift gilt danach als bei allen ordentlichen Gerichten der Länder eingereicht, sobald sie in das Schutzschriftenregister eingestellt ist.

6. Es ist das Ziel der Schutzschrift, die vorstehend in → Anm. 1 geschilderten und zu Lasten des mutmaßlichen Antragsgegners bestehenden prozessualen Nachteile des summarischen Verfahrens auszugleichen. Bei Einreichung der Schutzschrift liegt ein Antrag auf Erlass einer einstweiligen Verfügung regelmäßig noch nicht vor. Durch die Schutzschrift wird daher selbst ein Prozessrechtsverhältnis nicht begründet (streitig; aA OLG Hamburg WRP 1977, 495). Infolgedessen wird die Auffassung teilweise vertreten, dass ein Sachantrag in einer Schutzschrift nicht ohne weiteres möglich sei. Dieser Auffassung wird hier nicht gefolgt. Gemäß § 937 Abs. 2 ZPO kann nicht nur in dringenden Fällen, sondern auch dann, wenn der Verfügungsantrag aus prozessualen oder sachlichen Gründen zurückzuweisen ist, eine Entscheidung ohne mündliche Verhandlung ergehen. Infolgedessen ist schon in der Schutzschrift ein Zurückweisungsantrag zu stellen (vgl. zB

23. Schutzschrift in einem etwaigen einstweiligen Verfügungsverfahren   C. 23

Hilgard, Die Schutzschrift im Wettbewerbsrecht, 1985, 14 mwN; *Deutsch* GRUR 1990, 327 (328); Teplitzky/*Feddersen* Kap. 55 Rn. 52 mwN; *Wilke/Jungeblut*, Abmahnung und Schutzschrift, 2. Aufl. 1995, S. 95; OLG Hamburg MDR 1978, 151; KG GRUR 1985, 325). Das befasste Gericht muss, wenn ihm die Schutzschrift zur Kenntnis gelangt, ihren Inhalt bei der Entscheidungsfindung berücksichtigen (BGH GRUR 2008, 640 – Kosten der Schutzschrift III; BGH GRUR 2003, 456 – Kosten der Schutzschrift I).

7. Regelmäßig ist eine Abweisung des Antrags auf Erlass einer einstweiligen Verfügung im Wege einer Schutzschrift nicht zu erreichen. Die befasste Kammer wird vernünftigerweise versuchen, sich im Rahmen einer mündlichen Verhandlung ein besseres Bild der einzelnen Argumente und der Sachlage zu verschaffen. Infolgedessen ist der Hilfsantrag, über einen etwaigen Antrag auf Erlass einer einstweiligen Verfügung nicht ohne vorherige mündliche Verhandlung zu entscheiden, derjenige Antrag, der den eigentlichen Zweck der Schutzschrift verwirklicht, nämlich dem Antragsgegner im summarischen Verfahren Gehör zu verschaffen. Allerdings kann in der Tat ohne weiteres eine Zurückweisung des Verfügungsantrags auf Grund des vom Gericht zu beachtenden Vorbringens in der Schutzschrift erfolgen; denn das befasste Gericht hat den Inhalt der Schutzschrift zu beachten (BGH GRUR 2008, 640 – Kosten der Schutzschrift III; BGH GRUR 2003, 456 – Kosten der Schutzschrift I).

8. Der Kostenantrag hat Bedeutung für den seltenen Fall, dass es trotz Einreichung eines Antrags auf Erlass einer einstweiligen Verfügung nicht zur Durchführung einer mündlichen Verhandlung kommt, weil entweder der Verfügungsantrag durch Beschluss zurückgewiesen wird (vgl. für diese Möglichkeit → Anm. 6) oder vom Antragsteller nach Kenntniserlangung der Argumente in der Schutzschrift zurückgenommen wird. Kommt es zur Zurückweisung des Verfügungsantrags durch Beschluss, so muss das Gericht schon von Amts wegen gemäß § 308 Abs. 2 ZPO dem Antragsteller die Kosten des Verfahrens auferlegen, ohne zu prüfen, ob dem Antragsgegner erstattungsfähige Kosten entstanden sind oder nicht (so zu Recht OLG Hamburg WRP 1983, 486). Zu den Kosten des Verfügungsverfahrens gehören auch diejenigen der Hinterlegung einer Schutzschrift (BGH GRUR 2008, 639 – Kosten eines Abwehrschreibens; BGH GRUR 2008, 640 – Kosten der Schutzschrift III; BGH GRUR 2007, 727 – Kosten der Schutzschrift II).

9. Zustimmungserklärung gemäß §§ 217, 224 Abs. 1 ZPO. Sie ist zwar entbehrlich (Ladungsfristen können gemäß § 226 Abs. 3 ZPO auch ohne Zustimmung des Antragsgegners abgekürzt werden), jedoch üblich und entspricht dem besonderen Eilcharakter des Verfügungsverfahrens. Eine Einlassungsfrist (§ 274 Abs. 3 ZPO) gibt es im einstweiligen Verfügungsverfahren nicht.

10. Das Vorbringen der Schutzschrift enthält eine vorgezogene Verteidigung. Infolgedessen entspricht es dem Prinzip des rechtlichen Gehörs, dass sie dem Antragsteller für den Fall eines Antrags auf Erlass einer einstweiligen Verfügung zugänglich gemacht wird.

11. Der Inhalt der Begründung einer Schutzschrift folgt in Darstellung und Aufbau im Wesentlichen einer materiellen Klageerwiderung. → Form. C.10. Für die Darstellung in einer Schutzschrift gilt lediglich noch das zusätzliche Erfordernis (nachstehend zu 1), dass – kurz – die Position des (mutmaßlichen) Antragstellers darzustellen ist. Des Weiteren kommt es in einer Schutzschrift vordringlich darauf an, Zweifel am Bestehen von Verfügungsanspruch und Verfügungsgrund zu wecken. Diese Darstellungen finden sich zu 2 betreffend den Rechtsbestand des Verfügungspatents und zu 3 betreffend den Verletzungstatbestand. Sie sind in etwa reziprok zu demjenigen, was der (mutmaßliche) Antragsteller in einem Antrag auf Erlass einer einstweiligen Verfügung vorbringen wird. Dazu → Form. C.21.

12. Eine einstweilige Verfügung in patentrechtlichen Streitigkeiten kann nicht schon dann ergehen, wenn der Verletzungstatbestand sowie das Bestehen des Verfügungspatents durch den Antragsteller dargelegt und glaubhaft gemacht sind. Es ist vielmehr erforderlich, dass das befasste Gericht die Interessen der einander gegenüberstehenden Parteien nach Maßgabe der §§ 935, 940 ZPO gegeneinander abwägt und zu dem Ergebnis gelangt, dass der Erlass der einstweiligen Verfügung zur Abwehr wesentlicher Nachteile in der Rechtsposition des Antragstellers notwendig ist (vgl. zB OLG Düsseldorf Mitt. 1996, 87 (88) – Captopril; LG Hamburg GRUR-RR 2002, 45 (47 f.) – Felodipin). Zu den Argumenten und Positionen, die in eine derartige Interessenabwägung einfließen die Ausführungen in → Form. 21 – II. 2. und zugehörige Anmerkungen.

Kosten und Gebühren

13. Gerichtsgebühren: keine
Anwaltsgebühren: für die Hinterlegung der Schutzschrift:
1,3 Verfahrensgebühr gem. § 2 Abs. 2 RVG iVm VV 3100 RVG, wenn die Schutzschrift eingereicht wird, Sachvortrag enthält und der Verfügungsantrag bei Gericht eingeht, später jedoch wieder zurückgenommen wird (BGH GRUR 2008, 640 – Kosten der Schutzschrift III). War die Hinterlegung einer Schutzschrift sachlich nicht geboten, weil zB ein Verfügungsantrag zwar eingereicht, jedoch vor Eingang der Schutzschrift beim Gericht zurückgenommen worden war, so besteht keine Kostenerstattungspflicht (streitig; wie hier BGH GRUR 2007, 727 – Kosten der Schutzschrift II). Hat in einem derartigen Fall der Verfahrensbevollmächtigte des Antragsgegners das Geschäft bereits vor der Rücknahme des Verfügungsantrags betrieben (zB in Form einer schriftlichen Anfrage bei Gericht, ob ein Verfügungsantrag dort anhängig ist), entsteht die Verfahrensgebühr dem Grunde nach, ist jedoch auf 0,8 gem. VV 3100, 3101 Nr. 1 RVG zu ermäßigen (BGH GRUR 2007, 727 (728) re.Sp. – Kosten der Schutzschrift II). Die durch die Hinterlegung einer Schutzschrift entstandenen, erstattungsfähigen Kosten sind im Kostenfestsetzungsverfahren festzusetzen (BGH GRUR 2008, 640 – Kosten der Schutzschrift III; BGH GRUR 2007, 727 – Kosten der Schutzschrift II).

Fristen

14. Keine.

15. Zu den Pflichten eines Rechtanwalts, wenn dieser die Schutzschrift einreicht, → Anm. 1, 2.

24. Schadensersatzhöheklage wegen Patentverletzung

Landgericht

...... Zivilkammer (Patentkammer)[1, 2]

......

Klage

der Firma A ......

– Klägerin –

Prozessbevollmächtigter: RA ......

gegen

24. Schadensersatzhöheklage wegen Patentverletzung C. 24

1. die Firma B ...... GmbH ......
2. Herrn Geschäftsführer ......,

– Beklagte –

wegen: Patentverletzung

Streitwert: ...... EUR[3]

Namens und in Vollmacht der Klägerin erhebe ich Klage und werde beantragen,

I. die Beklagten zu verurteilen, an die Klägerin gesamtverbindlich ...... EUR nebst ......% Zinsen nach Maßgabe der nachstehenden Aufstellung zu zahlen (folgt Zinsaufstellung);[4]
II. den Beklagten gesamtverbindlich die Kosten des Rechtsstreits aufzuerlegen;[5]
III. das Urteil – gegebenenfalls gegen Sicherheitsleistung (Bank- oder Sparkassenbürgschaft) – für vorläufig vollstreckbar zu erklären;[5]
hilfsweise der Klägerin nachzulassen, die Zwangsvollstreckung wegen der Kosten im Unterliegensfalle durch Sicherheitsleistung (Bank- oder Sparkassenbürgschaft) abzuwenden.[5]

Begründung:

Es handelt sich um den Schadensersatzhöheprozess zum vorangegangenen Patentverletzungsverfahren gleichen Rubrums, das bei der Kammer unter dem Az ...... anhängig war. Mit rechtskräftigem Urteil vom ......[6] hat die Kammer die Beklagten gesamtverbindlich dem Grunde nach zu Schadensersatz wegen Verletzung des DE ...... verurteilt, deren alleinige, eingetragene ausschließlich verfügungsberechtigte Inhaberin die Klägerin ist.

Beweis: Beziehung der Akten gleichen Rubrums zum Az ......

Aus Vereinfachungsgründen überreichen wir für die übrigen Prozessbeteiligten als

Anlage K 1

das vorstehend bezeichnete rechtskräftige Urteil.[6]

Aufgrund der ausgeurteilten Rechnungslegungsverpflichtung entsprechend I. 2. des Urteilstenors der Entscheidung gemäß Anlage K 1 haben die Beklagten zwischenzeitlich Rechnung gelegt,

Anlage K 2.

Diese Rechnungslegung legt die Klägerin ihrer Schadensersatzberechnung im anhängigen Verfahren zugrunde. Daraus ergibt sich, dass die Beklagten in dem hier interessierenden Zeitraum mit dem streitbefangenen Verletzungshandlungen einen Umsatz in Höhe von ...... EUR erzielt haben. Aus der Rechnungslegung ergibt sich ferner, dass die Beklagte zu 1 in sehr hohem Umfang Werbung betrieben hat. Ihre Werbeaufwendungen haben ...... EUR betragen.

Die Klägerin wählt aus Vereinfachungsgründen für die Berechnung ihres Schadens den Weg der Lizenzanalogie,[7] wobei sie sich vorbehält, auf eine andere Schadensersatzberechnungsmethode überzugehen.[8] Der Klägerin erscheint ein Lizenzsatz in Höhe von 6 %, bezogen auf den Gesamtumsatz der Beklagten, angemessen. Daraus ergibt sich die Höhe der mit Klageantrag I. geltend gemachten Schadensersatzforderung.

Die Angemessenheit des von der Klägerin zugrunde gelegten Lizenzsatzes ergibt sich auf Grund folgender Erwägungen:[9]

Das Klagepatent ist wirtschaftlich und technisch außerordentlich bedeutsam. Das zeigt sich schon anhand der Tatsache, dass – wie gerichtsbekannt – die Klägerin mehrfach Anlass hatte, gegen Wettbewerber auf Grundlage des Klagepatents vorzugehen. Erinnert sei in diesem Zusammenhang an die nachfolgenden Verfahren:

...... [10]

Darüber hinaus hat die Klägerin in verschiedenen Fällen Lizenzen vergeben. Die jeweiligen Lizenzhöhen ergeben sich nach Maßgabe der Aufstellung gemäß

Anlage K 3

Sie haben regelmäßig mindestens 6 % betragen; teilweise ist der von der Klägerin mit Dritten vereinbarte Lizenzsatz höher.[11]

Aus den vorstehenden Ausführungen ergibt sich zugleich, dass das Klagepatent technisch erhebliche Bedeutung hat. Denn anders wäre es nicht zu erklären, dass immer wieder Nachahmer versuchen, der Klägerin auf ihrem patentgeschützten Weg zu folgen und insbesondere das Risiko in Kauf nehmen, mit einer Patentverletzungsklage überzogen zu werden.[12]

Hinzu kommen weitere interessierende Umstände, die ich wie folgt schildere:

...... [13]

Für die Angemessenheit des vorstehend geforderten Lizenzsatzes in Höhe von 6 % trete ich im Übrigen

Beweis an durch Einholung eines gerichtlichen Sachverständigengutachtens.[14]

Rechtsanwalt

Schrifttum: *Allekotte*, Erschöpfung durch Zahlung?, Anmerkungen zur Haftung von Patentverletzern in der Vertriebskette, insbesondere auf Schadensersatz, Mitt. 2004, 1; *Asendorf*, Die Aufteilung des Schadensersatzes auf mehrere Verletzte im gewerblichen Rechtsschutz und Urheberrecht, 2011; *Bergmann*, Schadensersatz und das Prinzip der Erschöpfung. Herausgabe des Verletzergewinns wegen Urheberrechtsverletzung in der Absatzkette, GRUR 2010, 874; *Bodewig/Wandtke*, Die doppelte Lizenzgebühr als Berechnungsmethode im Lichte der Durchsetzungsrichtlinie, GRUR 2008, 220; *Fähndrich*, Wie teuer sind Patentverletzungen nach dem BGH-Urteil „Gemeinkostenanteil"?, VPP-Rdbr., 2003, 13; *Gärtner/Bosse*, Die Herausgabe des Verletzergewinns in der Vertriebskette. Divergierende Rechtsprechung zwischen Nord und Süd, Mitt. 2008, 492; *Götz*, Schaden und Bereicherung in der Verletzerkette, GRUR 2001, 295; *Grabinski*, Gewinnherausgabe nach Patentverletzung. Zur gerichtlichen Praxis 8 Jahre nach dem „Gemeinkostenanteil"-Urteil des BGH, GRUR 2009, 260; *v. der Groeben*, Werden durch die Leistung von Schadensersatz die gewerblichen Schutzrechte erschöpft?, FS Mes, 2009, 141; *v. der Groeben*, Schadensersatzfeststellung im Grundprozess unter Einschluss der Berechnungsfaktoren des Höheprozesses, GRUR 2012, 864; *Grosch/Schilling*, Rechnungslegung und Schadensersatzfeststellung für die Zeit nach Schluss der mündlichen Verhandlung?, FS Eisenführ, 2003, 131; *Grüger*, „Catwalk" – Synonym für eine höhere Schadensliquidation? Zugleich Besprechung von BGH GRUR 2006, 143, GRUR 2006, 536; *Haedicke*, Die Gewinnhaftung des Patentverletzers, GRUR 2005, 529; *Haft/Lunze*, Fünfeinhalb Jahre nach der „Gemeinkostenanteilentscheidung" des BGH – viel Lärm um nichts?, Mitt. 2006, 193; *Haft/Reimann*, Zur Berechnung des Verletzergewinns nach der „Gemeinkostenanteil"-Entscheidung des BGH vom 2.11.2001, Mitt. 2003, 437; *Heermann*, Schadensersatz und Bereicherungsausgleich bei Patentrechtsverletzungen, GRUR 1999, 625; *Hellebrand*, Gewinn und Lizenzgebühr: Gibt es einen quantifizierbaren Zusammenhang?, GRUR 2001, 678; *Hellebrand/Himmelmann*, Lizenzsätze für technische Erfindungen, 4. Aufl. 2011; *Holzapfel*, Zur Haftung einer Mehrheit von Verletzern, GRUR 2012, 242; *Kämper*, Der Schadensersatzanspruch bei der Verletzung von Immaterialgüterrechten. Neue Entwicklungen seit der Enforcement-Richtlinie, GRUR Int. 2008, 539; *Köllner*, Diverse Anmerkungen zur Bemessung des Schadensersatzes bei Patentverletzungen, Mitt. 2006, 535; *Köllner*, Bemessung des Schadensersatzes, Mitt. 2006, 289; *Meier-Beck*, Herausgabe des Verletzergewinns – Strafschadensersatz nach deutschem Recht?, GRUR 2005, 617; *Meier-Beck*, Schadens-

24. Schadensersatzhöheklage wegen Patentverletzung C. 24

kompensation bei der Verletzung gewerblicher Schutzrechte nach dem Durchsetzungsgesetz, WRP 2012, 503; *Meier-Beck,* Schadenskompensation bei der Verletzung gewerblicher Schutzrechte im Lichte der Durchsetzungsrichtlinie, FS Loschelder, 2010, 221; *Melullis,* Zur Ermittlung und zum Ausgleich des Schadens bei Patentverletzungen, GRUR Int. 2008, 679; *Peifer,* Die dreifache Schadensberechnung im Lichte zivilrechtlicher Dogmatik, WRP 2008, 48; *Pross,* Zum Umfang des Restschadensersatzanspruchs im Patentrecht, FS Schilling, 2007, 333; *Pross,* Verletzergewinn und Gemeinkosten, FS Tilmann, 2003, 881; *Tetzner,* Der Verletzerzuschlag bei der Lizenzanalogie, GRUR 2009, 6; *Tilmann,* Konstruktionsfragen zum Schadensersatz nach der Durchsetzungs-Richtlinie, FS Schilling, 2007, 367; *Tilmann,* Gewinnherausgabe im gewerblichen Rechtsschutz und Urheberrecht/Folgerungen aus der Entscheidung „Gemeinkostenanteil", GRUR 2003, 647; *von der Osten,* Zum Anspruch auf Herausgabe des Verletzergewinns im Patentrecht, GRUR 1998, 284; *von der Osten,* Schadensersatzberechnung im Patentrecht, Mitt. 2000, 95; *von Ungern-Sternberg,* Einwirkung der Durchsetzungsrichtlinie auf das deutsche Schadensersatzrecht, GRUR 2009, 460; *von Ungern-Sternberg,* GRUR 2008, 291 (298 ff.); *Zahn,* Die Herausgabe des Verletzergewinns, Köln, 2005.

Anmerkungen

1. Das Formular ist inhaltlich an → Form. C.5 ausgerichtet. Ihm liegt der Sachverhalt zugrunde, dass die Beklagten in der Zwischenzeit rechtskräftig verurteilt worden sind und Rechnung gelegt haben, auf deren Grundlage nunmehr ein bezifferter Schadensersatzanspruch geltend gemacht wird. Dies geschieht im Textbeispiel in Form der Geltendmachung eines Schadensersatzes auf der Grundlage der Lizenzanalogie (→ Anm. 7). In jüngerer Zeit häufen sich Fälle, in denen der Versuch unternommen wird, auf der Grundlage der Entscheidung des Bundesgerichtshofs BGH GRUR 2001, 329 (331) – Gemeinkostenanteil (vgl. dazu *Tilmann* GRUR 2003, 647; *Haft/Reimann* Mitt. 2003, 437; *Haft/Lunze* Mitt. 2006, 193; *Pross,* FS Tilmann, 2003, 881) den Anspruch auf Herausgabe des Verletzergewinns geltend zu machen. Vgl. dazu LG Düsseldorf InstGE 1, 276 – Klemmring; LG München InstGE 3, 48 – Rasenwabe. Für den Bereich des Urheberrechts stimmt OLG Düsseldorf GRUR 2004, 53 – Gewinnherausgabeanspruch – der Entscheidung des Bundesgerichtshofs „Gemeinkostenanteil" zu und wendet deren Grundsätze an. Allerdings ist für Inanspruchnahme des Verletzergewinns jeweils darauf abzustellen, zu welchem Anteil der Gewinn des Verletzers auf der Schutzrechtsverletzung beruht (BGH GRUR 2012, 1226 – Flaschenträger; OLG Frankfurt GRUR-RR 2011, 201 – Getränketräger).

Für jeden Schadensersatzanspruch ist allerdings vorab zu prüfen, ob nicht schon durch eine erfolgte Schadensersatzleistung Erschöpfung eingetreten ist (vgl. zB OLG Düsseldorf Mitt. 1998, 358 – Durastep; LG München Mitt. 1998, 262; zur Erschöpfung → Form. C.4 Anm. 2 zu (3) c).

2. Zur sachlichen und örtlichen Zuständigkeit → Form. C.5 Anm. 1, 2.

3. Die Höhe des Streitwerts ergibt sich aus der Summe des geltend gemachten Schadensersatzes (ohne aufgelaufene Zinsen).

4. Zur Zinshöhe vgl. § 288 Abs. 1 S. 2 BGB. § 352 Abs. 1 HGB findet keine unmittelbare Anwendung; den Grund der Forderung bildet kein Handelsgeschäft, sondern eine unerlaubte Handlung. Es kommt jedoch eine analoge Anwendung von § 352 HGB in Betracht. Zum Zinslauf vgl. §§ 288, 291 BGB; diese geben im Regelfall Verzugs- oder Rechtshängigkeitszinsen. Im Patentrecht gilt darüber hinaus folgende Besonderheit: Wird Schadensersatz im Wege der Lizenzanalogie geltend gemacht, so entspricht es der überwiegenden Meinung, dass der im Wege des Schadensersatz Verpflichtete die von ihm geschuldeten Beträge schon zu Zeitpunkten vor Eintritt des Verzuges bzw. der Rechtshängigkeit zu verzinsen hat (vgl. zB LG München GRUR 1972, 424 – Krampfaderstrümpfe). OLG Düsseldorf wendet §§ 352, 353 HGB analog an und begründet dies damit, dass der Verletzer nicht schlechter, aber auch nicht besser gestellt sein dürfe, als ein vertraglicher Lizenznehmer und infolgedessen vom ersten Monat nach Abschluss eines Abrechnungsjahres die von ihm geschuldete Schadensersatzlizenz zu verzinsen hat (OLG Düsseldorf GRUR 1981, 45 (52 f.) – Absatzhaltehebel). Diese Auffassung ist vom Bundesgerichtshof für den gleichen Sachverhalt bestätigt worden (BGH GRUR 1982, 286 – Fersenabstützvorrichtung), wobei allerdings der Bundesgerichtshof darauf hingewiesen hat, dass die Schlussfolgerungen des OLG Düsseldorf auf dem Gebiet der Tatsachenfeststellung liege. LG Düsseldorf Mitt. 90, 101 – Dehnungsfugenabdeckungsprofil – und OLG Düsseldorf Mitt. 1998, 27 (33) – Schadensersatz nach der Lizenzanalogie – halten den Schadensersatzlizenzschuldner in Gleichstellung zum Vertragslizenzschuldner für verpflichtet, von ihm geschuldete Lizenzen zum 1. Februar des jeweiligen Folgejahres angemessen, nämlich 8 % über dem jeweiligen Diskontsatz der Bundesbank (jetzt: Europäische Zentralbank) zu verzinsen. Maßgeblich ist § 288 Abs. 2 BGB, der mit Wirkung zum 29.7.2014 nunmehr sogar 9 Prozentpunkte über dem Basiszinssatz vorsieht. Denn ein Schutzrechtsverletzer darf nicht besser gestellt werden als ein Lizenzvertragspartner. Infolgedessen ist von einer rechtsgeschäftlichen Zinspflicht im Ergebnis auszugehen (BGH GRUR 2010, 239 Rn. 55 – BTK; ebenso: LG Düsseldorf InstGE 9, 1 – Kappaggregat; LG München I Mitt. 2006, 378 – Entgeltforderung).

5. Nebenanträge betreffend Kosten und vorläufige Vollstreckbarkeit brauchen an sich nicht gestellt zu werden. In der Praxis geschieht dies jedoch regelmäßig. Das schadet nicht.

6. Zum Sachverhalt → Anm. 1.

7. Zu den drei Berechnungsmöglichkeiten des dem Patentverletzer zustehenden Schadensersatzanspruches → Form. C.2 Anm. 33 sowie → Form. C.5 Anm. 20, 35. Die Berechnungsmethode der Lizenzanalogie beruht auf der Überlegung, dass derjenige, der in das Ausschließlichkeitsrecht eines anderen schuldhaft eingreift, nicht günstiger dastehen soll, als derjenige, der vom Rechtsinhaber ordnungsgemäß eine Lizenz erhalten hat (BGH GRUR 2010, 239 Rn. 55 – BTK; BGH GRUR 2000, 685 (687) li.Sp. – Formunwirksamer Lizenzvertrag; BGH GRUR 1990, 1008 (1009) – Lizenzanalogie). Der Verletzer schuldet eine angemessene Lizenz in der Höhe, wie sie vernünftige Vertragsparteien bei Abschluss eines Lizenzvertrages vereinbart hätten, wenn sie die künftige Entwicklung und den Umfang der Schutzrechtsbenutzung vorausgesehen hätten (BGH in stRspr, zB BGH GRUR 2000, 685 (687) li.Sp. – Formunwirksamer Lizenzvertrag; ferner BGH GRUR 1962, 401 (404) – Kreuzbodenventilsäcke III; BGH GRUR 1992, 599 (600) – Teleskopzylinder; BGH GRUR 1992, 597 (598) – Steuereinrichtung I; BGH GRUR 1995, 578 – Steuereinrichtung II). Die Berechnungsmethode der sog. Lizenzanalogie findet auch bei bereicherungsrechtlicher Anspruchsherleitung statt, dazu BGH GRUR 2000, 685 – Formunwirksamer Lizenzvertrag.

8. Bevor nicht über den vom Kläger geltend gemachten Schadensersatzanspruch rechtskräftig entschieden ist, kann er die Berechnungsmethode ändern; insbesondere ist der Übergang von einer zur anderen Berechnungsart im Prozess keine Klageänderung (BGH GRUR 2008, 93 = NJW 2008, 373 – Zerkleinerungsvorrichtung mAnm *Loschelder* NJW 2008, 373 (375); BGH GRUR 2000, 226 – Planungsmappe; BGH GRUR 1991, 60 (61) re.Sp. – Roleximitation; BGH GRUR 1993, 55 – Tchibo/Rolex II). BGH GRUR 2008, 93 = NJW 2008, 373 – Zerkleinerungsvorrichtung – konkretisiert diesen Grundsatz dahingehend, dass der Verletzte das Wahlrecht dann verliert, wenn über seinen Schadensersatzanspruch bereits für ihn selbst unangreifbar nach einer Berechnungsart entschieden worden ist. Dieser Entscheidung lag der Sachverhalt zugrunde, dass die Gläubigerin gegen das Urteil, mit dem ihre auf den Gesichtspunkt der Lizenzanalogie gestützte Schadensersatzklage vom Landgericht nur zum Teil zuerkannt worden war, keine selbständige Berufung eingelegt, sondern sich nur der Berufung der Schuldnerin

24. Schadensersatzhöheklage wegen Patentverletzung

(unselbständig) angeschlossen hatte und die Schuldnerin sodann diese Berufung zurücknahm. Die gegenteilige Auffassung des OLG Düsseldorf, aufgehoben durch BGH – Zerkleinerungsvorrichtung – findet sich in Mitt. 2007, 139 – Berechnungswechsel.

9. Es folgen im Einzelnen einige wertbestimmende Faktoren für die Höhe der Lizenz (zu weiteren Einzelheiten vgl. *Mes* PatG § 139 Rn. 132 ff.):

- Der wirtschaftliche Wert des Klagepatents, besonders bedeutsam (BGH GRUR 1967, 655 (659) – Altex). Die wirtschaftliche Bedeutung eines Patentes drückt sich insbesondere in den Gewinnaussichten aus (BGH GRUR 2000, 685 (688) li.Sp. – Formunwirksamer Lizenzvertrag; OLG Düsseldorf Mitt. 1998, 27 – Schadensersatz nach der Lizenzanalogie).
- Die Fähigkeit des Patentes, dem Inhaber eine tatsächliche Monopolstellung auf dem interessierenden Gebiet zu verschaffen (BGH GRUR 1962, 401 (404) – Kreuzbodenventilsäcke III); insbesondere auch: Ob und ggf. in welchem Umfang gegenüber der Verwendung der geschützten Lehre gangbare und aus der Sicht eines Lizenznehmers wirtschaftlich vernünftige Alternativen vorhanden sind (BGH GRUR 2000, 685 (688) li.Sp. – Formunwirksamer Lizenzvertrag).
- Technische (und wirtschaftliche) Vorteile des Patents (OLG Düsseldorf Mitt. 1998, 27 – Schadensersatz nach der Lizenzanalogie).
- Schon vorhandene Lizenzverträge und dort vereinbarte Lizenzsätze (insbesondere wenn zwischen den Parteien vereinbart, BGH GRUR 2009, 407 – Whistling for a train), jedoch auch mit Dritten getroffene Vereinbarungen (BGH GRUR 2009, 660 – Reseller Vertrag; BGH GRUR 2000, 685 (688) li.Sp. – Formunwirksamer Lizenzvertrag); ggf. auch tatsächlich vereinbarte Lizenzen für vergleichbare Erfindungen (BGH GRUR 2000, 685 (688) li.Sp. – Formunwirksamer Lizenzvertrag; BGH GRUR 1980, 841 (844) – Tolbutamid; insbesondere abgeschlossene Lizenzgebühren für sog. SEP (Standard essentielle Patente): LG Mannheim InstGE 12, 160 – Orange-Book-Lizenz.
- Branchenübliche Lizenzsätze, zB Lizenzsätze in den einzelnen Industriezweigen; dazu *Hellebrand/Himmelmann*, Lizenzsätze für technische Erfindungen, 4. Aufl. 2011; *Henn/Pahlow*, Patentvertragsrecht, 6. Aufl. 2017, 341 ff.; OLG Düsseldorf Mitt. 1998, 27 (29) re.Sp. unten – Schadensersatz nach der Lizenzanalogie: Das Beispiel der Maschinenbauindustrie mit 5 bis 10 %.
- Technische Vorzüge der Erfindung gegenüber gleichen oder ähnlichen Gegenständen (BGH GRUR 2000, 685 (688) li.Sp. – Formunwirksamer Lizenzvertrag).
- Etwaige Monopolstellung des Schutzrechtsinhabers (BGH GRUR 2000, 685 (688) li. Sp. – Formunwirksamer Lizenzvertrag; BGH GRUR 1962, 401 (404) – Kreuzbodenventilsäcke III).
- Ein rechtlich größerer oder kleinerer Schutzumfang des Patents ist für die Lizenzhöhe bedeutsam; damit ist insbesondere die Frage angesprochen, ob technisch und/oder wirtschaftlich vernünftige patentfreie Alternativen bestehen oder nicht (BGH GRUR 1993, 897 (898 f.) – Mogul-Anlage).
- Die Möglichkeit für Abnehmer schutzrechtsverletzender Vorrichtungen, sie auch ohne Benutzung des Schutzrechts zweckmäßig und wirtschaftlich einsetzen zu können (BGH GRUR 2000, 685 (688) li.Sp. – Formunwirksamer Lizenzvertrag).
- Ausgleich auch von Vorteilen, die ein Verletzer im Vergleich zu einem rechtstreuen Lizenznehmer genießt (BGH GRUR 2000, 685 (688) li.Sp. – Formunwirksamer Lizenzvertrag); ferner LG Düsseldorf GRUR 2000, 309 – Teigportioniervorrichtung: Bei der Bemessung der Schadensersatzlizenzgebühr kann lizenzerhöhend zu berücksichtigen sein, dass der Verletzer nicht verpflichtet ist, eine Überprüfung seiner Bücher durch einen vom Lizenzgeber beauftragten Buch- oder Wirtschaftsprüfer zu dulden und der Verletzte auf eine derartige Überprüfung auch keinen Anspruch hat; LG Düsseldorf GRUR 2000, 690 – Reaktanzschleife: Lizenzerhöhend ist regelmäßig zu berücksichtigen, dass der Verletzer nicht dem Risiko ausgesetzt ist, gegebenenfalls für eine nicht schutzfähige Erfindung

Lizenzgebühren zahlen zu müssen (vgl. auch LG Düsseldorf GRUR 1987, 628 – Restitutionsklage). Es kann ein Zuschlag regelmäßig in der Höhe von 0,5 % zum Lizenzsatz für angemessen erachtet werden, dazu *Rogge*, FS Nirk, 1992, 929 (937).

Über die Höhe der angemessenen Lizenz entscheidet das Gericht gemäß § 287 Abs. 1 ZPO nach freier Überzeugung (BGH GRUR 2000, 685 (687) li.Sp. – Formunwirksamer Lizenzvertrag; BGH GRUR 1962, 401 (402) – Kreuzbodenventilsäcke III; BGH GRUR 1993, 897 (898) – Mogulanlage; BGH GRUR 1995, 578 (579) – Steuereinrichtung II). Fraglich ist, ob bei der Ermittlung des angemessenen Lizenzbetrages Entwicklungen zu berücksichtigen sind, die sich bis zum Schluss des Verletzungszeitraumes eingestellt haben. Zu dieser Streitfrage vgl. Benkard PatG/*Grabinski/Zülch* § 139 Rn. 64.

10. Mit diesen Ausführungen wird zur besonderen wirtschaftlichen Bedeutung des Klagepatents Stellung genommen (→ Anm. 9).

11. Zur Bedeutung von Lizenzsätzen, die der Patentinhaber mit anderen Dritten vereinbart hat, → Anm. 9.

12. Diese Ausführungen im Textbeispiel belegen die besondere wirtschaftliche und technische Bedeutung des Klagepatents, → Anm. 9.

13. Zu weiteren Erwägungen betreffend die Bestimmung der Lizenzhöhe und der Berechnungsmethode der Lizenzanalogie → Anm. 9 und *Mes* PatG § 139 Rn. 132 ff. Schwierigkeiten ergeben sich insbesondere aus der Ermittlung der Bezugsgröße, wenn die patentverletzende Vorrichtung lediglich Teil einer umfassenderen Vorrichtung ist (dazu vgl. *Mes* PatG § 139 Rn. 143). Bei solchen zusammengesetzten Vorrichtungen, von denen nur ein Teil patentverletzend ist, ist zur Ermittlung der Bezugsgröße entscheidend auf die wirtschaftliche Bedeutung der Erfindung abzustellen. Ebenso bedeutsam ist die Ermittlung einer zweckmäßigen Abrechnungsgrundlage. Dabei ist es hilfreich, darauf abzustellen, wie vernünftige Vertragsparteien den Gegenstand der Lizenzermittlung bestimmt hätten. Ferner ist es bedeutsam, ob die Gesamtvorrichtung üblicherweise als Ganzes geliefert wird oder ob sie durch den geschützten Teil eine Wertsteigerung erhält (BGH GRUR 1995, 578 (579) – Steuereinrichtung II). Je nach Bezugsgröße – Gesamtvorrichtung oder nur Teil derselben – ist selbstverständlich auch die zu ermittelnde Lizenz entweder niedriger (wenn auf die Gesamtvorrichtung bezogen) oder höher (wenn nur auf einen Teil der Vorrichtung abgestellt wird).

14. Beweisantritt durch (gerichtliches) Sachverständigengutachten ist in der Praxis sehr häufig. Als Gutachter kommen insbesondere Patentanwälte auf dem einschlägigen Fachgebiet in Betracht. Sie haben auf Grund ihrer beruflichen Erfahrungen einen guten Überblick über die angemessenen Lizenzsätze.

Weniger hilfreich (in der Praxis jedoch immer noch genutzt) ist ein Hinweis auf die Richtlinien für die Vergütung von Arbeitnehmererfindungen im privaten Dienst vom 20.6.1959 in der Fassung der Richtlinie zur Änderung der Richtlinie für die Vergütung von Arbeitnehmererfindungen im privaten Dienst vom 1.9.1983 (Bundesanzeiger Nr. 169 vom 9.9.1983, und zwar dort Nr. 6–11). RL 10 enthält Anhaltspunkte für die Bestimmung des Lizenzsatzes in den einzelnen Industriezweigen.

25. Klage wegen Patentberühmung

Landgericht

...... Zivilkammer (Patentkammer)[1]

......

Klage

25. Klage wegen Patentberühmung C. 25

der Firma A

– Klägerin –

– Prozessbevollmächtigter: RA . . . . . . –

gegen

die Firma B

– Beklagte –

wegen: Patentberühmung

Streitwert: vorläufig geschätzt . . . . . . EUR[2]

Namens und in Vollmacht der Klägerin erhebe ich Klage und beantrage,

1. die Beklagte zu verurteilen,[3]
der Klägerin Auskunft zu erteilen, auf welches Patent, im Falle des Bestehens mehrerer Patente, auf welche Patente sich die Bezeichnung „Patent" bzw. „Patente" bezieht, die die Beklagte im Zusammenhang mit dem Vertrieb und dem Feilhalten von Vorrichtungen zum Abscheiden von Sand aus mit Sand und organischen Stoffen belastetem Abwasser, bestehend aus einem stehenden Behälter mit einem Überlauf für das mit organischen Stoffen belastete Abwasser und mit einem an eine untere Austragsöffnung des Behälters angeschlossenen Austragsförderer benutzt;
2. der Beklagten die Kosten des Rechtsstreits aufzuerlegen;[4]
3. das Urteil – gegebenenfalls gegen Sicherheitsleistung (Bank- oder Sparkassenbürgschaft) – für vorläufig vollstreckbar[4] zu erklären;
hilfsweise der Klägerin nachzulassen, die Zwangsvollstreckung wegen der Kosten gegen Sicherheitsleistung (Bank- oder Sparkassenbürgschaft) abzuwenden.

Begründung:

1. Die Klägerin stellt her und vertreibt Vorrichtungen zum Abscheiden von Sand aus mit Sand und organischen Stoffen belastetem Abwasser. Sie befindet sich dabei in einem Wettbewerbsverhältnis[5] unmittelbar zu der Beklagten, die gleichartige Vorrichtungen anbietet und vertreibt.
2. Die Klägerin hat soeben feststellen müssen, dass die Beklagte im Zusammenhang mit ihren Vorrichtungen in einem Werbeprospekt, von dem ich eine Kopie als
Anlage K 1
überreiche, sich des Bestehens von Patenten berühmt.[6] So heißt es in dem Prospekt gemäß Anlage K 1 ua:
„Unsere Vorrichtungen zum Abscheiden von Sand aus mit Sand und organischen Stoffen belastetem Abwasser bestehen aus einem stehenden Behälter mit einem Überlauf für das mit organischen Stoffen belastete Abwasser und mit einem an eine untere Austragsöffnung des Behälters angeschlossenen Austragsförderer. Für diese Vorrichtungen haben wir Patentschutz erwirkt."
An einer anderen Stelle des gleichen Prospektes gemäß Anlage K 1 heißt es:
„Die innovative Leistung unserer Vorrichtung zum Abscheiden von Sand aus mit Sand und organischen Stoffen belastetem Abwasser ist durch Patente geschützt."
3. Der mit Klageantrag 1. geltend gemachte Auskunftsanspruch findet seine Grundlage in § 146 Abs. 1 PatG.[7] Danach ist derjenige, der Gegenstände oder ihre Verpackung mit einer Bezeichnung versieht, die geeignet ist, den Eindruck zu erwecken, dass die Gegenstände durch ein Patent geschützt sind oder wer in öffentlichen Anzeigen, auf Aushängeschildern, auf Empfehlungskarten oder in ähnlichen Kundgebungen[8] eine

Bezeichnung solcher Art verwendet, verpflichtet, jedem, der ein berechtigtes Interesse an der Kenntnis der Rechtslage hat, auf Verlangen Auskunft darüber zu geben, auf welches Patent oder auf welche Patentanmeldung sich die Verwendung der Bezeichnung stützt.

Die Klägerin hat die Beklagte außergerichtlich zu einer entsprechenden Auskunft aufgefordert. Diese wurde ihr von der Beklagten verweigert. Infolgedessen ist Klage geboten.[9]

4. Es handelt sich um eine patentrechtliche Streitigkeit,[10] so dass sich die Zuständigkeit des angerufenen Gerichts auf Grund der Tatsache ergibt, dass die Beklagte ihren Sitz im Land ...... hat; im Übrigen vertreibt die Beklagte den Prospekt gemäß Anlage K 1 auch bundesweit.

Rechtsanwalt

Schrifttum: *Barth/Wolhändler*, Werbung mit Patentschutz, Mitt. 2006, 16; *Bogler*, Werbung mit Hinweisen auf zukünftige oder bestehende Patente, DB 1992, 413; *Bornkamm*, Die Werbung mit der Patentanmeldung, GRUR 2009, 227; *Bulling*, Patentausschlussrecht in der Werbung, 2002; *Bulling*, Werbung mit unveröffentlichten Patentanmeldungen, Mitt. 2008, 60; *Geißler*, Patent und § 3 UWG, GRUR 1973, 506; *Hubbuch*, Der Schutzhinweis, GRUR 1975, 481; *Lambsdorff/Hamm*, Zur wettbewerbsrechtlichen Zulässigkeit von Patent-Hinweisen, GRUR 1985, 244; *Lambsdorff/Skora*, Die Werbung mit Schutzrechtshinweisen, 1977; *Radmann*, Ansprüche aufgrund unberechtigter Patentberühmung – Ein Fall für die Patentstreitkammer?, Mitt. 2005, 150; *Ullmann*, Die Berühmung mit einem Patent, FS Schilling, 2007, S. 385 ff; *von Gravenreuth*, Geschichtliche Entwicklung und aktuelle Probleme zum Auskunftsanspruch nach einer Schutzrechtsberühmung, Mitt. 1985, 207.

Anmerkungen

1. Die rechtliche Grundlage für den Auskunftsanspruch bei Patentberühmung findet sich in § 146 PatG. Diese Bestimmung begründet ein gesetzliches Schuldverhältnis zwischen dem, der sich des Patentschutzes berühmt, und jedem, der ein berechtigtes Interesse an der Auskunft hat (LG Düsseldorf GRUR-RR 2002, 185 – Schadensersatz wegen falscher Auskunft). Infolgedessen handelt es sich um eine Patentstreitsache im Sinne des § 143 Abs. 1 PatG. Insoweit ergibt sich die ausschließliche Zuständigkeit der Landgerichte für Patentstreitsachen. Zu Einzelheiten betreffend die sachliche und örtliche Zuständigkeit → Form. C.5 Anm. 1, 2.

2. Auch bei einer Patentberühmungsklage ist die Höhe des Streitwerts gemäß § 3 ZPO zu ermitteln. Maßgeblich sind einerseits das Auskunftsinteresse des Klägers, andererseits die Bedeutung der Patentberühmung und der sich daraus ergebende Wettbewerbsvorsprung der Beklagten. Regelmäßig liegt der Streitwert für eine Patentberühmungsklage in der Größenordnung von 10.000 bis 25.000 EUR.

3. Der Anspruch auf Auskunftserteilung muss den Gegenstand der Auskunftspflicht so konkret wie möglich bezeichnen. Inhalt der Auskunftspflicht ist die Patentberühmung. Diese umschließt zugleich auch den Gegenstand, hinsichtlich dessen sie erfolgt.

4. Die Anträge zu den Nebenentscheidungen sind an sich überflüssig, werden jedoch in der Praxis ständig gestellt. Sie haben jedenfalls „Erinnerungswert".

5. An sich ist das Bestehen eines Wettbewerbsverhältnisses nicht unmittelbare Tatbestandsvoraussetzung des § 146 PatG. Vielmehr ist nach dem Inhalt dieser Bestimmung jedermann aktivlegitimiert, Auskunft zu verlangen, sofern eine öffentliche Patentberühmung vorliegt. Die Bestimmung begründet ein gesetzliches Schuldverhältnis, auf Grund dessen

25. Klage wegen Patentberühmung

jeder, der ein berechtigtes Interesse an der Auskunft hat, gegenüber jedem, der sich des Patentschutzes berühmt, den Anspruch auf Auskunft geltend machen kann (LG Düsseldorf GRUR-RR 2002, 185 – Schadensersatz wegen falscher Auskunft). Es kann sich dabei auch um einen Wirtschaftsverband handeln (LG Düsseldorf MD 2004, 254 (257)). Wird durch den Auskunftsverpflichteten schuldhaft eine falsche oder unvollständige Auskunft erteilt, so steht dem Gläubiger, wenn ihm dadurch ein Schaden entstanden ist, ein Schadensersatzanspruch zu (LG Düsseldorf GRUR-RR 2002, 185 – Schadensersatz wegen falscher Auskunft). Tatbestandliche Voraussetzung des § 146 PatG ist das Vorhandensein eines berechtigten Interesses auf den Erhalt der Auskunft. Ein derartiges berechtigtes Interesse liegt insbesondere bei den Mitbewerbern vor. Denn ihnen gegenüber hat die Patentberühmung **warnende** Funktion (BGH GRUR 1985, 520 (521) – Konterhauben-Schrumpfsystem). Diese tritt neben die vorhandene **werbende** Wirkung (BGH GRUR 1966, 92 – Bleistiftabsätze; OLG München Mitt. 1998, 479 – Werbung mit „patentrechtlich bzw. patentamtlich geschützt"). Patentberühmungen begründen bei einem erheblichen Teil der Verkehrsteilnehmer die Vorstellung, es liege eine „Erfindung" und damit ein Erzeugnis besonderer Qualität vor. Das ist von erheblicher Bedeutung für die Kaufentscheidung (OLG München Mitt. 1998, 479 (480) – Werbung mit „patentrechtlich bzw. patentamtlich geschützt"). Zur wettbewerbsrechtlichen Bewertung von Patentberühmungen vgl. *Mes* PatG § 146 Rn. 15 ff.

6. Ausdrucksformen der Patentberühmung können insbesondere folgende Bezeichnungen (eines Gegenstandes, einer Verpackung oder sonst wie in der Werbung) sein: „Patent", „patentiert", „patentgeschützt"; ferner auch in Form von Abkürzungen „DBP", „DE", ferner „EP" oder „EU", „EPÜ-Patent" oder „EPÜ", „Europa-Patent", „Internationales Patent", „International patentiert" (OLG Stuttgart NJW 1990, 3097), „patented" (BGH GRUR 1984, 741 – patented) uä. § 146 PatG schützt auch gegen unzutreffende Patentanmeldungsberühmungen, wie zB „zum deutschen (europäischen) Patent angemeldet", „Patentanmeldung" und „patent-pending" (LG Düsseldorf Mitt. 1991, 93).

7. Sachliche Voraussetzungen des Auskunftsanspruchs gemäß § 146 PatG:
a) Patentberühmung entsprechend → Anm. 6;
b) öffentlich, nämlich entweder auf dem Gegenstand selbst, auf der Verpackung oder in sonstigen öffentlichen Verlautbarungen (zB Anzeigen, Aushängeschilder, Empfehlungskarten, Werbeunterlagen, insbesondere auch Verlautbarungen im Internet, dazu LG München I Mitt. 2009, 414 – Patentberühmung durch Link). Gegensatz: Hinweis nur gegenüber dem Benutzer einer schon angelieferten Maschine (OLG Karlsruhe GRUR 1984, 106), in Form eines Hinweisschreibens oder einer Abmahnung bei Patentverletzung. Ob eine nur mündliche Patentberühmung den Auskunftsanspruch des § 146 PatG auslöst, ist streitig (bejahend: Benkard PatG/*Ullmann/Deichfuß* § 146 Rn. 6). Ist eine mündliche Berühmung nur gegenüber einem einzelnen Kunden/Interessenten erfolgt, wird es am Merkmal der Öffentlichkeit fehlen (BGHZ 13, 210 (215) – Prallmühle I; OLG Karlsruhe GRUR 1984, 106 (107));
c) Aktivlegitimation: jedermann, der ein berechtigtes Interesse hat → Anm. 5;
d) Passivlegitimation: derjenige, der sich des Patents bzw. der Anmeldung berühmt hat. Das ist regelmäßig nur derjenige, der Gegenstände oder ihre Verpackung mit der Bezeichnung versehen hat oder die Bezeichnung in öffentlichen Kundgebungen verwendet hat, nicht jedoch der Händler, der nur die Ware selbst vertreibt;
e) vorheriges Auskunftsverlangen ist Tatbestandsmerkmal. Dieses muss zur Schlüssigkeit der Klage vorgetragen werden;
f) Umfang der Auskunftspflicht: Sie beschränkt sich nur auf dasjenige Patent oder diejenige Patentanmeldung, die in der Patentberühmung angeführt ist. Weitergehende Auskunft über sonstige Schutzrechte kann nicht gefordert werden, insbesondere auch nicht über offengelegte Patentanmeldungen (BGHZ 13, 210 (217) – Prallmühle I; aA *Barth/Wolhändler* Mitt. 2006, 16). Allerdings: Der Inhalt der Auskunftspflicht entspricht dem Umfang der Schutzrechtsberühmung. Bezieht sich die Schutzrechtsberühmung nur

auf ein Patent bzw. nur auf eine Patentanmeldung, so kann auch nur über ein Patent bzw. eine Patentanmeldung Auskunft erlangt werden. Bezieht sich hingegen die Schutzrechtsberühmung auf mehrere Patente, so ist auch über diese Auskunft zu erteilen (OLG Karlsruhe GRUR 1984, 106 (108)). Dazu *Mes* PatG § 146 Rn. 12.

8. Ähnliche Kundgebung im Sinne des § 146 PatG ist auch jede Verlautbarung im Internet (LG München Mitt. 2012, 414 – Patentberühmung durch Link). Hat zB der Berühmende eine Unterlassungsverpflichtungserklärung abgegeben, so verstößt er gegen diese, wenn er durch einen Link von der eigenen Website auf diejenige eines rechtlich selbständigen Partnerunternehmens verweist und sich dort eine Patentberühmung befindet (LG München Mitt. 2012, 414 – Patentberühmung durch Link).

9. Die vorherige ergebnislose Aufforderung zur Auskunftserteilung ist anspruchsbegründendes Tatbestandsmerkmal. Dazu sowie zu den übrigen anspruchsbegründenden Merkmalen → Anm. 7.

10. Zur sachlichen und örtlichen Zuständigkeit gelten die allgemeinen Regelungen im Patentrecht. Siehe → Anm. 1, → Form. C.5 Anm. 1, 2.

26. Antrag auf Grenzbeschlagnahme patentverletzender Erzeugnisse (§ 142a PatG)

→ Form. B.22, → Form. F.14[1, 2, 3, 4, 5]

Schrifttum: *Beußel*, Die Grenzbeschlagnahme von Parallelimporten, GRUR 2000, 188; *Cordes*, Die Grenzbeschlagnahme in Patentsachen, GRUR 2007, 483; *Cremer*, Die Bekämpfung der Produktpiraterie in der Praxis, Mitt. 1992, 153 (164); *Eichelberger*, Das vereinfachte Verfahren zur Vernichtung rechtsverletzender Waren bei der Grenzbeschlagnahme nach der VO (EG) 1383/2003, Mitt. 2010, 281; *Hermsen*, Das neue europäische Grenzbeschlagnahmeverfahren, Mitt. 2006, 261; *Kather*, Die Grenzbeschlagnahme. Ein Segen gegen Piraten! Ein Alptraum für den vermeintlichen Verletzer?, FS Mes, 2009, 185; *Leitzen*, Innengemeinschaftlicher Transit, Markenverletzung und Produktpiraterie – zugleich Anm. zu BGH „Diesel" und EuGH „Class International/Colgate-Palmolive", GRUR 2006, 69; *Rinnert/Witte*, Anwendung der Grenzbeschlagnahmeverordnung auf Markenwaren in Zollverfahren, GRUR 2009, 29; *Schöner*, Die Bekämpfung der Produktpiraterie durch die Zollbehörden, Mitt. 1992, 180; *Weber*, Kostenerstattung und Störerhaftung im Grenzbeschlagnahmeverfahren am Beispiel des Markenrechts, WRP 2005, 961.

Materialien: EG-VO 1383/03 vom 22.7.2003 (PMZ 2003, 392), aufgehoben mit Wirkung zum 1.1.2014 durch Art. 38 Abs. 1 EU-VO 608/2013 vom 12.6.2013 (vgl. dort insbesondere die Konkordanztabelle der aufgehobenen und ersetzten Bestimmungen); EG-VO 1891/04 vom 21.10.2004 (ABl. EG Nr. 6328, S. 161).

Anmerkungen

1. Vom gesonderten Abdruck eines Antrages wird aus den in den nachstehenden Anmerkungen genannten Gründen Abstand genommen.
Anträge auf Tätigwerden der Zollbehörden bei der Ein- und Ausfuhr von schutzrechtsverletzenden Erzeugnissen sind im markenrechtlichen Teil als → Form. B.22 und im geschmacksmusterrechtlichen Teil als → Form. F.14 abgedruckt. Da die Anträge für jede Form der Einfuhr schutzrechtsverletzender Erzeugnisse identisch sind, kann auf diese Beispiele verwiesen werden.

26. Antrag auf Grenzbeschlagnahme patentverletzender Erzeugnisse C. 26

2. Zuständig für Grenzbeschlagnahmen ist die
Bundesfinanzdirektion Süd-Ost
Zentralstelle Gewerblicher Rechtsschutz
80284 München
Dienstgebäude:
Sophienstraße 6
80333 München.
Anträge auf ein Tätigwerden der Zollbehörden sind nunmehr nur noch online möglich. Über Einzelheiten gibt die Internet-Anschrift www.zoll.de mit dem Link „Gewerblicher Rechtsschutz" und „Antrag" bzw. „Antrag nach Gemeinschaftsrecht" Auskunft. Antragsberechtigt ist jeder Rechtsinhaber eines gewerblichen Schutzrechts. Der Antrag auf Tätigwerden wird elektronisch im Internet über das „Zentrale Datenbanksystem zum Schutz Geistiger Eigentumsrechte online (ZGR-online)" gestellt. Dazu ist eine einmalige Benutzerregistrierung erforderlich. Der Antragsteller wird durch benutzerspezifische Eingabemasken durch den Antrag geführt. Der Antrag muss allerdings sodann ausgedruckt und unterschrieben werden. Geschieht dies durch einen Rechts-/Patentanwalt, so ist eine gültige Vertretungsvollmacht beizufügen.

3. Fraglich ist, ob die Beschlagnahme gemäß § 142a PatG auch auf so genannte Parallelimporte anwendbar ist. Es handelt sich dabei um Sachverhalte, bei denen sich die Patentverletzung daraus ergibt, dass Waren mit Zustimmung des Schutzrechtsinhabers hergestellt und in den Verkehr gebracht worden sind, jedoch der weitere Vertrieb unerlaubt erfolgt, beispielsweise gegen lizenzvertragliche Verpflichtungen verstößt. Der Wortlaut des § 142a PatG lässt an sich die Grenzbeschlagnahme im Zusammenhang mit Parallelimporten zu. Allerdings wird es regelmäßig schwierig sein, gegenüber der Zollbehörde die Voraussetzung der **offensichtlichen Rechtsverletzung** gemäß § 142a Abs. 1 S. 1 PatG darzulegen. Denn die Verletzung vertraglicher Verpflichtungen ist nur selten „offensichtlich".

4. Ein Tätigwerden der Zollbehörden ist schon dann gerechtfertigt, wenn als „nachgeahmte Waren" oder als „unerlaubt hergestellte Waren" in Betracht kommende Erzeugnisse dem Anschein nach in das Gebiet der Union gelangen sollen (EuGH GRUR Int. 2012, 134 – Philips und Nokia).

Kosten und Gebühren

5. Keine für die Bearbeitung des Antrags.

D. Gebrauchsmusterrecht

1. Berechtigungsanfrage

Einschreiben/Rückschein[1, 2]

Firma B

– Geschäftsleitung –

(exakte Adresse)

Betr.: A GmbH ./. B GmbH

Mögliche Verletzung des deutschen Gebrauchsmusters DE-GM XYZ betreffend eine Verstelleinrichtung für einen Transformatorenschrank

Sehr geehrte Damen und Herren,

hiermit zeige ich an, dass ich zusammen mit Herrn Patentanwalt . . . . . .[3] (ggf. Kanzleibezeichnung, Ort) die A GmbH vertrete, die mich beauftragt hat, Ihnen in folgender Angelegenheit zu schreiben:

1. Meine Mandantin ist eingetragene und alleinverfügungsberechtigte Inhaberin des deutschen Gebrauchsmusters DE-GM XYZ betreffend eine Verstelleinrichtung für einen mit mindestens zwei schwenkbaren Lüftungsklappen ausgerüsteten Schrank oder dergleichen zur Aufnahme wärmeentwickelnder Vorrichtungen, wie zB Transformatoren.
Die Gebrauchsmusterschrift ist zu Ihrer Unterrichtung als Anlage 1 beigefügt. Der Gegenstand des Gebrauchsmusters ergibt sich insbesondere aus seinem Anspruch 1. Wir verweisen aber auch auf die Beschreibung und die Figuren. Das Gebrauchsmuster nach Anlage 1 ist aus sich heraus verständlich.

2. Meine Mandantin hat Kenntnis davon erlangt, dass Ihr Unternehmen auf der internationalen Fachmesse „. . . . . .", die vom . . . . . . bis . . . . . . in . . . . . . stattgefunden hat, einen Transformatorenschrank „Electromaster" als Neuheit ausgestellt und beworben hat. Mir liegt ein Werbeflyer zu diesem Transformatorenschrank vor, der auf der Messe an Interessenten verteilt wurde (vgl. Anlage 2).
Ich habe Sie davon zu unterrichten, dass dieses Erzeugnis sämtliche Merkmale zumindest des Hauptanspruchs, aber auch der Unteransprüche 2, 4 und 5 des beigefügten Gebrauchsmusters nach Anlage 1, wortlautgemäß erfüllt. Das bedarf auf Grund der Eindeutigkeit der Anspruchsfassung keiner näheren Erläuterung.[5]
Auf Grund dessen habe ich Sie aufzufordern, zu meinen Händen bis zum . . . . . .
mitzuteilen, auf Grund welcher Umstände Sie sich berechtigt sehen, das Schutzrecht meiner Mandantin zu benutzen. Sollte die Frist fruchtlos verstreichen, wird meine Mandantin davon ausgehen, dass Ihnen keine Rechtfertigungsgründe zustehen.[4]

Mit freundlichen Grüßen

Rechtsanwalt[6, 7]

Schrifttum: Kommentare: *Bühring,* Gebrauchsmustergesetz, 8. Auflage 2011; *Busse/Keukenschrijver,* Patentgesetz [auch Gebrauchsmustergesetz], 8. Auflage 2016; *Loth,* Gebrauchsmustergesetz, 2. Auflage, 2017; **Monografien:** *Kühnen,* Handbuch der Patentverletzung, 9. Auflage 2017; **Aufsätze:** *Breuer,* Der erfinderische Schritt im Gebrauchsmusterrecht, GRUR 1997, 11; *Goebel,* Gebrauchsmuster – Beschränkte Schutzansprüche und Kostenrisiko im Löschungsverfahren, Mitt. 1999, 833; *Goebel,* Schutzansprüche und Ursprungsoffenbarung – Der Gegenstand des Gebrauchsmusters im Löschungsverfahren, GRUR 2000, 477; *Goebel,* Nicht gangbare Differenzierung? – Zur gebrauchsmusterrechtlichen Erfindungshöhe nach der BGH-Entscheidung „Demonstrationsschrank", GRUR 2008, 301; *Haupt,* Territorialitätsprinzip im Patent- und Gebrauchsmusterrecht bei grenzüberschreitenden Fallgestaltungen, GRUR 2007, 187; *Hellwig,* Zur Änderung der Schutzansprüche eingetragener Gebrauchsmuster, Mitt. 2001, 102; *Hüttermann/Storz,* Jüngere Änderungen auf dem Gebiet des Gebrauchsmusterrechts, GRUR 2008, 230; *Kraßer,* Neuere Entwicklungen des Gebrauchsmusterrechts in Europa, GRUR 1999, 527; *Krieger,* Das deutsche Gebrauchsmusterrecht – Eine Bestandsaufnahme, GRUR Int. 1996, 354 ff.; *Nieder,* Anspruchsbeschränkungen im Gebrauchsmusterverletzungsprozeß, GRUR 1999, 222; *Pietzker,* Das Gebrauchsmusterrecht nach der Neuordnung des Patentgesetzes, GRUR 1982, 385 ff.; *Pietzker,* Die rechtliche und wirtschaftliche Bedeutung des Gebrauchsmusters, GRUR Int. 1986, 334; *Quodbach,* Mittelbarer Gebrauchsmusterschutz für Verfahren?, GRUR 2007, 357; *Starck,* Gebrauchsmusterrecht – Bemerkungen zur neueren Entwicklung der Rechtsprechung, GRUR 1982, 5 ff.; *Starck,* Aktuelle Fragen des Gebrauchsmusterrechts nach der Neuordnung des Patentrechts, GRUR 1983, 401 ff.; *Tronser,* Auswirkungen des Produktpirateriegesetzes vom 7. März 1990 auf das Gebrauchsmusterrecht, GRUR 1991, 10 ff.; *Trüstedt,* Gebrauchsmuster, GRUR 1980, 877; *Ullmann,* Die Verletzung von Patent und Gebrauchsmuster nach neuem Recht, GRUR 1988, 333; *Westendorp/Viktor,* Das Gebrauchsmuster – Eine schärfere Waffe als das Patent?, Mitt. 1998, 452; *Winkler,* Das neue Gebrauchsmustergesetz, Mitt. 1987, 3.

Anmerkungen

1. Die Berechtigungsanfrage (oder auch „Schutzrechtshinweis") ist eine keinen zwingenden Formvorschriften unterliegende Möglichkeit, vorprozessual mit nur geringen Risiken mit einem potentiellen Verletzer in Kontakt zu treten und einen Meinungsaustausch zu beginnen.

Sie kann sich anbieten, wenn eine Einigung mit dem potentiellen Verletzer möglich erscheint, aber auch, um durch den Meinungsaustausch im Falle einer Antwort auf die Berechtigungsanfrage Informationen über mögliche Verteidigungsargumente zu erfahren. Dies empfiehlt sich bei Gebrauchsmusterauseinandersetzungen in besonderem Maße. Der Grund dafür liegt in folgendem:

Ein Gebrauchsmuster ist ein ungeprüftes Schutzrecht, dh die Gebrauchsmusterstelle des Deutschen Patent- und Markenamts (DPMA) (vgl. § 10 Abs. 1 GebrMG) prüft lediglich die Einhaltung der formellen Anforderungen an die Gebrauchsmusteranmeldung (vgl. § 4 GebrMG sowie Benkard PatG/*Goebel* GebrMG § 4 Rn. 1 ff.), zudem auch, ob der Gegenstand der Anmeldung überhaupt gebrauchsmusterschutzfähig ist (so muss die angemeldete Lehre technischer Natur sein und es darf kein Ausschlussgrund im Sinne des § 1 Abs. 2 iVm Abs. 3 GebrMG oder § 2 GebrMG vorliegen).

Eine Recherche nach Stand der Technik und eine Prüfung der essentiellen Voraussetzungen des § 1 Abs. 1 GebrMG, namentlich auf Neuheit, erfinderische Tätigkeit und gewerbliche Anwendbarkeit, findet hingegen (anders als im Patentrecht) nicht statt (vgl. § 8 Abs. 1 S. 2 GebrMG). Eine solche Prüfung erfolgt vielmehr allenfalls in einem späteren Löschungsverfahren (vgl. §§ 15 ff. GebrMG) oder inzident in einem Verletzungsprozess (vgl. § 13 Abs. 1 GebrMG).

Diese Besonderheit des Gebrauchsmusterrechts hat den großen Vorteil, dass die Erteilung eines Gebrauchsmusters (im Vergleich zum Patent) relativ schnell herbeizuführen ist, also die Schutzwirkungen (vgl. § 11 GebrMG) alsbald nach Anmeldung durch die

1. Berechtigungsanfrage D. 1

Eintragung in die Gebrauchsmusterrolle eintreten und infolge dessen recht zügig gegen Verletzer vorgegangen werden kann.

Nachteilig ist daran jedoch, dass sich im Nachhinein (und das ist alles andere als selten) herausstellen kann, dass das Gebrauchsmuster nicht (oder jedenfalls nicht uneingeschränkt) rechtsbeständig ist. In einem solchen Fall kann sich eine Abmahnung aus einem Gebrauchsmuster (sei es nun direkt gegenüber dem Hersteller oder – im Wege einer sogenannten Abnehmerverwarnung – gegenüber seinen Abnehmern) als rechtswidriger Eingriff in den eingerichteten und ausgeübten Gewerbebetrieb darstellen. Gemäß § 823 Abs. 1 BGB löst eine unberechtigte Verwarnung nicht nur einen Unterlassungsanspruch aus (insbesondere bei Abmahnung Dritter), sondern auch – kommt wie idR Verschulden hinzu – einen Anspruch auf Ersatz des beim Abgemahnten entstandenen Schadens (vgl. im Einzelnen Benkard PatG/*Scharen* Vor §§ 9 bis 14 Rn. 13 ff. mwN; Benkard PatG/*Rogge/Grabinski* GebrMG § 24 Rn. 15 ff.; sehr ausführlich auch: *Köhler/Bornkamm/Feddersen* UWG § 4 Rn. 10.166 ff.; *Kühnen* Rn. 681 ff.; *Meier-Beck* GRUR 2005, 535). Der Schaden liegt zwar häufig nur in den beim Empfänger entstandenen Rechts- und/oder Patentanwaltskosten (namentlich in der je für einen Rechtsanwalt und einen Patentanwalt angefallenen Geschäftsgebühr gemäß VV 2400 RVG). Diese können aber je nach Gegenstandswert und Gebührenfaktor erheblich ausfallen und sind für einen Rechtsanwalt und einen Patentanwalt auszugleichen. Bei Abnehmerverwarnungen können nun auch Schäden des Herstellers/Lieferanten hinzukommen.

Neben eigenen Recherchen nach dem in Frage kommenden Stand der Technik (vorzugsweise durch einen Patentanwalt, der bereits auch die Gebrauchsmusteranmeldung vornehmen sollte, oder einen Rechercheur), durch eine Amtsrecherche nach § 7 GebrMG, die auf Antrag (gebührenpflichtig) vom DPMA durchgeführt wird und entsprechend gebührenpflichtige Recherchen bei anderen Patentämtern bietet sich die Berechtigungsanfrage an um im Falle einer substantiierten Antwort seitens des Empfängers zumindest den von diesem recherchierten Stand der Technik zu erfahren.

Aber auch dann, wenn die Schutzfähigkeit des Gebrauchsmusters hinreichend gesichert erscheint, können dem vermeintlichen Verletzer Rechtfertigungsgründe zur Seite stehen, so zB ein innerbetriebliches Vorbenutzungsrecht gemäß § 13 Abs. 3 GebrMG in Verbindung mit § 12 PatG.

Darüber hinaus kann es vorkommen, dass nicht alle Einzelheiten zur Verletzungsform bekannt sind oder entgegen einer ersten Einschätzung die vermeintliche Verletzungsform vom Wortlaut der Schutzansprüche des Gebrauchsmusters abweicht, so dass zB nicht sämtliche Merkmale insbesondere des Hauptanspruchs erfüllt oder zumindest nicht wortsinngemäß erfüllt sind. Zwar sollte sich der beauftragte Rechtsanwalt immer ein eigenes Bild vom Verletzungstatbestand angesichts der ihm vorgelegten Beweismittel – vorzugsweise eines Originals der Verletzungsform, zumindest aber aussagekräftiger Fotografien/Zeichnungen davon und/oder diesbezüglicher Werbemittel wie Prospekte oder dergleichen – machen, weil Schutzrechtsinhaber oftmals voreilig geneigt sind, die Verletzung ihres Schutzrechts zu proklamieren.

Um das Risiko einer unberechtigten Verwarnung oder einer unbegründeten Klage zu minimieren, empfiehlt es sich daher, gerade vor einer Abmahnung aus einem Gebrauchsmuster eine sogenannte Berechtigungsanfrage (auch Schutzrechtshinweis genannt) an den vermeintlichen Verletzer zu richten (vgl. Benkard PatG/*Scharen* Vor §§ 9 bis 14 Rn. 14 mwN; *Bruchhausen* Mitt. 1969, 286 (290); *Brandi-Dohrn* GRUR 1981, 679 ff.; *Ullmann* GRUR 2001, 1027).

Die Berechtigungsanfrage unterliegt dabei keinen Formerfordernissen. Sie muss jedoch nach deutschem Recht so formuliert sein, dass sie nicht als Abmahnung angesehen werden kann. Sie darf damit aus Sicht des Empfängers weder ausdrücklich noch konkludent ein Unterlassungsverlangen und die Androhung gerichtlicher Schritte beinhalten, da sie sonst alle rechtlichen Wirkungen einer Abmahnung mit sich bringt und für

Deutschland das Feststellungsinteresse für eine negative Feststellungsklage begründet. Aber auch eine sonstige Anspruchsberühmung muss vermieden werden, da auch diese das Feststellungsinteresse für eine negative Feststellungsklage in Deutschland begründen kann (BGH GRUR 2011, 995 – Anforderungen an wirksame Schutzrechtsverwarnung). Wichtig ist, dass im Ausland (zB Italien) das Feststellungsinteresse für eine negative Feststellungsklage auch ohne eine Anspruchsberühmung begründet wird (Torpedo-Gefahr).

In der hier vorgeschlagenen Form unterliegt es keinem Zweifel, dass die Berechtigungsanfrage lediglich der Anbahnung des Meinungsaustausches dient, also noch keinen Eingriff in den eingerichteten und ausgeübten Gewerbebetrieb des vermeintlichen Verletzers darstellt. Sie kann somit noch keinen Anspruch auf Unterlassung (der weiteren Behauptung der Gebrauchsmusterverletzung) und insbesondere auf Schadenersatz auslösen. Durch die bloße Berechtigungsanfrage entsteht daher noch kein Anspruch auf Erstattung der dem vermeintlichen Verletzer durch die Beantwortung der Berechtigungsanfrage möglicherweise entstehenden Kosten (in Gestalt von Rechtsanwalts- und/oder Patentanwaltsgebühren), falls in Wahrheit keine Schutzrechtsverletzung vorliegt.

Dies gilt, was den möglichen Eingriff in den Geschäftsbetrieb anbelangt, grundsätzlich auch, wenn der Adressat der Berechtigungsanfrage ein Abnehmer ist, selbst wenn der Lieferant vorher nicht kontaktiert wurde (OLG Düsseldorf Urt. v. 7.8.2014 – I-2 U 9/14) oder dem Abnehmer eine Kopie der Berechtigungsanfrage gesendet wird (OLG Düsseldorf GRUR Prax 2012, 352). Bei Anschreiben an Abnehmer sind jedoch die berechtigten Interessen des Lieferanten an seinen Kundenbeziehungen zu berücksichtigen, so dass eine Berechtigungsanfrage als wettbewerbswidrig gewertet werden kann, wenn sie irreführend ist, insbesondere, wenn sie nicht über alle bekannten Gesichtspunkte aufklärt, wie anhängige Nichtigkeitsverfahren oä (BGH GRUR 2009, 878 – Fräsautomat; OLG Karlsruhe GRUR-RR 2008, 197 – Berechtigungsanfrage als irreführende Werbung).

Die geringen Risiken einer Berechtigungsanfrage sind aber auch mit nur begrenzten Vorteilen verbunden. Das Kostenrisiko nach § 93 ZPO eines sofortigen Anerkenntnisses wird durch sie nicht ausgelöst. Genauso wenig muss der Empfänger, selbst wenn die Verletzung eines schutzfähigen Gebrauchsmusters gegeben ist, Kosten erstatten. Und sollte eine Antwort des Empfängers ausbleiben oder inhaltlich nicht befriedigend sein, bedeutet dies für den Empfänger keine relevanten Nachteile.

2. Die Versendung einer Berechtigungsanfrage per Einschreiben/Rückschein oder zumindest vorab per Telefax hat den Vorteil, dass sich später der Zugang nachweisen lässt. Dies kann in Fällen interessant sein, in denen über ein Verschulden des potentiellen Verletzers, zumeist ein Unternehmen, und insbesondere der Geschäftsführer des potentiellen Verletzers diskutiert wird.

3. Die Mitwirkung eines Patentanwalts sollte in Gebrauchsmustersachen (nicht anders als in Patentsachen) die Regel sein, zumal die Anmeldung des Gebrauchsmusters in den allermeisten Fällen ohnehin schon durch den Patentanwalt und vielfach durch ihn auch die Mandatsvermittlung erfolgt. Der Patentanwalt kann bei der Klärung technischer Fragen Hilfestellung leisten, etwaige Einwände des Verletzers technischer Art auf Stichhaltigkeit überprüfen und insbesondere Einwänden gegen den Rechtsbestand begegnen. Die Kosten für die Mitwirkung des Patentanwalts in einer Gebrauchsmusterstreitsache sind nach Gesetz in voller Höhe (entsprechend § 2 RVG) vom Mandanten zu erstatten, wobei es für die gerichtliche Tätigkeit keines Nachweises für die Notwendigkeit der Mitwirkung bedarf (vgl. § 27 Abs. 5 GebrMG). Die außergerichtliche Tätigkeit des Patentanwalts neben einem Rechtsanwalt wird über Mandatsvereinbarungen geregelt (s. auch Thema der Erstattungsfähigkeit der Kosten der Doppelvertretung bei der Abmahnung → Form. D.2 Anm. 26).

1. Berechtigungsanfrage

4. Je nachdem, was mit der Berechtigungsanfrage erreicht werden soll, bietet es sich an sowohl die technische Lehre des Gebrauchsmusters als auch seine Schutzfähigkeit und den Verletzungstatbestand detaillierter darzustellen. Dies veranlasst den Empfänger häufig, sich in seinem Antwortschreiben mit den vorgebrachten Argumenten auseinanderzusetzen. Mögliche Verteidigungsargumente werden dann deutlicher und es kann fundierter über das weitere Vorgehen entschieden werden. Auch bei Anschreiben an Abnehmer sollten die bekannten Details des Falles erläutert werden (vgl. zu einer ausführlichen Berechtigungsanfrage → Form. C.1).

5. Erfolgt keine Antwort auf die Berechtigungsanfrage oder nur eine solche, die das Risiko einer weitergehenden Inanspruchnahme ausschließt oder jedenfalls hinnehmbar erscheinen lässt, wird es sodann der klassischen Abmahnung (→ Form. D.2) gleichwohl noch bedürfen, um nicht im Falle der sofortigen Klageerhebung der Kostenlast des § 93 ZPO (sofortiges Anerkenntnis) ausgesetzt zu sein.

6. Für eine Berechtigungsanfrage besteht kein Anwaltszwang. Das Auftreten eines Patentanwaltes, noch mehr dasjenige eines Rechtsanwaltes verdeutlicht dem Empfänger jedoch den Ernst der Lage und kann zu einer detaillierteren Antwort führen. Gerade aber in unsicheren Fällen kann es sich auch anbieten, den Druck am Anfang geringer anzusetzen und eine vorformulierte Berechtigungsanfrage durch den Mandanten versenden zu lassen.

Kosten und Gebühren

7. Bereits der Berechtigungsanfrage sollte eine sehr eingehende Prüfung der Sach- und Rechtslage durch den bearbeitenden Rechtsanwalt vorausgehen. Da das Gebrauchsmusterrecht (nicht anders als das Patentrecht) besondere Spezialkenntnisse sowie zudem – abgesehen von ganz einfach gelagerten Fällen – auch besonderes technisches Verständnis voraussetzt, wird es daher im Regelfall gerechtfertigt sein, die 1,3 Schwellengebühr gemäß VV 2300 RVG zu überschreiten und dem Mandanten wenigstens eine 1,5-fache Geschäftsgebühr bereits für die Ausarbeitung und Absendung der Berechtigungsanfrage in Rechnung zu stellen. Unter Berücksichtigung des anwaltlichen Ermessens gemäß § 14 Abs. 1 S. 1 RVG wird man selbst in normalen Fällen sogar bis zu einer 1,8-fachen Geschäftsgebühr abrechnen können (so jedenfalls nach der Rechtsprechung des LG Düsseldorf (der das LG Mannheim nicht folgt), vgl. InstGE 6, 37 (38 ff.) – Abmahnkostenerstattung bei Patentverletzung). Der mitwirkende Patentanwalt erhält analog dieselbe Gebühr (vgl. LG Düsseldorf InstGE 6, 37 (40)).

Die der Berechtigungsanfrage möglicherweise nachfolgende Abmahnung (→ Form. D.2) löst dann aber keinen weiteren Gebührentatbestand aus. Berechtigungsanfrage und nachfolgende Abmahnung bilden vielmehr einen einheitlichen Gebührentatbestand.

Ergibt die Prüfung der Sach- und Rechtslage beim Empfänger der Berechtigungsanfrage, dass der Tatbestand der Gebrauchsmusterverletzung nicht in Abrede gestellt werden kann und erfolgt auf Grund dessen unaufgefordert eine den Schutzrechtsinhaber vollumfänglich klaglos stellende Unterlassungserklärung, besteht kein Kostenerstattungsanspruch. Genauso wenig stellt die Antwort auf eine unberechtigte Berechtigungsanfrage ein Geschäft des Anfragenden dar, so dass sie ebenfalls keinen Kostenanspruch auslöst (LG München I InstGE 6, 117 – Kosten der Gegenabmahnung auf Berechtigungsanfrage).

2. Abmahnung wegen Gebrauchsmusterverletzung

Einschreiben/Rückschein[1]

Firma B

– Geschäftsleitung –

z.Hd. Herrn Karl B

(genaue Adresse)

Betr.: A ./. B

Verletzung des deutschen Gebrauchsmusters DE-GM XYZ

Sehr geehrte Damen und Herren,

hiermit zeige ich an, dass ich zusammen mit Herrn Patentanwalt[2] . . . . . . (ggf. Kanzleibezeichnung, Ort) die A GmbH vertrete. Namens und kraft beigefügter Vollmacht[3] meiner Mandantin habe ich Ihnen folgendes mitzuteilen:

1. Meine Mandantin ist ausweislich der beigefügten Druckschrift eingetragene und alleinverfügungsberechtigte Inhaberin des deutschen Gebrauchsmusters XYZ betreffend eine Verstelleinrichtung für einen mit mindestens zwei schwenkbaren Lüftungsklappen ausgerüsteten Schrank oder dergleichen zur Aufnahme wärmeentwickelnder Vorrichtungen, wie zB Transformatoren. Die Gebrauchsmusterschrift ist zu Ihrer Unterrichtung als Anlage 1 beigefügt. Dass das Schutzrecht in Kraft steht und meine Mandantin eingetragene Inhaberin ist, können Sie dem aktuellen Registerauszug zu dem Gebrauchsmuster XYZ entnehmen (Anlage 2).
   Der Gegenstand des Gebrauchsmusters ergibt sich insbesondere aus seinem unabhängigen Anspruch 1. Wir verweisen auch auf die Beschreibung und die Figuren. Der Inhalt der Gebrauchsmusterschrift ist auf dieser Basis aus sich heraus verständlich und bedarf Ihnen gegenüber als Fachunternehmen keiner näheren Erläuterung.[4]

2. Unsere Mandantin ist darauf aufmerksam geworden, dass Sie auf der internationalen Fachmesse „. . . . . .", die vom . . . . . . bis . . . . . . in . . . . . . stattgefunden hat, einen Transformatorenschrank „Electromaster" als Neuheit Ihres Unternehmens ausgestellt und beworben haben. Mir liegt ein Werbeflyer zu diesem Transformatorenschrank vor, der auf der Messe an Interessenten verteilt wurde (vgl. Anlage 3).
   Vergleicht man Ihren Transformatorenschrank „Electromaster" mit Anspruch 1 des Gebrauchsmusters nach Anlage 1 wird deutlich, dass er von sämtlichen Merkmalen des Anspruchs 1 wortlautgemäß Gebrauch macht.

3. Auf Grund dessen haben Sie in das meiner Mandantin zustehende Ausschließlichkeitsrecht gemäß § 11 GebrMG eingegriffen, woraus ein Anspruch auf Unterlassung gemäß § 24 Abs. 1 GebrMG folgt.[5]
   Da Sie als Fachunternehmen gehalten gewesen wären, sich über etwaige, entgegenstehende Schutzrechte Dritter zu informieren, haben Sie auch schuldhaft gehandelt, und zwar zumindest in Form einfacher Fahrlässigkeit. Auf Grund dessen haften Sie gemäß § 24 Abs. 2 GebrMG auch auf Schadenersatz.[6]
   Um meiner Mandantin zu ermöglichen, den ihr entstandenen Schaden zu beziffern, sind Sie nach ständiger Rechtsprechung verpflichtet, Rechnung über den Umfang der rechtsverletzenden Handlungen zu legen. Zudem schulden Sie nach § 24b GebrMG

2. Abmahnung wegen Gebrauchsmusterverletzung D. 2

Auskunft über die Herkunft und den Vertriebsweg des betreffenden Erzeugnisses unter Belegvorlage.[7]
Nach § 24a Abs. 1 GebrMG sind Sie ferner zur Vernichtung[8] der in Ihrem Besitz und/oder Eigentum befindlichen gebrauchsmusterverletzenden Gegenstände verpflichtet. Zur Vorbereitung der Vernichtung, aber auch zur Verhinderung weiterer Verletzungen im Markt sind Sie darüber hinaus gemäß § 24 Abs. 2 GebrMG auch zum Rückruf[9] der an Ihre Kunden ausgelieferten Erzeugnisse verpflichtet.
Schließlich sind Sie unter dem Gesichtspunkt des Schadenersatzes bzw. der Geschäftsführung ohne Auftrag verpflichtet, meiner Mandantin die ihr durch meine Einschaltung sowie die Einschaltung des Patentanwalts . . . . . . entstandenen Kosten zu erstatten.[10]
Diese Ansprüche werden hiermit geltend gemacht.[11]

4. Meine Mandantin ist nicht bereit, die von Ihnen begangenen Rechtsverletzungen weiter zu dulden. Sie hat uns jedoch ermächtigt, Ihnen Gelegenheit zu bieten, die Angelegenheit außergerichtlich zu klären. Dazu sind von Ihnen die vorbezeichneten Ansprüche unserer Mandantin vollumfänglich anzuerkennen und dementsprechend eine der beigefügten Verpflichtungserklärung entsprechende Erklärung zu meinen Händen bis spätestens zum

. . . . . . [12]

zurückzusenden. Eine Übermittlung vorab per Telefax oder E-Mail wird als fristwahrend akzeptiert, wenn das Original kurzfristig nachgereicht wird. Verstreicht die Frist fruchtlos oder erkennen Sie innerhalb dieser Frist nicht alle meiner Mandantin zustehenden Ansprüche an, werde ich dieser raten, ohne weitere Ankündigung die erforderlichen, gerichtlichen Maßnahmen zu ergreifen.

Mit freundlichen Grüßen

Rechtsanwalt

Anlage: Verpflichtungserklärung[13]

Verpflichtungserklärung

Die B GmbH, vertreten durch ihren Geschäftsführer, Herrn Karl B., (Adresse), sowie Herr Karl B.

verpflichten sich – jeder für sich und gemeinschaftlich – gegenüber

der A GmbH, (Adresse),

1. es bei Meidung einer für jeden Fall der Zuwiderhandlung unter Ausschluss des Fortsetzungszusammenhangs oder der Handlungseinheit fällig werdenden Vertragsstrafe von 10.000 EUR (in Worten: zehntausend EUR), mindestens jedoch 1.000 EUR (in Worten: eintausend EUR) pro Vorrichtung und 5.00 EUR für jedes Werbemedium oder jeden Tag einer Internetwerbung zu unterlassen,[14]
Verstelleinrichtungen für einen mit mindestens zwei schwenkbaren Lüftungsklappen ausgerüsteten Schrank oder dergleichen zur Aufnahme wärmeentwickelnder Vorrichtungen, wie zB Transformatoren, bei denen die einzelnen Lüftungsklappen jeweils durch einen elektromotorischen Stelltrieb verstellbar sind, der eine Stellspindel und eine darauf aufgeschraubte Stellmutter aufweist,
im Geltungsbereich des deutschen Gebrauchsmusters XYZ herzustellen, anzubieten, in Verkehr zu bringen oder zu gebrauchen oder zu den genannten Zwecken einzuführen oder zu besitzen,[15]
bei denen wenigstens die Stelltriebe in einem eigenen, kastenartigen Gehäuse angeordnet sind, wobei die Stellspindeln einander gegenüberliegend den Stirnwänden zuge-

wandt liegen, in dem Gehäuse Führungen für die Stellmuttern vorgesehen sind, zumindest die Innenflächen der Seitenwände des Gehäuses Rastmittel zur Festlegung der Stelltriebe aufweisen, und die Stelltriebe mittels einer Steuereinheit gemeinsam oder unabhängig voneinander betätigbar sind;

2. der A GmbH darüber Auskunft zu erteilen, in welchem Umfang sie die vorstehend zu Ziffer 1. bezeichneten Handlungen seit dem . . . . . [16] begangen haben, und zwar unter Angabe
a) der Namen und Anschriften der Hersteller, Lieferanten und anderen Vorbesitzer,
b) der Namen und Anschriften der gewerblichen Abnehmer sowie der Verkaufsstellen, für die die Erzeugnisse bestimmt waren,
c) der Menge der hergestellten, ausgelieferten, erhaltenen oder bestellten Erzeugnisse sowie der Preise, die für die betreffenden Erzeugnisse bezahlt wurden;
wobei
die Verkaufsstellen, Einkaufspreise und Verkaufspreise nur für die Zeit seit dem 30.4.2000 anzugeben sind,
zum Nachweis der Angaben entsprechende Belege (Rechnungen, hilfsweise bei belegtem Verlust derselben Lieferscheine) in Kopie vorzulegen sind, wobei geheimhaltungsbedürftige Details außerhalb der auskunftspflichtigen Daten geschwärzt werden dürfen;

3. der A GmbH darüber Rechnung zu legen, in welchem Umfang die vorstehend zu Ziffer 1. bezeichneten Handlungen seit dem . . . . . . [17] begangen worden sind, und zwar unter Angabe[18]
a) der Herstellungsmengen und -zeiten,
b) der einzelnen Lieferungen, aufgeschlüsselt nach Liefermengen, -zeiten und -preisen (und ggf. Typenbezeichnungen) sowie den Namen und Anschriften der gewerblichen Abnehmer,
c) der einzelnen Angebote, aufgeschlüsselt nach Angebotsmengen, -zeiten und -preisen (und ggf. Typenbezeichnungen) sowie der Namen und Anschriften der Angebotsempfänger,[19]
d) der betriebenen Werbung, aufgeschlüsselt nach Werbeträgern, deren Auflagenhöhe, Verbreitungszeitraum und Verbreitungsgebiet, sowie im Falle von Internetwerbung der Domain, der Zugriffszahlen und der Schaltungszeiträume,
e) der nach den einzelnen Kostenfaktoren aufgeschlüsselten Gestehungskosten und des erzielten Gewinns;

4. die vorstehend unter 1. bezeichneten Vorrichtungen, die an gewerbliche Abnehmer in der Bundesrepublik Deutschland oder im Ausland ausgeliefert worden sind, aus den Vertriebswegen zurückzurufen, indem diese Abnehmer von der B GmbH schriftlich darüber informiert werden, dass die betreffenden Vorrichtungen das deutsche Gebrauchsmuster XYZ verletzen, und sie ernsthaft aufgefordert werden, diese Vorrichtungen an die B GmbH zurückzugeben, und diesen Abnehmern dazu ein rechtsverbindliches Angebot zur Rücknahme dieser Vorrichtungen durch die B GmbH unterbreitet wird und diesen Abnehmern für den Fall der Rückgabe der Vorrichtungen etwaige Entgelte sowie notwendige Verpackungs- und Transportkosten sowie mit der Rückgabe verbundene Zoll- und/oder Lagerkosten erstattet werden;[20]

5. die in ihrem unmittelbaren oder mittelbaren Besitz und/oder Eigentum befindlichen, vorstehend zu I. 1. bezeichneten Vorrichtungen auf eigene Kosten zu vernichten und der A GmbH eine Dokumentation zu übermitteln, oder an einen von der A GmbH zu bestimmenden Treuhänder zum Zwecke der Vernichtung auf Kosten der B GmbH herauszugeben;

6. als Gesamtschuldner der A GmbH allen Schaden zu ersetzen, der dieser durch die zu 1. bezeichneten, seit dem . . . . . . [21] begangenen Handlungen entstanden ist und noch entstehen wird;

2. Abmahnung wegen Gebrauchsmusterverletzung
D. 2

7. der A GmbH die durch die Einschaltung des Rechtsanwalts ...... und des Patentanwalts ...... entstandenen Kosten zu erstatten,[22] und zwar auf der Grundlage eines Gegenstandswerts von ...... EUR[23] in Höhe je einer 1,5-fachen Geschäftsgebühr[24] gemäß VV 2300 RVG zuzüglich der Kosten für eine Wirtschaftsauskunft,[25] Auslagenpauschale gemäß VV 7002 RVG und Mehrwertsteuer.[26, 27]

......, den

(B GmbH)

Schrifttum: S. den Hinweis bei → Form. D.1.

Anmerkungen

1. Die Abmahnung ist ein formales Schreiben, das primär dem Ziel dient das Kostenrisiko eines sofortigen Anerkenntnisses nach § 93 ZPO zu vermeiden. Für diesen Zweck ist eine Versendung per Einschreiben/Rückschein oder einer sonstige Form, die den Nachweis des Zugangs erlaubt, nicht unbedingt geboten. Denn für die Vermeidung der Kostentragung muss der Verletzer darlegen und belegen, dass er keinen Anlass zur Klage gegeben hat. Der Verletzte ist bei dieser negativen Tatsache im Rahmen der sekundären Beweislast nur verpflichtet die Umstände der Absendung im Detail darzulegen und zu beweisen. Dem Empfänger steht aber die Möglichkeit des Gegenbeweises offen (vgl. BGH WRP 2007, 781 = GRUR 2007, 629 – Zugang des Abmahnschreibens; BGH GRUR Prax 2010, 517).

Die Versendung per Einschreiben/Rückschein (ggf. auch vorab per Telefax) ist deshalb weiterhin der sicherere Weg, auch wenn sie zeitliche Verzögerungen mit sich bringen kann. Geht nämlich der Rückschein innerhalb angemessener Zeit nicht ein bzw. erhält man keine positive Faxbestätigung, so kann das ein Indiz dafür sein, dass die Abmahnung den Adressaten nicht erreicht hat. Man wird dann vor Einleitung gerichtlicher Maßnahmen vorsorglich noch einmal nachfassen müssen und sich ggf. auf anderem Wege einen Beweis für den Zugang beschaffen müssen (Postbestätigung/Botenservice oä), wobei eine bewusste Zugangsvereitelung zu Lasten des Empfängers geht (str.; so ua KG GRUR 1989, 618; KG MDR 2015, 855).

Tipp: Es stellt sich allerdings die grundsätzliche Frage, ob der weitgehend verbreitete „Horror" vor dem sofortigen Anerkenntnis nach § 93 ZPO nach unterbliebener Abmahnung tatsächlich berechtigt ist. Wenn man einem Beklagten nämlich die Möglichkeit bietet, sich durch ein sofortiges Anerkenntnis der Kostenlast zu entledigen, wird dieser einem solchen Anerkenntnis auch zuneigen. Das führt zwar zu einer Kostenbelastung für den Kläger, aber gleichzeitig auch zu einem sofort und ohne Sicherheitsleistung vollstreckbaren, unanfechtbaren Titel, der schneller erlangt werden kann, als dies selbst in einem einstweiligen Verfügungsverfahren möglich wäre und dazu noch entgegen einer einstweiligen Verfügung eine endgültige Regelung darstellt.

2. Die Mitwirkung eines Patentanwalts sollte in Gebrauchsmustersachen (nicht anders als in Patentsachen) die Regel sein, zumal die Anmeldung des Gebrauchsmusters in den allermeisten Fällen ohnehin schon durch den Patentanwalt und vielfach durch ihn auch die Mandatsvermittlung erfolgt. Der Patentanwalt kann bei der Klärung technischer Fragen Hilfestellung leisten, etwaige Einwände des Verletzers technischer Art auf Stichhaltigkeit überprüfen und insbesondere Einwänden gegen den Rechtsbestand begegnen. Die Kosten für die außergerichtliche Mitwirkung des Patentanwalts neben einem Rechtsanwalt sind in einer Gebrauchsmusterstreitsache weiterhin als notwendig und damit erstattungsfähig anzusehen (→ Anm. 26).

3. Eine Vollmacht muss nicht vorgelegt werden, und zwar selbst nicht bei ausdrücklichem (meist dem Zeitgewinn dienenden) Verlangen des Abgemahnten, wenn die Abmahnung mit einem Angebot zum Abschluss eines Vertrages, idR eines Unterwerfungsvertrages durch Beifügung einer Unterlassungsverpflichtungserklärung, verbunden ist (vgl. BGH GRUR 2010, 1120 – Vollmachtnachweis; zum früheren Diskussionsstand auch KG GRUR 1988, 79; OLG Celle WRP 1983, 606; OLG Hamm WRP 1982, 592 (593); OLG Köln WRP 1985, 360 (361); OLG München WRP 1971, 487 (488); *Heinz/Stillner* WRP 1993, 379; aA OLG Nürnberg WRP 1991, 522 (523); OLG Düsseldorf [20. Zivilsenat, jedoch nicht zuständig für Gebrauchsmusterstreitsachen] NJWE-WettbR 1999, 263 und OLG Düsseldorf GRUR-RR 2001, 286; wohl auch *Ulrich* WRP 1998, 258; vgl. im übrigen *Köhler/Bornkamm/Feddersen* UWG § 12 Rn. 1.25). Ist die Abmahnung nicht mit einem Vertragsangebot verbunden besteht das Risiko, dass sie analog §§ 174, 121 BGB bei unverzüglicher Zurückweisung als unwirksam angesehen wird, wenn die Vollmacht nicht sofort nachgereicht wird (OLG Düsseldorf GRUR-RR 2010, 87 – linkwerk; OLG Düsseldorf GRUR-RR 2001, 286 – T-company L.P.; OLG Nürnberg WRP 1991, 522 (523)). Dies gilt umso mehr, wenn der Verletzer deutlich zu verstehen gibt, dass er sich sogleich nach Vorlage der Vollmacht unterwerfen wird. Wird dann gleichwohl sofort das Gericht angerufen, droht ein sofortiges Anerkenntnis mit der Kostenfolge des § 93 ZPO (vgl. OLG Hamburg WRP 1982, 478; OLG Hamburg WRP 1986, 106; OLG Stuttgart NJW-WettbR 2000, 125; so auch *Köhler/Bornkamm/Feddersen* UWG § 12 Rn. 1.28).

Um also ganz sicher zu sein, wird sich die Vorlage der Vollmacht anbieten, zumal Gebrauchsmustersachen regelmäßig keine solche Eilbedürftigkeit haben wie etwa Wettbewerbssachen (schon auf Grund der grundsätzlichen Schwierigkeiten, hier einstweilige Verfügungen zu erwirken, → Form. D.12 Anm. 1).

4. Was den Inhalt der Abmahnung angeht, ist zwischen notwendigen und nicht notwendigen Informationen zu unterscheiden. Die Abmahnung muss Angaben zur Aktivlegitimation enthalten, ob also etwa der eingetragene Inhaber oder ein Lizenznehmer vorgeht (OLG Düsseldorf Beschl. v. 14.11.2011 – I-20 W 132/11). Belegt werden muss die Aktivlegitimation jedoch nicht.

Genauso muss die Passivlegitimation klargestellt werden. Wurde zunächst ein falsches Konzernunternehmen abgemahnt, ist idR neu abzumahnen (OLG Düsseldorf InstGE 8, 183 – Falscher Abmahnungsadressat). Dies dürfte nicht erforderlich sein, wenn sich das richtige Konzernunternehmen in die Korrespondenz einschaltet und damit Kenntnis von der Abmahnung belegt.

Weiter muss der Verletzungstatbestand für den Empfänger auf der Basis der Abmahnung identifizierbar sein. Dies setzt die Angabe der Patentnummer voraus. Die Übermittlung der Patentschrift ist demgegenüber nicht erforderlich, jedoch häufig hilfreich. Zusätzlich muss die angegriffene Handlung genau bezeichnet werden, weshalb es vorteilhaft ist Typenbezeichnungen anzugeben oder Prospekte, Fotos oder Zeichnungen beizufügen. Die inhaltliche Darlegung des Inhalts der Erfindung und der einzelnen Merkmale des verwirklichten Hauptanspruchs (und etwaiger Unteransprüche) wird nur bei komplizierteren Schutzrechten und/oder einem nicht ganz eindeutigen Verletzungstatbestand erforderlich sein. Gleiches gilt für die Einzelheiten des Verletzungstatbestandes. Dies gilt auch deshalb, weil der Abgemahnte im Regelfall ohnehin die Hilfe eines Patentanwalts und/oder eines versierten Rechtsanwalts in Anspruch nehmen wird. Detailliertere Erläuterungen zur Sache können sich häufig jedoch anbieten, um die vorgerichtliche Korrespondenz zu intensivieren, zumal wenn keine Berechtigungsanfrage (→ Form. D.1) erfolgte. Denn über die vorgerichtliche Diskussion des Falles mit dem potentiellen Verletzer können häufig Details über dessen Verteidigungsargumente in Erfahrung gebracht werden, was die Risikoabschätzung für ein späteres gerichtliches

2. Abmahnung wegen Gebrauchsmusterverletzung

Vorgehen verbessert. Im Falle einer Abnehmerverwarnung sind demgegenüber weitergehende Erläuterungen idR aus wettbewerbsrechtlichen Gründen erforderlich; s. Beispiel für die ausführliche Darstellung des Verletzungstatbestandes in → Form. C.2.

Die Abmahnung muss des Weiteren die Aufforderung an den Verletzer enthalten, das beanstandete Verfahren zu unterlassen (BGH GRUR 2011, 995 – Besonderer Mechanismus), wobei im Falle der Nichtbefolgung mit gerichtlichen Schritten zu drohen ist.

Weiteres in der Abmahnung, wie insbesondere die zu empfehlende Beifügung einer vorformulierten Unterlassungserklärung, steht grundsätzlich im Belieben des Verletzten.

5. Der Anspruch auf Unterlassung gemäß § 24 Abs. 1 GebrMG ist verschuldensunabhängig. Der Verletzer kann sich somit nicht damit verteidigen, er habe in Unkenntnis der Schutzrechtslage gehandelt und/oder das verletzende Erzeugnis gutgläubig von einem Dritten bezogen.

6. Bei schuldhafter Gebrauchsmusterverletzung kann der Verletzte (der Schutzrechtsinhaber oder auch ein ausschließlicher Lizenznehmer) seinen Schaden nach drei verschiedenen Methoden berechnen: Nach Maßgabe des dem Verletzten entgangenen Gewinns oder des auf Grund der Verletzungshandlung durch den Verletzer erzielten Gewinns oder einer fiktiven, angemessenen Lizenzgebühr (vgl. zum Patentrecht: Benkard PatG/*Grabinski/Zülch* § 139 Rn. 61 ff.; *Kühnen* I Rn. 77 ff.) (es sei schon an dieser Stelle darauf hingewiesen, dass nach der BGH-Entscheidung „Gemeinkostenanteil" (GRUR 2001, 329) und nicht zuletzt durch das Gesetz zur Verbesserung der Durchsetzung von Rechten des geistigen Eigentums die Herausgabe des Verletzergewinns im Gegensatz zu früher nunmehr eine deutlich größere Rolle spielt, dazu später → Form. D.11 bzw. → Form. C.24). Der Verletzte hat grundsätzlich die freie Wahl zwischen den Berechnungsmethoden, die erst endet, wenn der Schadenersatzanspruch erfüllt oder für den Verletzten unanfechtbar über diesen entschieden wurde (BGH GRUR 2008, 93 – Zerkleinerungsvorrichtung; BGH GRUR 2000, 226 – Planungsmappe).

Der Einwand mangelnden Verschuldens führt im Hinblick auf den Schadenersatzanspruch nach § 24 Abs. 2 GebrMG so gut wie ausnahmslos nicht weiter. Denn die Rechtsprechung verlangt von jedermann, sich über die Schutzrechtslage rechtzeitig zu informieren (zB durch eine Recherche eines Patentanwalts und Überwachung der aktuellen Schutzrechtslage) (BGH GRUR 1977, 250 (252) – Kunststoffhohlprofil I; BGH GRUR 1993, 460 (464) – Wandabstreifer). Dies gilt grundsätzlich unabhängig davon, ob ein Hersteller verletzt oder ein anderes Glied der Lieferkette. Ausnahmen können sich in sehr engen Grenzen in Bezug auf Spediteure, weniger auf Handelsunternehmen und Sortimenter ergeben (zu Spediteur s. LG Düsseldorf InstGE 5, 241 – Frachtführer; LG Düsseldorf InstGE 7, 172 – iPod; zu Handelsunternehmen s. für viele LG Mannheim InstGE 7, 14 – Halbleiterbaugruppe; aA OLG Düsseldorf InstGE 6, 152 – Perlentaucher), wobei auch dann eine Abmahnung zur Bösgläubigkeit und zur Prüfungspflicht führt (OLG Düsseldorf InstGE 6, 152 – Perlentaucher; LG Düsseldorf InstGE 7, 172 – iPod). Es wird jedoch jedem ein Prüfungszeitraum zugebilligt innerhalb dessen er nach Veröffentlichung eines Gebrauchsmusters dieses auffinden und den Verletzungstatbestand einstellen muss. Verschulden setzt erst einen Monat nach Veröffentlichung des Gebrauchsmusters ein.

In Bezug auf die Schutzfähigkeit gibt es bei Gebrauchsmustern einen wesentlichen Unterschied zu Patenten, da das Gebrauchsmuster ohne materielle Prüfung auf seine Schutzfähigkeit eingetragen wird. Ein Verschulden scheidet aus, wenn der Benutzer im Zeitpunkt der Verletzung begründete Zweifel an der Schutzfähigkeit des Gebrauchsmusters in seiner eingetragenen Fassung hatte. Dabei müssen die Zweifel im Falle einer Auseinandersetzung in einer verfahrensrechtlich geeigneten Form, idR durch Einleitung eines Löschungsverfahrens geltend gemacht werden. Führt dieses zu einer Beschränkung, mit der im Verletzungszeitpunkt nicht gerechnet werden musste, was etwa der Fall sein kann, wenn Merkmale aus der Beschreibung in den Anspruch aufgenommen werden, fehlt ein Verschulden (BGH GRUR 1977, 250 – Kunststoffhohlprofil I; OLG Düsseldorf Urt. v 12.11.2009 – I-2 U 121/08).

Sollte ausnahmsweise einmal Verschulden zu verneinen und/oder Verjährung eingetreten sein (vgl. § 24c GebrMG), bleibt gleichwohl die Möglichkeit der Inanspruchnahme des Verletzers nach den Rechtsregeln der ungerechtfertigten Bereicherung gemäß §§ 812 ff. BGB (vgl. zum Patentrecht: Benkard PatG/*Rogge*/*Grabinski* § 139 Rn. 81 ff.; auch BGH GRUR 1977, 250 – Kunststoffhohlprofil I; OLG Düsseldorf Urt. v 12.11.2009 – I-2 U 121/08).

Bis zur Änderung des Gebrauchsmustergesetzes mit dem DurchsetzungsG vom 11.7.2008 konnte § 24 Abs. 2 S. 2 GebrMG aF im Falle leichter Fahrlässigkeit statt des Schadenersatzes eine Entschädigung verlangt werden. Da diese Regelung in der Praxis keine Rolle spielte, fiel diese Regelung ersatzlos weg.

7. Auf Grund der bestehenden, grundsätzlichen Wahlmöglichkeit im Rahmen der Berechnung des Schadenersatzes hat der Verletzte Anspruch auf eine umfassende Rechnungslegung gemäß §§ 242, 259 BGB, die es ihm regelmäßig erst ermöglicht, seinen Schaden zu beziffern, und zwar beliebig nach einer der Berechnungsgrundlagen (vgl. Benkard PatG/*Grabinski*/*Zülch* § 139 Rn. 88 ff.; *Kühnen* D Rn. 395 ff.). Der Anspruch beginnt mit dem möglichen Eintritt eines Schadens, also 1 Monat nach Veröffentlichung des Gebrauchsmusters.

Zudem folgt aus § 24b Abs. 1 GebrMG ein Anspruch auf Auskunft über Herkunft und Vertriebsweg des rechtsverletzenden Erzeugnisses, gegen den wie beim Anspruch auf Unterlassung (→ Anm. 5) die Behauptung der Schuldlosigkeit ebenfalls nicht hilft. Denn § 24b GebrMG knüpft allein an die Benutzungshandlungen gemäß §§ 11–14 GebrMG an und setzt daher kein Verschulden voraus. Auch beginnt dieser Anspruch, anders als der vom Schadenersatzanspruch abhängige Anspruch nach §§ 242, 259 BGB, mit der Veröffentlichung des Gebrauchsmusters. Es ist lediglich zu beachten, dass diese Regelung erst mit dem DurchsetzungsG im Jahr 2008 eingeführt wurde und damit mangels anderslautender Überleitungsbestimmungen erst ab dem 1.9.2008 unmittelbar anwendbar ist (BGH GRUR 2009, 515 – Motorradreiniger), wobei für eine Zeit davor zT davon ausgegangen wird, dass zumindest ab dem 30.4.2006 in unmittelbarer Anwendung der Enforcement-Richtlinie Angaben auch zu zB Einkaufspreisen und Verkaufsstellen gefordert werden können (stRspr Düsseldorf; ablehnend Mannheim, aber differenzierend, s. LG Mannheim InstGE 13, 65 – UMTS-fähiges Mobiltelefon II).

Vor allem der Anspruch auf Benennung der gewerblichen Abnehmer und die Offenlegung der Kostenfaktoren und damit der Kalkulation ist (für den Verletzer) eine höchst unangenehme Begleiterscheinung dieses Auskunftsanspruchs, der nur ausnahmsweise dann nicht erfüllt zu werden braucht, wenn die Geltendmachung des Anspruchs unverhältnismäßig wäre (vgl. § 24b Abs. 1 letzter Hs. GebrMG). Für das Vorliegen einer solchen Unverhältnismäßigkeit ist freilich der in Anspruch Genommene vollumfänglich darlegungs- und beweispflichtig. Das bloße Vorhandensein einer Konkurrenzsituation und das möglicherweise auf Grund dessen bestehende Geheimhaltungsinteresse des Verletzers vermag die Unverhältnismäßigkeit nicht zu begründen. Schließlich ist die Auskunft als Regelfall gesetzlich festgelegt. Es können daher nur extreme Ausnahmefälle deren Unverhältnismäßigkeit begründen (OLG Düsseldorf InstGE 12, 210 – Gleitsattelscheibenbremse; BGH GRUR 1976, 367 – Ausschreibungsunterlagen). Selbst der früher übliche Wirtschaftsprüfervorbehalt (vgl. BGH GRUR 1980, 227 (232 f.) – Monumenta Germaniae Historica) ist regelmäßig nicht zu gewähren (vgl. BGH GRUR 1995, 338 (341) – Kleiderbügel – zur Parallelvorschrift des § 140b PatG).

Der Wirtschaftsprüfervorbehalt hat idR lediglich nur noch seine Berechtigung gegenüber dem Auskunftsverlangen über Namen und Anschriften privater Abnehmer oder

2. Abmahnung wegen Gebrauchsmusterverletzung D. 2

Auftraggeber und (auch gewerblicher) Angebotsempfänger, die vom Wortlaut des § 24b Abs. 2 GebrMG nicht erfasst werden (OLG Düsseldorf InstGE 2003, 176 – Glasscheiben-Befestiger) (→ Form. D.5 Anm. 12). Da es jedoch dem Verletzer obliegt entsprechend schutzwürdige Interessen geltend zu machen, wurde der Wirtschaftsprüfervorbehalt insoweit nicht in diese Abmahnung eingeführt. Der Vollständigkeit halber kann er jedoch, wie auch in den Klageanträgen, unmittelbar mit aufgenommen werden (→ Form. D.5).

8. Der aufgrund der Änderung ua des GebrMG zum 1.9.2008 eingeführte, verschuldensunabhängige Anspruch auf „Rückruf oder auf endgültiges Entfernen aus den Vertriebswegen" gemäß § 24a Abs. 2 GebrMG wird mittlerweile standardmäßig geltend gemacht (wenn auch zumeist nur, um erhöhten Druck auf die Gegenseite auszuüben; dies gilt vor allem bei Konsumartikeln, bei denen – Stichwort: „Leerräumen der Regale" – sich der Lieferant besonderer Lästigkeit ausgesetzt sieht, jedoch auch bei der Lieferung von ganzen Anlagen, die ggf. abgebaut werden müssen). Er kommt spätestens in Bezug auf Lieferungen ab seiner Einführung, also 1.9.2008, zur Anwendung wobei vielfach von einer unmittelbaren Anwendbarkeit der Enforcement-Richtlinie, der die Regelung entstammt, ausgegangen wird, so dass Ansprüche ab dem 30.4.2006 geltend gemacht werden können (OLG Düsseldorf InstGE 13, 15 – Faktor VIII-Konzentrat; differenzierend LG Mannheim InstGE 12, 200 – Stickstoffmonoxyd-Nachweis).

Der Rückrufanspruch umfasst alle nach § 11 GebrMG schutzrechtsverletzenden Gegenstände, auch solche, die ins Ausland geliefert worden sind (wobei dann aber Unverhältnismäßigkeit gegeben sein kann, vgl. *Kühnen* D Rn. 598 bzw. Rn. 606). Genauso richtet er sich gegen einen im Ausland ansässigen Verletzer, da nur so der schutzrechtsverletzende Zustand beseitigt werden kann (OLG Karlsruhe GRUR 2016, 482 – Abdichtsystem; *Kühnen* D Rn. 592). Nicht dem Rückruf unterfallen demgegenüber Vorrichtungen, die Gegenstand einer mittelbaren Patentverletzung sind, wenn zumindest die Möglichkeit besteht, dass der Beklagte sie im Ausland vertreiben kann. Auch besteht kein Anspruch gegenüber Endverbrauchern, da diese nicht mehr Teil der Vertriebswege sind, wobei die Rechtsprechung sich bis heute nicht einig ist, ob hierunter nur der private Endverbraucher oder jeder Endverbraucher zu subsumieren ist.

Der Rückrufanspruch besteht regelmäßig nicht gegenüber Geschäftsführern oder sonstigen Organen eines Unternehmens. Denn als gesetzliche Vertreter sind sie weder Vertragspartner der Rückrufadressanten, noch sind oder werden sie Eigentümer oder Besitzer von möglicherweise zurückgerufenen Gegenständen, sondern Kraft Zurechnung das Unternehmen. Damit ist allein das Unternehmen Schuldner des Rückrufanspruchs und auch der anschließenden Vernichtung (BGH NJW 1971, 1358; BGH NJW 2004, 217; OLG Düsseldorf InstGE 10, 129 – Druckpatrone II).

Der Rückruf stellt eine ernsthafte Aufforderung an den bekannten Besitzer der zurückzurufenden Vorrichtung dar, diese an den Verletzer zurückzugeben. Dabei wird davon ausgegangen, dass dabei ausdrücklich auf die gerichtlich erfolgte Feststellung der Schutzrechtsverletzung hinzuweisen ist (OLG Düsseldorf Beschl. v. 2.6.2016 – I-2 W 11/16). Auch müssen die Erstattung des Kaufpreises sowie durch die Rückgabe entstehender Kosten, wie Verpackungs- und Transportkosten, angeboten werden. Der Verletzer ist verpflichtet, die aufgrund des Rückrufes zurückgesandten Vorrichtungen wieder an sich zu nehmen (OLG Düsseldorf InstGE 12, 88 – Cinch-Stecker).

In welchem Verhältnis „Rückruf" einerseits und „endgültiges Entfernen aus den Vertriebswegen" andererseits tatsächlich zueinander stehen, ist unklar. Da das „endgültige Entfernen" nicht dasselbe wie die eigentliche Vernichtung sein kann (sonst wäre letztere nicht im selben Paragraphen, nämlich in § 24a Abs. 1 GebrMG geregelt), wird die ausdrückliche Unterscheidung („oder") nur insoweit Sinn machen, als der Rückruf die Mindestmaßnahme ist, die auch dann zu ergreifen ist, wenn die rechtsverletzenden

Vorrichtungen nicht mehr im Besitz des Lieferanten stehen und das Eigentum daran bereits übergegangen ist. Dann wird nämlich nur die freiwillige Rückgabe angeregt werden können (so auch zum Markenrecht: *Jänich* MarkenR 2008, 413 (416)). Die Alternative des „endgültigen Entfernens aus den Vertriebswegen" dürfte als offensichtlich schärfere Maßnahme nur dann in Betracht kommen, wenn der Verletzer an den bereits ausgelieferten Vorrichtungen noch Eigentum hat (so bei Lieferung unter Eigentumsvorbehalt). Dann kann und muss er vom Empfänger die Rückgabe verlangen (so auch *Jänich* MarkenR 2008, 413 (416)) oder gar die Vernichtung beim Abnehmer veranlassen. Ob und wie dann diese Rückholverpflichtung bzw. Vernichtung im Falle der Rückgabeverweigerung vom Lieferanten gegen seinen Lieferempfänger ggf. auch gerichtlich durchgesetzt werden kann oder sogar muss, ist noch ungeklärt. Die Rechtsprechung unterscheidet bislang so feinsinnig nicht.

Der Rückrufanspruch unterliegt wiederum dem Grundsatz der Verhältnismäßigkeit (s. Beispiele bei *Kühnen* D Rn. 595–600). Schwerer aber als beim Vernichtungsanspruch kann zB die Möglichkeit, eine Vorrichtung schutzrechtsfrei umzubauen, den Einwand der Unverhältnismäßigkeit begründen, da Rückruf gerade erst den Umbau sicherstellt (OLG Düsseldorf InstGE 12, 88 – Cinch-Stecker).

9. Auch der aus § 24 Abs. 1 S. 1 GebrMG folgende, wiederum verschuldensunabhängige Vernichtungsanspruch wird regelmäßig geltend gemacht. Er wurde bereits mit dem Produktpirateriegesetz von 1990 eingeführt und geht freilich zuweilen ins Leere, weil die beklagte Partei in Erwartung der Verurteilung die zu vernichtenden Erzeugnisse allzu leicht beiseiteschaffen kann oder später einfach behauptet, man habe die Gegenstände vor Rechtskraft des Urteils ins schutzrechtsfreie Ausland verbracht.

Bei der Geltendmachung des Vernichtungsanspruchs ist auf die Verhältnismäßigkeit zu achten. So unterliegen solche Vorrichtungsbestandteile, die auch schutzrechtsfrei benutzt werden können, regelmäßig nicht der Vernichtung, sei dies nun ein Vorrichtungsbestandteil im Rahmen einer mittelbaren Gebrauchsmusterverletzung oder ein Teil einer unmittelbaren verletzenden Vorrichtung. Auch in Fällen, in denen der schutzrechtsverletzende Gegenstand schutzrechtsfrei umgebaut werden kann, kommt idR Vernichtung nicht in Betracht, es sei denn die Vorrichtung kann unschwer anschließend wieder in einen schutzrechtsgemäßen Zustand umgewandelt werden (OLG Düsseldorf InstGE 7, 139 – Thermocycler).

10. Zur Kostenerstattungspflicht → Anm. 21.

11. Als weiterer Anspruch könnte zusätzlich noch ein solcher nach § 24d Abs. 1 GebrMG auf Vorlage von Bank-, Finanz- und Handelsunterlagen in Betracht kommen, der unter der Voraussetzung der zumindest fahrlässigen und in gewerblichem Ausmaß gegebenen Rechtsverletzung besteht (dh in der Praxis im Regelfall (!)). Dieser Anspruch besteht allerdings – abgesehen von der stets zu beachtenden Verhältnismäßigkeit, § 24d Abs. 2 GebrMG – nur für den Fall, dass „ohne die Vorlage die Erfüllung des Schadenersatzanspruchs fraglich ist".

Die zudem möglichen Ansprüche auf Urteilsveröffentlichung gemäß § 24e GebrMG und Besichtigung gemäß § 24c Abs. 1 GebrMG werden an anderer Stelle erörtert (→ Form. D.5 Anm. 17 bzw. → Form. D.13).

12. Die Frist zur Unterwerfung ist in Patent- und Gebrauchsmustersachen ausreichend lang zu bemessen (es sei denn, das Schutzrecht ist der Gegenseite bereits bekannt): Denn der Abmahnungsempfänger wird sich regelmäßig erst einmal sachkundiger Hilfe (durch Rechts- und/oder Patentanwälte) bedienen müssen, um auf den Verletzungsvorwurf reagieren zu können. Im Regelfall wird aber eine Frist von 3 bis 4 Wochen ausreichend sein. Bei eilbedürftigen Angelegenheiten, wie im Falle einer Verletzung auf einer Messe oder im Rahmen nur kurzer Verkaufsaktionen oder des kurzfristigen Ablaufs des

2. Abmahnung wegen Gebrauchsmusterverletzung

Gebrauchsmusters, kann sich die Frist jedoch deutlich verkürzen (vgl. Beispiel in OLG Düsseldorf InstGE 4, 159 – Interpack).
Ist eine zu kurze Frist gesetzt, wird hiervon die Wirksamkeit der Abmahnung als solche nicht berührt. Es wird vielmehr nur eine angemessene Frist in Gang gesetzt (BGH 1990, 381 – Antwortpflicht des Abmahnenden; OLG Köln WRP 1996, 1214).

13. Ob der Text der Verpflichtungserklärung in den Text des Abmahnschreibens einbezogen oder – wie hier vorgeschlagen – gesondert dem Abmahnschreiben beigefügt wird, ist Geschmackssache. Da Verpflichtungserklärungen in Patent- und Gebrauchsmustersachen naturgemäß im Regelfall umfangreicher ausfallen als zum Beispiel in Wettbewerbsangelegenheiten, ist ein gesonderter Text sicherlich praktikabler. Er erleichtert zudem die sofortige Unterwerfung (weil nur noch unterschrieben werden muss).

14. Die gewählte Formulierung für die Unterlassungserklärung versucht maximale Vorteile für den Verletzten zu gewährleisten. Dazu ist zwar zu berücksichtigen, dass der Fortsetzungszusammenhang, der früher dem Strafrecht entlehnt war, auch in Zusammenhang mit einem Vertragsstrafeversprechen nicht mehr als solcher anerkannt wird (BGH GRUR 2001, 758 – Trainingsvertrag; BGH GRUR 2009, 427 – Mehrfachverstoß gegen Unterlassungstitel). Er dient jedoch genauso wie der Hinweis auf den Ausschluss der Handlungseinheit der Auslegung der Erklärung um möglichst sicherzustellen, dass Mehrfachverstöße nicht zu einer Einheit zusammengefasst werden und damit die Vertragsstrafe trotz anhaltendem Verstoß nur einmal verwirkt wird.
Alternativ kann auf den sog. „modifizierten Hamburger Brauch" zurückgegriffen werden: „..... *es bei Meidung einer angemessenen, von der A GmbH zu bestimmenden, im Streitfall vom LG..... zu überprüfenden Vertragsstrafe zu unterlassen.....*".

15. Bei der Unterlassungserklärung sollte regelmäßig der Wortlaut des Schutzanspruchs des verletzten Gebrauchsmusters (bei Haupt- und Unteransprüchen wenigstens der Hauptanspruch) wiedergegeben werden, vorausgesetzt, sämtliche Merkmale sind wortsinngemäß erfüllt. Allein die Wiedergabe der Registernummer des Gebrauchsmusters sollte unterbleiben, da diese nicht die angegriffene Ausführungsform beschreibt und später Fragen bei der Auslegung zur Folge haben kann. Bei einer nicht exakt wortlautgemäßen, insb. äquivalenter Benutzung der Lehre des Gebrauchsmusters ist das betreffende Merkmal, das abgeändert wurde, entsprechend der Abwandlung zu formulieren. Der BGH verlangt dies nunmehr sogar für wortsinngemäße, jedoch streitige Benutzung bestimmter Merkmale (vgl. BGH GRUR 2005, 569 (571) – Blasfolienherstellung). Andernfalls sei der Streitgegenstand auf exakt die angegriffene Ausführungsform beschränkt. Da im Rahmen der Abmahnung die streitigen Merkmale häufig jedoch noch nicht bekannt sind, braucht dies idR nicht berücksichtigt zu werden. Zudem wird man nach der Instanzrechtsprechung etwa in Düsseldorf bei streitigem Sachverhalt zumindest dann den Anspruchswortlaut weiterhin verwenden können, wenn die Annahme wortsinngemäße Benutzung vertretbar ist (vgl. *Kühnen* GRUR 2006, 180 ff.; *Lenz* GRUR 2008, 565 ff.).
Die Wiedergabe der Merkmale des Hauptanspruchs erfolgt üblicherweise zweiteilig: Im ersten Teil werden die Merkmale des Oberbegriffs zitiert (der den Stand der Technik wiedergibt), es folgen dann die zu unterlassenden Handlungsarten (zB Herstellen, Anbieten usw), woran sich die Merkmale des kennzeichnenden Teils anschließen. Kommt auch die Verwirklichung etwaiger Unteransprüche in Betracht, so empfiehlt es sich regelmäßig, diese zumindest auch zu nennen.
Die zu unterlassenden Handlungen folgen aus § 11 Abs. 1 S. 2 GebrMG. Hier ist genau darauf zu achten, ob der Verletzer das streitgegenständliche Erzeugnis tatsächlich auch herstellt. Falls nicht, besteht im Hinblick auf die Herstellung keine Wiederholungsgefahr

und regelmäßig auch keine Begehungsgefahr, so dass kein Rechtsschutzbedürfnis ersichtlich ist, auch die Unterlassung der Herstellung zu verlangen.

Liegt zumindest eine Angebotshandlung vor, ist es regelmäßig zulässig, auch die Unterlassung sämtlicher übrigen in § 11 Abs. 1 S. 2 GebrMG nachfolgend aufgeführten Benutzungshandlungen zu verlangen (vgl. LG Düsseldorf – 4 O 76/96, Entscheidungen 1997, 31).

Zu weiteren Einzelheiten vgl. die patentrechtliche Abmahnung in → Form. C.2, insbesondere → Form. C.2 Anm. 20 ff.

16. Wie in → Anm. 7 schon ausgeführt, kann die nach § 24b GebrMG geschuldete Auskunft ab dem Eintragungstag des Gebrauchsmusters gefordert werden (§ 11 Abs. 1 GebrMG).

17. Da der vorstehend zu → Anm. 7 bereits erwähnte Rechnungslegungsanspruch nach §§ 242, 259 BGB zur Vorbereitung der Schadenersatzbezifferung dient und von diesem abhängt, muss ein Verschulden des Verletzers gegeben sein. Dies setzt erst, wie dargestellt nach einer Art „Schonfrist" ein. In entsprechender Anwendung der Rechtsprechung des Bundesgerichtshofs zum Beginn der Schadenersatzpflicht bei Patentverletzungen beginnt die Rechnungslegungspflicht (wie auch die Schadenersatzpflicht) daher erst nach einer Frist von einem Monat ab Veröffentlichung der Gebrauchsmustererteilung im Patentblatt (vgl. BGH GRUR 1986, 803 (806) – Formstein).

In Gebrauchsmusterstreitsachen ist zu beachten, dass die frühere Rechtsprechung des I. Zivilsenats des Bundesgerichtshofs für Kennzeichen- und Wettbewerbssachen, wonach die Auskunftpflicht des Verletzers auf den Zeitraum ab dem ersten bekannten Verletzungsfall beschränkt worden war (vgl. zuerst BGH GRUR 1988, 307 (308) – Gaby), nicht angewendet worden ist und wird (vgl. den für Patent- und Gebrauchsmustersachen zuständigen X. Zivilsenat des Bundesgerichtshofs in BGH GRUR 1992, 612 – Nicola (für einen Fall des Sortenschutzrechts); zudem *Jestaedt* GRUR 1993, 219 (222); *Melullis* Handbuch des Wettbewerbsprozesses, 3. Aufl. 2000, Rn. 1105; *Mes* PatG § 140b Rn. 10). Der I. Zivilsenat hat die Gaby-Rechtsprechung jedoch mittlerweile selbst aufgegeben (vgl. BGH GRUR 2007, 877 – Windsor Estate).

Die Pflicht zur Rechnungslegung ist in die Zukunft gerichtet und wird damit immanent nur durch den Ablauf des Gebrauchsmusters oder seine sonstige Vernichtung beschränkt.

18. Die Formulierung der Rechnungslegung/Auskunftserteilung entspricht der Tenorierungspraxis der Patent- und Gebrauchsmusterstreitkammern (vgl. auch *Kühnen* D Rn. 621).

19. Es ist vielfach üblich, auch die Angabe der Namen und Anschriften der Angebotsempfänger zu verlangen. Das bringt freilich regelmäßig nicht viel, weil oftmals mit dem Argument entgegnet wird, man führe darüber im Unternehmen nicht Buch. Außerdem verhält sich § 24b Abs. 2 GebrMG über diese Angabe nicht, so dass insoweit (ausnahmsweise) vom sogenannten Wirtschaftsprüfervorbehalt (→ Anm. 7 aE) Gebrauch gemacht werden kann. Solche Angaben können dennoch zu erhöhtem Aufwand beim Verletzer führen, so dass aus diesem Grund auf die Angabe im Formular nicht verzichtet wurde.

20. Der in der vorstehenden Unterlassungserklärung vorgesehene Wortlaut orientiert sich an der derzeitigen Spruchpraxis des LG Düsseldorf (ähnlich OLG München Urt. v 28.6.2012 – 6 U 1560/12). Nach dem LG Mannheim ist es dem Verletzer zu überlassen, wie er den Rückruf umsetzt, so dass für den Klageantrag der Gesetzeswortlaut zu verwenden ist (LG Mannheim InstGE 12, 200 – Stickstoffmonoxyd-Nachweis – was *Kühnen* D Rn. 612, für unbestimmt hält).

21. Hat der Verletzer seine Schadenersatzpflicht dem Grunde nach anerkannt, kann sich der Anspruchsteller mit der Schadensbezifferung Zeit lassen. Ohnehin wird erst die

2. Abmahnung wegen Gebrauchsmusterverletzung D. 2

Erfüllung des Anspruchs auf Rechnungslegung/Auskunft die erforderlichen Angaben für die Schadensberechnung (insbesondere den mit der Rechtsverletzung erzielten Gesamtumsatz und den Gewinn) erbringen.

In zeitlicher Hinsicht beginnt die Schadenersatzpflicht frühestens einen Monat ab Veröffentlichung des Hinweises auf die Gebrauchsmustererteilung im Patentblatt (→ Anm. 6).

22. Die Gebühren des abmahnenden Rechtsanwalts sowie des ggf. mitwirkenden Patentanwalts (in Gestalt der Geschäftsgebühr gemäß VV 2300 RVG) sind unter dem Gesichtspunkt der Schadenersatzpflicht beziehungsweise der Geschäftsführung ohne Auftrag zumindest idR bei Abmahnungen aus Gebrauchsmusterstreitsachen selbst bei einer Doppelvertretung zu erstatten (→ Anm. 27).

23. Der der Gebührenberechnung zugrunde zu legende Gegenstandswert ist im Regelfall erheblich. Auszugehen ist nämlich vom wertmäßig ausgedrückten Interesse des Schutzrechtsinhabers auf Unterlassung, Rechnungslegung, Schadensersatz usw, wobei der in die Zukunft gerichtete Unterlassungsanspruch den wesentlichen Anteil des Streitwertes bestimmt. Ein Anhaltspunkt für die Bestimmung kann der Jahresumsatz des Schutzrechtsinhabers mit dem eigenen, vom Schutzrecht erfassten Erzeugnis sein. Auch die „Gefährlichkeit" des Verletzers (also dessen Marktposition) ist zu berücksichtigen (so genannter „Angriffsfaktor"), wobei hoch geschätzte erwartete Lizenzeinnahmen für die Vergangenheit und die Zukunft bis zum Ablauf des Gebrauchsmusters Basis für die Streitwertbestimmung sein können. Wegen der Einzelheiten kann auf den immer noch lesenswerten Aufsatz von *Schramm* GRUR 1953, 104 ff., verwiesen werden (s. auch BGH GRUR 2014, 206 – Einkaufskühltasche; *Kühnen* J Rn. 107 ff.).

Im Regelfall dürfte der Gegenstandswert einer Gebrauchsmusterverletzung wohl kaum unter 10.000 EUR anzusetzen sein (es sei denn man geht gegen eine Vielzahl von „kleinen" Abnehmern vor). Durchaus möglich (und üblich) ist ein Gegenstandswert von 500.000 EUR und mehr (insbesondere dann, wenn gegen den Hersteller des rechtsverletzenden Erzeugnisses vorgegangen wird).

24. Die Höhe der für eine Abmahnung zu erstattenden Kosten ergibt sich aus VV 2300 RVG sofern, wie üblich, noch kein Klageauftrag erteilt worden ist, was in der Abmahnung zum Ausdruck kommen sollte. Dabei ist zu berücksichtigen, dass die Gebühr gemäß § 14 RVG nach billigem Ermessen und unter Berücksichtigung aller Umstände zu bestimmen ist, wobei dem Anwalt ein Toleranzbereich zugesprochen wird (BGH MDR 2012, 810; LG Düsseldorf InstGE 6, 37 – Abmahnkosten bei Patentverletzung; AG Brühl NZV 2004, 416). Dieser kann ca. 20 % betragen. Er setzt selbstverständlich voraus, dass die Tätigkeit des Anwalts umfangreich und schwierig war. Dies wird zT bei Streitigkeiten über technische Schutzrechte als idR gegeben unterstellt, weshalb ein über 1,3 liegender Satz als angemessen angesehen wird (BGH GRUR-RR 2012, 491 – Toleranzbereich). Andere gehen davon aus, dass die Befassung mit technischen Schutzrechten für die in diesem Bereich arbeitenden Anwälte im Bereich der üblichen Tätigkeit liegt. Es wird daher gerechtfertigt sein, im Rahmen des RVG mindestens eine 1,5-fache Geschäftsgebühr nach VV 2300 RVG (sowohl für den Rechts- als auch den mitwirkenden Patentanwalt) in Ansatz zu bringen, wenn nicht sogar – je nach Einzelfall – deutlich mehr (BGH GRUR 2010, 1120 – Vollmachtsnachweis für 1,3 fache Gebühr bei durchschnittlicher wettbewerbsrechtlicher Angelegenheit). Es sollten jedoch die Gepflogenheiten des Gerichts, bei dem eine spätere Klage eingereicht werden soll, beachtet werden.

25. Falls Kosten für eine Wirtschaftsauskunft und/oder einen Handelsregisterauszug (um nähere Angaben über das gegnerische Unternehmen zu erhalten) oder gar einen (erforderlichen) Testkauf angefallen sind, so sind auch diese erstattungsfähig und daher zu berücksichtigen.

26. Der Verletzer schuldet auch die Erstattung der Mehrwertsteuer, wenn die den Rechts- und Patentanwälten des Verletzten zustehende Geschäftsgebühr von diesem noch nicht beglichen worden ist (vgl. LG Düsseldorf InstGE 6, 37 (40) – Abmahnkostenerstattung bei Patentverletzung). Es geht daher in einem solchen Fall das gern vorgebrachte Argument fehl, der Verletzer müsse die Mehrwertsteuer nicht erstatten, weil der Schutzrechtsinhaber vorsteuerabzugsberechtigt sei.

Kosten und Gebühren

27. Es besteht ein Kostenerstattungsanspruch des Abmahnenden gegen den Verletzer, wenn die Abmahnung berechtigt ist. Sie ergibt sich bei Verschulden des Verletzers in Form eines Schadensersatzanspruches entsprechender Höhe aus § 24 Abs. 2 GebrMG bzw. § 823 Abs. 1 BGB wegen Eingriffs in den eingerichteten und ausgeübten Gewerbebetrieb. Verschuldensunabhängig ergibt sich ein Erstattungsanspruch aus §§ 683 Abs. 1, 677, 670 BGB.

Dies gilt auch bei Doppelvertretung, wobei die Fiktionswirkung des § 28 Abs. 3 GebrMG nicht zur Anwendung kommt, sondern die Notwendigkeit der Mitwirkung zu überprüfen ist (BGH GRUR 2011, 754 – Kosten des Patentanwalts II; LG Düsseldorf InstGE 6, 37 (40 f.) – Abmahnkostenerstattung bei Patentverletzung). Die Notwendigkeit wird dann bejaht, wenn der Patentanwalt Aufgaben übernommen hat, die zu seinem typischen Arbeitsgebiet gehören und zu denen der Rechtsanwalt nicht in der Lage ist (zum Markenrecht BGH GRUR 2011, 754 – Kosten des Patentanwalts II). Entsprechendes wird bei üblichen Abmahnungen aus Gebrauchsmustern stets der Fall sein, da bereits zB Recherchen nach Schutzrechten oder technische Bewertungen als entsprechend notwendige Tätigkeit des Patentanwaltes angesehen werden (s. aber auch zur fehlenden Erstattung bei Abschlussschreiben OLG Düsseldorf InstGE 9, 35 – Patentanwaltskosten für Abschlussschreiben).

Zur Höhe der Kosten einer Abmahnung wird auf → Anm. 24 verwiesen.

Die zu erstattenden Abmahnkosten können in voller Höhe eingeklagt werden, was häufig im auf die Abmahnung folgenden Verletzungsprozess geschieht, in dem der Verwarnte im Wege der Widerklage die Erstattung seiner vorprozessualen Kosten wegen unberechtigter Abmahnung geltend machen kann. Wegen der Anrechnung der für die Abmahnung entstandenen Geschäftsgebühr auf die Verfahrensgebühr des Gerichtsverfahrens s. → Form. D.5 Anm. 37.

3. Erwiderung auf Abmahnung

Herrn Rechtsanwalt

. . . . . .

A ./. B

Angebliche Verletzung des deutschen Gebrauchsmusters DE-GM XYZ

Sehr geehrter Herr Kollege . . . . . .,

3. Erwiderung auf Abmahnung

die B GmbH, die ich zusammen mit Herrn Patentanwalt[1] ...... (ggf. Name der Kanzlei, Ort), vertrete, hat mich gebeten, Ihr Abmahnschreiben vom ...... wie folgt zu beantworten:[2]

1. Es kann offen bleiben, ob meine Mandantin von der Lehre des Gebrauchsmusters Ihrer Auftraggeberin überhaupt Gebrauch macht. Denn dieses Gebrauchsmuster ist nicht rechtsbeständig und kann daher gemäß §§ 13, 15 GebrMG keine Schutzwirkungen gegenüber meiner Mandantin entfalten.[3] Ihre Auftraggeberin hat nämlich offenbar übersehen, dass sie selbst außerhalb der Neuheitsschonfrist des § 3 Abs. 1 S. 3 GebrMG eine neuheitsschädliche Vorbenutzung begangen hat:[4] So ist nicht nur auf der regionalen Fachmesse „......" in ...., die vom ...... bis zum ...... andauerte, ein Transformatorenschrank dem interessierten Messepublikum von Ihrer Auftraggeberin vorgestellt und im Einzelnen erläutert worden, der vollumfänglich dem Gebrauchsmuster entsprach, sondern es ist im selben Zeitraum in mindestens zwei Fällen eine Produktpräsentation durch die Außendienstmitarbeiter ...... und ...... Ihrer Auftraggeberin bei den Kunden ...... in ...... und ...... in ...... erfolgt. Abgesehen davon, dass Ihre Auftraggeberin diese Tatsache bei Beachtung der ihr obliegenden Wahrheitspflicht nicht bestreiten kann, stehen für die Tatsache der neuheitsschädlichen Vorbenutzung nicht nur die Mitarbeiter ...... und ...... aus dem Unternehmen unserer Mandantin, sondern auch die Herren ...... von der Firma ...... und ...... von der Firma ...... als Zeugen zur Verfügung. Die benannten Zeugen sind zum Sachverhalt gehört worden. Sie sind bereit, ggf. auch gerichtlich auszusagen.[5]

2. Nach allem stellt sich die Abmahnung Ihrer Auftraggeberin als von vornherein unberechtigt und daher als rechtswidriger Eingriff in den eingerichteten und ausgeübten Gewerbebetrieb meiner Mandantin und damit als unerlaubte Handlung im Sinne des § 823 Abs. 1 BGB dar. Der Eingriff erfolgte auch schuldhaft, weil Ihre Auftraggeberin Kenntnis von der eigenen Vorbenutzung hat.[6]
Ihre Mandantin schuldet somit Schadenersatz, und zwar in Gestalt der durch meine Einschaltung und durch die Einschaltung des Patentanwalts ...... entstandenen Gebühren, die hiermit geltend gemacht werden.[7] Eine Kostenrechnung ist beigefügt.
Für Patentanwalt ...... versichere ich Geldempfangsvollmacht.
Ich habe Ihre Auftraggeberin aufzufordern, den ausgewiesenen Gesamtbetrag bis zum
......
zu begleichen.
Innerhalb derselben Frist sehe ich zur Vermeidung einer negativen Feststellungsklage der rechtsverbindlichen Erklärung Ihrer Auftraggeberin entgegen, dass an den gestellten Ansprüchen vollumfänglich nicht mehr festgehalten wird.[8]
Zudem wird Ihre Auftraggeberin hiermit aufgefordert ebenfalls bis zum
......
auf das Gebrauchsmuster XYZ zu verzichten und uns einen entsprechenden Beleg zukommen zu lassen.[9]

Mit freundlichen kollegialen Grüßen

Rechtsanwalt[10]

Schrifttum: S. den Hinweis bei → Form. D.1.

Anmerkungen

1. Auch auf Seiten des Abgemahnten ist entsprechend den Ausführungen zu → Form. D.1 Anm. 3 die Mitwirkung eines Patentanwalts im Regelfall geboten. Das gilt insbesondere deshalb, weil für die Rechtsverteidigung die Frage des Rechtsbestandes des Streitgebrauchsmusters eine besondere Rolle spielt und die Recherche nach dem in Frage kommenden Stand der Technik am besten durch einen Patentanwalt veranlasst und koordiniert werden kann. Dies gilt umso mehr, als sich ein Löschungsverfahren anschließen kann, das zwar grundsätzlich auch von Rechtsanwälten geführt werden kann. Es ist aber vorteilhafter, wenn dies ein Patentanwalt führt.

2. Wie bei der Abmahnung → Form. D.2 Anm. 3 ist es auch für deren Beantwortung anerkannt, dass es grundsätzlich keiner Vorlage einer Vollmacht bedarf (vgl. OLG Hamm WRP 1982, 592).

3. Die Verteidigungsmöglichkeiten gegen eine Inanspruchnahme aus einem Gebrauchsmuster sind vielfältig und können an dieser Stelle nur kursorische Erwähnung finden:

Naturgemäß steht in der Praxis regelmäßig der Einwand im Vordergrund, von den Ansprüchen des Streitgebrauchsmusters weder wortsinngemäß noch gleichwirkend (äquivalent) Gebrauch zu machen.

Kommt eine (allerdings nur noch selten geltend gemachte) äquivalente Gebrauchsmusterverletzung in Betracht (→ Form. D.6 Anm. 24), so ist zusätzlich der für das Patentrecht entwickelte „Formstein-Einwand" (vgl. BGH GRUR 1986, 803 (805)) von Bedeutung, der auch im Gebrauchsmusterrecht Anwendung findet (vgl. BGH GRUR 1997, 454 (456 f.) – Kabeldurchführung). Dieser Einwand ist zugelassen, wenn die abgewandelte, vom vermeintlichen Verletzer benutzte Ausführungsform zum Prioritätstag des Streitgebrauchsmusters (das ist im Regelfall der Anmeldetag) nicht neu oder erfinderisch gewesen wäre, weil sie bereits zum Stand der Technik gehörte (→ Form. D.8 Anm. 4).

Grundsätzlich kommen im Rahmen des vorgerichtlichen Verkehrs folgende Verteidigungsmöglichkeiten in Betracht (vgl. auch *Mes* GebrMG § 24 Rn. 3c oder Checkliste in *Kühnen* E Rn. 683):

- Fehlender Rechtsbestand des Gebrauchsmusters (vgl. § 13 Abs. 1 GebrMG iVm § 15 Abs. 1, 3 GebrMG) wegen zB entgegenstehendem Stand der Technik oder unzulässige Erweiterung gemäß § 4 Abs. 5 S. 2 GebrMG; vgl. zur Geltendmachung im Prozess auch → Form. D.8 Anm. 1,
- Erlöschen des Gebrauchsmusters wegen Zeitablaufs (§ 23 Abs. 1, 2 GebrMG), Verzichts (vgl. § 23 Abs. 6 GebrMG) oder Löschung im Löschungsverfahren (vgl. § 19 GebrMG),
- Erschöpfung des Gebrauchsmusters (zB wegen Vertriebshandlungen des Gebrauchsmusterinhabers und/oder eines Lizenznehmers im In- oder Ausland),
- Zustimmung des Gebrauchsmusterinhabers (zB im Wege eines Lizenzvertrags oder einer Zwangslizenz),
- Lizenzbereitschaftserklärung,
- Kartellrechtlicher Zwangslizenzeinwand,
- Wirkungslosigkeit des Gebrauchsmusters in den Fällen des § 12 GebrMG, va Handlungen im privaten Bereich und Versuchsprivileg,
- fehlender Verletzungstatbestand,
- Vorbenutzungsrecht gemäß § 13 Abs. 3 GebrMG in Verbindung mit § 12 PatG,
- Weiter- und Zwischenbenutzungsrechte (zB gem. § 123 Abs. 5, 6 PatG iVm § 21 Abs. 1 GebrMG oder gemäß § 28 ErstrG),

3. Erwiderung auf Abmahnung

- behördliche Benutzungsanordnung gem. § 13 PatG iVm § 13 Abs. 3 GebrMG,
- (beschränkte) Inanspruchnahme einer gebrauchsmusterrechtlichen Arbeitnehmererfindung (§§ 7 Abs. 2, 2 ArbnErfG),
- widerrechtliche Entnahme gem. § 13 Abs. 2 GebrMG,
- fehlende Aktiv- oder Passivlegitimation,
- Verjährung § 24f GebrMG oder Verwirkung (beide in der Praxis von untergeordneter Bedeutung).

Schließlich kommt noch der Einwand des positiven Benutzungsrechts (auch Einwand des „älteren" bzw. „besseren" Rechts genannt) in Betracht (vgl. Benkard PatG/*Bruchhausen* GebrMG § 11 Rn. 2 mwN, BGH GRUR 1992, 692 – Magazinbildwerfer; BGH GRUR 2009, 655 – Trägerplatte), der anders als das Vorbenutzungsrecht nach § 13 Abs. 3 GebrMG iVm § 12 PatG nicht auf der Vorbenutzung der Lehre des Streitgebrauchsmusters vor dem Prioritätstag, sondern auf der (berechtigen) Benutzung der Lehre eines prioritätsälteren Patents oder Gebrauchsmusters beruht (freilich müssen sämtliche Merkmale des Streitgegenstands dem älteren Recht zu entnehmen sein und es dürfen im Regelfall keine weiteren Merkmale hinzugekommen sein, insbesondere keine solchen, die erst durch die Lehre des Streitgebrauchsmusters bekannt geworden sind).

4. Im Rahmen der vorgerichtlichen Korrespondenz müssen noch nicht alle Verteidigungsargumente genannt oder im Detail erläutert werden. Es bietet sich jedoch an, zumindest die erfolgversprechendsten Argumente in der Antwort auf die Abmahnung mit ausreichenden Details darzulegen, um ein Gerichtsverfahren zu vermeiden.

In dem Formularbeispiel beschränkt sich die Verteidigung auf den Einwand der Löschungsreife wegen mangelnder Neuheit gemäß § 15 Abs. 1 Nr. 1 GebrMG iVm § 3 GebrMG aufgrund einer offenkundigen Vorbenutzung des Gebrauchsmusterinhabers, der gleichzeitig zum Einwand der mangelnden Schutzwirkung gemäß § 13 Abs. 1 GebrMG führt.

Offenkundige Vorbenutzungen des Gebrauchsmusterinhabers stellen insoweit eine Besonderheit dar, als das Gebrauchsmusterrecht diesem in einem gewissen zeitlichen Rahmen eine Schonfrist zubilligt. Während im Patentrecht (abgesehen von § 3 Abs. 4 PatG) Vorbenutzungen/Vorveröffentlichungen durch den Anmelder immer neuheitsschädlich sind, gewährt § 3 Abs. 1 S. 3 GebrMG eine uneingeschränkte Neuheitsschonfrist für jegliche Vorbenutzungen (zB durch das Vorführen des neuerungsgemäßen Erzeugnisses) oder Vorveröffentlichungen (zB durch Werbeschriften oder Presseverlautbarungen) durch den Anmelder oder seinen Rechtsvorgänger innerhalb von sechs Monaten vor dem für den Zeitrang der Anmeldung maßgeblichen Tag (das kann auch der Tag einer Prioritätsanmeldung sein).

Zu beachten ist bei (tatsächlichen) Vorbenutzungen (im Gegensatz zu schriftlichen Vorveröffentlichungen) auch, dass diese – anders als im Patentrecht (dort gilt der sog. „absolute" Neuheitsbegriff) – nur dann neuheitsschädliche Wirkung haben, wenn sie innerhalb der Bundesrepublik Deutschland erfolgt sind (sog. „relativer" Neuheitsbegriff, vgl. § 3 Abs. 1 S. 2 GebrMG).

Ein weiterer Unterschied zum Patentrecht liegt darin, dass eine dem § 3 Abs. 2 PatG entsprechende Regelung fehlt, so dass dieser Stand der Technik, wie nachveröffentlichte ältere Schutzrechte, dem Gebrauchsmuster nicht entgegengehalten werden können. Zudem ist nur schriftlicher Stand der Technik relevant, so dass mündlichen Offenbarungen ebenfalls nicht als Stand der Technik gelten.

5. Es besteht vielfach die Praxis, zur „Glaubhaftmachung" behaupteter Wahrnehmungen von Zeugen (insbesondere bei der Behauptung privater beziehungsweise innerbetrieblicher Vorbenutzungsrechte, vgl. § 13 Abs. 3 GebrMG iVm § 12 PatG, aber auch bei der Geltendmachung offenkundiger Vorbenutzungen im Inland, vgl. § 3 Abs. 1 S. 2 GebrMG) eidesstattliche Versicherungen anzubieten oder sogar gleich mitzuschicken. Dabei ist zu beachten, dass diese zwar dem eigenen Vortrag mehr Gewicht verleihen, aber in einem nachfolgenden Verletzungsprozess (sofern es sich – wie im Regelfall – um ein normales Klageverfahren handelt) – je nach Gericht – unbrauchbar oder zumindest nur beschränkt hilfreich sind. Denn eidesstattliche Versicherungen sind im Rahmen des Strengbeweises als Beweismittel im Verletzungsverfahren nicht zugelassen. Zu berücksichtigen ist zudem, wird die Schutzunfähigkeit des Gebrauchsmusters nicht im Verletzungsverfahren geltend gemacht sondern über einen Löschungsantrag, dass das Verletzungsgericht nicht für die Feststellung der Schutzfähigkeit zuständig ist. Vor diesem Hintergrund ist die Vorlage von eidesstattliche Versicherungen in Gebrauchsmusterlöschungsverfahren (wie auch in patentrechtlichen Einspruchs- und sogar Nichtigkeitsverfahren) zur Untermauerung des Tatsachenvortrags durchaus üblich. Ist dies grundsätzlich geplant, schadet es nicht, sie ggf. auch schon im Rahmen der vorprozessualen Korrespondenz mit vorzulegen. Dies bietet sich insbesondere dann an, wenn der Gegner von vornherein von der Richtigkeit der Vorbenutzung überzeugt werden soll, um unnötige Weiterungen gleich zu vermeiden. Gelingt dies nicht, wird man eidesstattliche Versicherungen ohnehin benötigen, um im Rahmen eines Verletzungsprozesses jedenfalls das Verletzungsgericht von der Offenkundigkeit einer Vorbenutzung und damit vom Erfordernis der Aussetzung gemäß § 148 ZPO zu überzeugen (→ Form. D.8 Anm. 1). Ob dies allerdings überhaupt gelingen kann, ist mehr als fraglich. Da das Verletzungsgericht den Ausgang einer im Löschungsverfahren erforderlichen Beweisaufnahme (durch Vernehmung von Zeugen) nicht sicher prognostizieren kann (und wird), kommt eine Aussetzung zB nach Düsseldorfer Rechtsprechung in solchen nicht in Betracht (vgl. *Kühnen* E Rn. 615 sowie G Rn. 68), so dass die Vorlage einer eidesstattlichen Versicherung nichts bewirkt. Wird eine eidesstattliche Versicherung vorgelegt, ist diese sehr sorgfältig zu formulieren und mit dem Erklärenden abzustimmen, damit jedweder Widerspruch mit einer häufig deutlich späteren Zeugenaussage ausgeschlossen wird.

6. Zum Tatbestand eines möglicherweise rechtswidrigen und schuldhaften Eingriffs in den eingerichteten und ausgeübten Gewerbebetrieb durch unzulässige Abmahnung vgl. bereits → Form. D.1 Anm. 1.

7. Zum Schaden in Gestalt von Rechtsanwalts- und Patentanwaltskosten durch eine unzulässige Abmahnung vgl. bereits → Form. D.1 Anm. 1 sowie → Form. D.2 Anm. 27.

8. Wird die geforderte Verzichtserklärung auf die gestellten Ansprüche nicht ausdrücklich und unbedingt seitens des Abmahnenden abgegeben, kann ohne weiteres Klage auf Unterlassung der weiteren Berühmung der Rechte erhoben werden. Üblicher ist eine negative Feststellungsklage, die allerdings nur dann anhängig gemacht werden sollte, wenn sich der Abgemahnte seiner Sache ganz sicher ist. Zuständiges Gericht für eine negative Feststellungsklage ist das für den Wohn- bzw. Geschäftssitz des Abgemahnten zuständige Gericht für Gebrauchsmusterstreitsachen (vgl. § 27 Abs. 1, 2 GebrMG), gleichermaßen aber auch jedes Gebrauchsmustergericht, in dessen Zuständigkeitsbereich auch Unterlassungsklage wegen behaupteter Gebrauchsmusterverletzung hätte erhoben werden können (OLG Köln GRUR 1978, 658 – Immer jünger). Dies gilt auch im Hinblick auf die internationale Zuständigkeit über Art. 7 Nr. 2 EuGVVO (EUGH NJW 2013, 287 – Folien Fischer; BGH GRUR-RR 2013, 228 – Trägermaterial für Kartenformulare).
Wird der Weg der negativen Feststellungsklage beschritten, ist die zusätzliche Durchsetzung des Kostenerstattungsanspruchs nicht mehr grds. obsolet. Denn entgegen früherer Rechtslage (vgl. § 118 Abs. 2 BRAGO) wird die Geschäftsgebühr nach VV 2300 RVG gemäß VV Vorb. 3 Abs. 4 RVG nur zur Hälfte, höchstens jedoch mit einem Gebührensatz von 0,75, auf die Verfahrensgebühr des gerichtlichen Verfahrens (VV 3100 RVG) angerechnet. Geht man entsprechend → Form. D.1 Anm. 1 aE, → Form. D.2 Anm. 19

davon aus, dass für die außergerichtliche Tätigkeit in Gebrauchsmustersachen wenigstens eine 1,5-fache Geschäftsgebühr nach VV 2300 RVG berechnet werden kann, ist die „überschießende" 0,75 Geschäftsgebühr (sowohl für den Rechts- als auch für den mitwirkenden Patentanwalt) erstattungsfähig. Nach § 15a RVG ist es allerdings dem Anwalt freigestellt, auf welche Gebühr er die Anrechnung vornimmt. Er kann also die volle Geschäftsgebühr einklagen, so dass im Kostenfestsetzungsverfahren die Verfahrensgebühr zu kürzen ist, oder er klagt nur die von vornherein gekürzte Geschäftsgebühr ein → Form. D.5 Anm. 37.

Anstelle einer negativen Feststellungsklage kann natürlich auch eine isolierte Klage auf Erstattung der Patent- und/oder Patentanwaltsgebühren erhoben werden, um dann im Rahmen dieses Prozesses inzident die Frage der Rechtmäßigkeit der Abmahnung und damit der Gebrauchsmusterverletzung klären zu lassen. Ein solcher Weg kann sich angesichts des dann erheblich niedrigeren Streitwerts (der dem Kostenwert entspricht) dann anbieten, wenn der Abgemahnte ein Interesse an der Klärung der Rechtslage bei möglichst niedrigem Kostenrisiko hat (zB wenn er nur der Abnehmer eines möglicherweise gebrauchsmusterverletzenden Erzeugnisses ist).

Schließlich ist es natürlich auch möglich, die vorprozessual angefallenen Gebühren des zu Unrecht Abgemahnten im Wege der Widerklage geltend zu machen, falls Klage wegen angeblicher Gebrauchsmusterverletzung erhoben worden ist.

9. Um zu verhindern, dass in Zukunft aus dem Gebrauchsmuster weiter ggf. sogar gegen Kunden des Abgemahnten vorgegangen wird, sollte das Antwortschreiben auch eine Aufforderung zum Verzicht auf das Gebrauchsmuster enthalten. Alternativ kann ein kostenloses Mitbenutzungsrecht bzw. eine kostenlose Lizenz gefordert werden, die den Vorteil besitzt, dass das Gebrauchsmuster weiter in Kraft steht und ggf. Wettbewerber abschreckt. Dies ist insbesondere bei offenkundigen Vorbenutzungen, die nicht jedem bekannt sind, ein gangbarer Weg, da es Wettbewerbern schwieriger fallen kann, die Schutzunfähigkeit des Gebrauchsmusters zu begründen.

Kosten und Gebühren

10. → Form. D.2 Anm. 22–24 sowie → Form. D.2 Anm. 27.

4. Einstweilige Verfügung wegen Abnehmerverwarnung

Landgericht . . . . . .[1]

Zivilkammer für Gebrauchsmusterstreitsachen[2]

. . . . . .

Antrag

auf Erlass einer einstweiligen Verfügung

der B GmbH, gesetzlich vertreten durch ihren Geschäftsführer, Herrn Kurt B., (Anschrift),

– Antragstellerin –

Verfahrensbevollmächtigter: Rechtsanwalt . . . . . .

Graf v. Schwerin/Geschke

gegen

die A GmbH, gesetzlich vertreten durch ihren Geschäftsführer, Herrn Günther A., (Anschrift),

– Antragsgegnerin –

wegen unlauteren Wettbewerbs

hier: unzulässige Abnehmerverwarnung aus einem Gebrauchsmuster

Streitwert: (vorläufig geschätzt) . . . . . . EUR³

Namens und in Vollmacht der Antragstellerin beantrage ich im Wege der einstweiligen Verfügung, und zwar wegen besonderer Eilbedürftigkeit ohne vorherige mündliche Verhandlung durch Beschluss, anzuordnen:

1. Der Antragsgegnerin wird es bei Meidung eines für jeden Fall der Zuwiderhandlung fälligen Ordnungsgeldes bis zu 250.000 EUR – ersatzweise Ordnungshaft – oder einer Ordnungshaft bis zu sechs Monaten, im Falle wiederholter Zuwiderhandlung Ordnungshaft bis zu insgesamt zwei Jahren, wobei die Ordnungshaft an dem Geschäftsführer der Antragsgegnerin zu vollziehen ist, untersagt,
im geschäftlichen Verkehr zu Wettbewerbszwecken
gegenüber Kunden der Antragstellerin unter Androhung gerichtlicher Schritte und bei Aufforderung zur Unterlassung zu behaupten, der Transformatorenschrank „Electromaster" der Antragstellerin verletze das deutsche Gebrauchsmuster XYZ,
ohne gleichzeitig darauf hinzuweisen, dass gegen das deutsche Gebrauchsmuster XYZ ein Löschungsverfahren anhängig ist,⁴
insbesondere, wenn das nach Maßgabe der Formulierung des nachstehend wiedergegebenen Schreibens geschieht:
(Kopie des Abmahnschreibens einfügen);⁵
2. der Antragsgegnerin werden die Kosten des Verfahrens auferlegt.

Begründung:

I.

Dem Antrag auf Erlass einer einstweiligen Verfügung liegt folgender Sachverhalt zugrunde:⁶

1. Die Antragstellerin ist Herstellerin eines Transformatorenschranks „Electromaster", der auf der Fachmesse „. . . . . ." in . . . . . . vom . . . . . . bis . . . . . . erstmals dem Publikum vorgestellt worden ist.
Zur Glaubhaftmachung wird auf die als
Anlage Ast 1
beigefügte eidesstattliche Versicherung des Mitarbeiters der Antragstellerin, Herrn . . . . . ., verwiesen.

2. Die Antragsgegnerin ist eine Wettbewerberin der Antragstellerin. Sie ist Inhaberin des deutschen Gebrauchsmusters XYZ, das am . . . . . . beim Deutschen Patentamt angemeldet und am . . . . . . eingetragen worden ist. Die Veröffentlichung der Eintragung erfolgte am . . . . . .
Die Gebrauchsmusterschrift wird als
Anlage Ast 2
vorgelegt.

3. Die Antragsgegnerin hat die Antragstellerin im Hinblick auf den vorerwähnten Transformatorenschrank „Electromaster" mit der Behauptung abgemahnt, das Erzeugnis

4. Einstweilige Verfügung wegen Abnehmerverwarnung   D. 4

verletze die Ausschließlichkeitsrechte der Antragsgegnerin an dem vorerwähnten Gebrauchsmuster XYZ.

Die Antragstellerin teilt freilich diese Rechtsauffassung nicht. Vielmehr ist sie berechtigterweise der Auffassung, dass das Gebrauchsmuster XYZ ihr gegenüber jedenfalls deshalb keine Schutzwirkung entfaltet, weil der Gegenstand dieses Gebrauchsmusters nicht neu im Sinne von § 3 GebrMG ist. Denn nach den der Antragstellerin vorliegenden Informationen wurde die Lehre des Streitgebrauchsmusters durch eigene Werbemaßnahmen der Antragsgegnerin, die außerhalb der Schonfrist des § 3 Abs. 1 S. 3 GebrMG gelegen haben, neuheitsschädlich vorveröffentlicht.

Da die Antragsgegnerin trotz dieser Sachlage an den gegen die Antragstellerin gerichteten Ansprüchen festgehalten hat, wurde unter dem ...... der nebst Anlagen als

Anlage Ast 3

beigefügte Löschungsantrag beim Deutschen Patentamt gestellt. Diesem Antrag wurde seitens der Antragsgegnerin mit dem als

Anlage Ast 4

beigefügten Schriftsatz vom ...... formell widersprochen, so dass nunmehr das zweiseitige Löschungsverfahren in Gang gesetzt ist.[7]

4. Trotz der Kenntnis der Antragsgegnerin vom anhängigen Löschungsantrag ist diese dazu übergegangen, Kunden der Antragstellerin abzumahnen und zu behaupten, der Transformatorenschrank „Electromaster" der Antragstellerin verletze das deutsche Gebrauchsmuster XYZ. Das ist beispielsweise mit dem als

Anlage Ast 5

beigefügten Schreiben an die Firma ...... in ...... geschehen, das vom ...... datiert ist.

Das Datum des als Anlage Ast 5 vorgelegten Schreibens belegt, dass es zu einem Zeitpunkt abgeschickt wurde, nachdem die Antragsgegnerin ausweislich der Anlage Ast 4 bereits Widerspruch gegen den Löschungsantrag eingelegt hatte und ihr dieser nebst Begründung demgemäß bekannt war.

Bei der von der Antragsgegnerin angeschriebenen Firma ...... in ...... handelt es sich um einen Kunden der Antragstellerin. Auf die als

Anlage Ast 6

beigefügte, weitere eidesstattliche Versicherung des Mitarbeiters der Antragstellerin, Herrn ......, wird verwiesen.

5. Die Antragsgegnerin ist vorprozessual vergeblich zur Unterlassung eines solchen Verhaltens aufgefordert worden.

II.

Die rechtliche Bewertung des vorgetragenen Sachverhalts ergibt folgendes:

1. Der Verfügungsanspruch folgt aus §§ 3, 4 Nr. 4 UWG iVm § 8 Abs. 1 S. 1 Alt. 2 UWG wegen gezielter Behinderung im Wettbewerb:[8]

Es mag zwar grundsätzlich jedem Schutzrechtsinhaber unbenommen sein, auch Abnehmer des Herstellers eines angeblich schutzrechtsverletzenden Gegenstandes auf eine nach seiner Ansicht bestehende Schutzrechtslage hinzuweisen. Vorliegend handelt es sich aber nicht um einen bloßen Hinweis, sondern um eine Abmahnung und an den Inhalt solcher Verwarnungsschreiben sind strenge Anforderungen zu stellen. Denn ein Abnehmer ist natürlich schnell geneigt, sich aus einer Auseinandersetzung zwischen seinem Lieferanten und dem Schutzrechtsinhaber herauszuhalten, die ihn nur mittelbar betrifft. Um nicht in einen Rechtsstreit hineingezogen zu werden, der ihn eigentlich – unjuristisch gesprochen – „nichts angeht" und für den er nicht verantwortlich ist, ist die Wahrscheinlichkeit groß, dass er sich von dem angeblich schutzrechtsverletzenden Lieferanten abwenden und dann bevorzugt beim Schutzrechtsinhaber bestellen wird.

Von einem solchen Vorgang wird der Hersteller des angeblich schutzrechtsverletzenden Erzeugnisses oftmals überhaupt nicht informiert, der sich dann demgemäß nicht zur Wehr setzen kann.

Die vorstehend geschilderte, lebensnahe Verhaltensweise des abgemahnten Kunden wird freilich weniger wahrscheinlich eintreten, wenn der Schutzrechtsinhaber den abgemahnten Kunden darüber informiert, dass ein Angriff von dritter Seite gegen den Rechtsbestand des Schutzrechts erfolgt ist. Denn dann ist offenkundig, dass die Frage der Rechtsverletzung nicht absolut eindeutig ist, und dieser Kunde kann wesentlich freier entscheiden, ob er vorerst vom weiteren Bezug des angeblich schutzrechtsverletzenden Gegenstandes Abstand nehmen oder erst einmal den Ausgang des Löschungsverfahrens abwarten will.

Nach allem ist es einleuchtend, dass die Rechtsprechung von einer gezielten Abnehmerverwarnung insbesondere dann ausgeht, wenn dabei trotz positiver Kenntnis von einem anhängigen Angriff auf den Rechtsbestand des Streitschutzrechts nicht entsprechend berichtet wird (vgl. LG Mannheim WRP 1965, 188).[9]

Eine solche Information über die Existenz des Löschungsantrags (vgl. Anl. Ast 3) fehlte in dem Abmahnschreiben der Antragsgegnerin gemäß Anlage Ast 5 jedoch.

2. Der Verfügungsgrund wird in Wettbewerbssachen gemäß § 12 Abs. 2 UWG vermutet. Die erforderliche Dringlichkeit liegt hier auch auf der Hand. Denn das der Antragstellerin zur Kenntnis gebrachte Schreiben der Antragsgegnerin an die Firma ...... datiert ausweislich der Anlage Ast 5 erst vom ......[10]

3. Die sachliche Zuständigkeit des angerufenen Gerichts folgt aus § 27 Abs. 1 GebrMG. Denn obwohl sich die Anspruchsgrundlagen aus dem UWG ergeben, ist eine prozessuale Auseinandersetzung über die Zulässigkeit einer Abnehmerverwarnung aus einem Gebrauchsmuster eine gebrauchsmusterrechtliche Streitigkeit im Sinne des § 27 Abs. 2 GebrMG (vgl. Benkard PatG/*Rogge* § 143 Rn. 4 mwN).[11]

4. Die örtliche Zuständigkeit des angerufenen Gerichts folgt aus § 14 Abs. 2 S. 1 UWG, § 27 Abs. 2 GebrMG in Verbindung mit der Verordnung des Landes ...... vom ......[12] Denn das als Anlage Ast 5 vorgelegte Schreiben wurde an die Firma ...... mit Sitz im Land ...... gerichtet.[13]

III.

Die Antragstellerin zeigt an, dass sie neben ihrem Verfahrensbevollmächtigten

Herrn Patentanwalt

......

(Anschrift)

zur Mitwirkung im vorliegenden Rechtsstreit bestimmt hat.[14]

Beglaubigte und einfache Abschriften zum Zwecke der Zustellung anbei.

Rechtsanwalt[15, 16]

Schrifttum: Lehrbücher: *Ahrens*, Der Wettbewerbsprozess, 8. Aufl. 2017; *Berneke/Schüttpelz*, Die einstweilige Verfügung in Wettbewerbssachen, 3. Aufl. 2015; *Melullis*, Handbuch des Wettbewerbsprozesses, 3. Aufl. 2000.

4. Einstweilige Verfügung wegen Abnehmerverwarnung D. 4

Anmerkungen

1. Wird ein Hersteller und/oder Lieferant wegen vermeintlicher Gebrauchsmusterverletzung abgemahnt, so kann er sich diesbezüglich zwar im Wege einer negativen Feststellungsklage (abgesehen von der Möglichkeit eines Löschungsantrags nach § 16 GebrMG) zur Wehr setzen, jedoch grundsätzlich nicht im Wege des einstweiligen Rechtsschutzes. Denn eine einstweilige Verfügung gerichtet auf die Feststellung, das gegnerische Gebrauchsmuster nicht zu verletzen, wird ebenso wenig möglich sein wie das Begehren, die weitere Geltendmachung von Ansprüchen aus dem Streitgebrauchsmuster vorläufig zu unterlassen, es sei denn, die Abmahnung ist offensichtlich unbegründet und wird nur zum Zwecke der vorsätzlichen, sittenwidrigen Schädigung benutzt, was kaum nachzuweisen sein wird. Abgesehen von einer etwaigen Vorwegnahme der Hauptsache wäre das Rechtsschutzbedürfnis für eine solche Eilmaßnahme fraglich.

Eine Unterlassung gegen eine Abmahnung ist faktisch einfacher zu erreichen, wenn nicht nur ein Hersteller/Lieferant eines vermeintlich gebrauchsmusterverletzenden Erzeugnisses, sondern stattdessen (auch) ein Unternehmen der nachfolgenden Lieferkette wegen angeblicher Schutzrechtsverletzung abgemahnt wird (vgl. auch BGH-GSZ GRUR 2005, 882 – Unberechtigte Schutzrechtsverwarnung), auch wenn dogmatisch Hersteller und Abnehmer gleichgestellt sind (*Köhler/Bornkamm/Feddersen* UWG § 4 Rn. 4.175). Eine Abnehmerverwarnung kann Ansprüche des Herstellers sowie derjenigen Händler/Unternehmen begründen, die zwischen dem Hersteller und dem Abgemahnten tätig waren (dies gilt nicht für vorgelagerte Zulieferer von Einzelteilen, selbst wenn eine mittelbare Patentverletzung angenommen werden könnte, BGH GRUR 2007, 313 – Funkuhr II). Anders ist dies, wird von dem Schutzrechtsinhaber lediglich ein Meinungsaustausch begonnen, denn Ansprüche auf Unterlassung können beim Hersteller nur entstehen, wenn das Schreiben des Schutzrechtsinhabers geeignet ist, den Abnehmer derart verunsichert, dass er ohne genau Überprüfung der Rechtslage von einer Geschäftsbeziehung mit dem Hersteller Abstand nimmt, was idR nur der Fall ist, wenn er abgemahnt und gleichzeitig nicht ausreichend aufgeklärt wird (vgl. auch BGH GRUR 2011, 995 – Besonderer Mechanismus; BGH GRUR 2009, 878 – Fräsverfahren; *Köhler/Bornkamm/Feddersen* UWG § 4 Rn. 4.179).

Dabei ist aber auch bei Abnehmerverwarnungen darauf zu achten, dass in der Regel nur eine geringe Chance besteht im Wege des einstweiligen Rechtsschutzes Abmahnungen grundsätzlich zu verbieten und damit über den Tatbestand der Gebrauchsmusterverletzung inzident entscheiden zu lassen (es sei denn, die mangelnde Rechtsverletzung ist absolut offensichtlich). Jedoch wird gegen eine solche Abnehmerverwarnung vom Hersteller/Lieferanten jedenfalls vorgegangen werden können, wenn die Abnehmerverwarnung gegen die guten Sitten im Wettbewerb verstößt, dh nicht wegen des Vorwurfs der Gebrauchsmusterverletzung an sich, sondern wegen der Umstände der Abnehmerverwarnung als unlauter zu betrachten ist (vgl. OLG Düsseldorf GRUR 2003, 814 (816) re. Sp. – Unberechtigte Abnehmerverwarnung). Dies ist idR dann der Fall, wenn der Abmahnende den Abnehmer nicht über wesentliche Punkte des Sachverhalts aufklärt, wie zB ein anhängiges Löschungsverfahren oder die Abmahnung in sonstiger Weise formuliert, die den Abnehmer unzureichend oder falsch informiert (vgl. auch BGH GRUR 1995, 424 – Abnehmerverwarnung; → Anm. 9).

Wichtig ist zu beachten, dass eine Klage wegen Gebrauchsmusterverletzung, auch eine solche, die gegen einen Abnehmer gerichtet ist, nie durch einen Unterlassungsanspruch verhindert werden kann (BGH-GSZ GRUR 2005, 882 – Unberechtigte Schutzrechtsverwarnung; BGH GRUR 2006, 433 – Unberechtigte Abnehmerverwarnung).

2. Auch wenn als Anspruchsgrundlage einer solchen Eilmaßnahme gegen die Umstände einer Abnehmerverwarnung nur die Vorschriften des UWG oder §§ 823 Abs. 1, 1004 Abs. 1 BGB analog in Frage kommen, handelt es sich gleichwohl um eine Gebrauchsmusterstreitsache im Sinne des § 27 GebrMG (vgl. zur entsprechenden Problematik im Patentrecht: Benkard PatG/*Rogge* § 143 Rn. 4 mwN; LG Frankfurt a.M. Mitt 2014, 30 – ausländische Abnehmerverwarnung). Unabhängig von der Anspruchsgrundlage ist daher die jeweils von der Landesgesetzgebung benannte Spezialzivilkammer zuständig (vgl. im Einzelnen → Anm. 12).

3. Der Streitwert des Verfahrens richtet sich nach der „Gefährlichkeit" der Abnehmerverwarnung, und zwar vorrangig nach dem durch die Abmahnung gefährdeten Umsatz mit dem entsprechend abgemahnten Kunden (vgl. OLG Düsseldorf WRP 1973, 525). Ist zu erwarten oder bereits bekannt, dass mehrere Kunden verwarnt worden sind, ist der Streitwert entsprechend höher anzusetzen. Gegenüber einem potentiellen Hauptsacheverfahren ist der Streitwert jedoch wegen der Vorläufigkeit der Maßnahme und auch deshalb reduziert, weil idR keine Annexansprüche geltend gemacht werden.

4. Wie schon in → Anm. 1 ausgeführt, bestehen nur geringe Aussichten, eine Abnehmerverwarnung grundsätzlich verbieten zu lassen. Da es häufig aber schon ausreichend ist den Abmahnenden zu sensibilisieren, bietet es sich an, konkrete Formulierungen oder wie hier fehlende Hinweise anzugreifen, die den Abnehmer falsch bzw. unzureichend informieren, verunglimpfend sind oder in sonstiger Form wettbewerbswidrig sein können. So wird die Chance erhöht, eine einstweilige Verfügung auch ohne mündliche Verhandlung zu erhalten, zumindest aber im Verfügungsverfahren zu obsiegen.

5. Häufig sind Abmahnungen zu lang, um sie vollständig wiederzugeben. Auch sind nicht alle Teile für eine Entscheidung über die Frage relevant, ob die Abmahnung unberechtigt ist oder nicht. Deshalb kann es sich auch aus Gründen der Übersichtlichkeit anbieten, nur diejenigen Teile der Abmahnung wiederzugeben, die tatsächlich angegriffen werden, wobei sie, um die Chancen im Verfügungsverfahren zu erhöhen, nicht als alternative Angriffe nebeneinander, sondern miteinander verbunden werden sollten, → Anm. 4 (vgl. auch BGH GRUR 2013, 401 – Biomineralwasser).

6. Bei einem Antrag auf Erlass einer einstweiligen Verfügung, der ja regelmäßig mit dem Ziel gestellt wird, dass ohne mündliche Verhandlung dem Antrag entsprechend entschieden wird, ist die Darstellung des Sachverhalts in nachvollziehbarer, gleichwohl aber knapper Form die grundlegende Voraussetzung des Erfolgs. Es ist auf der einen Seite alles wegzulassen, was zur Entscheidungsfindung nicht benötigt wird und den Sachverhalt möglicherweise nur unnötig kompliziert, auf der anderen Seite aber unbedingt all das zu erwähnen, was für die Erfüllung der Tatbestandsvoraussetzungen der Anspruchsnorm und ansonsten an relevanten Tatsachen für die Entscheidungsfindung erforderlich ist. Diese Tatsachen sind zudem alle glaubhaft zu machen (durch eidesstattliche Versicherungen beziehungsweise Urkunden).

7. Vgl. §§ 16, 17 GebrMG. Siehe zum Löschungsantrag auch → Form. D.15.

8. Als Grundlage für die gegen eine Abnehmerverwarnung geltend gemachten Ansprüche kommt insbesondere § 4 Nr. 4 UWG, die gezielte Behinderung des Herstellers/Lieferanten, in Betracht. Auch § 4 Nr. 1 UWG, also die Mitbewerberherabsetzung kann herangezogen werden, wobei es hier auf eine Interessenabwägung ankommt (BGH GRUR 2009, 878 – Fräsautomat). In bestimmten Fällen kann zudem auf § 4 Nr. 2 UWG, Anschwärzung (BGH GRUR 2006, 433 – Unbegründete Abnehmerverwarnung) sowie § 5 UWG, Irreführung, verwiesen werden, aber nur, wenn die Abmahnung falsche Tatsachenbehauptungen enthält (vgl. hierzu auch *Köhler/Bornkamm/Feddersen* UWG § 4 Rn. 4.178 f. mwN zur Abgrenzung).

9. Vgl. zum erforderlichen Inhalt einer zulässigen Abnehmerverwarnung des Weiteren auch BGH GRUR 1995, 424 – Abnehmerverwarnung; BGH GRUR 2009, 878 – Fräsverfahren; OLG Düsseldorf Mitt. 1996, 60 – Patenthinweise an potentielle Abnehmer; OLG Karlsruhe GRUR 1980, 314 – Schubkasten [Gebrauchsmustersache]; LG Mannheim WRP 1965, 188.

10. Es unterliegt keinem vernünftigen Zweifel, dass auch dann, wenn wettbewerbsrechtliche Ansprüche im Rahmen einer gebrauchsmusterrechtlichen Streitigkeit geltend gemacht werden, die Dringlichkeitsvermutung des § 12 Abs. 2 UWG gilt (*Kühnen* C Rn. 109; LG Frankfurt a.M. Mitt 2014, 30 – ausländische Abnehmerverwarnung). Der Anspruchsteller sollte sich jedoch nicht auf diese Vorschrift verlassen. Denn ihm nützt eine einstweilige Verfügung nichts, die ohne mündliche Verhandlung zwar erlassen wird, wenn der Antragsgegner im Widerspruchsverfahren sogleich den Nachweis führen kann, dass keine Dringlichkeit gegeben war, weil der Antragsteller vom streitgegenständlichen Verhalten bereits seit Langem Kenntnis hatte. Ab welchem Zeitraum nach Kenntnis die Dringlichkeit entfällt, ist eine Frage des konkreten Einzelfalls. Jeglicher Formalismus hat insoweit auszuscheiden und schadet nur: Die oft zitierte Faustformel, dass die Dringlichkeit etwa vier Wochen nach Kenntnisnahme von der streitgegenständlichen Handlung entfällt, verführt allzu leicht dazu, diese vier Wochen auszuschöpfen. Es ist jedoch nicht einzusehen, warum bei einem einfach gelagerten Sachverhalt (wie dem vorliegenden) dem Antragstellerin zugebilligt werden soll, erst vier Wochen ab Kenntnis des Abmahnschreibens das Gericht anzurufen. Ist es ihm wirklich dringlich, wird ihm selbst unter der Prämisse, dass noch eine Abmahnung (unter kurzer Fristsetzung) zur Vermeidung der Kostenlast nach § 93 ZPO erfolgen sollte, ein schnelleres Handeln zumutbar sein.

11. Vgl. dazu bereits → Anm. 2.

12. Nach § 27 Abs. 2 GebrMG sind die Landesregierungen bzw. deren Justizminister ermächtigt, durch Rechtsverordnung Gebrauchsmusterstreitsachen für die Bezirke mehrerer Landgerichte einem von diesen zuzuweisen (vgl. die entsprechende Regelung in § 143 Abs. 2 PatG für Patentstreitsachen; → Form. C.5 Anm. 1).

Abgesehen von den Ländern Berlin und Saarland, die ohnehin nur über ein einziges Landgericht verfügen (LG Berlin bzw. LG Saarbrücken), haben sämtliche Bundesländer von dieser Konzentrationsermächtigung Gebrauch gemacht und zum Teil über Staatsverträge die Zuständigkeiten weiter gebündelt. Grundsätzlich sind die Patentstreitkammern auch für Gebrauchsmusterstreitigkeiten zuständig. Es sind daher die folgenden Landgerichte für Gebrauchsmusterstreitsachen zuständig:

- Baden-Württemberg: LG Mannheim
- Bayern: LG München I für den OLG-Bezirk München, LG Nürnberg-Fürth für die OLG-Bezirke Bamberg und Nürnberg
- Berlin und Brandenburg: LG Berlin
- Bremen, Hamburg, Mecklenburg-Vorpommern und Schleswig-Holstein: LG Hamburg
- Hessen: LG Frankfurt a.M.
- Niedersachsen: LG Braunschweig
- Nordrhein-Westfalen: LG Düsseldorf

- Rheinland-Pfalz: LG Frankfurt a. M.
- Saarland LG Saarbrücken
- Sachsen: LG Leipzig
- Sachsen-Anhalt: LG Magdeburg
- Thüringen: LG Erfurt

13. Erfolgt die Abnehmerverwarnung rechtswidrig und schuldhaft, stellt sie eine unerlaubte Handlung im Sinne des § 823 Abs. 1 BGB dar (Eingriff in den eingerichteten und ausgeübten Gewerbebetrieb). Auf Grund dessen kann die Klage auch im Gerichtsstand der unerlaubten Handlung erhoben werden (vgl. § 14 Abs. 2 S. 1 UWG bzw. § 32 ZPO). Es reicht insoweit aus, wenn auch nur eine einzige Handlung im Bezirk des angerufenen Gerichts (in gebrauchsmusterrechtlichen Streitigkeiten angesichts der vorstehenden → Anm. 12 regelmäßig ein gesamtes Bundesland) begangen worden ist. Unter dem Gesichtspunkt des vorbeugenden Rechtsschutzes wird es jedoch auch ausreichend sein, wenn vorgetragen und glaubhaft gemacht werden kann, dass zumindest ein Kunde der Antragstellerin im Bezirk des angerufenen Gerichts ansässig ist und dementsprechend droht, dass auch dieser Kunde von der Antragsgegnerin abgemahnt wird. Gerade aber in Verfahren des einstweiligen Rechtsschutzes bietet es sich an, dem Gericht so wenig „Hindernisse" wie möglich für den Erlass der Verfügung in den Weg zu legen, so dass es vorteilhaft sein kann, auf den Ort des Eintritts des Schadens abzustellen.

14. Da es sich, wie in → Anm. 2 ausgeführt, um eine Gebrauchsmusterstreitsache handelt, ist idR nach § 23 Abs. 3 GebrMG die Mitwirkung eines Patentanwaltes erstattungsfähig, sofern eine Veranlassung besteht, die Klage auch unter den gebrauchsmusterrechtlichen Aspekten und nicht nur wegen wettbewerbsrechtlicher Fragen zu prüfen (Benkard PatG § 27 Rn. 4, § 143 Rn. 21; OLG Frankfurt, Mitt 1992, 188). Auch nach § 91 Abs. 1 S. 1 ZPO sind die Kosten des mitwirkenden Patentanwaltes erstattungsfähig, wenn die Mitwirkung notwendig war, also wenn der Patentanwalt im Rahmen des Verfahrens in seinen üblichen Zuständigkeitsbereich fallende Handlungen vorgenommen hat, wie Recherchen nach Stand der Technik, hier die Vorbereitung eines Löschungsantrags oder die Untersuchung technischer Fragen im Zusammenhang mit einer Nichtverletzungsargumentation (OLG Frankfurt GRUR-RR 2011, 216) (s. zur Mitwirkung von Patentanwälten auch → Form. D.1 Anm. 3).

Kosten und Gebühren

15. a) Gericht: Bei Entscheidung ohne mündliche Verhandlung nur eine 1,5-fache Verfahrensgebühr, vgl. Anlage 1 zu § 3 Abs. 2 GKG, KV 1410 GKG; nach Entscheidung auf Grund mündlicher Verhandlung (auch nach Widerspruch) 3 Gebühren, vgl. KV 1412 GKG.

b) Rechtsanwalt: 1,3-fache Verfahrensgebühr gem. VV 3100 RVG; nach mündlicher Verhandlung zusätzliche 1,2-fache Terminsgebühr gem. VV 3104 RVG.

c) Patentanwalt: Dieselben Gebühren analog wie für Rechtsanwalt (vgl. § 27 Abs. 3 GebrMG).

d) Die ggf. durch vorprozessuale Abmahnung entstandene Geschäftsgebühr gemäß VV 2300 RVG für den Rechtsanwalt und mitwirkenden Patentanwalt ist gesondert einzufordern und gerichtlich geltend zu machen (→ Form. D.5 Anm. 15).

4. Einstweilige Verfügung wegen Abnehmerverwarnung D. 4

Fristen und Rechtsmittel

16. a) **Fristen:** Einstweilige Verfügungen müssen binnen eines Monats vollzogen werden (§§ 936, 929 Abs. 2 ZPO). Die Vollziehungsfrist beginnt mit der von Amts wegen vorzunehmenden Zustellung des Beschlusses an den Gläubiger (genauer gesagt, an dessen Prozessbevollmächtigten) (§ 929 Abs. 2 ZPO). Die Vollziehung hat nach ganz herrschender Meinung grundsätzlich im Parteibetrieb zu erfolgen (vgl. *Berneke/Schüttpelz* Rn. 562, 579 ff.). Dasselbe gilt für eine Urteilsverfügung (vgl. *Berneke/Schüttpelz* Rn. 562, 579 ff.), wobei jedoch die einmonatige Vollziehungsfrist bereits mit der Verkündung des Urteils beginnt (vgl. *Kühnen* G Rn. 168 mwN; *Berneke/Schüttpelz* Rn. 572 mwN). Daher erforderlichenfalls eine abgekürzte Ausfertigung besorgen (§§ 750 Abs. 1 S. 2, 317 Abs. 2 ZPO!) (vgl. zum Streit über den Fristbeginn, wenn dem Antragsteller eine unvollständige Beschlussausfertigung zugestellt wird *Kühnen* G Rn. 168 mwN). Wird eine bereits erlassene Beschlussverfügung durch ein Urteil nur vollständig bestätigt, bedarf es keiner erneuten Zustellung (OLG Stuttgart GRUR-RR 2009, 194 – Zustellungserfordernis).

Bei der Zustellung einer Verfügung ist sorgfältig vorzugehen, wenn diese mehrere Aussprüche enthält. Im Falle eines Unterlassungsgebots mit Ordnungsmittelandrohung reicht im Inland die Parteizustellung an den Antragsgegner entweder durch den Gerichtsvollzieher, oder wenn ein Anwalt bestellt ist, von Anwalt zu Anwalt. Ist eine Zustellung im Ausland erforderlich (Achtung: in diesem Fall nur Verfügungen mit mündlicher Verhandlung!), ist ein entsprechender Zustellungsauftrag innerhalb der Monatsfrist bei Gericht ausreichend, wenn daraufhin „demnächst" zugestellt wird (OLG Frankfurt a. M. GRUR-RR 2015, 183 – deutschsprachiger Verkaufsleiter).

Demgegenüber sind ein Ausspruch zur Auskunft oder Sequestration in der erlassenen Verfügung durch einen Vollstreckungsantrag nach § 888 ZPO bzw. § 883 ZPO zu vollziehen (vgl. *Kühnen* G Rn. 190 f. mwN).

b) **Rechtsmittel:**
- Für den **Antragsteller:** Sofortige Beschwerde zum Oberlandesgericht (§§ 567 ff. ZPO) binnen 14 Tagen nach Zustellung bei Zurückweisung des Antrags durch Beschluss; Berufung nach Zurückweisung des Verfügungsantrags durch Urteil nach mündlicher Verhandlung.
- Für den **Antragsgegner:** Unbefristeter Widerspruch (§§ 936, 924 Abs. 1 ZPO) nach erlassener Verfügung ohne mündliche Verhandlung; Berufung zum Oberlandesgericht nach Erlass der einstweiligen Verfügung oder Bestätigung derselben nach mündlicher Verhandlung. Der Antragsgegner kann den Antragsteller nach § 926 ZPO zudem auffordern, Klage zur Hauptsache zu erheben. Wird diese nach entsprechender Fristsetzung durch das Gericht nicht erhoben, ist auf Antrag die Aufhebung der Verfügung durch Endurteil auszusprechen. Weiter ist die Schadenersatzpflicht des Antragstellers bei Aufhebung der Verfügung nach erfolgter Vollziehung zu beachten (§ 945 ZPO). In Ausnahmefällen kommt auch ein Antrag auf Aufhebung einer Verfügung wegen veränderter Umstände nach § 927 ZPO iVm § 936 ZPO in Betracht, der an keine Fristen gebunden ist. Siehe zu möglichen Fallgestaltungen *Kühnen* G Rn. 201–209.

c) **Abschlussschreiben**
Gerade weil die einstweilige Verfügung nur eine vorläufige Regelung ist und der Antragsgegner über zB § 927 ZPO unbefristet ihre Aufhebung begehren kann, ist der Antragsteller häufig daran interessiert, eine endgültige Regelung der Rechtslage zwischen den Parteien zu erreichen. Dem dient das sog. Abschlussschreiben. Dieses kann ein Hauptsacheverfahren verhindern und dient gleichzeitig der Vermeidung der Kostenlast wegen sofortigem Anerkenntnis nach § 93 ZPO für den Fall, dass ein Hauptsacheverfahren eingeleitet wird (BGH GRUR 2015, 822 – Kosten für Abschlussschreiben II). Dabei muss der Antragsteller dem Antragsgegner eine angemessene Frist von idR zwei

Wochen nach Zustellung einer mit Gründen versehenen Entscheidung vor Absendung des für diesen Kosten verursachenden Abschlussschreiben gewähren, die einstweilige Verfügung aus eigenen Stücken anzuerkennen (BGH GRUR 2015, 822 – Kosten für Abschlussschreiben II; OLG Hamm GRUR-RR 2010, 267 – Zweiwöchige Wartefrist; OLG Hamburg GRUR-RR 2014, 229 – Standardabschlussschreiben). Mit dem Abschlussschreiben wird der Antragsgegner aufgefordert, die einstweilige Verfügung als endgültige, einem Urteil gleichstehende Regelung zwischen den Parteien anzuerkennen und auf die Rechtsmittel des Widerspruchs (§§ 924, 936 ZPO), der Fristsetzung zur Hauptsacheklage (§§ 926, 936 ZPO) und der Aufhebung wegen veränderter Umstände (§§ 927, 936 ZPO) zu verzichten.

Dem Antragsgegner ist eine angemessene Frist von idR zwei Wochen zur Erklärung zu gewähren, wobei auf Anfrage eine Verlängerung in Betracht kommt, wenn diese nicht der Verzögerung dient.

Wird eine Abschlusserklärung nicht rechtzeitig abgegeben, sind die Kosten des Abschlussschreibens erstattungsfähig und können wie die Abmahnkosten im Hauptsacheverfahren eingeklagt werden (vgl. → Form. D.5 Anm. 14), da sie nicht Teil des vorausgegangenen Verfügungsverfahrens, sondern Teil des Hauptsacheverfahrens sind (BGH NJW 2008, 1744). Wichtig ist jedoch, dass es sich bei dem Abschlussschreiben wiederum um ein außergerichtliches Schreiben handelt, so dass § 27 Abs. 3 GebrMG nicht zur Anwendung kommt und sich der Erstattungsanspruch aus den Grundsätzen einer insbesondere aus den Grundsätzen einer Geschäftsführung ohne Auftrag ergibt (→ Form. D. 2 Anm. 27). Dies setzt die Erforderlichkeit für die Hinzuziehung des Vertreters voraus. Diese ist in Bezug auf die Einschaltung eines Rechtsanwaltes nur selten zu verneinen, aber in Bezug auf eine Doppelvertretung mehr als zweifelhaft, da idR keine über die bereits für das Verfügungsverfahren erfolgte hinausgehende Unterstützung des Rechtsanwaltes durch einen Patentanwalt erforderlich ist (OLG Düsseldorf InstGE 9, 35 – Patentanwaltskosten für Abschlussschreiben). Deshalb kann der Rechtsanwalt idR auch nicht mehr, eher weniger, als eine 1,3 Gebühr geltend machen (vgl. hierzu auch *Kühnen* G Rn. 237).

5. Klage wegen wortsinngemäßer Gebrauchsmusterverletzung

Landgericht ......

Kammer für Gebrauchsmusterstreitsachen[1]

......

Klage

der A GmbH, gesetzlich vertreten durch ihren Geschäftsführer, Herrn Günther A., (Anschrift),

– Klägerin –

Prozessbevollmächtigter: Rechtsanwalt ......

gegen

1. die B GmbH, gesetzlich vertreten durch ihren Geschäftsführer, den Beklagten zu 2, (Anschrift),
2. den Herrn Dipl.-Kaufmann Kurt B.,[2] ebenda,

– Beklagte –

5. Klage wegen wortsinngemäßer Gebrauchsmusterverletzung   D. 5

wegen Gebrauchsmusterverletzung

Streitwert: (vorläufig geschätzt) ...... EUR[3]

Namens und in Vollmacht der Klägerin erhebe ich Klage und beantrage die Anberaumung eines möglichst nahen Verhandlungstermins[4] und Ladung der Beteiligten.

Da es sich um eine gebrauchsmusterrechtliche Streitigkeit handelt, ist die Übertragung der Entscheidung auf den Einzelrichter nicht angezeigt.[5]

Von einem Gütetermin kann abgesehen werden, da vorgerichtliche Gespräche zwischen den Parteien gescheitert sind.[6]

Ich werde folgende Klageanträge stellen:

I. Die Beklagten zu verurteilen,
1. es bei Meidung eines vom Gericht für jeden Fall der Zuwiderhandlung festzusetzenden Ordnungsgeldes bis zu 250.000 EUR – ersatzweise Ordnungshaft – oder einer Ordnungshaft bis zu sechs Monaten, im Falle wiederholter Zuwiderhandlungen bis zu insgesamt zwei Jahren, wobei die Ordnungshaft hinsichtlich der Beklagten zu 1) an ihrem Geschäftsführer zu vollziehen ist, zu unterlassen,
Verstelleinrichtungen für einen mit mindestens zwei schwenkbaren Lüftungsklappen ausgerüsteten Schrank oder dergleichen zur Aufnahme wärmeentwickelnder Vorrichtungen, wie zB Transformatoren, bei denen die einzelnen Lüftungsklappen jeweils durch einen elektromotorischen Stelltrieb verstellbar sind, der eine Stellspindel und eine darauf aufgeschraubte Stellmutter aufweist,
im Geltungsbereich des deutschen Gebrauchsmusters XYZ anzubieten, in Verkehr zu bringen oder zu gebrauchen oder zu den genannten Zwecken entweder einzuführen oder zu besitzen,
bei denen wenigstens die Stelltriebe in einem eigenen, kastenartigen Gehäuse angeordnet sind, wobei die Stellspindeln einander gegenüberliegend den Stirnwänden zugewandt liegen, in denen Gehäuseführungen für die Stellmuttern vorgesehen sind, zumindest die Innenflächen der Seitenwände des Gehäuses Rastmittel zur Festlegung der Stelltriebe aufweisen, und die Stelltriebe mittels einer Steuereinheit gemeinsam oder unabhängig voneinander betätigbar sind,[7]
insbesondere, wenn
die Verstellachsen in miteinander fluchtende Ausnehmungen eingelegt sind, die sich in den Seitenwänden des Gehäuses im Bereich der Stirnenden befinden, und die Verstellachsen von den Stelltrieben beaufschlagt werden und an den Lüftungsklappen angreifen (Unteranspruch 2),
und/oder
die die Ausnehmungen aufweisenden Bereiche der Seitenwände des Gehäuses innenseitig Führungsnuten aufweisen, in die Ausnehmungen jeweils ein Schließer einführbar ist und der Schließer die Ausnehmungen beziehungsweise die Verstellachsen übergreift und in der eingesteckten Stellung arretiert ist (Unteranspruch 4);[8]
2. der Klägerin darüber Auskunft zu erteilen, in welchem Umfang sie die zu Ziffer 1 bezeichneten Handlungen seit dem ..... begangen haben, und zwar unter Angabe[9]
a) der Namen und Anschriften der Hersteller, Lieferanten und anderen Vorbesitzer,
b) der Namen und Anschriften der gewerblichen Abnehmer sowie der Verkaufsstellen, für die die Erzeugnisse bestimmt waren,
c) der Menge der hergestellten, ausgelieferten, erhaltenen oder bestellten Erzeugnisse sowie der Preise, die für die betreffenden Erzeugnisse bezahlt wurden;

wobei
die Verkaufsstellen, Einkaufspreise und Verkaufspreise nur für die Zeit seit dem 30.4.2000 anzugeben sind,
zum Nachweis der Angaben entsprechende Belege (Rechnungen, hilfsweise bei belegtem Verlust derselben Lieferscheine) in Kopie vorzulegen sind, wobei geheimhaltungsbedürftige Details außerhalb der auskunftspflichtigen Daten geschwärzt werden dürfen;[10]

3. der Klägerin darüber Rechnung zu legen, in welchem Umfang sie die vorstehend zu Ziffer 1. bezeichneten Handlungen seit dem . . . . . .[11] begangen haben, und zwar unter Angabe[12]
   a) der einzelnen Lieferungen, aufgeschlüsselt nach Liefermengen, -zeiten und -preisen (und ggf. Typenbezeichnungen) sowie den Namen und Anschriften der Abnehmer,
   b) der einzelnen Angebote, aufgeschlüsselt nach Angebotsmengen, -zeiten und -preisen (und ggf. Typenbezeichnungen) sowie der Namen und Anschriften der Angebotsempfänger,
   c) der betriebenen Werbung, aufgeschlüsselt nach Werbeträgern, deren Auflagenhöhe, Verbreitungszeitraum und Verbreitungsgebiet, sowie im Falle von Internetwerbung der Domain, der Zugriffszahlen und der Schaltungszeiträume,
   d) der nach den einzelnen Kostenfaktoren aufgeschlüsselten Gestehungskosten und des erzielten Gewinns;
   wobei den Beklagten auf Antrag vorbehalten bleiben mag, die Namen und Anschriften ihrer Angebotsempfänger und nichtgewerblichen Abnehmer statt der Klägerin einem von dieser zu bezeichnenden und ihr gegenüber zur Verschwiegenheit verpflichteten, in der Bundesrepublik Deutschland ansässigen, vereidigten Wirtschaftsprüfer mitzuteilen, sofern die Beklagten die durch dessen Einschaltung entstehenden Kosten übernehmen und ihn ermächtigen und verpflichten, der Klägerin auf konkrete Anfrage hin mitzuteilen, ob ein bestimmtes Angebot oder ein bestimmter Angebotsempfänger oder nichtgewerblicher Abnehmer in der Rechnungslegung enthalten ist;[13]

4. als Gesamtschuldner an die Klägerin . . . . . . EUR nebst Zinsen in Höhe von fünf Prozentpunkten über dem Basiszins seit Rechtshängigkeit zu zahlen;[14]

5. nur die Beklagte zu 1) die vorstehend unter 1. bezeichneten Vorrichtungen, die an gewerbliche Abnehmer in der Bundesrepublik Deutschland oder im Ausland ausgeliefert worden sind, aus den Vertriebswegen zurückzurufen, indem diese Abnehmer von der B GmbH schriftlich darüber informiert werden, dass die betreffenden Vorrichtungen das Deutsche Gebrauchsmuster XYZ verletzen, und sie ernsthaft aufgefordert werden, diese Vorrichtungen an die B GmbH zurückzugeben, und diesen Abnehmern dazu ein rechtsverbindliches Angebot zur Rücknahme dieser Vorrichtungen durch die B GmbH unterbreitet und diesen Abnehmern für den Fall der Rückgabe der Vorrichtungen etwaige Entgelte zu erstatten sowie notwendige Verpackungs- und Transportkosten sowie mit der Rückgabe verbundene Zoll- und/oder Lagerkosten zu übernehmen;[16]

6. nur die Beklagte zu 1) die in ihrem unmittelbaren oder mittelbaren Besitz und/oder Eigentum befindlichen, vorstehend zu I. 1. bezeichneten Vorrichtungen auf eigene Kosten zu vernichten und der A GmbH eine Dokumentation zu übermitteln oder an einen von der A GmbH zu bestimmenden Treuhänder zum Zwecke der Vernichtung auf Kosten der B GmbH herauszugeben;[17]

II. festzustellen, dass die Beklagten als Gesamtschuldner verpflichtet sind, der Klägerin allen Schaden zu ersetzen, der dieser durch die vorstehend zu I. 1. bezeichneten, seit dem . . . . . . begangenen Handlungen entstanden ist und künftig noch entstehen wird;[15, 18]

5. Klage wegen wortsinngemäßer Gebrauchsmusterverletzung   D. 5

III. die Kosten des Rechtsstreits den Beklagten als Gesamtschuldner aufzuerlegen;
IV. das Urteil – gegebenenfalls gegen Sicherheitsleistung – für vorläufig vollstreckbar zu erklären, wobei wir beantragen, Teilsicherheitsleistungen für die Anträge nach Ziffer I. 2 und 3 sowie für die Kostenentscheidung festzusetzen, wobei wir folgende Einzelbeträge vorschlagen . . . . .;
notfalls der Klägerin zu gestatten, die Zwangsvollstreckung wegen der Kosten gegen Sicherheitsleistung abzuwenden.

Begründung:

I. Allgemeines[19]

1. Die Klägerin ist eingetragene und allein verfügungsberechtigte Inhaberin des deutschen Gebrauchsmusters XYZ, das ausweislich der als
Anlage K 1
– für die Mitglieder der angerufenen Kammer dreifach[20] – beigefügten Gebrauchsmusterschrift am . . . . . . beim Deutschen Patentamt angemeldet und am . . . . . . eingetragen worden ist. Der Eintragungshinweis wurde am . . . . . . veröffentlicht.[21]
Das Schutzrecht steht in Kraft, wie dem als
Anlage K 1a
beigefügten Registerauszug[22] entnommen werden kann, der auch zeigt, dass die Klägerin eingetragene Inhaberin ist.

2. Die Beklagte zu 1), für deren Handlungen die Beklagte zu 2) als deren Geschäftsführer haftet, vertreibt ua Transformatorenschränke. Auf der letzten Messe „ . . . . . . " in . . . . . hat sie einen neuen Transformatorenschrank „Electromaster" ausgestellt, der von allen Merkmalen des Anspruchs 1 des Klagegebrauchsmusters wortsinngemäß Gebrauch macht. Die Beklagten sind daher unter Mitwirkung der auch in diesem Verfahren beteiligen Patentanwälte abgemahnt worden. Einen Einigung konnte zwischen den Parteien jedoch nicht erreicht werden, so dass nun Klage geboten ist.

II. Klagegebrauchsmuster

1. Das Klagegebrauchsmuster[23, 24] betrifft ausweislich der Anlage K 1 eine Verstelleinrichtung für einen mit mindestens zwei schwenkbaren Lüftungsklappen ausgerüsteten Schrank oder dergleichen zur Aufnahme wärmeentwickelnder Vorrichtungen, wie zB Transformatoren, bei denen die einzelnen Lüftungsklappen jeweils durch einen elektromotorischen Stelltrieb verstellbar sind, der eine Stellspindel und eine darauf aufgeschraubte Stellmutter aufweist.
Eine solche Verstelleinrichtung ist beispielsweise aus der als
Anlage K 2
beigefügten deutschen Offenlegungsschrift . . . . . . bekannt.
Nachteilig ist bei dieser bekannten Ausführung, dass jeder einzelne Stelltrieb separat zu montieren ist, wobei für jeden Stelltrieb Befestigungsteile notwendig sind. Die vorbekannte Verstelleinrichtung ist deshalb nicht nur konstruktiv aufwändig, sondern erfordert auch bei der Herstellung des Schranks oder dergleichen einen erheblichen Montageaufwand. Außerdem ist für den Benutzer die Handhabung recht unbequem, da die einzelnen Stelltriebe ausschließlich unabhängig voneinander betätigbar sind, so dass beispielsweise drei Schalter bedient werden müssen, wenn insgesamt drei schwenkbare Lüftungsklappen verstellt werden sollen. Weiter nachteilig an der vorbekannten Ausführungsform ist, dass die Schrankwände äußerst stark belastet werden, da die Verstelleinrichtung dort befestigt wird und der Kraftfluss dementsprechend über die Wände und die Befestigungsteile erfolgt.

2. Der vorliegenden Neuerung liegt daher die Aufgabe zugrunde, eine Verstelleinrichtung der eingangs genannten Art zu entwickeln, die in einfacher Weise kompakt aufgebaut, sowohl beim Hersteller der Verstelleinrichtung als auch beim Hersteller des Schranks und dergleichen ohne zusätzliche Kabelverlegung und Verdrahtungsarbeiten einfach zu montieren ist, ohne dass zusätzliche, als lose Teile beigefügte Befestigungselemente notwendig werden, und dass die Verstelleinrichtung vom Benutzer einfach zu handhaben ist.

Zur Lösung der gestellten Aufgabe schlägt das Klagegebrauchsmuster die im Folgenden in gegliederter Form wiedergegebenen Merkmale vor:
1. Verstelleinrichtung für einen Schrank (1) oder dergleichen zur Aufnahme wärmeentwickelnder Vorrichtungen, wie zB Transformatoren (2);
2. der Schrank (1) ist mit mindestens zwei schwenkbaren Lüftungsklappen (3) ausgerüstet;
3. die einzelnen Lüftungsklappen (3) sind jeweils durch einen elektromotorischen Stelltrieb (4) verstellbar;
4. der Stelltrieb (4) weist auf
    4.1 eine Stellspindel (5) und
    4.2 eine darauf aufgeschraubte Stellmutter (6);
5. wenigstens die Stelltriebe (4) sind in einem eigenen, kastenartigen Gehäuse (7) angeordnet;
6. dabei liegen die Stellspindeln (5) einander gegenüberliegend den Stirnwänden (7a) zugewandt;
7. in dem Gehäuse (7) sind Führungen (8) für die Stellmuttern (6) vorgesehen;
8. zumindest die Innenflächen (7b) der Seitenwände (7c) des Gehäuses (7) weisen Rastmittel (9) zur Festlegung der Stelltriebe (4) auf;
9. die Stelltriebe (4) sind mittels einer Steuereinheit (10) gemeinsam oder unabhängig voneinander betätigbar.

Eine Leseabschrift dieser Merkmalsgliederung[25] überreichen wir – für die Mitglieder der angerufenen Kammer dreifach – als

Anlage K 3.

3. Die Lehre des Klagegebrauchsmusters zeichnet sich damit dadurch aus, dass zumindest die Stelltriebe in einem eigenen, kastenförmigen Gehäuse angeordnet sind, wobei die Stellspindeln einander gegenüberliegend den Stirnwänden zugeordnet werden, dass in dem Gehäuse Führungen für die auf die Stellspindeln aufgeschraubten Stellmuttern vorgesehen sind, dass zumindest an den Innenflächen der Seitenwände des Gehäuses Rastmittel zur Festlegung der Stelltriebe vorgesehen sind, und dass die Stelltriebe mittels einer gemeinsamen Steuereinheit gleichzeitig oder unabhängig voneinander betätigbar sind.

Bei den verwendeten Stelltrieben handelt es sich um bekannte Linearantriebe. Da diese nunmehr in einem kastenförmigen Gehäuse angeordnet sind, wird daraus eine vom Hersteller der Verstelleinrichtung leicht zu montierende Baueinheit gebildet. Da die im Betriebszustand auf die Stellspindeln aufgeschraubten Stellmuttern in Führungen gelagert sind, entfallen die ansonsten notwendigen Teile, um eine Drehung der Mutter zu verhindern. Außerdem werden die Befestigungsteile bzw. die Beschläge nur äußerst gering belastet, weil der Kraftfluss ausschließlich durch das Gehäuse hindurch erfolgt. Dadurch ergibt sich eine erhebliche Stabilisierung der Schrankwände. Da alle Stelltriebe durch eine gemeinsame Steuereinheit sowohl gleichzeitig als auch unabhängig voneinander betätigbar sind, lassen sich die Lüftungsklappen in äußerst bequemer Weise verstellen.

4. Wegen der weiteren Einzelheiten und Vorteile der Lehre des Klagegebrauchsmusters wird auf den Inhalt der als Anlage K 1 vorgelegten Gebrauchsmusterschrift verwiesen.

5. Klage wegen wortsinngemäßer Gebrauchsmusterverletzung   D. 5

III. Verletzungstatbestand[26]

Die Klägerin hat auf der internationalen Fachmesse „......", die vom ...... bis ...... in ...... stattgefunden hat, feststellen müssen, dass die Beklagte zu 1), deren Geschäftsführer der Beklagte zu 2) ist, als Neuheit des Unternehmens einen Transformatorenschrank „Elektromaster" in verschiedenen Abmessungen vorgestellt hat, der sämtliche der vorstehend aufgeführten Merkmale des Anspruchs 1 des Klagegebrauchsmusters wortsinngemäß verwirklicht.

Hierzu verweisen wir auf einen Prospekt der Beklagten zu 1), der auf der Messe „......" an jeden Interessierten ausgegeben worden ist, und der als

Anlage K 4

überreicht wird.

Als

Anlage K 5

ist eine Vergrößerung der zeichnerischen Darstellung des Transformatorenschranks und insbesondere der darin befindlichen Verstelleinrichtung für die schwenkbar gehaltenen Lüftungsklappen beigefügt, die mit den Bezugsziffern des Klagegebrauchsmusters versehen worden sind. Ergänzend verweisen wir auf

Anlage K 6

die verschiedene Fotos enthält, die von einem Transformationsschrank „Elektromaster" auf der Messe „......" angefertigt wurden und die zum Teil ebenfalls mit Bezugsziffern versehen wurden.

Ein Vergleich der als Anlage K 3 vorgelegten Merkmalsanalyse mit den Einzelheiten der Vorrichtung gemäß Anlagen K 4 bis K 6 ergibt folgendes:

1. Wie sich anschaulich aus Anlage K 4 ergibt, handelt es sich bei „Elektromaster" um einen Transformatorenschrank und damit einen Schrank entsprechend Merkmal 1 (vgl. schon Überschrift Deckblatt). Die Verstelleinrichtung wird insbesondere auf der dritten Seite beschrieben und ist oben links (s. auch Anlage K 5) schematisch gezeigt. Merkmal 1 wird benutzt.
2. Der Schrank (1) (s. auch Foto 1, Anlage K 6) ist mit mindestens zwei schwenkbaren Lüftungsklappen (3) ausgerüstet, wobei unterschiedliche Positionen in den Fotos 2 und 3 der Anlage K 6 zu erkennen sind. Beschrieben ist die Verschwenkbarkeit auch auf Seite 3 der Anlage K 4 (Merkmal 2).
3. Aus Seite 3 der Anlage K 4 geht weiter hervor, dass die Lüftungsklappen entsprechend Merkmal 3 durch einen elektromotorischen Stellantrieb (4) verstellbar sind.
4. Zum Aufbau der Stellantriebe wird auf Anlage K 5 verwiesen. Diese weisen je eine Spindel (5) (Merkmal 4.1) und eine darauf aufgeschraubte Stellmutter (6) (Merkmal 4.2) auf.
5. Dabei sind, wie wiederum Anlage K 5 zeigt, die Stellantriebe (4) in einem eigenen kastenartigen Gehäuse (7) angeordnet (vgl. auch Foto 4 der Anlage K 6 von außen bzw. Foto 5 von innen). Merkmal 5 wird wortsinngemäß benutzt.
6. Die Stellspindeln (5) liegen einander gegenüberliegend den Stirnwänden (7a) zugewandt (vgl. Foto 5 der Anlage K 6) (Merkmal 6).
7. Wie Anlage K 5 besonders anschaulich zeigt, sind in dem Gehäuse (7) Führungen (8) für die Stellmuttern (6) vorgesehen (Merkmal 7).
8. Zu den Rastmitteln an der Innenfläche (7b) der Seitenwände (7c) des Gehäuses, die der Festlegung der Stelltriebe (4) dienen, wird auf Foto 8 der Anlage K 6 verwiesen.

Zu erkennen ist hier ein offener Ring, in den Zylinder an dem Stellantrieb (4) eingerastet werden können. Das ist an dem Transformationsschrank „Elektromaster" auf der Messe „ . . . . . " auch im Rahmen einer Vorführung gezeigt worden, so dass für den unwahrscheinlichen Fall des Bestreitens durch die Beklagten

Beweis durch: Zeugnis des Herrn . . . . . , zu laden über die Klägerin

angeboten wird. Herr . . . . . war am . . . . . auf der Messe und hat sich den Transformatorenschrank „Electromaster" von einem Mitarbeiter der Beklagten zu 1) erklären lassen.

9. Das die Stellantriebe (4) mittels einer Steuereinheit (10) gemeinsam oder unabhängig voneinander betätigbar sind, wird wiederum anschaulich in Anlage K 4 dargestellt. Wir verweisen insoweit auf Seite 2. Merkmal 9 wird ebenfalls wortsinngemäß benutzt.

10. Die angegriffene Ausführungsform macht damit von sämtlichen Merkmalen des Anspruchs 1 des Klagegebrauchsmusters wortsinngemäß Gebrauch.

11. Gleiches gilt für die Merkmale der Unteransprüche 2 und 4, wozu insbesondere auf die Anlagen K 6, Fotos 8 und 9, verwiesen wird (s. auch Anlage K 4).

12. Dabei sei darauf hingewiesen, dass die Beklagten den Verletzungstatbestand in der vorgerichtlichen Korrespondenz auch gar nicht bestritten haben. Sie haben lediglich geltend gemacht, die angegriffene Ausführungsform nicht selbst herzustellen. Der (nicht namentlich benannte) Vorlieferant könne sich jedoch angeblich auf ein innerbetriebliches Vorbenutzungsrecht gemäß § 13 Abs. 3 GebrMG in Verbindung mit § 12 PatG berufen. Dieser von den Beklagten behauptete Sachverhalt wurde jedoch trotz Aufforderung nicht näher substantiiert und ist daher unbeachtlich.[27]

IV. Rechtsfolgen

1. Wegen der festgestellten Gebrauchsmusterverletzungen ist die Beklagte zu 1) gemäß § 24 Abs. 1 GebrMG zur Unterlassung zu verurteilen, da sie zur Nutzung dessen technischer Lehre nicht berechtigt ist und damit rechtswidrig handelt.
Der Unterlassungsanspruch richtet sich gleichermaßen gegen den Beklagten zu 2) persönlich als Geschäftsführer der Beklagten zu 1), weil dieser als natürliche Person und Organ der Beklagten zu 1) die rechtsverletzenden Handlungen der Beklagten zu 1) veranlasst hat.[28]

2. Wegen der unberechtigten Benutzung der Lehre des Klagegebrauchsmusters durch die Beklagten ist der Klägerin ein Schaden entstanden. Da die Beklagten bei Beachtung der im Verkehr erforderlichen Sorgfalt das Klagegebrauchsmuster hätten auffinden und die Rechtsverletzung hätte erkennen können, schulden sie gemäß § 24 Abs. 2 GebrMG (der Beklagte zu 2) iVm § 31 BGB analog) Schadenersatz.
Die Beklagten haften als Gesamtschuldner (§§ 830, 840 BGB).
Da die Klägerin ohne nähere Kenntnis vom Umfang der Verletzungshandlungen den ihr entstandenen Schaden zzt. nicht beziffern kann, ist ihr ein rechtliches Interesse daran zuzubilligen, dass die Schadenersatzpflicht der Beklagten vorab dem Grunde nach festgestellt wird (§ 256 ZPO).[29] Auf Grund dessen ist der Klageantrag II. zulässig.

3. Um der Klägerin die Berechnung des ihr entstandenen Schadens zu ermöglichen, sind die Beklagten gemäß §§ 242, 259 BGB verpflichtet, der Klägerin über den Umfang der Verletzungshandlungen Rechnung zu legen.
Darüber hinaus ergibt sich die Verpflichtung der Beklagten zur geltend gemachten Auskunft nebst Belegvorlage aus § 24b GebrMG.[30]
Daher sind auch die Klageanträge I. 2. und 3. begründet.

4. Der mit dem Klageantrag zu I. 4. geltend gemachte Zahlungsanspruch verhält sich über die wegen der vorprozessualen Abmahnung für den Prozessbevollmächtigten der

5. Klage wegen wortsinngemäßer Gebrauchsmusterverletzung D. 5

Klägerin und den mitwirkenden Patentanwalt angefallene Geschäftsgebühr, VV 2300 RVG, die von den Beklagten unter dem Gesichtspunkt des Schadenersatzes, § 24 Abs. 2 S. 1 GebrMG iVm § 249 Abs. 1 BGB, bzw. der Geschäftsführung ohne Auftrag, § 683 BGB, zu erstatten ist.

Der Abmahnung ist zu Recht je eine 1,8-Geschäftsgebühr zugrunde gelegt worden: Zwar kann die Schwellengebühr von 1,3 gemäß VV 2300 RVG nur dann überschritten werden, „wenn die Tätigkeit umfangreich oder schwierig war". Jedoch zeigt nicht zuletzt die Tatsache, dass der Gesetzgeber in § 27 Abs. 2 GebrMG die Länder zur Einrichtung von Spezialkammern für Gebrauchsmusterverletzungssachen ermächtigt hat und sämtlich Länder, in denen mehrere Landgerichte existieren, von dieser Möglichkeit Gebrauch gemacht haben, dass es sich insoweit um eine rechtliche Spezialmaterie handelt, die besondere Rechtskenntnisse auf diesem Gebiet voraussetzen. Es ist daher insoweit stets eine 1,5 fache Geschäftsgebühr als Minimum gerechtfertigt, wobei gemäß § 14 RVG der Anwaltschaft allerdings noch eine Ermessensspielraum eingeräumt worden ist, der bis zu einem Zuschlag von 20 % nicht zur Unbilligkeit führt (vgl. zu den Einzelheiten: LG Düsseldorf InstGE 6, 37 ff. – Abmahnkostenerstattung nach Patentverletzung). Hinzu kommt, dass verschiedene zT technische Dokumente bzw. abstrakte Fotos von den angegriffenen Transformatorenschränken analysiert werden mussten, da nur bei einer Detailuntersuchung der Verletzungstatbestand deutlich wird.[31]

Da der Abmahnung – wie auch der vorliegenden Klage – ein der Bedeutung der Angelegenheit ohne weiteres angemessener Gegenstandswert von ...... EUR zugrunde gelegt worden ist, errechnet sich auf Grundlage der gesetzlichen Gebührentabelle und unter Hinzurechnung der Auslagenpauschale von je 20 EUR gemäß VV 7002 RVG insgesamt ein Erstattungsbetrag in der geltend gemachten Höhe, der seit dem mit der Abmahnung fruchtlos gesetzten Zahlungsfrist wegen Verzuges zu verzinsen ist.

5. Der mit dem Klageantrag zu Ziffer I. 6. gegenüber der Beklagten zu 1) geltend gemachte Rückrufanspruch findet seine Grundlage in § 24a Abs. 2 GebrMG.[32]

6. Der mit dem Klageantrag zu Ziffer I. 7. geltend gemachte Vernichtungsanspruch findet seine Grundlage in § 24a Abs. 1 S. 1 GebrMG. Im Rahmen der Verhältnismäßigkeit beschränkt sich der Anspruch auf die erfindungswesentlichen Bestandteile der Verletzungsform.[33]

V. Zuständigkeit

Die Zuständigkeit des angerufenen Gerichts ergibt sich aus § 32 ZPO, § 27 GebrMG in Verbindung mit der Verordnung des Landes ...... vom ......,[34] weil die die Beklagte zu 1) die Verletzungsform auf der Fachmesse „......" in ...... und damit im Gerichtsbezirk ausgestellt und beworben hat.[35]

VI.

Die Klägerin zeigt an, dass sie neben ihrem Prozessbevollmächtigten

Herrn Patentanwalt

......

(Anschrift)

zur Mitwirkung im vorliegenden Rechtsstreit bestimmt hat.[36]

Beglaubigte und einfache Abschriften zum Zwecke der Zustellung anbei.

Rechtsanwalt[37]

Schrifttum: S. den Hinweis bei → Form. D.1.

Anmerkungen

1. Eine Gebrauchsmusterverletzungsklage ist stets – und zwar unabhängig vom Streitwert – vor den Zivilkammern der Landgerichte zu erheben (vgl. § 27 Abs. 1 GebrMG). Zu den Gebrauchsmusterstreitkammern s. im Einzelnen → Form. D.4 Anm. 9.

Die örtliche Zuständigkeit richtet sich nach den allgemeinen Bestimmungen gemäß §§ 12 ff. ZPO, wobei dem Kläger ein Wahlrecht nach § 35 ZPO zusteht.

Der Wohnort bzw. Sitz des Beklagten ist sein allgemeiner Gerichtsstand (§§ 13, 17 ZPO) und begründet stets die örtliche Zuständigkeit und zwar für alle möglichen Ansprüche. In diesem Zusammenhang ist auch der Gerichtsstand der Niederlassung (§ 21 ZPO) zu erwähnen.

Am verbreitetsten ist der Gerichtsstand der unerlaubten Handlung (§ 32 ZPO), da dieser dem Kläger das größte Wahlrecht liefert. Schließlich eröffnet er die Zuständigkeit für Klagen am Tatort genauso wie am Erfüllungsort, also an jedem Ort, an dem eine irgendeine Verletzungshandlung begangen worden ist bzw. aufgrund des Verhaltens des Verletzers eine Verletzungshandlung droht. Das ist, wie im Beispielsfall, dann auch interessant, wenn ein gebrauchsmusterverletzender Gegenstand auf einer Messe oder Ausstellung mit überregionaler Bedeutung angeboten worden ist. Wer auf einer solchen Messe in Deutschland ausstellt, gibt gleichzeitig zu verstehen, an jedweden Kunden im Bundesgebiet liefern zu wollen (so stRspr, wobei Darlegungen veranlasst sind, dass es sich bei der betreffenden Messe nicht bloß um eine „Leistungsschau" gehandelt hat und die Ausstellung zu Vertriebszwecken erfolgte, vgl. LG Mannheim GRUR-RR 2011, 83 – Sauggreifer; die etwas anders erscheinende Entscheidung des BGH GRUR 2010, 1103 – Pralinenform II (Markensache) wird abgelehnt, vgl. *v. d. Groeben* GRUR 2011, 795).

Es ist noch nicht abschließend höchstrichterlich entschieden, welche Ansprüche auf Basis nur der so begründeten Zuständigkeit geltend gemacht werden können (s. Streit zum patentrechtlichen Entschädigungsanspruch zB LG Mannheim InstGE 13, 65 – UMTS-fähiges Mobiltelefon II gegen *Kühnen* D Rn. 9). Probleme ergeben sich zB auch für Ansprüche gegen bzw. wegen der Herstellung von verletzenden Produkten, wenn die Herstellung nicht im Gerichtsbezirk erfolgt, da eine Wiederholungsgefahr fehlt und die Begründung der Begehungsgefahr schwierig ist.

2. Die Inanspruchnahme des Geschäftsführers des beklagten Unternehmens ist grundsätzlich möglich, weil die Gebrauchsmusterverletzung eine unerlaubte Handlung darstellt, die vom geschäftsführenden Organ auch persönlich begangen wird, dessen Verhalten dem Unternehmen gemäß § 31 BGB zugerechnet wird. Auf Grund dessen ist die persönliche Inanspruchnahme des Geschäftsführers höchstrichterlich anerkannt (vgl. BGH GRUR 1986, 248 – Sporthosen).

Es muss sich jedoch um den verantwortlichen Geschäftsführer handeln. Hat ein Unternehmen mehrere Geschäftsführer, ist vor Klageerhebung zu ermitteln, welcher Geschäftsführer für die gebrauchsmusterverletzenden Handlungen tatsächlich verantwortlich ist (der Finanzvorstand eines Unternehmens vermutlich nicht). Die Verantwortung aller Geschäftsführer beginnt jedoch spätestens mit dem Zeitpunkt zu dem das Unternehmen zB durch eine Abmahnung, auch durch eine Berechtigungsanfrage (→ Form. D.1 und → Form. D.2) bösgläubig gemacht worden ist.

Die Mitinanspruchnahme des bzw. der Geschäftsführer (oder zusätzlich zB auch der Komplementär-GmbH einer GmbH & Co. KG) bietet sich regelmäßig an, um zB für den Fall der Insolvenz des in Anspruch genommenen Unternehmens einen zusätzlichen Kostenschuldner zu haben. Ferner wird durch die persönliche Inanspruchnahme des

5. Klage wegen wortsinngemäßer Gebrauchsmusterverletzung D. 5

Geschäftsführers verhindert, dass er als Geschäftsführer eines anderen, möglicherweise neu zu gründenden Unternehmens die rechtsverletzenden Handlungen einfach fortsetzt, wenn das bislang in Anspruch genommene Unternehmen verurteilt worden ist.

3. Zum Streitwert in Gebrauchsmusterstreitverfahren vgl. → Form. D.2 Anm. 23.

4. Die Terminierungspraxis der Spezialkammern für Gebrauchsmusterstreitsachen ist unterschiedlich: Einige Kammern beraumen sofort einen Termin zur mündlichen Hauptverhandlung an, vor dem umfassend auf die Klage zu erwidern ist. Beim LG München ist es üblich, zu einem ersten Termin zu laden, vor dem zwar Einwände gegen die Schutzfähigkeit des Gebrauchsmuster erhoben worden sein müssen, jedoch noch nicht im Detail erörtert werden, so dass eine Stellungnahme des Klägers zu diesem Thema erst vor dem zweiten Verhandlungstermin erforderlich ist. Demgegenüber ist es beim Landgericht Düsseldorf immer noch verbreitet, bereits einige Wochen nach Klageerhebung einen frühen ersten Formaltermin (sog. „Durchlauftermin") anzuberaumen, in dem die Anträge verlesen, die Schriftsatzfristen bestimmt und der Termin für die mündliche Hauptverhandlung bestimmt werden.

5. Wegen § 348 Abs. 1 S. 2 Buchst. k ZPO iVm § 27 Abs. 1 GebrMG kommt keine originäre Einzelrichterzuweisung in Betracht und wird von den zuständigen Kammern der Landgerichte auch nicht in Betracht gezogen. Um von vornherein eine Zuweisung nach § 348a ZPO zu vermeiden, empfiehlt sich jedoch ein entsprechender Hinweis.

6. Einige Landgerichte nutzen diesen Hinweis, um von einem Gütetermin abzusehen. Bei anderen Landgerichten ist dieser in den ersten Hauptverhandlungstermin zur Sache eingebettet, so dass durch ihn keine Zeitverzögerung entsteht. Dieser Zusatz ist daher je nach gewähltem Gerichtsstand entbehrlich.

7. Zum Aufbau des Unterlassungsantrags → Form. D.2 Anm. 15.
Der vorliegende Unterlassungsantrag berücksichtigt den vorprozessualen (unwiderlegbaren) Einwand der Beklagten, man stelle die Verletzungsform nicht selbst her. Auf Grund dessen wäre es nicht gerechtfertigt, die Handlungsart des Herstellens in den Unterlassungsantrag aufzunehmen.

8. Es ist in der Praxis nahezu die Regel, dass ein gebrauchsmusterverletzendes (wie auch ein patentverletzendes) Erzeugnis nicht nur vom Hauptanspruch (Anspruch 1) des Klageschutzrechts Gebrauch macht, sondern auch von abhängigen Unteransprüchen (idR Ansprüche 2 ff.), die sogenannte „bevorzugte Ausführungsformen" der Erfindung beinhalten. Es hat sich eingebürgert, in einem solchen Fall die betreffenden Unteransprüche im Wege eines sog. „Insbesondere-Teils" im Unterlassungsantrag anzuschließen. Sollte sich nämlich im Verlauf des Verfahrens herausstellen, dass das Klagegebrauchsmuster im bislang erteilten Umfang nicht aufrechterhalten werden kann (mangels Neuheit oder ausreichender Erfindungshöhe) oder sollte dem Beklagten im Umfang zB des Anspruchs 1 ein Vorbenutzungsrecht zustehen, kann dann der Unterlassungsantrag ggf. sogar noch in der mündlichen Verhandlung ohne die Formulierung „insbesondere, wenn" gestellt werden, so dass sich der Unterlassungsantrag dann ausschließlich auf die Kombination des früheren Anspruchs 1 mit den betreffenden Unteransprüchen beschränkt. Der Streitstoff ist durch den „Insbesondere-Teil" des Unterlassungsantrags insoweit von Anfang an im Verfahren und damit für den Gegner nicht überraschend. Es handelt sich dabei um „unechte" Hilfsanträge (BGH GRUR 2012, 945 – Tribenuronmethyl), die keinen eigenen Streitgegenstand betreffen. Sie sorgen letztendlich nur dafür, dass der Streitgegenstand mit weiteren Merkmalen beschrieben wird. Wichtig ist dabei, dass diese nicht im Widerspruch zu den vorangehenden Merkmalen stehen (BGH GRUR 2016, 705 – ConText).
Werden Merkmale von Unteransprüchen oder aus der Beschreibung ohne vorherige Einführung in den Rechtsstreit zu einem späteren Zeitpunkt in den Klageantrag auf-

genommen, kann dies zu einer Vertagung des Verhandlungstermins führen. In seltenen Fällen, in denen sich nicht ausreichend technischer Sachverhalt im Verfahren befindet, kann dessen Nachtrag ggf. wegen Verspätung zurückgewiesen werden.

Mit einer nachträglichen Einschränkung des Unterlassungsbegehrens (wofür es keiner Einschränkung der Schutzansprüche gegenüber dem DPMA bedarf, vgl. BGH GRUR 2003, 867 – Momentanpol I) wird im Regelfall keine negative Kostenfolge (wegen teilweiser Klagerücknahme) zu befürchten sein. Denn das mit der Klage angegriffene, streitgegenständliche Erzeugnis bleibt ein und dasselbe. Es wird nur mit anderen Worten als zuvor (nämlich unter unbedingter Einbeziehung der Merkmale der ebenfalls verwirklichten Unteransprüche) neu beschrieben. Etwas anderes ergibt sich, wenn durch die Einschränkung angegriffene Ausführungsformen nicht mehr umfasst werden.

Die unbedingte Einbeziehung der Unteransprüche oder von Merkmalen aus der Beschreibung kann jedoch den Nachteil mit sich bringen, dass es der beklagten Partei nach ihrer Verurteilung möglicherweise relativ leicht gelingt, bei einer abgewandelten Ausführungsform des bislang streitgegenständlichen Erzeugnisses ein oder mehrere Merkmale so zu verändern, dass es dann nicht mehr unter den Tenor des Unterlassungstitels fällt, mit der Folge, dass dann ggf. erneut geklagt werden muss. Es bedarf auf Grund dessen der Abwägung im Einzelfall, ob die von der Verletzungsform verwirklichten Unteransprüche des Klagegebrauchsmusters lediglich durch die Formulierung „insbesondere, wenn" in den Unterlassungsantrag aufgenommen werden, oder die Unteransprüche kombiniert mit dem Hauptanspruch zum Gegenstand des Klagebegehrens gemacht werden.

9. S. zum Auskunftsanspruch nach § 24b Abs. 1 GebrMG → Form. D.2 Anm. 7 sowie → Form. D.2 Anm. 16.

10. Zusätzlich wurde noch die sich aus der Grundsatzentscheidung „Entfernung der Herstellungsnummer III", BGH GRUR 2002, 209 ff., ergebende Verpflichtung zur Belegvorlage berücksichtigt, die insbesondere von der Düsseldorfer Rechtsprechung auch in Patent- und Gebrauchsmusterstreitsachen gewährt wird (vgl. OLG Düsseldorf InstGE 5, 249 – Faltenbalg). Allerdings muss man sich im Hinblick auf die Art der Belege entscheiden, dh darf nicht wahllos die Vorlage aller denkbar möglichen Belege fordern (also nicht Rechnungen *und* Lieferscheine *und* Auftragsbestätigungen oder dgl.).

11. Zum zeitlichen Beginn der Rechnungslegung → Form. D.2 Anm. 17.

12. Zur Formulierung des Rechnungslegungs-/Auskunftsanspruchs → Form. D.2 Anm. 7 bzw. → Form. D.2 Anm. 18. Der Umfang der geforderten Angaben wird von den Patent- und Gebrauchsmusterstreitkammern regelmäßig gewährt.

13. Wie bereits in → Form. D.2 Anm. 7 aE angesprochen, ist der Wirtschaftsprüfervorbehalt regelmäßig im Hinblick auf die gewerblichen Abnehmer nicht mehr zu gewähren, gleichwohl jedoch im Hinblick auf die Namen und Anschriften privater Abnehmer oder Auftraggeber und (auch gewerblicher) Angebotsempfänger. Der Rechnungslegungsanspruch sollte daher nicht unbeschränkt, sondern von vornherein unter Anerkennung des Wirtschaftsprüfervorbehalts gestellt werden.

14. Wie insb. bereits → Form. D.2 Anm. 22, → Form. D.2 Anm. 24 und → Form. D. 2 Anm. 27 ausführen, fällt im Falle der vorgerichtlichen Abmahnung sowohl für den Rechtsanwalt als auch für den mitwirkenden Patentanwalt je eine Geschäftsgebühr gemäß VV 2300 RVG an, die je nach Gericht im Regelfall in Höhe eines Satzes 1,3 bis 1,8 erstattungsfähig ist (bei komplizierter Technik, schwierigen Verletzungsfragen oder Ausländerbeteiligung ggf. selten auch darüber hinaus), die aber auf die Geschäftsgebühr (VV 3100 RVG) anzurechnen ist (→ Form. D.3 Anm. 8). Aufgrund der hier vorprozessual erfolgten Abmahnung ergibt sich die Anspruchsgrundlage unter dem Gesichts-

5. Klage wegen wortsinngemäßer Gebrauchsmusterverletzung D. 5

punkt des Schadenersatzes aus § 24 Abs. 2 S. 1 GebrMG iVm § 249 Abs. 1 BGB bzw. der Geschäftsführung ohne Auftrag, §§ 683, 677 BGB.
Zur jeweiligen Geschäftsgebühr ist die jeweilige Auslagenpauschale gemäß VV 7002 RVG hinzuzurechnen, zudem ggf. auch die Mehrwertsteuer (→ Form. D.2 Anm. 26), sofern die Geschäftsgebühr von der Klägerin noch nicht gegenüber ihren Rechts- und Patentanwälten ausgeglichen worden ist. Zur Anrechnung auf die Verfahrensgebühr aus dem Klageverfahren → Anm. 37.

15. Es ist im gewerblichen Rechtsschutz allgemein üblich, zur Verjährungsunterbrechung die Verpflichtung zum Schadenersatz vorab dem Grunde nach feststellen zu lassen (§ 256 ZPO) und nicht – wie zB im Unterhaltsrecht die Regel – im Wege einer Stufenklage (vgl. dazu auch BGH WRP 2001, 1164 – Feststellungsinteresse II).
Zum Anfangsdatum der Schadenersatzpflicht → Form. D.2 Anm. 21.

16. Vgl. zum Rückrufanspruch → Form. D.2 Anm. 8. Zu beachten ist, dass auch dieser Anspruch – wie der nachfolgende Vernichtungsantrag – dem Gebot der Verhältnismäßigkeit unterliegt. Ist es daher recht leicht möglich, den rechtsverletzenden Zustand beim Abnehmer durch einen Umbau zu beseitigen, kann dies zu berücksichtigen sein, wobei der Rückrufanspruch auch den Umbau sicherstellen muss, so dass dieser Fall nur selten zur Unverhältnismäßigkeit führen wird. Es muss ferner beachtet werden, dass der Rückruf nicht gegenüber dem Endabnehmer (streitig ob auch dem gewerblichen) zuerkannt wird, weil sich das Erzeugnis dann nicht mehr „in den Vertriebswegen" befinde (vgl. LG Mannheim InstGE 12, 200 – Stickstoffmonoxyd-Nachweis; → Form. D.2 Anm. 8). Es ist zudem zu beachten, dass der Rückrufanspruch erst seit Umsetzung der Durchsetzungsrichtlinie kodifiziert ist, dh seit dem 1.9.2008. Für die Zeit davor (vorausgesetzt, das Klagegebrauchsmuster ist schon so lange eingetragen) kann er ggf. seit dem Ablauf der Umsetzungsfrist (29.4.2006) geltend gemacht werden (vgl. OLG Düsseldorf InstGE 13, 15 – Faktor VIII-Konzentrat; differenzierend LG Mannheim InstGE 12, 200 – Stickstoffmonoxyd-Nachweis).
Wie ebenfalls schon in → Form. D.2 Anm. 8 erläutert, gilt der Rückrufanspruch nach derzeitiger Rechtsprechung nicht gegenüber dem Geschäftsführer bzw. Organ einer juristischen Person, was in der Antragsformulierung berücksichtigt ist.

17. Vgl. zum Vernichtungsanspruch → Form. D.2 Anm. 9. Auch bei der Geltendmachung des Vernichtungsanspruchs ist darauf zu achten, dass dieser, anders als die Ansprüche auf Unterlassung, Rechnungslegung und Schadenersatz nicht gegen Organe einer juristischen Person geltend gemacht werden kann, denn bei ihnen besteht kein Eigentum an den Erzeugnissen oder Maschinen des Unternehmens; es wird nur Organbesitz ausgeübt. Deshalb ist in dem Formular der Anspruch nur gegen die Beklagte zu 1) gerichtet.

18. Es soll nicht unerwähnt bleiben, dass auch noch die Urteilsveröffentlichung gemäß § 24e GebrMG beansprucht werden könnte. Anders aber als zB *Maaßen* (vgl. *Maaßan* MarkenR 2008, 417 (419)) dies zur Parallelvorschrift im Markenrecht zu vertreten scheint, hat sich dies in Patent- und Gebrauchsmusterstreitigkeiten nicht durchgesetzt. Grund hierfür ist insbesondere, dass neben den allgemeinen Voraussetzungen: a) Klage wegen unmittelbarer oder mittelbarer Patentverletzung, b) Handlungen nach Entstehung des Anspruchs (1.9.2008 bzw. 29.4.2006; s. entsprechendes zur Anwendbarkeit des Rückrufanspruchs in → Form. D.2 Anm. 8) (BGH GRUR 2009, 515 – Motorradreiniger), c) Antrag auf Urteilsbekanntmachung im Verfahren gestellt, d) obsiegende Partei, vor allem noch ein berechtigtes Interesse an der Urteilsbekanntmachung bestehen muss. Dies ist nur gegeben, wenn die Urteilsbekanntmachung objektiv geeignet ist und in Anbetracht des mit der Bekanntmachung verbundenen Eingriffs in den Rechtskreis des Beklagten und einem etwaigen Aufklärungsinteresse der Allgemeinheit geboten ist. Zu berücksichtigen sind dabei Art, Dauer und Ausmaß der Verletzungshandlungen, die Beachtung der Verletzung in der Öffentlichkeit sowie ihr damit verbundenes Informationsinteresse, die bisher verstrichene Zeit und auch die Folgen der Bekanntmachung für den Beklagten. Zum Teil werden auch generalpräventive Gesichtspunkte berücksichtigt (OLG Frankfurt a. M. GRUR 2014, 296 – Sportreisen). In jedem Fall sind die Umstände im Zeitpunkt der letzten Tatsachenverhandlung zu betrachten. Und da auch Gebrauchsmusterstreitsachen häufig erst nach einem Jahr oder später überhaupt erst erstinstanzlich entschieden werden, ist das besondere Interesse für den Kläger schwer darzulegen und zu beweisen.

Ein möglicher Antrag könnte lauten:

„Der Klägerin wird gestattet, das Urteil des LG . . . . . (Az. . . . . . .), vom . . . . . auf Kosten der Beklagten zu veröffentlichen, wobei die Art und der Umfang der Veröffentlichung in das Ermessen des Gerichts gestellt werden."

Besser ist es jedoch insbesondere den Ort der Veröffentlichung (relevante Fachzeitungen/Publikationen oä) und auch die Anzahl (zB „in zwei aufeinanderfolgenden Ausgaben") konkret vorzugeben.

Zu beachten ist, dass das Recht zur Urteilsbekanntmachung erlischt, wenn von ihm nicht innerhalb von drei Monaten nach Eintritt der Rechtskraft des Urteils Gebrauch gemacht wird (§ 24e S. 3 GebrMG). Eine vorläufige Vollstreckung ist ausgeschlossen (§ 24e S. 4 GebrMG).

Es sollte auch beachtet werden, dass der Anspruch auf Urteilsveröffentlichung keine „Einbahnstraße" zugunsten der klagenden Partei ist, sondern im Wege der Widerklage auch von der beklagten Partei in Anspruch genommen werden kann.

19. Zur besseren Übersichtlichkeit der Klageschrift wurde hier folgende selbstverständlich nicht bindende Untergliederung gewählt:

I. = Allgemeines: Dieses Kapitel dient der Darstellung der Formalia zum Klagegebrauchsmuster einschließlich der erforderlichen Anmerkungen zur Aktivlegitimation sowie der sonstigen Zusammenhänge, wobei zB bereits auf überstandene Löschungsverfahren oder früher erstrittene Urteile aus dem Klagegebrauchsmuster verwiesen werden kann. Auch die Beklagte(n) sollten vorgestellt werden.

Dem schließt sich II. = Klagegebrauchsmuster an. In diesem Kapitel wird die technische Lehre des Klagegebrauchsmusters dargestellt.

III. = Verletzungstatbestand dient der Darstellung der angegriffenen Ausführungsform und des Verletzungstatbestandes. Bei komplizierteren Ausführungsformen oder Verletzungssubsumtionen zB im Rahmen einer mittelbaren Verletzung kann es sich anbieten, dieses Kapitel zu Teilen in III. = Angegriffene Ausführungsform und IV. = Verletzungstatbestand (die nachfolgenden Kapitelnummern ändern sich entsprechend).

IV. = Rechtsfolgen ist rein formal und fasst die Rechtsgrundlagen für die geltend gemachten Ansprüche zusammen.

V. = Zuständigkeit erfordert die Darlegung der Zuständigkeit. Wird nicht der allgemeine Gerichtsstand des Beklagten gewählt ist zumindest auf eine Verletzungshandlung im Gerichtsbezirk, und sei dies nur ein Angebot im Internet für einen im Gerichtsbezirk ansässigen Kundenkreis, zu verweisen.

20. Die Gebrauchsmusterschrift ist – abgesehen von den Anlagen, die die Verletzungsform zeigen beziehungsweise erläutern – diejenige Anlage mit der zentralen Bedeutung für den Rechtsstreit. Damit die Mitglieder des Verletzungsgerichts (insbesondere dasjenige Mitglied des Spruchkörpers, das weder Vorsitz noch Berichterstattung innehat) dem Vortrag in der mündlichen Verhandlung besser folgen können, ist es tunlich, sämtliche Mitglieder der Kammer mit einer Gebrauchsmusterschrift auszustatten. Die Anzahl der Überstücke (mindestens 3) hängt von den Vorgaben der jeweiligen Gerichte ab. Zusatz-

5. Klage wegen wortsinngemäßer Gebrauchsmusterverletzung   D. 5

exemplare des Klagegebrauchsmusters werden gerne gesehen, wenn die angerufene Kammer regelmäßig Rechtsreferendare oder Patentanwaltskandidaten zur Ausbildung betreut.

21. Die einzusetzenden Daten ergeben sich aus der Gebrauchsmusterurkunde bzw. dem Registerauszug.

22. Da der aktuelle Registerauszug zu dem Klagegebrauchsmuster einfach über zB https://register.dpma.de/DPMAregister/pat/einsteiger abgerufen werden kann, bietet es sich an, diesen der Klage bereits beizufügen, um so Zweifeln über den Bestand gleich entgegenzuwirken. Auch gibt er Auskunft über den eingetragenen Inhaber des Schutzrechtes und damit ggf. über die Aktivlegitimation. Die Beifügung sorgt auch dafür, dass der Registerauszug vor Klageerhebung überprüft wird. Dies vermeidet es Klagen aus ggf. nicht mehr anhängigen Schutzrechten einzureichen (was tatsächlich ab und an passiert) oder frühzeitig Fragen der Aktivlegitimation zu klären, wenn nicht der eingetragene Inhaber klagen soll.

23. Bei der Darstellung des Klagegebrauchsmusters sollte man sich zwar an der Gebrauchsmusterschrift orientieren, diese jedoch nicht ganz oder auch nur teilweise wörtlich wiedergeben. Die erfahrenen Mitglieder der mit dem Verfahren betrauten Gebrauchsmusterstreitkammern sind in der Lage, die Gebrauchsmusterschrift selber zu lesen und werden von Wiederholungen in der Klageschrift nur gelangweilt. Das Kapitel II. = Klagegebrauchsmuster dient vielmehr dazu, das Gericht zunächst in den technischen Sachverhalt und den technischen Hintergrund einzuführen, sollte es sich um ein schwieriges, nicht aus sich heraus verständliches technisches Gebiet handeln (bei den vorliegenden Transformatorschränken nicht wesentlich). Dann ist der relevante Stand der Technik in eigenen Worten soweit zusammenzufassen und darzustellen, wie er für das Verständnis des Klagegebrauchsmusters und die spätere Verletzungssubsumtion erforderlich ist. Schließlich ist der Gegenstand des Klagegebrauchsmusters darzustellen, wobei es sich anbieten kann, dabei auch detailliert auf Ausführungsbeispiele einzugehen, soweit diese zum Verständnis und auch wieder für die Verletzungssubsumtion von Interesse sind. Dementsprechend sollte aber auch nicht auf alle Ausführungsbeispiele eingegangen werden, sofern sich mehrere im Klagegebrauchsmuster finden. Um die eigenen Ausführungen verständlicher und auch besser lesbar zu machen, kann es sich anbieten, wesentliche Figuren des Standes der Technik und auch des Klagegebrauchsmusters in den Text einzublenden und ggf. vorher sogar zu kolorieren. Selbst zum allgemeinen technischen Hintergrund können Fotos/Bilder/Figuren im Text hilfreich sein.

24. Soweit Stand der Technik im Klagegebrauchsmuster selber erwähnt ist oder in einem abgeschlossenen Löschungsverfahren von Relevanz war, kann es sich anbieten, diesen in der Klageschrift zu erläutern, da er für die Auslegung aber auch das Verständnis der durch das Schutzrecht gelehrten Erfindung von Interesse sein kann. Es ist dabei nicht ratsam, beliebig alle Druckschriften zu nennen und zu erläutern, sondern die Darstellung des Standes der Technik sollte sich auf die Druckschriften beschränken, die entweder den technischen Hintergrund für die Erfindung anschaulich und damit die Technik verständlicher machen, oder solche, die für die Auslegung und die Verletzungsargumentation von Bedeutung sind. Wie schon in → Anm. 23 ausgeführt ist es dabei durchaus vorteilhaft, Figuren des Standes der Technik, auf die in der Erläuterung Bezug genommen wird, unmittelbar einzublenden um dem Leser – insbesondere den Kammermitgliedern – das Blättern zu ersparen.

Es ist demgegenüber nicht erforderlich den vom Beklagten in der Vorkorrespondenz geltend gemachten Stand der Technik in der Klageschrift zu erläutern, da dieser zur Verteidigungsargumentation gehört und vom Beklagten im Detail erläutert werden sollte. Je nach dem angebrachten, angeblich die Schutzfähigkeit des Klagegebrauchsmusters gefährdenden Stand der Technik kann es sich aber anbieten (anders als in Patentstreitigkeiten) noch ein gesondertes Kapitel zur Schutzfähigkeit des Klagegebrauchsmusters mit aufzunehmen, mit dem Inhalt, dass die Schutzfähigkeit mangels Prüfung des Gebrauchsmusters im Erteilungsverfahren nicht feststeht und damit vom Kläger vorzutragen ist. Bestehen gute und offensichtliche Argumente gegen den vorgerichtlich vorgebrachten Stand der Technik, bietet sich eine entsprechende Darlegung in der Klageschrift an.

25. Da der Anspruchswortlaut schon auf Grund der üblichen Schachtelsatzbildung meist recht schwer nachvollziehbar ist, empfiehlt es sich stets, den (Haupt-) Anspruch des Klagegebrauchsmusters in einer besonderen „Merkmalsgliederung" aufzugliedern, um dem Gericht das Verständnis der erfindungsgemäßen Lehre zu erleichtern. Auch ist die Merkmalsgliederung sowohl im Rahmen der Darlegung des Verletzungstatbestandes als auch bei der Diskussion der Schutzfähigkeit wesentliche Grundlage der Diskussion. Es ist deshalb besondere Sorgfalt bei ihrer Ausarbeitung anzuwenden, da sie häufig die Auslegung mit beeinflusst.

Bei der Merkmalsgliederung ist darauf zu achten, dass zwar der Anspruchswortlaut nicht verändert wird. Dennoch sollte bei der Gliederung der Merkmale nicht sklavisch der Reihenfolge im Anspruch gefolgt werden. Es bietet sich vielmehr häufig an, durch den Anspruchswortlaut getrennte Vorgaben für ein Bauteil zu einer Merkmalsgruppe zusammenzufassen bzw. sonstige, dem Verständnis förderliche Zusammenstellungen vorzunehmen. Dabei sollten für das bessere Verständnis die Bezugsziffern in die Merkmalsgliederung integriert werden, auch wenn sie für die Auslegung häufig unbeachtlich sind und Merkmale nicht beschränken.

Aus den vorstehend zu → Anm. 20 geschilderten Gründen sollte auch die Merkmalsanalyse dem Gericht mehrfach (mindestens dreifach) vorgelegt werden.

26. Die Darstellung des Verletzungstatbestandes ist – neben der Erläuterung des Klageschutzrechts – der Kernpunkt der Klageschrift. Insoweit ist es unbedingt erforderlich, zumindest Fotografien oder noch besser genaue Zeichnungen von der Verletzungsform vorzulegen, aus denen sich die einzelnen Merkmale des Hauptanspruchs des Klagegebrauchsmusters ohne weiteres entnehmen lassen können. Ergänzend können Kataloge, Gebrauchsanleitungen oder sonstige Dokumente zu den angegriffenen Ausführungsformen hilfreich sein. Es ist dabei bei allen Dokumenten und Unterlagen aus der Sphäre des Beklagten darauf zu achten, dass diese lediglich Hinweise auf die Ausgestaltung einer angegriffenen Ausführungsform geben. Sie müssen nicht richtig sein. Sie können daher benutzt werden, wenn die Ausgestaltung der angegriffenen Ausführungsform aufgrund von Mustern, Besichtigungen oder Fotos-/Filmaufnahmen feststeht, sollten sonst jedoch vorsichtig verwendet werden. Sind Muster klein und aus sich verständlich bietet sich auch die Übergabe eines Musters an das Gericht an.

Dazu empfiehlt es sich regelmäßig, die Vorrichtungsbestandteile in den Fotografien bzw. Zeichnungen mit solchen Bezugsziffern zu versehen, die in der Gebrauchsmusterschrift dem erfindungsgemäßen Gegenstand zugeordnet sind. Weiter kann es sich anbieten insbesondere Zeichnungen, aber auch Fotos der angegriffenen Ausführungsform zu kolorieren, wenn dies vorher auch mit Figuren aus dem Klagegebrauchsmuster geschehen ist, um die Übereinstimmungen optisch hervorzuheben. Auch kann so einfach auf einzelne Bauteile im Text der Klageschrift Bezug genommen werden.

An die Substantiierung des Verletzungstatbestandes sind besondere Anforderungen zu stellen. Man darf dem Verletzungsgericht nicht erst in der mündlichen Verhandlung den Verletzungstatbestand im Einzelnen erläutern. Es ist vielmehr bereits in der Klageschrift unter Benutzung auf die Merkmalsgliederung Merkmal für Merkmal dem Gericht unter Verweis auf die vorgelegten Beweismittel (Fotografien oder Zeichnungen oder dergleichen) zu erläutern und zu erklären, warum sie wortsinngemäß erfüllt sind (wird bei der Verletzungsform bei dem einen oder anderen Merkmal vom Wortsinn abgewichen, werden Äquivalenzüberlegungen anzustellen sein (→ Form. D.6). Dies ist zumeist ein-

5. Klage wegen wortsinngemäßer Gebrauchsmusterverletzung D. 5

fach, wenn es sich um Merkmale handelt, die nach der Erläuterung der Technik bei der Darstellung des Klagegebrauchsmusters aus sich heraus verständlich sind und anhand der vorgelegten Fotos, Zeichnungen etc leicht nachzuvollziehen sind. Es wurde daher in diesem Formular auf eine umfangreiche Substantiierung des Verletzungstatbestandes verzichtet, sondern unterstellt, dass der Verletzungstatbestand aus den jeweils bezeichneten Anlagen für die angerufene Kammer ohne weiteres ersichtlich ist. Eine beispielhafte Darstellung der substantiierten Darlegung des Verletzungstatbestandes erfolgt in → Form. D.6.

27. Um das Gericht vom voraussichtlichen Fortgang des Rechtsstreits zu informieren (also im Hinblick auf etwaige Einwände der Beklagten gegen den Verletzungsvorwurf), empfiehlt es sich, solche Einwände der Beklagten schon in der Klageschrift kurz zu skizzieren, zugleich jedoch auch die Gegenargumentation kurz vorzutragen, weil anderenfalls ein Versäumnisurteil nicht ergehen könnte (§ 331 ZPO). Diese Darstellung erfolgt idR bei den jeweils bestrittenen Merkmalen oder kann im Zusammenhang mit der Darstellung von Stand der Technik in einem gesonderten Kapitel geschehen (→ Anm. 24). Wird aber, wie hier, zB ein eher selteneres Verteidigungsargument wie ein Vorbenutzungsrecht geltend gemacht, bietet sich ein gesonderter Abschnitt dafür an.

28. → Anm. 2.

29. → Anm. 15.

30. → Anm. 10, → Form. D.2 Anm. 7.

31. → Form. D.2 Anm. 24.

32. → Anm. 16, → Form. D.2 Anm. 8.

33. → Anm. 17, → Form. D.2 Anm. 9.

34. → Anm. 1, → Form. D.4 Anm. 9.

35. Wie schon zu → Anm. 1 ausgeführt, kann idR der Gerichtsstandort unter den Gebrauchsmusterstreitkammern frei gewählt werden. Bei der Wahl ist zu beachten, dass die einzelnen Spezialgerichte, die in Deutschland für Patent- und Gebrauchsmustersachen zuständig sind, ggf. „eigene Regeln" haben, die man kennen sollte, um seiner Mandantschaft unangenehme Überraschungen zu ersparen und für den gegebenen Fall das „beste" Gericht zu wählen. So ist in Gebrauchsmusterstreitsachen etwa zu beachten, dass das LG Mannheim häufig die Auffassung vertritt (ganz anders als in Patentstreitigkeiten), den Verletzungsprozess aussetzen zu müssen, wenn (wie zumeist) ein paralleler Löschungsantrag gegen das Klagegebrauchsmuster (§§ 15 ff. GebrMG) beim Deutschen Patent- und Markenamt anhängig ist (→ Form. D.15). Denn aufgrund der Tatsache, dass es sich bei einem Gebrauchsmuster bekanntlich um ein (im Gegensatz zum Patent) ungeprüftes Schutzrecht handelt, gebe es – so das LG Mannheim – anders als im Patentrecht keinen Anlass, den Erteilungsakt zu respektieren, bis sich (so beim Patent) greifbare Anhaltspunkte auftun, die dann erst mit überwiegender Wahrscheinlichkeit gegen der Rechtsbestand sprechen. Von anderen Gerichten werden häufig keine oder nur geringe Unterschiede zwischen einem Gebrauchsmusterverletzungsverfahren und einem Patentverletzungsverfahren gemacht. Es wird also stets anhand der vorgetragenen Löschungsgründe geprüft, ob sich der Erfolg des Löschungsantrags als überwiegend wahrscheinlich darstellt.

36. Zur Mitwirkung des Patentanwalts → Form. D.1 Anm. 3.

Kosten und Gebühren

37. Es gelten die allgemeinen Grundsätze mit folgenden Besonderheiten:
a) § 27 Abs. 5 GebrMG: Die Kosten eines mitwirkenden Patentanwalts sind in einem gerichtlichen Verfahren bei Gebrauchsmusterstreitsachen erstattungsfähig, ohne dass es auf die Notwendigkeit seiner Mitwirkung ankommt (BGH WRP 2003, 755 – Kosten des Patentanwalts). Die Höhe bestimmt sich nach der RVG und dem VV (BGH GRUR 2006, 702 – Erstattung von Patentanwaltskosten; OLG Frankfurt a. M. GRUR-RR 2005, 104 Textilhandel) abhängig von der konkreten Mitwirkung des Patentanwaltes. Dafür reicht es aus, dass der Patentanwalt Handlungen des Rechtsanwaltes in irgendeiner Weise streitbezogen fördert oder zumindest eine zur Förderung geeignete Handlung entfaltet, soweit die Handlung des Rechtsanwaltes dem Mandanten gegenüber im Innenverhältnis einen Gebührentatbestand der RVG verwirklicht (OLG Düsseldorf InstGE 13, 280 – Terminskosten für Patentanwalt; OLG Hamm Mitt 2009, 425). Die Erstattungsfähigkeit gilt nicht nur für deutsche Patentanwälte, sondern auch für EU-ausländische Patentanwälte, soweit sie von ihrer Ausbildung und Qualifikation her mit deutschen Patentanwälten vergleichbar sind (BGH GRUR 2007, 999 – Consulente in marchi). Sie gilt jedoch nicht für Patentassessoren (BGH GRUR 2007, 999 – Consulente in marchi) oder ausländische Rechtsanwälte, selbst wenn die Rechtsanwälte einen naturwissenschaftlichen Abschluss besitzen (OLG Düsseldorf Beschl. v. 15.3.2013 – I-2 W 10/13). Kosten für Patentassessoren oder ausländische Rechtsanwälte sind nur erstattungsfähig, wenn ihre Hinzuziehung notwendig war (BGH GRUR 2012, 319 – Ausländischer Verkehrsanwalt). Dies gilt auch für einen zweiten, zB ausländischen Patentanwalt, der zusätzlich hinzugezogen wird (OLG Düsseldorf InstGE 12, 63 – zusätzlicher ausländischer Patentanwalt).

In Rechtsmittelverfahren sind die Kosten eines mitwirkenden Patentanwaltes grundsätzlich auch erstattungsfähig. Der Rechtsmittelbeklagte ist jedoch zu einer kostenschonenden Prozessführung verpflichtet, weshalb die Hinzuziehung eines Patentanwaltes idR erst vorzunehmen ist, wenn das Rechtsmittel begründet ist (OLG Stuttgart GRUR-RR 2004, 279 – Patentanwaltskosten bei Rechtsmittelrücknahme; OLG Düsseldorf Mitt. 2015, 419 – Fahrradcomputer). Bei der Höhe der erstattungsfähigen Kosten gibt es eine Besonderheit in Verfahren, die die Einschaltung eines beim BGH zugelassenen Rechtsanwaltes erfordern. Die für diese geltende Erhöhung der Verfahrensgebühr von 1,6 auf 2,3 nach VV 3208, 3508 RVG gilt für die mitwirkenden Patentanwälte nicht (BGH GRUR 2004, 1062 Mitwirkender Patentanwalt; OLG Düsseldorf Beschl. v. 30.9.2013 – I-2 W 29/13).

b) Wie bereits zu → Form. D.2 Anm. 27 ausgeführt, ist die durch eine Abmahnung entstandene Geschäftsgebühr nach VV 2300 RVG ggf. zusätzlich einzufordern (dies kann nicht im Kostenfestsetzungsverfahren erfolgen, so dass ggf. Verjährung droht!). Das sollte der Einfachheit halber im Wege des Annexanspruchs sogleich mit der vorliegenden Klage geschehen (zB wie hier als Zahlungsantrag zu I. 4, gerichtet gegen sämtliche Beklagte als Gesamtschuldner, vorausgesetzt sie waren auch sämtlich abgemahnt worden), wodurch sich der Streitwert nicht erhöht (BGH NJW 2007, 3289). Die erstattungsfähigen Kosten einer Abmahnung können auch gesondert eingeklagt werden, wobei es sich dann um eine Patentstreitsache gemäß § 143 PatG handelt (OLG Frankfurt a. M. MDR 2012, 727; OLG Karlsruhe GRUR-RR 2006, 302 – Erstattungsfähigkeit von Patentanwaltskosten).

Die Geschäftsgebühr ist nach VV Teil 3 Vorb. 3 Abs. 4 RVG zur Hälfte, maximal mit einem Satz von 0,75 auf die Verfahrensgebühr des Gerichtsverfahrens anzurechnen. Dies gilt im Innenverhältnis zum eigenen Mandanten immer. Im gerichtlichen Verfahren spielt dies insbesondere dann eine Rolle, wenn die Abmahnkosten vollständig mit der Verletzungsklage gerichtlich geltend gemacht werden, wie hier vorgeschlagen. Werden die

Abmahnkosten dann beziffert im Urteil tenoriert, kann im Kostenfestsetzungsverfahren nur noch die reduzierte Verfahrensgebühr angemeldet werden (BGH MDR 2012, 313). Gleiches gilt, wenn der Schuldner die Geschäftsgebühr bereits vollständig beglichen hat. Wird aus mehreren Schutzrechten abgemahnt und wird eine einheitliche Klage später durch das Gericht in mehrere Verfahren getrennt, ist für die Anrechnung der Geschäftsgebühr diejenige aus dem ursprünglichen einheitlichen Streitwert relevant, wobei der Betrag dann anteilmäßig in den einzelnen Verfahren verrechnet wird (BGH MDR 2014, 1414).

c) § 26 GebrMG ermöglicht einen Antrag auf Herabsetzung des Streitwertes vor der mündlichen Verhandlung zur Hauptsache bzw. bei späterer Heraufsetzung des Streitwertes oder sich ändernden wirtschaftlichen Verhältnissen einer Partei (in der Praxis sehr selten). Die Streitwertherabsetzung setzt voraus, dass die sich aus dem vollen Streitwert ergebenden Prozesskosten die wirtschaftliche Lage der Partei erheblich gefährden würden. Dies ist etwa der Fall, wenn durch die Kostenbelastung die Insolvenz droht (BGH Beschl. v. 28.6.2016 – X ZR 5/15). Gefährdet werden die wirtschaftlichen Verhältnisse jedoch nicht, wenn zB eine Gesellschaft vermögenslos ist, da die Prozesskosten die Situation nicht weiter verschlechtern (BGH GRUR 2013, 1288 – Kostenbegünstigung III; BGH GRUR 1953, 284 – Kostenbegünstigung I). Da der Antrag jeweils nur für eine Instanz gilt, sind auch nur die Kosten einer Instanz zu berücksichtigen. Für den Antrag sind die wirtschaftlichen Verhältnisse des Antragstellers glaubhaft zu machen, aus denen sich die Gefährdung ergibt.

Bei der Bestimmung des Teilstreitwertes sind die Grundlagen des § 115 ZPO zu berücksichtigen, jedoch nicht eins zu eins zu übertragen, da ein Teilstreitwert zu bemessen ist, der dem Begünstigten weiterhin ein gewisses Prozesskostenrisiko aufbürdet (BGH Beschl. v. 28.6.2016 – X ZR 5/15; OLG Düsseldorf InstGE 5, 70 – Streitwertermäßigung).

Wird ein Teilstreitwert bestimmt, so gilt dieser für den Begünstigten in jeder Situation, dh sowohl im Verhältnis zu seinem Rechtsanwalt/Patentanwalt als auch im Unterliegensfall für die Erstattung von Kosten oder bei einer Kostenquotelung im Falle eines Teilobsiegens (BPatG Mitt. 2012, 92 – Erstattungsanspruch des Anwalts bei Streitwertbegünstigung). Obsiegt der Begünstigte, können seine Vertreter eine Gebührenerstattung nach dem vollen Streitwert verlangen, § 144 Abs. 1 S. 4 PatG.

6. Klage wegen äquivalenter Gebrauchsmusterverletzung

Landgericht . . . . . .[1]

Kammer für Gebrauchsmusterstreitsachen[2]

. . . . . .

Klage

der A GmbH, gesetzlich vertreten durch ihren Geschäftsführer, Herrn Günther A., (Anschrift),

– Klägerin –

Prozessbevollmächtigter: Rechtsanwalt . . . . . .

gegen

1. die B GmbH, gesetzlich vertreten durch ihren Geschäftsführer, den Beklagten zu 2, (Anschrift),
2. den Dipl.-Kaufmann Kurt B.,[3] ebenda,

– Beklagte –

wegen Gebrauchsmusterverletzung

Streitwert: (vorläufig geschätzt) . . . . . . EUR[4]

Namens und in Vollmacht der Klägerin erhebe ich Klage und beantrage die Anberaumung eines möglichst nahen Verhandlungstermins[5] und Ladung der Beteiligten.

Da es sich um eine gebrauchsmusterrechtliche Streitigkeit handelt, ist die Übertragung der Entscheidung auf den Einzelrichter nicht angezeigt.[6]

Von einem Gütetermin kann abgesehen werden, da vorgerichtliche Gespräche zwischen den Parteien gescheitert sind.[7]

Ich werde folgende Klageanträge stellen:

I. Die Beklagten zu verurteilen,
   1. es bei Meidung eines vom Gericht für jeden Fall der Zuwiderhandlung festzusetzenden Ordnungsgeldes bis zu 250.000 EUR – ersatzweise Ordnungshaft – oder einer Ordnungshaft bis zu sechs Monaten, im Falle wiederholter Zuwiderhandlungen bis zu insgesamt zwei Jahren, wobei die Ordnungshaft hinsichtlich der Beklagten zu 1) an ihrem Geschäftsführer zu vollziehen ist, zu unterlassen,
   Verstelleinrichtungen für einen mit mindestens zwei schwenkbaren Lüftungsklappen ausgerüsteten Schrank oder dergleichen zur Aufnahme wärmeentwickelnder Vorrichtungen, wie zB Transformatoren, bei denen die einzelnen Lüftungsklappen jeweils durch einen elektromotorischen Stelltrieb verstellbar sind, der eine Stellspindel und eine darauf aufgeschraubte Stellmutter aufweist,
   im Geltungsbereich des deutschen Gebrauchsmusters XYZ herzustellen,[8] anzubieten, in Verkehr zu bringen oder zu gebrauchen oder zu den genannten Zwecken entweder einzuführen oder zu besitzen,
   bei denen wenigstens die Stelltriebe in einem eigenen, kastenartigen Gehäuse angeordnet sind, wobei die Stellspindeln einander gegenüberliegend den Stirnwänden zugewandt liegen, in denen Gehäuseführungen für die Stellmuttern vorgesehen sind, zumindest die Innenflächen der Seitenwände des Gehäuses Rastmittel zur Festlegung der Stelltriebe aufweisen, und die Stelltriebe mittels einer Steuereinheit gemeinsam oder unabhängig voneinander betätigbar sind (Anspruch 1), in den Seitenwänden des Gehäuses im Bereich der Stirnenden miteinander fluchtende Ausnehmungen vorgesehen sind, in die die Stellachsen eingelegt sind, und die von den Stelltrieben beaufschlagt werden und über ein Zusatzgestänge an den Lüftungsklappen angreifen (Anspruch 2), und die die Ausnehmungen aufweisenden Bereiche der Seitenwände des Gehäuses außenseitig Führungsnuten aufweisen, in die jeweils ein die Ausnehmungen beziehungsweise die Verstellachsen übergreifender, in der eingesteckten Stellung zumindest bei Betätigung der Verstelleinrichtung arretierter Schließer einführbar ist (Anspruch 4);[9]
   2. der Klägerin darüber Auskunft zu erteilen, in welchem Umfang sie die zu Ziffer 1 bezeichneten Handlungen seit dem . . . . . begangen haben, und zwar unter Angabe
      a) der Namen und Anschriften der Hersteller, Lieferanten und anderen Vorbesitzer,
      b) der Namen und Anschriften der gewerblichen Abnehmer sowie der Verkaufsstellen, für die die Erzeugnisse bestimmt waren,

6. Klage wegen äquivalenter Gebrauchsmusterverletzung   D. 6

c) der Menge der hergestellten, ausgelieferten, erhaltenen oder bestellten Erzeugnisse sowie der Preise, die für die betreffenden Erzeugnisse bezahlt wurden; wobei

die Verkaufsstellen, Einkaufspreise und Verkaufspreise nur für die Zeit seit dem 30.4.2000 anzugeben sind,

zum Nachweis der Angaben entsprechende Belege (Rechnungen, hilfsweise bei belegtem Verlust derselben Lieferscheine) in Kopie vorzulegen sind, wobei geheimhaltungsbedürftige Details außerhalb der auskunftspflichtigen Daten geschwärzt werden dürfen;

3. der Klägerin darüber Rechnung zu legen, in welchem Umfang sie die vorstehend zu Ziffer 1. bezeichneten Handlungen seit dem ...... begangen haben, und zwar unter Angabe

   a) der Herstellungsmengen und -zeiten,[10]
   b) der einzelnen Lieferungen, aufgeschlüsselt nach Liefermengen (und ggf. Typenbezeichnungen), -zeiten und -preisen sowie der Namen und Anschriften der Abnehmer, wobei die diesbezüglichen Rechnungen oder Lieferscheine vorzulegen sind (in denen geheimhaltungsbedürftige Details außerhalb der auskunftspflichtigen Daten geschwärzt sein dürfen),
   c) der einzelnen Angebote, aufgeschlüsselt nach Angebotsmengen (und ggf. Typenbezeichnungen), -zeiten und -preisen sowie der Namen und Anschriften der Angebotsempfänger,
   d) der betriebenen Werbung, aufgeschlüsselt nach Werbeträgern, deren Auflagenhöhe, Verbreitungszeitraum und Verbreitungsgebiet, sowie im Falle von Internetwerbung der Domain, der Zugriffszahlen und der Schaltungszeiträume,
   e) der nach den einzelnen Kostenfaktoren aufgeschlüsselten Gestehungskosten und des erzielten Gewinns,

   wobei
   - vom Beklagten zu 2) sämtliche Angaben und von beiden Beklagten die Angaben zu e) nur für die Zeit seit dem ...... zu machen sind;[11]
   - den Beklagten auf Antrag vorbehalten bleiben mag, die Namen und Anschriften ihrer Angebotsempfänger und nicht gewerblichen Abnehmer statt der Klägerin einem von dieser zu bezeichnenden und ihr gegenüber zur Verschwiegenheit verpflichteten, in der Bundesrepublik Deutschland ansässigen vereidigten Wirtschaftsprüfer mitzuteilen, sofern die Beklagten die durch dessen Einschaltung entstehenden Kosten übernehmen und ihn ermächtigen und verpflichten, der Klägerin auf konkrete Anfrage mitzuteilen, ob eine bestimmte Lieferung oder ein bestimmter Abnehmer, ein bestimmtes Angebot oder ein bestimmter Angebotsempfänger oder nicht gewerblicher Abnehmer in der Rechnung enthalten ist;[12, 13]

4. nur die Beklagte zu 1) die vorstehend unter 1. bezeichneten Vorrichtungen, die an gewerbliche Abnehmer in der Bundesrepublik Deutschland oder im Ausland ausgeliefert worden sind, aus den Vertriebswegen zurückzurufen, indem diese Abnehmer von der B GmbH schriftlich darüber informiert werden, dass die betreffenden Vorrichtungen das Deutsche Gebrauchsmuster XYZ verletzen, und sie ernsthaft aufgefordert werden, diese Vorrichtungen an die B GmbH zurückzugeben, und diesen Abnehmern dazu ein rechtsverbindliches Angebot zur Rücknahme dieser Vorrichtungen durch die B GmbH unterbreitet und diesen Abnehmern für den Fall der Rückgabe der Vorrichtungen etwaige Entgelte zu erstatten sowie notwendige Verpackungs- und Transportkosten sowie mit der Rückgabe verbundene Zoll- und/oder Lagerkosten zu übernehmen;[14]

5. nur die Beklagte zu 1) die in ihrem unmittelbaren oder mittelbaren Besitz und/oder Eigentum befindlichen, vorstehend zu I. 1. bezeichneten Vorrichtungen auf

eigene Kosten zu vernichten und der A GmbH eine Dokumentation zu übermitteln oder an einen von der A GmbH zu bestimmenden Treuhänder zum Zwecke der Vernichtung auf Kosten der B GmbH herauszugeben;[15]

II. festzustellen, dass
1. die Beklagten als Gesamtschuldner verpflichtet sind, der Klägerin allen Schaden zu ersetzen, der dieser durch die vorstehend zu I. 1. bezeichneten, seit dem 1. Januar . . . . . . begangenen Handlungen entstanden ist und künftig noch entstehen wird,
2. die Beklagte zu 1) verpflichtet ist, nach den Rechtsregeln der ungerechtfertigten Bereicherung an die Klägerin dasjenige herauszugeben, was die Beklagte zu 1) durch die vorstehend zu I. 1. bezeichneten, bis zum 31. Dezember . . . . . . (einschließlich) begangenen Handlungen ungerechtfertigt auf Kosten der Klägerin erlangt hat;[16]

III. die Kosten des Rechtsstreits den Beklagten als Gesamtschuldner aufzuerlegen;

IV. das Urteil – gegebenenfalls gegen Sicherheitsleistung – für vorläufig vollstreckbar zu erklären, wobei wir beantragen Teilsicherheitsleistungen für die Anträge nach Ziffer I.2 und 3 sowie die Kostenentscheidung festzusetzen, wobei wir folgende Einzelbeträge vorschlagen . . . . .; notfalls der Klägerin zu gestatten, die Zwangsvollstreckung wegen der Kosten gegen Sicherheitsleistung abzuwenden.

Begründung:

I. Allgemeines[17]

1. Die Klägerin ist eingetragene und allein verfügungsberechtigte Inhaberin des deutschen Gebrauchsmusters XYZ, das ausweislich der als

Anlage K 1

– für die Mitglieder der angerufenen Kammer dreifach[18] – beigefügten Gebrauchsmusterschrift am . . . . . beim Deutschen Patentamt angemeldet und am . . . . . . eingetragen worden ist. Der Eintragungshinweis wurde am . . . . . . veröffentlicht.[19] Das Schutzrecht steht in Kraft, wie dem als

Anlage K 1a

beigefügten Registerauszug[20] entnommen werden kann.

2. Die Beklagte zu 1), für deren Handlungen der Beklagte zu 2) als deren Geschäftsführer haftet, vertreibt ua Transformatorenschränke. Auf der letzten Messe „. . . . ." in . . . . . hat sie einen neuen Transformatorenschrank „Electromaster" ausgestellt, der von allen Merkmalen des Anspruchs 1 des Klagegebrauchsmusters wortsinngemäß Gebrauch macht. Die Beklagten sind daher unter Mitwirkung der auch in diesem Verfahren beteiligen Patentanwälte abgemahnt worden. Eine Einigung konnte zwischen den Parteien jedoch nicht erreicht werden, so dass nun Klage geboten ist.

II. Klagegebrauchsmuster

1. Das Klagegebrauchsmuster[21] betrifft ausweislich der Anlage K 1 eine Verstelleinrichtung für einen mit mindestens zwei schwenkbaren Lüftungsklappen ausgerüsteten Schrank oder dergleichen zur Aufnahme wärmeentwickelnder Vorrichtungen, wie zB Transformatoren, bei denen die einzelnen Lüftungsklappen jeweils durch einen elektromotorischen Stelltrieb verstellbar sind, der eine Stellspindel und eine darauf aufgeschraubte Stellmutter aufweist.

Eine solche Verstelleinrichtung ist beispielsweise aus der als

Anlage K 2

beigefügten deutschen Offenlegungsschrift . . . . . . bekannt.

6. Klage wegen äquivalenter Gebrauchsmusterverletzung D. 6

Nachteilig ist bei dieser bekannten Ausführung, dass jeder einzelne Stelltrieb separat zu montieren ist, wobei für jeden Stelltrieb Befestigungsteile notwendig sind. Die vorbekannte Verstelleinrichtung ist deshalb nicht nur konstruktiv aufwändig, sondern erfordert auch bei der Herstellung des Schranks oder dergleichen einen erheblichen Montageaufwand. Außerdem ist für den Benutzer die Handhabung recht unbequem, da die einzelnen Stelltriebe ausschließlich unabhängig voneinander betätigbar sind, so dass beispielsweise drei Schalter bedient werden müssen, wenn insgesamt drei schwenkbare Lüftungsklappen verstellt werden sollen. Weiter nachteilig an der vorbekannten Ausführungsform ist, dass die Schrankwände äußerst stark belastet werden, da die Verstelleinrichtung dort befestigt wird und der Kraftfluss dementsprechend über die Wände und die Befestigungsteile erfolgt.

2. Der vorliegenden Neuerung liegt daher die Aufgabe zugrunde, eine Verstelleinrichtung der eingangs genannten Art zu entwickeln, die in einfacher Weise kompakt aufgebaut, sowohl beim Hersteller der Verstelleinrichtung als auch beim Hersteller des Schranks und dergleichen ohne zusätzliche Kabelverlegung und Verdrahtungsarbeiten einfach zu montieren ist, ohne dass zusätzliche, als lose Teile beigefügte Befestigungselemente notwendig werden, und dass die Verstelleinrichtung vom Benutzer einfach zu handhaben ist.

Zur Lösung der gestellten Aufgabe schlägt das Klagegebrauchsmuster die im Folgenden in gegliederter Form wiedergegebenen Merkmale der Ansprüche 1, 2 und 4, die in Kombination geltend gemacht werden, vor:

Anspruch 1:
1.1 Verstelleinrichtung für einen Schrank oder dergleichen zur Aufnahme wärmeentwickelnder Vorrichtungen, wie zB Transformatoren,
1.2 der Schrank ist mit mindestens zwei schwenkbaren Lüftungsklappen ausgerüstet,
1.3 die einzelnen Lüftungsklappen sind jeweils durch einen elektromotorischen Stelltrieb verstellbar,
1.4 der Stelltrieb weist eine Stellspindel und eine darauf aufgeschraubte Stellmutter auf,
– Oberbegriff –
1.5 wenigstens die Stelltriebe sind in einem eigenen, kastenartigen Gehäuse angeordnet,
1.6 dabei liegen die Stellspindeln einander gegenüberliegend den Stirnwänden zugewandt,
1.7 in dem Gehäuse sind Führungen für die Stellmuttern vorgesehen,
1.8 zumindest die Innenflächen der Seitenwände des Gehäuses weisen Rastmittel zur Festlegung der Stelltriebe auf,
1.9 die Stelltriebe sind mittels einer Steuereinheit gemeinsam oder unabhängig voneinander betätigbar.
– Kennzeichen –

Anspruch 2:
2.1 in den Seitenwänden des Gehäuses sind im Bereich der Stirnenden miteinander fluchtende Ausnehmungen vorgesehen,
2.2 in die fluchtenden Ausnehmungen sind die Verstellachsen eingelegt,
2.3. die Verstellachsen
    2.3.1 werden von den Stelltrieben beaufschlagt und
    2.3.2 greifen an den Lüftungsklappen an.

Anspruch 4:
4.1 die die Ausnehmungen aufweisenden Bereiche der Seitenwände des Gehäuses weisen innenseitig Führungsnuten auf,
4.2 in die Ausnehmungen ist jeweils ein Schließer einführbar,
4.3 der Schließer

4.3.1 übergreift die Ausnehmungen beziehungsweise die Verstellachsen und
4.3.2 ist in der eingesteckten Stellung arretiert.
Eine Leseabschrift dieser Merkmalsgliederung wird – für die Mitglieder der angerufenen Kammer dreifach – als
Anlage K 3
beigefügt.[22]

3. Die Lehre des Klagegebrauchsmusters zeichnet sich dadurch aus, dass zumindest die Stelltriebe in einem eigenen, kastenförmigen Gehäuse angeordnet sind, wobei die Stellspindeln einander gegenüberliegend den Stirnwänden zugeordnet werden, dass in dem Gehäuse Führungen für die auf die Stellspindeln aufgeschraubten Stellmuttern vorgesehen sind, dass zumindest an den Innenflächen der Seitenwände des Gehäuses Rastmittel zur Festlegung der Stelltriebe vorgesehen sind, und dass die Stelltriebe mittels einer gemeinsamen Steuereinheit gleichzeitig oder unabhängig voneinander betätigbar sind.

Bei den verwendeten Stelltrieben handelt es sich um bekannte Linearantriebe. Da diese nunmehr in einem kastenförmigen Gehäuse angeordnet sind, wird daraus eine vom Hersteller der Verstelleinrichtung leicht zu montierende Baueinheit gebildet. Da die im Betriebszustand auf die Stellspindeln aufgeschraubten Stellmuttern in Führungen gelagert sind, entfallen die ansonsten notwendigen Teile, um eine Drehung der Mutter zu verhindern. Außerdem werden die Befestigungsteile bzw. die Beschläge nur äußerst gering belastet, da der Kraftfluss ausschließlich durch das Gehäuse hindurch erfolgt. Dadurch ergibt sich eine erhebliche Stabilisierung der Schrankwände. Da alle Stelltriebe durch eine gemeinsame Steuereinheit sowohl gleichzeitig als auch unabhängig voneinander betätigbar sind, lassen sich die Lüftungsklappen in äußerst bequemer Weise verstellen.

4. Wegen der weiteren Einzelheiten und Vorteile der Lehre des Klagegebrauchsmusters wird auf den Inhalt der als Anlage K 1 vorgelegten Gebrauchsmusterschrift verwiesen.

III. Schutzfähigkeit

Die Muttergesellschaft der Beklagten, die Firma . . . . . ., hat gegen das Klagegebrauchsmuster einen Löschungsantrag anhängig gemacht, dem seitens der Klägerin widersprochen wurde. Seitens des Deutschen Patent- und Markenamts liegt bis heute weder ein Zwischenbescheid vor noch ist ein Termin zur mündlichen Verhandlung über den Löschungsantrag anberaumt worden.

Die mit dem Löschungsantrag vorgetragenen Gründe richten sich lediglich gegen die Erfindungshöhe des Klageschutzrechts. Die Klägerin wird zu gegebener Zeit auf den Löschungsantrag substantiiert erwidern. Es ist daher zurzeit nicht angezeigt, im Einzelnen auf das Löschungsverfahren einzugehen. An dieser Stelle sei nur erwähnt, dass im Löschungsverfahren die vorstehend angeführten Unteransprüche 2 und 4 allein mit der offensichtlich fehlgehenden Behauptung angegriffen werden, sie seien handwerklich nahe liegend. Da das Klagegebrauchsmuster daher zumindest im Umfang einer Kombination der Ansprüche 1, 2 und 4 in jedem Fall Bestand haben wird, stützt sich die vorliegende Klage rein vorsorglich auf eine entsprechende Kumulation.[23]

IV. Verletzungstatbestand[24]

1. Die Klägerin hat auf der internationalen Fachmesse „. . . . . .", die vom . . . . . . bis . . . . . . in . . . . . . stattgefunden hat, feststellen müssen, dass die Beklagte zu 1), deren Geschäftsführer der Beklagte zu 2) ist, als Neuheit des Unternehmens einen Transformatorenschrank „Elektromaster" in verschiedenen Abmessungen vorgestellt hat, der zumindest sämtliche der vorstehend aufgeführten Merkmale der Ansprüche 1, 2

6. Klage wegen äquivalenter Gebrauchsmusterverletzung D. 6

und 4 des Klagegebrauchsmusters teils wortsinngemäß und teils zumindest äquivalent verwirklicht.
Hierzu verweisen wir auf einen Prospekt der Beklagten zu 1), wie er auf der Messe „......" an Interessierte verteilt worden ist bzw. der vom Stand mitgenommen werden konnte, der als
Anlage K 4
vorgelegt wird. Als
Anlage K 5
ist eine Vergrößerung der zeichnerischen Darstellung des Transformatorenschranks und insbesondere der darin befindlichen Verstelleinrichtung für die schwenkbar gehaltenen Lüftungsklappen beigefügt, die mit den Bezugsziffern des Klagegebrauchsmusters versehen worden sind. Ergänzend verweisen wir auf
Anlage K 6,
die verschiedene Fotos enthält, die von einem Transformationsschrank „Elektromaster" auf der Messe „......" angefertigt wurden und die zum Teil ebenfalls mit Bezugsziffern versehen wurden.
Ein Vergleich der als Anlage K 3 vorgelegten Merkmalsanalyse mit den Einzelheiten der Vorrichtung gemäß Anlagen K 4 und K 5 verdeutlicht die wortsinngemäße Verletzung des Anspruchs 1 des Klagegebrauchsmusters unmittelbar, so dass es einer ausführlichen Darstellung des Verletzungstatbestandes nicht bedarf. Die wortsinngemäße Verwirklichung aller Merkmale des Anspruchs 1 ist im Übrigen zwischen den Parteien unstreitig.[25]
Die Beklagten haben vorprozessual allein in Abrede gestellt, dass die Verletzungsform von sämtlichen Merkmalen der Ansprüche 2 und 4 Gebrauch macht. Dieses Bestreiten geht jedoch fehl.
a) Angesichts der Anlagen K 4 und K 5 ist bei der Verletzungsform auch das Merkmal 2.1 der Merkmalsanalyse gemäß Anlage K 3 gegenständlich verwirklicht. Denn in den Seitenwänden des Gehäuses sind im Bereich der Stirnenden miteinander fluchtende Ausnehmungen vorgesehen.
b) In diese sind auch die Verstellachsen eingelegt (Merkmal 2.2) (Foto 9 der Anlage K 6).
c) Aus Foto 9 der Anlage K 6 ergibt sich auch das Zusammenspiel der Stelltriebe mit den Verstellachsen (vgl. auch Anlage K 5). Merkmal 2.3.1 wird wortsinngemäß benutzt.
d) Anders als im Ausführungsbeispiel des Klagegebrauchsmusters greifen die Verstellachsen nicht unmittelbar an den Lüftungsklappen an, sondern nur mittelbar, weil an den Lüftungsklappen ein zusätzliches Gestänge angreift, das seinerseits aber mit den Stelltrieben zusammenwirkt. Damit wird jedoch der Wortsinn des Merkmals 2.3.1 nach Anlage K 3 nicht verlassen. Dieser beschränkt sich nicht darauf, dass die Verstellachsen unmittelbar an den Lüftungsklappen angreifen. Das Klagegebrauchsmuster spricht ein unmittelbares Angreifen nur auf Seite 9, Zeilen 14 bis 17 an. Diese Ausführungen betreffen aber nur ein Ausführungsbeispiel, auf das die Erfindung nach dem Klagegebrauchsmuster jedoch nicht beschränkt ist.
Selbst wenn man aber gleichwohl annehmen wollte, dass der Fachmann das Merkmal 12b nach Anlage K 3 so versteht, dass die Verstellachsen unmittelbar an den Lüftungsklappen angreifen sollen, wäre dieses Merkmal bei der Verletzungsform zumindest äquivalent verwirklicht.[26] Denn die dem Klagegebrauchsmuster zugrundeliegende, vorstehend skizzierte Aufgabe (das „Problem") wird bei der Verletzungsform ersichtlich technisch gleichwirkend gelöst. Schließlich geht es dem Klagegebrauchsmuster nur um die Betätigung der Lüftungsklappen, was erreicht wird unabhängig davon, ob die Verstellachsen unmittelbar oder mittelbar an den Lüftungsklappen angreifen. Die Lösung der Verbindung war für den

Fachmann auf dem hier maßgeblichen Gebiet auch auf Grund seiner bloßen Fachkenntnisse naheliegend. Denn es handelt sich bei der dargestellten Ausführung der Verstellachsen um eine rein handwerkliche Maßnahme, die von einem Fachmann dann gewählt wird, wenn dies, wie vorliegend aufgrund der Raumgegebenheiten für eine Umlenkung der Bewegung erforderlich. Daher ergibt sich aus dem Sinngehalt der in den Ansprüchen unter Schutz gestellten Lehre auch nichts, was den Fachmann davon abhalten könnte, das ggf. abgewandelte Mittel als nicht gleichwertig anzusehen (vgl. BGH GRUR 2007, 1059 (1063) – Zerfallszeitmessgerät).[27] Zumindest eine äquivalente Verwirklichung von Merkmal 2.3.1 ist damit gegeben.

e) Das Merkmal 4.1 nach Anlage K 3 ist freilich unstreitig nicht wortsinngemäß verwirklicht, weil angesichts der Anlagen K 4 und K 5 die die Ausnehmungen aufweisenden Bereiche der Seitenwände des Gehäuses nicht innen-, sondern außenseitig Führungsnuten aufweisen. In dieser Ausgestaltung liegt jedoch nur eine äquivalente und damit noch im Schutzbereich des Klagegebrauchsmusters liegende Abwandlung vor, die der Lösung nach Merkmal 4.1 offensichtlich gleichwirkend ist und für deren Auffindung es keinerlei erfinderischer Tätigkeit bedarf. Diese Abwandlung ist auch gleichwertig, weil es für die Erfindung nach dem Klagegebrauchsmuster offensichtlich ohne jeden Belang ist, auf welcher Seite der Seitenwände des Gehäuses die Führungsnuten angebracht sind. Der Kern der Erfindung liegt darin nicht.[28]

Beweis: Sachverständigengutachten.

Auf Grund dessen ist dieses Merkmal bei der Verletzungsform äquivalent verwirklicht, was die Beklagten bezeichnenderweise auch vorprozessual nicht bestritten haben.

f) Das Merkmal 4.2 nach Anlage K 3 ist wiederum wortsinngemäß verwirklicht, weil aus den Anlagen K 4 und K 5 folgt, dass bei der Verletzungsform an der Oberseite des Gehäuses jeweils endseitig Schließer vorgesehen sind, in die jeweils ein Schließer eingeführt ist.

g) Die Schließer übergreifen die Ausnehmungen beziehungsweise die Verstellachsen, so dass auch das Merkmal 4.3.1 nach Anlage K 3 wortsinngemäß gegeben ist. Streitig ist zwischen den Parteien jedoch das Vorliegen des Merkmals 4.3.2, wonach der Schließer in der eingesteckten Stellung arretiert sein soll. Dazu verweisen die Beklagten darauf, dass die Schließer bei der Verletzungsform in ihrer eingesteckten Stellung ohne jede Kraftanstrengung wieder entfernt werden können. Dies gilt aber nur, wenn sich das Gehäuse in einem unbelasteten Zustand befindet, also keine Kraft von den Stelltrieben auf die Verstellachsen ausgeht. Darauf kommt es jedoch nach dem Sinngehalt dieses Merkmals nicht an. Nach der sich aus der Beschreibung auf Seite 5, Zeilen 10 bis 14, der Klagegebrauchsmusterschrift ergebenden technischen Funktion der Schließer ist lediglich von Bedeutung, dass sie während der Betriebsphase der Verstelleinrichtung arretiert und damit gegen ein unbeabsichtigtes Lösen vom Gehäuse arretiert sind. Das ist bei der Verletzungsform gegeben: Denn während einer Demonstration der Verletzungsform, die der Beklagte zu 2) auf der Messe „......" am ...... in Gegenwart von Zeugen selbst vorgenommen hat, ist zutage getreten, dass sich die Schließer jedenfalls dann, wenn die Verstellachsen von den Stelltrieben beaufschlagt werden und somit die Kraft in Richtung der jeweiligen Gehäuseenden wirkt, nicht mehr entfernen lassen.

Beweis: 1. Zeugnis des ......, zu laden über die Klägerin,
2. Zeugnis des ......, zu laden über die Klägerin,
3. Sachverständigengutachten.

6. Klage wegen äquivalenter Gebrauchsmusterverletzung D. 6

Dies wird wohl darauf zurückzuführen sein, dass sich das Gehäuse unter der Druckbeaufschlagung geringfügig streckt und auf Grund dessen die Stege des Schließers in den außenseitigen Führungsnuten verkanten.

Im Ergebnis ist daher festzuhalten, dass sämtliche Merkmale der kumulierten Ansprüche 1, 2 und 4 des Klagegebrauchsmusters bei der Verletzungsform teils wortsinngemäß und teils äquivalent verwirklicht werden.

2. Die Beklagten haben schon im Jahr . . . . . . ebenfalls auf einer Fachmesse einen Transistorenschrank vorgestellt, der exakt dieselben Merkmale wie das jetzt streitgegenständliche Erzeugnis aufwies. Die Beklagte zu 1) ist damals von der Klägerin verwarnt worden, die sich nachfolgend bei der Klägerin entschuldigt und versprochen hat, dass sich „der Vorgang nicht wiederholen werde". Die Klägerin hat diese Entschuldigung mit der ausdrücklichen Androhung akzeptiert, dass man sich im Hinblick auf die erfolgte Gebrauchsmusterverletzung die Geltendmachung weiterer Ansprüche, insbesondere gerichtet auf Schadenersatz oder dergleichen, ausdrücklich für den Fall vorbehalte, dass die Beklagte zu 1) erneut ein Schutzrecht der Klägerin, insbesondere das Klagegebrauchsmuster, verletzt.[29]

V. Rechtsfolge

1. Wegen der festgestellten Gebrauchsmusterverletzung ist die Beklagte zu 1) gemäß § 24 Abs. 1 GebrMG zur Unterlassung zu verurteilen, da sie zur Nutzung dessen technischer Lehre nicht berechtigt ist und damit rechtswidrig handelt.

Der Unterlassungsanspruch richtet sich gleichermaßen gegen den Beklagten zu 2) persönlich als Geschäftsführer der Beklagten zu 1), weil dieser als natürliche Person und Organ der Beklagten zu 1) die rechtsverletzenden Handlungen der Beklagten zu 1) veranlasst hat.[30]

Wegen der unberechtigten Benutzung der Lehre des Klagegebrauchsmusters durch die Beklagten im unverjährten Zeitraum ist der Klägerin ein Schaden entstanden. Da die Beklagten bei Beachtung der im Verkehr erforderlichen Sorgfalt das Klagegebrauchsmuster hätten auffinden und die Rechtsverletzung hätte erkennen können, schulden sie gemäß § 24 Abs. 2 GebrMG in Verbindung mit § 31 BGB analog Schadenersatz. Die Beklagten haften als Gesamtschuldner (§§ 830, 840 BGB).

Für die Verletzungshandlungen in dem gemäß § 24f GebrMG bereits verjährten Zeitraum (drei Jahre vor Klagezustellung) hat die Beklagte zu 1) nach den Vorschriften über die Herausgabe einer ungerechtfertigten Bereicherung dasjenige an die Klägerin herauszugeben, was sie durch die Benutzung der schutzrechtsgemäßen Lehre auf Kosten der Klägerin erlangt hat.[31] Wie vorstehend vorgetragen, hat die Klägerin nämlich auf ihre Ansprüche wegen der im Jahr . . . . . . festgestellten Verletzungshandlung nicht verzichtet, da die Beklagten sich nicht an die damalige Bedingung gehalten haben.

Da die Klägerin ohne nähere Kenntnis vom Umfang der Verletzungshandlungen den ihr zustehenden Schaden beziehungsweise das von den Beklagten ungerechtfertigt Erlangte zur Zeit nicht beziffern kann, ist ihr ein rechtliches Interesse daran zuzubilligen, dass die Zahlungspflicht der Beklagten vorab dem Grunde nach festgestellt wird (§ 256 ZPO).[32]

Auf Grund dessen ist der Klageantrag II. begründet.

2. Um der Klägerin die Berechnung des ihr entstandenen Schadens zu ermöglichen, sind die Beklagten gemäß §§ 242, 259 BGB verpflichtet, der Klägerin über den Umfang der Benutzungshandlungen Rechnung zu legen.

Dieselbe Verpflichtung ergibt sich für die Beklagte zu 1) im Hinblick auf das von ihr ungerechtfertigt Erlangte.

Graf v. Schwerin/Geschke

Darüber hinaus ergibt sich die Verpflichtung der Beklagten zur geltend gemachten Auskunft über die Herkunft und den Vertriebsweg aus § 24b GebrMG. Im Hinblick auf die privaten Abnehmer und die Angebotsempfänger mag den Beklagten ein Wirtschaftsprüfervorbehalt gewährt werden.[33]
Daher sind auch die Klageanträge I. 2. und 3. begründet.

3. Der mit dem Klageantrag zu III.1 geltend gemachte Rückrufanspruch findet seine Grundlage in § 24a Abs. 2 GebrMG.[34]

4. Der mit dem Klageantrag zu III. geltend gemachte Vernichtungsanspruch findet seine Grundlage in § 24a Abs. 1 S. 1 GebrMG. Im Rahmen der Verhältnismäßigkeit beschränkt sich das Klagebegehren auf die erfindungswesentlichen Bestandteile der Verletzungsform.[35]

5. Die Zuständigkeit des angerufenen Gerichts ergibt sich aus §§ 12, 13, 17, 27 GebrMG in Verbindung mit der Verordnung des Landes . . . . . . vom . . . . . . Denn die Beklagten haben ihren allgemeinen Gerichtsstand im Land . . . . . .[36]

VI.

Die Klägerin zeigt an, dass sie neben ihrem Prozessbevollmächtigten

Herrn Patentanwalt

. . . . . .

(Anschrift)

zur Mitwirkung im vorliegenden Rechtsstreit bestimmt hat.

Beglaubigte und einfache Abschriften zum Zwecke der Zustellung anbei.

Rechtsanwalt[37]

Schrifttum: S. den Hinweis bei → Form. D.1.

Anmerkungen

1. Es kommt in der Praxis vor, dass eine Klage wegen Gebrauchsmusterverletzung (wie auch wegen Patentverletzung) sich nicht gegen ein Erzeugnis richtet, dessen Merkmal von sämtlichen Merkmalen des Klagegebrauchsmusters wortsinngemäß Gebrauch macht. Vielmehr kann es sein, dass das streitgegenständliche Erzeugnis in zumindest einem Punkt im Vergleich zu den Merkmalen des Hauptanspruchs des Gebrauchsmusters abgewandelt ist. Ein Gebrauchsmuster bietet freilich genauso wie ein Patent nicht nur Schutz gegen eine identische Benutzung im Rahmen des Wortsinns der Schutzansprüche, bei dessen Ermittlung nicht der bloße Wortlaut, sondern gemäß § 12a S. 2 GebrMG der Sinngehalt der Merkmale heranzuziehen ist (vgl. BGH GRUR 1994, 597 (599) re. Sp. unten – Zerlegvorrichtung für Baumstämme – zur Parallelvorschrift des § 14 S. 2 PatG). Vielmehr erstreckt sich auch der Schutzbereich eines Gebrauchsmusters auf den Bereich der Äquivalenz (vgl. BGH GRUR 1997, 454 (456 f.) – Kabeldurchführung; BGH GRUR 2007, 1059 (1063) – Zerfallszeitmessgerät). Zu beachten ist freilich, dass die Rechtsprechung zunehmend restriktiv bei der Zuerkennung eines entsprechend erweiterten Schutzbereichs verfährt. Zu den Einzelheiten → Anm. 24, 25.

2. → Form. D.5 Anm. 1.

3. → Form. D.5 Anm. 2.

4. → Form. D.5 Anm. 3.

6. Klage wegen äquivalenter Gebrauchsmusterverletzung   D. 6

5. → Form. D.5 Anm. 4.

6. → Form. D.5 Anm. 5.

7. → Form. D.5 Anm. 6.

8. Im Vergleich zu → Form. D.5 wurde hier die Variante gewählt, dass im Hinblick auf das beklagte Unternehmen feststeht, dass es das streitgegenständliche Erzeugnis auch selbst herstellt. Auf Grund dessen hat sich der Unterlassungsantrag gemäß § 11 Abs. 1 S. 2 GebrMG auch auf das Verbot der Herstellung zu erstrecken.

9. Es wurde bereits in → Form. D.5 Anm. 8 darauf hingewiesen, dass es zuweilen Sinn machen kann, bestimmte oder alle verletzten Unteransprüche im Unterlassungsantrag im Wege des „Insbesondere-Teils" aufzuführen, um später erforderlichenfalls diese Unteransprüche (durch Weglassen der Formulierung „insbesondere") mit dem zuvor vorrangig geltend gemachten Hauptanspruch zu verbinden. Eine kombinierte Geltendmachung von Haupt- und Unteransprüchen kann sich aber auch von vornherein anbieten, und zwar insbesondere dann, wenn die klagende Partei befürchten muss, dass die Schutzwirkungen der Ansprüche in ihrer erteilten Fassung vom Verletzungsgericht nicht anerkannt und/ oder ein gegen das Gebrauchsmuster gerichteter Löschungsantrag durchdringen wird (und das Verletzungsgericht in Erwartung dessen den Rechtsstreit gemäß § 148 ZPO bis zur Entscheidung über den Löschungsantrag aussetzen würde, vgl. § 19 S. 2 GebrMG). Ein entsprechendes Vorgehen kann sich auch anbieten, wenn eine interne Vorbenutzung des Beklagten bekannt ist, die den Hauptanspruch abdeckt, aber nicht alle nun benutzten Unteransprüche. Gleiches gilt, sollte gerade in einer Verletzungsdiskussion mit äquivalenten Merkmalen von den Beklagten ein Formsteineinwand erhoben werden.
Einer gleichzeitigen, ausdrücklichen Beschränkung des Schutzbereichs des Klagegebrauchsmusters auf die mit der Klage geltend gemachte Kombination der Schutzansprüche gegenüber dem DPMA bedarf es nicht (BGH GRUR 2003, 867 – Momentanpol). Ist jedoch ein paralleles Löschungsverfahren anhängig kommt es auf den konkreten Sachverhalt an, ob dort das Gebrauchsmuster mit einem beschränkten Anspruchssatz verteidigt wird, der demjenigen des Verletzungsverfahrens entspricht. Dies ist zwar nicht erforderlich, hilft aber zumeist bei der Aussetzungsfrage (vgl. zum Löschungsantrag → Form. D.15).
Der Nachteil einer im Verletzungsprozess von vornherein beschränkt geltend gemachten Anspruchskombination liegt freilich darin, dass die beklagte Partei nach einer Verurteilung möglicherweise durch die Veränderung des einen oder anderen Merkmals des streitgegenständlichen Erzeugnisses das Urteil mehr oder minder leicht umgehen kann. Das ist jedoch eine nach dem Einzelfall zu beurteilende Frage und bedarf der Abwägung des voraussichtlichen Rechtsbestands des Klagegebrauchsmusters, des durch eine etwaige Aussetzung eintretenden Zeitverlustes und der Umgehungsmöglichkeiten.

10. Der Anspruch auf Benennung von Herstellungsmengen und -zeiten ergibt sich im Hinblick auf den Hersteller gebrauchsmusterverletzender Erzeugnisse aus § 24b Abs. 2 GebrMG und kann in der vorliegenden Fallgestaltung geltend gemacht werden, da von der Verletzungshandlung des Herstellens bei der Beklagten zu 1) ausgegangen wird → Anm. 8.

11. Zum Grund für diese Einschränkung vgl. → Anm. 28.

12. Zum Wirtschaftsprüfervorbehalt vgl. → Form. D.5 Anm. 13.

13. Zusätzlich denkbare Anträge, etwa gerichtet auf Erstattung vorprozessualer Abmahnkosten (→ Form. D.5 Anm. 13, die bei der vorliegend gewählten Fallkonstellation ohnehin verjährt sein dürften, → Anm. 16) oder auf Urteilsveröffentlichung (→ Form. D.5 Anm. 18), wurden hier nicht berücksichtigt.

14. → Form. D.5 Anm. 16.

15. → Form. D.5 Anm. 17.

16. Im Gegensatz zu → Form. D.5 wird bei der vorliegenden Fallvariante unterstellt, dass es bereits gebrauchsmusterverletzende Handlungen im Hinblick auf denselben Streitgegenstand in verjährter Zeit gegeben hat. Gemäß § 24c GebrMG, §§ 195, 199 Abs. 1 BGB sind im Hinblick darauf jedenfalls die Ansprüche auf Rechnungslegung und Schadenersatz im betreffenden Umfang verjährt, (sofern eine andauernde Gebrauchsmusterverletzung außer Frage steht, kann der Unterlassungsanspruch nicht verjähren). Daher kommt auch eine ggf. im Wege des Schadenersatzes geltend zu machende Erstattung außergerichtlicher Abmahnungskosten hier nicht (mehr) in Betracht (→ Anm. 13).

Gemäß § 24f S. 2 GebrMG verbleibt jedoch die Möglichkeit, vom Gegner die Herausgabe des im betreffenden Zeitraums auf Kosten des Schutzrechtsinhabers Erlangten nach den Vorschriften über die Herausgabe einer ungerechtfertigten Bereicherung §§ 812 ff. BGB zu verlangen. Es handelt sich insoweit um eine Rechtsfolgenverweisung (vgl. *Schulte* PatG § 141 Rn. 21 (zur entsprechenden Parallelvorschrift im Patentrecht)). Neben dem „Restschadensanspruch" nach § 24f S. 2 GebrMG kann auch ein „normaler" Bereicherungsanspruch gemäß § 812 Abs. 1 BGB bestehen. Die Berechnung der Bereicherungslizenz unterscheidet sich grundsätzlich nicht von der Berechnung einer Schadenersatzlizenz (vgl. BGH GRUR 1992, 599 (600) – Teleskopzylinder). Es ist streitig ob der Restschadensersatzanspruch auf die Berechnungsmethode der Lizenzanalogie beschränkt ist, oder ob auch die anderen Berechnungsmethoden angewandt werden können (vgl. *Schulte* PatG § 141 Rn. 21 mwN zum Streit). Folgt man der Ansicht, dass ausschließlich auf die Berechnungsmethode der Lizenzanalogie abgestellt werden kann, können im Rahmen der Rechnungslegung keine Angaben zum Gewinn gefordert werden (*Schulte* PatG § 141 Rn. 21; *Kühnen* D Rn. 533 unter Hinweis auf BGH GRUR 2008, 896 – Tintenpatrone I). Eine Verwirkung des Bereicherungsanspruchs ist nur in Ausnahmefällen möglich (LG Düsseldorf GRUR 1990, 117 – Strickwarenhandel II). Dieser Anspruch verjährt gemäß § 852 S. 2 BGB 10 Jahre nach Entstehung des Anspruchs (Verletzungshandlung und Schadenseintritt, die idR zusammenfallen).

17. → Form. D.5 Anm. 19.

18. → Form. D.5 Anm. 20.

19. → Form. D.5 Anm. 21.

20. → Form. D.5 Anm. 22.

21. → Form. D.5 Anm. 23.

22. → Form. D.5 Anm. 25.

23. → Anm. 9.

24. → Form. D.5 Anm. 26.

25. In der Regel ist es vorteilhafter, einen Verletzungstatbestand nicht einfach nur in den Raum zu stellen, sondern, wenn auch ggf. nur kurz, die angegriffene Ausführungsform unter die Merkmale der geltend gemachten Ansprüche zu subsumieren (vgl. dazu Argumentation zum Verletzungstatbestand in → Form. D.5). Ausnahmsweise kann davon abgesehen werden, wenn mit einer Verteidigung der Beklagten zu rechnen ist und über die Verletzung auch vorgerichtlich bereits diskutiert wurde.

26. In Fällen wie dem vorliegenden, in denen es Argumente für eine wortsinngemäße Verletzung gibt, ist es aus taktischen Gründen häufig vorteilhafter, Äquivalenzgesichts-

6. Klage wegen äquivalenter Gebrauchsmusterverletzung D. 6

punkte noch nicht in der Klageschrift, sondern erst in der Replik anzusprechen, da die Äquivalenzargumentation in der Klage die Argumente für den Wortsinn schwächen.

27. Die Feststellung der äquivalenten Gebrauchsmusterverletzung setzt zunächst voraus, dass überhaupt ein nicht wortsinngemäß verwirklichtes Anspruchsmerkmal bei der angegriffenen Ausführungsform durch ein anderes technisch ersetzt worden ist. Fehlt hingegen ein Merkmal völlig oder auch nur teilweise, kann von einer Gebrauchsmusterverletzung nicht ausgegangen werden. Denn ein nach früherem Recht anerkannter Schutz der Unter- oder Teilkombination hat nach dem geltenden Recht auszuscheiden (vgl. zB *Osterloh* GRUR 1993, 260; *Jestaedt*, FS König, 2003, 239 zur parallelen Problematik im Patentrecht). Es kommt dabei nicht darauf an, ob es sich bei dem fehlenden Merkmal um ein erfindungswesentliches handelt oder ob der Fachmann erkennt, dass es an sich für die Verwirklichung der technischen Lehre überflüssig ist (BGH GRUR 2007, 1059 – Zerfallszeitmessgerät). Denn der Schutzrechtsinhaber hat es in der Hand, durch die Formulierung der Ansprüche dasjenige zu bestimmen, für das er Schutz begehrt (vgl. BGH GRUR 1992, 40 – Beheizbarer Atemluftschlauch – zur Parallelproblematik beim europäischen Patent). Dass auch für das Gebrauchsmusterrecht ein Teilschutz aus diesen Gründen auszuscheiden hat, ist vom BGH in der Entscheidung „Zerfallszeitmessgerät" (vgl. BGH GRUR 2007, 1059 (1062 f.)) ausdrücklich bestätigt worden. Nicht erforderlich ist es in diesem Zusammenhang aber, dass bei der angegriffenen Ausführungsform die gleiche Anzahl an Bauteilen wie im Klagegebrauchsmuster vorliegt, denn ein Merkmal kann sich auch aus dem Zusammenwirken mehrerer Austauschmittel ergeben oder aber mehrere Merkmale aus der Wirkung eines Austauschmittels (BGH GRUR 1998, 133 – Kunststoffaufbereitung).

Ist tatsächlich ein Anspruchsmerkmal bei der angegriffenen Ausführungsform durch ein anderes ersetzt, so ist – wie im Patentrecht – die seit der Entscheidung „Schneidmesser I" (BGH GRUR 2002, 515) geltende, dreistufige Prüfungslehre zu beachten (so für das Gebrauchsmusterrecht ausdrücklich: BGH GRUR 2007, 1059 (1063) – Zerfallszeitmessgerät):

1. Zunächst ist zu prüfen, ob eine technische Gleichwirkung vorliegt, und zwar zumindest in einem nicht unerheblichen Umfang , dh das der Erfindung zugrundeliegende Problem muss mit zwar abgewandelten, aber objektiv gleichwirkenden Mitteln gelöst werden. Dabei müssen alle Vorteile/Wirkungen erreicht werden, die vom Gebrauchsmuster als obligatorisch deklariert sind. Dann ist es aber ausreichend, wenn das geänderte Merkmal die technischen Vorteile nur „im Wesentlichen", also in einem praktisch relevanten Umfang erreicht (sogenannte „verschlechterte Ausführungsform"; BGH GRUR 2015, 361 – Kochgefäß). Die Gleichwirkung bezieht sich dabei nicht isoliert nur auf ein Merkmal, sondern auch auf die geschützte Vorrichtung/das geschützte Verfahren und die Wirkung, die das fragliche Merkmal in diesem Ganzen erzielen soll (BGH GRUR 2015, 361 – Kochgefäß; BGH GRUR 2012, 1122 – Palettenbehälter III; BGH GRUR 2000, 1005 (1006) – Bratgeschirr).

2. Sodann ist zu prüfen, ob (bereits) seine Fachkenntnisse auf dem maßgeblichen Gebiet den versierten Durchschnittsfachmann im Prioritätszeitpunkt des Gebrauchsmusters befähigen, die abgewandelten Mittels gleichwirkend aufzufinden. Muss er dazu erfinderisch tätig werden, scheidet Äquivalenz aus (vgl. dazu BGH GRUR 1994, 597 (600) li. Sp. – Zerlegvorrichtung für Baumstämme). Dieser Aspekt kann insbesondere zum Tragen kommen, wenn auf die angegriffene Ausführungsform (insbesondere wenn sogar in Ansehung des Klagegebrauchsmusters bzw. eines Schutzrechtes der Familie) ein eigenes Patent erteilt worden ist. Freilich hilft das in der Praxis nur äußerst selten. Denn zumeist handelt es sich gleichwohl nur um eine vom Klageschutzrecht abhängige Erfindung, was kein Benutzungsrecht vermitteln kann (vgl. BGH GRUR 1991, 436 – Befestigungsvorrichtung II).

3. Schließlich ist noch die Frage nach der Gleichwertigkeit zu stellen, dh die zum Äquivalent führenden Überlegungen des Fachmanns müssen derart am Sinngehalt der im Patentanspruch unter Schutz gestellten, technischen Lehre orientiert sein, dass der Fachmann die abgewandelte Ausführung als der gegenständlichen des Klageschutzrechts gleichwertige Lösung in Betracht ziehen kann. Es ist also nicht ausreichend, wenn der Fachmann auf Grund nur allgemeiner Überlegungen, dh solcher, die in der Gebrauchsmusterschrift keine Stütze finden, das Äquivalent auffinden kann. Dabei ist wiederum auf die gesamte Vorrichtung/das gesamte Verfahren abzustellen und nicht nur isoliert auf das Austauschmittel (BGH GRUR 2007, 959 – Pumpeneinrichtung). Die Rechtsprechung ist bei dieser Betrachtung großzügig, wenn es zur Auffindung des gleichwirkenden Mittels lediglich eines einzigen gedanklichen Schritts (anstelle von komplizierten, mehrstufigen Überlegungen) bedarf. Dabei ist es nicht einmal erforderlich, dass die Beschreibung des Klagegebrauchsmusters den Fachmann gerade zu der gewählten Ausgestaltung hinlenkt (BGH GRUR 2014, 852 – Begrenzungsanschlag). Anhaltspunkte sind jedoch erforderlich und das Austauschmittel darf nicht in einem technischen Widerspruch zu der Offenbarung des Gebrauchsmusters stehen.

Beispiel (vgl. weitere anschauliche Beispiele *Kühnen* A Rn. 112 ff.): Im Anspruch ist als Befestigungsmittel ein Nagel erwähnt. Wird dann bei einer gegnerischen Ausführungsform statt des Nagels eine Schraube als Befestigungsmittel benutzt, wird man gebrauchsmusterrechtliche Äquivalenz annehmen können, jedenfalls dann, wenn der Fachmann der Gebrauchsmusterschrift entnehmen kann, dass es lediglich auf das Befestigungsmittel an sich, nicht aber auf den konkret erwähnten Nagel ankommt, um das der Erfindung zugrundeliegende Problem zu lösen. Wird freilich in der Beschreibung der Gebrauchsmusterschrift gerade der besondere Vorteil eines Nagels erwähnt (möglicherweise sogar im Gegensatz zu einer Schraube), kann die Verwendung einer Schraube jedoch keinesfalls dem Schutzbereich unterfallen. Denn insoweit mangelt es spätestens an der Gleichwertigkeit. Bei Erwähnungen des Austauschmittels im Klagegebrauchsmuster ist besonders aufzupassen, denn solche können die Annahme der Gleichwertigkeit zwar stützen. Sie dürfen aber nicht derart erfolgen, dass die engere Anspruchsfassung die Argumentation zulässt, der Anmelder habe genau auf diese Ausgestaltung verzichtet (vgl. BGH GRUR 2011, 701 – Okklusionsvorrichtung; BGH GRUR 2012, 45 – Diglycidverbindung; BGH GRUR 2016, 921 – Pemetrexed; BGH GRUR 2016, 1254 – V-förmige Führungsanordnung).

4. Allerdings muss spätestens an dieser Stelle sehr deutlich darauf hingewiesen werden, dass Verurteilungen wegen äquivalenter Patent- oder Gebrauchsmusterverletzung in Deutschland eine Seltenheit geworden sind, weil die Rechtsprechung, allen voran der Bundesgerichtshof, den Schutzbereich mittlerweile sehr restriktiv beurteilt. So scheitert die Äquivalenzprüfung vielfach an der vorstehend erörterten, dritten Frage, dh bei der Gleichwertigkeit. Denn unter dem Gesichtspunkt der Rechtssicherheit wird zunehmend angenommen, dass der Anspruch eben ernst zu nehmen ist, mit der Folge, dass bei Formulierung bestimmter Vorrichtungsmerkmale davon auszugehen ist, dass die konkrete Gestaltung gerade so und nicht anders erfolgen soll. Dies gilt insbesondere dann, wenn nach der Beschreibung gerade mit dem abgewandelten Merkmal besondere Vorteile einhergehen sollen. Es gilt daher der Merksatz, dass es jenseits der funktionalen Auslegung nur noch ausnahmsweise ein Schutzbereich geltend zu machen ist.

28. Mit einer so allgemeinen Argumentation kann keine Gewähr dafür übernommen werden, dass das Gericht der Äquivalenzargumentation bei dem hier unbestreitbar nicht wortsinngemäß verwirklichten Merkmal (die Führungsnuten sind nicht innen-, sondern außenseitig angebracht) folgen wird. Wenn nicht mehr Details vorgetragen werden, warum die Lösung technisch gleichwirkend ist und zudem für den Fachmann (gerade auf Grund der Gebrauchsmusterschrift auf der Hand lag), ist mit einem Obsiegen nur

6. Klage wegen äquivalenter Gebrauchsmusterverletzung D. 6

bedingt zu rechnen. Bei der gegebenen Fallkonstellation bleibt freilich keine andere Möglichkeit, wenn man nicht gänzlich auf den Versuch verzichten wollte, aus dem Gebrauchsmuster vorzugehen.

29. Die diesbezüglichen Erläuterungen im Sachverhalt dienen der Vorbereitung der Geltendmachung des Bereicherungsanspruchs in Bezug auf den Restschadenersatzanspruch gemäß Klageantrag II. 2. → Anm. 16.

30. → Form. D.5 Anm. 2.

31. Gemäß § 24f S. 1 GebrMG verjähren Ansprüche wegen Gebrauchsmusterverletzung nach den allgemeinen Regeln des BGB und zwar ab Kenntnis binnen drei Jahren (BGH GRUR 2015, 780 – Motorradteile), wobei gemäß § 199 Abs. 1 BGB die Frist mit dem Schluss des Jahres beginnt, in dem der Anspruch entstanden ist und der Berechtigte von der Verletzung und der Person des Verpflichteten (also des Verletzers) Kenntnis erlangt hat (ohne Rücksicht auf diese Kenntnis regelmäßig nach 10 Jahren). Da hier unterstellt wird, dass es bereits eine Verletzungshandlung im verjährten Zeitraum vor Klagezustellung (die gemäß § 204 Abs. 1 Nr. 1 BGB die Verjährung hemmt) gegeben hat, ist insoweit Verjährung eingetreten, und zwar insbesondere im Hinblick auf den Schadenersatzanspruch. Auf Grund dessen kann gemäß § 24f GebrMG beziehungsweise § 812 BGB nur noch die Herausgabe der ungerechtfertigten Bereicherung verlangt werden, was nach einer Ansicht auch den Rechnungslegungsanspruch beschränkt → Anm. 16. Die Einrede der Verjährung muss grundsätzlich vom Beklagten erhoben werden. Er ist auch darlegungs- und beweispflichtig für das Vorliegen der Voraussetzungen (BGH MDR 2016, 534). Deshalb kann in nicht so offensichtlichen Fällen einer Kenntnis wie vorliegend auch davon abgesehen werden, die kurze Verjährung von 3 Jahren bereits in der Klageschrift zu berücksichtigen, da im Hinblick auf den Restschadenersatzanspruch, der auch bei der Verjährung verbleibt, idR die Kostenlast bei späterer Berücksichtigung nur minimal ist.

32. → Form. D.5 Anm. 15.

33. Zur Verpflichtung zur Rechnungslegung → Form. D.2 Anm. 7, 16. Zum Wirtschaftsprüfervorbehalt → Form. D.5 Anm. 13.

Im Hinblick auf die Benutzung der Lehre des Gebrauchsmusters im verjährten Zeitraum ist allein die Beklagte zu 1) zur Rechnungslegung verpflichtet. Denn der Beklagte zu 2) haftet als Geschäftsführer und Organ der Beklagten zu 1) neben dieser nur im Rahmen der unerlaubten Handlung. Für den Zeitraum also, für den nur ein Anspruch auf Herausgabe der ungerechtfertigten Bereicherung in Frage kommt, haftet der Beklagte zu 2) nicht (vgl. BGH GRUR 1989, 411 (412) – Offenend-Spinnmaschine – zur Parallelproblematik beim Entschädigungsanspruch nach § 33 PatG).

Da zur Berechnung der Bereicherungslizenz die Angaben zu dem mit der Gebrauchsmusterverletzung erzielten Gewinn und dementsprechend auch zu den Kostenfaktoren nicht erforderlich sind, können die diesbezüglichen Angaben (vgl. Klageantrag I. 2. e) für den verjährten Zeitraum nicht gefordert werden → Anm. 16.

34. → Form. D.5 Anm. 16.

35. → Form. D.5 Anm. 17.

36. Neben der Zuständigkeit des angerufenen Gerichts im Gerichtsstand der unerlaubten Handlung (→ Form. D.5 Anm. 1) kann die Zuständigkeit der angerufenen Gebrauchsmusterkammer natürlich auch schon auf Grund der Vorschriften der §§ 12, 13 oder 17 ZPO bestehen (allgemeiner Gerichtsstand; vgl. dazu bereits → Form. D.5 Anm. 35).

Graf v. Schwerin/Geschke

Kosten und Gebühren

37. → Form. D.5 Anm. 37.

7. Formelle Klageerwiderung

Landgericht[1] ......

...... Zivilkammer

......

In Sachen

A GmbH (RA ......)

gegen

B GmbH ua (RA ......)

Az. ......

bestelle ich mich für die Beklagten.

Gleichzeitig wird angezeigt, dass die Beklagten

Herrn Patentanwalt

......

(Anschrift)

zur Mitwirkung im vorliegenden Verfahren bestimmt haben.[2]

Ich werde beantragen,

1. die Klage abzuweisen,
   hilfsweise, den Beklagten für den Fall ihrer Verurteilung zur Auskunft/Rechnungslegung vorzubehalten, nach ihrer Wahl die Namen und Anschriften ihrer nicht gewerblichen Abnehmer und ihrer Angebotsempfänger statt der Klägerin einem von dieser zu bezeichnenden und ihr gegenüber zur Verschwiegenheit verpflichteten, in der Bundesrepublik Deutschland vereidigten Wirtschaftsprüfer mitzuteilen, sofern die Beklagten die durch dessen Einschaltung entstehenden Kosten übernehmen und ihn ermächtigen und verpflichten, der Klägerin auf konkrete Anfrage mitzuteilen, ob eine bestimmte Lieferung oder ein bestimmter Abnehmer, ein bestimmtes Angebot oder ein bestimmter Angebotsempfänger in der Rechnung enthalten ist;[3]
2. die Kosten des Verfahrens der Klägerin aufzuerlegen;
3. das Urteil wegen der Kosten – gegebenenfalls gegen Sicherheitsleistung – für vorläufig vollstreckbar zu erklären;
   hilfsweise den Beklagten nachzulassen, die Zwangsvollstreckung gegen Sicherheitsleistung abzuwenden.
   Die Begründung der Anträge bleibt einem gesonderten Schriftsatz vorbehalten.[4]

Rechtsanwalt[5]

Schrifttum: S. den Hinweis bei → Form. D.1.

7. Formelle Klageerwiderung

Anmerkungen

1. Das Formular knüpft an die Übung der Patent- und Gebrauchsmusterstreitkammern des Landgerichts Düsseldorf an, alsbald nach Klageerhebung einen frühen ersten Termin zu bestimmen, kommt aber auch zum Einsatz, wenn Gerichte auffordern zunächst die Verteidigungsbereitschaft anzuzeigen und ergänzende Schriftsatzfristen festzusetzen. Wird der Düsseldorfer Übung entsprechend ein früher erster Termin festgesetzt, so dient dieser lediglich dazu, die Formalia zu regeln (also die Anträge zu verlesen, Schriftsatzfristen für die weitere, schriftliche Bearbeitung zu bestimmen und den Termin zur eigentlichen, ausführlichen mündlichen Verhandlung anzuberaumen). Auf Grund dessen ist eine inhaltliche Klageerwiderung zu diesem Zeitpunkt noch nicht erforderlich, sondern lediglich eine Bestellung und die Ankündigung der Anträge, wie dies auch ausreichend ist, wenn zunächst nur eine Verteidigungsanzeige gefordert wird. Der Düsseldorfer frühe erste Termin darf nicht verwechselt werden mit frühen ersten Terminen, wie sie von den Patent- und Gebrauchsmusterstreitkammern des Landgerichts München bestimmt werden, die der ersten Erörterung insbesondere des Verletzungstatbestandes dienen und vor denen eine vollständige Klageerwiderung einzureichen ist, die sich mit allen Verteidigungsargumenten auseinandersetzt, auch der Frage der fehlenden Schutzfähigkeit des Gebrauchsmusters.

2. Auch auf Seiten der Beklagten ist die Mitwirkung eines Patentanwalts angezeigt, → Form. D.3 Anm. 1.

3. Es ist üblich, in Patent- und Gebrauchsmusterverletzungsprozessen seitens der beklagten Partei einen sogenannten „Wirtschaftsprüfervorbehalt" geltend zu machen. Dieser ist gewohnheitsrechtlich anerkannt, um die widerstreitenden Interessen der klagenden und der beklagten Partei möglichst gerecht auszugleichen. Denn auf der einen Seite ist die klagende Partei berechtigterweise bestrebt, exakte Angaben über sämtliche Lieferungen, also auch über sämtliche Lieferadressaten, des Weiteren auch über Angebote (die nicht zu Lieferungen geführt haben) und die Angebotsempfänger zu erfahren; andererseits liegt es natürlich auch im berechtigten Interesse der beklagten Partei, solche sensiblen Geschäftsinformationen möglichst nicht der klagenden Partei kundzutun. Ein Ausgleich wird dadurch gefunden, dass auf Antrag die beklagte Partei berechtigt wird, die Namen und Anschriften der gewerblichen Lieferungs- und der Angebotsempfänger einem vereidigten und der Klägerin gegenüber zur Verschwiegenheit verpflichteten Wirtschaftsprüfer mitzuteilen. Voraussetzung dafür ist allerdings, dass die beklagte Partei den Wirtschaftsprüfer verpflichtet, der Klägerin auf Verlangen stichprobenartig mitzuteilen, ob von der Klägerin benannte Lieferungsempfänger bzw. Angebotsempfänger in der Rechnungslegung enthalten sind. Ferner wird die beklagte Partei die Kosten für den Wirtschaftsprüfer zu tragen haben.

Der Wirtschaftsprüfervorbehalt ist allerdings spätestens seit Inkrafttreten des Produktpirateriegesetzes zum 1.7.1990 stark beschränkt und nicht wirklich hilfreich. Denn seitdem (im Gebrauchsmustergesetz s. § 24b GebrMG) die beklagte Partei verpflichtet ist, die Namen und Anschriften ua der gewerblichen Abnehmer mitzuteilen, und sich aus der Gesetzesformulierung ergibt, dass nur in Ausnahmefällen davon abgesehen werden kann, wird ein Wirtschaftsprüfervorbehalt jedenfalls im Hinblick auf gewerbliche Abnehmer nicht mehr gewährt, sondern nur noch im Hinblick auf private Abnehmer und Angebotsempfänger (→ Form. D.2 Anm. 7, insbesondere BGH GRUR 1995, 338 (341) – Kleiderbügel – zur Parallelvorschrift des § 140b PatG).

Gleichwohl kann es sich empfehlen, den Wirtschaftsprüfervorbehalt geltend zu machen, wenn besondere Umstände im Einzelfall auch die Benennung der gewerblichen Abnehmer untunlich erscheinen lassen. Falls die klagende Partei die Benennung sämtlicher Abnehmer (also auch der privaten Abnehmer) und/oder der Angebotsempfänger verlangt, ist der Vorbehalt im Hinblick auf diesen Personenkreis immer gerechtfertigt und zum Schutz der Interessen der beklagten Partei auch geboten (→ Form. D.5 Anm. 13).

4. Gilt der Schriftsatz der Vorbereitung eines ersten Formaltermins in Düsseldorf, sollten bereits an dieser Stelle und nicht erst in der mündlichen Verhandlung alle in Betracht kommenden, prozesshindernden Einreden angekündigt und begründet werden, wie etwa die fehlende Prozesskostenerstattung gem. § 269 Abs. 6 ZPO, die fehlende Ausländersicherheit gem. §§ 110 ff. ZPO, die Einrede des Schiedsvertrages gem. § 1027 ZPO sowie etwaige Rügen betreffend die internationale sowie örtliche Zuständigkeit (§ 39 ZPO, Art. 26 EuGVVO). Geschieht dies nicht vor Eintritt in die mündliche Verhandlung (= Verlesung der Sachanträge), sind diese Einreden präkludiert.

Kosten und Gebühren

5. → Form. D.5 Anm. 37.

8. Materielle Klageerwiderung (ohne Aussetzungsantrag)

Landgericht . . . . . .[1]

. . . . . . Zivilkammer

. . . . . .

In Sachen

A GmbH (RA . . . . . .)

gegen

B GmbH ua (RA . . . . . .)

Az. . . . . .

ist die Klage unbegründet, weil die Beklagten das Klagegebrauchsmuster nicht verletzen:[2]

1. Es ist zwischen den Parteien unstreitig, dass jedenfalls das Merkmal . . . . . . der gegnerischen Merkmalsanalyse gemäß Anlage K . . . . . . bei dem streitgegenständlichen Transformatorenschrank der Beklagten nicht wortlautgemäß verwirklicht ist. Entgegen der Auffassung der Klägerin liegt auch keine äquivalente Gebrauchsmusterverletzung vor: Nach der Rechtsprechung des Bundesgerichtshofs kann nur eine solche Vorrichtung unter den Äquivalenzbereich fallen, die zum Prioritätszeitpunkt gleichermaßen wie die wortlautgemäße Neuerung neu und erfinderisch gewesen wäre (vgl. BGH GRUR 1986, 803 (805) – Formstein).[3] Diese ursprünglich zum Patentrecht ergangene Rechtsprechung findet auch auf das Gebrauchsmusterrecht Anwendung (vgl. BGH GRUR 1997, 454 (456 f.) – Kabeldurchführung). Am Anmeldetag des Klagegebrauchsmusters war jedoch die hier streitgegenständliche Ausführungsform eines Transformatorenschranks zumindest nicht mehr erfinderisch, weil sie durch die in der Klagegebrauchsmusterschrift genannte DE-OS . . . . . . und das hier als

Anlage B 1

überreichte deutsche Gebrauchsmuster DE-GM für den Durchschnittsfachmann so nahegelegt war, dass es jedenfalls keines erfinderischen Schrittes mehr bedurfte, um zu der streitgegenständlichen Ausführungsform zu gelangen.[4]

8. Materielle Klageerwiderung (ohne Aussetzungsantrag)   D. 8

Beweis: Sachverständigengutachten.

Denn ...... (weiter ausführen)

2. Zudem liegt auch deshalb keine Verletzung des Klagegebrauchsmusters vor, weil es gemäß § 13 Abs. 1 GebrMG iVm § 15 Abs. 1 GebrMG keine Schutzwirkung entfaltet.[5] Denn die Klägerin hat außerhalb der Neuheitsschonfrist des § 3 Abs. 1 S. 3 GebrMG neuheitsschädliche Vorbenutzungen[6] begangen:

   a) So ist nicht nur auf der regionalen Fachmesse „......" in ......, die vom ...... bis zum ...... andauerte, ein Transformatorenschrank dem interessierten Messepublikum von Mitarbeitern der Klägerin vorgestellt und im Einzelnen erläutert worden, der sämtliche Merkmale des Anspruchs 1 des Klagegebrauchsmusters und seiner Unteransprüche aufwies, sondern es ist im selben Zeitraum in mindestens zwei Fällen eine entsprechende Produktpräsentation durch die Außendienstmitarbeiter ...... und ...... der Klägerin bei den Kunden ...... in ...... und ...... in ...... erfolgt.

     Beweis: 1. Zeugnis des ......, (Anschrift);
              2. Zeugnis des ......, (Anschrift);
              ......

   b) Das Klagegebrauchsmuster entfaltet schließlich auch deshalb keine Schutzwirkungen, weil es zumindest nicht auf dem nach § 1 Abs. 1 GebrMG erforderlichen, erfinderischen Schritt beruht:[7]

     ...... (Weiter ausführen)

3. Der in der mündlichen Verhandlung vom ......[8] hilfsweise gestellte Wirtschaftsprüfervorbehalt wird wie folgt begründet:[9]

Es ist den Beklagten geläufig, dass angesichts des Wortlauts des § 24b Abs. 1 GebrMG ein Wirtschaftsprüfervorbehalt im Hinblick auf die Namen und Anschriften der gewerblichen Abnehmer oder Auftraggeber nur in Ausnahmefällen in Betracht kommen kann. Ein solcher Ausnahmefall ist freilich vorliegend gegeben: Das Klagegebrauchsmuster ist am ...... angemeldet worden. Es läuft daher bereits am ...... ab, also noch nicht einmal drei Wochen nach dem Termin zur mündlichen Hauptverhandlung. Selbst wenn zu diesem Zeitpunkt bereits ein Urteil verkündet wäre, könnte es dann seine Wirkung noch nicht entfalten. Die (vorläufige) Vollstreckbarkeit des Urteils wird also mit Sicherheit erst dann eintreten, wenn die Schutzwirkung des Klagegebrauchsmusters bereits nicht mehr besteht. In einem solchen Fall ist eine etwaige Verpflichtung der Beklagten, neben der Rechnungslegung auch die Namen und Anschriften ihrer gewerblichen Abnehmer und ihrer Angebotsempfänger zu offenbaren, unverhältnismäßig.

Gegner erhält Abschrift.

                                                                          Rechtsanwalt[10]

Schrifttum: S. den Hinweis bei → Form. D.1.

Anmerkungen

1. Anders als im Patentrecht ist das Verletzungsgericht in Gebrauchsmustersachen gemäß § 13 Abs. 1 GebrMG befugt und auch verpflichtet die Schutzfähigkeit des Klagegebrauchsmusters im geltend gemachten Umfang zu überprüfen, wenn kein Löschungsverfahren anhängig ist (vgl. BGH GRUR 1997, 892 – Leiterplattennutzen). Nur, wenn das Verletzungsgericht von der Schutzfähigkeit des Klagegebrauchsmusters im geltend gemachten Umfang überzeugt ist, darf eine Verurteilung wegen Gebrauchsmusterverletzung erfolgen. Diese Entscheidung wirkt selbstverständlich nur inter partes und hat keinen Einfluss auf den Schutzumfang des Klagegebrauchsmusters Dritten gegenüber. Hinzu kommt, dass der Kläger innerhalb des Verletzungsverfahrens nicht an die eingetragene Fassung des Klagegebrauchsmusters gebunden ist, sondern dies – im Rahmen des Zulässigen – in beschränkter Form geltend machen darf, unabhängig davon, ob er sich zur Beschränkung auf abhängige Unteransprüche oder Auszüge aus der Beschreibung bezieht (BGH GRUR 2003, 867 – Momentanpol I). Soweit es damit der Offenbarungsgehalt des Klagegebrauchsmusters zulässt, kann der Kläger es an den vom Beklagten im Verfahren geltend gemachten Stand der Technik anpassen und es ohne großes Risiko beschränken.

Die Prüfungsbefugnis (und Verpflichtung!) des Verletzungsgerichts gilt jedoch nur solange, als kein Löschungsantrag gemäß § 16 GebrMG beim Deutschen Patent- und Markenamt (DPMA) eingereicht worden ist. Ist das geschehen, ist dem Verletzungsgericht eine eigene Entscheidungsbefugnis über die Unwirksamkeit des Gebrauchsmusters entzogen. Es muss dann die Aussetzung gemäß § 148 ZPO anordnen, wenn es das Klageschutzrecht nicht für rechtsbeständig hält (vgl. § 19 S. 2 GebrMG; → Form. D.9 Anm. 1).

Es ist daher in Gebrauchsmusterstreitigkeiten taktisch zu entscheiden, ob ein Löschungsantrag eingereicht wird oder nicht. Wenn man sich die volle Entscheidungskompetenz des Verletzungsgerichts über die Schutzwirkung des Klagegebrauchsmusters erhalten will, ist von einem Löschungsantrag abzusehen. Dies bietet sich dann an, wenn – tatsächlich die ganze Offenbarung des Klagegebrauchsmusters abdeckender – neuheitsschädlicher Stand der Technik vorhanden ist, oder offenkundige Vorbenutzungen im Raum stehen, die durch Zeugenbeweis belegt werden müssen, wofür man auf die Expertise des Verletzungsgerichts zurückgreifen will. Eine solche Verhaltensweise birgt in anderen Fällen ein erhebliches Risiko in sich, weil man nur selten ausreichend sicher voraussehen kann, ob das Verletzungsgericht die Klage mangels Schutzwirkung des Gebrauchsmusters abweisen wird, insbesondere wenn der Kläger das Schutzrecht im Verfahren deutlich beschränkt, was er sogar – solange kein Löschungsverfahren anhängig ist – mit einem oder mehreren Hilfsanträgen tun kann. Wird erst während der Berufungsinstanz ein Löschungsantrag beim DPMA anhängig gemacht, wird eine Aussetzung dort wenig wahrscheinlich sein. Insbesondere dann also, wenn die technische Sachkunde der zuständigen Löschungsabteilung des DPMA in Anspruch genommen bzw. die inter-partes-Beschränkungsmöglichkeit des Klägers eingeschränkt werden soll, empfiehlt es sich, vorsorglich einen Löschungsantrag zu stellen (→ Form. D.13) und im Verletzungsprozess die Aussetzung des Verfahrens gemäß § 148 ZPO zu beantragen (→ Form. D.9).

2. Wesentliche Verteidigungsmöglichkeiten gegen den Verletzungsvorwurf sind in → Form. D.3 Anm. 3 im Einzelnen dargestellt. Diese werden im Prozess durch weitere Gesichtspunkte ergänzt.
- Mangelnde Zuständigkeit (zur Zuständigkeit → Form. D.5 Anm. 1).
- Mangelnde Prozesskostensicherheit nach § 110 ZPO (vgl. Details *Kühnen* E Rn. 13 ff.).
- Art. 29 Abs 1 EuGVVO, also Rechtshängigkeit des Streits in Form einer negativen Feststellungsklage in einem Land der Europäischen Union zwischen denselben Parteien (Torpedo) (Details *Kühnen* E Rn. 91 ff.).
- Es wird ausdrücklich darauf hingewiesen, dass es keine zum § 145 PatG, also zum Konzentrationsgebot, parallele Norm im GebrMG gibt und § 145 PatG auch nicht unmittelbar oder analog auf Gebrauchsmuster anwendbar ist (BGH GRUR 1995, 338 (342) aE – Kleiderbügel; Schulte/*Voß*/*Kühnen* PatG § 145 Rn. 8).

8. Materielle Klageerwiderung (ohne Aussetzungsantrag) D. 8

Die gegebenen Möglichkeiten sollten auch tatsächlich ausgeschöpft werden, auch wenn im vorliegenden Beispiel nur von beschränkten Möglichkeiten der Verteidigungsargumentation ausgegangen wurde.

3. Es kommt in der Praxis häufig vor, dass nicht sämtliche Merkmale der Gebrauchsmusteransprüche wortsinngemäß von der angegriffenen Ausführungsform verwirklicht werden. Jedoch ist dann unter bestimmten Voraussetzungen (→ Form. D.6 Anm. 1) gleichwohl eine Schutzrechtsverletzung unter dem Gesichtspunkt der sog. Äquivalenz möglich. Dabei sollten von Beklagtenseite schon in der Klageerwiderung alle Argumente detailliert vorgebracht werden, die gegen die Gleichwirkung, das Naheliegen und die Gleichwertigkeit (→ Form. D.6 Anm. 27) geltend gemacht werden können.

4. Der sogenannte „Formstein-Einwand" (begründet durch die BGH-Entscheidung „Formstein", GRUR 1986, 803) beruht auf der folgenden, sogleich einleuchtenden Überlegung: Gegenstand eines Patents kann nur eine solche Problemlösung sein, die zum Prioritätstag neu und erfinderisch war. Da in den Schutzbereich eines Patents auch Äquivalente eingeschlossen sind, müssten auch diese – wenn sich der Wortsinn der angemeldeten Patentansprüche auf diese Äquivalente bezogen hätte – neu und erfinderisch gewesen sein. Eine äquivalente Patentverletzung hat auf Grund dessen logischerweise auszuscheiden, wenn die äquivalente Ausführungsform in ihrer Gesamtheit mit all ihren Merkmalen (egal ob wortsinngemäß oder äquivalent) zum Prioritätstag des Streitpatents bereits der Öffentlichkeit offenbart oder zumindest nahegelegt worden war (BGH GRUR 2016, 1031 – Wärmetauscher). Der „Formstein-Einwand" findet unter keinen Umständen Anwendung, wenn die Merkmale des erteilten Gebrauchsmusteranspruchs bei der angegriffenen Ausführungsform identisch verwirklicht sind (vgl. BGH GRUR 1999, 914 – Kontaktfederblock – zum Patentrecht).

Um das Vorliegen des Formsteineinwandes festzustellen, ist von der geltend gemachten Merkmalskombination aus dem Streitschutzrecht auszugehen, wobei die durch die angegriffene Ausführungsform äquivalent verwirklichten Merkmale entsprechend umzuformulieren sind. Diese Merkmalskombination ist dann im Bezug auf den Stand der Technik auf Neuheit und Erfindungshöhe zu überprüfen (vgl. auch BGH GRUR 1999, 914 – Kontaktfederblock). Wichtig ist bei dieser Prüfung, dass diese nicht mit der Argumentation zur fehlenden Schutzfähigkeit des Streitschutzrechtes verwechselt wird. Der Formsteineinwand kommt damit dann nicht zur Anwendung, wenn er mit Erwägungen bejaht werden müsste, die gleichzeitig zur Feststellung der fehlenden Schutzfähigkeit führen (BGH GRUR 1997, 454 – Kabeldurchführung). Besteht ein solches Risiko in der Argumentation kann es sich ggf. anbieten, das Verletzungsgericht zur Entscheidung in die eine oder andere Richtung zu zwingen, indem von einem Löschungsantrag abgesehen wird.

Bei der Geltendmachung des Formsteineinwandes ist zu beachten, dass der Kläger sich gegen diesen durch Beschränkung des Klagegebrauchsmusters verteidigen kann, wenn die Offenbarung Merkmale enthält, die sich im Stand der Technik, der den Formsteineinwand begründen könnte, nicht offenbart sind.

Der BGH hat in der Entscheidung „Kabeldurchführung" (BGH GRUR 1997, 454 (456 f.)) klargestellt, dass der „Formstein-Einwand" auch im Gebrauchsmusterverletzungsprozess erhoben werden kann.

Im vorliegenden Beispielsfall wird der „Formstein-Einwand" darauf gestützt, dass die angegriffene Ausführungsform durch die Gesamtschau aus zwei vorveröffentlichten Druckschriften vorweggenommen ist. Ein solcher Einwand konnte jedoch bislang erfahrungsgemäß nur dann fruchten, wenn tatsächlich beide Druckschriften sämtliche Merkmale der angegriffenen Ausführungsform ganz offensichtlich nahe legen. Dies ist nur in seltenen Fällen gegeben. Erfolgversprechender ist es daher stets, wenn der angegriffenen Ausführungsform zum Prioritätszeitpunkt des Klagegebrauchsmusters bereits die Neuheit fehlte, weil sie vor dem Prioritätstag in der Öffentlichkeit vorgestellt worden war oder sich jedenfalls aus einer einzigen Druckschrift herleiten ließ. Solche Fälle sind in der Praxis jedoch eher selten.

Auf jeden Fall muss dem Tatrichter sehr detailliert dargelegt werden, aus welchen Gründen der Fachmann die angegriffene Ausführungsform auf Grund des Standes der Technik ohne erfinderisches Zutun auffinden konnte.

5. → Form. D.3 Anm. 3 aE.

6. → Form. D.3 Anm. 4.

7. Wenn die fehlende Schutzfähigkeit des Gebrauchsmusters nur auf fehlenden erfinderischen Schritt und nicht auf fehlende Neuheit gestützt wird, sind die Erfolgschancen der Verteidigung mit fehlender Schutzfähigkeit innerhalb des Verletzungsprozesses idR deutlich geringer als in einem Löschungsverfahren. In einem solchen Fall sollte daher von einem Löschungsantrag nur abgesehen werden, wenn der Schritt der Kombination der fraglichen beiden Druckschriften mehr als offensichtlich ist.

8. Bei dieser Formulierung wurde vom Düsseldorfer Verfahren mit einem „Durchlauftermin" (→ Form. D.7 Anm. 1) ausgegangen, in dem der entsprechende Antrag bereits gestellt wurde. Steht der Verhandlungstermin noch aus, sollte der entsprechende Antrag auf Wirtschaftsprüfervorbehalt ausformuliert werden.

9. Wie in → Form. D.2 Anm. 7 dargelegt, kommt der Wirtschaftsprüfervorbehalt für gewerbliche Abnehmer regelmäßig nicht mehr in Betracht. Für einen Ausnahmefall ist die beklagte Partei darlegungs- und beweispflichtig. Die Berufung auf ein zwischen den Parteien bestehendes Wettbewerbsverhältnis und ein auf Grund dessen bestehendes Geheimhaltungsinteresse ist nutzlos (vgl. BGH GRUR 1995, 338 (341 f.) – Kleiderbügel). Nur in einem (extremen) Ausnahmefall kann die Drittauskunft unverhältnismäßig sein, zum Beispiel dann, wenn weitere Gebrauchsmusterverletzungen nicht mehr zu besorgen und/oder Ersatzansprüche bereits ausgeglichen sind (vgl. BGH GRUR 1995, 338 (342); vgl. auch *Eichmann* GRUR 1990, 575 (576) Fn. 34). Im Beispielsfall wird versucht für die Begründung einer ähnlichen Ausnahme auf die fehlende Möglichkeit des Eintritts der vorläufigen Vollstreckbarkeit eines Titels vor Erlöschen des Schutzrechts abzustellen. Zwar kann die Benennung der Namen und Anschriften der gewerblichen Abnehmer die Nachprüfung der übrigen Angaben erleichtern, die im Rahmen der Rechnungslegung geschuldet werden (nämlich über die einzelnen Lieferungen, die Liefermengen, Lieferpreise usw., → Form. D.2 Anm. 7), jedoch dient der Anspruch auf Drittauskunft nicht vorrangig der Nachprüfung der Richtigkeit beziehungsweise Plausibilität der übrigen Rechnungslegung, sondern dazu, dem Verletzten die Aufdeckung sowohl der Quellen als auch der Vertriebswege von rechtsverletzenden Erzeugnissen zu ermöglichen (vgl. *Eichmann* GRUR 1990, 575 (576 f.)). Ist das Schutzrecht hingegen abgelaufen, kommt eine Inanspruchnahme zusätzlicher Verletzer jedenfalls auf Unterlassung nicht mehr in Betracht. Hoch sind die Erfolgsaussichten mit einer solchen Situation jedoch nicht und sie kann gar nicht zu einem Erfolg führen, wenn zusätzliche Interessen des Klägers an entsprechenden Informationen bestehen, etwa weil der eigentliche Hersteller der verletzenden Erzeugnisse noch unbekannt ist oder ein Interesse daran besteht, Schadenersatzansprüche innerhalb der offenzulegenden Lieferantenkette geltend zu machen.

Kosten und Gebühren

10. S. den Hinweis bei → Form. D.5 Anm. 37.

9. Materielle Klageerwiderung (mit Aussetzungsantrag)   **D. 9**

Tipp: Wenn man sich als Beklagter sicher fühlt, bietet es sich an im Wege der Widerklage die im Rahmen der vorprozessualen Korrespondenz angefallene(n) Geschäftsgebühren geltend zu machen.

9. Materielle Klageerwiderung (mit Aussetzungsantrag)

Landgericht ......[1]
...... Zivilkammer
......

In Sachen

A GmbH (RA ......)

gegen

B GmbH ua (RA ......)

Az ......

beantrage ich ferner hilfsweise,

den Rechtsstreit bis zur Entscheidung über den gegen das Klagegebrauchsmuster anhängigen Löschungsantrag (Az. ......[2]) auszusetzen.[3]

Zur Begründung der Anträge auf Klageabweisung aus dem Schriftsatz vom ...... und des obigen Hilfsantrags wird folgendes vorgetragen:

1. Die Beklagten verletzen das Klagegebrauchsmuster nicht:[4]
   a) ...... (Weiter ausführen)[5]
   b) Zudem liegt auch deshalb keine Verletzung des Klagegebrauchsmusters vor, weil es gegenüber den Beklagten gemäß § 13 Abs. 1 GebrMG iVm § 15 Abs. 1 GebrMG keine Schutzwirkung entfaltet.[6] Denn aus dem als
      Anlage B 1
   beigefügten Löschungsantrag des auf Seiten der Beklagten mitwirkenden Patentanwalts vom ...... ergibt sich folgendes:
   aa) Dem Klagegebrauchsmuster mangelt es an der erforderlichen Neuheit, weil die Klägerin außerhalb der Neuheitsschonfrist des § 3 Abs. 1 S. 3 GebrMG neuheitsschädliche Vorbenutzungen begangen hat:
      So ist nicht nur auf der regionalen Fachmesse „......" in ......, die vom ...... bis zum ...... andauerte, ein Transformatorenschrank dem interessierten Messepublikum von Mitarbeitern der Klägerin vorgestellt und im Einzelnen erläutert worden, der sämtliche Merkmale des Anspruchs 1 des Klagegebrauchsmusters und seiner Unteransprüche aufwies, sondern es ist im selben Zeitraum in mindestens zwei Fällen eine entsprechende Produktpräsentation durch die Außendienstmitarbeiter ...... und ...... der Klägerin bei den Kunden ...... in ...... und ...... in ...... erfolgt.
      Beweis: 1. Zeugnis des ......, (Anschrift);
                 2. Zeugnis des ......, (Anschrift);
      ......
      Zur Bekräftigung des vorgetragenen Sachverhalts wird auf die als
      Anlage B 2

beigefügten, eidesstattlichen Versicherungen der vorbenannten Zeugen verwiesen.[7]

bb) Das Klagegebrauchsmuster entfaltet schließlich auch deshalb keine Schutzwirkungen gegenüber der Beklagten, weil es zumindest nicht auf dem nach § 1 Abs. 1 GebrMG erforderlichen, erfinderischen Schritt beruht:
So folgt aus dem als Anlage B 1 beigefügten Löschungsantrag, dass sämtliche Ansprüche des Klagegebrauchsmusters auf Grund der durch die DE-A1 ......, DE-A1 ...... und das DE-GM ...... vorbekannten und damit zum Stand der Technik gehörenden Vorrichtungen so nahegelegt sind, dass es an dem erforderlichen, erfinderischen Schritt offensichtlich mangelt.
Zur Verdeutlichung werden die wesentlichen Entgegenhaltungen des Löschungsverfahrens gesondert für die Kammer als

Anlagen B 3.1 bis B 3.x

überreicht.[8]

cc) Auf Grund dessen ist der Rechtsstreit gemäß § 19 GebrMG gem. § 148 ZPO bis zur Entscheidung über den Löschungsantrag zumindest auszusetzen, falls die Kammer wider Erwarten von einer Gebrauchsmusterverletzung ausgehen sollte.

2. Der in der mündlichen Verhandlung vom ...... hilfsweise gestellte Wirtschaftsprüfervorbehalt wird wie folgt begründet: ...... (Weiter ausführen)[9]
Gegner erhält Abschrift.

Rechtsanwalt[10]

Anmerkungen

1. Im Gegensatz zu → Form. D.8 ist hier eine materielle Klageerwiderung mit Aussetzungsantrag) im Hinblick auf einen beim Deutschen Patent- und Markenamt (DPMA) gegen den Rechtsbestand des Klagegebrauchsmusters gerichteten Löschungsantrag vorgesehen. Zum Für und Wider einer solchen „Löschungsklage" s. auch → Form. D.8 Anm. 1.
Der Aussetzungsantrag hat seine Grundlage in § 19 GebrMG, der anders als im Patentrecht spezialgesetzliche Vorgaben für die Aussetzung macht. § 19 S. 2 GebrMG schreibt vor, dass das Verletzungsverfahren auszusetzen ist, wenn das Verletzungsgericht von der Schutzunfähigkeit überzeugt ist. Dies wird zT dahingehend verstanden, dass das Gebrauchsmuster in der geltend gemachten Fassung auf seine Schutzfähigkeit zu prüfen ist. Hält das Verletzungsgericht es in dieser Fassung für schutzunfähig, setzt es zwingend aus ohne die Vorgreiflichkeit zu prüfen, ohne also zu prüfen, ob das Verfahren auch aus einem anderen Grund wie zB einem fehlenden Verletzungstatbestand abgewiesen werden könnte (LG Mannheim Mitt. 2014, 563 – mechanisches Arretiersystem mwN zum Meinungsstand bei der Differenzierung zwischen Satz 1 und Satz 2; *Kühnen* E Rn. 670).
§ 19 S. 1 GebrMG eröffnet dem Verletzungsgericht in anderen Fällen in der Aussetzungsfrage Ermessen. Dieses Ermessen wird von den Gerichten unterschiedlich ausgeübt. Zum Teil wird berücksichtigt, dass ein Gebrauchsmuster ein ungeprüftes Recht ist, so dass – anders als im Patentrecht – bereits Zweifel an der Schutzfähigkeit zur Aussetzung führen (vgl. *Kühnen* E Rn. 670 mwN auch zur dem entgegenstehenden Praxis des LG München). Ist bereits eine Entscheidung im Löschungsverfahren gefallen, ist diese nach § 19 S. 3 GebrMG bindend und steht einer Aussetzung zwingend entgegen, wenn sie zwischen den Parteien des Verletzungsverfahrens ergangen ist, wobei sich diese Rechtskraft nur auf Einwände gegen die Schutzfähigkeit des Gebrauchsmusters bezieht, die im Löschungsverfahren geltend gemacht wurden. Ist eine Entscheidung im Löschungsverfahren noch

9. Materielle Klageerwiderung (mit Aussetzungsantrag)   D. 9

nicht rechtskräftig oder zwischen anderen Parteien ergangen, werden von der Rechtsprechung für die Aussetzung die strengen Maßstäbe angesetzt, die auch im Patentrecht gelten (OLG Karlsruhe GRUR 2014, 352 – Stanzwerkzeug), so dass eine Aussetzung idR nur in Betracht kommt, wenn neuer (neuheitsschädlicher) Stand der Technik vorgelegt wird oder aber das Verletzungsgericht von Fehlern in der Entscheidung aus dem Löschungsverfahren überzeugt ist. Eine Argumentation mit fehlendem erfinderischem Schritt ist in diesem Stadium des Verletzungsverfahrens genauso schwierig wie im Patentrecht, wobei an den erfinderischen Schritt die gleichen Anforderungen gestellt werden, wie an die erfinderische Tätigkeit (BGH GRUR 2006, 842 ff. – Demonstrationsschrank).

2. Selbstverständlich kann das Aktenzeichen des Löschungsverfahrens nur angegeben werden, wenn es bereits bekannt ist. Häufig wird mit der Einreichung des Löschungsantrags jedoch zugewartet, bis die Frist zur Klageerwiderung im Verletzungsverfahren abläuft. In diesem Fall kann das Aktenzeichen des Löschungsverfahrens selbstverständlich nachgereicht werden. Der Nachteil ist jedoch, dass wertvolle Zeit verloren geht, da die Verletzungsgerichte zumeist deutlich schneller entscheiden, als die Löschungsabteilung des DPMA. Der Löschungsantrag sollte deshalb so bald wie möglich eingereicht werden, um noch eine Chance zu haben, dass die mündlichen Verhandlungen von Verletzungsverfahren und Löschungsverfahren nahe beieinander liegen und damit das erstinstanzliche Verletzungsgericht ggf. noch das Ergebnis des Löschungsverfahrens bei der Urteilsfindung berücksichtigen kann.

3. Die Aussetzung des Verletzungsprozesses gem. § 19 GebrMG ist ausdrücklich zu beantragen, freilich nur hilfsweise, wenn bereits der Verletzungstatbestand (dh die Verwirklichung der einzelnen Merkmale der Schutzansprüche durch die angegriffene Ausführungsform) mit Aussicht auf Erfolg bestritten werden kann.

4. → Form. D.8 Anm. 2 bzw. → Form. D.3 Anm. 3.

5. Hier haben die Ausführungen zum fehlenden Verletzungstatbestand zu folgen, wie beispielsweise in → Form. D.8 in Nr. 1 der Begründung vorgeschlagen.

6. → Form. D.3 Anm. 3 aE.

7. Natürlich ist die Vorlage eidesstattlicher Versicherung im Rahmen des geltenden Strengbeweises im Verletzungsverfahren zu Beweiszwecken untauglich. Da hier – → Anm. 1 – aufgrund des parallel anhängigen Löschungsverfahrens dem Gericht jedoch die Kompetenz zur Entscheidung (inter partes) über die Schutzunfähigkeit des Klagegebrauchsmusters entzogen ist, muss das Gericht davon überzeugt werden, dass der Rechtsstreit wenigstens auszusetzen ist (falls der Verletzungstatbestand im Übrigen bejaht werden sollte). Dazu reicht zumeist die Behauptung einer offenkundigen Vorbenutzung nicht, wenn deren Beweis nicht liquide ist, sondern auf eine Zeugeneinvernahme angewiesen ist. Eine solche darf, ist ein Löschungsverfahren anhängig, vom Verletzungsgericht zum Beleg einer offenkundigen Vorbenutzung nicht durchgeführt werden. Die Verletzungsgerichte verweisen in einem solchen Fall dann regelmäßig darauf, dass nicht ausreichend vorhergesehen werden könne, wie eine Beweisaufnahme über die behauptete Vorbenutzung im Löschungsverfahren ausgehen wird, so dass die überwiegende Wahrscheinlichkeit der Löschung des Gebrauchsmusters nicht dargetan sei. Dies führt dazu, dass eine offenkundige Vorbenutzung häufig bei der Frage der Aussetzung nicht berücksichtigt wird. Dem kann man zumindest insoweit entgegenwirken, dass man anhand der eidesstattlichen Versicherungen im Wege des Parteivortrages verdeutlicht, was die betreffenden Zeugen aussagen werden. Wie jedoch schon in → Form. D.3 Anm. 5, führt dies nur beschränkt zum Erfolg.

8. Alle Verletzungsgerichte legen großen Wert darauf, dass in Fällen, in denen ein Aussetzungsantrag wegen eines parallelen Löschungsverfahrens gestellt wird, zur Begründung des Aussetzungsantrags nicht nur pauschal auf das Löschungsverfahren verwiesen wird. Vielmehr ist es erforderlich die wichtigsten – und _nur_ die wichtigsten – Argumente aus dem Löschungsverfahren im Detail aufgearbeitet für die Verletzungsrichter in der Klageerwiderung darzustellen. Es sollte ein Fokus auf maximal zwei bis drei Angriffe gelegt werden. Diese sind dann möglichst anschaulich unter Hinweis auf die Druckschriften, die dazu ruhig mit Markierungen versehen werden können (für das LG München sogar sollten), darzustellen, wobei jedes Merkmal einzeln nachgewiesen und anhand zB der Figuren der jeweiligen Entgegenhaltung dargestellt werden sollte.

9. Hier können die Ausführungen zum ausnahmsweise zu gewährenden erweiterten Wirtschaftsprüfervorbehalt folgen, wie beispielsweise in → Form. D.8 Anm. 9 vorgeschlagen.

Kosten und Gebühren

10. S. den Hinweis bei → Form. D.5 Anm. 37, → Form. D.8 Anm. 10.

10. Außergerichtliche Vollstreckung aus einem erstinstanzlichen Urteil wegen Gebrauchsmusterverletzung

Herrn[1]

Rechtsanwalt . . . . . .

(Anschrift)

Betr.: A GmbH ./. B GmbH ua

LG . . . . . . (Az.)

Sehr geehrter Herr Kollege . . . . . .,

es ist Ihnen geläufig, dass das Landgericht . . . . . . im Verfahren . . . . . . am . . . . . . ein Urteil verkündet hat, mit dem der Klage vollumfänglich stattgegeben worden ist. Die Entscheidung ist Ihrer Auftraggeberin zu Ihren Händen am . . . . . . zugestellt worden.[2]

Zeitgleich mit diesem Schreiben wird Ihnen per Gerichtsvollzieher die Bürgschaft der . . . . . . Bank, Nr. . . . . . ., in Höhe von . . . . . im Original zugestellt.[3] Damit wird Sicherheit für die Vollstreckung des mit Tenor I. 1. ausgeurteilten Unterlassungsanspruchs sowie Sicherheit für die mit Tenor I. 2. und I. 3. ausgeurteilten Ansprüche auf Auskunft/Rechnungslegung erbracht. In diesem Umfang wird das vorbezeichnete Urteil vorläufig vollstreckt.[4]

Auf Grund dessen habe ich Ihre Auftraggeber nicht nur aufzufordern, sich ab sofort an den Verbotstenor zu I. 1. zu halten, sondern zudem zu meinen Händen bis zum

. . . . . .[5]

Rechnung zu legen bzw. Auskunft im Umfang des Tenors zu I. 2. bzw des Tenors zu I. 3. zu erteilen.

Mit freundlichen kollegialen Grüßen

Rechtsanwalt[6, 7]

10. Außergerichtliche Vollstreckung aus einem erstinstanzlichen Urteil   D. 10

Anmerkungen

1. Streitige Urteile erster Instanz aus Hauptsacheverfahren wegen Schutzrechtsverletzung sind nur gegen Sicherheitsleistung vorläufig vollstreckbar (§ 709 ZPO). Lediglich die Sicherungsvollstreckung nach § 920a ZPO ist hiervon ausgenommen, wobei der Schuldner diese wiederum durch Sicherheitsleistung abwenden kann. Wegen des erheblichen Schadenersatzrisikos gemäß § 717 Abs. 2 ZPO erfolgt regelmäßig wenigstens bis zum Ausgang des Berufungsverfahrens keine (vollständige) vorläufige Vollstreckung, und zwar insbesondere dann nicht, wenn parallel ein Angriff gegen das Streitschutzrecht erfolgt ist. Das gilt vor allem in Gebrauchsmusterstreitsachen, weil es sich bei Gebrauchsmustern um ungeprüfte Schutzrechte handelt, bei denen demgemäß das Risiko einer Löschung ungleich höher ist als bei einem geprüften Patent (→ Form. D.1 Anm. 1).

Entscheidungen in einem einstweiligen Verfügungsverfahren sind demgegenüber ohne Sicherheitsleistung vollstreckbar, wobei auch hier das Schadenersatzrisiko (§ 945 ZPO) zu beachten ist.

Entscheidungen der Oberlandesgerichte sind ohne Sicherheitsleistung vollstreckbar (§ 708 Nr. 10 ZPO).

2. Die vorläufige Vollstreckung aus einem Urteil kommt nur dann in Betracht, wenn ein vollstreckbarer Titel mit einer Vollstreckungsklausel versehen ist und die Zustellung vor Beginn der Zwangsvollstreckung an den Schuldner erfolgte (§ 750 ZPO: „Titel, Klausel, Zustellung").

3. Die vom Gericht angeordnete Sicherheitsleistung kann regelmäßig durch die Beibringung einer Bankbürgschaft erbracht werden, sofern nichts anderes angeordnet worden ist (vgl. § 108 ZPO). Bei den Formalia einer Bürgschaft ist Sorgfalt gefragt. Im Regelfall sollten zwar Geschäftsbanken wissen, wie man eine solche Bürgschaft formuliert und ausstellt. Es gibt jedoch immer wieder Ausnahmefälle, in denen einzelne Institute versuchen, zur Eigensicherung Formulierungen zu verwenden, die vom Vollstreckungsgläubiger zurückgewiesen werden können. Es ist daher unbedingt darauf zu achten den Text einer Bank nicht einfach hinzunehmen. Dieser ist vielmehr genau zu prüfen. Denn ist eine schriftliche Bürgschaft vorgeschrieben, so muss diese den Berechtigten genauso wie den Verpflichten eindeutig erkennen lassen und den Bürgschaftsfall angeben. Die Bürgschaft muss zudem selbstschuldnerisch, unwiderruflich, unbedingt und unbefristet sein. Begünstigt sie mehrere Personen ist wichtig, dass die Bürgschaft diesen gegenüber nicht als Gesamtgläubigern gegenüber übernommen wird (LG Düsseldorf InstGE 3, 227 – Prozessbürgschaft). Demgegenüber ist es nicht erforderlich, mehrere Gläubiger ausdrücklich als Mitgläubiger zu bezeichnen, da hiervon im Rahmen der Auslegung einer Bürgschaft ausgegangen wird (LG Düsseldorf InstGE 13, 116 – Prozesskostensicherheitsbürgschaft).

Die Bürgschaftsurkunde ist dem Berechtigten zuzustellen, wobei idR eine Zustellung an den Prozessbevollmächtigten ausreichend ist (Zöller ZPO § 108 Rn. 11), da die Annahme der Bürgschaft und damit der Abschluss des Bürgschaftsvertrages idR von der Prozessvollmacht umfasst ist. Hierüber sollte sich der annehmende Anwalt im Klaren sein. Streitig ist immer noch, ob eine Zustellung durch den Gerichtsvollzieher erfolgen muss, oder ob diese von Anwalt zu Anwalt erfolgen kann (vgl. Zöller ZPO § 108 Rn. 11). Sind die Gepflogenheiten des relevanten Gerichtsbezirks nicht bekannt, sollte daher der Gerichtsvollzieher bemüht werden.

4. Um das in → Anm. 1 angesprochene Schadenersatzrisiko bei der Vollstreckung eines nur vorläufig vollstreckbaren Urteils zu reduzieren, kann davon abgesehen werden, es vollständig zu vollstrecken. Es bietet sich an, zB nur in die Auskunft/Rechnungslegung zu vollstrecken. Das Schadenersatzrisiko umfasst, sollte ein Urteil später aufgehoben werden, die für die Erstellung der Informationen aufgewandten Arbeitsstunden. Der immaterielle Schaden, der dadurch entsteht, dass ein Wettbewerber sensible Daten zur Kundenstruktur oder der Kalkulation erhält, ist kaum nachzuweisen und bisher nicht ausgeurteilt worden. In weitere Teile des Urteils kann vollstreckt werden. Im Beispielsfall ist zusätzlich noch die Vollstreckung in die Unterlassung, nicht jedoch in Rückruf und Vernichtung vorgesehen.

Sollen nur Teile eines Urteils vollstreckt werden ist es ratsam, wie in Antrag IV. in etwa → Form. D.5 vorgeschlagen, von Beginn an die Festsetzung von Teilsicherheitsleistungen zu begehren. Geschieht dies nicht, muss die volle Sicherheit erbracht werden, auch wenn nur Teile des Urteils vollstreckt werden.

5. Die Frist zur Rechnungslegung sollte nicht zu kurz bemessen sein, weil die Zusammenstellung der erforderlichen Angaben (allein über Lieferungen usw, insbesondere auch über die Gestehungskosten und den erzielten Gewinn) regelmäßig einige Zeit in Anspruch nimmt. Eine Frist von vier Wochen sollte jedoch im Regelfall genügen.

Kosten und Gebühren

6. Die Kosten für die Aufforderung zur Unterlassung und Rechnungslegung unterfallen VV 3309 RVG. Sie sind dementsprechend – sofern keine freiwillige Zahlung erfolgt – im Kostenfestsetzungsverfahren geltend zu machen. Erstreckt sich die Aufforderung nur auf die Rechnungslegung, so ist ein diesbezüglicher Teilstreitwert der Ursprungsklage zugrunde zu legen ($^1/_{10}$ bis $^1/_5$ des ursprünglichen Gesamtstreitwerts), falls das Gericht keine Teilstreitwerte festgesetzt hat (wie noch vielfach unüblich). Wird – wie hier – zugleich auch die Unterlassung vollstreckt, entspricht der Vollstreckungsstreitwert weitestgehend demjenigen des Verletzungsprozesses (da allerdings die Schadenersatzfeststellung keinen vollstreckungsfähigen Inhalt hat, wird der darauf entfallende Teilwert abzuziehen sein, dh regelmäßig etwa $^1/_{10}$ Gesamtstreitwerts). Gemäß VV 3309 RVG ist freilich nur eine 0,3-fache Gebühr in Ansatz zu bringen, die jedoch von jedem der Beklagten geschuldet wird (wie auch die Auslagenpauschale nach VV 7002 RVG).

7. Auch bei der Vollstreckung aus einem erstinstanzlichen Urteil handelt es sich um eine Gebrauchsmusterangelegenheit, bei der somit ein Patentanwalt gemäß § 27 Abs. 5 GebrMG mitwirken kann. In diesem Fall fallen die vorstehend dargestellten Vollstreckungskosten doppelt an.

11. Klage auf beziffterten Schadensersatz wegen Gebrauchsmusterverletzung

→ Form. C.24[1]

Schrifttum: *Grabinski*, Gewinnherausgabe nach Patentverletzung . . . . . ., GRUR 2009 (FS K. Melullis), 260; *Haft/Reimann*, Zur Berechnung des Verletzergewinns nach der „Gemeinkostenanteil"-Entscheidung des BGH vom 2. November 2000, Mitt. 2003, 437; *Meier-Beck*, Herausgabe des Verletzergewinns – Strafschadensersatz nach deutschem Recht?, GRUR 2005, 617; *Pross*, Verletzergewinn und Gemeinkosten, in: W. Tilmann (2003), 881; *Rinnert/Küppers/Tilmann*, Schadensberechnung ohne Einschluss der Gemeinkosten, FS H. Helm, 2002, 337; *Rojahn*, Praktische Probleme bei der Abwicklung der Rechtsfolgen einer Patentverletzung, GRUR 2005, 623; *Tilmann*,

11. Klage auf beziffenten Schadensersatz wegen Gebrauchsmusterverletzung D. 11

Gewinnherausgabe im gewerblichen Rechtsschutz und Urheberrecht, GRUR 2003, 647, *v. d. Osten*, Schadensersatzberechnung im Patentrecht, Mitt. 2000, 95.

Anmerkungen

1. Von einem gesonderten Abdruck eines Formulars betreffend eine Klage auf bezifferten Schadenersatz wegen Gebrauchsmusterverletzung wird Abstand genommen. Ein solches Formular unterscheidet sich inhaltlich nicht von einer Schadenersatzhöheklage auf Grund einer Patentverletzung. Zu einem entsprechenden Textbeispiel (dort Schadensberechnung nach der Lizenzanalogie) → Form. C.24 nebst Anmerkungen.

1) Berechnet man die Höhe des Schadensersatzes nach der Methode der Lizenzanalogie wird dabei aber häufig die Höhe des angemessenen Lizenzsatzes unterhalb des Lizenzsatzes anzusiedeln sein, der für eine Patentverletzung in Betracht kommt, und zwar allein schon deshalb, weil die „Wertigkeit" eines Gebrauchsmusters auf Grund der geringeren Laufzeit (maximal 10 Jahre) im Vergleich zum Patent (maximal 20 Jahre) niedriger anzusetzen ist als beim Patent. Es wird ebenfalls zu berücksichtigen sein, dass das Gebrauchsmuster im Vergleich zum Patent oftmals (aber nicht immer) nur „kleine" Erfindungen schützt. Die Entscheidung über die Höhe bleibt aber selbstverständlich, wie bei Patentstreitigkeiten, eine Einzelfallentscheidung unter Berücksichtigung der gegebenen Umstände, wobei der Lizenzsatz zu Grunde zu legen ist, den vernünftige Vertragspartner vereinbart hätten, wenn sie bei dem fiktiven Vertragsschluss (Anfang der Nutzungshandlungen durch den Verletzer) die konkreten Umstände der Nutzung, also va die Nutzungsdauer und den Umfang der Nutzung gekannt hätten (BGH GRUR 1995, 578 – Steuereinrichtung II). Dabei können tatsächlich abgeschlossene Lizenzverträge zu dem fraglichen Schutzrecht oder zumindest in einem ähnlichen technischen Gebiet Anhaltspunkte für die Lizenzhöhe liefern (BGH GRUR 2009, 660 – Resellervertrag). Gegenüber einem tatsächlich am freien Markt abgeschlossenen Lizenzvertrag unterscheiden sich die Gegebenheiten zwischen Verletzer und Verletztem jedoch zumeist, weshalb lizenzerhöhende und lizenzmindernde Faktoren bei der Bestimmung des Lizenzsatzes mitberücksichtigt werden (vgl. *Kühnen* I Rn. 111 ff.).

2) Seit der Entscheidung „Gemeinkostenanteil" des BGH (vgl. BGH Mitt. 2001, 125 ff.), deren Grundsätze auch auf das Patent- und Gebrauchsmusterrecht angewendet werden (wohl zuerst LG Frankfurt InstGE 6, 141 ff. – Borstenverrundung; dann OLG Düsseldorf InstGE 5, 251 ff. – Lifter) wird allerdings viel häufiger als früher der Verletzergewinn herausverlangt, weil dieser nunmehr regelmäßig höher ausfällt. Denn nach der besagten BGH-Entscheidung ist dem Verletzer grds. der Einwand abgeschnitten, der Gewinn beruhe nicht kausal auf der Verletzungshandlung (auch LG Düsseldorf InstGE 1, 276; *Meier-Beck* GRUR 2005, 617). Ausgangspunkt der Berechnung ist der Gewinn, der sich nach dem Umsatz abzüglich der Kosten bestimmt. Zu berücksichtigen ist der Umsatz mit den schutzrechtsgemäßen Vorrichtungen bzw. dem schutzrechtsgemäßen Verfahren. Handelt es sich bei der geschützten Vorrichtung um einen Teil einer Gesamtvorrichtung der nicht oder üblicherweise nicht am Markt gehandelt wird, ist auf den Umsatz mit der Gesamtvorrichtung abzustellen (OLG Düsseldorf InstGE 7, 194 – Schwerlastregal II). Auch der Umsatz mit Vorrichtungen/Teilen, die üblicherweise mit der geschützten Vorrichtung bzw. dem geschützten Verfahren mit veräußert werden, können Berücksichtigung finden (*Kühnen* I Rn. 140). Was die Abzugsfähigkeit von Kosten anbelangt, ist diese erschwert, denn es können nur Kosten abgezogen werden, die den verletzenden Vorrichtungen bzw. Handlungen unmittelbar zugerechnet werden können, wofür der Verletzer die Beweislast trägt (zu den Einzelheiten der Abzugsfähigkeit vgl. BGH GRUR 2007, 431 ff. – Steckverbindergehäuse; BGH GRUR 2009, 407 – Tripp-Trapp-Stuhl (zum wettbewerbsrechtlichen Nachahmungsschutz); OLG Düsseldorf InstGE 5, 251 ff. –

Lifter; OLG Düsseldorf InstGE 7, 194 ff. – Schwerlastregal II; LG Frankfurt InstGE 6, 141 ff. – Borstenverrundung; LG Mannheim InstGE 6, 321 ff. – Abschirmdichtung; *Kühnen* Rn. 142 ff.; grds. kritisch *Meier-Beck* GRUR 2005, 617 ff.). Zudem ist bzgl. der Kosten zu fingieren, dass der Verletzte selber einen laufenden Betrieb in Bezug auf die verletzenden Vorrichtungen/Handlungen unterhält, weshalb nur diejenigen Kosten abgezogen werden dürften, die auch in diesem Betrieb angefallen wären (BGH GRUR 2007, 431 – Steckverbindergehäuse), weshalb zB Entwicklungskosten nicht abzugsfähig seien (kritisch hierzu *Kühnen* I Rn. 151). Zu Beispielen für abzugsfähige und nicht-abzugsfähige Kosten s. *Kühnen* I Rn. 159 ff.

Ist auf diese Weise der Gesamtgewinn des Verletzers ermittelt, ist in einem nächsten Schritt festzustellen, welcher Anteil dieses Gewinns tatsächlich auf der Rechtsverletzung, dh der Benutzung der Lehre des Klageschutzrechts, beruht (BGH GRUR 2001, 329 – Gemeinkostenanteil; BGH GRUR 2006, 419 – Noblesse, BGH GRUR 2007, 431 – Steckverbindergehäuse; BGH GRUR 2009, 856 – Tripp-Trapp-Stuhl; BGH GRUR 2012, 1226 – Flaschenträger). Um diesen Kausalanteil zu bestimmen ist zunächst festzustellen, welche Faktoren das Kaufverhalten der Abnehmer beeinflussen. Stehen die Faktoren fest, sind sie im Verhältnis zueinander zu gewichten, was idR im Wege einer Schätzung gemäß § 287 ZPO erfolgt (BGH GRUR 2012, 1226 – Flaschenträger; OLG Frankfurt a.M. GRUR-RR 2011, 201 – Getränketräger; vgl. auch *Kühnen* I Rn. 196 ff.). Wichtig für den Kausalfaktor sind dabei die Vorteile der geschützten Erfindung gegenüber dem Stand der Technik und ihre Relevanz für das Kaufverhalten. Dabei haben rein hypothetische Kausalverläufe, wie etwa die nur theoretische Möglichkeit einer Umgehungslösung außer Betracht zu bleiben (BGH GRUR 2012, 1226 – Flaschenträger; BGH GRUR 2010, 1090 – Werbung des Nachrichtensenders; LG Mannheim InstGE 6, 260 – Abschirmdichtung). Für die zu berücksichtigenden Tatsachen ist der Kläger beweisbelastet (BGH GRUR 2009, 856 – Tripp-Trapp-Stuhl).

3) Die zuletzt mögliche Art der Schadenersatzberechnung auf Grundlage des dem Verletzten entgangenen Gewinns kommt in der Praxis nur in Ausnahmefällen vor. Denn zum einen muss der Verletzte zur Darlegung seines Schadens seine eigene Gewinnkalkulation offen legen (BGH GRUR 1980, 841 – Tolbutamid; OLG Köln GRUR-RR 2014, 329 – Converse AllStar), woran schon aus Wettbewerbsgründen in der Praxis idR kein Interesse besteht. Und zum anderen muss er darlegen und beweisen, dass ihm ein Schaden entstanden ist. Dies kann – in seltenen Fällen – durch die konkrete Darlegung erfolgen, dass tatsächlich jede Vorrichtung, die der Verletzer in den Verkehr gebracht hat, den Absatz seiner eigenen, ebenfalls dem Klageschutzrecht unterfallenden Vorrichtungen verhindert oder jedenfalls einen Preisverfall bewirkt hat (BGH NJW-RR 2006, 243; vgl. auch LG Mannheim InstGE 9, 5 – Drehverschlussanordnung). Diese sog. konkrete Berechnung des entgangenen Gewinns gelingt in der Praxis nur äußerst selten, weil insoweit erforderliche, absolute Monopolstellungen kaum vorkommen. Dem steht die abstrakte Schadensberechnung gegenüber für die keine Gewissheit bzgl. des entgangenen Gewinns erforderlich ist, jedoch eine überwiegende Wahrscheinlichkeit (BGH NJW-RR 2006, 243; BGH GRUR 2008, 933 – Schmiermittel; BGH GRUR 2016, 860 – Deltamethrin II). Damit ist aber auch für diese abstrakte Methode eine gesicherte Tatsachengrundlage erforderlich, für die der Verletzte darlegungs- und beweispflichtig ist. Ist der Gewinn des Verletzten nach dem gewöhnlichen Lauf der Dinge auf dieser Basis wahrscheinlich, wird er als gegeben vermutet, wobei dem Verletzer die Möglichkeit offenbleibt zu beweisen, dass er weggefallen oder aus anderen Gründen nicht erzielt worden wäre (BGH NJW-RR 2006, 243). Selbst bei Unwägbarkeiten sind die Gerichte grds. verpflichtet, einen Mindestschaden zu schätzen (BGH NJW-RR 2006, 243; BGH GRUR 2008, 933 – Schmiermittel), was aber in der Praxis der Instanzgerichte meist nur zurückhaltend geschieht.

12. Einstweilige Verfügung wegen Gebrauchsmusterverletzung

Landgericht[1]

Zivilkammer für Gebrauchsmusterstreitsachen[2]

......

Antrag

auf Erlass einer einstweiligen Verfügung

der A GmbH, gesetzlich vertreten durch ihren Geschäftsführer, Herrn ...... A., (Anschrift),

– Antragstellerin –

Verfahrensbevollmächtigter: Rechtsanwalt ......

gegen

1. die C GmbH, gesetzlich vertreten durch ihren Geschäftsführer, den Antragsgegner zu 2), (Anschrift),
2. Herrn Dipl.-Kfm. Dieter C., (Anschrift),[3]

– Antragsgegner –

wegen Gebrauchsmusterverletzung

Streitwert: (vorläufig geschätzt) ...... EUR[4]

Namens und in Vollmacht der Antragstellerin beantrage ich, im Wege der einstweiligen Verfügung, und zwar wegen besonderer Eilbedürftigkeit ohne vorherige mündliche Verhandlung[5] durch Beschluss, anzuordnen:

1. Den Antragsgegnern wird es bei Meidung eines für jeden Fall der Zuwiderhandlung fälligen Ordnungsgeldes bis zu 250.000 EUR – ersatzweise Ordnungshaft – oder einer Ordnungshaft bis zu sechs Monaten, im Falle wiederholter Zuwiderhandlung bis zu insgesamt zwei Jahren, wobei die Ordnungshaft hinsichtlich der Antragsgegnerin zu 1) an ihrem Geschäftsführer zu vollziehen ist, untersagt,[6]
Verstelleinrichtungen für einen mit mindestens zwei schwenkbaren Lüftungsklappen ausgerüsteten Schrank oder dergleichen zur Aufnahme wärmeentwickelnder Vorrichtungen, wie zB Transformatoren, bei denen die einzelnen Lüftungsklappen jeweils durch einen elektromotorischen Stelltrieb verstellbar sind, der eine Stellspindel und eine darauf aufgeschraubte Stellmutter aufweist,
im Geltungsbereich des deutschen Gebrauchsmusters XYZ anzubieten, in Verkehr zu bringen oder zu gebrauchen oder zu den genannten Zwecken entweder einzuführen oder zu besitzen,
bei denen wenigstens die Stelltriebe in einem eigenen, kastenartigen Gehäuse angeordnet sind, wobei die Stellspindeln einander gegenüberliegend den Stirnwänden zugewandt liegen, in dem Gehäuse Führungen für die Stellmuttern vorgesehen sind, zumindest die Innenflächen der Seitenwände des Gehäuses Rastmittel zur Festlegung der Stelltriebe aufweisen, und die Stelltriebe mittels einer Steuereinheit gemeinsam oder unabhängig voneinander betätigbar sind.
2. Den Antragsgegnern werden die Kosten des Verfahrens als Gesamtschuldner auferlegt.

Begründung:

I.

Dem Antrag auf Erlass einer einstweiligen Verfügung liegt folgender Sachverhalt zugrunde:

1. Der angerufenen Kammer ist es aus dem Hauptsacheverfahren (Az. . . . . .) bekannt, dass die Antragstellerin eingetragene und alleinverfügungsberechtigte Inhaberin des deutschen Gebrauchsmusters XYZ ist.
Die Gebrauchsmusterschrift wird als
   Anlage Ast 1
überreicht. Das Streitgebrauchsmuster steht weiterhin in Kraft, wie der als
   Anlage Ast 1a
beigefügte Registerauszug belegt.
Es wird hiermit beantragt,
   die Verfahrensakte (Aktenzeichen) beizuziehen und erforderlichenfalls zum Gegenstand der mündlichen Verhandlung zu machen.

2. Aus dem Hauptsacheverfahren (Az. . . . . .) ist es der Kammer ferner geläufig, dass die Antragstellerin die B GmbH (Anschrift) wegen Verletzung des Streitgebrauchsmusters in Anspruch genommen hat. Der Klage ist durch das als
   Anlage Ast 2
beigefügte Urteil vom . . . . . . wegen wortsinngemäßer Gebrauchsmusterverletzung vollumfänglich stattgegeben worden.

3. Aus dem vorbezeichneten Hauptsacheverfahren ist es weiter gerichtsbekannt, dass ein von der B GmbH gegen den Rechtsbestand des Streitgebrauchsmusters angestrengtes Löschungsverfahren bislang keinen Erfolg gehabt hat. Denn der Löschungsantrag der B GmbH ist mit dem der Kammer schon aus dem Hauptsacheverfahren (Az. . . . . .) bekannten Beschluss des Deutschen Patent- und Markenamts – Lö . . . . . . – vom . . . . . . gemäß
   Anlage Ast 3
zurückgewiesen worden (vgl. auch Ausführungen der Kammer auf Seite . . . . . . der Anlage Ast 2).
In der Zwischenzeit wurde die dagegen gerichtete Beschwerde der B GmbH durch den als
   Anlage Ast 4
beigefügten Beschluss des Bundespatentgerichts – . . . . . . (Az.) – vom . . . . . . zurückgewiesen.

4. Die Antragstellerin hat aus dem als Anlage Ast 2 vorgelegtem Urteil der Kammer im Verfahren (Az. . . . . .) nach Sicherheitsleistung vorläufig vollstreckt. Daraufhin ist von der B GmbH die in Auszügen als
   Anlage Ast 5
überreichte Rechnungslegung erfolgt. Aus der Anlage Ast 5 ergibt sich, dass die Antragsgegnerin in ganz wesentlichem Umfang die Hauptabnehmerin der B GmbH gewesen ist.
Die Antragstellerin hat daraufhin die Antragsgegnerin zu 1) sowie den Antragsgegner zu 2) als deren Geschäftsführer ausweislich der
   Anlage Ast 6
unter Vorlage der Gebrauchsmusterschrift gemäß Anlage Ast 1, des Urteils gemäß Anlage Ast 2 und des Beschlusses des Deutschen Patent- und Markenamts gemäß Anlage Ast 3 abgemahnt. Die Entscheidungsgründe nach Anlage Ast 4 lagen zur Zeit der Abmahnung noch nicht vor. Aber auch auf diese Entscheidung wurde unter Vorlage des Protokolls verwiesen (s. Anlage Ast 6).
Seitens der Antragsgegner wurde mit dem als

12. Einstweilige Verfügung wegen Gebrauchsmusterverletzung D. 12

Anlage Ast 7
beigefügten Schreiben vom ...... nur erklärt, man habe mit der Angelegenheit nichts zu tun, weil man bloß Abnehmer der B. GmbH sei. Man wolle nicht in eine Angelegenheit hineingezogen werden, „mit der man nichts zu schaffen habe". Im Übrigen habe man vor den Vertrieb des Transformatorenschranks „Electromaster" einzustellen und würde nur noch geringe Lagerbestände abverkaufen, wovon aber auch abgesehen werden könne. Die Abgabe einer strafbewehrten Unterlassungserklärung wurde verweigert.

Es ist daher der vorliegende Antrag auf Erlass einer einstweiligen Verfügung geboten.

II.

Die rechtliche Bewertung des vorgetragenen Sachverhalts ergibt folgendes:

1. Der Verfügungsanspruch folgt aus § 24 Abs. 1 GebrMG. Denn auch ein reines Vertriebsunternehmen wie die Antragsgegnerin handelt dem Ausschließlichkeitsrecht der Antragstellerin gemäß § 11 GebrMG zuwider. Dass die Antragsgegnerin die streitgegenständlichen Erzeugnisse, die die Kammer bereits im Verfahren (Az. .....) als gebrauchsmusterverletzend angesehen hat (vgl. noch einmal Anlage Ast 2, insbesondere Seiten ...... ff.), vertreibt, hat sie mit dem Schreiben gemäß Anlage Ast 7 zugestanden. Zudem überreichen wir als

Anlage Ast 8

einen Auszug aus der Internetpräsentation der Antragsgegnerin zu 1) mit der Bewerbung des angegriffenen Transformatorenschrank „Electromaster". Ein Vergleich mit den Abbildungen zu diesem Transformatorenschrank in Anlage Ast 2 (vgl. Seite ......) zeigt, dass identische Abbildungen benutzt werden. Eine Gebrauchsmusterverletzung seitens der Antragsgegner ist damit gegeben.

Gegenüber der sachkundigen Kammer bedarf es keiner näheren Darlegung, dass die bloße Ankündigung der Einstellung des Vertriebs einer Verletzungsform ohne Absicherung durch eine Vertragsstrafe die Wiederholungsgefahr nicht entfallen lässt. Dies gilt umso mehr, als die Antragsgegner zugestanden haben, noch über einen Lagerbestand verletzender Transformatorenschrank zu verfügen, der ggf. abverkauft werden soll.

Neben der Antragsgegnerin zu 1) haftet der Antragsgegner zu 2) als ihr Geschäftsführer auf Grund seines persönlichen Tatbeitrages als bestimmendes Organ der juristischen Person.[7]

2. Der Verfügungsgrund ergibt sich aus folgendem:
   a) Die für den Erlass einer einstweiligen Verfügung erforderliche Eilbedürftigkeit (Dringlichkeit) ist vorliegend gegeben.[8] Denn ausweislich der Rechnungslegung der B GmbH gemäß Anlage Ast 5 weiß die Antragsgegnerin erst seit dem ...... von der Verantwortlichkeit der Antragsgegner. Diese sind ausweislich der Anlage Ast 6 unverzüglich unter angemessener, aber kurzer Fristsetzung abgemahnt worden. Unmittelbar nach Eingang des eine Unterlassungserklärung verweigernden Schreibens der Antragsgegner nach Anlage Ast 7 erfolgte der vorliegende Verfügungsantrag.
   b) Die gebotene Interessenabwägung macht es im vorliegenden Fall erforderlich, die Interessen der Antragsgegner hinter denjenigen der Antragstellerin zurücktreten zu lassen.[9] Der Tatbestand der Gebrauchsmusterverletzung ist durch die Kammer bereits mit Anlage Ast 2 festgestellt worden und der Rechtsbestand des Streitgebrauchsmusters ist angesichts der vorliegenden Entscheidungen des Deutschen Patent- und Markenamts und des Bundespatentgerichts (Anlagen Ast 3 und Ast 4) gesichert. Vor diesem Hintergrund und auch in Anbetracht der Tatsache, dass die Antragsgegner ihren Lagerbestand verletzender Transformatorenschränke noch

veräußern wollen, ist es der Antragstellerin nicht zuzumuten, weitere Rechtsverletzungen der Antragsgegner bis zu einer Entscheidung in der Hauptsache abzuwarten.

3. Die Zuständigkeit des angerufenen Gerichts ergibt sich aus §§ 12, 17 ZPO, § 27 GebrMG in Verbindung mit der Landesverordnung vom . . . . . . Denn die Antragsgegner haben ihren allgemeinen Gerichtsstand in . . . . . und damit im Gerichtsbezirk.[10]

III.

Die Antragstellerin zeigt an, dass sie neben ihrem Prozessbevollmächtigten

Herrn Patentanwalt

. . . . . .

(Anschrift)

zur Mitwirkung im vorliegenden Verfahren bestimmt hat.[11]

IV.

Beglaubigte und einfache Abschriften zum Zwecke der Zustellung sind beigefügt.

Im Hinblick auf das Vorhandensein von zwei Parteien auf Antragsgegnerseite wird darum gebeten, gesonderte Ausfertigungen auszustellen.[12]

Rechtsanwalt[13, 14]

Schrifttum: *Böhler*, Einstweilige Verfügung in Patentsachen, GRUR 2011, 965; *Meier-Beck*, Die einstweilige Verfügung wegen Verletzung von Patent- und Gebrauchsmusterrechten, GRUR 1988, 861 ff.; *Meier-Beck*, Aktuelle Fragen des Patentverletzungsvefahrens, GRUR 1999, 379 (382 ff.); *Rogge*, Einstweilige Verfügung in Patent- und Gebrauchsmustersachen, FS von Gamm, 1990, S. 461 ff.; *Schultz-Süchting*, Einstweilige Verfügung in Patent- und Gebrauchsmusterstreitsachen, GRUR 1988, 571; s. auch die Hinweise zu → Form. D.1, → Form. D.4.

Anmerkungen

1. Einstweilige Verfügungen wegen Patent- und/oder Gebrauchsmusterverletzung kommen in der Praxis relativ selten vor (zu einem weiteren Beispiel eines Antrags auf Erlass einer einstweiligen Verfügung wegen Patentverletzung → Form. C.21 mwN). Abgesehen vom Schadenersatzrisiko des § 945 ZPO liegt der Grund dafür in der im einstweiligen Verfügungsverfahren gebotenen Interessenabwägung (vgl. OLG Düsseldorf GRUR 1983, 79 (80) – AHF-Konzentrat; Benkard PatG/*Rogge/Grabinski* § 139 Rn. 153a mwN), bei der auf der einen Seite das anerkennenswerte Bedürfnis des Anspruchstellers zu berücksichtigen ist, seine Ansprüche aus dem Streitschutzrecht möglichst schnell durchzusetzen, andererseits aber auch die negativen Folgen für den Antragsgegner berücksichtigt werden müssen (möglicherweise sofortige Stilllegung eines ganzen Betriebes oä). Der durch den Vollzug einer vor Wegfall des Streitschutzrechts erwirkten einstweiligen Verfügung entstandene Schaden lässt sich in Extremfällen kaum finanziell ausgleichen.

Schon die dem Streitschutzrecht zugrunde liegende Technik erschwert Verfügungsverfahren, da sie in technisch schwierigen und gleichzeitig streitigen Fällen einer eingehenden technischen Diskussion bedarf, die in einem Verfügungsverfahren nur mit Aufwand und häufig auch nur im zweiseitigen Verfahren geführt werden kann. Dabei spielt auch eine

12. Einstweilige Verfügung wegen Gebrauchsmusterverletzung   D. 12

Rolle, dass es in einem Verfügungsverfahren nicht möglich ist, gerichtliche Sachverständige hinzuzuziehen, um offene Fragen zu klären.

Insbesondere aber spielt im einstweiligen Verfügungsverfahren wegen Patent- oder Gebrauchsmusterverletzung stets eine zentrale Rolle (abgesehen vom Verletzungstatbestand), ob der Rechtsbestand des Streitschutzrechts hinreichend gesichert erscheint (vgl. OLG Düsseldorf GRUR 1983, 79 (80) – AHF-Konzentrat; OLG Düsseldorf Mitt. 1996, 87 (88) – Captopril; OLG Karlsruhe GRUR 1988, 900 – Dutralene; OLG Hamburg GRUR 1984, 105 – Früchteschneidemaschine; vgl. ferner Benkard PatG/ *Rogge/Grabinski* § 139 Rn. 153a). Denn die Erfahrung lehrt, dass Patente und insbesondere Gebrauchsmuster als grds. ungeprüfte Rechte in einem Einspruchs-, Nichtigkeitsbeziehungsweise Löschungsverfahren oftmals erhebliche Einschränkungen erfahren oder (rückwirkend) ganz wegfallen. Die Beurteilung der Schutzfähigkeit wird in einem einstweiligen Verfügungsverfahren selbst mit einer mündlichen Verhandlung noch dadurch erschwert, dass für den Antragsgegner kaum ausreichend Zeit zur Verfügung steht, ausreichende Recherchen nach Stand der Technik durchzuführen. Welche Anforderungen an die Rechtsbeständigkeit des Schutzrechts zu stellen sind, ist freilich vom Einzelfall abhängig (→ Anm. 9).

Gerade wegen der gegebenen extremen Folgen einer erlassenen einstweiligen Verfügung für den Antragsgegner und der ausgeführten kritischen Punkte kommt deshalb idR eine einstweilige Verfügung nur in Betracht, wenn sowohl der Verletzungstatbestand als auch die Frage der Schutzfähigkeit sowie sonstige rechtliche Fragen soweit zugunsten des Antragstellers feststehen, dass eine Änderung der Entscheidung in einem sich möglicherweise anschließenden Hauptsacheverfahren nicht zu erwarten ist (OLG Düsseldorf Mitt. 2011, 193 – Harnkatheterset; OLG Düsseldorf GRUR-RR 2011, 81 – Gleitsattel-Scheibenbremse; OLG Düsseldorf GRUR-RR 2013, 236 – Flurpitin-Maleat; OLG Karlsruhe InstGE 11, 143 – VA-LCD-Fernseher; LG Hamburg GRUR-RR 2015, 137 – Hydraulikschlauchgriffteil). Diese Anforderungen führen auch dazu, dass nur in Ausnahmefällen eine einstweilige Verfügung ohne mündliche Verhandlung oder zumindest die schriftliche Möglichkeit für den Antragsgegner in Betracht kommt, sich zu der Sache zu äußern.

2. Zum zuständigen Gericht → Form. D.4 Anm. 9, → Form. D.5 Anm. 1.

3. Zur persönlichen Inanspruchnahme des Geschäftsführers einer GmbH → Form. D.5 Anm. 2. Diese ist, da nur eine Unterlassung geltend gemacht wird, von untergeordnetem Interesse und kann auch zu rechtlichen Diskussionen führen. Deshalb ist die Inanspruchnahme von Organen einer juristischen Person in Verfügungsverfahren nur geboten, wenn ihre Verantwortung gerade auch bei einer Mehrfachspitze tatsächlich feststeht und dies ggf. wegen weiterer Unternehmen, denen der Geschäftsführer vorsteht, eine Ausdehnung des Unterlassungsanspruchs Vorteile mit sich bringt.

Zumindest im einstweiligen Verfügungsverfahren sollte dann versucht werden, die Privatanschrift des Geschäftsführers anzugeben, damit es später bei der (fristgebundenen, → Anm. 12) Zustellung keine Probleme gibt. Wird nämlich der Geschäftsführer in den Geschäftsräumen der GmbH nicht angetroffen (weil er tatsächlich abwesend ist oder verleugnet wird), ist eine Ersatzzustellung durch Übergabe an einen Beschäftigten in den Geschäftsräumen nicht möglich. Denn ein Geschäftsführer eines Unternehmens unterhält in seiner bloßen Eigenschaft als natürliche Person keinen eigenen Geschäftsraum im Sinne des § 178 ZPO. Daher ist bei ihm eine Ersatzzustellung vorrangig nur durch Einlegen in den Briefkasten seiner Privatwohnung möglich (vgl. § 180 ZPO).

4. Zum Streitwert im Gebrauchsmusterverletzungsverfahren → Form. D.2 Anm. 23. Bei der einstweiligen Verfügung ist freilich zu beachten, dass sich diese regelmäßig nur auf Unterlassung richtet, nicht hingegen auch auf Rechnungslegung und Schadensersatz.

Auch ist sie nur auf eine vorläufige Regelung der Rechtslage gerichtet. Es ist daher gerechtfertigt, gegenüber dem Streitwert eines Hauptverfahrens einen Abschlag von etwa 25 % vorzunehmen.

5. Angesichts der vorstehend zu 1. beschriebenen Besonderheiten der einstweiligen Verfügung im Gebrauchsmusterrecht wird eine Beschlussverfügung, also eine solche ohne mündliche Verhandlung, nur selten ergehen, um dem Antragsgegner vor Erlass einer möglicherweise äußerst einschneidenden Entscheidung die Möglichkeit zur zumindest schriftsätzlichen und zumeist mündlichen Stellungnahme zu geben, namentlich zum Verletzungsvorwurf und zum Streitschutzrecht. Auf Grund der besonderen Umstände des Beispielfalls wird freilich auch bei einem ansonsten restriktiven Gericht mit einer Beschlussverfügung gerechnet werden können. Auch andere besondere Umstände können eine einstweilige Verfügung ohne mündliche Verhandlung oder mit ausschließlich schriftlicher Stellungnahme des Antragsgegners (zT auch innerhalb von extrem kurzen Fristen wie 1 Tag). Hierzu zählen insbesondere Messesachen oder das Vorgehen gegen sehr kurzfristige Angebotsaktionen.

6. In einem Fall wie dem vorliegenden, in dem bereits ein erstinstanzliches, jedoch nur vorläufig und gegen Sicherheitsleistung vollstreckbares Urteil gegen ein Herstellunternehmen vorliegt, kann es gerechtfertigt sein, die Vollziehung einer einstweiligen Verfügung gegen den Abnehmer dieses Herstellunternehmens von einer Sicherheitsleistung abhängig zu machen. Denn es ist die Auffassung vertretbar, dass der auf Grund einer Auskunftserteilung/Rechnungslegung bekannt gewordene Verletzer, der im Wege der einstweiligen Verfügung angegriffen werden kann, nicht schlechter gestellt werden darf als sein „Vorlieferant", gegen den nur ein gegen Sicherheitsleistung vorläufig vollstreckbares, erstinstanzliches Urteil ergangen ist. Zudem kann es schon allein im Hinblick auf die durch eine Vollziehung der einstweiligen Verfügung drohenden Schäden gerechtfertigt sein, eine Sicherheitsleistung zu bestellen (vgl. auch *Kühnen* G Rn. 69). Diese Sicherheitsleistung braucht jedoch nicht im Antrag berücksichtigt zu werden. Ob sie angeordnet wird, ist Sache des Gerichts.

7. Zur grundsätzlichen Möglichkeit der persönlichen Inanspruchnahme des Geschäftsführers einer GmbH → Form. D.5 Anm. 2.

8. In Patent- und Gebrauchsmustersachen gilt die Vermutung des § 12 Abs. 2 UWG nach ganz herrschender Auffassung in Literatur und Rechtsprechung nicht (vgl. zu § 25 UWG aF: OLG Düsseldorf GRUR 1983, 79 (80) – AHF-Konzentrat; OLG Düsseldorf Mitt. 1980, 117; Benkard PatG/*Rogge*/*Grabinski* § 139 Rn. 153 mwN; *Baumbach*/*Hefermehl*/*Köhler* UWG § 12 Rn. 3.14 mwN). Die Dringlichkeit muss daher glaubhaft gemacht werden. Dabei ist sie nach herrschender Ansicht nicht anhand von festgeschriebenen Fristen zu beurteilen. Es ist lediglich wesentlich, dass der Antragsteller sein Verbietungsrecht zügig durchzusetzen sucht, wobei es nicht um maximale Schnelligkeit geht, aber doch um die Erkennbarkeit eines ernsthaften Bemühens, die Rechtsverfolgung zügig voranzutreiben (OLG Frankfurt GRUR-RR 2013, 496 – Comedyvideos; OLG Düsseldorf GRUR-RR 2013, 236 – Flurpitin-Maleat). Es ist dabei auf die Umstände des Einzelfalls abzustellen (OLG Hamburg GRUR-RR 2008, 366 – Simplify your Production).

Grundsätzlich kommt es insoweit auf die Kenntnis von der schutzrechtsverletzenden Handlung bei der Antragstellerin an, wobei es insbesondere auf ihre Kenntnis bzw. die Kenntnis der für die Rechtsverfolgung von Verletzungen zuständigen Stellen ankommt. Aber auch Kenntnis anderer Unternehmensangehöriger kann relevant sein, wenn erwartet werden kann, dass diese ihre Kenntnis unternehmensintern weitergeben (OLG Frankfurt a.M. NJW 2000, 1961 – Pfändung einer Domain; OLG Köln GRUR-RR 2010, 493 – Ausgelagerte Rechtsabteilung). Verfügt der Antragsteller über die entsprechende Kenntnis und die nötigen Glaubhaftmachungsmittel wird von ihm idR erwartet innerhalb eines

12. Einstweilige Verfügung wegen Gebrauchsmusterverletzung   D. 12

Monats einen Verfügungsantrag zu stellen. Ist der Rechtsbestand des Streitschutzrechtes jedoch streitig, so kann der Verletzte zumindest die erstinstanzliche Entscheidung im Löschungsverfahren (genauso bei Patenten in einem Nichtigkeitsverfahren oder im Einspruch), idR auch die schriftlichen Entscheidungsgründe abwarten (LG Düsseldorf InstGE 9, 110; OLG Düsseldorf InstGE 10, 124 – Inhalator; OLG Düsseldorf Urt. v. 21.1.2016 – I-2U 48/15 – Ballonexpandierbare Stents). Eine solche erstinstanzliche Rechtsbestandsentscheidung eröffnet sogar den Weg für eine einstweilige Verfügung, wenn ein Hauptsacheverfahren bereits anhängig ist (LG Düsseldorf InstGE 9, 110; OLG Düsseldorf InstGE 10, 124 – Inhalator; OLG Düsseldorf Urt. v. 21.1.2016 – I-2U 48/15 – Ballonexpandierbare Stents). Unter Umständen kann sogar das zweitinstanzliche Vernichtungsverfahren vor Antrag auf Erlass einer einstweiligen Verfügung abgewartet werden, wenn Zweifel an der Entscheidung begründet werden können oder neuer Stand der Technik zur Diskussion steht (OLG Düsseldorf Urt. v. 21.1.2016 – I-2U 48/15 – Ballonexpandierbare Stents).

Da im vorliegenden Beispielsfall sämtliche streitrelevanten Tatsachen unmittelbar nach Erhalt der Rechnungslegung des im Hauptsacheverfahren in Anspruch genommenen Unternehmens vorgelegen haben – schließlich ergeben sich ein bestätigter Verletzungstatbestand und eine hohe Wahrscheinlichkeit des Rechtsbestands des Streitgebrauchsmusters aus vorangegangenen Entscheidungen –, durfte mit der Abmahnung des im Wege der einstweiligen Verfügung in Anspruch genommenen Unternehmens und der nachfolgenden Anrufung des Gerichts nicht zu lang gewartet werden.

9. Wie in → Anm. 1 dargelegt, wird bei einem Antrag auf Erlass einer einstweiligen Verfügung wegen Gebrauchsmusterverletzung im Rahmen der Prüfung des Verfügungsgrundes eine umfassende Interessenabwägung stattzufinden haben, also zu prüfen sein, ob die beantragte Eilmaßnahme wirklich zur Abwendung wesentlicher Nachteile notwendig und angemessen erscheint (vgl. OLG Düsseldorf GRUR 1983, 79 (80) – AHF-Konzentrat; *Meier-Beck* GRUR 1999, 379 (382)). Im Rahmen dieser Prüfung steht regelmäßig die Frage im Vordergrund, ob der Rechtsbestand des Streitschutzrechts ausreichend gesichert ist. Als Faustformel wird man von folgendem ausgehen können: Während im Hauptsacheverfahren die Aussetzung bis zur Entscheidung über einen Löschungsantrag ausnahmsweise nur dann in Frage kommen kann, wenn eine hohe Wahrscheinlichkeit für die Löschung des Klageschutzrechts spricht (→ Form. D.9 Anm. 1 aE), ist es demgegenüber im einstweiligen Verfügungsverfahren gewissermaßen umgekehrt: Der Erlass einer einstweiligen Verfügung wird grundsätzlich nur dann in Betracht kommen können, wenn eine hohe Wahrscheinlichkeit dafür spricht, dass das Streitgebrauchsmuster rechtsbeständig ist. Aufgrund dessen wird nach der derzeitigen Spruchpraxis der Gerichte der Erlass einer einstweiligen Verfügung häufig nur dann möglich sein, wenn das Streitschutzrecht einen Angriff auf den Rechtsbestand zumindest erstinstanzlich bereits erfolgreich überstanden hat (OLG Düsseldorf Mitt. 2011, 193 – Harnkatheterset; OLG Düsseldorf Urt. v. 6.12.2012 – I-2 U 46/12; OLG Düsseldorf GRUR-RR 2008, 329 – Olanzapin; OLG Karlsruhe GRUR-RR 2015, 509 – Ausrüstungssatz). Dies ist jedoch nicht immer zwingend. Es ist dann jedoch an dem Antragsteller das angerufene Gericht davon zu überzeugen, dass der Löschungsantrag mit an Sicherheit grenzender Wahrscheinlichkeit keinen Erfolg haben wird (etwas großzügiger OLG Braunschweig GRUR-RR 2012, 97 – Scharniere auf der Hannovermesse). Hierfür spricht, wenn das Streitschutzrecht über einen langen Zeitraum nicht angegriffen und im Wettbewerb zB über Lizenznahme respektiert wurde oder wenn es sehr kurz vor seinem Ablauf steht und ersichtlich der Antragsgegner diesen Umstand meint ausnutzen zu können, um früher als rechtmäßig handelnde Wettbewerber auf den Markt zu treten. Liegt für das Streitgebrauchsmuster eine günstige erstinstanzliche Entscheidung im Vernichtungsverfahren vor ist grds. von einem gesicherten Bestand des Streitschutzrechtes auszugehen, was aber das Verletzungsgericht nicht davon entbindet, diese Entscheidung zu prüfen und die Schutzfähigkeit des Streitgebrauchsmusters selber zu beurteilen (OLG Karlsruhe GRUR-RR 2015, 509 – Ausrüstungssatz; OLG Düsseldorf InstGE 8, 122 – Medizinisches Instrument), wobei jedoch nur bei offensichtlichen Fehlern oder bei neuem Stand der Technik, der der geschützten Erfindung näher kommt, als der bisher berücksichtigte, Zweifel an der Entscheidung begründet sind (OLG Düsseldorf Urt. v. 6.12.2012 – I-2 U 46/12; OLG Düsseldorf Urt. v. 21.1.2016 – I-2U 48/15 – Ballonexpandierbare Stents). Umgekehrt bedeutet eine erstinstanzliche Vernichtung des Streitgebrauchsmusters, dass der Rechtsbestand nicht ausreichend gesichert ist (OLG Düsseldorf Mitt 2011, 193 – Harnkatheterset; die gegenteilige Entscheidung Olanzapin, OLG Düsseldorf InstGE 9, 140, dürfte als deutliche Ausnahme zu werten sein).

Es ist freilich zu betonen, dass die Frage der Rechtsbeständigkeit des Schutzrechts nur *ein* Aspekt des Verfügungsgrundes ist, der in Wechselwirkung mit anderen Aspekten stehen kann (vgl. *Meier-Beck* GRUR 1999, 379 (383)). So sollen bei einem Vorgehen gegen Generika-Unternehmen ggf. außergewöhnliche Umstände vorliegen, die es für den Antragsteller unzumutbar machen können, den Ausgang eines Einspruchs- oder Nichtigkeitsverfahren abzuwarten, vgl. OLG Düsseldorf Mitt. 2013, 232 – Flupirtin-Maleat. Dies kann bei Arzneimittelgebrauchsmustern interessant sein.

Damit das Verletzungsgericht eine Beurteilung des Rechtsbestandes des Gebrauchsmusters aufgrund des Verfügungsantrages feststellen kann, ist die Wahrscheinlichkeit der Rechtsbeständigkeit des Streitgebrauchsmusters im einstweiligen Verfügungsverfahren glaubhaft zu machen. Das gelingt im vorliegenden Beispielsfall durch die Vorlage der Entscheidungen des Deutschen Patent- und Markenamts (DPMA) und des Bundespatentgerichts, durch die der Löschungsantrag in beiden Instanzen zurückgewiesen wurde (gegen die Entscheidung des Bundespatentgerichts ist die – zulassungspflichtige – Rechtsbeschwerde zum Bundesgerichtshof möglich, vgl. § 18 Abs. 5 GebrMG iVm § 100 PatG). Zur Glaubhaftmachung des Rechtsbestandes des Streitgebrauchsmusters wäre grundsätzlich jedoch auch schon die erstinstanzliche Entscheidung der Löschungsabteilung des DPMA ausreichend. Ist nicht einmal eine erstinstanzliche Entscheidung im Löschungsverfahren gegeben, sind die sonstigen Umstände darzulegen, die einen gesicherten Rechtsbestand belegen können, wie zB Lizenzverträge mit namhaften Wettbewerbern. Im Ausnahmefall kann auch versucht werden, den Rechtsbestand durch eine umfassende, eigene Recherche nach Stand der Technik oder eine Amtsrecherche nach § 7 GebrMG glaubhaft gemacht zu machen.

Gleichwohl bleibt in allen Fällen die Gefahr, dass zu einem späteren Zeitpunkt doch noch Stand der Technik auftaucht, der bislang noch gar nicht oder nicht ausreichend gewürdigt wurde. Es droht dann die Aufhebung der einstweiligen Verfügung mit den entsprechenden Schadenersatzfolgen (§ 945 ZPO).

10. → Form. D.5 Anm. 35.

11. → Form. D.1 Anm. 3.

12. Die einstweilige Verfügung ist gemäß §§ 936, 929 Abs. 2 ZPO innerhalb eines Zeitraums von einem Monat ab Zugang der Entscheidung beim Antragsteller zu vollziehen, dh dem Antragsgegner im Parteibetrieb zuzustellen (§§ 936, 922 Abs. 2 ZPO, hM; vgl. auch → Form. D.4 Anm. 16). Sind – wie im vorliegenden Fall – zwei Antragsgegner mit unterschiedlichen Adressen vorhanden (vgl. dazu → Anm. 3), sollte von vornherein dafür gesorgt werden, dass zwei Ausfertigungen ausgestellt werden. Liegt nur eine Ausfertigung vor, muss mit der Zustellung an den Antragsgegner zu 2) gewartet werden, bis die Zustellung an die Antragsgegnerin zu 1) erfolgt und die Vollstreckungsunterlagen vom zuständigen Gerichtsvollzieher zurückgereicht worden sind. Bis dahin können jedoch unter Umständen Wochen vergehen, so dass dann die rechtzeitige Vollziehung gegenüber dem Antragsgegner zu 2) gefährdet wird.

Kosten und Gebühren

13. S. die Hinweise bei → Form. D.4 Anm. 14 und Form. D.4 Anm. 15. Da es sich bei einer einstweiligen Verfügung wegen Gebrauchsmusterverletzung zweifelsfrei um eine Gebrauchsmusterstreitsache nach § 27 Abs. 3 GebrMG handelt, sind die Kosten eines mitwirkenden Patentanwaltes immer erstattungsfähig, und zwar auch dann, wenn sich ein erstattungsberechtigter Antragsgegner nur mit einem Kostenwiderspruch verteidigt (zum parallelen § 143 Abs. 3 PatG: OLG Düsseldorf Mitt. 2014, 345 – Kosten des Patentanwalts beim Kostenwiderspruch).

Fristen und Rechtsmittel

14. S. → Anm. 12 sowie → Form. D.4 Anm. 16.

13. Besichtigungsantrag wegen voraussichtlicher Gebrauchsmusterverletzung

→ Form. C.22[1]

Schrifttum: Eck/Dombrowski, Rechtsschutz gegen Besichtigungsverfügungen im Patentrecht, GRUR 2008, 387; *Eck/Dombrowski*, Wenn der Sachverständige zwei Mal klingelt, FS 50 Jahre BPatG, 2011, 169; *Father/Fitzner*, Der Patentinhaber, der Besichtigte, der Gutachter und sein Gutachten, Mitt. 2010, 329; *Kühnen*, Die Besichtigung im Patentrecht, GRUR 2005, 185; *Kühnen*, Update zum Düsseldorfer Besichtigungsverfahren Mitt. 2009, 211; *Kühnen*, Handbuch der Patentverletzung, 9. Auflage 2017.

Anmerkungen

1. Nach § 24c Abs. 1 S. 1 GebrMG kann derjenige, der „mit hinreichender Wahrscheinlichkeit" entgegen den §§ 11–14 GebrMG ein Gebrauchsmuster (dh den Gegenstand des eingetragenen Schutzrechts) benutzt, von dem Rechteinhaber (oder einem anderen Berechtigten, etwa insbesondere einem Lizenznehmer) auf Vorlage einer Urkunde oder die **Besichtigung der Sache,** die sich in seiner Verfügungsgewalt befindet, in Anspruch genommen werden, wenn dies zur Begründung von dessen Ansprüchen erforderlich ist (also wenn etwa auf anderem Wege mit zumutbaren Mitteln kein ausreichender Beweis zu erlangen ist).
Da diese Vorschrift (und deren Einschränkungen) identisch mit § 140c PatG ist und sich in Bezug auf die Geltendmachung von Gebrauchsmustern keine Besonderheiten ergeben, kann zur Vermeidung von Wiederholungen auf das → Form. C.22 und die Anmerkungen dazu verwiesen werden. Zudem wird auf die ausführliche Darstellung in *Kühnen* Handbuch der Patentverletzung B Rn. 19 ff. und das dort wiedergegebene Muster (Rn. 109) für einen Antrag nach dem einheitlichen Düsseldorfer Verfahren verwiesen. Es wird unterstrichen, dass andere Gerichte getrennte Anträge fordern, einen für die Besichtigung als solche und einen für die Duldungsverfügung. Beides wird dann formal in prozessual unterschiedlichen Verfahren behandelt. Die Besichtigung als solches, also die Vollziehung der Entscheidungen unterscheidet sich jedoch nicht.

14. Einstweilige Verfügung wegen unzulässiger Werbung für Gebrauchsmusterschutz

Landgericht ......

Zivilkammer für Gebrauchsmusterstreitsachen[1]

......

Antrag

auf Erlass einer einstweiligen Verfügung

der B GmbH, gesetzlich vertreten durch ihren Geschäftsführer, Herrn ...... B., (Anschrift),

– Antragstellerin –

Verfahrensbevollmächtigter: Rechtsanwalt ......

gegen

die A GmbH, gesetzlich vertreten durch ihren Geschäftsführer, Herrn ...... A., (Anschrift),

– Antragsgegnerin –

wegen irreführender Werbung mit einem Schutzrechtshinweis

Streitwert: (vorläufig geschätzt) ...... EUR[2]

Namens und in Vollmacht der Antragstellerin beantrage ich, im Wege der einstweiligen Verfügung, und zwar wegen besonderer Eilbedürftigkeit ohne vorherige mündliche Verhandlung durch Beschluss, anzuordnen:

1. Der Antragsgegnerin wird es bei Meidung eines für jeden Fall der Zuwiderhandlung fälligen Ordnungsgeldes bis zu 250.000 EUR – ersatzweise Ordnungshaft – oder einer Ordnungshaft bis zu sechs Monaten, im Falle wiederholter Zuwiderhandlung Ordnungshaft bis zu insgesamt zwei Jahren, wobei die Ordnungshaft an dem Geschäftsführer der Antragsgegnerin zu vollziehen ist, untersagt,
für Transformatorenschränke mit dem Hinweis „patentamtlich geschützt" zu werben, sofern für die betreffenden Erzeugnisse nur Gebrauchsmusterschutz besteht, insbesondere, wenn dies wie nachfolgend wiedergegebenen geschieht:
...... (hier einfügen);
2. der Antragsgegnerin die Kosten des Verfahrens aufzuerlegen.

Begründung:

I.

Dem Antrag auf Erlass einer einstweiligen Verfügung liegt folgender Sachverhalt zugrunde:

1. Die Parteien sind unmittelbare Wettbewerber. Das ist der Kammer aus dem Parallelverfahren (Az. ......) umgekehrten Rubrums bekannt, in dem die Antragsgegnerin die Antragstellerin wegen angeblicher Gebrauchsmusterverletzung in Anspruch nimmt, da die Antragstellerin angeblich verletzende Transformatorenschränke vertreiben soll.

2. Die Antragsgegnerin wirbt für die von ihr hergestellten Transformatorenschränke mit dem – nur für die Kammer im Original – als
Anlage Ast 1
vorgelegten Prospekt. Auf Seite 2 dieses Prospekts heißt es im Anschluss an die Übersicht über die technischen Daten wörtlich:
„patentamtlich geschützt".

3. Da es auf Grund der vorstehend wiedergegebenen Formulierung „patentamtlich geschützt" nicht ausgeschlossen werden konnte, dass die Antragsgegnerin über Patentschutz verfügt, hat die Antragstellerin ein Auskunftsverlangen nach § 146 PatG an die Antragsgegnerin gerichtet.[3] Diese ließ mit dem als
Anlage Ast 2
beigefügten Schreiben erklären, dass lediglich Gebrauchsmusterschutz durch das der Kammer aus dem Parallelverfahren umgekehrten Rubrums (Az. . . . . .) geläufige DE-GM XYZ besteht. Im Übrigen sei das EP . . . . . angemeldet. Wie dem aktuellem Registerauszug zu dem EP . . . . .,
Anlage Ast 3
entnommen werden kann, ist dieses Patent immer noch nicht erteilt.

4. Die Antragsgegnerin ist daraufhin ua aufgefordert worden, eine strafbewehrte Unterlassungserklärung wegen irreführender Schutzrechtsberühmung abzugeben. Dem hat die Antragsgegnerin jedoch nicht Folge geleistet, so dass der vorliegende Antrag auf Erlass einer einstweiligen Verfügung geboten ist.

II.

1. Verfügungsanspruch:
Der Verfügungsanspruch ergibt sich aus § 5 Abs. 1 S. 2 Nr. 3 UWG iVm § 8 Abs. 1 S. 1 Alt. 2 UWG.
Die streitgegenständliche Werbeaussage „patentamtlich geschützt" ist irreführend, wenn der betreffende Gegenstand lediglich über Gebrauchsmusterschutz verfügt.[4] So hat das Oberlandesgericht München Mitt. 1998, 479 f., zu Recht festgestellt (noch zu § 3 UWG aF), dass es weiten Bevölkerungskreisen nicht bekannt ist, dass das Deutsche Patent- und Markenamt nicht nur für die Anmeldung und Erteilung von Patenten, sondern auch für die Eintragung von Gebrauchsmustern zuständig ist. Auf Grund dessen ist davon auszugehen, dass ein nicht unerheblicher Teil der angesprochenen Verkehrskreise den Hinweis auf einen „patentamtlichen" Schutz dahingehend auffassen wird, als bestehe ein erteiltes Patent. Patente und Gebrauchsmuster sind aber – allein schon im Hinblick auf ihre Schutzdauer – nicht gleich. Damit liegt, soweit die Antragsgegnerin sich auf das DE-GM XYZ bezieht, die Irreführung auf der Hand.
Auch der Hinweis auf das EP . . . . . kann die Werbeaussage „patentamtlich geschützt" nicht rechtfertigen, da das EP . . . . ., wie die Antragsgegnerin selber in Anlage Ast 3 bestätigt, noch nicht eingetragen ist (vgl. Anlage Ast 3), und deswegen noch kein Patentschutz für die Transformatorenschränke der Antragsgegnerin bestehen kann. Es ist aber irreführend, wenn vor der Erteilung eines Patentes mit dem Hinweis auf Patentschutz und damit ein erteiltes Patent geworben wird (vgl. ua BGH GRUR 1961, 241 – Socsil; BGH GRUR 1966, 92 – Bleistiftabsätze; LG Düsseldorf InstGE 9, 164-Polyurethan-Matratze).

2. Verfügungsgrund:
Der Verfügungsgrund wird gemäß § 12 Abs. 2 UWG in Wettbewerbssachen vermutet.[5]

3. Die Zuständigkeit des angerufenen Gerichts ergibt sich aus § 14 Abs. 2 S. 1 UWG, § 27 GebrMG. Zudem hat die Antragsgegnerin ihren Sitz im Gerichtsbezirk.[6]

III.

Die Antragstellerin zeigt an, dass sie

Herrn Patentanwalt

. . . . . .

(Anschrift)

neben ihrem Verfahrensbevollmächtigten zur Mitwirkung im vorliegenden Verfahren bestimmt hat.[7]

IV.

Beglaubigte und einfache Abschriften zum Zwecke der Zustellung anbei.

Der Unterzeichner bittet darum, vom Ergebnis der Entscheidung vorab telefonisch unterrichtet zu werden.

Rechtsanwalt[8, 9]

Schrifttum: S. die Hinweise bei → Form. D.4, → Form. D.12.

Anmerkungen

1. Da die hier entscheidungsrelevante Rechtsnorm – § 5 UWG – keine gebrauchsmusterrechtliche Vorschrift ist, ist streitig, ob es sich bei einer Unterlassungsklage wegen Schutzrechtsberühmung um eine Gebrauchsmusterstreitsache im Sinne des § 27 GebrMG (→ Form. D.5 Anm. 1) handelt, für die die nach der Landesgesetzgebung benannten Spezialkammern zuständig wären (→ Form. D.4 Anm. 12). Es wird überwiegend zumindest dann von einer Patentstreitsache ausgegangen, wenn über den Umfang des Patentschutzes gestritten wird (vgl. LG Mannheim GRUR 1954, 24; BGH GRUR 1985, 520 – Konterhauben-Schrumpfsystem; selbstverständlich übertragbar auf Gebrauchsmusterrecht). Die Gerichte in Düsseldorf gehen immer von einer Patentstreit- bzw. Gebrauchsmusterstreitsache aus (OLG Düsseldorf InstGE 13, 240). Es wird aber auch die Ansicht vertreten, dass es sich um eine „normale" Wettbewerbsauseinandersetzung handelt.

2. Da es sich hier an sich um eine Wettbewerbsauseinandersetzung handelt, sind die insoweit jeweils regional üblichen Streitwerte zu beachten (etwa 20.000 EUR bis 100.000 EUR, je nach Größe der sich gegenüberstehenden Unternehmen).

3. § 146 PatG bestimmt, dass derjenige, der Gegenstände oder ihre Verpackung mit einer Bezeichnung versieht, die geeignet ist, den Eindruck zu erwecken, dass die Gegenstände durch ein Patent oder Patentanmeldung geschützt sind, oder der in öffentlichen Anzeigen, auf Aushängeschildern, auf Empfehlungskarten oder in ähnlichen Kundgebungen eine Bezeichnung solcher Art verwendet, verpflichtet ist, jedem, der ein berechtigtes Interesse an der Kenntnis der Rechtslage hat, auf Verlangen Auskunft darüber zu geben, auf welches Patent oder auf welche Patentanmeldung sich die Verwendung der Bezeichnung stützt. Der Anspruch aus § 146 PatG kann auch gerichtlich durchgesetzt werden (→ Form. C.24).
Die Parallelvorschrift im Gebrauchsmustergesetz ist § 30 GebrMG.

4. Weitere Beispiele irreführender Werbung mit Hinweisen auf technische Schutzrechte: vgl. Benkard PatG/*Ullmann/Deichfuß* § 146 Rn. 20 ff.; Mes PatG § 146 Rn. 15 ff.

15. Löschungsantrag beim Deutschen Patent- und Markenamt

Bei Gebrauchsmuster ist noch zu beachten, dass ein Hinweis auf ein solches nicht nur dann als wettbewerbswidrig angesehen wird, wenn kein gültiges eingetragenes Gebrauchsmuster besteht (vgl. zu Werbung vor Eintragung LG Düsseldorf Urt. v. 15.9.1998 – 4 O 35/98), sondern auch, wenn das Schutzrecht offensichtlich nicht schutzfähig ist (OLG Düsseldorf GRUR 1984, 883 – Irreführende Gebrauchsmusterberühmung; OLG Düsseldorf NJWE-WettbR 2000, 131 – Schaukelpferd; Busse/Keukenschrijver GebrMG § 30 Rn. 2 f.; Benkard PatG/*Ullmann/Deichfuß* GebrMG § 30 Rn. 2; aA *Mes* GebrMG § 30 Rn. 10 jedoch mit nicht aktuellem Hinweis auf Busse/Keukenschrijver).

5. → Form. D.4 Anm. 10.

6. Zur Spezialzuständigkeit der Gebrauchsmusterstreitkammern → Form. D.4 Anm. 12, soweit von einer Gebrauchsmusterstreitsache ausgegangen wird → Anm. 1.

7. Zur Mitwirkung des Patentanwalts → Form. D.4 Anm. 14, wenn von einer Gebrauchsmusterstreitsache ausgegangen wird → Anm. 1. Geht man demgegenüber von einer reinen Wettbewerbsstreitigkeit aus, ist die Notwendigkeit der Mitwirkung des Patentanwaltes immer zu begründen.

Kosten und Gebühren

8. S. die Hinweise zu → Form. D.4 Anm. 15.

Rechtsmittel

9. S. die Hinweise zu → Form. D.4 Anm. 13.

15. Löschungsantrag beim Deutschen Patent- und Markenamt

An das

Deutsche Patent- und Markenamt[1]

– Gebrauchsmusterstelle –

80297 München

Gebrauchsmuster G XYZ „Verstelleinrichtung"

Inhaberin: A GmbH[2] (Anschrift)

Löschungsantrag

Namens und im Auftrag der B GmbH,[3] (Anschrift), stelle ich[4] hiermit gemäß §§ 15, 16 GebrMG den Antrag auf

Löschung

des deutschen Gebrauchsmusters G XYZ im Umfang der Ansprüche 1 bis . . . . . .[5]

Ferner beantrage ich, der Gebrauchsmusterinhaberin die Kosten des Verfahrens aufzuerlegen, da die Gebrauchsmusterinhaberin durch Klage aus dem Streitgebrauchsmuster vor dem LG . . . . . Veranlassung zu dem vorliegenden Antrag gegeben hat.

Die Gebühr für den Löschungsantrag in Höhe von 300,00 EUR[6] wird durch das beigefügte SEPA-Basislastschriftmandat entrichtet. Eine auf mich ausgestellte Vertretervollmacht ist beigefügt.[7]

Begründung:[8]

I.

1. Die Gebrauchsmusterinhaberin hat die Antragstellerin mit Klage vor dem LG . . . . . (Az. . . . . .) wegen angeblicher Verletzung des Streitgebrauchsmusters abgemahnt. Die Klageschrift ist als

   Anlage Ast 1

   beigefügt. Der Antrag in Anlage Ast 1 auf Seiten . . . . . zeigt deutlich, dass die Gebrauchsmusterinhaberin selber nicht an die Schutzfähigkeit des Streitgebrauchsmusters in seiner eingetragenen Fassung glaubt. Schließlich macht sie es im Verletzungsverfahren nur mit einer Kombination der Ansprüche 1, 2 und 5 geltend.[9]

2. Das Gebrauchsmuster ist im Umfang der Ansprüche . . . . . löschungsreif, weil der Gegenstand dieser Ansprüche durch die Gebrauchsmusteranmeldung G . . . . . .(D1), hier vorgelegt als

   Anlage Ast 2,

   und die früheren Patentanmeldung P . . . . . (D2), hier überreicht als

   Anlage Ast 3,

   nahegelegt ist. Es fehlt daher an dem erfinderischen Schritt.
   Das Gebrauchsmuster nach D1 wurde am . . . . . beim Deutschen Patentamt angemeldet und am . . . . . veröffentlicht. Das Patent nach D2 wurde unter Inanspruchnahme der Priorität des vorgenannten Gebrauchsmusters am . . . . . beim Deutschen Patentamt angemeldet und am . . . . . veröffentlicht. Beide Schutzrechte sind somit gegenüber dem am . . . . . angemeldeten Streitgebrauchsmuster vorveröffentlicht und damit Stand der Technik.[10]

3. Das Streitgebrauchsmuster betrifft eine Verstelleinrichtung für einen mit mindestens zwei schwenkbaren Lüftungsklappen ausgerüsteten Schrank oder dergleichen zur Aufnahme wärmeentwickelnder Vorrichtungen, wie zB Transformatoren, bei denen die einzelnen Lüftungsklappen jeweils durch einen elektromotorischen Stelltrieb verstellbar sind, der eine Stellspindel und eine darauf aufgeschraubte Stellmutter aufweist. Anspruch 1 lässt sich in die folgenden Merkmale gliedern:
   1.1 Verstelleinrichtung für einen Schrank (1) oder dergleichen zur Aufnahme wärmeentwickelnder Vorrichtungen, wie zB Transformatoren (2);
   1.2 der Schrank (1) ist mit mindestens zwei schwenkbaren Lüftungsklappen (3) ausgerüstet;
   1.3 die einzelnen Lüftungsklappen (3) sind jeweils durch einen elektromotorischen Stelltrieb (4) verstellbar;
   1.4 der Stelltrieb (4) weist auf
      1.4.1 eine Stellspindel (5) und
      1.4.2 eine darauf aufgeschraubte Stellmutter (6);
   1.5 wenigstens die Stelltriebe (4) sind in einem eigenen, kastenartigen Gehäuse (7) angeordnet;
   1.6 dabei liegen die Stellspindeln (5) einander gegenüberliegend den Stirnwänden (7a) zugewandt;
   1.7 in dem Gehäuse (7) sind Führungen (8) für die Stellmuttern (6) vorgesehen;
   1.8 zumindest die Innenflächen (7b) der Seitenwände (7c) des Gehäuses (7) weisen Rastmittel (9) zur Festlegung der Stelltriebe (4) auf;
   1.9 die Stelltriebe (4) sind mittels einer Steuereinheit (10) gemeinsam oder unabhängig voneinander betätigbar.

15. Löschungsantrag beim Deutschen Patent- und Markenamt D. 15

Eine Leseabschrift dieser Merkmalsgliederung, die zudem auch eine Gliederung der ebenfalls angegriffenen Ansprüche ..... enthält überreichen wir als

Anlage Ast 4.

Die Lehre des Streitgebrauchsmuster soll sich damit dadurch auszeichnen, dass zumindest die Stelltriebe in einem eigenen, kastenförmigen Gehäuse angeordnet sind, wobei die Stellspindeln einander gegenüberliegend den Stirnwänden zugeordnet werden, dass in dem Gehäuse Führungen für die auf die Stellspindeln aufgeschraupten Stellmuttern vorgesehen sind, dass zumindest an den Innenflächen der Seitenwände des Gehäuses Rastmittel zur Festlegung der Stelltriebe vorgesehen sind, und dass die Stelltriebe mittels einer gemeinsamen Steuereinheit gleichzeitig oder unabhängig voneinander betätigbar sind.

4. Bereits aus D1 als nächstliegendem Stand der Technik sind die Merkmale 1.1 bis 1.4 sowie 1.9 bekannt (weiter zu den einzelnen Merkmalen aus der Druckschrift ausführen).

5. Auf der Basis der D1 stellt sich dem Fachmann, einem Diplom-Ingenieur oder Master der Fachrichtung Maschinenbau mit mehrjähriger Erfahrung bei der Konstruktion und Herstellung von Verstelleinrichtungen, insbesondere Stelltrieben für Lüftungsklappen, damit das Problem, die Stelltriebe auch vor Verschmutzung und Feuchtigkeit zu schützen, um Fehlfunktionen und übermäßigen Verschleiß zu verhindern.

6. Auf der Suche nach einer Lösung für dieses Problem wird der Fachmann unweigerlich auf D2 stoßen, die sich ebenfalls mit einer Verstelleinrichtung für Lüftungsklappen befasst, wie sich schon aus der Zusammenfassung ergibt. In Abschnitt [......] weist D2 ausdrücklich darauf hin, dass es im Stand der Technik Probleme gegeben hat, da Verstelleinrichtungen, sind sie ungeschützt montiert, verschmutzen können, was zu Fehlfunktionen führen kann. Auch führen Schmutz und Feuchtigkeit zu schnellerem Verschleiß und ggf. sogar Korrosion. Deshalb schlägt D2 vor, die Verstelleinrichtung in einem Gehäuse anzuordnen und zwar (weiter zu den einzelnen Merkmalen aus der Druckschrift ausführen).

7. Der Fachmann erkennt damit nicht nur, dass sich aus D2 eine Lösung des sich ihm in Bezug auf D1 gegebenen Problems liefert. Er kann die Lehre der D2 in Bezug auf das Gehäuse auch ohne weiteres auf den Stelltrieb aus D1 übertragen und kommt dann automatisch zur Lehre des Anspruchs 1 des Streitgebrauchsmusters. Hierfür ..... (weiter ausführen, wie Kombination möglich ist).

8. Anspruch 1 des Streitgebrauchsmusters fehlt es damit an einem erfinderischen Schritt gegenüber D1 in Zusammenschau mit D2.

9. Die Merkmale der ebenfalls angegriffenen Ansprüche ..... ergeben sich ebenfalls aus den Entgegenhaltungen D1 und D2 (weiter ausführen). Zu Anspruch ..... wird zudem noch auf das Europäische Patent ..... (D3), Abschnitte [.....] bis [.....], wo beschrieben wird ..... (weiter ausführen).

II.

Die Antragstellerin zeigt an, dass sie auf ihrer Seite

Herrn Rechtsanwalt

......

(Anschrift)

der die Antragstellerin im oben benannten parallelen Verletzungsverfahren vertritt, zur Mitwirkung im vorliegenden Rechtsstreit bestimmt hat.[11]

Patentanwalt[12, 13, 14]

Schrifttum: *Krabel,* Gebrauchsmuster-Löschungs- und Patenterteilungsverfahren vor dem Deutschen Patentamt, GRUR 1978, 566; *Schlitzberger,* Gegenstand des Antrags und Sachprüfungsgegenstand im Gebrauchsmuster-Löschungsverfahren, FS 25 Jahre BPatG, 1986, S. 249 ff.; *Schlitzberger,* Die jüngere Entwicklung auf dem Gebiet des Gebrauchsmusterrechts, Mitt. 1968, 106 (107 ff.); vgl. ferner die Hinweise zu → Form. D.1.

Anmerkungen

1. Der Löschungsantrag kann nur an das Deutsche Patent- und Markenamt (DPMA) in München gerichtet werden (vgl. § 16 S. 1 GebrMG).

2. Der Löschungsantrag hat sich gegen den als Inhaber Eingetragenen zu richten (vgl. § 17 Abs. 1 GebrMG).

3. Der Anspruch auf Löschung steht grundsätzlich jedermann zu. Ein besonderes (rechtliches oder wirtschaftliches) Interesse muss weder bestehen noch dargetan werden.
Eine Ausnahme gilt für den Löschungsgrund der widerrechtlichen Entnahme (vgl. § 15 Abs. 2 GebrMG iVm § 13 Abs. 2 GebrMG).
Auch für den Antrag auf Feststellung der Rechtsunwirksamkeit eines bereits gelöschten oder erloschenen Gebrauchsmusters ist ein Rechtsschutzbedürfnis erforderlich, das in jedem Fall dann gegeben ist, wenn der Antragsteller aus dem Streitgebrauchsmuster in Anspruch genommen wird (vgl. BGH GRUR 2007, 997 – Wellnessgerät; BGH GRUR 1997, 342 – Trennwand; BGH GRUR 1995, 342 – tafelförmige Elemente; BGH GRUR 1981, 515 – Anzeigegerät; BGH GRUR 1976, 30 – Lampenschirm; Busse/Keukenschrijver GebrMG § 16 Rn. 12 f.; Benkard PatG/*Goebel/Engel* GebrMG § 15 Rn. 4). Es ist sogar als ausreichend angesehen worden, wenn ein Anspruchsberechtigter sich aus dem Gebrauchsmuster Ansprüche vorbehält (s. zum Meinungsstand und zu Beispielen auch Busse/Keukenschrijver GebrMG § 16 Rn. 13).

4. Für den Löschungsantrag besteht zwar kein Anwaltszwang, jedoch ist der Antragsteller gut beraten, den Löschungsantrag durch einen Patentanwalt oder ggf. auch einen Rechtsanwalt formulieren und einreichen zu lassen. Es sei dabei betont, dass der Angriff gegen den Rechtsbestand eines technischen Schutzrechts (gleichgültig, ob Gebrauchsmuster oder Patent) zu den ureigensten Aufgaben der Patentanwaltschaft gehört, die dafür speziell ausgebildet ist. Die Rechtsanwaltschaft sollte daher nur in Ausnahmefällen tätig werden.

5. Der Antragsteller hat es in der Hand, in welchem Umfang er den Rechtsbestand des Gebrauchsmusters angreift. Das DPMA ist an den Umfang des Löschungsantrags gebunden, der auch nur auf eine Teillöschung des Gebrauchsmusters gerichtet sein kann (vgl. § 15 Abs. 3 GebrMG). Selbstverständlich hat sich der Löschungsantrag zumindest gegen einen Hauptanspruch zu richten, nicht nur gegen von einem solchen abhängige Unteransprüche. Zumindest sollte, ist ein paralleles Verletzungsverfahren anhängig, der Löschungsantrag alle Ansprüche umfassen, die im Verletzungsverfahren geltend gemacht werden. Es nützt nichts, nur den Hauptanspruch sowie möglicherweise den einen oder anderen Unteranspruch anzugreifen, wenn der Gebrauchsmusterinhaber durch eine Kombination mit weiteren, nicht angegriffenen Unteransprüchen den Rechtsbestand des Gebrauchsmusters bewahren kann und der Antragsteller von diesen Unteransprüchen ebenfalls Gebrauch macht (→ Form. D.5 Anm. 8, → Form. D.6 Anm. 9). Denn sobald der Kläger im Verletzungsverfahren das dortige Streitgebrauchsmuster nur mit einem nicht angegriffenen Anspruch beschränkt, steht dies einer Aussetzung entgegen, da das Gebrauchsmuster dann im geltend gemachten Umfang nicht angegriffen ist. Man wird sich vor Einreichung des Löschungsantrags daher darüber klar werden müssen, welche

15. Löschungsantrag beim Deutschen Patent- und Markenamt D. 15

Möglichkeiten dem Gebrauchsmusterinhaber zur Verfügung stehen, sein Schutzrecht rechtserhaltend zu beschränken. Dabei muss darüber hinaus berücksichtigt werden, dass der Gebrauchsmusterinhaber im Rahmen der Beschränkung gegebenenfalls auch Merkmale einfügen kann, die zwar bislang nicht Gegenstand der Ansprüche waren, jedoch in den ursprünglichen Anmeldeunterlagen ausreichend als erfindungswesentlich offenbart worden sind (vgl. BGH GRUR 1968, 86 (90) – Ladegerät, mAnm *Harmsen;* Benkard PatG/*Goebel* GebrMG § 4 Rn. 43 f.; es gelten insoweit dieselben Grundsätze wie im Patentrecht, vgl. Benkard PatG/*Schäfers* § 38 Rn. 16 ff.). Selbstverständlich ist es nach einer solchen Beschränkung möglich, den Löschungsantrag zu ergänzen.

6. Die Gebühr für den Löschungsantrag beträgt zurzeit 300,00 EUR (vgl. GV 323.100 PatKostG zu § 2 Abs. 1 PatKostG), wobei die Gebühr von jedem Antragsteller zu entrichten ist vgl. *Bühring* § 16 Rn. 11, 16).
Die Gebühr ist mit der Einreichung des Antrags fällig und innerhalb von drei Monaten ab Fälligkeit zu entrichten (§§ 3 Abs. 1, 6 Abs. 1 S. 2 PatKostG). Er gilt gemäß § 6 Abs. 2 PatKostG als zurückgenommen, wenn die Zahlung nicht erfolgt.

7. Grundsätzlich ist die Vorlage einer Vollmacht auch für einen Löschungsantrag nicht zwingend erforderlich.

8. Der Löschungsantrag ist gemäß § 16 S. 2 GebrMG zu begründen, das heißt die anspruchsbegründenden Tatsachen sind anzugeben. Das Fehlen solcher Tatsachen macht den Antrag nicht unwirksam (*Bühring* § 16 Rn. 8), möglicherweise aber wohl das Vorliegen substantieller Begründungsmängel (*Bühring* § 16 Rn. 8 mwN). Das DPMA ist jedoch gehalten auf das Vorliegen von Mängeln auch des Antrags zu verweisen und auf eine Nachholung der Mindestangaben zu drängen (entsprechend § 81 Abs. 5 S. 3 PatG).
Als Löschungsgründe kommen gemäß § 15 GebrMG in Betracht:
- Die mangelnde Schutzfähigkeit des Gegenstands des Gebrauchsmusters nach den §§ 1– 3 GebrMG (§ 15 Abs. 1 Nr. 1 GebrMG), also die mangelnde Neuheit (vgl. § 3 Abs. 1 GebrMG), der mangelnde erfinderische Schritt (vgl. § 1 Abs. 1 GebrMG), die mangelnde gewerbliche Anwendbarkeit (vgl. § 3 Abs. 2 GebrMG) und die Gründe des § 2 GebrMG (Ausschluss des Gebrauchsmusterschutzes für Erfindungen, die gegen die öffentliche Ordnung und die guten Sitten verstoßen, für Pflanzensorten oder Tierarten und Verfahren; § 2 GebrMG spielt in der Praxis freilich keine Rolle);
- die Wesensgleichheit mit einem früheren Patent oder Gebrauchsmuster (§ 15 Abs. 1 Nr. 2 GebrMG);
- die unzulässige Erweiterung (§ 15 Abs. 1 Nr. 3 GebrMG);
- die widerrechtliche Entnahme (§ 15 Abs. 2 GebrMG iVm § 13 Abs. 2 GebrMG).

9. Es ist nicht zwingend, die Schriftsätze aus dem Verletzungsverfahren in das Löschungsverfahren einzuführen, da im Löschungsverfahren selbstverständlich die Verletzung nicht inzident geprüft werden muss. Es ist aber häufig ratsam, zumindest die Klageschrift und ggf. auch weitere Schriftsätze aus dem Verletzungsverfahren einzuführen, da auf diese Weise auch der Löschungsabteilung gegenüber dokumentiert werden kann, wenn die Auslegung bestimmter Merkmale im Verletzungsverfahren anders argumentiert wird als im Löschungsverfahren. Auch wird die Löschungsabteilung so sensibilisiert, auf welche Merkmale es besonders ankommt, was sich in den Entscheidungsgründen durch eine ausführlichere Darlegung niederschlagen kann, die wiederum im Verletzungsverfahren verwendbar ist.

10. Die mit Abstand häufigsten Löschungsgründe sind die der mangelnden Neuheit oder des nicht ausreichenden erfinderischen Schritts. So könnten im Beispielsfall etwa diejenigen Ausführungen folgen, die in → Form. D.8 zu Nr. 2. a) beziehungsweise in → Form. D.9 zu Nr. 1. b) bb) vorgesehen sind. Und auch wenn der Amtsermittlungsgrundsatz gilt, bietet es sich an, die Begründung anschaulich zu gestalten und auf die einzelnen Merkmale einzugehen sowie aufzuzeigen, wo sie sich in einer Druckschrift finden. Wird der erfinderische Schritt angegriffen ist zu berücksichtigen, dass an diesen die gleichen Anforderungen zu stellen sind, wie an die erfinderische Tätigkeit in Bezug auf ein Patent (BGH GRUR 2006, 842 – Demonstrationsschrank). Dabei ist wichtig, dass sich die deutsche Rechtsprechung nicht streng an den Problem-Solution-Approach des EPA hält. Wichtig bei der Darlegung ist vielmehr, dass für den Fachmann ein Anlass bestand die Lehre zweier/mehrerer Druckschriften zu kombinieren, die zur Merkmalskombination des/der angegriffenen Anspruchs/Ansprüche führen. Dabei wird nicht auf die im Streitgebrauchsmuster selber formulierte Aufgabe abgestellt, sondern darauf, was die Erfindung gegenüber dem im Löschungsverfahren nun bekannten Stand der Technik tatsächlich leistet (BGH GRUR 2003, 693 – Hochdruckreiniger; BGH GRUR 2011, 607 – Kosmetisches Sonnenschutzmittel III) (ausführlich zur erfinderischen Tätigkeit mwN ua Benkard PatG/*Asendorf/Schmidt* § 4 Rn. 1 ff.; Busse/Keukenschrijver PatG § 4 Rn. 8 ff.).

11. Zumindest wenn ein paralleles Verletzungsverfahren anhängig ist oder droht ist es sehr empfehlenswert, einen Rechtsanwalt als mitwirkend im Löschungsverfahren zu benennen bzw., sollte dieser ausnahmsweise den Löschungsantrag stellen, einen Patentanwalt. So ist eine bessere Koordination der Argumentation zwischen Verletzungsverfahren und Löschungsverfahren möglich. Zu den Kosten → Anm. 13.

12. Der Fortgang des Löschungsverfahrens stellt sich wie folgt dar: Das DPMA unterrichtet den Gebrauchsmusterinhaber vom Löschungsantrag (§ 17 Abs. 1 GebrMG) und fordert ihn gleichzeitig auf, sich zu diesem Antrag innerhalb einer Frist von einem Monat zu erklären. Falls der Gebrauchsmusterinhaber nicht innerhalb dieser Frist widerspricht, erfolgt die Löschung (§ 17 Abs. 1 S. 2 GebrMG) (→ Form. D.16 Anm. 1). Nach rechtzeitigem Widerspruch wird das eigentliche Löschungsverfahren in Gang gesetzt (vgl. § 17 Abs. 2–4 GebrMG). Es findet sodann eine mündliche Verhandlung statt (vgl. § 17 Abs. 3 GebrMG), nach deren Schluss eine Entscheidung im Beschlusswege ergeht. Sie enthält auch eine Kostenentscheidung (§ 17 Abs. 4 GebrMG). Es ist allgemein üblich, dass rechtzeitig vor der mündlichen Verhandlung ein schriftlicher, sogenannter „Zwischenbescheid" ergeht, der die Parteien vor der mündlichen Verhandlung über die vorläufige Rechtsauffassung des DPMA informiert.

Kosten und Gebühren

13. Mit Einreichung des Löschungsantrags wird die Amtsgebühr von derzeit 300,00 EUR fällig, → Anm. 6.

Nach der neueren Rechtsprechung des Gebrauchsmustersenats des BPatG (vgl. BPatG Mitt. 2005, 375 – Gebühren des Patentanwalts in Gbm-Löschungsbeschwerdeverfahren; BPatG Mitt. 2006, 518 – Gebühren des Patentanwalts; BPatG Mitt. 2017, 123 – Doppelvertretung in Gebrauchsmuster-Löschungsverfahren) sind auch im patentamtlichen Löschungsverfahren für die erstattungsfähigen Gebühren eines Patentanwalts die für Rechtsanwälte geltenden Vorschriften des RVG anzuwenden. Das steht erst recht für die Tätigkeit allein eines Rechtsanwalts außer Frage.

Im Falle einer Doppelvertretung durch Rechts- und Patentanwalt sollen nach BGHZ 42, 352 (354) – Patentanwaltskosten – die Kosten für die Mitwirkung eines Rechtsanwalts nur im Falle der Notwendigkeit, dh bei erheblichen rechtlichen Schwierigkeiten, „deren Bewältigung einem Patentanwalt nicht zugemutet werden konnte", erstattungsfähig sein. Hiervon ist das BPatG nach der Entscheidung des BGH „Doppelvertretung im Nichtigkeitsverfahren" (BGH GRUR 2013, 427) nur einmal abgewichen (BPatG Beschl. v. 27.11.2014 – 35 W (pat) 5/12) und mittlerweile wieder zu seiner ursprünglichen

Rechtsprechung zurückgekehrt (BPatG Mitt. 2017, 123 – Doppelvertretung in Gebrauchsmuster-Löschungsverfahren), wobei es ausdrücklich unterstreicht, dass ein paralleles Verletzungsverfahren die Mitwirkung des betreuenden Rechtsanwaltes im Löschungsverfahren nicht erforderlich macht.

Da es sich beim Löschungsverfahren vor dem DPMA (also für die erste „Instanz") um ein bloßes Verwaltungsverfahren handelt (trotz deutlicher Bezüge zum Prozessrecht, vgl. BPatG Mitt. 2008, 423 ff. – Gegenstandswertfestsetzung durch das DPMA; Schulte/*Rudloff-Schäffer* PatG § 26 Rn. 4; BPatG Mitt. 2017, 123 – Doppelvertretung in Gebrauchsmuster-Löschungsverfahren), wird eine Vergütung nur nach VV 2300 RVG in Betracht kommen, also in einem Rahmen zwischen 0,5 und 2,5. Kommt es – wie regelmäßig – zur mündlichen Verhandlung, muss dies durch eine angemessene Erhöhung der nur einmal anfallenden Geschäftsgebühr berücksichtigt werden. Das BPatG geht in der genannten Entscheidung Doppelvertretung in Gebrauchsmuster-Löschungsverfahren grds. davon aus, dass Fälle, in denen zur Prüfung der Schutzfähigkeit auch der Stand der Technik analysiert werden muss, als aufwendig anzusehen sind und damit eine 1,3 Gebühr rechtfertigt (unter Hinweis auf BGH GRUR 2014, 206 Rn. 25 – Einkaufskühltasche). Für ein Verfahren mit mündlicher Verhandlung sei ein Rahmen von 1,9 bis 2,0 anzusetzen. Als Gesichtspunkte, die eine höhere Gebühr rechtfertigen könnten, nennt das BPatG das Anbringen einer offenkundigen Vorbenutzung oder gebrauchsmusterrechtliche Besonderheiten wie die Neuheitsschonfrist nach § 3 Abs. 1 S. 2 GebrMG oder die Ausstellungspriorität nach § 6a GebrMG. Zur Gebührenhöhe im Beschwerdeverfahren vor dem BPatG → Form. D.17 Anm. 7 aE.

Zudem ist zu beachten, dass nach Auffassung des BPatG (BPatG Mitt. 2008, 423 ff. – Gegenstandswertfestsetzung durch das DPMA) eine Gegenstandswertfestsetzung im Wege des ansonsten in Gerichtsverfahren gebotenen, separaten Beschlusses auszuscheiden hat, weil das amtliche Löschungsverfahren eben kein Gerichts-, sondern ein Verwaltungsverfahren ist (s. o.) und eine planwidrige Lücke für eine analoge Anwendung des § 33 RVG nicht gesehen wird. Demnach wird die Wertfestsetzung inzident im Rahmen der behördlichen Kostenfestsetzung (entsprechend § 80 Abs. 3 VwVfG) zu erfolgen haben (so BPatG Mitt. 2008, 423 ff. (425) li. Sp.).

Wie im Nichtigkeitsverfahren orientiert sich der Streitwert des Löschungsverfahrens, ist ein solches anhängig, am parallelen Verletzungsverfahren (BPatG Mitt. 2017, 123 – Doppelvertretung in Gebrauchsmuster-Löschungsverfahren unter Hinweis auf BGH GRUR 2011, 757 – Gegenstandswert des Patentnichtigkeitsverfahrens).

Fristen und Rechtsmittel

14. Gegen den Löschungsantrag ist zwingend der Widerspruch des Gebrauchsmusterinhabers binnen eines Monats nach Aufforderung durch das DPMA erforderlich, wobei die Zustellung der Aufforderung zur Erklärung die Frist in Gang setzt, selbst wenn der Löschungsantrag früher zugestellt wird (Benkard PatG/*Goebel*/*Engel* § 17 Rn. 3 (→ Anm. 12; → Form. D.16 Anm. 1).

Gegen die Entscheidung des DPMA über den Löschungsantrag findet die Beschwerde zum Bundespatentgericht statt (§ 18 Abs. 1 GebrMG). Insoweit gilt die Frist von einem Monat ab Zustellung der anzufechtenden Entscheidung (§ 18 Abs. 2 S. 1 GebrMG iVm § 73 Abs. 2 S. 1 PatG). Die Beschwerde ist beim DPMA einzulegen (zu den Einzelheiten → Form. D.17).

16. Widerspruch gegen Löschungsantrag

An das

Deutsche Patent- und Markenamt

– Gebrauchsmusterstelle –

80297 München

Gebrauchsmuster G XYZ „Verstelleinrichtung"

Inhaberin: A GmbH (Anschrift)

Namens und im Auftrag der Gebrauchsmusterinhaberin, der A GmbH, (Anschrift), erhebe ich hiermit gegen den Löschungsantrag der Firma B GmbH, (Anschrift), vom ......

Widerspruch[1]

und beantrage,

1. den Löschungsantrag vom ...... zurückzuweisen und das Gebrauchsmuster im eingetragenen Umfang aufrecht zu erhalten,
2. hilfsweise zur Aufrechterhaltung des Gebrauchsmusters den als Anlage in drei Exemplaren beigefügten Schutzanspruch 1 zugrunde zu legen, an den sich die eingetragenen Ansprüche ...... bis ...... in dieser Reihenfolge anschließen sollen,[2]
3. der B GmbH die Kosten des Verfahrens aufzuerlegen.[3]

Begründung:[4]

......

Rechtsanwalt/Patentanwalt[5, 6, 7]

Schrifttum: S. die Hinweise zu → Form. D.15.

Anmerkungen

1. Wie in → Form. D.15 Anm. 12 bereits ausgeführt, setzt das DPMA den Gebrauchsmusterinhaber über den Löschungsantrag in Kenntnis und fordert ihn gleichzeitig auf, sich dazu innerhalb einer Frist von einem Monat zu erklären. Die Zustellung der Aufforderung zur Erklärung setzt dabei die Monatsfrist in Gang, selbst wenn der Löschungsantrag früher zugestellt wird (Benkard PatG/*Goebel/Engel* GebrMG § 17 Rn. 3). Wird die Aufforderung jedoch ohne Löschungsantrag zugestellt, beginnt die Frist erst mit der Antragszustellung (*Bühring/Schmid* § 17 Rn. 10). Bei mehreren Inhabern ist der Widerspruch nur eines Inhabers fristwahrend, wobei die Rücknahme des Widerspruchs nur eines Inhabers der Wirksamkeit des Widerspruchs der anderen Inhaber nicht entgegensteht (*Bühring/Schmid* § 17 Rn. 14).

Widerspricht der Gebrauchsmusterinhaber nicht rechtzeitig, so hat das die Folge, dass das Gebrauchsmuster zwingend zu löschen ist, ohne dass es auf die Schlüssigkeit des Löschungsantrags oder darauf ankommt, dass er im Zeitpunkt der Entscheidung noch anhängig ist, da der unterbliebene Widerspruch einem Rechtsverzicht beinhaltet (BGH GRUR 1995, 210 – Lüfterkappe; *Bühring/Schmid* § 17 Rn. 25; Benkard PatG/*Goebel*

16. Widerspruch gegen Löschungsantrag D. 16

GebrMG § 17 Rn. 6). Dementsprechend wird auch, soweit nur die Feststellung der Unwirksamkeit des Gebrauchsmusters beantragt worden war, das Rechtsschutzbedürfnis nicht geprüft (BPatG GRUR 1980, 1070 – beschränkte Schutzrechtsverteidigung). In diesem Punkt gilt im Gebrauchsmusterrecht eine völlig andere Regelung als im Patentnichtigkeitsverfahren, in dem gemäß § 82 Abs. 2 PatG trotz versäumten Widerspruchs der beklagten Partei gleichwohl eine Sachentscheidung einschließlich der Prüfung der Zulässigkeit und Schlüssigkeit der Nichtigkeitsklage zu erfolgen hat.

Daher ist die Vorschrift des § 17 Abs. 1 S. 2 GebrMG vielleicht die „gefährlichste" Vorschrift im Gebrauchsmusterrecht. Sie ist auf Grund der Tatsache, dass es eine in ihrer Tragweite vergleichbare Rechtsvorschrift (insbesondere im Patentrecht) nicht gibt und ihre fatale Konsequenz für uninformierte Kreise nicht vorhersehbar ist, systemwidrig: Denn das Gebrauchsmuster soll gerade kleine und mittlere Unternehmen und sogar Privatleute in die Lage versetzen, schnell und kostengünstig Erfindungen schützen zu lassen. Es besteht die Gefahr, dass diese Normadressaten, die regelmäßig über keine detaillierten Rechtskenntnisse verfügen, die Tragweite des § 17 Abs. 1 S. 2 GebrMG nicht ausreichend erkennen.

Eine besondere Problematik tritt dann ein, wenn ein Wechsel in der Inhaberschaft des Gebrauchsmusters zwischen Eingang des Löschungsantrags und Ablauf der Widerspruchsfrist eingetreten ist. Nach einer nicht veröffentlichten Entscheidung des Bundespatentgerichts aus dem Jahr 1994 soll die Rechtsprechung des Bundesgerichtshofs zum Patentnichtigkeitsverfahren (vgl. BGH GRUR 1979, 145 – Aufwärmvorrichtung; BGH GRUR 1992, 430 – Tauchcomputer) auf das Gebrauchsmuster-Löschungsverfahren anzuwenden sein, wonach gemäß § 265 Abs. 2 S. 3 ZPO kein Parteiwechsel auf Beklagtenseite ohne Zustimmung des Nichtigkeitsklägers erfolgen darf. Das hat nach Auffassung des Bundespatentgerichts zur Folge, dass der Widerspruch gegen den Löschungsantrag durch den alten Gebrauchsmusterinhaber (dem der Löschungsantrag mit der Aufforderung zur Stellungnahme zugestellt worden ist) zu erfolgen hat. Legt der neue Gebrauchsmusterinhaber stattdessen Widerspruch ein und läuft dann die Widerspruchsfrist von einem Monat ab, tritt die vorstehend beschriebene Folge des § 17 Abs. 1 S. 2 GebrMG (zwingende Löschung) ein. Auf Grund dessen sollte der Widerspruch in jedem Fall durch den bisherigen Gebrauchsmusterinhaber, daneben aber vorsorglich – weil die Auffassung des Bundespatentgerichts in mehrfacher, hier nicht zu erörternder Hinsicht zweifelhaft ist – zusätzlich auch durch den neuen Gebrauchsmusterinhaber innerhalb der gesetzlichen Frist erfolgen.

Der Widerspruch hat schriftlich zu erfolgen, wobei zumindest der Wille zum Ausdruck kommen muss, das Gebrauchsmuster ganz oder teilweise zu verteidigen. Nur ein Antrag auf Fristverlängerung ist insoweit nicht ausreichend (BGH GRUR 1967, 351 – Korrosionsschutzbinde). Es ist aber nicht erforderlich, dem Löschungsantrag vollständig zu widersprechen. Auch ein Teilwiderspruch ist möglich. Genauso kann ein Widerspruch im weiteren Verlauf des Löschungsverfahrens durch Ganz- oder Teilrücknahme beschränkt werden, wobei an die Bestimmtheit einer solchen Rücknahmeerklärung hohe Anforderungen zu stellen sind, weshalb etwa in der Einreichung neuer Ansprüche noch nicht ohne weiteres eine Einschränkung gesehen werden kann (BGH GRUR 1995, 210 – Lüfterklappe; BGH GRUR 1997, 625 – Einkaufswagen I; Busse/Keukenschrijver GebrMG § 17 Rn. 14 mwN).

2. Um das Gebrauchsmuster zumindest in eingeschränktem Umfang aufrecht zu erhalten, können hilfsweise ein oder mehrere, neu formulierte Schutzansprüche eingereicht werden, deren Reichweite freilich nicht über den Offenbarungsgehalt der mit der Anmeldung eingereichten Unterlagen hinausgehen darf (es droht anderenfalls die unzulässige Erweiterung). Regelmäßig erfolgt die Formulierung solcher Hilfsansprüche so, dass ein oder mehrere der bisherigen Unteransprüche mit dem bisherigen Hauptanspruch kombiniert werden (zur Bedeutung einer solchen Kombination im Verletzungsprozess → Form. D.5 Anm. 8, → Form. D.6 Anm. 9). Es kann dabei aber auch auf solche Merkmale zurückgegriffen werden, die bislang nicht Eingang in die Unteransprüche gefunden haben, jedoch in den Anmeldeunterlagen ausreichend als erfindungswesentlich offenbart worden sind (vgl. dazu → Form. D.15 Anm. 5).

Neu formulierte Ansprüche müssen nicht mit dem Widerspruch oder seiner Begründung eingereicht werden. Es ist auch möglich, dies im Laufe des Löschungsverfahrens nachzuholen → Anm. 1.

Ergibt sich nach Eintragung des Gebrauchsmusters (zB durch nachträglich aufgefundenen Stand der Technik), dass das Gebrauchsmuster im erteilten Umfang mit an Sicherheit grenzender Wahrscheinlichkeit nicht rechtsbeständig ist, kann der Gebrauchsmusterinhaber von sich aus (also ohne durch einen Löschungsantrag dazu veranlasst worden zu sein) nachträglich neu formulierte Schutzansprüche mit der Erklärung zur Gebrauchsmusterakte einreichen, dass er für die Vergangenheit und Zukunft keine über diese Schutzansprüche hinausgehenden Rechte aus dem Gebrauchsmuster geltend machen wird. Eine solche Einreichung neuer Schutzansprüche enthält regelmäßig jedoch nur die schuldrechtlich bindende Erklärung an die Allgemeinheit, Schutz gegenüber jedermann nur noch im Umfang der neu gefassten Ansprüche geltend zu machen. Diese sind dann auch Gegenstand eines möglichen Verletzungsverfahrens mit all den enthaltenen Merkmalen, auch wenn sich später herausstellt, dass diese Anspruchsfassung unzulässig war und demgemäß eine andere Beschränkung zB im Löschungsverfahren erfolgt (BGH GRUR 1998, 910 (913) – Scherbeneis). Gegenstand der Prüfung im Löschungsverfahren bleibt aber weiterhin das Gebrauchsmuster in der eingetragenen Fassung. Da die Einschränkungserklärung regelmäßig als bindender, vorweggenommener Verzicht auf einen Widerspruch gemäß § 17 Abs. 1 GebrMG gegen einen Löschungsantrag anzusehen ist, muss das Gebrauchsmuster in seiner eingetragenen Form nach einem Löschungsantrag ohne weitere Sachprüfung gelöscht werden, soweit die eingetragenen Schutzansprüche über die zur Gebrauchsmusterakte nachgereichten hinausgehen und die nachgereichten Ansprüche zulässig sind (vgl. zu allem BGH GRUR 1998, 910 (913) – Scherbeneis, mwN).

3. Die Kostenentscheidung ergeht gemäß § 17 Abs. 4 GebrMG (vgl. dazu Benkard PatG/*Goebel* GebrMG § 17 Rn. 15 ff.).

4. Der Widerspruch kann gänzlich ohne eine Begründung erfolgen, wobei dies selbstverständlich nicht ratsam ist. Die Begründung muss aber nicht innerhalb der Monatsfrist des § 17 Abs. 1 S. 1 GebrMG erfolgen. Vielmehr kann der Gebrauchsmusterinhaber diesbezüglich eine Fristverlängerung bei der Löschungsabteilung des DPMA beantragen.

5. → Form. D.15 Anm. 4.

Kosten und Gebühren

6. Der Widerspruch ist gebührenfrei, ansonsten gelten die Hinweise zu → Form. D.15 Anm. 13.

Fristen und Rechtsmittel

7. S. zur Monatsfrist → Anm. 1 bzw. → Form. D.15 Anm. 12 und im Übrigen → Form. D.15 Anm. 14.

17. Beschwerde gegen die Entscheidung der Gebrauchsmusterabteilung im Löschungsverfahren

An das

Deutsches Patent- und Markenamt[1, 2]

– Gebrauchsmusterstelle –

80297 München

Gebrauchsmuster XYZ Lö . . . . . .

Antragstellerin: B GmbH

Antragsgegnerin: A GmbH

Beschwerde

Hiermit lege ich namens und in Vollmacht der A GmbH[3] gegen den Beschluss der Gebrauchsmusterabteilung . . . . . . vom . . . . . .

Beschwerde

ein.

Die Beschwerdegebühr in Höhe von 500,00 EUR[4] wird durch beigefügten Verrechnungsscheck entrichtet.

Eine Beschwerdebegründung[5] werden wir innerhalb von zwei Monaten, also bis zum

. . . . . .

einreichen.

Rechtsanwalt/Patentanwalt[6, 7, 8]

Schrifttum: S. die Hinweise zu → Form. D.14.

Anmerkungen

1. Gegen die Zurückweisung des Löschungsantrags wie auch gegen die antragsgemäße Löschung findet die Beschwerde an das Bundespatentgericht statt (§ 18 Abs. 1 GebrMG). Sie ist binnen eines Monats nach Zustellung des anzufechtenden Beschlusses einzureichen (§ 18 Abs. 2 S. 1 GebrMG iVm § 73 Abs. 2 S. 1 PatG). Die Beschwerde ist zulässig, wenn der Beschwerdeführer beschwert ist, durch den Beschluss also seinem Begehr nicht voll entsprochen wurde, so dass zB bei einer Teillöschung beide Parteien Beschwerde einlegen können (bzgl. Antragsteller: BPatG GRUR 1992, 694 – Betätigungswerkzeug).

2. Die Beschwerde ist beim Deutschen Patent- und Markenamt (DPMA) einzulegen (also nicht beim Bundespatentgericht, vgl. § 18 Abs. 2 S. 1 GebrMG iVm § 73 Abs. 2 S. 1 PatG), obwohl eine Abhilfemöglichkeit nicht besteht (vgl. § 18 Abs. 2 S. 1 GebrMG iVm § 73 Abs. 4 PatG).

3. Die Beschwerde hat schriftlich in deutscher Sprache zu erfolgen und muss die Person des Beschwerdeführers eindeutig erkennen lassen (*Bühring* § 18 Rn. 33; Benkard

PatG/*Schäfers/Schwarz* § 73 Rn. 31 ff. mwN). Genauso muss die angegriffene Entscheidung genau bezeichnet werden wobei der unbedingte Wille zum Ausdruck kommen muss, dass diese angefochten werden muss. Das Wort „Beschwerde" muss nicht verwendet werden und falsche Bezeichnungen sind unschädlich (*Bühring* § 18 Rn. 44).

4. Gemäß § 18 Abs. 2 S. 1 GebrMG iVm § 73 Abs. 3 PatG, § 6 Abs. 1 S. 1 PatKostG ist innerhalb der Beschwerdefrist die Beschwerdegebühr einzuzahlen. Sie ist Wirksamkeitsvoraussetzung für die Beschwerde (BGH GRUR 1982, 414 – Einsteckschloss). Wird sie nicht oder nicht rechtzeitig gezahlt, gilt die Beschwerde als nicht erhoben und damit auch nicht anhängig (BGH GRUR 2010, 231 – Legostein). Wiedereinsetzung in den vorigen Stand ist möglich (BGH Mitt. 1960, 59 – Wiedereinsetzung; BPatG BPatGE 1, 102). Die Beschwerdegebühr beträgt zurzeit 500,00 EUR (GV 401.100 Nr. 2 PatKostG zu § 2 Abs. 1 PatKostG, vgl. *Bühring* § 18 Rn. 33).

5. Eine Beschwerdebegründung ist genauso wie ein konkret ausformulierter Antrag nicht erforderlich. Die insoweit anwendbaren Vorschriften § 571 ZPO iVm § 99 Abs. 1 PatG enthalten in Bezug auf die Beschwerdebegründung nur eine Soll-Vorschrift. Jedoch ist es unmittelbar einleuchtend, dass im Interesse des Beschwerdeführers eine Beschwerdebegründung zu erfolgen hat, auch wenn im Beschwerdeverfahren weiterhin der Amtsermittlungsgrundsatz gilt (vgl. Benkard PatG/*Schäfers/Schwarz* § 73 Rn. 78). Wird kein Antrag formuliert, so gilt die Entscheidung als im Ganzen angegriffen. Es ist aber auch möglich, eine Entscheidung nur teilweise anzugreifen, was dann aber ausdrücklich und zweifelsfrei erklärt werden muss (Benkard PatG/*Schäfers/Schwarz* § 73 Rn. 41 f.).

6. → Form. D.16 Anm. 4.

Kosten und Gebühren

7. Mit Einreichung der Beschwerde ist eine Amtsgebühr zu entrichten, → Anm. 4.
Über § 18 Abs. 2 S. 2 GebrMG ist § 84 Abs. 2 PatG entsprechend anzuwenden. Das heißt, es hat eine Kostenentscheidung zu ergehen, für die grundsätzlich das Unterliegensprinzip gilt (*Bühring* GebrMG § 18 Rn. 126; Busse/Keukenschrijver GebrMG § 18 Rn. 15).
Anders als im vorausgehenden Löschungsverfahren vor dem DPMA (→ Form. D.15 Anm. 13 aE) ist § 33 RVG aufgrund des gerichtlich ausgeprägten Beschwerdeverfahrens anzuwenden, der Streitwert also im Rahmen einer gesonderten Entscheidung festzusetzen.
Die Gebührenhöhe richtet sich nach VV 3510 RVG (1,3 Verfahrensgebühr) und VV 3516 RVG (1,2 Terminsgebühr), zzgl. Auslagen usw. gemäß VV 7000 ff. RVG (vgl. Benkard PatG/*Goebel* GebrMG § 17 Rn. 40).

Fristen und Rechtsmittel

8. Die Beschwerde ist binnen eines Monats nach Zustellung des anzufechtenden Beschlusses schriftlich beim DPMA einzulegen (→ Anm. 1–3), sofern eine Rechtsmittelbelehrung nach § 18 Abs. 2 S. 1 GebrMG iVm § 47 Abs. 2 PatG erfolgt ist. Fehlt eine solche Rechtsmittelbelehrung ist eine Beschwerde innerhalb eines Jahres seit Zustellung des anzufechtenden Beschlusses möglich.
Über die Beschwerde entscheidet das Bundespatentgericht durch Beschluss, gegen den gemäß § 18 Abs. 4 S. 1 GebrMG die Rechtsbeschwerde zum Bundesgerichtshof stattfindet. Gemäß § 18 Abs. 4 S. 2 GebrMG finden § 100 Abs. 2, 3 PatG sowie die §§ 101–109 PatG entsprechende Anwendung.

18. Beschwerdebegründung D. 18

Die Rechtsbeschwerde kommt nur vor, wenn Verfahrensmängel vorliegen oder sie zugelassen ist. Die den Weg für die Rechtsbeschwerde eröffnenden Verfahrensmängeln sind in § 100 Abs. 3 PatG aufgelistet (vgl. zu den einzelnen Verfahrensmängeln ua Benkard PatG/*Rogge/Fricke* § 100 Rn. 26 ff.). Dieser Katalog ist abschließend (BGH GRUR 2011, 1055 – Formkörper mit Durchtrittsöffnungen). Relevant sind dabei nur Mängel der Beschwerdeinstanz, nicht der Vorinstanz vor dem DPMA (BGH GRUR 2001, 139 – Parkkarte; Benkard PatG/*Rogge/Fricke* § 100 Rn. 24 mwN).

Die Rechtsbeschwerde ist von Amts wegen gemäß § 100 Abs. 2 PatG zuzulassen, wenn eine Rechtsfrage von grundsätzlicher Bedeutung (BGH Beschl. v. 8.2.2010 – II ZR 156/09 – Grundsätzliche Bedeutung) zu entscheiden ist oder die Rechtsfortbildung oder die Sicherung einer einheitlichen Rechtsprechung eine Entscheidung des Bundesgerichtshofs erfordert (BGH Urt. v. 29.6.2010 – X ZR 51/09 – Rechtsfortbildung; BGH Beschl. v. 7.10.2005 – V ZR 328/03 – Vertrauen in die Rechtsprechung). Eine Zulassung scheidet aus, wenn der Verstoß bereits in der Beschwerdeinstanz hätte gerügt werden können (BGH Beschl. v. 6.5.2010 – IX ZB 225/09). Die Rechtsbeschwerde eröffnet eine Überprüfung der gesamten Entscheidung, wobei jedoch, ähnlich wie bei der Revision, Tatsachen nicht geprüft werden (BGH GRUR 2008, 279 – Kornfeinung). Eine Nichtzulassungsbeschwerde ist nicht vorgesehen (vgl. BGH GRUR 1968, 59 – Golden Toast; *Bühring* GebrMG § 18 Rn. 158).

Zu den Einzelheiten der Rechtsbeschwerde vgl. §§ 102 ff. PatG. Wichtig: Gemäß § 102 Abs. 1 PatG ist die Rechtsbeschwerde innerhalb eines Monats nach Zustellung des Beschlusses der Beschwerdeinstanz beim Bundesgerichtshof schriftlich einzulegen, was gemäß § 102 Abs. 5 S. 1 PatG nur durch einen beim Bundesgerichtshof zugelassenen Rechtsanwalt erfolgen kann.

18. Beschwerdebegründung

An das

Bundespatentgericht[1]

Postfach 90 02 53

81502 München

Az. . . . . . W (pat) . . . . /. . . . . .

Beschwerdeführerin: B GmbH

Beschwerdegegnerin: A GmbH

Es wird beantragt,[2]

1. den angefochtenen Beschluss aufzuheben, den Löschungsantrag zurückzuweisen und das Gebrauchsmuster im eingetragenen Umfang aufrecht zu erhalten,
2. hilfsweise zur Aufrechterhaltung des Gebrauchsmusters den als Anlage in drei Exemplaren beigefügten Schutzanspruch 1 zugrunde zu legen, an den sich die eingetragenen Ansprüche . . . . . . bis . . . . . . in dieser Reihenfolge anschließen sollen,[3]
3. hilfsweise einen Termin zur mündlichen Verhandlung anzuberaumen,[4]
4. der B GmbH die Kosten des Verfahrens aufzuerlegen.[5]

Zur Beschwerdebegründung[6] wird folgendes vorgetragen:

..... (weiter ausführen)

Rechtsanwalt/Patentanwalt[7, 8, 9]

Schrifttum: S. die Hinweise zu → Form. D.15.

Anmerkungen

1. Das DPMA hat die bei ihm und nicht beim Bundespatentgericht einzulegende Beschwerde (→ Form. D.17 Anm. 2) ohne sachliche Stellungnahme innerhalb eines Zeitraums von drei Monaten dem Bundespatentgericht vorzulegen (vgl. § 18 Abs. 3 S. 1 GebrMG iVm § 73 Abs. 4 S. 2 PatG), das den Beteiligten dann das Aktenzeichen des Beschwerdeverfahrens mitteilt. Danach sind alle weiteren Schriftsätze beim Bundespatentgericht unter Benennung des neuen Aktenzeichens einzureichen.

2. Die Formulierung bestimmter Anträge ist ebenso wenig Zulässigkeitsvoraussetzung der Beschwerde wie eine Begründung derselben, jedoch liegt die Sachdienlichkeit nicht nur der Begründung, sondern auch der Anträge auf der Hand (→ Form. D.18 Anm. 2).

3. Im Rahmen des Sachantrags kann insbesondere die hilfsweise Aufrechterhaltung des Streitgebrauchsmusters in eingeschränktem Umfang beantragt werden, wobei es nicht erforderlich ist, dies bereits mit der Berufungserwiderung zu tun bzw. mit dieser Hilfsanträge einzureichen (→ Form. D.16 Anm. 2).

4. Anders als im erstinstanzlichen Löschungsverfahren (vgl. § 17 Abs. 3 S. 1 GebrMG) findet die mündliche Verhandlung im Beschwerdeverfahren gemäß § 18 Abs. 2 S. 1 GebrMG iVm § 78 Nr. 1 PatG fakultativ, also nur auf Antrag statt. Die Aufrechterhaltung eines Antrags auf nutzlose mündliche Verhandlung kann eine negative Kostenfolge nach § 80 PatG nach sich ziehen (vgl. BPatGE 7, 36).

5. Auch wenn die Kostenentscheidung nach § 84 Abs. 2 PatG ohne Antrag ergeht, wird idR ein Kostenantrag gestellt.

6. Wie bereits zu → Form. D.17 Anm. 5 erwähnt worden ist, bedarf es für die Zulässigkeit der Beschwerde an sich keiner Begründung (und demgemäß müsste das Bundespatentgericht über die Sache auch ohne eine Beschwerdebegründung entscheiden), jedoch liegt es auf der Hand, dass nur infolge einer sorgfältig ausgearbeiteten Beschwerde hinreichend sicher erwartet werden kann, dass die Beschwerde auch zum Erfolg führt.

Da die Beschwerdebegründung an keine Frist gebunden ist, kann sie jederzeit eingereicht werden, jedoch sollte sich der Beschwerdeführer an die von ihm selbst angekündigte Frist (→ Form. D.17) halten. Bei allzu zögerlicher Ausarbeitung der Begründung droht ansonsten die Gefahr, dass das Bundespatentgericht nach Aktenlage entscheidet und die Argumente der Beschwerdebegründung nicht mehr berücksichtigen kann.

7. → Form. D.15 Anm. 4.

Kosten und Gebühren

8. S. die Hinweise zu → Form. D.17 Anm. 7.

Fristen und Rechtsmittel

9. → Anm. 6 aE und → Form. D.17 Anm. 8.

19. Formelle Beschwerdeentgegnung

An das

Bundespatentgericht[1, 2]

Postfach 90 02 53

81502 München

Az. . . . . . W (pat) . . . . . . /. . . . . .

Beschwerdeführerin: B GmbH

Beschwerdegegnerin: A GmbH

Namens und in Vollmacht der Beschwerdegegnerin beantrage ich,

1. die von der B GmbH gegen den Beschluss der Gebrauchsmusterabteilung des Deutschen Patent- und Markenamts vom . . . . . . eingelegte Beschwerde zurückzuweisen, hilfsweise, einen Termin zur mündlichen Verhandlung anzuberaumen,[3]
2. der Beschwerdeführerin die Kosten des Verfahrens aufzuerlegen.[4]

Weitere Ausführungen bleiben vorbehalten.

Rechtsanwalt/Patentanwalt[5, 6, 7]

Schrifttum: S. die Hinweise bei → Form. D.15.

Anmerkungen

1. Die Beschwerde gegen die Entscheidung der Gebrauchsmusterabteilung im Löschungsverfahren wird zunächst – wie allgemein üblich – ohne Begründung eingelegt (→ Form. D.17). Liegt daher mit Einreichung der Beschwerde regelmäßig noch keine Begründung vor, kann demgemäß in der Beschwerdeentgegnung noch keine substantiierte Erwiderung erfolgen. Sie hat sich daher auf die Anträge zu beschränken, die freilich ohnehin nicht obligatorisch sind. Es würde daher auch genügen, lediglich zu formulieren, dass man der Beschwerde entgegentritt. Nichts desto trotz sind Anträge auch auf Seiten des Beschwerdegegners angezeigt (→ Form. D.18 Anm. 2).

2. Sofern die Beschwerde bereits beim Bundespatentgericht vorliegt und von dort ein Aktenzeichen mitgeteilt worden ist, ist die Beschwerdeentgegnung an das Bundespatentgericht zu adressieren. Anderenfalls kann sie auch noch an das DPMA gerichtet werden.

3. Ein hilfsweiser Antrag auf Anordnung der mündlichen Verhandlung sollte, wie zu → Form. D.18 Anm. 4 erläutert, gestellt werden, da im Beschwerdeverfahren anders als im erstinstanzlichen Verfahren vor dem DPMA eine mündliche Verhandlung nicht obligatorisch ist.

4. → Form. D.18 Anm. 5.

5. → Form. D.15 Anm. 4.

Kosten und Gebühren

6. S. die Hinweise zu → Form. D.17 Anm. 7.

Fristen und Rechtsmittel

7. Die Beschwerdeentgegnung ist an keine Frist gebunden. Jedoch ist es selbstverständlich, dass es dem Beschwerdegegner obliegt, deutlich zu machen, dass er sich gegen die Beschwerde zur Wehr setzen wird.
S. ansonsten die Hinweise zu → Form. D.17 Anm. 8.

20. Materielle Beschwerdeentgegnung

An das

Bundespatentgericht[1]

Postfach 90 02 53

81502 München

Az. . . . . . W (pat) . . . . . . / . . . . . .

Beschwerdeführerin: B GmbH

Beschwerdegegnerin: A GmbH

Hiermit begründe ich die Anträge aus der Beschwerdeentgegnung vom . . . . . . wie folgt:

. . . . . . (Weiter ausführen)[2]

Rechtsanwalt/Patentanwalt[3, 4]

Schrifttum: S. die Hinweise zu → Form. D.15.

Anmerkungen

1. Mit der materiellen Beschwerdeentgegnung ist abzuwarten, bis die substantiierten Einwände des Beschwerdeführers vorliegen. Die materielle Beschwerdeentgegnung ist an keine Frist gebunden, sollte jedoch rechtzeitig erfolgen, damit ihre Argumente bei der Entscheidung noch Berücksichtigung finden können (vgl. auch → Form. D.19 Anm. 1).

2. Wie die Beschwerde selbst bedarf auch die Entgegnung keiner Begründung (→ Form. D.17 Anm. 5), jedoch liegt natürlich eine materielle Beschwerdeentgegnung im Interesse des Beschwerdegegners.

3. → Form. D.15 Anm. 4.

20. Materielle Beschwerdeentgegnung D. 20

Kosten und Gebühren

4. S. die Hinweise zu → Form. D.17 Anm. 7.

E. Arbeitnehmererfinderrecht

1. Erfindungsmeldung

Firma B

Geschäftsleitung[1, 2]

Betreff: Erfindungsmeldung über einen geschlossenen Abstandsrahmen für Sicherheitsverbundglasscheiben

Sehr geehrte Damen und Herren,

hiermit zeige ich[3] an, die nachstehend beschriebene Erfindung[4] gemacht zu haben, die ich hiermit melde.[5]

Gegenstand der Erfindung:[6]

Die Erfindung bezieht sich auf einen Abstandsrahmen für Sicherheitsverbundglasscheiben aus einem im Querschnitt U-förmigen Material. Der Abstandsrahmen distanziert zwei Sicherheitsglasscheiben, deren Hohl- bzw. Zwischenraum mit einem salz- und wasserhaltigen Gel gefüllt und außen zwischen den Scheibenrändern, die den Rahmen überragen, mit einem Dichtstoff versehen ist.

Solche Abstandsrahmen sind im Stand der Technik[7] aus der DE . . . . . . für feuerwiderstandsfähige Glasscheiben bekannt. Der Hohlraum zwischen den Scheiben ist mit einem wasser- und salzhaltigen Gel gefüllt. Im Brandfall erfolgt nach Zerspringen der dem Hitzeherd zugewandten ersten Scheibe durch das Verdampfen des Wasseranteils die Bildung einer Salzschicht auf der zweiten Scheibe und dadurch eine hohe Wärmeisolierung. So wird die zweite Scheibe für eine geraume Zeit von dem Hitzeherd abgeschirmt und bildet eine Brandbarriere. Durch zwischenzeitlich eingeleitete Löscharbeiten kann ein Übergreifen des Feuers verhindert werden. Bei der bekannten Scheibenanordnung besteht der Abstandsrahmen aus vier Profilabschnitten, die mittels Eckverbindern zusammengehalten werden. Nachteilig ist dabei, dass die als Eckverbinder dienenden Einsteckwinkel aus Blech bestehen, die durch Aussparungen und Vorsprünge eine komplizierte Form aufweisen, so dass für ihre Herstellung aufwändige Werkzeuge benötigt werden. Nachteilig ist außerdem, dass verschiedene Profilbreiten des Abstandsrahmens jeweils passende Eckverbinder verlangen und die Eckverbinder von Hand in die Profilabschnitte eingebracht werden müssen, was einen hohen Arbeitsaufwand erfordert.

Technische Problemstellung:[8]

Ausgehend von dem vorstehend erläuterten Stand der Technik liegt der Erfindung die Aufgabe, dh das technische Problem zugrunde, einen Abstandsrahmen zu beschreiben, der mit geringem Arbeitsaufwand und ohne Einsatz aufwendiger Werkzeuge zu fertigen ist.

Lösung der technischen Problemstellung:[9]

Erfindungsgemäß wird das technische Problem dadurch gelöst, dass der Abstandsrahmen der bekannten Scheibenanordnung aus einem einstückig abgelängten Profilmaterial gebildet ist, das an den zu bildenden Rahmenecken an seinen gegenüberliegenden Flanken mit je einer Ausklinkung versehen, abgebogen und an seinen beiden Enden miteinander verbunden ist. Vorzugsweise sind die Ausklinkungen V-förmig. Die Verbindung kann durch eine die Enden des Profilmaterials überdeckende Punktschweißung auf dem Mittelsteg des Profilmaterials erfolgen. Um eine leichte Befüllbarkeit der Scheibenanordnung mit dem Gel herbeizuführen, kann der Mittelsteg des Profilmaterials mit zwei im Abstandsrahmen diagonal gegenüberliegenden ausgestanzten Befüllungsöffnungen versehen werden. Als Profil kommt ein korrosionsfestes Material wie beispielsweise Edelstahl oder Titan in Betracht.

Die Erfindung bietet den Vorteil,[10] dass für den Abstandsrahmen keinerlei Eckverbinder mehr verwendet werden müssen. Der U-förmige Querschnitt des Rahmenprofils kann in einer geringen Flankenbreite ausgeführt sein. Dadurch wird erreicht, dass die Gelfüllung weit an den Isolierglasrand heranreicht und das Brandverhalten der gelgefüllten Sicherheitsverbundglasscheibe begünstigt. Die geringe Flankenbreite erlaubt auch die Verwendung schmaler Halteleisten zur Befestigung der Scheiben in einem Verglasungssystem, beispielsweise als Fenster in einer Brandschutztür, was sich positiv auf das ästhetische Erscheinungsbild auswirkt. Vorteilhaft ist auch, dass die Breite des Mittelsteges des Profils beliebig gewählt werden kann, ohne auf bestimmte Größen von Eckverbindern angewiesen zu sein. Das gewünschte Volumen zwischen den beiden Silikatglasscheiben kann so beliebig gewählt werden.

Zur weiteren Erläuterung des Gegenstandes[11] der Erfindung verweise ich auf die in der Anlage beigefügten Zeichnungen. Figur 1 zeigt den Querschnitt einer Sicherheitsverbundglasscheibe, Figur 2 einen Abstandsrahmen der Sicherheitsverbundglasscheibe in einer Seitenansicht, Figur 3 ein vorbereitetes Rahmenprofil und Figur 4 eine Befüllungsöffnung im Rahmenprofil für das einzufüllende Gel zwischen der Scheibenanordnung.

Zustandekommen der Erfindung:[12]

Bei der Aufgabenstellung[13] wurden mir seitens des Betriebes keine konkreten Anweisungen zur Neuentwicklung eines Abstandsrahmens für einen Isolierglasscheibenaufbau erteilt. Allgemein war an mich die Aufgabe gestellt worden, vorhandene Teile im Hinblick auf eine kostengünstige Produktion gegebenenfalls auch umzukonstruieren. Dem betrieblichen Stand der Technik entspricht die aus der DE . . . . . . bekannte Scheibenanordnung.

Anregungen für die Erfindung erhielt ich zufällig aus einer Beobachtung bei der Montage eines Selbstaufbau-Möbels. Die Holzbrettchen einer Schublade sind an ihren Stoßenden V-förmig eingeschnitten und mit einer Folie außen beklebt. Die Holzbrettchen könne im 90° Winkel geknickt und verleimt werden wobei die Folie während der Weiterverarbeitung eine ausreichende Fixierung der zu verbindenden Teile sicherstellt. Ich habe mir überlegt, dass aus einem U-förmigen Profilmaterial durch Einbringen von V-förmigen Ausschnitten in den später zu formenden Eckbereichen ein Abstandsrahmen auf ähnliche Weise für einen Isolierglasscheibenaufbau hergestellt werden kann. In der Musterabteilung unseres Betriebes ist nach meinen Angaben ein erstes Muster aus U-Profilmaterial gefertigt worden. Besondere technische Hilfsmittel sind mir darüber hinaus für die Lösung der Aufgabe seitens des Betriebes nicht gestellt worden.[14]

Meine eigene Stellung im Betrieb[15] ist diejenige eines Chemikers und Leiters der Abteilung für Entwicklung und Konstruktion. Zu meinen allgemeinen Aufgaben gehören die Entwicklung und die Erprobung sowie die Fertigung neuer Produkte. Mein Tätigkeitsbereich erfasst auch die Entwicklung von Sicherheitsverbundglasscheiben einschließlich verschiedener Scheibenanordnungen daraus.

Hinsichtlich der Verwertbarkeit[16] der Erfindung in unserem Betrieb möchte ich noch darauf verweisen, dass die von mir durchgeführten Laborversuche mit einem Muster

1. Erfindungsmeldung

E. 1

erfolgreich waren. Wegen der Einzelheiten verweise ich auf die anliegenden Versuchsprotokolle. Nach meiner Einschätzung wäre eine baldige Produktionsaufnahme möglich. Eine Vorstellung der erfindungsgemäßen Scheibenanordnungen würde sich auf der im Herbst stattfindenden Fachmesse GLASTEC[17] anbieten. Soweit mir bekannt ist, führen die Wettbewerber keine vergleichbaren Produkte in ihrem Programm.

Die Erfindung ist von mir allein[18] gemacht worden. Die praktische Umsetzung der Erfindung in ein erstes Muster ist mit Herrn C aus dem Musterbau besprochen und nach meinen Weisungen durchgeführt worden. Ich habe dabei Herrn C gesagt, dass es sich um eine neue Entwicklung handelt und ihn zugleich gebeten, die Sache vertraulich zu behandeln.[19]

. . . . . ., den . . . . . .

Mit freundlichen Grüßen/Name/Unterschrift[20]

Anlagen: Zeichnungen Figuren 1–4

Versuchsprotokolle

Schrifttum: 1. **Gesetzestexte/Entscheidungssammlungen:** Patent- und Musterrecht, Textausgabe Beck-Texte im dtv; *Gaul/Bartenbach*, EGR, Entscheidungssammlung gewerblicher Rechtsschutz, Arbeitnehmererfinderrecht, 1982 und laufende Ergänzungen; *Haertel/Krieger/Rother*, Arbeitnehmererfinderrecht, Gesetz über Arbeitnehmererfindungen mit Durchführungsverordnungen, Richtlinien, Materialien, Rechtsprechungsübersicht und Bibliographie, 5. Aufl. 2009; *Hellebrand/Schmidt*, Rechtsprechungsdatenbank ArbEG, Aktuelle Schiedsstellenpraxis, CD-ROM, 2009/2010; *Reitzle/Butenschön/Bergmann*, Gesetz über Arbeitnehmererfindungen/Act on Employees' Inventions, 3. Aufl. 2007; weitere Übersetzungen: www.wipo.int/wipolex

2. **Kommentare:** *Bartenbach/Volz*, Arbeitnehmererfindungsgesetz, 5. Aufl. 2013; *Bartenbach/Volz*, Arbeitnehmererfindervergütung, 4. Aufl. 2017; *Boemke/Kursawe*, Gesetz über Arbeitnehmererfindungen, 2015; *Busse/Keukenschrijver*, Patentgesetz: PatG, 8. Aufl. 2016, Anhang ArbEG; *Reimer/Schade/Schippel/Bearbeiter*, Arbeitnehmererfindergesetz, 8. Aufl. 2007; *Schwab*, Arbeitnehmererfindungsrecht, 3. Aufl., 2014; *Volmer/Gaul*, Arbeitnehmererfindergesetz, 2. Aufl. 1983.

3. **Lehrbücher und Monographien:** *A. Bartenbach*, Arbeitnehmererfindungen im Konzern, 3. Aufl. 2015; *Bartenbach/Volz*, 50 Jahre Arbeitnehmererfindergesetz, Beilage I/Heft 4, GRUR 2008; *Bartenbach/Volz*, Arbeitnehmererfindungen, Praxisleitfaden mit Mustertexten, 6. Aufl. 2014; *Bergmann*, Erfindungen von Hochschulbeschäftigten nach der Reform von § 42 ArbNErfG, 2006; *Gaul*, Die Arbeitnehmererfindung, 1988; *Hellebrand/Rabe*, Lizenzsätze für technische Erfindungen, 5. Aufl. 2017; *Johannesson*, Arbeitnehmererfindungen, 1979; *Kraßer/Ann*, Patentrecht, 7. Aufl. 2016, § 21; *Kurz*, Die historische Entwicklung des Arbeitnehmererfinderrechts in Deutschland, 1991; *Rosenberger/Wündisch*, Verträge über Forschung und Entwicklung, 3. Aufl., 2017; *Schaub*, Arbeitsrechtshandbuch, 17. Aufl. 2017; *Schwab*, Erfindung und Verbesserungsvorschlag im Arbeitsverhältnis – eine systematische Darstellung für die Praxis, 1991; *Trimborn*, Erfindungen von Organmitgliedern, 1998; *Trimborn*, Employees' Inventions in Germany, 2009.

4. **Aufsätze:** *Bartenbach*, Grundzüge des Rechts der Arbeitnehmererfindungen, NZA 90 Beilage 2; *Bartenbach*, Die betriebsgeheime Erfindung und ihre Vergütung nach § 17 ArbEG, GRUR 1982, 133; *Bartenbach*, Aktuelle Entwicklungen im Arbeitnehmererfindungsrecht (Folien), VPP Rundbrief 2010, 101; *Bartenbach*, Rechtswirksamkeit von Abkaufregelungen, VPP-Rundbrief 2005, 92; *Bartenbach*, Erfindungen von Organmitgliedern – Zuordnung und Vergütung, GRUR 2005, 384; *Bartenbach/Hellebrand*, Zur Abschaffung des Hochschullehrerprivilegs (§ 42 ArbEG) – Auswirkungen auf den Abschluss von Forschungsaufträgen, Mitt. 2002, 165; *Bartenbach/Volz*, Das Arbeitnehmererfindungsrecht auf der Nahtstelle von Arbeitsrecht und gewerblichem Rechtsschutz, Festschrift Melullis GRUR 2009, 220; *Bartenbach/Volz*, Die Novelle des Gesetzes über Arbeitnehmererfindungen, GRUR 2009, 997; *Bartenbach/Volz*, Schuldrechtsreform und Arbeitnehmererfinderrecht, Festschrift Tilmann, 2003,

431; *Bartenbach-Bartenbach, Britta,* Die Rechtswegzuständigkeit der Arbeitsgerichte für Streitigkeiten über Arbeitnehmererfindungen und Urheberrechtsstreitigkeiten nach § 2 Abs. 2 ArbGG, FS Bartenbach, 2005, 623; *Bayreuther,* Neue Spielregeln im Arbeitnehmererfinderrecht, NZA 2009, 1123; *Bayreuther,* Zum Verhältnis zwischen Arbeits-, Urheber- und Arbeitnehmererfindungsrecht, GRUR 2003, 570; *Belling,* Das Hochschulfreiheitsgesetz (HFG-NW) und seine arbeitsrechtlichen Folgen für angestellte Wissenschaftler, WissR 2007, 5–35; *Bender,* Beschränktes Auskunftsrecht des Arbeitnehmererfinders, Mitt. 1998, 216; *Böhringer,* Die Novellierung des „Hochschullehrerprivilegs" (§ 42 ArbnErfG), NJW 2002, 952; *Düwell,* Rechtsstreitigkeiten der Arbeitsvertragsparteien über Erfindungen, Verbesserungsvorschläge und Urheberrechte, ZAP 1998, 389; *v. Falckenstein,* Arbeitnehmererfindungsgesetz – das Rote Kliff im gewerblichen Rechtsschutz, FS Bartenbach, 2005, 73; *Franke,* Stand der Novellierung des Gesetzes über Arbeitnehmererfindungen, VPP Rundbrief 2004, 49; *Fischer,* Sind die Lizenzsätze nach Nr. 10 der Vergütungsrichtlinien heute noch zeitgemäß?, Mitt. 1987, 104; *Franke,* Der lange Weg zur Reform des ArbEG und alternative Incentive-Systeme der Industrie, FS Bartenbach, 2005, 127; *Gärtner/Simon,* Reform des Arbeitnehmererfinderrechts: Chancen und Risiken, BB 2011, 1909; *Gaul,* 20 Jahre Arbeitnehmererfinderrecht, GRUR 1977, 686; *Gaul,* Erfindervergütungen an geschäftsführende Gesellschafter, DB 1990, 671; *Gaul,* Die Arbeitnehmererfindung im technischen, urheberrechtsfähigen und geschmacksmusterfähigen Bereich, RdA 93, 90; *Geier,* Die Aktivierung von Arbeitnehmererfindungen DStR 2017, 1192; *Grabinski,* Anmerkungen zum Vergütungsanspruch für technische Verbesserungsvorschläge nach § 20 I ArbErfG, GRUR 2001, 922; *Graf von der Groeben*; Ausgleich unter Teilhabern nach frei gewordener Diensterfindung, GRUR 2014, 113; *Groß,* Aktuelle Lizenzgebühren in Patentlizenz-, Know-How- und Computerprogrammlizenzverträgen, BB 1995, 885; *Heilmann/Taeger,* Praktische Rechtsfragen des Arbeitnehmererfindungsrechts, BB 1990, 1969; *Hellebrand,* Wann ist bei der Ermittlung des Erfindungswertes nach der Lizenzanalogie zur Berechnung der Erfindervergütung eine Abstaffelung bei hohen Umsätzen zulässig und geboten?, GRUR 1993, 449; *Henke,* Interessengemäße Erfindungsverwertung durch mehrere Patentinhaber, „Gummielastische Masse II" und seine Auswirkungen, GRUR 2007, 89; *Himmelmann,* Die Reform des ArbEG und die Rechtsprechung des BGH zum Auskunfts- und Rechnungslegungsanspruch im Spiegel der Beiträge der Festschrift Bartenbach zum 65. Geburtstag am 9. Dezember 2004 – zugleich eine Besprechung, GRUR Int. 2006, 670; *Hofmann,* Das Anwartschaftsrecht des Arbeitgebers vor Inanspruchnahme der Diensterfindung in der Insolvenz, GRUR-RR 2013, 633; *Hohagen/Burghart,* Incentive-Systeme für Arbeitnehmererfindungen in der betrieblichen Praxis, ArbRAktuell 2014, 429; *Kockläuner,* Bewährtes deutsches Arbeitnehmererfinderrecht? GRUR 1999, 664; *U. Krieger,* Zum Verhältnis von Monopolprinzip im Recht der Arbeitnehmererfindung, Festschrift Quack, 1991, 41; *Kunzmann,* Von Copolyester bis Abwasserbehandlung, FS Bartenbach, 2005, 175; *Leuze,* Kritische Anmerkungen zu § 42 ArbEG, GRUR 2005, 27; *Leuze,* Die urheberrechtliche und arbeitnehmererfinderrechtliche Stellung der wissenschaftliche Mitarbeiter unter besonderer Berücksichtigung der angestellten Ärzte, WissR Bd. 44 (2011), 280; *Liebenau/Zech/Hofmann,* Das Recht an der Erfindung und das Recht auf das Patent. Eine Analyse der Rechtsstellung des Erfinders in der jüngeren Rechtsprechung des BGH, Zeitschrift für geistiges Eigentum 2012, 133; *Lunz/Hessel,* Überblick über die wichtigsten Änderungen durch das Gesetz zur Vereinfachung und Modernisierung des Patentrechts, Mitt. 2009, 433; *Meier,* Bewährtes deutsches Arbeitnehmererfinderrecht, GRUR 1998, 779; *Meier-Beck,* Vergütungs- und Auskunftsanspruch des Arbeitnehmers bei der Nutzung einer Diensterfindung im Konzern, FS Tilmann, 2003, 539; *Meitinger,* Crowdsourcing und Patentrecht. Wie passt das zusammen?, Mitt. 2016, 532; *Post/Kuschka,* Verwertungspflichten der Hochschulen nach Abschaffung des Hochschullehrerprivilegs, GRUR 2003, 494; *Rohnke,* Neuerer, Arbeitnehmererfinder und Unternehmensgründer in den neuen Bundesländern, BB 1991, Beilage 9; *Rosenberger,* Zur Auskunftspflicht des Arbeitgebers gegenüber dem Arbeitnehmererfinder im Hinblick auf die Kriterien für den Erfindungswert, GRUR 2000, 25; *Rosenberger,* Kriterien für den Erfindungswert, erheblicher Unbilligkeit von Vergütungsvereinbarungen, Vergütung bei zu enger Fassung von Schutzrechtsansprüchen – Kritisches zu BGH „Vinylchlorid" und „Schwermetall Oxidationskatalysator", GRUR 1990, 238; *Schaub,* Arbeitnehmererfindung und Betriebsnachfolge, FS Bartenbach, 2005, 229; *Schreyer-Bestmann/Garbers-von Boehm,* Die Änderungen des Arbeitnehmererfindergesetzes durch das Patentrechtsmodernisierungsgesetz, DB 2009, 2266; *Schultz-Süchting,* Der technische Verbesserungsvorschlag im System des Arbeitnehmererfindergesetzes, GRUR 1973, 293; *Schütt/Böhnke,* Rechtsfolgen bei erheblich verspäteter Erfindungsmeldung, GRUR 2013, 789; *Sturm,* Der Erfindungswert und die Angemessenheit von Erfindervergütungen, Mitt. 1989, 61; *B. Schwab,* Der Arbeitnehmer als Erfinder, NZA-RR 2014, 281; *B. Schwab,* Der Arbeitnehmer als Vorschlagseinreicher, NZA-RR 2015, 225; *Trimborn,* Erfindungen beim Betriebsübergang, Mitt. 2007, 208; *Trimborn,* Pauschalvergütungssysteme für Arbeitnehmererfindungen in Deutschland, Mitt. 2006,

1. Erfindungsmeldung   E. 1

160–164; *Trimborn*, Entwicklungen im Arbeitnehmererfindungsrecht ab 2007, Mitt. 2008, 546; *Trimborn*, Erfindungen während des Auslandseinsatzes, Mitt. 2006, 498; *Trimborn*, Aktuelle Entwicklungen im Arbeitnehmererfindungsrecht ab 2009, Mitt. 2010, 461; ab 2011, Mitt. 2013, 537 Teil 1; Mitt. 2014, 74 Teil 2; ab 2013 Mitt. 2015, 116 Teil 1; Mitt. 2015, 308 Teil 2; *Windisch*, Rechtsprechung im Bereich der Arbeitnehmererfindung, GRUR 1985, 829.

5. Rechtsvergleichend: *AIPPI Genf 2004*, Q 183, Die Rechte des Arbeitgebers an den Schöpfungen des Arbeitnehmers, www.aippi.org; *Bartenbach/Goetzmann*, Europäisches Arbeitnehmererfindungsrecht vs. Arbeitnehmererfindungsrecht in Europa, VPP-Rundbrief 2006, 73; *Bartenbach/Volz*, Zur Vergütung von in Anspruch genommenen Diensterfindungen durch den Arbeitgeber in Österreich nach dem Patentgesetz 1970 – zugleich eine vergleichende Betrachtung mit der deutschen Rechtssituation, Mitt. 2016, 371; *Fabry*, Das Recht des Arbeitnehmererfinders in Österreich, Mitt. 2015, 500; *Fabry/Trimborn*, Arbeitnehmererfindungsrecht im internationalen Vergleich, 2. Aufl. 2016; *A. von Falck/Schmaltz*, Hochschulerfindungen: Zuordnung und Vergütung in Deutschland, den Niederlanden, Frankreich, Großbritannien, den USA und Japan, GRUR 2004, 469; *Goetzmann*, Die Harmonisierung des Arbeitnehmererfindungsrechts in der Europäischen Union, 2008; *Neumeyer*, Das Recht der Arbeitnehmererfindung – seine historischen Wurzeln und seine heutige internationale Verbreitung, AWD 1974, 395; *Neumeyer*, Das Recht der Arbeitnehmererfindung in den Ländern des Gemeinsamen Marktes, DB 1978, 538; *Ramm*, Vergleichende Untersuchung über das Recht der Arbeitnehmererfindung in den Mitgliedsstaaten der Europäischen Gemeinschaften, 1977; *Straus*, Die international-privatrechtliche Beurteilung von Arbeitnehmererfindungen im europäischen Patentrecht, GRUR Int. 1984, 1; *Straus*, Arbeitnehmererfindungsrecht: Grundlagen und Möglichkeiten der Rechtsangleichung, GRUR Int. 1990, 353; *Straus*, Zur Gleichbehandlung aller Diensterfindungen, Festschrift Bartenbach, 2005, 111; *Trimborn/Fabry*, Das Recht des Arbeitnehmererfinders in der internationalen Übersicht, Mitteilungen 2009, 529; *Villinger*, Materialien für eine Harmonisierung des Rechts der Arbeitnehmererfindungen, 1994.

6. Schrifttum zur Meldung und Inanspruchnahme: *Bayreuther*, Neue Spielregeln im Arbeitnehmererfinderrecht, NZA 2009, 1123; *Beyerlein*, Die Erfindungsmeldung als Grundlage für die Übergangsregelungen im Patentrechtsmodernisierungsgesetz, Mitt. 2010, 524; *Datzmann*, Meldung und Inanspruchnahme von Diensterfindungen, BB 1976, 1375; *Fricke/Meier-Beck*, Der Übergang der Rechte an der Diensterfindung auf den Arbeitgeber, Mitt. 2000, 199; *Gaul*, Der persönliche Geltungsbereich des Arbeitnehmererfindergesetzes, RdA 1982, 268; *Gaul*, Die unvollständige Erfindungsmeldung nach dem ArbEG, DB 1982, 2499; *Hellebrand*, Nochmals: Der Übergang der Rechte an der Diensterfindung auf den Arbeitgeber, Mitt. 2001, 195; *Hellebrand*, Diensterfindungen ab jetzt mit Haftungsetikett für den Arbeitgeber wegen Pflichtverletzung des Arbeitnehmererfinders, Mitt. 2006, 486; *Rosenberger*, Zum 3. Mal: Meldung und Inanspruchnahme von Diensterfindungen, BB 1977, 251; *Steininger*, Neue Tücken bei der Überleitung von Diensterfindungen auf den Arbeitgeber, zugleich Anmerkung zum Urteil des BGH – „Haftetikett", Mitt. 2006, 483; *Volmer*, Nochmals: Meldung und Inanspruchnahme von Diensterfindungen, BB 1976, 1513; *von Falckenstein*, Vereinfachung des Arbeitnehmererfindungsrechts? Festschrift 50 Jahre VPP, 2005.

Anmerkungen

1. Durch das Gesetz zur Vereinfachung und Modernisierung des Patentrechts (Patentrechtsmodernisierungsgesetz (PatRModernG), Art. 7 vom 31.7.2009 (BGBl. I 2521)) ist das Gesetz über Arbeitnehmererfindungen vom 25.7.1957 seiner wohl größten Änderung seit seinem Bestehen unterzogen worden. Die Änderungen sind zwar schon zum 1.10.2009 in Kraft getreten, nach der Übergangsvorschrift § 43 Abs. 3 ArbEG finden aber auf Erfindungen, die vor dem 1.10.2009 dem Arbeitgeber gemeldet wurden, die Vorschriften des Gesetzes in der bis zum 30.9.2009 geltenden Fassung weiter Anwendung (BGH GRUR 2017, 504 – Lichtschutzfolie, mAnm *Gärtner*; *Boos* GRUR-Prax 2017, 147). Das gilt auch für technische Verbesserungsvorschläge. Die wesentlichen Änderungen betreffen einmal die Aufgabe des Erfordernisses der Schriftform im Sinne des § 126 BGB für alle Erklärungen nach dem Gesetz. Nunmehr reicht „Textform" nach § 126b

BGB. Damit, so die amtliche Begründung der Gesetzesänderung (BlPMZ 2009, 322), sollen auch moderne Informations- und Kommunikationstechniken verwandt werden können. Der Text muss lediglich die Abgabe einer Erklärung erkennen lassen, wobei dies durch eine Unterschrift aber auch in sonstiger Weise geschehen kann, beispielsweise durch eine Datierung oder auch eine Grußformel. Das andere Mal ist das die Neuregelung der vermögensrechtlichen Überleitung der vom Arbeitnehmer gemachten Erfindung auf den Arbeitgeber. Die unbeschränkte Inanspruchnahme der Diensterfindung durch und damit die Überleitung der Erfindung auf den Arbeitgeber gilt seitens des Arbeitgebers als erklärt, wenn er die Erfindung nicht gegenüber dem Arbeitnehmer innerhalb einer Frist von 4 Monaten mit einer Erklärung in Textform freigibt. Mit dieser Gesetzesänderungen sollen nach der amtlichen Begründung einerseits die Zuordnung der im Arbeitsverhältnis entstandenen Diensterfindung zum Arbeitgeber sichergestellt und andererseits dem Arbeitnehmererfinder eine angemessene Vergütung durch die Zuordnung der Erfindung zum Arbeitgeber gewährleistet werden. Form und Fristversäumnisse der Vergangenheit mit erheblichen Problemen für die Parteien sollen durch die Fiktion einer Inanspruchnahme mit Zuordnung der Erfindung auf den Arbeitgeber künftig vermieden werden.

Bei arbeitnehmererfinderrechtlichen Sachverhalten ist wegen der Bedeutung der Gesetzesänderung deshalb gleich zu Beginn der Fallbearbeitung zu klären, welche Fassung des Gesetzes anzuwenden ist. Drehpunkt ist der Zeitpunkt der Meldung der Diensterfindung.

Der Arbeitnehmer, der eine Erfindung gemacht hat, ist gemäß § 5 Abs. 1 ArbEG verpflichtet, diese dem Arbeitgeber unverzüglich gesondert in Textform zu melden. Dabei hat er kenntlich zu machen, dass es sich um die Meldung einer Erfindung handelt. Sind mehrere Arbeitnehmer an der Erfindung beteiligt, können sie die Meldung gemeinsam abgeben. § 5 Abs. 2 ArbEG nennt als Inhalt der Erfindungsmeldung die Beschreibung der technischen Aufgabe, ihre Lösung und das Zustandekommen der Diensterfindung. Der Umfang der Meldepflicht erfasst nicht nur den erfindungsgemäßen Grundgedanken, sondern all das, was zur erfindungsgemäßen Offenbarung erforderlich ist. Dazu gehört auch eine Ausführungsform der Erfindung (Schiedsstelle 40/88 und Schiedsstelle 68/88, BlPMZ 1989, 366 (369)). Die Erfindungsmeldung hat ihren Sinn und Zweck darin, die Überleitung der zunächst in der Person des Arbeitnehmererfinders entstandenen schutzwürdigen Position als Folge des im geltenden Patent- und Gebrauchsmusterrechts herrschenden Erfinderprinzips (§ 6 S. 1 PatG; Art. 60 Abs. 1 S. 1 EPÜ) auf den Arbeitgeber vorzubereiten. Insoweit ist die Arbeitnehmererfindung mit einer quasi dinglichen Optionsberechtigung des Arbeitgebers belastet (*Bartenbach/Volz* Arbeitnehmererfindungsgesetz, 5. Aufl. 2013, § 6 aF Rn. 8: höchstpersönliches Recht des Arbeitgebers als gesetzliches Optionsrecht; *Reimer/Schade/Schippel/Rother* ArbEG, 8. Aufl. 2007, § 6 Rn. 3; OLG Karlsruhe GRUR-RR 2013, 47 – Formatkreissäge). Daran hat sich auch durch die Fiktion der Inanspruchnahme aufgrund der Gesetzesänderung (s. o.) nichts geändert. Denn die Konfliktlage zwischen Erfinderprinzip und Zuweisung der Arbeitsergebnisse an den Arbeitgeber besteht weiterhin fort. Die Erfindungsmeldung soll dem Arbeitgeber die für die Ausübung des Optionsrechts erforderliche Kenntnis vermitteln und ihn darüber hinaus befähigen, seine aus § 13 Abs. 1 ArbEG folgende Verpflichtung zur Schutzrechtsanmeldung einer gemeldeten Diensterfindung zu erfüllen. Die Erfindungsmeldung dient des Weiteren der Erfassung der Berechnungsgrundlage für den späteren Vergütungsanspruch des Diensterfinders. Deshalb ist eine sorgfältige Abfassung der Erfindungsmeldung geboten. Die Erfindungsmeldung ist „unverzüglich" zu bewirken. Auch wenn die Erfindungsmeldung kein Rechtsgeschäft im Sinne des § 125 BGB ist, weil auf sie die Vorschriften über Willenserklärungen der §§ 130 f. BGB nicht anwendbar sind (Busse/Keukenschrijver ArbEG § 5 Rn. 5), ist sie doch nicht nur auf die bloße Wissensvermittlung gerichtet, sondern eine geschäftsähnliche Handlung. Denn wenn sie nicht ordnungsgemäß ist oder deren Ordnungsgemäßheit auch nicht fingiert wird, werden

1. Erfindungsmeldung

keine Fristen ausgelöst. Deshalb bedeutet unverzüglich „ohne schuldhaftes Zögern" gemäß § 121 Abs. 1 BGB. Eine Erfindung ist „gemacht", wenn sie fertiggestellt ist, was der Fall ist, wenn sie dem Durchschnittsfachmann bei objektiver Betrachtung eine konkrete ausführbare Lehre zum technischen Handeln offenbart. Fabrikationsreife wird nicht gefordert. Durch die Erfindungsmeldung und die Schutzrechtsanmeldung soll eine Gefährdung der Erfindung verhindert werden (BGH GRUR 1971, 211 – Wildbissverhinderung). Die Erfindungsmeldung braucht in der seit dem 1.10.2009 geltenden Fassung des Gesetzes nur noch in „Textform" im Sinne des § 126b BGB zu erfolgen. Ein Verzicht auf Textform dürfte wie schon zur alten Gesetzesfassung hinsichtlich der Schriftlichkeit zulässig sein; ein solcher ist jedoch außerhalb einer besonderen Vereinbarung nur bei Vorliegen beachtlicher Umstände anzunehmen (BGH GRUR 1962, 305 – Federspannvorrichtung). Im Zweifel wird wie bisher kein Verzicht auf Textform vorliegen, weil durch den Zeitpunkt der Meldung die Inanspruchnahmefrist für den Arbeitgeber in Gang gesetzt wird. Aus diesem Grund verlangt auch § 5 Abs. 1 ArbEG weiterhin eine „gesonderte" Meldung der Diensterfindung, also nicht gelegentlich einer sonstigen Eingabe an den Arbeitgeber (BGH Mitt. 1996, 16 (17) – Gummielastische Masse). Der Arbeitnehmer, der eine von ihm gemachte Erfindung entgegen der gesetzlichen Verpflichtung nicht, insbesondere nicht unverzüglich, meldet, macht sich schadensersatzpflichtig (*Bartenbach/Volz* Arbeitnehmererfindungsgesetz, 5. Aufl. 2013, § 5 Rn. 94 f., 96.1; *Reimer/Schade/Schippel/Rother* ArbEG, 8. Aufl. 2007, § 5 Rn. 39; BGH GRUR 2005, 761 – Rasenbefestigungsplatte: vorsätzlich verspätete Erfindungsmeldung kann Frist der Inanspruchnahme nicht wirksam in Gang setzen). Schadensersatz kann besonders durch die Gefährdung der Erfindung aufgrund Vorveröffentlichung, Anmeldung durch Dritte, Zeitverlust bei Entstehung des Monopolrechts bedingt sein.

2. Die Erfindungsmeldung ist dem **Arbeitgeber** gegenüber zu bewirken. Das ist der formelle Träger aller Rechte und Pflichten aus dem Dienstverhältnis zum Zeitpunkt der Fertigstellung der Erfindung. Das gilt auch bei verbundenen Unternehmen im Sinne des Aktiengesetzes, und zwar ungeachtet, wer die Erfindung künftig nutzt oder erwirbt. Wechselt der Inhaber des Betriebes, so ist die Erfindungsmeldung gegenüber dem neuen Inhaber abzugeben. (*Reimer/Schade/Schippel/Rother* ArbEG, 8. Aufl. 2007, § 5 Rn. 13). Bei Leiharbeitsverhältnissen ist zu unterscheiden zwischen echten und unechten Leiharbeitsverhältnissen. Die rechtlichen Rahmenbedingungen für die unechten Leiharbeitsverhältnisse sind im Arbeitnehmerüberlassungsgesetz (AÜG) festgelegt. Nach Art. 1 § 11 Abs. 7 AÜG gilt danach, wenn der Arbeitnehmer zum Zwecke der Ausleihe eingestellt wurde, der Entleiher als Arbeitgeber iSd ArbEG. (*Moritz* BB 1972, 1569; *Schaub* ArbR-HdB § 114 II 2 b). Probleme können auftreten, wenn der Arbeitnehmer gleichzeitig bei mehreren Arbeitgebern beschäftigt ist. In jedem Fall sollte die Erfindungsmeldung gegenüber demjenigen Arbeitgeber abgegeben werden, in dessen Betrieb die Erfindung gemacht worden ist. Lässt sich das nicht klar abgrenzen, empfiehlt sich, dem anderen Arbeitgeber zumindest Mitteilung über die Erfindung zu machen. Der Arbeitnehmer erfüllt zwar mit der Meldung der Erfindung seine Verpflichtung aus dem Arbeitsverhältnis. Unklarheiten darüber, mit wem ein Arbeitsverhältnis besteht, dürfen allerdings nicht zu Lasten des Arbeitnehmers gehen. Mangels besonderer betrieblicher Vereinbarungen oder besonderer Umstände ist zur Entgegennahme der Erfindungsmeldung die Geschäftsleitung zwar der richtige Adressat. Aufgrund Betriebsvereinbarungen kann jedoch bestimmt werden, dass die Erfindungsmeldung an eine bestimmte Abteilung, beispielsweise an die Patent- oder Personalabteilung, zu richten ist. Besonders bei größeren Betrieben bieten sich dazu einzelvertragliche Bestimmungen oder auch kollektivrechtliche Regelungen an (*Gaul* Die Arbeitnehmererfindung, 1988, 49). Sonderregelungen sind auch bei zwischenbetrieblichen Kooperationen denkbar (*Bartenbach/Volz* Arbeitnehmererfindungsgesetz, 5. Aufl. 2013, § 5 Rn. 9.1) Erfolgt eine Erfindungsmeldung innerhalb eines weit verzweigten

Unternehmens nicht an die richtige und dem Arbeitnehmer bekannte zuständige Abteilung, kann eine solche Erfindungsmeldung grundsätzlich nicht geeignet sein, die damit verbundenen Rechtsfolgen (Fristen für den Arbeitgeber) auszulösen. Bis zum Zugang der Erfindungsmeldung an den Arbeitgeber trägt der Arbeitnehmer das Übermittlungsrisiko (Busse/Keukenschrijver ArbEG § 5 Rn. 12).

3. Der **persönliche Geltungsbereich** des Arbeitnehmererfindergesetzes erfasst Arbeitnehmer im privaten und öffentlichen Dienst, Beamte und Soldaten, § 1 ArbEG. Mangels einer eigenen Definition des Arbeitnehmerbegriffs bestimmt sich die rechtliche Einordnung nach den allgemeinen Grundsätzen des Arbeitsrechts (BGH GRUR 1990, 193 – Auto-Kindersitz). Arbeitnehmer ist danach, wer auf Grund privatrechtlichen Vertrages oder eines ihm gleichgestellten Rechtsverhältnisses im Dienst eines anderen zur Arbeit verpflichtet ist und eine abhängige, fremd bestimmte Arbeit leistet (BAG NJW 1999, 3731 (3732); *Schaub* ArbR-HdB § 8 I 1 a). Das können auch Praktikanten sein (*Reimer/Schade/Schippel/Rother* ArbEG, 8. Aufl. 2007, § 1 Rn. 2). Nicht dazu zählen Pensionäre, freie Mitarbeiter und arbeitnehmerähnliche Personen (aA für arbeitnehmerähnliche Personen: *Gaul* GRUR 1977, 686 (689)). Die Einordnung bestimmter Personen in die Sozialversicherung ändert an dem Begriff des Arbeitnehmers nichts. Gesetzliche Vertreter juristischer Personen (Geschäftsführer, Vorstände) fallen grundsätzlich nicht unter den Begriff des Arbeitnehmers und auf sie sind die Vorschriften des Arbeitnehmererfindergesetzes außerhalb einer ausdrücklichen Vereinbarung auch nicht entsprechend anwendbar (BGH GRUR 1965, 302 – Schellenreibungskupplung; BGH GRUR 1990, 193 – Auto-Kindersitz; *Reimer/Schade/Schippel/Rother* ArbEG, 8. Aufl. 2007, § 5 Rn. 11; *Bartenbach/Volz* Arbeitnehmererfindungsgesetz, 5. Aufl. 2013, § 1 Rn. 69 f.; vgl. auch *Trimborn* Die Erfindung von Organmitgliedern, 1998, 306 f.). Nur ausnahmsweise kann der Geschäftsführer in einem Arbeitsverhältnis stehen und Arbeitnehmer sein (BAG NJW 1999, 3731 (3732)). Weil es auf den Zeitpunkt der Entstehung der Meldepflicht ankommt und dieser mit der Fertigstellung der Erfindung zusammenfällt, ist ein vor diesem Zeitpunkt wieder abberufener Geschäftsführer Arbeitnehmer. Die Nichtanwendbarkeit des Arbeitnehmererfindergesetzes auf die gesetzlichen Vertreter eines Unternehmens bedeutet jedoch nicht, dass der gesetzliche Vertreter frei in der Verfügungsmacht über seine Erfindung ist. In der Regel ist auch der gesetzliche Vertreter oder der in die Geschäftsleitung eingebundene Gesellschafter wenn nicht aus dem Geschäftsführervertrag so aus seiner Treuepflicht gegenüber dem Unternehmen heraus verpflichtet, diesem die Verwertung der Erfindung zu ermöglichen und damit das Unternehmen von seiner Erfindung zu unterrichten und gegebenenfalls auf das Unternehmen zu übertragen. Meldet der Geschäftsführer oder Gesellschafter die Erfindung selbst zur Erteilung eines Patentes an, steht der Gesellschaft ein Übertragungsanspruch zu (OLG Frankfurt JurionRS 2017, 13343; OLG Düsseldorf Mitt. 2014, 337 (344) – Rapssaatenschalung; → Form. E.18). Der Vergütungsanspruch des gesetzlichen Vertreters folgt aus einer Sonderleistung im dienstvertraglichen Sinne. Geschuldet ist die übliche Vergütung, § 612 Abs. 2 BGB (*Gaul* GmbH-Rundschau 1982, 101 f.; *Gaul* BB 1990, 671; *Trimborn* Die Erfindung von Organmitgliedern, 1998, 306 f.). Gehörte es zu den Pflichten des Organmitglieds, auf technischem Gebiet tätig zu werden, namentlich in der Produktentwicklung oder in der Produktverbesserung, ist bei der Frage nach einer Sondervergütung kritisch zu prüfen, ob diese nicht schon Bestandteil der vertraglich geregelten Bezüge des Organmitglieds und damit der üblichen Vergütung ist. Nicht in jedem Fall hat das Organmitglied, das eine Erfindung gemacht hat, einen Anspruch auf eine Sondervergütung (OLG Düsseldorf Mitt. 1999, 378 – Geschäftsführererfindung, das bereits dann einen Vergütungsanspruch des Geschäftsführers verneint hat, wenn es jedenfalls auch zu seinem Pflichtenkreis zählte, technische Entwicklungen zu fördern). Nach BGH GRUR 2007, 52 – Rollenantriebseinheit II – besteht zwar zu Gunsten des Geschäftsführers ein Vergütungsanspruch aus § 612 Abs. 2 BGB, der jedoch entfällt, wenn der Geschäftsführer gerade mit dem Ziel eingestellt wurde,

1. Erfindungsmeldung

persönlich auf Neuerungen hinzuarbeiten (so schon BGH GRUR 2000, 788 – Gleichstromsteuerschaltung). Mit seiner Entscheidung BGH Beschl. v. 16.3.2010 – X ZR 41/08 – Rollenantriebseinheit III hat der BGH in diesem Fall dann eine dem Geschäftsführer vom Berufungsgericht zugesprochene Vergütung gebilligt. Weil das Arbeitnehmererfindergesetz im Bereich der Bundesrepublik Deutschland gilt, kommt es nicht darauf an, ob der Arbeitnehmer Ausländer oder Inländer ist. Hinsichtlich des Arbeitsverhältnisses von inländischen Arbeitnehmern, die von ausländischen Unternehmen in Deutschland beschäftigt werden, gilt, wenn die Parteien eine zulässige Rechtswahl nach Art. 3 Rom-I-VO (Art. 27 EGBGB aF). nicht getroffen haben, Art. 8 Abs. 2 Rom-I-VO (Art. 30 Abs. 2 EGBGB aF). Entscheidend ist danach das Recht des gewöhnlichen Arbeitsortes. Liegt dieser im Gebiet der Bundesrepublik Deutschland ist das ArbEG anzuwenden. Einer Rechtswahl sind Schranken gesetzt; denn zwingende, zum Schutz des Arbeitnehmers erlassene Vorschriften dürfen auch bei Verweisung auf ein ausländisches Rechtsstatut nicht umgangen werden. Deshalb können Vereinbarungen über Erfindungen, insbesondere vor deren Meldung (§ 22 ArbEG), unwirksam sein, wenn sie unbillig sind. Namentlich ist dies der Fall, wenn trotz Inanspruchnahme der Diensterfindung der Vergütungsanspruch ausgeschlossen wird (*Schaub* ArbR-HdB § 114 II 1; *Reimer/Schade/Schippel/Rother* ArbEG, 8. Aufl. 2007, § 1 Rn. 14). Der persönliche Anwendungsbereich erfasst auch Arbeitnehmer im öffentlichen Dienst, Beamte und Soldaten, §§ 40, 41 ArbEG. Es gilt der Grundsatz der Gleichstellung (*Bartenbach/Volz* Arbeitnehmererfindungsgesetz, 5. Aufl. 2013, vor §§ 40–42 Rn. 4 f.) Beamter ist, wer zu einer juristischen Person des öffentlichen Rechts in einem öffentlich-rechtlichen, gesetzlich besonders geregelten Dienst- und Treueverhältnis steht. Soldat ist, wer auf Grund der Wehrpflicht oder freiwilliger Verpflichtung in einem Wehrdienstverhältnis steht. Für die Gruppe der Arbeitnehmer im öffentlichen Dienst und für Beamte und Soldaten gelten außerhalb der Meldung einer Diensterfindung besondere Vorschriften (§§ 40, 41 ArbEG). Nicht zu den durch § 5 ArbEG zur Meldung verpflichteten Arbeitnehmern zählten bis zur Gesetzesänderung des § 42 ArbEG zum 7.2.2002 (BGBl. I 414) Professoren, Dozenten und wissenschaftliche Assistenten an den wissenschaftlichen Hochschulen. Zur Auslegung dieser Bezeichnungen: LG Düsseldorf GRUR 1994, 53 (55) – Photoplethysmograph. Die Erfindungen dieser Personen waren privilegiert und galten als freie Erfindungen; eine Meldepflicht gegenüber dem Dienstherrn bestand nicht, § 42 Abs. 1 ArbEG aF, §§ 4 Abs. 3, 18 Abs. 1 ArbEG. Seit der Abschaffung des Hochschullehrerprivilegs werden Erfindungen von Beschäftigten an Hochschulen grundsätzlich nicht mehr anders behandelt als Erfindungen von Arbeitnehmern, § 42 ArbEG nF. Der Begriff der **Beschäftigten** erfasst alle Bediensteten an einer Hochschule und der Begriff **Hochschule** ist nach der Definition in § 1 HRG nicht nur auf Universitäten beschränkt, sondern umfasst auch Fachoberschulen. Für die Altfälle, dh für alle bis zum 6.2.2002 gemachten Erfindungen (§ 43 Abs. 1 ArbEG), verbleibt es bei den früheren Regeln. Wegen der grundgesetzlich garantierten Freiheit der Forschung und Lehre aus Art. 5 Abs. 3 GG ist der an einer Hochschule beschäftigte Erfinder jedoch dann nicht zur Meldung seiner Erfindung verpflichtet, wenn er eine Offenbarung seiner Erfindung überhaupt ablehnt (negative Publikationsfreiheit). Allerdings besteht eine Meldepflicht nach § 42 Nr. 2 ArbEG dann, wenn der Erfinder seine Erfindung zu einem späteren Zeitpunkt doch noch veröffentlichen möchte. Die Regelung in § 42 Nr. 1 ArbEG ist mit dem verfassungsrechtlichen Gebot der Freiheit der Lehre und Forschung zu vereinbaren, BGH GRUR 2008, 150 – selbst stabilisierendes Kniegelenk. (Einzelheiten zu § 42 ArbEG und der Gestaltung von Forschungsverträgen: *Bartenbach* VPP-Rundbrief 2002, 100; *Böhringer* NJW 2002, 952; *Leuze* GRUR 2005, 27; *Reimer/Schade/Schippel/Leuze* ArbEG, 8. Aufl. 2007, § 42 Rn. 1 ff., ferner *Leuze* WissR Bd. 44 (2011), 280). Hochschulen bieten über gemeinsame Einrichtungen Unterstützung bei der Abfassung von Verträgen, beispielsweise unter www.ipal.de; dort werden Vertragsbausteine für Auftragsforschung zwischen Hochschule und Industrie sowie für Kooperationen in Forschung und Entwicklung zwischen Hochschule und Industrie zum Download in Deutsch und Englisch bereitgehalten.

Zur speziellen Vertragsgestaltung im Hochschulbereich siehe auch *Winzer*, Forschungs- und Entwicklungsverträge, Vertragshandbuch, 2. Aufl. 2011.

Die zeitlichen Grenzen, innerhalb der ein Arbeitnehmer zur Erfindungsmeldung verpflichtet ist, richten sich nach den vertraglichen Vereinbarungen über Ende und Anfang des Arbeitsverhältnisses. Maßgebend ist der formelle Bestand des Arbeitsverhältnisses und nicht etwa der Zeitpunkt des Vertragsschlusses oder derjenige einer eventuellen Freistellung des Arbeitnehmers infolge einer Aufhebungsvereinbarung (BGH GRUR 1981, 128 (129) – Flaschengreifer, mAnm *Fischer*; BGH GRUR 1971, 407 – Schlussurlaub).

4. Der **sachliche Geltungsbereich** des ArbEG erfasst Erfindungen und technische Verbesserungsvorschläge, § 1 ArbEG. Die Meldepflicht erstreckt sich nach dem Gesetzeswortlaut nur auf Diensterfindungen, § 5 ArbEG. Das sind nur patent- und gebrauchsmusterschutzfähige Erfindungen, § 2 ArbEG, die der Arbeitnehmer während der Dauer des Dienstverhältnisses gemacht hat, und die entweder aus der dem Arbeitnehmer obliegenden Tätigkeit entstanden sind oder maßgeblich auf Erfahrungen des Betriebs beruhen (**Aufgaben-** und **Erfahrungserfindungen**). Zu den allgemeinen Voraussetzungen einer Erfindung überhaupt wird auf die Vorschriften aus dem geltenden deutschen Patent- und Gebrauchsmustergesetz verwiesen, §§ 1, 3 PatG, §§ 1, 3 GebrMG: Neu, erfinderisch und gewerblich anwendbar. Patentfähigkeit fordert eine Technizität der erfinderischen Lehre. Bei einer technischen Vorrichtung wird diese objektive Eignung regelmäßig gegeben sein. Bei einem Verfahren genügt eine Einbettung in eine technische Vorrichtung (BGH GRUR 2010, 660 – Gasflaschenanalysesystem). Die in § 3 ArbEG genannten **technischen Verbesserungsvorschläge** werden nicht von der Meldepflicht aus § 5 ArbEG erfasst (BGH GRUR 1964, 449 – Drehstromwicklung). Erfasst werden nur technische Neuerungen, die, aus welchen Gründen auch immer, nicht patent- oder gebrauchsmusterfähig sind. Wann eine solche technische Verbesserung angenommen werden kann, beantwortet sich anders als bei den förmlichen Schutzrechten nicht nach dem gesamten Stand der Technik; Maßstab ist vielmehr der innerbetriebliche Stand der Technik (BGH GRUR 1969, 341 (342) – Räumzange; *Schulz-Süchting* GRUR 1973, 295). Beispiel: Das Umdrehen einer auf einem Schienenhalbkreis hin und herfahrenden Werkslokomotive zur Vermeidung eines ungleichmäßigen Verschleißes der kurveninneren Räder. Die Frage nach einer Mitteilungspflicht technischer Verbesserungsvorschläge ist vom Arbeitsrecht her zu beantworten. Regelmäßig folgt aus der Treuepflicht des Arbeitnehmers gegenüber seinem Arbeitgeber eine Unterrichtungspflicht. Denn es handelt sich um Arbeitsergebnisse und eine Einordnung als schutzfähige Neuerung ist nur möglich, wenn der Arbeitgeber Kenntnis der technischen Neuerung erlangt. Eine Unterrichtung des Arbeitgebers durch den Arbeitnehmer ist zwingend geboten, wenn die Verbesserungsvorschläge in Erfüllung von Verpflichtungen aus dem Arbeitsverhältnis entstanden sind (*Reimer/Schade/Schippel/Rother* ArbEG, 8. Aufl. 2007, § 3 Rn. 7; *Bartenbach/Volz* Arbeitnehmererfindungsgesetz, 5. Aufl. 2013, § 3 Rn. 28). Die Verpflichtung zur Meldung eines Verbesserungsvorschlages und die Form der Meldung können auch durch Betriebsvereinbarung fortgeschrieben werden (Schiedsstelle 61/85 BlPMZ 87, 209). Die weitere sachliche Einordnung der technischen Verbesserungsvorschläge entscheidet sich erst bei der Vergütungsfrage aus § 20 ArbEG. Die Vorschriften der arbeitnehmererfinderrechtlichen Vergütung aus §§ 9, 11 ArbEG sind nur anwendbar auf Verbesserungsvorschläge, die solche technischen Lehren zum planmäßigen Handeln enthalten, die ähnlich einem Patent oder Gebrauchsmuster dem Arbeitgeber eine Monopolstellung vermitteln, § 20 Abs. 1 ArbEG. Die Vorzugsstellung, die das Gesetz in § 20 Abs. 1 ArbEG verlangt, bedeutet, dass der (qualifizierte) technische Verbesserungsvorschlag die tatsächliche, nicht etwa die rechtliche Möglichkeit bieten muss, die technische Lehre unter Ausschluss der Mitbewerber zu benutzen (BGH GRUR 1969, 341 (343) –

1. Erfindungsmeldung

Räumzange). Diese werden auch als „qualifizierte" technische Verbesserungsvorschläge bezeichnet, im Gegensatz zu den „einfachen" technischen Verbesserungsvorschlägen des § 20 Abs. 2 ArbEG, die nur eine Verbesserung aufzeigen, nicht jedoch eine Monopolstellung vermitteln. Diese sind insbesondere in der Vergütungsfrage der Regelung durch Tarifvertrag oder Betriebsvereinbarung überlassen. Einzelheiten siehe die instruktive Darstellung: *B. Schwab* NZA-RR 2015, 225.

Nicht von der Meldepflicht im Sinne einer vollständigen Offenbarungspflicht erfasst werden **freie Erfindungen**. Das sind solche, die mit der betrieblichen Tätigkeit des Arbeitnehmers und/oder mit den Erfahrungen oder Arbeiten des Betriebes nicht in Zusammenhang stehen, § 4 Abs. 3 ArbEG. Allerdings besteht grundsätzlich eine Mitteilungspflicht und darüber hinaus auch eine Informationspflicht über die vermeintlich freie Erfindung und ihre Entstehung aus § 18 ArbEG, um dem Arbeitgeber die Möglichkeit zu geben, zu prüfen, ob es sich um eine Diensterfindung oder um eine freie Erfindung handelt (Amtliche Begründung zu § 18 ArbEG, BLPMZ 1957, 238).

5. Der Begriff „Erfindungsmeldung" muss nicht notwendigerweise verwandt werden, solange hinreichend deutlich wird, dass es sich um die Mitteilung einer Lehre zum technischen Handeln handelt und der Arbeitgeber die Mitteilung als Mitteilung einer Erfindung erkennt (LG Düsseldorf GRUR 1974, 173 (174) – Blockeinweiser). Die mündliche Mitteilung einer „Initialidee" durch den Arbeitnehmer und schriftliche Berichte über anschließend durchgeführte Versuche nach der technischen Lehre stellen keine Erfindungsmeldung dar (BGH GRUR 2011, 733 – Initialidee, noch zum alten Recht unter Fortführung BGH GRUR 2006, 754 – Haftetikett).

6. Der Aufbau einer Erfindungsmeldung erfolgt nach Zweckmäßigkeitsgesichtspunkten. Häufig werden namentlich in größeren Betrieben Formblätter verwendet. Die Erfindungsmeldung hat die technische Aufgabe (Problemstellung), deren Lösung und das Zustandekommen der Erfindung zu beschreiben. Aufzeichnungen sollen beigefügt, Weisungen oder Richtlinien, Erfahrungen oder Arbeiten des Betriebes, Art und Umfang der Mitarbeit anderer Beteiligter und deren Anteile sollen angegeben werden, § 5 Abs. 2 ArbEG. Der Aufbau des Textbeispiels geschieht in Anlehnung der Formulierung einer Patentanmeldung. Es empfiehlt sich, die Erfindung schon in der Erfindungsmeldung mit einem Schlagwort oder einer sonstigen Kurzbezeichnung zu versehen und diese in der künftigen Korrespondenz zu verwenden.

7. Zunächst sollte der Gegenstand der Erfindung allgemein erläutert werden. Sodann folgt eine kurze Darstellung des Standes der Technik und der damit verbundenen Nachteile.

8. Vor dem Hintergrund des Standes der Technik ist die Aufgabe als technische Problemstellung zu formulieren.

9. Die Lösung des technischen Problems bzw. der Aufgabe stellt zugleich die Lehre zum technischen Handeln dar und somit die Erfindung. Eine Lösung ist dann ordnungsgemäß beschrieben, wenn sie derart erläutert ist, dass die Benutzung der Erfindung für einen anderen Sachkundigen möglich ist (OLG Nürnberg GRUR 1968, 147 (148) – Farbnebel). Dabei ist besondere Sorgfalt darauf zu legen, dass die Erfindung im Hinblick auf eine spätere Schutzrechtsanmeldung durch den Arbeitgeber umfassend dargestellt wird. Geschieht dies in vorwerfbarer Weise durch den Arbeitnehmer nicht, kann dieser später dem Arbeitgeber nicht vorhalten, er habe das Potential der ihm gemeldeten Erfindung nicht hinreichend ausgeschöpft.

10. Die Vorteile der Erfindung sollten schon aus Gründen der Unterstreichung der Bedeutung der Erfindung erörtert werden.

11. Zur Erläuterung des Gegenstandes der Erfindung können, müssen jedoch nicht Zeichnungen beigefügt werden. Sie sollen nach § 5 Abs. 2 ArbEG beigefügt werden, soweit sie zum Verständnis der Erfindung erforderlich sind.

12. § 5 Abs. 2 ArbEG erwähnt ausdrücklich, dass in der Meldung vom Arbeitnehmer das Zustandekommen der Diensterfindung anzugeben ist. Diese Darstellung ist für die spätere Berechnung des Vergütungsanspruchs von durchschlagender Bedeutung. Der Arbeitnehmer sollte daher darauf besondere Sorgfalt verwenden. Auch der Arbeitgeber sollte, soweit es ihm möglich ist, auf Klarheit und Vollständigkeit der Angaben hinwirken. Später lassen sich Einzelheiten durch Zeitablauf nur noch schwer rekonstruieren. Zu den Angaben über das Zustandekommen der Erfindung zählen insbesondere die Angaben der folgenden → Anm. 13–15:

13. Anteil des Erfinders/des Betriebes bei der Aufgabenstellung,

14. Anteil des Erfinders/des Betriebes bei der Lösung der Aufgabe und

15. Eigene Stellung im Betrieb.

Diese Angaben dienen der Ermittlung des Anteilsfaktors im Rahmen der Vergütungsregelung nach den Richtlinien für die Vergütung von Arbeitnehmererfindungen im privaten Dienst des Bundesministers für Arbeit nach § 11 ArbEG. Der Vergütungsanspruch des Arbeitnehmererfinders unterscheidet sich gegenüber demjenigen eines freien Erfinders darin, dass der Arbeitnehmererfinder nur einen Anspruch auf einen Teil der Vergütung eines freien Erfinders hat, weil die Erfindung im Zusammenhang mit seiner Tätigkeit im Betrieb entstanden ist. Dieser Teil wird durch den Anteilsfaktor bestimmt. Für seine Ermittlung sind die tatsächlichen Verhältnisse zum Zeitpunkt der Meldung der fertiggestellten Erfindung entscheidend.

16. Angaben zur Verwendbarkeit der Erfindung im Betrieb können für den Arbeitgeber, der oft namentlich in größeren Betrieben nicht ohne weiteres erkennen kann, ob sich das Produkt in das Herstellungsprogramm einreihen und umsetzen lässt, von Bedeutung sein und sollten daher in einer Erfindungsmeldung genannt werden. Das Kriterium für die Vergütung bei Inanspruchnahme der Erfindung ist zudem deren wirtschaftliche Verwertbarkeit, § 9 Abs. 2 ArbEG.

17. Mit dem Hinweis auf eine bevorstehende Messe unterstreicht der Arbeitnehmer die Notwendigkeit einer raschen Schutzrechtsanmeldung, um so eine Gefährdung der Erfindung durch vorzeitige Veröffentlichung zu verhindern und zugleich die formellen Voraussetzungen für eine Schutzrechtsposition zu ermöglichen.

18. Bei der Meldung sind auch Angaben über die Art und den Umfang der Beteiligung von Mitarbeitern anzugeben. Diese Angaben sollten zur Vermeidung von späteren Streitigkeiten über Miterfinderanteile gerade unter den Miterfindern sorgfältig erfolgen. Miterfinder ist, wer einen erfinderischen, dh schöpferischen, nicht notwendigerweise selbstständigen Beitrag für das Zustandekommen der Erfindung geleistet hat (BGH GRUR 2004, 50 (51) – Verkranzungsverfahren; BGH GRUR 2011, 903 (905) – Atemgasdrucksteuerung: zu fragen ist, ob eigenständige Beiträge erbracht wurden, die den Gesamterfolg beeinflusst haben und in Bezug auf die erfinderische Lösung nicht unwesentlich waren). Erfinderische und nichterfinderische Beiträge, wie bloße konstruktive Mithilfe bei der Realisierung der Erfindung sind voneinander zu unterscheiden. Dazu ist zunächst die Erfindung, dh der Inhalt der technischen Lehre, zu ermitteln, sodann sind die Einzelbeiträge der Miterfinder festzustellen, und schließlich deren Gewicht im Verhältnis zueinander und zur erfinderischen Gesamtleistung abzuwägen (BGH GRUR 1979, 540 (541) – Biedermeiermanschetten; BGH GRUR 2001, 226 (228) – Rollenantriebseinheit). Hat ein Mitarbeiter ausschließlich nach den Weisungen des Erfinders

2. Bestätigung des Eingangs der Erfindungsmeldung durch den Arbeitgeber   E. 2

gehandelt oder lediglich einen Beitrag geleistet, der den Gesamterfolg beim Zustandekommen der Erfindung nicht beeinflusst hat, liegt darin regelmäßig kein erfinderischer Beitrag. In der Erfindungsmeldung hat daher der Arbeitnehmer auch anzugeben, ob er Alleinerfinder oder lediglich Miterfinder ist. Sind Miterfinder vorhanden, sollten diese unter vollständiger Nennung des Namens, der Qualifikation, der Stellung im Betrieb zum Zeitpunkt der Erfindung genannt werden, und zugleich – falls möglich – der Anteil am Zustandekommen der Erfindung in einem Bruchteilsverhältnis angegeben werden. Die Reihenfolge der Erfinderbenennung der einzelnen Miterfinder kann später auch im Falle einer Erfinderbenennung gegenüber den Patentämtern erklärt werden.

19. Nach § 24 Abs. 2 ArbEG hat der Arbeitnehmer eine Diensterfindung solange geheim zu halten, als sie nicht freigeworden ist. Die Vorschrift ist Schutzgesetz iSd § 823 Abs. 2 BGB und knüpft an die allgemeine Treuepflicht des Arbeitnehmers an. § 25 ArbEG bestimmt ausdrücklich, dass die Verpflichtungen aus dem Arbeitsverhältnis durch das ArbEG nicht berührt werden. Der Arbeitnehmer muss die Diensterfindung nicht nur gegenüber betriebsfremden Personen, sondern auch gegenüber anderen Arbeitnehmern desselben Betriebes geheim halten, wenn er weiß oder annehmen muss, dass dies dem Willen des Arbeitgebers entspricht (*Reimer/Schade/Schippel/Rother* ArbEG, 8. Aufl. 2007, § 24 Rn. 9). Arbeitgeber und Arbeitnehmer sind daneben zur Geheimhaltung aus § 17 UWG und aus §§ 3, 4 Nr. 10 bzw. 11 UWG verpflichtet.

20. Die Erfindungsmeldung ist von dem Arbeitnehmer nach der neuen Fassung des Gesetzes nicht mehr eigenhändig zu unterschreiben. Textform ist ausreichend, § 126b BGB. Der Text muss lediglich die Abgabe einer Erklärung und die Person des Erklärenden erkennen lassen, wobei dies statt durch eine Unterschrift auch in sonstiger Weise geschehen kann, beispielsweise durch eine Datierung oder auch eine Grußformel. Die Verkörperung des Textes kann auf Papier oder Medienträgern einschließlich E-Mail erfolgen. Das gilt auch bei Miterfindern. Auf Erfindungen, die bis zum Inkrafttreten des Gesetzes (1.10.2009) gemeldet wurden, sind weiterhin die bis dahin geltenden Regeln anzuwenden, § 43 Abs. 3 ArbEG.

2. Bestätigung des Eingangs der Erfindungsmeldung durch den Arbeitgeber

Herrn A[1, 2]

im Hause

Betr.: Erfindungsmeldung vom . . . . . .

über einen geschlossenen Abstandsrahmen für Sicherheitsverbundglasscheiben

Sehr geehrter Herr A,

Ihre im Betreff genannte Erfindungsmeldung ist am . . . . . . bei uns eingegangen.[3] Wir werden zunächst prüfen, ob ihre Erfindungsmeldung ordnungsgemäß[4] ist, sodann erhalten Sie in der gesetzlich vorgeschriebenen Frist Bescheid, ob wir Ihnen die Erfindung freigeben.[5] Sollten wir innerhalb der gesetzlichen Frist die Freigabe nicht erklären, gilt die Inanspruchnahme der Erfindung kraft gesetzlicher Fiktion von uns als erklärt.[6]

Wir weisen darauf hin, dass Sie bis zum Abschluss unserer Prüfung und Entscheidung verpflichtet sind, über den Gegenstand der Erfindung Stillschweigen zu bewahren. Das gilt insbesondere für schriftliche und/oder mündliche Mitteilungen außerhalb des Betriebes. Innerhalb dieser Zeit sind Sie auch nicht berechtigt, über die Diensterfindung zu verfügen oder sie zum Schutzrecht anzumelden.[7]

Mit freundlichen Grüßen, den . . . . . .

Firma B

Anmerkungen

1. Nach § 5 Abs. 1 S. 3 ArbEG hat der Arbeitgeber den Zeitpunkt des Eingangs der Erfindungsmeldung dem Arbeitnehmer unverzüglich „in Textform" (→ Form. E.1 Anm. 1) zu bestätigen. Unverzüglich heißt ohne schuldhaftes Zögern im Sinne von § 121 BGB. Gleichgültig ist, ob die Erfindungsmeldung ordnungsgemäß ist oder nicht; denn die Bestätigung hat nur Beweisfunktion für den Lauf der Frist von zwei Monaten aus § 5 Abs. 3 ArbEG, innerhalb der der Arbeitgeber eine Erfindungsmeldung als nicht ordnungsgemäß beanstanden kann. Wird die Erfindungsmeldung nicht beanstandet, läuft die Frist von vier Monaten für die Inanspruchnahme der Erfindung aus § 6 Abs. 2 ArbEG von dem Zeitpunkt der Erfindungsmeldung an (*Kraßer/Ann* PatR § 21 III Nr. 2; *Reimer/Schade/Schippel/Rother* ArbEG, 8. Aufl. 2007, § 5 Rn. 22; *Busse/Keukenschrijver* ArbEG § 5 Rn. 13). Die Darlegungs- und Beweislast für den Zugang der Erfindungsmeldung beim Arbeitgeber trägt der Arbeitnehmer. Deshalb sollte der Arbeitnehmer sicherstellen, dass er den Zugang der Erfindungsmeldung beim Arbeitgeber nachweisen kann. Geeignete Mittel sind aufgrund der erleichterten Formerfordernisse alle verkörperten Vorgänge, die solches belegen können (Lesebestätigungen bei E-Mail, Sendebestätigungen, auch Computerfax, neben den klassischen Absende- und Empfangsbestätigungen). Liegt ein geeigneter Nachweis über den Eingang der Erfindungsmeldung nicht binnen angemessener Zeit vor, sollte sich der Arbeitnehmer aus den Gründen des aufgezeigten Zugangsrisikos nach dem Verbleib seiner Erfindungsmeldung erkundigen (*Bartenbach/Volz* Arbeitnehmererfindungsgesetz, 5. Aufl. 2013, § 5 Rn. 13, bei Nutzung elektronischer Medien; BGH GRUR 1984, 652 – Schaltungsanordnung; BGH GRUR 1982, 227 – Absorberstabantrieb II – für den umgekehrten Fall des Zugangs einer vom Arbeitgeber gegenüber dem Arbeitnehmer abzugebenden Erklärung, allerdings noch zur bis zum 30.9.2009 bestandenen Gesetzesfassung, § 43 Abs. 3 ArbEG).

2. Die Bestätigung des Eingangs der Erfindungsmeldung ist gegenüber dem Erfinder zu erklären. Bei mehreren Erfindern hat die Bestätigung gegenüber allen Miterfindern zu geschehen. Denkbar ist aber auch, dass die Miterfinder – schon in der Erfindungsmeldung – einen Miterfinder oder auch einen Dritten bevollmächtigen, derartige Erklärungen wirksam entgegenzunehmen.

3. Zu bestätigen ist der Zeitpunkt des Eingangs der Erfindungsmeldung. Dieser ist für die Fristberechnung maßgeblich und die Bestätigung hat nur insoweit Beweisfunktion (*Busse/Keukenschrijver* ArbEG § 5 Rn. 16). Darüber hinaus braucht der Arbeitgeber den Arbeitnehmer nicht über die Bedeutung der Fristen und insbesondere des Fristablaufes zu belehren (*Bartenbach/Volz* Arbeitnehmererfindungsgesetz, 5. Aufl. 2013, § 5 Rn. 61). Insoweit geht das Formular des Verständnisses wegen über den Inhalt der gesetzlichen Mitteilungsinhalte hinaus.

4. Die Beanstandungsfrist beträgt nach § 5 Abs. 3 S. 1 ArbEG zwei Monate. Wird nicht beanstandet, gilt die Erfindungsmeldung als ordnungsgemäß und die gesetzlichen Fristen laufen weiter ab der Erfindungsmeldung. Wird die Erfindungsmeldung beanstandet, und ist die Beanstandung substantiiert, läuft keine Frist mehr. Sie beginnt von neuem mit der Einreichung der nachgebesserten Erfindungsmeldung. Der Arbeitgeber hat deshalb auch den Eingang der nachgebesserten Erfindungsmeldung zu bestätigen (*Barten-*

2. Bestätigung des Eingangs der Erfindungsmeldung durch den Arbeitgeber   E. 2

bach/Volz Arbeitnehmererfindungsgesetz, 5. Aufl. 2013, § 5 Rn. 63; Reimer/Schade/ Schippel/Rother ArbEG, 8. Aufl. 2007, § 5 Rn. 22).

5. Die Frist zur Inanspruchnahme beträgt nach § 6 Abs. 2 ArbEG vier Monate nach Eingang der ordnungsgemäßen Erfindungsmeldung, wobei die Erfindungsmeldung als ordnungsgemäß gilt, wenn sie nicht innerhalb der Frist des § 5 Abs. 3 S. 1 ArbEG beanstandet wird.

6. Gibt der Arbeitgeber innerhalb der Frist der Inanspruchnahme von vier Monaten nicht ausdrücklich durch Erklärung in Textform (§ 126b BGB) die Erfindung dem Arbeitnehmer frei, greift die Fiktion der Inanspruchnahme aus § 6 Abs. 2 ArbEG. Diese Regelung gilt nur für die Erfindungen, die nach dem 30.9.2009 dem Arbeitgeber gemeldet worden sind, § 43 Abs. 3 ArbEG. Für alle anderen Erfindungen bleibt es bei der früheren gesetzlichen Regelung.

7. Der Arbeitnehmer ist zur Geheimhaltung der gemeldeten Erfindung verpflichtet, § 24 ArbEG. Gegen Verfügungen des Arbeitnehmers über die Diensterfindung **vor** Inanspruchnahme ist der Arbeitgeber durch § 7 Abs. 2 ArbEG geschützt. Sie sind ihm gegenüber unwirksam, soweit sie seine Rechte beeinträchtigen. Es handelt sich um ein gesetzliches Verfügungsverbot im Sinne des § 135 BGB. Weil Gegenstand der Verfügung ein Recht ist, scheidet ein gutgläubiger Erwerb durch Dritte aus, § 404 BGB. Zu den Verfügungen im Sinne dieser Vorschrift zählen auch Verfügungen gegenüber dem Patentamt. Meldet etwa der Arbeitnehmer selbst die Diensterfindung in seinem Namen an, gehen die Rechte daran auf den Arbeitgeber über, sobald er die Erfindung in Anspruch genommen hat. Weil nach der neuen Fassung von § 6 Abs. 2 ArbEG die Fiktion der Inanspruchnahme nach Ablauf der Frist von vier Monaten nach Meldung als eingetreten gilt, beginnt die Frist, sobald der Arbeitgeber von der Erfindung erfährt, spätestens ab dem Zeitpunkt, den er dem Arbeitnehmer gegenüber als Eingang der Erfindungsmeldung bestätigt. Eine Meldung der Erfindung wird in Fällen der eigenen Patentanmeldung des Arbeitnehmers mit dem Tag der Einreichung der Patentanmeldung und der Kenntniserlangung des Arbeitgebers zusammenfallen. Es ist nicht erforderlich, dass der Arbeitgeber die volle Frist bis zum Ablauf der Inanspruchnahmefrist abwartet. Er kann auch vor Fristende gegenüber dem Arbeitnehmer in Textform die Inanspruchnahme erklären (vgl. amtliche Begründung zu § 6 PatRModG, BlPMZ 2009, 322). Im Falle einer eigenen Schutzrechtsanmeldung des Arbeitnehmers ist vor Inanspruchnahme der Erfindung die Änderung in der Person des Anmelders oder Inhabers in der Rolle des Patentamtes zu vermerken (§ 30 Abs. 3 PatG, § 8 Abs. 4 GebrMG). Erforderliche Umschreibungsbewilligungen hat der Arbeitnehmer abzugeben. Eine eigenmächtige Anmeldung der Diensterfindung durch den Arbeitnehmer nach Inanspruchnahme stellt eine widerrechtliche Entnahme im Sinne der §§ 7 Abs. 2, 21 Abs. 1 Nr. 3 PatG, § 13 Abs. 2 GebrMG dar. Der Arbeitgeber hat die Ansprüche aus § 8 PatG. Es besteht auch die Möglichkeit eines Einspruchs gegen die Patenterteilung wegen widerrechtlicher Entnahme, § 59 Abs. 1 S. 3 PatG (BGH GRUR 2011, 509 – Schweißheizung). Zum Zeitpunkt der Entscheidung über den Einspruch muss die Inanspruchnahme wirksam durch den Arbeitgeber erklärt worden sein (BPatGE 10, 207 (214 f.); Benkard PatG/Rogge/Kober-Dehm § 21 Rn. 22 mit zahlreichen Nachweisen). Der BGH GRUR 2011, 733 – Initialidee – unterscheidet für die materiellrechtliche Zuordnung zwischen dem Recht an der Erfindung und dem Recht an den Schutzrechtsanmeldungen. Weil diese Rechte auseinander fielen, sei eine Übertragung der Schutzrechtspositionen in Verfolgung eines Anspruchs aus § 8 PatG nach der Inanspruchnahme erforderlich und nicht nur eine Umschreibung im Register (Arbeitgeber war der, der die Übertragung verlangte). Dem folgt das OLG Düsseldorf auch für den umgekehrten Fall (OLG Düsseldorf Mitt. 2014, 475 (477) – Haltesystem für Werbeprints II). So auch Busse/Keukenschrijver ArbEG § 7 Rn. 6; aA Bartenbach/Volz Arbeitnehmererfindungsgesetz, 5. Aufl. 2013, § 7 nF Rn. 11; ebenso *Reimer/Schade/Schippel/Rother* ArbEG, 8. Aufl. 2007, § 7 Rn. 3, jeweils mit Hinweis darauf, dass nach § 7 Abs. 1 ArbEG alle vermögenswerten Rechte an der Erfindung mit Inanspruchnahme übergehen und damit auch die bestehenden formellen Schutzrechtspositionen. Vertiefend: *Liebenau/ Zech/Hofmann* ZGE 2012, 133 (142).

3. Beanstandung der Erfindungsmeldung durch den Arbeitgeber

Herrn A[1, 2]

Im Hause

Betr.: Beanstandung Ihrer Erfindungsmeldung vom . . . . . . über einen geschlossenen Abstandsrahmen für Sicherheitsverbundglasscheiben

Sehr geehrter Herr A,

Ihrer vorbezeichneten Erfindungsmeldung, deren Eingang wir Ihnen in Textform mit Mitteilung vom . . . . . . bestätigt haben, lagen die erwähnten Anlagen (Zeichnungen des erfindungsgemäßen Gegenstandes und Versuchsprotokolle) nicht bei.[3] Weil diese Unterlagen sowohl für das Verständnis des Erfindungsgegenstandes als auch für eine Schutzrechtsanmeldung von erheblicher Bedeutung sind, bitten wir Sie, Ihre Erfindungsmeldung so rasch wie möglich zu ergänzen.

Wir weisen darauf hin, dass die Frist der Inanspruchnahme nach § 6 Abs. 2 ArbEG erst nach Eingang der vollständigen Erfindungsmeldung zu laufen beginnt.[4] Gerne sind wir bereit, Sie bei der Vervollständigung Ihrer Erfindungsmeldung zu unterstützen.[5]

Mit freundlichen Grüßen, den . . . . . .

Firma B

Anmerkungen

1. Eine Erfindungsmeldung, die nicht ordnungsgemäß ist, weil sie nicht den inhaltlichen Anforderungen des § 5 Abs. 2 ArbEG entspricht, kann der Arbeitgeber innerhalb einer Frist von 2 Monaten ab Zugang der Erfindungsmeldung beanstanden. Dabei hat er anzugeben, in welcher Hinsicht die Meldung einer Ergänzung bedarf und erforderlichenfalls den Arbeitnehmer bei der Ergänzung der Meldung zu unterstützen, § 5 Abs. 3 S. 2 ArbEG. Genügt allerdings die Erfindungsmeldung nicht einmal den formellen Anforderungen des § 5 Abs. 1 ArbEG, fehlt also die Textform, ist nicht gesondert mitgeteilt und/ oder nicht kenntlich gemacht, dass es sich um die Meldung einer Erfindung handelt, wird eine Frist nicht in Gang gesetzt, weil eine Erfindungsmeldung überhaupt nicht vorliegt. Zu den Folgen der Beanstandung → Anm. 4.

2. Die Beanstandung der Erfindungsmeldung hat gegenüber dem Erfinder oder, bei mehreren Erfindern, gegenüber jedem Miterfinder oder einem von diesen bevollmächtigten Miterfinder oder Dritten zu erfolgen.

3. Die Beanstandung muss substantiiert sein. Zu erklären ist, in welcher Hinsicht die Erfindungsmeldung einer Ergänzung bedarf. Ist die Beanstandung nicht substantiiert, läuft der Arbeitgeber Gefahr, dass die Erfindungsmeldung als ordnungsgemäß gilt und die Inanspruchnahmefrist bereits vom Zeitpunkt des Eingangs der Erfindungsmeldung an

4. Erklärung der Inanspruchnahme einer Diensterfindung E. 4

läuft (Schiedsstelle 35/59 BlPMZ 1960, 282 mit Besprechung von *Friedrich* GRUR 1961, 134). Dieselbe Gefahr läuft der Arbeitgeber, wenn er zu Unrecht die Erfindungsmeldung beanstandet. Das ist besonders dann der Fall, wenn sich die Beanstandung nur auf fehlende Angaben zu den erreichbaren Vorteilen der gemeldeten Erfindung bezieht; denn diese Angaben sind nicht Patentierungsvoraussetzung und folglich nicht ein Muss der Erfindungsmeldung (Schiedsstelle 156/92 Mitt 1996, 245 (246) – Vorführbereite Mustergeräte). Bei einer nach dem 30.9.2009 gemeldeten Erfindung sind freilich aufgrund der neuen Gesetzesfassung und der Fiktion der Inanspruchnahme die nachteiligen Folgen für den Arbeitgeber gering. Das Gesetz schreibt keine bestimmte Form vor. Die Beanstandung kann auch mündlich erklärt werden. Zu empfehlen ist aber zumindest die Textform im Sinne von § 126b BGB (Schiedsstelle 156/92 Mitt 1996, 245 – Vorführbereite Mustergeräte).

4. Die Inanspruchnahmefrist wird nur durch die ordnungsgemäße Meldung in Lauf gesetzt. Zur Vermeidung der erwähnten Meinungsverschiedenheiten zwischen Arbeitgeber und Arbeitnehmer über die an eine Erfindungsmeldung zu stellenden Anforderungen fingiert das Gesetz eine Erfindungsmeldung als ordnungsgemäß, wenn der Arbeitgeber sie nicht beanstandet. Es gilt in diesem Fall die Frist von vier Monaten aus § 6 Abs. 2 ArbEG ungeachtet des Umstandes, dass die Meldung an sich nicht ordnungsgemäß ist und hätte beanstandet werden können (*Bartenbach/Volz* Arbeitnehmererfindungsgesetz, 5. Aufl. 2013, § 5 Rn. 92 mit zutreffendem Hinweis darauf, dass § 6 Abs. 2 ArbEG in der neuen Fassung des Gesetzes auf § 5 Abs. 2 S. 1, 3 ArbEG verweist und damit auf den Zugang der Erfindungsmeldung abstellt; so jetzt auch Busse/Keukenschrijver ArbEG § 6 Rn. 14).

Hat der Arbeitnehmer die beanstandete Erfindungsmeldung ergänzt, wobei sich der Arbeitnehmer auch hier der Textform nach § 126b BGB bedienen darf, wird der Arbeitgeber entsprechend § 5 Abs. 1 S. 3 ArbEG als verpflichtet angesehen, den Eingang der Ergänzungsmeldung zu bestätigen (*Bartenbach/Volz* Arbeitnehmererfindungsgesetz, 5. Aufl. 2013, § 5 Rn. 89.2; *Reimer/Schade/Schippel/Rother* ArbEG, 8. Aufl. 2007, § 5 Rn. 22; *Volmer/Gaul* § 5 Rn. 183). Grund dafür ist, dass erst mit dem Zugang der ordnungsgemäßen Erfindungsmeldung der Lauf der Inanspruchnahmefrist aus § 6 Abs. 2 ArbEG beginnt. Eine mehrfache Beanstandung der Erfindungsmeldung innerhalb der 2-Monats-Frist ist, soweit sie berechtigt ist, zulässig.

5. Auch ohne ausdrückliches Verlangen des Arbeitnehmers ist der Arbeitgeber aus seiner allgemeinen Fürsorgepflicht gegenüber seinem Arbeitnehmer zur Unterstützung verpflichtet, § 5 Abs. 3 S. 2 ArbEG.

4. Erklärung der Inanspruchnahme/Mitteilung der erfolgten Inanspruchnahme einer Diensterfindung

Herrn A[1, 2]

im Hause

Betr.: Erfindungsmeldung über einen geschlossenen Abstandsrahmen für Sicherheitsverbundglasscheiben

Sehr geehrter Herr A,

Ihre in Textform vom . . . . . . gemeldete und am . . . . . . eingegangene Diensterfindung[3]

1. Alternative: wird hiermit von uns bereits jetzt ausdrücklich in Anspruch genommen.[4]

2. Alternative: gilt aufgrund des Ablaufes der Frist der Inanspruchnahme aus § 6 Abs. 2 ArbEG von Gesetzes wegen als von uns in Anspruch genommen.[5]

Mit der Inanspruchnahme sind zugleich alle Rechte an der Diensterfindung auf uns übergegangen.[6] Das sind alle Nutzungs- und Verwertungsrechte sowie das Recht der Schutzrechtsanmeldung im In- und Ausland. Rein vorsorglich weisen wir Sie darauf hin, dass damit kein Anerkenntnis der Schutzfähigkeit[7] Ihrer Diensterfindung verbunden ist.

Sollte sich Ihre Diensterfindung nach unserer Einschätzung als patentfähig erweisen, werden wir diese zur Erteilung eines Patents im Inland anmelden, sofern nicht bei verständiger Würdigung der Verwertbarkeit der Erfindung der Gebrauchsmusterschutz zweckdienlicher erscheint.[8]

Nach erfolgter Anmeldung im Inland werden wir auch darüber zu entscheiden haben, ob und gegebenenfalls in welchen Ländern Auslandsanmeldungen[9] sinnvoll erscheinen und in welchen Ländern wir Ihnen die Erfindung gegebenenfalls unter Vorbehalt eines nicht ausschließlichen Benutzungsrechts gegen angemessene Vergütung freigeben oder Ihnen anbieten, auf Auslandsanmeldungen gegen Zahlung eines Ausgleichs zu verzichten. Dies wird so rechtzeitig geschehen, dass prioritätsbegründende Auslandsanmeldungen durch Sie noch eingereicht werden können.

Wir dürfen Sie nochmals an Ihre Geheimhaltungspflicht[10] im Hinblick auf den Gegenstand der Erfindung erinnern.

Über die Höhe einer an Sie zu zahlenden Arbeitnehmererfindervergütung[11] soll spätestens drei Monate nach Schutzrechtserteilung entschieden werden. Als Dank für Ihre innovative Leistung möchten wir Ihnen schon jetzt einen auf spätere Vergütungszahlungen anrechenbaren Betrag[12] in Höhe von . . . . . . EUR zukommen lassen. Der Betrag wird mit der nächsten Gehaltsabrechnung angewiesen.

Bitte bestätigen Sie den Empfang dieser Mitteilung in Textform.[13]

Mit freundlichen Grüßen, den . . . . . .

Firma B

Schrifttum: *Bartenbach*, Übergang einer Diensterfindung auf den Arbeitgeber trotz Nichtbeachtung von Form und Frist der Inanspruchnahme, Mitt. 1971, 232; *Fricke/Meier-Beck*, Der Übergang der Rechte an der Diensterfindung auf den Arbeitgeber, Mitt. 2000, 199; *Hellebrand*, Diensterfindungen ab jetzt mit Haftungsetikett für den Arbeitgeber wegen Pflichtverletzung des Arbeitnehmererfinders, Mitt. 2006, 486; *Hofmann*, Das Anwartschaftsrecht des Arbeitgebers vor Inanspruchnahme einer Diensterfindung in der Insolvenz, GRUR-RR 2013, 233; *Liebenau/Zech/Hofmann*, Das Recht an der Erfindung und das Recht auf das Patent, ZGE 2012, 133; *Rother*, Die Stellung des Arbeitnehmers einer frei gewordenen Diensterfindung, Festschrift Bartenbach, 2005, 174; *Scharen*, Haftetikett: zweierlei Maß im Arbeitnehmererfinderrecht? VPP-Rundbrief 2007, 155; *Steininger*, Neue Tücken bei der Überleitung von Diensterfindungen auf den Arbeitgeber, zugleich Anmerkung zum Urteil des BGH – „Haftetikett", Mitt. 2006, 483; siehe auch Literaturangaben zu → Form. E.1.

Anmerkungen

1. Nach § 6 ArbEG ist der Arbeitgeber berechtigt, die Diensterfindung in Anspruch zu nehmen. Das ist eine zentrale Vorschrift im System des Arbeitnehmererfinderrechts. Denn sie regelt wie keine andere die Rechtsverhältnisse in Bezug auf die erfinderischen Arbeitsergebnisse. Wie das Patentgesetz folgt auch das Arbeitnehmererfindergesetz dem Erfin-

4. Erklärung der Inanspruchnahme einer Diensterfindung　　　　　　E. 4

derprinzip. Alle Erfindungen, die ein Arbeitnehmer im Rahmen eines Dienstverhältnisses macht, gehören zunächst dem Erfinder, wie es § 6 PatG ausdrücklich anordnet. Durch die Möglichkeit der Inanspruchnahme kann der Arbeitgeber die vermögenswerten Rechte an der Erfindung auf sich überleiten, § 7 Abs. 1 ArbEG. Im Gegenzug (§ 9 ArbEG) erhält der Arbeitnehmer einen Anspruch auf angemessene Vergütung aus der wirtschaftlichen Verwertbarkeit seiner Erfindung durch den Arbeitgeber.

Die Erklärung der Inanspruchnahme, die in der bis zum 30.9.2009 geltenden Gesetzesfassung „schriftlich" (§ 126 BGB) gegenüber dem Arbeitnehmer abgegeben werden musste, bedarf seit der Neuregelung des Gesetzes keiner Form mehr. Nach der amtlichen Begründung ist das der „Kernpunkt der Neuregelung" (BlPMZ 2009, 330). Das Gesetz arbeitet jetzt mit einer Fiktion der Inanspruchnahme: Sie gilt als erklärt, wenn der Arbeitgeber die Erfindung innerhalb der Inanspruchnahmefrist nicht durch Erklärung in Textform dem Arbeitnehmer freigibt. Auch gibt es nur noch eine Inanspruchnahme, womit die unbeschränkte Inanspruchnahme nach altem Recht gemeint ist. Die Möglichkeit einer nur beschränkten Inanspruchnahme ist entfallen. Diese sah vor, dass der Arbeitgeber dem Dienstfinder die Diensterfindung freigab, sich allerdings ein einfaches Benutzungsrecht an der Diensterfindung vorbehielt. Die beschränkte Inanspruchnahme spielte in der Praxis nur eine untergeordnete Rolle (*Bartenbach/Volz* Arbeitnehmererfindungsgesetz, 5. Aufl. 2013, § 6 nF Rn. 2).

Weil für alle bis zum 30.9.2009 gemeldeten Diensterfindungen nach wie vor das alte Recht anzuwenden ist (§ 43 Abs. 3 ArbEG), bleiben diese Vorschriften noch für einen längeren Zeitraum relevant. Denn der Fallbearbeiter muss untersuchen, ob die dem Arbeitgeber gemeldete Diensterfindung wirksam auf den Arbeitgeber durch form- und fristgerechte Erklärung übergeleitet worden ist. Die alte Fassung des Gesetzes lautet wie folgt:

§ 6 Abs. 2 ArbEG: Die Inanspruchnahme erfolgt durch schriftliche Erklärung gegenüber dem Arbeitnehmer. Die Erklärung soll sobald wie möglich abgegeben werden; sie ist spätestens bis zum Ablauf von vier Monaten nach Eingang der ordnungsgemäßen Meldung (§ 5 Abs. 2, 3 ArbEG abzugeben).

Wegen der Bedeutung der Einordnung als Altfall oder Streitigkeit nach dem neuen Gesetz wird nachstehend auch die bis zum 30.9.2009 geltende Gesetzeslage dargestellt. Die Inanspruchnahme ist ein einseitiges Rechtsgeschäft, § 130 BGB. Erst mit Zugang wird die Gestaltungserklärung wirksam. Das Recht der Inanspruchnahme kann als ein ausschließliches, nur dem Arbeitgeber zustehendes Aneignungsrecht besonderer Art nicht abgetreten werden (OLG Karlsruhe GRUR-RR 2013, 47 – Formatkreissäge; aA *Hofmann* GRUR-RR 2013, 233 (235)). Bei einer Unternehmensveräußerung geht es auf den Erwerber des Unternehmens über (*Reimer/Schade/Schippel/Rother* ArbEG, 8. Aufl. 2007, § 6 Rn. 3). Das Gesetz in seiner alten Fassung verlangt ausdrücklich Schriftform, § 126 BGB, also eigenhändige Unterschrift. Nichtwahrung der Form führt zur Nichtigkeit, § 125 BGB. Fehlt eine förmliche Inanspruchnahme oder lässt sich eine Inanspruchnahme auch sonst nicht eindeutig feststellen, hat dies tiefgreifende Folgen für den Arbeitgeber. Die Erfindung wird frei, § 8 Abs. 1 Nr. 3 ArbEG aF. Das bedeutet, dass die Rechte an der Erfindung bei dem Arbeitnehmer verbleiben (§ 6 PatG). Über eine frei gewordene Erfindung kann der Arbeitnehmer ohne die Beschränkungen der §§ 18, 19 ArbEG (Mitteilungs- u. Anbietungspflicht) verfügen, § 8 Abs. 2 ArbEG aF. Mit dem Freiwerden der Diensterfindung gehen mithin auch die Rechte aus einer Patentanmeldung des Arbeitgebers nach § 13 Abs. 4 S. 2 ArbEG kraft Gesetzes auf den Arbeitnehmer über, ohne dass es dazu noch eines darauf gerichteten Übertragungsaktes bedarf (OLG Karlsruhe GRUR 1984, 42 – Digitales Gaswarngerät; OLG Düsseldorf Mitt. 2004, 418 – Hub- und Kippvorrichtung; BGH GRUR 2006, 754 – Haftetikett). Der Arbeitnehmererfinder ist materieller Patentinhaber und hat gegen den Arbeitgeber einen Anspruch auf Berichtigung der Eintragung in der Patentrolle. Wegen der erfolgten

Benutzungshandlungen des Arbeitgebers kann der Arbeitnehmer vom Arbeitgeber bei Vorliegen der sonstigen Anspruchsvoraussetzungen Schadensersatz und/oder Bereicherungsausgleich wie ein Patentinhaber verlangen, mithin ab dem Tag des Hinweises der Veröffentlichung der Patenterteilung, § 58 Abs. 1 S. 3 PatG, außerdem steht dem Arbeitnehmer ein Entschädigungsanspruch aus § 33 PatG für den Zeitraum nach Offenlegung der Patentanmeldung zu. Weil die gewerbliche Nutzungsmöglichkeit einer Erfindung mit der Patentanmeldung einen Vermögensvorteil darstellt, kann Bereicherungsausgleich auch schon für die ab Patentanmeldung gezogenen Nutzungen verlangt werden (LG Düsseldorf InstGE 2, 181 (184) – Verpackungsbeutel) und aus dem Sonderleistungsprinzip schon ab Meldung der Diensterfindung (LG Düsseldorf Mitt. 2000, 363 (366) – Reißverschluss). Nach BGH GRUR 2010, 817 (822) – Steuervorrichtung – haftet der Arbeitgeber in diesen Fällen der Benutzung der Erfindung ab der vertraulichen Mitteilung der Erfindung, dh ab Meldung der Erfindung mindestens aus Bereicherungsrecht, weil dadurch der Arbeitgeber insbesondere durch eine Patentanmeldung eine Vorzugstellung erlangt. Da eine Herausgabe in Natura nicht möglich ist, schuldet der Arbeitgeber Wertersatz nach § 818 Abs. 2 BGB, der sich in der Regel wie eine Schadensersatzlizenz berechnet. Viele Streitigkeiten zwischen Arbeitgeber und Arbeitnehmer entstehen immer wieder, weil die Formvorschriften der alten Fassung des Gesetzes von den Parteien – oft aus Unkenntnis – nicht beachtet wurden (BGH GRUR 2011, 733 – Initialidee; OLG Frankfurt GRUR-RR 2009, 291 – Erfindungsmeldung). Weil die gesetzliche Vorschrift nicht nur Beweisfunktion hat, sondern auch eine Schutzbestimmung zugunsten des Arbeitnehmers darstellt (*Gaul/Bartenbach* Arbeitnehmererfindung und Verbesserungsvorschlag, 2. Aufl. 1972, S. 33), gehen Zweifel über die Wirksamkeit der Inanspruchnahme stets zu Lasten des Arbeitgebers. Grundsätzlich ist davon auszugehen, dass wegen der klaren Gesetzesformulierung eine förmliche Inanspruchnahme nicht ersetzt werden kann. Insbesondere wird eine Inanspruchnahme nicht durch eine Patentanmeldung des Arbeitgebers ersetzt, auch dann nicht, wenn der Arbeitnehmer als Erfinder benannt wird; denn mit der Anmeldung der Erfindung erfüllt der Arbeitgeber nur eine ihm obliegende Verpflichtung zur Schutzrechtsanmeldung aus § 13 Abs. 1 ArbEG unabhängig von der Frage einer Inanspruchnahme der gemeldeten Erfindung. Die Erfinderbenennung des Arbeitnehmers enthält keine Inanspruchnahmeerklärung, sondern ist nur eine pflichtgemäße Erklärung gegenüber dem Patentamt. Sie ersetzt daher regelmäßig nicht die Inanspruchnahmeerklärung (OLG Karlsruhe GRUR 1984, 42 (43) – Digitales Gaswarngerät; LG Düsseldorf Mitt. 2000, 363 (366) – Reißverschluss; OLG Düsseldorf Mitt. 2004, 418 (421) – Hub- und Kippvorrichtung, mAnm *König*; BGH GRUR 2006, 754 – Haftetikett). Ist die Erklärungsfrist abgelaufen, kann die fehlende Inanspruchnahme nicht nachgeholt werden. Es ist eine Ausschlussfrist. Zwar sind Vereinbarungen zwischen Arbeitgeber und Arbeitnehmer über die Erfindung nach ihrer Meldung möglich, § 22 S. 2 ArbEG, mithin Vereinbarungen, mit denen der Arbeitnehmer seine Erfindung auf den Arbeitgeber überträgt, jedoch muss, ausgehend von dem sachenrechtlichen Bestimmtheitsgrundsatz, ein eindeutiger Wille des Arbeitnehmers dazu feststellbar sein (Schiedsstelle 156/92 Mitt 1996, 245 (246) – Vorführbereite Mustergeräte). Allein der Umstand, dass der Arbeitnehmer bei der Ausarbeitung der Patentanmeldung behilflich ist, begründet noch keinen Übertragungswillen (LG Düsseldorf Mitt. 2000, 363 (366) – Reißverschluss; LG Düsseldorf Entscheidungen der 4. Zivilkammer 1996, 17 (19) – Hochregalanlage; OLG Karlsruhe GRUR 1984, 42 (44) – Digitales Gaswarngerät; OLG München GRUR-RR 2009, 219 – Vliesproduktion). Ein Übertragungswille kann nicht ohne weiteres angenommen werden, weil der Arbeitnehmer einer frei gewordenen Erfindung einen Anspruch wie ein freier Erfinder und mithin nicht gemindert um den Anteilsfaktor hat. Er kann zudem grundsätzlich Übertragung des Schutzrechts auf sich verlangen und die vollen Ansprüche aus dem Patent gegen den Arbeitgeber geltend machen. Daher ist eine Vereinbarung

4. Erklärung der Inanspruchnahme einer Diensterfindung E. 4

zwischen Arbeitgeber und Arbeitnehmer nach Ablauf der Ausschlussfrist der unbeschränkten Inanspruchnahme, mit der die Erfindung gleichwohl auf den Arbeitgeber übergeleitet werden soll, nur dann wirksam, wenn der Arbeitnehmer in Kenntnis der wirklichen Umstände die Erfindung (nachträglich) übertragen hat. An eine Übertragung durch schlüssiges Verhalten sind strenge Anforderungen zu stellen, Schiedsstelle Mitt. 1996, 245. Die Benutzungsaufnahme der Erfindung durch den Arbeitgeber begründet keine Vermutung für deren Übertragung. Das ist lediglich ein tatsächlicher Vorgang, aber keine Erklärung einer Inanspruchnahme. An eine Inanspruchnahme sind formell strenger Anforderungen zu stellen als an eine Erfindungsmeldung, weil sie eine dingliche Rechtsänderung an der Erfindung herbeiführt, hingegen der Arbeitnehmer mit der Erfindungsmeldung nur eine schuldrechtliche Verpflichtung gegenüber dem Arbeitgeber erfüllt. Das oft gebrachte Argument, die Anforderungen an eine wirksame Inanspruchnahme müssten jedenfalls dann gesenkt werden, wenn auch der Arbeitnehmer seine Erfindung nicht ordnungsgemäß gemeldet und damit gegen Vorschriften des ArbEG verstoßen habe, dürfte nur in Ausnahmefällen helfen (Schiedsstelle 20/59 BlPMZ 1960, 280 (282)). Eine Inanspruchnahmeerklärung kann aber dann noch wirksam vom Arbeitgeber abgegeben werden, wenn der Arbeitgeber zwar gegenüber dem Arbeitnehmer auf eine schriftliche Meldung, nicht jedoch überhaupt auf eine Meldung verzichtet hat. Das ist selbst dann möglich, wenn der Arbeitnehmer zwischenzeitlich die Erfindung zum Schutzrecht angemeldet hat, weil die Inanspruchnahmefrist wegen fehlender Meldung noch nicht in Lauf gesetzt wurde. Entsprechendes gilt bei einer Verletzung der Meldepflicht, BGH GRUR 2005, 761 – Rasenbefestigungsplatte. Nach Erklärung der Inanspruchnahme kann der Arbeitgeber in diesen Fällen eine Übertragung des Schutzrechts aus § 8 PatG verlangen (BGH GRUR 2011, 733 – Initialidee). Außerdem ist ihm der Arbeitnehmer aus Schadensersatz wegen Nichtmeldung der Erfindung zur Abtretung der erlangten Schutzrechtsposition verpflichtet (BGH NJW-RR 1995, 696 (698) – Gummielastische Masse). Wenn aber der Arbeitgeber in einem einer ordnungsgemäßen Erfindungsmeldung vergleichbaren Umfang von der Erfindung Kenntnis erlangt hat, werden eine Erfindungsmeldung und zugleich der Beginn des Laufs der Inanspruchnahmefrist fingiert. Das wird angenommen, wenn der Arbeitgeber die Erfindung zur Erteilung eines Patentes anmeldet und weiß, wer der Erfinder ist, insbesondere den Arbeitnehmer als Erfinder gegenüber dem Amt benennt. Denn spätestens ab diesem Zeitpunkt weiß der Arbeitgeber positiv von der Erfindung eines bestimmten Arbeitnehmers und eine förmliche Erfindungsmeldung ist nicht mehr erforderlich (LG Düsseldorf Mitt. 2000, 363 (366) – Reißverschluss; OLG Düsseldorf Mitt. 2004, 418 (421) – Hub-Kippvorrichtung; BGH GRUR 2006, 754 – Haftetikett; BGH GRUR 2011, 733 – Initialidee; OLG München GRUR-RR 2009, 219 – Vliesproduktion; LG Mannheim Mitt. 2009, 133 – Formteil; BGH GRUR 2017, 504 – Lichtschutzfolie, mAnm *Gärtner*). In einem solchen Fall der klaren Wissensvermittlung wäre das Beharren des Arbeitgebers auf einer Erfindungsmeldung nach Auffassung des BGH in der Entscheidung „Haftetikett" eine bloße „Förmelei". Zutreffend führt *Gärtner* in ihrer Urteilsanmerkung zu BGH „Lichtschutzfolie", (*Gärtner* GRUR 2017, 504), deshalb aus: „Sieben Jahre nach der Einführung der Inanspruchnahme-Fiktion und gut zehn Jahre nach „Haftetikett" stellen Unternehmen noch immer fest, dass sie infolge „unfreiwilligen Freiwerdens" Teile ihres Patentportfolios verlieren könnten."

2. Entscheidet sich der Arbeitgeber zur Abgabe einer ausdrücklichen Inanspruchnahmeerklärung, was ihm nach neuen Recht auch ohne ausdrückliche Erwähnung zur freien Wahl gestellt ist (amtliche Begründung PatRModG BlPMZ 2009, 322 (323)), ist die Inanspruchnahmeerklärung gegenüber dem Arbeitnehmererfinder, bei mehreren Erfindern gegenüber allen Erfindern, abzugeben. Unter der Geltung der früheren Gesetzesfassung ist freilich darauf zu achten, dass die Inanspruchnahmefrist gegenüber den einzelnen Miterfindern unterschiedlich sein kann, wenn separate Erfindungsmeldungen der Miterfinder eingereicht wurden, die verschiedene Eingangszeitpunkte hatten. Die Inanspruchnahmeerklärung kann auch gegenüber den von dem Arbeitnehmererfinder oder den Miterfindern bevollmächtigten Personen abgegeben werden. Das Zugangsrisiko für die Inanspruchnahmeerklärung trägt der Arbeitgeber. Eine Empfangsbestätigung war und ist bei einer ausdrücklichen Inanspruchnahmeerklärung deshalb sinnvoll. Allerdings hat der fehlende Nachweis eines Zugangs der Inanspruchnahmeerklärung aufgrund der neuen Gesetzesfassung weniger dramatische Auswirkungen als nach dem alten Recht (BGH GRUR 1984, 652 – Schaltungsanordnung); denn durch die Fiktion der Inanspruchnahme gehen die Rechte an der Erfindung auch so auf den Arbeitgeber über.

3. Die Fiktion der Inanspruchnahme bezieht sich ebenso wie die ausdrückliche Inanspruchnahme nach altem und neuen Recht auf Diensterfindungen, § 4 Abs. 2 ArbEG. Für den Arbeitgeber können die Fälle gefährlich werden, in denen der Arbeitnehmer seine gemeldete Erfindung als freie Erfindung nach § 4 Abs. 3 ArbEG bewertet und dies auch so in Erfüllung seiner Verpflichtung aus § 18 Abs. 1 ArbEG mitteilt; denn wenn der Arbeitgeber nicht innerhalb von 3 Monaten nach Zugang der Mitteilung in Textform gegenüber dem Arbeitnehmer bestreitet, dass die Erfindung frei ist, kann der Arbeitgeber die Erfindung nicht mehr als Diensterfindung in Anspruch nehmen, § 18 Abs. 2 ArbEG. Die Erfindung gilt dann als frei und unterliegt nur noch den Schranken aus § 19 ArbEG. Deshalb ist bei Mitteilung einer vermeintlich freien Erfindung für den Arbeitgeber erhöhte Vorsicht geboten.

4. Die erste Alternative betrifft die auch nach neuem Recht nach wie vor mögliche ausdrückliche Inanspruchnahme. Der Arbeitgeber kann sich zwar in jedem Fall auf die gesetzliche Fiktion verlassen; dann gilt ohne weiteres Zutun die Erfindung nach Ablauf der Inanspruchnahmefrist von 4 Monaten ab ordnungsgemäßer Meldung (§ 5 Abs. 2 S. 1, 3 ArbEG) der Diensterfindung als in Anspruch genommen. Er kann aber stattdessen aus Gründen der Beschleunigung der Überleitung aller vermögenswerten Rechte an der Erfindung auf sich selber aktiv werden. Die Inanspruchnahmeerklärung versteht sich dann wie schon zum alten Recht als empfangsbedürftige gestaltende Willenserklärung (BGH GRUR 2006, 754 (757) – Haftetikett), die dem Arbeitnehmer gegenüber abzugeben ist. Dies kann im Gegensatz zum früheren Recht formlos, also auch mündlich geschehen, weil es nach der neuen Regelung auf den genauen Zeitpunkt der Inanspruchnahme wegen der alles heilenden Fiktion der Inanspruchnahme nicht ankommt und die Entstehung (Fälligkeit) des Vergütungsanspruchs letztlich an Benutzungshandlungen anknüpft und nicht an die Inanspruchnahme (so amtliche Begründung PatRModG zu § 6 ArbEG, BlPMZ 2009, 323).

5. Die zweite Alternative ist der gesetzliche Regelfall. Die Wirkungen der Inanspruchnahme, nämlich des Übergangs aller vermögenswerten Rechte an der Diensterfindung auf den Arbeitgeber nach § 7 Abs. 1 ArbEG treten ohne weiteres mit Ablauf der Inanspruchnahmefrist der ordnungsgemäß gemeldeten Diensterfindung ein, § 6 Abs. 2 ArbEG.

6. Der Übergang aller vermögenswerten Rechte durch die Inanspruchnahme betrifft lediglich die übertragbaren Rechte. Das Erfinderpersönlichkeitsrecht bleibt beim Arbeitnehmer als Erfinder, §§ 6, 63 PatG. Ansonsten aber entzieht die Überleitung der Rechte dem Erfinder jede Einflussnahme. Der Arbeitgeber allein entscheidet, ob und wie eine Schutzrechtsanmeldung im In- und gegebenenfalls im Ausland erfolgt. Aufgrund der alleinigen Berechtigung des Arbeitgebers kann er über die Rechte an der Erfindung frei verfügen, insbesondere auf Dritte übertragen. Außerhalb eines Betriebsübergangs gehen dabei die Rechte des Arbeitnehmers aus dem ArbEG wie zB auf angemessene Vergütung nicht auf den Erwerber über. Dieser erwirbt „lastenfrei" (*Bartenbach/Volz* Arbeitnehmererfindungen, 6. Aufl. 2014, Rn. 168). Der Arbeitnehmer kann sich nur an seinen Arbeit-

4. Erklärung der Inanspruchnahme einer Diensterfindung   E. 4

geber halten, was die Einbindung in das System des Arbeitsrechts unterstreicht. Die Inanspruchnahme begründet die Entstehung eines Vergütungsanspruchs, § 9 Abs. 1 ArbEG, wobei Entstehung nicht mit dessen Fälligkeit gleichzusetzen ist, ebenso wie damit auch nicht etwa Vergütungsansprüche für Benutzungshandlungen aus der Zeit vor Inanspruchnahme erfasst werden. Diese sind bei der angemessenen Vergütung zu berücksichtigen (BGH GRUR 2003, 789 – Abwasserbehandlung).

7. Dieser Hinweis dient der Klarstellung im Hinblick darauf, dass die Schutzfähigkeit der Erfindung einer Prüfung im patentamtlichen Anmeldeverfahren vorbehalten ist.

Nicht auszuschließen ist zudem, dass das, was der Arbeitnehmer als Erfindung gemeldet hat, innerbetrieblichen Stand der Technik darstellt. Der Arbeitgeber wird in einem solchen Fall die Schutzfähigkeit der gemeldeten Erfindung bestreiten. Nach altem Recht war mit dem Bestreiten der Schutzfähigkeit eine Freigabe der Erfindung verbunden (*Gaul*, Die Arbeitnehmererfindung, 1988, 66). Ob dies nach neuem Recht ebenso gesehen werden kann, erscheint fraglich, weil aufgrund der Fiktion der Inanspruchnahme diese als automatisch erklärt gilt, wenn der Arbeitgeber die Erfindung nicht durch Erklärung in Textform freigibt → Form. E.6 Anm. 3. Bei Streit über die Schutzfähigkeit der gemeldeten Erfindung sollte unbedingt ein Einvernehmen mit dem Arbeitnehmer gesucht werden. Bei mehreren Erfindern muss jeder Erfinder zustimmen (Busse/Keukenschrijver ArbEG § 13 Rn. 6). So kann sich der Arbeitgeber von der Verpflichtung zur Patentanmeldung durch Vereinbarung mit dem Arbeitnehmer freikaufen. Das ist bei Großunternehmen eine häufige Praxis, wie eine im Jahre 2004 durchgeführte Untersuchung des BDI/BDA erhellt. Darüber berichtet *Franke*, FS Bartenbach, 2005, 127 (139). Der „Kaufpreis" für den Abkauf der Verpflichtung zur Anmeldung aus § 13 Abs. 1 ArbEG liegt danach zwischen 150 EUR bis 600 EUR mit Ausreißern nach oben und unten. Busse/Keukenschrijver ArbEG § 13 Rn. 4, nennt „Entschädigungen" von 100 EUR bis 400 EUR für den Abkauf der Anmeldepflicht. § 22 ArbEG steht dem nicht entgegen, weil es sich um Vereinbarungen nach Meldung einer Diensterfindung handelt. Davon geht auch § 13 Abs. 2 Nr. 2 ArbEG aus; nach dieser Vorschrift entfällt eine Anmeldepflicht des Arbeitgebers, wenn der Arbeitnehmer der Nichtanmeldung zustimmt. Bei Ausbleiben einer Vereinbarung und Zweifeln über die Schutzfähigkeit ist der Arbeitgeber aus § 13 Abs. 1 ArbEG verpflichtet, die Erfindung anzumelden und die Klärung der Patentfähigkeit dem Patentamt zu überlassen (BGH GRUR 1987, 900 (901) – Entwässerungsanlage; *Reimer/Schade/Schippel/Trimborn* ArbEG, 8. Aufl. 2007, § 13 Rn. 5; *Bartenbach/Volz* Arbeitnehmererfindungsgesetz, 5. Aufl. 2013, § 13 Rn. 57).

8. Anmeldezwang: Eine patentfähige Erfindung muss der Arbeitgeber nach § 13 Abs. 1 ArbEG im Inland zur Patenterteilung anmelden, wenn nicht die Ausnahmen des § 13 Abs. 2 ArbEG greifen, also die Erfindung nach § 8 ArbEG frei geworden ist, der Arbeitnehmer der Nichtanmeldung zustimmt oder die Erfindung als Betriebsgeheimnis nach § 17 ArbEG beansprucht wird. Der Verpflichtung zur Anmeldung im Inland kommt der Arbeitgeber auch durch eine Anmeldung beim Europäischen Patentamt nach, wenn in den benannten Vertragsstaaten die Bundesrepublik Deutschland aufgeführt wird, was regelmäßig der Fall ist. Das gilt auch im Hinblick auf das künftige europäische Patent mit einheitlicher Wirkung. Dem Arbeitgeber ist freigestellt, ob er zusätzlich auch eine Gebrauchsmusteranmeldung vornimmt. Er darf sich jedoch grundsätzlich nicht auf nur eine Gebrauchsmusteranmeldung beschränken, es sei denn, dass bei „verständiger Würdigung der Verwertbarkeit der Erfindung der Gebrauchsmusterschutz zweckdienlicher erscheint", § 13 Abs. 1 S. 2 ArbEG. In der amtlichen Begründung zum ArbEG (BlPMZ 1957, 218 (235)) heißt es zu § 13 ArbEG, dass der Arbeitgeber nicht zur Anmeldung eines Patentes gezwungen werden soll, wenn im einzelnen Fall die Anmeldung eines Gebrauchsmusters den gleichen wirtschaftlichen Erfolg gewährleistet. Das ist namentlich für Erfindungen anzunehmen, deren wirtschaftliche Verwertbarkeit weitgehend Saisoneinflüssen unterworfen sind und erfahrungsgemäß nur eine zeitlich begrenzte Bedeutung haben. Weil sich die Schutzdauer einer Gebrauchsmusteranmeldung gegenüber den Verhältnissen zum Zeitpunkt des Inkrafttretens des Arbeitnehmererfindergesetzes auf nunmehr 10 Jahre ausgedehnt hat, wird man gerade bei kleineren und mittleren Unternehmen der unternehmerischen Entscheidung, ob unter objektiven Gesichtspunkten ein Gebrauchsmusterschutz ausreichend ist, einen größeren Ermessensspielraum einräumen müssen. Gleichwohl muss sich der Arbeitgeber darüber im Klaren sein, dass bei einer objektiv fehlerhaften Entscheidung der Arbeitnehmer wegen der erlittenen Nachteile einer Beschränkung nur auf Gebrauchsmusterschutz Schadensersatzansprüche geltend machen kann (*Bartenbach/Volz* Arbeitnehmererfindungsgesetz, 5. Aufl. 2013, § 13 Rn. 15; *Busse* Patentgesetz, 8. Aufl. 2016, ArbEG § 13 Rn. 19 mit Hinweis auf eine nicht veröffentliche Entscheidung der Schiedsstelle). Ratsam ist ein Einvernehmen mit dem Arbeitnehmererfinder, das auch darin bestehen kann, sich von der grundsätzlichen Anmeldepflicht zur Patenterteilung freizukaufen (→ Anm. 7).

9. Ist der Arbeitgeber aus § 13 Abs. 1 ArbEG verpflichtet, die ihm gemeldete objektiv patentfähige Erfindung ungeachtet der Frage einer Inanspruchnahme zum Schutzrecht anzumelden, berechtigt § 14 Abs. 1 ArbEG den Arbeitgeber nach Inanspruchnahme auch zur Schutzrechtsanmeldung der Erfindung im Ausland. Denn mit der Inanspruchnahme sind alle vermögenswerten Rechte auf den Arbeitgeber übergegangen. Aus der allgemeinen Unterrichtungspflicht (§ 15 ArbEG) und der Fürsorgepflicht des Arbeitgebers besteht eine rechtliche Verpflichtung, den Arbeitnehmer rechtzeitig darüber zu informieren, für welche ausländischen Staaten er ein Schutzrecht **nicht** zur Erteilung anmelden möchte und insoweit die Erfindung freigibt, um so dem Arbeitnehmer die Möglichkeit zu geben, die Erfindung innerhalb des Prioritätsintervalls selbst im Ausland zur Schutzrechtserteilung anzumelden. Seine Freigabeverpflichtung folgt aus § 14 Abs. 2 ArbEG. Weil eine Verletzung dieser Freigabe- und Unterrichtungspflicht Schadensersatzpflichten des Arbeitgebers auslösen kann (BGH GRUR 1978, 430 (433 f.) – Absorberstabantrieb I, mAnm *Goltz*), kann sich schon zur Kontrolle empfehlen, einen solchen Hinweis über den weiteren Verlauf des Schicksals der in Anspruch genommenen Diensterfindung in der Inanspruchnahmeerklärung zu geben. Zudem sind Vereinbarungen mit dem Arbeitnehmer, die von den gesetzlichen Regeln abweichen, nach Erfindungsmeldung zulässig (→ Anm. 7). Häufig sind deshalb Vereinbarungen, in denen der Arbeitgeber mit der Inanspruchnahme dem Arbeitnehmer das Recht auf Vornahme von Auslandsanmeldungen nach § 14 ArbEG unter gleichzeitiger Befreiung von seinen Unterrichtungspflichten abkauft. Solche Vereinbarungen gereichen in der Praxis beiden Parteien zum Vorteil: Der Arbeitnehmer wird nur in den seltensten Fällen wirklich ein Interesse an einer eigenen Anmeldung im Ausland haben, der Arbeitgeber kann den beträchtlichen Verwaltungsaufwand für die Diensterfindung vermindern. In der Praxis wird die Verpflichtung aus § 14 ArbEG gemeinsam mit derjenigen aus § 16 Abs. 1 ArbEG (Anbietungspflicht bei beabsichtigter Aufgabe des Schutzrechts) abgekauft. Die durchschnittliche Zahlung dafür liegt nach einer BDI/BDA Umfrage aus 2004 zwischen 100 EUR bis 600 EUR (*Franke*, FS Bartenbach, 2005, 127 (139); *Bartenbach/Volz* Arbeitnehmererfindungen, 6. Aufl. 2014, Rn. 158 mit dem Hinweis, dass die Beträge „zwischenzeitlich leicht angestiegen" seien).

10. Um eine Gefährdung der Erfindung zu vermeiden, bietet sich ein Hinweis auf die Geheimhaltungspflicht des Arbeitnehmers aus §§ 24 Abs. 2, 25 ArbEG an. Gegen Zwischenverfügungen des Arbeitnehmers über die Erfindung nach Inanspruchnahme und vor Anmeldung ist der Arbeitgeber durch das Verfügungsverbot aus § 7 Abs. 3 ArbEG geschützt. → Form. E.2 Anm. 6.

5. Aufforderung die gemeldete Diensterfindung zum Schutzrecht anzumelden   E. 5

11. Der Hinweis auf die Vergütungsregelung ist nicht notwendiger Inhalt der Inanspruchnahmeerklärung. Er empfiehlt sich jedoch zur eigenen Kontrolle und auch zur Vermeidung von Rückfragen des Arbeitnehmers. Nach § 12 Abs. 1 ArbEG ist die Vergütung in angemessener Frist nach Inanspruchnahme festzustellen, nach § 12 Abs. 3 ArbEG grundsätzlich spätestens bis zum Ablauf von 3 Monaten nach Erteilung des Schutzrechts.

12. Zu einer Vorausvergütung ist der Arbeitgeber nicht verpflichtet. Soweit in Anerkennung des Engagements des Arbeitnehmers ein Betrag gezahlt wird, sollte klargestellt werden, dass dieser Betrag auf spätere Vergütungsansprüche angerechnet wird oder auf eine Anrechnung als incentive-Maßnahme verzichtet wird.

13. Eine Empfangsbestätigung insbesondere in Textform dient nur der Klarheit. Im Gegensatz zum früheren Recht sind durch die Fiktion der Inanspruchnahme Streitigkeiten über den rechtzeitigen Zugang der Inanspruchnahmeerklärung entfallen.

5. Aufforderung des Arbeitnehmers an Arbeitgeber, die gemeldete Diensterfindung zum Schutzrecht anzumelden

Firma B[1]

Betr.: Diensterfindung über einen geschlossenen Abstandsrahmen für Sicherheitsverbundglasscheiben

Sehr geehrte Damen und Herren,

mit Schreiben vom . . . . . habe ich Ihnen meine vorbezeichnete Diensterfindung gemeldet. Diese haben Sie mit Schreiben vom . . . . . in Anspruch genommen.[2] Sie hatten mir dabei zugesagt, mir den Anmeldeentwurf[3] sobald wie möglich zuzuleiten. Eine Nachfrage meinerseits hat ergeben, dass Sie bisher keine Schritte in Richtung einer Schutzrechtsanmeldung unternommen[4] haben. Unter Hinweis auf § 13 Abs. 3 ArbEG bitte ich Sie, die Schutzrechtsanmeldung unverzüglich,[5] spätestens innerhalb der nächsten 3 Monate ab Zugang dieses Schreibens, einzureichen, wobei ich anheimstelle, dass Sie mir zur Prüfung der Vollständigkeit der Anmeldung den Entwurf[6] zukommen lassen.

Sollte bis zu oben genanntem Zeitpunkt eine Anmeldung nicht erfolgt sein, werde ich die Anmeldung auf Ihren Namen bewirken[7] und Ihnen die dadurch entstehenden Kosten[8] aufgeben.

Mit freundlichen Grüßen, den . . . . .

gez. A

Schrifttum: *Gaul*, Die betriebsgeheime Erfindung im Arbeitnehmererfinderrecht, Mitt. 1987, 185 f.; *Poth*, Wahrung von Betriebsgeheimnissen durch Arbeitnehmer, Mitt. 1981, 114 f.; *Schütt/Böhnke*, Rechtsfolgen bei erheblich verspäteter Erfindungsmeldung, GRUR 2013, 789; *Schwab*, Psst, geheim!, Arbeitsrecht im Betrieb 2011, 512.

Anmerkungen

1. Der Arbeitgeber ist nach § 13 Abs. 1 ArbEG verpflichtet, eine gemeldete, patentfähige Diensterfindung unverzüglich zur Schutzrechtserteilung anzumelden. Sinn und Zweck des Anmeldezwangs ist die Sicherung der Erfindung durch Begründung von Prioritätsrechten (amtl. Begründung BlPMZ 1957, 235). Eine Verpflichtung entfällt nur dann, wenn die Diensterfindung frei geworden ist, § 8 ArbEG iVm § 13 Abs. 2 Nr. 1 ArbEG, der Arbeitnehmer der Nichtanmeldung durch Vereinbarung zustimmt, § 13 Abs. 2 Nr. 2 ArbEG (vgl. Schiedsstelle 3/90, Mitt. 1997, 120 (121) – Hinterfüll-Bewehrungsmatte) oder die tatbestandsmäßigen Voraussetzungen des § 17 ArbEG (Betriebsgeheimnis) erfüllt sind. Eine Erfindung ist frei geworden (§ 8 ArbEG), wenn der Arbeitgeber innerhalb der laufenden Inanspruchnahmefrist des § 6 Abs. 2 ArbEG ausdrücklich in Textform (§ 126b BGB) erklärt, die Erfindung freizugeben. Das ist eine empfangsbedürftige Willenserklärung, § 130 BGB. Das Zugangsrisiko trägt der Arbeitgeber. Kann der Arbeitgeber die Freigabe nicht nachweisen, bleibt er Kraft der Fiktion der Inanspruchnahme weiterhin zur Anmeldung verpflichtet; denn die Erfindung gilt dann anders als nach der früheren Gesetzesfassung des § 8 Abs. 1 Nr. 3 ArbEG aF nicht als frei gegeben. Dem Arbeitgeber bleibt im Fall der fiktiven Inanspruchnahme gleichwohl die Möglichkeit, noch vor Anmeldung der Erfindung die Freigabe zu erklären. Zum alten Recht war diese Möglichkeit streitig; überwiegend wurde angenommen, dass nach erklärter Inanspruchnahme keine Freigabe, sondern nur noch eine Aufgabe nach § 16 ArbEG in Betracht komme. Zu unterscheiden ist zwischen Freigabe der Erfindung *vor* Inanspruchnahme, Freigabe *nach* Inanspruchnahme aber *vor* Anmeldung und Freigabe *nach* Inanspruchnahme und *nach* Anmeldung (*Bartenbach/Volz* Arbeitnehmererfindungsgesetz, 5. Aufl. 2013, § 8 nF Rn. 39–42). Nur im letztgenannten Fall ist eine Freigabe nicht mehr möglich und der Arbeitgeber muss den Weg über die Aufgabe des Schutzrechtes nach § 16 ArbEG beschreiten (Busse/Keukenschrijver ArbEG § 8 Rn. 9 für den Fall der ausdrücklichen Inanspruchnahme). Anderer Auffassung sind *Gärtner/Simon* BB 2011, 1909 (1911), die eine Freigabe nur *vor* Inanspruchnahme zulassen; ferner *Gennen* ITRB (IT Rechtsberater) 2010, 280. Diese Auffassung dürfte aber vom Gesetzeswortlaut nicht getragen werden. Das ArbEG enthält bewusst förmliche Verfahrensregeln zur Schaffung von Rechtsklarheit. Nach der neuen Gesetzesfassung zur Inanspruchnahme bildet zwar die Inanspruchnahme weiterhin eine Zäsur. Die Freigabe wirkt auf den Zeitpunkt der Entstehung des Rechts zurück mit der Folge, dass ausgehend von dem Erfinderprinzip aus § 6 PatG materiellrechtlich die Erfindung beim Arbeitnehmer geblieben ist (*Bartenbach/Volz* Arbeitnehmererfindungsgesetz, 5. Aufl. 2013, § 8 nF Rn. 66 ex tunc Wirkung, Freigabe nach Inanspruchnahme und vor Anmeldung *Bartenbach/Volz* Arbeitnehmererfindungsgesetz, 5. Aufl. 2013, § 8 nF Rn. 15, 42 ex nunc Wirkung). Aber der Gesetzeswortlaut der neuen Fassung stellt für das Freiwerden der Erfindung allein darauf ab, dass der Arbeitgeber die Erfindung „durch Erklärung in Textform" freigibt, § 8 ArbEG. Zu welchem Zeitpunkt das geschieht, lässt der Gesetzeswortlaut offen. Nur wenn eine Anmeldung schon erfolgt ist, scheidet begrifflich eine Freigabe aus und muss das förmliche Aufgabeverfahren nach § 16 ArbEG eingehalten werden. Im Übrigen bedarf eine Zustimmung des Arbeitnehmers zur Nichtanmeldung keiner Form, auch mündliche Erklärungen sind denkbar. Der Rechtsnatur handelt es sich um eine empfangsbedürftige Willenserklärung des Arbeitnehmers, § 130 BGB (*Bartenbach/Volz* Arbeitnehmererfindungsgesetz, 5. Aufl. 2013, § 13 Rn. 33.3 f.). Zum Entfall der Anmeldepflicht wegen eines Betriebsgeheimnisses müssen betriebliche Belange es erfordern, eine gemeldete Diensterfindung nicht bekannt werden zu lassen. Allerdings muss der Arbeitgeber in diesem Fall die Schutzfähigkeit der Diensterfindung gegenüber dem Arbeitnehmer anerkennen, § 17 Abs. 1 ArbEG, und ist zur Vergütung der Erfindung verpflichtet, § 17 Abs. 3

5. Aufforderung die gemeldete Diensterfindung zum Schutzrecht anzumelden   E. 5

ArbEG. Hauptanwendungsfälle sind Diensterfindungen, die sich auf ein im Betrieb des Arbeitgebers einzusetzendes Produktionsverfahren beziehen (BGH GRUR 1988, 123 – Vinylpolimerisate, mAnm *Bartenbach*) oder Rezepturen und Stoffzusammensetzungen im chemisch-pharmazeutischen Bereich betreffen. Denn wird eine Erfindung zur Patenterteilung angemeldet, erfolgt nach 18 Monaten deren Offenlegung, § 31 Abs. 2 PatG. Damit erhält jeder interessierte Dritte die Möglichkeit der Kenntnisnahme. Trotz der Schutzwirkungen eines erteilten Patentes scheitert dessen Durchsetzung bei derartigen Erfindungen oftmals an der schwierigen Darlegungs- und Beweislage. Denn der Patentinhaber trägt grundsätzlich die volle Darlegungs- und Beweislast für den Tatbestand der Patentverletzung, sieht man einmal von den Fällen der Beweislastumkehr nach § 139 Abs. 3 PatG bei einem neuen Verfahrenserzeugnis ab (*Mes* PatG § 139 Rn. 217 f.). Zwar ist durch die Besichtigungsverfahren nach § 140c PatG für den Patentinhaber die Möglichkeit der Tatsachenfeststellung verbessert worden, aber selbst moderne Analysetechniken erlauben nicht immer den Nachweis der erfindungsgemäßen Stoffzusammensetzung bei einem Stoffpatent. Ob unter diesen Voraussetzungen berechtigte Belange des Betriebes vorliegen, von der Erwirkung eines Schutzrechtes abzusehen, beurteilt sich deshalb nach dem pflichtgemäßen Ermessen des Arbeitgebers. Allerdings handelt es sich dabei um einen unbestimmten, nachprüfbaren Rechtsbegriff. Die Parteien können die Schiedsstelle und die ordentlichen Gerichte zur Klärung der Frage, ob das Ermessen pflichtgemäß ausgeübt wurde, anrufen (*Reimer/Schade/Schippel/Trimborn* ArbEG, 8. Aufl. 2007, § 17 Rn. 5). Erweist sich, dass berechtigte Belange keine Geheimhaltung erfordern, ist der Arbeitgeber zur Schutzrechtsanmeldung verpflichtet. Ist zwischen den Parteien überhaupt streitig, ob die aus Sicht des Arbeitgebers als Betriebsgeheimnis zu behandelnde gemeldete Diensterfindung schutzfähig ist, können die Parteien die Schiedsstelle zur Herbeiführung einer Einigung über die Schutzfähigkeit der Diensterfindung anrufen, §§ 17 Abs. 2, 28 ArbEG. Diese Möglichkeit steht dem Arbeitgeber aber nur offen, wenn er die Schutzfähigkeit der Diensterfindung von Anfang an nicht anerkennt (BGH GRUR 1988, 123 (124) – Vinylpolimerisate). Der Vorschlag der Schiedsstelle ist nicht bindend. Es steht den Parteien frei, den Vorschlag anzunehmen oder eine Entscheidung bei den ordentlichen Gerichten zu beantragen (hM *Reimer/Schade/Schippel/Trimborn* ArbEG, 8. Aufl. 2007, § 17 Rn. 9). Um eine Gefährdung der Erfindung während des Einigungsprozesses über die „berechtigten Belange" des Arbeitgebers oder auch der Schutzfähigkeit der Erfindung zu vermeiden, kann sich für den Arbeitgeber anbieten, die Erfindung zur Schutzrechtserteilung anzumelden. Sollte die Auffassung des Arbeitgebers noch vor Offenlegung der Patentanmeldung bestätigt werden, kann der Arbeitgeber die Patentanmeldung zurücknehmen und so ihr Bekanntwerden verhindern. Sollte hingegen die Auffassung des Arbeitnehmers bestätigt werden, ist durch die Patentanmeldung das Prioritätsrecht gesichert. Weil der Arbeitgeber in allen übrigen Fällen zur Anmeldung der gemeldeten Diensterfindung verpflichtet ist, räumt § 13 Abs. 3 ArbEG dem Arbeitnehmer zur Sicherung seines vermögensrechtlichen Anspruches aus der Verwertung der Erfindung durch den Arbeitgeber das Recht ein, die Anmeldung der Diensterfindung für den Arbeitgeber auf dessen Namen und Kosten selbst zu bewirken, wenn der Arbeitgeber seine Verpflichtung dazu nicht erfüllt.

2. Voraussetzung für das Anmelderecht des Arbeitnehmers für den Arbeitgeber ist die Inanspruchnahme der Diensterfindung, § 13 Abs. 3 ArbEG. Vor der Inanspruchnahme kann der Arbeitgeber bei einem drohenden Prioritätsverlust – beispielsweise durch eine beabsichtigte Messeausstellung – durch einstweilige Verfügung veranlasst werden, die Schutzrechtsanmeldung einzureichen, §§ 935, 940 ZPO. Denkbar ist auch, dass der Arbeitnehmer die Erfindung im Namen des Arbeitgebers als vollmachtloser Vertreter zum Schutzrecht anmeldet. Dabei wird der Arbeitgeber aus Treu und Glauben zur Genehmigung des Rechtsgeschäftes verpflichtet sein, wenn ihn eine Anmeldepflicht trifft.

Hinsichtlich der dem Arbeitnehmer entstandenen Aufwendungen kann sich ein Erstattungsanspruch nach den Regeln der Geschäftsführung ohne Auftrag ergeben.

3. Nach § 15 ArbEG sind die Parteien verpflichtet, sich beim Erwerb von Schutzrechten gegenseitig zu unterstützen. Zum Umfang und zur Bedeutung dieser Verpflichtung siehe Schiedsstelle 3/90, Mitt. 1997, 120 (122) – Hinterfüll-Bewehrungsmatte.

4. Der Arbeitnehmer ist nicht verpflichtet, von sich aus Nachforschungen darüber anzustellen, ob und wann der Arbeitgeber seiner Pflicht zur Schutzrechtsanmeldung nachgekommen ist. Im eigenen Interesse sollte sich der Arbeitnehmer dennoch nach dem Bearbeitungsstand seiner Diensterfindung erkundigen. Der Arbeitgeber ist in jedem Fall gehalten, berechtigte Anfragen des Arbeitnehmers zu beantworten, vgl. § 15 Abs. 2 ArbEG.

5. § 13 Abs. 3 ArbEG verlangt, dass der Arbeitnehmer dem Arbeitgeber eine angemessene Nachfrist setzt. Eine Frist ist angemessen, wenn ein sachkundiger Dritter innerhalb dieser Zeit die geschuldete Leistung bewirken kann. Insoweit kommt es stets auf die Umstände des Einzelfalls an. Ist die Frist nicht angemessen, so tritt an ihre Stelle eine angemessene Frist.

6. → Anm. 3.

7. Das alleinige Recht zur Schutzrechtsanmeldung einer in Anspruch genommenen Diensterfindung liegt beim Arbeitgeber. Auf ihn sind alle Rechte an der Diensterfindung übergegangen, § 7 Abs. 1 ArbEG. Meldet der Arbeitnehmer die Diensterfindung daher im eigenen Namen an, begeht er eine widerrechtliche Entnahme, § 21 Abs. 1 Nr. 3 PatG. § 13 Abs. 3 ArbEG gestattet daher dem Arbeitnehmer nur die Anmeldung der Diensterfindung auf den Namen des Arbeitgebers. Darin liegt eine gesetzliche Ermächtigung für die Einreichung der Schutzrechtsanmeldung. Sie erstreckt sich nicht auf das Betreiben des Erteilungsverfahrens (*Reimer/Schade/Schippel/Trimborn* ArbEG, 8. Aufl. 2007, § 13 Rn. 11; Amtliche Begründung BlPMZ 1957, 218 (236) vorletzter Absatz zu § 12 ArbEG aF, jetzt § 13 ArbEG).

8. Nach der amtlichen Begründung erscheint es billig, dem Arbeitgeber die Kosten der vom Arbeitnehmer durchgeführten „Ersatzvornahme" der Anmeldung aufzuerlegen, weil es sich um eine Verpflichtung des Arbeitgebers handelt, der dieser nicht nachgekommen ist. Die Kosten umfassen die Anmeldegebühren beim Patentamt sowie diejenigen Aufwendungen, die der Arbeitnehmer bei zweckentsprechender Verfolgung der Patentanmeldung aufwenden musste. Das können auch die Kosten eines Patentanwaltes sein (*Bartenbach/Volz* Arbeitnehmererfindungsgesetz, 5. Aufl. 2013, § 13 Rn. 66). Für die Rechtsbeziehungen der Parteien gelegentlich der Ersatzvornahme erscheint es sachgerecht, die Regeln der Geschäftsführung ohne Auftrag unter besonderer Beachtung der Treuepflicht aus dem bestehenden Dienstverhältnis zwischen den Parteien entsprechend anzuwenden.

6. Freigabe der Erfindung

Herrn A[1, 2]

Betr.: Diensterfindung über einen geschlossenen Abstandsrahmen für Sicherheitsverbundglasscheiben

Sehr geehrter Herr A,

6. Freigabe der Erfindung E. 6

vielen Dank für Ihre Erfindungsmeldung vom ......, eingegangen am ...... An einer Inanspruchnahme[3] Ihrer Diensterfindung haben wir kein Interesse. Wir geben Ihnen hiermit die Diensterfindung frei.[4] Somit sind Sie berechtigt, Ihre Erfindung in eigenem Namen und auf eigene Kosten zum Schutzrecht im In- und Ausland[5] anzumelden sowie zu verwerten. Rein vorsorglich weisen wir Sie darauf hin, dass Sie nicht berechtigt sind, Geschäfts- und Betriebsgeheimnisse[5] unseres Unternehmens an Dritte weiterzugeben.

Mit freundlichen Grüßen, den ......

gez. Firma B

Schrifttum: *Bartenbach/Volz*, Die Aufgabe eines Schutzrechts bei mehreren Arbeitnehmererfindern nach § 16 ArbEG, GRUR 1978, 668 (672); *Gärtner/Simon*, Reform des Arbeitnehmererfinderrechts – Chancen und Risiken, BB 2011, 1909 (1910); *Peters*, Die Verwertung einer frei gewordenen Diensterfindung, GRUR 1961, 514; *Rother*, Die Stellung des Arbeitnehmers einer frei gewordenen Diensterfindung, Festschrift Bartenbach, 2005, 159; *Röpke*, Das Recht des Arbeitnehmers auf Verwertung einer freigewordenen Diensterfindung, GRUR 1962, 127; *Vollrath*, Die freigewordene Diensterfindung und die benutzten geheimen Erfahrungen des Betriebs, GRUR 1987, 670.

Anmerkungen

1. Nach § 8 ArbEG wird eine Diensterfindung frei, wenn sie der Arbeitgeber durch Erklärung in Textform (§ 126b BGB) freigibt. Die Tatbestände eines frei Werdens der Erfindung als Folge einer nur beschränkten Inanspruchnahme oder Versäumung einer form- und fristgerechten Inanspruchnahmeerklärung sind durch die Gesetzesänderung für alle Erfindungen, die nach dem 30.9.2009 gemeldet wurden (§ 43 Abs. 3 ArbEG), entfallen. Das Textbeispiel betrifft deshalb nur die ausdrücklich erklärte Freigabe der Erfindung durch den Arbeitgeber. Die Inanspruchnahmeerklärung ist die Ausübung des Aneignungsrechtes des Arbeitgebers mit der Folge, dass mit Zugang der Willenserklärung oder aufgrund der gesetzlichen Fiktion alle Rechte an der Erfindung auf den Arbeitgeber übergehen. Die Freigabe der Erfindung ist eine dem Arbeitnehmer gegenüber abzugebende einseitige empfangsbedürftige Willenserklärung, § 130 BGB (BGH GRUR 1978, 430 – Absorberstabantrieb; *Reimer/Schade/Schippel/Trimborn* ArbEG, 8. Aufl. 2007, § 14 Rn. 3). Das Gesetz verlangt in seiner neuen Fassung nur noch Textform, wobei allerdings selbst darauf verzichtet werden kann; denn ein solcher Verzicht erfolgt nach Meldung der Diensterfindung und § 22 ArbEG lässt somit Abweichungen zu. Als Gestaltungserklärung ist die Freigabeerklärung bedingungsfeindlich. Möchte der Arbeitgeber die Freigabe der gemeldeten Erfindung an bestimmte Bedingungen, etwa über die künftige Verwertung durch den Arbeitnehmer, knüpfen, ist dies nur im Wege einer Vereinbarung möglich. Aus der Bedingungsfeindlichkeit folgt zugleich, dass die Freigabe grundsätzlich nicht davon abhängig gemacht werden darf, dass der Arbeitnehmer die dem Arbeitgeber bis dahin entstandenen Kosten beim Zustandekommen der Erfindung zu erstatten hat (*Reimer/Schade/Schippel/Trimborn* ArbEG, 8. Aufl. 2007, § 8 Rn. 24).

2. Die Freigabeerklärung ist gegenüber dem Arbeitnehmererfinder abzugeben. Bei mehreren Erfindern hat sie gegenüber jedem einzelnen zu erfolgen. Nach Freigabe bilden diese eine Bruchteilgemeinschaft nach §§ 741 ff. BGB und sind zur Verwaltung des Schutzrechts, insbesondere seiner Anmeldung, nur gemeinsam berechtigt. Deshalb haben sie ein gleichgerichtetes Informationsinteresse. Der Umfang des Benutzungsrechts der Mitglieder der Bruchteilsgemeinschaft bestimmt sich nach den getroffenen Absprachen der Miterfinder oder in Ermangelung solcher nach Treu und Glauben unter Berücksichtigung des Einzelfalls. Wegen der Einzelheiten: Benkard PatG/*Melullis* § 6 Rn. 35 f.;

Hellebrand Mitt. 2008, 433; OLG Düsseldorf GRUR RR 2006, 118 – Drehschwingungstilger. (Ausgleichsanspruch des Nichtbenutzenden gegen den Nutzenden wegen Gebrauchsvorteilen erst ab erstmaliger Geltendmachung eines Ausgleichsanspruchs; BGH GRUR 2005, 663 – Gummielastische Masse II; BGH GRUR 2006, 401 (402) – Zylinderrohr: Ausgleichsanspruch zu Gunsten des nicht eingetragenen Miterfinders für die von diesem nicht wahrgenommene Möglichkeit, den Gegenstand der Erfindung selbst zu nutzen; BGH GRUR 2017, 504 (508) – Lichtschutzfolie: Fortführung der Rechtsprechung aus BGH GRUR 2005, 663 – Gummielastische Masse II, wonach jeder Mitberechtigte grundsätzlich gleichermaßen zur Benutzung des Gegenstands eines gemeinsamen Patents berechtigt ist. Zwar können die Mitberechtigten nach Maßgabe von § 745 Abs. 1 BGB eine abweichende, der Beschaffenheit des gemeinschaftlichen Gegenstands entsprechende ordnungsmäßige Verwaltung und Benutzung beschließen und jeder Teilhaber kann gem. § 745 Abs. 2 BGB eine dem Interesse aller Teilhaber nach billigem Ermessen entsprechende Verwaltung und Benutzung verlangen. Eine Benutzungsregelung, die einem der Mitberechtigten die Nutzung der gemeinsamen Erfindung verbietet, kann aber allenfalls unter besonderen Voraussetzungen einer ordnungsmäßigen Verwaltung und Benutzung entsprechen – etwa dann, wenn ein Mitberechtigter sich gegenüber den anderen zu besonders hohen Ausgleichsleistungen verpflichtet und im Gegenzug eine alleinige Nutzungsbefugnis erhält).

3. Die Freigabe der Erfindung kann vom Arbeitgeber zur Vermeidung der Inanspruchnahmefiktion aus § 6 Abs. 2 ArbEG innerhalb einer Frist von vier Monaten nach Meldung erklärt werden. Die Freigabe *vor* der ausdrücklichen Inanspruchnahme oder der kraft Gesetzes eintretenden Fiktion der Inanspruchnahme ist ein Verzicht auf die Ausübung des Aneignungsrechts des Arbeitgebers. Die Freigabe *nach* ausdrücklicher oder fingierter Inanspruchnahme ist – soweit diese für zulässig angesehen wird – ein Verzicht auf das erworbene Recht, das dann wieder auf den Arbeitnehmer zurückfällt. *Bartenbach/Volz* Arbeitnehmererfindungsgesetz, 5. Aufl. 2013, § 8 nF Rn. 39–42 nehmen insoweit ein „gestuftes Freigabesystem" nach § 6 Abs. 2 ArbEG und § 8 ArbEG an und unterscheiden deshalb zwischen Freigabe der Erfindung *vor* Inanspruchnahme, Freigabe *nach* Inanspruchnahme aber *vor* Anmeldung und Freigabe *nach* Inanspruchnahme und Anmeldung. Nur im letztgenannten Fall ist nach dieser Auffassung eine Freigabe nicht mehr möglich sein und der Arbeitgeber muss den Weg über die Aufgabe des Schutzrechtes nach § 16 ArbEG beschreiten (Busse/Keukenschrijver ArbEG § 8 Rn. 9). Anderer Ansicht sind *Gärtner/Simon* BB 2011, 1909 (1911), die eine Freigabe nur *vor* Inanspruchnahme zulassen, ebenso *Gennen* ITRB (IT Rechtsberater) 2010, 280. Für die Auffassung der zuletzt genannten Ansicht könnte sprechen, dass auch nach der neuen Gesetzesfassung die Inanspruchnahme eine Zäsur bildet und als solche eine sachenrechtliche Verfügung ist. Es kann dem Bestimmtheitsgrundsatz und der Rechtsklarheit entgegenstehen, wenn sich der Arbeitgeber trotz dinglicher Rechtsänderung nach erfolgter Inanspruchnahme von der Zuordnung der Erfindung durch einfache Erklärung wieder freisagen könnte, etwa um Anmeldekosten für das Patenterteilungsverfahren zu vermeiden. Nach dieser Auffassung kann ein einseitiger Verzicht nach Inanspruchnahme auf das Recht an der Erfindung deshalb nicht zur Befreiung vom Anmeldezwang nach § 13 Abs. 1 ArbEG führen. Insoweit wäre die Inanspruchnahmefrist eine Ausschlussfrist für die Freigabe der Erfindung. Dem Arbeitgeber bliebe nach der Gegenmeinung nach Inanspruchnahme nur die Möglichkeit, nach Anmeldung der Erfindung gegen seinen Willen die Schutzrechtsposition später nach § 16 ArbEG wieder aufzugeben. Wie bereits zu → Form. E.4 Anm. 1 ausgeführt, verdient die auch von *Bartenbach/Volz* vertretene Auffassung den Vorzug; der Gesetzeswortlaut der neuen Fassung stellt für das Freiwerden der Erfindung allein darauf ab, dass der Arbeitgeber die Erfindung „durch Erklärung in Textform" freigibt, § 8 ArbEG. Zu welchem Zeitpunkt das geschieht, lässt der Gesetzes-

6. Freigabe der Erfindung
E. 6

wortlaut offen. Nur wenn eine Anmeldung schon erfolgt ist, scheidet schon begrifflich eine Freigabe aus und muss das förmliche Aufgabeverfahren nach § 16 ArbEG eingehalten werden. Weil die Verpflichtung des Arbeitgebers zur Anmeldung unabhängig von der Inanspruchnahme besteht, sollte angesichts der streitigen Rechtslage der Arbeitgeber, wenn er nach Inanspruchnahme und vor Anmeldung die Erfindung freigeben möchte, neben einer Freigabeerklärung auch die Zustimmung des Arbeitnehmers auf Nichtanmeldung aus § 13 Abs. 2 Nr. 2 ArbEG einholen oder gleich versuchen, sich von der möglichen fortbestehenden Anmeldepflicht freizukaufen. Die Freigabe *vor* Inanspruchnahme wirkt auf den Zeitpunkt der Entstehung des Rechts zurück mit der Folge, dass ausgehend von dem Erfinderprinzip aus § 6 PatG materiellrechtlich die Erfindung immer beim Arbeitnehmer geblieben ist (*Bartenbach/Volz* Arbeitnehmererfindungsgesetz, 5. Aufl. 2013, § 8 nF Rn. 66 ex tunc Wirkung). Bei der nach *Bartenbach/Volz* Arbeitnehmererfindungsgesetz, 5. Aufl. 2013, § 8 nF Rn. 15, 42, zulässigen Freigabe *nach* Inanspruchnahme und *vor* Anmeldung soll die Wirkung ex nunc sein. Erfolgt die Freigabe *nach* Inanspruchnahme und *nach* Schutzrechtsanmeldung, handelt es sich gesetzestechnisch in keinem Fall um eine Freigabe nach §§ 6 Abs. 2, 8 ArbEG, sondern um eine Aufgabe einer Schutzrechtsposition durch den Arbeitgeber, die in § 16 ArbEG geregelt ist (*Bartenbach/Volz* Arbeitnehmererfindungen, 6. Aufl. 2014, Rn. 182). Sie unterscheidet sich von der Freigabe vor Schutzrechtsanmeldung vor allem darin, dass der Arbeitnehmer die Schutzrechtsposition nur so erwerben kann, wie sie besteht, also auch belastet mit eventuellen Verfügungen des Arbeitgebers durch Lizenzvergabe an Dritte (*Reimer/Schade/Schippel/Rother* ArbEG, 8. Aufl. 2007, § 8 Rn. 7). Auch dort kommt es für die Wirkung auf den Zeitpunkt des Zugangs der Aufgabeerklärung an (ex nunc). Zur Abgrenzung Freigabe – Aufgabe eines Schutzrechts vgl.: *Bartenbach/Volz* GRUR 1978, 668 (671) zum alten Recht und *Bartenbach/Volz* Arbeitnehmererfindungen, 6. Aufl. 2014, Rn. 182 f.

4. Der Arbeitgeber sollte sich über die Rechtsfolgen einer Freigabe der Diensterfindung klar sein. Zwar entfällt mit der Freigabe einer Erfindung die Pflicht zur Zahlung von Erfindervergütung für die Zukunft, jedoch ist der Arbeitgeber grundsätzlich nicht berechtigt, die Erfindung weiterhin zu benutzen (Busse/Keukenschrijver ArbEG § 8 Rn. 7), so dass er sich auch nicht auf ein Vorbenutzungsrecht berufen kann (BGH GRUR 2010, 47 – Füllstoff). Weil die Erfindung ein eigentumsähnliches Recht ist, hat der Arbeitnehmer als Inhaber dieses Rechts für bis dahin erfolgte Benutzungshandlungen einen Anspruch auf Ersatz des Wertes der Nutzungen, §§ 812 ff. BGB (BGH GRUR 2010, 817 Rn. 27 f. – Steuervorrichtung). Der Arbeitnehmer ist mit der Freigabe berechtigt, über die Erfindung zu verfügen. Er kann sie zur Schutzrechtserteilung anmelden, § 13 Abs. 4 ArbEG. § 8 ArbEG bestimmt ausdrücklich, dass für den Arbeitnehmer einer freigewordenen Erfindung anders als für den Arbeitnehmer, der eine freie Erfindung (zur Definition: → Form. E.4 Anm. 4) gemacht hat, die Mitteilungs- oder Anbietungspflicht aus §§ 18, 19 ArbEG nicht gilt.

5. Das grundsätzliche Verfügungsrecht des Arbeitnehmers über eine freigewordene Erfindung bedeutet nach der amtlichen Begründung (BlPMZ 1957, 224 (232)) zu § 7 ArbEG jedoch nicht, dass der Arbeitnehmer ohne Rücksicht auf die besonderen Belange des Arbeitgebers mit der Erfindung nach Belieben verfahren darf. Die Benutzung und Verwertung der Erfindung haben vielmehr unter Beachtung der dienstvertraglichen Vorschriften und der allgemeinen Treuepflicht des Arbeitnehmers zu geschehen, § 25 ArbEG. Die amtliche Begründung sieht darin einen ausdrücklichen Vorbehalt zum Schutze des Arbeitgebers. Bestehen zulässige gesetzliche (§ 60 HGB Handlungsgehilfe) oder vertragliche Wettbewerbsverbote, ist der Arbeitnehmer daran gebunden, auch im Falle der Vereinbarung eines nachvertraglichen Wettbewerbsverbots. Insbesondere darf der Arbeitnehmer die Erfindung während des Bestehens des Arbeitsverhältnisses nicht selbst in einem eigenen Betrieb nutzen und verwerten. Das Gesetzesmerkmal „verfügen" in § 8 ArbEG erlaubt nach herrschender Meinung dem Arbeitnehmer nicht die Selbstnutzung und -verwertung der Erfindung (vgl. *Reimer/Schade/Schippel/Rother* ArbEG, 8. Aufl. 2007, § 8 Rn. 20 sowie § 25 Rn. 19; *Röpke* GRUR 1962, 127 (130); *Bartenbach/Volz* Arbeitnehmererfindungen, 6. Aufl. 2014, Rn. 185; *Bartenbach/Volz* Arbeitnehmererfindungsgesetz, 5. Aufl. 2013, § 8 nF Rn. 78). Außerhalb eines gesetzlichen oder vertraglichen Wettbewerbsverbotes kann eine Beschränkung der Verfügungsbefugnis aus der allgemeinen Treuepflicht folgen. So erscheint es bedenklich, wenn der Arbeitnehmer seine Erfindung einem direkten Wettbewerber zur Verfügung stellt, diese veräußert oder ihm daran eine Lizenz gewährt, wenn nicht von der Hand zu weisen ist, dass Betriebs- und Geschäftsgeheimnisse, die sich nicht auf den Erfindungsgegenstand selbst beziehen, durch Preisgabe gefährdet sind. Es erscheint aber mit dem rechtspolitischen Zweck des Gesetzes nicht vereinbar zu sein, dem Arbeitnehmer über diesen Weg solche Beschränkungen aufzuerlegen, die für ihn nicht nur eine unerträgliche Konfliktsituation auslösen, sondern darüber hinaus ihn auch in der wirtschaftlichen Verwertung eben seiner Erfindung über Gebühr behindern. Der Arbeitgeber hat durch Freigabe der Erfindung manifestiert, dass ihm die Erfindung nicht einmal als Vorrats- oder Sperrpatent wirtschaftlich tragbar erscheint. Dann wäre es unbillig, die wirtschaftliche Verwertung der Erfindung regelmäßig an die Zustimmung des Arbeitgebers zu binden. Wenn schon unter Bruchteilseigentümern an einer Erfindung die Benutzungsregelung nicht so weit gehen darf, dass ein Mitbenutzungsberechtigter durch Vereinbarung von einer Mitbenutzung ausgeschlossen werden darf (vgl. BGH GRUR 2017, 504 (508) – Lichtschutzfolie), muss das erst recht dann gelten, wenn der Arbeitgeber bewusst die Freigabe erklärt hat.

Der Arbeitgeber ist nicht berechtigt, eine freigegebene Erfindung später dann doch zum Patent anzumelden, wenn der Arbeitnehmer in diese Richtung nichts unternimmt. Denn mit Freigabe gehen alle Rechte an der Erfindung auf den Arbeitnehmer über und eine Anmeldung durch Dritte löst einen vindikationsrechtlichen Anspruch nach § 8 PatG, § 13 Abs. 3 GebrMG aus (OLG München GRUR-RR 2009, 219 (221) – Vliesproduktion).

7. Aufgabe der Schutzrechtspositionen

Herrn A[1, 2]

im Hause

Betr.: Diensterfindung über einen geschlossenen Abstandsrahmen für Sicherheitsverbundglasscheiben

Sehr geehrter Herr A,

wie Ihnen bekannt geworden sein dürfte, haben wir unseren Geschäftsbereich[3] für Sicherheitsverbundglasscheiben aufgegeben. Wir beabsichtigen deshalb, alle Schutzrechtspositionen[4] fallenzulassen, die diesen Geschäftsbereich betreffen. Dazu zählt auch Ihre oben genannte Diensterfindung. Schutzrechtspositionen bestehen[5] in folgenden Ländern:

Deutschland DE
Italien . . . . . .
Frankreich . . . . . .

Für den Fall Ihres Interesses an einer Übernahme[6] einzelner oder aller bestehenden Schutzrechtspositionen bitten wir Sie um baldige Nachricht, spätestens jedoch innerhalb einer Frist[7] von 3 Monaten nach Zugang dieses Schreibens.

7. Aufgabe der Schutzrechtspositionen   E. 7

Sollten Sie sich für eine Übernahme entscheiden, werden wir die notwendigen Erklärungen[8] abgeben und Ihnen die Anmeldeunterlagen der Schutzrechtspositionen[9] aushändigen. Die mit der Umschreibung der Schutzrechtspositionen und Abgabe der erforderlichen Erklärungen anfallenden Kosten[10] gehen zu Ihren Lasten. Gleichzeitig werden wir uns ein nicht ausschließliches[11] Recht zur Benutzung der Diensterfindung gegen angemessene Vergütung unter Berücksichtigung der bislang getroffenen Absprachen zwischen uns vorbehalten.

Sollten Sie keine Übernahme der Schutzrechtsposition verlangen, werden wir die Schutzrechte aufgeben[12] oder anderweitig darüber verfügen.

Abschließend weisen wir Sie darauf hin, dass Sie trotz Aufgabe der Diensterfindung zum Zwecke der Übernahme nicht berechtigt sind, etwaige Betriebs- und Geschäftsgeheimnisse[13] unseres Unternehmens an Dritte weiterzugeben.

Mit freundlichen Grüßen

Firma B

Schrifttum: *Bartenbach/Volz*, Die Aufgabe eines Schutzrechts bei mehreren Arbeitnehmererfindern nach § 16 ArbEG, GRUR 1978, 668 f.; *Bartenbach/Volz*, Rechtswirksamkeit von Abkaufregelungen, VPP-Rundbrief 2005, 92; *Sefzig*, Das Verwertungsrecht des einzelnen Miterfinders, GRUR 1995, 302; siehe auch Angaben zum Schrifttum → Form. E.6.

Anmerkungen

1. § 16 Abs. 1 ArbEG verpflichtet den Arbeitgeber, der die Anmeldung der Diensterfindung zur Erteilung des Schutzrechts nicht weiterverfolgen oder gar das erteilte Schutzrecht nicht aufrechterhalten möchte, dies dem Arbeitnehmer mitzuteilen und ihm auf sein Verlangen die Rechte zu übertragen, wenn zu diesem Zeitpunkt der Anspruch des Arbeitgebers auf angemessene Vergütung nicht erfüllt ist. Der Arbeitnehmer hat drei Monate Zeit, sich zu entscheiden, ob er das Übertragungsangebot annimmt, § 16 Abs. 2 ArbEG. Entscheidet er sich für die Annahme, kann sich der Arbeitgeber ein nicht ausschließliches Recht zur Benutzung der Diensterfindung gegen angemessene Vergütung vorbehalten, § 16 Abs. 3 ArbEG. Sinn und Zweck der Vorschrift liegen darin, dem Arbeitgeber zu ermöglichen, technisch überholte oder für ihn wirtschaftlich uninteressant gewordene Schutzrechte aufzugeben. Die wirtschaftliche Nutzungsdauer von Patenten beträgt durchschnittlich nur 10 Jahre (vgl. BDI/BDA Umfrage GRUR 1999, 134). Daran dürfte sich auch in jüngerer Zeit nichts geändert haben. Weil die Patentjahresgebühren mit zunehmendem Alter der Patente steigen, kann es für den Arbeitgeber wirtschaftlich nicht lohnend oder gar unzumutbar sein, das Schutzrecht und seine oft zahlreichen ausländischen Schutzpositionen aufrechtzuerhalten (Amtliche Begründung BlPMZ 1957, 218 (236) zu § 16 ArbEG; BGH GRUR 1988, 762 (763) – Windform).

Eine Informationspflicht besteht nur für den Fall, dass der Vergütungsanspruch des Arbeitnehmers noch nicht vollständig erfüllt ist. Ist hingegen der Vergütungsanspruch des Arbeitnehmers aus § 9 ArbEG vollständig befriedigt, beispielsweise aufgrund einer Pauschalvereinbarung, kann der Arbeitgeber seine Rechte ohne weiteres aufgeben. Vermögensrechtliche Interessen des Arbeitnehmers nach Erfüllung seines Vergütungsanspruches werden nicht mehr berührt. Eine solche volle Befriedigung des Vergütungsanspruchs wird man in der Regel aber nur im Rahmen von Pauschalvereinbarungen oder der Zahlung einer Pauschalabfindung annehmen können (BGH GRUR 1963, 315 (317) – Pauschalabfindung). In allen anderen Fällen der an Umsatzgeschäfte geknüpften Vergütungszahlungen wird eine Erfüllung des Vergütungsanspruches erst mit dem Ende der längsten Laufdauer des Schutzrechtes eintreten. § 16 ArbEG erstreckt sich sowohl auf

Schutzrechtsanmeldungen als auch auf erteilte Schutzrechte für patent- und gebrauchsmusterfähige Erfindungen im Sinne des § 2 ArbEG. Erfasst werden in- und ausländische Schutzrechte und Schutzrechtsanmeldungen. Insoweit differenziert das Gesetz nicht. Allerdings soll dies im Hinblick auf ausländische Schutzrechte nur dann gelten, wenn diese auch im Inland schutzfähig sind. Fehlt es indessen an der inländischen Schutzfähigkeit, handelt es sich bei den ausländischen Schutzrechten um keine Erfindungen im Sinne des § 2 ArbEG und der Arbeitgeber ist zur Aufgabe der ausländischen Schutzrechtsposition ohne vorherige Information des Arbeitnehmers berechtigt (str., so aber *Bartenbach/Volz* Arbeitnehmererfindungsgesetz, 5. Aufl. 2013, § 16 Rn. 9; *Volmer/Gaul* Arbeitnehmererfindungsgesetz, 2. Aufl. 1983, § 16 Rn. 26; aA Boemke/Kursawe/*Hoppe-Jänisch* Gesetz über Arbeitnehmererfindungen, 2015, § 16 Rn. 34, die sich mit *Reimer/Schade/Schippel/Rother* ArbEG, 8. Aufl. 2007, § 2 Rn. 8, in Fällen der fehlenden Schutzfähigkeit im Inland für eine entsprechende Anwendung des § 16 ArbEG aussprechen).

Verletzt der Arbeitgeber seine Mitteilungspflicht aus § 16 Abs. 1 ArbEG und kommt es so ganz oder teilweise zum Verfall des Schutzrechtes, stehen dem Arbeitnehmer Schadensersatzansprüche gegen den Arbeitgeber zu (BGH GRUR 2002, 609 (611) – Drahtinjektionseinrichtung). § 16 Abs. 1 ArbEG ist nach herrschender Auffassung Schutzgesetz im Sinne des § 823 Abs. 2 BGB (OLG Frankfurt GRUR 1993, 910 (911) – Bügelverschließmaschine; *Volmer/Gaul* Arbeitnehmererfindungsgesetz, 2. Aufl. 1983, § 16 Rn. 239). Den Fällen der Verletzung der Mitteilungspflicht sind diejenigen gleichzustellen, die sonst zu einer Vereitelung des Übertragungsanspruchs des Arbeitnehmers führen. Das sind das Fallenlassen einzelner Schutzrechte, die nicht rechtzeitige Einlegung von Rechtsmitteln und Rechtsbehelfen gegen nachteilige Entscheidungen der Patenterteilungsbehörden oder der Patentgerichte, rechtlich nicht notwendige Beschränkungen oder Verzichte selbstständiger Teile der Schutzrechtsanmeldungen und dergleichen (BGH GRUR 2002, 609 (611) – Drahtinjektionseinrichtung, für den Fall einer unzureichenden Verteidigung gegenüber einer offenkundigen Vorbenutzung im Einspruchsverfahren). Im Schadensersatzprozess kann der Arbeitgeber zwar grundsätzlich die mangelnde Schutzfähigkeit entgegenhalten, jedoch entfällt selbst bei festgestellter Schutzunfähigkeit nicht ein Schadensersatzanspruch des Arbeitnehmers in Höhe seines mit der Inanspruchnahme entstandenen Vergütungsanspruches bis zum rechtskräftigen Verfall des Schutzrechtes. Der Schutz entfällt zwar auf Grund Nichtigerklärung oder Widerruf des Patents rückwirkend, jedoch bleibt der Vergütungsanspruch des Arbeitnehmers wegen des Monopolprinzips des geltenden Arbeitnehmererfinderrechts davon unberührt. Der Vergütungsanspruch wird davon nur für die Zukunft betroffen (BGH GRUR 2002, 609 (611) – Drahtinjektionseinrichtung; OLG Frankfurt GRUR 1966, 425 (426) – Strophocor; BGH GRUR 2010, 817 Rn. 26, 30 – Steuervorrichtung, bereicherungsrechtlicher Anspruch wegen der Benutzungshandlungen an der Erfindung ungeachtet der Schutzfähigkeit). Der Nachweis, dass ein Schutzrecht nicht hätte erteilt werden dürfen, kann vom Arbeitgeber dadurch geführt werden, dass beispielsweise ein paralleles Auslandsschutzrecht abgelehnt wurde. Auch der einschlägige Stand der Technik ist zu würdigen. Die Beweislast dafür, dass eine Patenterteilung nicht Erfolg gehabt hätte, liegt beim Arbeitgeber. Bis zur Feststellung der fehlenden Patentfähigkeit schuldet der Arbeitgeber dem Arbeitnehmer die übliche angemessene Vergütung. Erweist sich die Patentfähigkeit der fallengelassenen Diensterfindung, ist als Schaden diejenige Vergütung anzusehen, die voraussichtlich angefallen wäre, wenn das Schutzrecht nicht fallengelassen oder wegen unzureichender Verteidigung gegenüber Angriffen Dritter widerrufen worden wäre. Nach Auffassung der Schiedsstelle kann insoweit auf die durchschnittliche wirtschaftliche Laufzeit eines Patentes (etwa 10 Jahre) abgestellt werden (Schiedsstelle 12/81 BlPMZ 1982, 166). Die theoretisch angefallenen Kosten und Gebühren für die Aufrechterhaltung des Schutzrechts sind im Rahmen einer Vorteilsausgleichung zu berücksichtigen. Zur Bezifferung seines Schadensersatzanspruchs in Höhe des vereitelten Vergütungsanspruchs aus § 9 ArbEG steht dem

7. Aufgabe der Schutzrechtspositionen E. 7

Arbeitnehmererfinder ein Rechnungslegungsanspruch gegen den Arbeitgeber in demselben Umfang zu, als wäre das Schutzrecht nicht untergegangen (BGH GRUR 2002, 609 (610) – Drahtinjektionseinrichtung). Für die Geltendmachung solcher Schadensersatzansprüche, die über den theoretischen Vergütungsanspruch hinausgehen, trägt der Arbeitnehmer die Darlegungs- und Beweislast. Diese Schadensberechnung wird für ihn regelmäßig schwierig sein; denn er muss nicht nur darlegen, dass er die aufgegebene Schutzrechtsposition übernommen hätte, sondern sich auch eine konkrete Verwertungsmöglichkeit für ihn ergab. Konkrete Anhaltspunkte für eine gewinnbringende Verwertung sind vorzutragen. Dabei ist die zukünftige fiktive Entwicklung darzustellen. Auf Grundlage dieser Angaben wird dem Tatrichter die Möglichkeit der Schadensschätzung nach §§ 286, 287 ZPO gegeben (BGH GRUR 1982, 227 (229) – Absorberstabantrieb II). Zum Mitverschulden des Arbeitnehmers siehe BGH GRUR 1978, 430 (434) – Absorberstabantrieb I: Arbeitnehmer hat die Änderung seiner Adresse nicht mitgeteilt.

2. Die Mitteilung über die beabsichtigte Aufgabe der Schutzrechtsposition ist eine an den Diensterfinder zu richtende empfangsbedürftige Willenserklärung. Eine bestimmte Form ist nicht vorgeschrieben. Die Erklärung kann schriftlich oder mündlich erfolgen, zu empfehlen ist aber wegen der Bedeutung der Erklärung zumindest Textform (*Bartenbach/Volz* Arbeitnehmererfindungsgesetz, 5. Aufl. 2013, § 16 Rn. 28). Ob das Arbeitsverhältnis zu diesem Zeitpunkt noch besteht, ist unerheblich. Ihre Wirksamkeit richtet sich nach den allgemeinen Vorschriften über Willenserklärungen, §§ 116 ff. BGB. Weil mit ihrem Zugang beim Arbeitnehmer die Dreimonatsfrist des § 16 Abs. 2 ArbEG in Gang gesetzt wird, innerhalb der sich der Arbeitnehmer darüber zu erklären hat, ob er das Übertragungsangebot des Arbeitgebers annimmt, ist ratsam. den Nachweis des Zugangs durch geeignete Mittel sicherzustellen. Ist dem Arbeitgeber die Adresse des Arbeitnehmers nicht bekannt, ist der Arbeitgeber gehalten, ihm zumutbare Nachforschungen anzustellen. Namentlich bei ausgeschiedenen Mitarbeitern ist der Zugang der Erklärung nachweisbar sicherzustellen (BGH GRUR 1978, 430 (434) – Absorberstabantrieb I; BGH GRUR 1982, 227 (229) – Absorberstabantrieb II; zu den Problemen des Zugangs empfangsbedürftiger Willenserklärungen s. auch BGH NJW 1998, 976 – Nichtabholung einer mit Einschreiben versandten Willenserklärung). Sind mehrere Diensterfinder vorhanden, ist die Aufgabeabsicht gegenüber jedem Miterfinder zu erklären (*Bartenbach/Volz* GRUR 1978, 668 (672); *Reimer/Schade/Schippel/Trimborn* ArbEG, 8. Aufl. 2007, § 16 Rn. 9).

3. Der Arbeitgeber hat ein freies Aufgaberecht. Auf seine Motive für die Aufgabe der einzelnen Schutzrechtspositionen kommt es nicht an, jedenfalls solange der Entschluss des Arbeitgebers freiwillig gefasst ist. Gibt der Arbeitgeber daher eine Schutzrechtsposition auf, weil er in Vermögensverfall geraten ist und ihm die Mittel zur Fortführung der Anmeldung oder Aufrechterhaltung des Schutzrechtes fehlen, soll § 16 ArbEG nicht anwendbar sein (BGH GRUR 1988, 762 (763) – Windform). *Bartenbach/Volz* Arbeitnehmererfindungsgesetz, 5. Aufl. 2013, § 16 Rn. 26 weisen demgegenüber darauf hin, dass die Frage der Freiwilligkeit kein Tatbestandsmerkmal des § 16 ArbEG sei. Richtigerweise wird man zumindest fordern dürfen, dass der Arbeitgeber aus seiner Informationsverpflichtung gegenüber dem Arbeitnehmer aus § 15 ArbEG oder jedenfalls aus der arbeitsrechtlichen Fürsorge verpflichtet ist, dem Arbeitnehmer mitzuteilen, dass er aus wirtschaftlichen Gründen nicht in der Lage ist, die Schutzrechtsposition aufrecht zu erhalten, um über eine mögliche Vereinbarung mit dem Arbeitnehmer einen Verfall des Schutzrechts abzuwenden.

4. Erfasst werden in- und ausländische Schutzrechtspositionen (Anmeldungen und erteilte Schutzrechte). Welche der Arbeitgeber davon fallen lässt, ist seine unternehmerische Entscheidung. Er kann seine Aufgabeabsicht auf einzelne Schutzrechtspositionen beschränken. Auch wenn der Arbeitgeber nur die ausländischen Schutzrechtspositionen fallen lässt, die Schutzrechtspositionen im Inland jedoch aufrechterhalten möchte, ist er zur Anzeige seiner Aufgabeabsicht gegenüber dem Arbeitnehmer verpflichtet, so dass dieser gegebenenfalls die ausländischen Schutzrechtspositionen übernehmen kann. Dazu gehört auch die Rücknahme der Benennung einzelner Vertragsstaaten einer europäischen Patentanmeldung (Art. 79 Abs. 3 EPÜ). Hat der Arbeitgeber eine deutsche Patentanmeldung eingereicht und später innerhalb des Prioritätsjahres auch eine europäische Patentanmeldung mit Benennung der Bundesrepublik Deutschland als Vertragsstaat, ist die Vorschrift des § 16 ArbEG hinsichtlich einer Aufgabe der deutschen Patentanmeldung nur dann nicht anwendbar, wenn wegen der Identität des Schutzumfangs und des damit einschlägigen Verbots des Doppelschutzes nach Art. II § 8 IntPatÜG die nationale Patentanmeldung dem erteilten europäischen Patent ohnehin weichen muss (zum Wirkungsverlust des deutschen Patents: LG Düsseldorf GRUR 1993, 812 (815) – Signalübertragungsvorrichtung; *Kühnen*, FS König, 2003, 309; *Mes* GRUR 2001, 976). Deckt sich der Schutzbereich der deutschen Patentanmeldung nicht mit der europäischen Patentanmeldung, und greift somit das Verbot des Doppelschutzes nicht ein, ist der Arbeitgeber verpflichtet, dem Arbeitnehmer die Übertragung der deutschen Patentanmeldung anzubieten. Hat der Arbeitgeber eine Patentanmeldung und Gebrauchsmusteranmeldung eingereicht, und möchte nunmehr die Patentanmeldung fallen lassen, hat er diese ebenfalls zuvor dem Arbeitnehmer zur Übernahme anzubieten (*Volmer/Gaul* Arbeitnehmererfindungsgesetz, 2. Aufl. 1983, § 16 Rn. 57; Schiedsstelle 12/81 BlPMZ 1982, 166). Besteht überhaupt nur eine Gebrauchsmusteranmeldung und möchte der Arbeitgeber das Gebrauchsmuster nicht mehr verlängern lassen, wird man fordern dürfen, dass der Arbeitgeber verpflichtet ist, dem Arbeitnehmer dies anzuzeigen und ihm somit die Möglichkeit einzuräumen, das Gebrauchsmuster zu übernehmen (*Volmer/Gaul* Arbeitnehmererfindungsgesetz, 2. Aufl. 1983, § 16 Rn. 71 f.).

Dem Wortlaut nach meint § 16 ArbEG **die vollständige** Aufgabe einer einzelnen in- oder ausländischen Schutzrechtsposition. Will der Arbeitgeber während des Erteilungsverfahrens die Schutzrechtsanmeldung **einschränken** (§ 38 PatG) oder das erteilte Patent **beschränken** oder einen **Teilverzicht erklären** (§§ 64, 20 PatG), kann § 16 ArbEG jedenfalls dann entsprechend anwendbar sein, wenn die aufzugebenden Teile selbstständig schutzfähig sind (§ 60 PatG, § 21 Abs. 1 Nr. 4 PatG, Art. 76 EPÜ). Im Einzelfall ist daher danach zu fragen, ob der aufzugebende Teil einer Schutzrechtsposition einer eigenen Schutzrechtsanmeldung zugänglich wäre. Der Arbeitgeber ist auf Grund der Inanspruchnahme und der sachlichen Zuordnung aller Rechte an der Erfindung Herr des Erteilungsverfahrens. Beschränkungen und Verzichte im Laufe des Erteilungsverfahrens ebenso wie Verzichte nach Patenterteilung zur Vermeidung einer Nichtigkeitsklage sind daher auch Entscheidungen, die der Arbeitgeber nach sachlichen Gesichtspunkten trifft. Zu beachten ist dabei stets die Informationspflicht des Arbeitgebers gegenüber dem Arbeitnehmer aus § 15 ArbEG. Bei rechtlich nicht notwendigen Beschränkungen der Schutzrechtsposition wird ein Schadensersatzanspruch des Arbeitnehmers gegen den Arbeitgeber dann in Frage kommen, wenn darin zugleich die Verletzung einer Fürsorgepflicht des Arbeitgebers begründet ist und die Einschränkungen Auswirkungen auf den Vergütungsanspruch des Arbeitnehmers haben *(Reimer/Schade/Schippel/Trimborn* ArbEG, 8. Aufl. 2007, § 16 Rn. 12; *Bartenbach/Volz* Arbeitnehmererfindungsgesetz, 5. Aufl. 2013, § 16 Rn. 14, die darauf hinweisen, dass die Interessen des Arbeitgebers an einem – wenn auch durch Einschränkung – gesicherten Schutzrecht besonders zu beachten sind; Haftung aber bei Überschreitung des Beurteilungsspielraums).

5. Aus der arbeitsrechtlichen Fürsorgepflicht, aber auch der Informationspflicht des § 15 ArbEG ist der Arbeitgeber gehalten, dem Arbeitnehmer bei Mitteilung seiner Aufgabeabsicht einen Überblick über die derzeitige Schutzrechtssituation zu geben. Die einzelnen Schutzrechtspositionen sollten daher nach Ländern und Nummern aufgeführt werden. Das dient auch der Kontrolle der aufzugebenden Schutzrechtspositionen für den Arbeitgeber selbst.

7. Aufgabe der Schutzrechtspositionen E. 7

6. Dem Arbeitnehmer steht es frei, einzelne oder auch alle Schutzrechtspositionen zu übernehmen, die aus seiner Diensterfindung entstanden sind und der Arbeitgeber aufgeben möchte. Das Verlangen des Arbeitnehmers, das aufzugebende Schutzrecht zu übernehmen, ist eine einseitige, empfangsbedürftige Willenserklärung, § 130 BGB. Auch wenn das Gesetz eine bestimmte Form nicht vorschreibt, empfiehlt sich für den Arbeitnehmer, sein Übertragungsverlangen wenigstens in Textform an den Arbeitgeber zu richten. Darin sollte der Arbeitnehmer angeben, welche Schutzrechtspositionen ihn interessieren und er übernehmen will. Anders als bei einer Freigabe einer Diensterfindung nach § 8 ArbEG erwirbt der Arbeitnehmer die Rechte an der Erfindung nicht von Anfang an (ex tunc), sondern er erwirbt das Schutzrecht als Rechtsnachfolger des Arbeitgebers so, wie es zum Zeitpunkt der Übertragung bestand (ex nunc). Wenn der Arbeitgeber vorher an dem Schutzrecht Lizenzen zugunsten Dritter vergeben hatte, bleiben diese grundsätzlich bestehen, weil der Rechtsübergang nach § 15 Abs. 3 PatG, § 22 Abs. 3 GebrMG Lizenzen nicht berührt, die Dritten vorher erteilt worden waren. Ansprüche des Arbeitgebers auf Zahlung von Lizenzgebühren gehen mit der Übertragung der Schutzrechtsposition auf den Arbeitnehmer über, §§ 398, 404, 413 BGB (*Volmer/Gaul* Arbeitnehmererfindungsgesetz, 2. Aufl. 1983, § 16 Rn. 201).

Weil die Anwendungsfälle des § 16 ArbEG auf solche nach Meldung und Inanspruchnahme der Diensterfindung und ihrer Anmeldung zum Schutzrecht beschränkt sind, können der Arbeitgeber und der Arbeitnehmer – Meldung der Diensterfindung vorausgesetzt – ohne die Schranke des § 22 ArbEG Vereinbarungen über die Übernahme einer aufzugebenden Schutzrechtsposition treffen. So kann sich der Arbeitnehmer das Recht der Übernahme aufzugebender Schutzrechtspositionen seiner Diensterfindung **abkaufen** lassen. Darin liegt ein Rechtsverzicht. Für den Arbeitgeber empfiehlt sich, von dieser Möglichkeit Gebrauch zu machen, um von vornherein Konfliktpotential zu beseitigen. In den seltensten Fällen dürfte ein Arbeitnehmer Interesse an einer Übernahme eines Schutzrechts haben. Denn wenn schon der Arbeitgeber keine sinnvolle Verwertungsmöglichkeit sieht, wie soll dann der in seinen wirtschaftlichen Möglichkeiten beschränkte Arbeitnehmer eine Verwertung realisieren? Die Praxis zeigt mitunter, dass besonders Einzelerfinder bei der Übernahme von Schutzrechten ungeachtet mancher Versprechen von Patentverwertungsgesellschaften in nie geahnte finanzielle Belastungszustände abgleiten. Vereinbarungen zwischen Arbeitgeber und Arbeitnehmer für einen Abkauf der Übernahmerechte sollten möglichst schriftlich, zumindest in Textform abgefasst werden und die Zahlung einer einmaligen Pauschalgebühr vorsehen. Die Höhe hängt stets vom Einzelfall ab. *Bartenbach/Volz* Arbeitnehmererfindungen, 6. Aufl. 2014, Rn. 158, nennen, gestützt auf eine BDI/BDA Umfrage aus dem Jahre 2004 (*Franke/Steiling*, FS 50 Jahre VPP 2005, 281 (282)) als Erfahrungswerte Beträge zwischen 100 EUR bis 600 EUR pro Erfindung. Gegenstand einer solchen Vereinbarung kann und sollte auch ein **Verzicht** des Arbeitnehmers auf Freigabe der Diensterfindung zum Erwerb ausländischer Schutzrechtspositionen nach § 14 Abs. 2 ArbEG sein. Die durchschnittliche Pauschale ist freilich den besonderen Umständen und dem Kaufkraftverlust anzupassen (Einzelheiten siehe *Bartenbach/Volz* Arbeitnehmererfindungen, 6. Aufl. 2014, Rn. 158; *Bartenbach/Volz* Arbeitnehmererfindungsgesetz, 5. Aufl. 2013, § 16 Rn. 1.2 und § 11 Rn. 22 f. mit „Incentive Programmen"). Wenn mehrere Miterfinder an der Erfindung beteiligt sind, ergeben sich allein daraus keine Besonderheiten. Jeder Miterfinder ist als Erfinder zu behandeln. Zwischen Miterfindern, die eine Übernahme der Erfindung verlangen, entsteht eine Bruchteilgemeinschaft gemäß §§ 741 ff. BGB. Ist einer der Miterfinder an einer Übernahme der Erfindung nicht interessiert, verbleibt sein Anteil bei dem Arbeitgeber; denn der Arbeitgeber ist nach § 16 Abs. 2 ArbEG nur verpflichtet, auf den jeweiligen Miterfinder dessen Anteil zu übertragen. Dann bildet der Arbeitgeber mit den übrigen Miterfindern ab Übertragung des Erfindungsanteils eine Bruchteilgemeinschaft im Sinne des § 741 BGB. Wegen der Verwaltung und der Nutzung des Schutzrechts gelten die allgemeinen Bestimmungen des Gemeinschaftsrechts. Die Verwaltung des Schutzrechtes steht den Teilhabern nur gemeinschaftlich zu. Der Teilhaber kann zwar über seinen Bruchteil verfügen, nicht jedoch über das gemeinschaftliche Recht als Ganzes, §§ 744, 747 BGB. Deshalb kann der Arbeitgeber als Mitglied der Bruchteilgemeinschaft das Schutzrecht nicht mehr fallen lassen. Er kann aber den übrigen Mitgliedern Übertragung seines Bruchteils anbieten mit der Folge, dass deren Anteile anwachsen und der Arbeitgeber aus der Bruchteilgemeinschaft ausscheidet. Das Nutzungsrecht des Teilhabers folgt aus § 743 Abs. 2 BGB. Jeder Teilhaber ist zum eigenen Gebrauch des gemeinschaftlichen Rechts befugt, soweit der Mitgebrauch der übrigen Teilhaber nicht beeinträchtigt wird. Letzteres ist bei einer Lizenzvergabe der Fall, weshalb eine Lizenzvergabe der Zustimmung aller Teilhaber erfordert. Zur Vermeidung von Streitigkeiten über die Reichweite des Benutzungsrechts eines jeden Teilhabers aus § 743 Abs. 2 BGB sollte sich der Arbeitgeber ausdrücklich ein nicht ausschließliches Benutzungsrecht nach § 16 Abs. 3 ArbEG vorbehalten und wenn möglich gleichzeitig durch Vereinbarung mit den anderen Teilhabern den Umfang umreißen. Wegen weiterer Einzelheiten *Bartenbach/Volz* GRUR 1978, 668 (771); Benkard PatG/*Melullis* § 6 Rn. 34 f.; *Hellebrand* Mitt. 2008, 433; *Sefzig* GRUR 1995, 302 (307); *Chakraborty/Tilmann*, FS König, 2003, 63 die grundsätzlich einen Ausgleichsanspruch des nicht nutzenden Teilhabers gegen den Nutzenden fordern, was bedenklich ist, weil der Teilhaber nur von seinem Nutzungsrecht Gebrauch macht. Früchte, die ein Teilhaber im Rahmen eines die Grenzen des § 743 Abs. 2 BGB wahrenden Gebrauchs gezogen hat, braucht er nicht zu teilen. Jeder ist seines Glückes Schmied (vgl. auch BGHZ 43, 127 (133); MüKoBGB/*K. Schmidt* § 743 Rn. 3, 10 f.; OLG Düsseldorf Mitt. 2004, 418 (428 f.) – Hub-Kippvorrichtung; OLG Düsseldorf GRUR RR 2006, 118 – Drehschwingungstilger). (Ausgleichsanspruch des Nichtnutzenden gegen den Nutzenden wegen Gebrauchsvorteilen erst ab erstmaliger Geltendmachung eines Ausgleichsanspruchs; BGH GRUR 2005, 663 – Gummielastische Masse II; BGH GRUR 2006, 401 – Zylinderrohr; BGH GRUR 2017, 504 – Lichtschutzfolie; OLG Düsseldorf GRUR 2014, 1190 – Sektionaltorantrieb – bejahte einen Ausgleichsanspruch aus Billigkeitsgründen nach Lizenzanalogie, inzwischen ist diese Entscheidung durch BGH – X ZR 85/14 in dieser allgemeinen Aussage kassiert, wohl aber darin bestätigt worden, dass ein Ausgleich allenfalls nach der Lizenzanalogie denkbar ist; einen Ausgleichsanspruch bejaht BGH Mitt. 2016, 549 – Beschichtungsverfahren, wenn ein Mitberechtigter übergangen wurde).

7. Nach § 16 Abs. 2 ArbEG ist der Arbeitgeber berechtigt, die Schutzrechtsposition fallen zu lassen, wenn der Arbeitnehmer nicht innerhalb einer Frist von drei Monaten nach Zugang der Mitteilung des Arbeitgebers, das Schutzrecht aufgeben zu wollen, die Übertragung verlangt. Bei der Frist des § 16 Abs. 2 ArbEG handelt es sich um eine **Ausschlussfrist.** Sie ist nicht verlängerbar. Die Vorschriften über die Hemmung des Laufs einer Frist gelten nicht (*Bartenbach/Volz* GRUR 1978, 668 (670)). Eine andere Fristbemessung ist daher nur im Rahmen einer ausdrücklichen Vereinbarung zwischen den Parteien im Rahmen der Parteiautonomie möglich. Die Frist ist nur **gewahrt,** wenn das Übertragungsverlangen dem Arbeitgeber noch innerhalb der 3-Monatsfrist zugeht. Das Risiko des rechtzeitigen Zugangs trägt der Arbeitnehmer als der Erklärende. Der eigentliche Übertragungsvorgang kann außerhalb der Frist geschehen. Daher ist der Arbeitgeber verpflichtet, all diejenigen Maßnahmen zu treffen, die zur Aufrechterhaltung des Rechtes und damit zu seiner Übertragung erforderlich sind. Erst nach Ablauf der 3-Monatsfrist ist der Arbeitgeber berechtigt, das Schutzrecht fallen zu lassen. So hat der Arbeitgeber nicht nur die fälligen Gebühren gegenüber den Patentämtern zu leisten, sondern auch rechtzeitig Rechtsmittel gegen Zurückweisungsbeschlüsse im Patentanmeldeverfahren oder in Einspruchs- oder Nichtigkeitsverfahren einzulegen. Soweit Fristverlängerungen möglich sind, hat er diese rechtzeitig zu erbitten und den Arbeitnehmer über den Fristenstand zu unterrichten (*Reimer/Schade/Schippel/Trimborn* ArbEG, 8. Aufl.

7. Aufgabe der Schutzrechtspositionen

2007, § 16 Rn. 14; *Bartenbach/Volz* Arbeitnehmererfindungsgesetz, 5. Aufl. 2013, § 16 Rn. 41). Mit Mitteilung der Aufgabeabsicht und Beginn der 3-Monatsfrist ist der Arbeitgeber nicht mehr berechtigt, die Schutzrechtsposition auf Dritte zu übertragen oder Lizenzen daran zu vergeben (Schiedsstelle 76/89 Mitt. 1993, 286 (287) mAnm *Bartenbach/Volz*; *Bartenbach/Volz* Arbeitnehmererfindungsgesetz, 5. Aufl. 2013, § 16 Rn. 41).

8. Weil die Übertragung anders als die Inanspruchnahme nicht automatisch erfolgt, sondern es vielmehr dazu eines rechtsgeschäftlichen Übertragungsaktes unter Beachtung der Formvorschriften bedarf, ist der Arbeitgeber verpflichtet, die notwendigen Erklärungen zur Übertragung der Rechte abzugeben. Welche Erklärungen dies im Einzelnen sind, bestimmt sich danach, welche Schutzrechtsposition (in- oder ausländische) übertragen werden soll. Materiellrechtlich besteht die Übertragung in der Abtretung der Rechte gemäß §§ 398, 413 BGB und wird mit Zugang der Abtretungserklärung wirksam. Die Änderung der Inhaberschaft des Schutzrechtes ist bei den zuständigen Patentämtern zur Eintragung in der Rolle bei gleichzeitigem Nachweis der Übertragung anzuzeigen (§ 30 Abs. 3 PatG).

9. § 16 Abs. 1 ArbEG erwähnt ausdrücklich, dass die „erforderlichen Unterlagen" dem Arbeitnehmer auszuhändigen sind. Diese betreffen die Korrespondenz mit den jeweiligen Patentämtern aus dem Patenterteilungsverfahren einschließlich der Nachweise über die Zahlung der Gebühren, aber auch Unterlagen, die zum Beweis der Forderungen des Arbeitnehmers als Rechtsnachfolger des Arbeitgebers gegenüber Dritten erforderlich sind (§ 402 BGB). Das sind die zum Zeitpunkt der Übertragung des Rechts bestehenden Lizenzverträge mit Dritten und weitere damit in unmittelbarem Zusammenhang stehende Schriftstücke. Kommt der Arbeitgeber dem Verlangen auf Aushändigung der Urkunden nicht nach, kann er – ebenso wie bei Weigerung der Übertragung des Rechtes überhaupt – im Klagewege dazu gezwungen werden.

10. Der Arbeitnehmer hat grundsätzlich nur diejenigen Kosten zu tragen, die durch die Übertragung des Rechtes entstehen. Das sind die Umschreibungskosten bei den Patentämtern, Kosten (notwendiger) notarieller Beglaubigungen der Unterschriften auf der Übertragungserklärung des Arbeitgebers und die für die Umschreibung ausländischer Rechte anfallenden notwendigen Kosten. Alle bis zur Übertragung fällig gewordenen Gebühren fallen dem Arbeitgeber zur Last; denn dieser hat bis zur Übertragung die vollen Nutzungsrechte an der Erfindung und er ist verpflichtet, dem Arbeitnehmer ein bestehendes Schutzrecht zu übertragen, so dass er mit Zahlung der fälligen Gebühren nur seiner gesetzlichen Verpflichtung zur Aufrechterhaltung des Schutzrechtes nachkommt. Zahlt der Arbeitgeber die vor Übertragung der Rechte fällig gewordenen Gebühren (§ 17 PatG) nicht und werden diese von dem Arbeitnehmer nach Übertragung des Schutzrechtes mit einem Verspätungszuschlag gezahlt, wird man dem Arbeitnehmer einen Erstattungsanspruch gegen den Arbeitgeber in Höhe der verauslagten Gebühren aus Geschäftsführung ohne Auftrag zubilligen müssen. Denn die Zahlung der Gebühren mit Verspätungszuschlag durch den Arbeitnehmer stellt ein Geschäft im Interesse des Arbeitgebers dar. Hätte der Arbeitnehmer die Gebühren nicht nachentrichtet, wäre das Schutzrecht verfallen und der Arbeitgeber hätte sich schadenersatzpflichtig gemacht (*Bartenbach/Volz* Arbeitnehmererfindungsgesetz, 5. Aufl. 2013, § 16 Rn. 54 f.). Abweichender Auffassung sind *Reimer/Schade/Schippel/Trimborn* ArbEG, 8. Aufl. 2007, § 16 Rn. 16, die nicht auf den Zeitpunkt der Abtretung der Rechte abstellen, sondern auf den Zeitpunkt des Zugangs der Mitteilung des Arbeitgebers, das Schutzrecht aufgeben zu wollen. Leistungen, die der Arbeitgeber nach diesem Zeitpunkt zur Aufrechterhaltung der Anmeldung oder des Schutzrechtes erbrächte, könne er vom Arbeitnehmer ersetzt verlangen. Die Schiedsstelle nach dem Gesetz über Arbeitnehmererfindungen sieht zur Frage der Kostentragungspflicht von Arbeitgeber und Arbeitnehmererfinder die Möglichkeit einer Quotierung vor. Maßgeblich dafür soll der Abgabezeitpunkt der Übertragungserklärung durch den Arbeitgeber sein, weil dieser dann all dasjenige getan habe, was er tun könne (Schiedsstelle 76/89 BlPMZ 1992, 197 (198) – Jahresgebührenquotelung).

11. Häufig wird sich der Arbeitgeber im Falle der Aufgabe eines Schutzrechtes ein nicht ausschließliches Benutzungsrecht gegen Zahlung einer angemessenen Vergütung vorbehalten. Will er von dieser Möglichkeit aus § 16 Abs. 3 ArbEG Gebrauch machen, hat er diesen Vorbehalt „gleichzeitig" mit der Mitteilung über seine Aufgabeabsicht bekannt zu geben. Der Arbeitnehmer soll in die Lage versetzt werden, auch diesen Umstand in seine Entscheidung über das Übertragungsangebot innerhalb der 3-monatigen Frist einzubeziehen. Bei dem nicht ausschließlichen Benutzungsrecht handelt es sich wie im Falle der bis zur Gesetzesänderung zum 30.9.2009 zulässigen „beschränkten" Inanspruchnahme um den gesetzlichen Fall einer einfachen Lizenz (BGH GRUR 1990, 667 (668) – Einbettungsmasse). Das Benutzungsrecht aus dem Vorbehalt eines nicht ausschließlichen Benutzungsrechtes aus § 16 Abs. 3 ArbEG ist auf den Betrieb ausgerichtet. Es umfasst zwar grundsätzlich alle Benutzungsarten, auf die sich ein auf die Erfindung erteiltes Schutzrecht erstrecken würde. Der Arbeitgeber ist im Rahmen des Benutzungsrechtes berechtigt, den Gegenstand der Diensterfindung herzustellen oder herstellen zu lassen, anzubieten und zu vertreiben. Der Arbeitgeber ist jedoch nicht berechtigt, ohne Zustimmung des Arbeitnehmers Dritten Lizenzen an seinem Benutzungsrecht einzuräumen. Deshalb empfiehlt sich für den Arbeitgeber besonders im Falle von Erfindungen, die sowohl eine Vorrichtung als auch ein Verfahren betreffen, mit dem Arbeitnehmer eine Vereinbarung zu treffen, dass er Dritten beim Verkauf von Anlagen gestatten darf, das erfindungsgemäße Verfahren zu benutzen (BGH GRUR 1974, 463 (465) – Anlagengeschäft). Weil es freie Entscheidung des Unternehmers ist, eine in Anspruch genommene und zum Schutzrecht angemeldete Diensterfindung aufzugeben und sich nur ein nicht ausschließliches Benutzungsrecht vorzubehalten, wird man fordern dürfen, dass nur in Ausnahmefällen der Arbeitnehmer aus Treu und Glauben nach § 242 BGB verpflichtet ist, dem Arbeitgeber zu gestatten, Dritten Nutzungsrechte einzuräumen. Der Inhalt des nicht ausschließlichen Benutzungsrechtes aus § 16 Abs. 3 ArbEG entspricht dem Benutzungsrecht aus § 14 Abs. 3 ArbEG. Mit der Übertragung der Diensterfindung erwirbt der Arbeitnehmer das Recht in seiner Gesamtheit. Das vorbehaltene Benutzungsrecht erzeugt lediglich gesetzlich niedergelegte schuldrechtliche Wirkungen und es kann nicht in das Belieben des Arbeitgebers gestellt bleiben, Inhalt und Umfang des Benutzungsrechtes im Einzelfall zu bestimmen (BGH GRUR 1974, 463 (465) – Anlagengeschäft). Gestattet daher der Arbeitnehmer dem Arbeitgeber, Dritten eine Unterlizenz einzuräumen oder nimmt man ausnahmsweise einmal an, dass der Arbeitnehmer auf Grund der besonderen Umstände des Einzelfalles aus Treu und Glauben zu einer solchen Gestattung verpflichtet ist, ist ein entsprechendes Korrektiv zu Gunsten des Arbeitnehmers bei Bemessung der Vergütungshöhe geboten. Umgekehrt kann der Arbeitnehmer gegenüber dem Arbeitgeber nicht geltend machen, der Vorbehalt eines nicht ausschließlichen Benutzungsrechtes stelle eine unbillige Erschwerung der Verwertung der Erfindung dar und der Arbeitgeber möge seinen Vorbehalt fallen lassen, wenn er das Schutzrecht nicht behalten wolle. Unbillige Erschwerungen bei der Verwertung der Erfindung sind im Falle des § 16 Abs. 3 ArbEG bei der Bemessung der Vergütungshöhe auszugleichen. Der Arbeitgeber kann dem Arbeitnehmer gelegentlich der Mitteilung der Aufgabeabsicht eine bestimmte Vergütungsregelung vorschlagen. Im Textbeispiel soll an die bis dahin getroffenen Absprachen zwischen den Parteien angeknüpft werden. Weil die Erklärung über die Aufgabeabsicht ein bedingungsfeindliches Rechtsgeschäft ist, darf die Aufgabe der Schutzrechtspositionen zum Zwecke der Übernahme durch den Arbeitnehmer nicht an die Bedingung geknüpft werden, dass der Arbeitnehmer in eine bestimmte Vergütungsregelung einwilligt. Im Übrigen richtet sich die Höhe der angemessenen Vergütung nach den allgemeinen Grundsätzen der Vergütung aus § 9 Abs. 2 ArbEG. Daher kann der Arbeitnehmer bei Streit über die Höhe der Vergütung die Bestimmung einer

7. Aufgabe der Schutzrechtspositionen E. 7

angemessenen Vergütung durch das Gericht (unbestimmter Klageantrag nach § 38 ArbEG) beantragen (*Reimer/Schade/Schippel/Trimborn* ArbEG, 8. Aufl. 2007, § 38 Rn. 2). Die Vergütung ist von der tatsächlichen Benutzung abhängig (Schiedsstelle 52/84 BlPMZ 1986, 75). Gegenüber den Lizenzsätzen bei einem ausschließlichen Benutzungsrecht kann ein Abschlag von 20 bis 25 % für die vorbehaltene nicht ausschließliche Benutzung vorgenommen werden (Schiedsstelle 97/92 GRUR 1994, 608, mAnm *Bartenbach/Volz* GRUR 1994, 608 (619) – Regelmäßig mit 20 % –; *Bartenbach/Volz* Arbeitnehmererfindungsgesetz, 5. Aufl. 2013, § 16 Rn. 92). Weil es sich bei vorbehaltenem Nutzungsrecht aus §§ 16, 14 Abs. 3 ArbEG um den Fall einer einfachen Lizenz handelt, ist bei der Vergütungsberechnung der Anteilsfaktor grundsätzlich nicht mehr zu berücksichtigen. Der Arbeitnehmer als Inhaber der freigewordenen Diensterfindung hat die Stellung eines einfachen Lizenzgebers. Er ist dem vollen Risiko eines Angriffs auf sein Schutzrecht durch Dritte ausgesetzt und trägt die Kosten für die Aufrechterhaltung des Schutzrechts (*Rother*, FS Bartenbach, 2005, 159 (169), streitig; *Bartenbach/Volz* Arbeitnehmererfindungsgesetz, 5. Aufl. 2013, § 16 Rn. 92.1 möchten dagegen den Anteilsfaktor berücksichtigen, weil der Arbeitgeber anderenfalls mehr zahlen müsste als für die Nutzung ohne Aufgabe des Schutzrechts; Busse/Keukenschrijver ArbEG § 16 Rn. 35 und § 14 Rn. 27 geht von einer einfachen Lizenz und einer angemessenen Vergütung aus, nicht geschuldet sei eine Marktlizenz). Korrektiv ist angesichts dieses Streits die Frage der Angemessenheit der Vergütung und eine starre Handhabung der Vergütungsrichtlinie zu § 11 ArbEG erscheint nicht angebracht. Ansprüchen auf Vergütung wegen künftiger Benutzungshandlungen kann sich der Arbeitgeber bei Vorbehalt eines Benutzungsrechts nicht dadurch entziehen, dass er gegen das übertragene Schutzrecht Nichtigkeitsklage erhebt. Das ist regelmäßig treuwidrig und führt zur Unzulässigkeit der Nichtigkeitsklage (vgl. BPatG GRUR 1991, 755 (756) – Tiegelofen). Allerdings kann der Arbeitgeber, der nach Inanspruchnahme und Freigabe der Diensterfindung auf seine Rechte an der Diensterfindung verzichtet, insbesondere auf das nicht ausschließliche Benutzungsrecht aus § 16 Abs. 1 ArbEG, gegen das erteilte Patent des Arbeitnehmers Patentnichtigkeitsklage erheben, BGH GRUR 1990, 667 – Einbettungsmasse.

12. Reagiert der Arbeitnehmer trotz Zugangs der Mitteilung über die Aufgabeabsicht der Schutzrechtspositionen innerhalb der Ausschlussfrist des § 16 Abs. 3 ArbEG nicht, ist der Arbeitgeber berechtigt, aber nicht verpflichtet, die Schutzrechte fallen zu lassen. Wie dies geschieht, ist in sein Belieben gestellt. Die Aufgabe der Schutzrechtsposition kann aktiv – durch Verzicht gegenüber dem Deutschen Patent- und Markenamt gemäß § 20 Abs. 1 Nr. 1 PatG, § 23 Abs. 6 GebrMG, oder passiv – durch Nichtzahlung der amtlichen Gebühren, § 20 Abs. 1 Nr. 2 PatG, Art. 86 Abs. 3 EPÜ, der Nichtstellung eines Prüfungsantrages innerhalb der Frist von 7 Jahren nach Einreichung der Patentanmeldung, § 44 PatG, geschehen. Entscheidet sich der Arbeitgeber dazu, die Schutzrechte entgegen seiner Ankündigung doch nicht fallen zu lassen, führt dies zur Wiederherstellung des Zustandes, der vor Erklärung seiner Aufgabeabsicht bestand. Möchte der Arbeitgeber daher zu einem späteren Zeitpunkt die Schutzrechte fallen lassen, ist er aus § 16 Abs. 1 ArbEG erneut verpflichtet, dem Arbeitnehmer die Schutzrechte zur Übernahme anzubieten (*Volmer/Gaul* Arbeitnehmererfindungsgesetz, 2. Aufl. 1983, § 16 Rn. 167). Gibt der Arbeitgeber die Schutzrechte auf, endet zugleich seine Verpflichtung zur Zahlung einer Vergütung. Das aufgegebene Schutzrecht wird freier Stand der Technik.

13. Wie schon bei der Freigabe einer gesamten Diensterfindung sind auch im Fall einer Übernahme einer Diensterfindung vom Arbeitnehmer die Verpflichtungen aus dem Arbeitsverhältnis (§ 25 ArbEG) zu beachten. Daher darf der Arbeitnehmer ohne ausdrückliche Zustimmung des Arbeitgebers nicht in unmittelbaren Wettbewerb treten (§ 60 Abs. 1 HGB). Im Übrigen ist der Arbeitnehmer darin frei, die übernommene Schutzrechtsposition auf Dritte zu übertragen oder diesen Lizenzen daran einzuräumen.

8. Vergütungsvereinbarung

Vergütungsvereinbarung[1, 2]

Zwischen[3]

Herrn A

und

Firma B

wegen der Diensterfindung über einen geschlossenen Abstandsrahmen für Sicherheitsverbundglasscheiben

A hat die oben bezeichnete Diensterfindung gemacht und am ...... gemeldet. Die Erfindung ist von der Firma B mit Schreiben vom ...... in Anspruch genommen[4] und zur Schutzrechtserteilung angemeldet worden. Beim Deutschen Patentamt ist die Patentanmeldung Nr. ...... anhängig. Parallele Auslandsanmeldungen erfolgten in den Ländern ......

Die Erfindung wird von der Firma B durch Herstellung und Vertrieb der erfindungsgemäßen Gegenstände seit Schutzrechtsanmeldung genutzt.

Die Parteien einigen sich über die Höhe der Vergütung und ihre Berechnung wie folgt:

1. Firma B zahlt an A für die zurückliegende und die künftige Benutzung[5] der oben bezeichneten Diensterfindung einen Pauschalbetrag[6] in Höhe von 11.250 EUR.
2. Vorstehender Pauschalbetrag beruht auf der Ermittlung des Erfindungswertes nach der Lizenzanalogie und auf folgenden Erwartungen und Berechnungsgrundlagen:[7]
   a) Wirtschaftliche Nutzungsdauer der Erfindung: 10 Jahre ab Schutzrechtsanmeldung.
   b) Gesamtumsatz auf 10 Jahre:
      ca. 5 Mio. EUR, wobei als Bezugsgröße der Nettoverkaufspreis eines geschlossenen Abstandsrahmens mit Sicherheitsverbundglasscheiben und Füllung (einbaufertige Scheibenanordnung) angenommen wird.
   c) Lizenzsatz für vergleichbare Erfindungen im Betrieb: 3 %.
   d) Anteilsfaktor: 15 % entsprechend einer Wertzahl 8, die sich aus folgenden Einzelwerten zusammensetzt:
      aa) Stellung der Aufgabe: 3
      bb) Lösung der Aufgabe: 3
      cc) Aufgabe und Stellung
          von A im Betrieb: 2
   e) Miterfinderanteil (Quote) von A: 100 %
   f) Wegen der Ungewissheit der Patenterteilung und der tatsächlichen Verwertung sowie der vorgezogenen Zahlung wird der Erfindungswert mit 50 % des sich aus vorstehend b) und c) ergebenden Wertes angesetzt.
   g) Rechnerische Ermittlung: Erfindungswert × Anteilsfaktor = Vergütung.
3. Die Parteien verzichten wechselseitig auf einen Anspruch auf Anpassung bei wesentlich veränderten Umständen nach § 12 Abs. 6 ArbEG.[8] Die Parteien stimmen darin überein, dass mit der Pauschalzahlung auch die Ansprüche des A auf Freigabe der Erfindung zur Anmeldung im Ausland durch A für den Fall einer von der Fa. B nicht beabsichtigten Schutzrechtsanmeldung im Ausland aus § 14 Abs. 2 ArbEG und/oder

8. Vergütungsvereinbarung E. 8

auf Übertragung des Schutzrechtes für den Fall der beabsichtigten Aufgabe des Schutzrechtes durch die Fa. B aus § 16 Abs. 1 ArbEG abgegolten sind.[9]

4. Die Vergütung wird binnen 14 Tagen nach Unterzeichnung der Vereinbarung fällig.

gez. A　　　　　　　　　　　　　gez. Firma B

Steuerrechtliches[10]

Schrifttum: *A. Bartenbach/Fock,* Arbeitnehmererfindungen im Konzern, 2. Aufl. 2010; *Bartenbach,* Bestimmung des Erfindungswertes beim Verkauf von Erfindungsrechten (Nr. 16 der Vergütungsrichtlinien 1959), Festschrift Gaul, 1992; *Bartenbach,* Der Auskunfts- und Vergütungsanspruch bei Erfindungsbenutzung im Konzern, VPP-Rundbrief 2003, 102; *Bartenbach/Volz,* Komm RL, Arbeitnehmererfindervergütung, Kommentar zu den amtlichen Richtlinien für die Vergütung von Arbeitnehmererfindungen, 3. Aufl. 2009; *Bartenbach/Volz,* Die betriebsgeheime Diensterfindung und ihre Vergütung gemäß § 17 ArbEG, GRUR 1982, 133 f.; *Danner,* Der Erfindungswert, das A und O der Erfindervergütung, GRUR 1974, 241 f.; *Danner,* Vergütungen von Arbeitnehmererfindungen, alte Probleme, neue Lösungen, GRUR 1976, 232; *Fischer,* Sind die Lizenzsätze nach Nr. 10 der Vergütungsrichtlinien heute noch zeitgemäß?, Mitt 1987, 104 f.; *Franke,* Der lange Weg zur Reform des ArbEG und alternative Incentive-Systeme der Industrie, Festschrift Bartenbach, 2005, 127; *Gaul,* Der erfassbare betriebliche Nutzen als Grundlage der Erfindervergütungsberechnung, GRUR 1988, 254 f.; *Gaul,* Erfindervergütung an geschäftsführende Gesellschafter?, DB 1990, 671; *Grabinski,* Anmerkungen zum Vergütungsanspruch für technische Verbesserungsvorschläge nach § 20 I Arbeitnehmererfindungsgesetz, GRUR 2001, 922; *Groß,* Aktuelle Lizenzgebühren in Patentlizenz-, Know-how- und Computerprogrammlizenz-Verträgen, WRP 2003, 1199; *Groß/Rohrer,* Lizenzgebühren, 2. Aufl. 2007; *Heerma/Maierhöfer,* Drei Fragen zur Vergütung des Hochschulfinders, GRUR 2010, 682; *Hellebrand,* Wann ist bei der Ermittlung des Erfindungswertes nach der Lizenzanalogie zur Berechnung der Arbeitnehmererfindervergütung eine Abstaffelung bei hohen Umsätzen zulässig und geboten?, GRUR 1993, 419; *Hellebrand/Himmelmann,* Lizenzsätze für technische Erfindungen, 4. Aufl. 2011; *Hoffmann/Bühner,* Die Vergütung von Arbeitnehmererfindungen aus betrieblicher Sicht, Beilage zum Betriebsberater 1979, 573; *Hohagen/Burghart;* Incentive-Systeme für Arbeitnehmererfindungen in der betrieblichen Praxis, ArbRAktuell 2014, 429; *B. Jestaedt,* Die Vergütung des Geschäftsführers für unternehmensbezogene Erfindungen, Festschrift für Nirk, 1992, 493; *Johannesson,* Lizenzbasis, Lizenzsatz und Erfindungswert in Erfindervergütungsregelungen nach der Lizenzanalogie, GRUR 1975, 588 f.; *Johannesson,* Die Vergütungsformel für die Arbeitnehmererfindung, GRUR 1981, 324; *Krekeler,* Erfindervergütung nach den Richtlinien bei Lizenzeinnahmen, GRUR 1978, 576; *U. Krieger,* Zum Verhältnis von Monopolprinzip und Vergütungsanspruch im Recht der Arbeitnehmer-Erfindungen, Festschrift Quack, 1991, 41; *Lüdecke/Fischer,* Lizenzverträge, 1957, 523 ff.; *Meier-Beck,* Vergütungs- und Auskunftsanspruch des Arbeitnehmers bei der Nutzung einer Diensterfindung im Konzern, Festschrift Tilmann, 2003, 539; *Meier-Beck,* „Abwasserbehandlung" und Monopolprinzip – ein Beitrag zum Recht an der Erfindung, Festschrift Reimann, 2009, 309; *Nestler,* Die Ableitung von angemessenen Lizenzsätzen aus ökonomischer Perspektive, Mitt. 2014, 262, mit Gegenstellungnahme von *Hellebrand,* Ableitung von angemessenen Lizenzsätzen aus ökonomischer Perspektive, Mitt. 2014, 495; *Rosenberger,* Zur Erfindervergütung für nicht benutzte Schutzrechte, GRUR 1986, 782 f.; *Rosenberger,* Kriterien für den Erfindungswert, erhebliche Unbilligkeit von Vergütungsvereinbarungen, Vergütung bei zu enger Fassung von Schutzrechtsansprüchen – Kritisches zu BGH Vinylchlorid und Schwermetalloxidationskatalysator, GRUR 1990, 238; *Sack,* Probleme der Auslandsverwertung inländischer Arbeitnehmererfindungen, RIW 1989, 612; *Schade,* Die Bezugsgröße für die Lizenz bei Erfindungen an Teilen einer Vorrichtung oder eines Verfahrens in: Entwicklungstendenzen im gewerblichen Rechtsschutz, Festschrift für den VVPP, 1975, 148; *Schwab,* Vergütungsanspruch des Arbeitnehmererfinders bei Abschluss eines Lizenzvertrages – Klage auf gerichtliche Festsetzung der angemessenen Vergütung, AiB 2010, 415; *Trimborn,* Lizenzsätze für Erfindungen in Deutschland ab 1995, Mitt 2009, 257; *Trimborn,* Pauschalvergütungssysteme für Arbeitnehmererfindungen in Deutschland, Mitt. 2006, 160; *Trimborn,* Ab wann verjährt im Arbeitnehmererfindungsvergütung?, Mitt. 2011, 209; *Trimborn,* Aktuelle Entwicklungen im Arbeitnehmererfindungsrecht ab 2010, Mitt. 2012, 70; *Trimborn,* Aktuelle Entwicklungen im Arbeitnehmererfindungsrecht, Mitt. 2015, 122 f.; *Villinger,* Vergütungsansprüche des Arbeitnehmererfinders bei Gesamtrechtsnachfolge und Betriebsinhaberwechsel, GRUR

1990, 169; *Volz*, Wann kann eine Abstaffelung erfindungsgemäßer Umsätze nach Richtlinie Nr. 11 erfolgen?, GRUR 2016, 225; *von Falckenstein*, Das gegenwärtige deutsche Arbeitnehmererfindungsrecht, VPP-Rundbrief 2007, 117; *Witt*, Vergütung von Arbeitnehmererfindungen in der Praxis, ArbRAktuell 2016, 565.

Anmerkungen

1. Nach § 9 Abs. 1 ArbEG hat der Arbeitnehmer gegen den Arbeitgeber einen Anspruch auf angemessene Vergütung, sobald der Arbeitgeber die Diensterfindung in Anspruch genommen hat. Dogmatische Grundlage ist in erster Linie das Monopol- und nicht das Sonderleistungsprinzip. Der Arbeitgeber erwirkt durch die Überleitung der Rechte an der Erfindung vom Arbeitnehmer auf sich ein ausschließliches Recht und dadurch wirtschaftliche Vorteile (hM *Reimer/Schade/Schippel/Himmelmann* ArbEG, 8. Aufl. 2007, vor §§ 9–12 Rn. 3f). Wird der Betrieb übernommen, gehen auch die Pflichten aus § 9 ArbEG auf den Erwerber über. Umgekehrt ist der Vergütungsanspruch vererblich. Die Bemessung der angemessenen Vergütung richtet sich nach der wirtschaftlichen Verwertbarkeit der Erfindung, der Aufgabenstellung und der Stellung des Arbeitnehmers zum Zeitpunkt der Fertigstellung der Erfindung im Betrieb sowie nach dem Anteil des Betriebes beim Zustandekommen der Diensterfindung, § 9 Abs. 2 ArbEG. Diese Vorschrift ist eine zulässige Inhaltsbestimmung des Eigentums iSv Art. 14 Abs. 1 GG (BVerfG NJW 1998, 3704 (3705) – Induktionsschutz von Fernmeldekabeln). Der Bundesminister für Arbeit ist der Aufforderung aus § 11 ArbEG nachgekommen und hat **Richtlinien für die Bemessung der Vergütung** erlassen. Diese Richtlinien sind in den Standardgesetzestexten zum Arbeitnehmererfindungsgesetz regelmäßig abgedruckt. Die Richtlinien sind keine Rechtsnormen; sie sind nicht verbindlich, sondern geben lediglich Anhaltspunkte für die Vergütung (RL 1). Sie haben interpretierenden Charakter (Schiedsstelle Arb. Erf. 47/69 BlPMZ 1970, 426). Zugleich muss daher vor einer unkritischen Abwendung der Vergütungsrichtlinien gewarnt werden (*U. Krieger* GRUR 1995, 624 (625)). Insgesamt gibt es 43 Richtlinien, die sich in drei Hauptgruppen unterteilen: Die Erste und die zweite Gruppe befassen sich mit den Faktoren zur Bestimmung der Vergütung: Erfindungswert (RL 6 bis 29), Anteilsfaktor (RL 30 bis 38), und die dritte Gruppe betrifft die rechnerische Ermittlung der Vergütung (RL 39 bis 43).

In dieser Reihenfolge ist die angemessene Vergütung zu ermitteln. Die Betonung liegt auf der Angemessenheit der Vergütung. Eine schematische Handhabung der Richtlinien verbietet sich schon aus Gründen der angestrebten Einzelfallgerechtigkeit. Angemessenheit ist nicht gleichbedeutend mit Üblichkeit.

a) **Erfindungswert:** Darunter ist dasjenige zu verstehen, was der Arbeitgeber einem freien Erfinder oder Lizenzgeber für die Überlassung der Erfindung zahlen würde. Für seine Berechnung nennt die RL 3 folgende Methoden:
- Lizenzanalogie
- Betrieblicher Nutzen
- Schätzung

Die Reihenfolge der Aufzählung entspricht der Rangfolge und der praktischen Bedeutung.

Die **Lizenzanalogie** als die einfachste und zuverlässigste Methode zur Berechnung des Erfindungswertes bietet sich immer dann an, wenn der Arbeitgeber die Erfindung durch Umsatzgeschäfte nutzt, RL 5 S. 2. Diese Berechnung hat Vorrang gegenüber allen anderen (BGH GRUR 2002, 801 (802) – abgestuftes Getriebe; BGH GRUR 2006, 401 (404) – Zylinderrohr, BGH GRUR 2010, 223 (225) – Türinnenverstärkung; BGH GRUR 2012, 605 – antimykotischer Nagellack; *Bartenbach/Volz* Arbeitnehmererfindervergütung, 4. Aufl. 2017, RL 5 Rn. 26). Allgemein wird zwischen der konkreten und der abstrakten

8. Vergütungsvereinbarung E. 8

Lizenzanalogie unterschieden (*Bartenbach/Volz* Arbeitnehmererfindervergütung, 4. Aufl. 2017, RL 6 Rn. 3). Die konkrete Lizenzanalogie ist anwendbar, wenn konkrete, auf die Diensterfindung bezogene Lizenzsätze aus Lizenzvergaben des Arbeitgebers vorliegen. Unter abstrakter Lizenzanalogie werden allgemeine Erfahrungswerte des betroffenen Arbeitgebers und/oder des Wirtschaftszweiges mit vergleichbaren Erfindungen verstanden (Lizenzgebührenrahmen RL 10). Weil bei der Ermittlung der Arbeitnehmererfindervergütung jedoch die auf den Einzelfall bezogene Angemessenheit und gerade nicht die Üblichkeit im Vordergrund steht, sollte auf die abstrakte Lizenzanalogie nur zurückgegriffen werden, wenn bei der Ermittlung nach der konkreten Lizenzanalogie unvertretbare Schwierigkeiten auftreten. Der Lizenzgebührenrahmen der RL 10 sollte daher sehr zurückhaltend angewendet werden (vgl. BGH GRUR 1995, 578 (580) – Steuereinrichtung II; OLG Düsseldorf InstGE 4, 165 – Spulkopf II mit eingehender Berechnung der angemessenen Arbeitnehmererfindervergütung; OLG Düsseldorf Urt. v. 28.2.2014 – I-2 U 110/11 – Türbänder).

Die in konkreten Lizenzverträgen vereinbarten Lizenzgebühren können als Anhaltspunkt herangezogen werden. Dies gilt auch, wenn zwar diese Lizenzverträge nicht alle denselben Lizenzsatz vorsehen, sich die vereinbarten Lizenzgebühren aber in einem engen Korridor bewegen und auch tatsächlich abgerechnet werden (LG München Mitt. 2012, 238 – Elektronische Funktionseinheit). Die Erfassung des Erfindungswertes nach dem **betrieblichen Nutzen** erscheint sinnvoll bei Erfindungen, die nur innerbetrieblich verwendete Maschinen und Vorrichtungen betreffen **und** bei denen der Umsatz keine hinreichende Bemessungsgrundlage bietet. Anwendungsfälle können Erfindungen sein, mit deren Hilfe Ersparnisse (zB Lohnkosten, Energie, Material) erzielt werden (OLG Düsseldorf – 2 U 80/75, EGR § 9 Vergütungshöhe Nr. 33). Wird die Erfindung sowohl durch Umsatzgeschäfte als auch innerbetrieblich genutzt, sollte die Berechnung des Erfindungswertes nach der Lizenzanalogie schon deswegen vorgehen, weil sonst der Arbeitgeber für die Nutzung der Erfindung mehr bezahlen müsste als für den Kauf der Vorrichtung von einem freien Erfinder, jedenfalls dann, wenn in dem Kaufpreis für die Vorrichtung auch die Lizenzgebühr für die darin verkörperte Erfindung enthalten ist (Schiedsstelle Arb. Erf. 60/80 EGR Vergütungsanspruch Nr. 47 mAnm *Gaul*; *Reimer/Schade/Schippel/Himmelmann* ArbEG, 8. Aufl. 2007, RL Nr. 5 § 11 Rn. 2). Insoweit erscheint bei der Berechnung des Erfindungswertes nach dem betrieblichen Nutzen eine Kontrollberechnung nach der Lizenzanalogie geboten, wobei der nach dem betrieblichen Nutzen ermittelte Erfindungswert nicht von demjenigen einer Berechnung nach der Lizenzanalogie überschritten werden sollte. Im Zweifelsfall geht daher die Berechnung des Erfindungswertes nach der Lizenzanalogie vor (vgl. Anmerkung *Gaul* zu Schiedsstelle Arb. Erf. 60/80 EGR Vergütungsanspruch Nr. 47; *Bartenbach/Volz* Arbeitnehmererfindungsgesetz, 5. Aufl. 2013, § 9 Rn. 105, 109; *Bartenbach/Volz* Arbeitnehmererfindervergütung, 4. Aufl. 2017, RL Nr. 5 Rn. 8 f., 26 f.; BGH GRUR 2006, 401 (404) – Zylinderrohr; BGH GRUR 2012, 605 – antimykotischer Nagellack; aA *Reimer/Schade/Schippel/Himmelmann* ArbEG, 8. Aufl. 2007, § 9 Rn. 41, gleichwertig nebeneinander).

Die **Schätzungsmethode** ist zur Berechnung des Erfindungswertes anzuwenden, wenn keine rechnerischen Anhaltspunkte für die Ermittlung des Erfindungswertes greifbar sind, RL 13 iVm RL 5 letzter Absatz. Sie hat subsidiäre Geltung (*Bartenbach/Volz* Arbeitnehmererfindungsgesetz, 5. Aufl. 2013, § 9 Rn. 105). Dementsprechend ist ihre Bedeutung in der Praxis gering. OLG München will die Schätzung (§ 287 Abs. 2 ZPO) anwenden, wenn anderenfalls unvertretbar hohe Untersuchungen angestellt werden müssten, die mit der Vergütung in keinem vernünftigen Verhältnis stünden (OLG München GRUR-RR 2008, 332 – Schleppkeillösung).

b) Anteilsfaktor: Von dem berechneten Erfindungswert ist, weil es sich nicht um eine freie Erfindung handelt, ein Abzug vorzunehmen, der dem Anteil des Betriebes am Zustandekommen der Erfindung entspricht, RL 30. An der Entstehung der Erfindung hat der Betrieb regelmäßig schon deswegen einen wesentlichen Anteil, weil der Arbeitnehmer in abhängiger Stellung für den Arbeitgeber tätig ist und ihm durch die Arbeit Anregungen vermittelt und Hilfsmittel des Betriebes zur Verfügung gestellt werden. Der Arbeitnehmererfinder kann auf den innerbetrieblichen Stand der Technik und Erfahrungen zurückgreifen, die einem freien Erfinder nicht zur Verfügung stehen. Der Anteil, der sich für den Arbeitnehmer unter Berücksichtigung des Abzugs des Erfindungswertes ergibt, ist der in Prozenten ausgedrückte Anteilfaktor. Dadurch wird erreicht, dass der Arbeitgeber seinem Arbeitnehmer nur das vergütet, was an Bereicherung durch die Erfindung auf den Arbeitnehmer zurückführt. Für die Berechnung des Anteilsfaktors werden Wertzahlen beim Zustandekommen der Erfindung für a) **Stellung der Aufgabe** (RL 31), b) **Lösung der Aufgabe** (RL 32), c) **Aufgabe und Stellung des Arbeitnehmers im Betrieb** (RL 33), vergeben.

c) **Rechnerische Ermittlung der Vergütung:** Zur rechnerischen Ermittlung der Vergütung nennt RL 39 eine Formel. Die Vergütung V ist gleich dem Produkt aus Erfindungswert E mal dem in Prozentpunkten ausgedrückten Anteilsfaktor A ($V = E \times A$).

2. Nach § 12 Abs. 1 ArbEG soll die Art und Höhe der Vergütung in angemessener Frist nach Inanspruchnahme der Diensterfindung durch Vereinbarung zwischen Arbeitgeber und Arbeitnehmer **festgestellt** werden. Anzustreben ist eine einvernehmliche Lösung. Weil in der Regel zum Zeitpunkt der Inanspruchnahme noch keine der Parteien feste Vorstellungen über die Verwertungsmöglichkeiten der Erfindung hat, legt sich das Gesetz bewusst nicht fest, was unter angemessener Frist zu verstehen ist. Insoweit regelt § 12 Abs. 1 ArbEG die Fälligkeit des Vergütungsanspruchs. Dem Grunde nach ist der Anspruch bei der Inanspruchnahme bereits mit dem Zugang der Inanspruchnahmeerklärung beim Arbeitnehmer entstanden. Solange die in Anspruch genommene Erfindung noch nicht in Benutzung genommen worden ist, hat der Arbeitnehmer in der Regel keinen fälligen Vergütungsanspruch (BGH GRUR 1977, 784 (786) – Blitzlichtgeräte). Wird die Benutzung jedoch nach Inanspruchnahme aufgenommen, wird man unter „angemessener Frist" zu verstehen haben, dass jedenfalls die Vergütung alsbald festzustellen ist, weil nunmehr ausreichende Kriterien für ihre Berechnung vorliegen und durch die Benutzungsaufnahme der Arbeitgeber auch zu erkennen gegeben hat, dass er in der Erfindung vermögenswerte Vorteile sieht und diese unter Ausnutzung der durch die Erfindung vermittelten Monopolstellung zu nutzen weiß. So hat auch die Rechtsprechung (BGH GRUR 1963, 135 – Cromegal; bestätigt durch BGH GRUR 1971, 475 – Gleichrichter) angenommen, dass der Vergütungsanspruch jedenfalls 3 Monate nach Benutzungsaufnahme fällig ist, und zwar ungeachtet der Frage, ob das Patenterteilungsverfahren abgeschlossen ist. Mit der Fälligkeit beginnt dann auch die Verjährungsfrist; → Form. E.14 Anm. 41. Bei Abschluss eines Lizenzvertrages über die in Anspruch genommene Diensterfindung ist der Vergütungsanspruch, gegebenenfalls auch nur vorläufig, festzustellen oder festzusetzen (BGH GRUR 2008, 606 – Ramipril). Wegen des Risikos der Patentversagung sind aber bei der Bemessung der Höhe der Vergütung entsprechende Abschläge vorzusehen, die im Fall „Cromegal" 50 % betrugen. Sie können je nach dem Stand des Patenterteilungsverfahrens und der Aussichten auf eine Patenterteilung oder deren Versagung höher oder niedriger sein, wobei maßgeblich ist das inländische Erteilungsverfahren (*Reimer/Schade/Schippel/Himmelmann* ArbEG, 8. Aufl. 2007, § 12 Rn. 15 mwN; *Bartenbach/Volz* Arbeitnehmererfindungsgesetz, 5. Aufl. 2013, § 12 Rn. 63). Spätester Zeitpunkt für die Feststellung der Vergütung ist nach § 12 Abs. 3 ArbEG drei Monate nach Erteilung des Schutzrechts. Kommt bis zu diesem Zeitpunkt eine Vereinbarung zwischen dem Arbeitgeber und dem Arbeitnehmer über die Höhe der Vergütung nicht zustande, ist der Arbeitgeber verpflichtet, die Vergütung durch einseitige Bestimmung festzusetzen. Unter „Erteilung des Schutzrechtes" ist nach ganz überwiegender Auffassung der rechtskräftige Abschluss des Patenterteilungsverfahrens zu verstehen. Das ist entweder der Ablauf der Einspruchsfrist, kann aber auch die Beendigung des Einspruchsverfahrens

8. Vergütungsvereinbarung E. 8

sein, §§ 59 ff. PatG (*Reimer/Schade/Schippel/Himmelmann* ArbEG, 8. Aufl. 2007, § 12 Rn. 5; *Bartenbach/Volz* Arbeitnehmererfindungsgesetz, 5. Aufl. 2013, § 12 Rn. 56; aA *Volmer/Gaul* Arbeitnehmererfindungsgesetz, 2. Aufl. 1983, § 12 Rn. 35 f.: Zeitpunkt der einfachen Patenterteilung, § 49 PatG). Mit „spätestens" meint das Gesetz in § 12 Abs. 3 ArbEG keine Ausschlussfrist. Ungeachtet dessen kann die Frist durch Vereinbarung auch stillschweigend verlängert werden. § 22 ArbEG steht dem schon deshalb nicht entgegen, weil die Meldung ja schon erfolgt ist. Eine stillschweigende Verlängerung der Frist ist insbesondere dann anzunehmen, wenn die Verhandlungen zwischen den Parteien zu diesem Zeitpunkt noch nicht abgeschlossen, jedoch Erfolg versprechend sind (*Reimer/Schade/Schippel/ Himmelmann* ArbEG, 8. Aufl. 2007, § 12 Rn. 5 f. mwN). Wenn wegen aufgenommener Benutzungshandlungen eine Vergütung hätte festgestellt werden müssen, setzt allein das Zuwarten des Arbeitnehmers mit der Geltendmachung des Vergütungsanspruches keinen eine Verwirkung begründenden Vertrauenstatbestand zu Gunsten des Arbeitgebers (BGH GRUR 2003, 237 – Ozon; OLG Düsseldorf Urt. v. 15.5.2008, Düsseldorfer Entscheidung Nr. 935, S. 17 – Fahrzeugrad für Nutzfahrzeuge). Weil der Vergütungsanspruch ein schuldrechtlicher Anspruch des Arbeitnehmers gegen den Arbeitgeber ist, ist unter Vereinbarung über die Höhe der Vergütung ein schuldrechtlicher Vertrag zu verstehen, dessen Wirksamkeit sich nach den allgemeinen Vorschriften, aber auch nach § 23 ArbEG (Unbilligkeit), richtet. Der Vertrag sollte, muss aber nicht, schriftlich geschlossen werden. Eine konkludent geschlossene Vergütungsvereinbarung ist anzunehmen, wenn der Arbeitgeber einen Vorschlag gemacht und der Arbeitnehmer keine Einwendungen erhoben hat, insbesondere wiederholt und über einen längeren Zeitraum widerspruchslos die Vergütungszahlungen entgegennimmt (Schiedsstelle Arb. Erf. 18/81 BlPMZ 1984, 57).

3. Die Vereinbarung über die Höhe der Vergütung ist zwischen dem Arbeitnehmer und dem Arbeitgeber zu schließen. Arbeitnehmer ist derjenige, der die Erfindung gemacht und gemeldet hat, Arbeitgeber ist derjenige, dem gegenüber die Erfindung gemeldet wurde. Vertragspartner ist insbesondere nicht ein eventueller Lizenznehmer der gemeldeten Erfindung, auch kein konzernzugehöriges Unternehmen, das die Erfindung auf Grund einer besonderen Gestattung des Arbeitgebers benutzt. Der Vergütungsanspruch ist rein schuldrechtlicher und eben nicht dinglicher Natur.

4. In der Vereinbarung sollte die Meldung der Erfindung und die Art ihrer Inanspruchnahme kurz skizziert werden, um Streitigkeiten über die Wirksamkeit der Meldung und der Inanspruchnahme auch für spätere Fälle auszuschließen. Ebenso empfiehlt sich anzugeben, ob die Erfindung bereits zur Patenterteilung angemeldet und in welchen Ländern parallele Schutzrechtsanmeldungen eingereicht wurden.

5. Durch diese Angaben wird Streit darüber, was Inhalt der Regelung geworden ist, vermieden.

6. Sehr häufig und dem Rechtsfrieden zwischen Arbeitnehmer und Arbeitgeber dienend, sind Pauschalvereinbarungen. Derartige Vereinbarungen sind bereits nach Meldung der Erfindung, § 22 ArbEG, zulässig. Weil die Parteien an die einmal geschlossene Vereinbarung (§ 779 Abs. 1 BGB) gebunden sind und eine Anpassung nur unter den Voraussetzungen des § 12 Abs. 6 ArbEG später zulässig ist, sollte jede Pauschalvereinbarung besonders sorgfältig überlegt werden. Vereinbarungen, die bereits von Anfang an unbillig waren, können nach § 23 ArbEG unwirksam sein. Diese Vorschrift ergänzt die allgemeinen schuldrechtlichen Vorschriften über die Wirksamkeit von Verträgen (BGH GRUR 1973, 649 (650) – Absperrventil); → Anm. 8.

7. § 12 Abs. 1 ArbEG verlangt, dass sich die Parteien inhaltlich über Art und Höhe der Vergütung und damit über die relevanten Berechnungsgrundlagen einig sind. Diese sind der Erfindungswert und der Anteilsfaktor sowie – wenn mehrere Erfinder beteiligt sind –

der Miterfinderanteil. Weil der Erfindungswert sowohl im Falle einer Ermittlung nach der Lizenzanalogie als auch dem betrieblichen Nutzen maßgeblich von der wirtschaftlichen Nutzungsdauer sowie den in dieser Zeit erzielbaren Umsätzen bzw. den betrieblichen Einsparungen abhängt, sollten diese Berechnungsgrundlagen mitgeteilt werden.

Wie die voraussichtliche Nutzungsdauer (a) bemessen wird, hängt stets von dem Einzelfall ab. Dies kann von der mittleren Nutzungsdauer von Erfindungen (10–12 Jahre BDI/BDA Umfrage GRUR 1999, 134) sowohl nach oben als auch nach unten abweichen, je nachdem, ob es sich um eine Erfindung in einer schnelllebigen technischen Branche handelt oder um eine solche, die auf langfristige Entwicklungen angelegt ist.

Wird der Erfindungswert, wie in dem Textbeispiel, nach der Lizenzanalogie berechnet, stellt sich zunächst die Frage nach der **rechnerischen Bezugsgröße (b)** des Lizenzsatzes (RL 7). Das ist in der Regel der aus einem Verkauf der erfindungsgemäßen Gegenstände erzielte Umsatz im Sinne der tatsächlich vom Arbeitgeber erlangten Einnahmen (Nettoumsatz ohne Umsatzsteuer, Frachtkosten und Skonti; BGH GRUR 2010, 223 (226) – Türinnenverstärkung; BGH GRUR 2012, 606 (608) – antimykotischer Nagellack). In Betracht kommen auch pauschale Abzüge für Verpackung, Versicherung, Vertriebs- und Bankkosten sowie sonstige Erlösschmälerungen im Bereich zwischen 5–10 % (*Bartenbach/Volz* Arbeitnehmererfindervergütung, 4. Aufl. 2017, RL 7 Rn. 12 f., 22 f.). Allerdings ist im Hinblick auf die pauschale Abzugsfähigkeit Zurückhaltung angebracht. Stets sind die Umstände des Einzelfalls zu berücksichtigen. Sodann stellt sich die Frage der **technisch-wirtschaftlichen Bezugsgröße.** Bezieht sich die Erfindung auf eine Vorrichtung, die aus verschiedenen Teilen zusammengesetzt ist, kann nach RL 8 entweder der Wert der ganzen Vorrichtung oder nur der wertbeeinflusste Teil zugrunde gelegt werden. Ein weitere Bezugsgröße ist gerechtfertigt, wenn die erfindungsgemäßen Teile erhebliche Auswirkungen auf die technische Konstruktion einer größeren Sacheinheit haben, etwa indem deren Stabilität beeinflusst wird (BGH GRUR 2010, 223 (227) – Türinnenverstärkung: Nicht nur Verstärkung für Seitenaufprallschutz sondern PKW-Rohbautür; *Bartenbach/Volz* Arbeitnehmererfindungsgesetz, 5. Aufl. 2013, § 8 Rn. 126). Die sachgerechte Bezugsgröße für die Ermittlung der Lizenzgebühr ist unter Berücksichtigung aller Umstände des Einzelfalls vor allem nach Verkehrsüblichkeit und Zweckmäßigkeit zu bestimmen. Dabei kann es namentlich eine Rolle spielen, ob die Vorrichtung üblicherweise als Ganzes geliefert wird, und ob sie durch den geschützten Teil insgesamt eine Wertsteigerung erfährt (BGH GRUR 1992, 597 – Steuereinrichtung; BGH GRUR 1992, 599 – Teleskopzylinder; BGH GRUR 1995, 578 – Steuereinrichtung II). Allgemein gilt als Faustregel, dass bei kleiner Bezugsgröße der Lizenzsatz höher ausfällt und bei großer Bezugsgröße entsprechend niedriger anzusetzen ist (BGH GRUR 1981, 263 (264) – Drehschiebeschalter; BGH GRUR 1992, 852 – Simulation von Radioaktivität; *Bartenbach/Volz* Arbeitnehmererfindungsgesetz, 5. Aufl. 2013, § 9 Rn. 123.1, 126; Benkard PatG/ *Grabinski/Zülch* § 139 Rn. 63 f.). Zugleich zeigt sich darin, dass die Höhe der letztlich zu zahlenden Vergütung nicht allein von der Bezugsgröße bestimmt wird oder von dem Lizenzsatz (c), sondern vielmehr beide Faktoren zusammen entscheidend sind. Zur Ermittlung des Erfindungswertes wird nach der Lizenzanalogie der Lizenzsatz zugrunde gelegt, der für vergleichbare Fälle bei freien Erfindungen in der Praxis üblich ist. Allerdings ist unter Beachtung des Grundsatzes der Einzelfallgerechtigkeit der angemessenen Vergütung die Vergleichbarkeit konkret zu untersuchen. Hat der Arbeitgeber für vergleichbare Produkte bereits mit freien Erfindern Lizenzvereinbarungen getroffen, so können die dort vereinbarten Lizenzsätze bei der Ermittlung des Erfindungswertes behilflich sein. Die Höhe des Lizenzsatzes wird auch durch die Wertigkeit des Schutzrechtes und die sonstigen Vorteile, die die Erfindung mit sich bringt, beeinflusst. Von Bedeutung sind die technischen Vorzüge und die Marktchancen der Erfindung ebenso wie die Frage nach gangbaren Alternativen durch die Wettbewerber. Eine Erfindung, aus deren Verwertung der Arbeitgeber einen hohen Gewinn erzielt, kann mit einem höheren Lizenzsatz

8. Vergütungsvereinbarung E. 8

belastet werden als eine solche, die nur geringe Gewinne erwarten lässt. Der Lizenzsatz wird auch dadurch beeinflusst, dass insbesondere eine komplexe Vorrichtung mit weiteren vergütungspflichtigen Schutzrechten belastet ist. In einem solchen Fall ist die Frage nach der Höchstbelastbarkeit des erfindungsgemäßen Produktes zu stellen, soweit es dieselbe technisch-wirtschaftliche Bezugsgröße betrifft. Der so bestimmte Gesamterfindungswert (RL 19) ist auf die einzelnen Erfindungen aufzuteilen. (vgl. auch *Bartenbach/Volz* Arbeitnehmererfindungsgesetz, 5. Aufl. 2013, § 9 Rn. 128, 129.1). Nach den detaillierten Auswertungen von *Bartenbach/Volz* soll sich als allgemeine Faustregel herausgebildet haben, dass der übliche Lizenzsatz (gleichzeitig Höchstbelastung) einen Rahmen von $^1/_8$–$^1/_3$ des Unternehmergewinns aus dem Verkauf des Produktes (vor Steuern) ausmacht, und ein Regelwert von $^1/_4$–$^1/_5$ angesetzt wird. Bei einem Unternehmergewinn aus dem Produkt von 10 % entspricht dies einem Lizenzsatz von 2 bzw. 2,5 %. Diese Erfahrungswerte können für eine Kontrollberechnung dienen (*Bartenbach/Volz* Arbeitnehmererfindungsgesetz, 5. Aufl. 2013, § 9 Rn. 129.1, 134 „Checkliste" sowie zahlreiche Hinweise auf die Vorschlagspraxis der Schiedsstelle; siehe auch: *Hellebrand/Rabe* Lizenzsätze für technische Erfindungen, 5. Aufl. 2016). Abweichungen sowohl nach oben als auch nach unten sind möglich und nach dem Einzelfall geboten. Die RL 10 nennt Anhaltspunkte für die Bestimmung des Lizenzsatzes in einzelnen Industriezweigen; doch ihre Aussagekraft ist beschränkt und in der Praxis trägt sie wenig zur Lösung der Streitfragen nach der angemessenen Lizenz bei (BGH GRUR 1995, 578 (580) – Steuereinrichtung II). Seitdem die Rechtsprechung es ablehnt, den Auskunftsanspruch auch auf Angaben zum erzielten Gewinn zu erstrecken (BGH GRUR 2010, 223 – Türinnenverstärkung), dürfte künftig die marktübliche Lizenz eine noch größere Rolle spielen (für objektiven Berechnungsmethode: LG Düsseldorf InstGE 2, 181 (186) – Verpackungsbeutel; Ausrichtung des Lizenzsatzes auch an dem objektiv innewohnenden Gewinnpotential: BGH GRUR 2012, 605 (607) – antimykotischer Nagellack).

Im Fall besonders hoher Umsätze stellt sich die Frage einer Abstaffelung des Lizenzsatzes nach RL 11. Die **Abstaffelung** (schrittweise Ermäßigung des Lizenzsatzes ab einem Gesamtumsatz von über 1,534 Mio. EUR, wobei die in der Richtlinie noch unveränderten DM Beträge umzurechnen sind mit einem Kurs von 1,95.583 DM für 1 EUR, detaillierte Abstaffelungstabellen siehe *Kaube* GRUR 1986, 573, diese umgerechnet in Euro siehe *Bartenbach/Volz* Arbeitnehmererfindungen, 5. Aufl. 2014, Rn. 290 f.) ist keinesfalls starr anzuwenden, sondern stets ist danach zu fragen, ob und in welcher Höhe in den jeweiligen Industriezweigen eine Ermäßigung bei **freien** Erfindungen üblich ist. Die Abstaffelung ist kein Instrument des Arbeitnehmererfinderrechts; die Darlegungs- und Beweislast für die Üblichkeit der Abstaffelung trägt der Arbeitgeber (BGH GRUR 1990, 271 (273) – Vinylchlorid; kritisch *Hellebrand* GRUR 1993, 449 (453): nur Nachweis der Kausalitätsverschiebung als Voraussetzung für Abstaffelung; dazu aus der jüngeren Praxis der Schiedsstelle Arb.Erf. 18/13 Mitt. 2016, 277 – Kausalitätsverschiebung; Schiedsstelle Arb.Erf. 30/12 – Anordnung einer Tankklappe an einem Kraftfahrzeug). Für eine erfinderrechtliche Üblichkeit der Abstaffelung sind *Bartenbach/Volz* Arbeitnehmererfindungsgesetz, 5. Aufl. 2013, § 9 Rn. 142.4 unter ausdrücklicher Aufgabe ihrer früheren Auffassung in Fn. 637. Dem ist nicht nur der Wortlaut der RL 11 entgegenzuhalten, sondern auch das System des gerechten Ausgleichs im Einzelfall. Wenn die Erfindung erfolgreich ist, sollte der Erfinder daran teilhaben. Auch bei Lizenzverträgen mit freien Erfindern beruht der Erfolg auf dem Zutun des Lizenznehmers, was ohne ausdrückliche Regelung eine Abstaffelung nicht rechtfertigt. Eine Korrekturmöglichkeit hat der Arbeitgeber über § 12 Abs. 6 ArbEG mit seinem Anspruch auf Anpassung der Vergütung wegen nach Feststellung der Vergütung geänderter Umstände. Eine ganz andere Frage ist, inwieweit besonders hohe Umsätze eine (ungestaffelte) Herabsetzung des Lizenzsatzes rechtfertigen, wenn zu den Umsätzen nicht nur die Erfindung beiträgt, sondern gerade auch die Reputation des Unternehmens und seine generelle Marktstellung ursächlich sind. Bei frei ausgehandelten Lizenzverträgen würden diese Umstände lizenzmindernd einfließen, so dass sie auch bei der Bemessung des Lizenzsatzes einer Arbeitnehmererfindung berücksichtigt werden können (OLG Düsseldorf InstGE 4, 165 – Spulkopf II; LG Düsseldorf Urt. v. 23.11.2010, Düsseldorfer Entscheidungen Nr. 1509 – Stahlbetontunnel: zutreffend erscheint es indes, bei besonders hohen Umsätzen generell einen linearen Abschlag von dem marktüblichen Lizenzsatz vorzunehmen, da dies den Aspekt der Verhaltensweisen vernünftiger Lizenzvertragsparteien berücksichtigt). Im Rahmen der Vergütungsvereinbarung steht es den Parteien selbstverständlich frei, in Anlehnung an RL 11 eine Abstaffelung zu vereinbaren. Wird die Abstaffelung, wie im Textbeispiel, nicht vereinbart, kann sich der Arbeitgeber später darauf auch nicht berufen können. Allenfalls kommt eine Anpassung unter den Voraussetzungen des § 16 Abs. 6 ArbEG in Betracht.

Für die Berechnung des **Anteilsfaktors (d)** werden Wertzahlen beim Zustandekommen der Erfindung für a) Stellung der Aufgabe (RL 31), b) Lösung der Aufgabe (RL 32), c) Aufgabe und Stellung des Arbeitnehmers im Betrieb (RL 33), vergeben. Für die Berechnung des Anteilsfaktors gilt die Tabelle nach RL 37. Als Wertzahlen dürfen auch Zwischenwerte gebildet werden. In der großen Zahl der Fälle liegt der Anteilsfaktor zwischen 10–25 %, Mittelwerte mithin bei 15–18 % (*Reimer/Schade/Schippel/Himmelmann* ArbEG, 8. Aufl. 2007, § 11 RL 30 Rn. 1; *Bartenbach/Volz* Arbeitnehmererfindungsgesetz, 5. Aufl. 2013, § 9 Rn. 265).

Ein wesentlicher Berechnungsfaktor ist auch der **Miterfinderanteil (e)** der einzelnen Erfinder, sollten mehrere Erfinder beteiligt sein. Nach § 12 Abs. 2 ArbEG ist die Vergütung für jeden Miterfinder gesondert festzustellen. Dabei steht jedem Miterfinder der Vergütungsanspruch anteilig zu. Der Miterfinderanteil richtet sich nach dem Beitrag des einzelnen Miterfinders beim Zustandekommen der Erfindung. Oftmals werden sich die Miterfinder selbst darüber einig sein, wie die Miterfinderanteile zu bemessen sind. Im Zweifel entfallen auf jeden Miterfinder gleich große Anteile, § 742 BGB (*Reimer/Schade/Schippel/Himmelmann* ArbEG, 8. Aufl. 2007, § 12 Rn. 25 mwN). Hat sich der Arbeitgeber mit einem Miterfinder über einen bestimmten Anteil an der Erfindung geeinigt, ist diese Vereinbarung wirksam, selbst dann, wenn mit den anderen Miterfindern eine gütliche Vereinbarung darüber nicht zustande kommt (*Bartenbach/Volz* Arbeitnehmererfindungsgesetz, 5. Aufl. 2013, § 12 Rn. 28). Insoweit folgt jede Vereinbarung mit einem Miterfinder ihrem eigenen Schicksal.

(f) Bei der vorgeschlagenen Vergütungsvereinbarung handelt es sich um eine Pauschalabfindung und somit um einen Vergleich iSd § 779 Abs. 1 BGB. Die Ungewissheit über die Schutzfähigkeit und Verwertung wird mit einem Abzug auf den Erfindungswert von 50 % durch gegenseitiges Nachgeben berücksichtigt.

Die rechnerische Ermittlung der Vergütung (g) folgt nach der Formel der RL 39: $V = E \times A$. Dabei bedeuten V die Vergütung, E den Erfindungswert und A den in Prozentpunkten ausgedrückten Anteilsfaktor. Die rechnerische Wertermittlung des Erfindungswertes ist anhand der Formel $E = B \times L$ vorzunehmen, wobei B die Bezugsgröße (Umsatz) und L den Lizenzsatz angeben (Lizenzanalogie).

8. Nach Meldung der Diensterfindung (§ 22 ArbEG) kann der Arbeitnehmer wirksam in den Grenzen des § 23 ArbEG (anfängliche Unbilligkeit einer Vergütungsvereinbarung) auf seinen Anpassungsanspruch wegen veränderter Umstände nach § 12 Abs. 6 ArbEG verzichten (BGH GRUR 1963, 315 (316) – Pauschalabfindung; *Bartenbach/Volz* Arbeitnehmererfindungsgesetz, 5. Aufl. 2013, § 12 Rn. 96.1; *Reimer/Schade/Schippel/Trimborn* ArbEG, 8. Aufl. 2007, § 12 Rn. 58). Ebenso kann nach Meldung der Diensterfindung vereinbart werden, dass der Arbeitgeber dem Arbeitnehmer das Recht auf Freigabe der Erfindung für den Fall der beabsichtigten Aufgabe der ganzen oder einzelner Schutzrechtspositionen abkauft, §§ 16 Abs. 1, 14 Abs. 2 ArbEG. Bei einer Pauschalvergütung wird man zwar annehmen können, dass bei einer beabsichtigten Aufgabe der Schutzrechtsposition

8. Vergütungsvereinbarung   E. 8

eine Mitteilungspflicht des Arbeitgebers an den Arbeitnehmer mangels eines Freigabeanspruchs entfällt; denn der Arbeitnehmer ist durch die Zahlung der Pauschalvergütung voll befriedigt. Außerhalb einer Pauschalvergütung sollte aber auf jeden Fall der Arbeitgeber versuchen, eine solche Regelung in die Vergütungsvereinbarung aufzunehmen um den Verwaltungsaufwand der Arbeitnehmererfindung zu mindern.

9. Häufig wird die Erfindung des Arbeitnehmers nicht von dem Unternehmen genutzt, mit dem der Arbeitnehmer in einem Arbeitsverhältnis steht. Zu nennen sind die Fälle einer Konzernnutzung, einer Lizenzvergabe oder auch eines Verkaufs der Erfindung an einen Dritten. Schließlich sind dies die Fälle, in denen das Unternehmen die Erfindung zwar zu einem Schutzrecht anmeldet, im Folgenden jedoch nicht nutzt. Denkbar ist auch, dass das Unternehmen die Erfindung nicht im Inland, sondern nur im Ausland benutzt. In diesen Fällen ist bei der Ermittlung des Erfindungswertes auf folgendes zu achten, wobei hier nur eine grobe Übersicht gegeben werden kann:

a) Konzernnutzung. Der Arbeitnehmer kann seine Ansprüche nur gegen seinen Arbeitgeber geltend machen und nicht gegen das konzernzugehörige Unternehmen. Nur sein Arbeitgeber ist Schuldner des Vergütungsanspruchs. Das gilt auch dann, wenn der Arbeitgeber die erfindungsgemäßen Produkte zwar selbst herstellt, sie jedoch beispielsweise zum Zwecke des Weitervertriebs nur zu internen Verrechnungspreisen an ein Konzernmitglied abgibt (vgl. OLG München GRUR-RR 2001, 103 (104) – Verankerungsmittel). Entspricht aber der Abgabepreis nicht einem marktgerechten Entgelt, kann zwar ein Zuschlag berechnet werden, Schuldner des Anspruchs bleibt aber nur der Arbeitgeber. Dabei kann der Verkaufspreis des konzernzugehörigen Unternehmens berücksichtigt werden, wobei freilich dessen Gewinnspanne abzuziehen ist und ferner auch dessen Eigenleistungen berücksichtigt werden müssen. Allein der Umstand, dass das konzernzugehörige Unternehmen einen höheren Marktpreis verlangt, kann nicht den Verdacht begründen, dass konzerninterne Abgabepreise unangemessen niedrig sind und ein Zuschlag geboten gewesen wäre (BGH GRUR 2012, 605 (608) – Antimykotischer Nagellack). Stets kommt es auf den Einzelfall an (*Bartenbach/Volz* Arbeitnehmererfindungsgesetz, 5. Aufl. 2013, § 9 Rn. 186 f.). Eine Ausnahme von dem Grundsatz, dass die Verhältnisse in konzernzugehörigen Unternehmen außer Betracht zu bleiben haben, besteht jedoch bei der Übertragung von Erfindungsrechten innerhalb eines Konzerns bei enger wirtschaftlicher Verflechtung. Formal handelt es sich zwar um rechtlich selbstständige Konzernunternehmen, die die Erfindung verwerten, jedoch praktisch um die Verlagerung von Betriebs-, Fertigungs-, oder Vertriebsteilen innerhalb eines Konzerns. Dann richtet sich der Vergütungsanspruch nach dem Umfang der Benutzungshandlungen der konzernzugehörigen Unternehmen (LG Düsseldorf – 4 O 254/90 – Fernsehbildwiedergaberöhren, zitiert bei *Bartenbach/Volz* Arbeitnehmererfindungsgesetz, 5. Aufl. 2013, § 9 Rn. 188 Fn. 580a; BGH GRUR 2010, 223 (224, 227) – Türinnenverstärkung; BGH GRUR 2006, 754 (759) – Haftetikett). Wenn der konzernverbundene Arbeitgeber Unternehmen im Konzern die Nutzung der Diensterfindung gestattet, kommt es für den Umfang der Auskunftsverpflichtung und für die Bemessung der Vergütung darauf an, wie vernünftige Lizenzvertragsparteien solchen Konstellationen Rechnung getragen hätten (vgl. BGH GRUR 2002, 801 (803) – Abgestuftes Getriebe; *Meier-Beck*, Festschrift Tilmann, 2003, 539; BGH GRUR 2010, 223 (224, 227) – Türinnenverstärkung: Höhe der Lizenzgebühren werden an die Umsätze des „wirtschaftlichen Lizenznehmers" geknüpft). Ausführlich: A. *Bartenbach*, Arbeitnehmererfindungen im Konzern, 3. Aufl. 2015, Rn. 612 ff. Wenn der Arbeitgeber die Erfindung nur rechtlich aber nicht tatsächlich ausgelagert hat und von Konzernzugehörigen Unternehmen beliefert wird, ist auf die Umsätze des benutzenden Konzernunternehmens abzustellen, weil der Hauptzweck der Lizenznahme in der Benutzung durch das andere Konzernunternehmen steht (DPMA, Schiedsstelle Arb. Erf. 56/12 Mitt. 2016, 407 – Spezialchemikalien).

b) **Lizenzvergabe.** Auch hier besteht der Anspruch des Arbeitnehmers nur gegen seinen Arbeitgeber, der die Lizenz vergeben hat. Allerdings hat der Arbeitnehmer einen Anspruch auf Vergütung aus den erzielten Lizenzeinnahmen. Der Erfindungswert soll nach RL 14 gleich der Nettolizenzeinnahme sein. Die Richtlinie erläutert auch, wie die Nettolizenz zu berechnen ist. Entwicklungskosten für das erfindungsgemäße Produkt können dabei ebenso von der Bruttolizenz abgezogen werden wie Kosten, die mit der Verwaltung des Schutzrechtes und der Lizenzvergabe verbunden sind. Bei der Ermittlung der Nettolizenz sind abzuziehen mitlizenzierte Leistungen wie Know-How, Marken oder sonstige Schutzrechte, die mit der eigentlichen Diensterfindung unmittelbar nicht in Zusammenhang stehen. Bei der so ermittelten Nettolizenz ist der kalkulatorische Unternehmergewinn aus den Lizenzeinnahmen durch einen Umrechnungsfaktor zu berücksichtigen. *Bartenbach/Volz* nehmen an, dass der Regelumrechnungsfaktor 30 % der Nettolizenzeinnahmen beträgt (*Bartenbach/Volz* Arbeitnehmererfindungsgesetz, 5. Aufl. 2013, § 9 Rn. 224.1; *Bartenbach/Volz* Arbeitnehmererfindervergütung, 4. Aufl. 2017, RL 14 Rn. 145 f., 157). Die Schiedsstelle hat als Erfindungswert pauschalierend im Regelfall 20 % der Bruttolizenzeinnahmen als so genannten Nettolizenzfaktor angenommen, Schiedsstelle Arb. Erf. 59/90 BlPMZ 1993, 406 (408) – Bewehrungsrollmatte, aber auch 35 %; Schiedsstelle Arb. Erf. 18/91 Mitt. 1997, 190 (191) – Verpackungsvorrichtung, und einen Regelumrechnungsfaktor von 30 % des Bruttonutzens aus einer Lizenzvergabe zugrunde gelegt, Schiedsstelle Arb. Erf. 25/94 Mitt. 1997, 91 – Apparatebau; siehe auch BGH GRUR 1990, 270 (274) aE – Vinylchlorid; *Bartenbach/Volz* Arbeitnehmererfindungsgesetz, 5. Aufl. 2013, § 9 Rn. 225 zur RL 15; *Bartenbach/Volz* Arbeitnehmererfindungen, 6. Aufl. 2014, Rn. 308 ff.).

c) **Verkauf der Erfindung.** Der Arbeitnehmer hat nur einen Anspruch auf Vergütung aus dem Verkaufserlös. Der Erfindungswert ist auch hier durch Verminderung des Bruttoertrages auf den Nettoertrag zu ermitteln (RL 16), wobei der Kaufpreisanteil, der auf die Überlassung von Know-How entfällt, abzuziehen ist. Bei dem Nettoertrag ist der kalkulatorische Unternehmergewinn durch einen Umrechnungsfaktor wie bei Lizenzeinnahmen zu berücksichtigen. Allerdings wird der Umrechnungsfaktor regelmäßig größer ausfallen, weil im Gegensatz zu Lizenzeinnahmen die Kosten des Lizenzgebers beispielsweise aus der Aufrechterhaltung des Schutzrechtes ebenso wie die Risiken des Lizenzgebers entfallen (RL 16). *Bartenbach/Volz* nehmen einen Umrechnungsfaktor von 40 % als Regelwert vom Nettoertrag für den Erfindungswert an (*Bartenbach/Volz* Arbeitnehmererfindervergütung, 4. Aufl. 2017, RL 16 Rn. 24 f.; *Bartenbach/Volz* Arbeitnehmererfindungen, 6. Aufl. 2014, Rn. 309). Weitere Einzelheiten zur neueren Praxis der Schiedsstelle: Schiedsstelle Arb. Erf. 8/94 Mitt. 1996, 176 (177) – Patentverkauf: Nettoverkaufsfaktor (Umrechnungsfaktor bei Schutzrechtsverkauf) 40 %; *Hellebrand* Mitt. 1996, 287 (288). Bei Verkauf eines ganzen Schutzrechtspakets bereitet die Ermittlung des Erfindungswertes aus dem Kaufpreis besondere Schwierigkeiten. *Bartenbach/Volz* Arbeitnehmerfindungen, 6. Aufl. 2014, Rn. 309 nennen folgende Praxis der Schiedsstelle: Prognostizierte zukünftige Nutzung der Erfindung durch den Erwerber zur Ermittlung eines Gesamtumsatzes, Multiplikation des Gesamtumsatzes mit % der angemessenen Lizenz nach der Lizenzanalogie ergibt den fiktiven Kaufpreis. Dieser wird multipliziert mit dem Umrechnungsfaktor von 40 %. Beim so ermittelten Erfindungswert sind dann selbstverständlich, wie auch sonst, noch der Anteilsfaktor und Miterfinderanteil zu berücksichtigen. Sind in einem Verkaufspreis von „Intellectual Property" Urheberrechte, Marken, Patente, Formulierungen, Geschäftsgeheimnisse, prozesstechnisches und herstellungstechnisches Know-how, Internetdomains und sämtliche Datenbestände erfasst, unabhängig davon, ob diese Gegenstände darin verkörpert sind oder nicht, kann nach der Auffassung der Schiedsstelle davon ausgegangen werden, dass den technischen Schutzrechten und den übrigen Schutzrechten wie Marken und Designs jeweils ein hälftiger Anteil zukommt (Schiedsstelle Arb.Erf. 24/14, Mitt. 2017, 230 – Intellectual Property).

8. Vergütungsvereinbarung E. 8

d) Nichtbenutzung der Erfindung: Erfindungen, die zum Schutzrecht angemeldet und erteilt sind, jedoch nicht benutzt werden, können **Sperr–** oder **Vorratspatente** sein (RL 18 und 21). Geht RL 20 hinsichtlich eines Sperrpatentes noch von einer Verwertung der Erfindung aus, weil durch ein solches Patent beispielsweise eine Umgehungslösung einer anderen Erfindung des Arbeitgebers verhindert werden kann, liegt die Verwertung eines Vorratspatents in ungewisser Zukunft. Als Erfindungswert des Sperrpatents kann der auf diese Zweit-Erfindung entfallende Anteil zugrunde gelegt werden, was freilich nur durch Schätzung, wovon auch die RL 18 S. 6, ausgeht, möglich ist. Nach der Vorschlagspraxis der Schiedsstelle wird der Erfindungswert für Vorratspatente ab dem 8. Jahr nach der Anmeldung bis zum 13. Laufjahr des Patentes auf jährlich 650 EUR geschätzt (Schiedsstelle Arb. Erf. 36/90 BlPMZ 1991, 317 (319) aE – Spindeltrieb). *Bartenbach/Volz* Arbeitnehmererfindungsgesetz, 5. Aufl. 2013, § 9 Rn. 207, sprechen sich demgegenüber vereinfachend für einen mittleren Erfindungswert des Vorratspatentes über seinen gesamten Zeitraum vom 2.500 EUR bis 4.000 EUR aus. Bei gleichzeitigem Bestehen von Auslandsschutzrechten kann eine Erhöhung angemessen sein. Sonstige, nicht verwertete Erfindungen sind grundsätzlich nicht zu vergüten.

e) Nur Auslandsbenutzung: Die RL 26 betrifft die Benutzung der Erfindung auch im Ausland. Der Erfindungswert erhöht sich, wenn dort ein Schutzrecht besteht. Besteht im Ausland kein Schutzrecht, wird aber vom Inland ins Ausland geliefert, sind diese Handlungen wie Nutzungen im Inland zu vergüten. Das gilt nicht für inländische Verfahrenspatente, wenn im Ausland kein Schutzrecht besteht. Wird die Erfindung indessen **nur** im Ausland benutzt, ist streitig, ob der Arbeitnehmer einen Vergütungsanspruch hat, wenn die Erfindung nur im Ausland nicht jedoch im Inland schutzfähig ist (Zum Meinungsstand: *Bartenbach/Volz* Arbeitnehmererfindungsgesetz, 5. Aufl. 2013, § 9 Rn. 15, Fn 83, 245 f. – verneinend; *Reimer/Schade/Schippel/Trimborn* ArbEG, 8. Aufl. 2007, § 14 Rn. 12, 11/RL 26 Rn. 2 – bejahend). Weil Anknüpfungspunkt für den Vergütungsanspruch des Arbeitnehmers das Monopolprinzip ist und der Arbeitgeber auch bei einem Schutz der Erfindung nur im Ausland auf einem bedeutenden Markt eine Vorzugsstellung besitzt, besteht grundsätzlich kein Grund, dem Arbeitnehmer in diesen Fällen einen Vergütungsanspruch zu verweigern. Das sollte zumindest dann gelten, wenn es sich um ein geprüftes Patent handelt oder die fehlende Schutzfähigkeit im Inland nicht rechtskräftig festgestellt worden ist. Ein Vergütungsanspruch für Benutzungshandlungen im Ausland besteht in jedem Fall dann, wenn das ausländische Schutzrecht noch in Kraft steht, das inländische indessen schon abgelaufen ist (*Bartenbach/Volz* Arbeitnehmererfindungsgesetz, 5. Aufl. 2013, § 9 Rn. 16). Ist ein deutsches Patent erteilt und besitzt ein paralleles europäisches Patent einen engeren Schutzbereich, ist für die inländische Benutzung das deutsche Patent ungeachtet der Zweifel an seinem weiteren Schutzbereich maßgeblich, die Benutzung im Ausland ist aber nur vergütungspflichtig, wenn von dem europäischen Patent noch erfasst (OLG Düsseldorf InstGE 7, 210 – Türbeschläge).

f) Hochschulerfindungen: Für diese gelten die besondere Regelung in § 42 ArbEG, die der allgemeinen Bestimmung des § 9 ArbEG vorgeht (Busse/Keukenschrijver ArbEG § 42 Rn. 19 f.). Nach Nr. 4 dieser Bestimmung beträgt die Höhe der Vergütung im Falle der Verwertung 30 % der durch die Verwertung erzielten Einnahmen. Das sind die erfindungsbezogenen Bruttoeinnahmen Zu den Einnahmen gehören nicht nur Geldzahlungen, die dem Dienstherrn auf Grund der Verwertung der Erfindung zufließen, sondern auch alle sonstigen geldwerten Vorteile, die der Dienstherr in Folge der Verwertung erhält. Auch ein von dem Lizenznehmer geleisteter einmaliger Betrag für Forschungszwecke gehört zu den durch die Verwertung der Diensterfindung erzielten Einnahmen im Sinne des § 42 Nr. 4 ArbEG (Schiedsstelle Arb.Erf. 13/13 Mitt. 2016, 140). Einnahmen können auch ersparte Schutzrechtskosten sein, wenn diese vom Lizenznehmer getragen werden (BGH GRUR 2013, 498 (499) – Genveränderungen. Hinsichtlich aller weiteren Einzelheiten: *Heerma/Maierhöfer* GRUR 2010, 682; *Bartenbach/Volz* Arbeitnehmererfindungsgesetz, 5. Aufl. 2013, § 42 Rn. 166, 168 f.; *Reimer/Schade/Schippel/Leuze* ArbEG, 8. Aufl. 2007, § 42 Rn. 41 f.).

10. Steuerrechtliches: Grundsätzlich gibt es keine Steuerermäßigung. Erfindervergütung ist Arbeitseinkommen und als solches zu versteuern (*Bartenbach/Volz* Arbeitnehmererfindungen, 6. Aufl. 2014, Rn. 28). Eine Erfindervergütung gehört zu den Bezügen aus einem früheren Dienstverhältnis, wenn sie durch dieses veranlasst wurde. Aufwendungen für Anwaltsgebühren etc, die im Zusammenhang mit der Erfindervergütung stehen, können als Werbungskosten in Abzug gebracht werden (FG München DStRE 2016, 1355). Die Tarifvergünstigung gemäß § 34 Abs. 1 iVm Abs. 2 Nr. 4 EStG bei einer pauschalen Vergütung für Arbeitnehmererfindungen und somit ein ermäßigter Einkommensteuersatz setzt eine vertragliche Regelung voraus, die den Schluss zulässt, dass die Dauer der Tätigkeit des Arbeitnehmers für den Arbeitgeber bei der Bemessung der Vergütung von Bedeutung war. Eine Entschädigung iSv § 24 Nr. 1 Buchst. a EStG und mithin eine Tarifermäßigung nach § 34 Abs. 1 iVm Abs. 2 Nr. 2 EStG kommt bei einer solchen Vergütung nicht in Betracht, wenn das Arbeitsverhältnis fortbesteht und eine erstmalige vertragliche Anerkennung des Anspruchs erfolgt (FG Münster Mitt. 2014, 149 – Aluminium Silicon Tape). Eine Steuerermäßigung nach §§ 34, 24 EStG kommt bei einer Abfindung einer Erfindervergütung aber dann in Betracht, wenn der Arbeitnehmer mit seinem Interesse an einer Weiterführung der Vergütungsvereinbarung auf Druck seines Arbeitgebers nachgibt und dessen Abfindungsangebot annimmt. Denn in einem solchen Fall führt die Abfindung zu einem zusammengeballten Zufluss im Veranlagungsjahr. Das ist eine Ausnahmesituation, die eine Steuermäßigung nach § 34 Abs. 1 EStG rechtfertigt, BFH Mitt. 2013, 149 (150) – Abfindung einer Erfindervergütung als steuerbegünstigte Entschädigung – mit ausführlicher Anmerkung *Gehm*. Eine wissenschaftliche Auseinandersetzung zu allen Fragen der Steuerbarkeit, siehe: *Knerr*, Geistiges Eigentum und Steuerrecht – Patent- und Gebrauchsmusterverwertung aus Sicht des nationalen Ertragsteuerrechts, Berlin 2015.

9. Vergütungsfestsetzung

Herrn A[1, 2]

im Hause

Betr.: Vergütungsfestsetzung für Diensterfindung geschlossener Abstandsrahmen für Sicherheitsverbundglasscheiben

Sehr geehrter Herr A,

unsere wechselseitigen Bemühungen, zu einer Vergütungsvereinbarung[3] über die von uns kraft gesetzlicher Fiktion/ausdrücklich mit Schreiben vom . . . . . . in Anspruch genommene Diensterfindung zu gelangen, haben nicht zum Erfolg geführt. Mit Rücksicht auf die laufende Frist[4] des § 12 Abs. 3 Nr. 2 ArbEG, innerhalb der die Vergütung spätestens bis zum Ablauf von 3 Monaten nach Erteilung des Schutzrechtes zu bestimmen ist, setzen wir hiermit die Vergütung wie folgt fest:[5]

Wir zahlen Ihnen eine umsatzabhängige[6] Vergütung. Den Erfindungswert ermitteln wir nach der Lizenzanalogie und gehen im Übrigen von folgenden Berechnungsgrundlagen aus:[7]

a) Üblicher angemessener Lizenzsatz für vergleichbare Erfindungen: 3 %, wobei als Bezugsgröße der Nettoverkaufspreis einer einbaufertigen Scheibenanordnung, bestehend aus dem geschlossenen Abstandsrahmen, den Sicherheitsverbundglasscheiben und der Füllung, angenommen wird;

9. Vergütungsfestsetzung E. 9

b) Anteilsfaktor: 15 %;
   Dabei gehen wir von einer Wertzahl 8 aus, die sich wie folgt zusammensetzt:
   aa) Stellung der Aufgabe: 2
   bb) Lösung der Aufgabe: 3
   cc) Stellung und Aufgabe im Betrieb: 3
c) Miterfinderanteil: 100 %
   Unter Anwendung der für die Vergütungsberechnung nach der Lizenzanalogie[8] maßgeblichen Formel V = E × A, wobei E für den Erfindungswert, der sich aus dem jeweiligen Umsatz multipliziert mit dem Lizenzsatz errechnet, A für den Anteilsfaktor stehen, errechnet sich so die Vergütung V.
   Die Vergütung wird jährlich zu den betriebsüblichen Abrechnungszeitpunkten für den Vorjahresbenutzungszeitraum gezahlt. Das ist derzeit der 1. Februar.[9]
   Die Vergütungsfestsetzung wird verbindlich, wenn Sie dieser nicht innerhalb von zwei Monaten ab Zugang dieses Schreibens widersprechen. Zum Zeichen Ihres Einverständnisses wären wir Ihnen dankbar, wenn Sie uns ungeachtet der rechtlichen Notwendigkeit die anliegende Kopie gegenzeichnen und zurücksenden.[10]

Mit freundlichen Grüßen

gez. Firma B

Anmerkungen

1. Kommt eine Vereinbarung für die Feststellung der Vergütung zwischen Arbeitgeber und Arbeitnehmer nicht zustande, muss der Arbeitgeber die Vergütung durch begründete Erklärung gegenüber dem Arbeitnehmer einseitig festsetzen. Außerdem ist er zur Zahlung der so festgesetzten Vergütung verpflichtet, § 12 Abs. 3 ArbEG. Ihrer Rechtsnatur nach ist die Festsetzung eine einseitige, empfangsbedürftige Willenserklärung des Arbeitgebers. Für sie gelten daher die allgemeinen Vorschriften des BGB. Als Gestaltungserklärung ist sie bedingungsfeindlich. Das Gesetz verlangt nach der seit dem 1.10.2009 geltenden Gesetzesfassung nur noch „Textform" im Sinne von § 126b BGB, für bis zum 30.9.2009 gemeldete Diensterfindungen bleibt es aber bei dem Formerfordernis der Schriftlichkeit nach § 126 BGB (Übergangsvorschrift § 43 Abs. 3 ArbEG). Die Erklärung ist zu begründen. Der Begründungszwang bezieht sich dabei jedoch nur auf die Berechnungsgrundlagen für die Höhe der Festsetzung. Die Beweggründe des Arbeitgebers für den Weg einer Vergütungsfestsetzung statt einer einvernehmlichen Vergütungsfeststellung interessieren demgegenüber nicht. Aus der Erklärung muss hervorgehen, welchen Vergütungstatbestand der Arbeitgeber seiner Festsetzung zugrunde legt, wie er die Vergütung im Einzelnen berechnet und welche Gründe ihn zur Wahl der festgesetzten Vergütungsart veranlassen (*Reimer/Schade/Schippel/Trimborn* ArbEG, 8. Aufl. 2007, § 12 Rn. 33). Aus der Sicht des Arbeitnehmers muss die Erklärung so beschaffen sein, dass ihm zugemutet werden kann, auf Grund dieser Angaben zu entscheiden, ob er die Vergütungsfestsetzung hinnimmt oder ihr gemäß § 12 Abs. 4 ArbEG **widerspricht**. Liegen diese Voraussetzungen nicht vor, ist die Vergütungsfestsetzung unwirksam. Durch Umdeutung, § 140 BGB, kann in einer unwirksamen Vergütungsfestsetzung jedoch ein Vertragsangebot des Arbeitgebers an den Arbeitnehmer zum Abschluss einer Vereinbarung über die Erfindervergütung gesehen werden. Nimmt der Arbeitnehmer eine Vergütungszahlung des Arbeitgebers auf die (unwirksame) Vergütungsfestsetzung widerspruchslos entgegen, kann darin die Annahme des Vertragsangebotes gesehen werden (Schiedsstelle Arb.Erf. 59/90 GRUR 1992, 849 (850) – Bewehrungsrollmatte). Es empfiehlt sich daher für den Arbeitnehmer, auch einer inhaltlich unwirksamen Vergütungsfestsetzung, so er diese erkennt, rein vorsorglich zu widersprechen und insoweit die Zahlungen des Arbeitgebers nicht widerspruchslos entgegenzunehmen.

2. Die Vergütungsfestsetzung ist gegenüber dem Diensterfinder zu erklären. Sind mehrere Diensterfinder an der Erfindung beteiligt, muss der Arbeitgeber die Festsetzung gegenüber jedem Miterfinder erklären. Dabei sind die Gesamthöhe der Vergütung und die Anteile der einzelnen Erfinder an der Diensterfindung den beteiligten Miterfindern bekanntzugeben, § 12 Abs. 2 ArbEG. Der Anteil des Miterfinders richtet sich nach dem Beitrag, den er zum Zustandekommen der Erfindung beigesteuert hat. Dabei ist das Gewicht der Einzelbeiträge im Verhältnis zueinander und zur erfinderischen Gesamtleistung abzuwägen. Für die Frage des Bestehens des Vergütungsanspruch selbst ist unerheblich, inwieweit von den Merkmalen, die der Miterfinder beigesteuert hat, Gebrauch gemacht wird (BGH Mitt. 2012, 136 (137) – Ramipril II). Den Miterfindern soll durch die Bekanntgabe der Miterfinderanteile Gelegenheit gegeben werden, sich davon zu überzeugen, dass die Festsetzung der Anteile an der Diensterfindung in gerechter Weise vorgenommen worden ist (Amtliche Begründung zu § 12 BlPMZ 1957, 224 (234)). Widerspricht einer der Miterfinder der Festsetzung mit der Begründung, dass sein persönlicher Miterfinderanteil an der Diensterfindung unrichtig festgesetzt worden sei, wird die Festsetzung für alle Beteiligten nicht verbindlich. In diesem Fall ist der Arbeitgeber berechtigt, die Vergütung insgesamt gegenüber allen Beteiligten neu festzusetzen, § 12 Abs. 5 ArbEG. Wird erst später bekannt, dass ein bei der Vergütungsfestsetzung gegenüber Miterfindern nicht berücksichtigter Miterfinder beteiligt war, kann der Arbeitgeber seine ursprüngliche Vergütungsfestsetzung gegenüber den Beteiligten nach §§ 119 ff. BGB anfechten und die dadurch unwirksam gewordene Vergütungsfestsetzung erneut aussprechen (vgl. *Bartenbach/Volz* Arbeitnehmererfindungsgesetz, 5. Aufl. 2013, § 12 Rn. 94; BGH GRUR 2003, 702 (704) – Gehäusekonstruktion: anfechtbare Willenserklärung wegen arglistiger Täuschung nach § 123 BGB durch Verletzung der Mitteilungspflichten des Arbeitnehmers bei Meldung der Erfindung über das Zustandekommen der Erfindung, insbesondere der Beteiligung von Miterfindern).

3. Die Festsetzung der Vergütung richtet sich nach denselben Erwägungen wie die Feststellung der Vergütung durch Vereinbarung. → Form. E.8 Anm. 1, → Form. E.8 Anm. 7, → Form. E.8 Anm. 9.

4. Die Frist zur Festsetzung der Vergütung bei unbeschränkter Inanspruchnahme beträgt längstens 3 Monate nach Erteilung des Schutzrechts. Durch die Vergütungsfestsetzung soll der Arbeitnehmer in absehbarer Zeit erfahren, welche Vergütung der Arbeitgeber für angemessen hält (Amtliche Begründung zu § 12 BlPMZ 1954, 224 (234)). Mit Erteilung des Schutzrechts ist der rechtskräftige Abschluss des Patenterteilungsverfahrens gemeint (→ Form. E.8 Anm. 2). Bei Gebrauchsmustern kommt es auf den Zeitpunkt der Eintragung, §§ 8, 11 GebrMG, an, bei betriebsgeheimen Erfindungen auf den Zeitpunkt der Anerkennung der Schutzfähigkeit der gemeldeten Diensterfindung durch den Arbeitgeber. Die Verpflichtung zur Festsetzung besteht für den Arbeitgeber unabhängig von der Frage, ob eine Vergütung bereits geschuldet, dh fällig ist oder nicht. Wird noch keine Vergütung geschuldet, kann der Arbeitgeber seiner Verpflichtung dadurch genügen, dass er die Vergütung auf Null festsetzt (Schiedsstelle Arb.Erf. 59/82 BlPMZ 1983, 378; Busse/Keukenschrijver ArbEG § 12 Rn. 16). Das Gesetz verpflichtet den Arbeitgeber, „spätestens" bis zu dem genannten Zeitpunkt die Vergütung festzusetzen. Von dem Wortlaut des Gesetzes ist damit nicht ausgeschlossen, dass eine Verpflichtung des Arbeitgebers zur Festsetzung der Vergütung auch vor diesem Zeitraum besteht. Mit der Inanspruchnahme der Erfindung entsteht der Vergütungsanspruch dem Grunde nach. Solange aber die Erfindung nicht benutzt wird, ist in der Regel eine Bezifferung des Vergütungsanspruches nicht möglich. Wird die in Anspruch genommene Diensterfindung schon vor Erteilung eines Schutzrechtes genutzt, wird für die erfolgten Benutzungshandlungen der Vergütungsanspruch unabhängig von dem Lauf des Erteilungsverfahrens fällig. Der Arbeitgeber ist in einem solchen Fall verpflichtet, die Vergütung spätestens mit Ablauf von 3 Monaten nach

9. Vergütungsfestsetzung

Aufnahme der Benutzung zumindest vorläufig festzusetzen (BGH GRUR 1963, 135 (137) – Cromegal; BGH GRUR 1971, 475 (477) – Gleichrichter; BGH GRUR 2008, 606 – Ramipril). Im Rahmen dieser vorläufigen Vergütungsfestsetzung kann das Patentversagungsrisiko des noch nicht abgeschlossenen Erteilungsverfahrens durch einen Abschlag berücksichtigt werden. Wird jedoch später das Patent erteilt, hat der Arbeitnehmer grundsätzlich einen Anspruch auf Nachzahlung des zunächst einbehaltenen Betrages, der mit der endgültigen Festsetzung der Erfindervergütung zu bescheiden ist. Die Nachzahlung entspricht dabei regelmäßig dem Risikoabschlag (Schiedsstelle Arb.Erf. 10/92 GRUR 1994, 611 (613 f.) – Regelkreisanordnung, zugleich zur Frage des anwendbaren Rechtes einer in der ehemaligen DDR gemachten Erfindung). Wird im umgekehrten Fall das Patent versagt, entfällt die vorläufige Vergütungspflicht ab der Versagung der Schutzfähigkeit. Bis dahin erfolgte Nutzungshandlungen sind zu vergüten, weil für den Arbeitgeber eine Monopolstellung bestand. Der Arbeitgeber hat gegen den Arbeitnehmer deshalb wegen der gezahlten Vergütung keinen Rückforderungsanspruch, § 12 Abs. 6 S. 2 ArbEG.

Verletzt der Arbeitgeber seine Pflicht zur Festsetzung der Vergütung, kann der Arbeitnehmer die Schiedsstelle anrufen und einen Vorschlag einer angemessenen Vergütung beantragen oder bei Vorliegen der formellen Voraussetzungen (§ 37 ArbEG) den Vergütungsanspruch im Wege der Klage vor den ordentlichen Gerichten geltend machen (BGH GRUR 2008, 606 – Ramipril). Nach Auffassung der Schiedsstelle treten mit Ablauf der Festsetzungsfrist nicht automatisch die Wirkungen des Verzugs zu Lasten des Arbeitgebers ein. Daher stünde dem Arbeitnehmer ein Anspruch auf Erstattung des Verzugsschadens erst ab förmlicher Mahnung, Stellung des Antrags auf Bestimmung der angemessenen Vergütung bei der Schiedsstelle oder Erhebung einer darauf gerichteten Klage vor den ordentlichen Gerichten zu (Schiedsstelle Arb.Erf. 94/93 Mitt. 1996, 220 (222 f.) – Bedienungseinrichtung). Dagegen kann vorgebracht werden, dass das Gesetz in § 12 Abs. 3 S. 2 ArbEG ausdrücklich von „spätestens bis zum Ablauf von drei Monaten nach" spricht, und eine Mahnung angesichts dieses gesetzlich bestimmbaren Zeitpunktes nach § 286 Abs. 2 BGB entbehrlich ist (differenzierend *Bartenbach/Volz* Arbeitnehmererfindungsgesetz, 5. Aufl. 2013, § 9 Rn. 26 f.).

5. Der Arbeitgeber ist an seine Festsetzung gebunden. Insoweit ermächtigt § 12 Abs. 3 ArbEG ihn nur zur einmaligen Festsetzung der Vergütung (BGH GRUR 1994, 898 (901) – Copolyester). Das gilt unabhängig von der Frage, ob der Arbeitnehmer der Festsetzung widerspricht oder nicht. Nach dem Gesetzeswortlaut ist der Arbeitgeber nicht nur zur Festsetzung verpflichtet, sondern auch dazu, „entsprechend der Festsetzung zu zahlen". Wenn der Arbeitnehmer der Festsetzung widerspricht, ist der von dem Arbeitgeber auf die Festsetzung hin gezahlte Betrag im Rahmen einer späteren Vergütungsregelung anzurechnen. Eine besondere Bedeutung erfährt die Bindungswirkung der Festsetzung darin, dass der Arbeitgeber später auch nicht befugt ist, eine Abstaffelung bei Ermittlung des Erfindungswertes einseitig einzuführen, wenn eine solche in der ursprünglichen Festsetzung nicht vorgesehen war. Insoweit kann der Arbeitgeber den Lizenzsatz nur dann auf Grund der RL 11 oder einer betriebsinternen Regelung abstaffeln, wenn die Anwendung der Staffel vereinbart oder nach § 12 Abs. 3 ArbEG konkret festgesetzt worden ist (BGH GRUR 1994, 898 (902) – Copolyester; *Bartenbach/Volz* Arbeitnehmererfindungsgesetz, 5. Aufl. 2013, § 12 Rn. 74 f.). Eine Änderung der vom Arbeitgeber einmal erklärten Festsetzung kann nur unter den Voraussetzungen des § 12 Abs. 6 ArbEG verlangt werden, dh dann, wenn sich die Umstände bei Festsetzung der Vergütung nachträglich erheblich geändert haben. Bestanden die Umstände schon bei Vergütungsfestsetzung, sind sie jedoch falsch beurteilt worden, rechtfertigt dies keinen Anspruch auf Einwilligung in eine andere Festsetzung. Damit kann allenfalls eine von Anfang an bestehende Unbilligkeit im Sinne von § 23 ArbEG geltend gemacht werden.

In den Fällen der vorläufigen Vergütungsfestsetzung einer vor Patenterteilung in Benutzung genommenen Diensterfindung kann im Rahmen der endgültigen Festsetzung nach Patenterteilung eine Anpassung verlangt werden (LG Nürnberg BB 1969, 535 (536)). Eine Sonderregelung stellt § 12 Abs. 5 ArbEG für den Fall des Widerspruchs eines Miterfinders gegen eine Vergütungsfestsetzung mit der Begründung dar, sein Miterfinderanteil an der Diensterfindung sei unrichtig festgesetzt worden. In diesem Fall ist der Arbeitgeber nicht an seine Festsetzung gebunden, sondern zur Neufestsetzung berechtigt.

6. Im Rahmen der Vergütungsfestsetzung können, wie bei der Vergütungsvereinbarung, als Art der Zahlung der Vergütung sowohl eine laufende Beteiligung, eine einmalige oder mehrmalige feste Summe (Pauschalabfindung) bestimmt werden (RL 40).

7. Neben Angaben über die Art der Vergütungsleistung (laufende Vergütung oder Pauschalabfindung) hat der Arbeitgeber auch eine Begründung für die Vergütungshöhe zu geben. Diese muss so detailliert sein, dass der Arbeitnehmer aus seiner Sicht in der Lage ist, die Berechnung nachzuvollziehen und so zu entscheiden, ob er die Vergütungsfestsetzung annimmt oder nicht. Geschuldet sind danach alle für die Bemessung der Vergütung maßgeblichen Tatsachen und Bewertungen. Das sind zunächst die Angaben zur Ermittlung des Erfindungswertes. Entscheidet sich der Arbeitgeber für die Berechnung nach der Lizenzanalogie (RL 6 f.), ist anzugeben, was der Arbeitgeber als Bezugsgröße ansieht. Dies kann insbesondere bei komplexen Anlagen und Vorrichtungen schwierig sein. Die Wahl der Bezugsgröße bei der Ermittlung der Vergütung im Wege der Lizenzanalogie bei zusammengesetzten Vorrichtungen ist vor allem nach der Verkehrsüblichkeit und Zweckmäßigkeit zu bestimmen. Von Bedeutung kann sein, ob die Gesamtvorrichtung üblicherweise als Ganzes geliefert wird oder nur einzelne Einheiten mit dem geschützten Teil und ob die Gesamtanlage oder nur die Einheit mit dem geschützten Teil eine Wertsteigerung erfährt (BGH GRUR 1995, 578 – Steuereinrichtung II; BGH GRUR 2010, 223 (227) – Türinnenverstärkung: wenn eine Diensterfindung nur einen Teil einer Gesamtvorrichtung beeinflusst, ist für die Vergütung auf diesen abzustellen und dabei an die kleinste technisch-wirtschaftliche (funktionelle) Einheit anzuknüpfen, welche noch von der Erfindung wesentlich geprägt bzw. in ihrer Funktion beeinflusst wird). Je größer die Bezugsgröße ist, umso geringer wird der Lizenzsatz ausfallen. Der Lizenzsatz ist grundsätzlich zunächst konkret und erst sodann nach Üblichkeitskriterien zu ermitteln. Zu fragen ist, welchen Lizenzsatz ein kaufmännisch vernünftiger Arbeitgeber mit einem freien Lizenzgeber ausgehandelt hätte. Soll der Lizenzsatz nach RL 11 abgestaffelt werden, muss dies gleichfalls in der Vergütungsfestsetzung angegeben werden.

Zu erläutern ist sodann auch der Anteilsfaktor des Erfinders. Eine Aufschlüsselung nach den einzelnen Wertzahlen der RL 30–37 wird zwar nicht in jedem Fall erforderlich sein, kann jedoch zur Klarheit der Berechnungsgrundlagen beitragen. Entscheidet sich der Arbeitgeber für eine Pauschalvergütung, sind Nutzungs- und Umsatzprognosen aufzustellen und gegebenenfalls zusätzlich zu erläutern. Die Berechnung der Vergütungshöhe sollte schließlich aus Gründen der Nachvollziehbarkeit anhand der Formel nach RL 39 erläutert werden. Bei Miterfindern ist der Arbeitgeber, wie bei der Feststellung der Vergütung nach § 12 Abs. 2 ArbEG, auch bei einseitiger Festsetzung verpflichtet, die Anteile der einzelnen Erfinder an der Diensterfindung und die Gesamthöhe der Vergütung den Beteiligten bekannt zu geben (BGH GRUR 1961, 338 (341) – Chlormethylierung). Jedem Miterfinder sind sein persönlicher Anteilsfaktor, jedoch nicht diejenigen der weiteren Beteiligten mitzuteilen (*Bartenbach/Volz* Arbeitnehmererfindungsgesetz, 5. Aufl. 2013, § 12 Rn. 54). Ist die Vergütungsfestsetzung nicht ausreichend begründet, kann dies zur Folge haben, dass die Frist des § 12 Abs. 4 ArbEG, innerhalb der der Diensterfinder der Festsetzung widersprechen kann, nicht in Lauf gesetzt wird (Schiedsstelle GRUR 1993, 849 – Bewehrungsrollmatte). Allerdings empfiehlt sich vorsorglich ein Widerspruch, so auch *Reimer/Schade/Schippel/Trimborn* ArbEG, 8. Aufl. 2007, § 12 Rn. 33).

9. Vergütungsfestsetzung E. 9

8. In dem Textbeispiel wird die Vergütung nach der **Lizenzanalogie** ermittelt. Entscheidet sich der Arbeitgeber für eine Vergütung nach einer **Berechnung aus dem erfassbaren betrieblichen Nutzen**, ist nach RL 12 die durch den Einsatz der Erfindung verursachte Differenz zwischen Kosten und Erträgen festzustellen. Diese Berechnungsart führt regelmäßig zu Schwierigkeiten und sollte daher nur dann angewandt werden, wenn dazu konkreter Anlass besteht, insbesondere eine Berechnung nach der Lizenzanalogie wegen der ausschließlich innerbetrieblich genutzten Erfindung nicht in Frage kommt. Bei der Ermittlung der Kosten können die Investitionen einschließlich der Finanzierung und der Kosten für die Erlangung des Schutzrechts berücksichtigt werden. Hinzu kommen die weiteren Kosten, die unmittelbar der Diensterfindung zugeordnet werden können und nicht angefallen wären, wenn es nicht zu der Diensterfindung gekommen wäre. Auch ein allgemeiner Gemeinkostenanteil kann berücksichtigt werden. Bei der Ermittlung der Erträge kommen besonders Einsparungen der Lohnkosten durch Rationalisierung der Produktionsabläufe in Betracht, eine Verbesserung des Produktionsablaufs und der Logistik im Allgemeinen, Abfallvermeidung durch geringeren Ausschuss sowie Energieeinsparung. Von dem so ermittelten Wert stellt jedoch nur ein Bruchteil den tatsächlichen betrieblichen Nutzen dar. Die Schiedsstelle nimmt einen Faktor von 20 % des Bruttonutzens als Erfindungswert an. Vorgeschlagen ist auch ein Rahmen zwischen $1/3$ und $1/8$ des Bruttonutzens (*Reimer/Schade/Schippel/Himmelmann* ArbEG, 8. Aufl. 2007, § 11 RL 12 Rn. 1 f., siehe zu den Einzelheiten auch *Bartenbach/Volz* Arbeitnehmererfindungsgesetz, 5. Aufl. 2013, § 9 Rn. 161 f. mit dem zutreffenden Hinweis, dass diese Berechnungsmethode nicht so exakt ist, wie sie vorgibt).

9. Ist die Vergütung festgesetzt, ist der Arbeitgeber verpflichtet, entsprechend der Festsetzung zu zahlen, § 12 Abs. 3 S. 1 ArbEG. Das gilt auch bei Festsetzung einer Pauschalvergütung, selbst wenn der Arbeitnehmer dieser widersprechen sollte. Werden laufende Vergütungszahlungen festgesetzt, können diese zu den betriebsüblichen Abrechnungszeitpunkten erfolgen.

10. Als einseitige empfangsbedürftige Willenserklärung wird die Festsetzung verbindlich, sobald sie dem Arbeitnehmer zugegangen ist. Dieser hat jedoch die Möglichkeit, der Festsetzung binnen einer Frist von 2 Monaten zu widersprechen, § 12 Abs. 4 ArbEG. Die 2-Monatsfrist bestimmt sich nach den allgemeinen Vorschriften über den Zugang von Willenserklärungen und der Fristberechnung. Der Widerspruch muss nach der seit dem 1.10.2009 geltenden Gesetzesfassung nicht mehr „schriftlich", sondern nur noch in Textform, § 126b BGB erklärt werden. Für Sachverhalte um Erfindungen, die bis zum 30.9.2009 gemeldet wurden, bleibt es nach der Übergangsvorschrift des § 43 Abs. 3 ArbEG bei der Form der schriftlichen Erklärung nach § 126 BGB. Es ist ganz herrschende Meinung, dass die Widerspruchsfrist auch dann mit Zugang der Festsetzungserklärung zu laufen beginnt, wenn in der Festsetzung eine Fristbelehrung nicht enthalten ist (OLG Hamburg EGR § 12 Nr. 23; Schiedsstelle EGR § 12 Nr. 79; *Reimer/Schade/Schippel/Trimborn* ArbEG, 8. Aufl. 2007, § 12 Rn. 37). Dies wird damit begründet, dass § 12 ArbEG eine Belehrungspflicht zugunsten des Arbeitnehmers nicht vorsähe. Zur Vermeidung unnötiger Streitigkeiten und Missverständnisse kann gleichwohl eine solche Fristbelehrung in die Erklärung über die Festsetzung der Vergütung arbeitgeberseitig aufgenommen werden, zumal neuere Reformbestrebungen im Zivilverfahrensrecht eine generelle Fristenbelehrung vorsehen, was gegebenenfalls dann auch Auswirkungen auf ähnliche Sachverhalte haben könnte. Sinnvoll ist in jedem Fall, den Arbeitnehmer zu bitten, ungeachtet der rechtlichen Notwendigkeit sein Einverständnis mit der Vergütungsfestsetzung zu erklären. Denn sollte die Vergütungsfestsetzung als einseitige gestaltende Verfügung des Arbeitgebers aus welchen Gründen auch immer unwirksam sein, dürfte sie mit dem Einverständnis des Arbeitnehmers zulässigerweise als vertragliche Vereinbarung Wirksamkeit erlangen.

10. Widerspruch gegen Vergütungsfestsetzung

Versendung erfolgt gegen Empfangsbestätigung

Firma B

Betr.: Vergütungsfestsetzung Diensterfindung geschlossener Abstandsrahmen für Sicherheitsverbundglasscheiben: hier: Widerspruch[1, 2]

Sehr geehrte Damen und Herren,

hiermit widerspreche ich[3] Ihrer Vergütungsfestsetzung mit Schreiben vom . . . . . ., eingegangen am . . . . . .

Mein Widerspruch richtet sich[4] gegen die Bemessung des Lizenzsatzes mit nur 3 %. Angesichts der Tatsache,[5] dass es sich um ein derzeit konkurrenzloses Produkt handelt, mit dem weit überdurchschnittliche Preise am Markt und somit auch überdurchschnittliche Gewinne erzielt werden können, erscheint ein Lizenzsatz von 3 % den besonderen Umständen und der wirtschaftlichen Bedeutung der Erfindung nicht gerecht zu werden. Angemessen aber auch ausreichend wäre ein Lizenzsatz von 4 %.

Mit den übrigen Bewertungsfaktoren bin ich einverstanden.[6]

gez. A

Anmerkungen

1. Ist der Arbeitnehmer mit der vom Arbeitgeber festgesetzten Vergütung nicht einverstanden, muss er der Festsetzung innerhalb von zwei Monaten widersprechen, weil anderenfalls die Festsetzung für beide Parteien verbindlich wird, § 12 Abs. 4 ArbEG. Die Frist berechnet sich nach den allgemeinen Vorschriften. Der Widerspruch steht nach der neuen Gesetzesfassung, gültig seit dem 1.10.2009, nicht mehr unter dem Formzwang der Schriftlichkeit (§ 126 BGB), ausreichend ist eine Erklärung in Textform, § 126b BGB. Das kann insbesondere auch eine E-Mail sein, soweit sie die Person des Erklärenden erkennen lässt. Alle Erfindungen, die bis zum 30.9.2009 gemeldet worden sind, fallen nach der Übergangsvorschrift des § 43 Abs. 3 ArbEG noch unter den Formzwang der früheren Fassung des Gesetzes. Bei Nichtbeachtung der Form ist der Widerspruch nichtig, § 125 BGB. Die Rechtsfolgen, die der Widerspruch auslöst, bestehen darin, dass die Vergütungsfestsetzung grundsätzlich unverbindlich wird, gleichwohl die Zahlungsverpflichtung des Arbeitgebers davon unberührt bleibt, § 12 Abs. 3 S. 1 ArbEG.

2. Auch wenn nach der neuen Gesetzesfassung der Formzwang gelockert worden ist, sollte der Arbeitnehmer durch geeignete Maßnahmen sicherstellen, dass er den fristgerechten Zugang der Widerspruchserklärung sicherstellen kann, um den Zugang im Streitfall beweisen zu können; denn die Beweislast für den rechtzeitigen Zugang trägt der Arbeitnehmer.

3. Sind an einer Erfindung mehrere Arbeitnehmer beteiligt, haben diese jeweils selbstständig ihren Widerspruch zu erklären, wenn sie mit der Festsetzung nicht einverstanden sind. Widerspricht ein Arbeitnehmer nicht, wird die Festsetzung ihm gegenüber verbindlich. Eine Ausnahmeregelung bildet insoweit nur § 12 Abs. 5 ArbEG, wenn ein Miterfinder mit der Begründung widerspricht, dass sein (Miterfinder-)Anteil an der Diensterfindung unrichtig festgesetzt worden sei. Nur im Fall dieses **Quotenwiderspruchs** wird die Festsetzung auch bei Widerspruch nur eines Miterfinders für alle Miterfinder nicht verbindlich

10. Widerspruch gegen Vergütungsfestsetzung   E. 10

(*Bartenbach/Volz* Arbeitnehmererfindungsgesetz, 5. Aufl. 2013, § 12 Rn. 90). Denn wenn die Festsetzung der Vergütung für die anderen Beteiligten, die nicht widersprochen haben, verbindlich werden würde, würde die Festsetzung eines höheren Erfindungsanteils des Widersprechenden zu einer höheren Gesamtvergütung führen, obwohl nicht wegen der Gesamthöhe der Vergütung, sondern nur wegen der Festsetzung der Anteile der einzelnen Erfinder an der Diensterfindung Widerspruch erhoben wurde (so amtl. Begründung zu § 12 ArbEG BlPMZ 1957, 224 (235)). Diesen Konflikt löst das Gesetz dadurch, dass der Arbeitgeber berechtigt ist, die Vergütung für alle Beteiligten nochmals festzusetzen. Einigt sich der Arbeitgeber nur mit einzelnen Miterfindern, ist die Vergütung gegenüber den anderen festzusetzen (BGH GRUR 2003, 702 – Gehäusekonstruktion). Beruht die Vergütungsfestsetzung quotenmäßig darauf, dass der oder die Diensterfinder die Beteiligung eines weiteren Miterfinders verschwiegen haben, kann sich die Frage stellen, ob im Falle eines Widerspruchs Zurückzahlung der zwischenzeitlich gezahlten Vergütung ungeachtet der Regelung in § 16 Abs. 6 ArbEG verlangt werden kann (*Reimer/Schade/Schippel/Trimborn* ArbEG, 8. Aufl. 2007, § 12 Rn. 42; *Bartenbach/Volz* Arbeitnehmererfindungsgesetz, 5. Aufl. 2013, § 12 Rn. 90). Wegen des Gesetzeswortlauts käme eine Rückforderung im Verhältnis Arbeitnehmer zu Arbeitgeber außer in den Fällen einer arglistigen Täuschung oder unerlaubten Handlung wahrscheinlich nicht in Betracht. Denkbar wäre eine solche aber im Verhältnis der Miterfinder untereinander unter bereicherungsrechtlichen Gesichtspunkten. Ob der Vergütungsanspruch des bislang nicht beteiligten Diensterfinders erst ab der Inanspruchnahme der Erfindung ihm gegenüber besteht (§ 9 Abs. 1 ArbEG), er also für die bis dahin erfolgten Benutzungshandlungen leer ausgeht (so *Reimer/Schade/Schippel/Trimborn* ArbEG, 8. Aufl. 2007, § 12 Rn. 42; *Bartenbach/Volz* Arbeitnehmererfindungsgesetz, 5. Aufl. 2013, § 12 Rn. 94), scheint zweifelhaft zu sein. Mit der Inanspruchnahme entsteht der Vergütungsanspruch. Welche Nutzungshandlungen in den Vergütungsanspruch einfließen, ist damit nicht gesagt. Der BGH sieht auch die Nutzungshandlungen vor der Inanspruchnahme als abrechnungspflichtig und vergütungspflichtig an (BGH GRUR 2003, 789 – Abwasserbehandlung; aA Schiedsstelle 23/01 BlPMZ 2005, 83 – Vergütungspflicht des Arbeitgebers bei verspäteter Erfindungsmeldung: nicht rückwirkend vom Beginn der Benutzung der Diensterfindung).

4. Der Widerspruch gegen eine Vergütungsfestsetzung kann auf einzelne Berechnungsfaktoren beschränkt werden. Das hat zur Folge, dass die vom Widerspruch des Arbeitnehmers nicht erfassten Teile verbindlich werden. Allerdings ist Voraussetzung dafür, dass aus dem schriftlichen Widerspruch eindeutig und klar hervorgeht, dass und worauf der Arbeitnehmer seinen Widerspruch beschränken will (LG Düsseldorf – 4 O 45/95 – Probenahmevorrichtung; *Bartenbach/Volz* Arbeitnehmererfindungsgesetz, 5. Aufl. 2013, § 12 Rn. 79, 84).

5. Eine Begründung für den Widerspruch braucht der Arbeitnehmer nicht zu geben. Eine solche empfiehlt sich jedoch, um dem Arbeitgeber die Möglichkeit zu geben, seine Position zu überdenken und eine einvernehmliche Vergütungsvereinbarung mit dem Arbeitnehmer zu erzielen. Das erscheint besonders in den Fällen eines Teilwiderspruchs gegen einzelne Berechnungsfaktoren angebracht.

6. Zur Abgrenzung der Berechnungsfaktoren, mit denen Einverständnis besteht, von denjenigen, derentwegen Teilwiderspruch eingelegt wird, bietet sich ein klarstellender Hinweis an. Zugleich entnimmt daraus der Arbeitgeber, in welchem Punkt eventuell ein Nachbesserungsbedarf besteht. Kommt eine Einigung über die Vergütung gleichwohl nicht zustande, ist der Arbeitgeber nicht zur nochmaligen Festsetzung der Vergütung berechtigt. Das Festsetzungsrecht ist erschöpft. Ist die Festsetzung gescheitert, steht es jeder Partei frei, die Schiedsstelle oder – bei Vorliegen der sonstigen Voraussetzungen aus § 38 ArbEG – ein ordentliches Gericht anzurufen. Das Gesetz sieht keine Bestimmung vor, nach der dies binnen einer bestimmten Frist zu geschehen hat. Es spricht sich bewusst dafür aus, die Rechtsbeziehungen zwischen den Beteiligten in der Schwebe zu lassen und zeitliche Grenzen über die allgemeinen Grundsätze der Verwirkung von Ansprüchen zu regeln (amtl. Begründung zu § 12 ArbEG BlPMZ 1997, 224 (234)). Verwirken kann wegen der fortbestehenden Zahlungsverpflichtung des Arbeitgebers auf Grund der Vergütungsfestsetzung nur der über die Festsetzung hinausgehende Anspruch auf Vergütung (*Volmer/Gaul* Arbeitnehmererfindungsgesetz, 2. Aufl. 1983, § 12 Rn. 76; *Bartenbach/Volz* Arbeitnehmererfindungsgesetz, 5. Aufl. 2013, § 12 Rn. 86). Bei der Prüfung des Verwirkungstatbestandes ist besonders der Grad der persönlichen Abhängigkeit des Arbeitnehmers zu berücksichtigen. Dieser möchte durch Geltendmachung von Vergütungsansprüchen seine Position im Unternehmen nicht gefährden. Die Gründe für eine zurückhaltende Annahme einer Verwirkung während des Bestehens eines Arbeitsverhältnisses entfallen jedoch für die Zeit nach Beendigung. Dann ist der Arbeitnehmer nicht mehr in einer persönlichen und wirtschaftlichen Abhängigkeit, so dass er gehalten ist, seine Ansprüche, die über den widersprochenen festgesetzten Betrag hinausgehen, alsbald geltend zu machen. Daneben gelten die allgemeinen verjährungsrechtlichen Vorschriften (vgl. zur Verwirkung von Ansprüchen auf Arbeitnehmererfindervergütung bei ausgebliebener Vergütungsfestsetzung überhaupt: BGH GRUR 2003, 237 (240) – Ozon: vier Jahre nicht ausreichend, wenn die Verjährungsfrist nach der bis zum 31.12.2001 geltenden Gesetzesfassung, Art. 229 § 6 EGBGB, § 195 BGB, 30 Jahre betrug). Die allgemeine Verjährungsfrist beträgt nunmehr regelmäßig 3 Jahre, §§ 195, 199 Abs. 1 BGB. Wegen der Einzelheiten zu Fragen der Verjährung → Form. E.14 Anm. 41.

11. Verlangen einer Neuregelung der Vergütung wegen wesentlicher Änderung der für die Feststellung der Vergütung maßgebenden Umstände (§ 12 Abs. 6 ArbEG)

Firma B[1, 2]

Betr.: Neuregelung der Vergütungsfestsetzung für die Diensterfindung „geschlossener Abstandsrahmen für Sicherheitsverbundglasscheiben"

Sehr geehrte Damen und Herren,

mit Schreiben vom . . . . . . haben Sie die Erfindervergütung für meine im Betreff genannte Diensterfindung festgesetzt. Sie haben den Erfindungswert nach der Lizenzanalogie ermittelt und für die Vergütungsberechnung im Übrigen folgende Berechnungsgrundlagen herangezogen:[3]

a) Wirtschaftliche Nutzungsdauer: 10 Jahre,
b) erwarteter Gesamtumsatz während der wirtschaftlichen Dauer mit der einbaufertigen Scheibenanordnung: 5–8 Mio. EUR, im Mittel 6.5 Mio. EUR,
c) angemessener üblicher Lizenzsatz für vergleichbare Erfindungen: 2 %,
d) Anteilfaktor: 15 %,
e) Von der nach der Formel V = E × A errechneten Vergütung in Höhe von 19.500 EUR ist unter Berücksichtigung der Ungewissheit des wirtschaftlichen Erfolges ein Betrag in Höhe von 15.000 EUR als Pauschalbetrag festgesetzt worden.

Aus Ihrem Geschäftsbericht für das abgeschlossene Geschäftsjahr 2012 geht hervor, dass auch nach einem Zeitraum von 16 Jahren eines Ihrer erfolgreichsten Produkte das Sicherheitsverbundglas nach dem Gegenstand meiner Diensterfindung ist. Den Angaben

11. Verlangen einer Neuregelung der Vergütung E. 11

in Ihrem Geschäftsbericht zufolge sind die seinerzeitigen Umsatzerwartungen bei weitem übertroffen worden. Der bis heute aus der Nutzung dieser Diensterfindung erzielte Umsatz liegt über 20 Mio. EUR.[4]

Mit Rücksicht auf die gegenüber der Festsetzung veränderten Umstände bitte ich um Einwilligung in eine neue Vergütungsregelung. Meinerseits wird vorgeschlagen, einen zusätzlichen Umsatz von 5 Mio. EUR bei ansonsten unveränderten Berechnungsfaktoren zu vergüten. Das entspricht einer zusätzlichen Vergütung in Höhe von 15.000 EUR.[5]

gez. A

Schrifttum: *Beck-Mannagetta*, Die Bedeutung der veränderten Umstände nach § 12 Abs. 6 Arbeitnehmererfindergesetz, BB 1976, 421; *Himmelmann*, Vergütungsrechtliche Ungleichbehandlung von Arbeitnehmererfinder und Arbeitnehmerurheber, GRUR 1999, 897; *Seiz*, Zur Neuregelung der Arbeitnehmererfindervergütung bei Vereinbarung oder Festsetzung einer Pauschalabfindung, BB 1985, 808; *H. Tetzner*, Neufestsetzung der Vergütung für Diensterfindungen, GRUR 1968, 292; *Volz*, Die Grenzen der Auskunfts- und Rechnungslegungspflicht des Arbeitgebers bei Arbeitnehmererfindungen im Lichte des BGH-Urteils „Türinnenverstärkung", GRUR 2010, 865.

Anmerkungen

1. Arbeitnehmer und Arbeitgeber können voneinander die Einwilligung in eine andere Vergütungsregelung fordern, wenn sich die bei der Feststellung oder Festsetzung maßgeblichen Umstände so wesentlich nachträglich geändert haben, dass ein Festhalten an der getroffenen Regelung objektiv nicht zumutbar ist. Der Anspruch aus § 12 Abs. 6 ArbEG stellt einen besonders geregelten Fall der Änderung der Geschäftsgrundlage (§ 313 BGB) dar. Eine ähnliche Regelung enthält § 593 BGB (Änderung von Landpachtverträgen). Weil die rechtlich-wirtschaftliche Entwicklung einer Erfindung stets besonders ungewiss ist, wird man einen Anspruch auf Einwilligung in eine andere Vergütungsregelung aber nur im Falle erheblicher Äquivalenzstörungen zuerkennen dürfen. Anfängliche Unbilligkeit der getroffenen Regelung fällt von vornherein nicht unter den Anwendungsbereich des § 12 Abs. 6 ArbEG, sondern kann nur unter den Voraussetzungen des § 23 ArbEG geltend gemacht werden. Deshalb ist bei der Prüfung eines Anspruchs nach § 12 Abs. 6 ArbEG von der Angemessenheit der ursprünglichen Regelung auszugehen. Alle Umsatzsteigerungen, die sich im Rahmen einer vorhersehbaren, jedenfalls nicht ausgeschlossenen Geschäftsausweitung bewegen, müssen unberücksichtigt bleiben. Das gilt bei jeder Art der Vergütungsregelung und im Besonderen bei einer Pauschalabfindung (BGH GRUR 1973, 649 (650) – Absperrventil mAnm *Schade*; LG Düsseldorf – 4 O 2/95 – Presszylinderverlagerung). Ein Anpassungsanspruch kann sich in einem solchen Fall erst dann ergeben, wenn das Schutzrecht erheblich länger genutzt wird als die Vertragsparteien dies voraussehen konnten oder die Umsätze in einer nicht vorhersehbaren Weise außerordentlich angestiegen sind (Schiedsstelle 55/81 BlPMZ 1983, 188 (190): Doppelte wirtschaftliche Verwertungsdauer der Patente als vorhergesehen mit Verdopplung des Umsatzes). Für den Arbeitgeber kann sich ein Anspruch auf Einwilligung des Arbeitnehmers in eine andere Vergütungsregelung bei einer wesentlichen nachträglichen Änderung des Schutzrechtes ergeben. War dem Arbeitgeber allerdings dieser Stand der Technik zum Zeitpunkt der Vergütungsregelung bekannt, wird er sich darauf nicht berufen können (BGH GRUR 1976, 91 (93) – Softeis; Schiedsstelle 62/90 GRUR 1993, 388 (390) – Sicherungsanordnung). Auf den Anpassungsanspruch aus § 12 Abs. 6 ArbEG kann durch Vereinbarung nach Meldung der Diensterfindung in den Grenzen des § 23 ArbEG wirksam verzichtet werden; § 22 ArbEG steht dem nicht entgegen, weil nach der Meldung disponiert wird.

2. Der Anspruch auf Einwilligung in eine Anpassung der Vergütungsregelung ist jeweils gegen den anderen Beteiligten zu richten. Der Arbeitgeber ist nicht zur einseitigen Neufestsetzung berechtigt, § 12 Abs. 6 S. 3 ArbEG. Solange sich die Parteien nicht über eine Neuregelung der Vergütung geeinigt haben, bestehen die Verpflichtungen aus der alten Regelung fort. Die Einwilligung ist eine Willenserklärung und kann im Wege der Klage, gegebenenfalls nach vorangegangener Anrufung der Schiedsstelle (§ 37 ArbEG), soweit Klagevoraussetzung, erzwungen werden (§ 894 ZPO). Einer Klage des Arbeitnehmers auf Zahlung der Vergütung in der bislang vereinbarten Höhe kann der Arbeitgeber als Einwand seinen Anspruch auf Einwilligung in eine andere Regelung wegen veränderter Umstände entgegenhalten (BGH GRUR 1976, 91 – Softeis).

3. Unter Darlegung der seinerzeit getroffenen Vergütungsfeststellung oder Vergütungsfestsetzung sollten im Einzelnen die Gründe angegeben werden, die das objektive Missverhältnis zwischen der damals angemessenen Regelung und der auf Grund der nachträglich bekannt gewordenen Umstände jetzt unangemessenen Regelung aufzeigen. Im Textbeispiel wird eine Vergütungsfestsetzung mit einem Pauschalbetrag angenommen. Ein Anlass für eine wesentliche Veränderung der Umstände nach § 12 Abs. 6 ArbEG kann in der Beendigung eines Arbeitsverhältnisses liegen, wenn die getroffene Vergütungsregelung an den Bestand des Arbeitsverhältnisses anknüpft. Dies gilt insbesondere bei einer Pauschalabfindung in Form einer Gehaltserhöhung während eines bestehenden Arbeitsverhältnisses (LG Düsseldorf Mitt 2015, 47 (Ls.); *Dombrowski* GRUR-Prax 2014, 504).

4. Wegen des tatsächlichen Benutzungsumfangs hat der Arbeitnehmer einen Auskunftsanspruch, wenn eine konkrete Wahrscheinlichkeit besteht, dass sich die Umstände im Sinne von § 12 Abs. 6 ArbEG seit Abschluss der Vergütungsvereinbarung wesentlich verändert haben (BGH GRUR 1963, 315 (316) – Pauschalabfindung). Eine wesentliche nachträgliche Änderung (§ 12 Abs. 6 ArbEG) bzw. eine erhebliche anfängliche Unbilligkeit (§ 23 Abs. 1 ArbEG) liegt bei Pauschalvergütungsvereinbarungen nach der Praxis der Schiedsstelle erst dann vor, wenn das Nutzungsvolumen etwa das Dreifache des von der Prognose noch Erfassten überschreitet. Diese Ausweitung des Bereichs der nach § 12 Abs. 6 ArbEG hinzunehmenden Veränderungen bzw. erheblichen Unbilligkeit nach § 23 Abs. 1 ArbEG hat seinen Grund darin, dass die Parteien bei einer Pauschalvergütungsvereinbarung das für sie erkennbare Risiko der rechtlichen, technischen und wirtschaftlichen Entwicklung außer Streit stellen wollen (vgl. *Trimborn* Mitt. 2015, 122 f., unter Verweis auf die Einigungsvorschläge der Schiedsstelle v. 16.12.2011, Arb. Erf 63/03, sowie Schiedsstelle v. 19.10.2010, Arb.Erf 3/09 mit jeweils weiteren Nachweisen).

5. Aus den Darlegungen in den → Anm. 3, 4 ergibt sich zugleich der Zeitpunkt für die Anpassung. Dieser liegt außerhalb einer möglichen und noch hinnehmbaren Geschäftsausweitung (*Bartenbach/Volz* Arbeitnehmererfindungsgesetz, 5. Aufl. 2013, § 12 Rn. 149 f. mit dem Beispiel in Rn. 150: Vergütungsregelung: 1000 Stück, bei Schwankungsbreite 800 bis 1200 Stück, wesentliche Änderung erst bei 2000 Stück, auch Hinweis auf Schiedsstelle in einem Einzelfall in Fn. 521: wesentliche Änderung erst dann, wenn ursprünglicher Umsatz um 1/3 überschritten; *Reimer/Schade/Schippel/Trimborn* ArbEG, 8. Aufl. 2007, § 12 Rn. 54). Eine Vergütung wegen wesentlich veränderter Umstände ist allerdings nicht erst vom Termin der Geltendmachung an zu zahlen, sondern von dem Zeitpunkt an, in dem die wesentliche Änderung eingetreten ist (Busse/Keukenschrijver ArbEG § 12 Rn. 39, 32, 37; BGH GRUR 1976, 91 (92) – Softeis; aA *Volmer/Gaul* Arbeitnehmererfindungsgesetz, 2. Aufl. 1983, § 12 Rn. 253: Änderung nur mit Wirkung für die Zukunft). Das ist im Textbeispiel deutlich außerhalb des in der seinerzeitigen Vergütungsregelung angenommenen voraussichtlichen Umsatzes. Im Hinblick auf den Rechtsfrieden dürfte es gerechtfertigt sein, für den Zeitpunkt der Anpassung auch den

12. Geltendmachung der Unbilligkeit einer Vereinbarung (§ 23 Abs. 2 ArbEG) E. 12

Zeitpunkt des Abänderungsverlangens mit zu berücksichtigen. So sieht die insoweit analogiefähige Bestimmung des § 593 Abs. 3 BGB vor, dass eine Änderung nicht für eine frühere Zeit als für das Pachtjahr verlangt werden kann, in dem das Änderungsverlangen erklärt wird. Eine Rückforderung bereits gezahlter Vergütung ist in jedem Fall ausgeschlossen, § 12 Abs. 6 S. 2 ArbEG.

12. Geltendmachung der Unbilligkeit einer Vereinbarung (§ 23 Abs. 2 ArbEG)

Gegen Empfangsbestätigung[1, 2]

Firma B[3]

Betr.: Unbilligkeit der Vergütungsregelung für die Diensterfindung „Geschlossener Abstandsrahmen für Sicherheitsverbundglasscheiben"

Sehr geehrte Damen und Herren,

die im Betreff genannte Diensterfindung ist Gegenstand unserer Vergütungsvereinbarung vom . . . . . . Darin ist – wörtlich – folgende Regelung getroffen:

„Zur Abgeltung aller Ansprüche aus und im Zusammenhang mit der von Herrn A gemachten Diensterfindung „Geschlossener Abstandsrahmen", die Gegenstand der deutschen Patentanmeldung DE . . . . . . ist, und für die prioritätsbegründend auch Schutzrechte im Ausland angemeldet wurden, zahlen wir einen einmaligen Betrag in Höhe von 500 EUR. Damit sind sämtliche Ansprüche des Herrn A aus einer zurückliegenden sowie einer künftigen Nutzung der Erfindung durch uns, unsere eigenen Betriebe oder durch Vergabe von Lizenzen an der Erfindung an Dritte erledigt."

Die Erfindung ist von Ihnen bereits zum Zeitpunkt des Abschlusses dieser Vereinbarung umfangreich sowohl im eigenen Betrieb als auch in den Betrieben Ihrer Konzerngesellschaften benutzt worden. Ferner haben Sie die Erfindung durch Lizenzvergabe an Dritte verwertet und daraus Lizenzeinnahmen erzielt.

Die vorstehende Vereinbarung über die Vergütung ist unwirksam; denn sie ist gemessen an dem, was vernünftige Vertragsparteien objektiv vereinbart hätten, unbillig.[4] Dies begründe ich wie folgt:

a) Die Vereinbarung lässt zunächst nicht erkennen, wie seinerzeit der Betrag von 500 EUR als Pauschalabfindung ermittelt wurde.
b) Schon zum Zeitpunkt des Abschlusses unserer Vergütungsvereinbarung wurde die Erfindung in Ihrem Haus umfangreich verwertet. Aus Lizenzvergaben an Dritte erzielten Sie laufende Lizenzeinnahmen von jährlich über 5.000 EUR. In den Lizenzverträgen hatten Sie mit Ihren Lizenznehmern jeweils einen Lizenzsatz von 10 %, bezogen auf den Nettoverkaufspreis des einbaufertigen Sicherheitsverbundglases zugrunde gelegt.
c) Soweit eine Eigennutzung erfolgte, haben Sie schon seinerzeit aus dem Verkauf Ihres Produktes erhebliche Umsätze erzielt. Dies entnehme ich Ihrem Geschäftsbericht aus dem Geschäftsjahr des Abschlusses unserer Vergütungsvereinbarung. Ihren Angaben in den Folgejahren ist zu entnehmen, dass die damaligen Erwartungen nicht nur erfüllt, sondern sogar erheblich übertroffen wurden.

Schon auf Grund dieser Umstände ist offensichtlich, dass die seinerzeit zwischen uns getroffene Vergütungsvereinbarung in so erheblichem Maße hinter der gesetzlich geschuldeten Vergütung zurückbleibt, dass sie unbillig und damit unwirksam ist.

Die Unwirksamkeit der Vergütungsregelung hat zur Folge, dass sowohl für die zurückliegenden Benutzungshandlungen Ihres Unternehmens als auch für die künftigen eine neue Regelung zu treffen ist.[5] Ich bitte Sie um Unterbreitung eines Vorschlags einer angemessenen Vergütungsregelung bis zum . . . . Ansprüche auf Auskunft und Rechnungslegung über den genauen Umfang der Benutzung bleiben ausdrücklich vorbehalten.

Mit freundlichen Grüßen

gez. A

Schrifttum: *Rosenberger*, Kriterien für den Erfindungswert, erhebliche Unbilligkeit von Vergütungsvereinbarungen, Vergütung bei zu enger Fassung von Schutzansprüchen, GRUR 1990, 238; *Sturm*, Zur Angemessenheit der Vergütung von Arbeitnehmererfindungen, DB 1989, 1869; *Volz*, Zur Unbilligkeit im Sinne des § 23 ArbEG, Festschrift Bartenbach, 2005, 199.

Anmerkungen

1. Zulässige Vereinbarungen sowie Festsetzungen der Vergütung zwischen Arbeitgeber und Arbeitnehmer sind unwirksam, wenn sie in erheblichem Maße unbillig sind, § 23 Abs. 1 ArbEG. Vereinbarungen im Sinne dieser Vorschrift sind nur solche, die nach Meldung oder Mitteilung einer Erfindung getroffen werden. Vereinbarungen vor diesen Zeitpunkten sind unzulässig, soweit sie zu Ungunsten des Arbeitnehmers Vorschriften des ArbEG abdingen, § 22 ArbEG. Nach der amtlichen Begründung zu § 23 ArbEG sollen aber auch im Rahmen der beschränkten Vertragsfreiheit wegen des Abhängigkeitsverhältnisses des Arbeitnehmers solche Vereinbarungen unwirksam sein, die offenbar unbillig sind (BlPMZ 1957, 240). Aus Gründen der Rechtssicherheit und des Rechtsfriedens ist eine **Ausschlussfrist** von sechs Monaten nach Beendigung des Arbeitsverhältnisse zur Geltendmachung des Anspruches vorgesehen, § 23 Abs. 2 ArbEG.

2. Namentlich wenn der Arbeitnehmer aus dem Arbeitsverhältnis ausgeschieden ist, sollte der tatsächliche Zugang der nach der neuen Gesetzesfassung (§ 43 Abs. 3 ArbEG) für die nach dem 30.9.2009 gemeldeten Erfindungen nur noch in Textform (§ 126b BGB) abzugebenden Erklärung durch Empfangsbestätigung dargelegt und bewiesen werden können. Die Frist ist nicht verlängerbar und kann auch nicht gehemmt werden. Weil § 23 Abs. 2 ArbEG eine Ausschlussfrist ist, kommt es auf ein Verschulden der Beteiligten an der nicht rechtzeitigen Geltendmachung der Unbilligkeit nicht an (LG Düsseldorf – 4 O 2/95 – Presszylinderverlagerung).

3. Die Erklärung ist gegenüber dem anderen Beteiligten der Vereinbarung oder der Festsetzung abzugeben. Sind an einer Erfindung Miterfinder beteiligt, folgt jede Vereinbarung ihrem eigenen Schicksal; die Unwirksamkeit der Vereinbarung mit einem Miterfinder hat nicht zugleich die Unwirksamkeit der Vereinbarungen mit den anderen Miterfindern zur Folge. Wenn der Arbeitgeber die Unbilligkeit einer Vereinbarung oder Festsetzung geltend machen will, an der Miterfinder beteiligt sind, muss er diese gegenüber allen Miterfindern erklären (*Bartenbach/Volz* Arbeitnehmererfindungsgesetz, 5. Aufl. 2013, § 23 Rn. 27).

12. Geltendmachung der Unbilligkeit einer Vereinbarung (§ 23 Abs. 2 ArbEG) E. 12

4. Zur Geltendmachung des Anspruchs aus § 23 Abs. 1 ArbEG genügt nach der seit dem 1.10.2009 geltenden Gesetzesfassung die in Textform abzugebende Erklärung, die Vereinbarung sei unbillig und werde daher für unwirksam erachtet. Für Erfindungen, die bis zum 30.9.2009 gemeldet worden sind, bleibt es bei dem Schriftformerfordernis nach § 126 BGB, § 43 Abs. 3 ArbEG. Die Erklärung ist wie jede Willenserklärung der Auslegung fähig. Eine Begründung muss nicht gegeben werden, kann aber mit Blick auf eine einvernehmliche Regelung vorteilhaft sein. Für die Frage der Unbilligkeit kommt es auf die Verhältnisse zum Zeitpunkt der Vereinbarung an. Nachträglich eintretende Umstände sind nicht im Rahmen von § 23 ArbEG zu berücksichtigen, sondern nur über einen Anpassungsanspruch wegen veränderter Umstände nach § 12 Abs. 6 ArbEG. Das gilt auch im Falle einer Pauschalabfindung (BGH GRUR 1973, 649 (652 f.) – Absperrventil; BGH GRUR 2012, 605 – Antimykotischer Nagellack). Unwirksam ist eine Vergütungsvereinbarung, wenn sie erheblich hinter dem gesetzlichen Anspruch auf angemessene Vergütung (§ 9 ArbEG iVm den Vergütungsrichtlinien) zurückbleibt. Es muss ein objektiv erhebliches Missverhältnis zwischen der geschuldeten und der in der Vereinbarung niedergelegten Leistung bestehen. Das Missverhältnis muss aber weder offenbar (anders die amtliche Begründung BlPMZ 1957, 240) noch die Unbilligkeit sittenwidrig erscheinen (BGH GRUR 1990, 271 (272) – Vinylchlorid). Bei Prüfung der Unbilligkeit ist von der Tatsachenlage im Zeitpunkt des Abschlusses der Vereinbarung oder der Festsetzung auszugehen. Einer Pauschalzahlung ist die angemessene Vergütung gegenüberzustellen, die dem Arbeitnehmer nach dem damaligen Kenntnisstand auf Grund des von dem Arbeitgeber aus den Erfindungen bereits gezogenen oder des absehbaren Nutzens gesetzlich zustand (BGH GRUR 1990, 271 (272) – Vinylchlorid). Dieser Nutzen kann sich aus den bereits zum damaligen Zeitpunkt eingegangenen und den bei realistischer Schätzung zu erwartenden weiteren Einnahmen aus Vergabe von Lizenzen und aus wirtschaftlichen Vorteilen der Verwertung der Erfindung in dem Unternehmen selbst ergeben. Unbilligkeitskriterien können auch in der Bemessung des Anteilsfaktors liegen. Insoweit kommt es aber nicht auf eine Einzelbetrachtung an, sondern nur darauf, ob insgesamt objektiv ein Missverhältnis zwischen Leistung und Gegenleistung besteht. In seiner Entscheidung „Vinylchlorid" hat der BGH eine Abweichung von ca. 40 % von der angemessenen Vergütung als grobes Missverhältnis angesehen und die Unwirksamkeit der Vereinbarung bejaht. Eine Unterschreitung von 50 % der nach dem Gesetz und den Richtlinien sich errechnenden Vergütung zum Zeitpunkt der Vereinbarung dürfte eine Unbilligkeit begründen (vgl. *Bartenbach/Volz* Arbeitnehmererfindungsgesetz, 5. Aufl. 2013, § 23 Rn. 22 mwN), wobei – wie im Falle des Bundesgerichtshofs – bei hohen Beträgen der absolute Unterschiedsbetrag an Gewicht gewinnt. Beruft sich der Arbeitgeber auf Unbilligkeit, ist besonders zu berücksichtigen, dass von ihm die Vergütungsvereinbarung leichter auch im Risiko eingeschätzt werden konnte als vom Arbeitnehmer. Deshalb wird die Grenze für eine grobe Unbilligkeit höher anzusetzen sein (*Volz*, FS Bartenbach, 2005, 199 (208), sieht eine Differenz von 50 % für den Arbeitnehmer und 100 % für den Arbeitgeber zwischen vereinbarter und gesetzlich geschuldeter Vergütung als erheblich an; Die Schiedsstelle nimmt nach ihrer Praxis eine erhebliche anfängliche Unbilligkeit (§ 23 Abs. 1 ArbEG) bei Pauschalvergütungsvereinbarungen erst dann an, wenn das Nutzungsvolumen etwa das Dreifache des von der Prognose noch Erfassten überschreitet. Diese Ausweitung des Bereichs der nach § 12 Abs. 6 ArbEG hinzunehmenden Veränderungen bzw. erheblichen Unbilligkeit habe nach § 23 Abs. 1 ArbEG seinen Grund darin, dass die Parteien bei einer Pauschalvergütungsvereinbarung das für sie erkennbare Risiko der rechtlichen, technischen und wirtschaftlichen Entwicklung außer Streit stellen wollten (vgl. *Trimborn* Mitt. 2015, 122 f., unter Verweis auf die Einigungsvorschläge der Schiedsstelle v. 16.12.2011, Arb. Erf 63/03, sowie Schiedsstelle v. 19.10.2010, Arb.Erf 3/09 mit jeweils weiteren Nachweisen); zu einer aus § 138 BGB wegen Unbilligkeit erfolglos angegriffenen Erfindungsübertragung siehe OLG Düsseldorf Urt. v. 3.12.2013 – I-20 U 26/10 – Kerzenbrandschutzsystem).

Rother

5. Die Unwirksamkeit der Vereinbarung hat zur Folge, dass die Vergütung insgesamt neu zu regeln ist, also durch Vereinbarung zwischen den Parteien festzustellen oder durch den Arbeitgeber festzusetzen ist, § 12 Abs. 1, 3 ArbEG. Dabei sind die tatsächlichen Verhältnisse zum Zeitpunkt der Neuregelung maßgeblich (BGH GRUR 1990, 270 (273) – Vinylchlorid; *Bartenbach/Volz* Arbeitnehmererfindungsgesetz, 5. Aufl. 2012, § 23 Rn. 34). Die Bemessung der Vergütung richtet sich nach dem gesamten zurückliegenden und dem vorhersehbaren Benutzungsumfang. Das hat zur Folge, dass nicht nur der die Unbilligkeit begründende Unterschiedsbetrag, sondern auch weitere Zahlungen aus dem tatsächlichen Benutzungsumfang in die Neuregelung einfließen und vergütet werden müssen. Die Darlegungs- und Beweislast für die die erhebliche Unbilligkeit begründenden Umstände trägt derjenige, der sich darauf beruft. Für noch ausstehende Zahlungen können Zinsen geschuldet sein, insbesondere ab dem Zeitpunkt, in dem die Unwirksamkeit erstmals geltend gemacht wurde, weil dadurch ein Verzug begründet wird.

Problematisch ist das Verhältnis der Ausschlussfrist zu den allgemeinen Verjährungsregeln, insbesondere durch deren Verkürzung nach der Schuldrechtsmodernisierung. Bei Abfassung des ArbEG im Jahre 1957 stellte sich wegen der allgemeinen langen Verjährungsfrist von 30 Jahren diese Problematik nicht. Häufig dürfte das Ausscheiden eines Arbeitnehmers deutlich nach dem Ende der regelmäßigen Verjährungsfrist von seiten der Schuldrechtsmodernisierung von 3 Jahren zumindest eines Teils der Arbeitnehmererfindervergütung liegen. *Bartenbach/Volz* Arbeitnehmererfindungsgesetz, 5. Aufl. 2013, § 23 Rn. 37 und zustimmend Busse/Keukenschrijver ArbEG § 23 Rn. 18, sind der Auffassung, dass für den bei Unbilligkeit der ursprünglichen Vereinbarung oder Festsetzung weiterhin bestehenden Anspruch auf angemessene Erfindervergütung nach §§ 9, 12 ArbEG die allgemeinen Verjährungsvorschriften Anwendung finden mit der Folge, dass regelmäßig in diesen Fällen, zumindest teilweise, Ansprüche verjährt sein könnten. Diese Auffassung berücksichtigt nicht Sinn und Zweck der Ausschlussfrist (s. o.). Der gesetzlichen Intention würde es widersprechen, wenn die Geltendmachung der Unbilligkeit durch die Verjährungsvorschriften weitgehend leer liefe. Die Regelung des § 23 Abs. 2 ArbEG sollte daher als vorrangige Regelung bei der Feststellung der Vergütung verstanden werden, und zwar gerade auch mit Rücksicht darauf, dass der Arbeitnehmer sich aufgrund des persönlichen und wirtschaftlichen Abhängigkeitsverhältnisses immer aus nachvollziehbaren Gründen schwer tun wird, die Unbilligkeit der Vergütungsvereinbarung während der Dauer des Beschäftigungsverhältnisses zu erklären. Der Arbeitgeber hatte es in der Hand, durch eine sachgerechte Vergütungsvereinbarung oder Festsetzung die anfängliche Unbilligkeit zu vermeiden; denn spätere, nicht vorhersehbare Änderungen der Umstände werden von § 23 ArbEG nicht erfasst, sondern können über die Anpassung nach § 12 Abs. 6 ArbEG korrigiert werden. Deshalb sollte stets im Einzelfall geprüft werden, ob der Einwand aus § 242 BGB gegen die arbeitgeberseitige Einrede der Verjährung zulässig ist. *Bartenbach/Volz* Arbeitnehmererfindungsgesetz, 5. Aufl. 2013, § 23 Rn. 37 versuchen, Härtefällen offensichtlich über die 10-jährige Verjährungsfrist des § 199 Abs. 4 BGB abzuhelfen, also mangels positiver Kenntnis oder fahrlässiger Unkenntnis der Unbilligkeit die nur 3-jährige regelmäßige Verjährungsfrist zu überwinden, wobei zusätzlich verjährungshemmende Umstände (§§ 203 f. BGB) zu beachten seien.

13. Übernahme einer Schutzrechtsposition durch Arbeitnehmer in der Insolvenz des Arbeitgebers

An den

Insolvenzverwalter

über das Vermögen der Firma B[1] –

Empfangsbestätigung[2]

Betr.: Diensterfindung über einen geschlossenen Abstandsrahmen für Sicherheitsverbundglasscheiben

Sehr geehrter Insolvenzverwalter,

mit Schreiben vom . . . . . ., bei mir eingegangen am . . . . . ., haben Sie mir unter Bezugnahme auf § 27 Nr. 3 ArbEG mitgeteilt, dass Sie in Ihrer Eigenschaft als Insolvenzverwalter über das Vermögen der Firma B mir die von mir gemachte Diensterfindung mit den Schutzrechtspositionen . . . . . . zur Übernahme anbieten. Gleichzeitig haben Sie mir mitgeteilt, für den Fall, dass ich die Schutzrechtspositionen nicht binnen einer Frist von zwei Monaten ab dem Zugang des Angebots übernehmen möchte, diese an den Hersteller von Spezialbaugläsern, die Firma C zu veräußern. Sie haben mir außerdem mitgeteilt, im Falle der Veräußerung zu versuchen, mit dem Erwerber zu vereinbaren, dass dieser die Vergütung an mich für die Benutzung zahlt. Sollte das nicht möglich sein, würden Sie aber in jedem Fall die Vergütung aus der Insolvenzmasse zahlen.[3]

Hiermit erkläre ich, das Angebot auf Übernahme der auf meine Diensterfindung bezogenen oben genannten Schutzrechtspositionen anzunehmen.[4] Gleichzeitig bitte ich Sie, alles Erforderliche für die Übertragung der Schutzrechtspositionen auf mich zu veranlassen, insbesondere die notwendigen Erklärungen abzugeben.

Ich behalte mir vor, gegen die Kosten der Übertragung mit noch nicht abgerechneten Vergütungsansprüchen die Aufrechnung zu erklären.[5]

Mit freundlichen Grüßen

gez. A

Schrifttum: *Bartenbach/Volz*, Die Novelle des Gesetzes über Arbeitnehmererfindungen 2009, GRUR 2009, 997 (1004 f.); *Bartenbach/Volz*, Der Arbeitnehmererfinder im Konkurs- und Vergleichsverfahren seines Arbeitgebers, DB 1981, 1121; *Bartenbach/Volz*, Zur konkursrechtlichen Behandlung von Vergütungsansprüchen nach dem Arbeitnehmererfindergesetz, GRUR 1996, 54; *Heinze*, Insolvenzrechts-Handbuch, 3. Aufl. 2006; *Hofmann*, Das Anwartschaftsrecht des Arbeitgebers vor Inanspruchnahme einer Diensterfindung in der Insolvenz, GRUR-RR 2013, 233; *Kelbel*, Die Behandlung der Vergütung für Arbeitnehmererfindungen in der geplanten Reform des Insolvenzrechts, GRUR 1987, 218 f.; *Oster*, Arbeitnehmererfindungen beim Betriebsübergang in der Insolvenz – Das Verhältnis von § 27 Nr. 1 Arbeitnehmererfindergesetz zu § 613a BGB, GRUR 2012, 467; *Paul*, Arbeitnehmererfindungsrechte in der Insolvenz des Arbeitgebers, ZInsO 2009, 1839; *Schwab*, Die Rechtsposition des Arbeitnehmererfinders in der Insolvenz des Arbeitgebers, NZI 1999, 257; *Zeisig*, Die insolvenzrechtliche Verwertung und Verteidigung von gewerblichen Schutzrechten – Teil III, Mitt. 2001, 60, 65 „Arbeitnehmererfindungen"; *Zimmermann*, Das Erfinderrecht in der Zwangsvollstreckung, GRUR 1999, 121.

Anmerkungen

1. § 27 ArbEG regelt das Schicksal der Diensterfindung in der Insolvenz des Arbeitgebers. Nicht geregelt ist, was zur Insolvenzmasse gehört. Das richtet sich nach den allgemeinen Vorschriften. Zur Insolvenzmasse gehören die in Anspruch genommenen Erfindungen, nicht das bloße Recht zur Inanspruchnahme (OLG Karlsruhe GRUR-RR 2013, 47 – Formatkreissäge; aA *Hofmann* GRUR-RR 2013, 233 (235)). Die Bestimmung ist seit dem Inkrafttreten des ArbEG im Jahre 1957 zwei Mal geändert worden. Die erste Änderung erfolgte zum 1.1.1999 im Zuge der großen Insolvenzrechtsreform, die zweite Änderung in Folge des PatRModernG mit Wirkung zum 1.10.2009 (amtl. Begründung BlPMZ 2009, 307 (324)). Kam es für die Anwendung der ersten Änderung nur auf das Datum der Insolvenzantragstellung an, gilt das Gesetz in der jetzigen Fassung für alle Erfindungen, die ab dem 1.10.2010 gemeldet worden sind. Für die bis zum 30.9.2009 gemeldeten Diensterfindungen bleibt es bei der früheren Regelung vom 1.1.1999, § 43 Abs. 3 ArbEG, und zwar ungeachtet des Datums der Stellung des Insolvenzantrags oder der Eröffnung des Insolvenzverfahrens (*Bartenbach/Volz* Arbeitnehmererfindungen, 6. Aufl. 2014, Rn. 397). Die ursprüngliche Regelung gültig bis zum 31.12.1998 dürfte sich zeitlich überholt haben, so dass darauf hier nicht weiter eingegangen wird. Weil somit aber noch zumindest zwei unterschiedliche Gesetzesfassungen in Betracht kommen, ist bei insolvenzrechtlichen Sachverhalten mit Arbeitnehmererfindungen unbedingt zu fragen, wann die Erfindung gemeldet wurde und welche Gesetzesfassung anzuwenden ist. Sowohl § 27 ArbEG aF als auch § 27 ArbEG in der jetzigen Fassung beziehen sich nur auf Diensterfindungen, hinsichtlich derer bereits eine Inanspruchnahme erklärt worden ist, also die vermögenswerten Rechte voll auf den Arbeitgeber übergegangen sind. Erklärt erst der Insolvenzverwalter wirksam die unbeschränkte Inanspruchnahme, greifen die Vorschriften nicht und Vergütungsansprüche aus § 9 ArbEG werden zur Masseverbindlichkeit (*Bartenbach/Volz* Arbeitnehmererfindungen, 6. Aufl. 2014, Rn. 397). Im Einzelnen gilt Folgendes:

a) **Meldung bis zum 30.9.2009:** Es findet ausschließlich § 27 ArbEG aF Anwendung. Verkauft der Insolvenzverwalter die Diensterfindung ohne den Geschäftsbetrieb, hat der Arbeitnehmer nach § 27 Nr. 2 ArbEG aF ein Vorkaufsrecht hinsichtlich der vom Arbeitgeber in Anspruch genommenen Diensterfindungen. Die Amtliche Begründung zur ursprünglichen Fassung des § 27 ArbEG (BlPMZ 1957, 224 (241)) sieht Sinn und Zweck der Regelung darin, zu verhindern, dass der Arbeitnehmer durch eine Veräußerung der Erfindung unter Wert Nachteile erleidet, obwohl er im Falle einer Übernahme die Möglichkeit einer vorteilhaften Verwertung gehabt hätte. Das Vorkaufsrecht in § 27 Nr. 2 ArbEG aF ist nur schuldrechtlicher Natur und bestimmt sich nach §§ 463 f. BGB. Eine Verletzung der Mitteilungspflicht über den Abschluss des Kaufvertrages und ein Verkauf der Diensterfindung an einen Dritten machen die Übertragung deshalb nicht unwirksam. Der Arbeitnehmer erhält lediglich einen Schadensersatzanspruch gegen den Insolvenzverwalter. Die Frist zur Ausübung des Vorkaufsrechts beträgt nur eine Woche, § 469 Abs. 2 BGB, gerechnet vom Zugang der Mitteilung über den Verkauf durch den Insolvenzverwalter.

Die Ausübung des Vorkaufsrechts ist gegenüber dem Insolvenzverwalter als dem Verpflichteten zu erklären, § 464 Abs. 1 BGB. Schriftform ist zwar nicht vorgeschrieben, jedoch schon aus Beweiszwecken zu empfehlen, wenigstens Textform. Mit Zugang der Erklärung über die Ausübung des Vorkaufsrechts kommt der Vertrag zwischen Arbeitnehmer und Insolvenzverwalter zu den Bedingungen zustande, die in dem Vertrag mit dem Dritten vereinbart wurden. Miterfinder können das Vorkaufsrecht nur im Ganzen ausüben, § 472 BGB. Übt der Arbeitnehmer sein Vorkaufsrecht nicht aus, kann der Insolvenzverwalter mit dem Erwerber eine Vereinbarung herbeiführen, in der sich dieser verpflichtet, an den Arbeitnehmer eine angemessene Vergütung für die künftige Verwer-

13. Übernahme einer Schutzrechtsposition durch Arbeitnehmer E. 13

tung der Diensterfindung zu zahlen. Kommt eine solche Vereinbarung nicht zustande, erhält der Arbeitnehmer eine angemessene Abfindung aus dem Verkaufserlös.

Materiell-rechtlich besteht die Übertragung des Schutzrechtes in der Abtretung der Rechte an der Diensterfindung gemäß §§ 398, 413 BGB. Die Änderung in der Inhaberschaft des Schutzrechtes ist bei dem zuständigen Patentamt zur Eintragung in der Rolle bei Nachweis der Übertragung anzuzeigen (§ 30 Abs. 3 PatG). Benutzt der Insolvenzverwalter das Schutzrecht, sind Vergütungsansprüche aus der Insolvenzmasse zu befriedigen.

Wird hingegen der gesamte Geschäftsbetrieb veräußert oder der Teil, der den Gegenstand der Erfindung betrifft, besteht kein Vorkaufsrecht zu Gunsten des Arbeitnehmers. Stattdessen tritt der Erwerber für die Zeit von der Eröffnung des Insolvenzverfahrens an in die Vergütungspflicht des Arbeitgebers ein, § 27 Nr. 1 ArbEG aF Zur Abgrenzung des Merkmals „ohne Geschäftsbetrieb" siehe LG Düsseldorf BB 1970, 1229.

Im Übrigen kann der Arbeitnehmer nach § 27 Nr. 3, Nr. 5 ArbEG aF seine Vergütungsansprüche nur als Insolvenzgläubiger geltend machen.

b) Meldung ab 1.10.2009: Es gilt § 27 ArbEG in seiner jetzigen Fassung für die zum Zeitpunkt der Insolvenzeröffnung in Anspruch genommenen Diensterfindungen ungeachtet der Frage, ob das Insolvenzverfahren vor oder nach diesem Datum eröffnet worden ist (*Bartenbach/Volz* Arbeitnehmererfindungen, 6. Aufl. 2014, Rn. 398). Wenn der Insolvenzverwalter die Diensterfindung weder mit dem Geschäftsbetrieb veräußert (§ 27 Nr. 1 ArbEG) noch die Diensterfindung im Unternehmen der Insolvenzschuldnerin verwertet (§ 27 Nr. 2 ArbEG), hat der Insolvenzverwalter dem Arbeitnehmer nach der neuen Gesetzesfassung des § 27 Nr. 3 ArbEG die Diensterfindung und die darauf bezogenen Schutzrechtspositionen nunmehr spätestens nach Ablauf eines Jahres nach Eröffnung des Insolvenzverfahrens in entsprechender Anwendung der Vorschrift über die Aufgabe einer Schutzrechtsposition nach § 16 ArbEG anzubieten. Der Arbeitnehmer kann binnen einer Frist von zwei Monaten das Angebot annehmen. Geschieht das nicht, ist der Insolvenzverwalter berechtigt, die Diensterfindung ohne Geschäftsbetrieb zu veräußern oder die Schutzrechtspositionen aufzugeben. Diese Regelung ist an die Stelle des Vorkaufsrechts aus § 27 Nr. 2 ArbEG aF getreten.

2. Weil für die Entscheidung über das Vorkaufsrecht § 27 ArbEG aF aber auch § 27 ArbEG in der jetzigen Fassung Fristen vorsehen, sollte deren Einhaltung stets nachgewiesen werden können, insbesondere durch Empfangsbestätigung.

3. → Anm. 1 zur Meldung bis 30.9.2009: § 27 Nr. 1 ArbEG ist unverändert, § 27 Nr. 2 ArbEG entspricht dem bisherigen § 27 Nr. 3 ArbEG. Der Eintritt des Erwerbers bei Veräußerung der Diensterfindung mit dem zugehörigen Betrieb ist – s.o. – gesetzlicher Schuldbeitritt für die vor der Insolvenzeröffnung begründeten Vergütungsansprüche. Streitig ist, ob von einer Betriebsveräußerung nur im Falle des Übergangs des Arbeitsverhältnisses mit dem Erfinder nach § 613a BGB gesprochen werden kann (so *Bartenbach/Volz* Arbeitnehmererfindungen, 6. Aufl. 2014, Rn. 399; aA *Zeisig* Mitt. 2001, 60 (66)). Das LG Düsseldorf (NZI 2012, 627 – Veräußerung einer Arbeitnehmererfindung in der Insolvenz) nimmt zu Recht an, dass ein Betriebsübergang iSd § 27 Nr. 1 ArbEG nicht notwendigerweise voraussetzt, dass das Arbeitsverhältnis des Erfinders auf den Erwerber übergeht. Der Gesetzeswortlaut gibt nämlich in diese Richtung nichts her. Entscheidend ist allein die Veräußerung der Erfindung mit dem Betrieb. Frühere Vergütungsvereinbarungen und -festsetzungen sind für den Erwerber verbindlich. Verwertet der Insolvenzverwalter die Erfindung im Betrieb (§ 27 Nr. 2 ArbEG), ist der Vergütungsanspruch des Arbeitnehmers wie bisher eine Masseschuld.

Siehe sodann → Anm. 1 zur Meldung ab dem 1.10.2009: Neu ist der Auffangtatbestand der jetzigen Fassung des § 27 Nr. 3 ArbEG, der mit einem Verzicht auf das bisherige, vom Gesetzgeber in der amtlichen Begründung (BlPMZ 2009, 307 (324)) als langwierig und schwerfällig kritisierten Vorkaufsrecht einhergeht und stattdessen den Insolvenzverwalter verpflichtet, das Schutzrecht dem Arbeitnehmer (spätestens) binnen eines Jahres von der Insolvenzeröffnung an anzubieten, wenn er das Schutzrecht nicht mit Geschäftsbetrieb veräußert oder im Betrieb nutzen möchte. Die Frist von einem Jahr ist keine absolute Frist, sondern nur eine Vorgabe, die, so sie überschritten wird, Schadensersatzansprüche des Arbeitnehmers begründen kann (Busse/Keukenschrijver ArbEG § 27 Rn. 6). § 27 Nr. 3 ArbEG verweist nunmehr auf eine entsprechende Anwendung des § 16 ArbEG, also der gesamten Vorschrift über die Aufgabe des Schutzrechts, so dass ein Vorbehalt eines einfachen Benutzungsrechts gegen angemessene Vergütung durch den Insolvenzverwalter bei eingetragenen Schutzrechtspositionen und bei den ebenfalls unter § 27 ArbEG fallenden Betriebsgeheimnisse im Sinne von § 17 ArbEG möglich ist (Busse/Keukenschrijver ArbEG § 27 Rn. 9; *Zeising* Mitt. 2001, 60 (68)).

Wenn der Arbeitnehmer kein Interesse an der Übernahme des Schutzrechts hat, kann der Insolvenzverwalter die Erfindung veräußern oder das Recht aufgeben. Die Reihenfolge des Gesetzestextes spricht dafür, dass der Insolvenzverwalter eine Veräußerung zumindest versuchen sollte; denn dann kann er mit dem Käufer vereinbaren, dass die „Vergütung" übernommen wird. Vergütung ist diejenige, die sich aus der Veräußerung der Erfindung ergibt (RL 16 zu § 11 ArbEG). Das Gesetz sieht keine Verpflichtung des Insolvenzverwalters vor, sondern versteht sich insoweit als Anweisung zur Bereicherung der Masse und zugleich Entlastung. Denn wenn der Erwerber die „Vergütung" nicht übernimmt, muss der Insolvenzverwalter nach § 27 Nr. 3 ArbEG diese aus dem Veräußerungserlös und nicht nur aus der Masse bedienen. Wie die Vergütungsvereinbarung zwischen Insolvenzverwalter und Erwerber, bei der es sich rechtlich um einen Vertrag zu Gunsten Dritter, nämlich des Arbeitnehmers aussieht, hängt letztlich vom Geschick des Insolvenzverwalters ab (Einzelheiten *Bartenbach/Volz* Arbeitnehmererfindungsgesetz, 5. Aufl. 2013, § 27 nF Rn. 164 f., 180 f.). § 27 Nr. 4 ArbEG stellt im Übrigen klar, dass alle weiteren Ansprüche des Arbeitnehmers, so insbesondere die Vergütungsansprüche aus der Zeit vor der Insolvenzeröffnung, einfache Insolvenzforderungen sind.

4. Zu beachten ist, dass die Frist des Arbeitnehmers zur Entscheidung über das Angebot des Insolvenzverwalters aufgrund der speziellen Regelung in § 27 Nr. 3 ArbEG nur zwei Monate in Abweichung von § 16 Abs. 2 ArbEG beträgt, damit dieser alsbald Klarheit erlangt. Die Annahmeerklärung unterliegt keinem Formzwang, sollte aber vorzugweise wenigstens in Textform sein.

5. Mit der Erklärung, das Übernahmeangebot anzunehmen, hat der Arbeitnehmer einen schuldrechtlichen Übertragungsanspruch. Die Übertragung hat auf Kosten des Arbeitnehmers zu erfolgen, § 16 Abs. 1 ArbEG. Das ist nicht etwa ein Kaufpreis, sondern Kosten sind die mit der Umschreibung verbundenen Gebühren und Auslagen. Auch wenn § 27 Nr. 3 ArbEG im Gegensatz zu § 27 Nr. 4 ArbEG aF eine Aufrechnungsmöglichkeit mit Vergütungsansprüchen nicht mehr ausdrücklich erwähnt, lassen Busse/Keukenschrijver ArbEG § 27 Rn. 9 eine solche zu; zweifelnd wegen § 96 InsO, *Bartenbach/Volz* Arbeitnehmererfindungsgesetz, 5. Aufl. 2013, § 27 nF Rn. 153.

14. Stufenklage auf Auskunftserteilung und Rechnungslegung sowie Zahlung einer vom Gericht zu bestimmenden angemessenen Erfindervergütung

Landgericht ......[1]

Stufenklage[2]

des Herrn A — Kläger —

Prozessbevollmächtigter: RA

gegen

die Firma B — Beklagte —

wegen Ansprüchen aus Arbeitnehmererfindung

Streitwert: vorläufig geschätzt ...... EUR[3]

Namens und im Auftrag des Klägers erhebe ich Stufenklage und beantrage:

I. Die Beklagte wird verurteilt,
  1. dem Kläger darüber Auskunft zu erteilen und Rechnung zu legen,[4] in welchem Umfang die Beklagte seit (Datum der Erfindungsmeldung) Scheibenanordnungen aus Sicherheitsverbundglasscheiben mit einem zwei Sicherheitsglasscheiben distanzierenden Abstandsrahmen aus einem U-förmigen Material, deren Zwischenraum mit einem salz- und wasserhaltigen Gel gefüllt und außen zwischen den Rahmen überragenden Scheiben mit einem Dichtstoff versehen ist,[5]
  im In- und im Ausland, in denen parallele Schutzrechte bestehen, hergestellt, vertrieben, in Verkehr gebracht oder Lizenzen daran an Dritte vergeben hat,[6]
  bei denen der Abstandsrahmen aus einem einstückig abgelängten Profilmaterial gebildet ist, das an den zu bildenden Rahmenecken an seinen beiden Flanken mit je einer Ausklinkung versehen abgebogen und an seinen beiden Enden miteinander verbunden ist,[7]
  und zwar in einem geordneten Verzeichnis unter Angabe[8]
  a) der Herstellungsmengen,
  b) der einzelnen Lieferungen, aufgeschlüsselt nach Liefermengen, -zeiten und -preisen sowie den Namen und Anschriften der jeweiligen Abnehmer,
  c) der Namen und Anschriften der Lizenznehmer,
  d) der erzielten Lizenzeinnahmen und/oder Einnahmen aus Kauf- und Austauschverträgen,
  sämtliche Angaben aufgeschlüsselt nach Kalenderjahren oder den betrieblichen Abrechnungszeiträumen;[9]
  2. nach erfolgter Rechnungslegung an den Kläger eine vom Gericht zu bestimmende angemessene Vergütung für die Benutzungshandlungen zu Ziffer I. 1. zu zahlen[10] zuzüglich 3,5 Prozentpunkten Zinsen über dem jeweiligen Basiszinssatz der Europäischen Zentralbank seit dem 1.2. eines jeden Jahres oder seit den jeweiligen betriebsüblichen Abrechnungszeitpunkten auf die für Benutzungshandlungen im Vorjahreszeitraum angefallene Vergütung,[11]
  abzüglich bereits gezahlter 250 EUR;

3. an den Kläger vorgerichtliche Kosten der Rechtsverfolgung in Höhe von ......
(jeweils einer vollen Geschäftsgebühr für den Rechtsanwalt und den Patentanwalt
zuzüglich jeweils Auslagenpauschale und gesetzliche Mehrwertsteuer) zuzüglich
fünf Prozentpunkte Zinsen über dem Basiszinssatz der Europäischen Zentralbank
jährlich darauf seit Klagezustellung zu zahlen.
II. der Beklagten werden die Kosten des Rechtsstreits auferlegt;
III. das Urteil wird, ggf. gegen Sicherheitsleistung, die auch durch Bank- oder Sparkassenbürgschaft erbracht werden darf, für vorläufig vollstreckbar erklärt, hilfsweise wird dem Kläger nachgelassen, die Zwangsvollstreckung gegen Sicherheitsleistung (Bank- oder Sparkassenbürgschaft) abzuwenden.[12]

Begründung:

I.

Der Kläger ist Chemiker. Die Beklagte ist ein Unternehmen der Bauglasindustrie. Der Kläger ist bei der Beklagten seit dem ...... angestellt. Bis ...... war er Produktentwickler, seit ...... ist er zum Leiter der Abteilung Produktentwicklung Bauglas ernannt worden. Ich überreiche als

Anlage K 1

seinen Anstellungsvertrag und als

Anlage K 2

die interne Aufgabenzuweisung der Beklagten an den Kläger zum Leiter der Abteilung Produktentwicklung Bauglas.[13]

Im Jahre ...... machte der Kläger im Betrieb der Beklagten eine Erfindung betreffend einen geschlossenen Abstandsrahmen für Sicherheitsverbundglasscheiben. Er meldete diese Erfindung der Patentabteilung seines Betriebes mit dem als

Anlage K 3

überreichten Schreiben vom ......, das am selben Tage bei der Beklagten einging.[14] Nach Bestätigung des Eingangs der Erfindungsmeldung erklärte die Beklagte mit dem als

Anlage K 4

überreichten Schreiben, das am selben Tage dem Kläger zuging, ausdrücklich die Inanspruchnahme der gemeldeten Diensterfindung.[15] Außerdem teilte die Beklagte dem Kläger vorsorglich später noch mit, dass die Inanspruchnahme aufgrund der gesetzlichen Fiktion vier Monate nach Meldung der Erfindung ohnehin als erklärt gilt. Nach Ausarbeitung einer Patentanmeldung reichte die Beklagte die Diensterfindung des Klägers am ...... zur Patenterteilung beim Deutschen Patent- und Markenamt ein.[16] Aus der Patentanmeldung ist das als

Anlage K 5

überreichte deutsche Patent DE ...... hervorgegangen.[17] Parallele Schutzrechtsanmeldungen erfolgten im Ausland.

Bemühungen der Parteien, eine Vergütung durch Vereinbarung einvernehmlich festzustellen, blieben erfolglos. Die Beklagte hat daraufhin mit dem als

Anlage K 6

überreichten Schreiben die Vergütung festgesetzt.[18] Diese sieht eine Pauschalzahlung von 250 EUR vor. In ihrer Festsetzung geht die Beklagte von einem voraussichtlichen

14. Stufenklage auf Auskunftserteilung, Rechnungslegung sowie Zahlung E. 14

Gesamtumsatz aus der Verwertung der Erfindung in ihrem Betrieb von 2,5 Mio. EUR aus. Als Bezugsgröße für den Umsatz nennt die Beklagte den auf den geschlossenen Abstandsrahmen entfallenden Umsatzanteil der gesamten Scheibenanordnung. Sie legt einen Lizenzsatz von 1 % zugrunde. Den Anteilsfaktor nimmt sie in der Festsetzung mit 10 % an. 250 EUR hat die Beklagte gezahlt.

Der Kläger hat der Vergütungsfestsetzung mit dem als

Anlage K 7

überreichten Schreiben vom . . . . . ., das bei der Beklagten am selben Tage einging, insgesamt widersprochen.[19] Im Folgenden kam es zu einem Verfahren vor der Schiedsstelle, das erfolglos beendet wurde, weil sich die Beklagte darauf nicht einließ.[20] Der Kläger verfolgt nunmehr im Wege der Stufenklage seinen Anspruch auf Auskunftserteilung und Rechnungslegung über den Umfang der erfolgten Benutzungshandlungen und Zahlung einer angemessenen Vergütung nach gerichtlicher Festsetzung.

II.

Die klagegegenständliche Erfindung bezieht sich auf einen Abstandsrahmen für Sicherheitsverbundglasscheiben aus einem im Querschnitt U-förmigen Material.[21] Der Abstandsrahmen distanziert zwei Sicherheitsglasscheiben, deren Zwischenraum mit einem salz- und wasserhaltigen Gel gefüllt und Die Glasscheiben überragen den Rahmen außen, und in diesem Bereich ist ein Dichtstoff aufgebracht.

Solche Abstandsrahmen sind im Stand der Technik aus der als

Anlage K 8

überreichten DE . . . . . . für feuerwiderstandsfähige Glasscheiben bekannt.[22] Der Hohlraum zwischen den Scheiben ist mit einem wasser- und salzhaltigen Gel gefüllt. Im Brandfall erfolgt nach Zerspringen der dem Brand zugewandten Scheibe durch das Verdampfen des Wasseranteils und die Bildung einer Salzschicht auf der zweiten Scheibe eine hohe Wärmeisolierung. So bleibt die zweite Scheibe für eine geraume Zeit vor zu großer Hitzeeinwirkung geschützt und bildet eine Brandbarriere. Bei der bekannten Scheibenanordnung besteht der Abstandsrahmen aus vier Profilabschnitten, die mittels Eckverbindern zusammengehalten werden. Nachteilig ist dabei, dass die als Eckverbinder dienenden Einsteckwinkel aus Blech bestehen. Die Eckverbinder müssen von Hand in die Profilabschnitte eingebracht werden, was einen hohen Arbeitsaufwand erfordert.

Ausgehend von dem vorstehend erläuterten Stand der Technik liegt der Erfindung das technische Problem zugrunde, einen Abstandsrahmen zu beschreiben, der mit geringem Arbeitsaufwand und ohne Einsatz aufwändiger Werkzeuge zu fertigen ist.

Erfindungsgemäß wird dies dadurch gelöst,[23] dass der Abstandsrahmen der bekannten Scheibenanordnung aus einem einstückig abgelängten Profilmaterial gebildet ist, das an den zu bildenden Rahmenecken an seinen beiden Flanken mit je einer Ausklinkung versehen, abgebogen und an seinen beiden Enden miteinander verbunden ist. Vorzugsweise sind die Ausklinkungen V-förmig.

Die erfindungsgemäßen Vorteile sind darin zu sehen, dass für den Abstandsrahmen keinerlei Eckverbinder mehr verwendet werden müssen. Der U-förmige Querschnitt des Rahmenprofils kann in einer geringen Flankenbreite ausgeführt sein. Dadurch wird erreicht, dass die Gelfüllung weit an den Isolierglasrand heranreicht und das Brandverhalten der gelgefüllten Sicherheitsverbundglasscheibe begünstigt.

Anspruch 1 des auf die Diensterfindung des Klägers erteilten Patentes lautet:

......

Wegen aller weiteren Einzelheiten der Erfindung nehme ich auf die Beschreibung und die Figuren in der Patentschrift Bezug.

Die Beklagte verwertet die Erfindung des Klägers durch Herstellung und Vertrieb einbaufertiger Scheibenanordnungen in verschiedenen Größen und Feuerwiderstandsklassen. Sie liefert ihre Scheibenanordnungen an Unternehmen des Fenster- und Türbaus, die daraus Tür- und Fensterelemente herstellen. Dem Kläger ist nicht bekannt, ob die Beklagte auch Lizenzen an dem auf die Erfindung erteilten Patent an Dritte vergeben hat. Die Beklagte hat ihm weder darüber noch über den Umfang der Benutzungshandlungen Auskunft erteilt.[24]

III.

1. Der mit dem Klageantrag I. 1. im Wege der Stufenklage geltend gemachte Auskunfts- und Rechnungslegungsanspruch ist begründet aus §§ 9, 12 ArbEG in Verbindung mit §§ 242, 259 BGB.[25] Die Beklagte hat die Diensterfindung des Klägers in Anspruch genommen, so dass der Vergütungsanspruch dem Grunde nach entstanden ist.[26] Die Beklagte schuldet dem Kläger die Auskünfte und Angaben, die dieser benötigt, um Umfang und Höhe der ihm zustehenden Erfindervergütung sowohl berechnen als auch überprüfen zu können[27] (BGH GRUR 2010, 223 – Türinnenverstärkung). Dazu gehören nicht nur Angaben über die Liefermengen und Lieferpreise (Nettoverkaufserlöse), ferner Lizenzvergaben und Lizenzeinnahmen, sondern auch zum Zwecke der Überprüfung die Herstellungsmengen und -zeiten sowie die Namen und Anschriften der Lieferempfänger und Lizenznehmer. Die Angaben haben sich sachlich auf die komplette Scheibenanordnung bestehend aus dem Abstandsrahmen, den Sicherheitsglasscheiben und der Gelfüllung zu erstrecken; denn technisch-wirtschaftliche und tatsächlich hergestellte und gelieferte erfindungsgemäße Funktionseinheit ist jeweils die einbaufertige Scheibenanordnung.

2. Nach Erfüllung des Auskunfts- und Rechnungslegungsanspruchs ist die Beklagte entsprechend Antrag I. 2. zur Zahlung einer vom Gericht zu bestimmenden angemessenen Vergütung zu verurteilen.[28] Bei der Bemessung der angemessenen Vergütung nach § 9 ArbEG kann auf die Richtlinien zu § 11 ArbEG des Bundesministers für Arbeit zurückgegriffen werden. Im Hinblick darauf sei für den Kläger schon jetzt folgendes ausgeführt:[29]

a) Zur Berechnung des Erfindungswertes wird der Kläger auf die Lizenzanalogie zurückgreifen; denn die Beklagte benutzt die Diensterfindung durch Umsatzgeschäfte (§ 11 ArbEG RL 3 a).[30] Bezugsgröße ist der erzielte Umsatz aus dem Verkauf der Scheibenanordnung, bestehend aus den Sicherheitsglasscheiben, dem geschlossenen Abstandsrahmen sowie der Füllung.[31] Die Beklagte liefert die erfindungsgemäßen Scheibenanordnungen einbaufertig an Unternehmen des Türen- und Fensterbaus. Als Lizenzrahmen nennt RL 10 für die chemische Industrie, der auch der Betrieb der Beklagten zufällt, einen solchen von 2 bis 5 %.[32]
Der Kläger ist der Auffassung, dass eine Abstaffelung der aus der Rechnungslegung ermittelten Umsätze nicht in Frage kommt; die Beklagte hatte in ihrer oben genannten Vergütungsfestsetzung selbst eine solche Abstaffelung nicht ausgesprochen. Nach dem Gesetz der Massenfabrikation fallen zudem die Kosten mit steigender Stückzahl. Eine Abstaffelung ist im Bereich der Bauglasindustrie auch und vielleicht auch gerade deshalb nicht üblich, § 11 ArbEG RL 11.[33]

b) Der Kläger hält einen Anteilsfaktor an dem ermittelten Erfindungswert von 21 % für angemessen.[34] Dieser entspricht der angemessenen Bewertung seiner tatsäch-

14. Stufenklage auf Auskunftserteilung, Rechnungslegung sowie Zahlung E. 14

lichen Aufgaben und seiner Stellung im Betrieb der Beklagten zum maßgeblichen Zeitpunkt der Fertigstellung der Erfindung sowie dem Anteil des Betriebes an ihrem Zustandekommen nach Maßgabe der Richtlinien Nr. 30–37 zu § 11 ArbEG zum Anteilsfaktor. Im Einzelnen:

Für die Bewertung der Stellung der Aufgabe (RL 31) scheint die Wertzahl 3 angemessen. Diese ist anzusetzen, wenn der Arbeitnehmer zu der Erfindung veranlasst worden ist, ohne dass der Betrieb ihm eine Aufgabe gestellt hat, jedoch durch die infolge der Betriebszugehörigkeit erlangte Kenntnis von Mängeln und Bedürfnissen, die der Arbeitnehmer selbst nicht festgestellt hat. Der Kläger war zwar allgemein mit Entwicklungsaufgaben befasst, jedoch bestand keine betriebliche Anweisung, sich mit dem die streitgegenständliche Erfindung betreffenden Produkt zu befassen.

Hinsichtlich der Lösung der Aufgabe (RL 32) erscheint eine Wertzahl 4 angemessen. Die in Richtlinie 32 genannten Merkmale sind nur teilweise verwirklicht. Einerseits waren dem Kläger die Vor- und Nachteile der bestehenden Abstandhalter bekannt und bildeten insoweit beruflich geläufige Überlegungen, andererseits hat der Kläger die Erfindung nicht auf Grund betrieblicher Arbeiten oder Kenntnisse gemacht, sondern dazu eigene Überlegungen angestellt.

Für die Aufgaben und Stellung des Klägers im Betrieb der Beklagten (RL 33) erscheint eine Wertzahl 3 angemessen.

Die Summe der Wertzahlen von 10 entspricht nach der Tabelle RL 37 einem Anteilsfaktor von 21 %.

Der Kläger ist, was von der Beklagten vorgerichtlich zu keinem Zeitpunkt bestritten wurde, Alleinerfinder[35] und als solcher auch in der Patentschrift benannt.

3. Der Kläger hat gegen die Beklagte auch einen Anspruch auf Zahlung von angemessenen Zinsen auf die angemessenen fiktiven Lizenzgebühren. Die Beklagte schuldet nach der Lizenzanalogie das, was sie einem freien Erfinder für die Überlassung der Erfindung gezahlt hätte. In einem solchen gedachten Lizenzvertrag hätten vernünftige Vertragsparteien auch eine Verzinsungsregelung von insbesondere 3,5 Prozentpunkten Zinsen über dem Basiszinssatz getroffen (LG Düsseldorf Mitt. 1990, 101 – Dehnungsfugenabdeckprofil; OLG Düsseldorf InstGE 4, 165 – Spulkopf II). Vorbehaltlich betriebsüblicher Abrechnungszeitpunkte ist dies jeweils der 1.2. eines Jahres auf die für den Vorjahreszeitraum angefallenen fiktiven Lizenzgebühren.[36]

4. Der Zahlungsantrag zu I. 3. ist begründet aus Verzug, § 280 Abs. 1, 2 BGB iVm § 286 Abs. 1 BGB; der Kläger hat die Beklagte vorprozessual abgemahnt. Die angefallenen Rechtsverfolgungskosten berechnen sich aus jeweils einer 1,3 Geschäftsgebühr für den Rechts- und den Patentanwalt nach dem in der Klage angegebenen Streitwert, zuzüglich Auslagen und gesetzlicher Mehrwertsteuer. Der Kläger kann die volle Erstattung der Geschäftsgebühr verlangen, weil eine Anrechnung der Geschäftsgebühr auf die dem Kostenfestsetzungsverfahren vorbehaltene Verfahrensgebühr nur dann in Betracht kommt, wenn die Geschäftsgebühr mit der Klage eingeklagt und tituliert wurde, § 15a RVG.

IV.

Die Klage zu dem angerufenen Gericht ist zulässig; denn der Klageerhebung ist eine Anrufung der Schiedsstelle vorangegangen, § 37 Abs. 1 ArbEG.[37] Die Zuständigkeit des Gerichts folgt aus § 39 ArbEG, § 143 PatG in Verbindung mit der Landesverordnung über die Zuweisung patentrechtlicher Streitigkeiten in dem Bundesland . . . . . . an das angerufene Landgericht.[38]

V.

Der Kläger hat

Patentanwalt Dipl.-Ing. . . . . . .

zur Mitwirkung bestellt.[39]

Rechtsanwalt[40, 41]

Schrifttum: B. *Bartenbach,* Die Rechtswegzuständigkeit der Arbeitsgerichte für Streitigkeiten über Arbeitnehmererfindungen und Urheberrechtsstreitigkeiten nach § 2 Abs. 2 ArbGG, Festschrift Bartenbach, 2005, 629; *Düwell,* Rechtsstreitigkeiten der Arbeitsvertragsparteien über Erfindungen, Verbesserungsvorschläge und Urheberrechte, ZAP 1998, 71; B. *Jestaedt,* Die Ansprüche auf Auskunft und Rechnungslegung, VPP – Rundbrief 1998, 67; *Kreuzkamp,* Rechtsprechungsänderung: Der BGH verneint nun das Recht des Arbeitnehmererfinders auf Auskunft und Rechnungslegung über den erzielten Gewinn und über nach einzelnen Kostenfaktoren aufgeschlüsselte Gestehungskosten, Mitt. 2010, 227; *Kunzmann,* Von Copolyester bis Abwasserbehandlung: zu Inhalt und Grenzen des arbeitnehmererfinderrechtlichen Auskunfts- und Rechnungslegungsanspruchs, FS Bartenbach, 2005, 175; *Meier-Beck,* Probleme des Sachantrags in Patentverletzungsprozessen, GRUR 1998, 276; *Meier-Beck,* Vergütungs- und Auskunftsanspruch des Arbeitnehmers bei der Nutzung einer Diensterfindung im Konzern, Festschrift Tilmann, 2003, 539; *Meier-Beck,* Aktuelle Fragen der Schutzbereichsbestimmung im deutschen und europäischen Patentrecht, GRUR 2003, 905; *Meier-Beck,* Die Rechtsprechung des BGH zum Patent- und Gebrauchsmusterrecht im Jahre 2011, GRUR 2012, 1177; *Schilling,* Rechnungslegung und Schadensersatzfeststellung für die Zeit nach Schluss der mündlichen Verhandlung? Festschrift Eisenführ, 2003, 131; *Trimborn,* Ab wann verjährt die Arbeitnehmererfindervergütung?, Mitt. 2011, 209; *Trimborn,* Aktuelles aus dem Arbeitnehmererfindungsrecht ab 2009, Mitt. 2010, 461; *Trimborn,* Aktuelle Entwicklungen im Arbeitnehmererfindungsrecht ab 2010, Mitt. 2012, 70; *Volz,* Die Grenzen der Auskunfts- und Rechnungslegungspflicht des Arbeitgebers bei Arbeitnehmererfindungen im Lichte des BGH-Urteils „Türinnenverstärkung", GRUR 2010, 865.

Anmerkungen

1. Die sachliche Zuständigkeit regelt § 39 ArbEG. Danach sind für alle Streitigkeiten über Erfindungen eines Arbeitnehmers die für Patentstreitigkeiten zuständigen Gerichte (§ 143 PatG) ohne Rücksicht auf den Streitwert ausschließlich zuständig. Das sind die in § 2 ArbEG genannten patent- und gebrauchsmusterfähigen Erfindungen. Insoweit kommt es nur auf die mögliche Schutzfähigkeit an. Technische Verbesserungsvorschläge, die nicht schutzfähig sind, fallen nicht darunter. Für sie gelten die allgemeinen Grundsätze. Daher gehört eine Streitigkeit zwischen Arbeitnehmer und Arbeitgeber über die Vergütung für einen technischen Verbesserungsvorschlag gemäß § 2 Abs. 2 ArbGG vor die Gerichte für Arbeitssachen (BAG GRUR 1966, 88 – Abdampfverwertung). Ausgenommen von dieser weiten Zuweisung sind nur solche Streitigkeiten, die ausschließlich Ansprüche auf Leistung einer festgestellten oder festgesetzten Vergütung für eine Erfindung zum Gegenstand haben, § 39 Abs. 2 ArbEG. Das gilt auch für Ansprüche auf Auskunft und Rechnungslegung aus Vergütungsfeststellungen zur Vorbereitung des Zahlungsanspruchs. Der Gesetzgeber hat nach Auffassung des BAG (BAG NZA-RR 2016, 548 Rn. 12) mit der Formulierung „Ansprüche auf Leistung einer festgestellten oder festgesetzten Vergütung" an das formale Vorliegen einer Vereinbarung iSd § 12 Abs. 1 ArbEG oder einer Festsetzung nach § 12 Abs. 3 ArbEG angeknüpft. Ist als Vergütung nicht ein bestimmter Geldbetrag, sondern ein Prozentsatz aus einer bestimmten Bezugsgröße festgesetzt, so hindert ein Streit über den Umfang der Bezugsgröße die Anwendung des § 39 Abs. 2 ArbEG nicht (*Reimer/Schade/Schippel/Trimborn* Arbeitneh-

14. Stufenklage auf Auskunftserteilung, Rechnungslegung sowie Zahlung E. 14

mererfindungsgesetz, 8. Aufl. 2007, § 39 Rn. 7; vgl. auch Boemke/Kursawe § 39 Rn. 23; aA wohl *Schwab/Weth* ArbGG, 4. Aufl. 2015, § 2 Rn. 188). Hat in einem Streit über eine vereinbarte Arbeitnehmererfindervergütung vor dem Arbeitsgericht der Arbeitgeber die Einwendung eines Anspruches auf Anpassung der Vergütung wegen geänderter Umstände aus § 12 Abs. 6 ArbEG erhoben, und hat sich das Arbeitsgericht auch insoweit für zuständig erklärt, ist ein vor dem Landgericht später anhängig gemachtes Verfahren umgekehrten Rubrums auf Verurteilung zur Einwilligung in die Anpassung bis zur rechtskräftigen Erledigung des Verfahrens vor dem ArbG auszusetzen (OLG Jena GRUR-RR 2012, 89). Streitigkeiten auf Schadensersatz wegen Verletzung der Anmeldepflicht fallen als Patentstreitsache in die Zuständigkeit des Landgerichts (LAG Hessen Mitt. 2011, 153). Die Zuständigkeit des Arbeitsgerichtes ist keine ausschließliche, sondern vielmehr eine konkurrierende, § 2 Abs. 2 Buchst. a ArbGG. Die Parteien können daher die Zuständigkeit der Patentstreitkammer beim örtlich zuständigen Landgericht vereinbaren (*Bartenbach/Volz* Arbeitnehmererfindungsgesetz, 5. Aufl. 2012, § 39 Rn. 18; *Düwell* ZAP 1998, 72). Die örtliche Zuständigkeit bestimmt sich nach den allgemeinen Regeln der §§ 12 ff. ZPO. Funktionell zuständig sind die nach § 143 Abs. 2 PatG errichteten Patentstreitkammern bei den Landgerichten. Die Landesjustizverwaltungen haben, auch länderübergreifend, die örtliche Zuständigkeit für Patentstreitsachen bestimmten Landgerichten zugewiesen. Das sind: Baden-Württemberg: LG Mannheim; Bayern: LG München I (für den OLG-Bezirk München), LG Nürnberg-Fürth (für die OLG-Bezirke Nürnberg und Bamberg); Brandenburg: LG Berlin; Bremen, Hamburg, Mecklenburg-Vorpommern u. Schleswig-Holstein: LG Hamburg; Hessen: LG Frankfurt a. M.; Niedersachsen: LG Braunschweig; Nordrhein-Westfalen: LG Düsseldorf; Rheinland-Pfalz: LG Frankfurt a. M. (Patentsachen), LG Frankenthal (Gebrauchsmustersachen); Sachsen: LG Leipzig; Sachsen-Anhalt: LG Magdeburg; Thüringen: LG Erfurt. Soweit ein Land nur über ein einziges Landgericht verfügt, geht die Konzentrationsermächtigung des § 143 Abs. 2 PatG ins Leere (LG Berlin, LG Saarbrücken).

2. Es handelt sich um eine Stufenklage nach § 254 ZPO, die auch als solche zu bezeichnen ist. Damit wird auf erster Stufe der Anspruch auf Auskunft/Rechnungslegung und auf zweiter Stufe ein noch nicht bestimmter Leistungsantrag verbunden. Der Vorteil liegt darin, dass insgesamt die Ansprüche rechtshängig werden und Hemmung der Verjährung eintritt. Jede Stufe ist prozessual selbständig. Nachteilig ist, dass eine Kostenentscheidung erst dem Schlussurteil vorbehalten ist. In Streitigkeiten über Arbeitnehmererfindervergütungen stellt sich gleichwohl die Stufenklage als die bessere Klageart gegenüber einer Klage auf Feststellung des Bestehens eines Vergütungsanspruchs dar; denn das Prozesskostenrisiko des klagenden Arbeitnehmers ist wegen der Selbständigkeit der Stufen im Instanzenzug geringer. Es ist zwar zulässig, bereits in der Klageschrift einen Antrag auf Leistung einer eidesstattlichen Versicherung nach § 259 Abs. 2 BGB zur Rechnungslegung anzukündigen (*Zöller/Greger* ZPO § 254 Rn. 3). Jedoch kann der Antrag nicht zeitgleich mit dem Auskunftsantrag entschieden werden. Ein Verdacht im Voraus ist nicht zulässig (*Mes* PatG § 140b Rn. 75). Deshalb kann dieser Anspruch erst nach Abschluss der vorangegangenen Stufe geltend gemacht werden. Der Auskunftspflichtige ist nur dann zur Abgabe der eidesstattlichen Versicherung zu verurteilen, wenn begründeter Anlass zu der Annahme besteht, dass die erteilten Auskünfte formell nicht vollständig sind und/oder Zweifel an deren Richtigkeit bestehen, beispielsweise weil der Schuldner seine Rechnungslegung wiederholt nachgebessert hat (OLG Düsseldorf Urt. v. 28.4.2005, Düsseldorfer Entscheidungen Nr. 455 – Erntegerät; OLG Düsseldorf Urt. v. 9.8.2007, Düsseldorfer Entscheidungen Nr. 810 – Ummantelung von Stahlröhren). Der Nachweis der Unrichtigkeit ist nicht Voraussetzung für einen Anspruch auf eidesstattliche Versicherung der Rechnungslegungserteilung nach § 259 Abs. 2 BGB.

3. Eine konkrete Streitwertangabe ist dem Kläger nicht möglich. § 38 ArbEG lässt ausdrücklich eine Klage auf Zahlung eines vom Gericht zu bestimmenden angemessenen Betrages zu. Für die Streitwertfestsetzung ist das Interesse des Klägers maßgeblich, § 3 ZPO. Soweit der klagende Arbeitnehmer nicht einen verbindlichen Mindestbetrag angegeben hat, ist der Streitwert in freier Schätzung nach § 3 ZPO festzusetzen, wobei grundsätzlich nach dem Betrag zu bemessen ist, den das Gericht auf Grund des Sachvortrags des Klägers als angemessen erachtet. Offensichtlich übertriebene Einschätzungen und Angaben insbesondere zu Umständen, über die der Beklagte Arbeitgeber erst Auskunft erteilen soll, haben dabei außer Betracht zu bleiben. Zielt das Klagebegehren auf eine grundsätzlich abweichende rechtliche Beurteilung der Höhe einer angemessenen Vergütung, muss sich dieses Rechtsschutzziel im Streitwert niederschlagen. Dabei ist jedoch umso mehr Zurückhaltung geboten, desto fern liegender es erscheint, dass die rechtlichen Erwägungen des Klägers die Höhe des Vergütungsanspruchs maßgeblich bestimmen könnten (BGH GRUR 2012, 959 (960) – Antimykotischer Nagellack II). OLG Düsseldorf (OLG Düsseldorf GRUR-RR 2012, 184 – Streitwertmäßigung für Arbeitnehmererfindervergütung) hält an seiner in der Vergangenheit (OLG Düsseldorf GRUR 1984, 653 – Unbezifferter Klageantrag) vertretenen Auffassung einer hinreichenden Berücksichtigung des sozialen Zwecks des Arbeitnehmererfindergesetzes, der sich streitwertmindernd bei Klagen auf angemessene Vergütung niederschlagen sollte, nicht mehr fest; denn § 38 ArbEG verhielte sich seinem Regelungsgehalt nach nur dazu, dass der Anspruch auf Zahlung einer Arbeitnehmererfindervergütung unbeziffert eingeklagt werden könne. Für eine weitergehende Privilegierung bei der Streitwertbestimmung aus sozialen Gründen biete die Vorschrift demgegenüber keinen Anhalt. Eine Streitwertmäßigung sei außerhalb einer Prozesskostenhilfe nur auf Antrag nach § 144 PatG (Streitwertmäßigung) möglich. *Busse/Keukenschrijver* weist indessen zutreffend darauf hin, dass der Arbeitnehmer das Kostenrisiko aus einer ihn regelmäßig überfordernden Schätzung nicht tragen sollte (Busse/Keukenschrijver ArbEG § 38 Rn. 2).

Die in jedem Fall in der Klage anzugebenden Berechnungsgrundlagen zur vorläufigen Schätzung des Streitwertes sollten deshalb wohl überlegt sein, um nicht von einer daran anknüpfenden unerwartet hohen Streitwertfestsetzung überrascht zu werden (OLG Düsseldorf NJW-RR 2000, 367 – Fälligkeit der vom Arbeitnehmererfinder geschuldeten Gerichtskosten). Im Übrigen setzt das Gericht für jede Stufe den Streitwert gesondert fest. Für das Verfahren der Rechnungslegung bewegen sich die festgesetzten Streitwerte in einem Rahmen von 10.000 EUR bis 50.000 EUR, und zwar je nach Bedeutung und Umfang der Sache. Daher ist für den Wert der Beschwer bei einer Stufenklage allein der Auskunftsanspruch maßgebend, wenn das Urteil lediglich über diesen entscheidet (BGH GRUR 2000, 1111 – Urteilsbeschwer bei Stufenklage). Es besteht die Möglichkeit der Streitwertherabsetzung, § 39 Abs. 1 S. 2 ArbEG, § 144 PatG. Diese ist vor Eintritt in die mündliche Verhandlung zu beantragen, § 144 Abs. 2 S. 2 PatG.

4. Der Rechnungslegungsanspruch ist Hilfsanspruch für den Anspruch auf angemessene Vergütung und findet seine rechtliche Grundlage in § 9 ArbEG iVm § 242 BGB. Die Auskunfts- und Rechenschaftspflicht zu den vergütungsrelevanten Umsatzzahlen besteht auch nach dem Ausscheiden des Arbeitnehmers aus dem Arbeitsverhältnis fort. Selbst ein Wettbewerbsverhältnis lässt den Auskunftsanspruch grundsätzlich nicht entfallen (OLG Düsseldorf Mitt. 2014, 95 – Kunststoffbeutel). Weil die angemessene Vergütung von dem Wert der Erfindung abhängig ist und sich dieser ungeachtet der Gesetzesformulierung der wirtschaftlichen Verwertbarkeit in § 9 Abs. 2 ArbEG insbesondere nach der tatsächlichen Verwertung richtet, hat der Arbeitnehmer grundsätzlich einen Anspruch auf Auskunft und Rechnungslegung über solche Umstände, die zur Ermittlung des Erfindungswertes sachdienlich und zumutbar sind und ihm die Möglichkeit geben, die Angaben auf Vollständigkeit und Richtigkeit zu prüfen (BGH GRUR 1998, 684 (688) – Spulkopf; BGH

14. Stufenklage auf Auskunftserteilung, Rechnungslegung sowie Zahlung   E. 14

GRUR 1998, 689 (692) – Copolyester II; BGH GRUR 2002, 609 – Drahtinjektionseinrichtung; BGH GRUR 2003, 789 – Abwasserbehandlung). Allerdings stehen dem Arbeitnehmererfinder zur Vorbereitung seines Vergütungsanspruchs im Klagewege durchsetzbare Ansprüche auf Auskunft und Rechnungslegung über den mit dem Gegenstand der Erfindung gemachten Gewinn regelmäßig nicht zu (BGH GRUR 2010, 223 – Türinnenverstärkung, zugleich insoweit Aufgabe der früheren Rechtsprechung BGH GRUR 1998, 689 Ls. c) – Copolyester II; BGH GRUR 1998, 684 (688) – Spulkopf; BGH GRUR 2002, 801 (803) – abgestuftes Getriebe; ausführlich und zugleich Urteilsbesprechung: *Volz* GRUR 2010, 865). In zeitlicher Hinsicht bezieht sich der Anspruch auch auf Angaben zu Benutzungshandlungen, die der Arbeitgeber bereits vor Inanspruchnahme der Diensterfindung vorgenommen hat (BGH GRUR 2003, 789 (791) – Abwasserbehandlung; BGH GRUR 2010, 817 (819) – Steuervorrichtung – ab Verlautbarung der Erfindung, jedenfalls ab der Meldung der Diensterfindung).

5. Wie bei der Antragsfassung in Patentverletzungsstreitigkeiten (Muster solcher Anträge: Schulte/*Voß*/*Kühnen* PatG § 139 Rn. 271 ff.; *Mes* PatG § 139 Rn. 301 f.) muss auch beim Rechnungslegungsantrag zur Wahrung des Bestimmtheitserfordernisses aus § 253 Abs. 2 Nr. 2 ZPO der Gegenstand, über den Rechnung gelegt werden soll, konkretisiert werden. Dies geschieht der Einfachheit halber in Anlehnung an die Formulierung des in der Regel allein maßgeblichen Hauptanspruchs des jeweiligen Schutzrechts durch Unterteilung in seinen Oberbegriff und seinen kennzeichnenden Teil. Sollte das erteilte Schutzrecht hinter der gemeldeten Diensterfindung zurückstehen, weil der Arbeitgeber diese im Erteilungsverfahren nicht ausgeschöpft hat, ist die gemeldete Erfindung und nicht das erteilte Schutzrecht entscheidend (BGH GRUR 1989, 205 – Schwermetalloxydationskatalysator, → Anm. 7).

6. Die Benutzungs- und Verwertungshandlungen, über die Rechnung gelegt werden soll, finden sich im Anschluss an die den Gegenstand allgemein beschreibenden Merkmale des Oberbegriffs des Patentanspruchs. Verwertungshandlungen sind insbesondere die dem Patentinhaber vorbehaltenen Benutzungshandlungen nach § 9 PatG. Dazu zählt auch die Lizenzvergabe an Dritte. Lieferungen vom In- ins Ausland sind Benutzungshandlungen im Inland, ohne dass es darauf ankommt, ob im Ausland Schutzrechte bestehen, RL 26 zu § 11 ArbEG. Besteht auch im Ausland ein Schutzrecht und wird dort benutzt, sind solche Benutzungshandlungen vergütungspflichtig und damit Gegenstand der Rechnungslegung, RL 26. Einzelheiten zur Auslandsnutzung: *Bartenbach*/*Volz* Arbeitnehmererfindungsgesetz, 5. Aufl. 2013, § 9 Rn. 245 f. und → Form. E.8 Anm. 9 e).

7. Das ist der kennzeichnende Teil des Gegenstandes, über den Rechnung gelegt werden soll. Stellt der Kläger im Vorfeld fest, dass sich die Merkmale des Hauptanspruchs des auf die Diensterfindung angemeldeten oder erteilten Schutzrechtes nicht mit dem tatsächlich verwerteten Gegenstand decken, genügt es nicht, nur den Anspruch des Schutzrechtes zu wiederholen. Vielmehr ist der Gegenstand in Anlehnung an die Schutzansprüche zu beschreiben. Es ist Frage der Begründetheit der Klage, ob der Gegenstand, über den Rechnungslegung begehrt wird, noch von den Schutzansprüchen erfasst wird. Dazu kommt es auf den Schutzumfang des Schutzrechtes an. Spätere Weiterentwicklungen, die über das Schutzrecht hinausgehen, ohne es zu benutzen, fallen nicht mehr darunter, selbst wenn ein späterer Beitrag des Arbeitnehmers dazu als Anregung gedient hat (BGH GRUR 1970, 459 – Scheinwerfereinstellgerät mAnm *Schippel*). Erfasst werden aber regelmäßig wortsinngemäße Verwirklichungen der Merkmale des Schutzanspruchs. Benutzungsformen, die vom Wortsinn abweichen, jedoch die Lehre des Schutzrechtes mit gleichwirkenden, dh inhaltsgleichen Mitteln verwirklichen, können unter dem Gesichtspunkt patentrechtlicher Äquivalenz erfasst sein. Äquivalent sind dabei aber nur solche Mittel, die der Durchschnittsfachmann anhand von Überlegungen, die am Sinngehalt der Schutzansprüche anknüpfen, zum Prioritätstag als gleichwirkend auffinden konnte (BGH GRUR 1991, 436 (439) – Befestigungsvorrichtung II). Daher fallen Abwandlungen, die selbst auf erfinderischer Tätigkeit beruhen, nicht mehr in den Schutzbereich (BGH GRUR 1994, 597 – Zerlegvorrichtung für Baumstämme) Auch müssen die abgewandelten Mittel gleichwertig sein. Daran kann es fehlen, wenn durch Formulierungen in der Patentschrift unabhängig von der erkennbaren technischen Bedeutung des streitigen Merkmals der Fachwelt der Eindruck vermittelt wird, nicht jede objektiv gleichwirkende Lösung stelle eine Benutzung des Merkmals dar; denn der Patentinhaber hat aus dem Gebot der Rechtssicherheit heraus dafür zu sorgen, dass all das, wofür er Schutz begehrt, in den Merkmalen des Patentanspruchs niedergelegt ist. Der Patentschutz kann so hinter dem bei objektiver Betrachtung weiter gehenden technischen Gehalt wegen der Anspruchsfassung zurückbleiben (BGH GRUR 2002, 527 (531) – Custodiol II; BGH GRUR 2008, 779 (782) – Mehrgangnabe, mit eingehender Darstellung der Grundsätze zur Auslegung von Patentansprüchen). Ein weitergehender Patentanspruch darf aber nicht unter Hinweis auf das Ausführungsbeispiel enger ausgelegt werden; das Ausführungsbeispiel erläutert, beschränkt den Schutz eines Patents aber nicht darauf (BGH GRUR 2004, 1023 – Bodenseitige Vereinzelungseinrichtung; BGH GRUR 2007, 778 – Ziehmaschinenzugeinheit). Die früheren Diskussionen um den Schutz einer Unterkombination der Merkmale des Patentanspruchs im Sinne einer unvollkommenen Benutzung dürften sich seit BGH GRUR 2007, 1059 – Zerfallszeitmessgerät – weitestgehend erledigt haben, wonach ein solcher Schutz grundsätzlich nicht in Betracht kommt. Zur Auslegung von Patentansprüchen aus der neueren Rechtsprechung: BGH GRUR 2011, 701 – Okklusionsvorrichtung; Schulte/*Voß/Kühnen* PatG § 14 Rn. 55 ff.; Benkard PatG/*Scharen* § 14 Rn. 87 ff., 114 f.; Busse/Keukenschrijver PatG § 14 Rn. 18 f.). Neben der Frage nach dem Schutzumfang des auf die Diensterfindung erteilten Schutzrechts treten Probleme auf, wenn die erwirkten (erteilten) Schutzansprüche den erfinderischen Gehalt der gemeldeten Diensterfindung nicht ausschöpfen. Weil nach der Rechtsprechung (BGH GRUR 1989, 205 (207) – Schwermetalloxidationskatalysator; BVerfG NJW 1998, 3704 (3706) – Induktionsschutz von Fernmeldekabeln) das grundsätzlich dann keinen Einfluss auf den Umfang des dem Arbeitnehmer zustehenden Vergütungsanspruch haben soll, wenn dessen Diensterfindung über den Schutzbereich der Patentansprüche hinausgeht, muss der Gegenstand der Rechnungslegung in diesen Fällen unter besonderer Berücksichtigung des gemeldeten Inhalts der Diensterfindung im Klageantrag beschrieben werden (gegen einen solchen Vergütungsanspruch: *U. Krieger*, in Urteilsanmerkung zu BGH GRUR 1989, 205 (210): Aus dem Monopolprinzip folgt, dass der Arbeitnehmer in solchen Fällen nur einen Schadensersatzanspruch gegen den Arbeitgeber haben kann, wenn dieser schuldhaft den Inhalt der Diensterfindung nicht vollständig ausgeschöpft hat). In dem Textbeispiel wird der einfache Fall einer wortlautgemäßen Benutzung des erwirkten Schutzanspruchs zugrunde gelegt.

8. § 259 Abs. 1 BGB. Der Arbeitgeber schuldet im Rahmen der Rechnungslegung die Angaben, die erforderlich sind, die angemessene Vergütung zu ermitteln und die Angaben zu prüfen, nicht aber unbeschränkt alle Angaben, die irgendwie hilfreich und nützlich sein könnten (BGH GRUR 2010, 223 (224) – Türinnenverstärkung; BGH GRUR 1998, 684 (688) – Spulkopf; BGH GRUR 2002, 609 (610) – Drahtinjektionseinrichtung; BGH GRUR 2002, 801 (803) – Abgestuftes Getriebe). Der Rechnungslegungsanspruch ist zwar ähnlich mit demjenigen aus Patentverletzung zur Vorbereitung des Schadensersatzanspruches (BGH GRUR 1990, 515 (516) – Marder), jedoch wird der Umfang der mitzuteilenden Angaben besonders durch die Erforderlichkeit und die Zumutbarkeit sowie das Geheimhaltungsinteresse des Arbeitgebers begrenzt (BGH GRUR 1998, 689 – Copolyester II). Entscheidend dürfte aber sein, dass der Arbeitgeber schließlich nicht „entgegen den §§ 9–13 PatG eine patentierte Erfindung benutzt", sondern zur Benutzung ja gerade

14. Stufenklage auf Auskunftserteilung, Rechnungslegung sowie Zahlung   E. 14

berechtigt ist. Daher hat der Arbeitnehmer grundsätzlich keinen Anspruch auf Vorlage von Handelsunterlagen; ihre Vorlage ist auch nicht üblich, § 259 Abs. 1 BGB. Daran dürfte auch das Gesetz zur Verbesserung der Durchsetzung von Rechten des geistigen Eigentums vom 7.7.2008 (BGBl. 2008 I 1191 (1193)) nichts geändert haben (zu den neuen Vorschriften im Allgemeinen: *Dörre/Maaßen* GRUR-RR 2008, 217). Zwar sieht § 140d PatG nunmehr ausdrücklich die Vorlage von Bank-, Finanz- oder Handelsunterlagen vor, jedoch bestehen qualitativ Unterschiede: Der Arbeitgeber ist nicht Patentverletzer; er handelt nicht rechtswidrig. Daher bleibt es vernünftigerweise nur bei dem Anspruch auf geordnete Rechnungslegung im Sinne von § 259 BGB. Nur wenn berechtigter Anlass zu der Annahme besteht, dass Tatsachen bei der Rechnungslegung unterdrückt worden sind, kann die Anordnung der Belegvorlage berechtigt sein.

Bietet sich – wie hier – die Ermittlung des Erfindungswertes nach der Lizenzanalogie an, weil die Erfindung durch Umsatzgeschäfte benutzt wird, sind zur Ermittlung des Erfindungswertes Angaben über die Umsatzerlöse und die Liefermengen wenigstens erforderlich, ferner auch Angaben über eventuelle Lizenzvergaben oder Einnahmen aus Austauschverträgen über die Diensterfindung. Weil die Höhe der in der Praxis für vergleichbare Fälle üblichen Lizenz (RL 3a zu § 11 ArbEG) maßgeblich von dem Bruttonutzen abhängig ist, worunter die Differenz zwischen Gestehungskosten (= stückbezogene Kosten) und Erlös (= Nettoverkaufspreis) zu verstehen ist, können Angaben über den erzielten Gewinn und die Gestehungskosten einschließlich der einzelnen Kostenfaktoren zur Bestimmung des Erfindungswertes sachdienlich sein und sind von der Rechtsprechung auch zuerkannt worden (BGH GRUR 2002, 801 (803) – Abgestuftes Getriebe; BGH GRUR 1998, 689 Copolyester II; aA Schiedsstelle Arb.Erf. 73/98 BlPMZ 2002, 230 – grundsätzlich kein Anspruch des Arbeitnehmererfinders auf Auskünfte und Rechnungslegung über einzelne Lieferungen und Gewinn; kritisch auch *B. Jestaedt* VPP Rundbrief 1998, 67; ebenso *Reimer/Schade/Schippel/Trimborn* ArbEG, 8. Aufl. 2007, § 12 Rn. 62: Auskunft muss praktikabel sein; *Hellebrand* GRUR 2001, 678 (682)). Der BGH hat sich in seiner jüngsten Entscheidung zum Umfang des Rechnungslegungsanspruchs zur Berechnung der Arbeitnehmererfindervergütung „Türinnenverstärkung" den kritischen Stimmen angeschlossen. Danach stehen dem Arbeitnehmererfinder zur Vorbereitung seines Vergütungsanspruchs im Klagewege regelmäßig keine durchsetzbaren Ansprüche auf Auskunft und Rechnungslegung über den mit dem Gegenstand der Erfindung gemachten Gewinn zu. Angestrebt ist die marktübliche Lizenz (BGH GRUR 2010, 223 – Türinnenverstärkung, zugleich insoweit Aufgabe der früheren Rechtsprechung BGH GRUR 1998, 689 Ls. c) – Copolyester II; BGH GRUR 1998, 684 (688) – Spulkopf; BGH GRUR 2002, 801 (803) – abgestuftes Getriebe). Auskunft ist auch zu erteilen über die Lieferungen (Mengen, Zeiten und Preise) an die einzelnen konzernangehörigen Abnehmer sowie deren Lieferungen an Dritte, namentlich dann, wenn der Arbeitgeber die Diensterfindung den im Konzernverbund stehenden Unternehmen zur Verwertung bereitstellt. Notfalls müssen die Angaben von dem Arbeitgeber bei den Konzernunternehmen klageweise erzwungen werden (BGH GRUR 2010, 223 (227) – Türinnenverstärkung, BGH Mitt 2009, 428 – Tintenpatronen). Auch die Lizenzeinnahmen sind mitzuteilen, und zwar die Bruttolizenzen und gegebenenfalls sonstige geldwerte Vorteile aus Kreuzlizenzen oder Übernahme der Schutzrechtskosten (OLG Düsseldorf Mitt 2012, 463; best. durch BGH GRUR 2013, 498 – Genveränderung). Die Angaben über die Namen und Anschriften der Abnehmer sowie der Lizenznehmer dienen der Überprüfbarkeit der Richtigkeit und Vollständigkeit der Rechnungslegung. Das gilt auch für die Herstellungsmengen (BGH GRUR 2010, 223 (227) – Türinnenverstärkung). Geheimhaltungsinteressen des Arbeitgebers kann – auch zur Vermeidung eines Streits darüber – dadurch entsprochen werden, dass in dem Rechnungslegungsantrag ein Wirtschaftsprüfervorbehalt aufgenommen wird:

"...... wobei der Beklagten vorbehalten bleibt, die Namen und Anschriften ihrer Abnehmer statt dem Kläger einem von ihm zu bezeichnenden, ihm gegenüber zur Verschwiegenheit verpflichteten vereidigten Wirtschaftsprüfer mitzuteilen, sofern die Beklagte dessen Kosten trägt und ihn ermächtigt und verpflichtet, dem Kläger auf konkrete Anfrage mitzuteilen, ob ein bestimmter Abnehmer in der Aufstellung enthalten ist."

Alternativ dazu kann der Arbeitnehmer eine strafbewehrte Unterlassungsverpflichtungserklärung gegenüber dem Arbeitgeber abgeben:

„Der Arbeitnehmer verpflichtet sich gegenüber dem Arbeitgeber, die vom Arbeitgeber zu Rechnungslegungszwecken gemachten Angaben, insbesondere die Angaben über Namen und Anschriften der Kunden geheim zu halten, ausgenommen einer Weitergabe dieser Angaben an seine in diesem Rechtsstreit mitwirkenden Rechts- oder Patentanwälte und/oder sonstige zur Verschwiegenheit verpflichteten Angehörigen der rechts- und/oder steuerberatenden Berufe. Für jeden Fall der schuldhaften Zuwiderhandlung ist eine Vertragsstrafe in Höhe von 5.000 EUR fällig."

Die Abgabe einer solchen Erklärung empfiehlt sich besonders dann, wenn der Arbeitnehmer zwischenzeitlich aus den Diensten des Arbeitgebers ausgeschieden, selbstständig tätig oder bei einem neuen Arbeitgeber beschäftigt ist und streitig ist, ob die Angaben aus der Rechnungslegung missbraucht werden könnten.

9. Eine Aufteilung nach Kalenderjahren/betriebsüblichen Abrechnungszeitpunkten fördert nicht nur die Übersicht, sondern ist auch zur Berechnung des weiter unten zu behandelnden Zinsanspruchs von Bedeutung.

10. Nach Abschluss der Rechnungslegung setzt sich der Rechtsstreit auf Antrag des Klägers auf zweiter Stufe fort. In seiner Entscheidung OLG Düsseldorf Urt. v. 9.10.2014 – I-2 U 15/13, BeckRS 2014, 21940 – Türband, hat das OLG Düsseldorf einmal alle Facetten eines Höheverfahrens zu den Stichworten Bezugsgröße, Lizenzanalogie, Erfindungswert, Lizenzgebühr, Anteilsfaktor, Verzinsung etc beleuchtet. Vor Erledigung des Rechtsmittels zur Rechnungslegungsstufe kann nicht zum Höheverfahren auf zweiter Stufe übergegangen werden (Thomas/Putzo/*Reichold* ZPO § 254 Rn. 6). Der Antrag kann – muss aber nicht – auf eine vom Gericht zu bestimmende Vergütung lauten. Ein unbezifferter Klageantrag ist zulässig, § 38 ArbEG. Ein solcher Antrag hat gegenüber einem bezifferten Antrag den Vorteil, dass das Kostenrisiko geringer ist, weil eine endgültige Festsetzung des Streitwertes erst nach Entscheidung im Höheverfahren auf zweiter Stufe möglich sein wird. Theoretisch könnte der klagende Arbeitnehmer nur auf Rechnungslegung klagen, um das Prozesskostenrisiko gering zu halten. Es besteht aber die Gefahr, dass der Vergütungsanspruch verjährt; denn eine Klage nur auf Rechnungslegung hemmt die Verjährung des Vergütungsanspruchs nicht.

11. Nach der ständigen Rechtsprechung vom Land- und Oberlandesgericht Düsseldorf ist in Patentverletzungsstreitigkeiten schon immer eine Verzinsung von 3,5 Prozentpunkten über dem früheren jeweiligen Diskontsatz der deutschen Bundesbank bei der Schadensberechnung nach der Lizenzanalogie Bestandteil eines gedachten Lizenzvertrages geworden, bei dem die geschuldeten Lizenzgebühren nicht zeitnah, sondern mit erheblicher Verzögerung gezahlt werden. Vernünftige Vertragsparteien hätten solches im Voraus bedacht und eine entsprechende Verzinsungsregelung getroffen (LG Düsseldorf Mitt 1990, 101 – Dehnungsfugenabdeckungsprofil; vgl. auch OLG Düsseldorf GRUR 1981, 45 (52) – Absatzhaltehebel; OLG Düsseldorf InstGE 4, 165 – Spulkopf II und BGH GRUR 1982, 286 – Fersenabstützvorrichtung; OLG Düsseldorf Urt. v. 9.10.2014 – I-2 U 15/13, BeckRS 2014, 21940 – Türband). Es ist kein vernünftiger Grund ersichtlich, warum bei der Ermittlung der angemessenen Vergütung des Arbeitnehmers nach der Lizenzanalogie die von der Rechtsprechung entwickelten Verzinsungsgrundsätze für die

14. Stufenklage auf Auskunftserteilung, Rechnungslegung sowie Zahlung   E. 14

Schadensberechnung nicht gelten sollten; denn der Arbeitnehmer ist insoweit fiktiver Lizenzgeber. Zinsen in Höhe von fünf Prozentpunkten über dem jeweiligen Basiszinssatz kann der Kläger demgegenüber erst ab Rechtshängigkeit gem. §§ 291 S. 1, 2, 288 Abs. 1 BGB verlangen. Dafür, dass bei einem fiktiven Lizenzvertrag über die gesetzliche Höhe hinausgehende Zinsen vereinbart worden wären, trägt der Arbeitnehmer die Darlegungs- und Beweislast. Mangels exakter betrieblicher Abrechnungszeitpunkte ist Verzinsungszeitpunkt eines fiktiven Lizenzvertrages jeweils der 1. Februar eines Jahres für die auf die Benutzungshandlungen des Vorjahres entfallende Vergütung.

Außerhalb eines fiktiven Lizenzvertrages greift die Verzinsungsregelung nicht. Es verbleibt bei den allgemeinen Grundsätzen über den Verzug und die Prozesszinsen. Weil aber die Vergütung seitens des Arbeitgebers nach § 12 Abs. 3 S. 2 ArbEG „spätestens bis zum Ablauf von drei Monaten nach Erteilung des Schutzrechtes", wobei diese Regelung entsprechend nach Aufnahme der Benutzung greift, festzusetzen ist, treten nach der hier vertretenen Auffassung seit diesen bestimmbaren Zeitpunkten (§ 286 Abs. 2 BGB) die gesetzlichen Verzugsfolgen ein, unabhängig davon, wie die Vergütung letztlich berechnet wird. Kritisch *Reimer/Schade/Schippel/Trimborn* ArbEG, 8. Aufl. 2007, § 12 Rn. 36, die einen Verzug mangels Bestimmung des Kalendertages im Sinne von § 286 Abs. 2 BGB ablehnen und auf eine Mahnung trotz der eindeutigen Gesetzesformulierung „spätestens" abstellen.

12. Das auf Rechnungslegung lautende Urteil ist vorläufig gegen Sicherheitsleistung vollstreckbar. Ein Antrag zur Art der prozessualen Sicherheit ist auch unter der Geltung der neuen Vorschrift des § 108 ZPO sinnvoll. Weil die Rechnungslegung auf eine unvertretbare Handlung gerichtet ist, § 888 ZPO, ist der Schuldner im Vollstreckungsverfahren durch ein Zwangsgeld dazu anzuhalten. Der Rechnungslegungsschuldner ist verpflichtet, Rechnung auch über die in dem Urteil bezeichneten Handlungen zu erteilen, die erst nach Schluss der mündlichen Verhandlung, auf der das Urteil beruht, begangen werden; denn der Zeitraum, auf den sich der Vollstreckungstitel erstreckt, endet nicht mit dem Zeitpunkt der letzten mündlichen Verhandlung, auf der der Vollstreckungstitel beruht (BGH GRUR 2004, 755 – Taxameter – für den Fall der Patentverletzung; Busse/Keukenschrijver ArbEG § 12 Rn. 41; *Meier-Beck* GRUR 1998, 276 (280); *Schilling*, FS Eisenführ, 2003, 131). Der Arbeitnehmer kann daher in dem Fall, dass der Arbeitgeber sich nach dem Rechnungslegungszeitraum weigert, über die weiteren Benutzungshandlungen Rechnung zu legen, aus dem alten Rechnungslegungstitel die Zwangsvollstreckung wegen künftiger Benutzungshandlungen betreiben. Der Schutzantrag aus § 712 ZPO wird nur formell gestellt und ist gegebenenfalls materiellrechtlich auszufüllen.

13. Für die Ermittlung des Anteilsfaktors kommt es auf die Verhältnisse zum Zeitpunkt der Fertigstellung der Erfindung an. Daher sind im Einzelnen die fachliche und die berufliche Qualifikation des Arbeitnehmers anzugeben sowie das ihm zugewiesene Aufgabenfeld. Verträge und interne Anweisungen können, falls notwendig, als Anlage überreicht werden.

14. In der Erfindungsmeldung ist nicht nur die Erfindung beschrieben, sondern auch ihr Zustandekommen. Von dem Tag der Erfindungsmeldung rechnet sich auch die Frist der Inanspruchnahme. Daher sollten diese Daten ebenso mitgeteilt werden wie die Erfindungsmeldung selbst als Anlage überreicht werden sollte.

15. Erst mit der Inanspruchnahme entsteht der Vergütungsanspruch des Arbeitnehmers dem Grunde nach, § 9 Abs. 1 ArbEG. Wie in → Form. E.1 Anm. 1 allgemein vorangestellt ist bei der Fallbearbeitung immer zu fragen, ob es sich um einen Sachverhalt mit einer bis zum 30.9.2009 oder erst ab dem 1.10.2009 gemeldeten Diensterfindung handelt, § 43 Abs. 3 ArbEG. Im erst genannten Fall ist zu klären, ob die Erfindung innerhalb der gesetzlichen Frist (4 Monate, § 6 Abs. 2 ArbEG aF) frist- und formgerecht, also schriftlich in Anspruch genommen worden ist, falls nein, bleibt der Arbeitnehmer grundsätzlich materiell-rechtlich Inhaber der Erfindung, § 6 PatG. Der Arbeitnehmer hat in einem solchen Fall keinen Vergütungs-, sondern einen Schadensersatz- und/oder Bereicherungsanspruch aus §§ 823 Abs. 1, 812 Abs. 1, 818 Abs. 2, 988 BGB wie ein Patentinhaber und nicht gemindert um den Anteilsfaktor (BGH GRUR 2010, 817 (819) – Steuervorrichtung). Nach Rechnungslegung muss er daher seinen Klageantrag auf zweiter Stufe beziffern; denn § 38 ArbEG greift nicht. Im zweiten Fall kann die Inanspruchnahme in Textform (§ 126b BGB) ausdrücklich oder kraft gesetzlicher Fiktion (§ 6 Abs. 2 ArbEG) erklärt worden sein und es handelt sich um eine „echte" arbeitnehmererfinderrechtliche Streitigkeit.

16. Von dem Datum der Patentanmeldung berechnet sich die Schutzdauer des Schutzrechts und grundsätzlich der Zeitpunkt, bis zu dem der Arbeitnehmer längstens Vergütung fordern kann. Der Vergütungsanspruch selbst entsteht zwar mit der Inanspruchnahme, § 9 Abs. 1 ArbEG. Nutzungen vor Inanspruchnahme sind jedoch ebenfalls zu vergüten, insbesondere nach Verlautbarung der Erfindung oder Erfindungsmeldung, BGH GRUR 2003, 789 (791) – Abwasserbehandlung.

17. Das Schutzrecht legt den Gegenstand der Erfindung fest. Ist auf die Schutzrechtsanmeldung noch kein Schutzrecht erteilt worden oder schwebt noch ein Einspruchsverfahren, hat der Arbeitnehmer gleichwohl einen Anspruch auf Zahlung einer angemessenen, wenn auch nur vorläufigen Vergütung (Risikoabschlag). Das folgt aus einer entsprechenden Anwendung des § 12 Abs. 3 S. 2 ArbEG. Denn der Arbeitgeber ist zur Festsetzung der Vergütung spätestens drei Monate nach Erteilung des Schutzrechtes verpflichtet. Das ist ein spätester Zeitpunkt und schließt gerade nicht aus, dass eine Festsetzung schon vorher geboten ist. Eine Benutzung ist die Manifestation der wirtschaftlichen Verwertbarkeit aus § 9 Abs. 2 ArbEG. Der Arbeitnehmer muss sich aber einen Risikoabschlag wegen der Ungewissheit der Patenterteilung gefallen lassen. Bei späterer Erteilung besteht eine Nachzahlungspflicht des Arbeitgebers (BGH GRUR 1963, 135 – Cromegal). Im Textbeispiel wird angenommen, dass das Patent rechtskräftig erteilt ist. Gezahlte Vergütung ist aber auch nach rechtskräftiger Versagung eines Patentes nicht zurückzuzahlen, § 12 Abs. 6 S. 2 ArbEG.

18. Der Gang der Verhandlungen zwischen den Parteien bei der Vergütungsfeststellung sollte dargestellt werden, um die Streitpunkte hervorzuheben. Ist der Arbeitnehmer mit einem Teil der Vergütungsfestsetzung einverstanden, ist dies mitzuteilen und näher zu erläutern.

19. Hier ist wieder die Übergangsvorschrift aus § 43 Abs. 3 ArbEG zu beachten. § 12 ArbEG aF verlangt Schriftform, nach § 12 ArbEG reicht Textform. Eine Vergütungsfestsetzung ist verbindlich, wenn der Arbeitnehmer dieser nicht binnen einer Frist von 2 Monaten nach Zugang schriftlich (alte Fassung) oder in Textform widerspricht, § 12 Abs. 4 ArbEG. Daher ist der Widerspruch mitzuteilen und gegebenenfalls als Anlage zu überreichen.

20. Steht der Arbeitnehmer noch in den Diensten des Arbeitgebers, ist Zulässigkeitsvoraussetzung für eine Klage die vorherige Anrufung der Schiedsstelle (§ 37 ArbEG). Einer Anrufung der Schiedsstelle bedarf es nicht in den in § 37 Abs. 2 ArbEG genannten Fällen. Hat die Schiedsstelle einen Einigungsvorschlag unterbreitet, ist die Klage nur zulässig, wenn der Arbeitnehmer darlegt, dass dem Einigungsvorschlag fristgerecht widersprochen wurde, § 34 Abs. 2 ArbEG.

21. Der Klagevortrag sollte sich nicht nur in der Bezeichnung des Schutzrechtes und in der Überreichung der Patentschrift erschöpfen. Vielmehr empfiehlt sich eine genaue Darlegung des Gegenstandes der Erfindung. Diese Angaben und Erläuterungen sind für

14. Stufenklage auf Auskunftserteilung, Rechnungslegung sowie Zahlung E. 14

die Wahl der richtigen Bezugsgröße aber auch für die Ermittlung des Lizenzsatzes von erheblicher Bedeutung.

22. Zur Erläuterung des Gegenstandes der Erfindung gehört auch eine Befassung mit dem insbesondere nächstkommenden Stand der Technik, von dem die Erfindung ausgeht.

23. Die Lösung des technischen Problems stellt die eigentliche Erfindung, also die Lehre zum technischen Handeln dar (BGH GRUR 1985, 31 (32) – Acrylfasern). Zum Verständnis der Erfindung und auch zur Unterstreichung ihrer Bedeutung sind ihre Vorteile anzugeben. Ist der Patentanspruch schwer zu verstehen, dient es der Erleichterung aller Beteiligten, den Anspruch in einer Merkmalsanalyse darzustellen. Zum Beispiel einer Merkmalsanalyse → Form. C.1 zum Patentrecht.

24. Regelmäßig wird der Arbeitnehmer den Arbeitgeber schon zur Vermeidung einer Kostenauferlegung nach § 93 ZPO vor Klageerhebung zur Auskunft/Rechnungslegung aufgefordert wie überhaupt seinen Anspruch vorgerichtlich geltend gemacht haben.

25., 26., 27. → Anm. 4, → Anm. 8, → Anm. 9, → Anm. 31.

28. § 38 ArbEG iVm §§ 9, 12 ArbEG, → Anm. 10.

29. Weil zunächst nur über den Rechnungslegungsanspruch entschieden wird, ist weder nötig noch möglich im Einzelnen zur Ermittlung der Höhe der angemessenen Vergütung vorzutragen. Gleichwohl empfehlen sich schon in der Stufenklage nähere Ausführungen dazu. Das schon deswegen, um für den Fall, dass der Arbeitgeber den Rechnungslegungsanspruch erfüllt, sogleich auf zweiter Stufe der Stufenklage fortfahren zu können.

30. Der Arbeitnehmer muss sich bei Begründung seines Rechnungslegungsanspruches grundsätzlich nicht von vornherein auf eine bestimmte Berechnungsart seines Vergütungsanspruches festlegen. Er kann zunächst das Ergebnis der Rechnungslegung abwarten und entscheiden, ob er den Erfindungswert nach der Lizenzanalogie oder nach dem betrieblichen Nutzen berechnet. Wenn aber mit der Nutzung der Erfindung ein Umsatz verbunden ist, wie im Textbeispiel, bietet sich die Ermittlung des Erfindungswertes nach der Lizenzanalogie an und es erscheint nicht gerechtfertigt, daneben solche Auskünfte zu verlangen, die auf die Ermittlung des erfassbaren betrieblichen Nutzens gerichtet sind (LG Düsseldorf – 4 O 71/95 – Mehrschichtige Laminate; BGH GRUR 2002, 801 (803) – Abgestuftes Getriebe). Insoweit erfährt der Rechnungslegungsanspruch eine Begrenzung durch das Gebot der Sachdienlichkeit. Die Berechnungsmethode nach der Lizenzanalogie geht allen anderen Berechnungsmethoden vor (BGH GRUR 2010, 223 (224) – Türinnenverstärkung; BGH GRUR 2012, 605 – Antimykotischer Nagellack).

31. Die richtige Bezugsgröße ist von wesentlicher Bedeutung für die Bestimmung des Erfindungswertes. Diese muss nicht gleich mit dem Ergebnis der Rechnungslegung sein. Bezugs- und Rechnungslegungsgröße werden zwar häufig zusammenfallen, sind aber grundsätzlich voneinander zu unterscheiden. So kann die Rechnungslegung namentlich bei zusammengesetzten Vorrichtungen, von denen nur ein Teil Gegenstand der Erfindung ist, auf eine Gesamtvorrichtung bezogen sein, um festzustellen, ob die Gesamtvorrichtung durch den erfindungsgemäßen Teil eine Wertsteigerung erfährt. Eine solche kann bei der Bemessung des Lizenzsatzes lizenzerhöhend berücksichtigt werden. Die richtige Wahl der Bezugsgröße entscheidet sich daher erst auf der zweiten Stufe des Rechtsstreits zur Ermittlung der Vergütung im Wege der Lizenzanalogie. Daher kann der Gegenstand der Rechnungslegung weiter sein als der der Erfindung (LG Düsseldorf Mitt. 1998, 235 (237) – Formpresse; BGH GRUR 2003, 289 – Abwasserbehandlung; BGH GRUR 2010, 223 (227) – Türinnenverstärkung).

32. Zur Ermittlung des angemessenen Lizenzsatzes hat sich als hilfreich erwiesen, von einem Lizenzrahmen auszugehen. Auf der zweiten Stufe auf Zahlung einer angemessenen Vergütung ist zu ermitteln, welche Gründe dafür sprechen, dass der Lizenzsatz eher im unteren oder im oberen Bereich des Lizenzrahmens anzusiedeln ist. Dabei können die Rahmensätze der RL 11 zu § 11 ArbEG nur eine grobe Orientierung vermitteln. Lizenzerhöhend können der große Schutzumfang des Schutzrechtes und die dadurch vermittelte Monopolstellung des Arbeitgebers sein, die Wertsteigerung einer Gesamtvorrichtung durch den erfindungsgemäßen Teil, die durch die Erfindung vermittelten Vorteile, die sich in überdurchschnittlichen Gewinnen niederschlagen, positive Auswirkungen der Erfindung auch auf andere Geschäftsfelder des Arbeitgebers. Lizenzmindernd können sich ein schwaches Schutzrecht, das Bestehen von Umgehungsmöglichkeiten, abhängige Benutzung von anderen Schutzrechten, für die Lizenzen zu zahlen sind, niedrige Gewinne aus der Verwertung der Erfindung, hohe Entwicklungskosten bis zur Produktentwicklung, hohe Vertriebs- und Folgekosten, hohe Kosten bis zur Erlangung des Schutzrechtes, auswirken. Siehe auch → Form. E.8 Anm. 7.

33. Die in RL 11 zu § 11 ArbEG genannte Abstaffelung für den Fall besonders hoher Umsätze (über 1,534 Mio. EUR, → Form. E.8 Anm. 7) ist in den Fällen nachgewiesener Üblichkeit bei freien Erfindungen anzuwenden. Die Abstaffelung gehört zur Ermittlung des Erfindungswertes nach der Lizenzanalogie und ist kein Instrument eines vermeintlichen Interessenausgleichs zwischen Arbeitgeber und Arbeitnehmer. Nur soweit eine Üblichkeit einer Abstaffelung vom Arbeitgeber in einem vergleichbaren Industriezweig nachgewiesen ist, kommt eine Abstaffelung in Betracht, weil sie auch mit einem freien Lizenzgeber vereinbart worden wäre (BGH GRUR 1990, 271 (273) – Vinylchlorid; BGH GRUR 1994, 898 – Copolyester: Abstaffelung nur dann, wenn Staffel vereinbart oder konkret festgesetzt aA jetzt *Bartenbach/Volz* Arbeitnehmererfindungsgesetz, 5. Aufl. 2013, § 9 Rn. 142.4: erfinderrechtliche Üblichkeit der Abstaffelung). Hat der Arbeitgeber wie im Textbeispiel, bei der Vergütungsfestsetzung keine Abstaffelung vorgenommen, ist dies ein wichtiges Indiz gegen die Üblichkeit einer Abstaffelung.

34. Tabelle in RL 37. Entscheidend für die Bemessung des Anteilsfaktors sind die Verhältnisse zum Zeitpunkt der Fertigstellung der Erfindung, in der Regel also zum Zeitpunkt der Erfindungsmeldung. Daher bilden die Angaben in der Erfindungsmeldung eine wesentliche Grundlage für die Ermittlung der zutreffenden Wertzahlen. Maßgeblich sind die tatsächlichen Verhältnisse. Daher kann vor einer starren Einordnung in die einzelnen Fallgruppen der Richtlinie zu Ermittlung der Wertzahlen nur gewarnt werden.

35. Angaben zum Miterfinderanteil sind bereits in der Erfindungsmeldung zu machen und regelmäßig enthalten, § 5 Abs. 2 ArbEG. Zudem hat der Arbeitgeber bei Einreichung der Patentanmeldung mitzuteilen, wer Erfinder der angemeldeten Erfindung ist. Der Erfinder des Schutzrechtes ist auf dem Deckblatt des Schutzrechtes genannt.

36. → Anm. 11.

37. → Anm. 20.

38. → Anm. 1.

39. Die Mitwirkung eines Patentanwaltes sollte schon in der Klage angezeigt werden, um bei einer späteren Kostenfestsetzung Streit darüber zu vermeiden, ob dieser mitgewirkt hat, § 143 Abs. 3 PatG, § 39 Abs. 1 ArbEG.

14. Stufenklage auf Auskunftserteilung, Rechnungslegung sowie Zahlung

Kosten und Gebühren

40. Ungeachtet der Möglichkeit der Erhebung einer unbestimmten Leistungsklage nach § 38 ArbEG sind Gerichtsgebühren mit Fälligkeit von dem Kostenschuldner (Kläger) zu zahlen, OLG Düsseldorf NJW-RR 2000, 367. Es entstehen 3,0 Gerichtsgebühren gem. KV 1210 GKG in Verbindung mit § 49 GKG. An Anwaltsgebühren fallen grundsätzlich an: 1,3 Verfahrensgebühr gem. §§ 2 Abs. 2, 13 RVG iVm VV 3100 RVG, ferner 1,2 Terminsgebühr gem. §§ 2 Abs. 2, 13 RVG iVm VV 3104 RVG. Der höchste Gebührenwert ist entscheidend. Die Kosten des mitwirkenden Patentanwalts sind in gleicher Höhe wie diejenigen des Rechtsanwaltes erstattungsfähig, § 39 Abs. 1 S. 2 ArbEG, § 143 Abs. 3 PatG. Die vorprozessual angefallenen Geschäftsgebühren (Patent- und Rechtsanwalt) können nicht Gegenstand einer Kostenfestsetzung nach §§ 103, 104 ZPO sein. Die in VV Vorb. 3 Abs. 4 RVG vorgeschriebene Anrechnung reduziert den im Rahmen der Kostenfestsetzung zu berücksichtigenden Anspruch auf Erstattung der Verfahrensgebühr auf 0,75 dann, wenn die Geschäftsgebühr mit der Klage geltend gemacht und auch tituliert wurde. War das nicht der Fall, kann im Kostenfestsetzungsverfahren die volle 1,3 Verfahrensgebühr geltend gemacht werden, § 15a RVG. Daher kann die volle Geschäftsgebühr als materiellrechtlicher Schadensersatzanspruch aus Verzug, § 280 Abs. 1 BGB, gesondert mit der Klage gefordert werden (BGH NJW 2007, 2049; BGH NJW 2008, 3641 zur Anrechnungspflicht bei vorzeitiger Beendigung des Auftrags und keine Verbindlichkeit des Gebührengutachtens). Das kann mit dem Klageantrag zu Ziff. I. 4. geschehen. Der materiellrechtliche Kostenerstattungsanspruch wirkt sich nicht streitwerterhöhend aus (BGH NJW 2007, 3289), obwohl es sich um keine Nebenforderung im Sinne von § 4 Abs. 1 S. 2 ZPO handelt. Wegen des Umstandes, dass der Streitwert des Verfahrens bei einen unbezifferten Antrag auf Bestimmung der angemessenen Vergütung (§ 315 BGB) am Schluss des Verfahrens endgültig festgesetzt wird, ist der Gegenstandswert für die Geschäftsgebühr ebenfalls erst dann eindeutig bestimmt. Deswegen kann der Gegenstandswert insoweit für den materiellrechtlichen Kostenerstattungsanspruch nur geschätzt oder in einem separaten Verfahren nach endgültiger Bestimmung eingeklagt werden. Rechtsschutzversicherung: Der Ausschluss von Rechtsstreitigkeiten über Arbeitnehmererfindervergütungen in den Bedingungen einer Rechtsschutzversicherung ist wirksam, LG Ansbach VersR 2007, 1268; LG Coburg BeckRS 2012, 04335; aA AG Viersen Urt. v. 13.6.2008 – 23 C 340/06 mwN: Bei der bloßen Anmeldung einer Arbeitnehmererfindung handelt es sich nicht um eine risikoträchtige Rechtshandlung in dem Sinne, dass sie bereits den Keim eines nachfolgenden Rechtsverstoßes des einen oder anderen Teils und damit eines sich anschließenden Rechtsstreites in sich trägt, wie dies für die Anwendbarkeit des Ausschlusstatbestandes gem. § 4 Abs. 3 Buchst. a ARB erforderlich ist (vgl. OLG Hamm VersR 2001, 712 ff.). Vielmehr kommt der Arbeitnehmer damit gem. § 5 ArbEG nur einer gesetzlichen Verpflichtung nach, die für sich als neutral und damit nicht als streitauslösend zu bewerten ist. Bei Streitigkeiten über die Höhe des Vergütungsanspruchs eines Arbeitnehmererfinders handelt es sich demnach um Ansprüche aus Arbeitsvertrag, die dem Arbeitsrechtsschutz unterliegen und deshalb von der Ausschlussklausel des § 3 Abs. 2 Buchst. d ARB 2000 nicht erfasst sind.

Fristen und Rechtsmittel

41. Vor Änderung der Verjährungsvorschriften durch das Schuldrechtsmodernisierungsgesetz zum 1.1.2002 verjährte der Vergütungsanspruch innerhalb der Regelfrist von 30 Jahren, § 195 BGB aF (BGH GRUR 1977, 784 – Blitzlichtgeräte; BGH GRUR 1981, 263 (265) – Drehschiebeschalter). Wegen der Überleitungsvorschrift aus Art. 229 § 6 EGBGB sind die bis zur Gesetzesänderung geltenden Vorschriften für eine Übergangszeit noch zu berücksichtigen. Ansonsten gelten die neuen Bestimmungen über die Verjährung von Ansprüchen der §§ 194 ff. BGB. Die regelmäßige Verjährungsfrist beträgt danach nur noch 3 Jahre, § 195 BGB nF, und beginnt mit dem Schluss des Jahres zu laufen, in dem der Anspruch entstanden ist und der Gläubiger von den anspruchsbegründenden Tatsachen und der Person des Schuldners Kenntnis erlangt hat oder ohne grobe Fahrlässigkeit hätte erlangen müssen. Hat der Gläubiger keine Kenntnis oder ist nur fahrlässig in Unkenntnis über die anspruchsbegründenden Tatsachen, beträgt die Verjährungsfrist (taggenau) 10 Jahre ab Entstehung des Anspruchs, § 199 Abs. 3 Nr. 1 BGB. Der Anspruch ist entstanden, wenn er fällig ist. Mit der Inanspruchnahme entsteht zwar der Vergütungsanspruch dem Grunde nach, § 9 Abs. 1 ArbEG, jedoch ist er noch nicht fällig; denn Fälligkeit ist der Zeitpunkt, zu dem der Gläubiger die Leistung fordern, also Leistungsklage zu erheben berechtigt ist, § 271 BGB. Wenn die Benutzung aufgenommen worden ist, tritt Fälligkeit spätestens 3 Monate später ein (Busse/Keukenschrijver ArbEG § 9 Rn. 15, 20; Schiedsstelle Arb.Erf 18/13 Mitt. 2016, 277). Weitere Voraussetzung für den Verjährungsbeginn ist positive Kenntnis oder vorwerfbare Unkenntnis. Der Arbeitnehmer dürfte häufig über Einzelheiten des Benutzungsumfangs keine Kenntnis haben. Darauf kommt es letztlich aber auch nicht an. Kenntnis ist schon dann gegeben, wenn der Arbeitnehmer die anspruchsbegründenden Tatsachen im Wesentlichen kennt. Hat der Arbeitnehmer keine Kenntnis, gilt § 199 Abs. 4 BGB mit der dann taggenauen Verjährungsfrist von 10 Jahren ab Entstehung (Fälligkeit) des Anspruchs. Eine einschränkende Auslegung der regelmäßigen Verjährungsfristen erscheint zwar mitunter wünschenswert, weil sich der in einem Dienstverhältnis stehende Arbeitnehmer in einer besonderen Zwangslage bei Durchsetzung von Ansprüchen nach dem ArbEG befindet und sich mit solchen Ansprüchen erst nach seinem Ausscheiden an den Arbeitgeber heranzutreten wagt. Die Einrede der Verjährung kann der Arbeitnehmer unter Umständen auch dem Einwand aus Treu und Glauben entgegenhalten. Jedoch sollte der Arbeitnehmer darum wissen, dass auch für seine Vergütungsansprüche die regelmäßige Verjährungsfrist gilt Schiedsstelle Arb.Erf. 18/13 Mitt. 2016, 277 – Kausalitätsverschiebung: Dass ein Erfinder seine Ansprüche mit Rücksicht auf sein Arbeitsverhältnis in Anbetracht eines Erlebnisses mit dem Geschäftsführer nicht geltend gemacht hat, hemmt die Verjährung nicht! Ansprüche aus festgestellter oder festgesetzter Vergütung nach § 12 Abs. 3 ArbEG unterliegen und unterlagen als regelmäßig wiederkehrende Leistungen schon vor der Änderung der Verjährungsregelungen der kurzen Verjährung, §§ 196, 197 BGB aF. Streitig war, ob die Verjährungsfrist vier Jahre (*Reimer/Schade/Schippel/Himmelmann* ArbEG, 8. Aufl. 2007, § 9 Rn. 25) oder zwei Jahre (*Bartenbach/Volz* Arbeitnehmererfindungsgesetz, 5. Aufl. 2013, § 9 Rn. 45) betrug. Seit der Gesetzesänderung verjähren auch solche Ansprüche innerhalb der Regelfrist von 3 Jahren, §§ 197 Abs. 2, 195 BGB. Mit der einseitigen Festsetzung der Vergütung durch den Arbeitgeber beginnt keine Verjährung des über den festgesetzten Betrag hinausgehenden Vergütungsanspruchs, (BGH GRUR 1981, 263 – Drehschiebeschalter). Die Verjährung berechnet sich im Übrigen nach den allgemeinen Bestimmungen. Gehemmt wird sie durch Verhandlungen zwischen den Parteien, § 203 BGB, wobei diese weit auszulegen sind, oder durch Rechtsverfolgung, insbesondere Einleitung eines Schiedsverfahrens, § 204 Abs. 1 Nr. 4 BGB (BGH GRUR 2014, 357 – Profilstrangpressverfahren), Klageerhebung auf Leistung oder Feststellung, § 204 Abs. 1 Nr. 1 BGB. Bei bloßer Klage auf Auskunft und/oder Rechnungslegung tritt zwar Hemmung der Verjährung des Hauptanspruchs grundsätzlich nicht ein. Jedoch kann der Auskunftsanspruch grundsätzlich nicht vor dem Hauptanspruch, dem er dient, verjähren (BGH NJW 2017, 2755 mAnm *Regenfus*). Bei Anrufung der Schiedsstelle als Prozessvoraussetzung nach § 37 ArbEG ist darauf zu achten, dass die Hemmung der Verjährungsfrist 6 Monate nach Erledigung des Gesuches endet. Weil der BGH seit der zuletzt genannten Entscheidung „Profilstrangpressverfahren" die Hemmung aus § 204 Abs. 1 Nr. 4 BGB gegeben sieht, wird die Verjährung auch

15. Klageerwiderung auf eine Stufenklage E. 15

dann gehemmt, wenn die Anrufung der Schiedsstelle nicht (mehr) Prozessvoraussetzung ist, worauf *Cepl*, (*Cepl* GRUR-Prax 2014, 108), zutreffend hinweist. Neben der Verjährung gelten die allgemeinen Grundsätze der Verwirkung (vgl. BGH GRUR 1977, 784 (785) – Blitzlichtgeräte). Verwirkt kann danach ein Anspruch auf Vergütung sein, wenn der Arbeitnehmer lange Zeit mit seinem Anspruch nicht hervortritt (Zeitmoment) und der Arbeitgeber sich wegen dieses Verhaltens des Arbeitnehmers darauf einrichten durfte, dass der Anspruch nicht mehr erhoben wird (Umstandsmoment); siehe die Umstände im Einzelnen für den Fall einer Patentverletzung: BGH GRUR 2001, 323 (324) – Temperaturwächter; für den Fall eines Vergütungsanspruchs: BGH GRUR 2003, 237 (240) – Ozon. Wegen der beträchtlichen Verkürzung der Verjährungsfristen durch die Gesetzesänderung dürften die Verwirkungstatbestände auf Ausnahmefälle beschränkt sein und keinesfalls vor einer Verjährung überhaupt greifen.

Die auf jeder Stufe des Rechtsstreits ergehenden Urteile sind mit den üblichen Rechtsmitteln angreifbar. Das in erster Stufe ergehende Urteil auf Auskunftserteilung und Rechnungslegung ist daher mit der Berufung anfechtbar. Die Summe der Beschwer aus § 511 Abs. 2 Nr. 1 ZPO wird regelmäßig überschritten; denn der Wert der Beschwer richtet sich nicht nach dem Interesse des Klägers, sondern des Schuldners der Auskunft, die verlangten Auskünfte nicht zu erteilen. Das wiederum bestimmt sich nach den Kosten und Mühen, die mit einer solchen Auskunft verbunden sind (BGH NJW-RR 1992, 697; BGH GRUR 2000, 1111 – Urteilsbeschwer bei Stufenklage; OLG Düsseldorf Urt. v. 15.5.2008, Düsseldorfer Entscheidungen Nr. 935 – Fahrzeugrad für Nutzfahrzeuge). Für das Verfahren der Beschwerde wegen Nichtzulassung der Revision durch das Oberlandesgericht ist freilich die Übergangsvorschrift des § 26 Nr. 8 EGZPO zu § 544 ZPO zu berücksichtigen, wobei diese allerdings regelmäßig verlängert wird: der Wert der mit der Revision geltend zu machenden Beschwer muss 20.000 EUR übersteigen. Eine Kostenentscheidung ist regelmäßig erst dem Schlussurteil der jeweiligen Stufe vorbehalten.

15. Klageerwiderung auf eine Stufenklage auf Rechnungslegung und Zahlung einer angemessenen Erfindervergütung

Landgericht . . . . . .

In Sachen

des Herrn A (RA)

gegen

Firma B (RA)

vertrete ich die Beklagte, in deren Namen und Auftrag ich beantrage:

1. Die Klage wird abgewiesen;[1]
2. hilfsweise wird der Beklagten vorbehalten, die Namen und Anschriften ihrer Abnehmer statt dem Kläger einem von ihm zu bezeichnenden, ihm gegenüber zur Verschwiegenheit verpflichteten, vereidigten Wirtschaftsprüfer mitzuteilen, sofern die Beklagte dessen Kosten trägt und ihn ermächtigt und verpflichtet, dem Kläger auf konkrete Anfrage mitzuteilen, ob ein bestimmter Abnehmer in der Aufstellung enthalten ist;[2]
3. dem Kläger werden die Kosten des Rechtsstreits auferlegt;

4. das Urteil wird im Hinblick auf die Kosten – gegebenenfalls gegen Sicherheitsleistung, die auch durch Bank- oder Sparkassenbürgschaft erbracht werden darf – für vorläufig vollstreckbar erklärt;
hilfsweise wird der Beklagten nachgelassen, die Zwangsvollstreckung gegen Sicherheitsleistung (Bank- oder Sparkassenbürgschaft) abzuwenden.[3]

Begründung:

Die Klage ist unbegründet; denn dem Kläger steht kein Vergütungs- und somit kein Auskunfts- und Rechnungslegungsanspruch aus seiner vermeintlichen Diensterfindung zu. Der Kläger ist nicht Erfinder.[4] Tatsächlich ist die dem klagegegenständlichen Schutzrecht zugrundeliegende Erfindung von dem damaligen Mitarbeiter aus der vom Kläger geleiteten Entwicklungsabteilung der Beklagten, Herrn C, gemacht worden. Die Nennung des Klägers als Alleinerfinder beruht darauf, dass der Kläger in Ausnutzung seiner Stellung als Dienstvorgesetzter des Herrn C die Erfindungsmeldung ausarbeitete und bei dem Patentsachbearbeiter der Beklagten, der auf die Richtigkeit der dort gemachten Angaben vertraute, einreichte. Dieser hat bei der Patentanmeldung den Kläger als Erfinder benannt.[5]

Die Beklagte hat bereits vorgerichtlich mit dem als

Anlage B 1

überreichten Schreiben vom . . . . . . die Erfindereigenschaft des Klägers bestritten und im Einzelnen unter Hinweis auf die Darlegungen des nachstehend als Zeugen genannten Herrn C zum Zustandekommen der Erfindung ausgeführt. Es war Herr C, der intern in der Entwicklungsabteilung des Klägers mit der Verbesserung der bestehenden Sicherheitsverbundglasscheiben befasst war. Er erkannte die Notwendigkeit einer Änderung der Abstandshalter als Voraussetzung für eine kostengünstigere Produktion. Herr C ist gelernter Schlosser. Er hat dem Kläger vorgeschlagen, die Abstandshalter nicht mehr aus Blechstreifen und Eckverbindern zu bilden, sondern stattdessen ein U-förmiges Blechprofil an seinen U-Schenkeln zur Herstellung eines rechteckförmigen Rahmens V-förmig einzuschneiden und nur noch die jeweiligen Enden des Rahmenprofils zu einem geschlossenen Abstandsrahmen zu verbinden. Herr C überreichte dem Kläger als seinem Dienstvorgesetzten ein Muster eines geschlossenen Abstandsrahmens am . . . . . . Er selbst sah darin nur ein nahe liegendes Arbeitsergebnis und war daher auch nicht verwundert, als später die Produktion solcher Abstandsrahmen nach dem von ihm erstellten Muster aufgenommen wurde.

Beweis:[6] Zeugnis des Herrn C

Erst im Zuge der diesem Rechtsstreit vorangegangenen außergerichtlichen Auseinandersetzung hat die Beklagte von den Einzelheiten des wirklichen Zustandekommens der Erfindung Kenntnis erlangt. Die dem Streitpatent zugrunde liegende Erfindung wird auch überhaupt nicht von der Beklagten benutzt. Richtig mag zwar sein, dass die vom Kläger gemeldete Diensterfindung sich auf die streitige Ausführungsform liest, jedoch ist diese nicht Inhalt der Schutzansprüche geworden, weil nicht schutzfähig. Und nicht einmal die erteilte Fassung wird sich als schutzfähig erweisen. Seitens eines Wettbewerbers ist Einspruch/Nichtigkeitsklage eingelegt/erhoben worden, der/die mit an Sicherheit grenzender Wahrscheinlichkeit zu einem Widerruf des Streitpatents führen wird. Schon jetzt ist festzustellen, dass wegen der offensichtlich fehlenden Schutzfähigkeit kein Wettbewerber das Schutzrecht beachtet. Darüber wurde sogar in der als

Anlage B 2

15. Klageerwiderung auf eine Stufenklage   E. 15

überreichten Verbandszeitschrift berichtet und anheimgestellt, bis auf weiteres, insbesondere zur Klärung des Einspruchs-/Nichtigkeitsverfahrens, das Schutzrecht schlicht nicht zu beachten.[7]

Die Beklagte erhebt zudem die Einrede der Verjährung. Der Kläger hat bereits seit . . . . . . Kenntnis von dem Bestehen seines vermeintlichen Anspruchs. Der Vergütungsanspruch und der rückbezogene Auskunftsanspruch sind für die Zeit vor dem 1.1.2014 verjährt, §§ 195, 199 Abs. 1 BGB. Eine weitere zeitliche Eingrenzung ergibt sich daraus, dass das auf die Diensterfindung erteilte Schutzrecht durch rechtskräftiges Urteil des Bundespatentgerichtes vom . . . . . . im Nichtigkeitsverfahren widerrufen worden. Mit Eintritt der Rechtskraft des Urteils zum . . . . . ist eine Vergütungspflicht für die seitdem erfolgten Benutzungshandlungen entfallen.[8]

Rechtsanwalt

Anmerkungen

1. Ist der Arbeitgeber der Auffassung, dass der Anspruch schon dem Grunde nach nicht gerechtfertigt ist, wird er selbstverständlich Antrag auf Klageabweisung stellen. Andernfalls wäre zu überlegen, ob der Rechnungslegungsanspruch ganz oder teilweise anerkannt oder gar bis zur mündlichen Verhandlung erfüllt wird (→ Form. E.16).

2. Ein hilfsweise gestellter Antrag auf Wirtschaftsprüfervorbehalt empfiehlt sich immer dann, wenn der Arbeitgeber ein berechtigtes Interesse an der Nichtpreisgabe kundenbezogener Daten zu haben glaubt. Das kann dann der Fall sein, wenn der Arbeitnehmer zwischenzeitlich aus den Diensten der Beklagten ausgeschieden und für einen Wettbewerber tätig ist, wobei zu befürchten ist, dass die Daten missbraucht werden. Ein solches Interesse ist in der Klagebeantwortung im Einzelnen darzulegen und zu beweisen.

3. §§ 712, 108 ZPO.

4. Bei der Meldung einer Diensterfindung hat der Arbeitnehmer auch anzugeben, ob Mitarbeiter beim Zustandekommen der Erfindung beteiligt waren. Bei der Patentanmeldung hat der Arbeitgeber nach § 37 PatG, Art. 81 EPÜ den Erfinder zu benennen. Das Patentamt prüft die Richtigkeit der Benennung nicht. Mit der Erfinderbenennung bei der Patentanmeldung durch den Arbeitgeber ist keine endgültige Anerkennung der Erfindereigenschaft durch den Arbeitgeber verbunden (LG Düsseldorf InstGE 5, 100 – Geschäftsführererfindung; BGH GRUR 2006, 754 – Haftetikett; *Bartenbach/Volz* Arbeitnehmererfindungsgesetz, 5. Aufl. 2013, § 5 Rn. 51.2). Allenfalls besteht eine Indizwirkung, die widerlegbar ist und auch nicht etwa eine Umkehr der Beweislast rechtfertigt.

5. Der wirkliche Erfinder kann die Berichtigung der Erfinderbenennung kraft seines Erfinderpersönlichkeitsrechtes von dem Anmelder (Arbeitgeber) und dem zu Unrecht eingetragenen Erfinder verlangen, § 63 Abs. 2 PatG (OLG Karlsruhe GRUR-RR 2003, 328 – Erfinderbenennung; Schulte/*Moufang* PatG § 63 Rn. 15, 21 f.). Zum Klagegrund gehört der Beweis des Erfinderrechts oder der Nachweis, dass der bislang in der Patentrolle genannte Erfinder tatsächlich nicht der Erfinder ist. Der Anspruch kann nur im Wege der Klage vor den für Patentstreitsachen zuständigen Gerichten, § 143 PatG, geltend gemacht werden.

6. Bei der Patentanmeldung hat der Arbeitgeber wahrheitsgemäß gegenüber dem Amt zu erklären, wie er die Rechte an der Erfindung auf sich übergeleitet hat und wer Erfinder ist. Daher kann sich der Arbeitgeber später im Prozess nicht lediglich auf ein bloßes Bestreiten der Erfindereigenschaft des klagenden vermeintlichen Diensterfinders beschränken. Der Arbeitgeber hat substantiiert zur Entstehung der Erfindung vorzutragen und darzulegen, dass der in der Patentrolle Genannte jedenfalls nicht der Erfinder ist (vgl. Benkard PatG/*Schäfers/Schwarz* § 63 Rn. 9 f.)

7. Der Arbeitgeber kann sich gegenüber dem Anspruch des Arbeitnehmers auf Zahlung einer Vergütung nicht damit verteidigen, die Erfindung sei materiellrechtlich nicht schutzfähig oder das erteilte Schutzrecht werde widerrufen (BGH GRUR 1990, 667 (668) – Einbettungsmasse). Der Vergütungsanspruch besteht, solange und soweit das Schutzrecht nicht endgültig versagt worden ist. Wird es versagt, führt das ungeachtet der ex tunc Wirkung von Widerruf und Nichtigerklärung nicht zum Entfall des Vergütungsanspruchs. Vielmehr ist die Wirkung auf den Vergütungsanspruch nur ex nunc. Grund für das Bestehen des Vergütungsanspruchs in diesen Fällen ist das Monopolprinzip; der Arbeitgeber hat durch die Überleitung der Erfindung auf sich als einziger das Recht erlangt, die Erfindung zu nutzen, mag sie nun schutzfähig sein oder nicht (siehe auch BGH GRUR 2010, 817 – Steuervorrichtung). Der Vergütungsanspruch orientiert sich zwar an der gemeldeten Diensterfindung (BGH GRUR 1989, 205 (208) – Schwermetalloxidationskatalysator). Denn es gehört zu den Pflichten des Arbeitgebers, eine ihm gemeldete Erfindung auszuschöpfen und einen entsprechenden Schutzumfang zu erwirken. Versäumnisse in diesem Punkt dürfen nicht zu Lasten des Arbeitnehmers gehen. Voraussetzung ist aber ausgehend von der Belohnungstheorie, dass die vermeintlich nicht ausgeschöpfte Diensterfindung noch einen erfinderischen Gehalt hat. Was aber formell nicht schutzfähig ist, verdient nicht belohnt zu werden, weil der Arbeitgeber nicht den Vorteil erlangt, ein gesetzliches Ausschlussrecht zu erwerben oder eine wirtschaftliche Vorrangstellung einzunehmen (BGH GRUR 1998, 684 (689) – Spulkopf). Der Anspruch auf Vergütung erfordert deshalb auch eine Diensterfindung, die schutzfähig im Sinne des § 2 ArbEG ist, dh der objektiv die Fähigkeit innewohnt, nach deutschem (bzw. europäischem) Recht als Gebrauchsmuster oder Patent erteilt zu werden (BGH GRUR 1963, 135 (136) – Cromegal). Eine ganz andere Frage ist, ob wegen des noch im Erteilungsverfahren befindlichen Schutzrechtes im Höheverfahren auf zweiter Stufe ein Risikoabschlag zu machen ist. Das wird allgemein bejaht vgl. *Bartenbach/Volz* Arbeitnehmererfindungsgesetz, 5. Aufl. 2013, § 12 Rn. 64 mwN; → Form. E.8 Anm. 2. Denkbar sind Fälle, in denen einem Vergütungsanspruch der Einwand aus § 242 BGB deshalb entgegengehalten werden kann, weil der Wettbewerb ganz allgemein das Schutzrecht nicht beachtet. Das kann ausnahmsweise dann ein „Nullfall" sein.

8. Kommt eine Verjährung des Anspruchs in Betracht, sollte die Einrede noch in der ersten Instanz erhoben wird; anderenfalls droht Präklusion, §§ 530, 531 Abs. 1, 2 Nr. 3 ZPO. Die erstmals im Berufungsrechtszug erhobene Einrede der Verjährung ist nur noch zuzulassen, wenn ihre Erhebung und die den Verjährungseintritt begründenden tatsächlichen Umstände zwischen den Parteien unstreitig sind (BGH GRUR 2006, 401 (404) – Zylinderrohr; BGH NJW 2008, 3434). Zur Verjährung, Kosten und Gebühren: → Form. E.14 Anm. 40, 41. Ist das auf die Diensterfindung erteilte Schutzrecht endgültig mit Wirkung für das Gebiet der Bundesrepublik Deutschland weggefallen, besteht kein weiterer Vergütungsanspruch mehr. Einzelheiten, auch zur Vergütungspflicht bei Fortbestehen von Auslandsschutzrechten, siehe → Form. E.8 Anm. 8e).

16. Klagebeantwortung mit teilweisem Anerkenntnis

Landgericht

......

In Sachen

Herr A

Prozessbevollmächtigter: Rechtsanwalt ......

gegen

Firma B

Prozessbevollmächtigter: Rechtsanwalt ......

vertrete ich die Beklagte. Die Beklagte wäre bereit, den

Klageantrag zu Ziffer I. 1. (Auskunftsantrag) für die Zeit seit dem 1.1.2014 anzuerkennen[1] mit der Maßgabe, dass der Beklagten vorbehalten bleibt, die Namen und Anschriften ihrer Abnehmer statt dem Kläger einem von ihm zu bezeichnenden, ihm gegenüber zur Verschwiegenheit verpflichteten vereidigten Wirtschaftsprüfer mitzuteilen, sofern die Beklagte dessen Kosten trägt und ihn ermächtigt und verpflichtet, dem Kläger auf konkrete Anfrage mitzuteilen, ob ein bestimmter Abnehmer in der Aufstellung enthalten ist.[2]

Im Übrigen werde ich beantragen,

die Klage abzuweisen.[3]

Begründung:

I.

Für die Beklagte weise ich darauf hin, dass das Anerkenntnis ohne Anerkennung einer Rechtspflicht und ohne Präjudiz für das Bestehen eines Vergütungsanspruchs im Übrigen erklärt werden wird.[4] Der Wirtschaftsprüfervorbehalt rechtfertigt sich aus dem Umstand, dass der Kläger zwischenzeitlich eine neue Anstellung bei einem Unternehmen der chemischen Industrie gefunden hat, zu dessen verbundenen Gesellschaften auch Wettbewerbsunternehmen der Beklagten zählen. Weil dem Kläger durch den Wirtschaftsprüfervorbehalt die Möglichkeit eingeräumt wird, die Richtigkeit und Vollständigkeit der Daten überprüfen zu lassen, die Beklagte im Falle der Preisgabe der kundenbezogenen Daten befürchten müsste, dass diese außerhalb des Zweckes der Auskunft und Rechnungslegung zur Ermittlung der angemessenen Vergütung genutzt werden könnten, erscheint es bei der gebotenen Interessenabwägung zwingend, der Beklagten den Wirtschaftsprüfervorbehalt einzuräumen.[5]

Die Beklagte wäre bereit, binnen eines angemessenen Zeitraums von mindestens 2 Monaten nach Verurteilung auf Grund ihres formellen Anerkenntnisses Rechnung legen. Wir bitten den Kläger, seinerseits zu bestätigen, an einer uneingeschränkten Verurteilung der Beklagten zur Auskunftserteilung nicht festzuhalten und von Vollstreckungsmaßnahmen jedenfalls bis zur Dauer von zwei Monaten ab Zustellung des Anerkenntnisurteils abzusehen.[6]

II.

Im Hinblick auf den angekündigten Antrag des Klägers auf Bestimmung einer angemessenen Vergütung durch das Gericht sei schon jetzt vorgetragen, dass der Kläger ungeachtet seines erfolgten Widerspruchs gegen die Vergütungsfestsetzung keinen über die gezahlte Vergütung hinausgehenden Anspruch auf Vergütung hat:[7]

1. Der Vergütungsanspruch des Klägers wird zeitlich begrenzt: Einmal ist der Vergütungsanspruch und dadurch auch der rückbezogene Auskunftsanspruch für die Zeit vor dem 1.1.2014 verjährt, § 195 BGB. Die Einrede der Verjährung wird hiermit ausdrücklich erhoben. Das andere Mal ist das auf die Diensterfindung erteilte Schutzrecht durch rechtskräftiges Urteil des Bundespatentgerichtes vom . . . . . . in einem Nichtigkeitsverfahren widerrufen worden ist. Mit Eintritt der Rechtskraft des Urteils zum . . . . . ist eine Vergütungspflicht für die seitdem erfolgten Benutzungshandlungen entfallen.[8]

2. In seinem Vortrag zur Bemessung des Vergütungsanspruches geht der Kläger davon aus, Alleinerfinder zu sein. Das ist nicht richtig. Vielmehr ist der Kläger nur gemeinsam mit Herrn C Miterfinder zu $^1/_2$.[9]

3. Der Kläger kündigt an, seinen Vergütungsanspruch unter Ermittlung des Erfindungswertes nach der Lizenzanalogie zu berechnen. Als Lizenzrahmen nennt der Kläger in Anknüpfung an die RL 10 zu § 11 ArbEG einen solchen von 2–5 %. Als Bezugsgröße für die Umsatzerfassung im Benutzungszeitraum nennt der Kläger die einbaufertige Scheibenanordnung, bestehend aus dem erfindungsgemäßen geschlossenen Abstandsrahmen mit mindestens zwei Sicherheits-Verbundglasscheiben und Füllung. Dies erscheint nicht sachgerecht.

Die Beklagte hat die hier interessierenden Brandschutzgläser, bestehend aus Sicherheits-Verbundglasscheiben mit Füllung, die durch Abstandshalter distanziert werden, schon lange Zeit vor Meldung der streitgegenständlichen Erfindung hergestellt und vertrieben. Insoweit bildet die streitgegenständliche Erfindung nur eine Verbesserungserfindung. Die Verbesserung besteht in dem Austausch der bis dahin bekannten Abstandshalter durch einen geschlossenen Abstandsrahmen. Erfindungsgemäßer Gegenstand ist daher nicht die einbaufertige Scheibenanordnung, sondern nur der geschlossene Abstandsrahmen. Dies wird auch durch die Fassung des Hauptanspruchs des erteilten Schutzrechts hervorgehoben. Dort heißt es:

„Abstandsrahmen für Sicherheitsverbundglasscheiben aus einem im Querschnitt U-förmigen Material, dadurch gekennzeichnet, dass . . . . . ."

Es ist daher geboten, als Bezugsgröße nur den auf den Abstandsrahmen entfallenden Umsatzanteil der gesamten einbaufertigen Scheibenanordnung anzunehmen.

Selbst wenn man aber mit dem Kläger als Bezugsgröße für die Umsatzerfassung und Berechnung des Erfindungswertes nach der Lizenzanalogie auf die einbaufertige Scheibenanordnung zurückgreifen würde, kann dies nicht ohne Auswirkungen für die Bemessung des Lizenzsatzes sein. Dieser ist nicht an einem Lizenzrahmen von 2–5 % entsprechend RL 10 zu § 11 ArbEG anzulehnen, sondern weitaus niedriger anzusetzen. Angemessen wäre ein Lizenzsatz von 0,25 % der einbaufertigen Scheibenanordnung. Dies entspräche bei einem Durchschnittspreis von ca. 100 EUR einer Stücklizenz von 0,25 EUR. Bei einem auf die einbaufertige Scheibenanordnung entfallenden Umsatzanteil des geschlossenen Abstandsrahmens von 5 % = 5 EUR entspräche dies einer Lizenz an dem erfindungsgemäßen geschlossenen Abstandsrahmen von 5 %.[10]

4. Ungeachtet vorstehender Ausführungen erscheint jedenfalls der vom Kläger angenommene Lizenzsatz überhöht. Der Kläger berücksichtigt nicht, dass die Beklagte zur Herstellung und zum Vertrieb der Scheibenanordnung eine Lizenz an einem Schutzrecht eines Dritten nehmen musste. Für die Scheibenfüllung besteht ein Patent zugunsten der Fa. D. Ich überreiche das lizenzierte Schutzrecht als

16. Klagebeantwortung mit teilweisem Anerkenntnis   E. 16

und den Lizenzvertrag als

Anlage B 1

Anlage B 2.

Die Höchstbelastung der Scheibenanordnung mit Lizenzzahlungen scheint mit insgesamt 6 % bereits überschritten, so dass auf die streitgegenständliche Erfindung nur noch ein Lizenzanteil von 3 % entfallen kann.[11]

5. Der Kläger trägt bei der Bemessung der Lizenz weiterhin nicht dem Umstand Rechnung, dass das Schutzrecht keine oder jedenfalls nur eine ganz eingeschränkte Monopolstellung im Markt vermittelt. So stellen die Erzeugnisse des Wettbewerbs nicht nur im Preisvergleich sondern auch in der konstruktiven Ausgestaltung eine gangbare Alternative dar. Ich überreiche dazu als

Anlage B 3

Prospekte der Produkte der Mitbewerber, die ihre Erzeugnisse parallel zur Beklagten angeboten haben und nach wie vor anbieten. Eine Umgehung des Schutzrechtes bereitet keine besonderen Schwierigkeiten.[12]

6. Der Kläger hält einen Anteilsfaktor von 21 % für angemessen. Angemessen ist jedoch nur ein solcher von 10 %.[13] Dieser errechnet sich nach der Tabelle RL 37 aus der Summe der Wertzahlen für Stellung der Aufgabe (RL 31), Lösung der Aufgabe (RL 32), Aufgabe und Stellung des Arbeitnehmers im Betrieb (RL 33) mit 6. Dabei ist jeweils die Wertzahl 2 zugrunde zu legen. Die Beklagte hatte dem Kläger ausdrücklich die Aufgabe gestellt, einen einteiligen Abstandhalter zu entwickeln. Der erfindungsgemäße Abstandhalter ist von dem Kläger auf Grund seiner beruflich geläufigen Überlegungen gefunden worden, die auf betrieblichen Arbeiten und Kenntnissen beruhen. Zum Zeitpunkt der Fertigstellung der Erfindung war der Kläger Leiter der Entwicklungsabteilung.

Weiterer Vortrag zur Ermittlung der angemessenen Vergütung bleibt dem Verfahren auf zweiter Stufe nach Abschluss der Rechnungslegung vorbehalten.[14]

Rechtsanwalt

Anmerkungen

1. Ein Anerkenntnis des Auskunfts- und Rechnungslegungsanspruchs bietet sich an, wenn ein Vergütungsanspruch dem Grunde nach besteht und eine Auskunft bislang noch nicht im gebotenen Umfang erfolgt ist. Zur Vermeidung einer streitigen Entscheidung schon in der Rechnungslegungsstufe kann es daher sinnvoll sein, dass der Arbeitgeber sich bereit erklärt, den Rechnungslegungsanspruch mit Wirtschaftsprüfervorbehalt oder zumindest in dem aus seiner Sicht berechtigten Umfang anzuerkennen. Nimmt der Arbeitnehmer das bislang nur angekündigte Anerkenntnis an, indem er den darüber hinaus gehenden Auskunftsanspruch für erledigt erklärt oder zurücknimmt, ermöglicht dies dem Arbeitgeber, kundenbezogene Daten zurückzuhalten. Erklärt sich der Arbeitnehmer mit dem Umfang des Anerkenntnisses nicht einverstanden, muss über den nicht erledigten Teil eine Entscheidung ergehen. Insoweit wäre also ein Anerkenntnis dann nur als Teilanerkenntnis zu behandeln. Die Mitteilung der Bereitschaft des Arbeitgebers, den Auskunftsanspruch anzuerkennen, wenn er einen bestimmten Inhalt hat, ermöglicht auch dem Gericht, auf die Stellung sachgerechter Anträge vor einem Anerkenntnis hinzuwirken.

2. → Anm. 5.

3. Statt einer Ankündigung des Antrags auf Klageabweisung kann auch zunächst das Ergebnis der Rechnungslegung abgewartet werden.

4. Der beklagte Arbeitgeber wird in der Regel bei Bestehen eines Vergütungsanspruchs um eine Auskunftserteilung nicht herumkommen. Deshalb sollte er versuchen, sich so einzurichten, dass er die oftmals aufwendige Auskunftserteilung ohne Zeitnot für den späteren Fortgang des Verfahrens zur Bestimmung der angemessenen Vergütung zusammenstellen kann. Vielleicht bietet sich auch eine Möglichkeit, außerhalb des streitigen Verfahrens zu einer Einigung zu kommen.

5. Der Arbeitgeber tut gut daran, die Gründe, die für einen Wirtschaftsprüfervorbehalt sprechen, schon mit der Ankündigung eines Anerkenntnisses unter der Maßgabe eines solchen Wirtschaftsprüfervorbehaltes vorzutragen, um so dem Gericht im Falle der Fortführung des Rechtsstreits auch im Auskunftsteil eine sachliche Entscheidungsgrundlage geben zu können.

6. Die Rechnungslegung erfordert mitunter einen beträchtlichen Zeitaufwand. Es erscheint sinnvoll, dass der Arbeitgeber den Zeitaufwand ungefähr angibt. Der Arbeitnehmer wird dann innerhalb dieses Zeitraums vernünftigerweise keine Vollstreckungsmaßnahmen nach § 888 ZPO aus dem ohne Sicherheitsleistung vollstreckbaren Anerkenntnisurteil einleiten. Im Übrigen kann der Rechtsstreit auf zweiter Stufe erst nach Abschluss der ersten Stufe der Rechnungslegung fortgesetzt werden.

7. Auch wenn es nicht unbedingt notwendig erscheint, schon im Verfahren der Rechnungslegung auf erster Stufe zur Vergütungshöhe auf zweiter Stufe des Verfahrens vorzutragen, kann dies gleichwohl zur Darstellung des Sach- und Streitstandes im Interesse einer gütlichen Einigung auch mit Hilfe des Gerichts sinnvoll sein.

8. Vergütungsansprüche und die darauf zurückbezogenen Auskunftsansprüche unterliegen der regelmäßigen Verjährung von 3 Jahren, §§ 195, 199 Abs. 1 BGB. Die Einrede der Verjährung muss ausdrücklich und kann, soweit die Tatsachen dazu unstreitig sind, auch noch in der Berufungsinstanz, erklärt werden (BGH NJW 2008, 1312). Zur Verjährung im Einzelnen siehe → Form. E.14 Anm. 41. Die Vergütungspflicht endet bei einer in Anspruch genommenen Diensterfindung grundsätzlich mit dem Wegfall des Schutzrechtes (RL 42). Weil bis zum Wegfall des Schutzrechtes die Monopolstellung des Arbeitgebers grundsätzlich besteht, sind sämtliche Verwertungshandlungen bis zu diesem Zeitpunkt vergütungspflichtig. Dabei ist einerlei, ob der Wegfall auf Zeitablauf oder auf Grund einer rechtskräftigen Entscheidung im Patenterteilungsverfahren oder im Nichtigkeitsverfahren beruht. Dies kann Bedeutung haben, wenn das Schutzrecht zwar im Inland, nicht jedoch im Ausland fortgefallen ist. Beruht der Wegfall des Schutzrechts im Inland auf Zeitablauf, laufen aber noch ausländische Schutzrechte, sind Verwertungshandlungen im Ausland vergütungspflichtig, RL 42 S. 4 in Verbindung mit RL 26 Abs. 1 S. 3. Ist das Schutzrecht im Inland hingegen mangels Schutzfähigkeit versagt oder vernichtet worden, kann dies auch für einen fehlenden Bestand paralleler Auslandsschutzrechte sprechen und somit Auswirkungen auf den Vergütungsanspruch haben; denn § 2 ArbEG knüpft an das zum Zeitpunkt der Fertigstellung der Erfindung geltende deutsche Patent- und Gebrauchsmusterrecht an (*Bartenbach/Volz* Arbeitnehmererfindungsgesetz, 5. Aufl. 2013, § 9 Rn. 245 f., 246.2; § 2 Rn. 25; aA *Reimer/Schade/Schippel/Himmelmann* ArbEG, 8. Aufl. 2007, § 11 RL 26 Rn. 1 f.). Ausnahmsweise entfällt eine Vergütungspflicht auch schon vor Verfall oder Vernichtung des Schutzrechts, wenn die Mitbewerber das Schutzrecht nicht beachten und offensichtlich ist, dass das Schutzrecht keinen Bestand haben wird. Dann vermittelt das Schutzrecht nicht mehr für den Arbeitgeber die Monopolstellung, derentwegen er an den Arbeitnehmer eine Vergütung zahlt (BGH GRUR 1988, 123 (124) – Vinylpolymerisate; *Bartenbach/Volz* Arbeitnehmer-

16. Klagebeantwortung mit teilweisem Anerkenntnis E. 16

erfindungsgesetz, 5. Aufl. 2013, § 9 Rn. 34 f.). Die RL 42 behandelt auch den umgekehrten Fall einer Vergütung über die Laufdauer des Schutzrechtes hinaus. Wegen des geltenden Monopolprinzips ist eine solche auf wenige Ausnahmefälle beschränkt. Nur wenn das Gebot einer hinreichenden Belohnung des Erfinders in offensichtlichem Widerspruch zu der Benutzung der Erfindung über die Laufzeit des darauf erteilten Schutzrechts hinaus besteht, kann eine zusätzliche Vergütung erwogen werden. Wegen der Einzelheiten und der Spruchpraxis der Schiedsstelle: *Reimer/Schade/Schippel/Himmelmann* ArbEG, 8. Aufl. 2007, § 11 RL 42 Rn. 3.

9. Ein Vergütungsanspruch steht nur dem Erfinder zu. Sind mehrere Arbeitnehmer an der Diensterfindung als Erfinder beteiligt, haben sie jeweils nur einen ihrem Anteil entsprechenden Vergütungsanspruch, § 12 Abs. 2 ArbEG. Stellt sich nachträglich heraus, dass noch weitere Arbeitnehmer an der Diensterfindung beteiligt waren, ist dies jedenfalls dann zu berücksichtigen, wenn die Vergütung bis dahin noch nicht an den bzw. an die vermeintlichen Erfinder gezahlt worden ist, § 12 Abs. 6 S. 2 ArbEG (*Bartenbach/Volz* Arbeitnehmererfindungsgesetz, 5. Aufl. 2013, § 12 Rn. 94). Denn der Arbeitgeber kann nicht verpflichtet sein, zusätzliche Vergütung nur mit Rücksicht auf einen erweiterten Kreis der Erfinder zu zahlen. Daher lässt das Gesetz in § 12 Abs. 5 ArbEG auch eine Neufestsetzung der Vergütung im Falle eines Widerspruchs eines Miterfinders hinsichtlich der Anteile an der Erfindung zu.

10. Behandelt wird die Frage der zutreffenden Bezugsgröße bei der Ermittlung des Erfindungswertes nach der Lizenzanalogie, RL 6 f. Diese kann, muss aber nicht mit dem Gegenstand der Rechnungslegung übereinstimmen. Die Entscheidung über die richtige Wahl der Bezugsgröße fällt erst im Verfahren auf zweiter Stufe über die Angemessenheit der Vergütung. Dazu: BGH GRUR 1981, 263 (264) – Drehschiebeschalter; BGH GRUR 2003, 789 – Abwasserbehandlung; OLG Düsseldorf Urt. v. 9.10.2014 – I-2 U 15/13, BeckRS 2014, 21940 – Türbänder, → Form. E. 14 Anm. 31).

11. Schutzrechtskomplex RL 19 zu § 11 ArbEG. Zunächst ist der Wert des Gesamtkomplexes zu bestimmen und dieser sodann auf die einzelnen Erfindungen entsprechend ihrem Einfluss auf die Gesamtgestaltung des Gegenstandes aufzuteilen. Dabei muss die für den Gesamtkomplex ermittelte Lizenzgebühr angemessen sein. Insbesondere darf die Gesamtbelastung nicht die Höchstbelastung für das Produkt überschreiten. Werden mit einem Produkt Gewinne vor Steuern von 20 bis 30 % des Nettoverkaufserlöses erzielt, und nimmt man in Anknüpfung der Auswertung von *Fischer* (*Fischer* Mitt. 1987, 104 (105)) Analogiezinssätze von 25 bis 30 % des beim Verkauf des geschützten Produkts erzielten Gewinns vor Steuern an, läge die Höchstbelastung etwa im Mittel bei 6 % des Nettoverkaufspreises des die Bezugsgröße ausmachenden Gegenstandes. Weil mit der neuen Rechtsprechung des BGH (BGH GRUR 2010, 223 – Türinnenverstärkung) Angaben zum Gewinn nicht mehr gefordert werden können, ist die Feststellung der Höchstbelastung erschwert. Letztlich wird es darauf ankommen, was an marktüblichen Lizenzen auf dem Produkt durchsetzbar ist. Dann ist entsprechend der Bedeutung der einzelnen Schutzrechte zu gewichten, was umso leichter fällt, je substantiierter zur Bedeutung der einzelnen Erfindungen vorgetragen wird (OLG Düsseldorf Mitt. 1998, 27 – Schadensersatz nach der Lizenzanalogie; OLG Düsseldorf InstGE 4, 165 – Spulkopf II; OLG Düsseldorf Urt. v. 9.10.2014 – I-2 U 15/13, BeckRS 2014, 21940 – Türbänder; OLG München Urt. v. 16.8.2012 – 6 U 2572/11, BeckRS 2016, 01152 – Elektronische Funktionseinheit; Schiedsstelle Arb.Erf. 18/13 Mitt. 2016, 277 – Kausalitätsverschiebung: zur Ermittlung des Lizenzsatzes, der Bezugsgröße, Abstaffelung, Schutzrechtskomplex und Höchstlizenzsatz; *Bartenbach/Volz* Arbeitnehmererfindungsgesetz, 5. Aufl. 2013, § 9 Rn. 128 f.).

12. Die durch das Schutzrecht vermittelte Vorzugsstellung (Monopolstellung) beeinflusst den Lizenzsatz maßgeblich. Besitzt das Schutzrecht einen engen Schutzbereich und bestehen für die Wettbewerber leichte Umgehungsmöglichkeiten, führt dies zu Abzügen von der mittleren Lizenzgebühr innerhalb des bei der Ermittlung der fiktiven Lizenz anzunehmenden Lizenzrahmens (OLG Düsseldorf Mitt. 1998, 27 (31) – Schadensersatz nach der Lizenzanalogie).

13. Für die Bemessung des Anteilsfaktors kommt es auf die Verhältnisse zum Zeitpunkt der Fertigstellung der Erfindung an. Schlüssige Angaben dazu sind regelmäßig der Meldung über die Diensterfindung zu entnehmen, der beruflichen und fachlichen Qualifikation des Arbeitnehmers, internen Dienstanweisungen und dgl. Dabei ist auf die tatsächlichen Umstände abzustellen und nicht auf die förmliche Einordnung des Arbeitnehmers.

14. Ein detaillierter Sachvortrag ist dem Arbeitgeber im Höheverfahren auf 2. Stufe des Rechtsstreits vorbehalten.

17. Antrag an die Schiedsstelle

Schiedsstelle[1]

nach dem Gesetz über Arbeitnehmererfindungen

beim Deutschen Patent- und Markenamt

Zweibrückenstr. 12

80331 München

Antrag[2]

der Firma B — Antragstellerin —

Verfahrensbevollmächtigter: PA/RA[3]

gegen

Herrn A — Antragsgegner —

wegen:[4] Klärung der Schutzfähigkeit einer Diensterfindung nach § 17 Abs. 2 ArbEG

Namens und im Auftrag der Antragstellerin bitte ich um Eröffnung des Schiedsverfahrens[5] [in erweiterter Besetzung der Schiedsstelle (§ 30 Abs. 4 ArbEG)[6]] und beantrage,[7]

durch Einigungsvorschlag[8] festzustellen, dass die mit der Erfindungsmeldung vom ...... betreffend einen geschlossenen Abstandsrahmen für Sicherheitsverbundglasscheiben zugleich gemeldete Stoffzusammensetzung eines salz- und wasserhaltigen Gels mit korrosionshemmenden Mitteln zur Befüllung des Zwischenraums der durch den Abstandsrahmen abgedichtet distanzierten Sicherheitsverbundglasscheiben nicht schutzfähig ist;[9]

Begründung:[10]

I.

Die Antragstellerin ist ein Unternehmen der Bauglasindustrie. Der Antragsgegner ist Chemiker und bei der Antragstellerin seit dem ...... angestellt. In dem hier interessierenden Zeitraum war der Antragsgegner Leiter der Entwicklungsabteilung „Spezialbaugläser".

Der Antragsgegner meldete der Antragstellerin mit dem als

17. Antrag an die Schiedsstelle   E. 17

Anlage Ast 1

überreichten Schreiben ...... eine Erfindung betreffend einen geschlossenen Abstandsrahmen für Sicherheitsverbundglasscheiben. Im Stand der Technik sind Scheibenanordnungen bestehend aus zwei durch Abstandshalter parallel übereinander angeordnete und distanzierte Sicherheitsverbundglasscheiben bekannt. Der abgedichtete Zwischenraum dieser Scheibenanordnungen wird mit einem salz- und wasserhaltigen Gel gefüllt. Ein solcher Scheibenaufbau dient als Brandschutzglas in Tür- und Fensterelementen. Zerplatzt die dem Brand zugewandte Scheibe, kommt es zu einer Verdunstung des salz- und wasserhaltigen Gels und damit zur Bildung einer Schutzschicht auf der Innenseite der dem Brand zugewandten zweiten Scheibe. In Weiterbildung dieser bekannten Scheibenanordnung sieht die gemeldete Erfindung des Klägers einen geschlossenen Abstandsrahmen anstelle der bislang verwandten mehrstückigen Abstandshalter und Eckverbinder vor. Außerdem beschreibt der Antragsgegner in seiner Erfindungsmeldung eine Stoffzusammensetzung des salzhaltigen Gels mit korrosionshemmenden Mitteln.[11]

Die Antragstellerin hat die gemeldete Erfindung mit Schreiben vom ......, überreicht als

Anlage Ast 2

gegenüber dem Antragsgegner ausdrücklich in Anspruch genommen.[12] Im Hinblick auf die genannte Stoffzusammensetzung hat die Antragstellerin dem Antragsgegner gleichzeitig folgendes mitgeteilt:[13]

„..... sehen wir in der beschriebenen Stoffzusammensetzung des salzhaltigen Gels mit Korrosionsschutzmitteln ein Betriebsgeheimnis unseres Unternehmens, dessen Preisgabe durch eine Schutzrechtsanmeldung nicht im Interesse des Unternehmens liegen kann. Dadurch würde der Wettbewerber nur die Möglichkeit erlangen, einen solchen Stoff für die vorgeschlagenen Verwendungszwecke nachzuahmen. Ein eventuelles Schutzrecht auf die Stoffzusammensetzung würde diesen Nachteil nicht ausgleichen können; denn der Nachweis einer Nachahmung der geschützten Stoffzusammensetzung könnte nur – wenn überhaupt – unter beträchtlichem Aufwand geführt werden. Handelt es sich somit um ein Betriebsgeheimnis, werden wir eine Patentanmeldung nicht vornehmen.[14]"

Sodann fährt die Antragstellerin in demselben Schreiben an den Antragsgegner wie folgt fort:

„..... können wir im Übrigen eine Schutzfähigkeit der Stoffzusammensetzung nicht anerkennen.[15] Salzhaltige Gele dieser Art sind im Stand der Technik als Frostschutzmittel bekannt. Es stellt keine erfinderische Leistung dar, solchen Mitteln korrosionshemmende Substanzen in der vorgeschlagenen Menge beizumischen."

Die Antragstellerin hat entsprechend ihrer Ankündigung daher nur die mit der Erfindungsmeldung gemeldete Vorrichtung (geschlossener Abstandsrahmen) zur Patenterteilung angemeldet, nicht jedoch die Stoffzusammensetzung der Scheibenfüllung.

Weil sich der Antragsgegner mit der Bewertung der Antragstellerin wegen der Stoffzusammensetzung der salzhaltigen Scheibenfüllung nicht einverstanden erklärt hat, ist die Anrufung der Schiedsstelle zur Herbeiführung einer Einigung über die Schutzfähigkeit der gemeldeten Diensterfindung geboten, § 17 Abs. 2 ArbEG.

II.

Die Diensterfindung ist nicht schutzfähig;[16] denn aus dem Stand der Technik, den ich als

Anlage Ast 3

überreiche, ist eine solche Stoffzusammensetzung bekannt. Beschrieben wird dort ein salzhaltiges Gel zur Verwendung als Frostschutzmittel für Feuerlöscher mit wasserhaltigen Löschmitteln. Wie der Beschreibung im Stand der Technik zu entnehmen ist, kann dabei auch vorgesehen sein, zur Vermeidung einer inneren Korrosion des Feuerlöschers ein Korrosionsschutzmittel hinzuzufügen.

Ungeachtet der fehlenden Neuheit der angegebenen Stoffzusammensetzung beruht die Auswahl nicht auf einer erfinderischen Tätigkeit des Antragsgegners. Mit beruflich geläufigen Überlegungen ist es einem Fachmann ohne weiteres möglich, zu der genannten Stoffzusammensetzung zu gelangen. Denn es liegt auf der Hand, zur Vermeidung unerwünschter Korrosionen des metallenen Abstandsrahmens ein Korrosionsschutzmittel in der angegebenen Konzentration und der vorgeschlagenen Beschaffenheit einzusetzen.

Rein vorsorglich stelle ich die Tatsache, dass die beanspruchte Stoffzusammensetzung zum Zeitpunkt der Erfindungsmeldung wie vorgetragen der Öffentlichkeit zugänglich war, unter Beweis durch

Zeugnis des N. N.[17]

Abschriften anbei[18]

Rechtsanwalt[19, 20]

Schrifttum: Schiedsstelle allgemein: *https://www.dpma.de/amt/aufgaben/schiedsstelle_arbeitnehmererfindungen/index.html*, mit online abrufbaren Einigungsvorschlägen seit 2009; *Rabe*, Die Schiedsstelle nach dem Gesetz über Arbeitnehmererfindungen als Partner der Arbeitnehmer und Arbeitgeber, VPP Rundbrief 2015, 151; *Bartenbach/Volz*, Die betriebsgeheime Diensterfindung und ihre Vergütung, GRUR 1982, 133; *Düwell*, Rechtsstreitigkeiten der Arbeitsvertragsparteien über Erfindungen, Verbesserungsvorschläge und Urheberrechte, ZAP 1998, 389 f.; *Gaul*, Die betriebsgeheime Erfindung im Arbeitnehmererfinderrecht, Mitt 1997, 185; *Kaube/Volz*, Die Schiedsstelle nach dem Gesetz über Arbeitnehmererfindungen beim Deutschen Patentamt, RdA 1981, 213; *Hellebrand/Himmelmann*, Lizenzsätze für technische Erfindungen, aus Erfahrungen und Praxis der Schiedsstellenarbeit, 4. Aufl. 2011; *Schade*, Verfahrensvorschriften im Recht der Arbeitnehmererfindung, BB 1963, 1261; *Schütz*, Zur Bindungswirkung der Anerkenntniserklärung nach § 17 ArbEG bei nachträglich festgestellter Schutzunfähigkeit, GRUR 1980, 1038; *Schwab*, Psst, geheim!, AiB 2011, 512; *Tschischgale*, Das Schiedsverfahren nach dem Gesetz über Arbeitnehmererfindungen und seine Kosten, JurBüro 1966, 169; *Volmer*, Zehn Jahre Tätigkeit der Schiedsstelle für Arbeitnehmererfindungen, BB 1968, 253.

Anmerkungen

1. Zur Vermeidung gerichtlicher Streitigkeiten im Interesse der Erhaltung des Arbeitsfriedens (Amtliche Begründung zu § 28 ArbEG, BlPMZ 1957, 224 (242)) kann vom Arbeitnehmer oder Arbeitgeber in allen Streitfällen zwischen den Parteien auf Grund des Gesetzes über Arbeitnehmererfindungen die zu diesem Zweck beim Deutschen Patent- und Markenamt eingerichtete Schiedsstelle nach dem Gesetz über Arbeitnehmererfindungen angerufen werden, § 28 ArbEG. Im Textbeispiel werden die aktuelle amtliche Bezeichnung und Anschrift genannt (www.dpma.de). Organisatorisch ist die Schiedsstelle eine eigene Einrichtung, jedoch kein Gericht, auch kein Schiedsgericht, und kann daher kein Recht sprechen. Sie hat zu versuchen, eine gütliche Einigung zwischen den Parteien herbeizuführen, § 28 S. 2 ArbEG. Ihre Beschlüsse besitzen keine selbstständige Vollstreckbarkeit. Hinsichtlich des Verfahrens vor der Schiedsstelle verweist § 33 ArbEG auf eine entsprechende Anwendung der Vorschriften der Zivilprozessordnung: §§ 41–48 ZPO –

17. Antrag an die Schiedsstelle E. 17

Ausschließung und Ablehnung der Gerichtspersonen; §§ 1042 Abs. 1, 1050 ZPO – Gewährung rechtlichen Gehörs, gerichtliche Unterstützung bei der Beweisaufnahme und sonstigen richterlichen Handlungen, § 1042 Abs. 2 ZPO – Vertretung durch Rechtsanwälte. Im Übrigen soll das Verfahren vor der Schiedsstelle von allen Formen weitgehend befreit sein und den Anordnungen der Schiedsstelle vorbehalten bleiben, § 33 Abs. 2 ArbEG.

2. Die Schiedsstelle wird nur im kontradiktorischen Verfahren auf Antrag einer Partei tätig. Der Antrag hat vergleichbar einer Klage schriftlich zu erfolgen, muss eine Bezeichnung der Parteien und eine kurze Darstellung des Sachverhaltes enthalten, § 31 Abs. 1 ArbEG. Die Anrufung soll jedoch „möglichst einfach gehalten" sein (Amtliche Begründung zu § 31 ArbEG BlPMZ 1957, 224 (243)). Das Verfahren soll unbelastet von besonderen Förmlichkeiten stattfinden (*Bartenbach/Volz* Arbeitnehmererfindungsgesetz, 5. Aufl. 2013, § 33 Rn. 18 mwN). Die vorherige Anrufung der Schiedsstelle ist grundsätzlich Zulässigkeitsvoraussetzung für ein gerichtliches Verfahren vor den ordentlichen Gerichten, § 37 Abs. 1 ArbEG. Ausnahmen sind in § 37 Abs. 2 ArbEG aufgezählt: Der Arbeitnehmer ist aus dem Betrieb ausgeschieden, es werden Rechte auf Durchsetzung der Ansprüche aus einer Vereinbarung (§§ 12, 19, 22, 34 ArbEG) geltend gemacht oder eine Klage wird darauf gestützt, dass die Vereinbarung unwirksam sei (beispielsweise Vergütungsvereinbarungen, Vergütungsfestsetzungen), schriftliche Vereinbarung zwischen den Parteien nach Eintritt des Streitfalls, die Schiedsstelle nicht anzurufen, dem gleichgestellt ist eine rügelose Einlassung zur Sache im Klageverfahren. Ferner bedarf es keiner Anrufung der Schiedsstelle bei Anträgen auf Arrest und einstweilige Verfügung.

3. Die Parteien können sich auch durch Rechts- und/oder Patentanwälte, aber auch durch die Verbandsvertreter nach § 11 ArbGG vertreten lassen, § 33 Abs. 1 S. 2 ArbEG.

4. Die sachliche Zuständigkeit ist weit zu fassen. Sie besteht „in allen Streitfällen" zwischen Arbeitgeber und Arbeitnehmer auf Grund des Gesetzes über Arbeitnehmererfindungen. Dazu zählen auch Streitigkeiten über *qualifizierte* technische Verbesserungsvorschläge nach § 20 ArbEG, nicht hingegen Streitigkeiten über einfache technische Verbesserungsvorschläge (*Reimer/Schade/Schippel/Trimborn* ArbEG, 8. Aufl. 2007, § 28 Rn. 6). Im Textbeispiel wird eine Streitigkeit über die Schutzfähigkeit einer vom Arbeitgeber als Betriebsgeheimnis gewerteten gemeldeten Diensterfindung nach § 17 ArbEG behandelt. Besonders häufig sind Streitigkeiten über die Höhe der angemessenen Vergütung und die damit zusammenhängenden Fragen für die Ermittlung des wirtschaftlichen Wertes der Erfindung: Abstaffelung, Bezugsgröße, vorläufige Vergütung, Bedeutung ausländischer Schutzrechte, Anteilfaktor. Weitere Streitigkeiten betreffen die Meldung und Inanspruchnahme der Diensterfindung, die Unbilligkeit von Vergütungsvereinbarungen oder auch eine Neuregelung einer Vergütungsvereinbarung wegen veränderter Umstände (zu den Einzelheiten: *Bartenbach/Volz* Arbeitnehmererfindungsgesetz, 5. Aufl. 2013, § 28 Rn. 21 mit zahlreichen Hinweisen auf beschiedene Fälle der Schiedsstelle, die bis in die 90-iger Jahre hinein häufig insbesondere in BlPMZ, seitdem aber in Zeitschriften nur noch recht selten veröffentlicht werden; dabei ist die Schiedsstelle durchaus aktiv: Statistik des DPMA BlPMZ 2013, 108: Eingänge jährlich im Durchschnitt 60 und beschieden 40). Grundsätzlich ist die Schiedsstelle sachlich nicht zuständig für bürgerlichrechtliche Streitfragen, beispielsweise Streitigkeiten über das Zustandekommen einer Vereinbarung, einer Aufrechnung oder bei Streit über die Wirksamkeit eines Verzichtes, es sei denn, es handelt sich dabei nur um Vorfragen oder um solche Fragen, die in engem sachlichen und rechtlichen Zusammenhang mit den von der Schiedsstelle zuständigkeitshalber zu behandelnden Fragen stehen und die Beantwortung der offenen Fragen ohne weitere und ins einzelne gehende Sachaufklärung erfolgen kann (Schiedsstelle 43/90 GRUR 1992, 499 (500)). Nicht zuständig sieht sich die Schiedsstelle für Streitigkeiten aus freigegebenen Diensterfindungen (Schiedsstelle 7/02). Die Schiedsstelle ist zuständig für alle arbeitnehmererfinderrechtlichen Streitigkeiten, die vor dem Beitritt der ehemaligen DDR fertig gestellte Erfindungen betreffen, § 49 Abs. 1 ErstrG. Einzelheiten: *Reimer/Schade/Schippel/Himmelmann* ArbEG, 8. Aufl. 2007, Einleitung Rn. 43.

5. Das Schiedsverfahren wird durch Einreichung des Antrages bei der Schiedsstelle eingeleitet. Der Vorsitzende verfügt die Zustellung des Antrags an den anderen Beteiligten und setzt ihm eine Äußerungsfrist, § 31 Abs. 2 ArbEG. Das Schiedsverfahren soll zwar nach möglichst 6 Monaten abgeschlossen sein (§ 37 Abs. 2 Nr. 2 ArbEG), in der Praxis dauern die Verfahren jedoch wesentlich länger. Eine Statistik über die Zahl der neu eingegangenen, anhängigen sowie erledigten Schiedsverfahren findet sich jährlich in der Veröffentlichung des Deutschen Patent- und Markenamtes jeweils im März-Heft BlPMZ. Das Schiedsverfahren kann nach freiem Ermessen der Schiedsstelle schriftlich oder in mündlicher Verhandlung betrieben werden, wobei eine mündliche Verhandlung regelmäßig nur umfangreichen oder schwierig gelagerten Sachverhalten vorbehalten bleibt. Die Parteien können eine mündliche Verhandlung anregen. Diese kann am Sitz der Schiedsstelle oder außerhalb stattfinden, § 29 Abs. 2 ArbEG.

6. In etwa 10 % der Verfahren vor der Schiedsstelle wird Antrag auf erweiterte Besetzung der Schiedsstelle (§ 30 Abs. 4 ArbEG) gestellt (*Bartenbach/Volz* Arbeitnehmererfindungsgesetz, 5. Aufl. 2013, § 30 Rn. 11). Die normale Besetzung der Schiedsstelle besteht aus dem Vorsitzenden, der die Befähigung zum Richteramt haben soll, und zwei Beisitzern auf dem Gebiet der Technik, auf das sich die Erfindung oder der (qualifizierte) technische Verbesserungsvorschlag bezieht, § 30 Abs. 3 ArbEG. In erweiterter Besetzung treten Beisitzer aus Arbeitgeber- und Arbeitnehmerseite hinzu. In dem Textbeispiel scheint eine solche erweiterte Besetzung nicht nötig, weil der Streit die Frage der Schutzfähigkeit der Diensterfindung betrifft und insoweit technischer Sachverstand gefragt ist. Soll jedoch ein solcher Antrag gestellt werden, muss dieser zugleich mit dem Antrag auf Anrufung der Schiedsstelle oder von dem anderen Beteiligten binnen einer Frist von 2 Wochen nach Zustellung des Antrags eingereicht werden, § 32 ArbEG.

7. Wie bei einer Klage sollte der Antrag möglichst bestimmt sein und dabei angegeben werden, worüber die Schiedsstelle eine Einigung herbeiführen und einen Einigungsvorschlag unterbreiten soll. In dem Textbeispiel soll eine Einigung über die Schutzfähigkeit einer vom Arbeitgeber als Betriebsgeheimnis angesehenen Diensterfindung erzielt werden, deren Schutzfähigkeit der Arbeitgeber nicht anerkannt hat, § 17 ArbEG. Ist Gegenstand des Schiedsverfahrens eine streitige Vergütung wie in → Form. E.14 einer Stufenklage, könnte ein der Stufenklage bei der Schiedsstelle vorangegangener Antrag des Arbeitnehmers beispielsweise wie folgt lauten:

> „...... beantrage ich,
> durch Einigungsvorschlag festzustellen, dass sich die Beteiligten darin einig sind, dass die Antragsgegnerin dem Antragsteller für die Benutzung der Diensterfindung DE ...... (geschlossener Abstandsrahmen für Sicherheitsverbundglasscheiben) eine Vergütung auf Basis eines Lizenzsatzes von 3 % des Nettoverkaufspreises der einbaufertigen Scheibenanordnung (Bezugsgröße) mit einem Anteilsfaktor von 15 % bei Alleinerfinderschaft des Antragstellers zahlt".

Die Schiedsstelle ist an den Antrag nicht gebunden. Sie kann besonders bei Streitigkeiten über Vergütungen mehr, aber auch weniger vorschlagen als beantragt (*Bartenbach/Volz* Arbeitnehmererfindungsgesetz, 5. Aufl. 2013, § 33 Rn. 43).

8. Die Parteien können sich im Laufe des Schiedsverfahrens auch außerhalb eines förmlichen Einigungsvorschlages durch Vergleich einigen. Insoweit hat die Schiedsstelle nur auf eine gütliche Einigung hinzuwirken. Der Einigungsvorschlag ist durch Beschluss mit Stimmenmehrheit zu fassen, § 34 Abs. 1 ArbEG, und zu begründen. Der Einigungsvorschlag wird zwischen den Parteien als Vereinbarung verbindlich, wenn er angenommen wird. Das wird gesetzlich fingiert, wenn keiner der Beteiligten dem Vorschlag binnen einer Frist von 1 Monat nach Zustellung des Beschlusses schriftlich widerspricht (Ausschlussfrist), § 34 Abs. 3 ArbEG.

9. Grundsätzlich ist der Arbeitgeber zur Anmeldung einer Diensterfindung im Inland verpflichtet, § 13 Abs. 1 ArbEG. Er kann davon nur in den Ausnahmetatbeständen des § 13 Abs. 2 ArbEG absehen. Dazu zählt auch das Betriebsgeheimnis nach § 17 Abs. 1 ArbEG, sofern der Arbeitgeber die Schutzfähigkeit der Erfindung anerkennt. Erfolgt kein solches Anerkenntnis, kann der Arbeitgeber von der Erwirkung eines Schutzrechtes absehen, wenn er zur Herbeiführung einer Einigung die Schiedsstelle anruft, §§ 17 Abs. 2, 29 ArbEG. Von der Verpflichtung zur Anmeldung wird der Arbeitgeber also nur befreit, wenn er die Schiedsstelle anruft (*Bartenbach* GRUR 1982, 133). Insoweit ist § 17 ArbEG auch eine spezielle Regelung der Geheimhaltungspflicht aus § 24 ArbEG (*Volmer/Gaul* Arbeitnehmererfindungsgesetz, 2. Aufl. 1983, § 17 Rn. 16).

10. Der Antrag ist unter Darstellung des Sachverhaltes zu begründen. Erklärende Anlagen sollten beigefügt werden. Das ist insbesondere die Erfindungsmeldung. Zu strenge Anforderungen dürfen allerdings wegen der angestrebten einfachen Verfahrensweise vor der Schiedsstelle nicht gestellt werden. Der Sachverhalt ist im Übrigen von der Schiedsstelle zu ermitteln, wobei ausreichend ist, die tatsächlichen Umstände soweit aufzuklären, dass ein ausgewogener Einigungsvorschlag sachgerecht begründet werden kann (Schiedsstelle 74/78 EGR § 28 Nr. 16 mit eingehender Kommentierung von *Bartenbach*).

11. Im Textbeispiel wird als Beispiel für eine als Betriebsgeheimnis in Betracht kommende Erfindung eine Stoffzusammensetzung (Rezeptur) angenommen.

12. Die Inanspruchnahme selbst ist keine Anerkennung der Schutzfähigkeit, und zwar gleichgültig, ob der Arbeitgeber sich später zur Anmeldung der gemeldeten Diensterfindung entschließt oder unter Hinweis auf § 13 Abs. 2 Nr. 3 ArbEG in Verbindung mit § 17 Abs. 1 ArbEG von einer Erwirkung des Schutzrechts wegen Bewertung als Betriebsgeheimnis absieht. Weil der Arbeitgeber an ein einmal erklärtes Anerkenntnis der Schutzfähigkeit gebunden ist und er sich so behandeln lassen muss, als wäre auf die Erfindung ein Schutzrecht rechtskräftig erteilt worden, (BGH GRUR 1988, 123 – Vinylpolymerisate), kommt eine konkludente Anerkennung der Schutzfähigkeit nur in eindeutigen Ausnahmefällen in Betracht. Die Inanspruchnahme hat daher keine Bedeutung für die Anerkennung der Schutzfähigkeit, wohl aber ist sie Voraussetzung für den späteren Vergütungsanspruch und daher bei der Sachverhaltsdarstellung vorzutragen. Behandelt allerdings der Arbeitgeber die Diensterfindung unter Rücknahme der eingereichten Patentanmeldung vor Offenlegung als Betriebsgeheimnis, ohne die Schiedsstelle nach § 17 ArbEG anzurufen, und verhandelt er mit dem Erfinder über die Höhe der Erfindervergütung und zahlt auch einen als angemessen angesehenen Vergütungsbetrag, und erfolgt die anschließende Anrufung der Schiedsstelle einvernehmlich und augenscheinlich zu dem Zweck, die zwischen den Beteiligten streitigen Punkte des Lizenzsatzes bei der Ermittlung des Erfindungswerts und der Wertzahl „a" bei der Ermittlung des Anteilsfaktors zu klären, dann ist davon auszugehen, dass der Arbeitgeber die Schutzfähigkeit der Diensterfindung grundsätzlich im Sinne von § 17 Abs. 1 ArbEG anerkannt hat und dass die von den Beteiligten im Rahmen des Schiedsstellenverfahrens geführte Diskussion zum Abstand der Diensterfindung vom Stand der Technik ausschließlich der Bestimmung des angemessenen Lizenzsatzes dient. Im Hinblick auf die Vergütungsdauer ist die Schiedsstelle der Auffassung, dass zwar bei betriebsgeheimen Erfindungen gemäß § 17 Abs. 3 ArbEG generell auf die Höchstschutzdauer eines Patents abzustellen ist, um die aus der fehlenden Patentanmeldung resultierenden Nachteile auszugleichen. Dieser Nachteilsausgleich reicht jedoch nicht weiter als der erlittene Nachteil. Wie bei einem nicht mehr benutzten Schutzrecht kann trotz Aufrechterhaltung auch einem nicht mehr benutzten

Betriebsgeheimnis kein Erfindungswert zukommen (Schiedsstelle Arb.Erf. 65/13 Mitt. 2017, 43 – Betriebsgeheimnis).

13., 14. Es wird unterstellt, dass die Parteien nicht über das Vorliegen eines Betriebsgeheimnisses streiten. Betriebsgeheimnis ist jede im Zusammenhang mit einem Betrieb stehende Tatsache, die nicht offenkundig, sondern nur einem eng begrenzten Personenkreis bekannt ist und nach dem Willen des Betriebsinhabers aufgrund eines berechtigten Interesses geheim gehalten werden soll (*Schwab* Arbeitnehmererfindungsrecht, 3. Aufl. 2014, § 17 Rn. 4; BAG DB 1987, 2526; BGH NJW 1995, 2301; BGH GRUR 1955, 424 (425) – Möbelpaste; BGH GRUR 2003, 356 (358) – Präzisionsmessgeräte). Sollte aber auch darüber Streit bestehen, ist zu beachten, dass der Arbeitgeber zur Anmeldung der Diensterfindung verpflichtet bleibt, wenn er zu Unrecht ein Betriebsgeheimnis annimmt. Allerdings steht dem Arbeitgeber Raum für eine pflichtgemäße Ermessensentscheidung zu, so dass sich die Nachprüfbarkeit seiner Entscheidung auf die Frage der pflichtgemäßen Ausübung des Ermessens beschränkt. Für den Arbeitgeber kann es daher bei Streit in solchen Fällen empfehlenswert sein, gleichwohl die Erfindung zum Schutzrecht anzumelden, um noch vor Offenlegung der Patentanmeldung im Erteilungsverfahren eine Beurteilung der Schiedsstelle über das Betriebsgeheimnis zu erhalten. Sollte die Schiedsstelle die Ermessensentscheidung des Arbeitgebers billigen, kann dieser noch vor Offenlegung der eingereichten Patentanmeldung diese zurücknehmen. Verneint die Schiedsstelle ein Betriebsgeheimnis, ist der Arbeitgeber in diesem Fall seiner Anmeldpflicht aus § 13 Abs. 1 ArbEG nachgekommen. Die Prüfung der Schutzfähigkeit bliebe in beiden Fällen dem gewöhnlichen Erteilungsverfahren vorbehalten.

15. Die Anrufung der Schiedsstelle sollte vom Arbeitgeber unverzüglich erfolgen (*Bartenbach/Volz* Arbeitnehmererfindungsgesetz, 5. Aufl. 2013, § 17 Rn. 48 mwN). Verzögert der Arbeitgeber die Anrufung, können dem Arbeitnehmer daraus Schadensersatzansprüche erwachsen, etwa wenn die Erfindung, sollte sie schutzfähig gewesen sein, bekannt wird. Hat hingegen der Arbeitgeber die Schutzfähigkeit der Erfindung anerkannt (BGH GRUR 1988, 123 – Vinylpolymerisate), wäre wegen der dadurch eingetretenen Bindungswirkung für einen Antrag aus § 17 Abs. 2 ArbEG an die Schiedsstelle zum Zwecke der Feststellung der Schutzfähigkeit kein Raum mehr.

16. Auch wenn die Schiedsstelle den Sachverhalt von Amts wegen zu ermitteln hat, versteht sich von selbst, dass der Arbeitgeber die Tatsachen vortragen sollte, die gegen die Schutzfähigkeit der gemeldeten Erfindung streiten. Weil die Beisitzenden der Schiedsstelle aus dem Technikgebiet stammen, dem die Erfindung zufällt, kann die Schiedsstelle weitere Nachforschungen und Ermittlungen zum Stand der Technik anstellen, um die Frage der Schutzfähigkeit einem Einigungsvorschlag zuzuführen.

17. Die Schiedsstelle kann Beweis auch ohne Antrag eines Beteiligten erheben. An Beweislastgrundsätze ist sie nicht gebunden, allerdings kann sie Behauptungen, die von der anderen Partei nicht bestritten werden, als zugestanden entsprechend § 138 Abs. 3 ZPO behandeln. Zwangsmittel gegen Zeugen kann die Schiedsstelle nicht aussprechen. Sie kann aber gerichtliche Unterstützung entsprechend § 1050 ZPO für eine Beweisaufnahme beantragen.

18. Der Antrag soll nach § 31 Abs. 1 S. 2 ArbEG in zwei Stücken eingereicht werden. In der Regel verlangt die Schiedsstelle eine größere Anzahl von Kopien, damit jedes Mitglied des Schiedsstellenverfahrens jederzeit Zugriff auf den Akteninhalt hat. Die Verfahren vor der Schiedsstelle sind im Übrigen nicht öffentlich und Akteneinsicht wird Dritten grundsätzlich nicht gewährt.

Kosten und Gebühren

19. Nach § 36 ArbEG werden im Verfahren vor der Schiedsstelle keine Gebühren oder Auslagen erhoben. Es werden aber auch keine solchen erstattet, so dass Zeugen und Sachverständige ihre Auslagen selbst tragen müssen (Amtliche Begründung zu § 36 ArbEG BlPMZ 1957, 224 (244); aA *Reimer/Schade/Schippel/Trimborn* ArbEG, 8. Aufl. 2007, § 36 Rn. 1: Kosten trägt der Bund, wenn Zeugen auf Bitten der Schiedsstelle vor einem ersuchten Gericht vernommen werden). War die vorherige Anrufung der Schiedsstelle Zulässigkeitsvoraussetzung für ein Verfahren vor den ordentlichen Gerichten (§ 37 Abs. 2 ArbEG), können die entstandenen Kosten aus dem Schiedsverfahren im dortigen Kostenerstattungsverfahren angemeldet werden (OLG München JurBüro 1976, 209 (210)), die Kosten für einen Anwalt aber nur dann, wenn die Einschaltung notwendig (§ 91 ZPO) war. Der mit der Vertretung beauftragte Anwalt erwirbt gegen seinen Auftraggeber einen Anspruch auf mindestens eine 1,3 Verfahrensgebühr VV 3100 RVG, für die gesamte Tätigkeit im Güteverfahren gegebenenfalls noch eine 1,5 Einigungsgebühr, VV 1000 RVG (LG Mannheim Mitt. 1964, 196, für eine Vergleichsgebühr). Weil es sich um eine selbstständige Angelegenheit handelt, findet bei einem späteren gerichtlichen Verfahren eine Anrechnung der Gebühren aus dem Verfahren vor der Schiedsstelle auf die dann anfallenden Gebühren nicht statt.

Fristen und Rechtsmittel

20. Die Anrufung der Schiedsstelle kann jederzeit erfolgen, im Falle des § 17 Abs. 2 ArbEG sollte der Arbeitgeber zur Vermeidung einer eventuellen Schadensersatzpflicht gegenüber dem Arbeitnehmer unverzüglich den Antrag stellen (→ Anm. 15). Die Widerspruchsfrist gegen einen Einigungsvorschlag beträgt für beide Parteien 1 Monat ab Datum der jeweiligen Zustellung, wobei eine Fristbelehrung zu erfolgen hat, § 34 Abs. 2 S. 3 ArbEG. Gegen die Versäumung der Frist ist Antrag auf Wiedereinsetzung binnen eines Monats bei Nachholung der versäumten Handlung möglich. Über die Wiedereinsetzung entscheidet die Schiedsstelle. Dagegen ist sofortige Beschwerde nach der ZPO an das für den Sitz des Antragstellers zuständige Landgericht, also nicht die Patentstreitkammer, zulässig, § 34 Abs. 4 ArbEG. Es besteht Anwaltszwang, § 78 ZPO (*Reimer/Schade/Schippel/Trimborn* ArbEG, 8. Aufl. 2007, § 34 Rn. 14).

Die Anrufung der Schiedsstelle hemmt laufende Verjährungsfristen, und zwar unabhängig davon, ob die vorherige Anrufung Prozessvoraussetzung für eine Geltendmachung vor den ordentlichen Gerichten ist, § 204 Abs. 1 Nr. 4 BGB (BGH GRUR 2014, 357 – Profilstrangpressverfahren). Zu beachten ist, dass die Frist mit der Einreichung des Antrags nach § 204 Abs. 1 Nr. 4 BGB zwar gehemmt ist, aber nach § 204 Abs. 2 BGB die Hemmung 6 Monate nach Erledigung endet und die Frist dann weiterläuft. Eine Hemmung der Verjährung nach § 203 BGB greift auch dann, wenn die Parteien konkludent vereinbart hatten, zunächst für Verhandlungen das Schiedsstellenverfahren beschreiten zu wollen. Denn diese Vorschrift versteht sich auch als Korrektiv zur nunmehr geltenden kurzen Regelverjährung. Die Hemmung der Verjährung endet bei Abbruch der Verhandlungen. Verlangt wird ein Verweigern der Fortsetzung von Verhandlungen (BGH NJW 2005, 2006 – Widerruf eines Vergleichs). Wenn darunter auch keine rechtsgeschäftliche Erklärung, sondern nur ein Realakt zu verstehen ist, muss die Bewertung der Endgültigkeit des Abbruchs der Verhandlungen objektiv aus Sicht des Betroffenen erfolgen. Bei Einschlafen der Verhandlungen endet die Hemmung zu dem Zeitpunkt, zu dem von einer Partei jedenfalls eine Antwort zu erwarten gewesen wäre (OLG Düsseldorf VersR 1999, 69).

18. Klage auf Übertragung eines Schutzrechts

Landgericht ......[1]

Klage[2]

des Herrn A — Kläger —

Prozessbevollmächtigter: Rechtsanwalt ......

gegen

die Firma B — Beklagte —

wegen Übertragung und Umschreibung eines Schutzrechts

Streitwert: Vorläufig geschätzt ...... EUR[3]

Namens und im Auftrag des Klägers erhebe ich Klage und beantrage:

I. Die Beklagte zu verurteilen,
   1. durch Erklärung gegenüber dem Deutschen Patent- und Markenamt in die Umschreibung des Patentes DE ...... im Patentregister auf den Kläger einzuwilligen, alternativ: das Patent DE ...... auf den Kläger zu übertragen und in die Umschreibung im Patentregister auf den Kläger einzuwilligen;[4]
   2. dem Kläger darüber Rechnung zu legen,[5] in welchem Umfang die Beklagte seit ..... (Datumsangabe der Meldung der Diensterfindung) Scheibenanordnungen aus Sicherheitsverbundglasscheiben mit einem zwei Sicherheitsglasscheiben distanzierenden Abstandsrahmen aus einem U-förmigen Material, deren Zwischenraum mit einem salz- und wasserhaltigen Gel gefüllt und außen zwischen den Rahmen überragenden Scheiben mit einem Dichtstoff versehen ist,[6] hergestellt, angeboten, in Verkehr gebracht, gebraucht oder Lizenzen daran an Dritte vergeben hat,[7]
   bei denen der Abstandsrahmen aus einem einstückig abgelängten Profilmaterial gebildet ist, das an den zu bildenden Rahmenecken an seinen beiden Flanken mit je einer Ausklinkung versehen abgebogen und an seinen beiden Enden miteinander verbunden ist,[8]
   und zwar in einem geordneten Verzeichnis unter Angabe
   a) der Herstellungsmengen,
   b) der einzelnen Lieferungen, aufgeschlüsselt nach Liefermengen, -zeiten und -preisen sowie der Namen und Anschriften der jeweiligen Abnehmer,
   c) der Namen und Anschriften der Lizenznehmer,
   d) der erzielten Lizenzeinnahmen und/oder der sonstigen entgeltlichen Vorteile aus einer Lizenzvergabe unter Einschluss eventueller Kreuzlizenzen,
   sämtliche Angaben aufgeschlüsselt nach Kalender – oder Geschäftsjahren;
   3. die Beklagte zu verurteilen, an den Kläger vorgerichtliche Kosten der Rechtsverfolgung in Höhe von (jeweils einer vollen Geschäftsgebühr für den Rechtsanwalt und den Patentanwalt) zuzüglich fünf Prozentpunkte Zinsen über dem Basiszinssatz der Europäischen Zentralbank jährlich darauf seit Klagezustellung zu zahlen;
II. festzustellen,[9] dass die Beklagte verpflichtet ist, dem Kläger für die vorstehend zu I. 2. bezeichneten Handlungen, begangen

18. Klage auf Übertragung eines Schutzrechts E. 18

1. in der Zeit von der Meldung der Diensterfindung (Datumsangabe) bis zur Offenlegung der Patentanmeldung (Datumsangabe) eine zusätzliche Dienstvergütung zu zahlen,
2. in der Zeit seit Offenlegung der Patentanmeldung (Datumsangabe) bis zur Bekanntgabe der Patenterteilung (Datumsangabe) eine Entschädigung zu zahlen, und
3. seit Bekanntgabe der Patenterteilung (Datumsangabe) allen Schaden zu erstatten und/oder all dasjenige nach den Regeln der ungerechtfertigten Bereicherung an den Kläger herauszugeben, was die Beklagte aufgrund der vorstehend zu I. 2. bezeichneten Benutzungshandlungen erlangt hat,
hilfsweise:
an den Kläger eine vom Gericht auf Antrag des Klägers zu bestimmende angemessene Arbeitnehmererfindervergütung für die Benutzungshandlungen vorstehend I. 2. zu zahlen,
jeweils zzgl. 3,5 Prozentpunkte Zinsen jährlich über dem jeweiligen Basiszinssatz seit dem 1. Februar eines jeden Jahres auf den für die Benutzungshandlungen im Vorjahreszeitraum angefallenen Betrag;[10]
III. der Beklagten werden die Kosten des Rechtsstreits auferlegt;
IV. das Urteil wird – gegebenenfalls gegen Sicherheitsleistung (Bank- oder Sparkassenbürgschaft) – für vorläufig vollstreckbar erklärt;
hilfsweise wird dem Kläger nachgelassen, die Zwangsvollstreckung gegen Sicherheitsleistung (Bank- oder Sparkassenbürgschaft) abzuwenden.

Begründung:

I.

Der Kläger ist Chemiker. Er war bei der Beklagten, einem Unternehmen der Bauglasindustrie, in der Zeit vom ...... bis zum ...... angestellt. Während seiner Tätigkeit bei der Beklagten hat der Kläger ua eine Erfindung betreffend einen geschlossenen Abstandsrahmen für Sicherheitsverbundglasscheiben gemacht. Seine Erfindung hat der Kläger der Beklagten mit dem als

Anlage K 1

überreichten Schreiben vom ......, bei der Beklagten eingegangen am selben Tage, gemeldet.[11]

Obwohl die Beklagte den Eingang der Erfindungsmeldung bestätigte und den Kläger darauf hinwies, dass sie nach Prüfung des Gegenstandes der Erfindung entscheiden werde, ob und wie sie die Erfindung in Anspruch nehmen werde, ist innerhalb der gesetzlichen Frist von 4 Monaten nach Eingang der Erfindungsmeldung (§ 6 Abs. 2 ArbEG aF) durch die Beklagte eine Inanspruchnahme, insbesondere schriftlich, nicht erfolgt.[12]

Die Beklagte hat aber die Erfindung zur Patenterteilung am ...... angemeldet. Nach Offenlegung am ...... ist auf die Anmeldung am ...... das als

Anlage K 2

überreichte Patent erteilt worden.[13]

Die Beklagte benutzt den Gegenstand des Klagepatents durch Herstellung und Vertrieb erfindungsgemäßer Gegenstände. Die Benutzung ist zwischen den Parteien nicht streitig.[14]

II.

1. Der mit dem Klageantrag I. 1. geltend gemachte Anspruch auf Einwilligung in die Umschreibung des Patentes ist aus §§ 413, 412, 403 BGB iVm § 13 Abs. 4 S. 2 ArbEG begründet. Der Kläger hat der Beklagten die streitige Erfindung vor dem 1.10.2009 gemeldet, so dass die bis zum 30.9.2009 geltende Fassung des ArbEG anzuwenden ist, § 43 Abs. 3 ArbEG. Die Beklagte hat von ihrem aus §§ 6, 7 ArbEG aF bestehenden Aneignungsrecht an der Diensterfindung durch Erklärung der unbeschränkten Inanspruchnahme keinen Gebrauch gemacht. Folglich ist die Erfindung nach § 8 Abs. 1 Nr. 3 ArbEG aF frei geworden. Das Recht zur Anmeldung nach § 13 Abs. 4 S. 1 ArbEG steht ausschließlich dem Kläger als dem materiellrechtlichen Inhaber der Erfindung zu. Weil die Erfindung von der Beklagten bereits angemeldet wurde, gehen die Rechte aus der Anmeldung auf den Kläger über, § 13 Abs. 4 S. 2 ArbEG. Soweit davon ausgegangen wird, dass das Patent nicht bereits gem. § 13 Abs. 4 S. 2 ArbEG kraft Gesetzes auf den Kläger übergegangen ist, ist der hilfsweise geltend gemachte Anspruch auf Übertragung aus §§ 6, 8 S. 2 PatG begründet.[15]
Der Geltendmachung des Anspruchs auf Einwilligung in die Umschreibung, hilfsweise Übertragung des erteilten Patents steht nicht die 2-Jahresfrist des § 8 S. 3 PatG (gerechnet vom Tage der Veröffentlichung der Erteilung des Patents) entgegen. Diese Vorschrift ist auf den vorliegenden Sachverhalt nicht anwendbar, weil dem Kläger als dem Alleinberechtigten an der Erfindung (§ 6 PatG) das Klagepatent materiell-rechtlich schon zusteht und es insoweit nur noch einer Umschreibung der Rechte in dem bei der Patentbehörde geführten Register auf den Kläger bedarf. Selbst wenn eine Übertragung der Patents erforderlich sein sollte, wäre die Frist wegen Bösgläubigkeit nicht abgelaufen, § 8 S. 5 PatG.[16]
Der Zahlungsantrag zu I. 3. der Klage ist begründet aus Verzug, § 280 Abs. 1 BGB; der Kläger hat die Beklagte vorprozessual abgemahnt. Die angefallenen Rechtsverfolgungskosten berechnen sich aus jeweils einer 1,3 Geschäftsgebühr für den Rechts- und den Patentanwalt nach dem in der Klage angegebenen Streitwert, zuzüglich Auslagen und gesetzlicher Mehrwertsteuer. Eine Anrechnung der Geschäftsgebühr auf die in diesem Verfahren anfallende Verfahrensgebühr kommt nicht in Betracht (BGH NJW 2007, 2049).

2. Der mit dem Klageantrag zu II. geltend gemachte Anspruch auf Feststellung[17] der Verpflichtung der Beklagten auf Zahlung einer Vergütung für die Benutzungshandlungen seit Meldung der Diensterfindung bis zur Offenlegung der Patentanmeldung folgt, wenn nicht aus Bereicherungsrecht wegen Eingriffs in das Recht an der Erfindung des Klägers, so jedoch aus dem Sonderleistungsprinzip. Für die Zeit ab Offenlegung bis zur Bekanntmachung der Patenterteilung steht dem Kläger der gesetzliche Entschädigungsanspruch aus § 33 PatG zu und seit der Bekanntmachung der Patenterteilung hat der Kläger einen Schadensersatzanspruch und/oder bereicherungsrechtlichen Anspruch auf Herausgabe all dessen, was die Beklagte durch die Benutzungshandlungen seitdem erlangt hat. Das Recht auf das Patent aus § 6 PatG ist ein durch § 823 Abs. 1 BGB geschütztes sonstiges eigentumsähnliches Recht, in das die Beklagte durch Benutzung der ihr verlautbarten Erfindung eingegriffen hat. Die Beklagte ist nichtberechtigte Erfindungsbesitzerin und hat auf Kosten des Klägers Gebrauchsvorteile erlangt, die nach der Rechtsordnung dem Kläger zustehen, § 812 Abs. 1 BGB. Sie schuldet deshalb objektiven Wertersatz, § 818 Abs. 2 BGB. Dieser besteht zumindest in einer angemessenen Lizenzvergütung für den Kläger einschließlich der jährlich darauf für den Vorjahresbenutzungszeitraum angefallenen Zinsen in Höhe von 3,5 Prozentpunkten über dem Basiszinssatz.

3. Weil der Kläger ohne Kenntnis des Umfangs der Benutzungshandlungen nicht in der Lage ist, seine Ansprüche der Höhe nach zu spezifizieren, ist ihm die Beklagte zur

18. Klage auf Übertragung eines Schutzrechts E. 18

Auskunft und Rechnungslegung aus § 242 BGB als Hilfsanspruch zum Zahlungsanspruch verpflichtet.[18] Schon aus Gründen der Herbeiführung einer Hemmung der Verjährung besteht zu Gunsten des Klägers ein Feststellungsinteresse an einer Haftung der Beklagten.[19]

III.

Die Zuständigkeit des angerufenen Gerichts folgt aus § 143 PatG in Verbindung mit der Landesverordnung des Bundeslandes . . . . . . über die Zuweisung patentrechtlicher Streitigkeiten an das angerufene Gericht. Die Beklagte hat ihren Geschäftssitz in diesem Bundesland.[20]

IV.

Ich zeige an, dass der Kläger

Patentanwalt Dipl.-Ing. . . . . . .

zur Mitwirkung in diesem Rechtsstreit bestellt hat.[21]

Rechtsanwalt[22, 23]

Schrifttum: *Fricke/Meier-Beck*, Der Übergang der Rechte an der Diensterfindung auf den Arbeitgeber, Mitt. 2000, 199; *Hellebrand*, Diensterfindungen ab jetzt mit Haftungsetikett für den Arbeitgeber wegen Pflichtverletzung des Arbeitnehmererfinders, Mitt. 2006, 486; *Liebenau/Zech/Hofmann*, Das Recht an der Erfindung und das Recht auf das Patent, ZGE 2012, 133; *Rother*, Die Stellung des Arbeitnehmers einer frei gewordenen Diensterfindung, Festschrift Bartenbach, 2005, 159; *Steininger*, Neue Tücken bei der Überleitung von Diensterfindungen auf den Arbeitgeber, zugleich Anmerkung zum Urteil des BGH – „Haftetikett", Mitt. 2006, 483; → Form. E.14 (Stufenklage), → Form. E.4 Inanspruchnahme).

Anmerkungen

1. → Form. E.16 Anm. 1 (Stufenklage). Örtlich zuständig ist das für patentrechtliche Streitigkeiten zuständige Landgericht des Bundeslandes, in dem der beklagte Arbeitgeber seinen allgemeinen Geschäftssitz hat, § 143 PatG iVm der jeweiligen landesrechtlichen Zuweisungsnorm, § 17 ZPO. Örtlich zuständig kann aber auch wegen des Handlungsortes nach § 32 ZPO das Landgericht München als das Gericht am Sitz des Patent- und Markenamtes sein (vgl. OLG Düsseldorf BB 1970, 1110 – widerrechtliche Entnahme; Busse/Keukenschrijver PatG § 8 Rn. 41, auch Sitz des Inlandsvertreters).

2. Es handelt sich um eine Leistungsklage mit einem Feststellungsantrag.

3. Weil ein bezifferter Antrag nicht gestellt wird, kann der Streitwert nur vorläufig geschätzt werden. Dieser richtet sich nach dem Interesse des Klägers an der Übertragung des Schutzrechtes und nach den mit der Klage geltend gemachten Ansprüchen für bis dahin erfolgten Benutzungshandlungen, § 3 ZPO. Bei der Bemessung können zudem die Restlaufzeit des Schutzrechtes sowie die voraussichtlichen künftigen Lizenzeinnahmen aus Lizenzvergabe berücksichtigt werden. Der Übertragungsanspruch dürfte etwa $^2/_3$ des Gesamtstreitwertes ausmachen, der Rechnungslegungsanspruch ist geringer zu bewerten als der Feststellungsantrag. Er ist nur Hilfsanspruch für die Bezifferung des Höheanspruchs in einem gesonderten Verfahren. Die in Arbeitnehmererfindersachen zumindest in der Vergangenheit bei der Streitwertbemessung eingeflossene soziale Komponente (Aufgabe dieser Handhabung: OLG Düsseldorf GRUR-RR 2012, 184) greift schon deshalb nicht, weil es sich letztlich nicht um eine Arbeitnehmererfindersache handelt. Es besteht die Möglichkeit der Streitwertherabsetzung nach § 144 PatG, wenn eine Partei glaubhaft macht, dass die Belastung mit den Prozesskosten nach dem vollen Streitwert ihre wirtschaftliche Lage erheblich gefährden würde. Ein solcher Antrag ist vor der Verhandlung zur Hauptsache einzubringen, § 144 Abs. 2 PatG.

4. Die Formulierung des Antrags für die Übertragung der Schutzrechtsposition (Patentanmeldung, erteiltes Patent) erfolgt in Anlehnung an § 8 PatG. Nach dieser Vorschrift kann der Berechtigte, dessen Erfindung von einem Nichtberechtigten angemeldet ist, verlangen, dass ihm der Anspruch auf Erteilung des Patentes abgetreten wird. Hat die Anmeldung bereits zum Patent geführt, so kann er vom Patentinhaber die Übertragung des Patentes verlangen. Der Beklagte kann unter Umständen ein Zurückbehaltungsrecht wegen ihm zustehender Ansprüche auf Erstattung der Kosten für die Anmeldung und die Aufrechterhaltung des Schutzrechts entgegenhalten mit der Einrede der Zug-um-Zug Verurteilung (OLG Frankfurt a. M. Urt. v. 25.9.2014 – 6 U 149/13, BeckRS 2016, 12785 – Klärschlammtrocknungsanlage). Der Antrag ist auf die Abgabe einer Willenserklärung gerichtet. Die Vollstreckung bestimmt sich nach § 894 ZPO mit Rechtskraft des Urteils. Dabei ersetzt das rechtskräftige Urteil die förmliche Willenserklärung.

Wenn der Arbeitgeber die ihm gemeldete Erfindung nicht fristgemäß gemäß § 6 ArbEG aF in Anspruch genommen hat, hat das zur Folge, dass die Erfindung nach § 8 Abs. 1 Nr. 3 ArbEG aF frei geworden ist. Mit dem Freiwerden der Diensterfindung geht das Recht aus der Patentanmeldung nach § 13 Abs. 4 S. 2 ArbEG kraft Gesetzes auf den Arbeitnehmer als Erfinder über, ohne dass es eines hierauf gerichteten Übertragungsaktes bedarf (OLG Karlsruhe GRUR 1984, 42 – Digitales Gaswarngerät; *Bartenbach/Volz* Arbeitnehmererfindungsgesetz, 5. Aufl. 2013, § 13 Rn. 72; *Reimer/Schade/Schippel/Trimborn* ArbEG, 8. Aufl. 2007, § 13 Rn. 20; *Volmer/Gaul* Arbeitnehmererfindungsgesetz, 2. Aufl. 1983 § 8 Rn. 52; LG Düsseldorf Urt. v. 29.12.1999, Düsseldorfer Entscheidungen 2000, 8 (11) – Abfallsammelbehälter). Das bedeutet, dass jedenfalls materiellrechtlich dann kein rechtsgeschäftlicher Übertragungsakt erforderlich ist, wenn vom Arbeitgeber eine gemeldete Diensterfindung ohne frist- und formgerechte Inanspruchnahme oder rechtsgeschäftliche Überleitung zur Erteilung eines inländischen Schutzrechtes angemeldet wird. Stattdessen bedarf es nur einer Berichtigung im Patentregister. Gleiches gilt, wenn der Arbeitgeber die Erfindung ausdrücklich freigibt, nachdem er sie zum Schutzrecht angemeldet hat. In dem Antrag ist vorsorglich eine Übertragung aufgenommen; denn der BGH unterscheidet zumindest für den umgekehrten Fall einer Übertragung der Schutzrechtspositionen auf den Arbeitgeber zwischen dem Recht an der Erfindung und dem durch die Anmeldung vermittelten Legitimationsrecht des Anmelders und verlangt deshalb auch eine Übertragung der Schutzrechte (BGH GRUR 2011, 733 – Initialidee; dagegen *Bartenbach/Volz* Arbeitnehmererfindungsgesetz, 5. Aufl. 2013, § 7 nF Rn. 42; zur Problematik eingehend *Liebenau/Zech/Hofmann* ZGE 2012, 133 f.; → Anm. 15). Das OLG Düsseldorf (OLG Düsseldorf Mitt. 2014, 475 (477) – Haltesystem für Werbeprints II) überträgt diese Rechtsprechung auch auf die hier behandelte Konstellation der Anmeldung einer frei gewordenen Erfindung durch den Arbeitgeber. Dabei erkennt das OLG Düsseldorf, dass die Auswirkungen dieser Auffassung für den Arbeitnehmer gravierend sind. Denn dieser wird gezwungen, in der Regel während des Arbeitsverhältnisses den Arbeitgeber auf Übertragung des Schutzrechtes in Anspruch zu nehmen, um die zweijährige Ausschlussfrist des § 8 S. 3 PatG zu wahren. Es ist interessengerecht und wird durch den Wortlaut der §§ 7, 13 Abs. 1 ArbEG einer- und §§ 8, 13 Abs. 4 S. 2 ArbEG andererseits gestützt, die *Initialidee*-Rspr. nicht auf die hier behandelte Konstellation zu übertragen. Denn gemäß § 13 Abs. 1 ArbEG gehen „die Rechte aus der Anmeldung auf den Arbeitnehmer über", wenn die Erfindung frei wird. Die Inanspruchnahme führt gemäß § 7 ArbEG lediglich dazu, dass „die Rechte an der Diensterfindung" auf den Arbeit-

18. Klage auf Übertragung eines Schutzrechts E. 18

nehmer übergehen (Abs. 1) und für den Arbeitgeber ungünstige Zwischenverfügungen unwirksam sind (Abs. 2). Von Rechten aus der Anmeldung ist in dieser Konstellation keine Rede.

Das Textbeispiel geht davon aus, dass ein Patent bereits erteilt wurde, handelt es sich hingegen noch um eine Patentanmeldung, könnte der Antrag zu Ziffer I. 1. in etwa wie folgt lauten:

> Die Beklagte zu verurteilen,
> dem Kläger den Anspruch auf Erteilung des Patentes auf die deutsche Patentanmeldung DE . . . . . .
> abzutreten und in die Umschreibung der Patentanmeldung im Register auf den Kläger durch Erklärung gegenüber dem Deutschen Patent – und Markenamt einzuwilligen,
> für den Fall der zwischenzeitlich erfolgten Patenterteilung:
> das Deutsche Patent DE . . . . . . auf den Kläger zu übertragen und in die Umschreibung des Patentes im Register auf den Kläger durch Erklärung gegenüber dem Deutschen Patent – und Markenamt einzuwilligen.

Hat der Arbeitgeber eine europäische Patentanmeldung mit Benennung Deutschlands als Vertragsstaat eingereicht, hat nach Art. 60 Abs. 1 EPÜ das Recht auf das europäische Patent der Erfinder oder sein Rechtsnachfolger. Ist der Erfinder ein Arbeitnehmer, ist maßgeblich das Recht des Staates, in dem der Arbeitnehmer überwiegend beschäftigt ist. Ist nicht festzustellen, in welchem Staat der Arbeitnehmer überwiegend beschäftigt ist, so ist das Recht des Staates anzuwenden, in dem der Arbeitgeber den Betrieb unterhält, dem der Arbeitnehmer angehört (Einzelheiten siehe Benkard EPÜ/*Melullis* Art. 60 Rn. 22 f.; so wohl auch OLG Frankfurt a.M Urt. v. 25.9.2014 – 6 U 149/13, BeckRS 2016, 12785 – Klärschlammtrocknungsanlage). Ist der Kläger nicht Arbeitnehmer im Sinne von Art. 60 EPÜ, so richtet sich der Vindikationsanspruch nach Auffassung des LG München für den jeweiligen nationalen Teil nach dem Recht des Staates, für dessen Territorium er Schutz gewährt (aA BeckOK PatR/*Schnekenbühl* PatG § 9 Rn. 62). Die Berechtigung an einem Europäischen Einheitspatent richtet sich gemäß Art. 7 EPatVO nach dem Recht an dem Sitz oder der Niederlassung des Anmelders oder, wenn sich diese nicht in einem teilnehmenden Mitgliedstaat befinden, nach dem deutschem Recht (*Nieder* GRUR 2015, 936 (937); *Haberl/Schallmoser* GRUR-Prax 2013, 1; *Tillmann* VPP-Rundbrief 2/2013, 56 (57)). Ist ausländisches Recht anzuwenden, ist dieses nach der Auffassung des LG München (Mitt. 2012, 129) konkret darzulegen. Eine solche Pflicht ist aus § 293 ZPO nicht ableitbar. Die Auffassung des LG München steht auch im Widerspruch zu der ganz hM in der Literatur, wonach eine Entscheidung nach Gesichtspunkten der Darlegungslast im Falle des Nichtvortrags zum Inhalt des anwendbaren ausländischen Rechts ausscheidet (HK-ZPO § 293 Rn 11; MüKoZPO/*Prütting* § 293 Rn. 51 ff., Musielak/Voit/*Huber* ZPO § 293 Rn. 13).

Bei Einreichung einer europäischen Patentanmeldung vor einer Inanspruchnahme ist der Arbeitgeber zwar hinsichtlich der Bundesrepublik Deutschland berechtigter Anmelder, denn er ist ab Meldung der Erfindung zu deren Patentanmeldung verpflichtet, nicht jedoch hinsichtlich der weiteren Staaten des EPÜ. Insoweit ist er auf die Inanspruchnahme, dh die Überleitung der Rechte angewiesen, anderenfalls er Nichtberechtigter (Art. 61, 60 Abs. 1 EPÜ; Regel 16 EPÜ AO in Verbindung mit § 14 Abs. 1 ArbEG, Art. 99 Abs. 5 EPÜ und Art. 138 Abs. 1 EPÜ) ist. Deshalb kann der Arbeitnehmer als Erfinder seine Rechte nach nationalem Recht (Art. 60 Abs. 1 S. 2 EPÜ) durchsetzen (*Bartenbach/Volz* Arbeitnehmererfindungsgesetz, 5. Aufl. 2013, § 14 Rn. 7). Als Berechtigter im Sinne des Art. 60 Abs. 1 EPÜ kann er nach Art. II § 5 IntPatÜG vom Arbeitgeber als Patentsucher die Abtretung des Anspruchs auf Erteilung des europäischen Patentes (Art. 60 Abs. 1 S. 1 EPÜ) bzw. nach erfolgter Patenterteilung (Art. 60 Abs. 1 S. 2 EPÜ) Übertragung des Patentes bzw. der Patente verlangen (LG Düsseldorf Urt. v. 29.12.1999, Düsseldorfer Entscheidungen 2000, 8 (11) – Abfallsammelbehälter; OLG Düsseldorf

Mitt. 2004, 418 (428) – Hub-Kippvorrichtung; OLG München GRUR-RR 2009, 219 (221) – Vliesproduktion; *Bartenbach/Volz* Arbeitnehmererfindungsgesetz, 6. Aufl. 2014, § 14 Rn. 7). Der Antrag könnte bei einer europäischen Patentanmeldung in etwa wie folgt lauten:

> ...... den Anspruch auf Erteilung des europäischen Patents aus der europäischen Patentanmeldung EP ...... an den Kläger abzutreten (Art. II § 5 Abs. 1 S. 1 IntPatÜG, Art. 60 Abs. 1 EPÜ) und in die Umschreibung der europäischen Patentanmeldung auf den Kläger einzuwilligen (Art. 127 EPÜ).

Sofern bereits eine Patenterteilung erfolgt ist, könnte der Antrag wie folgt formuliert werden:

> a) ...... den aus der europäischen Patentanmeldung EP ...... hervorgegangenen deutschen Teil DE ...... des erteilten europäischen Patents EP ...... auf den Kläger zu übertragen und in die Umschreibung des Patentes im Register auf den Kläger durch Erklärung gegenüber dem Deutschen Patent – und Markenamt einzuwilligen;
> b) ...... die aus der europäischen Patentanmeldung EP ...... hervorgegangenen weiteren nationalen Teile des europäischen Patentes ...... der benannten Vertragsstaaten auf den Kläger zu übertragen und gegenüber den zuständigen nationalen Patentämtern die für eine Übertragung und Umschreibung auf den Kläger in den Registern erforderlichen Erklärungen abzugeben.

Wenn der beklagte Arbeitgeber oder sein Rechtsnachfolger seinen Sitz im Inland hat, ist das inländische Gericht zuständig für die Übertragung und Umschreibung auch der weiteren nationalen Teile des europäischen Patents. Hat der Arbeitgeber oder sein Rechtsnachfolger seinen Sitz nicht (mehr) im Inland, ist zwar für den deutschen Teil des europäischen Patents die internationale und örtliche Zuständigkeit des inländischen Gerichts als Ort der unerlaubten Handlung und/oder München als Sitz des Europäischen Patentamts nach Art. 2, 5 Nr. 3 EuGVVO gegeben, nicht jedoch diejenige für die weiteren nationalen Teile des europäischen Patents. Das Anerkennungsprotokoll über die gerichtliche Zuständigkeit und die Anerkennung von Entscheidungen über den Anspruch auf Erteilung eines europäischen Patents (BlPMZ 1976, 316) bezieht sich nur auf Patentanmeldungen, nicht auf erteilte Patente.

Sind neben dem Kläger noch Miterfinder beteiligt, kann der Kläger nur die Eintragung als Mitinhaber im Patentregister verlangen. Dieser Antrag könnte wie folgt lauten:

> „...... zu verurteilen, in die Eintragung des Klägers als Mitinhaber des deutschen Patents DE/ des deutschen Teils DE ...... des europäischen Patents EP ...... im Patentregister durch Erklärung gegenüber dem Deutschen Patent- und Markenamt einzuwilligen."

Weil der Anspruch auf Einräumung einer Mitberechtigung gegenüber dem vollen Übertragungsanspruch als Alleinerfinder ein Minus darstellt, ist ein solcher Antrag von vornherein in dem Übertragungsanspruch mit enthalten (BGH GRUR 2006, 747 – Schneidbrennerstromdüse; BGH GRUR 2017, 504 Rn. 58 – Lichtschutzfolie). Eine Festlegung auf eine bestimmte Miterfinderquote ist nicht erforderlich. Bedeutung erlangt diese erst im Höheverfahren. Dabei ist aber zu berücksichtigen, dass nicht schlechterdings ein Ausgleichsanspruch bei Mitinhaberschaft gegen den benutzenden Arbeitgeber besteht, wenn dieser ebenfalls Mitinhaber ist, etwa weil er gegenüber dem Miterfinder die Erfindung wirksam in Anspruch genommen hat oder sie ihm sonst übertragen wurde; denn dann macht der Arbeitgeber nur von seinem eigenen Benutzungsrecht als Bruchteileigentümer Gebrauch, § 743 Abs. 2 BGB (OLG Düsseldorf GRUR RR 2006, 118 (119) – Drehschwingungstilger; BGH GRUR 2005, 663 (664) – Gummielastische Masse II). Weil den Teilhabern einer Gemeinschaft nach §§ 741 ff. BGB freisteht, die gesetzliche Regelung abzuändern, § 745 BGB, kommt ein Ausgleichsanspruch nur für die Benutzungshandlungen seit Geltendmachung einer anderweitigen Regelung in Betracht, nicht jedoch für die bereits gezogenen Gebrauchsvorteile. Das kann zu dem Ergebnis führen, dass dem Arbeitnehmererfinder ein Vergütungsanspruch aus § 9 ArbEG mangels unbeschränkter Inanspruchnahme nach §§ 6, 7 ArbEG aF nicht zusteht und wegen des Benutzungsrechts des Bruchteileigentümers mangels anderweitiger Regelung auch kein Ausgleichsanspruch für die Gebrauchsvorteile des allein Nutzenden (BGH GRUR 2005, 663 (664) – Gummielastische Masse II; OLG Düsseldorf Urt. v. 26.6.2008, Düsseldorfer Entscheidungen 2008 Nr. 940 – Lasergravur). Für den Ausgleichsanspruch zwischen Miterfindern stellt das OLG Düsseldorf (OLG Düsseldorf GRUR 2014, 1190 – Sektionaltorantrieb) auf Billigkeitsgesichtspunkte ab und bejaht diesen grundsätzlich, wobei allerdings die Berechnung nur nach der Lizenzanalogie zulässig sei. Diese Entscheidung ist durch Urteil des BGH – X ZR 85/14 insoweit kassiert worden, weil ein Ausgleichsanspruch wegen des Benutzungsrechts nicht per se gegeben ist. Damit folgt der BGH seiner älteren Entscheidung BGH GRUR 2005, 663 (664) – Gummielastische Masse II. Wenn der Arbeitnehmer im Gegensatz zum Arbeitgeber selbst nicht nutzen kann, für eine Lizenzvergabe aber auf dessen Zustimmung angewiesen ist, ist der Arbeitgeber unter Umständen aus Treu und Glauben zur Erteilung der Zustimmung verpflichtet. Ansonsten käme nämlich nur eine Teilungsversteigerung nach § 749 BGB in Betracht. Besteht die Besorgnis, dass der zu Unrecht als Patentinhaber eingetragene Arbeitgeber über das Schutzrecht zu Lasten des Arbeitnehmers verfügt, beispielsweise es nicht verteidigt (BGH GRUR 2002, 609 (610) – Drahtinjektionseinrichtung) oder darauf verzichtet, kann neben oder anstelle der Klage auch ein Antrag auf Erlass eines Verfügungsverbotes im Eilverfahren gestellt werden. Das Gericht kann anordnen, das Schutzrecht unter die Verwaltung eines Sequesters, regelmäßig eines Patentanwaltes zu stellen, der bis zur endgültigen Entscheidung alle Maßnahmen zu dessen Erhalt zu ergreifen hat. Im Übrigen braucht der berechtigte Inhaber Lizenzen, die der Nichtberechtigte zwischenzeitlich an Dritte vergeben hat, nicht gegen sich gelten zu lassen; sie erlöschen (*Kraßer/Ann* PatR, 7. Aufl. 2016, § 20 Rn. 55). Wenn das begehrte Patent auf den Kläger umgeschrieben worden ist, kann dieser alle Rechte aus dem Patent gegen Dritte geltend machen. Seine Legitimation folgt dann aus der Eintragung in das Patentregister, § 30 PatG. Nur im Verhältnis zum Nichtberechtigten ist der Berechtigte auch ohne Eintragung in das Patentregister aktiv legitimiert (RGZ 144, 389; Schulte/*Voß/Kühnen* PatG § 139 Rn. 9), so dass gegebenenfalls der Arbeitnehmer einer freigewordenen Erfindung die vollen Ansprüche aus §§ 9, 139 PatG neben dem Anspruch auf Umschreibung gegen den Arbeitgeber oder dessen Rechtsnachfolger geltend machen kann (OLG Düsseldorf Urt. v. 1.10.2009, Düsseldorfer Entscheidungen Nr. 1158, S. 16 – Glasverbundplatten). Inwieweit der Arbeitgeber gegenüber einem solchen Anspruch den Einwand aus § 242 BGB entgegenhalten kann, ist eine Frage des Einzelfalls, wegen der Treuepflichten im Arbeitsrecht aber nicht ausgeschlossen.

5. → Form. E.14 Anm. 4, 8 (Stufenklage). Der Rechnungslegungsanspruch ist Hilfsanspruch für die Bezifferung des Schadensersatz- und/oder Bereicherungsanspruchs und aus § 242 BGB gewohnheitsrechtlich anerkannt. Geschuldet sind diejenigen Angaben, die zur Bezifferung des Zahlungsanspruches und zur Überprüfung der Rechnungslegung auf Vollständigkeit und Richtigkeit sachdienlich und erforderlich sowie für den Schuldner zumutbar sind (BGH GRUR 2010, 223 – Türinnenverstärkung; BGH GRUR 2003, 789 – Abwasserbehandlung; BGH GRUR 2002, 609 (610) – Drahtinjektionseinrichtung; BGH GRUR 1998, 684 (688) – Spulkopf; BGH GRUR 1984, 728 (729) – Dampffrisierstab II). Bei der Antragsfassung des Rechnungslegungsanspruchs kann grundsätzlich unberücksichtigt bleiben, ob der Zahlungsanspruch als Vergütungsanspruch nach Arbeitnehmererfinderrecht, als Schadensersatz- oder bereicherungsrechtlicher Anspruch besteht, aus dem Sonderleistungsprinzip folgt oder ein Entschädigungsanspruch ist. Denn die für die spätere Bezifferung erforderlichen Angaben decken sich bei jeder Anspruchsgrundlage. Der Kläger muss sich daher bei der Formulierung des Rechnungslegungsantrags ebenso wenig wie das Gericht bei der Verurteilung zur Rechnungslegung darauf festlegen, welche Anspruchsgrundlage letztlich für den Zahlungsanspruch besteht. Entscheidend ist nur, dass ein Zahlungsanspruch überhaupt dem Grunde nach gegeben ist. Obwohl der Kläger mangels Überleitung der Erfindung auf den Arbeitgeber Inhaber der Diensterfindung geblieben ist, wird er in der Regel keinen Anspruch auf Angaben zum erzielten Gewinn geltend machen können. Denn Ansprüche, wie sie ein zum Zeitpunkt der Verletzungshandlungen eingetragener Patentinhaber hat, werden daran scheitern, dass der Arbeitgeber nicht rechtswidrig, sondern mit Einwilligung des Diensterfinders als dem materiellrechtlichen Inhaber des Schutzrechte gehandelt haben dürfte. Dann kommt kein Schadensersatzanspruch, sondern nur ein bereicherungsrechtlicher Anspruch, der sich nach der Lizenzanalogie berechnet, in Betracht und entscheidend ist die marktübliche Lizenz und nicht wie sich die konkrete Kosten- und Gewinnrechnung darstellt (LG Düsseldorf InstGE 2, 181 (186) – Verpackungsbeutel; BGH GRUR 2010, 223 – Türinnenverstärkung). Nur in den Fällen eines fehlenden Einverständnisses mit einer Benutzung ist der Arbeitnehmer als Patentinhaber Schadensersatzgläubiger wie in einem Patentverletzungsprozess. Wenn es um einen Ausgleichsanspruch unter Mitinhabern geht, weil etwa zwischen Arbeitnehmer und Arbeitgeber eine Bruchteilsgemeinschaft besteht, kommt nur eine Berechnung nach der Lizenzanalogie in Betracht (OLG Düsseldorf GRUR 2014, 1190 – Sektionaltorantrieb; darin bestätigt: BGH – X ZR 85/14).

6. → Form. E.14 Anm. 5 (Stufenklage).

7. → Form. E.14 Anm. 6 (Stufenklage).

8. → Form. E.14 Anm. 7 (Stufenklage).

9. Feststellungsantrag, § 256 ZPO. Es könnte stattdessen auch im Wege der Stufenklage vorgegangen werden, wie in → Form. E.14. Der Vorteil der kombinierten Leistungs- und Feststellungsklage liegt jedoch darin, dass der Rechtsstreit insgesamt in einer Rechtsmittelinstanz entschieden wird und eine Kostenentscheidung ergeht. Umgekehrt liegt der Nachteil darin, dass der Höheanspruch in einem gesonderten Verfahren geltend gemacht werden muss. Die Antragsformulierung des Feststellungsantrages hat sich auf die Feststellung des streitigen Rechtsverhältnisses zu beziehen. Das ist hier die Frage nach dem Bestehen eines Zahlungsanspruches dem Grunde nach, sei es als Schadensersatzanspruch, eines Anspruchs auf Entschädigung nach § 33 PatG wegen Benutzung einer offengelegten Patentanmeldung, bereicherungsrechtlicher Anspruch, zusätzliche Dienstvergütung oder Anspruch auf Zahlung von Arbeitnehmererfindervergütung. Die richtige Antragsformulierung hängt davon ab, ob die Erfindung frei geworden und somit auf den Kläger umzuschreiben bzw. zu übertragen ist, oder bei dem Arbeitgeber verbleibt, weil doch eine Inanspruchnahme erkannt wird. In dieser Reihenfolge ist der Feststellungsantrag, gegebenenfalls mit Hilfsanträgen, zu stellen.

10. → Form. E.14 Anm. 11.

11. Darlegung der anspruchsbegründenden Tatsachen. Das sind die Darlegungen dazu, dass der Arbeitnehmer überhaupt eine Erfindung gemacht hat, sei es eine Diensterfindung, sei es eine freie Erfindung, § 4 ArbEG. In dem Textbeispiel wird angenommen, dass es sich unstreitig um eine Diensterfindung handelt und dass der Arbeitnehmer diese gesondert schriftlich und ordnungsgemäß der Beklagten als seiner Arbeitgeberin gemeldet hat, § 5 ArbEG aF.

18. Klage auf Übertragung eines Schutzrechts E. 18

12. Von der Meldung der Erfindung an beginnt die viermonatige Inanspruchnahmefrist für den Arbeitgeber. Die Frist beginnt auch dann, wenn die Erfindungsmeldung nicht ordnungsgemäß ist, der Arbeitgeber diese jedoch nicht beanstandet, § 5 Abs. 2 ArbEG aF. Für den Fristbeginn ist insoweit nur das Mindesterfordernis aus § 5 Abs. 1 ArbEG aF. Voraussetzung: gesonderte und schriftliche Meldung, wobei auf Schriftform verzichtet werden kann (vgl. BGH NJW RR 1995, 696 – Gummielastische Masse). Wenn der Arbeitnehmererfinder die Anmeldung der Erfindung auf Weisung des Arbeitgebers vorbereitet und an den Patentanwalt zur Bearbeitung weiterleitet, kann darin eine Erfindungsmeldung nach § 5 ArbEG gesehen werden. Eine Übertragung oder Inanspruchnahme ist damit aber nicht bedingt. Vielmehr beginnt auch in einem solchen Fall die Frist der Inanspruchnahme mit der Einreichung der Patentanmeldung (OLG München GRUR-RR 2009, 219 – Vliesproduktion). Allerdings reicht eine bloße Kenntnis des Arbeitgebers nicht aus, vielmehr ist eine Patentanmeldung des Arbeitgebers und die Benennung des Arbeitnehmers als Erfinder in der Regel zur Auslösung der Frist erforderlich (BGH GRUR 2011, 733 (737) – Initialidee; BGH GRUR 2017, 504 – Lichtschutzfolie mAnm *Gärtner*). Erfolgt innerhalb dieser Frist keine form- und fristgerechte Inanspruchnahme, wird die Erfindung nach § 8 Abs. 1 Nr. 3 ArbEG aF frei. Nach § 6 Abs. 2 ArbEG nF hat der Fristablauf die gegenteilige Wirkung: Die Inanspruchnahme wird fingiert. Eine Freigabe muss ausdrücklich erklärt werden, § 8 S. 1 ArbEG nF.

13. Die Anmeldung zur Patenterteilung ersetzt keine förmliche Inanspruchnahme, weil der Arbeitgeber aus § 13 Abs. 1 ArbEG ohnehin zur Anmeldung verpflichtet ist (OLG Karlsruhe GRUR 1984, 42 (43) – digitales Gaswarngerät; LG Düsseldorf Mitt. 2000, 363 – Reißverschluss; OLG Düsseldorf Mitt. 2004, 418 (422) – Hub-Kippvorrichtung; BGH GRUR 2006, 754 – Haftetikett; OLG München InstGE 9, 9 – Erloschene Diensterfindungspatente, → Form. E.4 Anm. 1). Die Daten der Erfindungsmeldung, Offenlegung der Patentanmeldung und der Bekanntmachung des erteilten Patentes sind für die Zeitpunkte des Bestehens der Ansprüche dem Grunde nach von Bedeutung. Ein Entschädigungsanspruch besteht nach § 33 PatG ab der Offenlegung der Patentanmeldung, die gesetzlichen Wirkungen des Patentes treten nach § 58 Abs. 1 PatG mit der amtlichen Veröffentlichung seiner Erteilung ein. Weil der Arbeitgeber Kenntnis der Anmeldehistorie hat, besteht keine Veranlassung für die Anwendung der sonst üblichen (BGH GRUR 1986, 803 (808) – Formstein) einmonatigen Karenzfrist.

14. Wird der Gegenstand des Schutzrechtes nicht benutzt, wird sich der Kläger auf den Übertragungsanspruch beschränken.

15. Zum besseren Verständnis wird in der Klage der Sachverhalt rechtlich gewürdigt. Übt der Arbeitgeber das Aneignungsrecht durch unbeschränkte Inanspruchnahme nicht form- und fristgerecht aus, ist kraft des Erfinderprinzips nach § 6 PatG der Diensterfinder und damit der Arbeitnehmer der Berechtigte. § 8 Abs. 1 Nr. 3 ArbEG aF bestimmt ausdrücklich, dass die Diensterfindung frei wird, wenn innerhalb der Inanspruchnahmefrist eine solche nicht erklärt wird. Gesetzessystematisch bleibt also der Arbeitnehmer und Diensterfinder einer nicht in Anspruch genommenen Diensterfindung von Anfang an ihr materiell-rechtlicher Inhaber. Insoweit wirkt die Umschreibung in der Patentrolle nicht konstitutiv, sondern lediglich deklaratorisch. Die Rechte aus der Anmeldung stehen jedoch (noch) dem Anmelder (also dem Arbeitgeber) zu (BGH GRUR 2011, 733 (737) – Initialidee). Davon geht auch § 13 Abs. 4 S. 2 ArbEG aus, der deshalb anordnet, dass diese Rechte auf den Arbeitnehmer übergehen, wenn die Erfindung frei wird, und damit eine cessio legis (§ 412 BGB) begründet. Dadurch kommt es aber zu einem Auseinanderfallen von materiell-rechtlicher Inhaberschaft an den Rechten aus der Anmeldung und der formalen Berechtigung, die sich aus der Patentrolle ergibt. Das kann der Arbeitnehmer beseitigen, indem er gegenüber dem Patentamt nachweist, dass die Rechte auf ihn übergegangen sind. Hierzu ist eine öffentlich beglaubigte Bestätigung des Anmelders ausreichend, die der Arbeitnehmer vom Arbeitgeber gem. §§ 413, 412, 403 BGB verlangen kann. Hieraus wird auch ein Anspruch auf Einwilligung in die Umschreibung abgeleitet (*Reimer/Schade/Schippel/Rother* ArbEG, 8. Aufl. 2007; § 7 Rn. 3, auch *Bartenbach/Volz* Arbeitnehmererfindungsgesetz, 5. Aufl. 2013, § 13 Rn. 81 befürworten einen Anspruch des Arbeitnehmers auf Einwilligung in die Umschreibung, ohne jedoch eine Anspruchsgrundlage zu nennen; ebenso OLG Karlsruhe GRUR 1984, 43). Ebenso kann der Arbeitnehmer die Herausgabe der Unterlagen des Anmeldeverfahrens verlangen, §§ 413, 412, 403 BGB. Überträgt man die Rspr. des BGH zu § 7 ArbEG (BGH GRUR 2011, 733 (737) – Initialidee) auf § 13 Abs. 4 S. 2 ArbEG, besteht der mit dem Hilfsantrag geltend gemachte Anspruch auf Übertragung des Klagepatents aus §§ 6, 8 S. 2 PatG. § 8 PatG erfasst Übertragungsansprüche gegen den vermeintlichen Erfinder und zugleich Inhaber der Rechte (erfinderrechtliche Vindikation). Die Umschreibung wirkt in diesen Fällen nicht nur deklaratorisch sondern ist konstitutiv (vgl. so noch Benkard PatG/*Melullis*, 10. Aufl. 2006, § 8 Rn. 2; BGH GRUR 1971, 210 (212) – Wildbissverhinderung; OLG Düsseldorf Mitt. 2004, 418 (421) – Hub-Kippvorrichtung; → Anm. 16). Zu den weiteren Einzelheiten einer fehlenden form- und fristgerechten Inanspruchnahme einer Diensterfindung nach §§ 6, 7 ArbEG aF: BGH GRUR 2006, 754 – Haftetikett, BGH GRUR 2010, 817 – Steuervorrichtung, BGH GRUR 2011, 733 – Initialidee; BGH GRUR 2017, 505 – Lichtschutzfolie mAnm *Gärtner*; OLG Frankfurt GRUR-RR 2009, 291 – Erfindungsanmeldung; OLG München GRUR-RR 2009, 219 – Vliesproduktion; → Form. E.4 Anm. 1 zur Inanspruchnahme.

16. Der Sachverhalt des Textbeispiels fällt nach der hier vertretenen Auffassung rechtsdogmatisch nicht in den Anwendungsbereich von § 8 PatG. Denn durch die ausgebliebene unbeschränkte Inanspruchnahme ist die Erfindung bei dem geblieben, der sie gemacht hat. Das ist der Arbeitnehmer. Nur das Register ist falsch, weil es einen Nichtberechtigten ausweist. Es ist deshalb zu berichtigen. Das ist im Ergebnis ein Berichtigungsanspruch aus § 894 BGB analog. Wenn der Arbeitgeber die ihm ordnungsgemäß gemeldete Erfindung als eigene Erfindung oder als diejenige eines anderen anmeldet, liegen solche Fälle ohne weiteres im Anwendungsbereich von § 8 PatG. Dann bedarf es nicht nur der Umschreibung der Erfindung in dem Register der Patentbehörde sondern auch ihrer Übertragung auf den Arbeitnehmer als Berechtigten der Erfindung. Es handelt sich dann um eine erfinderrechtliche Vindikation. Eine Übertragung und nicht nur Umschreibung ist auch im umgekehrten Fall erforderlich, wenn der Arbeitnehmer seine Erfindung zur Patenterteilung anmeldet und der Arbeitgeber diese später doch noch wirksam in Anspruch nehmen kann, weil er bis dahin keine Kenntnis von der Erfindung hatte und die Frist der Inanspruchnahme noch nicht abgelaufen war (BGH GRUR 2011, 733 (737) – Initialidee). Denn in diesem Fall stehen zwar nach § 7 Abs. 1 ArbEG alle Rechte an der Erfindung dem Arbeitgeber zu, um aber auch die durch die Eintragung entstandene formelle Berechtigung des Anmelders zu erlangen, bedarf es nach der Auffassung des BGH auch einer Übertragung der Schutzrechte (aA *Bartenbach/Volz* Arbeitnehmererfindungsgesetz, 5. Aufl. 2013, § 7 nF Rn. 11, die wegen des Übergangs „aller vermögenswerten Rechte" in § 7 Abs. 1 ArbEG einen gesetzlichen Vollrechtserwerb annehmen; → Anm. 4). Durch die Zwei-Jahres-Frist des § 8 S. 3 PatG, innerhalb der eine Übertragung des erteilten Patentes ab Bekanntmachung durch Klage spätestens geltend gemacht werden soll (Ausschlussfrist), soll der Rechtssicherheit gedient werden. Auf diese gesetzliche Wohltat soll sich nicht berufen können, wer beim Erwerb des Patentes nicht in gutem Glauben war, § 8 S. 5 PatG. Die Definition des guten Glaubens entspricht § 932 Abs. 2 BGB: Kenntnis oder grob fahrlässige Unkenntnis (*Mes* PatG § 8 Rn. 17; Busse/Keukenschrijver PatG § 8 Rn. 20; BGH GRUR 1979, 540 (542) – Biedermeiermanschetten). Ein Arbeitgeber, der den Eingang der Erfindungsmeldung zunächst bestätigt und mitteilt, er werde innerhalb der gesetzlichen Frist entscheiden, ob er

18. Klage auf Übertragung eines Schutzrechts E. 18

die Inanspruchnahme der Erfindung erkläre, sodann die Erfindung nicht frist- und formgerecht gegenüber dem Diensterfinder in Anspruch nimmt, wohl aber zum Patent anmeldet und insbesondere jemand anderen als Erfinder benennt, handelt beim Erwerb des Schutzrechtes nicht in gutem Glauben, weil er sich der Kenntnis vorsätzlich oder zumindest grob fahrlässig verschlossen hat. Anders kann die Frage nach dem guten Glauben zu beurteilen sein, wenn der Arbeitgeber in Unkenntnis der gesetzlichen Bestimmung gehandelt hat oder glaubte, dass überhaupt kein Streit über die Zuordnung der Erfindung zum Betrieb bestehen könne. Greift die Ausschlussfrist des § 8 S. 3 PatG, kann Übertragung des Patentes nicht mehr verlangt werden. Eine Auseinandersetzung über die materielle Zuordnung des Patentes ist ausgeschlossen, obwohl der Arbeitgeber im Verhältnis zu dem Arbeitnehmer, der die Erfindung gemacht hat, Nichtberechtigter ist. Nach OLG München GRUR-RR 2008, 333 – Umfang der Übertragungsansprüche – ist die Ausschlussfrist nicht gewahrt, wenn zunächst nur Mitinhaberschaft geltend gemacht wird und sodann nach Fristablauf Alleininhaberschaft. Nach der unter → Anm. 4 bereits genannten Entscheidung OLG Düsseldorf Mitt 2014, 475 – Haltesystem für Werbeprints II, gilt für die Übertragungsansprüche des Arbeitnehmererfinders nun aber grundsätzlich die Zweijahresfrist aus § 8 PatG. Das sei vom BGH in der Entscheidung „Initialidee" für den umgekehrten Fall so entschieden worden, ohne dass der BGH zu erkennen gegeben habe, dass zwischen den Sachverhalten zu differenzieren sei. Dabei müsse es bleiben. Diese Begründung vermag zwar letztlich nicht zu überzeugen, zeigt jedoch, dass auch bei Sachverhalten, die vielleicht rechtsdogmatisch gesehen nur eine Unrichtigkeit des Registers aufweisen, vorsorglich die Frist des § 8 PatG beachtet werden sollte. Siehe auch dazu → Anm. 4.

17. Ungeachtet der Frage, ob der Arbeitnehmer vom Arbeitgeber die Übertragung des Schutzrechtes verlangen kann, oder die materiell-rechtliche Auseinandersetzung über die Zuordnung an der Ausschlussfrist des § 8 PatG scheitert, steht jedenfalls dem Arbeitnehmer gegen den die Erfindung als Nichtberechtigter nutzenden Arbeitgeber ein Zahlungsanspruch dem Grunde nach zu. Das können insbesondere schadensersatz- oder bereicherungsrechtliche Ansprüche sein. Das Recht auf das Patent aus §§ 6, 8 PatG ist ein vermögenswertes sonstiges eigentumsähnliches Recht im Sinne des § 823 Abs. 1 BGB (*Mes* PatG § 8 Rn. 6, 1; OLG Frankfurt GRUR 1987, 886 (890 f.) – Gasanalysator). Der Inhaber des Rechts hätte seine Erfindung verkaufen oder durch Lizenzvergabe verwerten können. Der Arbeitnehmer hat deshalb gegen den die Erfindung nutzenden Arbeitgeber einen bereicherungsrechtlichen Anspruch aus § 812 BGB (Eingriffskondiktion) und bei Rechtswidrigkeit und Verschulden auch einen Schadensersatzanspruch aus § 823 Abs. 1 BGB, wenn er die Erfindung dem Arbeitgeber in einer die Öffentlichkeit ausschließenden vertraulichen Weise (§ 24 Abs. 2 ArbEG) mitgeteilt und dadurch den Arbeitgeber in die Lage versetzt hat, die Erfindung anzumelden. Wenn der Arbeitgeber die Erfindung dann nutzt, obwohl er nicht Rechtsnachfolger des Erfinders ist, schuldet er dem Erfinder Herausgabe dessen, was er durch die Vorzugsstellung aufgrund der Patentanmeldung der Erfindung erlangt hat, und zwar ungeachtet der Frage ihrer Schutzfähigkeit (BGH GRUR 2010, 817 (820) – Steuervorrichtung). In diesem Fall handelt der Arbeitgeber ohne Rechtsgrund; er hat die Erfindung des Arbeitnehmers weder durch Inanspruchnahme noch durch rechtsgeschäftliche Übertragung erworben. Der gemäß §§ 818 Abs. 2, 812 BGB zu leistende Wertersatz bestimmt sich nach dem objektiven Verkehrswert für den Gebrauch des Schutzgegenstandes, der sich in einer angemessenen Lizenzgebühr niederschlägt (BGH GRUR 1982, 301 (303) – Kunststoffhohlprofil II; Benkard PatG/ *Grabinski/Zülch* § 139 Rn. 85 mwN). Selbst wenn der den Erfindungsgegenstand nutzende Arbeitgeber bei Erwerb des Patentes gutgläubig gewesen sein sollte, hat er in entsprechender Anwendung des § 988 BGB die aus der Nutzung des Erfindungsgegenstandes gewonnenen Vorteile an den Arbeitnehmer als den Berechtigten herauszugeben, dh Wertersatz nach § 818 Abs. 2 BGB zu leisten, wobei auch hier der Wertersatz in einer angemessenen Lizenzgebühr besteht, die üblicherweise für eine solche Nutzung vereinbart worden wäre. Insoweit ergeben sich bei der Ermittlung der angemessenen Lizenzgebühr gegenüber der Berechnung des Erfindungswertes nach der Lizenzanalogie keine Besonderheiten. Weil sich die Ansprüche des Arbeitnehmers einer freien oder freigewordenen Erfindung gegen den Arbeitgeber nicht aus dem Arbeitnehmererfindergesetz ergeben, stehen dem Arbeitnehmer außerdem die Ansprüche zu, die ein Patentinhaber hat. Die gesetzlichen Wirkungen des Patentes treten ab Bekanntmachung des Hinweises auf die Patenterteilung, § 58 Abs. 1 PatG, ein. Ferner hat der Patentinhaber einen Entschädigungsanspruch aus § 33 PatG ab Offenlegung der Patentanmeldung, §§ 31 Abs. 2 Nr. 2, 32 Abs. 5 PatG. Die Entschädigung kann grundsätzlich nach der Methode der Lizenzanalogie berechnet werden (BGH GRUR 1989, 411 (413) – Offenend-Spinnmaschine). Hingegen hat der Arbeitnehmer keinen Vergütungsanspruch aus § 9 ArbEG; denn Voraussetzung dafür wäre die Inanspruchnahme, an der es aber gerade fehlt. Für den Benutzungszeitraum zwischen Meldung der Erfindung an den Arbeitgeber und Offenlegung einer vom Arbeitgeber vorgenommenen Patentanmeldung kann der Arbeitnehmer gegebenenfalls neben dem bereits oben erwähnten bereicherungsrechtlichen Anspruch § 812 Abs. 1 BGB (Eingriffskondiktion) noch einen Anspruch nach dem Sonderleistungsprinzip aus § 612 BGB entsprechend haben. Der Arbeitnehmer ist gesetzlich aus § 5 ArbEG verpflichtet, dem Arbeitgeber die Erfindung zu offenbaren, wodurch dieser die gewerbliche Nutzungsmöglichkeit und eine vermögenswerte Position erlangt (Vorzugsstellung durch Patentanmeldung). Diese Leistung ist durch den Arbeitgeber nicht vergütet, wenn er von seinem originären Aneignungsrecht durch Inanspruchnahme keinen Gebrauch macht und den gesetzlichen Vergütungsanspruch aus § 9 ArbEG sogar dadurch ausschließt.

18. Der Rechnungslegungsanspruch besteht als Hilfsanspruch aus § 242 BGB gegenüber dem Schadensersatz-, Bereicherungs- oder allgemeinen Vergütungsanspruch. Rechnungslegung kann nur ab denjenigen Zeitpunkten verlangt werden, ab denen ein Anspruch dem Grunde nach besteht. Dabei kommt es nicht auf die festgestellte erste Benutzungshandlung an, sondern darauf, dass und seit wann überhaupt ein materiellrechtlicher Auskunftsanspruch besteht, der zur Wahrung des Bestimmtheitsgebots aus § 253 Abs. 2 ZPO unter Bezugnahme auf eine konkrete Verletzungshandlung Gegenstand, Zeitraum sowie Art und Umfang der Auskunft bezeichnet (BGH GRUR 1992, 612 (616) – Nicola; BGH GRUR 2007, 877 – Windsor Estate – unter Aufgabe der früheren Rechtsprechung BGH GRUR 1988, 307 – Gaby; BGH GRUR 2007, 871 (872) – Wagenfeld-Leuchte; *Meier-Beck* GRUR 1998, 276 (279); → Anm. 5).

19. Das Feststellungsinteresse ist weit auszulegen. Das Interesse muss über dasjenige an einem Bestehen des Rechtsverhältnisses hinausgehen. Das ist hier die Hemmung der Verjährung.

20. Ausschließlich zuständig sind die Landgerichte, § 143 PatG. Die örtliche Zuständigkeit folgt den Gerichtsständen nach der ZPO. Von der Konzentrationsmöglichkeit patentrechtlicher Streitigkeiten bei einem Landgericht nach § 143 Abs. 2 PatG haben die meisten Bundesländer durch entsprechende Rechtsverordnungen Gebrauch gemacht (→ Anm. 4 sowie → Form. E.14 Anm. 1).

21. Die Mitwirkung eines Patentanwaltes, § 143 Abs. 3 PatG, sollte schon in der Klage angezeigt werden, um bei einer späteren Kostenfestsetzung Streit darüber zu vermeiden, ob dieser mitgewirkt hat.

18. Klage auf Übertragung eines Schutzrechts
E. 18

Kosten und Gebühren

22. Es handelt sich um eine Leistungsklage. Im Übrigen sei auf die Erläuterungen zu Kosten und Gebühren in → Form. E.14 Anm. 40 (Stufenklage) verwiesen.

Fristen und Rechtsmittel

23. Hinsichtlich des Übertragungsverlangens des Schutzrechtes aus § 8 PatG ist die Zwei-Jahres-Frist des § 8 S. 3 PatG zu beachten (OLG Düsseldorf Mitt 2014, 475 – Haltesystem für Werbeprints II), insbesondere wenn es sich, wovon im Zweifel besser auszugehen ist, um einen Sachverhalt handelt, der in den Regelungsbereich dieser Vorschrift fällt, dh die Übertragung konstitutiv und nicht nur deklaratorisch ist. Im ersten Fall handelt es sich um eine Ausschlussfrist, so dass eine Wiedereinsetzung nicht in Betracht kommt. Die Frist beginnt mit dem Tag der Veröffentlichung der Erteilung des Patentes. Die Frist kann nur durch Klage gewahrt werden (Busse/Keukenschrijver PatG § 8 Rn. 17). Nach Auffassung der Schiedsstelle Arb.Erf. 75/84 BlPMZ 1986, 273, ist die vorherige Anrufung der Schiedsstelle Prozessvoraussetzung, wenn zwischen den Parteien Streit darüber besteht, ob die Erfindung frei geworden ist, und wenn der Arbeitnehmer noch bei dem Arbeitgeber, der die Erfindung angemeldet hat, beschäftigt ist. Der Streit darüber, ob eine freie Erfindung vorliege, § 4 Abs. 3 ArbEG, oder eine Diensterfindung frei geworden ist, § 8 Abs. 1 Nr. 3 ArbEG, beträfe einen Streitfall auf Grund des Arbeitnehmererfindungsgesetzes. Nach der hier vertretenen Auffassung ist eine vorherige Anrufung der Schiedsstelle indessen nicht Prozessvoraussetzung, denn es handelt sich um eine bürgerlich-rechtliche Streitigkeit, die nicht aus dem Arbeitnehmererfindergesetz entstanden ist. Die Frist des § 8 S. 3 PatG greift nicht, wenn der Arbeitgeber bei Erwerb der Schutzrechtsposition nicht in gutem Glauben war, § 8 S. 5 PatG. Ist das Übertragungsverlangen nur deklaratorisch, weil der Arbeitnehmer ohnehin schon materiellrechtlich Inhaber des Schutzrechtes ist und nur die Registereintragung zu ändern ist, greift die Frist gleichfalls nicht. Der Anspruch auf Umschreibungsbewilligung im Patentregister unterliegt dann auch keiner Verjährung, § 894 BGB entsprechend. In allen anderen Fällen muss aus Gründen der Fristwahrung des § 8 S. 3 PatG der Anspruch durch Klage bei dem ordentlichen Gericht geltend gemacht werden. Mit Rücksicht auf die Trennung des BGH zwischen Recht an der Erfindung und Recht an der Anmeldung mit der Folge, dass eine Übertragung der Anmeldung erforderlich ist (BGH GRUR 2011, 733 (737) – Initialidee; dem folgend auch für den umgekehrten Fall OLG Düsseldorf Mitt 2014, 475 – Haltesystem für Werbeprints II), erscheint es ratsam, die Frist des § 8 PatG wenn möglich gleichwohl einzuhalten. Ansprüche auf Schadensersatz und Bereicherung unterliegen der regelmäßigen Verjährungsfrist des § 195 BGB von 3 Jahren. Die Frist beginnt mit dem Schluss des Kalenderjahres, in dem der Anspruch entstanden ist und der Gläubiger von den anspruchsbegründenden Tatsachen Kenntnis erlangt hat oder ohne grobe Fahrlässigkeit hätte erlangen müssen. Ohne Rücksicht auf die Kenntnis verjährt der Anspruch in 10 Jahren ab dem Tag der Entstehung, § 199 Abs. 3 Nr. 1 BGB, und ohne Rücksicht auf die Entstehung und Kenntnis in 30 Jahren von dem Zeitpunkt der Begehung der Handlung, § 199 Abs. 3 Nr. 2 BGB. Wenn eine vorherige Anrufung der Schiedsstelle erfolgt, wird zwar die Frist durch die Anrufung nach § 204 Abs. 1 Nr. 4 BGB gehemmt (BGH GRUR 2014, 357 – Profilstrangpressverfahren), zu beachten ist aber das Regelwerk in § 204 Abs. 2 BGB über das Ende der Hemmung 6 Monate nach Erledigung. Bei Bestehen eines Schadensersatzanspruches hat der Schuldner auch nach Eintritt der Verjährung das aus der unerlaubten Handlung Erlangte nach den Vorschriften der ungerechtfertigten Bereicherung herauszugeben, § 852 BGB mit Rechtsfolgenverweisung auf §§ 812 ff. BGB. Dieser Anspruch verjährt in 10 Jahren ab dem Tag der Entstehung. Im Übrigen sind die allgemeinen Verwirkungsgrundsätze zu beachten (BGH GRUR 1977, 784 (785) – Blitzlichtgeräte; BGH GRUR 2003, 237 (240) – Ozon; Schulte/*Voß/Kühnen* PatG § 141 Rn. 4 ff.; → Form. E.14 Anm. 41).

F. Geschmacksmusterrecht

1. Berechtigungsanfrage

Novitas Gesellschaft für Produktneuheiten mbH[1]
(Anschrift)
Telefax-Nr:[2] ......

Datum

Sehr geehrte Damen und Herren,

ich wende mich an Sie im Auftrag der Hinrich Klopfer KG.

Meine Mandantin ist Inhaberin der Sammelanmeldung Nr. ......, die am ...... angemeldet und am ...... eingetragen worden ist. Eine Kopie der Eintragungsurkunde füge ich bei.[3]

Vor kurzem hat meine Mandantin Kenntnis davon erlangt, dass Ihr Unternehmen Teppichklopfer unter der Bezeichnung *Loveparade* in den Verkehr bringt, die mit dem in Nr. 1 der Sammelanmeldung Nr. ...... dargestellten Teppichklopfer weitgehend übereinstimmen.

1. Für die Neuheit[4] und für die Eigenart[5] spricht eine gesetzliche Vermutung (vgl. § 39 DesignG). Meiner Mandantin, die den vorbekannten Formenschatz[6] sehr gut kennt, liegen keine Hinweise darauf vor, dass diese Vermutung widerlegt werden könnte.

   Die Eigenart (§ 2 Abs. 3 DesignG) des eingetragenen Designs meiner Mandantin beruht auf der Form sowohl des Kopfteils als auch des Stiels und insbesondere auf der Kombinationswirkung dieser Gestaltungselemente. Den Kopfteil bilden drei konzentrisch angeordnete, herzförmige Segmente sowie vier weitere herzförmige Segmente, die mit den konzentrischen Segmenten in Verbindung stehen. Der Stiel ist als schlanker Rundschaft ausgebildet, der spitzwinklig in den Kopfteil und kegelstumpfförmig in einen Griff übergeht. Der Griff hat ungefähr den dreifachen Durchmesser des Stiels und ist spiralenartig mit einem Band umwickelt. Durch diese Erscheinungsmerkmale unterscheidet sich der Gegenstand der Sammelanmeldung Nr. ...... /1 deutlich von jedem vorbekannten Design.

2. Der Schutz eines eingetragenen Designs erstreckt sich auf jedes Design, das beim informierten Benutzer keinen anderen Gesamteindruck erweckt (vgl. § 38 Abs. 2 S. 1 DesignG).[7] Die Form des Teppichklopfers *Loveparade* stimmt in nahezu sämtlichen Erscheinungsmerkmalen mit dem Gegenstand des eingetragenen Designs meiner Mandantin überein. Der Griff des Teppichklopfers *Loveparade* ist zwar nicht mit einem Band umwickelt. Das ist jedoch für den Gesamteindruck unerheblich, zumal für den informierten Benutzer[8] die Vorstellung einer kostengünstigeren Einfachversion nahegelegt wird.

Ich gebe Ihnen Gelegenheit, mir bis

...... (Frist von ca. 7 Tagen)

– hier eingehend –

mitzuteilen,[9] auf Grund welcher Umstände Ihr Unternehmen[10] sich für berechtigt[11] hält, den Teppichklopfer *Loveparade* herzustellen, anzubieten und in den Verkehr zu bringen.

Mit freundlichen Grüßen

Patentanwalt/Rechtsanwalt[12]

Anlage:

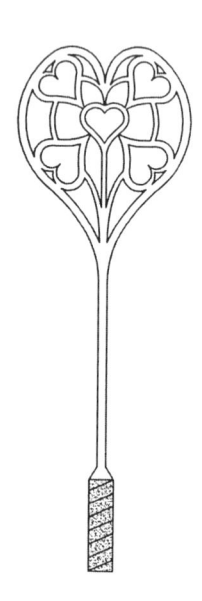

Schrifttum: Zum Designrecht: *Bulling/Langöhrig/Hellwig*, Gemeinschaftsgeschmacksmuster, 3. Aufl. 2011; *Eichmann/v. Falckenstein/Kühne*, Designgesetz, 5. Aufl. 2015; *Eichmann/Kur*, Designrecht-Praxishandbuch, 2. Aufl. 2016; *Günther/Beyerlein*, Designgesetz, 3. Aufl. 2015; *Pfeifer*, Urheberrecht für Designer Einführung in das Designrecht, 2008; *Rehmann*, Designrecht, 2. Aufl. 2014; *Ruhl*, Gemeinschaftsgeschmacksmuster, 2. Aufl. 2010.

Zum Verfahrensrecht: *Ahrens/Verfasser*, Der Wettbewerbsprozess, 8. Aufl. 2017; *Berneke/Schüttpelz*, Die einstweilige Verfügung in Wettbewerbssachen, 3. Aufl. 2015; *Eichmann*, Die Rechtsnatur der Abmahnung und der Verwarnung, FS Helm 2002, S. 287–319; *Fezer/Büscher/Obergfell*, Lauterkeitsrecht: UWG, 3. Aufl. 2016; *Gloy/Loschelder/Erdmann/Bearbeiter*, Handbuch des Wettbewerbsrechts, 4. Aufl. 2010; *Hasselblatt/Verfasser*, Gewerblicher Rechtsschutz, 4. Aufl. 2012; *Teplitzky*, Wettbewerbsrechtliche Ansprüche und Verfahren, 11. Aufl. 2016; *Ullmann/Bearbeiter*, UWG, 4. Aufl. 2016.

Anmerkungen

1. Die sog. Berechtigungsanfrage trägt dem Charakter des eingetragenen Designs als Schutzrecht Rechnung, das ohne Prüfung der materiell rechtlichen Schutzvoraussetzun-

1. Berechtigungsanfrage   F. 1

gen erteilt wird. Im Verletzungsstreit wird insbesondere die Prüfung des eingetragenen Designs auf Neuheit (→ Anm. 4) und Eigenart (→ Anm. 5) zunächst von der Gegenpartei, später gegebenenfalls vom Gericht nachgeholt. Wenn Ansprüche aus einem eingetragenen Design geltend gemacht werden, sollte daher der Anspruchsteller den vorbekannten Formenschatz (→ Anm. 6) möglichst vollständig ermittelt haben. Eine unberechtigte Verwarnung kann insbesondere eine negative Feststellungsklage auslösen (→ Form. F.3 Anm. 1). Die Berechtigungsanfrage ist keine ausreichende Grundlage für ein Gerichtsverfahren (vgl. *Bruchhausen* Mitt. 1969, 286 (290)), sondern der Beginn eines vorbereitenden Meinungsaustauschs über die Schutzrechtslage (vgl. BGH GRUR 1963, 255 (257) – Kindernähmaschinen; OLG München Mitt. 1998, 117 (118) – jeweils zum Gebrauchsmusterrecht). Ein nur der Rechtswahrung dienender Meinungsaustausch über die Rechtslage ist kein Eingriff in das Recht am eingerichteten und ausgeübten Gewerbebetrieb und begründet daher keinen Anspruch auf Schadensersatz (vgl. BGH GRUR 2011, 995 Rn. 28 f. – Besonderer Mechanismus). Wenn in der Antwort eine abweichende Rechtsauffassung vertreten wird, macht das eine Verwarnung nicht entbehrlich; in einem unmittelbar folgenden Gerichtsverfahren verliert daher der Anspruchsgegner nicht die Möglichkeit eines gem. § 93 ZPO kostenfreien Anerkenntnisses (OLG Hamburg GRUR 2006, 616).

2. Weil die Berechtigungsanfrage nur der Beginn eines Meinungsaustauschs ist (→ Anm. 1), muss der Zugang nicht nachweisbar sein. Wenn aber die Berechtigungsanfrage nicht beantwortet wird (→ Anm. 9) bleibt unklar, ob die Anfrage nicht zugegangen ist oder ob der Adressat zur Beantwortung nicht bereit ist.

3. Die Bekanntgabe der Eintragungsnummer genügt zwar, weil der Adressat Einzelheiten durch Einsichtnahme in das Register für eingetragene Designs in Erfahrung bringen kann. Es ist jedoch zu empfehlen, dass dem Schreiben eine Kopie der Eintragungsurkunde beigefügt wird. Wenn eine Bildbekanntmachung noch nicht veröffentlicht ist, muss die Darstellung des Designs durch die Beifügung einer Abbildung veranschaulicht werden (vgl. OLG Düsseldorf GRUR 1979, 719 (721) zur Verwarnung aus einem versiegelt hinterlegten eingetragenen Design)

4. Ein Design gilt nach § 2 Abs. 2 S. 1 DesignG als neu, wenn vor dem Anmeldetag bzw. vor dem Prioritätstag kein identisches Design offenbart worden ist. Dieser gesetzlichen Definition wird in § 2 Abs. 2 S. 2 DesignG hinzugefügt, dass Designs (auch dann) als identisch gelten, wenn sie sich nur in unwesentlichen Einzelheiten unterscheiden. Einzelheiten können als unwesentlich gelten, wenn sie nur bei sehr genauer Betrachtung auffallen (zB EUIPO ICD 2749 v. 15.5.2007 – Schirmständer).
Ob die zu schützende Erscheinungsform mit einem vorbekannten Design völlig oder weitgehend übereinstimmt, muss durch eine Gegenüberstellung im Rahmen eines Einzelvergleichs mit jedem einzelnen vorbekannten Design ermittelt werden. Die meisten Erscheinungsformen ergeben sich aus einer Kombinationswirkung von mehreren Erscheinungsmerkmalen. Neuheitsschädlich ist ein Design dabei nur unter der Voraussetzung, dass es alle für den Gesamteindruck wesentlichen Erscheinungsmerkmale ebenfalls aufweist und dass auch in der Anordnung dieser Merkmale kein erheblicher Unterschied besteht. Auf die Vorbekanntheit einzelner Gestaltungselemente kommt es bei der Neuheitsprüfung nicht an (OLG Frankfurt a.M. GRUR 2015, 890 – Möbelgriff).
Die Neuheit eines eingetragenen Designs ist in der Regel nur dann entscheidungserheblich, wenn Streit über die Berücksichtigungsfähigkeit von Vorverbreitungen durch den Rechtsinhaber besteht und die Neuheitsschonfrist nicht eingreift. Weil die Erfordernisse der Neuheit und der Eigenart kumulativ erfüllt sein müssen, kann die Bewertung der Wesentlichkeit oder Unwesentlichkeit von Unterschieden gegenüber einem vorbekannten Design auch im Rahmen der Ermittlungen zur Eigenart erfolgen. Wenn

Zweifel an der Unwesentlichkeit von Unterschieden bestehen, hat der Gegenstand des eingetragenen Designs in der Regel keine Eigenart. Ob bei einem eingetragenen Design die Neuheit oder die Eigenart verneint wird, hat praktische Auswirkungen weder für das Ergebnis noch für die Kostentragung. Das gilt in gleicher Weise für den Verletzungsstreit und für das Nichtigkeitsverfahren.

5. Nach § 2 Abs. 3 S. 1 DesignG kommt es für die Eigenart darauf an, ob sich der Gegenstand des eingetragenen Designs in seinem Gesamteindruck von dem Gesamteindruck unterscheidet, den ein anderes Design hervorruft, das vor dem Anmeldetag bzw. Prioritätstag (vgl. § 13 Abs. 2 DesignG) offenbart worden ist. Maßgeblich ist der direkte, synoptische Vergleich mit der vorveröffentlichten Gestaltung aus der Perspektive des informierten Benutzers (EuGH GRUR 2012, 506 (508) – PepsiCo; OLG Frankfurt a. M. GRUR-RS 2014, 17895 Rn. 24 – Duschwanne). § 2 Abs. 3 S. 2 DesignG bestimmt ergänzend, dass bei der Beurteilung der Eigenart der Grad der Gestaltungsfreiheit des Entwerfers berücksichtigt wird. Maßgebliches Kriterium für die Ermittlung der Eigenart ist die Unterschiedlichkeit der Designs (BGH GRUR 2010, 718 Rn. 32 – Verlängerte Limousinen). Hierzu muss durch einen Einzelvergleich mit jedem einzelnen vorbekannten Design ermittelt werden, ob die erforderliche Unterschiedlichkeit besteht (BGH GRUR 2010, 718 Rn. 33; BGH GRUR 2011, 490 Rn. 14 – Untersetzer; BGH GRUR 2011, 1112 Rn. 32 – Schreibgeräte; EuGH GRUR 2014, 774 – KMF/Dunnes: Einzelvergleich mit Gesamteindruck, den eines oder mehrere Muster „für sich genommen" hervorrufen). Eigentümlichkeit und Gestaltungshöhe sind demnach keine Voraussetzungen für das Kriterium der Eigenart (BGH GRUR 2010, 718 Rn. 32). Die in einem eingetragenen Design verkörperte gestalterische Leistung kann allerdings insoweit Berücksichtigung finden, als der Grad der Gestaltungsfreiheit in die Beurteilung der Eigenart Eingang findet (BGH GRUR 2010, 718 Rn. 32). Je größer die Gestaltungsfreiheit ist, desto höhere Anforderungen sind an die Eigenart zu stellen (EuG GRUR-RR 2016, 324 (326) Rn. 29 – Handtasche), wobei auch in dicht besetzten Designgebieten wie beispielsweise im Möbelbereich schutzfähige Designentwicklungen möglich bleiben müssen und daher auch in diesen Gebieten trotz hoher Gestaltungsfreiheit die Anforderungen nicht überspannt werden dürfen (OLG Frankfurt a. M. GRUR 2015, 890 (891) – Möbelgriff; nach EuG GRUR-RR 2016, 324 (326) Rn. 30 besteht bei Modeartikeln ebenfalls hohe Gestaltungsfreiheit).

6. Vorbekannter Formenschatz ist ein seit langem etablierter Fachbegriff der Rechtspraxis für die Gesamtheit aller Design, die vor dem Anmeldetag bzw. Prioritätstag eines eingetragenen Designs offenbart worden sind. Die Erfordernisse der Offenbarung sind in § 5 DesignG geregelt. Dabei wird auf die in der Gemeinschaft tätigen Fachkreise abgestellt. Zur Bestimmung der Fachkreise → Form. F.10 Anm. 5.

7. Für das in § 38 Abs. 1 S. 1 DesignG geregelte Verbietungsrecht kommt es nach § 38 Abs. 2 S. 1 DesignG nur darauf an, ob der Gegenstand der Beanstandung beim informierten Benutzer keinen anderen Gesamteindruck als der Gegenstand des eingetragenen Designs erweckt (→ Form. F.10 Abschnitt II). Ob der Anspruchsgegner das eingetragene Design gekannt hat, spielt für den Eingriff in den Schutzumfang keine Rolle. Aus dem Zusammenklang der Regelungen in § 38 Abs. 1 S. 1 DesignG und § 38 Abs. 2 S. 1 DesignG ergibt sich daher eine Sperrwirkung. Ebenso wie bei der Prüfung der Eigenart findet ein Vergleich des Gesamteindrucks statt. § 38 Abs. 2 S. 2 DesignG bestimmt, dass bei der Beurteilung des Schutzumfangs der Grad der Gestaltungsfreiheit des Entwerfers bei der Entwicklung seines Designs berücksichtigt wird. Eine geringe Gestaltungsfreiheit führt an sich zu einem geringen Schutzumfang (OLG Frankfurt a. M. GRUR-RS 2015, 07909 Rn. 20 – Sportbrille; OLG Frankfurt a. M. GRUR-RS 2015, 01670 Rn. 3 – Schutzblech; OLG Düsseldorf GRUR-RS 2015, 13327 Rn. 22 – Bequemschuh). Ist jedoch der Abstand zum vorbekannten Formenschatz besonders groß, insbesondere größer als zur Begründung

1. Berechtigungsanfrage F. 1

der Eigenart erforderlich, führt dies zu einem entsprechend großen Schutzumfang (im konkreten Fall wurde bei einer Sportbrille, bei der ein geringer Gestaltungsspielraum besteht, eine Verletzung mit dieser Begründung angenommen OLG Frankfurt a. M. GRUR-RS 2015, 07909 Rn. 21 – Sportbrille). Ist das Muster in Farbe eingetragen, kann eine abweichende Farbgebung bei der angegriffenen Gestaltung zu einem anderen Gesamteindruck führen, wenn die Farbe den Gesamteindruck wesentlich bestimmt (OLG Frankfurt a. M. GRUR-RS 2015, 11017 Rn. 36 – Gefächertes Federdesign). Auch der Werkstoff, der beim hinterlegten Design erkennbar ist, kann bei der Beurteilung des Schutzgegenstands und des Schutzumfangs eine Rolle spielen (OLG Düsseldorf BeckRS 2016, 14568 Rn. 11, wonach aufgrund des hinterlegten Lichtbilds für den informierten Benutzer der verwendete Werkstoff silberfarbenes Metall ersichtlich ist).

8. Zur Beurteilung durch den informierten Benutzer → Form. F.11 Anm. 5.

9. Zur Fristsetzung → Form. F.3 Anm. 5. Wenn gegebenenfalls ein Antrag auf Erlass einer einstweiligen Verfügung in Erwägung gezogen wird, kann die Beantwortungsfrist vom Anfragenden genutzt werden, um – wenn das noch nicht geschehen ist – Nachforschungen zur Eigenart des eingetragenen Designs anzustellen.

Ob eine Obliegenheit zur Beantwortung einer Berechtigungsanfrage besteht, ist ungeklärt. Anders als die Verwarnung begründet zwar die Berechtigungsanfrage keine Sonderrechtsbeziehung (→ Form. F.3 Anm. 1), mit der die Umwandlung eines gesetzlichen Anspruchs in einen vertraglichen Anspruch (→ Form. F.3 Anm. 9) herbeigeführt werden soll. Aber die Berechtigungsanfrage ist für den Anfragenden eine Vorstufe zur Verwarnung, um das mit dieser Maßnahme verbundene Risiko (→ Anm. 1) auszuschließen. Dieses wesenstypische Ziel der Berechtigungsanfrage wird nicht erreicht, wenn sie der Empfänger nicht beantwortet. Die Konkretisierung der hieraus resultierenden Obliegenheit zur Beantwortung richtet sich nach den Gegebenheiten des Einzelfalls. Wenn die Verletzung eines eingetragenen Designs aus Rechtsgründen verneint wird, genügt ein kurzer Hinweis. Tatsächliche Umstände, die dem Anfragenden ersichtlich nicht bekannt sind, müssen diesem jedoch ebenso wie bei einer Verwarnung (→ Form. F.3 Anm. 1) mitgeteilt werden.

Wenn keine Stellungnahme abgegeben wird, muss der Anfragende prüfen, ob eine Verwarnung gerechtfertigt ist. Dasselbe gilt, wenn der Anfragende zu dem Ergebnis kommt, dass der Inhalt einer Stellungnahme das beanstandete Handeln nicht ausreichend rechtfertigt. Der Beschleunigung kann eine Mischform von Berechtigungsanfrage und Verwarnung dienen. Diese Vorgehensweise hat den Vorteil, dass schneller entweder eine Verpflichtungserklärung herbeigeführt wird oder eine gerichtliche Entscheidung beantragt werden kann, wenn der Empfänger der Berechtigungsanfrage keine Umstände vortragen kann, die einer Rechtsverletzung entgegenstehen. Die Mischform kann am Ende des Textes der Berechtigungsanfrage zB wie folgt formuliert werden:

> Wenn Sie derartige Umstände nicht bekannt geben können, ist es Ihnen nicht gestattet, Erzeugnisse herzustellen, anzubieten und in den Verkehr zu bringen, die vom Schutzumfang der Sammelanmeldung Nr. ..../1 erfasst werden. Für diesen Fall habe ich meiner Mandantin empfohlen, ein Gerichtsverfahren einzuleiten wenn Sie sich nicht innerhalb derselben Frist gegenüber meiner Mandantin gemäß der beigefügten Erklärung verpflichten.

10. Weil Abnehmerverwarnungen grundsätzlich zulässig sind (→ Form. F.7 Anm. 5), kann im Grundsatz davon ausgegangen werden, dass an Abnehmer gerichtete Berechtigungsanfragen ebenfalls zulässig sind (so ausdrücklich OLG Düsseldorf GRUR-RS 2014, 22166). Die Komponente der Mitbewerberbehinderung ist allerdings stärker ausgeprägt als bei der Abnehmerverwarnung, weil die Sachkompetenz für einen Meinungsaustausch über die Schutzrechtslage in erster Linie beim Lieferanten liegt. Wenn eine Berechtigungsanfrage an ein Handelsunternehmen gerichtet wird, ist dieses zwar zu einem Meinungsaustausch über die Schutzrechtlage weniger befähigt als der Hersteller. Aber die Obliegenheit zur Beantwortung (→ Anm. 9) hat jedenfalls zur Folge, dass der Adressat dem Absender in angemessen kurzem Zeitraum seinen Lieferanten und dessen Anschrift bekannt geben oder den Lieferanten zur Beantwortung auffordern wird. Eine an den Abnehmer eines Konkurrenten gerichtete Berechtigungsanfrage kann als irreführende geschäftliche Handlung (§ 5 Abs. 1 Nr. 3 UWG) untersagt werden, wenn sie zwar detaillierte Angaben zum Bestand des Schutzrechts enthält, jedoch verschwiegen wird, dass gegen die Erteilung des anspruchsbegründenden Patents Einspruch eingelegt worden ist (OLG Karlsruhe GRUR-RR 2008, 197). Entsprechendes wird zu gelten haben, wenn gegen ein eingetragenes Design oder Gemeinschaftsgeschmacksmuster ein Antrag oder eine Widerklage auf Nichtigerklärung eingereicht worden ist.

11. Nur die Berechtigungsanfrage eröffnet einen risikolosen Meinungsaustausch über die Schutzrechtslage (→ Anm. 1). Wenn danach gefragt wird, auf Grund welcher Umstände oder Erwägungen sich der Adressat für berechtigt hält, das eingetragene Design des Anspruchstellers zu verletzen, kann das einer Verwarnung nahe kommen. Hinweise auf mögliche Verletzungsfolgen (zB Verpflichtung zur Unterlassung, zur Vernichtung, zum Schadensersatz) oder auf strafrechtliche Folgen dienen nicht dem Meinungsaustausch, sondern der Einschüchterung. Auch ein Hinweis auf die Möglichkeit von gerichtlichen Maßnahmen ist kein Beginn eines Meinungsaustauschs; entscheidend ist allerdings das Ergebnis einer Gesamtauslegung (vgl. OLG Karlsruhe GRUR 1984, 143 (145); OLG Düsseldorf GRUR-RS 2014, 22166). Die Darstellung der Schutzrechtslage wird zur Verwarnung, wenn bei dem Empfänger der Eindruck erweckt wird, er habe keinen hinreichenden Entschließungsspielraum (ausführlich hierzu *Bruchhausen* Mitt. 1969, 286 (290)). Dabei kann es auch auf die wirtschaftliche Bedeutung und auf die Sachkunde des Empfängers ankommen (vgl. BGH GRUR 1975, 315 (316) – Metacolor; OLG München GRUR 1980, 228 (229)). Eine – auch nachdrückliche – Aufforderung zur Stellungnahme steht dem Charakter eines Meinungsaustauschs jedoch nicht entgegen (vgl. BGH GRUR 1997, 896 (897) – Mecki-Igel III – betreffend die Inhaberschaft von urheberrechtlichen Nutzungsrechten). Auch die bloße Ankündigung, unter bestimmten Umständen in eine Prüfung einzutreten, ob ein Anspruch besteht, enthält noch keinen ernsthaften und hinreichend bestimmten Eingriff in die Rechtssphäre des Adressaten (vgl. BGH GRUR 2011, 995 Rn. 15 – Besonderer Mechanismus). Wenn nach einem Hinweis auf eine Schutzrechtsverletzung um Auskunft und Stellungnahme gebeten wird, weshalb sich der Adressat für berechtigt halte, das Schutzrecht zu missachten, und für den Fall, dass die Schutzrechtsbenutzung nicht mit Argumenten begründet werden könne, mit der Einschaltung von Patentanwälten gedroht wird, steht das in der Diktion einer Verwarnung nahe. Die Aufforderung zur Stellungnahme kann aber noch dem vorbereitenden Meinungsaustausch zugerechnet werden, weil die Aufforderung zur Mitteilung von rechtfertigenden Argumenten einer Unterlassungsaufforderung nicht gleichgesetzt werden kann (LG Mannheim NJOZ 2007, 2707 (2710) = GRUR-RR 2007, 304 (Ls.)); dabei konnte es eine Rolle spielen, dass es sich bei dem Empfänger um ein Unternehmen gehandelt hat, das zur eigenen Überprüfung von Schutzrechtsfragen in der Lage war und dass für die Stellungnahme ein Monat Zeit zur Verfügung gestanden hat. Der Hinweis, es gebe Indizien für eine Schutzrechtsverletzung verbunden mit der Aussage, sollte sich eine Schutzrechtsverletzung bewahrheiten, wäre dies mit ernsthaften Konsequenzen verbunden, führt noch nicht zu einer Schutzrechtsverwarnung, weil noch kein ernsthaftes Unterlassungsbegehren und eine Einstellung der Vertriebsaktivitäten gefordert wird (OLG Düsseldorf GRUR-RS 2014, 22166 zum Patentrecht).

2. Antwort auf Berechtigungsanfrage

Ob die Kombination (→ Anm. 9) von Berechtigungsanfrage und Verwarnung dasselbe Risiko wie eine normale Verwarnung mit sich bringt, ist nicht geklärt. Hier wird dem Adressaten die Möglichkeit eingeräumt, entweder rechtfertigende Umstände bekannt zu geben oder durch die Abgabe einer Unterlassungs- und Verpflichtungserklärung ein Gerichtsverfahren zu vermeiden. Die Berechtigungsanfrage liegt im eigenen Interesse des Anfragenden; dieser hat daher seine Anwaltskosten selbst zu tragen (LG München I InstGE 6, 117 (120)). Die Kombination (→ Anm. 9) von Berechtigungsanfrage und Verwarnung bietet dem Adressaten eine Wahlmöglichkeit. Wenn der Adressat Rechtfertigungsumstände bekannt gibt und dadurch der Zweck der Berechtigungsanfrage erfüllt wird, bleibt es dabei, dass beide Seiten ihre etwaigen Anwaltskosten selbst zu tragen haben.

Kosten und Gebühren

12. Wenn nur nach Rechtfertigungsgründen gefragt wird, besteht kein Anspruch auf Erstattung von Anwaltskosten (→ Anm. 11). Die Berechnung gegenüber dem Mandanten kann nach den Grundsätzen erfolgen, die für die Verwarnung maßgeblich sind (→ Form. F.3 Anm. 19).

2. Antwort auf Berechtigungsanfrage

Vorab per Telefax Nr.[1] . . . . . .

                                    Datum

Klopfer ./. Novitas

Sehr geehrte Kollegin . . . . . ./Sehr geehrter Kollege . . . . . .,

die Novitas GmbH hat mich beauftragt, Ihr Schreiben vom . . . . . . zu beantworten. Meine Bevollmächtigung wird anwaltlich versichert.

1. Der in Nr. 1 der Sammelanmeldung Nr. . . . . . . dargestellte Teppichklopfer erfüllt nicht das Erfordernis der Eigenart. Das Herzsymbol ist eines der beliebtesten und am häufigsten benutzten Gestaltungselemente in vielen Bereichen des gestalterischen Schaffens. Auch die Kombination von mehreren Herzsymbolen in einer Gesamtform war schon lange vor dem Anmeldetag des eingetragenen Designs Ihrer Mandantin bekannt.

2. Aus der beigefügten Teilkopie aus einem Werbeprospekt der Firma Interieur-Design für Herbst/Winter des Jahres . . . . . . ist ersichtlich, dass bereits mehrere Jahre vor dem Anmeldetag des eingetragenen Designs Ihrer Mandantin Waffeleisen in Deutschland verbreitet worden sind, deren Erscheinungsform mit dem Gegenstand dieses eingetragenen Designs nahezu völlig übereinstimmen.

3. Meine Mandantin hat allerdings den Vertrieb des Teppichklopfers *Loveparade* schon vor mehr als einem Monat eingestellt. Aus diesem Grund[2] braucht nicht vertieft zu werden, wie es sich mit der Berechtigung meiner Mandantin zum Vertrieb des Teppichklopfers *Loveparade* verhält. Zur Vermeidung von überflüssigen Diskussionen verpflichtet[3] sich meine Mandantin gegenüber Ihrer Partei – ohne Anerkennung[4] einer Rechtspflicht und weitergehender Verpflichtungen, aber rechtsverbindlich – es während der Schutzdauer[5] des eingetragenen Designs Nr. . . . . . ./1 bei Meidung einer für den Fall eines schuldhaften Verstoßes[6] von Ihrer Partei nach billigem Ermessen angemessen festzusetzenden und im Streitfall von einem Gericht für Designstreitsachen auf Angemessenheit zu überprüfenden Vertragsstrafe[7] zu unterlassen, im geschäftli-

chen Verkehr in Deutschland[8] die beanstandeten Teppichklopfer mit der Modellbezeichnung *Loveparade* herzustellen, anzubieten und/oder in den Verkehr zu bringen, zu bewerben, nach Deutschland zu importieren, von Deutschland aus zu exportieren oder zu vorstehenden Zwecken zu besitzen.[9]

4. Grund für die Vertriebseinstellung war die defizitäre Geschäftsentwicklung. Meine Mandantin hat insgesamt 3.900 *Loveparade*-Teppichklopfer bei der ...... (Firma und Anschrift) bestellt. Die Ware ist vom Verkäufer direkt per Luftfracht angeliefert worden.[10] Zu dem Einstandspreis von 13.730 EUR kamen 7.690 EUR Vertriebskosten hinzu. Der Gesamtumsatz von knapp 18.600 EUR hat insbesondere deswegen zu einem Verlust[11] geführt, weil zwischen der Auftragserteilung und der Lieferrechnung der Dollarkurs stark gestiegen ist, aber der Verkaufspreis von 4,80 EUR pro Stück gegenüber der ...... (Firma und Anschrift) als einziger Abnehmerin nicht mehr geändert werden konnte.

Mit freundlichen kollegialen Grüßen

Patentanwalt/Rechtsanwalt

Anmerkungen

1. Die Übermittlung per Telefax dient der fristwahrenden Beachtung der Obliegenheit (→ Form. F.1 Anm. 9) zur Beantwortung der Berechtigungsanfrage (zum Zugangsnachweis → Form. F.3 Anm. 2). Wenn – wie im Textbeispiel – zugleich eine Unterlassungserklärung abgegeben wird (→ Anm. 4), hat der Empfänger einen Anspruch darauf, dass ihm die Unterlassungserklärung zusätzlich als Originalurkunde zur Verfügung gestellt wird (→ Form. F.3 Anm. 9).

2. Ob ein Erzeugnis aus dem vorbekannten Formenschatz der Neuheit oder der Eigenart eines eingetragenen Designs entgegensteht, richtet sich nach den Kenntnismöglichkeiten der in der Gemeinschaft tätigen Fachkreise „des betreffenden Sektors" (vgl. § 5 S. 1 DesignG). In Großbritannien haben der High Court (Entscheidung [2007] EWHC 1712 (Pat) vom 19.7.2007) und der Supreme Court (Entscheidung EWCA Civ 358 vom 23.4.2008) ein Gemeinschaftsgeschmacksmuster, das ua für „washing, cleaning and drying equipment" eingetragen war und für sog. Trocknerkugeln benutzt wurde, mit der Begründung für nichtig erklärt, dass die Vorverbreitung von nahezu formidentischen Massagekugeln Eingang in den berücksichtigungsfähigen vorbekannten Formenschatz gefunden habe. Abgestellt wurde dabei auf die Fachkreise, die mit dem Gegenstand des vorbekannten Musters der Massagekugeln befasst waren (zustimmend *Eichmann/v. Falckenstein/Kühne* DesignG § 5 Rn. 13; *Ruhl* Art. 7 Rn. 11). Demgegenüber hat das OLG Hamburg entschieden, dass es – wie früher im Anwendungsbereich des GeschmMG aF – auf den Sektor ankommt, dem das eingetragene Design zugehörig ist. Das hatte zur Folge, dass ein vorveröffentlichtes eingetragenes Design für ein Räuchermännchen in Heizofenform gegenüber einem eingetragenen Design für einen nahezu identischen Kaminofen nicht als neuheitsschädlich anerkannt wurde (OLG Hamburg BeckRS 2010, 24928 Rn. 66 = WRP 2010, 1416 (Ls.) – Kaminöfen).

Der EuGH hat nun entschieden, dass der betreffende Wirtschaftszweig im Sinne von Art. 7 Abs. 1 GGV nicht auf den des Erzeugnisses beschränkt ist, in dem das angegriffene Muster aufgenommen oder bei dem es verwendet werden soll (EuGH BeckRS 2017, 125379 – Duschabflussrinne). Auch branchenfremde Designs können also neuheitsschädlich sein. Die vorveröffentlichte Form eines Waffeleisens ist also grundsätzlich relevant bei der Neuheitsprüfung der Form des Teppichklopfers, auch wenn die Branchen unterschiedlich sind.

2. Antwort auf Berechtigungsanfrage F. 2

3. Auch im Designrecht begründet die Verbreitung von schutzrechtsverletzenden Erzeugnissen die Vermutung, dass in Zukunft weitere Verbreitungshandlungen stattfinden werden (vgl. BGH GRUR 1965, 198 (202) – Küchenmaschine). Die daraus resultierende Wiederholungsgefahr wird nicht durch die Einstellung von Verbreitungshandlungen, sondern nur durch die Abgabe einer schriftlichen Unterlassungserklärung beseitigt, mit der eine angemessene Vertragsstrafe zugesagt wird (vgl. BGH GRUR 1965, 202 sowie → Form. F.3 Anm. 13). Die zu vermutende Wiederholungsgefahr kann selbst dann bestehen bleiben, wenn die Produktion (vgl. BGH GRUR 1998, 1045 (1046) – Brennwertkessel) oder der Geschäftsbetrieb (vgl. BGH GRUR 1998, 824 (828) – Testpreis-Angebot) eingestellt wird.

Im Textbeispiel soll durch die unaufgeforderte Abgabe einer Unterlassungserklärung ein Gerichtsverfahren und eine „gebührenpflichtige" Verwarnung (→ Form. F.3 Anm. 10) vermieden werden. Zum Zustandekommen eines Unterlassungsvertrags (→ Form. F.3 Anm. 13 Abs. 5) bedarf es einer Annahmeerklärung des Gläubigers. Dabei kann idR davon ausgegangen werden, dass der Schuldner sein Angebot unbefristet abgegeben hat und es daher vom Gläubiger jederzeit angenommen werden kann (BGH GRUR 2010, 355 Rn. 21 – Testfundstelle). Von Bedeutung ist die Annahmeerklärung des Gläubigers insbesondere als Grundlage für den Anspruch auf Zahlung einer Vertragsstrafe (→ Form. F.3 Anm. 13). Aus § 151 BGB ergibt sich, dass zwar der Zugang einer Annahmeerklärung, nicht jedoch diese Erklärung selbst entbehrlich sein kann (BGH GRUR 2006, 878 Rn. 16 – Vertragsstrafevereinbarung). Ein stillschweigender Verzicht auf den Zugang der Unterlassungserklärung kann aus der Übermittlung dieser Erklärung nur gefolgert werden, wenn sie nicht oder nur unwesentlich von der Unterlassungsaufforderung des Gläubigers abweicht (BGH GRUR 2002, 823 (824) – Teilunterwerfung; OLG Köln GRUR-RR 2010, 339 (341)). Wenn keine vorformulierte Unterlassungserklärung vorgelegt worden ist, kann von einem stillschweigenden Verzicht auf die Annahme der vom Schuldner formulierten Unterlassungserklärung kaum ausgegangen werden.

4. Nur eine uneingeschränkte, bedingungslose und unwiderrufliche Unterlassungserklärung beseitigt die Wiederholungsgefahr (vgl. – jeweils mwN – BGH GRUR 1993, 677 (679) – Bedingte Unterwerfung; BGH GRUR 1997, 397 (398) – Wegfall der Wiederholungsgefahr II). Weil für die Auslegung eines Unterlassungsvertrags die allgemeinen für die Vertragsauslegung geltenden Regeln maßgeblich sind (→ Form. F.3 Anm. 13 Abs. 5) richtet es sich primär nach dem Wortlaut, ergänzend aber auch nach den Begleitumständen, ob eine Unterlassungserklärung die erforderliche Ernsthaftigkeit aufweist. Wenn die Anerkennung einer Rechtspflicht abgelehnt wird, kann das zwar ein Indiz für fehlende Ernsthaftigkeit sein. Weil jedoch das Festhalten an einem entgegenstehenden Rechtsstandpunkt die Ernsthaftigkeit einer Unterlassungserklärung nicht beeinträchtigt (vgl. BGH GRUR 1967, 362 (366) – Spezialsalz), bringt im Textbeispiel die nachfolgende Zusage einer angemessenen Vertragsstrafe die Ernsthaftigkeit der Unterlassungserklärung unmissverständlich zum Ausdruck. Durch die Erklärung, dass weitergehende Verpflichtungen nicht anerkannt werden, soll im Textbeispiel einer Präjudizwirkung insbesondere für die Verpflichtung zum Schadensersatz (→ Anm. 11) entgegengewirkt werden. Mit dem Zusatz, dass die Erklärung rechtsverbindlich ist, wird zusätzlich sichergestellt, dass kein Zweifel an der Ernsthaftigkeit der Unterlassungserklärung entstehen kann (vgl. Ullmann/*Hess* UWG § 12 Rn. 80).

5. Grundlage des gesetzlichen Unterlassungsanspruchs (vgl. § 42 Abs. 1 DesignG) ist der Fortbestand der Eintragung des eingetragenen Designs, daher kann auch nur für diese Zeit eine vertragliche Unterlassungsverpflichtung gefordert werden. Diese zeitliche Beschränkung ist so selbstverständlich, dass sie in der Regel keinen Eingang in die Unterlassungserklärung findet. Wenn das dennoch geschieht, handelt es sich nicht um eine Einschränkung, sondern um eine Klarstellung. Problematisch ist eine zeitliche

Beschränkung allerdings, sofern auch Ansprüche aus dem ergänzenden wettbewerbsrechtlichen Leistungsschutz nach § 4 Nr. 3 UWG im Streit stehen. Diese können kumulativ neben designrechtlichen Ansprüchen laut §§ 3 Abs. 1, 4 Nr. 3 UWG erhoben werden (. . . . . .) und die Schutzdauer des eingetragenen Designs überdauern, weil beim Nachahmungsschutz keine zeitliche Begrenzung gegeben ist (vgl. BGH GRUR 2006, 79 (81) – Jeans I). Hier sollte vorsorglich auf die zeitliche Beschränkung verzichtet werden. Bei Ablauf der Schutzdauer des Designs kann der Unterlassungsvertrag gekündigt werden, wenn kein Grund für den ergänzenden Schutz gegen die Nachahmung besteht, besonders bei Modeerzeugnissen mit kurzer Lebensdauer (vgl. BGH GRUR 2017, 79 (89) – Segmentstruktur).

6. Nach der Rechtsprechung des BGH haftet – wenn abweichendes nicht vereinbart ist – der Schuldner einer mit einer Vertragsstrafe abgesicherten Unterlassungserklärung nur für schuldhafte Verstöße (vgl. – mwN – BGH GRUR 1982, 688 (691) – Senioren-Pass; BGH GRUR 1985, 155 (156) – Vertragsstrafe bis zu I). Weil die Bezugnahme auf die Rechtslage lediglich klarstellende Funktion hat, gibt sie keine Berechtigung zur Ablehnung der Erklärung.
Den Schuldner trifft die Beweislast dafür, dass einem Verstoß gegen die Unterlassungserklärung kein Verschulden zugrunde gelegen hat (vgl. BGH GRUR 1982, 691). Für schuldhaftes Handeln von Erfüllungsgehilfen muss der Schuldner einstehen (vgl. – jeweils mwN – BGH GRUR 1990, 534 – Abruf-Coupon; BGH GRUR 1998, 963 (964) – Verlagsverschulden II). Ein Verstoß gegen eine Unterlassungserklärung begründet – unabhängig vom Verschulden – erneut die Wiederholungsgefahr (vgl. – mwN – BGH GRUR 1990, 534).

7. Wenn eine zu niedrige Vertragsstrafe zugesagt wird, kann das der Ernsthaftigkeit der Unterlassungserklärung entgegenstehen (→ Form. F.3 Anm. 13). Bei einer Verwarnung mit vorformulierter Verpflichtungserklärung wird in der Regel vom Anspruchsteller ein bestimmter Betrag für die Vertragsstrafe gefordert. Wenn einer Verwarnung zuvorgekommen werden soll, hat der potentielle Anspruchsgegner keine Kenntnis davon, welcher Betrag für die Vertragsstrafe nach Ansicht des potentiellen Anspruchstellers angemessen ist. Der daraus resultierenden Unklarheit kann durch eine Erklärung auf der Grundlage von § 315 Abs. 1, 2 S. 2 BGB Rechnung getragen werden; diese nach dem sog. „Hamburger Brauch" zugesagte Vertragsstrafe genügt zur Beseitigung der Wiederholungsgefahr (vgl. BGH GRUR 1978, 192 (193) – Hamburger Brauch; BGH GRUR 1994, 146 – Vertragsstrafebemessung; Harte-Bavendamm/Henning-Bodewig/*Brüning* UWG § 12 Rn. 202 mwN). Nach § 315 Abs. 3 S. 2 BGB kann in der Vereinbarung eine gerichtliche Überprüfung der vom Gläubiger vorgenommenen Bestimmung der Vertragsstrafe vorgesehen werden (vgl. BGH GRUR 1994, 147; BGH GRUR 2010, 358 Rn. 30 – Testfundstelle). Diese richterliche Billigkeitskontrolle kann auch einem Kaufmann zu Gute kommen (BGH GRUR 2010, 358 Rn. 30).
Die Klage auf Zahlung einer Vertragsstrafe ist eine Designstreitsache, wenn Grundlage für die Unterlassungserklärung und damit auch für die Zusage der Vertragsstrafe ein eingetragenes Design ist (→ Form. F.3 Anm. 13).

8. Die Beschränkung der Unterlassungsverpflichtung auf das Gebiet der Bundesrepublik Deutschland dient der Klarstellung des Territorialitätsprinzips, weil das in der Berechtigungsanfrage aufgeführte eingetragene Design Schutz nur im Geltungsbereich des DesignG genießt. Auslandshandlungen mit Inlandsbezug werden jedoch vom Verbietungsrecht des Schutzrechtsinhabers erfasst. Verboten ist daher die Inlandsherstellung von rechtsverletzenden Erzeugnissen auch dann, wenn diese für den Export in das schutzrechtsfreie Ausland bestimmt sind. Das Anbieten von rechtsverletzenden Erzeugnissen im Inland für die Ausfuhr in das schutzrechtsfreie Ausland fällt ebenfalls unter das

2. Antwort auf Berechtigungsanfrage F. 2

Verbietungsrecht. Das Anbieten eines Gegenstands durch eine E-Mail gerichtet an einen Abnehmer im Inland ist auch dann eine rechtsverletzende Handlung im Inland, wenn es sich auf einen Erwerb im Ausland bezieht (OLG Düsseldorf GRUR-RS 2016, 19719 – Stühle).

9. Sowohl in einem Gerichtsverfahren (→ Form. F.9 Anm. 12) als auch in einem Verwarnungsschreiben mit vorformulierter Verpflichtungserklärung (→ Form. F.3 Anm. 16) ist es Sache des Anspruchstellers, die sog. Verletzungsform zu konkretisieren. Zur Ausräumung der Wiederholungsgefahr (→ Anm. 3) genügt jedoch jede Art der eindeutigen Festlegung des Gegenstands der Unterlassungserklärung. Die Auslegung (vgl. §§ 133, 157 BGB) ergibt im Textbeispiel, dass die Modellbezeichnung der Konkretisierung des Gegenstands der Unterlassungserklärung dient; eine Änderung der Modellbezeichnung wäre daher ohne Einfluss auf die Unterlassungsverpflichtung. Nach der neuesten Rechtsprechung des BGH zum UWG beinhaltet ein gerichtliches Unterlassungsgebot zugleich die Verpflichtung, die bereits an den Groß- und Einzelhandel verkauften streitgegenständlichen Waren zurückzurufen (BGH GRUR 2016, 720 (723) Rn. 35 – Hot Sox; BGH GRUR 2017, 208 (211) Rn. 30 – Rückruf von RESCUE-Produkten). Es bleibt abzuwarten, ob diese Rechtsprechung auf das Designrecht übertragen wird. Anders als im UWG sieht das DesignG in § 43 Abs. 2 DesignG einen ausdrücklich normierten Rückrufanspruch zusätzlich zum Unterlassungsanspruch nach § 42 Abs. 1 DesignG vor. Im Lichte der zitierten Urteile muss bei Abgabe der Unterlassungserklärung jedoch damit gerechnet werden, dass der Gläubiger bei fehlendem Rückruf Vertragsstrafensprüche erhebt, sodass der Schuldner dies bei Abgabe der Unterlassungserklärung bedenken und sich ggf. eine für die Umsetzung des Rückrufs erforderliche Aufbrauchsfrist ausbedingen sollte.

10. Durch die Auskunft über den Lieferanten, das Transportunternehmen, den gewerblichen Abnehmer und die Anzahl der Nachbildungsstücke, die bezogen und abgegeben worden sind, soll eine Aufforderung zur Drittauskunft (→ Form. F.7) entbehrlich gemacht werden.

11. Mit der unaufgeforderten Drittauskunft und der unaufgeforderten Rechnungslegung ist die Spekulation verbunden, dass nicht zum Schadensersatz aufgefordert werden wird. Der Schadensersatzanspruch aus der Verletzung eines eingetragenen Designs (vgl. § 42 Abs. 2 S. 1 DesignG) kann nach denselben Methoden wie bei der Verletzung von technischen Schutzrechten ermittelt werden (vgl. BGH GRUR 1963, 640 (642) – Plastikkorb). Bei der Bemessung des Schadensersatzes kann auch der Gewinn berücksichtigt werden, den der Verletzer durch die Rechtsverletzung erzielt hat (§ 42 Abs. 2 S. 2 DesignG). Der Schadensersatzanspruch kann auch auf der Grundlage des Betrags berechnet werden, den der Verletzer als angemessene Vergütung hätte entrichten müssen, wenn er die Erlaubnis zur Nutzung des eingetragenen Designs eingeholt hätte (§ 42 Abs. 2 S. 3 DesignG). Diese Bemessungsmethode entspricht der Lizenzanalogie, die auch im Designrecht schon seit langem anerkannt ist (vgl. BGH GRUR 1974, 53 – Nebelscheinwerfer). Von dem Anspruch auf Ersatz des entgangenen Gewinns wird selten Gebrauch gemacht, weil es aus kaufmännischen Erwägungen als störend empfunden wird, einem Wettbewerber die eigene Kostenkalkulation und den daraus resultierenden Gewinn offen zu legen. Beim Anspruch auf Herausgabe des Verletzergewinns können nur die variablen Kosten gewinnmindern geltend gemacht werden (vgl. BGH GRUR 2001, 329 (331) – Gemeinkostenanteil). Bei einem Handelsunternehmen sind diese variablen Kosten einfacher als bei einem Herstellungsunternehmen zu ermitteln. Die Anwendung der Lizenzanalogie ist im Designrecht häufig schwieriger als in anderen Bereichen, weil kaum Materialien zur Üblichkeit oder Angemessenheit von Lizenzsätzen zur Verfügung stehen und weil die Unterschiede zwischen den Lizenzsätzen größer als im Bereich der technischen Schutzrechte sind. Bei divergierendem Parteivortrag zur Üblichkeit des Lizenzsatzes und/oder zur Bemessungsgrundlage (Brutto- oder Nettoumsatz) kann daher kaum ohne die Erhebung von Beweisen entschieden werden (vgl. BGH GRUR 1975, 85 (87) – Clarissa). Das Gericht kann nicht nur auf Antrag, sondern auch von Amts wegen die Begutachtung durch einen Sachverständigen anordnen (§ 287 Abs. 1 S. 2 ZPO).

Im Textbeispiel würde der Anspruch auf Herausgabe des Verletzergewinns offensichtlich zu keiner Zahlungspflicht führen. Lediglich die Lizenzanalogie könnte daher relativ unproblematisch in Anspruch genommen werden. Aber wenn zB ein Lizenzsatz von 3 % gefordert würde, läge im Textbeispiel der Streitwert für eine Zahlungsklage so niedrig, dass die beteiligten Anwälte kaum „kostendeckend" tätig werden könnten und die Berufungssumme (vgl. § 511 Abs. 2 S. 1 ZPO: mehr als 600 EUR) nicht erreicht würde. Zusätzlich würde bei der Kalkulation des Kostenrisikos zu berücksichtigen sein, dass die Einholung eines Sachverständigengutachtens zumindest nicht unwahrscheinlich wäre. Die Kosten für ein Sachverständigengutachten und die Gebühren für den Rechtsstreit – einschließlich der Beweisgebühr – lägen im Textbeispiel insgesamt erheblich über der Klageforderung.

3. Verwarnung

Novitas Gesellschaft für Produktneuheiten mbH[1]

(Anschrift)

Telefax-Nr.:[2] . . . . . .

Datum

Sehr geehrte Damen und Herren,

ich schreibe Ihnen in Vertretung der Hinrich Klopfer KG und versichere anwaltlich meine Bevollmächtigung.[3]

. . . . . .[4]

Sie sind verpflichtet, Herstellung und Vertrieb der *Loveparade*-Teppichklopfer zu unterlassen (vgl. § 42 Abs. 1 DesignG). Ich fordere Sie daher auf, sich gegenüber meiner Mandantin zu meinen Händen bis[5]

. . . . . . (Frist von ca. 7 Tagen)

– hier eingehend –

gemäß der beigefügten Erklärung zu verpflichten.[12]

Die Ansprüche meiner Mandantin auf Schadensersatz und Auskunft sowie Rechnungslegung werde ich gesondert geltend machen.[6]

Sollten Sie die geforderte Erklärung nicht fristgemäß abgeben, werde ich meiner Mandantin empfehlen,[7] eine gerichtliche Entscheidung über die Ansprüche meiner Mandantin zu beantragen.[8] Ich weise darauf hin, dass die besondere Eilbedürftigkeit des Vorgangs einer Fristverlängerung entgegensteht und dass die geforderte Erklärung vorab per Telefax übermittelt werden kann.[9]

Nach gefestigter Rechtsprechung sind Sie unter dem Gesichtspunkt der Geschäftsführung ohne Auftrag verpflichtet,[10] meiner Mandantin die durch meine Einschaltung entstande-

3. Verwarnung

nen Kosten zu erstatten. Ich fordere Sie auf, die in der beigefügten Unterlassungs- und Verpflichtungserklärung bekannt gegebenen Kosten bis

...... (Frist von zwei bis drei Wochen)

an meine Mandantin zu meinen Händen zu bezahlen; zum Geldempfang bin ich bevollmächtigt.[11]

Mit freundlichen Grüßen

Patentanwalt/Rechtsanwalt

Anlage zum Schreiben vom ......

Unterlassungs- und Verpfichtungserklärung[12]

Novitas Gesellschaft für Produktneuheiten mbH (Anschrift), vertreten durch (.....)

verpflichtet sich gegenüber

Hinrich Klopfer KG (Anschrift)

1. es bei Meidung einer Vertragsstrafe in Höhe[13] von 5.500 EUR (in Worten: fünftausendfünfhundert Euro) für jeden Einzelfall[14] der Zuwiderhandlung zu unterlassen,[15] Teppichklopfer gemäß nachfolgender Abbildung[16]

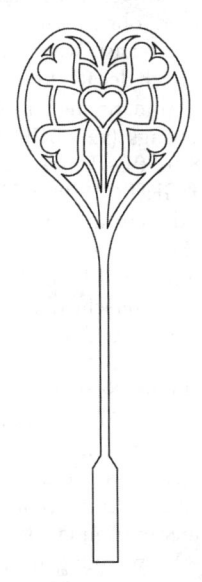

mit folgenden Kombinationsmerkmalen im geschäftlichen Verkehr in Deutschland herzustellen und/oder anzubieten und/oder in den Verkehr zu bringen nach Deutschland zu importieren, von Deutschland aus zu exportieren oder zu vorstehenden Zwecken zu besitzen:
   a) der Kopfteil besteht aus drei konzentrischen Herzsymbolen und vier weiteren Herzsymbolen, die zwischen dem äußeren und dem inneren der konzentrischen Herzsymbole angeordnet sind;
   b) der zylindrische Stiel geht im unteren Teil kegelstumpfförmig in einen zylindrischen Griff über;
   c) der Durchmesser des Griffs beträgt ca. das Dreifache des Stiels.

2. die durch die Einschaltung von Patentanwalt/Rechtsanwalt . . . . . . entstandenen Kosten[17] wie folgt zu erstatten:

Gegenstandswert:[18]	75.000 EUR
1,3 Geschäftsgebühr[19] (VV 2300 RVG)	1.732,90 EUR
Auslagenpauschale (VV 7002 RVG)	20 EUR
19 % MwSt	1.725,90 EUR
	333,05 EUR
Summe	2.085,95 EUR

Ort, Datum   Firmenstempel und Unterschrift[20, 21, 22, 23]

Anmerkungen

1. Eine Verwarnung ist ein auf ein Schutzrecht gestütztes, ernsthaftes und endgültiges Unterlassungsbegehren (vgl. BGH GRUR 1963, 255 (257) – Kindernähmaschinen; BGH GRUR 1979, 332 (334) – Brombeerleuchte; BGH GRUR 1997, 741 (742) – Chinaherde; BGH GRUR 1997, 896 (897) – Mecki-Igel III). Macht der Anspruchsteller Ansprüche aus dem Schutzrecht gerichtlich geltend, ohne vorher eine Verwarnung ausgesprochen zu haben, fallen ihm die Prozesskosten zur Last, wenn der Anspruchsgegner den Anspruch sofort anerkennt (vgl. § 93 ZPO). Je nach der Reaktion des Anspruchsgegners dient daher die Verwarnung – ebenso wie die Abmahnung im Wettbewerbsrecht – entweder der Vorbereitung eines Unterlassungsvertrags (vgl. BGH GRUR 1992, 61 (62) – Preisvergleichsliste; BGH GRUR 1995, 678 (680) – Kurze Verjährungsfrist; BGH GRUR 1997, 931 (932) – Sekundenschnell; BGH GRUR 1998, 953 (954) – Altunterwerfung II) oder der Ausschaltung des Kostenrisikos, das ein sofortiges Anerkenntnis zur Folge hätte. Weil diese Form der außergerichtlichen Streitbeilegung gesetzlich nicht geregelt ist, sondern von der Praxis entwickelt wurde, konnten sich zur Rechtsnatur und daraus resultierend auch zu praxisrelevanten Detailfragen unterschiedliche Ansichten entwickeln. Die Rechtsnatur ist allerdings einer allgemeingültigen Einordnung nicht zugänglich, weil die Verwarnung eine Doppelfunktion hat.

Seit der Entscheidung „Unberechtigte Schutzrechtsverwarnung" (vgl. BGH GRUR 2005, 882) des Großen Zivilsenats des BGH muss nun auch wieder für das Designrecht davon ausgegangen werden, dass eine unberechtigte Unterlassungsaufforderung Schadensersatzansprüche auslösen kann. Dabei muss allerdings berücksichtigt werden, dass auch ein unbegründetes Vorgehen aus einem Schutzrecht nicht ohne weiteres, sondern erst aufgrund einer Interessen- und Güterabwägung als rechtswidrig beurteilt werden soll (vgl. BGH GRUR 2006, 432 (433) – Verwarnung aus Kennzeichenrecht II). Weil Gemeinschaftsgeschmacksmuster und eingetragene Designs ohne materiell rechtliche Prüfung eingetragen werden, besteht das Risiko, dass sich diese Schutzrechte im weiteren Verlauf als nicht rechtsbeständig erweisen. Eine dennoch ausgesprochene Verwarnung ist unbegründet. Das kann bei der erforderlichen Abwägung zur Folge haben, dass der Verwarner zum Schadensersatz verpflichtet ist. Ein erstattungspflichtiger Schaden kann insbesondere darin bestehen, dass sich der Verwarnte der Unterlassungsaufforderung gebeugt und deswegen Gewinneinbußen gehabt hat.

Wenn eine Verwarnung unbegründet ist und der Verwarner schuldhaft gehandelt hat, hat der Anspruchsgegner einen Anspruch auf Erstattung der ihm entstandenen Abwehrkosten unter dem Gesichtspunkt des unberechtigten Eingriffs in den geschützten Gewerbebetrieb (vgl. § 823 Abs. 1 BGB). Unabhängig davon kann eine Verwarnung, die der Anspruchs-

3. Verwarnung

gegner für unberechtigt hält, das Risiko mit sich bringen, dass dieser mit einer negativen Feststellungsklage reagiert und daraus dem Anspruchsteller Kosten in erheblicher Höhe erwachsen können. Zum Erfordernis einer Gegenverwarnung → Form. F.4 Anm. 4.

Die Verwarnung ist weder für eine Klage noch für einen Antrag auf Erlass einer einstweiligen Verfügung Prozessvoraussetzung, auch wenn einige Landgerichte den Erlass einer einstweiligen Verfügung von einer vorherigen Abmahnung abhängig machen. Sie erlaubt es dem Verwarner lediglich, das Schutzrecht gegebenenfalls ohne gerichtliche Hilfe durchzusetzen, und bewahrt ihn vor der Kostenlast, wenn sich der Verwarnte erst im gerichtlichen Verfahren unterwirft (BGH GRUR 2005, 882 (885) – Unberechtigte Schutzrechtsverwarnung). Bei der gebotenen Interessenabwägung hat der Große Zivilsenat des BGH dem Interesse des Verwarners nur eine vergleichsweise geringe Bedeutung gegenüber dem Interesse des Verwarnten zugesprochen. Das Ergebnis war, dass die unbegründete Schutzrechtsverwarnung unter dem Gesichtspunkt eines rechtswidrigen und schuldhaften Eingriffs in das Recht am eingerichteten und ausgeübten Gewerbebetrieb rechtswidrig ist (BGH GRUR 2005, 883). Dabei ist allerdings offen geblieben, wie sich diese Haftungsgrundlage zu wettbewerbsrechtlichen Ansprüchen verhält (vgl. Ahrens/*Deutsch* Kap. 3 Rn. 21 ff.; *Köhler/Bornkamm/Feddersen* UWG § 4 Rn. 4.176 und 4.176a; *Deutsch* GRUR 2006, 374 (375 ff.)).

Weil Gemeinschaftsgeschmacksmuster und eingetragene Designs – anders als Patente und eingetragene Marken – ohne materiell rechtliche Prüfung eingetragen werden, ist das Risiko – ebenso wie bei Gebrauchsmustern – ungleich größer, dass im Verlauf einer Auseinandersetzung die Nichtigkeit der Anspruchsgrundlage festgestellt wird. Selbst dann, wenn vor einer Verwarnung eine sorgfältige Rechtsbestandsprüfung durchgeführt worden ist, ist das Risiko unverhältnismäßig groß, dass sich eine Verwarnung als rechtswidrig herausstellt. Das kann sowohl einen Anspruch auf Schadensersatz als auch die Belastung mit Verfahrenskosten in erheblicher Höhe zur Folge haben. Dessen ungeachtet werden Abmahnungen bei designrechtlichen Auseinandersetzungen öfters ausgesprochen als Berechtigungsanfragen.

2. Der BGH hat entschieden (vgl. BGH GRUR 2007, 629 Rn. 11 – Zugang des Abmahnschreibens), dass sich die Darlegungs- und Beweislast (bzw. die Glaubhaftmachungslast) für den Zugang einer Unterlassungsaufforderung nicht nach den Grundsätzen des Vertragsrechts (so zB → Form. F.3 Anm. 2 der Vorauflage), sondern nach den Grundsätzen des Verfahrensrechts richtet. Im Rahmen einer Kostenentscheidung nach § 93 ZPO trifft demnach den Anspruchsgegner die Beweislast für die fehlende Klageveranlassung. Da jedoch der Nichtzugang einer schriftlichen Unterlassungsaufforderung eine negative Tatsache ist, ergibt sich daraus eine sekundäre Darlegungslast des Anspruchstellers. Wenn der Zugang der Unterlassungsaufforderung bestritten wird, muss dem mit qualifiziertem Vortrag entgegengetreten werden. Der Anspruchsteller muss daher die genauen Umstände der Absendung vortragen und unter Beweis stellen (BGH GRUR 2007, 629 Rn. 12). Wenn das geschieht, muss der Anspruchsgegner Beweis dafür antreten, dass er das Schreiben nicht erhalten hat; hierzu kommt die Benennung von Zeugen – zB von Büropersonal – in Betracht. Wenn nach freier richterlicher Überzeugungsbildung (§ 286 ZPO) dieser Beweis gelingt, ergibt das eine ausreichende Grundlage für eine Kostenentscheidung nach dem Grundsatz des § 93 ZPO. Bleibt jedoch der Anspruchsgegner diesen Beweis schuldig, hat er nach dem Grundsatz des § 91 Abs. 1 S. 1 ZPO die Kosten des Rechtsstreits zu tragen (BGH GRUR 2007, 629 Rn. 13 f.).

Weil trotzdem Unwägbarkeiten verbleiben können, hat der BGH empfohlen, besonderen Versandformen den Vorzug zu geben. Als Beispiele sind die Versendung durch Einschreiben mit Rückschein oder – in Eilfällen – die Übermittlung mit einfacher Post und parallel dazu noch per Telefax und/oder per E-Mail aufgeführt (BGH GRUR 2007, 629 Rn. 13). Aus Sicht des Abmahnenden empfiehlt es sich, das Schreiben per Post, E-Mail und Telefax zu versenden, um seiner sekundären Darlegungslast nachkommen zu können.

Eine Beweisurkunde (vgl. § 416 ZPO) erhält der Absender nur, wenn dem Übergabeeinschreiben ein Rückschein beigefügt ist. Diese Nachweisbarkeit der Zustellung liegt § 175 S. 2 ZPO für die Möglichkeit der Zustellung durch Einschreiben mit Rückschein (§ 175 S. 1 ZPO) zugrunde. In Eilfällen kann es sich nachteilig auswirken, dass der Rückschein manchmal nicht unbeträchtlich auf sich warten lässt (vgl. BLAH ZPO § 175 Rn. 2) und bei einer Annahmeverweigerung keine Übergabe an den Verweigernden erfolgt (BLAH ZPO § 175 Rn. 5). In Eilfällen ist daher das Einschreiben mit Rückschein kein gangbarer Weg (vgl. *Köhler/Bornkamm/Feddersen* UWG § 12 Rn. 1.46). Wird die Abnahme ohne Grund verweigert, muss sich der Adressat allerdings so behandeln lassen, als wäre ihm mit dem Angebot zur Aushändigung das Schreiben zugegangen (BGH NJW 1983, 929 (930)). Wenn bei Abwesenheit ein Benachrichtigungsschein hinterlassen wird und der Adressat das Schreiben nicht innerhalb der eingeräumten Wochenfrist abholt, gilt das Schreiben mit dem Ende dieser Frist als zugegangen (BGHZ 67, 271 (277)). Weder gewerbliche Adressaten noch private Adressaten (in Betracht kommen im Designrecht insbesondere persönlich haftende Gesellschafter und gesetzliche Vertreter von Kapitalgesellschaften) können sich daher einer Zustellung per Einschreiben-Rückschein entziehen.

Ohne Zeitverlust kann die Zustellung mit Telefax und mit E-Mail erfolgen. Durch Telefax übermittelte Willenserklärungen gehen grundsätzlich mit Abschluss des Druckvorgangs am Empfangsgerät des Adressaten diesem zu (vgl. BGH NJW 2004, 1320). Es ist jedoch nicht gesichert, ob durch die Vorlage eines Sendeberichts mit „o. K."-Vermerk der Zugangsnachweis geführt werden kann (verneinend BGH NJW 1995, 665 (667); OLG Schleswig GRUR-RR 2008, 138 (139); bejahend LG Leipzig WRP 1999, 972; LG Leipzig WRP 1999, 1204 und – in Verbindung mit einer Versicherung an Eides Statt – für einen Anscheinsbeweis OLG München OLG Report 1999, 10 (11) = CR 1999, 368 (369)). Das BVerfG geht allerdings davon aus, dass durch eine Überprüfung des Sendeprotokolls die vollständige Versendung eines Schriftstücks sichergestellt werden kann (BVerfG NJW 2007, 2839). Auch bei einer Übermittlung mit E-Mail ist der Zugangsnachweis zwar nicht gesichert (vgl. *Köhler/Bornkamm/Feddersen* UWG § 12 Rn. 1.47; *Ebbing* CR 1996, 271 (277); *Ernst* NJW-COR 1997, 165 (166 f.)). Empfehlenswert ist jedoch eine parallele Übermittlung per Telefax und E-Mail (*Köhler/Bornkamm/Feddersen* UWG § 12 Rn. 1.46, 1.47). Sowohl bei Telefaxschreiben als auch bei E-Mail-Übermittlungen kann eine telefonische Eingangsanfrage des Sekretariats der Vorbereitung eines Zeugenbeweises oder einer Versicherung an Eides Statt für den Zugang dienen (vgl. *Köhler/Bornkamm/Feddersen* UWG § 12 Rn. 1.46).

Die Versendung einer weiteren Ausfertigung des Schreibens kann zur besseren Lesbarkeit – zB von Anlagen – und/oder zur weiteren Sicherung des Zugangsnachweises in Betracht kommen. Wenn es um die Sicherung des Zugangsnachweises (zB bei einer Übermittlung durch Boten oder durch Einschreiben) geht, sollte die Telefaxübermittlung nicht „vorab" erfolgen. Bei normaler Bezeichnung kann durch die Telefaxübermittlung der frühestmögliche Zugang gesichert und durch die Übermittlung des Originals (und die damit verbundene Empfangsbestätigung) eine Beweisfunktion hergestellt werden (vgl. BGH NJW 2004, 1320 (1321)). Bei einem doppelten oder gar dreifachen Zugang ist die Wahrscheinlichkeit äußerst gering, dass der Zugang in Abrede gestellt wird. Wenn jedoch der Zugang bestritten werden sollte, kann das aufgrund der Faktenlage trotzdem zu der richterlichen Überzeugung (vgl. § 286 ZPO) führen, dass das Schreiben dem Adressaten zugegangen ist (vgl. *Köhler/Bornkamm/Feddersen* UWG § 12 Rn. 1.46).

Sowohl schnell als auch nachweissicher ist die Zustellung durch einen Boten; das kann auch ein Kurierdienst sein (zur Übermittlung von fristwahrenden Schriftsätzen durch Kurierdienste vgl. BVerfG NJW 1999, 3701 (3702)). Wenn bei einer Botenzustellung der Zugang bestritten wird, muss zwar der Bote als Zeuge vernommen werden; aber die Vorlage einer Zustellungsbescheinigung macht eine Beweiserhebung meistens entbehrlich.

3. Verwarnung

3. § 174 S. 1 BGB bestimmt, dass ein einseitiges Rechtsgeschäft unwirksam ist, das von einem Bevollmächtigten vorgenommen wird, der eine Vollmachtsurkunde nicht vorlegt, wenn das Rechtsgeschäft unverzüglich zurückgewiesen wird. Diese Bestimmung ist jedoch auf die wettbewerbsrechtliche Abmahnung nicht anwendbar, wenn sie mit einem Angebot zum Abschluss eines Unterwerfungsvertrags verbunden ist, weil § 174 BGB auf die Abgabe eines Vertragsangebots weder direkt noch analog anwendbar ist (vgl. BGH GRUR 2010, 1120 Rn. 15 – Vollmachtsnachweis). Dasselbe gilt für die auf ein eingetragenes Design oder Gemeinschaftsgeschmacksmuster gestützte Verwarnung, wenn durch sie ein Unterlassungsvertrag vorbereitet werden soll (→ Anm. 1). Bei Zweifeln an der Erteilung oder Wirksamkeit der Vollmacht kann der Schuldner die Unterlassungserklärung von der Vorlage einer Vollmachtsurkunde abhängig machen (BGH GRUR 2010, 1120 Rn. 15). Der fristgebundene Vollmachtsnachweis kann daher zur auflösenden Bedingung (vgl. § 158 Abs. 2 BGB) für den Fortbestand der Unterlassungserklärung gemacht werden (vgl. *Eichmann*, FS Helm, S. 315; ebenso *Busch* GRUR 2006, 477 (480); *Teplitzky* WRP 2010, 1427 (1432)). Das stellt die Ernsthaftigkeit dieser Erklärung noch weniger in Frage als die auflösende Bedingung einer verbindlichen Klärung durch eine abweichende Gerichtsentscheidung (vgl. BGH GRUR 1964, 82 (86) – Lesering; BGH GRUR 1993, 677 (679) – Bedingte Unterwerfung; BGH GRUR 1997, 386 (388) – Altunterwerfung II).

Der Verwarnte kann zwar auch dann an einer Klarstellung der Legitimation eines Vertreters interessiert sein, wenn er die Verwarnung nicht für berechtigt hält, um eine einwandfreie Grundlage für ein gerichtliches Vorgehen zu erhalten. Aber sowohl der Feststellung eines Rechtsverhältnisses als auch der Geltendmachung von Gegenansprüchen (vgl. → Anm. 1) kann – ebenso wie dem Abschluss eines Vertrags – eine Anfrage an den Anspruchsteller oder an den Vertreter vorangehen. Wenn der Anspruchsteller eine Folge der Verwarnung zum Gegenstand eines Gerichtsverfahrens macht, ist das kein Rechtsgeschäft, sondern eine Prozesshandlung; die Vertretungsmacht richtet sich dann nicht nach den §§ 164 ff. BGB, sondern nach den §§ 78 ff. ZPO.

4. Ausführungen zu Neuheit, Eigenart und Schutzumfang, zB entsprechend → Form. F.1 Abschnitte 1 und 2.

5. Die Fristsetzung bringt zum Ausdruck, dass der Absender zur Vertragsannahme (→ Form. F.2 Anm. 3) nur bis zum Ablauf der Frist bereit ist (vgl. § 148 BGB). Bei einer Schutzrechtsverwarnung muss die Frist so bemessen sein, dass der Anspruchsgegner nach dem Zugang des Verwarnungsschreibens ausreichend Zeit zur Einholung einer rechtlichen Beratung hat. Für Abmahnungen wird überwiegend eine Frist von 8 bis 10 Tagen als angemessen bezeichnet. In der Praxis werden jedoch vielfach kürzere Fristen gesetzt und eingehalten. Bei besonderen Umständen kann eine Frist von wenigen Tagen oder sogar von wenigen Stunden ausreichend sein (vgl. – jeweils mwN – *Köhler/Bornkamm/Feddersen* UWG § 12 Rn. 1.60; *Fezer/Büscher/Obergfell* UWG § 12 Rn. 22; *Gloy/Loschelder/Erdmann* UWG-HdB/*Schwippert* § 84 Rn. 24; *Teplitzky* Kap. 41 Rn. 17). Weil Gemeinschaftsgeschmacksmuster und eingetragene Designs ungeprüfte Schutzrechte sind, muss dem Anspruchsgegner die Möglichkeit eingeräumt werden, eine wenigstens einigermaßen zutreffende Einschätzung der Schutzfähigkeit des als verletzt bezeichneten Schutzrechts vorzunehmen. Wenn das beanstandete Erzeugnis nicht völlig oder nahezu identisch mit dem Gegenstand des Schutzrechts ist, muss sich eine Einschätzung des Schutzumfangs (vgl. hierzu BGH GRUR 1976, 261 (263) – Gemäldewand; BGH GRUR 1978, 168 (169) – Haushaltsschneidmaschine I; BGH GRUR 1988, 369 (370) – Messergriff) anschließen. Eine Frist unter einer Woche ist daher nur in Ausnahmefällen – zB in Fällen der Produktpiraterie und in vergleichbaren Plagiatsfällen – angemessen.

Eine extrem kurze Frist von 24 oder noch weniger Stunden kann in der Regel nur bei Messeveranstaltungen oder ähnlichen Ereignissen angemessen sein. Wenn der erste Anschein für eine Schutzrechtsverletzung spricht, kann der Anspruchsgegner die Wiederholungsgefahr für die Dauer der Veranstaltung und für eine angemessene Zeit nach der Veranstaltung ausräumen und ankündigen, dass er innerhalb der von ihm genannten Frist eine abschließende Erklärung abgeben wird. Die Unterlassungserklärung muss zwar uneingeschränkt und unwiderruflich sein (vgl. – jeweils mwN – BGH GRUR 1996, 290 (291) – Wegfall der Wiederholungsgefahr I; BGH GRUR 1997, 379 (380) – Wegfall der Wiederholungsgefahr II). Auch einen Widerrufsvorbehalt für den Fall, dass eine nachfolgende Prüfung der Sach- oder Rechtslage zu einem abweichenden Ergebnis führt, braucht der Anspruchsteller nicht hinzunehmen (vgl. *Teplitzky* Kap. 8 Rn. 9). Eine aufschiebende Befristung macht eine Unterlassungserklärung nur dann unwirksam, wenn die Angabe eines Anfangstermins geeignet ist, Zweifel an der Ernsthaftigkeit des Unterlassungsversprechens zu begründen (vgl. BGH GRUR 2002, 1080 (1081) – Weit-vor-Winter-Schluss-Verkauf). Eine Endbefristung kann daher ausnahmsweise für eine angemessene Zeit zur Prüfung der Schutzrechtslage gerechtfertigt sein, wenn hierdurch die sog. Dringlichkeitsfrist nicht gefährdet wird, weil der Anspruchsteller hierdurch keinen Rechtsnachteil erleidet. Eine Erklärungsfrist von Stunden oder wenigen Tagen ist auch bei außergewöhnlicher Eilbedürftigkeit nur dann angemessen, wenn zwischen der ersten Kenntnisnahme des Anspruchstellers von der Rechtsverletzung und dem Zugang (→ Anm. 2) der Verwarnung ein vergleichbar kurzer Zeitraum liegt. Bei dieser Ausgangslage kann eine angemessene Prüfungsfrist bis zur Abgabe einer endgültigen Erklärung selbst die kürzeste Dringlichkeitsfrist (→ Form. F.6 Anm. 18) nicht in Gefahr bringen. Die endgültige Erklärung kann die unbefristete Wiederholung der Unterlassungserklärung, die Ablehnung der Aufforderung und/oder die Geltendmachung von Gegenansprüchen (→ Anm. 1) zum Inhalt haben. Wenn eine Unterlassungserklärung mit Wirkung zu einem späteren (als dem geforderten) Zeitpunkt abgegeben wird, ist bis zu diesem Zeitpunkt die Wiederholungsgefahr nicht beseitigt; ab diesem Zeitpunkt kann die Wiederholungsgefahr jedoch entfallen (vgl. OLG Karlsruhe NJWE-WettbR 1999, 116). Durch eine zu kurz bemessene Frist wird eine angemessene Nachfrist in Lauf gesetzt (vgl. BGH GRUR 1990, 381 (382) – Antwortpflicht des Abgemahnten; BGH GRUR 2010, 355 Rn. 18 – Testfundstelle; Fezer/Büscher/Obergfell UWG § 12 Rn. 21; Gloy/Loschelder/Erdmann UWG-HdB/*Schwippert* § 84 Rn. 25; Harte-Bavendamm/Henning-Bodewig/*Brüning* UWG § 12 Rn. 49; Köhler/Bornkamm/Feddersen UWG § 12 Rn. 1.22; *Teplitzky* Kap. 41 Rn. 16). Wenn die Frist unangemessen kurz ist, sollte sich der Anspruchsgegner um eine Fristverlängerung bemühen (vgl. Gloy/Loschelder/Erdmann UWG-HdB/*Schwippert* § 84 Rn. 25; Fezer/Büscher/Obergfell UWG § 12 Rn. 21; Harte-Bavendamm/Henning-Bodewig/*Brüning* UWG § 12 Rn. 58) oder eine Erklärung für einen späteren, angemessen zu bestimmenden Zeitpunkt ankündigen (vgl. OLG Hamburg GRUR 1989, 297; OLG Hamburg GRUR 1991, 81; *Teplitzky* Kap. 41 Rn. 16). Wenn der Verwarnte Abgemahnte innerhalb der ihm gesetzten Frist zu einer endgültigen Stellungnahme nicht bereit oder nicht in der Lage ist, trifft ihn die Obliegenheit, das dem Verwarner mitzuteilen. Gibt der ohne diese Zwischennachricht später eine Unterlassungserklärung ab, hat Veranlassung im Sinne des § 93 ZPO bestanden, wenn der Verwarner vor dem Zugang der Unterlassungserklärung einen Antrag auf eine Gerichtsentscheidung eingereicht hat. Die verspätete Annahme eines Antrags auf Abschluss eines Unterlassungsvertrags gilt gem. § 150 Abs. 1 BGB grundsätzlich als neuer Antrag (vgl. BGH GRUR 2010, 355 Rn. 18). Dabei ist idR davon auszugehen, dass der Schuldner sein Angebot unbefristet abgegeben hat und der Gläubiger daher das Angebot jederzeit annehmen kann (vgl. BGH GRUR 2010, 355 Rn. 21).Weil die Verwarnung den Zweck der außergerichtlichen Streitbeilegung (→ Anm. 1) – wenn auch verspätet – erreicht hat, wäre eine Annahmeverweigerung rechtsmissbräuchlich; der Anspruchsgegner haftet jedoch für etwaige Verzugsschäden des Anspruchstellers (vgl. § 286 Abs. 1 BGB iVm § 284 Abs. 2 S. 1 BGB). Auf die Kostenfolge aus § 93 ZPO ist die Verspätung des Zugangs ohne Auswirkung, weil es auf die Veranlassungssituation bis zum Zeitpunkt der Antragseinreichung an-

3. Verwarnung

kommt (vgl. BLAH ZPO § 93 Rn. 30). Geht die Unterlassungserklärung dem Verwarner nach Antragseinreichung zu, führt das in der Regel zur Hauptsacheerledigung. Wenn auf Grund verfahrensrechtlicher Besonderheiten eine rechtswirksame Erklärung zur Hauptsacheerledigung nicht abgegeben werden kann, haftet der Verwarnte für den Verzugsschaden der Rechtsverfolgungskosten (vgl. BGH GRUR 1990, 381 (382) – Antwortpflicht des Abgemahnten).

6. Weil die einstweilige Verfügung nur eine Maßnahme zur vorläufigen Anspruchssicherung ist, können die Ansprüche auf Schadensersatz nicht Gegenstand eines Antrags auf Erlass einer einstweiligen Verfügung sein. Sofern Annexansprüche nicht in das Abmahnschreiben aufgenommen sind, ist der dem Schreiben zugrunde gelegte Gegenstandswert (→ Anm. 18) identisch mit dem Streitwertvorschlag für einen Antrag auf Erlass einer einstweiligen Verfügung. In Fällen offensichtlicher Rechtsverletzungen können Auskunftsansprüche nach § 46 Abs. 7 DesignG auch im Verfügungsweg durchgesetzt werden. Dies empfiehlt sich dringend, wenn mit Verdunklung zu rechnen ist, etwa in Pirateriefällen.

Im Wettbewerbsrecht hat der sog. Berliner Vergleich zum Inhalt, dass der Abmahnende auf Schadensersatz und vorbereitende Auskunftserteilung für den Fall verzichtet, dass der Abgemahnte die geforderte Unterlassungserklärung abgibt und sich zur Übernahme der Abmahnungskosten verpflichtet (vgl. Gloy/Loschelder/Erdmann UWG-HdB/*Schwippert* § 84 Rn. 28; *Teplitzky* Kap. 41 Rn. 20). Wenn die Ansprüche auf Schadensersatz und Rechnungslegung in einem Verwarnungsschreiben unerwähnt bleiben, kann allerdings bei der Beanstandung einer Schutzrechtsverletzung kaum der Eindruck entstehen, dass ein Angebot nach Art des Berliner Vergleichs unterbreitet wird. Bei Schutzrechtsverletzungen kann es zwar nicht nur im Verlauf eines Gerichtsverfahrens, sondern auch schon vorgerichtlich vorkommen, dass der Anspruchsteller auf die Ansprüche auf Schadensersatz und Rechnungslegung verzichtet. Das hat jedoch in der Regel zur Voraussetzung, dass entweder der Unterlassungsanspruch nicht frei von Zweifeln ist oder dass der Schadensersatzanspruch offensichtlich nicht zu einer Forderung von beachtlichem Wert führt. Wenn sich der Anspruchsgegner aufforderungsgemäß zu Unterlassung und Umsatzauskunft verpflichtet hat, kann das der späteren Aufforderung auf Rechnungslegung über Abgabepreise und Gewinn mit der Folge entgegenstehen, dass der Schadensersatzanspruch nur noch im Wege der Lizenzanalogie (→ Form. F.2 Anm. 11) und beschränkt auf eine Stücklizenz geltend gemacht werden kann (vgl. OLG Braunschweig WRP 1998, 315 (317)). Dieser Vertragsauslegung (→ Form. F.2 Anm. 6) liegt zugrunde, dass die Vertragsparteien die gesetzlichen Ansprüche aus § 42 Abs. 1 S. 1 DesignG in vertragliche Ansprüche umgewandelt (→ Anm. 9) und vergleichsweise (→ Form. F.4 Anm. 2) modifiziert haben. Bei der Annahme eines veränderten Gegenangebots (→ Form. F.4 Anm. 2) kann das zu einem völligen Wegfall des Schadensersatzanspruchs (vgl. OLG Stuttgart WRP 1997, 1219 (1221)) und zu einer Reduzierung des Vertragsstrafeversprechens (vgl. OLG Stuttgart WRP 1997, 1219 (1221)) führen.

7. Grundlage dieser Formulierung ist, dass der Anwalt, dem bereits ein Auftrag für die Einleitung eines Gerichtsverfahrens erteilt ist, nach VV 3101 Nr. 1 RVG nur eine 0,8-Gebühr in Rechnung stellen darf. Für eine Verwarnung kann jedoch in der Regel zumindest eine 1,3-Gebühr in Ansatz gebracht werden (→ Anm. 19). Diese Grundsätze gelten sowohl für das Innenverhältnis des Anwalts zum Auftraggeber als auch für das Außenverhältnis gegenüber dem erstattungspflichtigen (→ Anm. 10) Anspruchsgegner.

8. Aus dem Erfordernis der Ernsthaftigkeit des Unterlassungsbegehrens (→ Anm. 1) wird vielfach gefolgert, dass in einem Verwarnungsschreiben gerichtliche Maßnahmen für den Fall angedroht werden müssen, dass die geforderte Unterlassungserklärung nicht abgegeben wird (vgl. – jeweils mwN – Fezer/Büscher/Obergfell UWG § 12 Rn. 24; Harte-Bavendamm/Henning-Bodewig/*Brüning* UWG § 12 Rn. 61; Gloy/Loschelder/Erdmann

UWG-HdB/*Schwippert* § 84 Rn. 27; Ahrens/*Deutsch* Kap. 2 Rn. 33 ff.; *Teplitzky* Kap. 41 Rn. 14). Die Allgemeinheit dieses Postulats trägt dem Erfordernis der individuellen Auslegung (die §§ 133, 157 BGB sind auf geschäftsähnliche Handlungen entsprechend anwendbar, vgl. BGH NJW 1967, 1800 (1802)) nicht Rechnung.

Wird ein Gewerbetreibender von einem Anwalt schriftlich und unter Fristsetzung zur Abgabe einer vorformulierten Verpflichtungserklärung aufgefordert, rechnet er daher auch ohne ausdrückliche Androhung mit einem Gerichtsverfahren, wenn er die geforderte Erklärung nicht abgibt (*Köhler/Bornkamm/Feddersen* UWG § 12 Rn. 1.23; Ullmann/*Hess* UWG § 12 Rn. 135). Bei der Aufforderungs-Verwarnung (→ Anm. 2) kann zwar der Erklärungsspielraum des Verwarnten größer sein. Aber die Einschaltung eines Anwalts und die Fristsetzung lassen auch hier keinen Zweifel daran offen, dass es zu einem Gerichtsverfahren kommen kann, wenn keine Unterlassungserklärung abgegeben wird. Nur wenn der Eindruck entstehen könnte, dass lediglich zu einem vorbereitenden Meinungsaustausch (→ Form. F.1 Anm. 1, 11) aufgefordert wird, aber eine Schutzrechtsverwarnung beabsichtigt ist, muss deren Ernsthaftigkeit ausreichend deutlich zum Ausdruck gebracht werden.

9. Die Unterlassungserklärung führt zu einer Umwandlung des gesetzlichen Unterlassungsanspruchs in einen vertraglichen Unterlassungsanspruch (→ Anm. 2). Das Ergebnis dieser Sonderform (vgl. zur Dogmatik *Köhler* GRUR 1996, 231) der Novation ist ein abstraktes Schuldversprechen (vgl. – jeweils mwN – BGH GRUR 1995, 678 (679) – Kurze Verjährungsfrist; BGH GRUR 1998, 953 (954) – Altunterwerfung III; *Köhler*, FS v. Gamm, 1990, S. 57 (64 f.); Ahrens/*Achilles* Kap. 8 Rn. 17; *Teplitzky* GRUR 1996, 696 (697)) bzw. ein abstraktes Schuldanerkenntnis, wenn ein bestehendes Schuldverhältnis anerkannt werden soll (vgl. BGH GRUR 1998, 954; BGH GRUR 2010, 355 Rn. 27 – Testfundstelle). Schriftform ist sowohl für das Schuldversprechen (§ 780 BGB) als auch für das Schuldanerkenntnis vorgeschrieben (§ 781 S. 1 BGB). Zwar führt die Unterlassungserklärung zu einem Vertrag (→ Form. F.2 Anm. 3); aber eine Unterzeichnung durch beide Parteien auf einer Urkunde (vgl. § 126 Abs. 2 S. 1 BGB) ist nicht erforderlich, weil dem Formerfordernis der §§ 780, 781 S. 2 BGB nur die Erklärung des Schuldners unterworfen ist. Das Erfordernis der schriftlichen „Erteilung" hat jedoch zur Folge, dass eine Übermittlung durch Fernschreiben und Telefax als formunwirksam gilt (vgl. *Köhler* GRUR 1996, 231; BGHZ 121, 224 (229) zur Bürgschaft und BGH NJW 1997, 3169 (3170) zum Schuldbeitritt; differenzierend *Teplitzky* Kap. 8 Rn. 6). Die Erteilung in elektronischer Form (vgl. § 126a Abs. 1 BGB) ist ausgeschlossen (§ 780 S. 2 BGB).

Von dem Erfordernis der Schriftform sind das Schuldversprechen und das Schuldanerkenntnis freigestellt, wenn es sich auf Seiten des Schuldners um ein Handelsgeschäft handelt (vgl. § 350 HGB). Handelsgeschäfte sind alle Geschäfte eines Kaufmanns, die zum Betrieb eines Handelsgewerbes gehören (vgl. § 343 Abs. 1 HGB); für die von einem Kaufmann vorgenommenen Rechtsgeschäfte wird vermutet, dass sie zum Betrieb eines Handelsgewerbes gehören (vgl. § 344 Abs. 1 HGB). Diese Vermutung kann nicht widerlegt werden, wenn eine Unterlassungserklärung die Folge einer erwerbsgeschäftlichen Betätigung eines Kaufmanns ist. Als Kaufmann gilt jedes gewerbliche Unternehmen, das im Handelsregister eingetragen ist (vgl. §§ 2 S. 1, 5 HGB). Der Minderkaufmann früheren Rechts (vgl. § 4 HGB aF) ist nunmehr Istkaufmann, es sei denn, dass sein Unternehmen einen in kaufmännischer Weise eingerichteten Geschäftsbetrieb nicht erfordert (vgl. § 1 Abs. 2 HGB). Wenn es allerdings einem Kleingewerbetreibenden gelingt, die gesetzliche Vermutung für den Kaufmannsstatus zu widerlegen, erfüllt eine zB mit Telefax übermittelte Unterlassungserklärung nicht das gesetzliche Schriftformerfordernis.

Wenn zusätzlich zu einer Gesellschaft auch persönlich haftende Gesellschafter von Personengesellschaften oder gesetzliche Vertreter von Kapitalgesellschaften in Anspruch genommen werden, liegt dem als Erwägung insbesondere zugrunde, dass die Rechte aus einer Unterlassungserklärung auch dann durchsetzbar bleiben sollen, wenn die Gesellschaft

3. Verwarnung

zahlungsunfähig oder aufgelöst oder wenn der Zweitschuldner in anderer Weise tätig werden sollte. Weil die Abgabe einer persönlichen Unterlassungserklärung für den Zweitschuldner kein Geschäft der Gesellschaft, sondern ein eigenes Geschäft (vgl. BGH NJW 1960, 1852 (1853)) darstellt, finden die §§ 343, 344 HGB mit der Folge keine Anwendung, dass sich aus § 350 HGB keine Befreiung von der Formvorschrift des § 780 BGB ergibt.

Bei der Abgabe der Unterlassungserklärung durch einen Bevollmächtigten kann zwar die Vollmacht formlos erteilt werden (vgl. § 167 Abs. 2 BGB); die Erklärung selbst muss jedoch in der Form erfolgen, die für das Rechtsgeschäft vorgeschrieben ist. Wenn eine Privatperson oder ein Zweitschuldner oder ein Kleingewerbetreibender mit einem Geschäftsbetrieb, der keine kaufmännische Einrichtung erfordert, von einem Anwalt vertreten wird, muss daher die Unterlassungserklärung in der gesetzlichen Schriftform abgegeben werden. Die Berufung auf die Nichtigkeit des Rechtsgeschäfts (vgl. § 125 S. 1 BGB) bei einer Übermittlung zB mit Telefax wäre jedoch sowohl gegenüber der Erklärung eines Bevollmächtigten als auch gegenüber einer Erklärung des Anspruchsgegners rechtsmissbräuchlich und deswegen unbeachtlich; denn die Schriftform dient beim Schuldversprechen ebenso wie beim Schuldanerkenntnis (vgl. BGH NJW 1993, 584) allein der Rechtssicherheit. Als Urkunde im Geschäftsverkehr (vgl. OLG Köln NJW 1992, 1774) trägt das Telefax diesem Schutzzweck nicht weniger Rechnung als bei der Einreichung von Rechtsmittelschriften, zumal in beiden Bereichen die Telefaxübermittlung meist der Fristwahrung dient.

Die Formfreiheit für das Unterlassungsversprechen eines Kaufmanns kann durch eine Vereinbarung beseitigt werden, die zwischen den Parteien des Unterlassungsvertrags getroffen wird (vgl. § 127 Abs. 1 BGB). Ein Verstoß gegen das hierdurch begründete Schriftformerfordernis führt nur im Zweifel (vgl. § 125 S. 2 BGB) zur Nichtigkeit der Unterlassungserklärung; das gestattet es, die Übermittlung der Erklärung zumindest dann als rechtswirksam zu behandeln, wenn sie per Telefax erfolgt und eine Unterschrift des Absenders enthält. An die Stelle einer unterzeichneten Urkunde (vgl. § 126 Abs. 1 BGB) kann zwar auch eine telekommunikative Übermittlung treten (vgl. § 127 Abs. 2 S. 1 BGB); aber bei dieser Handhabung kann der Empfänger nachträglich die Übermittlung einer unterzeichneten Urkunde verlangen (vgl. § 127 Abs. 2 S. 2 BGB; *Köhler/Bornkamm/Feddersen* UWG § 12 Rn. 1.140). Aus der entsprechenden Regelung des früheren Rechts hat der BGH rechtsfortbildend gefolgert, dass bei einer fernschriftlich abgegebenen Unterlassungserklärung der Unterlassungsschuldner nach Aufforderung dazu bereit sein muss, die fernschriftlich abgegebene Erklärung schriftlich zu bestätigen (vgl. BGH GRUR 1990, 530 (532) – Unterwerfung durch Fernschreiben). Dem Telegramm ist nicht nur das Fernschreiben, sondern auch das Telefax gleichgestellt (vgl. BGH NJW-RR 1996, 866 (867)). Aus dem Urteil „Unterwerfung durch Fernschreiben" wird gefolgert, dass erst die schriftliche Bestätigung der durch Fernschreiben übermittelten Erklärung die Unterlassungsverpflichtung zum Entstehen bringe (vgl. *Teplitzky* GRUR 1996, 696 (698)). Aber ebenso wie die nachträgliche Beurkundung im unmittelbaren Anwendungsbereich des § 127 BGB nur Beweiszwecken dient (vgl. Palandt/*Ellenberger* BGB § 154 Rn. 5) und daher für die Gültigkeit des Rechtsgeschäfts ohne Bedeutung ist, erzeugt bereits die durch Telefax abgegebene Unterlassungserklärung rechtsgeschäftliche Wirkung. Das kann nicht nur für die Dringlichkeit und für die Verjährung Bedeutung erlangen, sondern auch für die Vorgehensweise des Anspruchstellers, wenn der Anspruchsgegner die Nachreichung der Originalurkunde verweigert. Der Ansicht, dass die Wiederholungsgefahr nicht beseitigt sei und deswegen ein Unterlassungsanspruch gerichtlich geltend gemacht werden könne (vgl. KG GRUR 1988, 567; KG GRUR 1988, 568; OLG München NJW 1993, 3146), steht entgegen, dass die bereits abgegebene Erklärung mit rechtsgeschäftlicher Wirkung ausgestattet ist. Die Klage des Anspruchstellers richtet sich daher nicht auf Unterlassung, sondern auf Abgabe der Willenserklärung (vgl. § 894 ZPO) in Form des § 126 Abs. 1 BGB.

Durch den Hinweis, dass die Erklärung vorab per Telefax übermittelt werden kann, wird einerseits zum Ausdruck gebracht, dass dieser Form der Übermittlung rechtsgeschäftliche Bedeutung beigemessen wird. Andererseits wird klargestellt, dass die unmittelbar anschließende Übermittlung der Erklärung in Urschrift verlangt wird. Mit dieser Vorgehensweise wird gewährleistet, dass die Unterlassungserklärung auch von Zweitschuldnern formwirksam ist. Bei Kaufleuten kann es zweckmäßig sein, auf die größere Beweiskraft der Unterschrift Wert zu legen, weil die Verwirkung der Vertragsstrafe zu erheblichen Zahlungsansprüchen führen (→ Anm. 13), die Unterlassungsverpflichtung für lange Zeit Wirkung haben (vgl. – mwN – BGH GRUR 1995, 678 (680) – Kurze Verjährungsfrist – sowie → Form. F.2 Anm. 8) und auf den Erwerber eines Unternehmens übergehen (vgl. BGH GRUR 1996, 995 (996) – Übergang des Vertragsstrafeversprechens) kann. Für den Unterlassungsschuldner ist mit dieser Handhabung so wenig Mehraufwand verbunden, dass aus der Praxis über Ablehnungen nicht berichtet wird.

10. Bei einer berechtigten Verwarnung auf Basis eines gewerblichen Schutzrechtes besteht ebenso wie bei UWG-Abmahnungen (vgl. BGH GRUR 1970, 189 (190) – Fotowettbewerb; BGH GRUR 1984, 129 (131) – shop-in-the-shop) ein verschuldensunabhängiger Anspruch auf Erstattung der durch die Verwarnung ausgelösten Kosten nach den Grundsätzen der Geschäftsführung ohne Auftrag (OLG Düsseldorf GRUR-RS 2015, 13327 Rn. 38 – Bequemschuh). Die Rechtsprechung des BGH zu dieser Anspruchsgrundlage ist seit langem so verfestigt, dass sich ihr die Instanzgerichte und das Schrifttum angeschlossen haben (vgl. die Nachw. bei *Köhler/Bornkamm/Feddersen* UWG § 12 Rn. 1.109). Bei schuldhaftem Handeln des Anspruchsgegners kann der Anspruch auf Kostenerstattung auch als Anspruch auf Schadensersatz (vgl. § 42 Abs. 2 S. 1 DesignG) geltend gemacht werden. Wenn einer Verwarnung eine sog. Schubladenverfügung zugrunde liegt, handelt der Anspruchsteller nicht im Kosteninteresse des Anspruchsgegners, sondern ausschließlich im eigenen Kosteninteresse (vgl. BGH GRUR 2010, 257 Rn. 13 – Schubladenverfügung; OLG München GRUR-RR 2006, 176; OLG Köln WRP 2008, 379; *Teplitzky* Kap. 41 Rn. 86 und Kap. 54 Rn. 24b; *Köhler/Bornkamm/Feddersen* UWG § 12 Rn. 1.72 und 1.101).

11. Inhaber des Anspruchs auf Kostenerstattung (→ Anm. 10, 17) ist der Verwarner. Eine Zahlung an einen Dritten hat nur schuldbefreiende Wirkung, wenn er vom Anspruchsinhaber zur Entgegennahme der Zahlung ermächtigt ist (vgl. § 362 BGB iVm § 185 BGB). Die Prozessvollmacht berechtigt ua zur Empfangnahme der vom Gegner zu erstattenden Kosten (§ 81 ZPO). Bei der außergerichtlichen Streiterledigung (→ Anm. 1) ist dieselbe Handhabung wie im Prozess zwar ebenfalls zweckmäßig, aber gesetzlich nicht geregelt.

12. Zum Umfang der Verpflichtungen des Unterlassungsschuldners → Form. F.2 Anm. 9. Essentieller Inhalt der Verwarnung ist zwar die Aufforderung zur Abgabe einer Unterlassungserklärung. Aber durch die Annahme des angebotenen Unterlassungsvertrags (→ Form. F.2 Anm. 3) wird die gesetzliche Unterlassungspflicht (§ 42 Abs. 1 DesignG) zu einer schuldrechtlichen Leistungspflicht (vgl. § 241 S. 2 BGB und → Anm. 9). Zusätzlich soll der Verwarnte in der Regel noch weitere Verpflichtungen anerkennen oder übernehmen (im Textbeispiel die Verpflichtung zur Kostenerstattung → Anm. 17).

Wenn begleitend zu einer Verpflichtungserklärung zum Ausdruck gebracht wird, dass eine abschließende Prüfung des designrechtlichen Anspruchs nicht stattgefunden hat, führt die Auslegung (→ Form. F.2 Anm. 6) nicht zu dem Ergebnis, dass der Bestand des Schutzrechts zur Erklärungsbedingung gemacht worden ist (vgl. OLG Braunschweig WRP 1998, 315). In einem Vertragsstrafeverfahren kommt es daher auf die Schutzfähigkeit des Schutzrechts auch dann nicht an, wenn der Unterlassungsvertrag aus wichtigem

3. Verwarnung
F. 3

Grund gekündigt worden ist (vgl. OLG Braunschweig WRP 1998, 315). Dem Unterlassungsschuldner ist es jedoch nicht versagt, das Schutzrecht zum Gegenstand einer Nichtigkeitsklage (→ Form. F.11) zu machen und nach erfolgreicher Klage den Unterlassungsvertrag aus wichtigem Grund für die Zukunft zu kündigen; denn der Gesetzesänderung (vgl. BGH GRUR 1997, 382 (385) – Altunterwerfung I; BGH GRUR 1997, 386 (390) – Altunterwerfung II; BGH GRUR 1998, 953 (954) – Altunterwerfung III) steht der Wegfall des Schutzrechts gleich, das Grundlage eines Unterlassungsvertrags war. Eine frühere Kündigung kann in Betracht kommen, wenn die Durchführung eines Nichtigkeitsverfahrens eine bloße Formalie wäre. Das kann zB der Fall sein, wenn Belege dafür vorliegen, dass ein dem Schutzrecht entsprechendes Erzeugnis vor der sog. Neuheitsschonfrist (vgl. § 6 DesignG) und vor etwaigen Prioritäten verbreitet worden ist.

13. Die Beseitigung der Wiederholungsgefahr (→ Form. F.2 Anm. 3) erfolgt durch die Unterlassungserklärung und durch die Zusage einer Vertragsstrafe (vgl. § 339 S. 2 BGB) für den Fall der Zuwiderhandlung gegen die Unterlassungspflicht (→ Form. F.2 Anm. 6, 7). Die Wiederholungsgefahr wird idR nur dadurch ausgeräumt, dass der Verletzer sich nicht nur zur Unterlassung verpflichtet, sondern für den Fall einer Verletzung dieser (vertraglich übernommenen) Unterlassungsverpflichtung die Zahlung einer Vertragsstrafe verspricht; deren Höhe muss so bemessen sein, dass sie ausreicht, den Verletzer nachhaltig zur Beachtung der Rechte des Schutzrechtsinhabers anzuhalten (vgl. BGH GRUR 2011, 995 Rn. 30 – Besonderer Mechanismus).

Die Vertragsstrafe ist eine schuldrechtlich vereinbarte Leistung zur Sicherung der Vertragserfüllung und zur Schadenspauschalierung (vgl. BGH GRUR 1993, 926 – Apothekenzeitschriften; BGH GRUR 1998, 1053 (1054) – Vertragsstrafe/Ordnungsgeld). Zur Schadenspauschalierung bei Schutzrechtsverletzungen → Anm. 15. Vorrangige Bedeutung kommt der Sanktionswirkung zu (vgl. BGH GRUR 1994, 146 (147) – Vertragsstrafebemessung; BGH GRUR 1995, 678 (680) – Kurze Verjährungsfrist; BGH GRUR 1998, 471 (476) – Modenschau im Salvatorkeller; BGH GRUR 2009, 181 Rn. 42 – Kinderwärmekissen). Die Vertragsstrafe soll daher ein Druckmittel zur Verhinderung künftiger Rechtsverletzungen sein (vgl. BGH GRUR 1984, 72 (73) – Vertragsstrafe für versuchte Vertreterabwerbung; BGH GRUR 1996, 995 (996) – Übergang des Vertragsstrafeversprechens; BGH GRUR 2001, 758 (759) – Trainingsvertrag; BGH GRUR 2009, 181 Rn. 42 – Kinderwärmekissen). Dem Präventionszweck wird eine Vertragsstrafe nur dann gerecht, wenn ihre Abschreckungswirkung (→ Anm. 15 sowie *Fischer*, FS Piper, 1996, S. 205 (214); *Teplitzky* Kap. 8 Rn. 19 ff.) aus der Sicht des Gläubigers Zuwiderhandlungen als unwirtschaftlich erscheinen lässt (vgl. – mwN – *Köhler/Bornkamm/Feddersen* UWG § 12 Rn. 1.192). Weil es auf die Umstände des Einzelfalls ankommt, wird Beispielen zwar nur ein begrenzter Informationswert beigemessen (vgl. BGH GRUR 1983, 127 (128 f.) – Vertragsstrafeversprechen). Aber wenn keine konkreten Anhaltspunkte zur Verfügung stehen, war es lange Zeit hindurch eine verbreitete Übung, den Mindestbetrag der Vertragsstrafe an dem für die sachliche Zuständigkeit der Landgerichte maßgeblichen Streitwert (vgl. § 23 Nr. 1 GVG) auszurichten (vgl. Ullmann/*Hesse* UWG § 12 Rn. 83). Das hat die Möglichkeit eröffnet, im Streitfall das Landgericht anzurufen und erforderlichenfalls eine Entscheidung des Oberlandesgerichts herbeizuführen. Die schrittweisen Erhöhungen der Streitwertgrenze (vgl. die Nachw. bei Zöller/*Lückemann* GVG § 23 Rn. 2) spiegeln sich häufig in den Beträgen wieder, die in Erläuterungen zu Abmahnungen als Beispiele für die Konkretisierung der Ernsthaftigkeit von Vertragsstrafezusagen aufgeführt werden. Im Designrecht wirkt sich allerdings der Zuständigkeitsstreitwert auf Vertragsstrafeklagen nicht aus, weil die Landgerichte ohne Rücksicht auf den Streitwert ausschließlich zuständig sind; denn der umfassende Anwendungsbereich des § 52 Abs. 1 DesignG hat zur Folge, dass ein Anspruch aus der Zusage einer Vertragsstrafe eine Designstreitsache ist (vgl. OLG Düsseldorf GRUR 1984, 651). Ob ein Vertragsstrafeversprechen ausreichend ist, hängt von den Umständen des Einzelfalls ab (vgl. BGH GRUR 1994, 516 (517) – Auskunft über Notdienste; BGH GRUR 1998, 824 (828) – Testpreis-Angebot). Bei einem bundesweit tätigen Unternehmen war 1992 die Zusage einer Vertragsstrafe von 5.000 DM zu gering (vgl. BGH GRUR 1998, 828). Erst recht hat das für eine Vertragsstrafe von 7.000 DM gegolten, die 1997 von einem bundesweit tätigen Unternehmen zugesagt worden ist (vgl. OLG München OLG Report 1999, 222 (223)). Eine Vertragsstrafe in Höhe von 20.000 DM war 1997 für eine mehrtägige Sonderveranstaltung mit Geräten der Unterhaltungselektronik und der Telekommunikation unzureichend (vgl. BGH GRUR 2002, 180 (181) – Weit-Vor-Winter-Schluss-Verkauf). Wenn Gegenstand der Unterlassungserklärung Erzeugnisse mit außergewöhnlich hohem Verkaufspreis sind, kann eine Vertragsstrafe angemessen sein, die um ein Mehrfaches über dem Zuständigkeitsstreitwert liegt (vgl. zB OLG München NJWE-WettbR 1997, 46 (47): 50.000 DM bei einem Verkaufspreis von 140.000 DM bis über 200.000 DM; BGH GRUR 1984, 72 (74) – Vertragsstrafe für versuchte Vertreterabwerbung: je 50.000 DM für vier Abwerbungsversuche). Seit der Zuweisung von vermögensrechtlichen Streitigkeiten bis zu einem Streitwert bis zu einem Streitwert von 5.000 EUR auf die Amtsgerichte (§ 23 Nr. 1 GVG) ist es – wenn keine besonderen Umstände für eine abweichende Handhabung sprechen – weitestgehend üblich, dass Vertragsstrafen gefordert und akzeptiert werden, die geringfügig über diesem Betrag liegen. Die Forderung einer zu hohen Vertragsstrafe macht eine Verwarnung nicht unwirksam; vielmehr ist der Verletzer gehalten, eine ausreichend hohe Vertragsstrafe zuzusagen (vgl. BGH GRUR 1983, 127 (128) – Vertragsstrafeversprechen).

Die Vertragsstrafe kann auf einen angemessenen Betrag herabgesetzt werden, wenn sie unverhältnismäßig hoch ist (vgl. § 343 Abs. 1 S. 1 BGB). Weil dabei nicht nur das Vermögensinteresse, sondern jedes berechtigte Interesse des Gläubigers in Betracht zu ziehen ist (vgl. § 343 Abs. 1 S. 2 BGB), bildet auch hier die Abschreckungswirkung – neben der Schwere des Verstoßes, dem Verschuldensgrad und den wirtschaftlichen Verhältnissen des Schuldners – ein bedeutsames Beurteilungskriterium (vgl. – mwN – Palandt/*Grüneberg* BGB § 343 Rn. 6). Auf einen Kaufmann findet § 343 BGB keine Anwendung (vgl. § 348 HGB). Diese Regelung ist abdingbar (vgl. die Nachw. bei und die Empfehlung von *Teplitzky* Kap. 8 Rn. 30b). Bei grober Unbilligkeit kann eine Herabsetzung nach § 242 BGB erfolgen (vgl. BGH GRUR 1998, 471 (474) – Modenschau im Salvatorkeller; BGH GRUR 2009, 181 Rn. 41). Das ist insbesondere der Fall, wenn die Aufsummierung der Vertragsstrafe in einem außerordentlichen Missverhältnis zu der Bedeutung der Zuwiderhandlung steht (vgl. BGH GRUR 2009, 181 Rn. 41).

Die Verpflichtung zur Zahlung einer Vertragsstrafe wird nicht schon durch eine einseitige Erklärung des Schuldners begründet. Es bedarf vielmehr eines Vertrags (→ Form. F.2 Anm. 3). Das Zustandekommen eines Unterlassungsvertrags richtet sich grudsätzlich nach den allgemeinen Vorschriften (vgl. BGH GRUR 2006, 878 Rn. 14 – Vertragsstrafevereinbarung; BGH GRUR 2010, 355 Rn. 17 – Testfundstelle). Ansprüche auf Zahlung der Vertragsstrafe kann der Gläubiger grundsätzlich nur für Verstöße geltend machen, die ab dem Zeitpunkt des Vetragsabschlusses begangen worden sind (vgl. BGH GRUR 2006, 878 Rn. 20; BGH GRUR 2010, 355 Rn. 21). Auch die Auslegung von Unterlassungsverträgen richtet sich im Allgemeinen nach den für die Vertragsauslegung geltenden Grundsätzen (vgl. – jeweils mwN – BGH GRUR 1992, 61 (62) – Preisvergleichsliste; BGH GRUR 1997, 931 (932) – Sekundenschnell; BGH GRUR 1998, 471 (472) – Modenschau im Salvatorkeller; BGH GRUR 2001, 758 (759) – Trainingsvertrag; BGH GRUR 2009, 181 Rn. 38 – Kinderwärmekissen) und insbesondere von Vertragsstrafeversprechen (vgl. – mwN – BGH GRUR 1998, 471 (472); BGH GRUR 2001, 85 (86) – Altunterwerfung IV; BGH GRUR 2006, 878 Rn. 18; BGH GRUR 2009, 181 Rn. 32). Geboten ist eine nach beiden Seiten interessengerechte Auslegung (vgl. BGH GRUR 2006, 878 Rn. 19; BGH GRUR 2009, 181 Rn. 32). Mehr noch als die Verwarnung (→ Anm. 1) begründet der Unterlassungsvertrag eine Sonderbeziehung mit der Verpflichtung zur

3. Verwarnung

gegenseitigen Rücksichtnahme. Für den Gläubiger eines Vertragsstrafeversprechens schließt das die Obliegenheit ein, das Verhalten des Schuldners zeitnah zu beobachten und zu überprüfen (vgl. BGH GRUR 1998, 471 (474) – Modenschau im Salvatorkeller). Weil deswegen das „Sammeln" von Zuwiderhandlungen gegen eine Verpflichtungserklärung rechtsmissbräuchlich sein kann (vgl. BGH GRUR 1998, 471 (474)), bedarf es zur Vermeidung von unbilligen Vertragsstrafeforderungen keiner vorweggenommenen Korrektur durch die Möglichkeit der Zusammenfassung von mehreren Schutzrechtsverletzungen zu der Fiktion einer einzigen Handlung. Eine eng am Wortlaut orientierte Auslegung ist umso eher geboten, je höher die vereinbarte Vertragsstrafe im Verhältnis der Bedeutung des gesicherten Unterlassungsanspruchs ist (vgl. BGH GRUR 2003, 545 (546) – Hotelfoto). Die ausdrückliche Vereinbarung einer Vertragsstrafe für jedes angebotene, verkaufte oder verbreitete Produkt schließt eine Zusammenfassung mehrerer Verstöße zu einer einzigen Zuwiderhandlung aus (vgl. BGH GRUR 2009, 181 Rn. 39).

14. Der Unterlassungsgläubiger hat einen Anspruch darauf, dass sich der Unterlassungsschuldner für jeden Fall der Zuwiderhandlung zur Zahlung der Vertragsstrafe verpflichtet (vgl. *Teplitzky* Kap. 8 Rn. 18). Die vertragliche Zusage entspricht damit der Androhung von Ordnungsmitteln in Gerichtsentscheidungen. Verstöße gegen Unterlassungszusagen werden zwar teilweise nach anderen Kriterien als Verstöße gegen gerichtliche Unterlassungsgebote beurteilt (vgl. zB BGH GRUR 1994, 146 (147) – Vertragsstrafebemessung; BGH WRP 1998, 507 (508) – Behinderung der Jagdausübung; BGH GRUR 2001, 759). Auf die Zuwiderhandlung als Grundvoraussetzung für eine Sanktion ist das jedoch ohne Auswirkung. Die Zusage einer Vertragsstrafe „für jeden Fall der Zuwiderhandlung" kann zwar auch durch Auslegung ermittelt werden (vgl. BGH GRUR 1985, 937 (938) – Vertragsstrafe bis zu . . . . . . II). Aber eine Klarstellung ist gestattet und zweckmäßig.

15. Der Gläubiger kann zwar verlangen, dass der Schuldner sich unter Ausschluss des Fortsetzungszusammenhangs zur Unterlassung verpflichtet. Aber weil der Rechtsbegriff der fortgesetzten Handlung im Zivilrecht seit 2001 nicht mehr anerkannt wird (vgl. BGH GRUR 2001, 758 (759) – Trainingsvertrag), hat der Gläubiger keinen Anspruch auf einen Ausschluss des Fortsetzungszusammenhangs (Harte-Bavendamm/Henning-Bodewig/*Brüning* UWG § 12 Rn. 216; *Köhler/Bornkamm/Feddersen* UWG § 12 Rn. 1.206; *Teplitzky* Kap. 8 Rn. 30). Wenn der Schuldner den Passus streicht, mit dem der Einwand des Fortsetzungszusammenhangs ausgeschlossen werden soll, wird dadurch die Eignung der Unterlassungserklärung zur Beseitigung der Wiederholungsgefahr nicht beseitigt (*Köhler/Bornkamm/Feddersen* UWG § 12 Rn. 1.206).

Die Frage, in welchem Umfang bei mehrfachen Verstößen Vertragsstrafen verwirkt sind, kann nur nach einer Vertragsauslegung im Einzelfall entschieden werden (vgl. BGH GRUR 2001, 759). Eine Mehrzahl von Verstößen gegen eine Unterlassungspflicht kann zwar zu einer natürlichen Handlung oder einer Handlung im Rechtssinn zusammengefasst werden (vgl. BGH GRUR 2001, 759). Entscheidend dafür, ob mehrere Verstöße als einzige Zuwiderhandlung zu behandeln sind oder ob jeder einzelne Verstoß die Vertragsstrafe auflöst, ist jedoch die Auslegung der Vertragsstrafevereinbarung (vgl. BGH GRUR 2009, 181 Rn. 38 – Kinderwärmekissen).

Wenn von keiner natürlichen Handlungseinheit auszugehen ist (vgl. BGH GRUR 2001, 760), kann die Zusammenfassung von mehreren Taten (ausführlich hierzu *Köhler* WRP 1993, 666 ff.) zu einer ungerechtfertigten Begünstigung des Mehrfachverletzers (vgl. *Mankowski* WRP 1996, 1144 (1146); *Rieble* WM 1995, 828 (829); Ahrens/*Schulte* Kap. 8 Rn. 58) und damit zu einer Benachteiligung des Gläubigers eines Vertragsstrafeversprechens führen. Das gilt insbesondere bei einem vorsätzlichen Verstoß, der in der Absicht begangen wird, eine Mehrzahl weiterer gleichartiger Verstöße folgen zu lassen (vgl. BGH GRUR 2001, 760). Die Abschreckungswirkung (→ Anm. 13) des Vertragsstrafeversprechens würde bei Schutzrechtsverletzungen zumindest erheblich abgeschwächt, wenn sich der Schuldner bei – in der Regel – gleichartigen Verstößen darauf berufen könnte, dass nur eine einzige Handlung stattgefunden habe und die Vertragsstrafe daher nur einmal verwirkt sei. Für die Abschreckungswirkung muss zusätzlich berücksichtigt werden, dass – anders als zB öffentliche Werbemaßnahmen – zusagewidrige Verkaufs- oder Angebotshandlungen schwierig zu ermitteln sind und dass deswegen in der Regel nur ein Verstoß oder einige wenige Verstöße zu Ansprüchen auf Bezahlung der vereinbarten Vertragsstrafe führen. Das kann zur Folge haben, dass bei Schutzrechtsverletzungen der Funktion der Schadenspauschalierung größere Bedeutung als im Wettbewerbsrecht (→ Anm. 13) zukommt (vgl. *Fischer*, FS Piper, 1996, S. 205 (217)) und dass mit der Vertragsstrafe Ersatz auch für den Schaden geleistet wird, der sich aus unentdeckt gebliebenen Verstößen ergibt. Der Schuldner kann zwar zur Offenbarung darüber verpflichtet sein, ob er weitere Verstöße gegen seine vertragliche Unterlassungspflicht begangen hat (vgl. BGH GRUR 1992, 61 (64) – Preisvergleichsliste; *Köhler* WRP 1993, 666 (671)). Der Gläubiger hat jedoch keine Kontrollmöglichkeit, sondern in entsprechender Anwendung von § 259 Abs. 2 BGB (vgl. – mwN – *Teplitzky* Kap. 38 Rn. 36) nur die Chance, von dem Schuldner eine Versicherung an Eides Statt zu verlangen, wenn begründete Zweifel an der Vollständigkeit der Auskunft belegbar sind und wenn der Schuldner einer Ergänzungsaufforderung nicht nachgekommen ist. Mehr noch als im Wettbewerbsrecht (vgl. BGH GRUR 1993, 926 – Apothekenzeitschriften) kann daher bei Schutzrechtsverletzungen die Vereinbarung einer angemessenen Vertragsstrafe auch der erleichterten Schadensdurchsetzung dienen. Die Berücksichtigung der Möglichkeiten des Schadenseintritts im Rahmen der Bewertung der Parteiinteressen (vgl. BGH GRUR 1993, 927) spricht daher bei Schutzrechtsverletzungen in der Regel gegen die Zusammenfassung von gleichartigen Verstößen zu einer einzigen Fortsetzungstat.

Wenn damit gerechnet werden muss, dass eine Zusammenfassung von Einzelverstößen nach der Rechtsfigur der natürlichen Handlungseinheit erfolgen kann, verdient die Flexibilität des sog. Hamburger Brauchs den Vorzug (Ullmann/*Hess* UWG § 12 Rn. 61). Diese Möglichkeit kann bei dem Inverkehrbringen von schutzrechtsverletzenden Erzeugnissen nicht ausgeschlossen werden. Das Interesse des Gläubigers kann daher durch eine Vereinbarung nach sog. „altem" Hamburger Brauch (→ Form. F.2 Anm. 7) besser gewahrt sein. Beim sog. „neuen" Hamburger Brauch (vgl. BGH GRUR 1985, 155 (157) – Vertragsstrafe bis zu . . . . . . I; BGH GRUR 1994, 146 (147) – Vertragsstrafebemessung; *Köhler/Bornkamm/Feddersen* UWG § 12 Rn. 1.195) wird zwar die Bemessung der Vertragsstrafe dem Gläubiger zugewiesen, aber die Bandbreite durch einen konkreten Höchstbetrag limitiert. Diese Begrenzung liegt überwiegend im Interesse des Schuldners.

16. Die Umwandlung (→ Anm. 9) der gesetzlichen Unterlassungspflicht in eine vertragliche Verpflichtung ist ohne Auswirkung auf den Gegenstand des Unterlassungsanspruchs. Bei der außergerichtlichen Streitbeilegung (→ Anm. 1) entsprechen daher Inhalt und Umfang der Unterlassungserklärung Inhalt und Umfang des gerichtlichen Entscheidungstenors und dem hierauf gerichteten Antrag (vgl. BGH GRUR 1996, 290 (291) – Wegfall der Wiederholungsgefahr I; BGH GRUR 1997, 397 (398) – Wegfall der Wiederholungsgefahr II – sowie – mwN – *Teplitzky* Kap. 8 Rn. 16). Zur Konkretisierung der sog. Verletzungsform → Form. F.9 Anm. 12.

17. Hauptbestandteil des Anspruchs auf Kostenerstattung (→ Anm. 10) ist zwar die Gebühr des Anwalts, der die Abmahnung ausspricht. Aber weil auch ein Anspruch auf Auslagenerstattung besteht und es sich insgesamt um einen Erstattungsanspruch des Anspruchstellers handelt, hat dieser einen Anspruch auf Erstattung der im Innenverhältnis von ihm zu leistenden Vergütung (vgl. § 1 Abs. 1 S. 1 RVG).

Häufig wird in Verpflichtungserklärungen nur die Anerkennung der Zahlungspflicht dem Grunde nach gefordert und dabei die Bemessungsgrundlage (Gegenstandswert und

3. Verwarnung

Konkretisierung des Gebührenrahmens) bekannt gegeben. Das macht eine spätere Rechnungsstellung erforderlich, wenn sich der Verwarnte aufforderungsgemäß verpflichtet. Die Aufnahme der Kostenrechnung in die Verpflichtungserklärung dient daher der Vereinfachung und der Beschleunigung. Wenn die Zahlungsfrist nicht eingehalten wird, gerät der Verwarnte kraft Gesetzes mit der Folge in Verzug (vgl. § 286 Abs. 1 S. 1 BGB), dass der Erstattungsanspruch zu verzinsen ist (vgl. § 288 Abs. 1 S. 1 BGB). § 288 Abs. 2 BGB ist nicht anwendbar, weil es sich bei dem Anspruch auf Erstattung der Abmahnkosten nicht um eine Entgeltforderung im Sinne dieser Norm handelt (OLG Düsseldorf GRUR-RS 2015, 13327 Rn. 40 – Bequemschuh). Wenn eine kurze Erklärungsfrist gesetzt wird, ist es sachgerecht, die Zahlungsfrist länger zu bemessen, um der üblichen Dauer eines Überweisungsvorgangs Rechnung zu tragen.

Die Kostenerstattung stimmt inhaltlich mit der Berechnung (vgl. § 10 RVG) überein, die der Anwalt im Innenverhältnis seinem Auftraggeber vorzulegen hat. Weil die Gebühr nach dem Gegenstandswert berechnet wird (vgl. § 2 Abs. 1 RVG), muss dieser in der Rechnung ausgewiesen werden (vgl. § 10 Abs. 2 S. 1 RVG). Die Rahmengebühr (vgl. § 14 Abs. 1 RVG) muss nur angemessen bestimmt, nicht auch erläutert werden. Die Mehrwertsteuer kann nicht erstattet verlangt werden, wenn der Auftraggeber zum Vorsteuerabzug berechtigt ist und damit nur ein durchlaufender Posten vorliegt.

18. Der Gegenstandswert in der Berechnung eines Rechtsanwalts kann identisch mit dem Streitwertvorschlag (vgl. § 253 Abs. 3 ZPO) in einem nachfolgenden Gerichtsverfahren sein, wenn die Abmahnung daran ausgerichtet ist, ob ein Hauptsacheverfahren oder ein Eilverfahren bevorzugt wird (→ Anm. 6). Zum Streitwertvorschlag → Form. F.6 Anm. 22; → Form. F.9 Anm. 22.

19. Für die Geschäftsgebühr fällt nach §§ 2 Abs. 2, 13, 14 RVG iVm VV 2300 RVG eine Gebühr von 0,5 bis 2,5 an. Eine Gebühr von mehr als 1,3 kann allerdings nur gefordert werden, wenn die Tätigkeit umfangreich oder schwierig war. Die 1,3-fache Gebühr gilt als Regelgebühr. Bei einer wettbewerbsrechtlichen Abmahnung ist in einem durchschnittlichen Fall nicht von einer Gebühr auszugehen, die unter dem Regelsatz liegt (vgl. BGH GRUR 2010, 1120 Rn. 30 f. – Vollmachtsnachweis). Für eine designrechtliche Verwarnung ist jedenfalls eine 1,3-fache Gebühr angemessen. Umfangreich kann eine Tätigkeit auch dadurch werden, dass der Anspruchsteller „nachfassen" musste (vgl. OLG München Mitt. 1997, 100 (103)). Nach der Rechtsprechung des Bundesfinanzhofs stellt die Abmahnung durch Mitbewerber eine umsatzsteuerpflichtige Leistung dar mit der Folge, dass die Umsatzsteuer geltend zu machen ist (BFH GRUR 2017, 826).

20. Maßgeblich ist der im Zeitpunkt der Inanspruchnahme anwaltlicher Tätigkeit jeweils geltende Mehrwertsteuersatz. In der gerichtlichen Kostenfestsetzung wird die Umsatzsteuer nur berücksichtigt, wenn der Erstattungsberechtigte erklärt, dass er nicht zum Vorsteuerabzug berechtigt ist (vgl. § 104 Abs. 2 S. 3 ZPO) und der Erstattungspflichtige keinen Gegenbeweis erbringt (vgl. BLAH ZPO § 104 Rn. 40 mwN). Weil bei einer zum Vorsteuerabzug berechtigten Partei die ihr in Rechnung gestellte Umsatzsteuer nur ein durchlaufender Posten ist (vgl. BLAH ZPO § 91 Rn. 213 mwN), muss insoweit auch bei der außergerichtlichen Kostenerstattung keine Zahlung für die Umsatzsteuer geleistet werden (vgl. LG Köln GRUR 1987, 654).

21. Die Unterlassungserklärung eines Kaufmanns ist zwar nicht formgebunden (→ Anm. 9). Aber wenn der vertragliche Unterlassungsanspruch (→ Anm. 9) und/oder die zugesagte Vertragsstrafe (→ Anm. 13) gerichtlich geltend gemacht werden soll, erleichtert die gewillkürte Schriftform (→ Anm. 9) den Nachweis des Vertragsabschlusses. Wenn die Unterschrift nicht von einer primär zeichnungsberechtigten Person (Geschäftsinhaber, persönlich haftender Gesellschafter, Geschäftsführer, Vorstand) stammt, begründet sie eine Anscheinsvollmacht für den unterzeichnenden Mitarbeiter (vgl. BGH GRUR

1998, 963 (964) – Verlagsverschulden II). Die Anbringung des Firmenstempels erhärtet diesen Anschein (vgl. BGH GRUR 1998, 964). Wenn eine Unterlassungserklärung von einem nicht autorisierten Mitarbeiter unterschrieben und mit einem Firmenstempel versehen wurde, ist der Unterlassungsvertrag zwar schwebend unwirksam (§ 177 Abs. 1 BGB iVm § 184 Abs. 1 BGB). Das Rechtsgeschäft kann jedoch nicht nur ausdrücklich, sondern auch konkludent genehmigt werden. Eine konkludente Genehmigung kann sich ua daraus ergeben, dass der Anspruchsteller die Unterlassungserklärung ausdrücklich angenommen und der Anspruchsgegner daraufhin nicht unverzüglich auf den (behaupteten) Vertretungsmangel hingewiesen hat (OLG Hamburg MD 2007, 447 (448)).

Kosten und Gebühren

22. Bei einer berechtigten Verwarnung besteht ein Anspruch auf Erstattung der dem Anspruchsteller entstandenen Anwaltskosten (→ Anm. 10). Zur Ermittlung der Kosten vgl. Abschnitt 2 der Verpflichtungserklärung sowie die zugehörigen → Anm. 17–20.

Fristen und Rechtsbehelfe

23. Wenn der Anspruchsgegner ein Gerichtsverfahren vermeiden möchte und dem geltend gemachten Anspruch nichts zur Widerlegung entgegengehalten werden kann, ist der Anspruchsgegner gehalten, zur Vermeidung eines Gerichtsverfahrens (→ Anm. 1) die erforderlichen Erklärungen (insbesondere → Anm. 12–16) abzugeben. Hält der Anspruchsgegner die Verwarnung nicht für berechtigt, kann eine Gegenverwarnung (→ Form. F.4 Abschnitt 4) ausgesprochen und/oder eine gerichtliche Klärung herbeigeführt werden (→ Form. F.4 Anm. 4).

4. Antwort auf Verwarnung

zweifach per Telefax Nr. . . . . . .[1]

Datum

Sehr geehrte Kollegin . . . . . ./Sehr geehrter Kollege . . . . . .,

im Auftrag der Novitas GmbH und unter Mitwirkung von PA . . . . . . beantworte[2] ich Ihr Schreiben vom . . . . . . Ordnungsgemäße Bevollmächtigung wird anwaltlich versichert.

1. . . . . . .[3]

2. Die Recherche, die Herr PA . . . . . . trotz der Kürze der von Ihnen gesetzten Frist durchgeführt hat, bestätigt, dass Nr. 1 der Sammelanmeldung N. . . . . . . das Erfordernis der Eigenart nicht erfüllt. Weitgehend identisch mit dem Gegenstand dieses eingetragenen Designs ist die internationale Eintragung DM\ . . . . . ., die fast ein Jahr vor dem Anmeldetag dieses eingetragenen Designs veröffentlicht worden ist. Eine Kopie dieser Veröffentlichung füge ich bei.

3. Das eingetragene Design Ihrer Partei ist nicht rechtsbeständig. Folglich werden durch die beanstandeten Handlungen unserer Mandantin Rechte Ihrer Partei nicht verletzt. Wir haben daher unserer Mandantin empfohlen, eine gerichtliche Klärung[4] der Rechtslage herbeizuführen, wenn mir nicht bis spätestens

(Frist ca. 7 Tage)

4. Antwort auf Verwarnung   F. 4

– hier eingehend –
die Erklärung Ihrer Partei vorliegt, dass die mit Ihrem Schreiben vom . . . . . . geltend gemachten Ansprüche nicht aufrechterhalten werden.

4. Wenn sich Ihre Partei ungeachtet der vorstehend dargestellten Sach- und Rechtslage dazu entschließen sollte, einen Antrag auf Erlass einer einstweiligen Verfügung zu stellen, bitte ich, dieses Schreiben nebst Anlagen den Antragsunterlagen beizufügen.[5]

Mit freundlichen kollegialen Grüßen[6, 7]

Rechtsanwalt

Anmerkungen

1. Die fristwahrende Reaktion auf eine Verwarnung ist eine Obliegenheit des Anspruchsgegners (→ Form. F.3 Anm. 1, 5). Der Grund für die zweifache Übermittlung ergibt sich aus → Anm. 5.

2. Im Textbeispiel ist der Anspruchsgegner auf eine gerichtliche Auseinandersetzung eingestellt. Wenn der Anspruchsgegner nicht dazu bereit ist, sich auf ein Gerichtsverfahren einzulassen, genügt die fristwahrende Zusendung der Unterlassungserklärung. Bei der Übersendung einer Unterlassungserklärung kann auf einen Verzicht auf den Zugang der Annahmeerklärung ausgegangen werden, wenn die Unterlassungserklärung nicht oder zumindest nicht in einem wesentlichen Punkt von der Forderung des Anspruchstellers abweicht (vgl. BGH GRUR 2002, 824 (825) – Teilunterwerfung). Zur Übermittlung per Telefax → Form. F.3 Anm. 9. Die Anerkennung der Verpflichtung zur Kostenerstattung ist zwar zur Ausräumung der Wiederholungsgefahr nicht erforderlich; aber der Anspruchsgegner muss mit einem Mahnbescheid oder einer Klage rechnen, wenn insoweit keine Verpflichtung eingegangen wird. Wenn zwar eine Unterlassungserklärung abgegeben, aber keine weitergehende Verpflichtung anerkannt werden soll, können begleitende Ausführungen zB in Anlehnung an → Form. F.2 erfolgen.

Weil es Sache des Anspruchsgegners ist, die Wiederholungsgefahr durch eine Unterlassungserklärung auszuräumen, die den insbesondere vom BGH entwickelten Grundsätzen genügt, ist der Anspruchsgegner an einen vom Anspruchsteller unterbreiteten Formulierungsvorschlag nicht gebunden. In einer Verwarnung kann grundsätzlich ein Vertragsangebot liegen, wenn sie hinreichend bestimmt ist (BGH GRUR 2010, 355 Rn. 19 – Testfundstelle). Die Ablehnung eines Vertragsangebots bringt dieses Angebot zwar zum Erlöschen (vgl. § 146 BGB); aber durch ein ordnungsgemäßes Gegenangebot des Anspruchsgegners zum Abschluss eines Unterlassungsvertrags wird die Bereitschaft zu einem abstrakten Schuldversprechen (→ Form. F.3 Anm. 9) und damit auch die Anerkennung sämtlicher Vertragsvoraussetzungen zum Ausdruck gebracht. Mit dem Leistungsversprechen der künftigen Unterlassung werden die Anspruchsvoraussetzungen im Sinne eines Vergleichs (vgl. BGH GRUR 1997, 382 (384) – Altunterwerfung I; BGH GRUR 1997, 386 (389) – Altunterwerfung II) anerkannt.

Gibt der Anspruchsgegner eine zur Ausräumung der Wiederholungsgefahr zwar ausreichende Erklärung ab, die jedoch von dem Vertragsangebot des Anspruchstellers abweicht, gilt das – auch bei geringfügigen und unwesentlichen Änderungen – nach § 150 Abs. 2 BGB als Ablehnung, die mit einem neuen Antrag verbunden ist (vgl. BGH GRUR 2010, 355 Rn. 19). Bei einer auf Abschluss eines Unterlassungsvertrags gerichteten Unterlassungserklärung ist idR davon auszugehen, dass der Schuldner sein Angebot unbefristet abgegeben hat; das hat zur Folge, dass das Angebot jederzeit angenommen werden kann (vgl. BGH GRUR 2010, 355 Rn. 21).

Eine vom Schuldner abgegebene einseitige strafbewehrte Unterlassungserklärung beseitigt die Wiederholungsgefahr unabhängig von einer Annahmeerklärung des Gläubigers, wenn sie ernsthaft ist und den an eine solche Erklärung zu stellenden Anforderungen entspricht (vgl. BGH GRUR 2010, 355 Rn. 21). Die Wiederholungsgefahr wird daher durch die Abgabe einer korrekten Unterlassungserklärung auch dann ausgeräumt, wenn der Anspruchsteller ihren Inhalt beanstandet und aus diesem Grund die Annahme abgelehnt hat (vgl. BGH GRUR 1984, 214 (216) – Copy Change – sowie jeweils mwN – BGH GRUR 1982, 688 (691) – Seniorenpass; BGH GRUR 1990, 1051 (1052) – Vertragsstrafe ohne Obergrenze; BGH GRUR 1996, 290 (292) – Wegfall der Wiederholungsgefahr I). Ein Vorbehalt in der Annahmeerklärung kann als Ablehnung zu werten sein (vgl. OLG Hamm NJWE-WettbR 1999, 90 (91)).

Trotz der Beseitigung der Wiederholungsgefahr durch eine zwar abgelehnte, aber ordnungsgemäße Unterlassungserklärung steht dem Anspruchsteller keine Sanktionsmöglichkeit zur Verfügung (vgl. BGH GRUR 1993, 34 (37) – Bedienungsanleitung; *Lindacher* GRUR 1975, 413 (416)). Der Anspruchsteller kann jedoch dem Anspruchsgegner – zB nach gerichtlicher Belehrung oder anwaltlicher Beratung – seinerseits dem Anspruchsgegner ein inhaltsgleiches Neuangebot machen. Die Ablehnung dieses neuen Angebots wäre als Sonderform des *venire contra factum proprium* rechtsmissbräuchlich, weil der Anspruchsgegner durch das ursprüngliche Angebot seine Bereitschaft zum Vertragsabschluss bekundet hatte und weil der Anspruchsteller ein schützenswertes Interesse am Abschluss eines Unterlassungsvertrags hat. In die Interessenabwägung fließt zusätzlich ein, dass die Vereinbarung einer Vertragsstrafe wesentlicher Bestandteil (→ Form. F.3 Anm. 13) der zur Ausräumung der Wiederholungsgefahr erforderlichen Erklärung ist und dass die Annahme des Neuangebots den Anspruchsgegner nicht schlechter stellen würde, als das bei einer Annahme des von ihm unterbreiteten Angebots der Fall gewesen wäre. Rechtsmissbrauch begründet zwar im Allgemeinen nur rechtshindernde oder rechtsvernichtende Einwendungen (vgl. Palandt/*Grüneberg* BGB § 242 Rn. 41). Aber wenn dem Rechtsmissbrauch zugrunde liegt, dass die Ablehnung eines Vertragsangebots auf Rechtsunkenntnis beruht hat und später aus schützenswertem Grund ein inhaltsgleiches Neuangebot gemacht wird, führt das auf der Grundlage von § 242 BGB zur Rechtspflicht der Annahme des Neuangebots. Der Anspruchsteller hat daher einen Anspruch auf Annahme des Neuangebots; dieser Anspruch kann erforderlichenfalls durch Klage auf Abgabe einer Willenserklärung durchgesetzt werden. Weil der Vertragsabschluss keine Rückwirkung entfaltet, lösen Handlungen des Anspruchsgegners, die zwischen dem Erstangebot und dem Zweitangebot stattgefunden haben, zwar keinen Anspruch auf Entrichtung einer Vertragsstrafe aus; der Anspruchsteller muss diese Folge jedoch hinnehmen, weil seine Annahmeverweigerung unberechtigt war.

Wenn sich der Anspruchsgegner bis zur Rechtskraft eines Urteils auf Abgabe der Willenserklärung (vgl. § 894 S. 1 ZPO) zusagewidrig verhält, begründet das die Gefahr der Wiederholung der neuen Rechtsverletzung (vgl. BGH GRUR 1990, 534 – Abruf-Coupon; *Teplitzky* Kap. 8 Rn. 46 ff.). Der Anspruchsteller kann daher auf den gesetzlichen Unterlassungsanspruch mit der Folge zurückgreifen, dass der Anspruchsgegner die Wiederholungsgefahr durch eine neue Unterlassungserklärung auszuräumen hat. Gibt der Anspruchsgegner keine Unterlassungserklärung ab, kann der Anspruchsteller den gesetzlichen Unterlassungsanspruch gerichtlich durchsetzen; solange zu der neu begründeten Wiederholungsgefahr Dringlichkeit besteht, kann die Durchsetzung des gesetzlichen Unterlassungsanspruchs im Wege der einstweiligen Verfügung erfolgen. Die Anerkenntniswirkung der ursprünglichen Unterlassungserklärung wirkt auch bei der gerichtlichen Geltendmachung des erneut begründeten Unterlassungsanspruchs fort, soweit die neu beanstandete Handlung sachlich mit der früher beanstandeten Handlung übereinstimmt.

3. Ausführungen zum Fehlen der Eigenart, zB entsprechend → Form. F.2 Abschnitt 1.

4. Antwort auf Verwarnung

4. Die Berechtigung einer Verwarnung kann einer gerichtlichen Klärung zugeführt werden. Ob bei einer rechtsverletzenden Schutzrechtsverwarnung eine Vermutung für die Wiederholung von gleichen oder gleichartigen Maßnahmen besteht, ist zweifelhaft (bejahend *Köhler/Bornkamm/Feddersen* UWG § 4 Rn. 4.180; verneinend *Lindacher*, FS v. Gamm, 1990, S. 83 (85)). Der Meinungsäußerung des Verwarners kann ein so hoher Rang zukommen, dass ein Anspruch auf Feststellung im Vordergrund steht, ob diese Meinung zutrifft. Dabei besteht die Möglichkeit der Wahl zwischen einer negativen Feststellungsklage (vgl. BGH GRUR 1969, 479 (481) – Colle de Cologne; BGH GRUR 1985, 571 (572) – Feststellungsinteresse – sowie zur Antragstellung BGH GRUR 1995, 697 (699) – FUNNY PAPER) und einer positiven Feststellungsklage (vgl. – mwN – *Teplitzky* Kap. 41 Rn. 68). Wenn zum Zeitpunkt der Erhebung einer Unterlassungsklage wegen derselben Sachverhaltsgestaltung bereits eine negative Feststellungsklage anhängig ist, steht das der Vorrangigkeit der Unterlassungsklage nicht entgegen (OLG Braunschweig NJOZ 2007, 4281 = GRUR-RR 2007, 392 (Ls.)). Wenn die Unterlassungsklage nicht als Widerklage, sondern bei einem anderen Gericht erhoben wird, begründet das nicht den Vorwurf des Rechtsmissbrauchs (OLG Braunschweig GRUR-RR 2007, 392).

Ebenso wie die Abmahnung (vgl. BGH GRUR 1990, 381 (382) – Antwortpflicht des Abgemahnten) führt auch die Schutzrechtsverwarnung zu einer Sonderrechtsbeziehung eigener Art, die bei dem Verwarnten eine Obliegenheit zur fristgemäßen (→ Anm. 5) Beantwortung der Verwarnung begründet. Wenn der Verwarnte aus Rechtsgründen nicht dazu bereit ist, der Aufforderung des Verwarners Folge zu leisten, kann er sich auf eine Ablehnung der Aufforderung beschränken. Zu tatsächlichen Umständen, die dem Verwarner offensichtlich nicht bekannt sind, trifft den Verwarnten eine Obliegenheit zur Aufklärung. Das ist insbesondere der Fall, wenn der Verwarnte die behauptete Handlung nicht begangen hat oder wenn sich der Verwarnte auf vorbekannten Formenschatz beruft, der dem Verwarnten ersichtlich nicht bekannt ist. Die Nichtbeachtung der Aufklärungspflicht hat zur Folge, dass dem Verwarnten die Kosten eines nachfolgenden Gerichtsverfahrens auferlegt werden können, wenn die erst dann bekannt gegebenen Umstände zu einer Antragsrücknahme führen und der Antrag ansonsten Erfolg gehabt hätte (sog. reziproke Anwendung des § 93 ZPO, vgl. Zöller/*Herget* ZPO § 93 Rn. 2).

Wenn es sich in dem Verfahren der gerichtlichen Klärung zeigt, dass die Verwarnung unberechtigt war, hat der Verwarner – verschuldensunabhängig – die Kosten des Rechtsstreits zu tragen (→ Form. F.3 Anm. 1). Eine Obliegenheit des zu Unrecht Abgemahnten, vor der Erhebung einer negativen Feststellungsklage eine Gegenabmahnung auszusprechen, besteht grundsätzlich nicht (vgl. BGH GRUR 2006, 168 (169) – Unberechtigte Abmahnung). Ausnahmen von diesem Grundsatz sind nur veranlasst, wenn die Abmahnung in tatsächlicher und/oder rechtlicher Hinsicht auf offensichtlich unzutreffenden Annahmen beruht, bei deren Richtstellung mit einer Änderung der Auffassung des vermeintlich Verletzten gerechnet werden kann, oder wenn seit der Abmahnung ein längerer Zeitraum verstrichen ist und der Abmahnende in diesem entgegen seiner Androhung keine gerichtlichen Schritte eingeleitet hat (vgl. BGH GRUR 2004, 790 (792) – Gegenabmahnung). Diese Regeln sind auch auf das Designrecht anwendbar. Bei einer Verwarnung aus einem Gemeinschaftsgeschmacksmuster oder einem eingetragenen Design kann es allerdings häufiger als im Wettbewerbsrecht vorkommen, dass dem Anspruchsteller nicht alle beurteilungsrelevanten Tatsachen bekannt sind. Dem Anspruchsteller ist es zwar verwehrt, die Folgen einer selbstverschuldeten Sachverhaltsunkenntnis auf den Anspruchsgegner abzuwälzen (vgl. – mwN – *Lindacher*, FS v. Gamm, 1990, S. 83 (88)). Weil aber die vollständige Ermittlung des vorbekannten Formenschatzes (→ Form. F.1 Anm. 6) kaum sichergestellt werden kann, ist der Anspruchsgegner gehalten, den Anspruchsteller auf Gestaltungen aus dem vorbekannten Formenschatz hinzuweisen, die diesem offensichtlich nicht bekannt waren (vgl. OLG Frankfurt a.M. GRUR 1972, 670 (671)). Das gilt jedoch nicht, wenn zwar eine weitere Entgegenhaltung in ein nachfolgendes Gerichtsverfahren eingeführt wird, der Eigenart des Schutzrechts jedoch bereits eine andere Gestaltung entgegensteht, die dem Verwarner bekannt war (vgl. OLG Frankfurt a. M. GRUR 1984, 758).

Weil zur Verwarnung vielfach die Ansicht vertreten wird, dass Gerichtsmaßnahmen angedroht werden müssen (→ Form. F.3 Anm. 8), enthalten häufig auch „Gegenverwarnungen" diese Androhung. Notwendig ist das jedoch noch weniger als bei Verwarnungen, weil dem Erfordernis der Ernstlichkeit bei einer „Gegenverwarnung" nicht dieselbe Bedeutung wie bei der Verwarnung zukommt. Wenn einer anwaltlichen Aufforderung, die mit der Verwarnung geltend gemachten Ansprüche nicht aufrechtzuerhalten, innerhalb der in dem Aufforderungsschreiben gesetzten Frist nicht Folge geleistet wird, besteht Veranlassung zur Klage auch ohne vorherige Androhung von gerichtlichen Maßnahmen.

5. Häufig kann nicht mit ausreichender Sicherheit vorhergesehen werden, bei welchem Gericht der Verwarnende einen Antrag auf Erlass einer einstweiligen Verfügung einreichen wird. Der wesentliche Zweck einer Schutzschrift (→ Form. F.5 Anm. 1) kann auch dadurch herbeigeführt werden, dass dem Verwarnenden die Einwendungen entgegengehalten und – soweit möglich – die einschlägigen Belege zur Verfügung gestellt werden, die nach Ansicht des Verwarnten dem Verfügungsanspruch und/oder dem Verfügungsgrund entgegenstehen. Wenn der Antragsteller das Antwortschreiben des Verwarnten dem Antrag auf Erlass einer einstweiligen Verfügung beifügt, macht das die Einreichung von Schutzschriften entbehrlich. Die Kosten eines Abwehrschreibens können jedoch in der Kostenfestsetzung nicht wie die Kosten einer Schutzschrift behandelt werden (BGH GRUR 2008, 639 – Kosten eines Abwehrschreibens). Es besteht allerdings keine rechtliche Verpflichtung, einer Bitte dieses Inhalts Folge zu leisten. Die zweifache Übermittlung der vollständigen Antwort auf die Verwarnung soll einer späteren Einlassung des Anspruchstellers entgegenwirken, er sei zur Anfertigung von Kopien nicht verpflichtet gewesen.

Kosten und Gebühren

6. Wenn eine Verwarnung rechtswidrig war und der Anspruchsteller dabei schuldhaft gehandelt hat, kann der Schadensersatzanspruch des Anspruchsgegners (→ Form. F.3 Anm. 1) auch einen Anspruch auf Erstattung von anwaltlichen Abwehrkosten umfassen. Die durch ein vorgerichtliches Abwehrschreiben entstandenen Kosten stellen jedoch, soweit sie auf die Verfahrensgebühr nicht anrechenbar sind, keine notwendigen Kosten der Rechtsverteidigung iSd § 91 Abs. 1 S. 1 ZPO dar (BGH GRUR 2008, 639 – Kosten des Abwehrschreibens; OLG Nürnberg MD 2007, 976 (977); LG Berlin MD 2007, 868 (869)). Mit einer Gegenabmahnung handelt der Anspruchsgegner allein im eigenen Interesse; ein Anspruch auf Erstattung von anwaltlichen Vertretungskosten besteht daher nicht. Nur wenn ausnahmsweise eine Gegenabmahnung geboten ist (→ Anm. 4), entspricht die mit ihr verbundene Aufklärung dem Interesse des Anspruchstellers mit der Folge, dass der Anspruchsgegner einen Anspruch auf Erstattung der durch die Gegenabmahnung entstandenen Kosten hat (BGH GRUR 2004, 792; *Köhler/Bornkamm/ Feddersem* UWG § 12 Rn. 1.89 f.; *Teplitzky* Kap. 41 Rn. 73).

Fristen und Rechtsbehelfe

7. Wenn der mit der Verwarnung geltend gemachte Anspruch berechtigt ist, besteht eine Obliegenheit zur fristwahrenden Abgabe der erforderlichen Erklärungen (→ Anm. 1, 2). Ist der Verwarnte der Ansicht, dass die Verwarnung unberechtigt ist, kann er das dem Verwarnenden mitteilen und/oder eine gerichtliche Klärung herbeiführen (→ Anm. 4). Ob zur Vermeidung des Kostenrisikos aus § 93 ZPO eine Gegenverwarnung erforderlich ist, richtet sich nach den Umständen des Einzelfalls (→ Anm. 4).

5. Schutzschrift

https://www.zssr.justiz.de/[1,2,3]

Schutzschrift[4]

zu einem möglichen Antrag auf Erlass einer einstweiligen Verfügung

Hinrich Klopfer KG, gesetzlich vertreten durch den Komplementär Hinrich Klopfer . . . . . .

– mögliche Antragstellerin[5] –

Verfahrensbevollmächtigter:[6] Rechtsanwalt . . . . . . (Anschrift)

mitwirkend: Patentanwalt . . . . . . (Anschrift)

gegen

Novitas Gesellschaft für Neuheitenvertrieb mbH, gesetzlich vertreten durch den Geschäftsführer Adrian Riecher . . . . . .

– mögliche Antragsgegnerin[5] –

Verfahrensbevollmächtigter:[7] Rechtsanwalt . . . . . . (Anschrift)

mitwirkend: Patentanwalt . . . . . . (Anschrift)

wegen: Unterlassung (eingetragenes Design)

Ich zeige an, dass ich die mögliche Antragsgegnerin (im Folgenden: Antragsgegnerin) vertrete und dass Patentanwalt . . . . . . auf Seiten der Antragsgegnerin mitwirkt, und stelle die folgenden Anträge:

I. einen etwaigen Antrag auf Erlass einer einstweiligen Verfügung zurückzuweisen[8]
II. hilfsweise: über einen etwaigen Antrag auf Erlass einer einstweiligen Verfügung nicht ohne vorherige mündliche Verhandlung zu entscheiden und mir den Antrag zuzustellen[9]
III. hilfsweise: über den Antrag auf Erlass einer einstweiligen Verfügung nur nach vorheriger schriftlicher Anhörung der Antragsgegnerin zu entscheiden[10]
IV. hilfsweise: die Vollstreckung aus einem etwaigen Verfügungsbeschluss von einer Sicherheitsleistung in Höhe von mindestens 90.000 EUR abhängig zu machen.[11]
V. Für den Fall der Zurücknahme des Antrags: Die Antragstellerin trägt die Kosten des Verfügungsverfahrens, einschließlich der durch die Hinterlegung dieser Schutzschrift entstandenen Kosten.[12]

Ich bin damit einverstanden, dass erforderlichenfalls Termin zur mündlichen Verhandlung unter Abkürzung der Ladungsfrist[13] bestimmt wird und den Antragstellern die vorliegende Schutzschrift zugänglich gemacht wird, sofern diese einen Antrag auf Erlass einer einstweiligen Verfügung stellen sollten.[14]

Die mögliche Antragstellerin (im Folgenden: Antragstellerin) hat mit Schreiben vom . . . . . .

– Anlage B 1 –

die Antragsgegnerin wegen der Verbreitung eines mit

Loveparade

bezeichneten

Teppichklopfers

verwarnen lassen.[15]

Die Antragstellerin kann jedoch von der Antragsgegnerin nicht verlangen, dass diese die Verbreitung des Teppichklopfers *Loveparade* unterlässt, weil die in Nr. 1 der Sammelanmeldung Nr. ...... dargestellte Gestaltung das Erfordernis der Eigenart nicht erfüllt und weil der Erlass einer einstweiligen Verfügung nicht dringlich wäre.

1. ......[16]
2. ......[16]
3. Die Antragsgegnerin hat bereits am ...... damit begonnen, für den Teppichklopfer *Loveparade* mit Anzeigen in Fachzeitschriften zu werben. Zum Beleg überreiche ich als

– Anlagen B 2 und B 3 –

Teilkopien der bundesweit vertriebenen Zeitschrift „Haus- und Küchengeräte" mit Werbeanzeigen auf den Seiten 38 und 42 für den Teppichklopfer *Loveparade*. Die Titelseiten dieser Zeitschriften weisen aus, dass die Verbreitung am ...... bzw. am ...... stattgefunden hat. Weil die Antragstellerin ihrerseits ebenfalls in derselben Ausgabe dieser Zeitschrift, vgl. die Werbeanzeigen auf den Seiten 58 und 68

– Anlagen B 4 und B 5 –,

geworben hat, kann ihr die Werbung der Antragsgegnerin nicht verborgen geblieben sein.[17]

4. Die Antragsgegnerin hat mit mehreren Großabnehmern Lieferverträge mit einem Gesamtvolumen von nahezu 75.000 EUR abgeschlossen und für rund 5.000 EUR Aufträge für Werbeanzeigen für die kommenden drei Wochen fest platziert. Eine einstweilige Verfügung des von der Antragstellerin begehrten Inhalts würde deswegen der Antragsgegnerin einen Schaden zufügen, der ihre wirtschaftliche Existenz gefährdet.

Glaubhaftmachung: Versicherung an Eides Statt ...... vom ......

– Anlage B 6 –.

Es besteht die Gefahr, dass die Antragstellerin diesen Schaden nicht würde ersetzen können, weil Firmenauskünfte übereinstimmend zum Inhalt haben, dass hohen Verbindlichkeiten Aktiva nur in geringer Höhe gegenüberstehen.

Glaubhaftmachung: Versicherung an Eides Statt – Anlage B 6 –.

Diese Schutzschrift wurde in relativer Eile erstellt. Sollte das erkennende Gericht beabsichtigen, eine einstweilige Verfügung ohne mündliche Verhandlung zu erlassen, so wird höflich darum gebeten, sich mit dem Unterzeichner unter ...... in Verbindung zu setzen, und ihm Gelegenheit zur schriftlichen Stellungnahme sowie zur Beibringung weiterer Glaubhaftmachungsmittel zu geben.[10]

Rechtsanwalt[18, 19]

Anmerkungen

1. Seit dem 1.1.2017 verpflichtet § 49c BRAO alle Rechtsanwälte, Schutzschriften ausschließlich elektronisch gemäß § 945a ZPO zum Schutzschriftenregister einzureichen. Die Einreichung von Schutzschriften in Papierform bei den einzelnen Gerichten ist nicht mehr erforderlich und auch nicht mehr zulässig. Gemäß § 945a Abs. 2 ZPO gilt eine Schutzschrift als bei allen ordentlichen Gerichten der Länder eingereicht, sobald sie in das

5. Schutzschrift F. 5

Schutzschriftenregister eingestellt ist. Schutzschriften sind sechs Monate nach ihrer Einstellung zu löschen, sofern sie nicht verlängert werden. Nach § 945a Abs. 3 ZPO erhalten die Gerichte Zugriff auf das Register über ein automatisiertes Abrufverfahren. Abrufvorgänge sind zu protokollieren. Weitere Informationen zur elektronischen Einreichung von Schutzschriften und den Formvorschriften sind unter https://schutzschriftenregister.hessen.de abrufbar. Es empfiehlt sich, sich mit den Anforderungen vertraut zu machen.

Eine Angabe der zuständigen Kammern ist nicht mehr notwendig, gegebenenfalls aber sinnvoll. Ist dem Vertreter des möglichen Antragsgegners bekannt, welche Kammer auf Grund des Geschäftsverteilungsplans für den möglichen Antrag auf Erlass einer einstweiligen Verfügung zuständig ist, kann es zweckmäßig sein, diese Kammer in der Schutzschrift aufzuführen.

Designstreitsachen (→ Form. F.9 Anm. 3) können alternativ bei der Kammer für Handelssachen oder bei der Zivilkammer anhängig gemacht werden (→ Form. F.8 Anm. 1; → Form. F.9 Anm. 2).

2. Zur Zweckmäßigkeit der zusätzlichen Bezeichnung als Kammer für Designstreitsachen → Form. F.9 Anm. 3. Wenn von der Zuweisungsermächtigung aus § 52 Abs. 2 DesignG Gebrauch gemacht worden ist, konzentriert sich die Zuständigkeit auf die sog. Spezialgerichte (vgl. hierzu *Eichmann/von Falckenstein/Kühne* DesignG § 52 Rn. 12 sowie die Darstellung in GRUR 1996, 396 f.).

3. Vorsorglich sind die Anschriften und die Telefaxanschlüsse der wichtigsten der für Designstreitsachen zuständigen Gerichte in → Anm. 19 aufgeführt.

4. Eine Schutzschrift wird bei Gericht eingereicht, um zu verhindern, dass in einem Eilverfahren, dessen Anhängigkeit oder Anhängig werden der Verfasser der Schutzschrift erwartet, eine Unterlassungsverfügung ergeht, ohne dass die Gesichtspunkte Berücksichtigung finden, die aus der Sicht des Verfassers der Schutzschrift gegen ihren Erlass sprechen (BGH GRUR 2008, 639 – Kosten eines Abwehrschreibens). Durch die Einreichung einer Schutzschrift soll daher der Erlass einer einstweiligen Verfügung verhindert oder zumindest die Anordnung einer mündlichen Verhandlung veranlasst werden, indem Tatsachen und/oder Rechtserwägungen vorgetragen werden, die voraussichtlichem Vortrag in dem erwarteten Verfügungsantrag entgegenstehen. Ebenso wie die Verwarnung (→ Form. F.3 Anm. 1) ist auch die Schutzschrift von der Rechtspraxis entwickelt worden. Zwar ist die Schutzschrift als wichtige Verteidigungsmöglichkeit des möglichen Antragsgegners schon seit langem etabliert. Aber es werden immer noch unterschiedliche zu der Frage vertreten, ob eine einstweilige Verfügung dem Einreicher einer Schutzschrift zugestellt werden muss (→ Anm. 7). Einigkeit besteht jedoch darüber, dass ebenso wie für den Antrag auf Erlass einer einstweiligen Verfügung (→ Form. F.6 Anm. 2) kein Anwaltszwang besteht.

Die Verbreitung der mit einer Verwarnung beanstandeten Erzeugnisse begründet den sog. fliegenden Gerichtsstand der unerlaubten Handlung (→ Form. F.9 Anm. 21). Für den Erlass einer einstweiligen Verfügung sind daher alle Landgerichte örtlich zuständig, in deren Zuständigkeitsbereich eine Verbreitungshandlung stattgefunden hat. Zuständigkeitsbegründend wirkt sowohl das Inverkehrbringen als auch das Anbieten (→ Form. F.9 Anm. 21). Wenn zu einer Verwarnung schriftlich Stellung genommen wird, kann dabei versucht werden, die Einreichung von Schutzschriften entbehrlich zu machen (→ Form. F.4 Abschnitt 4 und → Anm. 5). Zur Begrenzung des Vortrags in der Schutzschrift auf einzelne mögliche Streitpunkte → Anm. 10.

5. Die Registerführung richtet sich im Allgemeinen nach der Parteistellung. Insbesondere für die allgemeine Einlaufstelle ist es daher von Vorteil, wenn die Parteistellungen so angegeben werden, wie sie in einem anhängigen Verfahren gehandhabt werden. Dieser Parteistellung trägt auch die Bezeichnung der Anlagen Rechnung. Je nach örtlichen oder persönlichen Gewohnheiten werden die der Schutzschrift beigefügten Anlagen häufig mit

„AG" (= Antragsgegner) oder „S" (= Schutzschrift) gekennzeichnet. Weil bei einem Gerichtsverfahren die Schutzschrift Eingang in die Gerichtsakten findet (→ Anm. 1), können die Anlagen auch mit „B" (= Beklagter) gekennzeichnet und später eingereichte Anlagen fortlaufend nummeriert werden.

6. Die Prozessvollmacht ermächtigt zu allen den Rechtsstreit betreffenden Handlungen (vgl. § 81 ZPO). Prozessbevollmächtigter ist daher, wer für den Rechtszug (vgl. §§ 176, 178 ZPO) – also für das Verfahren bis zum Abschluss der Instanz – bestellt ist. Weil für die Einreichung eines Verfügungsantrags kein Anwaltszwang besteht (→ Form. F.6 Anm. 2) und weil der Antragsteller in der Regel den sog. fliegenden Gerichtsstand in Anspruch nehmen kann (→ Anm. 4), ist es für den Antragsgegner häufig nicht vorhersehbar, ob der vom Antragsteller beauftragte Rechtsanwalt einen Verfügungsantrag bei dem Gericht einreichen wird, vor dem er erforderlichenfalls in einem Verhandlungstermin vertretungsberechtigt ist (vgl. §§ 936, 922 Abs. 1, 78 Abs. 1 ZPO). Dieser Unklarheit trägt die allgemeine Bezeichnung als Verfahrensbevollmächtigter Rechnung. Verfahrensrechtliche Auswirkungen hat die Bezeichnung des Bevollmächtigten des Antragstellers – anders als möglicherweise die Bezeichnung des Bevollmächtigten des Antragsgegners (→ Anm. 7) – jedoch nicht.

7. Wenn für den Antragsgegner ein Prozessbevollmächtigter bestellt ist, muss diesem eine einstweilige Verfügung zur Vollziehung (→ Form. F.6 Anm. 2) zugestellt werden (vgl. § 172 Abs. 1 S. 1 ZPO). Die Zustellung an den Antragsgegner als Partei genügt nicht (vgl. *Köhler/Bornkamm/Feddersen* UWG § 12 Rn. 3.63); sie ist wirkungslos (vgl. *Zöller/ Stöber* ZPO § 172 Rn. 23). Zu der Möglichkeit einer Heilung werden unterschiedliche Ansichten vertreten (→ Form. F.6 Anm. 2). Wenn eine Heilung für zulässig gehalten wird, muss die einstweilige Verfügung dem (Verfahrens- oder Prozess-)Bevollmächtigten des Antragsgegners vor Ablauf der Vollziehungsfrist zugegangen sein (vgl. OLG Stuttgart NJW-WettbR 1996, 281), weil eine etwaige Heilung keine Rückwirkung entfaltet (vgl. BGH NJW 1984, 926; OLG Stuttgart NJW-WettbR 1996, 281).

Zu der Frage, ob die Vollziehungszustellung auch an einen Rechtsanwalt erfolgen muss, der eine Schutzschrift eingereicht hat, ist eine breite Palette von unterschiedlichen Ansichten vertreten worden (vgl. zB – mwN – *Berneke/Schüttpelz* Rn. 128; *Deutsch* GRUR 1990, 327 (329 f.); Gloy/Loschelder/Erdmann UWG-HdB/*Spätgens* § 97 Rn. 33 ff.; *Teplitzky* Kap. 55 Rn. 43). Seitdem die Postulationsfähigkeit keiner Lokalisation unterliegt, kann jeder Rechtsanwalt bei jedem Landgericht eine Schutzschrift als Verfahrensbevollmächtigter einreichen. Die Vollziehungszustellung muss daher stets an den Rechtsanwalt erfolgen, der als Bevollmächtigter des Antragsgegners eine Schutzschrift eingereicht hat. Dabei kommt es allein auf die Kenntnis – nicht auch auf ein etwaiges Kennenmüssen oder Kennenkönnen – des Antragstellers bzw. dessen Vertreters an. Der umfassende Anwendungsbereich des § 176 ZPO und die Rechtsfolge der Unwirksamkeit einer anderweitigen Zustellung setzt die positive Kenntnis von der Bestellung voraus. Diese Kenntnis kann sich insbesondere aus dem Beschlussrubrum (vgl. KG WRP 1998, 410 (411)), aus der Zustellung der Schutzschrift zusammen mit der einstweiligen Verfügung (vgl. OLG Köln GRUR-RR 2001, 71), aus der Zustellung der Schutzschrift zusammen mit der einstweiligen Verfügung (vgl. OLG Köln GRUR-RR 2001, 71), aus Akteneinsicht, aus einer Information des Gerichts, uU auch aus den Beschlussgründen (vgl. KG WRP 1998, 410 (411)) ergeben. Unklarheiten gehen zu Lasten des Anspruchsgegners; der Anspruchsteller braucht keine Nachforschungen anzustellen (vgl. – mwN – KG MD 1999, 371 (375); Harte-Bavendamm/Henning-Bodewig/ *Retzer* UWG § 12 Rn. 528 f.; *Köhler/Bornkamm/Feddersen* UWG § 12 Rn. 3.63).

Den Unwägbarkeiten, die sich aus der Einreichung einer Schutzschrift ergeben können, kann dadurch begegnet werden, dass die Vollziehungszustellung sowohl an den Verfahrensbevollmächtigten als auch an die Partei erfolgt (vgl. *Deutsch* GRUR 1990, 327 (330); Gloy/Loschelder/Erdmann UWG-HdB/*Spätgens* § 97 Rn. 34; Ahrens/*Spätgens* Kap. 7 Rn. 25). Wenn nicht nur zugestellt, sondern auch aufgefordert – zB bei einer

5. Schutzschrift   F. 5

Auskunftsverfügung (→ Form. F.8 Anm. 5) – werden soll, muss jedoch beachtet werden, dass es dem Rechtsanwalt standesrechtlich untersagt ist (vgl. § 12 Abs. 1 BORA), unmittelbar mit der Gegenpartei Verbindung aufzunehmen, für die sich ein Rechtsanwalt bestellt hat. Die Aufforderung zur Auskunftserteilung muss daher aus standesrechtlichen Gründen an den Verfahrensbevollmächtigten des Antragsgegners gerichtet werden.

8. Aus dem Grundsatz des rechtlichen Gehörs (Art. 103 Abs. 1 GG) ergibt es sich, dass das Gericht das tatsächliche und das rechtliche Vorbringen in einer Schutzschrift berücksichtigen muss, wenn ihm die Schutzschrift zur Kenntnis kommt (vgl. BGH GRUR 2003, 456 – Kosten einer Schutzschrift I; BGH WRP 2008, 951 Rn. 14 – Kosten der Schutzschrift III). Wenn das Gericht beabsichtigt, aufgrund des Sachvortrags in einer Schutzschrift einen Verfügungsantrag durch Beschluss zurückzuweisen, muss dem Antragsteller Gelegenheit zur Stellungnahme gegeben werden (*Köhler/Bornkamm/Feddersen* UWG § 12 Rn. 3.40; *Teplitzky* Kap. 55 Rn. 52). Dogmatischen Bedenken gegen diese Sonderform des schriftlichen Verfahrens steht als Vorzug gegenüber, dass ohne mündliche Verhandlung (vgl. § 937 Abs. 2 ZPO) schneller und mit geringeren Kosten eine vorläufige Klärung herbeigeführt wird. Zudem besteht die Möglichkeit der Beschwerde (vgl. § 567 Abs. 1 ZPO) und damit ohne Zulassungszwang (vgl. § 569 Abs. 2 S. 2 ZPO) die Überprüfung durch das Oberlandesgericht (vgl. § 586 Abs. 1 ZPO). Dieser Sonderform des schriftlichen Verfahrens steht § 128 Abs. 2 ZPO nicht entgegen (*Danckwerts* GRUR 2008, 763 (765)). Aber nur eine kurze Frist zur Stellungnahme trägt dem Beschleunigungsgrundsatz Rechnung (Harte-Bavendamm/Henning-Bodewig/*Retzer* UWG § 12 Rn. 378).

9. Ob ein dringender Fall (vgl. § 937 Abs. 2 ZPO) vorliegt, der eine Entscheidung ohne mündliche Verhandlung rechtfertigt, hängt von einer pflichtgemäßen Ermessungsprüfung ab (vgl. BLAH ZPO § 937 Rn. 5). Die Ermessensentscheidung des Gerichts ist das Ergebnis einer Interessenabwägung zwischen den Gesichtspunkten, die für eine besondere Dringlichkeit (→ Form. F.6 Anm. 4) sprechen, und den Folgen der beantragten Entscheidung für den Antragsgegner. Ebenso wie es Sache des Antragstellers ist, Gesichtspunkte für eine Entscheidung ohne mündliche Verhandlung vorzutragen (→ Form. F.6 Anm. 4), ist der mögliche Antragsgegner berechtigt, Gesichtspunkte vorzutragen, die gegen diese Vorgehensweise sprechen. Schutzschriften enthalten zwar nicht immer Sachanträge (→ Anm. 8) und Kostenanträge (→ Anm. 12), aber in der Regel wird zumindest die Anordnung der mündlichen Verhandlung beantragt. Weil die Anordnung der mündlichen Verhandlung im Ermessen des Gerichts liegt, haben die Parteien allerdings kein Recht zur formellen Antragstellung, sondern nur eine Anregungsbefugnis.

10. Da Schutzschriften regelmäßig in großer Eile erstellt werden müssen, sollte vorsorglich um die Möglichkeit gebeten werden, vor Erlass der einzelligen Verfügung noch einmal schriftlich vortragen zu dürfen. Dies gilt insbesondere für den Fall, dass nur einzelne Aspekte der Auseinandersetzung beleuchtet werden, wie etwa fehlende Dringlichkeit. Hier ist zur Vorsicht zu raten, da manche Kammern dazu neigen, fehlenden Vortrag zu strittigen Punkten als Zugeständnis zu werten.

11. Auch wenn der Verfügungsanspruch und der Verfügungsgrund glaubhaft gemacht sind, kann das Gericht den Erlass einer einstweiligen Verfügung von einer Sicherheitsleistung des Antragstellers abhängig machen (§§ 936, 921 S. 2, 925 Abs. 2 ZPO). Obwohl erstinstanzliche Landgerichtsurteile mit gleichem Inhalt stets nur gegen Sicherheitsleistung für vorläufig vollstreckbar erklärt werden (vgl. § 709 S. 1 ZPO sowie insbesondere LG Düsseldorf Mitt. 1995, 190 (192)), wird von der Möglichkeit der Anordnung einer Sicherheitsleistung in einstweiligen Verfügungen selten Gebrauch gemacht. In Wettbewerbssachen spricht häufig die besondere Eilbedürftigkeit (vgl. § 12 Abs. 2 UWG) und die meist nur indirekte Auswirkung eines gerichtlichen Verbots auf die Geschäftstätigkeit des Antragsgegners gegen die Anordnung einer Sicherheitsleistung. Bei einem Herstellungs- und/oder Vertriebsverbot kann dagegen der Schaden des Antragsgegners so groß sein, dass dem Antragsteller der Zeit- und Kostenaufwand für eine Sicherheitsleistung insbesondere dann zugemutet werden kann, wenn Zweifel bestehen, ob er zum Schadensersatz (vgl. § 945 ZPO) in der Lage ist.

Das Gericht entscheidet in interessengerechter Ermessensausübung, ob der Antragsteller eine Sicherheitsleistung zu erbringen hat. Zulässig (vgl. § 938 Abs. 1 ZPO) und zweckmäßig ist es, nicht den Erlass (vgl. BLAH ZPO § 921 Rn. 11; Gloy/Loschelder/Erdmann UWG-HdB/*Spätgens* § 103 Rn. 28), sondern die Vollziehung (vgl. Zöller/*Vollkommer* ZPO § 921 Rn. 4, 7) der einstweiligen Verfügung von einer Sicherheitsleistung abhängig zu machen. Auch Höhe und Art der Sicherheitsleistung bestimmt das Gericht nach interessengerechtem Ermessen (vgl. § 108 Abs. 1 S. 1 ZPO). Die Höhe der Sicherheit richtet sich in der Regel nach dem Schaden, den die Vollziehung einer einstweiligen Verfügung beim Antragsgegner verursachen kann (vgl. § 945 ZPO). Die Art der Sicherheitsleistung ist nur für den Fall gesetzlich festgelegt, dass das Gericht im Rahmen seiner Ermessensentscheidung keine abweichende Bestimmung getroffen hat (vgl. § 108 Abs. 1 S. 2 ZPO). Zweckmäßig ist insbesondere die Sicherheitsleistung durch Bankbürgschaft (vgl. Zöller/*Herget* ZPO § 108 Rn. 7).

Die Sicherheit muss innerhalb der Vollziehungsfrist (§§ 936, 929 Abs. 2 ZPO) erbracht werden (vgl. BLAH ZPO § 921 Rn. 13; *Berneke/Schüttpelz* Rn. 492; Zöller/*Vollkommer* ZPO § 921 Rn. 4, § 929 Rn. 9). Der durch § 751 Abs. 2 ZPO vorgeschriebene Nachweis durch Zustellung einer öffentlichen Urkunde ist für Bankbürgschaften kaum praktikabel. Das Gericht kann jedoch anordnen (vgl. § 938 Abs. 1 ZPO), dass die Zustellung einer Bankbürgschaft nach den Vorschriften der ZPO ausreicht. Dasselbe Ergebnis kann auch durch Auslegung einer Entscheidung gewonnen werden, die Sicherheitsleistung durch Bankbürgschaft anordnet oder gestattet.

12. Die Kosten einer Schutzschrift, die vorsorglich zur Verteidigung gegen einen erwarteten Antrag auf Erlass einer einstweiligen Verfügung eingereicht worden ist, sind grundsätzlich erstattungsfähig, wenn ohne mündliche Verhandlung der Verfügungsantrag abgelehnt oder zurückgenommen wird (BGH GRUR 2003, 456 – Kosten einer Schutzschrift I; BGH GRUR 2007, 727 Rn. 15 – Kosten der Schutzschrift II). Wenn die Schutzschrift nicht nur Verfahrensanträge, sondern Tatsachen- oder Rechtsausführungen zur Sache enthält, ist das Sachvortrag iSd VV 3101 RVG mit der Folge, dass eine 1,3-fache Gebühr anfällt (BGH WRP 2008, 951 Rn. 12 – Kosten der Schutzschrift III). Die Kosten eines mitwirkenden Patentanwalts sind ebenso wie in einem obligatorisch zweiseitigen Verfahren (→ Form. F.9 Anm. 7) erstattungspflichtig, weil es zur Wahrung des rechtlichen Gehörs gehört, dass die besonderen Kenntnisse des Patentanwalts Eingang auch in den Vortrag einer Schutzschrift finden.

Bei einer Zurückweisung des Verfügungsantrags (vgl. §§ 930, 922 Abs. 3 ZPO) hat das Gericht auch ohne Antrag (vgl. § 308 Abs. 2 ZPO) dem Antragsteller die Kosten des Rechtsstreits aufzuerlegen (vgl. § 91 Abs. 1 S. 1 ZPO). Wenn jedoch der Antragsteller den Verfügungsantrag zurücknimmt, führt die entsprechende Anwendung (vgl. BLAH ZPO § 269 Rn. 3; Ahrens/*Spätgens* Kap. 7 Rn. 32; Zöller/*Greger* ZPO § 269 Rn. 1) des § 269 Abs. 3 S. 3 ZPO dazu, dass nur auf Grund eines Antrags des Antragsgegners die Kostentragungspflicht des Antragstellers durch Beschluss auszusprechen ist. Einem Antrag dieses Inhalts liegt zwar im Normalfall die Kenntnis der Antragsrücknahme zugrunde. Weil jedoch die Einreichung einer Schutzschrift zu einem zweiseitigen Prozessrechtsverhältnis besonderer Art führt (vgl. die Nachw. in → Anm. 8), ist es zulässig und zweckmäßig, bereits in der Schutzschrift einen Antrag entsprechend § 269 Abs. 3 S. 3 ZPO zu stellen. Der Antrag auf Kostenauferlegung steht zwar unter der zweifachen Bedingung, dass ein Antrag auf Erlass einer einstweiligen Verfügung eingereicht und später zurückgenommen wird; diese Bedingtheit ist jedoch ebenso unschädlich (→ Anm. 8) wie die Bedingtheit eines Zurückweisungsantrags.

13. Das Gericht darf die Ladungsfrist (§ 217 ZPO) nur abkürzen, wenn hierzu ein Antrag vorliegt (§ 226 Abs. 1 ZPO). Die Einverständniserklärung eines Verfahrensbeteiligten kann erforderlichenfalls als Antrag ausgelegt werden.

14. Durch diese Erklärung soll erreicht werden, dass die Schutzschrift dem Antragsteller weder vor der Einreichung noch nach der Rücknahme eines Antrags auf Erlass einer einstweiligen Verfügung ausgehändigt oder zur Einsichtnahme gegeben wird.

15. Die hervorgehobene Darstellung des Gegenstands der Abmahnung kann es – je nach Handhabung – der zentralen Einlaufstelle, der nach dem Geschäftsverteilungsplan zuständigen Geschäftsstelle oder dem Vorsitzenden erleichtern, eine Verbindung mit dem Eingang eines Antrags auf Erlass einer einstweiligen Verfügung herzustellen.

16. Ausführungen zur fehlenden Eigenart (→ Form. F.2 Abschn. 1) und/oder zum Nichteingriff in den Schutzumfang (→ Form. F.10 Abschn. 2). Zur Begrenzung des Vortrags in der Schutzschrift auf einzelne mögliche Streitpunkte → Anm. 10.

17. Zur Dringlichkeit → Form. F.6 Anm. 8. Die Kenntnis muss grundsätzlich bei der Person entstanden sein, die dazu legitimiert ist, einen Auftrag für die Einreichung eines Antrags auf Erlass einer einstweiligen Verfügung zu erteilen (vgl. Fezer/Büscher/Obergfell UWG § 12 Rn. 80 f.; Harte-Bavendamm/Henning-Bodewig/*Retzer* UWG § 12 Rn. 313; *Köhler/Bornkamm/Feddersen* UWG § 12 Rn. 3.15). Das ist stets der Geschäftsinhaber bzw. der persönlich haftende Gesellschafter bzw. das Vertretungsorgan einer juristischen Person. Außerhalb dieses Personenkreises ist die Kenntnis eines „Wissensvertreters" ausreichend (vgl. *Mes*, FS Nirk, 1992, S. 661 (675)); hierfür kommt jede Person in Betracht, die auf Grund ihrer Position in der Unternehmensstruktur für die Unterbindung von Schutzrechtsverletzungen zuständig ist; das sind insbesondere Mitglieder der Rechtsabteilung (vgl. Ullmann/*Hess* UWG § 12 Rn. 91) oder andere zur Rechtsverfolgung legitimierte Mitarbeiter (OLG Frankfurt a.M. NJW 2000, 1961 (1962); skeptisch Ullmann/*Hess* UWG § 12 Rn. 91). Auch die Kenntnis eines „Wissensvermittlers" ist berücksichtigungsfähig, wenn dieser zu einer Erstverwertung seiner Beobachtung in der Lage ist und wenn auf Grund seiner Einbindung in die Unternehmensabläufe erwartet werden darf, dass die Beobachtung einer veranlassungsbefugten Person mitgeteilt wird (vgl. – jeweils mwN – *Mes*, FS Nirk, 1992, S. 661 (676); *Teplitzky* Kap. 54 Rn. 29b). Das kann insbesondere bei Sachbearbeitern (vgl. LG Hamburg MD 1997, 303 (304)) – zB der Zuständigkeitsbereiche Produktentwicklung und Vertrieb – der Fall sein. Im Anwendungsbereich des § 852 BGB gilt als „Wissensvertreter" nur, wer mit der Erledigung einschlägiger Angelegenheiten in eigener Verantwortung betraut ist (vgl. BGH NJW 1989, 2323). Lizenznehmer sind daher „Wissensvertreter", wenn sie vertraglich zum Tätigwerden gegenüber etwaigen Schutzrechtsverletzern legitimiert sind (vgl. BGH GRUR 1998, 133 (137) – Kunststoffaufbereitung). Weil die Verjährung zum Rechtsverlust führt, der Wegfall der Dringlichkeit dagegen nur ein Vorgehen im Eilverfahren ausschließt, kann in diesem Bereich – widerlegbar – vermutet werden, dass der Lizenznehmer seine Kenntnis an den Lizenzgeber weitergegeben hat.

Mit dem Vortrag im Formular wird lediglich das – nicht ausreichende – Kennenmüssen glaubhaft gemacht. Weil jedoch außerhalb des Wettbewerbsrechts die Dringlichkeit nicht vermutet wird, obliegt ohnehin dem Antragsteller die Glaubhaftmachung dafür (→ Form. F.6 Anm. 8), dass die maßgebliche(n) Person(en) außerhalb der sog. Dringlichkeitsfrist keine Kenntnis von dem Sachverhalt hatte(n), der Grundlage des Antrags auf Erlass einer einstweiligen Verfügung ist. Wenn das Gericht nicht von dieser Glaubhaftmachungslast ausgeht, kann die Glaubhaftmachung einer beachtlichen Wahrscheinlichkeit für dringlichkeitsschädliche Kenntnis Anlass dafür sein, jedenfalls deswegen eine Glaubhaftmachung dafür zu verlangen, dass bei dem Antragsteller vor der sog.

Dringlichkeitsfrist keine Kenntnis bestanden hat (vgl. LG Hamburg MD 1997, 797 (799)). Bei dieser Ausgangslage kann sich die Obliegenheit der Gegenglaubhaftmachung auch aus Sachvortrag zur Marktbeobachtung ergeben (vgl. – jeweils mwN – Gloy/Loschelder/Erdmann UWG-HdB/*Spätgens* § 100 Rn. 45 ff.; *Teplitzky* Kap. 54 Rn. 29). Berücksichtigung findet ganz allgemein, dass sich aus den Bestimmungen über den Beginn der Verjährungsfrist Hinweise auf den Beginn der sog. Dringlichkeitsfrist ergeben können. Weil es für den Beginn der Verjährung ausreicht, dass der Anspruchsteller aufgrund grober Fahrlässigkeit die erforderliche Kenntnis nicht erlangt hat (vgl. § 49 S. 1 DesignG iVm § 199 Abs. 1 Nr. 2 BGB; inhaltsgleich mit § 12 Abs. 1 Nr. 2 UWG), kann dem Antragsteller auch bei der sog. Dringlichkeitsfrist dessen Unkenntnis nicht zugutegehalten werden, wenn diese Unkenntnis auf grober Fahrlässigkeit beruht (vgl. Ahrens/*Schmukle* Kap. 45 Rn. 21f; *Eichmann/von Falckenstein/Kühne* DesignG § 42 Rn. 51; Gloy/Loschelder/Erdmann UWG-HdB/*Spätgens* § 100 Rn. 47; *Köhler/Bornkamm/Feddersen* UWG § 12 Rn. 3.15; *Teplitzky* Kap. 54 Rn. 29; aA OLG Köln GRUR-RR 2003, 187 (188)). Das ist auch dann der Fall, wenn der Antragsteller von Erkenntnismöglichkeiten keinen Gebrauch gemacht hat, die ihm ohne weiteres zugänglich waren (vgl. BGH NJW 2001, 1721 (1722)). Es liegt daher nicht im Belieben des Antragstellers, wann er sich Klarheit über das Vorliegen eines Verstoßes macht (OLG München OLGR 2002, 223 (224); Harte-Bavendamm/Henning-Bodewig/*Retzer* UWG § 12 Rn. 312).

18. Wenn die Schutzschrift von einer Anwaltssozietät eingereicht wird, erleichtert die Bekanntgabe des Sachbearbeiters dem Vorsitzenden die telefonische Kontaktaufnahme, um Fragen zu klären oder einen Verhandlungstermin abzustimmen.

Kosten und Gebühren

19. Die Einreichung einer Schutzschrift oder von mehreren Schutzschriften führt ebenso wenig wie die Antwort auf eine Verwarnung (→ Form. F.4 Anm. 6) zu einem Anspruch auf Erstattung von Anwaltskosten. Ein Kostenerstattungsanspruch besteht nur, wenn ein Antrag auf Erlass einer einstweiligen Verfügung vor der Anberaumung eines Verhandlungstermins zurückgenommen oder ohne mündliche Verhandlung zurückgewiesen wird (→ Anm. 8).

6. Antrag auf Erlass einer einstweiligen Verfügung aufgrund nicht eingetragenem Gemeinschaftsgeschmacksmuster (mit Herausgabeanordnung)

Landgericht ......
– Zivilkammer–
- Kammer für Gemeinschaftsgeschmacksmusterstreitsachen[1]
- (Anschrift)

Antrag[2] auf Erlass einer einstweiligen Verfügung

Hinrich Klopfer KG, gesetzlich vertreten durch den Komplementär Hinrich Klopfer (Anschrift)

– Antragstellerin –

Verfahrensbevollmächtigter: Rechtsanwalt ...... (Anschrift)

mitwirkend: Patentanwalt ...... (Anschrift)

gegen

City Handels-GmbH, gesetzlich vertreten durch die Geschäftsführerin Madeleine Commortz (Anschrift)

Zustelladresse[3] bis ......: „Interplast ......", Stand 38c (Anschrift)

– Antragsgegnerin –

wegen: Unterlassung und Herausgabe

Ich zeige an, dass ich unter Mitwirkung von Patentanwalt ...... die Antragstellerin vertrete und

beantrage

– wegen besonderer Eilbedürftigkeit ohne mündliche Verhandlung[4] – eine

einstweilige Verfügung

zu erlassen, deren Tenorierung ich gemäß § 938 ZPO wie folgt anrege:[5]

I. Der Antragsgegnerin wird bei Meidung eines Ordnungsgeldes von bis zu 250.000 EUR, an dessen Stelle im Falle der Uneinbringlichkeit eine Ordnungshaft bis zu 6 Monaten tritt, oder[6] einer Ordnungshaft bis zu 6 Monaten, diese vollziehen an ihrer Geschäftsführerin, für jeden einzelnen Fall der Zuwiderhandlung gemäß §§ 935 ff. ZPO verboten, im geschäftlichen Verkehr in Deutschland[5] Teppichklopfer gemäß nachfolgender Abbildung

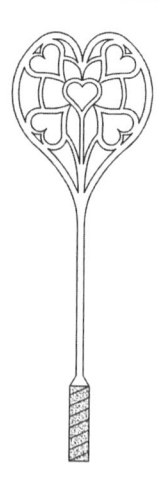

mit den folgenden Merkmalen herzustellen, anzubieten, in den Verkehr zu bringen, zu bewerben, zu importieren, zu exportieren oder zu vorstehenden Zwecken zu besitzen[5]
- der Kopfteil besteht aus drei konzentrischen Herzsymbolen und vier weiteren Herzsymbolen, die zwischen dem äußeren und dem inneren der konzentrischen Herzsymbole angeordnet sind;
- der zylindrische Stiel geht im unteren Teil kegelstumpfförmig in einen zylindrischen Griff über;
- der Durchmesser des Griffs beträgt ca. das Dreifache des Stiels.

II. Es wird angeordnet, dass die Antragsgegnerin sämtliche in ihrem Besitz befindlichen Teppichklopfer gemäß Ziffer I. an einen von der Antragstellerin zu beauftragenden Gerichtsvollzieher herauszugeben hat.[5]

III. Die Antragsgegnerin trägt die Kosten des Verfahrens.

IV. Der Streitwert wird auf 50.000 EUR festgesetzt.

Begründung:

1. Die Antragsgegnerin bringt Teppichklopfer gemäß

– Anlage K 1 –

ua im Zuständigkeitsbezirk[7] des LG . . . . . . in den Verkehr; das belegt die Rechnung

– Anlage K 2 –

vom . . . . . . Von dieser Vertriebstätigkeit hat die Antragstellerin erstmals am . . . . . . durch ihren Mitarbeiter als Leiter der ua für Teppichklopfer zuständigen Abteilung Kenntnis erlangt.

Glaubhaftmachung:[8] Eidesstattliche Versicherung des Herrn . . . . . . vom . . . . . ., vorgelegt als

– Anlage K 3 –.

Die Teppichklopfer gemäß Anlage K 1 sind Gegenstand des auf Unterlassung und Herausgabe gerichteten Antrags.[9]

2. Grundlage des Antrags ist der als

– Anlage K 4 –.

6. Antrag auf Erlass einstw. Verfügung (mit Herausgabeanordnung)   F. 6

zur Gerichtsakte überreichte Teppichklopfer, der zugunsten der Antragstellerin Schutz als nicht eingetragenes Gemeinschaftsgeschmacksmuster[10] genießt. Die Antragstellerin ist einer der in Deutschland führenden Hersteller von Haushaltswaren. Ein wichtiges Standbein des Unternehmens ist die Produktion von Wäschekörben und Teppichklopfern. Die anfänglich aus natürlichen Materialien hergestellten Wäschekörbe werden bei der Antragstellerin in zunehmendem Umfang aus Kunststoff hergestellt. Der Leiter der für diese Produktgruppe zuständigen Abteilung, Herr . . . . . ., hat Anfang des Monats . . . . . vorgeschlagen, es auch bei den Teppichklopfern mit einem Modell aus Kunststoff zu versuchen und zur Veranschaulichung ein Modell vorgelegt, bei dem der Kopfteil aus mehreren herzförmigen Segmenten besteht. Nachdem der Komplementär der Antragstellerin diesem Vorschlag zugestimmt hatte, wurde bereits im folgenden Monat mit der Produktion begonnen.

Glaubhaftmachung: Eidesstattliche Versicherung des Herrn . . . . . . vom . . . . . ., vorgelegt als

– Anlage K 5 –.

Die ersten Modelle der Neuentwicklung wurden auf einer Hausmesse der Antragstellerin präsentiert,[11] die von . . . . . . bis . . . . . .[12] in den Räumlichkeiten der Antragstellerin nahe bei Nürnberg stattgefunden hat. Dabei wurde der neue Teppichklopfer auf einem eigenen Präsentationsstand in vier Exemplaren besonders herausgestellt. Diese Veranstaltung ist von über 600 aktuellen und potentiellen Handelskunden aus ganz Deutschland besucht worden.

Glaubhaftmachung: Eidesstattliche Versicherung der Frau . . . . . . vom . . . . . ., vorgelegt als

– Anlage K 6 –.

3. Die in einem Herzdesign gestalteten Teppichklopfer der Antragstellerin sind innerhalb der EU der Öffentlichkeit so zugänglich gemacht worden, dass sie nach Art. 11 Abs. 1 GGV Schutz als nicht eingetragenes Gemeinschaftsgeschmacksmuster (Verfügungsgeschmacksmuster) genießen. Das Recht auf das Verfügungsgeschmacksmuster steht der Antragstellerin als Arbeitgeber des Entwerfers zu (Art. 14 Abs. 3 GGV).[13] Die Präsentation auf der Hausmesse war eine Veranstaltung des normalen Geschäftsverkehrs. Diese Hausmesse ist von einer so großen Zahl von Fachleuten besucht worden, dass der Gegenstand des nicht eingetragenen Gemeinschaftsgeschmacksmusters den Fachkreisen des betreffenden Wirtschaftszweigs bekannt sein konnte (vgl. Art 11 Abs. 2 S. 1 GGV).

Das Verfügungsgeschmacksmuster erfüllt die Voraussetzungen der Neuheit (Art. 5 GGV) und der Eigenart (Art. 6 GGV). Die Eigenart beruht[14] insbesondere auf der Form des Kopfteils, den drei konzentrisch angeordnete, herzförmige Segmente sowie vier weitere herzförmige Segmente bilden, die mit den konzentrischen Segmenten in Verbindung stehen. Der Stiel ist als schlanker Rundschaft ausgebildet, der spitzwinklig in den Kopfteil und kegelstumpfförmig in einen Griff übergeht. Der Griff hat ungefähr den dreifachen Durchmesser des Stiels und ist spiralenartig mit einem Band umwickelt.

Die vorbekannten Teppichklopfer sind überwiegend aus Naturrohr in der Weise gefertigt, dass der Kopfteil aus geflochtenen und der Stiel aus wendelartig angeordneten Rohrstücken bestehen. Das Flechtwerk ist meist so ausgeführt, dass . . . . . . (Beschreibung). Es sind zwar einige Teppichklopfer bekannt geworden, die nicht aus Naturrohr hergestellt sind. Dabei wurde jedoch stets versucht, die Form von geflochtenem Naturrohr nachzuempfinden. Das ist auch bei dem Teppichklopfer aus glasfaserverstärktem Polycarbonat der Fall, der in der Werbeanzeige

– Anlage K 7 –

abgebildet ist. Dieser Teppichklopfer wurde vor ca. zwei Jahren erstmals in Taiwan[15] hergestellt und von dort in mehrere Länder des Fernen Ostens exportiert. Während bei den vorbekannten Teppichklopfern die Formgebung durch die Erscheinungsform bestimmt war, die sich aus dem Flechten von Naturrohr ergibt, hat sich der Entwerfer des durch das Verfügungsgeschmacksmuster unter Schutz gestellten Teppichklopfers von diesen Vorgaben völlig gelöst. Wie sämtliche Haushaltsgeräte erfüllt zwar auch der herzförmige-Teppichklopfer einen Gebrauchszweck. Aber zugleich wird durch das Herzdesign des Kopfteils eine Vorstellung vermittelt, die mit diesem Zweck keinerlei Verbindung aufweist. Das witzige Aufgreifen dieses für Herzensangelegenheiten aller Art allgemein geläufigen Symbols hat im Zusammenklang mit dem nach Art eines Badmintonschlägers geformten Stiel eine Erscheinungsform zum Ergebnis, die sich deutlich von allen vorbekannten Teppichklopfern abhebt.

4. Eines der wichtigsten Betätigungsgebiete der Antragstellerin ist die Herstellung von Teppichklopfern. Das hat es mit sich gebracht, dass von Mitarbeitern der Antragstellerin seit Jahrzehnten sowohl im Marktgeschehen als auch auf Messen und Ausstellungen sowie in Fachveröffentlichungen alle Konkurrenzerzeugnisse sorgfältig beobachtet werden. Teppichklopfer mit einem Kopfteil im Herzdesign oder sonst wie ähnlich gestaltete Erzeugnisse sind dabei weder dem Komplementär noch den Mitarbeitern der Antragstellerin bekannt geworden.

Glaubhaftmachung: Eidesstattliche Versicherung der Frau . . . . . . vom . . . . . . (bereits vorgelegt als Anlage K 6)

Vorsorglich hat der auf Seiten der Antragstellerin mitwirkende Patentanwalt insbesondere nach prioritätsälteren deutschen eingetragenen Designs, nach prioritätsälteren internationalen Eintragungen und nach prioritätsälteren Gemeinschaftsgeschmacksmustern recherchiert. Dabei wurde kein Teppichklopfer mit einer Ausgestaltung des Kopfteils ermittelt, die eine Verbindung mit dem Herzsymbol aufweist. Auch in benachbarten Bereichen – zB bei Fliegenklatschen – sind derartige Formen nicht festgestellt worden.

Glaubhaftmachung: Eidesstattliche Versicherung der Mitarbeiterin von Patentanwalt . . . . . ., Frau . . . . . . vom . . . . . vorgelegt als

– Anlage K 8 –.

Die Antragsgegnerin wird daher nicht in der Lage sein, für einen etwaigen Einwand der Nichtigkeit des Verfügungsgeschmacksmusters geeignete Tatsachen vorzutragen. Insgesamt ist daher nach Art. 85 Abs. 2 S. 1 GGV von der Rechtsgültigkeit des Verfügungsgeschmacksmusters auszugehen.[14]

5. Der Vertrieb der von der Antragstellerin geschaffenen Teppichklopfer erfolgt bundesweit sowohl über mehr als 500 Fachgeschäfte für Haushaltswaren als auch über Fachabteilungen der Kaufhausketten . . . . . . und der Drogeriemärkte . . . . . . Mehrere dieser Vertriebsstätten befinden sich in unmittelbarer Nähe des Firmensitzes der Antragsgegnerin; das veranschaulicht die als

– Anlage K 9 –

überreichte Kopie eines Stadtplans mit Eintragungen dieser Vertriebsstätten. Es ist daher davon auszugehen, dass die Geschäftsführerin der Antragsgegnerin die Teppichklopfer der Antragstellerin gekannt hat.[16] Eine Möglichkeit zur Kenntnisnahme hat sich im Übrigen bereits daraus ergeben, dass Frau Commortz eine Einladung zu der von der Antragstellerin von . . . . . . bis . . . . . . veranstalteten Hausmesse erhalten hatte. Offensichtlich war Frau Commortz so von den Marktchancen des Teppich-

6. Antrag auf Erlass einstw. Verfügung (mit Herausgabeanordnung) F. 6

klopfers der Antragstellerin überzeugt, dass sie einen ihrer Lieferanten dazu gebracht hat, innerhalb kürzester Zeit Plagiate dieser Teppichklopfer herzustellen und die Antragsgegnerin mit diesen Plagiaten zu beliefern.

6. Die streitgegenständlichen Teppichklopfer sind mit dem Gegenstand des Verfügungsgeschmacksmusters nahezu identisch. Dass es geringfügige Abweichungen in der Ausgestaltung des Griffs gibt, ist nur bei einer sorgfältigen Gegenüberstellung erkennbar. Weil ansonsten Übereinstimmungen sogar in den Abmessungen und in der Farbgebung bestehen, ist nach der geschäftlichen Lebenserfahrung von einer bewussten Kopie auszugehen.[17] Der streitgegenständliche Teppichklopfer ist daher das Ergebnis einer Nachahmung im Sinne des Art. 19 Abs. 2 S. 1 GGV und stellt zugleich eine Nachahmung gem. §§ 3, 4 Nr. 9 Buchst. a UWG dar, weil eine vermeidbare Täuschung über die betriebliche Herkunft der Abnehmer herbeigeführt wird.[18] Dass es sich um das Ergebnis eines selbständigen Entwurfs handeln könnte, ist aufgrund der gravierenden Indizien für ein bewusstes Plagiat ausschließbar. Als Auftraggeber für die Ausgestaltung des streitgegenständlichen Teppichklopfers ist Frau Commortz zugleich als Entwerfer verantwortlich. Von diesem Entwerfer kann nicht berechtigterweise angenommen werden, dass er das von der Antragstellerin offenbarte Muster nicht gekannt habe (vgl. Art. 19 Abs. 2 S. 2 GGV). Vielmehr ist belegt, dass die für eine Nachahmung erforderliche Kenntnis bestanden hat.

7. Als Plagiate erwecken die streitgegenständlichen Teppichklopfer gegenüber dem Verfügungsgeschmacksmuster keinen anderen Eindruck (vgl. Art. 10 Abs. 1 GGV). Die Antragsgegnerin ist daher zur Unterlassung (vgl. Art. 89 Abs. 1 Buchst. a GGV) des Anbietens, Bewerbens und des Inverkehrbringens sowie der Einfuhr, der Ausfuhr und des Besitzes zum Zwecke der vorstehenden Handlungen (vgl. Art. 19 Abs. 2 S. 2 iVm Abs. 1 S. 2 GGV) verpflichtet.
Die Antragstellerin hat auch einen Anspruch auf Vernichtung der streitgegenständlichen Teppichklopfer, die sich im Besitz der Antragsgegnerin befinden (vgl. Art. 89 Abs. 1 Buchst. d GGV in Verbindung mit § 43 Abs. 1 DesignG). Dieser Anspruch kann zwar nur durch ein Urteil zugesprochen werden, aber zur Sicherung[19] des Vernichtungsanspruchs kann im Wege der einstweiligen Verfügung (vgl. Art. 90 Abs. 1 GGV) angeordnet werden, dass die Nachbildungsstücke beschlagnahmt werden (vgl. Art. 89 Abs. 1 Buchts. b GGV), auf die sich der Vernichtungsanspruch bezieht. Diese Beschlagnahme erfolgt am zweckmäßigsten dadurch, dass die rechtsverletzenden Erzeugnisse durch einen Gerichtsvollzieher in Verwahrung genommen werden, bis über den Vernichtungsanspruch entschieden ist.[20]

8. Die Antragstellerin stützt ihre Ansprüche in erster Linie auf den Schutz des nicht eingetragenen Gemeinschaftsgeschmacksmusters und in zweiter Linie auf den wettbewerblichen Nachahmungsschutz.[21] Das wirtschaftliche Interesse an Antrag I. bewertet[22] die Antragstellerin mit 50.000 EUR und an Antrag II. mit 5.000 EUR.
Wenn weitere Glaubhaftmachungsmittel für erforderlich gehalten werden, ist die Antragstellerin hierzu nach gerichtlichem Hinweis (§ 139 ZPO) bereit. Wegen der besonderen Eilbedürftigkeit bitte ich gegebenenfalls um einen telefonischen Hinweis.

Rechtsanwalt[23, 24]

Anmerkungen

1. Zu den Gerichten für Gemeinschaftsgeschmacksmusterstreitsachen → Form. F.9 Anm. 3. Zur Regelung und Handhabung der Zuständigkeit von Zivilkammer und Kammer für Handelssachen → Form. F.8 Anm. 1; → Form. F.9 Anm. 2.

2. Der Anspruchsdurchsetzung im Eilverfahren kommt im Bereich des Designschutzes sehr große Bedeutung zu, weil Designerzeugnisse häufig kurzlebig sind und deswegen ein Vorgehen im Klageverfahren selten rechtzeitig Einfluss auf das Marktgeschehen erlangen würde. Allein schon wegen der kurzen Schutzdauer (→ Anm. 12) ist die Geltendmachung von Ansprüchen auf der Grundlage des nicht eingetragenen Gemeinschaftsgeschmacksmusters ganz besonders eilbedürftig. Den Gerichten sind diese Besonderheiten im Allgemeinen so geläufig, dass es weder für die allgemeine Dringlichkeit als Verfügungsgrund (→ Anm. 8) noch für die besondere Dringlichkeit als Voraussetzung für eine Entscheidung ohne mündliche Verhandlung (→ Anm. 4) einer Glaubhaftmachung bedarf, wenn die sog. Dringlichkeitsfrist (→ Anm. 8) eingehalten ist.

Das Verfahren der einstweiligen Verfügung ist ein summarisches Erkenntnisverfahren. Die Formalerfordernisse des Antrags auf Erlass einer einstweiligen Verfügung (§§ 936, 920 Abs. 1 ZPO) entsprechen den Anforderungen an eine Klageschrift (vgl. Zöller/*Vollkommer* ZPO § 920 Rn. 1); → Form. F.9 Anm. 1–12. Die Partei kann den Antrag selbst oder durch einen Bevollmächtigten stellen, der prozessfähig ist (vgl. § 79 ZPO). Wenn der Vorsitzende die mündliche Verhandlung über den Antrag anordnet (→ Anm. 4) oder wenn nach einem Widerspruch zur Vorbereitung eines Endurteils (vgl. §§ 936, 925 Abs. 1 ZPO) die mündliche Verhandlung anberaumt wird, muss in dieser die Partei von einem Rechtsanwalt vertreten sein (vgl. § 78 Abs. 1 ZPO).

Die einstweilige Verfügung muss innerhalb eines Monats vollzogen werden; diese Frist beginnt bei Beschlussverfügungen mit der Zustellung an den Antragsteller, bei Urteilsverfügungen mit der Verkündung (§§ 936, 929 Abs. 2 ZPO). Die Berechnung der Frist erfolgt gem. § 222 ZPO, §§ 187 f. BGB. Gegen die Versäumung der Frist kann keine Wiedereinsetzung in den vorigen Stand gewährt werden (vgl. – mwN – Zöller/*Vollkommer* ZPO § 929 Rn. 3). Zur Fristwahrung bei Auslandszustellungen vgl. KG MD 1998, 1237 (1238); OLG Köln GRUR 1999, 66 (67). Bei einstweiligen Verfügungen mit anordnendem Inhalt (vgl. zB Antrag II dieses Formulars; → Form. F.8 Antrag II) muss innerhalb der Vollziehungsfrist die Anordnung vollzogen, zumindest mit der Vollziehung begonnen werden (vgl. – mwN – *Teplitzky* Kap. 55 Rn. 40). Zur Vollziehung von Auskunftsverfügungen → Form. F.8 Anm. 5.

Auch Unterlassungsverfügungen bedürfen der Vollziehung (vgl. BGH GRUR 1993, 415 (416) – Straßenverengung; BGH WRP 1996, 104 (105) – Gebührenüberwachung II). Bei Beschlussverfügungen ist die Parteizustellung Wirksamkeitsvoraussetzung (§§ 936, 922 Abs. 2 ZPO); diese Zustellung ist zugleich eine ausreichende Vollziehungsmaßnahme (vgl. BGH GRUR 1993, 416; BGH WRP 1996, 105). Urteilsverfügungen werden zwar beiden Parteien von Amts wegen zugestellt (§ 317 Abs. 1 S. 1 ZPO); das ist jedoch nicht zugleich eine Vollziehungsmaßnahme des Antragstellers (vgl. BGH GRUR 1993, 416 sowie – mwN – Ahrens/*Büttner* Kap. 57 Rn. 12). Auch bei Urteilsverfügungen erfolgt daher die Vollziehung durch Parteizustellung (vgl. BGH WRP 1989, 514 (517) – Fallwerk; BGH GRUR 2004, 264 (265) – Euro-Einführungsrabatt). Die Zustellung einer beglaubigten Abschrift genügt (vgl. BGH GRUR 2004, 265). Ebenfalls der Vollziehung dient sowohl bei Urteilsverfügungen (vgl. BGH WRP 1989, 517) als auch bei Beschlussverfügungen die Einreichung und Zustellung eines Ordnungsmittelantrags innerhalb der Vollziehungsfrist (vgl. OLG Hamburg WRP 1993, 822 (824); OLG Koblenz WRP 1998, 227 (228); KG WRP 1998, 410 (411); → Form. F.8 Anm. 5). Sämtliche Vollziehungs-

6. Antrag auf Erlass einstw. Verfügung (mit Herausgabeanordnung) F. 6

maßnahmen haben zur Voraussetzung, dass die einstweilige Verfügung die Androhung von Ordnungsmitteln enthält (vgl. BGH WRP 1996, 105) oder dass diese Androhung nachträglich (vgl. § 890 Abs. 2 ZPO; → Form. F.9 Anm. 11) beschlossen und der Beschluss innerhalb der Vollziehungsfrist dem Antragsgegner zugestellt wird. Die Vollziehung ist allerdings ohne Wirkung (vgl. §§ 936, 929 Abs. 3 S. 2 ZPO), wenn die Parteizustellung nicht innerhalb einer Woche nach der Vollziehung und vor Ablauf der Vollziehungsfrist erfolgt (vgl. OLG Hamburg WRP 1993, 824; KG WRP 1998, 412).

Wenn im Widerspruchs-, Berufungs- oder Aufhebungsverfahren eine einstweilige Verfügung so geändert wird, dass sie inhaltlich von der früheren Entscheidung abweicht, macht das ebenfalls eine – gegebenenfalls weitere – Vollziehung erforderlich (vgl. – jeweils mwN – OLG Karlsruhe WRP 1997, 57 (59); OLG Köln GRUR 1999, 89 (90); OLG Hamburg MD 1999, 404 (408); Ahrens/*Büttner* Kap. 57 Rn. 23; Gloy/Loschelder/Erdmann UWG-HdB/*Spätgens* § 103 Rn. 12; *Köhler/Bornkamm/Feddersen* UWG § 12 Rn. 3.66; *Schuschke*/Walker ZPO § 929 Rn. 11 ff.; *Teplitzky* Kap. 55 Rn. 48 f.). Dasselbe gilt, wenn eine Beschlussverfügung nach Widerspruch aufgehoben, im Berufungsverfahren jedoch („bestätigt" oder richtig:) neu erlassen wird (vgl. – jeweils mwN – OLG Hamburg WRP 1997, 53 (54); Ahrens/*Büttner* Kap. 57 Rn. 26; *Berneke/Schüttpelz* Rn. 569; Gloy/Loschelder/Erdmann UWG-HdB/*Spätgens* § 103 Rn. 12 ; *Köhler/Bornkamm/Feddersen* UWG § 12 Rn. 3.66; *Teplitzky* Kap. 55 Rn. 49a; aA OLG Celle WRP 1986, 412; OLG Celle WRP 1987, 34 (35). Eine Heilung von Zustellungsmängeln war nach hM nur bei Urteilsverfügungen, nicht auch bei Beschlussverfügungen möglich (vgl. Vorauflage → Form. F.6 Anm. 2). Aus § 189 ZPO ergibt sich inzwischen eine generelle Heilungsmöglichkeit. Grundvoraussetzung hierfür ist, dass das zuzustellende Dokument dem Zustellungsadressaten tatsächlich zugegangen ist. Die bloße Vermutungsnahme des Inhalts genügt nicht (Ahrens/*Büttner* Kap. 57 Rn. 44; *Köhler/Bornkamm/Feddersen* UWG § 12 Rn. 3.64).

3. Beschlussverfügungen müssen dem Antragsgegner im Parteibetrieb zugestellt werden (→ Anm. 2; sowie – jeweils mwN – Gloy/Loschelder/Erdmann UWG-HdB/*Spätgens* § 103 Rn. 5; *Teplitzky* Kap. 55 Rn. 42 f.; Zöller/*Vollkommer* ZPO § 929 Rn. 18). Zur Zustellung an den Prozess- bzw. Verfahrensbevollmächtigten → Form. F.5 Anm. 7. Die Zustellung kann an jedem Ort erfolgen, an dem der Zustellungsadressat angetroffen wird (vgl. § 177 ZPO). Bei Gewerbetreibenden genügt die Zustellung an einen Gewerbegehilfen, der in einem Geschäftslokal des Gewerbetreibenden anwesend ist (§ 178 Abs. 1 Nr. 2 ZPO). Die Zustellung in einem besonderen Geschäftslokal genügt (vgl. – mwN – BGH NJW-RR 1993, 1083); der Messestand eines Gewerbetreibenden wird für die Dauer der Messe als besonderes Geschäftslokal angesehen (vgl. Zöller/*Stöber* ZPO § 178 Rn. 15). Die Bekanntgabe der Messeanschrift zusätzlich zur Bekanntgabe der Sitzanschrift dient der unmittelbaren Information des mit der Zustellung zu beauftragenden Gerichtsvollziehers (vgl. § 176 Abs. 1 ZPO).

4. Entscheidungen, mit denen dem Antrag auf Erlass einer einstweiligen Verfügung stattgegeben wird, können in dringenden Fällen ohne mündliche Verhandlung ergehen (vgl. § 937 Abs. 2 ZPO). Vielfach wird gefordert, dass die sog. besondere Dringlichkeit vom Antragsteller begründet (vgl. Zöller/*Vollkommer* ZPO § 937 Rn. 2) bzw. glaubhaft gemacht (vgl. BLAH ZPO § 937 Rn. 6; Gloy/Loschelder/Erdmann UWG-HdB/*Spätgens* § 97 Rn. 84) werden muss. Die „besondere Dringlichkeit" kann jedoch so offenkundig sein (vgl. § 291 ZPO), dass Darlegungen und Glaubhaftmachung entbehrlich sein können (vgl. Gloy/Loschelder/Erdmann UWG-HdB/*Spätgens* § 101 Rn. 90). Wenn die Dringlichkeit als Verfügungsgrund glaubhaft gemacht wird (→ Anm. 8) und wenn daraus hervorgeht, dass zwischen Kenntniserlangung und Einreichung des Antrags auf Erlass einer einstweiligen Verfügung nur kurze Zeit verstrichen ist, gehen die Gerichte bei Verletzungen von eingetragenen Designs und von Gemeinschaftsgeschmacksmustern in der Regel von „besonderer Dringlichkeit" aus. Mündliche Verhandlung wird dennoch anberaumt, wenn die Glaubhaftmachung Zweifel für den Verfügungsanspruch bestehen lässt.

In dringenden Fällen kann der Vorsitzende anstatt des Gerichts entscheiden, wenn er die Anordnung einer mündlichen Verhandlung nicht für erforderlich hält (vgl. § 944 ZPO). Diese „besondere Dringlichkeit" unterliegt zwar strengeren Anforderungen als die besondere Dringlichkeit des § 937 Abs. 2 ZPO (vgl. Gloy/Loschelder/Erdmann UWG-HdB/*Spätgens* § 101 Rn. 92); in der Praxis wirkt sich das jedoch häufig nicht aus. Vielfach wird deswegen zur Beschleunigung eine Entscheidung durch den Vorsitzenden ohne mündliche Verhandlung beantragt. Eine Beschlussverfügung der Kammer kann jedoch insbesondere dann zweckmäßig sein, wenn es auf die Offensichtlichkeit einer Rechtsverletzung ankommt (→ Form. F.8 Anm. 6).

5. Zum Umfang der Verpflichtungen des Unterlassungsschuldners → Form. F.2 Anm. 9. Ebenso wie die Klageschrift (→ Anm. 2, → Form. F.9 Anm. 12) muss auch der Antrag auf Erlass einer einstweiligen Verfügung einen Antrag enthalten. Durch § 938 Abs. 1 ZPO wird zwar für den Unterlassungsantrag die Antragsbindung des Gerichts (§ 308 Abs. 1 S. 1 ZPO) nicht aufgehoben; aber für die Bestimmung von Anordnungen bringt § 938 Abs. 1 ZPO eine Lockerung von dem Grundsatz der Antragsbindung zum Ausdruck (vgl. Zöller/*Vollkommer* ZPO § 938 Rn. 2). Das Gericht kann daher von dem Antrag abweichende Maßnahmen anordnen, ohne gegen den Grundsatz der Antragsbindung zu verstoßen. Soweit die Anordnung im Rahmen des – gegebenenfalls durch Auslegung zu ermittelnden – Rechtsschutzziels liegt, das der Antragsteller bekannt gegeben hat, führt das zu keinem Kostennachteil des Antragstellers (§ 92 Abs. 1 S. 1 ZPO findet insoweit wegen der Lockerung des Grundsatzes der Antragsbindung keine Anwendung). Wenn dagegen das Unterlassungsbegehren zu umfassend formuliert ist, hat der Antragsteller einen angemessenen Teil der Verfahrenskosten zu tragen.

Da die Antragsgegnerin im Musterfall in Deutschland sitzt, kann das angerufene Gemeinschaftsgeschmacksmustergericht gemäß den Art. 80 Abs. 1, 81 Buchst. a, 82 Abs. 1, 83 Abs. 1, 89 Abs. 1 Buchst. a, b GGV auch eine Entscheidung mit Wirkung für die gesamte Europäische Union aussprechen. Für den Unterlassungsanspruch wurde höchstrichterlich bestätigt, dass eine in einem einzelnen Mitgliedstaat begangene Handlung, die ein Gemeinschaftsgeschmacksmuster verletzt, in der Regel eine Begehungsgefahr für die gesamte Europäische Union begründet (BGH GRUR 2010, 1072 – Verlängerte Limousinen).

Im Hinblick auf mögliche Annexansprüche hat der EuGH das Folgende bestätigt (EuGH GRUR 2014, 368 – Gartenpavillon): Ansprüche auf Schadensersatz sowie die Erteilung von Auskünften zur Ermittlung des Schadens unterliegen gemäß Art. 88 Abs. 2 GGV dem nationalen Recht des Staats des angerufenen Gerichts, einschließlich dessen internationalen Privatrechts. Ansprüche auf Vernichtung der rechtsverletzenden Erzeugnisse unterliegen dem Recht, einschließlich des internationalen Privatrechts, des Mitgliedstaats, in dem die Handlungen begangen worden sind oder drohen. Dies gilt auch für den Sequestrationsanspruch. Werden demselben Beklagten verschiedene, in verschiedenen EU-Mitgliedsstaaten begangene Verletzungshandlungen vorgeworfen, ist nach Art. 8 Abs. 2 RomII-VO das Recht des Staates anzuwenden, in dem die Verletzung begangen wurde. Dabei ist nicht auf jede einzelne Verletzungshandlung abzustellen. Vielmehr ist anhand einer Gesamtwürdigung des Verhaltens des Verletzers der Ort zu bestimmen, an dem die ursprüngliche Verletzungshandlung begangen worden ist (EuGH BeckRS 2017, 126271 – Nintendo/BigBen).

Die vorliegend geltend gemachten Ansprüche umfassen auch den Export von Deutschland in das EU Ausland. Daher wurden die Klageanträge auf Handlungen in Deutschland beschränkt.

6. Die kumulative Anordnung von Ordnungsgeld und Ordnungshaft widerspricht zwar der Vorschrift, das Ordnungsgeld und Ordnungshaft nur alternativ angedroht werden dürfen, ist aber als Voraussetzung für die Festsetzung von Ordnungsmitteln wirksam (vgl. BGH GRUR 2004, 264 (265) – Euroeinführungsrabatt).

7. Auch die Prozessvoraussetzungen müssen glaubhaft gemacht werden (vgl. Zöller/ *Vollkommer* ZPO § 920 Rn. 13). Die örtliche Zuständigkeit des Gerichts ist zwar keine unverzichtbare Prozessvoraussetzung, weil das rügelose mündliche Verhandeln zur Hauptsache zuständigkeitsbegründend wirkt (vgl. § 39 S. 1 ZPO). Wenn aber eine Beschlussverfügung erlassen werden soll, muss der Sachverhalt glaubhaft gemacht werden, der die örtliche Zuständigkeit des Gerichts begründet. Zum Gerichtsstand des Begehungsorts → Form. F.9 Anm. 21. Wenn ein Kaufbeleg das gekaufte Erzeugnis nicht mit ausreichender Wahrscheinlichkeit konkretisiert, ist eine ergänzende Glaubhaftmachung erforderlich.

8. Neben dem Verfügungsanspruch muss auch der Verfügungsgrund glaubhaft gemacht werden (vgl. §§ 936, 920 Abs. 2 ZPO). Zusätzlich zu der Besorgnis der Anspruchsvereitelung (→ Anm. 19) muss der Antrag auf Erlass einer einstweiligen Verfügung eilbedürftig sein. Die Dringlichkeitsvermutung in Wettbewerbssachen (vgl. § 12 Abs. 2 UWG) findet nach überwiegender Ansicht im Designrecht keine Anwendung (OLG Frankfurt a.M. GRUR-RS 2015, 07909 Rn. 11 – Sportbrille, wobei nach Auffassung des Senats der Rechtsgedanke dieser Vorschrift auch bei Designverletzungen zum Tragen komme). Weil eingetragene Designs und Gemeinschaftsgeschmacksmuster häufig dem Schutz von kurzlebigen Erzeugnissen dienen und weil die Verbreitung von rechtsverletzenden Erzeugnissen die Marktposition des Antragstellers erheblich beeinträchtigen kann, spricht jedoch vielfach eine tatsächliche Vermutung für das Bestehen eines Verfügungsgrunds, wenn die Verfahrensparteien direkt miteinander in Wettbewerb stehen. Die Dringlichkeit kann sich insbesondere daraus ergeben, dass bei einem Zuwarten eine Schwächung der Originalität des Musters drohe und die Gestaltung ihre Aura der Einzigartigkeit verlöre (OLG Düsseldorf GRUR-RS 2016, 17775 Rn. 15 – Tracheostomapflaster).

Die sog. Dringlichkeitsfrist wird nach hergebrachter Ansicht durch die positive Kenntnis des Antragstellers in Lauf gesetzt (ausführlich Ahrens/*Schmukle* Kap. 45 Rn. 21; Gloy/Loschelder/Erdmann UWG-HdB/*Spätgens* § 100 Rn. 45 ff; *Teplitzky* Kap. 54 Rn. 28 f.). Zunehmend wird jedoch grob fahrlässige Unkenntnis gleichgesetzt, wenn von naheliegenden Erkenntnismöglichkeiten kein Gebrauch gemacht wird (→ Form. F.5 Anm. 17 Abs. 2). Zu dem für die Kenntnis maßgeblichen Personenkreis → Form. F.5 Anm. 17 Abs. 1. Hat der Antragsteller Kenntnis von einer Rechtsverletzung im EU-Ausland und dehnt der Antragsgegner die Benutzung später auf Deutschland aus, wirkt die Kenntnis von der ersten Verletzung im EU-Ausland jedenfalls dann nicht für einen Antrag in Deutschland dringlichkeitsschädlich, wenn mit der neuen Benutzung in Deutschland ein „Qualitätssprung" verbunden ist, der über die ursprünglichen Aktivitäten hinausgeht (OLG Frankfurt GRUR-RR 2017, 98 (99) Rn. 9 – Leuchte Macaron).

Uneinheitlich sind die Ansichten darüber, welche Zeit von der Kenntniserlangung bis zur Einreichung des Antrags auf Erlass einer einstweiligen Verfügung verstreichen darf (vgl. die Nachw. bei Gloy/Loschelder/Erdmann UWG-HdB/*Spätgens* § 100 Rn. 37; *Teplitzky* Kap. 54 Rn. 25; Ullmann/*Hess* UWG § 12 Rn. 130). Dem Textbeispiel liegt zugrunde, dass nicht nur das OLG München (vgl. OLG München WRP 1991, 51; OLG München GRUR 1992, 328; OLG München WRP 1993, 49 (50); OLG München OLGR 2005, 249), sondern auch das OLG Karlsruhe (OLG Karlsruhe WRP 2007, 822 (823)) sowie die Oberlandesgerichte Hamm, Jena, Nürnberg und Saarbrücken (vgl. die Nachw. bei Ahrens/*Schmukle* Kap. 45 Rn. 44) die sog. Dringlichkeitsfrist mit einem

Monat bemessen. Dabei muss beachtet werden, dass ein Monat nicht immer auf den Tag genau vier Wochen (unscharf insoweit Gloy/Loschelder/Erdmann UWG-HdB/ *Spätgens* § 100 Rn. 37) entspricht. In anderen Gerichtsbezirken darf in der Regel nicht länger als fünf bis sechs Wochen (vgl. OLG Köln NJWE-WettbR 1998, 138 (139); OLG Köln MD 2000, 82; OLG Frankfurt GRUR-RR 2017, 98 (99) Rn. 10: 6 Wochen) bzw. zwei Monate (vgl. OLG Düsseldorf NJWE-WettbR 1999, 15 (16)) zugewartet werden. Ein längerer Zeitraum kann zwar ausnahmsweise für die Beschaffung von Glaubhaftmachungsmitteln zur Verfügung stehen (vgl. OLG München GRUR 1980, 1017 (1018) sowie Ahrens/*Schmukle* Kap. 45 Rn. 41). Im Designrecht verursacht allerdings die Beschaffung von Glaubhaftmachungsmitteln idR keinen ungewöhnlichen Zeitaufwand (anders als das zB bei demoskopischen Umfragen für das Kennzeichenrecht und für das Wettbewerbsrecht der Fall sein kann).

9. Üblicherweise wird zwar zunächst der Antragsteller und dessen Schutzrecht vorgestellt. Wenn jedoch das Gericht davon überzeugt werden soll, dass es gerechtfertigt ist, eine einstweilige Verfügung ohne mündliche Verhandlung zu erlassen, kann es zweckmäßig sein, frühzeitig klarzustellen und glaubhaft zu machen, dass an der Zuständigkeit und an der Dringlichkeit kein Zweifel besteht.

10. Das nicht eingetragene Gemeinschaftsgeschmacksmuster ist ein formlos, nämlich durch bloße Benutzung entstehendes Schutzrecht. Unter der Überschrift „Schutzdauer" enthält Art. 11 GGV Bestimmungen nicht nur über die Schutzdauer von drei Jahren, sondern auch über die Schutzvoraussetzungen und über die Schutzbegründung. Entstehungsgrund ist nach der Basisregelung in Art. 11 Abs. 1 GGV, dass ein Muster der Öffentlichkeit zugänglich gemacht wird. In Art. 11 Abs. 2 S. 1 GGV ist geregelt, wie das Zugänglichmachen erfolgt und was unter Öffentlichkeit zu verstehen ist. Weitere Schutzvoraussetzungen ergeben sich aus der Verweisung in Art. 11 Abs. 1 GGV auf den 1. Abschnitt der GGV. Das nicht eingetragene Gemeinschaftsgeschmacksmuster muss daher die Voraussetzungen der Neuheit und der Eigenart erfüllen (vgl. BGH GRUR 2009, 79 Rn. 15 – Gebäckpresse I) und darf keinem Schutzausschließungsgrund unterliegen. Dem Verbietungsrecht unterliegen nach Art. 19 Abs. 2 GGV nur Nachahmungen.

11. Grundvoraussetzungen für den Schutz des nicht eingetragenen Gemeinschaftsgeschmacksmusters ist das öffentliche Zugänglichmachen eines Musters. Der für die Schutzbegründung in Art. 11 Abs. 1 GGV aufgeführte Begriff der Öffentlichkeit erfährt durch die Definition in Art. 11 Abs. 2 S. 1 GGV eine erhebliche Einengung. Maßgeblich für das Entstehen eines formlosen Schutzes ist eine Offenbarung gegenüber den in der Gemeinschaft tätigen Fachkreisen (→ Form. F.10 Anm. 5). Bei dem weiteren Kriterium, wonach das Zugänglichmachen im normalen Geschäftsverlauf erfolgen muss, bestehen keine Unterschiede zu den Festlegungen für den vorbekannten Formenschatz.
Das öffentliche Zugänglichmachen erfolgt dadurch, dass das Muster bekannt gemacht, ausgestellt, im Verkehr verwendet oder in sonstiger Weise so offenbart wird, dass es für die maßgeblichen Fachkreise optisch wahrnehmbar ist. Häufig wird ein formloser Schutz durch die Vermarktung eines Musters oder durch eine hierauf bezogene Vorbereitungshandlung begründet. Die erstmalige Präsentation auf einer Ausstellung hat den Vorteil, dass die Möglichkeit der Kenntnisnahme durch die Fachkreise wesensbedingt sichergestellt ist (vgl. LG Düsseldorf BeckRS 2011, 27079 – Gartensitzmöbel). Die Übermittlung von Abbildungen an Händler kann ausreichen, da auch diese zu den maßgeblichen Fachkreisen zählen (EUGH GRUR 2014, 368 (369) Rn. 27 – Gautzsch Großhandel/MBM Joseph Duna). Die Inanspruchnahme einer Ausstellungspriorität (Art. 44 GGV) und der sog. Neuheitsschonfrist (Art. 7

6. Antrag auf Erlass einstw. Verfügung (mit Herausgabeanordnung) F. 6

GGV) ist nicht möglich, weil diese Möglichkeiten nur für eingetragene Gemeinschaftsgeschmacksmuster in Betracht kommen.

Das Offenbarungsgebiet ist verwirrend geregelt. Die Definition in Art. 11 Abs. 2 S. 1 GGV konnte den Eindruck erwecken, dass die in Art. 11 Abs. 1 GGV angesprochene Gemeinschaft lediglich insoweit eine Rolle spielt, als die Fachkreise in diesem Gebiet tätig sein müssen. Dieser Auslegung ist durch eine nachträgliche Änderung der GGV ein Riegel vorgeschoben worden. Unter der Überschrift „Bestimmungen über die Erweiterung der Gemeinschaft", die keine generelle Änderung des materiellen Rechts vermuten lässt, wird in Art. 110a Abs. 5 S. 2 GGV bestimmt, dass ein nicht in der Gemeinschaft öffentlich zugänglich gemachtes Muster keinen Schutz als nicht eingetragenes Gemeinschaftsgeschmacksmuster genießt. Diese Formulierung ist zwar eindeutig (vgl. BGH GRUR 2009, 79 Rn. 18 – Gebäckpresse I), aber allerdings ebenfalls unscharf, weil aus einer nachfolgenden oder gleichzeitigen Offenbarung außerhalb der Gemeinschaft gefolgert werden könnte, dass diese Handlungen dem formlosen Schutz abträglich sind.

Das Entstehen des formlosen Schutzes setzt nach Art. 11 Abs. 2 S. 1 GGV voraus, dass das Muster den Fachkreisen des betreffenden Wirtschaftszweigs bekannt sein konnte. Durch die einleitende Referenz in Art. 11 Abs. 2 S. 1 GGV „Im Sinne des Absatzes 1" wird eine Verbindung zu der Schutzvoraussetzung hergestellt, dass das Muster der Öffentlichkeit zugänglich gemacht wurde. Der betreffende Wirtschaftszweig ist daher die Branche, in der das Muster üblicherweise vermarktet wird.

Im Verletzungsstreit kann sich eine weitere Einengung des Erfordernisses der Öffentlichkeit aus der Beschränkung der Schutzwirkung auf einen Nachahmungsschutz ergeben. Es besteht daher die Möglichkeit, dass zwar ein formloser Schutz entstanden ist, die Schutzwirkungen jedoch nicht den Anspruchsgegner erfassen, weil dieser das Muster nicht gekannt hat. Das Gericht muss demnach davon überzeugt sein, dass speziell der Anspruchsgegner Kenntnis von dem Muster haben konnte. Eine rein individuelle Möglichkeit der Kenntnisnahme würde allerdings nicht ausreichen, vielmehr muss der Anspruchsgegner als Teil der relevanten Fachkreise diese Möglichkeit gehabt haben.

12. Der Beginn des Schutzes ist in Art. 11 Abs. 1 GGV mit dem Tag festgelegt, an dem das Muster erstmals der Öffentlichkeit zugänglich gemacht worden ist. Maßgeblich hierfür ist nicht der Tag der ersten Verbreitung, sondern der Tag der ersten Möglichkeit der Kenntnisnahme durch die in der Gemeinschaft tätigen Fachkreise. Für dieses Datum hat der Anspruchsteller die Darlegungs- und Beweislast, weil unmittelbar der für die Ermittlung des vorbekannten Formenschatzes maßgebliche Stichtag und mittelbar das Ende der Schutzdauer festgelegt werden. Wenn nur eine Zeitspanne für das erste öffentliche Zugänglichmachen nachgewiesen wurde, ist der für den Anspruchsteller ungünstigste Zeitpunkt maßgeblich. Ein früherer Zeitpunkt, zB der erste Tag einer Messe oder Ausstellung, muss glaubhaft gemacht bzw. unter Beweis gestellt werden.

Weil eine unbefristete Verurteilung für alle Schutzrechte zulässig ist, solange das Schutzrecht besteht (BGH GRUR 2010, 996 Rn. 16 – Bordakao), können auch bei einem nicht eingetragenen Gemeinschaftsgeschmacksmuster die Anträge ohne zeitliche Beschränkung gestellt werden. Wenn jedoch das Schutzrecht im Verlauf des Verletzungsprozesses erlischt, muss der Schutzrechtsinhaber sein Begehren auf den Zeitraum bis zum Erlöschen beschränken und insoweit den Rechtsstreit in der Hauptsache für erledigt erklären (BGH GRUR 2010, 996 Rn. 16). Das betrifft insbesondere den Schadensersatzanspruch und den hierauf basierenden Anspruch auf vorbereitende Auskunft und Rechnungslegung (BGH GRUR 2009, 79 Rn. 13 f. – Gebäckpresse). Dem muss durch eine – ohne weiteres sachdienliche (vgl. § 263 ZPO) – Änderung in der Antragsfassung Rechnung getragen werden. Bei den in die Zukunft gerichteten Ansprüchen auf Unterlassung und Vernichtung etc kommt nur eine Erledigungserklärung in Betracht. Für den Unterlassungsanspruch tritt daher mit dem letzten Tag der Schutzdauer die Erledigung der Hauptsache ein (vgl. OLG Hamburg NJOZ 2007, 459 (460) – Gebäckpresse; OLG Düsseldorf Urt. v. 5.8.2008 – I-20 U 175/07). Dasselbe gilt für den Anspruch auf Beschlagnahme als Sicherungsmaßnahme für den Vernichtungsanspruch. Durch den Anspruch auf Drittauskunft können zwar nach dem Erlöschen des Schutzrechts gegenüber Lieferanten und Abnehmern keine Unterlassungsansprüche, aber Schadensersatzansprüche eröffnet werden; Vorgänge bis zum Erlöschen des Schutzrechts unterliegen daher der Auskunftspflicht. Wenn auf den wettbewerbsrechtlichen Nachahmungsschutz umgestellt werden soll, muss beachtet werden, dass es sich um einen eigenständigen Streitgegenstand handelt (→ Anm. 21). Eine Überführung in ein eingetragenes Gemeinschaftsgeschmacksmuster ist nur innerhalb der Schonfrist von zwölf Monaten (vgl. Art. 7 Abs. 2 Buchst. b GGV) möglich. Wenn diese Frist überschritten ist, kann bei ausreichender Unterscheidungskraft die Eintragung einer (dreidimensionalen oder zweidimensionalen) Marke in Betracht kommen.

13. Das Recht an einem nicht eingetragenen Gemeinschaftsgeschmacksmuster steht nach Art. 19 Abs. 1 S. 1 GGV seinem Inhaber zu. Es muss daher glaubhaft gemacht werden, dass der Antragsteller Rechtsinhaber ist. Nach Art. 14 Abs. 3 GGV steht das Recht auf das Gemeinschaftsgeschmacksmuster dem Arbeitgeber zu, wenn es von einem Arbeitnehmer in Ausübung seiner Aufgaben (oder nach den Anweisungen des Arbeitgebers) entworfen wurde. Die daraus resultierende Aktivlegitimation muss glaubhaft gemacht werden.

14. Unter der Überschrift „Vermutung der Rechtsgültigkeit – Einreden" bestimmt Art. 85 Abs. 2 S. 1 GGV, dass die Gemeinschaftsgeschmacksmustergerichte von der Rechtsgültigkeit eines nicht eingetragenen Gemeinschaftsgeschmacksmusters auszugehen haben, wenn der Rechtsinhaber Beweis für das Vorliegen der Voraussetzungen des Art. 11 GGV erbringt und angibt, inwiefern sein Geschmacksmuster Eigenart aufweist. Das bezieht sich zwar auf Verfahren betreffend eine Verletzungsklage oder eine Klage wegen drohender Verletzung. Für Verfahren betreffend einstweilige Maßnahmen einschließlich Sicherungsmaßnahmen ergibt sich jedoch aus Art. 90 Abs. 2 GGV, dass der (nicht im Wege der Widerklage erhobene) Einwand der Nichtigkeit des Gemeinschaftsgeschmacksmusters („einredeweise", so OLG Düsseldorf GRUR-RS 2015, 13327 – Bequemschuh) zulässig ist und dass Art. 85 Abs. 2 GGV entsprechend gilt. Aus diesem Regelungszusammenhang folgt, dass im Eilverfahren die Rechtsgültigkeit eines nicht eingetragenen Gemeinschaftsgeschmacksmusters vermutet wird, wenn die in Art. 11 GGV geregelten Entstehungsvoraussetzungen glaubhaft gemacht sind und Angaben zur Eigenart des Geschmacksmusters erfolgen. Der Antragsteller muss daher glaubhaft machen, wann und wie das nicht eingetragene Gemeinschaftsgeschmacksmuster innerhalb der Gemeinschaft den Fachkreisen des betreffenden Wirtschaftszweigs im normalen Geschäftsverkehr zugänglich gemacht worden ist. Wenn der Antragsteller zusätzlich verbalisiert die relevanten Merkmale seines Schutzrechts darlegt und erklärt, dass ihm Formenschatz mit dieser Merkmalskombination nicht bekannt ist, kehrt sich die Beweislast um (OLG Düsseldorf BeckRS 2016, 17786 Rn. 16). Der Anspruchsteller ist also nicht zum Nachweis der Eigenart verpflichtet, sondern er muss lediglich die Elemente angeben, welche dem Muster Eigenart verleihen (EuGH GRUR 2014, 774 (776) Rn. 45 – KMF/Dunnes). Je überzeugender die Ausführungen zur Eigenart des Verfügungsgeschmacksmusters sind, desto größer ist die Chance dafür, dass das Gericht eine mündliche Verhandlung wegen dieses Kriteriums nicht für erforderlich hält.

6. Antrag auf Erlass einstw. Verfügung (mit Herausgabeanordnung)   **F. 6**

Bei eingetragenen deutschen Designs wird nach § 39 DesignG die Rechtsgültigkeit vermutet und diese Norm ist auch im einstweiligen Verfügungsverfahren anwendbar. Strittig ist jedoch, ob § 52a DesignG im Eilverfahren Anwendung findet (bejahend KG GRUR-RR 2016, 145 Rn. 17 – Bettendesign; verneinend *Eichmann/von Falckenstein/ Kühne* DesignG § 52a Rn. 3). Diese Norm sieht vor, dass sich der Anspruchsgegner auf die fehlende Rechtsgültigkeit eines eingetragenen Designs nur berufen kann, indem er Widerklage erhebt oder die Feststellung bzw. Erklärung der Nichtigkeit nach § 34 DesignG beantragt. Nachdem eine Widerklage im einstweiligen Verfügungsverfahren ausscheidet, muss der Anspruchsgegner also nach der Auffassung des KG den Antrag nach § 34 DesignG stellen, um fehlende Neuheit im einstweiligen Verfügungsverfahren geltend machen zu können Das KG begründet seine Auffassung insbesondere damit, dass es im DesignG gerade keine dem Art. 90 Abs. 2 GGV vergleichbare Norm gibt, wonach im Eilverfahren der Einwand als Einrede geltend gemacht werden kann (KG GRUR-RR 2016, 145 Rn. 17 – Bettendesign).

15. Ob die maßgeblichen Fachkreise durch die Beobachtung eines ausländischen Marktgeschehens von einem dort verbreiteten Erzeugnis Kenntnis erlangen konnten, bedarf der konkreten Feststellung (vgl. BGH GRUR 2004, 427 (428) – Computergehäuse). Bei einer Veröffentlichung in Taiwan kann für Computer davon ausgegangen werden, dass sie für die maßgeblichen Fachkreise relevant ist (vgl. BGH GRUR 2004, 428). Ob dasselbe auch für Teppichklopfer gilt, müsste gegebenenfalls festgestellt werden. Im Textbeispiel kann es jedoch offen bleiben, ob eine Offenbarung iSd Art. 7 Abs. 1 GGV stattgefunden hat, wenn davon ausgegangen werden kann, dass eine – unterstellte – Offenbarung der Neuheit und der Eigenart des Verfügungsgeschmacksmusters nicht entgegensteht.

16. Das Ergebnis einer Nachahmung ist nach Art 19 Abs. 1 S. 1 GGV die subjektive Voraussetzung des Schutzes von nicht eingetragenen Gemeinschaftsgeschmacksmustern. Mit „angefochtene Benutzung" ist das beanstandete Erzeugnis gemeint. Ebenso wie bei der Aufschiebung der Bildbekanntmachung (vgl Art. 19 Abs. 3 GGV; § 38 Abs. 2 DesignG) setzt das Ergebnis einer Nachahmung voraus, dass dem Entwerfer die Erscheinungsform des geschützten Musters bei seiner Entwurfstätigkeit als Vorlage gedient hat. Dem Entwerfer muss daher das geschützte Muster bekannt gewesen sein. In Art. 19 Abs. 2 S. 2 GGV wird das dadurch klargestellt, dass nicht von einer Nachahmung ausgegangen werden kann, wenn von dem Entwerfer angenommen werden kann, er habe das geschützte Muster nicht gekannt. Durch das Kriterium „berechtigterweise" wird zum Ausdruck gebracht, dass nicht jede theoretische Möglichkeit der Kenntnisnahme ausreicht, sondern eine nach der Lebenserfahrung realistische Möglichkeit der Kenntnisnahme bestanden haben muss. Es kommt zwar nur auf die Kenntnis des Entwerfers an, nicht jedoch des Rechtsnachfolgers, Herstellers oder Abnehmers (vgl. LG Düsseldorf DesignE 3, 360 – Stoffdesign). Wenn jedoch ein Abnehmer als Initiator eine Vorlage zur Verfügung gestellt hat, wird er als Entwerfer zu behandeln sein.

Weil der Anspruchsteller das Muster der Öffentlichkeit zugänglich gemacht hat, obliegt ihm die Darlegungs- und Beweislast dafür, dass von dem Entwerfer des beanstandeten Erzeugnisses berechtigterweise angenommen werden kann, er habe das geschützte Muster gekannt. Der Anspruchsteller muss daher Tatsachen vortragen, aus denen gefolgert werden kann, dass der Entwerfer des beanstandeten Erzeugnisses den Gegenstand des nicht eingetragenen Gemeinschaftsgeschmacksmusters kennen konnte. Das ist zB der Fall, wenn der Entwerfer ein Exemplar eines Musters auf einer Fachmesse sehen konnte (vgl. BGH GRUR 1975, 383 (386) – Möbelprogramm) oder wenn eine geschützte Straßenleuchte am Wohnsitz des Entwerfers installiert war (vgl. BGH GRUR 1961, 640 (643) – Straßenleuchte). Die Kenntnis des Entwerfers aus Skizzen (vgl. BGH GRUR 1958, 509 (511) – Schlafzimmermodell), oder Abbildungen (vgl. BGH GRUR

1975, 383 (386) – Möbelprogramm) uä reicht aus. Der Entwerfer muss die Vorlage im Zeitpunkt der Schaffung des beanstandeten Produkts als Vorbild genutzt haben (vgl. BGH GRUR 2008, 1115 Rn. 24 – ICON). Auch wenn den Anspruchsteller die Beweislast für die Nachahmung trifft, dürfen die Anforderungen nicht derart überspannt werden, dass die Beweisführung praktisch unmöglich oder übermäßig erschwert wird. Im Lichte des Effektivitätsgrundsatzes muss das Gericht alle ihm nach dem nationalen Recht zu Gebote stehenden Verfahrensmaßnahmen ausschöpfen, um die mit der Beweislast verbundenen Schwierigkeiten beim Anspruchsteller zu beheben (EUGH GRUR 2014, 368 (370) Rn. 43 – Gautzsch Großhandel/MBM Joseph Duna).

17. Wenn ein selbständiger Entwurf in dem beanstandeten Erzeugnis verwirklicht ist, kann nach Art. 19 Abs. 2 S. 2 GGV nicht von dem Ergebnis einer Nachahmung ausgegangen werden. Für den Nachbildungswillen des Entwerfers spricht eine Vermutung, wenn zwischen dem beanstandeten Erzeugnis und dem geschützten Muster weitgehende Übereinstimmungen bestehen (vgl. BGH GRUR 2012, 1253 Rn. 37 – Gartenpavillon). Dabei kann es nicht nur auf Übereinstimmungen oder Ähnlichkeiten in gestalterischen Erscheinungsmerkmalen ankommen, sondern auch auf Übereinstimmungen in Abmessungen und sonstigen Gestaltungsmerkmalen. Für die Selbstständigkeit einer Entwurfstätigkeit obliegt die Darlegungs- und Beweislast dem Anspruchsgegner (EuGH GRUR 2014, 368 (370) Rn. 41 – Gautzsch Großhandel/MBM Joseph Duna). Die Vermutung für eine Nachahmung ist widerlegt, wenn das beanstandete Erzeugnis das Ergebnis einer selbstständigen Entwurfstätigkeit war. Wenn im Zeitpunkt der Entwurfstätigkeit das zu schützende Muster weder auf dem Markt war noch dem Entwerfer auf andere Weise bekannt geworden ist, kann zwar die Vernehmung von Zeugen und die Vorlage von datierten Zeichnungen einer Zulieferfirma zum Ergebnis haben, dass das Gericht von einer unabhängigen Gestaltungstätigkeit überzeugt ist (vgl. BGH GRUR 2008, 1115 Rn. 28 – ICON). Um Schutzbehauptungen entgegenzuwirken, muss jedoch in der Regel konkreter Beweisantritt dafür erfolgen, dass das beanstandete Erzeugnis zu einem Zeitpunkt entworfen worden ist, in dem das ältere Erzeugnis weder auf dem Markt war noch dem Anspruchsgegner auf andere Weise bekannt geworden sein konnte (vgl. BGH GRUR 2008, 1115 Rn. 28). Weil es ausreicht, dass der Entwerfer das Muster unbewusst in sein Formengedächtnis aufgenommen hat (vgl. BGH GRUR 1981, 273 (276) – Leuchtenglas), braucht Beweisantritten nicht nachgegangen zu werden, der Entwerfer habe nach eigenen Gesichtspunkten (vgl. BGH GRUR 1958, 509 (511) – Schlafzimmermodell) oder nach früheren Arbeiten gearbeitet (vgl. BGH GRUR 1981, 269 (272) – Haushaltsschneidemaschine II).

18. Wenn in einem Verfahren Ansprüche sowohl auf den Schutz des nicht eingetragenen Gemeinschaftsgeschmacksmusters als auch auf den wettbewerbsrechtlichen Nachahmungsschutz gestützt werden, handelt es sich um zwei unterschiedliche Streitgegenstände (→ Anm. 21). Wenn ein neuer Streitgegenstand in das Verfahren eingeführt wird, ist das eine Klageänderung (vgl. BGH GRUR 2011, 521 Rn. 5 – TÜV I; BGH GRUR 2011, 1043 Rn. 32 – TÜV II); diese ist nur zulässig, wenn der Beklagte einwilligt oder wenn das Gericht sie für sachdienlich erachtet (§ 263 ZPO). Im Eilverfahren kann für einen neuen Streitgegenstand die Dringlichkeit entfallen sein (vgl. OLG Frankfurt a. M. GRUR-RR 2011, 66 – Stiefelette). Wenn dem nur auf das nicht eingetragenen Gemeinschaftsgeschmacksmuster gestützten Antrag nicht stattgegeben wird, könnte eine Berufung kaum mit Aussicht auf Erfolg auf den wettbewerbsrechtlichen Nachahmungsschutz gestützt werden. Dem wirkt entgegen, dass bereits im Verfahren vor dem Landgericht der wettbewerbsrechtliche Nachahmungsschutz als eigenständiger Streitgegenstand geltend gemacht wird. Weil sich die tatsächlichen Schutzvoraussetzungen weitgehend überschneiden, kann der Sachvortrag kurz gehalten sein. Dass auf den wettbewerbsrechtlichen Nachahmungsschutz kein Anspruch auf

6. Antrag auf Erlass einstw. Verfügung (mit Herausgabeanordnung)   F. 6

Vernichtung gestützt werden kann, würde sich nur auf die beantragte Herausgabeanordnung auswirken.

19. Die Vollziehung eines Urteils, mit dem einem Antrag auf Vernichtung von rechtsverletzenden Erzeugnissen hergestellten Nachbildungsstücken stattgegeben wird, setzt zwar keine Rechtskraft voraus. Aber bis zur Entscheidung über eine Hauptsacheklage und bis zur Herbeiführung der vorläufigen Vollstreckbarkeit (vgl. § 709 S. 1 ZPO) vergeht so viel Zeit, dass der Beklagte die Möglichkeit hat, rechtsverletzende Erzeugnisse rechtmäßig dem Zugriff des Klägers zu entziehen. Es besteht daher die Gefahr, dass bis zur Vollstreckung aus einem Urteil die Verwirklichung des Vernichtungsanspruchs vereitelt werden könnte (vgl. § 935 ZPO).

Dieser Gefahr kann dadurch entgegengewirkt werden, dass im Wege der einstweiligen Verfügung eine Anordnung mit geeignetem Inhalt getroffen wird (vgl. § 938 Abs. 1 ZPO). In entsprechender Anwendung der §§ 883, 886 ZPO kann das Gericht anordnen, dass die rechtsverletzenden Erzeugnisse von einem Gerichtsvollzieher weggenommen werden können. Dem Sicherungszweck wird dadurch Rechnung getragen, dass der Gerichtsvollzieher die rechtsverletzenden Erzeugnisse nicht dem Antragsteller übergibt, sondern in Verwahrung nimmt oder in Verwahrung gibt. Die ausdrückliche Erwähnung der Sequestration als Möglichkeit einer Sicherungsmaßnahme in § 938 Abs. 2 ZPO ist offensichtlich der Grund dafür, dass dieser Vorgang häufig auch bei einer sog. Beschlagnahme so bezeichnet wird. Einer mit Verwaltungsmaßnahmen verbundenen Verwahrung bedarf es jedoch bei rechtsverletzenden Erzeugnissen in der Regel nicht (vgl. *Eichmann/von Falkenstein/Kühne* DesignG § 43 Rn. 11; Ahrens/*Spätgens* Kap. 63 Rn. 28).

Ob es zur Vermeidung des Kostenrisikos aus § 93 ZPO einer außergerichtlichen Herausgabeaufforderung bedarf, hängt von dem Risiko einer Vereitelungsgefahr ab (vgl. hierzu OLG Frankfurt a. M. WRP 1976, 775; OLG Frankfurt a. M. GRUR 1983, 757; OLG Hamburg WRP 1978, 146 (147); OLG Hamburg GRUR 1984, 758; OLG Hamburg GRUR 1988, 241; OLG Köln WRP 1984, 642; OLG Nürnberg WRP 1981, 341 (342); OLG Hamburg GRUR-RR 2004, 191 (192)). Insbesondere bei sog. flüchtiger Ware (vgl. OLG Düsseldorf WRP 1997, 471 (472)), also bei Erzeugnissen von geringer Größe (vgl. OLG Düsseldorf NJW-WettbR 1998, 234 (235); OLG München NJW-WettbR 1999, 239 (240)) und bei Hochwertigkeit (vgl. OLG Köln NJW-WettbR 2000, 303 (304)) muss mit der Möglichkeit gerechnet werden, dass diese Erzeugnisse dem Zugriff des Antragstellers entzogen werden. Handelsunternehmen können häufig nicht auf Regressansprüche vertrauen, weil Kenntnis (vgl. § 439 Abs. 1 BGB) von dem Rechtsmangel (vgl. § 434 BGB) der Schutzrechtsverletzung bestehen kann oder weil die Geltendmachung von Regressansprüchen vertraglich abbedungen sein kann oder faktisch nicht realisierbar ist. Ein Totalverlust und eine Auseinandersetzung mit dem Lieferanten kann in einfacher Weise dadurch vermieden werden, dass die Ware einem Dritten übergeben wird (zB dem Lieferanten oder einem anderen Handelsunternehmen). Im Bereich des Designschutzes sind Erzeugnisse selten so auf länderspezifische Besonderheiten ausgerichtet, dass sie nicht auch in anderen Ländern verkäuflich wären. Die Warnfunktion (vgl. *Köhler/Bornkamm/Feddersen* UWG § 12 Rn. 1.5) einer Unterlassungsaufforderung wird es daher einem Hersteller nahe legen, die beanstandeten Erzeugnisse dadurch vor einem Verlust zu retten, dass sie in ein Land verbracht werden, in dem kein Schutz besteht. Im Allgemeinen ist es daher gerechtfertigt, dass keine allzu strengen Anforderungen an die Entbehrlichkeit einer Verwarnung gestellt werden dürfen (Fezer/Büscher/Obergfell UWG § 12 Rn. 29; *Teplitzky* Kap. 41 Rn. 31). Bei schutzrechtsverletzender Ware ist idR die Besorgnis berechtigt, dass der Verletzer versuchen wird, eine Beschlagnahme zu vereiteln (OLG Hamburg GRUR-RR 2004, 192; KG MD 2008, 753; Ullmann/*Hess* UWG § 12 Rn. 20; *Amschewitz* WRP 2012,

401 ff.). Wenn es um rechtsverletzende Erzeugnisse geht, muss ganz allgemein befürchtet werden, dass der Antragsgegner die Ware dem Zugriff des Antragstellers nicht freiwillig preisgeben wird; die Gefahr einer Vereitelung des Rechtsschutzes muss daher nicht durch besondere Verdachtsmomente belegt werden (*Köhler/Bornkamm/Feddersen* UWG § 12 Rn. 1.61). Eine Unterlassungsaufforderung ist daher nur zumutbar, wenn konkrete Anhaltspunkte dafür vorliegen, dass die zu vermutende Gefahr des Beiseiteschaffens von Ware ausnahmsweise ausgeschlossen ist (vgl. OLG Karlsruhe GRUR-RR 2013, 182 (183)).

Ohnehin muss nur nach einem etwaigen Kostenwiderspruch geprüft werden, ob eine Vereitelungsgefahr bestanden hat oder ob das ausnahmsweise nicht der Fall war. Eine außergerichtliche Aufforderung zur Abgabe einer den Verfügungsanträgen entsprechenden Verpflichtungserklärung spielt daher nur dann eine Rolle, wenn der Antragsgegner sofort anerkennt (§ 93 ZPO). Nicht im Erkenntnisverfahren, sondern erst im Verfahren des (Kosten-)Widerspruchs wird dann darüber entschieden, ob ausreichender Anlass für eine Vereitelungsbesorgnis bestanden hat (vgl. hierzu – jeweils mwN – OLG Nürnberg WRP 1995, 427; OLG Düsseldorf WRP 1997, 471 (472); OLG München MD 1999, 439 (441); Gloy/Loschelder/Erdmann UWG-HdB/*Schwippert* § 84 Rn. 11; *Teplitzky* Kap. 41 Rn. 30 f.). Wenn die Beschlagnahmeanordnung nicht vollzogen worden ist, muss der Antragsteller hierfür eine schlüssige Begründung darlegen; andernfalls liegt die Annahme nahe, dass kein schützenswertes Interesse für eine Sicherungsmaßnahme bestanden hat (KG MD 2008, 753).

20. Welchen Anforderungen die Überzeugungskraft der Glaubhaftmachungsmittel Genüge leisten muss, ist für den Antrag auf Herausgabeanordnung gesetzlich nicht geregelt. Weil keine Vernichtung, sondern Sicherstellung angeordnet werden soll, kommt es für die Interessenbewertung allein auf die Besitzentziehung bis zum Hauptsacheurteil an. Bei modischen und sonstigen kurzlebigen Erzeugnissen kann das allerdings einem Substanzverlust nahe kommen. Wenn im Hauptsacheverfahren keine Vernichtung angeordnet wird, ist der Antragsteller zum Ersatz des Entziehungsschadens verpflichtet (vgl. § 945 ZPO). In interessengerechter Ermessensausübung kann das Gericht gegebenenfalls zwar eine Sicherheitsleistung anordnen; die Beschaffung und die Zustellung einer Sicherheits-Bankbürgschaft (→ Form. F.5 Anm. 11) kann jedoch zu erheblichen Verzögerungen führen. Die Offensichtlichkeit einer Rechtsverletzung muss jedenfalls nicht glaubhaft gemacht werden, weil die Sicherstellung – anders als die Drittauskunft (→ Form. F.7 Anm. 3) – keine Anspruchserfüllung zur Folge hat.

21. Wenn mehrere Schutzmöglichkeiten zur Verfügung stehen, war es lange Zeit hindurch möglich, diese entweder alternativ oder kumulativ geltend zu machen (vgl. zB BGH GRUR 2001, 755 (756) – Telefonkarte; BGH GRUR 2009, 766 – Stofffähnchen; BGH GRUR 2010, 642 – WM-Marken). Erstmals in den „TÜV"-Urteilen (vgl. BGH GRUR 2011, 521 Rn. 9 – TÜV I; BGH GRUR 2011, 1043 Rn. 30 – TÜV II) hat jedoch der BGH entschieden, dass eine alternative Klagehäufung gegen das prozessuale Bestimmtheitsgebot verstößt. Der Kläger muss daher bei mehreren Streitgegenständen bekannt geben, worauf er seine Ansprüche in erster Linie stützt und welche Ansprüche in zweiter Linie und gegebenenfalls in dritter Linie geltend gemacht werden (vgl. BGH GRUR 2011, 1043 Rn. 37). Unterschiedliche Streitgegenstände ergeben sich ua bei mehreren eingetragenen Designs (vgl. BGH GRUR 2011, 1117 Rn. 16 – ICE) und bei mehreren Gemeinschaftsgeschmacksmustern. Wird dasselbe Klagebegehren auf ein Schutzrecht und auf wettbewerbsrechtlichen Nachahmungsschutz gestützt, hat das ebenfalls zwei verschiedene Streitgegenstände zur Folge (vgl. BGH GRUR 2001, 755 (757)). Es ist eine Besonderheit des Designrechts, dass vielfach Schutzmöglichkeiten aus verschiedenen Rechtsgebieten in Betracht kommen (vgl. zB *Jänich* GRUR 2008, 873 zu Automobilplagiaten). Wird ein Klageantrag zB sowohl auf Designrecht als auch auf

6. Antrag auf Erlass einstw. Verfügung (mit Herausgabeanordnung) F. 6

Urheberrecht und auf wettbewerbsrechtlichen Nachahmungsschutz gestützt, ergeben sich daraus drei unterschiedliche Streitgegenstände (vgl. *Berneke* WRP 2007, 579 (582)).

Anstelle der früher üblichen alternativen Klagehäufung mit einem einheitlichen Streitwert müssen seit den „TÜV"-Urteilen der Hauptanspruch und der Hilfsanspruch bzw. mehrere Hilfsansprüche gesondert bewertet werden. Nach § 45 Abs. 1 S. 2 GKG erfolgt grundsätzlich eine Addition der Teil-Streitwerte, soweit eine Entscheidung auch über den Hilfsanspruch ergeht. Wenn jedoch die Ansprüche denselben Gegenstand betreffen, ist nach § 45 Abs. 1 S. 3 GKG nur der Wert des höheren Anspruchs maßgebend. Das OLG Frankfurt a.M. (vgl. OLG Frankfurt a.M. GRUR-RR 2012, 367 (368) – Streitwertaddition) hat in einem Eilverfahren dem vom Antragsteller vorgeschlagenen Streitwert von 200.000,00 EUR zwar indizielle Bedeutung beigemessen, dessen ungeachtet aber den Streitwert auf 800.000,00 EUR festgesetzt. Der Antrag auf Unterlassung des Angebots und des Vertriebs eines Fahrradmodells in der EU war auf sieben eingetragene Gemeinschaftsgeschmacksmuster sowie auf ein nicht eingetragenes Gemeinschaftsgeschmacksmuster und auf ergänzenden wettbewerbsrechtlichen Leistungsschutz gestützt. Das OLG Frankfurt a.M. hat als Teil-Streitwert für die eingetragenen Gemeinschaftsgeschmacksmuster je 100.000,00 EUR festgesetzt. Weil das nicht eingetragene Gemeinschaftsgeschmacksmuster nur eine Schutzdauer von drei Jahren hat und der ergänzende wettbewerbsrechtliche Leistungsschutz sich nur auf das Gebiet der Bundesrepublik Deutschland bezieht, haben sich daraus Teil-Streitwerte von je 50.000,00 EUR ergeben. Nicht gefolgt ist dabei das OLG Frankfurt a.M. der Ansicht, dass bei inhaltlichen Überschneidungen von Schutzrechten Hilfsansprüchen ein deutlich geringerer Wert als dem Hauptanspruch beigemessen werden könne (vgl. *Büscher* GRUR 2012, 16 (23)). Weder eine Addition noch eine Abstaffelung kann die Folge sein, wenn bei der Auslegung des § 45 Abs. 1 S. 3 GKG der Streitgegenstand nicht zivilprozessual, sondern gebührenrechtlich betrachtet wird. Das kann zum Ergebnis haben, dass die wirtschaftliche Einheit von unterschiedlichen Anträgen „denselben Gegenstand" ergibt (vgl. *Engels* GRUR Prax 2011, 523 (524); *Labesius* GRUR-RR 2012, 317 (319)).

22. Zum Streitwert für den Unterlassungsanspruch → Form. F.9 Anm. 24. Die einstweilige Verfügung ist zwar eine Maßnahme mit nur vorläufigem Charakter (vgl. §§ 936, 926, 927 ZPO). Aber weil in der Praxis einem Eilverfahren selten ein Hauptsacheverfahren nachfolgt, wird im Eilverfahren kein Abschlag oder nur ein geringer Abschlag auf den Wert des Unterlassungsanspruchs vorgenommen.

Der Streitwert der Herausgabeanordnung richtet sich nach dem Verkehrswert der rechtsverletzenden Erzeugnisse, die der Vernichtung zugeführt werden sollen (vgl. *Eichmann/von Falckenstein/Kühne* DesignG § 54 Rn. 5). Die Summe der Verkehrswerte unterliegt der Schätzung des Antragstellers. Ebenso wie bei Anträgen auf Feststellung der Schadensersatzpflicht (→ Form. F.9 Anm. 14) kommt es grundsätzlich auf den Kenntnisstand des Anspruchstellers im Zeitpunkt des Verfahrensbeginns an. Dem Sicherungszweck wird durch einen angemessenen Abschlag Rechnung getragen.

Kosten und Gebühren

23. Die Gerichtsgebühren richten sich nach dem Streitwert (vgl. § 3 Abs. 1 GKG). Es fällt eine 3,0 Gebühr nach KV 1210 GKG an. Die Rechtsanwaltsgebühr richtet sich nach dem Gegenstandswert (vgl. § 2 Abs. 1 RVG) und damit nach dem Streitwert des Gerichtsverfahrens. Für die Einreichung des Antrags auf Erlass einer einstweiligen Verfügung fällt eine 1,3 Verfahrensgebühr nach VV 3100 RVG an. Wenn es zu einer mündlichen Verhandlung kommt, entsteht eine 1,2 Termingebühr nach VV 3104

RVG. Wenn ein Patentanwalt mitwirkt, sind dessen Gebühren in gleicher Höhe wie die Kosten des Prozessanwalts erstattungsfähig (vgl. § 63 Abs. 4 DesignG iVm § 52 Abs. 4 DesignG). Das gilt sowohl für die Mitwirkung auf Seiten des Anspruchstellers als auch für die Mitwirkung auf Seiten des Anspruchsgegners. Zum Streitwert → Anm. 22.

Fristen und Rechtsbehelfe

24. Wenn dem Antrag auf Erlass einer einstweiligen Verfügung durch Beschluss stattgegeben wird, kann gegen diesen Beschluss Widerspruch eingelegt werden (vgl. § 936 ZPO iVm § 924 Abs. 1 ZPO). Durch die Erhebung des Widerspruchs wird die Verbotswirkung nicht gehemmt (vgl. § 936 ZPO iVm § 924 Abs. 3 S. 1 ZPO). Anstelle eines Widerspruchs kann die Anordnung der Klageerhebung und/oder die Aufhebung wegen veränderter Umstände beantragt werden (vgl. § 936 ZPO iVm § 926 ZPO bzw. § 927 ZPO). Durch diese Maßnahmen tritt ebenfalls keine Hemmung der Verbotswirkung ein.

Wenn über den Antrag auf Erlass einer einstweiligen Verfügung mündlich verhandelt wird (vgl. § 936 ZPO iVm § 922 Abs. 1 S. 1 ZPO oder § 924 Abs. 2 S. 2 ZPO), ergeht die Entscheidung durch Endurteil (vgl. § 936 ZPO iVm § 922 Abs. 1 S. 1 ZPO). Gegen dieses Urteil kann Berufung eingelegt werden (→ Form. F.9 Anm. 25).

7. Aufforderung zur Drittauskunft aufgrund eingetragenem Gemeinschaftsgeschmacksmuster

City Handels-GmbH

(Anschrift)

Telefax Nr.: ......

                                                                           Datum

Sehr geehrte Damen und Herren,

die von mir vertretene Hinrich Klopfer KG ist Inhaberin des Gemeinschaftsgeschmacksmusters[1] Nr. ......, das am ...... angemeldet und am ...... eingetragen worden ist.

In diesem Gemeinschaftsgeschmacksmuster ist ein Teppichklopfer dargestellt, bei dem der Kopfteil aus zwei brezelförmigen Elementen gebildet ist und der schlanke Stiel in einen handlichen Griff übergeht. Eine Kopie der Eintragungsurkunde für dieses Gemeinschaftsgeschmacksmuster füge ich bei.

Der durch das Gemeinschaftsgeschmacksmuster unter Schutz gestellte Teppichklopfer ist neu (Art. 5 GGV) und eigenartig (Art. 6 GGV). Bei vorbekannten Teppichklopfern bestehen der Kopfteil aus geflochtenen und der Stiel aus wendelartig angeordneten Naturrohrstücken. Der Entwerfer des durch das Gemeinschaftsgeschmacksmuster unter Schutz gestellten Teppichklopfers hat sich von diesen Vorgaben der handwerklichen Rohrflechterei völlig gelöst und einen Teppichklopfer gestaltet, der eine begriffliche Aussage – Kopfteil in Form einer Doppelbrezel – mit einem zweckmäßigen Griff – nach Art eines Badmintonschlägers – verbindet. Das Ergebnis dieser Gestaltungstätigkeit hebt sich deutlich von vorbekannten Teppichklopfern ab.

7. Aufforderung zur Drittauskunft F. 7

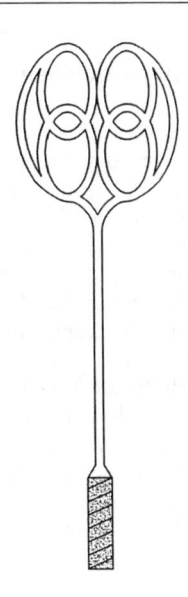

Die Teppichklopfer, die Ihr Unternehmen seit kurzem unter der Bezeichnung „Da Capo" in den Verkehr bringt, sind nahezu identisch mit dem Gegenstand des Gemeinschaftsgeschmacksmusters meiner Mandantin. Die von Ihrem Unternehmen verbreiteten Teppichklopfer erwecken daher gegenüber dem Gemeinschaftsgeschmacksmuster Nr. ...... keinen abweichenden Gesamteindruck (vgl. Art. 10 Abs. 1 GGV).

Zur Unterbindung von weiteren Rechtsverletzungen hat meine Mandantin einen Anspruch[2] auf Auskunft über die Herkunft und die Vertriebswege der schutzrechtsverletzenden Erzeugnisse. Das ergibt sich aus Art. 89 Abs. 1 Buchst. d GGV iVm § 46 Abs. 1 DesignG. Ich fordere Sie auf, diese Auskunft[3] so zu erteilen, wie das in Abschnitt 1 der beigefügten Verpflichtungserklärung präzisiert ist, und die in Abschnitt 2 dieser Erklärung aufgeführten Belege zur Verfügung zu stellen.[4]

Diese Ansprüche bestehen unabhängig davon, ob Ihrem Unternehmen als Handelsunternehmen das Schutzrecht meiner Mandantin bekannt war. Spätestens seit Zugang dieses Schreibens haben Sie Kenntnis davon, dass das Inverkehrbringen der Teppichklopfer „Da Capo" die Rechte aus dem Gemeinschaftsgeschmacksmuster Nr. ...... verstößt. Ihr Unternehmen ist daher nach Art. 89 Abs. 1 Buchst. a GGV auch dazu verpflichtet, den Vertrieb (vgl. Art. 19 Abs. 1 GGV) der rechtsverletzenden Teppichklopfer zu unterlassen[5] und das in Abschnitt 3 der Verpflichtungserklärung zu bestätigen.

Wenn mir die Verpflichtungserklärung[6] nicht bis spätestens ......

(Frist von ca. 7 Tagen)

vorliegen sollte, werde ich meiner Mandantin empfehlen, eine gerichtliche Entscheidung zu beantragen.[7, 8, 9]

Mit freundlichen Grüßen

Patentanwalt

Anmerkungen

1. Die Regelungen für das eingetragene Gemeinschaftsgeschmacksmuster stimmen weitgehend mit den Regelungen für deutsche eingetragene Designs überein. Inhaltlich übereinstimmend sind insbesondere die grundlegenden Begriffsbestimmungen, die Schutzvoraussetzungen der Neuheit und der Eigenart sowie die Bestimmungen zum Schutzumfang. Die wichtigsten Unterschiede bestehen darin, dass der Übergang von Rechten (Art. 28 GGV), die Bestellung von dinglichen Rechten (Art. 29 GGV) und von Lizenzen (Art. 32 GGV) sowie Maßnahmen der Zwangsvollstreckung (Art. 30 GGV) Dritten gegenüber grundsätzlich nur Wirkung entfalten, wenn sie in das Register eingetragen sind (Art. 33 Abs. 2 S. 1 GGV). Dritte im Sinne dieser Vorschrift sind Erwerber des betroffenen Gemeinschaftsgeschmacksmusters, nicht aber Verletzer. Der EuGH hat auf Vorlage des OLG Düsseldorf festgestellt, dass Art. 33 Abs. 2 S. 1 GGV dahingehend auszulegen ist, dass ein Lizenznehmer Ansprüche wegen der Verletzung des lizenzierten Gemeinschaftsgeschmacksmuster geltend machen kann, obwohl die Lizenz nicht in das Register eingetragen worden ist (EuGH GRUR 2016, 1163 – Waschball). Im Urteil wurde auch ein eigenständiger Schadensersatzanspruch des Lizenznehmers bejaht.

2. Die Sanktionen für Gemeinschaftsgeschmacksmuster sind in Art. 89 GGV unvollständig geregelt. Im Vordergrund steht der Unterlassungsanspruch, der in Art. 89 Abs. 1 Buchst. a GGV als Verbot von rechtsverletzenden Handlungen bezeichnet ist. Durch Art. 89 Abs. 1 Buchst. d GGV wird zu anderen Sanktionen ermächtigt, die den Umständen angemessen und in der Rechtsordnung des betroffenen Mitgliedstaats vorgesehen sind. Hieraus ergibt sich iVm § 46 Abs. 1, 2 DesignG, § 242 BGB ein Anspruch auf Auskunft und Rechnungslegung (vgl. BGH GRUR 2010, 718 Rn. 66 – Verlängerte Limousinen). Ebenfalls auf Art. 89 Abs. 1 Buchst. d GGV kann der Vernichtungsanspruch gestützt werden, weil die in Art. 89 Abs. 1 Buchst. b und Buchst. c GGV geregelten Beschlagnahmen nur vorübergehende Sicherungsmaßnahmen sind. Weil Art. 89 Abs. 1 Buchst. d GGV an Verletzungshandlungen anknüpft, die in einem Mitgliedstaat begangen worden sind, bestehen Ansprüche auf Schadensersatz, Auskunft und Rechnungslegung nur für das Inland, wenn nur insoweit Verletzungshandlungen festgestellt worden sind (vgl. BGH GRUR 2010, 71 Rn. 59, 65).

3. Zur Auskunft über die Quellen und die Vertriebswege von schutzrechtsverletzenden Erzeugnissen ist ua verpflichtet, wer im geschäftlichen Verkehr rechtswidrig hergestellte Nachbildungsexemplare verbreitet, dh angeboten oder in den Verkehr gebracht hat; schuldhaftes Handeln ist nicht erforderlich. Der Darlegungsgehalt einer Auskunftsaufforderung unterscheidet sich daher nicht grundsätzlich von dem Darlegungsgehalt einer Unterlassungsaufforderung (→ Form. F.3). Die Durchsetzung im Wege der einstweiligen Verfügung setzt jedoch die Glaubhaftmachung einer offensichtlichen Rechtsverletzung voraus (→ Form. F.8 Anm. 6). Ein Anspruch auf Drittauskunft besteht zwar nicht, wenn die Auskunft unverhältnismäßig ist; weil dabei auf den Einzelfall abzustellen ist, hat jedoch der Anspruchsgegner besondere Umstände darzulegen, die gegen eine Einbeziehung von Drittbeteiligten sprechen (vgl. BGH GRUR 1995, 338 (340) – Kleiderbügel). Die Einräumung eines Wirtschaftsprüfervorbehalts steht in der Regel nicht in Einklang mit dem Zweck der Drittauskunft (vgl. BGH GRUR 1995, 338 (341); für Ausnahmevoraussetzungen ist der Anspruchsgegner darlegungspflichtig (vgl. BGH GRUR 1995, 338 (342)).

Die Auskunftspflicht umfasst Angaben (vgl. § 46 Abs. 3 DesignG) über

7. Aufforderung zur Drittauskunft
F. 7

1. Namen und Anschrift der Hersteller, Lieferanten und anderer Vorbesitzer der Erzeugnisse (oder Dienstleistungen) sowie der gewerblichen Abnehmer und Verkaufsstellen, für die sie bestimmt waren;
2. die Menge der hergestellten, ausgelieferten, erhaltenen oder bestellten Erzeugnisse sowie die Preise, die für die betreffenden Erzeugnisse (oder Dienstleistungen) bezahlt wurden.

Angaben über die Verkaufspreise unterliegen im Rahmen der sog. Drittauskunft nicht der Auskunftspflicht (BGH GRUR 2008, 796 Rn. 18 f. – Hollister). Gegebenenfalls muss auch über Parallelimporte aus Drittländern Auskunft erteilt werden (vgl. OLG Stuttgart GRUR Int. 1998, 806 (807)).

4. Zum Anspruch auf Belegvorlage → Form. F.8 Abschnitt 8.

5. Die Verwarnung von Abnehmern schutzrechtsverletzender Gegenstände gilt als grundsätzlich zulässig (vgl. BGH GRUR 1995, 424 (425) – Abnehmerverwarnung). Eine unbegründete Verwarnung von Abnehmern eines Lieferanten kann unter dem Gesichtspunkt des rechtswidrigen und schuldhaften Eingriffs in das Recht des Lieferanten an seinem eingerichteten und ausgeübten Gewerbebetrieb Ansprüche auf Schadensersatz und auf Unterlassung auslösen (vgl. BGH WRP 2006, 579 (580 f.) – Unbegründete Abnehmerverwarnung). Die erforderliche Unmittelbarkeit des Eingriffs in den Gewerbebetriebe ergibt sich ohne weiteres schon daraus, dass Abnehmer leicht geneigt sind, sich der Verwarnung zu beugen, weil sie häufig auf Drittprodukte ausweichen können und deswegen in der Regel nicht bereit sind, die mit einem Rechtsstreit verbundenen Risiken in Kauf zu nehmen (vgl. BGH GRUR 2006, 219 (221) – Detektionseinrichtung II; BGH WRP 2006, 579 (581) – Unbegründete Abnehmerverwarnung). In der grundlegenden Entscheidung (→ Form. F.3 Anm. 1) des Großen Zivilsenats des BGH (BGH GRUR 2005, 882 – Unberechtigte Schutzrechtsverwarnung) ist die Abnehmerverwarnung als wichtigste und gravierendste Maßnahme der Schutzrechtsverwarnung so in den Vordergrund gestellt worden, dass der Eindruck entstehen konnte, es handele sich dabei um den Kern der Erwägungen des Großen Zivilsenats (vgl. *Köhler/Bornkamm/Feddersen* UWG § 4 Rn. 4.176; *Teplitzky* Kap. 41 Rn. 79 b; *Meier-Beck* WRP 2006, 790 (792)). Zwar ist es dem Schutzrechtsinhaber grundsätzlich freigestellt, sein – vermeintlich – verletztes Recht auch gegenüber Abnehmern von Mitbewerbern geltend zu machen; aber jede schuldhaft rechtswidrige Schutzrechtsverwarnung verpflichtet zum Schadensersatz (BGH GRUR 2005, 884).

Obwohl Abnehmerverwarnungen sogar existenzgefährdende Eingriffe in die Kundenbeziehungen von Lieferanten darstellen können (vgl. BGH GRUR 2006, 219 (221) – Detektionseinrichtung II), muss der Lieferant diese Maßnahmen nur dann nicht hinnehmen, wenn es sich um unlautere Wettbewerbshandlungen iSd § 3 UWG handelt. Bei Schutzrechtsverwarnungen kommt als Grundlage für einen Gegenanspruch idR nur § 4 Nr. 4 UWG in Betracht, wonach unlauter handelt, wer Mitbewerber gezielt behindert. Eine gezielte Mitbewerberbehinderung kann meistens nur aus Indizien gefolgert werden. Das kann zB bei einem überzogenen Gegenstandswert für den Anspruch auf Anwaltskostenerstattung, bei der Forderung einer ungewöhnlich hohen Vertragsstrafe, bei einer hervorgehobenen Betonung der Strafbarkeit der Fall sein. Ob auch die Geltendmachung von Schadensersatzansprüchen und/oder eine unverhältnismäßig große Anzahl von Verwarnungen indizielle Bedeutung haben, muss nach den Umständen des Einzelfalls gewürdigt werden. Die Verwarnung einer größeren Zahl von Abnehmern kann zulässig sein, wenn der Hersteller nach einer gegen ihn ergangenen einstweiligen Verfügung und nach einem bestätigenden Urteil auf der Rechtmäßigkeit seines Verhaltens besteht und keine Bereitschaft erkennen lässt, die rechtsverletzenden Erzeugnisse von seinen Abnehmern zurückzurufen (OLG München InstGE 6, 242 (246 f.)).

Weil der Anspruch auf Auskunft über die Herkunft und den Vertriebsweg von rechtsverletzenden Erzeugnissen gesetzlich gewährleistet ist, handelt der Rechtsinhaber in einem gesicherten Bereich, wenn er sich hierzu an Abnehmer eines Wettbewerbers wendet. Die Problematik der Abnehmerverwarnung wird daher in der Gesamtwürdigung entschärft, wenn ein Unterlassungsanspruch als zweiter Bestandteil einer Aufforderung zur Drittauskunft geltend gemacht wird. Wird jedoch ein unzutreffender Eindruck über die Schutzrechtslage erweckt, kann das gegenüber dem Lieferanten gegen § 5 UWG verstoßen (vgl. BGH GRUR 1995, 424 (426) – Abnehmerverwarnung; OLG Karlsruhe GRUR 1980, 314 (315); OLG Düsseldorf Mitt. 1996, 60 (61); OLG Dresden NJWE-WettbR 1999, 49 (50)). Der durch die Rechtswidrigkeit einer Abnehmerverwarnung beeinträchtigte Lieferant kann im Wege der Klage, bei Eilbedürftigkeit auch im Wege der einstweiligen Verfügung (vgl. OLG Karlsruhe GRUR 1980, 315; OLG Düsseldorf Mitt. 1996, 61; OLG Dresden NJWE-WettbR 1999, 50; OLG Nürnberg GRUR 1996, 48 (49); *Brandi-Dohrn* GRUR 1981, 479 (482 ff.)) weiteren Abnehmerverwarnungen durch einen Unterlassungstitel entgegenwirken.

6. Die Kosten der Geltendmachung des Anspruchs auf Drittauskunft hat der Anspruchsteller grundsätzlich selbst zu tragen, weil die Interessenlage nicht zu einer Geschäftsführung ohne Auftrag (→ Form. F.1 Anm. 11) führt. Der Auskunftsschuldner ist zur Kostenerstattung nur verpflichtet, wenn gegen ihn ein Anspruch auf Schadensersatz (zB nach Verzug) besteht.

Wenn gleichzeitig zur Unterlassung aufgefordert wird, kann zwar – nur – hierfür insoweit Kostenerstattung unter dem Gesichtspunkt der Geschäftsführung ohne Auftrag verlangt werden (→ Form. F.3 Anm. 10). Wenn Kostenerstattung gefordert wird, sollte noch kein Mandat für die Vertretung in einem Gerichtsverfahren bekannt gegeben werden, weil bei dieser Konstellation nicht die Regelgebühr von 1,3 nach VV 2400 RVG (→ Form. F.3 Anm. 10), sondern nur eine 0,8 Gebühr nach VV 3101 Nr. 3 RVG in Ansatz gebracht werden darf.

7. Hinweise zur Beantragung einer gerichtlichen Entscheidung, zur Fristverlängerung und zur Vorabübermittlung, zB entsprechend → Form. F.3.

Kosten und Gebühren

8. Die Anwaltskosten für die Aufforderung zur Drittauskunft hat der Anspruchsteller grundsätzlich selbst zu tragen. Wenn gleichzeitig ein Unterlassungsanspruch geltend gemacht wird, kann insoweit Kostenerstattung gefordert werden (→ Anm. 6). Die Kosten für den Unterlassungsanspruch richten sich nach dem Gegenstandswert (vgl. hierzu die Erläuterung zu → Form. F.3 Anm. 18).

Fristen und Rechtsbehelfe

9. Der Anspruch auf Drittauskunft ist an keine gesetzliche Frist gebunden. Wenn beabsichtigt ist, erforderlichenfalls einen Antrag auf Erlass einer einstweiligen Verfügung zu stellen, muss die sog. Dringlichkeitsfrist beachtet werden (→ Form. F.6 Anm. 8).

8. Antrag auf Erlass einstw. Verfügung aufgrund eingetragenem Gemeinschaftsgeschmacksmuster (mit Drittauskunft und Belegvorlage)

Landgericht

– Zivilkammer[1] –

– Kammer für Gemeinschaftsgeschmacksmusterstreitsachen –

Antrag[2] auf Erlass einer
einstweiligen Verfügung

Hinrich Klopfer KG, gesetzlich vertreten durch den Komplementär Hinrich Klopfer (Anschrift)

– Antragstellerin –

Verfahrensbevollmächtigter: Rechtsanwalt . . . . . . (Anschrift)

mitwirkend: Patentanwalt . . . . . . (Anschrift)

gegen City Handels-GmbH, gesetzlich vertreten durch die Geschäftsführerin Madeleine Commortz (Anschrift)

– Antragsgegnerin –

wegen: Unterlassung und Auskunft

Ich zeige die Vertretung der Antragstellerin und die Mitwirkung von PA . . . . . . an und beantrage

– wegen besonderer Eilbedürftigkeit ohne mündliche Verhandlung[3] – den Erlass einer einstweiligen Verfügung,

deren Tenorierung[4] ich wie folgt anrege (§ 938 ZPO):

I. Der Antragsgegnerin wird bei Meidung eines Ordnungsgeldes von bis zu 250.000 EUR, an dessen Stelle im Falle der Uneinbringlichkeit eine Ordnungshaft bis zu 6 Monaten tritt, oder einer Ordnungshaft bis zu 6 Monaten, diese zu vollziehen an ihrer Geschäftsführerin, für jeden einzelnen Fall der Zuwiderhandlung gemäß §§ 935 ff. ZPO verboten, im geschäftlichen Verkehr in Deutschland[4]
Teppichklopfer gemäß nachfolgender Abbildung

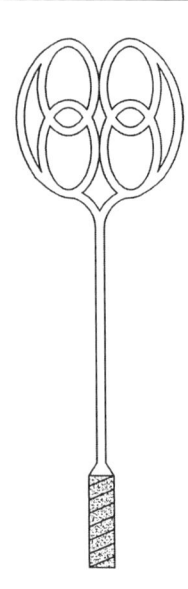

mit den folgenden Kombinationsmerkmalen gewerbsmäßig anzubieten und/oder in den Verkehr zu bringen oder zu bewerben[4]
- der Kopfteil besteht aus zwei brezelförmigen Elementen, die an den Außenseiten der kürzeren Bögen miteinander in Verbindung stehen;
- der längsrunde Stiel geht im unteren Teil in einen Griff über, der mit einem Griffband umwickelt ist;
- der obere Teil des Stiels endet in zwei spitzwinklig angeordneten Streben, die so mit den unteren Biegungen der beiden brezelartigen Elementen des Kopfteils verbunden sind, dass eine rautenartige Öffnung gebildet wird.

II. Der Antragsgegnerin wird geboten, der Antragstellerin unverzüglich[4, 5]
1. schriftlich und vollständig Auskunft über die Herkunft und über den Vertriebsweg von Teppichklopfern gemäß Ziffer I. durch Vorlage eines Verzeichnisses mit folgenden Angaben zu erteilen:
   a) Namen und Anschriften sämtlicher Hersteller, Lieferanten und sonstiger Vorbesitzer sowie die Menge der bestellten und/oder erhaltenen Teppichklopfer;
   b) Namen und Anschriften sämtlicher gewerblicher Abnehmer und die Menge der ausgelieferten Teppichklopfer;
2. Belege zu den Angaben gemäß Ziffer II. 1. in Form von gut lesbaren Kopien von sämtlichen Auftragsschreiben, Auftragsbestätigungen, Lieferscheinen und Rechnungen zu übergeben.

III. Die Antragsgegnerin trägt die Kosten des Verfahrens.

IV. Der Streitwert wird auf 75.000 EUR festgesetzt.

Begründung:

1. Die Antragstellerin ist Inhaberin des Gemeinschaftsgeschmacksmusters Nr. ......, (Verfügungsgeschmacksmuster), das am ...... eingetragen worden ist; die Bildbekanntmachung erfolgte am ...... Diese Daten und die Musterwiedergaben ergeben sich aus dem Online erstellten Registerauszug
   – Anlage K 1 –
vom ...... Der Inhalt dieses Registerauszugs entspricht der aktuellen Situation.

8. Antrag auf Erlass einstw. Verfügung (mit Drittauskunft und Belegvorlage)   F. 8

2. Die Antragsgegnerin bringt Teppichklopfer gemäß
   – Anlage K 2 –
   ua im Zuständigkeitsbezirk des LG ...... in den Verkehr; das belegt die Rechnung vom ......
   – Anlage K 3 –.

3. Gegenstand des Verfügungsgeschmacksmusters ist die grafische Darstellung eines Teppichklopfers, dessen Kopfteil aus zwei brezelartig geformten Hälften besteht. Der schlanke Stiel geht – ähnlich wie bei einem Badmintonschläger – in einen handlichen Griff über, der mit einem Griffband umwickelt ist. Der obere Teil des Stiels endet in zwei spitzwinklig angeordneten Streben, die so mit den unteren Biegungen der beiden brezelartigen Elementen des Kopfteils verbunden sind, dass eine rautenartige Öffnung gebildet wird. Die Neuheit (Art. 5 GGV) und die Eigenart (Art. 6 GGV) des Verfügungsgeschmacksmusters ergeben sich aus der Kombination dieser Erscheinungsmerkmale, durch die zwei miteinander verbundene Brezelformen mit einem Griff verbunden sind, der einem Badmintonschläger nachempfunden ist.

4. ......[7]

5. Die streitgegenständlichen Teppichklopfer sind mit dem Gegenstand des Verfügungsgeschmacksmusters identisch und erwecken daher gegenüber dem Verfügungsgeschmacksmuster keinen anderen Eindruck (vgl. Art. 10 Abs. 1 GGV). Identität besteht auch in den Abmessungen und in sämtlichen Details der Formgebung. Sogar der Formenstempel, den die Antragstellerin auf dem Boden des Griffs ihrer Erzeugnisse anbringt, ist auf dem streitgegenständlichen Teppichklopfer – wenngleich schwächer ausgeprägt – deutlich erkennbar. Die unmittelbare Leistungsübernahme ist zwar nicht per se wettbewerbswidrig. Aber der durch diese Vorgehensweise resultierende Kostenvorteil führt zu einem Wettbewerbsvorsprung, der es Kopierern ermöglicht, Erzeugnisse mit wettbewerblicher Eigenart zu einem niedrigeren Preis – oder mit hohem Gewinn – in den Verkehr zu bringen. Weil die streitgegenständlichen Teppichklopfer von den mustergemäßen Teppichklopfern mit freiem Auge nicht unterschieden werden können, wird durch das Inverkehrbringen der streitgegenständlichen Teppichklopfer eine vermeidbare Täuschung der Abnehmer über die betriebliche Herkunft herbeigeführt (vgl. § 4 Nr. 3 Buchst. a UWG) sowie die Wertschätzung der nachgeahmten Erzeugnisse unangemessen ausgenutzt (vgl. § 4 Nr. 3 Buchst. b UWG).

   Die Offensichtlichkeit der Rechtsverletzung wäre somit selbst dann nicht in Frage gestellt, wenn es der Antragsgegnerin – unerwartet – gelingen sollte, ein Erzeugnis aus dem vorbekannten Formenschatz aufzuzeigen, das der Eigenart des Verfügungsgeschmacksmusters entgegenstehen könnte. Auf der Grundlage des § 3 UWG besteht bei gleichartiger Konstellation ebenfalls ein Anspruch auf Drittauskunft (vgl. BGH GRUR 1994, 630 (633) – Cartier-Armreif).

6. Die Verpflichtung der Antragsgegnerin zur Auskunft über die Herkunft und den Vertriebsweg der streitgegenständlichen Teppichklopfer folgt aus Art. 89 Abs. 1 Buchst. d GGV in Verbindung mit § 46 Abs. 1 DesignG (vgl. BGH GRUR 2010, 718 Rn. 66 – Verlängerte Limousinen). Die Rechtsverletzung ist aus den vorstehend dargestellten Gründen offensichtlich und kann deswegen gemäß § 46 Abs. 7 DesignG auch im Wege der einstweiligen Verfügung durchgesetzt werden.[8] Gegen die Möglichkeit einer Aufhebung des Auskunftsgebots spricht zusätzlich, dass in dem Schreiben der Antragsgegnerin vom ......
   – Anlage K 4 –
   zur Beantwortung des Schreibens der Antragstellerin vom ......
   – Anlage K 5 –
   der Rechtsverletzung nichts entgegengehalten werden konnte.

7. Die Antragsgegnerin ist auch verpflichtet, das Anbieten und das Inverkehrbringen (vgl. Art. 19 Abs. 1 GGV) der rechtsverletzenden Erzeugnisse zu unterlassen (Art. 89 Abs. 1 Buchst. a GGV); der Feststellung eines Verschuldens bedarf es hierfür nicht. Die Unterlassungspflicht der Antragsgegnerin ergibt sich zusätzlich auch aus § 4 Nr. 3 Buchst. a UWG iVm § 3 UWG, weil die Antragsgegnerin spätestens seit Zugang des Schreibens vom . . . . . . davon Kenntnis hat, dass es sich bei den streitgegenständlichen Teppichklopfern um formidentische Nachbildungen von mustergemäßen Teppichklopfern handelt.

8. Bei einem Anspruch auf Drittauskunft besteht zusätzlich auch ein Anspruch auf Belegvorlage, soweit keine schutzwürdigen Geheimhaltungsinteressen des Schuldners entgegenstehen (vgl. BGH GRUR 2002, 709 (712) - Entfernung der Herstellungsnummer III). Auf das Schreiben der Antragstellerin K 6 vom . . . . . . hat die Antragsgegnerin mit Schreiben K 7 vom . . . . . . zwar erklärt, dass sie weder über die Herkunft noch über den Vertriebsweg der streitgegenständlichen Teppichklopfer Angaben machen könne. Die Antragsgegnerin ist jedoch mit Schreiben vom . . . . . .
   – Anlage K 8 –
   eindringlich darauf hingewiesen worden, dass sie verpflichtet ist, Einsicht in alle ihr zugänglichen Unterlagen zu nehmen. Dennoch hat die Antragsgegnerin auch in ihrem Schreiben vom . . . . . .
   – Anlage K 9 –
   erklärt, zu den geforderten Auskünften nicht in der Lage zu sein.
   Als Handelsgesellschaft (vgl. § 6 Abs. 1 HGB) und als Steuerschuldner unterliegt die Antragsgegnerin der Buchführungspflicht (§ 238 Abs. 1 HGB; § 140 AO). Eingangsrechnungen und Wiedergaben von Ausgangsrechnungen sind als Buchungsbelege zehn Jahre, Handelsbriefe (also insbesondere Auftragsschreiben, Auftragsbestätigungen, Lieferscheine etc) sechs Jahre aufzubewahren (vgl. § 257 Abs. 4 HGB; § 147 Abs. 3 AO). Wenn die Antragsgegnerin bisher keinen Gebrauch von ihren Buchhaltungsunterlagen gemacht hat, kann das nach der Lebenserfahrung seinen Grund nur darin haben, dass sie sowohl ihre(n) Lieferanten als auch ihre(n) Abnehmer den Ansprüchen der Antragstellerin nicht aussetzen möchte. Bei dieser Grundeinstellung muss damit gerechnet werden, dass die Antragsgegnerin eine unrichtige oder eine unvollständige Auskunft erteilen wird, wenn ihr nicht auch die Vorlage der einschlägigen Belege aufgegeben wird. In einer geordneten Buchführung, zu der die Antragsgegnerin zur Vermeidung von Geldbuße (§ 379 Abs. 4 AO iVm § 379 Abs. 1 S. 1 Nr. 2 AO) verpflichtet ist (§ 238 Abs. 1 HGB; §§ 145, 146 AO), sind die Belege ohne weiteres auffindbar. Das Anfertigen von Kopien ist mit keinem nennenswerten Aufwand verbunden. Soweit die Belege geheimhaltungsbedürftige Angaben enthalten, kann dem Geheimhaltungsinteresse dadurch Rechnung getragen werden, dass die Daten abgedeckt oder geschwärzt werden (vgl. BGH GRUR 2003, 433 (434) - Cartier-Ring).

9. Der Antrag ist dringlich,[9] weil die Antragstellerin erstmals am . . . . . . von der Rechtsverletzung Kenntnis erlangt hat.
   Glaubhaftmachung: Versicherung an Eides Statt . . . . . .
   – Anlage K 10 –.

10. Die Antragstellerin stützt ihre Ansprüche in erster Linie auf ihr Gemeinschaftsgeschmacksmuster und in zweiter Linie auf den wettbewerblichen Nachahmungsschutz.[10] Ihr wirtschaftliches Interesse bewertet[11] die Antragstellerin wie folgt:

Antrag I.	35.000 EUR
Antrag II. 1	35.000 EUR
Antrag II. 2	5.000 EUR
Insgesamt	75.000 EUR

    Rechtsanwalt[12, 13]

8. Antrag auf Erlass einstw. Verfügung (mit Drittauskunft und Belegvorlage) F. 8

Anmerkungen

1. Zur Regelung und Handhabung der Zuständigkeit von Zivilkammer und Kammer für Handelssachen in Gemeinschaftsgeschmacksmusterstreitsachen → Form. F.9 Anm. 2. Wenn der Vorsitzende anstatt der Kammer eine Beschlussverfügung erlässt (→ Form. F.6 Anm. 4), kann es vorkommen, dass nach Widerspruch (§§ 936, 924 ZPO) die Mehrheit der Kammermitglieder (vgl. § 196 Abs. 1 GVG) zu einem abweichenden Ergebnis kommt und daraufhin die einstweilige Verfügung aufgehoben wird (§§ 936, 925 Abs. 2 ZPO). Die Zivilkammer ist meist ohne Verzögerung in der Lage, eine Beschlussverfügung in voller Besetzung zu erlassen und auszufertigen. Die Kammer für Handelssachen ist dagegen in der Regel nur an turnusmäßigen Terminstagen vollständig besetzt. Diese Gegebenheiten können eine Rolle spielen (vgl. Harte-Bavendamm/Henning-Bodewig/*Retzer* UWG § 12 Rn. 398), wenn die Zivilkammer angerufen wurde. Dabei kann es zweckmäßig sein, abweichend von einer verbreiteten Gepflogenheit von einer Anregung auf Entscheidung allein durch den Vorsitzenden Abstand zu nehmen. Wenn beantragt wird, die Verpflichtung zur Drittauskunft durch einstweilige Verfügung anzuordnen, besteht bei einer Entscheidung durch drei Richter der Zivilkammer größte Wahrscheinlichkeit dafür, dass ein eventueller Widerspruch keinen Erfolg haben wird.

2. Zu den Formalerfordernissen eines Antrags auf Erlass einer einstweiligen Verfügung, zur Vollziehung und zum Vertretungszwang → Form. F.6 Anm. 2.

3. Zur Anberaumung der mündlichen Verhandlung → Form. F.6 Anm. 4. Die Auskunft über die Herkunft und den Vertriebsweg von schutzrechtsverletzenden Erzeugnissen soll dem Verletzten insbesondere die Möglichkeit eröffnen, weitere Beteiligte zur Unterlassung aufzufordern. Das daraus resultierende Beschleunigungsinteresse ist so offensichtlich, dass es vor einem Spezialgericht (→ Form. F.9 Anm. 3) hierzu keiner besonderen Ausführungen bedarf.

4. Zum Umfang der Verpflichtungen des Unterlassungsschuldners → Form. F.2 Anm. 9. Zur Antragstellung und zur Möglichkeit EU-weite Ansprüche durchzusetzen → Form. F.6 Anm. 5. Da der Antrag hilfsweise auf den ergänzenden wettbewerbsrechtlichen Leistungsschutz gestützt wird, beschränkt sich die Fassung des Unterlassungsanspruchs auf das Anbieten, Inverkehrbringen oder Bewerben in Deutschland.

5. Die Drittauskunft muss unverzüglich erteilt werden (§ 46 Abs. 1 DesignG); ein klarstellender Hinweis hierauf kann zweckmäßig sein. Dem Antragsgegner kann zwar aufgegeben werden, die Auskunft innerhalb einer dem Gericht festgesetzten Frist zu erteilen (vgl. zB LG München I v. 28.3.1996 – 7 O 5449/96). Auf die Bestimmung einer Frist besteht jedoch kein Rechtsanspruch, weil erst in einem etwaigen Verfahren nach § 888 ZPO darüber befunden wird, ob der Schuldner die Auskunft ohne schuldhaftes Zögern (vgl. § 121 S. 1 BGB) erteilt hat. Mit einer im Erkenntnisverfahren gesetzten Frist wird daher nur ein Hinweis auf den zeitlichen Ablauf unter normalen Umständen zum Ausdruck gebracht.

Wenn eine Auskunftsverfügung durch Beschluss erlassen wird, muss sie ebenso wie eine Unterlassungsverfügung (→ Form. F.6 Anm. 2) innerhalb eines Monats vollzogen werden (vgl. OLG Hamburg GRUR 1997, 147 (148); Ahrens/*Büttner* Kap. 57 Rn. 8; Gloy/Loschelder/Erdmann UWG-HdB/*Spätgens* § 103 Rn. 4; *Teplitzky* Kap. 55 Rn. 40a). Auskunftsverfügungen sind zwar Leistungsverfügungen besonderer Art, weil Vorbereitung, Erteilung und Prüfung zeitaufwändig sein können und deswegen für den Gläubiger die Gefahr besteht, dass ihm die Kosten eines zu früh gestellten Ordnungsmittelantrags auferlegt werden (vgl. OLG Frankfurt a.M. WRP 1998, 223 (224)). Wenn der Gläubiger erst gegen Ende der Vollziehungsfrist einen Ordnungsmittelantrag stellt, kann auch das Risiko bestehen, dass dieser Antrag erst nach Fristablauf und damit zu spät (vgl. OLG Zweibrücken OLGZ 1983, 1048 (1049)) dem Schuldner zur Kenntnis gebracht wird (vgl. *Ulrich* WRP 1996, 1048

(1049) (Urteilsanmerkung)). Es wird daher die Ansicht vertreten, dass eine Parteizustellung auch bei Leistungsverfügungen eine rechtswirksame Vollziehungsmaßnahme ist (vgl. OLG Frankfurt a. M. WRP 1998, 223 (224); LG Koblenz WRP 1997, 966; *Ulrich* WRP 1996, 1048 ff.; *Ahrens* WRP 1999, 1 (6)). Weil jedoch bei nicht vertretbaren Handlungen eine Androhung von Zwangsmitteln durch § 888 Abs. 2 ZPO ausgeschlossen ist, muss zur Fristwahrung eine Vollstreckungsmaßnahme nach § 888 Abs. 1 ZPO eingeleitet werden (OLG Hamburg WRP 1996, 147 (148); Gloy/Loschelder/Erdmann UWG-HdB/*Spätgens* § 103 Rn. 4; *Köhler/Bornkamm/Feddersen* UWG § 12 Rn. 3.62; *Teplitzky* Kap. 55 Rn. 40 f.). Der Gläubiger sollte daher die Auskunftsverfügung nicht nur zeitnah durch Zustellung vollziehen, sondern auch den Schuldner so rechtzeitig zur Auskunft auffordern, dass bei Ausbleiben oder Erteilung einer nur unzureichenden Auskunft ein Antrag auf Zwangsgeld oder Zwangshaft noch innerhalb der Vollziehungsfrist möglich ist.

6. Die online erstellten Registerauszüge sind so zuverlässig, dass eine Beglaubigung nicht erforderlich ist. Es ist zu empfehlen, die Auszüge unmittelbar vor der Antragseinreichung zu erstellen. Nach Art. 17 GGV wird vermutet, dass der eingetragene Inhaber auch der materiell berechtigte Musterinhaber ist. Diese Vermutung ist auch im Eilverfahren widerlegbar, sodass sich der als Verletzer in Anspruch Genommene im Verletzungsverfahren einredeweise auf die fehlende materielle Berechtigung des eingetragenen Inhabers berufen kann (OLG Frankfurt a. M. GRUR-RR 2017, 98 (99) Rn. 12 – Leuchte Macaron).

7. Ergänzende Ausführungen zum vorbekannten Formenschatz, zB wie in → Form. F.6 Abschnitte 3 und 4.

8. Die Offensichtlichkeit einer Rechtsverletzung setzt voraus, dass die Gefahr einer Aufhebung der einstweiligen Verfügung möglichst gering ist (vgl. *Eichmann/von Falckenstein/Kühne* DesignG § 46 Rn. 7). Das Gericht muss keine Sicherheit für das Vorliegen einer Rechtsverletzung feststellen, sondern einen so hohen Grad an Wahrscheinlichkeit, wie das in der jeweils konkreten Situation vertretbar ist (vgl. OLG Düsseldorf GRUR 1993, 818 (821), indirekt bestätigt durch das Hauptsacheurteil BGH GRUR 1995, 338 (340) – Kleiderbügel). Der Sachverhalt muss so klar und die Rechtslage muss so eindeutig sein, dass eine abweichende Entscheidung im Hauptsacheverfahren weder durch das erkennende Gericht noch durch eine übergeordnete Instanz zu erwarten ist (vgl. OLG Hamburg WRP 1997, 103 (105); OLG Hamburg WRP 1997, 106 (113)). Die Glaubhaftmachung für die Offensichtlichkeit der Rechtsverletzung obliegt dem Antragsteller; gibt der Antragsteller an, worin die Eigenart besteht, kann der Antragsgegner die Eigenart durch Entgegenhaltungen nicht in Zweifel ziehen und fällt das angegriffene Muster eindeutig in den Schutzbereich des Verfügungsmusters, kann dies genügen, um eine offensichtliche Rechtsverletzung zu bejahen (LG Düsseldorf BeckRS 2015, 11846).

Außerhalb des Wettbewerbsrechts muss in einem Antrag auf Erlass einer einstweiligen Verfügung der Verfügungsgrund glaubhaft gemacht werden (→ Form. F.6 Anm. 8). Auch wenn das nicht für erforderlich gehalten wird, führt jedenfalls das Kriterium der offensichtlichen Rechtsverletzung zu einer Glaubhaftmachungslast (vgl. *Eichmann* GRUR 1990, 575 (586)), weil andernfalls die Möglichkeit nicht ausgeschlossen werden kann, dass der Antragsgegner nach einem Widerspruch das Fehlen der Dringlichkeit glaubhaft macht.

9. Zur Dringlichkeit → Form. F.6 Anm. 18. Eine Beschlussverfügung kann nur erwartet werden, wenn das Gericht nicht befürchten muss, dass sich der Antragsgegner nach einem Widerspruch mit Erfolg darauf berufen kann, dass keine Dringlichkeit bestanden hat. Die sachlichen Voraussetzungen für die Dringlichkeit sollten daher glaubhaft gemacht werden, wenn sie sich nicht zweifelsfrei aus den Schriftsatzanlagen ergeben.

10. Bei mehreren Streitgegenständen zu einem einheitlichen Antrag ist eine Angabe zur Prüfungsreihenfolge erforderlich, → Form. F.6 Anm. 18.

11. Zum Streitwertvorschlag → Form. F.6 Anm. 22; → Form. F.9 Anm. 22. Die Bewertung des Antrags auf Drittauskunft ergibt sich aus der Schätzung des Werts der Ansprüche gegen die weiteren Beteiligten (vgl. OLG Karlsruhe GRUR 1995, 772 (773)). Der vorbereitende Charakter der Drittauskunft macht einen Abschlag auf diesen Wert erforderlich (vgl. *Eichmann* GRUR 1990, 575 (590)). Ein weiterer Abschlag für das Eilverfahren ist nicht veranlasst, weil keine vorläufige Regelung getroffen, sondern Erfüllung geboten werden soll (vgl. KG GRUR 1992, 611 (612) – T-Shirts). Weil durch die Belegvorlage die Richtigkeit und Vollständigkeit der Drittauskunft gewährleistet werden soll, macht der Wert des Antrags auf Belegvorlage nur einen Bruchteil des Werts aus, der für den Antrag auf Drittauskunft angemessen ist.

Kosten und Gebühren

12. Vgl. die Erläuterung zu → Form. F.6.

Fristen und Rechtsbehelfe

13. Vgl. die Erläuterung zu → Form. F.6.

9. Verletzungsklage aufgrund eingetragenem Gemeinschaftsgeschmacksmuster

Landgericht ......[1]

– Kammer für Handelssachen[2] –

– Kammer für Gemeinschaftsgeschmacksmusterstreitsachen[3] –

Klage

Hinrich Klopfer KG, gesetzlich vertreten durch den Komplementär Hinrich Klopfer, (Anschrift)[4]

– Klägerin[5] –

Prozessbevollmächtigter:[6] Rechtsanwalt ......, (Anschrift)

mitwirkend:[7] Patentanwalt ......, (Anschrift)

gegen

Novitas Gesellschaft für Neuheitenvertrieb mbH, gesetzlich vertreten durch den Geschäftsführer Adrian Riecher, (Anschrift)

– Beklagte –

Zustellungsbevollmächtigter:[8] Rechtsanwalt ......, (Anschrift)

wegen:[9] Unterlassung ua

Streitwert[10] (vorläufig geschätzt): 125.000 EUR

Ich zeige die Vertretung der Klägerin und die Mitwirkung von Patentanwalt ...... an.

Ich bitte um Anberaumung eines nahen Verhandlungstermins und kündige folgende Anträge an:

I. Die Beklagte wird verurteilt, es bei Meidung[11] eines Ordnungsgeldes von bis zu 250.000 EUR, an dessen Stelle im Falle der Uneinbringlichkeit eine Ordnungshaft bis zu 6 Monaten tritt, oder einer Ordnungshaft bis zu 6 Monaten, diese zu vollziehen an ihrem Geschäftsführer, zu unterlassen, Teppichklopfer gemäß nachfolgender Abbildung[12]

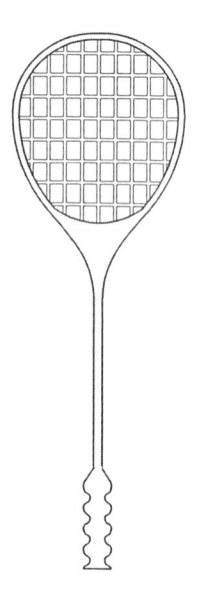

mit folgenden Merkmalen im geschäftlichen Verkehr in der Europäischen Union[13] herzustellen, anzubieten, zu bewerben und/oder in den Verkehr zu bringen zu importieren, zu exportieren und/oder zu den vorgenannten Zwecken zu besitzen:
- der Kopfteil weist eine ovalartige Grundform auf;
- zwischen den Verbindungsstegen des Kopfteils sind quadratische Aussparungen ausgebildet; die Verbindung zwischen Kopfteil und Stiel ist dreieckartig ausgebildet;
- der zylindrische Stiel endet in einem zylindrischen Griff mit vier umlaufenden Rundkerben;
- der Durchmesser des Griffs beträgt ungefähr das Dreifache des Durchmessers des Stiels;

II. Es wird festgestellt, dass die Beklagte verpflichtet ist, der Klägerin allen Schaden zu ersetzen, der dieser aus Handlungen gemäß Ziffer I. entstanden ist und noch entstehen wird.[14]
III. Die Beklagte wird verurteilt, der Klägerin über den Umfang der Handlungen gemäß Ziffer I. Auskunft zu erteilen und Rechnung zu legen, und zwar durch Vorlage eines geordneten Verzeichnisses, das die Daten, Mengen und Preise der Lieferungen, die Namen und Anschriften der gewerblichen Abnehmer sowie die Gestehungskosten, die Vertriebskosten und den Gemeinkostenanteil für die gelieferten Erzeugnisse enthält.[15]
IV. Die Beklagte trägt die Kosten des Rechtsstreits.[16]
V. Das Urteil ist vorläufig vollstreckbar.[17]
VI. Der Klägerin wird gestattet, Sicherheit in Form einer schriftlichen, unwiderruflichen, unbedingten und unbefristeten Bürgschaft eines im Inland zum Geschäftsbetrieb befugten Kreditinstituts zu erbringen.[18]

9. Verletzungsklage aufgrund eingetragenem Gemeinschaftsgeschmacksmuster F. 9

VII. Die Klägerin beantragt, die Sicherheitsleistung für jeden Antrag gesondert festzusetzen.[18]

Begründung:

1. Die Klägerin ist Inhaberin des Gemeinschaftsgeschmacksmusters Nr. ...... (Klagegeschmacksmuster). Es handelt sich um das zweite Muster einer Sammeleintragung, die am ...... angemeldet und am ...... eingetragen worden ist.

Beweis: Registerauszug vom ......

– Anlage K 1 –

Das Klagegeschmacksmuster ist unverändert eingetragen.[19]
Die Beklagte stellt her und vertreibt Teppichklopfer gemäß dem als

– Anlage K 2 –

überreichtem Muster. Hiergegen richtet sich die Klage.

2. Die Einzige, nachfolgend einkopierte Darstellung

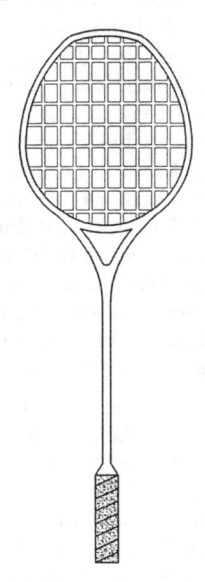

des Klagegeschmacksmusters ist die grafische Darstellung eines Teppichklopfers mit insbesondere folgenden Kombinationsmerkmalen:
a) der Kopfteil weist eine rund-ovale Grundform auf;
b) zwischen den Verbindungsstegen des Kopfteils sind quadratische Aussparungen ausgebildet;
c) der zylindrische Stiel endet in einem zylindrischen Griff, der von einem Griffband umfasst ist;
d) der Durchmesser des Griffs beträgt ungefähr das Dreifache[20] des Durchmessers des Stiels;
e) die Verbindung zwischen Kopfteil und Stiel besteht so aus zwei Stegen, dass zwischen diesen und dem unteren Ende des Kopfteils eine dreieckartige Öffnung ausgebildet ist.
3. In Verfahren betreffend eine Verletzungsklage haben die Gerichte von der Rechtsgültigkeit eines eingetragenen Gemeinschaftsgeschmacksmusters auszugehen (Art. 85

Abs. 1 S. 1 GGV). Die hierdurch begründete Vermutung für die Rechtsgültigkeit erfasst insbesondere die materiell rechtlichen Schutzvoraussetzungen. Es wird daher vermutet, dass das Klagegeschmacksmuster die Erfordernisse der Neuheit (Art. 5 GGV) und der Eigenart (Art. 6 GGV) erfüllt.

In der Vorkorrespondenz hat die Beklagte die Vermutung der Rechtsgültigkeit nicht widerlegt. Die Beklagte hat zwar behauptet, ca. drei Dutzend der nun streitgegenständlichen Teppichklopfer seien von ihrer Lieferantin bereits zwei Wochen vor dem Anmeldetag des Klagegeschmacksmusters an ca. 20 Handelskunden in Südwestdeutschland ausgeliefert worden. Die Richtigkeit dieser Behauptung kann jedoch dahingestellt bleiben, weil nach der Rechtsprechung sowohl des EuGH (vgl. EuGH GRUR 2012, 506 Rn. 59 – PepsiCo) als auch des BGH (vgl. BGH GRUR 2013, 285 Rn. 55 – Kinderwagen II) nur davon ausgegangen werden kann, dass der informierte Benutzer „verschiedene" Muster bzw. Designs kennt, die es in dem betreffenden Wirtschaftsbereich gibt. Die angebliche Vorbereitung von streitgegenständlichen Mustern wäre zahlenmäßig und geographisch so unbedeutend gewesen, dass sie nicht zur Kenntnis des informierten Benutzers hätte gelangen können. Außerdem sind einfache Händler keine Fachkreise.

4. Die Eigenart des Klagegeschmacksmusters ergibt sich aus der Kombinationswirkung der in Abschnitt 2 dargestellten Merkmale. Alle vorbekannten Teppichklopfer sind aus Naturrohr in der Weise gefertigt, dass der Kopfteil aus geflochtenen und der Stiel aus wendelförmig angeordneten Rohrstücken bestehen. Das Flechtwerk ist meist so ausgeführt, dass . . . . . . (Beschreibung).

Der Entwerfer des durch das Klagegeschmacksmuster unter Schutz gestellten Teppichklopfers hat sich von den vorbekannten Formen völlig gelöst. Der schlanke Stiel erweckt in Verbindung mit dem kompakten Handgriff den Eindruck besonderer Leichtigkeit und Eleganz. Dieser Eindruck wird durch die Ausgestaltung der Verbindung zwischen Stiel und Kopfteil intensiviert. Während die vorbekannten Teppichklopfer den Eindruck von traditionellen Handwerkserzeugnissen erwecken, vermittelt der durch das Klagegeschmacksmuster unter Schutz gestellte Teppichklopfer den Eindruck eines einerseits grazil-eleganten, andererseits aber kräftig-wirkungsvollen Haushaltsgeräts in der Form eines industriell gefertigten Sportgeräts.

5. Der streitgegenständliche Teppichklopfer, den die Beklagte unter der Bezeichnung *Crack* verbreitet, fällt in den Schutzumfang des Klagegeschmacksmusters, weil er von dessen sämtlichen Merkmalen Gebrauch macht und deswegen keinen anderen Gesamteindruck erweckt (Art. 10 Abs. 1 GGV).

Abweichend ist zwar die Ausgestaltung des Griffs. Aber es ist allgemein bekannt, dass es für die Handhabung vorteilhaft sein kann, Handgriffe mit umlaufenden Einkerbungen zu versehen, um dadurch den Fingern besseren Halt zu verschaffen. Bei den vorbekannten Teppichklopfern hatten die Stiele in ihrer ganzen Länge einen einheitlichen Querschnitt. Erstmals das Klagegeschmacksmuster zeigt einen besonders geformten Griff, dessen Querschnitt etwa das Dreifache des Querschnitts beträgt, den der Stiel zwischen dem Griff und dem Kopfteil aufweist. Dieses Gestaltungsmerkmal sowie der kegelstumpfförmige Übergang vom Stiel zum Griff ist auch in dem Teppichklopfer *Crack* realisiert. Der Übergang zwischen Kopfteil und Stiel erfolgt bei beiden Teppichklopfern nicht unvermittelt, wie das nahe liegend wäre. Vielmehr führt ein Verbindungselement in der Grundform eines gleichseitigen Dreiecks, das spitzwinklig in den Stiel übergeht, den flächigen Kopfteil in den schlanken Stiel über. Dieser harmonische Übergang wird zwar bei dem Klagegeschmacksmuster durch eine Aussparung zusätzlich betont. Aber für den allein maßgeblichen Gesamteindruck ist die Gleichartigkeit der Verbindungselemente prägender als der geringfügige Unterschied in einem Gestaltungsdetail.

6. Das Herstellen und das Verbreiten von rechtsverletzenden Erzeugnissen verletzt das Ausschließlichkeitsrecht des Rechtsinhabers (vgl. Art. 19 Abs. 1 GGV). Die Beklagte

9. Verletzungsklage aufgrund eingetragenem Gemeinschaftsgeschmacksmuster F. 9

ist zur Unterlassung verpflichtet, weil es ihr verboten ist, ihre rechtsverletzende Handlungen fortzusetzen (Art. 89 Abs. 1 Buchst. a GGV).

7. Ansprüche auf Schadensersatz sowie die Erteilung von Auskünften zur Ermittlung des Schadens unterliegen gemäß Art. 88 Abs. 2 GGV dem nationalen Recht des Staats des angerufenen Gerichts (EuGH GRUR 2014, 368 Rn. 55 – Gartenpavillon). Der Anspruch auf Schadensersatz ergibt sich aus Art. 89 Abs. 1 Buchst. d GGV iVm § 42 Abs. 2 DesignG (vgl. BGH GRUR 2012, 512 Rn. 54 – Kinderwagen I). Die Beklagte hat zumindest fahrlässig gehandelt, weil sie die Schutzrechtslage nicht überwacht hat (vgl. BGH GRUR 2010, 718 Rn. 64 – Verlängerte Limousinen). Die Verpflichtung zur Auskunft und Rechnungslegung hat ihre Grundlage in Art. 89 Abs. 1 Buchst. d GGV iVm § 46 Abs. 1, 2 DesignG, § 242 BGB (BGH GRUR 2010, 718 Rn. 66 – Verlängerte Limousinen).

8. Die internationale Zuständigkeit des Gerichts folgt daraus, dass die Beklagte in der Bundesrepublik Deutschland ihren Firmensitz hat (vgl. Art. 82 Abs. 1 GGV). Örtlich zuständig ist das Landgericht ......, weil die Beklagte streitgegenständliche Teppichklopfer im Gerichtsbezirk des Landgerichts ...... ua durch Werbeanzeigen anbietet.[21] Die Klägerin bewertet ihr wirtschaftliches Interesse an der Klage wie folgt:

Antrag I.	100.000 EUR
Antrag II.	20.000 EUR
Antrag III.	5.000 EUR
Gesamtstreitwert[22]	125.000 EUR

Von der Anordnung eines Vorverfahrens[23] bitte ich abzusehen, weil die Beklagte trotz anwaltlicher Vertretung nicht dazu bereit war, sich entsprechend den Klageanträgen zu verpflichten.
In dem Antwortschreiben vom ...... auf das Verwarnungsschreiben vom ...... hat die Beklagte erklären lassen, dass Herr Rechtsanwalt ...... zustellungsbevollmächtigt ist.

Rechtsanwalt[24, 25]

Anmerkungen

1. Die Landgerichte sind ohne Rücksicht auf den Streitwert für alle Klagen ausschließlich zuständig, durch die in einer Gemeinschaftsgeschmacksmusterstreitsache ein Anspruch geltend gemacht wird (§ 63 Abs. 1 DesignG).

2. Rechtsverhältnisse, die sich auf Muster und Modelle beziehen, gehören als Handelssachen (§ 95 Nr. 4 Buchst. c GVG) vor die Kammer für Handelssachen (§ 94 GVG). Die konkrete Zuständigkeit der Kammer für Handelssachen setzt jedoch einen Antrag in der Klageschrift voraus (§ 96 Abs. 1 GVG). Hierfür genügt die Bezeichnung als Kammer für Handelssachen in der Anschrift.
Wenn in einer Handelssache die Zivilkammer angerufen wird, kann der Beklagte die Verweisung an die Kammer für Handelssachen beantragen (§ 98 Abs. 1 S. 1 GVG). In Verfahren über den Erlass einer einstweiligen Verfügung findet wegen der Eilbedürftigkeit eine Verweisung an die Kammer für Handelssachen nicht statt. Ist dem Beklagten eine Frist zur Klageerwiderung gesetzt worden, kann der Verweisungsantrag nur innerhalb dieser Frist gestellt werden (§ 191 Abs. 1 S. 2 GVG). Ansonsten kann der Verweisungsantrag im Verhandlungstermin, aber nur vor der Verhandlung zur Sache, gestellt werden (§ 101 Abs. 1 S. 1 GVG). Wenn keine besonderen Umstände entgegenstehen, kann es zweckmäßig sein, Verfahren bei der Zivilkammer anhängig zu machen, die schwierige

Rechtsfragen oder komplizierte Sachverhalte zum Gegenstand haben (→ Form. F.11), weil dem Berichterstatter der Zivilkammer im Allgemeinen mehr Bearbeitungszeit als dem Vorsitzenden der Kammer für Handelssachen zur Verfügung steht.

3. Gemeinschaftsgeschmacksmusterstreitsachen sind nach § 63 Abs. 1 S. 1 DesignG alle Klagen, für die Gemeinschaftsgeschmacksmustergerichte iSd Art. 80 Abs. 1 GGV zuständig sind. Die Landesregierungen sind ermächtigt, Gemeinschaftsgeschmacksmusterstreitsachen für die Bezirke mehrerer Gemeinschaftsgeschmacksmustergerichte einem dieser Gerichte zuzuweisen (§ 63 Abs. 2 S. 1 DesignG). Eine Auflistung dieser Gerichte wurde im Amtsblatt der EU unter 2014/C 332/06 veröffentlicht und ist im Internet unter eur-lex.europa.eu abrufbar.

Der Hinweis darauf, dass es sich bei der Klage um eine Gemeinschaftsgeschmacksmusterstreitsache handelt, dient bei einem Gericht mit einer Spezialkammer für Gemeinschaftsgeschmacksmusterstreitsachen der Beschleunigung, weil ansonsten die Gefahr besteht, dass der Rechtsstreit zunächst an die nach dem allgemeinen Geschäftsverteilungsplan zuständige Kammer gelangt.

4. Die Klageschrift muss ua die Bezeichnung der Parteien enthalten (§ 253 Abs. 2 Nr. 1 ZPO). Zusätzlich sind die gesetzlichen Vertreter mit Name und Anschrift bekannt zu geben (§ 253 Abs. 4 ZPO iVm § 130 Nr. 1 ZPO). Weil dieses Erfordernis in erster Linie Zustellungen gewährleisten soll, genügt bei gesetzlichen Vertretern von Gesellschaften die Bekanntgabe der Firmenadresse.

5. Zu der Bezeichnung der Parteien gehört auch die Bekanntgabe der Parteirolle. Auf Beklagtenseite stellt sich die Frage, ob neben der Gesellschaft auch der Geschäftsführer persönlich in Anspruch genommen werden kann. Dies ist jedenfalls dann der Fall, wenn er als alleiniger Geschäftsführer für den Vertrieb verantwortlich ist und diesen trotz Abmahnung nicht einstellt (KG BeckRS 2016, 03004 Rn. 22 – Bettendesign).

6. Die Person des Prozessbevollmächtigten ergibt sich im Normalfall aus dem Briefkopf. Die Bekanntgabe des Prozessbevollmächtigten im Rubrum der Klageschrift erleichtert dem Gericht den Schriftverkehr und die Vorbereitung des Rubrums für die Entscheidung.

7. Von den Kosten, die durch die Mitwirkung eines Patentanwalts in einer Gemeinschaftsgeschmacksmusterstreitsache entstehen, sind die Gebühren nach § 13 RVG, VV 3200 RVG erstattungspflichtig (§ 63 Abs. 4 DesignG iVm § 52 Abs. 4 DesignG). Ein gewichtiges Indiz für die Mitwirkung des Patentanwalts ist die schriftsätzliche Anzeige (vgl. OLG Frankfurt a.M. WRP 1978, 63; OLG München Mitt. 1982, 199; OLG München JB 1994, 670; OLG München Mitt. 1997, 167 (168); OLG Hamm GRUR 1984, 820; LG Düsseldorf Mitt. 1989, 94). Viele Gerichte folgen dem Vorschlag in der Klageschrift, den Patentanwalt bereits im Rubrum als mitwirkend aufzuführen.

8. Auch außerhalb des Anwendungsbereichs des § 174 ZPO kann eine Partei einen Zustellungsbevollmächtigten benennen (vgl. BGH NJW-RR 1993, 1083). Zustellungsbevollmächtigter ist jede Person, die ein Verfahrensbeteiligter nur – aber ausdrücklich – zur Empfangnahme von Schriftstücken bevollmächtigt hat (vgl. BGH MDR 1972, 946). Motiv für die Benennung eines Zustellungsbevollmächtigten kann zwar sein, dass der Eindruck einer zuversichtlichen Einschätzung der Prozessaussichten erweckt werden soll. Der Bekanntgabe eines Zustellungsbevollmächtigten kann aber auch zugrunde liegen, dass dieser dazu berufen sein soll, ohne Verzögerung die Interessen einer rechtsunerfahrenen oder nicht immer anwesenden Partei wahrzunehmen. Während die gesetzlich geregelte Zustellungsvollmacht des rechtsgeschäftlichen bestellten Vertreters (§ 171 ZPO) der Erleichterung und der Beschleunigung der Zustellung und damit den Interessen des Zustellenden dient, kann die gewillkürte Zustellungsvollmacht deswegen im Interesse des Bevollmächtigenden liegen, weil gewährleistet wird, dass die Fristen eingehalten werden, die mit der Zustellung einer

9. Verletzungsklage aufgrund eingetragenem Gemeinschaftsgeschmacksmuster F. 9

Klageschrift verbunden sind. Wie bei einem Zustellungsbevollmächtigten einer ausländischen Partei (§ 184 ZPO) ist aber die Zustellung wirksam, die unmittelbar an die Partei erfolgt (BLAH ZPO § 184 Rn. 4). Im Textbeispiel hat die Beklagte von der Möglichkeit der Benennung eines Zustellungsbevollmächtigten Gebrauch gemacht.

9. Die Bezeichnung des Streitgegenstands ist zwar verpflichtend (§ 253 Abs. 2 ZPO iVm § 130 Nr. 1 ZPO). Wie diese Bezeichnung gehandhabt wird, ist jedoch nicht geregelt. Ein Hinweis auf den Kern des Rechtsstreits genügt. Die Formulierung „Unterlassung ua" grenzt ausreichend gegenüber Forderungsprozessen ab. Es wird zwar häufig „wegen ...... verletzung" formuliert. Diese Formulierung kann jedoch, wenn das Gericht sie übernimmt, aus der Sicht des Beklagten einen präjudiziellen Anschein erwecken.

10. Die Angabe des Streitwerts ist zwar nur eine Sollvorschrift (§ 253 Abs. 3 ZPO) und in Gemeinschaftsgeschmacksmusterstreitsachen und Designstreitsachen für die sachliche Zuständigkeit ohne Bedeutung, weil stets die Landgerichte zuständig sind (→ Anm. 1). Aber ohne Streitwertvorschlag hat das Gericht keine Grundlage für die Berechnung des Gerichtskostenvorschusses. Wenn kein Streitwertvorschlag unterbreitet wird, führt das deshalb zur Verzögerung.

11. Der Verhängung von Ordnungsmitteln im Ordnungsmittelverfahren muss deren Androhung vorausgehen; die Androhung kann in einem Urteil (oder in einer einstweiligen Verfügung) enthalten sein oder nachträglich ausgesprochen werden (§ 890 Abs. 2 ZPO). Die nachträgliche Androhung setzt die Anhörung des Schuldners (§ 891 S. 2 ZPO) und die Amtszustellung (§ 329 Abs. 3 ZPO) des Androhungsbeschlusses voraus. Der hierdurch verursachte Zeitablauf führt dazu, dass in der Regel bereits vor Erlass des Urteils die Androhung von Ordnungsmitteln beantragt wird. Zur Konkretisierung der Ordnungsmittel vgl. BLAH ZPO § 890 Rn. 17 f.; Zöller/*Stöber* ZPO § 890 Rn. 17 f. Die Androhung kann Aufnahme in den Tenor des Unterlassungsurteils finden oder in einem gesonderten Abschnitt des Gesamttenors ausgesprochen werden. Zur kumulativen Androhung von Ordnungsmitteln → Form. F.6 Anm. 6.

Die Zustellung im Ausland (§ 183 ff. ZPO) ist im Verhältnis zu vielen Staaten in Staatsverträgen geregelt, deren Anwendungsbereich auf Zivil- und Handelssachen beschränkt ist. Die mit der Zustellung zu ersuchenden Behörden oder Beamten des Staates, in dem die Zustellung erfolgen soll, können daher prüfen, ob das Zustellungsgesuch die Anwendungsvoraussetzung des einschlägigen Staatsvertrags erfüllt. Diese Prüfung kann zum Ergebnis haben, dass der strafrechtsähnliche Charakter der Androhung von Ordnungsmitteln außerhalb des Anwendungsbereichs eines Staatsvertrags liegt. Wenn voraussehbar ist, dass eine Auslandszustellung erforderlich werden wird – zB bei einem zu erwartenden Versäumnisurteil oder bei einer im Beschlussweg zu erlassenden einstweiligen Verfügung – kann daher in die Erwägungen einzubeziehen sein, das Unterlassungsgebot ohne gleichzeitige Androhung von Ordnungsmitteln zu beantragen (vgl. BGH WRP 1996, 104 (106) – Gebührenüberwachung II = Mitt. 1996, 253).

Wenn eine Zustellung im Ausland erforderlich wird, muss zusätzlich bedacht werden, dass die Entscheidung mit einer Begründung versehen sein muss (§ 936 ZPO iVm § 922 Abs. 1 S. 2 ZPO). Darauf kann in der Antragsschrift ggf. hingewiesen werden. Im Geltungsbereich der EuGVVO müssen Entscheidungen von Gerichten anderer Mitgliedstaaten, denen kein kontradiktorisches Verfahren vorausgegangen ist, nicht anerkannt und für vollstreckbar erklärt werden (Art. 45 Abs. 1 S. 1 EuGVVO iVm Art. 34 Nr. 2 EuGVVO). Das gilt auch für Entscheidungen des vorläufigen Rechtsschutzes (BGH GRUR 2007, 813 (814) – Ausländischer Arrestbeschluss).

12. Die Aufnahme einer Abbildung in den Klageantrag dient der Konkretisierung. Der Austausch von Lichtbildern im Unterlassungstenor durch identische, qualitativ hochwertigere Bilder stellt keine Klagänderung, sondern eine bloße Klarstellung dar (OLG Düsseldorf GRUR-RS 2015, 07898 Rn. 19 – Massivholzmöbel). Es kann zwar versucht werden, die streitgegenständliche Gestaltung – wie bei Klagen aus technischen Schutzrechten – verbal festzulegen. Im Designrecht kommt es jedoch – noch häufiger als im Markenrecht und im Wettbewerbsrecht – so sehr auf den optischen Gesamteindruck an, dass eine ausschließlich verbale Beschreibung dem Bestimmtheitserfordernis nicht Genüge leistet.

Dem Bestimmtheitserfordernis wird zwar ausreichend dadurch Rechnung getragen, dass allein eine Abbildung zum Gegenstand des Antrags gemacht wird. Es kann jedoch zweckmäßig sein, die Merkmale zum Gegenstand eines verbalen Bestandteils des Antrags zu machen, die nach Ansicht des Klägers die wesentlichen Elemente des Verletzungstatbestands darstellen (nach OLG Frankfurt a. M. GRUR-RS 2014, 09139 – Reifenprofil muss der Antrag Fälle der Erschöpfung nicht ausschließen). In der Klageschrift kann das die Argumentation erleichtern. Wenn ein Urteil nach dem Klageantrag ergangen ist, kann die verbale Bezeichnung von Merkmalen der streitgegenständlichen Gestaltung Bedeutung für die sog. Kerntheorie (vgl. BGH GRUR 1958, 346 (350) – Spitzenmuster; ausführlich hierzu *Teplitzky* Kap. 57 Rn. 12 ff. mwN) erhalten.

Im Designrecht ist es in der Regel weder möglich noch erforderlich, durch Verallgemeinerungen den Kern der streitgegenständlichen Gestaltung bereits zum Gegenstand des Klageantrags zu machen. Auch die Kombination von verbaler und bildlicher Beschreibung (vgl. zB BGH GRUR 1974, 406 (407 f.) – Elektroschalter; BGH GRUR 1978, 168 – Haushaltschneidemaschine I; BGH GRUR 1996, 767 (768) – Holzstühle) führt daher dazu, dass nur die sog. konkrete Verletzungsform (vgl. BGH GRUR 1958, 346 (350) – Spitzenmuster; BGH GRUR 1996, 57 (61) – Spielzeugautos) Aufnahme in den Klageantrag findet. Nach Meinung des OLG Frankfurt a. M. ist es jedoch zulässig, im Antrag klarzustellen, dass das beantragte Verbot ungeachtet der farblichen Gestaltung der Verletzungsform gelten soll (OLG Frankfurt a. M. GRUR-RS 2015, 07909 Rn. 9 – Sportbrille).

13. Zum Umfang der Verpflichtungen des Unterlassungsschuldners → Form. F.2 Anm. 9. Der auf ein Gemeinschaftsgeschmacksmuster gestützte Unterlassungsanspruch (vgl. hierzu Abschnitt. 6 des Textbeispiels) hat grundsätzlich gemeinschaftsweite Geltung. Eine Verletzungshandlung, die in einem Mitgliedstaat begangen wird, begründet idR eine Begehungsgefahr für das gesamte Gebiet der Europäischen Union (vgl. BGH GRUR 2010, 718 Rn. 56 – Verlängerte Limousinen; BGH GRUR 2012, 512 Rn. 49 – Kinderwagen I). Wenn sich die Zuständigkeit nach Art. 82 Abs. 5 GGV aus dem Begehungsort ergibt, ist nach Art. 83 Abs. 2 GGV das Gericht jedoch nur für die Verletzungshandlungen zuständig, die in dem Mitgliedstaat begangen worden sind oder drohen, in dem das Gericht seinen Sitz hat. Wird der Lieferant eines in Deutschland ansässigen Verletzers, der seinen Sitz in einem anderen EU-Mitgliedstaat hat, in Deutschland gemäß Art. 6 Nr. 1 EuGVVO mitverklagt, ist das deutsche Gemeinschaftsgeschmacksmustergericht auch gegenüber dem Lieferanten EU-weit zuständig (EuGH BeckRS 2017, 126271 – Nintendo/BigBen).

14. Art. 89 Abs. 1 Buchst. d GGV ermächtigt zu Sanktionen, die den Umständen angemessen und in der Rechtsordnung des betroffenen Mitgliedstaats vorgesehen sind. Für den Anspruch auf Schadensersatz enthält das DesignG zwar eine planwidrige Reglungslücke, weil dessen Vorschriften für Gemeinschaftsgeschmacksmuster nicht als entsprechend anwendbar gelten; diese Lücke kann jedoch durch entsprechende Anwendung des § 42 Abs. 2 DesignG geschlossen werden (vgl. BGH GRUR 2010, 718 Rn. 63 – Verlängerte Limousinen; BGH GRUR 2011, 142 Rn. 25 – Untersetzer). Nach Art. 89 Abs. 1 Buchst. d GGV ist für Schadensersatzansprüche das Recht des Mitgliedstaats einschließlich dessen internationalen Privatrechts anwendbar, in dem die Verletzungshandlungen begangen wurden oder drohen (BGH GRUR 2010, 718 (722) Rn. 59 – Verlängerte Limousinen).

Weil im Zeitpunkt der Klageerhebung in der Regel die Voraussetzungen für eine Schadensberechnung noch nicht zur Verfügung stehen und erst nach Auskunftserteilung der Schaden beziffert werden kann, hat der Kläger – insbesondere zur Unterbrechung der

9. Verletzungsklage aufgrund eingetragenem Gemeinschaftsgeschmacksmuster F. 9

Verjährung – ein rechtliches Interesse auf Feststellung (vgl. § 256 Abs. 1 ZPO), dass der Beklagte – dem Grunde nach – zum Schadensersatz verpflichtet ist (OLG Düsseldorf GRUR-RS 2015, 13327 Rn. 35 – Bequemschuh). Nach Auskunftserteilung wird in der Regel Erstattung des Verletzergewinns oder Zahlung einer angemessenen Lizenzgebühr gefordert. Bei der Nachahmung eines durch ein Gemeinschaftsgeschmacksmuster geschützten, vom Inhaber erfolgreich vermarkteten Kinderwagens erkannte das Landgericht Düsseldorf, dass 40 % des Gesamtgewinns auf die Geschmacksmusterverletzung zurückgehen. Nach Auffassung des Gerichts beeinflussen funktionale Eigenschaften des Kinderwagens die Kaufentscheidung ebenfalls zu 40 %. Weitere Faktoren sind Markenbewusstsein und Schadstofffreiheit. Im Hinblick auf die vom Kläger hilfsweise herangezogene Berechnungsmethode der Lizenzanalogie erkannte das Landgericht Schadensersatz in Höhe von 12,5 % des Umsatzes zu (LG Düsseldorf GRUR-RS 2014, 21365 – Verletzergewinn bei Kinderwagendesign).

Weitere Anspruchsmöglichkeiten ergeben sich aus Art. 88 Abs. 2 GGV, der die Gerichte zu Anwendung nationalen Rechts zu allen Fragen ermächtigt, die die nicht in der GGV geregelt sind. Dazu gehören zB die Ansprüche auf Erstattung von Rechtsanwaltskosten iVm §§ 677, 683, 670 BGB, und von Patentanwaltskosten iVm § 52 Abs. 4 DesignG, BGH GRUR 2012, 1139 Rn. 9 – Weinkaraffe.

15. Aus Art. 89 Abs. 1 Buchst. d GGV ergibt sich iVm § 46 Abs. 1, 2 DesignG und § 242 BGB ein Anspruch auf Auskunft und Rechnungslegung (vgl. BGH GRUR 2010, 718 Rn. 66 – Verlängerte Limousinen). Es ist schon seit langem gewohnheitsrechtlich anerkannt, dass zur Vorbereitung aller Methoden der Schadensschätzung Rechnung zu legen ist (vgl. – mwN – BGH GRUR 1980, 227 (232) – Monumenta Germaniae Historica). Der Anspruch auf Rechnungslegung kann zwar im Wege der Stufenklage geltend gemacht werden (§ 254 ZPO). Diese Vorgehensweise führt jedoch auf Grund der Mehrstufigkeit des Vorgehens zu einer Verzögerung des Endurteils. Das Gericht kann zwar über die Anträge auf Unterlassung und auf Rechnungslegung durch Teilurteil entscheiden (§ 301 ZPO). Das erschwert jedoch die Aktenführung im weiteren Verlauf des Verfahrens, wenn Rechtsmittel eingelegt werden.

Wenn erkennbar ist, dass der Antrag auf Rechnungslegung nur der Vorbereitung der Schadensschätzung dient, kann ein Teil der Informationen unter den sog. Wirtschaftsprüfervorbehalt gestellt werden (vgl. BGH GRUR 1963, 641 (642) – Plastikkorb; BGH GRUR 1980, 233). Dem kann der Kläger dadurch entgehen, dass der Anspruch auf Rechnungslegung mit einem Antrag auf Drittauskunft (→ Form. F.8 Antrag II. 1) verbunden wird. Der Antrag kann dann zB wie folgt formuliert werden:

> Die Beklagte wird verurteilt, der Klägerin Rechnung über den Umfang der Handlungen gemäß Ziffer I. zu legen und Auskunft über die Herkunft und den Vertriebsweg der von ihr hergestellten Erzeugnisse zu erteilen, und zwar durch Vorlage eines geordneten und vollständigen Verzeichnisses, das folgende Angaben enthält: ......

16. Die Verpflichtung zur Kostentragung (vgl. § 91 Abs. 1 ZPO) ist ohne Antrag auszusprechen (§ 308 Abs. 2 ZPO). Die Aufnahme des Kostenantrags in die Klageschrift erleichtert dem Gericht die Vorbereitung des Urteilstenors und vermittelt dem Mandanten den Eindruck, dass der Prozessbevollmächtigte nichts versäumt hat.

17. Der Ausspruch der vorläufigen Vollstreckbarkeit erfolgt zwar ebenfalls ohne Antrag (§ 709 S. 1 ZPO). Dennoch ist auch hier die Aufnahme eines Antrags in die Klageschrift zweckmäßig.

18. Wenn der Klage stattgegeben wird, ist das Urteil gegen Sicherheitsleistung für vorläufig vollstreckbar zu erklären (§ 709 S. 1 ZPO). Die Art der Sicherheitsleistung ist in § 108 Abs. 1 S. 2 ZPO geregelt. Üblich ist die Sicherheitsleistung durch Bankbürgschaft. Wenn kein bestimmtes Kreditinstitut benannt wird, kann es vorkommen, dass ein Gericht dem Antrag nicht stattgibt. Soll dann dennoch Sicherheit durch Bankbürgschaft geleistet werden, kann ein ergänzender Beschluss beantragt werden (vgl. Zöller/*Herget* ZPO § 108 Rn. 14). Es dient daher der Beschleunigung, wenn bereits in der Klageschrift ein bürgschaftstaugliches Kreditinstitut benannt wird. Weiter empfiehlt es sich, zu beantragen, dass für jeden Antrag gesondert Sicherheit festgesetzt wird. Dies ermöglicht beispielsweise, dass nur der Auskunftsantrag – nach Leistung einer entsprechend niedrigeren Sicherheit – vollstreckt wird. Zur Angabe von Teilstreitwerten → Anm. 22.

19. Für den (unwahrscheinlichen) Fall des Bestreitens kann Beweis durch amtliche Auskunft des EUIPO angeboten werden.

20. Aus welcher Sicht der Offenbarungsgehalt der bildlichen Darstellung eines Gemeinschaftsgeschmacksmusters bzw. eingetragenen Designs beurteilt werden muss, ist noch nicht abschließend geklärt. Der BGH stellt für die Auslegung auf den Empfängerhorizont der Fachkreise des betreffenden Sektors ab, um dem Interesse des Verkehrs Rechnung zu tragen, klar erkennen zu können, wofür der Anmelder Schutz beansprucht (vgl. BGH GRUR 2012, 1139 Rn. 23 – Weinkaraffe). Es wird aber auch auf das Verständnis des informierten Benutzers als der Person abgestellt, die Produkte für den in der Anmeldung eines Gemeinschaftsgeschmacksmusters vorgesehenen Zweck benutzt (vgl. EuG GRUR Int. 2011, 746 Rn. 51 – Sphere Time; OLG Düsseldorf GRUR-RR 2012, 200 (204) – Tablet PC I). Sowohl die Fachkreise des betreffenden Sektors als auch der informierte Benutzer der betreffenden Produkte sind in der Lage, einer Zeichnung oder einer Fotografie Abmessungsrelationen auch dann zu entnehmen, wenn keine Maßangaben zur Verfügung stehen. Für den Gesamteindruck von Mustern und Designs kann daher zwar nicht auf einen Vergleich von Abmessungen, aber von internen Größenverhältnissen abgestellt werden (vgl. EuG GRUR Int. 2013, 383 Rn. 69, 71 – Thermosiphons).

21. Gemeinschaftsgeschmacksmuster und eingetragene Designs sind – ebenso wie alle anderen Schutzrechte – absolute Rechte. Jede Verletzung eines absoluten Rechts ist eine unerlaubte Handlung (vgl. BGH GRUR 1962, 310 (313) – Gründerbildnis; BGH GRUR 1980, 227 (230) – Monumenta Germaniae Historica). Örtlich zuständig für eine Verletzungsklage ist daher jedes Gericht, in dessen Zuständigkeitsbezirk eine Verletzungshandlung begangen wurde (vgl. § 32 ZPO). Weil auch das Anbieten von rechtsverletzenden Erzeugnissen eine Verletzungshandlung ist, kann sich die örtliche Zuständigkeit auch daraus ergeben, dass Werbeanzeigen für rechtsverletzende Erzeugnisse im Gerichtsbezirk verbreitet wurden. Die Verbreitung der Werbeanzeigen muss bestimmungsgemäß erfolgt sein (vgl. BGH GRUR 1971, 153 (154) – Tampax; BGH GRUR 1978, 194 (195) – profil). Die bestellte Zusendung eines Exemplars eines Druckerzeugnisses, das eine Werbeanzeige für ein schutzrechtsverletzendes Erzeugnis enthält, wirkt daher nicht gerichtsstandsbegründend (vgl. BGH GRUR 1978, 194 (196) – profil).

22. Ein Vorschlag für die Festsetzung von Teilstreitwerten kann insbesondere für den Fall zweckmäßig sein, dass im Verlauf des Verfahrens eine Teilerledigung eintritt. In diesem Fall sind die Prozessparteien häufig unterschiedlicher Ansicht über die Bewertung des erledigten Teils der Klage. Grundlage für die Bewertung der in der Praxis häufigsten Klageanträge ist der Anspruch auf Feststellung der Verpflichtung zum Schadensersatz. Maßgeblich hierfür ist die Einschätzung des Klägers im Zeitpunkt der Klageerhebung (vgl. BGH GRUR 1986, 93 (94) – Veränderte Umstände). Der vorbereitende Charakter des Antrags auf Rechnungslegung macht einen Abschlag erforderlich (vgl. BGH GRUR 1995, 701 (702)). Üblich ist es, den Antrag auf Rechnungslegung mit $1/4$, maximal $1/3$ des Werts für den Antrag auf Feststellung der Verpflichtung zum Schadensersatz zu bewerten. Der Unterlassungsantrag wird in der Regel mit dem Vier- bis Fünffachen des Betrages bewertet, der insgesamt auf die Anträge auf Feststellung der Schadensersatzpflicht und auf Rechnungslegung entfällt (vgl. OLG Karlsruhe GRUR 1966, 691). Zur Bewertung des Antrags auf Drittauskunft → Form. F.8 Anm. 11. Zur Vollstreckung einzelner Anträge → Anm. 19.

23. Der Vorsitzende entscheidet in freiem Ermessen, ob ein schriftliches Vorverfahren durchgeführt oder ein früher erster Termin zur mündlichen Verhandlung anberaumt wird (§ 272 Abs. 2 ZPO). Auf diese Ermessenswahl hat der Kläger zwar keinen Einfluss, aber bei besonderen Voraussetzungen kann eine Anregung zweckmäßig sein. Der Wegfall der Frist zur Mitteilung der Verteidigungsabsicht (§ 276 Abs. 1 S. 1 ZPO) kann zu einer beschleunigten Anberaumung eines frühen ersten Termins (§ 275 ZPO) führen. Auch in einem frühen ersten Termin kann eine Endentscheidung vorbereitet werden (vgl. BLAH ZPO § 272 Rn. 5 mwN).

Kosten und Gebühren

24. Die Gerichtsgebühren, die Rechtsanwaltsgebühren und die Gebühren des mitwirkenden Patentanwalts richten sich nach dem Streitwert (vgl. die Erläuterungen zu → Form. F.6). Zur Schätzung des Streitwerts und von Teilstreitwerten → Anm. 22.

Fristen und Rechtsbehelfe

25. Verletzungsklagen unterliegen nur den Fristen, die sich aus den Bestimmungen über die Verjährung ergeben. Unabhängig von der Verjährung kann sich aus dem Gesichtspunkt der Verwirkung eine zeitliche Einschränkung ergeben.

Gegen ein erstinstanzliches Urteil ist für die unterliegende Partei das Rechtsmittel der Berufung eröffnet (vgl. § 511 Abs. 1 ZPO). Der Wert des Beschwerdegegenstands (vgl. § 511 Abs. 2 Nr. 1 ZPO) liegt bei der Geltendmachung eines designrechtlichen Unterlassungsanspruchs in der Regel weit über dem Mindestwert von 600 EUR.

10. Erwiderung auf Verletzungsklage

Landgericht ......

– Kammer für Handelssachen –

Geschäftsnummer: ......

In dem Rechtsstreit

Klopfer KG

gegen

Novitas GmbH

zeige ich die Vertretung der Beklagten und die Mitwirkung[1] von PA ...... an.

Ich werde folgende

Anträge

stellen:
I. Die Klage wird abgewiesen.
II. Die Klägerin trägt die Kosten des Rechtsstreits.
III. Das Urteil ist vorläufig vollstreckbar.[2]

IV. Vorsorglich: Der Beklagten wird gestattet, die Zwangsvollstreckung gegen Sicherheitsleistung durch schriftliche, unwiderrufliche, unbedingte und unbefristete Bürgschaft eines im Inland zum Geschäftsbetrieb befugten Kreditinstituts abzuwenden.[3]

Begründung:

I. Eigenart

1. Die Darstellung, mit der die Klägerin dem Klagegeschmacksmuster einen besonderen Unterschied gegenüber vorbekannten Erzeugnissen zuzuschreiben versucht, gibt die Gestaltung der vorbekannten Teppichklopfer nicht vollständig wieder, die aus Rohr gefertigt sind. Die Fotografien
   – Anlagen B 1 und B 2 –
   zeigen die beiden Standardformen, die seit Jahrzehnten für geflochtene Teppichklopfer Verwendung finden. Beide Modelle stimmen darin überein, dass der Stiel aus wendelartig angeordneten Flechtrohren nicht unmittelbar, sondern über ein V-förmiges Verbindungselement in den Kopfteil übergeht.

2. Außerdem hat die Beklagte vor kurzem davon Kenntnis erlangt, dass es schon vor knapp zehn Jahren Spielzeugschläger gegeben hat, die zwar Tennisschlägern nachempfunden, aber einstückig aus Kunststoff hergestellt waren. Auf den Seiten 34/35 des Katalogs „Spiele für Strand und Garten"
   – Anlage B 3 –,
   der im Jahr . . . . . . gedruckt und verbreitet worden ist, sind zwei Modelle solcher Spielzeugschläger abgebildet und beschrieben.
   Das auf Seite 35 des Katalogs B 3 abgebildete Modell *Andi* ist in der Grundform wie ein etwas verkleinerter Tennisschläger ausgeführt. Anstelle von Saiten befinden sich Stege im Rahmen des Kopfteils. Weil die Erscheinungsform des Klagegeschmacksmusters beim informierten Benutzer keinen gegenüber dem Model *Andi* unterschiedlichen Gesamteindruck erweckt, erfüllt das Klagegeschmacksmuster nicht das Erfordernis der Eigenart.

3. Schließlich trifft es nicht zu, dass die unstreitige (!) Verbreitung von streitgegenständlichen Teppichklopfern vor dem Anmeldetag zu unbedeutend gewesen sei. Maßgeblich ist nämlich nicht, welche Kenntnisse einem informierten Benutzer zugeschrieben werden.[4] Vielmehr bestimmt Art. 7 Abs. 1 S. 1 GGV, dass ein vorbekanntes Muster nur dann für eine Offenbarung unberücksichtigt bleiben kann, wenn es den in der Gemeinschaft tätigen Fachkreisen des betreffenden Wirtschaftszweigs im normalen Geschäftsverlauf nicht bekannt sein konnte. Südwestdeutschland ist selbstverständlich Teil der Gemeinschaft. Ebenso selbstverständlich ist, dass die Belieferung von gewerblichen Abnehmern im normalen Geschäftsverlauf stattfindet. Aus der Gesamtheit des Regelungsgehalts in Art. 7 Abs. 1 GGV und aus der Regelung des Schutzes für nicht eingetragenen Gemeinschaftsgeschmacksmuster folgt, dass Handelsunternehmen zu den Fachkreisen im Sinne dieser Bestimmungen gehören.[5] Die Anzahl der ausgelieferten Teppichklopfer war so erheblich, dass die Mitglieder der Fachkreise nicht nur durch Zufall (vgl. OLG Frankfurt a. M. GRUR-RR 2004, 320 (321) – Kanton-Messe) von deren Verbreitung Kenntnis erlangt haben.

II. Schutzumfang
Selbst wenn unterstellt wird, dass das Klagegeschmacksmuster über ein Mindestmaß an Eigenart verfügt, müsste dessen Schutzumfang äußerst gering festgelegt werden. Der Schutzumfang eines Gemeinschaftsgeschmacksmusters bzw. eingetragenen Designs hängt von dessen Abstand zum vorbekannten Formenschatz ab (vgl. BGH GRUR 2011, 142 Rn. 13 – Untersetzer; BGH GRUR 2011, 1112 Rn. 42 – Schreibgeräte; BGH GRUR 2011, 1117 Rn. 35 – ICE). Bei einem engen Schutzumfang können bereits

10. Erwiderung auf Verletzungsklage F. 10

geringe Gestaltungsunterschiede einen anderen Gesamteindruck erwecken (vgl. BGH GRUR 2011, 142 Rn. 13; BGH GRUR 2011, 1112 Rn. 42; BGH GRUR 2011, 1117 Rn. 35), so dass nur identische oder fast identische Muster bzw. Designs vom Schutzumfang erfasst werden (vgl. BGH GRUR 1988, 369 (370) – Messergriff).

Der Kopfteil des Teppichklopfers *Crack* ist nicht Badminton-Schlägern, sondern Tennisschlägern der sog. zweiten Generation nachgeformt. Derartige Tennisschläger sind zB auf den Seiten 24 ff. des als

– Anlage B 4 –

in Teilkopie überreichten Lehrbuchs „Tennis heute" aus dem Jahr . . . . . . abgebildet. Die charakteristische Tropfenform sowohl dieser Tennisschläger als auch des Teppichklopfers *Crack* vermittelt einen Eindruck, der von der rundovalen Grundform des Klagegeschmacksmusters erheblich abweicht. Auch die Form der Griffe weist stark ausgeprägte Unterschiede auf. Ob es Griffe mit Griffkerben auch bei anderen Erzeugnissen gibt, spielt für den Gesamteindruck des Teppichklopfers Crack keine Rolle. Der Teppichklopfer *Crack* erweckt daher beim informierten Benutzer einen anderen Gesamteindruck als der Gegenstand des Klagegeschmacksmusters und wird daher von dessen Schutzumfang nicht erfasst.

III. Anträge
1. Weil schon der Unterlassungsantrag ohne Erfolg sein wird, bestehen auch kein Anspruch auf Feststellung der Schadensersatzpflicht und kein Anspruch auf Auskunft und Rechnungslegung. Zusätzlich würde zu berücksichtigen sein, dass die Beklagte jedenfalls nicht schuldhaft gehandelt hat.[6]
2. Vorsorglich bitte ich darum, der Beklagten den üblichen Wirtschaftsprüfervorbehalt[7] zu gewähren. Die Klägerin hat nicht dargelegt, dass sie die Namen und Anschriften von gewerblichen Abnehmern der Beklagten zur Aufdeckung von Vertriebswegen benötige. Zur Überprüfung einer Rechnungslegung trägt der Wirtschaftsprüfervorbehalt den Interessen beider Verfahrensparteien, die zueinander in scharfem Wettbewerb stehen, angemessen Rechnung.

Rechtsanwalt

Anmerkungen

1. Zur Mitwirkungsanzeige → Form. F.9 Anm. 7.

2. Der Antrag auf Erklärung der vorläufigen Vollstreckbarkeit ist – ebenso wie der Kostenantrag – entbehrlich (→ Form. F.9 Anm. 16, 17). Wenn der Beklagte von der vorläufigen Vollstreckbarkeit der Kostenentscheidung Gebrauch machen und Sicherheit durch Bankbürgschaft leisten möchte, kann ein Antrag in die Klageerwiderung aufgenommen werden. Der Erfolg eines Vollstreckungsschutzantrags setzt die Glaubhaftmachung dafür voraus, dass die Vollstreckung dem Beklagten einen nicht zu ersetzenden Nachteil bringen würde (§ 712 Abs. 1 S. 2 ZPO).

3. Nach § 712 Abs. 1 S. 1 ZPO setzt die Abwendung der Vollstreckung voraus, dass die Vollstreckung dem Schuldner einen nicht zu ersetzenden Nachteil bringen würde. Der Schutzantrag muss vor Schluss der mündlichen Verhandlung gestellt werden (§ 714 Abs. 1 ZPO). Die tatsächlichen Voraussetzungen dafür, dass dem Schuldner ein nicht zu ersetzender Nachteil entstünde, müssen glaubhaft gemacht werden (§ 714 Abs. 2 ZPO). Wenn der Schutzantrag kann nicht begründet wird, kann diesem Antrag nicht stattgegeben werden. Die Aufnahme des Schutzantrags in die Klageerwiderung kann jedoch

Anlass für einen Hinweis des Gerichts sein (vgl. § 139 Abs. 1 S. 2 ZPO). Die Art der Sicherheitsleistung ergibt sich aus § 108 Abs. 1 S. 2 ZPO.

4. Zur Rechtsfigur des informierten Benutzers → Form. F.11 Anm. 5. Wie es sich mit dem Kenntnisstand des informierten Benutzers verhält, ist gesetzlich nicht festgelegt. Nach EuGH GRUR 2012, 506 Rn. 59 – PepsiCo – kennt der informierte Benutzer verschiedene Muster, die es in dem betroffenen Warenbereich gibt, und besitzt gewisse Kenntnisse in Bezug auf die Elemente, die diese Muster für gewöhnlich aufweisen. Dem hat sich der BGH angeschlossen (vgl. BGH GRUR 2013, 285 Rn. 55 – Kinderwagen II). Nach Ansicht des EuG müsse die Person des informierten Benutzers bei Heizkörpern die Möglichkeit gehabt haben, Muster von Heizkörpern zu sehen und zu vergleichen, indem sie Design- und Wohnzeitschriften konsultiere, Fachgeschäfte aufsuche und im Internet surfe (vgl. EuG GRUR Int. 2013, 383 Rn. 41 – Termosiphons). Die Formulierung, dass der informierte Benutzer „gewisse Kenntnisse" habe, geht zurück auf die Begründung zu Art. 6 Abs. 1 des Verordnungsvorschlags von 1993. Nach Art. 6 Abs. 2 dieses Vorschlags sollte für die Beurteilung der Eigenart allein maßgeblich sein, ob sich das Muster von einem Muster unterscheidet, das am Anmelde- oder Prioritätstag vermarktet wird oder als eingetragenes Geschmacksmuster Bestand hat. Eine allgemeine Regelung über die Offenbarung wurde erst durch Art. 6 Abs. 1 des Richtlinienvorschlags von 1996 eingefügt. Diese Regelung ist in Art. 6 Abs. 1 der Geschmacksmusterrichtlinie unverändert geblieben. Seitdem ist der vorbekannte Formenschatz durch eine Definition so festgelegt, dass allein auf den Kenntnisstand der relevanten Fachkreise abgestellt wird. Welche Muster dem vorbekannten Formenschatz zugehörig sind, richtet sich daher nicht nach dem Kenntnisstand des informierten Benutzers, sondern ausschließlich nach der gesetzlichen Definition der Offenbarung in Art. 7 GGV.

5. Es ist eine Tatsachenfrage, ob und unter welchen Umständen ein Muster den Fachkreisen im normalen Geschäftsverlauf bekannt sein konnte (EuGH GRUR 2014, 368 (369) Rn. 29 – Gautzsch Großhandel/MBM Joseph Duna). Zu den Fachkreisen werden zwar insbesondere Designer (vgl. *Bulling/Langöhring/Hellwig* Rn. 51) sowie Personen gerechnet, die neben Designern Einfluss auf die Erscheinungsformen von Erzeugnissen nehmen können (vgl *Eichmann/von Falckenstein/Kühne* DesignG § 5 Rn. 7). Auf die Fachkreise wird in Art. 11 Abs. 1 S. 1 GGV auch für die Offenbarung von nicht eingetragenen Gemeinschaftsgeschmacksmustern abgestellt. Weil der einzige Unterschied darin besteht, dass es dort anstelle von „nicht bekannt sein konnte" auf „bekannt sein konnte" ankommt, ist für den Begriff der Fachkreise eine einheitliche Auslegung angebracht. Aus den weiteren Parametern des normalen Geschäftsverlaufs und der Zugehörigkeit zum betreffenden Wirtschaftszweig bzw. Industriesektor ergibt sich, dass die in einer Branche geschäftätigen Personen gemeint sind. Das sind Hersteller und alle Stufen des Handels; nicht erfasst sind Letztabnehmer (vgl. *Bulling/Langöhring/Hellwig* Rn. 51) als Letztverbraucher. Auf Kenntnisse von Personen der Lehre, der Berichterstattung und der Designkritik kann dagegen nicht abgestellt werden.

Weil es um eine Offenbarung gegenüber der Öffentlichkeit geht und dabei nicht nur auf einzelne Fachleute abgestellt wird, muss die Offenbarung auf Breitenwirkung angelegt sein. Bei der Möglichkeit der Kenntnisnahme müssen die Fachkreise so der Öffentlichkeit zugehörig sein, dass die Gefahr von Manipulationen weitgehend ausgeschlossen ist. Das ist der Fall, wenn ein nennenswerter Teil der Fachkreise die Möglichkeit der Kenntnisnahme gehabt hat oder wenn eine Weitergabe der Offenbarung an Mitglieder der Öffentlichkeit nachfolgt. Die Lieferung von 2000 Uhren von Honkong an einen Abnehmer in den Niederlanden konnte daher ausreichen (vgl. EuG GRUR Int. 2011 746 (748) Rn. 32 – Sphere Time). Die Bekanntmachung nur einem Unternehmen gegenüber kann ausreichend sein, ist jedoch die Ausnahme und nicht die Regel (OLG Düsseldorf BeckRS 2016, 17786 Rn. 18). Es ist nach dem Wortlaut des Art. 7 GGV nicht erforderlich, dass die die Offenbarung darstellenden Tatsachen in der EU stattgefunden haben, damit ein Geschmacksmuster für die Zwecke der Anwendung der Art. 5, 6 GGV als der Öffentlichkeit zugänglich gemacht gilt (EuGH GRUR 2014, 368 (370) Rn. 33 – Gautzsch Großhandel/MBM Joseph Duna).

6. Nach Einführung der Sperrwirkung besteht im Designrecht ebenso wie im Patentrecht und im Kennzeichenrecht eine Obliegenheit zur Überwachung der Schutzrechtslage. Wer dieser Obliegenheit nicht Rechnung trägt, handelt in der Regel grob fahrlässig. Nach der Bildbekanntmachung des Klagegeschmacksmusters dürfte in Entsprechung zum Patentrecht (vgl. BGH GRUR 1986, 803 (806) – Formstein) ein Prüfungs- und Überlegungszeitraum von bis zu vier Wochen zur Verfügung stehen.

7. Gegenüber dem Anspruch auf Drittauskunft (→ Form. F.7 Anm. 3) versagt die Berufung auf den Wirtschaftsprüfervorbehalt, wenn die Verpflichtung zur Drittauskunft nicht unverhältnismäßig ist (vgl. BGH GRUR 1995, 338 (341) – Kleiderbügel). Unverhältnismäßig ist die Verpflichtung zur Drittauskunft in der Regel nur, wenn keine weiteren Verletzungen zu besorgen und Ersatzansprüche bereits ausgeglichen sind; im kontradiktorischen Verfahren ist hierfür der Beklagte darlegungspflichtig (BGH GRUR 1995, 340). Die Drittauskunft dient der Vorbereitung von Ansprüchen nicht auf Zahlung, sondern auf Unterlassung (→ Form. F.8 Anm. 5). Vorrangig maßgeblich ist daher, ob nach der Lebenserfahrung davon ausgegangen werden kann, dass die Drittauskunft Grundlage für die Geltendmachung von Unterlassungsansprüchen gegen Drittbeteiligte sein wird. Dabei kommt es auf die Sachlage im Zeitpunkt der Gerichtsentscheidung an. Die Kurzlebigkeit von manchen Designerzeugnissen kann daher bei langer Verfahrensdauer zum Wegfall des Informationsinteresses des Klägers führen.

11. Nichtigkeitswiderklage

Landgericht ......

– Kammer für Handelssachen –

Geschäftsnummer: ......

In dem Rechtsstreit

Klopfer KG

gegen

Novitas GmbH

wegen: Unterlassung ua (Gemeinschaftsgeschmacksmusterrecht)

hier: Nichtigerklärung[1]

erhebe ich

Widerklage[2]

mit folgenden Anträgen:
I. Es wird festgestellt, dass das Gemeinschaftsgeschmacksmuster Nr. ...... nichtig ist.
II. Die Klägerin und Widerbeklagte trägt die Kosten des Rechtsstreits.
III. Das Urteil ist vorläufig vollstreckbar.

Weiter wird vorsorglich beantragt, über die Widerklage durch Teilurteil zu entscheiden und die Klage bis zur Rechtskraft der Entscheidung über die Widerklage auszusetzen.[2]

Begründung:

1. Das Gemeinschaftsgeschmacksmuster Nr. . . . . . . (Streitgeschmacksmuster)[3] ist nichtig (Art. 25 Abs. 1 Buchst. b GGV), weil der Gegenstand dieses Geschmacksmusters keine Eigenart (Art. 6 GGV) hat. Gegenstand des Streitgeschmacksmusters ist ein Teppichklopfer, der im Wesentlichen in der Form eines Badmintonschlägers ausgeführt ist.

2. Die Erscheinungsform eines Badmintonschlägers weist auch der Teppichklopfer auf, der in der Fotografie

    – Anlage B 5 –[4]

    dargestellt ist. Die Beklagte hat vor einer Woche von einem Geschäftspartner die folgenden Informationen erhalten: Der in Anlage B 5 wiedergegebene Teppichklopfer ist ca. zwei Monate vor dem Prioritätstag des Streitgeschmacksmusters von dem Großversandhaus WALTHER im Rahmen einer Sonderaktion zusammen mit weiteren Haushaltsartikeln unter der Bezeichnung *Quickstep* in den Verkehr gebracht und umfangreich beworben worden.

    Gegenstand der Werbemaßnahmen war ua ein Werbeblatt

    – Anlage B 6 –,

    das in dem Katalog eingelegt war, den das Großversandhauses WALTHER im Herbst/Winter des Jahres . . . . . . verbreitet hat. Dieser Katalog ist in einer Auflage von 770.000 Exemplaren bundesweit versandt worden. Empfänger dieser Aussendung waren Kunden und lokale Agenturen des Großversandhauses WALTHER.

    Beweis: Zeugnis N. N., zuständig für den Katalogversand der Walther GmbH, zu laden über Walther GmbH (Anschrift).

3. Die Erscheinungsmerkmale des durch das Streitgeschmacksmuster unter Schutz gestellten Teppichklopfers und des vorbekannten Teppichklopfers *Quickstep* weisen eine Vielzahl von Übereinstimmungen und nur geringfügige Unterschiede auf. Prägend für den Gesamteindruck beider Teppichklopfer sind die elipsenähnliche Kontur des Kopfteils, die gitterartige Ausgestaltung der Stege, der dreiecksartige Übergangsbereich zwischen dem Kopfteil und dem Stiel, der handlich wirkende Griff und die schlanke Erscheinungsform des Stiels. Sowohl der funktionsorientierte Betrachter als auch insbesondere der informierte Benutzer[5] erkennt, dass die unterschiedliche Ausgestaltung der Griffe nicht das Ergebnis von gestalterischen Überlegungen, sondern von ergonomisch ausgerichteten Bemühungen ist. Aus einer Reihe von Handgriffen, zB bei Fahrrädern, ist bekannt, dass eine besondere Griffigkeit sowohl durch ein umlaufendes Griffband als auch mit gerundeten Griffkerben herbeigeführt werden kann. Trotz der insoweit etwas abweichenden Erscheinungsbilder sind daher die Erscheinungsmerkmale der Griffe für den gestalterischen Gesamteindruck von untergeordneter Bedeutung.

4. Durch den dreiecksartigen Übergangsbereich zwischen dem Kopfteil und dem Stiel wird der im Übergangsbereich besonders großen Bruchgefahr entgegengewirkt. Dieses Erscheinungsmerkmal ist daher ausschließlich durch seine technische Funktion bedingt[6] und deswegen nach Art. 8 Abs. 1 GGV einem Schutz als Gemeinschaftsgeschmacksmuster nicht zugänglich. Es wird zwar die Ansicht vertreten, dass das Kriterium der technischen Bedingtheit zu verneinen ist, wenn eine gangbare Designalternative zu Merkmalen existiert, mit der ein Erzeugnis seine technische Funktion in zumindest gleicher Weise erfüllen kann. Höchstrichterlich ist noch nicht streitentscheidend geklärt, ob Erscheinungsmerkmale auch dann technisch bedingt sind, wenn es Gestaltungsalternativen gibt. Aber der EuGH hat es in dem bekannten Urteil zur Schutzfähigkeit der „Lego"-Bausteine als unerheblich bezeichnet, ob Alternativgestaltungen zur Verfügung stehen. Gegenstand dieses Urteils ist zwar eine Marke. Aber der EuGH hat eine umfassende Würdigung vorgenommen und dabei festgestellt, dass im System der Rechte

11. Nichtigkeitswiderklage   F. 11

des geistigen Eigentums technische Lösungen nach der Systematik des Rechts der EU nur für eine begrenzte Dauer schutzfähig sind. Hierzu hat der EuGH ausdrücklich festgestellt, dass diese Systematik der gemeinschaftsrechtlichen Gesetzgebung nicht nur zum Markenrecht, sondern in gleicher Weise dem Gemeinschaftsgeschmacksmusterrecht zugrunde liegt (vgl. EuGH GRUR 2010, 1008 Rn. 46 – Lego). Erscheinungsmerkmale bleiben daher technisch bedingt, wenn es Gestaltungsalternativen gibt. Andernfalls könnte durch die Eintragung von Gemeinschaftsgeschmacksmustern oder eingetragenen Designs auch für Gestaltungsalternativen in einfacher Weise ein technisches Monopol herbeigeführt werden (vgl. EUIPO-BK R 690/2007 vom 22.10.2009, Rn. 30 – Chaff cutters).

Es wird daher festzustellen sein, dass das Erscheinungsmerkmal des aus zwei Stegen bestehenden Übergangsbereichs, der eine dreieckartige Öffnung umschließt, ausschließlich durch dessen technische Funktion bedingt ist. Diese Feststellung obliegt nicht dem informierten Benutzer, weil es auf dessen Sichtweise nur bei der Beurteilung der Eigenart ankommt. Vielmehr wird erforderlichenfalls ein technischer Sachverständiger hinzuzuziehen sein. Die Beklagte bietet daher für die technische Bedingtheit des Übergangsbereichs des Klagegeschmacksmusters

Beweis an durch: Einholung eines technischen Sachverständigengutachtens.

5. Die Relevanz von Gestaltungsalternativen kann allerdings dahingestellt bleiben, wenn darauf abgestellt wird, dass der Entwerfer über keinen Gestaltungsspielraum verfügt, wenn aus einer technischen Funktion Vorgaben resultieren, die eine Standardisierung durch gemeinsame Merkmale einer Produktgattung zur Folge haben (vgl. – mwN – EuG GRUR Int. 2013, 383 Rn. 42 – Thermosiphons). Weil bei der Beurteilung der Eigenart der Grad der Gestaltungsfreiheit des Entwerfers berücksichtigt werden muss (vgl. Art. 8 Abs. 2 GGV), ist es hier in der Tat der informierte Benutzer, auf dessen Sichtweise abzustellen ist.

6. Die Widerklage erlangt gemäß Art. 87 GGV erst mit ihrer Rechtskraft Wirkung. Sofern das erkennende Gericht zur Auffassung gelangen sollte, dass die Beklagte das Streitgeschmacksmuster verletzt, wird beantragt, über die Widerklage durch Teilurteil zu entscheiden und das Verletzungsverfahren analog Art. 91 GGV iVm §§ 301, 408 ZPO bis zur rechtskräftigen Entscheidung über die Widerklage auszusetzen.

7. Als Streitwert[7] für die Widerklage sind 125.000 EUR angemessen.

8. Eine beglaubigte Abschrift und zwei einfache Abschriften dieses Schriftsatzes sind für die Zustellung an die Klägerin und Widerbeklagte bestimmt.[8]

Rechtsanwalt[9, 10]

Anmerkungen

1. Die Nichtigkeitswiderklage dient zwar auch der Verteidigung gegenüber dem Klageanspruch im Wege eines Gegenangriffs. Dennoch handelt es sich bei der Nichtigkeitswiderklage weder um ein Angriffsmittel noch um ein Verteidigungsmittel im Sinne des § 282 ZPO. Wenn zB ein Muster bzw. Design aus dem vorbekannten Formenschatz erst nach Ablauf von Erwiderungsfristen oder Einlassungsfristen ausfindig gemacht wurden und nicht sichergestellt ist, dass eine hierdurch bedingte Verspätung zu einer Nichtberücksichtigung dieses Verteidigungsmittels führt (vgl. § 296 Abs. 1, 2 ZPO), kann der neue Sachvortrag als Grundlage für eine Nichtigkeitswiderklage dienen. Weitere Zulässigkeitsvoraussetzung der Widerklage ist nur, dass die Klage rechtshängig (vgl. § 261 Abs. 1 ZPO) und noch anhängig ist. In der Berufungsinstanz sind allerdings einer „Flucht in die Widerklage" durch die strengen Zulassungsvoraussetzungen des § 533 ZPO enge Grenzen gesetzt.

Weil die Widerklage eine Klage ist, die von dem Beklagten im selben Verfahren gegen den Kläger erhoben wird, gelten die allgemeinen Anforderungen an den Inhalt der Klageschrift (vgl. § 253 ZPO). Wie jede andere Widerklage (vgl. zB BGH NJW 1996, 2306 (2307)) kann auch die Nichtigkeitswiderklage unter einer innerprozessualen Bedingung erhoben werden. Eine bedingte Nichtigkeitswiderklage nur für den Fall, dass das Gericht der Klage stattgibt, ist daher zulässig. Über diese Eventualwiderklage wird daher nur entschieden, wenn die Bedingung der Klagestattgabe eingetreten ist. Eine isolierte Drittwiderklage (vgl. zB BGH NJW 2001, 294) kann in Betracht kommen, wenn der Kläger nicht Inhaber des Klagegeschmacksmusters ist. Die Widerklage kann auch dann erhoben werden (Art. 84 Abs. 3 GGV), wenn der Inhaber des Gemeinschaftsgeschmacksmusters noch nicht Partei ist, insbesondere bei einer Klage eines Lizenznehmers.

2. Bei einer Klage aus einem eingetragenen Gemeinschaftsgeschmacksmuster kann die gesetzliche Vermutung für die Rechtsbeständigkeit grundsätzlich nur durch eine erfolgreiche Widerklage entkräftet werden (vgl. Art. 85 Abs. 1 S. 1 und 2 GGV). Eine Ausnahme gilt lediglich für den Fall, dass sich der Beklagte auf ein ihm zustehendes älteres nationales Geschmacksmuster beruft, aus dem sich die Nichtigkeit des prioritätsjüngeren Gemeinschaftsgeschmacksmusters ergibt (Art. 85 Abs. 1 S. 3 GGV). Diese Regelungen sind zwar Art. 95 GMV nachgebildet, aber anders als bei Gemeinschaftsmarken hat bei Gemeinschaftsgeschmacksmustern im Eintragungsverfahren keine Prüfung der materiellen Schutzvoraussetzungen stattgefunden. Auf die Nichtigkeit des Klagegeschmacksmusters kann sich der Beklagte trotzdem nur berufen, wenn er Widerklage auf Erklärung der Nichtigkeit des Gemeinschaftsgeschmacksmusters (Art. 81 Buchst. d GGV) erhebt. Der Beklagte kann jedoch Beweis dafür antreten, dass auf Grund von Drittgestaltungen das Klagegeschmacksmuster nur einen engen Schutzumfang hat.

Die gegen ein eingetragenes Gemeinschaftsgeschmacksmuster gerichtete Widerklage erlangt erst mit ihrer Rechtskraft Wirkung, Art. 87 GGV. Sofern nicht sicher feststeht, dass die Hauptsacheklage bereits mangels Verletzung des Gemeinschaftsgeschmacksmusters abzuweisen ist, kann das Gericht daher nicht abschließend über den Rechtsstreit entscheiden. Hält das Gericht das Gemeinschaftsgeschmacksmuster für nicht schutzfähig, so kann mit dem OLG Frankfurt a. M. das Geschmacksmuster durch Teilurteil für nichtig erklärt und das Klageverfahren bis zur Rechtskraft der Entscheidung über die Widerklage ausgesetzt werden (OLG Frankfurt a. M. GRUR-RS 2014, 17895 Rn. 38 – Duschwanne). Der Vertreter der Beklagten sollte unbedingt einen entsprechenden Antrag stellen, um das Klageverfahren zum Stillstand bringen.

In einem Eilverfahren kann sich der Antragsgegner mit dem Einwand der Nichtigkeit des Gemeinschaftsgeschmacksmusters verteidigen. Das gilt sowohl für eingetragene Gemeinschaftsgeschmacksmuster als auch für nicht eingetragene Gemeinschaftsgeschmacksmuster. Aus der Verweisung in Art. 90 Abs. 2 S. 2 GGV auf Art. 85 Abs. 2 S. 2 GGV müsste zwar gefolgert werden, dass auch in Eilverfahren eine Nichtigkeitswiderklage statthaft ist, weil Art. 85 Abs. 2 S. 2 GGV bestimmt, dass die Rechtsgültigkeit mit einer Widerklage auf Erklärung der Nichtigkeit bestritten werden kann. Aber die Möglichkeit einer Widerklage wäre mit den rechtlichen Besonderheiten des Eilverfahrens nicht vereinbar. Eine Widerklage kann nämlich nur bei dem Gericht der Klage erhoben werden (vgl. § 33 Abs. 1 ZPO), nicht also auch bei einem Gericht, das über eine einstweilige Verfügung (vgl. § 935 ZPO) entscheidet. Weil das Verfahren auf Beschleunigung ausgerichtet ist, kann im Eilverfahren ohne mündliche Verhandlung entschieden werden (vgl. § 937 Abs. 2 ZPO); über eine Widerklage müsste dagegen ebenso wie über eine Klage mündlich verhandelt werden (vgl. §§ 273–275, 279 ZPO). Das könnte das Verfahren ebenso bestimmungswidrig verzögern wie die Erhebung von Beweisen (vgl. §§ 355 ff. ZPO) statt der Prüfung von Glaubhaftmachungsmitteln (vgl. §§ 936, 920 Abs. 2 ZPO). Im weiteren Verlauf könnte der Zweck der Widerklage vereitelt werden, weil gegen

11. Nichtigkeitswiderklage F. 11

Urteile, die im Verfahren der einstweiligen Verfügung ergehen, die Revision nicht stattfindet, (vgl. § 542 Abs. 2 S. 1 ZPO). Der entsprechenden Anwendung des Art. 85 Abs. 2 S. 2 GGV muss daher die englische Fassung dieser Bestimmung in der Weise zugrunde gelegt werden, dass von der Wahlmöglichkeit „*plea or counterclaim*" im Eilverfahren nur die erste Möglichkeit, also die Erhebung einer Einrede, zur Verfügung steht.

Für eingetragene Designs bestimmt § 52a DesignG, dass sich eine Partei auf die fehlende Rechtsgültigkeit nur durch Erhebung einer Widerklage auf Feststellung oder Erklärung der Nichtigkeit oder durch Stellung eines Antrags im Nichtigkeitsverfahren vor dem DPMA berufen kann. Nur durch diese Maßnahmen kann die Vermutung der Rechtsgültigkeit (§ 39 DesignG) widerlegt werden. Für Eilverfahren enthält das DesignG keine Regelung zur Widerlegung der für die Rechtsgültigkeit etablierten Vermutung. Nach Auffassung des Kammergerichts ist § 52a DesignG auch im Eilverfahren anwendbar mit der Folge, dass der Anspruchsgegner einen Antrag auf Feststellung bzw. Erklärung der Nichtigkeit beim Amt stellen muss, um fehlende Neuheit im Eilverfahren einwenden zu können, nachdem eine Widerklage im Eilverfahren nicht möglich ist (KG GRUR-RR 2016, 145 Rn. 17 – Bettendesign; aA *Eichmann/von Falckenstein/Kühne* DesignG § 52a Rn. 3, wonach § 52a DesignG im Eilverfahren nicht anwendbar ist). Das Kammergericht begründet seine Auffassung insbesondere damit, dass es im DesignG gerade keine dem Art. 90 Abs. 2 GGV vergleichbare Norm gibt, wonach im Eilverfahren der Einwand der Nichtigkeit als Einrede geltend gemacht werden kann.

3. In Verfahren über die Nichtigkeit von Patenten ist es üblich, das mit der Nichtigkeitsklage angegriffene Patent als „Streitpatent" zu bezeichnen. Dem entspricht die Bezeichnung des mit der Nichtigkeitsklage angegriffenen Gemeinschaftsgeschmacksmusters oder eingetragenen Designs als „Streitgeschmacksmuster".

4. Die Nummerierung der Anlagen ergibt sich aus einer Fortsetzung der Anlagennummerierung in der Klageerwiderung (→ Form. F.10). Das Streitgeschmacksmuster ist das Klagegeschmacksmuster des Beispiels einer Verletzungsklage (vgl. die Abschnitte 1 und 2 von → Form. F.9). Der Teppichklopfer B 8 entspricht – nur aus Gründen der Vereinfachung – dem Streitgegenstand der Verletzungsklage (vgl. Klageantrag I. aus → Form. F.9).

5. Für den informierten Benutzer gibt es keine gesetzliche Definition. Den Materialien der Gesetzgebung kann lediglich entnommen werden, dass nicht auf „Designexperten" abgestellt werden soll, sondern ein „gewisses Maß an Kenntnissen oder Designbewusstsein" zugrunde zu legen ist. Der EuGH geht von einem „Zwischenbegriff" aus, wonach der informierte Benutzer zwischen dem im Markenrecht anwendbaren Begriff des Durchschnittsverbrauchers und dem des Fachmanns als Sachkundigen mit profunden technischen Fertigkeiten liege (vgl. EuGH GRUR 2012, 506 Rn. 53 – PepsiCO). Nach Ansicht des EuG kommt bei sog. *rappers*, die hauptsächlich für Kinder bestimmt sind, sowohl ein 5- bis 10-jähriges Kind als auch ein Marketingmanager für derartige Erzeugnisse in Betracht (vgl. EuG GRUR-RR 2010, 189 Rn. 65 – Grupo Promer). Der EuGH hat das nicht beanstandet (vgl. EuGH GRUR 2012, 506 Rn. 54). Zur Beurteilung des Schutzumfangs hat die EU-Kommission darauf hingewiesen, dass sich der bei einem informierten Benutzer hervorgerufene Gesamteindruck von demjenigen eines „gewöhnlichen Verbrauchers" insofern unterscheiden kann, als der informierte Benutzer Unterschiede festzustellen mag, die der Aufmerksamkeit eines „gewöhnlichen Verbrauchers" völlig entgehen würden. (vgl. die Begründung zu Art. 11 Abs. 1 des Vorschlags v. 3.12.1993 für eine Verordnung über das Gemeinschaftsgeschmacksmuster). Nach Ansicht des EuGH kann allerdings der informierte Benutzer minimale Unterschiede nicht im Detail feststellen, die zwischen einander gegenüberstehenden Mustern bestehen können (vgl. EuGH GRUR 2012, 506 Rn. 59). Zutreffender ist, dass der informierte Benutzer zur Feststellung auch von äußerst geringfügigen Unterschieden befähigt ist, derartigen Unterschieden jedoch häufig für den Gesamteindruck keine Bedeutung oder nur eine untergeordnete Bedeutung beimisst. Bei Armbanduhren werde der informierte Benutzer besonders auf die Tragsituation abstellen, sodass die Uhr bestimmungsgemäß von der Seite betrachtet werde, welche das Zifferblatt und das Gehäuse zeige, während er dem Verschluss eine geringere Bedeutung zumesse (BGH GRUR 2016, 803 (808) Rn. 44 – Armbanduhr; auch nach Auffassung des EuG kann die Art und Weise zu berücksichtigen sein, wie das Produkt benutzt wird, EuG GRUR-RR 2016, 324 (327) Rn. 39 – Handtasche). Die Beurteilung muss also durch eine Person stattfinden, die mit dem Warengebiet des jeweiligen Erzeugnisses vertraut ist (vgl. OLG Düsseldorf BeckRS 2007, 11285 – Aluminiumfelgen). Der informierte Benutzer ist eine Fachperson, die mit dem maßgeblichen Wirtschaftszweig vertraut ist. Dem kommt das EuG bei den sog. *rappers* ansatzweise mit der Formulierung nahe, dass die maßgeblichen Personengruppen „das Phänomen der *rappers* kennen müssen" (vgl. EuG GRUR-RR 2010, 189 Rn. 65). Aus der Bezeichnung „informiert" folgt, dass der Benutzer verschiedene Muster aus dem betreffenden Wirtschaftszweig kennt, dass er gewisse Kenntnisse in Bezug auf die Elemente dieser Muster hat und dass er diese Produkte aufgrund seines Interesses mit vergleichsweise großer Aufmerksamkeit nutzt (OLG Düsseldorf GRUR-RS 2016, 17775 Rn. 19 – Tracheostomopflaster). Zum Kenntnisstand des informierten Benutzers → Form. F.10 Anm. 4.

6. Technische Funktion iSd Art. 8 Abs. 1 GGV (und des § 3 Abs. 1 Nr. 1 DesignG) ist eine Wirkungsweise, für die ein Schutz durch ein technisches Schutzrecht in Betracht kommt (vgl. *Eichmann* Mitt. 1998, 252 (254); *Eichmann* MarkenR 2003, 10 (17); *Otero Lastres* GRUR Int. 2000, 408 (415); aA *Koschtial* GRUR Int. 2003, 976 (978)). Dass eine Gestaltung technisch bedingt ist, ergibt sich nicht aus einem Vergleich mit anderen Formen, sondern aus einer Analyse der Funktion (vgl. *Eichmann* Mitt. 1998, 252 (254); *Eichmann* GRUR 2000, 751 (758); *Eichmann* MarkenR 2003, 10 (17)). Ob Erscheinungsmerkmale technisch notwendig sind, kann erforderlichenfalls durch ein (ggf. gerichtlich angeordnetes) Gutachten eines technischen Sachverständigen festgestellt werden (vgl. BGH GRUR 2008, 790 Rn. 22 – Baugruppe I). Dem Schutzausschluß für Erscheinungsmerkmale, die einer technischen Funktion dienen, liegt zugrunde, dass technische Innovationen nicht durch einen rechtlichen Schutz von eingetragenen Designs oder Gemeinschaftsgeschmacksmustern für ausschließlich technisch bedingte Merkmale behindert werden sollen. Strittig ist, ob das Merkmal der ausschließlichen technischen Bedingtheit bereits dann ausscheidet, wenn gangbare Designalternativen zur Verfügung stehen (so OLG Düsseldorf GRUR-RR 2012, 200 (205) – Tablet PC) oder ob der Schutzausschluss gemäß Art. 8 Abs. 1 GGV bereits eingreift, wenn allein funktionale Erwägungen ausschlaggebend gewesen seien (so 3. Beschwerdekammer des EUIPO HABM R 690/2007-3). Das OLG Düsseldorf hat folgerichtig dem EuGH die Frage vorgelegt, ob eine schutzausschließende technische Bedingtheit vorliegt, wenn die gestalterische Wirkung keinerlei Bedeutung für das Produktdesign hat, sondern die Funktionalität der einzige, das Design bestimmende Faktor ist (OLG Düsseldorf BeckRS 2016, 13903). Ausschließlich technisch bedingte Formgestaltungen können zwar die Schutzfähigkeit nicht begründen (vgl. BGH GRUR 2008, 790 Rn. 22), aber der Schutzfähigkeit steht nicht entgegen, dass Muster bzw. Designs mit technischen Vorteilen verbunden sind und einem Gebrauchszweck dienen (vgl. BGH GRUR 2008, 153 Rn. 30 – Dacheindeckungsplatten). Weil der Schutzausschluss der technischen Bedingtheit nur zum Tragen kommt, wenn ein Erscheinungsmerkmal „ausschließlich" durch seine technische Funktion bedingt ist, kann eine ästhetische Wirkung dieses Merkmals zur Eigenart eines Erzeugnisses beitragen.

7. Für eine eigenständige Nichtigkeitsklage richtet sich der Streitwert nach dem wirtschaftlichen Interesse, das die Allgemeinheit an der Löschung des eingetragenen Designs oder Gemeinschaftsgeschmacksmusters hat (vgl. BGH GRUR 1957, 79 (80); BGH Mitt.

1963, 60); ein Anhaltspunkt kann sich aus den zu erwartenden Erträgen ergeben (vgl. BGH GRUR 1957, 80). Wenn in einem Verletzungsverfahren Widerklage auf Nichtigerklärung des anspruchsbegründenden Schutzrechts erhoben wird, handelt es sich in der Regel um eine besondere Form einer Verteidigungsmaßnahme des Beklagten. Das wirtschaftliche Interesse an einer Nichtigkeitswiderklage kann daher mit dem Gesamtstreitwert der Klage gleichgesetzt werden. Die Ansprüche von Klage und Widerklage werden zusammengerechnet, wenn keine Verhandlung in getrennten Prozessen erfolgt (§ 45 Abs. 1 GKG).

8. Dieser Satz ist entbehrlich, weil § 133 Abs. 1 S. 1 ZPO generell bestimmt, dass die Parteien den von Ihnen eingereichten Schriftsätzen die für die Zustellung erforderliche Zahl von Abschriften beizufügen haben. Die Aufnahme dieses Satzes in den Beispielstext soll lediglich an dieses Erfordernis erinnern, weil eine Nachforderung von Abschriften durch das Gericht eine – möglicherweise nachteilige – Verzögerung zur Folge haben kann.

Kosten und Gebühren

9. Die Gerichtsgebühren und die Anwaltsgebühren richten sich nach dem Streitwert der Widerklage (→ Anm. 7). Wenn keine Verhandlung in getrennten Prozessen erfolgt, werden die Ansprüche der Klage und der Widerklage zusammengerechnet (vgl. § 45 Abs. 1 GKG).

Fristen und Rechtsbehelfe

10. Die Nichtigkeitswiderklage unterliegt keiner speziellen Frist (→ Anm. 1). In der Berufungsinstanz sind allerdings einer „Flucht in die Widerklage" durch § 533 ZPO enge Grenzen gesetzt. Gegen die Entscheidung über die Widerklage ist für die unterliegende Partei das Rechtsmittel der Berufung eröffnet (→ Form. F.9).

12. Antrag auf Nichtigerklärung eines eingetragenen Gemeinschaftsgeschmacksmusters

12. Antrag auf Nichtigerklärung   F. 12

Anlage zu dem Antrag vom ...... auf Nichtigerklärung des
Gemeinschaftsgeschmacksmusters Nr. ......

1. Das angegriffene Gemeinschaftsgeschmacksmuster Nr. ...... (im Folgenden: „Streitmuster")[15] wurde ohne Inanspruchnahme einer Priorität am ...... angemeldet und auf den Namen der Inhaberin eingetragen. Der Gegenstand des Streitmusters ist aus den Darstellungen in dem als
   – Anlage 1 –
   überreichten Ausdruck aus dem Register ersichtlich.[16]

2. Das Streitmuster ist nichtig nach Art. 25 Abs. 1 Buchst. b GGV, weil es jedenfalls das Erfordernis der nach Art. 6 GGV erforderlichen Eigenart nicht erfüllt. Das ergibt sich daraus, dass sich das Streitmuster im Gesamteindruck nur unwesentlich von dem eingetragenen Gemeinschaftsgeschmacksmuster Nr. ...... (älteres Muster) unterscheidet, von dem ich als
   – Anlage 2 –
   ebenfalls einen Registerauszug überreiche. Das ältere Muster wurde am ...... und somit ...... Tage vor dem Anmeldetag des Streitmusters bekanntgemacht. Durch diese amtliche Bekanntmachung ist das ältere Muster im Sinne von Art. 7 Abs. 1 S. 1 GGV der Öffentlichkeit zugänglich gemacht worden.[17]

3. Die Eigenart des Streitmusters setzt voraus, dass sein Gegenstand beim informierten Benutzer einen Gesamteindruck hervorruft, der sich von dem Gesamteindruck unterscheidet, den das ältere Muster bei diesem Benutzer hervorruft. Bei der Beurteilung der Eigenart sind die Besonderheiten des jeweiligen Industriezweigs, die Art des dargestellten Erzeugnisses und der Grad der Gestaltungsfreiheit des Entwerfers bei der Entwicklung des Streitmusters zu berücksichtigen.
   Der informierte Benutzer ist mit den Erscheinungsformen von Teppichklopfern vertraut. Dem informierten Benutzer ist daher geläufig, dass vorbekannte Teppichklopfer aus Naturrohr in der Weise gefertigt sind, dass der Kopfteil aus geflochtenen und der Stiel aus wendelförmig angeordneten Rohrstücken bestehen. Der Entwerfer des durch das ältere Muster unter Schutz gestellten Teppichklopfers hat sich von den vorbekannten Formen völlig gelöst. Während die vorbekannten Teppichklopfer den Eindruck von traditionellen Handwerkserzeugnissen erwecken, vermittelt der durch das ältere Muster unter Schutz gestellte Teppichklopfer den Eindruck eines einerseits grazil-eleganten, andererseits aber wirkungsvollen Haushaltsgeräts in der Form eines aus Kunststoff industriell gefertigten Sportgeräts.
   Denselben Gesamteindruck erweckt das Streitmuster. Das zeigt schon die Gegenüberstellung[18] der jeweils ersten Darstellungen des Streitmusters (links) und des älteren Musters (rechts):

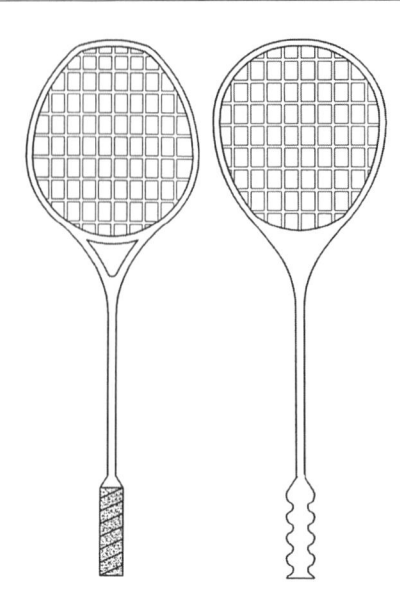

Prägend für den Gesamteindruck beider Teppichklopfer sind die elipsenähnliche Kontur des Kopfteils, die gitterartige Ausgestaltung der Stege, der dreiecksartige Übergangsbereich zwischen dem Kopfteil und dem Stiel, der handlich wirkende Griff und die schlanke Erscheinungsform des Stiels. Einzelheiten ergeben sich aus der folgenden

Merkmalsgegenüberstellung:[19]

Streitmuster	*Älteres Muster*
1. Der Teppichklopfer besteht aus einem Kopfteil, einem Stiel und einem Griff.	1. Der Teppichklopfer besteht aus einem Kopfteil, einem Stiel und einem Griff.
2. Der Kopfteil ist aus einem schmalen, elipsenähnlich geformten Rahmen gebildet	2. Der Kopfteil ist aus einem schmalen, elipsenähnlich geformten Rahmen gebildet
3. Mit der Innenseite des Rahmens stehen Enden von Stegen in Verbindung.	3. Mit der Innenseite des Rahmens stehen Enden von Stegen in Verbindung.
4. Die Stege sind horizontal und vertikal so angeordnet, dass sich zwischen den Stegen quadratische Aussparungen ergeben.	4. Die Stege sind horizontal und vertikal so angeordnet, dass sich zwischen den Stegen quadratische Aussparungen ergeben.
5. Der Übergangsbereich zwischen dem Kopfteil und dem Stiel besteht aus zwei Stegen, die mit dem unteren Ende des Kopfteils eine dreieckartige Öffnung umschließen.	5. Der Übergangsbereich zwischen dem Kopfteil und dem Stiel ist massiv dreiecksartig ausgebildet.
6. Der Stiel ist zylindrisch.	6. Der Stiel ist zylindrisch.
7. Der Übergangsbereich zwischen Stiel und Griff weist die Form eines Kegelstumpfs auf.	7. Der Übergangsbereich zwischen Stiel und Griff weist die Form eines Kegelstumpfs auf.

12. Antrag auf Nichtigerklärung — F. 12

8. Der Durchmesser des Griffs beträgt ungefähr das Dreifache des Durchmessers des Stiels.	8. Der Durchmesser des Griffs beträgt ungefähr das Dreifache des Durchmessers des Stiels.
9. Der Griff ist von einem Griffband umfasst.	9. Im Griff sind vier umlaufende Rundkerben ausgebildet.

4. Bei aus Kunststoff gefertigten Teppichklopfern steht dem Entwerfer ein breiter Gestaltungsspielraum insbesondere in der Ausgestaltung des Kopfteils zur Verfügung. Der informierte Benutzer als funktionsorientierter Betrachter erkennt, dass die unterschiedliche Ausgestaltung der Griffe nicht das Ergebnis von gestalterischen Überlegungen, sondern von ergonomisch ausgerichteten Bemühungen ist. Aus einer Reihe von Handgriffen, zB bei Fahrrädern, ist bekannt, dass eine besondere Griffigkeit sowohl durch ein umlaufendes Griffband als auch mit gerundeten Griffkerben herbeigeführt werden kann. Die insoweit etwas abweichenden Erscheinungsbilder sind daher für den informierten Benutzer von untergeordneter Bedeutung. Geringfügige Unterschiede bestehen zwar auch in den Übergangsbereichen zwischen dem Kopfteil und dem Stiel. Der informierte Benutzer ist sich jedoch darüber im Klaren, dass eine unmittelbare Verbindung zwischen dem Stiel und dem Kopfteil eine erhebliche Bruchanfälligkeit des Teppichklopfers zur Folge hätte. Dem informierte Benutzer ist bekannt, dass es zB bei Tennisschlägern vielfach üblich ist, diesen Übergangsbereich dreiecksartig auszugestalten, um der Bruchgefahr entgegenzuwirken, und dass es dabei sowohl eine offene als auch eine geschlossene Ausführung dieses Übergangsbereichs gibt. Die funktionell gleichwertigen Übergangsbereiche sind daher für den informierten Benutzer ebenfalls von untergeordneter Bedeutung.

Der Gesamteindruck wird demnach von den weiteren Erscheinungsmerkmalen und dabei insbesondere von der Ausgestaltung des Kopfteils geprägt. Diese übereinstimmenden Merkmale des durch das Streitmuster unter Schutz gestellten Teppichklopfers und des älteren Musters weisen so erhebliche Übereinstimmungen auf, dass das Streitmuster jedenfalls das Erfordernis der Eigenart gem. Art. 6 Abs. 1 GGV nicht erfüllt, weil sich die zu vergleichenden Erscheinungsformen im Gesamteindruck nicht unterscheiden. Das Streitmuster ist daher für nichtig zu erklären.

Anmerkungen

1. Art. 24 Abs. 1 GGV bestimmt, dass ein eingetragenes Gemeinschaftsgeschmacksmuster beim Amt der Europäischen Union für Geistiges Eigentum (EUIPO) nach dem Verfahren gemäß Titel VI und VII GGV oder auf Widerklage im Verletzungsverfahren (→ Form. F.11) für nichtig erklärt wird. Weil es sich bei Art. 24 Abs. 1 GGV um eine abschließende Regelung handelt, stehen andere Möglichkeiten nicht zur Verfügung. Unzulässig wäre daher insbesondere eine eigenständige Klage auf Feststellung der Nichtigkeit.

Die Nichtigerklärung im Verfahren vor dem EUIPO ist in Art. 52 ff. GGV und in Art. 28 ff. GGVD geregelt. Erläuterungen enthalten die Richtlinien für das Verfahren zur Erklärung der Nichtigkeit eines eingetragenen Gemeinschaftsgeschmacksmusters (im Folgenden abgekürzt: Nichtigkeitsrichtlinien). Der Antrag auf Nichtigerklärung muss schriftlich eingereicht und begründet werden (Art. 52 Abs. 2 S. 1 GGV). Einen Antrag auf Nichtigerklärung kann jede natürliche oder juristische Person (sowie eine hierzu befugte Behörde) stellen (Art. 52 Abs. 1 GGV). Beschränkungen der Antragsbefugnis bestehen nur, wenn ein eigenes älteres Recht als Nichtigkeitsgrund geltend gemacht wird (vgl. Art. 25 Abs. 2–4 GGV).

Für jedes angefochtene Gemeinschaftsgeschmacksmuster ist ein eigenständiger Antrag erforderlich. Wird aus einer Sammeleintragung mehr als ein Gemeinschaftsgeschmacksmuster angefochten, muss für jedes angefochtene Gemeinschaftsgeschmacksmuster ein gesonderter Antrag gestellt und die hierfür vorgesehene Gebühr entrichtet werden (vgl. Abschn. 2.4 Abs. 2 der Nichtigkeitsrichtlinien).

Für deutsche eingetragene Designs besteht nach § 33 Abs. 3 DesignG ebenfalls die Möglichkeit, die Nichtigkeit in einem Amtsverfahren feststellen bzw. erklären zu lassen. Einzelheiten für das Nichtigkeitsverfahren vor dem DPMA sind in § 34a DesignG geregelt. Anträge auf Nichtigerklärung eines eingetragenen Designs weisen keine wesentlichen Unterschiede gegenüber Anträgen auf Nichtigerklärung eines eingetragenen Gemeinschaftsgeschmacksmusters auf. Die Formalien sind insoweit einfacher, als nur die deutsche Sprache (→ Anm. 2) für die Einreichung eines Antrags in Betracht kommt.

2. Das für den Antrag auf Nichtigerklärung eines Gemeinschaftsgeschmacksmusters vom EUIPO bereitgestellte Formblatt kann von der Webseite des EUIPO https://euipo.europa.eu/ohimportal/de/forms-and-filings heruntergeladen werden. Bei der Verwendung dieses Formblatts ist sichergestellt, dass alle erforderlichen Angaben in der erforderlichen Weise gemacht werden. Die Verwendung eines dem amtlichen Formblatt entsprechenden Formulars ist möglich. Der Antrag soll in zweifacher Ausfertigung eingereicht werden. Wenn das nicht geschieht, wird der Antragsteller aufgefordert, die zweite Ausfertigung innerhalb eines Monats einzureichen (Abschn. 3.1 der Nichtigkeitsrichtlinien). Die Einreichung des Antrags per Telefax ist zwar möglich, aber nicht empfehlenswert, wenn eine graphische Darstellung Bestandteil des Antrags ist. Hinweise zur Einreichung per Telefax enthält Abschn. 3.2 der Nichtigkeitsrichtlinien. Weil der Antrag an keine Frist gebunden ist. besteht keine Eilbedürftigkeit. Die Adresse für Postsendungen ist:
 Amt der Europäischen Union für Geistiges Eigentum Annahmestelle
 Avenida de Europa, 4
 E-03008 Alicante, Spanien

Anträge auf Erklärung der Nichtigkeit müssen in der Sprache eingereicht werden, in der die Anmeldung des Gemeinschaftsgeschmacksmusters eingereicht worden ist (= Verfahrenssprache). Das setzt voraus, dass es sich bei der Einreichungssprache um eine Sprache des Amtes handelt; andernfalls ist die zweite in der Anmeldung angegebene Sprache maßgeblich (Art. 98 Abs. 4 S. 1 und 2 GGV). Die Einreichungssprachen sind aus der Eintragung für das angefochtene Gemeinschaftsgeschmacksmuster ersichtlich.

3. Die Gesamtzahl der Seiten des Antrags soll angegeben werden, damit das EUIPO im Interesse des Antragstellers prüfen kann, ob der Antrag vollständig in die Akte gelangt ist.

4. Die Bekanntgabe des Zeichens und der ID-Nummer des Antragstellers kommt nur in Betracht, wenn der Antrag von dem Antragsteller selbst oder von einem Angestellten des Antragstellers eingereicht wird. Nur für diesen Fall sind auch die Angaben für die Telekommunikation und die Bekanntgabe einer anderslautenden Postanschrift vorgesehen. Die Angaben für Straße, Hausnummer, Postleitzahl, Ort und Land sind jedoch zur eindeutigen Identifizierung des Antragstellers erforderlich.

5. Unter „juristische Person" ist jede Art einer rechtlichen Einheit gemeint. Das ergibt sich aus Art. 1 Abs. 1 Buchst. b GGVD für die Einreichung eines Antrags auf Eintragung eines Gemeinschaftsgeschmacksmusters, dem der Antrag auf Nichtigerklärung eines Gemeinschaftsgeschmacksmusters nachgebildet ist. Das Kästchen „juristische Person" ist daher auch dann anzukreuzen, wenn der Antrag von einer offenen Handelsgesellschaft oder einer Kommanditgesellschaft gestellt wird. In dem Feld „Rechtsform" ist die amtliche Bezeichnung der rechtlichen Einheit und das Recht des Staates anzugeben, dem sie unterliegt. Die Verwendung einer Abkürzung ist gestattet. Wenn die Rechtsform in

12. Antrag auf Nichtigerklärung   F. 12

amtlichen Veröffentlichungen erscheinen soll. muss sie als Teil des Namens in dem für den Namen vorgesehenen Feld angegeben werden.

6. Mit „State of Incorporation" ist bei rechtlichen Einheiten der Staat des Sitzes bzw. der Niederlassung des Antragstellers gemeint. Eine Angabe zur „Staatsangehörigkeit" kommt nur in Betracht, wenn es sich bei dem Antragsteller um eine natürliche Person handelt.

7. In dem für die ID-Nummer vorgesehenen Feld ist die Kennnummer einzutragen, die dem Vertreter vom EUIPO zugewiesen worden ist. Wenn für den Vertreter noch keine ID-Nummer vergeben worden ist, bleibt das Feld ohne Eintragung.

8. Die Eintragungen für Telefon, Telefax und E-Mail erfolgen in den dafür vorgesehenen Feldern.

9. Die Bekanntgabe der Art des Vertreters erfolgt dadurch, dass das Kästchen mit der zutreffenden Angabe angekreuzt wird. Rechtsanwälte und zugelassene Vertreter (vgl. Art. 78 Abs. 1 GGV) müssen dem Antrag keine Vollmacht beifügen.

10. Zur Identifizierung des angefochtenen Gemeinschaftsgeschmacksmusters ist die Bekanntgabe der Eintragungsnummer erforderlich. Der Name des Inhabers und dessen Adresse müssen zutreffend und vollständig angegeben werden, um die Zustellung des Antrags an den Inhaber des angefochtenen Gemeinschaftsgeschmacksmusters zu ermöglichen. Die zuverlässigen und aktuellen Informationen hierzu können über *https://euipo.europa.eu/ohimportal/de/* im Blatt für Gemeinschaftsgeschmacksmuster ermittelt werden.

11. Wenn ein Antrag auf ein älteres Muster gestützt wird, muss sich aus dem Antrag ergeben, welcher Nichtigkeitsgrund geltend gemacht wird. Hierfür ist das zweite Kästchen anzukreuzen, wonach das angefochtene Gemeinschaftsgeschmacksmuster (= GGM) die Anforderungen nach Art. 4–9 GGV nicht erfüllt. Die Nichtigkeitsgründe sind in Art. 25 Abs. 1 GGV abschließend geregelt. Nach Art. 25 Abs. 1 Buchst. b GGV kann ein Gemeinschaftsgeschmacksmuster ua für nichtig erklärt werden, wenn es die Voraussetzungen der Art. 4–9 GGV nicht erfüllt. Nichtigkeitsgründe sind daher insbesondere das Fehlen der Neuheit (Art. 5 GGV) und das Fehlen der Eigenart (Art. 6 GGV). Wenn für die Nichtigkeit eines Gemeinschaftsgeschmacksmusters auf die Vorbekanntheit eines Musters abgestellt wird, kann sich das sowohl auf die Neuheit als auch auf die Eigenart auswirken. Das EUIPO prüft zuerst, ob es an der Neuheit fehlt. Wenn das zu einem verneinenden Ergebnis führt, wird in einem weiteren Schritt geprüft, wie es sich mit der Eigenart verhält. Dem Antragsteller ist es freigestellt, sich nur darauf zu berufen, dass das angefochtene Gemeinschaftsgeschmacksmuster nicht das Erfordernis der Eigenart erfüllt. Bei der Beurteilung der Eigenart ist ausschließlich die äußere Erscheinungsform maßgeblich, sodass beispielsweise die Füllung eines Keks, die bei bestimmungsgemäßer Verwendung nicht sichtbar ist, bei der Schutzfähigkeit nicht zu berücksichtigen ist (EuG GRUR-RS 2014, 81808 Rn. 25 – Biscuits).

Wird der Antrag auf Nichtigerklärung wegen Verwendung eines urheberrechtlich geschützten Werks gemäß Art. 25 Abs. 1 Buchst. f GGV gestellt, kann der Inhaber des angefochtenen Musters nicht erst im Klageverfahren vor dem Gericht der EU auf Urteile nationaler Gerichte verweisen, wonach dem Nichtigkeitsantragsteller die geltend gemachten Urheberrechte nicht zustehen (EuG GRUR Int. 2014, 488 (489) Rn. 35 – Viejo Valle/EUIPO – Tasse mit Untertasse). Als neuer Tatsachenvortrag liegen diese Urteile außerhalb der Überprüfungskompetenz des Gerichts (Art. 61 Abs. 2 GGV).

12. Die Angaben, die in dem Formblatt zu dem Abschnitt „Nichtigkeitsgründe" gemacht werden, dienen nur einer allgemeinen Eingruppierung. Was konkret als Nichtigkeitsgrund geltend gemacht wird, muss zur „Substantiierung" in einer Anlage zu dem Formblatt ausgeführt werden. In dem Verfahren vor dem EUIPO ermittelt zwar das EUIPO den

Sachverhalt grundsätzlich von Amts wegen (Art. 63 Abs. 1 S. 1 GGV). Im Verfahren der Nichtigerklärung ist das Amt jedoch auf das Vorbringen und die Anträge der Beteiligten beschränkt (Art. 63 Abs. 1 S. 2 GGV). Gegenstand des Nichtigkeitsverfahrens sind daher nur die in dem Antrag aufgeführten Nichtigkeitsgründe. Nach dem Tag der Einreichung des Antrags können weitere Nichtigkeitsgründe nicht nachgeschoben werden. Das EUIPO führt zum Sachverhalt keine Ermittlungen von Amts wegen durch. Dass die Substantiierung „Tatsachen, Beweismittel und Bemerkungen" enthalten muss, ergibt sich aus Art. 28 Abs. 1 Buchst. b Abschnitt VI GGVD. Der englischsprachige Wortlaut „indication of the facts, evidence and arguments" bringt die Anforderungen deutlicher zum Ausdruck. Welche Tatsachen aufzuführen sind, richtet sich nach den Erfordernissen des jeweiligen Nichtigkeitsgrunds. Der Tatsachenvortrag muss so belegt oder untermauert werden, dass er eine ausreichend zuverlässige Entscheidungsgrundlage ergibt. Dafür kommen zwar nach Art. 65 Abs. 1 Buchst. a–e GGV sämtliche Beweismittel iSd §§ 371 ff. ZPO in Betracht. Zulässig sind nach Art. 65 Abs. 1 Buchst. f GGV aber auch schriftliche Erklärungen, die unter Eid oder an Eides statt abgegeben werden; das können insbesondere Versicherungen an Eides statt iSd § 294 Abs. 1 ZPO sein. Art. 52 Abs. 2 S. 1 GGV schreibt vor, dass der Antrag zu begründen ist; mit Bemerkungen im Sinne von *arguments* ist daher eine Begründung im Sinne der deutschen Rechtsterminologie gemeint. Die Anforderungen an die Substantiierung entsprechen daher insgesamt dem, dass nach deutscher Rechtsterminologie in einer Klage auf Nichtigerklärung eines Patents die „zur Begründung dienenden Tatsachen und Beweismittel" anzugeben sind (vgl. § 81 Abs. 5 S. 2 PatG).

Wenn der Antrag darauf gestützt wird, dass das angefochtene Gemeinschaftsgeschmacksmuster das Erfordernis der Neuheit oder der Eigenart nicht erfüllt, muss das entgegenstehende Muster benannt und durch eine Wiedergabe individualisiert sowie der Tag bekanntgegeben werden, an dem das Muster vor dem Anmelde- oder Prioritätstag des angefochtenen Gemeinschaftsgeschmacksmusters der Öffentlichkeit zugänglich gemacht worden ist. Hierzu wird die Vorlage von Unterlagen gefordert, die die frühere Offenbarung des älteren Musters beweisen (Abschn. 4.7 Abs. 2 der Nichtigkeitsrichtlinien). Wenn es sich um ein Gemeinschaftsgeschmacksmuster oder um eine Gemeinschaftsmarke handelt, genügt die Vorlage eines einfachen Registerausdrucks, weil das EUIPO dessen Richtigkeit amtsintern überprüfen kann. Bei anderen eingetragenen Schutzrechten und Marken kann eine Beglaubigung des Registerauszugs gefordert werden. Wenn es sich um ein Muster handelt, das ausgestellt oder im Verkehr verwendet oder auf sonstige Weise offenbart wurde (vgl. Art. 6 Abs. 1 S. 1 GGV), müssen hierfür geeignete Beweismittel benannt werden. Der Antragsteller kann zwar die Vernehmung von Zeugen oder Sachverständigen beantragen (vgl. Art. 43 Abs. 1 S. 2 GGVD), aber er haftet für die Reise- und Aufenthaltskosten (vgl. Art. 45 Abs. 2 GGVD) sowie für den Verdienstausfall von Zeugen (vgl. Art. 45 Abs. 3 GGVD). Aus diesem Grund wird die Vorlage von Versicherungen an Eides Statt bevorzugt.

13. Der Antrag auf Nichtigkeitserklärung gilt erst als gestellt, wenn die für diesen Antrag vorgeschriebene Gebühr entrichtet ist (Art. 52 Abs. 2 S. 1 GGV). Die Höhe der Gebühr ist in Anhang Nr. 13 Verordnung Nr. 2246/2002 über die an das EUIPO zu entrichtenden Gebühren festgelegt und wird im Formblatt bekanntgegeben. Wenn die Entrichtung der Gebühr unterblieben ist, erhält der Antragsteller einen Hinweis und eine Frist von zwei Monaten zur Nachentrichtung der Gebühr (Art. 30 Abs. 2 GGVD; Abschnitt 3.3 Abs. 5 der Nichtigkeitsrichtlinien). Die üblichen Möglichkeiten zur Entrichtung der Gebühr sind in dem Formblatt ausgewiesen. Die vom EUIPO bevorzugte Zahlungsweise ist die Zahlung über ein laufendes Konto, das der Antragsteller bzw. sein berufsmäßiger Vertreter beim EUIPO errichtet hat. In diesem Fall wird die Gebühr nach Eingang des Antrags automatisch vom laufenden Konto abgebucht (sofern keine gegenteilige Anweisung gegeben wurde). Die Gebühr kann auch durch Überweisung auf ein

12. Antrag auf Nichtigerklärung F. 12

Konto des EUIPO bei einer der im Formblatt bezeichneten Banken erfolgen. Die Bankverbindungen sind aus Abschnitt 2.7 der Hinweise des EUIPO zum Antragsformular ersichtlich. Das Datum der Überweisung soll auf dem Formblatt in dem hierfür vorgesehenen Feld angegeben werden. Weil der Antrag an keine Frist gebunden ist. besteht keine Eilbedürftigkeit.

14. Wenn der Antrag von einem Vertreter gestellt wird, muss auf dem Formblatt die eigenhändige Unterschrift des Vertreters angebracht und dessen Name eingetragen werden.

15. In deutschsprachigen Entscheidungen der Nichtigkeitsabteilung wird das angefochtene Gemeinschaftsgeschmacksmuster üblicherweise als „Streitmuster" bezeichnet.

16. Zur Individualisierung des Streitmusters reicht es zwar aus, wenn in dem Formblatt die Eintragungsnummer und der Inhaber genannt sind, weil mit diesen Angaben das EUIPO alle Einzelheiten des Streitmusters amtsintern ermitteln kann. Für die Überzeugungskraft der Argumentation kann es aber zweckmäßig sein, eine Darstellung oder mehrere Darstellungen des Streitmusters in die Anlage aufzunehmen und damit eine Gegenüberstellung mit dem älteren Muster vorzunehmen.

17. In den Entscheidungen der Nichtigkeitsabteilung wird in einem gesonderten Abschnitt geprüft, ob eine ausreichende Offenbarung und der Zeitpunkt dieser Offenbarung belegt sind. Der Antragsteller muss den sicheren Nachweis dafür erbringen, dass das ältere Design vor dem Tag der Anmeldung des Gemeinschaftsgeschmacksmusters der Öffentlichkeit zugänglich gemacht worden ist. Hierfür reicht nicht aus, wenn nur zu vermuten ist, dass das ältere Design zu einem bestimmten Zeitpunkt offenbart wurde (EuG BeckRS 2016, 81529 – Adekor).

18. Bildliche Gegenüberstellungen finden sich in Entscheidungen des EUIPO, wenn es zB darum ging, bei Ornamenten Details herauszuarbeiten (vgl. EUIPO-NA ICD 8698) oder Radfelgen für PKWs in gleichen Sichtachsen darzustellen (vgl. EUIPO-NA ICD 8652). Für den Antragsteller kann es vielfach zweckmäßig sein, eine bildliche Gegenüberstellung zur Grundlage für eine verbale Gegenüberstellung zu machen.

19. In einer Merkmalsgegenüberstellung kann eine Gegenüberstellung der in einer Merkmalsgliederung erfassten Erscheinungsmerkmale des Gegenstands eines Gemeinschaftsgeschmacksmusters oder eingetragenen Designs mit einer dem vorbekannten Formenschatz zugehörigen Erscheinungsform erfolgen. Diese Gegenüberstellung gibt Aufschluss darüber, in welchen Erscheinungsmerkmalen einerseits Übereinstimmungen (sowie gegebenenfalls erhebliche Ähnlichkeiten) und andererseits Unterschiede bestehen (vgl. zB EUIPO Mitt. 2004, 321 Rn. 11 – Deckenleuchte; EUIPO Mitt. 2004, 323 Rn. 20 f. – Barhocker). Die anschließende Bewertung und Gewichtung dieser Feststellungen ist insbesondere an den Merkmalen ausgerichtet, aus denen sich ein prägender Einfluss auf die Eigenart eines Gemeinschaftsgeschmacksmusters oder eingetragenen Designs ergibt. Eine Merkmalsgegenüberstellung ist daher ein Hilfsmittel für die bewertenden und gewichtenden Erwägungen, aus denen sich das Ergebnis der Gegenüberstellung ergibt. Zusätzlich findet Berücksichtigung, dass der Gesamteindruck mehr als eine Summe von Einzelmerkmalen ist, weil auch das Verhältnis eine Rolle spielen kann, in dem die Einzelmerkmale zueinander stehen.

Grundlage der Merkmalsgegenüberstellung ist eine detaillierte und gegliederte Erfassung des Gesamteindrucks, den der Gegenstand des geschützten Designs vermittelt. Diese aufgegliederte Erfassung des Gesamteindrucks kann eine wichtige Hilfe für das Herausarbeiten der Erscheinungsmerkmale sein, die den Gesamteindruck bestimmen und wesentlich dazu beitragen, die Rechtsfindung nachvollziehbar zu machen (vgl. BGH GRUR 2000, 1023 (1025) – 3-Speichen-Felgenrad; BGH GRUR 2001, 503 (505) – Sitz-Liegemöbel). Eine derart in Einzelmerkmale unterteilte Darstellung des Gesamteindrucks kann auch der Abgrenzung der für die Eigenart maßgeblichen Erscheinungsmerkmale gegenüber den dem Designschutz nicht zugänglichen Merkmale dienen und Grundlage für eine Merkmalsgegenüberstellung bilden (vgl. *Eichmann/von Falckenstein/Kühne* DesignG § 38 Rn. 51; ausführlich *Engel*, FS Erdmann, 2002, S. 89). Funktionale oder technisch bedingte Gestaltungsmerkmale sind für die Bestimmung des Gesamteindrucks von untergeordneter Bedeutung (OLG Frankfurt GRUR-RS 2015, 07909 Rn. 21 – Sportbrille, wonach bei einer Sportbrille die Schweißbremse als funktionales Zusatzteil wahrgenommen wird). Demgegenüber kann Unterschieden in Merkmalen, die keine technische Funktion haben und auf den ersten Blick zu erkennen sind, großes Gewicht zukommen (OLG Frankfurt a.M. GRUR-RS 2015, 01670 Rn. 6 – Schutzblech). Bei Eintragung eines Designs in Farbe kann die Form nicht ohne weiteres von der Farbe abstrahiert werden (OLG Frankfurt a.M. GRUR-RS 2015, 11017 Rn. 36 – Gefächertes Federdesign). Merkmalsgliederungen kommen insbesondere für Gestaltungen des Industriedesigns (zB BGH GRUR 1965, 198 (200) – Küchenmaschine; BGH GRUR 1974, 406 (408) – Elektroschalter; BGH GRUR 1975, 81 (82) – Dreifachkombinationsschalter; BGH GRUR 2000, 1025; BGH GRUR 2001, 505), aber auch für figürliche Darstellungen (vgl. zB OLG Frankfurt a.M. WRP 1989, 321; OLG Nürnberg WRP 1996, 137) in Betracht. Grafische Darstellungen, Stoffdesigns und ähnliche Gestaltungen sind einer Aufgliederung zwar schwerer zugänglich, aber auch hier gibt eine detaillierte Analyse besser Aufschluss als eine pauschale Bewertung. Der Gesamteindruck erschöpft sich jedoch nicht in einer Zusammenfassung von verbal beschriebenen Einzelmerkmalen (vgl. BGH GRUR 1998, 379 (381) – Lunette). Es muss sich daher eine Bewertung und Gewichtung der einzelnen Erscheinungsmerkmale in Bezug auf ihre Maßgeblichkeit für den Gesamteindruck anschließen (vgl. BGH GRUR 2000, 1025; BGH GRUR 2001, 505).

13. Übertragungsklage

Landgericht . . . . . .

– Zivilkammer[1] –

– Kammer für Designstreitsachen –

Klage

Hinrich Klopfer KG, gesetzlich vertreten durch den Komplementär Hinrich Klopfer, (Anschrift)

– Klägerin –

Prozessbevollmächtigter: Rechtsanwalt . . . . . ., (Anschrift)

mitwirkend: Patentanwalt . . . . . ., (Anschrift)

gegen

Schnell Kunststofftechnik AG, gesetzlich vertreten durch die Vorstandsmitglieder Dipl.-Kfm. Franziska Schnell und Dipl.-Ing. (FH) Walter C. Pfeil, (Anschrift)

– Beklagte –

13. Übertragungsklage F. 13

wegen: Abgabe von Willenserklärungen

Streitwert (vorläufig geschätzt): 100.000 EUR

Ich zeige die Vertretung der Klägerin und die Mitwirkung von Patentanwalt ...... an und bitte ...... um Anberaumung eines nahen Verhandlungstermins, für den ich folgende

Anträge

ankündige:

I. Die Beklagte wird verurteilt,
 1. die Sammelanmeldung Nr. ...... auf die Klägerin zu übertragen[2] und gegenüber dem Deutschen Patent- und Markenamt Zug-um-Zug[3] gegen Erstattung der nachgewiesenen Eintragungskosten in die Eintragung der Klägerin als Rechtsinhaber der Sammelanmeldung Nr. ...... einzuwilligen;
 2. die internationalen Eintragung D/...... auf die Klägerin zu übertragen und gegenüber der World Intellectual Property Organization Zug um Zug gegen Erstattung der nachgewiesenen Erteilungskosten in die Eintragung der Beklagten als Rechtsinhaber der internationalen Eintragung D/...... einzuwilligen.[4]
II. Die Beklagte trägt die Kosten des Rechtsstreits.
III. Das Urteil ist vorläufig vollstreckbar.[5]

Begründung:

Die Beklagte ist eingetragene Inhaberin einer Sammelanmeldung für zwei Teppichklopfer und einer internationalen Eintragung für einen weiteren Teppichklopfer. Diese Schutzrechte sind Gegenstand der Klage auf Übertragung und auf Einwilligung in die Eintragung der Klägerin als Rechtsinhaber, weil allein die Klägerin zur Herbeiführung dieser Schutzrechte berechtigt gewesen wäre.

1. Die Klägerin stellt her und vertreibt ua Haushaltsgeräte. Am ...... fand in den Geschäftsräumen der Klägerin eine Besprechung mit dem Ziel statt, nach Erfolg versprechenden Neugestaltungen zur Erweiterung des Sortiments der Klägerin zu suchen. In dieser Besprechung hat der Komplementär der Klägerin ua geäußert, der Umsatz mit Teppichklopfern sei zwar langsam, aber stetig rückläufig. Es sei daher wünschenswert, mit einem neuen Modell wieder Schwung in dieses Segment zu bringen.
Kurze Zeit nach dieser Besprechung ist bei dem Badmintonschläger der nachbenannten Zeugin die Besaitung gerissen. Die Zeugin legte den Badmintonschläger auf ihren Büroarbeitstisch, um ihn in der Mittagspause zur Reparatur zu bringen. Ebenfalls auf dem Arbeitstisch der Zeugin lag eine von der Zeugin gefertigte Zeichnung für einen Teppichklopfer mit Herzsymbolen im Kopfteil
– Anlage K 1 –
und eine Zeichnung
– Anlage K 2 –
für einen Teppichklopfer, dessen Kopfteil nach Art von zwei nebeneinander liegenden Brezeln geformt ist. Plötzlich kam der Zeugin die Idee, ein Teppichklopfer könnte ähnlich wie ein Badmintonschläger geformt sein und sich dadurch ebenfalls deutlich von den bisher üblichen Formen für Teppichklopfer abheben. Die Zeugin setzte diesen Gedanken sofort in die als
– Anlage K 3 –
überreichte Faustzeichnung um.
Am ...... fand bei der Klägerin eine weitere Besprechung über Produktneugestaltungen statt. Die Vorschläge K 1 bis K 3 wurden so positiv bewertet, dass der

ebenfalls anwesende Mitarbeiter . . . . . . damit beauftragt wurde, die Faustzeichnungen in technische Zeichnungen umzusetzen. Dabei hat die Zeugin angeregt, den Stiel aus der Zeichnung K 3 auch für die Vorschläge K 1 und K 2 zu verwenden.

Beweis: Zeugnis . . . . . ., Leiterin der Marketingabteilung der Klägerin, (Anschrift)

2. Wenige Tage nach dieser zweiten Besprechung kam es zu einer Auseinandersetzung zwischen dem Komplementär der Klägerin und dem Mitarbeiter . . . . . ., deren Einzelheiten für diesen Rechtsstreit nicht von Bedeutung sind. Diese Auseinandersetzung wurde mit einer vertraglichen Vereinbarung vom . . . . . .
    – Anlage K 4 –
abgeschlossen, die ua zum Inhalt hatte, dass Herr . . . . . . noch am selben Tag sein Büro zu räumen und die Geschäftsräume der Klägerin zu verlassen hatte. Geraume Zeit später hat die Klägerin in Erfahrung gebracht, dass Herr . . . . . . bereits am . . . . . . in die Dienste der Beklagten getreten ist.

3. Am . . . . . . hat die Beklagte beim DPMA die Anmeldung der Sammelanmeldung Nr. . . . . . . mit zwei Designs eingereicht. Als
    – Anlage K 5 –
überreiche ich einen Registerauszug vom . . . . . . für diese Sammelanmeldung. Die Sammelanmeldung Nr. . . . . . . ist weiterhin eingetragen.
Am . . . . . . hat die Beklagte ausweislich des Auszugs aus dem internationalen Register der WIPO vom . . . . . .
    – Anlage K 6 –
eine Anmeldung für die internationale Eintragung DM/. . . . . . eingereicht und dabei Schutz für Deutschland, Frankreich, Italien und die Schweiz beantragt. Im weiteren Verlauf hat die Beklagte auf den Schutz für Frankreich, Italien und die Schweiz verzichtet. Für Deutschland besteht die internationale Eintragung unverändert fort.

4. Die in den Schutzrechten K 5 und K 6 dargestellten Teppichklopfer entsprechen in sämtlichen Merkmalen den in den Zeichnungen K 1, K 2 und K 3 skizzierten Teppichklopfern und dem Modifizierungsvorschlag der Entwerferin. Diese Vorschläge sind von der Entwerferin als Mitarbeiterin der Klägerin im Rahmen eines Anstellungsverhältnisses gemacht worden.

Beweis: Zeugnis . . . . . ., Mitarbeiterin der Entwurfsabteilung der Klägerin, (Anschrift)

Die aus dieser Entwurfstätigkeit resultierenden Designs sind daher Arbeitnehmerdesigns.

5. Bei deutschen eingetragenen Designs hat ein Arbeitnehmerdesign nach § 7 Abs. 2 DesignG zur Folge, dass das Recht auf das eingetragene Design dem Arbeitgeber zusteht. Dieselbe Rechtslage ergibt sich für internationale Eintragungen daraus, dass das HMA in Art. 3 zwar Regelungen über die formelle Anmeldeberechtigung enthält, nicht jedoch über die Berechtigung zur Inhaberschaft. Nach § 66 DesignG sind daher ua insoweit die Bestimmungen des DesignG, hier also ebenfalls des § 7 Abs. 2 DesignG, entsprechend anzuwenden.
Nach § 9 Abs. 1 S. 1 DesignG kann der Berechtigte ua die Übertragung des eingetragenen Designs verlangen, wenn es auf den Namen eines nicht nach § 7 DesignG Berechtigten eingetragen ist. Das gilt unmittelbar für deutsche eingetragene Designs und mittelbar über § 66 DesignG auch für internationale Eintragungen.[6]

6. Die Klägerin bewertet ihr wirtschaftliches Interesse an Klageantrag I. 1. mit 75.000 EUR und an Klageantrag I. 2. mit 25.000 EUR.[7]

Rechtsanwalt[8]

13. Übertragungsklage F. 13

Anmerkungen

1. Die Klage auf Übertragung eines eingetragenen Designs ist eine bürgerliche Rechtsstreitigkeit, für das ordentliche Gericht zuständig ist (§ 13 GVG). Es handelt sich um eine Designstreitsache (§ 52 Abs. 1 DesignG), weil ein Anspruch aus einem in § 9 Abs. 1 S. 1 DesignG geregelten Rechtsverhältnis geltend gemacht wird. Zur alternativen Zuständigkeit der Zivilkammer oder der Kammer für Handelssachen → Form. F.8 Anm. 1; → Form. F.9 Anm. 2.

2. Die Übertragung eines eingetragenen Designs (vgl. § 29 Abs. 1 DesignG) erfolgt durch einen Verfügungsvertrag im Sinne der §§ 398, 413 BGB (vgl. *Eichmann/von Falckenstein/Kühne* DesignG § 29 Rn. 4). Hierzu bedarf es einer Übertragungserklärung des bisherigen Rechtsinhabers und einer Annahmeerklärung des Rechtsnachfolgers (vgl. § 151 S. 1 BGB). Wenn der Nichtberechtigte zum Abschluss eines Übertragungsvertrags nicht bereit ist, muss Klage erhoben werden (vgl. § 9 Abs. 2 S. 1 DesignG).

Für die Eintragung des Berechtigten anstelle des Nichtberechtigten genügt eine sog. Umschreibungsbewilligung des Nichtberechtigten. Der Begriff der Umschreibungsbewilligung hat sich zwar in der Amtssprache bewährt, rechtlich handelt es sich jedoch um eine Einwilligung in die Eintragung des Berechtigten anstelle des Nichtberechtigten. Wenn nur eine Umschreibungsbewilligung herbeigeführt wird, ist die materielle Rechtslage nicht verbindlich geklärt. Um sowohl formalrechtlichen Erfordernissen als auch materiell rechtlichen Anforderungen Genüge zu leisten, ist die Klage auf Übertragung und auf Einwilligung in die Eintragung als Rechtsinhaber gerichtet. Mit Eintritt der Rechtskraft des Urteils gelten die Erklärungen als abgegeben (§ 894 Abs. 1 S. 1 ZPO), die Gegenstand des Urteils sind. Wenn der Berechtigte das Urteil und den Nachweis der Rechtskraft (vgl. § 706 Abs. 1 S. 1 ZPO) dem DPMA vorlegt, genügt das für seine Eintragung als neuer Rechtsinhaber.

3. Die Geltendmachung des Übertragungsanspruchs zeigt, dass die Herbeiführung des Schutzrechts dem Interesse des Berechtigten gedient hat. Für die hierfür angefallenen Kosten hat der Nichtberechtigte einen Anspruch auf Aufwendungsersatz (§§ 683, 670 BGB). Das hieraus resultierende Zurückbehaltungsrecht (§ 273 Abs. 1 BGB) hat zur Folge, dass die Verurteilung des Inhabers des Anspruchs auf Aufwendungsersatz Zug-um-Zug erfolgt (vgl. § 274 Abs. 1 BGB), wenn der Nichtberechtigte sein Zurückbehaltungsrecht geltend macht.

4. Die internationale Eintragung eines Musters oder Modells dient – vergleichbar der Eintragung einer international registrierten Marke – der Vereinfachung, indem aufgrund einer einzigen Anmeldung ein Schutz in einer Vielzahl von Staaten zum Entstehen gebracht wird. Dieser Schutz entspricht den jeweiligen einzelstaatlichen Schutzrechten; anschaulich ist daher von einem Bündel von Schutzrechten die Rede. Rechtsgrundlage für den internationalen Schutz von Mustern und Modellen ist das „Haager Abkommen über die internationale Eintragung gewerblicher Muster und Modelle". Häufig wird für dieses Abkommen als Kurzbezeichnung „Haager Musterabkommen" und als Abkürzung „HMA" verwendet. Maßgeblich für Deutschland ist die Fassung dieses Abkommens von 1999, abgekürzt als HMA 1999. An die Stelle des vorher üblichen Begriffs der „Registrierung der internationalen Hinterlegung", abgekürzt als „Internationale Registrierung", ist in Art. 10 Abs. 1 HMA 1999 der Begriff „Internationale Eintragung" getreten.

Abschnitt 13 des DesignG enthält Regelungen zum Schutz gewerblicher Muster und Modelle nach dem Haager Abkommen. Eine internationale Eintragung hat nach § 71 Abs. 1 DesignG ab dem Tag ihrer Eintragung dieselbe Wirkung, wie wenn sie an diesem Tag beim DPMA als eingetragenes Design angemeldet und in dessen Register eingetragen worden wäre. Als allgemeiner Grundsatz gilt nach § 66 DesignG, dass für internationale Eintragungen das DesignG entsprechend anwendbar ist, wenn sich deren Schutz auf das

Gebiet der Bundesrepublik Deutschland bezieht und wenn weder in Abschnitt 13 des DesignG noch im Haager Abkommen etwas anderes bestimmt ist. Aus dem DesignG finden demnach insbesondere Anwendung: die Regelungen der materiell rechtlichen Schutzvoraussetzungen, der Schutzwirkungen und über die Rechtsverletzungen.

5. Die Eintragung des Berechtigten als Rechtsinhaber setzt zwar die Rechtskraft des Urteils voraus (→ Anm. 2). Die vorläufige Vollstreckbarkeit kann jedoch für den Anspruch auf Kostenerstattung (vgl. Klageantrag II.) Bedeutung erlangen.

6. Für den Fall einer nachträglichen Schutzentziehung bestimmt § 70 Abs. 1 S. 2 DesignG, dass an die Stelle einer Klage auf Einwilligung in die Löschung die Klage auf Einwilligung in die Schutzentziehung tritt. In § 9 Abs. 1 S. 1 DesignG ist geregelt, dass der Berechtigte (unbeschadet anderer Ansprüche) entweder die Übertragung des eingetragenen Designs oder die Einwilligung in dessen Löschung verlangen kann. Für den Fall, dass die Übertragung verlangt wird, ergibt sich aus § 70 Abs. 1 S. 2 DesignG keine Besonderheit. Daraus folgt, dass für den Übertragungsanspruch der 13. Abschnitt des DesignG (→ Anm. 4) keine Regelung enthält und deswegen über § 66 DesignG aufgrund § 9 Abs. 1 S. 1 DesignG die Übertragung verlangt werden kann.

Kosten und Gebühren

7. Die Gerichtsgebühren, die Rechtsanwaltsgebühren und die Gebühren des mitwirkenden Patentanwalts richten sich nach dem Streitwert. Bei einer Übertragungsklage richtet sich der Streitwert nach dem wirtschaftlichen Interesse der Klagepartei an der Inhaberschaft des für den Nichtberechtigten eingetragenen Schutzrechts.

Fristen und Rechtsbehelfe

8. Die Ansprüche auf Übertragung eines eingetragenen Designs unterliegen einer Ausschlussfrist von drei Jahren ab Bekanntmachung des eingetragenen Designs (vgl. § 9 Abs. 2 S. 1 DesignG). Keine Ausschlussfrist besteht, wenn der Rechtsinhaber bei der Anmeldung (oder bei einer Übertragung) des eingetragenen Designs bösgläubig war (vgl. § 9 Abs. 2 S. 2 DesignG).
Gegen das Urteil der ersten Instanz ist der unterliegenden Partei das Rechtsmittel der Berufung eröffnet (→ Form. F.9). Die sog. Umschreibung erfolgt erst nach der Rechtskraft des Urteils, mit dem der Klage stattgegeben wird (→ Anm. 2).

14. Antrag auf Grenzbeschlagnahme

Angaben[1] zu einem Unionsantrag[2]

Angaben zum Antragsteller[3]

Eigenschaft des Antragstellers[4]

Art des Rechts, für das der Antrag auf Tätigwerden gestützt wird[5]

Mitgliedstaaten, in denen das Tätigwerden der Zollbehörden beantragt wird[6]

Technische Angaben zu den Originalwaren[7]

Informationen zur Art des Bezugs oder zu den Warenströmen[8]

14. Antrag auf Grenzbeschlagnahme   F. 14

Unterlagen zum Beleg der Rechtsinhaberschaft der betreffenden Waren[9]
Beifügung der Verpflichtungserklärung und Übernahme der Verantwortung[10]
Liste der zuständigen Vertreter für Verwaltungsfragen[11]
Liste der sachverständigen Ansprechpartner[12]
Beispiele für Zusatzinformationen[13]
Zusatzanträge[14]
Kosten[15]
Fristen und Rechtsbehelfe[16]

Anmerkungen

1. Ein Antrag auf Tätigwerden der Zollbehörden, das häufig auch als Grenzbeschlagnahme bezeichnet wird, kann auf § 55 Abs. 1 S. 1 DesignG oder auf Art. 3 Abs. 1 der Verordnung (EU) Nr. 608/2013 (abgekürzt „Grenzbeschlagnahmeverordnung" = „VO") des Rates vom 12.6.2013 (Abl. L 181/15 vom 29.6.2013) gestützt werden. Das Verfahren nach der VO setzt neben einem Antrag auf Tätigwerden (Art. 5 Abs. 1 VO) einen Verdacht für die Verletzung eines geistigen Eigentumsrechts (Art. 1 Abs. 1 VO) voraus. Wenn vor einer Antragstellung der hinreichend begründete Verdacht auf eine Schutzrechtsverletzung entsteht, kann die Zollbehörde die Waren kurzzeitig sistieren, um dem Rechtsinhaber die Möglichkeit zu geben, einen Antrag auf Tätigwerden zu stellen (Art. 18 Abs. 1 VO). Dem nationalen Beschlagnahmeverfahren liegt ein Antrag und eine offensichtliche Schutzrechtsverletzung zugrunde (§ 55 Abs. 1 S. 1 DesignG). Im Verfahren nach nationalem Recht können auch Parallelimporte aus Drittstaaten beschlagnahmt werden (BFH GRUR Int. 2000, 780 (781) – Jockey). Das unionsrechtliche Verfahren gilt dagegen nicht für Waren, die dem Erschöpfungseinwand unterliegen (Art. 3 Abs. 1 VO). Der inoffizielle Begriff „Grenzbeschlagnahme" nimmt zwar darauf Bezug, dass Maßnahmen an der Grenze der Union bzw. an der Grenze der Bundesrepublik Deutschland stattfinden. Darüber hinaus hat jedoch die Zollbehörde überall dort Zugriffsmöglichkeiten, wo sie Prüfungen und Überwachungen durchführt. Hierfür kommen auch Freihäfen, Binnenzollämter und mobile Kontrollgruppen in Betracht. Weiterführende Erläuterungen zum Tätigwerden der Zollbehörden finden sich insbesondere bei MAH GewRS/*Wagner*, S. 253 ff; *Worm/Gärtner* Mitt. 2007, 497 ff.; *Cordes* GRUR 2007, 483 ff.; *Eichelberger* WRP 2012, 285 ff.

2. Ein Unionsantrag kann nur online gestellt werden. Die in Deutschland zuständige Behörde ist
Generalzolldirektion Direktion VI
Referat Verbote und Beschränkungen
Zentralstelle Gewerblicher Rechtsschutz
Sophienstraße 6
80333 München
E-Mail dvia24.gzd@zoll.bund.de
Tel. 089 5995-2315
Anstelle eines Formulars stehen Eingabemasken für die erforderlichen Angaben zur Verfügung. Die Eingabemasken sind in deutscher Sprache gehalten, so dass alle Angaben in deutscher Sprache gemacht werden. Wenn verbale Beschreibungen gemacht werden, zB zur Erläuterung von Unterschieden zwischen einem Originalerzeugnis und einer bereits bekannten Nachbildung, kann es zweckmäßig sein, diese Beschreibungen auch noch in englischer Sprache, evtl. zusätzlich noch in französischer Sprache zur Verfügung zu stellen.

3. Unbedingt nötig bei den Angaben zum Antragsteller sind: Name, Anschrift. Telekommunikationsverbindungen und E-Mail-Adresse müssen nicht, können aber angegeben werden. Die Eigenschaft des Antragstellers (zB Rechtsinhaber) muss angegeben werden.

4. Antragsteller kann der Inhaber des Rechts oder ein Nutzungsberechtigter des Rechts oder ein Vertreter des Nutzungsberechtigten sein (Art. 2 Abs. 8 VO). Als Nutzungsberechtigter kommt insbesondere ein Lizenznehmer in Betracht. Vertreter kann zB ein Vertriebsberechtigter sein. Wenn der Antrag von einem Anwalt oder einem sonstigen Vertreter (entweder des Rechtsinhabers oder des Nutzungsberechtigten) gestellt wird, muss ein Nachweis der Vertretungsbefugnis eingereicht werden.

5. Für die Art des Rechts muss die zutreffende Kategorie angekreuzt werden. Eine Konkretisierung erfolgt in Abschnitt 9.

6. Der Antrag auf Tätigwerden der Zollbehörden gilt für die Mitgliedstaaten, die in Abschnitt 5 angekreuzt worden sind. Insgesamt können 28 Mitgliedstaaten benannt werden, sofern der Antrag auf ein Gemeinschaftsgeschmacksmuster gestützt wird. Erfolgt der Antrag nach der Grenzbeschlagnahmeverordnung aber nur auf Basis eines deutschen Designs, ist nur ein auf Deutschland begrenzter Antrag möglich.

7. Aus den grundlegenden technischen Angaben zu den Originalwaren muss insbesondere deren Erscheinungsbild möglichst genau und möglichst vollständig ersichtlich sein. Wenn es spezifische Erkennungsmerkmale gibt, sollten diese dokumentiert werden. Wenn der Antrag für mehrere Länder mit unterschiedlichen Amtssprachen gestellt wird, verdienen bildliche Darstellungen den Vorzug. Weil der Antrag an mehrere Behörden und an mehrere Dienststellen weitergeleitet wird, sind Fotografien am besten zur Dokumentation geeignet.

8. Wenn dem Antragsteller Verdachtsmomente zur Verfügung stehen, aus denen sich das Erscheinungsbild von rechtsverletzenden Erzeugnissen und ggf. von besonderen Erkennungsmerkmalen ergibt, sollten hierfür Informationen dem Antrag beigefügt werden. Ebenso wie bei Originalwaren sind Fotografien am besten geeignet. Wenn es Kenntnisse oder Anhaltspunkte zu den Transportwegen gibt, auf denen die rechtsverletzenden Erzeugnisse in die Gemeinschaft befördert werden, können Informationen hierzu möglicherweise einen gezielten Zugriff vorbereiten. Eventuell zur Verfügung stehende Beispiele für sachdienliche Informationen sind in Abschnitt 13 aufgeführt.

9. Hierfür muss ein Registerauszug eingereicht oder die Eintragung auf sonstige Weise belegt werden (ein Online-Ausdruck ist ausreichend). Weil für ein nicht eingetragenes Gemeinschaftsgeschmacksmuster eine einfache Dokumentation kaum möglich ist, kommen letztlich nur das eingetragene Gemeinschaftsgeschmacksmuster und das eingetragene deutsche Design als Grundlage in Betracht. Nachdem geklärt ist, dass ebenso wie der Inhaber einer Unionsmarke auch der Inhaber einer international registrierten Marke antragsberechtigt ist (vgl. EuGH GRUR 2009, 870 Rn. 26 – Davidoff/Bundesfinanzdirektion Südost), kann auch von dem Inhaber einer internationalen Eintragung (→ Form. F.13 Anm. 4) ein Antrag auf Tätigwerden der Zollbehörden gestellt werden. Das wird in Art. 2 Nr. 3 Buchst. c der Verordnung (EU) Nr. 608/2013 klargestellt.

10. Nach Art. 6 Abs. 3 Buchst. g–i VO hat der Antragsteller dem Antrag eine Erklärung beizufügen. Diese Erklärung muss eine Haftungsübernahme und eine Verpflichtung zur Kostenerstattung erhalten. Das Textbeispiel der Generalzolldirektion für diese Erklärung ist nachfolgend wiedergegeben:

14. Antrag auf Grenzbeschlagnahme   F. 14

Mit meiner Unterschrift erkläre ich, dass ich mich verpflichte:
- Jede Änderungen von Angaben, die ich mich in diesem Antrag oder in den Anlagen dazu gemäß Art. 15 der Verordnung (EU) Nr. 608/2013 gemacht habe unverzüglich der zuständigen Zolldienststelle, die diesem Antrag stattgegeben hat, mitzuteilen.
- Informationen gemäß Art. 6 Abs. 3 Buchst. g, h, oder i der Verordnung (EU) Nr. 608/2013, die für die Analyse und die Bewertung des Risikos einer Verletzung des betreffenden Rechts bzw. der betreffenden Rechte geistigen Eigentums durch die Zollbehörden wichtig sind, auf das bzw. die sich dieser Antrag bezieht, unverzüglich gegenüber der zuständigen Zolldienststelle, die einem Antrag stattgegeben hat, zu aktualisieren.
- Die Haftung unter der Bedingungen gemäß Art. 28 der Verordnung (EU) Nr. 608/2013 zu übernehmen und die Kosten gemäß Art. 29 der Verordnung (EU) Nr. 608/2013 zu tragen.

Ich bin einverstanden, dass alle Daten, die mit diesem Antrag übermittelt wurden, durch die Europäische Kommission und die Mitgliedstaaten verarbeitet werden dürfen.

11. Für jeden benannten Mitgliedstaat muss ein für Verwaltungsfragen zuständiger Vertreter aufgeführt werden. Hierfür kommen insbesondere Anwälte in Betracht. Die Ansprechpartner sollten nach Möglichkeit in dem Mitgliedstaat ansässig sein, für den sie benannt worden sind.

12. Für jeden benannten Mitgliedstaat muss zusätzlich ein für technische Fragen zuständiger Vertreter benannt werden. Das sind Personen, die aus eigener Kenntnis beurteilen können, ob eine beschlagnahmte Ware ein Originalerzeugnis des Antragstellers oder ein schutzrechtsverletzendes Erzeugnis ist. Dabei muss es sich um eine Person handeln, die mit Sachverstand eine Nachbildung von dem Originalerzeugnis unterscheiden kann.

13. Beispiele für Zusatzinformationen sollen die Entdeckung von rechtsverletzenden Erzeugnissen ermöglichen. In Betracht kommen Hinweise auf die in Betracht kommenden Herstellungsländer und auf Fahrzeuge, mit denen rechtsverletzende Erzeugnisse transportiert werden könnten. Ergänzende Informationen können sich auch auf Unterschiede zwischen Originalerzeugnissen und verdächtigen Waren oder auf weitere Kriterien beziehen. Gegenüberstellungen Originale – Fälschungen sind daher sehr empfehlenswert.

14. Zum Zweck der Feststellung, ob ein Recht geistigen Eigentums verletzt ist, teilt nach Art. 17 Abs. 4 VO die Behörde dem Rechtsinhaber bzw. dem Antragsteller Name und Anschrift des Empfängers sowie des Versenders, des Anmelders oder des Besitzers von Waren, den Ursprung und die Herkunft von Waren mit, die im Verdacht stehen, ein Recht geistigen Eigentums zu verletzen. Diese Mitteilung setzt einen Antrag des Rechtsinhabers voraus. Zur Beschleunigung kann dieser Antrag bereits zusammen mit dem Antrag auf Tätigwerden der Zollbehörden gestellt werden, indem ein bereits vorformulierter Text angekreuzt wird. In gleicher Weise kann generell beantragt werden, dass im Falle des Tätigwerdens der Zollbehörden Muster oder Proben nach Art. 19 Abs. 2 VO zu Analysezwecken zur Verfügung gestellt werden. Auch die Beantragung von Fotos kann vorab gestellt werden.

Kosten und Gebühren

15. Die Bearbeitung eines ausschließlich auf das Unionsrecht gestützten Antrags ist nicht kostenpflichtig. Für einen Antrag nach § 55 DesignG wegen der Verletzung eines deutschen eingetragenen Designs werden ebenfalls keine Kosten erhoben. Allerdings muss eine Bankbürgschaft als Sicherheit vorgelegt werden.

Fristen und Rechtsbehelfe

16. Wenn bei einem Tätigwerden der Zollbehörden aufgrund eines Unionsantrags die zuständige Zollbehörde nach Art. 17 VO die Überlassung der Waren aussetzt oder diese zurückhält, hat sie nach § 57a Abs. 1 DesignG die Beteiligten unverzüglich zu unterrichten. Der Rechtsinhaber kann sodann den Antrag stellen, die Waren in einem vereinfachten Verfahren vernichten zu lassen (vgl. § 57a Abs. 2 DesignG, Art. 23 Abs. 1 VO). Dieser Antrag muss nach Zugang der Unterrichtung innerhalb von zehn Arbeitstagen, bei verderblichen Waren innerhalb von drei Arbeitstagen bei der Zollbehörde gestellt werden (vgl. § 57a Abs. 3 DesignG, Art. 23 Abs. 1a–b VO). Die Zustimmung zur Vernichtung gilt als erteilt, wenn der Anmelder, Besitzer oder Eigentümer der Waren nicht innerhalb von zehn Arbeitstagen bzw. drei Arbeitstagen (bei verderblichen Waren) widerspricht (vgl. § 57a Abs. 4 DesignG; Art. 23 Abs. 1c VO).

Bei einer Beschlagnahme nach § 55 Abs. 1 DesignG wegen der Verletzung eines deutschen eingetragenen Designs kann der Betroffene gegen die Beschlagnahme und gegen die Einziehung bei der anordnenden Zollbehörde Einspruch einlegen; die Frist beträgt zwei Wochen ab Zustellung (vgl. § 57 Abs. 2 S. 1 DesignG iVm § 67 OWiG). Gegen die Beschlagnahme kann gerichtliche Entscheidung beantragt werden (vgl. § 62 OWiG). Der Antrag kann bei der anordnenden Behörde, in Eilfällen auch beim Amtsgericht gestellt werden (vgl. § 62 Abs. 2 S. 2 OWiG iVm § 306 Abs. 1 S. 2 StPO). Für die gerichtliche Entscheidung und die Entscheidung über den Einspruch ist das Amtsgericht zuständig (vgl. §§ 62 Abs. 2 S. 1, 68 Abs. 1 S. 1 OWiG). Dabei ist dem Antragsteller rechtliches Gehör zu gewähren (vgl. § 57 Abs. 2 S. 2 DesignG). Gegen die Entscheidung des Amtsgerichts kann innerhalb einer Woche sofortige Beschwerde eingelegt werden (vgl. § 57 Abs. 2 S. 3 DesignG iVm § 311 Abs. 2 S. 1 StPO). Über die Beschwerde entscheidet das Oberlandesgericht. Der durch § 56 Abs. 2 S. 1 DesignG eröffnete Widerspruch ist kein Rechtsmittel gegen die Beschlagnahme, sondern nur Voraussetzung des vereinfachten Einziehungsverfahrens (OLG München WRP 1997, 975 (977)). Die Beschlagnahme kann daher im Rechtsmittelverfahren unabhängig davon aufgehoben werden, ob Widerspruch eingelegt worden ist (OLG München WRP 1997, 977).

G. Urheber- und Verlagsrecht

1. Urheberrechtliche Abmahnung

Einwurf/Einschreiben

Firma

A. Verlag GmbH[1, 2, 3]

......

Betr.: C. C. „Skitouren im bayerischen Alpenvorland"

Sehr geehrte Damen und Herren,

hiermit zeigen wir unter Vorlage einer Vollmacht[4] die anwaltschaftliche Vertretung des Fotografen B. B.,[5] B.straße, B-Stadt, an.

Unser Mandant ist Verfasser mehrerer Bücher über Skitouren im bayerischen Alpenvorland; im Rahmen dieser Publikationen hat er zahlreiche prämierte Fotografien und in Fachkreisen als besonders präzise geschätzte Tourenbeschreibungen verfasst. So publizierte er in dem Führer „Alpenvorland" eine Routenbeschreibung für den Weg vom Blomberggipfel nach Wackersberg mit Aufnahmen.

Unser Auftraggeber hat soeben festgestellt, dass in Ihrem Verlag ein Buch unter der Bezeichnung „Skitouren im bayerischen Alpenvorland" (ISBN 3-......-......-x), verfasst von C. C., erschienen ist. Auf S. 137 und S. 139 dieses Werkes publizieren Sie zwei Fotografien unseres Mandanten von einer Skitour auf dem Blomberg und übernehmen in der Folge (S. 138 und S. 140) die von unserem Auftraggeber verfasste Skitourenbeschreibung „Vom Blomberg nach Wackersberg". Sowohl die Fotos als auch die Beschreibungen sind identisch wiedergegeben worden.[6]

Bei der übernommenen Fotografie handelt es sich um ein Lichtbildwerk im Sinne von § 2 Abs. 1 Nr. 5, Abs. 2 UrhG. Durch die besondere Auswahl des Motivs, des Standortes, des Bildausschnittes sowie durch die Wahl der Blenden und auf Grund ihres besonders ausgeprägten individuellen Charakters erweisen sich die beiden Aufnahmen als Werke, die dem besonderen Schutz des UrhG unterliegen. Diese Aufnahme wurde im Übrigen beim begehrten Fotowettbewerb des Deutschen Alpenvereins ausgezeichnet.

Die in Ihrem Verlagsobjekt weiterhin von unserem Mandanten übernommene Routenbeschreibung ist als Sprachwerk ebenso urheberrechtlich geschützt (§ 2 Abs. 1 Nr. 1, Abs. 2 UrhG). Die Präzision der Wortwahl, die eingängige Sprache und die kurzen Sätze führen dazu, dass diese Routenbeschreibung wie andere Routenbeschreibungen unseres Mandanten auch von der einschlägigen Fachwelt als besonders gelungen bezeichnet werden.

Sie haben die Lichtbildwerke und das Sprachwerk in Ihre Publikation aufgenommen, ohne die erforderliche Zustimmung unseres Auftraggebers einzuholen. Dadurch verletzen Sie die unserem Auftraggeber als Urheber der Werke zustehenden Rechte zur Vervielfältigung und Verbreitung (§§ 15, 16, 17 UrhG). Unser Mandant hat daher Anspruch auf Unterlassung, Auskunft, Rechnungslegung und Schadensersatz (§§ 97, 101 UrhG, §§ 259 ff., 249 ff. BGB).[7]

Demgemäß fordern wir Sie auf, es ab sofort zu unterlassen, weitere Vervielfältigungsstücke des Werkes „Skitouren im bayerischen Alpenvorland", verfasst von C. C., herzustellen und/ oder zu verbreiten, sofern darin die Lichtbildwerke unseres Mandanten und/oder dessen Tourenbeschreibung „Vom Blomberg nach Wackersberg" enthalten sind (§§ 96 Abs. 1, 97 UrhG). Ferner fordern wir Sie auf, diese Unterlassungsverpflichtung uns gegenüber durch eine vertragsstrafebewehrte Unterlassungsverpflichtungserklärung,[8] für deren Eingang wir uns den

Datum . . . . . .[9]

vorgemerkt haben, zu bestätigen.

Für die Unterlassungsverpflichtungserklärung übergeben wir beigeschlossen einen Formulierungsvorschlag.[10]

Vorsorglich weisen wir darauf hin, dass wir für den Fall der nicht rechtzeitigen oder nicht vollständigen Erfüllung der Ansprüche unserem Auftraggeber die Inanspruchnahme gerichtlicher Hilfe empfehlen werden.[11] Nur durch eine vertragsstrafebewehrte Unterlassungserklärung können Sie die Wiederholungsgefahr und das Rechtsschutzbedürfnis für die Unterlassungsansprüche beseitigen.

Ferner fordern wir Sie auf, Auskunft über die Herkunft und den Vertriebsweg der rechtsverletzenden Vervielfältigungsstücke zu erteilen und zwar über Namen und Anschrift der Hersteller, Lieferanten und anderer Vorbesitzer der Vervielfältigungsstücke sowie der gewerblichen Abnehmer und Verkaufsstellen, für die sie bestimmt waren, ferner über die Menge der hergestellten, ausgelieferten, erhaltenen oder bestellten Vervielfältigungsstücke sowie über Preise, die für die betreffenden Vervielfältigungsstücke bezahlt worden sind sowie Rechnung zu legen über die durch die Vervielfältigung und Verbreitung erzielten Gewinne.

Zu diesen Auskünften sind Sie verpflichtet, da es Ihnen ohne weiteres möglich ist, diese Informationen zu erteilen, die unser Mandant zur Berechnung seines Schadensersatzanspruches (§§ 242, 259 ff. BGB) und zur Verhinderung weiterer Rechtsverletzungen (§ 101 UrhG) benötigt.

Schließlich haben wir Sie aufzufordern, den Schadensersatzanspruch unseres Mandanten wegen der oben geschilderten Verletzung der Rechte unserer Partei so anzuerkennen, wie er sich aus der Auskunft- und Rechnungslegung ergibt. Der Schadensersatzanspruch umfasst auch die Kosten unserer Inanspruchnahme (§ 97 UrhG, §§ 249 ff. BGB).[12]

Zum Schadensersatz sind Sie verpflichtet, weil Sie ohne weiteres bei Anwendung der erforderlichen Sorgfalt hätten erkennen können, dass das Lichtbildwerk sowie die Routenbeschreibung von unserem Mandanten stammen und urheberrechtlich geschützt sind (§ 276 BGB).[13]

Selbst wenn Sie nicht schuldhaft gehandelt hätten, hat unser Auftraggeber Anspruch auf Auskunft und Rechnungslegung sowie Erstattung der Ihnen zugeflossenen ungerechtfertigten Bereicherung (§ 97 UrhG, §§ 812 f. BGB)[14] sowie ebenso Erstattung der Kosten unserer Inanspruchnahme aus § 97a Abs. 3 UrhG und unter dem Gesichtspunkt der Geschäftsführung ohne Auftrag (§ 667 BGB).[15]

Hinsichtlich der Ansprüche auf Auskunft und Rechnungslegung sowie auf Anerkennung des Schadensersatz- bzw. Erstattungsanspruches dem Grunde nach haben wir uns ebenso die oben genannte Frist vorgemerkt.[16] Auch insofern kündigen wir bereits jetzt an, dass wir unserem Auftraggeber empfehlen werden, seine Ansprüche gerichtlich durchzusetzen für den Fall, dass auch insofern die Frist fruchtlos verstreichen sollte.

Mit freundlichen Grüßen

Rechtsanwalt[17, 18]

1. Urheberrechtliche Abmahnung G. 1

Anmerkungen

1. Die Abmahnung ist die an den Verletzer gerichtete vorprozessuale Aufforderung, eine bereits begangene oder bevorstehende Urheberrechtsverletzung zu unterlassen, verbunden mit der Aufforderung, eine rechtsverbindliche Verpflichtungserklärung innerhalb einer bestimmten Frist abzugeben und ferner verbunden mit der Androhung gerichtlicher Maßnahmen für den Fall, dass die verlangte Erklärung nicht fristgerecht eingeht (Wandtke/Bullinger/*Kefferpütz* UrhG vor §§ 97 ff. Rn. 3; Ahrens/*Achilles* Der Wettbewerbsprozeß, 8. Aufl. 2017, Kap. 2 Rn. 8).

Sie ist regelmäßiger Verfahrensschritt vor der Stellung des Antrags auf Erlass einer einstweiligen Verfügung oder Erhebung der Hauptsacheklage. Gemäß § 97a Abs. 1 UrhG soll der Verletzte dem Verletzer die Gelegenheit geben, den Streit über die Unterlassungsverpflichtung durch eine Unterlassungserklärung beizulegen. Durch die Aufforderung an den Verletzter, die Ansprüche eines Verletzten außergerichtlich zu erfüllen, soll zum einen eine prozessuale Auseinandersetzung und zum anderen die Kostenfolge im Zuge eines sofortigen Anerkenntnis, § 93 ZPO, vermieden werden. Nach allgemeiner Meinung hat derjenige, der, ohne außergerichtlich aufgefordert worden zu sein, die Ansprüche in der ersten mündlichen Verhandlung sofort anerkennt, keine Klageveranlassung gegeben (Zöller/*Herget* ZPO § 93 Rn. 4, 6, Stichwort „Wettbewerbsstreitigkeiten"; BLAH/*Hartmann* ZPO § 93 Rn. 67 ff., 86 ff.).

Die Verfahrensvorschriften, die durch Rechtsprechung und Lehre für das Wettbewerbsverfahren entwickelt worden sind, werden grundsätzlich auf den Rechtsschutz bei der Verletzung eines absoluten Schutzrechtes übertragen, wenn und soweit den Besonderheiten des jeweiligen Schutzrechts sowie den Interessen der Parteien im Einzelfall Rechnung getragen wird. Der Inhaber eines absoluten Schutzrechts kann nicht schlechter gestellt werden als er stünde, wenn er nur nach den Grundsätzen über den ergänzenden wettbewerbsrechtlichen Leistungsschutz Schutz suchen würde (OLG Karlsruhe NJW-CoR 1994, 301; Jacobs/Lindacher/Teplitzky/*Kreft* UWG Großkommentar, 2. Aufl. 2014, vor § 13 C Rn. 6; *Rogge*, FS v. Gamm, 1990, 461 (468 ff.) zu Patent- und Gebrauchsmusterstreitigkeiten).

Von dem Grundsatz, dass zur Vermeidung der Kostenrisiken aus § 93 ZPO vor Inanspruchnahme der Gerichte abzumahnen ist, ist nur bei besonderen Fallgestaltungen eine Ausnahme zu machen. Die Rechtsprechung hat insbesondere für das Wettbewerbsverfahrensrecht drei Fallkategorien (vgl. auch: Wandtke/Bullinger/*Kefferpütz* UrhG vor §§ 97 ff. Rn. 4) entwickelt:
- Bei abzusehender Erfolglosigkeit der Abmahnung, da diese ansonsten nur eine überflüssige Förmelei wäre; insbesondere im Falle einer offenkundig vorsätzlichen und beim Bewusstsein der Rechtswidrigkeit begangenen Verletzung (OLG Frankfurt GRUR 1985, 240 – Entbehrlichkeit einer Abmahnung; OLG Düsseldorf WRP 1979, 39; *Teplitzky* Wettbewerbsrechtliche Ansprüche, 11. Aufl. 2016, Kap. 41 Rn. 35; BLAH/*Hartmann* ZPO § 93 Rn. 69). Es wird jedoch selten gelingen, sowohl den Vorsatz als auch das bestehende Bewusstsein der Rechtswidrigkeit zu beweisen oder glaubhaft zu machen. Von der voraussichtlichen Erfolglosigkeit einer Abmahnung ist auch dann auszugehen, wenn der Verletzer nach Abgabe einer strafbewehrten Unterlassungserklärung erneut gegen die Rechte des Verletzten verstößt (BGH WRP 1990, 670).
- Im Fall einer besonderen Eilbedürftigkeit der Anspruchsdurchsetzung. Diese liegt dann vor, wenn die Verzögerung durch die Abmahnung so beschaffen ist, dass sie die Durchsetzung des Anspruchs gefährden oder vereiteln würde. Ein solcher Fall liegt dann vor, wenn keine rechtzeitige gerichtliche Hilfe für den Fall der Ablehnung auch einer fernmündlichen Abmahnung erlangt werden kann (*Teplitzky* Wettbewerbsrechtliche Ansprüche, 11. Aufl. 2016, Kap. 41 Rn. 30).

- Schließlich kann die vorgerichtliche Verwarnung entbehrlich sein, wenn dadurch die Durchsetzung der Unterlassungsansprüche oder anderer Ansprüche, zB Sicherstellungsansprüche, durch Maßnahmen des Verletzers gefährdet werden (OLG Düsseldorf NJWE-WettbR 1998, 234 f.; OLG Düsseldorf WRP 1997, 471 f.; OLG Hamburg WRP 2006, 1262 (Ls.); OLG Stuttgart NJW-RR 2001, 257; *Teplitzky* Wettbewerbsrechtliche Ansprüche, 11. Aufl. 2016, Kap. 41 Rn. 30; OLG Frankfurt GRUR 1983, 753 – Pengo).

Die Abmahnung ist eine rechtsgeschäftsähnliche Handlung wie die Mahnung des bürgerlichen Rechts (BGHZ 47, 357). Sie ist auf die Abgabe eines Angebots zum Abschluss eines Unterlassungsverpflichtungsvertrages gerichtet (BGHZ 121, 17 – Fortsetzungszusammenhang; *Köhler/Bornkamm/Feddersen* UWG § 12 Rn. 1.10; aA KG WRP 1986, 680 (682)), auf die die Regeln der Willenserklärungen entsprechend anzuwenden sind (Jacobs/Lindacher/Teplitzky/*Kreft* UWG Großkommentar, 2. Aufl. 2014, vor § 13 C Rn. 68–83; *Ohly/Sosnitza* UWG § 12 Rn. 3). Der notwendige Inhalt der Abmahnung ist in § 97a Abs. 2 UrhG festgelegt.

2. Adressat der Abmahnung ist der Schuldner der Unterlassungs-, Auskunfts-, Rechnungslegungs- sowie Schadensersatzzahlungsverpflichtung, also der spätere Passivlegitimierte. Es handelt sich dabei regelmäßig um den oder die Täter oder Teilnehmer (BGH GRUR 2011, 1018 – Automobil-Onlinebörse Rn. 17 f.) an einer unerlaubten Handlung oder den Störer, der ohne Täter oder Teilnehmer zu sein, nur auf Unterlassung und Kostenerstattung haftet (BGH GRUR 2010, 633 Rn. 17 – Sommer unseres Lebens; BGH MMR 2012, 815 – Stiftparfüm). Jede Art der Beteiligung genügt, also haftet der Verfasser eines Plagiats, dessen Drucker und dessen Verleger (RGSt. 12, 34 (36)), derjenige, der ein geschütztes Werk ungenehmigt aufführt ebenso wie der Veranstalter (BGH GRUR 1956, 515 f. – Tanzkurse; OLG München GRUR 1979, 152 – Transvestiten-Show), der Geschäftsführer einer GmbH (*Werner* GRUR 2009, 820), der Unternehmer für Handlungen seines Mitarbeiters (§ 100 UrhG), der jedoch nicht auf Schadensersatz haftet (Schricker/Loewenheim/*Wild* Urheberrecht, 4. Aufl. 2010, § 97 Rn. 63 ff.; Fromm/Nordemann/*Nordemann* Urheberrecht, 11. Aufl. 2014, § 97 Rn. 144 ff.). Diensteanbieter des Internets sind für eigene Inhalte (Contentprovider) verantwortlich (§ 7 TMG), während sonstige für fremde Inhalte, die sie zur Nutzung bereithalten (Diensteanbieter iSv §§ 8–10 TMG, also insbesondere Accessprovider, Hostprovider und Carrier) nur unter bestimmten Voraussetzungen auf Unterlassung haften (EuGH GRUR 2016, 1146 – McFadden/Sony Music; EuGH NJW 2014, 1577 mAnm *Marly* – UPC Telekabel). Unabhängig von der Täterschaft oder der Teilnahme kann auch derjenige als Störer zur Unterlassung verpflichtet sein, der in irgendeiner Art und Weise einen adäquaten Kausalzusammenhang (Schricker/Loewenheim/*Wild* Urheberrecht, 4. Aufl. 2010, § 97 Rn. 62) zwischen dem beanstandeten Verhalten einerseits und der Rechtsverletzung andererseits herstellt (BGH GRUR 1999, 418 – Möbelklassiker; BGHZ 42, 118 (124) – Personalausweise in stRspr; *Haedicke* GRUR 1999, 397), die rechtliche Möglichkeit hat die Rechtsverletzung zu verhindern und dem die Maßnahme zur Störungsbeseitigung zumutbar ist (BGH ZUM 2010, 696 – Sommer unseres Lebens; *Dreier/Schulze* UrhG § 97 Rn. 33 f.).

Die Mittäter und Teilnehmer an einer Urheberrechtsverletzung haften als Gesamtschuldner (§§ 830, 840 BGB). Der Verletzter kann einen oder auch alle nach seiner Wahl in Anspruch nehmen (§ 421 BGB; *Dreier/Schulze* UrhG § 97 Rn. 24).

Es genügt schließlich, die Abmahnung an die Betriebsstätte zu richten; die Firmenzusammenhänge brauchen vorher nicht erforscht zu werden. Stellt sich dann aber ein anderer Verursacher heraus, muss ggf. neu abgemahnt werden.

3. Die Abmahnung ist grundsätzlich trotz des notwendigen Inhalts gem. § 97a Abs. 2 UrhG formfrei (Wandtke/Bullinger/*Kefferpütz* UrhG vor § 97 Rn. 5; *Köhler/Bornkamm/Feddersen* UWG § 12 Rn. 1.22 ff.; *Teplitzky* Wettbewerbsrechtliche Ansprüche, 11. Aufl.

1. Urheberrechtliche Abmahnung   G. 1

2016, Kap. 41 Rn. 10 ff.), also mündlich (OLG Frankfurt WRP 1984, 560; OLG Frankfurt GRUR 1988, 32 – Messeverstoß; OLG Köln NJW-RR 1987, 36), fernmündlich (OLG Stuttgart WRP 1986, 54; OLG München WRP 1988, 62 f.), per Telefax (OLG Düsseldorf GRUR 1990, 310 – Telex Abmahnung; KG WRP 1994, 39 f.; OLG Hamburg NJW-RR 1994, 629; *Schmidtmann* WRP 1994, 225 ff.), aber auch durch Telegramm, Fernschreiber oder per E-Mail und selbstverständlich schriftlich zulässig. Das OLG Düsseldorf (OLG Düsseldorf WRP 1972, 257), OLG Hamm (OLG Hamm WRP 1979, 563) und KG (KG GRUR 1973, 86 – Neumöbelverkauf) sind jedoch der Auffassung, dass die Abmahnung nicht mündlich oder telefonisch wirksam ausgesprochen werden kann. Aus Beweisgründen empfiehlt es sich, die Abmahnung stets schriftlich, telegraphisch, fernschriftlich, per Telefax oder per E-Mail zu versenden (*Köhler/Bornkamm/Feddersen* UWG § 12 Rn. 1.22 ff.; *Teplitzky* Wettbewerbsrechtliche Ansprüche, 11. Aufl. 2016, Kap. 41 Rn. 11).

Die Abmahnung muss dem Schuldner zugehen (BGH GRUR 2007, 629 – Zugang des Abmahnschreibens; vgl. zur früheren Kontroverse *Köhler/Bornkamm/Feddersen* UWG § 12 Rn. 1.32 mwN). Es empfiehlt sich daher die Abmahnung per Boten, Gerichtsvollzieher oder per Einschreiben/Rückschein zu übermitteln, da dadurch der Zugang zweifelsfrei bewiesen werden kann. Auch mit Hilfe des Einwurf-Einschreibens und der entsprechenden Bestätigung der Post über Tag und Zeitpunkt des Einwurfs in den Briefkasten (abzufragen unter: www.deutschepost.de, „Sendung verfolgen") dürften Zweifel am Zugang nur im Ausnahmefälle erfolgreich sein. Ist diese Form der Übermittlung nicht möglich sollte die Abmahnung gleichzeitig per Post, per Fax und per Email übermittelt werden. Bestreitet der Beklagte dann noch den Zugang der Abmahnung, erscheint dies wenig glaubhaft (BGH GRUR 2007, 629 – Zugang des Abmahnschreibens). Will der Beklagte eine günstige Kostenentscheidung nach § 93 ZPO erreichen, muss er darlegen und beweisen, dass ihm die Abmahnung nicht zugegangen ist. Da es sich bei der Behauptung, die Abmahnung nicht erhalten zu haben um eine negative Tatsache handelt, muss der Gläubiger Tatsachen vortragen und ggf. beweisen, aus denen sich die Absendung der Abmahnung ergibt. Dann muss der Beklagte den Beweis antreten, die Abmahnung nicht erhalten zu haben, zB durch das Zeugnis des Büropersonals. Ist die Abmahnung per Post, Fax und Mail versandt worden, erscheint die Aussage, dass keines der Schreiben zugegangen ist wenig, glaubhaft.

Jedenfalls sollte der Beweis der ordnungsgemäßen Adressierung (Postleitzahl, Hausnummer!), Frankierung und Absendung einer Abmahnung geführt werden können. Bei Telefax-Abmahnung sollte der Sendebericht mit dem Vermerk „o.k." vorliegen (OLG München NJW 1994, 527). Bei der E-Mail Übermittlung kann eine Lesebestätigung ein taugliches Indiz für den Zugang sein. Hat der Abmahnende Kenntnis davon, dass die Abmahnung dem Adressaten nicht zugegangen ist, so muss er die Abmahnung wiederholen (*Köhler/Bornkamm/Feddersen* UWG § 12 Rn. 1.36; Jacobs/Lindacher/Teplitzky/Kreft UWG Großkommentar, 2. Aufl. 2014, vor § 13 C, Rn. 111; *Teplitzky* Wettbewerbsrechtliche Ansprüche, 11. Aufl. 2016, Kap. 41 Rn. 11).

4. Die Vorlage einer Vollmacht ist nach hM keine Wirksamkeitsvoraussetzung für ein Abmahnschreiben (OLG Köln WRP 1985, 360 f.; OLG Köln WRP 1988, 79; Jacobs/Lindacher/Teplitzky/*Kreft* UWG Großkommentar, 2. Aufl. 2014, vor § 13 C Rn. 78; Wandtke/Bullinger/*Kefferpütz* UrhG vor § 97 Rn. 5; aA OLG Düsseldorf GRUR-RR 2001, 281 – T-Company L. P.; OLG Dresden NJWE-WettbR 1999, 140; OLG Nürnberg WRP 1991, 522 f.; *Ohly/Sosnitza* UWG § 12 Rn. 11). Der Abgemahnte kann die Abmahnung jedoch gem. § 174 BGB zurückweisen. Ist die Abmahnung aber als Angebot zum Abschluss einer Unterlassungsvereinbarung ausgestaltet, so kann der Schuldner diese nicht zurückweisen, weil der Unterwerfungsvertrag, der mit dem Vertreter ohne Vertretungsmacht geschlossen wurde keine Vertragsstrafenansprüche auslösen würde und weil dieser Vertrag jederzeit vom Gläubiger genehmigt werden kann (§ 177 BGB); sowie schließlich, weil der Schuldner nur durch ein wirksames Vertragsstrafeversprechen die Wiederholungsgefahr beseitigen kann. Fordert der Schuldner aber mit Abgabe der Unterlassungserklärung den Gläubiger zur Vorlage einer Vollmacht auf, so ist diese vorzulegen (*Köhler/Bornkamm/Feddersen* UWG § 12 Rn. 1.25 ff.; *Teplitzky* Wettbewerbsrechtliche Ansprüche, 11. Aufl. 2016, Kap. 41 Rn. 6a; OLG Stuttgart NJWE-WettbR 2000, 125). Sofern eine Vollmacht jedoch verfügbar ist, sollte diese der Abmahnung unmittelbar beigefügt werden.

5. In der Abmahnung ist der Verletzte zu bezeichnen (§ 97a Abs. 2 Nr. 1 UrhG). Die Grundlage seiner Aktivlegitimation ist in der Sachverhaltsschilderung wiederzugeben. Aktivlegitimiert sind zunächst der Urheber oder der Inhaber eines Leistungsschutzrechts selbst. Sie können sich auf die Urheber- und Inhabervermutung gem. § 10 UrhG stützen. Bei der Verletzung von Persönlichkeitsrechten sind nach dem Tod des Urhebers dessen Erben (§ 28 UrhG) und nach dem Tod des ausübenden Künstlers dessen Angehörige (§ 76 S. 4 UrhG). Bei der Verletzung von ausschließlichen Nutzungsrechten ist neben dem Urheber selbst der Inhaber des betroffenen ausschließlichen Nutzungsrechts aktivlegitimiert. Schließlich kann die Aktivlegitimation im Wege der gewillkürten Prozessstandschaft erworben werden, wenn der Rechtsinhaber zustimmt und ein eigenes berechtigtes Interesse an der Rechtsverfolgung vorliegt (Wandtke/Bullinger/*v. Wolff* UrhG § 97 Rn. 5 ff.; *Dreier/Schulze* UrhG § 97 Rn. 16 ff.; *Möhring/Nicolini/Reber* UrhG, 3. Aufl. 2014, § 97 Rn. 10 ff.). Den Verwertungsgesellschaften steht eine Vermutung der Sachbefugnis zu (§ 13c UrhWG). Darüber hinaus ist von der Rechtsprechung (BGH GRUR 1986, 62; BGH GRUR 1986, 66; BGH ZUM 1986, 199; BGH GRUR 1988, 296 – GEMA Vermutung I–II) die sogenannte GEMA-Vermutung entwickelt worden, wonach die GEMA eine tatsächliche Vermutung ihrer Wahrnehmungsbefugnis für die Aufführungsrechte an in- und ausländischer Tanz- und Unterhaltungsmusik und für die mechanischen Rechte für sich in Anspruch nehmen kann. Hat der Abmahnende sein Recht nicht originär erworben, so ist der Erwerbstatbestand einzuführen, zB

> „. . . . . . hat mit Verlagsvertrag vom . . . . . . das inhaltlich, räumlich und zeitlich unbeschränkte Verlagsrecht erworben" oder „. . . . . . ist, wie sich aus dem Erbschein des AG . . . . . . vom . . . . . . (Gesch. Nr. . . . . . .) ergibt, Alleinerbe des Verfassers . . . . . .".

6. Die Rechtsverletzung ist so genau zu beschreiben, dass der Adressat diesen in tatsächlicher Hinsicht nachvollziehen und selbst rechtlich bewerten kann (§ 97a Abs. 2 Nr. 2 UrhG; OLG München WRP 1981, 601 f.; OLG Koblenz WRP 1983, 700 f.; *Köhler/Bornkamm/Feddersen* UWG § 12 Rn. 1.15; *Teplitzky* Wettbewerbsrechtliche Ansprüche, 11. Aufl. 2016, Kap. 41 Rn. 14 f.).

Da bei der Auslegung des Umfangs einer Unterwerfungserklärung auch der Inhalt der Abmahnung mit heranzuziehen ist, sollte bei der Schilderung der Sachverhaltsumstände im Abmahnschreiben große Sorgfalt verwandt werden.

In der Abmahnung selbst müssen keine Beweismittel benannt werden (KG GRUR 1983, 673 – falscher Inserent). Es ist jedoch sinnvoll, einzelne Beweismittel zu benennen, wenn dadurch dem Abgemahnten vor Augen geführt wird, dass der Sachverhalt auch jederzeit beweisbar ist. Werden Belege in der Verwarnung als beigefügt erwähnt, so macht deren Fehlen die Abmahnung nicht unwirksam. Weist der Verletzer auf das Fehlen nicht hin, gibt er Klageveranlassung (OLG Hamm GRUR 1990, 716 (Ls.); KG WRP 1992, 358).

7. Neben der Sachverhaltsschilderung bedarf es eines Hinweises auf die rechtlichen Folgen, die der Abmahnende dem Sachverhalt zuordnet. Dabei genügt eine summarische Bewertung des Verhaltens, wobei rechtlich fehlerhafte Einordnungen unschädlich sind (OLG Stuttgart WRP 1996, 1229; *Teplitzky* Wettbewerbsrechtliche Ansprüche, 11. Aufl. 2016, Kap. 41 Rn. 14 f.).

1. Urheberrechtliche Abmahnung   G. 1

8. Zum notwendigen Inhalt des Abmahnungsschreibens gehört die Aufforderung, eine strafbewehrte Unterlassungsverpflichtungserklärung abzugeben (Wandtke/Bullinger/*Kefferpütz* UrhG vor §§ 97 ff. Rn. 4; *Köhler/Bornkamm/Feddersen* UWG § 12 Rn. 1.16; *Teplitzky* Wettbewerbsrechtliche Ansprüche, 11. Aufl. 2016, Kap. 41 Rn. 15 ff.; OLG Hamburg WRP 1972, 599; Gloy/Loschelder/Erdmann UWG-HdB/*Schwippert* § 84 Rn. 17). Da die Abmahnung einen Prozess über das beanstandete Verhalten vermeiden soll, muss sie das zur Vermeidung eines Rechtsstreits geeignete Mittel, nämlich die strafbewehrte Unterlassungsverpflichtungserklärung, benennen. Zweckmäßigerweise wird dem Unterlassungsverlangen ein Vorschlag für die Erklärung beigefügt.

9. Regelmäßig bedarf es der Setzung einer angemessenen Frist zur Abgabe der strafbewehrten Unterlassungserklärung. Ist die Frist dem Datum nach festgelegt, so endet sie um 24.00 Uhr (§§ 188, 193 BGB); ggf. sind Stunde und Minute anzugeben. Die Angemessenheit richtet sich dabei nach den Umständen des Einzelfalles. Eine unangemessen kurze Frist setzt automatisch eine angemessene Frist in Lauf (BGH GRUR 1990, 381 f. – Antwortpflicht des Abgemahnten; OLG Köln WRP 1982, 669; *Teplitzky* Wettbewerbsrechtliche Ansprüche, 11. Aufl. 2016, Kap. 41 Rn. 16). Bei der Fristsetzung ist einerseits zu berücksichtigen, dass der Abgemahnte genügend Zeit erhält, um den Sachverhalt aufzuklären und rechtlich zu prüfen bzw. prüfen zu lassen, während umgekehrt das dringliche Interesse des Gläubigers, die Gefahr von Wiederholungen der Verletzungshandlungen oder die Gefahr von nicht wiedergutmachbaren Schädigungen zu berücksichtigen sind. Weiterhin sollte bei der Fristbestimmung berücksichtigt werden, dass einzelne OLGe nach Ablauf von bestimmten Fristen regelmäßig vom Fortfall der Eilbedürftigkeit ausgehen (→ Form. G.5 Anm. 27). Werden nach Ablauf einer zu kurz bemessenen Frist gerichtliche Maßnahmen ergriffen und erkennt der Verletzter im ersten Termin an, so hat der Verletzte die Kosten zu tragen (§ 93 ZPO).

10. Der Abmahnung soll, muss jedoch nicht, ein Formulierungsvorschlag für eine strafbewehrte Unterlassungserklärung beigefügt werden (*Teplitzky* Wettbewerbsrechtliche Ansprüche, 11. Aufl. 2016, Kap. 41 Rn. 14). Zur Vermeidung von Auslegungszweifeln sollte der Formulierungsvorschlag beigefügt werden (→ Form. G.2). Wird der Abmahnung ein Formulierungsvorschlag der Unterwerfungserklärung beigefügt, dann ist die Abmahnung gleichzeitig ein Angebot auf Abschluss eines Unterlassungsvertrages. Es ist unschädlich, wenn der Gläubiger mehr fordert als ihm zusteht, da es Sache des Schuldners ist, die zur Beseitigung der Wiederholungsgefahr erforderliche Erklärung abzugeben (*Köhler/Bornkamm/Feddersen* UWG § 12 Rn. 1.17).

11. Der Verletzer ist durch die Androhung der Klage auf die Risiken hinzuweisen, die mit der Nichtabgabe einer strafbewehrten Unterlassungsverpflichtungserklärung verbunden sind (OLG München WRP 1981, 601; OLG München WRP 1979, 888; OLG Düsseldorf WRP 1988, 107 f.). Zwar bedarf es keines ausdrücklichen Hinweises, da sich der Wille gerichtlich vorgehen zu wollen auch aus den Umständen (Abmahnung durch einen Rechtsanwalt ua) ergeben kann, aber aus Gründen der Klarheit sollte die Androhung nicht fehlen.

12. Es ist sinnvoll, die urheberrechtliche Abmahnung mit der Aufforderung zur Erfüllung der Folgeansprüche zu verbinden.
Wichtigster Anspruch des Verletzten neben demjenigen auf Unterlassung ist der Schadensersatzanspruch (§ 97 Abs. 2 UrhG). Der Schadensersatz kann auf drei verschiedene Berechnungsarten ermittelt werden: Ersatz des tatsächlich erlittenen Schadens in der Form des entgangenen Gewinns, Zahlung in Höhe einer angemessenen Lizenzgebühr oder Herausgabe des Verletzergewinns (BGHZ 44, 372 (375 ff.) – Messmer-Tee II für Warenzeichenverletzung; BGH GRUR 1980, 227 (232) – Monumenta Germaniae Historica; Schricker/Loewenheim/*Wild* Urheberrecht, 4. Aufl. 2010, § 97 Rn. 145 ff.;

Fromm/Nordemann/*Nordemann* Urheberrecht, 11. Aufl. 2014, § 97 Rn. 68 ff.; *Dreier/ Schulze* UrhG § 97 Rn. 58 ff.; Wandtke/Bullinger/*v. Wolff* UrhG § 97 Rn. 54 ff.; *Möhring/ Nicolini/Reber* UrhG, 3. Aufl. 2014, § 97 Rn. 106 ff.). Zur Bezifferung des Schadensersatzanspruchs, aber auch des Bereicherungsanspruchs (§ 97 Abs. 3 UrhG, §§ 812 ff. BGB), hat sich der gewohnheitsrechtlich anerkannte Anspruch auf Auskunftserteilung und Rechnungslegung über alle für die Schadensberechnung erforderlichen Angaben entwickelt (Gloy/Loschelder/Erdmann UWG-HdB/*Schwippert* § 82 Rn. 13; Schricker/ Loewenheim/*Wild* Urheberrecht, 4. Aufl. 2010, § 97 Rn. 187 ff.; Fromm/Nordemann/ *Nordemann* Urheberrecht, 11. Aufl. 2014, § 97 Rn. 70; *Dreier/Schulze* UrhG § 97 Rn. 78 ff.; Wandtke/Bullinger/*v. Wolff* UrhG § 97 Rn. 43 ff.; *Möhring/Nicolini/Reber* UrhG, 3. Aufl. 2014, § 97 Rn. 134).

Da regelmäßig die Bezifferung des Schadensersatzanspruches erst dann möglich ist, wenn der Verletzte über die Berechnungsgrundlagen anhand der Auskunfts- und Rechnungslegung verfügt, sollte vom Verletzer ein Anerkenntnis seiner Schadensersatzverpflichtung dem Grunde nach (§§ 780, 781 BGB) gefordert werden. Ein etwaiger Rechtsstreit könnte sich dann auf die Höhe des Schadensersatzes beschränken.

Weiterhin kann der Verletzte vom Verletzer die sog. Drittauskunft fordern (§ 101 UrhG), wenn die Inanspruchnahme nicht im Einzelfall unverhältnismäßig ist (§ 101 Abs. 4 UrhG). Danach kann der Verletzte unverzüglich Auskunft über die Herkunft und den Vertriebsweg der Vervielfältigungsstücke verlangen, wobei der zur Auskunft Verpflichtete Angaben zu machen hat über Namen und Anschrift des Herstellers, des Lieferanten und anderer Vorbesitzer der Vervielfältigungsstücke, der gewerblichen Abnehmer oder Auftraggeber sowie über die Menge der hergestellten, ausgelieferten, erhaltenen oder bestellten Vervielfältigungsstücke und deren Preise (§ 101 Abs. 3 UrhG). Die Angaben dienen insbesondere zur Bekämpfung der Produktpiraterie, um Hersteller, Lieferanten und die mit der gewerblichen Verbreitung Befassten ebenso auf Unterlassung in Anspruch nehmen zu können. Dieser Auskunftsanspruch kann in Fällen der offensichtlichen Rechtsverletzung im Wege der einstweiligen Verfügung durchgesetzt werden (§ 101 Abs. 7 UrhG); → Form. G.10.

Neben diesen Ansprüchen könnte der Verletzte bei berechtigtem Interesse die Urteilsbekanntmachung (§ 103 UrhG) und die Vernichtung bzw. Herausgabe der rechtswidrig hergestellten und zur Verbreitung bestimmten Vervielfältigungsstücke fordern oder die Überlassung bzw. die Vernichtung der zur Herstellung bestimmten Vorrichtungen (§ 98 UrhG). Da diese Ansprüche eher selten geltend gemacht werden, sind sie nicht im Formularvorschlag aufgenommen. Gegebenenfalls könnte formuliert werden:

„Weiterhin hat unser Auftraggeber Anspruch auf Vernichtung aller rechtswidrig hergestellter, verbreiteter und zur Verbreitung bestimmter Vervielfältigungsstücke, insbesondere der S. 137 bis 140 des Werkes „Skitouren im bayerischen Alpenvorland", die in Ihrem Besitz oder Eigentum sind, sowie der zu deren Herstellung ausschließlich oder nahezu ausschließlich benutzten Vorrichtungen, insbesondere Filme, Lithos, Disketten (§ 98 UrhG).

Da durch Ihre Publikation der Eindruck entstand, die Tourenbeschreibung und die Lichtbildwerke stammen nicht von unserem Auftraggeber, hat unser Mandant auch Anspruch auf eine entsprechende Bekanntmachung in der Bergsteiger Zeitschrift „......" anstelle einer Urteilsbekanntmachung auf Ihre Kosten (§ 103 UrhG)."

13. Die Verpflichtung zur Zahlung von Schadensersatz setzt die schuldhafte Verletzung der Urheber- oder Leistungsschutzrechte voraus. Der BGH hat in diesem Zusammenhang gefordert, dass sich der Nutzer von Rechten „vergewissert" (BGH GRUR 1974, 97 – Spielautomaten II), dass er keine Rechte Dritter verletzt, wobei er sich gegebenenfalls die Rechtsinhaberschaft nachweisen lassen muss (BGH GRUR 1988, 375 – Schallplattenimport II; Wandtke/Bullinger/*v. Wolff* UrhG § 97 Rn. 142 ff.) und bei der Publikation periodischer Druckschriften auch dem Herausgeber eine Prüfungsflicht darüber auferlegt,

1. Urheberrechtliche Abmahnung   G. 1

ob das Werk nicht die Rechte Dritter verletzt (BGHZ 14, 163 – Constanze II; BGH GRUR 1982, 102 (104) – Masterbänder; BGH GRUR 1993, 34 (35) – Bedienungsanleitung; *Neumann-Duesberg* NJW 1966, 624 ff.; Fromm/Nordemann/*Nordemann* Urheberrecht, 11. Aufl. 2014, § 97 Rn. 157 f. mwN; Wandtke/Bullinger/*v. Wolff* UrhG § 97 Rn. 135 ff. mwN). Fachkreise unterliegen grundsätzlich erhöhten Anforderungen (Schricker/Loewenheim/*Wild* Urheberrecht, 4. Aufl. 2010, § 97 Rn. 139; *Dreier/Schulze* UrhG § 97 Rn. 57). Die Anforderungen an die Sorgfalt des Herstellers sind strenger als diejenigen des Einzelhändlers, der sich auf eine korrekte und rechtmäßige Herstellung seines Lieferanten grundsätzlich verlassen kann (BGH GRUR 1957, 342 – Underberg; BGH GRUR 1977, 114 – VUS). Ein Tatsachen- oder ein Rechtsirrtum kann das Verschulden ausschließen. Ein Rechtsirrtum entschuldigt dann, wenn der Irrende bei der Anwendung der im Verkehr erforderlichen Sorgfalt mit einer anderen Beurteilung durch die Gerichte rechnen durfte, also zB auf Grund einer für ihn günstigen, höchst richterlichen Beurteilung (*Dreier/Schulze* UrhG § 97 Rn. 57; Wandtke/Bullinger/*v. Wolff* UrhG § 97 Rn. 52 ff.).

14. Handelt der Verletzer ausnahmsweise nicht schuldhaft, so stellt sich die objektive Rechtsverletzung als Eingriff in die ausschließliche Benutzungsbefugnis des Urheberberechtigten dar. Dieser grundlose Vermögenszuwachs des Verletzers ist nach den Regeln der ungerechtfertigten Bereicherung, § 812 Abs. 1 S. 1 Alt. 2 BGB – Eingriffskondiktion, auszugleichen und der objektive Verkehrswert des Erlangten (§ 818 Abs. 2 BGB), also regelmäßig die ersparten Lizenzgebühren, herauszugeben (BGHZ 82, 299 (308) – Kunststoffhohlprofil II; BGH GRUR 1987, 524 – Chanel Nr. 5 II; Schricker/Loewenheim/*Wild* Urheberrecht, 4. Aufl. 2010, § 97 Rn. 194, § 102a Rn. 2 f.; Fromm/Nordemann/*Nordemann* Urheberrecht, 11. Aufl. 2014, § 97 Rn. 2, § 102a Rn. 4 ff.; *Dreier/Schulze* UrhG § 97 Rn. 66 f., § 102a Rn. 3 f.). Dem Verletzer steht regelmäßig nicht der Entreicherungseinwand (§ 818 Abs. 3 BGB) wegen der verschärften Haftung (§§ 818 Abs. 4, 819 Abs. 1 BGB) zu (BGH GRUR 1971, 522 – Gasparone; *Dreier/Schulze* UrhG § 97 Rn. 66, § 102a Rn. 5; *Möhring/Nicolini/Reber* UrhG, 3. Aufl. 2014, § 97 Rn. 141 jeweils mwN).

Zur Berechnung des Bereicherungsanspruchs hat der Verletzte ebenso Anspruch auf Auskunft und Rechnungslegung (BGH GRUR 1955, 492 – Grundig Reporte; *Schack* Urheber- und Urhebervertragsrecht, 6. Aufl. 2013, Rn. 808; *Möhring/Nicolini/Reber* UrhG, 3. Aufl. 2014, § 97 Rn. 141).

15. Der Anspruch auf Ersatz der erforderlichen Aufwendungen für die Inanspruchnahme anwaltlicher Hilfe ergibt sich aus § 97a UrhG. Bei einfach gelagerten Fällen mit nur unerheblicher Bedeutung ist er auf 100 EUR beschränkt. Der Gesetzgeber hatte bei dieser Beschränkung die Fälle der massenhaften Abmahnungen der Stadtplanverlage und Musikproduzenten im Auge (*Weidert* AnwBl. 2008, 529). Der Verletzer trägt die Beweislast dafür, dass die Voraussetzungen des § 97a Abs. 2 UrhG vorliegen. Da der Kostenerstattungs- und der Honoraranspruch des Anwalts differieren können, empfiehlt es sich, den Mandanten darauf hinzuweisen und ggfls. eine gesonderte Vergütungsvereinbarung zu schließen.

16. Eine Fristsetzung für die Erfüllung der Ansprüche ist für den Fristbeginn bei der Berechnung des Verzugsschadens erforderlich (§§ 284, 288 BGB) sowie um deutlich zu machen, ab welchem Zeitpunkt der Verletzte Klage erheben wird. Reagiert der Verletzte innerhalb der genannten Frist nicht auf die geltend gemachten Ansprüche, so hat er auch insofern Veranlassung zur Klageerhebung gegeben (§ 93 ZPO).

Da die Vernichtung (§ 98 UrhG) regelmäßig längere Zeit in Anspruch nehmen wird als die übrigen Ansprüche, sollte hierfür gegebenenfalls ein etwas verlängerter Zeitraum von wenigstens 2–3 Wochen vorgesehen werden:

„Zur Vorlage einer Vernichtungsbescheinigung (§ 98 UrhG) durch eine anerkannte Firma haben wir Ihnen eine Frist bis zum . . . . . . zu setzen".

Soweit die Bekanntmachung (§ 103 UrhG) verlangt wird, sollte sich der Verletzer verpflichten, eine bindende Verpflichtung zur Publikation einer Anzeige in einer oder mehrerer Zeitungen oder Zeitschriften, die die angesprochenen Leser voraussichtlich lesen, abzugeben:

„Sie verpflichten sich innerhalb der zunächst genannten übrigen Frist, in der nächst erreichbaren Ausgabe der Zeitschrift „. . . . . ." folgende Anzeige zu veröffentlichen: ‚In der Publikation ‚Skitouren im bayerischen Alpenvorland' aus dem A. Verlag ist C. C. als Autor der Routenbeschreibung auf S. 138 und S. 140 sowie als Fotograf der Aufnahmen auf S. 137 und S. 139 anstelle des tatsächlichen Autors B. B. verzeichnet'."

Kosten und Gebühren

17. Zur Ermittlung des Gegenstandswertes → Form. G.5 Anm. 13. Für die Berechnung der Anwaltsgebühren ist zu unterscheiden, ob ein Klageauftrag erteilt wurde oder nicht. Hat der die Abmahnung verfassende Anwalt Klageauftrag erhalten, so entsteht eine Verfahrensgebühr nach VV 3100 RVG. Endet der Auftrag durch Abgabe der Unterlassungsverpflichtungserklärung ohne gerichtliches Verfahren, so ermäßigt sich der Gebührensatz nach VV 3101 RVG auf 0,8. Erstreckt sich der Auftrag auf die außergerichtliche Beilegung der Streitigkeit, wovon im Zweifelsfalle auszugehen ist, weil diese schneller ist und weniger kostet als die gerichtliche Auseinandersetzung, entsteht eine Geschäftsgebühr nach VV 2400 RVG, die regelmäßig mit der Mittelgebühr von 1,3-fachen Satz abzurechnen ist (vgl. zu § 118 Abs. 1 BRAGO; BGH GRUR 1973, 384 – Goldene Armbänder). Das Gleiche gilt, wenn der Anwalt zunächst noch keinen Klageauftrag hatte; davon geht das Textbeispiel aus. Schließt sich an die Abmahnung eine gerichtliche Auseinandersetzung an, ist die Geschäftsgebühr zur Hälfte, maximal jedoch zu 0,75 auf die dann entstehende Verfahrensgebühr (VV 3100 RVG) anzurechnen (VV Vorb. 3 Abs. 4 RVG).

Fristen und Rechtsmittel

18. Dem auf Unterlassung in Anspruch Genommenen stehen verschieden Reaktionsmöglichkeiten offen:
Erkennt der Verletzer die Rechtsverletzung an, wird er die Unterlassungsansprüche durch Abgabe einer vertragsstrafebewehrten Unterlassungserklärung erledigen, denn dann entfällt die Wiederholungsgefahr als Anspruchsvoraussetzung des Unterlassungsanspruchs. Ist der Verletzer sich darüber bewusst, dass er schuldhaft gehandelt hat, sollte er darüber hinaus die weitergehenden Auskunfts- und Rechnungslegungsansprüche erfüllen. Der Verletzte wird damit bezüglich dieser Ansprüche, ebenso klaglos gestellt. Die Erfüllung darüber hinausgehender Ansprüche, etwa durch Anerkenntnis der Schadensersatzverpflichtung, kann im Ausnahmefall sinnvoll sein, wenn man sich bewusst ist, dass dadurch der Verletzte auch eine vertragliche Grundlage für den Schadensersatzanspruch hat.
Erkennt der Verwarnte die Berechtigung nicht an, so braucht er überhaupt nicht zu reagieren, kann aber auch selbst gegen den Abmahnenden ohne weiteres eine negative Feststellungsklage erheben, da durch die Abmahnung zum einen das Feststellungsinteresse (§ 256 ZPO) und zum anderen die Klageveranlassung dokumentiert ist (OLG Frankfurt GRUR 1989, 705 – Verletzungsklage/Feststellungsklage; OLG Hamm GRUR

1985, 84 – Feststellungsklage des Abgemahnten; OLG Köln WRP 1986, 428 f.; Wandtke/Bullinger/*Kefferpütz* UrhG vor § 97 Rn. 8).

Daneben könnte der Abgemahnte auch auf positive Feststellung klagen, zur vorgenommenen Nutzung berechtigt zu sein.

Hat der Verletzer weder vorsätzlich noch fahrlässig gehandelt (→ Form. G.1 Anm. 13), so kann er den Verletzten durch Zahlung einer Geldentschädigung abfinden, wenn durch die Erfüllung der Unterlassungs- (§ 97 UrhG) bzw. Vernichtungsansprüche (§ 98 UrhG) ein unverhältnismäßig großer Schaden entstehen würde und dem Verletzten eine Entschädigung in Geld zuzumuten ist (§ 101 UrhG). In diesem Fall sollte sich der Verletzer auf das Ablösungsrecht berufen (Schricker/Loewenheim/*Wild* Urheberrecht, 4. Aufl. 2010, § 100 Rn. 3 ff.; *Dreier/Schulze* UrhG § 100 Rn. 5) und eine angemessene Lizenzgebühr bezahlen. Mit Zahlung gilt die Einwilligung als erteilt (Wandtke/Bullinger/*Bohne* UrhG § 100 Rn. 9; *Dreier/Schulze* UrhG § 100 Rn. 9; *Möhring/Nicolini/Reber* UrhG, 3. Aufl. 2014, § 100 Rn. 1). Der Verletzer trägt allerdings die Darlegungs- und Beweislast (*Dreier/Schulze* UrhG § 100 Rn. 7) und das Risiko der zutreffenden Bewertung. Angesichts der geringen Anforderungen der Rechtsprechung an das Verschulden ist die praktische Bedeutung der Vorschrift gering (BGH GRUR 1976, 317 – Unsterbliche Stimmen).

2. Unterlassungserklärung

Der Firma[1]

A. Verlag GmbH

......

im Folgenden kurz „A-Verlag" genannt

gegenüber

Herrn B. B.,

......

im Folgenden kurz „Herr B." genannt

1. Die Firma A. Verlag verpflichtet[2] sich gegenüber Herrn B., es bei Meidung einer Vertragsstrafe in Höhe von ...... EUR[3] für jeden Fall der Zuwiderhandlung unter Ausschluss der Einrede des Fortsetzungszusammenhangs[4] zu unterlassen,
   a) die als Anlage 1 zu dieser Unterlassungsverpflichtungserklärung beigefügten Fotografien und/oder
   b) die Routenbeschreibung „vom Blomberg nach Wackersberg", verfasst von Herrn B.,
   zu vervielfältigen und/oder zu verbreiten und/oder diese Handlungen durch Dritte vornehmen zu lassen,[5] wie dies geschehen ist in dem von C. C. verfassten Verlagsobjekt „Skitouren im bayerischen Alpenvorland", S. 137–140, (ISBN ......);[6]
2. Die Firma A. Verlag verpflichtet sich gegenüber Herrn B. Auskunft bis zum ...... zu erteilen über die Anzahl der jeweils hergestellten, verbreiteten und sich auf Lager befindenden Vervielfältigungsstücke der in Ziff. 1 genannten Fotografien und Routenbeschreibung, über deren Herstellungskosten sowie Abgabepreise und Rechnung zu legen über die durch die Handlung gem. Ziff. 1 erzielten Gewinne.[7]

3. Die Firma A. Verlag erkennt dem Grunde nach den Schadensersatzanspruch aus der Verletzung der Rechte gemäß Ziffer 1 an.[8]
4. Die Firma A. Verlag verpflichtet sich, aus den vorhandenen Vervielfältigungsstücken diejenigen Seiten, die die Fotografien und Routenbeschreibung gemäß Ziff. 1 des Herrn B. betreffen, zu entfernen und diese Seiten sowie die zur Herstellung dieser Seiten erforderlichen Vorlagen, insbesondere Filme und Lithos, zu vernichten und bis zum . . . . . . eine Bescheinigung hierüber vorzulegen.[9]
5. Die Firma A. Verlag verpflichtet sich, in der nächst erreichbaren Ausgabe der Zeitschrift „. . . . . ." eine Anzeige im Format . . . . . . mit dem Rubrum und der Ziff. 1 dieser Erklärung auf eigene Kosten zu veröffentlichen.[10]
6. Die Firma A. Verlag verpflichtet sich, die Kosten der Inanspruchnahme des Rechtsanwaltes . . . . . . aus einem Gegenstandswert von . . . . . . EUR in Höhe des 1,3-fachen Satzes der Geschäftsgebühr zuzüglich Auslagen und Mehrwertsteuer zu erstatten.[11]
7. Für Streitigkeiten aus dieser Unterlassungsvereinbarung vereinbaren die Parteien ausschließliche Zuständigkeit des LG . . . . . .[12]

B-Stadt, den . . . . . .

Unterschrift A. Verlag[13]

Anmerkungen

1. Nach überwiegender Meinung ist nicht die Abmahnung, sondern die Übermittlung des Entwurfs einer vertragsstrafebewehrten Unterlassungsverpflichtungserklärung das Angebot zum Abschluss eines Unterwerfungsvertrages (OLG Hamburg GRUR 1988, 240 (Ls.); *Köhler/Bornkamm/Feddersen* UWG § 12 Rn. 1.115; *Borck* WRP 1974, 372). Die Formulierung ist gerade Sache des Unterlassungsschuldners (OLG München WRP 1994, 56 f.; *Teplitzky* Wettbewerbsrechtliche Ansprüche, 11. Aufl. 2016, Kap. 41 Rn. 15). Wenn dieser eine Unterlassungserklärung unwiderruflich und mit einem Bindungswillen über die Annahmefrist des § 147 BGB hinaus abgibt, führt allein das einseitige Angebot zum Abschluss eines Unterwerfungsvertrages bereits zum Entfallen der Wiederholungsgefahr (Wandtke/Bullinger/*v. Wolff* UrhG § 97 Rn. 36; *Dreier/Schulze* UrhG § 97 Rn. 42; BGH GRUR 2006, 878 – Vertragsstrafevereinbarung). Die Unterwerfungserklärung ist grundsätzlich schriftlich abzugeben (§ 780 BGB; BGHZ 130, 288 – Kurze Verjährungsfrist; BGH GRUR 1998, 953 – Altunterwerfung III), ausgenommen diejenige eines Kaufmanns (§ 350 HGB). Der Gläubiger kann, wenn eine schriftliche Erklärung nicht erforderlich ist, eine solche gleichwohl aus Beweisgründen fordern (BGH GRUR 1999, 530 – Unterwerfung durch Formvorschriften). Will der Schuldner Zweifel an der Ernsthaftigkeit seiner Erklärung zerstreuen, so muss er die Erklärung schriftlich übermitteln (*Teplitzky* Wettbewerbsrechtliche Ansprüche, 11. Aufl. 2016, Kap. 8 Rn. 4 ff.). Wird die Erklärung mit den Bestandteilen gem. Ziff. 4 und 5 des vorgeschlagenen Formulars abgegeben, so ist diese wohl als Vergleich gem. § 782 BGB zu qualifizieren, der keiner Form bedarf.

Stets bedarf es aber des Zugangs der Unterlassungserklärung beim Verletzten. Der Schuldner ist hierfür beweispflichtig. Es gilt die gleiche Problematik, wie beim Zugang der Abmahnung → Form. G.1 Anm. 3.

Es bedarf der Annahme (§ 151 BGB) durch den Verletzen, damit der Unterwerfungsvertrag zustande kommt, um die Verpflichtung zur Unterlassung einerseits und zur Zahlung der versprochenen Vertragsstrafe im Falle der Zuwiderhandlung andererseits zu begründen (BGHZ 21, 370 (372); BGH GRUR 1993, 34 – Bedienungsanweisung; *Dreier/Schulze* UrhG § 97 Rn. 42; *Köhler/Bornkamm/Feddersen* UWG § 12 Rn. 1.116 ff.; *Teplitzky* Wettbewerbsrechtliche Ansprüche, 11. Aufl. 2016, Kap. 20 Rn. 7 f.; Jacobs/Lindacher/Teplitzky/*Köhler* Großkommentar UWG, 2. Aufl. 2014, vor § 13 B Rn. 93;

2. Unterlassungserklärung G. 2

Köhler WRP 1993, 676 ff.). Jedoch ist eine solche Annahmeerklärung nach der Verkehrssitte nicht zu erwarten bzw. hat der Schuldner auf eine solche Annahmeerklärung verzichtet, wenn der Verletzer die vom Gläubiger vorformulierte Unterlassungserklärung in dieser Form oder lediglich redaktionell, nicht aber in inhaltlich abgeänderter Form abgibt (OLG Hamburg GRUR 1988, 240 (Ls.); KG WRP 1986, 680; OLG Frankfurt GRUR 1986, 626 – Unterlassungsvertrag; Jacobs/Lindacher/Teplitzky/*Köhler* Großkommentar UWG, 2. Aufl. 2014, vor § 13 B Rn. 93). Auch dann ist aber eine nach außen hervortretende eindeutige Bestätigung des Annahmewillens durch ausdrückliche Erklärungen oder konkludente Handlungen notwendig; konkludente Handlungen können auch betriebsinterne Handlungen wie die entsprechende Anweisung an das Personal oder Aktenvermerke sein.

Eine ausdrückliche Annahmeerklärung der vertragsstrafebewehrten Unterlassungsverpflichtungserklärung ist dann erforderlich, wenn der Schuldner das Versprechen konkretisiert oder ändert, mit einer auflösenden Bedingung versieht oder sonstige wesentliche Änderungen vornimmt (OLG Frankfurt GRUR 1986, 626 – Unterlassungsvertrag). Bedarf die Unterlassungserklärung einer ausdrücklichen Annahme, so hat diese regelmäßig innerhalb einer Woche zu erfolgen (*Speckmann* Die Wettbewerbssache, 2. Aufl. 1999, Rn. 564).

In Zweifelsfällen ist es ratsam, die Annahme des Unterlassungsangebots ausdrücklich und in beweisbarer Form zu erklären.

2. Die Verpflichtung muss unbefristet, ohne Einschränkungen und ohne Bedingungen erfolgen (OLG Stuttgart WRP 1984, 49; OLG Hamm WRP 1988, 334).

Erklärungen, die bloße, unverbindliche Absichten wiedergeben, wie etwa „wir werden uns verpflichten . . . . . ." sind nicht ausreichend (BGH GRUR 1961, 138 – Familie Schölermann).

Zu beachten ist, dass der Verpflichtete gem. § 278 BGB nicht nur für eigenes Verschulden haftet, sondern auch für dasjenige seiner Erfüllungsgehilfen (BGH GRUR 1985, 1065 f. – Erfüllungsgehilfe). Will der Verpflichtete nur für eigenes Verschulden einstehen, also die Haftung für Erfüllungsgehilfen ausschließen, so kann er keine Unterlassungserklärung unterzeichnen. Der Verletzer wird in diesem Fall jedoch damit zu rechnen haben, dass der Verletzte einen gerichtlichen Unterlassungstitel erwirken wird. Eine Festsetzung eines Ordnungsgeldes gem. § 890 ZPO setzt eigenes Verschulden voraus (BVerfG NJW 1991, 3139). Zu berücksichtigen ist, dass bei einem gerichtlichen Titel der Verpflichtete auch für eigenes Organisationsverschulden und Verschulden bei der Auswahl und Überwachung Dritter einzustehen hat (Zöller/*Stöber* ZPO § 890 Rn. 5 mwN).

3. Die Höhe der Vertragsstrafe muss so bemessen sein, dass sie geeignet ist, unter Berücksichtigung aller Umstände den zur Zahlung Verpflichteten von einer weiteren bzw. von einer ersten Verletzung der Urhebernutzungsrechte des Gläubigers abzuhalten (BGH GRUR 1994, 146 – Vertragsstrafebemessung).

Wird in der Abmahnung eine unangemessen hohe Vertragsstrafe gefordert, so kann sie auf eine angemessene, der Sicherungsfunktion entsprechende Höhe reduziert werden (BGH GRUR 1994, 146 f. – Vertragsstrafebemessung; OLG Hamburg GRUR 1988, 929 f. – Höhe der Vertragsstrafe).

Ist der aus dem Unterlassungsvertrag Verpflichtete kein Kaufmann, so kann die Vertragsstrafe gemäß § 343 BGB herabgesetzt werden, wenn sie unverhältnismäßig hoch ist. Auch hierbei wird die Funktion der Vertragsstrafe als Druck- und Sicherungsmittel zur Verhütung des Vertragsverstoßes (BGH WRP 1984, 14 (15) – Vertragsstrafe für versuchte Vertreterabwerbung) als pauschaliertes Mindestschadensersatzinteresses des Gläubigers (BGH WRP 1993, 762 (763) – Apothekenzeitschriften; BGH WRP 1993, 240 (242) – Fortsetzungszusammenhang; BGH WRP 1994, 37 (39) – Vertragsstrafebemessung) sowie die Art des Verstoßes, der Verschuldensgrad und die wirtschaftliche Lage des Schuldners zu berücksichtigen sein (Palandt/*Grüneberg* BGB § 343 Rn. 6). Ist der Schuldner Kaufmann, so scheidet grundsätzlich die Herabsetzung der Vertragsstrafe gemäß § 343 BGB aus, wobei die allgemeinen gesetzlichen Schranken (§§ 138, 242 BGB) Anwendung finden (OLG Karlsruhe – 6 U 155/95). Der Schuldner kann aber die Anwendung des § 343 HGB ausschließen (*Köhler/Bornkamm/Feddersen* UWG § 12 Rn. 1.145).

Haben mehrere die Verletzung begangen oder droht die Verletzung von mehreren, so haften diese grundsätzlich nicht als Gesamtschuldner (*Teplitzky* Wettbewerbsrechtliche Ansprüche, 11. Aufl. 2016, Kap. 20 Rn. 18).

Durch das Vertragsstrafeversprechen sind darüber hinausgehende Schadensersatzansprüche nicht ausgeschlossen (BGHZ 63, 256 (259); BGHZ 105, 24 (27); BGH WRP 1993, 762 (767) – Apothekenzeitschriften).

Das Vertragsstrafeversprechen kann auch in der Form des „modifizierten Hamburger Brauchs" erfolgen, nämlich dadurch, dass dem Gläubiger gestattet wird, für jeden einzelnen Fall der Zuwiderhandlung die Vertragsstrafe festzusetzen. Die Höhe ist im Zweifel von dem zuständigen Landgericht zu überprüfen ist (§§ 315 ff. BGB) (BGH GRUR 1985, 155 – Vertragsstrafe bis zu . . . . . .).

4. Die aus dem Strafrecht stammende Lehre von dem Fortsetzungszusammenhang mehrerer Handlungen findet auch auf die Verwirkung der Vertragsstrafe Anwendung. Demnach wird bei einem einheitlichen Tatbestandsvorsatz und einer einheitlichen Ausführung eine natürliche Handlungseinheit angenommen mit der Folge, dass mehrere Verstöße zu einem Verstoß zusammengefasst werden. Der Fortsetzungszusammenhang kann ausdrücklich abbedungen werden (BGH WRP 1993, 240 (241) – Fortsetzungszusammenhang; BGH WRP 1993, 762 (763) – Apothekerzeitschriften; BGH GRUR 1982, 688 (691) – Seniorenpass; *Köhler/Bornkamm/Feddersen* UWG § 12 Rn. 1.150; *Köhler* WRP 1993, 666; *Teplitzky* Wettbewerbsrechtliche Ansprüche, 11. Aufl. 2016, Kap. 20 Rn. 12).

Dabei ist jedoch zu beachten, dass der uneingeschränkte Verzicht auf die Einrede des Fortsetzungszusammenhangs häufig eine unangemessene Benachteiligung des Schuldners im Sinne des § 307 BGB darstellt (BGH WRP 1993, 240 (243) – Fortsetzungszusammenhang), insbesondere dann, wenn dadurch „unerträglich hohe" Vertragsstrafen entstehen (OLG Hamm NJW-RR 1990, 1197; Jacobs/Lindacher/Teplitzky/*Köhler* Großkommentar UWG, 2. Aufl. 2014, vor § 13 B Rn. 116).

Gibt der Schuldner die Unterlassungserklärung ohne den Verzicht ab, so wird dadurch die Wiederholungsgefahr trotz einer entsprechenden Forderung des Gläubigers beseitigt (BGHZ 121, 13 – Fortsetzungszusammenhang).

5. Die zu unterlassenden Handlungen müssen inhaltlich so beschrieben sein, dass sie notfalls mittels Auslegung (§§ 133, 151 BGB) anhand der Abmahnung zu ermitteln sind. Zwar muss der Inhalt nicht demjenigen eines Unterlassungstitels entsprechen (*Teplitzky* WRP 1990, 26 ff.; KG GRUR 1990, 143 f. – Vertragsstrafeversprechen; BGH GRUR 1999, 509 – Vorratslücken; BGH GRUR 1998, 1038 – Fotovergrößerung; aA *Dreier/Schulze* UrhG § 97 Rn. 42), aber die zu unterlassende Handlung muss eindeutig bestimmbar sein. Die Unterwerfungserklärung muss die konkrete Verletzungsform wiedergeben; sie kann drüber hinaus auf Handlungen erstreckt werden, die gleichfalls das Charakteristische der verletzenden Handlung aufweisen (*Köhler/Bornkamm/Feddersen* UWG § 12 Rn. 1.123).

Bei Verstößen gegen Urhebernutzungsrechte empfiehlt es sich daher, das verletzende Werk entweder in die Unterlassungserklärung einzubeziehen oder als Anlage der Unterlassungserklärung beizufügen oder es auf sonstige Art und Weise genau zu beschreiben. Sprachwerke sollten mit dem Titel, dem publizierenden Verlag, der ISBN oder ISSN angegeben werden. Software sollte zumindest mit ihrem Titel und dem Softwarehersteller

2. Unterlassungserklärung

gekennzeichnet sein. Werke der bildenden Künste sowie Werke der angewandten Kunst und Bauwerke sollten regelmäßig durch den Titel sowie Fotografien der Werke beschrieben, Lichtbildwerke oder Lichtbilder durch Duplikate gekennzeichnet werden. Gleiches gilt auch für Darstellungen wissenschaftlicher und technischer Art, Pläne, Karten, Skizzen, Tabellen und plastischen Darstellungen sowie schließlich auch für Filmwerke.

6. Sinnvollerweise wird der durch die zu unterlassende Handlung beschreibende abstrakte Obersatz durch ein Beispiel, das die konkrete Verletzungshandlung, die Anlass der Auseinandersetzung war, verdeutlicht (OLG Karlsruhe WRP 1985, 509 f.).

7. Die Anerkennung der Auskunftsansprüche ist kein notwendiger Bestandteil einer Unterlassungserklärung. Der Anspruch auf Auskunftserteilung und Rechnungslegung zum Zwecke der Schadensberechnung ist für den Anspruch auf Gewinnherausgabe in § 97 Abs. 1 S. 2 UrhG gesetzlich geregelt und im Übrigen gewohnheitsrechtlich anerkannt (BGH GRUR 1962, 398 (400) – Kreuzbodenventilsäcke II; BGH GRUR 1974, 53 f. – Nebelscheinwerfer; BGH GRUR 1980, 227 (233) – Monumenta Germaniae Historica). Umfang und Art der Auskunft richtet sich nach den Umständen des Einzelfalls und danach, welche Angaben zur Berechnung erforderlich sind (*Dreier/Schulze* UrhG § 97 Rn. 78 ff.).

Regelmäßig hat der Verletzte Anspruch auf eine geordnete Zusammenstellung, untergliedert nach den einzelnen verletzenden Gegenständen sowie auf eine zeitliche Darstellung nach Lieferorten, Mengen, Preisen, Herstellungskosten, Namen und Adressen der Abnehmer (BGH GRUR 1980, 227 (233) – Monumenta Germaniae Historica).

Neben diesen Ansprüchen kann der Verletzte gegebenenfalls die weitergehenden Auskünfte hinsichtlich Dritter gemäß § 101 UrhG fordern.

8. Ebenso wenig wie der Anspruch auf Anerkenntnis des Auskunftsanspruchs notwendiger Bestandteil der Unterlassungsvereinbarung ist, ist das Anerkenntnis des Schadensersatzanspruchs zur Beseitigung der Wiederholungsgefahr erforderlich. Es empfiehlt sich jedoch gleichwohl, den Schadensersatzanspruch anzuerkennen, um gegebenenfalls auch insofern den Gläubiger klaglos zu stellen; dabei muss man sich aber bewusst sein, dass der Gläubiger dadurch neben dem gesetzlichen Anspruch auch einen vertraglichen Anspruch erwirbt.

9. Gleiches gilt schließlich auch für den Vernichtungsanspruch (§ 98 UrhG). Der Anspruch sollte allerdings nur dann Erwähnung finden, wenn er ausdrücklich seitens des Gläubigers geltend gemacht wurde.

Hat der Gläubiger bereits in seiner Abmahnung die Vernichtungsansprüche gem. § 98 UrhG geltend gemacht, kann durch deren Anerkennung und der Ankündigung der Vernichtung innerhalb eines angemessenen Zeitraums dem Verletzten auch insofern die Veranlassung zur Klageerhebung genommen werden. Eine solche Verpflichtung ist jedoch nicht notwendiger Bestandteil einer Unterlassungsvereinbarung.

10. Auch die Bekanntmachungsverpflichtung ist kein notwendiger Bestandteil der Unterlassungsvereinbarung und soll, sofern die Ansprüche geltend gemacht wurden, deutlich machen, dass keine Veranlassung zur Klage besteht. Voraussetzung hierfür ist allerdings, dass die Art der Bekanntmachung tatsächlich geeignet ist, die berechtigten Interessen des Gläubigers zu wahren (§ 103 UrhG). Die Verurteilung zur Urteilsbekanntmachung kommt indes nur sehr selten vor.

Schließlich ist auch der Anspruch auf Urteilsbekanntmachung in Form der Schaltung einer Anzeige nur dann zu erwähnen, wenn er vom Verletzten gefordert wurde. Dabei ist zu berücksichtigen, dass gemäß § 103 UrhG die Bekanntmachung des Urteils dann zugesprochen werden kann, wenn der Verletzte ein berechtigtes Interesse dartut. Dies setzt eine sorgfältige Abwägung der Interessen voraus sowie die Feststellung, dass die

Veröffentlichung das notwendige und angemessene Mittel zur Beseitigung der Auswirkungen des Urheberverstoßes darstellt (BGHZ 66, 182 (192) – Bittenbinder; Schricker/Loewenheim/*Wild* Urheberrecht, 4. Aufl. 2010, § 103 Rn. 5).

11. Auch ist eine Erklärung, die Kosten des abmahnenden Verletzers zu übernehmen, keine Voraussetzung der Beseitigung der Wiederholungsgefahr durch eine Unterwerfungsverpflichtung (OLG Hamm WRP 1982, 233 f.; OLG Koblenz GRUR 1979, 496 – Prozessführungsmissbrauch).

Der Entwurf einer Abmahnung umfasst regelmäßig auch den Entwurf einer Unterlassungserklärung durch den Beauftragten des Verletzten.

12. Eine Gerichtsstandsvereinbarung ist nicht notwendiger Bestandteil einer Unterlassungserklärung. Wenn der Gläubiger des Unterlassungsanspruchs und der Schuldner Kaufmann sind bzw. wenn er eine juristische Person des öffentlichen Rechtes ist oder keinen allgemeinen Gerichtsstand im Inland hat, kann im Rahmen der übrigen Voraussetzungen des § 38 ZPO eine Gerichtsstandsvereinbarung getroffen werden. Häufig ist allerdings eine Gerichtsstandsvereinbarung im Hinblick auf den fliegenden Gerichtsstand gem. § 32 ZPO nicht erforderlich um für den Verletzten sicherzustellen, dass dieser an „seinem Gericht" klagen kann (Wandtke/Bullinger/*Kefferpütz* UrhG § 105 Rn. 10 ff.; Zöller/*Vollkommer* ZPO § 32 Rn. 18 mwN). Für Klagen gegen natürliche Personen ist allerdings ausschließlich das Wohnsitzgericht zuständig (§ 104a UrhG) → Form. G.1 aE.

Kosten und Gebühren

13. → Form. G.1 Anm. 17.

3. Verzichtsvereinbarung

Des

Herrn A[1]

wohnhaft in: . . . . . .

gegenüber

Herrn B

wohnhaft in: . . . . . .

1. Herr A und Herr B haben gemeinschaftlich das Libretto für die Oper „. . . . . ." verfasst. Ihre jeweiligen Leistungen lassen sich nicht gesondert verwerten.[2]
2. Herr A erklärt gegenüber Herrn B, dass er hiermit auf seine Anteile an den Verwertungsrechten[3] an dem gemeinschaftlich geschaffenen Opernlibretto „. . . . . ." verzichtet.
3. Herr B nimmt diesen Verzicht an.[4]
4. Herr A überträgt Herrn B das Recht der Wahrnehmung seiner Urheberpersönlichkeitsrechte, insbesondere die Ausübung des Rechts der Erstveröffentlichung, des Rechts auf Anerkennung der Urheberschaft sowie der Rechte zur Verhinderung von Entstellungen und Veränderungen.[5]
5. Herr B verpflichtet sich als Gegenleistung für den Verzicht und die Übertragung der Wahrnehmung der Urheberpersönlichkeitsrechte Herrn A eine beiderseits als ange-

3. Verzichtsvereinbarung G. 3

messen betrachtete Pauschalzahlung in Höhe von . . . . . . EUR binnen zwei Wochen nach beiderseitiger Unterzeichnung dieser Vereinbarung zu bezahlen.[6]

. . . . . ., den . . . . . .

Unterschrift A

. . . . . ., den . . . . . .

Unterschrift B[7]

Anmerkungen

1. Wird ein Werk von zwei oder mehreren Personen gemeinschaftlich geschaffen, so dass keiner der jeweiligen Werkbeiträge selbständig verwertet werden kann, liegt ein Gruppenwerk vor (Schricker/Loewenheim/*Loewenheim* Urheberrecht, 4. Aufl. 2010, § 8 Rn. 3; *E. Ulmer* Urheberrecht, 3. Aufl. 1980, § 34 II; *Dreier/Schulze* UrhG § 8 Rn. 2 ff.; KG Schulze KGZ 55, 12 – Puppenfee; OLG Köln GRUR 1953, 499 – Kronprinzessin Cäcilie I). Dadurch entsteht eine Gemeinschaft besonderer Art, deren Rechtsverhältnisse durch urheberrechtliche Grundsätze bestimmt werden (*E. Ulmer* Urheberrecht, 3. Aufl. 1980, § 34 III; *Dreier/Schulze* UrhG § 8 Rn. 12; Wandtke/Bullinger/*Thum* UrhG § 8 Rn. 21 f.; MüKoBGB/*Schmidt* § 741 Rn. 64 f.). Die Behandlung der Verwertungsrechte unterliegt dabei regelmäßig einer gesamthänderischen Bindung, bei der die §§ 705 ff. BGB ergänzend zur Anwendung kommen (OLG Hamburg Schulze OLGZ 207, 7; MüKoBGB/*Schäfer* vor § 705 Rn. 128 f.). Hinsichtlich der Urheberpersönlichkeitsrechte verbleibt es, abgesehen von der Spezialregelung zum Veröffentlichungs- und Veränderungsrecht, aber bei den allgemeinen Normen (OLG Düsseldorf GRUR 1969, 550 f. – Geschichtsbuch für Realschulen; *E. Ulmer* Urheberrecht, 3. Aufl. 1980 § 34 III.3; Wandtke/Bullinger/*Thum* UrhG § 8 Rn. 26 ff.).

Häufig ist es jedoch zur Durchsetzung und Verwertung der Rechte der Miturheber sinnvoll, dass die Rechte nur von einem Miturheber wahrgenommen werden. Ob eine Notwendigkeit hierzu besteht, ist daran zu prüfen, ob nicht eine gewillkürte Prozessstandschaft ausreichend ist. Diese ist zulässig, wenn der Rechtsinhaber zustimmt und der Dritte ein berechtigtes Interesse hat (BGH GRUR 1983, 371 (372) – Mausfigur mwN).

2. Grundsätzlich ist das Urheberrecht an sich nicht übertragbar (§ 29 UrhG) und verzichtbar (*v. Gamm* Urheberrechtsgesetz, 1968, § 29 Rn. 5; *Dreier/Schulze* UrhG § 29 Rn. 10). Gem. § 8 Abs. 4 UrhG sind jedoch die Verwertungsrechte (§ 15 UrhG) bei der Miturheberschaft verzichtbar.

Notwendig ist in jedem Fall eine genaue Bezeichnung des Werkes, das vom Verzicht auf die Verwertungsrechte betroffen ist. Sinnvoll ist zusätzlich die Feststellung, dass die jeweiligen Leistungen sich nicht gesondert verwerten lassen (§ 780 BGB).

3. Der Verzicht kann sich nur auf die einzelnen Verwertungsrechte der Miturheber nach § 8 Abs. 3 UrhG beziehen (*v. Gamm* Urheberrechtsgesetz, 1968, § 29 Rn. 5; *Mestmäcker/Schulze* Urheberrechtsgesetz (Loseblatt), § 29 Anm. 2 c; Schricker/Loewenheim/*Schricker/Loewenheim* Urheberrecht, 4. Aufl. 2010, § 29 Rn. 23 ff.). Er kann formfrei erklärt werden. Er hat sich an alle übrigen Miturheber zu richten (§ 130 BGB; *Dreier/Schulze* UrhG § 8 Rn. 27; *Möhring/Nicolini/Ahlberg* UrhG, 3. Aufl. 2014, § 8 Rn. 47). Mit Zugang der Erklärung bei allen anderen Urhebern steht diesen der Anteil im Verhältnis ihrer Miturheberschaft zu (*Dreier/Schulze* UrhG § 8 Rn. 28; *Möhring/Nicolini/Ahlberg* UrhG, 3. Aufl. 2014, § 8 Rn. 47).

4. Der Verzicht auf schuldrechtliche Ansprüche erfolgt durch Erlassvertrag (§ 397 BGB); es bedarf daher einer Annahme der Erklärung des Rechtsinhabers durch den Begünstigten. Der wirksame Verzicht führt zur entsprechenden Anwachsung bei den übrigen Miturhebern im Verhältnis ihrer eigenen Anteile (§ 743 BGB analog; Fromm/Nordemann/*Nordemann* Urheberrecht, 11. Aufl. 2014, § 8 Rn. 32).

5. Während das allgemeine Persönlichkeitsrecht grundsätzlich nicht übertragen werden kann und auch ein Verzicht unwirksam ist (*Schricker,* FS Hubmann, 1985, 409 (411 f.)), können urheberpersönlichkeitsrechtliche Befugnisse zum Zwecke der Ausübung im Zusammenhang mit einer Werkverwertung durch Dritte in eingeschränktem Umfang übertragen werden, wenn und soweit die ungestörte Werknutzung durch Dritte dies unerlässlich macht (*v. Gamm* Urheberrechtsgesetz, 1968, § 11 Rn. 7, § 29 Rn. 4; *E. Ulmer* Urheberrecht, 3. Aufl. 1980, § 89 II; Schricker/Loewenheim/*Dietz/Peukert* Urheberrecht, 4. Aufl. 2010, vor §§ 12 ff. Rn. 26 ff.; *Dreier/Schulze* UrhG vor § 12 Rn. 11 f.). Es verbleibt dem Urheber aber immer ein „unaufhebbares geistiges Band zum Werk" Fromm/Nordemann/*Dustmann* Urheberrecht, 11. Aufl. 2014, § 12 Rn. 3; *v. Gamm* Urheberrechtsgesetz, 1968, § 29 Rn. 4).

Die Übertragung der Ausübungsbefugnisse ist jeweils insoweit zulässig und wirksam, als sie einen angemessenen Ausgleich der Interessen im konkreten Fall zwischen den urheberpersönlichkeitsrechtlichen Befugnissen einerseits und den Interessen des Verwerters andererseits gewährleistet (*Schricker,* FS Hubmann, 1985, 409 (418 f.)). Dabei sind die Gesichtspunkte von Art, Zweck und Niveau des betroffenen Werkes einerseits sowie Branchenüblichkeit und Vertragszweck andererseits zu berücksichtigen. Letzteres insbesondere bei Arbeits- oder Dienstverhältnissen (OLG München GRUR 1986, 460 (463) – Die unendliche Geschichte; Wandtke/Bullinger/*Bullinger* UrhG vor §§ 12 ff. Rn. 7 f.; *Dreier/Schulze* UrhG vor § 12 Rn. 12; aA *Möhring/Nicolini/Ahlberg* UrhG, 3. Aufl. 2014, § 12 Rn. 49).

Da durch den Verzicht auf die Verwertungsrechte eines Miturhebers zugunsten der anderen Miturheber diese Urheber, denen der Anteil anwächst, frei in der Verwertung des Rechtes sein sollen, so wird der Verzicht im weitest möglichen Umfang wirksam sein. Gleiches gilt für die Übertragung der urheberpersönlichkeitsrechtlichen Befugnisse, die die Ausübung der Verwertungsrechte erst ermöglichen sollen.

Dem übertragenden Miturheber verbleibt aber ein nicht verzichtbarer Kern.

6. Regelmäßig wird der Verzicht auf die Beteiligung an Verwertungserlösen sowie auf die Ausübung der urheberpersönlichkeitsrechtlichen Befugnisse nicht ohne Gegenleistung erfolgen. Alle Formen der Pauschal- oder auch erfolgsabhängigen Vergütungen können vereinbart werden. Zu beachten ist, dass die Vergütung angemessen sein muss (§ 32 UrhG).

Kosten und Gebühren

7. Der Gegenstandswert einer Verzichtsvereinbarung richtet sich nach den künftigen, zu erwartenden Verwertungserlösen, die den übrigen Miturhebern durch den Verzicht zufließen (§ 23 RVG, § 48 GKG, § 3 ZPO). Anhaltspunkt hierfür ist die Höhe der Vergütung und die Höhe des Anteils, auf den verzichtet wird. Für die Mitwirkung an einer Verzichtsvereinbarung erhält der beauftragte Rechtsanwalt regelmäßig eine 1,3-fachen Geschäftsgebühr gem. VV 2400 RVG und eine 1,5-fachen Einigungsgebühr gem. VV 1000 RVG.

4. Schutzschrift

https://www.zssr.justiz.de/[2, 3]

Schutzschrift[1, 4]

In dem Rechtsstreit

des Herrn B. B.,

wohnhaft in ......

– mutmaßlicher Antragsteller –[5]

mutmaßlicher Verfahrensbevollmächtigter: ......[6]

gegen

Firma A. Verlag GmbH

gesetzlich vertreten durch den Geschäftsführer M. M.

......

– mutmaßliche Antragsgegnerin –

Verfahrensbevollmächtigter: Rechtsanwalt ......[7]

bestelle[8] ich mich für den Fall, dass der mutmaßliche Antragsteller, Herr B. B., im Folgenden kurz „Antragsteller" genannt, gegen die Firma A. Verlag GmbH, die mutmaßliche Antragsgegnerin, im Folgenden kurz „Antragsgegnerin" genannt, einen Antrag auf Erlass einer einstweiligen Verfügung stellen sollte.

Für diesen Fall

beantrage

ich,

- einen Antrag auf Erlass einer einstweiligen Verfügung zurückzuweisen,[9]
- hilfsweise, über einen Antrag auf Erlass einer einstweiligen Verfügung nicht ohne vorherige mündliche Verhandlung zu[10, 11] entscheiden und
- äußerst hilfsweise, die Vollziehung einer einstweiligen Verfügung von der Stellung einer Sicherheit nicht unter ...... EUR abhängig zu machen.[12]

Begründung:[13]

1. Die Antragsgegnerin betreibt ein bekanntes Verlagsgeschäft. Im Rahmen dieses Verlagsgeschäftes hat sie das Werk „Skitouren im bayerischen Alpenvorland"

Anlage AG 1

(im Original nur für das Gericht)

vervielfältigt und verbreitet.

Der Antragsteller ist Bergjournalist und Bergfotograf. Er hat mit Schreiben seines mutmaßlichen Verfahrensbevollmächtigten vom ...... (Datum)

Anlage AG 2

behaupten lassen, dass durch das streitgegenständliche Verlagsobjekt der Antragsgegnerin, insbesondere auf Seite 137 und Seite 139, Urhebernutzungsrechte des Antragstellers an Fotografien des Blombergs sowie an einer Tourenbeschreibung „Vom Blomberg nach Wackersberg" verletzt würde.

Eine solche Verletzung liegt jedoch nicht vor.

2. Ein etwaiger Antrag auf Erlass einer einstweiligen Verfügung ist zurückzuweisen, da der Antragsteller keinen Unterlassungsanspruch hat (§ 97 UrhG).[14]

a) Der Antragsteller hat weder dargelegt noch glaubhaft gemacht, dass er Urheber der streitigen Fotografie ist. Ebenso wenig hat er dargelegt und glaubhaft gemacht, dass er Verfasser der streitigen Tourenbeschreibung ist. Insbesondere existiert keine Fotografie mit einer entsprechenden Urheberbezeichnung bzw. keine Vervielfältigung der Tourenbeschreibung mit einem Urhebervermerk.

b) Der Antrag auf Erlass einer einstweiligen Verfügung ist aber auch zurückzuweisen, weil weder der Fotografie noch der Routenbeschreibung Urheberrechtsschutz zuzubilligen ist (§ 2 Abs. 2 UrhG). Beide gehen über das gestalterische Können eines durchschnittlichen Bergfotografen, respektive über die Darstellungskraft eines durchschnittlichen Bergjournalisten nicht hinaus.

Die Antragsgegnerin übergibt als

Anlage AG 3

ein Konvolut mit vergleichbaren Bergaufnahmen und als

Anlage AG 4

einige andere Beschreibungen der gleichen Route.

Beides macht deutlich, dass die angeblichen verletzenden Fotografien und Routenbeschreibungen das Ergebnis einer rein durchschnittlichen handwerklichen Leistung sind.[15]

Die Antragsgegnerin wird gegebenenfalls im Termin zur mündlichen Verhandlung eine Fülle von vergleichbaren Fotografien und Beschreibungen vorlegen. Im Übrigen zur

Glaubhaftmachung: Eidesstattliche Versicherung des Lektors ...... Anlage AG 5

3. Der Antrag auf Erlass einer einstweiligen Verfügung ist aber auch zurückzuweisen, da es am erforderlichen Verfügungsgrund fehlt.[16]

Der Antragsteller hat 6 Wochen vor dem Datum der Abmahnung (AG 1) telefonisch bei der Antragsgegnerin ein Exemplar des Bandes „Skitouren im bayerischen Alpenvorland" bestellt, das ihm ausweislich des Lieferscheins ...... (Datum)

Anlage AG 6

geliefert wurde. Spätestens anlässlich der Entgegennahme des streitgegenständlichen Exemplars hätte der Antragsteller die Möglichkeit gehabt, von der angeblichen Rechtsverletzung Kenntnis zu erlangen. Gleichwohl hat er mit der Beauftragung seines Verfahrensbevollmächtigten mehr als 6 Wochen zugewartet. Durch das Verstreichenlassen dieses Zeitraumes hat der Antragsteller zu erkennen gegeben, dass ihm an der dringlichen vorläufigen Regelung der Angelegenheit nicht gelegen ist.

Rechtsanwalt[17]

Anmerkungen

1. Die Schutzschrift ist im Bereich des gewerblichen Rechtsschutzes ein mittlerweile gewohnheitsrechtlich anerkanntes Rechtsinstitut (Wandtke/Bullinger/*Kefferpütz* UrhG vor §§ 97 ff. Rn. 9; *Teplitzky* Wettbewerbsrechtliche Ansprüche, 11. Aufl. 2016, Kap. 55 Rn. 52 ff.; Zöller/*Vollkommer* ZPO § 937 Rn. 4 mwN).

Mit Hilfe der Schutzschrift soll erreicht werden, dass das Gericht einen Antrag auf Erlass einer einstweiligen Verfügung zurückweist oder die einstweilige Verfügung zumindest nicht ohne mündliche Verhandlung erlässt. Mit der Schutzschrift werden sowohl Tatsachen, die gegen den Verfügungsgrund sprechen, als auch materielle Hindernisse

4. Schutzschrift G. 4

dem Gericht vorgetragen (*Teplitzky* NJW 1980, 1667; *Teplitzky* WRP 1980, 373; Gloy/Loschelder/Erdmann UWG-HdB/*Loschelder* § 96 Rn. 3; aA *Borck* WRP 1978, 262).
Wird der Antrag auf Erlass einer einstweiligen Verfügung eingereicht, entsteht das Prozessrechtsverhältnis (OLG Hamburg WRP 1977, 495 f.; OLG Koblenz WRP 1982, 539 f.; OLG Nürnberg WRP 1977, 596; *Teplitzky* WRP 1980, 373 (374)).
Weitere Beispiele für Schutzschriften: → Form. A.3 (zum Wettbewerbsrecht), → Form. C.22 (zum Patentrecht); ferner bei BeckPFormB/*Mes/Götz* → Form. II.N.2.

2. Die Schutzschrift ist entweder an das sachlich, örtlich und funktionell möglicherweise zuständige Gericht zu richten oder beim zentrale, länderübergreifenden elektronisches Register für Schutzschriften (Schutzschriftenregister) (§ 945a ZPO) einzureichen. Die Schutzschrift kann von jedermann eingereicht werden. Wird sie von einem Rechtsanwalt eingereicht, so ist dieser verpflichtet die Schutzschrift beim zentralen Schutzschrift Register einzureichen (§ 49c BRAO). Die Bedingungen der Einreichung sind auf der Homepage des Schutzschriftenregisters dargestellt (https://schutzschriftenregister.hessen.de). Die Schutzschrift gilt dann bei allen ordentlichen Gerichten als eingereicht. Die Gerichte müssen von dem elektronischen Zugriffsverfahren (§ 945a Abs. 3 ZPO) Gebrauch machen und die Schutzschrift bei der Entscheidung zur Gewähr des rechtlichen Gehörs (Art. 103 GG) berücksichtigen.

Richtet der mögliche Antragsgegner seine einstweilige Verfügung gegen die weitere Nutzung eines urheberrechtlich geschützten Gegenstandes, so ist der Streitwert regelmäßig höher als 5.000 EUR, so dass das LG (§§ 23, 71 GVG) zuständig ist. Grundsätzlich ist jedoch auch die Notzuständigkeit der AG zu beachten (§ 942 ZPO).

Der Antragsteller macht Unterlassungsansprüche aus § 97 UrhG, also aus unerlaubter Handlung geltend. Dafür sieht das Gesetz den Gerichtsstand des Begehungsortes vor. Für Druckerzeugnisse und viele andere Medienprodukte gilt der sogenannte fliegende Gerichtsstand gemäß § 32 ZPO, da der Begehungsort entweder eine Handlung des Rechtsverletzers (Handlungsort) oder die Rechtsverletzung (Erfolgsort) voraussetzt. Begehungsort ist auch dort, wo eine Begehung unmittelbar bevorsteht (Thomas/Putzo/*Hüßtege* ZPO § 32 Rn. 7). Damit ist jedes Gericht zuständig, in dessen Bezirk eine Rechtsverletzung stattfindet oder droht. Da der Antragsteller durch Einreichung des Antrages sein Recht der Gerichtswahl (§ 35 ZPO) ausübt, ist die Bestimmung des Gerichtes, bei dem die Schutzschrift zu hinterlegen ist, schwierig. Diese Schwierigkeiten können jedenfalls durch die Einreichung beim zentralen Schutzschriftenregister umgangen werden. Ist der Verletzter eine natürliche Person so ist für urheberrechtliche Ansprüche nur das Wohnsitzgericht zuständig (§ 104a UrhG).

3. Gemäß § 105 UrhG können die Landesregierungen durch Rechtsverordnungen Urheberrechtsstreitsachen jeweils einem LG in erster Instanz oder Berufungsinstanz für den Bezirk mehrerer LGe und einem AG für die Bezirke mehrerer AGe zuordnen. Von dieser Regelung haben bislang folgende Länder Gebrauch gemacht (GRUR 2000, 36):
Baden-Württemberg: LG Stuttgart für OLG Bezirk Stuttgart; LG Mannheim für OLG Bezirk Karlsruhe;
Bayern: Für OLG-Bezirk München: LG München I; für OLG-Bezirke Nürnberg und Bamberg: LG Nürnberg-Fürth; AG München für alle AG der Bezirke des LG München I und des LG München II; das AG am Sitz des LG für alle AG's des jeweiligen LG Bezirks;
Berlin: AG Charlottenburg für alle AG-Bezirke
Brandenburg: AG und LG Potsdam für alle Gerichtsbezirke des Landes;
Hamburg: AG Hamburg für alle AG-Bezirke;
Hessen: AG/LG Frankfurt a.M. für die LG Bezirke Darmstadt, Frankfurt a.M., Lahn-Gießen, Hanau, Limburg, Wiesbaden; AG/LG Kassel für die LG Bezirke Fulda, Kassel und Marburg;
Mecklenburg-Vorpommern: AG/LG Rostock für alle Gerichtsbezirke des Landes;

Niedersachsen: AG/LG Braunschweig für OLG Bezirk Braunschweig; AG/LG Hannover für OLG Bezirk Celle; AG/LG Oldenburg für OLG Bezirk Oldenburg;
Nordrhein-Westfalen: AG/LG Düsseldorf für OLG Bezirk Düsseldorf; AG/LG Bielefeld für LG Bezirke Bielefeld, Detmold, Münster, Paderborn AG/LG Bochum für LG Bezirk Arnsberg, Bochum, Dortmund, Essen, Hagen, Siegen; AG/LG Köln für OLG Bezirk Köln);
Rheinland-Pfalz: AG Koblenz für OLG Bezirk Koblenz; AG Frankenthal für OLG Bezirk Zweibrücken; LG Frankenthal für beide OLG Bezirke;
Sachsen: AG/LG Leipzig für OLG Bezirk Dresden;
Sachsen-Anhalt: AG/LG Halle für LG Bezirke Halle und Dessau; AG/LG Magdeburg für LG Bezirke Stendal und Magdeburg;
Schleswig-Holstein: LG Flensburg für alle Gerichtsbezirke des Landes;
Thüringen: AG/LG Erfurt für alle Gerichtsbezirke des Landes;
Bremen, Saarland und **Schleswig-Holstein** haben keine entsprechende Regelung getroffen.
Funktionell ist die Zivilkammer zuständig (§ 95 GVG).
Die internationale Zuständigkeit deutscher Gerichte ergibt sich bei der Verletzung von Urheberrechten nach dem Recht des Begehungsortes („lex locis delicti commissi", BGHZ 126, 252 (258) – Folgerecht bei Auslandsbezug) sowie nach Art. 5 Nr. 3 EuGVVO (Thomas/Putzo/*Hüßtege* EuGVVO Art. 5 Rn. 17 ff.; *Stauder* GRUR Int. 1976, 465 (510)). Im Verhältnis der Mitglieder der EU trat ab 1.3.2002 die EU-Verordnung über die gerichtliche Zuständigkeit und die Anerkennung und Vollstreckung von Entscheidungen in Zivil- und Handelssachen (VO (EU) 44/2001, ABl. L 12/1) in Kraft. Sie sieht ebenso den Gerichtsstand der unerlaubten Handlung vor, der weitestgehend der Definition des § 32 ZPO entspricht (*Geimer/Schütze* EuZivilVerfR EuZNR Art. 5 Rn. 146 mwN).
Bei den meisten LGen wurde unter den Zivilkammern eine Kammer für Urheberrechtsstreitsachen als „Urheberrechtskammer" gebildet. Es empfiehlt sich daher, die Schutzschrift an die Zivilkammern – Urheberrechtskammer – zu adressieren.

4. Die Schutzschrift sollte als solche bezeichnet werden, um die Behandlung durch das Gericht zu erleichtern.

5. Der mögliche Antragsteller ist ebenso wie der Antragsgegner im Rubrum der Schutzschrift möglichst vollständig und genau zu bezeichnen. Die betroffene Partei muss für jeden Dritten zu ermitteln sein; gegebenenfalls sind Vertretungsverhältnisse zu bezeichnen (§ 130 Nr. 1 ZPO). Die Registratur muss die Schutzschrift auf Grund dieser Angaben einem Antrag auf Erlass einer einstweiligen Verfügung zuordnen können. Gleiches gilt für die Einreichung im Schutzschriftenregister. Sie wird bei den Gerichten in das Allgemeine Register („AR") eingetragen und einem etwa später eingehenden Antrag zugeordnet. Bei den Landgerichten ist durch organisatorische Maßnahmen vorgesorgt, dass die Schutzschrift der mit der Angelegenheit befassten Kammer auch zugeleitet wird. Es ist jedoch nicht sichergestellt, dass auch eine nach Eingang eines Antrags auf Erlass einer einstweiligen Verfügung eingehende Schutzschrift noch dem Antrag zugeordnet wird. Die Gerichte sind gehalten bei Eingang eines Antrages auf Erlass einer einstweiligen Verfügung im Schutzschriftregister nach etwaigen Schutzschriften zu recherchieren (§ 945a ZPO).
Denkbar ist es im Übrigen auch, eine „offene Schutzschrift" beim Gericht durch die Partei selbst einreichen zu lassen. Kennt man den möglichen Antragsteller nicht, weil etwa keine Abmahnung eingegangen ist, befürchtet aber gleichwohl einen Angriff eines bestimmten Mitbewerbers, so kann die Schutzschrift offen, also ohne ausdrückliche Nennung eines Angreifers, hinterlegt werden. In diesen Fällen sollte jedoch der mögliche Angreifer soweit wie möglich individualisiert werden; es könne formuliert werden:

4. Schutzschrift   G. 4

„..... ein Verlagsunternehmen, das Berg- und Wanderführer im weitesten Sinne vervielfältigt und verbreitet ......". In diesen Fällen ist natürlich nicht sichergestellt, dass die Schutzschrift einem tatsächlich eingehenden Antrag zugeordnet wird.
Eine solche Einreichung ist beim Schutzschriftenregister nicht möglich.

6. Die Angabe des mutmaßlichen Verfahrensbevollmächtigten des Antragstellers ist kein notwendiger Bestandteil einer Schutzschrift. Sie kann zur Klarstellung in Zweifelsfragen behilflich sein. Regelmäßig handelt es sich dabei um den Rechtsanwalt, der die Abmahnung übermittelte.

7. Für die Einreichung einer Schutzschrift bedarf es auch vor dem LG nicht eines Rechtsanwalts (§§ 78 Abs. 3, 920 Abs. 3 ZPO analog; Zöller/*Vollkommer* ZPO § 937 Rn. 4 mwN).
Eine trotz Schutzschrift ergangene einstweilige Verfügung ist im Parteibetrieb zuzustellen (§§ 922 Abs. 2, 191 ZPO). Sie hat an den Prozessbevollmächtigten zu erfolgen (§ 172 ZPO). Das kann auch der Verfahrensbevollmächtigte sein, der eine Schutzschrift eingereicht hat, wenn die einstweilige Verfügung ohne mündliche Verhandlung ergeht und dieser im Rubrum genannt ist (OLG Karlsruhe WRP 1986, 166 (167); OLG Karlsruhe WRP 1987, 45 f.; OLG Köln MD 2000, 994; OLG Stuttgart WRP 1994, 57 (59); *Köhler/Bornkamm/Feddersen* UWG § 12 Rn. 3.62; *Teplitzky* Wettbewerbsrechtliche Ansprüche, 11. Aufl. 2016, Kap. 55 Rn. 43; *Schütze* BB 1978, 589; aA OLG Hamburg GRUR 1981, 90 – Telerent).
Ist der mit der Schutzschrift befasste Anwalt dem Antragsteller bekannt geworden und hat er sich in der Schutzschrift „unmissverständlich und eindeutig" als Prozessbevollmächtigter bezeichnet, so ist die Zustellung der einstweiligen Verfügung an ihn zu bewirken (OLG Düsseldorf GRUR 1984, 79 – Vollziehungszustellung bei Schutzschriften; OLG Hamburg GRUR 1987, 66 – Vollziehungsadressat; OLG Frankfurt 1988, 80 (Ls.)). Nicht hingegen, wenn er dem Antragsteller nicht bekannt wurde (*Teplitzky* Wettbewerbsrechtliche Ansprüche, 11. Aufl. 2016, Kap. 55 Rn. 43; *Köhler/Bornkamm/Feddersen* UWG § 12 Rn. 3.63; OLG Hamburg GRUR 1987, 66 – Vollziehungsadressat; OLG Stuttgart WRP 1996, 60 (61); OLG Düsseldorf WRP 1982, 531 f.; OLG Düsseldorf GRUR 1984, 79 (81) – Vollziehungszustellung bei Schutzschriften; Zöller/*Vollkommer* ZPO § 929 Rn. 12). Regelmäßig muss das Gericht dem Antragsteller die einstweilige Verfügung mit der Schutzschrift zustellen (BGH NJW 1988, 2049), so dass der Antragsteller dadurch Kenntnis von dem mit der Schutzschrift befassten Rechtsanwalt und Zustellungsadressaten erlangt.
Da vieles streitig ist, sollte der Antragsteller die einstweilige Verfügung sowohl dem in der Schutzschrift bezeichneten Rechtsanwalt (oder aus anderen Umständen bekannt gewordenen Rechtsanwalt) als auch der Partei selbst fristwahrend (§ 929 ZPO) zustellen (*Deutsch* GRUR 1990, 327 (330)).

8. Es bedarf nicht der Vorlage einer Vollmacht, da die Bevollmächtigung des Rechtsanwalts nur auf Rüge des Gegners geprüft wird (§ 88 ZPO); andere Vertreter müssen jedoch ihre Vollmacht durch eine Urkunde nachweisen (§ 80 ZPO).

9. Einer Antragstellung zum Kostenausspruch der Entscheidung bedarf es nicht, da das Gericht für den Fall des Erlasses der einstweiligen Verfügung gemäß § 308 Abs. 2 ZPO über die Verpflichtung zur Tragung der Prozesskosten zu entscheiden hat (§ 91 ZPO) und für den Fall der Rücknahme sich die Kostentragungspflicht aus der analogen Anwendung von § 269 Abs. 3 S. 2 ZPO ergibt (OLG Hamburg WRP 1977, 495 ff.; OLG Köln NJW 1973, 2071; OLG Stuttgart WRP 1979, 818; OLG Frankfurt WRP 1982, 334; OLG München WRP 1983, 358; OLG Karlsruhe WRP 1986, 352; OLG Düsseldorf WRP 1981, 652; KG GRUR 1985, 325 – Kosten bei Antragsrücknahme mwN; aA OLG

Düsseldorf WRP 1980, 561 f.; OLG Düsseldorf WRP 1986, 331 f.; OLG Düsseldorf GRUR 1988, 404 – Kosten der Schutzschrift; *Borck* WRP 1978, 262 ff.). Da das Gericht, das mit einem Antrag auf Erlass einer einstweiligen Verfügung befasst war, die Rücknahme des Antrages dem Antragsgegner nicht von Amts wegen mitteilen muss, empfiehlt es sich, nach einer gewissen Frist bei den in Frage kommenden Gerichten nachzufragen. Diese sind nach vorherrschender Meinung zur Auskunft verpflichtet. Dann kann der Antragsgegner Kostenantrag stellen. Wird der Antrag auf Erlass einer einstweiligen Verfügung zurückgewiesen oder der Antrag zurückgenommen, so zeigt sich im Nachhinein, dass die Schutzschrift zur zweckentsprechenden Rechtsverfolgung notwendig war.

10. Durch die Einreichung der Schutzschrift selbst wird kein Prozessrechtsverhältnis begründet, erst durch Eingang des Antrags auf Erlass einer einstweiligen Verfügung. Es entspricht der hM (Art. 103 GG), einem bereits in der Schutzschrift gestellten Zurückweisungsantrag einschließlich des dazugehörigen Sachverhaltsvortrages und der Glaubhaftmachungsmittel bei der Entscheidung über den Erlass der einstweiligen Verfügung oder der Terminierung zu berücksichtigen (KG GRUR 1985, 325 – Kosten bei Antragsrücknahme; Wandtke/Bullinger/*Kefferpütz* UrhG vor §§ 97 ff. Rn. 9; *Teplitzky* Wettbewerbsrechtliche Ansprüche, 11. Aufl. 2016, Kap. 55 Rn. 52 mwN).

11. Entscheidet das Gericht nicht ohne mündliche Verhandlung, so erfolgt eine Ladung sowie Terminsbestimmung (§§ 214 ff. ZPO). Mit der Ladung ist dem Antragsgegner der Antrag auf Erlass der einstweiligen Verfügung nebst Abschriften der Glaubhaftmachungsmittel zuzustellen (§§ 253 Abs. 1, 270 ff. ZPO). Voraussetzung ist ein besonderer Antrag (§ 226 ZPO). Beim einstweiligen Verfügungsverfahren handelt es sich um ein beschleunigtes Erkenntnisverfahren, bei dem der besondere Eilcharakter auch durch die Kürzung der Ladungsfristen zum Ausdruck kommen kann (§§ 217, 226 ZPO). Sofern der Antragsgegner auch an einer schnellen Klärung der Rechtsfrage interessiert ist, sollte er seine Zustimmung zur Verkürzung der Ladungsfristen hier erklären. Gelegentlich hat der mit der Schutzschrift befasste Rechtsanwalt seinen Kanzleisitz nicht am Gerichtsort. Dann sollte in der Schutzschrift um angemessene Berücksichtigung bei der Bestimmung der Ladungsfristen gebeten werden. Ggf. ist ein Fristverlängerungsantrag (§§ 224 f. ZPO) oder ein Vertagungsantrag (§ 227 Abs. 1 Nr. 2 ZPO) zu stellen.

Zum Termin zur mündlichen Verhandlung werden die Parteien förmlich geladen (§ 214 ZPO). Der Ladung des Antragstellers wird durch das Gericht regelmäßig eine Abschrift der Schutzschrift zur Gewährung rechtlichen Gehörs (Art. 103 GG) beigefügt.

12. Das Gericht kann zur Wahrung der Schuldnerbelange die Vollziehung der einstweiligen Verfügung von einer bestimmten Sicherheitsleistung durch den Gläubiger abhängig machen. Es ist sinnvoll eine Untergrenze der Sicherheit zu benennen, da nur der Abgemahnte den bei ihm möglicherweise entstehenden Schaden beziffern kann; das Gericht hat ohne Vortrag dazu kein Kenntnis (OLG München GRUR 1988, 709 – Deutsche Kreditkarte; *Köhler/Bornkamm/Feddersen* UWG § 12 Rn. 3.33; *Teplitzky* Wettbewerbsrechtliche Ansprüche, 11. Aufl. 2016, Kap. 55 Rn. 4). Dieser Hilfsantrag empfiehlt sich immer dann, wenn durch eine einstweilige Verfügung ein nicht wieder gut zu machender Schaden entstehen könnte. So wenn der Unterlassungsanspruch auf die Unterlassung der Nutzung eines Fotos in einer Zeitschrift gerichtet ist, die kurz vor dem Erscheinen steht. Und der Schaden des Zeitschriftenverlages in keinem Verhältnis zum Vorteil des Fotografen aus der Verhinderung der Nutzung steht.

13. Voraussetzung für den Erlass einer einstweiligen Verfügung sind ein materiellrechtlicher Anspruch, also Verfügungsanspruch, und ein Verfügungsgrund, der die besondere Eilbedürftigkeit der Regelung begründet (§§ 936, 920, 917 ZPO). Im Rahmen einer kurzen Schilderung der streitigen Auseinandersetzung sollten beide Gesichtspunkte erläutert werden. Eine gesetzliche Vorgabe für den Inhalt einer Schutzschrift gibt es nicht.

4. Schutzschrift   G. 4

Zwar bestimmen manche Gerichte bei Vorliegen einer Schutzschrift Termin zur mündlichen Verhandlung, aber man sollte sich nicht darauf verlassen. Auch wenn im Einzelfall die Schutzschrift nur der Zeitverzögerung dient, sollten alle Tatsachen, die zur Anspruchshemmung oder Anspruchsvernichtung führen können und alle Tatsachen, die die Dringlichkeitsvermutung widerlegen, vorgetragen werden. Der Sachverhalt sollte glaubhaft gemacht werden (§§ 936, 920 Abs. 2 ZPO). Als Glaubhaftmachungsmittel sind sämtliche Beweismittel, soweit sie präsent sind, sowie die Eidesstattliche Versicherung zugelassen (§ 294 ZPO). Als weitere Glaubhaftmachungsmittel kommen die „anwaltliche Versicherung" und auch Privatgutachten der Parteien in Frage (Zöller/*Vollkommer* ZPO § 920 Rn. 10). Der Sachverhaltsvortrag und die Glaubhaftmachungsmittel sollten geeignet sein, das Gericht von der überwiegenden Wahrscheinlichkeit des Fehlens der Voraussetzungen des Verfügungsanspruchs und des Verfügungsgrundes zu überzeugen. Alle präsenten Beweismittel sind in einer etwa folgenden mündlichen Verhandlung zulässig. Werden aus taktischen Überlegungen einzelne Tatsachen nicht vorgetragen oder werden dem Antragsgegner nach Zustellung einer Abschrift des Antrags bekannt, können diese auch ohne vorherige schriftsätzliche Ankündigung noch im Termin zur mündlichen Verhandlung vorgetragen und glaubhaft gemacht werden.

14. In der Schutzschrift werden sinnvollerweise alle voraussichtlichen Einwendungen und Einreden gegen den mutmaßlichen materiellen Unterlassungsanspruch dargelegt und glaubhaft gemacht. Häufig ist nicht klar, ob der Antragsteller tatsächlich selbst Urheber (§ 7 UrhG) oder der Inhaber eines ausschließlichen Rechts ist. Die Aktivlegitimation ist daher zu bestreiten. Hierzu zählt ggf. auch das Bestreiten der Voraussetzungen der Urhebervermutung gemäß § 10 UrhG.

Weiterhin kann Anlass dazu bestehen, die Voraussetzungen des Urheberrechtsschutzes gemäß § 2 Abs. 2 UrhG bzgl. Werke oder die Voraussetzungen der Leistungsschutzrechte (§§ 72 ff. UrhG) zu bestreiten. Häufiger Einwand gegen den Urheberrechtsschutz ist die Behauptung, ein Erzeugnis sei das Ergebnis einer rein handwerklichen Leistung, die jedermann mit durchschnittlichen Fähigkeiten ebenso zustande bringen könne (BGHZ 94, 276 (287) – Inkassoprogramm).

Schließlich kann der Antragsgegner damit argumentieren, dass der streitige Sachverhalt die Voraussetzung für eine Schranke des Urheberrechts erfüllt und mithin schon kein Eingriff vorliegt (§§ 45 ff. UrhG).

Zu weiteren Einwendungen vgl.: Schricker/Loewenheim/*Wild* Urheberrecht, 4. Aufl. 2010, § 97 Rn. 196.

15. Unerörtert bleibt in der vorliegenden Schutzschrift das dem Fotografen erwachsende Leistungsschutzrecht am Lichtbild (§ 72 UrhG). Dieses setzt keine persönlichgeistige Schöpfung im Sinne von § 2 Abs. 2 UrhG voraus. Es genügt die Erstellung einer originären Fotografie, die ein Mindestmaß an persönlich-geistiger Leistung aufweist. Diese kann in der handwerklichen Fertigkeit bei der Bedienung komplizierter Apparate oder in der Wahl des Blickwinkels oder Motivs usw. liegen (BGH GRUR 1993, 34 (35) – Bedienungsanweisung; BGH GRUR 1990, 669 (673) – Bibel-Reproduktion; Schricker/Loewenheim/*Vogel* Urheberrecht, 4. Aufl. 2010, § 72 Rn. 22; *Dreier/Schulze* UrhG § 72 Rn. 9). Abgesehen von der Schutzdauer (§ 72 Abs. 3 UrhG) entspricht der Schutz des Lichtbildes demjenigen eines Lichtbildwerkes (Schricker/Loewenheim/*Vogel* Urheberrecht, 4. Aufl. 2010, § 72 Rn. 24 f.; *Dreier/Schulze* UrhG § 72 Rn. 13 ff.); er könnte wegen der Erfüllung der diesbezüglichen Voraussetzungen im Hinblick auf die Fotografienübernahme vorliegen. Dieser Gesichtspunkt wird bei der Beratung häufig übersehen.

16. Voraussetzung für den Erlass einer einstweiligen Verfügung ist das Vorliegen eines Verfügungsgrundes, also die besondere Eilbedürftigkeit einer Entscheidung (§§ 936, 917 ZPO). Eine Vermutung der Dringlichkeit (§ 12 Abs. 2 UWG) gibt es für den Bereich des

Urheberrechts nicht (OLG Hamm GRUR 1981, 130 (131) – Preislisten-Druckvorlage). Ein Teil der Rechtsprechung (OLG Karlsruhe NJW-RR 1975, 176) wendet § 12 Abs. 2 UWG analog an, während der überwiegende Teil dies ablehnt (OLG Köln GRUR 2000, 417 – Elektronischer Pressespiegel; KG GRUR 1996, 974 – OEM Software). Im Interesse eines effektiven Rechtsschutzes der Urheberberechtigten. ist es aber nicht einzusehen, dass derjenige, der den Schutz einer urheberrechtlich geschützten Leistung begehrt, im Hinblick auf die Schnelligkeit der Durchsetzung eines effektiven Rechtsschutzes schlechter gestellt ist als derjenige, der den Schutz unter dem Gesichtspunkt des Urheberrechts ebenso wie unter dem Gesichtspunkt einer wettbewerbsrechtlich geschützten Leistung begehrt. Es bleibt daher zu hoffen, dass sich die Rechtsprechung zu einer analogen Anwendung des § 12 UWG im Bereich des Urheberrechts, zumindest aber zu einem großzügigen Maßstab entschließt.

Allgemein entfällt die Dringlichkeit jedoch dann, wenn der Verletzte die Urheberrechtsverletzung trotz Kenntnis längere Zeit nicht beanstandet bzw. auf Grund sonstiger Umstände zu erkennen ist, dass es dem Verletzten mit der Beseitigung der Rechtsverletzung nicht so eilig ist. Regelmäßig betrachten die Gerichte die Dringlichkeit jedenfalls dann als widerlegt, wenn die Dringlichkeitsvermutung gemäß § 12 Abs. 2 UWG nicht mehr gegeben ist (→ Form. G.5 Anm. 27).

Kosten und Gebühren

17. Als Gegenstandswert ist der Betrag anzusetzen, den ein Gericht voraussichtlich als Streitwert eines einstweiligen Verfügungsverfahrens festgesetzt hätte. Wichtiges Indiz hierfür ist eine etwaige Gegenstandswertangabe des abmahnenden Anspruchstellers (→ Form. G.5 Anm. 13).

Entsteht durch die Einreichung eines Antrags auf Erlass einer einstweiligen Verfügung ein Prozessrechtsverhältnis, so sind die Kosten für die Erstellung der Schutzschrift notwendige Kosten der Rechtsverfolgung, ohne dass es darauf ankommt, ob die Schutzschrift vor den Antrag oder danach eingereicht worden ist (OLG Frankfurt WRP 1996, 116). Dies ist jedoch nicht der Fall, wenn der Antrag auf Erlass der einstweiligen Verfügung vor Einreichung der Schutzschrift abgewiesen oder zurückgenommen wurde (BGH WRP 2007, 786 – Kosten der Schutzschrift II). Enthält die Schutzschrift Sachvortrag erhält der Anwalt eine 1,3-fache Verfahrensgebühr gem. VV 3100 RVG; eine Ermäßigung auf die 0,8-fache Gebühr gem. VV 3101 RVG scheidet aus, wenn der Schriftsatz Tatsachen- und Rechtsausführungen und nicht nur Verfahrensanträge enthält (BGH GRUR 2008, 640 – Kosten der Schutzschrift III).

Wird eine Schutzschrift eingereicht, ohne dass ein Prozessrechtsverhältnis durch die Einreichung eines Antrags auf Erlass einer einstweiligen Verfügung entsteht, so erhält der Rechtsanwalt eine Verfahrensgebühr nach dem 0,8-fachen Satz gem. VV 3101 RVG (BGH WRP 2007, 786 – Kosten der Schutzschrift II). Die Gebühr entsteht nur einmal, auch wenn die Schutzschrift bei mehreren Gerichten eingereicht wird. Ob der Abgemahnte einen Kostenerstattungsanspruch hat, richtet sich danach, ob die Verwarnung zu Unrecht erfolgte. Materiell rechtliche Erstattungsansprüche können wegen eines Eingriffs in den eingerichteten und ausgeübten Gewerbebetrieb, §§ 823, 826 BGB bestehen (BGH GRUR 2004, 958 – Verwarnung aus Kennzeichenrecht; *Teplitzky* Wettbewerbsrechtliche Ansprüche, 11. Aufl. 2016, Kap. 41 Rn. 75 ff.).

Nimmt der Antragsteller seinen Antrag zurück, kann der Antragsgegner seine Kosten auf prozessualer Grundlage erstattet verlangen. Hierzu ist in entsprechender Anwendung des § 269 Abs. 3 ZPO eine Kostengrundentscheidung zu beantragen (BGH GRUR 1995, 169 (170); OLG München WRP 1983, 358). Wird der Antrag ohne mündliche Verhandlung zurückgewiesen, so hat das Gericht eine Kostengrundentscheidung zum Nachteil des Antragstellers zu erlassen.

Voraussetzung für die Erstattung der Kosten der Schutzschrift ist, dass die Schutzschrift vor Zurückweisung oder Rücknahme des Verfügungsantrages eingegangen ist. Eine Verwertung der Schutzschrift und/oder die Erheblichkeit der Ausführungen ist nicht Voraussetzung (OLG Hamburg MDR 1978, 151; OLG Stuttgart WRP 1979, 818 f.); Ein Abwehrschreiben steht einer Schutzschrift kostenrechtlich nicht gleich (BGH GRUR 2008, 639 – Kosten eines Abwehrschreibens).

Zu erstatten sind die notwendigen Kosten des Antragsgegners (§ 91 ZPO). Die Kosten der Einreichung einer Schutzschrift sind regelmäßig notwendige Kosten. Zu diesen Kosten zählen insbesondere die „prozessbegleitenden Rechtsanwaltskosten" (Zöller/*Herget* ZPO §§ 103, 104 Rn. 21 „außergerichtliche Anwaltskosten").

5. Antrag auf Erlass einer einstweiligen Verfügung

Landgericht ......[1, 2, 3]

Zivilkammer

                              Antrag

          auf Erlass einer einstweiligen Verfügung

In dem Verfahren

des Herrn B. B.,

Bergfotograf und Bergjournalist, ...

                                                – Antragsteller –[4]

Verfahrensbevollmächtigter:[5] Rechtsanwalt ......

                                gegen

1. Firma A. Verlag GmbH
   gesetzlich vertreten durch den Geschäftsführer M. M.,
   ......[6]

                                            – Antragsgegnerin zu 1) –

2. Herr M. M.,
   zu laden über die Antragsgegnerin zu 1)

                                            – Antragsgegner zu 2) –

3. Herr C. C.
   ......

                                            – Antragsgegner zu 3) –

Verfahrensbevollmächtigter:[7] Rechtsanwalt ......

wegen Urheberrechtsverletzung

bestelle ich mich für den Antragsteller und

beantrage

den Erlass einer einstweiligen Verfügung, wegen besonderer Dringlichkeit ohne mündliche Verhandlung durch den Herrn Vorsitzenden allein,[8] für deren Tenorierung ich gemäß §§ 938 ff. ZPO folgenden Vorschlag[9] unterbreite:

I. Den Antragsgegnern wird es bei Meidung eines Ordnungsgeldes bis zu 250.000 EUR, ersatzweise für den Fall, dass dieses nicht beigetrieben werden kann, Ordnungshaft, oder Ordnungshaft bis zu 6 Monaten, die Ordnungshaft bei der Antragsgegnerin zu 1) zu vollziehen an deren Geschäftsführer, gemäß § 890 ZPO verboten,[10]
die Lichtbildwerke des Antragstellers, die die südlich des Blomberg liegende Alpenkette unter dem winterlichen Nebel bei Sonnenuntergang zeigen, gemäß Anlage ASt. 8
und/oder
die Routenbeschreibung „Vom Blomberg nach Wackersberg" des Antragstellers gemäß Anlage ASt. 8
ohne Zustimmung des Antragstellers zu vervielfältigen und zu verbreiten und/oder diese Handlungen durch Dritte vornehmen zu lassen, wie geschehen auf S. 137 des von dem Antragsgegner zu 3) verfassten, bei der Antragsgegnerin zu 1) unter der ISBN 3. . . . . . verlegten Werkes „Skitouren im bayerischen Alpenvorland".[11]

II. Der Streitwert wird auf . . . . . . EUR festgesetzt.[12, 13]

Für den Fall, dass die erkennende Kammer Termin zur mündlichen Verhandlung anberaumt, beantragt der Antragsteller eine weitestgehende Abkürzung der Ladungsfristen.[14]

Begründung:

I. Sachverhalt[15]

1. Der Antragsteller[16]

Der Antragsteller ist ein bekannter und vielfach gefragter Bergfotograf und Bergjournalist. Er ist der Schöpfer der streitgegenständlichen Lichtbildwerke. Er hat für viele seiner Fotografien Auszeichnungen und Preise gewonnen.[17] Insbesondere für die von ihm angefertigten streitgegenständlichen Lichtbildwerke, die die südlich des Blombergs liegende Alpenkette unter winterlichem Nebel bei Sonnenuntergang zeigen, wurde er mit dem Fotopreis des Jahres 2016 des XX-Verbandes ausgezeichnet.
Jeweils ein Ausdruck der Fotografien wird als

Anlage ASt. 1a und ASt. 1b

vorgelegt.
Glaubhaftmachung: Eidesstattliche Versicherung des Antragstellers vom . . . . . . als
Anlage ASt. 2

2. Das Werk des Antragstellers
a) Die streitgegenständliche Fotos sind vom Antragsteller vielfach publiziert worden. Zuletzt wurden sie im Bildkalender des XY-Verlages unter gleichzeitigem Hinweis auf den Antragsteller als Fotografen am rechten unteren Rand veröffentlicht.[18]
Glaubhaftmachung: Kalenderblätter
(Vorderseite mit Fotografien) gemäß
Anlage ASt. 3a und 3b
Neben seinen fotografischen Leistungen wurde der Antragsteller häufig für seine journalistischen Routenbeschreibungen und Darstellungen ausgezeichnet. Er hat ua die Routenbeschreibung „Vom Blomberg nach Wackersberg" verfasst und diese gleichzeitig auf der Rückseite des Kalenderblattes (Anlage ASt. 3) publiziert. Die Routenbeschreibung ist mit seinem Namen am Ende gekennzeichnet.
Glaubhaftmachung: Kalenderblatt (Rückseite) mit Routenbeschreibung gemäß

5. Antrag auf Erlass einer einstweiligen Verfügung   G. 5

Anlage ASt. 4

b) Die streitgegenständliche Fotografie stellt eine weit über eine handwerkliche Durchschnittsleistung hinausgehende Leistung dar. Sie zeichnet sich insbesondere durch die Auswahl des Zeitpunktes der Aufnahme und durch das darin festgehaltene Motiv der im Nebel versinkenden Alpengipfelkette südlich des Blombergs aus, sowie durch die geschickte Wahl des Standortes, des Vordergrundes, der Beleuchtung, der Belichtungszeiten und des Tiefenschärfenbereichs.[19]

Dass es sich dabei um eine über das Handwerkliche hinausgehende Leistung handelt, zeigt sich auch anhand der vergleichbaren Aufnahmen,[20] die als weitere

Anlage ASt. 5

zur Glaubhaftmachung vorgelegt werden.

Die besonders eingängige Sprache der Routenbeschreibung „Vom Blomberg nach Wackersberg" des Antragstellers ergibt sich aus dem Vergleich dieser Routenbeschreibung mit den weiteren als

Anlage ASt. 6

übergebenen Routenbeschreibungen, die die gleichen Wanderwege betreffen.

Diese Routenbeschreibung verdeutlicht die präzise Sprache, die einprägsame Wortwahl und die detailgenaue beschreibende Darstellungsweise des Antragstellers.

Der Vergleich vermittelt zum einen den Umfang des Gestaltungsspielraumes[21] des Antragstellers und unterstreicht zum anderen das Überragen gegenüber den rein handwerklichen Darstellungsweisen anderer Routenbeschreibungen.

3. Die Antragsgegner[22]

Die Antragsgegnerin zu 1) betreibt ein Verlagsgeschäft. Der Antragsgegner zu 2) ist deren alleiniger Geschäftsführer. Der Antragsgegner zu 3) ist der Verfasser der streitgegenständlichen Publikation.

Im Rahmen des Verlagsgeschäftes vervielfältigen und verbreiten sie das Verlagsobjekt „Skitouren im bayerischen Alpenvorland", (ISBN 3 . . . . . .).

Glaubhaftmachung: Originalexemplar für das Gericht[23]

Anlage ASt. 7

4. Streitstoff

Auf S. 137 dieser Publikation vervielfältigen und verbreiteten die Antragsgegner die vom Antragsteller angefertigten Fotografien (ASt. 1a und 1b) sowie die ebenso vom Antragsteller verfasste Routenbeschreibung (ASt. 5).

Glaubhaftmachung: Kopie der S. 137

Anlage ASt. 8

Die Übernahme der Fotografie ergibt sich nicht nur aus dem Vergleich der Ausdrucke der Originaldateien und des Kalenderblattes mit den von den Antragsgegnern verwendeten Abbildungen, sondern insbesondere durch das Aufscheinen der dort jeweils durch einen Kreis gekennzeichneten besonderen Merkmale der Aufnahmen. Die Identität auf Grund der übereinstimmenden Merkmale wurde auch im Privatgutachten[24]

Anlage ASt. 9

festgestellt.

Ein einfacher Vergleich ergibt die Identität der Texte.

Der Antragsteller hat zu keinem Zeitpunkt der Vervielfältigung und Verbreitung des Fotos und der Routenbeschreibung zugestimmt.

5. Klageveranlassung

Unverzüglich nach Kenntnis von der Rechtsverletzung ließ der Antragsteller mit Anwaltsschreiben vom . . . . . .[25]

Anlage ASt. 10,
das dem Antragsgegner zu 1) am (Datum), dem Antragsgegner zu 2) am ...... sowie dem Antragsgegner zu 3) am ...... zugegangen ist, abmahnen. Eine Recherche auf der Homepage der Post (www.deutschepost.de) unter „Sendung verfolgen" hat ergeben, dass die Schreiben durch den Zustelldienst der Post an den genannten Daten in die Hausbriefkästen der Empfänger eingeworfen wurden.[26]

Glaubhaftmachung: Bildschirmausdruck der Homepage der Post
Anlage ASt. 11

Die Antragsgegner fuhren indes mit der unberechtigten Vervielfältigung und Verbreitung der beiden streitgegenständlichen Werke des Antragstellers fort.
Der Antragsteller hat ein Exemplar beim Verlag der Antragsgegnerin zu 1) am ...... telefonisch bestellt. Es wurde, wie die Rechnung vom ......

Anlage ASt. 12

zeigt, ohne weiteres ausgeliefert.

II. Rechtslage

1. Verfügungsanspruch

Der Antragsteller kann von den Antragsgegnern Unterlassung der weiteren Vervielfältigung und Verbreitung der Fotografien und der Routenbeschreibung gemäß ASt. 9 verlangen (§§ 96, 97, 15 ff. UrhG).

a) Die vom Antragsteller vorgelegten Fotografien sind Lichtbildwerke gemäß § 2 Abs. 1 Nr. 5, Abs. 2 UrhG.
Wie der Vergleich mit den weiteren vom Antragsteller vorgelegten Lichtbildern deutlich macht, handelt es sich bei den Lichtbildern um eine über das Können eines durchschnittlichen Landschaftsfotografen hinausgehende Leistung.
Dem Antragsteller ist es gelungen, eine besondere Situation und Anmutung sowie eine besondere Stimmung nicht nur abzuwarten, sondern auch zu fotografieren. Die besondere Wahl seines Standpunktes macht den Bildausschnitt sowie den Vordergrund und Hintergrund der Bilder, die gewählte Schärfentiefe und Beleuchtung der Umgebung sein künstlerisches Empfinden nachvollziehbar. Dies wird durch die von dem Antragsteller mit den zum Antrag eingereichten Aufnahmen verdeutlicht. Die Zuerkennung des Fotopreises des Jahres 2016 des XX-Verbandes bestätigt dies im Übrigen.

b) Auch die Beschreibung der Route „Vom Blomberg nach Wackersberg" genügt als Sprachwerk (§ 2 Abs. 1 Nr. 1 UrhG) den Anforderungen an eine persönlich geistige Schöpfung (§ 2 Abs. 2 UrhG). Sie ist damit urheberrechtlich geschützt.
Der Antragsteller hat mit Hilfe seiner äußerst präzisen und eingängigen Wortwahl einen mehrstündigen Weg in komprimierter Form so beschrieben, dass auch der Leser sich diesen Weg vorstellen kann, der den Weg selbst nicht gegangen ist. Die weiteren vom Antragsteller präsentierten Routenbeschreibungen machen zudem deutlich, dass es sich hier um eine Leistung handelt, die das Können eines durchschnittlichen Bergjournalisten übersteigt.

c) Der Antragsteller hat durch die Vorlage der Kalenderfotos (ASt. 3) sowie durch Vorlage der Rückseite des Kalenderausschnittes (ASt. 4) die Vermutung der Urheberschaft für sich in Anspruch genommen (§ 10 UrhG); bei allen Vervielfältigungsstücken ist er an üblicher Stelle als Urheber bezeichnet.

d) Die Antragsgegner haben ausweislich der vorgelegten Publikation (S. 137 der Anlage ASt. 7 und Ast. 8) sowohl die Lichtbildwerke als auch das Sprachwerk vervielfältigt und verbreitet. Die identische Übernahme ergibt sich durch einen Vergleich des Kalenderblattes (ASt. 3 und ASt. 4) des Antragstellers mit der Publikation der Antragsgegner. Die Feststellungen des Sachverständigen (ASt. 9) können von der erkennenden Kammer ohne weiteres nachvollzogen werden. Der Antragsgegner zu 3)

5. Antrag auf Erlass einer einstweiligen Verfügung G. 5

hat das streitige Werk verfasst. Alle Antragsgegner sind daher als Täter auf Unterlassung in Anspruch zu nehmen.

e) Die Antragsgegnerin zu 1) ist als Verlegerin der verletzenden Publikation passivlegitimiert; der Antragsgegner zu 2) als deren Geschäftsführer und schließlich der Antragsgegner zu 3) als Urheber des verletzenden Verlagsobjekts.

f) Die Wiederholungsgefahr wird durch die Verletzung indiziert.[27]

2. Verfügungsgrund[28]

Die Antragsgegner haben die weitere Vervielfältigung und Verbreitung trotz anwaltlicher Aufforderung zur Unterlassung fortgesetzt. Dies ergibt sich zum einen aus der reaktionslos gebliebenen Abmahnung und zum anderen daraus, dass auch nach Zugang der Abmahnung ein weiteres Exemplar bezogen werden konnte (ASt. 11). Damit ist auch ein Verfügungsgrund zu bejahen.

3. Zuständigkeit

Das angerufene Gericht ist zuständig, da ausweislich der Lieferung auch im Gerichtsbereich die unerlaubte Handlung weiterhin begangen wurde (§ 32 ZPO, § 105 UrhG).

Rechtsanwalt[29, 30]

Anmerkungen

1. Der vorliegende Sachverhalt einer Urheberrechtsverletzung durch die Übernahme fremder Abbildungen und eines fremden Textes ist einfach gelagert. Bei solchen Fällen wird eine endgültige Klärung der Angelegenheit häufig durch das einstweilige Verfügungsverfahren zu erreichen sein. Handelt es sich um schwierige Sachverhalte und Rechtsfragen, wie beispielsweise im Bereich der Softwarepiraterie, so sollte der Erfolg, der mit einem sofortigen Unterlassungsgebot eines Gerichtes verbunden ist, mit den Risiken der Schadensersatzhaftung gemäß § 945 Abs. 2 ZPO für den Fall der endgültigen Aufhebung einer einstweiligen Verfügung abgewogen werden (→ Form. C.20, → Form. C.21 zum Patentrecht).

Ggf. ist darüber hinaus zu prüfen, ob die Unterlassungsverfügung mit einer einstweiligen Verfügung auf Drittauskunft (→ Form. G.10) und/oder Sequestration (→ Form. G.11) verbunden werden soll.

Weitere Beispiele für einstweilige Verfügungen: → Form. A.4 (zum Wettbewerbsrecht).

2. Die sachliche Zuständigkeit des Landgerichts ergibt sich daraus, dass der Streitwert für urheberrechtliche Unterlassungsansprüche in den meisten Fällen 5.000 EUR übersteigt (§§ 23, 71 GVG). Urheberrechtliche Streitigkeiten sind grundsätzlich keine Streitigkeiten, die in den Zuständigkeitsbereich der Kammern für Handelssachen fallen, funktional ist die Zivilkammer zuständig (§§ 94 f. ZPO). Soweit ersichtlich, sind an den meisten Gerichten darüber hinaus auf Grund des Gerichtsverteilungsplanes eine oder mehrere Kammern mit der Erledigung urheberrechtlicher Streitigkeiten als besondere „Urheberrechtskammer" befasst.

3. Zur Bestimmung des örtlich zuständigen Gerichts gemäß §§ 104a, 105 UrhG → Form. G.4 Anm. 3. Örtlich zuständig für den Erlass einer einstweiligen Verfügung ist das Gericht der Hauptsache (§§ 937, 802 ZPO). Die Hauptsache beurteilt sich aus der Sicht des Antragstellers. Für Verfahren gegen eine natürliche Person ist das Wohnsitzgericht und sofern kein Wohnsitz begründet wurde, das Gericht des Aufenthaltsortes und, sofern der Beklagte seinen gewöhnlichen Aufenthalt nicht in der Bundesrepublik Deutschland hat, das Gericht der unerlaubten Handlung ausschließlich zuständig (vgl. § 104a UrhG). Im Übrigen gilt: Da der Verstoß gegen Urheberrechte eine unerlaubte Handlung im Sinne von § 32 ZPO ist (BGH GRUR 1980, 227 (230 f.) – Monumenta Germaniae Historica; OLG München GRUR 1990, 677 – Postervertrieb; *Möhring/Nicolini/Reber* UrhG, 3. Aufl. 2014, § 105 Rn. 5; *Dreier/Schulze* UrhG § 105 Rn. 9; Loewenheim UrhR-HdB/*Rojahn* § 92 Rn. 14), ist neben dem allgemeinen Gerichtsstand jedes Gericht zuständig, in dessen Bezirk ein Teil der Handlung begangen wurde oder ernsthaft droht (Wandtke/Bullinger/*Kefferpütz* UrhG § 105 Rn. 16) oder der Erfolg der Handlung eingetreten ist. Es gilt der fliegende Gerichtsstand der Presse. Bei Vervielfältigungsstücken wie Druckschriften ist dies regelmäßig der Ort der Herstellung, der Erscheinungsort, aber auch der Ort der bestimmungsgemäßen und nicht rein zufälligen Verbreitung des Vervielfältigungsstücks (BGH GRUR 1980, 227 – Monumenta Germaniae Historica; Zöller/*Vollkommer* ZPO § 32 Rn. 17; *Köhler/Bornkamm/Feddersen* UWG § 14 Rn. 1). Gerichtsort ist demgemäß auch dort, wo eine Rundfunksendung empfangbar ist oder eine Homepage im Internet abgerufen werden kann (*Dreier/Schulze* UrhG § 105 Rn. 9). Kein Gerichtsort iSd § 32 ZPO ist der Wohnsitz des Verletzten, an dem die Einwilligung einzuholen gewesen wäre (Schricker/Loewenheim/*Wild* Urheberrecht, 4. Aufl. 2010, § 105 Rn. 18; BLAH/*Hartmann* ZPO § 32 Rn. 13). Der Gerichtsstand kann durch eine Bestellung eines Vervielfältigungsstücks als Festbestellung begründet werden (KG WRP 1992 34; *Ohly/Sosnitza* UWG § 14 Rn. 11; aA OLG Hamburg GRUR 1987, 569). Eine unbeachtliche Provokationsbestellung wird dann angenommen, wenn eine Lieferung außerhalb des regelmäßigen Absatzgebietes auf die direkte Bestellung hin erfolgt (OLG München GRUR 1990, 677 – Postervertrieb).

Bestehen im Einzelfall neben den Ansprüchen aus unerlaubter Handlung auch vertragliche Ansprüche, so können diese auch gemäß § 32 ZPO beim zuständigen Gericht geltend gemacht werden (BayObLG NJW-RR 1996, 508; *Dreier/Schulze* UrhG § 105 Rn. 11; Zöller/*Vollkommer* ZPO § 12 Rn. 21, § 32 Rn. 20; aA Musielak/Voit/*Heinrich* ZPO, 10. Aufl. 2013, § 32 Rn. 10 f.).

Die Wahl des Gerichtsortes steht dem Antragsteller zu (§ 35 ZPO). Der Antragsgegner kann die Wahl des Antragstellers nicht durch die rasche Erhebung einer negativen Feststellungsklage zunichtemachen, da die vom Antragsteller zu erhebende Leistungsklage bei der Bestimmung des Gerichts der Hauptsache der negativen Feststellungsklage vorgeht (BGH GRUR 1994, 846 – Parallelverfahren II; OLG Hamburg ZUM 1999, 853; aA OLG Frankfurt GRUR 1997, 885 – Korrektur des Gerichtsstandes).

4. Der Antragsteller ist in dem Gesuch genau zu bezeichnen (§§ 940, 935, 920, 130 ZPO). Die allgemeinen Voraussetzungen der Partei- und Prozessfähigkeit (§§ 50 ff. ZPO) müssen vorliegen.

5. Für den Antrag auf Erlass einer einstweiligen Verfügung besteht kein Anwaltszwang (§§ 78 Abs. 3, 935, 940, 936, 920 ZPO). Legt der Antragsgegner Widerspruch gegen eine erlassene einstweilige Verfügung ein, so muss sich in der mündlichen Verhandlung (§ 925 ZPO) der Antragsteller durch einen Rechtsanwalt vertreten lassen (§ 78 ZPO, Loewenheim UrhR-HdB/*Rojahn* § 92 Rn. 30).

6. Gemäß §§ 935, 936, 920 ZPO ist der Schuldner im Gesuch zu bezeichnen. Dazu genügen Umschreibungen der Identität, wenn der Gläubiger den tatsächlichen Namen des Schuldners nicht zumutbar ermitteln kann (BLAH/*Hartmann* ZPO § 920 Rn. 5, § 253 Rn. 22 ff. mwN; Zöller/*Vollkommer* ZPO § 935 Rn. 4, vor § 50 Rn. 6 f.).

7. Hat sich auf Grund des außergerichtlichen Schriftwechsels ein Anwalt als Prozess- oder Zustellungsbevollmächtigter eines oder aller Antragsgegner bestellt (Zöller/*Stöber* ZPO § 176 Rn. 6), so ist er als Parteivertreter zu bezeichnen. In diesem Fall können Zustellungen nur noch an ihn bewirkt werden (§ 176 ZPO) (BLAH/*Hartmann* ZPO § 172 Rn. 1; OLG Celle GRUR 1989, 541 – Vollziehung bei Urteilsverfügung; OLG Hamburg NJW-RR 1995, 445; OLG Hamm GRUR 1992, 887 – Auswärtiger Anwalt).

5. Antrag auf Erlass einer einstweiligen Verfügung   G. 5

Dies gilt auch für die Zustellung der einstweiligen Verfügung zu deren Vollziehung gemäß § 929 ZPO (OLG Köln GRUR-RR, 2001, 71; BLAH/*Hartmann* ZPO § 929 Rn. 18; Zöller/*Vollkommer* ZPO § 929 Rn. 13). Bei Zweifeln über die ordnungsgemäße Bestellung eines Verfahrensbevollmächtigten oder zumindest Zustellungsbevollmächtigten, sollte jedoch die Zustellung im Parteibetrieb (§§ 191 ff. ZPO) sowohl an den Antragsgegner persönlich als auch an dessen mutmaßlichen Verfahrensbevollmächtigten erfolgen, da eine Versäumung der Vollziehungsfrist stets ein nicht heilbarer Grund zur Aufhebung der einstweiligen Verfügung (§ 929 Abs. 2 ZPO, BLAH/*Hartmann* ZPO § 929 Rn. 8) ist.

8. Das Gesuch sollte ausdrücklich als Antrag auf Erlass einer einstweiligen Verfügung bezeichnet sein (BLAH/*Hartmann* ZPO § 936 Rn. 2).

Gemäß § 937 Abs. 2 ZPO ist vom Grundsatz der Notwendigkeit der mündlichen Verhandlung auszugehen. Nur in einem dringenden Fall kann das Gericht darauf verzichten. Ein solcher Fall liegt vor, wenn durch den Zeitverlust oder die Benachrichtigung des Gegners der Zweck der einstweiligen Verfügung vereitelt würde (BLAH/*Hartmann* ZPO § 937 Rn. 5; Zöller/*Vollkommer* ZPO § 937 Rn. 2; Thomas/Putzo/*Seiler* ZPO § 937 Rn. 2).

Gemäß § 944 ZPO kann in dringenden Fällen der Vorsitzende allein entscheiden. Voraussetzung ist jedoch, dass eine Entscheidung durch das Kollegialgericht das Verfahren für den Antragsteller nachteilig verzögern würde. Der Gläubiger muss die gesteigerte Dringlichkeit glaubhaft machen (*Teplitzky* GRUR 1978, 286).

9. Das Gericht bestimmt nach freiem Ermessen, welche Anordnungen zur Erreichung des Zwecks erforderlich sind (§ 938 ZPO). Es kann den Tenor selbst festlegen. Das Gericht darf mit seiner Maßnahme aber nicht über den Antrag des Gläubigers hinausgehen (§§ 308 Abs. 1, 536 ZPO). Aus diesem Grunde ist ein bestimmter Antrag erforderlich, der das erstrebte Verbot möglichst genau bezeichnet (OLG München GRUR 1994, 625 – Prägemaschine; OLG Koblenz WRP 1993, 343 (344); OLG Celle WRP 1991, 315; Zöller/*Vollkommer* ZPO § 938 Rn. 2).

10. Sinnvollerweise wird im Gesuch der Antrag auf Androhung eines Ordnungsmittels gestellt. Die Durchsetzung einer einstweiligen Verfügung durch Zwangsmittelfestsetzung, setzt die Androhung des Zwangsmittels vor Verwirklichung einer Tatbestandsvoraussetzung, die den Verstoß darstellt, voraus. Das Ordnungsmittel ist genau zu bezeichnen, und zwar nach seiner Art, also Ordnungsgeld oder Ordnungshaft (BGH NJW 1995, 3177 (3181)) und nach seinem Höchstmaß (BGH GRUR 1995, 74 – K-Feuer, Eis & Dynamit; OLG Hamm NJW-RR 1988, 960; *Teplitzky* Wettbewerbsrechtliche Ansprüche, 11. Aufl. 2016, Kap. 57 Rn. 25 mwN Fn. 25). Hat der Unterlassungsschuldner mehrere Geschäftsführer, so genügt die Androhung des Ordnungsmittels „gegen einen der Geschäftsführer" (BGH NJW 1992, 749 (750)). Die Androhung eines Ordnungsmittels ist Voraussetzung für dessen Festsetzung (BLAH/*Hartmann* ZPO § 890 Rn. 12, 32 f.). Hat man es im Einzelfall versäumt, die Androhung des Ordnungsgeldes bereits in den Antrag (§ 890 Abs. 2 ZPO) aufzunehmen, muss die Androhung als Beginn der Zwangsvollstreckung zunächst beantragt werden. Der Gläubiger hat hinsichtlich des Zeitpunktes die Wahl (BGH NJW 1996, 198 f.). Zur Beschleunigung und wirksamen Durchsetzung des Unterlassungsanspruchs sollte der Antrag zusammen mit dem Antrag auf Erlass der einstweiligen Verfügung gestellt werden.

11. Trotz der Möglichkeiten des Gerichts gemäß § 938 ZPO, auf die Formulierung des Antrags einzuwirken, ist auf die zutreffende Formulierung des bestimmten Antrags (§ 253 Abs. 2 S. 2 ZPO) besonders große Sorgfalt zu verwenden (BGH GRUR 1991, 254 – Unbestimmter Unterlassungsanspruch; BGH GRUR 1992, 310 – Taschenbuchlizenz; OLG München GRUR 1994, 625 – Prägemaschine). Zum einen muss sichergestellt werden, dass die Formulierung neben der konkreten Verletzungshandlung auch alle etwaigen Umgehungsformen erfasst (§§ 308, 536 ZPO); zum anderen darf die Formulierung nicht über den Bereich der Wiederholungs- bzw. Erstbegehungsgefahr hinausgehen, um das Risiko einer teilweisen Abweisung zu vermeiden (BGH GRUR 1999, 760 – Auslaufmodelle II). Ggf. empfiehlt es sich, einen auf die konkrete Verletzung beschränkten (unechten) Hilfsantrag zu stellen (BGH GRUR 1991, 772 – Anzeigenrubrik). Schließlich müssen die Grenzen der Rechtskraft klar umrissen und die Vollstreckungsmöglichkeiten erkennbar sein (BGH GRUR 2002, 72 – Preisgegenüberstellung im Schaufenster; BGH GRUR 1992, 561 f. – Unbestimmter Unterlassungsantrag II mwN). Hat bereits eine Verletzung stattgefunden, ist diese Gegenstand des Antrags und entweder als Beispiel durch einen „insbesondere – Satz" oder als konkrete Verletzungsform durch „. . . . .,wenn dies geschieht wie . . . . ." in den Antrag zu integrieren (BGH GRUR 2001, 446 – 1-Pfennig-Farbbild; BGH GRUR 1957, 606 (608) – Heilmittelvertrieb; BGH GRUR 1996, 57 (58 ff.) – Spielzeugautos; Schricker/Loewenheim/*Wild* Urheberrecht, 4. Aufl. 2010, § 97 Rn. 202 mwN), da das Gericht nicht über den Antrag hinausgehen darf (§ 308 ZPO).

Grundsätzlich sollte bei der Fassung des Antrages auf die konkret vorliegende Verletzungsform abgestellt werden. Droht die Verletzung erst, ist diese so genau wie möglich zu beschreiben und dabei stets zu prüfen, ob die Erstbegehungsgefahr für die umschriebene Verletzungshandlung tatsächlich besteht.

Bestehen nach Auffassung des Gerichts Bedenken gegen die Antragsfassung, muss darauf hingewiesen und Gelegenheit zur Korrektur gewährt werden (§ 139 ZPO; BGH GRUR 2002, 799 – Stadtbahnfahrzeug).

Der Antrag kann so formuliert werden, dass ein abstrakter Obersatz gebildet wird, der den wesentlichen Verletzungskern wiedergibt. Er kann zur besseren Charakterisierung in gewissen Grenzen verallgemeinert gefasst sein (BGH GRUR 1956, 606 (608) – Heilmittelvertrieb; BGH NJW 1963, 651 (654) – Fernsehwiedergabe von Sprachwerken; BGH WRP 1979, 784 f. – Hausverbot II; *Papenberg* GRUR 1976, 78; *Nirk/Kurtze* GRUR 1980, 645 (648); *Schwanhäuser* WRP 1982, 132) und durch einen Zusatz beginnend mit „insbesondere" beispielhaft verdeutlicht (BGH GRUR 2001, 446 – 1-Pfennig-Farbbild; KG GRUR 1988, 78 – insbesondere Zusatz; OLG Koblenz GRUR 1988, 555 – Neueröffnung) werden. Dabei ist der Zusatz keine Einschränkung oder Erweiterung des Obersatzes, sondern ein Handlungsbeispiel, das ohne Einfluss auf den Prozesserfolg und die Kostenentscheidung fortgelassen, ausgetauscht oder geändert werden kann (KG GRUR 1988, 78 – insbesondere Zusatz; OLG München WRP 1985, 580 ff.). Das Handlungsbeispiel sollte die konkrete Verletzungsform ohne Verallgemeinerung wiedergeben. Ist der abstrakte Obersatz zu weit gefasst, kann die Klage nur insoweit abgewiesen werden, als der Antrag über die konkrete Verletzungsform hinausgeht (BGH GRUR 1999, 760 – Auslaufmodelle II).

Wendungen, die den Verbotsumfang unscharf beschreiben oder nicht eindeutig bezeichnete ähnliche Verletzungsformen miteinbeziehen oder eine neue rechtliche Prüfung erfordern, sind unzulässig (BGH GRUR 2002, 72 – Preisgegenüberstellung im Schaufenster; BGH GRUR 2001, 453 – TCM-Zentrum; BGH WRP 2001, 1294 – Laubhefter; BGH WRP 1979, 784 f. – Hausverbot II). Allerdings sind solche Verallgemeinerungen zulässig, in denen das Charakteristische der konkreten Verletzungshandlung zum Ausdruck kommt (BGH GRUR 1994, 304 f. – Zigarettenwerbung in Jugendzeitschriften; BGH WRP 1992, 769 f. – Clementinen). Bei einem nicht eindeutigen, insbesondere einer Wertung zugänglichen Begriff, ist dessen Verwendung im Unterlassungsantrag unzulässig, wenn dieser zwischen den Parteien im Rechtsstreit gerade der Anlass zu Auseinandersetzungen gewesen ist. In diesem Fall wird das Charakteristische der konkreten Verletzungshandlung gerade nicht in einer so allgemeinen Antragsfassung ausgedrückt (BGH

5. Antrag auf Erlass einer einstweiligen Verfügung   G. 5

GRUR 1962, 310 (313) – Gründerbildnis; BGH GRUR 1992, 130 (131 ff.) – Bally/Ball; BGH NJW 2000, 2195 – Marlene Dietrich).

Zur Verdeutlichung der Verletzungshandlung sollte der verletzende Gegenstand direkt in den Antrag mit aufgenommen oder zumindest durch Bezugnahme auf eine Anlage (Abbildungen, Datenträger usw.) konkretisiert werden (BGH GRUR 2007, 871 Tz. 19 – Wagenfeld-Leuchte). Eine wertende Zusammenfassung einzelner bestimmter Tätigkeitsmerkmale stellt häufig nicht die an der konkreten Verletzungsform orientierte Antragsfassung dar (OLG Karlsruhe WRP 1985, 574 (577)). Soweit wie möglich sollte daher an der konkreten Verletzungsform festgehalten werden (BGH GRUR 2002, 75 – sooo ...... Billig!; BGH GRUR 2001, 453 – TCM-Zentrum).

Das oder die Werke, auf die sich das Unterlassungsbegehren beziehen soll, sollten im Einzelnen zu bezeichnen und zu beschreiben; die Formulierung „Werke des Antragsgegners" ist jedenfalls zu unbestimmt, da sie eine entsprechende Bewertung der Schutzfähigkeit gemäß § 2 Abs. 2 UrhG voraussetzt (OLG Hamburg ZUM 1996, 895 (897 ff.)). Jedenfalls muss die beanstandete Handlung hinreichend bestimmt sein, was auch durch die Zuordnung als Bestandteil einer Zeitung erfolgen kann (BGH GRUR1997, 459 (460) – CB-Infobank I; BGH GRUR 1997, 464 (465) – CB Infobank II).

Sprachwerke sind nach Autor, Titel und publizierendem Verlag zu bezeichnen, gegebenenfalls unter Angabe der ISB-Nummer oder ISS-Nummer. Sind nur einzelne Stellen von Sprachwerken vom Unterlassungsverlangen betroffen, sind diese nach Seite und Absatz oder in ähnlicher Weise zu konkretisieren. Softwareprodukte sind nach Titel und Softwarehersteller zu individualisieren, gegebenenfalls ergänzt um eine nähere Beschreibung der Programme oder durch eine Bezugnahme auf Programmträger und/oder Programmausdrucke (BGH GRUR 1985, 1041 – Inkasso-Programm; BGH GRUR 1991, 449 (450) – Betriebssystem; *Schulze* CuR 1989, 799 (800)).

Werke der bildenden Künste ebenso wie Werke der angewandten Kunst, Bauwerke oder Lichtbildwerke sollten regelmäßig durch die Angabe des Urhebers, ihres Titels sowie einer Beschreibung der wesentlichen Eigenheiten, gegebenenfalls unter Ergänzung einer Fotografie oder sonstiger zeichnerischer Darstellungen, konkretisiert werden. Darstellungen wissenschaftlicher und technischer Art, Karten, Pläne, Skizzen, Tabellen sowie plastische Darstellungen sollten unter Angabe des Urhebers, des Titels oder einer Bezeichnung und unter Wiedergabe einer beigefügten Ablichtung näher beschrieben werden. Filmwerke, Laufbilder und sonstige rechtsverletzende Werknutzungen können regelmäßig in ihrer jeweiligen Form näher konkretisiert werden.

Es ist für die Geschäftsstelle der befassten Kammer hilfreich, wenn die Abbildungen und sonstige den Verletzungsgegenstand individualisierende Darstellungen in mehreren Kopien dem Antrag für die späteren Ausfertigungen der einstweiligen Verfügung beigefügt werden. Um der einstweiligen Verfügung einen vollstreckbaren Inhalt zu verleihen, sind die Anlagen regelmäßig im Tenor zu erwähnen und mit der Entscheidung fest zu verbinden, es sei denn, es entstünde ein unangemessener Aufwand (BGH GRUR 2000, 228 – Musical-Gala).

12. Es bedarf keines gesonderten Kostenantrages (§ 308 Abs. 2 ZPO; BLAH/*Hartmann* ZPO § 91 Rn. 74).

13. Eine Angabe des Streitwertes dient der Bestimmung der Zuständigkeit des Landgerichts (§§ 3 ff. ZPO); daneben ist die Streitwertangabe für den Kostenwert, also als Grundlage für die Festsetzung der Gerichts- und Anwaltskosten erforderlich (§ 25 GKG, § 23 RVG; *Ulrich* GRUR 1984, 177 ff. zu UWG-Sachen).

Der Streitwert ist auf der Grundlage der § 3 ZPO, § 53 GKG zu bestimmen. Eine Bindung an die Streitwertangabe einer Partei besteht nicht (OLG Stuttgart WRP 1980, 582). Die Streitwertangabe ist jedoch ein wichtiges Indiz für die Bewertung der Interessen des Antragstellers (BGH GRUR 1977, 748 (749)), da er bei Anbringung des Antrages den Ausgang des Verfahrens nicht zuverlässig vorhersehen kann.

Maßgeblich sind die Art, die Gefährlichkeit und der Umfang der Verletzungshandlung, aber auch die Bedeutung und der Umsatz des Geschädigten. Das Gericht hat die Schädigung zu schätzen.

Ein wichtiger Anhaltspunkt für die Bewertung des Klägerinteresses ist dessen Umsatz. Der Umsatz des Verletzers ist im Rahmen des Angriffsfaktors (Schramm'sche Formel GRUR 1953, 104 ff.) zu berücksichtigen.

Der Angriffsfaktor ist die Eignung einer Wettbewerbshandlung, Umsätze von der verletzten Partei auf die verletzende hinüberzuziehen (OLG Frankfurt WRP 1976, 109). Weitere Kriterien sind die Marktstellung des Verletzers, der Abschreckungsgedanke und die Gefährlichkeit des Verstoßes (Zöller/*Herget* ZPO § 3 Rn. 16 – „Gewerblicher Rechtsschutz"; BLAH/*Hartmann* ZPO § 3 Anh. Rn. 121, Thomas/Putzo/*Hüßtege* ZPO § 3 Rn. 77).

Soweit urheberpersönlichkeitsrechtliche Fragen neben die vermögensrechtlichen Ansprüche treten, sind diese streitwerterhöhend zu berücksichtigen.

Wird durch die einstweilige Verfügung der gesamte Streit erledigt, ist der Wert des vorläufigen Verfahrens demjenigen der Hauptsache anzunähern (OLG Frankfurt WRP 1981, 221). Eine Streitwertbegünstigung (zB § 12 UWG, § 142 MarkenG) sieht das UrhG nicht vor.

Zu beachten ist, dass jedem Streitgegenstand ein gesonderter Streitwert zugeordnet wird. Wird der Antrag auf mehrere verletzte Normen – zB Urheberrecht und ergänzender wettbewerblicher Leistungsschutz – gestützt, so werden die Streitwerte im Falle der kumulativen Geltendmachung addiert. Auch im Falle des Eventualverhältnisses kann wegen der Wertehäufung eine Addition erfolgen (*Büscher* GRUR 2012, 16).

14. Gemäß § 937 Abs. 2 ZPO kann die Entscheidung über den Erlass einer einstweiligen Verfügung in dringenden Fällen ohne mündliche Verhandlung ergehen. Voraussetzung hierfür ist eine „gesteigerte Dringlichkeit", da ein „dringender" Fall bereits Voraussetzung für den Antrag auf Erlass einer einstweiligen Verfügung ist (*Teplitzky* GRUR 1978, 286; *Fritze* GRUR 1979, 290 (292)). Ob ein solcher Fall vorliegt, prüft das Gericht nach seinem pflichtgemäßen Ermessen (BLAH/*Hartmann* ZPO § 937 Rn. 5) Hat der Antragsgegner bereits eine Schutzschrift hinterlegt, wird das Gericht regelmäßig Termin zur mündlichen Verhandlung bestimmen. Für die mündliche Verhandlung gelten die allgemeinen Grundsätze der notwendigen mündlichen Verhandlung im Erkenntnisverfahren (§§ 128 ff. ZPO). Das Gericht hat beide Parteien von Amts wegen zu laden (§ 274 ZPO). Dabei ist die Ladungsfrist des § 217 ZPO einzuhalten. Die Einlassungsfrist gemäß § 274 Abs. 3 ZPO braucht jedoch nicht beachtet zu werden (BLAH/*Hartmann* ZPO § 274 Rn. 8; *Lidle* GRUR 1978, 93; Thomas/Putzo/*Reichold* ZPO § 274 Rn. 3).

Grundsätzlich ist bei der Ladung die Frist gemäß § 217 ZPO zu wahren. Auf Antrag kann die Ladungsfrist abgekürzt werden(§ 226 ZPO). Das Gericht hat über diese Entscheidung zusammen mit der Bestimmung des Termins (§ 216 ZPO) durch Verfügung des Vorsitzenden oder des Einzelrichters zu entscheiden. Dabei hat es sein pflichtgemäßes Ermessen auszuüben. Die Entscheidung ist grundsätzlich nicht zu begründen. Die Entscheidung des Gerichts wird dem Antragsteller formlos mitgeteilt (§ 329 Abs. 2 S. 1 ZPO); dem Antragsgegner wird sie von Amts wegen zugestellt (§§ 270 Abs. 1, 329 Abs. 2 ZPO).

Der stattgebende Beschluss kann grundsätzlich nur zusammen mit dem Urteil angefochten werden (§ 512 ZPO). Gegen einen ablehnenden Beschluss ist die Beschwerde (§ 567 Abs. 1 ZPO) statthaft, soweit das Landgericht nicht als Berufungs- oder Beschwerdegericht entschieden hat (§ 567 Abs. 3 S. 1 ZPO).

5. Antrag auf Erlass einer einstweiligen Verfügung G. 5

Da es im Rahmen der einstweiligen Verfügung regelmäßig um eine schnelle Klärung der Auseinandersetzung geht, empfiehlt es sich, den Antrag auf Kürzung der Ladungsfristen zu stellen.

15. Gemäß §§ 935, 936, 920, 296 ZPO hat der Antragsteller sowohl Verfügungsanspruch als auch Verfügungsgrund glaubhaft zu machen.

Die Darlegungs- und Glaubhaftmachungspflicht entspricht grundsätzlich der Darlegungs- und Beweislast des Hauptsacheverfahrens. Danach hat der Antragsteller alle Tatsachen vorzutragen und glaubhaft zu machen, die seinen Anspruch tragen (Zöller/ *Vollkommer* ZPO vor § 920 Rn. 8 f.).

Die Erforderlichkeit der Glaubhaftmachung bezieht sich sowohl auf diejenigen Tatsachen, die den Tatbestand der dem Antragsteller günstigen Norm erfüllen sowie auf jene Tatsachen, aus denen sich die besondere Dringlichkeit für den Erlass der einstweiligen Verfügung ergeben. Hierzu zählen schließlich auch die Prozessvoraussetzungen (OLG Koblenz GRUR 1979, 478 – Prozessführungsmissbrauch mwN; aA OLG Köln WRP 1969, 350 (353) mwN). Ergeben sich aus dem Vortrag des Antragstellers Hinweise dafür, dass dem Antragsgegner möglicherweise Einwendungen zustehen, so hat sich die Glaubhaftmachung auch auf die Behauptungen zu richten, aus denen sich die Einwendungsfreiheit ergibt (*Teplitzky* WRP 80, 373; Zöller/*Vollkommer* ZPO § 922 Rn. 5; Thomas/Putzo/*Seiler* ZPO vor § 916 Rn. 9).

Die Glaubhaftmachung ist eine Beweisführung, die dem Gericht einen geringeren Grad von Wahrscheinlichkeit als die durch den Beweis zu erreichende Überzeugung vermitteln soll. Dem Antragsteller stehen die üblichen Beweismittel (Zeugenbeweis, Sachverständigen, Urkunden und Augenschein) und Parteivernehmung sowie amtliche Auskünfte (§ 273 Abs. 2 Nr. 2 ZPO) für seine Glaubhaftmachung zur Verfügung. Voraussetzung ist allein, dass sie unmittelbar zur Verfügung stehen (§ 294 Abs. 2 ZPO), insbesondere muss der Antragsgegner sie selbst stellen (Musielak/Voit/*Huber* ZPO, 10. Aufl. 2013, § 921 Rn. 5a). Auch die Bezugnahme auf andere Akten des Gerichts und auf Urteile sind zulässige Mittel der Glaubhaftmachung. Schließlich kann sich der Antragsteller zur Glaubhaftmachung auf seine eigene eidesstattliche Versicherung beziehen.

Da der Antragsteller regelmäßig den Erlass einer einstweiligen Verfügung ohne mündliche Verhandlung erreichen will, ist die Zeugen- und Parteieinvernahme zur Glaubhaftmachung der den Anspruch begründenden Tatbestände ungeeignet. Im Einzelfall kann auch eine schriftliche Aussage ein Mittel der Glaubhaftmachung sein (OLG Karlsruhe GRUR 1994, 283 (285) – Eileen Gray; Zöller/*Greger* ZPO § 294 Rn. 5).

Auch die „anwaltliche Versicherung", also die Versicherung der Richtigkeit eines Sachverhaltsvortrages durch einen Rechtsanwalt unter Berufung auf seine Standespflicht, kann ein geeignetes Mittel der Glaubhaftmachung sein (OLG Koblenz GRUR 1986, 196 – anwaltliche Versicherung I; OLG Köln GRUR 1986, 196 – anwaltliche Versicherung II mwN). Das OLG Frankfurt ist darüber hinaus der Meinung, dass das Internet eine allgemein zugängliche Quelle darstellt, so dass die im Netz zu recherchierenden Information auch als Mittel der Glaubhaftmachung in Betracht kommen (OLG Frankfurt NJW-CoR 1999, 431). Weitere Mittel der Glaubhaftmachung sind denkbar und jedenfalls nicht durch § 294 ZPO ausgeschlossen.

Kann sich das erstrebte Ziel aus mehreren Normen ergeben, zB aus Urheberrecht oder ergänzenden wettbewerblichen Leistungsschutz, so liegen mehrere Streitgegenstände vor (BGH GRUR 2011, 521 Tz. 8 ff. – TÜV I; BGH GRUR 2012, 58 Tz. 14 – Seilzirkus). Der Antragsteller muss bestimmen, ob er die Streitgegenstände kumulativ oder in einem Eventualverhältnis geltend macht, wenn er nicht die Abweisung mangels bestimmten Antrages (§ 253 Abs. 2 Nr. ZPO) riskieren will.

16. Der Inhaber der Rechte ist aktivlegitimiert und kann daher Antragsteller sein.

Aktivlegitimiert ist der Urheber, der Verfasser wissenschaftlicher Ausgaben und der Lichtbildner selbst. Wurde einem Dritten eine ausschließliche Lizenz erteilt, so ist der Inhaber des ausschließlichen Nutzungsrechts neben dem Schutzrechtsinhaber berechtigt

(OLG München GRUR 1984, 524 (525) – Nachtblende), gegen Verletzungen seines ausschließlichen Nutzungsrechts vorzugehen (BGHZ 22, 209 (211) – Europapost; BGH GRUR 1960, 251 (252) – Mecki-Igel II). Voraussetzung der eigenen Aktivlegitimation des Urhebers ist jedoch, dass eigene, beim Urheber verbliebene Rechte beeinträchtigt werden (Wandtke/Bullinger/*v. Wolff* UrhG § 97 Rn. 8; *Möhring/Nicolini/Reber* UrhG, 3. Aufl. 2014, § 97 Rn. 12; aA E. *Ulmer* Urheberrecht, 3. Aufl. 1980, § 128 I 1; *Dreier/Schulze* UrhG § 97 Rn. 17).

Der Inhaber einer einfachen Lizenz ist nicht berechtigt, Urheberrechtsverletzungen Dritter aus eigenem Recht zu verfolgen (BGH GRUR 1965, 591 (595) – Wellplatten; Schricker/Loewenheim/*Schricker/Loewenheim* Urheberrecht, 4. Aufl. 2010, § 31 Rn. 15; *Möhring/Nicolini/Reber* UrhG, 3. Aufl. 2014, § 97 Rn. 17; *Dreier/Schulze* UrhG § 97 Rn. 20; Wandtke/Bullinger/*v. Wolff* UrhG § 97 Rn. 9).

Bei den Leistungsschutzrechten der ausübenden Künstler (§§ 73 ff. UrhG), der Tonträger- und Filmhersteller (§§ 85, 94 UrhG), der Sendeunternehmer (§ 87 UrhG), der Datenbankhersteller (§ 87b UrhG) sowie dem Inhaber der Rechte an nachgelassenen Werken (§ 71 UrhG) ist jeweils der Rechteinhaber aktivlegitimiert, da die Übertragung dieser Rechte nicht beschränkt ist (Fromm/Nordemann/*Nordemann* Urheberrecht, 11. Aufl. 2014, vor § 28 Rn. 3; Schricker/Loewenheim/*Wild* Urheberrecht, 4. Aufl. 2010, § 97 Rn. 48).

Miturheber sind jeweils berechtigt, Ansprüche aus der Verletzung des gemeinsamen Urheberrechts geltend zu machen (§ 8 Abs. 2 S. 3 UrhG); insofern liegt ein Fall der gesetzlichen Prozessstandschaft (Schricker/Loewenheim/*Loewenheim* Urheberrecht, 4. Aufl. 2010, § 8 Rn. 20 mwN; *Dreier/Schulze* UrhG § 97 Rn. 8) vor. Wer behauptet Alleinurheber eines Filmwerkes zu sein, muss darlegen und beweisen, dass kein anderer bei der Herstellung des Filmes einen schöpferischen Beitrag geleistet hat (BGH ZUM 2012, 141).

Bei Künstlergruppen ist der Vorstand bzw., sofern ein solcher nicht existiert, der Leiter allein ermächtigt, die Rechte zur Aufnahme, Vervielfältigung und Verbreitung (§ 77 UrhG) und der öffentlichen Wiedergabe (§ 78 UrhG) sowie die Anerkennung (§ 74 UrhG) geltend zu machen (§ 80 Abs. 2 UrhG; BGHZ 121, 319 (320 f.) – The Doors).

Urheberpersönlichkeitsrechte (§§ 12–14 UrhG) können zunächst der Urheber selbst bzw. der Verfasser wissenschaftlicher Werke bzw. der ausübende Künstler und nach dem Tod des Urhebers bzw. Verfasser des wissenschaftlichen Werkes, der Erbe, Vermächtnisnehmer oder Miterbe (§ 28 UrhG, §§ 1922 ff. BGB) geltend machen. Verletzungen des Persönlichkeitsrechts des ausübenden Künstlers auf Anerkennung als ausübender Künstler und gegen die Beeinträchtigung der Darbietung (§§ 74, 75 UrhG) des allgemeinen Persönlichkeitsrechts können nach dem Tod des Inhabers die nächsten Angehörigen geltend machen (§ 76 UrhG; BGHZ 50, 133 (137) – Mephisto; BGH GRUR 1984, 907 (908) – Frischzellenkosmetik). Gleiches gilt für das Recht am eigenen Bild (§ 22 S. 3, 4 KUG).

Die Ausübung des Urheberrechts kann einem Testamentsvollstrecker übertragen sein. Dieser ist dann ausschließlich legitimiert, die Rechte des Erben durchzusetzen (§ 2212 BGB, § 28 UrhG; *Dreier/Schulze* UrhG § 97 Rn. 17).

Die Wahrnehmung fremder Rechte im eigenen Namen in der Form der gewillkürten Prozessstandschaft ist zugelassen, wenn der Dritte mit Zustimmung oder Ermächtigung des Rechtsinhabers (§ 185 Abs. 1 BGB analog) handelt und ein eigenes berechtigtes Interesse an der Durchsetzung der Rechte hat (BGH GRUR 1962, 370 (373) – Schallplatteneinblendung; BGH GRUR 1983, 370 (372) – Mausfigur mwN; *Dreier/Schulze* UrhG § 97 Rn. 21; *Möhring/Nicolini/Reber* UrhG § 97 Rn. 27 ff.; Wandtke/Bullinger/*v. Wolff* UrhG § 97 Rn. 10). Das eigene Interesse wurde beim Innehaben einer einfachen Lizenz bejaht sowie beim Vorliegen einer Einzugsermächtigung (Schricker/Loewenheim/*Wild* Urheberrecht, 4. Aufl. 2010, § 97 Rn. 52; *Dreier/Schulze* UrhG § 97 Rn. 21; *Möhring/Nicolini/Reber* UrhG, 3. Aufl. 2014, § 97 Rn. 28; Wandtke/Bullinger/*v. Wolff* UrhG § 97 Rn. 10). Ferner muss das Recht abtretbar oder dessen Ausübung übertragbar sein (Thomas/Putzo/*Hüßtege* ZPO § 51 Rn. 31 ff.).

5. Antrag auf Erlass einer einstweiligen Verfügung

17. Der Hinweis auf Preise, Auszeichnungen und sonstige öffentliche Erfolge oder Berichte ist ein Indiz für ein das Können eines Durchschnittsgestalters übersteigende Leistung (§ 2 Abs. 2 UrhG). Weitere Indizien können der Erfolg eines Werkes, die Komplexität eines Computerprogramms, die Erstmaligkeit sowie soziale Funktion sein (*Dreier/Schulze* UrhG § 2 Rn. 61 ff. mwN).

18. Es empfiehlt sich, dem Gericht stets ein Vervielfältigungsstück oder ein Original zur Glaubhaftmachung der Voraussetzungen der urheberrechtlichen Schutzfähigkeit (§ 2 Abs. 2 UrhG) und der Urheberschaft (§ 10 UrhG) zu übergeben. Die Schutzfähigkeit des Werkes hat grundsätzlich derjenige glaubhaft zu machen, der sich darauf beruft, also der den Antrag stellende Rechtsinhaber (BGH GRUR 1991, 441 – Betriebssystem). Häufig genügt die Vorlage des Werkes als Original oder Vervielfältigungsstück (*Dreier/Schulze* UrhG § 2 Rn. 70).

Dies gilt auch für Bild-, Ton- und Datenträger jeder Art, selbst wenn der Antragsteller nicht in jedem Fall davon ausgehen kann, dass die zur Entscheidung berufene Kammer über geeignete technische Mittel, um diese wahrnehmbar zu machen, verfügt. Gerade im Hinblick darauf sollte der Antragsteller Inhalt und Darstellungsweise seines Werkes in Form einer eidesstattlichen Versicherung zusammenfassen und dem Gericht präsentieren. Es empfiehlt sich auch, rechtzeitig Vorsorge zu treffen, um bei der mündlichen Verhandlung über geeignete Vorrichtungen zur Wahrnehmung verfügen zu können.

Gemäß § 10 UrhG wird zum Beweis des Gegenteils derjenige als Urheber eines Werkes angesehen, der auf einem Vervielfältigungsstück oder dem Original in der üblichen Weise als Urheber bezeichnet ist (BGH GRUR 1994, 39 (40) – Buchhaltungsprogramm; BGH GRUR 1991, 456 (457) – Goggolore). Bei der Vermutung des § 10 UrhG handelt es sich um eine tatsächliche Vermutung, die durch einen einfachen Gegenbeweis entkräftet werden kann, ohne dass dies zu einer Beweislastumkehr führen würde.

Kann sich der verletzte Rechteinhaber nicht auf die Urhebervermutung stützen, weil er sein Recht von einem Dritten ableitet, so hat er im Einzelnen jede Stufe seines Rechtserwerbes darzulegen und glaubhaft zu machen. Zur Glaubhaftmachung der Sachbefugnis des Antragstellers ist eine lückenlose Kette der Rechtsübertragungen erforderlich (OLG Frankfurt GRUR 1994, 49 (50) – Mackintosh-Möbel).

Vollzog sich ein Teil der Rechtsübertragungen nach dem Recht eines anderen Staates, so sind die relevanten Rechtsnormen beizufügen (§ 293 ZPO). Das Gericht ist nur verpflichtet, sich auf die präsenten, also regelmäßig vom Antragsteller vorgetragenen Erkenntnisquellen, zu stützen (OLG Frankfurt NJW 1969, 991 mit ablehnender Anmerkung *Franz* NJW 1969, 1539 (1540); OLG Koblenz IPrax 1995, 39; Thomas/Putzo/ *Reichold* ZPO § 293 Rn. 7; Zöller/*Geimer* ZPO § 293 Rn. 11). Auch insofern genügt die Glaubhaftmachung bspw. durch eine eidesstattliche Versicherung eines Rechtsanwalts des betroffenen Staates.

19. Regelmäßig genügt die Vorlage eines Werkexemplars, um den Urheberrechtsschutz darzulegen und glaubhaft zu machen (BGH GRUR 2012, 58 Rn. 23 ff. – Seilzirkus; *Dreier/ Schulze* UrhG § 2 Rn. 70). Weiterer Vortrag ist jedoch stets dann notwendig, wenn sich die Tatsachen, die den Voraussetzungen einer persönlich geistigen Schöpfung erfüllen, nicht ohne weiteres aus der vorgelegten Verkörperung des Werkes erschließen; dann muss substantiiert dargelegt werden, woraus sich die urheberrechtliche Schutzfähigkeit ergibt (BGH GRUR 1992, 382 – Leitsätze), so muss bei Gebrauchsgegenständen genau dargelegt werden, inwieweit die Form über die Funktion hinaus einen gestalterischen Überschuss aufweist, der das rein Handwerkliche, Durchschnittliche übersteigt (BGH GRUR 2012, 58 Rn. 23 ff. – Seilzirkus). Wenn sich im Einzelfall der Urheberschutz erst nach Begutachtung durch einen Sachverständigen ergibt, sind die Tatsachen auszuführen und entweder durch ein Privatgutachten oder durch die eidesstattliche Versicherung glaubhaft zu machen. Lichtbildwerke sind im Gegensatz zu bloßen Lichtbildern (§ 72 UrhG) eine persönlichgeistige Schöpfung (§ 2 Abs. 2 UrhG). Die hierfür erforderliche Individualität kann sich aus der besonderen Betrachtung oder aus der Aussage einer Fotografie, durch die besondere Wahl des Blickwinkels, des Zeitpunkts der Aufnahme, der Entfernung, des Aufnahmeorts, der Motive, der Bildschärfe usw. ergeben. Neben der reinen Abbildung haben sie regelmäßig eine besondere, zusätzliche Darstellungs- und Aussagekraft (Schricker/Loewenheim/*Loewenheim* Urheberrecht, 4. Aufl. 2010, § 2 Rn. 184 mwN; Fromm/Nordemann/*Nordemann* Urheberrecht, 11. Aufl. 2014, § 2 Rn. 197 mwN).

20. Das Vorhandensein eines Gestaltungsspielraums sowie dessen Ausnutzung ist eine wesentliche Vorraussetzung für die Schutzfähigkeit; je größer die Gestaltungsmöglichkeiten sind, desto eher ist vom Urheberschutz auszugehen (*Dreier/Schulze* UrhG § 2 Rn. 33). Es sollten also immer dann, wenn Zweifel an der urheberrechtlichen Schutzwürdigkeit bestehen könnten, andere Darstellungen zum Beleg des Gestaltungsspielraums vorgelegt werden. Bei besonderen Fällen ist darüber hinaus eine Erläuterung des Gestaltungsspielraums sinnvoll. Die Vorlage vergleichbarer Werke macht darüber hinaus plastisch, inwiefern das Werk des in seinen Rechten verletzten Rechtsinhabers die erforderliche Individualität aufweist.

21. Zunächst hat der Antragsteller seine Aktivlegitimation darzulegen und glaubhaft zu machen, also die Schutzfähigkeit des Werkes und die Inhaberschaft des verletzten Rechts.

Der Kläger hat den urheberrechtlichen Schutz des verletzten Werkes darzulegen. Dieser hat vier Voraussetzungen (Schricker/Loewenheim/*Loewenheim* Urheberrecht, 4. Aufl. 2010, § 2 Rn. 9 mwN; *v. Gamm* Urheberrechtsgesetz, 1968, § 2 Rn. 4; Fromm/Nordemann/*Nordemann* Urheberrecht, 11. Aufl. 2014, § 2 Rn. 20 ff. jeweils mwN; *Dreier/Schulze* UrhG § 2 Rn. 6 ff.; Wandtke/Bullinger/*Bullinger* UrhG § 2 Rn. 15 ff.; Möhring/Nicolini/*Ahlberg* UrhG, 3. Aufl. 2014, § 2 Rn. 43 ff.):
- eine persönliche Schöpfung des Urhebers
- einen geistigen Gehalt
- eine wahrnehmbare Formgestaltung, und
- schließlich muss die Schöpfung die Individualität des Urhebers zum Ausdruck bringen.

Das Merkmal der „persönlichen Schöpfung" ist regelmäßig unproblematisch darzulegen, da es lediglich der Abgrenzung zwischen der menschlich gestalterischen Tätigkeit einerseits oder dem Ergebnis einer maschinellen Tätigkeit (zB Übersetzungscomputer) oder von Aktionen von Tieren (LG München I UFITA 54 (1969), 329) andererseits dient (Schricker/Loewenheim/*Loewenheim* Urheberrecht, 4. Aufl. 2010, § 2 Rn. 11 ff.; Fromm/Nordemann/*Nordemann* Urheberrecht, 11. Aufl. 2014, § 2 Rn. 21; *Dreier/Schulze* UrhG § 2 Rn. 6 ff.; Wandtke/Bullinger/*Bullinger* UrhG § 2 Rn. 15 ff. jeweils mwN). Soweit auf den Urheber eines Werkes ohnehin Bezug genommen wird, dürften die diesbezüglichen Anforderungen erfüllt sein.

Der geistige Gehalt, also eine über die reine Wahrnehmung eines Substrats hinausgehende Aussage oder Botschaft, ergibt sich aus der Art und Weise der Gedankenformung und -führung des dargestellten Inhalts (BGHZ 18, 175 (177) – Werbeidee; BGHZ 39, 306 (308) – Rechenschieber; Schricker/Loewenheim/*Loewenheim* Urheberrecht, 4. Aufl. 2010, § 2 Rn. 18 f.; Fromm/Nordemann/*Nordemann* Urheberrecht, 11. Aufl. 2014, § 2 Rn. 25 jeweils mwN) oder der Art der Sammlung, Einteilung und Anordnung des im Werk enthaltenen Stoffes (BGH GRUR 1985, 1041 (1047) – Inkassoprogramm; BGH GRUR 1986, 739 – Anwaltsschriftsatz) sowie schließlich aus der Anregung des ästhetischen Gefühls (BGH GRUR 1979, 332 (336) – Brombeerleuchte; *Erdmann* CR 1986, 249 (252); *v. Gamm* Urheberrechtsgesetz, 1968, § 2 Rn. 5) bei solchen Werken, die grundsätzlich keine Gedankenführung enthalten, wie Werke der Musik und Werke der bildenden Künste (*Dreier/Schulze* UrhG § 2 Rn. 12; Möhring/Nicolini/*Ahlberg* UrhG § 2 Rn. 49 ff.).

5. Antrag auf Erlass einer einstweiligen Verfügung   G. 5

Die wahrnehmbare Formgestaltung ergibt sich regelmäßig aus der Vorlage der entsprechenden Originale bzw. Vervielfältigungsstücke, obwohl eine körperlich dauerhafte Festlegung nicht erforderlich ist (BGHZ 37, 1 (7) – AKI; OLG München ZUM 1989, 588 (590); Schricker/Loewenheim/*Loewenheim* Urheberrecht, 4. Aufl. 2010, § 2 Rn. 20; *Dreier/Schulze* UrhG § 2 Rn. 13 f.). Es genügt auch die Wahrnehmbarmachung unter Zuhilfenahme technischer Einrichtungen. Bei Werken, die auf Datenträgern gleich welcher Art (CD-ROM, DVD, Kassetten, Videobändern usw.) oder sonst (zB Dias) nur mit Hilfe von technischen Geräten wahrnehmbar gemacht werden können, sollte für die mündliche Verhandlung sichergestellt werden, dass entsprechende Vorrichtungen verfügbar sind. Auf Grund des Beibringungsgrundsatzes ist dies grundsätzlich Sache der Parteien.

Entscheidend kommt es jedoch auf die Individualität oder die eigenpersönliche Prägung des zur Beurteilung anstehenden verletzten Werkes an. Der urheberrechtliche Schutz im Sinne von § 2 Abs. 2 UrhG setzt für alle Werkarten eine „persönlich-geistige Schöpfung" (§ 2 Abs. 2 UrhG) voraus. Zur Feststellung, ob ein hinreichender schöpferischer Eigentümlichkeitsgrad im Sinne von § 2 Abs. 2 UrhG vorliegt, ist ein Gesamtvergleich mit den vorbestehenden Gestaltungen anzustellen. Dabei sind die Eigenheiten des zu prüfenden Werkes festzustellen, diese dem Schaffen eines Durchschnittsgestalters gegenüberzustellen und anschließend zu prüfen, ob ein ausreichender Abstand vorliegt, der die untere Grenze der Schutzfähigkeit erreicht (*Erdmann*, FS v. Gamm, 1990, 389 (400); Schricker/Loewenheim/*Loewenheim* Urheberrecht, 4. Aufl. 2010, § 2 Rn. 32, 38; *Dreier/Schulze* UrhG § 2 Rn. 16 ff., je mwN). Bislang fordert die Rechtsprechung für wissenschaftliche Werke und für jedes Gebrauchszwecken dienende Schriftgut wie Reiseführer, Wahlkampfreden, Reportagen, Redemuster für besondere Anlässe eine das allgemeine Durchschnittskönnen übersteigende darstellerische Leistung (BGH GRUR 1984, 659 (661) – Ausschreibungsunterlagen; BGHZ 112, 264 (274) – Betriebssystem; BGH GRUR 1993, 34 (35); – Bedingungsanweisung; BGH GRUR 1981, 352 (353) – Staatsexamensarbeit; BGH GRUR 1982, 37 (39) – WK Dokumentation; BGH GRUR 1986, 739 (740) – Anwaltsschriftsatz; BGH GRUR 1987, 166 f. – AOK Merkblatt; BGH GRUR 1991, 130 (132) – Themenkatalog). Neuerdings geht die Lehre (*Erdmann* GRUR 1996, 550 (551 f.); *Erdmann*, FS v. Gamm, 1990, 389 (395 ff.); *Schricker*, FS Kreile, 1994, 715; Fromm/Nordemann/*Nordemann* Urheberrecht, 11. Aufl. 2014, § 2 Rn. 31) davon aus, dass für alle Werkarten ein einheitlicher Werkbegriff zu gelten habe. Zur Prüfung des Werkcharakters ist aber gleichwohl der Vergleich mit dem vorbekannten Formenschatz und die anschließende Bewertung der Unterschiede dahingehend, ob die Gestaltungshöhe für die Urheberschutzfähigkeit ausreicht, vorzunehmen.

Aus diesem Grunde ist es im Einzelfall sinnvoll, auf das Können der durchschnittlichen Gestalter der jeweiligen Werkart hinzuweisen. Ein solcher Hinweis sollte, soweit möglich, mit Mitteln des Augenscheins erfolgen, da die sprachliche Darstellung häufig an ihre Grenzen stößt.

Im Verletzungsprozess erfordert die **Darlegungslast** des Antragstellers oder Klägers grundsätzlich die konkrete Darlegung der die Urheberrechtsschutzfähigkeit begründenden Elemente (BGH GRUR 1974, 740 (741) – Sessel). Welche Anforderungen im Einzelfall zu stellen sind, hängt im Wesentlichen von der konkreten Werkart ab. Bei Kunstwerken werden keine überhöhten Anforderungen an die Darlegungslast gestellt, denn bei ihnen besteht die Schwierigkeit, ästhetisch wirkende Formen überhaupt mit Mitteln der Sprache auszudrücken (BGH GRUR 1974, 740 (741) – Sessel mwN). Die für den ästhetischen Eindruck wesentlichen Formmerkmale einer schöpferischen Leistung entziehen sich oft der genauen Wiedergabe durch Worte, so dass eine erschöpfende Einzelaufgliederung künstlerischer Elemente in der Regel nicht erwartet werden kann (BGH GRUR 1952, 516 f. – Hummelfiguren I). Wesentlich ist bei solchen Werken der sich auf Grund der Betrachtung des Objekts ergebende Gesamteindruck (BGH GRUR 1993, 34

(36) – Bedienungsanweisung; BGH GRUR 1991, 531 – Brown Girl I; BGH GRUR 1990, 669 (671) – Bibelreproduktion in stRspr; Schricker/Loewenheim/*Loewenheim* Urheberrecht, 4. Aufl. 2010, § 2 Rn. 140).

Für den Bereich der **Werke der bildenden Kunst** einschließlich der **Werke der Baukunst**, der **angewandten Kunst** und **Entwürfe** für solche Werke wurde der Urheberrechtsschutz einzelnen Werken zuerkannt, wenn der ästhetische Gehalt einen solchen Grad erreicht, dass nach den im Leben herrschenden Anschauungen noch von Kunst gesprochen werden kann (BGHZ 16, 4 (6) – Mantelmodell; in stRspr BGH GRUR 1987, 903 (904) – Le Corbusier-Möbel I). Maßgeblich ist dabei die Auffassung der für Kunst empfänglichen und mit Kunstanschauungen einigermaßen vertrauten Verkehrskreise (stRspr BGHZ 27, 351 (356) – Candida; BGH GRUR 1983, 377 (378) – Brombeer-Muster).

Für **Darstellungen wissenschaftlicher und technischer Art** stellte der BGH jedoch von Beginn an geringe Anforderungen an die Schutzfähigkeit. Der regelmäßige, praktische Zweck, dem solche Formgestaltungen dienen, gewährt einen geringen Spielraum für die individuelle Gestaltung. Danach genügt bereits das Ergebnis einer individuellen Geistestätigkeit, das sich vom alltäglichen Schaffen im Bereich technischer Zeichnungen abhebt. Ausreichend ist ein geringes Maß an individueller Prägung (BGH GRUR 1993, 34 (36) – Bedienungsanweisung; BGH GRUR 1991, 529 (530) – Explosionszeichnungen; zu den Einzelfällen Fromm/Nordemann/*Nordemann* Urheberrecht, 11. Aufl. 2014, § 2 Rn. 212 f.; *Dreier/Schulze* UrhG § 2 Rn. 222 ff.).

Der Schutz von **Computerprogrammen** (§ 69a Abs. 1 und 2 UrhG) setzt ebenso voraus, dass es sich um individuelle Werke als Ergebnis einer eigenen geistigen Schöpfung handelt. Ausreichend für den Urheberrechtsschutz ist ein Minimum an Individualität. Computerprogramme verlangen in der Regel neben solidem handwerklichen Können analytisch-konzeptionelle Fähigkeiten, Geschick, Einfallsreichtum und planerisch-konstruktives Denken; bei ihnen besteht genug Raum für die Entfaltung von Individualität (Schricker/Loewenheim/*Loewenheim* Urheberrecht, 4. Aufl. 2010, § 69a Rn. 19 mwN; Fromm/Nordemann/*Czychowski* Urheberrecht, 11. Aufl. 2014, vor § 69a Rn. 16; *Dreier/ Schulze* UrhG § 69a Rn. 25 ff., je mwN). Nicht schutzfähig ist lediglich das völlig Banale, was jeder so machen würde oder was von der Sache her vorgegeben ist (OLG Düsseldorf CR 1997, 337 f.; OLG Frankfurt a.M. CuR-CR 1998, 525; Schricker/Loewenheim/ *Loewenheim* Urheberrecht, 4. Aufl. 2010, § 69a Rn. 20). Zur Erfüllung der **Darlegungs-** und **Glaubhaftmachungslast** des Antragstellers genügt es nicht, ein Vervielfältigungsstück des Computerprogramms vorzulegen, da eine unmittelbare Anschauung der konkreten Formgestaltung durch den Richter grundsätzlich nicht möglich ist. Denn dieser ist in der Regel nicht in der Lage, in Programmiersprache abgefasste Programme zu verstehen. Der Richter ist folglich auf eine verständliche Programmbeschreibung, aus der sich die schöpferischen Elemente ergeben, angewiesen. Dabei ergibt sich für den Darlegungspflichtigen die Schwierigkeit, die formgestalterischen Strukturen seines Programms – dessen Beurteilung seiner Natur nach ein gewisses Verständnis der Hardwaretechnik voraussetzt – auch für den Nichtfachmann nachvollziehbar zu umschreiben. Das Fehlen eines unmittelbaren Anschauungsobjekts schließt es überdies nahezu aus, die formgestalterischen Strukturen sinnlich fassbar zu machen. Im Hinblick auf die geringen Anforderungen an die schöpferische Eigentümlichkeit muss es genügen, wenn der Antragsteller das streitgegenständliche Computerprogramm global und pauschal beschreibt, so dass deutlich wird, dass es sich nicht um eine völlig banale Gestaltung handelt, die womöglich noch das Programm eines anderen nachahmt. Schließlich ist zu berücksichtigen, dass der Antragsteller nicht gezwungen werden sollte, die im Programm enthaltenen Betriebsgeheimnisse aufzudecken (Schricker/Loewenheim/*Loewenheim* Urheberrecht, 4. Aufl. 2010, § 69a Rn. 22.; KG GRUR 1996, 974 (975) – OEM-Software; KG NJW-CoR 1998, 137; OLG Düsseldorf CR 1997, 337 f.; *Dreier/Schulze* UrhG § 69a Rn. 29; *Erdmann/ Bornkamm* GRUR 1991, 877).

5. Antrag auf Erlass einer einstweiligen Verfügung G. 5

Da das Gericht sich das notwendige Verständnis im einstweiligen Verfügungsverfahren nicht mit Sachverständigenhilfe verschaffen kann, sollte hierzu ein Privatgutachten des Antragstellers oder eine entsprechende eidesstattliche Versicherung eines sachverständigen Zeugen zur Glaubhaftmachung vorgelegt werden.

Macht der Antragsgegner dagegen geltend, dass das Programm ganz oder teilweise die Nachahmung eines anderen Programms darstellt oder vorbekannte Strukturen aufweist, so hat er dies darzulegen und zu beweisen (BGH GRUR 1991, 449 (451); *Dreier* GRUR 1993, 781 (788 f.)). Insofern wird von einer tatsächlichen Vermutung gesprochen (LG Mannheim CR 1994, 627; Gloy/Loschelder/Erdmann UWG-HdB/*Spätgens* § 100 Rn. 74; *Erdmann/Bornkamm* GRUR 1991, 877 (879); Schricker/Loewenheim/*Loewenheim* Urheberrecht, 4. Aufl. 2010, § 69a Rn. 21).

Ohne Gestaltungsspielraum ist ein urheberrechtlich geschütztes Werk unmöglich, da kein Raum für eigenpersönliche Prägungen besteht. Ergibt sich die Darstellung aus Zweckmäßigkeitsüberlegungen oder der technischen oder sonstigen Notwendigkeit, aus der Logik, aus der Natur der Sache, so ist kein Raum für individuelles Schaffen. Gleiches gilt, wenn die zur Beurteilung vorliegende Gestaltung lediglich literarisches oder künstlerisches Gemeingut wiedergibt. Fachterminologie, wissenschaftlich-mathematische Vorgaben, übliche Anordnungskriterien schließen die individuellen Gestaltungsmöglichkeiten ebenso aus (BGH GRUR 1993, 34 (35) – Bedienungsanweisung; BGH GRUR 1981, 352 (353) – Staatsexamensarbeit; BGH GRUR 1991, 130 (132) – Themenkatalog; BGH GRUR 1961, 633 – Fernsprechbuch; OLG Hamburg ZUM 1989, 43 (45) – Gelbe Seiten; Schricker/Loewenheim/*Loewenheim* Urheberrecht, 4. Aufl. 2010, § 2 Rn. 29 mwN).

22. Antragsgegner kann jeder Täter, Teilnehmer oder Störer an einer Urheberrechtsverletzung sein (→ Form. G.1 Anm. 2).

23. Wann immer die Möglichkeit besteht, sollte dem Gericht ein Exemplar des rechtsverletzenden Vervielfältigungsstücks vorgelegt werden. Zur Integration der verletzenden Sache in den Antrag → Anm. 11.

24. Ein Privatgutachten kann ein geeignetes Glaubhaftmachungsmittel (§ 294 ZPO) sein. Handelt es sich bei dem rechtsverletzenden Gegenstand um ein Computerprogramm, einen Film oder eine Musikproduktion, so ist der Nachweis der Rechtsverletzung nur schwer zu führen. Ein einstweiliges Verfügungsverfahren ist daher nur ausnahmsweise durchführbar. Der Verletzte kann aber im Wege der einstweiligen Verfügung einen Besichtigungsanspruch (§ 101a UrhG,) durchsetzen und die Ergebnisse der Besichtigung nach einem entsprechenden Hauptsacheprozess in ein Unterlassungsverfahren einführen (BGH GRUR 2002, 1046 – Faxkarte; OLG Karlsruhe ZUM 2010, 980). In diesem Fall dürfte es allerdings regelmäßig an der Dringlichkeit für die Unterlassungsverfügung scheitern.

25. → Form. G.1.

26. Es ist sinnvoll, den Zugang der Abmahnung darzulegen und glaubhaft zu machen (→ Form. G.1 Anm. 2). Für den Zugang genügt es, dass das Abmahnungsschreiben in den Herrschaftsbereich des Adressaten gelangt ist (Palandt/*Ellenberger* BGB § 130 Rn. 5 f.). Mit Hilfe des Einwurf-Einschreibens kann sichergestellt werden, dass der Zustellmitarbeiter der Post das Schreiben in den Hausbriefkasten des Empfängers einwirft. Zum Nachweis über den Zeitpunkt des Einwurfes und der Tatsache des Einwurfes kann von der Post eine Auslieferungsbescheinigung verlangt werden. Hinzu kommt, dass die Post hierüber auf ihrer Homepage ‚www.deutschepost.de' unter „Sendungen verfolgen" Auskunft über den Stand der Sendung erteilt, die als Ausdruck zur Glaubhaftmachung vorgelegt werden kann. Unter diesen Umständen spricht ein Anscheinsbeweis für den Zugang (*Reichert* NJW 2001, 2523; LG Potsdam NJW 2000, 3722).

Um dem Antragsgegner die Einwendung abzuschneiden, es wäre ein leeres Kuvert versandt worden, kann über die Tatsache des Verfassens eines Abmahnschreibens sowie dessen Kuvertierung und Postversendung als Einwurf-Einschreiben eine eidesstattliche Versicherung angefertigt und vorgelegt werden.

27. Nach stRspr des BGH (BGH GRUR 1955, 97 – Constanze-Entscheidung II; BGH GRUR 1961, 138 (140) – Familie Schölermann) besteht eine tatsächliche Vermutung für das Vorliegen der Wiederholungsgefahr, wenn bereits Verstöße begangen wurden. Diese Vermutung kann nur durch die Abgabe einer Unterlassungserklärung unter Übernahme eines angemessenen Vertragsstrafeversprechens für jeden Fall der Zuwiderhandlung ausgeräumt werden (vgl. BGH GRUR 1982, 313 f. – Rezeptsammlung für Apotheker mwN; Fromm/Nordemann/*Nordemann* Urheberrecht, 11. Aufl. 2014, § 97 Rn. 30; Schricker/Loewenheim/*Wild* Urheberrecht, 4. Aufl. 2010, § 97 Rn. 123).

Die Beschlagnahme von Plagiaten oder auch die strafrechtliche Ahndung ist nicht geeignet oder bestimmt, die Wiederholungsgefahr auszuräumen (RGZ 116, 151 f.; LG Flensburg ZUM 1988, 320).

28. Die Dringlichkeitsvermutung des § 12 Abs. 2 UWG findet außerhalb des Wettbewerbsrechts keine Anwendung (*Ohly/Sosnitza* UWG § 12 Rn. 113 mwN; OLG Hamburg ZUM 2007, 917). Der Sache nach sollte sie auch bei urheberrechtlichen Unterlassungsansprüchen gelten. Dies legt die unmittelbare Anwendung des § 12 Abs. 2 UWG für die Fälle des ergänzenden wettbewerbsrechtlichen Leistungsschutzes nahe; der Rechtsschutz bei der Verletzung eines absoluten Schutzrechtes sollte nicht schlechter ausgestaltet sein als bei der Nachahmung einer wettbewerblichen Leistung, für die kein Sonderschutz besteht. Freilich muss den Besonderheiten des jeweiligen Schutzrechtes sowie den Interessen der Parteien im Einzelfall Rechnung getragen werden (OLG Karlsruhe NJW-CoR 1994, 301; OLG Karlsruhe NJW-RR 1995, 176; OLG Karlsruhe GRUR 1979, 700 (701) – Knickarm-Markise; LG Mosbach GRUR 1983, 70 – Computerprogramme; OLG Hamm GRUR 1981, 130 (131) – Preislisten-Druckvorlage; *Rogge*, FS v. Gamm, 1990, 461 (468 ff.); aA OLG Hamburg NJW-RR 2002, 1410 – Handy-Klingeltöne; Zöller/*Vollkommer* ZPO § 940 Rn. 8 „Urheberrecht").

Die Rechtsprechung der OLGe zum Fortfall der Dringlichkeit ist nicht einheitlich. Unter welchen Umständen das Verhalten des Antragstellers als so zögerlich betrachtet wird, dass er dadurch deutlich macht, dass er die Angelegenheit für nicht eilbedürftig hält, wird unterschiedlich beurteilt (Harte-Bavedamm/Henning-Bodewig/*Retzer* UWG § 12 Rn. 305 ff.).

Übereinstimmung besteht darüber, dass die Frist für den Fortfall der Dringlichkeitsvermutung dann beginnt, wenn die zur Entscheidung befugte Person zuverlässige Kenntnis von dem Rechtsverstoß hat und im Besitz aller Unterlagen ist, so dass ihr ein gerichtliches Vorgehen gegen den Antragsgegner möglich und erfolgversprechend erscheinen kann (KG WRP 1984, 478 f.; OLG Karlsruhe NJW-CoR 1994, 301 f. – Schutz von Bildschirmmasken). Dies setzt die positive Kenntnis des Rechtsverstoßes und das Bewusstsein der tatsächlichen Übereinstimmung des Plagiats voraus (OLG Frankfurt GRUR 1985, 395 f. – Portraitfotos).

Ist für ein erfolgreiches Vorgehen zur Glaubhaftmachung die eidesstattliche Versicherung eines Dritten erforderlich, so muss der Antragsteller sein Bemühen um diese und die daraus resultierenden Verzögerungen bei der Beantragung glaubhaft machen (KG WRP 1980, 491 f.). Die Vermutung der Dringlichkeit kann widerlegt sein, wenn der Verletzte nach Kenntnis eines Wettbewerbsverstoßes den Verletzer weder abmahnt noch innerhalb angemessener Zeit gegen ihn vorgeht. Dabei lässt sich eine feste zeitliche Grenze nicht ziehen, vielmehr kommt es auf die Umstände des Einzelfalles an. Insbesondere durch langes Zuwarten gibt der Antragsteller zu erkennen, dass ihm die Rechtsverfolgung nicht dringlich ist (OLG Hamburg WRP 1974, 641 f.; OLG Hamburg WRP 1986, 290 f.; OLG Hamm WRP 1981, 473 f.; OLG Köln GRUR 1979, 172 f. – Umbeutel; OLG Köln WRP 1980, 503; OLG Karlsruhe GRUR 1978, 116 (117) – DT OS).

5. Antrag auf Erlass einer einstweiligen Verfügung   G. 5

Wie lange die klagende Partei trotz Kenntnis des Verstoßes zugewartet haben muss, damit die Vermutung der Eilbedürftigkeit entfällt, lässt sich nicht nach festen Zeiträumen bestimmen (aA OLG München WRP 1984, 644, das in stRspr von einer Frist von einem Monat ausgeht). Es kommt immer auf die Umstände des Einzelfalls an. Jedoch kann man bei einem Zuwarten von mehr als 6 Monaten im Hinblick auf die Verjährungsfrist des § 11 UWG davon ausgehen, dass ein dringender Fall nicht mehr vorliegt (OLG Frankfurt GRUR 1979, 325 f. – Der Erfolgreiche; OLG Hamburg GRUR 1977, 175 – Dringlichkeit; OLG Hamburg WRP 1981, 326; OLG Hamburg WRP 1986, 290). Dies bedeutet jedoch nicht, dass der Verletzte grundsätzlich sechs Monate Zeit hat, bis er tätig werden kann (OLG Hamburg GRUR 1983, 436 f. – PUCKMANN; OLG Hamburg WRP 1987, 480 (481); OLG Hamm WRP 1981, 473 (475)).

Die Dringlichkeit gilt als entfallen, wenn der Schöpfer eines Opernlibrettos die Aufführung der Oper auf den Schwetzinger Festspielen duldet und dann, als über ein halbes Jahr später die gleiche Aufführung in Frankfurt a.M. bevorsteht, unter Berufung auf seine Rechte mit einem Antrag auf Erlass einer einstweiligen Verfügung die Aufführung blockieren will. Der Urheber hatte vorher ausreichend Gelegenheit, im ordentlichen Verfahren die Urheberrechtsfrage zu klären, so dass er sich nunmehr auf die Dringlichkeit nicht mehr berufen kann (OLG Frankfurt GRUR 1989, 227 – Opernaufführung).

Die behauptete Dringlichkeit wird grundsätzlich nicht widerlegt durch die Ausnutzung gesetzlicher prozessualer Fristen (OLG Köln GRUR 1979, 172 f. – Umbeutel; OLG Köln WRP 1980, 503; OLG Hamm WRP 1981, 473 ff.; OLG Koblenz GRUR 1978, 718 – Eröffnungsangebot, OLG Stuttgart WRP 1982, 604 ff.; aA OLG Köln WRP 1975, 745 f. Auch die Verlängerung der Berufungsbegründungsfrist widerlegt die behauptete Dringlichkeit nicht (OLG Hamburg WRP 1977, 109; OLG Hamburg GRUR 1983, 436 f. – PUCKMANN).

Sie gilt jedoch als widerlegt, wenn sich der Verfügungskläger anlässlich der auf seinen Verfügungsantrag anberaumten mündlichen Verhandlung mit einer Vertagung von mehr als einem Monat einverstanden erklärt (OLG München WRP 1971, 533).

Gleiches gilt, wenn der Antragsteller eine unnötige Verzögerung bei der Durchsetzung seines Anspruchs selbst verursacht und damit zu erkennen gibt, dass es ihm mit der Entscheidung nicht eilig ist (OLG Koblenz GRUR 1978, 718 – Eröffnungsangebot).

Eineinhalb und zwei Monate langes Zuwarten mit der Abmahnung und dem Verfügungsantrag schließen die Dringlichkeit nicht aus, wenn sich erst fünf Tage vor der Abmahnung herausstellt, dass der Antragsgegner nicht nur ein Mitverantwortlicher, sondern der Hauptverantwortliche für den Rechtsverstoß von nicht nur geringem Gewicht ist (OLG Stuttgart WRP 1978, 232 f.).

Es empfiehlt sich, Richtlinien aufzustellen. Diese dienen der Orientierung der Parteien und sind im Interesse der Gleichbehandlung von im Sinne der Eilbedürftigkeit in wesentlich gleich gelagerten Fällen wünschenswert. In diesem Sinne wird als Richtlinie für Fälle durchschnittlicher Bedeutung und Schwierigkeit sowie mittleren Umfangs empfohlen, dass die Zeitspanne zwischen der Erlangung der Kenntnis von der Person des Verletzers und den maßgeblichen Umständen der Verletzungshandlung bis zur Einreichung des Verfügungsantrages zwei Monate betragen darf, diese die Dauer aber auch nicht überschreiten soll (OLG Düsseldorf ZUM 1980, 597).

In jedem Fall hat eine Abwägung der sich gegenüberstehenden Interessen zu ergeben, ob der Erlass einer einstweiligen Verfügung dringlich ist (OLG Karlsruhe NJW-RR 1995, 176; OLG Celle ZUM 1978, 326).

Dabei sind die aus dem Erlass der einstweiligen Verfügung resultierenden Nachteile des Antragsgegners und die sich bei unterlassener einstweiliger Verfügung ergebenden Nachteile des Antragstellers einander gegenüberzustellen. Hierzu gehört die Gefahr, dass bis zu einer möglichen Hauptsacheentscheidung weitere Verstöße, die nicht rückgängig gemacht werden können, drohen, aber auch inwiefern dem in Anspruch genommenen nur Beweismittel gem. § 294 ZPO zur Verfügung stehen und er dadurch Nachteile in der Rechtsverteidigung hat (OLG Naumburg ZUM 2013, 150). Das Verbot der weiteren Vervielfältigung und Verbreitung einer Betriebssystemsoftware kommt nur dann in Betracht, wenn die materielle Rechtslage im summarischen Eilverfahren hinreichend sicher beurteilt werden könnte (KG BB 1994, 1596; OLG Karlsruhe GRUR 1988, 900; *Bernecke* Die einstweilige Verfügung in Wettbewerbssachen, Rn. 52; Zöller/*Vollkommer* ZPO § 940 Rn. 8 „Urheberrecht").

29. Reaktionsmöglichkeiten des Antragsgegners. Der Antragsgegner kann die einstweilige Verfügung als endgültige Regelung der Angelegenheit anerkennen und damit den vorläufigen Titel zu einem endgültigen Titel machen (→ Form. G.12). Der Antragsgegner kann gegen die einstweilige Verfügung Widerspruch (§ 925 ZPO) einlegen, wenn entweder Verfügungsanspruch oder Verfügungsgrund nicht vorliegen (→ Form. G.6). Erkennt der Antragsgegner den Unterlassungsanspruch an und hat er keine Veranlassung für die Streitigkeit gegeben, so kann er den Widerspruch auf die Kosten beschränken (→ Form. G.6 Anm. 5).

Kosten und Gebühren

30. In 1. Instanz fällt für das Verfahren über den Antrag eine Gerichtsgebühr an (KV 1310 GKG). Findet eine mündliche Verhandlung statt, erhöht sich die Gebühr auf den dreifachen Satz (KV 1311 GKG). Endet das Verfahren durch Rücknahme des Antrags, Anerkenntnis oder Verzicht, Abschluss eines Vergleichs, so ermäßigt sich die Verfahrensgebühr auf eine Gebühr (KV 1312 GKG).

Gebührenrechtlich ist das Verfahren über den Erlass einer einstweiligen Verfügung vom Hauptsacheverfahren zu trennen. Der Rechtsanwalt erhält eine Verfahrensgebühr nach dem 1,3-fachen Satz gem. VV 3100 RVG und, falls eine mündliche Verhandlung stattfindet, eine Terminsgebühr nach dem 1,2-fachen Satz gem. VV 3104 RVG. Die Vollziehung der einstweiligen Verfügung durch Zustellung an den Antragsgegner löst keinen gesonderten Gebührentatbestand aus, darüber hinausgehende Vollziehungsmaßnahmen sind jeweils eine eigene Angelegenheit (§ 18 Nr. 4 RVG).

Ist der Antragsgegner der Auffassung, dass der Sachverhalt für eine Klärung im einstweiligen Verfügungsverfahren zu kompliziert ist, kann er die Anordnung der Klageerhebung beantragen (§ 926 ZPO; → Form. G.7).

Haben sich die Umstände für den Erlass der einstweiligen Verfügung geändert, so kann der Antragsgegner Aufhebung der einstweiligen Verfügung wegen geänderter Umstände beantragen (§ 927 ZPO; → Form. G.9).

Hat der Antragsgegner gegen die einstweilige Verfügung Widerspruch eingelegt und gelangt er im Termin zur mündlichen Verhandlung zu der Überzeugung, dass die einstweilige Verfügung nicht aufgehoben wird, so kann der Antragsgegner eine Unterlassungserklärung abgeben (→ Form. G.2), so dass der Antragsteller der einstweiligen Verfügung durch den Wegfall der Wiederholungsgefahr klaglos gestellt ist. Der Antragsteller muss in diesem Fall die Hauptsache für erledigt erklären. Dieser Erledigungserklärung hat der Antragsgegner zuzustimmen. Im Rahmen der Kostenentscheidung (§ 91 ZPO) wird das Gericht im Beschlusswege über die Kosten unter Berücksichtigung des Sach- und Streitstandes nach billigem Ermessen entscheiden. Gegen diese Entscheidung findet die sofortige Beschwerde statt (§ 99 Abs. 2 ZPO).

6. Widerspruch

Landgericht[1, 2] . . . . . .

Widerspruch

Geschäfts-Nr.: . . . . . ./17
In dem Rechtsstreit
B. B.

gegen

1. Firma A. Verlag
2. M. M.
3. C. C.[3]

bestelle ich mich[4] für die Antragsgegner und lege gleichzeitig namens und im Auftrage der Antragsgegner

Widerspruch[5]

gegen die einstweilige Verfügung vom . . . . . . der erkennenden Kammer ein.
Im Termin zur mündlichen Verhandlung werde ich

beantragen,

die einstweilige Verfügung vom . . . . . . des LG . . . . . . (Geschäfts-Nr. . . . . . ./17) wird aufgehoben und der Antrag auf Erlass einer einstweiligen Verfügung zurückgewiesen.[6]

Begründung:[7]

I. Zum Verfügungsanspruch

Der Antragsteller hat gegen die Antragsgegner keinen Anspruch auf Unterlassung, da es an einer Urheberrechtsverletzung fehlt:

1. Der Antragsteller hat weder dargelegt noch glaubhaft gemacht, dass die streitigen Fotografien und der streitige Text der Tourenbeschreibung von ihm stammen.
   Eine Urheberbezeichnung an üblicher Stelle eines Vervielfältigungsstückes ist ebenso wenig angebracht, so dass sich der Antragsteller nicht auf die Urhebervermutung (§ 10 UrhG) stützen kann.
   Auch der Rechtserwerb der angeblichen Urhebernutzungsrechte von einem Dritten ist nicht lückenlos durch die Vorlage der entsprechenden Verträge nachgewiesen worden.
2. Die streitgegenständliche Routenbeschreibung und auch die streitgegenständlichen Fotografien übersteigen weder das durchschnittliche Können eines Fotografen noch dasjenige eines Journalisten (§ 2 Abs. 2 UrhG). Dies ergibt sich insbesondere aus den als

Anlage AG1

übergebenen vergleichbaren Aufnahmen sowie der als

Anlage AG2

übergebenen Beschreibungen der gleichen Wanderroute bzw. anderer vergleichbarer Routen.

II. Verfügungsgrund[8]

Der Antragsteller hat ausweislich seiner Bestellung vom . . . . . . Anlage AG3 bereits vor mehr als zwei Monaten von der verfahrensgegenständlichen Publikation der Antragsgegner Kenntnis erlangt. Durch das schweigende Zuwarten hat er zu erkennen gegeben, dass ihm die Verfolgung der angeblichen Rechtsverletzung nicht besonders dringlich ist.

Rechtsanwalt[9, 10]

Anmerkungen

1. Der Widerspruch ist der geeignete Rechtsbehelf gegen eine durch Beschluss erlassene einstweilige Verfügung (§§ 935, 940, 936, 924 ZPO). Ist die einstweilige Verfügung durch Urteil erlassen worden, ist das Rechtsmittel der Berufung gegeben (§§ 511, 922 Abs. 1 S. 1 ZPO). Ist die einstweilige Verfügung hingegen rechtskräftig, so steht dem Antragsgegner die Möglichkeit des Antrags auf Aufhebung wegen veränderter Umstände (§§ 935, 940, 936, 927 ZPO) offen. Solange Widerspruch und Berufung zulässig sind, fehlt es am Rechtsschutzbedürfnis für ein Aufhebungsverfahren gemäß § 927 ZPO (OLG Koblenz GRUR 1989, 373 – veränderte Umstände; OLG Düsseldorf NJW-RR 1988, 188; aA Zöller/*Vollkommer* ZPO § 927 Rn. 2, § 924 Rn. 2).

Neben dem Widerspruch könnte dem Antragsteller gleichzeitig aufgegeben werden, innerhalb einer vom Gericht zu setzenden Frist Hauptsacheklage zu erheben (§§ 926, 936 ZPO; OLG Düsseldorf WRP 1971, 328 f.). Es erscheint jedoch sinnvoller, zunächst die begründete Meinung eines Gerichts und ggf. auch des Berufungsgerichts einzuholen.

2. Örtlich und sachlich ausschließlich zuständig (§ 802 ZPO) ist das Gericht, das die einstweilige Verfügung erlassen hat (*Jacobs* NJW 1988, 1365). Hat das Beschwerdegericht die einstweilige Verfügung erlassen, so ist das Gericht der 1. Instanz zuständig. Falls ein unzuständiges Gericht die einstweilige Verfügung im Beschlusswege erlassen hat, ist für die Überprüfung im Widerspruchsverfahren ausschließlich das Gericht der Hauptsache zuständig (§§ 919, 937 ZPO). An dieses hat das erlassende Gericht zu verweisen (§ 281 ZPO; BLAH/*Hartmann* ZPO § 924 Rn. 6; Zöller/*Vollkommer* ZPO § 924 Rn. 6).

3. Gegen den Beschluss können die Antragsgegner, deren Rechtsnachfolger (BLAH/*Hartmann* ZPO § 924 Rn. 12) sowie der Insolvenzverwalter (§§ 80, 85 f. InsO) Widerspruch einlegen.

Dritte können gegen die einstweilige Verfügung keinen Widerspruch einlegen, sondern nur gegen dessen Vollziehung Erinnerung (§ 766 ZPO) und gegebenenfalls Klage gemäß § 771 ZPO erheben (Zöller/*Vollkommer* ZPO § 924 Rn. 4), wobei die Voraussetzungen nur im Ausnahmefall vorliegen dürften.

4. Soweit der Widerspruch im amtsgerichtlichen Verfahren eingelegt wird, kann er schriftlich durch den Antragsgegner persönlich oder zu Protokoll der Geschäftsstelle erhoben werden. Beim LG besteht Anwaltszwang (§ 78 ZPO; OLG Koblenz NJW 1980, 2588 (2589) mwN; OLG Hamm WRP 1992, 724; Zöller/*Vollkommer* ZPO § 924 Rn. 7; Thomas/Putzo/*Seiler* ZPO § 924 Rn. 1).

Die weiteren Prozessvoraussetzungen müssen vorliegen (Thomas/Putzo/*Reichold* ZPO Vorb. § 253 Rn. 8–34). Es ist umstritten, ob der Widerspruch erst nach Vollziehung der einstweiligen Verfügung zulässig ist (*Köhler/Bornkamm/Feddersen* UWG § 12 Rn. 3.42; aA Zöller/*Vollkommer* ZPO § 924 Rn. 4). Er ist in jedem Fall jedoch durch das Gericht zu beachten.

5. Der Widerspruch muss nicht unbedingt als Widerspruch bezeichnet sein (RGZ 67, 162). Wird der Widerspruch auf die Kosten beschränkt, so sollte er auch als „Kosten-

6. Widerspruch

widerspruch" bezeichnet werden (BLAH/*Hartmann* ZPO § 924 Rn. 9; Zöller/*Herget* ZPO § 93 Rn. 6 „Kostenwiderspruch"; OLG Bremen WRP 1989, 523 (524); OLG Düsseldorf 1986, 273 f. mwN). Als Textbeispiel für die Formulierung des Antrages → Anm. 6.

6. § 924 ZPO setzt zur Wirksamkeit des Widerspruchs nicht die Stellung eines Antrags voraus; da der Widerspruchsschriftsatz ein vorbereitender Schriftsatz für die mündliche Verhandlung ist, soll ein Antrag angekündigt werden (§ 130 ZPO). Regelmäßig begehrt der Widerspruchsführer die Aufhebung der einstweiligen Verfügung und die Zurückweisung des Antrags. Der Widerspruch kann jedoch auf einzelne Bestandteile des Antrags auf Erlass einer einstweiligen Verfügung beschränkt werden. Kommt der Antragsgegner bei der Überprüfung zum Ergebnis, dass der Unterlassungsanspruch hinsichtlich einzelner Werke oder Bestandteile begründet ist, so kann er den Widerspruch auf die übrigen Bestandteile der einstweiligen Verfügung beschränken (*Teplitzky* Wettbewerbsrechtliche Ansprüche, 11. Aufl. 2016, Kap. 55 Rn. 8). Gegen den nicht angegriffenen Teil kann jedoch zu einem späteren Zeitpunkt bis zur rechtskräftigen Erledigung des Urteilsverfahrens Widerspruch erhoben werden (Gloy/Loschelder/Erdmann UWG-HdB/*Spätgens* § 105 Rn. 7 f.).

Der Widerspruch kann auch auf die Gewährung einer Aufbrauchsfrist beschränkt werden. Die Gewährung einer Aufbrauchs- (Umstellungs-, Beseitigungs-) Frist wird zum Teil materiell-rechtlich als Einschränkung des Unterlassungsanspruchs aus dem Gebot von Treu und Glauben (§ 242 BGB; BGH GRUR 1974, 474 (475 f.) – Großhandelshaus; *Ulrich* GRUR 1991, 26), teils als prozessuale Maßnahme unter Berücksichtigung von Treu und Glauben (BGH GRUR 1960, 563 (567) – Sektwerbung) und schließlich teils als vollstreckungsrechtliche Maßnahme gemäß § 765a ZPO (*Tetzner* WRP 1967, 109) betrachtet.

Zum Teil wird die Gewährung einer Aufbrauchsfrist grundsätzlich abgelehnt (LG München I GRUR 1966, 443 – Der grüne Film; OLG München WRP 1967, 32; OLG München WRP 1985, 364 (365); *v. Gamm* Urheberrechtsgesetz, 1968, § 97 Rn. 44; Fromm/Nordemann/*Nordemann* Urheberrecht, 11. Aufl. 2004, § 97 Rn. 53). Letztere verweisen auf die Vorschrift des § 101 UrhG für den Fall der gänzlich schuldlosen Verletzung. Das Kammergericht (KG WRP 1971, 326) und das OLG Düsseldorf (OLG Düsseldorf WRP 1986, 92 (93)) schließen die Gewährung einer Aufbrauchsfrist nicht grundsätzlich aus, sind jedoch der Auffassung, dass deren Gewährung eine endgültige Anerkennung der Unterlassungsverfügung voraussetzt.

Die Gewährung einer Aufbrauchsfrist ist zu bejahen in außergewöhnlichen Ausnahmefällen, bei geringem Verschulden und, sofern die Folgen eines sofortigen Verbotes für den Verletzer in keiner Relation zur Verletzung stehen. Dies gilt umso mehr, als die Gewährung einer Aufbrauchsfrist die Rechtswidrigkeit des Verhaltens und damit die Auskunfts- und Schadensersatzansprüche des Verletzten nicht berühren.

Legt der Antragsteller einen Widerspruch ein, um eine Aufbrauchsfrist zu erlangen, könnte er wie folgt formulieren:

„Die einstweilige Verfügung vom . . . . . . des LG . . . . . . (Geschäfts-Nr.: . . . . . . /04) wird in ihrem Unterlassungsgebot gemäß Ziffer . . . . . . als endgültige Regelung anerkannt, dem Antragsteller wird jedoch eine Aufbrauchsfrist von . . . . . . Monaten eingeräumt."

Will der Antragsgegner jedoch nur gegen die Kostenbelastung vorgehen, kann er den Widerspruch auf die Kosten beschränken. Der sog. „Kostenwiderspruch" könnte wie folgt formuliert werden:

„Die einstweilige Verfügung vom . . . . . . des LG . . . . . . (Geschäfts-Nr.: . . . . . . /04) wird in ihrem Kostenausspruch aufgehoben. Der Antragsteller trägt die Kosten des Verfahrens."

Weitere Bespiele für die Formulierung des Kostenwiderspruchs → Form. A.10; ferner BeckPFormB/*Mes/Götz* → Form. II.N.7.

Der Kostenwiderspruch stellt damit einen Teilverzicht auf den Widerspruch in der Sache dar (Zöller/*Vollkommer* ZPO § 924 Rn. 5; Thomas/Putzo/*Seiler* ZPO § 924 Rn. 1). Will sich der Antragsgegner nur gegen die Kostentragungspflicht wenden, so ist der Widerspruch unmissverständlich auf die Kosten zu beschränken. Wird lediglich Widerspruch angekündigt und erst in der mündlichen Verhandlung anerkannt und die Beschränkung des Widerspruchs auf die Kosten erklärt, erfolgte das Anerkenntnis nicht mehr „sofort" iSd § 93 ZPO (OLG Schleswig GRUR 1986, 840 – Kundenlisten; Zöller/ *Herget* ZPO § 93 Rn. 6 „Kostenwiderspruch"; BLAH/*Hartmann* ZPO § 924 Rn. 9). Die Kostenentscheidung ergeht durch Urteil, gegen das die sofortige Beschwerde statthaft ist (§ 93 Abs. 2 ZPO analog; OLG Karlsruhe NJW-RR 1987, 105; OLG Brandenburg NJW-RR 1994, 1022; Zöller/*Vollkommer* ZPO § 925 Rn. 11).

7. Gemäß § 924 Abs. 2 S. 1 ZPO soll der Widerspruch begründet werden, wobei das Fehlen der Begründung den Widerspruch nicht unwirksam macht (Zöller/*Vollkommer* ZPO § 924 Rn. 7; BLAH/*Hartmann* ZPO § 924 Rn. 13; aA LG München I WRP 1996, 252 (253)).

Da beide Parteien bis zum Schluss der mündlichen Verhandlung grundsätzlich neue Tatsachen und Beweismittel vorbringen können (OLG Hamburg NJW-RR 1987, 36; OLG Koblenz NJW-RR 1987, 509 (510) mwN; aA LG München I WRP 1996, 253), kann in etwaigen weiteren Schriftsätzen und auch in der mündlichen Verhandlung weiter vorgetragen werden. Allerdings hat keine Partei ein Recht darauf, den Gegner zu überrumpeln. In diesem Fall kann ein Gericht entweder vertagen oder den Vortrag als verspätet gemäß § 296 ZPO zurückweisen (BLAH/*Hartmann* ZPO § 922 Rn. 7).

In der Begründung sollten alle Einwendungen und Einreden, die gegen den behaupteten Unterlassungsanspruch erhoben werden können, hinsichtlich ihrer Sachverhaltsvoraussetzungen dargelegt und, soweit erforderlich, glaubhaft (§ 294 ZPO) gemacht werden. Daneben kann dargelegt werden, dass es an einem Verfügungsgrund mangelt.

Hat der Antragsgegner Kostenwiderspruch eingelegt, so beschränkt sich die Begründung regelmäßig darauf, dass der Antragsgegner keine Veranlassung für das Verfahren gegeben hat. Mit sachlichen Einwendungen gegen die Entscheidung kann er nicht mehr gehört werden (OLG Hamburg WRP 1996, 442 f.; OLG Stuttgart WRP 1987, 406; Gloy/Loschelder/Erdmann UWG-HdB/*Spätgens* § 105 Rn. 9). Bestreitet der Antragsgegner die Berechtigung des gerichtlichen Verbots, so kann sich daraus ergeben, dass das Gericht nicht von einem sofortigen und ernstlichen Einlenken ausgeht und den als Kostenwiderspruch bezeichneten Widerspruch tatsächlich als vollen Widerspruch betrachtet (OLG Stuttgart WRP 1987, 406 (407); OLG Schleswig GRUR 1986, 840 – Kundenlisten; OLG Hamm WRP 1979, 880; Gloy/Loschelder/Erdmann UWG-HdB/ *Spätgens* § 105 Rn. 14).

Beschränkt der Antragsgegner seinen Widerspruch auf die Beantragung einer Aufbrauchsfrist, so ist er ebenso gehindert, Einwendungen gegen das gerichtliche Verbot zu erheben. Regelmäßig wird die Anerkennung der Regelung der einstweiligen Verfügung als Voraussetzung für die Gewährung einer Aufbrauchsfrist betrachtet. Da die Bewilligung einer Aufbrauchsfrist für den Antragsgegner eine günstige Rechtsfolge darstellt, hat er die volle Darlegungs- und Glaubhaftmachungslast zu tragen.

8. An dieser Stelle sollten die Einwendungen gegen die Dringlichkeit erläutert werden, → Form. G.5 Anm. 27.

Kosten und Gebühren

9. Die Gerichtskosten berechnen sich nach KV 1310, 1311 GKG. Als Anwaltsgebühren entsteht die Verfahrensgebühr nach dem 1,3-fachen Satz gem. VV 3100 RVG sowie für den Fall, dass der Rechtsanwalt mehrere Antragsgegner vertritt die Erhöhungsgebühr in Höhe des 0,3-fachen Satzes der Verfahrensgebühr je weiteren Beteiligten, maximal jedoch der 2,0-fache Satz gem. VV 1008 RVG sowie für den Fall der mündlichen Verhandlung eine Terminsgebühr nach dem 1,2-fachen Satz gem. VV 3104 RVG. Der Streitwert ist beim Vollwiderspruch derjenige des Antrags auf Erlass der einstweiligen Verfügung, beim Kostenwiderspruch der Kostenbetrag, bei dem auf die Gewährung einer Aufbrauchsfrist beschränkten Widerspruch der Wert der während der Dauer der Aufbrauchsfrist zu verbreitenden, aufzubrauchenden Vervielfältigungsstücke.

Fristen und Rechtsmittel

10. Gegen das im Widerspruchsverfahren ergehende Urteil ist Berufung (§§ 511 ff. ZPO), bei einem Versäumnisurteil Einspruch (§ 338 ZPO) gegeben.
  Gegen ein Kostenurteil ist analog § 99 Abs. 2 ZPO die sofortige Beschwerde gegeben (OLG Düsseldorf WRP 1979, 793; OLG Düsseldorf WRP 1986, 273; *Köhler/Bornkamm/Feddersen* UWG § 12 Rn. 3.59).
  Sofortige Beschwerde ist auch dann gegeben, wenn anstelle eines Urteils durch Beschluss entschieden wurde (OLG Köln WRP 1975, 173 (175)). Die Berufung ist nicht statthaft.

7. Anordnung auf Klageerhebung

Landgericht[2] . . . . . .

Anordnung der Klageerhebung[1]

(§ 926 Abs. 1 ZPO)

In dem Rechtsstreit

1. Firma A. Verlag[3] GmbH,
    gesetzlich vertreten durch den Geschäftsführer M. M.
    . . . . . .

                                                – Antragsteller zu 1) –

2. Herr M. M.,
    zu laden über die Antragstellerin zu 1)

                                                – Antragsteller zu 2) –

3. Herr C. C.,
    . . . . . .

                                                – Antragsteller zu 3) –

Verfahrensbevollmächtigter: RA . . . . . .

                          gegen

Herrn B. B.,

Bergfotograf und Bergjournalist

......

– Antragsgegner –

Verfahrensbevollmächtigter: Rechtsanwalt ......

wegen Urheberrechtsverletzung

bestelle ich mich[4] für die Antragsteller und

beantrage

zu beschließen:

Der Antragsgegner hat bis zum ...... bei dem Gericht der Hauptsache Klage zu erheben. Nach fruchtlosem Ablauf der Frist wird auf Antrag die einstweilige Verfügung vom ...... aufgehoben.[5]

Begründung:

Der Antragsgegner hat mit Beschluss/Urteil vom ...... des LG ....../OLG ....../ AG ...... (Geschäfts-Nr. ......) eine einstweilige Verfügung

Anlage ASt. 1

erlangt.[6]

Die einstweilige Verfügung ist bislang nicht aufgehoben,[7] auf die Rechte aus der einstweiligen Verfügung wurde durch den Antragsgegner ebenso wenig verzichtet wie auf die Unterlassungsansprüche, ein Rechtsstreit in der Hauptsache ist nicht rechtshängig. Darüber hinaus liegt kein Titel in der Hauptsache vor.

Rechtsanwalt[8, 9]

Anmerkungen

1. Neben dem Rechtsbehelf des Widerspruchs (→ Form. G.6) kann der Antragsgegner den Antragsteller des Ausgangsverfahrens jederzeit gemäß § 926 Abs. 1 ZPO unter gerichtliche Fristsetzung zwingen, das Hauptsacheverfahren durchzuführen. Der Antrag kann jederzeit nach Vollziehung (§ 929 ZPO) der einstweiligen Verfügung gestellt werden. Er ist sinnvoll, wenn anstelle der Glaubhaftmachung durch die Beweismittel im Hauptsacheverfahren eine bessere Erkenntnismöglichkeit für das Gericht besteht. Neben der Überprüfung des materiellen Anspruchs soll zugleich verhindert werden, dass der Antragsteller des Ausgangsverfahrens den Verfügungstitel missbräuchlich lange aufrecht erhält (OLG Düsseldorf WRP 1988, 247 f.).

Daneben kann der Antragsgegner des Ausgangsverfahrens ein Hauptsacheverfahren durch eine negative Feststellungsklage einleiten (BGH NJW 1986, 1815; OLG Koblenz GRUR 1986, 94 f. mwN) und auf der Grundlage eines obsiegenden Urteils die Aufhebung der einstweiligen Verfügung gemäß § 927 ZPO fordern. Hat sich die Hauptsache zwischenzeitlich erledigt, fehlt es allerdings an dem erforderlichen Rechtsschutzbedürfnis, weil die Antragsteller mit Hilfe des Kostenwiderspruchs (§ 924 ZPO) oder durch den Aufhebungsantrag nach § 927 ZPO einfachere Mittel zur Aufhebung des Kostenausspruchs der einstweiligen Verfügung zur Hand haben.

2. Zuständig ist das Gericht der 1. Instanz, auch wenn die einstweilige Verfügung erst durch das Berufungsgericht oder auf Grund der Notzuständigkeit durch das AG erlassen wurde (OLG Schleswig MDR 1997, 391 f.). Funktional zuständig ist der Rechtspfleger (§ 20 Nr. 14 RPflG).

7. Anordnung auf Klageerhebung G. 7

3. Im Anordnungsverfahren kehren sich die Parteirollen um. Die Antragsgegner des einstweiligen Verfügungsverfahrens werden in diesem Verfahren Antragsteller, während der Antragsteller des einstweiligen Verfügungsverfahrens Antragsgegner wird.

Da es sich um einen ein gesondertes Verfahren einleitenden vorbereitenden Schriftsatz handelt, sind gemäß § 130 ZPO die Parteien und ihre gesetzlichen Vertreter nach Name, Stand, Gewerbe, Wohnort, Parteistellung, das Gericht und der Streitgegenstand zu bezeichnen.

4. Der Antrag kann schriftlich oder zu Protokoll des Urkundsbeamten gestellt werden (§§ 24 Abs. 2 Nr. 3, 26 RPflG), es besteht kein Anwaltszwang (§ 78 Abs. 3 ZPO; § 13 RPflG).

5. Die Frist wird vom Rechtspfleger gesetzt. Sie sollte im Hinblick auf eine sachgemäße Vorbereitung ggf. unter Einschaltung der Korrespondenzanwälte nicht zu kurz sein. Bei einer zu kurz bemessenen Frist kann der Antragsgegner Verlängerungsantrag (§ 224 Abs. 2 ZPO) stellen, über das wiederum das Gericht 1. Instanz unter funktionaler Zuständigkeit des Rechtspflegers entscheidet. Bei internationalen Sachverhalten im Anwendungsbereich des TRIPS ist die Höchstfrist von 31 Kalendertagen zu berücksichtigen (Art. 50 Abs. 6 TRIPS-ÜbK; vgl. Zöller/*Vollkommer* ZPO § 926 Rn. 16).

Mit Zustellung des Beschlusses (§ 329 Abs. 2 S. 2 ZPO) beginnt die Frist zur Erhebung der Hauptsacheklage (§ 221 ZPO).

6. Der Antrag ist nur zulässig, wenn eine einstweilige Verfügung besteht. Wurde diese im Widerspruchsverfahren ganz oder teilweise aufgehoben oder für erledigt erklärt, so wird insofern der Antrag unzulässig (BGH NJW 1973, 1329). Gleiches gilt für den Fall, dass der Antragsteller auf die Rechte aus der einstweiligen Verfügung und den materiellen Anspruch verzichtet hat (OLG Düsseldorf WRP 1988, 247 f.). In beiden Fällen fehlt das Rechtsschutzbedürfnis.

7. Die Zulässigkeit des Antrags setzt voraus, dass eine Klage weder erhoben noch zurückgenommen noch als unzulässig zurückgewiesen wurde (Zöller/*Vollkommer* ZPO § 926 Rn. 10). Die Zulässigkeit des Antrags setzt darüber hinaus ein Rechtsschutzbedürfnis der Antragsteller voraus. Daran fehlt es, wenn von der einstweiligen Verfügung keine Gefahr mehr ausgeht oder die Aufhebung auf einfacherem Weg zu erreichen ist (Zöller/*Vollkommer* ZPO § 926 Rn. 12).

Kosten und Gebühren

8. Der Antrag gemäß § 926 Abs. 1 ZPO ist durch die Verfahrensgebühr des Anordnungsverfahrens (KV 1410 GKG) erledigt. Die beteiligten Rechtsanwälte erhalten keine besonderen Gebühren; das Verfahren der einstweiligen Verfügung und das Aufhebungsverfahren sind eine Angelegenheit (§ 16 Nr. 6 RVG).

Fristen und Rechtsmittel

9. Gegen die Ablehnung des Antrages oder die Festlegung zu lang bemessener Fristen ist die Durchgriffserinnerung gemäß § 11 Abs. 1, 2 RPflG, gegen die Entscheidung die Beschwerde gemäß § 567 ZPO gegeben. Der Antragsgegner des Anordnungsverfahrens kann sofortige Erinnerung einlegen (§ 11 RPflG), der Antragsteller bei Ablehnung oder zu langer Frist einfache Beschwerde (§ 11 RPflG).

Der Antragsgegner kann fristgemäß Klage erheben. Erhebt er keine Klage, so kann der Antragsteller gemäß § 926 Abs. 2 ZPO die Aufhebung der einstweiligen Verfügung betreiben (→ Form. G.8).

8. Aufhebungsverfahren

Landgericht[2]......

Aufhebungsantrag[1, 3]

(§ 926 Abs. 2 ZPO)

In dem Rechtsstreit

1. Firma A. Verlag[4] GmbH,
gesetzlich vertreten durch den Geschäftsführer M. M.
......

– Antragsteller zu 1) –

2. Herr M. M.,
zu laden über die Antragstellerin zu 1)

– Antragsteller zu 2) –

3. Herr C. C.,
......

– Antragsteller zu 3) –

Verfahrensbevollmächtigter: Rechtsanwalt ......

gegen

Herrn B. B.,

Bergfotograf und Bergjournalist

......

– Antragsgegner –

Verfahrensbevollmächtigter: RA ......

wegen Urheberrechtsverletzung

bestelle ich mich[5] für die Antragsteller und

beantrage

zu erkennen:

Der Beschluss/das Urteil des LG ...... /OLG ...... /AG ...... vom ......
(Gesch.-Nr. .....) wird aufgehoben.

Begründung:[6]

Der Antragsgegner hat gegen die Antragsteller am ...... eine einstweilige Verfügung des LG ...... /OLG ...... /AG ...... (Gesch.-Nr. .....)

Anlage ASt. 1

erwirkt.

Das erkennende Gericht hat mit Beschluss vom ...... (Gesch.Nr. .....)

8. Aufhebungsverfahren G. 8

Anlage ASt. 2

dem Antragsgegner auferlegt, bis zum . . . . . . beim Gericht der Hauptsache Klage zu erheben. Der Beschluss wurde ausweislich der Gerichtsakten dem Antragsgegner am . . . . . . zugestellt.[7]

Die einstweilige Verfügung ist weder rechtskräftig aufgehoben noch gerichtlich für erledigt erklärt worden.

Glaubhaftmachung: Eidesstattliche Versicherung

des Antragstellers zu 2) vom . . . . . .

Anlage ASt. 3

Die gerichtlich gesetzte Frist ist am . . . . . . abgelaufen.

Der Antragsteller der einstweiligen Verfügung und hiesige Antragsgegner hat die Hauptsacheklage nicht rechtzeitig erhoben (. . . . . . oder eine innerhalb der Frist erhobene Klage weder zurückgenommen oder wurde als unzulässig zurückgewiesen).[8]

Rechtsanwalt[9]

Anmerkungen

1. Hat der Antragsteller und Gläubiger einer einstweiligen Verfügung nicht innerhalb der gerichtlichen Frist Hauptsacheklage erhoben, so kann der Antragsgegner das Aufhebungsverfahren betreiben (§ 926 Abs. 2 ZPO). Es handelt sich dabei um ein Urteilsverfahren mit notwendiger mündlicher Verhandlung (Zöller/*Vollkommer* ZPO § 926 Rn. 22).

2. Zuständig ist das Gericht, das die Frist zur Klageerhebung setzte (Zöller/*Vollkommer* ZPO § 926 Rn. 22; OLG Hamm JurBüro 1986, 1104 (1106)). Nach dem OLG Koblenz (OLG Koblenz NJW-RR 1995, 443 f.; OLG Koblenz WRP 1983, 108 mwN) kann der Aufhebungsantrag auch beim Berufungsgericht gestellt werden, falls das Verfahren bei diesem Gericht anhängig ist.

3. Der Aufhebungsantrag wird dem Antragsteller zugestellt (§§ 271 Abs. 1, 270 Abs. 1 ZPO). Eine mündliche Verhandlung ist anzuberaumen. Der Antragsteller ist zum Termin zu laden.

4. Im Anordnungsverfahren entsprechen die Parteirollen dem Fristsetzungsverfahren. Die Parteien sind zu bezeichnen (§§ 129, 130 ZPO).

Da es sich um einen ein gesondertes Verfahren einleitenden vorbereitenden Schriftsatz handelt, sind gemäß § 130 ZPO die Parteien und ihre gesetzlichen Vertreter (nach Name, Stand, Gewerbe, Wohnort, Parteistellung) sowie das Gericht und der Streitgegenstand zu bezeichnen.

5. Der Antrag ist schriftlich einzureichen.

Soweit der Aufhebungsantrag im amtsgerichtlichen Verfahren eingelegt wird, kann er schriftlich durch den Antragsgegner persönlich oder zu Protokoll der Geschäftsstelle erhoben werden. Beim Landgericht besteht Anwaltszwang (OLG Koblenz NJW 1980, 2589 mwN; OLG Hamm WRP 1992, 724; Zöller/*Vollkommer* ZPO § 924 Rn. 7).

6. Auch für das Aufhebungsverfahren gelten die Grundsätze für das summarische Verfahren; die Voraussetzungen für die Aufhebung sind glaubhaft (§ 294 ZPO) zu machen (Zöller/*Vollkommer* ZPO § 926 Rn. 22).

7. Der Aufhebungsantrag ist zulässig, solange die einstweilige Verfügung besteht (OLG Frankfurt GRUR 1987, 650 (651) – e. V. – Aufhebung der Hauptsachenklage), dh weder rechtskräftig aufgehoben noch gerichtlich erledigt worden ist und wenn dem Antragsgegner eine Frist zur Klageerhebung gesetzt wurde. Im Übrigen setzt die Zulässigkeit ein Rechtsschutzbedürfnis voraus (Thomas/Putzo/*Seiler* ZPO § 926 Rn. 12).

8. Der Antrag ist begründet, wenn die Hauptsacheklage entweder nicht oder nicht rechtzeitig erhoben, zurückgenommen oder als unzulässig abgewiesen wurde. Der Antrag ist jedoch unbegründet, wenn die Klage zum Zeitpunkt des Schlusses der mündlichen Verhandlung rechtshängig ist (OLG Frankfurt GRUR 1987, 650 (651) – e. V. – Aufhebung der Hauptsachenklage). Wird die bei Einreichung des Aufhebungsantrages noch nicht erhobene Hauptsacheklage bis zur mündlichen Verhandlung zugestellt, ist der Aufhebungsantrag in der Hauptsache erledigt, so dass der Antragsgegner das Aufhebungsverfahren für erledigt erklären muss, mit der Kostenfolge des § 91 ZPO. Gleiches gilt für den Fall eines ausreichenden Titelverzichts, der einer Aufhebung entspricht.

Die Hauptsacheklage muss zulässig und auf das gleiche Unterlassungsgebot gerichtet sein wie die einstweilige Verfügung (BGHZ 122, 176).

Fristwahrend ist die Klageerhebung beim unzuständigen Gericht (OLG Nürnberg GRUR 1957, 296 – Fotomodell), die Anhängigmachung (§ 270 Abs. 3 ZPO), sofern der Antragsteller in der mündlichen Verhandlung glaubhaft macht, dass er alles seinerseits Erforderliche getan hat, um die Zustellung demnächst zu erwirken (Zöller/*Vollkommer* ZPO § 270 Rn. 32; aA OLG Frankfurt GRUR 1987, 650 (651) – e. V. – Aufhebung der Hauptsachenklage).

Die Klage muss sich auf diejenigen Unterlassungsansprüche beziehen, die der Antragsteller zum Gegenstand seines Antrags auf Erlass der einstweiligen Verfügung gemacht hat (BGHZ 122, 176).

Der Antragsteller der einstweiligen Verfügung und Antragsgegner des Aufhebungsverfahrens kann sich auch im Aufhebungsverfahren damit verteidigen, dass die Anordnung zur Klageerhebung nicht hätte ergehen dürfen.

Kosten und Gebühren

9. In der Kostenentscheidung des Aufhebungsverfahrens sind dem Antragsteller der einstweiligen Verfügung bei Aufhebung die Kosten des Anordnungs- und Aufhebungsverfahrens sowie die Kosten des Verfahrens über den Erlass der einstweiligen Verfügung aufzuerlegen. Erledigt sich das Aufhebungsverfahren, so hat der Antragsteller der einstweiligen Verfügung die Mehrkosten des Aufhebungsverfahrens zu tragen (OLG Frankfurt WRP 1986, 685).

Für das Aufhebungsverfahren entstehen Gerichtsgebühren gem. KV 1410 GKG.

Es entstehen keine gesonderten Anwaltsgebühren, da das Aufhebungsverfahren und das Verfahren über den Antrag auf Erlass einer einstweiligen Verfügung eine Angelegenheit sind (§ 16 Nr. 6 RVG); die Gerichtsgebühren für das Anordnungs- und Aufhebungsverfahren sind jeweils gesonderte Angelegenheiten (KV 1310 GKG).

9. Aufhebung wegen veränderter Umstände

Landgericht[2]......

Aufhebungsantrag[1]

(§ 927 ZPO)

In dem Rechtsstreit

1. Firma A. Verlag
gesetzlich vertreten durch den Geschäftsführer M. M.

Klägerin 1)

2. M. M.
zu laden über die Klägerin zu 1)

Klägerin 2)

3. C. C.[3]
zu laden über die Klägerin zu 1)

Klägerin 3)

Verfahrensbevollmächtigte: ......

gegen

B. B.

Bergfotograf und Bergjournalist

Beklagter

Verfahrensbevollmächtigte: ......

bestelle ich mich[4] für die Kläger und kündige zum Termin zur mündlichen Verhandlung die nachgenannten

Anträge

an:

I. Die einstweilige Verfügung des LG ...... vom ...... (Gesch.-Nr. ......) wird aufgehoben.
II. Der Beklagte trägt die Kosten des Aufhebungsverfahrens und des Verfahrens über den Erlass einer einstweiligen Verfügung.[5]
III. Die Zwangsvollstreckung aus der einstweiligen Verfügung des LG ...... vom ...... (Gesch.-Nr. ......) wird bis zur Rechtskraft der Entscheidung über den Aufhebungsantrag ...... eingestellt.[6]

Begründung:[7]

I. Einstweilige Verfügung

1. Der Beklagte hat gegen die Kläger am ...... vor dem LG ...... eine einstweilige Verfügung (Gesch.-Nr. ......)

Anlage K 1

erwirkt.
Die einstweilige Verfügung besteht noch. Der Beklagte hat auf seine Rechte aus der einstweiligen Verfügung nicht verzichtet.[8]

2. Außergerichtliche Aufforderung
   Die Kläger haben dem Beklagten mit Schreiben vom ......
                     Anlage K 2
   unter Fristsetzung bis zum ...... aufgefordert, auf die Rechte aus der einstweiligen Verfügung zu verzichten, den Titel zurückzugeben und sich zu verpflichten, die Kosten des Anordnungsverfahrens zu erstatten. Die Aufforderung blieb erfolglos.[9]

   II. Veränderte Umstände[10]

   ......

                                                    Rechtsanwalt[11, 12]

Anmerkungen

1. Das Aufhebungsverfahren wegen veränderter Umstände (§ 927 ZPO) steht selbstständig neben dem Aufhebungsverfahren wegen versäumter Klagefrist (§ 926 ZPO) und dem Widerspruch (§ 924 ZPO).
Dieser Rechtsbehelf gibt dem Schuldner einer einstweiligen Verfügung ab Erlass der einstweiligen Verfügung die Möglichkeit, die Aufhebung der einstweiligen Verfügung wegen veränderter Umstände zu erreichen, wenn eine einstweilige Verfügung wegen der veränderten Umstände nicht mehr erlassen werden dürfte (OLG Nürnberg GRUR 1985, 238 – Zwangsvollstreckung bei PrAngVO-Titeln) mit Wirkung für die Zukunft (Thomas/Putzo/*Seiler* ZPO § 927 Rn. 1). Gegenstand des Streites ist also die Rechtmäßigkeit der Aufrechterhaltung der einstweiligen Verfügung; demgegenüber ist Gegenstand des Widerspruchs der Streit über die ursprüngliche Rechtmäßigkeit der einstweiligen Verfügung. Der Antrag ist also auch nach der Bestätigung der einstweiligen Verfügung im Widerspruchsverfahren zulässig.

2. Ausschließlich (§ 802 ZPO) zuständig ist das Gericht der Hauptsache (§ 943 ZPO), sofern die Hauptsache anhängig ist, ansonsten das Gericht, das die einstweilige Verfügung erlassen hat. Hat erst das Berufungsgericht die einstweilige Verfügung erlassen, so ist auch das Gericht 1. Instanz zuständig (OLG Düsseldorf MDR 1984, 324; Zöller/*Vollkommer* ZPO § 927 Rn. 10).

3. Die Schuldner der einstweiligen Verfügung sind die Kläger des Aufhebungsverfahrens oder deren Rechtsnachfolger, nicht jedoch Dritte.

4. Der Antrag ist schriftlich oder zu Protokoll der Geschäftsstelle im amtsgerichtlichen Verfahren zu stellen, im Übrigen besteht Anwaltszwang (§ 78 ZPO) (Thomas/Putzo/*Seiler* ZPO § 927 Rn. 2).

5. Über die Kosten des selbständigen Aufhebungsverfahrens entscheidet das Gericht gem. §§ 91 ff. ZPO. Die Kostenentscheidung des Anordnungsverfahrens ist davon jedoch unberührt (BGHZ 122, 172; OLG Koblenz WRP 1988, 389; OLG Frankfurt WRP 1992, 248; Zöller/*Vollkommer* ZPO § 927 Rn. 12; *Teplitzky* Wettbewerbsrechtliche Ansprüche, 11. Aufl. 2016, Kap. 56 Rn. 37).
Stellt der Kläger des Aufhebungsverfahrens einen gesonderten Kostenantrag (OLG München NJW-RR 1986, 998 f.), so sind dem Kläger des Anordnungsverfahrens die Kosten des Anordnungsverfahrens aufzuerlegen, wenn die einstweilige Verfügung aus Gründen aufgehoben wird, die ex tunc wirken (*Teplitzky* Wettbewerbsrechtliche Ansprüche, 11. Aufl. 2016, Kap. 56 Rn. 38 mwN). Solche Gründe sind die Abweisung der Hauptsacheklage als von Anfang an unbegründet (BGHZ 122, 172 (178 f.) – Verfügungskosten; OLG Hamburg WRP 1979, 141 f.; Zöller/*Vollkommer* ZPO § 927

9. Aufhebung wegen veränderter Umstände G. 9

Rn. 12), die Versäumung der Vollziehungsfrist (§ 929 Abs. 2 ZPO) durch den Gläubiger, sowie die ex tunc wirkende Aufhebung des der Anordnung auf Erlass einer einstweiligen Verfügung zugrunde liegenden Gesetzes durch das Bundesverfassungsgericht (*Teplitzky* Wettbewerbsrechtliche Ansprüche, 11. Aufl. 2016, Kap. 56 Rn. 38 f. mwN).

6. Die Entscheidung über den Aufhebungsantrag ist ohne vorläufige Sicherheitsleistung vollstreckbar (§ 708 ZPO); dh künftige Zwangsvollstreckungsmaßnahmen aus der einstweiligen Verfügung sind unzulässig (hM Zöller/*Vollkommer* ZPO § 927 Rn. 14 mwN). Soweit bereits Zwangsvollstreckungsmaßnahmen eingeleitet wurden, ist deren Aufhebung jedoch erst mit Rechtskraft des Endurteils über den Aufhebungsantrag zulässig. In analoger Anwendung von § 924 Abs. 3 ZPO kann jedoch gemäß § 707 ZPO eine Einstellung bereits begonnener Zwangsvollstreckungsmaßnahmen erreicht werden. Hierzu bedarf es eines gesonderten Antrags, der regelmäßig bei deutlicher Erkennbarkeit des Erfolges des angestrebten Aufhebungsverfahrens (= Unbegründetheit der einstweiligen Verfügung) (*Teplitzky* Wettbewerbsrechtliche Ansprüche, 11. Aufl. 2016, Kap. 56 Rn. 41 mwN) begründet ist.

7. Der Schuldner hat den Antrag zu begründen. Er muss Tatsachen vortragen und glaubhaft machen (§ 294 ZPO), die die Fortdauer der einstweiligen Verfügung unrechtmäßig erscheinen lassen. Die veränderten Umstände können den Verfügungsanspruch und den Verfügungsgrund betreffen. Auch eine neue Beweislage kann die Aufhebung rechtfertigen. Neue Tatsachen sind auch solche, die zum Zeitpunkt der einstweiligen Verfügung schon vorlagen, aber dem Schuldner des vermeintlichen Unterlassungsanspruchs zu diesem Zeitpunkt nicht bekannt waren.

8. Das Rechtsschutzbedürfnis für das Aufhebungsverfahren nach § 927 ZPO setzt voraus, dass die einstweilige Verfügung nach wie vor Bestand hat und der Gläubiger aus der einstweiligen Verfügung auf seine Rechte nicht verzichtet hat.

9. Der durch ein Aufhebungsverfahren bedrohte Gläubiger einer einstweiligen Verfügung kann die sich damit ergebenden zusätzlichen Verfahrenskosten der gerichtlichen Aufhebung vermeiden, indem er die Aufhebungswirkung außergerichtlich durch Verzicht auf die Rechte, Rückgabe des Titels und Erklärung der Übernahme der Kosten herbeiführt. Will der Schuldner der einstweiligen Verfügung die durch ein sofortiges Anerkenntnis des Gläubigers der einstweiligen Verfügung entstehende Kostenbelastung gemäß § 93 ZPO vermeiden, so hat er vor Einbringung des Aufhebungsantrages den Gläubiger der einstweiligen Verfügung zum Verzicht auf die Rechte aus der einstweiligen Verfügung, zur Rückgabe des Titels und zur Übernahme der Kosten aufzufordern.

10. Sowohl veränderte Umstände als auch eine veränderte Beweislage können einen Aufhebungsantrag gemäß § 927 ZPO begründen (KG GRUR 1985, 236 – veränderte Rechtslage). So kann beispielsweise die Dokumentation des nachträglichen Rechtserwerbes möglich geworden sein oder durch neue Beweismittel glaubhaft machen, dass die ursprünglich urheberrechtlich geschützte Leistung nur einer rein handwerklichen durchschnittlichen Tätigkeit entspricht.

In Ausnahmefällen können auch eine veränderte Beurteilung der Rechtslage oder der Wegfall der Rechtsgrundlage zur Aufhebung führen. Möchte der Antragsgegner der einstweiligen Verfügung das Gericht lediglich von seiner Rechtsmeinung überzeugen, so steht ihm das Hauptsacheverfahren offen, das er auch gem. § 926 ZPO erzwingen kann. Anderes gilt dann, wenn sich die grundlegende gesetzliche Bestimmung ändert oder wegfällt (BGH GRUR 1988, 787 – Nichtigkeitsfolgen der Preisangabenverordnung) oder wenn sich die der Verfügungsentscheidung zugrunde gelegte höchstrichterliche Rechtsprechung ändert, so dass damit zu rechnen ist, dass der Hauptsacheklage nicht stattgegeben würde (Gloy/Loschelder/Erdmann UWG-HdB/*Spätgens* § 96 Rn. 12; *Teplitzky* Wettbewerbsrechtliche Ansprüche, 11. Aufl. 2016, Kap. 56 Rn. 34).

Ein typischer und häufiger Aufhebungssachverhalt ist das Versäumen der Vollziehungsfrist gemäß § 929 Abs. 2 ZPO (OLG Koblenz GRUR 1989, 373 – veränderte Umstände; OLG Hamm GRUR 1990, 714 – Vollziehungsmangel; OLG Hamm WRP 1988, 389 f.; OLG München NJW-RR 1986, 998; Zöller/*Vollkommer* ZPO § 927 Rn. 6).

Hinsichtlich der Verpflichtung zur Tragung der Kosten des Anordnungsverfahrens (→ Anm. 6) wird teilweise auf das Vertretenmüssen für die Gründe der fehlenden Vollziehung abgestellt (OLG München NJW-RR 1986, 999; OLG Düsseldorf NJW-RR 1987, 763; Zöller/*Vollkommer* ZPO § 927 Rn. 12).

Ein weiterer Grund für die Aufhebung ist der Wegfall der Wiederholungsgefahr. Die Abgabe einer einseitigen, inhaltlich ausreichenden Unterwerfungserklärung (→ Form. G.2) beseitigt die Wiederholungsgefahr (BGH GRUR 1984, 214 (216) – Copycharge; BGH GRUR 1984, 593 (595) – Adidas-Sportartikel). Dies würde bei allen anhängigen Verfahren zu einer Erledigung der Hauptsache und damit zur Aufhebung der einstweiligen Verfügung führen (*Teplitzky* Wettbewerbsrechtliche Ansprüche, 11. Aufl. 2016, Kap. 56 Rn. 31; aA *Nieder* WRP 1976, 289).

Der Eintritt der Verjährung ist zwar in wettbewerbsrechtlichen Auseinandersetzungen häufig im Hinblick auf die kurze Frist des § 11 UWG Anlass zur Aufhebung (OLG Koblenz GRUR 1989, 373 – veränderte Umstände; OLG Karlsruhe WRP 1980, 713). Im Hinblick auf die dreijährige Verjährungsfrist gemäß § 102 UrhG dürfte dies in urheberrechtlichen Sachverhalten jedoch selten der Fall sein.

Ein weiterer Aufhebungsgrund ist die Rechtskraft eines identischen Hauptsacheurteils, das zum Wegfall des Verfügungsgrundes führt (KG WRP 1979, 547; OLG Hamm NJW-RR 1990, 1536; *Teplitzky* Wettbewerbsrechtliche Ansprüche, 11. Aufl. 2016, Kap. 56 Rn. 33). Gleiches gilt bei rechtskräftiger Abweisung einer Klage (BGHZ 122, 172 – Verfügungskosten; BGH GRUR 1987, 125 (126) – Berührung; OLG Hamm GRUR 1992, 888 – veränderte Umstände). Dabei ist jedoch die begrenzte Rechtskraft eines Prozessurteils zu beachten (*Teplitzky* Wettbewerbsrechtliche Ansprüche, 11. Aufl. 2016, Kap. 56 Rn. 32).

Der Beklagte des Aufhebungsverfahrens kann sich ggf. auf eine andere Anspruchsgrundlage, die seinen Unterlassungsantrag trägt, berufen, wenn und soweit sich dadurch der Verfügungsanspruch nicht ändert (OLG München WRP 1986, 507 f.; OLG Saarbrücken NJW 1971, 946; OLG Frankfurt a.M. GRUR 1997, 484 – Auswechseln der Unterlassungsansprüche bei § 927 ZPO; Stein/Jonas/*Grunsky* ZPO § 927 Rn. 6a; aA KG WRP 1990, 330 (332)).

Das Recht, den Aufhebungsantrag wegen veränderter Umstände zu stellen, kann im Einzelfall verwirkt sein, wenn der Schuldner des Unterlassungsgebots nach Kenntnis der Änderung so lange zuwartet, dass der Gläubiger mit der Geltendmachung nicht mehr zu rechnen braucht (BLAH/*Hartmann* ZPO § 927 Rn. 3).

Kosten und Gebühren

11. Der Streitwert entspricht dem Streitwert des Anordnungsverfahrens (Thomas/Putzo/*Seiler* ZPO § 927 Rn. 10).

Die Gerichtsgebühren ergeben sich gemäß KV 1410 GKG, es entstehen keine gesonderten Anwaltsgebühren, da keine gesonderte Angelegenheit vorliegt (§ 16 Nr. 6 RVG).

Fristen und Rechtsmittel

12. Berufung, keine Revision (§ 545 Abs. 2 ZPO).

10. Antrag auf Erlass einer einstweiligen Verfügung – Auskunft über Herkunft und Vertriebsweg

Landgericht[2]......

Zivilkammer

Antrag auf Erlass einer einstweiligen Verfügung[1]

der AA Schmuckwaren GmbH,

gesetzlich vertreten durch ihren Geschäftsführer A. A.[3]

......

Antragstellerin

Verfahrensbevollmächtigter:[4] Rechtsanwalt ......

gegen

1. CC Schmuck Handels GmbH,
gesetzlich vertreten durch ihren Geschäftsführer C. C.[5]

Antragsgegnerin zu 1)

2. C. C., Geschäftsführer der CC Schmuck Handels GmbH
zu laden über diese

Antragsgegner zu 2)

wegen Urheberrechtsverletzung

bestelle ich mich für den Antragsteller und

beantrage

den Erlass einer einstweiligen Verfügung ohne mündliche Verhandlung, gegebenenfalls durch den Herrn Vorsitzenden allein,[6] für deren Tenorierung ich gemäß §§ 938 ff. ZPO folgenden Vorschlag unterbreite:

I. Die Antragsgegner werden verurteilt, der Antragstellerin unverzüglich nach Zustellung der einstweiligen Verfügung Auskunft zu erteilen über die Herkunft und den Vertriebsweg der Schmuckanhänger gemäß Abbildung
Anlage ASt. 7
durch Vorlage eines vollständigen Verzeichnisses über
1. Namen und Anschrift aller Hersteller, Lieferanten und andere Vorbesitzer der Vervielfältigungsstücke sowie der gewerblichen Abnehmer und Verkaufsstellen für die sie bestimmt waren;
2. die Menge der hergestellten, ausgelieferten, erhaltenen oder bestellten Vervielfältigungsstücke sowie über die Preise, die für die Vervielfältigungsstücke bezahlt wurden.[7]

II. Der Streitwert wird mit ...... EUR bestimmt.[8]

Begründung:[9]

I. Sachverhalt

Die Antragsgegnerin zu 1) hat sich gegenüber der Antragsgegnerin vertragsstrafebewehrt verpflichtet, es künftig zu unterlassen, Vervielfältigungsstücke des Schmuckstücks gemäß

Anlage ASt. 1 zu vervielfältigen und zu verbreiten. Die Antragsgegnerin weigert sich jedoch, Auskunft gemäß § 101 UrhG zu erteilen.

1. Der Künstler W. W. hat das streitgegenständliche Kunstwerk gemäß der Abbildung
   Anlage ASt. 1,
   das sich insbesondere durch seine ungewöhnliche Anordnung der Smaragde und Diamanten auf der einem Ahornblatt nachempfundenen Goldplatte auszeichnet, geschaffen.[10]
   Dieses Kunstwerk wurde neben anderen Kunstwerken des gleichen Künstlers in der großen Frühjahrsausstellung des Museums für Moderne Kunst ausgestellt. Auf den Künstler W. W. als Schöpfer des Werkes wurde verwiesen.[11]
   Glaubhaftmachung: Ausstellungskatalog, insbesondere Seite . . . . . .
   Anlage ASt. 2
   Gerade das streitgegenständliche Kunstwerk wurde sowohl in Fachkreisen als auch in der Öffentlichkeit als besonders gelungenes Beispiel moderner Goldschmiedekunst gelobt.[12]
   Glaubhaftmachung: diverse Presseberichte gemäß
   Anlagenkonvolut ASt. 3
   Im Ausstellungskatalog und den Presseberichten wird W. W. jeweils als Künstler des Werkes bezeichnet.

2. Die Antragstellerin hat mit Vereinbarung vom . . . . . . (Datum)
   Anlage ASt. 4
   das ausschließliche Recht zur Vervielfältigung und Verbreitung des Kunstwerkes als Schmuckstück erworben. Wegen seiner klaren Formgestaltung, seiner ansprechenden Züge und der ihm innewohnenden Kraft konnte das Kunstwerk schon bald mit großem wirtschaftlichen Erfolg[13] verkauft werden.
   Glaubhaftmachung: Eidesstattliche Versicherung des Antragstellers zu 2)
   Anlage ASt. 5

3. Die Antragsgegnerin zu 1) hat mehrere Exemplare des streitgegenständlichen Schmuckstückes in fast identischer Form in ihrem Ladengeschäft[14] in X-Stadt zum Verkauf angeboten.
   Diese Schmuckstücke erweisen sich als Vervielfältigungsstücke der von der Antragstellerin hergestellten und vertriebenen Pretiosen. Auch sie haben als Basis eine einem Ahornblatt nachempfundene Goldplatte, auf der in ungewöhnlicher Anordnung Smaragde und Diamanten angebracht sind. Die Fassung der Edelsteine auf dem „Ahornblatt" entspricht derjenigen, die auch der Künstler W. W. für sein Werk verwendet hat.
   Bei einem Vergleich des Originals der Antragstellerin mit dem Vervielfältigungsstück der Antragsgegnerin zeigt sich, dass die Maserung des Ahornblattes in gleicher Form hervortritt wie bei dem Original der Antragstellerin. Die beiden Schmuckstücke scheinen auch bei näherem Hinsehen identisch zu sein.
   Der Zeuge D. D. hat eines dieser Vervielfältigungsstücke am . . . . . . (Datum) erworben und davon eine Fotografie angefertigt.
   Glaubhaftmachung: Rechnung vom . . . . . .
   Anlage ASt. 6
   Fotografie des bei der Antragsgegnerin erworbenen Exemplars
   Anlage ASt. 7
   Eidesstattliche Versicherung des Zeugen D. D.
   Anlage ASt. 8

10. Antrag auf Erlass einer einstw. Verfügung (Auskunft über Herkunft) G. 10

Nachdem die Antragstellerin davon Kenntnis erlangt hat, hat sie die Antragsgegnerin mit Schreiben vom ...... (Datum)

Anlage ASt. 9

auf Unterlassung in Anspruch genommen.

Die Antragstellerin forderte sowohl die Unterlassung als auch die Auskunft gemäß der Angaben im Tenor zu I.[15] Die Antragsgegnerin hat daraufhin die Unterlassungserklärung am ...... (Datum)

Anlage ASt. 10

abgegeben; sie weigert sich jedoch, Auskunft über die Herkunft und die Vertriebswege der Vervielfältigungsstücke zu geben.

II. Rechtslage

1. Verfügungsgrund

Die Antragstellerin hat Anspruch auf Auskunft in der beantragten Form gegenüber den Antragsgegnern (§ 101 UrhG).

a) Urheberrechtlich geschütztes Werk

Das Kunstwerk des W. W. erweist sich als ein urheberrechtlich geschütztes Werk der bildenden Kunst (§ 2 Abs. 1 Nr. 4, Abs. 2 UrhG).

Das Kunstwerk weist insbesondere in seinem Gesamteindruck der Gestaltung (BGH GRUR 1989, 416 f. – Bauaußenkante; BGH GRUR 1988, 690 (692) – Kristallfiguren; BGH GRUR 1981, 820 (822) – Stahlrohrstuhl II) die erforderliche Individualität auf. Nach Auffassung der für Kunst empfänglichen und mit Kunstanschauung einigermaßen vertrauten Kreise (Schricker/Loewenheim/*Loewenheim* Urheberrecht, 4. Aufl. 2010, § 2 Rn. 139) weist das Werk die erforderliche Individualität auf. Die Ausstellung des Kunstwerks im Museum für moderne Kunst, das Presseecho und der wirtschaftliche Erfolg verdeutlichen dies. Das Kunstwerk genügt auch den Anforderungen an eigenpersönlicher Prägung, da auch für Werke der angewandten Kunst keine besonderen Anforderungen gestellt werden können (BGH GRUR 2014, 175 – Geburtstagszug).

b) Urheberschaft

Aufgrund der Namensangabe des Künstlers W. W. im Ausstellungskatalog wird W. W. bis zum Beweis des Gegenteils als Urheber angesehen (§ 10 Abs. 1 UrhG).

c) Erwerb des ausschließlichen Rechts durch die Antragstellerin

Das ausschließliche Recht zur Vervielfältigung und Verbreitung des Kunstwerkes als Schmuckstück hat die Antragstellerin durch die Vereinbarung vom ...... (ASt. 4) erworben. Als Inhaberin der ausschließlichen Rechte zur Vervielfältigung und Verbreitung der Schmuckstücke ist die Antragstellerin auch berechtigt, die Ansprüche gemäß § 101 UrhG geltend zu machen.

d) Vervielfältigung

Da die Antragsgegner die Gestaltung der Antragstellerin identisch übernommen haben, ist die Verletzung der Urhebernutzungsrechte der Antragstellerin offensichtlich. Diese Offensichtlichkeit rechtfertigt zugleich den Erlass einer einstweiligen Verfügung gemäß § 101 Abs. 3 UrhG.[16]

e) Keine Zustimmung

Die Antragstellerin hat der Vervielfältigung und Verbreitung zu keinem Zeitpunkt zugestimmt.

2. Verfügungsgrund

Die Rechtsverletzung ist offensichtlich im Hinblick auf die identische Übernahme der Gestaltung.

Der Erlass einer einstweiligen Verfügung mit der beantragten Auskunftsverpflichtung ist auch besonders dringlich.

Die Dringlichkeit der einstweiligen Verfügung ergibt sich aus der Tatsache, dass die Antragsgegner die Erteilung der Drittauskunft verweigerten und dadurch die Gefahr besteht, dass die Beliebtheit des streitgegenständlichen Kunstwerks im erhöhten Umfang von den Plagiatoren durch Veräußerung von unberechtigt hergestellten Vervielfältigungsstücken ausgenutzt wird.

Im Übrigen hat die Antragstellerin durch ihr rasches Handeln zu erkennen gegeben, dass sie ein erhebliches Interesse an einer schnellen Klärung des Sachverhalts hat.[17]

3. Zuständigkeit

Das angerufene Gericht ist örtlich zuständig, da die Verletzungshandlung im Landgerichtsbezirk des angerufenen Gerichtes, wie sich aus der vorgelegten Rechnung ergibt, stattfand (§ 32 ZPO, § 105 UrhG).

Rechtsanwalt[18]

Anmerkungen

1. § 101 UrhG wurde durch das Gesetz zur Verbesserung der Durchsetzung von Rechten des geistigen Eigentums vom 11.7.2008 (BGBl. 2008 I 1201) in das Urheberrechtsgesetz eingefügt. Vergleichbare Vorschriften enthalten die Gesetze zum Schutze der gewerblichen Leistungen und das Markengesetz. Das Gesetz dient der Umsetzung der Richtlinie 2004/48/EG zur Durchsetzung des geistigen Eigentums (Enforcement-Richtlinie). Bei der Auslegung der Vorschriften ist daher auf die Richtlinienkonformität zu achten.

In § 101 UrhG wurde für den Urheberberechtigten ein selbständiger, nicht akzessorischer Anspruch auf Drittauskunft geschaffen (*Dreier/Schulze* UrhG § 101 Rn. 1 f.).

Dem Urheberberechtigten soll durch die Möglichkeit, bei offensichtlichen Rechtsverletzungen den Auskunftsanspruch im Wege der einstweiligen Verfügung durchzusetzen (§ 101 Abs. 7 UrhG), ein wirksames Mittel in die Hand gegeben werden, um die Herkunft sowie die Vertriebswege von Plagiaten festzustellen und um die weitere Herstellung und Verbreitung zu verhindern (*Dreier/Schulze* UrhG § 101 Rn. 27 ff.). Zu beachten ist, dass für die Auskunft über Verkehrsdaten gemäß § 3 Nr. 30 TKG, also insbesondere dynamische IP-Adressen und FTP (file transfer protocol) in § 101 Abs. 9 UrhG ein besonderes Verfahren vorgesehen ist, das im Hinblick auf den Schutz des Fernmeldegeheimnisses, die Möglichkeit Auskunft im Wege der einstweiligen Verfügung zu erlangen ausschließt. Zur Geltendmachung des patentrechtlichen Anspruchs auf Drittauskunft im Wege der einstweiligen Verfügung: → Form. C.21.

Neben den Auskunftsansprüchen über die Herkunft und Vertriebswege steht dem Verletzten auch ein Anspruch auf Vorlage und Besichtigung von Urkunden und Sachen gegen den Verletzer zu, wenn die zur Begründung der Ansprüche erforderlich ist (§ 101a UrhG) und von Bank-, Finanz- oder Handelsunterlagen zur Sicherung von Schadensersatzansprüchen zu (§ 101b UrhG), die ggf. auch im Wege der einstweiligen Verfügung durchgesetzt werden können. Voraussetzung für die Besichtigung ist allerdings die hinreichende Wahrscheinlichkeit einer Verletzung der Rechte nach dem Urheberrecht und für den Sicherungsanspruch eine im gewerblichen Ausmaß begangenen Rechtsverletzung.

2. Diejenigen Gerichte, die für eine Unterlassungsverfügung zuständig wären, sind auch für eine einstweilige Verfügung auf Auskunft hinsichtlich Dritter zuständig (→ Form. G.5 Anm. 2, 3).

3. Inhaber des Anspruchs auf Drittauskunft ist der Inhaber des verletzten Rechts. Wenn ein Dritter ein rechtliches Interesse an der Rechtsverfolgung hat, so kann auch dieser den Anspruch aus § 101 UrhG geltend machen (RG GRUR 1936, 42 (45) –

10. Antrag auf Erlass einer einstw. Verfügung (Auskunft über Herkunft) G. 10

Reißverschluss II, BGH GRUR 1983, 370 (372) – Mausfigur; BGH GRUR 1986, 742 (743) – Videofilmvorführung).
Auch die Inhaber einer einfachen Herstellungslizenz (RG GRUR 1936, 42 (45) – Reißverschluss II; BGH GRUR 1981, 652 – Stühle und Tische) oder die Inhaber einer einfachen Vertriebslizenz (*Eichmann* GRUR 1990, 575) können die Drittauskunft geltend machen, wenn sie ein eigenes rechtliches Interesse haben und hierzu vom Rechtsinhaber ermächtigt wurden. Zur Bezeichnung des Antragstellers → Form. G.5 Anm. 4.

4. Zur Postulationsfähigkeit für den Antrag auf Erlass einer einstweiligen Verfügung → Form. G.5 Anm. 5.

5. Zur Bezeichnung des Schuldners → Form. G.5 Anm. 6.
Schuldner des Auskunftsanspruchs ist derjenige, der in gewerblichem Ausmaß das Urheberrecht widerrechtlich verletzt. Erwägungsgrund 14 der Richtlinie definiert das gewerbliche Ausmaß damit, dass die Handlung zwecks Erlangung eines unmittelbaren oder mittelbaren wirtschaftlichen oder kommerziellen Vorteils vorgenommen wird. Handlungen, die von Endverbrauchern in guten Glauben vorgenommen wurden, sollen nach dem Erwägungsgrund nicht darunter fallen.
In § 101 Abs. 2 UrhG ist darüber hinaus die Drittauskunft geregelt, die dem Verletzten auch einen Auskunftsanspruch gegen den Nichtverletzer einräumt. Der Auskunftspflicht unterliegen Personen, die in gewerblichen Ausmaß rechtsverletzende Erzeugnisse in ihrem Besitz haben (§ 101 Abs. 2 Nr. 1 UrhG), rechtsverletzende Dienstleistungen in Anspruch nehmen (§ 101 Abs. 2 Nr. 2 UrhG) oder für die rechtsverletzende Tätigkeit Dienstleistungen erbracht haben (§ 101 Abs. 2 Nr. 3 UrhG), sowie weitere Personen, die nach erteilter Auskunft ebenso den vorgenannten zugeordnet werden können (§ 101 Abs. 2 Nr. 4 UrhG). Voraussetzung ist entweder eine offensichtliche Rechtsverletzung oder ein rechtshängiges Verfahren (*Dreier/Schulze* UrhG § 101 Rn. 10 ff.).

6. *Eichmann* (*Eichmann* GRUR 1990, 587) ist der Auffassung, dass die wenigen Tage zwischen dem Eingang eines Verfügungsantrags und einer mündlichen Verhandlung und der damit fortfallende Überraschungseffekt im Vergleich zu einer Entscheidung und dem Begründungszwang durch den vollständigen Spruchkörper zu bevorzugen sei, im Übrigen → Form. G.5 Anm. 8.

7. Die Fassung des Antrags lehnt sich an die Bestimmung des § 101 Abs. 3 UrhG an, (vgl. insbesondere *Eichmann* GRUR 1990, 575 (579) zur Vorgängervorschrift; OLG Zweibrücken GRUR 1997, 827 (829) – Pharaon-Schmucklinie). Auskünfte, die über die in § 101 UrhG genannten hinausgehen, können ggf. im Wege der Auskunftsklage auf der Grundlage von § 97 UrhG iVm §§ 242, 249 ff. BGB geltend gemacht werden (OLG Köln GRUR 1995, 676 – Vorlage von Geschäftsführerunterlagen). Unter bestimmten Voraussetzungen kann der Verletzte auch die Vorlage von Belegen fordern (*Stjerna* GRUR 2011, 789). Diese sind dann im Antrag in vollstreckbarer Form zu benennen. Eine zeitliche Begrenzung des Auskunftsanspruchs auf die Zeit ab Beginn der ersten bekannten Verletzungshandlung bedarf es nicht (BGH GRUR 2007, 877 Tz. 24 f. – Windsor Estate).

8. Der Streitwert richtet sich nach dem Interesse des Antragstellers und Gläubigers an der Information über weitere Personen und Unternehmen, die die Vervielfältigungsstücke herstellen und/oder verbreiten. Dies kann ein Teilbetrag ($1/4$) des dem Verletzten durch den Vertrieb der rechtsverletzenden Vervielfältigungsstücke entstehenden Schadens sein (§ 3 ZPO).

9. Zum Umfang der Darlegungs- und Glaubhaftmachungslast → Form. G.5 Anm. 15 sowie OLG Braunschweig GRUR 1993, 669 f. – Stoffmuster.
Der Auskunftsanspruch steht unter dem Vorbehalt der Verhältnismäßigkeit (§ 101 Abs. 4 UrhG). Insbesondere ist das Auskunftsinteresse einerseits mit dem Geheimhal-

tungsinteresse andererseits abzuwägen. Der in Anspruch genommene Verletzer ist aber insofern darlegungs- und beweispflichtig (*Dreier/Schulze* UrhG § 101 Rn. 23).

10. Schmuckstücke können als Werke der bildenden Künste (§ 2 Abs. 1 Nr. 4 UrhG) urheberrechtlich geschützt sein. Für die schutzbegründenden Voraussetzungen trägt der Antragsteller die Darlegungs- und Glaubhaftmachungslast. Diese erfordert grundsätzlich die konkrete Darlegung der die Urheberrechtsschutzfähigkeit begründenden Elemente (BGH GRUR 1991, 449 (450) – Betriebssystem; BGH GRUR 1974, 740 (741) – Sessel). Bei Kunstwerken sind jedoch keine überhöhten Anforderungen an die Darlegungslast zu stellen; bei ihnen ist die Schwierigkeit nicht zu verkennen, ästhetisch wirkende Formen überhaupt mit Mitteln der Sprache auszudrücken. Die für den ästhetischen Eindruck wesentlichen Formmerkmale einer schöpferischen Leistung entziehen sich oft der genauen Wiedergabe durch Worte, so dass eine erschöpfende Einzelaufgliederung der künstlerischen Elemente in der Regel nicht erwartet werden kann (BGH GRUR 1991, 449 (450) – Betriebssystem; BGH GRUR 1952, 516 – Hummelfiguren I). In jedem Fall sollte das Werk als Original oder ein Vervielfältigungsstück vorgelegt werden. Die Vorlage des Werkes genügt in vielen Fällen zur Glaubhaftmachung der Voraussetzungen des Urheberrechtsschutzes (*Dreier/Schulze* UrhG § 2 Rn. 70).

11. Die Präsentation eines Werkes auf Kunstmessen und Ausstellungen kann ein Indiz für den urheberrechtlichen Schutz sein (BGH GRUR 1987, 903 (905) – Le Corbusier-Möbel).

12. Die Beachtung eines Werkes in Fachkreisen und in der Öffentlichkeit kann ebenso für den Urheberrechtsschutz sprechen (BGH GRUR 1961, 635 (638) – Stahlrohrstuhl I; BGH GRUR 1974, 740 (742) – Sessel; BGH GRUR 1987, 903 (905) – Le Corbusier-Möbel).

13. Auch der wirtschaftliche Erfolg kann als Indiz für die Schutzwürdigkeit eines Werkes gelten (*Dreier/Schulze* UrhG § 2 Rn. 61 ff. mwN).

14. Der Anspruch richtet sich nur gegen denjenigen, der im geschäftlichen Verkehr die Rechte Dritter verletzt (*Möhring/Nicolini/Reber* UrhG, 3. Aufl. 2014, § 101a Rn. 1 zur Vorgängervorschrift; Wandtke/Bullinger/*Bohne* UrhG § 101 Rn. 6, 10; *Dreier/Schulze* UrhG § 101 Rn. 4, 10); → Anm. 5.

15. Will der Antragsteller der Kostentragungspflicht durch ein sofortiges Anerkenntnis des Antragsgegners entgehen (§ 93 ZPO), sollte er den Antragsgegner zuvor zur Erteilung der Auskunft auffordern, → Form. G.1.

16. Der Auskunftsanspruch setzt entweder eine offensichtliche Rechtsverletzung oder eine erhobene Klage voraus, wenn er sich gegen Dritte wendet. Zum Begriff der Offensichtlichkeit vgl. KG GRUR 1997, 129 (130) – verhüllter Reichstag II. Ausgehend vom Zweck des Gesetzes und der Gesetzesbegründung besteht Offensichtlichkeit nur in den Fällen, in denen die Rechtsverletzung so eindeutig ist, dass eine Fehlentscheidung (oder eine andere Beurteilung im Rahmen des richterlichen Ermessens) und damit eine ungerechtfertigte Belastung des Antragsgegners kaum möglich ist (OLG Frankfurt GRUR-RR 2003, 32 – Offensichtliche Rechtsverletzung).

Dies bedeutet, dass der Antragsteller mit dem stärksten ihm zur Verfügung stehenden Beweismittel die Verletzung glaubhaft zu machen hat. Nach dem OLG Braunschweig (OLG Braunschweig GRUR 1993, 669 – Stoffmuster) genügen die gesetzlichen oder tatsächlichen Vermutungen nicht (aA Schricker/Loewenheim/*Wild* Urheberrecht, 4. Aufl. 2010, § 101a Rn. 7 zur Vorgängervorschrift). Nach OLG Frankfurt (OLG Frankfurt GRUR-RR 2003, 32 – Offensichtliche Rechtsverletzung) genügt die Wahrscheinlichkeit alleine nicht, sondern darf eine andere Beurteilung kaum noch möglich sein. Regelmäßig wird die Voraussetzung nur bei identischen oder fast identischen Kopie gegeben sein.

17. Neben dem Merkmal der Offensichtlichkeit (§ 101 Abs. 3 UrhG) müssen alle übrigen Voraussetzungen der ZPO für den Erlass einer einstweiligen Verfügung gegeben sein (§§ 935, 936 ZPO). Hierzu zählt in erster Linie die Dringlichkeit. Diese ermittelt sich nach den allgemeinen Bestimmungen (→ Form. G.5 Anm. 27, 28).

18. Zu den Kosten und Reaktionsmöglichkeiten des Beklagten → Form. G.5.
Die Zwangsvollstreckung aus dem Beschluss erfolgt durch Androhung und Verhängung eines Ordnungsmittels (§ 888 ZPO). Im Ausnahmefall ist eine Ersatzvornahme denkbar (§ 887 ZPO; *Eichmann* GRUR 1990, 580 f.). Ergeben die erteilten Auskünfte begründete Zweifel an der erforderlichen Vollständigkeit, kann der Verletzte eine eidesstattliche Versicherung fordern (§§ 259 ff. BGB analog).

11. Antrag auf Erlass einer einstweiligen Verfügung zur Sicherstellung

Landgericht
Zivilkammer[2, 3] . . . . .

Antrag auf Erlass

einer einstweiligen Verfügung zur Sicherstellung[1]

In dem Verfahren

der Firma B-Verlag GmbH

gesetzlich vertreten durch ihren Geschäftsführer B. B.

. . . . . .

– Antragstellerin[4] –

Verfahrensbevollmächtigter:[5] Rechtsanwalt . . . . . .

gegen

Firma C Filmverleih GmbH

gesetzlich vertreten durch den Geschäftsführer C. C.

. . . . . .

– Antragsgegnerin[6] –

Verfahrensbevollmächtigter:[7] Rechtsanwalt . . . . . .

wegen Urheberrechtsverletzung

hier: Sicherstellung

bestelle ich mich für die Antragstellerin und

beantrage

den Erlass einer einstweiligen Verfügung, wegen besonderer Dringlichkeit ohne mündliche Verhandlung durch den Herrn Vorsitzenden allein,[8] für deren Tenorierung ich gemäß § 938 Abs. 2 ZPO folgenden Vorschlag[9] unterbreite:

I. Es wird die vorläufige Sicherstellung des Filmes „. . . . . .", der Filmkopien und des dazugehörigen Werbematerials[10] angeordnet.

II. Die Antragsgegnerin hat bis zu einer außergerichtlichen Einigung oder rechtskräftigen Entscheidung die nachfolgend genannten Gegenstände, soweit sie im Eigentum oder Besitz der Antragsgegnerin sind, an den von der Antragstellerin zu beauftragenden örtlich zuständigen Gerichtsvollzieher[11] zur Verwahrung herauszugeben, wobei die Antragstellerin den örtlich zuständigen Gerichtsvollzieher gegebenenfalls mit der Wegnahme zu diesem Zweck beauftragen kann:
1. die Kopiervorlage und/oder das Masterband des unter Ziffer I. bezeichneten Films;
2. sämtliche Kopien des unter Ziffer I. bezeichneten Films;
3. Werbematerial für den vorbezeichneten Film, bestehend aus Standfotos, Plakaten, Klischees, Pressemappen.
Dem Gerichtsvollzieher wird das Betreten der Geschäftsräume der Antragsgegnerin in . . . . . . in der . . . . . . Str. und das Öffnen der darin befindlichen verschlossenen Behältnisse zum Zwecke der Wegnahme gestattet.
III. Der Streitwert wird auf . . . . . . EUR festgesetzt.[12, 13]

Für den Fall, dass die erkennende Kammer Termin zur mündlichen Verhandlung anberaumt, ist die Antragstellerin mit einer weitestgehenden Abkürzung der Ladungsfristen einverstanden.[14]

Begründung:[15]

I. Sachverhalt

1. Die Antragstellerin
Die Antragstellerin betreibt ein Verlagsgeschäft. Sie hat von dem Autor R. R. im Rahmen des Verlagsvertrages vom . . . . . .
Anlage ASt. 1
das ausschließliche Recht zur Verfilmung des Romans „. . . . . ." erworben. Auf den Vervielfältigungsstücken des Romans ist R. R. jeweils an üblicher Stelle als Autor gekennzeichnet.
Glaubhaftmachung: Vorlage eines Exemplars des Romans

2. Die Antragsgegnerin
Die Antragsgegnerin betreibt ein Filmverleihunternehmen. Sie hat sich von dem Produzenten D. D. die Vorführrechte für den streitgegenständlichen Film einräumen lassen. Demgemäß hat die Antragsgegnerin von dem streitgegenständlichen Film Kopien zum Zwecke der Kinovorführung anfertigen lassen sowie geeignete Werbeunterlagen, wie sie im Antrag zu Ziff. II. 3. beschrieben sind, erstellt.
Glaubhaftmachung: Eidesstattliche Versicherung des Zeugen . . . . . . vom . . . . . . als
Anlage ASt. 2

3. Streitstoff
a) Die Antragsgegnerin ist nicht berechtigt, den streitgegenständlichen Film zu bewerben, zu verleihen und vorführen zu lassen. Voraussetzung hierzu wäre, dass der Filmproduzent das Recht zur Verfilmung an dem streitgegenständlichen Roman von der Antragstellerin erworben hätte.
Die Antragstellerin hat weder dem Filmproduzenten noch sonst einem Dritten die Rechte eingeräumt.
Glaubhaftmachung: Eidesstattliche Versicherung des Geschäftsführers der Antragstellerin vom . . . . . .
Anlage ASt. 3
b) Der Geschäftsführer der Antragstellerin hat im Rahmen eines persönlichen Gesprächs vom Produzenten erfahren, dass dieser den Roman „. . . . . ." des Autors R. R. als Vorlage für sein Drehbuch und Grundlage der Verfilmung verwendet hat.

Auf den Einwand des Geschäftsführers der Antragstellerin hin, bestritt der Produzent die Notwendigkeit, überhaupt Rechte erwerben zu müssen. Er kündigte an, die Verwertung zu beginnen, unabhängig davon, was die Antragstellerin oder Herr R. R. dazu sagen würden.

Weiterhin kündigte der Produzent an, dass die Antragsgegnerin kurz davor stehe, die Werbematerialien für die Vorführung des Films in den Versand zu geben sowie den Film anzukündigen.

Glaubhaftmachung: Eidesstattliche Versicherung des Geschäftsführers der Antragstellerin (ASt. 3)

II. Rechtslage

1. Vernichtungsanspruch

Die Antragstellerin kann von der Antragsgegnerin die Vernichtung der rechtswidrig hergestellten Vervielfältigungsstücke, des Masterbandes und der diesbezüglichen Werbematerialien fordern (§ 98 UrhG).

Der Roman „......" ist, wie der Augenschein ergibt, ein urheberrechtlich geschütztes Sprachwerk (§ 2 Abs. 1, Abs. 2 UrhG). Die Urhebernutzungsrechte an dem Roman sind mit der Vollendung des Werkes beim Autor R. R. entstanden, was sich durch die Bezeichnung des Autors auf dem Cover, dem Buchrücken, dem Titelblatt und dem Impressum ergibt (§ 10 UrhG).

Die Antragstellerin hat gemäß § ...... des Verlagsvertrages das ausschließliche Recht zur Verfilmung des Romans als Kinofilm sowie die Rechte der Vervielfältigung und Vorführung des Filmes durch Dritte erworben.

Die Antragsgegnerin hat von der Antragstellerin keine Rechte erworben. Sie hat jedoch Kopien eines Filmes, der auf der Grundlage des Romans ...... von R. R. durch den Produzenten D. D. gedreht wurde, hergestellt, wie sich aus der das Gespräch zwischen dem Geschäftsführer der Antragstellerin und der Antragsgegnerin wiedergebenden eidesstattlichen Versicherung des Geschäftsführers der Antragstellerin ergibt. Da die Antragsgegnerin die Filmkopien sowie die dafür erforderlichen Werbematerialien ohne Einwilligung des Urhebers (§§ 23 S. 2, 88, 89 UrhG) hergestellt und die erforderlichen Werbeunterlagen angefertigt hat, greift sie in die der Antragstellerin zustehenden ausschließlichen Rechte ein.

Die Antragstellerin kann daher sowohl die Vernichtung der Vervielfältigungsstücke als auch die Vernichtung der dazu erstellten Werbeunterlagen verlangen.

2. Erforderlichkeit der Sicherstellung

Zur Sicherung des Anspruchs auf Vernichtung gemäß § 98 UrhG ist der Erlass einer einstweiligen Verfügung, durch die der Antragsgegnerin die Herausgabe an den örtlich zuständigen Gerichtsvollzieher geboten wird, erforderlich.

Der Geschäftsführer der Antragsgegnerin hat den Geschäftsführer der Antragstellerin darauf hingewiesen, dass die Auslieferung an die Kinos kurz bevorsteht. Die Verhinderung der Filmvorführung in den einzelnen Kinos und zur Verhinderung einer weiteren Verletzung der Rechte der Antragstellerin würde es erforderlich machen, bei allen Kinobetreibern entsprechende Unterlassungsansprüche durchzusetzen. Im Hinblick auf die Vielzahl der betroffenen Kinounternehmen dürfte dies jedoch praktisch unmöglich sein.

3. Verfügungsgrund

Einer vorherigen Abmahnung bedurfte es nicht. Nur wenn die einstweilige Verfügung über die vorläufige Verwahrung durch den Gerichtsvollzieher ergeht, kann mit Hilfe des dadurch gewährleisteten Überraschungseffektes sichergestellt werden, dass die Antragsgegnerin die Aussendung der Werbeunterlagen und Filmkopien nicht vollzieht und dadurch die Unterlassungsansprüche der Antragstellerin unterläuft.[16]

Die Ankündigung, demnächst mit der Verwertung zu beginnen so wie die vorsätzliche Rechtsverletzung macht die einstweilige Sicherstellung gleichfalls dringlich.

Rechtsanwalt[17]

Anmerkungen

1. Zur Sicherung des Vernichtungs- und Überlassungsanspruchs gemäß § 99 UrhG und gem. §§ 37–42 KUG kann der Verletzte die Sequestration der rechtswidrig hergestellten, verbreiteten oder zur Verbreitung bestimmten Vervielfältigungsstücke durch einstweilige Verfügung beantragen (§ 938 Abs. 2 ZPO; Schricker/Loewenheim/*Wild* Urheberrecht, 4. Aufl. 2010, §§ 98/99 Rn. 30; *Dreier/Schulze* UrhG § 98 Rn. 7; Wandtke/Bullinger/*Bohne* UrhG § 98 Rn. 8; OLG Hamm GRUR 1989, 502 – Bildflecken). Dieser Antrag ist regelmäßig zu empfehlen, wenn zu besorgen ist, dass der Verletzer trotz einstweiliger Verfügung weiterhin die Rechte des Verletzten beeinträchtigen wird oder wenn zu befürchten steht, dass er Maßnahmen ergreift, die den Vernichtungs- und Überlassungsanspruch ins Leere laufen lassen.

2. Zur sachlichen Zuständigkeit → Form. G.5 Anm. 2.

3. Zur örtlichen Zuständigkeit → Form. G.5 Anm. 3 für urheberrechtlich geschützte Werke zur örtlichen Zuständigkeit bei der Verletzung des Rechts am eigenen Bild → Form. G.15 Anm. 2.

4. Zur Bezeichnung der Antragstellerin → Form. G.5 Anm. 4.

5. Zur Postulationsfähigkeit → Form. G.5 Anm. 5.

6. Zur Bezeichnung der Antragsgegnerin → Form. G.5 Anm. 6.

7. Zur Benennung des Verfahrensbevollmächtigten des Antragsgegners → Form. G.5 Anm. 7.

8. Aus § 937 ZPO ergibt sich der Grundsatz der mündlichen Verhandlung. Darauf kann jedoch in dringenden Fällen verzichtet werden, insbesondere dann, wenn durch den Zeitverlust oder durch die Benachrichtigung des Gegners der Zweck der einstweiligen Verfügung vereitelt würde (BLAH/*Hartmann* ZPO § 937 Rn. 5 f.; Thomas/Putzo/*Seiler* ZPO § 937 Rn. 2). Regelmäßig dürfte die Ladung zur mündlichen Verhandlung oder auch die Abmahnung zur Sequestration dazu führen, dass der Antragsgegner die betroffenen Vervielfältigungsstücke außer Reichweite des Antragstellers schafft und damit die einstweilige Verfügung ins Leere laufen lässt.

9. Der nachfolgend wiedergegebene Antrag basiert auf einem Vorschlag von *v. Gamm* GRUR 1958, 172 (173).

10. Hier ist der Titel des Films einzufügen. Sollen andere Gegenstände beschlagnahmt werden, so sind diese hier so genau zu bezeichnen, dass sie vom Gerichtsvollzieher, der mit der Vollstreckung des Titels beauftragt wird, ohne weiteres erkannt und sichergestellt werden können, → Form. G.5 Anm. 11.

11. Die Vollziehung der einstweiligen Verfügung zur Sicherstellung und Verwahrung erfolgt dadurch, dass der Antragsteller den örtlich zuständigen Gerichtsvollzieher mit der Wegnahme (§ 883 ZPO) sowie mit der Verwahrung beauftragt. Die Wegnahme der einzelnen Gegenstände sowie deren Einlagerung durch den Gerichtsvollzieher sind Maßnahmen der Vollziehung der einstweiligen Verfügung (§§ 936, 928 ZPO). Die diesbezüglichen Kosten hat der Antragsgegner zu tragen (§ 788 Abs. 1 ZPO; OLG

12. Abschlussschreiben   G. 12

Düsseldorf JurBüro 1989, 550; KG NJW-RR 1987, 754; Thomas/Putzo/*Seiler* ZPO § 788 Rn. 27 f.; aA OLG Schleswig JurBüro 1996, 89 f.).

Regelmäßig bedarf es keiner richterlichen Anordnung zur Durchsuchung (§ 758a Abs. 1 S. 2 ZPO), da im Falle der einstweiligen Verfügung von einer Gefährdung des Durchsuchungserfolges auszugehen ist (Thomas/Putzo/*Seiler* ZPO § 758a Rn. 10; *Behr* NJW 1992, 2125 (2128) mwN; OLG Köln NJW-RR 1988, 832; vgl. zum Rechtsstand vor Inkrafttreten von § 758a ZPO: BVerfG NJW 1979, 1539; *Brox/Walker* Zwangsvollstreckungsrecht, 5. Aufl., Rn. 328; *Bork* NJW 1997, 1665 (1672) mwN). Ein vorsorglich gestellter Antrag und entsprechender Spruch beseitigt aber jede Diskussionsmöglichkeit und sollte daher im Hinblick auf die Verpflichtung zur Wahl des sichersten Weges gestellt werden.

12. Ein Kostenantrag ist nicht erforderlich (§§ 936, 308 Abs. 2 ZPO).

13. Der Streitwert entspricht dem Interesse des Antragstellers daran, dass die zu beschlagnahmenden Gegenstände nicht zwischenzeitlich weiter veräußert werden (§ 3 ZPO). Die Sicherstellung dient der Sicherung der Vernichtungs- bzw. der Überlassungsansprüche (§ 99 UrhG). Da es sich um Hilfsansprüche handelt, ist regelmäßig nur ein bestimmter Teilwert der zu sichernden Hauptansprüche als Streitwert anzusetzen. Ein Drittel des Wertes der Hauptsacheansprüche dürfte angemessen sein.

14. Zur Abkürzung der Ladungsfristen → Form. G.5 Anm. 14.

15. Zum Umfang der Darlegungs- und Glaubhaftmachungsmittel → Form. G.5 Anm. 15.

16. Wegen des Vorwarneffektes ist es nicht sinnvoll, den Antragsgegner abzumahnen. Aus diesem Grunde kann auch ein sofortiges Anerkenntnis durch den Verletzer die Kostenfolge des § 93 ZPO nicht haben (OLG Hamburg WRP 1978, 146; OLG Hamburg WRP 1988, 47; OLG Hamburg GRUR 1984, 758 – keine Abmahnung bei Sequestration; OLG Nürnberg WRP 1981, 342 f.; OLG Nürnberg WRP 1995, 427).

Kosten und Gebühren

17. Wegen des mit einer Abmahnung verbundenen Vorwarneffekts ist dies nicht zur Vermeidung einer Kostenbelastung bei sofortigem Anerkenntnis erforderlich (OLG Düsseldorf NJWE-WettbR 1998, 234 f.; OLG Düsseldorf WRP 1997, 471 f.; OLG Frankfurt GRUR 1983, 753 – Pengo; *Teplitzky* Wettbewerbsrechtliche Ansprüche, 11. Aufl. 2016, Kap. 41 Rn. 30); → Form. G.5 aE.

12. Abschlussschreiben

Firma

C. C. Software Vertriebs GmbH[1, 2]

......

(Datum)[3]

A. A. ./. C. C. Software Vertriebs GmbH

Sehr geehrter Herr C. C.,

wie Ihnen bekannt ist, vertreten wir Herrn A. A. in obigem Verfahren.

Unser Auftraggeber hat am ...... eine einstweilige Verfügung beim LG ...... (Gesch.-Nr. ...... /04) gegen Sie erwirkt. Die einstweilige Verfügung wurde Ihnen am ...... zugestellt.

Die einstweilige Verfügung stellt nur eine vorläufige Regelung der Angelegenheit dar.[4] Zur Vermeidung der Hauptsacheklage fordern wir Sie auf, bis spätestens zum

...... (Datum)[5]

eingehend bei uns zu erklären, dass Sie die einstweilige Verfügung als endgültige Regelung anerkennen sowie auf Rechtsbehelfe, Rechtsmittel und Einreden verzichten.[6] Einen Formulierungsvorschlag für die Abschlusserklärung[7] haben wir diesem Schreiben beigefügt.

Innerhalb der gleichen Frist haben wir Sie weiterhin zum Ausgleich der Kosten unserer Inanspruchnahme aufzufordern. Zur Erstattung der Kosten sind Sie nach den Grundsätzen der Geschäftsführung ohne Auftrag verpflichtet; gleiches gilt nach den Grundsätzen des Schadensersatzrechtes (BGH GRUR 1973, 384 f. – Goldene Armbänder).

Zur Vereinfachung der Zahlungsabwicklung haben wir diesem Schreiben eine auf Sie ausgestellte Kostennote beigefügt.[8]

Sollte die erbetene Erklärung nicht innerhalb der gesetzten Frist bei uns vorliegen oder wir den Ausgleich unserer Kostennote nicht feststellen können, müssten wir unserem Auftraggeber raten erneut gerichtliche Hilfe in Anspruch nehmen.[9]

Rechtsanwalt

Anmerkungen

1. Hat ein Antragsteller eine einstweilige Verfügung erlangt, so hat er damit nur einen materiell rechtskräftigen, hinsichtlich der Hauptsache aber nur vorläufigen Titel (MüKoZPO/*Drescher* § 916 Rn. 1). Durch einen Verzicht auf die Rechte gemäß §§ 924, 926 und 927 ZPO durch den Antragsgegner bietet sich für den Antragsteller die Möglichkeit, für die einstweilige Verfügung eine dem Hauptsachetitel entsprechende Stellung zu erlangen. Durch die materiell rechtliche Erklärung der Anerkennung als endgültige Regelung (§§ 780 f. BGB) soll das Rechtsschutzbedürfnis für die Hauptsacheklage entfallen (BGH GRUR 1991, 76 f. – Abschlusserklärung). Die Rechtsprechung (BGH GRUR 1973, 384 (385) – Goldene Armbänder; OLG Hamm WRP 1978, 393) fordert zur Vermeidung der Kostentragungspflicht bei sofortigem Anerkenntnis (§ 93 ZPO) nach dem Erlass einer einstweiligen Verfügung vor Erhebung der Hauptsacheklage die Übermittlung eines Abschlussschreibens mit der entsprechenden Aufforderung zur Abgabe einer Abschlusserklärung (*Teplitzky* Wettbewerbsrechtliche Ansprüche, 11. Aufl. 2016, Kap. 43 Rn. 27 mwN). Die geforderte Abschlusserklärung führt zu einer Perpetuierung des gerichtlichen Titels mit seinen Sicherungsmitteln (§ 890 ZPO) und Vollstreckungsmöglichkeiten. Eine Unterlassungserklärung führt zur materiell rechtlichen Beseitigung der Wiederholungsgefahr und zur Vertragsstrafesicherung. Sie stellt damit einen Aufhebungsgrund (§ 927 ZPO) dar. Der Verletzer hat demgemäß kein Wahlrecht zwischen Unterwerfungserklärung oder Abschlusserklärung. Die Abschlusserklärung ist Teil des Hauptsacheverfahrens, denn sie soll zu einer endgültigen Regelung führen.

2. Ist der Antragsgegner im einstweiligen Verfügungsverfahren nicht anwaltschaftlich vertreten, so richtet sich das Abschlussschreiben an den Antragsgegner selbst, ansonsten an dessen anwaltschaftlichen Vertreter. Da der Umfang der Vollmacht des Anwalts des Verletzers nicht bekannt ist, sollte es auch im Original direkt an den Antragsgegner geschickt werden (Jacobs/Lindacher/Teplitzky/*Schultz-Süchting* Großkommentar UWG, 2. Aufl. 2014, § 25 Rn. 311).

12. Abschlussschreiben G. 12

Zur Vermeidung der Kostenfolge des § 93 ZPO ist zwar der Beweis des Zugangs des Abschlussschreibens nicht erforderlich, jedoch der Nachweis der Absendung. Es genügt ein Telefax mit einem Sendeprotokoll über die einwandfreie Sendung (→ Form. G.1 Anm. 3 mwN).

3. Grundsätzlich kann das Abschlussschreiben jederzeit nach Zustellung des die einstweilige Verfügung erlassenden Urteils oder Beschlusses abgesandt werden (*Teplitzky* Wettbewerbsrechtliche Ansprüche, 11. Aufl. 2016, Kap. 43 Rn. 17). Ein Kostenerstattungsanspruch nach den Grundsätzen der Geschäftsführung ohne Auftrag (BGH GRUR 1973, 384 f. – Goldene Armbänder; Jacobs/Lindacher/Teplitzky/*Schultz-Süchting* Großkommentar UWG, 2. Aufl. 2014, § 25 Rn. 314) oder auf Grund der Schadensersatzverpflichtung (OLG Stuttgart WRP 1984, 230 ff.) des Unterlassungsschuldners besteht jedoch nur, wenn der Antragsgegner nach Ablauf einer Wartefrist zur Abgabe der Abschlusserklärung aufgefordert wurde. Die Wartefrist muss ausreichend bemessen sein, um dem Schuldner zunächst Gelegenheit zu geben, von sich aus die Abschlusserklärung abzugeben (*Teplitzky* Wettbewerbsrechtliche Ansprüche, 11. Aufl. 2016, Kap. 43 Rn. 31). Das LG Berlin (LG Berlin WRP 1979, 240) geht von einer Wartefrist von einem Monat, das OLG Köln (OLG Köln GRUR 1986, 96) in der Regel von mindestens zwei Wochen aus.

4. Einer Begründung des Aufforderungsschreibens bedarf es regelmäßig nicht (*Teplitzky* Wettbewerbsrechtliche Ansprüche, 11. Aufl. 2016, Kap. 43 Rn. 20).

5. Die Frist muss angemessen sein, es sollten in der Regel mindesten vier Wochen ab Zustellung der einstweiligen Verfügung und mindestens zwei Wochen ab Zugang des Abschlussschreibens vergehen. Eine entsprechende Kürzung der Frist ist bei drohender Anspruchsverjährung denkbar (KG WRP 1989, 659 (661); *Teplitzky* Wettbewerbsrechtliche Ansprüche, 11. Aufl. 2016, Kap. 43 Rn. 23 mwN; *Ohly/Sosnitza* UWG § 12 Rn. 183; Gloy/Loschelder/Erdmann UWG-HdB/*Spätgens* § 111 Rn. 2 jeweils mwN). Der Schuldner einer einstweiligen Verfügung muss ausreichend Zeit haben, um zu prüfen, ob er die einstweilige Verfügung anerkennt (OLG Dresden WRP 1996, 432 ff.). Ist die Frist zu kurz bemessen, wird eine angemessene Frist in Gang gesetzt (KG WRP 1978, 451).

6. Zur Notwendigkeit des Verzichts auf die Rechte aus § 927 ZPO: BGH WRP 1989, 480 – Mietwagen-Mitfahrt; BGH GRUR 1991, 76 – Abschlusserklärung. Da der Gläubiger durch die Abschlusserklärung nicht besser gesichert werden soll als durch ein Hauptsacheurteil, wurde zT eine Einschränkung des Verzichts auf die Rechte des § 927 ZPO vorgeschlagen (*Teplitzky* Wettbewerbsrechtliche Ansprüche, 11. Aufl. 2016, Kap. 43 Rn. 8; *Ohly/Sosnitza* UWG § 12 Rn. 187 mwN; OLG Stuttgart WRP 1996, 152 f.).

7. → Form. G.1 Anm. 1.
Da der Gläubiger des Unterlassungsverlangens regelmäßig ein sicheres Beweismittel benötigt, hat er Anspruch auf eine schriftliche Erklärung (KG GRUR 1991, 258 – mündliche Abschlusserklärung).

8. Die Kosten des Abschlussschreibens sind keine Kosten des Verfügungsverfahrens, sondern Vorbereitungskosten für das Hauptsacheverfahren (BGH GRUR 1973, 384 f. – Goldene Armbänder; OLG Frankfurt a.M. GRUR 1989, 374; OLG Karlsruhe WRP 1985, 40 f.; Gloy/Loschelder/Erdmann UWG-HdB/*Spätgens* § 92 Rn. 22 ff.; *Teplitzky* Wettbewerbsrechtliche Ansprüche, 11. Aufl. 2016, Kap. 43 Rn. 30). Die Gebühren des Rechtsanwalts des Verfahrens für das Verfahren der einstweiligen Verfügung umfasst nicht das Verfassen des Abschlussschreibens. Verzichtet der Antragsgegner auf das Klageverfahren und erkennt er die einstweilige Verfügung als endgültige Regelung an, so ist die Tätigkeit dem Hauptsacheverfahren zuzuordnen, also eine gesonderte Angelegenheit (§ 17 RVG). Zu erstatten sind die Kosten nur, wenn das Abschlussschreiben notwendig ist, also erst nachdem der Gläubiger dem Schuldner eine ausreichende Überlegungsfrist (→ Anm. 2) eingeräumt hat.

Hat der Gläubiger bereits Auftrag zur Einreichung der Klage erteilt, so entsteht eine Verfahrensgebühr mit dem 0,8-fachen Satz (VV 3101 RVG) wenn kein Hauptsacheverfahren notwendig wird; liegt kein Auftrag für das Hauptsacheverfahren vor, wovon im Zweifelsfalle auszugehen ist, da die außergerichtliche Erledigung schneller und billiger ist, so entsteht eine Geschäftsgebühr nach dem 1,3-fachen Satz gem. VV 2400 RVG (vgl. zur BRAGO: Jacobs/Lindacher/Teplitzky/*Schultz-Süchting* Großkommentar UWG, 2. Aufl. 2014, § 25 Rn. 313 f.). Diese Gebühr ist auf eine spätere Verfahrensgebühr mit der Hälfte, jedoch maximal mit dem 0,75-fachen Satz anzurechnen.

Der Gegenstandswert richtet sich dabei nach dem Wert des Hauptsacheverfahrens (OLG Karlsruhe WRP 1981, 405; OLG Hamburg WRP 1981, 470; OLG Frankfurt a. M. WRP 1982, 335), er ist höher als derjenige des einstweiligen Verfügungsverfahrens, da dadurch eine endgültige Regelung erreicht wird.

An sich müssten die Kosten vom Schuldner an den Gläubiger, ggf. bei Vorlage einer Inkassovollmacht an dessen Anwalt bezahlt werden. Der Gläubiger müsste nach entsprechender Rechnung den Betrag an den Anwalt bezahlen oder der Anwalt die Aufrechnung mit seinen Honorarforderungen unter Vorlage einer Abrechnung erklären. Dieser Weg wird vereinfacht, wenn die Kosten direkt vom Rechtsanwalt des Gläubigers dem Schuldner in Rechnung gestellt werden.

9. Die Klageandrohung gehört zum wesentlichen Bestandteil des Abschlussschreibens (*Ohly/Sosnitza* UWG § 12 Rn. 187; *Teplitzky* Wettbewerbsrechtliche Ansprüche, 11. Aufl. 2016, Kap. 43 Rn. 24).

13. Abschlusserklärung

In dem Verfahren

des Herrn A. A.,

……

gegen

Firma C. C. Software Vertrieb GmbH,

……

gibt die Firma C. C. Software Vertriebs GmbH folgende

Abschlusserklärung[1, 2]

ab:

Die Firma C. C. Software Vertriebs GmbH erkennt die einstweilige Verfügung des LG …… vom ……, Gesch.-Nr. …… /17, als endgültige Regelung des Streitfalles an. Die Firma C. C. Software Vertriebs GmbH verzichtet insbesondere auf die Rechtsbehelfe gemäß

- § 924 ZPO auf Einlegung eines Widerspruchs[3]
- § 926 ZPO auf das Recht, die Anordnung der Klageerhebung zu beantragen[4] sowie
- § 927 ZPO auf das Recht, die Aufhebung der einstweiligen Verfügung wegen veränderter Umstände zu beantragen,[5] sowie

13. Abschlusserklärung
G. 13

- darauf, den Verfügungsanspruch durch negative Feststellungsklage oder Inzidentfeststellungsklage im Rahmen eines Schadensersatzprozesses anzugreifen[6] und ferner
- auf die Einrede der Verjährung.[7]

C-Stadt, den ......

......

C. Software Vertriebs GmbH

durch C. C. als Geschäftsführer[8]

Anmerkungen

1. Die Abschlusserklärung verfolgt den Zweck, der einstweiligen Verfügung eine Bestandskraft zu verleihen, wie sie von der materiellen Rechtskraft eines Hauptsacheurteils ausgeht. Damit dient die Abschlusserklärung in erster Linie der Vermeidung und Erledigung des Hauptsacheprozesses (BGH WRP 1989, 572 – Bioäquivalenz-Werbung).

Die Abschlusserklärung wird entweder seitens des Verfügungsklägers im Rahmen des Abschlussschreibens an den Verfügungsbeklagten übermittelt oder, sofern der Verfügungsbeklagte zur Vermeidung weiterer Kosten gegen die einstweilige Verfügung nicht vorzugehen beabsichtigt, vom Verfügungsbeklagten ohne besondere Aufforderung an den Verfügungskläger übersandt (Jacobs/Lindacher/Teplitzky/*Schultz-Süchting* Großkommentar UWG, 2. Aufl. 2014, § 25 Rn. 291, 295).

Die Annahmebedürftigkeit einer Abschlusserklärung ist umstritten. Zum Teil enthält sie einseitig wirksame prozessuale Erklärungen, wie der Verzicht auf die Rechtsbehelfe der §§ 924, 926, 927 ZPO. Zum Teil kann sie verfügenden oder verpflichtenden Charakter haben, also eine vertragliche Einigung (§ 311 BGB) enthalten (MüKoZPO/*Rimmelspacher* § 515 Rn. 35; Thomas/Putzo/*Reichold* ZPO § 515 Rn. 3; Zöller/*Heßler* ZPO § 515 Rn. 1). Es empfiehlt sich daher, die Verzichtserklärung zum Bestandteil eines Abschlussvertrages zu machen. Ein solcher Vertrag kann sich auf der einen Seite durch das Abschlussschreiben, das die Aufforderung zur Abgabe der Abschlusserklärung enthält (→ Form. G.11) als Angebot (§ 145 BGB) und zum anderen aus der Rücksendung der vorformulierten Abschlusserklärung als Annahme (§ 151 BGB) zusammensetzen. Hat der Verfügungsbeklagte dem Verfügungskläger die Abschlusserklärung unaufgefordert übermittelt, so hat der Verfügungskläger die Annahme zu erklären (§ 151 BGB). Gleiches gilt, wenn der Verfügungsbeklagte dem Verfügungskläger eine geänderte Abschlusserklärung übermittelt. Nimmt der Verfügungskläger eine annahmefähige Abschlusserklärung nicht an und erhebt statt derer eine inhaltsgleiche Hauptsacheklage, so fehlt es entweder an der Klageveranlassung im Rahmen des § 93 ZPO oder am Rechtsschutzinteresse (*Teplitzky* Wettbewerbsrechtliche Ansprüche, 11. Aufl. 2016, Kap. 43 Rn. 10).

Gleichgültig, ob die Abschlusserklärung als Schuldbestätigungsvertrag (MüKoBGB/*Habersack* § 781 Rn. 3 f.), als einseitiger (BGHZ 4, 314 (321)) oder vertraglicher prozessualer Verzicht (MüKoZPO/*Rimmelspacher* § 515 Rn. 35) betrachtet wird, bedarf die Wirksamkeit keiner gesetzlichen Form. Im Hinblick auf die Beweisbedürftigkeit kann gleichwohl eine mündliche Abschlusserklärung als nicht ausreichend erachtet werden. Nur bei Abgabe einer schriftlichen Erklärung ist davon auszugehen, dass die Bestandssicherung ernstlich gewollt ist (KG GRUR 1991, 258 – mündliche Abschlusserklärung; *Teplitzky* Wettbewerbsrechtliche Ansprüche, 11. Aufl. 2016, Kap. 43 Rn. 14 mwN).

2. Über die Formulierung der Abschlusserklärung und der sich daraus ergebenden Auslegungsproblematik besteht Streit. *Teplitzky* (*Teplitzky* Wettbewerbsrechtliche Ansprüche, 11. Aufl. 2016, Kap. 43 Rn. 8) hält es für am einfachsten und sichersten, wenn die Abschlusserklärung sinngemäß dahingehend formuliert wird, „dass durch sie der in Frage stehende Verfügungstitel jedenfalls nach Bestandskraft und Wirkung einen entsprechenden Hauptsachetitel gleichwertig anerkannt und demgemäß auf alle Möglichkeiten eines Vorgehens gegen diesen Titel und/oder gegen den durch ihn gesicherten Anspruch verzichtet werde, die auch im Falle eines rechtskräftigen Hauptsacheurteils ausgeschlossen wären" (vgl. auch *Ohly/Sosnitza* UWG § 12 Rn. 187; OLG Hamburg WRP 1995, 648; OLG Stuttgart WRP 1996, 152 f.). Die gegenteilige Auffassung, zur Vermeidung von Auslegungsschwierigkeiten die Abschlusserklärung möglichst detailliert zu formulieren, vertritt insbesondere *Schulz-Süchting* (Jacobs/Lindacher/Teplitzky/ *Schulz-Süchting* Großkommentar UWG, 2. Aufl. 2014, § 25 Rn. 296 Fn. 844). Demgegenüber erscheint dem Verfasser im Hinblick auf die von allen Beteiligten erwähnten Auslegungsschwierigkeiten die vorgeschlagene Lösung, die den Willen des Erklärenden als Obersatz formuliert und durch die mit „insbesondere" eingeleitete beispielhafte Erklärung, die Einzelverzichte nennt, der sicherste Weg zu sein.

Die Anerkennung der einstweiligen Verfügung als endgültige Regelung der Hauptsache muss sich nicht unbedingt auf sämtliche Bestandteile des Tenors der einstweiligen Verfügung beziehen. Einzelne Streitgegenstände können auch ausgenommen werden (Jacobs/ Lindacher/Teplitzky/*Schultz-Süchting* Großkommentar UWG, 2. Aufl. 2014, § 25 Rn. 301, 312).

Gegebenenfalls ist auch der Vorbehalt eines Kostenwiderspruchs zulässig (Jacobs/ Lindacher/Teplitzky/*Schultz-Süchting* Großkommentar UWG, 2. Aufl. 2014, § 25 Rn. 303).

Ferner ist die Abschlusserklärung bedingungsfeindlich (BGH GRUR 1991, 76 f. – Abschlusserklärung). Auch auflösende Bedingungen sind unzulässig (aA OLG München NJWE-WettR 1998, 255). Im Übrigen ist die Abschlusserklärung nach den allgemeinen Grundsätzen der Vertragsauslegung auszulegen (BGH WRP 1989, 572 – Bioäquivalenz-Werbung).

3. Ein Verzicht auf den Rechtsbehelf des Widerspruchs ist nur erforderlich, wenn die Verfügung im Beschlusswege erlassen wurde. Andernfalls ist der Widerspruch nicht statthaft. Erging die einstweilige Verfügung durch Urteil, das noch nicht formell rechtskräftig ist, ist anstelle dessen der Verzicht auf das Rechtsmittel der Berufung einzufügen (*Teplitzky* Wettbewerbsrechtliche Ansprüche, 11. Aufl. 2016, Kap. 43 Rn. 5 mwN; Zöller/*Vollkommer* ZPO § 924 Rn. 9; *Ohly/Sosnitza* UWG § 12 Rn. 147 ff.), sofern die Berufungsfrist (§ 516 ZPO) noch nicht abgelaufen ist.

4. Weiterer notwendiger Bestandteil ist der Verzicht auf das Recht, die Anordnung zur Klageerhebung gemäß § 926 Abs. 1 ZPO zu beantragen mit der Folge des Aufhebungsurteils im Falle der Fristversäumnis gem. § 926 Abs. 2 ZPO (Zöller/*Vollkommer* ZPO § 926 Rn. 4; *Teplitzky* Wettbewerbsrechtliche Ansprüche, 11. Aufl. 2016, Kap. 43 Rn. 5).

5. Ein Verzicht auf den Rechtsbehelf des § 927 ZPO gehört ebenso zum notwendigen Bestandteil der Abschlusserklärung (BGH GRUR 1989, 115 – Mietwagen-Mitfahrt; OLG Hamm GRUR 1993, 1001 – Abschlusserklärung; OLG Hamburg WRP 1995, 648 f.; OLG Stuttgart WRP 1996, 152 f.). Streitig ist jedoch der Umfang der Verzichtbarkeit auf die Rechte aus § 927 ZPO. Es ist umstritten, ob auf die Rechte gem. § 927 ZPO auch insoweit verzichtet werden kann, als im Anschluss an rechtskräftige Urteile gemäß § 767 ZPO bzw. § 323 ZPO nachträgliche Veränderungen Berücksichtigung finden müssten. Befürwortet wird daher eine beschränkte Verzichtbarkeit (KG NJW-RR 1996, 162; MüKoZPO/*Drescher* § 927 Rn. 13; Jacobs/Lindacher/Teplitzky/*Schultz-Süchting* Großkommentar UWG, 2. Aufl. 2014, § 25 Rn. 274) differenziert nach zu erwartenden und denkbaren Änderungen einerseits als verzichtbar und gänzlich unerwartete veränderte Umstände andererseits als nicht verzichtbar. Grundsätzlich wird jedoch der vollständige Verzicht auf die Rechte nach

§ 927 ZPO in den Grenzen der §§ 134, 138 BGB als zulässig erachtet (*Lindacher* BB 1984, 639 (643); Stein/Jonas/*Grunsky* ZPO § 927 Rn. 11; Zöller/*Vollkommer* ZPO § 927 Rn. 9a; OLG Köln GRUR 1986, 94; aA BLAH/*Hartmann* ZPO § 927 Rn. 1).

Im Hinblick auf nicht gänzlich unerwartete Veränderungen, wie Gesetzesänderungen oder unvorhersehbare Änderungen wirtschaftlicher Verhältnisse, wird unter dem Gesichtspunkt des Wegfalls der Geschäftsgrundlage eine Aufhebung der Abschlusserklärung diskutiert (*Völp* GRUR 1984, 486 (493); *Teplitzky* Wettbewerbsrechtliche Ansprüche, 11. Aufl. 2016, Kap. 43 Rn. 15 mwN; BGH GRUR 1983, 602 – Vertragsstraferückzahlung). Soweit aber zu erwartende oder denkbare Veränderungen zu einem begründeten Aufhebungsantrag gemäß § 927 ZPO führen könnten, kann sich der Schuldner die diesbezüglichen Rechte für die jeweiligen Umstände vorbehalten (Jacobs/Lindacher/Teplitzky/*Schultz-Süchting* Großkommentar UWG, 2. Aufl. 2014, § 25 Rn. 274).

6. Zum Teil wird der Verzicht, den Verfügungsanspruch auch nicht durch negative Feststellungsklage oder Inzidentfeststellung im Rahmen eines Schadensersatzprozesses anzugreifen, für überflüssig erachtet (*Teplitzky* Wettbewerbsrechtliche Ansprüche, 11. Aufl. 2016, Kap. 43 Rn. 11). Nach dieser Auffassung liegt kein Feststellungsinteresse für die Feststellungsklage vor, ebenso wenig wie ein Verzicht auf eine Schadensersatzforderung aus § 945 ZPO bei einer Gleichstellung des Verfügungstitels mit einem Hauptsacheurteil durch die Abschlusserklärung erfolge. Dies setzt aber die Wirkung einer entsprechenden Erklärung voraus. So müsste beispielsweise der Verzicht, wegen veränderter Umstände die Aufhebung zu beantragen (§ 927 ZPO), völlig uneingeschränkt wirksam sein (BGHZ 122, 176 (178) – Berührung; Zöller/*Vollkommer* ZPO § 927 Rn. 4; Jacobs/Lindacher/Teplitzky/*Schultz-Süchting* Großkommentar UWG, 2. Aufl. 2014, § 25 Rn. 294). Aus Sicherheitsgründen der Klarstellung ist die Aufnahme eines Verzichts zu empfehlen (Jacobs/Lindacher/Teplitzky/*Schultz-Süchting* Großkommentar UWG, 2. Aufl. 2014, § 25 Rn. 292, 296).

7. Hält man den umfassenden Verzicht auf die Rechtsbehelfe gem. § 927 ZPO für wirksam oder zumindest für insofern wirksam, als künftige erwartete Umstände eintreten können, so ist ein Verzicht auf die Einrede der Verjährung nicht erforderlich (Jacobs/Lindacher/Teplitzky/*Schultz-Süchting* Großkommentar UWG, 2. Aufl. 2014, § 25 Rn. 274). Gleichwohl sollte zur Vorsicht auch diese Erklärung erbeten werden.

Kosten und Gebühren

8. → Form. G.12 aE.

14. Unterlassungs-, Auskunfts- und Schadensersatzklage

Landgericht ......[2]

Zivilkammer

Klageschrift[1, 3]

in dem Rechtsstreit der

Firma XY Merchandising GmbH,

gesetzlich vertreten durch den Geschäftsführer XY,

......

– Klägerin –[4]

Prozessbevollmächtigter:[5] Rechtsanwalt ......

gegen

Firma B Textil Handels GmbH,

gesetzlich vertreten durch den Geschäftsführer B. B.,

......

– Beklagte –[6]

Prozessbevollmächtigte:[7] Rechtsanwalt ......

wegen Unterlassung aus Urheberrechtsverletzung

Streitwert: ...... EUR[8]

bestelle ich mich für die Klägerin und erhebe gleichzeitig namens und im Auftrag der Klägerin Klage unter Übergabe eines Verrechnungsschecks über ...... EUR zum Ausgleich der Gerichtskosten.[9]

Ich kündige an, im Termin zur mündlichen Verhandlung die nachgenannten

Anträge

zu stellen:

1. Die Beklagte wird verurteilt, es bei Meidung eines Ordnungsgeldes bis zu 250.000 EUR, ersatzweise Ordnungshaft, oder bei Meidung einer Ordnungshaft bis zu 6 Monaten, die Ordnungshaft zu vollziehen am Geschäftsführer der Beklagten, gemäß § 890 ZPO zu unterlassen,[10]
   Abbildungen der literarischen Figur des P. P., die durch übergroße Leibesfülle, einen runden Kopf, fleischige Hände und Füße, einer blauen Pumphose, rote übergroße Schuhe, einem grünen Hemd sowie einem roten Turban gekennzeichnet sind, wie nachfolgend wiedergegeben,
   ...... (Abbildung einfügen) ......
   auf Bekleidungsstücken, insbesondere auf T-Shirts, Sweatshirts, Polohemden, Schlaf- oder Trainingsanzügen zu vervielfältigen und/oder zu verbreiten, und/oder diese Handlungen durch Dritte ausführen zu lassen.[11]
2. Die Beklagte wird verurteilt, Auskunft zu erteilen, und zwar untergliedert nach den einzelnen Motiven und nach T-Shirts, Sweatshirts, Polohemden, Schlaf-, Trainingsanzügen und anderen Bekleidungsstücken über die Anzahl der hergestellten, verbreiteten und sich auf Lager befindenden Bekleidungsstücke, die eine Abbildung der literarischen Figur des P. P., wie sie im Antrag gemäß Ziffer 1. beschrieben ist, wiedergeben und deren Abgabepreise sowie Rechnung zu legen über den mit diesen Bekleidungsstücken erzielten Gewinne.[12]
3. Es wird festgestellt, dass die Beklagte der Klägerin Schadensersatz, der wie er sich anhand der Auskunft und Rechnungslegung gemäß Ziffer 2. ergibt, zu bezahlen hat, hilfsweise die ungerechtfertigte Bereicherung, wie sie sich anhand der Auskunft und Rechnungslegung gemäß Ziffer 2. ergibt, herauszugeben hat.[13]
4. Die Beklagte wird verurteilt, der Klägerin Auskunft zu erteilen über die Herkunft und den Vertriebsweg der Bekleidungsstücke, die eine Abbildung der literarischen Figur des P. P., wie sie im Antrag gemäß Ziffer 1. beschrieben ist, tragen durch Vorlage eines vollständigen Verzeichnisses über:
   (1) Namen und Anschrift aller Hersteller, Lieferanten und andere Vorbesitzer der Vervielfältigungsstücke sowie der gewerblichen Abnehmer und Verkaufsstellen, für die sie bestimmt waren;

14. Unterlassungs-, Auskunfts- und Schadensersatzklage G. 14

(2) die Menge der hergestellten, ausgelieferten, erhaltenen oder bestellten Vervielfältigungsstücke sowie über die Preise, die für die Vervielfältigungsstücke bezahlt wurden.[14]

5. (1) Die Beklagte wird verurteilt, der Klägerin Auskunft zu erteilen und zwar untergliedert nach direkt zurechenbaren Kosten (Personal-, Material-, Betriebskosten) und indirekt zurechenbaren Kosten unter Angabe der Grundlagen der Zurechnungsschlüssel über die tatsächlichen Herstellungskosten der T-Shirts, Sweatshirts, Polohemden, Schlaf-, Trainingsanzügen und anderer Bekleidungsstücke, die eine Abbildung der literarischen Figur des P. P., wie sie im Antrag gemäß Ziffer 1. beschrieben ist, tragen, sowie in gleicher Form Auskunft zu erteilen über die Herstellungskosten der zur Herstellung des Aufdrucks auf den Bekleidungsstücken erforderlichen Vorrichtungen, insbesondere Druckstöcke und Lithos.[15]

(2) Die Beklagte wird verurteilt, die in Ziffer 1. des Antrags genannten Vervielfältigungsstücke sowie die zu deren Herstellung erforderlichen Vorrichtungen Zug um Zug gegen eine in das Ermessen des Gerichts gestellte angemessene Vergütung, höchstens jedoch in Höhe der tatsächlichen gem. Ziffer 5. (1) zu ermittelnden Herstellungskosten, herauszugeben und in die Eigentumsübertragung einzuwilligen oder diese Gegenstände nach Wahl der Klägerin einem von der Klägerin zu beauftragenden Gerichtsvollzieher zum Zwecke der auf Kosten der Beklagten vorzunehmenden Vernichtung herauszugeben.[16]

Hilfsweise wird die Beklagte verurteilt, an die Klägerin Zug um Zug gegen eine in das Ermessen des Gerichts gestellte angemessene Vergütung, höchstens jedoch ...... EUR die in Ziffer 1. genannten Vervielfältigungsstücke sowie die zu deren Herstellung erforderlichen Vorrichtungen herauszugeben und in die Eigentumsübertragung einzuwilligen oder sie nach Wahl der Klägerin durch die Übergabe an ein einen Textilreißwolf betreibendes Unternehmen sowie an eine Druckstock- und Lithovernichtungsfirma zu vernichten.

6. (1) Die Klägerin wird ermächtigt, den verfügenden Teil des Urteils innerhalb von ...... Wochen ab Zustellung auf Kosten der Beklagten im Format ...... in den Zeitungen ...... bekannt zu machen.[17]

(2) Die Beklagte wird verurteilt, der Klägerin hierzu einen Kostenvorschuss in Höhe von ...... EUR zu bezahlen.[18, 19]

Vorsorglich beantrage ich, der Klägerin nachzulassen, eine etwaige Sicherheitsleistung durch eine unwiderrufliche, schriftliche, selbstschuldnerische, unbedingte und unbefristete Bürgschaft eines Kreditinstituts der Bundesrepublik Deutschland, insbesondere der XX Bank AG, erbringen zu dürfen.[20]

Sofern das Gericht ein schriftliches Vorverfahren anordnet und die Beklagte ihre Verteidigungsabsicht nicht rechtzeitig anzeigt, beantrage ich bereits jetzt den Erlass eines Versäumnisurteils gem. § 331 ZPO.[21]

Unter den gleichen Voraussetzungen beantrage ich den Erlass eines Anerkenntnisurteils für den Fall, dass die Beklagte den Klageanspruch ganz oder zum Teil anerkennt (§ 307 ZPO).[22]

Begründung:[23]

I. Parteien, Streitstoff

Die Klägerin hat von dem literarischen Schöpfer sowie dem Grafiker die ausschließlichen Merchandisingrechte an der literarischen Figur des P. P. sowie dessen bildlich grafische Umsetzung, die beispielhaft als

Anlagenkonvolut K 1

übergeben wird, erworben.

Die Beklagte stellt Bekleidungsstücke aller Art her und verbreitet sie. Sie hat eine Abbildung dieser Figur ohne Zustimmung der Klägerin auf T-Shirts, Sweatshirts und anderen Textilien abgedruckt und diese Bekleidungsstücke vertrieben.

Die Klägerin hat mit Anwaltsschreiben vom . . . . . .

Anlage K 2

die Beklagte auf Unterlassung, Auskunft, Rechnungslegung, Drittauskunft, Vernichtung bzw. Überlassung sowie auf Urteilsbekanntmachung in Anspruch genommen.[24]

Die Beklagte hat jedoch die Abgabe einer Unterlassungsverpflichtungserklärung sowie die Erfüllung der weiteren Ansprüche des Klägers durch ihre Prozessbevollmächtigten mit Schreiben vom . . . . . .

Anlage K 3

abgelehnt.[25]

Klage war daher geboten.

II. Sachverhalt

A. Rechtsverletzung

1. Die Figur des P. P.

Die literarische Figur P. P. ist von dem Kinderbuchautor C. C. in zahlreichen seiner Geschichten erfunden und beschrieben worden. Dabei handelt es sich um eine in einem heißen Land Arabiens lebende Figur, die sich insbesondere durch große Leibesfülle, runden Kopf, fleischige Hände und Füße, blaue Pumphose, rote übergroße Schuhe, grünes Hemd und roten Turban als äußere Merkmale auszeichnet. Die Individualität der literarischen Vorlage der Figur des P. P. ergibt sich nicht nur aus der sprachlichen Ausdrucksweise von C. C., sondern insbesondere auch aus der Schaffung der Figur mit ihren Charakterzügen und deren Einbindung in die Geschehnisse und zu anderen literarischen Figuren.[26]

Vorsorglich zum

Beweis: Erholung eines Sachverständigengutachtens durch das Gericht.

Durch die zahlreichen Geschichten, in denen diese Figur die Hauptperson darstellt, sowie durch den großen Erfolg der Kinderbücher, die durchweg als Bestseller zu bezeichnen sind, hat die Figur des P. P. bei vielen Kindern und Jugendlichen eine große Beliebtheit und Anziehungskraft erfahren.[27]

Die literarische Gestalt des P. P. ist durch den Zeichner F. F. in eine grafische Form gegossen worden. Der Zeichner F. F. hat die Figur des P. P. in den verschiedensten Situationen und Kombinationen gezeichnet und damit die Cover der Buch- und Tonträgerproduktion gestaltet sowie die Bücher illustriert. Weiterhin hat er mit dem Autor zusammen Comic-Hefte geschaffen.

14. Unterlassungs-, Auskunfts- und Schadensersatzklage   G. 14

F. F. hat den für sein Werk durch die literarische Beschreibung eröffneten Gestaltungsspielraum, wie ohne weiteres der Augenschein zeigt und der Vergleich mit der literarischen Beschreibung verdeutlicht, genutzt. Die wiedergegebene Physiognomie, die plumpe Figur und grafische Gestaltung seiner Bekleidung machen dessen Charakter als etwas eigensüchtigen, ungeschickten und verzogenen kleinen Buben augenfällig.[28]

Beweis: 1. Vorlage illustrierter Bücher „..... Titel ......" zum Augenschein
2. Vorlage diverser Cover der Buch- und Tonträgerproduktionen zum Augenschein
   – jeweils im Original nur für das Gericht –
3. vorsorglich Erholung eines Sachverständigengutachtens durch das Gericht

2. Urheber
Auf allen Vervielfältigungsstücken der dem Gericht vorgelegten Bücher „..... Titel ......" und der Cover der Buch- und Tonträgerproduktionen ist C. C. als Autor und F. F. als Zeichner bezeichnet.[29]

3. Rechtseinräumung an die Klägerin
Der Romanautor und der Grafiker haben die ihnen erwachsenen so genannten Merchandisingrechte[30] mit Vereinbarung vom ......
                           Anlage K 4
auf die Klägerin übertragen.
Die der Klägerin eingeräumten Rechte umfassen insbesondere das ausschließliche Merchandisingrecht, also das Recht, die mit der Charakterisierung und Individualisierung eines Objektes verbundenen Ruf- und Imageeigenschaften auf andere Produkte zu übertragen.[31]

4. Rechtsverletzung
Die Beklagte stellt T-Shirts, Sweatshirts, Polohemden und Schlaf- sowie Trainingsanzüge für Kinder unter Verwendung der verschiedenen grafischen Darstellungen des P. P. her und vertreibt diese über Handelsketten in der Bundesrepublik Deutschland. Der Zeuge Z. Z. hat jeweils ein Exemplar erworben, die die Firma der Beklagten im Etikett nennen.

Beweis: 1. Vorlage eines T-Shirts, Sweatshirts, Polohemds, Trainings- und Schlafanzugs zum Augenschein
2. Herr Z. Z., zu laden über ...., als Zeuge

Wie die unterschiedlichen vorgelegten T-Shirts der Beklagten zeigen, hat die Beklagte die Kennzeichen der literarischen Figur und deren grafische Umsetzung aufgegriffen und unverändert die prägenden Merkmale der Zeichnung des P. P. wiedergegeben. Die vorgenommenen Umgestaltungen der grafischen Realisierung sind lediglich einzelne Anpassungen der Figur für die unterschiedlichsten Situationen. Eigene gestalterische Leistungen haben die Bearbeiter dabei nicht vollbracht, sondern einfache, rein handwerkliche Änderungen und Umgestaltungen der Vorlage vorgenommen. Die kennzeichnenden Elemente der zeichnerischen Umsetzung der literarischen Form, die den Abbildungen ihre eigenpersönliche Prägung geben, sind uneingeschränkt übernommen worden.[32]

5. Keine Einwilligung
Die Beklagte hat zu keinem Zeitpunkt bei der Klägerin zum Erwerb der erforderlichen Rechte nachgesucht, eine Einwilligung wurde auch nicht erteilt. Die Voraussetzungen einer Schranke des Urheberrechts liegen nicht vor.[33]

B. Auskunftsverlangen

1. Erkennbarkeit fremder Rechte
Die Beklagte hätte ohne weiteres anhand der Copyrightvermerke auf den diversen Merchandisinggütern von der Urheberberechtigung der Klägerin Kenntnis erlangen

können. Gleiches gilt anhand der Impressumsangaben in den unterschiedlichen Publikationen des Autors.

Die Beklagte hat sich gegen die Rechtsinhaberschaft der Klägerin offensichtlich verschlossen oder in Kenntnis des Sachverhalts nicht den zutreffenden Schluss auf die Notwendigkeit des Rechtserwerbs bei der Klägerin gezogen.[34]

2. Erforderlichkeit

Die im Antrag beschriebenen Auskünfte und Rechnungslegungen sind erforderlich, um entweder den Schadensersatzanspruch (§ 97 UrhG) der Klägerin zu berechnen oder, sofern das Gericht wider Erwarten das Verschulden verneinen würde, den Anspruch auf Erstattung der ungerechtfertigten Bereicherung (§ 97 Abs. 3 UrhG, § 812 BGB) der Klägerin gegenüber der Beklagten zu bestimmen.

Über die im Antrag genannten Informationen verfügt die Klägerin nicht.

3. Zumutbarkeit und Möglichkeit

Die Auskunft und die Rechnungslegung sind der Beklagten ohne weiteres möglich, da es sich dabei um Bestandteile eines in jedem modernen Unternehmen vorhandenen Rechnungswesens handelt.[35]

C. Schaden

Nach erteilter Auskunft wird die Beklagte den Zahlungsanspruch beziffern.[36]

D. Zur Drittauskunft

1. Geschäftlicher Verkehr

Die Beklagte hat die Urheberrechtsverletzung im geschäftlichen Verkehr begangen. Dies ergibt sich bereits daraus, dass die Klägerin die streitgegenständlichen Bekleidungsstücke im Ladengeschäft der Beklagten erworben hat. Auch in weiteren Ladengeschäften und im Wege des Versandhandels werden Bekleidungsstücke mit den streitgegenständlichen Abbildungen angeboten und verkauft.[37]

Beweis: Herr Z. Z., bereits benannt, als Zeuge

2. Notwendigkeit

Die begehrten Auskünfte sind auch nicht unverhältnismäßig, da nur auf diese Art und Weise sichergestellt werden kann, dass die Klägerin die Herkunft der Plagiate und deren Vertriebswege unterbindet. Anders lässt sich ein wirksamer Schutz der Rechte nicht erreichen.[38]

E. Zur Vernichtung

1. Besitz und Eigentum

Die Beklagte ist Eigentümerin einer Vielzahl von Bekleidungsstücken, auf denen in rechtswidriger Weise die im Antrag genannte Figur des P. P. wiedergegeben wird. Darüber hinaus ist die Beklagte Eigentümerin oder Besitzerin von Vorrichtungen, die ausschließlich zur Herstellung der rechtsverletzenden Bekleidungsstücke dienen. Insbesondere handelt es sich dabei um Textildruckmaschinen des Fabrikats XY.

Auf Antrag der Klägerin hat das LG ...... mit einstweiliger Verfügung vom ...... (Az. ......) die Sicherstellung der von der Beklagten hergestellten Bekleidungsstücke sowie der von der Beklagten zur Herstellung dieser Bekleidungsstücke benutzten Textildruckmaschinen angeordnet. Die einstweilige Verfügung ist auf Antrag der Klägerin vom ...... durch Wegnahme der Vervielfältigungsstücke sowie der Textildruckmaschinen am ...... durch den Herrn Gerichtsvollzieher ...... erfolgt. Die Vervielfältigungsstücke sowie die Textildruckmaschinen sind im Lager der Firma XY durch den Gerichtsvollzieher ...... in Verwahrung genommen.[39]

14. Unterlassungs-, Auskunfts- und Schadensersatzklage G. 14

Beweis: 1. Vorlage der einstweiligen Verfügung des LG ...... vom ...... (Az. ......)
Anlage K 5
2. Gerichtsvollzieherprotokoll des Herrn GV ...... vom ......
Anlage K 6

2. Notwendigkeit der Vernichtung
Die Vernichtung ist die einzig mögliche Maßnahme, um die urheberrechtliche Verletzung zu beseitigen.
Die im Wege des Textildrucks aufgebrachten urheberrechtlich geschützten Abbildungen können nicht von den Bekleidungsstücken, ohne diese zu zerstören, getrennt werden.
Eine Kennzeichnung der Bekleidungsstücke als nicht von dem Autor C. C. oder dem Zeichner F. F. herstammend ist zur Beseitigung der Urheberrechtsverletzung nicht ausreichend.[40]
Die weitere Verletzung der der Klägerin zustehenden Urheberrechte kann nur durch die Vernichtung der Druckvorlagen, insbesondere der Lithos, sowie der Textildruckmaschinen sichergestellt werden. Hinsichtlich letzterer ist festzuhalten, dass die Beklagte auf Grund ihres Prospektes, den wir im Original – nur für das Gericht – als
Anlage K 7
übergeben, ausschließlich Bekleidungsstücke mit den Motiven des P. P. herstellt.

3. Vernichtung durch die Klägerin
Im Hinblick auf die Tatsache, dass die Beklagte in großem Umfang rechtsverletzende Vervielfältigungsstücke hergestellt hat, muss die Klägerin befürchten, dass bei einer Rückgabe der Vervielfältigungsstücke an die Beklagte zum Zwecke der Vernichtung diese die Bekleidungsstücke entweder gänzlich oder zumindest teilweise nicht der Vernichtung zuführt, sondern wieder in den Verkehr setzt.[41]

4. Herstellungskosten
Die Klägerin hat ein Interesse daran, von der Beklagten, die von dieser hergestellten Vervielfältigungsstücke zu einer angemessenen Vergütung zu übernehmen. Gleiches gilt für die Filme, Druckstöcke und Textildruckmaschinen. Darüber hinaus ist die Kenntnis der Kosten für die Berechnung des Verletzergewinns im Rahmen des Schadensersatzanspruchs erforderlich.
Der Klägerin hat indes keinerlei Kenntnis von den tatsächlichen Herstellungskosten. Die Beklagte kann demgegenüber die erforderlichen Kosten ohne weiteres bezeichnen.[42]
Der Kläger hat ein Interesse daran, die Vervielfältigungsstücke zu den Herstellungskosten zu übernehmen. Die branchenüblichen Herstellungskosten betragen ...... EUR[43]
Beweis: Erholung eines Sachverständigengutachtens durch das Gericht

F. Urteilsbekanntmachung

1. Erforderlichkeit der Urteilsbekanntmachung
Die Klägerin fordert von der Beklagten die Urteilsbekanntmachung in mindestens einer überregionalen Zeitung.
Die Geschichten und insbesondere die Figuren um den P. P. erfreuen sich einer außerordentlich großen Beliebtheit in allen Kreisen von „Jung und Alt".
Beweis: 1. Erholung eines Sachverständigengutachtens durch das Gericht
2. Vorlage des Privatgutachtens des Marktforschungsinstitutes ABC,
Anlage K 8
Die sich in der Vergangenheit häufenden Plagiate
Beweis: zehn einstweilige Verfügungen,
Anlage K 9–K 18

zeigen, dass dies viele Unternehmen zum Anlass nehmen, diese Abbildungen auf ihre Produkte zu drucken um mit dem guten Ruf dieser Figur und damit insbesondere auch mit den Rechten der Klägerin zu werben. Die Erfahrungen aus der Vergangenheit haben gezeigt, dass insbesondere Textilien mit vergleichbaren Motiven bedruckt werden und durch den Aufdruck solcher Motive in ihrer Verkäuflichkeit gesteigert werden sollen. Durch die Bekanntmachung des Urteils in überregionalen Blättern erfahrt dies nicht nur diejenigen Personen und Unternehmen, die ihren Sitz in der Bundesrepublik Deutschland halten, sondern auch solche Unternehmen, die außerhalb der Bundesrepublik Deutschland bestehen. Sie erfahren dadurch auch, dass ihnen unverzüglich gerichtliche Schritte drohen, sofern sie in die Rechte der Klägerin eingreifen.

Die Beklagte hat rücksichtslos, wie der Erwerb der vorgelegten Plagiate deutlich macht, unter Beteiligung von Billigfirmen des Auslands die Plagiate produziert. Die Plagiate wurden von ihr an mehrere große Handelsketten im großen Stil vertrieben.[44]

2. Kostenvorschuss

Die Klägerin hat bei den Verlagen der . . . . . . Zeitung und der . . . . . . Zeitung angefragt, welche Kosten voraussichtlich durch eine Publikation einer Entscheidung entstehen würden. Nach den jeweiligen Kostenschätzungen der Verlage

Anlage K 19 und K 20

entstehen Kosten in Höhe von ca. . . . . . . EUR[45]

III. Rechtslage

A. Unterlassungsanspruch

Die Unterlassungsklage ist begründet, da die Beklagte die der Klägerin zustehenden ausschließlichen Urhebernutzungsrechte für die Nutzung im Wege des Merchandising verletzt (§§ 96, 97 UrhG).

1. Die literarischen Geschichten um die Figur des P. P. sind urheberrechtlich geschützt (§ 2 Abs. 1 Nr. 1, Abs. 2 UrhG).

Die Schutzfähigkeit bezieht sich auf den Inhalt und die Fabel, insbesondere auf die besonderen Charaktere und ihr Beziehungsgeflecht, das Milieu und das Handlungsgefüge (OLG Karlsruhe ZUM 1997, 810 (815) – Laras Tochter; OLG Karlsruhe GRUR 1957, 395 – Trotzkopf; OLG Hamburg *Schulze* OLGZ 190 – Häschenschule).

Die Umsetzung der literarischen Figur in ihrer zeichnerischen Darstellung durch F. F. ist eine urheberrechtlich geschützte Bearbeitung der literarischen Figur (§§ 3, 2 Abs. 2 UrhG). F. F. hat die Erscheinungsweise und die Charakterzüge der literarischen Figur des P. P. aufgegriffen und diese in den einzelnen Darstellungen grafisch gestaltet und wiedergegeben. Für die Kammer, die regelmäßig mit Fragen des Urheberrechts und künstlerischem Schaffen befasst ist, ist daher ohne weiteres erkennbar, dass die Bearbeitung des F. F. die erforderliche Individualität, die Voraussetzung für den Urheberrechtsschutz ist, aufweist (Schricker/Loewenheim/*Loewenheim* Urheberrecht, 4. Aufl. 2010, § 2 Rn. 137; BGH GRUR 1994, 191 – Asterix Persiflage; BGH GRUR 1994, 206 – Alcolix). Der Urheberrechtsschutz bezieht sich nicht nur auf die konkrete einzelne Comicgestaltung, sondern auch auf die allen Einzeldarstellung zu Grunde liegenden Gestalten (BGH GRUR 1994, 191 f. – Asterix Persiflage; BGH GRUR 1994, 206 f. – Alcolix; BGH GRUR 1995, 47 – Rosaroter Elefant).

2. C. C. und F. F. sind die Urheber (§ 10 UrhG).

C. C. ist auf den Büchern und den Tonträgern als Vervielfältigungsstücke seiner Werke als Autor bezeichnet.

F. F. ist als Bildautor auf dem Cover der Publikationen, der Tonträger sowie der Comic-Hefte verzeichnet, er gilt daher als Urheberberechtigter an der grafischen Umsetzung.

14. Unterlassungs-, Auskunfts- und Schadensersatzklage   G. 14

3. Die Klägerin hat die sog. Merchandisingrechte mit Vereinbarung (K 4) von den Schöpfern erworben.
Mit Vereinbarung gemäß Anlage K 4 haben Autor und Bildautor die ausschließlichen Urhebernutzungsrechte für den sog. Merchandisingbereich räumlich unbeschränkt für die Dauer bis zum Jahre ...... an die Klägerin abgetreten (§§ 31, 32 UrhG).
Gemäß der vertraglichen Vereinbarung ist die Klägerin damit ausschließlich berechtigt, „die Rechte zur Nutzung der grafischen Darstellung der Figur des P. P. in den bisher vorhandenen Darstellungen des Zeichners F. F. auf und in Zusammenhang mit anderen Waren oder zur Bewerbung von Dienstleistungen selbst zu nutzen und/oder Dritten solche Nutzungen zu gestatten."
Als Inhaberin des ausschließlichen Rechts ist die Klägerin auch für die Unterlassungsklage aktivlegitimiert.

4. Die Beklagte hat das der Klägerin zustehende ausschließliche Urhebernutzungsrecht verletzt.
Der Verstoß gegen das ausschließlich der Klägerin zustehende Vervielfältigungs- und Verbreitungsrecht ist offenkundig bei einem Vergleich der Zeichnungen des F. F. mit den von der Beklagten auf den Bekleidungsstücken wiedergegebenen Abbildungen. Die im Antrag genannten prägenden Elemente wurden übernommen.
Die Rechtsverletzung induziert die Wiederholungsgefahr. Da die Beklagte darüber hinaus trotz Aufforderung durch die Klägerin (K 2) die Abgabe einer vertragsstrafebewehrten Unterlassungserklärung ablehnte (K 3), ist dadurch die Wiederholungsgefahr nicht beseitigt worden.

Der Unterlassungsanspruch der Klägerin ist also begründet.

B. Auskunfts- und Zahlungsansprüche

1. Auch der Auskunftsanspruch ist begründet, da die Beklagte gegen die der Klägerin zustehenden Urhebernutzungsrechte verstoßen hat. Die Klägerin ist ohne Kenntnis der im Antrag genannte Informationen nicht in der Lage, die Ansprüche zu berechnen, während die Beklagte ohne besondere Mühen die erforderlichen Informationen erteilen kann.

2. Die Verpflichtung zur Schadensersatzzahlung ergibt sich aus der schuldhaften Rechtsverletzung durch die Beklagte; selbst wenn die Beklagte nicht – wie nicht – schuldhaft gehandelt hätte, hätte die Klägerin den hilfsweise geltend gemachten Anspruch auf Herausgabe der ungerechtfertigten Bereicherung.

3. Das Feststellungsinteresse ergibt sich aus der Tatsache, dass die Klägerin erst nach Erteilung der Auskunft und Rechnungslegung zur Berechnung ihrer Zahlungsansprüche in der Lage ist.

C. Vernichtungs- und Überlassungsansprüche

1. Die Beklagte ist Eigentümerin der durch den Gerichtsvollzieher Herrn ...... sichergestellten Vervielfältigungsstücke (§ 1006 BGB).

2. Der Auskunftsanspruch hinsichtlich der Herstellungskosten ergibt sich aus § 97 UrhG sowie § 99 UrhG iVm §§ 242, 259 ff. BGB.
Die von der Klägerin erbetenen Auskünfte dienen zur Feststellung der tatsächlichen Herstellungskosten sowie zur Überprüfung der Angaben der Beklagten. Sie sind von der Beklagten unter der Voraussetzung, dass sie eine ordnungsgemäße Buchführung hat, jederzeit und ohne Schwierigkeiten zu erteilen. Dass die Klägerin hiervon ohne Verschulden keine Kenntnis hat, ist offensichtlich.
Die Kenntnis über die Herstellungskosten ist Voraussetzung für die Ausübung des Wahlrechts und die Bestimmung des Höchstbetrages der angemessenen Vergütung.

3. Die angemessene Vergütung bestimmt sich danach, was branchenüblich an Herstellungskosten für vergleichbare Vervielfältigungsstücke entsteht.
4. Die Herausgabe an den Gerichtsvollzieher ist erforderlich, um zu verhindern, dass die Beklagte die Vervielfältigungsstücke erneut in den Markt gibt. Die Herausgabe an den Gerichtsvollzieher dient der Sicherstellung der ordnungsgemäßen und kostengünstigen Verwertung auch im Interesse der Beklagten.

E. Auskunftsanspruch hinsichtlich Dritter

Der Auskunftsanspruch ergibt sich aus § 101 UrhG.

F. Klage auf Urteilsbekanntmachung

Der Bekanntmachungsanspruch ergibt sich aus § 103 UrhG.

Den generalpräventiven Interessen der Klägerin gebührt im Hinblick auf den Umfang und die Rücksichtslosigkeit der Urheberrechtsverletzung der Vorrang vor den Interessen der Beklagten.[46]

IV.

Das Landgericht ist zuständig, da die Beklagte ihren Sitz im Gerichtsbezirk der Beklagten hat (§ 17 Abs. 1 ZPO, § 105 UrhG).

Die sachliche Zuständigkeit des Landgerichts ergibt sich aus dem Streitwert von mehr als 5.000 EUR (§§ 23, 71 GVG).

Rechtsanwalt[47]

Anmerkungen

1. Vorliegende Unterlassungsklage zeigt einen typischen, einfach gelagerten Fall. Sie ist nach erfolgloser Abmahnung (→ Form. G.1) oder im Anschluss an einen Beschluss gem. § 926 ZPO, durch den gegenüber dem Verfügungskläger angeordnet wurde, innerhalb eines bestimmten Zeitraums Klage zu erheben, regelmäßig nächster Schritt zur Durchsetzung der Unterlassungsansprüche.

Die Unterlassungsklage wird häufig ergänzt durch eine Feststellungsklage zur Feststellung der Schadensersatzverpflichtung sowie der dazugehörigen Hilfsanträge auf Auskunft und Rechnungslegung zur Ermittlung der Berechnungsgrundlagen.

Weiterhin kann die Unterlassungsklage mit einer Vernichtungs- oder Überlassungsklage gemäß § 99 UrhG, ferner mit einer Klage auf Drittauskunft gemäß § 101 UrhG sowie schließlich mit einer Klage zur Urteilsbekanntmachung gem. § 103 UrhG verbunden werden.

Die Kläger gehen jedoch vielfach davon aus, dass durch ein gerichtliches Verbot der Vervielfältigung und Verbreitung oder sonstigen Nutzung urheberrechtlich geschützter Leistungen keine weiteren Verletzungen mehr drohen. Dies mag zwar ein zutreffendes Motiv für den (vorläufigen) Verzicht der Geltendmachung von Vernichtungsansprüchen sein, ist aber für die Ansprüche auf Drittauskunft nur dann nachzuvollziehen, wenn der Verletzte auf Grund der Marktgegebenheiten davon ausgehen kann, dass Dritte (Hersteller, Lieferanten oder Abnehmer) keine Rechtsverletzung begehen oder diese auch durch ein Unterlassungsurteil verhindert würden.

Die Urteilsbekanntmachung wird nur dann gefordert, wenn besondere Interessen des Urheberberechtigten beeinträchtigt sein könnten.

2. → Form. G.4 Anm. 2, 3. Die Bezeichnung des Gerichts ist notwendiger Inhalt der Klageschrift, § 253 Abs. 1 Nr. 1 ZPO.

14. Unterlassungs-, Auskunfts- und Schadensersatzklage   G. 14

3. Die Klageschrift braucht nicht unbedingt die Bezeichnung „Klageschrift" zu tragen (BLAH/*Hartmann* ZPO § 253 Rn. 13).

4. Die Bezeichnung der Parteien gehören zum notwendigen Bestandteil einer Klageschrift (§ 253 Abs. 2 Nr. 1 ZPO). Sie sind so genau zu bezeichnen, dass keine Zweifel an der Person bestehen. Die Angabe der gesetzlichen Vertretung sowie von Wohnort und Parteistellung ist erforderlich (BGHZ 102, 332; Thomas/Putzo/*Reichold* ZPO § 253 Rn. 7; BLAH/*Hartmann* ZPO § 253 Rn. 23; aA Zöller/*Greger* ZPO § 253 Rn. 8). Die Parteien müssen partei- und prozessfähig sein (§§ 50 ff. ZPO).

5. Regelmäßig wird der Streitwert urheberrechtlicher Unterlassungsklagen den Betrag von 5.000 EUR übersteigen, so dass das LG zuständig ist (§§ 23, 71 GVG). Die Postulationsfähigkeit setzt daher die Klageerhebung durch einen Anwalt voraus (§ 78 ZPO).

6. Auch die Bezeichnung des Beklagten gehört zum notwendigen Bestandteil einer Klageschrift (§ 253 Abs. 2 Nr. 1 ZPO). Jedenfalls für den Beklagten ist auch die Angabe des Wohnortes bzw. der sonstigen Anschrift notwendig, da nur so eine ladungsfähige Postanschrift zum Zwecke der Zustellung der Klageschrift dem Gericht übermittelt werden kann (BLAH/*Hartmann* ZPO § 130 Rn. 10, § 253 Rn. 23 ff.).

7. Hat sich in der außergerichtlichen Korrespondenz ein Rechtsanwalt als zustellungsbevollmächtigt für eine Klage bezeichnet, so ist er hier als „Zustellungsbevollmächtigter" anzuführen, so dass Zustellungen an diesen bewirkt werden können (§ 171 ZPO). Wird die Zustellung an einen nicht bevollmächtigten oder nicht durch schriftliche Vollmacht ausgewiesenen Rechtsanwalt bewirkt, so heilt die nachträgliche Bestellung als Prozessbevollmächtigter die vorherigen Zustellungsmängel (BLAH/*Hartmann* ZPO § 172 Rn. 6). Wird in der Klageschrift ein Prozessbevollmächtigter des Beklagten genannt, so wird an diesen zugestellt, auch wenn er tatsächlich nicht bevollmächtigt ist, trägt das Risiko der Kläger (Zöller/*Stöber* ZPO § 172 Rn. 7).

Die Einreichung einer Schutzschrift ist auch dann nicht als Bestellung als Prozessbevollmächtigter für das Hauptsacheverfahren zu werten, wenn der einreichende Anwalt am Prozessgericht zugelassen ist (OLG Düsseldorf GRUR 1984, 79 (80) – Vollziehungszustellung; OLG Karlsruhe NJW-RR 1992, 702; BLAH/*Hartmann* ZPO § 172 Rn. 10 mwN).

Als bestellt gilt der Prozessbevollmächtigte jedenfalls dann, wenn er auch formlos dem Kläger seine Prozessvollmacht gem. § 80 ZPO mitteilt (BGHZ 118, 312 (322)), Schriftsätze bei Gericht eingereicht werden oder er im Termin auftritt (Zöller/*Stöber* ZPO § 172 Rn. 6).

Ist, wie im vorliegenden Textbeispiel, der Beklagtenvertreter in der Klageschrift bezeichnet, so genügt dieses, um die Zustellung an den bezeichneten Rechtsanwalt zu bewirken. Der Kläger trägt jedoch das Risiko, dass der Beklagte tatsächlich durch den von ihm bezeichneten Prozessbevollmächtigten vertreten wird, so dass dorthin die Zustellung wirksam bewirkt werden kann. Allein das vorprozessuale Auftreten eines Anwalts ohne Bekanntgabe der Prozessvollmacht genügt nicht (BGH MDR 1981, 126).

Bestehen Zweifel, ist es sinnvoll, keinen Prozessbevollmächtigten des Beklagten zu bezeichnen; jedoch sollte aus dem Gebot der Fairness dem angeblichen Beklagtenvertreter von der erhobenen Klage Kenntnis gegeben werden (BVerfG NJW 1987, 2003).

8. → Form. G.3 Anm. 12. Die Streitwertangabe ist nicht endgültig. Sie dient im Wesentlichen der Berechnung des vom Kläger einzuzahlenden Gerichtskostenvorschusses (§ 23 GKG).

9. Die Gerichtskosten sind bei Einreichung der Klage fällig (§ 61 GKG). Die Klage soll erst nach Zahlung der Gebühren für das Verfahren im Allgemeinen zugestellt werden (§ 65 GKG). Für das Verfahren im Allgemeinen sind drei Gebühren gem. KV 1201 GKG zu bevorschussen. Die Zustellung wird nach Gutschrift des Schecks und entsprechender Mitteilung veranlasst. Will man das Verfahren beschleunigen, so empfiehlt es sich, die erforderlichen Gerichtskostenmarken aufzukleben.

10. → Form. G.5 Anm. 10.

11. → Form. G.5 Anm. 11. Das erstrebte Verbot muss möglichst genau bezeichnet werden (OLG München GRUR 1994, 625; OLG Koblenz NJW-RR 1987, 96; OLG Celle WRP 1991, 315; Zöller/*Vollkommer* ZPO § 938 Rn. 2). Damit entsprechen die Anforderungen an die Formulierung des Unterlassungsgebots im einstweiligen Rechtsschutz denjenigen des Hauptsacheverfahrens (§ 253 ZPO).

12. Wird der Auskunfts- und Rechnungslegungsantrag mit dem Unterlassungsantrag verbunden, so bedarf es nicht der Schilderung der charakteristischen Merkmale der Verletzungshandlung, vielmehr genügt anstelle derer ein Hinweis auf die an anderer Stelle des Tenors aufgenommene Verletzungshandlung, also zB

„...... die literarische Figur des P. P., wie sie im Antrag gemäß Ziffer 1. wiedergeben ......".

Im Textbeispiel sind die zur Berechnung und Überprüfung des Verletzergewinns erforderlichen Angaben an dieser Stelle nicht aufgenommen worden, da sie im Antrag zu Ziffer 5. als vorbereitender Antrag für die Ausübung des Wahlrechts auf Überlassung bzw. Unbrauchbarmachung berücksichtigt wurden. Wird ein Antrag gemäß Ziffer 5. nicht verfolgt, sollte der Auskunftsantrag an dieser Stelle um die Herstellungskosten ergänzt werden.

Entscheidend bei der Formulierung des Auskunfts- und Rechnungslegungsantrages ist, dass der Umfang der Auskunft und Rechnungslegung ausreichend und bestimmt festgelegt wird. Die Auskunft und Rechnungslegung hat hinsichtlich aller Daten und Angaben zu erfolgen, die der Verletzte für die Berechnung seiner Forderung benötigt. Diese sind im Antrag genau zu bezeichnen.

Der Verletzte kann den Verletzer bei einer gewerblich begangenen Urheberrechtsverletzung auch auf die Vorlage von Bank-, Finanz- und Handelsunterlagen in Anspruch nehmen, soweit diese zur Durchsetzung seiner Schadensersatzansprüche erforderlich sind (§ 101b UrhG).

Unter bestimmten Voraussetzungen kann der Verletzte auch die Vorlage von Belegen fordern (*Stjerna* GRUR 2011, 789). Diese sind dann im Antrag in vollstreckbarer Form zu benennen.

13. Der Feststellungsantrag kann um einen Feststellungsantrag für die Berechnungsfaktoren (Lizenzsatz, Kausalitätsfaktor) ergänzt werden, um den Höheprozess abzukürzen und das Prozesskostenrisiko zu minimieren (*v. d. Groeben* GRUR 2012, 864). Für die Angabe des angemessenen Lizenzsatzes ist der Beklagte darlegungspflichtig, ggf. muss er sich das erforderliche Wissen in zumutbarer Weise beschaffen (*v. d. Groeben* GRUR 2012, 864 ff.).

14. → Form. G.10 Anm. 7.

15. Soweit die Klage gemeinschaftlich mit der Unterlassungsklage erhoben wird, bedarf es nicht der Beschreibung und einzelnen Bezeichnung der Vervielfältigungsstücke, sondern es genügt der Hinweis

„der im Unterlassungsantrag gem. Ziffer 1. näher bezeichneten Vervielfältigungsstücke".

Wird dieser Anspruch auf Überlassung mit der Schadensersatzklage verbunden, so kann der in diesem Zusammenhang geltend gemachte Auskunftsanspruch hinsichtlich der spezifizierten Aufgliederung der Herstellungskosten entsprechend dem hier vorliegenden Vorschlag ergänzt werden.

14. Unterlassungs-, Auskunfts- und Schadensersatzklage G. 14

Die Ermittlung der tatsächlichen Herstellungskosten, die die Obergrenze der dem Verletzer ggf. zu zahlenden angemessenen Vergütung darstellen, ist ein der betriebswirtschaftlichen Kostenrechnung zuzurechnendes Problem. Danach sind im Rahmen der Kostenträgerrechnung die Stückkosten und Gemeinkosten zu ermitteln. Hinsichtlich letzterer gibt es jedoch keine eindeutigen Regelungen über die betriebswirtschaftlich korrekte Zuordnung von Gemeinkosten. Eine nachvollziehbare Ermittlung der Herstellungskosten setzt daher eine detaillierte Gliederung voraus. *Dreier/Schulze* (*Dreier/Schulze* UrhG § 98 Rn. 9 f.) sind der Auffassung, dass „allgemeine Kosten" nicht in der Kostenermittlung erfasst werden können.

Dieses Textbeispiel enthält keinen Antrag auf Abgabe der eidesstattlichen Versicherung der Richtigkeit der Auskunft. Dieser könnte jedoch im Wege der nachträglichen Anspruchshäufung (§§ 260, 262 Abs. 2 ZPO), wenn der Verletzte Grund hat anzunehmen, dass die Auskunft nicht mit der erforderlichen Sorgfalt erteilt wurde, erhoben werden. Eine solche Klageerweiterung könnte wie folgt formuliert werden:

„Der Beklagte wird verurteilt, die Richtigkeit der erteilten Auskunft und Rechnungslegung gemäß Ziffer . . . . . . an Eides statt zu versichern."

Die eidesstattliche Versicherung ist nach hM durch die Geschäftsleitung (Inhaber, Geschäftsführer, Vorstand) abzugeben (*Brandi-Dohrn* GRUR 1999, 131).

16. Die Vergütung für die Übernahme der Vervielfältigungsstücke bzw. der Vorrichtungen zu deren Herstellung wird zweckmäßigerweise in das Ermessen des Gerichts gestellt (§ 287 ZPO; Schricker/Loewenheim/*Wild* Urheberrecht, 4. Aufl. 2010, §§ 98/99, Rn. 18; *Möhring/Nicolini/Reber* UrhG, 2. Aufl. 2014, § 98 Rn. 4).

Ein Höchstbetrag, den der Anspruchsinhaber als Höchstbetrag für eine angemessene Vergütung betrachtet, sollte zum Nachweis der erforderliche Beschwer für ein etwaiges Berufungsverfahren (§ 511a ZPO) angegeben werden.

Der vorliegende Antrag entspricht dem von *Wild* (Schricker/Loewenheim/*Wild* Urheberrecht, 4. Aufl. 2010, §§ 98/99 Rn. 23 modifizierten Vorschlag der von *Möhring/Nicolini* Urheberrechtsgesetz, 1970, § 99 Rn. 9b) entwickelten Fassung.

Gegen die Antragsformulierung wurde eingewandt, dass im Hinblick auf die Notwendigkeit eines bestimmten Klageantrags (§ 253 Abs. 2 Nr. 2 ZPO) mit dem Klageantrag die Wahl zwischen Überlassung und Vernichtung zu erfolgen habe und eine wahlweise Verurteilung ausscheide (*v. Gamm* Urheberrechtsgesetz, 1968, § 99 Rn. 2; Fromm/Nordemann/*Nordemann* Urheberrecht, 11. Aufl. 2014, §§ 98/99 Rn. 3).

Demgegenüber sind andere der Auffassung, dass der Antrag auf wahlweise Verurteilung gestellt werden und das Gericht entsprechend tenorieren kann; die Wahl hat sein spätestens im Rahmen der Zwangsvollstreckung zu erfolgen (Schricker/Loewenheim/*Wild* Urheberrecht, 4. Aufl. 2010, §§ 98/99 Rn. 14). Beim Anspruch auf Überlassung oder Vernichtung handelt es sich um ein gesetzliches Wahlschuldverhältnis iSv §§ 262 ff. BGB, für die die Zulässigkeit der wahlweisen Verurteilung und Ausführung der Wahl im Vollstreckungsverfahren anerkannt ist (MüKoBGB/*Krüger* § 264 Rn. 6; BLAH/*Hartmann* ZPO § 253 Rn. 97 „Wahlschuld"; Zöller/*Greger* ZPO § 260 Rn. 5; Thomas/Putzo/*Reichold* ZPO § 260 Rn. 7).

Es ist umstritten, ob der Anspruchsberechtigte lediglich die Vernichtung durch den Verpflichteten in der Form einer Leistungsklage fordern kann oder ob er die Herausgabe an sich selbst oder den Gerichtsvollzieher zum Zwecke der Vernichtung auf Kosten des Verpflichteten fordern kann. Gegen die Herausgabe an den Gerichtsvollzieher zum Zwecke der Vernichtung wird eingewandt, dass der Vernichtungsanspruch nicht in einen Herausgabeanspruch umgedeutet werden könne und der Gesetzeswortlaut zur Herausgabe an den Gerichtsvollzieher nichts enthalte (vgl. zum Streitstand *Retzer*, FS Piper, 1996, 421 ff.; *Fezer* MarkenG, 4. Aufl. 2009, § 18 Rn. 59 jeweils mwN).

Der BGH (BGHZ 135, 183 (191 f.) – Vernichtungsanspruch) ist jedenfalls der Auffassung, dass eine Herausgabe der verletzenden Ware dann ausgeschlossen ist, wenn das Risiko besteht, dass der Anspruchsverpflichtete die Ware wieder in den Marktkreislauf einfließen lässt.

Da regelmäßig davon auszugehen ist, dass die verletzenden Vervielfältigungsstücke noch in Verwahrung des Gerichtsvollziehers oder sich auf Veranlassung des Gerichtsvollziehers bei einem Dritten befinden, liegt es nahe, die Vernichtung dem Gerichtsvollzieher zu übertragen. Dadurch kann auch dem Interesse des Verletzers, nur mit den tatsächlich erforderlichen Kosten der Vernichtung belastet zu werden und auf möglichst weitgehende Schonung, am besten Rechnung getragen werden (Fromm/Nordemann/*Nordemann* Urheberrecht, 11. Aufl. 2014, §§ 98/99 Rn. 36; Schricker/Loewenheim/*Wild* Urheberrecht, 4. Aufl. 2010, §§ 98/99 Rn. 29).

Befinden sich also die Gegenstände in Verwahrung des Gerichtsvollziehers, so erscheint folgende Alternativformulierung des Antrags angebracht zu sein (BGHZ 131, 308 – gefärbte Jeans; *Fezer* MarkenG, 4. Aufl. 2009, § 18 Rn. 64):

„...... oder nach Wahl der Klägerin in die Vernichtung der von Herrn Gerichtsvollzieher ...... am ...... auf der Grundlage der einstweiligen Verfügung des LG ...... vom ...... mit dem Aktenzeichen ...... sichergestellten Vervielfältigungsstücke und Vorrichtungen auf Kosten der Beklagten einzuwilligen".

Wenn und soweit die Vernichtung nicht durch den Gerichtsvollzieher zu erfolgen hat, sollte die Art und Weise der Vernichtung im Tenor näher bestimmt sein (*Fezer* MarkenG, 4. Aufl. 2009, § 18 Rn. 64). In diesem Fall könnte folgende Alternative formuliert werden:

„...... oder sie nach Wahl der Klägerin an die Klägerin zum Zwecke der Vernichtung auf Kosten der Beklagten durch die Übergabe an ein Unternehmen, das einen Textilreißwolf betreibt, herauszugeben ......".

Die Kosten der Vernichtung hat der Verpflichtete zu tragen (BGHZ 135, 183 (192) – Vernichtungsanspruch). Es handelt sich dabei um Kosten der Zwangsvollstreckung (§§ 788, 91 ZPO). Zu tragen sind allerdings nur die notwendigen Kosten der Zwangsvollstreckung, nicht etwa solche Kosten, die durch eine besonders pressewirksame Vernichtungsmaßnahme entstehen.

17. Das Textbeispiel lehnt sich an den Vorschlag von *Jestaedt* an. Das Urteil und die zu veröffentlichenden Teile des Urteils, insbesondere der verfügende Teil, sind genau zu bezeichnen (§ 253 Abs. 2 Nr. 2 ZPO). Ebenso ist festzulegen, in welchem Format (Art, Größe, Ort und Anzahl (Dreier/*Schulze* UrhG § 103 Rn. 9) die Veröffentlichung erfolgen kann. Das Gericht ist bei der Bestimmung der Art der Bekanntmachung nicht an den Vorschlag der beantragenden Prozesspartei gebunden (Fromm/Nordemann/*Nordemann* Urheberrecht, 11. Aufl. 2014, § 103 Rn. 8). Es hat den Umfang der Bekanntmachung festzulegen, so dass der damit verfolgte Zweck unter Berücksichtigung der Interessen der Parteien, aber auch der Öffentlichkeit, erreicht wird (Fromm/Nordemann/*Nordemann* Urheberrecht, 11. Aufl. 2014, § 103 Rn. 7; Schricker/Loewenheim/*Wild* Urheberrecht, 4. Aufl. 2010, § 103 Rn. 5; *Teplitzky* Wettbewerbsrechtliche Ansprüche, 11. Aufl. 2016, Kap. 26 Rn. 32 f.).

Zu beachten ist, dass die Anordnung der Veröffentlichung nicht dazu führt, dass das Veröffentlichungsorgan gerichtlich verpflichtet ist, die entsprechende Veröffentlichung tatsächlich vorzunehmen (Fromm/Nordemann/*Nordemann* Urheberrecht, 11. Aufl. 2014, § 103 Rn. 7; Schricker/Loewenheim/*Wild* Urheberrecht, 4. Aufl. 2010, § 103 Rn. 11). Die Veröffentlichungsbefugnis beginnt mit Rechtskraft des Urteils und endet sechs Monate nach Eintritt der Rechtskraft.

14. Unterlassungs-, Auskunfts- und Schadensersatzklage G. 14

18. Der Kläger kann einen Kostenvorschuss fordern (*Dreier/Schulze* UrhG § 103 Rn. 12). Zwischen dem Kläger und dem jeweiligen Publikationsorgan wird ein diesbezüglicher Vertrag geschlossen, der auch den Kläger allein berechtigt und verpflichtet.

19. Ein gesonderter Kostenantrag ist nicht erforderlich (§ 308 Abs. 2 ZPO). Ebenso wenig bedarf es des Antrags, das Urteil für vorläufig vollstreckbar zu erklären (§ 709 ZPO). Gegebenenfalls sollte der Kläger jedoch bereits in der Klage einen Antrag gem. § 710 ZPO, das Urteil auch ohne Sicherheitsleistung für vorläufig vollstreckbar zu erklären, stellen (§ 714 ZPO). Es ist umstritten, ob der Antrag im Berufungsverfahren nachgeholt werden kann (Thomas/Putzo/*Seiler* ZPO § 714 Rn. 5; Zöller/*Herget* ZPO § 714 Rn. 1; BLAH/*Hartmann* ZPO § 714 Rn. 2 jeweils mwN).

20. Soweit das Gericht eine Sicherheit zur Vollstreckung aus dem Urteil bestimmt, kann die Art und Höhe der Sicherheit entweder von den Parteien vereinbart oder vom Gericht festgelegt werden, im Zweifelsfall ist die Sicherheitsleistung durch die schriftliche, unwiderrufliche, unbedingte, unbefristete eines im Inland zum Geschäftsbetrieb befugtes Kreditinstitut oder durch Hinterlegung von Geld oder Wertpapieren gem. § 234 BGB zu bewirken (§ 108 ZPO).

Bei der Festsetzung der Höhe der Sicherheit hat das Gericht davon auszugehen, welcher Betrag erforderlich ist, um dessen Interesse, für den die Sicherheit zu leisten ist, vor möglichen Nachteilen oder Schäden zu bewahren (§ 717 Abs. 2 ZPO). Regelmäßig sind dabei die im Falle einer Verurteilung in höherer Instanz auf Grund einer vorläufigen Vollstreckung aus der Entscheidung vom Beklagten an den Kläger zu erbringende Zahlungen, insbesondere Schadensersatzbeträge, Kostenerstattungen zu berücksichtigen. Gegebenenfalls sind auch mögliche Schäden des Beklagten aus einem vorläufigen Herstellungs- und Vertriebsverbot einzubeziehen (Thomas/Putzo/*Seiler* ZPO Vorb. § 708 Rn. 10; Zöller/*Herget* ZPO § 108 Rn. 4). Der Beklagte sollte ggf. entsprechend vortragen.

Die Entscheidung ergeht durch einen jederzeit änderbaren Beschluss des Prozessgerichts.

21. Es ist Sache des Gerichts, darüber zu entscheiden, ob ein früher erster Termin zur mündlichen Verhandlung (§ 275 ZPO) oder ein schriftliches Vorverfahren (§ 276 ZPO) angeordnet wird. Im letzteren Fall wird dem Beklagten eine Notfrist von zwei Wochen ab Zustellung der Klageschrift gesetzt, um dem Gericht schriftlich anzuzeigen, dass die Beklagte sich gegen die Klage verteidigen will. Verstreicht diese Frist, kann der Kläger bereits für diesen Fall gem. § 331 Abs. 3 ZPO den Erlass eines Versäumnisurteils bereits in der Klageschrift beantragen (§ 331 Abs. 3 S. 2 ZPO).

22. Im Falle eines schriftlichen Vorverfahrens kann der Beklagte anstelle der Anzeige der Verteidigungsabsicht den Klageanspruch sofort anerkennen. Für diesen Fall kann der Kläger den Antrag auf Erlass eines Anerkenntnisurteils mit der Klageschrift stellen (§ 307 Abs. 2 S. 2 ZPO).

23. Zum notwendigen Bestandteil einer Klage gehört der Klagegrund (§ 253 Abs. 2 Nr. 2 ZPO), aus dem der Kläger die begehrte Rechtsfolge ableitet. Zur Schlüssigkeit der Klage gehört der Vortrag all jener Tatsachen, die den Klageantrag rechtfertigen, also in Verbindung mit einem Rechtssatz geeignet und erforderlich sind, die geltend gemachten Rechte als in der Person des Klägers entstanden erscheinen zu lassen (BGH NJW-RR 1998, 712). Dies bedeutet, dass der Verletzte Ausführungen zum Entstehen des Rechts, zum Erwerb des Rechts und zur Verletzung des Rechts machen muss (Schricker/Loewenheim/*Wild* Urheberrecht, 4. Aufl. 2010, § 97 Rn. 202). Es genügt, dass der Kläger Umstände wiedergibt, aus denen sich die gesetzlichen Voraussetzungen für die begehrte Rechtsfolge ergeben (BGH NJW 1991, 2707; BGH NJW-RR 93, 189). Eine bis in alle Einzelheiten gehende Darstellung des streitigen Lebensvorgangs ist in der Klageschrift nicht erforderlich. Eine Konkretisierungsobliegenheit ergibt sich je nach Umfang der Erklärung des Beklagten (§§ 277, 138 ZPO). Zur Replik auf die Klageerwiderung wird dem Kläger gegebenenfalls eine Frist gesetzt (§ 276 Abs. 3 ZPO). Je nach Umfang der Erklärungen des Beklagten, hat der Kläger seinerseits seinen Sachvortrag zu substantiieren (BGH NJW 72, 1710).

Sinnvollerweise werden zu den jeweiligen Tatsachenbehauptungen die geeigneten Beweisangebote (§§ 371, 373, 402, 420 ff. ZPO) gemacht.

In vielen Fällen kann sich das erstrebte Klageziel aus mehreren Normen ergeben, so kann der Anspruch auf die Verletzung des Urheberrechts gestützt werden und auch auf den ergänzenden wettbewerblichen Leistungsschutz (*Köhler/Bornkamm/Feddersen* UWG § 4 Rn. 9.1 ff.). Es ist geboten, im Sachverhalt alle Tatsachen darzulegen und unter Beweis zu stellen, die zur Erfüllung der Voraussetzungen aller zielführenden Normen notwendig sind. In diesen Fällen liegen allerdings mehrere Streitgegenstände vor (BGH GRUR 2012, 58 Rn. 14 – Seilzirkus). Der Kläger muss im Hinblick auf das Bestimmtheitsgebot (§ 253 Abs. 2 Nr. 2 ZPO) angeben in welchen Verhältnis die Streitgegenstände stehen, also ob sie kumulativ geltend gemacht werden oder ob sie im Eventualverhältnis stehen (BGH GRUR 2011, 521 Rn. 8 ff. – TÜV I). Für wettbewerbsrechtliche Unterlassungsansprüche hat der BGH allerdings den feingliedrigen Streitgegenstandsbegriff aufgegeben und sieht im Streitgegenstand nunmehr die Verletzungsform im konkreten Lebenssachverhalt (BGH GRUR 2013, 401 Rn. 24 – Biomineralwasser). Eine Klageänderung (§ 263 ZPO) liegt dann vor, wenn der Kläger im Laufe des Rechtsstreits das Verhältnis der Streitgegenstände ändert (BGH GRUR 2011, 1043 Rn. 32 – TÜV II; BGH NJW 2007, 913).

24. → Form. G.1, → Form. G.2.

25. Veranlassung zur Klageerhebung (§ 93 ZPO) hat der Beklagte gegeben, wenn er sich vor Prozessbeginn so verhalten hat, dass der Kläger annehmen musste, er werde ohne Klage nicht zu seinem Recht kommen (Zöller/*Herget* ZPO § 93 Rn. 3; Thomas/Putzo/*Hüßtege* ZPO § 93 Rn. 4). Dies ist insbesondere dann der Fall, wenn der Beklagte die Erfüllung der klägerischen Ansprüche nach einer vorgerichtlichen Abmahnung abgelehnt hat. Auch das Verstreichenlassen einer gesetzten Frist ist als Ablehnung zu werten. Die Beweislast für die fehlende Klageveranlassung trägt der Beklagte (Thomas/Putzo/*Hüßtege* ZPO § 93 Rn. 7 f.).

26. Grundsätzlich muss der Kläger die konkreten Gestaltungselemente, die den urheberrechtlichen Schutz begründen sollen, darlegen. In einfachen Fällen genügt die Vorlage des Werkes oder von Fotografien. Bei Gebrauchsgegenständen muss aber genau dargelegt werden, inwieweit die Form über die Funktion hinaus einen gestalterischen Überschuss aufweist, der das rein Handwerkliche, Durchschnittliche deutlich übersteigt (BGH GRUR 2012, 58 Rn. 23 ff. – Seilzirkus). Eine genauere Beschreibung der äußeren Erscheinung und der prägenden Charakterzüge bedarf es an dieser Stelle nicht, da es im vorliegenden Verfahren in erster Linie um den Schutz einer grafischen Darstellung geht. Würde die urheberrechtliche Qualität der literarischen Figur des P. P. von dem angerufen Gericht nicht bejaht werden, so wäre die grafische Umsetzung keine Bearbeitung (§ 3 UrhG), sondern das Werk eines Originalurhebers. Die Rechtsverletzung bezöge sich dann nicht auch auf die Rechte des Autors, sondern nur auf diejenige des Zeichners. Im Übrigen scheint es wenig wahrscheinlich, dass der Beklagte die urheberrechtliche Qualität der literarischen Figur und der Geschichten im vorliegenden Fall bestreitet. Es werden hierzu dem Gericht an anderer Stelle zahlreiche Publikationen vorgelegt. (→ Form. G.5 Anm. 19, 20).

27. Der kommerzielle Erfolg eines Werkes kann ein geeignetes Indiz sein, um die urheberrechtliche Schutzwürdigkeit und insbesondere auch das Können eines Durchschnittsgestalters vergleichbarer Art übersteigende Können des jeweiligen Urhebers darzulegen. Gleiches gilt für die Beurteilung durch die Fachwelt, die Erstmaligkeit und die Komplexität (*Dreier/Schulze* UrhG § 2 Rn. 61 ff.).

14. Unterlassungs-, Auskunfts- und Schadensersatzklage G. 14

28. Comicpersönlichkeiten dürften durch ihre äußeren Erscheinungsmerkmale und ihre Charakterzüge regelmäßig die für den Kunstwerkschutz erforderliche Individualität aufweisen (Schricker/Loewenheim/*Loewenheim* Urheberrecht, 4. Aufl. 2010, § 2 Rn. 149 mwN). Wegen der Schwierigkeiten, ästhetisch wirkende Formen überhaupt mit Mitteln der Sprache auszudrücken, werden keine überhöhten Anforderungen an die Darstellungslast gestellt (BGH GRUR 1991, 449 f. – Betriebssystem; BGH GRUR 1974, 740 f. – Sessel; Schricker/Loewenheim/*Loewenheim* Urheberrecht, 4. Aufl. 2010, § 2 Rn. 144 mwN). Regelmäßig dient die Vorlage eines Vervielfältigungsstücks oder eines Originals zur Darlegung der schutzbegründenden Voraussetzungen.

29. Ist der Urheber auf Vervielfältigungsstücken eines erschienenen Werkes als Urheber bezeichnet, so gilt er bis zum Beweis des Gegenteils als Urheber des Werkes (§ 10 UrhG). Klagt der Urheber selbst, so hat er damit gleichzeitig das Erforderliche getan, um die Sachbefugnis nachzuweisen. Es ist Sache des Beklagten, Tatsachen vorzutragen und unter Beweis zu stellen, die die Vermutung widerlegen. (BGH GRUR 1991, 456 – Goggolore).

30. Das Merchandisingrecht wird als das Recht beschrieben (*Lutz* Verträge für die Multimedia-Produktion, 1996, Rn. 115; vgl. auch *Dreier/Schulze* UrhG vor § 31 Rn. 186 ff.; Wandtke/Bullinger/*Wandtke*/Grunert UrhG vor §§ 31 ff. Rn. 80 f.), ein Werk und seine Bearbeitungen, insbesondere die im Werk enthaltenen Figuren, Namen, Textteile, Titel, Schriften, Geschehnisse, Erscheinungen und die durch das Werk begründete Ausstattung einschließlich ihrer zeichnerischen und sonstigen Umsetzung im Zusammenhang mit anderen Produkten und Dienstleistungen jeder Art und jeder Branche zum Zwecke der Verkaufsförderung, insbesondere durch die Vervielfältigung und Verbreitung der so gestalteten oder versehenen Produkte sowie zur Werbung für diese Produkte und Dienstleistungen zu nutzen.

31. Ist der Kläger nicht gleichzeitig selbst der Urheber, so hat er zum Nachweis seiner Sachbefugnis die vollständige Rechtekette darzulegen und zu beweisen. dies bedeutet, dass er die jeweiligen Erwerbsvorgänge anhand des Erwerbstatbestandes, wie beispielsweise der Verträge und des jeweiligen Erwerbers darzulegen und unter Beweis zu stellen hat.
Häufig handelt es sich dabei um Vorgänge mit Auslandsbeziehungen. Dabei ist zu beachten, dass das Recht des Schutzlandes und nicht das Recht des Tatorts für die Beantwortung der Frage nach der Entstehung des Urheberrechts, nach dem ersten Inhaber und nach der Übertragbarkeit der streitigen Befugnis anzuwenden ist (BGHZ 136, 380 (386) – Spielbankenaffäre; BGHZ 126, 252 (266) – Folgerecht bei Auslandsbezug; *Katzenberger*, FS Schricker, 1995, 225 (238 ff.) jeweils mwN). Das anwendbare Recht für das Verfügungs- und das Verpflichtungsgeschäft richtet sich nach den allgemeinen Grundsätzen des IPR; danach gilt für die Bundesrepublik Deutschland, dass regelmäßig bei Fehlen einer ausdrücklichen Vereinbarung das Recht gilt, das am Sitz des Verwerters anzuwenden ist, wenn der Verwerter eine Verwertungspflicht oder zumindest eine Verwertungslast übernommen hat (*Katzenberger*, FS Schricker, 1995, 225 (246 ff.) mwN; *Dreier/Schulz* UrhG vor §§ 120 ff. Rn. 26 ff.; Wandtke/Bullinger/*v. Welser* UrhG vor §§ 120 ff. Rn. 21 ff.) Hat der Rechtserwerb auf Grund eines Sachverhalts, für den eine ausländische Rechtsordnung anzuwenden ist, stattgefunden, so hat das Gericht, soweit es nicht selbst über die erforderlichen Kenntnisse verfügt, die zur Ermittlung des Rechts geeigneten und erforderlichen Maßnahmen zu ergreifen (§ 293 ZPO; BGHZ 136, 380 (386) – Spielbankenaffäre; BGH NJW 1996, 54 (55) mwN).
Vollzieht sich der Rechtserwerb auf der Grundlage des Rechts der Bundesrepublik Deutschland, ist hinsichtlich des Erwerbs der ausschließlichen Rechte, insbesondere auf die Zweckübertragungslehre, wie sie in § 31 Abs. 5 UrhG formuliert wurde, zu achten. Sind im Einzelnen in der vertraglichen Vereinbarung die Nutzungsrechte nicht ausdrück-

lich bezeichnet worden, ist der Zweck des Vertrages darzulegen und unter Beweis zu stellen. Die Beweislast trägt derjenige, der die Rechtsinhaberschaft behauptet (*Dreier/Schulze* UrhG § 31 Rn. 103).

Im Falle der Weiterübertragung ist entweder die Zustimmung des Urhebers vorzutragen und unter Beweis zu stellen (§ 34 Abs. 1 UrhG) und/oder die Zustimmung des Urhebers des Sammelwerkes (§ 34 Abs. 2 UrhG) bzw. die Übertragung eines gesamten Verlagsgeschäftes oder abgegrenzter Teile hiervon (§ 28 VerlG) oder auch die Gesamtveräußerung des Unternehmens (§ 34 Abs. 3 UrhG).

An der Darlegungs- und Beweislast ändert sich nichts, wenn das Werk im Rahmen eines Arbeits- oder Dienstverhältnisses in Erfüllung der Arbeitspflicht geschaffen wurde (§ 43 UrhG; BGH GRUR 1978, 244 – Ratgeber für Tierheilkunde; Schricker/Loewenheim/*Rojahn* Urheberrecht, 4. Aufl. 2010, § 43 Rn. 27; Fromm/Nordemann/*Nordemann* Urheberrecht, 11. Aufl. 2014, § 43 Rn. 14).

Für die Schöpfer von Computerprogrammen sieht § 69b UrhG eine gesetzliche Lizenz (Lehmann/*Lehmann* Kap. 11 Rn. 30) hinsichtlich aller vermögensrechtlicher Befugnisse zugunsten des Arbeitgebers oder des Dienstherrn vor, wenn das Programm vom Arbeitnehmer oder des Dienstverpflichteten in Wahrnehmung seiner Aufgaben oder nach Anweisung eines Arbeitgebers geschaffen wurde (Schricker/Loewenheim/*Loewenheim* Urheberrecht, 4. Aufl. 2010, § 69b Rn. 5 ff.). Im Streit zwischen Arbeitgeber und Arbeitnehmer über eine abweichende Vereinbarung und/oder darüber, dass das Programm in der Freizeit geschaffen wurde, trägt der Arbeitnehmer die Beweislast (Fromm/Nordemann/*Czychowski* Urheberrecht, 11. Aufl. 2014, § 69b Rn. 19).

Auch hinsichtlich des Erwerbs der Leistungsschutzrechte (§§ 70 ff. UrhG) bedarf es gegebenenfalls des Nachweises des Rechtserwerbes.

Auf den Arbeitgeber oder Dienstherrn eines ausübenden Künstlers im Rahmen eines Arbeits- oder Dienstverhältnisses gehen mangels gesonderter Vereinbarung diejenigen Rechte über, die er nach dem Wesen des Arbeits- oder Dienstverhältnisses für seine betrieblichen oder dienstlichen Zwecke benötigt (§ 79 UrhG; *v. Gamm* Urheberrechtsgesetz, 1968, § 79 Rn. 2; Fromm/Nordemann/*Schaefer* Urheberrecht, 11. Aufl. 2014, § 79 Rn. 103; Schricker/Loewenheim/*Rojahn* Urheberrecht, 4. Aufl. 2010, § 79 Rn. 22 mwN).

Bei Gruppenwerken (§ 80 UrhG) ist die Einwilligung der gewählten Vertreter bzw. des Leiters der Gruppe darzulegen und zu beweisen (Schricker/Loewenheim/*Krüger* Urheberrecht, 4. Aufl. 2010, § 80 Rn. 15 mwN).

Sind die Rechte eines Veranstalters betroffen, so hat auch dieser einzuwilligen (§ 81 UrhG; Schricker/Loewenheim/*Vogel* Urheberrecht, 4. Aufl. 2010, § 81 Rn. 29 ff. mwN).

Ist eine Datenbank Gegenstand des Vertrages, so ist der Datenbankhersteller (§ 87a Abs. 2 UrhG) derjenige, der über die Rechte an der Datenbank (§ 87b UrhG) verfügen kann. Besteht Streit darüber, wer der Hersteller der Datenbank ist, so trägt der Behauptende die Darlegungs- und Beweislast dafür, dass er in die Datenbank investiert hat und die Investition wesentlich war sowie für den Fertigstellungszeitpunkt bzw. für die wesentlichen Änderungen des Inhalts, die als eine Neuinvestition zu betrachten sind. Hierzu gehört die Darstellung von Art und Umfang der Investition (Fromm/Nordemann/*Czychowski* Urheberrecht, 11. Aufl. 2014, § 87a Rn. 14).

Geht es um die Rechte an einem Film, so ist neben denjenigen, die urheberrechtliche Leistungen im Zusammenhang mit der Entstehung des Films erbracht haben, das Recht des Filmherstellers (BGH GRUR 1993, 472 f. – Filmhersteller) zu berücksichtigen.

32. Zur Schlüssigkeit der Unterlassungsklage gehört weiterhin die Darlegung derjenigen Tatsachen, aus denen sich die Rechtsverletzung ergibt. Dies ist regelmäßig die nicht genehmigte identische Übernahme (Vervielfältigung), Umgestaltung oder eine Bearbeitung, die nicht als freie Benutzung (§ 24 UrhG) ohne Einwilligung des Urheberberechtigten erfolgen kann. Zur Darlegung der Rechtsverletzung ist zunächst, soweit irgend möglich, das Original eines rechtsverletzenden Vervielfältigungsstücks vorzulegen oder vorzuführen.

14. Unterlassungs-, Auskunfts- und Schadensersatzklage   G. 14

Droht die Rechtsverletzung, so sind die Tatsachen, aus denen sich die kurz bevorstehende Verletzung ergibt, vorzutragen und unter Beweis zu stellen.

Der Nachweis der Rechtsverletzung ist manchmal schwierig, weil die Tatsachen, die die Verletzung begründen, nicht durch reinen Augenschein zu erkennen sind. So bedarf es beispielsweise zum Nachweis der Rechtsverletzung von Computerprogrammen unter bestimmten Voraussetzungen des Quellcodes, der sich nicht in jedem Fall aus der maschinensprachlichen Fassung rekonstruieren lässt (*Brandi-Dohrn* CR 1987, 835 (837)). In diesen Fällen kann der Verletzte zunächst gem. § 809 BGB ggf. auch im Wege der einstweiligen Verfügung einen Besichtigungsanspruch hinsichtlich des möglicherweise rechtsverletzenden Gegenstandes durchsetzen (BGHZ 1993, 191 (198 f.) – Druckbalken; BGH GRUR 2002, 1046 – Faxkarte; Schricker/Loewenheim/*Wimmers* Urheberrecht, 4. Aufl. 2010, § 101a Rn. 43 ff.; *Tillmann/Schreibauer* GRUR 2002, 1015; *Bork* NJW 1997, 1665 ff.). Zum Nachweis der Rechtsverletzung ist der Verletzte auch zur Dekompilierung berechtigt (Schricker/Loewenheim/*Loewenheim* Urheberrecht, 4. Aufl. 2010, § 69e Rn. 4 f., 10).

Daneben sieht das Gesetz auch einen gesonderten Besichtigungsanspruch in § 101a UrhG vor. Liegt mit hinreichender Wahrscheinlichkeit eine Rechtsverletzung vor, so kann vom Verletzten die Vorlage von Urkunden und die Besichtigung einer Sache gefordert werden, wenn dies zur Begründung der Ansprüche erforderlich ist. Die Vorlage oder Besichtigung kann auch im Wege der einstweiligen Verfügung angeordnet werden, wobei das Gericht die erforderlichen Maßnahmen bestimmt (§ 101a Abs. 3 UrhG).

Identische Übernahmen oder Bearbeitungen (§§ 3, 23 UrhG) sind häufig offenkundig durch einen Vergleich der beiden Werke zu ermitteln. So sind Vervielfältigungen, Änderungen der Größenverhältnisse (BGH GRUR 1990, 669 – Bibelreproduktion), Werkstoffänderungen oder Dimensionsänderungen (Schricker/Loewenheim/*Loewenheim* Urheberrecht, 4. Aufl., 2010, § 3 Rn. 20) ohne weiteres festzustellen. Bearbeitungen sind Umgestaltungen eines Werkes, bei denen die individuellen Züge des älteren geschützten Werkes auch nach der Umgestaltung nicht verblassen (BGH GRUR 1994, 192 (193) – Asterix-Persiflagen; BGH GRUR 1994, 206 (208) – Alcolix, in stRspr; Schricker/Loewenheim/*Loewenheim* Urheberrecht, 4. Aufl. 2010, § 24 Rn. 10; *E. Ulmer* Urheberrecht, 3. Aufl. 1980, § 58 II). Zur Darlegung der Umgestaltung und Bearbeitung (*Dreier/Schulze* UrhG § 24 Rn. 11 f.) sind zunächst die objektiven Merkmale, die die Eigentümlichkeit des älteren Werkes vorzutragen (BGH GRUR 1994, 191 f. – Asterix-Persiflagen; BGH GRUR 1991, 533 f. – Brown Girl II). Von den objektiven Merkmalen sind im Rahmen des vorzunehmenden Vergleiches nur diejenigen relevant, die als solche selbst urheberrechtlich geschützt (§ 2 Abs. 2 UrhG) sind, wobei auf den Gesamteindruck der entlehnten Stellen abzustellen ist (BGH GRUR 1991, 533 (534) – Brown Girl II; BGH GRUR 1988, 533 (535) – Vorentwurf II; Schricker/Loewenheim/*Loewenheim* Urheberrecht, 4. Aufl. 2010, § 24 Rn. 14 mwN; Fromm/Nordemann/*Nordemann* Urheberrecht, 11. Aufl. 2014, § 24 Rn. 45 ff. mwN). Anschließend sind die Übereinstimmungen des älteren Werkes mit dem späteren Werk, nicht jedoch die Verschiedenheiten festzustellen (BGH GRUR 1981, 267 (269) – Dirlada; BGH GRUR 1965, 45 (48) – Stadtplan; BGH GRUR 1991, 533 f. – Brown Girl II; Schricker/Loewenheim/*Loewenheim* Urheberrecht, 4. Aufl. 2010, § 24 Rn. 15 mwN; Fromm/Nordemann/*Nordemann* Urheberrecht, 11. Aufl. 2014, § 24 Rn. 47 jeweils mwN). Kann die Übernahme individueller Merkmale im entlehnten Teil festgestellten werden, so wird das Gericht diese als Bearbeitung bewerten, da die Züge des Originals nicht verblassen. Bei der Beurteilung wird ein strenger Maßstab anzulegen sein (Schricker/Loewenheim/*Loewenheim* Urheberrecht, 4. Aufl. 2010, § 24 Rn. 17 mwN; Fromm/Nordemann/*Nordemann* Urheberrecht, 11. Aufl. 2014, § 24 Rn. 48 mwN; *Dreier/Schulze* UrhG § 24 Rn. 9). Der Tatrichter verfügt in aller Regel über genügend eigene Sachkunde, um das Vorliegen einer Bearbeitung oder freien Benutzung feststellen zu können (BGH GRUR 2009, 856 Rn. 30 – Tripp-Trapp-Stuhl). Gleichwohl sollte vorsorglich, wenn die Individualität des übernommenen Werkes und deren Übernahme schwer zu ermitteln ist, Sachverständigenbeweis für die Übernahme der prägenden Elemente angeboten werden.

33. Die Widerrechtlichkeit der Benutzung eines Werkes ist Voraussetzung des Unterlassungsanspruchs. Die Widerrechtlichkeit entfällt entweder durch die Einwilligung oder durch das Vorliegen der Voraussetzungen einer Schranke des Urheberrechts (§§ 45 ff., 69d ff., 87c ff. UrhG).

34. Zum Verschulden → Form. G.1 Anm. 13 mwN. Grundsätzlich ist aber auch der schuldlose Verletzer sowohl zur Unterlassung als auch zur Auskunft sowie zur Drittauskunft und zur Unbrauchbarmachung bzw. Überlassung verpflichtet (BGH GRUR 1988, 604 f. – Kopierwerk; Schricker/Loewenheim/*Wild* Urheberrecht, 4. Aufl. 2010, § 97 Rn. 62 ff., §§ 98/99 Rn. 1; Fromm/Nordemann/*Nordemann* Urheberrecht, 11. Aufl. 2014, § 97 Rn. 61 mwN; *Dreier/Schulze* UrhG § 98 Rn. 1). Der Schadensersatzanspruch sowie der Anspruch auf Urteilsbekanntmachung, setzt eine schuldhafte Verletzung voraus (Schricker/Loewenheim/*Wild* Urheberrecht, 4. Aufl. 2010, § 97 Rn. 62 ff. mwN; *Dreier/ Schulze* UrhG § 97 Rn. 54 ff.). Liegt im Einzelfall ausnahmsweise kein Verschulden vor, so kann der Verletzte Bereicherungsausgleich anstelle des Schadensersatzes fordern (Schricker/Loewenheim/*Wild* Urheberrecht, 4. Aufl. 2010, § 97 Rn. 194, § 102a Rn. 2 f.; *Dreier/Schulze* UrhG § 97 Rn. 57, § 102a Rn. 3 ff.; BGHZ 82, 299 (307) – Kunststoffhohlprofil II).

35. Der Umfang der Auskunft ist unter billiger Abwägung der Interessen beider Parteien sowie unter schonender Rücksichtnahme auf die Belange des Verletzers zu bestimmen (Schricker/Loewenheim/*Wild* Urheberrecht, 4. Aufl. 2010, § 97 Rn. 190; *Dreier/Schulze* UrhG § 97 Rn. 79).

Voraussetzung ist jedoch, dass der Verletzte über den Umfang seines Ersatzanspruchs im Unklaren ist, während der Verletzer problemlos Auskünfte über seine eigenen Verhältnisse geben kann (BGH GRUR 1980, 227 (232) – Monumenta Germaniae Historica).

Daneben ist zu beachten, dass sich gem. § 101 UrhG neben dem allgemeinen, sich aus § 242 BGB ergebenden gewohnheitsrechtlich anerkannten Auskunftsanspruch (hierzu BGH GRUR 1962, 398 (400) – Kreuzbodenventilsäcke II; BGH GRUR 1980, 227 (232) – Monumenta Germaniae Historica) ein gesetzlich fixierter Auskunftsanspruch zur Auskunftserteilung über die Beteiligung Dritter gibt, der ebenso in diesem Textbeispiel erläutert wird.

36. Ergibt die Auskunft, dass der Kläger keinen Anspruch auf Schadensersatz oder Herausgabe einer ungerechtfertigten Bereicherung hat, so kommt die Erledigung der Hauptsache nur mit Zustimmung des Beklagten in Betracht, da sich der Leistungsanspruch als von Anfang an unbegründet erweist (BGH NJW 1994, 2895; Zöller/*Greger* ZPO § 254 Rn. 15). Dem Kläger steht in diesem Fall ein materiell rechtlicher Kostenerstattungsanspruch zu, den er im Wege der sachdienlichen Klageänderung in den Prozess einführen kann (BGH NJW 1994, 2895 f.; Zöller/*Greger* ZPO § 254 Rn. 15; Thomas/Putzo/*Reichold* ZPO § 254 Rn. 4).

Zur Berechnung des Schadensersatzes stehen dem Verletzen drei Berechnungsarten zur Verfügung:

Ersatz des tatsächlichen Schadens einschließlich des entgangenen Gewinns, Herausgabe des Gewinns des Verletzers (BGH GRUR 2012, 1226 – Flaschenträger) oder Zahlung einer angemessenen Lizenz (allgM Schricker/Loewenheim/*Wild* Urheberrecht, 4. Aufl. 2010, § 97 Rn. 145 mwN; Fromm/Nordemann/*Nordemann* Urheberrecht, 11. Aufl. 2014, § 97 Rn. 68 mwN; *Dreier/Schulze* UrhG § 97 Rn. 58 ff.). Der Verletzte hat dabei das Wahlrecht, nach welcher Berechnungsart er den Ersatzanspruch ermitteln möchte. Dieses kann er beliebig ausüben, auch noch während des Prozesses. Ein Wechsel ist bis

14. Unterlassungs-, Auskunfts- und Schadensersatzklage   G. 14

zur Erfüllung nach einer der drei Berechnungsarten oder nach der rechtskräftigen Entscheidung möglich (BGH GRUR 1974, 53 f. – Nebelscheinwerfer; BGHZ 119, 20 (23 f.) – Tchibo Rolex II; Fromm/Nordemann/*Nordemann* Urheberrecht, 11. Aufl. 2014, § 97 Rn. 69; Schricker/Loewenheim/*Wild* Urheberrecht, 4. Aufl. 2010, § 97 Rn. 147; *Dreier/ Schulze* UrhG § 97 Rn. 68).

37. Der Begriff des geschäftlichen Verkehrs stimmt mit demjenigen aus dem UWG überein. Dies bedeutet, dass alles, was nicht dem privaten oder amtlichen Bereich zuzuordnen ist, dem geschäftlichen Verkehr zugeordnet wird. Im Einzelfall zählen hierzu nicht reine betriebsinterne Vorgänge (Fromm/Nordemann/*Czychowski* Urheberrecht, 11. Aufl. 2014, § 101a Rn. 25 mwN; *Dreier/Schulze* UrhG § 101a Rn. 6 f.).

38. Im Gegensatz zu den Auskunftsansprüchen gemäß § 97 UrhG, §§ 242, 259 ff. BGB kann sich der Beklagte hinsichtlich der Auskunftsansprüche gemäß § 101 UrhG nicht auf den Wirtschaftsprüfervorbehalt berufen (Schricker/Loewenheim/*Wild* Urheberrecht, 4. Aufl. 2010, § 101 Rn. 15 f. mwN; *Dreier/Schulze* UrhG § 101 Rn. 24).

Die Einschränkung im letzten Halbsatz des ersten Absatzes gem. § 101 UrhG auf den Grundsatz der Verhältnismäßigkeit führt nur dazu, dass in ganz außerordentlichen Ausnahmefällen auf dieser Grundlage eine Auskunftserteilung ausgeschlossen ist.

39. Der Vernichtungs- oder Überlassungsanspruch richtet sich grundsätzlich gegen den Täter, Mittäter oder Teilnehmer an der Urheberrechtsverletzung, sofern dieser Eigentümer und/oder mittelbarer oder unmittelbarer Besitzer von Vervielfältigungsstücken oder Vorrichtungen zur Herstellung von Vervielfältigungsstücken ist. Erwirbt ein Dritter Eigentum oder Besitz nach Rechtshängigkeit, so wirkt das Urteil auch gegen diesen (§§ 325, 727 ZPO). Mögliche Beklagte sind also der Drucker, der Verleger, der Buchhändler, der Kunsthändler, die Fotokopieranstalt, der Schallplattenhersteller, Filmproduzent, Filmverleiher, die Bühnenvertriebe, Schallplattengeschäfte, Videogeschäfte und Bibliotheken. Bei Programmen der Datenverarbeitung kommt es nicht auf die Täterschaft oder Teilnahme an der Urheberrechtsverletzung an; es genügt der Besitz oder das Eigentum (§§ 69 f. UrhG).

Der Vernichtungs- und Überlassungsanspruch bezieht sich auch auf Vorrichtungen, die ausschließlich oder nahezu ausschließlich zur Herstellung der rechtsverletzenden Vervielfältigungsstücke dienen. Solche Vorrichtungen sind insbesondere Druckvorlagen wie Druckfilme, Lithos usw., Masterbänder, Masterkopien von Programmen der Datenverarbeitung, Formen für die Herstellung von Werken der bildenden Künste, aber auch die Druckereimaschinen Kopierer, CD- oder DVD-Brenner, die fast ausschließlich zur rechtswidrigen Herstellung von Vervielfältigungsstücken gebraucht oder bestimmt sind (Fromm/Nordemann/*Nordemann* Urheberrecht, 11. Aufl. 2014, §§ 98/99 Rn. 17; *Dreier/Schulze* UrhG § 98 Rn. 4; Wandtke/Bullinger/*Bohne* UrhG § 99 Rn. 4) oder auch die Computeranlage des Schülers, die zum Zwecke der Herstellung von Raubkopien dient. *Nordemann*, (Fromm/Nordemann/*Nordemann* Urheberrecht, 11. Aufl. 2014, §§ 98/99 Rn. 20) geht davon aus, dass Vorrichtungen dann überwiegend zur Herstellung der Plagiate dienen, wenn sie zu 75 % für diesen Zweck benutzt werden.

Grundsätzlich ist es Sache des Verletzten, darzulegen und zu beweisen, dass die entsprechenden Vorrichtungen überwiegend der Herstellung der rechtsverletzenden Vervielfältigungsstücke dienen. Es genügt in diesem Zusammenhang, wenn der Kläger Sachverhalte vorträgt, auf Grund derer nach der Lebenserfahrung eine hohe Wahrscheinlichkeit dafür spricht, dass die Vorrichtungen auch tatsächlich überwiegend zum Rechtsbruch benutzt werden. Es ist dann Sache des Beklagten, den in seiner Sphäre liegenden tatsächlichen Geschehensablauf darzustellen (BGHZ 120, 326 ff. – Tariflohnunterschreitung mwN).

Kann im Einzelfall der Kläger nicht die Tatsache der rechtswidrigen Herstellung und/
oder Verbreitung nachweisen, so genügt bereits die Tatsache, dass Vervielfältigungsstücke zur rechtswidrigen Verbreitung bestimmt sind. Dabei handelt es sich um eine
subjektive Zweckbestimmung, deren Nachweis regelmäßig nur mit Hilfe von Indizien
möglich ist. Der Besitz solcher Vervielfältigungsstücke begründet aber den Beweis des
ersten Anscheins, dass der Besitzer auch die Zweckbestimmung verfolgt (Schricker/
Loewenheim/*Wild* Urheberrecht, 4. Aufl. 2010, §§ 98/99 Rn. 9).

40. § 98 Abs. 4 UrhG sieht vor, dass der Kläger im Falle der Urheberrechtsverletzung
nur Anspruch auf die schonendste Maßnahme hat, die geeignet ist, die Rechtsverletzung
zu beseitigen. In diesem Zusammenhang hat eine Abwägung der Interessen stattzufinden,
und zwar einerseits des Vernichtungsinteresses des Verletzten und andererseits des
Erhaltungsinteresses des Verletzers (BGHZ 135, 183 (188) – Vernichtungsanspruch
mwN). Als Kriterien hat der BGH die Schuldlosigkeit oder den Grad des Verschuldens
des Verletzers berücksichtigt, obwohl der Vernichtungsanspruch nicht vom Verschulden
abhängt. Weiterhin wurden die Schwere des Eingriffs und der Umfang des beim Verletzer
entstehenden Schadens berücksichtigt. So wurde durch OLG Frankfurt a.M. (OLG
Frankfurt a.M. WRP 1985, 83 (85)) beim Abdruck von Fotos, die üblicherweise gegen
Entgelt zur Verfügung gestellt wurden, ohne die erforderliche Einwilligung eingeholt zu
haben, ein Vernichtungsanspruch verneint, weil an geeigneter Stelle deutlich auf die
Herkunft der Fotos hingewiesen werden könne und der Nutzungsberechtigte Zahlungsklage erheben könne. Ein Einlegezettel oder Aufkleber wurde als ausreichende Maßnahme
betrachtet. Das OLG Düsseldorf (OLG Düsseldorf GRUR 1997, 49 (51) – Beuys-
Fotografien) stellt jedoch fest, dass die Frage der Verhältnismäßigkeit nicht erörtert zu
werden braucht, wenn der durch die Verletzung verursachte Zustand nicht anders als
durch die Vernichtung beseitigt werden kann (so auch OLG Hamburg ZUM 1996, 810
(818) – Laras Tochter; *Dreier/Schulze* UrhG § 98 Rn. 14).
Als weitere Maßnahmen, die zur Beseitigung der Rechtsverletzung geeignet sein
können, kommt die Schwärzung der beanstandeten Stelle, das Auswechseln der Seiten,
ein Einlegezettel oder gegebenenfalls auch ein Randvermerk in Frage. Kritisch dagegen ist
eine Bemerkung mit dem Inhalt „als nicht vom Berechtigten herrührend" (Fromm/
Nordemann/*Nordemann* Urheberrecht, 11. Aufl. 2014, §§ 98/99 Rn. 31; Schricker/Loe-
wenheim/*Wild* Urheberrecht, 4. Aufl. 2010, §§ 98/99 Rn. 14).

41. Im Hinblick darauf, dass die Vernichtung entweder durch den Verletzten selbst
erfolgen soll oder durch einen Gerichtsvollzieher, ist die Gefahr der weiteren Rechtsverletzung durch den Beklagten darzulegen und ggf. unter Beweis zu stellen (BGHZ 135,
183 (188) – Vernichtungsanspruch).

42. Zur Feststellung der tatsächlichen Herstellungskosten, die die Obergrenze der
angemessenen Vergütung für die Übernahme der Vervielfältigungsstücke und der Vorrichtungen darstellt, stehen dem Verletzten grundsätzlich in Ergänzung zu § 97 UrhG
Auskunftsansprüche zu, da der Verletze keine Kenntnis von dem Sachverhalt haben kann
und die Auskünfte vom Verletzer unschwer zu erteilen sind (§ 242 BGB; Fromm/Norde-
mann/*Nordemann* Urheberrecht, 11. Aufl. 2014 §§ 98/99 Rn. 27; *Dreier/Schulze* UrhG
§ 98 Rn. 20).

43. Der Überlassungsanspruch hinsichtlich der rechtswidrig hergestellten Vervielfältigungsstücke kann nur gegenüber dem Eigentümer geltend gemacht werden, da nur der
Eigentümer die Vervielfältigungsstücke übereignen kann (§ 929 BGB; *Dreier/Schulze*
UrhG § 98 Rn. 18; Schricker/Loewenheim/*Wild* Urheberrecht, 4. Aufl. 2010, §§ 98/99
Rn. 17; *Möhring/Nicolini/Reber* UrhG, 3. Aufl. 2014, § 98 Rn. 4). Hinsichtlich der Höhe
der angemessenen Vergütung ist regelmäßig ein Sachverständigengutachten oder branchenübliche Beträge einzusetzen.

Die Höhe der branchenüblichen Herstellungskosten dient zur Begründung der Obergrenze der vom Kläger zu bezeichnenden angemessenen Vergütung. Sie soll gleichzeitig einen Anhaltspunkt dafür geben, dass nicht kreative Kostenrechnungstätigkeit des Verletzers jegliche Übernahmeinteressen des Klägers im Keim ersticken.

44. Die die Veröffentlichung begehrende Partei muss ihr berechtigtes Interesse an der Bekanntmachung substantiiert vortragen und ggf. Beweis antreten (*Steigüber* GRUR 2011, 295; Schricker/Loewenheim/*Wild* Urheberrecht, 4. Aufl. 2010, § 103 Rn. 6; Möhring/Nicolini/*Reber* UrhG, 3. Aufl. 2014, § 103 Rn. 3; *Dreier/Schulze* UrhG § 103 Rn. 7; aA Fromm/Nordemann/*Nordemann* Urheberrecht, 11. Aufl. 2014, § 103 Rn. 7). Soweit sich die abweichende Meinung auf den Begriff „dartut" bezieht, kann dieser Begriff allein nichts an der grundsätzlichen zivilprozessualen Darlegungs- und Beweislast ändern. Diese zeigt sich auch daran, dass der Gesetzgeber keine wesentlich anderen Voraussetzungen als bei § 23 UWG begründen wollte.

Als berechtigtes Interesse für die Urteilsbekanntmachung sah das OLG Hamburg (OLG Hamburg ZUM 1985, 371 (375)) den Schutz des guten Rufes eines ausübenden Künstlers an; der BGH (BGH GRUR 1971, 588 (590) – Disneyparodie; BGH GRUR 1992, 527 (529) – Plagiatsvorwurf II) die Beseitigung der Wirkung einer in einer Zeitschrift verbreitete Plagiatsbehauptung an.

Ob und in welchem Umfang eine Veröffentlichungsbefugnis zugesprochen werden kann, hängt von einer Interessensabwägung ab. Dabei sind die Vorteile und Nachteile der beiden Parteien an der Veröffentlichung bzw. Nichtveröffentlichung einander gegenüberzustellen (*Köhler/Bornkamm/Feddersen* UWG § 12 Rn. 4.18 mwN).

45. Die Kosten der Urteilsveröffentlichung sind Kosten der Zwangsvollstreckung (§ 788 ZPO) *Köhler/Bornkamm/Feddersen* UWG § 12 Rn. 4.19). Die zur Veröffentlichung berechtigte Partei kann einen Kostenvorschuss fordern (*Dreier/Schulze* UrhG § 103 Rn. 8).

46. Zur Interessensabwägung vgl. Schricker/Loewenheim/*Wild* Urheberrecht, 4. Aufl. 2010, § 103 Rn. 7; *Köhler/Bornkamm/Feddersen* UWG § 12 Rn. 4.18.

Kosten und Gebühren

47. Es entstehen die allgemeinen Prozessverfahrensgebühren gem. KV 1201 GKG sowie Rechtsanwaltsgebühren gem. §§ 13, 19 RVG unter Zugrundelegung des vom Gericht festzusetzenden Streitwertes (→ Anm. 8).

15. Klageerwiderung zur Unterlassungsklage

Landgericht

...... Zivilkammer

Az ...... /04

Klageerwiderung[1]

In dem Rechtsstreit der

Firma XY Merchandising GmbH

gegen

Firma B Textil Handels GmbH[2]

bestellen wir uns als Prozessbevollmächtigte der Beklagten und zeigen gleichzeitig deren Verteidigungsabsicht[3] an.

Wir widersprechen der Übertragung der Angelegenheit auf den Einzelrichter im Hinblick auf die tatsächlichen Schwierigkeiten, die mit der Beurteilung des Werkes als urheberrechtlich geschützt verbunden sind.[4]

Für den Termin zur mündlichen Verhandlung kündigen wir an zu beantragen,

die Klage abzuweisen.[5, 6, 7]

Vorsorglich beantragen wir für die Beklagte Vollstreckungsschutz[8] mit der Maßgabe, dass eine etwaige Sicherheitsleistung auch durch unwiderrufliche, unbedingte, schriftliche, selbstschuldnerische und unbefristete Bürgschaft eines Kreditinstituts der Bundesrepublik Deutschland, insbesondere der BB-Bank, erbracht werden kann.

Begründung:[9]

I. Zum Sachverhalt[10]

A. Zur Urheberechtsverletzung[11]

1. Urheberrechtlicher Schutz

Die Beklagte bestreitet, dass die grafische Gestaltung der literarischen Figur des P. P. ein so hohes Maß an eigenpersönlicher Prägung aufweist und dass sie urheberrechtlich geschützt ist (§ 2 Abs. 2 UrhG).

Es fehlt an der für den Urheberrechtsschutz erforderlichen eigenpersönlichen Prägung (§ 2 Abs. 2 UrhG).[12]

Der Urheberrechtsschutz setzt grundsätzlich voraus, dass die Leistung vergleichbare Leistungen von Durchschnittsgestaltern der betreffenden Art übersteigen.

Die literarische Beschreibung der Figur des P. P. ist keine durch die Individualität (§ 2 Abs. 2 UrhG) geprägte Leistung. Die Idee einer solchen Figur mit ihren Charakterzügen und ihrer optischen Erscheinung selbst ist nicht geschützt. Die „Ausführung" der Idee und deren literarische Umsetzung folgen einfachen, von jedem Absolventen einer journalistischen Ausbildung zu beherrschenden Regeln; ist also handwerkliche „Dutzendware".

Beweis: Einholung eines Sachverständigengutachtens durch das Gericht

Auch die grafische Umgestaltung der Figur des P. P., entspricht den Leistungen, wie sie von jedem durchschnittlichen Absolventen einer Grafikerschule erwartet werden.

Die Beschreibung der literarischen Figur des P. P. durch den Autor C. C. ist so detailgenau und bis in alle Einzelheiten konkret nachvollziehbar, dass sich daraus zwangsläufig die vom Bildautor F. F. vorgelegten Zeichnungen ergeben.

So hat C. C. bereits die übergroße Leibesfülle, einen runden Kopf, fleischige Hände und Füße, eine blaue Pumphose, rote übergroße Schuhe, ein grünes Hemd sowie den roten Turban in seiner literarischen Vorlage beschrieben.

Auch die sich im Gesichtsausdruck abzeichnende Tollpatschigkeit ergibt sich zwingend aus der literarischen Beschreibung der Figur als eigensinnig, ungeschickt und verzogen. Zu verweisen ist insbesondere auf die Geschichte „. . . . . ."

Anlage B 1

Diese konkrete literarische Beschreibung schließt eine individuelle Gestaltung aus; die Umsetzung ist daher ein rein handwerklicher Vorgang, der von jedem Absolventen einer Grafikerschule in fast gleicher Form nachzuvollziehen ist.

Die Beklagte hat hierzu die Grafikerschule um entsprechende Ausarbeitung und gutachterliche Stellungnahme gebeten, die wir als

Anlage B 2

übergeben. Im Übrigen zum

15. Klageerwiderung zur Unterlassungsklage G. 15

Beweis: Einholung eines Sachverständigengutachtens durch das Gericht

2. Urheberschaft
Die Beklagte bestreitet nicht, dass C. C. Autor der P. P. Geschichten ist und F. F. die literarische Figur des P. P. grafisch gestaltet hat.[13]

3. Einwilligung
Der Geschäftsführer der Beklagten hat seine Sekretärin, die Zeugin L. M., beauftragt, bei der Klägerin anzurufen, um dort die Einwilligung für die Verwendung der streitgegenständlichen Abbildungen zu erlangen. Der Zeugin wurde telefonisch erklärt, dass die Abbildungen ohne weiteres Verwendung finden könnten. Das Telefongespräch fand in der 2. Maiwoche 2012 statt; der Name des Gesprächspartners ist der Zeugin jedoch entfallen.[14]

Beweis: Frau L. M, zu laden über die Beklagte, als Zeugin

4. Parodie
Selbst wenn keine Einwilligung der Klägerin vorlag und selbst wenn die grafische Gestaltung der Figur des P. P. urheberrechtlich geschützt wäre, handelt es sich bei den Darstellungen auf den Bekleidungsstücken der Beklagten um eine freie Benutzung gemäß § 24 UrhG.

Richtig ist, dass die Beklagte bei den von ihr dargestellten Figuren einzelne Merkmale, die auch die Klägerin als kennzeichnend bezeichnet, in Verwendung genommen hat. Die Beklagte hat jedoch bei keiner von ihr auf Bekleidungsstücken wiedergegebenen Zeichnungen eine Zeichnung der Klägerin im Original übernommen. Bei einer Gesamtschau ergibt sich, dass trotz der Übernahme urheberrechtlich schutzfähiger Elemente ein neues selbständiges Werk entstanden ist.

Durch die Bezugnahme und Übernahme einzelner Merkmale ist jedoch nicht das urheberrechtliche Werk übernommen worden, sondern die Charaktere und Verhaltensweisen wurden aufgegriffen, überhöht und parodiert als ins Gegenteil verkehrt wiedergegeben. Die eigenpersönlichen Züge des neuen Werkes lassen diejenigen Züge des Werkes von P. P. im Vergleich dazu verblassen.[15] Vorsorglich zum

Beweis: Erholung eines Sachverständigen durch das Gericht

5. Geldentschädigung (§ 100 UrhG)
Nachdem die Beklagte durch die Klägerin vorgerichtlich auf Unterlassung in Anspruch genommen wurde, hat sie eine Verletzung der Rechte der Klägerin zwar verneint, jedoch gleichwohl ohne Anerkennung einer Rechtspflicht der Klägerin zur Abwendung der Ansprüche eine Geldentschädigung durch Übermittlung eines V-Schecks mit dem diesbezüglichen Schreiben vom ......
Anlage B 3
bezahlt.[16]
Die Entschädigungssumme entspricht einer angemessenen Vergütung, die im Falle einer vertraglichen Einräumung bezahlt worden wäre. Vorsorglich zum

Beweis: Erholung eines Sachverständigen durch das Gericht

B. Auskunfts-, Rechnungslegungs- und Zahlungsanspruchanspruch[17]

1. Verhältnismäßigkeit der Auskunft
Eine Bekanntgabe der von der Klägerin in ihrer Klageschrift geforderten Auskunfts- und Rechnungslegungen zugunsten der Klägerin würde wesentliche Betriebs- und Geschäftsgeheimnisse der Beklagten offen legen. Gerade die Angabe der Höhe der Produktions- und Vertriebskosten macht die Geschäftstätigkeit und die besonderen Anstrengungen der Beklagten deutlich. Die Klägerin könnte mit diesen Informationen Missbrauch zu

Lasten der Beklagten insofern betreiben, als die Klägerin mit diesen Daten direkt konkurrierenden Firmen wertvolle Aufschlüsse zukommen lassen könnte.[18]
Demgegenüber ist der Klägerin zuzumuten, dass die Berechnungen nach dem von ihr vorgegebenen Schemata durch einen Wirtschaftsprüfer erfolgen.
Darüber hinaus kann die Beklagte diese Auskünfte nur unter den größten Schwierigkeiten erteilen. Die Beklagte hat ihr vollständiges EDV-System durch ein neues System ausgetauscht. Ein Zugriff gerade auf die von der Klägerin geforderten Daten ist daher nicht mehr auf der neuen EDV-Anlage möglich. Die Beklagte müsste die eingelagerten Plattenspeicher mit Software und Daten durch eine Drittfirma auf einer fremden EDV-Anlage installieren, um die Daten abzufragen. Die Kosten hierfür übersteigen voraussichtlich den Streitwert und stehen nicht im Verhältnis zur Schadensersatzforderung der Klägerin.
Beweis: E. S. EDV-Leiter der Beklagte, zu laden über diese, als sachverständiger Zeuge

2. Kein Gewinn

Die Beklagte hat durch die Nichtzahlung von Lizenzgebühren keinen Vorteil erzielt. Die Beklagte hat durch die Herstellung und den Vertrieb der streitgegenständlichen Textilien keinen Gewinn erzielt.[19]

Beweis: S. B., Steuerberater der Beklagten, zu laden über ......, als sachverständiger Zeuge

3. Schmerzensgeld

Soweit die Klägerin eine Verurteilung der Beklagten zur Zahlung eines Schmerzensgeldes fordert, sind keinerlei Gründe erkennbar, die unter Berücksichtigung der Genugtuungs- oder Straffunktion des Schmerzensgeldes eine Verurteilung für begründet erscheinen lassen.[20]

C. Zum Vernichtungsanspruch (§ 99 UrhG)

1. Auskunftsanspruch über Herstellungskosten

Die Klägerin hat eine Schwesterfirma, die ausweislich des Handelsregistereintrags zu HRB ...... beim AG ...... von den gleichen Geschäftsführern wie die Klägerin vertreten wird und ausweislich der Gesellschafterlisten vom ...... und vom ...... die gleichen Gesellschafter hat.

Beweis: Handelsregisterauszüge HRB ...... und HRB ......
Anlage B 4 und B 5
Gesellschafterliste der Klägerin
Anlage B 6
Gesellschafterliste der Fa ......
Anlage B 7

Die Klägerin hat daher nicht nur ein Interesse an der Übernahme der Vervielfältigungsstücke, sondern darüber hinaus auch ein erhebliches Interesse an der Kenntnis der Kostenstruktur der Beklagten. Die Klägerin könnte sich durch die Kenntnis dieser Tatsachen Wettbewerbsvorteile verschaffen.
Zum Schutze der Geschäftsgeheimnisse der Beklagten kann daher die Beklagte allenfalls zur Bekanntgabe der tatsächlichen Herstellungskosten in einer Summe, nicht hingegen zur Bekanntgabe der einzelnen Bestandteile verurteilt werden.[21]

2. Zur Notwendigkeit der Vernichtung

Die Vernichtung stellt sich nicht als das mildeste Mittel zur Beseitigung der Urheberrechtsverletzung dar.
Die streitgegenständlichen Bekleidungsstücke und deren Aufdrucke sind mit der XY-Farbe vorgenommen worden. Diese Farbe ist durch das ZZ-Lösungsmittel im Rahmen eines Waschvorgangs so zu beseitigen, dass dadurch die Bekleidungsstücke selbst weiterhin verwendbar sind.

15. Klageerwiderung zur Unterlassungsklage   G. 15

Beweis: Einholung eines Sachverständigengutachtens durch das Gericht

Die Kosten für diesen Waschvorgang sind äußerst gering. Wir übergeben hierzu eine Aufstellung der Textilwaschfirma MM vom ......[22].

Anlage B 5

3. Vernichtung der Vorrichtungen

Die Klägerin behauptet, dass die Textildruckmaschinen der Beklagten ausschließlich zur Herstellung der streitgegenständlichen Bekleidungsstücke verwendet werden. Dies ist nicht richtig.

Die Beklagte bedruckt im Auftrag mehrerer Händler die unterschiedlichsten Bekleidungsstücke mit den verschiedensten Motiven. Die Beklagte wollte neben ihrer Dienstleistungstätigkeit als Textildruckerei eine eigene Produktion beginnen. Aus diesem Grunde existiert nur der von der Klägerin vorgelegte Katalog.[23]

Beweis: N. N., Herstellungsleiter der Beklagten, zu laden über diese, als Zeuge

D. Zum Anspruch auf Drittauskunft

Ein Anspruch auf Drittauskunft (§ 101 UrhG) besteht nicht, da keine Urheberrechtsverletzung vorliegt.

Im Übrigen beabsichtigt die Klägerin, die Kundenbeziehungen der Beklagten mit Hilfe dieses Anspruchs auszuspähen, um sie anschließend für sich auszunutzen. Diese Absicht ergibt sich aus einer entsprechenden Drohung des Vertriebsleiters der Klägerin gegenüber dem Vertriebsleiter der Beklagten anlässlich eines Gesprächs auf der ...... Fachmesse vom ....

Beweis: V. V. Vertriebsleiter der Beklagten, zu laden über diese, als Zeuge

E. Zum Anspruch auf Urteilsbekanntmachung

Die Urteilsbekanntmachung ist zum Schutze der Interessen der Klägerin nicht erforderlich.

Die Beklagte hat in der versehentlichen Annahme, im Anschluss an das oben erwähnte Telefongespräch zur Vervielfältigung und Verbreitung berechtigt zu sein, gehandelt; sollte diese Annahme sich als falsch herausstellen, wird sie selbstverständlich die Rechte der Klägerin achten. Eine Warnung der Öffentlichkeit schützt die Rechte der Klägerin also nicht mehr als diese ohne eine solche Veröffentlichung geschützt sind. Die generalpräventive Wirkung einer solchen Veröffentlichung ist darüber hinaus gering.

Beweis: Erholung eines Sachverständigengutachtens durch das Gericht

Demgegenüber könnte eine solche Veröffentlichung die Kundenbeziehungen der Beklagten in erheblichem Maße stören; die Abnehmer und sonstige Geschäftspartner könnten annehmen, die Beklagte biete nur rechtsverletzende Waren an.[24]

II. Zum Vollstreckungsschutzantrag

Die Aussetzung der Zwangsvollstreckung gegen Sicherheitsleistung ist erforderlich, um eine wesentliche Gefährdung der Existenz der Beklagten zu verhindern. Die Beklagte hat gegenüber einzelnen Großabnehmern langfristige Lieferverpflichtungen übernommen.

Diese könnte sie, wenn sie die Zwangsvollstreckung aus einem vorläufig vollstreckbaren Urteil nicht gegen Sicherheitsleistung abwenden könnte, nicht mehr erfüllen. Möglicherweise müsste die Beklagte Insolvenzantrag stellen.

Beweis: Eidesstattliche Versicherung des Geschäftsführers B. B. der Beklagten

Rechtsanwalt

Anmerkungen

1. Die vorliegende Klageerwiderung ist eine typische Klageerwiderung aus einem Urheberrechtsverletzungsprozess. Sie nimmt zum materiell-rechtlichen Problem der freien Benutzung in Form der Parodie Stellung.

2. Gemäß §§ 129, 130 ZPO sollen vorbereitende und ebenso bestimmende Schriftsätze (Zöller/*Greger* ZPO § 129 Rn. 3) eine genaue Bezeichnung der Parteien unter Angabe vom gesetzlichen Vertreter, Name, Stand, Gewerbe, Wohnort und Parteistellung enthalten. Da es sich um keine Wirksamkeitsvoraussetzung handelt, bedarf es der Angabe nur nach der jeweiligen Prozesslage, die ständige Wiederholung ist in der Regel nicht erforderlich. Durch die genaue Angabe des Aktenzeichens ist aber das Prozessrechtsverhältnis, dem der Schriftsatz zuzuordnen ist, eindeutig bestimmt. Eine über die Angabe der beteiligten Parteien hinausgehende spezifizierte Darstellung ist daher allgemein nicht üblich.

3. Hat das Gericht schriftliches Vorverfahren bestimmt (§ 276 ZPO), ist die Verteidigungsabsicht binnen einer Notfrist von zwei Wochen dem Gericht gegenüber schriftlich anzuzeigen (§ 276 ZPO). Eine Verbindung dieser Anzeige mit der Klageerwiderung ist möglich, aber nicht erforderlich. Dem Beklagten ist eine Frist von mindestens zwei weiteren Wochen zur schriftlichen Klageerwiderung zu setzen (§ 276 Abs. 1 S. 2 ZPO). Wird die Frist versäumt, kann auf Antrag des Klägers, der auch regelmäßig bereits in der Klageschrift gestellt werden kann, Versäumnisurteil ergehen (§ 331 Abs. 3 ZPO).

Hat das Gericht frühen ersten Termin gemäß § 275 ZPO bestimmt, so bedarf es einer ausdrücklichen Verteidigungsanzeige nicht. Es ist jedoch innerhalb der vom Prozessgericht gesetzten Frist von mindestens zwei Wochen eine schriftliche Klageerwiderung (§ 277 ZPO) einzureichen.

4. Gemäß § 348 Abs. 1 ZPO sollen regelmäßig Zivilkammern ihren Mitgliedern den Rechtsstreit als Einzelrichter zur Entscheidung übertragen. Ziel dieser Vorschrift ist die Entlastung der Gerichte und eine Verfahrensbeschleunigung (Zöller/*Greger* ZPO § 348 Rn. 2).

Die Übertragung soll allerdings dann nicht erfolgen, wenn die Sache besondere Schwierigkeiten tatsächlicher oder rechtlicher Art aufweist oder der Rechtsstreit grundsätzliche Bedeutung hat. Das Gericht hat regelmäßig vor einem entsprechenden Beschluss den Parteien rechtliches Gehör hierzu zu gewähren (Thomas/Putzo/*Reichold* ZPO § 348 Rn. 4). Es empfiehlt sich daher, darauf bereits in der Klageerwiderung einzugehen. Regelmäßig enthält die mit der Zustellung der Klage verbundene Verfügung eine entsprechende Aufforderung (§ 277 Abs. 1 S. 2 ZPO). Macht der Beklagte trotz Aufforderung hierzu keine Ausführungen, so werten dies die Gerichte regelmäßig als Zustimmung zur Übertragung. Die Kammer entscheidet durch unanfechtbaren Beschluss (§ 348 Abs. 2 S. 2 ZPO).

5. Der Antrag, die Klage abzuweisen, ist notwendiger Bestandteil der Klageerwiderung (§ 297 ZPO). Ein Kostenantrag ist nicht erforderlich, da hierüber das Gericht von Amts wegen entscheidet (§ 308 Abs. 2 ZPO); gegebenenfalls ist die Entscheidung auf Antrag zu ergänzen (§ 321 ZPO). Ebenso wenig bedarf es eines Antrags über die Vollstreckbarkeit (§§ 708, 709 ZPO). Fehlt ein Spruch zur Vollstreckbarkeit, ist das Urteil zu ergänzen (§§ 716, 321 ZPO).

6. Ist in einem gesonderten Verfahren über den Unterlassungsantrag entschieden worden, sollte sehr genau geprüft werden, ob die Auskunfts- und Rechnungslegungsansprüche nicht anerkannt werden. In demjenigen Umfang, in dem die Auskünfte und

15. Klageerwiderung zur Unterlassungsklage G. 15

Rechnungslegung zur Vorbereitung eines bezifferten Schadensersatz- oder Bereicherungsanspruchs oder auch zur Vorbereitung eines Schmerzensgeldanspruchs gefordert werden, bedarf es regelmäßig keines Verschuldens. Es genügt vielmehr, wenn Anhaltspunkte dafür vorliegen, dass der jeweils in Anspruch genommene eine Rechtsverletzung begangen haben könnte (BGHZ 5, 116 (123); BGH GRUR 1960, 256 (259) – Cherie; BGH GRUR 1988, 604 f. – Kopierwerk). Soweit die Auskunft über dasjenige, was zur Berechnung der Zahlungsansprüche erforderlich ist, hinausgeht, und beispielsweise der Feststellung der Kundenbeziehung des Mitbewerbers oder der Beschaffung weiterer Beweismaterialien für weitere Schadensersatzforderungen dient, ist der Auskunftsanspruch unbegründet (BGH GRUR 1980, 1090 (1098) – Das Medizinsyndikat I; Schricker/Loewenheim/*Wild* Urheberrecht, 4. Aufl. 2010, § 97 Rn. 193).

7. Im Einzelfall kann die Auskunft über die Beziehungen des Beklagten zu Dritten gemäß § 101 UrhG sowie die im Rahmen der Schadensersatzberechnung zu erteilende Auskunft über die Kosten und Erlösstruktur des Beklagten (§ 97 UrhG, §§ 242, 259 ff. BGB, § 101b UrhG) so weitgehend sein, dass sie unverhältnismäßig im Sinne vom Art. 20 Abs. 1 und Abs. 3 GG ist; dann kann der Verletzer den Wirtschaftsprüfervorbehalt als Hilfsantrag geltend machen. Die entsprechenden Tatsachen hat der Verletzte vorzutragen und unter Beweis zu stellen (BGH GRUR 1995, 338 (341) – Kleiderbügel zum Patentrecht). Grundsätzlich haben die Interessen des Verletzten, weitere Rechtsverletzungen durch Dritte zu unterbinden und demgemäß Kenntnis von Namen und Anschrift der Hersteller, Lieferanten und insbesondere der Abnehmer zu erfahren, Vorrang vor den Interessen des Verletzers, seine diesbezüglichen Kundenbeziehungen geheim zu halten. In Ausnahmefällen kommt allerdings die Beschränkung der Auskunft über Herstellungs-, Verbreitungskosten und Erlöse darauf, dass diese gegenüber einem Wirtschaftsprüfer (§ 101b Abs. 1 S. 1 UrhG) zu erteilen ist, in Betracht (*Dreier/Schulze* UrhG § 97 Rn. 80). Der Verletzte benötigt diese Zahlen nämlich nur, um im Rahmen der Berechnung seiner Schadensersatzforderung die Berechnung des Verletzergewinns nachvollziehen zu können. Gibt der Verletzer den Gewinn bekannt, so kann der Kläger durch gezielte Überprüfungen des Wirtschaftsprüfers die Kalkulation nachvollziehen, ohne dass die diesbezüglichen Betriebsgeheimnisse bekannt werden.

Der Hilfsantrag des sog. Wirtschaftsprüfervorbehalts könnte wie folgt formuliert werden:

„Hilfsweise beantragen wir, die Beklagte zu verurteilen, die von der Klägerin geforderte Auskunft und Rechnungslegung nicht gegenüber der Klägerin, sondern gegenüber einem von der Beklagten zu bezeichnenden und gegenüber der Klägerin zur Verschwiegenheit verpflichteten Wirtschaftsprüfer mitzuteilen, sofern die Beklagte die Kosten seiner Einschaltung trägt und gleichzeitig die Beklagte den Wirtschaftsprüfer ermächtigt, der Klägerin auf konkretes Befragen Auskunft darüber zu geben, ob ein bestimmter bezeichneter Name, oder eine bestimmte bezeichnete Anschrift in der Auskunft und oder einzelne bestimmte Positionen in der Gewinnermittlung enthalten sind."

(BGH GRUR 1980, 227 (233) – Monumenta Germaniae Historica mwN).

8. Vollstreckungsschutzanträge gemäß §§ 711, 712 ZPO sind vor Schluss der mündlichen Verhandlung zu stellen (§ 714 ZPO), auf die das Urteil ergeht. Es ist umstritten, ob der Antrag nach einem etwaigen Urteil im zweiten Rechtszug nachgeholt werden kann (zum Streitstand: Zöller/*Herget* ZPO § 714 Rn. 1). Vorsorglich sollten sie daher in keiner Klageerwiderung fehlen (BGH NJW 1998, 385).

9. In der Klageerwiderung hat der Beklagte seine Verteidigungsmittel vorzubringen, soweit es nach der Prozesslage einer sorgfältigen und auf die Förderung des Verfahrens bedachten Prozessführung entspricht (§ 277 Abs. 1 ZPO). Der Beklagte kann sich dabei auf das nach der Prozesslage Notwendige beschränken, einer unnötigen Aufblähung des

Prozessstoffes bedarf es nicht. Die Prozesslage wird jeweils durch das Vorbringen des Klägers (BVerfGE 54, 126; BHGZ 91, 303; Thomas/Putzo/*Reichold* ZPO § 277 Rn. 6) und die Hinweise und Fragen des Gerichts bestimmt (zur Mitwirkungspflicht des Gerichts Thomas/Putzo/*Reichold* ZPO § 277 Rn. 7).

Dies bedeutet, dass der Beklagte auf die schlüssigen und substantiierten Tatsachenbehauptungen des Klägers einzugehen hat. Soweit er Tatsachenbehauptungen bestreitet, muss er einen abweichenden Sachverhalt vollständig und substantiiert unter gleichzeitigem Antritt seiner Gegenbeweise darstellen. Beruft sich der Beklagte auf Gegenrechte, gleichgültig ob es sich um rechtshindernde, vernichtende oder hemmende Rechte handelt, so hat er die hierfür erforderlichen Tatsachen ebenso substantiiert unter gleichzeitigem Beweisantritt darzulegen. Ein tröpfchenweiser Tatsachenvortrag wäre mit der Prozessförderungspflicht des Beklagten nicht zu vereinbaren. Der Beklagte hat ebenso daran mitzuwirken, dass der Rechtsstreit in einem Haupttermin erledigt werden kann (§§ 272 Abs. 1, 282 ZPO).

Im Übrigen ist zu berücksichtigen, dass gegebenenfalls der Beklagte mit einzelnen Sachverhaltsvorträgen gemäß § 296 ZPO präkludiert sein kann.

10. Die Klageerwiderung geht in ihrem Aufbau nach der dogmatisch vorgegebenen Prüfungsreihenfolge vor. Liegt aber ein offensichtlicher Grund zur Klageabweisung vor, so könnte dieser als erstes erläutert und damit in den Vordergrund gestellt werden. Das Gericht könnte theoretisch nach dessen Prüfung die weitere Beurteilung des Sachverhalts einstellen.

11. Als Verteidigung kann der Beklagte die Täter- oder Teilnehmerschaft oder Störereigenschaft bestreiten, wobei ihn in den sogenannten Filesharingfällen die sekundäre Darlegungslast dazu trifft, warum er nicht Täter oder Teilnehmer sein kann (BGH GRUR 2010, 633 – Sommer unseres Lebens). Ansonsten kann er sich im Wesentlichen auf folgende Sachverhalte (Schricker/Loewenheim/*Wild* Urheberrecht, 4. Aufl. 2010, § 97 Rn. 196) berufen:

a) Bestreiten der Urheberrechtsschutzfähigkeit bzw. des Leistungsschutzes
b) Bestreiten der Urheberschaft
c) Bestreiten der Rechtsinhaberschaft und der Wirksamkeit der Übertragung von Nutzungsrechten
d) Bestreiten der Verletzung
e) Nutzung im Rahmen der Schranken des Urheberrechts
   (insbesondere §§ 44a ff., 69d f., 87c f. UrhG)
f) andere Rechtfertigungsgründe (§§ 226 ff. BGB)
g) urheberrechtlicher Verbrauch (§ 17 UrhG)
h) Verjährung (§ 102 UrhG)
i) Verwirkung
j) Ablösungsbefugnis (§ 100 UrhG).

12. Zunächst sollte der Beklagte prüfen, ob überhaupt eine Urheberrechtsverletzung vorliegt, also sein Verhalten sich in einem Bereich abspielt, in dem entweder kein urheberrechtsschutzfähiges Werk oder geschützte Leistung vorliegt oder der durch die Beschränkungen des allumfassenden Verwertungs- und Nutzungsrechts des Urhebers, wie sie in §§ 44a–63 UrhG vorgesehen sind, der allgemeinen Nutzungsmöglichkeit zugewiesen wurde.

Will der Beklagte geltend machen, dass eine Gestaltung auf vorbekanntes oder gemeinfreies Material zurückgreift, dass keine eigenschöpferische Leistung vorliegt, so muss der Beklagte dies unter Vorlage konkreter Entgegenhaltungen darlegen und beweisen (BGH GRUR 2008, 984 Rn. 17 – St. Gottfried; BGH GRUR 2008, 1081 Rn. 22 – Musical Starlight; Schricker/Loewenheim/*Wild* Urheberrecht, 4. Aufl. 2010, § 97 Rn. 209).

15. Klageerwiderung zur Unterlassungsklage   G. 15

Häufig werden Privatgutachten vorgelegt, die die fehelende Eigentümlichkeit eines Werke herausarbeiten; dies kann vor allem dann hilfreich sein, wenn es um die Feststellung der handwerksmäßigen Leistung zu einem lang zurückliegenden Zeitpunkt der Werkentstehung geht.

Die Schrankenregelungen der §§ 44a ff. UrhG sind Ausnahmeregelungen, so dass für das Vorliegen der Tatbestandsvoraussetzungen jeweils derjenige, der sich darauf beruft, darlegungs- und beweispflichtig ist, also im vorliegenden Fall der Beklagte (OLG Stuttgart NJW-RR 1986, 220 f. – Arbeitgeber-Lichtbild; *Flechsig* GRUR 1993, 532 (535)).

Voraussetzung der Unterlassungsansprüche gem. § 97 UrhG ist die widerrechtliche Vervielfältigung und Verbreitung oder sonstige Nutzung eines urheberrechtlich geschützten Tätigkeitsergebnisses.

An der Widerrechtlichkeit fehlt es, wenn der Rechtsinhaber eingewilligt hat, also wenn er dem jeweiligen Werkverwerter die spezifische Nutzung des Werkes gestattet hat (Schricker/Loewenheim/*Wild* Urheberrecht, 4. Aufl. 2010, § 97 Rn. 32 mwN).

Daneben kann die Widerrechtlichkeit einer geltend gemachten Rechtsverletzung aus Rechtfertigungsgründen ausgeschlossen sein.

Als Rechtfertigungsgrund kommt zunächst die Genehmigung, sei sie ausdrücklich oder konkludent erteilt, in Frage (BGH GRUR 1959, 147 (149) – Bad auf der Tenne; KG GRUR 1997, 128 – Verhüllter Reichstag I; KG GRUR 1997, 129 – Verhüllter Reichstag II).

Des Weiteren kommen als Rechtfertigungsgründe das Schikaneverbot gem. § 226 BGB, die Notwehr gem. § 227 BGB, der Notstand gem. § 228 BGB, die erlaubte Selbsthilfe gem. §§ 229 ff. BGB und schließlich der übergesetzliche Notstand zum Schutze eines höherwertigen anderen Rechtsgutes (aA *Schack* Urheber- und Urhebervertragsrecht, 6. Aufl. 2013, Rn. 537, 551) in Frage.

Grafische Umsetzungen literarischer Gestalten dürften regelmäßig als Werke der bildenden Künste im Sinne von § 2 Abs. 1 Nr. 4 UrhG einzuordnen sein. Diese Werke sind, auch wenn sie der sog. kleinen Münze zuzuordnen sind, urheberrechtlich geschützt. Nach der Rechtsprechung ist die Beurteilung der ausreichenden eigenpersönlichen Prägung „nach Auffassung der für Kunst empfänglichen und mit Kunstanschauung einigermaßen vertrauten Verkehrskreise zu beurteilen, wobei nicht auf das Urteil eines Fachmannes, sondern auf die Beurteilung eines für Kunst empfänglichen Durchschnittsbetrachters abgestellt wird (Schricker/Loewenheim/*Loewenheim* Urheberrecht, 4. Aufl. 2010, § 2 Rn. 139 mwN). Nur dann, wenn dem Zeichner quasi kein künstlerischer Gestaltungsspielraum mehr verbleibt, fehlt es an der erforderlichen Individualität; zu beachten ist jedoch, dass die Einflussnahme auf die Gestaltung von jeher künstlerisches Schaffen begleitet haben (OLG Saarbrücken GRUR 1986, 310 f. – Bergmannsfigur; vgl. im Übrigen zu den Voraussetzungen des Urheberschutzes → Form. G.4 Anm. 19 mwN).

13. Die Urheberbenennung ist regelmäßig so offenkundig, dass die Urheberschaft nicht bestritten werden kann, dann sollte man sie auch zugestehen (§ 288 ZPO). Anderes gilt dann, wenn erhebliche Tatsachen, die zu einem anderen Ergebnis führen könnten, bekannt sind, so zB andere Angaben im Vorwort (BGH GRUR 1991, 456 – Goggolore).

14. Neben der Behauptung einer Einwilligung, also der Einräumung einer nicht ausschließlichen Lizenz zur Verwendung der urheberrechtlich geschützten Figur, dürfte kaum eine andere Schranke des Urheberrechts (§§ 45 ff. UrhG) die Nutzung in einem vergleichbaren Fall gestatten.

15. Die Parodie ist als freie Benutzung (§ 24 UrhG) ohne Einwilligung des Urhebers des Originals verwertbar. Durch eine Parodie werden die Charakteristika des Originals aufgegriffen und stark überzeichnet wiedergegeben. Der parodierende Charakter braucht dabei nur dem Kenner des Originals erkennbar zu sein (BGH GRUR 1994, 206 (208) –

Alcolix; Schricker/Loewenheim/*Loewenheim* Urheberrecht, 4. Aufl. 2010, § 24 Rn. 27 ff.). Auch in anderer Form ist eine freie Bearbeitung denkbar (BGH GRUR 1980, 853 – Architektenwechsel; BGH GRUR 1988, 812 (814) – Ein bisschen Frieden).

16. Durch die Zahlung einer Geldentschädigung kann der Beklagte die Durchsetzung von Unterlassungs- (§ 97 UrhG) sowie Vernichtungs- und Überlassungsansprüchen (§ 99 UrhG) abwenden unter der Voraussetzung, dass die Erfüllung der Ansprüche einen unverhältnismäßig großen Schaden verursachen würde und dem Verletzten die Abfindung in Geld zuzumuten ist, sowie der schuldlosen Verletzung (§ 100 UrhG).

Mit der Zahlung (§ 362 BGB) gilt die Einwilligung als erteilt. Der Ablösungsberechtigte trägt jedoch das Risiko hinsichtlich der Höhe des Ablösungsbetrages. Im Anschluss an *Möhring/Nicolini* (*Möhring/Nicolini* Urheberrechtsgesetz, 1970, § 101 Rn. 5), sind im Zusammenhang mit der Abwendungsbefugnis und der erhobenen Klage folgende Konstellationen denkbar: Der Kläger hat die Klage eingereicht, weil er der Auffassung ist, dass die Voraussetzungen des § 100 UrhG nicht vorliegen oder der Ablösebetrag zu gering ist. Wäre der Kläger der Auffassung gewesen, dass die Ablösevoraussetzungen vorliegen, jedoch der Ablösebetrag zu niedrig ist, so hätte er seinerseits den zutreffenden Ablösebetrag abzüglich des bereits erhaltenen Betrages gerichtlich geltend machen können. In diesem Zusammenhang hätte er auch die Höhe des Ablösebetrages in das Ermessen des Gerichts stellen können (§ 287 ZPO analog). Diesen Antrag kann er auch als Hilfsantrag neben den Anträgen gem. §§ 97 ff. UrhG stellen.

Wird die Festsetzung des Ablösebetrages nicht als Hilfsantrag im Rahmen der Klage verfolgt, könnte der Kläger die Klage insofern erweitern und den ursprünglichen Hauptantrag für erledigt erklären. In diesem Fall hätte wohl der Kläger die Kosten zu tragen, wenn der Beklagte bereits vorgerichtlich das Ablösungsrecht geltend gemacht hat und einen Teilbetrag bezahlte. Hat der Beklagte jedoch erst im Rahmen der Klageerwiderung sich auf sein Ablöserecht berufen und den entsprechenden Betrag bezahlt, dürften ihm die Kosten auferlegt werden (§ 91a ZPO).

Beharrt der Kläger auf die Durchsetzung seines Unterlassungsanspruchs, sieht das Gericht hingegen die Ablösebefugnis als gegeben und den Ablösungsbetrag als angemessen an, so würde die Klage abgewiesen werden. In diesem Fall und falls die vom Gericht festgesetzte Ablösesumme zu niedrig ist, wäre der Verletzte und Kläger beschwert, so dass er Rechtsmittel einlegen könnte. Der Beklagte und Zahlungsverpflichtete wäre beschwert, wenn entweder der Klage insgesamt stattgegeben würde oder eine höhere Ablösesumme als die von ihm angebotene Ablösungssumme durch das Gericht festgesetzt würde.

Bei Streit über die Höhe der Ablösungssumme könnte der Ablösungsberechtigte auch eine diesbezügliche Feststellungsklage mit dem Inhalt, dass er mit der Zahlung einer bestimmten, gegebenenfalls durch das Gericht festzusetzenden Ablösungssumme zur betreffenden Nutzung berechtigt sei, erheben.

Es wird darüber diskutiert, ob neben der Abwendungsbefugnis gem. § 100 UrhG dem Verletzer eine Aufbrauchsfrist gewährt werden könne. Grundsätzlich wird die Möglichkeit der Gewährung einer Aufbrauchsfrist bejaht (Schricker/Loewenheim/*Wild* Urheberrecht, 4. Aufl. 2010, § 97 Rn. 201 mwN; stark einschränkend Fromm/Nordemann/*Nordemann* Urheberrecht, 11. Aufl. 2014, § 97 Rn. 53). Auch ohne entsprechenden Antrag kann ein Gericht von sich aus eine Aufbrauchsfrist zubilligen, wenn der Verletzer sein Interesse an der Einräumung einer Aufbrauchsfrist durch hinreichend substantiierten Tatsachenvortrag zu erkennen gegeben hat, beispielsweise durch die Darlegung der Menge der noch vorhandenen, widerrechtlich hergestellten Vervielfältigungsstücke oder der besonders großen Schwierigkeiten bei der sofortigen Umstellung (BGH GRUR 1961, 283 – Mon Cheri II).

15. Klageerwiderung zur Unterlassungsklage G. 15

Vorsorglich sollte jedoch immer dann, wenn die Voraussetzungen einer Aufbrauchsfrist gegeben sind, ein entsprechender Hilfsantrag gestellt werden. Dieser könnte wie folgt formuliert werden:

„Hilfsweise beantragen wir, der Beklagten nachzulassen, die vorhandenen Vervielfältigungsstücke der streitgegenständlichen Bekleidungsstücke innerhalb einer Frist von sechs Monaten, äußerst hilfsweise einer vom Gericht festzusetzenden angemessenen Aufbrauchsfrist, auszuverkaufen".

17. Gegen die Verpflichtung zur Auskunftserteilung können, abgesehen vom Bestreiten einer Urheberrechtsverletzung, insbesondere nachfolgende Tatsachen sprechen (Schricker/Loewenheim/*Wild* Urheberrecht, 4. Aufl. 2010, § 97 Rn. 190; Palandt/*Grüneberg* BGB § 260 Rn. 8):
a) Der Kläger kennt den Sachverhalt bereits selbst (BGH WM 1971, 1196; BGH NJW 1987, 1812).
b) Der Sachverhalt ist offenkundig und für den Kläger ohne weiteres zu ermitteln (BGH NJW 1990, 1358).
c) Der Auskunftsverpflichtete ist nicht in der Lage, die Auskünfte zu erteilen und kann sich die erforderlichen Kenntnisse auch nicht auf zumutbare Weise von Dritten beschaffen (OLG München ZUM 2012, 409).
d) Die Auskünfte können nur unter unverhältnismäßigen Schwierigkeiten ermittelt und erteilt werden (BGHZ 81, 25).
e) Die Auskunft ist zur Bezifferung des Zahlungsanspruchs (Schadensersatz-, Bereicherungs- oder Schmerzensgeldanspruch) nicht erforderlich (BGH GRUR 1980, 1090 (1098) – Das Medizin Syndikat I).

Zur jeweiligen Sachverhaltsgruppe ist der diese jeweils tragende Sachverhalt substantiiert vorzutragen und jeweils gleichzeitig unter Beweis zu stellen (Schricker/Loewenheim/ *Wild* Urheberrecht, 4. Aufl. 2010, § 97 Rn. 190).

18. Es ist Sache des Auskunftspflichtigen, Umstände vorzutragen, Die es bei gebotener Abwägung der beiderseitigen Interessen rechtfertigen können, einen Wirtschaftsprüfervorbehalt aufzunehmen (BGH GRUR 2012, 496 Rn. 83 – Das Boot).

19. Neben dem Schadensersatzanspruch hat der Verletzte bei fehlendem Verschulden des Verletzers einen Anspruch auf Herausgabe der ungerechtfertigten Bereicherung in Höhe einer angemessenen Lizenzvergütung, da es sich insofern um den objektive Verkehrswert der rechtsgrundlosen Bereicherung des Verletzten handelt (*Dreier/Schulze* UrhG § 102a Rn. 3 ff.). Dagegen kann der Verletzer nicht einwenden, dass er entreichert sei (§ 818 Abs. 3 BGB) (BGHZ 56, 317 (322) – Gasparone II; Schricker/Loewenheim/ *Wild* Urheberrecht, 4. Aufl. 2010, § 102a Rn. 3; Fromm/Nordemann/*Nordemann* Urheberrecht, 11. Aufl. 2014, § 102a Rn. 6; aA *Ullmann* GRUR 1978, 615 (620)).

20. Ein Schmerzensgeldanspruch besteht nur bei außergewöhnlichen und lang andauernden Eingriffen in das Persönlichkeitsrecht (Schricker/Loewenheim/*Wild* Urheberrecht, 4. Aufl. 2010, § 97 Rn. 176 ff.; *Dreier/Schulze* UrhG § 97 Rn. 73 ff.).

21. Im Falle einer bestehenden Konkurrenzsituation und bei Notwendigkeit des Schutzes von Betriebsgeheimnissen könnte ein entsprechender Vortrag zur Verurteilung auf der Grundlage des Wirtschaftsprüfervorbehalts (→ Anm. 7) führen.

22. Es ist Sache des Verletzers, darzutun und ggf. zu beweisen, dass die Verletzung durch wesentlich mildere Maßnahmen als durch die Vernichtung beseitigt werden kann (Schricker/Loewenheim/*Wild* Urheberrecht, 4. Aufl. 2010, §§ 98/99 Rn. 20; Fromm/ Nordemann/*Nordemann* Urheberrecht, 11. Aufl. 2014, §§ 98/99 Rn. 39; *Dreier/Schulze* UrhG § 98 Rn. 15).

23. Der Vernichtungsanspruch richtet sich grundsätzlich auch gegen die Vorrichtungen, also Maschinen, die ausschließlich oder überwiegend zur Herstellung der Plagiate verwendet werden können. Über den Umfang der Nutzung der Vorrichtungen wird die Klägerin kaum die entsprechenden Darlegungen und Beweise erbringen können. Soweit die Klägerin jedoch Tatsachen vortragen lässt, die nach dem normalen Lebensverlauf dafür sprechen, dass die Vorrichtungen überwiegend zur rechtswidrigen Herstellung von Vervielfältigungsstücken benutzt wurden, ist es Sache der Beklagten, eine andere Verwendung der Vorrichtungen darzustellen und zu beweisen (BGHZ 120, 320 (326 ff.) – Tariflohnunterschreitung mwN; Fromm/Nordemann/*Nordemann* Urheberrecht, 11. Aufl. 2014, §§ 98/99 Rn. 39).

24. Gemäß §§ 712, 714 ZPO hat das Gericht auf Antrag dem Schuldner zu gestatten, die Vollstreckung durch Sicherheitsleistung abzuwenden, wenn die Vollstreckung einen nicht zu ersetzenden Nachteil bringen würde. Die tatsächlichen Voraussetzungen hierfür sind glaubhaft (§ 294 ZPO) zu machen.

16. Klage auf Einwilligung in die Verwertung (§§ 8, 9 UrhG)

Landgericht . . . . . .[2]

Zivilkammer

Klageschrift[1, 3]

In dem Rechtsstreit des

A. A., Komponist,

wohnhaft . . . . . .

– Kläger –

Prozessbevollmächtigter: Rechtsanwalt

gegen

B. B., Textdichter,

wohnhaft . . . . . .

– Beklagter –

wegen Einwilligung in die Verwertung

Streitwert: . . . . . . EUR[4]

bestelle ich mich für den Kläger und erhebe gleichzeitig namens und im Auftrag des Klägers Klage unter Übergabe eines Verrechnungsschecks über . . . . . . EUR zum Ausgleich der Gerichtskosten.

Ich kündige an, im Termin zur mündlichen Verhandlung die nachgenannten

Anträge

zu stellen:

Der Beklagte wird verurteilt, in den Abschluss eines Musikverlagsvertrages über den Schlager „Mit Dir in den Fasching" mit dem Musikverleger C. C. gemäß dem als Anlage 1 beigefügten Vertragsentwurf einzuwilligen.[5]

16. Klage auf Einwilligung in die Verwertung (§§ 8, 9 UrhG)   G. 16

Sofern das Gericht ein schriftliches Vorverfahren anordnet und der Beklagte seine Verteidigungsabsicht nicht rechtzeitig anzeigt, beantrage ich bereits jetzt den Erlass eines Versäumnisurteils gem. § 331 ZPO.[6]

Unter den gleichen Voraussetzungen beantrage ich den Erlass eines Anerkenntnisurteils für den Fall, dass der Beklagte den Klageanspruch ganz oder zum Teil anerkennt (§ 307 ZPO).[7]

Begründung

I. Sachverhalt[8]

1. Parteien
Der Kläger ist Komponist und hat die Melodie einschließlich Instrumentalisierung für einen Schlager mit dem Titel „Mit Dir in den Fasching" komponiert. Der Beklagte hat den Text für diesen Schlager verfasst.

2. Musikverlagsvertrag mit C. C.
Die Parteien sind darüber in Streit geraten, ob mit dem Musikverleger C. C. der als
   Anlage K 1
übergebene Musikverlagsvertrag abgeschlossen werden soll. Der Beklagte meint, C. C. würde das Werk nicht ordnungsgemäß bewerben und über die Honorare nicht ordentlich abrechnen.

3. Zumutbarkeit des Vertragsschlusses
Das Musikverlagsunternehmen C. C. ist in weiten Kreisen der Komponisten und Textdichter von Unterhaltungsmusik als seriöser und äußerst aktiver Musikverleger bekannt. Zu den von ihm betreuten Werken gehören viele bekannte Werke, die dem Bereich der Unterhaltungsmusik zuzurechnen sind. Als Beispiele sei auf folgende Schlager und die Dauer ihrer jeweiligen Platzierungen in den Hitlisten der . . . . . . verwiesen. Vorsorglich zum

Beweis: Kopien der Hitlisten der Woche . . . . . . bis zur Woche . . . . . . als
   Anlagenkonvolut K 2

Der Musikverleger C. C. verfügt über einen Gesamtkatalog
   Anlage K 3
jeweils einen Neuheitenkatalog, den ich beispielhaft als
   Anlage K 4
übergebe, eine Presseabteilung, die alle einschlägigen Zeitschriften, Rundfunksender und sonstigen Interessierten über die neu publizierten Werke unterrichtet und über ein Handelsvertreterteam für den ganzen deutschsprachigen Raum.

Beweis: N. N., Presseleiter des C. C. Musikverlages, zu laden über diesen, als Zeuge
N. N., Vertriebsleiter des C. C. Musikverlages, zu laden über diesen, als Zeuge

Von keinem Vertragspartner des C. C. Musikverlagsunternehmens, insbesondere von keinem Komponisten oder Textdichter, ist bekannt geworden, dass C. C. seine Verpflichtung zur Vervielfältigung und Verbreitung und sonstigen Unterstützung der weiteren Werkverbreitung nicht ordnungsgemäß erfüllt.

Der Textdichter B. B., der Beklagte, weist jedoch darauf hin, dass er auf Grund von Vorkommnissen aus der näheren Vergangenheit, die er aber nicht näher schildert, eine persönliche Aversion gegen den Musikverleger C. C. habe. Der Musikverleger C. C. würde diese Aversion erwidern. Daraus ergebe sich die begründete Befürchtung für den Beklagten, dass die Vervielfältigung und Verbreitung des gemeinsam erarbeiteten Schlagers nicht mit dem Elan verfolgt wird, wie er von anderen Musikverlegern erwartet werden könnte.

Soweit der Beklagte Zweifel an der Bonität des Musikverlegers C. C. hat, sind diese nicht nachvollziehbar. Falsche Abrechnungen oder Zahlungsausfälle sind dem Kläger nicht bekannt geworden.

Darüber hinaus gilt C. C. allgemein als seriöser und bekannter Musikverleger.

Beweis: Diverse Presseberichterstattungen

Anlagenkonvolut K 5

4. Musikverlagsvertrag gem. Anlage K 1

Der Musikverlagsvertrag gem. Anlage K 1 ist in allen seinen Bestandteilen für den Bereich der Unterhaltungsmusik üblich. Dies gilt insbesondere für die Vervielfältigungs- und Verbreitungsverpflichtung des Musikverlegers, aber auch für die finanziellen Absprachen.

Beweis: Einholung eines Sachverständigengutachtens durch das Gericht

II. Rechtslage

Der Kläger hat Anspruch auf Erteilung der Einwilligung in den Abschluss des Musikverlagsvertrages gem. Anlage K 1 (§ 9 UrhG).

Der Musikverleger C. C. gilt gemeinhin als seriöser und erfolgreicher Musikverleger, der alle zweckentsprechenden und üblichen Maßnahmen für die Verbreitung des Schlagers zu ergreifen beabsichtigt. Die persönlichen Aversionen des Beklagten gegen den Musikverleger C. C. sind nicht nachvollziehbar.

Die Konditionen des Musikverlagsvertrages sind angemessen und üblich.

Es sind daher keine Belange des Beklagten zu erkennen, die den Interessen des Klägers am Abschluss des vorgelegten Musikverlagsvertrages entgegenstehen.

Rechtsanwalt[9]

Anmerkungen

1. Schaffen mehrere Urheber gemeinsam ein Werk, so können sie nicht mehr unabhängig voneinander nach den eigenen Interessen das Ergebnis veröffentlichen oder verwerten lassen oder ändern. Sie sind als Miturheber (§ 8 UrhG) miteinander verbunden und haben daher die Entscheidung über die Verwertung gemeinschaftlich zu treffen.

Wenn mehrere Urheber ihre selbständigen Werke zur gemeinsamen Verwertung miteinander verbinden, sind sie ebenso bei der Veröffentlichung, Verwertung und Änderung der verbundenen Werke nicht mehr frei in ihren Entscheidungen (§ 9 UrhG).

In beiden Fällen der sog. Miturheberschaft und der Urheberschaft an verbundenen Werken sieht das Gesetz vor, dass vor einer beabsichtigten Verwertung die Einwilligung (Schricker/Loewenheim/*Loewenheim* Urheberrecht, 4. Aufl. 2010, § 8 Rn. 14, § 9 Rn. 15; Fromm/Nordemann/*Nordemann* Urheberrecht, 11. Aufl. 2014 § 8 Rn. 17, § 9 Rn. 7; *Dreier/Schulze* UrhG § 8 Rn. 16, § 9 Rn. 13) der jeweils anderen Miturheber oder Urheber der verbundenen Werke einzuholen ist. Wird die Einwilligung durch den anderen verweigert, so kann der andere Miturheber bzw. Urheber auf Erteilung der Einwilligung klagen, sofern deren Erteilung dem anderen Partner nach Treu und Glauben zuzumuten ist (§§ 8 Abs. 2 S. 2, 9 UrhG). Die Einwilligung ist nicht nur bei einer Änderung des Werkes, bei dessen Veröffentlichung, sondern insbesondere bei Abschluss, Änderung oder Beendigung von Verwertungsverträgen einschließlich der Kündigung jeweils erforderlich (BGH GRUR 1982, 743 f. – verbundene Werke; BGH GRUR 1990, 443 (446) – Musikverleger IV; LG München I GRUR 1979, 153 f. – Exklusivvertrag; OLG Hamburg ZUM 1994, 738 f.; *Seibt/Wiechmann* GRUR 1995, 562 (564 f.); Schri-

16. Klage auf Einwilligung in die Verwertung (§§ 8, 9 UrhG)   G. 16

cker/Loewenheim/*Loewenheim* Urheberrecht, 4. Aufl. 2010, § 8 Rn. 14 ff., § 9 Rn. 14 f.; Fromm/Nordemann/*Nordemann* Urheberrecht, 11. Aufl. 2014 § 8 Rn. 17 ff., § 9 Rn. 7 ff.; Dreier/Schulze UrhG § 8 Rn. 16 ff., § 9 Rn. 20 ff.; Möhring/Nicolini/Ahlberg UrhG, 3. Aufl. 2014, § 8 Rn. 40 ff., § 9 Rn. 28).

Der Anspruch auf Erteilung der Einwilligung wird nur in Ausnahmefällen, wenn sie zur vorläufigen Regelung oder Sicherung erforderlich ist, im Wege der einstweiligen Verfügung durchsetzbar sein (OLG Köln NJW-RR 1997, 59; OLG Stuttgart NJW 73, 908; Zöller/*Stöber* ZPO § 894 Rn. 3; Thomas/Putzo/*Seiler* ZPO § 894 Rn. 4; aA LG Braunschweig NJW 1975, 783; BLAH/*Hartmann* ZPO § 938 Rn. 17).

2. Örtlich zuständig ist regelmäßig das Gericht am Wohnsitz des Beklagten (§§ 12, 13 ff. ZPO). Der fliegende Gerichtsstand gem. § 32 ZPO dürfte nicht gegeben sein, da der Anspruch auf Erteilung der Einwilligung kaum als Beseitigungsanspruch auf § 97 UrhG gestützt werden kann. Die Beeinträchtigung des Berechtigten in der Verwertung des Werkes ist nämlich regelmäßig nur Folge der Nichterfüllung einer Verpflichtung (*Seibt/Wiechmann* GRUR 1995, 562 (566)).

Die Landesregierungen haben gem. § 105 UrhG zum Teil die Zuständigkeit für Urheberrechtsstreitsachen auf einzelne Gerichte konzentriert (→ Form. G.5 Anm. 3).

Die sachliche Zuständigkeit des LG (§§ 23, 71 GVG) ergibt sich regelmäßig daraus, dass der Streitwert in den überwiegenden Fällen höher als 5.000 EUR ist.

3. Zur Bezeichnung des Schriftsatzes, des Gerichts, der Parteien und ihrer Prozessbevollmächtigten, des Streitwerts und der Anträge → Form. G.5 einschließlich → Form. G.5 Anm. 2–15, soweit nicht nachfolgend im Einzelfall Besonderheiten angemerkt wurden.

4. Die Höhe des Streitwertes richtet sich regelmäßig nach dem mit der Einwilligung verfolgten Verwertungsinteresse (§ 3 ZPO). Dies dürfte die Höhe desjenigen Betrages sein, den der Kläger sich als Folge der beantragten Maßnahme erwartet.

5. Der Klageantrag muss bestimmt sein und der Inhalt der Erklärung sich eindeutig aus der Urteilsformel ergeben (Thomas/Putzo/*Seiler* ZPO vor § 704 Rn. 16, § 894 Rn. 8; Zöller/*Stöber* ZPO § 894 Rn. 2; BLAH/*Hartmann* ZPO § 894 Rn. 4). Aus diesem Grunde empfiehlt es sich, bei der Klage auf Einwilligung in Verwertungsverträge den konkreten Vertragsentwurf dem Klageantrag als Anlage beizufügen. Zur Klarheit trägt auch bei, wenn die Entwürfe entsprechender Vereinbarungen oder Schreiben beigefügt werden, sofern die Einwilligung zur Zustimmung zur Weiterübertragung gem. § 34 UrhG, zur Beendigung eines Vertrages durch Kündigung, Rücktritt (§§ 32, 35 VerlG) oder zum Rückruf (§§ 41, 42 UrhG) oder auch zur fristlosen Kündigung (BGH GRUR 1982, 743 f. – verbundene Werke; aA Fromm/Nordemann/*Nordemann* Urheberrecht, 11. Aufl. 2014, § 8 Rn. 19) eingeklagt wird.

Sind Änderungen des Werkes Gegenstand des Rechtsstreits, so sind auch diese Änderungen soweit wie möglich zu konkretisieren. Man wird nicht in jedem Fall das geänderte Werk als Anlage dem Antrag beifügen müssen, so wenn beispielsweise einer der Autoren die Änderung von Rechtschreibung und Zeichensetzung entsprechend den neuen Regelungen erwünscht. Ist die Änderung eines Bauwerkes oder des Originals eines Werkes der bildenden Künste Gegenstand des Rechtsstreits, so werden entsprechende vorbereitende Zeichnungen oder andere Darstellungen der Klageschrift beizufügen sein. Je weiter und je intensiver die Änderung in die eigenpersönliche Prägung des jeweiligen Werkes eingreift, desto größer werden die Anforderungen an die Präzisierung im Rahmen des Klageantrags zustellen sein.

Zu beachten ist, dass die Einwilligung als erteilt gilt, sobald die gerichtliche Entscheidung rechtskräftig ist (Thomas/Putzo/*Seiler* ZPO § 894 Rn. 7 f.; Zöller/*Stöber* ZPO § 894 Rn. 5; BLAH/*Hartmann* ZPO § 894 Rn. 11). Die Einwilligung gilt auch dann erst ab Rechtskraft der Entscheidung, wenn das Urteil für vorläufig vollstreckbar erklärt und auf Grund des Urteils Sicherheit geleistet wurde (BLAH/*Hartmann* ZPO § 894 Rn. 9).

Eines Antrags zur Kostenentscheidung bedarf es nicht (§ 308 Abs. 2 ZPO), ebenso wenig bedarf es eines Antrags zur vorläufigen Vollstreckbarkeit (§ 709 ZPO), die sich ohnehin nur auf den Kostenausspruch beziehen kann.

6. Es ist Sache des Gerichts, darüber zu entscheiden, ob ein früher erster Termin zur mündlichen Verhandlung (§ 275 ZPO) oder ein schriftliches Vorverfahren (§ 276 ZPO) angeordnet wird. Im letzteren Fall wird dem Beklagten eine Notfrist von zwei Wochen ab Zustellung der Klageschrift gesetzt, um dem Gericht schriftlich anzuzeigen, dass die Beklagte sich gegen die Klage verteidigen will. Verstreicht diese Frist, kann der Kläger bereits für das Verstreichen gem. § 331 Abs. 3 ZPO den Erlass eines Versäumnisurteils beantragen. Gem. § 331 Abs. 3 S. 2 ZPO kann der Antrag bereits in der Klageschrift gestellt werden.

7. Im Falle eines schriftlichen Vorverfahrens kann der Beklagte anstelle der Anzeige der Verteidigungsabsicht den Klageanspruch sofort anerkennen. Für diesen Fall kann der Kläger den Antrag auf Erlass eines Anerkenntnisurteils stellen. Diesen Antrag kann der Kläger bereits mit der Klageschrift stellen (§ 307 Abs. 2 S. 2 ZPO).

8. → Form. G.5 Anm. 22.
Im Rahmen der Sachverhaltsschilderung hat der Kläger zunächst darzulegen, dass das streitige Werk ein gemeinschaftliches Werk iSv § 8 UrhG ist oder dass es sich um Werke handelt, die zur gemeinsamen Verwertung verbunden wurden (§ 9 UrhG). Des Weiteren ist im Rahmen des Sachverhalts darzulegen, in welche Maßnahme der Kläger Einwilligung begehrt.
Schließlich hat der Kläger vorzutragen und zu beweisen, dass die Weigerung, die Einwilligung zu erteilen, gegen Treu und Glauben verstößt (Fromm/Nordemann/*Nordemann* Urheberrecht, 11. Aufl. 2014, § 8 Rn. 17, § 9 Rn. 23 f.). Das Gericht entscheidet hierüber auf Grund einer Abwägung der Interessen (BGH GRUR 1982, 743 f. – verbundene Werke; OLG Hamburg ZUM 1994, 738 f.; *Möhring/Nicolini/Ahlberg* UrhG, 3. Aufl. 2014, § 8 Rn. 40 ff., § 9 Rn. 24; Schricker/Loewenheim/*Loewenheim* Urheberrecht, 4. Aufl. 2010, § 8 Rn. 14, 16, § 9 Rn. 15).
Bei der Abwägung der Interessen sind zunächst urheberpersönlichkeitsrechtliche Aspekte zu berücksichtigen und der Zweck der gemeinschaftlichen Schöpfung bzw. der Zweck der Werkverbindung (Schricker/Loewenheim/*Loewenheim* Urheberrecht, 4. Aufl. 2010, § 9 Rn. 15; Schricker/Loewenheim/*Dietz/Peukert* Urheberrecht, 4. Aufl. 2010, § 39 Rn. 14 ff.). Daneben können auch wirtschaftliche Gesichtspunkte (OLG Hamburg ZUM 1994, 738 f.; BGH GRUR 1982, 743 f. – verbundene Werke; LG München GRUR 1979, 153 f. – Exklusivvertrag) berücksichtigt werden.
Auch moralische Gesichtspunkte und Loyalitätsgesichtspunkte sind für den Fall des Streits über eine Kündigung in die Interessensabwägung mit einzubeziehen. Stets hat eine konkrete und Einzelfall bezogene Abwägung aller betroffenen Interessen stattzufinden. Naturgemäß wird in diesem Zusammenhang der Kläger denjenigen Sachverhalt unter gleichzeitigem Beweisantritt vortragen, der die Einwilligung als zumutbar erscheinen lässt und der Beklagte die gegenteiligen Tatsachen.

Kosten und Gebühren

9. Es entstehen die allgemeine Prozessverfahrensgebühren gem. KV 1201 GKG sowie Rechtsanwaltsgebühren gem. §§ 13, 19 RVG unter Zugrundelegung des vom Gericht festzusetzenden Streitwertes (§ 23 Abs. 1 RVG) (→ Anm. 4).

17. Klage auf Zugang (§ 25 UrhG)

Landgericht ......[2]
Zivilkammer

Klageschrift[1, 3]

In dem Rechtsstreit des

A. A., Bildhauer

wohnhaft ......

– Kläger –

Prozessbevollmächtigter: Rechtsanwalt

gegen

B. B., Fabrikant, wohnhaft ......

– Beklagter –

wegen Zugang zu einem Original

Streitwert: ...... EUR[4]

bestelle ich mich für den Kläger und erhebe gleichzeitig namens und im Auftrag des Klägers Klage unter Übergabe eines Verrechnungsschecks über ...... EUR zum Ausgleich der Gerichtskosten.

Ich kündige an, im Termin zur mündlichen Verhandlung die nachgenannten

Anträge

zu stellen:

Der Beklagte wird verurteilt, dem Kläger Zugang zu der vom Kläger geschaffenen Bronzeplastik, die als Motiv ein Segelschiff darstellt, die in den Wohnräumen des Beklagten in der B-Straße in B-Stadt steht, zur Anfertigung einer Fotografie zu gestatten.[5]

Vorsorglich beantrage ich, dem Kläger nachzulassen, eine etwaige Sicherheitsleistung durch eine unwiderrufliche, schriftliche, selbstschuldnerische, unbedingte und unbefristete Bürgschaft eines Kreditinstituts der Bundesrepublik Deutschland, insbesondere der XX Bank AG, erbringen zu dürfen.

Sofern das Gericht ein schriftliches Vorverfahren anordnet und der Beklagte seine Verteidigungsabsicht nicht rechtzeitig anzeigt, beantrage ich bereits jetzt den Erlass eines Versäumnisurteils gem. § 331 ZPO.

Unter den gleichen Voraussetzungen beantrage ich den Erlass eines Anerkenntnisurteils für den Fall, dass der Beklagte den Klageanspruch ganz oder zum Teil anerkennt (§ 307 ZPO).

Begründung

I. Sachverhalt[6]

1. Der Kläger und sein Werk[7]
   Der Kläger ist Bildhauer.

Er wurde ua im Jahre 1995 von dem Beklagten beauftragt, für ihn aus Bronze eine Segelschiffskulptur zu schaffen, die zum einen das Meer und die Widrigkeiten der Seeschifffahrt und zum anderen die damit verbundene Freude ausdrücken soll.

Beweis: Frau X. A., Ehefrau des Klägers, zu laden über diesen, als Zeugin

Der Kläger hat das Werk auf der Grundlage der von ihm gefertigten Entwürfe

Anlage K 1,

die der Beklagte für gut hieß, gefertigt.

Beweis: Frau X. A., bereits benannt, als Zeugin

2. Besitz des Beklagten[8]

Der Kläger hat auftragsgemäß die Plastik gestaltet und hergestellt. Er hat sie dem Beklagten ausgehändigt. Der Beklagte ist im Besitz der Plastik.

Beweis: Frau X. A., bereits benannt, als Zeugin

3. Zugangsverweigerung

Der Kläger hat sich an dem Beklagten mit Schreiben vom ......

Anlage K 2

gewandt und gebeten, einen Termin zur Anfertigung einer Fotografie zu benennen. Der Beklagte hat die Terminsabsprache ebenso wie den Zugang zum Original der vom Kläger geschaffenen Plastik mit Schreiben vom ......

Anlage K 3

verweigert.[9] Er verwies darauf, dass er demnächst ein privates Museum einzurichten gedenke, dessen Unterhalt sich im Wesentlichen aus Eintrittsgeldern finanziere. Würden die für das Museum vorgesehenen Kunstwerke anderweitig durch Fotografien publik werden, bestünde keine Notwendigkeit für die angesprochenen kunstinteressierten Kreise, das Museum zu besuchen. Schwerwiegende finanzielle Einbußen müsse der Beklagte daher befürchten.

II. Rechtslage

Der Kläger kann als Urheber, § 7 UrhG, eines urheberrechtlich geschützten Werkes der bildenden Kunst (§ 2 UrhG) Zugang zum Werk beim Besitzer (§ 854 BGB) fordern (§ 25 UrhG).

Rechtsanwalt

Anmerkungen

1. Das Recht des Urhebers auf Zugang zum Original oder einem Vervielfältigungsstücke eines von ihm geschaffenen Werkes ist ein Teil des Urheberpersönlichkeitsrechts im weiteren Sinne (*v. Gamm* Urheberrechtsgesetz, 1968, § 25 Rn. 1; *Möhring/Nicolini/ Freudenberg* UrhG, 3. Aufl. 2014, § 25 Rn. Vor 1; *Dreier/Schulze* UrhG § 25 Rn. 1; *E. Ulmer* Urheberrecht, 3. Aufl. 1980, § 42 II; *Schricker/Loewenheim/Vogel* Urheberrecht, 4. Aufl. 2010, § 25 Rn. 7). Es dient zur Aufrechterhaltung der ideellen Beziehungen zwischen dem Schöpfer einerseits und dem Werk andererseits. Besonders im Bereich der Werke der bildenden Kunst und der Architektur hat das Zugangsrecht Bedeutung erlangt. Dies gilt insbesondere dann, wenn von solchen Werken Vervielfältigungsstücke beispielsweise durch Fotografien für den Werkkatalog angefertigt werden sollen.

2. Örtlich zuständig ist das Gericht, an dem der Beklagte seinen allgemeinen Gerichtsstand hat (§§ 12 ff. ZPO). Besondere Gerichtsstände für die Zugangsklage oder ausschließliche Gerichtsstände bestehen nicht.

17. Klage auf Zugang (§ 25 UrhG)

Die sachliche Zuständigkeit des LG (§§ 23, 71 GVG) ergibt sich regelmäßig daraus, dass der Streitwert in den überwiegenden Fällen höher als 5.000 EUR ist.

3. Zur Bezeichnung des Schriftsatzes, des Gerichts, der Parteien und ihrer Prozessbevollmächtigten, des Streitwerts und der Anträge → Form. G.4 Anm. 2–16 soweit nicht nachfolgend im Einzelfall Besonderheiten angemerkt wurden.

4. Für die Bemessung des Streitwerts (§ 3 ZPO) können maßgebende Kriterien die Berühmtheit des Urhebers und seines Werkes sein, der Verkehrswert eines Vervielfältigungsstücks oder einer Bearbeitung davon und die Bedeutung sowie der Wert des vom Urheber mit dem Zugang verfolgten Endzwecks sein.

5. Bei der Formulierung des Antrags ist darauf zu achten, dass die vom Kläger durchzuführende Handlung im Einzelnen detailliert und nachvollziehbar beschrieben wird (BGH NJW 1978, 1584; BLAH/*Hartmann* ZPO § 253 Rn. 96).

Der Kläger kann zwar nicht die Herausgabe des Originals oder eines Vervielfältigungsstücks begehren (§ 25 Abs. 2 UrhG), er kann aber im Hinblick auf die Verpflichtung des Besitzers den Zugang in einer dem damit verfolgten Zweck geeigneten Weise zu gestatten, von diesem fordern, dass das Original zum Zwecke der Herstellung eines Vervielfältigungsstücks zu einem entsprechenden Unternehmen auf Kosten des Urhebers gebracht wird. In diesem Fall könnte der Antrag lauten: „Der Beklagte wird verurteilt, die vom Kläger geschaffene Bronzeplastik, die als Motiv ein Segelschiff darstellt und im Besitz des Beklagten steht, auf Kosten (sachgemäßer Transport, Versicherung) des Klägers in die Gießerei der Firma ...... zur Anfertigung eines Vervielfältigungsstücks zu bringen" (KG GRUR 1983, 507 f. – Totenmaske II; Fromm/Nordemann/*Nordemann* Urheberrecht, 11. Aufl. 2014, § 25 Rn. 11; Schricker/Loewenheim/*Vogel* Urheberrecht, 4. Aufl. 2010, § 25 Rn. 11; Dreier/*Schulze* UrhG § 25 Rn. 24).

Soweit es um die Zwangsvollstreckung des Zugangsrechts geht, handelt es sich um eine unvertretbare Handlung, die nach den Vorschriften des § 888 ZPO zu erfolgen hat. Gleiches gilt für die Vollstreckung eines Tenors, durch welchen der Besitzer zum Verbringen des Originals oder eines Vervielfältigungsstücks verurteilt wird, da er zunächst als unvertretbare Handlung in diesem Zusammenhang den Zugang zum Werkstück zu ermöglichen hat und anschließend den Transport gestatten muss.

6. → Form. G.14 Anm. 23.

Im Rahmen der Sachverhaltsschilderung hat der Kläger vorzutragen und zu beweisen, dass er Urheber eines urheberrechtlich geschützten Werkes ist. Hinzu kommt, dass er darlegen muss, dass der Beklagte Besitzer des Originals oder eines Vervielfältigungsstückes des urheberrechtlich geschützten Werkes ist. Ferner hat er die Erforderlichkeit des Zugangs oder der sonstigen Maßnahmen im Hinblick auf die von ihm beabsichtigten urheberrechtlichen Zwecke darzulegen und unter Beweis zu stellen (*Möhring/Nicolini/ Freudenberg* UrhG, 3. Aufl. 2014, § 25 Rn. 14; Dreier/*Schulze* UrhG § 25 Rn. 20).

Wobei es Sache des Beklagten ist, darzulegen und zu beweisen, dass zur Erreichung der urheberrechtlich geschützten Zielsetzung ein Zugang in der vom Kläger begehrten Art nicht erforderlich ist (Schricker/Loewenheim/*Vogel* Urheberrecht, 4. Aufl. 2010, § 25 Rn. 15; v. *Gamm* Urheberrechtsgesetz, 1968, § 25 Rn. 7; Fromm/Nordemann/*Nordemann* Urheberrecht, 11. Aufl. 2014, § 25 Rn. 21; Dreier/*Schulze* UrhG § 25 Rn. 20; aA Wandtke/Bullinger/*Bullinger* UrhG § 25 Rn. 13).

Schließlich hat der Kläger seine urheberrechtlich anerkannten Interessen an dem Zugang darzulegen, so dass dem Gericht eine Abwägung der beiderseitigen Interessen möglich ist (Schricker/Loewenheim/*Vogel* Urheberrecht, 4. Aufl. 2010, § 25 Rn. 16; Dreier/*Schulze* UrhG § 25 Rn. 21).

7. Den Anspruch auf Zugang kann der Urheber selbst geltend machen. Dies bedeutet, dass sowohl der Urheber (§ 7 UrhG), sein Rechtsnachfolger (§ 30 UrhG), die Miturheber (§ 8 UrhG), die Bearbeiter (§ 3 UrhG) und die Urheber verbundener Werke (§ 9 UrhG) den Zugangsanspruch geltend machen können (OLG Düsseldorf GRUR 1969, 550 – Geschichtsbuch für Realschulen; Schricker/Loewenheim/*Vogel* Urheberrecht, 4. Aufl. 2010, § 25 Rn. 8).

Das Zugangsrecht ist im Hinblick auf seine urheberpersönlichkeitsrechtliche Ausgestaltung nicht übertragbar, jedoch ist der Urheber berechtigt, zur Ausübung Dritte zu beauftragen; so kann er beispielsweise einen Fotografen mit der Herstellung von Abbildungen beauftragen; diesem ist dann der Zugang zu gestatten (*Dreier/Schulze* UrhG § 25 Rn. 18).

Zum Urheberrechtsschutz und Urheberschaft von Werken der bildenden Kunst → Form. G.10 Anm. 10.

8. Passivlegitimiert ist der Besitzer des Werkstücks, gleichgültig, ob Eigen- oder Fremdbesitzer (§ 854 BGB; *Dreier/Schulze* UrhG § 25 Rn. 6; *Möhring/Nicolini/Freudenberg* UrhG, 3. Aufl. 2014, § 25 Rn. 8f; Wandtke/Bullinger/*Bullinger* UrhG § 25 Rn. 18).

9. Hätte der Beklagte nicht auf Grund einer vorgerichtlichen Bitte den Zugang verweigert, könnte ein sofortiges Anerkenntnis zur Kostenbelastung des Klägers führen (§ 93 ZPO).

Der Beklagte hat die mangelnde Erforderlichkeit des Zugangs entgegen dem gesetzlichen Wortlaut darzulegen und zu beweisen (Fromm/Nordemann/*Nordemann* Urheberrecht, 11. Aufl. 2014, § 25 Rn. 21; *v. Gamm* Urheberrechtsgesetz, 1968, § 25 Rn. 7; Schricker/Loewenheim/*Vogel* Urheberrecht, 4. Aufl. 2010, § 25 Rn. 15; aA Wandtke/Bullinger/*Bullinger* UrhG § 25 Rn. 13). Für die Erforderlichkeit bedarf es einer Abwägung der Interessen des Urhebers einerseits und des Besitzers andererseits. Nur ausnahmsweise ist die Zugangsverweigerung gerechtfertigt. Bei Umzug, Krankheit oder sonstigen Zugangsaufforderungen zur Unzeit kann der Besitzer diese zeitweise verweigern. Gleiches gilt, wenn Vervielfältigungsstücke problemlos anderweitig zu erwerben sind. Der Zugang kann verweigert werden, wenn er der Vorbereitung eines Vertragsbruches dient (*E. Ulmer* Urheberrecht, 3. Aufl. 1980, § 42 IV; OLG Düsseldorf GRUR 1969, 550 f. – Geschichtsbuch für Realschulen). Die finanziellen Interessen des Besitzers können nicht die Verweigerung des Zugangs rechtfertigen. Gleiches gilt für die Befürchtung, dass die Kenntnis eines Standortes zur Steigerung der Gefahr von Einbrüchen führen könnte. Schließlich kann das Interesse des Besitzers an der Unversehrtheit seines Werkstückes dann überwiegen, wenn es sich um ein Unikat handelt (KG GRUR 1983, 507 f. – Totenmaske II).

Die urheberrechtlichen Zwecke des Schöpfers, sei es die Anfertigung eines Werksverzeichnisses oder Dokumentation der erstellten Werke, aber auch Vermögensinteressen durch den Verkauf von Vervielfältigungsstücken, sind jeweils geschützt.

18. Klage auf Vertragsanpassung für angemessene Vergütung (§ 32 UrhG)

Landgericht ......[2]

Zivilkammer

Klage[1, 3]

In dem Rechtsstreit

A. A., Software Ingenieur

......

– Kläger –[4]

18. Klage auf Vertragsanpassung für angemessene Vergütung (§ 32 UrhG) G. 18

Prozessbevollmächtigter: Rechtsanwalt[5] . . . . . .

gegen

B. B., Software Vertriebs GmbH, gesetzlich vertreten durch deren Geschäftsführer B. B. . . . . . .

– Beklagte –[6]

Prozessbevollmächtigter: Rechtsanwalt[7] . . . . . .

wegen Vertragsanpassung gem. § 32 UrhG

vorl. Streitwert: . . . . . . EUR[8]

bestelle ich mich für den Kläger und erhebe gleichzeitig namens und im Auftrag des Klägers Stufenklage unter Übergabe eines Verrechnungsschecks über . . . . . . EUR zum Ausgleich der Gerichtskosten.[9]

Ich kündige an, im Termin zur mündlichen Verhandlung die nachgenannten

Anträge

zu stellen:

I. Die Beklagte wird verurteilt, der nachfolgenden Änderung von „§ 6 Vergütung" des Software-Entwicklungsvertrages vom . . . . . . einzuwilligen mit Wirkung ab . . . . . :
Der Entwickler erhält für die Entwicklung der vertragsgegenständlichen Software
1. ein Grundhonorar in Höhe von . . . . . . EUR
2. ein zusätzliches, vom Absatz abhängiges Honorar und zwar in Höhe von . . . . . . EUR für jedes verkaufte und bezahlte Exemplar eines Vervielfältigungsstückes der vertragsgegenständlichen Software ab dem . . . . . . Exemplar.[10]
Hilfsweise:
Die Beklagte wird verurteilt, in die Abänderung des § 6 des Software-Entwicklungsvertrages vom . . . . . . dahingehend einzuwilligen, dass dem Kläger eine vom Gericht im Wege der freien Schätzung festzusetzende, angemessene Vergütung aus der Verwertung des . . . . . . zu einem vom Gericht im Wege freier Schätzung festzusetzenden Zeitpunkt an gewährt wird, wobei das Gericht gebeten wird, die Änderung selbst zu formulieren.[11]
II. Die Beklagte wird verurteilt über den sich aus der Abänderung gem. Ziffer I. ergebenen Anspruch Rechnung zu legen und den sich aus dieser Rechnung ergebenden Betrag an den Kläger nebst Zinsen in Höhe von fünf Prozentpunkten über dem jeweiligen Basiszinssatz hieraus seit der Zustellung der Klage zu bezahlen.[12]
Vorsorglich beantrage ich, dem Kläger nachzulassen, eine etwaige Sicherheitsleistung durch eine unwiderrufliche, schriftliche, selbstschuldnerische, unbedingte und unbefristete Bürgschaft eines Kreditinstituts der Bundesrepublik Deutschland, insbesondere der XX-Bank AG, erbringen zu dürfen.[13]
Sofern das Gericht ein schriftliches Vorverfahren anordnet und der Beklagte seine Verteidigungsabsicht nicht rechtzeitig anzeigt, beantrage ich bereits jetzt den Erlass eines Versäumnisurteils gem. § 331 ZPO.[14]
Unter den gleichen Voraussetzungen beantrage ich, den Erlass eines Anerkenntnisurteils für den Fall, dass der Beklagte den Klageanspruch ganz oder zum Teil anerkennt (§ 307 ZPO).[15]

G. 18　　　　　　　　　　　　　　　　　　　　G. Urheber- und Verlagsrecht

Begründung:[16]

I. Sachverhalt

1. Parteien

   Der Kläger[17] ist freier Softwareingenieur. Die Beklagte[18] ist eine Software-Vertriebsfirma, die Anwendungssoftware für die unterschiedlichsten Bereiche vertreibt. Die Parteien schlossen am ...... eine Vereinbarung

   Anlage K 1

   über die Entwicklung einer Software für ......[19]

   Der Kläger hat die Software entwickelt sowie vereinbarungsgemäß auf einen Datenträger der Beklagten ausgehändigt. Die Beklagte vervielfältigt seit diesem Zeitpunkt die Software auf CD-ROMs und verbreitet diese über den einschlägigen Facheinzelhandel.

   Beweis: „......" Vervielfältigungsstück im Original, nur für das Gericht als

   Anlage K 2

   Als Gegenleistung für die Software-Entwicklung und die Rechtseinräumung erhielt der Kläger ein Pauschalhonorar in Höhe von ...... EUR.

2. Vergütungsvereinbarung

   Die Parteien des Rechtsstreits vereinbarten in der Vereinbarung (K 1) ein Pauschalhonorar in Höhe von ...... EUR.

   Unter Zugrundelegung eines üblichen Tagessatzes für vergleichbare Softwareingenieure in Höhe von ...... EUR

   Beweis: Einholung eines Sachverständigengutachtens durch das Gericht

   entspricht diese Vergütung ...... Mann-Tage an tatsächlicher Arbeitsleistung eines Softwareingenieurs. Zur vollständigen Entwicklung der Software hat der Kläger jedoch deutlich mehr Zeit, nämlich ...... Mann-Tage aufwenden müssen.

   Beweis: N. N., als Zeuge

3. Erfolg des Werkes

   Der Kläger hat festgestellt, dass die von ihm entwickelte Anwendungssoftware in den Branchenpublikationen der „......"

   Anlage K 3

   jeweils als für die betroffene Zielgruppe besonders geeignete Software besprochen wird. Dort wird auch berichtet, dass diese Software in ihrem Segment bereits die Marktführerschaft übernommen hat. Er hat ferner in Erfahrung gebracht, dass die Vertriebserwartungen der Beklagten weit übertroffen wurden.

   Beweis: N.N., als Zeuge

4. Angemessene Vergütung

   Das vereinbarte Pauschalhonorar stellt keine angemessene Vergütung dar. Zwar besteht für die Tätigkeit weder ein Tarifvertrag, noch gemeinsame Vergütungsregelungen,[20] doch ist nach Dauer und Zeitpunkt der Nutzung unter Berücksichtigung aller Umstände ein Absatzhonorar zusätzlich zur Grundvergütung zu leisten. So stellt die geforderte Absatzvergütung lediglich einen geringen Prozentsatz von ......% vom von der Beklagten empfohlenen Ladenpreis dar. Die Beklagte kann ihre Investitionen durch das Einsetzen einer Vergütungspflicht ab dem ......ten Exemplar zunächst verdienen. Die Beklagte hat ab diesem Verkaufsstand keine eigenen Entwicklungsleistungen mehr zu tätigen. Die eigenen Werbe-, Marketing- und PR-Bemühungen belasten das Budget nicht mehr. Durch den bescheidenen Absatzanteil ist die Beklagte auch in der Lage, anderweitige Investitionen von den Gewinnen zu tätigen. Die anerkannte Qualität und die Marktakzeptanz des Werkes rechtfertigt schließlich ebenso das Absatzhonorar.

18. Klage auf Vertragsanpassung für angemessene Vergütung (§ 32 UrhG) G. 18

Schließlich hätten redliche Vertragspartner, die die jeweiligen Investitionen und Aufwendungen im Zusammenhang mit der Entwicklung der Software kennen, einer solchen vertraglichen Absatzbeteiligung zugestimmt.

Beweis: Erholung eines Sachverständigengutachtens durch das Gericht

5. Aufforderung
Der Kläger hat die Beklagte mit Schreiben vom . . . . . .
Anlage K 4
zur Einwilligung in die beantragte Vertragsergänzung aufgefordert. Die gesetzte Frist ist fruchtlos verstrichen.

II. Rechtslage

1. Anspruch auf Vertragsanpassung
Der Kläger hat Anspruch auf Vertragsanpassung gem. § 32 UrhG.
a) Der Kläger hat ein urheberrechtlich geschütztes Werk entwickelt.
Der Kläger hat kein völlig banales und einfaches Computerprogramm entwickelt, sondern eine individuelle Lösung des auch von anderen bereits erarbeiteten Problems erstellt. Vom Urheberrechtsschutz ist daher auszugehen (§ 69a Abs. 3 UrhG).
b) Für die streitgegenständliche Leistung des Klägers existiert weder ein Tarifvertrag, noch gemeinsame Vergütungsregeln.
c) Der Kläger hat ein einmaliges Pauschalhonorar für seine Leistungen erhalten. Ein einmaliges Pauschalhonorar wird nur im Ausnahmefall eine angemessene Vergütung im Sinne von § 32 UrhG sein. Erwägungen, die ein solches Pauschalhonorar rechtfertigen, liegen nicht vor (*Dreier/Schulze* UrhG § 32 Rn. 56 f.).
Im Hinblick auf den Erfolg des Werkes ist es angemessen, dem Kläger eine absatzabhängige Vergütung in Höhe von . . . . . .% vom mehrwertsteuerbereinigten, empfohlenen Ladenpreis für jedes verkaufte und bezahlte Exemplar zuzuerkennen. Da der Kläger jedoch für seine Leistungen im Vorfeld ein Pauschalhonorar erhalten hat, ist dieses Pauschalhonorar mit dem entsprechenden Absatzhonorar zu verrechnen. Das zusätzliche Absatzhonorar kann daher erst ab dem . . . . . . Exemplar geltend gemacht werden. Gründe für eine Quersubvention der streitgegenständlichen Software in anderen Softwareprodukten des Beklagten bestehen nicht.
Sollte das Gericht zum Ergebnis gelangen, dass die geforderte Absatzvergütung unangemessen ist, so wird das Gericht gemäß § 287 ZPO die angemessene Vergütung bestimmen können.

2. Anspruch auf Auskunft und Zahlung
Sobald das Gericht die angemessene Vergütung festgestellt hat, kann die Beklagte über die angemessene Vergütung Auskunft erteilen und diese bezahlen.

Rechtsanwalt

Anmerkungen

1. § 32 UrhG soll sicherstellen, dass der Urheber stets eine angemessene Vergütung für die Nutzung seines Werkes erhält. Grundsätzlich gelten die vertraglichen Vergütungsvereinbarungen. Die zu Gunsten des Urhebers festgelegte Vergütung muss jedoch angemessen sein. Liegt im Einzelfall eine Vereinbarung über eine unangemessene (niedrigere) Vergütung vor, so kann der Urheber nachträglich die Vergütungsvereinbarung korrigieren. Das entsprechende Recht ist unverzichtbar.

2. Die Klage ist an das örtlich für den allgemeinen Gerichtsstand (§ 12 ZPO) zuständige Gericht zu richten. Regelmäßig handelt es sich dabei um den Wohnsitz des

Verwerters (§ 13 ZPO) bzw. um den Sitz der juristischen Person (§ 17 ZPO). In den meisten Ländern existiert für Urheberrechtsstreitsachen gem. § 105 UrhG eine Konzentrationsregelung. Die Streitigkeit auf Vertragsanpassung gem. § 32 UrhG und/oder die Streitigkeit über die Zahlung einer angemessenen Vergütung auf der Grundlage des § 32 UrhG ist eine Urheberrechtsstreitsache im Sinne von § 105 UrhG. Die Konzentrationsregeln sind daher zu beachten (Zusammenfassung → Form. G.4 Anm. 3).

Funktionell ist das Amts- bzw. Landgericht, abhängig von dem Streitwert, zuständig (§§ 23, 71 GVG).

3. → Form. G.14 Anm. 3.

4. → Form. G.14 Anm. 4.

5. Soweit der Rechtsstreit vor dem Landgericht geführt werden muss, müssen sich die Parteien durch einen zugelassenen Rechtsanwalt vertreten lassen (§ 78 ZPO).

6. → Form. G.14 Anm. 6.

7. → Form. G.14 Anm. 7.

8. → Form. G.14 Anm. 8. Der Streitwert der Klage auf Vertragsanpassung richtet sich regelmäßig nach der Höhe derjenigen Vergütung, die der Kläger im Rahmen der gerichtlichen Auseinandersetzung durchzusetzen beabsichtigt. Richtet sich die Klage nicht auf die Vergütung selbst, sondern auf die entsprechende Vertragsanpassung, so ist derjenige Betrag, der sich ergäbe, wenn der Vertrag entsprechend angepasst ist bzw. derjenige Betrag, den sich der Kläger aus den künftigen Beträgen erwartet, anzugeben.

9. → Form. G.14 Anm. 9.

10. Zunächst hat der Anspruchsinhaber Anspruch auf angemessene Vergütung (§ 32 Abs. 1 S. 2 UrhG). Ist keine Vergütung im urheberrechtlichen Nutzungsvertrag vereinbart, so wird durch diese gesetzliche Bestimmung eine Vergütung in angemessener Höhe fingiert. Ähnliche Regelungen befinden sich in § 22 Abs. 2 VerlG und § 632 Abs. 2 BGB. In diesen Fällen richtet sich der Anspruch unmittelbar auf Zahlung der zu fingierenden angemessenen Vergütung, ohne zuvor die Einwilligung des Vertragspartners einholen zu müssen (*Dreier/Schulze* UrhG § 32 Rn. 24).

Der vorliegende Vorschlag geht jedoch davon aus, dass zwischen den Partnern bereits ein urheberrechtlicher Nutzungsvertrag vorliegt, der jedoch keine angemessene Vergütung zwischen den Vertragspartnern vorsieht. In diesem Fall hat der Berechtigte Anspruch auf Vertragsänderung (§ 32 Abs. 1 S. 3 UrhG). Mit der Vertragsänderung schafft der Urheber eine geregelte Basis für künftig fällig werdende Vergütungen.

Das Gerichtsurteil steht dann an der Stelle der entsprechenden Willenserklärung (§ 894 ZPO). Zwar reicht es grundsätzlich trotz des Bestimmtheitsgebotes (§ 253 Abs. 2 Nr. 2 ZPO) aus, einen unbezifferten Antrag auf Abänderung nach richterlichen Ermessen (§ 287 Abs. 2 ZPO) zu stellen, doch ist als Grundlage der Ermessensausübung eine Größenordnung anzugeben (BGH GRUR 2009, 1148 Rn. 13 – Talking to Addison). Es empfiehlt sich daher, als Hauptantrag eine konkrete Vertragsformulierung zu begehren und im Übrigen einen Hilfsantrag zu stellen.

11. Sinnvollerweise wird im Rahmen des Hilfsantrages die Festsetzung der angemessenen Vergütung im Wege der freien Schätzung auf der Grundlage des § 287 ZPO durch das Gericht verfolgt.

12. Im Hinblick auf die bereits entstandenen Honorare steht dem Berechtigten jeweils ein Auskunfts- und Zahlungsanspruch zu. Dieser ist mit dem Anspruch gem. § 32 Abs. 1 UrhG zu verbinden und kann im Wege der Stufenklage (§ 254 ZPO) geltend gemacht werden (BGH GRUR 1991, 901 – Horoskop-Kalender; OLG München ZUM 2002, 994; *Erdmann* GRUR 2002, 923).

13. → Form. G.14 Anm. 20.

14. → Form. G.14 Anm. 21.

15. → Form. G.14 Anm. 22.

16. → Form. G.14 Anm. 23. Bei der Klage auf Vertragsanpassung eines Vertrages zur Festsetzung einer angemessenen Vergütung ist dazu darzulegen und unter Beweis zu stellen, dass eine Vergütungsvereinbarung für die Einräumung eines urheberrechtlichen Nutzungsrechtes besteht und, dass diese Vergütungsvereinbarung keine angemessene Vergütung enthält, ferner ist vorzutragen und zu belegen, welche Vergütung angemessen ist.

17. Kläger und Anspruchsinhaber ist der Urheber, also sowohl der Originalurheber als auch der Urheber von Bearbeitungen (§ 3 UrhG), von Sammelwerken (§ 4 UrhG) sowie der Miturheber (§ 8 UrhG; BGH GRUR 2012, 496 Rn. 77 – Das Boot) und schließlich auch der Urheber von Computerprogrammen (§ 69a UrhG). Die Ansprüche stehen auch grundsätzlich den Urhebern in Arbeits- oder Dienstverhältnissen zu (*Dreier/Schulze* UrhG § 32 Rn. 13; Wandtke/Bullinger/*Wandtke* UrhG § 43 Rn. 145). Die Ansprüche stehen auch Leistungsschutzberechtigten zu, nämlich dem Verfasser wissenschaftlicher Ausgaben (§ 70 Abs. 1 UrhG), dem Lichtbildner (§ 72 Abs. 1 UrhG) und dem ausübenden Künstler (§ 79 Abs. 2 UrhG). Gleiches gilt für den Rechtsnachfolger des Urhebers sowie des Verfassers wissenschaftlicher Ausgaben oder des Lichtbildners, wo hingegen der ausübende Künstler seinen Vergütungsanspruch auf § 32 UrhG nicht übertragen kann, so dass der Anspruch auf die Erben übergeht (§ 1922 BGB; *Dreier/Schulze* UrhG § 32 Rn. 15).

Die Rechtsinhaber, die abgeleitete Rechte erworben haben, können keine Ansprüche geltend machen; anders jedoch Verwertungsgesellschaften, die treuhänderisch für den Urheber oder ausübenden Künstler tätig werden (*Dreier/Schulze* UrhG § 32 Rn. 16).

18. Anspruchsverpflichteter ist der Vertragspartner, also derjenige, dem der Urheber das Nutzungsrecht eingeräumt hat, und zwar unabhängig davon, ob er es selbst nutzt oder das Recht Dritten weiter einräumt. Der Korrekturanspruch richtet sich nur gegen den Vertragspartner, nicht gegen den Dritten.

19. Der Kläger macht im vorliegenden Fall die Schutzfähigkeit seines Computerprogramms geltend. Er hat daher sämtliche ihm günstige Tatsachen darzulegen und zu beweisen. Zwar sind die Anforderungen an die Schutzfähigkeit von Computerprogrammen nicht sehr hoch (*Dreier/Schulze* UrhG § 69a Rn. 25 ff.), doch kann nicht von einer gesetzlichen Vermutung für die Urheberschutzfähigkeit von Programmierleistungen ausgegangen werden (Schricker/Loewenheim/*Loewenheim* Urheberrecht, 4. Aufl. 2010, § 69a Rn. 14). Gleichwohl ist bei Programmen, die einen erheblichen Umfang aufweisen, von einer tatsächlichen Vermutung (BGH GRUR 2001, 153 – OEM-Version; Schricker/Loewenheim/*Loewenheim* Urheberrecht, 4. Aufl. 2010, § 69a Rn. 22 mwN; *Erdmann/Bornkamm* GRUR 1991, 877) für den Urheberschutz auszugehen. Regelmäßig reicht es aus, wenn der Kläger eine globale Beschreibung liefert, die verdeutlicht, dass es sich zum einen nicht um eine völlig banale Programmgestaltung handelt und zum anderen nicht die Kopie eines fremden Programms vorliegt (*Dreier/Schulze* UrhG § 69a Rn. 29).

20. Soweit für die einschlägige vertragliche Tätigkeit ein Tarifvertrag oder gemeinsame Vergütungsregelungen existierten, haben diese Vorrang vor einer gesonderten Bestimmung der angemessenen Vergütung durch das Gericht (§§ 32 Abs. 4, 32 Abs. 2 UrhG).

19. Klage auf weitere Beteiligung (§ 32a UrhG) „Fairnessausgleich"

Landgericht ......[2]
Zivilkammer

Klage[1, 3]

In dem Rechtsstreit

C. C., Grafikerin,

......

– Klägerin –

Prozessbevollmächtigter: Rechtsanwalt ......

gegen

E. E. Verlag GmbH

gesetzlich vertreten durch den Geschäftsführer E. E.,

......

– Beklagte –

Prozessbevollmächtigter: Rechtsanwalt ......

wegen Auskunft und Anpassung gemäß § 32a UrhG

vorläufiger Streitwert: ...... EUR[4]

bestelle ich mich für die Klägerin und erhebe gleichzeitig namens und im Auftrag der Klägerin Stufenklage unter Übergabe eines V-Schecks über ...... EUR zum Ausgleich der Gerichtskosten.

Ich kündige an, im Termin zur mündlichen Verhandlung die nachgenannten

Anträge

zu stellen:

I. Die Beklagte wird verurteilt, Auskunft zu geben,
   1. in welchen Ausgaben das Werk „......" neben der Hardcoverausgabe des Jahres 2008 der Beklagten bis heute erschienen ist;
   2. und Rechnung darüber zu legen, für jedes Jahr seit dem Erscheinen getrennt, wie viele Exemplare der gemäß Auskunft nach Ziff. I. 1. genannten Ausgaben des Werkes zu welchem Ladenpreis die Beklagte verkauft hat und/oder durch Dritte hat verkaufen lassen, getrennt nach Ausgaben und Auflagen, welche Einnahmen die Beklagte aus dem Verkauf von Rohbögen erzielt hat, aufgeschlüsselt nach Kalenderjahren;
   3. und Rechnung darüber zulegen, welche Nebenrechte die Beklagte wann, an wen und zu welchen Bedingungen im Einzelnen vergeben hat und welche Erlöse die Beklagte dabei erzielt hat, aufgeschlüsselt nach Lizenznehmer, Lizenzrecht und Kalenderjahren.[5]
II. Die Beklagte wird verurteilt in nachfolgende Änderung von „§ 6 Honorar" des Verlagsvertrages vom ...... einzuwilligen:
    Die Verfasserin erhält für die Abfassung des Textes und die Gestaltung der Vorlagen

19. Klage auf weitere Beteiligung (§ 32a UrhG) „Fairnessausgleich" G. 19

    1. ein Grundhonorar in Höhe von . . . . . . EUR;
    2. ein zusätzliches, vom Absatz abhängiges Honorar und zwar vom Verkauf der Originalausgabe ab dem . . . . . ten Exemplar in Höhe von . . . . . .% des Nettoladenverkaufspreises für jedes verkaufte und bezahlte Exemplar und von allen anderen Ausgaben in Höhe von . . . . . .% des Nettoladenverkaufspreises für jedes verkaufte und bezahlte Exemplar;
    3. bei der Vergabe von Lizenzen an Dritte erhält die Klägerin 60 % und der Beklagte 40 % des um die Mehrwertsteuer bereinigten Lizenzerlöses."

Hilfsweise:
Die Beklagte wird verurteilt, in die Abänderung des § 6 des Vertrags vom . . . . . . dahingehend einzuwilligen, dass der Klägerin eine vom Gericht im Wege freier Schätzung festzusetzende, zusätzliche angemessene Beteiligung an den Erträgen aus dem Verkauf und der Verwertung der Rechte an dem Werk „. . . . . ." von einem ebenfalls vom Gericht im Wege freier Schätzung festzusetzenden Zeitpunkt an gewährt wird, wobei das Gericht gebeten wird, die Änderung selbst zu formulieren.[6]

III. Die Beklagte wird verurteilt, über den sich aus der Abänderung gemäß Ziffer II ergebenden Anspruch Rechnung zu legen und den sich aus dieser Rechnung ergebenden Betrag an die Klägerin nebst fünf Prozentpunkten Zinsen über den jeweiligen Basiszinssatz hieraus seit Zustellung der Klage zu bezahlen.[7]

Vorsorglich beantrage ich, der Klägerin nachzulassen, eine etwaige Sicherheitsleistung durch eine unwiderrufliche, schriftliche, selbstschuldnerische, unbedingte und unbefristete Bürgschaft eines Kreditinstituts der Bundesrepublik Deutschland, insbesondere der XX Bank AG, erbringen zu dürfen.

Sofern das Gericht ein schriftliches Vorverfahren anordnet und der Beklagte seine Verteidigungsabsicht nicht rechtzeitig anzeigt, beantrage ich bereits jetzt den Erlass eines Versäumnisurteils gem. § 331 ZPO.

Unter den gleichen Voraussetzungen beantrage ich den Erlass eines Anerkenntnisurteils für den Fall, dass der Beklagte den Klageanspruch ganz oder zum Teil anerkennt (§ 307 ZPO).

Begründung:[8]

I. Sachverhalt[9]

1. Parteien
Die Klägerin ist Kunsterzieherin an einer Schule in C-Stadt. Bei der Beklagten handelt es sich um das Verlagshaus E. E., in dem vielfältige Publikationen aus den unterschiedlichsten Bereichen erschienen sind.
Die Parteien schlossen am . . . . . . einen „Werkvertrag"
Anlage K 1
über den Titel
„. . . . . ."
Das Werk ist erschienen. Die Klägerin ist als Autorin auf dem Umschlag und dem Titelblatt benannt.
Beweis: „. . . . . ." im Original nur für das Gericht
Anlage K 2
Als Gegenleistung für die Ablieferung des Manuskriptes und die Rechtseinräumung erhielt die Klägerin ein Pauschalhonorar von . . . . . . EUR.
Das Werk wird im Buchhandel zum Preis von . . . . . . EUR verkauft.

2. Absatzerwartungen

Als der Klägerin angeboten wurde, das streitgegenständliche Werk zu erarbeiten, war diese als Autorin völlig unerfahren, es war ihre erste Zusammenarbeit mit einem Verlag.

Im Rahmen der Vertragsverhandlungen wurde über die Absatzchancen des Werkes nicht gesprochen. Die Klägerin ging von einer Absatzzahl von nicht mehr als 3.000 Exemplaren aus.

3. Erfolg des Werkes

Zur Jahreswende 03/04 erhielt die Klägerin Kenntnis von dem hervorragenden Erfolg, den ihr Werk erzielt hat.

In der Branchenzeitschrift ...... vom ...... wirbt die Beklagte auf der Rückseite des vorderen Covers

Anlage K 3

für das Werk der Klägerin mit

„verkaufte Auflage 150.000."

4. Missverhältnis des Honorars zum üblichen Honorar

Die unterste Grenze dessen, was als angemessenes und übliches Honorar für vergleichbare Publikationen von anderen Verlagen bezahlt wird, ist ein Absatzhonorar in Höhe von ......% von dem um die Mehrwertsteuer bereinigten Ladenpreis für jedes verkaufte und bezahlte Exemplar.

Beweis: Einholung eines Sachverständigengutachtens durch das Gericht

Legt man den Ladenpreis von ...... EUR zu Grunde, so ergibt dies nach Abzug der Mehrwertsteuer einen Nettoladenpreis von ...... EUR, also ein Nettohonorar je verkauftes und bezahltes Exemplar in Höhe von ...... EUR.

Sollte die Beklagte tatsächlich 150.000 Exemplare verkauft haben, ergäbe dies ein übliches Nettohonorar in Höhe von mindestens ...... EUR aus dem Verkauf der streitgegenständlichen Ausgabe der Klägerin. Im Verhältnis zur untersten Grenze des üblichen Honorars hat damit die Klägerin höchstens ......% des angemessenen und üblichen Honorars erhalten.

Das Honorarverhältnis verschlechtert sich zu Lasten der Klägerin erheblich, wenn tatsächlich weitere Exemplare verkauft oder Lizenzen vergeben worden sind.

5. Auskunftsersuchen

Die Klägerin bat daraufhin die Beklagte um Auskunft über die tatsächlich zwischenzeitlich erreichten Verkäufe und sonstigen Erfolge. Die Beklagte und deren Mitarbeiter beantworteten diese Fragen ausweichend.

Eine nachvollziehbare Auskunft über den tatsächlichen zwischenzeitlichen Erfolg des Werkes erhielt die Klägerin nicht.

Nachdem die Klägerin keine Auskünfte über die tatsächlichen Erfolge ihres Werkes bekommen hat, beauftragte sie ihren Prozessbevollmächtigten, der mit Schreiben vom ......

Anlage K 4

um Übermittlung der Angaben gem. Klageantrag zu Ziff. 1 bat.
Die Aufforderung blieb unbeantwortet.

6. Übliche Honorarklausel

a) Üblicherweise kalkulieren Verlage bei Produktionen der vorliegenden Art, wenn sie ein Pauschalhonorar bezahlen, mit einer gesamten Verkaufsauflage von 5.000 Exemplaren. Auf der Grundlage dieser Kalkulation wird ein Pauschalhonorar oder Grundhonorar festgelegt.

Beweis: Einholung eines Sachverständigengutachtens durch das Gericht

19. Klage auf weitere Beteiligung (§ 32a UrhG) „Fairnessausgleich"   G. 19

b) Das übliche Mindestabsatzhonorar für vergleichbare Verlagsausgaben beträgt 5 % vom von der Mehrwertsteuer bereinigten Ladenpreis für jedes verkaufte und bezahlte Exemplar.
Beweis: Einholung eines Sachverständigengutachtens durch das Gericht
Die Aufnahme einer absatzabhängigen Vergütung ab dem verkauften ...... Exemplar berücksichtigt daher bereits das verlegerische Risiko und die verlegerischen Gewinnchancen in angemessener Form.
Beweis: Einholung eines Sachverständigengutachtens durch das Gericht

c) Üblicherweise werden die sog. Nebenrechtserlöse zwischen Autor und Urheber einerseits und Verlag andererseits im Verhältnis von 40 : 60 oder 50 : 50 zu Gunsten des Autors geteilt.
Beweis: Einholung eines Sachverständigengutachtens durch das Gericht.
Eine Einwilligung in eine dementsprechende Vertragsänderung hat die Beklagte trotz Aufforderung vom ...... (K 4) nicht erklärt.

II. Rechtslage

1. **Auskunftsanspruch**
Die Klägerin hat Anspruch auf Auskunft gemäß Ziffer I. der Klageschrift (§ 32e UrhG).
a) Das Verlagsprodukt ist ein urheberrechtlich geschütztes Werk (§ 2 Abs. 1 Nr. 4 und Nr. 1, Abs. 2 UrhG).
Die im Buch wiedergegebenen Grafiken sind urheberrechtlich geschützt, da sie das erforderliche Maß an Individualität erkennen lassen.
b) Die Klägerin ist Urheberin des Werkes; sie ist als solche auf dem Einband bezeichnet (§ 10 UrhG).
c) Vergleicht man das tatsächlich bezahlte Pauschalhonorar von ...... EUR mit dem Mindesthonorar, das für vergleichbare Werke üblicherweise bezahlt wird, so hat die Klägerin allenfalls ......% dieser üblichen Vergütung erhalten. Ein grobes Missverhältnis liegt daher vor (§ 32e Abs. 1 Nr. 2, Abs. 2 UrhG).
d) Die Klägerin ist über den tatsächlichen Erfolg ihres Werkes im Unklaren.
Es bedarf keiner Erläuterung, dass die Beklagte ohne weiteres mit Hilfe ihrer EDV in kürzester Zeit die geforderten Auskünfte erteilen kann.
Erst dann kann die Klägerin die tatsächliche Höhe ihrer Ansprüche ermitteln.

2. **Vertragsanpassung**
Die Klägerin hat Anspruch auf Anpassung der Honorare in der vorgeschlagenen Form, da es sich bei diesen Honoraren um die Untergrenze der allgemeinhin als üblich geltenden Honorare handelt (§ 287 ZPO).
Demgemäß ist es angemessen, zumindest ab dem Erreichen einer bestimmten Grenze, der Klägerin eine angemessene Beteiligung an den künftigen Erlösen des Werkes zuzubilligen.

3. **Zahlungsanspruch**
Eine Berechnung des Zahlungsanspruchs kann erst erfolgen, wenn die Beklagte die hierzu erforderlichen Auskünfte erteilt hat.

Rechtsanwalt[10]

Anmerkungen

1. Der sogenannte „Fairnessparagraph" trat mit der Reform des Jahres 2002 an die Stelle des Bestsellerparagraphen (§ 36 UrhG aF). Es handelt sich um eine Schutzbestimmung zugunsten des Urhebers zur Beseitigung nachträglich auftretender Äquivalenzstö-

rungen (Schricker/Loewenheim/*Schricker/Haedicke* Urheberrecht, 4. Aufl. 2010, § 32a Rn. 1; Fromm/Nordemann/*Czychowski* Urheberrecht, 11. Aufl. 2014, § 32a Rn. 1; *Dreier/Schulze* UrhG § 32a Rn. 6). Die Vorschrift gewährt denjenigen, die mit dem Verwerter ursprünglich ein Honorar, das im auffälligen Missverhältnis zu den später eintretenden Erträgnissen aus der Werknutzung steht, einen Anspruch auf angemessene Nachhonorierung. Im Unterschied zum ehemaligen Bestsellerparagraph brauchen die Erträgnisse nicht unerwartet zu sein und es bedarf keines groben Missverhältnisses.

2. → Form. G.14 Anm. 2.

3. → Form. G.14 Anm. 3.

4. Die Höhe des Streitwertes richtet sich nach dem vom Kläger erwarteten Nachzahlungsbetrag und den sich aus der Änderung der Beteiligungsvergütung ergebenden künftigen Honoraransprüche (§ 3 ZPO).

5. → Form. G.14 Anm. 12. Regelmäßig hat der Urheber nur Anhaltspunkte, aber keine konkrete Kenntnis von den tatsächlichen Erfolgen seines Werkes; er kann daher zunächst im Wege der Stufenklage Auskunft über die Erträge fordern (BGH GRUR 2002, 602 – Musikfragmente; BGH GRUR 2002, 149 – Wetterführungspläne II; *Dreier/Schulze* UrhG § 32a Rn. 63 f.).

6. Die gewünschte Vertragsänderung ist im Antrag genau zu bezeichnen (BGHZ 91, 36; Schricker/Loewenheim/*Schricker/Haedicke* Urheberrecht, 4. Aufl. 2010, § 32a Rn. 25; *Dreier/Schulze* UrhG § 32a Rn. 62). Die Vollstreckung erfolgt gem. § 894 ZPO, vgl. im Übrigen → Form. G.13 Anm. 5.

Sinnvollerweise wird die begehrte Vertragsformulierung durch einen Hilfsantrag ergänzt, in welchem die Vertragsanpassung in das Ermessen des Gerichts (§ 287 ZPO) gestellt wird. Dies trägt der für diesen Fall rechtsfeststellenden Aufgabe des Richters Rechnung und lässt diesem den erforderlichen Gestaltungsspielraum (*Dreier/Schulze* UrhG § 32a Rn. 62 mwN). Bei negativen Abweichungen im Vergleich zur beantragten Vertragsformulierung ist der Kläger beschwert und kann Berufung einlegen.

Richtet sich der Anspruch gegen einen Dritten, also einen Lizenznehmer, bei dem sich das auffällige Missverhältnis zwischen Erträgnissen und Vorteilen einerseits zur Gegenleistung des Urhebers andererseits ergibt, so richtet sich der Anspruch auf Abschluss eines entsprechenden Vertrages (*Dreier/Schulze* UrhG § 32a Rn. 48; *Ermann* GRUR 2002, 923; *Hilty/Penkest* GRURInt 2002, 643; aA Wandtke/Bullinger/*Wandtke/Grunert* UrhG § 32a Rn. 29).

7. Die unbezifferte Zahlungsklage ist hier möglich (BGH GRUR 1991, 901 – Horoskopkalender; Schricker/Loewenheim/*Schricker/Haedicke* Urheberrecht, 4. Aufl. 2010, § 36 Rn. 25; *Erdmann* GRUR 2002, 923; → Form. G.14 Anm. 7 mwN).

8. → Form. G.14 Anm. 23.

9. Im Rahmen der Sachverhaltsschilderung ist darzulegen, dass der Kläger Urheber (§ 7 UrhG), Miturheber (§ 8 UrhG), Inhaber eines Leistungsschutzrechtes an einem Lichtbild (§ 72 UrhG) oder an einer wissenschaftlichen Ausgabe (§ 70 UrhG) oder ausübender Künstler (§ 79 Abs. 2 UrhG) ist. Die Urheber von Filmwerken (§ 89 UrhG) können jetzt ebenso Ansprüche aus § 32a UrhG geltend machen. Die Erwerber von Rechten – ausgenommen die Erben – können keinen Anspruch auf Fairnessausgleich geltend machen.

Weiterhin hat der Kläger vorzutragen, dass es sich um ein urheberrechtlich geschütztes Werk (§ 2 Abs. 2 UrhG) bzw. um Ergebnisse handelt, die durch Leistungsschutzrechte (§§ 70, 72 ff. UrhG) geschützt sind (Schricker/Loewenheim/*Schricker/Haedicke* Urheberrecht, 4. Aufl. 2010, § 32a Rn. 11 f.; Fromm/Nordemann/*Czychowksi* Urheberrecht, 11. Aufl. 2014 § 32a Rn. 8; *v. Gamm* Urheberrechtsgesetz, 1968, § 36 Rn. 6).

19. Klage auf weitere Beteiligung (§ 32a UrhG) „Fairnessausgleich" G. 19

Weitere Voraussetzung ist die Einräumung eines ausschließlichen oder auch eines nicht ausschließlichen Nutzungsrechts (Schricker/Loewenheim/*Schricker/Haedicke* Urheberrecht, 4. Aufl. 2010, § 32a Rn. 13; *Dreier/Schulze* UrhG § 32a Rn. 24; Fromm/Nordemann/*Czychowksi* Urheberrecht, 11. Aufl. 2014, § 32a Rn. 11). V. *Gamm* (v. *Gamm* WRP 1994, 677 f.) ist der Auffassung, dass § 36 UrhG im Hinblick auf die Regelung zu Filmwerken (§ 90 UrhG) nicht auf Bestellverträge anwendbar ist. Dem ist der BHG (BGH ZUM 1998, 497 – Comic-Übersetzungen) entgegengetreten.

Die Ansprüche richten sich gegen den unmittelbaren Vertragspartner des Urheberrechtsinhabers und auch gegen dritte Lizenznehmer (*Dreier/Schulze* UrhG § 32a Rn. 44 ff.; Wandtke/Bullinger/*Wandtke/Grunert* UrhG § 32a Rn. 26).

Als weitere Voraussetzung hat der Kläger auch prüfbare Tatsachen, die klare Anhaltspunkte für ein auffälliges Missverhältnis zwischen den Erträgen einerseits und der Gegenleistung andererseits darzulegen und zu beweisen. Das Gericht hat bei der Feststellung dieses Sachverhalts das gesamte Verhältnis zwischen Urheber und Verwerter zu berücksichtigen. Dies bedeutet, dass beim Verwerter regelmäßig die gesamten Erträgnisse und zwar die Bruttoumsätze ohne Abzug von Herstellungs-, Vertriebs- oder Gemeinkosten (Schricker/Loewenheim/*Schricker/Haedicke* Urheberrecht, 4. Aufl. 2010, § 32a Rn. 17; Fromm/Nordemann/*Czychowksi* Urheberrecht, 11. Aufl. 2014, § 32a Rn. 15; *Dreier/Schulze* UrhG § 32a Rn. 28 f.; Wandtke/Bullinger/*Wandtke/Grunert* UrhG § 32a Rn. 11 ff.; v. *Gamm* Urheberrechtsgesetz, 1968, § 36 Rn. 6; aA BAG GRUR 1984, 429 (432) – Statikprogramme; *Möhring/Nicolini* Urheberrechtsgesetz, 1970, § 36 Rn. 3b) berücksichtigt werden. Auch die eigenen Nutzungen des Verwerters sollen berücksichtigt werden (Fromm/Nordemann/*Czychowski* Urheberrecht, 11. Aufl. 2014, § 32a Rn. 18; offengelassen BGH GRUR 1985, 1041 (1046) – Inkassoprogramm).

Der Beklagte wird in diesem Zusammenhang ggf. die besonderen Zuwendungen und Leitungen, die er im Zusammenhang mit der Publikation des Werkes erbracht hat, einwenden (Schricker/Loewenheim/*Schricker/Haedicke* Urheberrecht, 4. Aufl. 2010, § 32a Rn. 18; Wandtke/Bullinger/*Wandtke/Grunert* UrhG § 32a Rn. 9; *Dreier/Schulze* UrhG § 32a Rn. 26) sowie etwaige frühere Verluste aus Werken des Verfassers und schließlich auch persönliche Beziehungen zwischen dem Urheber und dem Verwerter (Schricker/Loewenheim/*Schricker/Haedicke* Urheberrecht, 4. Aufl. 2010, § 32a Rn. 11).

Weitere Voraussetzung für den Anspruch auf Vertragsanpassung gem. § 32a UrhG ist im Gegensatz zum Bestsellerparagraph nicht mehr, dass ein auffälliges Missverhältnis von Erträgnissen und Gegenleistungen unerwartet eintritt (§ 32a Abs. 1 S. 2 UrhG).

Schließlich hat der Kläger das Missverhältnis darzulegen, also die übliche Vergütung zu der tatsächlichen Gegenleistung. Die Rechtsprechung geht von einer Anwendung des § 36 UrhG aF dann aus, wenn das tatsächlich bezahlte Honorar zwischen 18,95 % und 35,26 % der unteren üblichen Vergütungsgrenze betrug (BGH NJW 1991, 3150 – Horoskop-Kalender). Über die Grenzen des auffälligen Missverhältnisses hinaus bestehen abweichende Auffassungen (vgl. Zusammenstellung bei *Dreier/Schulze* UrhG § 32a Rn. 37).

Schließlich hat der Kläger den Inhalt der von ihm gewünschten Vertragsanpassung, insbesondere die Angemessenheit der geforderten weiteren Beteiligung, darzulegen (*Dreier/Schulze* UrhG § 32a Rn. 41 f.). Im Textbeispiel knüpft die Vertragsfassung an die Honorarklauseln des sog. Normvertrages (*Hillig* Urheber- und Verlagsrechte, 16. Aufl. 2017, 98 ff.) an.

Schließlich ist auf die vorgerichtliche Aufforderung im Hinblick auf die Kostenlast gem. § 93 ZPO zu verweisen.

Kosten und Gebühren

10. Gerichtskosten entstehen gem. KV 1201 GKG, drei Gebühren aus dem Streitwert. Rechtsanwaltsgebühren entstehen gem. §§ 13, 19 RVG.
Die Zwangsvollstreckung des Auskunftsanspruchs erfolgt gem. § 888 ZPO, des Ausspruchs über Vertragsanpassung gem. § 894 ZPO, die Zwangsvollstreckung der Geldforderung nach den hierfür geltenden allgemeinen Vorschriften gem. §§ 803 ff. ZPO.

20. Klage auf Vervielfältigung und Verbreitung

Landgericht ......[2]

Zivilkammer

Klageschrift[1, 3]

In dem Rechtsstreit des

A. A., Schriftsteller,

......

– Klägerin –

Prozessbevollmächtigter: Rechtsanwalt ......

gegen

B. V. Verlag GmbH

gesetzlich vertreten durch den Geschäftsführer B. B.,

......

– Beklagte –

Prozessbevollmächtigter: Rechtsanwalt ......

wegen Vervielfältigung und Verbreitung

Streitwert: ...... EUR[4]

bestelle ich mich für den Kläger und erhebe gleichzeitig namens und im Auftrag des Klägers Klage unter Übergabe eines Verrechnungsschecks über ...... EUR zum Ausgleich der Gerichtskosten.

Ich kündige an, im Termin zur mündlichen Verhandlung die nachgenannten

Anträge

zu stellen:

    Die Beklagte wird verurteilt, das Manuskript „König Ludwig II – Ein Leben für die Kunst" zweckentsprechend und üblich zu vervielfältigen und zu verbreiten.[5]
    Vorsorglich beantrage ich, dem Kläger nachzulassen, eine etwaige Sicherheitsleistung durch eine unwiderrufliche, schriftliche, selbstschuldnerische, unbedingte und unbefristete Bürgschaft eines Kreditinstituts der Bundesrepublik Deutschland, insbesondere der XX Bank AG, erbringen zu dürfen.

20. Klage auf Vervielfältigung und Verbreitung   G. 20

Sofern das Gericht ein schriftliches Vorverfahren anordnet und die Beklagte ihre Verteidigungsabsicht nicht rechtzeitig anzeigt, beantrage ich bereits jetzt den Erlass eines Versäumnisurteils gem. § 331 ZPO.

Unter den gleichen Voraussetzungen beantrage ich den Erlass eines Anerkenntnisurteils für den Fall, dass die Beklagte den Klageanspruch ganz oder zum Teil anerkennt (§ 307 ZPO).

Begründung

I. Sachverhalt[6]

1. Die Parteien
Der Kläger ist Historiker und Schriftsteller. Er ist insbesondere spezialisiert auf bayerische Geschichte des 19. Jahrhunderts.
Der Beklagte betreibt ein Verlagsgeschäft. Im Rahmen des Verlagsgeschäftes werden belletristische Titel, also sowohl Romane als auch historische Fachbücher und Biographien vervielfältigt und verbreitet.

2. Verlagsvertrag
Die Parteien schlossen am ...... einen Verlagsvertrag
Anlage K 1
über ein noch zu schaffendes Werk mit dem Titel „König Ludwig II. – Ein Leben für die Kunst".
In § 3 Abs. 1 des Verlagsvertrages übernahm die Beklagte die „Verlagspflicht":
Der Verlag ist verpflichtet, das Werk zu vervielfältigen, zu verbreiten und dafür angemessen zu werben.
In § 2 des Vertrages wurde der Beklagten das ausschließliche Recht der Vervielfältigung und Verbreitung (Verlagsrecht) eingeräumt.[7]

3. Rechtseinräumung und Manuskriptablieferung
Der Kläger hat das vertragsgegenständliche Manuskript beim Beklagten abgeliefert.[8]
Beweis: Frau C. C., Sekretärin des Geschäftsführers der Beklagten, zu laden über diese, als Zeugin

Das Manuskript entspricht hinsichtlich seiner äußeren Beschaffenheit, insbesondere in seinem maschinenschriftlichen Ausdruck als auch hinsichtlich des Umfanges den vertraglichen Absprachen.[9]
Beweis: Vorlage des Manuskripts „König Ludwig II. – Ein Leben für die Kunst" als
Anlage K 2

4. Aufforderung
Der Kläger hat dem Beklagten mit Schreiben vom ......
Anlage K 3
eine Frist zum Beginn der Vervielfältigung ...... gesetzt. Diese Frist war angemessen.
Beweis: Einholung eines Sachverständigengutachtens durch das Gericht

Gleichwohl hat sich die Beklagte bislang geweigert, das streitgegenständliche Werk zu vervielfältigen und zu verbreiten.

II. Rechtslage

Der Kläger hat gegenüber der Beklagten Anspruch auf Vervielfältigung und Verbreitung des Manuskripts „König Ludwig der II – Ein Leben für die Kunst" (§ 14 VerlG), da er der Beklagten das Verlagsrecht verschaffte (§ 8 VerlG) und ein vertragsgemäßes Manuskript (§ 10 VerlG) ablieferte (§ 9 VerlG).

Rechtsanwalt[10]

Anmerkungen

1. Neben den allgemeinen Vorschriften über das Urheberrecht im Rechtsverkehr der §§ 28 ff. UrhG stellt das Verlagsgesetz die einzige gesetzliche Regelung eines Urheberrechtsvertrages dar. Kennzeichnende Pflichten des Verlagsvertrages sind die Verpflichtung des Verlegers zur Vervielfältigung und Verbreitung einerseits und die Verpflichtung des Verfassers zur Manuskriptablieferung und Rechtseinräumung andererseits (§ 1 VerlG). Liegt ein Verlagsvertrag vor und weigert sich der Verleger, die vereinbarte Vervielfältigung und Verbreitung vorzunehmen, so ist Klage zu erheben.

Die gleiche Vertragsgestaltung taucht vielfach bei Verlagsverträgen, die als „Lizenzverträge" zwischen einem Verlaggeber oder Lizenzgeber und einem Lizenznehmer abgeschlossen wurden, auf.

2. Die örtliche Zuständigkeit des LG ergibt sich auf der Grundlage der allgemeinen Vorschriften (§§ 12 ff. ZPO). Die Nichterfüllung einer vertraglichen Verpflichtung stellt nicht gleichzeitig eine unerlaubte Handlung iSv § 32 ZPO dar, so dass der fliegende Gerichtsstand nicht zur Anwendung kommt.

Regelmäßig dürften die für Urheberrechtsstreitsachen (§§ 104 f. UrhG) zuständigen Gerichte (→ Form. G.14 Anm. 3) auch für die Klagen auf Vervielfältigung und Verbreitung und weitere Klagen aus dem Verlagsvertragsverhältnis zuständig sein. Der Begriff der Urheberrechtsstreitsachen (§ 104 S. 1 UrhG) ist weit auszulegen. Er umfasst alle Streitigkeiten, bei denen urheberrechtliche Normen jeweils mitbetroffen sind. Dabei ist gleichgültig, ob es sich um absolute Rechte handelt oder um obligatorische Ansprüche. Vertragliche Ansprüche sind dann den Urheberrechtsstreitsachen zuzuordnen, wenn sie die Schaffung des Werkes (§§ 2, 7 ff. UrhG), dessen Verwertung (§§ 31 ff. UrhG) und daraus herrührende Streitigkeiten umfassen (*Dreier/Schulze* UrhG § 104 Rn. 3 ff.; *Möhring/Nicolini/Reber* UrhG, 3. Aufl. 2014, § 104 Rn. 2; Wandtke/Bullinger/*Keffpütz* UrhG § 104 Rn. 4).

Das für Urheberrechtsstreitsachen zuständige Gericht kann jedoch auch solche Klagegründe, die lediglich im Zusammenhang mit urheberrechtlichen Ansprüchen stehen ohne einen gänzlich anderen Charakter zu haben, prüfen, soweit keine sonstige ausschließliche Zuständigkeit besteht (BGH GRUR 1980, 853 (855) – Architektenwechsel; LG Mannheim GRUR 1985, 291 – Urheberrechtsstreitsache).

Die sachliche Zuständigkeit ergibt sich aus dem Streitwert (§§ 23, 71 GVG). Regelmäßig werden die Herstellungskosten für ein Werk sowie die Kosten der Vervielfältigung und Verbreitung über 5.000 EUR liegen, so dass nur in einzelnen Ausnahmefällen ein AG zuständig sein kann.

3. Zu den allgemeinen Anforderungen an die Klageschrift, die Bezeichnung der Gerichte, Parteien und die Anträge → Form. G.14 Anm. 3–16, soweit nachfolgend keine besonderen Hinweise erfolgen.

4. Die Streitwertangabe ist nicht endgültig. Sie dient im Wesentlichen zur Berechnung des vom Kläger einzuzahlenden Gerichtskostenvorschusses (§ 23 GKG). Der Streitwert richtet sich in der Höhe nach dem Interesse des Klägers an der Vervielfältigung und Verbreitung (§ 3 ZPO). Regelmäßig wird davon auszugehen sein, dass dies den voraussichtlichen Herstellungskosten und Kosten der Verbreitungsmaßnahmen entspricht.

5. Die Antragsfassung lehnt sich an die gesetzliche Verpflichtung gem. § 14 VerlG an. Dadurch wird die von der Beklagten begehrte Handlung eindeutig ihrer Art und ihrem Umfang nach umschrieben (BGH NJW 1978, 1584; Thomas/Putzo/*Seiler* ZPO vor § 704 Rn. 20).

6. Im Rahmen der Sachverhaltsdarstellung hat der Kläger die klagebegründenden Tatsachen einschließlich der erforderlichen Beweismittel anzugeben. Dies bedeutet, dass der Kläger Ausführungen zu machen hat über den Abschluss eines Verlagsvertrages, die Ablieferung des Werkes sowie schließlich zur Vermeidung der Kostenbelastung bei einem etwaigen sofortigen Anerkenntnis über die vorgerichtliche Aufforderung.

7. Vgl. § 2 Abs. 1 und 3 Abs. 1 des Normvertrages (*Hillig* Urheber- und Verlagsrecht, 16. Aufl. 2017, 98 ff.).

Die Verschaffung des Verlagsrechtes (also das Recht zur Vervielfältigung und Verbreitung) ist eine der beiden Hauptpflichten des Autors (§ 8 VerlG).

8. Durch die Ablieferung des Manuskripts erfüllt der Verfasser seine zweite Hauptpflicht aus dem Verlagsvertrag und bringt gleichzeitig das dingliche Verlagsrecht als ausschließliches Urhebernutzungsrecht zum Entstehen (§ 9 VerlG). Gleichzeitig ist mit Ablieferung des Manuskripts der Verleger verpflichtet, mit der Vervielfältigung zu beginnen (§ 15 VerlG).

9. Der Autor ist nur verpflichtet, ein für die Vervielfältigung geeignetes Werk (§ 10 VerlG) dem Verleger abzuliefern. Dies ist regelmäßig ein maschinenschriftliches Manuskript. Das Verlagsgesetz sieht keine besonderen Einwirkungsmöglichkeiten des Verlegers auf den Inhalt des Manuskripts vor. Mangels anderweitiger vertraglicher Absprachen ist es allein Sache des Autors, den Inhalt des Manuskripts sowie dessen Umfang zu bestimmen. Der Verleger muss sich vorher über die Qualitäten des Verfassers versichern (BGH GRUR 1956, 234; BGH GRUR 1960, 642 (644) – Drogistenlexikon mwN; *Schricker* Verlagsrecht, 3. Aufl. 2001, § 31 Rn. 9).

Gegen die Inanspruchnahme zur Vervielfältigung und Verbreitung eines Manuskripts wenden die Beklagten häufig ein, dass das Manuskript sich in vertragswidriger Beschaffenheit befinde. Mit diesem Einwand haben sie dann Erfolg, wenn das Werk gegen ein gesetzliches Verbot oder die guten Sitten verstößt, soweit nicht gerade ein solches Werk Gegenstand des Verlagsvertrages war (BGH GRUR 1991, 530 (532) – PAM-Kino; *Schricker* Verlagsrecht, 3. Aufl. 2001, § 31 Rn. 4). Gleiches gilt, wenn der Verleger mit einer zivilrechtlichen Verurteilung zur Unterlassung der weiteren Verbreitung rechnen müsste (BGH GRUR 1979, 396 – Herren und Knechte), wenn nicht der Verleger von Anfang an die Brisanz des Werkes kannte und dieses Risiko übernehmen wollte. Gleiches gilt beim Vorliegen eines Plagiats.

Die Vervielfältigung und Verbreitung kann weiterhin verweigert werden, wenn ein anderes Werk als das vereinbarte Werk abgeliefert wird. So wenn ein Roman vereinbart ist, aber ein Bildband abgeliefert wird. Dies ist insbesondere dann der Fall, wenn das Werk nicht die im Verlagsvertrag vereinbarten Eigenschaften aufweist (*Schricker* Verlagsrecht, 3. Aufl. 2001, § 31 Rn. 7). Gleiches gilt für den Fall, dass das Manuskript nicht den vertraglich vorausgesetzten Zweck erfüllt, also beispielsweise ein Schulbuch keine Genehmigung der zuständigen Kultusministerien erhält (*Schricker* Verlagsrecht, 3. Aufl. 2001, § 31 Rn. 8).

Ferner kann der Verleger die Vervielfältigung und Verbreitung dann verweigern, wenn das Werk nicht ausgabefähig ist, also mit der Vervielfältigung und Verbreitung das Persönlichkeitsrecht des Verlegers verletzt würde (vgl. *Schricker* Verlagsrecht, 3. Aufl. 2001, § 31 Rn. 11 f.).

Dass ein Werk hinsichtlich des Umfangs der aufzunehmenden Abbildungen nicht den vertraglichen Voraussetzungen entsprach, gibt ein weiteres Recht für den Verleger, die Vervielfältigung und Verbreitung abzulehnen.

Kosten und Gebühren

10. Es entstehen drei Gebühren gem. KV 1201 GKG, sowie Rechtsanwaltsgebühren gem. §§ 13, 19 RVG.
Die Zwangsvollstreckung erfolgt gem. § 888 ZPO. Nur ausnahmsweise ist es gleichgültig, welcher Verlag die Vervielfältigung und Verbreitung eines Werkes vornimmt. Verlage stehen auch durch die Qualität ihres übrigen Verlagsprogramms für die Bedeutung eines Autors oder eines Werkes. Danach richten sich auch die Absatzchancen, da sich auch Buchhandlungen und Käufer bei der Auswahl eines Buches von der Bekanntheit des Verlages leiten lassen; aA BLAH/*Hartmann* ZPO § 887 Rn. 24 „Drucklegung".

21. Verlagsrechtliche Abrechnungs- und Zahlungsklage

Landgericht ......[2]

Zivilkammer

Klageschrift[1, 3]

In dem Rechtsstreit des

A. A., Schriftsteller,

......

– Klägerin –

Prozessbevollmächtigter: Rechtsanwalt ......

gegen

B. Verlag GmbH

gesetzlich vertreten durch den Geschäftsführer B. B.,

......

– Beklagte –

Prozessbevollmächtigter: Rechtsanwalt ......

wegen Abrechnung und Forderung

Streitwert: ...... EUR[4]

bestelle ich mich für den Kläger und erhebe gleichzeitig namens und im Auftrag des Klägers Stufenklage unter Übergabe eines Verrechnungsschecks über ...... EUR zum Ausgleich der Gerichtskosten.

Ich kündige an, im Termin zur mündlichen Verhandlung die nachgenannten

Anträge

zu stellen:

I. Die Beklagte wird verurteilt, über die Honoraransprüche des Klägers anlässlich der Vervielfältigung und Verbreitung und sonstigen Nutzung des Werkes „König Ludwig II. – Ein Leben für die Kunst", abzurechnen, insbesondere unter Angabe des Hono-

21. Verlagsrechtliche Abrechnungs- und Zahlungsklage G. 21

rarsatzes, des festgesetzten Ladenpreises, des mehrwertsteuerbereinigten Ladenpreises, der Anzahl der verkauften und bezahlten Exemplare, untergliedert nach etwaigen unterschiedlichen Ausgaben und Auflagen sowie unter Angabe etwaiger Lizenzvertragspartner sowie der erzielten Nebenrechtserlöse.[5]

II. Die Beklagte ist verpflichtet, einem vom Kläger beauftragten Wirtschaftsprüfer, Steuerberater oder vereidigten Buchprüfer Einsicht in die Bücher des Beklagten zur Überprüfung der Honorarabrechnungen zu gewähren.[6]

III. Die Beklagte wird verurteilt, den sich anhand der Abrechnung gem. Ziff. I. ergebenden Betrag an den Kläger nebst fünf Prozentpunkten Zinsen über dem jeweiligen Basiszinssatz hieraus seit . . . . . . zu bezahlen.

Vorsorglich beantrage ich, dem Kläger nachzulassen, eine etwaige Sicherheitsleistung durch eine unwiderrufliche, schriftliche, selbstschuldnerische, unbedingte und unbefristete Bürgschaft eines Kreditinstituts der Bundesrepublik Deutschland, insbesondere der XX Bank AG, erbringen zu dürfen.[7]

Sofern das Gericht ein schriftliches Vorverfahren anordnet und die Beklagte ihre Verteidigungsabsicht nicht rechtzeitig anzeigt, beantrage ich bereits jetzt den Erlass eines Versäumnisurteils gem. § 331 ZPO.[8]

Unter den gleichen Voraussetzungen beantrage ich den Erlass eines Anerkenntnisurteils für den Fall, dass die Beklagte den Klageanspruch ganz oder zum Teil anerkennt (§ 307 ZPO).[9]

Begründung:[10]

I. Sachverhalt[11]

1. Die Parteien
Der Kläger ist Schriftsteller und Verfasser des Werkes „König Ludwig II. – Ein Leben für die Kunst".
Die Beklagte vertreibt ein Verlagsgeschäft.

2. Verlagsvertrag
Die Parteien haben am . . . . . . einen schriftlichen Verlagsvertrag
                        Anlage K 1
über die Vervielfältigung und Verbreitung des Werkes „König Ludwig II. – Ein Leben für die Kunst" geschlossen. Das Werk ist erschienen und im Handel erhältlich.

3. Vergütung[12]
In § 4 des Verlagsvertrages ist vereinbart worden, dass der Kläger für jedes verkaufte und bezahlte Exemplar ein Honorar auf der Basis des um die darin enthaltene Mehrwertsteuer verminderten Ladenpreises in Höhe von 10 % erhält. Daneben sollte gemäß § 5 Abs. 2 des Vertrages der Kläger vom Beklagten einen hälftigen Anteil aus den Lizenzerlösen aus den vom Beklagten vereinnahmten Lizenzen anlässlich der Verwertung der in § 2 Abs. 2 eingeräumten Nebenrechte erhalten.
In § 4 Abs. 7 verpflichtete sich die Beklagte hinsichtlich der Honorarabrechnung und Zahlung wie folgt:
Honorarabrechnung und Zahlung erfolgen zum 31. Dezember jedes Jahres innerhalb der auf den Stichtag folgenden drei Monate.
Trotz dieser Verpflichtung zur Honorarabrechnung und Zahlung für die bis zum 31.12.20. . . . . anfallenden Honorare hat der Verlag nicht bis zum 31.3.20. . . . . abgerechnet.[13] Auch eine Nachfrist bis zum . . . . . . seitens des Klägers mit Schreiben vom . . . . . .
                        Anlage K 2
blieb unbeantwortet.[14]

Lutz

4. Einsicht in die Geschäftsbücher[15]
Der Kläger forderte durch einen von ihm beauftragten Wirtschaftsprüfer die Honorarabrechnungen durch Einsicht in die Bücher und Unterlagen der Beklagten überprüfen zu können. Die Beklagte hatte diese Überprüfungsmöglichkeit für das Jahr 20...... mit Schreiben vom ......
Anlage K 3
bereits abgelehnt. In diesem Schreiben hatte sie im Hinblick auf die Möglichkeit der eidesstattlichen Versicherung auch künftige Überprüfungen verneint. Daher ist bereits insofern heute Klage geboten.

5. Die Beklagte ist nach § 4 des Verlagsvertrages zur Zahlung eines Absatzhonorars verpflichtet. Diese Zahlungsverpflichtung hat sie, wie oben ausgeführt, ebenso wie ihre Abrechnungsverpflichtung bislang nicht erfüllt.

II. Rechtslage

1. Der Kläger hat Anspruch auf Abrechnung.
Dies ergibt sich ohne weiteres aus den vertraglichen Vereinbarungen gem. § 7 des Vertrages. Daneben ergibt sich dieser Anspruch auch aus § 24 VerlG sowie aus § 32 UrhG.

2. Der Anspruch auf Bucheinsicht des Klägers besteht aus § 24 VerlG.

3. Der Zahlungsanspruch ergibt sich aus §§ 4 und 5 des Verlagsvertrages sowie aus § 22 VerlG.

4. Das angerufene Gericht ist sachlich und örtlich zuständig.

Rechtsanwalt[16]

Anmerkungen

1. Auf der Grundlage des vorliegenden Klageformulars kann der Autor und Urheber gegenüber dem Verleger die Honorarabrechnung sowie die diesbezüglichen Überprüfungsrechte geltend machen und die Zahlung des sich ergebenden Honorars durchsetzen. Die Abrechnungs- und Zahlungsklage ist auf andere urheberrechtliche Nutzungsvereinbarungen anwendbar.

2. → Form. G.20 Anm. 2.

3. Zu den allgemeinen Anforderungen an die Klageschrift, die Bezeichnung des Gerichts, der Parteien und der Anträge → Form. G.14 Anm. 3–16, soweit nachfolgend nichts Besonderes dargestellt wird.

4. Die Streitwertangabe ist nicht endgültig. Sie dient im Wesentlichen zur Berechnung des vom Kläger einzuzahlenden Gerichtskostenvorschusses (§ 23 GKG). Die Höhe des Streitwertes richtet sich nach dem mutmaßlichen Honorar, das der Schriftsteller erwartet. Es ist im Hinblick auf die Abrechnungsverpflichtung sowie das Bucheinsichtsrecht zu erhöhen. Da diese beiden Ansprüche Hilfsansprüche sind, ist eine Erhöhung um $1/4$ jeweils angemessen.

5. Der Auskunftsantrag entspricht inhaltlich der im Verlagswesen üblichen Honorarabrechnung; er hat jedoch stets mit der Abrechnungsklausel des Verlagsvertrages zu korrespondieren; diese kann ggf. um zusätzliche notwendige Angaben ergänzt werden.

6. Die Antragsfassung folgt § 24 VerlG.

7. → Form. G.14 Anm. 20.

21. Verlagsrechtliche Abrechnungs- und Zahlungsklage G. 21

8. → Form. G.14 Anm. 21.

9. → Form. G.14 Anm. 22.

10. → Form. G.14 Anm. 23.

11. Der Kläger hat vorzutragen und jeweils unter Beweis zu stellen, dass er Verfasser eines Werkes ist, mit dem Beklagten einen Verlagsvertrag oder Lizenzvertrag abgeschlossen hat. Weiterhin hat er die Verpflichtung des Beklagten zur Abrechnung und Honorarzahlung, sei es auf der Grundlage der vertraglichen Vereinbarung, sei es auf gesetzlicher Grundlage der §§ 22 ff. VerlG, § 32 UrhG, darzulegen und unter Beweis zu stellen.

Sofern der Kläger Grund zur Annahme hat, dass der Beklagte die Honorarabrechnung nicht mit der erforderlichen Sorgfalt erstellt, kann er den Antrag auf Abgabe einer eidesstattlichen Versicherung stellen (§§ 259 ff. BGB) und in Ergänzung hierzu die Bücher des Verlegers prüfen (§ 24 VerlG).

Typisch verlagsrechtliche oder lizenzvertragsrechtliche Einwendungen gegen die Abrechnungs- und Zahlungsklage bestehen nicht. Der beklagte Verlag kann also sich im Wesentlichen auf die Einrede der Erfüllung, einer Stundung oder eine Vertragsänderung berufen.

12. Die in diesem Abschnitt erwähnten Vergütungsvereinbarungen knüpfen an den sog. Normverlagsvertrag, insbesondere § 4 Abs. 1, hinsichtlich der eigenen Ausgaben eines Verlages, an § 5 Abs. 3 hinsichtlich der Teilung der Nebenrechtserlöse und an § 4 Abs. 7 hinsichtlich der Honorarabrechnung und Zahlung an (*Hillig* Urheber- und Verlagsrecht, 16. Aufl. 2017, 98 ff.).

Auch wenn kein schriftlicher Verlagsvertrag vorliegt oder keine Vereinbarung hinsichtlich des Honorars getroffen wurde, hat der Verfasser Anspruch auf eine angemessene Vergütung, wenn die Überlassung des Werkes den Umständen nach nur gegen eine Vergütung zu erwarten ist (§ 22 VerlG, § 32 UrhG, *Schricker* Verlagsrecht, 3. Aufl. 2001, § 22 Rn. 3 ff.).

Für das Absatzhonorar gilt, soweit keine vertragliche Vereinbarung getroffen wurde, die Verpflichtung, jährlich für das vorangegangene Geschäftsjahr abzurechnen (§ 24 S. 1 VerlG). Die Abrechnung kann in diesem Zusammenhang der Verleger sofort erstellen und der Autor sie mit angemessener Frist fordern (§ 271 BGB). Im Hinblick auf die Abrechnungsverpflichtung dürfte ein Zeitraum von drei Monaten angemessen sein. In der Praxis existieren auch kürzere Zeiträume.

13. Dieser Tatsachenvortrag begründet den Verzug (§ 286 BGB).

14. Dieser Sachverhalt macht die Klageveranlassung deutlich (§ 93 ZPO).

15. Der Anspruch auf Prüfung der Geschäftsbücher ergibt sich aus § 24 VerlG.

Das Prüfungsrecht erstreckt sich soweit die Einsichtnahme erforderlich ist, um die Richtigkeit der Abrechnung zu prüfen.

Dem Autor steht das Überprüfungsrecht selbst zu, er ist aber auch berechtigt, einen vereidigten Buchprüfer, Wirtschaftsprüfer oder eine andere zur Berufsverschwiegenheit verpflichtete Person mit der Prüfung zu beauftragen (*Schricker* Verlagsrecht, 3. Aufl. 2001, § 24 Rn. 6).

Neben dem Recht auf Bucheinsicht kann unter den Voraussetzungen der fehlenden Sorgfalt bei der Erstellung der Verleger auch zur Abgabe einer eidesstattlichen Versicherung darüber, dass er die Abrechnung nach bestem Wissen und vollständig erstellt hat, aufgefordert werden (§§ 259 ff. BGB). Diese Möglichkeit scheidet nur dann aus, wenn im Einzelfall die Bucheinsicht durch den Urheber selbst zu einer umfassenden Klarstellung führen kann (BGH NJW 1998, 1636; BGHZ 55, 201).

Kosten und Gebühren

16. Es entstehen drei Gebühren gem. KV 1201 GKG sowie Rechtsanwaltsgebühren gem. §§ 13, 19 RVG.

22. Klage wegen der Verletzung des Rechts am eigenen Bild

Landgericht ......[2]
Zivilkammer

Klageschrift[1, 3]

In dem Rechtsstreit des

F. M., Landtagsabgeordneter, ...

– Kläger –

Prozessbevollmächtigter: Rechtsanwalt ......

gegen

X-Verlag GmbH,

gesetzlich vertreten durch den Geschäftsführer X. X.,

......

– Beklagte –

Prozessbevollmächtigter: Rechtsanwalt ......

wegen einer Verletzung des Rechts am eigenen Bild

Streitwert: ...... EUR[4]

bestelle ich mich für den Kläger und erhebe namens und im Auftrage des Klägers Klage,[5] unter Übergabe eines Verrechnungsschecks über ...... EUR zum Ausgleich der Gerichtskosten.

Ich kündige an, im Termin zur mündlichen Verhandlung die nachgenannten

Anträge

zu stellen:

I. Der Beklagte wird verurteilt, es bei Meidung eines Ordnungsgeldes bis zu 250.000 EUR, ersatzweise Ordnungshaft, oder bei Meidung einer Ordnungshaft bis zu sechs Monaten, die Ordnungshaft jeweils zu vollziehen am Geschäftsführer der Beklagten, gem. § 890 ZPO zu unterlassen,[6]
eine Abbildung, die die Person des Klägers auf seiner Terrasse sitzend zeigt, gemäß nachfolgender Wiedergabe
...... Abbildung einfügen ......
zu vervielfältigen und/oder zu verbreiten und/oder diese Handlungen durch Dritte durchführen zu lassen.[7]

II. Die Beklagte wird verurteilt, über den Umfang der Verbreitung der Abbildung gem. Ziff. I. Auskunft zu erteilen und zwar insbesondere über die Auflagenhöhe, die Zahl der Leser je Blatt und das Verbreitungsgebiet der von ihr publizierten Zeitung „Vilsbiburger Sonntagsblatt".[8]

III. Die Beklagte wird verurteilt, an den Kläger ein angemessenes Schmerzensgeld, dessen Höhe in das Ermessen des Gerichts gestellt wird, jedoch mindestens ...... EUR zu bezahlen.[9]

IV. Die Beklagte wird verurteilt, dem Kläger Auskunft zu erteilen, und zwar untergliedert nach direkt zurechenbaren Kosten und indirekt zurechenbaren Kosten, unter Angabe der Grundlagen der Zurechnungsschlüssel, über die tatsächlichen Herstellungskosten der Abbildung gem. Ziff. I.[10]

V. Die Beklagte wird verurteilt, die in Ziff. I. genannte Abbildung sowie die zu deren Vervielfältigung ausschließlich bestimmten Vorrichtungen Zug um Zug gegen eine in das Ermessen des Gerichts gestellte angemessene Vergütung, höchstens jedoch in Höhe der tatsächlichen Herstellungskosten, herauszugeben und in die Eigentumsübertragung einzuwilligen oder diese Gegenstände nach Wahl des Klägers einem vom Kläger zu beauftragenden Gerichtsvollzieher zum Zwecke der auf Kosten der Beklagten vorzunehmenden Vernichtung herauszugeben.[11]

Vorsorglich beantrage ich, der Klägerin nachzulassen, eine etwaige Sicherheitsleistung durch eine unwiderrufliche, schriftliche, selbstschuldnerische, unbedingte und unbefristete Bürgschaft eines Kreditinstituts der Bundesrepublik Deutschland, insbesondere der XX Bank AG, erbringen zu dürfen.

Sofern das Gericht ein schriftliches Vorverfahren anordnet und die Beklagte ihre Verteidigungsabsicht nicht rechtzeitig anzeigt, beantrage ich bereits jetzt den Erlass eines Versäumnisurteils gem. § 331 ZPO.

Unter den gleichen Voraussetzungen beantrage ich den Erlass eines Anerkenntnisurteils für den Fall, dass die Beklagte den Klageanspruch ganz oder zum Teil anerkennt (§ 307 ZPO).

Begründung:[12]

I. Sachverhalt[13]

1. Parteien

Der Kläger ist Mitglied des bayerischen Landtages. Er hat in seiner Person durchaus eine über die Grenzen seines Wahlkreises hinausreichende Bekanntheit erlangt.

Die Beklagte vervielfältigt und verbreitet das „Vilsbiburger Sonntagsblatt". Sie ist deren Verleger.

2. Abbildung

Die Beklagte hat in ihrer Ausgabe vom ...... auf S. ...... den Kläger auf der Terrasse seines Hauses sitzend abgebildet

Beweis: S. ...... des Vilsbiburger Sonntagsblattes vom ...... als

Anlage K 1

Der Kläger ist deutlich erkennbar auf seiner Terrasse, offensichtlich beim Kaffeetrinken, außerhalb jeglicher beruflicher Funktion.

Zwar mag der Kläger in seiner politischen Funktion als Abgeordneter des Bayerischen Landtages und durch seine auch in der Presse bekannt gewordenen Aktivitäten zugunsten seines Landkreises bereits mehrfach in Zeitungen abgebildet worden sein, doch ist er selbst weder mit Fotografien noch mit Berichterstattungen aus seinem privaten Bereich an die Öffentlichkeit getreten; im Gegenteil, der Kläger ist solchen Publikationen stets entgegengetreten.

3. Auskunft und Schmerzensgeld[14]

Der Kläger hat wegen dieses Vorfalls Anspruch auf ein angemessenes, vom Gericht zu bestimmendes Schmerzensgeld. Zur Berechnung des Schadensersatzes bzw. zur Festsetzung des Schmerzensgeldes ist Auskunft über den Umfang der Verbreitungshandlung erforderlich. Die Beklagte ist ohne weiteres in der Lage, die Auskunft zu erteilen.

Bei der Bemessung des Schmerzensgeldes ist zu berücksichtigen, dass der Fotograf zur Anfertigung der Abbildung auf eine hohe Leiter steigen musste, denn nur so konnte er über die Sichtschutzhecke, die das Grundstück des Klägers umgibt, hinweg fotografieren.

Beweis: Augenschein durch das Gericht

Weiterhin ist zu beachten, dass die Beklagte bereits vor einem Jahr wegen eines vergleichbaren Fotos vom Kläger erfolgreich auf Unterlassung in Anspruch genommen wurde.

Beweis: Schreiben der Beklagten vom . . . . . . als
    Anlage K 2
  Urteil des LG . . . . . . vom . . . . . . (Az. . . . . . .)
    Anlage K 3

4. Auskunft und Vernichtung[15]

Der Kläger begehrt Auskunft hinsichtlich der tatsächlichen Herstellungskosten der streitigen Abbildung, da er diese anstelle der Vernichtung ggf. gegen eine Vergütung zu übernehmen beabsichtigt.

Die Vernichtung der vorhandenen Vervielfältigungsstücke der streitigen Ausgabe der Zeitung ist erforderlich, um weitere Rechtsverletzungen zu verhindern.

5. Vorgerichtliche Aufforderung

Der Kläger hat die mit dieser Klage geltend gemachten Ansprüche außergerichtlich mit Schreiben vom . . . . . .
    Anlage K 4

unter Fristsetzung bis zum . . . . . . geltend gemacht. Die Aufforderung wurde jedoch nicht beantwortet.

II. Rechtslage

1. Der Unterlassungsanspruch des Klägers ergibt sich aus § 22 KUG, § 1004 BGB analog.

Der Kläger ist auf der streitigen Abbildung ohne weiteres zu erkennen. Er hat zu keinem Zeitpunkt eine Einwilligung zur Anfertigung der Aufnahme sowie deren Verbreitung erteilt.

Die Beklagte ist insbesondere nicht berechtigt, die streitige Abbildung ohne Einwilligung des Klägers im Hinblick auf § 23 Abs. 1 Nr. 2 KUG zu verbreiten. Der Kläger mag zwar in seiner Funktion als Abgeordneter eine Person der Zeitgeschichte sein, nicht jedoch als Privatmann. Dies wird besonders deutlich dadurch, dass der Kläger sein öffentliches Wirken und seine Privatsphäre streng voneinander trennt.

2. Der Kläger hat Anspruch auf Schmerzensgeld (§ 847 BGB analog).

Nur durch die Festsetzung eines empfindlichen Schmerzensgeldes kann der Kläger erreichen, dass die Beklagte in Zukunft nicht erneut seine Persönlichkeitsrechte verletzt. Die Berechtigung, ein Schmerzensgeld zu fordern, ergibt sich auch aus der Tatsache, dass die Beklagte bereits zu früheren Zeiten sich über die Rechte des Klägers hinwegsetzte und dieses nunmehr erneut tut, ohne die seinerzeitige Entschuldigung und das seinerzeitige Versprechen, die Privatsphäre zu achten, zu berücksichtigen. Die Rücksichtslosigkeit wird durch die Art des Zustandekommens der Fotografie unterstrichen.

Zur Ermittlung der Höhe des Schmerzensgeldes bedarf es der Kenntnis über den Verbreitungsgrad.

22. Klage wegen der Verletzung des Rechts am eigenen Bild   G. 22

3. Der Kläger hat Anspruch auf Vernichtung bzw. Übernahme der Vervielfältigungsstücke bzw. des Originalnegativs (§§ 37 f., 43 f. KUG).
Da die Übernahme höchstens gegen den Betrag der Herstellungskosten (§ 38 KUG) erfolgt und der Kläger hiervon keine Kenntnis hat, hat er insofern Anspruch auf Auskunft (§ 242 BGB).
Der Unterlassungs- bzw. Vernichtungsanspruch ergibt sich im Übrigen direkt aus dem Gesetz.

Rechtsanwalt[16]

Anmerkungen

1. In Zeitungen, Zeitschriften und Büchern sowie sonstigen Druckschriften werden Abbildungen von Personen vervielfältigt und verbreitet. Gleiches gilt für die elektronischen Medien einschließlich dem Internet. Häufig erfolgen die Abbildung und deren Verbreitung ohne Einwilligung der abgebildeten Personen. In diesen Fällen steht dem Abgebildeten ein Unterlassungsanspruch, Anspruch auf Auskunft und Rechnungslegung, Schadensersatz und Schmerzensgeld sowie Vernichtungs- und schließlich Überlassungsansprüche zu.

Im Textbeispiel werden alle diese Ansprüche im Rahmen einer Klage dargestellt. Freilich werden Auskunfts-, Schadensersatz- und Schmerzensgeldansprüche nicht immer im Rahmen einer vergleichbaren Auseinandersetzung geltend gemacht.

Die Unterlassungsansprüche bei der Verletzung des Rechts am eigenen Bild können auch im Wege der einstweiligen Verfügung geltend gemacht werden (→ Form. G.5). Zur Sicherung der Überlassungs- bzw. Vernichtungsansprüche kann ebenso eine einstweilige Verfügung (→ Form. G.10) erwirkt werden.

2. Neben dem allgemeinen Gerichtsstand des Beklagten (§§ 12 ff. ZPO) ist für Bildnisrechtsstreitigkeiten auch der Gerichtsstand der unerlaubten Handlung (§ 32 ZPO) gegeben. Der Begehungsort der Persönlichkeitsrechtsverletzung ist dort, wo eine Druckschrift erscheint, ein Film produziert wird, eine Fernsehausstrahlung stattfindet oder eine Abbildung auf einem Webserver in das Internet gestellt wird. Unabhängig davon findet die Rechtsverletzung auch dort statt, wo das Druckerzeugnis bestimmungsgemäß und nicht bloß zufällig oder gar auf Bestellung verbreitet wird (BGH GRUR 1978, 194 f. – Profil; OLG Köln MDR 1973, 143). Begehungsort ist auch dort, wo der Film vorgeführt, die Fernsehsendung bestimmungsgemäß zu empfangen ist oder der Zugriff auf den Webserver erfolgen kann (*Dreier/Schulze* KUG §§ 33– 50 Rn. 33).

Eine Zuständigkeitskonzentration auf einzelne Gerichte existiert nicht (*Dreier/Schulze* KUG §§ 33–50 Rn. 31).

Im Regelfall übersteigt der Streitwert (→ Anm. 4) den Betrag von 5.000 EUR so dass sich die Zuständigkeit des LG ergibt (§§ 23, 71 GVG).

3. Zur Bezeichnung des Schriftsatzes, des Gerichts, der Parteien und ihrer Prozessbevollmächtigten, des Streitwertes und der Anträge → Form. G.14 Anm. 2–16, soweit nicht nachfolgend im Einzelfall auf Besonderheiten hingewiesen wird.

4. Die Streitwertangabe ist zunächst nur vorläufig und dient in erster Linie der Berechnung des Gerichtskostenvorschusses (§§ 23, 25 GKG). Dabei sind die Werte der einzelnen Ansprüche zu addieren (§ 5 ZPO).

Bei der Bewertung des Unterlassungsanspruchs ist auf die Bekanntheit der Persönlichkeit, auf die Art und Weise der Verletzung sowie insbesondere auf den Umfang und die Art der Verbreitung abzustellen. Bei der Bewertung des Schadensersatz- bzw. Schmerzensgeldanspruchs ist von der geforderten Höhe, also der tatsächlichen Zahlungsklage, auszugehen. Soweit diese im Einzelnen Fall noch nicht bestimmt ist, ist die voraussichtliche Höhe anzunehmen. Hinsichtlich des Hilfsanspruchs zur Berechnung der Geldforderung ist regelmäßig $^{1}/_{4}$ der Forderung angemessen. Der Vernichtungsanspruch ist mit $^{1}/_{4}$ des Unterlassungsanspruchs zu bewerten.

5. Sofern der Zahlungsanspruch im Wege der Lizenzanalogie als Schadensersatz- oder Bereicherungsanspruch geltend gemacht wird, muss sich der Verletzte im Einzelfall zunächst Klarheit über den Umfang der Verbreitung sowie möglicherweise über den wirtschaftlichen Erfolg seines Bildnisses verschaffen. In diesem Fall kann auch eine Stufenklage (§ 254 ZPO), die zunächst auf Auskunft und Rechnungslegung gerichtet ist, und an die sich die Zahlungsklage anschließt, erhoben werden.

6. → Form. G.5 Anm. 10, → Form. G.14 Anm. 10.

7. Der Klageantrag muss bestimmt sein (§ 253 ZPO). Dies setzt voraus, dass das erstrebte Verbot möglichst genau zu bezeichnen ist. Dies erfolgt am besten dadurch, dass im Unterlassungsantrag die Abbildung integriert wird, sei es durch Einscannen, sei es durch Verweis auf eine Anlage. Im Übrigen zur Formulierung des Unterlassungsantrags → Form. G.5 Anm. 11, → Form. G.14 Anm. 11.

8. Verlangt der Kläger Schmerzensgeld, so kommt es zur Bemessung des Schmerzensgeldes auf den Umfang und die Art der Verbreitung an. Im Auskunftsantrag hat der Kläger daher Anspruch auf Auskunft hinsichtlich der diesbezüglichen Daten.

Bei Zeitungen und Zeitschriften sind dies regelmäßig die Auflagenhöhe, die Anzahl der Leser je Blatt sowie das Verbreitungsgebiet. Bei Buchpublikationen kommt es im Wesentlichen auf die Auflagenhöhe sowie die Anzahl der verkauften Exemplare und den Ladenpreis an. Erfolgt die Verletzung durch die Fernsehsendung einer Abbildung, kann es für die Bemessung des Schmerzensgeldes im Wesentlichen auf die Dauer der Sendung, die Anzahl der Wiederholungen, das Sendegebiet und schließlich die Zuschauerquote ankommen.

Erfolgt die Verletzung durch die Einstellung in das Internet, kann auf die Dauer der Zurverfügungstellung der entsprechenden Webpage sowie auf die Anzahl der Visits abgestellt werden. Neben diesen Auskünften können im Einzelfall noch weitere Informationen für die Bemessung des Schmerzensgeldes von Bedeutung sein.

Macht der Kläger hingegen Schadensersatzansprüche geltend, so ist zu deren Berechnung regelmäßig Auskunft zu erteilen und Rechnung zu legen über Umfang, Art und Weise der Verbreitung sowie Umsätze und Gewinne, ggf. untergliedert nach Herstellungskosten, Vertriebs- und Insertionserlöse oder sonstige Umsätze.

Im Hinblick auf das Erfordernis der Bestimmtheit des Klageantrags (§ 253 ZPO) sollten die einzelnen Auskünfte einzeln bezeichnet sein.

9. Ein unbezifferter Leistungsantrag ist zulässig, soweit der anspruchsbegründende Sachverhalt und die ungefähre Größenordnung angegeben werden (BGH NJW 1982, 340). Durch die Angabe eines Mindestbetrages werden dem Gericht die Vorstellungen des Klägers verdeutlicht. Die Bemessung des Mindestbetrages dient nicht nur der Streitwertermittlung, sondern auch der Ermittlung der Beschwer im Falle einer teilweisen Klageabweisung. In diesem Fall sind jedoch anteilmäßig im Verhältnis des Unterliegens die Kosten zu tragen (§ 92 ZPO) (Schricker/Loewenheim/*Götting* Urheberrecht, 4. Aufl. 2010, Anhang zu § 60/§§ 33–50 KUG Rn. 37; *Dreier/Schulze* KUG §§ 33–50 Rn. 27; Thomas/Putzo/*Reichold* ZPO § 253 Rn. 12; Zöller/*Greger* ZPO § 253 Rn. 14a).

10. → Form. G.14 Anm. 16.

11. → Form. G.14 Anm. 16, dort auch der geeignete Hilfsantrag.

12. → Form. G.14 Anm. 16.

22. Klage wegen der Verletzung des Rechts am eigenen Bild G. 22

13. Zur Begründung der Klage wegen der Verletzung des Rechts am eigenen Bild hat der Kläger grundsätzlich die Tatsache der Abbildung sowie der Anfertigung bzw. Verbreitung durch den Beklagten und seine Erkennbarkeit darzulegen.

Demgegenüber kann sich der Beklagte in der Klageerwiderung auf die Einwilligung (§ 22 S. 1 KUG) oder auf die Zahlung einer Entlohnung, die im Zweifel als Erteilung der Einwilligung gilt, berufen. Für den Umfang der Einwilligung kommt es regelmäßig auf den Zweck und Umfang der geplanten Veröffentlichung an (BGH GRUR 1985, 398 f. – Nacktfoto; BGH GRUR 1956, 427 – Paul Dahlke; OLG Frankfurt a.M. GRUR 1986, 614 – Ferienprospekt; Schricker/Loewenheim/*Götting* Urheberrecht, 4. Aufl. 2010, Anhang zu § 60/§ 22 KUG Rn. 54; *Dreier/Schulze* KUG § 22 Rn. 21 ff.; Wandtke/Bullinger/*Fricke* KUG § 22 Rn. 14 ff.). Für den Umfang und die Reichweite der Einwilligung ist derjenige beweisbelastet, der die Abbildung benutzt (Wandtke/Bullinger/*Fricke* KUG § 22 Rn. 18).

Hat der Abgebildete eine Entlohnung für die Abbildung erhalten, dann gilt die Einwilligung als erteilt, jedoch nur im Umfang und Zweck der späteren Veröffentlichung, für die der Abgebildete eine Entlohnung erhält (BGH GRUR 1962, 211 – Hochzeitsbild; *Bußmann* GRUR 1965, 498; Schricker/Loewenheim/*Götting* Urheberrecht, 4. Aufl. 2010, Anhang zu § 60/§ 22 Rn. 51, 54 ff.; *Dreier/Schulze* KUG § 22 Rn. 19a).

Weiterhin kann sich der Beklagte darauf berufen, dass die Schutzdauer 10 Jahre nach dem Tod des Abgebildeten endet (§ 22 S. 2 KUG).

Häufig stützen sich die Beklagten auch darauf, dass eine der Ausnahmen gem. § 23 KUG vorliegt, bei denen die Verbreitung von Bildnissen auch ohne Einwilligung des Abgebildeten zulässig ist, sofern nicht dessen berechtigte Interessen (§ 23 Abs. 2 KUG) verletzt sind.

Besondere Bedeutung hat dabei die Abbildung von Bildnissen aus dem Bereich der Zeitgeschichte, also die relativen und absoluten Personen der Zeitgeschichte. Zu dem zuletzt genannten Personenkreis gehören diejenigen Personen, die durch Geburt, Stellung, Leistung oder Taten sich außergewöhnlich aus dem Kreis der Mitmenschen herausheben und daher im Blickfeld der Öffentlichkeit stehen. Diese müssen Veröffentlichungen ihrer Bildnisse hinnehmen, auch wenn sie sie nicht bei der Wahrnehmung einer öffentlichen Funktion zeigen, wobei die Abbildungsfreiheit nicht schrankenlos ist, sondern auf die berechtigten Interessen des Abgebildeten, insbesondere auf dessen Schutz der Privatsphäre, Rücksicht zu nehmen ist (BGH AfP 1996, 138 (140) – Caroline von Monaco; Schricker/Loewenheim/*Götting* Urheberrecht, 4. Aufl. 2010, Anhang zu § 60/23 KUG Rn. 6 f., 23 ff.; *Dreier/Schulze* KUG § 23 Rn. 5 ff. mit Beispielen und mwN; Wandtke/Bullinger/*Fricke* KUG § 23 Rn. 8 ff.). Relative Personen der Zeitgeschichte sind solche, die im Zusammenhang mit einem zeitgeschichtlichen Vorgang das Interesse der Öffentlichkeit erweckten (BGH GRUR 1966, 102 f. – Spielgefährtin I; OLG Frankfurt a.M. GRUR 1987, 195 – Foto der Freundin; Schricker/Loewenheim/*Götting* Urheberrecht, 4. Aufl. 2010, Anhang zu § 60/23 KUG Rn. 31 f.; *Dreier/Schulze* KUG § 23 Rn. 6 ff.; Wandtke/Bullinger/*Fricke* KUG § 23 Rn. 12 ff.).

Stets ist die Abbildungsmöglichkeit ohne Einwilligung auch in diesen Fällen auf den Informationszweck (Wandtke/Bullinger/*Fricke* KUG § 23 Rn. 17 ff.) beschränkt. Hinzu kommt, dass eine Abwägung der Interessen stattzufinden hat.

Daneben kann sich der Beklagte darauf berufen, dass die abgebildete Person nur als Beiwerk neben einer Landschaft oder einer sonstigen Örtlichkeit erscheint (§ 23 Abs. 1 Nr. 2 KUG), also der Gegenstand und Charakter des Bildes sich nicht ändert, wenn und soweit die Abbildung der Person entfällt (*v. Gamm* Urheberrechtsgesetz, 1968, Einf. Rn. 121; OLG Oldenburg GRUR 1989, 344 f. – oben-ohne-Fotos; OLG München NJW 1988, 915 f.; Schricker/Loewenheim/*Götting* Urheberrecht, 4. Aufl. 2010, Anhang zu § 60/23 KUG Rn. 80 f.; *Dreier/Schulze* KUG § 23 Rn. 34 ff.; Wandtke/Bullinger/*Fricke* KUG § 23 Rn. 23 f.).

Weiter ist die Abbildung einer Person bei der Wiedergabe von Bildern von Versammlungen, Aufzügen und ähnlichen Vorgängen ohne Einwilligung möglich (§ 23 Abs. 1 Nr. 3 KUG). Bei solchen Abbildungen handelt es sich um die „Darstellung des Geschehens" (*v. Gamm* Urheberrechtsgesetz, 1968, Einf. Rn. 122). In diesen Fällen ist des dem Abbildenden weder zumutbar und meist gar nicht möglich, alle Abgebildeten um deren Einwilligung zu ersuchen (OLG Hamburg GRUR 1990, 35; Schricker/Loewenheim/*Götting* Urheberrecht, 4. Aufl. 2010, Anhang zu § 60/23 KUG Rn. 584f f.; *Dreier/Schulze* KUG § 23 Rn. 38 ff.; Wandtke/Bullinger/*Fricke* KUG § 23 Rn. 25 ff.).

Schließlich können Abbildungen, die einem höheren Interesse der Kunst dienen, ohne Einwilligung des Abgebildeten verbreitet werden (Schricker/Loewenheim/*Götting* Urheberrecht, 4. Aufl. 2010, Anhang zu § 60/23 KUG Rn. 100 ff. mwN; *Dreier/Schulze* KUG § 23 Rn. 43 ff.; Wandtke/Bullinger/*Fricke* KUG § 23 Rn. 28).

Gegen diese Ausnahmen des Einwilligungserfordernisses kann der Kläger die Verletzung seiner berechtigten Interessen einwenden (§ 23 Abs. 2 KUG). Er hat sie insofern vorzutragen und unter Beweis zu stellen.

Zu den geschützten Interessen zählen die **Intimsphäre** und die **Privatsphäre** (Schricker/Loewenheim/*Götting* Urheberrecht, 4. Aufl. 2010, Anhang zu § 60/23 Rn. 105, 112 ff. mwN; Wandtke/Bullinger/*Fricke* KUG § 23 Rn. 31 ff.; *Dreier/Schulze* KUG § 23 Rn. 23 ff.), ebenso wie die Verletzung durch die Darstellung einer negativen Tendenz im Zusammenhang mit der Abbildung, sei es durch Bildunterschrift oder sonstige textliche Bezugnahme auf die Abbildung (BGH GRUR 1962, 324 – Doppelmörder; OLG Koblenz NJW 1997, 1375 f. – Schweigen der Hirten). Schließlich ist auch die Verwendung einer Abbildung zu Werbzwecken ein Verstoß gegen die Verletzung der Interessen (BGH GRUR 1956, 427 – Paul Dahlke; BGH GRUR 1961, 138 – Familie Schölermann; BGH GRUR 1968, 652 – Ligaspieler). Die Darlegungs- und Beweislast für die Verletzung berechtigter Interessen trägt die abgebildete Person (*Dreier/Schulze* KUG § 23 Rn. 33).

14. Dem Verletzten steht Schadensersatz oder Bereicherungsausgleich bzw. Schmerzensgeld zu. Schadensersatz (§ 823 Abs. 2 BGB iVm § 22 KUG, §§ 249 ff. BGB) oder Bereicherungsausgleich (§§ 812 ff. BGB) kann grundsätzlich derjenige fordern, dessen Abbildung aus kommerziellen Gründen, insbesondere aus Gründen der Werbung, erfolgte, wohingegen derjenige, dessen Ehre durch die Abbildung verletzt wird, regelmäßig Schmerzensgeld (§ 847 BGB analog) verlangen kann (Schricker/Loewenheim/*Götting* Urheberrecht, 4. Aufl. 2010, Anhang zu § 60/33 – 50 KUG Rn. 8; MüKoBGB/*Rixecker* Anhang zu § 12 Rn. 241 ff.; *Dreier/Schulze* KUG §§ 33–50 Rn. 2, 5 ff.; Wandtke/Bullinger/*Fricke* KUG § 22 Rn. 24 ff.).

Zur Berechnung des Schadensersatzanspruches kann sich der Verletzte der dreifachen Berechnungsmethode des gewerblichen Rechtsschutzes bedienen (→ Form. G.14 Anm. 37; BGH GRUR 1979, 732 (734) – Fußballtor; BGH GRUR 1958, 408 f.; Schricker/Loewenheim/*Götting* Urheberrecht, 4. Aufl. 2010, Anhang zu § 60/33–50 KUG Rn. 9; *Dreier/Schulze* KUG §§ 33–50 Rn. 18 ff.).

Sofern kein Verschulden vorliegt, kann der Verletzte Bereicherungsausgleich geltend machen (Wandtke/Bullinger/*Fricke* KUG § 22 Rn. 27).

Zur Berechnung des Schadensersatz- bzw. Bereicherungsanspruchs steht dem Kläger regelmäßig auch ein Auskunftsanspruch über den Umfang der Verwertung zu (Wandtke/Bullinger/*Fricke* KUG § 22 Rn. 39).

Der Verletzte kann bei einer schwerwiegenden Verletzung seines Persönlichkeitsrechts Ausgleich für den immateriellen Schaden verlangen (§ 823 Abs. 1, Abs. 2 BGB iVm §§ 22, 23 Abs. 2 KUG, Art. 1 und 2 Abs. 1 GG; BGH GRUR 1972, 97 – Liebestropfen mwN; BVerfG 34, 269 – Soraya; BGH GRUR 1996, 373 f. – Caroline von Monaco).

Hierzu hat der BGH als Voraussetzung ein unabweisbares Bedürfnis, dem Betroffenen wenigstens einen gewissen Ausgleich für die ideelle Beeinträchtigung durch Zuerkennung

23. Strafantrag wegen unerlaubter Verwertung (§ 106 UrhG)   G. 23

einer Geldentschädigung zu gewähren sowie vorausgesetzt, dass die erlittene Beeinträchtigung nicht in anderer Weise befriedigend ausgeglichen werden kann. Dabei sind die Schwere des Eingriffs anhand aller Umstände des Einzelfalls zu beurteilen und der Gesichtspunkt der Genugtuung des Opfers sowie der Prävention zu berücksichtigen (BGH NJW 1995, 861 (865) – Caroline von Monaco; BGH GRUR 1972, 97 (99) – Liebestropfen; Schricker/Loewenheim/*Götting* Urheberrecht, 4. Aufl. 2010, Anhang zu § 60/33–50 KUG Rn. 27 ff.; *Dreier/Schulze* KUG § 33–50 Rn. 21 ff.).

Bei der Bemessung der Höhe des Schmerzensgeldes sind die Persönlichkeit und die Stellung des Verletzten sowie die Art der Abbildung zu berücksichtigen (BGH GRUR 1962, 211 – Hochzeitsbild), Art und Umfang der Verbreitung (BGH GRUR 1963, 490 – Fernsehansagerin; BGH GRUR 1972, 97 – Liebestropfen) sowie der Grad des Verschuldens (BGH GRUR 1962, 105 – Ginsengwurzel; BGH NJW 1995, 861 (865) – Caroline von Monaco).

Der Auskunftsanspruch hinsichtlich Art und Umfang der Verbreitung sowie auch hinsichtlich des Gewinns rechtfertigt sich, da die Daten zur Bemessung des Schmerzensgeldes erforderlich sind (zur Gewinnabschöpfung BGH NJW 1995, 861 (865) – Caroline von Monaco).

15. → Form. G.14 Anm. 12–17.

Kosten und Gebühren

16. Gerichtskosten drei Gebühren gem. KV 1201 GKG; Anwaltskosten gem. §§ 13, 19 RVG.

Die Unterlassungsverpflichtung wird gem. § 890 ZPO vollstreckt, die Auskunft gem. § 888 ZPO, die Zahlung gem. §§ 803 ff. ZPO und die Vernichtung gem. § 887 ZPO. Hinweis: vgl. dazu auch Kommentierung zu → Form. H.6.

23. Strafantrag wegen unerlaubter Verwertung urheberrechtlich geschützter Werke (§ 106 UrhG)

An die

Staatsanwaltschaft beim

. . . . . .[2]

Datum . . . . . .[3]

Strafantrag[1]

gegen die Verantwortlichen der Firma XY Handels GmbH,

. . . . . .

wegen unerlaubter Verwertung urheberrechtlich geschützter Werke (§§ 106, 109 UrhG)

Sehr geehrter Herr Staatsanwalt,

hiermit stellen wir namens und im Auftrag unserer Mandantin,[4] der Firma ABC Computer Software GmbH,[5] München,

Strafantrag[6]

gegen die Verantwortlichen[7] der Firma XY Handels GmbH wegen unerlaubter Verwertung urheberrechtlich geschützter Werke gemäß §§ 106, 109 UrhG.[8]

Unsere Mandantin ist Inhaberin der Urhebernutzungsrechte an der Lernsoftware „Drachenfliegen leicht gemacht".

Die angestellten Mitarbeiter unserer Mandantin haben die Computersoftware, mit deren Hilfe man das Drachenfliegen simulieren und erlernen kann, entwickelt.

Eine entsprechende CD-ROM, wie sie von unserer Mandantin derzeit vervielfältigt und verbreitet wird, fügen wir als Anlage 1 bei.

Bei der Durchsicht des Programms werden Sie feststellen, dass es sich um ein individuelles Werk, das das Ergebnis einer geistigen Schöpfung der Mitarbeiter unserer Mandantin ist, handelt (§ 69a Abs. 3 UrhG).

Im Rahmen der Mitarbeiterverträge, von denen wir einen beispielhaft als Anlage 2 übergeben, ist vereinbart worden, dass etwaige Urhebernutzungsrechte, insbesondere zur Vervielfältigung und Verbreitung der Software, gleichzeitig mit dem Zeitpunkt des Entstehens auf unsere Mandantin übertragen werden (§ 69b UrhG).

Ein Mitarbeiter unserer Mandantin hat bei der Firma XY Handels GmbH in deren Ladengeschäft in der ...... straße in ...... die als Anlage 3 beigefügte CD-ROM, die ebenso eine Lernsoftware für Drachenfliegen enthält, käuflich erworben. Die zur Software gehörige Einkaufsquittung übergeben wir als Anlage 4. Der Kauf erfolgte durch den Mitarbeiter M. M. unserer Mandantin.

Der Mitarbeiter M. M., der maßgeblich die Entwicklung der Drachenflugsoftware unserer Mandantin geleitet hat, hat die von ihm erworbene Software (Anlage 3) getestet. Dabei hat er festgestellt, dass diese Software in identischer Form das Lernprogramm unserer Mandantin wiedergibt. Sogar der Urhebervermerk unserer Mandantin ist enthalten, wie sich aus dem Screenshot (Anlage 5) ergibt, ebenso wie eine (schlechte) Kopie des Handbuchs.

Unter Anwendung der erforderlichen Sorgfalt hätten die Verantwortlichen der Firma XY Handels GmbH ohne weiteres erkennen können, dass sie die unserer Mandantin zustehenden Urhebernutzungsrechte durch das Plagiat verletzen.

Dies wäre selbst auch ohne Kenntnis der Software unserer Mandantin für die Angeschuldigten zu erkennen gewesen, da in der von der Firma XY Handels GmbH vertriebenen Software der Urhebervermerk unserer Mandantin enthalten ist.

Unsere Mandantin steht ebenso wie der Unterzeichner für weitere Auskünfte und Erläuterungen zur Verfügung.

Mit freundlichen Grüßen

Rechtsanwalt[9]

Anmerkungen

1. Die strafrechtliche Verfolgung von Urheberrechtsverletzungen hat in der Praxis lange Zeit ein Schattendasein geführt. Die Computerkriminalität und die verstärkten Versuche, die Produktpiraterie zu bekämpfen, haben die strafrechtliche Verfolgung von Urheberrechtsverletzungen jedoch wieder mehr in das Interesse gerückt (*Weber* Der strafrechtliche Schutz des Urheberrechts, 1976; Schricker/Loewenheim/*Haß* Urheberrecht, 4. Aufl. 2010, vor §§ 106 ff. Rn. 1 f.; Fromm/Nordemann/*Ruttke/Scharringhausen* Urheberrecht, 11. Aufl. 2014, vor § 106 Rn. 9 ff.).

23. Strafantrag wegen unerlaubter Verwertung (§ 106 UrhG) G. 23

Im Falle der nachhaltigen und gewerbsmäßigen, insbesondere vorsätzlichen Urheberrechtsverletzung empfiehlt es sich, neben der zivilrechtlichen Vorgehensweise auch Strafantrag (§ 109 UrhG) zu stellen. Zwar ist bei Vorliegen eines öffentlichen Interesses die Staatsanwaltschaft von Amts wegen verpflichtet, strafrechtliche Ermittlungen zu beginnen, doch hat nicht selten die Staatsanwaltschaft keine Kenntnis von der Urheberrechtsverletzung.

2. Der Strafantrag ist schriftlich bei Gericht oder einer Staatsanwaltschaft oder zu Protokoll zu erklären. Wird der Strafantrag bei einer anderen Behörde, insbesondere einer Polizeidienststelle, eingereicht, so hat er schriftlich angebracht zu werden (§ 158 Abs. 2 StPO).

Ist die Staatsanwaltschaft oder Polizeidienststelle örtlich nicht für das Ermittlungsverfahren zuständig, so wird der Antrag an die zuständige Ermittlungsbehörde abgegeben.

3. Die Antragsfrist für die Stellung des Strafantrags läuft drei Monate ab dem Tag, ab dem der Berechtigte von der Tat und der Person des Täters Kenntnis erlangt hat. Als Kenntnis des Täters genügt die individuelle Ermittelbarkeit, es bedarf nicht einer Kenntnis des Namens und der Anschrift (Schönke/Schröder/*Sternberg-Lieben*/*Bosch* StGB § 77b Rn. 9 f.).

4. Die Bevollmächtigung des Antragstellers bedarf keiner Formvorschrift. Der Vertreter ist nicht verpflichtet, Beweismittel über die Ermächtigung beizufügen (Schönke/Schröder/*Sternberg-Lieben*/*Bosch* StGB § 77 Rn. 30).

5. Antragsberechtigt sind alle Berechtigten, die durch die mögliche Straftat verletzt wurden. Dies sind der Urheber, der einzelne Miturheber, die Urheber verbundener Werke, aber auch die Rechtsnachfolger und schließlich auch juristische Personen, die Inhaber ausschließlicher oder nicht ausschließlicher Nutzungsrechte geworden sind (Schricker/Loewenheim/*Hass* Urheberrecht, 4. Aufl. 2010, § 109 Rn. 2; § 77 StGB).

6. Im Rahmen des Strafantrages sind die Handlungen, die strafrechtlich verfolgt werden sollen, näher zu bezeichnen und darzustellen. Aus dem Antrag muss auch das Ziel, eine Bestrafung des Täters zu erreichen, zu erkennen sein. Eine Bezeichnung der Erklärung als „Strafantrag" ist nicht erforderlich. Eine falsche rechtliche Einordnung ist unschädlich (Schönke/Schröder/*Sternberg-Lieben*/*Bosch* StGB § 77 Rn. 38 f. mwN).

7. Der Strafantrag braucht sich nicht ausdrücklich gegen eine bestimmte Person zu richten. Es genügt vielmehr, dass die verantwortlichen Personen anhand der Angaben zu ermitteln sind. Die Angaben müssen jedoch ausreichend sein, um im Wege der Auslegung festzustellen, gegen wen der Antragsteller die Ermittlungen wünscht (Schönke/Schröder/*Sternberg-Lieben*/*Bosch* StGB § 77 Rn. 40; Schricker/Loewenheim/*Hass* Urheberrecht, 4. Aufl. 2010, § 109 Rn. 8).

8. Es empfiehlt sich im Rahmen des Strafantrages, den Sachverhalt so detailliert und genau unter gleichzeitiger Angabe von Beweismitteln zu schildern. Dies erspart der Staatsanwaltschaft Nachfragen und dem Antragsteller die mit der Erteilung weiterer Auskünfte verbundenen Aufwendungen.

Grundsätzlich ist in diesem Zusammenhang darzustellen, ob der Antragsteller selbst Urheber ist oder es sind diejenigen Tatsachen vorzutragen, auf Grund derer er Urhebernutzungsrechte erworben hat. Weiterhin sind Hinweise und Beweismittel für den urheberrechtlichen Schutz des betroffenen Werkes mitzuteilen. Dies erfolgt regelmäßig durch Übermittlung eines Vervielfältigungsstücks, einer Ablichtung oder zumindest einer Beschreibung desselben.

Weiterhin ist es sinnvoll, den Grund für die strafrechtliche Verfolgung, insbesondere die Pirateriewaren, darzustellen und zu übergeben.

Schließlich sind auch Nachweise, die das Verschulden dokumentieren, zur Verfügung zu stellen.

Erfolgt die Strafanzeige wegen einer Verletzung der Urheberpersönlichkeitsrechte, so sind, je nachdem welche Alternative von § 107 UrhG vorgegeben ist, das Werkstück, auf dem ohne Einwilligung des Urhebers eine Urheberbezeichnung angebracht wurde oder eine falsche Urheberbezeichnung angebracht wurde, vorzulegen.

Wendet sich der Antragsteller gegen den unerlaubten Eingriff in ein verwandtes Schutzrecht (§ 108 UrhG), gilt das Gleiche.

Schließlich ist zu beachten, dass bei gewerbsmäßiger Urheberrechtsverletzung (Schricker/Loewenheim/*Hass* Urheberrecht, 4. Aufl. 2010, § 108a Rn. 2) eine erhöhte Strafe droht. Die wiederholte Begehung zur fortlaufenden Einnahmeerzielung und die Dauer sowie der Umfang sollten daher im Rahmen des Strafantrages erwähnt werden.

Kosten und Gebühren

9. Gerichtskosten keine, Anwaltsgebühren VV 4302 RVG.

24. Antrag zur Überprüfung der Angemessenheit eines Tarifs

Schiedsstelle für Urheberrechtsstreitfälle[2]

Deutsches Patent- und Markenamt

Zweibrückenstraße 12

80297 München

Antrag

auf Überprüfung der Angemessenheit eines Tarifs[1, 3]

In dem Verfahren

der Frau ......[4]

Inhaberin des Cafés ......

......

– Antragstellerin –

Verfahrensbevollmächtigter:[5] ......

gegen

die GEMA, Gesellschaft für musikalische Aufführungs- und

mechanische Vervielfältigungsrechte

gesetzlich vertreten durch den Vorstand

Rosenheimer Landstraße 11, 81667 München

– Antragsgegnerin –[6]

Verfahrensbevollmächtigter: ......

24. Antrag zur Überprüfung der Angemessenheit eines Tarifs G. 24

bestelle ich mich als Verfahrensbevollmächtigter der Antragstellerin und rufe gem. § 128 VVG die Schiedsstelle unter gleichzeitiger Übergabe eines Verrechnungsschecks über ...... EUR als Kostenvorschuss[7] an. Ich

beantrage:

I. Es wird festgestellt, dass der Tarif der Antragsgegnerin über die „Wiedergabe von Radiosendungen der Unterhaltungsmusik in Cafés" gemäß Tarifnummer XYZ[8] unangemessen ist.

II. Es wird beantragt, eine mündliche Verhandlung anzuberaumen.[9]

III. Der Streitwert wird mit ...... EUR festgesetzt.[10]

Begründung:[11]

1. Die Antragstellerin betreibt ein kleines Café mit 60 Sitzplätzen. Das Café ist geöffnet von morgens 7.30 Uhr bis abends 19.00 Uhr. Es bietet seinen Gästen ein umfassendes Frühstück, anschließend einen Imbiss als Mittagessen und schließlich für Nachmittag und frühen Abend Kaffee und Kuchen sowie einige wenige Cocktails. Zur Unterhaltung der Gäste lässt die Antragstellerin regelmäßig Unterhaltungsmusik, wie sie von einem der örtlichen Sender ausgestrahlt wird, in den Gastraum übertragen. Dabei wechselt die Antragstellerin zwischen den einzelnen Programmen des öffentlich-rechtlichen Rundfunks und auch denjenigen des privaten Rundfunks.

Wegen der damit verbundenen Nutzung urheberrechtlich geschützter Werke, insbesondere solcher der Unterhaltungsmusik, hat die Antragsgegnerin der Antragstellerin eine Kostenrechnung für das Jahr 2015 am ......

Anlage ASt 1

verbunden mit einer Zahlungsaufforderung übermittelt.

Grundlage der Abrechnung war der Tarif XYZ der Antragsgegnerin gemäß

Anlage ASt 2

2. Die Antragstellerin hat bereits vorprozessual die Angemessenheit des Tarifs bestritten

Anlage ASt. 3

Die Antragsgegnerin hat jedoch Zahlungsklage gegen die Antragstellerin erhoben. Die Antragstellerin hat sich unter anderem damit verteidigt, dass der Tarif nicht angemessen sei. Das LG ...... hat daher mit Beschluss vom ......

Anlage ASt. 4

den Rechtsstreit ausgesetzt, um der Antragstellerin die Anrufung der Schiedsstelle zu ermöglichen (§ 128 Abs. 2 VVG).

3. Bei der Festsetzung des Tarifs XYZ hat die Antragsgegnerin den geldwerten Vorteil, der sich durch die öffentliche Wiedergabe von Rundfunksendungen im Rahmen eines kleinen Cafés ergibt, verkannt.

Gemäß § 39 VVG soll die Berechnungsgrundlage für einen Tarif in der Regel der geldwerte Vorteil sein, der durch die Verwertung erzielt wird. Die Antragsgegnerin meint, die Antragstellerin und andere Cafés würden durch die öffentliche Wiedergabe von Rundfunksendungen einen erheblichen geldwerten Vorteil erzielen. Dies ist indes nicht richtig.

Berechnungsgrundlagen, anhand derer der direkte geldwerte Vorteil der Antragstellerin zu ermitteln wäre, sind der Antragstellerin nicht bekannt. Die Antragsgegnerin hat auf solche auch nicht verwiesen.

Die Antragstellerin hat nach Zugang der Rechnung die öffentliche Wiedergabe der Musik aufgegeben und gleichzeitig eine statistische Befragung der Gäste vorgenommen. Die gutachterlichen Feststellungen des Professors AB

Anlage ASt 5

ergeben, dass sich auch die Gäste der Antragstellerin völlig indifferent zum Fehlen oder Vorhandensein von Unterhaltungsmusik zeigen.

Gleiches ergibt sich im Übrigen bei Vergleich der wirtschaftlichen Auswirkungen vor Ausstrahlung der Unterhaltungsmusik und nach Abstellen der Unterhaltungsmusik, wie sich aus dem zusammenfassenden Bericht über die Änderung der Erträgnisse[12] des Steuerberaters der Antragstellerin

Anlage ASt 6

ergibt.

4. Soweit im vorliegenden Zusammenhang weitere Erläuterungen durch die Antragstellerin von der Schiedsstelle für erforderlich erachtet werden, bitte ich um Hinweis.

Rechtsanwalt

Anmerkungen

1. Gemäß § 92 VVG kann jeder Beteiligte bei Streitfällen, an denen eine Verwertungsgesellschaft beteiligt ist, die Schiedsstelle für Urheberrechtsstreitfälle beim Deutschen Patent- und Markenamt anrufen, wenn der Streitfall die Nutzung von Werken betrifft (*Hillig* UFITA 102/1986, 11 (27 f.)). Bei Streitigkeiten zwischen einer Verwertungsgesellschaft einerseits und dem Nutzer urheberrechtlich geschützter Werke andererseits über die Anwendbarkeit oder Angemessenheit eines Tarifs, ist grundsätzlich zunächst ein Verfahren vor der Schiedsstelle für Urheberrechtsstreitfälle vor gerichtlicher Geltendmachung durchzuführen (§ 128 VVG). Die Schiedsstelle ist aber auch für andere Ansprüche aus Urheberrechtsverletzungen zuständig (BGH GRUR 2000, 872 – Schiedsstellenanrufung zum UrhWG).

Wird der Nutzer urheberrechtlich geschützter Werke von einer Verwertungsgesellschaft wegen der Zahlung eines Nutzungsentgeltes in Anspruch genommen und bestreitet eine Partei dieses Rechtsstreits die Anwendbarkeit oder Angemessenheit des Tarifs, so ist zunächst das Schiedsstellenverfahren gem. § 128 VVG durchzuführen. Durch dieses Verfahren tritt keine Rechtshängigkeit ein (Thomas/Putzo/*Reichold* ZPO § 261 Rn. 8 zum UrhWG). Entsteht der Streit nach Klageerhebung, so setzt das Zivilgericht den Rechtsstreit aus (§ 128 VVG) um der bestreitenden Partei Gelegenheit zu geben, innerhalb von zwei Monaten nach Aussetzung des Rechtsstreits einen Antrag bei der Schiedsstelle zu stellen. Wird der Antrag bei der Schiedsstelle nicht gestellt, so wird der Rechtsstreit fortgesetzt, wobei es als zugestanden gilt, dass der Tarif anwendbar und angemessen ist.

Grundsätzlich hat die Schiedsstelle auf eine Einigung der Beteiligten hin zu wirken (§ 103 VVG) und einen Einigungsvorschlag zu unterbreiten (§ 109 VVG). Ein Vergleich kann Grundlage der Zwangsvollstreckung gem. § 797 ZPO sein (§ 103 VVG). Bei Streitigkeiten über die Anwendbarkeit oder Angemessenheit eines Tarifs kann dann, wenn der Sachverhalt auch im Übrigen streitig ist, die Schiedsstelle ihren Einigungsvorschlag auf eine Stellungnahme zur Anwendbarkeit und Angemessenheit des Tarifs beschränken (§ 109 VVG).

Das Verfahren vor der Schiedsstelle regelt sich grundsätzlich nach §§ 92 ff. VVG.

2. Die Schiedsstelle ist bei der Aufsichtsbehörde der Verwertungsgesellschaften, also beim Deutschen Patent- und Markenamt (§§ 124, 75 VVG) gebildet. Sie unterliegt nicht der Aufsicht des Deutschen Patent- und Markenamts (Schricker/Loewenheim/*Reinbothe* Urheberrecht, 4. Aufl. 2010, zu § 14 WahrnG Rn. 3).

3. Das Verfahren wird durch einen schriftlichen Antrag, der Name und Anschrift des Antragsgegners sowie eine Darstellung des Sachverhalts zu enthalten hat und in mindestens zwei Exemplaren einzureichen ist, begonnen (§ 97 VVG). Der Antrag wird von der

24. Antrag zur Überprüfung der Angemessenheit eines Tarifs   G. 24

Schiedsstelle dem Antragsgegner mit der Aufforderung zugestellt, sich innerhalb eines Monats schriftlich zu äußern (§ 97 VVG). Neben den besonderen Verfahrensvorschriften des VVG steht das Verfahren im billigen Ermessen der Schiedsstelle, wobei sie sich an die Vorschriften der Zivilprozessordnung anlehnen soll (§ 95 VVG).

4. Antragsteller einer Überprüfung der Angemessenheit oder Anwendbarkeit eines Tarifs kann jeder sein, der von einem Tarif betroffen ist. Also sowohl derjenige, der nach dem entsprechenden Tarif Vergütungen zu entrichten hat, aber auch diejenigen, die eine Vergütung nach diesen Tarifen zu erwarten haben.

5. Es besteht kein Anwaltszwang. Verfahrensbevollmächtigter kann grundsätzlich jeder Rechtsanwalt sein, ohne dass es einer bestimmten Zulassung bedarf. Andere Beistände der Beteiligten können unter den Voraussetzungen des § 157 ZPO zurückgewiesen werden.

6. Antragsgegner für die Überprüfung der Anwendbarkeit oder Angemessenheit eines Tarifs ist grundsätzlich die betroffene Verwertungsgesellschaft.

7. Bei dem hier angenommenen Tarif handelt es sich um einen fiktiven Tarif, der nicht existiert. Für die Schiedsstelle gilt der Grundsatz ne ultra petita (§ 308 ZPO), so dass das Begehren konkret zu formulieren ist (Zur alten Rechtslage: *Dreier/Schulze* UrhWG zu § 14 Rn. 21; aA Wandtke/Bullinger/*Gerlach* UrhWG zu § 14a Rn. 9).

8. Als Kosten fällt eine Gebühr nach dem Streitwert gemäß der dem GKG beigefügten Tabelle insgesamt an. Als Vorschuss ist ein Drittel einzuzahlen; erst danach erfolgt die Zustellung an die Gegenseite (§ 118 VVG). Will man das Verfahren beschleunigen, empfiehlt sich die Übergabe eines Verrechnungsschecks.

9. Bei Streitfällen, die die Nutzung von Werken oder Leistungen, die nach dem Urheberrechtsgesetz geschützt sind, betreffen, entscheidet die Schiedsstelle grundsätzlich im schriftlichen Verfahren. Eine Entscheidung auf Grund mündlicher Verhandlung erfolgt dann, wenn einer der Beteiligten es beantragt und der andere Beteiligte zustimmt oder wenn es die Schiedsstelle ausnahmsweise zur Aufklärung des Sachverhalts für erforderlich erachtet (§ 99 VVG).

10. Die Kosten des Verfahrens richten sich nach dem Streitwert und zwar nach der Tabelle der Anlage 2 zum GKG (§ 117 VVG, § 24 GKG). Der Streitwert wird von der Schiedsstelle nach den Vorschriften der ZPO festgesetzt. Es empfiehlt sich daher, die Festsetzung eines bestimmten Streitwerts anzuregen. Über die Verteilung der Kosten hat die Schiedsstelle nach billigem Ermessen zu entscheiden. Sie kann anordnen, dass die einem der Beteiligten erwachsenen notwendigen Auslagen ganz oder teilweise zu erstatten sind, wenn dies der Billigkeit entspricht (§ 121 VVG).

Die Entscheidung über die Kosten kann auch isoliert beim AG angefochten werden (§ 121 Abs. 2 VVG).

Die Kostenfestsetzung sowie die einem der Beteiligten zu erstattenden Auslagen werden vom Deutschen Patent- und Markenamt festgesetzt. Die Festsetzung ist dem Kostenschuldner, ggf. auch dem Erstattungsberechtigten zuzustellen (§ 122 VVG). Jeder Betroffene kann innerhalb einer Frist von zwei Wochen nach Zustellung die gerichtliche Festsetzung der Kosten und der zu erstattenden notwendigen Auslagen beantragen. Der Antrag ist beim Deutschen Patent- und Markenamt einzureichen. Das Amtsgericht am Sitz der Aufsichtsbehörde, also das AG München entscheidet hierüber (§ 122 VVG).

11. Für das Verfahren gilt das Amtsermittlungsprinzip. Der Antrag hat zwar eine Darstellung des Sachverhalts zu enthalten, doch ermittelt die Schiedsstelle von Amts wegen und erhebt die erforderlich und geeignet erscheinenden Beweise. Die Beteiligten haben jeweils Gelegenheit zu erhalten, sich zu den Ermittlungs- und Beweisergebnissen zu äußern (§ 104 VVG). Sie ist dabei berechtigt, Beteiligte und Zeugen zu vernehmen, Gutachten erstatten zu lassen sowie Nutzungsvereinigungen und Verwertungsgesellschaften, die nicht Beteiligte des Verfahrens sind, anzuhören (§ 95 VVG).

12. Die Urheberberechtigten sollen einen Anteil an dem geldwerten Vorteil des Werknutzers, also am Umsatz, erhalten (Schricker/Loewenheim/*Reinbothe* Urheberrecht, 4. Aufl. 2010, zu § 13 WahrnG Rn. 7 mwN).

25. Antrag auf Abschluss eines Gesamtvertrages

An die

Schiedsstelle für Urheberrechtsstreitfälle[2]

Deutsches Patent- und Markenamt

Zweibrückenstraße 12

80331 München

Antrag

auf Abschluss eines Gesamtvertrages[1, 3]

In dem Verfahren des

Verbandes kleiner Caféhausbesitzer eV,

gesetzlich vertreten durch deren Vorstand,

. . . . . .

– Antragsteller –[4]

Verfahrensbevollmächtigter:[5] RA . . . . . .

gegen

GEMA, Gesellschaft für musikalische Aufführungs- und mechanische Vervielfältigungsrechte, gesetzlich vertreten durch den Vorstand, Rosenheimer Straße 11, 81667 München

– Antragsgegnerin –[6]

Verfahrensbevollmächtigter: RA . . . . . .

bestelle ich mich als Verfahrensbevollmächtigter des Antragstellers und rufe gem. § 92 Abs. 1 VVG die Schiedsstelle unter gleichzeitiger Übergabe eines Verrechnungsschecks über . . . . . . EUR als Kostenvorschuss an. Ich

beantrage

folgenden Einigungsvorschlag zu beschließen:

I. Gesamtvertrag

zwischen GEMA, Gesellschaft für musikalische Aufführungs- und mechanische Vervielfältigungsrechte, Rosenheimer Straße 11, 81667 München

und

Verband kleiner Caféhausbesitzer eV, ...

über die Anwendung des Tarifs XYZ für die Übertragung von Radiosendungen der Unterhaltungsmusik in Cafés bis 60 Sitzplätzen:

25. Antrag auf Abschluss eines Gesamtvertrages G. 25

1. Die Parteien stimmen darin überein, dass der Tarif XYZ angemessen ist.
2. Die GEMA räumt den Mitgliedern des Verbandes kleiner Caféhausbesitzer eV einen Nachlass in Höhe von 20 % auf den Tarif XYZ ein.
3. Verband kleiner Caféhausbesitzer eV verpflichtet sich, der GEMA jährlich einmal zum 31. Januar eines jeden Jahres ein Verzeichnis über ihre Mitglieder aushändigen.
4. Der Verband kleiner Caféhausbesitzer eV verpflichtet sich, seine Mitglieder dazu anzuhalten, rechtzeitig die erforderlichen Meldungen und Auskünfte über die von ihnen genutzten Rechte zu erteilen sowie die sonstigen Verpflichtungen gegenüber der Antragsgegnerin zu erfüllen.
5. Vorstehende Vereinbarung beginnt mit dem 1. Januar des auf die beiderseitige Unterzeichnung der Vereinbarung folgenden Jahres. Sie kann frühestens zum Ablauf des dritten Jahres nach Inkrafttreten mit einer Frist von drei Monaten gekündigt werden.[7]

II.

Der Streitwert wird festgesetzt auf . . . . . . EUR[8]

Begründung:[9]

1. Bei der Antragstellerin handelt es sich um eine Vereinigung kleiner Caféhausbesitzer, die sich die als
   Anlage ASt. 1
   beigefügte Satzung gegeben haben und die insgesamt über 176 Mitglieder gemäß der als
   Anlage ASt. 2
   beigefügten Mitgliederliste verfügt.
   Die Mitglieder der Antragstellerin nutzen Sendungen des privaten und des öffentlich-rechtlichen Rundfunks zur öffentlichen Wiedergabe in ihren Caféhäusern zum Zweck der Unterhaltung der Gäste.
2. Der Antragsgegner nimmt die musikalischen Rechte gem. § 1 b) seines Berechtigungsvertrages
   Anlage ASt. 3
   wahr. Er hat für die Nutzung von Musikwerken in Caféhäusern den Tarif XYZ
   Anlage ASt. 4
   erlassen.
   Die Antragstellerin begehrt vom Antragsgegner den Abschluss eines Gesamtvertrages zu angemessenen Bedingungen.
   Die Bitte, einen solchen Gesamtvertrag abzuschließen, vom . . . . . .
   Anlage ASt 5
   hat der Antragsgegner mit dem Hinweis auf die zu geringe Mitgliederzahl der Antragstellerin mit Schreiben vom . . . . . .
   Anlage ASt 6
   abgelehnt.
3. Die Antragstellerin hat Anspruch auf Abschluss eines Gesamtvertrages (§ 35 VVG). Dem Antragsgegner ist der Abschluss eines Gesamtvertrages zuzumuten.[10]
   Der Antragsgegner hat mit vergleichbaren Organisationen, insbesondere dem Verband der Bahnhofsgaststätten und mit dem Verband der Bundesautobahngaststätten Gesamtverträge abgeschlossen. Die Mitgliederzahlen dieser Verbände liegen ebenso bei ca. 150, wie sich aus den Mitgliederlisten dieser Verbände
   Anlage ASt 7
   ergibt.

Rechtsanwalt

Lutz

Anmerkungen

1. Verwertungsgesellschaften können mit Vereinigungen von Werknutzern sog. Gesamtverträge abschließen, in denen allgemein die wesentlichen Bedingungen der später zu erteilenden einzelnen Nutzungserlaubnisse geregelt werden (OLG München ZUM 1986, 157). Regelmäßig werden den Mitgliedern der Nutzervereinigung niedrigere Vergütungssätze gewährt als sie bei Einzelnutzungstarifen erhielten. Als Gegenleistung erhalten die Verwertungsgesellschaften Hilfestellung bei der Abwicklung und Kontrolle der Einzelnutzungsvorgänge (BGH GRUR 1974, 35 (37) – Musikautomat), was in der Praxis insbesondere durch die Überlassung von Mitgliederlisten erfolgt; daneben halten die Vereinigungen ihre Mitglieder regelmäßig zur Zahlung der Vergütung an.

Sowohl Verwertungsgesellschaften als auch Nutzervereinigungen können Antrag auf Abschluss eines Gesamtvertrages gem. §§ 35, 97 VVG schließen.

2. → Form. G.24 Anm. 2.

3. → Form. G.24 Anm. 3.

4. Antragsteller für den Antrag auf Abschluss oder Änderung eines Gesamtvertrages können sowohl eine Verwertungsgesellschaft als auch eine Vereinigung, deren Mitglieder nach dem Urheberrechtsgesetz geschützte Werke nutzen oder zur Zahlung von Vergütungen nach dem Urheberrechtsgesetz verpflichtet sind, sein.

Beantragt eine Verwertungsgesellschaft den Abschluss eines Gesamtvertrages, so kann der jeweilige Antragsgegner erklären, dass er zum Abschluss eines Vertrages nicht bereit sei.

5. → Form. G.24 Anm. 5.

6. Antragsgegner ist die Verwertungsgesellschaft, die die betroffenen Nutzungsrechte wahrnimmt, die einschlägige Nutzervereinigung, aber nie der einzelne Nutzer.

7. Im Antrag ist der gewünschte Einigungsvorschlag in der Form des vollständigen Gesamtvertrages wiederzugeben, da die Schiedsstelle an den Grundsatz ne ultra petita gebunden ist. Soweit eine Partei nur eine Änderung eines Gesamtvertrages zu erreichen wünscht, bedarf es nur der Angabe der Änderung (§ 308 ZPO, § 88 VwGO).

8. → Form. G.23 Anm. 11.

9. Im schriftlichen Antrag auf Abschluss oder Änderung des Gesamtvertrages (§ 97 VVG) ist der Sachverhalt darzustellen.

Für den Sachverhalt gilt im Übrigen das Amtsermittlungsprinzip (§ 104 VVG), wonach die Schiedsstelle von Amts wegen die erforderlichen und geeignet erscheinenden Beweise zu erheben hat und dem Beteiligten Gelegenheit gibt, sich zu Ermittlungs- und Beweisergebnissen zu äußern.

Das Verfahren über den Abschluss oder die Änderung eines Gesamtvertrages sowie die Entscheidung in diesem Verfahren erfolgen im schriftlichen Verfahren, es sei denn, dass mit Einverständnis der Beteiligten davon abgesehen wird (§ 99 VVG).

Die Schiedsstelle hat auf eine gütliche Beilegung des Streitfalles hinzuwirken (§ 102 VVG).

Die Schiedsstelle hat den Beteiligten einen Einigungsvorschlag zu machen (§ 105 VVG), in dem sie den Inhalt des Gesamtvertrages mit Wirkung vom 1. Januar eines Jahres vorschlagen kann (§ 110 VVG). Für die Dauer des Verfahrens kann die Schiedsstelle eine einstweilige Regelung vorschlagen (§ 106 VVG). Der Einigungsvorschlag der Schiedsstelle gilt als angenommen und eine dem Inhalt des Vorschlages entsprechende

25. Antrag auf Abschluss eines Gesamtvertrages G. 25

Vereinbarung als zustande gekommen, wenn nicht innerhalb eines Monats nach Zustellung des Vorschlages ein schriftlicher Widerspruch bei der Schiedsstelle eingeht (§ 105 VVG).

Nach Abschluss des Verfahrens vor der Schiedsstelle kann beim OLG München der Anspruch auf Abschluss eines Gesamtvertrages gemäß § 35 VVG eingereicht werden (§ 129 VVG).

10. Die Beweislast für die Unzumutbarkeit des Abschlusses eines Gesamtvertrages liegt bei der Verwertungsgesellschaft (Schricker/Loewenheim/*Reinbote* Urheberrecht, 4. Aufl. 2010, § 12 WahrnG Rn. 12).

H. Presserecht

1. Gegendarstellung

Überschrift[1, 2]

In der XY-Zeitung,[11, 12,13] Ausgabe Nr. ......, vom ......, ist auf Seite ...... ein Beitrag unter der Überschrift ...... enthalten, der unrichtige Behauptungen enthält.[3]

a) Unwahr ist ......[4]
 Wahr ist ......[5]
b) Ferner wird behauptet, ...
 Hierzu stelle ich fest, ...[6]
c) Soweit durch die Behauptung ...... der Eindruck erweckt wird, dass ...... ist hierzu festzustellen, ...[7]
d) Zu der Behauptung ...... ist zu ergänzen ......[8]

......, den ......[9]

Unterschrift[10]

Schrifttum: *Damm/Rehbock,* Widerruf, Unterlassung und Schadensersatz in den Medien, 3. Aufl., München 2008; *Fricke,* Recht für Journalisten, 2. Aufl., Konstanz 2010; *Götting/Schertz/Seitz,* Handbuch des Persönlichkeitsrechts, München 2008; *Grau,* Das Recht der Gegendarstellung im öffentlich-rechtlichen Rundfunk, 2010; *Hahn/Vesting,* Beck'scher Kommentar zum Rundfunkrecht (BeckRundfunkR), 3. Aufl., München 2012; *Korte,* Das Recht auf Gegendarstellung im Wandel der Medien, Baden-Baden 2002; *Korte,* Praxis des Presserechts, München 2014; *Löffler,* Presserecht, Kommentar, 6. Aufl., München 2015; *Paschke/Berlit/Meyer,* Hamburger Kommentar Gesamtes Medienrecht (NK-MedienR), 3. Aufl., Baden-Baden 2016; *Prinz/Peters,* Medienrecht, München 1999; *Raue/Hegemann,* Münchener Anwalts Handbuch Urheber- und Medienrecht (MAH UrhR), München 2011; *Rehbock/Gaudlitz,* Beck'sches Mandatsbuch Medien- und Presserecht, München 2011; *Ricker/Weberling,* Handbuch des Presserechts, 6. Aufl., München 2012; *Säcker/Rixecker,* Münchener Kommentar zum Bürgerlichen Gesetzbuch Band 1 (MüKoBGB), 7. Aufl., München 2015; *Seitz,* Der Gegendarstellungsanspruch – Presse, Film, Funk, Fernsehen und Internet, 5. Aufl., München 2017; *Soehring/Hoene,* Presserecht, 5. Aufl., Köln 2013; *Spindler/Schuster,* Recht der elektronischen Medien, 3. Aufl., München 2015; *Wenzel,* Das Recht der Wort- und Bildberichterstattung, 5. Aufl., Köln 2003.

Anmerkungen

1. a) Anzuwendendes Recht. Presse: Anzuwenden ist das Recht des Erscheinungsortes. Dies ist der Ort, an dem die öffentliche Verbreitung beginnt, idR Ort des Verlags (vgl. *Seitz* Kap. 3 Rn. 1 ff; *Wenzel/Burkhardt* Kap. 11 Rn. 32). Anspruchsgrundlage ist idR § 11 des jeweiligen Landespressegesetzes (LPG), abweichend: in Hessen § 9 HPresseG, Bayern Art. 10 BayPrG, Berlin § 10 BlnPrG, Mecklenburg-Vorpommern § 10 LPrG M-V, Sachsen § 10 SächsPresseG, Sachsen-Anhalt § 10 PresseG LSA, Brandenburg § 12 BbgPG, Rheinland-Pfalz § 11 LMG, Saarland § 10 SMG.
Rundfunk → Anm. 11.
Telemedien: § 56 RStV, → Anm. 12.

Trotz weitgehender Übereinstimmung der verschiedenen Anspruchsgrundlagen im Kern unterscheiden diese sich in vielerlei Detailfragen, zB Entgegnungsrecht auf Anzeigen, Unterzeichnungserfordernis, Fristen, Möglichkeit eines sogenannten Redaktionsschwanzes etc. Ferner ist die teilweise sehr unterschiedliche Rechtsprechung der Gerichte zu beachten.

b) **Zweck.** Die Gegendarstellung ist ein spezifisches Rechtsinstitut, das dem von einer Äußerung in Massenmedien Betroffenen die Möglichkeit zu einer Gegenäußerung gibt. Der Gegendarstellungsanspruch setzt keine Rechtsverletzung, geschweige denn eine schuldhafte Rechtsverletzung voraus (BVerfG NJW 2008, 1654; BVerfG NJW 1998, 1381; BerlVerfGH NJW 2008, 3491). Ebenso wenig den Nachweis der Unwahrheit der Erstmitteilung oder der Wahrheit der Entgegnung. Der Anspruch dient weder der Beseitigung noch der Wiedergutmachung geschehenen Unrechts. Mit den teilweise scheinbar ähnlichen oder verwandten aus unerlaubter Handlung fließenden Ansprüchen auf Unterlassung, Widerruf und Schadensersatz hat der Gegendarstellungsanspruch nichts zu tun. Er kann auch nicht aus unerlaubter Handlung abgeleitet werden (vgl. *Löffler/Sedelmeier* § 11 Rn. 37 und 43 f.). Eine Gegendarstellung kann daher neben einem Widerruf (→ Form. H.13) verlangt werden. Der Gegendarstellungsanspruch ist ein eigenartiger zivilrechtlicher Anspruch mit besonderer Ausprägung und besonderen Voraussetzungen. Für seine Durchsetzung gelten die Vorschriften der ZPO über das Verfahren auf Erlass einer einstweiligen Verfügung entsprechend (→ Form. H.4). In Bayern, Hessen und Sachsen ist das Verfahren der einstweiligen Verfügung alternativ zum Hauptsacheverfahren eröffnet. Das Hauptsacheverfahren spielt aber in der Praxis keine Rolle.

c) **Die Anspruchsberechtigten.** Den Gegendarstellungsanspruch hat jede Person oder Stelle, die durch eine aufgestellte Tatsachenbehauptung betroffen ist. Das BayPrG gewährt den Anspruch jeder unmittelbar betroffenen Person oder Behörde.

Personen sind sowohl natürliche wie juristische Personen. Dazu zählen ferner OHG und KG (*Wenzel/Burkhardt* Kap. 11 Rn. 71) sowie die BGB-Gesellschaft, nachdem deren Parteifähigkeit anerkannt ist (BGH NJW 2001, 1056). **Stellen** sind in erster Linie Behörden, ferner alle Organisationen, Institute und Verbände, soweit sie nicht unter den Begriff der Person fallen. Die Abgrenzung ist teilweise streitig (vgl. *Löffler/Sedelmeier* § 11 Rn. 49; *Seitz* Kap. 4 Rn. 2 ff.). Als Stellen wurden zB angesehen: Verwaltungsrat einer Anstalt der öffentlichen Rechts (OLG Hamburg ArchPR 1977, 46), Bürgerinitiativen (OLG Köln AfP 1971, 173; OLG München ArchPR 1974, 112), Betriebsrat (OLG Hamburg AfP 1982, 232), erzbischöfliches Ordinariat (OLG Karlsruhe AfP 1998, 65).

Mehrere Anspruchsberechtigte können und müssen sich ggf. in einer Gegendarstellung äußern, wenn das berechtigte Interesse für eine Gegendarstellung jedes einzelnen Betroffenen fehlt (vgl. *Löffler/Sedelmeier* § 11 Rn. 53; *Seitz* Kap. 4 Rn. 20). Es muss aber eine wortgleiche Erwiderung möglich sein. Ist dies nicht der Fall, weil die Anspruchsberechtigten in unterschiedlicher Weise durch die Erstmitteilung betroffen sind, können identische Hinweise zB auf die Erstmitteilung zusammenzufassen sein (OLG Karlsruhe AfP 2006, 372).

Verstorbenen steht ein Gegendarstellungsanspruch nicht zu (OLG Hamburg AfP 1994, 322; OLG Stuttgart NJW-RR 1996, 599; KG AfP 2007, 137). Der Anspruch ist auch nicht vererblich. Ein zu Lebzeiten des Betroffenen gerichtlich durchgesetzter, aber noch nicht erfüllter Anspruch entfällt durch den Tod des Betroffenen. Die einstweilige Verfügung ist wegen veränderter Umstände nach § 927 ZPO aufzuheben (KG AfP 2007, 137; aA *Nink* AfP 2007, 97). Wird eine Gesellschaft zB durch Verschmelzung aufgelöst, entfällt der Anspruch. Die übernehmende Gesellschaft ist nicht berechtigt, eine Gegendarstellung an Stelle der aufgelösten Gesellschaft zu verlangen (LG Hamburg AfP 2002, 70).

Betroffen ist, wer durch eine Tatsachenbehauptung in der Erstmitteilung als Individuum selbst angesprochen ist (*Wenzel/Burkhardt* Kap. 11 Rn. 77). Es kann genügen, wenn die Darstellung der Verhältnisse anderer auf die eigenen ausstrahlt. Bloße Berührung eigener Interessen genügt nicht. Andererseits ist namentliche Nennung nicht erforderlich. Jedoch

1. Gegendarstellung H. 1

muss der Betroffene erkennbar sein (*Löffler/Sedelmeier* § 11 Rn. 54 ff.; *Seitz* Kap. 4 Rn. 6 ff.; *Wenzel/Burkhardt* Kap. 11 Rn. 77 ff.). Zum berechtigten Interesse → Anm. 1 e).

d) Die Anspruchsverpflichteten. Zur Veröffentlichung einer Gegendarstellung verpflichtet sind der Verleger und der verantwortliche Redakteur eines periodischen Druckwerks, dh einer Zeitung, Zeitschrift oder anderer, in ständiger, wenn auch unregelmäßiger Folge und im Abstand von nicht mehr als sechs Monaten erscheinender Druckwerke (§ 7 Abs. 4 LPG; Hessen § 4 Abs. 3 HPresseG; Berlin § 6 Abs. 4 BlnPrG; Mecklenburg-Vorpommern § 6 Abs. 4 LPrG M-V; Thüringen § 6 Abs. 4 TPG; Rheinland-Pfalz § 3 Abs. 2 Nr. 2 LMG; Saarland § 2 Abs. 2 Nr. 2 SMG; Sachsen § 6 Abs. 2 SächsPresseG), in Bayern von Zeitungen und Zeitschriften (Art. 6 Abs. 3 BayPrG).

Verleger ist die natürliche oder juristische Person, in deren Unternehmen das periodische Druckwerk erscheint und die seine Verbreitung bewirkt. Der Verleger ist im Impressum des Druckwerks zu benennen. Nicht anspruchsverpflichtet ist der häufig „Verleger" genannte Geschäftsführer oder Vorstandsvorsitzende des als GmbH oder AG betriebenen Verlagsunternehmens (*Wenzel/Burkhardt* Kap. 11 Rn. 90; aA OLG Karlsruhe NJW-RR 1992, 1305).

Verantwortlicher Redakteur ist, wer mit Willen des Verlegers darüber entscheiden kann, ob der Abdruck eines Beitrags wegen strafbaren Inhalts zu unterbleiben hat. Diese Funktion darf nicht mit der Tätigkeit eines Chefredakteurs oder Ressortleiters verwechselt werden. Diese sind nicht automatisch auch verantwortliche Redakteure. Für ein Druckwerk können mehrere verantwortliche Redakteure benannt werden, die für einzelne Teile des Druckwerks zuständig sind. Alle sind im Impressum zu benennen. Die Erwähnung im Impressum hat nur die Wirkung eines widerleglichen außergerichtlichen Geständnisses (OLG München AfP 1972, 278; KG NJW 1998, 1420). Wegen der häufig nur wenig eindeutigen Abgrenzung der Zuständigkeiten bei der Benennung mehrerer verantwortlicher Redakteure im Impressum sowie möglicherweise unterschiedlicher Gerichtsstände (vgl. *Wenzel/Burkhardt* Kap. 11 Rn. 231) kann es sich empfehlen, nur den Verleger in Anspruch zu nehmen.

Wird ein Beitrag aus einer Hauptzeitung in ein Kopfblatt oder eine sonstige Nebenausgabe übernommen, sind zur Veröffentlichung nur der Verleger und der verantwortliche Redakteur der Hauptzeitung verpflichtet. Der Verleger und der verantwortliche Redakteur des Kopfblattes oder der sonstigen Nebenausgabe haften nicht (*Löffler/Sedelmeier* § 11 Rn. 83). Allerdings hat der Verleger bzw. verantwortliche Redakteur der Hauptzeitung für eine Veröffentlichung in dem Kopfblatt bzw. der Nebenausgabe zu sorgen.

Verleger und verantwortlicher Redakteur haften gesamtschuldnerisch. Eine Weigerung des Mithaftenden berührt die Verpflichtung des anderen nicht (*Löffler/Sedelmeier* § 11 Rn. 85). Bei einem nach Erscheinen der Erstmitteilung eingetretenen Wechsel in der Person des Verlegers oder verantwortlichen Redakteurs haftet derjenige der Ausgabe, in der die Gegendarstellung abgedruckt werden muss, nicht derjenige der Ausgabe, in der die Erstmitteilung erschienen ist (*Löffler/Sedelmeier* § 11 Rn. 87).

e) Ausnahmen von der Gegendarstellungspflicht. Kein Anspruch besteht, wenn ein **berechtigtes Interesse** an der Veröffentlichung der Gegendarstellung **fehlt**. Dieses ist zu verneinen bei Belanglosigkeit der Tatsachenbehauptung in der Erstmitteilung (vgl. KGR Berlin 2006, 957) und der Entgegnung, bei offensichtlicher Unwahrheit oder irreführendem Inhalt der Gegendarstellung, oder wenn die Gegendarstellung keine abweichende Aussage gegenüber der Erstmitteilung enthält. Offensichtlich unwahr ist die Gegendarstellung nur dann, wenn die Unwahrheit allgemein, dh auch für den Durchschnittsleser erkennbar ist oder wenn sie dem erkennenden Gericht unzweifelhaft bekannt ist (OLG Hamburg NJW-RR 1994, 1179; OLG München NJW-RR 1999, 386; OLG Dresden AfP 2002, 55; OLG Schleswig AfP 2004, 125; OLG Düsseldorf AfP 2005, 368; OLG Stuttgart AfP 2006, 252; OLG Karlsruhe NJW 2006, 621; OLG Karlsruhe AfP 2016, 164). Eine Überprüfung der Wahrheit oder gar eine Beweiserhebung kommt nicht in Betracht. Offensichtlich irreführend ist die Gegendarstellung, wenn ein Vergleich der Aussage in der Gegendarstellung mit dem unstreitigen Sachverhalt ergibt, dass die Gegendarstellung – etwa in Folge ihrer Einseitigkeit oder Unvollständigkeit –, beim Leser einen falschen Eindruck herbeiführt (vgl. OLG München AfP 1998, 515; OLG Naumburg AfP 2006, 464). Ein berechtigtes Interesse ist auch dann zu verneinen, wenn der Betroffene in dem Erstbericht hinreichend zu Wort gekommen ist (dazu KG Beschl. v. 22.6.2007 – 9 U 80/07, BeckRS 2007, 65290) oder das Medium eine eigene eindeutige Berichtigung vorgenommen hat, die eine Gegendarstellung zu ersetzen vermag (vgl. KG Urt. v. 22.11.2006 – 9 U 210/06, BeckRS 2008, 19869; *Wenzel/Burkhardt* Kap. 11 Rn. 55). Nach Ansicht des BerlVerfGH (BerlVerfGH NJW 2008, 3491; ihm folgend KG Beschl. v. 17.3.2009 – 9 W 48/09; KG BeckRS 2011, 28792) kommt ein Gegendarstellungsanspruch **staatlicher Stellen** nur gegenüber Tatsachenbehauptungen in Betracht, die in ähnlich gravierender Weise wie bei Einzelpersonen in ihre Rechtsstellung eingreifen und sich jenseits ihrer konkreten Einwirkungsmöglichkeiten auf das Erscheinungsbild in der Öffentlichkeit erheblich auswirken können. Unter Rückgriff auf die Rechtsprechung des BGH zum Richtigstellungsanspruch juristischer Personen des öffentlichen Rechts (BGH NJW 2008, 2262) soll eine Gegendarstellung namentlich (nur) dann in Betracht kommen, wenn etwa das unerlässliche Vertrauen in die Integrität staatlicher Stellen in Frage steht oder deren Funktionsfähigkeit gefährdet ist.

Nach den LPG der meisten Bundesländer besteht kein Gegendarstellungsanspruch bei Anzeigen, die ausschließlich dem geschäftlichen Verkehr dienen. In den LPG der Länder Bayern, Hamburg, Hessen, Mecklenburg-Vorpommern und Schleswig-Holstein fehlt eine solche Regelung. Da der Gegendarstellungsanspruch einer gesetzlichen Regelung bedarf, ist mangels entsprechender Ausnahmevorschriften in diesen Ländern davon auszugehen, dass auch Tatsachenbehauptungen in Geschäftsanzeigen gegendarstellungsfähig sind (*Wenzel/Burkhardt* Kap. 11 Rn. 65 f.; *Seitz* Kap. 5 Rn. 230; so jetzt auch *Löffler/Sedelmeier* § 11 Rn. 71).

Die Pflicht zum Abdruck einer Gegendarstellung entfällt außerdem bei **wahrheitsgetreuen Parlaments- und Gerichtsberichten über öffentliche Sitzungen.** Dies gilt auch für öffentliche Sitzungen der Organe der Gemeinden und Gemeindeverbände. Liegt ein Parlaments- oder Gerichtsbericht vor, dann gilt das Privileg nur dann, wenn der Bericht „wahrheitsgetreu" ist. Wahrheitsgetreu ist der Bericht, wenn er dasjenige richtig wiedergibt, was in der Sitzung oder der Verhandlung erörtert worden ist. Ob dasjenige, was der einzelne Teilnehmer in der Verhandlung oder der Sitzung von sich gegeben hat, seinerseits wahr ist oder nicht, ist unerheblich.

Die Tatsache, dass die Freistellung nur für wahrheitsgetreue Berichte gilt, wirft die Frage auf, ob insoweit im Gegendarstellungsverfahren ausnahmsweise die materielle Wahrheit ermittelt werden muss. Dies ist jedoch nicht der Fall (*Löffler/Sedelmeier* § 11 Rn. 76; aA OLG Jena AfP 2007, 560; *Seitz* Kap. 5 Rn. 226; *Soehring/Hoene* § 29 Rn. 16). Wendet sich die Gegendarstellung gegen den Inhalt dessen, was von der Presse zutreffend als Gegenstand der Sitzung oder Verhandlung berichtet wird, dann ist das Gegendarstellungsverlangen unbegründet, gleichgültig ob die Gegendarstellung oder dasjenige, wogegen sie sich richtet, wahr ist. Behauptet die Gegendarstellung hingegen, der Bericht sei unwahr oder schief, ein Parlamentarier habe die ihm in den Mund gelegte Äußerung nicht getan, einer anderen Äußerung sei sogleich von mehreren Seiten widersprochen worden (vgl. *Wenzel/Burkhardt* Kap. 11 Rn. 63), dann ist die Gegendarstellung wie auch sonst im Gegendarstellungsverfahren ohne Prüfung der Wahrheit der Gegendarstellung oder der Erstmitteilung zulässig, es sei denn, sie ist offenkundig oder gerichtsbekannt unwahr.

Eine **Gegendarstellung** kann nicht zum Gegenstand einer Gegendarstellung gemacht werden. Ebenso sind amtliche und harmlose Schriften von der Gegendarstellungspflicht befreit (Sonderregelung in Bayern und Sachsen s. *Löffler/Lehr* § 7 Rn. 57 f.). Auch die im Ausland erscheinenden Druckwerke unterliegen keiner Gegendarstellungspflicht, selbst wenn sie im Inland verbreitet werden.

1. Gegendarstellung

f) Entstehen des Anspruchs. Die Gegendarstellung ist dem Verpflichteten zuzuleiten. Solange der Verpflichtete die Gegendarstellung nicht ordnungsgemäß erhalten hat, ist der Anspruch noch nicht existent (*Wenzel/Burkhardt* Kap. 11 Rn. 160). Die Gegendarstellung muss form- (→ Anm. 10) und fristgerecht (→ Form. H.2 Anm. 3) in den Machtbereich des Verpflichteten gelangt sein. Bedeutsam ist dies insbesondere bei Übermittlung der Gegendarstellung per **Telefax**. Hier trägt die Gegendarstellung zwar eine handschriftliche Unterschrift, es wird aber nicht das Original, sondern lediglich eine Photokopie zugeleitet. Folgerichtig lässt die hM mit dem OLG Hamburg die Zuleitung per Fax nicht genügen (OLG Hamburg NJW 1990, 1613; OLG Hamburg AfP 2011, 72; aA OLG München NJW 1990, 2895; OLG München AfP 1999, 27; OLG München AfP 2001, 126; OLG München AfP 2001, 137; OLG Saarbrücken AfP 1992, 287; KG AfP 1993, 748; OLG Bremen NJW 2011, 1611; OLG Dresden ZUM-RD 2007, 117; LG Köln AfP 1995, 648). Näheres s. *Löffler/Sedelmeier* § 11 Rn. 145.

2. Die **Überschrift** ist vom Anspruchsteller vorzugeben und mit zu veröffentlichen (OLG Düsseldorf AfP 1985, 68; OLG Hamburg AfP 1988, 345; OLG München AfP 2001, 141; KG NJW-RR 2009, 767; aA OLG Frankfurt AfP 1977, 358). Üblich ist die Überschrift „Gegendarstellung". Möglich ist auch eine Sachüberschrift, wenn damit auf eine Tatsachenbehauptung in der Überschrift der Erstmitteilung entgegnet wird (LG Hamburg AfP 1987, 631; *Löffler/Sedelmeier* § 11 Rn. 132). Im Einzelfall kann auch eine tatsächliche Zusammenfassung des Inhalts der Gegendarstellung in Betracht kommen. Es muss sich aber stets um entgegnende Tatsachenbehauptungen handeln (*Wenzel/Burkhardt* Kap. 11 Rn. 137 f.). Angesichts der strengen Anforderungen des Gegendarstellungsrechts ist die Verwendung der Überschrift „Gegendarstellung" zu empfehlen.

3. Anknüpfung an die Erstmitteilung. Nach Art. 10 Abs. 1 S. 2 BayPrG muss die Gegendarstellung die beanstandeten Stellen bezeichnen. Obgleich die anderen LPG vergleichbare Regelungen nicht enthalten, hat sich in der Praxis allgemein durchgesetzt, die Gegendarstellung mit einer Einleitung zu beginnen, in der die Erstmitteilung konkret bezeichnet wird. Nach den meisten rundfunkrechtlichen Regeln ist es erforderlich, die beanstandete Sendung und die Tatsachenbehauptung zu bezeichnen. Eine fehlende oder fehlerhafte Anknüpfung kann zur Zurückweisung der gesamten Gegendarstellung berechtigen.

4. a) Wiedergabe der Erstmitteilung. Die beanstandete Erstmitteilung muss korrekt wiedergegeben werden. Empfehlenswert ist die wörtliche Wiedergabe. Zwar kann der beanstandete Inhalt auch zusammengefasst und in anderer Formulierung dargestellt werden. Häufig ist damit jedoch die Gefahr verbunden, dass interpretierende Elemente in die Wiedergabe einfließen. Dies könnte sinnentstellend oder irreführend sein, weshalb die Gegendarstellung als nicht veröffentlichungsfähig zurückgewiesen werden könnte (vgl. *Wenzel/Burkhardt* Kap. 11 Rn. 97 f.). Werden Äußerungen Dritter wiedergegeben, darf nicht der Eindruck erweckt werden, es handele sich um die Aussage des Mediums (OLG Köln AfP 2017, 340).

b) Nur Tatsachenbehauptungen. Ein Gegendarstellungsanspruch besteht nur hinsichtlich in dem Erstbericht aufgestellter Tatsachenbehauptungen. Gegenüber Meinungsäußerungen besteht der Anspruch nicht.

Die Deutung und Einordnung einer Äußerung als Tatsachenbehauptung oder Meinungsäußerung ist im Gegendarstellungsverfahren prozessentscheidend und ggf. vom BVerfG nachprüfbar (BVerfG AfP 1998, 500; BVerfG NJW 2008, 1656; BVerfG NJW 2014, 766; BVerfG AfP 2017, 229; OLG Düsseldorf AfP 2008, 208). Der Tatsachenbegriff des § 11 LPG ist derselbe wie der in den §§ 186 und 263 StGB, bzw. derselbe, wie er der zivilrechtlichen Rechtsprechung im Äußerungsrecht, insbesondere zum Widerrufsanspruch, zugrunde liegt. Tatsachen sind danach Sachverhalte, Begebenheiten, Vorgänge,

Verhältnisse oder Zustände, die der Vergangenheit oder Gegenwart angehören und – jedenfalls theoretisch – dem Beweis zugänglich sind (BVerfG NJW 2010, 3501 – Gen-Milch; BGH NJW 2011, 2204; näheres *Löffler/Sedelmeier* § 11 Rn. 88 ff.; *Seitz* Kap. 6 Rn. 40 ff.). Zum Begriff der „Tatsache" gehören nicht nur die sinnlich wahrnehmbaren sog. äußeren Tatsachen, sondern auch die Vorgänge und Zustände des Seelenlebens, die sog. inneren Tatsachen. Eine innere Tatsache ist dann anzunehmen, wenn ein innerer Vorgang in Beziehung zu bestimmten äußeren Geschehnissen gesetzt wird, durch die dieser in den Bereich der wahrnehmbaren äußeren Welt getreten ist (OLG Karlsruhe AfP 2008, 315; OLG Karlsruhe AfP 2011, 281; LG München I AfP 2015, 180).

Der Gegensatz zur Behauptung einer Tatsache ist die Äußerung bloßer Meinungen und Wertungen. Dies sind Äußerungen, die auf ihren Wahrheitsgehalt im Beweisweg objektiv nicht zu überprüfen sind, weil sie nur eine subjektive Meinung, ein wertendes Urteil wiedergeben. Meinungen sind im Unterschied zu Tatsachenbehauptungen durch die Elemente der Stellungnahme, des Dafürhaltens oder Meinens geprägt.

Sind Gegenstand der Äußerung Begebenheiten oder Vorgänge in der Vergangenheit, dann wird meistens eine Tatsachenbehauptung vorliegen. Begebenheiten und Vorgänge sind als solche entweder geschehen oder nicht geschehen und damit grundsätzlich zumindest theoretisch einer Beweiserhebung zugänglich. Auch hier kann aber eine Gegendarstellung unzulässig sein und zwar dann, wenn sie nicht das Geschehen als solches in Frage stellt, sondern die Auswahl der Begriffe, mit denen das Geschehen dargestellt wird. Schwieriger ist die Beurteilung in der Regel, wenn Gegenstand der Äußerung Verhältnisse oder Zustände sind. Zustände können messbar oder objektiv so beschreibbar sein, dass über sie durch Augenschein oder Zeugenaussagen Beweis erhoben werden kann. Ist dies theoretisch möglich, dann wird eine Tatsachenbehauptung anzunehmen sein. Kommt aber als theoretisch mögliche Beweisaufnahme nur der Sachverständigenbeweis in Betracht, dann ist bei der Annahme einer Tatsachenbehauptung Vorsicht geboten. Äußerungen von Sachverständigen können Tatsachencharakter haben, vor allem dann, wenn sie auf unbestreitbaren Feststellungen mit mathematisch naturwissenschaftlichen Methoden beruhen. Sie können aber auch überwiegend wertender Natur sein und damit ihrerseits Meinungscharakter gewinnen. Deshalb werden sie von der Rechtsprechung gelegentlich selbst als Meinungsäußerungen behandelt.

Ob eine Tatsache behauptet wird oder eine Meinungsäußerung vorliegt, sieht man einer Äußerung ohne Kenntnis des zugrundeliegenden Sachverhalts häufig nicht an. Ist eine Behauptung auch nur für eine ganz bestimmte Sachverhaltsunterstellung denkbarerweise klärbar im Sinne von wahr oder unwahr dann kann eine Tatsachenbehauptung vorliegen. Ob tatsächlich eine Tatsachenbehauptung vorliegt oder eine Meinungsäußerung, kann oft erst festgestellt werden, wenn der zugrundeliegende (im Gegendarstellungsverfahren nur der unstreitige) Sachverhalt in die Betrachtung einbezogen wird. Decken sich Äußerung und Sachverhalt, dann ist von einer wahren Tatsachenbehauptung auszugehen. Decken sich Äußerung und Sachverhalt nicht, dann liegt eine unwahre Tatsachenbehauptung vor. Kann man bei voller Kenntnis des Sachverhalts darüber streiten, ob die Behauptung richtig oder falsch ist, dann handelt es sich um eine Meinungsäußerung, die nicht gegendarstellungsfähig ist und die auch nicht Inhalt einer Gegendarstellung sein kann. Dies lässt sich deutlich machen an *Wenzels* berühmten Beispiel vom kalten Kaffee (vgl. *Wenzel/Burkhardt* Kap. 4 Rn. 75 ff.): Hat der Kaffee 18°, dann ist er kalt und jede andere Behauptung ist unwahr. Hat er hingegen 80°, dann ist er heiß, darüber kann man ebenso nicht streiten. Hat der Kaffee 38° oder 42°, dann mag es Meinungssache sein, ob er kalt, heiß oder lau ist. Daraus folgt, dass es in Zweifelsfällen in aller Regel unrichtig ist, die Erstmitteilung deswegen für von vornherein nicht gegendarstellungsfähig zu erklären, weil sei keine Tatsachenbehauptung enthält. Ebenso falsch kann es sein, die Erstmitteilung ohne Kenntnis der näheren Umstände als Tatsachenbehauptung zu qualifizieren und sie damit generell für gegendarstellungsfähig

1. Gegendarstellung

zu erklären. Die Beurteilung, ob die Erstmitteilung Tatsachenbehauptung oder Meinungsäußerung ist, ist häufig erst möglich, wenn die Sachdarstellung der Erstmitteilung mit der Sachdarstellung der Gegendarstellung verglichen wird. Erst dann kann ermittelt werden, ob der Verfasser der Erstmitteilung und der Verfasser der Gegendarstellung unterschiedliche Sachverhalte mitteilen, oder ob Erstmitteilung und Gegendarstellung sich nicht im Tatsächlichen, sondern in der Beurteilung des tatsächlichen Sachverhalts unterscheiden.

Abzustellen ist also nicht allein auf die theoretische Frage, ob eine Äußerung für sich genommen klärbar oder nicht klärbar, einer Beweiserhebung zugänglich oder nicht zugänglich ist. Diese Frage ist nur der Ausgangspunkt der Prüfung. Einen Tatsachen/Meinungs-Duden aufzustellen ist nicht möglich. Entscheidend ist, wie der Leser oder Hörer bzw. Zuschauer die Behauptung in dem Zusammenhang, in dem sie ihm begegnet, versteht („funktionale Sicht"). Es ist der objektive Sinn zu ermitteln, den die Äußerung aus der Sicht eines unvoreingenommenen und verständigen Publikums bei Würdigung des Kontextes und der erkennbaren Begleitumstände hat (BVerfG NJW 2008, 1655; OLG Düsseldorf AfP 2008, 208). Zu berücksichtigen ist mithin der Anlass sowie gesellschaftlicher, sozialer und wirtschaftlicher Hintergrund der Berichterstattung, soweit diese dem Leser oder Hörer bzw. Zuschauer erkennbar sind. Ferner können die Art des in Frage stehenden Mediums, die Zusammensetzung des Leserkreises und ein feststellbares Vorverständnis der angesprochenen Kreise von Bedeutung sein (Näheres s. *Löffler/Steffen* § 6 Rn. 90 f.; *Wenzel/Burkhardt* Kap. 4 Rn. 4 ff.; *Seitz* Kap. 6 Rn. 24 ff.). Etwa wenn hiernach die Eräußerung als Satire zu verstehen ist (KG AfP 2011, 371). Fernliegende Deutungen (dazu BVerfG NJW 1995, 3303; BVerfG NJW 2006, 207; BVerfG NJW 2014, 766) sind ebenso auszuschließen wie nicht tragfähige Annahmen einer verdeckten Äußerung (BVerfG NJW 2008, 1654; vgl. BGH NJW 2004, 1942). Zeigt sich, dass ein erheblicher Teil des Publikums die Äußerung unterschiedlich versteht, ist von einer **Mehrdeutigkeit der Äußerung** auszugehen. In diesem Fall darf eine zur Verurteilung führende Bedeutung nicht zu Grunde gelegt werden, ohne vorher die anderen möglichen Deutungen mit schlüssigen Gründen ausgeschlossen zu haben, andernfalls liegt ein Verstoß gegen Art. 5 Abs. 1 GG vor (BVerfG NJW 2008, 1654). Ist danach die Äußerung dahin zu verstehen, dass der sich Äußernde konkrete Vorgänge mitteilen oder Zustände schildern will, dann ist von einer Tatsachenbehauptung auszugehen. Ist die Äußerung hingegen dahin zu verstehen, dass der Äußernde seine Meinung zum Gegenstand der Aussage wiedergeben will, dass er also keinen Sachverhalt mitteilen, sondern einen solchen lediglich einordnen will, dann liegt eine Meinungsäußerung vor. Dabei darf ein Teil einer komplexen Äußerung nicht aus dem Zusammenhang gelöst als unwahre Tatsachenbehauptung gewertet werden, wenn die Äußerung nach ihrem zu würdigenden Gesamtzusammenhang eine Meinungsäußerung sein kann. Wegen des mit einer Gegendarstellung verbundenen Eingriffs in den Schutzbereich des Grundrechts der Pressefreiheit (vgl. BVerfG NJW 2008, 1654) ist im Zweifel von einer Meinungsäußerung auszugehen (BVerfG NJW 2014, 766; *Wenzel/Burkhardt* Kap. 4 Rn. 66; aA KG ZUM-RD 2005, 53).

Gleiches gilt auch für **verdeckte Äußerungen**, also Tatsachenbehauptungen, die in der Erstmitteilung nicht offen ausgesprochen werden, sondern verdeckt enthalten sind. Eine verdeckte Tatsachenbehauptung kann nur angenommen werden, wenn diese sich im Zusammenspiel der offenen Aussagen als zusätzliche eigene Aussage dem Leser als unabweisbare Schlussfolgerung aufdrängt (BVerfG NJW 2008, 1654; BGH NJW 2000, 656; BGH NJW 2004, 598; OLG Düsseldorf AfP 2008, 208). Nur dann ist mit „schlüssigen Gründen" ausgeschlossen, dass eine andere Deutung in Betracht kommt. „Nicht fernliegende Deutungen" oder „nicht fernliegende Eindrücke" einer Äußerung dürfen bei der Prüfung, ob eine Äußerung gegendarstellungsfähig ist, entgegen einer bisherigen Rechtsprechung insbesondere der Hamburger Gerichte (vgl. OLG Hamburg ZUM-RD 2005, 279) nicht herangezogen werden (BVerfG NJW 2008, 1654). Einer Gegendarstellung zugänglich ist eine nicht offen geäußerte Tatsachenbehauptung nur dann, wenn diese sich als zusätzliche eigene Aussage dem Leser aus dem Zusammenspiel der im Erstbericht enthaltenen offenen Aussagen als unabweisbare Schlussfolgerung aufdrängt (so nun auch OLG Hamburg AfP 2008, 314; OLG Düsseldorf AfP 2008, 208; OLG Frankfurt AfP 2008, 628).

Zukünftige Ereignisse sind gegendarstellungsfähige Tatsachen, wenn sie bereits in die Gegenwart hereinwirken, zB die Absicht (innere Tatsache), künftig bestimmte Handlungen vorzunehmen.

Unter den Begriff der Tatsache fallen auch **Rechtsbeziehungen**. Bei Verwendung von **Rechtsbegriffen** ist zu differenzieren: Der Begriff „Unterschlagung" oder „Betrug", „Mord" oder auch „Plagiat" beinhaltet eine Tatsachenbehauptung, wenn nicht zugleich in ausreichendem Maße Tatsachen mitgeteilt werden oder allgemein geläufig sind, die die Bezeichnung als rechtliche Bewertung erscheinen lassen. Bei der Beurteilung der Wahrheit kommt es dabei nicht unbedingt darauf an, ob die strafrechtliche Einordnung richtig ist (OLG Hamburg AfP 1992, 364). Das Wort „beschlagnahmen" ist ein Rechtsbegriff. Ihm liegt so, wie anderen Rechtsbegriffen auch, ein tatsächlicher Vorgang wie eine rechtliche Bewertung zu Grunde. Die Aussage kann also im Einzelfall Tatsachenbehauptung oder auch nur Wertung sein (OLG Köln AfP 1989, 565), ebenso der Begriff „illegal" (LG Köln AfP 1987, 532). Überprüfbarkeit nach objektiven Kriterien ergibt allein noch keine Tatsachenbehauptung. Überprüfbar sind bei unstreitigem Sachverhalt auch Einordnungen wie „rechtswidrig" oder „strafbar", beides unzweifelhaft Werturteile (OLG Köln AfP 1989, 565). Entscheidend ist, ob der Tatsachenkern überwiegt, dh ob der im Werturteil enthaltene Tatsachenkern nur unbestimmt angedeutet ist oder ob sich das Werturteil als zusammenfassender Ausdruck von Tatsachenbehauptungen darstellt (OLG Köln AfP 1989, 565 mit weiteren Hinweisen). Exakt definierten Rechtsbegriffen kann im alltäglichen Sprachgebrauch eine hiervon abweichende Bedeutung zukommen. Es muss aus den Umständen ermittelt werden, ob eine technische oder alltagssprachliche Begriffsverwendung vorliegt. Ein Plagiatsvorwurf kann Tatsachenbehauptung oder Meinungsäußerung sein (OLG Köln AfP 2003, 335). Es kommt also wieder darauf an, ob der unbefangene Leser die Äußerung als Mitteilung einer Tatsache versteht oder als Einordnung eines als solchen nicht in Frage gestellten Geschehens. Auch eine „erweislich" falsche Einordnung kann nicht Gegenstand einer Gegendarstellung sein (Näheres zur Abgrenzung vgl. *Löffler/Sedelmeier* § 11 Rn. 88 ff.; *Löffler/Steffen* § 6 Rn. 83 ff.; *Wenzel/Burkhardt* Kap. 4 Rn. 4 ff.; *Seitz* Kap. 6 Rn. 95 ff.).

c) Voraussetzung des Gegendarstellungsanspruchs ist es, dass die Tatsachenbehauptung in der Erstmitteilung **aufgestellt** worden ist. Die Tatsache muss demnach öffentlich mitgeteilt, dh den Lesern zur Kenntnis gebracht worden sein. Der übliche Hinweis „Wir geben die Meldung mit allem Vorbehalt wieder" oder die Betonung: „Für die Veröffentlichung übernehmen wir keine redaktionelle Verantwortung" befreit nicht von der Pflicht zur Gegendarstellung. Gibt die Presse ihre Meldung nicht als eigene, sondern als fremde wieder, so wird dadurch das Gegendarstellungsrecht des Betroffenen nicht berührt. Dasselbe gilt für die Wiedergabe von Äußerungen eines Interviewpartners in der Presse und im Rundfunk. Hiervon zu unterscheiden ist der Fall, dass die Presse Äußerungen eines Dritten nicht deshalb wiedergibt, um den Lesern deren Inhalt bekanntzumachen, sondern um den Lesern mitzuteilen, was der Dritte geäußert hat. Die Gegendarstellung, dass der Dritte die Äußerung nicht oder nicht so getan hat, ist in diesen Fällen zulässig. Da die Presse den Inhalt der Äußerung des Dritten aber nicht als Tatsachenbehauptung „aufgestellt" hat, kann nicht entgegnet werden, der Zitierte habe seinerseits Falsches behauptet, es sei denn, die Zeitung oder Zeitschrift hätte sich den Inhalt des Zitats zu eigen gemacht (str., *Löffler/Sedelmeier* § 11 Rn. 108; *Wenzel/Burkhardt* Kap. 11 Rn. 46; aA *Ricker/Weberling* Kap. 25 Rn. 24). Aufgestellt werden kann eine Tatsachenbehauptung auch in einem sogenannten Redaktionsschwanz, wenn in ihm eine neue Behauptung enthalten ist, die über den Inhalt der Erstmitteilung hinausgeht. Nicht von der Zeitung „aufgestellt" werden hingegen Behauptungen, die in der Gegendarstellung eines Dritten enthalten sind. Sie sind deshalb nicht gegendarstellungspflichtig. Nicht gegendarstellungs-

1. Gegendarstellung

pflichtig ist auch die Bemerkung im Redaktionsschwanz, die Gegendarstellung sei unabhängig von ihrer Wahrheit abzudrucken.

Eine Tatsachenbehauptung kann ferner durch die Veröffentlichung von **Bildern** „aufgestellt" werden, wenn die Abbildung eine Tatsachenbehauptung enthält, gegen die die Gegendarstellung sich richtet. Gegenüber dem Entgegnungsanspruch des Betroffenen kann sich die Presse nicht darauf berufen, dass ihr die Mitteilung von einer als zuverlässig bekannten Nachrichtenagentur zugegangen ist. Im Gegenteil: der Anspruch auf Gegendarstellung erwächst dem Betroffenen in diesem Fall sowohl gegenüber der Zeitung wie gegenüber der Nachrichtenagentur (§ 7 Abs. 2 LPG).

5. a) Entgegnung. Der Inhalt der Gegendarstellung muss mit den Tatsachen der beanstandeten Presseveröffentlichung in gedanklichem Zusammenhang stehen. Er muss auf sie Bezug haben und nehmen. Es muss ein **Gegensatz** zur Erstmitteilung bestehen (OLG Köln NJW-RR 2001, 337; OLG Frankfurt AfP 2003, 459; *Wenzel/Burkhardt* Kap. 11 Rn. 100 ff.). Ein schutzwürdiges Interesse am Abdruck neuer oder ergänzender Tatsachen, die zwar mit der Erstmitteilung im Zusammenhang stehen, aber nichts mit deren vermeintlicher Unrichtigkeit zu tun haben, besteht nicht. Anders, wenn die Ergänzung notwendig ist, um einem falschen Eindruck entgegen zu treten (→ Anm. 8).

Es macht rechtlich keinen Unterschied, ob sich die Gegendarstellung auf einfache Zurückweisung der Erstmitteilung beschränkt („es ist nicht wahr, dass . . . . . .") oder ob eine summarische oder detaillierte Gegendarstellung („wahr ist vielmehr, dass . . . . . .") gegeben wird. Beides ist zulässig. Beschränkt sich allerdings die Gegendarstellung auf einfache Zurückweisung der Erstmitteilung, dann darf sie dadurch nicht irreführen: Die Gegendarstellung „Es ist nicht wahr, dass ich drei Einbrüche begangen habe" ist nur zulässig, wenn kein Einbruch begangen wurde, nicht hingegen, wenn der Betroffene zwei oder vier Einbrüche begangen hat. Eine Gegendarstellung, die sich auf bloßes Zurückweisen beschränkt, ist häufig irreführend und damit unzulässig, wenn mehr als zwei Möglichkeiten eines Geschehens oder Zustands bestehen.

Die Gegendarstellung ist ihrerseits auf „**tatsächliche Angaben**" beschränkt. Der Begriff tatsächliche Angabe deckt sich mit dem in → Anm. 4 b) erläuterten Begriff der Tatsachenbehauptung. Die Gegendarstellung muss durch die Art ihrer Formulierung erkennen lassen, dass sie im tatsächlichen Bereich etwas anderes aussagt als die Erstmitteilung. „Tatsächliche" Angaben bedeuten auch hier nicht „wahre" Angaben. Der Begriff schließt Meinungsäußerungen in der Entgegnung aus. Auf die Wahrheit des Inhalts der Gegendarstellung kommt es angesichts deren formalen Charakters grundsätzlich nicht an. Nur bei offensichtlicher Unwahrheit oder offensichtlich irreführendem Inhalt der Gegendarstellung entfällt die Abdruckpflicht, weil hier das berechtigte Interesse an der Veröffentlichung fehlt (→ Anm. 1e)). Der Begriff „tatsächliche Angabe" umfasst auch innere Tatsachen, schließt jedoch Kritiken und Polemiken aus. Die Wendung „dies ist unwahr" gilt dabei als tatsächliche Angabe. Unzulässig ist dagegen die Formulierung, dass die angegriffenen Behauptungen der Erstmitteilung den Betroffenen in der Öffentlichkeit herabsetzen. Die Gegendarstellung muss durch die Art ihrer Formulierung unzweifelhaft erkennen lassen, dass sie Tatsache gegen Tatsache und nicht Meinung gegen Meinung setzt. Antwortet aber die Gegendarstellung mit tatsächlichen Angaben auf tatsächliche Behauptungen der Erstmitteilung und wird hinreichend deutlich, dass tatsächliche Aussage gegen tatsächliche Aussage steht, dann ist ein großzügiger Maßstab anzulegen. Enthält die Gegendarstellung ein Gemisch von (zulässigen) tatsächlichen Angaben und (unzulässigen) Meinungsäußerungen, so sind der Verleger und der verantwortliche Redakteur weder berechtigt noch verpflichtet, den zulässigen Teil aus dem Gemisch herauszuschälen und abzudrucken. Es kann die ganze Gegendarstellung zurückgewiesen werden (Alles-oder-nichts-Prinzip).

Die mit der Gegendarstellung zulässige Mitteilung einer Gegentatsache oder Ergänzung kann gegebenenfalls auch im Wege der **Bildgegendarstellung** erfolgen, wenn die wesentliche Aussage des Erstberichts zB in der Ausdeutung gleichzeitig abgedruckter Fotografien oder in der Veröffentlichung einer Fotomontage bestand (OLG Hamburg AfP 1984, 115).

Im Übrigen darf die Gegendarstellung keinen „strafbaren Inhalt" haben. Der Inhalt der Gegendarstellung kann auch dann strafbar sein, wenn der Verfasser und Einsender der Gegendarstellung selbst nicht strafbar handelt, etwa weil bei ihm persönliche Straf- bzw. Schuldausschließungsgründe vorliegen. Dagegen liegt kein strafbarer Inhalt vor und die Möglichkeit der Zurückweisung entfällt, wenn sachliche Unrechtsausschließungsgründe gegeben sind. Steht dem Einsender der Schutz des § 193 StGB zur Seite, so entfällt die Rechtswidrigkeit der Gegendarstellung und sie ist abzudrucken. Bei der Prüfung des § 193 StGB ist eine Abwägung der Interessen des Beleidigers gegen die Interessen des Beleidigten erforderlich. Dabei reicht es aus, wenn die Interessen des Beleidigers mindestens gleichwertig sind. Nicht als strafbare Beleidigung gilt nach allgemeiner Ansicht die häufig in Gegendarstellungen wiederkehrende Wendung: „Die Pressemitteilung ist unwahr". Dagegen gilt die Wendung, die Pressemitteilung sei „lügenhaft" oder „verleumderisch" als beleidigend. Ob sich die Beleidigung gegen einen Dritten oder gegen die Zeitung oder gegen den verantwortlichen Redakteur selbst richtet, ist gleichgültig (Näheres *Löffler/ Sedelmeier* § 11 Rn. 114 ff.).

Verstößt die Gegendarstellung nicht gegen strafrechtlich geschützte Normen und enthält sie auf Seiten des Einsenders nur „zivilrechtliches Unrecht" so bleibt die Abdruckpflicht grundsätzlich bestehen. Zu prüfen ist jedoch, ob der Grundsatz von Treu und Glauben ein Ablehnungsrecht gibt, was dann zu bejahen ist, wenn der Verpflichtete mit dem Abdruck Rechte Dritter verletzen, gegen die Standesgrundsätze der Presse oder gegen die Grundsätze des lauteren Wettbewerbs verstoßen würde. Unzumutbar kann die Veröffentlichung der Gegendarstellung allgemein sein, wenn sie das Persönlichkeitsrecht eines unbeteiligten Dritten ohne dessen Zutun in nicht gerechtfertigter Weise beeinträchtigt (*Seitz* Kap. 5 Rn. 178).

b) Der Umfang der Gegendarstellung muss angemessen sein. Ein unangemessener Umfang führt zur Unzulässigkeit. In sämtlichen Ländern ist dies zwingendes Recht; nur in Bayern enthält Art. 10 Abs. 2 BayPrG eine bloße Sollvorschrift: „Die Gegendarstellung soll den Umfang des beanstandeten Textes nicht wesentlich überschreiten". Die Nichtbeachtung dieser Sollvorschrift löst in Bayern insoweit Annoncengebühren aus. Was „Angemessenheit" des Umfangs bedeutet, hängt vom Einzelfall, insbesondere von dem Inhalt der Erstmitteilung ab. Als in jedem Fall zulässiges Minimum gilt nach ausdrücklicher Regelung (§ 11 Abs. 2 LPG) in fast allen Landespressegesetzen (ausgenommen Bayern und Hessen) der räumliche Umfang des beanstandeten Textes. Dabei ist unter „Text" nicht der ganze Artikel der Erstmitteilung zu verstehen, sondern nur die Sätze und Abschnitte, die den Betroffenen berühren. Auch Hessen geht davon aus, dass bei Einhaltung des Umfangs der Erstmitteilung die Gegendarstellung angemessen ist: insoweit besteht ausdrücklich Kostenfreiheit. Allerdings muss die Gegendarstellung sich auf die erforderliche Erwiderung oder Ergänzung beschränken und darf den zur Verfügung stehenden Umfang nicht „geschwätzig füllen" (OLG Düsseldorf AfP 2006, 473; *Seitz* Kap. 5 Rn. 169). Auch bei Überschreitung des Umfangs der Erstmitteilung, ja bei deren erheblicher Überschreitung, kann durchaus noch die Angemessenheit des Umfangs der Gegendarstellung gegeben sein. Erfahrungsgemäß nimmt die Widerlegung einer Unrichtigkeit mehr Raum in Anspruch als ihre Behauptung, zumal in der Gegendarstellung, um sie verständlich zu machen, meist für den Leser die Erstmitteilung wieder ins Gedächtnis zurückgerufen werden muss. Der für die Wiedergabe der Erstmitteilung erforderliche Raum muss demzufolge bei der Bemessung des angemessenen Umfanges von vornherein außer Betracht bleiben. Entscheidend ist, welcher Raum für eine sinnvolle verständliche Entgegnung erforderlich ist, wobei zu berücksichtigen ist, dass das Gelingen einer knappen

1. Gegendarstellung H. 1

Darstellung eine besondere Schriftgewandtheit voraussetzt, die nicht jedem gegeben ist. Es ist deswegen ein großzügiger Maßstab anzulegen. Der Betroffene kann den Raum in Anspruch nehmen, der erforderlich ist, um sich den Lesern mit einer konzentrierten Stellungnahme hinreichend verständlich zu machen (OLG Karlsruhe AfP 2009, 267; *Wenzel/Burkhardt* Kap. 11 Rn. 140 f.).

Überschreitet die Gegendarstellung den sachlich angemessenen Umfang und wird der Abdruck deswegen verweigert, so kann (und muss) sie insgesamt zurückgewiesen werden. Ihrerseits eine Beschränkung auf den angemessenen Umfang vorzunehmen ist den Medien verwehrt, da die Gegendarstellung ohne Weglassungen veröffentlicht werden muss und jede Änderung der Gegendarstellung unzulässig ist (Alles-oder-nichts-Prinzip). Sofern die Gegendarstellung einen angemessenen Umfang hat, muss sie kostenfrei abgedruckt werden, selbst wenn sie die Erstmitteilung raummäßig weit überschreitet, aber dies sachlich geboten und darum angemessen erscheint.

6. Diese Formulierung empfiehlt sich, wenn die persönliche Sicht des Betroffenen hervorgehoben werden soll. Ebenso, wenn mehr als zwei Möglichkeiten eines Geschehens oder Zustands bestehen und daher eine „dritte Tatsache" mitgeteilt werden soll.

7. Wird durch den Erstbericht ein unzutreffender **Eindruck** vermittelt, dem entgegengetreten wird, ist dies bereits bei der Wiedergabe der Erstmitteilung deutlich zu machen (OLG Düsseldorf AfP 2008, 83). Allerdings muss sich der Eindruck als Tatsachenbehauptung aufdrängen. Nur dann ist die Erstäußerung gegendarstellungspflichtig (BVerfG NJW 2008, 1654; OLG Düsseldorf AfP 2008, 208). Die Entgegnung muss sich ebenso auf tatsächliche Angaben beschränken. Allerdings kann für die Entgegnung evtl. ein größerer Umfang erforderlich sein.

8. Neben reinen Entgegnungen kann auch an **Ergänzungen** ein beachtliches rechtliches Interesse bestehen, um einem falschen Eindruck entgegenzuwirken. Überall, wo durch die Einseitigkeit der Darstellung oder durch die Unterdrückung von Tatsachen ein schiefes oder falsches Bild entsteht, dürfen in der Gegendarstellung ergänzend auch neue Tatsachen vorgetragen werden, vorausgesetzt, dass der innere Zusammenhang zur vorausgehenden Darstellung gewahrt bleibt (OLG Hamburg AfP 1987, 625; OLG Düsseldorf AfP 1988, 160; OLG Karlsruhe AfP 2007, 494). Die Ergänzung muss darauf angelegt sein, einer auf Unvollständigkeit beruhenden Unrichtigkeit der Darstellung eines Sachverhalts entgegenzutreten. Korrekturen an der Erstveröffentlichung anzubringen ist nicht Sinn und Zweck der Gegendarstellung. Sofern nach der Sachverhaltsschilderung in der Gegendarstellung nicht durch Einseitigkeit oder Unvollständigkeit eine falsche Aussage über Tatsachen entsteht, kann der Betroffene nicht mit Ergänzungen entgegnen (*Wenzel/Burkhardt* Kap. 11 Rn. 107 ff.).

9. Die Angabe von Ort und Zeit ist nicht erforderlich. Eine Datumsangabe kann jedoch bei Geschehensabläufen sinnvoll sein, um den Zeitpunkt der Erwiderung festzustellen. Evtl. kann dadurch auch die Gefahr einer Irreführung vermieden werden, wenn der Inhalt der Entgegnung im Zeitpunkt der Veröffentlichung der Gegendarstellung bereits überholt ist.

10. Die Form der Gegendarstellung. Der Anspruch auf Abdruck einer Gegendarstellung ist von den Landespressegesetzen sehr formal ausgestaltet. Die Nichtbeachtung der Formvorschriften führt zur Unzulässigkeit der Gegendarstellung und damit zur Berechtigung der Presse, die Veröffentlichung abzulehnen.

Die Gegendarstellung bedarf der **Schriftform** (§ 11 Abs. 2 LPG). Soweit dies wie im bayerischen LPG nicht ausdrücklich im Gesetz vorgesehen ist, folgt das Schriftformerfordernis aus der Pflicht zur Unterzeichnung. Welche Art der schriftlichen Fixierung gewählt wird, ist gleichgültig. Handschriftlichkeit des Gegendarstellungstextes ist nicht erforderlich. Die Gegendarstellung muss als veröffentlichungsreifer Text zugeleitet werden.

Als weiteres formelles Erfordernis ist die **Unterzeichnung** der Gegendarstellung notwendig. Die Unterzeichnung wird von fast allen Landespressegesetzen ausdrücklich gefordert (§ 11 Abs. 2 LPG). Wo im Gesetzestext lediglich Schriftform verlangt wird und von Unterzeichnung nicht die Rede ist (Berlin, Bremen und Niedersachsen), ergibt sich das Erfordernis der Unterzeichnung aus § 126 Abs. 1 BGB. Die Unterschrift muss die Entgegnung räumlich abschließen. Sie muss sich am Ende der Entgegnung befinden. Der Namenszug auf dem Briefumschlag oder am Rande oder am Kopf des Briefbogens genügt nicht. Umfasst die Gegendarstellung mehrere Einzelblätter, dann müssen die Blätter räumlich zu einer Urkunde zusammengefasst (eventuell zusammengeheftet) sein und die Unterschrift muss die Gesamturkunde räumlich abschließen. Nicht erforderlich sind die eigenhändige Abfassung der Urkunde und die Angabe von Ort und Zeit. Es genügt eine Blankounterschrift, über die später der mit dem Betroffenen abgestimmte Text gesetzt wird. Allerdings ist in diesen Fällen der Gegenbeweis möglich, dass der später darüber eingefügte Text nicht dem Willen dessen entspricht, der die Blankounterschrift geleistet hat.

Unterzeichnung bedeutet Namensunterschrift, in erster Linie mit dem Familiennamen (vgl. BGH NJW 2003, 1120). Der Zusatz des Vornamens kann ausnahmsweise zum Nachweis der Person des Einsenders und zur Nachprüfung seiner Betroffenheit erforderlich werden. Aus der Unterzeichnung muss sich die Persönlichkeit des Einsenders feststellen lassen. Ein Kaufmann kann mit seiner Firma zeichnen, wenn sich die beanstandete Äußerung auf sein Handelsunternehmen bezog. Dabei ist der korrekte Firmenname, wie er im Handelsregister eingetragen ist, zu verwenden (KG AfP 2008, 394). Im Anschluss an OLG Hamburg AfP 1971, 37 fordert die herrschende Auffassung handschriftliche Unterzeichnung (vgl. LG Frankfurt a. M. AfP 2009, 73; *Löffler/Sedelmeier* § 11 Rn. 145 f.; *Seitz* Kap. 5 Rn. 99; *Wenzel/Burkhardt* Kap. 11 Rn. 148 ff.).

Bedeutsam ist die Frage insbesondere bei Übermittlung der Gegendarstellung per **Telefax**. Hier trägt die Gegendarstellung zwar eine handschriftliche Unterschrift, es wird aber nicht das Original sondern lediglich eine Photokopie zugeleitet. Folgerichtig lässt das OLG Hamburg und die überwiegende Meinung die Zuleitung per Fax nicht genügen (OLG Hamburg NJW 1990, 1613; OLG Hamburg AfP 2011, 72; aA Telefax vom Gerät der Anspruchsberechtigten unmittelbar zum Empfangsgerät des Verpflichteten: OLG München NJW 1990, 2895; OLG München AfP 1999, 27; OLG München AfP 2001, 126; OLG München AfP 2001, 137; KG AfP 1993, 748; Telefax generell zulässig: OLG Saarbrücken AfP 1992, 287; OLG Hamm OLGR 1993, 174; OLG Dresden ZUM-RD 2007, 117; OLG Bremen NJW 2011, 1611; LG Köln AfP 1995, 648). Wegen der abweichenden Regelung in § 130 Nr. 6 ZPO können die prozessrechtlichen Schriftformvorschriften (vgl. dazu BGH NJW 2008, 2649) nicht analog herangezogen werden. Teilweise wird vertreten, dass eine Übermittlung per Telefax jedenfalls zur Wahrung der Fristen ausreichend sei, sofern das Original nachgereicht werde (vgl. *Ricker/Weberling* Kap. 25 Rn. 18; *Seitz* Kap. 5 Rn. 98). Diese Auffassung begegnet Bedenken, da das Schriftformerfordernis materielle Voraussetzung für das Entstehen des Anspruchs ist (OLG Hamburg AfP 2011, 72; *Sedelmeier* AfP 2012, 345). Näheres s. *Löffler/Sedelmeier* § 11 Rn. 138 ff.; *Wenzel/Burkhardt* Kap. 11 Rn. 159.

Die Gegendarstellung muss vom Betroffenen unterzeichnet sein. Die meisten Landespressegesetze lassen bei der Unterzeichnung der Gegendarstellung eine **rechtsgeschäftliche Vertretung** nicht zu. Hessen (§ 10 Abs. 2 HPresseG; vgl. OLG Frankfurt AfP 2003, 459; LG Frankfurt AfP 2009, 73) und Thüringen (§ 11 Abs. 2 TPG) lassen nur die Unterzeichnung durch den Betroffenen selbst zu. Bayern erfordert Unterzeichnung durch den Einsender. Die Länder Baden-Württemberg, Brandenburg, Hamburg, Mecklenburg-Vorpommern, Nordrhein-Westfalen, Rheinland-Pfalz, Saarland, Sachsen und Schleswig Hol-

1. Gegendarstellung
H. 1

stein lassen bei der Unterzeichnung der Gegendarstellung neben der Unterschrift des Betroffenen nur noch die seines gesetzlichen Vertreters gelten. Eine rechtsgeschäftliche Vertretung scheidet in diesen Fällen aus. Berlin, Bremen, Niedersachsen und Sachsen-Anhalt schweigen sich über die Unterzeichnung aus. Das KG lässt für Berlin (KG NJW 1970, 2029; KG ZUM-RD 2005, 53, KG AfP 2008, 394), das OLG Bremen für Bremen (OLG Bremen AfP 1978, 157), das OLG Celle für seinen Gerichtsbezirk in Niedersachsen (OLG Celle NJW-RR 1988, 956), das OLG Naumburg für Sachsen-Anhalt (OLG Naumburg NJW-RR 2000, 475) rechtsgeschäftliche Vertretung ausdrücklich zu. Allerdings muss deutlich sein, für wen die Unterzeichnung erfolgt. Der Vertretene ist eindeutig zu bezeichnen (*Wenzel/Burkhardt* Kap. 11 Rn. 149, 155). Bei Handelsgesellschaften ist der korrekte Firmenname, wie er im Handelsregister eingetragen ist, anzugeben (KG AfP 2008, 394). Zur Vertretungsbefugnis durch ein nicht alleinvertretungsberechtigtes Vorstandmitglied OLG Düsseldorf AfP 2006, 473; ablehnend: *Soehring/Hoene* § 29 Rn. 32a.

Besondere Probleme tauchen bei der Gegendarstellung einer „Stelle" auf, die keinen gesetzlichen Vertreter hat. Gegendarstellungsberechtigt ist die Stelle als solche. Die Gegendarstellung muss daher vom Leiter der Stelle unterzeichnet werden, dh derjenigen Person, die gesetzlicher Vertreter wäre, wenn die Stelle Rechtspersönlichkeit hätte, also zB dem Schulleiter, dem Behördenvorstand, dem Theaterdirektor, dem Chefarzt eines Krankenhauses, dem Leiter des Erzbischöflichen Ordinariats (OLG Karlsruhe AfP 1998, 65; *Wenzel/Burkhardt* Kap. 11 Rn. 157; *Löffler/Sedelmeier* § 11 Rn. 50 ff.; aA LG Hamburg Beschl. v. 29.11.1995 – 324 O 542/95). Die gerichtliche Durchsetzung muss durch die hinter der Stelle stehende rechts-, prozess- und parteifähige „Person" erfolgen (→ Form. H.4 Anm. 4).

Zur Vertretung beim Veröffentlichungsverlangen → Form. H.2 Anm. 2.

11. Die Gegendarstellung im Rundfunk. Vorschriften s. *Löffler/Sedelmeier* § 11 Rn. 269 ff.; *Seitz* Anhang V; *Wenzel/Burkhardt* Kap. 11 Rn. 283 ff.

Baden-Württemberg: Südwestrundfunk § 10 SWR-Staatsvertrag; Privater Rundfunk § 9 LMedienG.

Bayern: Bayerischer Rundfunk Art. 17 BayRG; Privater Rundfunk Art. 18 BayMG.

Berlin: Rundfunk Berlin-Brandenburg § 9 StV über die Errichtung einer gemeinsamen Rundfunkanstalt der Länder Berlin und Brandenburg; Privater Rundfunk § 52 MStV Berlin-Brandenburg.

Brandenburg: s. Berlin.

Bremen: Radio Bremen § 27 RBG; Privater Rundfunk § 19 BremLMG.

Hamburg: Norddeutscher Rundfunk § 12 NDR-Staatsvertrag; Privater Rundfunk § 10 MedienStV Hamburg und Schleswig-Holstein.

Hessen: Hessischer Rundfunk § 3 Nr. 9 HessRfG iVm § 9 HPresseG; Privater Rundfunk § 28 HPRG.

Mecklenburg-Vorpommern: Norddeutscher Rundfunk § 12 NDR-Staatsvertrag; Privater Rundfunk § 30 RundfG M-V.

Niedersachsen: Norddeutscher Rundfunk § 12 NDR-Staatsvertrag; Privater Rundfunk § 20 NMedienG.

Nordrhein-Westfalen: Westdeutscher Rundfunk § 9 WDRG; Privater Rundfunk §§ 44, 45 LMGNRW.

Rheinland-Pfalz: Südwestrundfunk § 10 SWR-Staatsvertrag; Privater Rundfunk § 11 LMG.

Saarland: Saarländischer Rundfunk und Privater Rundfunk § 10 SMG.

Sachsen: Mitteldeutscher Rundfunk § 15 MDR-Staatsvertrag; Privater Rundfunk § 19 SächsPRG.

Sachsen-Anhalt: Mitteldeutscher Rundfunk § 15 MDR-Staatsvertrag; Privater Rundfunk § 26 MedienG LSA.

Schleswig-Holstein: Norddeutscher Rundfunk § 12 NDR-Staatsvertrag; Privater Rundfunk § 10 MedienStV Hamburg und Schleswig-Holstein.
Thüringen: Mitteldeutscher Rundfunk § 15 MDR-Staatsvertrag; Privater Rundfunk § 27 ThürLMG.
Bundesweite Regelungen: Gemeinschaftsprogramm der **ARD:** § 8 ARD-Staatsvertrag iVm dem für die einbringende Anstalt geltenden Gegendarstellungsrecht, vgl. auch ARD-Grundsätze Nr. V (Richtlinien gemäß § 11 RfStV);
ZDF: § 9 ZDF-Staatsvertrag;
Deutschlandradio: § 9 DLR-Staatsvertrag;
Deutsche Welle: § 18 DWG.
Europarecht: Art. 8 Fernseh-Konvention des Europarates; Art. 28 Richtlinie über audiovisuelle Mediendienste (AVMD-Richtlinie RL 2010/13/EU).

Die Vielzahl der gesetzlichen und staatsvertraglichen Regelungen wirft die Frage des **anzuwendenden Rechts** auf. Bei der Presse wird auf das Recht des Erscheinungsortes abgestellt. Beim Rundfunk ist der entsprechende Ort, an dem die Sendung an die Öffentlichkeit gelangt, der Ausstrahlungsort. Dieser hängt maßgeblich von technischen Gegebenheiten ab und ist für Gegendarstellungsberechtigte häufig kaum erkennbar. Richtigerweise ist daher auf das Recht am Sitz des Rundfunkveranstalters abzustellen. Nach Auffassung des OLG München (OLG München AfP 1998, 89; OLG München AfP 2001, 70; ebenso *Seitz* Kap. 3 Rn. 10) ist bei privaten Rundfunkveranstaltern demgegenüber das Recht der die Sendelizenz erteilenden Medienanstalt maßgebend.

Beim ZDF und bei Sendungen der Rundfunkanstalten, die nicht im ARD Gemeinschaftsprogramm ausgestrahlt werden ergeben sich keine Probleme: es gilt das Recht des Verpflichteten.

Bei der ARD können die produzierende bzw. einbringende und die ausstrahlende Anstalt auseinanderfallen. Die Ausstrahlung der Gegendarstellung auf Grund einer Sendung im ARD Gemeinschaftsprogramm kann nach § 8 ARD-Staatsvertrag nur von der einbringenden Anstalt verlangt werden. Anwendbar ist das für diese Anstalt geltende Gegendarstellungsrecht. Jede Landesrundfunkanstalt ist verpflichtet, unverzüglich darüber Auskunft zu erteilen, welche Anstalt die Sendung in das Gemeinschaftsprogramm eingebracht hat. Bei Sendungen außerhalb des Gemeinschaftsprogramms ist allein die jeweilige ausstrahlende Anstalt verpflichtet.

Für die Programme „arte – Der europäische Kulturkanal", „3sat" und die Spartenprogramme „Phoenix – Der Ereignis- und Dokumentationskanal" und „KI.KA – Der Kinderkanal" fehlen spezifische Gegendarstellungsregelungen.

Veranstalter des europäischen Kulturkanals „arte" sind weder die in der ARD zusammengeschlossenen Landesrundfunkanstalten noch das ZDF sondern die arte G.E.I.E. mit Sitz in Straßburg. Weder in dem der Gründung von „arte" zugrundeliegenden völkerrechtlichen Vertrag noch in den die Tätigkeit von „arte" regelnden Statuten findet sich eine Gegendarstellungsregelung. Nach deutschem Verfassungsrecht stellt die Verpflichtung zur Veröffentlichung einer Gegendarstellung einen Eingriff in das Grundrecht der Presse- bzw. Rundfunkfreiheit dar (vgl. BVerfG AfP 1993, 474 – MOZ; BVerfG AfP 2014, 433) und bedarf daher einer gesetzlichen Grundlage. Fehlt eine gesetzliche Gegendarstellungsregelung besteht ein entsprechender Anspruch nicht, jedoch verstößt der Gesetzgeber gegen seine grundrechtliche Schutzpflicht aus Art. 2 Abs. 1 GG. Hiervon ist bei arte auszugehen. Das Fehlen einer spezifischen Gegendarstellungsregelung für arte-Sendungen verletzt darüber hinaus die europarechtlichen Verpflichtungen aus Art. 28 AVMD-Richtlinie und Art. 8 des europäischen Übereinkommens über das grenzüberschreitende Fernsehen.

Bei 3sat, Phoenix und KI.KA ist offen, ob die Veranstalter dieser Programme durch ihren Zusammenschluss zur Veranstaltung der jeweiligen Programme eine eigenständige Rechtsform, dh eine nicht rechtsfähige öffentlich-rechtliche Gemeinschaftseinrichtung, ähnlich der zivilrechtlichen Gesellschaft bürgerlichen Rechts, begründet haben, gegen die

1. Gegendarstellung

sich ein Gegendarstellungsanspruch richten müsste. Auch insofern fehlt eine gesetzliche Regelung. Soweit *Seitz* (*Seitz* Kap. 1 Rn. 9) annimmt, bei 3sat könnte der Anspruch gegen das federführende ZDF geltend gemacht werden, verkennt er, dass weder das ZDF „Veranstalter" ist, noch § 9 ZDF-StV für Gemeinschaftsprogramme der in der ARD zusammengeschlossenen Landesrundfunkanstalten unter Beteiligung öffentlich-rechtlicher europäischer Veranstalter gilt. Auch die zum 1.1.2016 in Kraft getretene Neufassung der Gegendarstellungsregelung des ZDF erfasst sowohl nach ihrem Wortlaut als auch nach der Begründung zum 17. RÄndStV nur das „Angebot des ZDF". Das Fehlen eines gesetzlichen Gegendarstellungsanspruchs verletzt ebenso wie im Fall des Kulturkanals arte einerseits den verfassungsrechtlichen Schutzanspruch (vgl. BVerfG AfP 1993, 474) und widerspricht den europarechtlichen Vorgaben. Entsprechendes gilt für die Spartenprogramme „Phoenix" und „KI.KA". Gegendarstellungen gegen Tatsachenbehauptungen in diesen Programmen dürften daher derzeit rechtlich nicht durchsetzbar sein (aA *Seitz* Kap. 1 Rn. 9, der von der Passivlegitimation der jeweils einbringenden Anstalt ausgeht).

Für die Gegendarstellung im Rundfunk gelten grundsätzlich dieselben Voraussetzungen wie für den Gegendarstellungsanspruch gegen die Presse.

Ein **Gegenbild** kann nur verlangt werden, wenn die Tatsachenbehauptung in der Erstmitteilung durch Verbreitung eines Bildes aufgestellt worden ist und die Gegendarstellung nur durch Verbreitung eines Bildes die Gegentatsache zum Ausdruck bringen kann. Ein Anspruch auf Ausstrahlung eines **Gegenfilms** besteht nach hM nicht, weil sich damit das Prinzip Tatsachenbehauptung gegen Tatsachenbehauptung nicht wahren lässt (vgl. *Löffler/Sedelmeier* § 11 Rn. 248; *Seitz* Kap. 7 Rn. 65). Soweit Rundfunkgesetze vorsehen, dass die Gegendarstellung zu verlesen ist, scheidet ein Gegenfilm ebenso aus (*Wenzel/Burkhardt* Kap. 11 Rn. 294).

Berechtigt ist die betroffene Person oder Stelle (→ Anm. 1c)). Als Berechtigte werden von einigen Gesetzen und Staatsverträgen aber auch Behörden, Personenmehrheiten oder Gruppen genannt. Eine materielle Änderung des Kreises der Berechtigten ist damit nicht verbunden.

In der Regel besteht der Gegendarstellungsanspruch gegen Tatsachenbehauptungen, die in einer Sendung **aufgestellt** worden sind. Einige Regelungen stellen auf **verbreitete** Tatsachenbehauptungen ab oder auf verbreitete Tatsachen oder Nachrichten. Gemeint ist damit dasselbe.

Verpflichtet ist in der Regel die Rundfunkanstalt bzw. der **Veranstalter** einer Sendung im Bereich des privaten Rundfunks, nicht dagegen der verantwortliche Sendeleiter (vgl. *Löffler/Sedelmeier* § 11 Rn. 258). Der Begriff des Veranstalters entspricht dem Begriff des Verlegers im Bereich der Printmedien. Veranstalter ist derjenige, der die Sendung in eigener inhaltlicher Verantwortung anbietet (vgl. zB § 2 Abs. 2 Nr. 14 RStV). Damit ist Veranstalter auch jeder, der eine Sendung übernimmt und ausstrahlt.

Eine eigenartige Konstruktion enthält Art. 18 BayMG: der Anspruch richtet sich gegen den Anbieter. Zuzuleiten ist die Gegendarstellung dem Anbieter oder der Bay. Landeszentrale für neue Medien, die über die Verbreitung entscheidet und bei Ablehnung zusammen mit dem Anbieter zu verklagen ist. Der Sache nach geht die Gegendarstellung zu Lasten des Anbieters.

Die Gegendarstellung ist dem Verpflichteten unverzüglich (vgl. § 121 Abs. 1 S. 1 BGB) zuzuleiten. Die Zuleitung innerhalb von zwei Wochen nach Kenntnis der Erstmitteilung ist als ausreichend anzusehen (OLG Stuttgart ZUM 2000, 773; OLG Stuttgart AfP 2006, 252; OLG Hamburg NJW-RR 2001, 186; OLG Dresden ZUM-RD 2007, 117; OLG Düsseldorf ZUM-RD 2012, 391; OLG Köln AfP 2014, 340). Aufgrund der Umstände des Einzelfalls kann auch eine längere, ggf. sogar deutlich längere Frist in Betracht kommen (zu weitgehend: LG Köln AfP 1995, 684: fünf Wochen), nach Auffassung des KG allerdings ebenso eine kürzere (KG AfP 2009, 61). Die **Ausschlussfristen** sind beim Rundfunk meist kürzer bemessen als bei der Presse. Sie liegen zwischen einem und drei Monaten.

In der Regel muss die Gegendarstellung die **beanstandete Sendung bezeichnen**. Manche Regelungen verlangen die Bezeichnung der beanstandeten Sendung und Tatsachenbehauptung oder die Bezeichnung der beanstandeten Stellen. Fehlt die vorgeschriebene Bezeichnung, dann kann die Gegendarstellung zurückgewiesen werden (*Seitz* Kap. 5 Rn. 128). Auch soweit dies nicht ausdrücklich vorgeschrieben ist, empfiehlt sich eine eindeutige Bezeichnung, um die Gegendarstellung aus sich heraus verständlich zu machen. Die vorgeschriebene Bezeichnung der beanstandeten Sendung, Stellen oder Tatsachenbehauptung muss bei der Bemessung des angemessenen Umfanges der Gegendarstellung außer Betracht bleiben.

Die meisten Regelungen für den Rundfunk schließen die Gegendarstellung auch gegenüber wahrheitsgetreuen Berichten über öffentliche Sitzungen übernationaler Institutionen aus, wobei unterschiedliche Formulierungen verwendet werden (Europäisches Parlament, gesetzgebende oder beschließende Organe der Europäischen Gemeinschaften, übernationale parlamentarische Organe).

Gegendarstellungen gegen Tatsachenbehauptungen in **Werbesendungen** werden teilweise ausdrücklich ausgeschlossen, teilweise sind sie kostenpflichtig (vgl. *Löffler/Sedelmeier* § 11 Rn. 262).

Die **Veröffentlichung** der Gegendarstellung muss unverzüglich, für den gleichen Sendebereich, in gleicher Art und Weise, im gleichen Programm oder -bereich/der gleichen Programmsparte, zur gleichen oder einer gleichwertigen Sendezeit ohne Einschaltungen oder Weglassungen erfolgen. Im Einzelnen differieren die Regelungen geringfügig, zB beim SWR Verbreitung zu gleicher, wenn dies nicht möglich, zu gleichwertiger Tageszeit. Beim NDR, Ausstrahlung zu gleichwertiger Sendezeit.

Die **Ausstrahlung** der Gegendarstellung erfolgt auch im Fernsehen grundsätzlich in **Worten**. Sie wird durch einen Sprecher verlesen.

Eine **Erwiderung** auf die Gegendarstellung muss sich auf tatsächliche Behauptungen beschränken. Einige Regelungen verbieten jede Erwiderung am selben, teilweise sprachlich verunglückt am gleichen Tage. Einige Vorschriften verbieten eine Erwiderung im unmittelbaren Zusammenhang mit der Gegendarstellung.

Verfahren: Der Anspruch kann im Verfahren der einstweiligen Verfügung oder in einem Verfahren, auf das die Vorschriften über das Verfahren auf Erlass einer einstweiligen Verfügung entsprechend anwendbar sind, geltend gemacht werden.

Die Rundfunkanstalten und -veranstalter sind verpflichtet, die Sendungen in Ton und Bild vollständig **aufzuzeichnen** und **aufzubewahren**. Die Aufzeichnungen können nach Ablauf unterschiedlicher Fristen gelöscht werden, wenn gegen den Beitrag keine Beanstandungen vorliegen, andernfalls erst, wenn die Beanstandungen rechtskräftig oder durch Vergleich oder anderweitig erledigt sind. Die Fristen sind in der Regel, aber nicht immer, auf die Frist für die Geltendmachung des Gegendarstellungsanspruchs abgestimmt, dh gleich lang oder länger. Während der Dauer der Aufbewahrungspflicht besteht ein **Anspruch auf Einsicht** in die Aufzeichnungen und Filme und Erteilung von Ausfertigungen, Auszügen oder Abschriften auf Kosten dessen, der schriftlich glaubhaft macht, in seinen Rechten berührt zu sein.

12. Gegenüber **Telemedien** besteht ein Gegendarstellungsanspruch nach § 56 RStV nur, wenn es sich um ein journalistisch-redaktionell gestaltetes Angebot handelt. Darunter fallen insbesondere Angebote, die vollständig oder teilweise den Inhalt periodischer Druckerzeugnisse wiedergeben, aber auch reine Online-Zeitungen, Blogs, und ähnliche Angebote, welche eine gewisse Vergleichbarkeit mit redaktionell gestalteten Printprodukten aufweisen (vgl. OLG Bremen NJW 2011, 1611: Homepage einer Rechtsanwaltskanzlei mit ständig aktualisierten Pressemitteilungen; KG Beschl. v. 28.11.2016 – 10 W 173/16; BayVGH Beschl. v. 27.1.2017 – 7 CE 16.1994; *Seitz* Kap. 5 Rn. 81 ff.; *Spindler/Schuster* RStV § 56 Rn. 13). **Anspruchsverpflichtet** sind Anbieter. Dies sind nach der Legaldefinition in § 2 Nr. 1 TMG nicht nur die Anbieter eigener Telemedien, sondern auch die sog. Hostprovider und die Zugangsprovider. Ob Host- und Zugangsprovider ebenso anspruchsverpflichtet sind, ist umstritten (bejahend: *Seitz* Kap. 4 Rn. 54 f.; nur Hostprovider: *Korte* S. 117 f.; *Dürr* S. 269 ff; verneinend: Beck RundfunkR/*Schulz* RStV § 56 Rn. 16 f.; *Spindler/Schuster/Mann* RStV § 56 Rn. 14; *Wenzel/Burkhardt* Kap. 11 Rn. 348 zur Vorgängerregelung § 14 MDStV).

13. Wendet sich die Gegendarstellung gegen Äußerungen in verschiedenen Medien, zB Zeitung und Online-Angebot, sind jeweils gesonderte Gegendarstellungen zu erstellen und zuzuleiten (*Seitz* Anhang IV Fn. 2; aA LG Stuttgart Urt. v. 8.11.2013 – 11 O 258/13, aus anderen Gründen aufgehoben OLG Stuttgart Urt. v. 12.2.2014 – 4 U 214/13).

2. Aufforderungsschreiben zum Abdruck einer Gegendarstellung

An den Verlag der XY-Zeitung und/oder

An den verantwortlichen Redakteur der XY-Zeitung[1]

Sehr geehrte Damen und Herren,

ich zeige Ihnen an, dass ich die Interessen des Herrn/der Frau A. vertrete. Eine auf mich lautende Vollmacht ist im Original beigefügt.[2]

In der Anlage übersende[3] ich eine Gegendarstellung des Herrn/der Frau A. zu Ihrem Bericht in der XY-Zeitung vom ...... auf Seite ...... unter der Überschrift ...... mit der Aufforderung,[4] die Gegendarstellung in der nächsten für den Druck noch nicht abgeschlossenen Ausgabe der Zeitung entsprechend der Vorschrift des § 11 LPG[5] zu veröffentlichen.[6] Ich habe Sie ferner aufzufordern, die Gegendarstellung im Inhaltsverzeichnis unter der Rubrik ...... anzukündigen.[7]

Nachdem der Erstbericht auch über das Internet zum Abruf bereitgehalten wird, habe ich Sie ferner aufzufordern, die beigefügte weitere Gegendarstellung entsprechend den Vorschriften des § 56 RStV in Ihr Angebot XY aufzunehmen.[8]

Ich habe Sie ferner aufzufordern, bis spätestens ...... rechtsverbindlich zu bestätigen, dass die Gegendarstellung in der nächsten zum Druck noch nicht abgeschlossenen Ausgabe der XY-Zeitung veröffentlicht sowie im Online-Angebot XY angeboten wird. Soweit ich innerhalb dieser Frist keine Nachricht erhalte, gehe ich davon aus, dass die Veröffentlichung der Gegendarstellung abgelehnt wird. Ich werde in diesem Fall meinem Mandanten/meiner Mandantin empfehlen, unverzüglich gerichtliche Hilfe in Anspruch zu nehmen.[9]

Mit freundlichen Grüßen

Rechtsanwalt[10, 11]

Anmerkungen

1. Der Anspruch kann nach Wahl des Betroffenen gegen einen oder beide Verpflichteten geltend gemacht werden. Als Adressierung reicht die Nennung der Funktion aus, wodurch Fehler bei der Adressierung vermieden werden können (vgl. *Wenzel/Burkhardt* Kap. 11 Rn. 161). Im gerichtlichen Verfahren sind allerdings die Anspruchsgegner konkret zu benennen. Die erforderlichen Informationen können dem Impressum entnommen werden. Näheres zu den Anspruchsverpflichteten → Form. H.1 Anm. 1 d).

2. Im Gegensatz zur Unterzeichnung der Gegendarstellung kann die Zuleitung (→ Anm. 3) und die Aufforderung zum Abdruck (beim Rundfunk: zur Veröffentlichung; → Anm. 4) nach allgemeiner Meinung durch einen Bevollmächtigten erfolgen. Beide Handlungen sind streng zu unterscheiden. Das Abdruck-/Veröffentlichungsverlangen ist eine geschäftsähnliche Handlung (*Wenzel/Burkhardt* Kap. 11 Rn. 158; aA *Sedelmeier* AfP 2007, 19: Realakt). Auf diese findet grundsätzlich § 174 S. 1 BGB Anwendung (Palandt/*Heinrichs* BGB § 174 Rn. 2). Dies gilt auch für das Abdruck-/Veröffentlichungsverlangen einer Gegendarstellung (insoweit zutreffend: LG München AfP 2006, 573; zu dem im Übrigen fehlerhaften Urteil: *Sedelmeier* AfP 2007, 19). Um die Gefahr einer Zurückweisung auszuschließen, ist die gleichzeitige Vorlage einer Vollmachtsurkunde im Original erforderlich. Eine Zurückweisung des Abdruckverlangens mangels Vollmachtnachweises berührt richtiger Auffassung nach den Gegendarstellungsanspruch als solchen nicht, wenn eine ordnungsgemäße Gegendarstellung dem Verpflichteten zugegangen ist (→ Form. H.1 Anm. 1 f); *Sedelmeier* AfP 2007, 19). Eine berechtigte Zurückweisung eröffnet dem Verpflichteten im Verfahren nur die Möglichkeit eines sofortigen Anerkenntnisses unter Verwahrung gegen die Kostenlast (näheres *Sedelmeier* AfP 2007, 19 ff.). Anderes kann auch für Bayern trotz des Wortlauts des Art. 10 Abs. 1 S. 1 BayPrG nicht gelten, da das „Verlangen" einer Gegendarstellung auch dort kein zusätzliches (echtes) Tatbestandsmerkmal des Gegendarstellungsanspruchs ist, der allein durch Zugang einer ordnungsgemäßen Gegendarstellung entsteht (*Sedelmeier* AfP 2007, 19 ff.; aA LG München AfP 2006, 573).

3. Zuleitung der Gegendarstellung. Der Betroffene kann den Abdruck nur verlangen, wenn die Gegendarstellung dem verantwortlichen Redakteur oder dem Verleger unverzüglich, spätestens innerhalb der jeweiligen gesetzlichen Ausschlussfrist nach der Veröffentlichung zugeht. Nach Art. 10 BayPrG sind der verantwortliche Redakteur und der Verleger „auf Verlangen" einer unmittelbar betroffenen Person oder Behörde verpflichtet, eine Gegendarstellung abzudrucken. Nach § 10 HPresseG muss der Abdruck der Gegendarstellung „von dem Betroffenen oder seinem Vertreter ohne schuldhaftes Zögern verlangt werden".

Der Anspruch auf Abdruck einer Gegendarstellung entsteht erst, wenn eine nach Form und Inhalt einwandfreie Gegendarstellung (→ Form. H.1 Anm. 2 f.) zugeleitet worden ist. Das Zuleiten der Gegendarstellung ist keine rechtsgeschäftliche Willenserklärung, sondern Realhandlung. Es setzt damit weder Geschäftsfähigkeit noch eine Vollmacht voraus. Wird die Gegendarstellung auf Veranlassung des Betroffenen oder seines gesetzlichen Vertreters dem Verpflichteten zugeleitet, dann wird damit der verhaltene Anspruch zu einem konkreten Leistungsanspruch: der Betroffene kann jetzt den Abdruck der Gegendarstellung verlangen (OLG Köln AfP 1985, 151). Da das Gesetz auf das Zugehen der Gegendarstellung abstellt, ist § 130 BGB entsprechend anzuwenden. Die Erklärung ist in dem Augenblick zugegangen, in dem sie in den Machtbereich des Empfängers gelangt ist, so dass bei Annahme gewöhnlicher Verhältnisse damit gerechnet werden darf, dass der Empfänger von ihr Kenntnis nehmen konnte (RGZ 50, 104). Tatsächliche Kenntnisnahme ist nicht erforderlich. Die Erklärung ist zugegangen, wenn sie im Pressehaus in die Hände der Personen gelangt ist, die dazu bestimmt sind, Postsendungen für den Empfänger entgegenzunehmen. Empfänger sind nach Landespresserecht der verantwortliche Redakteur und der Verleger, nach Rundfunkrecht der Rundfunkveranstalter bzw. bei Telemedien der Anbieter. Geht die Gegendarstellung dem Verpflichteten nicht, in wesentlichem Umfang verstümmelt oder unleserlich zu, dann ist sie nicht zugeleitet. Zur Übermittlung per Telefax → Form. H.1 Anm. 1 f).

Die Zuleitung ist **fristgebunden**. Die ordnungsgemäße Gegendarstellung muss in allen Ländern – ausgenommen Bayern, das keine Frist kennt, sowie Hessen und nach dem MedienStVHSH, welche nur auf Unverzüglichkeit abstellen – dem Verpflichteten **unverzüglich nach Kenntnis, spätestens jedoch innerhalb der jeweiligen gesetzlichen Ausschluss-**

2. Aufforderungsschreiben zum Abdruck einer Gegendarstellung   H. 2

frist seit der in Frage stehenden Erstveröffentlichung zugehen. Beide Fristen (Unverzüglichkeit und Ausschlussfrist) müssen eingehalten werden. Im Pressebereich gilt überwiegend eine Ausschlussfrist von drei Monaten; für den Rundfunk betragen die Ausschlussfristen zwischen einem Monat und drei Monaten. Bei Telemedien sind zusätzlich zur Unverzüglichkeitsfrist zwei Ausschlussfristen zu beachten: sechs Wochen nach dem letzten Tage des Angebots des beanstandeten Textes, höchstens jedoch drei Monate nach der erstmaligen Einstellung des Angebots (§ 56 Abs. 2 Nr. 4 RStV). In Bayern muss die presserechtliche Gegendarstellung so rechtzeitig abdruckreif zugeleitet werden, dass das Gericht 1. Instanz auch nach mündlicher Verhandlung innerhalb der Aktualitätsgrenze (idR bis zu vier, bei Zeitschriften spätestens sechs Wochen) entscheiden kann (OLG München AfP 1998, 86; OLG München AfP 1999, 72; OLG München AfP 2001, 126; OLG München NJW-RR 2001, 137; OLG München NJW-RR 2002, 1271; OLG München Urt. v. 10.1.2006 – 18 U 5537/05: keine analoge Heranziehung der Unverzüglichkeitsregelung des Art. 18 BayMG; OLG München ZUM-RD 2014, 104). Unverzüglich bedeutet nach der Legaldefinition des § 121 Abs. 1 BGB „ohne schuldhaftes Zögern". Es bedeutet nicht dasselbe wie sofort. Ein Zögern schadet nicht, sofern es nicht schuldhaft ist. Bei Bemessung der Grenze der Unverzüglichkeit sind die konkreten Umstände des Einzelfalls zu berücksichtigen. Eine starre Frist besteht nach allgemeiner Meinung nicht (OLG Stuttgart AfP 2006, 252; OLG Dresden ZUM-RD 2007, 117; KG AfP 2009, 61; OLG Düsseldorf ZUM-RD 2012, 391; OLG Köln AfP 2014, 340). Entscheidend ist, dass die Gegendarstellung noch ihren Zweck erreicht. Eine Zuleitung innerhalb von zwei Wochen wahrt in aller Regel die Frist (OLG Stuttgart AfP 2006, 252; OLG Dresden ZUM-RD 2007, 117; OLG Hamburg NJW-RR 2001, 186; OLG Hamburg AfP 2011, 72; OLG Celle AfP 2010, 475; aA KG AfP 2009, 61, zwei Wochen nach den Umständen des Einzelfalls schon zu lang; ähnlich LG Dresden AfP 2010, 595), vier Wochen bei einer Tageszeitung sind idR zu lang (*Wenzel/Burkhardt* Kap. 11 Rn. 166 ff.). Bei der Beurteilung, ob unverzüglich gehandelt wurde, wird teilweise vertreten, dass auch eine Vorabübermittlung per Telefax zu berücksichtigen sei (str.; OLG Dresden ZUM-RD 2007, 117; aA OLG Hamburg AfP 2011, 72; → Form. H.1 Anm. 10). Ist der Betroffene in der Lage, eine Gegendarstellung innerhalb von zwei Wochen zuzuleiten, leidet die Gegendarstellung aber an schwerwiegenden Mängeln, ist die erneute Zuleitung einer korrigierten Gegendarstellung ca. zwei Wochen nach Zurückweisung des ersten Verlangens, nicht mehr fristgerecht (OLG Stuttgart ZUM 2000, 773; OLG Stuttgart AfP 2006, 252; OLG Köln AfP 2014, 340), da bei schwerwiegenden Mängeln die Unverzüglichkeitsfrist ab Kenntnis des Erstberichts zu bemessen ist. Im Übrigen kann dem Betroffenen die Gelegenheit zu geben sein, nach Zurückweisung der zugeleiteten Gegendarstellung eine überarbeitete Fassung erneut zuzuleiten. Die Unverzüglichkeitsfrist ist in diesem Fall eingehalten, wenn die überarbeitete Fassung unverzüglich, dh idR längstens innerhalb von zwei Wochen, nach Zurückweisung der zuvor zugeleiteten Gegendarstellung dem Verpflichteten zugeht (OLG Hamburg NJW 2001, 186; OLG Düsseldorf AfP 2001, 327; OLG Stuttgart AfP 2006, 252; *Wenzel/Burkhardt* Kap. 11 Rn. 173; anders in Bayern s. OLG München NJW-RR 2002, 1271; OLG München ZUM-RD 2014, 104).

Für den Beginn der Ausschlussfrist ist nicht der faktische Erstverkaufstag der Zeitung oder Zeitschrift maßgebend, sondern der in dem Druckwerk angegebene Tag des Erscheinens.

Die Frist gilt nur für die Zuleitung der Gegendarstellung. Für die Zeit nach der Zuleitung der Gegendarstellung gilt das gesetzliche Gebot der Unverzüglichkeit nicht. Gleichwohl besteht für die Rechtsverfolgung in diesem Bereich wie für jede andere Form der Durchsetzung prozessualer Ansprüche die Schranke des Rechtsmissbrauches, in Bayern ist die Aktualitätsgrenze zu beachten. Näheres s. *Löffler/Sedelmeier* § 11 Rn. 161; *Wenzel/Burkhardt* Kap. 11 Rn. 242.

4. Nicht nur von der Gegendarstellung, sondern auch von der Zuleitung ist das **Abdruck- bzw. Veröffentlichungsverlangen** zu unterscheiden. Das Abdruckverlangen ist an keine Form gebunden. Es kann auch mündlich, per Telefax etc gestellt werden.

Das Abdruckverlangen ist die Geltendmachung des Gegendarstellungsanspruches. Dies setzt ein vorausgegangenes oder gleichzeitiges Zugehen der ordnungsgemäßen Gegendarstellung voraus. Auch in Bayern und in Hessen, wo das Gesetz auf das Verlangen abstellt, kommt es entscheidend darauf an, dass dem Anspruchsverpflichteten eine ordnungsgemäße Gegendarstellung zugeht, so dass auch hier das Abdruckverlangen, das ohnehin in der Regel im Zuleiten zu sehen sein wird, keine andere Bedeutung hat als in den anderen Bundesländern. Zuleitung und Abdruckverlangen können zeitlich auseinanderfallen. Dies kann etwa der Fall sein, wenn die Gegendarstellung mit dem ausdrücklichen Bemerken zugeleitet wird, die Veröffentlichung werde im Augenblick noch nicht verlangt, weil zwischen den Parteien Verhandlungen über eine redaktionelle Richtigstellung schweben und der Betroffene vorsorglich zur Fristwahrung eine Gegendarstellung zuleitet. Werden dem Verpflichteten mehrere Fassungen einer Gegendarstellung zugeleitet, ist klarzustellen, welche verlangt wird. Evtl. ist das Rangverhältnis, in welchem die einzelnen Fassungen zueinander stehen, unmissverständlich darzustellen.

5. In Bayern Art. 10 BayPrG, Hessen § 9 HPresseG, Berlin § 10 BlnPrG, Mecklenburg-Vorpommern § 10 LPrG M-V, Sachsen § 10 SächsPresseG, Sachsen-Anhalt § 10 PresseG LSA, Brandenburg § 12 BbgPG, Rheinland-Pfalz § 11 LMG, Saarland § 10 SMG.

6. Abdruck-/Veröffentlichungspflicht. Gegendarstellungen dürfen und müssen nur mit dem Inhalt gedruckt bzw. veröffentlicht werden, mit dem sie dem Verpflichteten zugeleitet worden sind. Sie sollen jedoch den gleichen Empfängerkreis erreichen und die gleiche Aufmerksamkeit erfahren, wie die Erstmitteilung.

Im Interesse der im Gegendarstellungsrecht geltenden „Waffengleichheit" bestimmt das Landespresserecht (zumeist § 11 Abs. 3 LPG), dass der Abdruck in der nach Empfang der Einsendung nächstfolgenden, für den Druck nicht bereits abgeschlossenen Nummer, und zwar im gleichen Teil des Druckwerks und in gleicher Schrift wie der beanstandete Text, zu erfolgen hat. Nach dem Sinn und Zweck der Bestimmung gehört zur Erfüllung des Anspruchs aus § 11 LPG neben dem Abdruck die Verbreitung der Gegendarstellung. Die Gegendarstellung muss auch in allen Nebenausgaben veröffentlicht werden, in denen die Erstmitteilung erschienen ist, also zB in selbständigen Kopfblättern (zum Begriff vgl. *Löffler/Lehr* § 8 Rn. 109 ff.). Im Rundfunk sind Gegendarstellungen im gleichen Programm oder gleichen Programmbereich und zur gleichen oder einer der Erstsendung vergleichbaren Sendezeit zu verlesen. Gegendarstellungen in Telemedien sind in unmittelbarer Verknüpfung mit dem Erstbericht bzw. an vergleichbarer Stelle kostenlos anzubieten (§ 56 Abs. 1 S. 3, 4 RStV).

Die Verpflichteten haben die Gegendarstellung „ohne Einschaltungen und Weglassungen" (vgl. OLG München AfP 2001, 141), in Brandenburg auch „ohne Zusätze" abzudrucken. Sie darf nicht in die Spalte „Leserbriefe" abgeschoben werden (OLG Hamburg AfP 2010, 580). Nicht verboten ist eine kommentierende Stellungnahme der Presse, die der abgedruckten Gegendarstellung unmittelbar vorangehen oder folgen kann (sog. Redaktionsschwanz). Doch muss sich dieser Kommentar auf tatsächliche Angaben beschränken. Die rundfunkrechtlichen Regelungen sehen teilweise strenger vor, dass eine Erwiderung nicht am gleichen Tage erfolgen darf (vgl. zB § 15 Abs. 4 S. 2 MDR-StV). Bei Telemedien darf nach § 56 Abs. 1 S. 5 RStV eine Erwiderung nicht unmittelbar mit der Gegendarstellung verknüpft werden.

Die **Rechtzeitigkeit** des Abdrucks der Gegendarstellung ist gewahrt, wenn der Abdruck in der – nach Eingang der Gegendarstellung bei der Presse – nächstfolgenden Nummer der Zeitung oder Zeitschrift erfolgt, die im Augenblick der Einsendung für den Druck noch nicht abgeschlossen war. Für den Druck abgeschlossen ist die Nummer mit dem

2. Aufforderungsschreiben zum Abdruck einer Gegendarstellung H. 2

sog. Umbruch, dh der Zusammenstellung des Zeitungstextes zu einer „Nummer" und die Verteilung des Textes auf die verschiedenen Seiten dieser Nummer einschließlich der Aufmachung. Bei den großen Publikumszeitschriften ist an die Stelle des Umbruchs die Fertigstellung des sog. Layouts, dh der Aufmachung getreten, die zeitlich dem Umbruch erheblich vorangeht.

Im **gleichen Teil des Druckwerks und mit gleicher Schrift,** wie dies bei dem beanstandeten Text der Fall war, muss auch der Abdruck der Gegendarstellung erfolgen. In Bayern ist eine Gegendarstellung in demselben Teil (derselben Schrift) abzudrucken, was mit dem gleichen Teil (der gleichen Schrift) nicht identisch ist (OLG München AfP 2000, 386). Der Begriff des „gleichen Teiles des Druckwerks" ist eng zu fassen (vgl. *Löffler/ Sedelmeier* § 11 Rn. 174). Im „gleichen Teil" des Druckwerkes bedeutet nicht auf der „gleichen Seite", gleicher Teil kann aber auch die Titelseite oder ein Teil „Seite Drei" oder „Berlin Seite" sein (BVerfG NJW 1998, 1381; OLG München AfP 2000, 386; LG Koblenz AfP 2005, 291; OLG Karlsruhe AfP 2006, 168; OLG Karlsruhe AfP 2008, 315; KG NJW-RR 2009, 767; vgl. *Löffler/Sedelmeier* § 11 Rn. 174; *Wenzel/Burkhardt* Kap. 11 Rn. 187 ff.). Um zu verhindern, dass die Gegendarstellung an versteckter Stelle untergeht, fordert das Gesetz die gleiche Schrift wie die Erstmitteilung, so dass beiden Darstellungen im äußeren Schriftbild das gleiche Gewicht zukommt (vgl. OLG Karlsruhe AfP 2007, 54; OLG Karlsruhe AfP 2009, 267; KG NJW-RR 2009, 767; *Löffler/ Sedelmeier* § 11 Rn. 175). Dies bedeutet allerdings nicht zwangsläufig, dass stets die gleiche Schriftgröße zu verwenden ist. Vielmehr muss die redaktionelle Gestaltungsfreiheit, insbesondere hinsichtlich des Titelblatts, berücksichtigt werden (vgl. BVerfG NJW 1998, 1381; BVerfG NJW 2008, 1654; BVerfG NJW 2014, 766; OLG Karlsruhe AfP 2006, 168). Daher kann auch auf den Raum, den die Gegendarstellung im Vergleich zur Erstmitteilung erfordert, abzustellen sein (vgl. OLG Karlsruhe AfP 2006, 168; OLG Karlsruhe AfP 2007, 54; KG Urt. v. 28.11.2006 – 9 U 210/06; KG NJW-RR 2009, 767). Auch für Telemedien gilt das Prinzip der gleichen Aufmachung (Näheres: Beck RundfunkR/*Schulz* RStV § 56 Rn. 44; *Spindler/Schuster* RStV § 56 Rn. 21; *Wenzel/Burkhardt* Kap. 11 Rn. 355 zur Vorgängerregelung § 14 MDStV).

Aus dem Grundgedanken der Waffengleichheit ergibt sich, dass die Gegendarstellung unter einer **Überschrift** verlangt werden kann, wenn die Erstmitteilung eine entsprechende Überschrift hatte (→ Form. H.1 Anm. 2; Näheres *Löffler/Sedelmeier* § 11 Rn. 175).

Bremen hat in § 11 Abs. 3 S. 1 PrG die Sonderregelung getroffen, dass der Abdruck der Gegendarstellung nicht nur im gleichen Teil des Druckwerks erfolgen muss, sondern mit gleichwertiger Platzierung, gleicher Schriftgröße und „Auszeichnung".

Das Pressegesetz Brandenburgs enthält das **Verbot von Zusätzen.** Alle Landespressegesetze enthalten ferner eine **Glossierungsbeschränkung.** Äußert der Verpflichtete sich in derselben Nummer, hat er sich auf tatsächliche Angaben (→ Form. H.1 Anm. 5 a)) zu beschränken. Wertende Kommentierungen sind in der Ausgabe, in der die Gegendarstellung erscheint, unzulässig. Verstößt der Verpflichtete dagegen, wird durch die Veröffentlichung der Gegendarstellungsanspruch nicht erfüllt. Der Betroffene hat Anspruch auf erneute ordnungsgemäße Veröffentlichung (Näheres s. *Löffler/Sedelmeier* § 11 Rn. 162 ff.; *Wenzel/Burkhardt* Kap. 11 Rn. 199 ff.). Soweit sich das Medium zu der Gegendarstellung äußert, kann hinsichtlich der allein zulässigen tatsächlichen Angaben erneut eine Gegendarstellung verlangt werden. Die bloße Erklärung der Zeitung, dass an der bisherigen Behauptung festgehalten werde, ist jedoch nicht mehr gegendarstellungsfähig. Rundfunkrechtliche Regelungen verbieten teilweise jegliche Erwiderung auf die Gegendarstellung, zumeist muss sich eine Erwiderung ebenso wie im Pressebereich auf tatsächliche Angaben beschränken. Fehlt eine gesetzliche Glossierungsbeschränkung, wie etwa in § 9 RBB-StV, sind Wertungen in einer redaktionellen Anmerkung zu einer Gegendarstellung zulässig (KG AfP 2007, 492). Bei Telemedien darf eine Erwiderung nicht unmittelbar mit der Gegendarstellung verknüpft werden und muss sich ebenso auf tatsächliche Angaben beschränken. Der übliche Hinweis, dass der Anbieter zur Aufnahme der Gegendarstellung in sein Angebot gesetzlich verpflichtet ist, ist keine Erwiderung, sondern nur Hinweis auf die Rechtslage und von dem Verbot auszunehmen (*Spindler/Schuster/Mann* RStV § 56 Rn. 27). Soll die Wiederholung oder Bestätigung der Erstäußerung durch das Medium in einem Redaktionsschwanz verhindert werden, muss zugleich ein etwa bestehender Unterlassungsanspruch durchgesetzt werden (→ Form. H.6).

Zur späteren Änderung einer zugeleiteten Gegendarstellung → Form. H.4 Anm. 9; *Löffler/Sedelmeier* § 11 Rn. 158, 208 ff.

7. War die Erstmitteilung mit Überschrift oder Themenangabe im **Inhaltsverzeichnis** angekündigt und gibt das Inhaltsverzeichnis sämtliche Veröffentlichungen der Nummer einer Zeitschrift wider, so ist dort auch auf die Gegendarstellung mit einem thematischen Bezug hinzuweisen, wenn der Betroffene dies verlangt (OLG Hamburg AfP 2010, 580; Näheres *Löffler/Sedelmeier* § 11 Rn. 176). Zurückhaltender OLG München (OLG München NJW 1995, 2297) für den Fall, dass das Inhaltsverzeichnis nicht vollständig ist (krit. dazu *Wenzel/Burkhardt* Kap. 11 Rn. 208). Unterbleibt eine erforderliche Inhaltsankündigung, so muss die Gegendarstellung mit Inhaltsankündigung erneut abgedruckt werden.

8. Häufig werden Presseberichte und Rundfunksendungen im zugehörigen Online-Medium wortgleich veröffentlicht. In diesen Fällen empfiehlt sich die gleichzeitige Geltendmachung des Gegendarstellungsanspruchs nach § 56 RStV. Anbieter des Online-Dienstes muss jedoch der Verleger oder Rundfunkveranstalter sein. Ansonsten sind die Ansprüche getrennt geltend zu machen. Dies gilt auch, wenn der presserechtliche Anspruch gegenüber dem verantwortlichen Redakteur geltend gemacht wird, da bei Telemedien der Verantwortliche nicht Gegendarstellungsverpflichteter ist (*Wenzel/Burkhardt* Kap. 11 Rn. 348). Der telemedienrechtliche Gegendarstellungsanspruch ist ein weiterer Anspruch, der eigenständig geregelt ist, und bedarf daher der Zuleitung einer eigenständigen Gegendarstellung. Dabei ist insbesondere auf die zutreffende Formulierung der Anknüpfung (→ Form. H.1 Anm. 3) zu achten.

9. Über den Anspruch auf Veröffentlichung gemäß den gesetzlichen Vorschriften, evtl. mit entsprechenden Konkretisierungen hinsichtlich Ort und Schriftart bzw. -größe, hinausgehende Forderungen sind unzulässig. Möglich und zweckmäßig ist jedoch eine Fristsetzung, dh die Aufforderung, der Verpflichtete möge erklären, ob der geltend gemachte Anspruch anerkannt wird. Allerdings besteht keine Rechtspflicht des Verpflichteten zur Antwort. Äußert der Verpflichtete sich innerhalb einer gesetzten, angemessenen Frist (dazu *Wenzel/Burkhardt* Kap. 11 Rn. 178 f.) nicht und erfolgt innerhalb dieser Frist auch nicht die Veröffentlichung der verlangten Gegendarstellung, so gibt er aber Veranlassung, gerichtliche Hilfe in Anspruch zu nehmen, mit der Folge, dass er auch bei einem Anerkenntnis im Verfahren (§ 93 ZPO) oder zwischenzeitlichem Abdruck der Gegendarstellung die Verfahrenskosten zu tragen hat (KG AfP 2006, 476; KG AfP 2007, 245). Über eine innerhalb der gesetzten Frist erfolgte Veröffentlichung der Gegendarstellung muss der Verpflichtete den Betroffenen allerdings nicht unterrichten. Dies hat der Betroffene selbst zu prüfen.

Kosten und Gebühren

10. Der Abdruck einer ordnungsmäßigen Gegendarstellung hat grundsätzlich **kostenfrei** zu erfolgen. Einschränkungen dieses Grundsatzes bestehen hinsichtlich des Umfangs der Gegendarstellung in Bayern und Hessen. Eine Einschränkung hinsichtlich der Kosten solcher Gegendarstellungen, die den Anzeigenteil betreffen, enthalten die Landespressegesetze von Berlin, Bremen, Hamburg, Niedersachsen, Rheinland-Pfalz und Schleswig-Holstein (*Löffler/Sedelmeier* § 11 Rn. 179; *Wenzel/Burkhardt* Kap. 11 Rn. 210).

3. Ablehnung der Veröffentlichung einer Gegendarstellung

Da der Gegendarstellungsanspruch keine Rechtsverletzung voraussetzt, braucht der Verpflichtete die Anwaltskosten des Betroffenen grundsätzlich nicht zu erstatten. Eine Kostenerstattungspflicht sehen insbesondere die gesetzlichen Gegendarstellungsregelungen nicht vor. Ist die Erstmitteilung eine schuldhafte unerlaubte Handlung, kann der Betroffene die Erstattung notwendiger Anwaltskosten evtl. als Schadensersatz fordern (OLG Saarbrücken NJW 1997, 1376; LG Hamburg AfP 1990, 332). Ebenso kommt ein Kostenerstattungsanspruch hinsichtlich der nach Verzugseintritt entstandenen Gebühren in Betracht.

Für die Festsetzung der Gegenstandswerte zur Berechnung der Rechtsanwaltsvergütung gelten keine Besonderheiten. Vielfach verwendet wird ein Regelwert in Höhe von 10.000 EUR je Äußerung, der jedoch je nach Angelegenheit auch deutlich höher sein kann (BGH BeckRS 2015, 20631). Der Gegenstandswert einer Gegendarstellung gegen eine Printveröffentlichung und gegen eine inhaltsgleiche Online-Veröffentlichung ist grds. derselbe (KG AfP 2013, 65). Welcher Gebührensatz angemessen ist, hängt ua vom Umfang der anwaltlichen Tätigkeit ab. Das Veröffentlichungsverlangen als solches ist als eher einfache Tätigkeit anzusehen. Dies begründet nur einen Gebührenanspruch in Höhe der Regelgebühr nach VV 2300 RVG (vgl. BGH NJW 2015, 3793). Hat der Rechtsanwalt auch die Gegendarstellung zu formulieren, dürfte angesichts der rechtlichen Schwierigkeit eine 1,5 Geschäftsgebühr nach VV 2300 RVG angemessen sein.

Werden mehrere presserechtliche Ansprüche geltend gemacht, sind idR Unterlassungs-, Richtigstellungs- und Gegendarstellungsansprüche unterschiedliche Angelegenheiten iSd § 15 Abs. 2 S. 1 RVG (BGH NJW 2010, 3037; BGH BeckRS 2015, 20631; kritisch *Schlüter/Soehring* AfP 2011, 317). Je nach den Umständen des Einzelfalles können jedoch für und/oder gegen mehrere Personen geltend gemachte Gegendarstellungsansprüche eine Angelegenheit sein (BGH NJW 2011, 2591; BGH NJW 2011, 3167). Wird zunächst eine mehrgliedrige Gegendarstellung verlangt, von der nur einzelne Punkte veröffentlicht werden und verfolgt der Anspruchsberechtigte die noch offen Punkte (unverändert) weiter, handelt es sich um eine Angelegenheit und noch denselben (Teil)Gegenstand (BGH NJW 2011, 2509).

Fristen

11. → Anm. 3.

3. Ablehnung der Veröffentlichung einer Gegendarstellung

Sehr geehrte(r) Frau . . . . . . /Herr . . . . . .

Wir bestätigen den Eingang Ihres Schreibens vom . . . . . ., mit dem Sie die Veröffentlichung der Ihrem Schreiben beigefügten Gegendarstellung fordern. Wir sind zur Veröffentlichung der Gegendarstellung nicht bereit, da sie nicht den Anforderungen des Landespressegesetzes entspricht.[1]

Mit freundlichen Grüßen

Rechtsanwalt[2]

Anmerkungen

1. Die Veröffentlichung der Gegendarstellung kann abgelehnt werden, wenn diese in Form oder Inhalt nicht den gesetzlichen Erfordernissen entspricht, weil sie zB sich gegen Meinungsäußerungen richtet oder solche oder strafbare Ausführungen enthält. Widerspricht die Gegendarstellung nur zum Teil den gesetzlichen Erfordernissen, ist sie in anderen Teilen dagegen in Ordnung, so ist der Verpflichtete weder berechtigt noch verpflichtet, aus dem „Gemisch" das Unzulässige auszuscheiden und aus dem Zulässigen eine brauchbare Gegendarstellung zusammenzustellen. Der Verpflichtete darf weder eigenmächtig Passagen oder auch nur einzelne Wörter oder Wortteile weglassen noch darf er irgendwelche Ergänzungen (Einschaltungen) vornehmen (vgl. zB § 11 Abs. 3 LPresseG DW). Auch nur eine Unzulänglichkeit der Gegendarstellung berechtigt zu deren Zurückweisung (OLG Düsseldorf AfP 2008, 208 mwN; OLG Celle AfP 2010, 475; LG Berlin AfP 2008, 532). Es gilt das Alles-oder-nichts-Prinzip. Zum Abdruck eines Teils der Gegendarstellung ist der Verpflichtete auch dann nicht berechtigt oder gar verpflichtet, wenn der Betroffene eine Untergliederung seiner Gegendarstellung vorgenommen hat (OLG Düsseldorf AfP 2008, 208; *Löffler/Sedelmeier* § 11 Rn. 180; *Seitz* Kap. 8 Rn. 2; OLG Stuttgart AfP 1987, 420, meint, dass bei Aufforderung durch den Berechtigten, der Verpflichtete jedenfalls die unstreitigen Punkte veröffentlichen müsse. Dies ist abzulehnen vgl. *Seitz* Kap. 8 Rn. 2 Fn. 5). Will der Verpflichtete freiwillig eine zulässige Gegendarstellung zusammenstellen, so muss er zuvor die Einwilligung des Einsenders einholen. Andernfalls kann er wegen eines unzulässigen Teiles stets nur die ganze Gegendarstellung ablehnen. Dasselbe gilt hinsichtlich des unangemessenen großen Umfangs der Gegendarstellung (vgl. *Löffler/Sedelmeier* § 11 Rn. 135).

Grundsätzlich besteht keine Pflicht, dem Betroffenen mitzuteilen, **ob** die Gegendarstellung abgedruckt bzw. veröffentlicht wird oder nicht. Antwortet der Verpflichtete trotz Aufforderung zur Mitteilung und Fristsetzung (→ Form. H.2 Anm. 9) nicht, so ist dies nach Treu und Glauben eine Obliegenheitsverletzung, die Kostennachteile im Prozess nach sich ziehen kann (KG AfP 2006, 476). Dies gilt jedoch nur, wenn innerhalb der gesetzten Frist die Gegendarstellung nicht erschienen ist (KG AfP 2007, 245). Ob dies geschehen ist, hat der Betroffene selbst zu prüfen. Bei Tageszeitungen wird dem Betroffenen in der Regel zuzumuten sein, das Erscheinen der nächsterreichbaren Ausgabe abzuwarten. Insoweit dürfte schon wegen des Erfordernisses einer angemessenen Fristsetzung (*Wenzel/Burkhardt* Kap. 11 Rn. 179) auch keine frühere Antwort des Verpflichteten zu erwarten sein. Eine darüber hinausgehende Pflicht, eine Ablehnung zu **begründen** besteht nach hM jedoch nicht (LG Frankfurt a.M. AfP 2009, 73; *Löffler/Sedelmeier* § 11 Rn. 180 ff.; *Seitz* Kap. 8 Rn. 3 ff.). Eine Ausnahme gilt in Bayern für den Rundfunk. Art. 17 Abs. 4 BayRG und Art. 18 Abs. 1 S. 5 BayMG sehen vor, dass eine ablehnende Entscheidung unter Angabe der Gründe schriftlich zu verbescheiden ist. Hat der Verpflichtete auf das Abdruckverlangen gar nicht geantwortet, so geht die daraus resultierende Verzögerung zu seinen Lasten, wenn der Betroffene sodann unverzüglich eine geänderte Gegendarstellung (hilfsweise) zuleitet und geltend macht. Dies gilt nicht, wenn die erste Gegendarstellung an offensichtlichen und schwerwiegenden Mängel leidet (OLG Stuttgart AfP 2006, 252) und zwar auch dann, wenn die Gegendarstellung aus mehreren selbständigen Punkten besteht und einer dieser Punkte einen solchen offensichtlichen und schwerwiegenden Mangel enthält (aA LG Stuttgart Urt. v. 11.11.2008 – 17 O 539/08). Da dem Betroffenen zuzumuten ist, solche Fehler zu vermeiden, ist die Unverzüglichkeitsfrist ab Kenntnis der Erstmitteilung, nicht jedoch ab Zurückweisung der zunächst verlangten Gegendarstellung zu berechnen (str.). Im Übrigen kann es aber im eigenen Interesse des Verpflichteten liegen, auf Bedenken hinzuweisen, da das Ablehnungsschreiben im Hinblick auf die Pflicht zum vollständigen und wahrheitsgemäßen Vortrag einem

4. Antrag auf Anordnung der Veröffentlichung einer Gegendarstellung   H. 4

anzurufenden Gericht mit vorzulegen ist. Dadurch kann häufig eine gerichtliche Entscheidung im Beschlusswege vermieden werden.

Kosten und Gebühren

2. Ein Kostenerstattungsanspruch für die Abwehr einer unberechtigten Gegendarstellungsforderung besteht nicht. Dies gilt auch, wenn der Verpflichtete sich anwaltlicher Hilfe bedient und ihm hierfür Kosten entstehen. Mangels Vergleichbarkeit sind auch die durch die Rechtsprechung entwickelten Grundsätze bei unberechtigter Schutzrechtsverwarnungen nicht anzuwenden.
 Die rechtliche Prüfung einer Gegendarstellung lässt jedenfalls eine 1,3 Geschäftsgebühr nach VV 2300 RVG entstehen. Ob die Prüfung stets von gleicher rechtlicher Schwierigkeit ist, wie deren Formulierung (→ Form. H.2 Anm. 10), ist zu bezweifeln. Eine höhere Gebühr dürfte daher nur in Ausnahmefällen angezeigt sein.

4. Antrag auf Anordnung der Veröffentlichung einer Gegendarstellung

Landgericht (Amtsgericht)[2]

      Antrag[1] gem. § 11 LPG[3]

des ......   – Antragsteller[4] –

Prozessbevollmächtigter: RA ......

          gegen

1. den Verleger ......
2. den verantwortlichen Redakteur ......

                       – Antragsgegner[5] –

wegen Veröffentlichung einer Gegendarstellung.

Vorläufiger Streitwert: ...... EUR[6]

Namens und in Vollmacht des Antragstellers bitte ich unter Abkürzung der Einlassungs- und Ladungsfrist um Anberaumung eines möglichst nahen Termins zur mündlichen Verhandlung (vor der Kammer),[7] in dem ich beantragen werde:

1. Den Antragsgegnern als Gesamtschuldnern wird aufgegeben, in der nächsten für den Druck noch nicht abgeschlossenen Ausgabe der Zeitung ...... im Teil ...... unter Ankündigung im Inhaltsverzeichnis mit gleicher Schrift wie die Erstmitteilung[8] ohne Einschaltungen und Weglassungen die nachfolgende Gegendarstellung zu veröffentlichen:
......[9]
2. Die Antragsgegner haben als Gesamtschuldner die Kosten des Verfahrens zu tragen.

Begründung:

Der Antragsteller ist Betroffener der folgenden in der XY-Zeitung Nr. ...... vom ...... auf Seite ...... unter der Überschrift ...... aufgestellten Behauptung[10] ......

......

– Anlage 1 –

Der Antragsgegner zu 1. ist Verleger, der Antragsgegner zu 2. verantwortlicher Redakteur der Zeitung (Anlage 2).[11]

Der Antragsteller hat mit Schreiben vom . . . . . . (Anlage 3) den Antragsgegnern jeweils die Gegendarstellung (Anlage 4) im Original zugeleitet und deren Veröffentlichung verlangt. Die Gegendarstellung ist den Antragsgegnern am . . . . . . zugegangen.[12]

Die Antragsgegner haben den Abdruck grundlos verweigert.

Die Ankündigung im Inhaltsverzeichnis hat zu erfolgen, weil auch die Erstmitteilung im Inhaltsverzeichnis angekündigt war und das Inhaltsverzeichnis den Inhalt der Zeitung vollständig erfasst.[13]

Rechtsanwalt[14, 15, 16]

Anmerkungen

1. Die Durchsetzung des Gegendarstellungsanspruches. Die Landespressegesetze haben den Gegendarstellungsanspruch als zivilrechtlichen Anspruch ausgestaltet. Nach allen Landespressegesetzen ist er im Zivilrechtsweg vor den ordentlichen Gerichten durchsetzbar. Als einziges Land sieht Bayern neben der zivilrechtlichen noch eine Sicherung der Abdruckpflicht durch eine Ordnungswidrigkeitsvorschrift vor (Art. 12 Nr. 3 BayPrG). Sämtliche ab Mitte der 60er Jahre in Kraft getretenen Landespressegesetze mit Ausnahme von Sachsen stellen dafür ein eigenes, besonders ausgestaltetes Verfahren auf Anordnung des Abdruckes einer Gegendarstellung zur Verfügung, auf das die Vorschriften der Zivilprozessordnung über das Verfahren auf Erlass einer einstweiligen Verfügung entsprechend anzuwenden sind. In Bayern, Hessen und Sachsen sind die Verfahrensvorschriften der ZPO unmittelbar anzuwenden. Nach der Formulierung in Art. 10 Abs. 3 BayPrG kann der Anspruch sowohl im Hauptsacheverfahren als auch im einstweiligen Verfügungsverfahren verfolgt werden. Im Hinblick auf die Aktualitätsgrenze kommt aber praktisch nur das Verfügungsverfahren in Betracht. Für Hessen sieht § 10 Abs. 4 HPresseG das einstweilige Verfügungsverfahren ausdrücklich vor. Wird die Verpflichtung zur Veröffentlichung einer Gegendarstellung durch einstweilige Verfügung rechtskräftig ausgesprochen, fehlt für einen Antrag nach § 926 Abs. 1 ZPO das Rechtsschutzbedürfnis (OLG Frankfurt NJW-RR 2002, 1474). Sachsen lässt die Geltendmachung des Abdruckanspruchs „auch" im Verfahren der einstweiligen Verfügung zu. Das deutet darauf hin, dass nach dem Willen des Gesetzgebers das ordentliche Klageverfahren wahlweise zur Verfügung stehen soll. Die meisten übrigen Landespressegesetze schließen ausdrücklich das ordentliche Klageverfahren aus oder sie erklären § 926 ZPO für unanwendbar. Auch soweit kein ausdrücklicher Ausschluss des Hauptverfahrens gesetzlich vorgesehen ist, ist das Hauptverfahren neben dem besonderen presserechtlichen Verfahren nicht zulässig. Im Verfahren nach § 11 LPG können andere Ansprüche – etwa Unterlassungsansprüche – nicht zusammen mit dem Anspruch auf Abdruck der Gegendarstellung geltend gemacht werden, da das Verfahren nach § 11 LPG kein einstweiliges Verfügungsverfahren ist, sondern ein spezifisches presserechtliches Verfahren, auf das lediglich die Vorschriften über die einstweilige Verfügung entsprechende Anwendung finden (*Löffler/Sedelmeier* § 11 Rn. 189; aA OLG Bremen NJW 2011, 1611).

Für die Einleitung des Verfahrens sehen die Landespressegesetze, anders als für die Zuleitung der Gegendarstellung (→ Form. H.2 Anm. 3), keine **Frist** vor. Für die Zeit nach der Zuleitung der Gegendarstellung gilt das gesetzliche Gebot der Unverzüglichkeit nicht. Aus dem Zweck der Gegendarstellung, auf die Erstmitteilung zu erwidern, solange sie

4. Antrag auf Anordnung der Veröffentlichung einer Gegendarstellung H. 4

aktuell ist, lässt sich aber folgern, dass ein durch rechtzeitige Übersendung entstandener Anspruch verwirkt wird, wenn der Betroffene mit der Einleitung des Verfahrens zu lange zögert. Fünf Monate nach endgültiger Zurückweisung des Gegendarstellungsverlangens ist auch bei einer monatlichen Erscheinungsweise zu lang (OLGR Frankfurt 2001, 52). In Bayern muss der Antrag bei Gericht so rechtzeitig gestellt werden, dass das Gericht 1. Instanz auch nach mündlicher Verhandlung innerhalb der Aktualitätsgrenze, idR bis zu vier, bei Zeitschriften spätestens sechs Wochen, entscheiden kann (OLG München AfP 1998, 86; OLG München AfP 1999, 72; OLG München AfP 2001, 126; OLG München NJW-RR 2001, 137; OLG München NJW-RR 2002, 1271).

Sämtliche Pressegesetze, die das besondere Verfahren vorsehen, sehen vor, dass eine **Gefährdung des Anspruches** nicht glaubhaft gemacht zu werden braucht. Dies ist eine Selbstverständlichkeit: Da das besondere Verfahren auf Anordnung der Gegendarstellung das einzige zur Verfügung stehende Verfahren ist, kann die Anordnung des Abdruckes nicht von einer besonderen **Dringlichkeit** abhängig sein, deren Fehlen normalerweise lediglich zur Folge hat, dass der Anspruch nur im ordentlichen Klageverfahren durchgesetzt werden kann. Ist der materielle Anspruch nicht verwirkt – etwa weil die Parteien längere Zeit miteinander verhandelt haben – dann kommt eine Verneinung der Dringlichkeit und damit des Verfügungsgrundes nicht in Betracht. In Bayern ist aber die Aktualitätsgrenze zu beachten.

2. Die **sachliche Zuständigkeit** richtet sich nach dem Streitwert, bis 5.000 EUR Amtsgericht, ab 5.000,01 EUR Landgericht (§§ 23 Nr. 1, 71 Abs. 1 GVG). **Örtlich zuständig** ist nach hM das Gericht am allgemeinen Gerichtsstand des Verpflichteten, dh am Sitz der Verlagsgesellschaft oder der Rundfunkanstalt bzw. -senders oder Telemedienanbieters (§ 17 ZPO), ggf. am Sitz der gewerblichen Niederlassung (§ 21 ZPO) oder am Wohnsitz des Verlegers bzw. des verantwortlichen Redakteurs (§ 13 ZPO). Der Gerichtsstand der unerlaubten Handlung ist nicht gegeben (OLGR Frankfurt 2001, 52). Der verantwortliche Redakteur ist nach hM an seinem privaten Wohnsitz, nicht am Sitz der Redaktion zu verklagen, Näheres s. *Löffler/Sedelmeier* § 11 Rn. 192. Ist der Anspruch gegen Verlag und verantwortlichen Redakteur vor unterschiedlichen Gerichten geltend zu machen, ist zwar die Bestimmung eines gemeinsamen Gerichtsstands nach § 36 Abs. 1 Nr. 3 ZPO möglich. Das Verfahren dürfte für den auf Aktualität angewiesenen Gegendarstellungsanspruch aber ungeeignet sein. Zumeist ist es vorzuziehen, entweder nur einen der Verpflichteten in Anspruch zu nehmen oder aber diese vor dem jeweils örtlich zuständigen Gericht in Anspruch zu nehmen. Wird der Anspruch von beiden Gerichten zuerkannt, ist gleichwohl nur eine Gegendarstellung zu veröffentlichen. Kommt es zu unterschiedlichen Entscheidungen, kann der Betroffene wählen, welche der Entscheidung er durchsetzen will (*Wenzel/Burkhardt* Kap. 11 Rn. 232).

Befindet sich die Redaktion oder der Wohnsitz des verantwortlichen Redakteurs in einem anderen Bundesland als der Verlag oder fallen Verlagsort und Erscheinungsort auseinander, hat das angerufene Gericht gleichwohl das **Presserecht des Erscheinungsortes** anzuwenden.

3. In Bayern Art. 10 BayPrG, Hessen § 9 HPresseG, Berlin § 10 BlnPrG, Mecklenburg-Vorpommern § 10 LPrG M-V, Sachsen § 10 SächsPresseG, Sachsen-Anhalt § 10 PresseG LSA, Brandenburg § 12 BbgPG, Rheinland-Pfalz § 11 LMG, Saarland § 10 SMG. Nicht unüblich ist die Bezeichnung „Antrag auf Erlass einer einstweiligen Verfügung", obgleich dies die überwiegend in den LPG vorgesehene eigenständige landesrechtliche Verfahrensart nicht erkennen lässt (→ Anm. 1).

4. → Form. H.1 Anm. 1 c). Hat eine Stelle die Gegendarstellung verlangt, ist Partei des gerichtlichen Verfahrens die hinter der Stelle stehende parteifähige Person (LG München I AfP 2006, 279). Dies ist zB bei einer Landesbehörde das Land.

5. → Form. H.1 Anm. 1 d). Wechselt der Verleger nach dem Erscheinen der beanstandeten Erstmitteilung, ist der neue Verleger passivlegitimiert (*Wenzel/Burkhardt* Kap. 11 Rn. 90). Bei einem Wechsel im Laufe des Verfahrens gelten §§ 265, 325 ZPO. Der bisherige Verleger führt den Rechtsstreit in gesetzlicher Prozessstandschaft fort. Gleiches gilt für den verantwortlichen Redakteur sowie für die Rundfunkveranstalter und Anbieter von Telemedien.

6. Für durchschnittliche Verfahren wird überwiegend ein Regelstreitwert von 10.000 EUR je Äußerung angenommen. Je nach Bedeutung der Angelegenheit kommen auch deutlich höhere Streitwerte in Betracht. Bei der Bemessung sind ua das Medium, in dem die Äußerung enthalten war, dessen Verbreitungsgrad und Bedeutung für die öffentliche Meinungsbildung, Platzierung der Erstäußerung, zB auf dem Titelblatt, und die mögliche Beeinträchtigung des Betroffenen durch den Inhalt der Erstmitteilung zu berücksichtigen.

7. Da die Vorschriften über den Erlass einer einstweiligen Verfügung entsprechend anwendbar sind, ist auch der Antrag möglich, die Veröffentlichung der Gegendarstellung **ohne mündliche Verhandlung** anzuordnen, wenn die besondere Dringlichkeit nach § 937 ZPO gegeben ist und glaubhaft gemacht wird. Die Anordnung ohne mündliche Verhandlung ist im Hinblick auf die Vielzahl der möglichen Einwendungen und der sofortigen Vollstreckbarkeit zumeist unzweckmäßig, gleichwohl ständige Praxis des LG Hamburg mit Billigung des Hanseatischen OLG (s. dazu *Löffler/Sedelmeier* § 11 Rn. 205). Soweit eine Entscheidung durch den Einzelrichter nicht gewünscht ist, ist dies in der Antragsschrift zu begründen (§ 253 Abs. 3 Nr. 3 ZPO).

8. Die **Veröffentlichungsmodalitäten** können vom Gericht nach freiem Ermessen entsprechend § 938 ZPO angeordnet werden, und zwar auch dann, wenn der Antragsteller dies nicht beantragt hat. So können beispielsweise die Platzierung, die Schriftgröße und Aufmachung, die Art der Gestaltung der Überschrift und die Erwähnung der Gegendarstellung im Inhaltsverzeichnis vom Gericht nach § 938 ZPO bestimmt werden.

9. Der Antrag hat den Text der zugeleiteten Gegendarstellung korrekt wiederzugeben. Das Gericht ist nicht berechtigt, gemäß § 938 ZPO im Gegendarstellungsverfahren den Inhalt der Gegendarstellung zu ändern (OLG Hamburg NJW-RR 1995, 1053; OLG Hamburg AfP 1989, 465; OLG Frankfurt AfP 2008, 628; aA noch OLG Frankfurt NJW-RR 1986, 606; KG AfP 1984, 228; KG ZUM-RD 2005, 53; KG AfP 2006, 565). Wenn der verpflichtete Verleger oder verantwortliche Redakteur an der Gegendarstellung nichts ändern darf, kann es unmöglich zulässig sein, dass das Gericht ihm durch Beschluss oder Urteil die Veröffentlichung einer geänderten Gegendarstellung auferlegt. Es gilt das Alles-oder-nichts-Prinzip: Ist die Gegendarstellung auch nur in einem Punkt unzulässig, dann muss der Antrag ganz abgewiesen werden. Änderungen durch das Gericht sind generell unzulässig, Teilabweisung ist nicht möglich. Daher hat sich insbesondere bei den Hamburger Gerichten die Praxis gebildet, den Antragsteller auf Bedenken telefonisch hinzuweisen und Gelegenheit zu geben, eine Neufassung dem Verpflichteten zuzuleiten, die dann Gegenstand eines weiteren Antrags nach Rücknahme des bisherigen ist. Eine Teilverurteilung kommt im Übrigen nur auf Grund eines Hilfsantrages in Betracht. Etwa wenn eine nachgebesserte Fassung dem Verlag oder dem verantwortlichen Redakteur – nicht dem Prozessbevollmächtigten – zugeleitet worden ist (OLG Hamburg AfP 1989, 465) und der Verpflichtete Gelegenheit hatte, den Hilfsantrag unter Verwahrung gegen die Kosten anzuerkennen (OLG Köln AfP 1989, 656).

Änderungen kann nur der Antragsteller durch persönliche Erklärung selbst vornehmen, indem er entweder von sich aus oder auf Anregung durch das Gericht gem. § 139 ZPO eine neue geänderte Gegendarstellung verlangt. Dieses neue Verlangen einer Gegendarstellung muss den formellen und inhaltlichen Anforderungen des Gesetzes in vollem Umfang entsprechen. Grundsätzlich muss deshalb eine geänderte Gegendarstellung dem verantwortlichen Redakteur und/oder dem Verleger in der gesetzlichen Schriftform handschriftlich unterzeichnet noch einmal zugeleitet werde. Die Zuleitung einer geänderten Gegendarstellung ist im Termin zur mündlichen Verhandlung nur möglich, wenn der Verpflichtete anwesend ist. Der Prozessanwalt ist im Allgemeinen weder verpflichtet noch rechtlich in der Lage, eine geänderte und damit neue Gegendarstellung entgegen zu nehmen. Handelt es sich lediglich um den Wegfall eines selbständigen Punkts einer mehrgliedrigen Gegendarstellung, bedarf dies nach Auffassung verschiedener Gerichte nicht einer erneuten Zuleitung einer gekürzten Gegendarstellung. Vielmehr kann das Gericht aufgrund eines entsprechenden Hilfsantrags bzw. entsprechende ausdrückliche Ermächtigung des Antragstellers die Veröffentlichung der gekürzten Gegendarstellung anordnen. Die Gerichtsgebräuche sind im Detail sehr unterschiedlich (vgl. KG ZUM-RD 2005, 53; KG AfP 2006, 565; OLG München AfP 1998, 523; OLG München AfP 2000, 172; OLG München AfP 2003, 70; OLG Celle NJW-RR 1995, 794; OLG Brandenburg NJW-RR 1998, 326; OLG Karlsruhe NJW-RR 2003, 109; OLG Frankfurt AfP 2008, 628; *Löffler/Sedelmeier* § 11 Rn. 208 ff.; *Seitz* Kap. 12 Rn. 1 ff.; *Wenzel/Burkhardt* Kap. 11 Rn. 255 ff.).

10. Soweit sich die Betroffenheit des Antragstellers nicht unmittelbar aus der Erstmitteilung ergibt, ist hierzu vorzutragen und der Vortrag glaubhaft zu machen, da der Antragsteller insoweit die Darlegungs- und Glaubhaftmachungslast trägt.

11. Die Angaben können dem Impressum entnommen werden. Da der Antragsteller auch insoweit darlegungs- und glaubhaftmachungspflichtig ist, empfiehlt es sich, eine Kopie des Impressums beizufügen.

12. Zuleitung der Gegendarstellung vor Einleitung des Verfahrens ist Anspruchsvoraussetzung. Das erfolglose Abdruckverlangen ist entgegen früherer Auffassung nicht Prozess- und auch nicht Anspruchsvoraussetzung, sondern es begründet lediglich den Anlass zur Klageerhebung. Die anspruchsbegründenden Tatsachen sind **glaubhaft zu machen**: die Betroffenheit, die gesetzliche Vertretung des Betroffenen, die Passivlegitimation, die Zuleitung, das Abdruckverlangen und ggfls. die Ablehnung bzw. das Nichtveröffentlichen der Gegendarstellung innerhalb der gesetzlichen Frist. Es empfiehlt sich in jedem Falle, die Erstmitteilung im Wortlaut und das Impressum zur Glaubhaftmachung der Passivlegitimation vorzulegen. Grundsätzlich keiner Glaubhaftmachung bedarf die Unwahrheit der Erstmitteilung und die Wahrheit der Entgegnung (*Wenzel/Burkhardt* Kap. 11 Rn. 243). Auch bei Prüfung der Frage einer etwaigen offensichtlichen Unwahrheit der Gegendarstellung darf in eine Würdigung von Glaubhaftmachungsmittel über Wahrheit oder Unwahrheit nicht eingetreten werden (OLG München ZUM-RD 2002, 471). Gelegentlich kann aber die Vorlage entsprechender Glaubhaftmachungsmittel zum Vorwurf offensichtlicher Unwahrheit hilfreich sein.

13. → Form. H.2 Anm. 7.

Kosten und Gebühren

14. Es gelten die allgemeinen Grundsätze.
Bei der Kostengrundentscheidung ist zu beachten, dass jede neue Fassung einer Gegendarstellung einen eigenen Streitgegenstand darstellt (OLG Hamburg AfP 1984, 155; OLG Koblenz NJW-RR 1998, 23; OLG Stuttgart AfP 2006, 252; LG Frankfurt AfP 2009, 73; *Löffler/Sedelmeier* § 11 Rn. 153; *Wenzel/Burkhardt* Kap. 11 Rn. 262). Dies führt dazu, dass bei sofortigem Anerkenntnis nach zulässiger Änderung, die die Gegendarstellung erst abdruckfähig macht, die Kosten grundsätzlich der Antragsteller trägt. Eine Teilung der Kosten kommt nur in Betracht, wenn der Antragsgegner nach zulässiger Änderung

der Gegendarstellung den Anspruch nicht anerkennt und das Gericht unter Zurückweisung des Hauptantrages dem Hilfsantrag stattgibt.

Von den Kosten des Verfahrens sind die Kosten zu unterscheiden, die durch die Formulierung der Gegendarstellung, die Zuleitung und das außergerichtliche Abdruckverlangen entstehen. Diese Kosten sind grundsätzlich nicht erstattungsfähig, außer beim Nachweis der Voraussetzungen eines Schadensersatzanspruches nach § 823 BGB und bei Verzug (→ Form. H.2 Anm. 10). Zur Anrechnung der vorgerichtlichen Gebühren auf angefallene und bereits ausgeglichene Verfahrensgebühr BGH NJW 2011, 2509.

Zum Streitwert → Anm. 6.

Fristen

15. Für die Zuleitung der Gegendarstellung → Form. H.2 Anm. 3.
Für die gerichtliche Geltendmachung → Anm. 1.

Vollziehung und Vollstreckung

16. Die Anordnung der Veröffentlichung einer Gegendarstellung bedarf der Vollziehung innerhalb der Monatsfrist nach § 929 Abs. 2 ZPO. Sie hat auf Betreiben des Betroffenen durch Parteizustellung erfolgen. Wird die fristgerechte Vollziehung versäumt, ist die Anordnung/einstweilige Verfügung auf Antrag im Widerspruchsverfahren oder im Verfahren nach § 927 ZPO aufzuheben. Dies gilt auch, wenn eine erstinstanzlich ausgeurteilte Gegendarstellung im Berufungsverfahren nicht nur geringfügig geändert wird und eine erneute Vollziehung innerhalb der erneuten Vollziehungsfrist nicht erfolgt (OLG Karlsruhe AfP 2008, 524).

Umstritten ist, ob zur Vollziehung einer einstweiligen Verfügung auf Veröffentlichung einer Gegendarstellung zusätzlich zur Parteizustellung ein Antrag auf Festsetzung von Zwangsmitteln nach § 888 ZPO erforderlich ist. Richtigerweise ist dies zu verneinen (OLG München ZUM-RD 2003, 92; OLG München AfP 2007, 53; *Wenzel/Burkhardt* Kap. 11 Rn. 276; aA OLG Rostock Urt. v. 20.2.2002 – 2 U 5/02; OLG Rostock MDR 2006, 1425; OLG Hamburg GRUR 1997, 147; OLG Koblenz AfP 2009, 59).

Die Gegendarstellung ist so zu veröffentlichen, wie dies im Tenor angeordnet ist. Bei nicht ordnungsgemäßer Veröffentlichung, zB unzulässiger Glossierung, kann die **nochmalige, ordnungsgemäße Veröffentlichung** der Gegendarstellung ggf. im Wege der Zwangsvollstreckung nach § 888 ZPO verlangt werden (OLG Brandenburg NJW-RR 2000, 832).

Die **Vollstreckung** des Gegendarstellungstitels erfolgt nach § 888 ZPO (vgl. OLG München AfP 2008, 309). Besteht Anlass zu der Annahme, dass der Verpflichtete einer Anordnung nicht freiwillig nachkommen wird, kann der Antrag nach § 888 ZPO schon mit dem Verfügungsantrag oder im Termin gestellt werden. Über den Antrag ist nach Anhörung des Schuldners (§ 891 ZPO) durch Beschluss zu entscheiden. Dies kann jedoch nicht zusammen mit dem Urteil geschehen, weil die Zwangsvollstreckung erst nach Zustellung des Titels beginnen darf (§ 750 ZPO). Es müssen die allgemeinen Zwangsvollstreckungsvoraussetzungen erfüllt sein (vgl. dazu Zöller/*Stöber* ZPO vor § 704 Rn. 14–17, § 888 Rn. 5 ff.). Ein Verschulden ist nicht erforderlich.

Ist der Rechtsweg noch nicht ausgeschöpft, kann gegen die Anordnung der Veröffentlichung einer Gegendarstellung **Antrag auf einstweilige Einstellung der Zwangsvollstreckung** gestellt werden, da die Veröffentlichung der Gegendarstellung irreversibel ist. Umstritten ist, ob eine einstweilige Einstellung bereits dann in Betracht kommt, wenn der Widerspruch oder die Berufung nicht völlig aussichtslos sind bzw. ernsthafte Zweifel an der Rechtmäßigkeit bestehen (vgl. BerlVerfGH NJW 2008, 3491; LG Stuttgart Beschl. v. 22.10.2008 – 17 O 539/08; *Wenzel/Burkhardt* Kap. 11 Rn. 281; *Seitz/Schmidt/Schoener*, 3. Aufl.,

Rn. 752, 787; Götting/Schertz/Seitz/*Spangler* § 55 Rn. 87) oder strengere Anforderungen zu stellen sind (so OLG Karlsruhe AfP 1999, 506; OLG Brandenburg NJW-RR 2002, 190; OLG Düsseldorf AfP 2008, 83; OLG Koblenz AfP 2009, 59 nur bei offensichtlicher Erfolgsaussicht; differenzierend nun *Seitz* Kap. 13 Rn. 2, Kap. 14 Rn. 21). Nach Ansicht des OLG Stuttgart (OLG Stuttgart Beschl. v. 17.12.2013 – 4 U 24/13) ist einstweilige Einstellung der Zwangsvollstreckung jedenfalls dann anzuordnen, wenn nach dem Sach- und Streitstand zum Zeitpunkt der Entscheidung über einen diesbezüglichen Antrag die Berufung Erfolg haben wird. Dabei sind rechtliche Fragen möglichst erschöpfend und genauso zu prüfen, wie vor Erlass eines Berufungsurteils, soweit dies zeitlich möglich ist.

Umstritten ist, ob § 945 ZPO mit der Folge Anwendung findet, dass bei Aufhebung des Gegendarstellungstitels der Betroffene **schadensersatzpflichtig** ist (vgl. *Löffler/Sedelmeier* § 11 Rn. 226; *Wenzel/Burkhardt* Kap. 11 Rn. 282).

5. Antrag auf Abweisung eines Antrags auf Veröffentlichung einer Gegendarstellung

Landgericht (Amtsgericht) . . . . . .

In Sachen

. . . . . . /. . . . . .

zeigen wir an, dass wir den Antragsgegner vertreten.

Wir werden beantragen,

den Antrag[1] kostenpflichtig zurückzuweisen.[2]

Begründung:[3]

1. a) Der Antragsgegner ist nicht passivlegitimiert, weil er weder Verleger noch verantwortlicher Redakteur ist.
   b) Der Antragsteller ist nicht aktivlegitimiert, weil er durch die streitgegenständliche Veröffentlichung nicht betroffen ist.
   c) Der Antragsgegner ist nicht gegendarstellungspflichtig, weil die Erstmitteilung nicht in einem periodischen Druckwerk erschienen ist.[4]
   d) Der Antragsgegner ist nicht gegendarstellungspflichtig, weil die Erstmitteilung in einer amtlichen/harmlosen Druckschrift enthalten war.[5]
   e) Die Verpflichtung zum Abdruck einer Gegendarstellung besteht nicht, weil die Erstmitteilung in einer Anzeige enthalten war, die ausschließlich dem geschäftlichen Verkehr dient.[6]
   f) Eine Verpflichtung zur Veröffentlichung der Gegendarstellung besteht nicht, weil die Erstmitteilung ein wahrheitsgetreuer Bericht über eine öffentliche Sitzung eines gesetzgebenden oder beschließenden Organs bzw. eines Gerichts war.[7]
   g) Das Gegendarstellungsverlangen wurde wegen des fehlenden Nachweises der Bevollmächtigung unverzüglich zurückgewiesen.[8]
2. Die Gegendarstellung entspricht nach Form und Inhalt nicht § 11 LPG:
   a) Die Gegendarstellung ist nicht fristgemäß zugeleitet worden.
   b) Die Gegendarstellung ist vom Betroffenen (alt. vom gesetzlichen Vertreter des Betroffenen[9]) nicht eigenhändig handschriftlich unterzeichnet.
   c) Die Gegendarstellung bezieht sich nicht auf Tatsachenbehauptungen in der Erstmitteilung, sondern auf Meinungsäußerungen.

d) Die Gegendarstellung besteht ihrerseits nicht aus tatsächlichen Behauptungen, sondern aus Meinungsäußerungen.
e) Zwischen der Gegendarstellung und der Behauptung in der Erstmitteilung, an die sie anknüpft, besteht kein innerer Bezug.
3. Die Gegendarstellung braucht nicht veröffentlicht zu werden, weil
a) sie strafbaren Inhalt hat . . . . . .,
b) sie unangemessen lang ist . . . . . .,
c) an ihrer Veröffentlichung kein berechtigtes Interesse besteht, weil . . . . . .

Rechtsanwalt

Anmerkungen

1. Üblich, wenngleich nicht erforderlich, ist es, den gestellten Antrag, der zurückgewiesen werden soll, näher zu bezeichnen, etwa „gemäß § 11 LPG auf Veröffentlichung einer Gegendarstellung" bzw. „auf Erlass einer einstweiligen Verfügung".

2. Wurde ohne mündliche Verhandlung die Veröffentlichung einer Gegendarstellung im Beschlusswege bereits angeordnet, ist **Widerspruch** einzulegen: „Namens und in Vollmacht des Antragsgegners legen wir gegen den Beschluss des . . . . . . (Gerichts) vom . . . . . ., Az . . . . . ., Widerspruch ein. Wir bitten, einen möglichst nahen Termin zur mündlichen Verhandlung anzuberaumen, in dem wir beantragen werden: 1. Die Anordnung der Veröffentlichung einer Gegendarstellung/einstweilige Verfügung vom . . . . . . wird aufgehoben und der Antrag auf deren Erlass des Antragstellers vom . . . . . . wird zurückgewiesen. 2. Der Antragsteller trägt die Kosten des Rechtsstreits."
Der Widerspruch kann mit einem **Antrag auf einstweilige Einstellung der Zwangsvollstreckung** verbunden werden, da die Veröffentlichung der Gegendarstellung irreversibel ist. Umstritten ist, ob eine einstweilige Einstellung bereits dann in Betracht kommt, wenn der Widerspruch oder die Berufung nicht völlig aussichtslos sind bzw. ernsthafte Zweifel an der Rechtmäßigkeit bestehen (vgl. BerlVerfGH NJW 2008, 3491; LG Stuttgart Beschl. v. 22.10.2008 – 17 O 539/08; *Wenzel/Burkhardt* Kap. 11 Rn. 281; *Seitz/Schmidt/Schoener*, 3. Aufl., Rn. 752, 787; *Götting/Schertz/Seitz/Spangler* § 55 Rn. 87) oder strengere Anforderungen zu stellen sind (so OLG Karlsruhe AfP 1999, 506; OLG Brandenburg NJW-RR 2002, 190; OLG Düsseldorf AfP 2008, 83; OLG Koblenz AfP 2009, 59 nur bei offensichtlicher Erfolgsaussicht; differenzierend nun *Seitz* Kap. 13 Rn. 2, Kap. 14 Rn. 21). Nach Ansicht des OLG Stuttgart (OLG Stuttgart Beschluss v. 17.12.2013 – 4 U 24/13) ist einstweilige Einstellung der Zwangsvollstreckung jedenfalls dann anzuordnen, wenn nach dem Sach- und Streitstand zum Zeitpunkt der Entscheidung über einen diesbezüglichen Antrag die Berufung Erfolg haben wird. Dabei sind rechtliche Fragen möglichst erschöpfend und genauso zu prüfen, wie vor Erlass eines Berufungsurteils, soweit dies zeitlich möglich ist.

3. Es sind die wesentlichen und häufigsten Einwendungen gegen die Verpflichtung zum Abdruck einer Gegendarstellung zusammengefasst. Vorzutragen sind nur die zutreffenden Einwendungen unter Darlegung und Glaubhaftmachung der tatsächlichen Umstände.

4. Besonderheiten in Bayern → Form. H.1 Anm. 1 c); *Löffler/Sedelmeier* § 11 Rn. 81.

5. Besonderheiten in Bayern und Sachsen → Form. H.1 Anm. 1 e); *Löffler/Lehr* § 7 Rn. 57 f.

6. Besonderheiten in Bayern, Hamburg, Hessen, Mecklenburg-Vorpommern und Schleswig-Holstein → Form. 1 Anm. 1 e); *Löffler/Sedelmeier* § 11 Rn. 71.

7. Nicht bei Gerichtsberichten in Bayern → Form. H.1 Anm. 1 e); *Löffler/Sedelmeier* § 11 Rn. 71; *Wenzel/Burkhardt* Kap. 11 Rn. 60 ff.

8. → Form. H.2 Anm. 2.

9. Zur gewillkürten Vertretung in Berlin, Bremen, Niedersachsen (OLG Celle) und Sachsen-Anhalt → Form. H.1 Anm. 10; *Löffler/Sedelmeier* § 11 Rn. 146 ff. Ist rechtsgeschäftliche Vertretung zulässig, wird aber der Vertretene nicht eindeutig bezeichnet, ist die Gegendarstellung ebenso nicht veröffentlichungspflichtig (KG AfP 2008, 394; *Wenzel/Burkhardt* Kap. 11 Rn. 149, 155).

6. Unterlassungsanspruch – vorprozessuale Abmahnung

Sehr geehrte Damen und Herren,[1, 2, 3]

A.[4] hat mich mit der Wahrnehmung seiner Interessen beauftragt. Eine Originalvollmacht ist beigefügt.[5]

In der XY-Zeitung Nr. . . . . . . vom . . . . . . auf Seite . . . . . . haben Sie unter der Überschrift . . . . . . über A. folgendes behauptet:

. . . . . .

Die Behauptung ist rechtswidrig. Sie stellt aus den nachfolgend dargelegten Gründen eine unwahre Tatsachenbehauptung/eine die Grenze zur Schmähkritik überschreitende Meinungsäußerung dar[6]. . . . . .

Durch die Behauptung wird A. in seinem allgemeinen/besonderen Persönlichkeitsrecht/in seiner persönlichen Ehre/in seiner wirtschaftlichen Ehre/in seinem Recht am Unternehmen verletzt/wird der Kredit des A gefährdet.[7, 8]

Zur Beseitigung der Wiederholungsgefahr und zur Vermeidung gerichtlicher Schritte habe ich Sie aufzufordern, die als Anlage beigefügte strafbewehrte Unterlassungs- und Verpflichtungserklärung[9] bis spätestens . . . . . . – hier eingehend – unterzeichnet zurückzusenden. Eine Vorabübermittlung per Telefax ist zur Fristwahrung ausreichend, sofern das Original unverzüglich, spätestens jedoch bis . . . . . . – hier eingehend –, nachgereicht wird.

Nach § 823 BGB und den Grundsätzen der Geschäftsführung ohne Auftrag sind Sie zudem verpflichtet, meinem Mandanten die Kosten für diese Abmahnung gemäß anliegender Kostenberechnung zu erstatten.[10] Für die Zahlung wird Frist gesetzt bis . . . . . .

Die Geltendmachung weitergehender Ansprüche, insbesondere auf . . . . . . (Auskunft/Schadenersatz/Geldentschädigung) bleibt ausdrücklich vorbehalten.[11]

Mit freundlichen Grüßen

Rechtsanwalt

Schrifttum: → Form. H.1.

Anmerkungen

1. Unterlassungsanspruch.

1.1. Rechtswidrige Rechtsgutverletzung. Unterlassungsansprüche haben im Bereich des Äußerungsrechts neben den Gegendarstellungsansprüchen die wichtigste praktische Bedeutung. Beide können im Wege des einstweiligen Rechtsschutzes verfolgt werden (→ Form. H.4, → Form. H.10). Sie sind als negatorische oder quasinegatorische Ansprüche von der Rechtsprechung auf der Basis der §§ 1004, 823 ff. BGB entwickelt worden und darauf gerichtet, künftige Beeinträchtigungen der Rechtspositionen dessen, der durch eine rechtswidrige Handlung betroffen war, oder der eine Verletzung seiner Rechte zu befürchten hat, im Vorfeld (erneuter) Rechtsverletzungen abzuwehren. Sie sind **verschuldensunabhängig**. Unterlassungsansprüche bestehen auch gegenüber (im Äußerungszeitpunkt) rechtmäßig aufgestellten Behauptungen, deren Unwahrheit sich später herausgestellt hat, wenn die Gefahr besteht, dass die Äußerung dennoch aufrechterhalten wird, wenn also Erstbegehungsgefahr anzunehmen ist (BVerfG NJW 1998, 1381 (1383); BVerfG NJW 1999, 1322 (1324); BVerfG BeckRS 2009, 30487; BGH NJW 1987, 2225; OLG München AfP 2007, 229). Außer im Äußerungsrecht haben Unterlassungsansprüche vor allem große praktische Bedeutung im gewerblichen Rechtsschutz, insbesondere im Wettbewerbs- und Markenrecht, wo feste Regeln entwickelt worden sind, die weitgehend, aber nicht ausnahmslos, im Äußerungsrecht entsprechend gelten. Anders als Gegendarstellungsansprüche, die dem Betroffenen auch gegenüber rechtmäßiger Berichterstattung zustehen und nichts mit der Vermeidung oder Wiedergutmachung von Rechtsverletzungen zu tun haben, setzen Unterlassungsansprüche eine (drohende) Rechtsverletzung voraus, wobei sich die Bedrohung aus bereits begangenen (Wiederholungsgefahr) oder auf Grund konkreter Tatsachen ernsthaft zu befürchtenden künftigen rechtswidrigen Handlungen (Erstbegehungsgefahr) ergeben kann. Im Bereich des Äußerungsrechts kommen Unterlassungsansprüche vor allem in Betracht bei drohender Verletzung des allgemeinen oder eines besonderen Persönlichkeitsrechts, des Rechts am Unternehmen, bei drohender Verletzung der Ehre oder des Kredits, bei drohender sittenwidriger Schädigung oder bei drohenden Wettbewerbsverstößen. In der Praxis am bedeutsamsten sind Unterlassungsansprüche gegenüber unwahren Tatsachenbehauptungen, gegenüber Meinungsäußerungen, die die Grenze zur Schmähkritik überschreiten sowie gegen Berichte, die die Privat-, Geheim-, oder Intimsphäre verletzen und gegen unzulässige Bildnisveröffentlichungen.

1.2. Wiederholungs-/Erstbegehungsgefahr. Jeder Unterlassungsanspruch setzt voraus, dass eine rechtswidrige Handlung in der Zukunft ernstlich zu befürchten ist, dass also eine Rechtsverletzung droht. Dies ist der Fall, wenn entweder bereits eine Rechtsverletzung begangen worden ist, deren Wiederholung droht, oder wenn tatsächliche Umstände vorliegen, die eine Rechtsverletzung in nicht allzu ferner Zukunft ernstlich befürchten lassen. Im ersten Falle spricht man von Wiederholungsgefahr, im zweiten von Erstbegehungsgefahr. Diese sind materielle Voraussetzungen eines Unterlassungsanspruchs (BGH NJW 2013, 1681).

Hat ein rechtswidriger Eingriff bereits stattgefunden, dann spricht in der Regel eine tatsächliche Vermutung für das Vorliegen einer **Wiederholungsgefahr** (BGH AfP 2009, 494; BGH AfP 2015, 564; BGH AfP 2016, 149), an deren Beseitigung strenge Anforderungen gestellt werden (→ Form. H.7 Anm. 1).

Hat noch keine Rechtsverletzung stattgefunden, ist eine solche aber auf Grund konkreter Tatsachen ernstlich zu befürchten, dann kann **Erstbegehungsgefahr** einen Unterlassungsanspruch rechtfertigen (BGH AfP 2009, 494; *Löffler/Steffen* § 6 Rn. 269; *Wenzel/Burkhardt* Kap. 12 Rn. 33 ff.). Dies ist auch dann der Fall, wenn bereits eine beeinträchtigende Handlung stattgefunden hat, diese aber durch Wahrnehmung berechtigter Interessen gerechtfertigt war, die Rechtfertigung jedoch für die Zukunft entfällt, zB weil sich eine zunächst für wahr gehaltene Behauptung als unwahr erwiesen hat (BVerfG NJW 1998, 1381 (1383); BVerfG NJW 1999, 1322 (1324); BVerfG BeckRS 2009, 30487). Für die Erstbegehungsgefahr spricht keine Vermutung, sie muss vielmehr durch konkrete Tatsachen belegt werden (BVerfG BeckRS 2009, 30487; BGH AfP 2009, 494). Die Rechtsberührung im Prozess (vgl. BGH GRUR-RR 2009, 299), die umstrittene Äußerung tun zu dürfen, begründet, anders als im Wettbewerbsprozess, nicht ohne Weiteres eine Erstbegehungsgefahr (*Löffler/Steffen* § 6 Rn. 269). Ebenso wenig begründen journalistische Recherchen idR eine Erstbegehungsgefahr (OLG Hamburg AfP 2000, 188; OLG Koblenz AfP 2008, 213; LG München I Urt. v. 9.9.2015 – 9 O 15601/14; *Löffler/Steffen* § 6 Rn. 269). Auch das Eindringen in ein Gebäude um Aufnahmen herzustellen genügt nicht, da hieraus noch nicht auf eine konkrete Veröffentlichung geschlossen werden kann (LG Hamburg ZUM 2000, 163). Soweit das OLG Koblenz (OLG Koblenz GRUR-RR 2010, 490) ausnahmsweise annimmt, im konkreten Fall hafte der Recherchetätigkeit eine unmittelbar bevorstehende Rechtsgutverletzung eindeutig an, verkennt es, dass jedenfalls bei den klassischen Medien der recherchierende Journalist nicht allein über die Veröffentlichung entscheidet. An die Annahme einer Erstbegehungsgefahr sind wegen des einschneidenden Effekts für die Meinungs- und Pressefreiheit nach Art. 5 Abs. 1 S. 1, 2 GG strenge Anforderungen zu stellen (MAH UrhR/*Hegemann/ Amelung* § 15 Rn. 3). An die Beseitigung der Erstbegehungsgefahr sind nicht die strengen Anforderungen zu stellen, die an die Ausräumung der Wiederholungsgefahr gestellt werden (→ Form. H.7 Anm. 1). Es bedarf grundsätzlich keiner strafbewehrten Unterlassungserklärung, vielmehr reicht die uneingeschränkte eindeutige und ernsthafte Erklärung, dass die beanstandete Handlung in Zukunft nicht vorgenommen werde (BGH NJW-RR 2001, 1483; NK-MedienR/*Meyer* Rn. 40.22; BeckOK BGB/*Fritzsche* § 1004 Rn. 91; aA *Damm/Rehbock* Rn. 813).

Zur Ausräumung der Beeinträchtigung durch eine **mehrdeutige Äußerung** reicht eine Klarstellung des Inhalts der Äußerung aus. Soweit die Klarstellung zu einer eindeutigen Aussage führt, die keine Rechtsverletzung bewirkt, entfällt der Unterlassungsanspruch (BVerfG NJW 2006, 207 ff. – IM-Sekretär Stolpe; BVerfG AfP 2008, 58 ff. – Gegendarstellung). Für die Klarstellung genügt eine schlichte Erklärung gegenüber dem Betroffenen selbst (OLG Stuttgart ZUM 2015, 1009; LG Hamburg AfP 2010, 613; LG Hamburg Urt. v. 11.3.2013 – 324 O 607/12; LG Stuttgart ZUM 2015, 1016; aA KG Beschl. v. 18.8.2008 – 10 U 47/08). Die Klarstellung kann auch im Verfahren zu Protokoll erklärt werden (LG Stuttgart Urt. v. 2.12.2015 – 11 O 213/15).

2. Abmahnung. Um festzustellen, ob eine Wiederholungs-/Erstbegehungsgefahr gegeben ist, und um dem möglichen Verletzer Gelegenheit zu geben, durch eine strafbewehrte Unterlassungserklärung (bei Wiederholungsgefahr) oder durch die Erklärung, dass die Handlung in Zukunft nicht vorgenommen werde (bei Erstbegehungsgefahr) einen etwa bestehenden Unterlassungsanspruch freiwillig zu „erfüllen", bedarf es vor der gerichtlichen Geltendmachung von Unterlassungsansprüchen grundsätzlich einer **Abmahnung**. Darin sind die Verletzungshandlung konkret zu bezeichnen, der Anspruchsgegner zur Unterlassung unter Setzen einer angemessenen Frist aufzufordern und gerichtliche Schritte anzudrohen (vgl. BGH NJW 2002, 1494 – missbräuchliche Mehrfachabmahnung; BGH GRUR 2013, 307). Die Abmahnung ist weder prozessuale noch materielle Voraussetzung für eine gerichtliche Geltendmachung eines Unterlassungsanspruchs. Mahnt der vermeintlich Verletzte nicht ab, riskiert er jedoch, die Kosten des Verfahrens tragen zu müssen, wenn sich später herausstellt, dass eine Begehungsgefahr nicht bestanden hat, oder wenn der Verletzer den Unterlassungsanspruch unter Verwahrung gegen die Kosten sofort anerkennt (§ 93 ZPO). Nur ausnahmsweise ist eine Abmahnung entbehrlich, etwa wenn diese im Hinblick auf das bisherige Verhalten des Abgemahnten voraussichtlich erfolglos geblieben wäre (OLG Köln AfP 1990, 51; *Wenzel/Burkhardt* Kap. 12 Rn. 107; vgl. zum Wettbewerbsrecht: BGH Urt. v. 7.10.2009 – I ZR 216/07, BeckRS 2010, 00702; BayVerfGH NJW-RR 2013, 413). Im Regelfall ist ggf. mit nur kurzer Frist per Telefax oder E-Mail abzumahnen.

In der Praxis ist die parallele Übermittlung per Telefax und Post (ggf. per E-Mail) zu empfehlen. Zwar muss der Empfänger einer Abmahnung darlegen und beweisen, dass ihm diese nicht zugegangen ist. Jedoch trifft den Abmahnenden eine sekundäre Darlegungs- und Beweislast hinsichtlich des ordnungsgemäßen Versands (Adressierung, Aufgabe zur Post, Telefaxnummer und –übermittlung etc; BGH GRUR 2007, 629). Zur Glaubhaftmachung im einstweiligen Verfügungsverfahren ist idR eine eidesstattliche Versicherung ausreichend (OLG Düsseldorf GRUR 1990, 310).

3. Anspruchsverpflichteter. Passivlegitimiert ist grundsätzlich jeder Störer (BGH AfP 2009, 494 – Domainverpachtung), dh jeder, der die im Streit stehende Behauptung aufstellt oder verbreitet hat oder der an der Aufstellung und/oder Verbreitung der Behauptung mitgewirkt hat oder die Störungsquelle beherrscht, bzw. dessen Mitwirkung bei künftiger Aufstellung und/oder Verbreitung droht. Störer ist damit in jedem Falle der Autor, ferner der Redakteur, der an der Erarbeitung des in Frage stehenden Berichts mitgewirkt hat. Auch derjenige, der sich eine fremde Äußerung zu Eigen macht, haftet als Störer (BGH NJW 2017, 2029 – Betreiber eines Bewertungsportals). Ferner haften Verleger, Rundfunkveranstalter und Telemedienanbieter als „Herr des Unternehmens" (*Löffler/Steffen* § 6 Rn. 277). Bei Host- und Zugangsprovidern müssen jedoch die weiteren Voraussetzungen für deren Verantwortlichkeit nach §§ 7 ff. TMG vorliegen (dazu BGH NJW 2007, 2558; BGH NJW-RR 2010, 1276; BGH GRUR 2011, 1038; BGH NJW 2012, 148). Zur Haftung von Suchmaschinenbetreibern insbesondere hinsichtlich der Suchwortergänzungsfunktion s. BGH Urt. v. 14.5.2013 – VI ZR 269/12, BeckRS 2013, 08626. Der verantwortliche Redakteur iSd Landespressegesetze haftet als solcher zivilrechtlich nicht. Der Ressortredakteur, der Chefredakteur oder der Herausgeber haften als solche ebenfalls nicht. Ihnen kommt zivilrechtlich keine Garantenstellung zu. Sie haften zivilrechtlich nur, soweit sie in irgendeiner Form an der Aufstellung und/oder Verbreitung der Äußerung beteiligt waren (bei Wiederholungsgefahr), bzw. sofern tatsächliche Gründe ernsthaft befürchten lassen, dass sie in Zukunft an der Aufstellung und/oder Verbreitung von rechtswidrigen Behauptungen beteiligt sein werden (bei Erstbegehungsgefahr). Unter dem Gesichtspunkt der Wiederholungsgefahr haften zB der Chefredakteur, der den Beitrag selbst verfasst hat, und der Herausgeber, der einen Bericht veranlasst hat. Die Nennung eines Ressortredakteurs im Impressum hat allenfalls indizielle Bedeutung für seine Mitwirkung, sie entbindet nicht von der Nachprüfung, wer an dem Beitrag tatsächlich mitgewirkt hat, insbesondere wer ihn verfasst hat. Auch der intellektuelle Verbreiter, also zB der Moderator einer Sendung, oder derjenige, der eine Behauptung eines Dritten zitiert, ist grds. als Behauptender verantwortlich (BGH GRUR 2014, 693 – Sächsische Korruptionsaffäre; Näheres s. *Löffler/Steffen* § 6 Rn. 276 ff.; *Wenzel/Burkhardt* Kap. 12 Rn. 58 ff.). Zur Verbreiterhaftung für Interviewäußerungen siehe BGH AfP 2011, 484, dazu *Ladeur* AfP 2011, 446.

Als Haftende kommen ferner der Informant und jeder technische Verbreiter in Betracht, wie etwa Drucker, Setzer, Grossist, Buchhändler und Bibliothekar bis hin zum Verteiler eines Flugblattes. Die technischen Verbreiter haften allerdings nur sehr eingeschränkt (Näheres siehe *Wenzel/Burkhardt* Kap. 10 Rn. 207 ff., Kap. 12 Rn. 61).

4. Anspruchsberechtigter. Aktivlegitimiert sind natürliche oder juristische Personen, die durch eine Darstellung unmittelbar in eigenen Rechten **betroffen** sind. Dies setzt die Erkennbarkeit voraus (*Wenzel/Burkhardt* Kap. 12 Rn. 43). Eine namentliche Nennung ist hierfür nicht erforderlich (BVerfG NJW 2008, 39 – Esra; BVerfG NJW 2007, 3197 – Contergan; BGH NJW 2008, 2587; OLG Saarbrücken NJW-RR 2010, 346). Betrof-

6. Unterlassungsanspruch – vorprozessuale Abmahnung H. 6

fenheit kann auch dann zu bejahen sein, wenn sich die Darstellung zwar mit den Verhältnissen anderer befasst, wenn sie aber auf die Verhältnisse des Anspruchsstellers ausstrahlt und diesen in seinen eigenen Rechten berührt (BGH NJW 1980, 1790). Eine lediglich reflexhafte, mittelbare Berührung genügt nicht (*Wenzel/Burkhardt* Kap. 12 Rn. 44). Eine Institution, eine Firma und ein Verein können individuell betroffen sein. Am Merkmal der individuellen Betroffenheit fehlt es allerdings regelmäßig, wenn das Unternehmen Unterlassungsansprüche für seine Mitarbeiter geltend macht. Eine individuelle Betroffenheit ist jedoch zu bejahen, wenn eigene wirtschaftliche Interessen der Institution, sei es des privaten oder des öffentlichen Rechts in Frage stehen und wenn ein Unternehmen in seinem sozialen Geltungsbereich als Arbeitgeber oder als Wirtschaftsunternehmen betroffen ist (BGH NJW 1998, 2807 ff. – Medizin-Syndikat I; BGH NJW 1986, 2951 – BMW). Betroffen sein können auch der Ehegatte bei Äußerungen über den anderen Ehegatten sowie die Eltern bei Behauptungen über ihre minderjährigen Kinder. Nicht ohne Weiteres selbst betroffen sind Mitarbeiter oder Gesellschafter eines betroffenen Unternehmens, Mitglieder eines betroffenen Vereins und Gruppenangehörige bei Äußerungen über die Gruppe (OLG Karlsruhe NJW-RR 2007, 1342 – Patienten in Geiselhaft). Bei Äußerungen über Verstorbene sind deren nächste Angehörige berechtigt, den Unterlassungsanspruch des Verstorbenen geltend zu machen (Näheres *Löffler/Steffen* § 6 Rn. 275; *Soehring/Hoene* § 13 Rn. 20 ff.; *Wenzel/Burkhardt* Kap. 12 Rn. 42 ff.). Sind kommerzielle Bestandteile des Persönlichkeitsrechts betroffen, sind die Erben anspruchsberechtigt (BGH NJW 2002, 2317 – Marlene Dietrich).

5. Nach BGH (BGH NJW-RR 2011, 335) bedarf es einer Vorlage der Originalvollmacht nicht, wenn die Abmahnung mit einem Angebot zum Abschluss eines Unterwerfungsvertrages verbunden ist. Dies kann insbesondere dann der Fall sein, wenn eine vorformulierte Unterlassungserklärung der Abmahnung beigefügt wird. Fehlt es an einem hinreichend konkreten Angebot oder entsprechendem Rechtsbindungswillen bleibt weiter umstritten, ob § 174 S. 1 BGB anwendbar ist mit der Folge, dass die Abmahnung unwirksam ist, wenn sie mangels Vorlage einer Vollmachtsurkunde unverzüglich zurückgewiesen wird (vgl. OLG Nürnberg WRP 1991, 522; OLG Düsseldorf ZUM-RD 2007, 579; KG Beschl. v. 1.3.2012 – 10 W 121/11; Palandt/*Ellenberger* BGB § 174 Rn. 2). Es empfiehlt sich daher jedenfalls in allen Fällen, in denen eine vorformulierte Unterlassungserklärung der Abmahnung nicht beigefügt wird, eine Vollmachtsurkunde im Original beizufügen.

6. Der Deutung der Äußerung und der Feststellung, ob es sich bei dieser um eine **Tatsachenbehauptung** oder eine **Meinungsäußerung** handelt, kommt entscheidende Bedeutung zu (BVerfG NJW 2012, 3712; BVerfG NJW 2016, 2870; BGH NJW 2017, 482). Von einer **Tatsachenbehauptung** ist nach herrschender Meinung auszugehen, wenn der Gehalt der Äußerung **entsprechend dem Verständnis des Durchschnittsempfängers der objektiven Klärung zugänglich ist und als etwas Geschehenes grundsätzlich dem Beweis offensteht** (BVerfG NJW 2012, 3712; BGH NJW 1997, 1148 – Stern-TV; BGH GRUR 2016, 104 – recht§billig; *Wenzel/Burkhardt* Kap. 4 Rn. 43). **Meinungsäußerungen** hingegen sind **durch die Elemente der Stellungnahme, des Dafürhaltens oder Meinens geprägt** (BVerfG NJW 1995, 3303 – Soldaten sind Mörder II; BVerfG NJW 2003, 277 – JUVE-Handbuch; BVerfG NJW 2012, 3712 – rechtsextrem/rechtsradikal; BGH NJW 2017, 482). Eine **Meinungsäußerung** liegt daher vor, wenn Beurteilungen, Wertungen, Einschätzungen erfolgen oder wenn Auffassungen, Ansichten, Anschauungen geäußert werden sowie bei echten Fragen (BVerfG NJW 2003, 660 (661); BGH NJW 2017, 482). Die Abgrenzung zwischen Tatsachenbehauptung und Meinungsäußerung sowie die Ermittlung des Aussagegehalts einer Äußerung ist häufig schwierig (instruktiv zur Abgrenzung: BGH NJW 2008, 2110 – Gen-Milch; BGH NJW 2017, 482). Die Erfassung des Inhalts der Aussage, insbesondere die Klärung, in welcher Hinsicht sie ihrem objektiven Sinn nach das Persönlichkeitsrecht des Betroffenen beeinträchtigt, ist nach der Rechtsprechung des Bundesverfassungsgerichts weichenstellend für die Prüfung einer Grundrechtsverletzung. Maßgebend für die Deutung ist weder die subjektive Absicht des sich Äußernden noch das subjektive Verständnis der von der Äußerung Betroffenen, sondern vielmehr der Sinn, den die Äußerung nach dem Verständnis eines unvoreingenommenen und verständigen Durchschnittspublikums hat (BVerfG NJW 2006, 207 – IM-Sekretär Stolpe; BGH NJW 2017, 482). Zeigt sich bei der Prüfung, dass ein unvoreingenommenes und verständiges Publikum die Äußerung als mehrdeutig wahrnimmt, oder verstehen erhebliche Teile des Publikums den Inhalt jeweils unterschiedlich, dann liegt eine **mehrdeutige Äußerung** vor (BGH AfP 2011, 484). Im Falle einer mehrdeutigen Äußerung scheidet ein Anspruch auf Unterlassung – anders als eine Verurteilung zu Schadenersatz oder zum Widerruf – nicht allein deshalb aus, weil die Äußerung auch eine Deutungsvariante zulässt, die zu keiner Persönlichkeitsbeeinträchtigung führt (BVerfG NJW 2006, 207 – IM-Sekretär Stolpe; BVerfG NJW 2006, 3769 – Babycaust; BVerfG AfP 2008, 60 – Gegendarstellung; BGH AfP 2011, 484). Bei mehrdeutigen Äußerungen entfällt ein Unterlassungsanspruch aber, wenn der Äußernde die Beeinträchtigung des Persönlichkeitsrechts eines anderen durch die ernsthafte und eindeutige Klarstellung des Inhalts seiner Äußerung abwendet, soweit durch die Klarstellung eine eindeutige Aussage vorliegt, die keine Rechtsverletzung bewirkt (BVerfG AfP 2008, 60 – Gegendarstellung).

Gegenüber **unwahren Tatsachenbehauptungen**, die geeignet sind, andere herabzusetzen oder herabzuwürdigen ist ein Unterlassungsanspruch grundsätzlich gegeben, wenn die Unwahrheit feststeht (BGH GRUR 2014, 693 – Sächsische Korruptionsaffäre; BGH GRUR 2016, 104 – recht§billig). Behauptungen, bei denen die Frage der Wahrheit oder Unwahrheit offen ist, unterliegen dem Grundrechtsschutz und dürfen von der Presse aufgestellt und verbreitet werden, wenn und soweit die Presse in Wahrnehmung berechtigter Interessen handelt (BGH NJW 2013, 790). Auf die Wahrnehmung berechtigter Interessen kann die Presse sich jedoch nur berufen, wenn sie über einen Gegenstand von öffentlichem Informationsinteresse berichtet und in der Lage ist, nachzuweisen, dass sie bei der Recherche ihrer journalistischen Sorgfaltspflicht genügt hat. Das Maß der anzuwendenden Sorgfalt richtet sich nach den Umständen des Falles, insbesondere den Aufklärungsmöglichkeiten (BVerfG NJW-RR 2010, 470; BGH NJW 2013, 790; BGH NJW 2000, 1036; BGH NJW-RR 2017, 98; Näheres s. *Löffler/Steffen* § 6 Rn. 153 ff.; *Wenzel/Burkhardt* Kap. 6 Rn. 72 ff., Kap. 10 Rn. 154 ff.; *Lehr* AfP 2013, 7; *Rinsche* AfP 2013, 1). Die Presse hat nicht die Pflicht, allein die objektiv erwiesene Wahrheit zu publizieren, vielmehr darf die Presse auch Nachrichten, deren Wahrheit nicht als sicher erwiesen erscheint, veröffentlichen, wenn sie sich mit der nach den Umständen gebotenen und ihr möglichen Sorgfalt um wahre Berichterstattung bemüht und wenn die Veröffentlichung durch Wahrnehmung berechtigter Interessen gedeckt ist (*Löffler/Steffen* § 6 Rn. 160). Dies ist vor allem bedeutsam für die Wiedergabe von Vermutungen und Gerüchten, das Aufwerfen von Fragen und die Äußerung eines Verdachts. Bei Verdachtsäußerungen muss deutlich erkennbar sein, dass es sich um einen bloßen Verdacht handelt. Ferner muss ein Mindestbestand an Beweistatsachen vorliegen. Überdies muss in der Regel vor der Veröffentlichung dem Betroffenen Gelegenheit zur Stellungnahme gegeben werden. Die Anforderungen sind hierbei umso höher, je schwerer und nachhaltiger das Ansehen des Betroffenen durch die Veröffentlichung beeinträchtigt wird. Eine Vorverurteilung darf nicht stattfinden (BGH NJW 2013, 790; BGH NJW 2000, 1036 – „Korruptionsverdacht"; BGH NJW-RR 2017, 98; näheres s. *Löffler/Steffen* § 6 Rn. 175 ff.; *Soehring/Hoene* § 16 Rn. 23 ff.; *Wenzel/Burkhardt* Kap. 10 Rn. 154 ff.; *Lehr* AfP 2013, 7; *Rinsche* AfP 2013, 1).

Meinungsäußerungen genießen grundsätzlich den Schutz des Art. 5 Abs. 1 S. 1 GG. Sie können einen Unterlassungsanspruch nur begründen, soweit die Grenze zur Schmähkritik überschritten wird, wenn sich die Äußerung als Formalbeleidigung darstellt oder

6. Unterlassungsanspruch – vorprozessuale Abmahnung H. 6

in geschützte Sphären eingegriffen wird (insbesondere Geheimsphäre/Intimsphäre; BVerfG NJW 1992, 1439 – Bayer-Beschluss; BGH NJW 2012, 771 – Babyklappen; BGH NJW 2017, 482; *Wenzel/Burkhardt* Kap. 4 Rn. 41, *Damm/Rehbock* Rn. 799 f.). Im Bereich der Meinungsäußerung sind die Berechtigung der Kritik, die Richtigkeit des Werturteils keine zulässigen Abwägungsgesichtspunkte. Unzulässige **Schmähkritik** liegt erst vor, wenn Kritik nicht mehr nur scharf, schonungslos oder auch ausfällig, aber sachbezogen ist, sondern vielmehr auf eine vorsätzliche Ehrenkränkung hinausläuft (BVerfG NJW 1995, 3303 – Soldaten sind Mörder; BVerfG NJW 2012, 1643; BVerfG NJW 2016, 2870 – Staatsanwältin; BVerfG Beschl. v. 8.2.2017 – 1 BvR 2973/14; BGH NJW 1974, 1762 – Deutschland Stiftung; BGH NJW 2015, 773 – Hochleistungsmagneten; *Wenzel/Burkhardt* Kap. 5 Rn. 97 ff.; *Löffler/Steffen* zu § 6 Rn. 190 ff.; *Damm/Rehbock* Rn. 199). Schmähkritik liegt bei einer die Öffentlichkeit wesentlich berührenden Frage nur ausnahmsweise vor und ist eher auf die Privatfehde beschränkt (BVerfG NJW 1995, 3303 – Soldaten sind Mörder; BVerfG NJW 2012, 1643; BGH NJW 2015, 773 – Hochleistungsmagneten). Die Qualifikation einer ehrenrührigen Aussage als Schmähkritik erfordert regelmäßig die Berücksichtigung von Anlass und Kontext der Äußerung (BVerfG AfP 2009, 49 – Dummschwätzer). Schmähkritik ist dann gegeben, wenn die Diffamierung der Person im Vordergrund steht (BVerfG NJW 1993, 1462 – Böll; BGH NJW 2000, 1036; BGH NJW 2009, 3580). Als Schmähkritik wurden zB erachtet: Die Bezeichnung eines Politikers als „Puff-Politiker", weil er sein Mietshaus an Prostituiere vermietete (OLG München AfP 2007, 63), die Bezeichnung eines Fußball-Bundesligavereins als „rassistisch" nach fristloser Kündigung eines Spielers (LG Hamburg NJW-RR 2006, 844). Als zulässige Meinungsäußerung wurden zB erachtet: Die Bezeichnung der Tochter der RAF-Terroristin Ulrike Meinhoff als „Terroristentochter" (BGH NJW 2007, 686), die Bezeichnung eines islamischen Predigers als „Hassprediger" (OLG Brandenburg NJW-RR 2007, 7641).

7. Voraussetzung für einen Unterlassungsanspruch ist das Vorliegen eines rechtswidrigen Eingriffs in ein geschütztes Rechtsgut. Nicht jede objektiv unwahre Behauptung löst einen Unterlassungsanspruch aus. Die Behauptung muss vielmehr den Betroffenen konkret in seinen geschützten Rechten verletzen (*Damm/Rehbock* Rn. 801; *Soehring/Hoene* § 30 Rn. 3 ff.).
Äußerungsrechtlich kommt vor allem ein Eingriff in die nachfolgenden Rechte in Betracht:

7.1. Allgemeines Persönlichkeitsrecht. Eingriffe in das allgemeine Persönlichkeitsrecht stellen die häufigsten äußerungsrechtlichen Streitigkeiten dar. Das allgemeine Persönlichkeitsrecht wurde von der Rechtsprechung als sonstiges Recht iSd § 823 Abs. 1 BGB entwickelt und ist darauf gerichtet, die Grundbedingungen für die Selbstverwirklichung der Person gegenüber den kollidierenden Interessen anderer, insbesondere auch gegenüber der Meinungsäußerungs- und Pressefreiheit zu schützen und damit für das bürgerliche Recht die Wertentscheidung des Grundgesetzes zur Menschenwürde und zum Grundrecht der freien Entfaltung der Persönlichkeit gemäß Art. 1 Abs. 1 GG und Art. 2 Abs. 1 GG zu sichern (*Löffler/Steffen* § 6 Rn. 57; *Wenzel/Burkhardt* Kap. 5 Rn. 2 ff.). Das allgemeine Persönlichkeitsrecht ist als Rahmenrecht ausgestaltet, dh die Rechtswidrigkeit der Verletzung des Persönlichkeitsrechts muss im Einzelfall erst aufgrund einer Güter- und Pflichtenabwägung festgestellt werden, die sich am konkreten Konflikt zwischen den schutzwürdigen Interessen der betroffenen Persönlichkeit und den Belangen der in Art. 5 Abs. 1 GG gewährleisteten Meinungsäußerungsfreiheit auszurichten hat (BVerfGE 35, 202 – Lebach I; BGH NJW 2012, 771 – Babyklappen; *Wenzel/Burkhardt* Kap. 5 Rn. 13). Dabei reicht der Schutz des allgemeinen Persönlichkeitsrechts hinsichtlich der Veröffentlichung von Bildern einerseits und der Berichterstattung durch Wortbeiträge andererseits verschieden weit. Während die Veröffentlichung eines Bildes von einer Person grundsätzlich eine rechtfertigungsbedürftige Beschränkung ihres allgemeinen Persönlichkeitsrechts begründet, die unabhängig davon ist, ob die Person in privaten oder öffentlichen Zusammenhängen und in vorteilhafter oder unvorteilhafter Weise abgebildet ist (BVerfG NJW 2011, 740; zum Bildnisschutz → Anm. 7.2.3), ist dies bei personenbezogenen Wortberichten nicht ohne weiteres der Fall. Das allgemeine Persönlichkeitsrecht bietet nicht schon Schutz davor, überhaupt in einem Bericht individualisierend benannt zu werden, sondern nur in spezifischen Hinsichten (BVerfG NJW 2011, 740; BGH NJW 2012, 756; BGH NJW 2015, 782).

Von der Rechtsprechung, insbesondere auch vom BVerfG, wurden einzelne Ausprägungen des allgemeinen Persönlichkeitsrechts erarbeitet und anerkannt, die sich in 5 Fallgruppen zusammenfassen lassen (*Wenzel/Burkhardt* Kap. 5 Rn. 16 ff.):

7.1.1. Selbstbestimmungsrecht über die Darstellung und Benutzung der Person (*Wenzel/Burkhardt* Kap. 5 Rn. 20 ff.). In diese Fallgruppe fällt ua das Recht auf informationelle Selbstbestimmung (BVerfG NJW 1984, 419 (421)). Dieses Recht schützt die freie Entfaltung der Persönlichkeit gegen unbegrenzte Erhebung, Speicherung, Verwendung und Weitergabe von persönlichen Daten. Es gewährleistet die Befugnis des einzelnen, grundsätzlich selbst über die Preisgabe und Verwendung seiner persönlichen Daten zu bestimmen. Eine weitere Ausprägung ist der Schutz des Lebens- und des Charakterbildes. In der Lebach-I-Entscheidung hat das Bundesverfassungsgericht festgestellt, dass grundsätzlich jedermann selbst und allein bestimmen darf, ob und inwieweit andere sein Lebensbild im Ganzen oder bestimmte Vorgänge daraus öffentlich darstellen dürfen (BVerfG NJW 1973, 1226). Der Schutz des Lebensbildes kann insbesondere durchgreifen, wenn öffentliche Wort- oder Bildberichterstattung sich einer Person bedienen, um sie vermarkten. Der Schutz ist jedoch nicht absolut. Vielmehr hat eine Güter- und Interessenabwägung stattzufinden (BVerfG AfP 2010, 562). Betrifft die Darstellung die Sozialsphäre, zB berufliche Belange, einer Person, ist grundsätzlich von der Zulässigkeit wahrer Berichterstattung auszugehen. Nur bei schwerwiegenden Auswirkungen auf das Persönlichkeitsrecht, etwa bei Stigmatisierung, sozialer Ausgrenzung, Anprangerung, Verhinderung der Resozialisierung (OLG Hamburg AfP 2010, 270), oder wenn sonst das Schutzbedürfnis der Person das Interesse an der Offenbarung überwiegt, ist eine wahrheitsgemäße Berichterstattung unzulässig (BVerfG NJW 2016, 3362; BGH NJW 2009, 2888 – spickmich.de; BGH GRUR 2012, 425 – Babyklappen; BGH GRUR 2015, 293; BGH NJW 2015, 782). Insbesondere wenn jemand als Künstler, Politiker, Sportler, etc in der Öffentlichkeit auftritt und auf das Gemeinschaftsleben einwirkt, können Informationsinteressen vorhanden sein, denen gegenüber den persönlichen Belangen der Vorrang eingeräumt werden muss. So kann zB eine Bildberichterstattung über den Strafvollzug bei einem bekannten Filmschauspieler auch ohne dessen Einwilligung durch ein Bedürfnis nach demokratischer Kontrolle der Strafvollstreckungsbehörden gestattet sein (BGH AfP 2009, 51). Der Schutz der Persönlichkeit reicht in jedem Fall nicht so weit, dass der Betroffene einen Anspruch darauf hätte, in der Öffentlichkeit nur so dargestellt zu werden, wie er sich sieht oder von anderen gesehen werden möchte (BGH NJW 2006, 609; BGH NJW 2015, 782). Ebenso wenig besteht idR ein Anspruch auf Beseitigung oder Anonymisierung von Altmeldungen, die im Zeitpunkt ihrer Veröffentlichung zulässigerweise publiziert wurden (BGH NJW 2010, 757; BGH NJW 2010, 2728 – Teaser; BGH NJW 2010, 2432; BGH AfP 2011, 172; BGH AfP 2011, 176; BGH AfP 2011, 180). Eine weitere Fallgruppe ist das Recht am gesprochenen Wort (*Wenzel/Burkhardt* Kap. 5 Rn. 28a ff.). Der Schutz am gesprochenen Wort ist nicht auf bestimmte Inhalte und Örtlichkeiten begrenzt, sondern bezieht sich allein auf die Selbstbestimmung über die unmittelbare Zugänglichkeit der Kommunikation. Auch insoweit ist eine Güter- und Interessenabwägung vorzunehmen (BVerfG NJW 2002, 3619 (3624) – mitgehörtes Telefonat; MüKoBGB/*Rixecker* Allg. PersönlR Rn. 90 ff.; *Wenzel/Burkhardt* Kap. 5

Rn. 28 c ff.). Jedoch sind Tonaufzeichnungen des nichtöffentlich gesprochenen Wortes ohne Einwilligung des Betroffenen stets unzulässig (§ 201 StGB).

Eine sehr wichtige und in der Praxis bedeutsame Fallgruppe ist die **Ausbeutung von Persönlichkeitsgütern** (*Wenzel/Burkhardt* Kap. 5 Rn. 29 ff.). Nach ständiger Rechtsprechung stellt die ungenehmigte werbliche Verwendung des Namens, des Bildnisses oder eines sonstigen Persönlichkeitsguts eines anderen regelmäßig einen Eingriff in die vermögensrechtlichen Bestandteile des Persönlichkeitsrechts dar (BGH NJW 2007, 689 – Rücktritt des Finanzministers; BGH GRUR 2009, 1085 – Wer wird Millionär?; BGH GRUR 2010, 780 – Der strauchelnde Liebling; BGH NJW 2013, 793 – Playboy am Sonntag). Jedermann ist frei in der Entscheidung, ob er sein Bildnis, seinen Namen aber auch seine Stimme oder sonstige Persönlichkeitsmerkmale den Geschäftsinteressen Dritter dienstbar machen will. Das allgemeine Persönlichkeitsrecht schützt die Person gegen eine Ausbeutung von Persönlichkeitsgütern und zwar absolut, also auch Persönlichkeiten des öffentlichen Interesses, gegen die Verwendung von Bildnissen und Namen zu Zwecken der Werbung, darüber hinaus dagegen, dass die Person bzw. ihre Persönlichkeitsgüter zum unmittelbaren Kaufgegenstand gemacht werden (BGH NJW 1968, 1091 – Ligaspieler). Die Abgrenzung ist insbesondere bei Persönlichkeiten des öffentlichen Interesses schwierig (instruktiv: BGH NJW 2013, 793 – Playboy am Sonntag mAnm *Stender-Vorwachs*). Sie ist danach vorzunehmen, ob eine Nutzung von Persönlichkeitsgütern durch Informationsinteressen der Allgemeinheit gedeckt ist oder ob eine bloße Vermarktung vorliegt. Der BGH spricht insoweit auch von rücksichtsloser Zwangskommerzialisierung (BGH NJW 2007, 689 – Rücktritt des Finanzministers). Die Verwendung eines Aktionsfotos des seinerzeitigen Spielführers der Nationalmannschaft als Titelblatt eines Wandkalenders hat der BGH jedoch zB als zulässig bezeichnet, weil die informative Gesamtkonzeption des Kalenders berücksichtigt werden müsse (BGH NJW 1979, 2203). In jedem Fall darf nicht der unzutreffende Eindruck entstehen, der Abgebildete identifiziere sich mit dem Produkt und empfehle es (BGH NJW 2002, 2317 – Marlene Dietrich II; BGH NJW 2013, 793 – Playboy am Sonntag mAnm *Stender-Vorwachs*). So kann zB die Einblendung einer Szene eines Wimbledon Turniers „als Fernsehbild" in der Werbung für ein Fernsehgerät das Persönlichkeitsrecht des abgebildeten Tennisprofis verletzen (LG München I ZUM 2002, 565 – Boris Becker). Zulässig kann die Namensnennung einer bekannten Persönlichkeit in einer Werbeanzeige hingegen sein, wenn aktuelle Geschehnisse zum Anlass für satirisch spöttische Werbesprüche genommen und damit Fragen von allgemeinem gesellschaftlichem Interesse aufgegriffen werden (BGH AfP 2008, 596).

7.1.2. Schutz vor Indiskretion. Es ist unbestritten, dass das Recht sein Leben führen zu können, ohne durch öffentliche Darstellung persönlicher Lebensverhältnisse behelligt zu werden, Ausfluss der durch das Grundgesetz geschützten Menschenwürde sowie des Rechts auf freie Entfaltung der Persönlichkeit ist. Das Persönlichkeitsrecht gewährt jedem einen lebensnotwendigen Eigenraum. Dieser unverzichtbare Freiraum bedarf jedoch der Abgrenzung. Zu diesem Zwecke werden, einer Einteilung von *Hubmann* (*Hubmann* Das Persönlichkeitsrecht, 2. Aufl. 1967) folgend, von Rechtsprechung und Literatur verschiedene Persönlichkeitsrechtssphären unterschieden, nämlich die Geheimsphäre, die Intimsphäre, die Privatsphäre, die Sozialsphäre und die Öffentlichkeitssphäre (*Damm/Rehbock* Rn. 94 ff.; *Löffler/Steffen* § 6 Rn. 63 ff.; *Soehring/Hoene* § 19 Rn. 4 ff.; *Wenzel/Burkhardt* Kap. 5 Rn. 35 ff.).

(1) Die **Geheimsphäre** umfasst den Lebensbereich, der vom Betroffenen zu Recht bewusst und gezielt der Öffentlichkeit entzogen und der Vertraulichkeit zugeordnet ist. Kommunikationsbeziehungen, in denen man auf Privatheit besonders vertrauen darf, der Inhalt von Lebensäußerungen, an denen man nur ausgesuchte Dritte teilhaben lassen will, fallen darunter (*Löffler/Steffen* § 6 Rn. 69). Diese Welt der Briefe und Aufzeichnungen, der Tagebücher und des nicht öffentlich gesprochenen Wortes, etwa in privaten Ton-

bandaufzeichnungen oder Telefongesprächen, ist meist strafrechtlich geschützt und weitgehend einer Veröffentlichung gegen den Willen des Betroffenen – ggf. auch des Empfängers – entzogen (*Löffler/Steffen* § 6 Rn. 69; *Wenzel/Burkhardt* Kap. 5 Rn. 40 ff.; *Damm/Rehbock* Rn. 114 ff.; *Soehring/Hoene* § 19 Rn. 9 ff.). Dies gilt ohne Einschränkung im privaten, im Grundsatz aber auch im beruflichen und geschäftlichen Bereich, allerdings hier mit der Maßgabe, dass die Presse, sofern sie sich die Informationen nicht auf unlautere Weise beschafft hat (→ Anm. 7.1.7) an der Verwertung und ggf. Veröffentlichung nicht gehindert ist, sofern an ihrem Inhalt ein berechtigtes Informationsinteresse der Öffentlichkeit besteht (*Löffler/Steffen* § 6 Rn. 217).

(2) Die **Intimsphäre** umfasst den unantastbaren Kernbereich höchstpersönlicher, privater Lebensgestaltung. Dies sind in erster Linie Ausdrucksformen der Sexualität, die Vorgänge um die körperliche und gesundheitliche Befindlichkeit, ferner die Augenblicke im Leben, in denen der Mensch durch das Schicksal ganz auf sich selbst zurückgeworfen wird und sein Interesse, allein gelassen zu werden, höchsten Schutz braucht, Augenblicke der Überwältigung durch Schmerz, Trauer, Angst, Verzweiflung, Momente der höchsten Erniedrigung (BGH AfP 2013, 250 – Der Kachelmann-Krimi; BGH GRUR 2014, 693 – Sächsische Korruptionsaffäre; BGH NJW 2015, 782; *Löffler/Steffen* § 6 Rn. 66). Ob ein Sachverhalt diesem Bereich zuzuordnen ist, hängt auch davon ab, ob der Betroffene ihn geheim halten will, ob er nach seinem Inhalt höchstpersönlichen Charakters ist und in welcher Art und Intensität er aus sich heraus die Sphäre anderer oder die Belange der Gemeinschaft berührt (BVerfG 2009, 3359; BGH AfP 2012, 47; BGH NJW 2015, 782). Die Mitteilung der wahren Tatsache, dass aus einer intimen Beziehung ein Kind hervorgegangen ist, berührt nicht die Intimsphäre (BGH NJW 2015, 782). Auch Berichte über Krankheiten und Operationen gehören idR zur Privatsphäre (BGH NJW 2009, 754; BGH NJW 2012, 1284; BGH NJW 2012, 3645). Anderes gilt für Krankheiten, die zB unmittelbaren Bezug zu sexuellen Verhalten haben (NK-MedienR/*Kröner* Rn. 31.28). Dieser Kernbereich ist absolut geschützt und der Interessenabwägung entzogen (BVerfG NJW 2009, 3359; *Löffler/Steffen* § 6 Rn. 65, 214; *Wenzel/Burkhardt* Kap. 5 Rn. 47 ff.). Dies gilt nicht nur zu Gunsten des Normalbürgers, sondern auch für Personen des öffentlichen Interesses (BVerfG NJW 2000, 2189 – Scheidungsgrund; BGH AfP 1988, 34 – „Intime Beziehung").

Die Abgrenzung zwischen Intim- und Privatsphäre ist oft problematisch. Sie hängt häufig davon ab, inwieweit auf Einzelheiten eingegangen wird (BGH NJW 2013, 1681; BGH NJW 2014, 2029; BGH NJW 2015, 782); der bloße Hinweis auf ehebrecherische Beziehungen zu mehreren Frauen betrifft im Allgemeinen nur die Privatsphäre (BGH NJW 1999, 2893 (2894) – Scheidungsgrund). Der Schutz der Intimsphäre endet dort, wo der Betroffene sein Sexualleben selbst bereitwillig in der Öffentlichkeit ausbreitet (BGH AfP 2012, 47; OLG München AfP 2005, 560 – „Busenmacher-Witwe").

(3) Die **Privatsphäre** ist der über die Intimsphäre hinausreichende Bereich der Privatheit, in dem der Mensch sich vor der Öffentlichkeit zurückziehen und in dem er sein Leben von der Öffentlichkeit unbehelligt autonom gestalten möchte (*Löffler/Steffen* § 6 Rn. 68 mwN). Presseberichte aus der Privatsphäre sind ohne Einwilligung des Betroffenen nur zulässig, wenn nach Abwägung aller Umstände des konkreten Falls das Informationsinteresse gegenüber den persönlichen Belangen des Betroffenen überwiegt. Über das Familienleben des Normalbürgers darf deshalb grundsätzlich nur mit dessen Einwilligung berichtet werden, während Persönlichkeiten des öffentlichen Interesses (herkömmlich „absolute Person der Zeitgeschichte" genannt) dulden müssen, auch in ihrem privaten Umfeld der Öffentlichkeit vorgesellt zu werden, sofern die Berichterstattung nicht den elementaren Kernbereich der Privatheit betrifft, und die Berichterstattung geeignet ist, zu einer öffentlichen Diskussion über eine Frage allgemeinen Interesses beizutragen (Näheres *Löffler/Steffen* § 6 Rn. 216; *Soehring/Hoene* § 19 Rn. 13 ff.; *Wenzel/Burkhardt* Kap. 5 Rn. 60 ff.). Der Schutz der Privatsphäre hat verschiedene Dimensio-

6. Unterlassungsanspruch – vorprozessuale Abmahnung H. 6

nen. In thematischer Hinsicht betrifft er insbesondere solche Angelegenheiten, die von dem Grundrechtsträger einer öffentlichen Erörterung oder Zurschaustellung entzogen zu werden pflegen. In räumlicher Hinsicht gehört zur Privatsphäre ein Rückzugsbereich des Einzelnen, der ihm insbesondere im häuslichen, aber auch im außerhäuslichen Bereich die Möglichkeit des Zu-Sich-Selbst-Kommens und der Entspannung sichert und der das Bedürfnis verwirklichen hilft, in Ruhe gelassen zu werden (BVerfG NJW 2008, 1793; BGH NJW 2012, 763; BGH NJW 2012, 767). Die Grenzen der Privatsphäre lassen sich jedoch nicht generell und abstrakt festlegen (BVerfG NJW 2000, 1021). Von der Privatsphäre erfasst sind mithin der häusliche Bereich, aber auch Orte in der Öffentlichkeit, wie zB im Urlaub oder sonstige Momente der Entspannung oder des Sich-Gehen-Lassens. Ferner das Leben in der Familie, während der berufliche Bereich je nach dem damit verbundenen sozialen Kontakt für das öffentliche Interesse weiter geöffnet ist. Einen verstärkten Schutz genießen **Kinder**. Das allgemeine Persönlichkeitsrecht vermittelt ein Recht auf kindgemäße Entwicklung, weshalb Details aus dem Privatleben von Kindern – auch von Personen des öffentlichen Interesses – grundsätzlich unzulässig sind (BVerfG NJW 2000, 1021; BVerfG NJW 2003, 3262; aber BVerfG NJW 2012, 1500 – Ochsenknecht; BGH NJW 2009, 1499 – Enkel von Fürst Rainer).

Bei der Abgrenzung der Privatsphäre ist die Rechtsprechung des Europäischen Gerichtshofs für Menschenrechte zu berücksichtigen. Dieser hatte im Jahr 2004 entschieden, dass die bis dahin von der deutschen Rechtsprechung entwickelten Grundsätze nicht ausreichen, um das Privatleben von betroffenen Persönlichkeiten wirksam zu schützen (EGMR NJW 2004, 2647 – Caroline von Hannover). Leitsatz 5 der Entscheidung lautet „Bei der Abwägung zwischen dem Schutz des Privatlebens und der Freiheit der Meinungsäußerung ist darauf abzustellen, ob Fotoaufnahmen und Presseartikel zu einer öffentlichen Diskussion über eine Frage allgemeinen Interesses beitragen und Personen des politischen Lebens betreffen. Hier spielt die Presse ihre wesentliche Rolle als „Wachhund". Bei Personen des öffentlichen Lebens, insbesondere bei Politikern, hat die Öffentlichkeit unter besonderen Umständen auch ein Recht auf Information über Aspekte ihres Privatlebens." (EGMR NJW 2004, 2647 – Caroline von Hannover). Allerdings sind an den für die Zulässigkeit einer Berichterstattung über die Privatsphäre zu fordernden „Beitrag zu einer Diskussion von allgemeinem Interesse" keine allzu hohen Anforderungen zu stellen (EGMR GRUR 2012, 745 m. krit. Anm. *Lehr*). Im Falle der Einwilligung des Betroffenen entfällt der Schutz der Privatsphäre von vornherein. Dies gilt auch, wenn die Einwilligung nur gegenüber einem Medium erteilt wird. Wenn jemand seinen privaten Bereich bewusst geöffnet hat, indem er zB Exklusiv-Verträge über die Berichterstattung aus seiner Privatsphäre geschlossen hat, kann er sich insoweit nicht mehr auf den Privatsphärenschutz berufen (*Wenzel/Burkhardt* Kap. 5 Rn. 64). Die Einwilligung kann auch stillschweigend und als mutmaßliche Einwilligung erfolgen. Stets ist jedoch sehr sorgfältig der Umfang der Einwilligung zu prüfen. Wenn ein Betroffener mit einem Bericht zu einem bestimmten Vorgang aus seiner Privatsphäre einverstanden ist, kann daraus nicht geschlossen werden, er habe auch in eine einseitige verzerrende, abwertende Darstellungsform eingewilligt (Näheres *Wenzel/Burkhardt* Kap. 6 Rn. 92 ff.). Zur Erkrankung einer Person als zur Privatsphäre gehörender Umstand: BGH AfP 2008, 610; BGH NJW 2009, 76; BGH NJW 2012, 1284; BGH NJW 2012, 3645.

(4) Die **Sozialsphäre** umfasst den jenseits des Privaten liegenden Bereich der Person, der nach außen so in Erscheinung tritt, dass er grundsätzlich von jedem, jedenfalls aber auch von Menschen wahrgenommen werden kann, zu denen keine rein persönlichen Beziehungen bestehen, der aber der Öffentlichkeit nicht bewusst zugekehrt ist (BGH NJW 2012, 771 – Babyklappen; BGH NJW 2009, 2888 – spickmich.de). Der Mensch in seiner beruflichen Tätigkeit, bei Veranstaltungen, bei politischem Wirken etc, dh allgemein gesehen als Glied der sozialen Gemeinschaft (BVerfG NJW 2012, 1500 – Fall Ochsenknecht; BGH NJW 2012, 771 – Babyklappen; BGH NJW 2009, 2888 – spickmich.de;

Wenzel/Burkhardt Kap. 5 Rn. 65) fällt in den Bereich der Sozialsphäre. Wahre Berichte, die die Sozialsphäre betreffen, sind grundsätzlich hinzunehmen, auch wenn sie für den Betroffenen nachteilig sind (BVerfG NJW 2003, 1109). Wahre Äußerungen zu der Sozialsphäre dürfen nur im Falle schwerwiegender Auswirkungen mit negativen Sanktionen belegt werden, zB dann, wenn eine Stigmatisierung, soziale Ausgrenzung, Anprangerung, Verhinderung der Resozialisierung zu besorgen ist (OLG Hamburg AfP 2010, 270), oder wenn sonst das Schutzbedürfnis der Person das Interesse an der Offenbarung überwiegt (BGH NJW 2015, 776; BGH NJW 2012, 771 – Babyklappen; BGH NJW 2009, 2888 – spickmich.de; BGH NJW 2007, 619). Das Recht des Betroffenen auf informationelle Selbstbestimmung und der Anspruch auf Selbstbestimmung des sozialen Erscheinungsbildes setzen der Berichterstattung zwar Grenzen, die allerdings nicht so eng gezogen werden dürfen, dass sich der Betroffene berechtigter Kritik entziehen kann (*Wenzel/Burkhardt* Kap. 5 Rn. 67). Denn im Bereich der Sozialsphäre ist dem Informationsinteresse der Öffentlichkeit gegenüber dem allgemeinen Persönlichkeitsrecht des Einzelnen von vornherein ein tendenziell größeres Gewicht zuzuerkennen (BGH NJW 2012, 763). Bei der Güter- und Pflichtenabwägung maßgeblich sind Anlass und Ausmaß der Berichterstattung, Grad und Struktur des Öffentlichkeitsbezuges des Betroffenen und seine konkret betroffene Situation. Das Informations- und Publikationsinteresse an Personen der Zeitgeschichte ist stärker, ihr Interesse an Anonymität ist weniger schutzwürdig als das des Normalbürgers (*Wenzel/Burkhardt* Kap. 5 Rn. 66 ff.). So hat der BGH zB im Falle der Berichterstattung über einen Verkehrsverstoß von Prinz Ernst August von Hannover angenommen, dass die Sozialsphäre betroffen ist und hat die Berichterstattung für zulässig erachtet (BGH NJW 2006, 599). Die Entscheidung wurde vom Bundesverfassungsgericht bestätigt (BVerfG NJW 2006, 2835 f.). Im Leitsatz der Entscheidung führt das Gericht aus: *„Es ist verfassungsrechtlich nicht zu beanstanden, wenn die Fachgerichte davon ausgehen, dass ein an sich geringes Interesse der Öffentlichkeit an Informationen über leichte Verfehlungen durch Besonderheiten etwa in der Person des Täters oder des Tathergangs aufgewogen werden kann."* Die Abgrenzung zur Privatsphäre ist häufig schwierig (vgl. BGH NJW 2012, 771 – Babyklappen). Der BGH hat entschieden, dass eine bekannte Fernsehmoderatorin ein Foto, das sie beim Einkaufen mit ihrer Putzfrau auf Mallorca zeigt, nicht hinnehmen muss, wohingegen die Monegassen-Prinzessin Caroline den Abdruck eines Urlaubsbildes hinnehmen muss, weil im daneben stehenden Text darüber berichtet wurde, dass das Haus Hannover neuerdings seine Kenianische Villa zur Vermietung anbietet (BGH NJW 2008, 3138; BGH NJW 2008, 3141).

(5) Die **Öffentlichkeitssphäre** umfasst den Bereich menschlichen Lebens, von dem jedermann Kenntnis nehmen kann und evtl. sogar Kenntnis nehmen soll. In diesem Bereich besteht kein persönlichkeitsrechtlicher Schutz vor Indiskretion (*Wenzel/Burkhardt* Kap. 5 Rn. 71). Insbesondere wer bewusst seinen Bereich der privaten Lebensgestaltung öffnet, kann sich nicht auf einen Schutz durch die Privat- oder Intimsphäre berufen (BGH NJW 2012, 767 mAnm *Stender-Vorwachs*). Beispiele für eine Berichterstattung über die Öffentlichkeitssphäre sind Berichte über das öffentliche Auftreten von Politikern, Wissenschaftlern, Künstlern, Sportlern oder anderen Prominenten (BGH NJW 2009, 1499), aber auch über die Mitwirkung als Darsteller in kommerziell zu verwertenden Pornoaufnahmen (BGH NJW 2013, 767). ZB muss es sich auch der Vorstandsvorsitzende eines Unternehmens gefallen lassen, in einem Greenpeace Plakat zur FCKW-Produktion abgebildet zu werden (BVerfG AfP 1999, 254 – „Greenpeace (FCKW)"). Auch die Abgrenzung zwischen Öffentlichkeitssphäre und Privatsphäre ist häufig schwierig. Nach einem Urteil des BGH ist die Veröffentlichung eines Fotos, das die ehemalige Ministerpräsidentin von Schleswig-Holstein Heide Simonis beim Shopping am Tag nach ihrer Abwahl zeigt, zulässig, da die Information darüber, wie sich die bisherige Regierungschefin unmittelbar nach dem Amtsverlust präsentiere, einen Bezug zur politische

Debatte habe und damit zum öffentlichen Zeitgeschehen zu rechnen sei (BGH GRUR 2008, 1017 – Einkauf nach Abwahl).

7.1.3. Schutz vor Unwahrheit. Die Verbreitung von Unwahrheiten gehört zu den gravierendsten Beeinträchtigungen der Persönlichkeit. Wenn die Presse von ihrem Informationsrecht Gebrauch macht, ist sie zu wahrheitsgemäßer Berichterstattung verpflichtet (BVerfG NJW 1961, 819 (821); BGH NJW 2013, 790). Die Wiederholung einer eine Person betreffenden Unwahrheit ist grundsätzlich unzulässig, auch wenn die ursprüngliche Behauptung infolge der Wahrnehmung berechtigter Interessen bei Beachtung der gebotenen Sorgfalt rechtmäßig war (BVerfG NJW 1998, 1381 (1383); BVerfG NJW 1999, 1322 (1324); BVerfG AfP 2009, 480; BGH NJW 2013, 790). Ein Recht auf Wahrheit als solches anerkennt der BGH mit Billigung des BVerfG jedoch nicht. Nach Auffassung des BGH besteht ein Anspruch nur, wenn durch die Unwahrheit ein anerkanntes Schutzgut der betroffenen Person verletzt wird (BVerfG NJW 1982, 2655 – Kredithaie; BGH NJW 1979, 1041 – Exdirektor; näheres *Soehring/Hoene* § 18 Rn. 4; *Wenzel/Burkhardt* Kap. 5 Rn. 74 ff.). Im Ergebnis wird unwahre Berichterstattung regelmäßig in das Persönlichkeitsrecht eingreifen. Ein Abwehranspruch kann jedoch entfallen bei Vergröberungen und Einseitigkeiten, die infolge des Zwanges zur Kürze mediengerechter Darstellung unvermeidlich sind, sowie bei offensichtlicher Unschlüssigkeit, Unsinnigkeit, Belanglosigkeit sowie bei bloßen Übertreibungen und Ausschmückungen (EGMR NJW 2012, 1058; BVerfG AfP 2008, 55 ff.; BVerfG NJW 2008, 747 – dpa-Interview; BGH NJW 2006, 609 – dpa-Interview; *Wenzel/Burkhardt* Kap. 5 Rn. 74 ff.).

Besonderheiten gelten beim **Zitat**. Zitate, bei denen der Betroffene sozusagen als Zeuge gegen sich selbst ins Feld geführt wird, müssen richtig sein (BVerfG NJW 1980, 2072 – Böll; BVerfG NJW 1998, 1391). Dies gilt sowohl für die Frage, ob der Zitierte die Äußerung überhaupt getätigt hat, als auch hinsichtlich deren Inhalt (*Wenzel/Burkhardt* Kap. 5 Rn. 91) und auch dann, wenn in indirekter Rede zitiert wird. Es ist unzulässig, die zitierte Äußerung durch einfließen lassen eigener Kritik zu entstellen oder durch Auslassungen einen falschen Anschein zu vermitteln. Ist die zitierte Erstäußerung mehrdeutig, darf dem Zitat kein eindeutiger Inhalt beigelegt werden, soweit der Zitierte nicht seinerseits bereits den Inhalt klargestellt hat. Dies gilt auch bei Übersetzungen (BGH NJW 1998, 1391). Sofern ein Zitat interpretiert wird, muss dies kenntlich gemacht werden (Interpretationsvorbehalt). Zur Pflicht zur Zitiertreue *Löffler/Steffen* § 6 Rn. 200.

7.1.4. Schutz von Leben und Gesundheit. Das allgemeine Persönlichkeitsrecht bietet in besonders gelagerten Fällen Schutz für Leben und Gesundheit gegen Gefährdung durch eine Berichterstattung. Die Aufdeckung der Identität einer Person, ihres Aussehens, ihrer Wohnanschrift, etc kann auch in Fällen, in denen ein Informationsinteresse am Gegenstand der Berichterstattung besteht, dazu führen, dass wegen einer daraus folgenden Gefährdung der Person die Berichterstattung deren Persönlichkeitsrecht verletzt. So können zB in Entführungsfällen öffentliche Berichte eine Gefährdung von Leben und Freiheit des Opfers zur Folge haben (Näheres *Wenzel/Burkhardt* Kap. 5 Rn. 109 ff.).

7.1.5. Schutz von Ehre und Ruf. Unter der Ehre ist sowohl die innere Ehre als auch die äußere Ehre (der gute Ruf) zu verstehen. Die Ehre ist ein aus dem allgemeinen Persönlichkeitsrecht folgendes besonderes Persönlichkeitsrecht. Die Ehre ist überdies auch Schutzobjekt der Beleidigungstatbestände der §§ 185 ff. StGB (vgl. BGH NJW 1998, 3047 – Stolpe; Näheres NK-MedienR/*Vendt* Rn. 33.2 ff.; *Soehring/Hoene* § 12 Rn. 5 ff.; *Wenzel/ Burkhardt* Kap. 5 Rn. 94 ff., 171 ff.). § 185 StGB ist der Tatbestand, der Schutz gegenüber herabsetzenden Meinungsäußerungen und Werturteilen in Presseveröffentlichungen bietet. Gegen die Aufstellung und Verbreitung herabsetzender unwahrer Tatsachenbehauptungen schützen § 186 StGB (Üble Nachrede = nicht erweislich wahre Behauptung) und § 187 StGB (Verleumdung = vorsätzlich unwahre Behauptung). § 193 StGB nimmt herabwürdigende Äußerungen, die **in Wahrnehmung berechtigter Interessen** gemacht werden, von der Strafbarkeit aus, sofern sie nicht eine Formalbeleidigung enthalten. § 193 StGB ist die Haupteingangspforte für Einwirkungen aus Art. 5 Abs. 1 GG. Die herrschende Meinung betrachtet § 193 StGB als Rechtfertigungsgrund (ua BVerfG NJW 2000, 3196). Der Anwendungsbereich des § 193 StGB ist von der höchstrichterlichen Rechtsprechung auch auf das Zivilrecht ausgedehnt worden (BVerfG NJW 2006, 207 (208) – IM-Sektretär Stolpe). § 193 StGB rechtfertigt nur die Wahrnehmung „berechtigter" Interessen. Es bedarf daher einer Gegenüberstellung und eines Vergleichs der wahrgenommenen Interessen einerseits mit den Interessen, die verletzt sind, andererseits. Auf § 193 StGB kann sich die Presse nur berufen, wenn sie den Sachverhalt unter Beachtung aller Sorgfaltsregeln aufgeklärt hat (vgl. BGH NJW 2013, 790; näheres *Wenzel/Burkhardt* Kap. 6 Rn. 27 ff.). Die strafrechtlichen Bestimmungen sind Schutzgesetze iSd § 823 Abs. 2 BGB.

Der persönlichkeitsrechtliche Schutz der Ehre greift in der Praxis vor allem in Fällen der **Schmähkritik** und der **Formalbeleidigung** ein. An die Bewertung einer Äußerung als Schmähkritik sind strenge Maßstäbe anzulegen, weil andernfalls eine umstrittene Äußerung ohne Abwägung dem Schutz der Meinungsfreiheit entzogen und diese damit in unzulässiger Weise verkürzt würde (BGH NJW 2000, 1036; BGH NJW 2009, 3580). Schmähkritik liegt bei einer die Öffentlichkeit wesentlich berührenden Frage nur ausnahmsweise vor und ist eher auf die Privatfehde beschränkt (BVerfG NJW 1995, 3303 – Soldaten sind Mörder; BVerfG NJW 2012, 1643). Eine Schmähkritik liegt nur vor, wenn bei einer Äußerung nicht mehr die Auseinandersetzung in der Sache, sondern die Herabsetzung der Person im Vordergrund steht, die jenseits polemischer und überspitzter Kritik herabgesetzt und gleichsam an den Pranger gestellt werden soll (BVerfG NJW 2017, 1460; BGH NJW 2000, 1036; BGH NJW 2009, 3580; näheres *Wenzel/Burkhardt* Kap. 5 Rn. 97 ff.; → Anm. 6).

7.1.6. Sonderfrage: **Identifikation**, insbesondere **Namensnennung** speziell in der **Gerichtsberichterstattung**. Mit der Feststellung, dass über einen Vorgang berichtet werden darf, ist nicht notwendigerweise gesagt, dass die beteiligten Personen identifiziert, insbesondere namentlich genannt oder identifizierbar gemacht werden dürfen. Diese Frage ist idR unproblematisch bei Berichten über Vorgänge, die der Privat- oder Öffentlichkeitssphäre zuzurechnen sind. Bei Berichten aus der Privatsphäre deckt die erforderliche Einwilligung oder das erforderliche Informationsinteresse der Allgemeinheit regelmäßig auch die Namensnennung. Ein Bericht über private Angelegenheiten, bei dem kein Beteiligter identifizierbar ist, ist kein Eingriff in die Privatsphäre. Bei Berichten aus der Öffentlichkeitssphäre erstreckt sich das Informationsinteresse idR auch auf die beteiligten Personen. Soweit dies bei am Rande beteiligten Dritten nicht der Fall ist, ist eine Berichterstattung, die diese Person erkennen lässt, unzulässig. Die Frage der Zulässigkeit der Identifikation, insbesondere der Namensnennung, stellt sich demzufolge in erster Linie bei Berichten aus der Sozialsphäre, also etwa bei Berichten über Unglücksfälle, Verkehrsunfälle, Straftaten, Selbstmorde, öffentliche Skandale und andere Aufsehen erregende, für das Ansehen des Betroffenen in der Öffentlichkeit kritische Vorgänge und insbesondere bei der Gerichtsberichterstattung (*Löffler/Steffen* § 6 Rn. 205).

Straftaten gehören zum Zeitgeschehen, dessen Vermittlung Aufgabe der Presse ist (BVerfG NJW 2012, 1500 – Ochsenknecht; BGH NJW 2013, 1681; BGH GRUR 2013, 200 – Apollonia Prozess). Ein schützenswertes Publikationsinteresse besteht nicht nur an der Tat, sondern auch an dem Täter. Die Presse darf daher nicht grundsätzlich auf eine anonymisierte Berichterstattung verwiesen werden (BVerfG NJW 2012, 1500 – Ochsenknecht; BGH GRUR 2013, 200 – Apollonia Prozess) Dies gilt unter Umständen schon in der Phase eines bloßen Tatverdachts vor Abschluss der Ermittlungen. Die Nennung des Namens und die Veröffentlichung seines Bildnisses können den Betroffenen jedoch mit einem schweren Makel belegen. Bei der identifizierbaren Herausstellung einer Person ist

6. Unterlassungsanspruch – vorprozessuale Abmahnung   H. 6

daher Zurückhaltung geboten. Wegen der Prangerwirkung aber auch wegen der Gefahr einer Vorverurteilung sind an das „Ob" und das „Wie" einer identifizierenden Berichterstattung über Straftaten strenge Anforderungen zu stellen (BGH NJW 2013, 1681; *Löffler/Steffen* § 6 Rn. 205 ff.). Zitate aus nichtöffentlichen richterlichen Vernehmungen können daher unzulässig sein, wenn deren Veröffentlichung eine soziale Ausgrenzung oder Isolierung bewirken kann (BGH NJW 2013, 1683).

Die Presse muss vorab stets prüfen, ob das Publikationsinteresse an der Tat nicht befriedigt werden kann, ohne den Täter und erst recht das Opfer, ggf. auch Zeugen, die in den Vorgang verwickelt waren, namhaft oder erkennbar zu machen. Auf der anderen Seite kann bei einem kleinen Kreis von in Betracht kommenden Tätern die Namensnennung oder Identifikation notwendig sein, um zu vermeiden, dass unbeteiligte Dritte in Verdacht kommen (OLG Düsseldorf AfP 1995, 500). Es ist eine Güterabwägung vorzunehmen. Die Beeinträchtigung durch die Berichterstattung muss in einem angemessenen Verhältnis zur Schwere des Fehlverhaltens und seiner sonstigen Bedeutung für die Öffentlichkeit stehen (BGH GRUR 2013, 94 – Gazprom-Manager; BGH GRUR 2013, 200 – Apollonia Prozess; BGH NJW 2013, 1681). Eine Namensnennung ist legitim, wenn und soweit Art und Schwere der Tat und die Aktualität, die Person des Täters oder des Opfers oder eine sonstige Bedeutung für die Öffentlichkeit sie rechtfertigen. Besteht lediglich ein Verdacht, muss ein Mindestmaß an Beweistatsachen vorliegen und die Berichterstattung muss ggf. deutlich auf die Vorläufigkeit der Beschuldigung hinweisen (Näheres s. *Damm/Rehbock* Rn. 50 ff.; *Löffler/Steffen* § 6 Rn. 205 ff.; *Soehring/Hoene* § 17 Rn. 1 ff., § 19 Rn. 24 ff.; *Wenzel/Burkhardt* Kap. 10 Rn. 154 ff., 178 ff.; zur Verdachtsberichterstattung: *Rinsche* AfP 2013, 1 ff.; *Lehr* AfP 2013, 7 ff.).

Grundsätzlich macht es für die Frage der Zulässigkeit oder Unzulässigkeit der Identifikation keinen Unterschied, ob der Betroffene namentlich genannt oder ob er anderweitig erkennbar gemacht wird, zB durch Verwendung aufklärbarer Initialen oder durch Mitteilung von Umständen, die es mit den Zusammenhängen vertrauten Personen ermöglichen, die Anonymität des Betroffenen aufzudecken. Die Namensnennung, die den Betroffenen für jedermann ohne zusätzliche Recherchen erkennbar macht, kann aber noch stärkere Prangerwirkung haben als die Identifikation ohne Nennung des Namens, mit der Folge, dass es Fälle geben kann, in denen für die Nennung des Namens über die Zulässigkeit der Identifikation hinaus zusätzliche Informationsinteressen gegeben sein müssen. Auf der anderen Seite ist zu bedenken, dass bei einer Verfremdung, zB durch Verwendung von Initialen, stets die Gefahr der Verletzung von Persönlichkeitsrechten Dritter mit denselben Initialen entstehen kann (s. dazu *Soehring/Hoene* § 17 Rn. 12 ff.).

Die Grundsätze für die Gerichtsberichterstattung gelten auch für Presseberichte über andere aufsehenerregende Ereignisse oder Umstände, wobei die Presse hier meistens den schutzwürdigen Informationsinteressen auch dann genügen kann, wenn sie den oder die Beteiligten anonym lässt. Anderes kann gelten, wenn Persönlichkeiten des öffentlichen Interesses betroffen sind oder wenn besondere Informationsinteressen die namentliche Nennung der Beteiligten rechtfertigen (BVerfG NJW 2006, 2835 ff. – Presseberichterstattung über Verkehrsverstoß einer bekannten Person; *Löffler/Steffen* § 6 Rn. 213).

7.1.7. Sonderfrage Verwendung unzulässig beschaffter Informationen. Informationen, die die Presse durch eigenen oder fremden Rechtsbruch gewinnt – etwa unzulässiges Mithören oder Mitschneiden von vertraulichen Telefongesprächen, Einschleichen in den geschützten beruflichen oder privaten Bereich eines anderen, Bruch einer gesetzlichen oder vertraglichen Verschwiegenheitspflicht – sind nicht generell gegen Veröffentlichung geschützt, sondern nur dann, wenn die Verbreitung selbst ein geschütztes Rechtsgut verletzt oder als sittenwidrig iSd § 826 BGB einzustufen ist. Ob dies der Fall ist, hängt von einer Abwägung des Informationswertes der verbreiteten Information gegen die Art und Schwere des bei der Informationsbeschaffung begangenen Rechtsverstoßes ab. Dabei ist der Informationswert umso höher, je mehr es sich um einen Beitrag zum geistigen Meinungskampf in einer die Öffentlichkeit wesentlich berührenden Frage handelt. Von Bedeutung ist auch, ob die Presse den Rechtsbruch selbst begangen hat oder ob nur der Rechtsbruch eines Dritten ausgenützt wird. Wenn der Informationswert der Nachricht deutlich schwerer wiegt als der Rechtsbruch bei der Beschaffung der Information, dann können aufgrund der Art der Beschaffung der Information keine Ansprüche gegen deren Verbreitung gestützt werden (BVerfGE 66, 116 (137 f.) – Der Aufmacher; BGH NJW 2015, 782; OLG Hamm OLGR 2004, 345; OLG Düsseldorf Urt. v. 8.3.2010 – I-20 U 188/09; OLG Düsseldorf ZUM-RD 2012, 137; OLG München ZUM 2005, 399; OLG Saarbrücken NJW-RR 2010, 346; OLG Stuttgart AfP 2015, 450; LG Hamburg AfP 2008, 369; näheres s. *Wenzel/Burkhardt* Kap. 10 Rn. 18 ff.; *Soehring/Hoene* § 12 Rn. 72 ff.).

7.1.8. Sonderfall **Privilegierte Äußerungen** (Näheres *Soehring/Hoene* § 15 Rn. 22; *Wenzel/Burkhardt* Kap. 10 Rn. 26 ff.). Es gibt verschiedene Bereiche, in denen es unverzichtbar ist, sich frei aussprechen zu können, ohne befürchten zu müssen, auf Unterlassung in Anspruch genommen zu werden. Privilegiert sind zB Äußerungen im engsten Familien- und Freundeskreis (BVerfG NJW 2007, 1194; BGH NJW 1984, 1104; BGH NJW 1993, 525 (526); OLG Koblenz NJW-RR 2008, 1316) oder einem entsprechenden Vertrauensverhältnis (OLG Naumburg MMR 2013, 131) sowie Äußerungen im Prozess. Soweit Äußerungen der Ausführung oder Verteidigung von Rechten dienen, sind sie durch die Wahrnehmung berechtigter Interessen iSd § 193 StGB erlaubt und können nicht zum Gegenstand einer Unterlassungs- oder Widerrufsforderung oder eines gesonderten Verfahrens gemacht werden (BVerfG NJW-RR 2007, 840; BVerfG Beschl. v. 15.12.2008 – 1 BvR 1404/04; BGH NJW 1998, 1399; BGH NJW 2005, 279; BGH NJW 2012, 1659). Auch Äußerungen gegenüber dem eigenen Anwalt Arzt, Notar oder vergleichbaren Vertrauensperson (BGH NJW 1984, 1104; OLG Koblenz NJW-RR 2008, 1316; OLG Dresden AfP 2012, 60; LG Köln BeckRS 2009, 29340), gegenüber Behörden sowie Beschwerden und Petitionen können privilegierte Äußerungen sein (BVerfG Beschl. v. 15.12.2008 – 1 BvR 1404/01; BGH NJW 2005, 279; BGH NJW 2012, 1659; OLG Karlsruhe AfP 2006, 469; OLG Dresden NJW-RR 2012, 1189; LG Köln ZUM-RD 2013, 20; *Wenzel/Burkhardt* Kap. 10 Rn. 28, 36 ff.).

7.2. **Besondere Persönlichkeitsrechte.** Bestimmte Bereiche des Persönlichkeitsrechts sind durch besondere gesetzliche Regelungen normiert, so zB das Namensrecht (§ 12 BGB), das Urheberpersönlichkeitsrecht (§§ 11–14 UrhG), das Recht am eigenen Bild (§§ 22 ff. KUG), sowie der Datenschutz.

7.2.1. **Das Namensrecht** hat nur geringe äußerungsrechtliche Bedeutung. Das Recht aus § 12 BGB schützt den Namensinhaber nicht davor, namentlich genannt zu werden, sondern gegen unbefugten Namensgebrauch und Namensbestreitung. Dies ist zu unterscheiden von der Frage der Zulässigkeit der Namensnennung in der Presseberichterstattung. Unzulässig nach § 12 BGB ist es auch, einen fremden Namen als eigenen zu führen oder ihn einem Dritten beizulegen. Hieraus können sich – zB bei der Benennung von Beteiligten eines Geschehens mit Decknamen – äußerungsrechtliche Ansprüche ergeben. Einen Namen zu nennen, um die berechtigte Person damit zu bezeichnen, ist hingegen namensrechtlich jedermann erlaubt (Näheres *Soehring/Hoene* § 17 Rn. 1 ff.; *Wenzel/Burkhardt* Kap. 10 Rn. 40 ff.).

7.2.2. Das **Urheberpersönlichkeitsrecht** schützt den Urheber in seiner geistigen und persönlichen Beziehung zu seinem Werk und in dessen Nutzung, insbesondere vor ungenehmigter Veröffentlichung und vor Entstellung und Beeinträchtigung seines Werkes, ferner hat er das Recht auf Anerkennung seiner Urheberschaft an dem Werk (§§ 11–14 UrhG).

7.2.3. Das **Recht am eigenen Bild,** das systemwidrig in den nach wie vor geltenden §§ 22 ff. KUG geregelt ist, ist das für die Berichterstattung bedeutsamste besondere Persönlichkeitsrecht. Es schützt die Person dagegen, ohne ihren Willen der Öffentlichkeit

6. Unterlassungsanspruch – vorprozessuale Abmahnung H. 6

im Bild vorgestellt zu werden (*Löffler/Steffen* § 6 Rn. 73). Nach § 22 KUG dürfen Bildnisse nur mit Einwilligung der Abgebildeten **verbreitet** oder **öffentlich zur Schau gestellt** werden. Nicht erfasst vom Recht am eigenen Bild ist die bloße Herstellung oder Vervielfältigung von Bildnissen, die jedoch eine Verletzung des allgemeinen Persönlichkeitsrechts und eine Straftat iSd § 201a StGB sein können (*Löffler/Steffen* § 6 Rn. 119, 123; *Mann* AfP 2013, 16; *Wenzel/v. Strobl-Albeg* Kap. 7 Rn. 22 ff.).

(1) Geschützt ist das **Personenbildnis**, dh die Darstellung einer oder mehrerer Personen, die die äußere Erscheinung des oder der Abgebildeten in einer für Dritte erkennbaren Weise wiedergibt (*Löffler/Steffen* § 6 Rn. 121). Nicht erfasst werden **Bilder**, dh Abbildungen auf denen keine Person erkennbar ist, zB Abbildungen von Gegenständen, auch wenn diese bestimmten Personen zugeordnet werden können. Zu den Bildern zählen nach § 23 Abs. 1 Nr. 2 und 3 KUG Landschaftsbilder und Bilder von Versammlungen und Aufzügen, auch dann, wenn darauf Personen erkennbar sind (→ Anm. 7.2.3 (6) und (7)).

(2) Entscheidendes Kriterium für die Abgrenzung von Bildnissen und Bildern ist die **Erkennbarkeit** einer bestimmten Person. Die Rechtsprechung stellt hieran geringe Anforderungen. Es genügt, wenn die Person (auch nur von ihrem engeren Bekanntenkreis) identifiziert werden kann, zB aus den gleichzeitig mitgeteilten Umständen, aus dem Begleittext oder auf Grund früherer Veröffentlichungen, zB der Reiter durch sein Pferd, der Torwart von hinten aus seiner Haltung und Statur, der Fußballspieler aufgrund seiner Rückennummer). Augenbalken beseitigen die Erkennbarkeit idR nicht ausreichend. Erfasst werden auch Darstellungen, die ein Double oder ein auf den Betroffenen zurechtgemachtes Modell zeigen (Näheres *Löffler/Steffen* § 6 Rn. 122).

(3) Die Verbreitung oder öffentliche Zurschaustellung von Bildnissen ist nur mit **Einwilligung** des Abgebildeten zulässig, die im Zweifel als erteilt gilt, wenn der Abgebildete für die Abbildung entlohnt worden ist (§ 22 S. 2 KUG). Die Rechtsnatur der Einwilligung ist umstritten (*Löffler/Steffen* § 6 Rn. 124; *Soehring/Hoene* § 19 Rn. 43 ff.; *Wenzel/v. Strobl-Albeg* Kap. 7 Rn. 59). Der BGH (BGH NJW 1980, 1903, zum ärztlichen Heileingriff) betrachtet sie, wenn sie nicht Bestandteil eines Vertrages ist, als Realakt, für deren Auslegung die für die Willenserklärung geltenden allgemeinen Grundsätze vorsichtig angewendet werden können (*Löffler/Steffen* § 6 Rn. 124), mit der Folge, dass unter gewissen Voraussetzungen auch Geschäftsunfähige einwilligen können (*Löffler/Steffen* § 6 Rn. 125). Die Instanzgerichte qualifizieren dem gegenüber die Einwilligung überwiegend als rechtsgeschäftliche (einseitige, empfangsbedürftige) Willenserklärung (OLG Hamburg AfP 1987, 703; OLG München NJW 2002, 305). Minderjährige können daher nicht ohne Mitwirkung ihrer gesetzlichen Vertreter, diese aber auch nicht gegen den Willen des einsichtsfähigen Minderjährigen wirksam einwilligen (*Wenzel/v. Strobl-Albeg* Kap. 7 Rn. 67 ff.). Die Einwilligung kann auch konkludent erteilt werden (vgl. BGH NJW 2012, 762; *Wenzel/v. Strobl-Albeg* Kap. 7 Rn. 63 ff.). Die gegenständliche und zeitliche Reichweite der Einwilligung ist eng auszulegen, grundsätzlich beschränkt sie sich auf die konkrete nach Anlass, Art, Zeit und Medium bestimmte Veröffentlichung, für die sie erteilt wurde. Die Einwilligung ist grundsätzlich mit Wirkung ex nunc widerruflich, wenn sie nicht Gegenstand eines Vertrages ist oder der Betroffene einen Vertrauenstatbestand geschaffen hat, der gem. § 242 BGB den Widerruf verbietet (str.; vgl. OLG Frankfurt ZUM-RD 2010, 320; *Löffler/Steffen* § 6 Rn. 127; *Soehring/Hoene* § 19 Rn. 48 f.; *Wenzel/v. Strobl-Albeg* Kap. 7 Rn. 83 ff.; aA Widerruf nur bei Vorliegen eines wichtigen Grundes OLG München AfP 1989, 570). Ist die Einwilligung vertraglich erteilt, dann ist sie nur aus wichtigem Grund kündbar. Nach dem Tod des Abgebildeten bedarf es bis zum Ablauf von 10 Jahren der Einwilligung der Angehörigen, dh des Ehegatten und der Kinder, falls weder ein Ehegatte noch Kinder vorhanden sind, der Eltern. Wer sich auf die Einwilligung beruft, hat sie und ihre Reichweite zu beweisen (*Löffler/Steffen* § 6 Rn. 128; BGH AfP 2007, 42 – kinski-klaus.de).

(4) Eine **Veröffentlichung ohne Einwilligung** ist nach § 23 Abs. 1 KUG grundsätzlich zulässig bei Bildnissen aus dem Bereich der Zeitgeschichte, bei Bildern, auf denen die Personen nur als Beiwerk neben einer Landschaft oder sonstigen Örtlichkeit erscheinen und bei Bildern von Versammlungen und Aufzügen sowie bei nicht auf Bestellung angefertigten Bildnissen, sofern die Verbreitung oder Schaustellung einem höheren Interesse der Kunst dient. Eine Einschränkung erfahren diese Ausnahmen bei einer Verbreitung oder Schaustellung, durch die ein berechtigtes Interesse des Abgebildeten oder nach seinem Tode seiner Angehörigen verletzt wird (§ 23 Abs. 2 KUG). Die Ausnahmetatbestände des § 23 KUG bringen ein allgemeines Prinzip zum Ausdruck dahin, dass eine Veröffentlichung zulässig ist, wenn in einer Interessen- und Güterabwägung mit dem Selbstbestimmungsrecht sich das Publikumsinteresse als stärker erweist („abgestuftes Schutzkonzept": BGH NJW 2007, 1977; BGH NJW 2007, 1981; BGH NJW 2009, 757; BGH NJW 2012, 763; BGH NJW 2013, 2890 – Eisprinzessin Alexandra; BGH NJW 2017, 804 – Wowereit; BVerfG NJW 2008, 1793; BVerfG NJW 2017, 1376). Das Wertungskonzept des § 23 KUG ist deshalb auch bei der Wortberichterstattung, etwa bei der Zulässigkeit einer Berichterstattung aus der Privatsphäre und der Sozialsphäre oder bei der Rechtfertigung der Darstellung des Lebens- und Charakterbildes sowie einer Namensnennung entsprechend heranzuziehen. Einer Einwilligung bedarf es ferner nach § 24 KUG nicht bei der Veröffentlichung von Bildnissen für Zwecke der Rechtspflege und der öffentlichen Sicherheit (zB Steckbrief).

(5) Die wichtigste Veröffentlichungsbefugnis ohne Einwilligung betrifft die **Bildnisse aus dem Bereich der Zeitgeschichte** gem. § 23 Abs. 1 Nr. 1 KUG. Aus diesem Bereich entstammen in erster Linie Bildnisse, in denen der Abgebildete nicht bloß als Person, sondern wegen seiner Verbindung zum Zeitgeschehen das Interesse der Öffentlichkeit findet. Das Bildnis (und nicht die abgebildete Person als solche) muss nach dem Gesetz dem Bereich der Zeitgeschichte zuzurechnen sein. Das bedeutet nicht, dass das Bildnis selbst ein zeitgeschichtliches Dokument sein muss. Maßgebend für die Frage, ob es sich um ein Bildnis aus dem Bereich der Zeitgeschichte handelt, ist vielmehr der **Begriff des Zeitgeschehens**. Dies betrifft vor allem auch Bilder von Personen, deren Abbildung wegen ihres zeitgeschichtlichen Bezugs als bedeutsam anzusehen ist, mit der Folge, dass ein durch ein Informationsbedürfnis gerechtfertigtes Interesse der Allgemeinheit an einer bildlichen Darstellung zu bejahen ist. Der Begriff des Zeitgeschehens wird nicht gegenstandsbezogen, etwa allein auf Vorgänge von historischer oder politischer Bedeutung, verstanden, sondern vom Informationsinteresse der Öffentlichkeit her bestimmt und ist zu Gunsten der Pressefreiheit in einem weiten Sinn zu verstehen (BVerfG NJW 2001, 1921; BGH NJW 2012, 3645; BGH NJW 2017, 804 – Wowereit). Im Hinblick auf den Informationsbedarf der Öffentlichkeit umfasst er nicht nur Vorgänge von historisch-politischer Bedeutung, sondern ganz allgemein das Zeitgeschehen, das heißt alle Fragen, die von allgemeinem gesellschaftlichem Interesse sind (BGH NJW 2012, 763; BGH NJW 2017, 804 – Wowereit). Gemeint ist das Interesse der Öffentlichkeit an einer Unterrichtung über das Zeitgeschehen, das sich in der Person des Abgebildeten besonders verbindet, so dass die Veröffentlichung des Bildnisses der Sache nach mit zur Befriedigung dieses Interesses gehört (*Löffler/Steffen* § 6 Rn. 130). Es hängt nicht von der schematischen Einordnung einer Person als solcher in die Zeitgeschichte, sondern von der Art und dem Grad des schutzwürdigen Informationsinteresses ab, ob eine Person es hinnehmen muss, der Öffentlichkeit im Bild vorgestellt zu werden. Ob ein Bildnis einer Person unabhängig von einem bestimmten zeitgeschichtlichen Ereignis einwilligungsfrei veröffentlicht werden darf, hängt stets von einer einzelfallbezogenen Abwägung zwischen dem Informationsinteresse der Öffentlichkeit und den berechtigten Interessen der abgebildeten Person ab. Der Beurteilung ist ein normativer Maßstab zugrunde zu legen, welcher der Pressefreiheit und zugleich dem Schutz der Persönlichkeit und ihrer Privatsphäre ausreichend Rechnung trägt (BGH NJW 2012, 763). Maßgebend ist hierbei das

6. Unterlassungsanspruch – vorprozessuale Abmahnung H. 6

Interesse der Öffentlichkeit an der vollständigen Information über das Zeitgeschehen. Der Begriff des Zeitgeschehens in § 23 Abs. 1 Nr. 1 KUG ist zu Gunsten der Pressefreiheit zwar in einem weiten Sinn zu verstehen, das Informationsinteresse ist jedoch nicht schrankenlos. Der Einbruch in die persönliche Sphäre des Abgebildeten wird vielmehr durch den Grundsatz der Verhältnismäßigkeit begrenzt. Um konkret die Grenze für das berechtigte Informationsinteresse der Öffentlichkeit an der aktuellen Berichterstattung zu ziehen, muss unter Berücksichtigung der jeweiligen Umstände des Einzelfalles entschieden werden (BGH NJW 2007, 1981 – Zum abgestuften Schutzkonzept bei der Bildveröffentlichung Prominenter; BGH NJW 2017, 804 – Wowereit). Bei der gebotenen Abwägung kommt dem Informationswert besondere Bedeutung zu. Je größer der Informationswert für die Öffentlichkeit ist, desto eher muss das Schutzinteresse desjenigen, über den informiert wird, hinter den Informationsbelangen der Öffentlichkeit zurücktreten. Umgekehrt wiegt aber der Schutz der Persönlichkeit des Betroffenen umso schwerer, je geringer der Informationswert für die Allgemeinheit ist. Das Interesse der Leser an bloßer Unterhaltung hat gegenüber dem Schutz der Privatsphäre regelmäßig ein geringeres Gewicht (BGH NJW 2007, 1981; BVerfG NJW 2006, 3406 (3407)). Früher war zumeist die Einordnung als absolute oder relative Person der Zeitgeschichte Grundlage der Entscheidung. Gegen den Begriff der „absoluten Person der Zeitgeschichte" hat der EGMR in seiner Entscheidung „Veröffentlichung von Fotoaufnahmen aus dem Privatleben – Caroline von Hannover" jedoch Bedenken erhoben und darauf hingewiesen, dass die von den deutschen Gerichten entwickelten Kriterien („absolute Person der Zeitgeschichte"; „örtliche Abgeschiedenheiten") für einen wirksamen Schutz des Privatlebens in dem konkret entschiedenen Fall nicht ausreichen (EGMR NJW 2004, 2647 ff.).

In der Folge wurde vom BGH diese Differenzierung absolute/relative Person der Zeitgeschichte nicht mehr verwendet (BGH NJW 2007, 1981 – abgestuftes Schutzkonzept). In der Entscheidung „Einkauf nach Abwahl" (BGH GRUR 2008, 1017), in der es um Fotoaufnahmen einer Politikerin beim Shopping ging, nachdem sie am Tag zuvor aus dem Amt der Ministerpräsidentin ausgeschieden war, vermied der BGH den Begriff „absolute Person der Zeitgeschichte". Stattdessen nahm er im Lichte der Rechtsprechung des EGMR eine einzelfallbezogene Abwägung vor. Dies wurde vom BVerfG in seiner Beschlussentscheidung zur möglichen Berücksichtigung des Unterhaltungsinteresses bei der Bildberichterstattung vom 26.2.2008 (BVerfG AfP 2008, 263 ff. = NJW 2008, 1793) ausdrücklich gebilligt. Das BVerfG hat in den Entscheidungsgründen ausgeführt, dass der Begriff der **Person der Zeitgeschichte** verfassungsrechtlich nicht vorgegeben sei und es daher den Fachgerichten frei stehe, ihn in Zukunft nicht oder nur noch begrenzt zu nutzen und statt dessen im Wege der einzelfallbezogenen Abwägung über das Vorliegen eines Bildnisses aus dem „Bereich der Zeitgeschichte" (§ 23 Abs. 1 Nr. 1 KUG) zu entscheiden. Das BVerfG hat allerdings darauf hingewiesen, dass es den Fachgerichten ebenfalls nicht verwehrt ist, sondern vielmehr der Rechtssicherheit dienen kann, die Abwägung zwischen Kommunikationsfreiheit und Persönlichkeitsschutz durch andere typisierende Hilfsbegriffe oder durch Fallgruppen anzuleiten (zu den Begriffen absolute und relative Person der Zeitgeschichte vgl. *Löffler/Steffen* § 6 Rn. 132; *Wenzel/v. Strobl-Albeg* Kap. 8 Rn. 9 ff.; *Damm/Rehbock* Rn. 203 ff.). Der EGMR zieht als die Abwägung konkretisierendes Element eine Unterscheidung zwischen **Politikern, sonstigen im öffentlichen Leben oder im Blickpunkt der Öffentlichkeit stehenden Personen sowie der gewöhnlichen Privatperson** heran. Er betont, dass bei einer Berichterstattung über gewöhnliche Bürger engere Grenzen als in Bezug auf den Kreis sonstiger Personen des öffentlichen Lebens gezogen seien, wobei der Schutz der Politiker am schwächsten sei. Bei Personen des politischen Lebens wird ein gesteigertes Informationsinteresse des Publikums unter dem Gesichtspunkt demokratischer Transparenz und Kontrolle als legitim anerkannt (EGMR NJW 2006, 591 ff.). Auf diese Unterscheidung des EGMR wird auch vom BVerfG und vom BGH in nunmehr stRspr Bezug genommen (BVerfG AfP 2008, 163 = NJW 2008, 1793;

BGH NJW 2007, 1977; BGH NJW 2007, 1981; BGH NJW 2009, 757; BGH NJW 2012, 763). Nach der Rechtsprechung des BVerfG (BVerfG AfP 2008, 163 = NJW 2008, 1793) umfasst der Schutzbereich der Pressefreiheit grundsätzlich auch unterhaltende Beiträge über das Privat- oder Alltagsleben von Prominenten und ihres sozialen Umfeldes, insbesondere der ihnen nahestehenden Personen. Im Zuge der Abwägung des Informationsinteresses kommt es nicht auf eine inhaltliche Bewertung der betroffenen Darstellung als wertvoll oder wertlos an. Entscheidend ist vielmehr die Feststellung, in welchem Ausmaß der Bericht einen Beitrag für den Prozess der öffentlichen Meinungsbildung zu erbringen vermag. Soweit ein Bild nicht schon als solches eine für die öffentliche Meinungsbildung bedeutsame Aussage enthält, ist sein Informationsgehalt im Kontext der zugehörigen Wortberichterstattung zu ermitteln. Bei der Abwägung mit den Persönlichkeitsrechten Prominenter ist im Rahmen der Bildberichterstattung auch zu berücksichtigen, dass die Aufdeckung von Unstimmigkeiten zwischen öffentlicher Selbstdarstellung und privater Lebensführung von allgemeinem Interesse sein können und dass prominente Personen Orientierung bei eigenen Lebensentwürfen bieten sowie Leitbild- und Kontrastfunktionen erfüllen könne. Für die Gewichtung der Belange des Persönlichkeitsschutzes von Bedeutung sind auch die Umstände der Gewinnung der Abbildung, etwa ob diese durch Ausnutzung von Heimlichkeit oder beharrliche Nachstellung gewonnen wurde. Bedeutsam ist des Weiteren in welcher Situation der Betroffene erfasst und wie er dargestellt wird (BVerfG AfP 2008, 163). Eine Zusammenstellung von Entscheidungen, in denen der BGH zum abgestuften Schutzkonzept der §§ 22, 23 KUG bei Bildveröffentlichungen Prominenter Stellung genommen hat, findet sich ua in der Entscheidung des BGH zur Bebilderung eines Presseartikels über einen Politiker als Lebensgefährte einer Schauspielerin vom 22.11.2011 (BGH NJW 2012, 763).

Zu kontext-fremden, kontext-neutralen und kontextgerechten Aufnahmen sowie zur Veröffentlichung von Portraitfotos s. BVerfG NJW 2001, 1921; BVerfG NJW 2006, 2835; BGH AfP 2007, 472 ff.; BGH NJW 2012, 3645; *Wenzel/v. Strobl-Albeg* Kap. 8 Rn. 24 ff.; NK-MedienR/*Kröner* Rn. 32.40 ff. und NK-MedienR/*Weyhe* Rn. 37.104 ff.

(6) § 23 Abs. 1 Nr. 2 KUG erlaubt die Verbreitung oder Zurschaustellung von Bildern, auf denen Personen nur als **Beiwerk neben einer Landschaft** oder sonstigen Örtlichkeiten erscheinen. Die Vorschrift betrifft den Fall, dass auf einem Bild (also nicht auf einem Personenbildnis) Personen neben einer Landschaft oder sonstigen Örtlichkeit abgebildet sind. Die Vorschrift gilt nicht für Fälle, in denen bei Personenaufnahmen andere Personen als Beiwerk erscheinen und auch nicht bei Sachbildern, die keine Landschaft oder sonstige Örtlichkeit zum Gegenstand haben (*Wenzel/v. Strobl-Albeg* Kap. 8 Rn. 47). Voraussetzung ist, dass die abgebildete/n Person/en nicht das Thema des Bildes ist oder sind. Sie darf/dürfen keinen Einfluss auf das Thema des Bildes ausüben, der Gesamteindruck muss ganz auf die Landschaft oder sonstige Örtlichkeit bezogen, die Person/en ihr untergeordnet sein (*Löffler/Steffen* § 6 Rn. 137).

(7) § 23 Abs. 1 Nr. 3 KUG erlaubt die Verbreitung oder Zurschaustellung von Bildern von **Veranstaltungen, Aufzügen und ähnlichen Vorgängen,** an denen die dargestellten Personen teilgenommen haben. § 23 Abs. 2 Nr. 3 KUG setzt eine Abbildung voraus, die nicht einzelne Personen zeigt, sondern vielmehr einen Vorgang. Gegenstand und Zweck des Bildes muss die Darstellung des Geschehens sein, nicht hingegen die Darstellung der Person, die an dem Geschehen teilnimmt (Näheres *Wenzel/v. Strobl-Albeg* Kap. 8 Rn. 49). Bedeutsam ist die Vorschrift vor allem für Demonstrationen. Die beteiligten und erkennbar werdenden Personen müssen nicht bloßes Beiwerk sein, sie dürfen aber nur im Rahmen des Vorganges gezeigt und nicht portraitiert werden. Bildausschnitte und die Darstellung von Rednern sind zulässig, soweit sie den Vorgang, der das Thema des Bildes ist, repräsentieren (*Löffler/Steffen* § 6 Rn. 138).

(8) § 23 Abs. 1 Nr. 4 KUG erlaubt die Verbreitung oder Zurschaustellung von Bildnissen, sofern dies **einem höheren Interesse der Kunst dient.** Dies gilt nicht für Bildnisse,

die auf Bestellung angefertigt worden sind. Die Vorschrift ist von geringer praktischer Bedeutung (Näheres s. *Wenzel/v. Strobl-Albeg* Kap. 8 Rn. 54).

(9) Die Befugnis, Bildnisse ohne Einwilligung der abgebildeten Person/en zur Schau zu stellen und zu verbreiten, endet da, wo **berechtigte Interessen des Abgebildeten,** ggf. seiner Angehörigen entgegenstehen, § 23 Abs. 2 KUG. Die Verbreitung von Nacktbildern bedarf stets der gerade für sie und die konkrete Veröffentlichung erteilten Einwilligung, ebenso idR die Verwendung von Bildnissen zu Zwecken der Werbung, ferner die Veröffentlichung von Bildnissen aus der Privatsphäre. Eine Ausnahme vom Einwilligungserfordernis kann zB gegeben sein bei einer Werbeanzeige, die sich sachkritisch mit einem aktuellen Tagesereignis auseinandersetzt (BGH NJW 2007, 689 – Rücktritt des Finanzministers). Auch Prominente dürfen Respektierung des eindeutig auf Ausschluss jeder Öffentlichkeit gerichteten Zuschnitts privaten Zusammenseins erwarten, auch wenn dieses in der Öffentlichkeit stattfindet. Das Recht auf Achtung der Privatsphäre ist nicht auf den eigenen häuslichen Bereich beschränkt. Bilder, die unter Missachtung der Privatsphäre heimlich oder unter Ausnutzung einer Überrumpelung aufgenommen worden sind, dürfen grds. nicht veröffentlicht werden (BGH AfP 1996, 140 = NJW 1996, 1128; BGH NJW 2007, 3440; BVerfG AfP 2000, 76 = NJW 2000, 1021 – Caroline v. Monaco; *Wenzel/v. Strobl-Albeg* Rn. 8.62 ff.). Allerdings bedarf es stets einer Interessensabwägung im Einzelfall. So ist zB das Vertrauen eines Straftäters auf ein sitzungspolizeiliches Fotografierverbot nicht schutzwürdig (BGH NJW 2011, 3153). Kinder genießen erhöhten Schutz (BVerfG NJW 2000, 1021; BVerfG NJW 2008, 39; BVerfG NJW 2008, 1793; BGH NJW 2005, 215; BGH NJW 2010, 1454), Begleitpersonen, insb. Kinder, dürfen nur innerhalb einer Berichterstattung über ein zeitgeschichtliches Ereignis gezeigt werden (BGH NJW 2007, 3440). Anderes gilt, wenn der Betroffene seine Privat- und Intimsphäre selbst der Öffentlichkeit umfassend preisgibt (BGH AfP 2012, 47; *Löffler/Steffen* § 6 Rn. 165 ff.; *Wenzel/v. Strobl-Albeg* Kap. 8 Rn. 75). Unzulässig sind Bildveröffentlichungen zu dem alleinigen Zweck, den Abgebildeten der Lächerlichkeit preiszugeben, solche die die Menschenwürde verletzen und solche, die den Abgebildeten einer Gefahr für Leib und Seele aussetzen. Zur Verbreitung unzulässig hergestellter Bildnisse (→ Anm. 7.1.7).

(10) Einem besonderen Schutz unterliegen nach **§ 201a StGB** Bildnisse von Personen, die sich in einer Wohnung oder einem gegen Einblick besonders geschützten Raum befinden, durch die deren **höchstpersönlicher Lebensbereich** verletzt wird (Näheres s. *Lackner/Kühl/Kühl* StGB § 201a Rn. 1 ff.). Grundsätzlich zulässig ist die Anfertigung von Bildnissen, die nach § 23 KUG verbreitet werden dürfen. Zulässig ist auch die Anfertigung von Bildnissen zur Beweissicherung (einschränkend BGH GRUR 1993, 843 (844) – Testfotos). Gesetzliche Fotografierverbote bestehen im Bereich der Gerichtsberichterstattung, im militärischen und Sicherheitsbereich (Näheres s. *Wenzel/v. Strobl-Albeg* Kap. 7 Rn. 22 ff.; *Soehring/Hoene* § 9 Rn. 3 ff.). Verbote können auch im Zusammenhang mit der Ausübung von Eigentümerbefugnissen (vgl. BGH NJW 2011, 749; BGH GRUR 2013, 623 mAnm *Elmenhorst*) oder des Hausrechts bestehen, so zB bei Pop-Konzerten (Näheres dazu: *Markfort* ZUM 2006, 829 ff.).

(11) Nicht von den Vorschriften des KUG erfasst werden **Bilder von Gegenständen,** die bestimmten Personen zugeordnet werden können. Die Herstellung, insbesondere aber die Verbreitung solcher Bilder kann aber eine Eigentums- (BGH NJW 2011, 749; BGH GRUR 2013, 623 mAnm *Elmenhorst*) oder Besitzstörung, eine Persönlichkeitsverletzung oder eine unzulässige Ausbeutung persönlichkeitsrechtlicher Güter sein (Näheres s. *Wenzel/v. Strobl-Albeg* Kap. 7 Rn. 87 ff.).

7.2.4. Der **Datenschutz** regelt die Erhebung, Speicherung und Weitergabe personenbezogener Daten (s. NK-MedienR/*Kramer* Rn. 76.1 ff.; *Ricker/Weberling* Kap. 42 Rn. 39 ff.). Das Bundesdatenschutzgesetz hat keine unmittelbare äußerungsrechtliche Bedeutung. Daten sind jedoch gem. § 202a StGB gegen Ausspähung geschützt (s. *Soehring/Hoene* § 10

Rn. 11). Das vom Bundesverfassungsgericht anerkannte Recht auf informationelle Selbstbestimmung (BVerfG NJW 1989, 410 – Volkszählungsgesetz) schützt den Bürger vor der unbegrenzten Erhebung, Speicherung und Verwendung persönlicher Daten durch Behörden und andere staatliche Stellen. Aufgrund der Lehre von der Drittwirkung der Grundrechte kann sich der Einzelne auf sein Recht der informationellen Selbstbestimmung nicht nur gegenüber dem Staat, sondern auch gegenüber Dritten, damit auch gegenüber Medienunternehmen, berufen. Daher ist bei der Beurteilung redaktioneller Berichterstattung über persönliche Belange das Recht der informationellen Selbstbestimmung als Ausprägung des allgemeinen Persönlichkeitsrechts im Einzelfall gegenüber der ebenfalls grundgesetzlich geschützten Pressefreiheit abzuwägen (Näheres s. *Damm/Rehbock* Rn. 20 ff., insb. 25 ff.; → Anm. 7.1.1).

7.3. § 824 BGB gewährt Schutz gegen wahrheitswidrige Tatsachenbehauptungen, die geeignet sind, den **Kredit eines anderen zu gefährden oder sonstige Nachteile für dessen Erwerb oder Fortkommen herbeizuführen**. Der Schutz greift schon bei Gefährdung ein. Meinungsäußerungen werden von dieser Vorschrift nicht erfasst. Der Schutz ist auf eine negative Beeinflussung der geschäftlichen Entschließungen des Personenkreises gerichtet, der dem Betroffenen als Kreditgeber, als Abnehmer und Lieferant, als Auftrag- und Arbeitnehmer etc Existenz und Fortkommen im Wirtschaftsleben ermöglicht, er ist aber auch auf diese „geschäftlichen" Beziehungen beschränkt (Näheres *Wenzel/Burkhardt* Kap. 5 Rn. 237 ff.).

7.4. Das Recht am Unternehmen, das von der Rechtsprechung als sonstiges Recht iSd § 823 Abs. 1 BGB entwickelt wurde, ist wie das allgemeine Persönlichkeitsrecht als offenes Schutzgut ausgestaltet, dessen Inhalt und Grenzen erst eine Interessen- und Güterabwägung mit der im Einzelfall konkret kollidierenden Interessensphäre anderer offenbart (*Löffler/Steffen* § 6 Rn. 141). Der Schutz dient der Lückenausfüllung. Er greift subsidiär erst ein, wenn der Zusammenhang der auf dem jeweiligen Rechtsgebiet geltenden Vorschriften ergibt, dass eine Lücke im Unternehmensschutz besteht (*Löffler/Steffen* § 6 Rn. 140). Das Recht am Unternehmen schützt nur gegen betriebsbezogene Eingriffe, dh solche, die objektiv in den Funktionsbereich, das organische Herz des Unternehmens zielen (*Löffler/Steffen* § 6 Rn. 143). Für den äußerungsrechtlichen Bereich kommen als betriebsbezogen in Betracht zB Boykottaufrufe, Protestaktionen, Warnungen vor geschäftlichen Beziehungen, kritische Berichte über die Produkte des Unternehmens, die Einbeziehung von Produkten in einen nicht qualifizierten Warentest oder die Nichteinbeziehung in einen qualifizierten, Meldungen über einen Insolvenzantrag oder das Erwecken unrichtiger Vorstellungen über die gewerbliche Betätigung des Unternehmen, unberechtigte Schutzrechtsverwarnungen, eigenwirtschaftliche Vermarktung des „Unternehmensbildes" in Parallele zum Lebensbild oder seine Herausstellung als Lehrbeispiel für ein auf die Insolvenz zusteuerndes Unternehmen (*Löffler/Steffen* § 6 Rn. 144). Die Betriebsbezogenheit des Eingriffs sagt dabei noch nichts über seine Rechtswidrigkeit, die im Wege einer Güterabwägung zu ermitteln ist. Es gelten die allgemeinen Grundsätze für den Konflikt der Pressearbeit mit Individualgütern wie dem Persönlichkeitsrecht, wobei aber der Schutz des Unternehmens gegen Öffentlichkeit keineswegs so weit reicht wie der Schutz der Person. Er besteht nur insoweit, als das Unternehmen aus seinem Wesen als Zweckschöpfung des Rechts und seinen Funktionen eines Rechtsschutzes bedürfen, dh wenn ihr sozialer Geltungsanspruch in ihrem Aufgabenbereich betroffen ist (BGH NJW 1994, 1281; BGH NJW 1980, 2807 – Medizin-Syndikat I). Wahre Tatsachenbehauptungen haben die Vermutung der Rechtmäßigkeit für sich, herabwürdigende Werturteile sind bis zur Grenze der Schmähkritik zulässig (*Löffler/Steffen* § 6 Rn. 146 ff.; *Wenzel/Burkhardt* Kap. 5 Rn. 128 ff.; enger bei wettbewerblichen Äußerungen s. § 6 Abs. 2 Nr. 5 UWG; vgl. Köhler/Bornkamm/Feddersen/*Köhler* UWG § 6 Rn. 166 ff.).

6. Unterlassungsanspruch – vorprozessuale Abmahnung H. 6

7.5. Wettbewerbsrechtliche Tatbestände kommen für Unterlassungsansprüche gegen die Presse nach der UWG-Novelle 2008 vor allem in Betracht, wenn es sich bei der Berichterstattung um eine „geschäftliche Handlung" handelt. In der UWG-Novelle ist das subjektive Merkmal der Wettbewerbsförderungsabsicht entfallen. An seine Stelle treten objektive Kriterien. Entscheidend für die Einordnung einer Verhaltensweise als „geschäftliche Handlung" ist ein objektiver Zusammenhang der Förderung des Absatzes oder des Bezugs von Waren oder Dienstleistungen. Wettbewerbswidrig ist die sogenannte redaktionelle Werbung, bei der gegen das auch in den Landespressegesetzen verankerte Trennungsgebot zwischen redaktioneller Berichterstattung und Werbung verstoßen wird (Näheres zur getarnten Werbung Köhler/Bornkamm/Feddersen/*Köhler* UWG § 3a Rn. 1.202, § 5a Rn. 7.37 ff.).

Das Trennungsgebot ist auch in der EU-Richtlinie 2005/29/EG über unlautere Geschäftspraktiken nebst Anhang (sogenannte Blacklist) enthalten, die durch das erste Gesetz zur Änderung des Gesetzes gegen unlauteren Wettbewerb, das am 30.12.2008 in Kraft getreten ist, umgesetzt wurde. Gemäß § 3 Abs. 3 UWG iVm Anhang (zu § 3 Abs. 3) Nr. 11 ist es als unlauter anzusehen, wenn redaktionelle Inhalte in Medien zu Zwecken der Verkaufsförderung eingesetzt und der Gewerbetreibende diese Verkaufsförderung bezahlt hat, ohne dass dies aus dem Inhalt oder aus den für den Verbraucher klar erkennbaren Bildern und Tönen eindeutig hervorgehen würde (als Information getarnte Werbung; Näheres Köhler/Bornkamm/Feddersen/*Köhler* UWG Anhang zu § 3 III Rn. 11.1 ff.; zur Kennzeichnungspflicht entgeltlicher Veröffentlichungen nach § 10 LPG: EuGH GRUR 2013, 1245; BGH GRUR 2014, 879 – GOOD NEWS II). Eine wettbewerbsrechtliche Haftung der Presse kommt auch in Betracht, wenn die Presse in irgendeiner Weise willentlich und adäquat kausal an der Herbeiführung oder Aufrechterhaltung einer wettbewerbswidrigen Beeinträchtigung mitgewirkt hat (zur Störerhaftung von Verlagen bei Veröffentlichung von Werbeanzeigen BGH GRUR 2006, 957; BGH GRUR 2011, 340 – Irische Butter; zum Setzen von Links in redaktionellen Beiträgen: BGH NJW 2011, 2436 – AnyDVD mAnm *Bölke*; allg. zum Anspruchsverpflichteten im Wettbewerbsrecht: Köhler/Bornkamm/Feddersen/*Bornkamm* UWG § 8 Rn. 2.1 ff.).

7.6. Selbstverständlich hat die Presse wie jedermann **Schutzrechte Dritter**, wie zB Urheberrechte und Markenrechte, zu respektieren, aus deren Verletzung sich Unterlassungsansprüche ergeben können. Zur Verwendung von Marken in der Presseberichterstattung siehe *Wenzel/Burkhardt* Kap. 10 Rn. 60 ff.

7.7. Unterlassungsansprüche gegen die Presse können sich schließlich unter dem Gesichtspunkt der **sittenwidrigen Schädigung** gem. § 826 BGB ergeben, wenn eine Handlung, die an sich zulässig sein könnte, bei Würdigung der Gesamtumstände des Falles gegen das Anstandsgefühl aller billig und gerecht Denkenden verstößt. Anders als die og Tatbestände, die an den Erfolgsunwert einer Veröffentlichung anknüpfen, erfasst § 826 BGB den Handlungsunwert bei der Vornahme der Veröffentlichung. Unzulässig wegen Verstoßes gegen § 826 BGB können ausnahmsweise zB wahre Behauptungen sein, wenn die Zweck-Mittel-Relation verletzt wird, wenn eine Äußerung durch bloße Schädigungsabsicht bestimmt wird oder wegen der Form der Äußerung (Näheres s. *Löffler/Steffen* § 6 Rn. 240 ff.; *Soehring/Hoene* § 12 Rn. 69 ff.; *Wenzel/Burkhardt* Kap. 5 Rn. 279 ff.).

8. Beweislast. Die Darlegungs- und Beweislast trägt auch beim Unterlassungsanspruch gegenüber Medien zunächst der Verletzte (*Damm/Rehbock* Rn. 826; NK-MedienR/ *Meyer* Rn. 40.32; *Soehring/Hoene* § 30 Rn. 23 ff.; *Wenzel/Burkhardt* Kap. 12 Rn. 138). Sofern der Unterlassungsanspruch auf § 823 Abs. 2 BGB iVm § 186 StGB (Üble Nachrede) gestützt wird, tritt eine Beweislastumkehr ein. In diesem Fall trifft nach der über § 823 Abs. 2 BGB in das Deliktsrecht transformierten Beweisregel des § 186 StGB grundsätzlich den Schädiger die Beweislast für die Wahrheit der ehrbeeinträchtigenden Behauptung (ständige Rechtsprechung ua BGH NJW 1996, 1131 – Lohnkiller; näheres *Soehring/Hoene* § 30 Rn. 23; *Wenzel/Burkhardt* Kap. 12 Rn. 138 ff.). Eine Rückverlagerung der Darlegungs- und Beweislast auf den Verletzten tritt ein, wenn sich die Medien auf die Wahrnehmung berechtigter Interessen gemäß § 193 StGB berufen können. Die Berufung auf § 193 StGB setzt allerdings voraus, dass von Seiten der Medien der Nachweis sorgfältiger Recherche erbracht werden kann (*Damm/Rehbock* Rn. 828 mwN). Bei pauschalen unsubstantiierten Behauptungen hat der BGH die Darlegungslast für die Medien erweitert (BGH NJW 1975, 1882 – Geist von Oberzell). Hinsichtlich mehrdeutiger Behauptungen vgl. BVerfG NJW 2006, 207 – IM-Sekretär Stolpe.

9. Unterlassungs- und Verpflichtungserklärung → Form. H.7.

Kosten, Streitwert und Gebühren

10. Sofern eine unerlaubte Handlung vorliegt, ergibt sich die Kostenerstattungspflicht aus den §§ 823, 824, 826 BGB. Bei nicht schuldhaften Verstößen besteht idR ein Anspruch aus Geschäftsführung ohne Auftrag (§§ 677, 683 BGB; näheres *Prinz/Peters* Rn. 929; *Köhler/Bornkamm/Feddersen/Bornkamm* UWG § 12 Rn. 1.90 f.). Die Anwaltskosten sind als Kosten der Rechtsverfolgung grundsätzlich nach § 249 BGB erstattungsfähig, vorausgesetzt die Inanspruchnahme eines Rechtsanwalts war erforderlich und zweckmäßig (BGH NJW 2008, 2651; BGH NJW 2010, 3035; BGH NJW 2011, 155). In presserechtlichen Fällen wird diese Voraussetzung regelmäßig erfüllt sein. Dies gilt auch für Unternehmen mit eigener Rechtsabteilung (vgl. BGH NJW 2008, 2651 ff.; BGH NJW 2011, 155).

Der Streitwert richtet sich nach dem Interesse des Anspruchstellers an der Unterlassung. Die Streitwertfestsetzungen sind in der Praxis höchst unterschiedlich. Bei Unterlassungsansprüchen gegenüber Printmedien liegen die Durchschnittsstreitwerte in der Regel zwischen 20.000 EUR und 50.000 EUR (Beispiele in NK-MedienR/*Wanckel* Rn. 42.73).

Werden mehrere presserechtliche Ansprüche geltend gemacht, sind idR Unterlassungs-, Richtigstellungs- und Gegendarstellungsansprüche unterschiedliche Angelegenheiten iSd § 15 Abs. 2 S. 1 RVG (BGH NJW 2010, 3037; BGH BeckRS 2015, 20631; kritisch *Schlüter/Soehring* AfP 2011, 317). Je nach den Umständen des Einzelfalles können jedoch für und/oder gegen mehrere Personen geltend gemachte Unterlassungsansprüche eine Angelegenheit sein (BGH NJW 2011, 2591; BGH NJW 2011, 3167). Dies auch dann, wenn der Rechtsanwalt an unterschiedlichen Tagen beauftragt wurde und die Ansprüche in getrennten Schreiben geltend gemacht hat (BGH NJW 2011, 3167). Die Angelegenheit ist vom Gegenstand der anwaltlichen Tätigkeit abzugrenzen. Eine Angelegenheit kann mehrere Gegenstände umfassen. Macht der Rechtsanwalt für mehrere Anspruchsteller Unterlassungsansprüche geltend, handelt es sich hierbei um mehrere Gegenstände. Die Streitwerte für die einzelnen Gegenstände der rechtsanwaltlichen Tätigkeit sind dann zusammenzurechnen und aus der Summe die Gebühr zu ermitteln (vgl. BGH GRUR-RR 2008, 460; BGH NJW 2011, 3167).

Für die Geltendmachung des Unterlassungsanspruchs fällt eine Geschäftsgebühr gemäß § 2 RVG iVm VV 2300 RVG an. Da es sich bei der Geltendmachung von presserechtlichen Ansprüchen um ein Spezialgebiet handelt, wird von der Rechtsprechung wegen rechtlicher Schwierigkeit zum Teil eine 1,5 Gebühr anerkannt, auch wenn die Tätigkeit nicht umfangreich war (vgl. BGH NJW-RR 2012, 887; aber: BGH NJW 2012, 2813; KG AfP 2006, 369; *Hartmann* RVG § 14 Rn. 4; *Frauenschuh* AfP 2014, 410).

Fristen

11. Die Verjährung des deliktischen Unterlassungsanspruchs richtet sich nach §§ 195, 199 BGB. Die regelmäßige Verjährungsfrist beträgt 3 Jahre. Unterlassungsansprüche, die auf Bestimmungen des UWG gestützt werden, verjähren gemäß § 11 UWG 6 Monate nach Kenntnis oder grob fahrlässiger Unkenntnis.

7. Unterlassungsanspruch – Unterlassungs- und Verpflichtungserklärung

Hiermit verpflichtet[1]

sich Herr/Frau/Firma ......

gegenüber

Herrn/Frau/Firma ......

1. es bei Vermeidung einer für jeden Fall der Zuwiderhandlung[2] zu zahlenden Vertragsstrafe in Höhe von ...... EUR[3] [alternativ sog. Hamburger Brauch: ...... zu zahlenden Vertragsstrafe, deren Höhe von ...... (Gläubiger) nach billigem Ermessen festzusetzen und im Streitfall vom zuständigen (Land-) Gericht zu überprüfen ist,] zu unterlassen,
    a) wörtlich oder sinngemäß[4] die nachfolgenden Behauptungen aufzustellen und/oder zu verbreiten und/oder öffentlich zugänglich zu machen oder aufstellen, verbreiten und/oder öffentlich zugänglich machen zu lassen[5]......
    b) die nachfolgend wiedergegebene Abbildung zu verbreiten und/oder öffentlich zur Schau zu stellen[6]......
2. die durch die Inanspruchnahme der RAe ...... entstandenen Abmahnkosten in Höhe einer ...... Gebühr aus einem Gegenstandswert iHv ...... EUR zu erstatten.[7]

......

(Ort, Datum)(Unterschrift)

Anmerkungen

1. Vor der gerichtlichen Geltendmachung eines Unterlassungsanspruchs wird regelmäßig im Rahmen einer Abmahnung die Abgabe einer strafbewehrten Unterlassungs- und Verpflichtungserklärung gefordert, um ein Kostenrisiko durch ein sofortiges Anerkenntnis im Prozess auszuschließen (§ 93 ZPO; → Form. H.6). Durch eine hinreichende Unterlassungs- und Verpflichtungserklärung wird eine bestehende Begehungsgefahr (Wiederholungs- und Erstbegehungsgefahr) ausgeräumt (vgl. *Wenzel/Burkhardt* Kap. 12 Rn. 5 ff.). Eine Unterlassungs- und Verpflichtungserklärung ist jedoch nicht stets erforderlich. Ist nach Art der Störung oder auf Grund der Umstände eine Wiederholung vernünftigerweise nicht zu erwarten, bedarf es einer durch eine Vertragsstrafe bewehrten Unterlassungs- und Verpflichtungserklärung nicht (*Löffler/Steffen* § 6 Rn. 266 ff.). Ebenso wenig ist eine solche erforderlich, wenn eine Behauptung zunächst zulässigerweise aufgestellt wurde und sich erst danach herausstellte, dass die aufgestellte Behauptung falsch war, oder zur Ausräumung einer Erstbegehungsgefahr. In diesen Fällen reicht eine einfache und ernsthafte Erklärung, dass die angegriffene Behauptung in Zukunft nicht (mehr) verbreitet werde (*Damm/Rehbock* Rn. 813). Bei **mehrdeutigen Äußerungen** besteht eine Verpflichtung, den Inhalt der mehrdeutigen Äußerung klarzustellen. Durch die Klarstellung muss der mehrdeutigen Äußerung ein eindeutiger Inhalt gegeben werden, der zu keiner Rechtsverletzung mehr führt (BVerfG NJW 2006, 207 – IM-Sekretär Stolpe; BVerfG NJW 2006, 3769 – Babycaust; BVerfG AfP 2008, 58 – Gegendarstellung. Für die Klarstellung genügt eine schlichte Erklärung gegenüber dem Betroffenen selbst (OLG Stuttgart ZUM 2015, 1009; LG Hamburg AfP 2010, 613; LG Hamburg Urt. v. 11.3.2013 – 324 O 607/12; LG Stuttgart ZUM 2015, 1016; aA KG Beschl. v. 18.8.2008 – 10 U 47/08). Die Klarstellung kann auch im Verfahren zu Protokoll erklärt werden (LG Stuttgart Urt. v. 2.12.2015 – 11 O 213/15).

Die strafbewehrte Unterlassungserklärung muss grundsätzlich ernst gemeint sein und uneingeschränkt, bedingungslos und unwiderruflich abgegeben werden. Die Wiederholungsgefahr entfällt auch dann, wenn ein zulässiger Vorbehalt im Hinblick auf sich in der Zukunft möglicherweise ändernde Umstände gemacht wird, so zB für Gesetzänderungen, für Änderung der höchstrichterlichen Rechtsprechung, durch die das Verhalten für zulässig erklärt wird (BGH NJW 1985, 62; BGH NJW 1997, 1706; *Löffler/Steffen* § 6 Rn. 267). Das Vertragsstrafeversprechen muss der Höhe nach ausreichend und bestimmt sein (→ Anm. 3), oder es muss der Höhe nach der Bestimmung durch den Verletzten überlassen sein, wobei der Verletzer berechtigt ist, die Höhe der Vertragsstrafe durch ein Gericht überprüfen zu lassen (sog. Hamburger Brauch). Die ausreichende strafbewehrte Unterlassungserklärung beseitigt die Wiederholungsgefahr auch dann, wenn sie vom Verletzten nicht angenommen wird. Sofern der Anspruchsteller die Unterlassungs- und Verpflichtungserklärung annimmt, kommt dadurch ein Vertrag iSd § 311 Abs. 1 BGB zustande, aufgrund dessen im Falle eines Verstoßes die verwirkte Vertragsstrafe gefordert werden kann. Die Unterlassungs- und Verpflichtungserklärung stellt ein abstraktes Schuldversprechen/abstraktes Schuldanerkenntnis dar mit der Folge, dass grundsätzlich gemäß §§ 780, 781 BGB Schriftform erforderlich ist. Bei Annahme eines Vergleichs ist nach § 782 BGB die Schriftform nicht erforderlich (Näheres: Köhler/Bornkamm/Feddersen/*Bornkamm* UWG § 12 Rn. 1.139). Auch wenn die Erklärung durch einen Kaufmann abgegeben wird, ist sie nach § 350 HGB formfrei möglich. Allerdings können in diesem Fall Zweifel an der Ernsthaftigkeit der Erklärung bestehen. Um diese auszuräumen, muss der Unterlassungsschuldner jedenfalls zu einer nachträglichen schriftlichen Erklärung bereit sein und diese nach Aufforderung unverzüglich erteilen (BGH NJW 1990, 3147). Die wirksame Unterlassungserklärung gegenüber einem Verletzen beseitigt die Wiederholungsgefahr auch gegenüber Dritten, die durch dieselbe Handlung in gleicher Weise verletzt wurden (s. dazu *Wenzel/Burkhardt* Kap. 12 Rn. 30). Eine notarielle Unterlassungserklärung beseitigt nach Auffassung des Ersten Zivilsenats des BGH (BGH NJW 2017, 171) die Wiederholungsgefahr erst, wenn auch der Beschluss über die Androhung von Ordnungsmitteln zugestellt ist. Ob durch eine notarielle Unterlassungserklärung die Wiederholungsgefahr beseitigt wird, hängt mithin davon ab, ob der Verletzte sich hierauf einlässt.

Soweit ein Unterlassungsvertrag keine auflösende Bedingung enthält oder anfechtbar ist, kann er nur aus wichtigem Grund gekündigt werden. Ein wichtiger Grund liegt nicht schon in einer geänderten Beurteilung tatsächlicher Verhältnisse durch ein Instanzgericht (BGH NJW 2010, 1874). Zur Auslegung einer Unterlassungserklärung: BGH NJW 2015, 1246 – RSS-Feed.

2. In der strafbewehrten Unterlassungsverpflichtung werden regelmäßig mehrere Handlungen, die eine natürliche Handlungseinheit bilden, als eine Zuwiderhandlung erfasst, wenn die Parteien nichts anderes vereinbart haben. Der Rechtsbegriff des „Fortsetzungszusammenhangs" wird seit der Entscheidung BGHZ 121, 13 (20) im Recht der Vertragsstrafe nicht mehr anerkannt. Ob im Einzelfall mehrere Verstöße, die keine natürliche Handlungseinheit bilden, jeweils gesondert die Vertragsstrafe auslösen oder zu einer rechtliche Einheit zusammenzufassen sind, hängt vom Inhalt der Vertragsstrafevereinbarung, die ggf. – auch ergänzend – auszulegen ist, ab. Dabei kann die Höhe der vereinbarten Konventionalstrafe von Bedeutung sein. Eine hohe Vertragsstrafe kann für, eine niedere gegen eine Zusammenfassung sprechen (Näheres s. Köhler/Bornkamm/Feddersen/*Bornkamm* UWG § 12 Rn. 1.165 ff.).

3. In der Regel muss die Unterlassungsverpflichtung durch ein Vertragsstrafeversprechen für jeden Fall der Zuwiderhandlung gesichert sein. Das gilt aber nicht ausnahmslos. Wenn eine Würdigung des Verhaltens des Verletzers ergibt, dass seine Unterlassungserklärung als ernsthaft anzusehen ist, kann das Erfordernis eines Vertragsstrafeversprechens entfallen, zB wenn der Verletzte seine Behauptung gleichzeitig widerruft (s. dazu *Wenzel/Burkhardt* Kap. 12 Rn. 26; *Löffler/Steffen* § 6 Rn. 268). Die Voraussetzungen sind insoweit jedoch sehr streng (BVerfG NJW 2004, 589 – Haarfarbe des Bundeskanzlers). Der Höhe nach muss die versprochene Strafe angemessen, dh ausreichend hoch sein, um den Verletzer ernsthaft von einer Wiederholung abzuhalten. In äußerungsrechtlichen Angelegenheiten kommen idR Beträge zwischen 1.000 EUR und 10.000 EUR in Betracht (*Wenzel/Burkhardt* Kap. 12 Rn. 24), wobei auch eine Rolle spielen kann, ob der Verletzer eine Privatperson oder ein kapitalstarkes Unternehmen ist. Im letzteren Fall können je nach Bedeutung der Angelegenheit und Schwere der Verletzung auch höhere Beträge in Betracht kommen. In der Praxis findet sich häufig das unbezifferte Vertragsstrafeversprechen (sog. Hamburger Brauch). Wird ein fester Betrag als Vertragsstrafe versprochen, liegt dieser bei Presseveröffentlichungen meist über 5.000 EUR, um die Zuständigkeit der Landgerichte herbeizuführen.

4. Nur bei Tatsachenbehauptungen, Meinungsäußerungen können nicht sinngemäß verboten werden (BVerfG NJW 1976, 1680; *Wenzel/Burkhardt* Kap. 12 Rn. 89).

5. Der Unterlassungsanspruch ist auf das Verbot gerichtet, eine bestimmte Verletzungshandlung (BGH NJW 2015, 1246 – RSS Feed) zu begehen, im Bereich des Presserechts vornehmlich eine unzulässige Äußerung oder ein Bildnis ohne Einwilligung des Betroffenen zu verbreiten. Die Unterlassungserklärung richtet sich nach Inhalt und Umfang nach der angegriffenen Veröffentlichung, dh der **konkreten Verletzungsform** (BGH NJW 1975, 1882 – Geist von Oberzell; BGH NJW 2005, 2550 – „statt"-Preis; *Löffler/Steffen* § 6 Rn. 270 ff.). Die einzelnen Äußerungen oder Bilder sind genau zu bezeichnen bzw. wiederzugeben. Im Regelfall können komplexe Mitteilungen, in denen unwahre und/oder diffamierende Behauptungen enthalten sind, nicht insgesamt verboten werden. Der Unterlassungsanspruch bezieht sich regelmäßig vielmehr allein auf die unzulässigen, weil unwahren oder diffamierenden Äußerungen. Verallgemeinerungen sind nur zulässig, wenn sie das Charakteristische des konkreten Verletzungstatbestandes zum Ausdruck bringen und das Verbot nicht über die zu befürchtende Verletzung hinaus verbreitern (BGH NJW 1980, 2801 (2804) – Medizinsyndikat; BGH NJW 1991, 254 (257) – Unbestimmter Unterlassungsantrag I). Die sogenannte Kerntheorie gilt im Bereich der Bildberichterstattung nicht. Daher kann zB auch nicht mit einer „vorbeugenden" Unterlassungsklage über die konkrete Verletzungsform hinaus eine ähnliche oder „kerngleiche" Bildberichterstattung für die Zukunft verboten werden (BGH ZUM-RD 2008, 294; BGH NJW 2008, 1593; BGH NJW 2008, 3138; BGH NJW 2009, 2823). Nur wenn zulässige und unzulässige Teile der gesamten Darstellung so miteinander verbunden sind, dass sie ohne Veränderung des Sinnzusammenhangs nicht voneinander getrennt werden können, ist ein Gesamtverbot möglich (BGH NJW 1975, 1882 – Geist von Oberzell; *Damm/Rehbock* Rn. 817 f. mit Formulierungsvorschlägen).

Eine Unterlassungsverpflichtung muss nicht nur die materiell-rechtlichen Voraussetzungen erfüllen, sondern auch dem prozessrechtlichen Bestimmtheitserfordernis des § 253

Abs. 2 S. 2 ZPO genügen (BGH NJW 2005, 2550; BGH NJW 2010, 2432). Das Verbot auf das „Sinngemäße" zu erstrecken, wurde als ausreichend bestimmt angesehen, sofern es sich um Tatsachenaussagen handelt, so dass das Verbot durch diese noch ausreichend begrenzt ist. Sofern die Unterlassung eines Eindrucks gefordert wird, sind die Äußerungen aus denen sich der Eindruck ergibt, wiederzugeben sowie der erzeugte Eindruck selbst konkret zu beschreiben. Ein Unterlassungsanspruch besteht jedoch nur dann, wenn sich der beschriebene Eindruck genauso aus der angegriffenen Berichterstattung unabweisbar aufdrängt (LG Köln ZUM-RD 2012, 488; LG Köln Urt. v. 15.5.2013 – 28 O 497/12; LG Hamburg Urt. v. 1.10.2010 – 324 O 3/10, BeckRS 2011, 21810).

Sofern eine unzulässige Darstellung bereits gedruckt ist, kann eine mit sofortiger Wirkung abgegebene Unterlassungserklärung einem Verbreitungsstopp für die gesamte, noch in der Verfügungsgewalt des Unterlassungsschuldners befindliche Auflage gleichkommen. Dies kann einen unverhältnismäßigen Eingriff in die Pressefreiheit darstellen, insbesondere wenn es sich um ein periodisches Druckwerk handelt und die Unzulässigkeit nur einen geringen Teil der Druckschrift betrifft. Für diese Fälle hat die Praxis das Rechtsinstitut der **Aufbrauchfrist** entwickelt. Bei Einräumung einer Aufbrauchfrist hat der Unterlassungsschuldner die Möglichkeit, bereits gedruckt vorliegende Presseerzeugnisse mit unzulässigem Inhalt innerhalb einer bestimmten Frist aufzubrauchen (Näheres *Wenzel/Burkhardt* Kap. 12 Rn. 100 ff.).

6. Es ist die konkrete Verletzungsform wiederzugeben, dh die konkrete Bildveröffentlichung und die damit zusammenhängende Wortberichterstattung. Die im Wettbewerbsrecht entwickelte Kerntheorie gilt im Bereich der Bildberichterstattung nicht (BGH ZUM-RD 2008, 294; BGH NJW 2008, 1593; BGH NJW 2008, 3138; BGH NJW 2009, 2823). Ein generelles Verbot kommt daher nur in Betracht, sofern die Verbreitung des Bildnisses per se, etwa wegen Verletzung der Intimsphäre, unzulässig ist.

Kosten und Gebühren

7. Zur Übernahme der Kosten der Abmahnung braucht sich der Schuldner nicht zu verpflichten, auch wenn er die Kosten zu tragen hat. Die Formulierung einer Unterlassungs- und Verpflichtungserklärung gehört sachlich zur Abmahnung, kann jedoch eine Erhöhung der Regelgebühr rechtfertigen. → Form. H.6 Anm. 10.

8. Zurückweisung der Abmahnung/Ablehnung der Unterlassungs- und Verpflichtungserklärung

Sehr geehrte Damen und Herren (Rechtsanwälte/Kollegen),

B. hat uns mit der Wahrnehmung seiner Interessen beauftragt und uns Ihr Abmahnschreiben vom ...... mit der Bitte um Prüfung und Beantwortung übergeben.

B. ist weder Verleger der XY-Zeitung noch Verfasser des Artikels, in dem die von Ihnen beanstandete Behauptung enthalten ist, und demzufolge für die Behauptung nicht verantwortlich.[1]

Der Anspruchsteller ist von der angegriffenen Äußerung nicht unmittelbar in eigenen Rechten betroffen und daher nicht anspruchsberechtigt.[2]

Die XY-Zeitung hat die Behauptung überdies nicht so aufgestellt, wie sie von Ihnen wiedergegeben wird. So wie die Behauptung aufgestellt wurde, ist sie wahr, soweit sie

Tatsächliches aussagt.[3] Im Übrigen ist sie zulässige Meinungsäußerung.[4] Schließlich besteht kein Grund zu der Annahme, dass die XY-Zeitung die Behauptung wiederholen wird, weil . . . . . .[5]

Wir können deshalb B. nicht empfehlen, die geforderte Verpflichtungserklärung abzugeben.

Mit freundlichen Grüßen

Rechtsanwalt

Anmerkungen

1. Anspruchsverpflichtete → Form. H.6 Anm. 3.
2. Anspruchsberechtigte → Form. H.6 Anm. 4.
3. → Form. H.6 Anm. 6.
4. → Form. H.6 Anm. 6.
5. → Form. H.6 Anm. 1.2, → Form. H.7 Anm. 1.

9. Schutzschrift

Landgericht (Amtsgericht)
. . . . . .
Zentrales Schutzschriftenregister https://www.zssr.justiz.de[1, 2]

Schutzschrift

in einem etwaigen einstweiligen Verfügungsverfahren

der/des . . . . . .

– möglicher Antragsteller –

(im Folgenden Antragsteller)

gegen

den/die . . . . . .

– möglicher Antragsgegner –

(im Folgenden Antragsgegner)

wegen . . . . . .

Hiermit bestellen wir uns zu Verfahrensbevollmächtigten[3] des Antragsgegners für den Fall, dass der Antragsteller wegen des nachstehend wiedergegebenen Sachverhalts einen Antrag auf Erlass einer einstweiligen Verfügung stellen sollte.

Wir beantragen,

1. einen etwaigen Antrag auf Erlass einer einstweiligen Verfügung zurückzuweisen; hilfsweise, über einen etwaigen Antrag auf Erlass einer einstweiligen Verfügung nicht ohne vorherige mündliche Verhandlung zu entscheiden;

ferner hilfsweise, im Falle des Erlasses einer einstweiligen Verfügung, bereits gedruckte/hergestellte Exemplare von dem Verbot ausdrücklich auszunehmen.[4]

2. dem Antragssteller für den Fall der Zurückweisung des Verfügungsantrages oder seiner Zurücknahme die Kosten des Verfahrens einschließlich derjenigen aufzuerlegen, die durch die Hinterlegung dieser Schutzschrift entstanden sind.

Der Antragsgegner erklärt sich damit einverstanden, dass

- notfalls Termin zur mündlichen Verhandlung unter Abkürzung der Ladungsfrist bestimmt wird;
- dem Antragsteller die vorliegende Schutzschrift zugänglich gemacht wird, sofern dieser einen Antrag auf Erlass einer einstweiligen Verfügung stellen sollte.

Begründung:

Wir legen als Anlage AG 1 das Abmahnschreiben der Rechtsanwälte . . . . . . vom . . . . . . und unsere Erwiderung auf die Abmahnung vom . . . . . . vor, auf die wir zur Begründung der vorstehenden Anträge Bezug nehmen.

Ergänzend ist Folgendes vorzutragen: . . . . . .

Glaubhaftmachung:[5] . . . . . .

Rechtsanwalt[6]

Anmerkungen

1. Die Schutzschrift ist ein vorbeugender Verteidigungsschriftsatz gegen einen erwarteten Antrag auf Arrest oder einstweilige Verfügung (§ 945a Abs. 1 S. 2 ZPO). Das Gericht darf den entscheidungserheblichen Vortrag in der Sache und die Glaubhaftmachung in der Schutzschrift nur nach mündlicher Verhandlung oder bei der Entscheidung berücksichtigen, ob es über den Antrag auf Erlass einer einstweiligen Verfügung ohne mündliche Verhandlung entscheidet. Eine Zurückweisung eines schlüssig vorgetragenen und hinreichend glaubhaft gemachten Anspruches ohne mündliche Verhandlung auf Grund der Schutzschrift ist nicht zulässig. Der Vortrag in der Schutzschrift kann das Gericht jedoch veranlassen, Termin zur mündlichen Verhandlung zu bestimmen. Darin liegt der wesentliche Sinn der Schutzschrift. Der unschlüssige oder nicht hinreichend glaubhaft gemachte Antrag auf Erlass einer einstweiligen Verfügung kann natürlich ohne mündliche Verhandlung zurückgewiesen werden.

2. Seit dem 1.1.2017 sind Rechtsanwälte/innen gemäß § 49c BRAO standesrechtlich verpflichtet, Schutzschriften ausschließlich elektronisch zum durch die Landesjustizverwaltung Hessen eingerichteten zentralen, länderübergreifenden elektronischen Schutzschriftenregister einzureichen. Da es sich nur um eine standesrechtliche Pflicht handelt, trifft die Partei selbst eine entsprechende Verpflichtung nicht. Da eine Schutzschrift als bei allen ordentlichen Gerichten der Länder eingereicht gilt, sobald sie in das Schutzschriftenregister eingestellt ist, ist die Nutzung des Zentralen Schutzschriftenregisters jedoch auch dann zu empfehlen, soweit die standesrechtliche Pflicht nicht eingreift. Die Einreichung einer Schutzschrift beim Zentralen Schutzschriftenregister ist kostenpflichtig. Es entsteht eine Gebühr in Höhe von 83,00 EUR (§ 1 Nr. 5a Hess. Justizverwaltungskostengesetz; KV 116 Hess. Justizverwaltungskostengesetz). Soweit eine Schutzschrift beim Zentralen Schutzschriftenregister eingereicht wird, ist die Schutzschrift nicht mehr an ein bestimmtes Gericht zu adressieren, da die Schutzschrift gemäß § 945a Abs. 2 ZPO als bei allen ordentlichen Gerichten der Länder eingereicht gilt. Da die Schutzschrift unmittelbar elektronisch beim Schutzschriftenregister einzureichen ist, kann eine konkretisierte Adressierung auch vollständig entfallen.

Soweit vom Schutzschriftenregister kein Gebrauch gemacht wird, ist wegen des sogenannten fliegenden Gerichtsstands der Presse weiterhin sehr sorgfältig zu prüfen, bei welchen Gerichten eine Schutzschrift eingereicht werden sollte.

Sachlich zuständig ist zumeist das Landgericht, da bei presserechtlichen Streitigkeiten der Streitwert von 5.000 EUR zumeist überschritten wird (§ 72 Abs. 1 GVG iVm § 23 Nr. 1 GVG).

In presserechtlichen Angelegenheiten ist regelmäßig neben dem Verlagssitz, der die örtliche Zuständigkeit begründet, auch der Gerichtsstand der unerlaubten Handlung (§ 32 ZPO) eröffnet. Nach § 32 ZPO wird überall dort ein Gerichtsstand begründet, wo das Presserzeugnis bestimmungsgemäß verbreitet wird. Für Rundfunksendungen ist die örtliche Zuständigkeit überall dort gegeben, wo die betreffende Sendung normal empfangbar ist. Für Internetangebote ist Ort der unerlaubten Handlung überall dort, wo diese bestimmungsgemäß abrufbar sind (Näheres *Damm/Rehbock* Rn. 831). Der Antragsteller kann unter den in Betracht kommenden Gerichtsständen auswählen (§ 35 ZPO).

3. Ergibt sich aus der Schutzschrift, dass der Antragsgegner vorzeitig einen anwaltlichen Vertreter als Prozessbevollmächtigten bestellt hat, dann ist dies bei Erlass der einstweiligen Verfügung ohne mündliche Verhandlung dem Antragsteller mitzuteilen, weil die wirksame Vollziehung nur durch Zustellung an den Prozessbevollmächtigten erfolgen kann.

4. Insbesondere bei Zeitschriften, die zum Zeitpunkt des Vollzugs einer einstweiligen Verfügung noch nicht ausgeliefert sind bzw. sich beim Grosso oder im Handel befinden, droht im Falle des Erlasses einer einstweiligen Verfügung ein ganz erheblicher Schaden. Noch nicht ausgelieferte Exemplare dürfen nicht ausgeliefert werden. Überdies ist streitig, inwieweit den Verlag im Falle des Erlasses einer einstweiligen Verfügung eine Rückrufpflicht trifft, dh er verpflichtet ist, im Handel befindliche Exemplare einer Zeitung oder Zeitschrift zurückzurufen bzw. den Handel oder das Grosso aufzufordern, die vom Verbot betroffene Ausgabe zu remittieren (*Mann/Schmidt* Pressevertriebsrecht Rn. D. 559 ff.; NK-MedienR/ *Wankel* Rn. 45.1 ff.).

Inwieweit ein Verbot, welches auch bereits hergestellte Exemplare eines Presseprodukts erfassen würde, unverhältnismäßig und damit unzulässig wäre, ist streitig. Zur Frage des Hinwirkens auf Löschung rechtswidriger, im Internet abrufbarer Tatsachenbehauptungen s. BGH NJW 2016, 56 – recht§billig.

5. Es empfiehlt sich, die wesentlichen Glaubhaftmachungsmittel vorzulegen. Werden eidesstattliche Versicherungen nicht im Original vorgelegt, sollte ausdrücklich darauf hingewiesen werden, dass die Originale auf Hinweis des Gerichts unverzüglich vorgelegt werden.

Kosten und Gebühren

6. Die Kosten einer Schutzschrift zur Verteidigung gegen einen Antrag auf einstweilige Verfügung sind grundsätzlich erstattungsfähig, wenn ein entsprechender Antrag gestellt wird. Dies gilt auch dann, wenn der Antrag auf Erlass einer einstweiligen Verfügung nach Einreichung der Schutzschrift abgelehnt oder zurückgenommen wird (BGH GRUR 2003, 456 – Kosten der Schutzschrift I; BGH GRUR 2003, 456; BGH GRUR 2007, 727; BGH GRUR 2008, 640; OLG Hamm NJOZ 2013, 825; Köhler/Bornkamm/Feddersen/*Köhler* UWG § 12 Rn. 3.41). Eine Kostenerstattung scheidet demgegenüber aus, wenn die Schutzschrift erst nach Rücknahme oder nach endgültiger Zurückweisung des Antrags eingereicht wird. Dies gilt auch dann, wenn der Antragsgegner die Rücknahme des Antrags nicht kannte oder kennen musste, da es nur auf die objektive Erforderlichkeit einer Rechtsverteidigung ankommt (BGH GRUR 2007, 727). Wurden mehrere Schutzschriften eingereicht, kann eine Kostenerstattung nur hinsichtlich derjenigen verlangt werden, die Gegenstand eines späteren Verfügungsverfahrens wurde (OLG Hamburg NJW-RR 2014, 157). Die Gebühren des Schutzschriftenregisters sind als Kosten notwendiger Rechtsverteidigung als erstattungsfähig anzusehen. Im Einzelfall kann dem Antragsgegner daneben ein materiell-rechtlicher Anspruch auf Erstattung der für die Einreichung der Schutzschrift aufgewendeten Kosten zustehen. Eine Geschäftsgebühr fällt an, wenn der Verfahrensbevollmächtigte des Antragsgegners das Geschäft bereits vor der Rücknahme des Verfügungsantrags betrieben hat (BGH GRUR 2007, 727).

Der mit der Vertretung im erwarteten Eilverfahren betraute Rechtsanwalt erhält für die bei Gericht eingereichte Schutzschrift mit Sachvortrag eine 1,3-fache Gebühr nach VV 3100 RVG, auch dann, wenn der Verfügungsantrag bei Gericht eingeht und später wieder zurückgenommen wird. Die Voraussetzungen für die Ermäßigung der 1,3-fachen Verfahrensgebühr gemäß VV 3101 RVG liegen in diesem Fall nicht vor (BGH GRUR 2008, 640).

10. Antrag auf Erlass einer einstweiligen Verfügung

Landgericht[1, 2] (Amtsgericht) ......

      Antrag auf Erlass einer einstweiligen Verfügung

des ......

– Antragsteller –

Prozessbevollmächtigte(r): ......

gegen

den Verleger[3]......

– Antragsgegner –

wegen Unterlassung.

Vorläufiger Streitwert: ...... EUR[4]

Namens und in Vollmacht des Antragstellers beantragen wir – der äußersten Dringlichkeit des Falles halber ohne mündliche Verhandlung – im Wege der einstweiligen Verfügung Folgendes anzuordnen:[5]

1. Der Antragsgegner hat es bei Vermeidung von Ordnungsgeld bis zu 250.000 EUR, ersatzweise Ordnungshaft, oder Ordnungshaft bis zu sechs Monaten, zu unterlassen,
    a) wörtlich oder sinngemäß[6] die Behauptung aufzustellen und/oder zu verbreiten und/oder aufzustellen und/oder verbreiten zu lassen[7]......
    b) die nachfolgend wiedergegebene Abbildung ohne Zustimmung des Antragstellers zu verbreiten und/oder öffentlich zur Schau zu stellen, wenn dies geschieht wie nachfolgend wiedergegeben.[8]
2. Der Antragsgegner hat die Kosten des Verfahrens zu tragen.

      Begründung:

Der Antragsgegner ist Verleger der in ...... erscheinenden XY-Zeitung.[9] In der Ausgabe Nr. ...... vom ...... dieser Zeitung ist über den Antragsteller Folgendes behauptet worden: ......

Glaubhaftmachung: XY-Zeitung, Ausgabe Nr. ...... vom ...... – Anlage –

10. Antrag auf Erlass einer einstweiligen Verfügung H. 10

Diese Behauptung enthält unwahre Tatsachenbehauptungen/schmähkritische Äußerungen/einen Eingriff in das Recht am Bild . . . . . . Im Einzelnen ist zur Begründung der Rechtsverletzung Folgendes auszuführen: . . . . . .[10]

Glaubhaftmachung: eidesstattliche Versicherung des . . . . . . – Anlage –
. . . . . .

Der Antragsgegner wurde mit Schreiben vom . . . . . . abgemahnt.[11]

Glaubhaftmachung: Abmahnung vom . . . . . . – Anlage –

Die Abgabe der in der Abmahnung geforderten strafbewehrten Unterlassungs- und Verpflichtungserklärung[12] hat der Antragsgegner mit Schreiben vom . . . . . . abgelehnt. (*Alternativ*: Der Antragsgegner hat innerhalb der ihm gesetzten angemessenen Frist auf das Abmahnschreiben nicht geantwortet). Eine Wiederholungsgefahr ist deshalb gegeben.[13]

Die außerordentliche Dringlichkeit für den Erlass der einstweiligen Verfügung ohne mündliche Verhandlung liegt vor, da mit einer Wiederholung der Behauptung zu jedem Zeitpunkt gerechnet werden muss. Darüber hinaus ergibt sich die außergewöhnliche Dringlichkeit aus folgenden Umständen: . . . . . .

Für den Fall, dass über diesen Antrag nicht ohne mündliche Verhandlung entschieden werden sollte, bitten wir, unter Abkürzung der Einlassungs- und Ladungsfrist möglichst nahen Termin zur mündlichen Verhandlung zu bestimmen.

Das angerufene Gericht ist zuständig, da die XY-Zeitung auch in . . . . . . verbreitet wird.

Rechtsanwalt[14, 15]

Anmerkungen

1. In presserechtlichen Angelegenheiten wird der Unterlassungsanspruch in der Praxis häufig aufgrund der regelmäßig gegebenen besonderen Eilbedürftigkeit im Wege des Antrags auf Erlass einer einstweiligen Verfügung geltend gemacht. Gemäß § 920 Abs. 2 ZPO müssen der Verfügungsgrund und der Verfügungsanspruch glaubhaft gemacht werden. An der Dringlichkeit fehlt es dann, wenn der Betroffene den Rechtsverstoß schon längere Zeit kennt und durch sein Zuwarten zum Ausdruck bringt, dass die Angelegenheit für ihn nicht eilig ist. Wie lange der Verletzte zuwarten kann, wird von der Rechtsprechung nicht einheitlich beantwortet. Im Regelfall wird von den Gerichten die Eilbedürftigkeit jedenfalls dann bejaht, wenn der Betroffene den Antrag auf Erlass einer einstweiligen Verfügung innerhalb eines Monats nach Kenntnisnahme des angegriffenen Presseartikels gestellt hat. Allerdings unterscheiden sich die Gerichtsgebräuche nicht unerheblich. Während das LG und OLG Hamburg in ständiger Rechtsprechung von einer Frist von 5 Wochen ausgehen, welche zu Gunsten als auch zu Lasten des Antragstellers sehr strikt angewendet wird (LG Hamburg Beschl. v. 10.11.2014 – 324 O 659/14, bestätigt durch OLG Hamburg Beschl. v. 15.12.2014 – 7 W 141/14), ist nach Auffassung des OLG Stuttgart erst ein Zuwarten von mehr als 8 Wochen bzw. 2 Monaten dringlichkeitsschädlich (OLG Stuttgart Beschl. v. 15.2.2012 – 4 W 19/12; OLG Stuttgart AfP 2016, 268). Das OLG Naumburg lässt eine Zeitspanne von etwa 6 Wochen noch genügen (OLG Naumburg MMR 2013, 131).

Zu beachten ist, dass eine erlassene einstweilige Verfügung binnen eines Monats vollzogen werden muss (§§ 936, 929 Abs. 2 ZPO). Nach Ablauf der Vollziehungsfrist ist eine Vollziehung nicht mehr statthaft und die einstweilige Verfügung wird auf Widerspruch bzw. Berufung nach § 927 ZPO aufgehoben (vgl. OLG Stuttgart GRUR-RR 2009, 194; OLG Brandenburg AfP 2014, 453; näheres: Musielak/Voit/*Huber* ZPO § 936 Rn. 5). Die

Vollziehung erfolgt durch Zustellung des Beschlusses/Urteils im Parteibetrieb. In der Praxis werden bei der Vollziehung der einstweiligen Verfügung häufig Fehler gemacht, weshalb äußerste Sorgfalt geboten ist. Insbesondere ist zu prüfen, ob die Zustellung an die Partei oder gemäß § 172 Abs. 1 ZPO an den Prozessbevollmächtigten erfolgen muss (vgl. Zöller/ *Vollkommer* ZPO § 929 Rn. 12; näheres → Form. A.6 Anm. 1 ff.).

Erweist sich der Erlass einer einstweiligen Verfügung als von Anfang an unrichtig oder wird sie auf Grund von § 926 Abs. 2 ZPO oder § 942 Abs. 3 ZPO aufgehoben, hat der Antragsteller dem Antragsgegner einen ihm aus der Vollziehung der einstweiligen Verfügung entstandenen Schaden zu ersetzen (§ 945 ZPO).

Zu beachten ist, dass in verschiedenen Bundesländern durch Landesgesetze ein **obligatorisches Güteverfahren** eingeführt wurde, das Zulässigkeitsvoraussetzung für ein gerichtliches Verfahren ist (§ 15 EGZPO). Eines vorgeschalteten Güteverfahrens bedarf es bei Streitigkeiten über Ansprüche wegen Verletzung der persönlichen Ehre jedoch nicht, wenn diese in Presse oder Rundfunk sowie (str.) Telemedien begangen wurden (§ 15a Abs. 1 Nr. 3 EGZPO; *Wenzel/Burkhardt* Kap. 12 Rn. 112).

2. Sachliche Zuständigkeit: Streitwert bis 5.000 EUR Amtsgericht, ab 5.000,01 EUR Landgericht (§§ 23 Nr. 1, 71 GVG); örtliche Zuständigkeit: → Form. H.9 Anm. 2.

3. Anspruchsverpflichteter: In der Regel Verlag/Verleger, Rundfunkveranstalter, Anbieter von Telemedien und Verfasser des Beitrags. → Form. H.6 Anm. 3. Bei juristischen Personen ist vorzusehen, dass die Ordnungshaft an dem jeweiligen gesetzlichen Vertreter zu vollziehen ist.

4. → Form. H.6 Anm. 10.

5. Soweit eine Entscheidung durch den Einzelrichter nicht gewünscht ist, ist dies in der Antragsschrift zu begründen (§ 253 Abs. 3 Nr. 3 ZPO).

6. Nur bei Tatsachenbehauptungen, nicht bei Meinungsäußerungen oder sonstigen Rechtsgüterverletzungen → Form. H.7 Anm. 4.

7. Der Unterlassungsanspruch ist in der Regel auf das Verbot der konkreten Verletzungshandlung gerichtet. Der Antrag muss dem Bestimmtheitserfordernis nach § 253 ZPO genügen (vgl. BGH NJW 1991, 1114). Näheres → Form. H.7 Anm. 5. Beispiele unzulässiger, weil zu unbestimmter Unterlassungsanträge s. *Rehbock/Gaudlitz* Medien- und Presserecht § 3 Rn. 101.

8. Es ist die konkrete Verletzungsform wiederzugeben, dh die konkrete Bildveröffentlichung und die damit zusammenhängende Wortberichterstattung. Die im Wettbewerbsrecht entwickelte Kerntheorie gilt im Bereich der Bildberichterstattung nicht (BGH ZUM-RD 2008, 294; BGH NJW 2008, 1593; BGH NJW 2008, 3138).

9. Bzw. anderes periodisches oder nicht-periodisches Druckerzeugnis, Rundfunk-/ Fernsehbeitrag, Internetbeitrag, etc Ggf. muss der Antrag Ziffer 1. ergänzt oder modifiziert werden. Bei Äußerungen, die auch im Internet öffentlich wiedergegeben wurden, kann zB beantragt werden „wörtlich oder sinngemäß die Behauptung aufzustellen und/ oder zu verbreiten und/oder öffentlich zugänglich zu machen".

10. Mit dem Antrag auf Entscheidung ohne mündliche Verhandlung sind unabhängig von der Beweislast alle den Verfügungsgrund und den Verfügungsanspruch begründenden Tatsachen sowie das Fehlen naheliegender oder vorgerichtlich geltend gemachter anspruchsvernichtender Tatsachen glaubhaft zu machen. Wichtigstes Glaubhaftmachungsmittel im einstweiligen Verfügungsverfahren ist die Vorlage von Schriftstücken und eidesstattlicher Versicherungen.

Zu den wichtigsten Anspruchsgrundlagen → Form. H.6 Anm. 1–7.

11. → Form. H.6. Die Abmahnung ist nicht Anspruchsvoraussetzung. Ohne Abmahnung riskiert der Antragsteller aber, die Kosten des Verfahrens tragen zu müssen, wenn der Antragsgegner sofort anerkennt (§ 93 ZPO), → Form. H.6 Anm. 2.

12. → Form. H.7.

13. → Form. H.6 Anm. 1.2.

Kosten und Gebühren

14. Es gelten die allgemeinen Kostenerstattungsgrundsätze.
Zum Streitwert → Form. H.6 Anm. 10. Es ist umstritten, ob im einstweiligen Verfügungsverfahren der gleiche Streitwert wie im Klageverfahren anzusetzen ist. Die im Jahre 2013 für Verfahren des gewerblichen Rechtsschutzes eingeführte Regelung des § 51 Abs. 4 GKG gilt nicht für äußerungsrechtliche Streitigkeiten. Eine Minderung des Streitwerts kommt jedenfalls dann nicht in Betracht, wenn das einstweilige Verfügungsverfahren ex ante eine dem Hauptsacheverfahren entsprechende Befriedigungsfunktion hat. Wird ein einheitlicher Lebenssachverhalt willkürlich in mehrere Prozessmandate aufgespalten und ohne sachlichen Grund in getrennten Verfahren – ggf. auch vor unterschiedlichen Gerichten – verfolgt, kann die Geltendmachung von Kostenerstattungsansprüchen in jedem einzelnen Verfahren rechtsmissbräuchlich sein, mit der Folge, dass Kosten nur in der Höhe zu erstatten sind, die bei einer einheitlichen Rechtsverfolgung in einem Verfahren angefallen wären (BGH GRUR 2013, 206).

Fristen

15. → Anm. 1.

11. Zwangsvollstreckung

Landgericht (Amtsgericht) . . . . . .

Antrag gemäß § 890 ZPO[1]

In Sachen

Herr/Frau/Firma . . . . . .

– Gläubiger –

Prozessbevollmächtigte(r): . . . . . .

gegen

Herrn/Frau/Firma

– Schuldner –

Prozessbevollmächtigte(r): . . . . . .

wird beantragt,

wegen Verstoßes gegen das Verbot in der einstweiligen Verfügung des LG/AG . . . . . . vom . . . . . ., Az . . . . . ., ein empfindliches Ordnungsgeld und für den Fall, dass dieses nicht beigetrieben werden kann, Ordnungshaft zu verhängen.

Begründung:

Mit Urteil/Beschluss vom . . . . . . Az . . . . . ., ist der Schuldner verurteilt worden, es zu unterlassen über den Gläubiger wörtlich oder sinngemäß die nachfolgenden Behauptungen aufzustellen und/oder zu verbreiten.

. . . . . .

Für jeden Fall der Zuwiderhandlung wurde dem Schuldner der einstweiligen Verfügung ein Ordnungsgeld bis zu 250.000 EUR, ersatzweise Ordnungshaft oder Ordnungshaft bis zu sechs Monaten angedroht.

Die einstweilige Verfügung vom . . . . . . ist dem Schuldner/dem Prozessbevollmächtigten des Schuldners am . . . . . . durch den Gerichtsvollzieher/durch Zustellung von Anwalt zu Anwalt zugestellt worden.[2]

Beweis: Zustellungsurkunde vom . . . . . . /Empfangsbekenntnis der RAe . . . . . .

Der Schuldner hat gegen das in der einstweiligen Verfügung enthaltene Verbot schuldhaft verstoßen, indem er . . . . . .[3]

Beweis: . . . . . .

Nachdem der Schuldner das ergangene Verbot nicht beachtet, ist er durch Verhängung eines empfindlichen Ordnungsgeldes zur Einhaltung des gerichtlichen Verbotes anzuhalten.

Rechtsanwalt

Anmerkungen

1. Im Falle des Verstoßes gegen das in einer einstweiligen Verfügung enthaltene Unterlassungsgebot erfolgt die Zwangsvollstreckung durch Stellung eines Bestrafungsantrags gemäß § 890 ZPO. Bei Zuständigkeit des Landgerichts herrscht Anwaltszwang (§ 78 ZPO). Näheres → Form. A.24 Anm. 1 ff.

Zur Möglichkeit eines Antrags auf einstweilige Einstellung der Zwangsvollstreckung → Form. H.4 Anm. 16

2. Die Voraussetzungen der Zwangsvollstreckung gemäß § 750 ZPO müssen vorliegen. Die Zuwiderhandlung muss der Androhung von Ordnungsmitteln zeitlich nachfolgen (§ 890 Abs. 2 ZPO). Bei einstweiligen Verfügungen muss als weitere Voraussetzung die Vollziehung der einstweiligen Verfügung §§ 928, 929 Abs. 2, 936 ZPO hinzutreten. Ordnungsmittel können nur wegen nach wirksamer Vollziehung begangener Verstöße verhängt werden. Dies ist für Beschlussverfügungen unstreitig, da diese vom Gläubiger im Parteibetrieb zugestellt werden müssen (§ 922 Abs. 2 ZPO). Nach hM sind auch Urteilsverfügungen zu vollziehen, dh im Parteibetrieb dem Schuldner zuzustellen (vgl. OLG Stuttgart GRUR-RR 2009, 194; OLG Brandenburg AfP 2014, 453; Zöller/ *Vollkommer* ZPO § 929 Rn. 12; → Form. A.24 Anm. 10).

3. Vom Verbot umfasst ist alles, was sich aus dem Tenor ergibt. Im Übrigen ist zwischen Wort- und Bildberichterstattung zu unterscheiden. Bei Äußerungen kann im Wesentlichen die im Wettbewerbsrecht entwickelte **Kerntheorie** herangezogen werden. Verboten ist nicht nur Identisches, sondern alles das, was der verständige Durchschnittsempfänger als gleichwertig ansieht. Der Verletzer kann sich nicht durch jede Änderung der Verletzungsform dem Verbot entziehen. Eine Änderung, die **den Kern der Verletzungsform unberührt** lässt, wird vom Verbot mitumfasst (sogenannte Kerntheorie; Näheres Musielak/Voit/*Lackmann* ZPO § 890 Rn. 4; → Form. A.24 Anm. 11; *Wenzel/Burkhardt* Kap. 12 Rn. 158). Bei

Bildveröffentlichungen ist vom Verbot nur die konkrete Verletzungsform erfasst, dh die konkrete Bildveröffentlichung mit der konkreten damit zusammenhängenden Wortberichterstattung. Die Kerntheorie gilt im Bereich der Bildberichterstattung nicht (BGH ZUM-RD 2008, 294; BGH NJW 2008, 1593; BGH NJW 2008, 3138).

12. Abschlussschreiben/Abschlusserklärung

Sehr geehrte Damen und Herren . . . . . . /sehr geehrte Damen und Herren Kollegen[1]

wie Ihnen bekannt ist, vertreten wir die Interessen von . . . . . . Für unseren Mandanten haben wir beim Landgericht/Amtsgericht . . . . . . die einstweilige Verfügung vom . . . . . ., Az . . . . . . gegen Sie/Ihren Mandanten erwirkt. Die einstweilige Verfügung wurde Ihnen/Ihrem Mandanten zugestellt am . . . . . .[2]

Zur Vermeidung eines Hauptsacheverfahrens haben wir Sie/Ihren Mandanten aufzufordern, bis spätestens . . . . . .[3] die einstweilige Verfügung als endgültige materiell-rechtlich verbindliche Regelung anzuerkennen und die als Anlage beigefügte Abschlusserklärung unterzeichnet an uns zurückzureichen.[4]

Sollte die vorgenannte Frist fruchtlos verstreichen, werden wir unserem Mandanten empfehlen, ohne weitere Korrespondenz Hauptsacheklage zu erheben.

Nach ständiger Rechtsprechung sind Sie/ist Ihr Mandant verpflichtet, die Kosten dieses Abschlussschreibens zu erstatten. Wir haben Sie/Ihren Mandanten aufzufordern, die Kosten gemäß beiliegender Kostennote innerhalb der vorgenannten Frist an uns zu bezahlen; auf die Ihnen bereits vorliegende Vollmacht wird verwiesen/entsprechende Inkassovollmacht wird anwaltlich versichert.[5]

Mit freundlichen Grüßen/Mit freundlichen kollegialen Grüßen

Rechtsanwalt

Abschlusserklärung

Herr/Frau/Firma . . . . . .

erkennt gegenüber

Herrn/Frau/Firma . . . . . .

die am . . . . . . ergangene einstweilige Verfügung des Landgerichts/Amtsgerichts . . . . . ., Az . . . . . ., als endgültige und zwischen den Parteien materiell-rechtlich verbindliche, nach Bestandskraft und Wirkung einem entsprechenden Hauptsacheurteil gleichstehende Regelung an und verzichtet auf die Rechte/Rechtsbehelfe aus den §§ 924 (Widerspruch), 926 (Anordnung der Klageerhebung) und 927 ZPO (Aufhebung wegen veränderter Umstände).[6]

Des Weiteren verpflichtet sich Herr/Frau/Firma . . . . . . die Kosten des Abschlussschreibens vom . . . . . . in Höhe einer . . . . . . Geschäftsgebühr aus einem Streitwert von . . . . . . EUR zzgl. Kostenpauschale und MwSt. zu erstatten.[7]

. . . . . .

Ort, Datum

. . . . . .

Unterschrift[8, 9]

Anmerkungen

1. Das Abschlussschreiben gehört nicht mehr zum einstweiligen Rechtsschutzverfahren, sondern dient der Vorbereitung der Hauptsacheklage. Durch den Erlass einer einstweiligen Verfügung ist der Unterlassungsanspruch nur einstweilen gesichert. Der Antrag auf Erlass einer einstweiligen Verfügung hemmt die Verjährung nur bis zur rechtskräftigen Entscheidung oder anderweitigen Beendigung des eingeleiteten Verfahrens (§ 204 Abs. 1 Nr. 9, Abs. 2 BGB). Nach Eintritt der Verjährung droht Aufhebung der einstweiligen Verfügung gem. § 927 ZPO.

Ein Abschlussschreiben ist im Übrigen auch erforderlich, um die Kostenfolge des § 93 ZPO im Falle der Erhebung der Hauptsacheklage zu vermeiden. Die Erfolglosigkeit der Abmahnung vor Beginn des Verfügungsverfahrens bietet grundsätzlichen keinen Anhaltspunkt dafür, wie sich der Antragsgegner nach Erlass der einstweiligen Verfügung verhalten wird (BGH NJW 2008, 1744). Auch nach Erlass eines Urteils, das eine Beschlussverfügung bestätigt, ist ein Abschlussschreiben erforderlich (BGH NJW 2015, 3244).

Wann ein Abschlussschreiben an den Unterlassungsschuldner versandt wird, ist im Hinblick auf die Erstattungsfähigkeit der Rechtsanwaltsgebühren für das Abschlussschreiben zu bestimmen. Dem Antragsgegner ist ausreichende Gelegenheit zu geben, nach Zustellung der einstweiligen Verfügung von sich aus eine Abschlusserklärung abzugeben. Welche Frist hierfür angemessen ist, ist eine Frage des Einzelfalls. Im Regelfall ist von einer Wartefrist von mindestens 2 Wochen seit Zustellung des Urteils, bei Beschlussverfügungen 3 Wochen auszugehen (BGH NJW 2015, 3244; OLG Köln WRP 1987, 188; OLG Frankfurt WRP 2003, 1002; Köhler/Bornkamm/Feddersen/*Köhler* UWG § 12 Rn. 3.73 f.; 1 Monat: OLG Stuttgart WRP 2007, 688; BGH WRP 2008, 805 für konkreten Fall 3 Wochen).

2. Falls neben dem Unterlassungsanspruch weitergehende Ansprüche in Betracht kommen, also insbesondere Widerrufsansprüche, Auskunftsansprüche, Schadensersatzansprüche und Ansprüche auf Ersatz des immateriellen Schadens, ist es zweckmäßig, diese Ansprüche zusammen mit dem Abschlussschreiben außergerichtlich geltend zu machen, um eventuelle Kosten bei sofortigem Anerkenntnis zu vermeiden (§ 93 ZPO).

3. Die Frist muss mindestens 2 Wochen betragen. Wartefrist (→ Anm. 1) und Erklärungsfrist dürfen in Summe nicht kürzer als die Berufungsfrist sein, um die Kostenfolge des § 93 ZPO bei einem sofortigen Anerkenntnis im Hauptsacheverfahren zu vermeiden (BGH NJW 2015, 3244).

4. Die Frist muss idR mindestens einen Monat nach Zustellung der einstweiligen Verfügung und sollte zwei Wochen nach Zugang des Abschlussschreibens betragen (vgl. Köhler/Bornkamm/Feddersen/*Köhler* UWG § 12 Rn. 3.71). Erhebt der Antragsteller ohne Einhaltung dieser Frist Klage, so kann der Antragsgegner sich unter Verwahrung gegen die Kostenlast unterwerfen oder anerkennen. Er hat dann keinen Anlass zur Klageerhebung gegeben. In der Praxis wird häufig davon abgesehen, eine vorformulierte Abschlusserklärung beizufügen. Diese ist für die Wirksamkeit des Abschlussschreibens auch nicht erforderlich. Jedoch ist eine abgegebene Abschlusserklärung sorgfältig zu prüfen, ob sie den Anforderungen entspricht.

5. Die Kosten des Abschlussschreibens hat der Antragsgegner regelmäßig zu erstatten (vgl. BGH NJW 2008, 1744; BGH NJW 2015, 3244), wenn er Gelegenheit hatte, von sich aus innerhalb einer Frist von 2 Wochen nach Zustellung der einstweiligen Verfügung eine Abschlusserklärung abzugeben und dies nicht getan hat. Das Abschlussschreiben gehört nicht mehr zum einstweiligen Rechtsschutzverfahren, sondern zur Hauptsacheklage und ist mithin eine neue, selbstständig zu honorierende Angelegenheit iSd § 17 Nr. 4 Buchst. b RVG. Die Zuordnung des Abschlussschreibens zum Hauptsacheverfahren

13. Widerruf (Rücknahme, Richtigstellung, Klarstellung)

setzt nicht voraus, dass bereits ein Auftrag zur Hauptsacheklage erteilt worden ist. Es genügt vielmehr, dass der Mandant dem Rechtsanwalt einen über die Vertretung im Eilverfahren hinausgehenden Auftrag erteilt hat. Bei einem Abschlussschreiben handelt es sich in der Regel nicht um ein Schreiben einfacher Art, so dass eine 1,3 Geschäftsgebühr gerechtfertigt ist (BGH NJW 2011, 2509; BGH NJW 2015, 3244).

6. Bei einstweiliger Verfügung, die auf Grund mündlicher Verhandlung durch Urteil erlassen worden ist, Verzicht auf Berufung und Verzicht auf Anträge nach §§ 926, 927 ZPO. Ist die einstweilige Verfügung im Berufungsverfahren erlassen oder bestätigt worden, so lediglich Verzicht auf Fristsetzung nach § 926 ZPO und Aufhebung nach § 927 ZPO.

7. Zur Übernahme der Kosten des Abschlussschreibens braucht sich der Schuldner nicht zu verpflichten, auch wenn er die Kosten zu tragen hat (→ Anm. 5; Köhler/Bornkamm/Feddersen/*Köhler* UWG § 12 Rn. 3.74).

Kosten und Gebühren

8. → Anm. 5.

Fristen und Rechtsmittel

9. → Anm. 1, → Anm. 3, → Anm. 4.

13. Widerruf (Rücknahme, Richtigstellung, Klarstellung)

In der XY-Zeitung, Ausgabe Nr. ....., vom ....., haben wir auf Seite ..... unter der Überschrift ..... über A behauptet,[1, 2] .....

Die Behauptung widerrufen wir hiermit als unwahr[3] („nehmen wir zurück", „stellen wir dahin richtig/klar ....."))[4]

Unterschrift[5, 6, 7]

Anmerkungen

1. Der Berichtigungsanspruch ist ein Folgenbeseitigungsanspruch in analoger Anwendung des § 1004 BGB iVm dem verwirklichten Deliktstatbestand, der aus der Verletzung des Persönlichkeitsrecht oder eines sonstigen Rechts (zB Recht am Bild, Recht am Unternehmen) abgeleitet wird. Der Berichtigungsanspruch setzt die Rechtswidrigkeit der zu berichtigenden Behauptung, jedoch kein Verschulden voraus (*Löffler/Steffen* § 6 Rn. 283; NK-MedienR/*Meyer* Rn. 41.1; *Soehring/Hoene* § 31 Rn. 3).

Anders als für den Unterlassungsanspruch ist für den Beseitigungsanspruch eine Wiederholungsgefahr nicht Anspruchsvoraussetzung, da der Widerruf keiner zukünftigen Störung vorbeugen, sondern eine geschaffene Störquelle für die Zukunft ausräumen soll. Erforderlich ist aber, dass die Beeinträchtigung des Betroffenen durch die unwahre Behauptung fortdauert. Der Widerruf soll eine andauernde Störung beseitigen. Er darf nicht zur Demütigung eingesetzt werden (*Löffler/Steffen* § 6 Rn. 288). Eine Fortdauer der Beeinträchtigung kann fehlen, wenn eine Äußerung durch Zeitablauf in Vergessenheit geraten ist. Der BGH hat in der Caroline von Monaco I-Entscheidung einen Zeitraum von mehr als 2 Jahren nicht für ausreichend erachtet, um einer unwahren Behauptung in einer auflagenstarken Zeitschrift die verletzende Wirkung zu nehmen. Es ist in jedem Falle eine Interessenabwägung vorzunehmen (Näheres *Damm/Rehbock* Rn. 870; BGH NJW 2004, 1034 (1035) – Udo Jürgens). Der Widerruf belastet den Verpflichteten stark. Es hat daher auch eine Verhältnismäßigkeitsprüfung stattzufinden. Der Widerruf muss nicht nur zur Beseitigung der Störung geeignet sein, er muss vielmehr darüber hinaus aufgrund der konkreten Umstände des Einzelfalles **zur Beseitigung der fortdauernden Rufbeeinträchtigung des Betroffenen notwendig sein** (BVerfG NJW 1998, 1381; *Löffler/Steffen* § 6 Rn. 298). Ein Widerruf kann nicht verlangt werden, wenn die Störung inzwischen auf andere Weise soweit behoben wurde, dass ein Widerruf außer Verhältnis zur verbleibenden Störung stehen würde. Dies gilt insbesondere, wenn der Störer von sich aus, die Behauptung selbst hinreichend klar und entsprechend der Aufmachung der Erstmitteilung richtiggestellt hat. Die Veröffentlichung einer Gegendarstellung allein reicht jedoch nicht, um den Berichtigungsanspruch entfallen zu lassen (BVerfG NJW 1998, 1381 (1382 f.); *Löffler/Steffen* § 6 Rn. 290; *Soehring/Hoene* § 31 Rn. 1). Allerdings kann ein redaktioneller Zusatz zur Gegendarstellung, durch den die inhaltliche Richtigkeit der Gegendarstellung bestätigt wird, ein geeignetes Mittel zur freiwilligen Störungsbeseitigung darstellen, das einen Berichtigungsanspruch ausschließt (*Soehring/Hoene* § 31 Rn. 10 mwN). Kein Widerruf kann verlangt werden, wenn es um bloße Übertreibungen und Nebensächlichkeiten geht (BGH NJW 1992, 527 – Plagiatsvorwurf II; *Löffler/Steffen* § 6 Rn. 290). Zum Widerrufsanspruch von juristischen Personen des öffentlichen Rechts BGH NJW 2008, 2262 ff.

2. Widerrufsansprüche bestehen nur bei unwahren Tatsachenbehauptungen. Meinungsäußerungen und Rechtsverletzungen, die nicht durch unwahre Tatsachenbehauptungen begangen werden, begründen keinen Widerrufsanspruch. Wird ein tatsächlicher Eindruck erweckt, kann dessen Berichtigung verlangt werden, wenn sich der Eindruck für den Leser zwingend aufdrängt. Ist eine Äußerung mehrdeutig und lässt diese eine nicht rechtsverletzende Deutung zu, kann eine Berichtigung nicht verlangt werden (BVerfG NJW 2008, 1654 – Gegendarstellung; OLG Karlsruhe AfP 2014, 76). Zur Abgrenzung Tatsachenbehauptung/Meinungsäußerung → Form. H.6 Anm. 6 und *Wenzel/Burkhardt* Kap. 4 Rn. 41 ff. Eventuell kann – auch bei rufschädigenden Meinungsäußerungen – ein Anspruch auf Veröffentlichung des erstrittenen Unterlassungsurteils oder auf Veröffentlichung einer Unterlassungserklärung geltend gemacht werden (BGH NJW 1987, 1400 f. – Oberfaschist; *Wenzel/Gamer* Kap. 13 Rn. 160 ff.).

3. Bei zu widerrufenden Tatsachenbehauptungen über ein tatsächliches Geschehen idR Formulierung „unwahr", bei Tatsachenbehauptungen im Rechtssinne mit wertendem Inhalt „unrichtig". Der volle Widerruf setzt den Nachweis der Unwahrheit bzw. Unrichtigkeit voraus, wobei die Beweislast allein beim Kläger liegt. Zur Darlegungs- und Beweislast BGH NJW 2008, 2262 ff.

Der Inhalt des Widerrufsanspruchs richtet sich nach dem Umfang und Inhalt der Störung und der Art und dem Grad der Beteiligung des zum Widerruf Verpflichteten. Der volle Widerruf setzt die völlige Unwahrheit der widerrufenden Behauptung voraus. Der uneingeschränkte Widerruf geht auf die Erklärung, dass die streitbefangene Behauptung „widerrufen" oder auch „zurückgenommen wird" oder „nicht den Tatsachen entspricht" oder „unwahr" ist. Ist eine Äußerung nicht schlechthin unwahr, sondern vielmehr unvollständig oder missverständlich oder erweckt sie einen unzutreffenden Eindruck, dann kann in der Regel kein uneingeschränkter Widerruf, sondern nur eine „Richtigstellung" oder eine „Klarstellung" verlangt werden. Beides sind Formen des eingeschränkten Widerrufs (*Damm/Rehbock* Rn. 891, 893; NK-MedienR/*Meyer* Rn. 41.11 ff.).

14. Eingeschränkter Widerruf (Nichtaufrechterhalten) H. 14

4. Evtl. Mitteilung des tatsächlichen Vorganges (zB „Wahr ist, dass X an den erwähnten Vorgängen persönlich nicht beteiligt war"; BGH NJW 1984, 1102 – Wahlkampfrede). Näheres: *Wenzel/Gamer* Kap. 13 Rn. 62.

Kosten

5. Es gelten die allgemeinen Grundsätze. Werden mehrere presserechtliche Ansprüche geltend gemacht, sind idR Unterlassungs-, Richtigstellungs- und Gegendarstellungsansprüche unterschiedliche Angelegenheiten iSd § 15 Abs. 2 S. 1 RVG (BGH NJW 2010, 3037; BGH BeckRS 2015, 20631; kritisch *Schlüter/Soehring* AfP 2011, 317). Die Bedeutung des Berichtigungsanspruchs entspricht in der Regel derjenigen des Unterlassungsanspruchs. Die Streitwerte sind deshalb im Allgemeinen gleich hoch festzusetzen (*Wenzel/Gamer* Kap. 13 Rn. 12; → Form. H.6 Anm. 10).

Fristen

6. Die Verjährung des Widerrufsanspruchs richtet sich grundsätzlich nach §§ 195, 199 BGB. Näheres zur Konkurrenz der Verjährungsvorschriften bei Äußerungen, die zugleich einen Wettbewerbsverstoß darstellen, Köhler/Bornkamm/Feddersen/*Köhler* UWG § 11 Rn. 1.4 ff. Zu beachten ist, dass auch vor Ablauf der Verjährungsfrist die Fortdauer der Beeinträchtigung entfallen kann (→ Anm. 1).

Zwangsvollstreckung

7. Die Zwangsvollstreckung richtet sich nach herrschender Meinung nach § 888 ZPO und ist erst nach rechtskräftigem Abschluss des Verfahrens möglich (Näheres: *Damm/Rehbock* Rn. 906; NK-MedienR/*Meyer* Rn. 41.17; *Soehring/Hoene* § 31 Rn. 18).

14. Eingeschränkter Widerruf (Nichtaufrechterhalten)

Erklärung/Korrektur

In der XY-Zeitung, Ausgabe Nr. . . . . . ., vom . . . . . ., haben wir auf Seite . . . . . . unter der Überschrift . . . . . . über A behauptet, ...

Diese Behauptung erhalten wir nicht aufrecht.[1]

Unterschrift

Anmerkungen

1. Auch der eingeschränkte Widerruf, in der Form des Nichtaufrechterhaltens, ist nur gegenüber Tatsachenbehauptungen gegeben.

Im Gegensatz zum vollen Widerruf, der den Nachweis der Unwahrheit oder Unrichtigkeit der Erstmitteilung voraussetzt, ist dieser eingeschränkte Widerruf gegeben, wenn der Nachweis der Unwahrheit der Erstmitteilung nicht mit absoluter Sicherheit erbracht werden kann, wenn aber der Nachweis einer so hohen Wahrscheinlichkeit der Unwahrheit erbracht ist, dass es für einen objektiven Beurteiler an ernstlichen Anhaltspunkten für die Wahrheit des Vorwurfs fehlt (BGHZ 37, 187 (190) – Eheversprechen; *Wenzel/Gamer* Kap. 13 Rn. 69). Die Erklärung, dass eine Behauptung nicht aufrecht erhalten wird, kommt auch in Betracht, wenn der Widerrufsverpflichtete in Wahrnehmung berechtigter Interessen gehandelt hat und die Unwahrheit der Behauptung trotz ausreichender Recherchen erst nachträglich zu Tage tritt; dann muss er – soweit die Beeinträchtigungen für den Betroffenen noch fortbestehen – nur erklären, dass er die Behauptung „nicht aufrecht erhalten könne" (BVerfG NJW 2003, 1855 – Asylbewerberheim; *Löffler/Steffen* § 6 Rn. 293). Ergibt sich im Prozess auch insoweit ein non liquet oder ein hoher Grad von Wahrscheinlichkeit für die Richtigkeit der angegriffenen Erstmitteilung, dann scheidet auch ein eingeschränkter Widerrufsanspruch aus. Zweifel gehen zu Lasten des Klägers (vgl. *Wenzel/Gamer* Kap. 13 Rn. 69 mwN).

15. Distanzierung

Erklärung/Distanzierung

In der XY-Zeitung, Ausgabe Nr. ......, vom ......, haben wir auf Seite ...... unter der Überschrift ...... einen Beitrag von B veröffentlicht, in dem dieser über A behauptet hat, ...

Von der Darstellung des B distanzieren wir uns.[1]

Unterschrift

Anmerkungen

1. Die Distanzierung ist eigentlich keine Form des Widerrufs, sondern vielmehr die Erklärung, dass die Redaktion sich eine verbreitete falsche Tatsachenbehauptung nicht zu eigen macht (*Damm/Rehbock* Rn. 895).

Die Distanzierung hat grundsätzlich dieselben Voraussetzungen wie der Widerruf. Sie kommt vor allem in Betracht, wenn Behauptender und Verbreiter auseinanderfallen (zB bei Zitaten). Ein Distanzierungsanspruch besteht nicht, wenn der Verbreiter sich bereits bei der Erstmitteilung ausreichend distanziert hat (*Soehring/Hoene* § 31 Rn. 5). An die Distanzierung werden durch die Rechtsprechung strenge Anforderungen gestellt (BGH NJW 1996, 1131 (1132) – Lohnkiller; *Wenzel/Gamer* Kap. 13 Rn. 80). Der Anspruch auf Distanzierung steht ggf. selbständig neben dem Widerrufsanspruch gegenüber dem Behauptenden, vgl. dazu *Wenzel/Gamer* Kap. 13 Rn. 78 ff. Zur Sonderform der berichtigenden Kommentierung s. *Wenzel/Gamer* Kap. 13 Rn. 81 ff.

16. Berichtigende Ergänzung

Ergänzung

In der XY-Zeitung, Ausgabe Nr. ......, vom ......, ist auf Seite ...... ein Beitrag unter der Überschrift ...... enthalten, der geeignet ist, über A. einen falschen Eindruck zu vermitteln.

Zu der Mitteilung über A. ist ergänzend darauf hinzuweisen, dass ......[1]

Unterschrift

Anmerkungen

1. Eine berichtigende Ergänzung kommt in Betracht, wenn zB infolge von Weglassungen ein den Tatsachen widersprechendes falsches Bild entstanden ist. So etwa, wenn über eine Verurteilung berichtet, dabei aber nicht erwähnt wird, dass die Verurteilung nicht rechtskräftig ist, oder dass eine Strafe zur Bewährung ausgesetzt wurde. Im Übrigen sind die Voraussetzungen dieselben wie beim Widerruf. Keine berichtigende Ergänzung kann gefordert werden, wenn die Auswahl der Fakten, über die berichtet wurde, auf der Meinungsebene liegt (BGH NJW 1966, 245 – „Auswahl der biografischen Daten in einem Literaturlexikon"; näheres *Wenzel/Gamer* Kap. 13 Rn. 72 f.).

17. Nachträgliche Ergänzung

Ergänzung

In der XY-Zeitung, Ausgabe Nr. . . . . . ., vom . . . . . ., Seite . . . . . . ist unter der Überschrift . . . . . . über A. berichtet worden, dass . . . . . .

Hierzu ist ergänzend mitzuteilen, dass . . . . . .[1]

Unterschrift

Anmerkungen

1. Der Anspruch auf nachträgliche Ergänzung ist vom BGH mit Billigung des BVerfG im Falle eines Freispruchs zuerkannt worden, der nach einem zutreffenden Bericht über eine strafgerichtliche Verurteilung ergangen ist (BGH NJW 1972, 431; BVerfG AfP 1997, 619). Die nachträgliche Ergänzung setzt eine Tatsachenbehauptung voraus, nicht aber dass die Erstmitteilung unrichtig war. Die ursprünglich richtige Behauptung muss vielmehr durch die spätere Entwicklung unrichtig geworden sein. Der Betroffene kann die Veröffentlichung einer eigenen Mitteilung, auf Kosten des Verpflichteten, nicht jedoch einer Mitteilung des Publikationsorgans verlangen (BGH NJW 1972, 431; abw. im Ausgangsfall BVerfG AfP 1997, 619). Der Anspruch auf nachträgliche Ergänzung ist außerordentlich umstritten und nur unter ganz außergewöhnlichen Umständen anzuerkennen (Näheres *Wenzel/Gamer* Kap. 13 Rn. 74 ff.; *Löffler/Steffen* § 6 Rn. 294; OLG München NJW-RR 1996, 1487 ff.).

18. Vorläufiger Widerruf

In der XY-Zeitung, Ausgabe Nr. . . . . . ., vom . . . . . ., Seite . . . . . . ist ein Beitrag unter der Überschrift . . . . . . enthalten, der über A. die folgende Behauptung enthält: . . . . . .

Diese Behauptung kann vorläufig/derzeit nicht aufrechterhalten werden.[1]

Unterschrift

Burkhardt

Anmerkungen

1. Der vorläufige Widerruf kommt in Anbetracht der strengen Beweisvoraussetzungen für einen vollen Widerruf und selbst für einen eingeschränkten Widerruf vor allem bei nicht abgeschlossenen Sachverhalten in Betracht, ferner wenn die endgültige Aufklärung unverhältnismäßig viel Zeit in Anspruch nehmen würde und schließlich dann, wenn ein Widerrufsanspruch (ausnahmsweise) im Verfügungsverfahren „vorläufig" durchgesetzt wird (*Damm/Rehbock* Rn. 894). Die Zulässigkeit der Durchsetzung des vorläufigen Widerrufs im Verfügungsverfahren ist außerordentlich umstritten. Grundsätzlich verneinend: OLG Bremen AfP 1979, 355; OLG Köln AfP 1981, 358; MüKoZPO/*Drescher* § 935 Rn. 67; NK-MedienR/*Meyer* Rn. 41.13 und 41.17; *Damm/Rehbock* Rn. 894, 898 ff.; *Soehring/Hoene* § 31 Rn. 19; grundsätzlich bejahend Musielak/Voit/*Huber* ZPO § 940 Rn. 22; Zöller/*Vollkommer* ZPO § 940 Rn. 8 „Presse- u Medienrecht"). In Ausnahmefällen, in denen eine vorläufige Berichtigung zur Abwendung wesentlicher Nachteile nötig erscheint, wurde in der Rechtsprechung ein vorläufiger Widerruf im Weg der einstweiligen Verfügung mit der Formulierung „kann gegenwärtig nicht aufrecht erhalten werden" zuerkannt (LG Hamburg AfP 1971, 35; *Wenzel/Gamer* Kap. 13 Rn. 102).

19. Klage auf Unterlassung, Widerruf, Schadensersatzfeststellung und Zahlung einer Geldentschädigung (immaterieller Schadensersatz)

Landgericht (Amtsgericht)[1]......

Klage

des ......[2]

– Kläger –

Prozessbevollmächtigte(r).: ......

gegen

den Verleger[3]......

– Beklagter –

wegen Unterlassung,[4] Widerrufs,[5] Schadensersatzfeststellung[6] und immateriellen Schadensersatzes.[7]

Vorläufiger Streitwert: ...... EUR[8]

Namens und in Vollmacht des Klägers erhebe ich Klage und werde beantragen, wie folgt für Recht zu erkennen:

I. 1. Der Beklagte hat es bei Vermeidung von Ordnungsgeld bis zu 250.000 EUR, ersatzweise Ordnungshaft, oder Ordnungshaft bis zu 6 Monaten,[9] zu unterlassen, wörtlich oder sinngemäß die nachfolgende Behauptung aufzustellen und/oder zu verbreiten und/oder aufstellen und/oder verbreiten zu lassen:[10]
......

2. Der Beklagte hat es bei Meidung von Ordnungsgeld bis zu 250.000 EUR, ersatzweise Ordnungshaft, oder Ordnungshaft bis zu 6 Monaten, zu unterlassen,[9] ohne

19. Klage auf Unterlassung, Widerruf, Schadensersatz, Geldentschädigung   H. 19

Zustimmung des Klägers die nachfolgende Abbildung zu verbreiten und/oder öffentlich zur Schau zu stellen, wenn dies geschieht wie nachfolgend wiedergegeben:[11]
......

II. Der Beklagte hat die unter Ziffer I. 1. wiedergegebene Behauptung zu widerrufen und den Widerruf in der nächsten für den Druck noch nicht abgeschlossenen Ausgabe der XY-Zeitung wie folgt in einer vom Gericht zu bestimmenden Größe und Aufmachung zu veröffentlichen:
......

III. Es wird festgestellt, dass der Beklagte verpflichtet ist, dem Kläger denjenigen Schaden zu ersetzen, der dem Kläger aus der Verbreitung der in Ziffer I. 1. genannten Behauptung/der in Ziffer I. 2. wiedergegebenen Abbildung entstanden ist und/oder künftig entstehen wird.

IV. Der Beklagte wird verurteilt, an den Kläger zum Ausgleich des dem Kläger durch die Verbreitung der in Ziffer I. 1. genannten Behauptung/der in Ziffer I. 2. wiedergegebenen Abbildung entstandenen immateriellen Schadens einen Betrag zu zahlen, dessen Höhe in das Ermessen des Gerichts gestellt wird, mindestens jedoch ...... EUR.

V. Der Beklagte hat die Kosten des Verfahrens zu tragen.

VI. Das Urteil ist – eventuell gegen Sicherheitsleistung – vorläufig vollstreckbar.

Begründung:

I. Unterlassungsanspruch[4]

1. Der Beklagte ist Verleger der in ...... erscheinenden XY-Zeitung. In der Ausgabe Nr. ...... vom ...... dieser Zeitung ist über den Kläger Folgendes behauptet worden:
......

Beweis: XY-Zeitung Ausgabe Nr. ...... vom ...... – Anlage –

Diese Behauptung stellt aus den nachfolgend dargelegten Gründen eine unwahre Tatsachenbehauptung/eine die Grenze zur Schmähkritik überschreitende Meinungsäußerung dar ......

Beweis: ......

Durch die Behauptung wird der Kläger in seinem allgemeinen/besonderen Persönlichkeitsrecht/in seiner persönlichen Ehre/in seiner wirtschaftlichen Ehre/in seinem Recht am Unternehmen verletzt/wird der Kredit des Klägers gefährdet
......

2. In der Ausgabe Nr. ...... vom ...... der XY Zeitung wurde ohne Zustimmung des Klägers das im Klageantrag Ziff. I. 2. wiedergegebene Bildnis des Klägers verbreitet und überdies im Internet öffentlich zur Schau gestellt. Hierdurch wird der Kläger in seinem Recht am eigenen Bild gemäß § 22 KUG verletzt. Eine Einwilligung des Klägers liegt nicht vor. Es ist auch keiner der Ausnahmetatbestände der §§ 23, 24 KUG erfüllt.
......

3. Der Beklagte wurde mit Anwaltsschreiben vom ...... abgemahnt.

Beweis: Anwaltsschreiben vom ...... – Anlage –

Mit Schreiben vom ...... hat es der Beklagte abgelehnt, eine strafbewehrte Unterlassungs- und Verpflichtungserklärung abzugeben. Wiederholungsgefahr ist daher gegeben. Der geltend gemachte Unterlassungsanspruch ist demzufolge begründet.

II. Widerrufsanspruch[5]

Wie zum Unterlassungsanspruch bereits vorstehend dargelegt und unter Beweis gestellt, handelt es sich bei der streitgegenständlichen Behauptung um eine unwahre Tatsachenbehauptung, die einen rechtswidrigen Eingriff in die Rechte des Klägers enthält.

Die vom Beklagten über den Kläger aufgestellte Tatsachenbehauptung wirkt auch fort und stellt eine Quelle gegenwärtiger Rufbeeinträchtigung dar . . . . . .

Der Widerruf ist zur Beseitigung der fortdauernden Rufbeeinträchtigung des Klägers auch notwendig, da . . . . . .

III. Schadenersatzfeststellungsanspruch[6]

Die streitgegenständliche Behauptung ist nicht nur infolge ihrer Unwahrheit/des schmähkritischen Inhalts/fehlender Berechtigung zur Verbreitung des Bildnisses rechtswidrig, der Beklagte hat auch schuldhaft gehandelt . . . . . .

Dem Kläger ist ein materieller Schaden entstanden, den der Beklagte durch die Verbreitung seiner Behauptung/der streitgegenständlichen Abbildung kausal verursacht hat . . . . . .

Da die Höhe des dem Kläger entstandenen und künftig entstehenden Schadens noch nicht feststeht, ist die Verpflichtung des Beklagten, den Schaden zu ersetzen, festzustellen (§ 256 ZPO) . . . . . .

IV. Geldentschädigungsanspruch[7]

Schließlich hat der Kläger auch Anspruch auf Ersatz des ihm entstandenen immateriellen Schadens.

Im vorliegenden Fall liegt eine schwere Persönlichkeitsrechtsverletzung vor. Die unwahre Tatsachenbehauptung verletzt den Kläger besonders schwer, weil . . . . . .

Durch die Verbreitung eines Bildnisses aus der Intimsphäre des Klägers wird in den absolut geschützten Kernbereich dessen Persönlichkeitsrechts eingegriffen . . . . . .

Darüber hinaus ergibt sich aus der Bedeutung und Tragweite des Eingriffs, dem Anlass und Beweggrund des Verletzers sowie aus dem Grad seines Verschuldens die besondere Schwere der Persönlichkeitsrechtsverletzung . . . . . .

Ohne die Zuerkennung einer Geldentschädigung würde die geschützte Persönlichkeitssphäre des Klägers ohne ausreichenden Rechtsschutz bleiben. Die Verletzung kann auf andere Weise nicht hinreichend ausgeglichen werden . . . . . .

Nach alledem besteht für die Zuerkennung eines Anspruchs auf Geldentschädigung ein unabwendbares Bedürfnis.

Die Höhe der zuzuerkennenden Geldentschädigung wird in das Ermessen des Gerichts gestellt. Zu den tatsächlichen Grundlagen für die Ausübung des richterlichen Ermessens ist Folgendes vorzutragen . . . . . .

Aufgrund der vorstehenden Umstände erscheint eine Geldentschädigung in ungefährer Höhe von . . . . . . EUR angemessen/wird eine Geldentschädigung in Höhe von mindestens . . . . . . EUR beansprucht.

V. Veranlassung zur Klageerhebung

Der Beklagte wurde durch Anwaltsschreiben vom . . . . . . aufgefordert, den Widerrufsanspruch, den Schadenersatzfeststellungsanspruch sowie den Geldentschädigungsanspruch anzuerkennen. Der Beklagte hat die Ansprüche mit Schreiben vom . . . . . . zurückgewiesen. Klage ist daher auch insoweit geboten.

Rechtsanwalt

Anmerkungen

1. → Form. H.9 Anm. 2, → Form. H.10 Anm. 2.
2. → Form. H.6 Anm. 4.

19. Klage auf Unterlassung, Widerruf, Schadensersatz, Geldentschädigung H. 19

3. → Form. H.6 Anm. 3.

4. → Form. H.6.

5. → Form. H.13, → Form. H.18.

6. Ansprüche auf Ersatz des durch die Rechtsverletzung entstandenen materiellen Schadens setzen, anders als die quasi-negatorischen Ansprüche auf Unterlassung und Widerruf, **Verschulden,** also Vorsatz oder Fahrlässigkeit, voraus (§§ 823, 824, 826 BGB). Ferner ist Voraussetzung, dass dem Betroffenen durch die Rechtsverletzung adäquat kausal ein Vermögensschaden entstanden ist, also bei ihm eine Minderung des Aktivvermögens, eine Erhöhung des Passivvermögens oder ein Gewinnausfall eingetreten ist (Näheres *Löffler/Steffen* § 6 Rn. 303 ff.; NK-MedienR/*Wanckel* Rn. 42.1 ff; *Wenzel/ Burkhardt* Kap. 14 Rn. 20 ff.). Ersatz ist auch zu leisten für schadensmindernde Aufwendungen (zB Kosten der Rechtsverfolgung, Versand von Rundschreiben). Die Kosten für Anzeigen, die der Betroffene zur Schadenminderung schaltet, sind jedoch nur in Ausnahmefällen, insbesondere wenn nachweislich ein besonders hoher Schaden droht, erstattungsfähig (Näheres *Damm/Rehbock* Rn. 934 ff.).

Für den Schadenersatzfeststellungsanspruch genügt die Wahrscheinlichkeit eines Schadenseintritts. Der Feststellungsanspruch ist zulässig, wenn im Zeitpunkt der letzten mündlichen Verhandlung die Höhe des eingetretenen Schadens noch nicht feststeht und die Schadensentwicklung noch nicht abgeschlossen ist.

In Betracht kommen auch **Bereicherungsansprüche,** die **kein Verschulden,** aber eine durch die Rechtsverletzung eingetretene unmittelbare Vermögensverschiebung voraussetzen (Näheres *Löffler/Steffen* § 6 Rn. 320; *Wenzel/Burkhardt* Kap. 14 Rn. 1 ff.). Bereicherungsansprüche sind insbesondere von Bedeutung bei der rechtswidrigen kommerziellen Ausbeutung von Persönlichkeitsgütern, insbesondere von Bildnissen, zu Werbezwecken. Ist der Bereicherungsanspruch dem Grunde nach zu bejahen, hat der Bereicherte dem Verletzten zumindest die Lizenzgebühr zu zahlen, die bei ordnungsgemäßem Rechtserwerb aufzuwenden gewesen wäre (BGH NJW 2009, 3032 – Wer wird Millionär?; BGH GRUR 2010, 546 – Der strauchelnde Liebling; BGH GRUR 2011, 647 – Markt & Leute; BGH NJW 2013, 793 – Playboy am Sonntag; *Wenzel/Burkhardt* Kap. 14 Rn. 15 ff.; NK-MedienR/*Wankel* Rn. 42.39 ff., mit Beispielen zur Höhe einer fiktiven Lizenzgebühr, Rn. 42.52 und 42.58).

7. Der Anspruch auf Ersatz immateriellen Schadens (**Geldentschädigung**) ist ein eigenständiger Rechtsbehelf, der auf den Schutzauftrag aus Art. 1 GG und Art. 2 Abs. 1 GG beruht (BGH NJW 1995, 861 – Caroline von Monaco I). Nach § 253 BGB kann immaterieller Schadensersatz nur in den durch das Gesetz bestimmten Fällen gefordert werden. Bei Persönlichkeitsrechtsverletzungen sieht das Gesetz keinen immateriellen Schadenersatz vor. Der Geldentschädigungsanspruch wurde vom BGH und BVerfG entwickelt. Nach der höchstrichterlichen Rechtsprechung müssen folgende Anspruchsvoraussetzungen vorliegen (stRspr, BGH NJW 2012, 1728): Schwere Persönlichkeitsrechtsverletzung/schuldhaftes Handeln des Verletzers/Fehlen der Möglichkeit, die verursachte Beeinträchtigung auf andere Weise befriedigend auszugleichen/die Gesamtbeurteilung der Umstände des Einzelfalls muss ergeben, dass für die Zuerkennung des Anspruchs ein unabwendbares Bedürfnis besteht. Bei der Gesamtbeurteilung zu berücksichtigen sind insbesondere Art und Schwere der Beeinträchtigung, ihr Anlass und Beweggrund, der Grad des Verschuldens sowie der Präventionszweck (BGH NJW 2010, 763 – Esra; BGH NJW 2012, 1728; *Wenzel/Burkhardt* Rn. 14.83 ff.; *Löffler/Steffen* § 6 Rn. 332 ff.). Der Anspruch auf Geldentschädigung ist ein „ultima-ratio-Rechtsbehelf". Dies folgt aus seiner Aufgabe, eine Lücke im Schutz der Persönlichkeit zu schließen (BVerfG NJW 1973, 1221 – Soraya; BVerfG NJW 2000, 2187). Das Bedürfnis nach einer Geldentschädigung zum Schutze der Persönlichkeit muss unabweisbar sein. Kann die

Verletzung auch auf andere Weise hinreichend ausgeglichen werden, dann entfällt der Geldentschädigungsanspruch. Dies kann zB dann der Fall sein, wenn eine unwahre Tatsachenbehauptung in einem periodischen Druckwerk vom Verlag von sich aus widerrufen wird oder ein Widerruf vom Betroffenen erstritten wird. Ebenso wenn ein mit Ordnungsmitteln bedrohtes gerichtliches Verbreitungsverbot ergangen ist (BGH NJW 2010, 763 – Esra; BGH NJW 2012, 1728). Die Möglichkeit, eine Gegendarstellung zu verlangen, schließt den Geldentschädigungsanspruch hingegen regelmäßig nicht aus (*Löffler/Steffen* § 6 Rn. 340). Verstorbenen steht ein Geldentschädigungsanspruch nicht zu (BVerfG ZUM 2007, 380; BGH NJW 2006, 605). Der Anspruch ist nicht vererblich (BGH NJW 2014, 2871; BGH NJW 2017, 3004). Eltern und andere nahe Angehörige haben wegen einer Berichterstattung über einen Verstorbenen nur dann einen Anspruch, wenn dadurch zugleich des Persönlichkeitsrecht des Angehörigen unmittelbar tangiert wird (BGH NJW 2012, 1728).

Bei der Bemessung der Höhe des Geldentschädigungsanspruchs steht nicht der Ausgleichsgedanke im Vordergrund, sondern der Gesichtspunkt der Genugtuung des Opfers und der Präventionsgedanke. Die Festsetzung unterliegt der richterlichen Beurteilung nach § 287 ZPO, die nur beschränkt nachprüfbar ist (*Löffler/Steffen* § 6 Rn. 341). Bei der Bemessung der Geldentschädigung zu berücksichtigen sind Bedeutung und Tragweite des Eingriffs für den Betroffenen, das Ausmaß der Verbreitung, die Dauer der Beeinträchtigung, Anlass und Beweggrund des Schädigers sowie der Grad seines Verschuldens. In Betracht zu ziehen ist ggf. auch, dass der Schädiger die Verletzung der Persönlichkeit des Betroffenen als Mittel der Auflagensteigerung und damit zur Verfolgung eigener kommerzieller Interessen eingesetzt hat. Es ist zwar keine Gewinnabschöpfung vorzunehmen, aber der durch eine vorsätzliche rücksichtslose Zwangskommerzialisierung des Persönlichkeitsrechts des Betroffenen erzielte Gewinn kann als Bemessungsfaktor die Geldentschädigung auf einen Betrag erhöhen, der bei der Entscheidung zu derartigen Rechtsverletzungen eine Hemmschwelle darstellt (Präventionsgedanke; BVerfG NJW 2000, 2187 – Unfalltod der Kinder; BGH NJW 1996, 984 (985) – Caroline von Monaco; BGH NJW 1996, 985 (986) – Kumulationsgedanke). Bei der Festsetzung der Entschädigung sind grundsätzlich alle in Betracht kommenden Umstände des Einzelfalls zu berücksichtigen, hierzu gehören auch die wirtschaftlichen Verhältnisse beider Parteien (Beispiele aus der Rechtsprechung zur Höhe der Geldentschädigung: NK-MedienR/*Wanckel* Rn. 43.60 ff. mit einer Zusammenstellung zahlreicher Gerichtsentscheidungen).

Eine schwere Persönlichkeitsrechtsverletzung wird häufig angenommen bei rechtswidrigen Fotoveröffentlichungen. Bei Bildnisfällen hat sich der BGH dafür ausgesprochen, dass keine überzogenen Anforderungen an die Subsidiarität des Anspruchs zu stellen sind (BGH NJW 1996, 985 (986)).

Werden Persönlichkeitsgüter ohne Einwilligung des Betroffenen zu Werbezwecken verwertet, liegt ein Eingriff in die **vermögensrechtlichen Bestandteile des Persönlichkeitsrechts** vor. Dem Betroffenen steht dann ein Anspruch auf Zahlung der üblichen bzw. einer fiktiven **Lizenzgebühr** aus **Eingriffskondiktion** nach § 812 Abs. 1 S. 1 Alt. 2 BGB zu (BGH NJW 2009, 3032 – Wer wird Millionär?; BGH GRUR 2010, 546 – Der strauchelnde Liebling; BGH GRUR 2011, 647 – Markt & Leute; BGH NJW 2013, 793 – Playboy am Sonntag). Dieser bereicherungsrechtliche Anspruch besteht neben dem Verschulden voraussetzenden Schadensersatzanspruch. Nach Auffassung des BGH kann eine Ausbeutung zu Werbezwecken auch dann vorliegen, wenn im Rahmen einer redaktionellen Berichterstattung der Betroffene für eigene Werbezwecke des Mediums eingesetzt wird, zB durch Herstellen einer gedanklichen Verbindung, die zu einem Imagetransfer führt (BGH NJW 2013, 793 – Playboy am Sonntag). Die Rechtsprechung des I. Zivilsenats des BGH zur Ersatzpflicht bei der Verletzung vermögenswerter Bestandteile des Persönlichkeitsrechts lässt sich nicht auf den Geldentschädigungsanspruch wegen

Verletzung nichtkommerzieller Bestandteile des Persönlichkeitsrechts übertragen (BGH NJW 2006, 605; BGH NJW 2012, 1728).

8. Die Streitwerte der einzelnen Gegenstände (Unterlassungsanspruch → Form. H.6 Anm. 10; Widerruf → Form. H.13 Anm. 5) der Klage sind zu addieren.

9. Bei juristischen Personen ist vorzusehen, dass die Ordnungshaft an dem jeweiligen gesetzlichen Vertreter zu vollziehen ist.

10. → Form. H.6 Anm. 1 ff. Die Wiederholung kann „wörtlich oder sinngemäß" nur bei Tatsachenbehauptungen, nicht bei unzulässigen Werturteilen oder Meinungsäußerungen verboten werden (→ Form. H.7 Anm. 4). Beispiele unzulässiger, weil zu unbestimmter Unterlassungsanträge s. *Rehbock/Gaudlitz* Medien- und Presserecht § 3 Rn. 101.

11. Es ist die konkrete Verletzungsform wiederzugeben, dh die konkrete Bildveröffentlichung und die damit zusammenhängende Wortberichterstattung. Die im Wettbewerbsrecht entwickelte Kerntheorie gilt im Bereich der Bildberichterstattung nicht (BGH ZUM-RD 2008, 294; BGH NJW 2008, 1593; BGH NJW 2008, 3138).

20. Klageerwiderung

Landgericht (Amtsgericht)[1]......

In Sachen

......

– Kläger –

Prozessbevollmächtigte(r):......

gegen

......

– Beklagter –

Prozessbevollmächtigte(r):

zeigen wir an, dass wir den Beklagten vertreten.

Wir werden beantragen,

die Klage kostenpflichtig abzuweisen;

hilfsweise wird beantragt,

dem Beklagten Vollstreckungsschutz zu gewähren, eventuell gegen Sicherheitsleistung.

Begründung

I. Unterlassungsanspruch
1. Der Unterlassungsanspruch ist nicht begründet, da der Kläger nicht in eigenen geschützten Rechten verletzt ist.
Der Kläger ist von der angegriffenen Berichterstattung nicht betroffen.[2] Er ist nicht namentlich genannt und ist auch nicht aufgrund sonstiger Umstände erkennbar. Der Kläger ist allenfalls mittelbar betroffen, da ......

2. Der Beklagte hat die beanstandete Behauptung weder aufgestellt noch verbreitet (*Alternativ*: Der Beklagte hat die Behauptung nicht so aufgestellt, wie dies in der Klage behauptet wird, sondern ......)
3. Die angegriffene Behauptung ist wahr ......
......

Beweis: ......

Alternativ:
Bei der angegriffenen Behauptung handelt es sich nicht um eine Tatsachenbehauptung, sondern um eine durch Art. 5 Abs. 1 S. 1 GG gedeckte Meinungsäußerung ......[3]
Eine unzulässige Schmähkritik liegt nicht vor.[4] Der Begriff der Schmähkritik ist wegen seiner die Meinungsfreiheit verdrängenden Wirkung eng auszulegen. Selbst eine scharfe schonungslose Kritik ist zulässig, solange sie sachbezogen ist und nicht auf eine vorsätzliche Ehrenkränkung hinausläuft. Im vorliegenden Fall ist ein Sachbezug vorhanden, da ......
Dem Beklagten ging es bei seiner Äußerung nicht um die Diffamierung des Klägers, sondern vielmehr um die Auseinandersetzung in der Sache.

4. Die Verbreitung des Bildnisses des Klägers war zulässig. Der Kläger hat in die Veröffentlichung stillschweigend in Kenntnis des Gegenstandes der Berichterstattung eingewilligt, indem er ......[5]
Es handelt sich um ein Bildnis aus dem Bereich der Zeitgeschichte, weshalb die Verbreitung gemäß § 23 Abs. 1 Nr. 1 KUG auch ohne Einwilligung des Klägers zulässig war ......[6]

Beweis: ......

5. Schließlich scheitert der Unterlassungsanspruch auch daran, dass keine Wiederholungsgefahr gegeben ist, weil ...... (zB weil der Beklagte gegenüber einem Dritten bereits eine strafbewehrte Unterlassungs- und Verpflichtungserklärung abgegeben hat, die geeignet ist, die Wiederholungsgefahr zu beseitigen).[7]

Beweis: ......

II. Widerrufsanspruch[8]
1. Ein Widerrufsanspruch würde voraussetzen, dass der Kläger rechtswidrig in seinen geschützten Rechtsgütern verletzt ist. Dies ist, wie vorstehend zum Unterlassungsanspruch ausgeführt, nicht der Fall.

2. Der Widerrufsanspruch besteht nicht, da es sich bei der angegriffenen Behauptung nicht um eine Tatsachenbehauptung, sondern um eine durch Art. 5 Abs. 1 S. 1 GG gedeckte Meinungsäußerung handelt ......
Sollte das Gericht entgegen der von Beklagtenseite vertretenen Rechtsauffassung von einer Tatsachenbehauptung ausgehen, so wäre diese wahr ......

Beweis: ......

Darüber hinaus trägt der Kläger die Darlegungs- und Beweislast für die behauptete Unwahrheit der Äußerung. Der bisherige Vortrag des Klägers ist nicht geeignet, den ihm obliegenden Beweis für die Unwahrheit der streitbefangenen Behauptung zu erbringen ......

3. Im Übrigen ist der Widerruf nicht zur Beseitigung einer Quelle gegenwärtiger Rufbeeinträchtigung notwendig, weil die Behauptung nicht fortwirkt ......

4. Die geforderte Widerrufserklärung ist überdies kein geeignetes Mittel, den Störungszustand zu beseitigen, da ......

20. Klageerwiderung H. 20

5. Selbst wenn ein Widerrufsanspruch begründet gewesen sein sollte – was bestritten wird – wäre dieser entfallen, da der Kläger die angegriffene Behauptung von sich aus berichtigt hat ......

   Beweis: ......

III. Materielle Schadensersatzansprüche[9]
Schadensersatzansprüche bestehen nicht, da die Äußerung – wie vorstehend dargelegt und unter Beweis gestellt – nicht rechtswidrig ist. Zudem trifft den Beklagten kein Verschulden und er hat auch nicht für das Verschulden Dritter einzustehen, weil ......

Beweis: ......

Es wird ferner bestritten, dass dem Kläger ein Schaden entstanden ist. Soweit der Kläger einen Schaden behauptet, ist dieser durch die streitgegenständliche Berichterstattung nicht adäquat kausal verursacht worden ......

IV. Immaterielle Schadensersatzansprüche[10]
Ein Geldentschädigungsanspruch scheidet von vornherein aus, da von einer schweren Persönlichkeitsrechtsverletzung selbst dann keine Rede sein könnte, wenn die vom Kläger behauptete Persönlichkeitsrechtsverletzung vorliegen würde ......
In jedem Fall fehlt es am Verschulden des Beklagten, insbesondere an einem schweren Verschulden ......[11]
Schließlich hätte der Kläger andere Möglichkeiten gehabt, die von ihm behauptete Beeinträchtigung auf andere Weise befriedigend auszugleichen, nämlich ...... Von diesen Möglichkeiten hat der Kläger aus nicht nachvollziehbaren Gründen keinen Gebrauch gemacht.
Darüber hinaus begehrt der Kläger nach seinem Antrag Ziffer I. ein mit Ordnungsmittelandrohung versehenes gerichtliches Verbot. Auch wenn eine Verletzung des Persönlichkeitsrechts des Klägers vorliegen würde – was bestritten ist –, würde jedenfalls bei Zuerkennung des Unterlassungsanspruchs ein Geldentschädigungsanspruch entfallen.[12]
Der Geldentschädigungsanspruch ist ein ultima-ratio-Rechtsbehelf. Er ist nur begründet, wenn die Gesamtbeurteilung ergibt, dass für die Zuerkennung des Anspruchs ein unabwendbares Bedürfnis besteht. Dies ist vorliegend nicht der Fall. Weder Art und Schwere der Beeinträchtigung noch Anlass, Beweggrund, Grad des Verschuldens oder der Präventionszweck gebieten im vorliegenden Fall die Zuerkennung einer Geldentschädigung ......

V. Vollstreckungsschutzantrag
Die Vollstreckung würde dem Schuldner im vorliegenden Fall einen nicht zu ersetzenden Nachteil bringen ......[13]

Rechtsanwalt

Anmerkungen

1. In der Klageerwiderung sind einige der häufigsten Einwendungen gegen die mit der Klage (→ Form. H.19) erhobenen Ansprüche enthalten. Selbstverständlich sind nur die zutreffenden Einwendungen unter Ausführung der tatsächlichen Umstände vorzutragen und unter Beweis zu stellen. Weitere Einwendungen sind anhand der Anspruchsvoraussetzungen der jeweiligen Ansprüche zu prüfen (Unterlassungsanspruch: → Form. H.6; Widerruf: → Form. H.13; Schadensersatz: → Form. H.19 Anm. 6; Geldentschädigung:

→ Form. H.19 Anm. 7). Bei anderen Rechtsverletzungen als abwertend unwahrer Tatsachenbehauptung ist der Vortrag entsprechend anzupassen.

2. → Form. H.6 Anm. 4.

3. → Form. H.6 Anm. 6.

4. → Form. H.6 Anm. 6.

5. → Form. H.6 Anm. 7.2.3.

6. → Form. H.6 Anm. 7.2.3 (4) und (5).

7. → Form. H.7 Anm. 1.

8. → Form. H.13 Anm. 1–7.

9. → Form. H.19 Anm. 6.

10. → Form. H.19 Anm. 7.

11. Ein schweres Verschulden ist nicht Anspruchsvoraussetzung. Ein fehlendes schweres Verschulden kann aber bei der erforderlichen Gesamtabwägung dazu führen, dass ein Geldentschädigungsanspruch zu verneinen ist (*Wenzel/Burkhardt* Kap. 14 Rn. 115 ff.; *Löffler/Steffen* § 6 Rn. 335).

12. Ein erwirkter Unterlassungstitel mit Ordnungsmittelandrohung kann den Geldentschädigungsanspruch beeinflussen und im Zweifel sogar ausschließen (BVerfG NJW-RR 2017, 879; BGH NJW 2010, 763 – Esra; BGH NJW 2012, 1728; → Form. H.19 Anm. 7).

13. Gem. § 714 ZPO sind Vollstreckungsschutzanträge nach § 712 ZPO vor Schluss der mündlichen Verhandlung zu stellen. Die tatsächlichen Voraussetzungen sind glaubhaft zu machen (§ 714 Abs. 2 ZPO). Näheres → Form. A.22 Anm. 5.

Sachverzeichnis

Die fett gestzten Großbuchstaben und Zahlen beziehen sich auf die Systematik des Formularbuchs; die nachfolgenden mageren Zahlen und Buchstaben bezeichnen die betreffende Anmerkung.

.de-Domain
- whois-Abfrage **B.12** 16, 17

Abbildung sa *Personenabbildung*
- Abmessensrelationen **F.9** 20
- Aufnahme in Klageantrag **F.9** 12
- Klage wegen Verletzung des Rechts am eigenen Bild **G.22** 1 f.
- Offenbarungsgehalt **F.9** 20
- Verwendung zur Beschreibung des Streitgegenstandes **A.4** 10; **A.11** 7; **A.12** 5
- zur Ergänzung der Beschreibung **G.5** 11

Abdruckpflicht
- Gegendarstellung **H.2** 6
- Rechtzeitigkeit **H.2** 6

Abdruckverlangen
- Gegendarstellung **H.2** 4
- unbeantwortetes **H.3** 1

Abgemahnter
- Antwortpflicht **C.2** 38; **C.4** 1
- Feststellungsklage, negative **A.1** 27; **A.2** 1

Abgrenzungsvereinbarung B.4 1 f.
- Abgrenzung zu Löschungs-/Unterlassungsklage **B.4** 9
- Begriff **B.4** 1
- Benutzungsbeschränkung **B.4** 5
- Benutzungsregelungen **B.4** 3
- Einschränkung Warenverzeichnis **B.4** 4
- geographische Reichweite **B.4** 10
- Kostentragung/-erstattung **B.4** 12
- Nichtangriffsklausel **B.4** 9
- Präambel **B.4** 2
- Regelung für Rechtsnachfolge **B.4** 11
- Regelung künftiger Neuanmeldungen **B.4** 6, 7
- Rücknahme Widerruf **B.4** 8
- Salvatorische Klausel **B.4** 13
- Strafbewehrung **B.4** 3
- wettbewerbsbeschränkende Wirkung **B.4** 1 f.

Ablehnung
- Unterlassungs-/Verpflichtungserklärung, strafbewehrte **H.8** 1
- Veröffentlichung Gegendarstellung **H.3** 1
- Vorbehalt in Annahmeerklärung **F.4** 2

Ablösebetrag
- Festsetzung, gerichtliche **G.15** 16
- Höhe **G.15** 16

Ablösung
- Unterlassungsanspruch **G.15** 16

Abmahnbefugnis
- Einrichtung, qualifizierte **A.1** 4d
- Rechtsmissbrauch **A.1** 4f
- Verzeichnis der Kommission der EG (Art.4 Abs.3 RL 2009/22/EG) **A.1** 4d
- wettbewerbsrechtliche **A.1** 4

Abmahnkosten
- Anspruch auf Erstattung **A.1** 16, 23
- bei bereits vorliegendem Klageauftrag **A.1** 15
- Erstattung bei Markenverletzungsklage **B.13** 15
- Rechtsanwaltsgebühren **A.1** 15, 23
- Verjährung **A.1** 16

Abmahnpauschale A.1 24

Abmahnung
- Abgrenzung zu Berechtigungsanfrage **D.1** 1
- Antrag nach § 927 ZPO **A.27** 10
- Boykottaufruf **A.14** 7
- Markenrecht **B.10** 1 f.
- Markenverletzung **B.13** 20
- Mehrfachverfolgung **A.1** 4f
- Preisunterbietung **A.15** 9
- Schadensersatzrisiko **C.2** 1
- Schubladenverfügung **C.2** 34
- ungerechtfertigte/unbegründete **C.2** 1; **C.4** 15
- vor außerordentlicher Kündigung **B.16** 14
- vorherige patentrechtliche **C17** 26
- vorprozessuale bei einstweiliger Verfügung **A.4** 18
- Zugangsnachweis **G.5** 26

Abmahnung, äußerungsrechtliche H.6 2
- Vollmacht **H.6** 5
- Zurückweisung **H.8** 1

Abmahnung, gebrauchsmusterrechtliche D.2 1 f.
- Anerkenntnis nach **D.2** 1
- Erwiderung **D.3** 1 f.
- Feststellungsklage, negative **D.3** 8
- Form **D.2** 1
- Klage des Abgemahnten auf Kostenerstattung **D.3** 8
- Kostenerstattung **D.2** 22, 24, 27; **D.3** 8
- Kostenlast **D.2** 1
- Rechtsanwaltsgebühren **D.2** 24; **D.5** 14, 37
- Sachverhaltsdarlegung **D.2** 4

Sachverzeichnis

- Streitwert D.2 23
- Unterlassungsanspruch D.2 4, 5
- Unterlassungserklärung D.2 13, 14, 15
- Unterwerfungsfrist D.2 12
- Verletzungstatbestand D.2 4
- Verpflichtungserklärung D.2 13 f.
- Verteidigung, vorgerichtliche D.3 4
- Verteidigungsmöglichkeiten D.3 3
- Verzichtserklärung, nicht abgegebene D.3 8
- Vollmacht D.2 3; D.3 2
- Zugang/-snachweis D.2 1

Abmahnung, markenrechtliche B.10 1 f.
- Androhung gerichtlicher Schritte B.10 9
- Androhung strafrechtlicher Schritte B.10 10
- Fristsetzung B.10 8
- Hamburger Brauch, modifizierter B.10 14
- Kostenerstattung B.10 11
- Mitwirkung Patentanwalt B.10 3
- Rechtsanwaltsgebühren B.10 11
- Sachverhalt B.10 4, 5
- Unterlassungsverpflichtungserklärung B.10 12
- Verpflichtungserklärung B.10 12
- Vollmacht B.10 2

Abmahnung, patentrechtliche C.1 1
- Androhung gerichtlicher Maßnahmen C.2 17
- Antwortschreiben des Abgemahnten C.4 1 f.
- aus europäischem Patent C.2 1
- Auskunftsanspruch C.2 23, 24, 25
- bei einstweiliger Verfügung C.21 24
- Belegvorlageanspruch C.2 29
- Drittauskunft C.2 23, 26
- e-mail/telefax C.2 3
- Entbehrlichkeit C.2 3
- Entschädigungsanspruch C.2 32
- Erklärungs-/Überprüfungsfrist für Abgemahnten C.2 37; C.3 18
- Europäisches Patent C.2 6
- Feststellungsklage, negative C.19 1 f.
- Fortsetzungszusammenhang C.2 20
- Gemeinschaftspatent C.2 6
- Herstellungshandlung C.2 22
- Hinweis in Patentstreitsache C.5 54; C.6 48
- Hinzuziehung Patentanwalt C.2 4
- Kostenerstattung C.2 34
- Kostenerstattungspflicht C.2 34; C.3 17
- Mehrfachverstöße C.2 20
- Patent C.2 6
- Patentanwaltsgebühren C.2 40
- Prüfung der Rechtslage C.1 9; C.2 8, 9
- Prüfung des Inanspruchgenommenen C.2 38
- Prüfung Rechtsbeständigkeit des Schutzrechts C.4 2, 6
- Prüfung Tatbestand Patentverletzung C.4 2, 6
- Reaktionsmöglichkeiten C.2 38; C.4 2
- Rechnungslegungsanspruch C.2 23, 24, 25, 26, 32
- Rechtsanwaltsgebühren C.2 39; C.3 20, 21, 22
- Rechtsverfolgungskosten C.2 34; C.3 17

- Rückrufanspruch C.2 31
- Schadensersatzanspruch C.2 23, 33
- Schadensersatzrisiko C.1 1; C.2 1
- Torpedo-Problematik C.2 1
- Überprüfung Rechtslage C.2 6
- ungerechtfertigte/unbegründete C.2 1; C.4 15
- unter Übersendung Klageentwurf C.3 2 f.
- Unterlassungsverpflichtungserklärung C.2 21
- Verletzungshandlung C.2 22
- Vernichtungsanspruch C.2 30
- Vertragsstrafeversprechen C.2 20
- Vollmacht C.1 3; C.2 3
- wegen Patentverletzung C.2 1 f.
- Wirtschaftsprüfervorbehalt C.2 25
- Zugang C.2 3
- Zweck C.2 8

Abmahnung, presserechtliche H.6 2
Abmahnung, urheberrechtliche G.1 1 f.
- Absendung G.1 3
- Adressat G.1 2
- Aktivlegitimation G.1 5
- Anerkenntnis dem Grunde nach G.1 12
- Auskunft über Vertriebswege G.1 12
- Auskunftsanspruch G.1 12
- Bereicherungsanspruch G.1 14
- Drittauskunft G.1 12
- entbehrliche G.1 1
- Feststellungsklage, negative G.1 18
- Form G.1 3
- Fristen G.1 18
- Fristsetzung G.1 9, 16, 16
- Herausgabeanspruch G.1 12
- Hinweis auf rechtliche Folgen G.1 7
- Klageandrohung G.1 11
- Kosten/Gebühren G.1 17
- Kostenerstattung G.1 15
- Rechnungslegungsanspruch G.1 12
- Rechtsanwaltsgebühren G.1 17
- Rechtsmittel G.1 18
- Sachverhalt G.1 6
- Schadensersatzanspruch G.1 12, 13
- Unterlassungserklärung, strafbewehrte G.1 2
- Unterlassungsvereinbarung G.1 4
- Unterlassungsverpflichtungserklärung G.1 8
- Urteilsveröffentlichung G.1 12
- Vernichtungsanspruch G.1 12
- Vollmacht G.1 4
- Zugang G.1 3

Abmahnung, wettbewerbsrechtliche A.1 1
- Abmahnbefugnis A.1 4
- Abmahnfrist A.1 13
- Abmahnpauschale A.1 24
- Adressat A.1 3
- Aktivlegitimation A.1 10
- Androhung gerichtlicher Schritte A.1 15
- Anerkenntnis, sofortiges A.1 13
- Annahmeverweigerung A.1 2
- Aufklärung bei Zweitabmahnung A.2 1

Sachverzeichnis

- Auskunftsanspruch A.1 17
- Beseitigungsanspruch A.1 17
- Bestandteile A.1 1
- Beweismittel A.1 6
- Eingangsfrist Unterlassungserklärung A.1 13
- Einschaltung RA A.1 23
- entbehrliche A.1 1; A.10 7, 8
- Erledigterklärung A.2 11
- Erstbegehungsgefahr A.1 11
- Feststellungsklage, negative A.1 27; A.2 1a
- Form A.1 2
- Formulierung Unterlassungserklärung A.1 18
- Fristen A.1 25
- Gegenabmahnung A.1 27; A.2 1a
- Gewinnabschöpfungsanspruch A.1 17
- Handlung, geschäftliche A.1 19
- Klagebefugnis A.1 4
- Kosten/Gebühren A.1 23
- Kostenerstattung A.1 16, 23
- Kostenerstattung bei unberechtigter A.2 1
- Kostenwiderspruch A.1 13
- Mehrfachübermittlung A.1 2
- offensichtlich nutzlose A.10 7
- Prozesskostenrisiko A.1 1
- Prüfungsmöglichkeit A.1 1, 6
- qualifizierte Einrichtung gem.Liste Bundesverwaltungsamt A.1 4d
- Reaktionsmöglichkeiten A.1 26
- Rechtsanwaltsgebühren A.1 15, 23
- Rechtsmissbrauch A.1 4f
- Rechtsmittel A.1 27
- Risiko fehlender vorheriger A.1 1
- Schadensersatz A.1 17
- Schubladenverfügung A.1 1
- schuldhaft vorsätzliches Verhalten A.10 7
- sofortige Anerkennung A.1 1
- Spürbarkeit der Beeinträchtigung A.1 9
- Störer A.1 3
- Streuschaden A.1 17
- unbegründete A.2 1
- Unterlassungserklärung mehrerer Verletzer A.1 12
- Unterlassungserklärung, strafbewehrte A.1 11, 14
- Unterlassungserklärung, vorformulierte A.1 12
- unzumutbare A.10 8
- Verzicht A.1 1
- Vollmacht A.1 5
- Vollmachtsnachweis A.1 5
- vorauszusehende Erfolglosigkeit A.10 7
- Vorratsverfügung A.1 1
- Wegfall der Wiederholungsgefahr A.1 21
- Wettbewerbshandlung, beanstandete A.1 6, 7
- Wiederholungsgefahr A.1 11
- Zugang/-srisiko A.1 2
- Zurechnung A.1 3

Abnehmerbenennung
- Gebrauchsmusterverletzung D.2 7, 19

Abnehmerinformation
- einstweilige Verfügung wegen D.4 1 f.

Abnehmerinformation, gebrauchsmusterrechtliche
- zulässige D.4 9

Abnehmerverwarnung C.2 1
- Abwehr ungerechtfertigter C.20 8
- Aktivlegitimation C.20 3, 13
- Anwaltszwang C.20 4
- Eingriff in eingerichteten und ausgeübten Gewerbebetrieb F.7 5
- einstweilige Verfügung wegen Unterlassung C.20 1 f.
- gebrauchsmusterrechtliche D.1 1
- Gemeinschaftsgeschmacksmuster, eingetragenes F.7 5
- Kostenantrag C.20 12
- Negativbeispiel C.20 15
- Passivlegitimation C.20 5
- Patentstreitsache C.20 2
- Streitwert C.20 7
- ungerechtfertigte C.20 1
- Verfügungsgrund C.20 14
- Verletzungsform C.20 11
- Vollstreckungsantrag C.20 12

Abnehmerverwarnung, gebrauchsmusterrechtliche
- Abschlussschreiben D.4 16c
- Ansprüche D.4 8
- einstweilige Verfügung wegen D.4 1 f.
- Fristen einstweiliger Verfügung D.4 16a
- Gerichtsstand D.4 13
- Inhalt, erforderlicher D.4 9
- Kosten/Gebühren D.4 15
- Rechtsanwaltsgebühren D.4 15
- Rechtsmittel D.4 16b
- rechtwidrige D.4 13
- Streitwert D.4 3

Abrechnungsklage
- Streitwert G.21 4
- verlags-/urheberrechtliche G.21 1 f.

Abrechnungsklausel
- Verlagsvertrag G.21 5

Absatzhonorar G.21 12

Abschlusserklärung
- Anerkennung einstweiliger Verfügung G.13 1, 2
- Annahme G.13 1
- Auslegung G.13 2
- Äußerungsrecht H.12 1
- Form G.13 1
- Formulierung G.13 2
- Frist H.12 4
- Rechtsbehelfsverzicht G.13 3, 4, 5
- urheberrechtliche G.13 1 f.
- Verzicht auf Aufhebung wegen veränderter Umstände G.13 5
- Verzicht auf Einrede der Verjährung G.13 7

Sachverzeichnis

- Verzicht auf Inzidentfeststellung G.13 6
- Verzicht auf Klageerhebung G.13 4
- Verzicht auf Kostenwiderspruch A.10 6
- Verzicht auf negative Feststellungsklage G.13 6
- Verzicht auf Widerspruch G.13 3

Abschlusserklärung, wettbewerbsrechtliche
- Abgabe der geforderten A.7 14a
- Abgabe einer eingeschränkten A.7 14b
- Abgabe einer strafbewehrten Unterlassungserklärung A.7 11, 14c
- Form A.7 10
- Frist zur Abgabe A.7 6
- Hauptsacheklage bei Fristversäumung A.7 7
- keine Reaktion des Schuldners A.7 14e
- Reaktionsmöglichkeiten des Schuldners A.7 14
- Rechtsbehelfverzicht A.7 11
- schuldnerfreundliche A.7 11
- Telefax A.7 10
- Verzicht auf Einrede der Verjährung A.7 14d

Abschlussschreiben
- Abnehmerverwarnung, gebrauchsmusterrechtliche D.4 16c
- Adressat G.12 2
- Äußerungsrecht H.12 1
- Frist zur Abschlusserklärung G.12 5
- Gegenstandswert A.7 15; G.12 8
- Klageandrohung G.12 9
- Kosten G.12 8
- Kosten/Gebühren H.12 5
- Kostenerstattung H.12 5
- Rechtsanwaltsgebühren G.12 8
- urheberrechtliches G.12 1 f.
- Wartefrist G.12 3
- Zugang G.12 2

Abschlussschreiben, wettbewerbsrechtliches A.7 1
- Abschlusserklärung A.7 6
- Auskunftsanspruch A.7 5, 12
- Erforderlichkeit A.7 3
- Funktion A.7 1
- Kosten/Gebühren A.7 15
- Kostenerstattung A.7 3, 9
- Reaktionsmöglichkeiten des Schuldners A.7 14
- Schadensersatzanspruch A.7 5
- Verjährung A.7 4
- Vollmacht A.7 2

Abschlussvertrag
- urheberrechtlicher G.13 1

Abschrift A.6 4
- Zuständigkeit Beglaubigung A.6 6

Abstaffelung A.6 4
- Lizenzsatz E.8 7; E.14 33

Abtretungsermächtigung
- Patentstreitsache C.5 3

Abwehrschreiben
- Anrechenbarkeit der Kosten C.4 18

Abweisungsantrag
- Gegendarstellungsveröffentlichung H.5 1

Abwendungsbefugnis G.15 16

Abwerbung
- von Mitarbeitern A.18 10

Accessprovider
- urheberrechtliche Verantwortlichkeit des G.1 2

Agentenmarke B.13 6

Agrarerzeugnis
- Schutz geographischer Angaben/Ursprungsangaben B.20 4

Ähnlichkeit
- begriffliche B.13 24
- bildliche/graphische B.13 24
- klangliche B.13 24

Ähnlichkeitsprüfung
- Widerspruchskennzeichen B.3 8

Aktenbeiziehung
- Antrag in Patentstreitsache C.5 42; C.9 8

Akteneinsicht
- in Patenterteilungsakten C.4 2h
- Zustimmung Patentinhaber C.9 9

Aktivlegitimation
- Angaben zur A.1 10
- einstweilige Verfügung G.5 16, 21
- einstweilige Verfügung wegen Unterlassung Abnehmerverwarnung C.20 3, 13
- fehlende C.16 4
- Patentstreitsache C.5 3, 55; C.6 3
- urheberrechtliche G.5 16, 21
- Wettbewerbsrecht A.1 4

Aktualitätsgrenze
- Gegendarstellungsverfahren H.4 1

Alternativen
- Markenanmeldung B.1 13

Amt der EU für Geistiges Eigentum (EUIPO)
- Beschwerdeverfahren Unionsmarke B.5 5
- Formblatt Nichtigerklärung F.12 2
- Gebühr Nichtigerklärung F.12 13
- Klassifikationsdatenbank B.1 16
- Löschungsantrag Unionsmarke B.8 4; B.9 1
- Nichtigerklärung Gemeinschaftsgeschmacksmuster F.12 1
- Unionsmarke B.1 3
- Widerspruchsverfahren Unionsmarke/IR-Marke B.3 2, 6

Amtsakten
- Beiziehung C.9 8

Amtsermittlungsgrundsatz
- Widerspruchsverfahren Markeneintragung B.3 1

Amtslöschungsverfahren
- Markenrecht B.9 1

Amtsrecherche
- gebrauchsmusterrechtliche Berechtigungsanfrage D.1 1

Anbieten
- Begriff C.2 22

Anbieter
- Verpflichteter bei Gegendarstellung H.1 11

Sachverzeichnis

Androhung
- Ordnungsmittel **A.24** 7; **F.9** 11
- Zwangsmittel im Urheberrechtsstreit **G.5** 10

Androhung von Maßnahmen
- Abmahnung **C.2** 17

Androhung, nachträgliche
- Ordnungsmittel **F.9** 11

Anerkenntnis
- Auskunfts-/Rechnungslegungsanspruch Stufenklage **E.16** 1
- Design, eingetragenes **F.1** 1
- Kostenwiderspruch **A.10** 5
- nach gebrauchsmusterrechtlicher Abmahnung **D.2** 1
- Nichtigkeitsklage, patentrechtliche **C.15** 5

Anerkenntnis, sofortiges
- Abmahnung **A.1** 13, 18

Anerkenntnisurteil
- Antrag in Klageschrift **G.14** 22

Anerkennung
- einstweilige Verfügung durch Abschlusserklärung **G.13** 1, 2

Anerkennung, sofortige
- Abmahnung **A.1** 1

Anfangslaut
- klangliche Ähnlichkeit **B.13** 24

Angaben, geographische B.20 4

Angaben, tatsächliche
- Gegendarstellung **H.1** 5a

Angebot, journalistisch redaktionelles
- Gegendarstellung **H.1** 12

Angelegenheit
- Äußerungsrecht **H.6** 10

Angemessenheit
- Gegendarstellung **H.1** 5b

Angewandte Kunst
- Urheberrechtsschutz **G.5** 21

Angriffsfaktor
- Bestimmung Vertragsstrafenhöhe **C.2** 20
- Streitwert Patentstreitsache **C.5** 7

Anhängigkeit
- fehlende **C.16** 4

Anmelder
- Identifikation **B.1** 7
- juristische Person **B.1** 7
- Markenanmeldung **B.1** 5, 6
- Markenrechtsfähigkeit **B.1** 7
- Personengemeinschaft **B.1** 7

Anmelder, ausländischer B.1 7, 8
- Inlandsvertreter **B.1** 8

Annahme
- Abschlusserklärung **G.13** 1

Annahmeverweigerung
- Abmahnung **A.1** 2

Anordnung, behördliche
- Beseitigung der Rechtswidrigkeit **C.10** 20

Anordnungsverfahren
- Antragsform **G.7** 2

- Anwaltszwang **G.7** 4
- bestehende einstweilige Verfügung **G.7** 6
- Frist zur Klageerhebung **G.7** 5
- Fristen **G.7** 9
- Klageerhebung bei Urheberrechtsverletzung **G.7** 1
- Kosten/-entscheidung **G.9** 5, 9
- Kosten/Gebühren **G.7** 8
- Parteirollen im **G.7** 3
- Rechtsmittel **G.7** 9
- Rechtsschutzbedürfnis **G.7** 7
- Streitwert **G.9** 11
- Zulässigkeit **G.7** 6, 7
- Zuständigkeit **G.7** 2

Anpassung
- Vergütung für Diensterfindung **E.11** 1, 5

Anrechenbarkeit
- Kosten Abwehrschreiben **C.4** 18

Anscheinsvollmacht
- Unterlassungserklärung **F.3** 21

Anschwärzung
- Auskunftsanspruch **A.17** 6
- Beseitigungsanspruch **A.17** 7
- Beweislast **A.17** 12, 14
- Formulierung Unterlassungsanspruch **A.17** 5
- Klage gegen **A.17** 1 f.
- Klagezuständigkeit **A.17** 1, 9
- Schadensersatzanspruch **A.17** 8
- Tatsachenbehauptung **A.17** 13
- unlautere **A.1** 4a
- Widerrufsanspruch **A.17** 7

Anspruch auf schonendste Maßnahme
- Urheberrechtsstreit **G.14** 40

Anspruchsberechtigter
- Unterlassungsanspruch, äußerungsrechtlicher **H.6** 4

Anspruchsberührung
- Abgrenzung zu Berechtigungsanfrage **D.1** 1

Anspruchsverpflichteter
- Unterlassungsanspruch, äußerungsrechtlicher **H.6** 3

Anteilsfaktor
- Berechnung **E.8** 7; **E.14** 34
- Erfindervergütung **E.8** 1b

Antrag
- insbesondere-Antrag **A.4** 10; **C.20** 10

Antrag nach § 888 ZPO 25 1 f.

Antrag nach § 890 ZPO A.24 1 f.
- Anwaltszwang **A.24** 3
- bei Vertragsstrafeklage **A.29** 2
- Ordnungsgeld **A.24** 2, 13, 14
- Ordnungshaft **A.24** 2, 13
- Zuständigkeit **A.24** 1

Antrag nach § 926 ZPO A.26 1 f.
- Anwaltszwang **A.26** 5
- Fristen **A.26** 1
- Klageerhebungsfrist **A.26** 6
- Kosten/Gebühren **A.26** 7

1255

Sachverzeichnis

- Rechtsmittel A.26 8
- Rechtsschutzbedürfnis A.26 3
- Rubrum A.26 4
- Zuständigkeit A.26 1
Antrag nach § 927 ZPO A.27 1 f.
- Abmahnung A.27 10
- Angelegenheit A.27 11
- Anwaltszwang A.27 4
- Fristen A.27 12
- Glaubhaftmachung A.27 8
- Kosten/Gebühren A.27 11
- Kostenentscheidung A.27 5
- Parteibezeichnung A.27 3
- Rechtsmittel A.27 12
- Rubrum A.27 3
- Umstände, veränderte A.27 2
- Verhältnis zu Berufungsverfahren A.27 2
- Verhältnis zu Widerspruchsverfahren A.27 2
- Zuständigkeit A.27 1
- Zustellung Urteilsverfügung A.27 9
Antragsbefugnis
- Verfügung, einstweilige A.4 17
Antragsbindung
- Grundsatz der F.6 5
Antragsdelikt
- Kennzeichenverletzung B.21 4
Antragsformulierung
- Hinweis des Gerichts zur G.5 11
- Verfügung, einstweilige G.5 9, 11
- Verletzungsform G.5 11
Antwortpflicht
- des Abgemahnten C.2 38; C.4 1 f.
Antwortschreiben, patentrechtliches C.4 1 f.
- Anrechenbarkeit der Kosten für C.4 18
- Kosten/Gebühren C.4 19
- Reaktionsmöglichkeiten C.4 1 f., 2
- Rechtsanwaltsgebühren C.4 19
Anvertrautsein A.19 5, 14, 18
Anwachsung
- urheberrechtliche G.3 4
Anwaltliche Versicherung
- Glaubhaftmachung Beweismittel G.4 13; G.5 15
Anwaltskammer
- Abmahn-/Klagebefugnis A.1 4e
Anwaltszwang
- bei einstweiliger Verfügung A.4 4
- Grenzbeschlagnahme B.22 4
- Marken-/Kennzeichenverletzungsklage B.13 4
- Rechtsbeschwerde B.6 5
- Schutzschrift A.3 4
- Unterlassungsklage, urheberrechtliche G.14 5
- Widerspruch gegen Beschlussverfügung A.8 3; A.9 9
Anwendbarkeit, gewerbliche mangelnde
- Löschungsgrund Gebrauchsmuster D.15 8
Anzeige
- Gegendarstellungsanspruch H.1 1e

Äquivalenz
- Darlegung des Fehlens C.11 9
- patentrechtliche C.5 50, 51
Äquivalenzprüfung
- Gebrauchsmuster D.6 27
Äquivalenzstörung
- nachträgliche G.19 1
Arbeitgeber
- Aufgabe der Schutzrechtsposition E.7 1, 4
- Beanstandung Erfindungsmeldung E.3 1, 3
- Eingangsbestätigung Erfindungsmeldung E.2 1
- Freigabe Diensterfindung E.6 1
- Freigabeverpflichtung bei teilweiser Inanspruchnahme E.4 9
- Inanspruchnahmeerklärung Diensterfindung E.4 1
- Inbenutzungnahme Erfindung E.4 1
- Information über ausländische Schutzrechtsanmeldung E.4 9
- Patentanmeldung der Arbeitnehmererfindung E.4 1
- Schutzrechtsanmeldung Diensterfindung E.5 7
- Vergütungsfestsetzung E.9 1, 3
Arbeitgeberinsolvenz
- Arbeitnehmererfindung bei E.13 1
- Übernahme Schutzrechtsposition E.13 1b, 3
- Übernahmeerklärung Schutzrechtsposition E.13 4, 5
- Vorkaufsrecht Diensterfindung E.13 1a, 3
Arbeitnehmer
- Aufforderung zur Schutzrechtsanmeldung der Diensterfindung E.5 1, 4
- Begriff E.1 3
- bereicherungsrechtliche Ansprüche bei Nutzung der Erfindung durch nichtberechtigten Arbeitgeber E.18 17
- Entschädigungsanspruch bei Benutzungshandlung des Arbeitgeber vor Freiwerden der Erfindung E.4 1
- Erfindungsmeldung E.1 1
- Erklärungsfrist zum Übertragungsangebot der Schutzrechtsposition durch Arbeitgeber E.7 2, 7
- Ersatzvornahme Schutzrechtsanmeldung E.5 7
- Geheimhaltungspflicht bezüglich Erfindungen E.1 19; E.2 7; E.4 10
- Klage auf Schutzrechtsübertragung E.18 1 f.
- Schadensersatz bei unterlassener Erfindungsmeldung E.1 1
- Schadensersatzanspruch bei Nutzung der Erfindung durch nichtberechtigten Arbeitgeber E.18 17
- Schutzrechtsübertragung auf E.7 1
- Übernahme Schutzrechtsposition E.7 6
- Übernahme Schutzrechtsposition bei Arbeitgeberinsolvenz E.13 1b, 3, 4
- Übernahmefrist Schutzrechtsposition E.7 7

1256

Sachverzeichnis

- Verfügungsrecht an freigewordener Erfindung E.6 5
- Verkauf des Übernahmerechts an Schutzrechtsposition E.7 6
- Vorkaufsrecht Diensterfindung bei Arbeitgeberinsolvenz E.13 1a, 3
- Widerspruch gegen Vergütungsfestsetzung E.9 10; E.10 1

Arbeitnehmerähnliche Person E.1 3

Arbeitnehmererfindergesetz
- Geltungsbereich, persönlicher E.1 3
- Geltungsbereich, sachlicher E.1 4

Arbeitnehmererfindung E.1 4
- Anpassung Vergütung E.11 1
- Anpassungszeitpunkt Vergütung E.11 5
- Anrufung Schiedsstelle DPMA E.17 1, 15
- Aufforderung zur Schutzrechtsanmeldung E.5 1
- Aufgabe Schutzrechtsposition E.7 1, 4
- Auskunftsanspruch zum Benutzungsumfang E.11 4
- Ausschlussfrist für Vergütung bei Beendigung Arbeitsverhältnis E.12 1
- Beanstandung durch Arbeitgeber E.3 1
- Beanstandungsfrist E.2 4; E.3 1
- Bestreiten der Schutzfähigkeit E.4 7
- Bestreiten Erfindereigenschaft E.15 6
- betriebsgeheime Diensterfindung E.17 9
- Eingangsbestätigung E.2 1
- Einigung außerhalb Schiedsverfahren E.17 8
- einstweilige Verfügung zur Schutzrechtsanmeldung E.5 2
- elektronische E.1 20
- Entscheidung über Schutzrechtsanmeldung E.4 6
- Entstehung Vergütungsanspruch E.4 6; E.14 15
- Erfinderanteil E.1 12 f.
- Erfinderbenennung E.15 4
- Erfinderpersönlichkeitsrecht E.4 6
- Erfindungsmeldung ab 1.10.2009 E.1 1
- Erfindungsmeldung vor 30.09.2009 E.1 1
- Ergänzung E.3 4
- Form/Textform E.1 1, 20
- Freigabe E.6 1
- Freikauf ausländischer Patentanmeldung E.4 9
- Freikauf des Arbeitgebers E.4 7, 9
- Gebrauchsmusteranmeldung E.4 8
- Geheimhaltung E.1 19; E.2 7; E.4 10
- Geltendmachung unbilliger Vergütung E.12 1
- Gesetzesfassung, anwendbare E.1 1
- Inanspruchnahme C.10 20
- Inanspruchnahme gebrauchsmusterrechtlicher D.3 3
- Inanspruchnahmeerklärung E.4 1
- Inanspruchnahmefiktion E.2 6
- Inanspruchnahmefrist E.2 5, 6; E.3 4; E.4 1 f.; E.18 12
- Insolvenz des Arbeitgebers E.13 1
- Klage auf Übertragung des Schutzrechts E.18 1 f.
- Klageerwiderung Stufenklage Erfindervergütung E.15 1
- Klagezuständigkeit, funktionelle E.14 1
- konkludente Anerkennung Schutzfähigkeit E.17 12
- Miterfinderanteil E.1 18
- Neufestsetzung Erfindervergütung E.11 1
- Patentanmeldung E.4 8
- Patentrechtsmodernisierungsgesetz E.1 1
- Prüfung der Schutzfähigkeit E.4 7
- Quotenwiderspruch Vergütungsfestsetzung E.10 3
- Schadensersatz bei Nutzung durch nichtberechtigten Arbeitgeber E.18 17
- Schadensersatzhöheklage C.24 14
- Schutzrechtsanmeldung, ausländische E.4 9
- Stufenklage Erfindervergütung E.14 1 f., 2
- Übernahme Schutzrechtsposition E.13 1b, 3
- übertragbare Rechte E.4 6
- Umfang Rechnungslegungsanspruch Erfindervergütung E.14 8
- Umschreibungsbewilligung E.2 7
- Verfügungsverbot vor Inanspruchnahme E.2 7
- Vergütung bei Versagung Schutzrecht E.15 7
- Vergütungsanspruch E.8 1
- Vergütungsfestsetzung E.9 1, 3
- Vergütungsregelung E.4 11; E.14 15
- Vergütungsvereinbarung E.8 1, 3
- Verjährung E.10 6; E.12 5; E.14 41
- Verjährungseinrede E.15 8
- Verwirkung Vergütungsanspruch E.10 6
- Vorausvergütung E.4 12
- Vorkaufsrecht bei Arbeitgeberinsolvenz E.13 1a, 3
- Widerspruch gegen Vergütungsfestsetzung E.9 10; E.10 1
- Zuständigkeit Schiedsstelle DPMA E.17 4
- Zuständigkeit Stufenklage E.14 1 f.
- Zuständigkeitsvereinbarung E.14 1

Arbeitsgericht
- Klage über Vergütung für technischen Verbesserungsvorschlag E.14 1

Arbeitsplatzgefährdung A.22 5

Arbeitsverhältnis
- Ausschlussfrist für Erfindervergütung bei Beendigung E.12 1

Architektur
- Zugangsrecht G.17 1

ARD
- Gegendarstellung H.1 11

Arneimittelwerbung
- Differenzierung Fachkreise/Öffentlichkeit A.20 12

Arrest
- von Anfang an ungerechtfertigter A.28 5

Arzneimittel
- Abgrenzungen A.20 5, 6

1257

Sachverzeichnis

- Funktionsarzneimittel A.20 6
- Packungsbeilage A.20 7

Arzneimittelbehältnis
- Kennzeichnung A.20 8

Arzneimittelgesetz A.20 2

Arzneimittelwerbung
- Abgrenzungen A.20 5
- Anforderungen, inhaltliche A.20 10
- Anzeigengestaltung A.20 10
- außerhalb Fachkreise A.20 4
- Erinnerungswerbung A.20 11
- fachliche Empfehlungen A.20 4
- Hinweis auf Testergebnis A.20 4
- irreführende A.20 2, 4
- keine Nebenwirkungen bei bestimmungsmäßigem Gebrauch A.20 4
- kurzfristige Heilerfolge A.20 4
- Marktverhalten im Interesse der Marktteilnehmer A.20 13
- Pflichtangaben A.20 4, 10
- Publikumswerbeverbot A.20 4
- therapeutische Wirksamkeit A.20 4
- Warentest A.20 4
- Werberestriktionen A.20 4
- Wettbewerbshandlung A.20 9

Assistent, wissenschaftlicher
- Erfindung E.1 3

Assoziationen
- Übertragung von A.13 23

Aufbewahrungspflicht
- Fernsehsendung H.1 11
- Rundfundsendung H.1 11

Aufbrauchfrist
- Bemessung A.2 5
- Beschränkung Widerspruch auf G.6 6
- Schutzschrift B.11 5
- Unterlassungserklärung A.2 5
- urheberrechtliche G.6 6
- Urheberrechtsstreit G.15 16

Auffindbarkeit
- Patentverletzung, äquivalente C.1 8; C.2 9; C.5 50

Aufforderungsschreiben
- zum Abdruck Gegendarstellung H.2 1

Aufgabe
- Klageerwiderung, patentrechtliche C.10 11, 15
- technisches Problem C.1 8; C.2 11; C.5 46

Aufgabeabsicht
- Adressat E.7 2
- erneute spätere E.7 12
- fallenlassen der Schutzrechte E.7 12
- Schutzrechtsposition E.7 2

Aufgabenerfindung E.1 4

Aufhebung
- einstweilige Verfügung wegen veränderter Umstände (§ 927 ZPO) A.27 1 f., 2

Aufhebungsverfahren
- Antrag G.9 1

- Antragsbegründung G.9 7
- Anwaltszwang G.8 5
- Begründetheit des Antrags G.8 8
- Beweislage, veränderte G.9 10
- Eintritt der Verjährung G.9 10
- Form G.8 5
- Glaubhaftmachung G.8 6
- Kosten/Gebühren G.8 9; G.9 11
- nach § 926 Abs. 2 ZPO G.8 1 f.
- Parteirollen im G.8 4
- Rechtskraft des identischen Hauptsacheurteils G.9 10
- Rechtsmittel G.9 12
- Rechtsschutzbedürfnis G.6 1; G.8 7; G.9 8
- selbständiges (§ 927 ZPO) G.9 1
- Streitwert G.9 11
- Umstände, veränderte G.9 1, 7, 10
- Verfügung, einstweilige G.6 1
- Verhandlung, mündliche G.8 3
- Versäumung der Vollziehungsfrist G.9 10
- Verwirkung G.9 10
- Verzicht, außergerichtlicher G.9 9
- Vollstreckung G.9 6
- wegen Fristversäumnis G.8 1
- Wegfall der Wiederholungsgefahr G.9 10
- Zulässigkeit G.8 7
- Zuständigkeit G.8 2; G.9 2

Aufklärung
- bei Zweitabmahnung A.2 1

Aufkleber
- schonendste Maßnahme G.14 39

Aufmachung
- Ähnlichkeit zum Vorbild A.13 16
- willkürlich wählbare A.13 18

Aufzeichnungspflicht
- Fernsehsendung H.1 11
- Rundfunksendung H.1 11

Aufzüge
- Personenabbildung G.22 13
- Personenbildnis H.6 7.2.3(7)

Augenschein
- Glaubhaftmachung Beweismittel G.5 15

Ausfertigung A.6 4

Ausfertigung, abgekürzte
- Zustellung A.6 1

Ausfertigungsvermerk A.6 4

Ausführungsform
- angegriffene C.1 8; C.2 9
- ersetzte D.6 27
- fehlende D.6 27
- Patent C.1 8; C.2 9
- veränderte D.6 27

Ausführungsform, bevorzugte
- Gebrauchsmusterstreitsache D.5 8

Auskunft, amtliche
- Glaubhaftmachung Beweismittel G.5 15

Auskunftsanspruch
- Abmahnung, patentrechtliche C.2 23, 24, 25

1258

Sachverzeichnis

- Abmahnung, urheberrechtliche G.1 12
- Akzessorietät B.13 12
- Anerkenntnis E.16 1
- Begrenzung, zeitliche A.12 7, 9
- bei Abmahnung A.1 17
- bei Klage auf Zahlung einer Vertragsstrafe A.29 2
- bei Verstoß gegen strafbewehrte Unterlassungserklärung A.29 2
- Belegvorlage C.2 28
- Benennung gewerblicher Abnehmer D.2 7, 19
- Benutzungsumfang Arbeitnehmererfindung E.11 4
- Bestechung/Bestechlichkeit A.16 6
- Bezeichnung, geschäftliche B.17 6
- Drittauskunft A.12 10; F.7 1, 3; F.10 7
- einstweilige Verfügung gegen Dritten G.10 1 f.
- Gebrauchsmuster D.14 3
- Gebrauchsmusterverletzung D.2 7, 16 f.
- Geheimnisverrat A.18 6
- Gemeinschaftsgeschmacksmuster, eingetragenes F.7 2
- Gemeinschaftsgeschmacksmusterverletzungsklage F.9 14, 15
- Herkunft B.13 11
- Herkunft/Vertriebsweg rechtsverletzendes Erzeugnis D.2 7, 19
- Hilfsanspruch zur Durchsetzung Schadensersatzanspruch B.13 12
- im Abschlussschreiben A.7 5, 12
- Klageerwiderung G.15 6, 7
- Lizenzstreitigkeit B.16 8
- mangelnde Sorgfalt bei Beantwortung A.25 5
- Markenrecht B.12 1; B.13 6, 11
- Mitbewerber A.1 4c
- Parallelimport B.15 8, 9
- Patent D.14 3
- Patentberühmung C.25 1, 3, 7
- Patentstreitsache C.5 19, 20
- Rechnungslegung A.12 7, 8
- Stufenklage Erfindervergütung E.14 1, 2, 4
- Tatsachen gegen Auskunftsverpflichtung G.15 17
- über betriebene Werbung A.13 7
- Umfang G.14 35
- Umfang der Verwertung G.22 14
- unverhältnismäßiger D.2 7
- urheberrechtliche Unterlassungserklärung G.2 7
- Verband A.1 4c
- Verfügung, einstweilige B.13 11
- Verhältnismäßigkeit B.13 11; G.14 38; G.15 7
- Vertriebsweg B.13 11
- Vorlagenfreibeuterei A.19 6
- wirtschaftlicher Erfolg der urheberrechtlichen Werkes G.19 5

- Wirtschaftsprüfervorbehalt A.12 7; C.2 25; D.2 7, 19; D.5 13; D.6 12; D.7 3; E.14 8 E.15 2 E.16 1, 5 G.14 38
- zeitliche Begrenzung A.12 9
- zur Durchsetzung Gewinnabschöpfungspruch A.11 11

Auskunftsanspruch, akzessorischer
- bei Nachahmungsklage A.12 7; A.13 5

Auskunftsanspruch, wettbewerbsrechtlicher A.11 9
- bei irreführender Werbung A.11 9
- Rechnungslegung A.11 9
- Umfang A.11 9
- Verjährung A.11 9
- Wirtschaftsprüfervorbehalt A.11 9
- zur Durchsetzung des Beseitigungsanspruchs A.11 9

Auskunftsantrag
- bei urheberrechtlicher Unterlassungsklage G.14 12, 15, 35

Auskunftserteilung
- unvertretbare Handlung A.25 4

Auskunftsklage
- urheberrechtliche G.14 1 f., 15, 35

Auskunftsverfügung
- Vollziehung/-sfrist F.6 2; F.8 5
- Zustellung an bestellten Verfahrensbevollmächtigten F.5 7

Auslagenvorschuss
- Verkehrsbefragung A.22 10

Ausländersicherheit
- Einrede der fehlenden D.7 4
- Einrede fehlender C.9 4

Auslandsbenutzung
- Erfindung E.8 9e; E.16 8

Auslandsberührung
- Klage wegen Verletzung eines europäischen Patents C.17 1 f.
- Nachweis Urheberschaft G.14 31

Auslandslieferung
- Patentverletzung, mittelbare C.13 10

Auslandssicherheit
- Einrede fehlender C.16 4

Auslandszustellung A.6 8
- Ordnungsmittelandrohung F.9 11

Auslegung
- Patentanspruch C.1 8; C.2 9
- Unterlassungserklärung A.29 10

Ausnutzung
- Unterscheidungskraft B.13 26
- Wertschätzung bekannter Marke B.13 26

Ausnutzung, missbräuchliche
- Ausschließlichkeitsbefugnis C.4 2j
- Patent C.10 20

Aussage, schriftliche
- Glaubhaftmachung Beweismittel G.5 15

Ausschließlichkeitsbefugnis
- missbräuchliche Ausnutzung C.4 2j

1259

Sachverzeichnis

Ausschließungsbefugnis
– des Patentinhabers C.1 5, 7
Ausschließungsrecht
– Missbrauch C.2 38; C.4 2j
– Patent C.1 7; C.2 6
Ausschlussfrist
– Gegendarstellung H.1 11; H.2 3
– Vorabübermittlung Gegendarstellung H.2 3
Außengrenze EU
– Grenzbeschlagnahme B.22 1
Äußerung
– geschäftsehrverletzende A.11 6
– herabwürdigende H.6 7.1.5
– Unterlassungsanspruch H.6 1
– zur Rechtswahrung A.11 6
Äußerung, mehrdeutige H.6 6
– Gegendarstellung H.1 4b
– Unterlassungs-/Verpflichtungserklärung H.7 1
Äußerung, privilegierte H.6 7.1.8
Äußerung, verdeckte
– Gegendarstellung H.1 4b
Äußerungsrecht
– Abmahnung H.6 2
– Abschlusserklärung H.12 1
– Abschlussschreiben H.12 1
– Angelegenheit/en H.6 10
– Äußerung, mehrdeutige H.6 1.2
– Äußerung, privilegierte H.6 7.1.8
– Bereicherungsanspruch H.19 6
– Berichtigungsanspruch H.13 1
– Beweislast H.6 8
– Datenschutz H.6 7.2.4
– Distanzierung H.15 1
– Eingriff in allgemeines Persönlichkeitsrecht H.6 7.1
– Ergänzung, berichtigende H.16 1
– Ergänzung, nachträgliche H.17 1
– Geldentschädigung H.19 7
– Gerichtsberichterstattung H.6 7.1.6
– Güteverfahren H.10 1
– Identifikation H.6 7.1.6
– Klageerwiderung H.20 1
– Klarstellung H.13 1
– Kosten/Gebühren Unterlassungsanspruch H.6 10
– Kostenerstattung H.6 10
– Kreditgefährdung H.6 7.3
– Meinungsäußerung H.6 6
– Namensnennung H.6 7.1.6
– Namensrecht H.6 7.2.1
– Nichtaufrechterhalten H.14 1
– Recht am eigenen Bild H.6 7.2.3
– Recht am Unternehmen H.6 7.4
– Rechtsgutverletzung, rechtswidrige H.6 1.1
– Schadensersatz H.19 6
– Schadensersatz, immaterieller H.19 7
– Schädigung, sittenwidrige H.6 7.7
– Schutz von Ehre H.6 7.1.5

– Schutz von Gesundheit H.6 7.1.4
– Schutz von Leben H.6 7.1.4
– Schutz von Ruf H.6 7.1.5
– Schutz vor Indiskretion H.6 7.1.2
– Schutz vor Unwahrheit H.6 7.1.3
– Schutzrechte Dritter H.6 7.6
– Schutzschrift H.9 1
– Selbstbestimmungsrecht H.6 7.1.1
– Streitwert H.6 10
– Tatsachenbehauptung H.6 6
– Unterlassungs-/Verpflichtungserklärung H.7 1
– Unterlassungsanspruch H.6 1
– Unterlassungsklage H.19 1
– Urheberpersönlichkeitsrecht H.6 7.2.2
– Verfügung, einstweilige H.10 1
– Verjährung Unterlassungsanspruch H.6 11
– Verwendung unzulässig beschaffter Information H.6 7.1.7
– wettbewerbsrechtliche Tatbestände H.6 7.5
– Widerruf H.13 1, 2
– Widerruf, eingeschränkter H.14 1
– Widerruf, vorläufiger H.18 1
– Wiederholungs-/Erstbegehungsgefahr H.6 1.2
– Zuständigkeit Schutzschrift H.9 2
– Zwangsvollstreckung H.11 1
Aussetzung
– Erfolgsaussicht Rechtsmittel C.10 14
– Gebrauchsmusterstreitsache D.8 1
– Patentstreitsache C.10 3; C.11 5
– Rechtsstreit wegen Vorabentscheidung A.32 1, 6
Aussetzungsantrag
– Gebrauchsmusterstreitsache D.9 1, 3
– Klageerwiderung, patentrechtliche C.9 15, 16
Aussetzungsbeschluss
– Patentstreitsache C.10 5
– Rechtsmittel C.10 5
Ausstellung
– prioritätsbegründende B.1 19
– Unterlassungsanspruch, patentrechtlicher C.21 1
Ausstellungspräsentation
– Indiz für urheberrechtlichen Schutz G.10 11
Ausstellungspriorität
– Gemeinschaftsgeschmacksmuster, nicht eingetragenes F.6 11
Ausstrahlung
– Gegendarstellung H.1 11
Austauschlösung
– Gleichwertigkeit C.1 8; C.2 9; C.5 50
– Verzichtsgedanke C.1 8; C.2 9; C.5 50
Austauschmittel
– Patentanspruch C.5 50
Autor
– Manuskriptablieferung G.20 8
– Prüfungsrecht Honorarabrechnung G.21 11, 15
– Verschaffung Verlagsrecht G.20 7
Autorenhonorar
– Absatzhonorar G.21 12

Sachverzeichnis

- Fairnessausgleich nach § 32a UrhG G.19 1, 9
- Honorarabrechnung G.21 1, 12
- Missverhältnis zwischen üblichem und bezahltem G.19 9
- Nebenrechtserlöse G.21 12

Autorenvertrag
- Klage auf Verbreitung/Vervielfältigung G.20 1 f.

Baden-Württemberg
- Ausschlussfrist Gegendarstellung H.2 3
- Gegendarstellung im Rundfunk H.1 11
- Landgericht für Patentstreitsachen C.5 1
- Veröffentlichung einer Gegendarstellung H.4 1, 3
- Zuständigkeit in Gebrauchsmusterstreitsachen D.4 12
- Zuständigkeit Kennzeichenstreitsache B.13 21
- Zuständigkeit Urheberrechtsstreitsache G.4 3

Bankbelege/-unterlagen
- Vorlageanspruch C.2 29

Bankbürgschaft
- Sicherheitsleistung D.10 3; F.9 18

Bauwerk
- Beschreibung G.5 11
- Urheberrechtsschutz G.5 21

Bayerische Landesmedienanstalt für neue Medien
- Verpflichteter bei Gegendarstellung H.1 11

Bayern
- Anordnung der Veröffentlichung einer Gegendarstellung H.4 1, 3
- Ausschlussfrist Gegendarstellung H.2 3
- Bay. Landesmedienanstalt für neue Medien H.1 11
- Begründung Ablehnung Gegendarstellung (Rundfunk) H.3 1
- einstweilige Verfügung zur Veröffentlichung einer Gegendarstellung H.4 1, 3
- Gegendarstellung im Rundfunk H.1 11
- Gegendarstellungspflicht H.1 1d
- Kosten Gegendarstellung H.2 10
- Landgericht für Patentstreitsachen C.5 1
- Zuständigkeit in Gebrauchsmusterstreitsachen D.4 12
- Zuständigkeit Kennzeichenstreitsache B.13 1
- Zuständigkeit Urheberrechtsstreitsache G.4 3

Beachtung in Fachkreisen
- Indiz für urheberrechtlichen Schutz G.10 12

Beamter
- Erfindung E.1 3

Beanstandung
- Erfindungsmeldung E.3 1, 3

Beanstandungsfrist
- vom Arbeitnehmer gemeldete freie Erfindung E.4 3

Beantwortung
- Berechtigungsanfrage, designrechtliche F.2 1 f.

Bearbeiter
- Zugangsrecht G.17 7

Bearbeitung, identische
- Nachweis der Rechtsverletzung G.14 32

Bechlussverfügung
- Kostenwiderspruch A.10 1

Bedingung
- Unterwerfungserklärung A.2 10

Beeinträchtigung
- spürbare A.1 9

Beendigung Arbeitsverhältnis
- Ausschlussfrist Vergütung Arbeitnehmererfindung E.12 1

Befristung
- Unterwerfungserklärung A.2 10

Befugnisse, urheberpersönlichkeitsrechtliche
- Übertragbarkeit G.3 5

Begehungsgefahr
- Markenverletzung B.15 22
- Patentverletzung C.2 35; C.5 55; C.8 38

Begehungsort
- der Persönlichkeitsrechtsverletzung G.22 2
- Gerichtsstand A.4 2

Beglaubigte Abschrift
- Zuständigkeit A.6 6

Behauptungswiderruf
- unvertretbare Handlung A.25 4

Behinderung
- geschäftsschädigende A.17 2
- Kennzeichenerwerb zu B.14 10

Behinderung, sittenwidrige A.15 2

Behinderung, systematische
- Nachahmung A.12 31; A.23 17

Behinderungswettbewerb
- Registrierung/Benutzung Internet-Domain B.12 23

Beiseiteschaffung
- drohende A.1 1

Beiziehung
- Patenterteilungsakten C.9 8

Bekanntheit, notorische
- Markenschutz B.1 1

Bekanntheitsgrad
- Darlegung A.12 18; A.13 12, 20
- erforderlicher A.13 20
- guter Ruf A.13 15
- in Fachkreisen B.2 10, 13
- Markenverletzungsklage B.13 18
- Marktanteil A.13 14
- Verkehrsbefragung A.31 1
- Verkehrsdurchsetzung B.2 10

Bekanntmachungsanspruch/-verpflichtung
s Veröffentlichungsanspruch/-verpflichtung

Beklagter
- unrichtiger C.16 4

Belanglosigkeit
- fehlendes berechtigtes Interesse an Gegendarstellung H.1 1e

1261

Sachverzeichnis

Belegvorlage
- bei Auskunftspflicht C.2 28
- bei Rechnungslegungspflicht C.2 28
- Markenrecht B.12 1; B.13 6
- Streitwert F.8 11
- unvertretbare Handlung A.25 4

Belegvorlageanspruch
- einstweilige Verfügung bei eingetragenem Gemeinschaftsgeschmacksmuster F.8 1 f., 5
- Gebrauchsmuster D.2 11
- Gebrauchsmusterstreitsache D.5 10
- Hilfsanspruch C.2 29; C.5 29
- Patentstreitsache C.5 21, 29
- Patentverletzung, gewerbliche C.2 29
- Unterlassungsklage, urheberrechtliche G.14 12
- Urheberrechtssache G.10 1

Beleidigung
- Formalbeleidigung H.6 7.1.5
- Gegendarstellung H.1 5a

Benachrichtigung
- bei Grenzbeschlagnahme B.22 1

Benutzer, informierter
- Begriff F.11 5
- Kenntnisstand F.10 4

Benutzung
- Duldung B.14 9
- Markenschutz durch B.1 1
- Patentanmeldung, offengelegte C.6 54
- Scheinbenutzung B.6 16
- Verkehrsdurchsetzung B.2 5

Benutzung, markenmäßige B.13 19

Benutzung, patentfreie
- bei/neben mittelbarer Patentverletzung C.8 10b

Benutzung, rechtmäßige
- Patent C.10 20

Benutzung, rechtserhaltende
- durch Dritte/n B.9 15
- Einrede der fehlenden B.14 7
- Marke B.9 13, 16
- teilweise B.9 16

Benutzungsanordnung, behördliche
- Gebrauchsmuster D.3 3

Benutzungsaufnahme
- Bezeichnung, geschäftliche B.17 2, 10, 16
- Domain B.12 8

Benutzungsformen
- Markenschutz B.14 8

Benutzungshandlung
- Darlegung C.2 22
- des Arbeitgeber vor Freiwerden der Erfindung E.4 1
- Grundsatz der Einheit der C.2 22
- Rechnungslegung über E.14 6
- Untersagung patentrechtliche C.5 16

Benutzungsmarke
- Widerspruchsverfahren Markeneintragung B.3 7d

Benutzungsmonopol
- Patent C.1 7; C.2 6

Benutzungsrecht
- nicht ausschließliches E.7 11

Benutzungsrecht, negatives
- Patent C.1 7; C.2 6

Benutzungsrecht, positives
- Patent C.1 7; C.2 6

Benutzungsschonfrist
- abgelaufene B.13 18

Benutzungsumfang
- Auskunftsanspruch bei Arbeitnehmererfindung E.11 4

Benutzungsvorbehalt
- bei Schutzrechtsaufgabe E.7 11

Benutzungswille
- Markenanmeldung B.1 12

Berechnungsmethode Schadensersatz
- Änderung C.24 8
- Gebrauchsmusterrecht D.2 6
- Lizenzanalogie C.24 7, 9, 13; D.2 6
- Rechnungslegung D.2 7
- Verletzergewinn D.2 6
- Wahlmöglichkeit D.2 6, 7

Berechtigungsanfrage
- Abgrenzung zu Abmahnung D.1 1
- Abgrenzung zu Anspruchsberührung D.1 1
- Amtsrecherche D.1 1
- Antwortschreiben C.4 15
- Anwaltszwang D.1 6
- Aufforderung zur Stellungnahme F.1 11
- Beantwortung F.2 1 f.
- Beantwortungsobliegenheit F.1 9, 10
- Darstellung, detaillierte D.1 4
- designrechtliche F.1 1 f.
- Drittauskunft, unaufgeforderte F.2 11
- Fristsetzung F.1 9
- Gebrauchsmuster D.1 1 f.
- Kombination mit Verwarnung F.1 11
- Kosten/Gebühren D.1 7; F.1 12
- Kostenerstattung D.1 1, 5; F.1 12
- Meinungsaustausch F.1 1, 11
- Minimierung Schadensersatzrisiko D.1 1
- Patentanwalt D.1 6
- Rechtsanwaltsgebühren D.1 7
- Schutzrechtslage F.1 11
- unbeantwortete D.1 5; F.1 9
- Verhältnis zu Verwarnung F.1 1, 9
- Verletzungsform F.2 9
- Zugang F.1 2
- Zugang/-snachweis D.1 2
- Zulässigkeit F.1 10

Berechtigungsanfrage, patentrechtliche C.1 1 f., 12; C.2 6
- Abgrenzung zu Verwarnung C.1 1
- Benutzungstatbestand C.1 11
- europäisches Patent C.1 7
- Frist zur Beantwortung C.1 13

1262

Sachverzeichnis

- Gegenstand C.1 7
- Hauptanspruch C.1 1
- Informationsbeschaffungspflicht C.4 1
- Kosten/Gebühren C.1 14
- Kostenerstattung C.1 1
- Neben-/Unteransprüche C.1 10
- Patent C.1 7; C.2 6
- Prüfung der Rechtslage C.1 9
- Reaktion auf C.1 12
- Rechtsanwaltsgebühren C.1 14
- Vollmacht C.1 3

Bereicherung, ungerechtfertigte
- Herausgabe der G.15 19

Bereicherungsanspruch
- Äußerungsrecht H.19 6
- bei Urheberrechtsverletzung G.1 14
- Gebrauchsmusterstreitsache D.6 16, 29

Bereicherungsausgleich
- Personenabbildung G.22 14

Berichterstattung, redaktionelle
- Trennungsgebot zu Werbung H.6 7.5

Berichtigung
- Erfinderbenennung E.15 5

Berichtigungsanspruch, äußerungsrechtlicher H.13 1
- Kosten/Gebühren H.13 5
- Verjährung H.13 6
- Zwangsvollstreckung H.13 7

Berlin
- Ausschlussfrist Gegendarstellung H.2 3
- Gegendarstellung im Rundfunk H.1 11
- Landgericht für Patentstreitsachen C.5 1
- Veröffentlichung einer Gegendarstellung H.4 1, 3
- Zuständigkeit in Gebrauchsmusterstreitsachen D.4 12
- Zuständigkeit Kennzeichenstreitsache B.13
- Zuständigkeit Urheberrechtsstreitsache G.4 3

Berliner Vergleich F.3 6

Berufsverband
- Abmahn-/Klagebefugnis A.1 4c

Berufung
- Aufhebungsverfahren, selbständiges G.9 12
- gegen Urteilsverfügung G.6 1

Berufungsverfahren
- Geltendmachung veränderter Umstände A.27 2

Beschädigung
- Hinweis auf B.15 6

Beschäftigter an Hochschule
- Erfindung E.1 3

Beschlagnahme
- bei Strafanzeige B.21 7
- zivilrechtliche B.21 7

Beschlagnahmeantrag
- Grenzbeschlagnahme B.22 1

Beschleunigung
- Markenanmeldung B.1 15

Beschleunigungsgebühr
- Markenanmeldung B.1 15, 22

Beschlussverfügung
- Heilung fehlerhafter Zustellung A.6 1
- Parteizustellung F.6 3
- Vollziehung A.6 1a
- Vollziehung/-sfrist F.6 2
- Widerspruch A.8 1; A.9 1; G.6 1
- Zustellung F.6 2, 3
- Zuwiderhandlung, vollstreckungsfähige A.24 10

Beschreibende Angaben
- Markenschutz B.1 12

Beschwerde
- Markenanmeldung B.1 23; B.5 1 f.

Beschwerde Gebrauchsmuster
- Antrag auf mündliche Verhandlung D.18 4
- Begründung D.17 5; D.18 1 f., 6, 1, 6; D.20 2
- Beschwerdegebühr D.17 4
- Entgegnung, formelle D.19 1 f.
- Entgegnung, materielle D.20 1 f.
- gegen Entscheidung der Gebrauchsmusterabteilung im Löschungsverfahren D.17 1 f., 3
- Kostenantrag D.18 5
- Rechtsanwaltsgebühren D.17 7
- Rechtsmittel D.17 8
- Streitwert D.17 7
- Zuständigkeit D.17 2

Beschwerde Markenrecht B.5 1 f.
- Anträge B.5 6
- Anwaltszwang B.5 3
- Begründung B.5 8
- Beschwer B.5 5
- Beschwerdeberechtigung B.5 3
- Beschwerdeerklärung B.5 6
- Beschwerdegebühr B.5 12
- Einlegung bei BPatG B.5 1
- Einlegung bei DPMA B.5 1
- elektronische B.5 2
- Form B.5 2
- Freihaltebedürfnis B.1 12; B.5 10
- Frist B.5 1, 4
- Hilfsantrag B.5 7
- Kosten/Gebühren B.5 12
- Kostenentscheidung B.5 12
- Kostentragung B.5 12
- Rechtsmittel B.5 13
- Statthaftigkeit B.5 5
- Tatsacheninstanz B.5 8
- Unterscheidungskraft B.1 12; B.5 9
- Verfahren B.5 1
- Verfahrenskostenhilfe B.5 12
- Verhandlung, mündliche B.5 7
- Vertretung B.5 3
- Wiedereinsetzung B.5 4
- Wirkung, aufschiebende B.5 5

Beschwerde Unionsmarke B.5 5
- Beschwerdegebühr B.5 5

Sachverzeichnis

Beschwerde, sofortige
– gegen Aussetzungsbeschluss C.10 5
Beschwerdeberechtigung
– Beschwerde Markenrecht B.5 3
– Rechtsbeschwerde Markenrecht B.6 4
Beschwerdegebühr
– Durchgriffsbeschwerde B.5 12
– Markenrecht B.5 12
– Rückzahlung B.5 12
– Unionsmarke B.5 5
Beschwerdeverfahren
– Kostentragung B.5 12
– Markenrecht B.5 1 f.
– Rechtsmittel B.5 13
– Unionsmarke B.5 5
Beseitigungsanspruch
– bei Abmahnung A.1 17
– bei Anschwärzung A.17 7
– bei Nachahmungsklage A.12 6
– Rufbeeinträchtigung H.13 1
– Verband A.1 4c
– wettbewerbsrechtlicher A.11 6
Beseitigungsfrist
– urheberrechtliche G.6 6
Besetzungsrüge
– Rechtsbeschwerde B.6 9, 12
Besichtigungsanspruch
– Beweisverfahren, selbständiges C.22 1, 10
– Gebrauchsmusterverletzung D.13 1
– Markenrecht B.12 1; B.13 6
– patentrechtlicher C.2 6
– Patentstreitsache C.5 21
– urheberrechtlicher G.14 32
– Urheberrechtssache G.10 1
– Urheberrechtsstreit G.5 24
– Verfügung, einstweilige C.22 10, 14
Bestechlichkeit A.16 2 sa Bestechung
– Beweisführung A.16 10
– Strafantrag A.16 2
– Strafrahmen A.16 2
– zivilrechtliche Ansprüche A.16 2
Bestechung
– Aktivlegitimation A.16 9
– Auskunftsanspruch A.16 6
– Beweisführung A.16 10
– Formulierung Unterlassungsantrag A.16 5
– im geschäftlichen Verkehr A.16 2
– Klagezuständigkeit A.16 1
– Schadensersatzanspruch A.16 7
– Strafandrohung A.14 4
– Strafantrag A.16 2
– Strafrahmen A.16 2
– Streitwert A.4 6; A.11 4
– zivilrechtliche Ansprüche A.16 2
Bestellerparagraph G.19 1
Bestimmtheitserfordernis
– Betriebs-/Geschäftsgeheimnis A.18 3

Bestreiten
– mit Nichtwissen C.12 8
– Tatsachen A.22 8
Betriebseinstellung
– unersetzbarer Nachteil A.22 5
Betriebsgeheimnis A.18 2
– Schutz des G.15 21
Betroffener
– Gegendarstellungsanspruch H.1 1c
Bevollmächtigter
– Unterlassungserklärung, designrechtliche F.3 9
– Verwarnung, designrechtliche durch F.3 3
Bevollmächtigung
– Strafantrag G.23 4
Beweisantrag
– Verkehrsbefragung zur Klärung der Verkehrsauffassung A.31 1 f., 2
Beweisbeschluss
– Verkehrsbefragung A.31 2
Beweiserhebung
– Gemeinschaftsgeschmacksmusterverletzungsklage F.9 19
Beweiserleichterung
– Herstellungsverfahren in Patentstreitsache C.12 8
Beweisführung
– Bestechung/Bestechlichkeit A.16 10
– Preisunterbietung, wettbewerbswidrige A.15 2
Beweislage, veränderte
– Aufhebungsantrag, selbständiger G.9 10
Beweislast
– Anschwärzung/Tatsachen, negative A.17 14
– Äußerungsrecht H.6 8
– einstweilige Verfügung Patentstreitsache C.20 19
– Erschöpfung Markenrecht B.15 20
– Lizenzstreitigkeit B.16 13
– Löschungsklage B.9 14
– Nichtigkeitsklage, patentrechtliche C.14 22
– Unterlassungsanspruch, äußerungsrechtlicher H.6 8
– Zugang Verwarnung/Abmahnung F.3 2
Beweislastumkehr
– Erzeugnisschutz C.7 43
Beweismittel
– Glaubhaftmachung G.4 13; G.5 15
– Verbraucherbefragung, demoskopische A.22 10
Beweismittel, präsente
– Verfügung, einstweilige A.4 14
Beweisverfahren, selbständiges
– Aktivlegitimation C.22 3
– Anordnung C.22 8, 9
– Antrag auf Sachverständigenbegutachtung C.22 1
– Antragsgegner C.22 5, 6
– Anwaltszwang C.22 4
– Beschlussentscheidung C.22 8, 13
– Beschlusstenor C.22 8

1264

Sachverzeichnis

- Besichtigungsanspruch C.22 1, 10
- Duldungsanordnung C.22 17, 19, 27, 31
- Fristen C.22 33
- Kosten/Gebühren C.22 32
- Kostenentscheidung C.22 22
- Ladung Beweisgegner C.22 28
- Rechtsanwaltsgebühren C.22 32
- Sachverständigengutachten C.22 10
- Streitwert C.22 7
- Verhandlung, mündliche C.22 13
- Vertraulichkeitsanordnung C.22 12, 16
- Zuständigkeit C.22 2

Bewertung
- hedonische A.22 9

Bezeichnung, geschäftliche B.1 1
- Abmahnung B.17 19
- Akzessorietätsprinzip B.17 11
- Änderung B.17 12
- Auskunftsanspruch B.17 6
- Begriff B.17 2
- Benutzungsaufnahme B.17 2, 10, 16
- Branchennähe B.17 29
- Entstehungszeitpunkt B.17 10
- Erstbegehungsgefahr markenmäßiger Verwendung B.17 18
- Gebrauch, tatsächlicher B.17 9
- Klage wegen Verletzung B.17 1 f., 2
- Klagezuständigkeit B.17 1
- Löschungsanspruch B.17 4
- Prägetheorie B.17 23
- Priorität B.17 10
- Rückrufanspruch B.17 8
- Schadensersatzanspruch B.17 7
- strafbare vorsätzliche Verletzung B.21 1
- Streitwert B.17 3
- Tätigkeitsbereich B.17 13
- Übertragung B.17 11
- Unterbrechung der Tätigkeit B.17 14
- Unterlassungsanspruch B.17 4
- Verletzung bei markenmäßiger Benutzung B.17 5
- Vernichtungsanspruch B.17 8
- Verwechslungsgefahr B.17 26, 28
- Verwechslungsprüfung B.17 23
- vorprozessuale Korrespondenz B.17 20
- Widerspruchsverfahren Markeneintragung B.3 7d

Bezugsgröße
- Wahl E.14 31; E.16 10

Bezugssperre
- Aufruf zur A.14 2

Bild
- Abgrenzung zu Personenbildnis H.6 7.2.3
- Klage wegen Verletzung des Rechts am eigenen Bild G.22 1 f.

Bildbekanntmachung
- Design, eingetragenes F.1 3

Bildende Kunst
- Beschreibung G.5 11
- Urheberrechtsschutz G.5 21
- Zugangsrecht des Urhebers G.17 1

Bildgegendarstellung H.1 5a

Bildmarke
- graphische Ähnlichkeit B.13 24
- Markenanmeldung B.1 11
- zweidimensionale B.1 11

Bildnisse der Zeitgeschichte H.6 7.2.3(5)

Bildnisstreitigkeit
- Gerichtsstand G.22 2
- Klage wegen Verletzung des Rechts am eigenen Bild G.22 1 f.
- Klageantrag G.22 7
- Klagebegründung G.22 13
- Kosten/Gebühren G.22 16
- Leistungsantrag, unbezifferter G.22 9
- Schadensersatz G.22 14
- Schmerzensgeld G.22 8, 14
- Streitwert G.22 4
- Stufenklage G.22 5
- Vollstreckung G.22 16

Bildveröffentlichung
- Gegendarstellung H.1 4c, 5a

Bildwerk
- Beschreibung G.5 11

Bindungswirkung
- Verfügungsverfahren auf Schadensersatzklage A.28 7

Blindtest
- vergleichende Werbung A.22 9

Blister
- Kennzeichnung A.20 8

Bösgläubigkeit
- Markenfähigkeit B.1 12
- markenrechtlicher Begriff B.8 15

Bote
- Abmahnung G.1 3

Botenzustellung
- Zugang/-snachweis F.3 2

Boykottaufruf
- Aufforderung A.14 2
- Formulierung Unterlassungsantrag A.14 5
- Klage gegen A.14 1 f.
- Klagebefugnis des Verletzten A.14 8
- Klagezuständigkeit A.14 1
- Kosten/Gebühren A.11 17; A.14 9
- Strafandrohungsklausel A.14 4
- Streitwert A.14 3
- Zuständigkeit A.14 1

Boykottverbot
- kartellrechtliches A.14 2

Boykottverfahren, wettbewerbsrechtliches A.14 2

Brandenburg
- Abdruck Gegendarstellung H.2 6
- Ausschlussfrist Gegendarstellung H.2 3
- Gegendarstellung im Rundfunk H.1 11

1265

Sachverzeichnis

- Landgericht für Patentstreitsachen C.5 1
- Veröffentlichung einer Gegendarstellung H.4 1, 3
- Zuständigkeit in Gebrauchsmusterstreitsachen D.4 12
- Zuständigkeit Kennzeichenstreitsache B.13 1
- Zuständigkeit Urheberrechtsstreitsache G.4 3

Bremen
- Abdruck Gegendarstellung H.2 6
- Ausschlussfrist Gegendarstellung H.2 3
- Gegendarstellung im Rundfunk H.1 11
- Landgericht für Patentstreitsachen C.5 1
- Veröffentlichung einer Gegendarstellung H.4 1, 3
- Zuständigkeit in Gebrauchsmusterstreitsachen D.4 12
- Zuständigkeit Kennzeichenstreitsache B.13 1
- Zuständigkeit Urheberrechtsstreitsache G.4 3

Brief
- Abmahnung G.1 3
- Zugang/-snachweis F.3 2

Brüssel-Ia-VO
- Zuständigkeit nach B.13 1

Buch
- Personenabbildung G.22 1

Buchprüfung
- Honorarabrechnung G.21 11, 15

Buchstabenzahl
- klangliche Ähnlichkeit B.13 24

Bündel nationaler Schutzrechte C.17 20

Bündelpatent, europäisches C.1 7, 2, 6

Bundesgerichtshof
- Rechtsbeschwerde B.6 3

Bundespatentgericht
- Beschwerde B.5 1
- Hinweis, qualifizierter C.14 24
- Nichtigkeitsklage C.14 1, 3
- Nichtigkeitsklage gegen formell rechtskräftiges Patent C.10 6
- Zuständigkeit C 18, 1; C.14 1

Bundesverwaltungsamt
- Liste qualifizierter Einrichtungen A.1 4d

Bürgschaft
- Beschaffungskosten A.22 5
- Sicherheitsstellung A.22 5

Bußgeld
- Sicherung Abdruckpflicht Gegendarstellung H.4 1

Carrier
- urheberrechtliche Verantwortlichkeit des G.1 2

Comic
- Kunstwerkschutz G.14 28

Computerkriminalität
- Strafantrag G.23 1

Computerprogramm
- Betriebs-/Geschäftsgeheimnis A.18 2
- Beweis-/Darlegungslast G.5 21

- Nachweis der Rechtsverletzung G.14 32
- Urheberrechtsschutz G.5 21
- Urheberschaft G.14 31
- Urheberschutzfähigkeit G.18 19

Contentprovider
- urheberrechtliche Verantwortlichkeit des G.1 2

Darlegungslast
- Verfügung, einstweilige C.21 22 f.

Darstellung
- Beschreibung G.5 11

Darstellung, grafische
- Schutz G.14 26

Daten, gespeicherte
- Betriebs-/Geschäftsgeheimnis A.18 2

Daten, personenbezogene
- Datenschutz H.6 7.2.4

Datenbankhersteller
- Aktivlegitimation, urheberrechtliche G.5 16
- Urheberschaft G.14 31

Datenschutz
- Daten, personenbezogene H.6 7.2.4

Datenverarbeitung
- Verwertung des Geheimnisses A.18 4

Datum
- Patentstreitsache C.5 27; C.6 24

DBP
- Patentberühmung C.25 6

DE
- Patentberühmung C.25 6

Decodierung
- Ware B.15 21

Demonstration
- Personenbildnis H.6 7.2.3(7)

Demoskopische Verkehrsbefragung
- Beweismittel A.22 10

Demoskopisches Gutachten
- Kosten A.31 1

DENIC
- Dispute-Antrag Domain B.12 6
- whois-Abfrage B.12 16, 17

Design, eingetragenes
- Anerkenntnis F.1 1
- Antrag auf Nichtigkeitsverfahren F.11 2
- Auslandshandlung mit Inlandsbezug F.2 8
- Eigenart F.1 5
- Eintragungsnummer F.1 3
- entgegenstehender vorbekannter Formenschatz F.2 2
- Formenschatz, vorbekannter F.1 6
- Grenzbeschlagnahme F.14 9
- Lizenzsatz F.2 11
- Neuheit F.1 4
- Nichtigerklärung durch DPMA F.12 1
- Registereinsicht F.1 3
- Schutzrecht F.1 1
- Übertragungserklärung F.13 2
- Unterlassungsanspruch F.2 5

- Verbietungsrecht F.1 7
- Widerklage auf Feststellung/Erklärung der Nichtigkeit F.11 2

Design, neues
- Begriff F.1 4

Designrecht sa *Gemeinschaftsgeschmacksmuster, nicht eingetragenes*
- Abgrenzung Berechtigungsanfrage/Verwarnung F.1 9
- Antwort auf Verwarnung F.4 1
- Aufforderung zur Drittauskunft F.7 1, 3; F.10 7
- Beantwortung Berechtigungsanfrage F.2 1 f.
- Bemessungsmethode Schadensersatz F.2 11
- Benutzer, informierter F.11 5
- Berechtigungsanfrage F.1 1
- Dringlichkeit F.5 9, 17; F.6 8
- Dringlichkeitsfrist F.6 8
- Fachkreise F.2 2; F.10 5
- Funktion, technische F.11 6
- Grenzbeschlagnahme F.14 1 f.
- Herabsetzung Vertragsstrafe F.3 13
- Merkmalsgegenüberstellung bei Nichtigerklärung F.12 19
- Nichtigkeitsgrund F.12 11, 12
- Nichtigkeitswiderklage F.11 1 f.
- Schadensersatzanspruch F.2 11
- Schutzmöglichkeiten, alternative/kumulative F.6 21
- Schutzschrift F.5 1
- Sektor, maßgeblicher F.2 2
- Sperrwirkung F.10 6
- Streitwert F.3 18; F.6 22; F.9 22
- Streitwert Nichtigkeitsklage F.11 7
- Territorialitätsprinzip F.2 8
- Umschreibungsbewilligung F.13 2
- Unterlassungsverpflichtung F.2 5
- Vertragsstrafebemessung F.3 13
- Verwarnung F.3 1 f.
- Verwarnung, unberechtigte F.3 1
- Vorverbreitung vorbekannter Formenschatz F.2 2
- Widerlegung der Vermutung der Rechtsgültigkeit F.11 2
- Wiederholungsgefahr F.2 3
- Zuständigkeit F.5 1, 2
- Zuständigkeitskonzentration bei Verbindung mit Nachahmungsklage A.12 2
- Zuweisungsermächtigung F.5 2

Designschutz
- Antrag auf Erlass einstweiliger Verfügung mit Herausgabeanordnung F.6 1 f.
- Eilverfahren F.6 2
- Verhältnis zu wettbewerbsrechtlichem Nachahmungsschutz F.6 21

Designstreitsache
- einstweilige Verfügung bei eingetragenem Gemeinschaftsgeschmacksmuster F.8 1 f., 5
- einstweilige Verfügung mit Herausgabeanordnung F.6 1 f.
- Einwilligung in Löschung F.13 6
- Gemeinschaftsgeschmacksmusterverletzungsklage F.9 1 f.
- Kammer für F.5 2
- Kosten/Gebühren einstweilige Verfügung F.6 23
- Streitwert einstweilige Verfügung F.6 21, 22; F.9 22
- Übertragungsklage F.13 1 f.
- Zuständigkeit F.5 1, 19; F.13 1

Designverletzung
- Schadensersatz F.2 11

Deutsche Welle
- Gegendarstellung H.1 11

Deutsches Patent- und Markenamt (DPMA)
- Amtsrecherche Gebrauchsmusterrecht D.1 1
- Beschleunigungsgebühr B.1 15, 22
- Beschwerde B.5 1 f.
- Beschwerde im Löschungsverfahren D.17 2
- Bindung an Löschungsantrag D.15 5
- Feststellung Verkehrsdurchsetzung B.2 1
- Gebrauchsmusteranmeldung D.1 1
- Internetadresse C.1 7
- Klassifikationsdatenbank B.1 16
- Klassifizierung B.1 16
- Löschungsantrag Gebrauchsmuster D.15 1 f.
- Löschungsantrag nach § 54 MarkenG B.8 1 f.
- Markenanmeldung B.1 1 f.
- Markenanmeldung, elektronische B.1 4, 6
- Nichtigerklärung deutsches eingetragenes Design F.12 1
- Rechtsmittel Löschungsverfahren D.15 14
- Registrierung allgemeiner Vollmachten B.1 8
- Schiedsstelle E.17 1
- Schiedsstelle für Urheberrechtsstreitfälle G.24 1, 2
- Territorialitätsprinzip B.1 3
- Übersetzung fremdsprachiger Angaben B.1 19
- Verfahren bei Löschungsantrag D.15 9, 12
- Verfahren im Beschwerdeverfahren Gebrauchsmusterlöschung D.18 1 f.
- Veröffentlichungsblätter C.1 7; C.2 6
- Vertretung beim B.1 9
- Widerspruchsverfahren B.3 1, 2
- Zuständigkeit Löschungsantrag Markenrecht B.8 2
- Zuständigkeit Widerspruchsverfahren Markeneintragung B.3 2, 6
- Zwischenbescheid Löschungsantrag D.15 12

Deutschlandradio
- Gegendarstellung H.1 11

Diensteanbieter
- urheberrechtliche Verantwortlichkeit des G.1 2

Diensterfindung E.1 1, 4
- Anpassungszeitpunkt Vergütung E.11 5
- Anrufung Schiedsstelle DPMA E.17 1, 15

1267

Sachverzeichnis

- Aufforderung zur Schutzrechtsanmeldung E.5 1
- Aufgabe Schutzrechtsposition E.7 1, 4
- Auskunftsanspruch zum tatsächlichen Benutzungsumfang E.11 4
- Ausschlussfrist für Vergütung bei Beendigung des Arbeitsverhältnisses E.12 1
- bei Insolvenz des Arbeitgebers E.13 1
- Bestreiten Erfindereigenschaft E.15 6
- betriebsgeheime E.17 9
- eigene Anmeldung beim Patentamt E.2 7
- Erfinderbenennung E.15 4
- Erfindervergütung E.8 1
- Freigabe E.6 1
- Freiwerden E.4 1
- Inanspruchnahmeerklärung E.4 1
- Klage auf Übertragung des Schutzrechts E.18 1 f.
- Merkmalsanalyse E.14 23
- Schutzfähigkeit E.5 1
- Stufenklage Erfindervergütung E.14 1 f., 2
- Übernahme Schutzrechtsposition E.13 1b, 3
- Verfügung über E.2 7
- Vergütungsanpassung E.11 1
- Vergütungsfestsetzung E.9 1, 3
- Vergütungsvereinbarung E.8 1, 3
- Vergütungsvereinbarung, unbillige E.12 1
- Verlangen einer Neufestsetzung der Vergütung E.11 1
- Vorkaufsrecht bei Arbeitgeberinsolvenz E.13 1a, 3
- Widerspruch gegen Vergütungsfestsetzung E.9 10; E.10 1

Dienstleistung
- Markenschutz B.1 16

Dienstleistungsähnlichkeit
- Verwechslungsgefahr B.13 25

Dienstleistungsverzeichnis
- Einzelhandelsdienstleistung B.1 16
- Markenanmeldung B.1 16

Dimensionsänderung
- Nachweis der Rechtsverletzung G.14 32

disclaimer
- Markenanmeldung B.1 10

Dispute-Eintrag
- Domain B.12 6

Distanzierung
- Äußerungsrecht H.15 1

Dokumentation
- Zugangsrecht zur G.17 9

Domain
- Antrag Dispute-Eintrag B.12 6
- Behinderungseffekt B.12 23
- Benutzungsaufnahme B.12 8
- Dispute-Eintrag B.12 6
- Löschungsanspruch B.12 6
- Namensverletzung B.12 6
- Tippfehler-Domain B.12 23
- Titelverletzung B.18 15
- Übertragungsanspruch B.12 6
- Verkaufsangebot B.12 20
- Zuständigkeit Kennzeichenverletzung B.12 2, 22

Domainbenutzung
- Antrag auf Erlass einstweiliger Verfügung B.12 1 f.
- kennzeichenverletzende B.12 1 f., 6
- Registrierung B.12 6, 23
- Unterlassungsantrag B.12 6

Domainregistrierung B.12 6, 23

Doppelidentität
- Markenverletzung B.13 21

Doppelpatentierung C.10 21

Doppelschöpfung, selbständige A.12 15

Dozent
- Erfindung E.1 3

DPMA s Deutsches Patent- und Markenamt

Dringender Fall
- Verfügung, einstweilige A.4 9; G.5 8

Dringlichkeit
- Abwehr ungerechtfertigte Abnehmerverwarnung C.20 8
- Designrecht F.6 8
- Glaubhaftmachung in Gebrauchsmusterstreitsache D.12 8
- Markenrecht B.12 14, 25
- Patentstreitsache C.21 1
- Schutzschrift F.5 9, 17; F.6 8
- Vorschieben A.4 19
- Wegfall der A.4 19; G.5 28
- wettbewerbsrechtliche Ansprüche A.4 1
- Widerlegung Dringlichkeitsvermutung A.4 19
- Wiederaufleben der A.4 19

Dringlichkeit, allgemeine A.4 8

Dringlichkeit, besondere A.4 8
- einstweilige Verfügung C.21 9
- Sequestration G.11 8
- Verfügung, einstweilige F.6 4

Dringlichkeit, gesteigerte
- Verfügung, einstweilige A.4 9; G.5 14

Dringlichkeitsfrist
- Designrecht F.6 8
- Schutzrechtsverwarnung F.3 5

Dringlichkeitsstufen A.4 8, 9

Dringlichkeitsvermutung
- Gebrauchsmustersache D.4 10; D.12 8
- im Urheberrecht G.4 16; G.5 28
- Kenntnis Dritter A.4 19
- Unterlassungsanspruch, urheberrechtlicher G.5 28
- Verfügung, einstweilige A.4 1
- Wettbewerbssache A.4 1
- Widerlegung A.3 10; A.4 19

Drittauskunft
- Abmahnung, patentrechtliche C.2 23, 26
- Antragsformulierung G.10 7
- Aufforderung bei eingetragenem Gemeinschaftsgeschmacksmuster F.7 1 f.

- Auskunftsanspruch A.12 10
- bei Patentstreitsache C.21 14, 17, 33
- bei urheberrechtlicher Abmahnung G.1 12
- Darlegungsgehalt F.7 3
- Designrecht F.7 1, 3; F.10 7
- Dringlichkeit G.5 27, 28; G.10 17
- einstweilige Verfügung bei offenkundiger Patentverletzung C.21 1, 14, 17, 33
- Fristen F.7 9
- Glaubhaftmachung G.5 15; G.10 9
- Kosten/Gebühren F.7 8
- Kostentragung/-erstattung F.7 6, 8
- Patentinhaber C.1 7; C.2 6
- Patentstreitsache C.5 19, 70
- Rechtsanwaltsgebühren F.7 6, 8
- Schuldner G.10 5
- Streitwert F.8 11; G.10 8
- Umfang F.7 3
- unaufgeforderte F.2 11
- Unverhältnismäßigkeit F.10 7
- Verhältnismäßigkeit G.10 9
- Verkehrsdaten G.10 1
- Vertriebsweg F.7 3, 5
- Zwangsvollstreckung G.10 18

Drittauskunft, urheberrechtliche
- einstweilige Verfügung G.10 1, 3

Drittauskunftsanspruch
- einstweilige Verfügung bei eingetragenem Gemeinschaftsgeschmacksmuster F.8 1 f., 5
- Gemeinschaftsgeschmacksmuster, eingetragenes F.8 5; F.10 7

Drittauskunftsklage
- urheberrechtliche G.14 1

Drittverwarnung C.2 1

Drittwiderklage F.11 1

Drucker
- urheberrechtliche Verantwortlichkeit des G.1 2

Druckerzeugnis
- Begehungsort Persönlichkeitsrechtsverletzung G.22 2
- Personenabbildung G.22 1

Druckwerk, ausländisches
- Gegendarstellung H.1 1e

Druckwerk, periodisches
- Gegendarstellungspflicht H.1 1d

Duldung
- Markenbenutzung B.14 9

Duldungsanordnung
- Verfügung, einstweilige C.22 17, 19, 27, 31

Duplikfrist
- Klageerwiderung, patentrechtliche C.9 15

Durchgriffsbeschwerde
- Beschwerdegebühr B.5 12
- Frist B.5 4
- Markenrecht B.5 4, 5

Durchschnittsverbraucher
- Abgrenzung zu informiertem Benutzer F.11 5

Durchsetzungsgrad
- Verkehrsdurchsetzung B.2 10, 12, 13
- Vermutung B.2 14

Durchsuchung
- bei Sequestration G.11 11
- bei Strafanzeige B.21 6

Düsseldorfer Verfahren
- Verfahrenshinweise Patentstreitsache C.9 15

Ehre
- Schutz von H.6 7.1.5

Ehrverletzung
- Schmerzensgeld G.22 14

Eidesstattliche Versicherung A.5 1
- bei sorglos erteilter Auskunft A.25 5
- Beteuerungswille A.5 3
- Beweismittel D.3 5
- Beweiswert A.5 1
- der Partei A.4 14
- falsche A.5 5
- Form A.5 1
- Glaubhaftmachung Beweismittel G.4 13; G.5 15
- Identifizierung des Erklärenden A.5 4
- Sachdarstellung A.5 5
- strafrechtliche Relevanz A.5 2
- Vorbenutzung C.10 4

Eigenart
- Design, eingetragenes F.1 5
- entgegenstehender vorbekannter Formenschatz F.2 2
- Gemeinschaftsgeschmacksmuster, nicht eingetragenes F.6 14

Eigenart, fehlende
- Nichtigkeitsgrund F.12 11, 12

Eigenart, wettbewerbliche A.12 13; A.13 10; A.23 2
- angeborene A.12 14
- Beweisantritt A.13 11
- Darlegung der begründenden Merkmale A.12 14; A.13 10
- durch Bekanntheit gesteigerte A.12 18
- Grad der A.12 13
- Klageerwiderung A.23 2
- Nachahmungsklage A.12 13; A.13 10
- Schutzwürdigkeit A.12 13
- Vorbekanntheit A.23 2
- Wiedererkennungseffekt A.12 18; A.13 12, 20

Eigentümlichkeitsgrad, schöpferischer G.5 21

Eilbedürftigkeit
- entbehrliche urheberrechtliche Abmahnung G.1 1
- Verfügungsgrund G.4 16

Einbruchsgefahr
- Zugangsverweigerung G.17 9

Eindruck, unzutreffender
- Gegendarstellung H.1 7, 8

Sachverzeichnis

Eingangsbestätigung Erfindungsmeldung E.2 1
- Adressat E.2 2
- Datum/Zeitpunkt E.2 3
- Ergänzungsmeldung E.3 4
- Form/Textform E.2 1

Eingangsfrist
- Unterlassungserklärung, strafbewehrte A.1 13

Eingriff in eingerichteten und ausgeübten Gewerbebetrieb
- Abmahnung aus Gebrauchsmuster D.1 1; D.3 6
- Abmahnung/Verwarnung ungerechtfertigte/ unbegründete C.2 1; C.4 15
- Abnehmerverwarnung F.7 5
- Abnehmerverwarnung, rechtswidrige D.4 13
- unbegründete Verletzungsklage C.2 1
- Verwarnung F.3 1

Einheitspatent C.1 7; C.2 6

Einigungsstelle
- Anrufung A.30 3
- Antragsschrift A.30 4, 6
- Besetzung A.30 1
- Einigungsvorschlag A.30 6
- Mediator A.30 1
- Organisation A.30 1
- Zuständigkeit A.30 1, 2
- Zwangsvollstreckung aus Vergleich vor A.30 6

Einigungsstellenverfahren (§ 15 UWG) A.30 1 f.
- Abgrenzung zu Schiedsverfahren A.30 1
- Durchführungsbestimmungen der Länder A.30 1, 4
- nicht öffentliches A.30 6
- Verjährungsunterbrechung bei Anrufung A.30 1, 1 f.

Einigungsverfahren sa Einigungsstellenverfahren (§ 15 UWG)

Einigungsversuch, außergerichtlicher
- Patentstreitsache C.5 10; C.6 10

Einkaufspreis
- Verkauf unter A.15 2

Einlassung, rügelose
- Gerichtsstand C.17 3
- Kennzeichenstreitsache B.13 1

Einlassungsfrist
- Patentstreitsache C.10 22

Einlegezettel
- schonendste Maßnahme G.14 39

Einrede
- Ausländersicherheit, fehlende C.9 4
- gegen patentrechtliche Nichtigkeitsklage C.16 4
- Klageerwiderung D.7 4
- Präklusion D.7 4
- prozesshindernde C.9 1, 4
- Prozesskostensicherheit, fehlende C.9 4
- Rüge fehlendes Rechtsschutzbedürfnis C.9 4
- Schiedsvertrag C.9 4
- Zuständigkeit, fehlende örtliche C.9 4

- Zuständigkeit, fehlende sachliche C.9 4

Einrichtung, qualifizierte
- Abmahn-/Klagebefugnis A.1 4d
- Eintragung Liste Bundesverwaltungsamt nach § 4 UKlaG A.1 4d
- Tätigwerden A.1 4d

Einschaltungen
- bei Gegendarstellung H.2 6; H.3 1

Einschreiben
- Zugang/-snachweis F.3 2

Einschreiben/Rückschein
- Abmahnung G.1 3

Einsichtnahme
- Register für eingetragene Designs F.1 3

Einsichtsanspruch
- Rundfunk-/Fernsehsendung H.1 11

Einspruch
- gegen europäisches Patent C.1 7; C.2 6
- gegen Patent C.10 2
- gegen Patenterteilung C.1 7; C.2 6

Einspruchsfrist
- gegen Patent C.16 3
- Patenterteilung C.1 7; C.2 6

Einspruchsverfahren
- Verhältnis zu Nichtigkeitsklage C.10 2, 3

Einspruchsverfahren, patentrechtliches
- Verhältnis zu patentrechtliche negativer Feststellungsklage/Nichtigkeitsklage C.19 14

Einstandspflicht
- für fremdes wettbewerbswidriges Verhalten A.1 3

Einstandspreis
- Verkauf unter A.15 2

Einstellung der Zwangsvollstreckung
- Antrag auf einstweilige A.8 1; A.9 8

Einstweiliger Rechtsschutz
- Kosten des Verfahrens A.9 5

Eintragung, internationale
- Antrag auf Grenzbeschlagnahme F.14 9
- Muster/Modell F.13 4

Eintragungsbewilligung
- vorgezogene B.7 12

Eintragungsbewilligungsklage
- Aktivlegitimation B.7 2
- Frist B.7 13
- Gegenstands-/Streitwert B.7 6
- Kennzeichenstreitsache B.7 1 f.
- Klagegründe B.7 4
- Kosten/Gebühren B.7 6
- Kostenentscheidung B.7 9
- Leistungsklage B.7 7
- Markenrecht B.7 1 f., 4
- mit Löschungsklage B.7 5, 8
- Passivlegitimation B.7 3
- Rechtsmittel B.7 16
- Statthaftigkeit B.7 12
- Vollstreckbarkeit, vorläufige B.7 10
- Zuständigkeit B.7 1; B.9 2, 3

Sachverzeichnis

Eintragungsfähigkeit
– Prüfung **B.1** 12
Eintragungshindernis **B.1** 12; **B.2** 3
Einweisungstermin
– Verkehrsbefragung **A.31** 3
Einwendungen
– gegen patentrechtliche Nichtigkeitsklage **C.16** 4
Einwilligung
– Miturheber in Verwertung **G.16** 1
– Personenabbildung **G.22** 13
– Verbreitung/Zurschaustellung Bildnis **H.6** 7.2.3(3)
Einwilligungserfordernis
– zur Personenabbildung **G.22** 13
Einwurfeinschreiben
– Zugang/-snachweis **F.3** 2
Einwurf-Einschreiben
– Abmahnung **G.1** 3
Einzelhandelsdienstleistung
– Schutzfähigkeit **B.1** 16
Einzelrichter
– Stellungnahme zur Übertragung Patentstreitsache auf **C.9** 10
– Übertragung auf **G.15** 4
Einzelrichterzuweisung
– Gebrauchsmusterstreitsache **D.5** 5
Elektronische Medien
– Personenabbildung **G.22** 1
e-mail
– Abmahnung **G.1** 3
– Glaubhaftmachung der Absendung **A.1** 2
– Markenanmeldung **B.1** 6
– patentrechtliche Abmahnung **C.2** 3
– Unterwerfungserklärung, strafbewehrte **A.1** 14
– Zugang/-snachweis **F.3** 2
Empfangsbestätigung
– Formulierungsmuster **A.6** 7
– Inanspruchnahmeerklärung **E.4** 13
– Zustellung von Anwalt zu Anwalt **A.6** 7
Endung
– klangliche Ähnlichkeit **B.13** 24
Enforcement-Richtlinie
– Umsetzung, urheberrechtliche **G.10** 1
Ensemble
– Warenähnlichkeit **B.13** 25
Entfernung
– Kontrollnummer **B.15** 3, 6, 14, 24
Entfernung aus Vertriebsweg **B.13** 13
– Gebrauchsmuster **D.2** 8
– Verhältnismäßigkeit **B.13** 13
Entnahme
– widerrechtliche **C.2** 38; **C.4** 2f; **C.10** 21
Entnahme, widerrechtliche
– Gebrauchsmuster **D.3** 3
– Löschungsgrund Gebrauchsmuster **D.15** 8
– Schutzrechtanmeldung durch Arbeitnehmer im eigenen Namen **E.5** 7

Entschädigung
– nach Art. 9b UMV **B.13** 10
Entschädigungsanspruch
– Abmahnung, patentrechtliche **C.2** 32
– bei Benutzung nach Offenlegung der Patentanmeldung **C.5** 27, 34
– bei Nutzung offengelegter Patentanmeldung **C.1** 7; **C.2** 6
– nach Offenlegung der Patentanmeldung **C.2** 24
– patentrechtlicher **C.1** 5
– Patentstreitsache **C.7** 25
– Patentverletzung, mittelbare **C.6** 30
– wegen Patentbenutzung **C.5** 34
Entwicklungskosten, ersparte eigene
– Nachteil, erheblicher **C.21** 31
Entwicklungskosten, hohe
– Nachteil, erheblicher **C.21** 31
Entwurf
– Urheberrechtsschutz **G.5** 21
Entwurfstätigkeit, selbständige **F.6** 17
EP
– Patentberühmung **C.25** 6
EPÜ **C.1** 7; **C.2** 6
– Patentberühmung **C.25** 6
EPÜ-Patent
– Patentberühmung **C.25** 6
Erbe
– Aktivlegitimation, urheberrechtliche **G.5** 16
– Fairnessausgleich Vergütung (§ 32a UrhG) **G.19** 9
Ereignis, zukünftiges
– Gegendarstellung **H.1** 4b
Erfahrungserfindung **E.1** 4
Erfinder
– Berichtigung Erfinderbenennung **E.15** 5
– Eingangsbestätigung Erfindungsmeldung durch Arbeitgeber **E.2** 2
– Miterfinder **E.1** 18
– nachträgliche Berücksichtigung weiterer **E.16** 9
Erfinderbenennung
– Berichtigung **E.15** 5
– Diensterfindung **E.15** 4
– nicht rechtzeitige **C.10** 20
Erfindereigenschaft
– Bestreiten der E 15, 6
Erfinderischer Schritt, mangelnder
– Löschungsgrund Gebrauchsmuster **D.15** 8, 10
Erfinderpersönlichkeitsrecht **E.4** 6
– Berichtigung Erfinderbenennung **E.15** 5
Erfinderprinzip **E.1** 1
Erfindervergütung
– Abstaffelung Lizenzsatz **E.8** 7; **E.14** 33
– Angemessenheit **E.16** 11
– Anpassung **E.8** 8
– Anteilsfaktor **E.8** 1b
– Ausschlussfrist bei Beendigung des Arbeitsverhältnisses **E.12** 1

Sachverzeichnis

- bei Inanspruchnahme der Erfindung E.4 11; E.14 15
- bei Konzernnutzung E.8 9a
- bei Lizenzvergabe E.8 9b
- bei nicht ausschließlichem Benutzungsrecht E.7 11
- bei Nichtbenutzung E.8 9d
- bei Verkauf der Erfindung E.8 9c
- bei Versagung Schutzrecht E.15 7
- Berechnung Anteilsfaktor E.8 7; E.14 34
- Berechnungsart E.14 30
- Berechnungsgrundlagen E.8 7
- betriebliche Einsparungen E.8 7
- Bezugsgröße, rechnerische E.8 7
- Bezugsgröße, technisch-wirtschaftliche E.8 7
- Ende der Vergütungspflicht E.16 8
- Erfindungswert E.8 1a
- Ermittlung E.8 1
- Fälligkeit E.8 2
- Festsetzung E.9 1, 3
- Feststellung E.8 2
- Feststellungsfrist/-zeitpunkt E.8 2
- für Benutzung vor Freigabe E.6 4
- Hochschulerfindung E.8 9f
- Klageerwiderung Stufenklage E.15 1
- Klagezuständigkeit E.14 1
- Lizenzsatz E.8 7
- Miterfinderanteil E.8 7
- Monopolstellung durch Schutzrecht E.16 12
- nachträgliche Berücksichtigung weiterer Erfinder E.16 9
- Neuregelung bei unwirksamer Vergütungsvereinbarung E.12 5
- Nutzung, ausländische E.8 9e; E.16 8
- Nutzungsdauer E.8 7
- Nutzungsumfang E.8 9
- Pauschalvereinbarung E.8 6
- rechnerische Ermittlung E.8 1c
- Richtlinien des Bundesministers für Arbeit E.8 1
- Risikoabschlag E.14 17
- Risikoabschlag bei Pauschalvergütung e.8 7
- Schiedsstelle E.14 20
- schuldrechtlicher Vertrag E.8 2, 3
- Steuerermäßigung E.8 10
- steuerliche Behandlung E.8 10
- Stufenklage E.14 1 f., 2
- Umfang Rechnungslegungsanspruch E.14 8
- Umsatz, erzielter E.8 7
- Vereinbarung E.8 1, 3
- Vereinbarung, unbillige E.12 1
- Verjährung E.16 8
- Verlangen einer Neufestsetzung E.11 1
- Verwirkung E.10 6
- Verzinsungsregelung E.14 11
- Vorausvergütung E.4 1
- vorläufige E.8 2; E.14 17
- Wegfall Schutzrecht E.16 8

Erfindung
- Arbeitgeber, ausländischer E.1 3
- Arbeitnehmer, ausländischer E.1 3
- Auskunftsanspruch zum tatsächlichen Benutzungsumfang E.11 4
- Auslandsbenutzung E.8 9e; E.16 8
- des gesetzlichen Vertreters E.1 3
- Freigabe E.6 1
- Freikauf von Patentanmeldung E.4 7, 9
- Freiwerden E.4 1
- Gebrauchsmusteranmeldung E.4 8
- Geheimhaltung E.1 19; E.2 7; E.4 10
- Geschäftsführer E.1 3
- Gesellschafter E.1 3
- Hochschulerfindung E.8 9f
- Klage auf Schutzrechtsübertragung E.18 1 f.
- Konzernnutzung E.8 9a
- Lehren zu technischem Handeln C.2 11
- Lehren zum technischen Handeln C.4 7
- Lizenzvergabe E.8 9b
- Meldung an Arbeitgeber E.1 1
- Nichtbenutzung E.8 9d
- Nutzung E.8 9
- Organmitglied E.1 3
- Patentanmeldung E.4 8
- Prüfung der Schutzfähigkeit E.4 7
- Publikationsfreiheit, negative E.1 3
- Schutzrechtanmeldung im Ausland E.4 9
- Übernahme Schutzrechtsposition E.13 1b, 3
- Vergütungsanpassung E.11 1, 5
- Vergütungsvereinbarung E.8 1, 3
- Vergütungsvereinbarung, unbillige E.12 1
- Verkauf E.8 9c
- Vorkaufsrecht bei Arbeitgeberinsolvenz E.13 1a, 3

Erfindung, freie E.1 4
- Beanstandungsfrist E.4 3

Erfindungshöhe
- Patent C.4 10

Erfindungsmeldung E.1 1
- ab 1.10.2009 E.1 1
- Adressat E.1 2
- Arbeitgeber E.1 2
- Arbeitnehmererfinderrecht E.1 1
- Aufbau E.1 6 f.
- Aufgabe/Problemstellung E.1 6
- Beanstandung durch Arbeitgeber E.3 1, 3
- Beanstandungsfrist E.2 4; E.3 1
- Berechnungsgrundlage Vergütung E.1 1
- Betriebsvereinbarung E.1 4
- Eingangsbestätigung des Arbeitgebers E.2 1
- Eingangsdatum E.2 3
- Erfinderanteil E.1 12 f.
- Ergänzung E.3 4
- Form E.1 1, 20
- Formulierung E.1 5
- Geltungsbereich, persönlicher E.1 3
- Geltungsbereich, sachlicher E.1 4

- Inanspruchnahmefiktion E.2 6
- Inanspruchnahmefrist E.2 5, 6; E.3 4
- Leiharbeitsverhältnis E.1 2
- Lösung E.1 6, 9
- Mitarbeit von Mitarbeitern E.1 18
- nicht ordnungsgemäße E.3 4
- Schutzrechtsposition E.1 17
- Übermittlungsrisiko E.1 2
- unbeanstandete E.3 4
- unterlassene/verspätete E.1 1
- Unterzeichnung E.1 20
- unverzüglich E.1 1
- Verhältnis Inanspruchnahme/Patentanmeldung E.18 31
- Verwendbarkeit E.1 16
- vor 30.09.2009 E.1 1
- Zeichnungen E.1 11
- zeitliche Grenzen der E.1 3
- Zugang E.2 1
- Zustandekommen der Erfindung E.1 6, 12
- Zweck E.1 1

Erfindungswert E.8 1a
- Abzug bei Ungewissheit über Verwertung/Schutzfähigkeit E.8 7
- betrieblicher Nutzen E.8 1a
- Bezugsgröße E.14 31; E.16 10
- Lizenzanalogie E.8 1a
- Risikoabschlag E.8 7
- Schätzung E.8 1a

Erfolg, wirtschaftlicher
- Auskunftsanspruch Stufenklage G.19 5
- Indiz für Schutzwürdigkeit G.10 13; G.14 27

Erfolglosigkeit, vorhersehbare
- Abmahnung, wettbewerbsrechtliche A.10 7
- entbehrliche urheberrechtliche Abmahnung G.1 1

Erfüllungsgehilfe
- Haftung für A.2 8; A.29 12
- Haftung für Wettbewerbsverstoß des A.1 20
- Haftung, urheberrechtliche G.2 2

Erfüllungsort, vertraglicher
- Gerichtsstand C.17 3

Ergänzung
- Gegendarstellung H.1 8

Ergänzung, berichtigende
- Äußerungsrecht H.16 1

Ergänzung, nachträgliche
- Äußerungsrecht H.17 1

Ergänzungsmeldung
- Eingangsbestätigung E.3 4

Erinnerung
- Markenanmeldung B.1 23

Erinnerungswerbung
- Arznei-/Heilmittel A.20 11

Erkennbarkeit
- Abgrenzung Bild/Bildnis H.6 7.2.3(2)

Erklärung
- wider besseres Wissen A.22 8

Erklärungsfrist
- bei patentrechtliche Abmahnung C.2 37; C.3 18

Erlassvertrag
- urheberrechtlicher G.3 4

Erledigterklärung
- Abgabe Unterlassungserklärung im Prozess A.2 11
- Vollstreckung A.24 10

Erledigung der Hauptsache
- Unterlassungsklage, urheberrechtliche G.14 36

Erlöschen
- Gebrauchsmuster D.3 3
- Patent C.10 20

Ersatzordnungshaft
- Androhung A.4 11; C.5 13
- gegen juristische Person A.24 5

Ersatzvornahme
- Schutzrechtsanmeldung Arbeitnehmererfindung E.5 7

Ersatzzustellung
- Verfügung, einstweilige D.12 3

Erschöpfung
- Gebrauchsmuster D.3 3
- mangelnde B.15 19, 20
- Markenrecht B.14 11c; B.15 19, 20
- Patent C.10 20
- weltweite B.15 19

Erschöpfung Markenrecht
- Beweislast B.15 20

Erschöpfungseinwand
- Ausschluss B.15 23

Ersichtlichkeit
- Täuschungsgefahr B.1 12

Erstbegehungsgefahr A.1 11
- presserechtlicher Unterlassungsanspruch H.6 1.2, 2
- Unterlassungsanspruch A.11 7b; B.15 22

Erstreckungsgesetz
- Patent C.2 25

Erweiterung, unzulässige
- Gebrauchsmuster D.3 3
- Löschungsgrund Gebrauchsmuster D.15 8
- Patent C.10 21

Erwiderung
- auf gebrauchsmusterrechtliche Abmahnung D.3 1 f.
- auf Gegendarstellung, rundfunkrechtliche H.1 11
- Aufforderung zum Verzicht D.3 9

Erwiderungsfrist
- Patentstreitsache C.10 22

Erzeugnis, gemeinfreies C.8 35

Erzeugnis, patentverletzendes
- Grenzbeschlagnahme C.26 1, 4

Erzeugnisschutz
- Beweislastumkehr C.7 43
- Klageerwiderung, materielle C.12 1 f.

Sachverzeichnis

- Patentstreitsache C.7 39, 42
- Unmittelbarkeit C.12 8
- Unmittelbarkeit des Verfahrenserzeugnisses C.7 43
- Unterlassungsantrag C.7 17

EU
- Patentberühmung C.25 6

EuGGVO
- Zuständigkeit nach B.13 1

EuGH
- Anregung auf Vorabentscheidung gem. Art. 267 AEUV A.32 1 f., 3
- Schadensersatz des Mitgliedstaates bei unterlassener Vorlage A.32 11
- Verfahrensordnung A.32 3
- Vertragsverletzungsverfahren A.32 11
- Vorlage durch Schiedsgericht A.32 2
- Vorlageberechtigung A.32 2
- Vorlageverfahren A.32 2

EuGVVO
- Gerichtsstand A.4 2

Europäischer Wirtschaftsraum
- Territorium B.15 19

Europäisches Bündelpatent C.1 7, 2, 6

Europäisches Patent C.1 7 s *Patent, europäisches* sa *Patent, europäisches*

Europäisches Patentübereinkommen C.1 7; C.2 6

Europapatent C.1 7; C.2 6
- Abmahnung C.2 6
- Patentberühmung C.25 6

Europarecht
- Gegendarstellung H.1 11

Eventualwiderklage F.11 1

Existenzverlust
- unersetzbarer Nachteil A.22 5

Export
- Grenzbeschlagnahme B.22 1

Fachhochschulbeschäftigter
- Erfindung E.1 3

Fachkreise
- Arneimittel-/Heilmittelwerbung A.20 12
- Beachtung in Fachkreisen G.10 12
- Bekanntheit der Marke B.2 10, 13
- Designrecht F.10 5
- Gemeinschaftsgeschmacksmuster, nicht eingetragenes F.6 11, 15; F.10 5
- Verkehrsdurchsetzung B.2 13
- Vorverbreitung Design F.2 2

Fachmann
- Abgrenzung zu informiertem Benutzer F.11 5

Fachverband
- Abmahn-/Klagebefugnis A.1 4c

Fahrlässigkeit
- im gewerblichen Rechtsschutz B.13 27

Fairnessausgleich
- Antragsformulierung G.19 6

- Klage auf weitere urheberrechtliche Beteiligung (§ 32a UrhG) G.19 1 f., 9
- Kosten/Gebühren G.19 10
- Missverhältnis bezahlte Vergütung/tatsächlicher Erfolg G.19 9
- Streitwert G.19 4
- Stufenklage auf weitere Beteiligung G.19 5
- Zahlungsklage, unbezifferte G.19 7

Fairnessparagraph G.19 1

Farbmarke B.1 11

Fernschreiben
- Unterlassungserklärung, designrechtliche F.3 9

Fernsehausstrahlung
- Begehungsort Persönlichkeitsrechtsverletzung G.22 2

Fernsehen
- Ausschlussfrist Gegendarstellung H.1 11
- einstweilige Verfügung auf Gegendarstellung H.1 11
- Erwiderung auf Gegendarstellung H.1 11
- Gegendarstellung H.1 11
- Gegendarstellungsverfahren H.1 11
- Gegendarstellungsverpflichteter H.1 11
- Veröffentlichung Gegendarstellung H.1 11

Fernsehsendung
- Aufzeichnungs-/Aufbewahrungspflicht H.1 11
- Einsichtsanspruch in aufgezeichnete H.1 11

Fernsehwerbung
- Bekanntheit der Marke/Verkehrsdurchsetzung B.2 7

Fertigarzneimittel
- Behältnisse A.20 8
- Kennzeichnungspflicht A.20 8
- Packungsbeilage A.20 7, 8

Fertigungsstufen
- Herkunftsangabe bei unterschiedlichen B.20 8, 15

Festbestellung
- Gerichtsstand Urheberrechtsstreit G.5 3

Feststellungsantrag
- Schutzrechtsübertragung E.18 9, 19
- Unterlassungsklage, urheberrechtliche G.14 13

Feststellungsinteresse
- Feststellungsklage, negative patentrechtliche C.19 14
- Gemeinschaftsgeschmacksmusterverletzungsklage F.9 14

Feststellungsklage
- Feststellungsinteresse bei Schadensersatz B.13 10
- Parallelimport B.15 7
- Patentstreitsache C.7 48
- Patentverletzung, mittelbare C.6 29
- Schadensersatzanspruch B.13 10; B.15 7
- Schadensersatzanspruch, wettbewerbsrechtlicher A.11 10, 11

Feststellungsklage, negative
- Abmahnung, urheberrechtliche G.1 18

1274

Sachverzeichnis

- bei gebrauchsmusterrechtlicher Abmahnung D.3 8
- Beklagter C.19 5
- des wegen vermeintlicher Patentverletzung Inanspruchgenommenen C.4 15
- Einleitung Hauptsacheverfahren G.7 1
- Feststellungsinteresse C.19 14
- gegen einstweilige Verfügung A.26 1, 3
- gegen unberechtigte Abmahnung A.2 1
- gegen wettbewerbsrechtliche Abmahnung A.1 27; A.2 1a
- Hersteller-/Lieferantenabmahnung D.4 1
- Kostenantrag C.19 12
- Patentstreitsache C.19 1 f.
- Prozessführungsbefugnis C.19 4
- Rubrum C.19 10
- Schutzrechtsverwarnung, unberechtigte F.3 1; F.4 4
- Streitwert C.19 6
- Verhältnis zu patentrechtlicher Nichtigkeitsklage/Einspruchsverfahren C.19 14
- Vollstreckungsantrag C.19 12
- Zuständigkeit, örtliche C.19 3

Film
- Begehungsort Persönlichkeitsrechtsverletzung G.22 2
- Urheberschaft G.14 31

Filmhersteller
- Aktivlegitimation, urheberrechtliche G.5 16

Filmwerk
- Beschreibung G.5 11
- Fairnessausgleich Vergütung G.19 9

Finanzbelege/-unterlagen
- Vorlageanspruch C.2 29

Firma
- Löschungsanspruch B.17 4
- Schlechthin-Verbot B.17 4
- Verletzung der geschäftliche Bezeichnung B.17 2

Firmenbestandteil
- Schutz B.12 9, 10
- Verwechslungsprüfung B.17 23

Firmenrechtsverletzung
- Marktverwirrungsschaden A.13 8

Formalbeleidigung H.6 7.1.5

Formenschatz, vorbekannter
- der Eigenart/Neuheit eines Designs entgegenstehender F.2 2
- Design F.1 6
- Vorverbreitung F.2 2

Formgestaltung, wahrnehmbare
- Urheber G.5 21

Formstein-Einwand
- Gebrauchsmustersache D.3 3; D.8 4
- Gebrauchsmusterstreitsache D.8 4
- Patent C.4 2e
- Patentrecht C.1 8; C.2 9; C.5 50; C.10 21
- Patentverletzung C.5 50

Fortsetzungszusammenhang A.1 20
- Unterlassungsverpflichtung, strafbewehrte H.7 2
- Vertragsstrafe C.2 20
- Verwirkung Vertragsstrafe G.2 4
- Verzicht der Einrede des F.3 15
- Zuwiderhandlung A.24 13
- Zuwiderhandlungen bei Vertragstrafe A.29 11

forum shopping
- Patentrecht C.19 14

Fotografie
- Schutz G.4 15

Fragebogen
- Verkehrsbefragung zur Klärung der Verkehrsauffassung A.31 1 f.

Fragenkatalog
- Formulierung A 31, 3
- Verkehrsbefragung A.31 2 f.

Frand-Einwand C.2 38; C.4 2j; C.10 20

Freibeweis
- Eidesstattliche Versicherung C.10 4
- Wahrscheinlichkeit des Erfolgs der Nichtigkeitsklage C.10 4

Freier Stand der Technik C.10 21

Freigabe
- Vergütung für Benutzung vor E.6 4

Freigabeerklärung
- Adressat E.6 2
- ausdrückliche E.6 1
- Diensterfindung E.6 1
- Form E.6 1
- Frist E.6 3
- nach Inanspruchnahme und Schutzrechtsanmeldung E.6 3
- nach Inanspruchnahme, vor Schutzrechtsanmeldung E.6 3
- Rechtsfolgen E.6 3, 4
- vor Inanspruchnahme E.6 3

Freigabeverpflichtung
- bei teilweiser Schutzrechtsanmeldung E.4 9

Freihaltebedürfnis B.1 12; B.2 3
- Löschungsgrund B.8 14
- Nachahmung A.12 24

Freikauf
- von Patentanmeldung E.4 7, 9

Fremdsprachliche Angaben
- Unterscheidungskraft Markenfähigkeit B.1 12

Fristen
- Abmahnung A.1 25
- Abmahnung, urheberrechtliche G.1 18
- Anordnungsverfahren § 926 Abs. 1 ZPO G.7 9
- Antrag nach § 926 ZPO A.26 8
- Antrag nach § 927 ZPO A.27 12
- einstweilige Verfügung Abnehmerverwarnung D.4 16a
- Grenzbeschlagnahme F.14 16
- Kostenwiderspruch A.10 9
- Nichtigkeitsklage, patentrechtliche C.14 26

Sachverzeichnis

- Ordnungsmittelverfahren A.24 17
- Schiedsverfahren Arbeitnehmererfindung E.17 20
- Schutzrechtsübertragung E.18 23
- Schutzschrift A.3 13
- Stufenklage Erfindervergütung E.14 41
- Übertragungsklage, designrechtliche F.13 8
- Verfügung, einstweilige A.4 23
- Vorlageverfahren/Vorabentscheidung A.32 13
- wettbewerbsrechtliche Klage A.11 18
- Widerspruch gegen Beschlussverfügung A.8 7
- Widerspruchsentscheidung G.6 10
- Zwangsmittelverfahren A.25 9

Fristsetzung
- Abmahnung, urheberrechtliche G.1 9, 16
- Berechtigungsanfrage F.1 9
- Messeveranstaltung F.3 5
- Nachfrist bei zu kurzer F.3 5
- Verwarnung, designrechtliche F.3 5

Fristsetzungsverfahren
- Klageerhebung nach § 926 Abs. 1 ZPO G.7 1 f.

Fristverlängerung
- bei Abmahnung A.1 27
- Klageerwiderung, patentrechtliche C.9 15, 16

Fristversäumnis
- Widerspruch Markeneintragung B.3 3

Frucht, verbotene
- Makel der A.19 8

Früher erster Termin
- Gebrauchsmusterstreitsache D.7 1
- Gemeinschaftsgeschmacksmusterverletzungsklage F.9 23
- Klageerwiderung G.15 3
- Unterlassungsklage G.14 21

Funktion, technische
- Begriff F.11 6

Funktionsarzneimittel A.20 6

Gattungsbezeichnung B.1 12

GbR
- Markenrechtsfähigkeit B.1 7

Gebrauchsgegenstand
- Darlegung gestalterischer Überschuss G.14 26

Gebrauchsmuster
- Abmahnung D.2 1 f.
- Abmahnung als Eingriff in eingerichteten und ausgeübten Gewerbebetrieb D.1 1; D.3 6
- Abmahnungsrisiko D.1 1
- Abnehmerverwarnung D.4 1
- Abnehmerverwarnung, rechtswidrige D.4 13
- Abschlussschreiben D.4 16c
- Äquivalenzprüfung D.6 27
- Aufforderung zum Verzicht D.3 9
- Ausführungsform, fehlende D.6 27
- Ausführungsform, geänderte/ersetzte D.6 27
- Auskunftsanspruch D.14 3
- Auskunftsanspruch Herkunft/Vertriebsweg D.2 7, 19
- Beginn der Schadensersatzpflicht D.2 17, 21
- Belegvorlageanspruch D.2 11
- Benutzungsanordnung, behördliche D.3 3
- Berechtigungsanfrage D.1 1 f.
- Beschwerdeentgegnung, formelle D.19 1 f.
- Beschwerdeentgegnung, materielle D.20 1 f.
- Besichtigungsanspruch D.13 1
- Einreichung neuer Schutzanträge D.16 2
- einstweilige Verfügung wegen Abnehmerinformation/-verwarnung D.4 1 f.
- Einstweilige Verfügung wegen unzulässiger Werbung D.14 1 f.
- Eintragungstag D.2 16
- Einwand des älteren Rechts D.3 3
- Einwand mangelnder Schutzwirkung D.3 3, 4
- Entfernung aus Vertriebsweg D.2 8
- Entnahme, widerrechtliche D.3 3
- Erschöpfung D.3 3
- Erweiterung, unzulässige D.3 3
- Erwiderung Abmahnung D.3 1 f.
- Feststellung der Schadensersatzverpflichtung dem Grunde nach D.5 15
- Form Berechtigungsanfrage D.1 1
- Formstein-Einwand D.3 3; D.8 4
- Formulierung Unterlassungsantrag D.2 15
- Gebrauchsmusterverletzungsklage D.5 1 f.; D.6 1 f.
- Gebühr Löschungsantrag D.15 6
- Glaubhaftmachung D.3 5
- Hilfsanträge bei Widerspruch D.16 2
- Klage auf Kostenerstattung D.3 8
- Kosten/Gebühren Berechtigungsanfrage D.1 7
- Kostenentscheidung Widerspruch gegen Löschungsantrag D.16 3
- Kostenerstattung D.1 5; D.2 22, 24, 27; D.5 37
- Löschung D.3 3
- Löschungsantrag D.8 1, 7; D.15 1 f., 5
- Löschungsgründe D.15 8
- Löschungsreife D.3 4
- Löschungsverfahren D.9 1; D.15 9, 12
- mangelnde Neuheit D.3 4; D.15 7
- Mitwirkung Patentanwalt D.1 3, 6; D.2 2; D.3 1
- Neuheitsbegriff, relativer D.3 4
- Neuheitsschonfrist D.3 4
- Rechnungslegungsanspruch D.2 7, 17, 18
- Rechtsanwaltsgebühren Löschungsantrag/ -verfahren D.15 13
- Rechtsbeschwerde D.17 8
- Rechtsbestand D.12 1
- Rechtsbestand, fehlender D.3 3
- Rechtsbeständigkeit D.1 1
- Rechtsmittel Beschwerdeverfahren D.17 8
- Rechtsmittel Löschungsantrag D.15 14
- Rückrufanspruch D.2 8
- Schonfrist Schadensersatz D.2 17
- Schutz, äquivalenter D.6 1, 27
- Schutzfähigkeit D.1 1; D.8 1; D.12 1

Sachverzeichnis

- Schutzrecht, ungeprüftes D.1 1
- Schutzwirkung, mangelnde D.8 1
- Streitwert D.2 23; D.12 4
- Unkenntnis Schutzrechtslage D.2 5, 7
- Urteilsveröffentlichung D.2 11; D.5 18
- Verjährungseinwand D.3 3
- Vernichtungsanspruch D.2 9
- Verschulden D.2 5, 6
- Verwirkung D.3 3
- Vorbenutzung D.3 4
- Vorbenutzungsrecht D.3 3
- Vorbenutzungsrecht, innerbetriebliches D.1 1
- Vorveröffentlichung D.3 4
- Weiter-/Zwischenbenutzungsrecht D.3 3
- Werbung, irreführende D.14 1 f., 4
- Widerspruch gegen Löschungsantrag D.15 12, 14; D.16 1 f.
- Wirkungslosigkeit D.3 3
- Wirtschaftsprüfervorbehalt D.2 7, 19; D.5 13; D.6 12; D.7 3
- Zeitablauf D.3 3
- Zustimmung D.3 3

Gebrauchsmusteranmeldung
- Arbeitnehmererfindung E.4 8
- Übernahmeangebot an Arbeitnehmer E.7 4

Gebrauchsmusterblatt
- Veröffentlichungsblatt DPMA C.1 7; C.2 6

Gebrauchsmusterinhaber
- Wechsel bei Widerspruch D.16 1

Gebrauchsmusterrecherche D.1 1

Gebrauchsmusterrecht
- Beschwerde im Löschungsverfahren D.17 1 f., 3
- Kostenerstattung Testkauf D.2 25
- Kostenerstattung Wirtschaftsauskunft D.2 25
- Schutzrechtshinweis D.1 1
- Zuständigkeitskonzentration bei Verbindung mit Nachahmungsklage A.12 2

Gebrauchsmusterrolle D.1 1

Gebrauchsmustersache
- Verteidigung gegen Inanspruchnahme D.3 3

Gebrauchsmusterschrift D.5 20, 23

Gebrauchsmusterstelle
- Prüfung der Anmeldung D.1 1

Gebrauchsmusterstreitsache
- Abweisung mangels Schutzwirkung D.8 1
- Aussetzung D.8 1
- Aussetzungsantrag D.9 1, 3
- Belegvorlageanspruch D.5 10
- Dringlichkeit D.4 10; D.12 8
- Einreden D.7 4
- einstweilige Verfügung wegen Gebrauchsmusterverletzung D.12 1 f., 9
- Formstein-Einwand D.8 4
- Gewinn, entgangener D.11 1c
- Glaubhaftmachung der Dringlichkeit D.12 8
- Herstellungsverbot D.6 8
- insbesondere-Antrag D.5 8; D.6 9
- Klageerwiderung, formelle D.7 1 f.
- Klageerwiderung, materielle mit Aussetzungsantrag D.9 1 f.
- Klageerwiderung, materielle ohne Aussetzungsantrag D.8 1 f.
- Kostenfestsetzungsverfahren D.3 8
- Lizenzsatz, angemessener D.11 1a
- Patentanwaltskosten D.4 14
- Rechnungslegungsanspruch D.5 11, 12
- Restschadenanspruch D.6 16, 29
- Rückrufanspruch D.5 16
- Schadensersatzklage, bezifferte D.11 1 f.
- Schutzfähigkeit Gebrauchsmuster D.8 1
- Sicherheitsleistung D.10 3
- Terminierung D.5 4; D.7 1
- Unterlassungsantrag D.5 7; D.6 8, 9
- Urteilsvollstreckung D.10 1 f.
- Verfahrenshinweise Münchener Verfahren C.9 16
- Verletzergewinn D.11 1b
- Vernichtungsanspruch D.5 17
- Vollstreckbarkeit, vorläufige D.10 1
- Widerklage D.8 10
- Wirtschaftsprüfervorbehalt D.2 7, 19; D.5 13; D.6 12; D.7 3; D.8 9; D.9 9
- Zuständigkeit D.4 12

Gebrauchsmusterverletzung
- Abmahnung D.2 1 f.
- Abnehmerbenennung D.2 7, 19
- Äquivalenz-/prüfung D.6 27
- Auskunftsanspruch D.2 7, 16 f.
- Besichtigungsantrag D.13 1
- Gegenstandswert D.2 22; D.12 4
- Klage wegen äquivalenter D.6 1 f.
- Klage wegen wortsinngemäßer D.5 1 f.
- Klageerwiderung, formelle D.7 1 f.
- Klageerwiderung, materielle mit Aussetzungsantrag D.9 1 f.
- Klageerwiderung, materielle ohne Aussetzungsantrag D.8 1 f.
- Lizenzanalogie D.2 6
- paralleler Löschungsantrag D 15, 11
- Prüfung bei äquivalenter D.6 27
- Prüfung Gebrauchsmuster D.1 1
- Schadensberechnung D.2 6
- Schadensersatzklage, bezifferte D.11 1 f.
- Verfügung, einstweilige D.12 1 f., 9
- verjährter Zeitraum D.6 31, 33
- Verjährung D.6 31
- Verletzergewinn D.2 6
- Verteidigungsmöglichkeiten D.3 3; D.8 2

Gebrauchsmusterverletzungsklage
- Ausführungsform, bevorzugte D.5 8
- Ausführungsform, geänderte D.6 27
- Auskunftsanspruch D.5 9
- Belegvorlage D.5 10
- Bereicherungsanspruch D.6 16, 29
- Darstellung Klagegebrauchsmuster D.5 23

Sachverzeichnis

- Einzelrichterzuweisung D.5 5
- Gebrauchsmusterschrift D.5 20, 23
- Gegenargumentation D.5 27
- Gerichtsstand D.5 35
- Gütetermin D.5 6
- Herstellungsverbot D.6 8
- Inanspruchnahme Geschäftsführer D.5 2
- Klageerwiderung, formelle D.7 1 f.
- Klageerwiderung, materielle mit Aussetzungsantrag D.9 1 f.
- Klageerwiderung, materielle ohne Aussetzungsantrag D.8 1 f.
- Klagegebrauchsmuster D.5 22
- Kosten/Gebühren D.5 14, 37
- Kostenerstattung D.5 14, 37
- Merkmalsgliederung D.5 25
- Rechnungslegung D.5 11, 12
- Rechtsanwaltsgebühren D.5 14, 37
- Restschadenanspruch D.6 16, 29
- Rückrufanspruch D.5 16
- Schadensersatz, bezifferter D.11 1 f.
- Stand der Technik D.5 24
- Streitwert D.2 22; D.5 3, 37
- Streitwertherabsetzung D.5 37c
- Teilstreitwert D.5 37c
- Terminierung D.5 4
- Unteranspruch D.5 8; D.6 9
- Untergliederung D.5 19
- Urteilsveröffentlichung D.5 18
- Urteilsvollstreckung D.10 1 f.
- Verletzung, äquivalente D.6 1 f.
- Verletzung, wortsinngemäße D.5 1 f.
- Verletzungstatbestand D.5 26
- Vernichtungsanspruch D.5 17
- Zuständigkeit D.5 1, 35; D.6 36

Gebühren
- Abdruck Gegendarstellung H.2 10
- Abmahnung A.1 23
- Abmahnung, urheberrechtliche G.1 17
- Abnehmerverwarnung, gebrauchsmusterrechtliche D.4 15
- Abschlussschreiben A.7 15
- Anordnungsverfahren § 926 Abs. 1 ZPO G.7 8
- Antrag nach § 926 ZPO A.26 7
- Antrag nach § 927 ZPO A.27 11
- Antwortschreiben, patentrechtliches C.4 19
- Aufhebungsverfahren § 926 Abs. 2 ZPO G.8 9
- Aufhebungsverfahren, selbständiges G.9 11
- Berechtigungsanfrage, gebrauchsmusterrechtliche D.1 7
- Beschwerde Markenrecht B.5 12
- Beweisverfahren, selbständiges C.22 32
- Boykottaufruf A.11 17; A.14 9
- einstweilige Verfügung G.5 30
- Gebrauchsmusterverletzungsklage D.5 14, 37
- Gegendarstellungsverfahren H.4 14
- Hinweisschreiben, patentrechtliches C.1 14
- Kostenwiderspruch A.10 10

- Löschungsantrag B.8 9
- Löschungsantrag Gebrauchsmuster D.15 13
- Markenanmeldung B.1 22
- Markenverletzungsklage B.13 31
- Nichtigkeitsklage, patentrechtliche C.14 10, 25
- Ordnungsmittelverfahren A.24 16
- Patentverletzungsklage C.5 71
- Rechtsbeschwerde B.6 10
- Schiedsverfahren Arbeitnehmererfindung E.17 19
- Schutzrechtsübertragung E.18 22
- Schutzschrift A.3 12; C.23 13; G.4 17
- Sequestration G.11 17
- Stufenklage Erfindervergütung E.14 40
- Übertragungsklage, designrechtliche F.13 7
- Verfügung, einstweilige A.4 22; F.6 23
- Vervielfältigungs-/Verbreitungsklage G.20 10
- Verwarnung, patentrechtliche C.2 39
- Verzichtsvereinbarung G.3 7
- Vollstreckung Gebrauchsmusterstreitsache D.10 6
- Vorlageverfahren/Vorabentscheidung A.32 12
- wettbewerbsrechtliche Klage A.11 17
- Widerspruch gegen einstweilige Verfügung G.6 9
- Widerspruchsverfahren einstweilige Verfügung A.8 8
- Widerspruchsverfahren Markeneintragung B.3 18
- Zustellungsauftrag A.6 11
- Zwangsmittelverfahren A.25 8

Gebührenzahlung
- unterlassene C.16 4

Gefahr der Vereitelung
- entbehrliche urheberrechtliche Abmahnung G.1 1

Gegenabmahnung
- Abmahnung, wettbewerbsrechtliche A.1 27; A.2 1a
- designrechtliche F.4 4
- Kostenerstattung A.2 1; C.4 18

Gegenangebot
- Schutzrechtsverwarnung F.4 2

Gegenangriff
- Nichtigkeitswiderklage F.11 1

Gegenanzeigen
- Arznei-/Heilmittelwerbung A.20 4, 10

Gegenbild
- Gegendarstellung H.1 11

Gegendarstellung
- Abdruck, teilweiser H.3 1
- Abdruckpflicht H.2 6
- Abdruckverlangen H.2 4
- Abdruckverlangen, unbeantwortetes H.3 1
- Ablehnung der Veröffentlichung H.3 1
- Alles- oder- nichts- Prinzip H.3 1; H.4 9
- Angaben, tatsächliche H.1 5a
- Angemessenheit H.1 5b

Sachverzeichnis

- Anknüpfung an Erstmitteilung H.1 3, 5a
- Anspruchsberechtigte H.1 1c, 11, 12
- Antrag auf Abweisung des Veröffentlichungsantrags H.5 1
- Antrag auf Anordnung der Veröffentlichung H.4 1
- anwendbares Recht H.1 1a
- Aufforderungsschreiben zum Abdruck H.2 1
- Ausgabe/Nummer, nächstfolgende H.2 6
- Ausschlussfrist H.1 11; H.2 3
- Äußerung in verschiedenen Medien H.1 13
- Äußerung, mehrdeutige H.1 4b
- Äußerung, verdeckte H.1 4b
- Ausstrahlung H.1 11
- Begründung der Veröffentlichungsentscheidung H.3 1
- Beleidigung H.1 5a
- Bezeichnung der beanstandeten Sendung H.1 11
- Bildveröffentlichung H.1 4c, 5a
- Datums-/Ortsangabe H.1 9
- detaillierte H.1 5a
- Druckwerk, ausländisches H.1 1e
- Eindruck, unzutreffender der Erstmitteilung H.1 7, 8
- Einschaltungen bei Veröffentlichung H.2 6; H.3
- Entgegnung H.1 5a
- Ereignis, zukünftiges H.1 4b
- Ergänzung Erstmitteilung H.1 8
- Erwiderung, rundfunkrechtliche auf H.1 11
- fehlendes berechtigtes Interesse H.1 1e
- Fernsehen H.1 11
- Form H.1 10
- Gegenbild H.1 11
- Gegendarstellung zur H.1 1e
- Gegenfilm H.1 11
- Gegenstandswert H.2 10
- gesonderte H.1 13
- gleichzeitige Geltendmachung im Online-Medium H.2 8
- Glossierung H.2 6
- Hinweis im Inhaltsverzeichnis H.2 7
- im gleichen Teil des Druckwerks H.2 6
- in gleicher Schrift H.2 6
- in Nebenausgabe H.2 6
- Inhalt, strafbarer H.1 5a
- Irreführung H.1 1e
- kommentierende Stellungnahme zur H.2 6
- Kosten-/Gebührenfreiheit H.2 10
- Kostenerstattung H.2 10; H.3 2
- Layout H.2 6
- Meinungsäußerung H.1 4b
- Nachprüfung H.3 1
- öffentlich mitgeteilte Tatsache H.1 4b
- ordnungsgemäße H.2 3
- Organisation, übernationale H.1 11
- presserechliche A.26 3
- presserechtliche H.1 1
- Rechtsanwaltsgebühren H.2 10; H.3 2
- Rechtszeitigkeit des Abdrucks H.2 6
- Redaktionsschwanz H.1 4c; H.2 6
- Rundfunk H.1 11
- Rundfunk, privater H.1 11
- Stellenleiter H.1 10
- summarische H.1 5a
- Tatsachen, aufgestellte H.1 4c
- Tatsachen, neue H.1 5a
- Tatsachenbehauptung in Werbesendung H.1 11
- Tatsachenbehauptungen H.1 4b
- Telemedien H.1 12
- Überschrift H.1 2; H.2 6
- Umfang H.1 5b
- Umfang, unangemessener H.1 5b
- Unrecht, zivilrechtliches H.1 5a
- unter Leserbriefe H.2 6
- Unterzeichnung H.1 10
- unvertretbare Handlung A.25 4
- Unwahrheit, offensichtliche H.1 1e
- Verbreitung H.1 11
- Verfahren bei Rundfunk/Fernsehen H.1 11
- Verfügung, einstweilige H.1 11; H.4 1, 3
- Veröffentlichung, rundfunkrechtliche H.1 11
- Veröffentlichungspflicht H.2 6
- Veröffentlichungsverlangen H.2 4, 9
- Verpflichteter H.1 1d, 11
- Vertretung bei H.1 10
- Vertretung bei Abdruck-/Veröffentlichungsverlangen H.2 2
- Vorabübermittlung H.2 3
- Weglassungen bei Veröffentlichung H.2 6; H.3 1
- Widerspruch gegen Veröffentlichung H.5 2
- Wiedergabe der Erstmitteilung H.1 4a
- zu umfangreiche H.3 1
- Zuleitung H.2 3
- Zuleitungsfrist H.2 3
- Zurückweisung Erstmitteilung H.1 5a
- Zusätze bei Veröffentlichung H.2 6; H.3 1
- Zweck H.1 1b

Gegendarstellungsanspruch H.1 1
- Anspruchsberechtigte H.1 1c, 11, 12
- Anspruchsverpflichteter H.1 1d
- Anspruchsverpflichteter (Rundfunk) H.1 11
- Antwort auf H.1 5
- Betroffener H.1 1c
- Durchsetzung H.4 1
- Entstehen H.1 1f
- fehlendes berechtigtes Interesse H.1 1e
- per Telefax H.1 1f, 10
- Person H.1 1c
- Stelle H.1 1c, 11
- Vererbbarkeit H.1 1c
- Zuleitung H.1 1f

Gegendarstellungspflicht
- Ausnahmen H.1 1e
- Redakteur, verantwortlicher H.1 1d
- Verleger H.1 1d

1279

Sachverzeichnis

Gegendarstellungstitel
- Vollstreckung H.4 16
- Vollziehung H.4 16

Gegendarstellungsverfahren
- Abweisungsantrag H.5 1
- Aktualitätsgrenze H.4 1
- Änderung Inhalt Gegendarstellung H.4 9
- Änderungsbefugnis des Antragstellers H.4 9
- Frist H.4 1
- Glaubhaftmachung H.4 12
- Kosten/Gebühren H.4 14
- Nachbesserungshinweis des Gerichts H.4 9
- ohne mündliche Verhandlung H.4 7
- Streitwert H.4 6
- Veröffentlichungsmodalitäten H.4 8
- Zuleitung Gegendarstellung H.4 12
- Zuständigkeit, örtliche H.4 2
- Zuständigkeit, sachliche H.4 2

Gegenfilm
- Gegendarstellung H.1 11

Gegenschlag
- Abmahnung A.2 1

Gegenstandsbild H.6 7.2.3(11)
Gegenstandswert s Streitwert
Gegenverwarnung
- designrechtliche F.3 23; F.4 4

Gehalt, geistiger
- Urheber G.5 21

Geheimhaltung
- Diensterfindung E.1 19

Geheimhaltungsinteresse
- bei Klage wegen Geheimnisverrat A.18 3

Geheimhaltungswille A.18 12
Geheimnis
- Begriff A.18 11

Geheimnisverrat
- Auskunftsanspruch A.18 6
- Bestimmtheit des Antrags A.18 3
- durch Angestellten A.18 9
- Klage wegen A.18 1
- Klageerwiderung A.22 8
- Mitteilung A.18 8
- Sicherung eines Geheimnisses A.18 7
- Unterlassungsantrag A.18 5

Geheimnisverwertung A.18 4
Geheimsphäre
- Persönlichkeitsrecht H.6 7.1.2(1)

Gehör, rechtliches
- Schutzschrift A.3 9; F.5 8
- Verletzung im Beschwerdeverfahren B.6 12

Geistiger Gehalt
- Begriff G.5 21

Geldentschädigung
- Abwendung Vollstreckung Unterlassungsanspruch G.15 16
- Persönlichkeitsrechtsverletzung H.19 7

Gemeinkosten
- Schadensersatzklage B.19 11

- Verletzergewinn C.2 27, 28

Gemeinkostenanteil C.5 25
Gemeinschaftsgeschmacksmuster
- Benutzer, informierter F.11 5
- Funktion, technische F.11 6
- Nachahmungsschutz A.23 11
- Nichtigkeitsgründe F.12 11
- Prüfung materieller Schutzvoraussetzungen im Eintragungsverfahren F.11 2
- Recht, absolutes F.9 21

Gemeinschaftsgeschmacksmuster, eingetragenes
- Abnehmerverwarnung F.7 5
- Antrag auf Grenzbeschlagnahme F.14 9
- Aufforderung zur Drittauskunft F.7 1 f.
- Auskunftsanspruch F.7 2
- Belegvorlageanspruch F.8 5
- Drittauskunftsanspruch F.8 5; F.10 7
- Nichtigerklärung durch EUIPO F.12 1
- Nichtigkeitseinwand im Eilverfahren F.11 2
- Nichtigkeitswiderklage F.11 1
- Rechnungslegungsanspruch F.7 2
- Schutz F.7 2
- Unterlassungsanspruch F.7 2
- Verfügung, einstweilige (Drittauskunft/Belegvorlage) F.8 1 f.
- Verletzungsklage F.9 1 f.
- Vernichtungsanspruch F.7 2
- Zuständigkeit F.8 1; F.9 2

Gemeinschaftsgeschmacksmuster, nicht eingetragenes F.6 10
- Ansprüche nach Erlöschen des Schutzrechts F.6 12
- Antrag auf Grenzbeschlagnahme F.14 9
- Eigenart F.6 14
- Marktgeschehen, ausländisches F.6 15
- Nachahmung F.6 16
- Neuheit F.6 14
- Nichtigkeitseinwand im Eilverfahren F.11 2
- Rechtsinhaber F.6 13
- Schutz F.6 11
- Schutzbeginn F.6 12
- Schutzdauer F.6 12
- Zugänglichmachung, öffentliche F.6 11

Gemeinschaftsgeschmacksmustergericht F.9 3
Gemeinschaftsgeschmacksmustersache
- Antrag auf Erlass einstweiliger Verfügung F.6 1 f.
- Antrag auf Erlass Herausgabeanordnung F.6 1 f.
- Begriff F.9 3
- Eilverfahren F.6 1 f., 2
- Gemeinschaftsgeschmacksmustergericht F.9 3
- Kammer für Handelssachen F.9 2
- Nichtigkeitswiderklage F.11 1 f.
- Streitgegenstand F.9 9
- Streitwert F.6 21, 22; F.8 11; F.9 10, 22
- Verletzungsklage F.9 1 f.
- Zuständigkeit F.6 1; F.8 1; F.9 1, 2, 2, 3
- Zustellungsbevollmächtigter F.9 8

Sachverzeichnis

Gemeinschaftsgeschmacksmusterverletzung **F.9** 21
- Verjährung **F.9** 25
- Verwirkung **F.9** 25

Gemeinschaftsgeschmacksmusterverletzungsklage **F.9** 1 f.
- Abbildung in Klageschrift **F.9** 12
- Androhung Ordnungsmittel **F.9** 11
- Auskunftsanspruch **F.9** 14, 15
- Beweiserhebung **F.9** 19
- Feststellungsinteresse **F.9** 14
- Klageerwiderung **F.10** 1 f.
- Klageschrift **F.9** 4
- Kosten/Gebühren **F.9** 24
- Kostenantrag **F.9** 16
- Kostenerstattung **F.9** 14
- Kostenerstattung Patentanwalt **F.9** 7
- Offenbarungsgehalt Abbildung **F.9** 20
- Rechnungslegungsanspruch **F.9** 15
- Rechtsmittel **F.9** 25
- Schadensersatz **F.9** 14
- Schadensschätzung **F.9** 14, 15
- Sicherheitsleistung **F.9** 18
- Streitwert **F.9** 10
- Stufenklage **F.9** 15
- Teilerledigung **F.9** 22
- Teilstreitwert **F.9** 22
- Unterlassungsanspruch **F.9** 13
- Verhandlung, mündliche **F.9** 23
- Vollstreckbarkeit, vorläufige **F.9** 17
- Vorverfahren, schriftliches **F.9** 23
- Wirtschaftsprüfervorbehalt **F.9** 15; **F.10** 7
- Zuständigkeit **F.9** 1, 2
- Zuständigkeit, örtliche **F.9** 21

Gemeinschaftsmarke s *Unionsmarke*
Gemeinschaftspatent **C.1** 7; **C.2** 6
- Abmahnung **C.2** 6

Generalprävention
- Strafantrag bei Bestechung/Bestechlichkeit **A.16** 2

Gericht
- Zuständigkeit Strafantrag **G.23** 2

Gerichtsbericht
- Gegendarstellung **H.1** 1e

Gerichtsberichterstattung **H.6** 7.1.6

Gerichtsgebühren
- Fälligkeit bei Patentstreitsache **C.14** 10
- Nichtigkeitsklage, patentrechtliche **C.14** 10, 25
- Unterlassungsklage, urheberrechtliche **G.14** 8, 9
- Zahlung in Patentstreitsache **C.14** 10

Gerichtskostenvorschuss
- Klage, wettbewerbsrechtliche **A.11** 17

Gerichtssprache
- Patentgericht **C.10** 8

Gerichtsstand
- Abnehmerverwarnung, rechtswidrige **D.4** 13
- Begehungsort **A.4** 2
- bei ausländischem Markeninhaber **B.9** 2
- bei Testkauf **A.4** 2
- der gewerblichen Niederlassung **A.4** 2
- Einlassung, rügelose **C.17** 3
- Erfüllungsort, vertraglicher **C.17** 3
- Erstbegehungsgefahr **A.4** 2
- EuGVVO **A.4** 2
- fliegender **A.1** 4a; **A.3** 2; **G.4** 2
- Gebrauchsmusterverletzungsklage **D.5** 35
- kraft Sachzusammenhang **A.4** 2
- Maßnahmen, einstweilige **C.17** 3
- Patentstreitsache **C.5** 2; **C.17** 3
- Prorogation **C.17** 3
- Rechtshängigkeit, anderweitige **C.17** 3
- Streitgenossenschaft **C.17** 3
- Verhandeln, rügeloses **A.4** 2
- Widerklage **C.17** 3

Gerichtsstand, fliegender
- unerlaubte Handlung **F.5** 4
- Urheberrechtsstreit **G.5** 3

Gerichtsstandvereinbarung
- bei einstweiliger Verfügung **A.4** 2
- Kennzeichenstreitsache **B.13** 1
- Unterlassungserklärung **G.2** 12

Gerichtsvollzieher
- Abmahnung **G.1** 3
- Beglaubigung Abschrift **A.6** 6
- Sequestration **G.11** 11
- Vernichtung Vervielfältigungsstücke **G.14** 16, 41
- Verteilungsstelle **A.6** 2
- Zuständigkeit Zustellung **A.6** 2
- Zustellungsauftrag an **A.6** 1

Geruchsmarke **B.1** 11

Gesamtvertrag
- Abschluss **G.25** 1 f., 4
- Abschluss-/Änderungsverfahren **G.25** 9
- Antrag auf Abschluss/Änderung **G.25** 9
- Beweislast bei Unzumutbarkeit **G.25** 10

Geschäftliche Bezeichnung
- Klage wegen Verletzung **B.17** 1 f., 2

Geschäftlicher Verkehr
- Bestechung im **A.16** 2

Geschäftsanzeige
- Gegendarstellungsanspruch **H.1** 1e

Geschäftsbezeichnung, besondere
- Schutz **B.12** 10

Geschäftsbeziehungen
- Gefährdung wirtschaftliches Fortkommen/Existenz **H.6** 7.3

Geschäftsbücher
- Prüfung durch Autor **G.21** 11, 15

Geschäftsführer
- Androhung Ersatzordnungshaft **A.4** 11
- Erfindung **E.1** 3
- Haftung bei Nachahmung **A.12** 4
- Haftung Marken-/Wettbewerbsverletzung **B.10** 19

Sachverzeichnis

- Inanspruchnahme bei Gebrauchsmusterverletzung D.5 2; D.12 3
- Passivlegitimation A.4 5
- urheberrechtliche Verantwortlichkeit des G.1 2
- Zustellung an D.12 3

Geschäftsführerhaftung
- unlauterer Wettbewerb A.4 5
- Wettbewerbshandlung A.1 3

Geschäftsführung ohne Auftrag
- Kostenerstattungspflicht des Störers C.3 17

Geschäftsgebühr
- Verwarnung, designrechtliche F.3 19

Geschäftsgeheimnis A.18 2
- Begriff A.18 11
- Geheimhaltungswille A.18 11
- Verwertung A.18 4

Geschäftslokal
- Zustellung im F.6 3

Geschäftspraktik, unlautere
- Verstoß gegen PAngV A.21 9

Geschäftsschädigung sa Anschwärzung
- Klagezuständigkeit A.17 1, 9
- Tatsachenbehauptung, unwahre A.17 2

Geschehen
- Darstellung des Geschehens G.22 13

Geschmacksmarke B.1 11
Geschmacksmuster s Design, eingetragenes s Designrecht
- Nachahmungsschutz A.23 11

Gesellschafter
- Erfindung E.1 3
- Klageerweiterung Patentstreitsache auf C.17 4

Gesetzgebungsänderung
- veränderte Umstände A.27 2

Gestaltung
- ästhetische A.12 23
- farbliche B.1 11
- technisch bedingte A.12 24

Gestehungskosten C.5 25
Gesundheit
- Schutz von H.6 7.1.4

Gewerbebetrieb
- Eingriff in eingerichteten und ausgeübten C.1 1; F.7 5

Gewinn, entgangener
- Berechnung Schadensersatz D.11 1c
- Nachahmungsklage A.12 7; A.13 5
- Schadensberechnung B.13 10
- Schadensersatz B.19 6
- Schadensersatz Designverletzung F.2 11

Gewinnabschöpfung
- Nachahmungsklage A.12 7, 11; A.13 5

Gewinnabschöpfungsanspruch
- Abmahnung, wettbewerbsrechtliche A.1 17
- Durchsetzung A.11 11
- Verband A.1 4c
- Wettbewerbsverstoß A.11 11

Gewinnerwartung
- Schutz angemessener Gewinnerzielung A.12 28

Glaubhaftmachung
- Beweismittel G.4 13; G.5 15
- Beweismittel, präsente A.4 14
- Drittauskunft G.5 15; G.10 9
- Eidesstattliche Versicherung A.4 14; A.5 1; D.3 5
- Gutachter A.4 14
- Offensichtlichkeit der Rechtsverletzung F.8 8
- Privatgutachten G.5 24
- Rechtserwerb, urheberrechtlicher G.5 18
- Schutzfähigkeit, urheberrechtliche G.5 18, 19, 20
- Schutzschrift G.4 13
- Sicherstellungsmittel F.6 20
- Urheberschaft G.5 18
- Verfügung, einstweilige A.4 14; C.20 19
- Verfügungsanspruch F.6 7
- Verfügungsanspruch/-grund G.5 15
- Verfügungsgrund F.6 8
- Versicherung, anwaltliche A.4 14
- vorprozessuale Zeugenäußerung D.3 5

Gleichartigkeit, markenrechtliche B.13 25
Gleichwertigkeit der Austauschlösung
- Patentverletzung, äquivalente C.1 8; C.2 9; C.5 50

Gleichwirkung
- Patentverletzung, äquivalente C.1 8; C.2 9; C.5 50

Glossierung
- Gegendarstellung H.2 6

GmbH
- Geschäftsführerhaftung Wettbewerbshandlung A.1 3

good will
- Gefährdung A.22 5
- Geschäftsgeheimnis A.18 11

good will, kollektiver
- Herkunftsangabe, geographische B.20 4

Grauer Markt B.15 3
Grauimport
- Strafanzeige B.21 1

Graumarktware
- Grenzbeschlagnahme B.22 1

Grenzbeschlagnahme
- Antrag B.22 1 f.; C.26 2
- Antrag auf Tätigwerden B.22 1
- Antrag, nationaler B.22 1, 2
- Antragsformular B.22 1
- Anwaltszwang B.22 4
- Außengrenze der EU B.22 1
- Benachrichtigung bei B.22 1
- Beschlagnahme, nationale F.14 1
- Designrecht F.14 1 f.
- DurchführungsVO (EU) 1352/2013 B.22 1
- Erkennungsmerkmale B.22 12; F.14 7, 8
- Erzeugnis, patentverletzendes C.26 1 f.

Sachverzeichnis

- Fristen F.14 16
- Gebühren B.22 14
- Gemeinschaftsgeschmacksmuster F.14 9
- Haftungs-/Kostenübernahmeerklärung F.14 10
- Kleinsendung B.22 8
- Kosten/Gebühren F.14 15
- Kosten-/Gebührenübernahme B.22 14
- nationale deutsche B.22 1
- Online-Antrag F.14 2
- Parallelimport C.26 3; F.14 1
- Rechtsmittel B.22 16; F.14 16
- Tätigwerden der Zollbehörden F.14 6
- Transportwege F.14 8
- Unionsantrag B.22 1, 2, 3; F.14 1, 2
- unionsrechtliche B.22 1 f., 3
- Verarbeitung, beschränkte B.22 10
- Verdacht einer Schutzrechtsverletzung F.14 1
- Verdacht für Verletzung geistigen Eigentums F.14 1
- Verdachtsmomente F.14 8
- Verfahren, nationales F.14 1
- Verfahren, unionsrechtliches F.14 1
- Verlängerungsantrag B.22 14
- Vernichtung der Ware B.22 1
- Vertretung F.14 4
- VO EU Nr. 608/2013 F.14 1
- VO(EG) Nr. 1383/2003 B.22 1
- VO(EG) Nr. 3295/1994 B.22 1
- VO(EU) Nr. 608/2013 B.22 1
- Zeitraum B.22 1
- Zentralstelle Gewerblicher Rechtsschutz B.22 2
- Zollbehörde B.22 1; C.26 1, 4
- Zugriffsmöglichkeiten Zollbehörde F.14 1
- Zuständigkeit B.22 2; C.26 2; F.14 2
- Zustimmungsfiktion zur Vernichtung B.22 1

Größenverhältnisänderung
- Nachweis der Rechtsverletzung G.14 32

Gruppenwerk G.3 1
- Urheberschaft G.14 31

Gutachten, demoskopisches
- Verkehrsdurchsetzung B.2 9

Gütetermin
- Gebrauchsmusterverletzungsklage D.5 6

Güteverfahren
- Äußerungsrecht H.10 1

Güteverhandlung
- Klageerwiderung C.9 11, 15, 16
- Patentstreitsache C.5 10; C.6 10; C.7 10; C.9 11, 15, 16

Gütezeichen B.1 18

Haager Abkommen über die internationale Eintragung gewerblicher Muster und Modelle (HMA) F.13 4

Haager Übereinkommen
- Zustellung gerichtlicher und außergerichtlicher Schriftstücke im Ausland A.6 8c

Haftung
- gesamtschuldnerische bei Urheberverletzung G.1 2
- Kennzeichenverletzung B.13 5
- Unterlassungserklärung F.2 6

Haftungsübernahmeerklärung
- Grenzbeschlagnahme F.14 10

Hamburg
- Ausschlussfrist Gegendarstellung H.2 3
- Gegendarstellung im Rundfunk H.1 11
- Landgericht für Patentstreitsachen C.5 1
- Veröffentlichung einer Gegendarstellung H.4 1, 3
- Zuständigkeit in Gebrauchsmusterstreitsachen D.4 12
- Zuständigkeit Kennzeichenstreitsache B.13 1
- Zuständigkeit Urheberrechtsstreitsache G.4 3

Hamburger Brauch C.2 20
- Vertragsstrafe A.2 6

Hamburger Brauch, modifizierter
- Abmahnung, markenrechtliche B.10 14
- Vertragsstrafeversprechen G.2 3

Hamburger Brauch, neuer
- Vertragsstrafe A.1 20, 21

Handelsunterlagen
- Vorlageanspruch C.2 29

Händler
- Klagebefugnis Nachahmungsklage A.12 12; A.13 13

Handlung, geschäftliche
- Begriff A.1 19
- Berichterstattung/Werbung H.6 7.5
- Irreführung durch A.1 8, 9
- Unterlassungsanspruch A.11 8

Handlung, unerlaubte
- fliegender Gerichtsstand F.5 4
- Gerichtsstand C.5 2; C.17 3; C.21 3

Handlung, unvertretbare
- Begriff A.25 4
- Zwangsmittel zur Durchsetzung A.25 4

Handwerkskammer
- Abmahn-/Klagebefugnis A.1 4e

Harmonisierungsamt für den Binnenmarkt (HABM) s Amt der EU für Geistiges Eigentum (EUIPO)

Hauptanspruch
- Formulierung bei Patent C.2 9
- Patentstreitsache C.5 49

Hauptsacheklage
- Abweisung A.27 2
- Antrag nach § 926 ZPO A.26 1 f., 3
- bei Kostenwiderspruch A.10 5
- neben einstweiliger Verfügung A.4 1
- nicht erhobene A.28 5
- wettbewerbsrechtliche A.11 1

Hauptsacheurteil, identisches
- Aufhebungsantrag, selbständiger G.9 10

1283

Sachverzeichnis

Hauptsacheverfahren
- Wettbewerbssache **A.4** 1; **A.11** 1

Hedonisch-sensorisches Konsumentenurteil **A.22** 9

Heilmittel
- Abgrenzungen **A.20** 5
- irreführende Werbung **A.20** 2, 4
- Packungsbeilage **A.20** 7
- Werberestriktionen **A.20** 4

Heilmittelwerbegesetz **A.20** 2
- Klagezuständigkeit **A.20** 1
- Verhältnis zu UWG **A.20** 2

Heilmittelwerbung
- Anforderungen, inhaltliche **A.20** 10
- Anzeigengestaltung **A.20** 10
- Differenzierung Fachkreise/Öffentlichkeit **A.20** 12
- Erinnerungswerbung **A.20** 11
- Hinweis auf Testergebnis **A.20** 4
- Irreführungsverbot **A.20** 4
- Marktverhalten im Interesse der Marktteilnehmer **A.20** 13
- Pflichtangaben **A.20** 4, 10
- Wettbewerbshandlung **A.20** 9

Heilung
- Zustellungsmängel **A.6** 1

Herabsetzung
- unlautere **A.1** 4a
- Vertragsstrafe **A.2** 9; **F.3** 13

Herausgabeanordnung
- Gemeinschaftsgeschmacksmuster **F.6** 1 f.
- Glaubhaftmachung/-smittel **F.6** 20
- Kostenrisiko **F.6** 19
- Vereitelungsrisiko **F.6** 19
- Verfügung, einstweilige **F.6** 19

Herausgabeanspruch
- bei urheberrechtlicher Abmahnung **G.1** 12
- Lizenzunterlagen **B.16** 10

Herkunft
- Auskunftsanspruch **B.13** 11
- Auskunftsanspruch in Gebrauchsmustersache **D.2** 7, 19
- einstweilige Verfügung auf Drittauskunft **G.10** 1

Herkunft, betriebliche
- Irreführung **B.10** 7

Herkunftsangabe, geografische **B.1** 1

Herkunftsangabe, geographische
- Abmahnung **B.20** 14
- Aktivlegitimation **B.20** 2, 11
- Anforderungen an **B.20** 15
- bei unterschiedlichen Fertigungsstufen **B.20** 8, 15
- Beweislast **B.20** 13
- fiktive **B.20** 4
- Irreführung **B.20** 4, 17
- Klage wegen Verletzung **B.20** 1 f., 2
- Klagebefugnis **B.20** 2

- Klagezuständigkeit **B.20** 1
- Nutzungsberechtigung **B.20** 4
- Passivlegitimation **B.20** 3
- Prüfung **B.20** 4
- qualifizierte **B.20** 4, 16
- Schadensersatzanspruch **B.20** 5
- Schutz **B.20** 4, 16
- strafbare vorsätzliche Benutzung **B.21** 1
- Streitwert **B.20** 6
- un-/mittelbare **B.20** 16
- Unterlassungsanspruch **B.20** 5
- Unterlassungsantrag **B.20** 8
- Verbandsklage **B.20** 5, 11
- Verletzung **B.20** 4
- Verletzungshandlung **B.20** 12
- Zusätze, entlokalisierende **B.20** 17

Herkunftshinweis
- schonendste Maßnahme **G.14** 39
- Wirkung, mangelnde **A.13** 18

Herkunftstäuschung **B.10** 7
- Abnehmerkreis, maßgeblicher **A.23** 10
- ästhetische Gestaltung **A.12** 23
- Ausräumung durch Kennzeichnung **A.23** 9
- Ausräumung durch Markenanbringung **A.12** 17; **A.23** 9
- Ausweichmöglichkeiten **A.12** 23
- betriebliche Herkunft **A.12** 22
- technisch bedingte Gestaltung **A.12** 24
- Vermeidbarkeit **A.12** 13, 24; **A.13** 18, 19
- Vertriebsweg **A.12** 5

Herkunftsverwechlung
- betriebliche **A.12** 22

Herkunftsvorstellung **A.12** 21
- Kennzeichnung **A.23** 9

Hersteller
- Klagebefugnis Nachahmungsklage **A.12** 12; **A.13** 13

Herstellerabmahnung
- Feststellungsklage, negative **D.4** 1

Herstellung
- Verwertungsverbot **A.19** 4

Herstellungshandlung
- Untersagung patentrechtliche **C.5** 16

Herstellungskosten
- Ermittlung **G.14** 15, 42

Herstellungslizenz
- Anspruch auf Drittauskunft **G.10** 3

Herstellungsverbot
- Gebrauchsmusterverletzungsklage **D.6** 8

Herstellungsverfahren
- Beweiserleichterung **C.12** 8
- Unmittelbarkeit **C.12** 8

Herstellungsvorrichtung
- Überlassungsanspruch **G.14** 39
- Vergütung für Übernahme **G.14** 16, 42
- Vernichtungsanspruch **G.14** 16, 39, 41; **G.15** 23

Hessen
– Anordnung der Veröffentlichung einer Gegendarstellung H.4 1, 3
– Ausschlussfrist Gegendarstellung H.2 3
– einstweilige Verfügung zur Veröffentlichung einer Gegendarstellung H.4 1, 3
– Gegendarstellung im Rundfunk H.1 11
– Kosten Gegendarstellung H.2 10
– Landgericht für Patentstreitsachen C.5 1
– Zuständigkeit in Gebrauchsmusterstreitsachen D.4 12
– Zuständigkeit Kennzeichenstreitsache B.13 1
– Zuständigkeit Urheberrechtsstreitsache G.4 3
Hilfsantrag
– Wirtschaftsprüfervorbehalt G.15 7
Hinterhaltsmarke B.1 12
Hinterlegung
– Kostenerstattung bei Schutzschrift A.3 8
– Schutzschrift A.3 1; B.11 1
– Schutzschrift wegen vermeintlicher Patentverletzung C.23 1 f.
– Schutzschrift, patentrechtliche C.2 38; C.4 2l
Hinweis, qualifizierter
– Verfahren vor Bundespatentgericht C.14 24
Hinweisschreiben, patentrechtliches C.1 1 f., 12
– Abgrenzung zu Verwarnung C.1 1
– Benutzungstatbestand C.1 11
– Berechtigungsanfrage C.1 12
– Eingriff in eingerichteten und ausgeübten Gewerbebetrieb C.1 1
– Frist zur Beantwortung C.1 13
– Gegenstand C.1 7; C.2 6
– Hauptanspruch C.1 1
– Informationsbeschaffungspflicht C.4 1
– Kosten/Gebühren C.1 14
– Kostenerstattung C.1 1
– Neben-/Unteransprüche C.1 10
– Patentschrift C.1 6, 10
– Prüfung der Rechtslage C.1 9
– Reaktion des Angeschriebenen C.1 12
– Rechtsanwaltsgebühren C.1 14
– Vollmacht C.1 3
Hochschulbeschäftigter
– Erfindung E.1 3
Hochschulerfindung
– Erfindervergütung E.8 9f
Höheverfahren
– Stufenklage Erfindervergütung E.14 10
Homepage
– DPMA C.1 7
– Zuständigkeit B.12 2
– Zuständigkeit Urheberrechtsverletzung G.5 3
Honorarabrechnung
– Abrechnungs-/Zahlungsklage G.21 1 f.
– Buchprüfung G.21 11, 15
– Eidesstattliche Versicherung G.21 11, 15
– Frist G.21 12
– Normverlagsvertrag G.21 12

– Überprüfungsrecht G.21 11, 15
Honorarvereinbarung
– Autor G.21 12
Hörmarke B.1 11
Hostprovider
– Gegendarstellungsanspruch H.1 12
– urheberrechtliche Verantwortlichkeit des G.1 2

Identifikation H.6 7.1.6
Identische Übernahme
– Nachweis der Rechtsverletzung G.14 32
Image A.13 15, 25
Immaterieller Schaden
– bei Persönlichkeitsverletzung G.22 14
Import
– Grenzbeschlagnahme B.22 1
Impressum
– verantwortlicher Redakteur H.1 1d
Inanspruchnahme
– einer gebrauchsmusterrechtlichen Arbeitnehmererfindung D.3 3
– Entstehung Vergütungsanspruch Arbeitnehmer E.4 6
– Nachholung E.4 1
– Verhältnis zu Patentanmeldung E.18 13
Inanspruchnahmeerklärung
– Adressat E.4 2
– ausdrückliche E.4 4
– Diensterfindung E.4 1
– Empfangsbestätigung E.4 13
– Erfindungsmeldung ab 1.10.2009 E.4 1
– Erfindungsmeldung vor 30.09.2009 E.4 1
– Fiktion E.4 1, 3, 5
– Form E.4 1
– teilweise E.4 9
– Übergang aller vermögenswerten Rechte E.4 6
– Vergütungsregelung E.4 11; E.14 15
– Verhältnis zu Patentanmeldung E.4 1
– Zugang E.4 13
Inanspruchnahmefiktion E.4 1, 3, 5
– Arbeitnehmererfindung E.2 6
Inanspruchnahmefrist
– Arbeitnehmererfindung E.18 12
– Arbeitnehmererfindung E.2 5; E.3 4; E.4 1 f.
Inbenutzungnahme
– des Arbeitgebers E.4 1
Indiskretion
– Schutz vor H.6 7.1.2
Individualität
– des Urhebers G.5 21
Industrie- und Handelskammer (IHK)
– Abmahn-/Klagebefugnis A.1 4c, e
– Klagebefugnis wegen Verletzung geographischer Herkunftsangabe B.20 2
Information
– Verwendung unzulässig beschaffter H.6 7.1.7
Informationspflicht
– Aufgabe Schutzrechtsposition E.7 1, 5

1285

Sachverzeichnis

Inhalt, strafbarer
- Gegendarstellung H.1 5a

Inlandsvertreter
- ausländischer Markeninhaber B.9 2
- bei ausländischem Anmelder B.1 8

Innung
- Abmahn-/Klagebefugnis A.1 4c

Inquisitionsmaxime
- Nichtigkeitsverfahren C.14 4

Insbesondere-Antrag
- Gebrauchsmusterstreitsache D.5 8; D.6 9
- Unterlassungsantrag A.11 7b
- Verfügung, einstweilige A.4 10; C.20 10; G.5 11

Insolvenz Arbeitgeber s Arbeitgeberinsolvenz

Interesse, berechtigtes
- Recht am eigenen Bild H.6 7.2.3(9)

Interesse, berechtigtes entgegenstehendes
- Verbreitung Personenbildnis H.6 7.2.3(9)

Interesse, fehlendes berechtigtes
- Gegendarstellung H.1 1e

Interesse, finanzielles
- Zugangsverweigerung G.17 9

Interesse, öffentliches
- Klageerhebung nach § 376 StPO B.21 1, 4

Internationale Eintragung
- Antrag auf Grenzbeschlagnahme F.14 9
- Muster/Modell F.13 4

Internationales Patent
- Patentberühmung C.25 6

Internet
- Begehungsort Persönlichkeitsrechtsverletzung G.22 2
- Patentberühmung C.25 8
- Personenabbildung G.22 1
- Störerhaftung Online- Marktplatz B.13 5
- Zugang zur Patentschrift C.1 6
- Zuständigkeit Kennzeichenstreitsache B.13 1
- Zuständigkeit Kennzeichenverletzung B.12 2
- Zuständigkeit Markenverletzungsklage B.13 1
- Zuständigkeit Urheberrechtsverletzung G.5 3

Internetadresse
- DPMA C.1 7

Internet-Auktion
- Haftung Patentverletzer C.5 5

Internet-Auktionsplattform
- Verkehrspflicht, wettbewerbsrechtliche A.1 3

Internet-Domain s Domain

Intimsphäre
- Persönlichkeitsrecht H.6 7.1.2(2)
- Schutz der G.22 13

Inverbindungbringen, gedankliches A.13 23

Inverkehrbringen
- beschädigte Originalware B.15 6

Inzidentfeststellung
- Abschlusserklärung G.13 6

IPR
- Auslandsbezug G.14 31

IR-Anmeldung
- Marke B.1 15

IR-Marke
- Benutzung, rechtserhaltende B.9 13
- Klage auf Schutzentziehung B.9 1, 6
- Löschungsantrag B.8 4
- Prioritätsbeanspruchung B.1 19
- strafbare vorsätzliche Verletzung B.21 1
- Widerspruch B.3 6
- Widerspruch gegen Schutzrechtserstreckung B.3 1, 2, 7
- Widerspruchsfrist B.3 3
- Widerspruchskennzeichen B.3 7a, 11
- Widerspruchsverfahren EUIPO B.3 2, 6
- WIPO B.1 3, 9

Irreführung
- Arznei-/Heilmittelwerbung A.20 4
- durch geschäftliche Handlung A.1 8, 9
- durch Unterlassung A.1 8
- Gegendarstellung H.1 1e
- Herkunftsangabe, geographische B.20 4, 17
- Verkehrsbefragung A.31 1
- Verkehrskreise, angesprochene A.4 15
- wettbewerbsrechtliche Relevanz A.4 16

Irreführungsgefahr
- Beweislast A.22 10

Irreführungsverbot
- des § 3 HWG A.20 4
- Verstoß gegen A.4 13, 15

Jahresgebühr
- nicht rechtzeitige Zahlung C.10 20

Juristische Person
- Markenanmeldung B.1 7

Kammer
- Abmahn-/Klagebefugnis A.1 4c, e

Kammer für Designstreitsachen F.5 2

Kammer für Handelssachen
- Entscheidung durch den Vorsitzenden A.22 6
- Verweisungsantrag an A.22 1; F.9 2
- Zuständigkeit A.12 2; A.14 6
- Zuständigkeit bei Anschwärzung A.17 9
- Zuständigkeit bei Klage wegen Preisunterbietung A.15 7
- Zuständigkeit Gemeinschaftsgeschmacksmusterstreitsache F.9 2

Karenzfrist
- patentrechtliche C.5 40

Karenzzeit
- Offenlegung Patentanmeldung C.5 27; C.6 24
- Veröffentlichung Patentanmeldung C.2 24

Kartellrecht
- in Verbindung mit Kennzeichenstreitsache B.13 1
- selektives Vertriebssystem B.15 14

Kenntnisstand
- Benutzer, informierter F.10 4

Sachverzeichnis

Kennzeichen B.1 1
Kennzeichenähnlichkeit
- Verwechslungsgefahr B.13 24
Kennzeichenerwerb
- zu Behinderungszwecken B.14 10
Kennzeichenform
- Markenfähigkeit B.1 12
Kennzeichenrecht
- Anwaltszwang B.12 3
- metatag B.12 18
- Mitwirkung Patentanwalt B.12 3
- Zuständigkeitskonzentration bei Verbindung mit Nachahmungsklage A.12 2
Kennzeichenstreitkammer
- Zuständigkeit B.9 3; B.13 2
Kennzeichenstreitsache
- Dringlichkeit B.12 14, 25
- Eintragungsbewilligungsklage B.7 1 f.
- Gerichtsstandvereinbarung B.13 1
- Kammer für Handelssachen B.13 2
- Kennzeichenstreitkammer B.13 2
- Klage wegen Titelverletzung B.18 1 f.
- Klage wegen Verletzung geographischer Herkunftsangabe B.20 1 f.
- Klage wegen Verletzung geschäftlicher Bezeichnung B.17 1 f.
- Lizenzstreitigkeit über Marken B.16 1 f.
- Löschungsklage B.9 2
- Markenverletzungsklage B.13 1 f.
- rügelose Einlassung B.13 1
- Schadensersatzklage, bezifferte B.19 1 f.
- Verweisung B.13 1
- Zuständigkeit B.13 1
- Zuständigkeit, internationale B.13 1
Kennzeichenverletzung B.13 21
- Antragsdelikt B.21 1, 4
- Beschlagnahme B.21 7
- Durchsuchung B.21 6
- einfache B.21 4
- Entfernung aus Vertriebsweg B.13 13
- gewerbsmäßige B.21 1
- Haftung B.13 5
- Interesse, öffentliches B.21 1, 4
- Klagerzwingung nach § 172 StPO B.21 1
- Nebenklage B.21 1
- Offizialdelikt B.21 4
- Privatklagedelikt B.21 1
- Rückruf widerrechtlicher Ware B.13 13
- Strafanzeige B.21 1
- Streitwert B.13 7
- Verjährung B.14 11b; B.21 1
- Verwechslungsgefahr B.13 21, 22, 23, 24, 25
- Vorsatz B.21 5
- vorsätzliche B.21 1
Kennzeichenverletzung im Internet
- Zuständigkeit B.12 2

Kennzeichenverletzungsklage sa Markenverletzungsklage
- Abmahnung B.13 20
- Aktivlegitimation B.13 3
- Anwaltszwang B.13 4
- Auskunftsanspruch B.13 11, 12
- Erstattung Abmahnkosten B.13 15
- Fahrlässigkeit B.13 27
- Formulierung Unterlassungsantrag B.13 9
- Handelssache B.13 2
- in Verbindung mit Kartellrecht B.13 1
- Klageerwiderung B.14 1 f.
- Kosten/Gebühren B.13 31
- Mitwirkung Patentanwalt B.13 4
- Ordnungsmittelandrohung B.13 8
- Passivlegitimation B.13 5
- Patentanwaltsgebühren B.13 4
- Rechtsmittel B.13 32
- Schadensersatzanspruch B.13 10
- Schlüssigkeit B.13 17, 18
- Streitwert B.13 7
- Unterlassungsantrag B.13 9
- Urteilsbekanntmachung B.13 6, 14, 28
- Verletzungshandlung B.13 19
- Vernichtungsanspruch B.13 13
Kennzeichnender Teil
- Patentanspruch C.5 15
Kennzeichnung
- Arzneimittelbehältnis/-verpackung A.20 8
- Ausräumung der Herkunftstäuschung A.12 17; A.23 9
- Ausräumung Herkunftstäuschung A.23 9
- Fertigarzneimittel A.20 8
- kosmetische Mittel A.20 8
Kennzeichnungsgrad
- Verkehrsdurchsetzung B.2 10
Kennzeichnungskraft
- Verwechslungsgefahr B.13 23
Kerntheorie A.2 4; A.4 10; A.11 7b
KG
- Markenrechtsfähigkeit B.1 7
Klage
- Abrechnungsklage, verlagsrechtliche G.21 1 f.
- auf bezifferten Schadensersatz wegen Gebrauchsmusterverletzung D.11 1 f.
- auf Einwilligung in die Verwertung G.16 1 f.
- auf Verbreitung/Vervielfältigung G.20 1 f.
- aufgrund Arzneimittelgesetz A.20 2
- aufgrund Heilmittelwerbegesetz A.20 1 f.
- Beteiligung, weitere (Fairnessausgleich § 32a UrhG) G.19 1 f., 5
- Feststellungsklage, negative in Patentstreitsache C.19 1 f.
- gegen Boykottaufruf A.14 1 f.
- gegen Parallelimporteur B.15 1 f., 3
- Kostenerstattung in Gebrauchsmustersache D.3 8

1287

Sachverzeichnis

- Lizenzgeber gegen Lizenznehmer B.16 1 f., 4
- Löschungsklage Marke B.9 1 f.
- Markenverletzungsklage B.13 1 f.
- Nichtigkeitsklage gegen deutschen Teil eines europäischen Patents C 18, 1 f.
- Nichtigkeitsklage gegen deutsches Patent C.14 1 f.
- Patentberühmung C.25 1 f.
- Patentverletzung in Form einer Verfahrensbenutzung C.6 1 f.
- Patentverletzung, mittelbare C.8 1 f.
- Patentverletzung, unmittelbare C.5 1 f.
- Schadensersatz § 945 ZPO A.28 1 f., 3, 5
- Schadensersatzhöheklage, patentrechtliche C.24 1 f.
- Schadensersatzklage, bezifferte B.19 1 f.
- Schutzentziehung IR-Marke B.9 1, 6
- Schutzrechtsübertragung E.18 1 f.
- Stufenklage Erfindervergütung E.14 1 f.
- Vergütungsfestsetzung E.9 4
- Verletzung eines europäischen Patents mit Auslandsberührung C.17 1 f.
- Verletzung geographischer Herkunftsangabe B.20 1 f., 2
- Verletzung geschäftlicher Bezeichnung B.17 1 f.
- Vertragsanpassung Vergütung (§ 32 UrhG) G.18 1 f., 16
- wegen Anschärzung A.17 1 f.
- wegen Bestechung im geschäftlichen Verkehr A.16 1 f.
- wegen Gebrauchsmusterverletzung, äquivalenter D.6 1 f.
- wegen Gebrauchsmusterverletzung, wortsinngemäßer D.5 1 f.
- wegen Geheimnisverrat A.18 1
- wegen geschäftsschädigender Tatsachenbehauptung A.17 1 f.
- wegen Nachahmung von Verpackung A.13 1
- wegen Nachahmung von Werbung A.13 1
- wegen Preisunterbietung A.15 1 f.
- wegen Titelverletzung B.18 1 f., 3
- wegen Verletzung des Rechts am eigenen Bild G.22 1 f.
- wegen Verstoß gegen die Preisangabenverordnung A.21 1 f.
- wegen Verstoß gegen § 17 UWG A.18 1
- wegen Verstoß gegen § 18 Abs. 1 UWG A.19 1
- wegen Verstoß gegen § 299 Abs. 2 StGB A.16 1 f.
- wegen Verstoß gegen § § 3,4 Nr. 2 Hs.1 UWG A.17 1 f.
- wegen Vertriebs eines durch patentgeschütztes Verfahren unmittelbar hergestellten Erzeugnisses C.7 1 f.
- wegen Vorlagenfreibeuterei A.19 1
- Zahlung einer Vertragsstrafe A.29 1 f., 2
- Zahlungsklage, verlagsrechtliche G.21 1 f.
- Zugangsrecht, urheberrechtliches G.17 1 f.

Klage gemäß § 259 Abs. 2 BGB analog
- bei unrichtiger/unvollständiger Auskunftserteilung A.25 5

Klage, wettbewerbsrechtliche A.11 1
- Auskunftsanspruch A.11 9
- Begründetheit Feststellungsklage A.11 11
- Beseitigungsanspruch A.11 6
- Feststellungsinteresse A.11 10
- Formulierung Unterlassungsantrag A.11 7, 8
- Fristen A.11 18
- Gerichtskostenvorschuss A.11 17
- Gewinn, entgangener A.11 11
- Gewinnabschöpfungsanspruch A.11 11
- Kosten/Gebühren A.11 17
- Naturalherstellung A.11 11
- Preisunterbietung A.15 1 f.
- Rechtsanwaltsgebühren A.11 17
- Rechtsmittel A.11 19
- Schadensberechnung A.11 11
- Schadensersatz A.11 11
- Schadensersatzanspruch A.11 10, 11
- Strafandrohung A.4 11; A.11 5
- Streitwert A.11 4; A.14 3
- Unterlassungsanspruch A.11 6
- wegen Nachahmung eines Produktes A.12 1
- Zuständigkeit A.14 1

Klageabweisung G.15 5, 10

Klageänderung
- Einführung neuer Streitgegenstand F.6 18

Klageänderung, subjektive
- Nichtigkeitsklage C.14 5

Klageantrag
- Abbildung F.9 12
- Patentstreitsache C.5 11
- Patentverletzung mit Auslandsberührung C.17 8, 25
- und/oder-Antrag A.13 4
- unzulässiger C.16 4

Klageauftrag
- Abmahnungskosten bei A.1 15

Klagebeantwortung
- Anerkenntnis, teilweises E.16 1

Klagebefugnis
- Angaben zur A.1 10
- bei Bestechung A.16 9
- Einrichtung, qualifizierte A.1 4d
- Handwerkskammer A.1 4e
- Industrie- und Handelskammer A.1 4c, e
- Klage gegen Boykottaufruf A.14 8
- Mitbewerber A.1 4a
- Nachahmungsklage A.12 12; A.13 13
- Rechtsmissbrauch A.1 4f
- Verband A.1 4c
- Verbraucherverband A.1 4d
- Vertriebsunternehmen A.12 12; A.13 9
- wettbewerbsrechtliche A.1 4
- Wettbewerbsverhältnis, abstraktes A.1 4b
- Wettbewerbsverhältnis, konkretes A.1 4a

- Wettbewerbsverstoß, grenzüberschreitender A.1 4d

Klageentwurf, patentrechtlicher
- Übersendung mit Abmahnung C.3 2 f.

Klageerhebung
- Anordnung bei Urheberrechtsverletzung G.7 1
- Veranlassung zur G.14 25

Klageerhebungsfrist
- Antrag nach § 926 ZPO A.26 6

Klageerweiterung
- auf Gesellschafter/Organe C.17 4

Klageerwiderung
- Abweisungsantrag B.14 2
- Äquivalenz/Gleichwertigkeit D.8 3
- Arbeiten am Sachverhalt A.22 8
- Aufbau B.14 3; G.15 10
- Auskunftsanspruch G.15 6, 7
- Ausschluss Zeichenähnlichkeit B.14 6
- Äußerungsrecht H.20 1
- Aussetzungsantrag D.9 1, 3
- bei frühem ersten Termin G.15 3
- bei schriftlichem Vorverfahren G.15 3
- Benutzungsformen, ausgenommene B.14 8
- bestreiten von Tatsachen A.22 8
- bewußtes Verschweigen A.22 8
- Eigenart, wettbewerbliche A.23 2
- Einreden D.7 4
- Einreden, prozesshindernde C.9 1, 4
- Einwendungen B.14 11
- Entscheidung durch den Vorsitzenden A.22 6
- Erklärung wider besseres Wissen A.22 8
- Erschöpfung Markenrecht B.14 11c
- formelle C.9 1 f.
- formelle in Gebrauchsmusterstreitsache D.7 1 f.
- Formstein-Einwand D.8 4
- Frist G.15 3
- Gemeinschaftsgeschmacksmusterverletzungsklage F.10 1 f.
- Güteverhandlung C.9 11
- Klageabweisung G.15 5, 10
- Lizenzierung B.14 4
- mangelnde rechtserhaltende Benutzung der Marke B.14 7
- Markenverletzungsklage B.14 1 f.
- materielle ohne Aussetzungsantrag in Gebrauchsmusterstreitsache D.8 1 f.
- materielle mit Aussetzungsantrag in Gebrauchsmusterstreitsache D.9 1 f.
- missbräuchlicher Rechtserwerb B.14 10
- Nachahmungsklage A.23 1
- Offenbarungspflicht A.22 8
- prioritätsältere Marke B.14 4
- Prüfung Urheberrechtsverletzung G.15 12
- Rechnungslegungsanspruch G.15 6
- Rüge der Zuständigkeit A.22 7
- Schutzbereichserweiterung, nachträgliche B.14 11a
- Stufenklage Erfindervergütung E.15 1

- Substantiieren A.22 8
- Übertragung auf Einzelrichter G.15 4
- Unterlassungsklage, äußerungsrechtliche H.20 1
- Unterlassungsklage, urheberrechtliche G.15 1 f.
- Urheberbenennung G.15 13
- urheberrechtliche G.15 1 f.
- Verjährung Markenrecht B.14 11b
- Verjährung Unterlassungsanspruch .14 11b
- Verjährungseinrede E.15 8
- vermutete Tatsachen A.22 8
- Verteidigungsbereitschaft A.22 3
- Verteidigungsmittel B.14 2, 11
- Verteidigungsmittel Urheberrechtssache G.15 9, 11
- Vertretungsübernahme C.9 1
- Verwechslungsgefahr B.14 5
- Verweisung an Kammer für Handelssachen A.22 1
- Verwirkung Unterlassungsanspruch B.14 9
- Vollstreckungsschutzantrag A.22 5; G.15 8
- Werbung, vergleichende A.22 1 f.
- Wirtschaftsprüfervorbehalt D.7 3; D.8 9; G.15 7
- zugestehen von Tatsachen A.22 8
- Zwischenrechtserwerb Markenrecht B.14 11a

Klageerwiderung, patentrechtliche
- Aufgabe C.10 11, 15
- Ausländersicherheit, fehlende C.9 4
- Ausschluss der Rechtswidrigkeit C.10 21
- Aussetzungsantrag C.9 15, 16
- Beiziehung Amtsakten C.9 8
- Duplikfrist C.9 15
- Einlassungsfrist C.10 22
- Einreden C.9 1, 4
- Einreden gegen Nichtigkeitsklage C.16 4
- Einwendungen gegen Annahme einer Patentverletzung C.10 20
- Einwendungen gegen Nichtigkeitsklage C.16 4
- Erwiderungsfrist C.10 22
- Erzeugnisschutz C.12 1 f.
- formelle C.9 1 f.
- Freibeweis C.10 4
- Fristverlängerung C.9 15, 16
- Güteverhandlung C.9 11, 15, 16
- Klageänderung C.9 16
- Lösung C.10 13, 15
- materielle C.10 1 f.; C.11 1 f.; C.12 1 f.; C.13 1 f.
- Mediation C.9 16
- Merkmalsanalyse C.10 9
- Mitwirkung Patentanwalt C.9 12
- Nichtigkeitsgründe C.10 16
- Nichtigkeitsklage C.10 2; C.13 7; C.14 1; C.16 1 f., 5
- Patentverletzung C.10 17
- Patentverletzung in Form Verfahrensbenutzung C.11 1 f.

1289

Sachverzeichnis

- Patentverletzung, mittelbare C.13 1 f.
- Patentverletzung, unmittelbare C.10 1 f.
- Prozesskostensicherheit, fehlende C.9 4
- Rechnungslegungsantrag C.9 5
- Rechtsbeständigkeit, fehlende C.10 6
- Rüge fehlendes Rechtsschutzbedürfnis C.9 4
- Schiedsvertrag C.9 4
- Sicherheitsleistung C.9 6
- Stellungnahme zur Übertragung auf Einzelrichter C.9 10
- Übersetzungen C.9 15
- Umfang C.9 15, 16
- Verfahrenshinweise Düsseldorfer Verfahren C.9 15
- Verfahrenshinweise Münchener Verfahren C.9 16
- Verteidigungsmittel C.9 15, 16
- Vollstreckungsschutz C.9 7
- Wahrheitspflicht C.9 15
- Widerrufsgründe C.10 16
- Wirtschaftsprüfervorbehalt C.9 5
- Zuständigkeit, fehlende C.9 4

Klageerzwingung
- nach § 172 StPO B.21 1

Klagegebrauchsmuster
- Darstellung D.5 23

Klageschrift
- Antrag Anerkenntnisurteil G.14 22
- Antrag Versäumnisurteil G.14 21

Klarstellung
- Äußerungsrecht H.13 1

Klassengebühr B.1 22

Klassifikation
- Markenanmeldung B.1 16

Klassifikationsdatenbank B.1 16

Kleine Münze G.15 12

Koexistenzvereinbarung B.4 1 sa Abgrenzungsvereinbarung

Kollektivmarke B.1 18
- Gebühr Markenanmeldung B.1 22
- Markenanmeldung B.1 18

Kollision
- verwechslungsfähige Marken B.1 19

Kommerzieller Erfolg
- Indiz für urheberrechtlichen Schutz G.14 27

Kompatibilität
- von Orginal und Nachahmung A.23 7

Komsumentenbefragung
- hedonisch-sensorische A.22 9

Konfliktbeilegung, außergerichtliche
- Patentstreitsache C.5 10

Konsumentenurteil
- hedonisch-sensorisches A.22 9

Kontrollnummer
- Entfernung A.1 4a; B.15 3, 6, 14, 24
- Rechtswidrigkeit der Entfernung B.15 24
- Unkenntlichmachung B.15 3, 6, 14, 24

Kontrollnummernsystem
- Markenartikel, vertriebsgebundene B.15 3, 14, 15

Konzernnutzung
- Erfindervergütung E.8 9a

Kopfblatt
- Gegendarstellungspflicht H.1 1d

Körperschaft des öffentlichen Rechts
- Abmahn-/Klagebefugnis A.1 4c

Korrespondenz, vorprozessuale
- Gebrauchsmusterrecht D.3 5
- Sachvortrag B.17 20

Korruption
- Ges zur Bekämpfung der A.16 2

Kosmetika s Kosmetisches Mittel

Kosmetisches Mittel
- Abgrenzungen zu Arzneimittel A.20 5, 6
- Kennzeichnungspflicht A.20 8

Kosten
- Abdruck Gegendarstellung H.2 10
- Abmahnung A.1 23
- Abmahnung, urheberrechtliche G.1 17
- Abnehmerverwarnung, gebrauchsmusterrechtliche D.4 15
- Abschlussschreiben A.7 15
- Anordnungsverfahren § 926 Abs. 1 ZPO G.7 8
- Antrag nach § 926 ZPO A.26 7
- Antrag nach § 927 ZPO A.27 11
- Antwortschreiben, patentrechtliches C.4 19
- Aufhebungsverfahren § 926 Abs. 2 ZPO G.8 9
- Aufhebungsverfahren, selbständiges G.9 11
- Berechtigungsanfrage, gebrauchsmusterrechtliche D.1 7
- Beschwerde Markenrecht B.5 12
- Beweisverfahren, selbständiges C.22 22, 32
- Boykottaufruf A.11 17; A.14 9
- einstweilige Verfügung G.5 30
- Gebrauchsmusterverletzungsklage D.5 37
- Gegendarstellungsverfahren H.4 14
- Grenzbeschlagnahme B.22 14
- Gutachten Verkehrsbefragung A.31 1
- Hinweisschreiben, patentrechtliches C.1 14
- Kostenwiderspruch A.10 10
- Löschungsantrag B.8 9
- Löschungsantrag Gebrauchsmuster D.15 13
- Markenverletzungsklage B.13 31
- Nichtigkeitsklage, patentrechtliche C.14 10, 25
- Ordnungsmittelverfahren A.24 16
- Patentverletzungsklage C.5 71
- Rechtsbeschwerdeverfahren B.6 10
- Schiedsverfahren Arbeitnehmererfindung E.17 19
- Schutzrechtsübertragung E.18 22
- Schutzschrift A.3 12; C.23 13; G.4 17
- Sequestration G.11 17
- Stufenklage Erfindervergütung E.14 40
- Verfügung, einstweilige A.4 22; F.6 23
- Vervielfältigungs-/Verbreitungsklage G.20 10

Sachverzeichnis

- Verzichtsvereinbarung G.3 7
- Vollstreckung Gebrauchsmusterstreitsache D.10 6
- Vorlageverfahren/Vorabentscheidung A.32 12
- wettbewerbsrechtliche Klage A.11 17
- Widerspruch gegen einstweilige Verfügung G.6 9
- Widerspruchsverfahren einstweilige Verfügung A.8 8
- Zustellungsauftrag A.6 11
- Zwangsmittelverfahren A.25 8

Kostenantrag
- Nichtigkeitsklage C.14 9
- Patentstreitsache C.5 36; C.6 32
- Schutzschrift C.23 8

Kostenentscheidung
- Antrag nach § 927 ZPO A.27 5
- Beweisverfahren, selbständiges C.22 22
- Nichtigkeitsklage, patentrechtliche C.18 8

Kostenerstattung
- Abmahnkosten B.13 15
- Abmahnkosten, unberechtigte A.2 1
- Abmahnung, gebrauchsmusterrechtliche D.2 22, 24, 27; D.3 8
- Abmahnung, markenrechtliche B.10 11
- Abmahnung, patenrechtliche C.2 34
- Abmahnung, urheberrechtliche G.1 15
- Abmahnung, wettbewerbsrechtliche A.1 16, 23
- Abschlussschreiben A.7 3, 9; H.12 5
- bei Schubladenverfügung C.2 34
- bei Vorratsverfügung C.2 34
- Berechtigungsanfrage F.1 12
- Berechtigungsanfrage, gebrauchsmusterrechtliche D.1 1, 5
- Drittauskunft F.7 6, 8
- Einrede fehlender Prozesskostenerstattung D.7 4
- Gebrauchsmusterverletzungsklage D.5 14, 37
- Gegenabmahnung A.2 1; C.4 18
- Gegendarstellung H.2 10; H.3 2
- Gemeinschaftsgeschmacksmusterverletzungsklage F.9 14
- Hinterlegung Schutzschrift A.3 8
- Klage in Gebrauchsmustersache auf D.3 8
- Kosten der Schutzschrift F.5 12
- Löschungsklage B.9 8
- Mehrwertsteuer D.2 26; D.5 14; F.3 20
- Mitwirkungskosten Patentanwalt C.4 3
- Patentanwaltsgebühren in Gemeinschaftsgeschmacksmustersache F.9 7
- Patentanwaltskosten A.12 3
- Patentanwaltskosten Löschungsklage B.9 5
- Patentstreitsache C.5 32
- Schiedsstellenverfahren für Urheberrechtsstreitfälle G.24 10
- Schiedsverfahren Arbeitnehmererfindung E.17 19
- Schutzschrift B.11 14; G.4 17

- Testkauf D.2 25
- Unterlassungsanspruch, äußerungsrechtlicher H.6 10
- Verpflichtung des Patentverletzers C.2 34; C.3 17
- Verwarnung, designrechtliche F.3 10, 17
- Verwarnung, rechtswidrige F.4 6
- Wirtschaftsauskunft D.2 25
- Zustellungskosten A.6 10
- Zweitabmahnung A.2 1

Kostenerstattungsanspruch
- bei Erledigung der Hauptsache G.14 36
- Patentverletzung, mittelbare C.8 13

Kostenfestsetzung
- Schiedsstellenverfahren für Urheberrechtsstreitfälle G.24 10
- Stufenklage Erfindervergütung E.14 40

Kostenfestsetzungsverfahren
- Gebrauchsmusterstreitsache D.3 8

Kostenrisiko
- Herausgabeanordnung F.6 19

Kostentragung
- Gemeinschaftsgeschmacksmusterverletzungsklage F.9 16
- Schutzrechtsübertragung E.7 10
- Unterlassungserklärung G.2 11

Kostenübernahmeerklärung
- Grenzbeschlagnahme F.14 10

Kostenvorschuss
- Veröffentlichung Urteilsbekanntmachung G.14 18, 45

Kostenwiderspruch A.8 4; A.10 1, 4; G.6 5, 6, 7
- Begründung G.6 7
- bei Abschlusserklärung A.10 6
- Formulierung A.10 4
- Fristen A.10 9
- gegen wettbewerbsrechtliche Abmahnung A.1 13
- Kosten/Gebühren A.10 10
- Rechtsmittel A.10 9
- Verteilung auf mehrere Schuldner A.10 1
- Wirkung auf Hauptsacheklageerhebung A.10 5
- Zeitpunkt A.10 3
- Zulässigkeit A.10 1
- Zuständigkeit A.10 2

Kredit
- Angabe effektiver Jahreszins A.21 2

Kreditgefährdung H.6 7.3

Kreditschaden
- Schadensersatz A.28 8

Kundenbeziehung
- Eingriff durch Abnehmerverwarnung F.7 5

Kundenliste
- Geschäftsgeheimnis A.18 11

Kundennetzgefährdung A.22 5
Kundenverwarnung C.2 1

1291

Sachverzeichnis

Kündigung
– Lizenzvertrag B.16 15
Kündigung, außerordentliche
– Abmahnung vor B.16 14
Kunst
– höheres Interesse der H.6 7.2.3(8)
Künstler
– Aktivlegitimation, urheberrechtliche G.5 16
– Fairnessausgleich Vergütung G.19 9
– Klage auf angemessene Vergütung nach § 32 UrhG G.18 17
Künstlergruppe
– Aktivlegitimation, urheberrechtliche G.5 16
Künstlerisches Werk
– unvertretbare Handlung A.25 4
Kunstwerk
– Beschreibung G.5 11
– Urheberrechtsschutz G.5 21
– Urheberschutz G.10 10
– Zugangsrecht des Urhebers G.17 1
Kurierdienst
– Zugang/-snachweis F.3 2

Ladungsfrist
– Abkürzung C.23 9
– Abkürzungsantrag F.5 13
– Schutzschrift f.5 13
Landespressegesetz
– Gegendarstellungsverfahren H.4 1
Landgericht für Patentstreitsachen
– Zuständigkeit C.5 1; C.6 1; C.17 2; C.21 2
Laufbild
– Beschreibung G.5 11
Layout
– Gegendarstellung H.2 6
Leben
– Schutz von H.6 7.1.4
Lebensbereich, höchstpersönlicher
– Recht am eigenen Bild H.6 7.2.3(10)
Lebensmittel
– Abgrenzungen zu Arzneimittel A.20 5
– Schutz geographischer Angaben/Ursprungsangaben B.20 4
Leiharbeitsverhältnis
– Erfindungsmeldung E.1 2
Leistung
– schutzwürdige A.12 26
Leistung, schöpferische
– Schutz der A.23 11
Leistung, wissenschaftliche
– unvertretbare Handlung A.25 4
Leistungsantrag
– unbezifferter G.22 9
Leistungsschutz, ergänzender A.23 11
Leitklasse
– Markenanmeldung B.1 17
Leserbriefe
– Gegendarstellung unter H.2 6

letter amici curiae C.14 4
Letztverbraucher
– Preisangabenverordnung A.21 2
Lichtbild B.1 11
– Leistungsschutzrecht am G.4 15
Lichtbildner
– Aktivlegitimation, urheberrechtliche G.5 16
– Fairnessausgleich Vergütung G.19 9
– Klage auf angemessene Vergütung nach § 32 UrhG G.18 17
Lichtbildwerk
– Begriff G.5 19
– Beschreibung G.5 11
– Leistungsschutzrecht am G.4 15
Lieferantenabmahnung
– Feststellungsklage, negative D.4 1
Liefersperre
– Aufruf zur A.14 2
Lizenz
– Alleinlizenz B.16 12
– ausschließliche B.16 12
– einfache B.16 12
– Lizenzhöhe C.24 9, 13
– rechtmäßige Patentbenutzung C.2 38; C.4 2
– Reichweite B.16 12
– Schutzumfang des Patents C.24 9
– wertbestimmende Faktoren C.24 9
– Zweckübertragungsgrundsatz B.16 12
Lizenzanalogie
– Berechnung Schadensersatz D.11 1a
– Berechnungsmethode Schadensersatz C.24 7, 9, 13
– Erfindungswert E.8 1a
– Gebrauchsmusterverletzung D.2 6
– Lizenzhöhe C.24 9, 13
– Lizenzsatz, angemessener D.11 1a
– Schadensberechnung B.13 10
– Schadensersatz B.19 6
– Schadensersatz Designverletzung F.2 11
– Schadensersatzhöheklage C.24 1 f., 7
– Verzinsung C.24 4
Lizenzbereitschaftserklärung C.10 20
– rechtmäßige Patentbenutzung C.2 38; C.4 2
Lizenzeinräumung B.16 1, 4
– Reichweite B.16 12
Lizenzgeber
– Klage gegen Lizenznehmer B.16 1 f., 4
Lizenzgebühr
– Nachahmungsklage A.12 7; A.13 5
Lizenzinhaber
– Aktivlegitimation, urheberrechtliche G.5 16
Lizenznehmer, ausschließlicher
– Aktivlegitimation C.5 3, 38, 55; C.6 3
Lizenzrahmen
– Stufenklage Erfindervergütung E.14 32
Lizenzsatz
– Abstaffelung E.8 7; E.14 33
– bei Gebrauchsmusterverletzung D.11 1a

Sachverzeichnis

- bei Vorzugs-/Monopolstellung E.16 12
- Bezugsgröße E.8 7
- Design, eingetragenes F.2 11
- Erfindervergütung E.8 7
- Ermittlung E.14 32
- nach Vergütung für Arbeitnehmererfindung C.24 14

Lizenzstreitigkeit B.16 1 f.
- Abmahnung B.16 14
- Aktivlegitimation B.16 2
- Auskunftsanspruch B.16 8
- Beweislast B.16 13
- Herausgabeanspruch Lizenzunterlagen B.16 10
- Hilfsantrag B.16 7
- Klagezuständigkeit B.16 1
- Kündigung, außerordentliche B.16 14, 15
- Reichweite Lizenzeinräumung B.16 12
- Schadensersatzfeststellungsanspruch B.16 9
- Schlüssigkeit der Klage B.16 11
- Streitwert B.16 3
- Unterlassungsanspruch B.16 6

Lizenzunterlagen
- Herausgabeanspruch B.16 10

Lizenzvergabe
- Nutzung der Erfindung E.8 9b

Lizenzvertrag
- Gebrauchsmuster D.3 3
- Honorarabrechnung G.21 1
- Klage auf Verbreitung/Vervielfältigung G.20 1 f.
- Kündigung B.16 15
- Nutzungsrecht B.16 1, 3

Lizenzvertrag, fiktiver
- Verzinsungsregelung E.14 11

Löschung
- Unionsmarke B.8 4

Löschungsanspruch
- Bezeichnung, geschäftliche B.17 4
- Domain B.12 6
- Markenrecht B.7 8; B.12 1

Löschungsantrag
- Abgrenzung zu Löschungsklage B.8 2
- Amtsermittlung D.15 10
- Amtsermittlungsgrundsatz B.8 12
- Anwaltszwang B.8 6; D.15 4
- Begründung B.8 12; D.15 8
- Beschwerde gegen Zurückweisung D.17 1
- Bindung DPMA D 15, 5
- Entnahme, widerrechtliche D.15 3
- Feststellung der Rechtsunwirksamkeit D.15 3
- Feststellungslast B.8 12
- Form B.8 1
- Formblatt B.8 1, 3
- Freihaltebedürfnis B.8 14
- Frist B.8 13
- Gebrauchsmuster D.8 1, 7; D.15 1 f., 5
- Gebühr D.15 6
- Geltendmachung absoluter Schutzhindernisse B.8 2, 8, 14
- Hilfsanträge bei Widerspruch D.16 2
- IR-Marke B.8 4
- Kosten/Gebühren B.8 9; D.15 13
- Kostenentscheidung bei Widerspruch D.16 3
- Kostentragung B.8 9
- Löschungsgrund B.8 14, 15; D.15 8
- Löschungsgründe, einzelne/kummulative B.8 8, 12
- Löschungsverfahren Gebrauchsmuster D.15 1 f., 9, 12
- Markenanmeldung, bösgläubige B.8 15, 16
- Markenfähigkeit, Fehlende B.8 8
- Markenrecht B.8 1 f., 4
- Mitwirkung Rechtsanwalt/Patentanwalt D.15 4, 11
- Mitwirkungspflicht B.8 12
- parallel zu Verletzungsverfahren d 15, 11
- Pflichtangaben B.8 3
- Popularverfahren B.8 5
- Rechtsanwaltsgebühren D.15 13
- Rechtsmittel B.8 19; D.15 14
- Schutzhindernisse B.8 7
- teilweise Löschung B.8 7
- Umfang bei Gebrauchsmuster D.15 5
- Unionsmarke B.9 1
- Unterrichtung Markeninhaber B.8 17
- Verfahren bei B.8 17
- Vertretung bei B.8 6
- Wechsel Gebrauchsmusterinhaber bei Widerspruch D.16 1
- Widerspruch B.8 17
- Widerspruch Gebrauchsmusterinhaber D.15 12, 14; D.16 1 f.
- Widerspruch, verspäteter (Gebrauchsmuster) D.16 1
- Widerspruchsbegründung/-sfrist D.16 4
- Widerspruchsfrist D.16 1
- Widerspruchsgebühr D.16 6
- Zeitpunkte Antragslöschung B.8 14
- Zuständigkeit B.8 1
- Zuständigkeit DPMA D.15 1
- Zwischenbescheid DPMA D.15 12

Löschungsklage
- Abgrenzung zu Abgrenzungsvereinbarung B.4 9
- Abgrenzung zu Löschungsantrag B.8 2
- Antrag B.9 6
- Begründetheit B.9 13
- Beweislast für Nichtbenutzung B.9 14
- gegen eingetragenen Markeninhaber B.9 11
- Gegenstands-/Streitwert B.9 4
- Kennzeichenstreitsache B.9 2
- Klageerwiderung B.14 1 f.
- Klagehäufung, subjektive B.9 11
- Kosten Patentanwalt B.9 5
- Kostenentscheidung B.9 8
- Marke B.9 1 f.
- mit Eintragungsbewilligungsklage B.7 5, 8

1293

Sachverzeichnis

- Nichtangriffsabrede B.9 10
- Popularklage B.9 10
- Rechtskraft klagestattgebendes Urteil B.9 6
- Rechtsmissbrauchseinwand B.9 10
- Rechtsmittel B.9 18
- täuschende Benutzung mit Zustimmung des Inhabers B.9 1
- Umwandlung in gebräuchliche Bezeichnung aufgrund zurechenbaren Verhaltens des Markeninhabers B.9 1
- Unionsmarke B.9 1
- Verfall wegen Nichtbenutzung B.9 1, 11
- Verhältnis zu Widerspruchsverfahren B.3 1
- Vollstreckbarkeit, vorläufige B.9 9
- Vollziehung B.9 6
- Wegfall Inhabervoraussetzungen B.9 1
- Zeitpunkt der Löschung B.9 7
- Zuständigkeit B.9 2

Löschungsreife
- Einwand der D.3 4

Löschungsverfahren
- Beschwerdefrist D.17 1
- Gebrauchsmuster D.3 3; D.9 1
- Kosten/Gebühren D.15 13
- Marke B.3 1; B.9 1
- Prüfung Gebrauchsmuster D.1 1
- Verhältnis zu Widerspruchsverfahren B.3 1

Löschungsverfahren Gebrauchsmuster
- Beschwerde D.17 1 f., 3
- Beschwerdebegründung D.18 1 f., 6
- Beschwerdeentgegnung, formelle D.20 1 f.
- Beschwerdeentgegnung, materielle D.20 1 f.
- Beschwerdegebühr D.17 4
- DPMA D.15 1, 5, 9, 12
- Kosten/Gebühren Beschwerdeverfahren D.17 4, 7
- Rechtsmittel D.15 14
- Rechtsmittel Beschwerdeverfahren D.17 8
- Streitwert Beschwerdeverfahren D.17 7
- Widerspruch D.16 1 f.
- Zuständigkeit Beschwerde D.17 2

Lösung
- Erfindung C.5 47
- Klageerwiderung, patentrechtliche C.10 13, 15
- Patent C.1 8; C.2 12

Madrider Abkommen über die internationale Registrierung von Marken (MMA) B.1 3, 19

Manuskript
- Ablieferung G.20 8
- Anforderungen an G.20 9
- Beschaffenheit, vertragswidrige G.20 9
- Genehmigung, fehlende G.20 9
- Plagiat G.20 9
- Verstoß gegen gesetzliches Verbot G.20 9

Marke B.1 1
- Abgrenzung zu geschäftlicher Bezeichnung B.17 2

- Agentenmarke B.13 6
- Ähnlichkeit B.13 24
- Amtslöschungsverfahren B.9 1
- Anmeldeverfahren B.1 2
- Ausnutzung Unterscheidungskraft bekannter B.13 26
- Ausnutzung Wertschätzung bekannter B.13 26
- Begriff B.1 1
- Benutzung durch Dritte B.9 15
- Benutzung, markenmäßige B.13 19
- Benutzung, rechtserhaltende B.9 13, 16
- Beweislast Nichtbenutzung B.9 14
- Duldung Benutzung B.14 9
- Einrede der Nichtbenutzung B.6 15
- Eintragung auf Grund von Verkehrsdurchsetzung B.2 1 f.
- erweiterter Schutz nach § 9 Abs. 1 Nr. 3 MarkenG B.3 7a
- Gebrauch in Nachschlagewerk B.13 6
- Geltendmachung des Bestehens älterer Rechte B.9 1
- Geltendmachung von Verfallsgründen B.9 1
- Hinterhaltsmarke B.1 12
- identische B.13 21
- IR-Marke B.1 3, 9
- Kollektivmarke B.1 18
- Kollision B.1 19
- Löschungsantrag B.8 1 f.
- Löschungsklage B.9 1 f.
- Löschungsverfahren B.3 1; B.9 1
- nicht eintragungsfähige B.1 23
- Nichtbenutzung B.9 13
- Nizzaer Klassifikation B.1 16
- notorische Bekanntheit B.1 1
- Prioritätsbeanspruchung B.1 19
- Registermarke B.1 3
- Registrierung, internationale B.1 3, 9, 15
- Scheinbenutzung B.6 16
- Schutz B.1 1
- Schutz durch Benutzung B.1 1
- schutzfähiges Zeichen B.1 1
- Schutzumfang B.1 16
- Serienanmeldung B.1 20
- Spekulationsmarke B.1 1
- strafbare vorsätzliche Verletzung B.21 1
- täuschende Benutzung mit Zustimmung des Inhabers B.9 1
- Teilbenutzung B.9 16
- Territorialitätsprinzip B.1 3
- Umwandlung in gebräuchliche Bezeichnung aufgrund zurechenbaren Verhaltens des Markeninhabers B.9 1
- Unionsgewährleistungsmarke B.1 18
- Unionsmarke B.1 3
- Ursprungsidentität B.1 1
- Verfall wegen Nichtbenutzung B.9 1, 13
- Verfallsgründe B.9 1

Sachverzeichnis

- Verhältnis Löschungs-/Widerspruchsverfahren B.3 1
- verkehrsdurchsetzte B.2 14
- Wegfall Inhabervoraussetzungen B.9 1
- Widerspruchskennzeichen B.3 7a
- Widerspruchsverfahren DPMA B.3 1, 2
- Wiedergabe B.1 10
- Wiedergabeart bei Markenanmeldung B.1 11

Marke, dreidimensionale
- Markenanmeldung B.1 11

Marke, notorisch bekannte B.1 1
- Widerspruchskennzeichen B.3 7b

Marke, sonstige
- Markenanmeldung/-wiedergabe B.1 11

Markenanbringung
- Ausräumung Herkunftstäuschung durch A.12 17; A.23 9

Markenanmeldung B.1 2
- als Serie B.1 20
- alternative B.1 13
- Änderung Anmeldegegenstand B.1 11
- Angaben zur Markenform B.1 11, 14
- ausländischer Anmelder B.1 7, 8
- Benutzungswille B.1 12
- Berichtigung/-sfrist B.1 19
- Beschleunigung B.1 15
- Beschleunigungsgebühr B.1 15, 22
- Beschwerde B.1 23; B.5 1 f.
- Bildmarke B.1 11
- Bösgläubigkeit B.1 12; B.8 14, 15
- Dienstleistungsverzeichnis B.1 16
- disclaimer B.1 10
- DPMA B.1 1 f.
- Eintragung auf Grund von Verkehrsdurchsetzung B.2 1 f.
- Eintragungsfähigkeit der Zeichen B.1 12
- Eintragungsfähigkeit, fehlende B.1 23
- Einzelhandelsdienstleistung B.1 16
- elektronische B.1 4, 6
- e-mail B.1 6
- Erinnerung B.1 23
- farbliche Gestaltung B.1 11
- Farbmarke B.1 11
- Formblatt B.1 4, 6
- Formerfordernisse B.1 6
- Fristen B.1 23
- Gebühren B.1 22
- Geruchsmarke B.1 11
- Geschmacksmarke B.1 11
- graphische Darstellung B.1 11
- Grundgebühr B.1 22
- Hinterhaltsmarke B.1 12
- Hörmarke B.1 11
- Identifikation des Anmelders B.1 5, 7
- IR-Anmeldung B.1 15
- Klassengebühr B.1 22
- Klassifikation B.1 16
- Kollektivmarke B.1 18
- Leitklasse B.1 17
- Mängelbeseitigung B.1 11
- Mängelbeseitigung bei B.1 5
- Marke, dreidimensionale B.1 11
- Marke, sonstige B.1 11
- Markenform B.1 11, 14, 14
- Markenwiedergabe B.1 5, 11
- Mindestangaben B.1 5
- modifizierte Alternativen B.1 13
- Nachweis Verkehrsdurchsetzung B.1 13
- Positionsmarke B.1 11
- Priorität B.1 2, 5
- Prüfung B.1 12
- Rechtsmissbrauch B.1 12
- Rechtsmittel B.1 23
- Schutzhindernisse B.1 12
- Signatur, elektronische B.1 6
- Sittenwidrigkeit B.1 12
- Spekulationsmarke B.1 12
- Tastmarke B.1 11
- Teilpriorität B.1 19
- Telefax B.1 6
- Unionsgewährleistungsmarke B.1 18
- Unterzeichnung B.1 21
- Verkehrsdurchsetzung B.2 1 f.
- Vertretung B.1 8
- Verzeichnis der Dienstleistungen B.1 5
- Verzeichnis der Waren B.1 5
- Vollmacht B.1 8
- Warenverzeichnis B.1 16
- Wort-/Bildmarke B.1 11
- Wortmarke B.1 11
- Zurückweisung B.1 23
- Zweitanmeldung B.1 19

Markenartikel
- Klage gegen Parallelimporteur B.15 1 f., 3
- Kontrollnummernsystem B.15 3, 14, 15

Markenblatt
- Veröffentlichungsblatt DPMA C.1 7; C.2 6

Markeneintragung
- verkehrsdurchsetzte Marke B.2 14
- Widerspruch gegen B.3 1 f.
- Widerspruchsfrist B.3 3

Markenfähigkeit
- abstrakte B.1 12
- beschreibende Angaben B.1 12
- Bösgläubigkeit B.1 12
- Freihaltebedürfnis B.1 12; B.2 3
- Gattungsbezeichnung B.1 12
- Prüfung B.1 12
- täuschende Zeichen B.1 12
- Unterscheidung/-skraft B.1 12
- Verkehrsdurchsetzung B.1 12; B.2 3

Markenform
- Angabe bei Markenanmeldung B.1 14

Markengesetz B.1 1

Sachverzeichnis

Markeninhaber
- Benachrichtigung bei Grenzbeschlagnahme B.22 1

Markeninhaber, ausländischer
- Inlandsvertreter B.9 2

Markenpiraterie B.13 21
- Strafanzeige B.21 1

Markenprodukt
- selektiver Vertrieb B.15 14

Markenrecht
- Abgrenzung Widerspruch/Löschungsantrag/ Löschungsklage B.8 2
- Abgrenzungsvereinbarung B.4 1 f.
- Abmahnung B.10 1 f.
- Agentenmarke B.13 6
- Ansprüche nach MarkenG B.13 6
- Anwaltszwang B.12 3
- Auskunftsanspruch B.12 1; B.13 6, 11
- Belegvorlage B.12 1; B.13 6
- Beschwerde B.5 1 f.
- Beschwerdeverfahren B.5 1
- Besichtigungsanspruch B.12 1; B.13 6
- Dringlichkeit B.12 14, 25
- Durchgriffsbeschwerde B.5 4, 5
- Eintragungsbewilligungsklage B.7 1 f., 4
- Erschöpfung B.14 11c; B.15 19, 20
- Erstbegehungsgefahr B.15 22
- Grad der Kennzeichnungskraft A.12 18
- Klage des Lizenzgebers gegen Lizenznehmer B.16 1 f., 4
- Klage gegen Parallelimporteur B.15 1 f., 3
- Klage wegen Titelverletzung B.18 1 f., 3
- Klage wegen Verletzung geographischer Herkunftsangabe B.20 1 f., 2
- Klage wegen Verletzung geschäftlicher Bezeichnung B.17 1 f., 2
- Klageerwiderung B.14 1 f.
- Kostentragungspflicht bei sofortigem Anerkenntnis B.12 19
- Löschungsanspruch B.7 8; B.12 1
- Löschungsantrag nach § 54 MarkenG B.8 1 f., 4
- Löschungsklage nach § 55 MarkenG B.9 1 f.
- Markenverletzungsklage B.13 1 f.
- missbräuchlicher Rechtserwerb B.14 10
- Rechtsbeschwerde B.5 13; B.6 1 f., 12
- Rechtsmissbrauchseinwand B.14 10
- Rechtsmittel B.5 1
- Schadensberechnung durch Schätzung A.13 5
- Schadensersatzanspruch B.12 1; B.13 6
- Schadensersatzklage, bezifferte B.19 1 f.
- Schutzschrift B.11 1 f., 2
- Sequestrationsanspruch B.12 1
- Sicherung Schadensersatzanspruch B.13 6
- sofortige Beschwerde B.6 1
- Störerhaftung B.13 5
- Strafanzeige B.21 1 f.
- Unterlassungsanspruch B.13 6

- Urteilsbekanntmachung B.13 6, 14, 28
- Verfügung, einstweilige B.12 1
- Verjährung B.13 10
- Verjährung Unterlassungsanspruch B.14 11b
- Verkehrsgeltung A.23 4
- Vernichtungsanspruch B.12 1; B.13 6, 13
- Veröffentlichungsanspruch Urteil B.13 6, 14, 28
- Wiederholungsgefahr B.15 22
- Zuständigkeit B.12 2
- Zuständigkeit Rechtsbeschwerde B.6 3
- Zuständigkeitskonzentration bei Verbindung mit Nachahmungsklage A.12 2
- Zwischenrechtserwerb B.14 11a

Markenrechtsfähigkeit B.1 7

Markenrechtsverletzung
- Marktverwirrungsschaden A.13 8

Markenschädigung
- Preisunterbietung zur A.15 2

Markenschutz
- Benutzungsformen B.14 8
- Werbeslogan A.13 27

Markenverletzung B.13 21
- Doppelidentität B.13 21
- Entfernung aus Vertriebsweg B.13 13
- Haftung Geschäftsführer B.10 19
- identische Marke B.13 21
- Rückruf widerrechtlicher Ware B.13 13
- Unterlassungsanspruch bei Erstbegehungsgefahr B.15 22
- Verjährung B.14 11b
- Verwechslungsgefahr B.13 21, 22, 23, 24, 25

Markenverletzungsklage B.13 1 f.
- Abmahnung B.13 20
- Aktivlegitimation B.13 3
- Anwaltszwang B.13 4
- Auskunftsanspruch B.13 11, 12
- Bekanntheitsgrad B.13 18
- Einrede der Nichtbenutzung B.13 18, 25
- Erstattung Abmahnkosten B.13 15
- Fahrlässigkeit B.13 27
- Formulierung Unterlassungsantrag B.13 9
- in Verbindung mit Kartellrecht B.13 1
- Kennzeichenstreitsache B.13 1 f.
- Klageerwiderung B.14 1 f.
- Kosten/Gebühren B.13 31
- Markenverletzung B.13 21
- Marktverwirrungsschaden B.13 10
- Mitwirkung Patentanwalt B.13 4
- Nebenanträge B.13 16
- Ordnungsmittelandrohung B.13 8
- Parallelimport B.15 1 f., 3
- Passivlegitimation B.13 5
- Patentanwaltsgebühren B.13 4
- Rechtsmittel B.13 32
- Rückrufanspruch B.13 13
- Schadensberechnung B.13 10
- Schadensersatzanspruch B.13 10
- Schadensersatz-Betragsverfahren B.19 2

- Schlechthin-Verbot **B.13** 9
- Schlüssigkeit **B.13** 17, 18
- Schlüssigkeit bei Parallelimport **B.15** 13
- Streitwert **B.13** 7
- Unterlassungsantrag **B.13** 9
- Urteilsbekanntmachung **B.13** 6, 14, 28
- Verallgemeinerung **B.13** 9
- Verbotsumfang **B.13** 9
- Verletzungsform **B.13** 9
- Verletzungshandlung **B.13** 19
- Vernichtungsanspruch **B.13** 13
- Zuständigkeit **B.13** 1
- Zuständigkeit, internationale **B.13** 1

Markenwiedergabe B.1 10
- Art der **B.1** 11
- Darstellbarkeit, graphische **B.1** 11
- Farbmarken **B.1** 11
- Geruchsmarken **B.1** 11
- Geschmacksmarke **B.1** 11
- graphische Strichzeichnung **B.1** 11
- Hörmarke **B.1** 11
- Lichtbild **B.1** 11
- Mängel **B.1** 11
- Marke, sonstige **B.1** 11
- Positionsmarken **B.1** 11
- Schutzbereich **B.1** 10
- Tastmarken **B.1** 11

Marktanteil
- Verkehrsdurchsetzung **B.2** 6

Marktbeobachtungspflicht A.4 19

Marktgeschehen, ausländisches
- Gemeinschaftsgeschmacksmuster, nicht eingetragenes **F.6** 15

Marktverwirrungsschaden B.13 10
- Kosten der Beseitigung **A.11** 11
- Nachahmungsklage **A.13** 8

Maßnahme, schonendste
- Anspruch auf **G.14** 40

Maßnahmen, einstweilige
- Gerichtsstand **C.17** 3

Maßnahmenandrohung
- Abmahnung **C.2** 17

Mecklenburg-Vorpommern
- Ausschlussfrist Gegendarstellung **H.2** 3
- Gegendarstellung im Rundfunk **H.1** 11
- Landgericht für Patentstreitsachen **C.5** 1
- Veröffentlichung einer Gegendarstellung **H.4** 1, 3
- Zuständigkeit in Gebrauchsmusterstreitsachen **D.4** 12
- Zuständigkeit Kennzeichenstreitsache **B.13** 1
- Zuständigkeit Urheberrechtsstreitsache **G.4** 3

Mediation *sa Einigungsstelle, Einigungsstellenverfahren*
- Patentstreitsache **C.5** 10; **C.9** 16

Mediator
- Einigungsstelle **A.30** 1

Mehrfachübermittlung
- Abmahnung **A.1** 2

Mehrfachverfolgung
- Rechtsmissbrauch **A.1** 4f
- wettbewerbsrechtliche **A.1** 4f

Mehrfachverstöße
- Abmahnung, patentrechtliche **C.2** 20
- Vertragsstrafe **C.2** 20

Mehrwertsteuer *s Umsatzsteuer*

Mehrwortzeichen
- Ähnlichkeit **B.13** 24

Meinungs- und Pressefreiheit (Art. 5GG)
- Boykottverfahren **A.14** 2

Meinungsäußerung H.6 6
- Begriff **H.1** 4b
- Gegendarstellung **H.1** 4b
- herabsetzende **A.17** 13

Meinungsaustausch
- Schutzrechtslage **F.1** 11

Merchandisingrecht
- Begriff **G.14** 30

Merkmalsanalyse
- Klageerwiderung **C.10** 9
- Patentanspruch **C.1** 8; **C.2** 9, 21; **C.5** 50
- patentrechtliche **C.5** 50
- Verletzung des Schutzumfangs des Patents **C.10** 17

Merkmalsgegenüberstellung
- Nichtigerklärung **F.12** 19

Merkmalsgliederung
- Gebrauchsmusterstreitsache **D.5** 25

Messe
- Dringlichkeit, besondere **C.21** 9
- Unterlassungsanspruch, patentrechtlicher **C.21** 1

Messepräsentation
- Indiz für urheberrechtlichen Schutz **G.10** 11

Messestand
- Hausrecht **C.22** 27
- Zustellung am **F.6** 3

Messeveranstaltung
- Fristsetzung Verwarnung **F.3** 5

Metatag
- Antrag auf Erlass einstweiliger Verfügung **B.12** 1 f.
- Begriff **B.12** 18
- Benutzung, kennzeichenverletzende **B.12** 1 f.

Missbrauch
- Abmahnung, wettbewerbsrechtliche **A.1** 4f

Mitarbeiter, freier
- Erfindung **E.1** 3

Mitarbeiterabwerbung
- wettbewerbswidrige **A.18** 10

Mitbewerber
- Aktivlegitimation, wettbewerbsrechtliche **A.4** 17
- Auskunftsanspruch **A.1** 4c
- Klagebefugnis **A.1** 4a

Sachverzeichnis

- Klagebefugnis wegen Verletzung geographischer Herkunftsangabe **B.20** 2
- Schadensersatzanspruch **A.1** 4c

Miterbe
- Aktivlegitimation, urheberrechtliche **G.5** 16

Miterfinder
- Eingangsbestätigung Erfindungsmeldung durch Arbeitgeber **E.2** 2
- Neufestsetzung Erfindervergütung **E.16** 9
- Quotenwiderspruch Vergütungsfestsetzung **E.10** 3
- Vergütungsfestsetzung **E.9** 2
- Widerspruch gegen Vergütungsfestsetzung **E.10** 3

Miterfinderanteil
- Arbeitnehmererfindung **E.1** 18
- Berechnung Anteilsfaktor **E.8** 7; **E.14** 34
- Vergütung **E.8** 7

Mitteilung
- Geheimnisverrat **A.18** 8

Mitteilungspflicht
- bei Aufgabe Schutzrechtsposition **E.7** 1, 5

Miturheber
- Aktivlegitimation, urheberrechtliche **G.5** 16
- Anwachsung Urheberrecht **G.3** 4
- Fairnessausgleich Vergütung **G.19** 9
- Klage auf angemessene Vergütung nach § 32 UrhG **G.18** 17
- Klage auf Einwilligung in die Verwertung **G.16** 1 f.
- Verzichtsvereinbarung Verwertungsrecht **G.3** 1 f., 3
- Zugangsrecht **G.17** 7

Miturheberrecht
- Übertragbarkeit Verwertungsrecht **G.3** 2

Miturheberschaft
- Verwertung **G.16** 1

Mitverschulden
- Schadensersatzklage § 945 ZPO **A.28** 10

Mitwirkung
- Patentanwalt **C.4** 3
- Patentanwalt in Patentstreitsache **C.21** 34

Mitwirkungsanzeige
- Patentanwalt **C.5** 4; **C.7** 4; **C.9** 12

Mitwirkungspflicht
- Zustellung **A.6** 7

Mitwirkungsrecht
- Anzeigeerstatter im Strafverfahren **B.21** 1

Modell
- Schutz/Eintragung internationale/r **F.13** 4

Monopolstellung
- Auswirkung auf Erfindervergütung **E.16** 12

Münchener Verfahren
- Verfahrenshinweise Gebrauchsmusterstreitsache **C.9** 16
- Verfahrenshinweise Patentstreitsache **C.9** 16

Muster
- Schutz/Eintragung internationale/r **F.13** 4

Nachahmung
- Abgrenzung zu selbständigem Entwurf **F.6** 17
- ästhetische Gestaltung **A.12** 23
- Behinderung, systematische **A.12** 31; **A.23** 17
- Freihaltebedürfnis **A.12** 24
- Gemeinschaftsgeschmacksmuster, nicht eingetragenes **F.6** 16
- Gewinnerwartungen **A.12** 28
- Haftung Geschäftsführer **A.12** 4
- identische **A.12** 16; **A.23** 8
- Kennzeichnung, abweichende **A.12** 17; **A.23** 9
- Kompatibilität mit Orginal **A.23** 7
- Kosten/Entwicklungs-/Herstellungsaufwand **A.12** 27
- Produktnachahmung **A.12** 1
- Rechtfertigungslast **A.12** 34
- schutzwürdige Leistung **A.12** 26
- technisch bedingte Gestaltung **A.12** 24
- unlautere **A.1** 4a
- UWG-Leistungsschutz **A.23** 11
- Verjährung **A.23** 19
- Vermeidbarkeit der Herkunftstäuschung **A.12** 24; **A.13** 19
- Verpackung **A.13** 1
- Verwechslungsgefahr **A.12** 25
- Werbung/Werbespruch **A.13** 1, 27

Nachahmungsklage
- Abbildung Verletzungsgegenstand im Klageantrag **A.12** 5
- Abschöpfung Verletzergewinn **A.12** 7; **A.13** 5
- Addition von Unlauterkeitsgesichtspunkten **A.12** 32
- Auskunftsanspruch, akzessorischer **A.12** 7; **A.13** 5
- Beseitigungsanspruch **A.12** 6
- Beweisanforderung **A.12** 15; **A.13** 17
- Darlegung Bekanntheitsgrad **A.13** 12
- Doppelschöpfung **A.12** 15
- Drittauskunft **A.12** 10
- Eigenart, wettbewerbliche **A.12** 13; **A.13** 10
- Gewinn, entgangener **A.12** 7; **A.13** 5
- Gewinnabschöpfung **A.12** 7, 11; **A.13** 5
- Herkunftstäuschung **A.12** 19
- Herkunftsvorstellung **A.12** 21
- Klagebefugnis Leistungserbringer/Hersteller **A.12**; **A.13** 13
- Klageerwiderung **A.23** 1
- Lizenzgebühr, fiktive **A.12** 6; **A.13** 5
- Marktverwirrungsschaden **A.13** 8
- Mitwirkung Patentanwalt **A.12** 3
- Nachahmung, identische **A.12** 16; **A.23** 8
- Preisunterbietung **A.12** 20
- Produktnachahmung **A.12** 1
- Rechnungslegung **A.12** 7, 8
- Rechtfertigungslast des Nachahmers **A.12** 34
- Rufausbeutung **A.12** 13; **A.13** 20, 25
- Saisonschutz **A.12** 13; **A.23** 11
- Schadensberechnung **A.12** 11

- Schadensberechnung, konkrete **A.12** 7; **A.13** 5
- Schadensersatz **A.12** 7; **A.13** 5
- Streitgegenstand **A.12** 38; **A.13** 29
- Übernahme, unmittelbare **A.12** 16
- und/oder-Antrag **A.13** 4
- Vermeidbarkeit der Täuschung **A.12** 23, 24
- Vernichtungsanspruch **A.12** 6
- Verpackungsnachahmung **A.13** 1
- Vertrieb der Produkte **A.12** 6
- Verwechslungen, tatsächliche **A.12** 19
- Verwechslungsgefahr **A.12** 25
- Warenverwechslung **A.12** 22
- Werbungsnachahmung **A.13** 1
- zeitliche Begrenzung Auskunftsanspruch **A.12** 7, 9
- Zuständigkeit der Kammer für Handelssachen **A.12** 2
- Zuständigkeit, örtliche **A.12** 37
- Zuständigkeitskonzentration bei Verbindung mit kennzeichen-, design-,oder patentrechtlichen Ansprüchen **A.12** 2

Nachahmungsschutz
- Addition von Unlauterkeitsgesichtspunkten **A.12** 32
- Behinderung, systematische **A.12** 31; **A.23** 17
- Beschränkung, zeitliche **A.12** 30
- Entwicklungs-/Herstellungsaufwand **A.12** 27
- Gemeinschaftsgeschmacksmuster **A.23** 11
- Gemeinwohl Fortentwicklung der Technik **A.12** 29
- Gewinnerwartungen **A.12** 28
- Schutzwürdigkeit der Leistung **A.12** 26
- Verhältnis wettbewerbsrechtlicher zu Designschutz **F.6** 21

Nachbesserungshinweis
- Gegendarstellungsverfahren **H.4** 9

Nachbildungswille
- Vermutung **F.6** 17

Nachfrist
- Fristsetzung, zu kurze **F.3** 5

Nachhonorierung
- Antragsformulierung **G.19** 6
- bei Verwertung **G.19** 1
- Kosten/Gebühren **G.19** 10
- Streitwert **G.19** 4

Nachrede, üble **H.6** 7.1.5

Nachschlagewerk
- Gebrauch der Marke in **B.13** 6

Nachteil
- unersetzbarer **A.22** 5

Nachteil, erheblicher **C.21** 31

Nachteile, wesentliche
- einstweilige Verfügung zur Abwendung **D.12** 9

Nachweis
- Patentverletzung, mittelbare **C.8** 10, 32

Nacktbild
- berechtigtes Interesse des Abgebildeten **H.6** 7.2.3(9)

Namensnennung **H.6** 7.1.6
Namensrecht **H.6** 7.2.1
Namensverletzung
- Domain **B.12** 6

ne ultra petita
- Grundsatz **G.24** 7; **G.25** 7

Nebenanspruch
- Patentstreitsache **C.5** 49

Nebenausgabe
- Gegendarstellungspflicht **H.1** 1d

Nebenintervention
- Nichtigkeitsklage, patentrechtliche **C.14** 4

Nebenklage **B.21** 1
Nebenrechtserlöse **G.21** 12

Nebenwirkung
- Arznei-/Heilmittelwerbung **A.20** 4, 10

Neufestsetzung
- Erfindervergütung bei Änderung der maßgebenden Umstände **E.11** 1, 5

Neuheit
- Design, eingetragenes **F.1** 4
- entgegenstehender vorbekannter Formenschatz **F.2** 2
- Gemeinschaftsgeschmacksmuster, nicht eingetragenes **F.6** 14

Neuheit, mangelnde
- Gebrauchsmuster **D.3** 4; **D.15** 7
- Löschungsgrund Gebrauchsmuster **D.15** 8, 10
- Nichtigkeitsgrund **F.12** 11, 12

Neuheitsbegriff
- relativer **D.3** 4

Neuheitsschonfrist
- Gebrauchsmuster **D.3** 4
- Gemeinschaftsgeschmacksmuster, nicht eingetragenes **F.6** 11

Neuherstellung
- Abgrenzung zu Reparatur **C.8** 35

Nichtangriffsabrede **C.16** 4
- Abgrenzungsvereinbarung **B.4** 9
- Einrede der **B.9** 10

Nichtaufrechterhalten
- Tatsachenbehauptung **H.14** 1

Nichtbenutzung
- Beweislast **B.9** 14
- Einrede der **B.6** 15; **B.14** 7
- Einredeweise **B.9** 14
- Erfindung **E.8** 9d
- Marke **B.9** 13
- teilweise **B.9** 16
- Verfall der Marke wegen **B.9** 1, 13

Nichtigerklärung
- Antrag **F.12** 1
- Antragsform **F.12** 2
- Antragsfrist **F.12** 2
- Darstellungen, bildliche **F.12** 16, 18
- Eintragungsnummer **F.12** 10
- Formblatt EUIPO **F.12** 2
- Gebühr **F.12** 13

Sachverzeichnis

- Gemeinschaftsgeschmacksmuster F.12 1
- Inhaber F.12 10
- Juristische Person F.12 5
- Merkmals-/Gegenüberstellung F.12 19
- Nichtigkeitsgrund F.12 11
- Offenbarung/-snachweis F.12 17
- Patent, europäisches C.18 1
- Prüfung EUIPO F.12 11
- Substantiierung Nichtigkeitsgrund F.12 12
- Verfahren vor DPMA F.12 1
- Verfahren vor EUIPO F.12 1
- Verfahrenssprache F.12 2
- Vertretung im Verfahren zur F.12 14

Nichtigkeit
- Patent C.10 21

Nichtigkeitsgrund
- europäisches Patent C.18 1
- fehlende Substantiierung C.16 4
- Gemeinschaftsgeschmacksmuster F.12 11
- Nachweis F.12 12
- patentrechtliche C.10 16
- Substantiierung F.12 12

Nichtigkeitsklage
- Streitwert F.11 7; C.14 10

Nichtigkeitsklage, patentrechtliche
- Anerkenntnis C.15 5
- Anhängigkeit C.15 1
- Antrag C.14 8
- Begründung C.14 12
- Beklagter C.14 5; C.16 1
- Beschränkung auf Teil eines Patents C.18 1
- Beweislast C.14 22
- Bundespatentgericht C.14 1, 3
- des wegen vermeintlicher Patentverletzung Inanspruchgenommenen C.4 15
- Einigungsversuch, vorprozessualer C.14 21
- Einwendungen C.16 4
- entgegenstehende Rechtskraft C.16 4
- Erfolgsaussicht C.10 14
- Erklärungsfrist des Beklagten C.15 1
- Fristen C.14 26
- gegen deutschen Teil eines europäischen Patents C.18 1 f.
- Gerichtsgebühren C.14 10, 25
- Hinweis, qualifizierter C.14 24
- Klageänderung, subjektive C.14 5
- Klageerwiderung C.16 1 f., 5
- Klageerwiderung, materielle C.13 7
- Kosten/Gebühren C.14 25
- Kostenantrag C.14 9
- Kostenentscheidung C.18 8
- Kostenfolge C.15 5
- letter amici curiae C.14 4
- Merkmalsanalyse C.14 15
- mutwillige C.14 21
- Nebenintervention C.14 4
- Patent C.2 38; C.4 2
- Patent, deutsches C.14 1 f.; C.18 1 f.

- Patent, europäisches C.1 7; C.2 6; C.10 6; C.18 1
- Popularklage C.14 2
- Prozessführungsbefugnis C.16 1
- Reaktionen des Beklagten C.15 5
- Rechtsanwaltsgebühren C.14 25
- Rechtsmittel C.14 26
- Rücknahme Widerruf des Beklagten C.15 5
- Säumnisverfahren C.15 1
- Streitgegenstand C.14 7, 8; C.15 2
- Streitwert C.14 10
- Subsidiarität C.10 2
- Subsidiarität gegenüber Einspruch C.16 4
- Teilnichtigkeit C.18 7
- Untersuchungsgrundsatz C.14 4, 22
- Verfahren C.14 22
- Verhältnis zu Einspruchsverfahren C.10 2, 3
- Verhältnis zu negativer Feststellungsklage C.19 14
- Versäumnisurteil C.15 1
- Verzicht des Beklagten C.15 5
- Vollmacht C.14 11
- Widerspruch C.15 1 f.
- Widerspruchsbegründung C.15 4
- Wiedereinsetzung C.15 1
- Zulässigkeit C.10 2
- Zuständigkeit C.14 1

Nichtigkeitsverfahren
- Design, eingetragenes F.11 2
- Untersuchungsgrundsatz C.14 4, 22

Nichtigkeitswiderklage
- bedingte F.11 1
- Drittwiderklage F.11 1
- Eventualwiderklage F.11 1
- Frist F.11 10
- Gemeinschaftsgeschmacksmustersache F.11 1 f.
- im Eilverfahren F.11 1
- Kosten/Gebühren F.11 9
- Rechtsmittel F.11 10
- Streitwert F.11 7

Nichtwissen
- Bestreiten mit C.12 8

Nichtzulassungsbeschwerde B.6 12

Niederlassung, gewerbliche
- Gerichtsstand A.4 2

Niedersachsen
- Ausschlussfrist Gegendarstellung H.2 3
- Gegendarstellung im Rundfunk H.1 11
- Landgericht für Patentstreitsachen C.5 1
- Veröffentlichung einer Gegendarstellung H.4 1, 3
- Zuständigkeit in Gebrauchsmusterstreitsachen D.4 12
- Zuständigkeit Kennzeichenstreitsache B.13 1
- Zuständigkeit Urheberrechtsstreitsache G.4 3

Nizzaer Klassifikation B.1 16

Nordrhein-Westfalen
- Ausschlussfrist Gegendarstellung H.2 3

Sachverzeichnis

- Gegendarstellung im Rundfunk H.1 11
- Landgericht für Patentstreitsachen C.5 1
- Veröffentlichung einer Gegendarstellung H.4 1, 3
- Zuständigkeit in Gebrauchsmusterstreitsachen D.4 12
- Zuständigkeit Kennzeichenstreitsache B.13 1
- Zuständigkeit Urheberrechtsstreitsache G.4 3

Normverlagsvertrag
- Honorarabrechnung G.21 12

Notenschrift
- Hörmarke B.1 11

Notstand G.15 12

Notstand, übergesetzlicher G.15 12

Notwehr G.15 12

Nutzervereinigung
- Abschluss Gesamtvertrag G.25 1 f.

Nutzlosigkeit
- Abmahnung, wettbewerbsrechtliche A.10 7

Nutzungsberechtigung
- Herkunftsangabe, geographische B.20 4

Nutzungsentgelt
- Überprüfung der Angemessenheit G.24 1

Nutzungserlaubnis G.25 1

Nutzungsrecht
- Lizenzvertrag B.16 1, 3

Nutzungsvereinbarung
- Abrechnungs-/Zahlungsklage G.21 1

Oberbegriff C.1 8; C.2 9
- Klageerwiderung, patentrechtliche C.10 10
- Patentanspruch C.5 15, 44, 50

Offenbarung
- Fachkreise F.10 5

Offenbarungsgebiet
- Gemeinschaftsgeschmacksmuster, nicht eingetragenes F.6 11, 15

Offenbarungsgehalt
- Abbildung F.9 20

Offenbarungspflicht
- Klageerwiderung A.22 8

Offenlegung
- Patentanmeldung C.1 7; C.2 6

Offenlegungsschrift
- deutsche (DE-OS) C.1 7; C.2 6
- europäische C.1 7; C.2 6

Offensichtlichkeit
- Begriff G.10 16
- Rechtsverletzung F.8 8

Öffentliche Beachtung
- Indiz für urheberrechtlichen Schutz G.10 12

Öffentliche Sitzung
- Gegendarstellung H.1 1e

Öffentlichkeit
- Arneimittel-/Heilmittelwerbung A.20 12

Öffentlichkeitssphäre
- Persönlichkeitsrecht H.6 7.1.2(5)

Offizialdelikt
- Kennzeichenverletzung, gewerbsmäßige B.21 4

OHG
- Markenrechtsfähigkeit B.1 7

Online-Registerauskunft C.21 21

Online-Registerauszug
- Glaubhaftmachung C.5 42; F.8 6

Ordnungsgeld A.24 2, 13
- Bemessung A.24 13, 14
- Urheberrechtsstreit G.5 10

Ordnungshaft A.24 2, 13
- Androhung A.4 11; C.5 12, 13
- gegen juristische Person A.24 5
- Urheberrechtsstreit G.5 10

Ordnungsmäßigkeit
- fehlende der Klageerhebung C.16 4

Ordnungsmittel
- Androhung A.4 11; A.24 7; F.9 11
- Androhung bei einstweiliger Verfügung F.6 6
- Androhung im Urheberrechtsstreit G.5 10
- Androhung, kumulative F.6 6
- Anregung des Gläubigers zur Höhe A.24 14
- bei Wegfall des Titels A.24 10
- bei Zuwiderhandlung gegen Unterlassungebot A.24 8, 10
- Bestimmung des A.24 4
- Festsetzung A.24 7, 12
- Höhe des A.24 4, 13
- Staatskasse A.24 13
- Verschulden A.24 12
- Zuständigkeit A.24 1

Ordnungsmittelandrohung A.4 11; A.24 7; F.9 11
- einstweilige Verfügung G.5 10
- Gemeinschaftsgeschmacksmusterverletzungsklage F.9 11
- nachträgliche F.9 11
- Zustellung F.9 11
- Zustellung im Ausland F.9 11

Ordnungsmittelfestsetzung A.24 13

Ordnungsmittelverfahren A.24 2, 16; F.9 11
- Anhörung Schuldner A.24 17
- Fristen A.24 17
- Kosten/Gebühren A.24 16
- neben Vertragsstrafe A.29 2
- Rechtsanwaltsgebühren A.24 16
- Rechtsmittel A.24 17
- Streitwert A.24 16

Organ
- Klageerweiterung Patentstreitsache auf C.17 4
- Passivlegitimation A.4 5

Organhaftung
- Patentstreitsache C.5 6; C.6 6
- wettbewerbsrechtliche A.19 17

Organisation, übernationale
- Gegendarstellung, rundfunkrechtliche H.1 11

Organmitglied
- Erfindung E.1 3

1301

Sachverzeichnis

Original
- Zugangsrecht des Urhebers G.17 1

Originalware
- Grenzbeschlagnahme B.22 1
- Vertrieb beschädigter B.15 6

Packungsbeilage A.20 7
- Schrift A.20 7
- Sprache A.20 7
- vorgeschriebene Angaben A.20 7
- Werbung A.20 9
- wettbewerbswidriges Weglassen A.20 9

Parallelimport
- Auskunftsanspruch B.15 8, 9
- Beweislast Erschöpfung Markenrecht B.15 20
- Erschöpfung, mangelnde B.15 19
- Feststellung Schadensersatz B.15 7
- Feststellungsklage B.15 7
- Formulierung Unterlassungsantrag B.15 5
- Grenzbeschlagnahme B.22 1; C.26 3; F.14 1
- Inverkehrbringen B.15 19, 23
- Klage gegen Parallelimporteur B.15 1 f., 3
- Klagezuständigkeit B.15 1
- Schadensersatz B.15 7
- Schlüssigkeit Markenverletzungsklage B.15 13
- Streitwert B.13 7; B.15 2
- Testkauf B.15 18
- Unterlassungsantrag B.15 5
- Unterlassungsklage B.15 1 f.

Pariser Verbandsübereinkunft (PVÜ) B.1 19
- Prioritätsinanspruchnahme C.4 7

Parlamentsbericht
- Gegendarstellung H.1 1e

Parodie
- freie Benutzung G.15 15

Parteibetrieb
- Zustellung einstweiliger Verfügung C.21 35; G.4 7

Parteifähigkeit
- Mängel C.16 4

Parteigutachten
- Glaubhaftmachung A.4 14

Parteistellung
- Schutzschrift F.5 5, 7

Parteivernehmung
- Glaubhaftmachung Beweismittel G.5 15

Parteizustellung
- Beschlussverfügung F.6 3
- einstweilige Verfügung A.6 1
- im Ausland A.6 8
- im Inland A.6 7
- Verfügung, einstweilige F.6 2

Partnerschaftsgesellschaft
- Markenrechtsfähigkeit B.1 7

Passivlegitimation
- einstweilige Verfügung wegen Unterlassung Abnehmerverwarnung C.20 5
- Patentstreitsache C.4 5, 6; C.6 5

- Wettbewerbsrecht A.1 3

Patenrecht
- anwendbares PatG C.2 5

Patenstreitsache
- Klageantrag C.5 11

Patent
- Ablauf Schutzdauer C.10 20
- Abmahnung C.2 6
- Anmelde-/Prioritätstag C.5 39
- Ansprüche C.1 8
- Aufgabe und Lösung C.1 8; C.2 11, 12
- Auskunftsanspruch D.14 3
- Ausnutzung, missbräuchliche C.10 20
- Ausschließungsrechte C.1 7; C.2 6
- Benutzung, rechtmäßige C.4 2d; C.10 20
- Benutzungsmonopol C.1 7; C.2 6
- Benutzungsrechte C.1 7; C.2 6
- Beschränkungsabsicht des Arbeitgebers E.7 4
- Beschreibung des Erfindungsgegenstandes C.2 9
- Besichtigungsanspruch C.2 6
- Doppelpatentierung C.10 21
- durchschnittliche wirtschaftliche Laufzeit E.7 1
- Einheitspatent C.1 7; C.2 6
- Einsicht in Erteilungsakten C.4 2h
- Einspruch C.10 2, 6
- Einspruchsfrist C.16 3
- Entnahme, widerrechtliche C.2 38; C.4 2f; C.10 21
- Erfindungshöhe C.4 10
- erloschenes C.2 38
- Erlöschung C.10 20
- Erschöpfung C.4 2c; C.10 20
- Erstreckung auf Beitrittsgebiet C.2 25
- Erteilung C.4 7; C.5 32, 39
- Erweiterung, unzulässige C.2 38; C.4 2m; C.10 21
- Formstein-Einwand C.4 2e; C.10 21
- Formulierung Hauptanspruch C.2 9
- Frand-Einwand C.2 38; C.4 2j; C.10 20
- Gemeinschaftspatent C.1 7; C.2 6
- gesetzliche Wirkungen C.1 7; C.2 6
- missbräuchliche Ausnutzung C.2 38; C.4 2j
- missbräuchliche Ausnutzung der Ausschließlichkeitsbefugnis C.4 2j
- nichtiges C.10 21
- Nichtigkeitsklage C.2 38; C.4 2g; C.10 2, 6
- Offenlegungsschrift C.1 7; C.2 6
- Patentberühmung C.25 6
- Rechtsbeständigkeit, fehlende C.10 6
- Restschadensanspruch bei Verjährung C.10 21
- Schutzbereichsermittlung C.1 8; C.2 9; C.5 50
- Schutzdauer C.1 7; C.2 6
- Schutzdauerablauf C.2 38
- Schutzumfang C.2 9; C.5 50
- Tatbestandswirkung C.10 3
- unmittelbarer Gegenstand des C.2 9
- Untersagung Benutzungshandlung C.5 16

1302

Sachverzeichnis

- Untersagung Herstellungshandlung C.5 16
- Untersagung Verletzungshandlung C.5 17
- Verbietungsrecht C.1 7; C.2 6
- Verjährung C.2 38; C.4 2i; C.10 21
- Verletzung Schutzumfang C.10 17
- Verwirkung C.2 38; C.4 2i; C.10 21
- Wert, wirtschaftlicher C.24 9
- Widerruf C.10 6
- widerrufenes C.10 21
- Zwangslizenz C.2 38; C.4 2j
- Zweifel am Bestand C.2 38; C.4 2g

Patent, ausländisches
- Rechtsnormen C.17 27

Patent, deutsches
- Einspruchsfrist C.16 3
- Nichtigkeitsklage C.14 1 f.
- Nichtigkeitsklage gegen deutschen Teil eines europäischen Patents C.18 1 f.

Patent, europäisches C.1 7; C.2 6
- Abmahnung C.2 6
- Abmahnung/Verwarnung C.2 1
- Beschränkung C.18 1
- Bündel nationaler Schutzrechte C.17 20
- Einspruch C.1 7; C.2 6; C.10 6
- Einspruchsfrist C.10 6; C.16 3
- Klage wegen Verletzung eines europäischen Patents mit Auslandsberührung C.17 1 f.
- Nichtigerklärung C.18 1
- Nichtigkeitsklage C.1 7; C.2 6; C.10 6; C.18 1
- Nichtigkeitsklage gegen deutschen Teil C.18 1 f.
- Patentstreitsache C.17 1 f.
- Schutzerstreckung für Deutschland C.17 2
- Schutzrechtserstreckung auf Gebiet der Bundesrepublik C.18 1
- Übersetzung C.18 11
- Verfahrenssprache C.17 22; C.18 6, 11
- Verfahrenssprachen C.18 11
- Verletzungsklage C.1 7; C.2 6
- Zuständigkeit Patentstreitsache C.17 2, 3

Patentamt
- Anmeldung Diensterfindung durch Arbeitnehmer E.2 7

Patentanmeldung C.1 7; C.2 6
- Ansprüche C.1 8
- Ansprüche aus/nach offengelegter C.1 7; C.2 6
- Arbeitnehmererfindung E.4 8
- Aufgabe E.7 4
- Auskunftsanspruch D.14 3
- Benutzung offengelegte C.6 54
- Berühmung C.25 6
- Datum der Offenlegung C.5 27; C.6 24
- Entschädigungsanspruch bei Benutzung nach Offenlegung C.5 27, 34
- Erfinderbenennung E.15 4
- Freiwerden Erfindung E.4 1
- Karenzzeit C.5 27
- Karenzzeit bei Veröffentlichung C.2 24
- offengelegte C.1 7; C.2 6
- Offenlegung C.1 7; C.2 6
- Patentanmeldungsberühmung C.25 6
- Priorität C.4 7
- Übernahmeangebot an Arbeitnehmer E.7 4
- Verhältnis zu Inanspruchnahme E.18 13
- Verhältnis zu Inanspruchnahmeerklärung Arbeitnehmererfindung E.4 1
- Zeitrang C.4 7

Patentanmeldung, europäische
- Antrag auf Schutzrechtsübertragung E.18 4

Patentanspruch C.1 7, 8; C.2 6
- Aufgabe C.1 8; C.2 11
- Ausführungs-/Verletzungsform C.1 8; C.2 9
- Auslegung C.1 8; C.2 9
- Austauschmittel C.5 50
- Begriff C.1 8; C.2 9
- Beschreibung des Erfindungsgegenstandes C.2 9
- einteilige Formulierung C.5 50
- Ermittlung Schutzbereich C.1 8; C.2 9; C.5 50
- kennzeichnender Teil C.1 8; C.2 9; C.5 15
- Lösung C.1 8; C.2 12
- Merkmalanalyse C.1 8; C.2 9, 21; C.5 50
- Oberbegriff C.1 8; C.2 9; C.5 15, 44, 50
- Unterlassungsanspruch bei mehreren Alternativen C.5 17
- Zweiteilung C.1 8; C.2 6

Patentanwalt
- Abmahnung, markenrechtliche B.10 3
- Berechtigungsanfrage D.1 6
- Hinzuziehung in patentrechtlicher Streitigkeit C.2 4
- Kosten der Mitwirkung B.6 6; B.9 5; B.10 3
- Kostenerstattung Mitwirkungskosten C.4 3
- Marken-/Kennzeichenverletzungsklage B.13 4
- Mitwirkung C.4 3
- Mitwirkung bei Auslandsbezug C.17 30
- Mitwirkung bei einstweiliger Verfügung B.12 3
- Mitwirkung bei Klage auf Schutzrechtsübertragung E.18 21
- Mitwirkung bei Rechtsbeschwerde B.6 6
- Mitwirkung bei Stufenklage Erfindervergütung E.14 39
- Mitwirkung in Gebrauchsmustersache D.1 3, 6; D.2 2; D.3 1
- Mitwirkung in Patentstreitsache C.21 34
- Mitwirkung Klageerwiderung C.9 12
- Mitwirkung Löschungsantrag D.15 4, 11
- Mitwirkung Nachahmungsklage A.12 3
- Mitwirkung Patentstreitsache C.5 4, 69; C.7 4
- Vollstreckung Gebrauchsmusterstreitsache D.10 7

Patentanwaltsgebühren
- Abmahnung, patentrechtliche C.2 40
- Abnehmerverwarnung, gebrauchsmusterrechtliche D.4 15
- Gebrauchsmusterstreitsache D.4 14

1303

Sachverzeichnis

- Gebrauchsmusterverletzungsklage D.5 14, 37
- Kostenerstattung A.12 3
- Kostenerstattung in Gemeinschaftsgeschmacksmusterstreitsache F.9 7
- Kostenerstattungspflicht C.3 17
- Stufenklage Erfindervergütung E.14 40

Patentbenutzung
- Ausschluss der Rechtswidrigkeit C.10 21
- rechtmäßige C.2 38; C.4 2d

Patentbenutzungshandlung
- Berühmung zur Berechtigung C.2 35

Patentberühmung
- Ausdrucksformen C.25 6
- Internet C.25 8
- Wettbewerbsverhältnis C.25 5

Patentberühmungsklage C.25 1 f.
- Aktivlegitimation C.25 7c
- Auskunftsanspruch C.25 1, 3, 7
- Auskunftsumfang C.25 7f
- Auskunftsverlangen, vorheriges C.25 7e
- Kostenantrag C.25 4
- Passivlegitimation C.25 7d
- Streitwert C.25 2
- Zuständigkeit C.25 1

Patentbeschreibung C.1 7; C.2 6

Patentblatt
- Beurteilung der Patentfähigkeit C.1 7
- elektronische Veröffentlichung C.1 7; C.2 6
- Offenlegung Patentanmeldung C.1 7; C.2 6
- Veröffentlichung Patenterteilung C.1 7; C.2 6
- Veröffentlichungsblatt DPMA C.1 7; C.2 6

Patentdokument
- Veröffentlichungsblatt DPMA C.1 7; C.2 6

Patententnahme
- widerrechtliche C.2 38; C.4 2f; C.10 21

Patenterschleichung C.10 21

Patenterteilung
- Einspruch C.1 7; C.2 6
- Einspruchsfrist C.1 7; C.2 6
- Verfahren C.1 7; C.2 6
- Veröffentlichung im Patentblatt C.1 7; C.2 6
- Verwaltungsakt C.10 3

Patenterteilungsakten
- Akteneinsicht C.9 9
- Beiziehung C.9 8
- Einsicht C.4 2h

Patentfähigkeit
- Beurteilung der C.1 7

Patentgericht
- Gerichtssprache C.10 8

patentgeschützt
- Patentberühmung C.25 6

patentiert
- Patentberühmung C.25 6

Patentinhaber
- Aktivlegitimation C.5 3, 38, 55; C.6 3
- Ansprüche aus/nach Patentanmeldung C.1 7; C.2 6

- Drittauskunft C.1 7; C.2 6
- Entschädigungsanspruch C.1 7; C.2 6
- Rechnungslegungsanspruch C.1 7; C.2 6
- Schadensersatzanspruch C.1 7; C.2 6
- Unterlassungsanspruch C.1 7; C.2 6
- Vernichtungsanspruch C.1 7; C.2 6

Patentkammer
- Zuständigkeit C.9 3

Patentnichtigkeitsklage C.14 1 f.

patent-pending
- Patentanmeldungsberühmung C.25 6

Patentrecht
- Abmahnung C.2 1 f.; C.3 1
- Anspruch auf angemessene Entschädigung C.1 5
- Antwortschreiben des Abgemahnten C.4 1 f.
- Ausschließungsbefugnis C.1 5, 7
- Berechtigungsanfrage C.1 1 f., 12
- Erschöpfung C.2 38; C.4 2c
- Grenzbeschlagnahme C.26 1 f.
- Hinweisschreiben C.1 1 f., 12
- Hinzuziehung Patentanwalt C.2 4
- Landgericht für Patentstreitsachen C.5 1; C.6 1
- Offenlegungsschrift C.1 7; C.2 6
- Schutzrechtshinweis C.1 1
- Schutzschrift wegen vermeintlicher Patentverletzung C.23 1 f.
- Torpedo-Problematik C.2 1
- Zuständigkeitskonzentration bei Verbindung mit Nachahmungsklage A.12 2

Patentrechtsmodernisierungsgesetz
- Arbeitnehmererfindung E.1 1

Patentschrift
- Aufgabe, fehlende C.2 11
- Ausdruck via Internet C.1 7, 9
- Beschreibung C.1 7; C.2 6
- deutsche (DE-PS) C.1 7; C.2 6
- gesonderte Überreichung C.5 41; C.6 35
- Internet-Zugang zur C.1 6
- Patentanspruch C.1 7; C.2 6
- Veröffentlichung C.1 7; C.2 6
- Zeichnung C.1 7; C.2 6
- Zusammenfassung C.1 7; C.2 6

Patentstreitsache sa *Klageerwiderung, patentrechtliche*
- Abmahnung, vorhergehende C.17 26
- Abnehmerverwarnung, ungerechtfertigte C.20 2
- Aktenbeiziehung C.5 42; C.9 8
- Akteneinsicht Patenterteilungsakten C.9 9
- Aktivlegitimation C.5 3, 38, 55; C.6 3
- Antrag auf Sachverständigengutachten C.22 11
- Antrag selbständiges Beweisverfahren C.22 1 f.
- Aufgabe und Lösung (Darstellung) C.5 48
- Ausführungs-/Verletzungsform C.5 50
- Auskunftsanspruch C.5 19, 20
- Auslegungsschrift C.5 40

Sachverzeichnis

- Ausschluss der Rechtswidrigkeit C.10 21
- Aussetzung C.10 3; C.11 5
- Aussetzungsbeschluss C.10 5
- Begriff C.5 1
- Beiziehung Erteilungsakten C.9 8
- Bekanntmachungstag C.5 40
- Belegvorlageanspruch C.5 21, 29
- Berücksichtigung Schutzschrift C.23 6
- Besichtigungsanspruch C.5 21
- Besichtigungsanspruch im selbständigen Beweisverfahren C.22 1, 10
- Bestreiten mit Nichtwissen C.12 8
- Beweis Herstellungsverfahren C.12 8
- Beweislast C.20 19
- Beweislastumkehr C.7 43
- Darlegung Verfügungsgrund C.21 27
- Darlegung Verletzungstatbestand C.5 53
- Datum C.5 27; C.6 24
- Dringlichkeit C.21 1
- Drittauskunft C.5 19, 70; C.21 14, 17, 33
- Duldungsanordnung C.22 17, 19, 27, 31
- Düsseldorfer Verfahren C.9 15
- Einigungsversuch, außergerichtlicher C.5 10; C.6 10
- Einlassungsfrist C.10 22
- Einrede fehlender Zuständigkeit C.9 4
- einstweilige Verfügung wegen unmittelbarer Patentverletzung C.21 1 f.
- einstweilige Verfügung wegen Unterlassung Abnehmerverwarnung C.20 1 f.
- Einwendungen gegen Annahme einer Patentverletzung C.10 20
- Einzelrichter/Kammer C.5 9; C.6 9; C.7 9; C.21 9
- Entschädigungsanspruch C.7 25
- Entschädigungsanspruch wegen Benutzung C.5 34
- Erfolgsaussicht Einspruch/Nichtigkeitsklage C.10 14
- Erwiderungsfrist C.10 22
- Erzeugnisschutz C.7 39, 42
- Fälligkeit Gerichtsgebühren C.14 10
- Feststellungsklage C.7 48
- Feststellungsklage, negative C.19 1 f.
- Formulierung Unterlassungsanspruch C.5 15, 16, 17
- forum shopping C.19 14
- Freibeweis C.10 4
- früher erster Termin C.5 9
- Gerichtssprache C.10 8
- Gerichtsstand C.5 2; C.17 3
- Gewinn, entgangener C.5 20, 35
- Güteverhandlung C.5 10; C.6 10; C.7 10
- Haupt-/Neben-/Unteranspruch C.5 49
- Hinweis auf vorherige Abmahnung C.5 54; C.6 48
- Hinweis, qualifizierter für Verfahren vor Bundespatentgericht C.14 24
- Klage wegen mittelbarer Patentverletzung C.8 1 f.
- Klage wegen Patentverletzung in Form einer Verfahrensbenutzung C.6 1 f.
- Klage wegen unmittelbarer Patentverletzung C.5 1 f.
- Klage wegen Verletzung eines europäischen Patents mit Auslandsberührung C.17 1 f.
- Klage wegen Vertriebs eines durch patentgeschütztes Verfahren unmittelbar hergestellten Erzeugnisses C.7 1 f.
- Klageantrag bei Auslandsberührung C.17 8, 25
- Klageerweiterung auf Gesellschafter/Organe C.17 4
- Klageerwiderung, formelle C.9 1 f.
- Klageerwiderung, materielle C.10 1 f.; C.11 1 f.; C.12 1 f.; C.13 1 f.
- Konfliktbeilegung, außergerichtliche C.5 10
- Kostenantrag C.5 36; C.6 32
- Kostenerstattung C.5 32
- Lizenzanalogie C.5 20, 35
- Mediation C.5 10; C.9 16
- Merkmalsanalyse C.5 50
- Mitwirkung Patentanwalt C.5 4, 69; C.7 4; C.21 34
- Münchener Verfahren C.9 16
- Nichtigkeitsgründe C.10 16
- Nichtigkeitsklage gegen deutschen Teil eines europäischen Patents C.18 1 f.
- Nichtigkeitsklage gegen deutsches Patent C.14 1 f.
- online-Registerauszug C.5 42
- Organhaftung C.5 6; C.6 6
- Passivlegitimation C.5,6; C.6 5
- Patentberühmungsklage C.25 1 f.
- Patentkammer C.9 3
- Patentverletzer/Störer C.5 5, 6
- Prozessführungsermächtigung C.5 3
- Prozessstandschaft C.5 3
- Rechnungslegungsanspruch C.5 19, 20
- Restschadensersatzanspruch C.5 35
- Rückrufanspruch C.5 31
- Rüge fehlendes Rechtsschutzbedürfnis C.9 4
- Schadensberechnung Patentverletzung C.5 20; C.6 29
- Schadensersatzanspruch C.5 35
- Schadensersatzfeststellungsklage C.5 35, 59
- Schadensersatzhöheklage C.24 1 f.
- Schutz vertraulicher Informationen C.22 14, 21, 29
- Schutzerstreckung europäisches Patent für Deutschland C.17 2
- Schutzfähigkeit Verfügungspatent C.21 27a
- Stand der Technik C.5 43
- Stellungnahme zur Übertragung auf Einzelrichter C.9 10
- Strafandrohungsklausel C.5 12
- Streitwert C.5 7; C.6 7

1305

Sachverzeichnis

- Streitwertherabsetzung C.5 7
- Terminierung C.5 8; C.7 8
- Torpedo-Verteidigung C.17 3
- Überreichung Patentschrift C.5 41; C.6 35
- Unterlassungsanspruch C.5 55, 70
- Urteilsveröffentlichung C.5 33, 37, 66
- Verfahrensbitten C.5 8; C.7 8; C.21 9
- Verfahrenshinweise Düsseldorfer Verfahren C.9 15
- Verfahrenshinweise Münchener Verfahren C.9 16
- Verfahrenssprache C.17 22; C.18 6, 11
- Verfügung, einstweilige C.22 14
- Verhandlung, mündliche C.5 10
- Verletzergewinn C.5 20, 35
- Vernichtungsanspruch C.5 30
- Versäumnisurteil C.9 15
- Verteidigungsargumente, vorauszusehende C.8 35, 37
- Verzinsungsregelung E.14 11
- Vollstreckungsantrag C.5 36, 37; C.6 32
- Vorverfahren, schriftliches C.5 8, 9; C.7 8
- Wechsel Schadensberechnungsmethode C.5 35
- Widerrufsgründe C.10 16
- Widerspruch auf Nichtigkeitsklage C.15 1 f.
- Wirtschaftsprüfervorbehalt C.5 19, 20, 24, 28; C.6 25
- Zahlung Gerichtsgebühren C.14 10
- Zahlungsanspruch Gebühren C.5 32, 64
- Zuständigkeit bei europäischem Patent C.17 2, 3
- Zuständigkeit Nichtigkeitsklage C.14 1
- Zuständigkeit, funktionelle C.5 1; C.17 2
- Zuständigkeit, internationale C.5 2; C.17 3
- Zuständigkeit, örtliche C.5 2; C.6 2; C.17 3
- Zuständigkeit, sachliche C.5 1; C.6 1; C.17 2

Patentverletzer
- Kostenerstattungsverpflichtung C.2 34
- Patentstreitsache C.5 5, 6

Patentverletzung C.10 17
- Abmahnung 21 24; C.2 1 f.; C.3 1 f.
- Antwortschreiben des Inanspruchgenommenen C.4 1 f.
- äquivalente C.1 8; C.2 9; C.5 50, 50, 51
- Auffindbarkeit C.1 8; C.2 9; C.5 50
- Begehungsgefahr C.2 35; C.5 55; C.8 38
- Belegvorlageanspruch C.2 29
- Besorgnis künftiger C.2 35
- Drittauskunft bei offenkundiger C.21 1, 14, 17, 33
- Einwendungen gegen C.10 20
- fehlende äquivalente C.11 9
- Formstein-Einwand C.1 8; C.2 9; C.5 50
- Formsteineinwand C.5 50
- Geltendmachung mehrerer C.5 52
- Gleichwertigkeit der Austauschlösung C.1 8; C.2 9; C.5 50
- Gleichwirkung C.1 8; C.2 9; C.5 50

- Haftung aus § 831 BGB C.5 6
- in Form Verfahrensbenutzung C.11 1 f.
- Internetauktion C.5 5
- Karenzfrist C.5 40
- Klage wegen mittelbarer C.8 1 f.
- Klage wegen Patentverletzung in Form einer Verfahrensbenutzung C.6 1 f.
- Klage wegen unmittelbarer C.5 1 f.
- Klageerwiderung C.10 17
- Klageerwiderung, formelle C.9 1 f.
- Kostenerstattungspflicht C.2 34; C.3 17
- mittelbare C.6 20, 22, 47
- Nachteil, erheblicher C.21 31
- Prüfung vor Verwarnung des C.2 1
- Rechtsbeständigkeit des Schutzrechts C.4 2, 6
- Schadensberechnung/-smethode C.5 20, 35; C.6 29
- Schadensersatzhöheklage C.24 1 f.
- Tatbestand C.1 8; C.2 9; C.5 50
- Tatbestandsprüfung durch Abgemahnten C.4 2, 6
- Teilschutz C.1 8; C.2 9; C.5 50
- Teleshopping C.5 5
- Unterkombination C.1 8; C.2 9; C.5 50
- Verfahren, patentgeschütztes C.7 38
- Verfahrenspatentverletzung C.6 17, 18, 19, 20
- Verfügungsanspruch C.21 1, 22, 23
- Verfügungsgrund C.21 1, 22, 27
- Verjährung C.2 38; C.4 2i
- vermeintliche C.23 1
- Verschulden C.5 57
- Vertrieb durch patentgeschütztes Verfahren unmittelbar hergestelltes Erzeugnis C.12 1 f.
- Verwirkungseinwand C.2 38; C.4 2i
- Verzichtsgedanke C.1 8; C.2 9; C.5 50
- Wiederholungsgefahr C.2 35; C.5 55; C.8 38
- wortsinngemäße C.1 8; C.2 9; C.5 50, 50, 51

Patentverletzung, mittelbare C.6 20, 22, 47
- Abgrenzung Herstellung/Reparatur C.8 35
- Ansprüche C.8 13, 16, 30
- Auslandslieferung C.13 10
- Benutzung, patentfreie C.8 10b
- Element, wesentliches C.8 10c
- Entschädigungsanspruch C.6 30
- Erzeugnis, gemeinfreies C.8 35
- Feststellungsklage C.6 29
- Klage wegen C.8 1 f.
- Klageerwiderung, materielle C.13 1 f.
- Kostenerstattungsanspruch C.8 13
- Nachweis C.8 10, 32
- Rechnungslegung C.8 13
- Schadensersatz C.6 23, 31
- Schadensersatzanspruch C.8 13
- Tatbestandsvortrag C.6 31, 51
- Unterlassungsantrag C.8 9, 10
- Unterlassungsverpflichtungsvereinbarung C.8 10

Sachverzeichnis

- Verteidigungsargumente, vorauszusehende C.8 35, 37
- Wirtschaftsprüfervorbehalt C.6 24, 25

Patentverletzung, unmittelbare
- Klageerwiderung, materielle C.10 1 f.; C.11 1 f.; C.12 1 f.
- Verfügung, einstweilige C.21 1 f.

Patentverletzung, vermeintliche
- Nichtigkeitsklage des Inanspruchgenommenen C.4 15
- Schutzschrift C.23 1 f.

Patentverletzungsklage
- Kosten/Gebühren C.5 71
- Rechtsanwaltsgebühren C.5 71

Patentverletzungsprozess
- Bekanntmachung des Urteils C.2 36

Patentzeichnung C.1 7; C.2 6

Pauschalabfindung
- bei Aufgabe Schutzrechtsposition E.7 1

Pearl Harbor Methode A.1 1

Pensionär
- Erfindung E.1 3

Persiflage
- Nachweis der Rechtsverletzung G.14 32

Person
- Gegendarstellungsanspruch H.1 1c

Person der Zeitgeschichte H.6 7.2.3(5)
Person der Zeitgeschichte, absolute G.22 13
Person der Zeitgeschichte, relative G.22 13

Personenabbildung
- Berechnung Schadensersatz G.22 14
- Bereicherungsausgleich G.22 14
- Darstellung des Geschehens G.22 13
- Einwilligung G.22 13
- Einwilligungserfordernis G.22 13
- höherem Interesse dienend G.22 13
- Informationszweck G.22 13
- Intimsphäre G.22 13
- Klage wegen Verletzung des Rechts am eigenen Bild G.22 1 f.
- Person als Beiwerk G.22 13
- Person der Zeitgeschichte G.22 13
- Privatsphäre G.22 13
- Schaden, immaterieller G.22 14
- Schadensersatzanspruch G.22 14
- Schmerzensgeld G.22 14
- Schutzdauer G.22 13
- Umfang der Verwertung G.22 14
- Unterlassungsanspruch bei Verletzung des Rechts am eigenen Bild G.22 1
- Untertitelung G.22 13
- Vergütung als Einwilligung G.22 13
- Versammlung G.22 13
- zu Werbezwecken G.22 13

Personenbildnis
- Abgrenzung zu Bild H.6 7.2.3
- Aufzüge H.6 7.2.3(7)
- berechtigtes Interesse des Abgebildeten H.6 7.2.3(9)
- Bilder von Gegenständen H.6 7.2.3(11)
- Bildnisse der Zeitgeschichte H.6 7.2.3(5)
- Demonstration H.6 7.2.3(7)
- höheres Interesse der Kunst H.6 7.2.3(8)
- Lebensbereich, höchstpersönlicher H.6 7.2.3(10)
- Recht am eigenen Bild H.6 7.2.3(1)
- Veranstaltung H.6 7.2.3(7)
- Verbreitung/Zurschaustellung H.6 7.2.3(3)
- Verbreitung/Zurschaustellung von Personen als Beiwerk H.6 7.2.3(6)
- Veröffentlichung ohne Einwilligung H.6 7.2.3(4)

Personengesellschaft
- Markenanmeldung B.1 7

Persönliche Schöpfung
- Begriff G.5 21

Persönlichkeitsgüter
- Ausbeutung H.6 7.1.1

Persönlichkeitsrecht
- allgemeines H.6 7.1
- Ausbeutung Persönlichkeitsgüter H.6 7.1.1
- Äußerung, privilegierte H.6 7.1.8
- Berichtigungsanspruch H.13 1
- besonderes H.6 7.2
- Datenschutz H.6 7.2.4
- Eingriff in allgemeines H.6 7.1
- Eingriff in besonderes H.6 7.2
- Geheimsphäre H.6 7.1.2(1)
- Gerichtsberichterstattung H.6 7.1.6
- Identifikation H.6 7.1.6
- Intimsphäre H.6 7.1.2(2)
- Kreditgefährdung H.6 7.3
- Namensnennung H.6 7.1.6
- Namensrecht H.6 7.2.1
- Öffentlichkeitssphäre H.6 7.1.2(5)
- Privatsphäre H.6 7.1.2(3)
- Recht am eigenen Bild H.6 7.2.3
- Schutz von Ehre H.6 7.1.5
- Schutz von Gesundheit H.6 7.1.4
- Schutz von Leben H.6 7.1.4
- Schutz von Ruf H.6 7.1.5
- Schutz vor Indiskretion H.6 7.1.2
- Schutz vor Unwahrheit H.6 7.1.2
- Selbstbestimmungsrecht H.6 7.1.1
- Sozialsphäre H.6 7.1.2(4)
- Übertragung/Verzicht G.3 5
- Urheberpersönlichkeitsrecht H.6 7.2.2
- Verwendung unzulässig beschaffter Information H.6 7.1.7

Persönlichkeitsrechtsverletzung
- Begehungsort G.22 2
- Geldentschädigung H.19 7
- Schaden, immaterieller G.22 14
- Schadensersatz, immaterieller H.19 7
- Schmerzensgeld G.15 20

1307

Sachverzeichnis

Piraterie, vermutete
– Strafanzeige B.21 1
Plagiat
– Auskunftsanspruch G.10 1
– Haftung G.1 2
– Kenntnis G.20 9
– Vernichtungsanspruch Herstellungsvorrichtung G.15 23
Plastisches Werk
– Beschreibung G.5 11
Polizeidienststelle
– Zuständigkeit Strafantrag G.23 2
Popularklage
– Nichtigkeitsklage C.14 2
Positionsmarke B.1 11
Prägetheorie B.17 23
Präklusion
– Einreden D.7 4
Preisangabe
– Verpflichtung zur A.21 2
Preisangabenverordnung A.21 2
– Aktivlegitimation A.21 7, 11
– Formulierung Unterlassungsantrag A.21 5
– Gesamtpreis A.21 2
– Klage wegen Verstoß gegen A.21 1 f.
– Letztverbraucher, privater A.21 2
– Strafandrohung A.21 4
– Streitwert A.21 3
– Unionsrecht A.21 9
– Zuständigkeit A.21 1
Preisklarheit
– Grundsatz der A.21 2
Preisunterbietung
– Abmahnung, vorhergehende A.15 9
– Aktivlegitimation A.15 8
– Beweisführung/-last A.15 2
– Formulierung Unterlassungsantrag A.15 5
– Klage wegen wettbewerbswidriger A.15 1 f.
– Markenschädigung A.15 2
– Schadensersatzanspruch A.15 6
– Strafandrohung A.14 4
– Streitwert A.11 4; A.14 3
– unlauterkeitsrechtliche Relevanz A.12 20
– Zulässigkeit A.15 2
– Zuständigkeit für Klage A.15 7
Preiswahrheit
– Grundsatz der A.21 2
Preiswerbung A.21 2
Preiswettbewerb
– durch Nachahmer A.12 20
Presse
– Gegendarstellung H.1 1a
– Gerichtsstand, fliegender G.5 3
– Haftung, wettbewerbsrechtliche H.6 7.5
– Trennung Berichterstattung/Werbung H.6 7.5
Presseecho
– Bekanntheit der Marke/Verkehrsdurchsetzung B.2 8

Presserecht *sa Äußerungsrecht*
– Ablehnung der Veröffentlichung der Gegendarstellung H.3 1
– Abmahnung H.6 2
– Abweisung Gegendarstellungsveröffentlichung H.5 1
– Anordnung Gegendarstellungsveröffentlichung H.4 1
– Aufforderungsschreiben zum Abdruck Gegendarstellung H.2 1
– Ausschlussfrist Gegendarstellung H.1 11
– Gegendarstellung H.1 1
– Güteverfahren H.10 1
– Hauptsacheverfahren über Gegendarstellung A.26 3
– Klageerwiderung Unterlassungsklage H.20 1
– Rechtsgutverletzung, rechtswidrige H.6 1.1
– Schutzschrift H.9 1
– Unterlassungsanspruch H.6 1
– Unterlassungsklage H.19 1
– Wiederholungs-/Erstbegehungsgefahr H.6 1.2
Priorität
– Bezeichnung, geschäftliche B.17 10
– der Ausstellung B.1 19
– Erstanmeldung B.1 19
– Markenanmeldung B.1 2, 5
– Patent C.4 7; C.5 39
– Teilpriorität B.1 19
– Zweitanmeldung B.1 19
Priorität, ausländische
– Inanspruchnahme B.1 19
Prioritätsfrist
– Versäumung der B.1 19
– Wiedereinsetzung in den vorherigen Stand B.1 20
Prioritätsinanspruchnahme B.1 19
– Pariser Verbandsübereinkunft C.4 7
Prioritätsintervall C.4 7; C.5 39
Prioritätsprinzip
– bei Kollision verwechslungsfähiger Marken B.1 19
Prioritätstag C.4 7, 8; C.5 39
– Markenanmeldung B.1 11
Prioritätsunterlagen
– fremdsprachige B.1 19
– unvollständige B.1 19
Prioritätswahrung
– IR-Anmeldung B.1 15
Privatgutachten
– Glaubhaftmachung Beweismittel G.4 13; G.5 15, 24
– Glaubhaftmachungsmittel G.5 24
– Verkehrsbefragung/-umfrage A.31 1
Privatklage
– Kennzeichenverletzung B.21 1
Privatsphäre
– berechtigtes Interesse des Abgebildeten H.6 7.2.3(9)

1308

Sachverzeichnis

- Persönlichkeitsrecht H.6 7.1.2(3)
- Schutz der G.22 13

Produkthandel
- gewerbsmäßiger B.21 8

Produktimitation A.1 4a

Produktionsverfahren, mehrstufige
- Unmittelbarkeit C.12 8

Produktnachahmung
- Klage wegen A.12 1

Produktpiraterie
- Auskunftsanspruch G.1 12
- Strafantrag G.23 1
- Strafanzeige B.21 1

Produktpirateriegesetz
- Wirtschaftsprüfervorbehalt D.7 3

ProduktpiraterieVO B.22 1

Professor
- Erfindung E.1 3

Programmierleistung
- Urheberschutzfähigkeit G.18 19

Prorogation
- Gerichtsstand C.17 3

Protokoll zum Madrider Abkommen über die internationale Registrierung von Marken (PMMA) B.1 3, 19

Provokationsbestellung
- Gerichtsstand Urheberrechtsstreit G.5 3

Prozessbetrug
- falsche Versicherung an Eides Statt A.5 5

Prozessbevollmächtigter
- Bestellung zum G.14 7
- Schutzschrift F.5 6, 7
- Zustellung an A.6 7
- Zustellung einstweiliger Verfügung an G.4 7

Prozessbevollmächtigter, bestellter
- Zustellung an F.5 7

Prozessbürgschaft
- Sicherheitsstellung A.22 5

Prozessfähigkeit
- Mängel C.16 4

Prozessführungsbefugnis
- fehlende C.16 1
- Feststellungsklage, negative C.19 4

Prozessführungsermächtigung
- Patentstreitsache C.5 3

Prozesskostenerstattung
- Einrede fehlender D.7 4

Prozesskostensicherheit
- Einrede der fehlenden C.9 4

Prozessstandschaft
- Patentstreitsache C.5 3

Prozessstandschaft, gewillkürte
- Patentstreitsache C.5 3
- Urheberrechtsstreit G.5 16

Prozessvollmacht
- Umfang F.5 6, 7

Prüfung
- Honorarabrechnung G.21 11, 15

Publikationsfreiheit, negative E.1 3

Publikumswerbeverbot
- für verschreibungspflichtige Arzneimittel A.20 4

Quasi-Aufhebung
- Verfügung, einstweilige A.28 5

Quellcode
- Nachweis der Rechtsverletzung G.14 32

Quotenwiderspruch
- Vergütungsfestsetzung Arbeitnehmererfindung E.10 3

Randvermerk
- schonendste Maßnahme G.14 39

Reaktionsmöglichkeiten
- Antwortschreiben, patentrechtliches C.4 1 f., 2
- bei patentrechtlicher Abmahnung C.2 38; C.4 2

Recherche
- Gebrauchsmusterrecht D.1 1

Rechnungslegung
- Auskunftsanspruch A.12 7, 8
- Begrenzung, zeitliche A.12 7, 9
- bei wettbewerbsrechtlichen Ansprüchen A.11 9
- Benutzungshandlung E.14 6
- kennzeichnender Teil E.14 7
- Klageerwiderung C.9 5
- Klageerwiderung Stufenklage Erfindervergütung E.15 1
- künftige E.14 12
- Patentverletzung, mittelbare C.8 13
- Sicherheitsleistung E.14 12
- Stufenklage Erfindervergütung E.14 1 f.
- Umfang E.14 8
- unaufgeforderte F.2 11
- Unterlassungsklage, urheberrechtliche G.14 12
- unvertretbare Handlung A.25 4
- Verwarnungsschreiben F.3 6
- Verwertungshandlung E.14 6
- Zeitaufwand zur E.16 6
- Zeitraum E.14 12

Rechnungslegungsanspruch
- Abmahnung, patentrechtliche C.2 23, 24, 25, 26, 32
- Abmahnung, urheberrechtliche G.1 12
- Anerkenntnis E.16 1
- Belegvorlage C.2 28
- Berechnungsart Vergütungsanspruch E.14 30
- Bestimmtheit E.14 5
- Frist D.10 5
- Gebrauchsmusterrecht D.2 7, 17, 18
- Gebrauchsmusterstreitsache D.5 11, 12
- Gemeinkosten/-anteil C.2 28
- Gemeinschaftsgeschmacksmuster, eingetragenes F.7 2
- Gemeinschaftsgeschmacksmusterverletzungsklage F.9 15

1309

Sachverzeichnis

- Hilfsantrag bei Klage auf Schutzrechtsübertragung E.18 5, 18
- Klageerwiderung G.15 6
- Patentinhaber C.1 7; C.2 6
- Patentstreitsache C.5 19, 20
- Präzisierung C.5 24, 25, 26
- Stufenklage Erfindervergütung E.14 1, 2, 4, 5, 8
- Umfang E.14 8
- Umfang der Verletzungshandlung C.5 22
- Unterlassungsverpflichtungserklärung E.14 8
- Wirtschaftsprüfervorbehalt C.2 25; E.14 8; E.15 2; E.16 1, 5; F.9 15
- Zeitraum E.14 12

Recht am eigenen Bild H.6 7.2.3 *sa Bildnisstreitigkeit*
- Aufzüge H.6 7.2.3(7)
- berechtigtes Interesse des Abgebildeten H.6 7.2.3(9)
- Bilder von Gegenständen H.6 7.2.3(11)
- Bildnisse der Zeitgeschichte H.6 7.2.3(5)
- Demonstration H.6 7.2.3(7)
- Einwilligung H.6 7.2.3(3)
- Erkennbarkeit H.6 7.2.3(2)
- höheres Interesse der Kunst H.6 7.2.3(8)
- Klage wegen Verletzung G.22 1 f.
- Lebensbereich, höchstpersönlicher H.6 7.2.3(10)
- Personen als Beiwerk H.6 7.2.3(6)
- Personenbildnis H.6 7.2.3(1)
- Veranstaltung H.6 7.2.3(7)
- Verletzung G.22 13
- Veröffentlichung ohne Einwilligung H.6 7.2.3(4)

Rechteinhaber, nachgelassenes Werk
- Aktivlegitimation, urheberrechtliche G.5 16

Rechtfertigungsgründe G.15 12

Rechtsanwalt
- Mitwirkung Löschungsantrag D.15 4, 11
- Schutzschrifthinterlegung C.23 5

Rechtsanwaltsgebühren *sa Gebühren*
- Abmahnung, gebrauchsmusterrechtliche D.2 24; D.5 14, 37
- Abmahnung, markenrechtliche B.10 11
- Abmahnung, patentrechtliche C.2 39; C.3 20, 21, 22
- Abmahnung, urheberrechtliche G.1 17
- Abmahnung, wettbewerbsrechtliche A.1 15, 23
- Abnehmerverwarnung, gebrauchsmusterrechtliche D.4 15
- Abschlussschreiben A.7 15
- Abschlussschreiben, urheberrechtliches G.12 8
- Antwortschreiben, patentrechtliches C.4 19
- Aufforderung Drittauskunft F.7 6, 8
- Berechtigungsanfrage C.1 14
- Berechtigungsanfrage, gebrauchsmusterrechtliche D.1 7
- Beschwerde Gebrauchsmuster-Löschungsverfahren D.17 7
- Beweisverfahren, selbständiges C.22 32
- Gebrauchsmuster- Löschungsantrag/-verfahren D.15 13
- Gebrauchsmusterverletzungsklage D.5 14, 37
- Gegendarstellung H.2 10; H.3 2
- Klage, wettbewerbsrechtliche A.11 17
- Kostenerstattung bei urheberrechtlicher Abmahnung G.1 15
- Nichtigkeitsklage, patentrechtliche C.14 25
- Ordnungsmittelverfahren A.24 16
- Patentverletzungsklage C.5 71
- Schiedsverfahren Arbeitnehmererfindung E.17 19
- Schutzrechtsverwarnung F.3 7, 19
- Schutzschrift A.3 12; C.23 13; G.4 17
- Schutzschrift, äußerungsrechtliche H.9 6
- Stufenklage Erfindervergütung E.14 40
- Verfügung, einstweilige A.4 22; F.6 23; G.5 30
- Vervielfältigungs-/Verbreitungsklage G.20 10
- Verzichtsvereinbarung, urheberrechtliche G.3 7
- Widerspruch gegen einstweilige Verfügung G.6 9
- Widerspruchsverfahren einstweilige Verfügung A.8 8

Rechtsanwaltskammer
- Abmahn-/Klagebefugnis A.1 4e

Rechtsbegriff
- Tatsachen H.1 4b

Rechtsbehelfverzicht
- Abschlusserklärung A.7 11

Rechtsbeschwerde
- Anwaltszwang B.6 5
- Begründung B.6 11
- Begründungsfrist B.6 8, 11
- Begründungsmängel der angegriffenen Entscheidung B.6 12, 13
- Beschwer B.6 4
- Beschwerdeberechtigung B.6 4
- Besetzungsrüge B.6 9, 12
- elektronische Einlegung B.6 19
- fehlerhafte Nichtzulassung B.6 12
- Form B.6 2
- Frist B.6 8
- Gebrauchsmusterrecht D.17 8
- Gerichtskosten B.6 10
- irrtümliche Zulassung B.6 7
- Kosten/Gebühren B.6 10
- Kostenerstattung B.6 10
- Kostenerstattung Patentanwalt B.6 6
- Kostentragung B.6 10
- Markenrecht B.5 13; B.6 1 f., 12
- Mitwirkung eines abgelehnten/ausgeschlossenen Richters B.6 12
- Mitwirkung Patentanwalt B.6 6
- Prüfung nicht zugelassener B.6 18
- Rechtsmittel B.6 21
- Statthaftigkeit B.6 7
- Unterzeichnung B.6 19

1310

Sachverzeichnis

- Verfahrenskosten **B.6** 10
- Verletzung der Öffentlichkeit **B.6** 12
- Verletzung des rechtlichen Gehörs **B.6** 12
- Wiedereinsetzung **B.6** 8
- zugelassene **B.6** 12, 18
- zulassungsfreie **B.6** 12, 18
- Zurückverweisung an BPatG **B.6** 9
- Zuständigkeit **B.6** 3

Rechtsbestand, fehlender
- Gebrauchsmuster **D.3** 3

Rechtsbeständigkeit
- fehlende **C.10** 6
- Wahrscheinlichkeit der **D.12** 9

Rechtsbeziehungen
- Tatsachen **H.1** 4b

Rechtsbruch
- Klage wegen Verstoß gegen § 299 Abs. 2 StGB **A.16** 1 f.

Rechtserwerb, missbräuchlicher
- Markenrecht **B.14** 10

Rechtserwerb, urheberrechtlicher
- Glaubhaftmachung **G.5** 18

Rechtsgutverletzung
- Äußerungsrecht **H.6** 1.1
- Presserecht **H.6** 1.1

Rechtshängigkeit, anderweitige
- Gerichtsstand **C.17** 3

Rechtskraft
- des identischen Hauptsacheurteils **G.9** 10
- entgegenstehende **C.16** 4

Rechtslageänderung
- veränderte Umstände **A.27** 2

Rechtsmissbrauch
- Abmahnung, wettbewerbsrechtliche **A.1** 4f
- Markenanmeldung **B.1** 12
- Markenrecht **B.14** 10
- Mehrfachverfolgung **A.1** 4f
- Torpedo-Problematik **C.2** 1

Rechtsmissbrauchseinwand
- Löschungsklage **B.9** 10

Rechtsmittel
- Abmahnung **A.1** 27
- Abmahnung, urheberrechtliche **G.1** 18
- Abnehmerverwarnung, gebrauchsmusterrechtliche **D.4** 16b
- Anordnungsverfahren § 926 Abs. 1 ZPO **G.7** 9
- Antrag nach § 926 ZPO **A.26** 8
- Antrag nach § 927 ZPO **A.27** 12
- Aufhebungsverfahren, selbständiges **G.9** 12
- Beschwerde im Löschungsverfahren Gebrauchsmuster **D.17** 8
- einstweilige Verfügung **B.12** 27
- Eintragungsbewilligungsklage **B.7** 16
- Gemeinschaftsgeschmacksmusterverletzungsklage **F.9** 25
- Grenzbeschlagnahme **B.22** 16; **F.14** 16
- Kostenwiderspruch **A.10** 9
- Löschungsantrag **B.8** 19
- Löschungsantrag Gebrauchsmuster **D.15** 14
- Löschungsklage **B.9** 18
- Markenangelegenheit **B.5** 1
- Markenanmeldung **B.1** 23
- Markenrecht **B.5** 13; **B.6** 1
- Markenverletzungsklage **B.13** 32
- Nichtigkeitsklage, patentrechtliche **C.14** 26
- Nichtigkeitswiderklage **F.11** 10
- Ordnungsmittelverfahren **A.24** 17
- Schiedsverfahren Arbeitnehmererfindung **E.17** 20
- Schutzrechtsübertragung **E.18** 23
- Schutzschrift **A.3** 13
- Strafanzeige **B.21** 10
- Stufenklage Erfindervergütung **E.14** 41
- Übertragungsklage, designrechtliche **F.13** 8
- Verfügung, einstweilige **A.4** 23; **F.6** 24
- Verkehrsdurchsetzung **B.2** 16
- Vorlageverfahren/Vorabentscheidung **A.32** 13
- wettbewerbsrechtliche Klage **A.11** 19
- Widerspruchsentscheidung/-verfahren **G.6** 10
- Widerspruchsverfahren einstweilige Verfügung **A.8** 7
- Widerspruchsverfahren Markeneintragung **B.3** 19
- Zwangsmittelverfahren **A.25** 9

Rechtsnachfolger
- Zugangsrecht **G.17** 7

Rechtsprechungsänderung, höchstrichterliche
- veränderte Umstände **A.27** 2

Rechtsschutz, gewerblicher
- Fahrlässigkeit **B.13** 27

Rechtsschutzbedürfnis
- fehlendes **C.16** 4
- Rüge des fehlenden **C.9** 4

Rechtsschutzversicherung
- Kostenerstattung bei Arbeitnehmererfindung **E.14** 40

Rechtsstreit
- Aussetzung wegen Vorabentscheidung **A.32** 1, 6

Rechtsverfolgung, missbräuchliche
- Abmahnung, wettbewerbsrechtliche **A.1** 4f

Rechtsverletzung
- Besichtigungsanspruch, urheberrechtlicher **G.14** 32
- Nachweis urheberrechtlicher **G.14** 32
- Offensichtlichkeit **F.8** 8; **G.10** 16

Rechtsverletzung, drohende
- Nachweis urheberrechtlicher **G.14** 32

Rechtswahrung
- Äußerung der **A.11** 6

Rechtswidrigkeit
- Beseitigung durch behördliche Anordnung **C.10** 20

Redakteur, verantwortlicher
- Haftung bei Gegendarstellung **H.1** 1d

1311

Sachverzeichnis

Redaktionsschwanz
– Gegendarstellung H.1 4c; H.2 6
Register für eingetragene Designs
– Einsichtnahme F.1 3
Registerauskunft
– Online C.21 21
Registermarke B.1 3
– Widerspruchskennzeichen B.3 7a
Registrierung, internationale B.1 3, 9, 15
Reparatur
– Abgrenzung zu Neuherstellung C.8 35
Restschadenersatzanspruch
– Gebrauchsmusterstreitsache D.6 16, 29
– Patent C.10 21
– patentrechtlicher C.5 35
Rheinland-Pfalz
– Ausschlussfrist Gegendarstellung H.2 3
– Gegendarstellung im Rundfunk H.1 11
– Landgericht für Patentstreitsachen C.5 1
– Veröffentlichung einer Gegendarstellung H.4 1, 3
– Zuständigkeit in Gebrauchsmusterstreitsachen D.4 12
– Zuständigkeit Kennzeichenstreitsache B.13 1
– Zuständigkeit Urheberrechtsstreitsache G.4 3
Richter
– Mitwirkung eines abgelehnten/ausgeschlossenen B.6 12
Richtigstellung
– fehlendes berechtigtes Interesse an Gegendarstellung H.1 1e
Risikoabschlag
– vorläufige Erfindervergütung E.14 17
Rubrum
– Mitwirkung Patentanwalt C.5 4; C.7 4
– Schutzschrift A.3 3
Rückrufanspruch
– Abmahnung, patentrechtliche C.2 31
– Bezeichnung, geschäftliche B.17 8
– Gebrauchsmuster D.2 8
– Gebrauchsmusterstreitsache D.5 16
– Patentstreitsache C.5 31
– Verhältnismäßigkeit B.13 13; D.2 8
– widerrechtlich gekennzeichnete Ware B.13 13
Rückschein
– Zugang/-snachweis F.3 2
Ruf
– Schutz von H.6 7.1.5
Ruf, guter A.13 15, 25
Rufausbeutung A.13 25
– wettbewerbliche Eigenart A.12 13; A.13 20, 25
Rufbeeinträchtigung H.13 1
Rüge
– der Zuständigkeit A.22 7
– fehlendes Rechtsschutzbedürfnis C.9 4
Rundfundsendung
– Aufzeichnungs-/Aufbewahrungspflicht H.1 11

Rundfunk
– Ausschlussfrist Gegendarstellung H.1 11
– bundesweite Regelungen bei Gegendarstellung H.1 11
– einstweilige Verfügung auf Gegendarstellung H.1 11
– Erwiderung auf Gegendarstellung H.1 11
– Gegendarstellung H.1 11
– Gegendarstellungsverfahren H.1 11
– Gegendarstellungsverpflichteter H.1 11
– Veröffentlichung Gegendarstellung H.1 11
Rundfunk, privater
– Gegendarstellung H.1 11
Rundfunkempfang
– Zuständigkeit Urheberrechtsverletzung G.5 3
Rundfunksendung
– Einsichtsanspruch in aufgezeichnete H.1 11

Saarland
– Ausschlussfrist Gegendarstellung H.2 3
– Gegendarstellung im Rundfunk H.1 11
– Landgericht für Patentstreitsachen C.5 1
– Veröffentlichung einer Gegendarstellung H.4 1, 3
– Zuständigkeit in Gebrauchsmusterstreitsachen D.4 12
– Zuständigkeit Kennzeichenstreitsache B.13 1
– Zuständigkeit Urheberrechtsstreitsache G.4 3
Sachkunde
– eigene tatrichterliche A.4 15
Sachsen
– Anordnung der Veröffentlichung einer Gegendarstellung H.4 1, 3
– Ausschlussfrist Gegendarstellung H.2 3
– einstweilige Verfügung zur Veröffentlichung einer Gegendarstellung H.4 1, 3
– Gegendarstellung im Rundfunk H.1 11
– Landgericht für Patentstreitsachen C.5 1
– Zuständigkeit in Gebrauchsmusterstreitsachen D.4 12
– Zuständigkeit Kennzeichenstreitsache B.13 1
– Zuständigkeit Urheberrechtsstreitsache G.4 3
Sachsen-Anhalt
– Ausschlussfrist Gegendarstellung H.2 3
– Gegendarstellung im Rundfunk H.1 11
– Landgericht für Patentstreitsachen C.5 1
– Veröffentlichung einer Gegendarstellung H.4 1, 3
– Zuständigkeit in Gebrauchsmusterstreitsachen D.4 12
– Zuständigkeit Kennzeichenstreitsache B.13 1
– Zuständigkeit Urheberrechtsstreitsache G.4 3
Sachverhalt
– Arbeiten am A.22 8
Sachverständigenbegutachtung
– Antrag in Patentstreitsache C.22 11
– Duldungsanordnung C.22 17, 19, 27, 31

Sachverzeichnis

Sachverständigenbeweis
- Verkehrsbefragung A.31 1 f.

Sachverständigengutachten
- Beweisverfahren, selbständiges C.22 10
- demoskopische Verkehrsbefragung A.22 10
- Schadensersatzhöheklage C.24 14
- Verkehrsdurchsetzung B.2 9

Sachverständiger
- Auswahl C.22 11
- Fragenkatalog A.31 3
- Glaubhaftmachung A.4 14
- Glaubhaftmachung Beweismittel G.5 15
- Verkehrsbefragung A.31 1, 2, 3
- Verschwiegenheitsverpflichtung C.22 12

Sachvortrag
- Korrespondenz, vorprozessuale B.17 20

Saisonschutz
- wettbewerbliche Eigenart A.12 13; A.23 11

Salvatorische Klausel
- Abgrenzungsvereinbarung B.4 13

Säumnisverfahren
- Nichtigkeitsklage, patentrechtliche C.15 1

Schaden
- des ungerechtfertigt Abgemahnten/Verwarnten C.2 1

Schadensberechnung
- Gewinn, entgangener B.13 10; B.19 6; D.11 1c
- Lizenzanalogie B.13 10; B.19 6
- Lizenzsatzanalogie D.11 1a
- Markenverletzung B.13 10
- Patentverletzung C.5 20; C.6 29
- Verletzergewinn B.13 10; B.19 6; D.11 1b
- Wahlrecht Berechnungsmethode B.19 6
- Wechsel der Methode B.19 6

Schadensberechnung, konkrete
- Nachahmungsklage A.12 7; A.13 5

Schadensersatz
- Anrechnung Vertragsstrafe A.29 2
- bei Aufgabe/Verfall Schutzrechtsposition E.7 1
- bei Nutzung der Erfindung durch nichtberechtigten Arbeitgeber E.18 17
- bei unterlassener Vorlage zum EuGH A.32 11
- Berechnung A.12 11; B.13 10; G.14 36
- Berechnung in Patentstreitsache C.5 35
- Berechnung, patentrechtliche C.2 23, 33
- Erfindungsmeldung, unterlassene E.1 1
- Feststellungsanspruch bei Lizenzstreitigkeit B.16 9
- infolge Vollziehung einstweiligen Verfügung A.28 3, 8
- Kostenerstattungspflicht C.3 17
- Kreditschaden A.29 8
- Lizenzanalogie C.24 1, 7
- Nachahmungsklage A.12 7; A.13 5
- nicht erhobene Hauptsacheklage A.28 5
- Parallelimport B.15 7
- Schätzung A.13 5
- Schutzrechtsverwarnung, unberechtigte F.7 5
- Verjährung A.29 2
- Verletzung Freigabe-/Unterrichtungsverpflichtung bei Erfindung E.4 9
- Verwarnung, unberechtigte F.3 1
- Verwarnungsschreiben F.3 6
- Vollziehungsschaden A.28 8
- Wechsel der Berechnungsmethode B.13 10

Schadensersatz, immaterieller
- Äußerungsrecht H.19 7

Schadensersatzanspruch
- Auskunftsanspruch zur Vorbereitung A.12 7; A.13 5
- Äußerungsrecht H.19 6
- bei Abmahnung A.1 17
- bei Anschwärzung A.17 8
- bei Bestechung A.16 7
- bei Preisunterbietung A.15 6
- bei urheberrechtlicher Abmahnung G.1 12, 13
- Berechnung wettbewerbsrechtlicher A.11 11
- Berechnungsmethoden C.24 7; G.22 14
- Bezeichnung, geschäftliche B.17 7
- designrechtlicher F.2 11
- Feststellung der Schadensersatzverpflichtung dem Grunde nach D.5 15
- Feststellungsklage B.13 10; B.15 7
- Gemeinschaftsgeschmacksmusterverletzungsklage F.9 14
- Hilfsanspruch auf Auskunft B.13 12
- im Abschlussschreiben A.7 5
- Markenrecht B.12 1; B.13 6
- Markenverletzungsklage B.13 10
- Mitbewerber A.1 4c
- Patentinhaber C.1 7; C.2 6
- patentrechtliche Berechnung C.2 23, 33
- patentrechtlicher C.5 35
- Patentverletzung, mittelbare C.6 23, 31; C.8 13
- Personenabbildung G.22 14
- urheberrechtliche Unterlassungserklärung G.2 8
- Verband A.1 4c
- Verletzung geographischer Herkunftsangabe B.20 5

Schadensersatzanspruch, wettbewerbsrechtlicher A.11 10, 11
- bei Vertragsstrafe A.11 10
- Feststellungsinteresse A.11 10
- Gewinn, entgangener A.11 11
- Gewinnabschöpfung A.11 11
- Naturalrestitution A.11 11
- Umfang A.11 11

Schadensersatzberechnung
- Gebrauchsmusterrecht D.2 6

Schadensersatzfeststellungsklage
- Zulässigkeit C.5 35

Schadensersatzhöheklage
- Beweisantritt C.24 14
- Lizenzanalogie C.24 1 f., 7
- Sachverständigengutachten C.24 14

1313

Sachverzeichnis

- Streitwert C.24 3
- wegen Patentverletzung C.24 1 f.
- Zinsen C.24 4
- Zuständigkeit C.24 2

Schadensersatzklage
- urheberrechtliche G.14 1 f., 36

Schadensersatzklage § 945 ZPO A.28 1 f., 3, 5
- anfänglich ungerechtfertigte einstweilige Verfügung A.28 5
- Beweislast A.28 9
- Bindungswirkung ergangener Hauptsacheentscheidung A.28 7
- Mitverschulden A.28 10
- nicht erhobene Hauptsacheklage A.28 5
- Schaden A.28 8
- Treu und Glauben A.28 8
- Verjährung A.28 10
- Vollziehungsschaden A.28 8
- Zuständigkeit A.28 1 f., 2

Schadensersatzklage, bezifferte
- Auskunft B.19 5
- bei Gebrauchsmusterverletzung D.11 1 f.
- Gemeinkosten B.19 11
- Gewinn, entgangener B.19 6
- Lizenzanalogie B.19 6
- Markenrecht B.19 1 f.
- Streitwert B.19 1
- Verletzergewinn B.19 6, 11
- Zuständigkeit B.19 4

Schadensersatzpflicht
- Gebrauchsmusterrecht D.2 17, 21

Schadensersatzrisiko
- Abmahnung, ungerechtfertigte/unbegründete C.2 1
- bei Urteilsvollstreckung D.10 1, 4
- Hinweis bei einstweiliger Verfügung A.4 1

Schadensschätzung
- Gemeinschaftsgeschmacksmusterverletzungsklage F.9 14, 15

Schädigung, sittenwidrige
- Äußerungsrecht H.6 7.7

Schätzung
- Schadensersatz A.13 5

Scheinbenutzung
- Marke B.6 16

Schiedsstelle
- Anrufung bei Stufenklage wegen Erfindervergütung E.14 20
- Prüfung der Schutzfähigkeit der Diensterfindung E.5 1
- Vergütungsfestsetzung E.9 4; E.10 6

Schiedsstelle DPMA
- Abschluss Gesamtvertrag G.25 1 f.
- Amtsermittlung E.17 16; G.24 11; G.25 9
- Anrufung E.17 1, 15
- Anrufung bei betriebsgeheimer Diensterfindung E.17 9
- Antrag E.17 2, 5
- Antragsformulierung E.17 7
- Antragsgegner G.24 6
- Antragsteller G.24 4
- Besetzung E.17 6
- Besetzung, erweiterte E.17 6
- Beweiserhebung E.17 17
- Dauer E.17 5
- Einigung außerhalb des Verfahrens E.17 8
- Einigung/-svorschlag E.17 7; G.24 1; G.25 7, 9
- Einleitung E.17 5
- Fristen E.17 20
- Kosten/-festsetzung G.24 10
- Kosten/Gebühren E.17 19
- Kostenvorschuss G.24 8
- ne ultra petita-Grundsatz G.24 7; G.25 7
- Rechtsanwaltsgebühren E.17 19
- Rechtsmittel E.17 20
- Streitwert G.24 8, 10
- Überprüfung der Angemessenheit eines Tarifs G.24 1 f.
- Urheberrechtsstreit G.24 2
- Verfahren E.17; G.24 3
- Verfahren, schriftliches E.17 5; G.24 9
- Verfahrensbevollmächtigter G.24 5
- Verhandlung, mündliche E.17 5; G.24 9; G.25 9
- Vertretung der Parteien E.17 3
- Zuständigkeit, sachliche E.17 4
- Zuständigkeit G.24 1

Schiedsstelle für Urheberrechtsstreitfälle s *Schiedsstelle DPMA*

Schiedsvertrag
- Einrede C.9 4
- Einrede des D.7 4

Schikaneverbot G.15 12

Schlechthin-Verbot
- Firmierung B.13 9; B.17 4

Schleswig-Holstein
- Ausschlussfrist Gegendarstellung H.2 3
- Gegendarstellung im Rundfunk H.1 11
- Landgericht für Patentstreitsachen C.5 1
- Veröffentlichung einer Gegendarstellung H.4 1, 3
- Zuständigkeit in Gebrauchsmusterstreitsachen D.4 12
- Zuständigkeit Kennzeichenstreitsache B.13 1
- Zuständigkeit Urheberrechtsstreitsache G.4 3

Schmähkritik H.6 6, 7.1.5

Schmerzensgeld
- bei Eingriff in Persönlichkeitsrecht G.15 20
- Bemessung G.22 14
- Bemessung in Bildnisstreitigkeit G.22 8
- Bildnisstreitigkeit G.22 8
- Ehrverletzung G.22 14
- Personenabbildung G.22 14

Schmuckstück
- Urheberschutz G.10 10

Schöpfung, persönliche
- Begriff G.5 21
- Urheber G.5 21

Schrift, gleiche
- Gegendarstellung H.2 6

Schriftbild
- Ähnlichkeit B.13 24

Schriften, amtliche
- Gegendarstellung H.1 1e

Schriftform
- Telefax A.1 14

Schubladenverfügung
- bei wettbewerbsrechtlicher Abmahnung A.1 1
- Kostenerstattung bei C.2 34

Schuldanerkenntnis, abstraktes
- Unterlassungserklärung F.3 9

Schuldbestätigungsvertrag
- Abschlusserklärung G.13 1

Schuldversprechen, abstraktes
- Unterlassungserklärung A.2 2; F.3 9

Schutz
- Gemeinschaftsgeschmacksmuster, eingetragenes F.7 2
- Gemeinschaftsgeschmacksmuster, nicht eingetragenes F.6 11

Schutz, internationaler
- Muster/Modell F.13 4

Schutzbeginn
- Gemeinschaftsgeschmacksmuster, nicht eingetragenes F.6 12

Schutzbereichserweiterung
- nachträgliche B.14 11a

Schutzdauer
- Gemeinschaftsgeschmacksmuster, nicht eingetragenes F.6 10, 12
- Patent C.1 7; C.2 6
- Personenabbildung G.22 13

Schutzentziehungsklage
- IR-Marke B.9 1, 6

Schutzfähigkeit
- Anerkennung, konkludente E.17 12
- Bestreiten durch Arbeitgeber E.4 7
- Comic G.14 28
- Computerprogramm G.18 19
- Diensterfindung E.5 1
- Gebrauchsmuster D.1 1; D.8 1; D.12 1
- Markenverpackung B.15 12
- Prüfung der Erfindung E.4 7
- Prüfung durch Schiedsstelle/Gericht E.5 1
- Vertriebssystem B.15 14

Schutzfähigkeit, mangelnde
- Gebrauchsmusterlöschung D.15 8

Schutzfähigkeit, urheberrechtliche
- Darlegungslast G.5 21
- Glaubhaftmachung G.5 18, 19, 20

Schutzhindernisse
- Prüfung bei Markenanmeldung B.1 12

Schutzhindernisse, absolute
- Löschungsantrag B.8 2, 8, 14

Schutzmöglichkeiten, alternative
- Designrecht F.6 21

Schutzmöglichkeiten, kumulative
- Designrecht F.6 21

Schutzrecht
- Änderungsanzeige der Inhaberschaft E.7 8
- Bündel F.13 4
- Design, eingetragenes F.1 1
- Erfindervergütung bei Wegfall E.16 8
- Gemeinschaftsgeschmacksmuster, nicht eingetragenes F.6 10
- Klage auf Übertragung E.18 1 f.
- technisches F.11 6

Schutzrechtposition, ausländische
- Aufgabe E.7 1, 4

Schutzrechtsanmeldung
- Arbeitgeber E.5 7
- Arbeitnehmer E.5 7
- Aufforderung des Arbeitnehmers an Arbeitgeber zur E.5 1
- einstweilige Verfügung zur Einreichung der E.5 2
- Entscheidung bei Arbeitnehmererfindung E.4 6
- Ersatzvornahme durch Arbeitnehmer E.5 7
- Kostentragung Ersatzvornahme E.5 8
- Nachforschung Bearbeitungsstand E.5 4
- Nachfristsetzung E.5 5
- Pflicht der Arbeitgebers zur E.5 1
- Unterstützungsverpflichtung der Parteien E.5 3
- Zustimmung Arbeitnehmer zur Nichtanmeldung E.5 1

Schutzrechtsanmeldung, ausländische
- Arbeitnehmererfindung E.4 9

Schutzrechtsberührung C.25 1 f., 7

Schutzrechtserstreckung IR-Marke
- Widerspruch B.3 1, 2, 7

Schutzrechtshinweis
- anstelle Abmahnung/Verwarnung C.2 1
- Gebrauchsmusterrecht D.1 1
- patentrechtlicher C.1 1

Schutzrechtskomplex
- Erfindervergütung E.16 11

Schutzrechtslage
- Berechtigungsanfrage F.1 11
- Unkenntnis D.2 5, 7

Schutzrechtsposition
- Abgeltung, pauschale E.7 6
- Abkauf E.7 6
- Anzeige Aufgabeabsicht E.7 2, 4
- Aufgabe E.7 1, 4, 12
- Aufgabe bei Vermögensverfall E.7 3
- Aufgabe, be-/eingeschränkte E.7 4
- Aufgabeabsicht E.7 2
- aufgegebene E.7 12
- ausländische E.7 6
- Benutzungsvorbehalt E.7 11

1315

Sachverzeichnis

- Bruchteilsgemeinschaft Miterfinder **E.7** 6
- Erklärungsfrist für Übertragung **E.7** 2, 7
- fallenlassen **E.7** 12
- Informationspflicht bei Aufgabe **E.7** 1, 5
- nicht wirtschaftliche **E.7** 1
- Teil-/Verzicht **E.7** 4
- Übernahme durch Arbeitnehmer **E.7** 6
- Übernahme durch Arbeitnehmer bei Arbeitgeberinsolvenz **E.13** 1b, 3, 4
- Übertragung auf Arbeitnehmer **E.7** 1
- Übertragungserklärung **E.7** 8
- Unzumutbarkeit **E.7** 1
- Verfall **E.7** 1
- Verzicht **E.7** 12
- Wettbewerb Arbeitnehmer **E.7** 13

Schutzrechtsrecherche
- Zweifel am Rechtsbestand **C.4** 2g

Schutzrechtsübertragung
- Anspruchsgrundlage **E.18** 15
- Ausschlussfrist **E.7** 7
- Benutzungsvorbehalt **E.7** 11
- Erklärung der **E.7** 8
- Feststellungsantrag **E.18** 9, 19
- Formulierung Klageantrag **E.18** 4
- Fristen **E.18** 23
- Inanspruchnahmefrist **E.18** 12
- Klage **E.18** 1 f.
- Klagefrist **E.18** 16
- Klagezuständigkeit **E.18** 1
- Kosten/Gebühren **E.18** 22
- Kostentragung **E.7** 10
- Mitwirkung Patentanwalt **E.18** 21
- Patentanmeldung, europäische **E.18** 4
- Rechnungslegungsanspruch **E.18** 5, 18
- Rechtsmittel **E.18** 23
- Streitwert **E.18** 3
- Unterlagen, erforderliche **E.7** 9
- Verpflichtungen aus Arbeitsverhältnis **E.7** 13
- Zuständigkeit für Klage **E.18** 1, 20

Schutzrechtsverletzung
- Grenzbeschlagnahme **F.14** 1
- patentrechtliche **C.1** 1

Schutzrechtsverwarnung
- Androhung gerichtlicher Schritte **F.3** 8
- Anwaltsgebühren **F.3** 7, 19
- Berliner Vergleich **F.3** 6
- designrechtliche **F.3** 1
- Dringlichkeitsfrist **F.3** 5
- einstweilige Verfügung gegen ungerechtfertigte **C.20** 1 f.
- Feststellungsklage, negative **C.19** 1 f.
- Fristsetzung **F.3** 5
- Gegenangebot **F.4** 2
- gerichtliche Klärung **F.4** 4
- Kostenerstattung **F.3** 10, 17
- Prüfung der Rechtslage **C.1** 9; **C.2** 8
- Schadensersatz bei unberechtigter **F.7** 5
- unbegründete **C.2** 1

- unberechtigte **F.3** 1
- ungerechtfertigte **C.20** 1
- Unterlassungserklärung **F.3** 9, 12
- Unterlassungsklage bei ungerechtfertigter **C.19** 9, 18
- Vertretung bei **F.3** 3
- Zugang/-snachweis **F.3** 2

Schutzrechtsversagung
- Erfindervergütung bei **E.15** 7

Schutzschrift
- Anberaumung mündliche Verhandlung **A.3** 5
- Antrag auf Zurückweisung einer Verfügung **A.3** 5
- Anwaltszwang **A.3** 4; **F.5** 4, 6; **G.4** 7
- Aufbrauchfrist **B.11** 5
- Ausführungen zum Verfügungsgrund **A.3** 10
- Aushändigung/Einsichtnahme **F.5** 14
- äußerungsrechtliche **H.9** 1
- Begriff **A.3** 1
- Begründung **C.23** 11
- Berücksichtigung in Patentstreitsache **C.23** 6
- Bezeichnung als **G.4** 4
- designrechtliche **F.5** 1
- Dringlichkeit **B.11** 8; **F.5** 9, 17; **F.6** 8
- Einreichung **F.5** 4; **G.4** 2
- Einreichung, elektronische **B.11** 1
- Einwendungen/Einreden gegen mögliche einstweilige Verfügung **G.4** 14
- elektronische **C.23** 2
- Entbehrlichkeit der Einreichung **F.4** 5
- erneute **A.3** 1
- fliegender Gerichtsstand **A.3** 2
- Fristen **A.3** 13
- Gegenstandswert **G.4** 17
- Gehör, rechtliches **F.5** 8
- Gehörverschaffung **C.23** 7
- Gerichte, zuständige (DesignG) **F.5** 19
- Glaubhaftmachung **G.4** 13
- Hinterlegung **A.3** 1; **B.11** 1
- Kosten/Gebühren **A.3** 12; **C.23** 13; **F.5** 20; **G.4** 17; **H.9** 6
- Kostenantrag **C.23** 8
- Kostenausspruch **G.4** 9
- Kostenerstattung **B.11** 14; **F.5** 12; **G.4** 17
- Kostenerstattung Hinterlegung **A.3** 8
- Ladungsfrist **F.5** 13
- Markenrecht **B.11** 1 f., 2
- Nachfrage nach Eingang von Anträgen **B.11** 14
- Nichtbenutzungseinrede **B.11** 10
- offene **G.4** 5
- ohne vorherige Abmahnung **A.3** 1
- Parteien Verfügungsverfahren **C.23** 3
- Parteistellung **F.5** 5, 7
- patentrechtliche Angelegenheit **C.23** 1 f.
- Prozessbevollmächtigter **G.4** 7
- Prozessrechtsverhältnis **G.4** 10
- rechtliches Gehör **A.3** 9

Sachverzeichnis

- Rechtsanwaltsgebühren C.23 13; G.4 17; H.9 6
- Rechtsmittel A.3 13
- Rubrum A.3 3; G.4 5
- Sachverhalt B.11 7
- Sicherheitsleistung A.3 7, 11; B.11 6; F.5 11; G.4 12
- Streitwertfestsetzung, vorsorgliche B.11 14
- Terminierung G.4 11
- urheberrechtliche G.4 1 f.
- Verfahrens-/Prozessbevollmächtigter F.5 6
- Verfahrensbevollmächtigter G.4 6
- Vertretungsanzeige A.3 4
- Verwechslungsgefahr B.11 9
- Vollmacht G.4 8
- Vollziehungszustellung F.5 7
- Vortragsmöglichkeit, schriftliche F.5 10
- Widerlegung der Dringlichkeitsvermutung A.3 10
- Wirkung bei einstweiliger Verfügung C.23 7
- Zentrales Schutzschriftenregister A.3 2
- Ziel C.23 6
- Zugänglichmachung B.11 13
- Zugänglichmachung bei einstweiliger Verfügung C.23 10
- zuständiges Gericht A.3 2
- Zuständigkeit C.23 1; F.5 4, 19; G.4 2, 3; H.9 2
- Zustellung einstweilige Verfügung an bestellten Prozessbevollmächtigten F.5 7
- Zustellung einstweiliger Verfügung G.4 7
- Zustellung einstweiliger Verfügung bei F.5 4, 7
- Zustellung ergehender Beschlussverfügung C.23 5

Schutzschrift, patentrechtliche
- Hinterlegung C.2 38; C.4 2l

Schutzschriftenregister A.3 1; F.5 1; G.4 2; H.9 2
- Einstellung in A.3 2
- elektronisches A.3 2
- Registerführung F.5 5

Schutzschriftenregister, zentrales A.3 2; B.11 1

Schutzschriftenregisterverordnung B.11 1

Schutzschrifthinterlegung
- Anwaltszwang C.23 4
- durch Rechtsanwalt C.23 2, 5
- in patentrechtlicher Streitigkeit C.23 1 f.

Schutzumfang
- Marke B.1 16
- Verletzung C.10 17

Schutzwirkung, mangelnde
- Gebrauchsmuster D.3 3, 4; D.8 1

Schutzwürdige Leistung A.12 26

Schutzwürdigkeit
- wettbewerbliche Eigenart A.12 13

Schutzzertifikat
- Streitwert C.14 10

Schwärzung
- schonendste Maßnahme G.14 39

Seitenauswechslung
- schonendste Maßnahme G.14 39

Sektor
- Vorverbreitung Design F.2 2

Selbstbestimmungsrecht
- Persönlichkeitsrecht H.6 7.1.1

Selbsthilfe, erlaubte G.15 12

Selbstkosten
- Verkauf unter A.15 2

Sendeleiter
- Verpflichteter bei Gegendarstellung H.1 11

Sendeunternehmer
- Aktivlegitimation, urheberrechtliche G.5 16

Sequestration B.21 7
- Abmahnung bei G.11 16
- Antrag G.11 9
- Dringlichkeit, besondere G.11 8
- Durchsuchung G.11 11
- Gerichtsvollzieher G.11 11
- Kosten/Gebühren G.11 17
- Streitwert G.11 13
- Unterlassungsanspruch, patentrechtlicher C.21 1
- Vervielfältigungsstück G.11 1
- Verwahrung bei G.11 11
- Vollziehung G.11 11
- Vorwarneffekt bei G.11 16
- Wegnahme bei G.11 11
- Zuständigkeit G.11 2, 3

Sequestrationsanspruch
- Markenrecht B.12 1

Serie
- Markenanmeldung B.1 20

Sicherheit
- Anforderungen bei Erbringung A.22 5

Sicherheitsbestellung
- bei Zuwiderhandlung A.24 15

Sicherheitsleistung
- Bankbürgschaft D.10 3
- bei einstweiliger Verfügung F.5 11
- bei Schutzschrift A.3 7, 11
- Einrede fehlender C.16 4
- Festsetzung der Höhe G.14 20
- Gemeinschaftsgeschmacksmusterverletzungsklage F.9 18
- Klageerwiderung C.9 6
- Schutzschrift B.11 6; F.5 11; G.4 12
- Stufenklage Erfindervergütung E.14 12
- Teilsicherheitsleistung D.10 4
- Urheberrechtsstreit G.14 20
- Verfügung, einstweilige A.4 12, 14
- Vollstreckung Gebrauchsmusterstreitsache D.10 3
- Vollziehung einstweiliger Verfügung in Gebrauchsmustersache D.12 6

1317

Sachverzeichnis

Sicherstellung
– einstweilige Verfügung in Urheberrechtssache zur G.11 1 f.
– Streitwert G.11 13
Signatur, elektronische
– Markenanmeldung B.1 6
Silbenzahl
– klangliche Ähnlichkeit B.13 24
Sittenwidrigkeit
– Abnehmerinformation/-verwarnung D.4 1
– Manuskript G.20 9
– Markenanmeldung B.1 12
Sitzung, öffentliche
– Gegendarstellung H.1 1e
Software
– Individualisierung/Beschreibung G.5 11
Soldat
– Erfindung E.1 3
Sorgfaltsanforderungen
– im gewerblichen Rechtsschutz B.13 27
Sozialsphäre
– Persönlichkeitsrecht H.6 7.1.2(4)
Spekulationsmarke B.1 12
Sperrpatent E.8 9d
Sperrwirkung
– Designrecht F.10 6
Spezialprävention
– Strafantrag bei Bestechung/Bestechlichkeit A.16 2
Sprachwerk
– Beschreibung G.5 11
Spürbarkeitserfordernis
– Wettbewerbsverstoß A.1 9
Staatsanwaltschaft
– Zuständigkeit Strafantrag G.23 2
Staatskasse
– Ordnungsgeld A.24 13
– Zwangsmittel A.25 6
Stand der Technik
– Formulierung C.5 43
– neuheitsschädliche C.10 3
– Übersetzung fremdsprachiger C.5 43
Stelle
– Gegendarstellungsanspruch H.1 1c, 11
Stelle, staatliche
– Gegendarstellungsanspruch H.1 1e
Stellenleiter
– Gegendarstellung H.1 10
Stellvertretung
– bei Gegendarstellung H.1 10
Steuerrecht
– Erfindervergütung E.8 10
Stiftung Warentest
– Hinweis auf Testergebnis der A.20 4
Störer
– urheberrechtliche Verantwortlichkeit des G.1 2
Störerhaftung
– Kennzeichenverletzung B.13 5

– Online-Marktplatz B.13 5
– Wettbewerbsverstoß A.1 3
Störungshandlung
– Abmahnung A.1 3
Strafandrohung
– Unterlassung Boykottaufruf A.14 4
Strafandrohungsklausel
– Patentstreitsache C.5 12
Strafantrag
– Antragsberechtigung G.23 5
– Antragsformulierung G.23 7
– Antragsfrist G.23 3
– bei Bestechung/Bestechlichkeit A.16 2
– Bevollmächtigung G.23 4
– Darstellung der Handlung G.23 6
– gegen bestimmte Person G.23 7
– Kosten/Gebühren G.23 9
– Produktpiraterie G.23 1
– Sachverhalt G.23 8
– schriftlicher G.23 2
– unerlaubte Verwertung urheberrechtlich geschützter Werke G.23 1 f.
– Urheberrechtsverletzung G.23 1
– Urheberrechtsverletzung, gewerbsmäßige G.23 8
– zu Protokoll G.23 2
– Zuständigkeit G.23 2
Strafanzeige
– Beschlagnahme B.21 7
– Durchsuchung B.21 6
– Ermittlungsverfahren B.21 1
– Kennzeichenverletzung, vorsätzliche B.21 1
– Kosten B.21 9
– Rechtsmittel Anzeigeerstatter B.21 10
– Vertretung, anwaltliche B.21 3
– Zuständigkeit B.21 2
Strafbewehrung
– Abgrenzungsvereinbarung B.4 3
Streitgebrauchsmuster
– Wahrscheinlichkeit der Rechtsbeständigkeit D.12 9
Streitgegenstand
– Abbildung zur Beschreibung A.4 10; A.11 7; A.12 5
– Einführung neuer F.6 18
– Nachahmungsklage A.12 38; A.13 29
– Nichtigkeitsklage C.14 7, 8; C.15 2
Streitgenossenschaft
– Gerichtsstand C.17 3
Streitwert
– Abnehmerverwarnung D.4 3
– Abrechnungsklage, urheberrechtliche G.21 4
– Abschlussschreiben, urheberrechtliches G.12 8
– Angriffsfaktor C.5 7
– Aufhebungsverfahren, selbständiges G.9 11
– Belegvorlage F.8 11
– Beschwerdeverfahren Gebrauchsmuster D.17 7
– Beweisverfahren, selbständiges C.22 7

Sachverzeichnis

- Bezeichnung, geschäftliche B.17 3
- Bildnisstreitigkeit G.22 4
- Boykottaufruf A.14 3
- Drittauskunft f.8 11
- Drittauskunft, urheberrechtliche G.10 8
- Einstweilige Verfügung bei Gebrauchsmusterverletzung D.12 4
- einstweilige Verfügung bei Kennzeichenverletzung B.13 7
- einstweilige Verfügung wegen Unterlassung Abnehmerverwarnung C.20 7
- Einstweilige Verfügung wegen unzulässiger Werbung D.14 2
- Eintragungsbewilligungsklage B.7 6
- Feststellungsklage, negative C.19 6
- Gebrauchsmusterstreitsache D.2 23; D.12 4
- Gebrauchsmusterverletzungsklage D.2 22; D.5 3, 37
- Gegendarstellung H.2 10
- Gegendarstellungsverfahren H.4 6
- Gemeinschaftsgeschmacksmustersache F.9 10
- Gemeinschaftsgeschmacksmusterstreitsache F.6 21, 22; F.8 11; F.9 22
- Kennzeichenverletzungsklage B.13 7
- Klage gegen Parallelimporteur B.13 7; B.15 2
- Klage wegen Bestechung A.4 6; A.11 4
- Klage wegen Preisunterbietung A.11 4; A.14 3
- Klage wegen Verletzung geographischer Herkunftsangabe B.20 6
- Lizenzstreitigkeit B.16 3
- Löschungsklage B.9 4
- Markenverletzungsklage B.13 7
- Nachhonorierung G.19 4
- Nichtigkeitsklage F.11 7
- Nichtigkeitsklage, patentrechtliche C.14 10
- Nichtigkeitswiderklage F.11 7
- Ordnungsmittelverfahren A.24 16
- Patentberühmungsklage C.25 2
- Patentstreitsache C.5 7; C.6 7
- Schadensersatzhöheklage C.24 3
- Schiedsstellenverfahren für Urheberrechtsstreitfälle G.24 8, 10
- Schutzrechtsübertragung E.18 3
- Schutzschrift G.4 17
- Schutzzertifikat C.14 10
- Sequestration G.11 13
- Sicherstellung G.11 13
- Stufenklage Erfindervergütung E.14 3, 40
- Teilstreitwert bei Gemeinschaftsgeschmacksmusterverletzungsklage F.9 22
- Übertragungsklage, designrechtliche F.13 7
- Unterlassungsanspruch Bildnisstreitigkeit G.22 4
- Unterlassungsanspruch, äußerungsrechtlicher H.6 10
- Unterlassungsanspruch, urheberrechtlicher G.5 13
- Unterlassungsklage, urheberrechtliche G.14 8
- Verbreitung/Vervielfältigung G.20 4
- Verfügung, einstweilige A.4 6; F.6 21, 22; F.9 22
- Verfügung, einstweilige urheberrechtliche G.5 13
- Vertragsanpassung urheberrechtlicher Vergütung G.18 8
- Verwarnung, designrechtliche F.3 18; F.6 22; F.9 22
- Verwertungsinteresse G.16 4
- Verzichtsvereinbarung, urheberrechtliche G.3 7
- Wettbewerbsprozess A.4 6
- wettbewerbsrechtliche Klage A.11 4; A.14 3
- Zahlungsklage, urheberrechtliche G.21 4
- Zugangsklage, urheberrechtliche G.17 4
- Zwangslizenzklage C,14 10

Streitwertherabsetzung
- Patentstreitsache C.5 7

Strengbeweis
- Eidesstattliche Versicherung D.3 5

Streuschaden A.1 17

Strichzeichnung, graphische B.1 11

Stufenklage
- auf weitere urheberrechtliche Beteiligung (§ 32a UrhG) G.19 1, 5
- Bildnisstreitigkeit G.22 5
- Schadensersatzanspruch, wettbewerbsrechtlicher A.11 10
- Vergütung, urheberrechtliche angemessene G.18 12

Stufenklage Erfindervergütung E.14 1 f., 2
- Anerkenntnis Auskunfts-/Rechnungslegungsantrag E.16 1
- Anerkenntnis, teilweises E.16 1
- Anrufung Schiedsstelle E.14 20
- Antrag auf Abgabe Eidesstattlicher Versicherung E.14 2
- Auskunftsanspruch E.14 1, 2, 4
- Benutzungshandlung E.14 6
- Berechnungsart Vergütungsanspruch E.14 30
- Bezugsgröße Erfindungswert E.14 31; E.16 10
- Fristen E.14 41
- Höheverfahren E.14 10
- kennzeichnender Teil der Diensterfindung E.14 7
- Klageerwiderung E.15 1
- Kosten/Gebühren E.14 40
- Kostenentscheidung E.14 2
- Kostenfestsetzung E.14 40
- Lizenzrahmen E.14 32
- Merkmalsanalyse Diensterfindung E.14 23
- Mitwirkung Patentanwalt E.14 39
- Prozesskostenrisiko E.14 2
- Rechnungslegungsanspruch E.14 1, 2, 4, 5, 8
- Rechtsanwaltsgebühren E.14 40
- Rechtsmittel E.14 41
- Sicherheitsleistung E.14 12
- Streitwert E.14 3, 40

Sachverzeichnis

- Verjährungshemmung E.14 2
- Verwertungshandlung E.14 6
- Verzinsungsregelung E.14 11
- Zuständigkeit, funktionelle E.14 1
- Zuständigkeit, örtliche E.14 1
- Zuständigkeit, sachliche E.14 1

Tarif
- Überprüfung der Angemessenheit G.24 1 f.

Tastmarke B.1 11

Tatbestandsvortrag
- Patentverletzung, mittelbare C.6 31, 51

Tatbestandswirkung
- Patent C.10 3

Tatsache
- Abgrenzung zu Meinungsäußerung H.1 4b
- bestrittene A.22 8
- Bildveröffentlichung H.1 4c
- öffentlich mitgeteilte H.1 4b
- presserechtlicher Begriff H.1 4b
- Rechtsbegriffe H.1 4b
- Rechtsbeziehungen H.1 4b
- vermutete A.22 8
- zugestandene A.22 8

Tatsache, negative
- Beweislast A.17 14

Tatsachenbehauptung H.6 6
- Abgrenzung zu Meinungsäußerung A.17 13
- Beweislast A.17 12
- Gegendarstellung H.1 4b
- geschäfts-/kreditschädigende A.17 13
- geschäftsschädigende unwahre A.17 2
- herabsetzende A.17 13
- Nichtaufrechterhalten H.14 1
- unwahre H.6 6
- Widerruf unwahrer H.13 2

Täuschungsgefahr
- Markenfähigkeit B.1 12

Technische Funktion
- Begriff F.11 6

Technisches Werk
- Beschreibung G.5 11
- Urheberrechtsschutz G.5 21

Teilabdruck
- Gegendarstellung H.3 1

Teilerledigung
- Gemeinschaftsgeschmacksmusterverletzungsklage F.9 22

Teilnichtigkeit
- patentrechtliche C.18 7

Teilpriorität B.1 19

Teilschutz
- Patentverletzung C.1 8; C.2 9; C.5 50

Telediensteanbieter
- Verkehrspflicht, wettbewerbsrechtliche A.1 3

Telefax
- Abmahnung C.2 3; G.1 3
- Gegendarstellungsanspruch H.1 1f, 10
- Glaubhaftmachung der Absendung A.1 2
- Markenanmeldung B.1 6
- Unterlassungserklärung, designrechtliche F.3 9
- Zugang/-snachweis F.3 2

Telefonwerbung A.1 4d

Telemedien
- Gegendarstellung H.1 1a, 12

Teleshopping
- Haftung Patentverletzer C.5 5

Termin, früher, erster
- Patentstreitsache C.5 9

Terminierung
- Gebrauchsmusterverletzungsklage D.5 4
- Patentstreitsache C.5 8; C.7 8
- Schutzschrift G.4 11

Territorialitätsprinzip
- Designrecht F.2 8

Testamentsvollstrecker
- Ausübung Urheberrecht G.5 16

Testergebnis
- Werbehinweis A.20 4

Testkauf
- Glaubhaftmachung Verletzungstatbestand B.15 18
- Herbeiführung bestimmter Zuständigkeit A.4 2
- Kostenerstattung D.2 25
- Protokoll B.15 18

Testkäufer
- Eidesstattliche Versicherung A.5 1

Thüringen
- Ausschlussfrist Gegendarstellung H.2 3
- Gegendarstellung im Rundfunk H.1 11
- Landgericht für Patentstreitsachen C.5 1
- Veröffentlichung einer Gegendarstellung H.4 1, 3
- Zuständigkeit in Gebrauchsmusterstreitsachen D.4 12
- Zuständigkeit Kennzeichenstreitsache B.13 1
- Zuständigkeit Urheberrechtsstreitsache G.4 3

Titelfortfall
- Zuwiderhandlung, vollstreckungsfähige A.24 10

Titelrecht B.18 3
- Zeitrang B.18 7

Titelschutz B.12 11; B.18 6

Titelschutzanzeige B.18 7

Titelverletzung
- Auskunftsanspruch B.18 5
- Domain B.18 15
- Inlandsbezug B.18 14
- Internetpräsenz B.18 9, 10
- Klage wegen B.18 1 f., 3
- Klagezuständigkeit B.18 12
- Printausgabe B.18 9
- Schadensersatz B.18 5
- Unterlassungsantrag B.18 4
- Unterscheidungskraft von Werktiteln B.18 13
- Verletzungshandlung B.18 10

Tonträgerhersteller
- Aktivlegitimation, urheberrechtliche G.5 16

top-level-domain B.12 6

Torpedo, italienischer/belgischer C.2 1; C.17 3
- Verfügung, einstweilige C.21 27c, 32

Torpedo-Problematik
- patentrechtliche Abmahnung/Verwarnung C.2 1
- Reaktion des Abgemahnten C.2 38; C.4 2m
- Rechtsmissbrauch C.2 1
- Verfügung, einstweilige C.17 3; C.21 27c, 32

Trennungsgebot
- Berichterstattung, redaktionelle/Werbung H.6 7.5

Treuepflicht
- bei Verwertung der freigewordenen Erfindung E.6 5

TRIPS-Übereinkommen
- Anwendbarkeit A.26 3

Übergabeeinschreiben
- Zugang/-snachweis F.3 2

Übergang
- Vertragsstrafeversprechen A.29 8

Überlassungsanspruch
- Adressat G.14 39, 43
- Herstellungsvorrichtung G.14 39
- Sicherung in Urheberrechtssache G.11 1
- Vervielfältigungsstück G.14 39, 43
- Vollstreckungsabwendung durch Geldentschädigung G.15 16

Überlassungsklage
- urheberrechtliche G.14 1 f., 39, 43

Übernahme, identische
- Nachweis der Rechtsverletzung G.14 32

Übernahme, unmittelbare
- Nachahmung A.12 16; A.23 8

Überprüfung
- Angemessenheit eines Tarifs/Nutzungsentgelts G.24 1 f.
- Honorarabrechnung G.21 11, 15

Überprüfungsfrist
- bei patentrechtliche Abmahnung C.2 37; C.3 18

Überschrift
- Gegendarstellung H.1 2

Übersetzung
- fremdsprachliche DPMA-Anmeldung B.1 19
- Klageerwiderung, patentrechtliche C.9 15
- Patent, europäisches C.18 11
- Stand der Technik C.5 43

Übertragung
- Befugnisse, urheberpersönlichkeitsrechtliche G.3 5
- Bezeichnung, geschäftliche B.17 11
- Design, eingetragenes F.13 2
- Persönlichkeitsrecht G.3 5
- Schutzrecht E.18 1
- Urheberrecht G.3 2, 5

- von Assoziationen A.13 23
- Zugangsrecht, urheberrechtliches G.17 7

Übertragungsanspruch
- Domain B.12 6

Übertragungsklage
- designrechtliche F.13 1 f.
- Fristen F.13 8
- Kosten/Gebühren F.13 7
- Rechtsmittel F.13 8
- Streitwert F.13 7
- Zuständigkeit F.13 1

Umfang, unangemessener
- fehlendes berechtigtes Interesse an Gegendarstellung H.1 1e

Umfragen
- Durchführung von A.22 10

Umgestaltung
- Nachweis der Rechtsverletzung G.14 32

Umsatz, signifikanter
- Verkehrsdurchsetzung B.2 6

Umsatzsteuer
- Erstattung D.2 26; D.5 13
- Kostenerstattung F.3 20

Umschreibungsbewilligung E.2 7; F.13 2

Umschreibungskosten
- Schutzrechtsübertragung E.7 10

Umstände, veränderte
- Aufhebung einstweilige Verfügung (§ 927 ZPO) A.27 1 f., 2
- Aufhebungsverfahren einstweilige Verfügung G.6 1
- Aufhebungsverfahren, selbständiges G.9 1, 7, 10
- Geltendmachung A.27 2
- Glaubhaftmachung A.27 8
- Zeitpunkt der Geltendmachung A.27 2

Umstellungsfrist
- urheberrechtliche G.6 6

Unbilligkeit
- Erfindervergütung E.12 1, 4

und/oder-Antrag
- Unterlassungsantrag A.11 7c; A.13 4

Unerlaubte Handlung
- Gerichtsstand C.17 3

Unionsgewährleistungsmarke B.1 18

Unionsmarke
- Benutzung, rechtserhaltende B.9 13
- Beschwerdeverfahren B.5 5
- EUIPO B.1 3
- Löschung B.8 4
- Löschungsantrag an EUIPO B.9 1
- Löschungsklage B.9 1
- Prioritätsbeanspruchung B.1 19
- Serienanmeldung B.1 20
- strafbare vorsätzliche Verletzung B.21 1
- Widerspruch B.3 6
- Widerspruchsfrist B.3 3
- Widerspruchskennzeichen B.3 7a
- Widerspruchsverfahren EUIPO B.3 2, 6

1321

Sachverzeichnis

Unionsmarkenstreitsache
- Zuständigkeit **B.13** 1

Unionsmarkenverletzung
- Entschädigung, angemessene nach Art. 9b UMV **B.13** 10

Unionsmarkenverordnung
- UMV 2015/2424/EU **B.1** 3

Unlauterer Wettbewerb
- Geschäftsführerhaftung **A.4** 5
- Klage wegen Verstoß gegen Preisangabenverordnung **A.21** 1 f.
- Klageerwiderung **A.22** 1 f.
- Verfügung, einstweilige **A.4** 1
- Zuständigkeit, örtliche **A.4** 2, 20
- Zuständigkeit, sachliche **A.4** 2

Unlauterkeit
- Addition/Gesamtverhalten **A.12** 32

Unmittelbarkeit
- Erfordernis der **C.12** 8

Unrecht, zivilrechtliches
- Gegendarstellung **H.1** 5a

Unteranspruch
- Gebrauchsmusterverletzungsklage **D.5** 8; **D.6** 9
- Patentstreitsache **C.5** 49

Unterkombination
- Patentverletzung **C.1** 8; **C.2**; **C.5** 50

Unterlassung
- Hersteller-/Lieferantenabmahnung **D.4** 1
- Irreführung durch **A.1** 8
- wettbewerbswidriges Verhalten **A.1** 1

Unterlassungsanspruch
- Aufbrauchsfrist **A.2** 5
- Bezeichnung, geschäftliche **B.17** 4
- designrechtlicher **F.2** 5
- Dringlichkeitsvermutung **A.4** 1
- Erstbegehungsgefahr **A.1** 11; **B.15** 22
- Formulierung bei Anschwärzung **A.17** 5
- Formulierung patentrechtlicher **C.5** 15, 16, 17
- Gebrauchsmusterrecht **D.2** 4, 5
- Gemeinschaftsgeschmacksmuster, eingetragenes **F.7** 2
- Gemeinschaftsgeschmacksmusterverletzungsklage **F.9** 13
- Handlung, geschäftliche **A.11** 8
- Herkunftstäuschung Vertriebsweg **A.12** 5
- Markenrecht **B.13** 6
- Patentinhaber **C.1** 7; **C.2** 6
- Patentstreitsache **C.5** 55, 70; **C.21** 1
- Personenabbildung ohne Einwilligung **G.22** 1
- Streitwert urheberrechtlicher **G.5** 13
- urheberrechtlicher **G.5** 1
- Verband **A.1** 4c
- Verjährung markenrechtlicher **B.14** 11b
- Vernichtungsanspruch **G.14** 16, 39, 41
- Verwirkung markenrechtlicher **B.14** 9
- Vollstreckungsabwendung durch Geldentschädigung **G.15** 16
- Vorlagenfreibeuterei **A.19** 2
- Wettbewerbshandlung **A.11** 8
- wettbewerbsrechtlicher **A.11** 6

Unterlassungsanspruch, äußerungsrechtlicher **H.6** 1
- Anspruchsberechtigter **H.6** 4
- Anspruchsverpflichteter **H.6** 3
- Begehungsgefahr **H.6** 1.2, 2
- Beweislast **H.6** 8
- Frist **H.6** 11
- Kosten/Gebühren **H.6** 10
- Kostenerstattung **H.6** 10
- Schädigung, sittenwidrige **H.6** 7.7
- Schutzrechtsverletzung Dritter **H.6** 7.6
- Streitwert **H.6** 10
- Unterlassungs-/Verpflichtungserklärung **H.7** 1
- Verfügung, einstweilige **H.10** 1
- Verjährung **H.6** 11
- Vollmacht **H.6** 5
- wettbewerbsrechtliche Tatbestände **H.6** 7.5
- Wiederholungsgefahr **H.6** 1

Unterlassungsanspruch, patentrechtlicher
- Aktivlegitimation **C.5** 55; **C.21** 4
- Verfügung, einstweilige **C.21** 1
- Zuständigkeit **C.21** 2

Unterlassungsantrag
- Antragsbindung **F.6** 5
- Benutzung, künftige **B.16** 6
- Besorgnis künftiger Patentverletzung **C.2** 35
- Bestimmtheit **A.11** 7a
- Domainbenutzung **B.12** 6
- Erstbegehungsgefahr **A.11** 7b
- Formulierung **A.11** 7, 8; **B.13** 9
- Formulierung bei Bestechung **A.16** 5
- Formulierung bei einstweiliger Verfügung **A.4** 10
- Formulierung bei Preisangabenverordnung **A.21** 5
- Formulierung bei Preisunterbietung **A.15** 5
- Formulierung gebrauchsmusterrechtlicher **D.2** 15
- Formulierung im Wettbewerbsprozess **A.11** 7; **A.14** 5
- Gebrauchsmusterstreitsache **D.5** 7; **D.6** 8, 9
- Geheimnisverwertung **A.18** 5
- Herkunftsangabe, geographische **B.20** 5
- Insbesondere-Zusatz **A.11** 7b
- Kerntheorie **A.11** 7b
- konkrete Verletzungsform **A.11** 7b
- Marken-/Kennzeichenverletzungsklage **B.13** 9
- Parallelimport **B.15** 5
- Patentverletzung, mittelbare **C.8** 9, 10
- räumliche Beschränkung **A.11** 7c
- Titelverletzung **B.18** 4
- und/oder-Antrag **A.11** 7c
- Verallgemeinerung **A.4** 10
- Verfahrenserzeugnis, unmittelbares **C.7** 17

Sachverzeichnis

- Wettbewerbshandlung **A.11** 8
- Wiederholungsgefahr **A.11** 7b
Unterlassungsaufforderung
- Schadensersatz bei unberechtigter **F.3** 1
- Vertretung bei **F.3** 3
- Zugang/-snachweis **F.3** 2
Unterlassungserklärung
- Abgabe **F.4** 2
- Abmahnung, gebrauchsmusterrechtliche **D.2** 13, 14, 15
- Anscheinsvollmacht **F.3** 21
- Auslegung **G.2** 5
- Auslegung Vertragsstrafeversprechen **F.3** 15
- Bedingung, auflösende **A.2** 10
- Bemessung Vertragsstrafe **A.1** 21
- Beseitigung Wiederholungsgefahr **F.2** 4; **F.3** 13; **F.4** 2
- Bindung **A.1** 18
- designrechtliche **F.3** 9, 12
- durch Bevollmächtigten/Vertreter **F.3** 9
- eingeschränkte **A.1** 27
- Ernsthaftigkeit **F.2** 4, 7
- Fernschreiben **F.3** 9
- Form **F.3** 9, 21
- Formulierung **A.1** 18
- Formulierungsvorschlag **G.1** 10
- Fortsetzungszusammenhang **F.3** 15
- Fristsetzung zur Abgabe der **G.1** 9
- Fristverlängerung **A.1** 27
- Gesellschafter, persönlich haftender **F.3** 9
- Haftung **F.2** 6
- Handelsgeschäft **F.3** 9
- Handlung, geschäftliche **A.1** 19
- mehrere Zuwiderhandlungen **A.1** 20
- Schuldanerkenntnis, abstraktes **F.3** 9
- Schuldversprechen, abstraktes **F.3** 9
- strafbewährte **A.2** 1
- Strafbewehrung **A.1** 11
- Streitbeilegung, außergerichtliche **F.3** 16
- teilweise **A.1** 27
- Telefax **F.3** 9
- Urheberrecht **G.2** 1
- Vertragsstrafeversprechen **F.3** 13
- Vertreter, gesetzlicher **F.3** 9
- Verwirkung Vertragsstrafe **A.1** 20
- Wiederholungsgefahr **F.4** 2
Unterlassungserklärung, strafbewehrte A.2 1
sa Unterlassungsvertrag
- Abgabe bei Abschlusserklärungen **A.7** 11, 14c
- Abgabe im Prozess **A.2** 11
- Ablehnung **H.8** 1
- Abmahnung, urheberrechtliche **G.1** 8; **G.2** 1
- Abmahnung, wettbewerbsrechtliche **A.1** 11, 14
- Annahme **A.2** 11; **G.2** 1
- Aufbrauchsfrist **A.2** 5
- Aufklärung bei Zweitabmahnung **A.2** 1
- Auskunftsanspruch Urheberrechtssache **G.2** 7
- Auslegung **A.2** 4; **A.29** 10

- Bedingung **G.2** 2
- Befristung **A.2** 10; **G.2** 2
- Eingangsfrist **A.1** 13
- Einschränkung **G.2** 2
- elektronische **A.1** 14; **A.2** 2
- Erledigterklärung **A.2** 11
- Ernsthaftigkeit **A.2** 3
- Erweiterungsformen **A.2** 4
- Form **A.1** 14; **A.2** 2
- Formulierung **A.2** 4
- Formulierung durch Abgemahnten **A.1** 12
- Fortsetzungszusammenhang **G.2** 4; **H.7** 2
- Gerichtsstandvereinbarung **G.2** 12
- Haftung für Erfüllungsgehilfen **G.2** 2
- Herabsetzung Vertragsstrafe **G.2** 3
- Höhe der Vertragsstrafe **G.2** 3
- Inhalt **A.2** 4
- Kostentragung **G.2** 11
- mehrere Verletzer **A.1** 12
- neue mit höherer Vertragsstrafe bei Verstoß gegen **A.29** 2
- Schadensersatz Urheberrechtssache **G.2** 8
- Schuldversprechen, abstraktes **A.2** 2
- Unterlassungsanspruch, äußerungsrechtlicher **H.7** 1
- Urteilsbekanntmachung Urheberrechtssache **G.2** 10
- Vernichtungsanspruch Urheberrechtssache **G.2** 9
- Vertragsstrafe **A.2** 6
- vorformulierte **A.1** 12
- Wegfall der Wiederholungsgefahr **A.2** 1
- Wegfall Wiederholungsgefahr bei Abgabe **A.2** 2
- Wirksamkeit **A.2** 11
- zu unterlassende Handlung **G.2** 5
- Zugang **A.2** 11; **G.2** 1
Unterlassungsgebot
- Zuwiderhandlung **A.24** 8, 10
Unterlassungsklage
- Abgrenzung zu Abgrenzungsvereinbarung **B.4** 9
- Ablösung **G.15** 16
- Anspruch auf schonendste Maßnahme **G.14** 40
- Antrag auf Anerkenntnisurteil **G.14** 22
- Antrag auf Versäumnisurteil **G.14** 21
- Anwaltszwang **G.14** 5
- Aufbrauchfrist **G.15** 16
- Auskunftsantrag **G.14** 12, 15, 35
- Äußerungsrecht **H.19** 1
- Beklagter **G.14** 6
- Belegvorlage **G.14** 12
- Berechnung Schadensersatz **G.14** 36
- Besichtigungsanspruch **G.14** 32
- Beweisangebote **G.14** 23
- Drittauskunft **G.14** 1
- Erledigung der Hauptsache **G.14** 36
- Feststellungsantrag **G.14** 13

Sachverzeichnis

- Formulierung Unterlassungsgebot G.14 11
- früher erster Termin G.14 21
- gegen ungerechtfertigte Schutzrechtsverwarnung C.19 9, 18
- gegen Werturteil A.11 6
- Gerichtskosten G.14 8, 9
- Herstellungskosten Vervielfältigungsstück G.14 15, 42
- Klageabweisungsantrag G.15 5, 10
- Klageerwiderung, urheberrechtliche G.15 1 f.
- Klagegrund G.14 23
- Klageveranlassung G.14 25
- Kosten/Gebühren G.14 47
- Kostenantrag G.14 19
- Nachweis der Rechtsverletzung G.14 32
- Parteienbezeichnung G.14 4
- Prozessbevollmächtigter G.14 7
- Prüfung Urheberrechtsverletzung G.15 12
- Rechnungslegungsantrag G.14 12
- Schlüssigkeit G.14 23, 32
- Sicherheitsleistung bei Vollstreckung G.14 20
- Streitwert G.14 8
- Überlassungsanspruch G.14 1 f., 39, 43
- Übertragung auf Einzelrichter G.15 4
- urheberrechtliche G.14 1 f.
- Urteilsbekanntmachung G.14 1 f., 17, 44
- Urteilsveröffentlichung G.14 17, 44
- Vergütung für Übernahme Vervielfältigungsstücke G.14 16
- Vernichtungsanspruch G.14 1 f., 16, 39, 41
- Verteidigungsanzeige G.15 3
- Verteidigungsmittel Klageerwiderung G.15 9, 11
- Vollstreckungsabwendung durch Geldentschädigung G.15 16
- Vorverfahren, schriftliches G.14 21
- Widerrechtlichkeit der Benutzung G.14 33
- Zuständigkeit sachliche G.14 5

Unterlassungsklage, äußerungsrechtliche H.19 1
- Klageerwiderung H.20 1

Unterlassungsklage, urheberrechtliche
- Verschulden G.14 34

Unterlassungsklagegesetz
- Dringlichkeitsvermutung A.4 1

Unterlassungspflicht
- Umwandlung gesetzliche in vertragliche F.3 9, 16

Unterlassungsschuldner
- Einflußmöglichkeit A.29 10

Unterlassungstenor
- Zuwiderhandlung A.24 11

Unterlassungstitel
- Volltreckung A.24 2

Unterlassungsvereinbarung
- urheberrechtliche Abmahnung G.1 4

Unterlassungsverfügung
- einstweilige Einstellung der Zwangsvollstreckung A.9 8
- urheberrechtliche G.5 1

- Vollziehung A.6 1
- Vollziehung/-sfrist F.6 2
- Zustellung F.6 2

Unterlassungsverpflichtung
- Ablehnung H.8 1
- Äußerungsrecht H.7 1
- Bemessung Vertragsstrafe A.1 21
- Beschränkung, territoriale F.2 8
- Fortsetzungszusammenhang A.1 20
- Generalklausel A.1 19
- Verletzungsform, konkrete H.7 5
- Vertragsstrafeversprechen H.7 3

Unterlassungsverpflichtungserklärung A.1 11
- Abgabe C.2 38; C.4 1, 2, 2
- Abgabe mit Einschränkungen C.2 38; C.4 2
- Abgabe, eingeschränkter C.4 2
- Ablehnung der Abgabe C.4 2
- Abmahnung, markenrechtliche B.10 12
- Abmahnung, patentrechtliche C.2 20
- Abmahnung, urheberrechtliche G.1 8
- Auslegung C.2 20
- bei Rechnungslegungsanspruch E.14 8
- designrechtliche F.2 4
- Formulierung, patentrechtliche C.2 21
- Gebrauchsmuster D.2 13 f.

Unterlassungsverpflichtungserklärung, strafbewehrte
- Annahme G.2 1

Unterlassungsverpflichtungsvereinbarung
- Patentverletzung, mittelbare C.8 10

Unterlassungsvertrag
- abstrakte Unterlassungsverpflichtung A.29 9
- designrechtlicher F.3 9
- Geschäftsgrundlage A.29 9
- Kündigung A.29 9
- nachträgliche Gesetzesänderung A.29 9
- nachträgliche Klärung der Rechtslage A.29 9

Unterlassungsvollstreckung
- strafähnlicher Charakter A.24 2, 12

Unternehmen
- Recht am H.6 7.4

Unternehmenskennzeichen B.1 1
- Begriff B.17 2
- Erstbegehungsgefahr markenmäßiger Verwendung B.17 18
- Prägetheorie B.17 23
- Schutz B.12 9, 12
- Verletzung bei markenmäßiger Benutzung B.17 5
- Verwechslungsprüfung B.17 23

Unternehmenskennzeichnung
- Schutz B.17 23

Unternehmer
- urheberrechtliche Verantwortlichkeit des G.1 2

Unterscheidungskraft
- Ausnutzung B.13 26
- fehlende jegliche B.1 12; B.2 3

- fremdsprachliche Angaben **B.1** 12
- Markenfähigkeit **B.1** 12

Untertitelung
- Personenabbildung **G.22** 13

Unterwerfung
- Abmahnung, wettbewerbsrechtliche **A.1** 11

Unterwerfungserklärung A.2 1
- Abgabe **A.1** 26a
- Ablehnung der Abgabe einer **A.1** 26b
- Abmahnung, markenrechtliche **B.10** 12
- Aufklärung bei Zweitabmahnung **A.2** 1
- Aufklärungspflicht des Schuldners **C.4** 1
- Bedingung/Befristung **A.2** 10
- Bemessung Vertragsstrafe **A.1** 21
- durch Fernschreiben/Telefax **A.7** 10
- eingeschränkte **A.1** 27
- Erledigterklärung **A.2** 11
- erneute **A.2** 1
- Formulierung **A.1** 18; **A.2** 4
- gebrauchsmusterrechtliche **D.2** 13 f.
- kerngleiche Erweiterungsformen **A.2** 4
- Wegfall Wiederholungsgefahr **A.2** 2
- Zugang **A.2** 11

Unterwerfungserklärung, strafbewehrte
- elektronische **A.1** 14
- Form **A.1** 14

Unterwerfungsfrist
- Abmahnung, gebrauchsmusterrechtliche **D.2** 12

Unterwerfungsvertrag G.2 1
- Auslegung **A.29** 10
- Beweislast Zustandekommen **A.29** 8
- Vertragsstrafeklage **A.29** 1 f.

Unterzeichnung
- Gegendarstellung **H.1** 10

Unverhältnismäßigkeit
- Drittauskunft **F.10** 7

Unvertretbare Handlung s *Handlung, unvertretbare*

Unwahrheit
- Schutz vor **H.6** 7.1.3

Unwahrheit, offensichtliche
- Gegendarstellung **H.1** 1e

Unzumutbarkeit
- Abmahnung, wettbewerbsrechtliche **A.10** 8

Urheber
- Aktivlegitimation **G.5** 16
- Fairnessausgleich Vergütung **G.19** 9
- Honorarabrechnung **G.21** 1
- Individualität der Schöpfung **G.5** 21
- Klage auf angemessene Vergütung nach § 32 UrhG **G.18** 17
- Nachweis der Urheberschaft **G.14** 31
- Zugangsrecht **G.17** 1, 7

Urheberpersönlichkeitsrecht H.6 7.2.2
- Aktivlegitimation **G.5** 16
- Zugangsrecht **G.17** 1

Urheberrecht
- Abmahnung **G.1** 1 f.
- Aktivlegitimation **G.5** 16, 21
- Anwachsung Miturheberanteil **G.3** 4, 5
- Auskunftsklage **G.14** 1 f., 15, 35
- Auslandsbezug **G.14** 31
- Dringlichkeitsvermutung **G.4** 16; **G.5** 28
- Enforcement-Richtlinie **G.10** 1
- geistiger Gehalt **G.5** 21
- Gerichtsstand, fliegender **G.4** 2
- Individualität des Urhebers **G.5** 21
- Klage auf verlagsrechtliche Abrechnung/Zahlung **G.21** 1 f.
- Klage auf Vervielfältigung/Verbreitung **G.20** 1 f.
- persönliche Schöpfung **G.5** 21
- Schadensersatzklage **G.14** 1 f., 36
- Schutzschrift **G.4** 1 f.
- Schutzschrift, offene **G.4** 5
- Strafantrag wegen unerlaubter Verwertung urheberrechtlich geschützter Werke **G.23** 1 f.
- Überprüfung Angemessenheit eines Tarifs/Nutzungsentgelts **G.24** 1
- Übertragbarkeit **G.3** 2, 5
- Unterlassungserklärung **G.2** 1
- Unterlassungsklage **G.14** 1 f.
- Unterwerfungsvertrag **G.2** 1
- Verfügung, einstweilige **G.5** 1 f.
- Verzicht **G.3** 2
- Verzichtsvereinbarung **G.3** 1 f., 3
- wahrnehmbare Formgestaltung **G.5** 21
- Widerspruch gegen einstweilige Verfügung **G.6** 1 f.
- Zugang **G.17** 1
- Zuständigkeitskonzentration bei Verbindung mit Nachahmungsklage **A.12** 2

Urheberrechtskammer
- Zuständigkeit **G.4** 3

Urheberrechtsschutzfähigkeit
- Darlegungslast **G.5** 21

Urheberrechtsstreitsache sa *Anordnungsverfahren, Aufhebungsverfahren*
- Abrechnungs-/Zahlungsklage **G.21** 1 f.
- Abschlusserklärung **G.13** 1 f.
- Abschlussschreiben **G.12** 1 f.
- Aktivlegitimation **G.5** 16, 21
- Anordnung Klageerhebung nach § 926 Abs. 1 ZPO **G.7** 1 f.
- Anspruch auf schonendste Maßnahme **G.14** 40
- Aufbrauchfrist **G.6** 6; **G.15** 16
- Aufhebungsverfahren § 926 Abs. 2 ZPO **G.8** 1 f.
- Aufhebungsverfahren, selbständiges (§ 927 ZPO) **G.9** 1
- Auskunftsklage **G.14** 1 f., 15, 35
- Belegvorlage **G.10** 1
- Beseitigungsfrist **G.6** 6
- Besichtigungsanspruch **G.10** 1; **G.14** 32
- dringender Fall **g.5** 8
- Dringlichkeit, gesteigerte **G.5** 14
- Dringlichkeitsvermutung **G.5** 28

1325

Sachverzeichnis

- einstweilige Verfügung auf Drittauskunft G.10 1 f.
- einstweilige Verfügung zur Sicherstellung G.11 1 f.
- Fairnessausgleich (§ 32a UrhG) G.19 1 f.
- Feststellungsklage, negative G.7 1
- Gerichtsstand, fliegender G.5 3
- Glaubhaftmachung G.5 15, 18, 19
- Klage auf Einwilligung in die Verwertung G.16 1 f.
- Klage auf Vergütungsanpassung (§ 32 UrhG) G.18 1 f.
- Klage auf Vervielfältigung/Verbreitung G.20 1 f.
- Klage auf weitere Beteiligung (§ 32a UrhG) G.19 1 f.
- Klage auf Zugang nach § 25 UrhG G.17 1 f.
- Klage wegen Verletzung des Rechts am eigenen Bild G.22 1 f.
- Klageerwiderung Unterlassungsklage G.15 1 f.
- Ordnungsmittel/-androhung G.5 10
- Prozessstandschaft G.5 16
- Schadensersatzklage G.15 1 f., 36
- Sequestration G.11 1
- Sicherung Überlassungsanspruch G.11 1
- Sicherung Vernichtungsanspruch G.11 1
- Stufenklage auf weitere Beteiligung (§ 32a UrhG) G.19 1, 5
- Überlassungsanspruch G.11 1
- Umstellungsfrist G.6 6
- Unterlassungsklage G.14 1 f.
- Urteilsbekanntmachung G.14 1 f., 17, 44
- Vernichtungsanspruch G.11 1; G.14 1 f., 16, 39, 41
- Verteidigungsmittel Klageerwiderung G.15 9, 11
- Vorlage Werkexemplar G.5 19
- Wegfall der Dringlichkeit G.5 28
- Wiederholungsgefahr G.5 27
- Zugang Abmahnung G.5 26
- Zuständigkeit G.4 2, 3
- Zuständigkeit Schiedsstelle G.24 1
- Zuständigkeit, funktionale G.4 3
- Zuständigkeit, internationale G.4 3
- Zuständigkeit, örtliche G.5 3
- Zuständigkeit, sachliche G.5 2

Urheberrechtsverletzung
- Anspruch auf schonendste Maßnahme G.14 40
- Bereicherungsansprüche bei G.1 14
- Darlegungslast G.5 21
- Fristsetzung G.1 16
- gesamtschuldnerische Haftung G.1 2
- gewerbsmäßige G.23 1, 8
- Kausalzusammenhang G.1 2
- Prüfung G.15 12
- Strafantrag G.23 1 f.
- Verfügung, einstweilige G.5 1 f.
- Verschulden G.1 13

Urheberschaft
- Bezeichnung auf Vervielfältigungsstück G.14 29

- Gegenbeweis der G.5 18
- Glaubhaftmachung G.5 18
- im Rahmen eines Arbeits-/Dienstverhältnisses G.14 31
- Nachweis G.14 31
- Streit zwischen Arbeitnehmer/Arbeitgeber G.14 31
- Vermutung der G.5 18

Urheberschutz
- Computerprogramm G.18 19

Urheberschutzfähigkeit
- Ausstellungspräsentation G.10 11
- Beachtung in Fachkreisen/Öffentlichkeit G.10 12
- kommerzieller Erfolg als Indiz G.14 27
- Messepräsentation G.10 11
- wirtschaftlicher Erfolg G.10 13; G.14 27

Urhebervergütung
- Missverhältnis bezahlte Vergütung/tatsächlicher Erfolg G.19 9

Urhebervermutung
- Bezeichnung auf Vervielfältigungsstück G.14 29

Urkunde
- Glaubhaftmachung A.4 14
- Glaubhaftmachung Beweismittel G.5 15

Ursprungsbezeichnung B.20 4

Urteil
- Zuwiderhandlung, vollstreckungsfähige A.24 10

Urteilsbekanntmachung
- Abmahnung, urheberrechtliche G.1 12
- bei Unterlassungserklärung in Urheberrechtssache G.2 10
- Gebrauchsmustersache D.2 11; D.5 18
- Kostenvorschuss Veröffentlichungskosten G.14 18, 45
- Markenrecht B.13 6, 14, 28
- Patentstreitsache C.2 36; C.5 33, 37, 66
- Urheberrechtsstreitsache G.14 1 f., 17, 44
- verfügender Teil des Urteils G.14 17, 44

Urteilsverfügung
- Berufung G.6 1
- Heilung fehlerhafter Zustellung A.6 1
- Vollziehung A.6 1b
- Vollziehung/-sfrist F.6 2
- Zustellung im Parteibetrieb A.27 9
- Zuwiderhandlung, vollstreckungsfähige A.24 10

Urteilsvollstreckung
- Gebrauchsmusterstreitsache D.10 1 f.
- Sicherheitsleistung G.14 20

UWG
- Beseitigungsanspruch A.12 6
- Doppelschöpfung A.12 15
- Herstellungsverbot A.12 6
- Klage wegen Geheimnisverrat A.18 1
- Klage wegen Produktnachahmung A.12 1
- Klage wegen Vorlagenfreibeuterei A.19 1
- Klageerwiderung Nachahmungsklage A.23 1
- Leistungsschutz, ergänzender A.23 11

Sachverzeichnis

- Schutzwürdigkeit der Leistung A.12 26
- Vernichtungsanspruch A.12 6

Venire contra factum proprium
- Ablehnung Neuangebot F.4 2

Veranstalter
- urheberrechtliche Verantwortlichkeit des G.1 2
- Urheberschaft G.14 31
- Verpflichteter bei Gegendarstellung H.1 11

Veranstaltung
- Personenbildnis H.6 7.2.3(7)

Verband
- Abmahn-/Klagebefugnis A.1 4c
- Abmahnpauschale A.1 24
- Aktivlegitimation, wettbewerbsrechtliche A.4 17
- Auskunftsanspruch A.1 4c
- Beseitigungsanspruch A.1 4c
- Gewinnabschöpfungsanspruch A.1 4c
- Klagebefugnis wegen Verletzung geographischer Herkunftsangabe B.20 2
- Kollektivmarke B.1 18
- Kostenerstattung Abmahnung A.1 23, 24
- Schadensersatzanspruch A.1 4c
- Unterlassungsanspruch A.1 4c
- Widerrufsanspruch A.1 4c

Verbandsklage
- geographische Herkunftsangabe B.20 5, 11
- Gewinnabschöpfungsanspruch A.1 17

Verbandsklagebefugnis A.1 4c

Verbesserungsvorschlag, technischer E.1 4
- Klagezuständigkeit E.14 1
- qualifizierter E.1 4

Verbesserungsvorschläge, qualifizierte technische
- Zuständigkeit Schiedsstelle E.17 4

Verbietungsrecht
- designrechtliches F.1 7
- Patent C.1 7; C.2 6

Verbraucher
- Abgrenzung zu informiertem Benutzer F.11 5

Verbraucherbefragung, demoskopische A.22 10

Verbraucherinformation
- Packungsbeilage A.20 7

Verbraucherschutz
- Verwechslungsgefahr A.12 25

Verbraucherverband
- Abmahn-/Klagebefugnis A.1 4d

Verbraucherzentrale
- Abmahn-/Klagebefugnis A.1 4d

Verbreitung
- Personen als Beiwerk H.6 7.2.3(6)
- Personenbildnis H.6 7.2.3(3)
- Verweigerung zur G.20 9

Verbreitungsklage G.20 1 f. *sa Verlagsvertrag*
- Kosten/Gebühren G.20 10
- Manuskript G.20 8
- Streitwert G.20 4
- Zuständigkeit G.20 2

Verdacht der Markenverletzung
- Grenzbeschlagnahme B.22 1

Verdrängungswettbewerb A.15 2

Vereitelungsgefahr
- entbehrliche urheberrechtliche Abmahnung G.1 1

Vereitelungsrisiko
- Herausgabeanordnung F.6 19

Verfahren nach § 927 ZPO
- Aufhebungsurteil A.27 6

Verfahren, patentgeschütztes
- Klageerwiderung, materielle C.12 1 f.

Verfahrensbenutzung
- Klage wegen Patentverletzung in Form einer Verfahrensbenutzung C.6 1 f.
- materielle Klageerwiderung bei Patentverletzung C.11 1 f.

Verfahrensbeschleunigung
- Übertragung auf Einzelrichter G.15 4

Verfahrensbevollmächtigter
- Schutzschrift F.5 6
- Zustellung einstweiliger Verfügung an G.4 7

Verfahrensbitte
- Patentstreitsache C.5 8; C.7 8; C.21 9

Verfahrenserzeugnis
- Klage wegen Vertriebs eines durch patentgeschütztes Verfahren unmittelbar hergestellten V. C.7 1 f.
- Patentverletzung C.7 38
- Unmittelbarkeit des C.7 43
- Unterlassungsantrag C.7 17

Verfahrenskosten
- einstweiliger Rechtsschutz A.9 5

Verfahrenskostenhilfe
- Beschwerdeverfahren Markenrecht B.5 12

Verfahrensordnung EuGH A.32 3

Verfahrenspatentverletzung C.6 17, 18, 19, 20

Verfahrenssprache
- Patent, europäisches C.18 11
- Patentstreitsache C.17 22; C.18 6, 11

Verfallsgrund
- Marke B.9 1

Verfasser
- Aktivlegitimation, urheberrechtliche G.5 16
- Fairnessausgleich Vergütung G.19 9
- Klage auf angemessene Vergütung nach § 32 UrhG G.18 17
- urheberrechtliche Verantwortlichkeit des G.1 2

Verfassungsbeschwerde
- unterlassene Vorlage zum EuGH A.32 11

Verfügung, einstweilige
- Abmahnung C.21 24
- Abmahnung, vorprozessuale A.4 18
- Abschlusserklärung, urheberrechtliche G.13 1 f.
- Abschlussschreiben A.7 1, 3; G.12 1 f.
- Abwägung der Interessenlagen beider Parteien C.21 27c, 32; C.23 12
- Abwendung wesentlicher Nachteile D.12 9

1327

Sachverzeichnis

- Aktivlegitimation **A.4** 3; **G.5** 16, 21
- Aktivlegitimation Unterlassungsanspruch **C.21** 4
- Anberaumung mündlicher Verhandlung **F.6** 4; **F.8** 3
- Androhung Ordnungsmittel **A.4** 11; **F.6** 2, 6; **G.5** 10
- Anerkennung durch Abschlusserklärung **G.13** 1, 2
- Anordnung der Klageerhebung **G.7** 1 f.
- Anordnungsverfahren **G.7** 1 f.
- Antrag auf Erlass Herausgabeanordnung **F.6** 1 f.
- Antrag nach § 926 ZPO **A.26** 1 f., 3
- Antrag ohne mündliche Verhandlung **A.4** 21
- Antrag/-sbindung **F.6** 5
- Antragsbefugnis **A.4** 17
- Antragsformulierung **G.5** 9, 11
- Antragsgegner/Verfügungsbeklagter **C.21** 6
- Antragsteller **G.5** 4
- Anwaltszwang **A.4** 4; **C.21** 5; **G.5** 5
- Anwaltszwang für Widerspruch **A.8** 3; **A.9** 9
- Anwaltszwang Kennzeichenrecht **B.12** 3
- auf Einreichung der Schutzrechtsanmeldung **E.5** 2
- Aufhebung wegen nicht erhobener Hauptsacheklage **A.28** 5
- Aufhebung wegen veränderter Umstände (§ 927 ZPO) **A.27** 1 f., 2
- Aufhebungsverfahren **G.6** 1
- Aufhebungsverfahren § 926 Abs. 2 ZPO **G.8** 1 f.
- Aufhebungsverfahren, selbständiges (§ 927 ZPO) **G.9** 1
- Auskunftsanspruch **B.13** 11
- Auskunftsanspruch gegen Dritten **G.10** 1 f.
- Begründung **C.21** 20
- Belegvorlage **F.8** 5; **G.10** 1
- Berufung gegen Urteilsverfügung **G.6** 1
- Besichtigungsanspruch **G.5** 24; **G.10** 1
- Beweismittel, präsente **A.4** 14
- Bezeichnung als **G.5** 8
- bundesweites Verbot **A.4** 10
- Darlegung Verfügungsgrund **C.21** 27
- Darlegungslast **C.21** 22 f.
- Domain **B.12** 1 f.
- dringender Fall **A.4** 9; **G.5** 8
- Dringlichkeit **A.4** 1; **C.21** 1
- Dringlichkeit, allgemeine **A.4** 8
- Dringlichkeit, besondere **A.4** 8; **C.21** 9; **F.6** 4
- Dringlichkeit, gesteigerte **A.4** 9; **G.5** 14
- Drittauskunft **C.21** 14, 17, 33; **F.8** 5; **F.10** 7
- Duldungsanordnung **C.22** 17, 19, 27, 31
- Durchsetzung Besichtigungsanspruch **C.22** 14
- Durchsetzung Vorlageanspruch **C.22** 14
- Eidesstattliche Versicherung **A.4** 14; **A.5** 1
- Einführung neuer Streitgegenstand **F.6** 18
- einstweilige Einstellung der Zwangsvollstreckung **A.9** 8
- Einwilligung zur Verwertung **G.16** 1

- Entscheidung durch Kammervorsitzenden **A.4** 9
- Entscheidung durch Vorsitzenden **C.21** 9
- Entscheidung ohne mündliche Verhandlung **G.5** 14
- Ersatzzustellung **D.12** 3
- Formulierung Unterlassungsantrag **A.4** 10
- Fristen **A.4** 23
- Gebrauchsmusterwerbung, irreführende **D.14** 1 f.
- gegen uneinsichtigen Wiederholungstäter **A.29** 2
- Gegendarstellung **H.4** 1, 3
- Gegendarstellungsanspruch **H.1** 11
- Gemeinschaftsgeschmacksmusterstreitsache **F.6** 1 f., 2
- Geschäftsführerhaftung **A.4** 5
- Glaubhaftmachung **A.4** 14; **C.20** 19; **G.5** 15, 18, 19
- Glaubhaftmachung der Dringlichkeit **D.12** 8
- Glaubhaftmachung Prozessvoraussetzungen **F.6** 7
- Glaubhaftmachungslast **C.21** 22
- Gründe für Erlass **C.21** 31, 32
- Heilung Zustellungsmängel **F.6** 2
- Herausgabeanordnung **F.6** 19
- Inanspruchnahme Geschäftsführer **D.12** 3
- Insbesondere-Antrag **G.5** 11
- insbesondere-Antrag **A.4** 10; **C.20** 10
- Kosten/Gebühren **F.6** 23; **A.4** 22; **B.12** 26; **B.13** 4, 31; **G.5** 30
- Kostenantrag **G.5** 12
- Kostenerstattung Schutzschriftkosten **F.5** 12
- Kostenerstattung Zustellungskosten **A.6** 10
- Kostenwiderspruch **A.8** 4; **A.10** 1, 4
- Ladungsfrist **C.23** 9; **G.5** 14
- Markenrecht **B.12** 1
- Metatag **B.12** 1 f.
- Mitwirkung Patentanwalt **B.12** 3
- Nichtigkeit Gemeinschaftsgeschmackmuster **F.11** 1
- Offensichtlichkeit der Rechtsverletzung **G.10** 16
- Ordnungsmittelandrohung **F.6** 6
- Parteifähigkeit **G.5** 4
- Parteigutachten **A.4** 14
- Parteivertreter **G.5** 7
- Parteizustellung **A.6** 1
- Passivlegitimation **A.4** 5
- Patentverletzung **C.21** 1 f.
- Prozessbevollmächtigung **G.5** 7
- Prozessfähigkeit **G.5** 4
- Prüfungskompetenz des zuständigen Gerichts **A.4** 2
- Quasi-Aufhebung **A.28** 5
- Reaktionsmöglichkeiten Antragsgegner **G.5** 29
- Rechtsanwaltsgebühren **F.6** 23; **G.5** 30
- Rechtshängigkeit **A.4** 1
- Rechtsmittel **A.4** 23; **B.12** 27; **F.6** 24

- Sachverhaltsdarstellung D.4 6
- Schadenersatzklage infolge Vollziehung einer e.V. A.28 3, 8
- Schadensersatzrisiko A.4 1
- Schubladenverfügung A.1 1
- Schuldner G.5 6
- Schutzschrift A.3 1
- Schutzschrift wegen vermeintlicher Patentverletzung C.23 1 f.
- Sequestration C.21 1
- Sequestrationsanspruch B.12 1
- Sicherheitsleistung A.4 12, 14; F.5 11
- Sicherheitsleistung bei Vollziehung D.12 6
- Sicherstellung G.11 1 f.
- Streitwert A.4 6; B.13 7; F.6 21, 22; F.9 22
- Streitwert bei Gebrauchsmusterverletzung D.12 4
- Streitwert urheberrechtliche G.5 13
- Tatbestandsverwirklichung, wortsinngemäße C.21 27b
- Tenorierung G.5 9
- Torpedo, italienischer/belgischer C.21 27c, 32
- Unterlassung Personenabbildung G.22 1
- Unterlassungsanspruch, äußerungsrechtlicher H.10 1
- Unterlassungsanspruch, patentrechtlicher C.21 1
- Unterlassungsansprüche A.4 1
- urheberrechtliche G.5 1 f.
- Verallgemeinerung A.4 10
- Verfügungsanspruch A.4 1, 13
- Verfügungsgrund A.4 1, 1, 13; G.4 16
- Verhältnis zu Schutzschrift C.23 7
- Verjährung A.4 1
- Verjährungshemmung A.4 1; A.7 1
- Verletzungsform, konkrete A.4 10
- Verletzungstatbestand C.21 23, 27c
- Veröffentlichung einer Gegendarstellung H.4 1, 3
- Versäumung Vollziehungsfrist G.9 10
- Versicherung, anwaltliche A.4 14
- Verzögerung der Antragstellung A.4 19
- Vollmacht A.4 7
- Vollstreckung A.4 11
- Vollwiderspruch A.8 4
- Vollziehung A.6 1; D.12 12
- Vollziehung geänderter F.6 2
- Vollziehung/-sfrist F.6 2; F.8 5
- Vollziehungsfrist H.10 1
- von Anfang an ungerechtfertigte A.28 5
- Vorlage Werkexemplar G.5 19
- Wahrscheinlichkeit der Rechtsbeständigkeit des Streitgebrauchsmusters D.12 9
- wegen Abnehmerinformation/-verwarnung D.4 1 f.
- wegen Gebrauchsmusterverletzung D.12 1 f., 9
- wegen Unterlassung Abnehmerverwarnung C.20 1 f.
- Wegfall Wiederholungsgefahr G.9 10
- wettbewerbsrechtliche A.4 1
- Widerspruch gegen Beschlussverfügung A.8 1; A.9 1; G.6 1
- Widerspruch urheberrechtliche G.6 1 f.
- Zuständigkeit A.4 2
- Zuständigkeit bei Markenrecht B.12 2
- Zuständigkeit für Widerspruch A.8 2
- Zuständigkeit Widerspruch G.6 2
- Zuständigkeit, örtliche C.21 3
- Zuständigkeit, sachliche C.21 2
- Zustelladresse A.6 7
- Zustellung F.6 2; G.5 7
- Zustellung an Schutzschrifteinreicher F.5 4, 7
- Zustellung im Parteibetrieb C.21 35; G.4 7
- Zustellungsauftrag an Gerichtsvollzieher A.6 1
- Zustellungsbevollmächtigung G.5 7
- Zuwiderhandlung, vollstreckungsfähige A.24 10
- Zwangsvollstreckung Drittauskunft G.10 18
- zweiter Verfügungsantrag A.4 1

Verfügungsanspruch
- bei Patentverletzung C.21 1, 22, 23
- Glaubhaftmachung F.6 7; G.5 15

Verfügungsgrund
- bei Patentverletzung C.21 1, 22, 27
- Darlegung C.21 27
- Glaubhaftmachung F.6 8; G.5 15
- Widerlegung der Dringlichkeitsvermutung A.3 10

Verfügungspatent
- Schutzfähigkeit C.21 27a
- Zweifel am Schutzumfang C.21 32

Verfügungsverbot, gesetzliches
- Arbeitnehmererfindung vor Inanspruchnahme E.2 1

Verfügungsverfahren
- Dringlichkeit A.4 8, 9
- Revision A.4 1
- Wettbewerbssache A.4 1

Vergütung
- Angemessenheit G.18 1, 10
- Anspruchsinhaber/Urheber G.18 17
- Anspruchverpflichteter G.18 18
- Äquivalenzstörung, nachträgliche G.19 1
- Fairnessausgleich G.19 1, 9
- Klage auf Vertragsanpassung (§ 32 UrhG) G.18 1 f., 16
- Klage auf weitere Beteiligung (§ 32a UrhG) G.19 1 f., 9
- Missverhältnis bezahlte Vergütung/tatsächlicher Erfolg G.19 9
- Nachhonorierung G.19 1, 9
- Schätzung G.18 11
- Streitwert bei Vertragsanpassung G.18 8
- Streitwert Nachhonorierung G.19 4
- Stufenklage G.18 12
- Stufenklage auf weitere Beteiligung (§ 32a UrhG) G.19 1, 5

1329

Sachverzeichnis

- Vorrang Tarifvertrag/Vergütungsregelung **G.18** 20
Vergütung, urheberrechtliche
- bei Verzicht Verwertungsrecht **G.3** 6
Vergütungsanspruch
- Arbeitnehmererfindung **E.4** 6; **E.14** 15
Vergütungsfestsetzung
- Adressat **E.9** 2
- Änderung/Anpassung **E.9** 5
- Anpassungszeitpunkt **E.11** 5
- Anteilsfaktor **E.9** 7
- Begründung Vergütungshöhe **E.9** 7
- betrieblicher Nutzen **E.9** 8
- Bezugsgröße **E.9** 7
- Bindungswirkung **E.9** 5
- Detaillierung **E.9** 7
- Erfindervergütung **E.9** 1, 3
- Erschöpfung **E.10** 6
- Form/Textform **E.9** 1
- Frist **E.9** 4
- Klage **E.9** 4
- laufende Vergütung **E.9** 6
- Lizenzanalogie **E.9** 7, 8
- Miterfinder **E.9** 2
- Pauschalabfindung **E.9** 6
- Quotenwiderspruch **E.10** 3
- Schiedsstelle **E.9** 4; **E.10** 6
- Teilwiderspruch **E.10** 4
- Unbilligkeit Erfindervergütung **E.12** 1, 4
- Verjährung **E.10** 6; **E.12** 5; **E.14** 41
- Verlangen einer Neufestsetzung **E.11** 1
- Verpflichtung zur **E.9** 4
- Verwirkung **E.10** 6
- vorläufige **E.9** 4
- Widerspruch **E.9** 10; **E.10** 1
- Widerspruch, beschränkter **E.10** 4
- Widerspruchsbegründung **E.10** 5
- Widerspruchsfrist **E.9** 10; **E.10** 1
- Wirksamkeit **E.9** 10; **E.14** 19
- Zahlungspflicht **E.9** 9
- Zugang **E.9** 10
Vergütungsregelung
- Arbeitnehmererfindung **E.4** 11; **E.14** 15
Vergütungsvereinbarung
- Arbeitnehmererfindung **E.8** 1, 3
- Neuregelung Erfindervergütung bei unwirksamer V. **E.12** 5
- Unbilligkeit Erfindervergütung **E.12** 1, 4
Verhältnismäßigkeit
- Auskunftsanspruch **B.13** 11; **G.15** 7
- Drittauskunft, urheberrechtliche **G.10** 9
- Entfernung aus Vertriebsweg **B.13** 13
- Grundsatz der **G.14** 40
- Rückrufanspruch **B.13** 13
- Vernichtungsanspruch **B.13** 13
Verhandlung, mündliche
- Patentstreitsache **C.5** 10
Verjährung

- Abmahnkosten **A.1** 16
- Arbeitnehmererfindung **E.10** 6; **E.12** 5; **E.14** 41
- Aufhebungsverfahren, selbständiges **G.9** 10
- Erfindervergütung **E.16** 8
- Gebrauchsmuster **D.3** 3
- Gebrauchsmusterverletzung **D.6** 31
- Gemeinschaftsgeschmacksmusterverletzung **F.9** 25
- Kennzeichenverletzung, vorsätzliche **B.21** 1
- Markenverletzung **B.13** 10; **B.14** 11b
- Nachahmung **A.23** 19
- Patent **C.2** 38; **C.4** 2i; **C.10** 21
- Patentverletzung **C.2** 38; **C.4** 2i
- Unterbrechung bei Anrufung der Einigungsstelle **A.30** 1
- Unterlassungsanspruch, äußerungsrechtlicher **H.6** 11
- veränderte Umstände **A.27** 2
- Vertragsstrafe **A.29** 9
- Verzicht der Einrede der **A.7** 14d
- Wettbewerbsverstoß **A.7** 4
Verjährungseinrede
- Klageerwiderung **E.15** 8
- Verzicht auf **G.13** 7
- Verzicht in Abschlusserklärung **A.7** 14d
Verjährungshemmung
- Verfügung, einstweilige **A.4** 1; **A.7** 1
Verjährungsunterbrechung
- Feststellung der Schadensersatzverpflichtung dem Grunde nach **D.5** 15
Verkauf
- der Erfindung **E.8** 9c
- unter Einkaufs-/Selbstkostenpreis **A.15** 2
Verkaufsangebot
- Domain **B.12** 20
Verkehr, geschäftlicher
- Begriff **G.14** 37
Verkehrbefragung
- Beweisantrag/Fragebogen **A.31** 1 f.
Verkehrsauffassung
- Beweisantrag/Fragebogen zur Klärung der **A.31** 1 f.
Verkehrsbefragung
- Abschlussfrage **A.31** 8
- Auslagenvorschu **A.22** 10
- Bestimmung der relevanten Verkehrskreise **A.31** 3
- Beweisantrag/-beschluss **A.31** 2
- Einweisungstermin **A.31** 3
- Formulierung Fragenkatalog **A.31** 3
- Fragenkatalog **A.31** 2 f.
- gerichtliche Anordnung **A.31** 1
- Kontrollfrage **A.31** 9
- Kosten **A.31** 1; **B.2** 9
- Nachweis Verkehrsdurchsetzung **B.2** 9, 13
- offene Fragen **A.31** 4
- Privatgutachten **A.31** 1
- Pufferfragen **A.31** 6

1330

Sachverzeichnis

- Relevanz **A.31** 7
- Sachverständigenbeweis **A.31** 1 f.
- Verbrauchererwartung **A.31** 6
- Verkehrsdurchsetzung **B.2** 4, 9

Verkehrsdaten
- einstweilige Verfügung auf Drittauskunft **G.10** 1

Verkehrsdurchsetzung
- Bekanntheitsgrad **B.2** 10
- Benutzung **B.2** 5
- durch Werbeaufwand **B.2** 5, 7
- Durchsetzungsgrad **B.2** 10, 12, 13
- Eintragung verkehrsdurchsetzter Marke **B.2** 14
- Fachkreise **B.2** 13
- Fernsehwerbung, umfangreiche **B.2** 7
- Feststellung durch DPMA **B.2** 1
- Feststellungszeitpunkt **B.2** 14
- Gebühren **B.1** 22; **B.2** 15
- gesamtes Inland **B.2** 4
- Gesamtschau/-würdigung **B.2** 4, 9
- Glaubhaftmachung **B.2** 4
- Gutachten, demoskopisches **B.2** 9
- hilfsweise Geltendmachung **B.2** 4
- im Beschwerdeverfahren vor BPatG **B.2** 1
- Kennzeichnungsgrad **B.2** 10
- Kosten Verkehrsbefragung **B.2** 9
- Markeneintragung aufgrund von **B.2** 1 f.
- Marktanteil **B.2** 6
- Mindestbenutzung **B.2** 5, 6
- Nachweis **B.2** 4, 10, 12
- Nachweis bei Markenanmeldung **B.1** 13
- Pressecho **B.2** 8
- Prozentsatz für Bejahung **B.2** 12
- Prüfung durch DPMA **B.2** 4
- Rechtsmittel **B.2** 16
- Überwindung Schutzhindernis **B.1** 12; **B.2** 3
- Umsätze **B.2** 6
- Verkehrskreise, beteiligte **B.2** 11, 13
- Vermutung früherer Durchsetzungsgrad **B.2** 14
- Zuordnungsgrad **B.2** 10

Verkehrsgeltung A.23 4 *sa Verkehrsdurchsetzung*
- Markenschutz **B.1** 1
- Verkehrsbefragung bei Kennzeichen **A.31** 1

Verkehrskreise
- angesprochene **A.4** 15

Verkehrskreise, beteiligte
- Verkehrsdurchsetzung **B.2** 11, 13

Verkehrskreise, relevante
- Bestimmung für Verkehrsbefragung **A.31** 3

Verkehrspflicht
- wettbewerbsrechtliche **A.1** 3

Verkehrspflichtverletzung
- Haftung bei wettbewerbsrechtlicher **A.1** 3

Verlagsvertrag
- Abrechnungs-/Zahlungsklage **G.21** 1 f.
- Abrechnungsklausel **G.21** 5
- Absatzhonorar **G.21** 12
- Honorarabrechnung **G.21** 1, 11
- Klage auf Verbreitung/Vervielfältigung **G.20** 1 f.
- Klageschrift **G.20** 3
- Kosten/Gebühren Vervielfältigungs-/Verbreitungsklage **G.20** 10
- Manuskript/-anforderungen **G.20** 9
- Nebenrechtserlöse **G.21** 12
- Prüfung Honorarabrechnung **G.21** 11, 15
- Streitwert **G.20** 4
- Verschaffungspflicht des Autors **G.20** 7
- Vervielfältigungs-/Verbreitungsklage **G.20** 1 f.
- Verweigerung Verbreitung/Vervielfältigung **G.20** 9
- Zuständigkeit, örtliche **G.20** 2
- Zuständigkeit, sachliche **G.20** 2

Verleger
- Haftung bei Gegendarstellung **H.1** 1d
- urheberrechtliche Verantwortlichkeit des **G.1** 2

Verletzergewinn
- Abschöpfung bei Nachahmungsklage **A.12** 7; **A.13** 5
- Berechnung **A.12** 11; **C.5** 21, 25
- Berechnung Schadensersatz **D.11** 1b
- Gebrauchsmusterverletzung **D.2** 6
- Gemeinkosten/-anteil **C.2** 27, 28
- Schadensberechnung **B.13** 10
- Schadensersatz **B.19** 6, 11
- Schadensersatz Designverletzung **F.2** 11

Verletzerhandlung
- Abmahnung **A.1** 3

Verletzter, schuldloser
- Unterlassungsanspruch **G.14** 34

Verletzungsform
- Design, eingetragenes **F.2** 9
- konkrete **A.4** 10
- Patent **C.1** 8; **C.2** 9
- Unterlassungsverpflichtungserklärung **C.2** 21

Verletzungsgegenstand
- Abbildung zur Beschreibung **A.4** 10; **A.11** 7; **A.12** 5

Verletzungshandlung
- Darlegung **C.2** 22
- Konkretisierung **C.5** 17
- und/oder-Antrag **A.13** 4
- Zweitprozess **A.24** 11

Verletzungsklage
- Patent, europäisches **C.1** 7; **C.2** 6
- unbegründete **C.2** 1

Verletzungstatbestand
- Gebrauchsmusterstreitsache **D.5** 26
- Glaubhaftmachung durch Testkauf **B.15** 18

Verleumdung H.6 7.1.5

Vermächtnisnehmer
- Aktivlegitimation, urheberrechtliche **G.5** 16

Vermögensverfall
- Schutzrechtsaufgabe bei **E.7** 3

1331

Sachverzeichnis

Vernichtung
- vereinfachtes Verfahren bei Grenzbeschlagnahme B.22 1, 8
- Zustimmungsfiktion zur V. bei Grenzbeschlagnahme B.22 1

Vernichtungsanspruch
- Abmahnung, patentrechtliche C.2 30
- Adressat G.14 39
- bei Nachahmungsklage A.12 6
- bei urheberrechtlicher Abmahnung G.1 12
- Beseitigung durch mildere Maßnahmen G.15 22
- Bezeichnung geschäftliche B.17 8
- Gebrauchsmuster D.2 9
- Gebrauchsmusterstreitsache D.5 17
- Gemeinschaftsgeschmacksmuster, eingetragenes F.7 2
- Herstellungsvorrichtung G.14 16, 39, 41; G.15 23
- Markenrecht B.12 1; B.13 6, 13
- Markenverletzungsklage B.13 13
- Patentinhaber C.1 7; C.2 6
- Patentstreitsache C.5 30
- Patentverletzung, mittelbare C.6 20
- schonendste Maßnahme G.14 40
- Sequestration G.11 1
- Sicherung F.6 19
- Sicherung durch Beschlagnahme B.21 7
- Sicherung in Urheberrechtssache G.11 1
- Umfang B.13 13; G.15 23
- urheberrechtliche Unterlassungserklärung G.2 9
- Verhältnismäßigkeit B.13 13
- Vervielfältigungsstück G.14 16, 39, 41
- Vollstreckungsabwendung durch Geldentschädigung G.15 16
- Zwangsvollstreckung B.13 13

Vernichtungsklage
- urheberrechtliche G.14 1 f., 16, 39, 41

Vernichtungswettbewerb A.15 2

Veröffentlichung
- Anordnung der Gegendarstellungsveröffentlichung H.4 1
- Antrag auf einstweilige Einstellung Zwangsvollstreckung H.4 16
- Einwilligung Miturheber G.16 1
- Gegendarstellung, rundfunkrechtliche H.1 11
- Patentblatt C.1 7; C.2 6
- Personenbildnis ohne Einwilligung H.6 7.2.3(4)

Veröffentlichungsanspruch/-pflicht
- Gegendarstellung H.2 4, 6, 9
- Urteil in Patentstreitsache C.2 36; C.5 33, 37, 66
- Urteil Urheberrechtssache G.2 10
- Urteil, markenrechtliches B.13 6, 14, 28

Veröffentlichungsblätter
- DPMA C.1 7; C.2 6

Veröffentlichungsmodalitäten
- Gegendarstellungsverfahren H.4 8

Verpackung
- Schutzfähigkeit B.15 12

Verpackungsänderung
- Ausschluss Erschöpfungseinwand B.15 23

Verpackungsaufmachung
- Nachahmung A.13 1

Verpackungsnachahmung
- Klage wegen A.13 1

Verpflichtungserklärung
- gebrauchsmusterrechtliche D.2 13 f.

Verpflichtungserklärung, strafbewehrte
- Ablehnung H.8 1
- Fortsetzungszusammenhang H.7 2
- Unterlassungsanspruch, äußerungsrechtlicher H.7 1

Verrichtungsgehilfe
- Haftung für A.2 8

Versammlung
- Personenabbildung G.22 13

Versäumnisurteil
- Antrag in Klageschrift G.14 21
- Patentstreitsache C.9 15

Versäumung
- Vollziehungsfrist G.9 10

Verschulden
- Patentverletzung C.5 57

Verschweigen, bewußtes A.22 8

Verschwiegenheitsverpflichtung
- Sachverständiger C.22 12

Versicherung, anwaltliche
- Glaubhaftmachung A.4 14
- Glaubhaftmachung Beweismittel G.4 13; G.5 15

Versteigerung
- Haftung Patentverletzer bei Internetauktion C.5 5

Verstoß gegen öffentliche Ordnung/gute Sitten
- Löschungsgrund Gebrauchsmuster D.15 8

Verteidigungsanzeige
- Frist G.15 3
- Unterlassungsklage G.15 3

Verteidigungsargumente, vorauszusehende
- Patentverletzung, mittelbare C.8 35, 37

Verteidigungsbereitschaft
- Anzeige der A.22 3

Verteidigungsbereitschaft, fehlende
- vorbeugende Anträge bei C.5 9; C.7 9

Verteidigungsmaßnahmen
- Abmahnung, patentrechtliche C.2 38; C.4 2

Verteidigungsmittel
- Klageerwiderung, patentrechtliche C.9 15, 16
- Klageerwiderung, urheberrechtliche G.15 9, 11

Vertragsanpassung
- Autorenvergütung G.19 9
- Klage auf angemessene Vergütung (§ 32 UrhG) G.18 1 f., 16
- Klage auf weitere Beteiligung (§ 32a UrhG) G.19 1 f., 6

Sachverzeichnis

Vertragsstrafe
- Abgrenzung zu Schadensersatz bei Wettbewerbsverstoß **A.11** 10
- Anrechnung auf Schadensersatzanspruch **A.29** 2
- Bemessung **A.1** 21; **A.2** 6; **F.3** 13
- Bemessung durch Gläubiger **C.2** 20
- Bemessung gegenüber Verband **A.2** 6
- Bestimmung durch Dritten **A.1** 21
- Einflußmöglichkeit Unterlassungsschuldner **A.29** 10
- Einwendung **A.29** 9
- Ernsthaftigkeit **F.2** 4, 7
- Fortsetzungszusammenhang **A.29** 11; **C.2** 20
- Geltendmachung, rechtsmissbräuchliche **A.29** 9
- Haftung für Erfüllungsgehilfen **A.29** 12
- Hamburger Brauch **A.2** 6; **C.2** 20
- Hamburger Brauch, neuer **A.1** 20, 21
- Herabsetzung **A.2** 9; **F.3** 13; **G.2** 3
- Höhe **A.2** 6; **C.2** 20
- Höhe bei urheberrechtlicher Unterlassungserklärung **G.2** 3
- Klage auf Zahlung **A.29** 1 f., 2
- Mehrfachverstöße **C.2** 20
- modifizierter Hamburger Brauch **G.2** 3
- nachträgliche Änderung der Umstände **A.29** 9
- Obergrenze, feste **A.1** 21
- Ordnungsmittelantrag § 890 ZPO neben **A.29** 2
- Reduzierung gem.§ 343 BGB **A.29** 11
- Rückforderung **A.29** 9
- strafbewehrte Unterlassungserklärung **A.2** 6
- unverhältnismäßige **G.2** 3
- Verjährung **A.29** 9
- Verschulden bei Zuwiderhandlung **A.29** 12
- Verwirkung **A.1** 20; **A.2** 8
- Zahlung **A.1** 22; **A.2** 7
- Zuwiderhandlungen, mehrere **A.29** 11

Vertragsstrafeklage
- Gerichtsstand **A.29** 1
- Zuständigkeit **A.29** 1

Vertragsstrafeversprechen A.1 11; **F.3** 13
- Abmahnung, patentrechtliche **C.2** 20
- Auslegung **F.3** 15
- Bemessung Vertragsstrafe **A.1** 21; **C.2** 20
- Fortsetzungszusammenhang **F.3** 15
- für jeden Fall der Zuwiderhandlung **F.3** 14
- Hamburger Brauch **A.2** 6
- Hamburger Brauch, neuer **A.1** 20, 21
- Obergrenze, feste **A.1** 21
- Übergang **A.29** 8
- Unterlassungsverpflichtung **H.7** 3
- Weigerung **A.1** 22
- zugunsten Dritter **A.1** 22; **A.2** 7

Vertragsstrafeklage A.29 1 f., 2
- Verbindung mit Klage auf Unterlassung/Auskunft/Schadensersatz **A.29** 2

Vertragsverletzung
- unterlassene Vorlage zum EuGH **A.32** 11

Vertragsverletzungsverfahren A.32 11

Vertraulichkeit
- Schutz von Informationen in Patentstreitsache **C.22** 14, 21, 29

Vertraulichkeitsanordnung
- Beweisverfahren, selbständiges **C.22** 12, 16

Vertreter
- Unterlassungserklärung, designrechtliche **F.3** 9
- Verwarnung, designrechtliche durch **F.3** 3

Vertreter, gesetzlicher
- Erfindung **E.1** 3
- Gegendarstellung **H.1** 10

Vertreterzwang
- Markenanmeldung **B.1** 8

Vertretung
- Aufforderungsschreiben Gegendarstellung **H.2** 2
- bei Gegendarstellung **H.1** 10
- Beschwerdeverfahren Markenrecht **B.5** 3
- Fehlen der notwendigen **C.16** 4
- Grenzbeschlagnahme **F.14** 4
- Markenanmeldung **B.1** 8

Vertretungsübernahme
- Anzeige der **C.9** 1

Vertriebsbindung
- Kodierung/-sentfernung **B.15** 14

Vertriebsbindungssystem B.15 14, 15

Vertriebslizenz
- Anspruch auf Drittauskunft **G.10** 3

Vertriebsunternehmen
- Klagebefugnis **A.12** 12; **A.13** 9

Vertriebsweg
- Auskunftsanspruch **B.13** 11
- Auskunftsanspruch in Gebrauchsmustersache **D.2** 7, 19
- Drittauskunft **F.7** 3, 5
- einstweilige Verfügung auf Drittauskunft **G.10** 1
- Entfernungsanspruch aus **B.13** 13
- Herkunftstäuschung **A.12** 5

Vervielfältigung
- Nachweis der Rechtsverletzung **G.14** 32
- Verweigerung zur **G.20** 9

Vervielfältigungsklage G.20 1 f. sa *Verlagsvertrag*
- Kosten/Gebühren **G.20** 10
- Manuskript **G.20** 8
- Streitwert **G.20** 4
- Zuständigkeit **G.20** 2

Vervielfältigungsstück
- Aufbrauchfrist **G.15** 16
- Herausgabe/Vernichtung **G.1** 12
- Sequestration **G.11** 1
- Überlassungsanspruch **G.14** 39, 43
- Urhebervermutung **G.14** 29
- Vergütung für Übernahme **G.14** 16, 42

1333

Sachverzeichnis

- Vernichtungsanspruch G.14 16, 39, 41
- Zugangsrecht des Urhebers G.17 1

Verwahrung
- Beauftragung Gerichtsvollzieher G.11 11

Verwaltungsakt
- Patenterteilung C.10 3

Verwarnung
- Androhung gerichtlicher Schritte F.3 8
- Anwaltsgebühren F.3 7, 19
- aus Gebrauchsmuster C.2 1
- aus Patent C.2 1
- Beantwortung F.4 1
- Berliner Vergleich F.3 6
- designrechtliche F.3 1 f.
- Eingriff in den eingerichteten und ausgeübten Gewerbebetrieb F.3 1
- Fortsetzungszusammenhang F.3 15
- Gegenabmahnung F.4 4, 6
- Gegenangebot F.4 2
- Gegenverwarnung F.3 23; F.4 4
- gerichtliche Klärung F.4 4
- Geschäftsgebühr F.3 19
- Kombination mit Berechtigungsanfrage F.1 11
- Kosten/Gebühren F.3 22, 17, 18, 19, 20
- Kostenerstattung F.3 10, 17
- Kostentragung bei unberechtigter F.4 4, 6
- Reaktion, fristwahrende F.4 1
- Reaktionsmöglichkeiten des Verwarnten F.4 2
- Rechnungslegung F.3 6
- Risikoabwägung F.3 1
- Schadensersatz F.3 6
- Schadensersatzrisiko C.2 1
- Schubladenverfügung C.2 34
- Streitwert F.3 18; F.6 22; F.9 22
- Umsatzsteuer Anwaltsgebühren F.3 20
- Umwandlung gesetzliche in vertragliche Unterlassungspflicht F.3 9, 16
- unberechtigte designrechtliche F.3 1
- ungerechtfertigte/unbegründete C.2 1; C.4 15
- Unterlassungserklärung F.3 9, 12
- Unterlassungsvertrag F.3 9
- Vertretung/Bevollmächtigung F.3 3
- Zugang/-snachweis F.3 2

Verwarnung, designrechtliche
- Fristsetzung F.3 5
- Verhältnis zu Berechtigungsanfrage F.1 1, 9

Verwarnung, patentrechtliche C.1 1
- Abgrenzung zu Berechtigungsanfrage/Hinweisschreiben C.1 1
- Androhung gerichtlicher Maßnahmen C.2 17
- Antwortschreiben des Verwarnten C.4 1 f.
- aus europäischem Patent C.2 1
- Auskunftsanspruch C.2 23, 24, 25
- Belegvorlageanspruch C.2 29
- Drittauskunft C.2 23, 26
- Entbehrlichkeit C.2 3
- Entschädigungsanspruch C.2 32

- Erklärungs-/Überprüfungsfrist für Verwarnten C.2 37; C.3 18
- Europäisches Patent C.2 6
- Feststellungsklage, negative C.19 1 f.
- Fortsetzungszusammenhang C.2 20
- Gemeinschaftspatent C.2 6
- Hinzuziehung Patentanwalt C.2 4
- Kostenerstattung C.2 34
- Kostenerstattungspflicht C.2 34; C.3 17
- Mehrfachverstöße C.2 20
- Patent C.2 6
- Patentanwaltsgebühren C.2 40
- Prüfung der Rechtslage C.1 9; C.2 8, 9
- Prüfung des Inanspruchgenommenen C.2 38
- Reaktionsmöglichkeiten C.2 38; C.4 2
- Rechnungslegungsanspruch C.2 23, 24, 25, 26, 32
- Rechtsanwaltsgebühren C.2 39; C.3 20, 21, 22
- Rechtsverfolgungskosten C.2 34; C.3 17
- Rückrufanspruch C.2 31
- Schadensersatzanspruch C.2 23, 33
- Schadensersatzrisiko C.1 1; C.2 1
- Torpedo-Problematik C.2 1
- Überprüfung Rechtslage C.2 6
- ungerechtfertigte/unbegründete C.2 1; C.4 15
- unter Übersendung Klageentwurf C.3 2 f.
- Unterlassungsverpflichtungserklärung C.2 21
- Vernichtungsanspruch C.2 30
- Vertragsstrafeversprechen C.2 20
- Vollmacht C.2 3
- wegen Patentverletzung C.2 1 f.
- Wirtschaftsprüfervorbehalt C.2 25
- Zugang C.2 3
- Zweck C.2 8

Verwechslung
- bloße Warenverwechslung A.12 22

Verwechslungsgefahr
- abstrakte B.13 22
- Ähnlichkeit der Dienstleistung/Ware B.13 25
- Darlegung markenrechtlicher A.13 16, 23
- Grad der Zeichenähnlichkeit B.13 24
- Identität der Dienstleistung/Ware B.13 25
- im weiteren Sinn B.13 23
- im weiteren Sinne A.13 23
- Kennzeichnungskraft prioritätsälter Marke B.13 23
- Klageerwiderung B.14 5
- Markenverletzung B.13 21, 22, 23, 24, 25
- mittelbare A.13 23
- Schutz gegen A.12 13
- Übertragung von Assoziationen A.13 23
- Verbraucherschutz A.12 25
- Verkehrsbefragung A.31 1
- Vorliegen tatsächlicher Verwechslungen A.12 19

Verweisung
- an Kammer für Handelssachen F.9 2
- Kennzeichenstreitsache B.13 1

Sachverzeichnis

Verwertung
- Betriebs-/Geschäftsgeheimnis A.18 4
- Einwilligung Miturheber G.16 1
- Klage auf Einwilligung in die G.16 1 f.
- Klageantrag G.16 5
- Klagezuständigkeit G.16 2
- Missverhältnis bezahlte Vergütung/tatsächlicher Erfolg G.19 9
- Nachhonorierung G.19 1
- Streitwert G.16 4
- Werk, gemeinsames G.16 1, 8
- Werk, verbundenes g.16 1, 8

Verwertung, unerlaubte
- urheberrechtlich geschütztes Werk G.23 1

Verwertungsgesellschaft
- Abschluss Gesamtvertrag G.25 1 f.
- Aufsicht G.24 2
- Tarifüberprüfung auf Angemessenheit G.24 1 f.

Verwertungshandlung
- Rechnungslegung über E.14 6

Verwertungsrecht
- Übertragbarkeit G.3 2, 5
- Vergütung bei Verzicht G.3 6
- Verzicht G.3 3
- Verzichtsvereinbarung G.3 1 f., 3

Verwertungsrecht, urheberrechtliches
- Miturheberschaft G.3 2

Verwertungsverbot
- Herstellung A.19 4

Verwertungsvertrag
- Einwilligung G.16 1
- Einwilligung Miturheber G.16 1

Verwirkung
- Aufhebungsverfahren § 927 ZPO G.9 10
- Einrede D.7 4
- Einwand bei Patentverletzung C.2 38; C.4 2i
- Gebrauchsmuster D.3 3
- Gemeinschaftsgeschmacksmusterverletzung F.9 25
- Patent C.2 38; C.4 2i; C.10 21
- Unterlassungsanspruch, markenrechtlicher B.14 9
- Vergütung Arbeitnehmererfindung E.10 6
- Vertragsstrafe A.1 20; A.2 8

Verzeichnis der Kommission der EG (Art. 4 Abs. 3 RL 2009/22/EG)
- Abmahn-/Klagebefugnis A.1 4d

Verzicht
- Abmahnung, wettbewerbsrechtliche A.1 1
- Persönlichkeitsrecht G.3 5
- Schutzrechtsposition E.7 12
- Urheberrecht G.3 2
- Verwertungsrecht G.3 3

Verzicht, vertraglicher
- Abschlusserklärung G.13 1

Verzichtsaufforderung
- in Abmahnungserwiderung D.3 9

Verzichtserklärung
- unterbliebene des Abmahnenden D.3 8

Verzichtsgedanke
- Patentverletzung, äquivalente C.1 8; C.2 9; C.5 50

Verzichtsvereinbarung
- Gegenstandswert G.3 7
- Kosten/Gebühren G.3 7
- Rechtsanwaltsgebühren G.3 7
- Verwertung, urheberrechtliche G.3 1 f., 3

Verzinsung
- Schadensersatzhöheklage C.24 4

Verzinsungsregelung
- Stufenklage Erfindervergütung E.14 11

Vokalfolge
- klangliche Ähnlichkeit B.13 24

Vollmacht
- Abmahnung G.1 4
- Abmahnung, gebrauchsmusterrechtliche D.2 3; D.3 2
- Abmahnung, wettbewerbsrechtliche A.1 5
- bei Verwarnung durch Vertreter/Bevollmächtigten F.3 3
- Hinweisschreiben, patentrechtliches C.1 3
- Nichtigkeitsklage C.14 11
- patentrechtliche Abmahnung/Verwarnung C.2 3
- Schutzschrift G.4 8
- Unterlassungserklärung F.3 9
- Verfügung, einstweilige A.4 7
- Vertretung Markenanmeldung B.1 8
- Vorlage Originalvollmachtsurkunde F.3 3

Vollmachtsnachweis
- Abmahnung, wettbewerbsrechtliche A.1 5

Vollstreckbarkeit, vorläufige
- Gebrauchsmusterstreitsache D.10 1
- Gemeinschaftsgeschmacksmusterverletzungsklage F.9 17
- Sicherheitsleistung F.9 18
- Verfahrenskosten Löschungsklage B.9 9

Vollstreckung
- Abwendung durch Geldentschädigung G.15 16
- Abwendung durch Sicherheitsleistung G.15 24
- aus Urteil wegen Gebrauchsmusterverletzung D.10 1 f.
- Auskunftsanspruch D.10 4
- Bildnisstreitigkeit G.22 16
- gegen Sicherheitsleistung G.14 20
- Gegendarstellungstitel H.4 16
- Rechnungslegungsanspruch D.10 4
- Rechnungslegungsurteil E.14 12
- Schadensersatzrisiko D.10 1, 4
- Unterlassungstitel A.24 2
- Unterlassungsverfügung A.6 1
- Verfügung, einstweilige A.4 11

Vollstreckung Gebrauchsmusterstreitsache D.10 1 f.
- Kosten/Gebühren D.10 6

Sachverzeichnis

- Streitwert D.10 6
Vollstreckungsantrag
- Patentstreitsache C.5 36, 37; C.6 32
Vollstreckungsschutz
- Klageerwiderung C.9 7
Vollstreckungsschutzantrag A.22 5
- Glaubhaftmachung A.22 11
- Klageerwiderung G.15 8
- unterlassener A.22 5
Vollstreckungsverfahren
- Kerntheorie A.4 10
Vollwiderspruch A.8 4
Vollziehung
- erweiterte einstweilige Verfügung A.6 1
- Gegendarstellungstitel H.4 16
- Sequestration G.11 11
- Verfügung, einstweilige A.6 1; D.12 12; F.6 2; F.8 5
Vollziehungsfrist
- Nichteinhaltung A.27 2
- Verfügung, einstweilige A.6 1; F.6 2; F.8 5; H.10 1
- Versäumung G.9 10; A.6.1
Vollziehungsschaden
- Schadensersatz A.28 8
Vollziehungszustellung
- an Schutzschriftanwalt F.5 7
Vorabentscheidung
- Aussetzung des Prozesses bei Ersuchen auf A.32 6
- durch EuGH gem. Art. 267 AEUV A.32 1 f.
- Entscheidungserheblichkeit der Vorlagefrage A.32 9
- Fristen A.32 13
- Kosten/Gebühren A.32 12
- Rechtsmittel A.32 13
- Vorlagefrage A.32 5, 7
- Vorlagepflicht A.32 1, 3, 10
- Vorlagesanspruch A.32 5
- Vorlageverfahren A.32 2
- Wenn-Dann-Raster A.32 5
Vorabübermittlung
- Gegendarstellung H.2 3
Vorausvergütung
- Arbeitnehmererfindung E.4 12
Vorbekanntheit
- wettbewerbliche Eigenart A.23 2
Vorbenutzung
- Eidesstattliche Versicherung C.10 4
- Gebrauchsmuster D.3 4
- Glaubhaftmachung D.3 5
Vorbenutzungsrecht
- Gebrauchsmuster D.1 1; D.3 3
- patentrechtliches C.10 20
- rechtmäßige Patentbenutzung C.2 38; C.4 2
Vorfrage, europarechtliche
- Vorabentscheidung A.32 1

Vorgesellschaft
- Markenrechtsfähigkeit B.1 7
Vorkaufsrecht
- Diensterfindung E.13 1a, 3
Vorlage, unterlassene
- Verfassungsbeschwerde A.32 11
Vorlageanspruch
- Verfügung, einstweilige C.22 14
Vorlagenfreibeuterei
- Abgrenzung zu Nachahmung/Behinderung A.19 20
- Anvertrautsein A.19 5, 14, 18
- Auskunftsanspruch A.19 6
- Drittauskunft A.19 8
- Erkennbarkeit der Vorlage A.19 11, 13
- Klage wegen A.19 1
- Makel der verboten Frucht A.19 8
- Offenlegung eigener Gestehungskosten A.19 7
- Rechnungslegung A.19 6
- Schadensberechnung A.19 6
- Straftatbestand A.19 1, 15
- Unterlassungsanspruch A.19 2
- versuchte A.19 15
- Vorlage A.19 13
Vorlagepflicht
- unerlassene Vorlage A.32 11
- zur Vorabentscheidung gem. Art 267 AEUV A.32 1, 3, 10
Vorlageverfahren A.32 2
- Anregung auf Vorabentscheidung durch EuGH A.32 1 f., 3
- Auslegung nationaler Rechtsvorschriften A.32 4
- Aussetzung Rechtsstreit wegen Vorabentscheidung A.32 1, 6
- Entscheidungserheblichkeit der Vorlagefrage A.32 9
- Fristen A.32 13
- Gegenstand der Prüfung A.32 4
- Gemeinschaftsrecht, primäres A.32 4
- Gemeinschaftsrecht, sekundäres A.32 4
- Kosten/Gebühren A.32 12
- Prüfungsumfang A.32 4
- Rechtsakte, atypische A.32 4
- Rechtsmittel A.32 13
- unterlassene Vorlage A.32 11
- Verträge, völkerrechtliche A.32 4
- Vorlageberechtigung A.32 2
- Vorlagepflicht A.32 1, 3, 10
Vorlegenfreibeuterei
- Verwertungs-/Herstellungsverbot A.19 4
Vorratspatent E.8 9d
Vorratsverfügung
- bei wettbewerbsrechtlicher Abmahnung A.1 1
- Kostenerstattung bei C.2 34
Vorrechtsvereinbarung B.4 1 sa Abgrenzungsvereinbarung

1336

Sachverzeichnis

Vorrichtung, zusammengesetzte
- Lizenz-Berechnungsmethode C.24 13

Vorsatz
- Kennzeichenverletzung B.21 5

Vorschuss
- auf Erfindungsvergütung E.4 12

Vorstand
- Erfindung E.1 3

Vorsteuerabzugsberechtigung
- Kostenerstattung Umsatzsteuer F.3 20

Vorverbreitung
- Formenschatz, vorbekannter F.2 2

Vorverfahren, schriftliches
- Gemeinschaftsgeschmacksmusterverletzungsklage F.9 23
- Klageerwiderung G.15 3
- Patentstreitsache C.5 8, 9; C.7 8
- Unterlassungsklage G.14 21

Vorveröffentlichung
- Gebrauchsmuster D.3 4

Vorwarneffekt
- bei Sequestration G.11 16

Wahrheitspflicht, prozessuale A.22 8
Wahrnehmbare Formgestaltung
- Begriff G.5 21

Waren
- Decodierung B.15 21
- Markenschutz B.1 16

Waren, nachgeahmte
- Grenzbeschlagnahme B.22 1; C.26 1, 4

Waren, patentverletzende
- Unterlassungsanspruch C.21 1

Waren, unerlaubt hergestellte
- Grenzbeschlagnahme C.26 1, 4

Warenähnlichkeit
- Verwechslungsgefahr B.13 25

Warentest
- Arznei-/Heilmittelwerbung A.20 4
- mit hedonisch-sensorischem Konsumentenurteil A.22 9

Warenverzeichnis
- Einschränkung B.4 4
- Markenanmeldung B.1 16

Wartefrist
- Abschlussschreiben, urheberrechtliches G.12 3

Website
- Zuständigkeit B.12 2

Website, ausländische
- Zuständigkeit, internationale B.12 2

Wegfall
- Wiederholungsgefahr G.9 10

Weglassungen
- bei Gegendarstellung H.2 6; H.3 1

Wegnahme
- Beauftragung Gerichtsvollzieher G.11 11

Weiß-auf-Weiß-Schrift B.12 18

Weiterbenutzungsrecht
- Gebrauchsmuster D.3 3
- patentrechtliches C.10 20

Weiterübertragung
- Urheberschaft G.14 31

Weitervertrieb
- Verhinderung des A.24 12

Werbeaufwand
- Erzielung Verkehrsdurchsetzung B.2 5, 7

Werbematerial
- Einziehung A.20 2

Werberestriktionen
- Arznei-/Heilmittelwerbung A.20 4

Werbesendung
- Gegendarstellung H.1 11

Werbeslogan
- Markenschutz A.13 27
- Nachahmung A.13 1, 1, 27

Werbespruch
- Nachahmung A.13 1, 27

Werbung
- Auskunftsanspruch A.13 7
- berechtigtes Interesse des Abgebildeten H.6 7.2.3(9)
- herabsetzende vergleichende A.17 13
- mit hedonisch-sensorischem Konsumentenurteil A.22 9
- Nachahmung A.13 1, 27
- Packungsbeilage A.20 9
- Personenabbildung zu Werbezwecken G.22 13
- Wirksamkeitsaussagen A.20 4

Werbung, belästigende A.1 4d
Werbung, irreführende
- Arznei-/Heilmittel A.20 2, 4
- Gebrauchsmuster D.14 1 f., 4

Werbung, unzulässige
- Einstweilige Verfügung D.14 1 f.
- Streitwert D.14 2

Werbung, vergleichende A.1 4a
- Blindtest A.22 9

Werbung, wettbewerbswidrige
- nach AMG/HWG A.20 2

Werbungsnachahmung
- Klage wegen A.13 1

Werk der bildenden Kunst
- Zugangsrecht G.17 1

Werk, gemeinschaftliches
- Verwertung G.16 1, 8

Werk, urheberrechtlich geschütztes
- Strafantrag wegen unerlaubter Verwertung G.23 1 f.

Werk, urheberrechtliches
- Auskunftsanspruch zum wirtschaftlichen Erfolg G.19 5

Werk, verbundenes
- Verwertung G.16 1, 8

Werkänderung
- Einwilligung Miturheber G.16 1

1337

Sachverzeichnis

Werkbegriff
– Urheberrechtsschutz G.5 21
Werkstoffänderung
– Nachweis der Rechtsverletzung G.14 32
Werksverzeichnis
– Zugangsrecht für Anfertigung G.17 9
Werktitel B.1 1
– Begriff B.17 2
– Unterscheidungskraft B.18 13
– Widerspruchsverfahren Markeneintragung B.3 7d
Wertschätzung
– Ausnutzung B.13 26
– Ausnutzung/Beeinträchtigung A.13 25
Werturteil
– Unterlassungsklage A.11 6
Wesensgleichheit mit früherem Patent/Gebrauchsmuster
– Löschungsgrund D.15 8
Wettbewerb, unlauterer
– Verfügung, einstweilige A.4 1
Wettbewerbliche Eigenart s Eigenart, wettbewerbliche
Wettbewerbsbschränkung
– Verbandsklagebefugnis A.1 4c
Wettbewerbshandlung
– Arznei-/Heilmittelwerbung A.20 9
– beanstandete A.1 6, 7
– Begriff A.1 19
– Geschäftsführerhaftung A.1 3
– Unterlassungsanspruch A.11 8
– Zurechnung/Einstandspflicht A.1 3
Wettbewerbsprozess
– Mitwirkung Patentanwalt A.12 3
– Streitwert A.4 6
– vorhergehende Abmahnung A.14 7
– Zuständigkeit A.14 1
– Zuständigkeit, örtliche A.4 2, 20; A.14 1b
– Zuständigkeit, sachliche A.4 2; A.14 1a
Wettbewerbsrecht
– Abgrenzungsvereinbarung bei Marken B.4 1
– Abmahnung A.1 1
– Abmahnung, entbehrliche A.10 7
– Abmahnung, unzumutbare A.10 8
– Abschlussschreiben A.7 1
– Aktivlegitimation A.1 4
– Anregung auf Vorabentscheidung durch EuGH A.32 1 f., 3
– Anschwärzung A.17 1 f.
– Antrag auf Erhebung Hauptsacheklage A.26 1 f., 3
– Antrag auf Ordnungsmittelfestsetzung A.24 1 f.
– Antrag nach § 890 ZPO A.24 1 f.
– Aufhebung einstweiliger Verfügung A.27 1 f.
– Berliner Vergleich F.3 6
– Bestechlichkeit A.16 1 f.
– Bestechung im geschäftlichen Verkehr A.16 1 f.
– Boykottaufruf A.14 1 f.

– Einigungsstellenverfahren (§ 15 UWG) A.30 1 f.
– Formulierung Unterlassungsantrag A.11 7, 8
– Fragebogen Verkehrsbefragung A.31 1 f.
– Geheimnisverrat A.18 1
– Geschäftsschädigung A.17 1 f.
– Klage aufgrund Arzneimittelgesetz A.20 2
– Klage aufgrund Heilmittelwerbegesetz A.20 1 f.
– Klage im Hauptsacheverfahren A.11 1
– Klagebefugnis A.1 4
– Klageerwiderung A.22 1 f.
– Klageerwiderung in Nachahmungsklage A.23 1
– Kostenwiderspruch A.10 1, 4
– Passivlegitimation A.1 3
– Preisabgabenverordnung A.21 2
– Preisunterbietung A.15 1 f.
– Produktnachahmung A.12 1
– Schadensersatzklage A.28 1 f., 3
– Schutzschrift A.3 1
– Unterlassungserklärung, strafbewehrte A.2 1
– Verbandsklagebefugnis A.1 4c
– Verfügung, einstweilige A.4 1
– Verjährung A.7 1, 4
– Verkehrsbefragung, demoskopische A.22 10
– Verpackungsnachahmung A.13 1
– Vertragsstrafeklage A.29 1 f., 2
– Vorlagenfreibeuterei A.19 1
– Werbungsnachahmung A.13 1
– Widerspruch gegen einstweilige Verfügung A.8 1; A.9 1
– Zwangsmittelfestsetzung A.25 1 f.
Wettbewerbsverbot
– bei Übernahme Schutzrechtsposition E.7 13
– bei Verwertung der freigewordenen Erfindung E.6 5
Wettbewerbsverbot, nachvertragliches
– bei Verwertung der freigewordenen Erfindung E.6 5
Wettbewerbsverein
– Abmahn-/Klagebefugnis A.1 4c
Wettbewerbsverhältnis
– abstraktes A.1 4b
– konkretes A.1 4a
– Nachteil, erheblicher C.21 31
– Patentberühmung C.25 5
Wettbewerbsverletzung
– Haftung Geschäftsführer B.10 19
Wettbewerbsverstoß
– Ausnutzung A.1 3
– Gewinnabschöpfungsanspruch A.11 11
– Schadensersatz A.12 11
– Spürbarkeitserfordernis A.1 9
– Unterlassungserklärung mehrerer Verletzer A.1 12
– Vermutung der Wiederholungsgefahr A.1 11
Wettbewerbsverstoß, grenzüberschreitender
– Abmahn-/Klagebefugnis A.1 4d
whois-Abfrage B.12 16, 17

Sachverzeichnis

Widerklage
- Design, eingetragenes F.11 2
- Gebrauchsmusterstreitsache D.8 10
- Gerichtsstand C.17 3
- Nichtigkeitswiderklage F.11 1 f.

Widerrechtliche Entnahme
- Patent C.10 21

Widerrechtlichkeit
- fehlende G.15 12

Widerruf
- Äußerungsrecht H.13 1, 2
- Patent C.10 21
- Rücknahme durch Abgrenzungsvereinbarung B.4 8
- Tatsachenbehauptung, unwahre H.13 2
- unvertretbare Handlung A.25 4

Widerruf, eingeschränkter
- Äußerungsrecht H.14 1

Widerruf, vorläufiger
- Äußerungsrecht H.18 1

Widerrufsanspruch
- bei Anschwärzung A.17 7
- geschäftsehrverletzende Äußerung A.11 6
- Verband A.1 4c

Widerrufsgründe
- patentrechtliche C.10 16

Widerrufsverfahren Markeneintragung
- Rücknahme Widerruf in Abgrenzungsvereinbarung B.4 8

Widerspruch
- Antrag auf einstweilige Einstellung Zwangsvollstreckung H.5 2
- Anwaltszwang A.8 3
- Aufbrauchfrist G.6 6
- Begründung A.8 5; A.9 7; G.6 7
- Berechtigter G.6 3
- Beschränkung G.6 6
- Beseitigungsfrist G.6 6
- Bezeichnung als G.6 5
- Form G.6 4
- Fristen A.8 7; G.6 10
- gegen Beschlussverfügung G.6 1
- gegen einstweilige urheberrechtliche Verfügung G.6 1 f.
- gegen einstweilige Verfügung A.8 1; A.9 1
- gegen Eintragung einer Marke B.3 1 f.
- gegen Löschungsantrag Gebrauchsmuster D.16 1 f.
- gegen Veröffentlichung Gegendarstellung H.5 2
- Kosten des Verfahrens A.9 5
- Kosten/Gebühren A.8 8; G.6 9
- Kostenwiderspruch A.8 4; A.10 1, 4; G.6 5, 6, 7
- Löschungsantrag B.8 17
- mit Anträgen/Begründung A.9 1
- Miterfinder gegen Vergütungsfestsetzung E.10 3
- Nichtigkeitsklage, patentrechtliche C.15 1 f.
- Rechtsanwaltsgebühren G.6 9
- Rechtsmittel G.6 10
- Rechtsmittel gegen Entscheidung über A.8 7
- teilweiser G.6 6
- Terminanberaumung zur mündlichen Verhandlung A.8 6
- Umstellungsfrist G.6 6
- Vergütungsfestsetzung Arbeitnehmererfindung E.9 10; E.10 1
- Vollwiderspruch A.8 4
- Wechsel Gebrauchsmusterinhaber D.16 1
- Zuständigkeit A.8 2; G.6 2

Widerspruchsbegründung
- Nichtigkeitsklage, patentrechtliche C.15 4

Widerspruchsfrist
- Markeneintragung B.3 3
- Wiedereinsetzung in den vorherigen Stand B.3 3

Widerspruchsgebühr
- DPMA-Verfahren B.3 18
- EUIPO-Verfahren B.3 18

Widerspruchskennzeichen sa *Widerspruchsmarke*
- Ähnlichkeitsprüfung B.3 8
- Inhaber B.3 12
- IR-Marke B.3 11
- notorisch bekannte Marke B.3 7b
- Prüfungsumfang B.3 10
- Registermarke B.3 7a
- Widerspruchsverfahren Markeneintragung B.3 7

Widerspruchsmarke B.3 1, 6, 7, 9
- Einrede der Nichtbenutzung B.6 15
- Zeitrang B.3 7a, d

Widerspruchsverfahren
- Geltendmachung veränderter Umstände A.27 2

Widerspruchsverfahren EUIPO
- cooling-off-Frist B.3 4
- Form B.3 4, 5
- Fristverlängerung B.3 4
- Unionsmarke/IR-Marke B.3 2, 6
- Widerspruchsgebühr B.3 18

Widerspruchsverfahren Markeneintragung B.3 1 f.
- Ähnlichkeitsprüfung Widerspruchskennzeichen B.3 8
- Amtsermittlungsgrundsatz B.3 1
- Begründung Widerspruch B.3 4
- Benutzungsmarke B.3 7d
- Bezeichnung, geschäftliche B.3 7d
- Bindungswirkung B.7 4
- Eintragungsbewilligungsklage B.7 12, 13
- erweiterter Schutz nach § 9 Abs. 1 Nr. 3 MarkenG B.3 7a
- Form B.3 4, 5
- Formblatt B.3 4
- Fristverlängerung B.3 4
- Fristversäumnis B.3 3

1339

Sachverzeichnis

- Kosten Widerspruchsrücknahme B.4 12
- Kosten/Gebühren B.3 18
- Kostentragung B.3 18
- Markenrecht, in-/ausländisches § 11 MarkenG B.3 7c
- Mindestangaben B.3 4
- Prüfungsumfang B.3 10
- Rechtsmittel B.3 19
- Statthaftigkeit B.3 6
- Unterzeichnung B.3 17
- Verhältnis zu Löschungsklage .3 1
- Verhältnis zu Löschungsverfahren B.3 1
- Vertretung im B.3 14
- Werktitel B.3 7d
- Widerspruchsberechtigung B.3 13
- Widerspruchsbeschränkung B.3 15
- Widerspruchsfrist B.3 3
- Widerspruchsgebühr B.3 18
- Widerspruchsgründe B.3 1
- Widerspruchskennzeichen B.3 7
- Zuständigkeit B.3 2, 6

Wiedereinsetzung
- Beschwerde Markenrecht B.5 4
- Nichtigkeitsklage, patentrechtliche C.15 1
- Rechtsbeschwerde B.6 8
- Widerspruchsverfahren Markeneintragung B.3 3

Wiedererkennungseffekt A.12 18; A.13 20

Wiederholungsgefahr
- bei erneutem Wettbewerbsverstoß trotz Unterlassungserklärung A.29 2
- bei Patentverletzung C.2 35
- Beseitigung F.2 4
- Beseitigung durch Unterlassungserklärung F.3 13; F.4 2
- designrechtliche F.2 3
- Patentverletzung C.5 55; C.8 38
- presserechtlicher Unterlassungsanspruch H.6 1.2, 2
- Unterlassungsanspruch A.11 7b
- Unterlassungserklärung F.4 2
- Urheberrechtsstreit G.5 27
- Verletzungshandlung A.4 10
- Vermutung A.1 11
- Wegfall C.2 35
- Wegfall bei Abgabe einer strafbewerten Unterlassungserklärung A.7 14c
- Wegfall der A.1 21; G.9 10
- Wegfall durch Unterlassungserklärung A.2 2

Willensbeugung
- Zwangsmittel A.25 2

WIPO
- IR-Marke B.1 3, 9

Wirksamkeit, therapeutische
- Werbeaussage A.20 4

Wirkungslosigkeit
- Gebrauchsmuster D.3 3

Wirtschaftsauskunft
- Kostenerstattung D.2 25

Wirtschaftsprüfervorbehalt
- Abnehmer, gewerbliche D.8 9
- Auskunfts-/Rechnungslegungsanspruch C.2 25
- Auskunftsanspruch A.11 9; A.12 7; E.14 8; E.15 2; E.16 1, 5
- bei urheberrechtlichem Auskunftsanspruch G.14 38
- Gebrauchsmustersache D.2 7, 19; D.5 13; D.6 12; D.7 3
- Gebrauchsmusterstreitsache D.8 9; D.9 9
- Gemeinschaftsgeschmacksmusterverletzungsklage F.9 15; F.10 7
- Klageerwiderung C.9 5; D.7 3; G.15 7
- Patentstreitsache C.5 19, 20, 24, 28; C.6 25
- Patentverletzung, mittelbare C.6 24, 25
- Rechnungslegungsantrag E.14 8; E.15 2; E.16 1, 5

Wirtschaftsverband
- Abmahn-/Klagebefugnis A.1 4c

Wissenschaftliches Werk
- Beschreibung G.5 11
- Urheberrechtsschutz G.5 21

Wort-/Bildmarke
- Ähnlichkeit B.13 24
- Markenanmeldung B.1 11

Wort-/Bildzeichen
- graphische Ähnlichkeit B.13 24

Wortlänge
- klangliche Ähnlichkeit B.13 24

Wortmarke
- klangliche Ähnlichkeit B.13 24
- Markenanmeldung B.1 11

Zahlung
- Gerichtsgebühren Patentstreitsache C.14 10

Zahlungsanspruch
- Gebühren Patentstreitsache C.5 32, 64

Zahlungsklage
- Streitwert G.21 4
- unbezifferte urheberrechtliche G.19 7
- verlags-/urheberrechtliche G.21 1 f.

ZDF
- Gegendarstellung H.1 11

Zeichen
- fehlende jegliche Unterscheidungskraft B.1 12; B.2 3
- Markenfähigkeit B.1 12
- täuschende B.1 12

Zeichen, schutzfähiges
- Markenschutz B.1 1

Zeichenähnlichkeit
- Ausschluss der B.14 6
- begriffliche B.13 24
- Verwechslungsgefahr B.13 24

Zeitablauf
- Erlöschen Gebrauchsmuster D.3 3

Sachverzeichnis

Zeitgeschehen
- Begriff H.6 7.2.3(5)

Zeitgeschichte
- Bildnisse der H.6 7.2.3(5)
- Person der G.22 13

Zeitschrift
- Gegendarstellungspflicht H.1 1d
- Personenabbildung G.22 1

Zeitung
- Gegendarstellungspflicht H.1 1d
- Personenabbildung G.22 1

Zentrale zur Bekämpfung unlauteren Wettbewerbs e.v.
- Abmahn-/Klagebefugnis A.1 4c

Zentrales Schutzschriftenregister s *Schutzschriftenregister, zentrales*

Zentralstelle Gewerblicher Rechtsschutz B.22 2

Zeuge
- Glaubhaftmachung A.4 14

Zeugenäußerung
- vorprozessuale Korrespondenz D.3 5

Zeugenbeweis
- Glaubhaftmachung Beweismittel G.5 15

Zinsen
- Lizenzanalogie C.24 4
- Schadensersatzhöheklage C.24 4

Zitat
- Schutz vor Unwahrheit H.6 7.1.3

Zollbehörde
- Grenzbeschlagnahme B.22 1; C.26 1, 4; F.14 1

Zugang
- Beweislast F.3 2
- patentrechtliche Abmahnung/Verwarnung C.2 3
- Verwarnung, designrechtliche F.3 2

Zugänglichmachung, öffentliche
- Gemeinschaftsgeschmacksmuster, nicht eingetragenes F.6 11

Zugangsklage
- Antragsformulierung G.17 5
- Nachweis Urheberschaft G.17 6
- Streitwert G.17 4
- urheberrechtliche G.17 1 f.
- Zuständigkeit G.17 2

Zugangsnachweis
- Abmahnung G.5 26
- Verwarnung/Abmahnung F.3 2

Zugangsprovider
- Gegendarstellungsanspruch H.1 12

Zugangsrecht
- Beauftragung Dritter zur Ausübung G.17 7
- Begriff G.17 1
- Übertragbarkeit G.17 7
- Verweigerung G.17 9
- Zwangsvollstreckung G.17 5

Zugangsverweigerung G.17 9

Zugestehen
- Tatsachen A.22 8

Zukünftiges Ereignis
- Gegendarstellung H.1 4b

Zuleitung
- Gegendarstellung H.2 3

Zuleitungsfrist
- Gegendarstellung H.2 3

Zuordnungsgrad
- Verkehrsdurchsetzung B.2 10

Zurechnung
- wettbewerbswidriges Verhalten A.1 3

Zurschaustellung
- Personen als Beiwerk H.6 7.2.3(6)
- Personenbildnis H.6 7.2.3(3)
- zur Prioritätsbegründung B.1 19

Zurückweisung
- Abmahnung, äußerungsrechtliche H.8 1

Zusätze
- Gegendarstellung H.2 6; H.3 1

Zusätze, entlokalisierende
- Herkunftsangabe, geographische B.20 17

Zuständigkeit
- Anordnungsverfahren G.7 2
- Aufhebungsverfahren G.8 2
- Aufhebungsverfahren, selbständiges G.9 2
- Brüssel-Ia-VO B.13 1
- Bundespatentgericht C.14 1; C.18 1
- Designstreitsache F.5 1
- EuGGVO B.13 1
- Gebrauchsmusterstreitsache D.4 12
- Gebrauchsmusterverletzungsklage D.5 1, 35; D.6 36
- Gemeinschaftsgeschmacksmusterstreitsache F.6 1; F.8 1; F.9 2, 3
- Grenzbeschlagnahme C.26 2
- Kennzeichenstreitsache B.13 1
- Klage auf Schutzrechtsübertragung E.18 1, 20
- Klage wegen Verletzung eines europäischen Patents C.17 2, 3
- Lizenzstreitigkeit B.16 1
- Löschungsklage B.9 2
- Markenrecht B.12 2
- Nachahmungsklage A.12 2
- Patentberühmungsklage C.25 1
- Schutzschrift C.23 1; F.5 4, 19; G.4 2, 3
- Strafantrag G.23 2
- Titelrecht B.18 12
- Unionsmarkenstreitsache B.13 1
- Urheberrechtsstreit G.5 2, 3
- Urheberrechtsstreitsache G.4 2, 3
- Wettbewerbsprozess A.14 1
- Widerspruch gegen Beschlussverfügung G.6 2
- Zwangslizenzklage C.18 1

Zuständigkeit, funktionale
- Arbeitnehmererfindung E.14 1
- Patentstreitsache C.5 1; C.17 2
- Urheberrechtsstreitsache G.4 3

1341

Sachverzeichnis

Zuständigkeit, internationale
- Kennzeichenstreitsache B.13 1
- Markenverletzungsklage B.13 1
- Patentstreitsache C.5 2; C.17 3
- Urheberrechtsstreitsache G.4 3
- website, ausländische B.12 2

Zuständigkeit, örtliche
- bei Unlauterem Wettbewerb A.4 2, 20
- Beweisverfahren, selbständiges C.22 2
- Einrede fehlender C.9 4
- Feststellungsklage, negative C.19 3
- Gebrauchsmusterverletzungsklage D.5 1, 35
- Gegendarstellungsverfahren H.4 2
- Gemeinschaftsgeschmacksmusterverletzungsklage F.9 21
- Kennzeichenstreitsache B.13 2
- Kennzeichenverletzung im Internet B.12 2
- Nachahmungsklage A.12 37
- Patentstreitsache C.5 2; C.6 2; C.17 3; C.21 3
- Sequestration G.11 3
- Stufenklage Erfindervergütung E.14 1
- Unionsmarkenstreitsache B.13 1
- Urheberrechtsstreit G.5 3
- Verfügung, einstweilige A.4 2, 20
- Verlagsvertrag G.20 2
- Widerspruch gegen einstweilige Verfügung A.8 2

Zuständigkeit, sachliche
- Beweisverfahren, selbständiges C.22 2
- Einrede fehlender C.9 4
- Gegendarstellungsverfahren H.4 2
- Klage wegen Unlauterem Wettbewerb A.4 2
- Landgericht für Patentstreitsachen C.21 2
- Patentstreitsache C.5 1; C.6 1; C.17 2
- Schiedsstelle DPMA E.17 4
- Sequestration G.11 2
- Stufenklage Erfindervergütung E.14 1
- Unterlassungsklage, urheberrechtliche G.14 5
- Urheberrechtsstreit G.5 2
- Verfügung, einstweilige A.4 2
- Verlagsvertrag G.20 2
- Widerspruch gegen einstweilige Verfügung A.8 2

Zuständigkeitsrüge A.22 7; D.7 4

Zuständigkeitsvereinbarung
- Klage wegen Erfindervergütung E.14 1

Zustellung
- abgekürzte Ausfertigung A.6 1
- Abschrift, beglaubigte A.6 4
- Adresse A.6 7
- an Geschäftsführer D.12 3
- an Partei im Ausland A.6 8
- an Partei im Inland A.6 7
- an Prozessbevollmächtigten A.6 7; F.5 7
- Antragsschrift A.6 5
- Ausfertigung A.6 4
- bei Auskunftsverfügung F.5 7
- bei Schutzschrift F.5 7

- einstweilige Verfügung im Parteibetrieb C.21 35
- Empfangsbekenntnis A.6 7
- EuZustVO A.6 8b
- Haager Übereinkommen (HZÜ) A.6 8c
- im Ausland A.6 8
- innerhalb EU (VO(EG) 1393/2007) A.6 8b
- Mitwirkungspflicht Rechtsanwalt A.6 7
- Ordnungsmittelandrohung im Ausland F.9 11
- Parteizustellung F.6 3
- Prozessbevollmächtigter G.14 7
- unwirksame A.6 4
- Verfügung, einstweilige A.6 1; F.6 2; G.5 7
- von Anwalt zu Anwalt A.6 7
- Zuständigkeit Gerichtsvollzieher A.6 2
- Zustellungsurkunde A.6 9

Zustellung, fehlerhafte
- Heilung A.6 1

Zustellungsantrag
- Fristwahrung A.6 8

Zustellungsauftrag
- an Gerichtsvollzieher A.6 1
- Ausfertigung A.6 3, 4
- Kosten/Gebühren A.6 11

Zustellungsbevollmächtigter
- Benennung F.9 8
- inländischer A.6 8

Zustellungsbevollmächtigung A.6 7; G.14 7

Zustellungskosten
- Erstattung im Verfügungsverfahren A.6 10

Zustellungsmangel A.6 1, 4
- Heilung F.6 2

Zustellungsurkunde A.6 9

Zustimmungsfiktion
- zur Vernichtung bei Grenzbeschlagnahme B.22 1

Zuweisungsermächtigung
- Designrecht F.5 2

Zuwiderhandlung
- Abgrenzung A.24 11
- bei Unterlassungsverpflichtung A.1 20
- Bestellung einer Sicherheit A.24 15
- Fortsetzungszusammenhang A.24 13
- gegen Unterlassungsgebot A.24 8, 10
- Kerntheorie A.24 11
- Nachweis A.24 9
- Vertragsstrafeversprechen für jeden Fall der F.3 14
- Vollstreckung für früher begangene A.24 10
- vollstreckungsfähige A.24 10
- Vorliegen einer A.24 11
- Zeitpunkt der A.24 10

Zwangsgeld A.25 2, 6
- Verschulden A.25 2
- zur Durchsetzung unvertretbarer Handlung A.25 4

Zwangshaft A.25 2, 6

Zwangslizenz
- Frand-Einwand C.2 38; C.4 2j

1342

Sachverzeichnis

- Gebrauchsmuster **D.3** 3
Zwangslizenzklage
- Beklagter **C.14** 5
- Einigungsversuch, vorprozessualer **C.14** 21
- Reaktionen des Beklagten **C.15** 5
- Streitwert **C.14** 10
- Zuständigkeit **C.18** 1
Zwangsmittel
- Antrag auf Festsetzung **A.25** 1 f., 3
- Mindest-/Höchstmaß **A.25** 6
- Staatskasse **A.25** 6
- Vollstreckung **A.25** 6
- Willensbeugung **A.25** 2
Zwangsmittelandrohung
- Urheberrechtsstreit **G.5** 10
Zwangsmittelfestsetzung
- Antrag nach § 888 ZPO **A.25** 1 f.
- Bestimmtheit **A.25** 3
- Mindest-/Höchstmaß **A.25** 6
- Zuständigkeit **A.25** 1
Zwangsmittelverfahren
- Antrag nach § 888 ZPO **A.25** 1 f.
- Anwaltszwang **A.25** 7
- Fristen **A.25** 9
- Kosten/Gebühren **A.25** 8
- Rechtsmittel **A.25** 9
Zwangsvollstreckung
- Antrag auf einstweilige Einstellung der **A.8** 1; **A.9** 8
- aus Vergleich vor Einigungsstelle **A.30** 6
- Äußerungsrecht **H.11** 1
- bei Aufhebung einstweiliger Verfügung **G.9** 6
- einstweilige Einstellung bei Unterlassungsverfügung **A.9** 8
- einstweilige Verfügung wegen Drittauskunft **G.10** 18
- erstattungsfähige Kosten **A.22** 5
- Ordnungsmittelfestsetzung **A.24** 7, 12
- Titel/Klausel/Zustellung **A.25** 5
- unvertretbare Handlung **A.25** 4
- Vernichtungsanspruch **B.13** 13
- Zugangsrecht, urheberrechtliches **G.17** 5
Zweckübertragungsgrundsatz
- Lizenz **B.16** 12
Zweckübertragungslehre G.14 31
Zweigniederlassung
- Gerichtsstand **A.4** 2
Zweitabmahnung
- Aufklärung bei **A.2** 1
- Aufklärungspflicht **A.2** 1
- Kostenerstattung **A.2** 1
- Schadensersatzanspruch bei **A.2** 1
Zweitanmeldung
- Marken **B.1** 19
Zweitprozess
- Verletzungshandlung **A.24** 11
Zwischenbenutzungsrecht
- Gebrauchsmuster **D.3** 3
Zwischenbescheid
- bei Löschungsantrag **D.15** 12
Zwischenrechtserwerb
- Markenrecht **B.14** 11a
Zwischenrechtsstreit
- Vorabentscheidungsersuchen **A.32** 6